中国高校人文社会科学研究通鉴

（2001—2010）（下册）

全国高校社会科学科研管理研究会　组编

WUHAN UNIVERSITY PRESS
武汉大学出版社

目　录

五、高校人文社会科学研究学术交流与合作

(一) 开展国际学术交流概况

(二) 挂靠高校的人文社科类学会情况

(三) 重大全国性、国际性学术会议纪要

(按会议召开时间先后排序)

六、高校人文社会科学基础设施和信息化建设

(一)中国高校人文社会科学文献中心(CASHL)平台建设

(二)教育部哲学社会科学名刊工程建设概览

(按刊名的拼音字母排序)

(三)教育部人文社科研究管理平台

(四)中国高校人文社科信息网

(五)中文社会科学引文索引

(六)中国高校社科年报统计工作

第二编 | 基地建设编

一、教育部人文社会科学重点研究基地建设总体情况

二、教育部151个重点研究基地发展状况

(按学科的顺序排列)

三、部分省市、部委在高校设立的部分基地总结

(按国家省区顺序排列)

四、“985工程”哲学社会科学创新基地发展状况

(一)“985工程”建设十年概述

(二)高校“985工程”平台和基地汇总表(社科类)

第三编 科研成果编

一、高校人文社会科学研究的变化与发展
——基于历届优秀成果奖的数据分析

二、第三届高校人文社会科学研究优秀成果奖一等奖简介

三、第四届高校人文社会科学研究优秀成果奖一等奖简介

四、第五届高校人文社会科学研究优秀成果奖一等奖简介

五、国家级成果奖与单项成果奖评奖情况

六、教育部重大攻关项目成果简介

五、高校人文社会科学研究学术交流与合作

（一）开展国际学术交流概况

1. 高校人文社会科学领域开展国际学术交流概况

党的十六大以来，高校哲学社会科学进一步解放思想，以开放促改革、以开放促发展，坚持“走出去”与“请进来”相结合，不断提高国际交流与合作的质量和水平，扩大了高校在国际学术界的影响力，取得了显著成绩。

一是人员交流更加频繁，高校学者在国际学术舞台日趋活跃。各地各高校通过国外研修、科研合作、人员互派等方式，大力支持优秀学者赴海外讲学访学，积极吸引世界一流专家学者来华从事合作研究。“十一五”期间，高校哲学社会科学研究人员国外考察派出3.45万人次，国外进修学习派出2.75万人次，受国外聘请派出讲学1.59万人次；国外合作研究派出1.16万人次，来华1.21万人次，参与国际合作项目2600多个。一批高校学者活跃在国际学术舞台，有的还在国际学术组织中担任重要职务，在各种场合发出自己的声音，充分展现了中国学者的学术水平和风范。例如，北京大学林毅夫教授当选为世界银行副行长兼首席经济学家，多次在国际论坛上发表演讲；武汉大学易显河教授在意大利国际法研究院大会中当选为联合院士，马费成教授受聘为国际权威杂志《信息科学学报》唯一中国籍编委；华东师范大学冯绍雷教授多次赴俄参加国际会议，就上海合作组织和中俄关系发展问题做重要发言，并与普京、梅德韦杰夫等政要进行直接对话。

二是学术成果的国际影响更加广泛。“十一五”期间，高校学者在国外期刊上发表论文2.53万多篇，比“十五”期间增加近2倍，同时有近800部以高校学者为第一作者署名的学术著作被翻译成外文。2006年以来，仅中国人民大学出版社就向海外输出版权600多种，人大书报资料中心“精选千家报刊，荟萃中华学术”的系列产品发行至世界90多个国家和地区，这些学术精品的海外推广构建了传播中国思想文化的平台；陈雨露教授的《人民币读本》，金灿荣教授的《大国的责任》英文版、韩文版、日文版、波兰文版和俄文版陆续翻译出版。南京大学匡亚明教授主编的《中国思想家评传丛书》(共200部）韩语、日文、英文三个语种的出版工作全面启动；北京大学叶朗、朱良志教授的《中华文化读本》陆续推出了英、法、德、俄、日、西班牙、阿拉伯、韩等8种外文译本；复旦

大学章培恒教授的《中国文学史新著》、葛兆光教授的《中国思想史》，分别以日文、英文、韩文以及中文繁体在日本、美国、韩国及港台地区出版；北京师范大学李晓西教授的《2005 中国市场经济发展报告》由英国知名出版公司出版发行，被我国驻外 100 多个商务参赞处作为对外沟通使用。许多高校学者的相关研究成果得到国际学术界认可，获得了一系列国际重要奖项。例如，北京大学王世洲教授获 2009 年度德国洪堡科研奖，仲跻昆教授的《阿拉伯文学通史》获沙特“谢赫·扎耶德图书奖”，严绍璗教授获日本第 23 届“山片蟠桃奖”，任光宣教授获俄罗斯“尼·奥斯特洛夫斯基奖”。中国政法大学黄道秀教授荣获俄罗斯总统颁发的“友谊勋章”，何秉松教授荣获法国“荣誉军团骑士勋位勋章”，费安玲教授获得意大利第四届“第三千年”国际奖。天津师范大学王晓平教授用中、日两种语言发表的《智水仁山》等研究成果，2010 年荣获日本第二届“奈良万叶国际奖”。

三是建立了一批展示传播中国学术文化的重要平台。近年来，高校举办创办了一批高层次学术论坛，在某些重要领域主导了学术话语权。例如，2003 年至今，北京大学以“文明的和谐与共同繁荣”为主题，连续举办了八届“北京论坛”，吸引了来自全球的 2000 余位知名学者和政要名流出席；复旦大学主办的“上海论坛”，成为“学界、政界、商界”三方交流互动平台；北京外国语大学创建了国际中国文化研究会，在全球轮流召开中国学研究高端学术会议，形成了世界研究中国学的学术网络和互动机制。高校还积极打造具有国际影响的数据库、学术期刊和学术网站。例如，中国人民大学的中国综合社会调查（CGSS）发展成为规范化、专业化、国际化的大型综合调查项目，被国际社会调查合作组织（ISSP）接纳为代表中国的成员单位，成为我国经济与社会数据采集国际合作的平台与窗口。《浙江大学学报（人文社科版）》已被 8 家重要国际数据库的 15 个索引收录；华中师范大学主办的《外国文学研究》被 SSCI 和 A&HCI 收录；四川大学的符号学网站，在国际上已具有较高知名度和影响力；上海外国语大学的中国外语战略研究网、外国文学研究网和中国国际舆情网，构建了多语种特色网站。高校与国外院校合作，目前已在 105 个国家和地区设立了 358 所孔子学院和 500 个孔子课堂，成为各国人民学习汉语、了解中国的重要渠道，为推动中华文化走向世界奠定了良好的基础。

四是国际问题研究机构初成体系，打造了一批有重要影响的“智库”。据统计，目前高校有各类涉及国际问题、国际关系、国别研究等相关问题的研究机构约 300 所。教育部重点建设了东北亚、南亚、东南亚、中东、俄罗斯、美国、欧洲等地区和国别重点研究基地，以及亚太经济合作组织、世界贸易组织、国际法、世界文明史、世界经济等一批国际问题及相关研究基地。许多基地与外交部、商务部等有关部门建立了密切联系，其出色工作得到高度肯定。例如，南开大学亚太经合组织（APEC）研究院为我国参与 APEC 合作及我国领导人出席历次 APEC 领导人峰会和部长级会议提供了决策参考；对外经济贸易大学世界贸易组织（WTO）研究院为中国“入世”谈判和制定相关对策提供了大量的咨询报告和建议；吉林大学东北亚研究院与美国斯坦福大学、俄罗斯科学院远东研究所共同开展研究，受到国家有关部门的高度重视；延边大学开展的中韩高句丽史研究，对促进中韩两国学术交流、增进相互理解提出了许多建设性意见；上海外国语大学中东研究所朱威烈教授在上海世博会期间为开展民间外交作出了积极的贡献。

总体上说，高校哲学社会科学“走出去”已形成良好的发展态势，成为我国开展国际人文交流合作的重要组成部分，质量和水平逐步提高。从广度看，不仅与亚洲、欧美地区的传统交流合作得到巩固和提升，而且拓展了与大洋洲、拉美、非洲等地区的交流合作；不仅部属高校，而且很多地方高校成为国际学术交流合作的活跃主体。从深度看，已从邀请国外学者来华讲学、举办国际学术会议，向国外讲学、海外发行外文刊物、在国外单独或共建研究机构、联合开展课题研究等深度合作转变。

在肯定成绩的同时，也应清醒地认识到，与时代要求和国家需求相比，高校哲学社会科学在“走出去”方面还有较大差距。首先是高层次外向型人才不足。具有国际视野、通晓国际规则，具有良好外语水平的复合型人才不足，是制约高校哲学社会科学“走出去”的瓶颈所在。其次是层次和水平不高。对中国经验、中国道路的总结凝练还不够深入，话语体系还不够适应，对外介绍、传播力度还不够大，宣传推广的手段和渠道还比较有限。再次是机制不活，投入不够，资源比较分散，缺乏整体规划和配合，相关政策措施并不配套，没有形成有效的整体合力。

（摘自李卫红副部长2012年4月13日在高等学校哲学社会科学“走出去”工作会议上的讲话，载《中国高等教育》2012年第9期）

2. 八所高校开展国际学术交流经验介绍

实施哲学社会科学“走出去”计划
加快创建世界一流大学步伐

北京大学

为了贯彻党的十七届六中全会精神，落实《教育部关于深入推进高等学校哲学社会科学繁荣发展的意见》，教育部实施《繁荣计划》和《“走出去”计划》，这对高等学校哲学社会科学优秀成果和优秀人才走向世界，增强中国学术的国际话语权和影响力提出了更高的要求，为北京大学加快建设世界一流大学指明了方向。

一、“十一五”工作回顾

从中央实施“985计划”以来，北京大学一直以建设世界一流大学为己任，坚持走国际化道路。“十一五”期间，北京大学积极响应胡锦涛总书记“以更加广阔的视野、更加开放的姿态、更加执著的努力，加快推进创建世界一流大学步伐”的号召，努力探索“中国特色、世界一流”的高等教育发展道路，北京大学哲学社会科学“请进来”“走出去”工作保持了健康向上、繁荣发展的良好势头，对外交流不断扩大，国际合作与交流全方位展开，层次和水平显著提高。主要包括以下五个方面的内容：

1. 积极开展国际学术交流与合作

“十一五”期间，北京大学积极开展多元化的国际学术交流，与国际一流大学和学术组织建立稳定的友好合作关系。据不完全统计，“十一五”期间学校邀请外籍学者来华讲学764人次，派出讲学678人次，文科教师出国考察交流、进修学习1155人次，主办国际学术会议共计440次，参加各类国际学术会议人员达到5700多人次，提交会议论文数2988篇，在国外期刊上发表论文1198篇，参加国际合作项目120多个，经费总额超过6500万元。自2003年至今，以“文明的和谐与共同繁荣”为主题的北京论坛，已连续举办八届，吸引了来自全球的2000余位知名学者和名流政要出席。

2. 重点支持或建立起一批国际问题研究机构

为服务国家外交战略和决策，时刻关注国际形势的新变化，加强国别研究和地区研究，学校将语言研究跟外国政治、经济、历史等学科结合起来，努力培养掌握多国语言、熟悉对方国情的人才，不断拓展对国际问题、地区问题研究的深度和广度，涌现出一批优秀的世界文化和国际问题研究机构。如西方古典学中心、东方学研究中心、欧洲研究中心等。

3. 有力推动高水平科研成果的翻译、出版和推介

"十一五"期间，北京大学共有102部专著被翻译为外文，不仅系统地介绍了中国的历史、政治、经济和文化，还将中国学术研究的最新成果介绍给世界。如国际关系学院王逸舟教授在韩国出版《全球政治和中国外交》，中文系洪子诚教授在荷兰出版《中国当代文学史》，历史系潘华琼教授在德国出版《中国国家与农民的关系："三农"问题与改革开放以来乡村社会参与者各自的实践》等。哲学系叶朗、朱良志教授合作完成的《中国文化读本》陆续推出了英、韩、法、德、俄、日、西班牙、阿拉伯八种文字译本，以及中文繁体字本，为世界了解中国历史文化提供了"活"的读本，在奥运会期间，成为北京奥组委和我国有关政府部门馈赠外国友人、运动员和记者的重要礼物。

4. 外文学术网站和学术期刊建设迈出实质性步伐

"十一五"期间，北京大学探索建立了一批旨在提高国际学术影响力外文学术网站和期刊，向其他国家介绍我国学术研究的最新动态和前沿成果，总结及推介中国当代发展的经验，发掘并研讨其中的突出问题。北京大学十三个教育部基地基本上都建设了英文网站外，还有不少研究机构如北京大学国际战略研究中心、中国社会调查中心、文化产业研究院等也建设了英文网站。北京大学还推出了一批全英文原创学术刊物，如《北大法律评论》、《经济学季刊》、《北大社会学》等，其中《北大法律评论》被全球权威数据库全文收录。

5. 不断获得具有重要国际影响的各类奖项

近年来，北京大学的教师和研究人员在国际学术舞台上不断得到认可，获得了很多国际奖项，学术影响力得到进一步提升。如法学院王世洲教授获得2009年度德国洪堡科研奖、中文系严绍璗教授获得日本大阪府第23届"山片蟠桃奖"、外国语学院任光宣教授获得俄罗斯"尼奥斯特洛夫斯基奖"、光华管理学院黄铁鹰教授获得《哈佛商业评论》最佳中国案例研究奖、马克思主义学院尹保云教授获得美国传记研究院金质奖等。

二、"十二五"工作思路

在推动社会主义文化大发展大繁荣的重要历史时期，高校哲学社会科学"走出去"计划的实施，使我们面临着难得的历史机遇。广泛而深入的国际交流与合作为我们积累了宝贵的经验，也让我们不断深入思考今后的工作：

1. 高校哲学社会科学"走出去"，是文化大国和平崛起的需要，应主动响应国家战略需求

当前我国的现代化建设站在新的节点上，正在由大国向强国迈进，中国学者必须有能力在国际学术舞台上，把中国自己的事情讲出去，让对方理解。只有在实现交流和对话的

基础上，才能把自己的观点渗透到国际话语体系中，更好地服务于国家发展战略，扩大中华文化的国际影响力，塑造中国的文化大国形象，营造中国和平发展的国际环境，进一步提升当代中国的文化软实力。

2. 高校哲学社会科学“走出去”，应以学术为基，发挥国际影响力

“走出去”要以精深扎实的学术研究成果为根本，要善于利用我们的优势学科在国际学术舞台上传播中华文化，吸收借鉴国外优秀文化成果，在主流的学术领域形成具有中国特色的学术体系、理论、方法，形成中国学派，引领学科发展，提升国际学术影响力。重点建设一批国际知名，有特色、高水平的优势学科，利用重点优势学科中前沿、尖端的研究培育一批新兴交叉学科。

3. 高校哲学社会科学“走出去”，应以我为主，积极争取国际学术话语权

高校哲学社会科学研究，要立足中国，面向世界，以思考中国的问题，解决中国的问题作为学术研究的归宿。用中文作为主要的写作语言，同时鼓励教师积极参加国际学术活动，用外语发表论文，在国际学术活动中由参与者逐步变为主导者，积极争取国际学术话语权。

回顾过去，我们虽然做了很多工作，但还做得不够。展望未来，我们必须抓住机遇，攻坚克难，开拓进取；我们要坚定信心，扎实工作，不辱使命，全面完成教育部“走出去”计划的目标，努力开创建设世界一流大学的新局面。

立足多语种资源优势　推动哲学社会科学“走出去”

北京外国语大学

“十一五”期间，北京外国语大学坚持“国际视野、中国情怀”，积极承担“把世界介绍给中国”和“将中国介绍给世界”的双重使命，注重哲学社会科学“走出去”与“引进来”相结合，尤其注重多语言资源开发与多学科交叉研究的开展，取得了显著成效。

一、“十一五”期间的基本做法与经验

1. 加强多语种、多学科建设，形成学术研究特色化布局

基于社会新形势发展变化需要，主动调整人才培养目标和规格，通过对课程设置的调整，在确保外语教学质量的前提下，增设经济、管理、法学类等专业课程，通过专业方向或辅修等形式，实现了人才培养从单一的语言类人才向以外语为主的复合型人才培养的转变，积极探索复语型、复合型、高层次的国际化高端人才模式。由此，在科研领域，逐渐形成了以外国语言文学研究为主体，文、法、经、管等多领域交叉学科研究齐头并进的良好局面。尤其在非通用语种建设方面，北外的优势和领先地位进一步巩固。目前，学校已开设 54 个语种，是目前开展语种最多的高校。这为哲学社会科学研究和走出去的全球化发展奠定了基础。

2. 实施人才强校战略，提高师资科研队伍素质

“十一五”期间，学校高度重视打造高水平、国际化的师资科研队伍，引进高层次人才 13 人，聘请名誉教授 7 人、兼职教授 14 人、客座教授 80 人。先后投入 1000 多万元，

重点资助青年骨干教师开展教学改革和学术研究，把非通用语种专业教师纳入国家政府互换奖学金范围；通过各种方式选拔资助各类教学、科研人员出国进修数量占教师总数的19.8%，具有出国留学经历的人员达到教师总数的80%。

3. 拓宽对外交流合作渠道，加快国际化办学步伐

目前，与世界上65个国家和地区的350所高校和学术机构建立了交流合作关系，其中包括剑桥大学、耶鲁大学、加州大学伯克利分校等19所世界一流大学。共聘请来自世界51个国家的外国专家711人次，并先后聘请15位国际知名学者来校访学。承办17所海外孔子学院，分布在欧美亚14个国家，成为国内承办孔子学院数量最多的高校。2008年，学校获批开展“汉语国际推广多语种基地”建设，为哲学社会科学走出去开辟了广阔天地。

4. 开拓新的学术增长点，实现学术研究的转型升级

学校在保持中国语言文学研究的优势基础上，立足国家战略发展之急需，积极探求学术发展的新增长点。经过重点扶持和建设，我校中国海外汉学研究中心迅速发展壮大，在国内外海外汉学研究领域赢得了话语权。由中心承担的国家社科基金特别委托项目“中国文化海外传播动态数据库”进展顺利，该项目是国家社科规划办有史以来资助金额最大的单项项目，已被列入国家哲学社会科学研究“十二五”规划。中国海外汉学的迅速发展、壮大，也为我校外语学科带来了新的发展机遇，使得外语专业的研究领域大为拓宽。

二、“十二五”期间的发展思路

国家文化软实力提升和学术走出去，不仅要着眼于传统的英美世界，更要具有全球新视野，尤其要关注广大非通用语种国家和地区。如何依托有效开发多语种资源，繁荣学术研究，成为中国学术走出去需要破解的议题，也是当前北外学术研究发展的关键所在。

1. 明确发展方向，建构繁荣体系

“十二五”期间，北外将高度关注重大时代课题，切合国家战略发展需求，为促进国家和社会的发展提供强有力的智力支持。以“国家优势学科创新平台”和“211工程”建设为龙头，瞄准学科前沿，推进学科理论创新和方法创新。利用多语种学科优势，建设外国语言学研究、外国文学研究、国际中国文化研究、公共外交与国际区域问题研究、翻译与跨文化研究、国际经济与法律研究六大学术高原，打造中国外语教育研究和中国文化“走出去”战略研究两大学术山峰。

2. 加快推进多语种、多学科交叉领域研究

加强多语种、多学科交叉领域研究，是北外科研工作的重要任务。“十二五”期间，学校将组建一批拥有学术领军人物、合理科研梯队、核心竞争力、多语种、交叉领域研究的创新学术团队，使之成为提升学校整体科研实力的重要抓手。尤其要在外国语言文学、外语教育、国际区域问题、国际汉学、公共外交等诸多传统和新型研究领域，组建一批学术创新团队，有效整合学校多语种优质学术资源，大力培养学术领军人物，适时引入一批高水平研究型人才，完善科研队伍结构，提升学术整体水平。

3. 加强国际合作交流，增强国际学术话语权

坚持“高端引领，整体推进”的国际化建设思路，加强国际交流合作的内涵发展、

质量提升和品牌建设，重点开展与世界一流大学全方位、多层次、宽领域的实质性交流与合作，提高孔子学院建设质量，为北外人才培养、学术研究、师资队伍建设的国际化提供宽阔的平台和多样化的渠道，全面提升北外的国际知名度和影响力。尝试与海外高水平科研机构合作建立研究中心，构建以国家级项目和标志性成果为核心的学术创新平台，在相关学术领域中开展前沿问题研究，掌握学术话语权。举办高层次的学术会议，鼓励教师积极参与国际学术活动与学术组织。

加强国际学术交流　大力推动哲学社会科学走向世界

复旦大学

积极推进哲学社会科学的国际化发展，是复旦大学建设世界一流大学的一项重要任务。我们深刻认识到，在全球化发展时代，通过加强国际学术交流，是促进哲学社会科学创新发展的重要途径。“十一五”期间，学校在实施哲学社会科学“走出去”方面进行了积极的探索，取得了显著成效。

一、“十一五”取得成效

1. 坚持“走出去”与“请进来”相结合，以提高能力为目标，形成国际化的学术人才队伍建设与培养机制。

中国哲学社会科学要走向世界，必须加强同世界其他文明的学习和交流，从而提高我们与世界的学术对话能力，其中形成一支具有国际化学术能力的人才队伍尤其关键。“十一五”期间，学校文科教师每年出访参加科研活动或任教达 1200 余人次，每年派出学生出国出境访学约 800 人次。同时，邀请众多国外学者来访进行学术交流，还引进了哈佛大学的王德威、普林斯顿大学的艾尔曼等一批国际著名学者担任学校长江学者讲座教授，另有多名外籍学者被引进担任全职教师，师资队伍由此出现新的结构性变化。历史系今年又全职引进法国第八大学的欧洲近代史和马克思手稿研究专家史傅德，担任学校人文基金讲席教授。近年来，学校举行了各种形式的暑期研修班，如社会科学高等研究院举办的“暑期社会科学高级讲习班”以及与美国加州大学洛杉矶分校（UCLA）联合举办的“社会科学暑期高级学术翻译班”等，目的就在于提高中国青年学者把握国际社会科学发展动态、理论范式和研究方法的能力，培养社会科学高级翻译人才，从而为国家实施文化“走出去”的战略服务。

2. 建设开放式高水平学术平台，以形成有影响力的国际学术研究中心为目标，增强中国学术的国际影响力和话语权

近年来，我们在实施“985”工程建设过程中，通过引进葛兆光、邓正来等一批领军学者，在人文和社科领域分别组建了文史研究院、社会科学高等研究院等高水平研究机构，以新的机制探索发展学术特区，吸取国外办学治学的管理经验，促进学术深度交流，推动中国学术走向世界。文史研究院成立之时就设立了国际评鉴委员会，对研究院的学术工作给予评鉴和报告。围绕从周边看中国，研究院组织开展了越南、韩国“燕行录”大型文献的整理和出版。社会科学高等研究院以“国际化、跨学科”为特色，以重新发现中国和推进对当代中国的深度研究为学术理念，与国际著名中国研究机构开展合作，为中

国社会科学走向世界提供了一个开放的国际化平台。目前学校已与30多个国家和地区的180多所高校和科研机构建立了合作交流关系，学校美国研究中心、中国社会主义市场经济研究中心、当代国外马克思主义研究中心等一批研究机构国际交往活跃，在不断深化的合作研究中提升了机构的国际影响力。一些学者在国际学术期刊担任重要职务，一些学者在国际学界赢得重大荣誉，例如：历史系朱维铮教授获德国汉堡大学亚非学院荣誉哲学博士学位，这是汉堡大学授予中国人的第一个荣誉博士，也是自季羡林先生之后，德国大学授予中国人的第二个荣誉博士。葛兆光教授被评选为2009—2010年度（第一届）“普林斯顿国际学人”。

3. 重视国际化学术成果发布，以学术载体建设为手段，推动中国学术走向世界

中国学术在走向世界的过程中必须掌握主动权。在学术期刊建设方面，早在2004年，学校创办了《复旦人文社会科学论丛》英文刊物。这是国内高校主办的首份综合性人文社科英文刊物，对促进中国哲学社会科学工作者更多地参与国际学术领域的对话，推动中国学术走向世界有着积极意义。目前，该刊已经被六大社会科学国际索引数据库全文收录，说明该刊的学术质量得到了国际学术界的认可。

在学术网络建设方面，我们依托与世界一流大学和研究机构的合作，借船出海，推介我们的优秀成果，逐步形成自己的学术网络平台。2000年开始，学校历史地理研究中心与美国哈佛大学等国际著名学术机构，联合开展“中国历史地理信息系统（CHGIS）”项目，把学校的优秀成果推向世界，至今已有数以万计的用户注册，该项目网站被美国国家人文科学基金评为人文科学优秀在线教育资源网站。我们还与美国耶鲁大学合作，推出了“耶鲁全球在线复旦版”，利用国外一流大学的国际化网络为中国社会科学走出去提供平台。

在国际图书出版方面，坚持以原创性学术图书出版带动文化走出去。例如，复旦大学出版社向海外输出了一批研究中国传统文化的原创性学术著作和文化读物，深受欢迎。章培恒、骆玉明主编的《中国文学史新著》、骆玉明教授著的《简明中国文学史》、葛兆光著的《中国思想史》、陈思和主编的《中国当代文学史教程》、樊树志著的《国史概要》、汪涌豪著的《中国游侠史》、浦兴祖著的《当代中国政治制度》等以日文、英文、韩文以及中文繁体在日本、美国、韩国以及我国港台地区等出版，为中华文化在海外的传播作出了贡献。

4. 发展一流的学科，以全球化发展的眼光，承担好向世界解读和传播中国文化的责任

这是大学在参与国家建设中应该承担的重要责任。在孔子学院总部的直接领导下，学校参与建设了7所孔子学院，其中有4所获得了全球先进孔子学院奖。同时我们也清醒认识到，要发挥好孔子学院这个平台的作用，必须要有强大的学科发展做支撑，尤其是要练好内功。自2010年起，学校设立了人文基金项目计划，大力加强和扶持人文学科的发展，其中专门设立了学术访问资助计划，目的就在于加强中华文明与世界文明的交流与沟通，特别是为两岸人文领域的教育合作和学术交流搭建平台，共同推动中华学术“走出去”。

二、“十二五”工作计划

经过多年的努力，特别是“十一五”期间的发展，学校的哲学社会科学国际化能力有了显著提高。站在新的历史起点，我们将制定完整的国际化发展战略，将国际化发展的

重点从“请进来”逐步转到“走出去”，全面拓展国际合作，使复旦大学的哲学社会科学在国际上具有整体的影响力。为此我们将重点做好以下两个方面的工作：

第一，建立具有国际影响力的跨国合作研究平台，推进与国外高水平科研机构的学术交流与合作。

依托中华文明国际研究中心的建设，推进对中华文明和中国当代问题的深度研究，并借此进一步提升孔子学院的内涵建设，把孔子学院作为学校海外重要的工作基地，为全校的国际合作战略发挥更大的作用。

第二，大力推动哲学社会科学走向世界，增强学术研究的国际影响力。

积极推动海外中国学和中国问题研究，探索在海外建立中国研究中心。目前该项工作正在积极推进，取得了积极进展，已与美国相关大学达成合作意向。

坚持“走出去”与“请进来”
努力提升哲学社会科学研究国际化水平

吉林大学

哲学社会科学具有传承人类文明、传播先进文化的重要作用。哲学社会科学的发展水平体现着一个国家和民族的思维能力、精神状态和文明素质。加快哲学社会科学的国际化水平是让世界了解中华文化渊源、理解中华文化价值、推动中华文化传播、支持当代中国发展的重要途径，对于提升国家软实力具有重要意义。“十一五”期间，吉林大学为提升哲学社会科学的国际化水平，坚持立足现实，着眼未来，紧紧把握战略发展机遇，发挥学科、人才和地缘优势，瞄准国际前沿，坚持“走出去”与“请进来”相结合，努力培养高端国际化人才，广泛开展高层次、高水准的哲学社会科学国际学术交流活动，已初步形成了一批特色突出、影响广泛、成效显著的国际学术交流品牌，进一步提升了吉林大学哲学社会科学的国际化程度和国际影响力。

一、“十一五”工作经验

1. 坚持“走出去”与“请进来”相结合，开展了多层次、多维度的哲学社会科学国际学术交流活动

“十一五”期间，吉林大学哲学社会科学紧密依托学校建立的全球合作网络，坚持“走出去”与“请进来”相结合，进一步深化与国外机构的合作关系，邀请国际知名学者来校讲座、讲学 320 余人次，主办或协办国际学术会议 23 场次，成立并建设“国际汉语教育东北基地”和其他 5 个国际问题研究机构，充分利用 3 个海外孔子学院平台开展“中国学”高端国际人才培养，已与 30 多个国家或地区的 160 所高等院校、科研机构或国际组织建立了密切广泛的合作关系。

2. 积极邀请国际知名学者来校，对话高端、直击前沿，推动教师积极参与高水平国际学术问题研究

形成东北亚国际问题研究特色。吉林大学充分发挥东北亚地缘优势，深化与东北亚各国哲学社会科学学术界的密切联系，逐步形成了东北亚问题研究特色和学术话语优势。学校还依托教育部重点研究基地——吉林大学东北亚研究中心和东北亚研究院等单位，重点

建设“东北亚区域合作创新引智基地”的平台，推动与东北亚各国的哲学社会科学学术交流，鼓励成建制的引进东北亚各国国际问题权威专家来校开展合作，“引智基地”每年都邀请50余人次的国外知名学者来校讲学，包括俄罗斯中国问题权威专家、俄罗斯科学院季塔连科院士和朝鲜半岛问题专家托罗拉亚教授等；每年与日、韩、朝、蒙等各国科研机构定期召开双边或多边会议，提升了吉林大学东北亚研究中心的国际影响力，成为国际上东北亚研究的学术重镇。

提升国际关系问题研究能力。通过“海外高层次文教专家重点支持计划”重点支持国际关系研究所与国际顶尖同行开展合作与交流，目前该研究所与国际关系英国学派领军人物巴里·布赞、美国权威专家沃麦克教授等一批国际权威专家保持了稳定的学术联系，每年定期来校开展学术研究，共同指导研究生，为国际学生进行论文指导等，为吉林大学国际关系学科形成吉大特色奠定了基础。

树立国际学术活动经典品牌。学校通过不断加大资助力度，充分利用“哲学社会科学名家讲座”、“诺贝尔奖获得者校园行”、“高水平国际会议资助计划”等平台，积极鼓励校内专家与国际权威专家开展对话。其中，哲学社会科学名家讲座经过10年的持续建设，已在国内外学术界具有了一定的知名度，“十一五”期间，名家讲座共邀请国际知名学者73人次来校讲学，“诺贝尔奖获得者校园行”邀请到了包括罗伯特·蒙代尔、约瑟夫·斯蒂格利茨等数位诺贝尔奖获得者来校讲学，数百位海外名家来校参加国际学术会议、交流学术思想、探讨合作空间。

3. 以研究机构基础，着力建设国际研究和交往平台，打造国家外交智库和“中国学”人才培育基地

打造国别问题研究机构。依托东北亚研究院和教育部重点研究基地——吉林大学东北亚研究中心，学校进一步深化国别问题研究，成立了日本研究所、朝鲜研究所、韩国研究所、俄罗斯研究所、蒙古研究所等五个国别研究所，努力建成国家外交战略咨询和服务的智库，受到中央领导同志的高度肯定和支持。国别研究所将继续凝练研究方向，追踪各国形势发展动态，拓展对东北亚地区各国经济、政治、历史、文化、社会等领域的跨学科交叉研究，进而为国家制定有关战略与政策，开展国际合作提供科学依据。

建设中外联合研究中心。在与国外研究机构多年密切合作的基础上，学校依托教育部重点研究基地——吉林大学东北亚研究中心与俄罗斯科学院远东研究所共同建立了“中俄（俄中）区域问题研究中心”，已分别在学校和俄罗斯挂牌；依托吉林大学管理学院与美国加州大学北岭分校联合组建了“中美（美中）比较管理联合研究中心”，已分别在学校和美国挂牌；依托教育部重点研究基地——吉林大学边疆考古研究中心与加拿大西蒙弗雷泽大学共建“中加（加中）生物考古学联合实验室”的工作也基本完成。

成立国家汉办国际汉语教育东北基地。2010年，吉林大学作为国家汉办设立的“国际汉语教育东北基地总部”及“吉林大学国际汉语教师培训基地”正式成立。国务委员刘延东同志亲自为基地揭牌并讲话。吉林大学充分发挥区域优势，整合校内哲学社会科学优势资源，在“中国学”研究与人才培养等方面作出了有益的尝试，为传播中华文化的人才培养作出了应有的贡献。

4. 充分发挥哲学社会科学研究优势，坚持“走出去”，推动中华文化传播，提升国际

影响力

加强“中国学”师资与研究人才培养。学校自2010年起已先后派出13位哲学社会科学领域专家学者赴国外著名学府开展“中国学”问题研究，2012年预计将派出12人；自2009年起，先后承办了15期各类培训班，培养了孔子学院对外汉语教师、志愿者、外籍汉语教师等共1900余人次；自2006年起，吉林大学与韩国韩亚金融集团、韩国高丽大学合作先后举办了6期“吉林大学韩亚金融培训班”，邀请中韩两国重量级专家，面向业界人士开展中韩两国金融问题培训，共培训了326人次。受国家商务部委托，吉林大学朝鲜研究所拟举办五期“朝鲜两个经济区管理官员研修班”，将有100人次朝鲜官员接受培训，目前已举办了两期培训，研修班通过学习我国改革开放的理论和实践，为朝鲜经济区的建设提供可借鉴的经验。

加强高水平国际人才培养。受教育部和国家留学基金委委托，吉林大学整合哲学社会科学优势师资力量，自2005年启动了全英文授课的当代国际关系硕士/博士留学生项目，共招收来自39个国家的160余名留学研究生，目前已有100余人顺利毕业。依托吉林大学经济学院和东北亚研究院，发挥学院英文和韩语师资力量，先后开展了全英文授课和全韩语授课的世界经济专业留学研究生项目。通过留学生培养，不仅为派遣国培育了人才，也为中华文化的传播、与派遣国的经济文化交流提供了桥梁和纽带。

5. 充分发挥海外孔子学院平台作用，积极提升哲学社会科学在海外传播的广度和深度

“十一五”期间，吉林大学依托与美国罗格斯大学、阿根廷布宜诺斯艾利斯大学和乌克兰基辅大学合作建立的3个海外孔子学院开展了一系列交往活动。吉林大学已连续3年与罗格斯孔子学院合作，共同组织“中国学”学术会议，邀请中美两国哲学社会科学领域的权威专家，共同研究当代哲学社会科学的前沿课题，探讨双方学术合作内容。在此基础上，吉林大学每年邀请罗格斯大学10位哲学社会科学领域权威专家参加“罗格斯大学吉大讲座”。在阿根廷布宜诺斯艾利斯大学校长儒本·阿苏和阿根廷驻华大使古斯塔沃·马尔蒂诺亲率代表团访问吉林大学的基础上启动了吉林大学“阿根廷讲堂”，布宜诺斯艾利斯大学多位学者开展了相关专题讲座，并于2012年在阿根廷开设“中国讲堂”。

二、“十二五”期间哲学社会科学走出去工作的具体思路

“十二五”期间，吉林大学将深入落实教育部《高等学校哲学社会科学“走出去”计划》，继续深入推进对外学术交往，充分发挥国别研究机构功能，深化海外孔子学院的平台辐射作用，加强“中国学”研究人才培养，全面提升吉林大学国际交流的数量和质量。在此基础上，将重点做好以下工作：

第一，加大对学术交流的政策支持和经费投入力度，重点促进高水平、实质性国际学术交流与合作研究，定期派出哲学社会科学代表团到国（境）外交流访问，支持教师参加国际学术会议，谋求和策划高水准实质性国际战略合作，提高国际对话能力。

第二，制定并实施“吉林大学哲学社会科学中青年教师海外研修计划”，加大对中青年骨干教师海外研修的支持力度，鼓励教师到国外著名高校和研究机构进修或开展合作研究，培养他们的国际视野和国际竞争力，提升中青年骨干教师的综合素质和学术水平。

第三，在优势基础理论学科，选拔一批理论基础扎实、具有较大发展潜力的优秀中青年骨干教师，开展专业英语人才培养，造就一支高水平、专业化的专业翻译团队，促进学

校精品成果的海外推广，提高国际对话和合作能力，推动学校哲学社会科学走向世界。

第四，实施《吉林大学哲学社会科学研究SSCI、A&HCI提升计划》，提升成果的国际化水平，哲学社会科学各单位可聘请外籍专家进行业务指导，学校给予政策倾斜；对在外文学术期刊上发表的高水平学术论文，给予合理的评价，纳入成果评价体系。

第五，进一步提高学校哲学社会科学研究的国际化水平，积极争取国际发行渠道，选择开办一种英文学术期刊（或以书代刊），提高学校哲学社会科学的国际影响力。学校每年投入60万元，并提供相关政策支持。

瞄准前沿　立足高端　强化对话

武汉大学

高校哲学社会科学“走出去”、“请进来”是中国文化“走出去”战略的重要组成部分。“十一五”以来，武汉大学哲学社会科学围绕学校创建中国特色、世界一流的综合性研究型国际化大学的战略目标，瞄准前沿、立足高端、强化对话，大力实施“国际学术之伴”、“海外前沿追踪”等系列举措，不断拓展哲学社会科学学者的国际视野，拓宽国际合作交往渠道，提升国际交往的层次和水平，增强国际对话意识和能力，扩大学校国际影响，取得显著成效。

一、积极推动哲学社会科学“走出去”

1. 着力培养“走出去”优秀学者

哲学社会科学“走出去”的基础是要有一支学术基础扎实和具有国际视野的学者队伍。首先，武汉大学注重引进海外高端学者，如2008年国际法研究所正式引进在世界国际法学界很有影响的国际法学者、美国哥伦比亚大学法律博士易显河教授；2011年环境法引进“千人计划”国际著名环境法学者Ben Boer教授。其次，学校还高度重视和鼓励学者获得海外研究背景，鼓励学者与海外高校或研究机构加强联系，其中，35岁以下的青年学者，在晋升副教授的时候，必须有在海外做1年访问学者的经历，每年学校资助120名学者到海外学习研究。最后，学校积极推介优秀学者到国际学术组织和机构中担任重要学术职务。例如，国际法研究所曾令良教授进入世界贸易组织专家组成员指示性名单，哲学学院郭齐勇教授2006年被推选为国际中国哲学会当届主席，信息资源研究中心主任马费成教授受聘为国际权威杂志《信息科学学报》唯一中国籍编委，环境法研究所杜群教授长期担任亚洲开发银行项目顾问，经济与管理学院邹薇教授受聘为世界银行“减贫与经济管理部”海外研究员等。

2. 依托基地实施“国际学术之伴”计划

从2006年开始，学校以教育部人文社科重点研究基地为依托，精心策划实施了“国际学术之伴”建设计划。要求各基地结合自身的特色和优势，制定寻找高端学术合作伙伴的战略计划，与海外一流的同类型研究机构或相关学术组织建立紧密的合作关系。2006年，学校组织了基地主任学术访问团赴美进行全方位学术交流活动，强化了既有的伙伴关系，开辟了崭新的合作渠道。在“国际学术之伴”建设计划直接推动下，我校各基地目前都确立了海外“精英合作伙伴”。信息资源研究中心与联合国教科文组织、亚联董，环境法研究所与世界自然保护同盟法学院、美国环境法研究所、中法法律研究与交流协会（法国），中国传统文化研究中心与哈佛燕京学社、耶鲁大学东亚系、早稻田大学长江流域文化研究所、德国特里尔大学汉学系等都建立起了长期稳固学术合作关系。

3. 瞄准前沿不断追踪海外学术动态

2005 年以来，学校以中青年学术骨干为主要依托，持续实施了“海外人文社会科学前沿追踪计划”。该计划是学校人文社会科学国际化发展战略的先导工程，它选取具有国际学术眼光和海外学术背景的各学科学者，紧密追踪海外人文社会科学发展的最新动态和趋向，分头撰写系统性、前瞻性的年度学术述评，并结集出版《海外人文社会科学发展年度报告》。报告力图紧跟学术前沿，聚焦学术热点，描绘学术版图，把握思想流派，分析未来动向。目前，该计划实施顺利，已连续出版系列年度报告六部，在学界产生了很好的反响。这是一项开拓性和基础性的工作，有很强的学术价值和现实意义，它展示了我校人文社会科学学者的科研实力和国际眼光，进一步拓展了我国人文社会科学研究的国际视野。这一计划也得到了主管部门和其他高校的高度评价。

4. 强化对话成为国际舞台活跃力量

学校积极鼓励广大学者参加各类重要学术会议，并通过学术对话和学术论文将重要研究成果在国际上推介，充分展现武大学者的学术水平和风范。如中国传统文化中心主任冯天瑜教授多次在日本法政大学、东京大学、爱知大学举办的国际研讨会上主题演讲，深受日本学界尊敬。法学院汪习根教授曾作为中国唯一受邀专家，参加联合国日内瓦人权会议和在波士顿举行的有关发展权标准、次级标准与指标草案的专家咨询会议。2007 年，经济发展研究中心与德国杜伊斯堡-艾森大学在德国联合举办“长期经济增长及其对中国和欧洲的挑战”的国际学术研讨会，中德 20 余位学者与会，我校 4 位学者作专题发言，不仅扩大了武汉大学在欧洲经济学界的学术影响，也为中欧双方学者互动对话创造了一次重要的机会。此外，我校文科学者在海外发表重要论文的数量也逐年上升，2008 年以来，在 SSCI、A&HCI 上发表论文近 300 篇。

二、搭建平台吸引哲学社会科学“走进来”

1. 立足高端举办各类学术讲坛

学校通过举办“珞珈讲坛”、“珞珈青年学术方法训练营”等各种学术讲坛，邀请海外知名学者来校举办专门训练班和讲座，介绍、传授国际前沿的先进研究方法，帮助广大学者开阔学术视野。“珞珈讲坛”是从 2008 年开始举办的高端学术讲坛，迄今举办哲学社科科学类高端讲座有 39 场，邀请到 13 名海外著名学者，仅 2011 年就邀请了 9 名海外著名学者，包括国际社会学会会长 Michael Burawoy 教授、哥伦比亚大学教授 Sclar 等。“珞珈青年学术方法训练营”于 2009 年正式开始举办，每年举办大约 7 期，其中有丹麦哥本哈根皇家图书情报学院 Peter Ingwersen 教授、香港理工大学图书馆馆长欧书亭教授、香港城市大学英文与传播学系祝建华教授等知名学者来校主讲，受到广大教师欢迎。

2. 加大支持举办各种高层次国际学术会议

2005 年以来，学校共举办高层次国际学术会议约 250 次，会议层次普遍较高，其中具有重大影响者为数不少。如 2007 年 6 月，第十五届国际中国哲学大会（The 15th International Conference on Chinese Philosophy）在武汉大学隆重召开，哲学学院郭齐勇教授担任本届大会主席。来自美国、加拿大、德国、澳大利亚、韩国等13个国家和我国港台及大陆地区的200余名学者应邀赴会，提交论文208篇，取得了丰硕成果。2007年10月，国际法研究所与联合国贸发会合作，成功举办“1980年《联合国国际货物买卖合同公约》(CISG) 在成员国的适用研讨会”。本次会议是联合国贸发会、CISG Advisory Council首次在我国与我国学术机构联合召开的国际会议，来自美国、英国、法国、瑞典、德国、西班牙、日本等国的著名国际贸易法领域的专家学者出席会议。环境法研究所经过激烈竞争，成功争取到“世界自然保护同盟第七届全球大会”举办权，并于2009年成功举办大会。

3. 开拓视野不断争取海外学术资源

学校向外争取资源能力显著增强，2005年欧洲问题研究中心争取到新一轮“中国—欧盟：欧洲研究中心项目”(ESCP)，获得了54.3万欧元（约合500万元人民币）的资助，受助金额仅次于北京大学和社会科学院欧洲所，居第三位，为学校开展欧盟问题的研究创造了良好的外部条件，也奠定了欧洲问题研究中心在学界的国际地位。

三、“十二五”期间推动哲学社会科学“走出去”主要举措

1. 不断提高教师队伍国际化程度

加大引进海外取得博士学位的中青年优秀学术人才力度。每年资助100名左右中青年学者赴国际著名高校或科研机构访学、进修，参加国际学术会议。提高教师职称晋升条件中海外学习、研究的经历要求。鼓励教师开展重要学术领域的国际科研合作，争取国际性科研奖项。支持教师在国际学术组织（研究机构）和国际学术刊物任职。

2. 搭建更多国际学术合作平台

以重点研究基地、国家重点学科、校部共建研究平台为主体，与海内外高水平大学、科研机构建立全面深入的合作关系，共建研究机构，开展高层次学术交流、人才交换和合作研究。到“十二五”期间的末期，努力建成5~8个国际合作研究平台。每年重点资助主办10个左右高端国际学术会议。进一步实施“海外人文社会科学发展动态追踪计划”，编辑出版《海外人文社会科学年度发展报告》。

3. 进一步提升学术研究国际影响力

加大对在SSCI、A&HCI等收录期刊发表学术论文、在国际知名出版机构出版学术著作的支持力度。在激励导向方面，我们将根据已经颁布的哲学社会科学重大发展指标的奖励办法，对获得高等学校科学研究优秀成果奖（人文社会科学）一等奖的，给予50万元的奖励，二等奖奖励25万元。对在SSCI、A&HCI等重要国际期刊上发表论文的，在学术片区排名第一的期刊发表论文的，奖励20万元；在排名2~10名的期刊上发表文章的，奖励10万元。学校准备提前拨付经费，重点培育高水平成果。在这些重要成果的奖励上，有多少奖多少，上不封顶。定期举办“武汉大学海外学术周”，加强优秀成果外译工作，推动优秀学者和优秀成果走向世界。

争当高校哲学社会科学“走出去”的排头兵

中国人民大学

中国哲学社会科学“走出去”战略，是国家文化“走出去”战略的重要组成部分；

而高等学校又是贯彻实施“走出去”战略的先锋队和生力军，承载着建设具有中国特色、中国风格、中国气派的高校哲学社会科学创新体系的重要使命。“十一五”期间，中国人民大学紧紧抓住“人民大学走向世界”和“世界关注人民大学”两个基本点，坚持“走出去”与“请进来”相结合，以开放促改革、以开放促发展，积极开展与世界各国的哲学社会科学研究对话，产生了一系列重要的学术成果，推动了杰出学术人才走向世界舞台，探索了国际优秀人才培养新模式，进一步提升了学校的国际影响力和学术话语权。

一、“十一五”期间主要成绩

1. 积极倡导高校哲学社会科学“走出去”战略的理论研究，成绩斐然

作为国内人文社会科学的重镇，中国人民大学于2009年承担了教育部哲社重大攻关项目“中国哲学社会科学走出去战略研究”，利用人才辈出、力量雄厚、学科齐全的优势，积极为中国哲学社会科学“走出去”战略出谋划策，课题组先后推出了战略举措篇、访谈篇、计划书等，诸多研究成果得到教育部的肯定和采纳，发挥了思想库、智囊团的作用。学校近年还组建了汉语国际推广研究所，与国家汉办展开合作，积极推动汉语的国际推广。

2. 学校国际化水平得到整体提升，积极探索、构建国际学术交流的新机制、新平台

“十一五”期间，中国人民大学先后与剑桥大学、耶鲁大学、芝加哥大学、康奈尔大学等世界名校签订了合作协议，截至2010年12月，学校的国际及港澳台协议院校共计195所，比“十五”期间增加了68所。“十一五”期间，共计有英国首相布朗等64名世界各国政要、99名海外大学校长访问中国人民大学。学校举办（承办）了2007年和2009年第一次、第二次“世界汉学大会”、“第二届中欧论坛”和“亚洲太平洋国际教育协会2009年年会”等多次具有世界影响力的高层次国际会议。学校大力拓展海外影响，已经在四大洲（美、欧、亚、非）建立孔子学院13所，成为促进学校与海外高校开展深入合作的重要平台。

学校鼓励并支持教师与国外著名学者或研究机构开展合作研究，开拓国际学术视野，共同发表高水平成果，现正探索建设布鲁塞尔当代中国研究所等海外中国研究中心，推动海外中国学研究。学校还启动了管理干部海外培训工作计划，主要实行“影子处长”和培训考察团两种项目模式，管理干部的国际视野和国际交往能力得到迅速提高。

3. 推出新举措，致力于培养具有国际视野的杰出人才

“十一五”期间，中国人民大学学生赴海外短期交流、长期学习人数达到1509人，其中通过“国家建设高水平大学公派研究生项目”共派出学生284人。与此同时，我校派出教师长期出国达382人次，聘请短期外籍教师809人次，长期外籍教师191人次。

高端人才引进的成效明显，“十一五”期间，学校面向海内外共引进教授52名，副教授42名。当前，学校已经汇聚了一批大师级学者和世界一流专家学者。

2009年开始，中国人民大学已经成功举办三期暑期学校（国际小学期），每期4周，开展全英文人才培养。以2010年为例，暑期学校有超过100位来自国内外一流大学的教师进行授课，参加学生包括近3000名本校学生和来自近40个国家的280名外国学生。暑期学校的成功举办标志着人民大学在培养具有国际视野的优秀人才方面迈出了重要步伐。

4. 积极促进学术精品的海外推广

新世纪以来，中国人民大学想方设法把我国的优秀哲学社会科学成果介绍到海外，中国人民大学出版社的版权输出数量名列前茅，仅2010年就输出版权共114项，综合排名全国第一，在促进中国学术精品的海外推广方面，走在了全国高校的前列。中国人民大学书报资料中心是“精选千家报刊，荟萃中华学术”的信息中心，其系列产品发行至世界90多个国家和地区，被誉为“中华学术的窗口”、“中外文化交流的桥梁”。

学校还倡导实施“中国古代经典英译本汇释汇校”，并获国家社科基金重大项目，得到教育部的肯定和推介。2010年，李秋零教授积10年之功的《康德全集》中译本问世，受到学界一致好评。

5. 学校实施学术期刊质量提升计划和人文社科国际期刊论文发表培育计划

期刊质量提升计划的目标是全面提升我校学术期刊办刊质量，不但争创国内一流，还力争培育出1~2种国际知名的学术期刊（即入选SSCI或A&HCI)。学校创办了《中国人民大学学报（英文版）》等，增加国际编委，聘请外籍人士为专职编辑。我校经济学院与英国著名出版社爱德华·艾尔加出版社签订了合约，从2012年起定期出版《中国政治经济学评论》(英文版)。

人文社科国际期刊论文发表培育项目是为适应世界高等教育国际化发展趋势、提升我校科学研究的国际化水平而设立的，引导我校教师关注国际期刊论文发表的范式、要求，探索国际期刊发文途径，提升我校教师在SSCI、A&HCI期刊的发文能力，目前已有部分项目完成研究并在国际期刊上发表论文。“十一五“期间，我校教师在SSCI、A&HCI等期刊发文数量得到显著增长。

二、“十二五”期间主要举措

2011年，《国家哲学社会科学研究“十二五”规划》发布，教育部也正式启动了新一轮的高校哲学社会科学繁荣计划。高等学校哲学社会科学的发展面临着前所未有的大好形势，新时期、新阶段就要有新思路，我们以求真务实的精神精心谋划，周密研究，“十二五”期间要在落实“走出去”计划上努力推出新举措，专注于国际学术交流合作的内涵发展、品牌建设，增强国际学术对话能力和话语权，探索建立高端国际型人才培养体系。

第一，继续大力培养和引进哲学社会科学的国际优秀拔尖人才，培育能在国际学术界自由交流、引领国内学术研究潮流的创新人才和创新团队。

第二，探索培养模式创新，提升人才培养的国际性。继续办好国际小学期和全英文硕士项目，加强选派学生海外交流学习或进行国际联合培养，按照“高水平、有特色、国际性”的办学理念，探索我国人文社会科学领域国际交流和教育合作的新形式、新方法。

第三，积极拓展国际交流，深化关键性合作关系。重点加强并巩固与40所左右世界一流大学的实质性合作伙伴关系。加强海外孔子学院建设，充分发挥海外名牌大学孔子学院在学校国际合作与交流中的平台作用。

第四，进一步加强自主创新能力和国际竞争力，培育具有重大国际影响的科研成果和经典传世之作，增强国际学术对话能力和话语权。“潮平两岸阔，风正一帆悬。”中国人民大学要责无旁贷地充分发挥在哲学社会科学“走出去”战略中的领军作用，担当起推动高校哲学社会科学发展创新的历史使命。回顾“十一五”期间，中国人民大学当仁不让、奋勇争先，走在了全国高校哲学社会科学“走出去”工作的前列；展望“十二五”，期间中国人民大学要一如既往地勇于担当、开拓创新，争当高校哲学社会科学“走出去”的排头兵。

努力构建国际学术合作新机制　增强国际学术影响力

中山大学

中山大学积极发挥区域优势和综合性大学优势，通过增强研究特色、创新制度、优化环境、加大投入等措施，逐渐形成多学科、深层次、实质性的国际合作交流与科研合作体系，取得了显著的成效。

一、“十一五”期间的成绩和经验

1. 创建交流平台，鼓励科研合作，增强国际学术交流能力

中山大学专门设立哲学社会科学学术会议资助专项，支持文科教师特别是青年教师主办国际学术会议，创建国际交流平台，极大提升了学校文科国际学术交流能力。“十一五”期间，学校在哲学社会科学领域共主办和协办了64次有较大影响的国际学术会议和15次港澳台学术会议，其中邀请了沃勒斯坦和吉登斯等世界一流学者出席会议。通过借助国际学术会议汇聚世界知名学者的契机，鼓励学校学者与国际著名学者平等地探讨学术前沿问题，积极推动学校文科中青年学者和优秀成果“走出去”。同时，积极打造定期举办、有国际影响的高端学术会议平台或高级研修班，形成学术交流的国际品牌，如学校定期举办的“广州论坛”、“国际商务论坛”、“21世纪的公共管理：机遇与挑战”国际学术研讨会、“历史人类学高级研修班””等，在国际学术同行享有较高的学术声誉。

学校还积极与国外和港澳台地区高校合作，承担合作课题，共同出版和发表了一批有影响的论著。2006年以来，学校文科承担境外和国际合作课题69项，进账经费1590.29万元。其中，2009年中山大学历史人类学研究中心与香港中文大学、香港科技大学合作申报的“中国社会的历史人类学研究”课题获得了香港大学教育拨款委员会第五轮“卓越学科领域计划资助项目”，这是香港第一个获得该项目资助的人文社会科学项目，也是内地高校与香港高校合作的最高层次的人文社科研究项目。

2. 创新科研合作机制，推动粤港澳人文社科研究合作

学校积极探索与港澳高校共建研究机构，创新合作体制和机制。在教育部社科司支持下，2009年与澳门理工学院共建成立博彩研究中心，由教育部重点研究基地中山大学港澳珠江三角洲研究中心管理。博彩研究中心自成立以来对博彩产业发展、博彩监管体制以及博彩产业发展的社会政治效应等进行全方位的研究，并定期向公众发布研究成果。2011年3月博彩研究中心在澳门发布了2010年度博彩研究成果，澳门电视台、《澳门日报》等多家媒体详细报道了成果发布会实况，在澳门取得了巨大反响。2010年，教育部重点研究基地中山大学历史人类学研究中心在香港中文大学设立了延伸机构“香港中文大学—中山大学历史人类学研究中心”，2011年共建机构聘请了47位国内及世界一流大学的知名学者作为研究人员，并积极开展海外学术交流活动，拓展并建立了海外学术交流网络。这两个共建机构实现了教育部人文社会科学重点研究基地在香港和澳门的延伸，为提升我国研究机构的国际影响、打造国际学术品牌探索了经验。

3. 立足本土经验，增强国际学术话语权

学校鼓励学者到国际一流的学术期刊上以西方学者看得懂的方式发表学术论文。2006年以来，学校分别在SCI、SSCI、A&HCI收录期刊上发表论文162篇、173篇、31篇，经济管理、公共管理、社会学、心理学、逻辑学等学科的中青年学者相继在国际顶级学术期刊上发表论文，产生了较大的国际学术影响。例如，学校学者在国际著名期刊上发表的《金钱的符号作用：启动金钱概念改变社会痛苦和生理性疼痛》一文，被*Nature*、*New Scientist*和BBC等相继报道。

中山大学在学科建设上注重对本土问题和中国经验的研究与积累，并积极与国际话语体系对接，以此达到国际一流水准。例如，学校将历史学与人类学相结合，在国内首先提出了历史人类学的学科概念，被海外学术界称为历史学与人类学研究的“华南学派”。近几年，学校将逻辑学与人类学等学科相结合提出了以研究不同国家、不同地区、不同民族和族群说理与论证方式为基础的跨文化交流的新方向，引起国际学术界的关注。近年来学校投入并开始建设中国政府与政治数据中心，通过中国政治体制改革的数据和案例的研究分析，在国际知名学术期刊上发表了大量有影响的论文。

4. 加强国际区域问题研究，服务国家战略需求

中山大学利用自身的地缘和学科优势，注重国际区域问题研究，提高研究的战略性、前瞻性和针对性。例如，中山大学港澳珠江三角洲研究中心对港澳地区的政治经济发展进行跟踪研究，提出了大量有价值的对策建议，引起中央及地方有关部门的重视。学校着眼于文科未来5~10年的发展，2011年初启动了“环南中国海研究计划”，成立了“中山大学环南中国海研究院”，整合全校相关学科，针对环南中国海地区的海岛主权、海疆争议、海洋资源勘探、海洋经济发展、区域文化与经济合作等重大问题开展前瞻性、战略性和针对性的研究。

二、“十二五”期间的思路和举措

在“十二五”期间，学校文科将围绕学校“建设世界一流大学”的发展目标，积极构建国际学术联系与合作网络，产出具有国际影响研究成果，进一步增强国际学术影响力和话语权，提升学校哲学社会科学国际化水平，为中国学术传播贡献力量。

第一，探索建立引进和培养具有国际视野优秀学者的新机制。设立试点单位，在这些单位，实行与国际接轨的常任教职轨制（Tenure Track）和年薪制，大力引进海外优秀学者，特别是优秀青年学者，进一步提高国际师资比例，形成国际化大学的教学科研环境。与此同时，启动青年教师培养工程，通过资助游学、带薪国外学习等形式，将有潜力的优秀青年学者“推出去”，扩大国际视野，提升国际合作与竞争的能力。

第二，探索“不求所有，但求所用”的海外高层次人才引进新思路。在一些有条件的院系和研究机构，设立“杰出特聘教授”、“特聘教授”、“客座教授”、“访问教授”等多个层次的海外兼职教授岗位，分别从国际顶尖学者（全球前30名）、国际杰出学者（全球前100名）、国际著名大学正教授、国际知名大学教授中聘请，每年驻校工作一定时间。

第三，探索在海外建立联合研究机构的新思路。利用引进的中、短期“千人计划”学者和“杰出特聘教授”，在其任职的海外大学，设立两校联合研究机构，其在海外大学

工作期间，派遣学校研究人员（含教师、博士后、博士生）前往工作和继续合作，充分发挥“千人计划”的作用，提升学术研究能力和水平，推动中国学术“走出去”。

第四，探索在国内建立海外著名院校联合分支机构的新模式。我们将积极支持某些优势学科参与全球竞争与合作，探索国家政策支持、地方政府土地支持、民间资本注入、海内外名校强强联合的合作模式。全球创业教育排名第一的美国百森商学院主动寻求与中山大学管理学院的合作，将共建中山大学百森创业学院。

第五，加强协同创新，提高服务国家和地方的能力，扩大影响力和知名度。学校计划与广州市共建广州国际金融研究院，与广东省共建横琴国际金融大学，与国家海洋局共建中山大学环南中国海研究院，提升学校金融和南中国海问题的研究能力和咨询能力，增强在金融和中国南海问题上的国际学术话语权和影响力。在与国家海洋局的共建合作计划中，关于文科领域着重共建海洋事务与政策研究中心、海洋经济研究中心，并建立环南中国海地区的国别研究中心，打造成为有重要影响的国际区域问题研究“智库”。

第六，探索完善科研成果质量评价机制，激励国际顶级期刊论文发表。借鉴和吸收国外高水平大学的评价制度，逐步推动以研究成果的国际影响作为文科科研评价的一个主要手段。通过项目资助等方式，引导和培育中青年学者在国际顶级学术期刊发表学术论文。

第七，制定制度激励、评价导向，推动并建立起教师个人之间、院际、校际的多方位、深层次、制度化、实质性的国际科研合作网络。

第八，在评价制度上引导和鼓励学者在国外有影响的学术期刊担任编委等职务，提升学校的国际学术影响力。

第九，引导并资助有条件的学科在国外出版发行外文学术期刊，进入国外的发行主流渠道。同时，引导并资助将一批本校的学术经典著作翻译成外文并在海外出版，提高学校文科的国际影响力。

第十，利用国家汉办中山大学国际汉语教材研发与培训基地以及学校 5 个海外孔子学院，加强合作与交流，努力成为推广汉语教学与学校学术研究、传播中国文化与价值的重要品牌和平台。

瞄准国际化目标　努力构筑学术高地

浙江师范大学

浙江师范大学是浙江省重点大学，哲学社会科学研究一直有着浓厚氛围和独特优势。“十一五”时期以来，学校坚守师范院校传统优势，大力实施特色化与国际化发展战略，立足中国，面向世界，聚焦非洲，全力打造非洲研究品牌，哲学社会科学“走出去”工作取得了显著成效。

一、“十一五”期间主要成绩和经验

非洲研究是学校哲学社会科学研究“走出去”的一面旗帜。2007 年，学校成立了国内高校首家非洲研究院，瞄准国际化发展目标，主动服务国家外交战略，积极实施调研考察、学术交流、科研成果、人才培养“走出去”，大大提升了我国非洲研究在国际社会的影响力和话语权。《教育部简报》刊发专文，称学校已成为国内重要非洲研究与咨询基地，在全国高校独树一帜。

1. 调研考察“走出去”

非洲研究院确立高起点、国际化的建院思路，提出“非洲情怀、中国特色、全球视野”的治学理念和“扎根非洲、融入非洲”的学术团队成长模式，创造各种条件选派科研人员赴非洲国家留学、进修、考察。在此基础上，承担了一大批外交部、教育部、商务部委托课题，向中央部委提交内参报告20余份，多项政策建议被采纳，得到了温家宝总理、杨洁篪外交部部长的批示肯定。研究院还与20多个非洲国家和部分西方国家的50多个非洲研究机构和智库建立了紧密的合作关系。

2. 学术会议“走出去”

学校积极举办或承办国际专题会议、学术会议和双边会议，努力开展对非学术外交，扩大了中国非洲研究的学术影响力。2007年以来，学校在中国和非洲国家主办20余次高端国际学术研讨会，开展、参与对非交流活动达55项。2010年11月，学校与中国驻南非大使馆、南非国际问题研究所在南非联合主办了“纪念中非合作论坛成立10周年”国际学术研讨会，国家副主席习近平出席研讨会并作主旨演讲。经外交部、商务部批准，学校还创办了中非智库论坛，目前论坛已纳入中非合作论坛框架，成为中非智库间对话的固定机制。

3. 学术成果“走出去”

学校鼓励支持非洲研究人员参与国际合作项目，申请国际组织科研项目，在国外学术刊物发表论文，出版外文书籍。截至2011年10月，获批国际组织科研项目8个，在境外网站和学术刊物上发表研究报告、学术论文8篇，《中非合作五十年：背景、进程与意义》(英文版)，由外交部作为中非合作论坛第四届部长级会议配套材料发送给各国政要。非洲研究院还开通了中文、英文、法文、豪萨文、斯瓦希里文5种文字的学术网站，开发国内首个“非洲研究特色数据库”，成为境外学者和媒体了解中国对非政策和理念的重要窗口。

4. 人才培养“走出去”

学校依托外交部“中非联合研究交流计划”、教育部“中非高校20+20合作计划”、国家留学基金委“国际区域问题研究高级人才培养计划”，选派优秀研究生赴非洲国家留学进修、联合培养。学校组建了国内首家集人才培养、人员培训、商务咨询于一体的中非国际商学院，积极致力于培养中国的“非洲通”和非洲的“中国通”人才。学校在喀麦隆、莫桑比克设立了2所孔子学院，喀麦隆孔子学院“一院多点”的办学模式得到了时任中共中央政治局常委、全国政协主席贾庆林同志的高度赞赏。作为教育部教育援外基地、商务部中国基础教育研究基地，学校还承担了教育部、商务部委托的非洲教育管理研修班近40期，培训近50个非洲国家的600余名官员和校长。

学校地处浙江省金华市，作为一所非省会城市的地方大学，区位劣势明显、获取资源困难。在此条件下，学校非洲研究在较短时间内异军突起，成为颇有影响的特色学术品牌和成果展示窗口，进一步开创了学校发展的新局面。对此，我们主要有以下工作体会：注重统筹规划是首要条件，学校提出国际化发展战略，将非洲研究作为重点建设的窗口和名片，给予政策倾斜和大力支持，探索通过实施非洲学科“走出去”战略来带动实现学校跨越式发展，形成了非洲学术研究、涉非人才培养、汉语国际推广和校际交流合作四方良性互动的格局。积极搭建平台是重要前提，学校形成了两院两馆两基地（非洲研究院、中非国际商学院，非洲博物馆、非洲翻译馆，教育部援外基地、商务部中国基础教育研修基地）的非洲专门研究机构，其中非洲研究院为浙江省哲学社会科学重点研究基地、教育部区域和国别研究重点基地，并正在积极申报教育部人文社科重点研究基地。努力争取资源是有力支撑，学校在开展教育对非工作的过程中，得到了教育部、外交部、中联部、商务部、国家留学基金委、国家汉办、浙江省、中外大使馆和国际组织等单位的政策和资源支持；温家宝、李长春、贾庆林、习近平等党和国家领导人对学校的关于非洲研究工作给予了充分肯定，教育部副部长郝平、中联部副部长李进军、商务部副部长傅自应等近40位上级领导先后来校调研指导，对非洲研究寄予厚望。

二、“十二五”期间工作举措

“十二五”期间，学校将继续坚持把非洲研究作为增强综合实力和社会影响力的重要途径，加速推进非洲研究“走出去”战略的实施，不断提高平等参与国际高等教育的交流合作能力；至2015年，将学校“非洲学”建设成为在国内首屈一指、在国际上影响广泛的一流国际问题研究机构，成为国家非洲学术研究、政策咨询、人员培训的主要阵地。具体将做好以下几项重点工作：

1. 促进学术交流国际化

办好中非智库论坛，积极参与国际合作项目，与国外非洲智库开展合作研究，增强国际学术对话能力；依托非洲翻译馆，积极宣介学校非洲研究成果，扩大中国非洲研究的海外影响力。

2. 加快科研队伍国际化

进一步优化非洲研究人员学历结构，积极引进非洲籍学者，选派科研人员赴非学习，提升非洲研究团队的国际视野和科研实力。

3. 实现人才培养国际化

借鉴吸收国外同类高校在课程体系改革、教学内容和方法创新的先进经验，提高学校“非洲学”课程建设水平，培养一批符合国际化发展需要的对非人才。

4. 推动合作办学国际化

积极引进国外优质教育资源，重点加强与非洲知名高校的合作办学；推进非洲地区孔子学院建设，积极推广汉语在非洲的本土化教学，不断扩大中国文化在国外的影响力。

（二）挂靠高校的人文社科类学会情况

教育部主管的人文社科类学术性社团情况

组织名称	组织类型	挂靠单位
中国教育学会	学术性社团	中华人民共和国教育部
中国教育会计学会	学术性社团	中华人民共和国教育部财务司
中国少数民族教育学会	学术性社团	中华人民共和国教育部民族教育司

续表

组织名称	组织类型	挂靠单位
中国艺术教育促进会	学术性社团	中华人民共和国教育部体育卫生与艺术教育司
中国高校校报协会	学术性社团	中华人民共和国教育部社会科学司
中国大学出版社协会		
中国语文现代化学会	学术性社团	中华人民共和国教育部语言文字应用管理司
中国文字学会	学术性社团	中华人民共和国教育部语言文字信息管理司
亚洲大学生体育联合会	学术性社团	中华人民共和国教育部国际合作与交流司
中国陶行知研究会	学术性社团	中央教育科学研究所
中国教育发展战略学会	学术性社团	中华人民共和国教育部发展研究中心
世界汉语教学学会	学术性社团	国家汉办
高校毕业生就业协会	学术性社团	全国高等学校学生信息咨询与就业指导中心
叶圣陶研究会	学术性社团	中国民主促进会中央委员会
中国滋根乡村教育与发展促进会	学术性社团	中国教育国际交流协会
中国李大钊研究会	学术性社团	北京大学
中国人类工效学学会	学术性社团	北京大学医学部
全国高等学校文科学报研究会	学术性社团	中国人民大学
中国学位与研究生教育学会	学术性社团	清华大学
中国微米纳米技术学会	学术性社团	
中国训诂学研究会	学术性社团	北京师范大学
中国老舍研究会	学术性社团	北京语言大学
中国社会史学会	学术性社团	南开大学
全国毛泽东文艺思想研究会	学术性社团	吉林大学
全国大学语文研究会	学术性社团	华东师范大学
中国非洲问题研究会	学术性社团	南京大学
中国人类学学会	学术性社团	厦门大学
中国农民战争史研究会	学术性社团	山东大学
中国闻一多研究会	学术性社团	武汉大学
中国新文学学会	学术性社团	华中师范大学
中国英汉语比较研究会	学术性社团	中南大学
全国高等学校计算机教育研究会	学术性社团	重庆大学
全国经济管理院校工业技术学研究会	学术性社团	西安交通大学
中国唐史学会	学术性社团	陕西师范大学
中国电子教育学会	学术性社团	西安电子科技大学
管理科学与工程学会	学术性社团	北京工业大学
全国高等院校计算机基础教育研究会	学术性社团	北京联合大学

续表

组织名称	组织类型	挂靠单位
中国人生科学学会	学术性社团	北京政法职业学院
中国宋史研究会	学术性社团	河北大学
中国诗经学会	学术性社团	河北师范大学
中国水浒学会	学术性社团	湖北大学
全国外国法制史研究会	学术性社团	华东政法大学
中国近现代史史料学学会	学术性社团	鲁东大学
中国蒙古国研究会	学术性社团	内蒙古大学
东北地区中日关系史研究会	学术性社团	齐齐哈尔大学
中国会党史研究会	学术性社团	上海师范大学
全国工业统计学教学研究会	学术性社团	首都经济贸易大学
中国敦煌吐鲁番学会	学术性社团	首都师范大学
中国唐代文学学会	学术性社团	西北大学
中国韵文学会	学术性社团	湘潭大学
中国音韵学研究会	学术性社团	徐州师范大学
中华日本哲学会	学术性社团	延边大学
中外语言文化比较学会	学术性社团	浙江传媒学院
中国文选学研究会	学术性社团	郑州大学
中国智慧工程研究会	学术性社团	暂缺

（三）重大全国性、国际性学术会议纪要

中美数字时代图书馆学情报学教育国际研讨会

2000 年 11 月、2006 年 10 月和 2010 年 10 月，武汉大学信息资源研究中心、信息管理学院与美国匹兹堡大学信息学院、加州大学伯克利分校合作，主办了三届中美数字时代图书馆学情报学教育国际研讨会。来自美国雪城大学、华盛顿大学、北京大学等多所知名大学的院长、系主任、馆长等出席了在武汉大学召开的研讨会。

此研讨会旨在探讨数字时代中美图书馆学、情报学与档案学面临的挑战与机遇，研究学科的变革与创新，并重点讨论数字时代图书馆学情报学教育发展方向等问题。会议围绕学科定位、发展方向，从不同角度进行了深度研究。专家们还从人力资源战略角度分析了数字时代环境下的图书情报人才培养方向。此研讨会特别召开了“图书馆学、情报学与档案学教育者与领导者之间的链接”、“图书馆、情报与档案学院长（系主任）圆桌会议”等专题会议。与会的各个系主任、院长庄严签署了《数字时代中国图书馆学情报学档案学类教育发展方向与行动纲要》。该行动纲要正在对中国图书情报与档案学教育产生深远影响。

“中美数字时代图书馆学情报学教育国际研讨会”已在中美两国产生巨大影响，双方决定形成长效合作机制，今后每隔5年联合召开一次会议。

逻辑与认知国际研讨会

逻辑与认知国际研讨会由教育部人文社会科学重点研究基地中山大学逻辑与认知研究所主办，自2001—2010年已举办9届。该会议旨在推动国内逻辑学、认知科学、计算机科学、语言学等相关领域的发展；提供相应的对外学术交流信息和机会，让国内同行和学生了解上述领域中国际研究前沿与发展动态；加强与国际上一流学者的交流，增进对彼此研究领域的了解，寻求在上述研究领域中进行国际合作的可能性。

以往的会议主题涉及逻辑与哲学、逻辑与语言、逻辑与认知，逻辑与计算机科学、逻辑与文化等。涵盖了逻辑学的所有前沿课题及交叉学科的相关领域。此外，通过合作举办会议的方式，已与众多国际一流学术机构增进了交流，包括荷兰阿姆斯特丹大学逻辑、语言与计算研究所，荷兰阿姆斯特丹大学言语交际、论辩理论与修辞学系，澳大利亚墨尔本大学哲学系，波兰科学院哲学与社会学研究所，波兰亚当·密茨凯维支大学计算理论系，芬兰赫尔辛基大学数学系，美国匹兹堡大学，印度加尔各答大学基础数学系，捷克国家科学院计算机科学研究所。

已参会的国外学者接近百人次。其中包括了国际逻辑学及相关领域的领军人物。如荷兰艺术与科学学院、欧洲科学院和国际哲学院的院士J. Van Benthem教授，美国工程科学院院士、被誉为模糊系统理论的创始人、模糊数学之父的美国伯克利加利福尼亚大学电机工程与计算机科学系Lotfi A. Zadeh教授，当今最优秀的数理逻辑学家之一也是最有影响力的集合论学家之一Menachem Magidor教授，美国人文艺术科学院院士Bob Brandom教授。

同时，该会议也吸引了香港、台湾地区众多学者的关注和参与。每年都会有来自香港中文大学、香港大学、台湾中正大学、台湾大学、东吴大学等学校的学者参会。

通过多年努力，逻辑与认知国际研讨会在国内外都取得了良好的口碑。该系列会议还会一直举办下去，相信会吸引更多优秀学者的参与。

中国人文社会科学论坛2001

2001年5月19—20日，由中国人民大学发起并主办的“中国人文社会科学论坛2001”在逸夫会议中心举行。中共中央政治局委员、中国社会科学院院长李铁映，教育部副部长袁贵仁，北京大学副校长何芳川，香港城市大学校长张信刚和中国人民大学纪宝成校长等在论坛的主题报告会上做了精彩的演讲。首都人文社会科学领域的专家学者和中国人民大学师生数百人参加论坛，共商人文社会科学的发展大计，探索人文社会科学发展的未来走向。

此次论坛采用主题报告与圆桌论坛两种形式。5 月 19 日上午，主题报告会由中国人民大学党委书记程天权教授主持。中共中央政治局委员、中国社会科学院院长李铁映首先以“哲学社会科学要走在时代的最前列”为主题做了讲演，教育部副部长袁贵仁、北京大学副校长何芳川、香港城市大学校长张信刚、中国人民大学校长纪宝成和中国人民大学研究生院副院长、哲学系教授刘大椿分别发表了精彩的演讲。

5 月 19 日下午，四个圆桌论坛围绕不同论题展开了讨论：

主题一：为人文社会科学把脉。参加论坛的嘉宾有中国人民大学校长纪宝成、中国科学院院士陈述彭、教育部社会科学研究与思想政治工作司司长顾海良，由中央电视台主持人方宏进主持。

主题二：21 世纪会不会再次爆发金融危机？参加论坛的嘉宾有中国人民银行研究局局长谢平、中国社会科学院财贸所副所长李扬、中国人民银行货币政策委员会副秘书长易纲、中国人民大学财政金融学院副院长吴晓求，由中央电视台主持人王小丫主持。

主题三：21 世纪中国国际环境与国家安全面临哪些挑战？参加论坛的嘉宾有外交学院副院长曲星、复旦大学国际关系与公共事务学院院长倪世雄、中国社会科学院美国研究所研究员金灿荣、中国人民大学国际关系学院副院长宋新宁，由中央电视台主持人曲向东主持。

主题四：人类该怎样发展？——21 世纪的人口、资源环境与可持续发展。参加论坛的嘉宾有中国社会科学院人口所研究员田雪原、中国环发合作委员会秘书长张坤民、“自然之友”会长梁从诫、中国人民大学教授邬沧萍，由中央电视台主持人翟树杰主持。

5 月 20 日上午，中科院数学与系统科学院院长杨乐院士、中国人民大学前校长李文海教授分别作精彩演讲。

此论坛在社会上引起了巨大反响，新华社等各大媒体纷纷对此次论坛进行了报道；引发了全社会对于人文社会科学事业的关注，为人文社会科学界广泛认可，被公认为中国人文社会科学领域最高水平的论坛。

敦煌佛教艺术与文化国际学术研讨会

为进一步推动敦煌学专题研究的深入，2001 年 7 月 12—15 日兰州大学敦煌学研究所在 2000 年举办的“海峡两岸敦煌学丝绸之路学术研讨会”的基础上，联合台湾南华大学、美国密西根大学共同举办了以“敦煌佛教艺术与文化”为主题的国际性学术会议。

学术研讨会上，来自国内外的与会代表共 100 人，其中国外代表 18 人、台湾地区代

表44人、大陆地区代表38人，共提交学术论文41篇，就敦煌佛教历史、藏经洞出土佛教文献、敦煌石窟艺术等问题进行了热烈的讨论和交流。

7月13—14日在兰州大学逸夫科学馆201室举行了学术会议。在13日上午的会议开幕式上，兰州大学校长李发伸教授、中国敦煌吐鲁番学会副会长郝春文教授、台湾南华大学依空法师和美国密西根大学端木三教授分别做了讲话。学术讨论共分23场，学者们分别就敦煌石窟艺术、佛教文献、佛教文化与佛教史等内容做了专题发言，并进行了热烈的讨论。最后，敦煌学研究所所长郑炳林教授在会议闭幕式上做了总结发言，高度评价了国内学者在敦煌佛教艺术与文化研究上的贡献，并为本次会议提交了高质量的学术论文，肯定了本次会议的学术水平。敦煌佛教艺术与文化国际学术研讨会的召开，无论对于推进敦煌学、佛学或者是增强海峡两岸与国内外敦煌学学术交流，都具有非常重要的意义。

7月12日、7月15—21日，与会代表对甘肃河西丝路和青海的文物古迹做了为期8天的学术考察。7月12日与会代表参观了位于兰州附近的炳灵寺石窟，在专题学术讨论之后，部分代表还考察了武威天梯山石窟、文庙、雷台汉墓、张掖大佛寺、马蹄寺、嘉峪关城楼、安西榆林窟、敦煌莫高窟、青海塔尔寺等佛教石窟遗址，获得了实际的认识。

本次学术研讨会是新世纪国内外所举办的第一次敦煌学国际性学术会议，兰州大学敦煌学研究所作为教育部人文社会科学重点研究基地，肩负着引导全国敦煌学研究的重大责任，并保持与国际学术界的文化交流，使敦煌学研究达到国际先进水平。兰州大学敦煌学研究所在筹备本次会议时，进行了认真而充分的组织与准备，特别是得到了各级部门和领导的大力支持和密切配合，使敦煌佛教艺术与文化国际学术研讨会得以成功举办，将会议办成了具有一定规模和较高水平的学术会议，不仅大大地促进了中国大陆和中国台湾地区的友好学术交往，而且在国际上也拥有了良好的学术声誉。

欧洲文学与文学史国际研讨会

欧洲文学与文学史国际研讨会于2001年10月9—12日在北京大学召开，旨在庆祝北京大学外国语学院承担的国家社科“八五”规划重点项目新编《欧洲文学史》出版，并借此推进国内外国文学教学与研究。

国家重点社科项目新编《欧洲文学史》(3卷4册，共220万字）至2001年8月全部出齐。这套文学史的“新”是相对杨周翰、吴达元和赵萝蕤先生于20世纪60—70年代主编的《欧洲文学史》(2卷本，60万字）而言的。此书篇幅浩瀚，编写历时七八年，由北京大学外国语学院李赋宁先生任主编，英、德、法、西、俄文系共同担纲组成了编委会，参加编写的作者达90多人。除了北京大学自身的教授学者外，加盟编写的还有全国十三四所高等院校和研究机构的专家以及港台和海外华人学者。

此书的出版是我国外国文学界的一件大事，它填补了我国近半个世纪欧洲文学科研方向的空白。这部文学史以唯物主义历史观为指导，并吸收了国内外文学领域的前沿成果，关注文学与政治、文化、宗教的互动关系，以及欧洲各国文学间的交流与对话，在先进性和科学性方面达到了优秀水平。该书出版后相继获得了 2002 年北京大学第八届人文社会科学优秀成果一等奖、2002 年北京市第七届哲学社会科学优秀成果一等奖和 2006 年教育部第四届高校人文社会科学研究优秀成果一等奖，还得到各方好评，并成为许多大学的外国文学课程主要参考用书。在这样的背景下，以此书的出版为契机，此书编委会与北京大学社会科学学部、北京大学欧美文学中心和商务印书馆联合发起并召开了这个“欧洲文学与文学史”国际研讨会。

参加这次会议的有 100 多人，除了北京大学的专家，到会的有很多国内的著名教授和学者，如中国社会科学院外国文学所英美文学专家陆建德、法国文学专家郭宏安、北京师范大学俄罗斯文学教授张冰、北京外国语大学俄罗斯文学教授张建华、南京师范大学资深俄国文学教授汪介之、东北师范大学外国文学教授刘建军等。来自俄罗斯、美国、西班牙、德国、比利时、法国、南非、以色列和加拿大的 20 多位国际知名学者分别在会议上做了精彩发言。

此次会议大会发言和分组发言人次占三分之二的参会人数，研讨议题围绕欧洲文学和文学史两大方面，涉及面很广，包括欧洲文学教学和编写文学史的一些基本问题，文学史和文学理论探讨和经典诠释、评介，还有中国文学和欧洲文学之间，及欧洲国别文学之间的比较，内容丰富、色彩纷呈。会上讨论十分热烈，有不少高质量的发言。

会后，在北京大学负责文科院系的何芳川副校长、社会科学部、外国语学院、欧美文学中心等各方面的大力支持下，将这次会议的论文集结、整理，由民族出版社出版了《当代欧洲文学纵横谈》(主编：刘意青、罗芃，2003 年 4 月版，书号为 ISBN 7-105-05435-2/1・1201）一书。这部会议论文集是这次举办国际学术会议的成果，它见证了北京大学圆满完成国家重点社科项目——新编《欧洲文学史》，并召开了具有历史意义的重大国际学术会议。

中加批准与实施人权公约国际研讨会

2001 年 10 月 25—26 日，中国政法大学刑事法律研究中心、加拿大刑法改革与刑事政策研究中心在北京友谊宾馆主办“中加批准与实施人权公约国际研讨会”。最高人民法院、司法部、外交部有关人员，中国法学会、中国社科院、北京大学、中国公安大学的有关专家学者及中国政法大学副校长张桂琳、刑事法律研究中心成员出席了研讨会。

在此次国际研讨会上，与会者围绕人权公约的批准程序和实施情况、公正审判的基本要求和衡量标准以及排除规则的选用三大议题进行了深入、细致的讨论。其内容主要涉及国际人权公约与国内法的协调和与人权公约有关的几个核心问题，如公正审判、沉默权和非法证据的排除规则等。知名法学家陈光中、卞建林等在研讨会上做了精彩的发言。

我国政府于1998年10月5日就签署了《公民权利和政治权利国际公约》(即国际人权公约)。根据我国宪法和1990年的缔结条约程序法，该公约须经全国人民代表大会常务委员会审查批准才能在中国生效并付诸实施。中国如何批准和实施该公约，不仅对中国来说是一件大事，也为世界各国所瞩目。在此历史背景下，与会者就两国在人权公约的加入和实施方面的法律制度和司法实践进行了深入的比较研究。他们相信，这种研究对中国司法制度的改革与完善以及人权公约在中国的批准和实施都将产生积极的影响。

中美行政诉讼法国际研讨会

2002年1月22—23日，中国政法大学诉讼法学研究中心和美国耶鲁大学中国法研究中心共同举办的中美行政诉讼法国际研讨会在北京举行。全国人大法工委张春生副主任、中国政法大学校长徐显明教授、诉讼法学研究中心主任樊崇义教授、国家行政学院应松年教授出席开幕式，美国联邦巡回上诉法院布莱森法官、耶鲁大学中国法研究中心主任葛维宝教授、彼得·沙克教授、弗拉德克教授、柯杰森教授等美方专家以及马怀德教授、宋英辉教授、胡建森教授、方世荣教授等国内十几所高校的30多位学者出席了研讨会，国务院法制办青锋司长、最高人民法院行政庭赵大光副庭长等来自实践部门的十几位同志也参加了研讨会。

徐显明校长在开幕式上致辞强调，真正意义的权利是能够通过诉讼救济的权利，修改《行政诉讼法》是完善人权保障的重要措施。张春生副主任客观中肯地评价了《行政诉讼法》，指出修改《行政诉讼法》需要全方位的借鉴，广泛的学术交流和合作是非常必要的。

本次研讨会旨在通过国际间的学术交流，为修改我国的《行政诉讼法》以及建构独立、公正的行政审判体制积累资源。在会议上，学者们就“可受审查救济的权利”、“抽象行政行为的司法审查”、“行政诉讼中的原告资格与被告的确定”以及“法院所能采用的救济方式和案件的执行方法”等四项议题进行了热烈广泛的探讨。与会学者们认为，司法审查的范围是一个非常重要但又相当复杂的问题，事关公民权利的保障，同时又牵涉司法权与行政权的划分。公民的诉讼权利是宪法权利而不可剥夺，司法审查尽管有例外，但其范围在不断扩大，抽象行政行为在许多国家都被纳入审查的范围。我国行政诉讼的受案范围太窄，可获救济的权利仅限于人身权和财产权，抽象行政行为被排除审查。这些与现代行政诉讼的发展方向不符，且与我国加入WTO后承担的国际法律义务直接冲突，因而应当在修改《行政诉讼法》时扩大司法审查的范围；科学合理地界定原告资格的取得条件与准确地确定被告，也是行政诉讼理论与实践中的重大问题。从历史发展来看，行政诉讼的原告资格经历了一个不断扩展的过程，只要是法律所保护的权利被行政行为侵犯，权利主体即应有起诉资格。我国《行政诉讼法》对于原告资格的规定过于笼统，法院在适用时经历了一个由严到宽的过程，目前的“法律上的利害关系”标准虽有进步，但尚不够清晰，有赖于确立更具体的标准和规则。此外，在某些特殊情形下确定被告也需要确立一些特别的规则；法院可采用的救济方式和裁判的执行方法决定了法院可对原告提供什么样的救济以及此种救济能否真正实现，《行政诉讼法》规定的裁判种类有所缺失，最高人民法院的司法解释对此进行了弥补，但何种情形适用何种裁判手段仍需进行类型化的研究。执行难是困扰《行政诉讼法》实施的重大障碍，法院如何针对行政机关有效地执行其裁判也是需要结合国情深入研究的问题。总之，《行政诉讼法》已实施12年，对变动不居的社会生活在诸多方面已渐不适应，必须及时修改以使其与时俱进，关键是要使未来的行政诉讼制度更具开放性和可操作性。

此次研讨会始终洋溢着活泼热烈的学术气氛，有些学者不时地直接以英语与美方学者交流，反映出与会学者们具有深厚的学术素养。

这次学术交流对我国进一步认识美国的司法审查制度及修改、完善我国的行政诉讼制度具有重要意义，对通过修改《行政诉讼法》更为广泛深入地保护公民权利，推动和促进行政审判体制乃至司法体制改革和建立独立、公正的司法制度也将产生非常积极的影响。

中德银行和资本市场法律研讨会

2002年5月6—7日，由中国政法大学经济法系、德国科隆大学欧洲与国际合作法律中心合办的中德银行和资本市场法律研讨会在国宾酒店召开。

中国政法大学副校长朱勇教授、德国科隆大学霍恩教授在开幕式上致词。中国政法大学经济法系主任王卫国教授主持了本次研讨会。全国人大财经委副主任委员蒋心雄，华夏银行副总经理李琦，中国人民银行条法司处长文海星，北京大学副校长吴志攀以及德国科隆大学和中国政法大学的专家学者，中国银行界、金融界的有关人士参加了这次会议。

本次研讨会共分为9个单元进行，每个单元邀请1名主席主持，另有2~3名学者围绕一个中心议题作主题发言，最后进行20分钟的讨论。整场研讨会紧张而有序地进行，与会学者、银行家及金融界人士针对目前国内外金融市场的现状及发展趋势提出了许多建设性的意见和建议。

会议的第一部分是“关于WTO与中国金融法”的特别报告，由科隆大学的霍恩教授担任主席。全国人大财经委主任朱少平首先作了主题为“入世后中国资本市场立法”的发言。他认为加入世贸组织使我国经济直面国际市场，资本市场也不例外。加入WTO对中国的资本市场冲击很大，面对这种形式，中国的资本市场一方面要迅速成长，另一方面要应对压力。他还就加入世贸组织后我国的立法问题重点谈了几点建议。

中国人民银行条法司副司长庞继英接着就该主题作了“入世后的中国银行法”的报告。他指出中国金融市场存在的问题在于：（1）利率仍没市场化；（2）没有实现上下资本可兑换，资本项目管制仍存在；（3）实行分业经营。他同时还提出了几点想法：一是将合规性监管向风险性监管转移；二是防范金融风险；三是为过渡期制定一些外资、中资银行同等适用的法律。

北京大学法学院的李东方博士后最后就该问题作了题为“加入WTO中国证券市场所面临的挑战及我们的对策”的报告。他在报告中首先提出了我国加入WTO后所面临的风险。我国证券市场产生时间短，发展水平低，市场规模小，容易被大资金所控制。而我国国内证券经营机构垄断市场的地位将被打破，在外资银行、外资基金公司和证券公司的压力下，我国金融体系原有的均衡将被打破，中资机构可能一时难以适应变化而失去部分市场分额，而目前经营状况出现问题的机构可能会出现动荡和危机，进而危及我国的金融安全。此外，我国目前的金融监管落后于市场开放的要求，监管水平不适应资本市场开放的要求，监管体制将受到严峻的挑战。面临这些风险，我国一方面要主动调整国内法律制度框架、政策安排，加大力度发展和完善证券市场；同时我们也要积极维护我国金融安全和经济安全。所以我国证券市场的开放应该分为三个阶段实现。第一阶段，在今后3~5年内，着重完善国内证券市场的建设，适当引入股权式的国际资本；第二阶段，在5~10年内，有限制地间接开放证券市场，有条件地放宽外资和国外金融机构的准入条件；第三阶段，10年以后，基本实现证券市场的开放。

此外，会上专家学者们还讨论了“银行与金融机构监管”、“金融资产和银行破产”、“资本市场规制”、“资本市场监管的德国经验”、“资本市场中的投资者“、“资本市场中的证券”、“机构投资者”等主题。中德双方的学者在会上积极发言讨论，双方达到了很好的沟通和交流的效果。

亚洲与发展：宗教与文化国际学术研讨会

2002年10月10—11日，由四川大学道教与宗教文化研究所主办的“亚洲与发展：宗教与文化”国际学术研讨会在四川大学红瓦寺宾馆学术报告厅成功举行。来自国内、国际的专家学者就宗教在新世纪的发展走向分别作了精彩的发言和热烈的探讨。

四川大学李刚教授作了题为“道教人生哲学”的发言。他认为道教关于人生哲学的探讨和海德格尔的存在主义哲学有很大相通之处，“诗意人生”是道教人生哲学的理想目标，“在此”是道教人生哲学的基本特征。他指出，道教人生哲学给现代人生留下了这样一些启示：道教人生哲学启发人知道生命的意义在于返璞归真，将人生提升到充满艺术精神的境界；道教人生哲学中不乏人类生活经验、处世经验的总结，可资现代人借鉴；道教人生哲学主张天人合一，对自然环境采取保护措施，可启发人们建立自觉的环保意识等。

四川大学林庆华讲师在题为“中国传统宗教的遗产：汉斯·昆”的发言中指出，宗教对话是出现在当代世界文化界的一个重要现象，汉斯·昆教授从基督教与中国传统宗教的对比中探询了中国传统宗教的主要特点，从而展示了中国传统宗教对人类社会可能具有的重大贡献。这些贡献表现在哲学遗产、人生态度、生态问题等各方面。因此，他认为深入研究中国传统宗教是非常有必要的。

韩国江南大学教育学系的金东基教授作了题为“宗教心理学的接近”的发言。他认为，在过去的25年中，对心理学和宗教关系的研究急剧增加，最近的宗教心理学著作很多，方法多样，显示了宗教心理学作为一门新兴学科的活力。通过宗教心理学的研究，希望可以解决赋予人类以意义的宗教研究和学术研究中的争论，同时对各种文化遗产进行文化性批判。

来自韩国的黄在夏教授就“经济和宗教、伦理的关系”问题作了发言。他在对马克斯·韦伯的基督教伦理精神进行了回顾后，对宗教与经济伦理的关系作了新的分析，并指出，任何国家在发展经济时，都不能忽视宗教在伦理方面的重要价值。

洪顺锡教授、闵丙三教授以及国内学者李裴、陈霞、丁培仁等分别作了精彩发言。

中韩传统法律与伦理社会学术研讨会

2003年9月26日，中国政法大学法律史学研究中心主办的“中韩传统法律与伦理社会”学术研讨会召开。来自韩国汉城大学的郑肯植教授、李元泽教授，中国政法大学张晋藩教授、朱勇教授、郭成伟教授出席了研讨会。与会者还包括中国政法大学法律史学研究中心和法学院的林乾教授、崔永东教授、王宏治教授、李青博士、顾元博士、王心宇博士等从事法律史学研究的学者以及韩国留学生、法律史专业研究生等共约30人。

研讨会由法律史学研究中心副主任林乾教授主持。中国政法大学副校长朱勇教授致欢迎辞。他代表中国政法大学对韩国学者的来访表示热烈的欢迎。他说，中韩两国自古以来就有友好交往的历史，在传统法律文化、社会风情、民俗习惯等方面有许多相通之处。他希望能够以此次研讨会为契机，进一步推动中韩两国法律史学的学术交流活动。中国政法大学终身教授张晋藩先生也发表了热情洋溢的即席讲话。他愉快地回忆起10余年前对韩国进行学术访问的情景以及与汉城大学前法律系主任、资深的法律史学者朴炳豪教授之间建立的深情厚谊，殷切期望在座的中韩两国中青年一代学者能够完成他与朴教授未了的组建“中韩法文化史协会”的心愿，并为促进双方法文化交流与发展而共同努力。张先生还向韩国客人介绍了中国政法大学国家重点学科法律史学研究中心的研究成果和近期科研计划，并鼓励该中心研究人员继续艰苦努力，把中心办成世界上中国法律史学科学研究和国际交流的真正中心。

研讨会举行了四场专题学术报告和讨论，分别为郑肯植教授：《宗法制祭祀的继承和家族的变化》；李元泽教授：《19世纪丁若镛的复仇论——以〈钦钦新书〉（经史要义）为中心》；崔永东教授：《从中国古代社会的复仇现象看孝道与法律的关系》；顾元博士：《体制与道德的背叛：中国传统司法的背景及其困境》。会议论题集中，针对性强，讨论热烈，学术气氛浓厚。中国政法大学科研处处长郭成伟教授作了闭幕发言。会后举行了简短的赠书仪式，汉城大学向中国政法大学法律史学研究中心赠送了中韩文对照的《大明律》(洪武二十二年律）影印本，我方则回赠了由张晋藩教授主编的《中国法制通史》(十卷本)、《中国民法通史》和《中国法律的传统与近代转型》。

第一届世界课程大会

华东师范大学课程与教学研究所主办的第一届世界课程大会，于2003年10月27—29日在上海华东师范大学隆重召开。

“国际课程研究促进协会”是世界课程研究领域的唯一国际学术权威机构，该协会决定每3年举办一次世界课程大会。第一届世界课程大会在中国上海召开，显示了该协会对我国课程研究的重视，也标志着我国基础教育改革与课程研究所取得的成绩为世人瞩目。来自美、加、日、英、法、韩、以色列、印度、南非、菲律宾和中国香港、台湾等20多个国家和地区的80多位专家、学者和200多名中国大陆的学者莅临会议。国际课程研究促进协会主席 William Pinar 作为代表致祝贺词，华东师范大学副校长马钦荣教授代表学校致开幕词。

我国教育部基础教育司副司长朱慕菊到会祝贺，并作了《走向未来——转型中的中国基础教育课程》的主题演讲。她介绍了我国2000年开始的第八次基础教育课程改革基本情况，在谈到课程改革有何突破时指出：新课程改变了课程功能——由过于注重知识传授转变为学会学习和形成正确价值观；改变了课程结构——由过于强调学科本位、科目过多和缺乏整合转变为均衡性、综合性、选择性；改变了课程内容——由过于注重书本知识转变为课程内容与社会进步、科技发展、学生经验相联系；改变了教与学的方式——由过于强调接受学习、死记硬背、机械训练，转变为参与、探究、实践、合作、交流、师生互动、学习共同体；改变了评价的功能——由过去的甄别与选拔转变为促进学生、学校发展，教师提高，改进教学实践；改变了课程管理——由国家集中管理转变为国家、地方、学校三级管理。她还强调：在改革的过程中要由政府、学校、教师、家长、学生等多方参与，对教育观念、理论、教育内容、教学方式、学习方式、评价等全程进行批判性反思，追求变革的深刻性和精致程度，推进大规模的、教师积极热情自主参与的、自下而上的变革。

世界课程促进协会主席、美国路易斯安纳大学教授 William Pinar 以饱满的热情向大会致辞后，作了题为“构建连接中国和北美课程研究的桥梁”的演讲。他代表世界课程促进协会，真诚祝愿这次会议成为连接中国与世界课程研究的桥梁。

世界课程促进协会执委、华东师范大学课程与教学研究所所长、本次大会主席钟启泉教授作了《中国基础教育课程改革：问题与行动》的专题演讲。他指出，中国大陆正在开展的第八次基础教育课程改革是一种从“控权”到“赋权”，从“大一统”到“多元化”的新型“课程文化”的创造。但由于旧有课程文化所造成的形形色色的思想障碍和陈规陋习，课程改革目前面临着诸多迫在眉睫的问题。他从观念与制度层面论述了课程改革所应采取的行动策略：（1）返璞归真，诚信为本；（2）和而不同，专业对话；（3）网络组织，文化再造。

3天的会议中有20多位中外专家和学者进行了大会发言。会议期间设立了6个分会场，每天下午进行分组讨论，代表们就“课程理念”、“课程实践”、“各国课程改革”、

“教师专业发展”、“学科课程”等相关问题进行了专题研讨，有90多位学者在研讨中发言阐述自己的学术观点。

本次会议有20多所课程改革的实验学校参加，有10多所中小学派出了20多位校级领导出席了大会，并参与世界课程的交流。本次大会受到了多家媒体的关注。会议开得圆满成功，收获巨大。

国有资产监管体制与公共财政制度改革国际会议

2003年10月24—26日，“国有资产监管体制与公共财政制度改革国际会议”在厦门大学召开。此次会议由国家发展和改革委员会经济体制与管理研究所与厦门大学经济学院联合举办，厦门大学财政系、厦门大学公共财政研究中心与厦门大学财政科学研究所联合承办。

参加会议的代表分别来自世界银行、Monash大学、国家发展和改革委员会、国务院发展研究中心、中国社会科学院财贸经济研究所、财政部财政科学研究所、北京大学、中国人民大学、武汉大学、中山大学、山东大学、上海财经大学、厦门大学等30多个高校和单位，以及人民日报社、中国财政经济出版社等新闻出版单位。厦门大学副校长吴世农，厦门市委常委、常务副市长丁国炎和福建省财政厅副厅长林永经在开幕式上作了热情洋溢的讲话。世界银行高级经济学家William Mako、Monash大学Russell Smyth教授、国务院发展研究中心知名国资专家张文魁研究员、武汉大学常务副校长吴俊培教授、财政部科研所副所长王朝才研究员、国家发改委经济体制与管理研究所书记李保民博士和我国著名财政经济学家、厦门大学财政系邓子基教授等人作了大会发言。此外，世界银行高级经济学家张春霖等人向会议提交了论文。

国有资产监管体制改革是我国经济体制改革的一项重要内容。中央强调要建立健全国有资产监管体制，深化国有企业改革，推进财政管理体制改革。在新的历史条件下，如何顺应时代的要求，进一步推进我国国有资产监督体制和公共财政制度改革的步伐，是摆在我们面前的一项重大课题。与会代表就我国国有资产监管体制与公共财政制度之间的关系、国有企业改革及国有资产监管体制改革等理论和现实问题各抒己见，进行了热烈讨论。专家们的观点为国有资产监管体制与公共财政制度改革提供了理论依据和现实指导。本次国际会议的论文于会后结集出版。

欧洲立宪与公共政策暨中欧比较制度分析国际学术研讨会

2003年10月18日，由中国人民大学制度分析与公共政策研究中心主办的“欧洲立宪与公共政策暨中欧比较制度分析”国际学术研讨会在中国人民大学召开。

来自欧洲相关研究领域的著名专家和中国行政管理学会、中国社会科学院、中国人民大学、北京大学、清华大学、浙江大学、中国政法大学、北京航空航天大学、北京师范大学、南开大学、中共中央党校、国家行政学院、北京行政学院等10多所高校、科研院所的50多名国内专家学者和荷兰籍欧洲议会议员、欧洲制宪委员会委员德弗里斯先生（De Vries），德国反垄断委员会前主席、著名经济学家默舍尔教授（Prof. Moeschel）和德国维藤大学何安耐研究员等与会外籍专家出席了会议。

中国行政管理学会常务副会长、秘书长高小平，中国行政管理学会副会长、中国人民大学公共管理学院院长董克用教授与德国维藤大学研究员何安耐先生致开幕辞。

本次大会围绕欧洲立宪与中欧制度比较分析的主题，分别从欧盟立宪和联邦化的背景、特点、趋势和当前的讨论；欧盟立宪的财政维度和中国改革；欧盟与德国处理政府间关系的一些基本原则；地方自治和宪政：欧盟与美国的经验四个方面进行了研究探讨。此外，各位专家还就国家治理中的集权与分权、中国现行财政体制、民主与自治在当今中国地方自治中的关系等问题进行了广泛讨论。

梁启超与近代中国社会文化国际学术研讨会

南开大学历史学院中国近现代史研究所、今晚报社、河北区人民政府、天津古籍出版社和天津市梁启超研究会联合主办，中远散货运输有限公司远洋宾馆协办的纪念梁启超诞辰130周年“梁启超与近代中国社会文化”国际学术研讨会于2003年10月13—15日在天津召开。天津市委常委、宣传部长肖怀远出席开幕式并讲话。来自美、法、德、日、韩等国家和中国两岸三地150位专家学者参加会议。梁启超之子、中科院院士梁思礼，梁启超之孙、著名学者梁从诫等梁氏后裔一行近20人也专程赴会。

南开大学党委副书记兼副校长张静在开幕式上致词，介绍了梁启超与南开大学的深厚感情。开幕式上，汤志钧、张玉法、巴蒂斯等著名学者先后发言，重点研讨了梁启超在政治运动中对国民态度的转变、1919年梁启超游法及晚年贬低欧洲的社会文化思想等问题。会议期间，与会专家就相关学术问题展开了多场分组讨论，对梁启超学术思想发表了真知灼见，多角度、多层次地阐述了研究梁启超的最新成果。

2003年是梁启超诞辰130周年，适逢南开大学历史系建系80周年，主办“梁启超与近代中国社会文化”国际学术研讨会，是对这位学术大师的最好缅怀。此次会议也是南开大学与校外多家机构联合主办的高规格学术会议，各单位充分发挥各自优势，实现互补、共享，使会议圆满成功，对于进一步宣传办学成就、展示科研水平、扩大在海内外的影响是一次积极有益的尝试。

新世纪汉语史发展与展望国际研讨会

2003年12月26—29日，浙江大学汉语史研究中心和中国社会科学院语言研究所联合主办的新世纪汉语史发展与展望国际学术研讨会在浙江杭州举行。共有60余位来自全国各地及海外的专家学者出席了会议，其中包括中国香港、台湾地区以及美国、日本、德国、法国、加拿大等国家和地区的学者15人，共收到论文59篇。

浙江大学汉语史研究中心副主任、浙江大学古籍研究所所长张涌泉教授和中国社会科学院语言研究所历史语言研究一室副主任吴福祥研究员共同主持了开幕式。中国社会科学院语言研究所所长沈家煊研究员、浙江大学汉语史研究中心主任方一新教授、中国社会科学院语言研究所历史语言研究一室主任曹广顺研究员分别讲话，介绍了会议的缘起、目的以及筹备过程等。

会议论文报告会共8场（包括青年论坛2场）。大会自由发言时，由北京大学蒋绍愚教授、浙江大学汉语史研究中心王云路教授主持。最后，王云路教授作大会总结。

本次会议的特点：(1) 十分浓郁的理论色彩。参加本次会议的一些学者有的本来就是从事理论研究的，有的长期在国外从事研究工作，熟悉西方最新的语言学理论。他们将这些最新的理论介绍给与会学者，使得这次会议理论色彩特别浓郁。(2) 非常扎实的材料功夫。这次会议的论文，都非常重视材料的分析甄别，注重语言事实的发掘。(3) 坦诚宽松的学术氛围。这次会议各种流派、各种方法兼容并包，没有意气之争，呈现出一种宽松的学术氛围。(4) 相对集中的研究热点。从提交的论文来看，汉语语法史研究的论文占总数的1/3，成为热点。同时，语言材料的年代及其真伪问题也引起了诸多学者的关注。

中美人权学术研讨会

2003年12月13—14日，中国政法大学人权与人道主义法研究所与美国乔治城法律中心在北京友谊宾馆召开了中美人权学术研讨会。此次研讨会是为增进国际间交流，并纪念《世界人权宣言》发表55周年而召开的。

中国政法大学校长徐显明教授，中国原驻联合国大使、人权专家范国祥先生，《中国法学》前任主编郭道晖先生，中国社会科学院李步云先生，美国乔治城大学法律中心副主任 James V. Feinerman 教授、Viet Dinh 教授、Vicki Jackson 教授，华盛顿大学法学院 Donald Clarke 教授，香港大学 Carole Petersen 教授以及来自北京大学、清华大学、中国政法大学、中国人权研究会、法律出版社、《中国律师》、《中国司法》等单位的数十位知名学者出席了研讨会。

徐显明教授在开幕辞中指出中美两国学者间的交流应成为促进两国学术共同发展的一座桥梁，中美双方可以在学术问题达成共识、消除歧见。同时他也希望能把这种交流的形式固定化，每两三年举行一次，并在时机成熟时发出倡议，邀请更多的海内外学者参与。

在为期两天的研讨会上，学者们围绕着"国际与国内人权立法的关系，人权与宪政的关系，经济、社会、文化视角中的人权保护，司法中的人权保护"四个主题进行了广泛而深入的探讨。中国政法大学方流芳、郑永流、舒国滢、莫世健、许传玺等教授在会上做了精彩发言。美国乔治城大学法律中心和华盛顿法学院多位专家就美国人权制度进行了介绍并详细回答了中方学者提出的问题。双方对中国宪法如何设置人权以及在司法领域的实现两个方面尤为关注，提出了许多相关问题并进行了热烈讨论。

徐显明校长在会议总结中指出，人权的概念、人权与人权主体、人权的保障是一直以来研究的主题，这些研究应该进一步创新和发展。

东亚汉文化圈与中国关系国际学术会议

2004年2月16—19日，由中国中外关系史学会、复旦大学及上海外国语大学共同主办，复旦大学韩国研究中心和上海外国语大学国际问题研究所合作承办的"东亚汉文化圈与中国关系"国际学术会议暨中国中外关系史学会2004年年会在复旦大学举行。来自全国25个省市自治区、香港特别行政区以及韩国、日本和美国的150多位专家学者参加了本次会议，并提交论文70余篇。复旦大学副校长薛明扬、中国中外关系史学会会长耿升先后致辞。复旦大学韩国研究中心主任石源华教授主持了会议。本次年会是近年来中外关系史学界层次较高、规模较大的一次学术盛会。

随着中国经济的快速发展，对中国和平崛起的研究日益引起国内外，尤其是传统汉文化圈国家的专家学者的重视。存在了几千年之久的东亚汉文化圈在近现代以来发生了巨大而深刻的变化，在中国和平崛起和全球化进程日益加速的双重国际背景下，汉文化圈将来的演变方向、东亚国家之间相互关系的发展走向以及中国在崛起过程中和崛起后对东亚国家的外交政策已成为中外关系史学界和国际关系学界研究的热门话题。

代表们以历史、现状和未来三个时段，从政治、经济、文化等多层次、多角度系统、全面地总结和研讨了东亚汉文化圈及汉文化圈国家间关系的形成过程、历史演变、现实状况以及未来发展的走向。会议共举行2场大会报告和16场分会场报告。学者们研讨的主要内容分为以下六个议题：（1）大中华帝国时代：中国与东亚汉文化圈关系体系以及东亚国家在汉文化圈中的地位与作用；（2）列强东侵时代：中国与东亚汉文化圈关系的裂变暨日本灭亡韩国和侵略中国对汉文化圈的冲击；（3）两次世界大战期间：中国与东亚汉文化圈各民族独立运动互相支持暨东亚各民族共同抗击日本法西斯的重大意义；（4）

冷战时代：中国与东亚汉文化圈国家关系的扭曲暨中国的东亚政策；（5）后冷战时代：中国与东亚汉文化圈国家关系的全面调整暨中国的东亚政策；（6）全球化时代：中国与东亚汉文化圈国家实现区域合作的前景、模式暨21世纪中国与东亚关系的展望。

传播与社会秩序国际学术研讨会

2004年4月23—25日，浙江大学新闻与传播学院主办的“传播与社会秩序”国际学术研讨会在浙江大学召开。来自美国、日本、意大利和瑞典等国家的专家学者，以及港澳台地区和大陆等新闻传播界的著名人士和中青年精英120余名代表与会。会议主题为：国际传播新秩序、战争·恐怖主义·大众传播、信息公开制度与公众知情权、传媒与社会公正、舆论监督与媒体的权利、传媒与政府形象、谣言的传播与遏制、文化经济一体化与“文化帝国主义”、大众传播与日常生活等方面的问题。

会议讨论了以下主要内容：

（1）国际传播新秩序。

在信息传播社会里，研究如何应对国际传播带来的新挑战，提出建立国际传播新秩序的理论构想，进而采取相应措施，遏制西方在国际传播中的话语霸权等，不仅具有很重要的理论意义，也具有很重要的实践意义。

（2）战争·恐怖主义·大众传播。

战争时期必然使社会秩序遭遇破坏，战争时期也通常是大众传播的异常活跃阶段。随着时代的发展，传媒在现代战争中起着不可或缺的作用。近年来全球范围内的战争此起彼伏，深刻地影响着人们的生活。

（3）传播生态·媒体文化批判。

传播生态是近来兴起的一个重要话题，传播生态系统的平衡是推动社会文化进步的动力。浙江大学传播研究所博士生陈兵从宏观层面发出“拯救传播”的预警，认为我国的传播生态处于失衡的危险边缘，并列举了五大生态危机，提出了六条保持传播生态平衡的对策。

（4）政府·传媒·大众生活。

在世界朝向全球化发展的时代，社会环境中的不稳定因素日益加剧，各领域的突发事件不断增多，突发性灾难性事件的传播无论是作为文化现象还是作为传播学命题，都具有不容忽视的意义。公共突发性事件报道能够展现政府、媒体、大众三方的密切互动关系和各自角色。政府的危机管理问题、信息公开制度和公众知情权问题、谣言传播问题、传播与大众日常生活问题等都是由此开拓的研究领域。

政府危机管理是全球化社会对现代政府提出的重大课题。信息管理系统作为公共危机应急总系统的一个分支，是政府危机管理中的一个强效有力的“软武器”。与会者从不同角度对此话题发表各自看法。

（5）传播实务与社会影响。

传播是活动着的传播，与会者当然不会忽视传播实务的研究。与会者对媒体假新闻、媒体健忘症、泛性化倾向等诸多传播实践中存在的问题进行了传播学批判，同时也就如何处理采访被拒、如何正确认识和运用负面报道、如何开发受众资源等诸多传播实务的改善进行广泛讨论。

（6）传播与新媒体。

网络已成为人们生活的一部分，对新媒体传播的研究早已成为研究者不可回避的一大话题。与会者对网络的了解或研究，没有只停留在技术层面，而从理论建设、思想文化、社会机理等方面展开深入讨论。

（7）广告与媒介经营管理。

在当代传媒世界和大众生活中，广告无疑是最具渗透力的传播内容。与会者对广告传播进行了较丰富的讨论。

（8）传播学学科建设及其他。

与会者还对传播学学科建设及相关问题进行了热烈讨论。随着社会新兴学科的发展和社会对传播学需求的增加，传播学的一些根本性命题受到传播学界的关注，特别是本土化、跨学科发展等关系我国传播学发展策略性的问题，更是成为国内传播学界讨论的热门话题。

世界经济体制下的民国时期经济国际学术讨论会

“世界经济体制下的民国时期经济”国际学术讨论会于2004年6月5—6日在南开大学伯苓楼召开。会议由中国经济史学会近代经济史专业委员会、天津社会科学院和南开大学经济学院共同倡办。来自中国社会科学院、上海社会科学院、天津社会科学院、台湾“中央研究院”以及清华大学、复旦大学、南京大学、中央财经大学、美国加州大学洛杉矶分校、日本东京都第一桥大学、韩国庆北大学、香港中文大学等国内外10多家高校和研究机构的60余位专家学者齐聚南开大学，共同研讨1911—1937年间的中国经济、金融的发展状况。

南开大学副校长逄锦聚出席会议开幕式并讲话。他指出，南开大学经济史学科是全国唯一的经济史重点学科，在全国经济史领域具有举足轻重的地位。此次国际讨论会的召开必将起到扩大影响、促进交流、推动中国经济史学科发展的作用。中国经济史学会近代经济史专业委员会副主任、复旦大学历史系教授朱荫贵在开幕式上致辞，感谢南开大学为会议成功举行而付出的努力。

与会专家学者在两天会期中，分别就“民国时期中国的工业发展”、“民国时期法律的变化和保证人的责任”、“裁厘加税运动与民国直接税运动的发展”、“近代中国政府财政收支与商业银行关系”、“中国近代家庭的规模”、“国民政府1935年的币制改革”、“世界市场的融合与中国传统产业的命运”、“近代外贸类型分析及其对中国工业化的影响”、

"近代天津与上海金融联系的演变"、"近代中国的银行、汇率与进出口之间关系"等问题进行了深入研讨。

近代以来，中国被逐步纳入全球经济体系，民国成立至抗日战争前，中国经济的国际化、市场化程度已经达到了较高水平。与会专家学者认为，此次会议从世界经济体制的角度，以现代化、全球化的视野探讨这一时期中国经济的转型，探讨中国经济与世界经济的交流与互动，对于经济日益全球化的当代中国经济，特别是对于加入 WTO 后的中国经济发展，具有极强的理论意义和现实意义。

刑事审前程序改革国际研讨会

2004 年 6 月 26—27 日，中国政法大学诉讼法学研究中心主办的"刑事审前程序改革国际研讨会"在北京举行。

参加此次学术研讨会的代表近 120 人，包括来自英国、美国、荷兰、挪威、日本、韩国等国家，联合国开发计划署、欧盟欧洲委员会、福特基金会等驻华机构以及我国台湾、香港、澳门地区的专家、学者；来自我国全国人大法工委、国务院法制办、最高人民法院、最高人民检察院、司法部、公安部、教育部和其他各级司法实践部门的领导、专家；来自北京大学、中国人民大学、中国政法大学、清华大学、中国人民公安大学、复旦大学、四川大学、中南财经政法大学、中国社会科学院法学所等高等院校及科研机构的专家、学者，以及来自中央电视台、北京电视台、《人民日报》、《法制日报》、《检察日报》、《人民法院报》、《人民司法》、《人民检察》等媒体的代表。

在研讨会开幕式上，中国政法大学诉讼法学研究中心主任樊崇义教授、中国政法大学副校长朱勇教授以及诉讼法学研究中心名誉主任陈光中教授分别致辞；最高人民法院沈德咏副院长、公安部罗锋副部长、教育部社政司徐维凡副司长、联合国开发计划署驻华代表马和励先生以及香港城市大学法学院院长麦康威尔教授分别作了讲话。此外，因出国考察不能与会的中国政法大学校长徐显明教授还专门向大会发来了贺信。

这次研讨会是中国人民大学诉讼法学研究中心承担的联合国项目"刑事审前程序改革示范项目"执行计划的重要组成部分。该项目自 2002 年运行以来，开展了包括律师在刑事诉讼中介入第一次讯问和讯问时录音录像等多项课题研究活动，取得了一系列研究成果，获得了相当大的社会反响。在这次研讨会中，代表们围绕刑事审前程序改革中的正当程序与侦查制度改革、正当程序与强制措施制度、审前羁押制度改革、律师在审判前阶段的地位和作用、讯问时律师在场制度以及起诉裁量权等问题进行了深入而热烈的探讨。

刑事审前程序在整个刑事诉讼中居于十分重要的地位。审前程序中拘捕、搜查、扣押、讯问及追诉等活动对惩罚犯罪和保障人权具有极为重要的意义。因此，我国的刑事审判前程序不仅在理论上，而且在立法中均被置于十分重要的地位。但是，在我国，无论从理论研究还是在司法实践中，刑事审前程序还存在不少的问题。如何进一步完善刑事审前程序，如何使刑事审前程序为形成正确的实体认定提供保障机制，如何在审前程序中进一步加强人权保障，都是我国目前刑事诉讼程序急需予以解决的问题。因此，以刑事审前程序改革为题进行专门研讨，具有非常重要的理论意义和现实意义。

中国三农问题国际研讨会

中国留美经济学会（The Chinese Economists Society）和浙江大学共同主办，浙江大学经济学院、浙江大学农业现代化与农村发展研究中心和浙江大学民营经济研究中心联合承办，福特基金会、世界银行、国际粮食政策研究院、加拿大国际发展研究中心、浙江省台州市商业银行、农夫山泉股份有限公司、《经济研究》杂志社、《中国农村经济》杂志社、华夏英才基金等单位协办的“中国‘三农’问题国际研讨会”，于2004年6月25—27日在浙江大学隆重召开。来自海内外的专家学者200余人出席了本次研讨会。原国务院农村政策研究室主任、中央顾问委员会委员杜润生，国家财经领导小组办公室副主任、中共中央农村办公室主任陈锡文，国家体制改革研究会会长高尚全，诺贝尔经济学奖获得者Robert William Fogel，北京大学中国经济研究中心主任林毅夫等著名学者以及浙江省副省长茅临生、浙江大学党委书记张浚生教授等出席大会，并先后作了主题演讲和大会发言。

本次国际研讨会围绕加入WTO后的中国农业与农村经济发展、农村社会发展、农村政治民主与可持续发展的大会主题，从350多篇海内外征文作者中邀请了120篇录用论文作者参会。除大会主题演讲外，研讨会还围绕中国“三农”问题的20个相关专题进行了深入的分组交流。这20个专题包括：WTO与农产品国际贸易、粮食安全、中国与世界经济、投资环境、生产与市场效率、农业产业化与组织制度、农地制度与资源利用、经济转型与制度创新、税收与金融、农村劳动力市场、农村人口转移、农民收入增长、经济利益与收入分配、贫困与差距、乡村管理、城乡统筹与“三农”问题、农民的社会保障、乡村民主建设与村民自治、农村性别差距、农村发展中妇女的地位与作用等。

这是一次在我国将解决“三农”问题列为党和政府中心工作的背景下举办的高层次、大型国际研讨会。大会的成功举办将对我国的“三农”问题的相关政策的制定产生重要的影响。

佛教艺术与文化国际学术研讨会

教育部人文社会科学重点研究基地兰州大学敦煌学研究所与美国密西根大学中国文化研究所（Center for Chinese Studies University of Michigan）联合举办的“佛教艺术与文化”

国际学术研讨会，于2004年7月1—3日在兰州大学逸夫科学馆召开，来自中国、美国、英国、澳大利亚、比利时等国的专家学者共80人参加了会议，其中国外代表48人，国内代表32人。

会议开幕式由兰州大学敦煌学研究所所长郑炳林教授主持，美国密西根大学宁强教授、兰州大学副校长杨恕教授分别致辞。在会议期间，共分四场专题学术报告及相关讨论，梅林、郑炳林、魏文斌、谢生保、沙武田、张宝玺等6位国内代表和Amy Mcnair、Youngsook Pak、Roderic Whitfield、Lena Kim、Crystal Hui-Shu Yang等6位国外代表分别作了精彩的报告。

此次会议讨论的议题有三方面：（1）佛教艺术与文化；（2）敦煌石窟艺术；（3）丝绸之路佛教艺术与文化。本次会议共收到论文44篇，选取12篇在大会上作了交流。

会议闭幕式由美国密西根大学宁强教授主持。他表示要加强与兰州大学在敦煌学、佛教艺术等方面的学术交流。

与会代表还参观了兰州市博物馆、甘肃省博物馆、炳灵寺石窟等文物古迹。

此次会议是兰州大学敦煌学研究所继2001年“敦煌佛教艺术与文化国际学术研讨会”、2002年“麦积山石窟艺术与丝绸之路佛教文化国际学术研讨会”、“北石窟艺术与丝绸之路佛教文化国际学术研讨会”之后的第四次关于佛教艺术文化的专题性国际会议，可以说是对前三次地区性会议的总结与提升，取得了圆满的成功。

婚姻家庭法国际研讨会

2004年7月19—22日，由国际家庭法协会和中国政法大学共同举办的婚姻家庭法国际研讨会在北京友谊宾馆举行。来自美国、马来西亚、韩国、日本、挪威、法国、英国、匈牙利、俄罗斯、南斯拉夫、南非、意大利、澳大利亚、葡萄牙、西班牙、瑞典、荷兰、塞浦路斯、新加坡和奥地利的50余名外国学者与40名中国学者一起就“离婚原因和后果”这一议题进行了深入探讨。中国政法大学副校长朱勇、国际交流处处长杨勤活、国际教育学院院长夏吟兰、婚姻法专家巫昌桢等出席大会。

国际家庭法协会是由各国从事婚姻家庭法学理论研究和司法实践的教授、学者以及法官、律师等法律工作者组成的世界性学术团体。该学会每年轮流在世界各国召开学术研讨会。中国法学的发展特别是2001年4月对《婚姻法》的修订，引起了世界各国的普遍关注，也引起了国际家庭法协会的极大兴趣。鉴于中国政法大学在婚姻法学界的重要地位，国际家庭法协会主动提出与中国政法大学共同举办一次年会。

此次会议将议题确定为“离婚原因和后果”，有着深刻的社会原因。自20世纪60年代以来，各国修改了离婚制度，全面实行离婚自由，以无过错离婚制度取代了过错离婚制度，只要婚姻关系已经完全破裂，即可准予离婚。与此同时，各国也普遍出现了离婚率上升、单亲家庭增加、单亲母亲与子女生活贫困化的问题，面临着离婚后如何保护子女利益的挑战。这次在中国举行的婚姻家庭法研讨会以离婚制度为主题，正反映出各国学者对这一社会问题的普遍关注，并期待通过彼此间的探讨更好地认识和应对上述问题，从而对进一步修改离婚制度有所裨益。

会议期间，学者们就各国离婚制度中的诸多问题进行了详细的交流和讨论，包括离婚的法定理由、离婚救济措施、离婚对人及社会的影响等。

东南亚华人资本在中国与东南亚的流动国际学术研讨会

厦门大学东南亚研究中心与香港城市大学东南亚研究中心合办的“东南亚华人资本在中国与东南亚的流动”国际学术研讨会，于2004年9月24—25日在厦门大学召开。来自美国、韩国、丹麦、马来西亚和中国台湾等国家和地区的20余位学者、专家参加了此次大会。与会专家、学者共提交论文16篇。研讨会由厦门大学南洋研究院院长、东南亚研究中心主任庄国土教授主持。会议分“认识区域化整合与族裔资本”、“中国与东南亚经济的区域化整合”、“文化与政策机制之区域化调和”三个专题进行研讨。

香港城市大学东南亚研究中心副主任黄丽嫣博士在《探索区域化整合之文化型经济：中国与东南亚变动关系中的民族和资本因素》的发言中，批评目前许多相关著作带有文化主义倾向，假设文化的本质性作为解释华人在经济方面比原住民成功的理由，以及将社群主义精神作为一种文化因素，即所谓关系，用以解释华人成功的关键因素和来中国投资的动机。她认为，这种文化主义论者的定型做法是不成熟的，我们应该检视形成当前资本主义的多种经济、政治、文化及社会因素的互动以及相互渗透的过程。

丹麦哥本哈根北欧亚洲研究所高级研究员 Michael Jacobsen 博士作了《无中心的流散移民抑或扎根的都会性格？论东南亚国家的协约认同与国际联系》的发言。

厦门大学南洋研究院院长、东南亚研究中心主任庄国土教授作了《华人因素与中国—东协关系：福建的东南亚投资》的报告。厦门大学南洋研究院副院长王勤教授作了《中国与东盟经济的互补和竞争及其发展趋势》的报告。

台湾大学和台湾“中央研究院”的周素卿教授、陈东升教授与萧新煌教授，对过去20年台湾资金流向东南亚和大陆的轨迹进行了论述。

此外，在这一专题的讨论中，一些学者还围绕中国大陆国有企业与对东南亚的直接投资、东南亚与泛珠三角区域的经济合作与机会、马来西亚和新加坡企业对中国的投资、海外华商网络与中国企业的跨国经营等问题进行了深入、多层面的研讨。

东海大学通识教育中心教授兼主任古鸿廷教授在《台湾的南向政策》报告中，对台湾的南向政策进行了历史性的评述，对台湾“南向政策”的背景、原因及成效进行了系统的分析和阐释。

黄丽嫣博士、Dr. Michael Jacobsen 与张章旺先生的《摆荡在商机与情境制约之间——东南亚华裔商人对中国关系定位之评估》报告解析了由东南亚华族中小企业商人界定的各种关于“华人”的意涵结构，集中讨论了东南亚华人在本身安居的各个社会，进行各种社会及经济策略时，如何利用或不利用目前的中国新发展。同时，作者还关注到东南亚华人企业家如何利用经济、政治和文化的资源，在本土及全球的资本累积过程中创造和维持优势。文章还利用学术界对印度尼西亚、马来西亚及新加坡所做的关于华人企业家的研究成果，讨论了当华人企业家在他们居住的国家中，处理关于商业和社会融合策略的问题时，是否、如何及何时会打出“中国牌”。

华中师范大学历史文化学院李其荣教授的《合作、双赢、发展——中国与东南亚关系变化中的东南亚华人资本》文章，探讨了中国与东南亚关系变化中的华人资本在当地和世界经济中的地位，分析了东南亚华人资本成长的原因，针对东南亚华人资本面临的机遇与挑战，提出了中国与东南亚政府以及华族社会实行“双赢”与发展的原因、途径和前景。

经济全球化与21世纪中亚经济国际学术研讨会

由新疆大学举办的“经济全球化与21世纪中亚经济”国际学术研讨会于2004年9月9—11日在乌鲁木齐召开，共有国内外代表130余人参加，分别来自北京、上海、浙江、湖北、四川、陕西、福建等省市，以及日本、美国等国家的高校和研究单位，提交论文80余篇，于2005年由新疆人民出版社结集出版。与会代表就区域经济与国际合作，新疆区域经济发展，人口、资源与可持续发展等主题进行了探讨和交流。

浙江大学博士生导师、国务院学位委员会管理科学组成员马庆国教授作了《逐鹿中亚》的报告。他重点对中亚地区未来石油能源的开发与出口趋势作了分析与预测，提出了中国如何开发利用的战略思路。原中国驻塔吉克斯坦大使、国务院发展研究中心欧亚社会发展研究所研究员傅全章，作了《中亚经济发展》的报告，提出了中亚国家面临的机遇以及各国博弈中亚地区对我国的影响和对策。日本东京国际大学经济学研究院栗林纯夫教授，作了《新疆经济发展与产业结构的变化》的报告。他立足新疆发展，指出产业结构调整对中国新疆与中亚五国经济贸易深层次发展所起的决定性作用。

此次会议对促进新疆与中亚地区的区域交流和合作，以及新疆全面、健康的发展具有一定的现实意义。

知识社会背景下的研究型大学：挑战、机遇与对策国际研讨会

2004年9月20、21日，浙江大学、全球大学创新联盟亚太地区中心秘书处、联合国

教科文组织亚太地区教育局和中国联合国教科文组织全国委员会联合举办的“知识社会背景下的研究型大学：挑战、机遇与对策国际研讨会——全球大学创新联盟亚太地区中心系列研讨会之一”，在中国杭州西湖国宾馆举行。来自澳大利亚、中国、印度尼西亚、马来西亚和泰国著名大学的校长及代表，联合国教科文组织和联合国大学代表，中国教育部、中国联合国教科文全国委员会、国务院学位办官员及北京、上海等地高校代表共50余人参加了此次会议。

本次会议的主题是“高等教育质量保证与文凭互认”，下设5个分主题。本次会议是全球大学创新联盟亚太地区中心“向信息和知识社会过渡中的大学”系列跟踪研究课题中的第一次研讨活动。会议共收到国外论文9篇，国内论文3篇。

开幕式上，中国教育部副部长吴启迪博士代表中国教育部致欢迎辞。她在讲话中指出了当今中国大学发展与变革面临的环境特点，并强调指出对质量的理解，质量标准的制定，保障、认可机制的建立，质量评估的操作、效果和影响分析，都必须有新的思维和认识；中国政府鼓励展开地区和大学间学历、学位和学分互认的探讨研究和实验活动，并认为这些活动势必有益于高等教育质量的提高。她还对全球大学创新联盟亚太地区中心提出了殷切期望，希望中心真正成为一个活跃于亚太地区的高等教育改革与创新的思想库和实验室，为各国高等教育发展、革新和国际交流与合作作出贡献。

在本次研讨会上，联合国教科文组织亚太地区教育局高等教育专家 Molly Lee 教授就地区层面的质量保证和文凭互认发表了主题讲演；原联合国教科文组织高等教育处处长、1998年世界高等教育大会的主要组织者之一 M. A. R. Dias 教授在会上作了《高等教育全球化对发展中国家的若干影响》的主题报告；中国国务院学位办质量保证处处长刘桔女士发表了题为“中国高等教育质量评估与认证的概况”的讲演。作为本次会议的重要议题，澳大利亚 LaTrobe 大学、中国浙江大学、泰国朱拉隆功大学、泰国 Mahidol 大学、马来西亚国立大学、印度尼西亚国立大学分别就各自国家的高等教育体制、高等教育改革的背景，以及国家、院校在开展质量保证和文凭互认方面所采取的措施进行了报告。

在本次会议期间召开的闭幕会上，各成员大学代表还听取了全球大学创新联盟亚太地区中心执行秘书汪利兵教授所作的秘书处工作汇报，并对各成员学校未来合作的领域、方式和方向等问题达成了新的共识。

中国经济与世界经济共同发展国际研讨会

2004年9月10日上午，由商务部、联合国贸易与发展会议和中国人民大学共同主办的“中国经济与世界经济共同发展”国际研讨会在中国人民大学隆重开幕。联合国贸易与发展会议秘书长鲁本斯·里库佩罗，中国人民银行行长周小川，国务院副秘书长尤权，商务部副部长廖晓淇，中国常驻联合国日内瓦办事处代表沙祖康，教育部副部长吴启迪，国家统计局局长李德水，中国人民大学校长纪宝成等人出席开幕式。纪宝成校长主持开幕式，国内外著名专家学者和国内外大型跨国公司的主要负责人及中国人民大学师生代表400余人参加了本次会议。

黄菊同志代表中国政府并以个人名义向本次研讨会的召开表示热烈祝贺，向与会各国代表和嘉宾表示诚挚欢迎！他围绕中国经济与世界经济共同发展的主题阐述了当今经济发展的五大特点，介绍了新中国成立以后，特别是改革开放以来我国经济发展所取得的巨大成就及其原因。他高度评价了联合国贸发会在促进发展中国家的经贸发展与推动南北对话和南南合作中的积极作用，并指出中国的发展离不开世界，世界的发展也离不开中国。在发展过程中，中国将坚持走和平、合作、发展的道路，在维护世界和平中发展自己，通过发展自己促进世界和平。

鲁本斯·里库佩罗先生代表联合国贸发会议祝贺本次研讨会的召开，并向中国人民大学教师致以节日的问候。他同时表示将积极推动联合国贸发会与中国政府及高校的交流与合作。周小川等发表了主题演讲。

开幕式后，与会的部分政府官员、专家学者围绕“全球贸易新格局：中国的地位与作用”、“国际投资新趋势：机遇与挑战”、“区域经济合作：趋势与热点”及“公平竞争：摩擦与协调”等议题进行研讨。

本次研讨会是一次由国际组织、政府机关与高校联合主办的高规格、高水平的学术盛会，也是联合国贸发会议第一次与我国政府部门、高校联合主办的大型国际性论坛。此次研讨会的召开，正值庆祝我国新中国成立55周年和第20个教师节之际，不仅扩大了会议本身的影响面，而且促进了高校与国际组织、政府部门、大型企业之间的联系和互动，对高校培养高素质人才，加强科学研究，发挥咨政育人、服务社会的功能，具有重要的推动作用。

中英甘肃基础教育项目发展计划国际研讨会

由中英甘肃基础教育项目办公室和英国剑桥教育咨询公司主办，西北师范大学西北少数民族教育发展研究中心承办的“中英甘肃基础教育项目发展计划”国际研讨会，于2004年9月13日在西北师范大学隆重举行。甘肃省省长陆浩、省教育厅厅长白继忠，以及来自国内外的专家学者、教育行政部门官员、校长、教师和有关社区的200多位代表参加了会议。

中英甘肃基础教育项目是中、英两国政府签订的一项教育援助合作项目。项目的两个关键领域是学校发展计划和参与式教学。本次会议的主题是“实践中的学校发展计划”。为进一步推进中国教育界对学校发展计划的认识，了解学校发展计划对学校发展的功能作用，研究学校发展计划的制订和实施过程中存在的问题及解决办法，本次研讨会历时4天。来自欧洲、美洲、非洲和亚洲等11个国家和地区的专家学者、教育行政部门官员和校长聚集一堂，对如何提高贫困地区义务教育阶段入学率，从而改变贫困地区基础教育现状、减少教育的不公平等问题展开研究探讨，并交流研讨与学校发展计划相关的研究成果与经验，寻找新的对策与发展思路。来自英国、印度、南非、牙买加及我国上海、贵州的6位专家，分别作了主题发言。会议期间，专家学者们还赴甘肃省和政、东乡、积石山和康乐4县的22所项目学校实地参观考察。

该项目于1999年12月启动，计划于2005年结束。学校计划作为中英项目最核心的内容，已引起了国内外众多学者、研究机构和教育主管部门的关注，在国内外产生了很大反响。中英甘肃基础教育项目学校发展计划主要在甘肃临夏回族自治州最为贫困的康乐、和政、积石山和东乡4个县的中小学全面实施。西北少数民族教育发展研究中心承担了主要的教师培训项目和相关的研究支撑项目。

人才培养与社会进步论坛

2004年10月15日，为庆祝百年南开暨南开大学建校85周年，由南开大学、天津南开中学、美国百人会共同主办的学术盛会——“百年南开”峰会：“人才培养与社会进步”论坛在南开大学召开。来自国内外近百位专家学者以及企业界精英齐聚一堂，共同就人才培养与社会进步等问题进行了深入的探讨。天津市市长戴相龙、美国百人会团长高希均、南开大学校长侯自新、天津南开中学校长康岫岩出席论坛开幕式并致辞。论坛开幕式由南开大学副校长逄锦聚主持。

戴相龙首先代表天津市委、市政府、天津市人民向南开中学百年、南开大学建校85周年表示热烈的祝贺，向参加论坛的国内外嘉宾表示热烈的欢迎。他说，百年来南开秉承“爱国、敬业、创新、乐群”的光荣传统，培养出一大批杰出的政治家、科学家、文学家，开国总理和现任总理都曾在南开学习过。理解南开师生，与国家同呼吸、共患难，表现出崇高的爱国主义精神，为民族振兴和国家富强作出了重要的贡献。天津市为拥有南开大学、南开中学而自豪。

戴相龙说，值此百年南开暨南开大学建校85周年之际，南开大学、天津南开中学以及美国百人会举办“百年南开”峰会，弘扬南开精神，总结南开教育思想和特色、进行人才培养的国际比较，是一项务实而创新的活动。南开学校是为救国、强国目标而建，“允公允能、日新月异”的南开校训，凝聚了南开人的价值取向和精神品质。好的校训是南开成功之本，希望南开系列学校适应时代要求，坚持南开校训，把南开大学、南开中学办成国内外一流学校，为国家培养更多的人才，为我国教育事业创造更多经验。

侯自新以百年来南开系列学校在人才培养方面作出的杰出成就为例，阐述了南开学校的办学、育人理念和经验，论证了人才培养与时代需要紧密结合的重要性。他说，为了适应目前社会对人才的要求，必须不断反思过去在人才培养上的价值取向：重科技轻人文、重专才轻通才、重专业轻基础、重知识轻能力、重共性轻个性、重做事轻做人等，由此造成专门人才视野不宽、底蕴不厚、动力不足、功力不深、后劲不大、个性不强、品位不高。我们应当思考学校应如何在专业设计、课程设置、教学设计、校园文化等方面进行人才培养模式的改革，培养出"文以治国"之文才，"理以强国"之理才，"商以富国"之商才。经历了百年发展的南开，与世界教育体系不断地进行着紧密的互动，形成了教育思想的深厚积淀。南开，已经走过了百年，积累了百年。培养人才，促进社会发展，是我们共同的使命。让我们共同努力，共同为人类的美好未来作出更大的贡献。

威斯康星大学教授，天下文化出版公司创办人高希均和南开中学校长康岫岩等也分别就人才、教育、社会进步致辞。

本次峰会，美国百人会专门派出了以高希均团长，中国科学院高技术研究与发展高级顾问许浚，Cinta有限公司和Zettacom有限公司主席陈五福，福特汽车公司副总裁、福特中国董事长兼首席执行官程美玮，晓龙基金会创办人兼执行长曾宪章等5人组成的代表团参加。此次峰会是百人会成立以来首次与祖国大陆学校合作举办国际会议。

在开幕式后的专题演讲中，高希均、德国巴伐利亚洲波登湖中国校长汉森宾德、日本一桥大学副校长清水启典、上海中学校长唐盛昌、摩托罗拉亚太区有限公司副总裁蒋佳齐等，分别以"提倡'有灵魂的'知识经济"、"青年人的培养与社会发展"、"高等教育在人才社会中的角色"、"以现代学校课程开发催生符合社会进步的人才"、"人才培养和社会进步"等为题阐发了观点和看法。

会议下午的论坛分大学、中学两处同时进行。在大学论坛中，百人会高希均、许浚、陈五福、程美玮、曾宪章和北京师范大学副校长戴家干、复旦大学副校长蔡达峰，以及综合开发研究院（深圳）副总、理事长兼秘书长李罗力，就"中国崛起及其对世界的启示"主题畅所欲言，并回答现场提问。南开大学校长侯自新与南京大学党委书记洪银兴、北京大学校长许智宏、上海交通大学校长谢绳武、中国人民大学校长纪宝成、天津大学校长单平、密歇根大学教育学院博士凯文米勒、法国巴黎第十二大学国际部交流主任亚尼可乐·古埃特，就"中国的和平崛起与人才培养"各抒己见。在中学论坛中，市建委副主任孟庆松致辞，并与教育部刘坚处长、北京四中校长刘长铭、南开中学副校长杨精武以及来自英国、加拿大的各位中学校长，就"现代学校课程改革与人才培养"进行探讨。

语言与文化发展国际学术研讨会

语言与文化发展国际学术研讨会（Language and Cultural Development）于2004年10月9—13日在浙江大学召开。会议由浙江大学外国语言文化与国际交流学院话语与多元文化研究所具体倡议组织，浙江大学外国语言文化与国际交流学院主办，负责人为话语与多元文化研究所所长施旭教授。参会代表共计105人，其中国外代表57人，分别来自英国、美国、伊朗、印度尼西亚、韩国等20个国家，收到学术论文104篇。

会议的主题是话语学的学术文化多元化。这是一个语言学和文化学相结合的跨学科领域，是国际人文社会科学的前沿。与会者一致认为，在当今国际社会文化冲突频起恶化，学术界文化权势不均的情况下，从不同的文化视角，探索如何运用话语研究和教学来促进不同文化的共存与进步，推动国际人文社会科学不断反思和发展是一件极为紧迫的事情。在会议的主报告中，7 位国际知名专家、教授和学科带头人分别做了精彩发言。

在会议讨论期间，共有 95 位与会代表宣读了论文。与会代表深刻感受到，文化的多元性是语言与交流的研究中值得特别关注的问题，对于非西方话语的关注也需要进一步提高。

这次国际会议成功之处如下：

（1）真正实现了与国际学术界的广泛交流和合作，推动了浙江大学和其他国内语言社科研究者在话语与多元文化方面的进一步探讨，加强了国内外学者之间的相互联系和交流，也必将影响国际学术界更加关注这方面的研究。因此，这次国际会议具有深远的学术意义。

（2）这次与会代表中有许多来自发展中国家，他们的畅所欲言体现了话语与多元文化的真正意义。打破英美等西方国家在学术上的绝对支配，探讨民族文化的复兴，实现学术上的百家争鸣和创新，可以说是这次国际会议的绝对亮点。

（3）此次会议期间，由话语与多元文化研究所所长施旭教授主编的国际性杂志《话语与多元文化》正式创办。同时，研究所成立“话语与多元文化国际协会”的倡议得到了与会代表的热烈赞同，拟尽快正式成立“话语与多元文化研究国际学术交流中心”。

（4）在会议收到的 104 篇学术论文中，有不少具有国际高水准。这必将使国内语言社科研究者，特别是我校外国语言文化和国际交流学院的学者受益匪浅，对浙江大学的语言学科建设和发展十分有利。此次会议的论文集拟在国内外出版，以吸引更多国内外学者关注的目光。

小农户、大市场、全球化国际研讨会

南京农业大学国际食物与农业经济研究中心、华南农业大学广东农村经济研究中心、中国农业科学院/（美国）国际食物政策研究所国际农业及农村发展中心共同主办，南京农业大学经济管理学院和南京农业大学国际食物与农业经济研究中心承办的“小农户、大市场、全球化”（Globalization, Market Integration, Agricultural Support Policies and Smallholders）国际研讨会于 2004 年 11 月 8—9 日在江苏南京成功召开。

近 90 位来自美国、加拿大、日本、德国、澳大利亚、荷兰、中国大陆和台湾地区的高等院校及科研机构的专家学者参加了这次盛会。会议以经济全球化、市场不断整合背景下小农户面临的挑战、小农户行为和政府农业支持政策为主题展开了热烈的讨论。美国国际食物政策研究所（IFPRI）所长 Joachim von Braun 博士和南京农业大学国际食物与农业经济研究中心主任、南京农业大学经济管理学院院长钟甫宁教授分别作了《全球化对小农户的挑战》和《全球化与小农户：以中国为例》的主题演讲。会议还以“超市和涉农企业发展”、“制度创新和小农户”、“农业支持的措施与政策建议”、“对农业和农村支持的进一步考察”、“全球化背景下中国农业的可持续发展”、“农业产业链与食品安全”为专题邀请了在相关领域颇有研究的 19 位专家作了专题报告。会议研讨气氛热烈、富有成效。

国际中国语言学学会第 12 届年会暨第 2 届汉语语言学国际研讨会

2004 年 6 月 18 日，南开大学主办的国际中国语言学学会第 12 届年会暨第 2 届汉语语言学国际研讨会在天津召开。这是该学会自成立以来首次在中国大陆召开年会。天津市委常委、教委工委书记陈超英，南开大学校长侯自新等出席开幕式并讲话。

陈超英在讲话中指出，国际中国语言学学会年会首次在中国大陆召开，具有重大意义。天津是中国北方重要的国际化大都市，南开大学在中国现代教育史上具有重要地位，是我国最重要的大学之一。能够举办这次会议，我们感到十分自豪，我们相信，这次会议不仅会给天津和南开大学的中国语言学研究带来新的影响，同时也会成为中国语言学研究世界发展史上的重要里程碑，对国际国内语言学界的交流将起到更为广泛的推动作用。相信这次会议为天津和南开大学加强与国内外同行的交流架起了有一座新的桥梁，期待有更多的海内外学者能够到中国大陆来，到天津来。

侯自新在讲话中向与会的专家学者表示热烈欢迎。他说，在近百年的历程中，南开人发扬艰苦创业、不屈不挠的精神，才迎来了不断的繁荣和发展。国际中国语言学学会是汉语语言学界的国际性组织，在国际语言学界有着重要的影响。南开大学能够承办这次会议，是我们的骄傲和光荣，是国际中国语言学学会对我们的信任。这次盛会必将成为我们学习和加强对外交流的契机。南开将充分利用这一契机，广泛进行学术交流和探讨，积极推进中国语言学事业的更大发展。

来自世界 20 多个国家和地区的 300 多名专家学者出席年会。其中有挪威奥斯陆大学东欧与东方文化研究系主任何莫邪教授、哈佛大学语言学系黄正德教授、南开大学文学院刘叔新教授和国际中国语言学学会现任会长、台湾“中央研究院”副院长曾志郎教授等。

南开大学汉语言文学院院长石峰在接受记者采访时说，此次年会于 3 年前开始申办，竞争激烈，在校领导及许多专家学者的大力支持下，最终获得主办权，说明国际语言学界对南开的重视。这将对中国、天津的对外交流和合作以及南开在汉语言学界地位的进一步提高有重要意义，对中国的汉语言教学及研究、汉语走向世界具有很大的促进作用。

国际中国语言学学会秘书长、美国维斯康星大学麦迪逊校区教授、南开大学文学院兼职教授张洪明说，本届年会当初申办者众多，但南开的态度最好、意愿最高、准备最充分、支持力度最大，因此最终得以在南开举办。

于 1991 年在新加坡成立的国际中国语言学学会，在中国语言学研究方面处于独一无二的权威地位，在国际学术界有着重要的影响力。一年一度的国际中国语言学学会也是该领域的世界顶尖科研精英的盛会，此前曾在新加坡、法国、荷兰、美国、澳大利亚、日本等国召开。在此次年会上，还揭晓了中国语言学领域的两项大奖——青年学者奖和桥本万太郎汉语历史音韵学奖。

北京论坛

北京论坛是经中国国务院和教育部批准，在北京市政府的指导与支持下，由北京大学、北京市教育委员会和韩国高等教育财团联合主办的国际性学术会议。

北京论坛以“文明的和谐与共同繁荣”为总主题，以北京雄厚的文化底蕴为依托，致力于推动亚太地区人文社会科学问题的研究，促进亚太地区乃至全世界的学术发展和社会进步，为全人类的发展作出贡献。

北京论坛创办于2004年，每年举办一届，至今已经成功举办了七届。

北京论坛具有以下三个特点：一是国际性，即立足北京大学，面向亚洲，放眼世界，汇集世界著名学者；二是学术性，即强调从文明和文化角度深入探讨相关问题，阐明文明和文化在推进世界发展与社会进步中的作用；三是影响力，即注重其社会效益，关注对现实世界的影响，引起世界学术界的共鸣。

历经7年发展，北京论坛始终以学术为生命力，为全球优秀学者搭建了一个相互交流、共促共进的平台，并积累了人文社科领域丰富的研讨成果。7年前，北京论坛开创性地提出了“文明的和谐与共同繁荣”这一口号，并作为其总主题延续至今。论坛始终高举“和谐”旗帜，实际上是在世界范围内掌握了符合历史潮流的国际话语权，对于树立中国的良好国际形象、提升国际影响力，具有积极的现实意义和深远的历史意义。

北京论坛倡导的“和谐”是不同文明之间的和谐，主张尊重文化多样性及通过开展文明对话促进相互理解与共同繁荣；北京论坛倡导的“和谐”是人与自然的和谐，致力于探讨生态文明的可持续发展及人类共同家园的建设和保护；北京论坛倡导的“和谐”是人类自身的和谐，呼吁“人人享有健康”和社会公平正义。在倡导东西方文明平等对话、相互借鉴的同时，北京论坛更加强调的是弘扬东方文化，展示中国作用。

在过去的7年里，累计有2700多名来自世界70个国家和地区、从事不同学科和领域研究的专家学者参加了北京论坛，探讨的话题涵盖政治、经济、哲学、历史、教育、文化、艺术、法律、体育、社会学、考古学、人口学、新闻传播、国际关系、政府管理、公共卫生、环境科学等多元学科领域。曾应邀参加论坛的嘉宾包括罗伯特·蒙代尔（Robert Mundell）、阿马蒂亚·森（Amartya Kumar Sen）、道格拉斯·诺斯（Douglas C. North）、肯尼斯·阿罗（Kenneth J. Arrow）等诺贝尔奖获得者，美国伯克利加州大学教授罗伯特·斯卡拉宾诺（Robert Anthony Scalapino）、著名伊斯兰哲学家赛义德·纳瑟（Seyyed Hossein Nasr）、世界银行高级副行长林毅夫、北京大学教授袁行霈等众多世界顶级学者，以及中国国务委员刘延东、中国国务院前副总理钱其琛、全国人大常委会副委员长韩启德和蒋树声、美国前总统乔治·H. W. 布什、英国前首相托尼·布莱尔、墨西哥前总统埃内斯托·塞迪略（Ernesto Zedillo）、智利前总统爱德华多·塔格莱（Eduardo Frei Ruiz-Tagle）、泰国公主诗琳通等国内外名流政要。

自创办以来，北京论坛还得到了联合国的高度关注与大力支持。联合国前秘书长科菲·安南曾于2004年发来贺信，对首届北京论坛的召开表示祝贺；现任秘书长潘基文分别于2007年和2010年为北京论坛的召开发来贺信，并于2009年北京论坛开幕式上发表视频讲话。

首届上海论坛：经济全球化与亚洲的选择

2005年5月16—17日，主题为“经济全球化与亚洲的选择”的2005年上海论坛在上海展览中心隆重举行。上海论坛是由复旦大学主办、韩国高等教育财团赞助的国际经济论坛。作为“学界、政界、商界”三方交流互动的平台，上海论坛以“关注亚洲、聚焦热点、荟萃精英、推进互动、增强合作、谋求共识”为宗旨，邀请各界精英领袖开展对话与合作，力求就当今全球经济和国际局势所面临的重大问题进行广泛、多维和深入的研讨，为亚洲经济、政治、社会和文化的全面进步提供视点和建言。

在5月15日举行的欢迎晚宴上，上海市市长韩正、教育部副部长吴启迪会见了与会的海内外贵宾。韩正市长还发表了题为“面向全球化的上海发展”的主题演讲。

5月16日的开幕式由复旦大学党委书记秦绍德主持，复旦大学校长王生洪和联合国副秘书长陈健等嘉宾致词。

会上，全国政协副主席、中国工程院院长徐匡迪，中共中央对外联络部部长王家瑞，博鳌论坛秘书长龙永图分别就“中国的能源需求与可持续发展”、“开创全球化时代亚洲合作的新局面”和“全球化背景下的亚洲区域合作”为主题进行演讲。

海内外著名专家学者、企业家、政府官员和来自联合国、世界货币基金组织、亚太经合组织、世界银行等重要国际机构的高级代表300余人围绕能源、IT和金融等领域的热点问题进行了深入的交流与探讨。“加强合作，扩大对外开放，在全球化的广阔空间中解决亚洲所面临的问题”成为与会人士的共识。

会议期间，论坛收到170余篇发言，其中关于能源和IT的发言约占30%，金融领域的文章约占40%。

代表们提出，解决能源短缺问题，需要建立稳定的政治构架和广泛的合作机制，在原有资源的配置和新能源开发上进行更加深入而广泛的合作；在IT技术开发与应用方面，需要提高IT产业领域的自主创新能力，通过合作缩小亚洲地区的数字化鸿沟；此外，与会人士就银行改革、资本市场改革、地区货币合作等主题对亚洲金融改革提出建议。

“上海论坛2007”于2007年5月25—27日在复旦大学举行，论坛在“经济全球化与亚洲选择”的主题下设5个分论坛：21世纪的亚洲能源选择——危机与希望；经济全球化下的东亚货币与金融合作；亚洲经济一体化与亚洲竞争力；全球化背景下亚洲的地缘经济与政治；亚洲经济的可持续发展：人口、资源环境与社会经济的协调发展。

“上海论坛2008”于2008年5月25—27日举行，论坛主题为“经济全球化与亚洲的选择：转型·增长·福祉”，下设“区域经济增长与公平政策”、“亚洲经济转型与国际秩序”、“全球化背景下亚洲城市的战略性选择”、“亚洲经济转型：国际环境与制度重构”、“社会与经济可持续发展”，以及“亚洲金融转型”6个分论坛。

“上海论坛2009”于2009年5月11—12日举行，主题为“经济全球化与亚洲的选择：危机·合作·发展”，下设“金融市场风波与治理”、“亚洲工业化与世界经济增长危机：合作还是对抗”、“全球金融危机与新兴市场经济：理论、经验与政策”、“应对全球经济重构的区域经济利益协调与合作”、“巨变中的亚洲城市：危机与发展”、“亚洲经济社会可持续发展中的挑战与对策”，以及“危机与亚洲国际关系”7个分论坛。

“上海论坛2010”于2010年5月29日举行，论坛以“经济全球化与亚洲的选择：反思·复苏·重构”为主题，下设“金融危机后的反思与重构”、“新型能源与低碳经济：亚洲经济转型的引擎”、“世界经济结构调整与区域经济合作”、“亚洲国际关系的重构·重组·重思”、“全球危机后亚洲城市的反思”、“变化中的公共政策：影响与价值”及“中国经济复苏的全球影响：道路与经验”7个分论坛，并举行了“中国资本市场发展与创新”圆桌会议及世博特别活动。

论坛目前已经与耶鲁大学、芝加哥大学、华盛顿大学圣路易斯分校、香港中文大学、早稻田大学、名古屋大学、英国伦敦政治经济学院、杜伦大学、英国廷道尔气候变化研究中心，以及韩国SK集团等世界500强企业建立了密切的战略合作关系。

孙中山与中华民族崛起国际学术研讨会

为纪念孙中山先生逝世80周年，南开大学历史学院与民革中央孙中山研究会、民革天津市委会、天津市孙中山研究会等单位主办的“孙中山与中华民族崛起”国际学术研讨会于2005年5月12—14日在天津利顺德饭店举行。全国政协副主席、民革中央常务副主席周铁农，天津市政协副主席、民革市委会主委陆锡蕾，民革中央孙中山研究会副会长李赣骝等出席开幕式并先后致辞。来自美、日等国家和中国香港、台湾、澳门近90位专家学者参加了会议。

开幕式上，尚明轩、庄政、魏宏运等著名学者先后发言。会议期间，与会专家就相关学术问题展开分组讨论，多角度、多层次地阐述了孙中山的思想与实践活动。中青年学者通过新的研究视角和方法，开拓了孙中山研究的新领域，成为会议一大亮点。

2005年是孙中山先生逝世80周年，恰逢连战、宋楚谕先生访问大陆，并先后拜谒中山陵。此时举办“孙中山与中华民族崛起”国际学术研讨会，具有特殊的意义。此次会议也是南开大学与校外多家机构、学界和民主党派联合主办的高规格学术会议，对于进一步宣传南开大学的办学成就、展示南开大学的科研水平、扩大南开大学在海内外的影响，起到了非常积极的作用。

本次研讨会是天津市首次以“孙中山研究”为主题召开的较大规模的文化学术盛会。会上，南开大学学者与学生提交了多篇论文，赢得了海内外学者的高度评价。

此次会议成为新闻媒体报道和学术研究中的一大热点，国内及本市各大媒体，《近代史研究》、《历史教学》、《理论与现代化》、《辛亥革命研究动态》等学术期刊纷纷报道了此次学术盛会和有关孙中山研究的最新成果。

中国人力资本投资与区域经济发展国际研讨会

由浙江大学经济学院主办，浙江大学劳动经济与公共政策研究中心（简称 LEPP）承办，中国国家自然科学基金会、德国汉斯·赛德尔基金会、香港研究资助局资助，中国人民大学书报资料中心《劳动经济与劳动关系》杂志媒体支持的“中国人力资本投资与区域经济发展国际研讨会”，于 2005 年 5 月 22—24 日在杭州召开。来自美国、德国、英国、中国等国家和地区的各高校、科研机构和政府部门共 60 多位专家学者出席了研讨会。本次会议共收录论文 37 篇，其中约 1/3 为国家自然科学基金会重点研究课题“中国人力资本投资与劳动力市场管理研究”成果。课题组负责人为浙江大学 LEPP 研究中心主任姚先国教授。这次会议为课题组成员与国内外学者交流提供了极好的机会。会议着重讨论了就业与劳动力市场、收入差别与人力资本投资、劳资关系、社会保障与可持续发展等专题。

牛津大学的 John Knight 教授的主题发言鸟瞰了中国劳动力市场的演进过程。中国人民大学曾湘泉教授分析了中国劳动者工作时间的标准化和弹性化问题。华南师范大学的李永杰教授针对体制外劳动力问题，提出了政府、市场和第三部门三方治理的观点。浙江大学的姚先国教授及其博士生周礼、来君针对目前的“劳工短缺”问题分别从潜规则和技术进步的角度进行了分析。浙江大学郭继强副教授则阐述了“支出约束引致型”失业。

香港中文大学的张俊森教授、中国社会科学院的李雪松研究员和经济研究所的李实教授分别采用 Ashenfelter and Krueger（1994）的双胞胎模型和 Heckman，Ichimura，Todd and Smith（1998）的方法对中国教育投资回报率进行了测算。旧金山大学的 Keqian Bi 教授阐述了中国金融市场中高水平人力资本积累的问题。香港中文大学的博士生韩军、浙江大学经济学院的姚先国教授及其博士生李晓华和张海峰、中国社会科学院经济研究所的博士生邓曲恒则对收入差别与教育水平之间的关系进行了经验分析。美国 Southern Methodist 大学的博士生王乐、香港中文大学经济系的李宏彬副教授、浙江大学姚先国教授及其博士生分析了性别收入差别与教育水平之间的经验关系。香港中文大学的博士生杨哲瑜、云南大学的吕昭河和陈瑛、湖南大学的胡永远教授对企业家人力资本投资、企业家精神和经济增长之间的关系做了相应的研究。浙江大学陈凌教授则实证研究了浙江家族企业薪酬机制。

明尼苏达大学的王一江教授对有关国家与经济关系的基本理论作了一个比较完整和系统的阐述。中国劳动关系学院的沈琴琴教授则介绍了进城务工人员在二元劳动力市场中的地位及其权益保护问题。西南财经大学林义教授探讨了养老基金与资本市场良性互动的理论和政策思路。复旦大学陆铭副教授、中南财经政法大学杨云彦教授分析了全球化、地区差距与中部地区边缘化之间的实证关系。北京师范大学赖德胜教授以东北地区为例分析了专用性人力资本、劳动力转移与区域经济发展之间的关系。

本次研讨会上各位学者提交的论文大部分能运用现代经济学的分析方法，包括国际最新的计量工具，采用详细的数据资料对所论问题进行严谨、扎实的实证研究，取得了许多新成果，提出了不少有价值的新观点和相应的政策建议。这表明中国劳动经济学的研究正在加速与国际接轨，朝着加强学术规范、深化学术分工、提高科研质量的方向前进。

全球华人广告教育论坛

2005 年 6 月 12 日下午，为期两天的“2005 全球华人广告教育论坛”在北京大学闭幕。本届论坛以“中国广告业发展趋势与中国广告教育问题”为主题，着重探讨在经济全球化浪潮中，在中国广告业全面对外开放的时代背景下，全球以及中国广告产业的发展趋势和前景，探索广告教育如何应对产业的发展变化，走出适合中国国情的独特广告教育之路。论坛由北京大学新闻与传播学院广告学系主任陈刚教授主持。

会上，国家工商总局广告司司长屈建民围绕“中国广告业的发展趋势”，指出人才竞争是广告业发展的根本，应该大力促进中国广告人才培养机制的逐步完善。来自广告业界的资深广告人士盛世长城广告公司总经理查尔斯，BBDO 亚太区的 CEO 苏雄，台湾《广告》杂志社长、滚石唱片董事长段宗沂，分别结合自身丰富的广告实战经历感受，运用大量广告实例，从各自角度探讨了全球以及中国广告产业发展态势、预测了广告产业的发展走向。与此同时，来自全国各高校广告教育界的老师们，也纷纷就自己在教学实践中的所感所想同与会代表们分享。

据悉，从本届论坛开始，全球华人广告教育论坛将在北京大学定期定址召开，着重探讨关乎中国广告业改革与国际广告发展大局的国内外广告热点问题。论坛将设主题演讲、小组讨论等形式，邀请世界知名广告公司的专家以及海内外的专家学者就专业问题进行高层次的交流。

本次研讨会是在广告业面临结构性洗牌、中国广告产业不断突破创新升级的宏观背景下召开的。此论坛由北京大学新闻与传播学院广告学系发起，北京大学新闻与传播学院广告学系、时报广告金犊奖组委会以及《天津日报》报业集团联合主办。得到了来自广告业界，高校广告教育界以及媒体等多方面的支持，汇集了华人广告界的精英和广告研究的顶级学者，有近百名广告业内和媒体的资深人士以及中国、韩国、新加坡等地 80 余所高校广告教育界有影响力的学者参加论坛。北京大学林久祥副校长、国家工商总局广告司屈建民司长、台湾《中国时报》胡鸿仁执行长和中国广告协会学术委员会主任、中国传媒大学副校长丁俊杰教授等专程前来祝贺论坛召开。

2005 年是中国广告业发展历程中的关键之年。从世界范围内看，全球广告市场回升，持续增长；从中国广告业内部看，2005 年末广告业向外资全面开放，跨国广告公司大规模进入，业界格局更加复杂，整个产业面临结构性洗牌，中国广告业将会经历一场新的高层次的国际性竞争的变革。围绕着“中国广告业的发展趋势”这一问题，国家工商总局广告司司长屈建民提纲挈领地指出，人才竞争是广告业发展的根本，应该大力促进中国广告人才培养机制的逐步完善。

中国人民大学乡村建设中心成立大会暨地方治理国际学术研讨会

2005年7月16日，中国人民大学乡村建设中心成立大会暨地方治理国际学术研讨会在中国人民大学学生活动中心召开。来自泰国、印度、菲律宾、秘鲁、墨西哥等国的学者，来自梁漱溟乡村建设中心、晏阳初乡村建设学院等单位的乡村建设志愿者以及关心和支持我国乡村建设的其他人士和媒体单位的记者，约200人参加了成立大会。

中国人民大学常务副校长袁卫教授和国家电力监管委员会常务副主席、中国人民大学乡村建设中心理事长邵秉仁先生出席成立大会致辞，并共同为中国人民大学乡村建设中心揭牌。农业部政策法规司原司长郭书田先生、外宾代表来自泰国的 Suthy Prasartest 教授、教师代表农业与农村发展学院程漱兰教授、农民代表山东省济宁市鱼台镇姜庄合作社马宜场理事长、打工者代表北京青年打工艺术团孙恒团长、学生志愿者代表北京师范大学陈琳玲同学分别致辞。

中国人民大学乡村建设中心是隶属于中国人民大学的独立研究机构，它将依托于农业与农村发展学院，整合全国各地的乡村建设力量，致力于我国乡村建设的实践和研究活动。中国人民大学农业与农村发展学院院长温铁军教授兼任乡村建设中心主任。中心成立学术委员会和理事会，聘请国际著名的乡村研究学者黄宗智教授担任中心学术委员会主任，聘请国家电力监管委员会副主席邵秉仁先生担任中心理事会理事长。

成立大会后，召开了“地方治理与乡村建设国际学术研讨会”。来自日本的武藤一羊教授、墨西哥的 Luis Lopezllera 先生、秘鲁的 Jorge Ishizawa 先生、印度的 Vinod Raina 博士、菲律宾的大桥诚子女士、泰国的 Suthy Prasartest 教授先后在研讨会上发言，结合发展中国家的现实，论述了发展中国家的农业和农村发展问题。中国社会科学院国际合作局的黄平局长、北京大学比较文学和文化中心的戴锦华教授，结合中国的农村发展经验和问题，对各位国际学者的发言作了精彩的评论。

纳粹屠犹和南京大屠杀国际研讨会

2005年是中国抗日战争胜利暨世界反法西斯胜利60周年。在世界各国以各种形式举行纪念活动之际，南京大学犹太文化研究所、南京师范大学南京大屠杀研究中心和伦敦犹太文化中心于2005年8月7—11日共同在南京大学召开了“纳粹屠犹和南京大屠杀国际研讨会”。国内各学术机构的南京大屠杀研究专家和来自以色列、美国、英国和法国等国从事纳粹屠犹研究和教育的学者济济一堂，全方位、多角度地探讨了“二战”期间发生在欧洲和亚洲两地、人类历史上惨绝人寰的两大惨剧。国内学者主要来自中国社会科学院、中国抗日战争纪念馆、南京师范大学南京大屠杀研究中心、中国对日受害索赔诉讼代表团、上海社会科学院和若干著名高校等。国外学者主要来自国外著名研究纳粹屠犹机构和纪念馆，其中包括以色列纳粹大屠杀纪念馆、美国纳粹大屠杀纪念馆、伦敦帝国战争博物馆、安娜·弗兰克纪念馆、法国纳粹大屠杀纪念中心、耶路撒冷希伯来大学反犹太主义研究中心、美国犹太教大学纳粹大屠杀研究中心等。

将“二战”中亚洲和欧洲屠杀暴行联系在一起，特别是将纳粹屠犹和南京大屠杀暴行联系在一起，邀请国际研究纳粹屠犹专家和中国研究南京大屠杀问题专家进行对话，集中研讨与纳粹屠犹和南京大屠杀有关的问题，是国际学术界的鲜见举措，是一种有积极意义和深远影响的国际学术活动。会议的成功举办和产生的影响已经有力地证明了这一点。

会议不仅获得中外有关学者的积极响应和参与，而且得到我国各级政府机关的大力支持以及包括欧洲联盟在内的若干国际组织的支持。教育部专门委派国家教委社政司副司长袁振国教授作为特别代表前来出席会议的开幕式并代表教育部向大会致辞，南京市副市长许慧林，江苏省有关学术团体的负责人、南京大学副校长张异宾教授，以及以色列、法国驻华外交使节出席了会议的开幕式并发表了讲话。袁振国副司长在讲话中肯定了中外学者在各自领域所取得的成绩，对他们的与会表示崇高的敬意，并扼要回顾了纳粹屠犹和南京大屠杀的历史，最后祝会议取得成功。许慧玲副市长在发言中代表南京市对与会的中外代表表示最热烈的欢迎，强烈谴责了“二战”时日军在南京犯下的暴行及日本政府拒不认错的态度，同时，她还比较了犹太民族和中华民族在“二战”时的不幸遭遇，痛斥了法西斯暴行。

在为期5天的研讨中，与会的中外代表围绕会议确立的“纳粹屠犹和南京大屠杀比较研究”主题进行了深入的探讨，分别就造成南京大屠杀特大规模的原因，日军在“二战”期间在华进行细菌战的情况，纳粹与日军在所施暴行的动机、手段、规模和目的等方面所存在的区别和不同，大屠杀的研究历史和方法，慰安妇问题，幸存者的创伤问题，战后纽伦堡及东京审判的法理基础问题，纳粹屠犹/南京大屠杀的教育方式和手段等进行了探讨。

除了20余位国内外学者外，参加本次研讨会的还有来自全国各地高校的50余名教师和研究生。他们对有机会参加由中外著名学者出席的国际会议感到荣幸。

本次会议得到了国内外各媒体的高度重视，新华社发出了近10篇新闻通稿，中央电视台、江苏电视台、南京电视台等对会议作了报道，若干报刊媒体在报道会议召开的消息同时，发表了若干专题报道和采访。国外有关新闻机构也派出记者参加并对会议进行了报道。

海关与近代中国国际学术研讨会

南京大学中华民国史研究中心与剑桥大学东亚研究中心联合举办的“海关与近代中国”国际学术研讨会于2005年9月4—7日在南京大学召开。南京大学副校长张异宾教授出席会议并讲话。南京大学中华民国史研究中心主任张宪文教授和剑桥大学东亚研究中心方德万教授主持会议。

这次会议有来自中国各地和英国、新加坡等国的20多名学者参加，收到高质量的论文20多篇，从各个不同角度透视近代中国海关的角色、地位、结构、功能，以及相关问题。其中，方德万教授的*Learning Chinese*、戴一峰教授的《跨文化移植》、詹庆华博士的《海关洋员出国学习的历史考察》、李恭忠博士的《引水业与引水人》、李玉博士的《被动中的主动》、张生的《1927—1937关税政策与实践透视》等引起大家热烈的讨论。

张异宾在会上致辞说，近代海关是随着近代西方列强对中国的侵略和条约体系的推进而建立起来的，从一开始，它就是中国主权和领土完整遭到侵犯的重要象征。特别是外国人长期担任中国海关总税务司，并负责收集税款以供偿付中国基于不平等条约而形成的外债，使得近代中国海关成为中国知识界和社会各界长期抨击的对象。中国共和政体建立以后，历届政府为收回海关主权进行了程度不同的努力，并与当时复杂的国际、国内形势交织在一起。这些，构成了中国近代历史的重要内容。

他还说，在列强掌管中国海关的长时期内，按照近代西方海关制度确立的中国海关在近代中国的政治、经济、贸易乃至军事上，发挥了很大的作用。近代海关还是一些新型社会阶层的催化剂和温床。在某些特定的历史时期和特定范围内，海关起到了中国政府应当起到的作用，它与当时的中国政府和社会存在着复杂的互动关系。它所积累的浩繁的资料，成为研究中国近代历史的重要参考。海内外史学界对近代中国海关的角色和地位，长期以来保持着浓厚的学术兴趣，此次讨论会的召开，对相关研究起到了积极的推动作用。

剑桥大学东亚研究中心方德万教授表示，南京大学中华民国史研究中心是中国近现代史研究的重镇，此次召集海内外知名学者，专门研讨海关在近代中国社会演进中的角色和地位，取得了重要的成果，为进一步的学术合作奠定了很好的基础。

科举制与科举学国际学术会议

以“为科举制正名，为科举学奠基”为目标的“科举制与科举学”国际学术研讨会于2005年9月2—4日在厦门大学高等教育发展研究中心召开。

100年前的9月2日，科举制在风雨飘摇中被废止。值科举制被废止100周年纪念日，厦门大学高等教育发展研究中心和北京大学中国古代史研究中心联合主办科举制与科举学国际学术研讨会。会上，学者们在理论层面对科举制度的历史价值与现实影响进行探讨，以求总结科举制的千秋功罪，从多学科的角度探讨科举制的废除和科举学的发展，为现实考试制度改革提供历史借鉴。

共计150余位研究科举制的专家参加了研讨会，除中国大陆和台湾地区的学者外，还有来自美国、俄罗斯、日本、韩国、越南等国的学者。研讨会收取了120余篇论文，主要围绕科举制的历史、影响与科举学的现实意义等展开讨论。

科举制是中国和其他东南亚国家古代的考试取士制度，是中国历史上影响重大而深远的制度。从隋唐到明清，从创立到废止，科举制在中国历史上存在了1300年。1905年9月2日，清廷颁布上谕：著即自丙午科为始，所有乡、会试一律停止，各省岁科考试亦即停止。科举制退出了历史的舞台。

会议中著名高等教育专家、厦门大学高等教育发展研究中心潘懋元教授表示，“盖棺尚未定论，争论仍在继续”。研讨会并不是要为中国科举制度“唱挽歌”，而是要实事求是地评价这一制度的功过是非，还原历史本来的面目，在总体否定中肯定某些值得肯定的东西，并从中寻找解决现实问题的答案或启示。

厦门大学高等教育发展研究中心主任刘海峰教授认为：“对科举制的评价存在许多认识误区，出现各种与历史实际不符的说法。”他提出要为科举制平反和正名。

学者们认为科举制对选拔人才、普及文化，促进社会稳定，维护国家统一等方面成效卓越，是人类史上第一个强调要以才能而不是按照出生来选拔官吏的制度，使得下层人民向上层流动成为可能，对西方的考试制度和文官制度亦有重要影响。

在会议的闭幕式上，刘海峰教授认为：“‘科举学’的发展趋势是从冷寂走向热门，从制度的考释走向理论的探讨，从激情的批判走向理性的判断历程。科举废止百年后的今天，越来越多的研究者们相信，科举学必将在21世纪发展成为一门烁然可观的显学。”

宋代文学国际学术研讨会

由浙江大学、中国宋代文学学会、浙江工业大学共同主办，浙江大学中国古代文学研究所与浙江工业大学人文学院承办的第四届宋代文学国际学术研讨会于2005年9月10—14日在杭州翔园宾馆召开。浙江大学副校长胡建淼教授参加会议并讲话。

本次会议是继上海、南京、银川三次会议之后，体现宋代文学研究最新成果的重要学术会议。与会代表共145人，分别来自中国和日本、美国等国家。宋代文学研究领域的主要专家学者聚集一堂。其中包括中国宋代文学学会会长、复旦大学教授王水照，唐代文学学会会长、中华书局编审傅璇琮，北京大学教授钱志熙，南京大学教授莫砺锋，四川大学教授周裕锴，武汉大学教授王兆鹏，台湾成功大学教授张高评、王伟勇，以及美国加州大学艾朗诺教授，日本学者筧文生教授等国际知名专家。

本次会议共收到论文137篇，论文的总体质量较高，多观点新颖、见解独特之作，基本涵盖了宋代文学研究的所有领域。综合来说，本次会议的论文体现出以下三方面的特征：

从与会论文所关涉的文体样式来看，宋词研究仍然是学界所最为关注的领域，其后依次为宋诗、宋文以及文学批评、戏剧、话本小说等方面。这也是目前宋代文学研究的基本生态结构。但值得注意的是，本次会议中讨论宋文的论文，比以往有明显的增加。其中既有概念辨析、文类研究，也有关涉宋文统系、文体评论者，研究视域有较大扩展。

本次会议所提交论文的覆盖面更为广阔。苏轼、黄庭坚、辛弃疾等宋代文学大家，仍然是本次会议的热点。令人欣慰的是，学界已经有意识地显现出向新的研究方向开拓进取的努力。许多论文探讨了以往关注较少而实则对文学史而言颇为重要的论题，得出了新颖的结论，屡屡令人耳目一新。即便是针对传统大家的研究，也往往采用了新的视角或切入点。而且，作家作品、文学观念、文学流派、文献整理和辑佚，乃至学术研究史等诸多方面，都有很多富于新创的论文提交出来。这充分反映了宋代文学研究之繁盛和深入，也体现了学术界对本土文学中曾被弱化的新的学术增长点的关注和追求。

从研究方法上来看，本次会议论文呈现出两个明显特征：其一是宏观研究与微观研究相互结合。相对来说，本次会议论文对宏观研究稍有侧重，体现了学界同仁力求在实证研究的基础上，寻找融会贯通的规律性认识，进行宋代文学研究的学理性建构的现代研究意识。其二是广泛采用了多种学科交叉的研究方法。历史、哲学、宗教与文学研究的融合，自不待言，更有许多论文以地理、建筑、军事、博物、音乐、绘画等诸多学科领域的背景来观照宋代文学，产生出了不少新颖深刻、富于独创性和开拓性的研究成果。

公共管理与公共政策教学与研究方法国际学术研讨会

2005年10月25—27日，厦门大学公共事务学院主办的“公共管理与公共政策教学与研究方法国际学术研讨会暨《公共政策分析》课程师资培训班”在厦门国家会计学院举行。来自中国、美国、日本和新加坡的105位专家学者与会，其中有来自国内53所MPA试点院校的90位学者和教学骨干、15位国外专家（美国公共行政学会（ASPA）专门组成由会长Donald Menzel教授领衔的代表团参加这次会议）。这次研讨会是迄今为止国内举办的关于公共政策和公共管理教学与研究方法方面的层次最高、规模最大的国际学术研讨会。

开幕式和闭幕式由厦门大学公共事务学院院长陈振明教授主持。在开幕式上，厦门大学副校长李建发教授、全国MPA教学指导委员会秘书长朱立言教授、美国公共行政学会会长Donald Menzel教授和厦门国家会计学院院长邓力平教授分别致辞。在闭幕式上，朱立言教授和国外专家代表做了总结性评论。

与会学者就公共管理与公共政策的教学与研究方法尤其是案例教学法的理论、实践及国内外的经验等问题进行了深入的研讨，国外专家还做了案例教学的现场演示。与会代表表示，研究与教学方法的探索是公共管理与公共政策学科发展的最重要的环节之一，而推进教学方式改革尤其是案例教学改革是公共管理教育（包括 MPA 教育）发展的必由之路。应该在借鉴国外先进经验的基础上，结合中国实际，探索公共管理和公共政策学科研究与教学模式、方法和技术，推动该学科的教学与研究的进一步发展，为我国现代化建设培养高素质的公共管理人才。

作为 MPA 师资培训计划的第四站，在这次会议上，由全国 MPA 教学指导委员会邀请的国内公共政策学界的著名学者陈振明教授、陈庆云教授、薛澜教授、郝模教授、郭巍青教授向学员们做专门演讲。作为全国 MPA 核心课程《公共政策分析》大纲的编写者，厦门大学陈振明教授就该课程的教学内容和方法及学科的进展等方面做了说明；MPA 教学指导委员会秘书长朱立言教授还就我国 MPA 发展的近况尤其是师资培训情况作了介绍。

会议期间，国内外学者还就共同关心的教学与研究的许多问题进行了广泛的交流。与会代表普遍认为，这是一次成功的研讨会和师资培训班，很有收获；主办单位提供了很好的交流平台，有助于推动公共管理与公共政策的教学与研究的国内、国际交流与合作；有助于拓宽视野，更好地了解到国内外公共管理和公共政策教学研究与教学的新理念、新方法、新技术；而国内知名学者做的培训辅导，对于如何开好“公共政策分析”这门 MPA 核心课程也提供了有益的指导。

会议期间，与会的 6 位国内外著名公共管理和公共政策专家还为厦门大学公共事务学院的“公共事务论坛”做了 6 场学术报告，活跃了此校的学术气氛，开阔了师生们的学术视野。

教育革新与社会发展国际研讨会

2005 年 10 月 18—20 日，“教育革新与社会发展”国际研讨会在杭州大华饭店隆重召开。此次会议由浙江大学、中国联合国教科文组织全国委员会、联合国教科文组织亚太地区教育局和浙江省人事厅主办，浙江大学教育学院、杭州市上城区政府共同承办。参加会议代表共 120 名，其中国外代表 36 名，国内代表 80 余名。大会共收到论文 32 篇，其中中方论文 15 篇，外方论文 17 篇。

本次国际会议的学术负责人为浙江大学教育学院副院长徐小洲教授。会议的主题为“教育革新与社会发展”。10 月 19 日上午，相关专家、学者就社会与教育的重构、青少年社会发展、市场力量与高等教育、中日跨国教育比较以及构建学习者社区等问题作了主要报告；下午，与会学者就“教育全球化与国际合作”、“课程改革与教师专业发展”和“大学研究能力建设”三个专题进行充分交流与探讨。最后学者们主要在以下几个方面达成共识：（1）各国应该在立足国情的基础上，加强国际间的交流合作以求共同发展；（2）

应该通过各种途径促进教师专业发展，以满足课程改革的需要；（3）各国应该通过探索多样化的途径增强研究型大学的学术竞争力。

10月20日上午，韩国教育开发院副院长金昌焕教授作了题为“韩国人力资源发展的现状与问题”的报告；北京师范大学劳凯声教授向大会作了题为“中国公共教育体制改革中的法律问题”的报告；浙江大学教育学院副院长徐小洲教授向大会作了题为“亚太国家跨国高等教育政策的案例研究”的报告。最后，联合国教科文组织亚太局的协调员Molly Lee博士作大会总结，给予本次大会以高度的评价，充分肯定了本次会议是一次“成功的会议”。浙江大学教育学院常务副院长周谷平教授为大会致闭幕辞。

本次会议取得了重要合作成果。会议期间，浙江大学教育学院与英国布里斯托大学东亚研究中心、美国西雅图太平洋大学签订了合作协议。中国与韩国部分大学成立了“中韩教育论坛”，商定中、韩国教育界将轮流就共同关心的问题主办两国教育研讨会。通过这些协议，中国与韩国、美国、英国的学术交流将迈入新的阶段。

本次国际研讨会提交的论文大多体现了当前教育改革与社会发展的前沿问题，具有较高的学术水平。从这次国际会议来看，与国外的教育研究相比，我国教育研究在关注社会迫切需要解决的现实问题上还存在差距；在问题选择上相对比较宏观，应用性研究不足。浙江大学教育研究应更关注现实，通过教育理论研究推进教育革新和社会发展。

首届中国法学会国际经济法学研究会年会

以“全球化与国际经济法的新发展”为主题的“首届中国法学会国际经济法学研究会年会”于2005年11月4—6日在上海财经大学隆重举行。此次会议由中国法学会国际经济法学研究会主办，上海财经大学法学院承办，上海市法学会协办。

中国法学会国际经济法学研究会会长、对外经济贸易大学法学院院长沈四宝教授，副院长王军教授，副院长、研究会秘书长丁丁教授与来自全国104所高校的260余位专家、学者以及实务界人士参加了本次大会。

“中国法学会国际经济法学研究会”是经中国法学会党组决议、以对外经济贸易大学法学院为依托建立的学术团体。该研究会在中国法学会的领导下，开展国际经济法学领域的研究和学术交流活动。2005年7月6日，在对外经济贸易大学举行了成立大会，建立了正式的组织机构，讨论并通过了章程。成立以来，研究会的队伍不断发展壮大，迄今为止，已吸纳了来自全国多所高校、科研机构与实务部门的理事百余名，充分体现了研究会基础的广泛性与成员的代表性；同时，研究会注重学术研究为国家法制建设服务、为社会主义市场经济的发展服务、为高等院校法学教学和人才培养服务的理念，使得研究会的活动得到各地诸多兄弟院校、政府部门及实务界的广泛响应和参与。

此次会议是研究会的首届年会，对此，研究会的领导给予了高度重视，与承办单位在会前进行了周密的准备。沈四宝教授带领对外经济贸易大学法学院十几位相关领域的教师参加了此次会议，并在大会上做了精彩的开幕及闭幕致辞，展望了研究会光辉的发展前景，极大地鼓舞了与会代表的研究和参与热情。他的讲话博得了代表们的阵阵热烈掌声。在各个分会场的专题讨论中，法学院的参会教师均有出色的发言，为大会增添了精彩的一笔。

此次大会秉承研究会的研究主旨，突出以文会友，收集了约100多篇论文。对外经济贸易大学法学院还向会议代表赠送了由对外经济贸易大学出版社出版的《国际商法论文集》(2003—2005)。研究会还决定鼓励中青年学者的科研工作，将从会议论文中选出优秀论文并陆续出版研究会年刊，不断营造研究会的学术氛围。

南京大屠杀史料国际学术讨论会

2005年12月26—28日，南京大学中华民国史研究中心、南京师范大学南京大屠杀研究中心等单位联合举办的“南京大屠杀史料国际学术讨论会”在南京召开。会议有来自中国、日本、美国、英国等国家和中国台湾、香港地区的学者50多人参加，收到论文28篇。本次会议主要围绕新近出版的《南京大屠杀史料集》、有关南京大屠杀研究的其他史料、南京大屠杀史专题研究以及如何深化南京大屠杀研究等问题展开了热烈而深入的讨论。

会上，《南京大屠杀史料集》主编张宪文教授在发言中强调，《南京大屠杀史料集》是一项重要的学术工程、政治工程。它的出版，不仅有利于推动南京大屠杀史的研究、为其提供丰富史料，而且必将在海内外产生重大的政治影响，它以铁的事实给日本右翼势力以最有力的反击；中国社会科学院近代史研究所所长步平明确提出，该史料集是具有国际意义的重要史料。接着，《南京大屠杀史料集》编者围绕各自主持编辑的部分作了专题介绍。

此外，有些学者还就他们最新发现或收集整理的有关南京大屠杀史料或其他日军暴行的相关资料展开了讨论。例如，美国乔治·华盛顿大学的杨大庆根据他在美国国家档案馆的最新发现——原日军第16师团下级军医的日记记载，再一次从侧面论证了日军从上海向南京进军途中，已经开始了集体屠杀，为研究日军在南京大屠杀的背景提供了极其珍贵的资料。

与会学者还就南京大屠杀史的相关专题研究方面进行了充分的探讨。日本南京大屠杀60周年全国联络会总代表松冈环以《程瑞芳日记》为中心并结合个人通过常年努力收集到的加害者、受害者证言，探讨了日军在金陵女子大学的暴行。中国第二历史档案馆的马振犊分别从德日军队大屠杀暴行的动机与目的、屠杀暴行的规模、实施对象、手段与方法、性暴力等方面对侵华日军暴行和纳粹暴行进行了初步的比较。同样是惨绝人寰的历史，为什么南京大屠杀没有像德国屠杀犹太人或者美国用原子弹轰炸日本本土一样广为人知，他指出中国的历史学者应该进行更深入的思考，等等。

在研讨会上，学者们一致同意，提供充足确凿的史料始终是学术研究的第一步。《南京大屠杀史料集》真实记述了侵华日军在南京所犯下的反人类的战争暴行、南京大屠杀给南京市民造成的深重灾难，披露了南京市民悲痛的心路历程。其公布的大量史料，尤其是首次公开的很多第一手资料，具有极高的史料价值，对于深化、细化南京大屠杀研究必将产生积极的推动作用。中国社会科学院的荣维木还指出，通过此次研讨会可以看出，南京大屠杀史研究不仅成为学术界一个新的研究热点，而且从其研究视角和研究方法方面来看，南京大屠杀史研究已经进入一个新的发展阶段。

首届中国人口学家前沿论坛

2005年12月8日，由北京大学人口研究所、中国人口学会和联合国人口基金共同主办的“首届中国人口学家前沿论坛”在北京大学英杰交流中心隆重召开。北京大学党委常务副书记吴志攀教授、中国人口和计划生育委员会副主任王国强、中国人口学会常务副会长田雪原以及联合国人口基金驻华代表Şiri女士出席了开幕式并致辞。作为全国性、高层次的人口学综合学术研讨会，本次论坛强调和引导人口研究的科学性、规范性和学术性，旨在推动中国人口研究的发展，同时注重学术的独立性以及学术自由和学术平等，对中国人口研究以及政策制定有着极其重要的意义。

北京大学人口研究所所长郑晓瑛教授、中国人民大学人口和发展研究中心主任翟振武教授、上海复旦大学人口研究所所长王桂新教授作了大会主题发言，北京大学人口研究所乔晓春教授代表北京大学人口研究所作主题报告。中国人口学会常务副会长田雪原教授主持大会，中国人民大学人口和发展研究中心邬沧萍教授担任大会评论员。

本次论坛为期3天，除了主体大会之外，还包括17个主题论坛、6个学生论坛、4个自由论坛和7个专题讲座。本次论坛的主要议题包括：人口政策与计划生育、人口老龄化与老年人口问题、人口流动与迁移、人口健康与生殖健康、出生人口性别比、人口与社会及社会性别、人口经济与资源环境、数据和分析方法等。其目的在于为中国人口问题的研究者提供学术交流、展示自己最新研究成果的平台；为人口学者和实际工作者提供相互了解、相互沟通的机会，并为人口学研究生或未来的人口学家提供优先展现才华的机会；为国家的决策提供科学的依据和建议。

该论坛不拘泥于传统会议的形式，不但为青年学生提供了一次绝好的在著名人口学家面前展示才学的机会，更通过多种多样的主题和论坛形式创造了自由、轻松、和谐交流环境和气氛。同时，由于论坛持续时间较长，保证了不同单位的与会人员之间能够充分、有效地进行交流。

来自国家人口和计划生育委员会、中国人口和发展中心、北京大学、中国人民大学、北京师范大学、复旦大学、南开大学、中山大学、中国社会科学院、中国老龄科研中心等40多个单位的200多位专家学者和来自全国高校的60多位学生代表参加了会议。会议专门为学生代表设立了“未来人口学家”奖项，专门奖励优秀的学生论文作者，鼓励青年学生投身人口科学研究事业。据悉，北京大学今后每年都将举办中国人口学家前沿论坛。这一论坛将成为中国人口学界的年度盛事。

适应不断变化环境中的教师教育国际研讨会

北京师范大学、英国伦敦大学教育学院于2006年5月3—6日在伦敦联合主办“适应不断变化环境中的教师教育”(Preparing teachers in a changing context: an international conference) 国际研讨会。

北京师范大学韩震副校长、国际交流与合作处洪成文处长、社科处周作宇处长和教育学院张斌贤院长、李家永副院长以及各院系的十几名教师作为代表团赴伦敦参加了本次研讨会。还有来自欧洲、亚洲、非洲与南北美洲的50多个国家的180余名专家学者参加了大会。

北京师范大学作为会议的主办方之一，是国内大学与海外合作伙伴首次在国外联合主办的大型国际学术盛会。大会通过主题演讲、分会研讨等形式，围绕教师教育的政策与专业标准、教师专业发展的课程与知识基础、教师培养的公民与道德教育、校本教师发展与专业学习等多项议题，展开了广泛而深入的讨论。北京师范大学校副校长韩震教授和伦敦大学教育学院院长Whitty教授分别为大会致辞，并作主题发言。韩震在发言中指出，中国教师教育正处于由传统师范教育向教师教育的重要转型期，教师教育必须走综合化发展之路。Whitty发言指出，教师教育应研究不断变化环境中的学生、教师与学校的效能，鼓励在最广范围内发展合作文化。中国教育学会会长、北京师范大学教授顾明远指出，未来的教师培养将不仅在师范院校，所有大学只要具备了条件都可以培养。这种由封闭的师范教育体系向开放转变，意味着教师教育将从满足数量要求转向全面提高教师质量，其实质在于提高教师职业的专业化水平。会议为世界各国的专家学者提供了一个国际交流与对话的平台，与会专家学者共享研究成果，共同促进了教师教育的国际合作与发展。

中国非政府小额信贷和农村金融国际研讨会

2006年5月20—21日，由浙江大学中国农村发展研究院主办的“中国非政府小额信贷和农村金融”国际研讨会在杭州举行。来自福特基金会、联合国开发计划署、世界银行、国际金融公司、亚洲开发银行、德国技术合作公司、美国密西根大学、澳大利亚维多利亚大学等国际机构；中国人民银行稳定局、中央汇金公司、中国银监会、商务部交流中心、中国扶贫基金会、内蒙古自治区金融办、内蒙古小额信贷公司投资公司等相关决策部门和实践部门；以及北京大学、中国社会科学院农村发展研究所、复旦大学、人民大学、中国农业大学、南京农业大学、华南农业大学以及浙江大学等高校学术研究机构的50余名专家学者出席了本次会议。

研讨会分为“中国非政府组织小额信贷研究”和“中国农村金融研究”两大主题。第一部分围绕非政府组织（NGO）小额信贷项目的理论研究和实际操作展开，由“中国非政府组织小额信贷项目/机构的进展介绍”、“有关国际机构在小额信贷/农村金融改革项目和计划介绍”，以及“中国非政府小额信贷问题研究”三个研讨环节组成。第二部分的“农村金融研究”论题则分为三个子议题：第一个子议题是农村金融市场研究；第二个子议题是农村信用社改革研究，主要围绕信用社改革的进展和效率评价进行；第三个子议题是对农村非正规金融问题作了探讨。

本次研讨会是近年来国内少有的以农村金融为主题的学术交流盛会，参会代表不仅有来自学术机构的专家、政府决策机构的官员、著名国际机构项目的官员，还有项目实施机构的具体实践者。参会代表除了进行严密、深层次的学术交流外，还展开了理论与实践之间的具体探讨。

农村金融和小额信贷是一门理论性和实践性都非常强的学科。此次研讨会避免了以往在农村金融研究和会议中都偏重于学术理论探讨，而对实践中出现问题重视不够的局限。与以往类似主题的会议相比，本次研讨会具有三方面的特色：一是与会代表的广泛性和代表性。有来自政府主管部门、高校和研究机构、非政府组织和基层扶贫机构，以及著名国际机构的代表参加，并进行了主题发言、评论和讨论，使会议直接切入现实问题，对今后的研究将更具有针对性。二是理论研究水平的前瞻性和研究方法的实证性。出席会议的代表基本代表了国内从事该项研究学者的一流水平。研讨会上对农村结构调整而引起农村金融产品需求变化和信贷约束的理论研究、实证分析和政策建议，对我国农村金融改革具有重要的指导意义。三是研究的时效性。目前，我国农村金融改革已走到一个十字路口，大多数非政府小额信贷机构仍处于一种不死不活的境地，下一步信用社应如何改？从2005年起在我国五个省、自治区开始的商业性小额信贷的试点能否解决金融扶贫和可持续发展的问题？在这次研讨会上，与会者对这些问题都给出了回答。此次研讨会对今后我国农村金融改革和小额信贷发展具有重要意义。

为巩固本次研讨会所取得的成果，浙江大学中国农村发展研究院已整理了大会发言、评论和书面论文。会议论文集《中国非政府小额信贷和农村金融》，已由浙江大学出版社出版。

文化研究与现代性国际高层学术论坛

2006年6月17—19日，武汉大学文学院主办的“文化研究与现代性”国际高层学术论坛在东湖风景区湖滨客舍宾馆召开。来自国内外的120余位学者参加了本次论坛，共提交论文90余篇。参加会议的学者包括美国加利福尼亚大学厄湾分校希利斯·米勒教授、美国哥伦比亚大学学位研究中心主任布鲁斯·罗宾斯教授、美国加利福尼亚大学人文学院院长戴维·戈德伯格教授、*ARIEL*主编、加拿大卡尔加里大学英文系帕米拉·麦考勒姆教授等来自美国、加拿大、法国、澳大利亚的十余位国外文艺理论专家，以及党圣元、高丙中、陶东风、李建中、张荣翼等来自国内的100余位文艺理论专家。

此次论坛的主要议题包括文化研究与意识形态批判、文化研究与身份认同、文化研究与另类现代性等内容。文化研究登上文学理论舞台后，文学批评的现代性进程步入了一个新的历史时期。文化研究突破了文本分析的诗学和语言学边界，把文学理论扩张成为意识形态批判、文化身份阐释、大众文化评论的一种“混杂”型的学术活动，使文学理论获得了一种新的现代性特质。但是文化研究也因为对文学理论的“扩容”而破坏了文学理论的学科整一性，乃至于造成文学理论的学科知识和思想资源的失序。因此，自20世纪90年代文化研究传入中国学术界之后，在其理论的合法性问题上一直存在着争论。这一争论涉及文学理论的现代性形态的本质，同时也涉及中国思想文化界对学科知识交叉、扩容及转型的态度，甚至涉及学科体制的现代性选择。文化研究因此成为了当代中国人文学术论坛上引人注目的焦点问题之一。在此次论坛上，通过邀请来的国际知名人文学者与国内文艺理论研究专家就文化研究与文学理论的现代性变革之间关系的深入探讨，一方面使国内学者能够更完整地了解国内外人文学术界在该领域里的最新研究成果，从而推动国内学术界在文化研究问题上进行更深入、更广泛的研究；另一方面，也使外国学术界对中国的文化研究有了一个更真实、更具体的了解，从而也推动了中外学者在文化研究领域的进一步交流。

此次论坛在国内学术界产生了广泛影响，《文学评论》等多家刊物发表了述评文章；论坛的论文集也由黑龙江人民出版社正式出版。

马克思主义：中国与西方的视角国际研讨会

2006年7月14—15日，中山大学马克思主义哲学与中国现代化研究所和澳大利亚阿德莱德弗林德斯大学哲学系主办的“马克思主义：中国与西方的视角”国际研讨会，在澳大利亚弗林德斯大学举行。

参加会议的正式代表有来自中、英、澳三个国家9所大学（中国中山大学、武汉大学、福州大学，英国肯特大学、普林汉顿大学、利兹城市大学，澳大利亚弗林德斯大学、墨尔本大学、西悉尼大学）和1所杂志（中国《求是》杂志）的20位学者，其中中方学者有叶汝贤、李萍、李尚德、何萍、刘森林、旷三平、王晓升、徐长福、许斗斗、张贤勇、李文阁、谭群玉等，西方学者有肖恩·塞耶斯（Sean Sayers）、伊恩·亨特（Ian Hunt）、约翰·吉·哈纳芬（John J. Hanafin）、莱吉·塞格（Raj Sehgal）、保罗·布莱克莱吉（Paul Blackledge）、斯科特·曼（Scott Mann）、玛格丽特·穆萨（Margaret Moussa）。会上交流的论文共18篇。

中山大学副校长李萍和弗林德斯大学副校长安妮·艾德瓦茨（Anne Edwards）出席了会议，并分别致辞。中山大学马克思主义哲学与中国现代化研究所叶汝贤教授、英国肯特大学哲学系肖恩·塞耶斯（Sean Sayers）教授作大会基调发言，中西方学者分别报告了自己论文的内容，并进行了充分的讨论和交流。本次会议被视为“第一次”由中国的大学与国外大学合作主办的国际马克思主义研讨会，它为未来中外进一步开展马克思主义学术交流与对话，提供了值得借鉴的经验和范例。

本次会议交流的内容涉及面很广，主要可分为如下几类：中国马克思主义研究的现状评估及其走向；马克思主义的基本理论；马克思主义哲学史专题研究；马克思主义基本理论与中西方现实关系问题研究。从论文的分布看，每一类问题中西方学者均有涉猎，只是各有侧重。

在本次中西方学者的思想直接碰撞中，尽管存在一些分歧，然而仍有许多共通之处。西方学者对马克思主义的认识是多元的，但马克思作为一个杰出思想家的显著贡献，是中西方学者的共识。

本次交流的最大成效是促进了中西方马克思主义学术界的彼此了解。这是中国的马克思主义哲学界的学者首次在域外举行的国际会议上，规模性地直接推介本国马克思主义研究方面的成果。西方学者对中国该类问题的研究饶有兴趣，证实了民族特色的学术生命力。同时，中国学者在向西方学者的学习过程中，也体会到了要在纯理论的马克思主义学术前沿，与西方学者平等对话、深入交流，还有不小的努力空间。本次交流已开了个好头，会议的主办方中山大学马克思主义哲学与中国现代化研究所在校方支持下，决定将类似的国际交流活动制度化，以使中外马克思主义学术界的交流与对话，能向更深更广的领域和地域伸展。

中国农业经济学研究生教育70周年庆典暨农业和农村发展国际学术研讨会

2006年7月8—10日，中国农业经济学研究生教育70周年庆典暨农业和农村发展国际学术研讨会在南京新世纪大酒店举行。

此次大会由国务院学位委员会农林经济管理学科评议组、南京农业大学经济管理学院、中国人民大学农业与农村发展学院、中国农业大学经济管理学院、浙江大学中国农村发展研究院、中国社会科学院农村发展研究所、台湾大学农业经济学系、中国留美经济学会联合主办，国务院学位委员会办公室、中国国家自然科学基金委员会管理学部、康奈尔大学应用与管理经济学系、《中国农村经济》杂志社、《农业经济问题》杂志社、经济管理出版社协办，南京农业大学经济管理学院承办。

南京农业大学校长郑小波教授、江苏省农林厅副厅长蔡恒先生、江苏省教育厅副厅长胡金波教授、国务院学位委员会办公室农林医药处副处长欧百钢博士、美国康奈尔大学应用与经济管理学系主任 William Lesser 教授、美国伊利诺伊大学 Robert Tompson 教授和江苏省委常委、苏州市委书记王荣博士等有关领导先后致辞表示祝贺。国务院学位委员会农林经济管理学科评议组召集人、南京农业大学经济管理学院钟甫宁教授主持了开幕式。

围绕新世纪中国农业和农村发展问题，来自国内外40余所高校和科研院所的共70多位著名专家、学者和有关部门领导在会上进行了深入的研讨。研讨会分为主题报告、全体大会、分组大会和专题会议四种形式。农业部农研中心主任柯炳生教授、南京农业大学经济管理学院钟甫宁教授先后作了《三农问题与新农村建设》和《农业经济管理学科的过去与未来》的主题报告。全体大会上美国伊利诺伊大学 Robert Thompson、北京大学姚洋教授、中国留美经济学会张晓波研究员、台湾杂粮发展基金会董事长陈希煌先生、中科院黄季焜研究员和康奈尔大学 David Lee 教授分别以 Rural Development and Non-agricultural Employment、Grassroots Democracy and Income Distribution：Evidence from Village Election in China、Regional Disparity and Exchange of Entitlement、Prospects of Food Security for the Asian Region in the Early 21st Century、中国生物技术发展战略及其影响、Promoting Technology Adoption for Agricultural Sustainability with Implications for China 等主题做了报告。浙江大学黄祖辉教授、台湾大学徐世勋教授分别担任主持，中科院张林秀研究员、中国农业大学王秀清教授分别对以上报告人的内容作了评论。

在分组会议中代表们就农业资源环境与可持续性发展、农村社会保障与协调发展、农村金融、农村土地、农产品贸易与食品安全等议题展开深入研讨。在专题讨论环节中，南京农业大学周应恒教授主持了研究生教育改革与发展专题讨论；钟甫宁教授主持了挑战导师专题；福建农业大学教授张文琪、山东农业大学王家传教授主持了农村金融学科发展专题研讨。

第七届《诗经》国际学术研讨会

2006年8月4日，由中国诗经学会主办、西华师范大学承办，为期4天的“第七届《诗经》国际学术研讨会”在四川省南充市北湖宾馆拉开帷幕。

中国诗经学会会长夏传才，南充市委常委、市委宣传部部长勾春平，市政协副主席康大寿、冯庆煜与来自中国、美国、日本、新加坡、韩国、马来西亚、英国的近200余位专家学者参加了本次会议。

中国诗经学会成立于1993年，是由民政部批准、教育部主管的国家一级学会，目前有包括全国30个省市自治区在内的从事《诗经》研究工作的会员500余人，我国香港、澳门特别行政区与台湾地区以及国外会员近100人。自学会成立以来，《诗经》国际学术研讨会每两年举办一次，每次会议都有论文集正式出版，目前已先后在石家庄、北戴河、桂林、济南、张家界、承德成功召开了6次研讨会。中国诗经学会编辑出版的《诗经研究丛刊》、《会务通讯》，还与日本诗经学会、韩国诗经学会、台湾经学学会、香港中国文学学会经常保持学术联系，成为海内外《诗经》研究的中心。

此届研讨会共提交124篇论文，展示了近两年来《诗经》研究的实绩。其中，一些旧有问题的研究有了新的进展，同时也提出了一些新问题，这为今后的《诗经》研究提供了新的方向和更为广阔的研究视野。在研讨会上，来自美国的林中明、台湾的陈文采、西华师范大学的周晓琳等专家学者分别发表了《从〈盐铁论〉大辩论的引诗谈起》、《从训诂传统到学科研究》、《南朝作家对〈诗经〉的接受与发展》等论文。研讨会期间，专家学者还将围绕各自的论文分组进行学术讨论。“第七届《诗经》国际学术研讨会”怎么会“青睐”南充这块土地？“南充的建设和发展让我看到了西部大开发的雄壮步伐！”中国诗经学会会长、河北师范大学教授夏传才告诉记者，河南、广西、江苏等地的师范院校都曾积极申办这届研讨会，他当时看到西华师范大学提交的申请后，就想“南充是一个比较偏僻的地级城市，它有能力承办这样的研讨会吗？”2005年，他来到南充进行实地考察，特别是看到占地3000多亩的西华师范大学新区，感到南充的经济发展“还不错”，河北还没有一所大学能有如此大的规模。最后，他毫不犹豫地把“绣球”抛给了南充。

第一届中美大学图书馆馆长论坛

2006年8月12—17日，由北京大学图书馆和哈佛大学图书馆联合主办的“第一届中美大学图书馆馆长论坛”在北京海淀镇永丰乡稻香湖景饭店举行。

中美双方共有33个图书馆的45位代表参加了本届论坛。美方参加论坛的馆长包括：哈佛大学图书馆馆长Nancy M. Cline、普林斯顿大学图书馆馆长Karin A. Trainer、康奈尔大学图书馆馆长Sarah E. Thomas、约翰·霍普金斯大学图书馆馆长Winston Tabb、达特茅斯学院图书馆馆长Jeffery L. Horrell、哈佛燕京图书馆的馆长郑炯文。论坛还邀请了美国研究图书馆学会领导和管理服务办公室组织学习服务部的前主任DeEtta Jones女士作为培训教师。中方参加论坛的有北京大学、清华大学、中国人民大学、上海交通大学、浙江大学、武汉大学、南京大学、中山大学、厦门大学等26所大学图书馆的36位代表。他们多为图书馆的馆长、副馆长或馆长助理。

本届论坛采取主题发言和自由讨论相结合、自学和培训相结合的形式，并辅之以大量的阅读材料。论坛开幕式由中美主办方的图书馆馆长分别就中美大学图书馆的现状和未来作概括性发言。北京大学图书馆馆长戴龙基在发言中回顾了20世纪50年代以来中国高校图书馆的发展历程，特别是20世纪末到21世纪初这个历史时期的变化，他认为，在影响中国高等教育的两大工程“211”工程和“985”工程的推动下，中国高校图书馆由传统图书馆阶段较迅速地演进到复合图书馆阶段，CADLIS（中国高校数字图书馆系统）则是现阶段中国高校图书馆的典型范例。哈佛大学图书馆馆长Nancy M. Cline在报告中从展望未来角度首先分析了研究图书馆的复杂性、活跃性及对教学和科研的参与等特质。她提出，大学图书馆的管理者应密切关注环境的经济状况、政治状况、社会变化、学校的使命及预算调整情况，不仅要作出图书馆的战略性计划，而且需具备战略性的思考，从而才能预见变化、接受变化和引领变化。

北京大学图书馆副馆长朱强和哈佛燕京图书馆馆长郑炯文全程主持了论坛。在论坛的议程中，中美双方还派代表就论坛的以下四个议题分别作主题发言。西安交通大学图书馆馆长俞炳丰和康奈尔大学图书馆馆长 Sarah E. Thomas 分别就中美大学图书馆组织机构发言；武汉大学图书馆副馆长周明华和普林斯顿大学图书馆馆长 Karin A. Trainer 分别就中美大学图书馆的人力资源管理状况发言；厦门大学图书馆副馆长萧德洪和达特茅斯学院图书馆馆长 Jeffrey L. Horrell 分别就中美大学图书馆馆藏发展发言；最后，上海交通大学林皓明副馆长和约翰·霍普金斯大学图书馆馆长 Winston Tabb 分别就中美大学图书馆服务发言。本届论坛是中国高校图书馆界的一次盛事，自改革开放以来，如此规模的中美大学图书馆馆长之间的交流尚属首次。

复旦管理学国际论坛

2006 年 8 月 18—19 日，由复旦管理学奖励基金会、国家自然科学基金会、复旦大学主办的“复旦管理学国际论坛”在复旦大学隆重开幕。百余名与会嘉宾济济一堂，围绕“社会、经济可持续发展与管理科学”这一主题，交流学术研究，共享思想和理念。全国人大常委会副委员长、复旦管理学奖励基金会副会长成思危，上海市市长韩正，国家自然科学基金会管理科学部主任郭重庆院士，复旦大学党委书记秦绍德出席论坛开幕式并讲话。开幕式由博鳌论坛秘书长、复旦管理学奖励基金会副理事长龙永图主持。

成思危同志在大会开幕式上作了题为“中国管理科学发展探索”的重要讲话。他在讲话中简要回顾了中国管理科学的发展史和三个里程碑，阐述了中国管理科学面临的挑战、中国管理科学的发展战略以及现代管理科学的学科结构。他指出，在中国和平发展的过程中，中国的管理科学要提高水平，走向世界，既要适应全球化，又要实现本土化。在管理科学界中要提倡实干、鼓励创新、加强合作、促进交流。他强调，应进一步加强对管理科学创新的支持，大力培养学术带头人及创新群体。成思危副委员长还就其个人研究的“复杂科学”、“虚拟经济”、“风险投资”三个领域的理论问题作了阐述。

上海市市长韩正在讲话中回顾了管理科学在上海改革开放以来起到的巨大作用。他指出，改革开放以来的 20 多年，是上海发展最快、变化最大的时期之一，也是管理科学发展最快、发挥作用最明显的时期之一。在上海经济总量迅速增长、城市文明日益进步的背后，是管理水平的不断提高、管理体制的持续创新和管理理念、管理文化的孕育发展。上海城市管理中的探索与实践为管理科学的进步提供了广阔的舞台。韩正市长进一步指出，在面向未来，加快建设国际经济、金融、贸易、航运中心的进程中，上海比以往任何时候更需要管理科学的支撑。特别是在新形势下，如何进一步通过管理，使工作更加有力、有序、有效，使城市更加规范、高效、和谐，是政府部门和致力于管理科学研究的专家学者们共同关心并需要回答的问题。

本届论坛的主题是“社会、经济可持续发展与管理科学”，与会的中外管理学家就全球经济社会可持续发展的管理科学问题、中国管理科学的发展思路、管理科学领域研究的最新前沿与中国的应用实践等方面问题应邀作了大会报告。论坛还分设了管理学院院长圆桌会议和管理科学与工程专家圆桌会议，就如何推动中国管理学科的发展等问题开展主题发言和自由讨论。来自国内50余所高校、科研院所和管理部门以及海外知名高等院校的130余位专家学者出席了本次论坛。

2009年复旦管理学国际论坛于2009年7月18—19日举行，以“超越危机——管理科学发展在中国”为主题，由“管理科学”、“信息管理”和“研究与发展管理在中国”等分论坛展开。

2010年复旦管理学国际论坛于2010年7月17—18日举行，主题为“工商管理与企业成长——可持续发展视角下的中国管理”。

第五届WTO与中国国际学术年会

2006年10月28日，“第五届WTO与中国国际学术年会”在人民大会堂新闻发布厅隆重举行。博鳌亚洲论坛秘书长龙永图，中国社会科学院学部委员、中国工程院院士李京文，以及对外经济贸易大学校长陈准民、副校长刘亚等出席了本次大会。

“WTO与中国学术年会”由对外经济贸易大学中国WTO研究院主办，自2002年以来已成功举办了四届。这次会议第一次将规模扩大到国际范围内，共有来自海内外的600余位专家学者参加了本次大会，可谓盛况空前。

刘亚副校长主持开幕式。对外经济贸易大学中国WTO研究院院长张汉林首先宣读了全国人大副委员长、著名经济学家成思危给本次大会发来的贺信。在贺信中，成思危表示本次大会的举办对促进入世5周年中国经济发展的研究具有重要的意义，并预祝大会取得圆满成功。

陈准民校长致辞。他首先对本次年会的召开表示热烈的祝贺，向光临大会的各位领导和来宾表示热烈欢迎。他向大家介绍了中国WTO研究院和其主办的“WTO与中国学术会议”的基本情况，并指出了举办本次会议的重要意义。他表示，此年会自创办以来，得到了各主管部门的大力支持，受到了全国各高校、研究机构专家、学者的热情鼓励，以及国内主流媒体的积极报道，产生了良好的学术和社会影响，已成为国内WTO研究领域的学术盛会。会议既有来自教育部、商务部、国家统计局等部委的领导，也有来自亚洲开发银行、日本东京大学、澳大利亚弗林德大学、加拿大滑铁卢大学，以及台湾政治大学、澳门大学、中国社会科学院、复旦大学、浙江大学、中央财经大学等研究机构和高校知名专家，还有中国出口信用保险公司这样的大型企业，是历届规格最高、人数最多的一次，这表明年会已经成为国内学术界公认的WTO研究领域的学术盛会。最后，他代表对外经济贸易大学向各位领导和专家对中国WTO研究院的一贯支持表示最衷心的感谢，并希望能一如既往地得到大家的支持与帮助。

中国出口信用保险公司总经理唐若昕致辞。他介绍了该公司的情况和中国入世后在外贸领域作出的贡献和取得的成绩，并希望能为中国企业在国际贸易中的交易安全提供保障。

开幕式结束后，大会进入主题讲演阶段。龙永图的《入世5周年：对中国经济的回顾与展望》，李京文的《发挥WTO作用促进世界经济协调发展》等主题演讲吸引了大批听众，取得了很好的效果。国家统计局、商务部的相关部门领导也到场进行了精彩的讲演。

基督宗教商业伦理与管理国际学术会议

2006年10月27—29日，首届“基督宗教商业伦理与管理”国际学术会议在四川大学召开。该会议由四川大学道教与宗教文化研究所、四川大学基督教研究中心主办，加拿大文化更新研究中心协办。来自美国普度大学、加拿大文化更新研究中心、香港中文大学、香港浸会大学、北京大学、北京科技大学、南开大学、华侨大学、陕西师范大学等高校或研究机构的学者，以及加拿大、美国、香港、北京等地的商业界人士共30余名参加了会议。

本次会议分别对商业管理中的基督教伦理、基督教商业伦理与社会和谐、企业家眼中的商业和经济伦理、《圣经》中的经济伦理和社会伦理、学者眼中的基督教经济伦理和工作观、实践中的基督教商业伦理考察、市场经济中的基督教伦理等七大议题展开了广泛而深入的讨论。

本次会议即关于基督宗教商业伦理与管理的讨论会在学术界尚属首次，且会议突破了同一理论层面之间交流的范围。会议得到与会代表的一致好评，认为这是一次很有学术价值和现实意义的会议，对于拓展基督教的研究和商业伦理、经济伦理的研究具有积极意义，对于规范市场经济中的商业活动行为有一定的启发作用。

2008年4月28—29日，第二届基督宗教商业伦理与管理国际学术研讨会在四川大学召开。本次会议由四川大学道教与宗教文化研究所和四川大学基督教研究中心，以及加拿大文化更新研究中心和香港文化更新研究中心联合举办。来自加拿大、中国内地和香港的基督教学者、企业家和宗教界人士约40人出席了会议，其中22位代表作了专题发言。

本次会议的宗旨是探讨在市场经济条件下，基督宗教伦理与构建和谐社会的关系，以及基督宗教商业伦理在基督徒经营管理活动中的指导作用。会议论题包括基督教领导伦理、《圣经》与基督教伦理、基督教伦理与管理实践、基督教伦理与和谐社会、基督教经济伦理和商业伦理等。

欧洲一体化与欧洲治理国际学术研讨会

2006年10月21—22日，由南开大学欧洲研究中心主办的“欧洲一体化与欧洲治理”国际学术研讨会在天津举行。本次研讨会是南开大学与德国杜伊斯堡—埃森大学和英国伯明翰大学合作与交流的结果。

来自英国、法国、德国、丹麦和中国社会科学院、中央编译局、上海社会科学院及国内著名大学的40余位欧洲问题研究学者，围绕“解读欧洲模式”、“欧洲治理及其启示”、“欧洲一体化：经济表现”、“欧洲一体化及其对中国的启示”、“欧盟治理：政治、社会问题”、“欧洲问题研究：方法论及相关问题”等议题展开学术研讨。

南开大学常务副校长陈洪、副校长兼欧洲研究中主任佟家栋出席开幕式。陈洪在会上致辞，向来宾介绍了南开大学欧洲问题研究的情况。他表示，南开大学一直坚持国际化的办学战略，这是研究型大学建设的必然要求。在经济全球化和区域一体化的背景下，大学教育更应该多一份全球意识和开放观念，实施开放办学。希望通过此次学术研讨会，进一步加强南开大学欧洲问题研究，深化与国内外欧洲研究机构，特别是杜伊斯堡—埃森大学和伯明翰大学之间的良好合作关系，推动彼此间文化交流与学术合作向全方位、宽领域、多层次发展。

与会专家认为，欧洲是人类社会思想文化的重要发源地，更是国际社会的一支重要力量，在当代世界区域一体化的进程中，欧洲建成了经济货币联盟，实现单一货币欧元，启动欧盟宪制，实行共同外交与安全政策，欧洲一体化所取得的巨大成就堪称世界区域一体化的典型模式。研究欧洲模式，不仅有助于加深对欧洲一体化的认识，丰富相关理论研究，更对世界其他地区的区域合作具有借鉴和启示作用。

南开大学十分重视对欧洲问题的研究，1975年就开始承担欧共体“共同农业政策”的研究课题，并于1979年成为中国欧洲学会的创始成员，于1985年设立的欧洲资料中心，每年从欧共体免费获得研究资料。1997年，根据中国政府和欧洲联盟签订的《欧盟—中国高等教育合作计划》，国家在南开大学建立“欧洲问题研究中心”，以促进欧洲问题研究在中国的深入开展。此中心成立以来，对欧盟及其成员国的经济、政治、文化、历史和社会等领域进行研究，广泛开展国内外学术交流与合作，已开设系统的欧洲研究课程，出版一批具有较高学术水平的研究成果，承担并完成了很多较有影响的国内外合作项目，逐步将中心建设成为多学科、全方面研究欧洲的开放性、综合型、跨学科的研究中心，为深入研究欧洲问题奠定了坚实的基础。

现象学与教育学国际学术研讨会

2006年10月14—17日，由首都师范大学教育科学学院主办的第一届“现象学与教育学国际学术研讨会”在北京举行。来自中国、加拿大、美国、挪威、以色列、意大利、瑞典、日本等国家的300多名专家学者参加了会议。与会者围绕着“多元世界的教育学意义”这一主题进行了研讨。

国际知名现象学教育学者范梅南教授作了《“关注”的现象学与“赏识”的教育学意蕴》、巴斯·瓦列林教授作了《大陆现象学的历史考察》、汤恩·萨伊威博士作了《他者的“看”对残疾学生的意义》、首都师范大学宁虹教授作了《现象学教育学：教育的实践哲学》、香港教育学院李树英博士作了《考试的教育学研究》的大会主题报告；其他国内外学者作了内容丰富、精彩的大会发言与讨论。

大会就“现象学”、“现象学教育学”、“现象”、“反思”、“实践”等现象学教育学的基本问题，并认为现象学教育学是以现象学的态度和方式来建构的教育理论。在现象学与教育学的结合中，现象学所带给教育学的，不仅仅是某种特定的方法和一些现象学的术语或者某一部分内容，而是一种变革。这种变革，为教育学的研究与发展带来了一种可能性，这种可能性直指一种新的教育学。

这次大会的召开，可以使人们更全面、更系统地把握西方教育现象学思想，拓展教育现象学研究的视野与领域。同时，也将唤起研究者与实践者的一种教育学意识，引起对日常生活事件的教育学意义的敏感与关注，使自己成为一个敏行的教育学实践者。另外，还可以引起我们对教育现象学本身的一些深入思考与反思，从而使其对中国教育研究与实践产生更切实有效的影响。

本次会议的召开，也是首都师范大学教育科学学院学科建设、教育学原理专业博士点建设的重要工作之一。通过此次大会，教育科学学院将在学术研究、国际学术合作与交流等方面取得新的进展，从而有力地加快学科发展与学院发展，为我国教育研究与实践作出更大贡献。

2010年10月14—16日首都师范大学教育学院召开了第二届现象学与教育学国际学术研讨会，来自中国、加拿大、美国、挪威、瑞典、意大利等国家的200多名专家学者参加了会议。与会者围绕“体验与实践”这一主题进行了研讨。这次会议的召开，还得到了“中国教育学会教育哲学专业委员会”的宝贵支持，中国教育学会教育哲学专业委员会主任陆有铨、副主任石中英出席大会并发言。

时过4年，中国和世界各国的现象学教育学研究都取得了丰硕的研究成果，第二届现象学教育学国际学术大会的召开为进一步拓展、深化现象学教育学研究的视野与领域，更有效地促进中国现象学教育学研究者与世界各国现象学教育学研究者的深度对话与交流，以及推进教育理论与教育实践改革有着广泛而深远的意义。

中青年学者汉语教学国际学术研讨会

中青年学者汉语教学国际学术研讨会（简称“中青会”）是由北京大学对外汉语教育学院发起并主办的一个国际性学术会议。其宗旨是为学科发展、为中青年学者成长搭建一个宽广而富有活力的学术交流平台，推动对外汉语教学科研的发展。

中青会以“海内外汉语教学及汉语作为第二语言教学学科建设”为总主题，聚集了国内外汉语教学界的专家学者，以北京大学深厚的教育背景为依托，致力于加强学科联系、推进新世纪汉语国际教育事业向前发展，为北京大学提高国际化办学水平、创建一流大学、增进中外友谊、促进世界和平作出积极贡献。

中青会始创于2006年12月，每两年举办一届，至2010年已经成功举办了三届。该会议已颇具品牌效应，成为对外汉语教学界的一个具有广泛影响的重要学术会议。

中青会历经5年发展，以学术为生命力，为全球优秀学者搭建了一个相互交流、共促共进的平台，积累了丰富的对外汉语教学研究成果。一方面，活跃在海内外汉语教学与研究第一线的中青年学者成为学术研讨的主力军，他们的敏锐和探索精神是研讨会最富活力的元素；另一方面，学界的前辈和名家发挥着引领方向和提升学术高度的作用，他们缜密的思考、卓越的见解、扎实的研究以及对学科发展方向的准确把握，为“中青会”的学术活力增添了一份厚重感。

在过去的5年里，累计有400多名来自中国大陆和世界十几个国家和地区、从事对外汉语教学的专家学者参加了中青会，探讨的话题涵盖“语言要素研究、课堂教学研究、文化与跨文化交际研究、语言习得与测试、教师教材与课程设置”等多元学科领域。曾应邀参加中青会的嘉宾包括世界汉语教学学会会长陆俭明教授，世界汉语教学学会副会长、法国汉语教学总学督白乐桑教授，中国语言学会副会长赵金铭教授，中国社科院语言所副所长刘丹青研究员，世界汉语教学学会副会长、日本大阪外国语大学古川裕教授，剑桥大学东方研究院博士生导师袁博平，美国斯坦福大学孙朝奋教授，哈佛大学东亚系中文部主任冯胜利教授等国内外知名学者。

自中青会创办以来，得到了北京大学、国家汉办及世汉会的高度关注和大力支持。国家汉办副主任赵国成于2006年首届中青会致辞、北京大学党委副书记杨河教授、世界汉语教学学会会长陆俭明教授分别在2008年第三届中青会上致辞。

中国区域经济发展与泛珠三角区域合作国际学术研讨会

教育部人文社会科学重点研究基地、中山大学港澳珠江三角洲中心主办的“中国区域经济发展与泛珠三角区域合作”国际学术研讨会，于2007年1月19—21日在中山大学举行。来自中国社会科学院、清华大学、对外经济贸易大学、四川大学、厦门大学、湖南大学、云南大学、西南财经大学、江西财经大学、贵州大学、海南大学、香港大学、香港理工大学、澳门大学、澳门科技大学、日本早稻田大学、日本阪南大学、香港特别行政区中央政策组、中国银行（香港）、香港贸易发展局、香港利丰发展（中国）有限公司等“9+2”高校和研究机构的学者专家共70多人参加了本次会议，并提交论文52篇。中山大学党委书记郑德涛教授出席开幕式并发表讲话。

会议的主要议题包括：中国区域经济发展的趋势和规律、泛珠三角区域经济发展与区域内各地合作、港澳区域发展的新趋势以及在泛珠三角合作中的作用、东亚经济整合与泛珠三角区域合作等。就中国区域经济发展的趋势和规律问题，中国社会科学院学部委员、中国区域经济学会副会长陈栋生指出，随着区域发展总体战略的落实，空间布局规制、区域政策和区际互动机制的日趋健全，我国区域协调发展的新格局已经逐渐形成。中山大学港澳珠三角研究中心主任陈广汉教授认为，区域创新能力向来是决定区域经济可持续发展的重要因素，他以国内三种专利的申请量为衡量创新能力的指标，在区域层面上分析影响我国区域创新能力的因素，对我国省际区域创新能力做了一个经验和实证的比较分析。云南大学的伏润明教授从产业布局和可持续发展的角度深入研究了东部、中部和西部之间的产业差异。西南财经大学蒋少龙教授从政府的角度探索缩小我国区域发展差距的问题，认为区域发展不平衡性扩大的主要表现在于人均GDP差距不断扩大，资金不足的矛盾突出。云南大学发展研究院的吕昭河教授认为，区域的差异是我国经济增长没有带动更多就业的重要原因。

随着泛珠三角区域合作的不断深化，泛珠品牌正不断得到加强，泛珠区域成为中国发展最快的区域之一。与会学者对泛珠三角省区内部合作进行多学科、多视角的讨论，对于泛珠合作的目的和特点、泛珠区域合作环境的改善、合作中如何克服现有的障碍和经济发展不平衡、泛珠区域经济合作收敛性、地域差异、高等教育对区域差异的影响等问题进行了深入探讨；同时对泛珠区域合作中旅游业、人力资源、服务业、城市网络建设、社会安全等具体领域的合作提出了看法和建议。港澳在泛珠区域合作中起着重要的带动作用，但是随着区域经济合作的不断深化，港澳和广州在泛珠中的作用也产生了一些新的变化。澳门大学的杨允中教授认为，应正确界定珠三角及泛珠三角的范围和概念，提出推进泛珠合作“一个中心，两个基本点”的指导思想。谢国樑研究员介绍了近年来香港和内地经贸投资往来发展的态势，认为内地在CEPA框架下在商贸、专业服务及投资等方面实施的各项便利化措施，有力地推动了香港与内地的经济金融合作，香港金融中心开始凸显功能，主要表现在以下几个方面：拓展离岸人民币业务；扮演内地理财和资产管理中心；配合推动内地国有企业的改革与发展。

东亚经济合作是当前世界区域经济合作中的一个备受关注的问题，泛珠三角经济区处于中国—东盟“10+1”框架下两大经济体的交汇带，泛珠三角区域与东盟的合作不但对泛珠自身的经济发展很重要，同时中国—东盟自由贸易区的发展在相当大程度上有赖于泛珠与东盟十国的合作与发展。日本早稻田大学亚太研究生院的林华生教授充分肯定了泛珠三角区域合作模式在东亚经济整合中的重要影响作用。他认为，在东亚多边合作和经济一体化的过程中，中日是主流，韩国和俄罗斯能起到缓冲的作用，中日双方如果在东亚合作中为争夺地区领导权而互相倾轧，将不利于中日任何一方，双方应该携手合作，方能推动该地区经济合作顺利向前发展。

全国首届现代马克思主义政治经济学与应用经济学创新国际学术研讨会

为了倡导用发展着的现代政治经济学理论引领应用经济学的创新和发展，充分发挥现代马克思主义理论经济学和应用经济学在学术研究、政策制定、经济管理中的作用，增进世界各国马克思主义经济学家的合作，由世界政治经济学学会、中国社会科学院马克思主义研究院、上海财经大学马克思主义研究院和贵州大学联合主办的“全国首届现代马克思主义政治经济学与应用经济学创新国际学术研讨会”于 2007 年 3 月 9—11 日在贵州大学隆重召开。来自中国、日本、法国、奥地利和塞尔维亚等国家的大学和研究机构的近百名专家学者出席了此次研讨会，就现代马克思主义政治经济学的创新、如何用现代马克思主义政治经济学指导应用经济学的创新，以及以现代马克思主义政治经济学为理论基础的应用经济学的发展和创新等问题进行了研讨。

世界政治经济学学会会长、中国社会科学院马克思主义研究院院长程恩富教授，世界政治经济学学会理事、法国马恩河谷大学著名政治经济学家迪劳内教授，贵州大学经济学院副院长王朝科教授，河南大学经济研究所李保民副教授，江西财经大学经济学院副院长康静萍教授，广西大学马克思主义经济学研究中心主任李欣广教授，福建师范大学产业经济研究中心主任郭铁民教授，河南大学马克思主义研究院副院长张兴茂教授，清华大学经济管理学院的博士生波波夫（塞尔维亚），南京财经大学经济学院王云中教授，广西大学商学院王选庆教授，贵州大学经济学院院长龚晓莺教授、副院长王朝科教授，华南师范大学经管理学院赵学增教授，广东茂名学院经济管理系梅春国教授，上海市委党校唐珏岚副教授，贵州大学经济学院刘涛副教授，厦门市委党校陈大柴副教授，中南财经政法大学可持续发展研究中心主任刘思华教授和方时姣副教授，四川大学经济学院副院长张衔教授，日本武藏大学的后藤光蔵教授和东京农业大学的张虹，中国人民大学经济学院孟捷教授，分别在会上阐述了以现代马克思主义政治经济学为理论基础的应用经济学的发展和创新的必要性、可能性及途径。

会议认为，中外马克思主义的经济学家、应用经济学家应当加强合作、交流，以传承、弘扬和创新马克思经济学和应用经济学为己任，推动整个经济学科的繁荣发展，促进各国经济科学的发展、世界人民福利的提升，促进世界经济的和谐有序发展。

世界汉学大会2007：文明对话与和谐世界

2007年3月26日上午，由国家汉语国际推广领导小组办公室与中国人民大学共同主办的“世界汉学大会2007：文明对话与和谐世界”在中国人民大学明德堂隆重开幕，这是新中国成立以来在我国内地首次举办的高水平、高规格的世界性汉学大会。

国务委员陈至立、教育部部长周济、国务院副秘书长项兆伦、法国驻中国大使苏和、国家汉语国际推广领导小组办公室主任许琳，中国人民大学领导纪宝成、程天权、袁卫、牛维麟、林岗、冯俊、马俊杰、王新清、陈一兵、陈雨露，200余位海内外汉学专家、国家有关部门领导、高等院校和科研机构专家学者以及学校师生代表近千人参加大会。大会开幕式由纪宝成校长主持。

陈至立国务委员致大会开幕辞指出，中国改革开放以来，政治稳定，社会安定，国际交流不断深入，中国政府积极支持汉学研究，为海内外汉学研究创造了前所未有的发展空间。本次大会的举办顺应了当代汉学蓬勃发展的趋势，标志着中外汉学研究与交流进入了一个新的发展阶段。希望中外汉学家们以加强文明对话，促进中外文化沟通，传播和谐思想，促进文化和谐为己任，进一步推动世界汉学研究的发展。

纪宝成校长发表《文明对话与和谐世界》的演讲时指出，一个和谐的世界，需要汲取一切有益的文化资源，一个和谐的世界还必须是一个对话畅通的世界。“和而不同”的原则正在当今世界显示出越来越重要的价值。任何一种“唯我独尊”的权力话语，或者任何一种民族主义的狭隘立场，都已经无法描述文化共生中的多元品格。纪宝成校长表示，中国人民大学是以人文社会科学为主的学术中心，在各个领域都拥有一批著名的专家学者，学校愿意为全世界的汉学家提供高水准的学术平台，希望中外学者在汉学研究的学术平台上，为文明的和谐对话发挥积极的贡献。

开幕式上，教育部部长周济为“中国人民大学汉语国际推广研究所”和“中国人民大学汉学研究中心”揭牌。

3月27日下午，“世界汉学大会2007：文明对话与和谐世界”闭幕式在中国人民大学逸夫堂中心隆重举行。全国人大常委会副委员长许嘉璐出席闭幕式并致辞。

许嘉璐副委员长高度评价本次大会是新中国成立以来举行的规模最大、参与者最多、规格最高、收获最丰的汉学大会。他强调指出，准确分析中国传统和现实的文化，帮助民族把对自身的认识提高到自觉的高度，是汉学研究的重要职责，希望海内外汉学学者今后能够进一步加强对话和交流。

本次大会为期3天，旨在通过世界汉学界主要学者的对话和讨论，促进国际汉学研究领域的交流与合作，进一步凸显中国传统文化对于构建和谐世界的价值。施寒微、魏若望、罗多弼等70余位来自德国、俄罗斯、美国、英国、意大利、越南、罗马尼亚、奥地利、瑞典、加拿大、新西兰、斯洛伐克、比利时、塞尔维亚、西班牙、日本和中国台湾、香港、澳门的专家学者和冯其庸、戴逸、汤一介、乐黛云等140余位内地学者出席，几乎囊括了当今世界汉学界的所有顶级专家和学者。举办过程中前后共有3000余人次的师生参加了会议。

与会专家就大会的5个分主题“作为文明对话的汉学研究”、“‘中国形象’在汉学研究中的变迁”、“中国传统文化：诠释和影响”、“汉学家与汉学史”和“汉语国际推广与跨文化交流”进行了发言和研讨。在正式会议之外，还于3月28日组织三场专题圆桌会议。圆桌会议主题分别为“汉学视野下的20世纪中国文学”、“景教文典与新近发现的《景教宣元至本经幢》”以及“汉学的自我定位”。在两天的发言和讨论中，中外学者还分别涉及了汉学家与汉学史的个案研究，详尽梳理了历代汉学所呈现的“中国形象”及其变迁，从不同角度阐释了中国传统文化的核心价值，论说了汉语作为文化载体的潜在能量，并初步探讨了“对话”可能给予汉学研究的新范式。同时，海外汉学家眼中的中国文学、艺术与文化，也引起了国内学人的热烈回应。

大会引起了社会舆论的广泛关注和高度评价。随着对大会相关报道的增多，“汉语热”、“和谐世界”、“汉学与国学”等主题也成为媒体评论性文章的关注重点。

1931—1949占领历史研究国际学术研讨会

2007年4月14—16日，由国际第二次世界大战史学研究会和中国第二次世界大战史学研究会联合主办、武汉大学承办的“1931—1949占领历史研究”国际学术研讨会，在武汉大学召开。来自中国和世界各国的二战史专家及武汉大学师生代表共计120人出席了会议。原南京军区司令员、中国第二次世界大战史学研究会名誉会长向守志上将，中国人民解放军军事科学院政委刘源中将，中共湖北省委副书记、武汉市委书记杨松，武汉大学党委书记顾海良教授、校长刘经南院士，国际第二次世界大战史学研究会主席格哈德·赫尔施菲尔德教授、副主席琼·博蒙特教授、秘书长彼得·拉格鲁教授，中国第二次世界大战史学研究会会长胡德坤教授、常务副会长肖裕声少将等出席了研讨会。

会议围绕着“占领的定义、不同战区的性质、国际法中的地位”、“占领对平民的影响”、“占领对原政治当局、国民和抵抗运动合法性的影响”、“中国与第二次世界大战”四个专题展开，20位中外学者在会上发表了论文，从政治、经济、法律、社会及文化等各个不同角度，对1931—1949年欧洲和亚洲的占领历史，重点是德国纳粹对欧洲占领的历史和日本法西斯对中国及亚洲占领的历史进行了深入探讨。与会者通过点评、提问，进一步展开学术观点的交流。学者们畅所欲言，气氛热烈。在“中国与第二次世界大战”专场研讨会上，中国学者就中国在第二次世界大战中的地位与作用进行了全面的探讨，使外国学者对中国抗日战争在世界反法西斯战争中所做的贡献有了更全面的了解。

国际第二次世界大战史学研究会主席格哈德·赫尔施菲尔德教授高度评价了这次会议。他在闭幕辞中称道：“武汉会议是国际二战史研究会发展中的又一里程碑。”他建议，

2010年在荷兰阿姆斯特丹会议上继续讨论占领历史研究。会后，由武汉大学将中外学者提交给会议的论文进行整理、翻译、编辑成书，用中英文出版了《"1931—1949占领历史研究"国际学术论文集》(武汉大学出版社，2010年2月)。

2010年8月，在荷兰阿姆斯特丹举行的第二十一届国际历史科学大会第二次世界大战史专场会议上，国际第二次世界大战史研究会主席格哈德·赫尔施菲尔德教授在开幕辞中，专门介绍了武汉会议及其论文集，介绍了武汉大学为会议的圆满召开而作出的努力，赢得了与会各国学者的热烈掌声。在这次会议上，国际二战史学会还决定给中国二战史学会一个理事名额，标志着中国的二战史研究得到了国际二战史同行的充分肯定。

武汉会议是国际第二次世界大战史研究会第一次在中国举行的会议，也是第一次在亚洲举办的学术会议，对于促进中国二战史学界与国际二战史学界的交流，对于中国二战史研究走向世界，无疑具有里程碑的意义。

地方政府创新与公民社会发展国际研讨会

2007年5月29—31日，浙江大学行政管理研究所、浙江大学劳动保障与公共政策研究中心、浙江大学公民社会研究中心与浙江台湾研究会主办，英国总领事馆文化教育处、韩国高丽大学政府研究所协办的"地方政府创新与公民社会发展"国际研讨会在浙江大学举行。来自中国大陆、台湾地区和美国、英国、新加坡、韩国等地的政治与公共管理研究领域的知名专家、学者50多人参加了本次会议。

5月29日开幕式由浙江大学公共管理学院院长姚先国主持，浙江大学党委副书记庞学铨，浙江省政协副主席、浙江台湾研究会会长陈昭典，英国总领事馆文化教育处主任师捷分别致辞。开幕式后，浙江大学光彪特聘教授、行政管理研究所长蓝志勇主持了会议的主题发言，三位国内外的知名学者分别作了精彩的主题发言。其中，英国诺丁汉大学中国政策研究所主任郑永年教授作了《中国的经济发展、社会转型和治理》的主题报告；中共中央编译局当代所所长何增科教授作了《中国地方政府创新与政治合法性：一项初步的经验研究》的主题报告；美国亚利桑那州立大学副校长R. Shangraw教授作了《地方政府计划中的综合呈现、仿真以及协作工具》的主题报告。

5月29日下午至5月30日上午，研讨会分三场就七个主题进行了讨论，分别为：地方政府创新的理论与经验、社区建设与公民协商、社会创新、公民社会与国家、公民社会发展策略、国家构建与政府创新策略。

5月30日上午，浙江大学行政管理研究所执行所长郁建兴教授主持了大会交流和闭幕式。各小组就讨论情况进行了交流，展现了中国以及世界其他国家在公民社会发展与地方政府创新领域开展的研究和积累的经验，并就推动公民社会发展与地方政府创新的理论、实践和驱动力等问题展开深入讨论。

本次会议编撰了《地方政府创新与公民社会发展国际研讨会论文集》上下两册。大会经过深入的研讨、广泛的交流，形成了一批重要的学术成果，将地方政府创新及公民社会的研究推向了一个新的高度。

贫困与环境问题国际学术研讨会

2007年5月20日，西北工业大学经济研究所主办、人文与经法学院承办的第一届“贫困与环境问题国际学术研讨会”在西北大学国际会议中心隆重开幕。

在开幕式上，西北工业大学党委副书记、副校长郑永安代表学校向大会表示祝贺，并希望通过交流和研讨，国内外专家能够找到更多的合作项目，为消除贫困和保护环境、为造福人类作出更大的贡献。

陕西省扶贫办公室杨效宏副主任在发言中指出陕西省是贫困大省，在改善生产、生活和生态环境方面仍有许多贫困与环境问题有待进一步研究和解决，希望与会专家能通过本次会议为陕西省的扶贫工作提供更多的建议和意见。

开幕式结束后，西北工业大学经济研究所副所长王春萍主持了学术报告会。剑桥首席经济学与人类社会学教授瓦立德杜克（Walid. S. Daouk）、陕西省社会科学院副院长石英研究员等分别为大会作出了学术报告。专家学者就贫困的定义与理解、美国在扶贫方面的一些做法和经验以及英国和澳大利亚在税收等政策上如何保证人人享有必要的福利方面作了深入的交流，使与会者了解了中外在解决贫困与环境问题上的理念、方法和模式。

武汉大学珞珈论坛

2007年6月23日，由武汉大学举办的以“和谐之道——跨学科对话”为主题的珞珈论坛在北京举行。

国家教育部副部长李卫红、国家发展和改革委员会副主任解振华、国务院南水北调工程建设委员会办公室副主任宁远、中国国电集团公司副总经理陈飞、国务院国有资产监督管理委员会纪委书记贾福兴以及中宣部新闻局、中央党校研究生院、国家环保局政策法规司、新华社中国图片社等单位负责人应邀出席，武汉大学党委书记顾海良、副校长黄进、周创兵以及有关部门的负责人和200多名校友一起参加了本次论坛。

李卫红在开幕式上致辞，对武汉大学通过跨学科的研究方式探讨“和谐之道”给予了充分肯定，认为武汉大学7个教育部人文社科重点研究基地整体参加论坛，展示基地研究成果，是进一步推进高校哲学社会科学管理创新的有益探索。

武汉大学北京校友会副会长、泰康人寿保险有限公司副总裁兼人力资源部总监胡昌荣和顾海良在开幕式上分别致辞。顾海良认为，武汉大学在北京举办珞珈论坛，是一种有益的尝试，借这个平台，不仅可以鼓励学者从书斋走向社会，直接面向社会与民众进行一次集中的人文社会科学研究成果的展示，还可以让不同学科的学者在一起交流研究心得，提高学术研究的层次。同时，多学科研究是人文社会科学研究解决重大与复杂问题的重要途径，武汉大学学者正是通过开展跨学科研究共同探讨构建社会主义和谐之道。

论坛上，冯天瑜、曾令良、胡德坤、马费成、邓大松、张金海、郭熙保、李光、简新华等专家和两位来自中国政法大学、中国人民大学的校友徐显明、冯俊教授分别从哲学、法学、历史学、经济学、新闻学、信息学、管理学等多重视角，就“和谐之道”这一主题进行了跨学科探讨，具体阐述了“五伦”与“和谐”、“国际法视野下的和谐世界”、“制度和谐”、“西方哲学中的和谐思想”、“传媒发展与和谐社会构建”、“第二次世界大战与构建和谐世界基础的奠基”、“信息化与和谐社会”等内容，受到与会者的极大欢迎和好评。

香港回归10周年的回顾与展望国际学术研讨会

中山大学港澳珠江三角洲研究中心、广东省人民政府发展研究中心、国务院发展研究中心港澳研究所联合主办的“香港回归10周年的回顾与展望”国际学术研讨会，于2007年6月16—17日在广州举行。来自国务院发展研究中心港澳研究所，国务院港澳事务办公室港澳研究所，广东人民政府发展研究中心，北京、湖南、江西、广州、香港和越南、日本的100多名专家学者出席了大会。

与会学者围绕着香港经济发展、政治法律建设、社会文化发展三大主题展开了热烈的研讨。关于香港经济发展方面，来自台湾财团法人国家政策研究基金会的叶金凤委员、暨南大学经济学院冯邦彦教授、李媛媛博士，中山大学港澳珠江三角洲研究中心的周运源教授探讨了CEPA的影响；中山大学港澳珠江三角洲研究中心陈广汉教授等论述了香港经济转型的现状及未来的路向，总结并分析了香港回归后经济转型的基本特征以及香港经济转型面临的困境；香港中文大学经济系宋恩荣教授分析了香港作为内地加工出口营运中心的作用与前景；中国银行（香港）的谢国樑从金融制度、金融市场及金融机构三个层面检视主权回归以来香港金融中心的发展态势及未来的发展前景；日本北九州岛市立大学的王效平教授从国际经营学角度探讨了香港作为国际商务中心地位的职能和地位在主权回归之后的变化。

关于香港政治、法律方面，澳门大学澳门研究中心杨允中教授指出，香港特区10年发展表明，由基本法所规定的现行特区政治体制及循序渐进发展民主模式，作为当代新型政治文化的创新产物经得起历史检验，令香港的经济、社会发展得以保持效益最大化、运行有序化。中国人民大学台港澳研究中心齐鹏飞教授论述了“在探索中逐步成型、成熟的‘一国两制’之‘香港模式’”。香港城市大学梁美芬博士认为，在实施了《基本法》以后，香港的法律文化发生着潜移默化的变化。来自香港并在清华大学作高级访问学者的邵善波论述了“《基本法》下的行政与立法关系”。北京大学法学院的饶戈平教授论述了

《基本法》与香港繁荣稳定的关系。中山大学法学院郭天武副教授等两位学者提出了有关“内地与香港刑事管辖协议”的问题，主张在内地与香港之间签订区际管辖协议，同时由专门的区际协调机构负责解释协议，逐步地建立统一的区际刑事管辖权制度体系。

关于香港社会保障和社会流动问题，中山大学港澳珠江三角洲研究中心刘祖云教授和刘敏学者对香港的贫困问题作了研究，认为导致香港贫困问题的根本原因是结构性的，香港的贫困问题属于“丰裕社会”中的结构性贫困。中山大学港澳珠江三角洲研究中心黎熙元教授等两位学者通过香港代际和代内职业流动状况描述分析了香港近30年通过职业变动实现社会阶层流动的状况，指出后转型期香港的代际职业变动与社会流动的特点：香港社会阶层的流动性高，中层以下尤其显著，反映阶层结构具有开放性，其中教育是大致向上流动的重要因素。华南农业大学公共管理学院社会学系王建平副教授分析了香港中产阶级的形成、发展及其社会特征。武汉大学社会学系向德平、姚霞两位学者认为：住房问题的实质是中低收入家庭的住房问题，香港通过公共房屋制度，较为成功地解决了当地的城市住宅尤其是低收入阶层的居住问题，并从运作、管理、公共房屋资源的分配等方面分析了香港的公共房屋制度的成功之处，探讨了其对内地房屋运营模式、房屋政策等的启示。

信任与规范国际学术研讨会

北京师范大学社会发展与公共政策研究所主办的“信任与规范”国际学术研讨会，于2007年7月13—22日在北京师范大学举行。

本次国际研讨会汇聚了10名国际知名学者和12名国内杰出学者，主要有斯坦福大学的Karen Cook和Barnabas Malnay；纽约大学的Russell Hardin，Diana Marian和Andrea Pozas-Loyo；麻省理工学院的Lily Lee Tsai；肯特大学的Peter Taylor-Gooby；阿瑞尔学院的Elazar Lev-On；克莱姆森大学的胡晓波；新加坡管理大学的张逸；北京大学的张维迎和沈明明；清华大学的罗家德；社科院社会学研究所的陈华珊；哈尔滨工程大学的刘军；以及北京师范大学的张秀兰交教授、徐月宾教授、Miguel Salazar教授、朱光明教授等。

此次会议从多种角度对本领域的相关问题进行了探讨：与信任和规范有关的基本概念及其测量方法和指标；在现实世界以及网上社区中构建社会信任的意义和方法；信任和规范在社会政策中的意义；人际关系网与社会信任的关系；以及信任和规范对理解当代中国社会、政治、经济等领域重要问题的现实意义。

本次会议不但提高了北京师范大学在世界知名学者中的影响，还促进了我国学者尤其是北京师范大学相关领域学者融入世界学术研究前沿团队，同时也宣传了我国学者在信任和规范领域的研究成果及我国在建设和谐社会方面的举措和成果。更从多个方面启发了研究我国社会、政治、经济问题的视角和分析方法，对我国社会全面发展具有重要的实践意义。

东亚思想史国际学术研讨会

由东北师范大学历史文化学院、亚洲文明研究院、世界文明史研究中心联合举办的“东亚思想史国际学术研讨会”，于2007年8月6—7日在长春举行。来自日本东京大学、爱知教育大学、国际基督教大学，韩国高丽大学，美国哈佛大学，中国社会科学院、北京大学、清华大学、复旦大学、南开大学、岭南大学、北京日研中心、北京外国语大学、国家外国专家局等海内外的专家学者联袂登场，围绕“东亚区域思维模式与国际关系·秩序问题”、“东亚思想及传统价值认识问题”以及“历史·文化·文学诸问题”进行了深入的探讨和交流。会议由东北师范大学历史文化学院院长韩东育教授主持。著名思想史家李泽厚先生作为特邀代表，出席了本次学术研讨会。

将“东亚”作为一个整体从不同的视角和领域进行思考和对话，是本次会议的一大重要特征。与会专家认为东亚地区的思想和问题，需要从东亚地区的“历史—现实—未来”连续体本身来思考；只有基于“东亚区域思维模式”的理论体系，弘扬真正意义上的“平等与互惠”理念，才是东亚国际关系摆脱历史与现实困境的有效路径；同时，不同国家的思想史研究，在问题意识、观察角度、研究方法上，均存在着不小的差异，因此，研究本国的思想史要有本国的问题意识。

横亘于东亚思想传统中的关于和谐、天人、人际、身心、实学等价值理念，无论从何种角度作何种观察，都是东亚思想史研究领域中无法绕行的重要议题。与会学者通过对上古时代中国先贤关于“天下”观念、人类和谐、社会发展的制度设计，阐述了其深远的历史影响。具体探究了日本近代思想家们关于和谐社会的自然观、对科技发展的理性态度，及在“天道”与“人道”之间谋求和谐、均衡的社会理念。

通过对历史事件的考究、历史文本的解读和历史现象的剖析来认识东亚地区的历史传统和价值观念，一直是东亚思想史研究领域所持的研究理念和方法论原则。学者通过对明治时期日本采购的西学新书情况的考察，解析了日本从中国输入书籍的历史轨迹，及其对日本近代化的推动作用。分析解读了晚明士人关于日本认知的变化，及从“武”的视角来重新观察日本思潮的兴起。此外，还围绕“白话文”与现代性的关联、东北的青帮与移民、中华文明的第三纪发展期、日本早期中国学的特征、日本有无科举问题，以及明治天皇与迁都东京等问题，展开了深入的探讨。

儒家思孟学派国际学术研讨会

2007年8月10—12日，教育部人文社会科学重点研究基地山东师范大学齐鲁文化研究中心、美国哈佛大学燕京学社、山东省邹城市人民政府主办，北京大学儒学研究中心、山东大学儒学研究中心、中国人民大学国学院协办的“儒家思孟学派国际学术研讨会”分别在山东师范大学齐鲁文化研究中心和邹城市举行。

出席这次会议的有来自美国、新加坡、韩国、瑞士、中国大陆以及台湾30多所著名高校和科研单位的50多位国内外知名学者。其中知名专家学者有美国哈佛大学燕京学社社长杜维明、美国夏威夷大学哲学系教授成中英、韩国孟子学会会长赵骏河、清华大学国际汉学研究所所长李学勤、北京大学陈来教授、北京师范大学李景林教授等。

会议就思孟学派的由来及其经典文本的解读，思孟学派基本精神与思想体系，思孟学派与中国哲学、美学建构，新出儒简与思孟学派以及思孟学派在中国思想史上的地位、影响和现代意义等展开热烈研讨。通过热烈讨论，学者们肯定了思孟学派的存在、郭店楚简与思孟学派之间的关系以及思孟传承的重要意义，对思孟学派经典著作作者或学派归属作出了说明，对思孟学派的人性论观念等一些核心概念及思想进行了深入探讨；一些学者指出郭店楚简《性自命出》是思孟学派的重要文献，其作者为子思的可能性最大；一些学者强调了郭店儒简与上博儒简发现的重要学术价值，认为它们不仅为我们提供了一些新材料，而且还为我们重新解读儒家传世文献提供了极大的帮助。学者们共同认为，思孟学派在早期儒学发展史上占有极其重要的地位，但由于孔子至孟子之间儒家文献的缺失，致使过去对于思孟学派的形成时间、发展状况、主要成员、代表著作、思想特色等研究难以深入。近年来，随着郭店楚简与上博楚简一批早期儒家文献的问世，学术界掀起了一场思孟学派研究的热潮。本次会议对于促进海内外学术界对儒家思孟学派研究的进一步深化，加强国际间的学术交流与合作具有重要意义。

本次学术会议在学术界产生重大反响。《中国哲学史》、《孔子研究》、《齐鲁文化研究》对会议作了详细报道。会议的论文也收入《儒家思孟学派论集》(王志民主编)，于2008年12月由齐鲁书社出版。

近代化过程中东亚三国的相互认识国际学术研讨会

2007年9月9日，“近代化过程中东亚三国的相互认识”国际学术研讨会在南开大学商学院大楼举行。此次研讨会由南开大学与日本大东文化大学共同主办，南开大学日本研究院、南开大学世界近现代史研究中心承办，日本国际交流基金会协办。在为期两天的会议时间里，来自中国、日本、韩国的70余名专家学者汇聚一堂，深入探讨相关问题。

南开大学常务副校长陈洪、日本大东文化大学校长和田守、日本国际交流基金会北京事务所副所长小岛宽之、南开大学世界近现代史研究中心主任杨栋梁等出席了会议开幕式。开幕式由南开大学日本研究院院长李卓主持。

陈洪对参加会议的各国专家学者表示热烈欢迎。他说，南开大学在日本及东亚问题研究方面有着优良的传统和很好的基础。南开大学历来重视国际学术交流，希望此次会议能够为各位专家学者提供一个学习交流的平台，促进东亚研究的发展。

和田守在致辞中说，今年正值中日邦交正常化35周年，日本大东文化大学与南开大学举办此次研讨会十分有意义。希望借此次机会，能够加深中日韩三国之间的文化交流，促进学术成果不断产生。

小岛宽之表示，日本国际交流基金会自成立以来就致力于促进世界各国间的友好交流，其中与中国、韩国的交流占据了重要比例。今后将继续支持中、日、韩之间的交流，促进东亚三国的相互了解、共同发展。

杨栋梁说，东亚各国特别是中、日、韩三国之间能否有一个健康、长远、建设性的相互认识，将直接影响东亚未来。此次会议的出发点是认识历史、面对现实，构筑东亚美好的未来。建设和谐发展的东亚，是每一位专家学者的神圣使命和不可推卸的责任。

在两天的会议时间内，专家们围绕“中、日、韩三国对西力东渐的认识与应对”，“近代以来中、日、韩三国民族主义比较研究”，“中、日、韩三国对近代化的相互认识”，“中、日、韩三国对东亚一体化的相互认识”等议题进行深入讨论。

面向世界的东方思想中日韩三国学术研讨会

2007年9月16—18日，山东大学文史哲研究院主办的“面向世界的东方思想”中日韩三国学术研讨会在山东大学东校区新校举行。与会学者围绕东亚文明、儒家文化对中日韩三国经济发展的影响及东方思想的世界化等问题进行了交流和探讨。山东大学副校长王琪珑出席会议并讲话。

大东文化大学校长和田守教授、池田知九教授，成均馆大学儒教文化研究所所长吴锡源教授，中国社会科学院王树人教授，复旦大学葛剑雄教授，山东大学孔令仁教授、庞朴教授等近20名来自日本、韩国的学者及30多名中国学者出席了学术盛会。和田守教授、吴锡源教授、山东大学文史哲研究院院长傅永军教授在会上发言。会议共收到论文40多篇。

王琪珑在讲话中希望会议能够成为密切三校关系的纽带，搭建起切磋交流的学术平台，为三个学校的学术繁荣与进步，为中日韩三个国家，进而为整个亚洲、整个世界，提供更多有益的启示。和田守教授在发言说，在全球化日益加速、日中韩三国经济在国际上占有稳固地位的今天，讨论支撑起这一地位的东方思想的内涵与作用非常重要。依托三国曾经形成共同的儒学文化圈这一背景，彼此间加强紧密的文化交流，对东亚地区的发展至关重要。吴锡源教授说，会议讨论的主题及东方思想的核心内容，将会成为克服向现代社会蔓延的对立与矛盾，恢复人的本质与道德性，从而开启相生时代的契机。傅永军教授说，在文化多元化的今天，重新发现东亚文明的独特性和历史完整性，显示了东亚学者普遍的文化自觉性，这在全球化加速发展的今天，尤其显得可贵。

会间，与会学者围绕东方传世文献的当代价值、东亚儒学的分化整合与未来发展、东亚文化与世界文化的交互影响这三个子议题展开了讨论。与会学者在为东亚深厚的历史文化感到自豪并为其光明未来怀有强烈自信的同时，也表现出对其他文明和文化的容纳、尊敬与合作的态度。

这次学术研讨会的召开，体现出山东大学、日本大东文化大学及韩国成均馆大学三校在合作方面迈上了一个新台阶。2005 年 11 月，山东大学文史哲研究院、大东文化大学东洋研究所、成均馆大学儒教文化研究所签订了合作交流备忘录，商定在学术研究、学者交流、共享学术资源以及举办国际学术研讨会等方面开展广泛而深入的学术合作与交流，共促三方在儒学研究、古典文献整理、东亚研究等领域的学术进步。2006 年 11 月，山东大学校长展涛访问日本大东文化大学期间，同和田守校长商定了中日韩国际学术研讨会的主题。此次研讨会就是对三校合作协议的具体落实。会后，三方代表还就彼此间的进一步合作与交流，达成了广泛共识，一致同意下一次中日韩三国学术研讨会在日本举行。

第五届大学质量发展国际会议

2007 年 10 月 10—12 日，由厦门大学、挪威科技大学和考纳斯科技大学三校合办，立陶宛教育与科学部协办，考纳斯科技大学主办的“第五届大学质量发展”国际会议在立陶宛召开。厦门大学潘懋元教授带领教育研究院的师生代表，取道俄罗斯赴立陶宛参加本次国际会议，取得圆满成功。

此届国际会议的主题是“变革中的大学文化”，来自英国伦敦大学、挪威科技大学、中国厦门大学以及立陶宛多所大学的专家学者就不断变化的社会环境特别是全球化、知识经济等因素对大学文化的挑战展开广泛而深入的探讨。潘懋元教授所作的《文化创新——大学教授处于十字路口》的学术报告引起了与会者强烈的共鸣。一起参会的厦门大学代表还有教育研究院的张亚群教授、郑若玲副教授、赵叶珠副教授等。他们分别就自己所感兴趣的话题参与了分会场的报告和研讨。除教师代表外，同时参会的还有两位学生代表，分别是教育研究院的博士生冯典和硕士生张涵，在厦门大学对出国参加学术会议资助政策的支持下，她们获得了出国参加学术会议的宝贵机会。在本次会议上，厦门大学鼓励研究生参加国际学术会议的举措得到了外方单位的极大赞赏和肯定。

挪威奥斯陆大学终身教授、厦门大学教育研究院兼职教授阿里·谢沃积极推动厦门大学加入三校联盟。厦门大学教育研究院首次派代表参会是 2004 年召开的立陶宛会议。在 2005 年挪威举办的国际学术会议上，厦门大学正式加入三校联盟，并确定下未来轮流主办学术会议的协议。几年来，以高等教育研究为主题的三校联盟会议，极大地增强了厦门大学教育研究院的国际交流能力，提高了此校的国际化程度，也进一步扩大了此校在国际上的学术影响力。

中荷水资源与农业土地利用国际研讨会

2007年10月21—24日，“中荷水资源与农业土地利用国际研讨会”在甘肃省兰州市召开。此次研讨会由南京农业大学、荷兰瓦赫宁根大学、甘肃社科院主办，得到了中国国家科技部和荷兰社会科学院的大力支持。会议经过4天的报告与交流，取得了圆满成功。

来自荷兰瓦赫宁根大学、南京农业大学、中国农业大学、兰州大学、甘肃农业大学、新疆农业大学等国内外知名大学和荷兰社会科学研究院、中国农科院、中国社科院、甘肃省社科院、中国科学院寒旱所等研究机构，以及黑河流域管理局等单位的领导和专家学者共30人参加了此次会议，其中有12人作了主题发言。参加此次会议的外方专家有三位，分别是荷兰瓦赫宁根大学的Justus Wesseler副教授和Nico Heerink副教授，以及来自荷兰社会科学院的Max Spoor博士。

南京农业大学副校长曲福田教授主持了开幕式。开幕式结束后，研讨会举行了主题报告。此次研讨会共分为3个主题，分别是甘肃的水资源管理、水资源管理中的经济管理手段、水危机与农业。与会学者、专家对每个专题进行了热烈的讨论，学术气氛非常活跃。

在甘肃水资源管理专题中，兰州大学的伍光和教授首先介绍了河西走廊和黑河流域的自然环境，黑河流域管理局副局长乔西现先生介绍了黑河流域管理的政策和制度建设，黑河流域管理局局长助理沈建红先生介绍了黑河流域的水资源规划，中国科学院寒旱所的曲耀光研究员介绍了河西走廊水资源状况，并对黑河流域97分水方案的形成过程进行了详细的说明。甘肃农业大学经济管理学院院长王森林教授介绍了甘肃农村地区水权配置与农业产业结构调整。

在水资源管理的经济管理手段专题中，荷兰瓦赫宁根大学的Justus Wesseler副教授给与会专家介绍了西方国家可交易水权经济学分析的最新研究进展和一些典型案例的分析。兰州大学牛淑文教授介绍了甘肃生态与资源经济的发展。

在水危机与农业专题中，中国农业大学张军连副教授以张掖市初始水权分配为例，分析了不同种植结构的水资源利用效率，并就此提出了一些有针对性的政策建议；荷兰社科院的Max Spoor博士介绍了水危机与中亚农业，为我国西部地区的水资源改革提供了国际视角。中国农科院胡定寰研究员介绍了内蒙古武川地区的土豆供应链，就如何通过建设和发展产业链来促进农业产业结构升级，发展当地的经济提供了新思路。

为了使与会者更好地了解中国西北干旱、半干旱地区的水资源利用状况，以及如何采取经济手段、制度手段来实现水资源的优化配置，缓解水资源危机，部分与会专家、学者一同前往中国第一个“节水型社会”试点城市——甘肃省张掖市进行了参观考察以及实地调研。

通过此次研讨会，与会人员对中国西北部干旱、半干旱地区水资源利用现状有了更清晰的认识，对于如何通过经济手段、政策手段来实现资源约束条件下的水资源优化配置有了更深入的了解。通过与相似国家比较分析，为我国水资源可持续利用的进一步研究提供了借鉴。

公共危机和跨文化传播国际学术会议

2007年11月1日至2日，武汉大学新闻传播学院主办的“公共危机和跨文化传播国际学术会议”在武汉大学人文馆南厅召开。

这是武汉大学新闻传播学院与法国波尔多三大组织传播研究中心合作举办的第四次跨文化传播国际会议，主题为“公共危机和跨文化传播”。出席会议的有来自法国波尔多三大、美国塔普尔大学、英国桑德兰大学、香港中文大学、台湾铭传大学、中国人民大学、中国传媒大学、北京大学、上海大学等海内外高校的40余位知名传播学者。会议共收录了36篇优秀论文，内容包括：①危机传播研究的一般理论与方法；②全球公共危机与媒介的文化形象互构；③突发性危机事件与公共利益的认同；④公共健康危机与跨文化传播；⑤地区性危机事件报道比较研究；⑥公共危机的广告传播；⑦化解危机：跨文化传播的危机管理功能；⑧企业危机传播（针对跨国企业的传播危机）。

在第一场主题报告中，法国波尔多三大的瓦勒莉教授主讲了“传播和可持续发展：认证是一种传播工具吗?”。来自香港中文大学新闻与传播学院的陈韬文和李少南教授选择了相同的案例——SARS危机，采用“中国对跨国风险的传播反应模式”、“社会风险扩大模式”等阐释了公共危机事件中全球和本土传播的同（异）态化以及跨文化传播在危机扩散和国际化中担当的角色。美国塔普尔大学传播学者约翰·伦特用大量丰富而珍贵的漫画呈述了用一种全球化视野看待漫画和风险管理问题，吸引了大家的注意力，并获得阵阵掌声。

学者们不仅给我们带来理论深厚、论点充实、视角新颖的主题报告，同时也带来了睿智深刻、极具启发性的精彩点评，让学子们享受了一场学术饕餮盛宴。中国人民大学的陈力丹教授运用千岛湖事件等公共危机事件阐释了中国信息公开制度危机传播实施的政策前提。作为第三场报告的点评嘉宾，他说：“郑保卫教授和邹晶的论文论及公共危机事件中的新闻传播策略问题，比较宏观和全面，但作者认为在危机发生时传媒与政府的传播口径往往一致，我觉得还是应该区别对待，特别是在一些民主国家，传媒与政府不是帮助与被帮助的关系，我们不能以中国的思维看待和解读外国公共危机事件。”

此次会议发表了由法国波尔多三大的于格·欧梯也教授，法国家来大学克里斯汀·梅勒里夫教授，武汉大学王翰东教授和纪莉夫教授的联合论文——《污染问题报道的跨文化比较研究》，真正进行了公共危机的跨文化合作研究，为代表们树立了将跨文化研究实践方法落到实处的榜样。

国际儒学高峰论坛

2007年11月10日至11日，“国际儒学高峰论坛”在上海举行。此论坛由国际儒学联合会和上海师范大学共同主办，论坛的主题是“儒学与中华民族精神”。与会者除来自内地十个省市及台湾地区外，还有来自美国、加拿大、澳大利亚、瑞典、日本等国的，共58人，收到论文42篇。

此论坛开幕式由国际儒学联合会常务副会长刘忠德主持，国际儒学联合会会长叶选平致辞，上海市政协副主席兼上海社会科学院院长王荣华、上海师范大学校长李进教授也在开幕式上致辞。随后作大会主题发言的有中央民族大学牟钟鉴教授、美国夏威夷大学田辰山教授、北京师范大学周桂钿教授、澳大利亚净空法师的代表钟茂森教授、上海师范大学陈卫平教授。会议在大会主题发言后，进行了两个半天的分组讨论。分组讨论主要围绕以下四个方面：儒学传统与中华民族精神、儒学政治、伦理思想与民族精神、儒学的宗教性问题与民族精神、儒学文本解读与民族精神。11日下午举行大会交流和闭幕式，由上海师范大学副校长李和兴教授主持，作大会交流发言的有中国人民大学宋志明教授、复旦大学杨泽波教授、上海师范大学李申教授、中国政法大学单纯教授、台湾高雄师范大学郑卜五教授、加拿大温尼伯格大学魏雅博教授。在闭幕式上，国际儒学联合会副理事长赵毅武、上海师范大学校长李进教授致辞，最后叶选平会长作了即兴讲话。会后在黄浦江畔的30层高楼处举行晚宴，观赏浦江两岸的夜景，随后乘游船游览了黄浦江。

与会者关注的问题集中在：儒学在中华民族精神中的实际影响以及从儒学中发掘培育当代民族精神的合理因素。传统儒学作为道德—政治学说，就政治、道德方面儒学与民族精神的关系，从儒学与宗教来看待儒学对民族精神的影响，儒学在历史上对民族精神发生的影响。

学者们认为，儒学要真正成为当代中华民族精神的构成性因素，还必须经过有效的教育途径影响整个社会。因此，不少学者关注通过有效的教育途径实现儒学价值。

数字经济时代的新媒体产业国际学术会议

2008年2月16日，传媒与国际文化学院和美国马里兰大学菲利普·梅里尔新闻学院共同举办的“数字经济时代的新媒体产业国际学术会议”在杭州西子湖畔的凯悦饭店召开。国内外著名大学的教授和国内外知名媒介、咨询集团及著名投资公司的高层管理人员参与此次会议。会议共分为四个议题，并设有以“品牌时代：两种文化、共同的问题”

为主题的高峰对话。

议题一由浙江大学传媒与国际文化学院胡志毅教授主持。来自浙江省新闻工作者协会的马雨农主席、浙江大学传媒与国际文化学院的李杰教授和中国人民大学的喻国明教授，就中国传媒业的现状与进程、互联网对于传统信息传媒的影响等议题进行了深刻的学术理论分析。李杰认为，“新媒体”并不是一个区别于“旧媒体”的相对概念，而是从信息传播方式到接受方式的更深层次的变革，审美经济的日益发展给媒体带来众多变革，其信息的传播不仅仅是认知符号，更是道德符号和审美符号。喻国明认为，中国媒体改革发展逻辑经历了一个从增量改革到语法革命的变化

“博弈之道——新旧媒体的碰撞”议题由中国传媒大学副校长、广播电视数字化教育部工程研究中心主任吕锐主持。来自业界的高层管理人员就新旧媒体的竞合前景、网络媒体是否能取代传统媒体以及“旧”媒体的发展未来等问题，进行了探讨。发言者普遍认为，新媒体实现了受众接受方式的重大变革，交互性加强，当前最重要的是谋求新媒体运营模式的突破，以从根本上实现新媒体的发展。

“品牌时代：两种文化、共同的问题”的高峰对话，在来自中国和美国的两大著名媒体集团的高层管理人员之间展开，由美国马里兰大学菲利普·梅里尔新闻学院院长康克强主持。财讯传媒集团董事局主席王波明和华盛顿邮报《新闻周刊互动》首席执行官、出版人 Caroline Little，就两种文化内媒体发展中存在的共同问题，如旧媒体行业如何进军新媒体并实现盈利，进行了深入的探讨。

来自美国马里兰大学菲利普·梅里尔新闻学院副院长 Don Heider 副教授与分众传媒、正略钧策咨询、共合网以及博客网、粉丝网等业界人士共同探讨了新媒体的传播方式、核心竞争力以及其发展前景等议题。Don Heider 以美国一流行的网站为例，深入分析了新媒体时代人们的生活方式的巨大变化，虚拟生活已经成为人们日常生活的重要组成部分。广泛拓展媒体传播形式，全方位实现信息的到达率，这是新媒体时代信息传播的新任务。

美国马里兰大学史密斯商学院高级副院长 G. Anandalingam 与来自橡树资本（香港）、汉能投资、中国国际金融有限公司等公司的管理人员，共同讨论了风险投资对新媒体的转向及其影响等一系列业界所关注的问题。如何吸引风险投资加入新媒体发展的队伍中，是新媒体发展的核心问题之一，而根本在于探索成功的运营模式。

民族认同、启蒙思潮与百年中国文学国际学术研讨会

2008 年 3 月 22 日—23 日，由教育部人文社会科学重点研究基地南京大学中国现代文学研究中心、南京师范大学文学院共同主办的“民族认同、启蒙思潮与百年中国文学国际学术研讨会”在南京召开。来自北京大学、南京大学、南京师范大学、复旦大学、武汉大学、华中科技大学、山东大学、厦门大学等全国 30 余所高校及中国社会科学院、人民文学出版社，和《文学评论》杂志社、《当代作家评论》杂志社、《文艺争鸣》杂志社

等机构以及来自韩国、越南、马来西亚等国的120余位专家学者参加了本次研讨会。大会共收到会议论文80篇。

22日上午，大会开幕式在南京国际会议大酒店隆重举行。南京大学中国现代文学研究中心主任董健教授首先介绍了本次研讨会的主题及其他相关情况，指出启蒙虽然看起来是一个很老的话题，但同时也是一个非常迫切的现实问题，本次研讨会召开的主要意图就是要唤起学界对启蒙及其相关问题的重新关注和讨论。南京大学党委副书记闵铁军教授代表南京大学致开幕辞，对与会代表们莅临大会表示热烈欢迎。他指出，启蒙及民族认同问题是近百年来中国文学和文化史上重要的理论问题，同时也具有非常突出的现实意义，并祝愿这次大会能圆满成功并取得丰硕成果。湖南师范大学文学院的凌宇教授、中国社会科学院《文学评论》杂志副主编王保生研究员、人民文学出版社潘凯雄副主编随后致辞。

开幕式结束后，会议进入正式研讨阶段，在为期两天的会议中，围绕大会主题，与会学者们通过大会发言与小组讨论相结合的方式，展开了一系列积极而富有建设性的思辨与讨论。系统梳理了中国启蒙思潮百余年的历史进程及其价值传统，深刻剖析了启蒙价值取向的当代境遇及其精神突围，阐释了民族认同及其与启蒙思潮的关系，体现了很高的学术品质，取得了丰硕的学术成果。

23日下午，大会顺利闭幕，同济大学文学院王鸿生教授、华东师范大学文学院杨扬教授、上海师范大学文学院杨剑龙教授详细介绍了三个小组的研讨情况。南京大学中国现代文学研究中心董建教授对大会进行了详细的总结，并高度评价了本次研讨会所取得的丰硕成果。

大会闭幕后，南京大学现代文学研究中心还邀请部分专家学者举行了关于《扬子江评论》杂志的座谈会。

第三届周恩来研究国际研讨会

为纪念周恩来总理诞辰110周年，深切缅怀他的卓著功勋、崇高品德和光辉人格，进一步推动周恩来研究的国际学术交流，2008年4月20日至21日，“第三届周恩来研究国际学术研讨会”在南开大学省身楼隆重举行。

此次研讨会由中共天津市委、天津市政府主办，南开大学、周恩来邓颖超研究中心承办。来自美国、俄罗斯、日本、韩国、澳大利亚和中国大陆、港台地区的百余名周恩来研究专家、学者云集南开，参加十年一届的代表当今世界周恩来研究最高水平的国际学术会议。

全国人大外事委员会主任、南开大学周恩来政府管理学院院长李肇星，中共中央党史研究室副主任章百家，中共中央文献研究室副秘书长闫建琪，中共中央党史研究室原副主任石仲泉，周恩来总理的亲属周尔鎏、周秉宜、李传洪，周恩来总理生前的秘书纪东、警卫高振普，中共天津市委常委、市委教卫工委书记陈超英，天津市社科联党组书记万新平，南开大学党委书记薛进文、常务副校长陈洪、党委副书记刘景泉以及天津市委宣传部、天津市委党史研究室、天津市文化局、天津市社科联、周恩来邓颖超纪念馆等单位的代表出席研讨会。

会上，闫建琪代表中共中央文献研究室主任冷溶致辞，对会议的召开表示热烈祝贺。他说，近年来，国内外学术界对周恩来生平和思想的研究更加深入，研究领域更加宽阔，取得许多新的成果，广大专家学者对周恩来的认识更加全面、深刻、客观。在周恩来诞辰110周年之际，国内外专家汇聚一堂，交流最新成果，对于进一步推动周恩来研究、加强中外文化交流具有重要的意义。

薛进文在致欢迎辞时说，南开大学为有周恩来这样一位杰出校友感到自豪，并始终铭记他的教诲。长期以来，南开大学一直把研究周恩来思想，学习宣传周恩来精神放在重要地位。以杰出校友周恩来为楷模，培养学生的健全人格，已经成为南开办学的鲜明特色。周恩来的思想风范早已注入南开精神的宝库；他的崇高品德感召和哺育着南开人，是鼓舞南开大学开拓创新、锐意奋进的巨大力量。

李肇星表示，周恩来总理在半个多世纪漫长的革命征途中形成的思想、品德、作风，积累的丰富革命经验，是中国人民乃至世界人民宝贵的精神财富。南开大学作为周恩来的母校，在推动全面、科学、深入细致地研究周恩来各个历史时期的思想和实践，继承、发扬他的重大历史成就和宝贵精神遗产等方面责无旁贷，愿与各位专家一起为推动国内外周恩来研究、弘扬周恩来精神而努力，以周恩来为榜样，为中国人民服务，为世界和平发展服务。

陈超英在致辞中说，周恩来是伟大的马克思主义者，伟大的无产阶级革命家、政治家、军事家、外交家。希望与会专家本着实事求是的原则，对周恩来的生平、业绩、治国理政思想以及崇高品格精神，进行富有创意的研讨，以促进周恩来研究的深入开展，推动周恩来精神的弘扬光大。在周恩来同志的革命精神和崇高品格感召下，全市人民将更加紧密地团结起来，深入学习贯彻党的十七大精神，为把天津建设成为我国的北方经济中心而努力奋斗。

在为期两天的研讨会上，与会专家学者作了周恩来研究最新成果主题报告，围绕“早年和民主革命时期的周恩来”、“周恩来与新中国各项建设”，“周恩来与文化事业及其思想”、“周恩来与中外关系”等专题进行深入的学术讨论。中外专家学者还参观了天津周恩来邓颖超纪念馆。

第一、第二届周恩来研究国际学术研讨会分别于1988年和1998年在南开大学召开，取得了一系列重要研究成果，在国内外引起强烈反响。今年是周恩来总理诞辰110周年，国内外各界人士和周恩来研究的专家学者，对第三届研讨会表示了极大热情和积极的支持。本次大会共收到国内外论文150余篇，通过广泛的学术交流，为周恩来研究注入新的活力，对推动全球周恩来研究的深入，发挥了积极的作用。大会入选论文由中央文献出版社结集出版。

中国农村自然资源可持续利用国际研讨会

“中国农村自然资源可持续利用国际研讨会”于2008年5月16—18日在南京农业大学召开。

此次会议不仅邀请了国内外相关领域的著名学者，包括荷兰瓦赫宁根大学、荷兰社会科学院、清华大学和中国科学研究院的教授和学者，例如Arie J. Oskam教授、Max Spoor教授和张天柱教授，同时还邀请了国家相关部委的专家领导，有国土资源部、国家林业局、国家水利部、国家环境保护部和国家农业部等。此次会议上，各专家学者围绕中国农村自然资源可持续利用中的农村土地问题、水资源问题和能源问题等展开讨论，并讨论如何在“中国农村资源可持续利用”第一期研究的基础上开展项目第二期研究。

会议第一天开始由曲福田副校长主持，首先是沈其荣副校长致欢迎辞，接着是瓦赫宁根大学的Arthur Moi介绍中荷双方关于中国农村自然资源可持续利用研究的进展。休息片刻后开始正式的讨论，主要围绕自然资源利用问题与政策议题。上午的讨论由中国科学研究院欧阳志云研究员主持，主要发言人是国土资源部和国家林业部代表，分别就中国农村土地利用问题及解决思路和中国林业发展与保护进行了演讲。下午的讨论由南京农业大学曲福田副校长主持，主要发言人是国家环保部和国家农业部代表，分别报告了中国江河湖海“修养生息”政策和中国的农业资源与环境管理。最后讨论内容转向介绍中国农村自然资源可持续利用研究项目第二期的背景。此部分由瓦赫宁根大学的Arie Oskam教授主持，南京农业大学石晓平博士首先回顾性的汇报了项目第一期的研究情况，接着介绍了项目第二期的新合作伙伴：中国科学院的欧阳志云研究员和荷兰社会科学研究院的Max Spoor教授。

第二天的会议首先继续讨论自然资源利用问题与政策有关的水资源利用问题，由清华大学张天柱教授主持，主要发言人是国家环保部代表和河海大学学者，分别对中国农村生态环境的形势与政策和我国水资源现状、问题及对策进行了报告。接着与会人员就自己的研究方向进行分组讨论，包括土地资源、水资源和能源三个研究方向。下午的会议首先由各小组代表汇报小组讨论报告，然后荷兰瓦赫宁根大学的Nico Heerink教授介绍项目第一期中应用的研究方法，Arie Oskam教授和Jan van Tatenhove博士介绍项目第二期可能应用的新方法。最后所有项目参加人员讨论项目第二期的组织和执行，包括博士研究生的研究主题和导师安排等。

会议第三天带领外国学者到中国江南地区典型的水乡农村实地考察。会议圆满结束，标志着“中国农村资源可持续利用”(Sustainable Resource Use in Rural China) 项目第二期研究的正式启动。

此次研讨会的召开有利于促进我校和国内外研究机构的交流与合作，进一步提高此校在资源与环境经济方向的科研实力。同时此次国际研讨会也是各参与研究团队加强交流的平台，通过这次会议可以讨论关于项目第二期研究中的一些问题，有利于以后工作的顺利开展；且通过专家学者的讨论，可以进一步明确之后研究的方向和重点，有利于后续研究工作的进行。

创新与经济增长：中国历史与实践中的企业家精神国际学术研讨会

2008年6月5日，由美国商务部、武汉大学、考夫曼基金会联合主办的“创新与经济增长：中国历史与实践中的企业家精神国际学术会议”在武汉大学经济与管理学院隆重拉开帷幕。美国商务部代表、中外企业家名流与经济研究学者、科技部火炬中心国际处代表、中国社会科学院经济研究所代表、武汉市政府官员以及武汉大学、山东大学、中国地质大学、山西大学、北京交通大学、武汉理工大学、浙江工商大学等大学的校领导和学者共约六百人齐聚珞珈，共同探讨中国企业家精神及创新与经济增长课题。

当天上午9时，会议开幕仪式在经济与管理学院学术报告厅举行。武汉大学副校长周创兵、武汉市政府秘书长谭仁杰、美国中小企业管理局副局长 Anoop Prakash、鲍莫尔创新研究中心主任郑勇军、武汉大学经济与管理学院院长陈继勇教授先后为大会致辞。开幕式结束后，美国计算机科技有限公司北京分公司总裁 Kenneth Wang 和纽约大学伯克莱企业家研究中心学术主任威廉·鲍莫尔分别向与会代表作了题为“China's Spectacular History of Technical and Institutional Inventions and My Experiences in Modern China's Business”和“The Lessons from China's Spectacular History of Inventions”的主题演讲，受到与会代表的一致好评。

当天下午1：45，大会在经济与管理学院第三、第六会议室召开学术研讨会。与会代表围绕“鲍莫尔企业家创新理论”、“中国历史上的企业家精神以及对未来的意义”、“创新——火炬计划与中国经济增长”和“企业家精神铺路”四个课题展开分组讨论。演讲者有来自斯德哥尔摩经济学院、迈阿密大学、武汉大学、山东大学、北京交通大学、武汉理工大学、中国地质大学、山西大学等学府的校方领导、教授和学者，也有来自美国商务部、中国社科院经济研究院、科技部火炬中心国际处的官员。演讲者的演讲课题分别涉及企业家特点、企业创新、创新激励、技术引进、经济现代化转型、科技商品化、基于人力资本的企业创新能力、经济增长的持续性等广泛领域。思想的交流与碰撞、不同学术理论的探讨与理解，成了本次研讨会的一大亮点。

研讨会后，中国社会科学院经济研究所微观经济研究所主任刘小玄、美国计算机科技有限公司北京分公司总裁 Kenneth Wang、武汉大学经济发展研究中心马颖教授和经济系主任文建东教授在经济与管理学院第六会议室对本次学术会议作总结陈词，宣布会议圆满结束。

第12届保险：数学和经济学国际大会

清华大学经济管理学院和东北财经大学金融学院共同主办的“第12届保险：数学和经济学国际大会”(The 12th International Congress on Insurance：Mathematics and Economics)于2008年7月16日—18日在中国大连举行。

《保险：数学和经济学》(*Insurance*：*Mathematics and Economics*) 是世界上顶尖的保险和精算学领域的学术期刊。该杂志每年举办一次国际性学术大会，是国际保险领域三大国际性会议之一，是保险和精算学界、保险业界及监管机构进行国际交流的高端平台，在国际上具有广泛影响。以往的11届大会均在欧美国家举办，这次大会是第一次在欧美以外的国家举办。此次大会也是在我国举办的有关保险和精算研究方面规模最大、学术水平最高的国际性会议。

清华大学经济管理学院金融系教授、中国保险与风险管理研究中心主任陈秉正主持了16日上午的大会开幕式。参加开幕式并致辞的嘉宾有：大连市副市长朱程清，东北财经大学副校长阙澄宇教授，《保险：数学和经济学》主编 Marc Goovaerts 教授，中国保险学会会长罗忠敏，清华大学经济管理学院党委副书记陈章武教授，东北财经大学金融学院院长邢天才教授。大连市市长夏德仁出席了大会的欢迎晚宴并致欢迎辞。

来自22个国家和地区的200多位教授、专家、学者和研究生出席了大会（其中我国大陆的代表约为80位)。大会共收到学术论文179篇，安排学术报告157场次，内容涵盖了保险精算研究的各个领域，反映了目前国际保险精算研究领域的最新进展，并展示了中国保险和精算研究的最新成果。

国际保险精算学界的知名学者 Phelim P. Boyle 教授、Damir Filipovic 教授和 Elias Shiu 教授在会上分别做了主题为“套利的局限性：金融危机”、“Solvency Ⅱ中的风险汇聚和分散”和“投资基金的动态保值”的大会特邀报告。大会特邀报告反映了“保险：数学和经济学”国际大会的一贯关注点：风险管理和投资组合优化。

此次大会还设立了保险和精算实务专题分会。特邀中国人寿保险股份有限公司的首席精算师邵慧中，光大永明人寿保险有限公司的首席精算师周俊明，中国人民财产保险股份有限公司的精算负责人陈东辉和中国人寿保险股份有限公司的精算负责人利明光出席大会，并分别做了题为“中国的偿付能力监管及对未来的启示”、“勇敢的新世界：中国人寿保险公司的机遇”、“中国精算师和精算技术的应用”和“准备金充足性检验——来自中国的经验”的主题报告。这些来自实业界专家的主题报告揭示了中国保险精算业界目前关注的重点问题及其思考，对与会学者的研究工作具有很大启示作用。

此次大会共安排了28个主题分会，主要议题涉及风险理论、金融、保险经济学、人寿保险（其中包括死亡率预测及长寿风险证券化)、养老金数学、非寿险、保险市场发展及实证分析等7个方面。上述学术报告主题充分体现了国际保险精算研究领域的最新进展：①传统的风险理论仍是保险精算研究的重点和热点之一（占全部学术报告数的 1/4）。这一研究领域包括的主题有：有限时间的破产问题、风险模型的惩罚函数研究、不同随机过程下损失特性研究和考虑破产影响的最优红利策略等。②金融风险测度和管理及保险投资组合优化的研究也吸引了越来越多的学者，成为研究的热点之一（占全部学术报告数的 1/4），包括以下主题：风险的测度方法、投资组合的优化、巨灾风险证券化的结构及定价、金融衍生工具在保险风险转移中的应用和定价研究等。在风险转移方面，长寿风险证券化和巨灾风险证券化工具与定价的研究显示了金融与保险精算研究方法相互融合的趋势。③保险经济学、人寿保险和非寿险方面的研究仍在保险精算研究中占据相当的比重，保险市场发展及实证分析则体现了相关学者对保险业发展的关注。

此次会议的成功举办大大加强了我国保险界、精算界在理论研究和应用方面与国际上的交流，为我国保险学界和业界提供了一次难得的展示机会，并有力地提升了我国保险和精算研究在国际上的影响。

中国金融国际年会

7 月 2 日，东北财经大学举办的“2008 中国金融国际年会”在大连成功召开。来自海内外著名大学、研究机构的 400 余位金融学者参加了本次会议。

本届年会由清华大学中国金融研究中心主任、美国麻省理工学院金融学教授、清华经管学院特聘教授王江担任大会主席；美国宾夕法尼亚大学教授、清华经管学院特聘教授曹泉伟担任学术委员会主席；清华大学中国金融研究中心常务副主任、清华经管学院副院长廖理教授担任秘书长。东北财经大学金融学院独家承办。

本届年会还邀请到美国著名金融学家 Michael Brennan 教授和 Gifford Fong 先生于 7 月 3 日和 4 日分别发表主题演讲。Michael Brennan 来自加利福尼亚大学洛杉矶分校 Anderson 管理学院，曾担任美国金融协会主席、*Journal of Finance* 编辑等重要职务。他以“均衡资产定价”为题介绍了资产定价领域的最新进展。Gifford Fong 是投资公司 Gifford Fong Associates 的总裁，在固定收益和信用衍生产品领域拥有丰富的实务经验，他与听众一起探讨了房地产抵押贷款产品领域研究的最新进展。

本届年会共收到投稿论文 742 篇，其中中文论文 218 篇，英文论文 524 篇；会议共接收论文 240 篇，其中中文论文 65 篇，英文论文 175 篇，论文接受率为 32%。接收论文的领域涵盖公司理财、投资与风险管理、资产定价等 39 个专题。在 4 天的会议中，240 位论文作者在 60 个分组会议中宣读了各自的研究成果。当年共有来自美国、中国香港地区、新加坡及中国内地的 7 篇论文获得年会设立的 TCW 最佳论文奖、夏一红最佳论文奖和中国金融国际年会最佳论文奖。

中国金融国际年会（CICF）是由清华大学中国金融研究中心和麻省理工学院斯隆管理学院共同举办的立足中国的全球性金融学术会议。此年会从 2002 年举办以来，参会人数、论文水平及投稿量都逐年增加。经过6年努力，中国金融国际年会已成为继美国西部金融协会年会（Western Finance Association Annual Meeting，WFA）、美国金融协会年会（American Finance Association Annual Meeting，AFA）之后，与欧洲金融协会年会（European Finance Association Annual Meeting，EFA）水平相当的国际金融学术会议，也是目前亚洲规模最大、学术水平最高的金融学术会议，在国内外金融学术界获得很高评价。此年会每年10至11月开始面向全球金融学术界广泛征集论文，经由世界著名金融学者组成的论文评审委员会的审慎挑选，在第二年3月公布评审结果，入选论文在每年7月的年会中宣读。

风险、危机与公共管理国际学术研讨会

2008年9月27—28日，南京大学、江苏省哲学社会科学界联合会共同主办，社会风险与公共危机管理研究中心承办的“风险、危机与公共管理国际学术研讨会”在南京召开。江苏省委常委、南京市委书记朱善璐，南京大学党委书记洪银兴出席大会并致辞。

会议由江苏省哲学社会科学界联合会副主席廖进主持，美国哈佛大学肯尼迪政府学院教授、危机管理中心执行主任阿诺德·豪威特（Arnold Howitt），荷兰莱顿大学教授、海牙危机研究院院长乌里尔·罗森塔尔（Uriel Rosenthal），美国匹兹堡大学教授路易斯·康佛（Louise Comfort）、美国特拉华大学教授、灾害研究中心主任苏·迈克妮尔（Sue McNeil），美国路易斯安纳州立大学教授、史蒂芬森灾害研究所主任阿金·伯恩（Arjen Boin），中国行政管理学会副会长兼秘书长、国务院应急管理专家组成员、国家行政学院兼职教授高小平，中国行政管理学会副会长、国务院应急管理专家组成员清华大学教授薛澜，中国安全生产科学研究院院长、国务院应急管理专家组成员刘铁民，中国人民大学劳动人事学院副院长、中国劳动学会副会长、中国社会保险学会副会长郑功成，西安交通大学公共管理学院院长朱正威，南京大学环境学院副院长毕军，南京大学公共管理学院院长、社会风险与公共危机管理研究中心主任童星等出席会议并做主题演讲。此外，来自国内外30余所高校、研究机构的近50名知名研究者出席本次大会并做小组发言。

豪威特指出了灾害响应时政府应对“过载”的能力问题。他指出，巨灾时属地政府的行政管理能力陷入瘫痪，如何利用外部资源就成为一个重要的问题，这就是“过载”问题。理想地看，这种能力应该随着资源的利用而得以有效的放大。但是，这一过程通常面临很多障碍。因此，如何提高社区的“过载”能力，并将其整合进应急管理框架，使得属地政府在应急响应时能够满足突如其来的资源需求，就成为一个关键的议题。

罗森塔尔关注于巨灾：新型传染病、恐怖主义和大规模冲突，认为这些将成为未来的主要威胁。政府需要在预防、准备、反应和恢复四个环节平衡，而不仅仅是反应，同时也要增强不同政府之间、同一政府内部和科层政治的协调以及更深层次的国际合作，重视新兴的网络媒体，重塑政府的公众信任。

康佛引介了“分布式认知”的概念和方法，并将其作为动态环境中协调行动的基础。“分布式认知”作为一种“社会—技术”相结合的方法，显示了改善组织学习过程的系统努力，以支持决策者在威胁面前采取集体行动。

迈克妮尔介绍了西方社会科学界50余年来灾害研究的主要发现，并在社区灾害的尺度上从个体、组织、社区和社会四个层面分析了这些研究成果及其普遍应用的可能性。

伯恩侧重于跨界危机，讨论了在危机管理准备中易犯的错误和可以借鉴的经验。他指出，跨界危机是当代各国各级政府面临的严峻挑战。这些危机不仅跨越地理边界，社会、商业、财政、基础设施和行政系统之间的相互依存与日俱增，形成了一条“失败的高速公路”。

高小平、童星、刘铁民、毕军、郑功成、薛澜、朱正威等分别在会上阐述了各自的论题。

除上述主题发言外，大会还分成“风险与危机管理方法研究”、“风险与危机管理制度研究”、“风险与危机管理政策研究”三个专题，进行深入研讨。

关于大众传媒在风险危机管理中的作用，是研讨中的一个焦点。大家一致认同5·12汶川大地震发生后，各类媒体都对这次地震的灾情和救援进行了全方位、滚动式报道，有力地推动了公共信息公开化的进程，非常有助于救灾。应当承认，在危机的爆发期内，中国的政府和媒体都交出了一份令世人满意的答卷，使我们看到了中国在危机管理和危机传播方面巨大的进步，受到社会公众和国际社会的普遍赞誉。

近代中国与日本国际学术研讨会

四川大学历史文化学院、日本广岛大学大学院文学研究科合办的“近代中国与日本国际学术研讨会”，2008年9月28日在四川大学的中国藏学研究所111会议厅隆重举行。

出席会议的两国学者有：广岛大学大学院文学研究科副科长曾田三郎教授、广岛大学大学院综合科学研究科水羽信男教授、广岛大学大学院综合科学研究科丸田孝志准教授、埼玉大学教养学部笹川裕史教授、下关市立大学经济学部金子肇教授、日本中央大学日本比较法研究所嘱托研究员三桥阳介先生、四川大学历史文化学院院长王挺之教授、四川大学历史文化学院历史系主任陈廷湘教授、杨天宏教授、李德英教授、杨兴梅副教授、刘世龙教授、外国语学院林敏教授和20名研究生。

研讨会开幕式由陈廷湘主任主持。王挺之院长和曾田三郎副研究科长先后致辞。

研讨会按时序分为四场而推进。各场的主席，由中日双方学者轮流担任。论文的发表也是中日学者轮流进行。上午有一场，发表论文4篇；下午有三场，发表论文9篇；共计13篇，论题涉及面相当广泛。日本学者有曾田三郎的《熊希龄内阁的〈大政方针〉与日本人的中国立宪国家论》、笹川裕史的《1949年建国前夕四川省的战时征发及社会变化》、水羽信男的《中国留学生与1920年代的东京——以施存统为中心》、金子肇的《1926年访日实业视察团与“中日亲善”——以虞洽卿的言行为中心》、丸田孝志的《日伪政权与中国共产党根据地的时间和象征》。中国学者有陈廷湘的《甲午战争对国人世界观的影响》、杨天宏的《北洋政府和平统一中国的尝试——善后会议再研究》、刘世龙的《〈蒋介石日记〉与济南事件时的对日“不抵抗主义”》、李德英的《富足与贫困——民国时期成都平原佃农生活》、林敏、何欢的《清末四川留日学生——对法政大学川籍留学生的研究》、徐跃的《清末四川庙产兴学及由此产生的僧俗纠纷》、王东杰的《切音字运动与清季思想界塑造国民的努力》、杨兴梅的《被“忽视”的分歧：晚清知识分子关于缠足影响国家富强的争论》、周鼎的《塔里塔外说相轮：近代中日史家的中国观比较研究——以刘咸炘〈稻叶氏二文录评〉为中心的考察》。

每场的论文被著者宣读后，随即进入评议程序。采取的是互评的方式，即中国学者的论文请日本学者评议，日本学者的论文请中国学者评议。评议者既认可该论文优长之处，也提出期待该论文改进之处；著者则对之作出回应。其他与会者也提出了与该论文相关的问题。由于各自的视野有所不同，各位评议人提出了不少新颖的观点和建设性的意见。会议的氛围因而趋向热烈，往往出现欲说还休而时限已到（或已过）而只好割爱打住的情形。

研讨会使用的语言为汉语和日语。部分日本学者用汉语宣读了论文。现场口译工作由广岛大学丸田孝志准教授、四川大学林敏教授及刘世龙教授担任。

研讨会进入总结时，曾田三郎教授充分肯定这次会议的论文基于史料分析而有深度展开的实证研究特色，希望今后进一步加强彼此的学术联系并期待新的成果。陈廷湘教授向远程莅会的日本学者们表示感谢，指出这次会议的论题质量都比较高，而且会议开得很和谐，是四川大学历史文化学院一次重要的国际性学术交流，为今后提供了宝贵经验。

批判—理论—批判理论：法兰克福学派在中国的影响国际学术研讨会

2008年9月23—28日，在德国法兰克福大学举办了由中山大学马克思主义哲学与中国现代化研究所与法兰克福大学社会研究所及汉学系共同主办的“批判—理论—批判理论：法兰克福学派在中国的影响国际学术研讨会”。

这次会议既是中山大学与法兰克福歌德大学校级合作的一个组成部分，也是广州市与法兰克福市缔结姊妹城市20周年纪念活动的一部分，更是探究法兰克福学派与中国甚至亚洲关系的第一次国际会议。法兰克福大学社会研究所现任所长霍耐特（Axel Honneth）教授在大会上做了“法兰克福学派在亚洲的接受史及影响”的开幕演讲，并主持了首场会议。法兰克福大学校长出席会议并代表法兰克福歌德大学致辞。德国“大众基金会”赞助了这次学术盛会，法兰克福大学和中国中山大学也分别拨款资助了这次会议。法兰克福学派第二代的代表之一，《马克思的自然概念》一书的作者，80岁高龄的阿弗瑞德·施密特（Alfred Schmidt）教授主持了会议的一场讨论，并做了重要发言。有来自中国、德国、美国、日本、韩国、中国台湾等国家和地区的39位专家学者参加了这次盛会。会议围绕“法兰克福学派的批判理论在亚洲（特别是中国）传播和发生影响的历史”、“启蒙和批判之间的现代中国”、“法兰克福学派与中国公共领域的结构转型”、“法兰克福学派的文化和艺术理论”等专题进行了学术研讨。本所副所长刘森林教授代表中山大学在开幕式上致辞，并在会上做了题为“《启蒙辩证法》与中国虚无主义”的大会发言。中山大学翟振明教授也在大会上做了“性爱与女性自主——中国新旧媒体中匿名的弗洛姆与马尔库塞”的大会发言。此次会议是东亚研究批判理论的学者和德国本土的学者一次较大规模的学术聚会、交流。就批判理论在中国的影响这个主题召开如此规模的研讨会，无论在欧洲还是在亚洲，都尚属首次。通过与法兰克福社会研究所、语言文化学院的这次学术合作，提升了我所国际交流的层次与水平。

会议由中德举办方共同商定。为扩大会议的影响，积淀学术成果，将在会后各自以中文和德文出版精选的大会论文集：德文书名为 *Die Sehnsucht nach dem ganzen Anderen*（《寻求他者：法兰克福学派与中国的关系》），在2009年7月出版。中文书名暂定为《法兰克福学派与中国》，于2009年12月在社会科学文献出版社出版。

会议商定，第二届“法兰克福学派与中国”学术研讨会2010年将在广州举行。会议的议题将更加具有针对性，讨论将更加细致和深入。

社会转型与教师教育变革国际学术研讨会

东北师范大学主办的“社会转型与教师教育变革国际学术研讨会”于2008年9月19—20日在长春举行。本次会议围绕着社会变革与教师教育、教师教育模式、教师教育政策与制度、教师教育中的理论与实践、基础教育改革与教师教育、高等教育与教师专业发展、教师教育信息化等问题进行深入探讨。

东北师范大学史宁中校长在开幕式上致欢迎词。会议邀请国内外知名专家美国UCLA的Peter McLaren教授，英国诺丁汉大学的Christopher Day教授，加拿大多伦多大学的Ruth Hayoe教授，香港中文大学的卢乃桂教授，美国哥伦比亚大学的A. Lin Goodwin教授，日本东京学艺大学的岩田康之教授，教育部师范教育司管培俊司长，北京师范大学顾明远教授，华东师范大学庄辉明副校长，东北师范大学史宁中教授做主题报告。研讨会围绕“社会转型与教师教育变革”的主题，分别就教师教育模式、教师教育政策与制度、教师知识与教师教育课程、高等教育与教师专业发展、教师教育中的理论与实践、基础教育改革与教师教育、社会变革与教师教育七个议题进行深入的交流。

有学者指出，由封闭和定向的师范教育走向开放和非定向的教师教育，是思考我国教师教育改革的基本出发点。这种开放和非定向的特征体现在教师教育机构的多样化，尤其是师范院校向师范大学的综合发展，这些要求我们在教师教育模式上做出调整。

还有学者主张在六所实行师范生免费教育的师范大学成立教师教育学院，这样可以致力于建立我国教师教育学科制度，并有效地配置、整合资源，开展多层次教师教育的学术交流，以实现现代大学战略转型，可以为处在十字路口的中国教师教育探索创新道路提供典范。

有外国学者基于在自己国家的研究发现，介绍了教师职前教育应重视的五种教学知识：个人知识、教学环境知识、教学法知识、社会学知识、社会交际知识。还有的学者强调激情在教师职业中的作用，认为教师的高“素质”不仅包括在培训过程中和职业生涯中的知识与技能，也包括能够鼓励教师工作的激情。作为一名充满激情的、优秀的教师应当积极建立与学生的关系，对待学生一视同仁，并能理解，倾听学生；学会关心和鼓舞；增强情感认同和专业认同感。

东北师范大学党委书记盛连喜教授在闭幕式上致词，副校长柳海民教授，马云鹏教授和饶从满教授分别主持大会，有20多位教师和博士生在研讨会上发言。

此次会议为国内外教师教育专家提供了广阔的交流平台。他们从师范大学的发展战略、教师教育模式与课程设置、教师的知识与素质、免费师范生教育等方面进行了探讨和交流，并从多个方面丰富了教师教育的理论和实践知识，对教师教育的发展具有重要的意义和价值，对于促进我国的教师教育向国际化、多元化、现代化的方向发展起了重要作用。

现代化视野中的毛泽东思想研究国际学术研讨会

在纪念毛泽东诞辰115周年暨中国改革开放30周年之际，“现代化视野中的毛泽东思想研究国际学术研讨会”于2008年9月在湘潭大学召开。来自中国、美国、法国、英国、日本、澳大利亚、越南、印度等国内外高校和研究机构的100多位专家学者参加了这次研讨会。

这次会议主要研讨以下三个问题：

（1）毛泽东与毛泽东思想的历史地位问题。北京大学梁柱教授指出，维护毛泽东的历史地位，在今天仍然是一个重要课题。他通过对3.15拉萨暴力事件的反思，进一步指出，维护毛泽东和毛泽东思想对党的事业和民族发展具有重要意义。南京大学刘林元教授等代表认为，党的十一届三中全会以后，中国共产党接受了毛泽东的双份遗产。一份是伟大的毛泽东思想，另一份就是毛泽东晚年错误的理论和实践。中共中央党校许全兴教授提出了“毛泽东精神”的概念。他把“毛泽东精神”概括为爱国精神、独立自主精神、艰苦奋斗精神、为人民服务精神、实事求是精神等五个方面。中国人民大学教授萧延中教授用翔实的数据概括了近年来国内毛泽东思想的研究状况，描绘并分析了国内毛泽东思想研究动态。湘潭大学刘景钊教授通过对国内与国外毛泽东思想研究状况的对比，反思国内毛泽东思想研究存在的问题，提出了推动国内毛泽东思想研究的发展，多出高水平成果的努力方向和建议。

（2）毛泽东思想与中国特色社会主义的关系问题。中共中央文献研究室李捷研究员把中国特色社会主义道路的探索过程分为三个阶段，毛泽东的探索为找到这条道路提供了制度基础、发展平台和初步经验。梁柱教授探讨了毛泽东视野中的中国特色社会主义及其当代启示。湘潭大学毛泽东思想研究中心李佑新教授认为，将毛泽东思想的研究范式由革命史范式拓展为现代化范式，有充分的依据。中国人民大学庄福龄教授认为，从现代化与新民主主义的关系来看，毛泽东实现中国现代化的理论和实践早在民主革命时期就开始了。从现代化与中国化的关系来看，毛泽东一再强调要独立自主地走中国工业化的道路，他开创的以农轻重为序的工业现代化道路，为把中国从农业国变为工业国提供了宝贵经验，这条工业化道路是和马克思主义中国化相一致的。另外，从"实事求是派"的一脉相承来看，邓小平开创的中国特色社会主义理论体系是毛泽东首创的实事求是思想路线的继承和弘扬，是中国"实事求是派"坚持马克思主义中国化一脉相承的集中体现。关于毛泽东思想与中国特色社会主义理论体系的关系，与会学者普遍认为，它们是分别属于马克思主义中国化历史进程中不同历史阶段的两大理论体系，是矗立在马克思主义中国化进程中的两座丰碑。湘潭大学毛泽东思想研究中心王向清教授深入分析了中国特色社会主义理论"始于毛、成于邓"的命题。

（3）毛泽东与毛泽东思想在海外的影响问题。日本京都大学竹内实教授探讨了日本的现代化与中国现代化的关系。他认为毛泽东在延安文艺座谈会上的讲话提倡民族的大众的文化有否定西化的倾向。他还指出，毛泽东思想是有生命力的。法国巴黎第五大学马努埃尔·乔治（Manuel Jorge）教授运用历史性回顾和前瞻性展望的方法来研究现代化视野中的毛泽东思想，说明毛泽东思想为中国现代化奠定了坚实的理论基础。斯坦福大学东亚图书馆馆长邵东方先生介绍了斯坦福大学的中国近现代研究以及相关中国文献的收藏，特别是关于毛泽东的部分书目，分析了中国大陆档案资料的研究价值。

中国模式与中国经济学的发展国际学术研讨会暨中国经济学教育第三届年会

2008年9月20—21日，为纪念改革开放三十周年，由教育部经济学教学指导委员会和中国人民大学经济学院联合主办的"中国模式与中国经济学的发展国际学术研讨会暨中国经济学教育第三届年会"在中国人民大学逸夫会堂隆重举行。

原北京大学校长、原教育部经济学教学指导委员会主任吴树青教授，中国人民大学校长纪宝成教授，教育部高等教育司副司长石鹏建，南京大学党委书记洪银兴教授，教育部经济学教学指导委员会主任逄锦聚教授，中央财经大学校长王广谦教授、党委书记邱东教授，辽宁大学校长程伟教授，南京财经大学校长徐从才教授，首都经贸大学校长文魁教授，天津商业大学校长刘书瀚教授，中国人民大学副校长陈雨露教授，西南财经大学副校长刘灿教授，浙江工商大学副校长李金昌教授等来自全国70多所高校的学校领导、经济学院院长、系主任，以及大会入选论文的作者等180余名代表出席了会议。

会上，南京大学党委书记洪银兴教授，中国人民大学副校长林岗教授，中央财经大学校长王广谦教授，北京大学校长助理、经济学院院长刘伟教授等专家围绕“中国模式与中国经济学的发展”这一主题发表了主题演讲。同时，举行了三个分论坛：“中国经济改革的理论与实践”、“中国经济发展与对外开放”和“国际知名学者论中国改革开放”。在“国际知名学者论中国改革开放”环节中，以研究转型经济学而著名的国际一流学者、美国加州大学伯克利分校罗兰教授（Gérard Roland），澳大利亚昆士兰大学克莱蒙特教授（Clement Tisdell）和澳大利亚蒙纳士大学罗瑟·史密斯教授（Russell Smyth）就中国经济发展问题分别发表了演讲。

9月20日下午，教育部经济学教学指导委员会扩大会议暨全国高校经济学院院长、系主任联席会议在逸夫会堂召开，会议就高等学校经济类专业的指导性规范和核心课程方案进行了讨论。

中日创业教育研讨会

2008年9月17日，第三届“中日创业教育研讨会”在中央财经大学隆重召开。该研讨会从2006年开始，由中央财经大学与日本大阪商业大学联合举办，分别在北京和大阪举行，已经成为中日两国创业教育领域学者和青年学生进行学习、交流的平台。

中央财经大学副校长李俊生教授、日本大阪商业大学片山隆男副校长出席大会并致开幕辞。李俊生结合国外研究型大学争相开展创业教育的事实阐述了创业教育的历史使命和现实意义，并简要回顾了两校在创业教育开展合作的历史。片山隆男对中央财经大学在相关领域取得的成就表示赞赏，指出在经济全球化的大背景下中日两国未来的创业者进行相互交流非常重要。

研讨会由中央财经大学商学院院长孙国辉教授主持，经济与管理实验教学中心主任周卫中副教授、柴庆春博士、大阪商业大学阎和平教授担任翻译工作。中央财经大学国际合作处处长蔡彩时、大阪商业大学商学科主任南方建明教授、创业教育运营委员会主任古泽昌之教授，以及两校创业先锋班任课教师和学生代表参加了会议。

中央财经大学陈高生博士、大阪商业大学酒井理副教授分别以“中央财经大学创业教育实践”、“创业教育与实践”为题，介绍了一年来两校创业教育的开展情况，与会代表围绕创业教育的历史使命、培养目标、课程体系和教学手段等内容进行了富有成效的探讨。

学生活动报告分别由双方的学生就学生自身具体创业教育和创业活动进行了相关主题汇报交流，来自两校创业先锋班的12名同学汇报了自身的研究成果和创业计划。会场气氛热烈，其间高潮迭起，双方学生在此次创业教育交流方面得到了相互借鉴和学习的机会。

下午6时，研讨会在热烈的气氛中结束。会议结束后，日本客人还兴致勃勃地参观了中央财经大学创业咖啡屋。本次研讨会为加强中日两国在创业教育领域的合作和学术交流搭建了良好的平台，必将对两国高等学校创业教育产生深远的影响。双方还商定2009年秋在大阪召开第四届中日创业教育研讨会。

中央财经大学商学院从2004年开始开展创业教育，形成了普及性创业教育、系统创业教育和创业实践活动相结合的创业教育模式。该校以教育教学改革为突破口，结合学科特色在全校范围内选拔有创业潜质的学生组建创业先锋班，实施为期3年的系统训练，取得了一系列成果，受到国内同行的高度关注。2007年，以创业先锋班为龙头申报的中央财经大学创业教育基地还通过评审，成为教育部人才培养模式创新试验区。

大阪商业大学是位于大阪的一所私立商科大学，是日本国内最早开展创业教育的高校之一。该校从2002年开始组建创业先锋班，致力于培养创新型人才和中小企业接班人，成为日本高校创业教育的领头羊。2005年，该校创业先锋班项目荣获日本文部科学省"优秀实践奖"(Good Practice)。

非物质文化遗产保护视野下的传统戏剧研究国际学术研讨会

2008年10月10日至13日，由教育部人文社会科学重点研究基地中山大学中国非物质文化遗产研究中心主办的"非物质文化遗产保护视野下的传统戏剧研究国际学术研讨会"，在世界遗产地广东开平市举行。来自大陆各省区及宝岛台湾地区的学者和来自美国、日本、韩国、新加坡等国的110名专家学者参加了此次研讨会。

此次研讨会旨在推动传统戏剧与非物质文化遗产保护理论的研究和学术交流。研讨会开幕式上由中山大学中国非物质文化遗产研究中心主任康保成教授致欢迎辞。接着，大会就以京昆为代表的传统戏剧、濒危剧种和民俗与文化遗产保护三个方面，进行了为期两天的热烈讨论。会议期间，还召开了由刘魁立教授、黄天骥教授主持的中山大学中国非物质文化遗产研究中心学术委员会全体会议和由康保成教授主持的中山大学中国非物质文化遗产研究中心外地工作站会议。会后，学者们参观了世界遗产——开平碉楼与村落。

通过本次研讨会，与会代表了解国内外关于传统戏剧研究的新动向，并且在如何从非物质文化遗产保护角度审视传统戏剧获得了启示。同时使一些为传统戏剧研究所忽略的问题浮上水面，更为重要的是对于非物质文化遗产保护学术层面的深度研究起到了积极的推动作用。

纪念改革开放30周年"农林经济管理高层论坛暨农村改革与发展：面向21世纪新挑战"国际学术研讨会

2008年10月11至13日，由南京农业大学、美国康奈尔大学、美国国际食品政策研究所和中国国家自然科学基金委共同主办，南京农业大学经济管理学院、南京农业大学国际食品与农业经济研究所承办的纪念改革开放30周年“农林经济管理高层论坛暨农村改革与发展：面向21世纪新挑战国际学术研讨会”在南京国际会议中心隆重举行。

来自美国、英国、奥利地、丹麦、荷兰、日本、中国台湾等8个国家和地区的18位国外专家，同国内来自全国政协、中国科学院、国家自然科学基金委、农业部农业政策研究中心、中国人民大学、浙江大学、上海交通大学、西南大学、上海财经大学等60多家高等院校、科研机构的学者170多位学者参加了这次会议，包括本校与会研究生达220多人。

开幕式由南京农业大学经济管理学院院长周应恒教授主持，全国政协经济委员会副主任，中国农业经济学会会长段应碧研究员，2001年世界粮食奖获得者、国际著名的美国康奈尔大学Per Pinstrup-Andersen教授、江苏省农林厅厅长吴沛良博士、南京农业大学副校长周光宏教授、农业部农村政策研究中心主任宋洪远博士、国际食物政策研究所张小波高级研究员、国家自然科学基金委员会杨列勋处长等分别在大会开幕式上致辞，江苏省委农办副主任程玉松出席了开模式。

开幕式后南京农业大学国际食品与农业经济研究中心主任钟甫宁教授主持了大会基调报告，特邀嘉宾美国康奈尔大学Per Pinstrup-Andersen教授，全国政协经济委员会副主任、中国农业经济学会会长段应碧研究员和农业部农村政策研究中心主任宋洪远博士应邀分别做了“饥饿、贫困与全球粮食危机：政策反应和政策需求”、“中国农村的历史与未来”、“中国农村改革面临的重大问题”三个基调报告。

整个研讨会分两个阶段进行。

第一个阶段为全体会议于10月12日进行，上午在举行开幕式之后，继续进行基调报告，下午就粮食安全问题以及农村要素市场改革等邀请了中国科学院黄季焜教授、荷兰自由大学Keyzer Michiel A.教授，南京农业大学钟甫宁教授，中国农业大学王秀清教授，康奈尔大学Calum G. Turvry教授和台湾大学徐世勋教授等做了6个主题报告。

第二阶段为分组会议于10月13日进行。共进行了13场报告会54位学者做了报告，分别就制度创新与建设、粮食安全问题、农户调查历史数据整理与利用、农产品市场贸易与金融、资源环境与可持续发展、中国经济增长等热点领域进行了深入探讨与交流。在分组会议进行的同时，2008年度国务院农林经济管理学科评议组会议、教育部农林经济管理教学指导委员会会议、全国农林经济管理院系主任联席会议同期举行，进行了4场报告。来自海外的与会学者交流了学科建设与人才培养的经验与情况，就农林经济管理学科的发展、农林经济管理本科生教育模式、研究生培养质量管理、深化农业教育体制改革等诸多问题进行讨论，并形成了很多共识。

此次会议探讨的内容都是我国农村改革与发展的核心问题。此会在南京胜利召开，向世界农林经济界展现了南京农业大学和中国农林经济管理领域研究成果，也必将有力地促进中国同世界各国在农林经济管理研究领域的交流与合作，对推动我国农村改革发展和农业现代化建设起到了积极作用。

齐鲁文化与昆嵛山道教国际学术研讨会

2008年10月9日至12日，山东师范大学齐鲁文化研究中心、鲁东大学胶东文化研究中心、山东省烟台市牟平区全真文化研究中心共同举办的“齐鲁文化与昆嵛山道教国际学术研讨会”，在牟平著名旅游度假胜地养马岛召开。

来自美国、日本以及中国香港地区、台湾地区和大陆各省份的30多位国内外知名专家学者参加了会议，其中知名专家学者有中国社会科学院张广保研究员、山东大学周立升教授、华中师范大学刘固盛教授、南京大学孙亦平教授、四川大学张泽洪教授、台北中华宗教哲学研究社的李显光先生、日本京都大学莫妮卡、日本九州大学船田善之博士等。

会议紧紧围绕全真道的修道与传教方式、全真道文献、全真道内丹心性学、全真道教史相关问题、昆嵛山与全真道的关系等问题展开热烈讨论，取得了良好的学术效果。有学者指出，作为产生于金大定年间中国北方的新道教，在修道与传教方式上，全真道与传统道教有很大不同，这种不同体现了道教自身发展的必然趋向；对全真道现存文献进行研究是我们全面了解全真道的前提。在这次会议上，共有6位学者提交了这方面的文章；内丹心性学是全真道思想的核心内容，一些学者对全真道内丹心性学的形成、特色进行了深入分析；一些学者通过对有关西王母、东王公的神话传说以及他们之间关系的考察，揭示了全真道北五祖之首东华帝君王玄甫与西王母、东王公信仰的渊源关系，并借此对全真道道法渊源做了诠释。与会学者深入剖析了昆嵛山与全真道的关系，指出山东胶东昆嵛山自古就具有浓厚的神仙信仰与丰富的神话传说，关于蓬莱、瀛洲、方丈三神山的传说就发源于此。学者们指出，全真教产生和发展于牟平是一个非常具有特色的文化现象，并且从牟平的历史经济背景，宗教文化背景和全真道在牟平的兴起等方面探讨了这一文化现象形成的渊源。

本次学术会议对于推动齐鲁文化与全真道研究具有重要意义，在学术界产生广泛反响。会议的论文被《问道昆嵛山——齐鲁文化与昆嵛山道教国际学术研讨会论文集》收录（赵卫东主编），于2009年6月由齐鲁书社出版。

21世纪中华文化世界论坛

2008年11月22日，由中华炎黄文化研究会、广东炎黄文化研究会、暨南大学联合主办的21世纪中华文化世界论坛——“中华文化与和谐社会建设国际研讨会”在暨南大学开幕。

国家文物局原局长张文彬，中华炎黄文化研究会副会长张岂之，山东省政协副主席王志民，广州市原市委书记欧初，广州市政协原主席、广东炎黄文化研究会会长陈开枝，广州市原副市长戴治国，香港浸会大学校长吴清辉，暨南大学校长胡军以及来自新加坡、马来西亚、美国等地的150名专家学者等出席了论坛。

张文彬致开幕辞。他说，这次研讨会是在国际国内比较复杂的形势下举行的，促使我们以世界的眼光，从历史发展的角度，从中国社会主义初级阶段的国情，从发展中国家的角度研究中华文化与和谐社会建设这样一个祖国文化的问题。讨论应坚持和而不同、百家争鸣、解放思想、实事求是的方针，对当前建设社会主义和谐社会的必要性、科学性进行研究，进而为建设具有中国特色的社会主义以及推进社会主义建设提供智力支持作出贡献。

胡军在讲话中指出，中华文化源远流长，内涵丰富，研究、继承和弘扬中华民族的优秀传统文化，对联系和沟通全世界炎黄子孙，推动和谐社会建设具有十分重要的意义。他表示，海内外文史哲等各领域专家、学者齐聚一堂，围绕和谐理念的历史渊源与内涵、和谐思想与和谐社会建设的思想与理论等主题展开讨论与研究，必将促使学术观点的相互碰撞，并进一步加深我们对中华文化与和谐社会理念的认识，增进海内外学者和学术机构之间的交往，推动和谐世界建设。

随后，香港浸会大学吴清辉校长作为嘉宾代表讲话，张岂之先生做了题为“关于‘和谐’理念的思考”的主题报告。

本次论坛共收到论文80余篇。会议期间，专家学者们围绕中华传统文化与和谐理念，和谐文化与社会建设，区域文化、本土观念与和谐思想内涵等问题进行了深入研讨。

亚欧会议终身学习论坛

2008年11月25日，“亚欧会议终身学习论坛”在北京举行。本次论坛的主题是“探索支持终身学习的框架”。会议由北京大学教育经济研究所主办，亚欧会议终身学习教育与研究中心（ASEM Education and Research for Lifelong Learning）协办，并得到了北京大学、北京大学教育学院、亚欧基金会、丹麦教育部、丹麦外交部和丹麦教育学院的支持。

来自世界20多个国家的260余名学者、大学代表、政府机构代表和研究生围绕终身学习的概念框架、终身学习的制度或组织创新、终身学习的法律环境和立法支持以及终身学习的财政支持等主题，进行了深入的探讨和交流。会议包括三个主题发言和五个分论坛。

本次会议的三位主题发言人分别是中国教育发展战略学会会长郝克明女士、奥地利茵斯布鲁克大学 Lynne Chisholm 教授以及韩国国立首尔大学 Soonghee Han 教授。三位主讲人不约而同地把成人教育，特别是从业人员继续教育的制度构建作为报告的主题，分别从欧洲资格认证体系的介绍和借鉴，欧洲、亚洲和中国在终身学习领域实践中面临的突出问题等方面提出了切实可行的建议。

与传统的学习模式不同，终身学习中广泛使用了现代信息技术。E-learning 已经在正规和非正规教育中得到了广泛的应用。本次论坛关注的重点之一就是 E-learning 的应用和效果，以及影响 E-learning 学习效果的因素。在这个分论坛中，学者们探讨了 E-learning 的创新学习模式、博物馆教育中的使用者参与、中国网络高等教育的政策变迁、E-learning 和远程教育中影响学生巩固率和满意度的因素、E-learning 教学法和教学设计以及中国终身学习网络的构建。参会人员普遍认为，在线学习改变了终身学习的环境和参与方式。

工作场所学习是终身学习的重要途径。本次论坛尤其关注工作场所学习和个人能力培养之间的关系。与会学者分析了匈牙利终身教育机构的发展和工作场所学习的现状、学习型组织员工的能力模型、中国企业员工继续教育的现状和制度环境、捷克工作场所学习和学习文化的变革、亚洲国家终身学习范式所面临的社会经济挑战以及马来西亚工作场所学习中的能力发展。

终身学习论坛关注的另一个重点是终身学习的专业化过程。这既包括教育专业化的过程，也包括教师教育的专业化。学者们就如何为终身学习提供充足的财政支持、教师教育专业化的能力培养等议题进行了激烈而精彩的讨论。

各国的终身学习战略与本国的国情相关，也是中国学者参与最多的环节。会议发言包括对中国终身学习立法前景的分析、对高校为进城务工人员提供继续教育案例的分析、对中国培训与继续教育需求和公平的研究、对中国职业院校和社区学习中心的分析以及对各国终身学习政策、概念、立法和模型的探讨。

最后，本次亚欧论坛终身学习会议启动了一个新的研究方向，即终身学习中核心能力的研究。其目的在于分析核心能力的内涵，探索新的理念，并开展国别比较研究。学者们讨论了什么是个人应具有的核心能力、如何在学校、企业和成人教育中传授交流能力以及如何发展学生的分析能力等问题。

本次亚欧会议终身学习论坛是一次高水平的学术研讨会，为学者和政策制定者的沟通创造了一个平台，同时有助于国际和国内终身学习理论和实践的发展，为中国的终身学习立法和政策制定提供了有益的经验。

中澳会计与财务国际学术研讨会

2008 年 11 月 1 日，“中澳会计与财务国际学术研讨会”在中南财经政法大学学术报告厅举行。来自海内外的 80 余名专家、学者以及与会代表、部分博士、硕士等 300 余人参加了本次研讨会。

中南财经政法大学校长助理周景明教授主持开幕式。中南财经政法大学副校长张中华教授，中南财经政法大学校学术委员会主任、会计研究所所长郭道扬教授，澳大利亚科廷科技大学会计学院院长 GlenndaScully 副教授，澳洲会计师公会中国香港分会主席 Ms

Deborah Leung，中南财经政法大学会计学院院长张龙平教授等分别代表学校、主办单位、协办单位致辞。

随后，澳大利亚科廷科技大学 Alistair Brown 教授，澳大利亚科廷科技大学 Jack Carlsen 教授和中南财经政法大学会计学院前院长、经济与会计监管研究中心主任罗飞教授相继做大会主题报告。

Alistair Brown 教授的主题报告是“澳大利亚会计与国际会计趋同”。他重点报告了澳大利亚会计与国际会计趋同的问题，同时还介绍了 Ross Taplin 教授、Greg Tower 教授、Mitchell Van Der Zahn 教授的最新研究领域，基本涵盖了全球会计、会计理论、环境与资源会计和政府与非营利会计。

Jack Carlsen 教授的主题报告是“可持续发展与会计”，包括信息和交通技术，医疗、老龄化及人类财富，可持续发展，经济发展和商学院重点研究项目——资源与能源问题，强调可持续发展与会计的关系。

罗飞教授的主题报告是“中国企业社会责任及其信息披露”。他从中国的三鹿事件、汶川地震、企业环境污染及矿难等事件出发分析企业社会责任及信息披露的必要性，然后，分析了企业与企业社会责任的定义。SA8000 是全球性的社会责任标准，包括人权、员工权利及环境保护等多个方面，对我国多数出口企业有着强制力。接着他介绍了我国对企业社会责任监管、国有企业及上市公司社会责任监管，并与 SA8000 进行比较，在此基础上讨论了企业社会责任及其披露中的相关问题。最后，建立模型评价企业社会责任业绩，得出研究结论。

在分会场探讨中，澳大利亚科廷科技大学 Alistair Brown 教授、武汉大学李青原副教授、南京审计学院杨政教授、澳大利亚科廷科技大学大学 Inderpal Singh、中央财经大学王鑫博士、澳大利亚科廷科技大学 Inderpal Sigh 博士、中南财经政法大学会计学院彭岚副教授、中南财经政法大学会计学院研究生顾俊、中南财经政法大学会计学院财务会计教研室副主任张琦博士分别对会计及审计问题在会上进行了交流研讨。

郑州航空工业管理学院董黎明博士、澳大利亚科廷科技大学 Ross Taplin 教授、华北电力大学工商管理学院李艳玲副教授、澳大利亚科廷商学院会计学院 Joe Christopher、中南财经政法大学会计学院杨汉明副教授、武汉工业学院的龙子午副教授、澳大利亚西澳大学会计与金融系 Kaylene Zaretzky 博士、中南财经政法大学会计学院詹雷博士、中南民族大学管理学院曾浩博士、福州大学 Alan Birnie 博士、中南财经政法大学会计学院陈敏博士、中南财经政法大学会计学院研究生纪岩等，对财务及资本市场问题进行了研讨。

转型中的中国社会与中国社会学：纪念中国改革开放30周年国际学术研讨会

为了能够更好地理解中国社会和中国社会学在改革开放近30年的时间里走过的路程，

总结经验，反思现实，展望未来，北京大学社会学系、北京大学社会学人类学研究所、北京大学中国社会与发展研究中心、北京大学社会理论研究中心、北京大学中国工人与劳动研究中心和北京大学余天休社会学基金会于2008年11月29—30日在北京大学共同举办了题为“转型中的中国社会与中国社会学：纪念中国改革开放30周年国际学术研讨会”。

来自包括美国斯坦福大学、明尼苏达大学，英国牛津大学，澳大利亚国立大学，法国国家科学研究中心，韩国中央大学，中国社会科学院、国家行政学院、北京大学、清华大学、中国人民大学、北京师范大学、北京社会科学院，台湾东吴大学、成功大学，香港理工大学、科技大学，《中国社会科学》杂志社等海内外单位的近百位社会学和人类学等方面的著名专家学者，以及中国早期著名社会学家、20世纪20年代曾经在北京大学任教的美籍华人学者余天休先生的后代、美国海伦娜投资咨询公司、投资发展公司董事长、美国胡氏慈善教育基金会董事长胡余锦明女士，美国克勤国际企业集团公司总裁、北京大学特聘教授顾衍时先生等海外嘉宾出席了本次研讨会。北京大学副校长张国有教授、北京大学社会科学部副部长萧群先生分别代表学校和社会科学部在会上致辞。

研讨会以两天的时间，用1个大会场（第一天）5个分会场（第二天），分21个单元进行。与会者围绕着“中国改革30年以来的社会变迁”，“转型社会与中国社会学”，“社会研究的反思”，“社会转型及其理论分析”，“转型社会的文化维度”，“转型过程中的社会心态和宗教信仰”，“技术变迁、经济增长与社会发展之间的关系”，“社会转型过程中的社会问题”，“转型过程中的社会工作与社会政策”，“转型过程中的劳动关系”，“转型进程中的农民工问题”，“转型过程中的工会组织与产业民主”，“社会转型与人口研究”等专题进行了紧张而又热烈的讨论。其中来自斯坦福大学社会学系的沃尔德教授、牛津大学中国研究中心主任彭可教授、澳大利亚国立大学中国研究中心昂格尔教授、法国国家科学研究中心罗兰教授、美国克勤集团总裁顾衍时先生、中国社会科学院社会学研究所李培林教授等众多专家学者，分别在大会上发表了精彩演讲。这是北京大学社会学系建系以来举办的规模最大、研讨内容最为丰富的一次国际性学术会议。

与会者对此次学术研讨会普遍给予了高度评价，认为这次研讨会不仅有助于增进和加深各国社会研究学者对中国改革开放进程及当前状况的理解，而且也促进了国内外社会研究学者之间的沟通和理解。与会者们都表示希望今后能够有更多这样的交流和对话机会，共同为中国和世界社会转型进程的研究以及社会学、人类学、人口学、社会政策等学科的共同发展做出自己的贡献。

全球化时代的美国国际学术研讨会

2008年12月13日，四川大学美国研究中心、四川大学外国语学院和美国美中教育交流基金会（USCET）联合举办的“全球化时代的美国国际学术研讨会”在四川成都科华苑宾馆隆重召开。

成都市副市长傅勇林博士、四川大学副校长赵昌文教授、美国驻成都总领事馆总领事James A. Boughner、文化官员Nancy Corbett、美中教育基金会（USCET）主席Julia Chang Bloch以及来自美国、英国、韩国、中国香港地区的多位境内外知名美国学研究者出席了此次研讨会。

本次大会为期两天。来自中国社会科学院、北京大学、清华大学、南京大学、北京外国语大学、上海外国语大学、对外经贸大学、解放军外国语学院、广东外语外贸大学、华东师范大学、四川大学、香港大学、韩国高丽大学等数十所高校和科研机构的80余名与会代表分别在全会或分会上做了发言，并围绕会议主题展开了热烈讨论。本次研讨会是继1998年美中教育基金会成立以来与中国内地及香港的大学联合召开的第五次会议。四川大学外国语学院党委书记段峰教授、常务院长敖凡教授、副院长任文教授以及程锡麟教授、姜源教授、叶英教授等出席了研讨会。

此次国际研讨会以“全球化时代的美国”为主要议题，分会议题包括“全球化时代的美国社会文化身份的建构/重构”、“全球化时代美国对外政策（包括中美关系）的变化及相关影响”、“全球化时代美国文学的历史、文化语境的解读”等。在主会场举行的全会及三个分会场进行的六个小组的分会中，各位专家学者根据自己提交的学术论文阐述观点，展开热烈讨论。

当晚，参会的博士研究生还举行了题为“跨国和跨学科的美国研究”的博士生论坛。

此次学术研讨会对于20世纪以来美国社会发生的重大变化，包括政治、经济、社会等变化以及美国文化进行了跨学科、多层面的解读，为加强东西方学者的学术交流提供了一个有益的平台，也必将对推动我国美国文化研究的进一步发展产生积极的影响。

亚太地区原住民及少数民族高等教育论坛

2008年2月29日，“亚太地区原住民及少数民族高等教育论坛”在南开大学东方艺术大楼举行。来自中国、美国、加拿大、墨西哥、新西兰的70余名中外学者参加了此次论坛。

全国教育科学规划领导小组民族教育学科组组长、中央民族大学前校长哈经雄，天津市高等教育学会常务副会长翁庆余，吉首大学校长游俊，新西兰毛利大学校长格雷汉姆·史密斯（Graham Smith），南开大学教务长朱光磊，南开大学前校长、高等教育学会会长侯自新，高等教育研究所所长王处辉等出席了论坛开幕式。美国夏威夷大学前校长英培德（Peter Englert）主持了开幕式。

朱光磊代表学校对参加此次论坛的专家学者表示热烈的欢迎。他说，南开大学在少数民族问题研究领域有着悠久历史，目前一批中青年学者活跃在这一领域中。此次论坛有利于加强南开大学在少数民族问题研究方面与国内外大学的交流合作。

翁庆余在致辞中说，天津高等教育正在积极融入天津发展建设中，为滨海新区提供智力支持。相信此次论坛会为天津高等教育带来宝贵信息、崭新思路和重要启示，促进少数民族高等教育研究的国际合作。

哈经雄表示，从世界范围看，各国高等教育系统中少数民族高等教育发展较为滞后，这一问题能否解决成为解决教育公平问题的关键所在。此次论坛为国内外专家学者相互交流各国经验提供了平台。

开幕式上，在格雷汉姆·史密斯“将文化引入会议”的提议下，来自新西兰的几位专家学者合唱了一首极具异域风情的歌曲，歌颂友谊与合作，成为此次论坛的亮点。

亚太地区原住民及少数民族高等教育论坛由南开大学高等教育研究所、美国夏威夷大学中国研究中心和夏威夷族及原住民教育研究中心主办，旨在探讨亚太地区原住民及少数民族高等教育实践历程及政策演变，分享各国在这一领域的经验，探讨21世纪全球化背景下原住民及少数民族高等教育发展中的新问题和新趋势，探索开展跨国跨文化国际合作与学术交流的机制，为我国高等教育研究的国际化开辟新的领域。

在为期3天的时间里，专家学者将就“教育机会与教育平等”、“文化与语言教育”、“政策、战略与发展”、“各国多元实践”、“构建原住民及少数民族教育合作研究能力”等论题进行交流探讨。

都市繁华：一千五百年来的东亚城市生活史国际学术研讨会

2009年3月26日至29日，复旦大学文史研究院与哈佛大学东亚语言与文学系合作举办的“都市繁华：一千五百年来的东亚城市生活史国际学术研讨会”在复旦大学光华楼隆重举行。

复旦大学党委书记秦绍德出席开幕式并致辞，复旦大学文史研究院院长葛兆光、哈佛东亚系教授王德威作为主办方代表分别致辞，复旦大学校长助理桑玉成教授出席，复旦大学文科科研处处长杨志刚主持开幕式。开幕式后，来自美国、日本和中国大陆的三位学者做了精彩的大会主题报告。校内外嘉宾、媒体记者等近200人参加开幕式并聆听了主题报告。

秦绍德在致辞中指出，本次会议的召开是复旦大学文史研究院与哈佛大学东亚系开展密切国际学术交流结出的硕果，双方合作举办这次会议，至少可以达到三个目的：一是用学术研讨的方式展示东亚特别是中国城市形象；二是在城市生活史的研究上综合更多新史料、新方法、新视野，推动学术研究的发展；三是为即将召开的2010年上海世博会起到一定的宣传预热作用。葛兆光教授的致辞从会议的标题“都市繁华”谈起，饶有趣味但又不失学术性地为我们勾勒了曾经繁华和仍然繁华的东亚都市的概貌，讨论了都市给传统带来的深刻变化以及给生活带来的无穷乐趣。

这次会议要旨有三：①立足东亚，重点展示中国城市特色。②聚焦城市生活，推动中国城市史研究新发展。③关注“世博”，助力上海世博会宣传。2010年上海世博会的中文口号是“城市，让生活更美好”，本次会议在学术研讨的同时，对这一口号从历史和理论的角度做了一些诠释，并借助国际性学术研讨会的影响力，为上海世博会的对外宣传贡献一份力量。

这次学术研讨会共邀请到来自欧美、日本、新加坡、中国台湾地区、中国香港地区以及中国大陆的30余位学界知名的专家学者参与，收到会议论文30余篇。

会议主要就1500年来的东亚城市生活的方方面面展开研究，讨论东亚民众的城市生活的观念与样式以及它与西方城市生活的异同，也讨论东亚诸国各个城市之间的空间结构和生活形态的异同，还通过图像甚至地图等资料，观察和研究东亚城市生活的历史传统和文化特征。具体议题包括：①建康与长安：中古时期的都市风景；②清明上河：宋元的都市生活；③明清北京：环境、社会和生活；④明清城市生活：交往、旅行与娱乐；⑤制度、城市与生活；⑥城市的空间、移动与想象；⑦城市士庶的生活与信仰；⑧古代城市的数码再现等。

会议先后在上海、杭州、富阳三地召开，与会学者在展开学术研讨的同时，也亲身感受了现代城市、旅游城市、传统城市的不同生活形态，纷纷表示收获颇丰。最后，会议在浙江富阳市龙门古镇圆满拉下帷幕。

古籍整理研究与中国古典文献学学科建设国际学术研讨会

2009年3月30日上午，山东大学文史哲研究院主办的“古籍整理研究与中国古典文献学学科建设国际学术研讨会”，于山东大学邵逸夫科学馆报告厅隆重召开。来自美国、日本、韩国，中国大陆和台湾地区、香港地区、澳门地区的80多位专家学者出席了这次学术盛会。山东大学副校长娄红祥教授到会致辞，对学科建设中的中国古典文献学学科发展提出了指导性的建议和要求。

在开幕式主席台上就座的嘉宾有：山东省政协副主席、教育部人文社科重点研究基地山东师范大学齐鲁文化研究中心主任王志民教授，美国哈佛大学薛龙教授，山东大学董治安教授，中国周易学会会长、山东大学周易研究中心主任刘大钧教授，河北师范大学副校长兼燕赵文化研究中心主任王长华教授，山东省社会科学联合会副主席李海萍女士。会议开幕式由主办单位代表文史哲研究院院长傅永军教授主持。与会代表中，王志民教授、薛龙教授、董治安教授分别致辞。刘大钧教授亦赠送墨宝。全国高等院校古籍整理研究工作委员会也特别发来贺信，预祝会议圆满成功。

开幕式后，举行了本次大会第一场报告会，由文史哲研究院郑杰文教授主持。来自中国大陆、台湾地区、香港地区及美国、日本的8位专家分别做了精练、深刻的发言。随后，现场的专家学者及研究生与台上发言的教授，就古籍整理研究的新形势与新任务、古籍研究的方法和理论；新世纪中国古典文献学学科建设的特点与任务等问题，展开了热烈的互动讨论。

此次会议为期两天，中国大陆、香港地区、台湾地区及其他各国专家学者将陆续发表报告，各抒己见。这次国际学术研讨会在推动新世纪古籍整理研究工作顺利开展的同时，能够扩大古典文献学学科的学术影响，促进古典文献学学科的建设和发展，从而更有效地推动新世纪古籍整理研究工作顺利开展。

全球营销峰会：跨国公司应对金融危机与中国企业长远发展国际学术研讨会

2009年4月25日至26日，“全球营销峰会：跨国公司应对金融危机与中国企业长远发展国际学术研讨会”在天津滨海新区举行。来自美国、日本等国家以及中国大陆、香港、澳门、台湾等地区的180余位全球营销和金融领域的专家、学者及企业家共聚一堂，探讨金融危机背景下跨国公司全球营销战略特点和中国企业的应对措施及长远发展。

本次会议由南开大学泰达学院、跨国公司研究中心、国际商务研究所、全球营销研究中心主办。旨在搭乘天津市经济高速发展的快车，依托南开大学丰富的学术资源，结合全球金融危机的特殊背景，为市政府及滨海新区、海内外专家学者以及中外跨国公司的高级管理人员，提供一个交流平台，为滨海新区发展提供新思路。

天津市委常委、副市长崔津渡，南开大学党委书记薛进文，国家自然科学基金委管理科学部副主任张维等出席开幕式并致辞。出席本次国际会议的还有天津市人民政府副秘书长陈宗胜以及天津市经济技术开发区、保税区、高新区管委会有关负责人。

崔津渡代表市政府对与会的海内外专家学者表示欢迎，对峰会的召开表示祝贺。他指出，本次国际会议在全球金融危机余波未尽的背景下，给学术界、企业界和政府提供了一个充分交流的舞台，具有重要的理论价值与现实意义，将有助于获取来自理论界的最新信息，更好地营造投资软、硬环境。

薛进文在致辞中说，金融危机的爆发不仅给中国的企业和各级政府提出了严峻的挑战，也给学术界、高等院校的专家学者和广大师生提出诸多亟待研究的课题。南开的一大批专家学者始终高度关注金融危机的动向和影响，今天的会议更是一次难得的切磋交流机会。

张维表示，此次国际会议的议题体现了学科交叉的趋势，许多新的学科思想、成果正是从这里产生的。希望与会专家学者能够通过研讨，交流新思想、产生新思路、多出新成果。

会上，南开大学校长助理、泰达学院院长、跨国公司研究中心主任冼国明，全球营销研究中心主任、国际商务研究所所长吴晓云，北京大学光华管理学院市场营销系主任符国群，美国加州大学洛杉矶分校教授张实，美国加州州立大学富勒顿分校教授鲁维丽、乔·格瑞克，台湾淡江大学财经所教授林苍祥等十余位专家进行了精彩的主题演讲。

在分论坛中，与会专家学者、企业家围绕“跨国公司全球营销”和“跨国公司对金融危机的应对”两个议题进行了广泛深入的交流。

此次峰会还举办了“资深金融专家学者与银行业高管高峰论坛”，各界人士就“银行、保险战略业务与市场拓展”、“外包与多角化金融创新战略”等主题进行了充分交流，为天津市金融企业应对金融危机、实现长远发展提供了具有可行性的对策和建议。

信用经济与信用体系国际高峰论坛

2009年4月25日，“信用经济与信用体系国际高峰论坛”在湖南大学逸夫楼学术会议厅隆重举行。此次会议由湖南省社会信用体系建设领导小组主办，湖南大学信用中心承办。

中共湖南省委常委、副省长徐宪平，中国人民银行副行长苏宁到会并发表重要讲话。来自湖南省社会信用体系建设领导小组成员单位，中国人民银行各分支机构，国务院、商务部等政府机构，海内外高校的领导、专家和师生代表共400余人出席了此次盛会。

会议由湖南大学副校长张强教授主持，校党委常务副书记邓频生教授致欢迎辞，党委书记刘克利教授代表学校宣读湖南大学信用研究中心第二届学术指导委员会委员名单。中国建设银行湖南省分行行长龚蜀雄先生代表中国建设银行为信用研究中心捐款人民币100万元。

徐宪平在讲话中指出，举办此次论坛的目的有三个方面：一是推进我省信用体系建设；二是应对国际金融危机；三是要把湖南大学信用研究中心建成开放型、国际化的、第一流的信用研究机构。他特别提到，湖南大学信用研究中心对我省社会信用体系的构建发挥了重要的作用。同时，他指出，这仅仅是万里长征的开始，希望信用研究中心能建设成为在国内外有影响、有地位的、专业的信用经济信用研究的机构，希望中心能够成为湖南，乃至全国信用研究和信用建设的一流思想库、人才库、培训基地和交流的平台。

苏宁在讲话中指出，信用是现代市场经济的灵魂和基石，要培育与市场经济相适应的信用文化，推动遵纪守法、诚实守信的良好社会风气，促进经济社会的和谐发展。中国市场经济学会副会长林均跃、中国人民银行长沙中心支行行长周晓强、美国迈阿密大学商学院科诺利·迈克尔教授、佐治亚理工学院管理学院Eun教授、日本东北大学大学部佃良彦教授、中国人民银行成都分行行长李明昌、商务部研究院韩家平研究员、湖南大学统计学院院长晏艳阳教授等专家学者做了精彩的嘉宾演讲。

经过评审，有40多篇论文入选此次会议，与会代表就信用制度缺失与金融危机传染、信用体系建设与经济风险防范、信用经济发展与实体经济增长、信用评级与信用信息共享等重大的理论与现实问题进行了充分的交流。会议成果以论文集形式公开出版。《金融时报》4月27日专版报导了此次会议。

承办此次会议的湖南大学信用研究中心，是湖南省人文社科重点研究基地。此中心秉承了湖南大学的深厚学术底蕴和学科综合优势，对经济学、管理学、应用数学、计算机科学、历史与文化等学术资源进行整合，构建信用理论研究与信用信息数据库建设的多学科综合研究平台，形成了学科深度交叉融合、基础研究与数据应用并重的鲜明特色，并发展成为湖南省社会信用体系建设的核心单位。以“三库一网一平台一中心”为信用体系基本框架的信用体系建设“湖南模式”得到了国务院的肯定。其中的一中心指湖南大学信用研究中心。

以“深化信用理论研究、助推信用体系建设”为主题的“信用经济与信用体系”国际高峰论坛，是在当前国际金融危机背景下，通过广泛征集国内外信用专家的建议与研究成果，为完善我国信用体系建设理论体系，为信用体系建设提供全面的理论指导，为推动我国信用理论研究的进一步深入，促进我校信用研究中心的进一步发展发挥重要的推动作用。

跨国民族文化发展研讨会

兰州大学西北少数民族研究中心与中央民族大学“985工程”中国当代民族问题研究基地民族发展与民族关系问题研究中心，联合主办的以跨国民族为主题的“跨国民族文化发展研讨会”，于2009年5月16—19日在甘肃省兰州市兰州大学召开，参加会议的正式代表有43人，会议收到论文23篇。

研讨会开幕式由兰州大学西北少数民族研究中心主任杨建新教授主持。兰州大学副校长陈发虎和中央民族大学副校长郭卫平分别致辞，肯定了跨国民族文化发展研究的重要意义，指出今后应结合国内外形势，发挥区域特色，依托学校，挂靠学院，继续深化对跨国民族问题的研究，为国家的稳定发展做出贡献。

此次研讨会的主要议题为有国家边界与民族边界的互动、社会制度与跨国民族的文化变迁、中国跨国民族的和平跨居模式与主流文化的底蕴关系、中亚五国与新疆民族文化的多元融合性特点及相互影响、经济文化建设与边疆的稳定、跨国民族的文化认同及跨国民族现实问题研究等。

会议收到的23篇学术论文从不同视角对中国跨国民族问题进行了研究与探索，一定程度上反映了近些年有关这一领域的理论研究成果。俄国学者亚历山大·伊万诺维奇·库罗皮亚教授就现代社会中的移民与包容性问题阐述了自己的观点；玛琳娜·斯捷潘诺夫娜从宏观角度阐述了少数民族的跨国战略，提出了跨民族化的概念。韩国学者柳明基教授根据在北京望京地区的实地调查资料，论述了中国朝鲜族的城市化与韩国基督教会的功能。蒙古学者阿·奥其尔教授从历史角度对Oold和Sharaigol（黄畏兀儿）族群的名称起源问题进行了考证。国内学者任国英教授对俄罗斯各民族的驯鹿饲养业进行了调查研究。马曼丽教授从文化视角阐述了当代跨国民族问题对国家的非传统安全威胁。王希隆教授对哈萨克斯坦民族文化的构建提出了建议。丁宏教授通过论述东干人的“文化中介”意义，认为少数民族海外华人的民族学研究应该受到足够的重视。其他专家学者亦分别围绕会议议题发表了意见和建议。两天的研讨会气氛活跃，讨论激烈，与会代表一致表示受益匪浅。

此会特别组织和安排会议代表前往甘肃省宁夏回族自治州进行了实地访问考察，代表们考察了宁夏市的榆巴巴拱北、老华寺、前河沿寺、韩家寺、折桥大寺等具有浓厚文化特色的伊斯兰建筑，并与当地百姓进行了亲切交流，加深了认识。

此次研讨会从人口流动、跨国民族生计方式、民族心理、历史、宗教、文化、城市化、族源族称与多元化等多角度展开讨论，将不同国家、不同学科专家学者的观点展现了出来，对拓展这一领域的研究视野、进一步理解跨国民族文化有重要意义，是一次内容丰富、视觉广泛、水平较高的研讨会。

首届财务管理协会（国际）亚洲年会

2009年5月6—8日，“首届财务管理协会（国际）亚洲年会”在厦门举行。此次会议是财务管理协会（国际）(The Financial Management Association International，简称FMA)第一次与亚洲高校合办的年会。FMA成立于1970年，在业界享有很高的美誉度。它云集了众多国际知名的财会专家学者，是美国最大的财务学术协会组织，也是发展和传播财务学科前沿研究资讯的全球标杆领袖组织。本次FMA年会规模约200人，其中外宾60~70人。来宾中包括香港资深大律师、曾担任过香港证监会主席、香港市政局主席、中国证监会首席顾问的梁定邦先生，北卡罗来纳大学著名财务学教授、FMA董事会主席Jennifer Conrad先生等国内外知名人士。

FMA在亚洲众多高校中选择厦门大学财务管理与会计研究院作为合作伙伴联合举办首届亚洲年会。厦门大学的会计学与财务管理学科在国内处于领先地位，财务管理与会计研究院为国家教育部“985工程”二期哲学社会科学创新基地，它是一个正在快速发展的国际化的新型学术研究和教学机构，由海内外会计学和财务学优秀人才组成的科研团队，以在国际同行认可的财会学术期刊上发表高质量论文为己任，成立3年来已得到国际学术界越来越多的认可，获得本次会议的举办权就是一个很好的证明。

FMA年会是为了更好地探究财务学学术研究动态，展示学术研究成果，加强国际学术交流而举行的年度例会。本次亚洲年会为期三天，在举办FMA首届亚洲年会期间还将同时举办2009年FMA亚洲区年会博士生论坛（Doctoral Student Consortium）以及2009年亚洲影子金融监理委员会联合会议（Asian Shadow Financial Regulatory Committee，简称ASFRC)。在此次年会上，来自美国、澳大利亚、新西兰、新加坡、韩国、日本、中国大陆和香港等国家和地区的财务学专家、学者将汇聚一堂，讨论资本结构、公司治理，资产定价、投资决策、家族控股等财务学热点、难点问题；6日举行的博士生论坛是FMA提供给各国博士生交流研究成果和心得的一个平台，届时将有来自香港科技大学、华盛顿大学、南洋理工大学、北京大学等国内外高校的12位博士生报告论文。会议还邀请了4位著名的财务学教授主持对这些论文的点评和讨论；金融监理委员会联合亚洲影子会议将重点解决亚洲太平洋地区有关金融市场和金融行业的经济政策问题，致力于学术研究成果的政策运用，影子会议将于会后发表独立的政策建议。

本次 FMA 亚洲首届年会及博士生论坛是国际财会学术界的又一高层次的学术盛宴。会议的举行不仅有利于厦门大学师生与国际知名专家一同开展国际学术交流，有利于其构建清晰、互利共赢的学术交流与合作体系，也将有利于厦门成为国际学术交流的一个平台，对于其提升国际地位，扩大国际影响力，有着深远的意义。

中国个人信息保护立法国际论坛

2009 年 5 月 22 日，由重庆大学、中欧信息社会项目主办，重庆大学法学院承办的“中国个人信息保护立法国际论坛”在重庆大学 A 区主教 504 会议室拉开帷幕。

此次论坛是重庆大学 80 周年校庆学术系列活动之一，得到了国务院工业和信息化部信息安全协调司、中国政法大学的大力支持。出席论坛的专家主要有国务院工业和信息化部信息安全协调司副司长欧阳武研究员、重庆大学法学院齐爱民教授、中国欧盟信息社会项目资深法律专家托马斯·哈特博士和格雷厄姆·萨顿先生，武汉大学、中国社科院法学研究所、西南政法大学、北京邮电大学、昆明理工大学等国内知名学者应邀参加了论坛。

开幕式由重庆大学法学院党委书记徐建华主持。国务院工业和信息化部信息安全协调司副司长欧阳武做了重要发言，指出举行本次论坛的背景、目的，以及对中国个人信息保护立法的重要意义。重庆大学法学院院长陈忠林教授代表重庆大学致欢迎辞。在中欧信息社会项目研究成果介绍部分，重庆大学法学院齐爱民教授做了“中国制定个人信息保护法的核心问题”的发言。他介绍了制定个人信息保护法的目的，并对个人信息的界定、个人信息主体的范围、个人信息保护法的基本原则以及个人信息权的主要内容阐述了自己的观点。他以其独特的视角向与会学者阐释了这些核心问题在中国个人信息保护立法中的重要意义。随后，中国欧盟信息社会项目资深法律专家托马斯·哈特博士做了对中国个人信息保护立法建议的发言，针对中国个人信息保护立法所处的经济社会环境发表了自己的看法。格雷厄姆·萨顿先生做了“欧盟—中国个人数据保护：问题与解答”的专题演讲，详细介绍了《欧盟个人信息保护指令》的历史背景、主要内容以及对其相关研究的发展状况。接下来的基础理论研讨部分，来自武汉大学、中国社科院、北京邮电大学、西南政法大学、东南大学、重庆大学、昆明理工大学等高校的学者针对个人信息的概念、中国个人信息保护的现状及展望、个人信息保护法的基本理论问题、信息论理等相关问题展开了研讨，各种观点在论坛上交锋将论坛推向了高潮。

下午讨论由中国政法大学校长黄进教授主持、重庆大学法学院齐爱民教授执笔起草的《中国个人信息保护法专家建议稿》。针对个人信息控制权的性质和权能、个人信息保护法的基本原则和地域效力、个人信息的监督管理机关的设置和职权、侵害个人信息控制权的法律责任等问题，与会代表各抒己见，现场气氛十分热烈，论坛在一片意犹未尽的讨论声中落下了帷幕。

本次论坛在重庆大学建校 80 周年之际举办，推进了重庆大学的学者与国内外学者的交流，增强了重庆大学的学术氛围。在当前中国个人信息保护面临严峻形势之际召开本次论坛，具有重大的理论意义和现实意义，必将有助于加快中国个人信息保护立法的进程，为社会主义法制建设贡献力量。

全球挑战与区域应对国际会议

黑龙江大学西语学院与德国海德堡大学、美国德国历史研究所（华盛顿特区）、亚欧群史研究中心、欧洲历史文化中心及东欧历史学院于 2009 年 6 月 9—20 日在黑龙江大学 C 区留学生公寓会议室（1413）举办 2009 年中国哈尔滨“全球挑战与区域应对国际会议”暨 2009 年中国哈尔滨国际暑期班。来自美国、中国、德国、加拿大、澳大利亚和以色列等十几个国家的 60 余名专家学者（国外专家学者 30 余名）相聚黑龙江大学，实现全球化语境中国际学术交流与沟通合作。

本次国际会议旨在展示我校相关学科研究成果，提升黑龙江大学在国内、国际的影响力，扩大国际学术交流，为国际的学术交流与合作搭建平台，也将为在全球化语境下的进一步合作和发展作出积极的贡献。

研讨会期间，来自美国、中国、德国、加拿大、澳大利亚和以色列等十几个国家的专家学者相聚黑龙江大学，就“风雨浮萍：中国的俄罗斯移居者”，“往来于中东铁路的犹太人、俄国人、美国人的经济活动”，“为国而争：在第一次世界大战和五四运动期间的中国”，“关于哈尔滨的口述资料和文字记载——叙事角度与科研方法论”等研究课题进行互动式研讨，实现全球化语境中国际学术交流与沟通合作。

本次国际学术研讨的特点是：①探究目前相关学科的热门话题；②探讨学科间科研合作项目；③全面注重科研方法论，探讨学术研究方法；④注重交叉学科研究方法；⑤与专家相互交流科研体会；⑥如何运用所掌握的资料进行科学研究；⑦带着问题解决所从事的课题难点。

此次国际学术研讨会圆满结束。在闭幕式上，丹·本-卡南博士（哈尔滨，黑龙江大学西语学院）、弗兰克·古如纳博士（德国，海德堡）、伊纳斯·普若多埃尔博士（美国，华盛顿特区）分别做了总结发言。

来自于不同学术领域的中外专家聚集一堂，从全新的视角重新审视 1898—1949 年哈尔滨及中国东北地区的跨文化发展进程，集中探讨 20 世纪前半期在中国东北大地上广泛存在的文化依存及互惠现象，重点关注 1898—1949 年中国东北地区及哈尔滨的多文化、全球性特征。从严格的学术意义上讲，这是一次难得的国际盛会。

第52届国际阿尔泰学会议

2009年7月26日至31日，内蒙古大学承办的“第52届国际阿尔泰学会议”（简称PIAC）在呼和浩特市香格里拉大酒店举行。这是PIAC自1957年成立以来第一次在中国大陆举行的年会，同时也是第一次在阿尔泰语系主要语言之一的蒙古语地区举办的年会。来自德国、俄罗斯、土耳其、美国、日本、罗马尼亚、吉尔吉斯坦、意大利、瑞典、以色列、英国、荷兰、乌兹别克斯坦、中国大陆以及中国台湾等15个国家和地区的90多位学者出席了会议。本届会议的语言为英语。

PIAC总秘书长、德国柏林自由大学教授芭芭拉·凯尔乐-亨克勒博士，第51届国际阿尔泰学会议主席、罗马尼亚东方学研究中心罗迪卡·波普（Rodica Pop）教授，内蒙古自治区政协副主席肖黎声，内蒙古自治区教育厅厅长李东升，内蒙古自治区外事办公室副主任于学军等出席了开幕式。本届会议主席、内蒙古大学副校长、中国阿尔泰学会会长呼格吉勒图教授主持开幕式并致开幕词。

开幕式结束后，按照PIAC的惯例，进行了为期一天的会议分组会议。八个分会场分别以英文字母A，B，C，D，E，F，G，H命名。每个分会场都配备有现代化多媒体演示设备。本届会议共收到80余篇论文，在分会上共宣读了64篇论文。

此次的成功召开，展现了中国阿尔泰学的发展，使国际阿尔泰学界在初步了解了中国阿尔泰学水准的同时，让许多国外学者亲眼目睹了中国内蒙古的现代化建设的成就，在国际上产生了良好的影响。此次阿尔泰学国际会议，是国际阿尔泰学界的一大盛事，也必将对中国阿尔泰学研究乃至亚洲和世界的阿尔泰学研究事业，起到积极的推动作用。

国际人类学与民族学联合会第16届大会

2009年7月27日至31日在云南大学召开的以“人类、发展与文化多样性”为主题的国际人类学与民族学联合会第16届世界大会，是迄今为止在亚洲第二次、在中国第一次召开的会议。

来自100多个国家和地区的4000多名专家学者参会。中共中央政治局委员、国务院副总理回良玉代表中国政府参加大会开幕式并讲话。

此届大会设有主旨发言、名家讲坛、专题会议、国际人类学与民族学联合会工作会议、影视展映、学术沙龙、学术考察、专项展览以及图书展销等多项议程，设置上百个学术专题，涉及文化、种族、宗教、语言、都市、移民、生态、女性、儿童、环境、艾滋病、吸毒等内容，有规格高、规模大、具有世界性影响等特点。云南大学西南边疆少数民族研究中心参与了大会的筹备组织工作，分别担任了执委会办公室主任、秘书组组长、学术考察组组长、志愿者组组长、影视组副组长、会展组副组长等项工作，有36名教职工和80多名研究生参加了筹备工作，为大会的成功举办做出了应有的贡献；有5名教学科研人员担任了专题会议主席，52名师生在专题会议上发言；5人次担任了影视专题会议主席，11人次在影视专题会议上发言；4名教师分别在4个学术考察点做学术报告12场次，听众共计达1200多人；由人类学博物馆设计制作的“云南大学人类学与民族学70年展”作为“中国民族学人类学百年回顾展”的组成部分，在大会召开之前正式展出。青年彝族学者杨洪林（彝族名嘉日姆几）博士导演与拍摄的人类学影片《火把节》，作为大会23部影展作品展播，获得提名奖。

美国华裔文学国际研讨会

2009年7月17日至7月19日，南京大学外国语学院与美国加州大学洛杉矶分校亚美研究系共同主办、译林出版社协办的“美国华裔文学国际研讨会”在南京大学召开。来自海内外的100多位学者、作家参加了本次会议。本次会议的主题为“文化·语境·读者”，下分7个小议题：①“全球、本土与离散”，②“记忆与历史”，③“身体与欲望”，④“叙事还是纪实”，⑤“文化挪用与翻译”，⑥“族裔互涉关系”，⑦“美国华裔文学中的读者及其他问题”。在两天的会议中，代表们以大会发言/讨论、小组发言/讨论、圆桌会议等形式就美国华裔文学中的相关问题进行深入的探讨交流。

在开幕式上，大会组织/学术委员会主席、南京大学海外教育学院院长程爱民教授主持了开幕仪式，南京大学校长助理周宪教授，译林出版社社长顾爱彬先生，南京大学外国语学院院长朱刚教授分别发言致辞。开幕式后的大会发言由大会组织/学术委员会主席、美国加州大学洛杉矶分校亚美研究系凌津奇教授主持。美国加州大学洛杉矶分校英文系的张敬钰（King-Kok Cheung）教授、清华大学外语系王宁教授分别就“Slanted Allusions: Poetic Inversions in Chinese American Literature”、全球化语境下的“流散写作”以及“华裔民族、文化身份的重构”进行了发言，布朗大学（University of Brown）胡其瑜教授（Evelyn Hu-DeHart）在发言中介绍了美国、加拿大之外的美洲地区亚美文学的发展状况。

会议的第二场大会发言由朱刚教授主持，凌津奇教授做了题为“历史与想象：浅谈雷组威与梁志英的小说艺术”的主题发言。南京大学外国语学院赵文书教授在发言中分析了赵健秀为何坚持对华裔作品中所表征的中国文化之“真”“伪”进行区分，并指出促使赵健秀回归中国文化的根本原因。

为期2天的会议里，共进行了4场分组发言及讨论，代表们围绕会议议题纷纷各抒己见，其中，全球化语境中的离散书写，多元文化身份在华裔作品中的表征，华裔作品中对中国文化的挪用，华裔文学研究从意识形态研究到立足于文本细读的审美分析的转向等问题成为讨论的焦点。

“中国诗人和华裔美国诗人诗歌朗诵会,”“圆桌会议：亚美文学教学”是本次会议不同于历届美国华裔文学研讨会的两个环节。

“诗歌朗诵会”由南京大学张子清教授与美国华裔作家梁志英教授共同组织。参加朗诵的诗人有美国华裔诗人林永得、梁志英与南京诗人黄梵、古筝、雷默。为了深化对本次会议主题“文化·语境·读者”的探讨，会议的尾声部分安排了一场题为“亚美文学教学”的圆桌会议，代表们纷纷发言，或根据对两天会议中发言、讨论的感想，或结合自身亚裔/华裔教学体验，共同探讨了美国华裔文学教学中的读者与听众问题。

会议闭幕式由赵文书教授主持，在分组会议主持人对各自小组发言、讨论进行总结之后，会议圆满落幕。

本次会议共收录论文60余篇，会议论文集将于近期由译林出版社出版。

新中国文论60年国际学术研讨会

“新中国文论60年国际学术研讨会”暨中国中外文艺理论学会第六届年会于2009年7月16日至20日在贵州大学召开。会议由中国中外文艺理论学会、中国社会科学院文学所文学理论研究室、贵州大学人文学院、贵州师范大学文学院、贵州民族学院文传学院联合主办。

来自国内100多所高校和科研院所以及美国、英国、奥地利等国的近300位学者出席了会议，并向会议提交论文140多篇。

本届大会的主题是“新中国文论60年”。会议回顾和反思了新中国成立60年来中国文艺理论的发展历程，以一种学术的开放心态将新中国文论置于中外历史学术语境中进行对话，深入探讨了新中国文艺理论的性质及当代文艺理论的发展方向等问题。会议在一种总结、反思、对话、探索的学术理性氛围中主要从以下五个方面并分组展开了主题研讨：

（1）回顾和反思新中国文艺理论60年的发展历程，离不开既定的历史语境，60年的文学理论和国家社会的命运紧紧相连。文学理论发展的前后30年，因不同的历史政治渊源形成了极大对比。与会代表普遍认同，这前后30年，可以以文革结束为界。

（2）在回顾与反思的前提下，与会代表对文学性质展开了多角度的研究与探讨。

（3）从古代文论与文化研究的联系来看，与会学者普遍认同，在新中国文学理论发展60年的今天，在全球化文化的大背景下，现代中国文艺理论的发展应重视与中国自身传统文化语境的内在联结。

（4）从西方文论与中国文论的现代性的联系来讲，西方文论对中国现代文论的发展与建构产生着重要的影响，与会学者们对西方文论的重要理论问题及理论家展开了富有启示性的探讨。如，高建平从“形象思维”这个老话题中引出了新思考，梳理了“形象思维”在中国的理论发展，提出对艺术特征的理解，经历了“是认识”、“是一种特殊的认识”、“不是认识”这三个阶段，强调目前需要有第四阶段的理解，即“还是认识”。周启超探讨了巴赫金理论的几个方面，提出进行人文学科研究要有责任的参与，要与生活形成互动，要保持一种超越性。程正民通过对俄罗斯文论文艺学建设的思考，指出在运用各种方法进行研究的同时，要重视各种研究方法的联系和整合，重视结构方法和历史方法的结合，科学主义和人文主义的融合，为文艺学发展开拓新的理论空间。

（5）在探索中国现代文论的发展与建构方面，中国文论界随着中国的改革开放呈现出一种新的面貌：一方面学者们以开放的视野求贤若渴地吸收当代西方理论，另一方面学者们也积极地参与到中国传统文化当代阐释的热潮中。但当学者们以一种开放、积极的心态投入文艺理论的构建中时，又常常不可避免地表达出一些诚恳的焦虑。

总体看来，此次的与会代表们发表了许多新鲜而不失深刻的见解，具体涉及文学本体、文学公共性与自主性、传统文化、文化研究、寻根文学、红色经典、女性主义、社会转型与文学、网络现象等。此外，在会议的外国专家专场中，英国的约翰·斯托雷、斯洛文尼亚的托马兹·托布里兹克、美国的泰勒斯·米勒、斯诺文尼亚的克里斯托弗·科泽克、奥地利的雷纳·温特从文化研究、悲剧理论、修辞、比较文学等不同的角度做了学术报告。几位学者所做的报告尽管论域不甚相同，但却不约而同地涉及了文化研究及与文化相关的议题，显示了当前西方文艺理论研究中文化研究的重要性。

学术期刊与走向世界的中国研究国际学术论坛

2009年7月4日至5日，由复旦大学社会科学高等研究院与 *Fudan Journal of the Humanities and Social Sciences* 主办，联合国教科文组织国际社会科学委员会协办的“学术期刊与走向世界的中国研究国际学术论坛”在复旦大学光华楼举行。

联合国科教文组织国际社会科学委员会、中国社会科学院、北京大学、清华大学、中国人民大学、南京大学、武汉大学、复旦大学、*Journal of Contemporary Asia*，*Critical Asian Studies*，*Chinese Sociology & Anthropology*，*China Quarterly*，*Chinese Journal of International Law*，*The Journal of Contemporary China*，*Journal of Chinese Philosophy* 和 *Fudan Journal of the Humanities and Social Sciences* 等单位的负责人、SSCI 期刊主编和知名学者等共计30余位代表与会。

论坛开幕式由上海社会科学界联合会专职副主席、复旦大学校长助理桑玉成教授主持。上海市委宣传部副部长、上海市社会科学界联合会党组书记潘世伟教授，中国社会科学院国际合作局局长杨扬先生，复旦大学高研院院长邓正来教授分别致辞。开幕式结束后，联合国教科文组织国际社会科学委员会主席 Gudmund Hernes 教授应邀做了题为“中国的地位与学术发展”的主题发言。

本次论坛为期一天半，设置“主题发言”专组和五个主题单元，分别为：“学术期刊在社会科学学术发展中的作用”、“学术期刊向世界介绍中国学术成果”、“学术期刊与检索服务”、“中国学术期刊走向世界”和“中国研究与学术期刊全球俱乐部”。闭幕式上，复旦大学文科科研处处长杨志刚教授代表复旦大学对本次论坛的成功举办表示祝贺。

本次论坛的举办时值中国哲学社会科学恢复重建三十年。论坛主题集中于学术期刊的国际化问题，并使之与对中国研究的发展样态的分析关联起来。论坛为进一步推进中国学术期刊国际化建设，推动中国哲学社会科学走向世界提供了丰富的理论视角和经验借鉴。

企业研究发展趋势与方法国际研讨会

2009年8月3日下午，由重庆大学、武汉大学、香港中文大学三所高校联合举办的“企业研究发展趋势与方法国际研讨会”在重庆大学经济与工商管理学院隆重举行。

大会特别邀请美国印第安纳大学凯利商学院资深教授芭芭拉·弗里恩、詹姆斯·弗里恩，美国亚利桑那州立大学资深教授威奇·斯梅斯-丹尼尔斯，英国伦敦商学院资深教授克瑞斯·沃斯教授，美国Georgia理工大学管理学院资深教授维诺德·辛格哈尔，香港中文大学资深教授赵先德等国内外专家担任特邀主题发言人。本次会议由重庆大学经管学院院长刘星教授担任总顾问，重庆大学龙勇教授、武汉大学李燕萍教授担任会议主席。来自北京大学、中国人民大学、香港中文大学、复旦大学、浙江大学、上海交通大学等36所“985”、“211”工程高校的120余名教授和博士生参加了此次研讨会。

研讨会围绕国际金融危机背景下的企业运营管理与企业研究方法进行了深入的讨论，以企业研究的主流领域之一企业运营管理为核心，介绍企业研究领域的发展趋势和研究方向，如服务营销、运营及商业策略、战略与营销、人力资源管理、生产管理、质量管理以及供应链管理等。大会旨在为中国一流商学院的博士生、博士后和青年教师及研究者提供国际环境下企业研究方法的培训，并为博士生导师提供一个交流博士生培养心得的平台。通过交流和后续合作，提升该领域青年学者的研究能力，提升国内商学院博士生的培养质量，使他们有更多的高质量研究成果代表中国展示在国际知名期刊上。

大会持续3天，对优秀学位论文研究计划、优秀学生论文和优秀青年教师论文授奖，颁发奖励证书和奖金。此次研讨会是该领域内的一次高端国际研讨会，将推动西南地区企业研究水平的进一步提高，并为重庆企业发展提供更多可供借鉴的研究成果。

中日战争国际共同研究学术讨论会

2009年9月7日至9日，“战时国际关系——中日战争国际共同研究第四次会议”在西南大学召开，会议由西南大学和中国社科院近代史所共同主办。

“中日战争国际共同研究学术讨论会”，是哈佛大学费正清东亚中心傅高义教授、中国社科院近代史研究所研究员杨天石、日本庆胤大学名誉教授山田辰雄共同发起的、全球学者共同参与的国际性共同研究项目和顶级学术会议。该会致力于共同研究20世纪的中日战争，曾于2002年在美国波士顿、2004年在美国夏威夷、2006年在日本箱根举办三次，先后讨论了战时中国地区问题，战时军事战役，战时教育、文化与社会发展等问题，取得了丰硕成果。研讨会已经成为中日战争研究领域具有国际影响力的学术对话平台，会议产生的学术成果和研究共识对有关国家对外政策的制定和执行产生了重要影响。

本次会议讨论的主题是“战时国际关系”，来自美国、日本、英国、法国、俄罗斯、加拿大和中国大陆及香港、台湾地区的相关领域顶级专家学者80余人出席会议。

会议于9月7日上午开幕，重庆中国大后方研究中心主任、地方史研究会会长、市委宣传部副部长周勇主持，重庆市委常委、宣传部长何事忠出席并做重要讲话。中共中央党史研究室副主任章百家、哈佛大学费正清东亚研究中心主任傅高义教授和西南大学党委书记黄蓉生教授分别在开幕式上讲话或致辞，常务副校长宋乃庆出席。

何事忠在讲话中指出，中国人民抗日战争是世界反法西斯战争的重要组成部分，是世界反法西斯战争的东方主战场。经过艰苦卓绝的战斗，中国人民抗日战争和世界反法西斯战争以中国人民和世界各国人民的彻底胜利而载入史册。这是一段正义战胜邪恶、光明战胜黑暗、进步战胜反动的历史，是20世纪人类历史上的重大事件。这次会议由中国轮值举办，就是我们对这一重大历史事件的又一次回眸、反思和纪念。他还说，抗日战争时期，重庆是中国的战时首都、中共中央南方局所在地、抗日民族统一战线的重要政治舞台和世界反法西斯战争东方战场统帅部所在地，为中国抗日战争和世界反法西斯战争的胜利作出了巨大的历史贡献。中央和重庆市都高度重视对这段历史的研究，正在实施“重庆中国抗战大后方历史文化研究与建设工程”，其任务之一，就是期望通过包括在座各位学者、各界人士的共同参与，对中国抗战时期大后方政治、经济、文化、社会等领域的重大问题进行深入系统的研究。而这一研究，也需要在世界反法西斯战争的大背景中去审视。这次盛会在重庆召开，无疑为我们提供了这样一个宝贵的机会，同时也将进一步彰显重庆在国际关系史上的重要地位，增强国际社会对重庆这座抗战名城的历史认知，带动重庆抗战历史文化研究。

学术讨论会为期3天，与会学者对中日战争（1937—1945）期间“中国与德、美、苏关系”、“英国的外交及英国对中国政府态度的演变”、“苏联、美国和国共统一战线”、“日德中苏关系”、“蒋介石与尼赫鲁”以及“重庆在抗战中的历史地位与抗战大后方历史文化研究与建设工程”等学术问题做了深入探讨。期间，与会专家还将参观了黄山抗战遗址博物馆、林园抗战遗址，感受了重庆和中国为世界反法西斯战争做出的巨大贡献。

会议于9月9日下午闭幕，西南大学副校长陈时见主持闭幕式，中国社科院近代史研究所所长步平做了总结致辞。当晚，与会专家观看了音乐学院师生为本次会议准备的专场演出。

人力资本度量与中国人力资本指数国际研讨会

2009年10月10日，中央财经大学中国人力资本与劳动经济研究中心成功举办了主题为“人力资本的度量及其对增长和福利的贡献”的“人力资本度量与中国人力资本指数国际研讨会”。此次会议分为上午全会和下午学术分会两个阶段。

上午，会议在中央财经大学学术会堂举行。全国人大常委、财经委员会副主任贺铿，教育部社科司副司长张东刚，国家统计局党组委员、副局长许宪春，人力资源和社会保障部中国高级公务员培训中心主任贾忠杰，国务院发展研究中心人力资源研究培训中心主任、诺贝尔经济学奖获得者 Kenneth Arrow（肯尼斯·阿罗）教授，美国经济学会 John Bates Clark 奖得主、哈佛大学 Dale Jorgenson（戴尔·乔根森）教授，中央财经大学部分师生以及一些海内外政府官员和知名学者等出席了会议。

会上，张东刚讲话强调了人力资本在我国经济发展过程中的重要作用以及在当前形势下建立人力资本强国的重要性，还对中国人力资本与劳动经济研究中心在中国人力资本指数研究项目上取得的重要的阶段性成果予以高度肯定，并对该研究团队取得更大的成果寄予了厚望。随后，中国人力资本与劳动经济研究中心主任李海峥教授公布了该中心历时1年多的研究结晶——《中国人力资本指数分析报告》。该报告计算了1985年至2007年中国人力资本总量，并分别从性别、城乡的人力资本存量及相应的人均人力资本等方面分析了它们的分布状况和变化趋势，同时还对2008年至2020年的人力资本水平做了预测。这在国内实属首次。这项重大的研究成果将开启中国人力资本衡量及其体系建立的新篇章。之后，贺铿教授、Dale Jorgenson 教授和 Kenneth Arrow 教授分别做了题为“中国劳动力的转移及人力资本的投资”、“Human Capital and National Account”、“China, the U. S., and Sustainability: Perspectives Based on Comprehensive Wealth”的演讲。三位世界著名经济学家的精彩演讲赢得了全场的热烈掌声。

下午，与会专家学者在学术分会会场主要围绕中国人力资本指数构建及技术问题、人力资本度量问题、人力资本对增长和福利的贡献三个方面进行了研讨。与会专家学者宣读了会议邀请论文，并针对这些论文展开了积极的学术讨论。此次学术分会是将中国人力资本指数问题纳入国际研究体系的一个新的开始，同时也为中国和世界其他国家的学者提供了相互借鉴人力资本指数衡量研究经验的平台，这将有利于中国人力资本指数研究的进一步发展。

首届南南合作与发展国际会议

2009年10月19—21日，浙江大学、国际食物政策研究所、英国国际发展署共同主办，浙江大学中国农村发展研究院（CARD）和国际食物政策研究所北京办事处承办，旨在减少贫困和推进包括非洲国家在内的南南合作的首届“南南合作与发展国际会议”在杭州举行。来自中国农业部、中国国际扶贫中心、国际食物政策研究所和英国国际发展署等国际组织、高等院校和科研院所，以及莫桑比克、科特迪瓦、马达加斯加、突尼斯、马里等近20个非洲国家农业高级决策部门的60多位专家、学者和政府官员参加了会议。

贫困问题是一个世界性问题，减少贫困乃至消灭贫困始终是世界各国面临的重大主题之一。特别是面对当前百年一遇的国际金融危机和世界经济衰退的影响，中国和其他发展中国家的经济发展都面临着严峻考验。因此，为减少贫困和推进包括非洲国家在内的南南合作，会议围绕“粮食安全，农村发展与反贫困”这一主题，从中国农村农业发展与反贫困经验、非洲反贫困现状与国际农业合作、中非反贫困合作状况及其挑战等三个议题进行了广泛的交流和探讨。在中国农村农业发展与反贫困经验的议题方面，会议从中国的经济增长与减贫、中国粮食安全与减贫、中国农村工业化与减贫、中国农村金融与减贫等方面进行了深入的交流、分析和总结，并相应提出了有关对策和政策建议。在非洲反贫困现状与国际农业合作的议题方面，会议从非洲反贫困的现状和问题、非洲反贫困的国际农业合作、莫桑比克农业国际化合作的经验推广等方面进行了分析和总结，并相应提出了对策和建议。在中非反贫困合作状况及其挑战的议题方面，会议从中非合作的基本形式、中非合作的前景与挑战等方面进行了分析和总结，并相应提出了对策和政策建议。

首届专门用途英语在亚洲国际研讨会

2009年10月30—31日，首届“专门用途英语在亚洲国际研讨会”在重庆顺利召开。本次会议由重庆大学外国语学院、《亚洲专门用途英语》(*Asian* ESP *Journal*) 主办，重庆大学外国语学院承办。来自亚洲10个国家和地区的150余名学者参加了大会。本次研讨会旨在促进我国及亚洲专门用途英语研究，增进国际学术交流与合作，了解本领域前沿动态，讨论专门用途英语研究问题以及解决措施。

研讨会开幕式于30日上午在万友康年大酒店国际会议中心准时开始，会场内座无虚席。开幕式由重庆大学外国语学院副院长黄赟琳主持，重庆大学副校长杨丹教授，重庆大学外国语学院院长李红教授、《亚洲专门用途英语》期刊行政长官 Paul Robertson 博士、教育部高等教育出版社（集团）外语出版社副社长陈锡镖博士分别致欢迎辞。

重庆大学国际交流合作处处长赵成平教授，外国语学院副院长许骏教授，外国语学院专门用途英语研究所所长黄萍教授出席了开幕式。大会邀请的国际和国内相关领域著名专家和与会代表参加了开幕式。

开幕式结束后，亚太地区专门用途语言及专业沟通研究会会长、国际著名语篇分析专家 Vijay Bhatia 教授，亚太地区专门用途语言及专业沟通研究会秘书长、《亚洲专门用途英语》期刊高级编辑、香港理工大学 Winnie Cheng 教授，中国国际商务英语研究会副会长、教育部高等学校外语专业教学指导委员会委员、对外经济与贸易大学王立非教授和香港中文大学 Joseph H. W. Hung 教授分别为大会做了精彩的主题发言。下午，会议代表就题材分析、专门用途英语课程设置、商务英语研究、专门用途英语语料库研究、专门用途英语教材建设和评估、专门用途英语教师发展研究等专题进行了小组发言和讨论。大家积极发言，共同探讨专门用途英语在各国和地区的发展现状、发展趋势，分享已取得的研究成果和成功经验。

31 日上午，国际著名学术期刊《专门用途英语》总主编、澳洲悉尼大学 Brian Paltridge 教授和《亚洲 EFL》学术期刊总主编 Roger Nunn 教授为大会做了主题发言。与会代表纷纷表示本次会议是一次高水平的国际会议，为亚洲专门用途英语研究的发展提供了极具专业价值的交流平台。

会议在各位代表的掌声和感谢声中圆满结束。31 日下午，与会代表还参观了重庆大学虎溪校区和重庆市区。

影响力论坛

2009 年开始，清华大学决定在文科领域实施影响力建设工程，促进文科教师积极开展政策咨询，参与政府智库的建设，举办影响力论坛。首批重点支持经济、社会、国家安全三大论坛，努力打造清华品牌，扩大清华人文社会科学优秀研究成果的社会影响力，使之能够影响政府决策和社会思潮。

2009 年 10 月，首届“清华大学中国与世界经济论坛”举办，主题是“后危机时代的中国与世界经济新格局”。2010 年共举办四届，主题分别为“2010 年中国经济结构调整与世界经济风险”、“破解迷局：聚焦中国宏观政策”、“风云是否突变：世界经济金融形势与第二轮金融危机”、“贸易争端与调控迷局”。该论坛广邀国内外政府要员、知名企业家、学者以及知名校友担任嘉宾，在校内外都产生了广泛的影响力，每次论坛的现场观众均多达数百人，论坛内容也经常获得多家媒体报道。

2010 年 4 月，首届“清华国际安全论坛”举办，发布题为《建立不使用核武器的世界》的研究报告。同年 6 月举办第二届，主题为“金融安全与东亚合作”，发布研究报告《构建 A3 货币联盟》，11 月举办第三届，发布研究报告《建设碳排放公正的世界》。2011 年，“清华国际安全论坛”共举办三届，发布的研究报告分别为《东亚地区安全合作》、《中东北非形势与国际格局》、《国际秩序的转型与挑战》。该论坛产生的影响不断扩大，参会专家由最初的 60 人增加到 160 多人，《国际先驱论坛报》、《瞭望》周刊、《环球时报》、埃及《金字塔报》等国内外媒体均密切关注，并相继全文发布研究报告，或以专题专访的形式进行报道。

2010 年 4 月，首届“清华社会发展论坛”举办，发布题为《以利益表达制度化实现社会的长治久安》的研究报告，指出我们实际上已经陷入“维稳的怪圈”，希望明确维稳只是实现经济社会快速发展的手段。同年9月，第二届论坛的研究报告《走向社会重建之路》发布，指出社会建设的目标是实现权力、市场与社会之间的和谐，将社会置于与权力和市场对等的位置，并且能够限制权力、规制市场，实现公平正义。2011年度研究报告《"中等收入陷阱"还是"转型陷阱"?》于近期发表，报告认为应将推进公平正义作为改革的基本价值和目标，将民主与法治建设作为改革的核心内容。这些报告在党和政府各级部门、主流媒体、社会各界均受到广泛关注，产生了重大影响。

政治与商业视角下的东亚一体化国际研讨会

北京师范大学马克思主义学院主办的"政治与商业视角下的东亚一体化国际研讨会"，于2009年10月15—16日在北京师范大学举行。

来自丹麦、比利时、南非和美国等国家的专家学者，以及来自国家发展改革委员会、中国社会科学院、现代国际关系研究院和北京大学、清华大学、中国人民大学等国内科研院所的专家学者，共计30余位参加了会议。

在本次会议中，各国学者围绕地区一体化的国际比较，就如何以欧洲和世界其他地区的一体化经验来总结和探讨东亚一体化发展的方向与面临的挑战展开热烈研讨。来自丹麦奥尔堡大学的Søren Dosenrode教授发表了题为"Approaches to Regional Integration"的演讲，从政治、经济等多种角度阐述了其对于区域一体化问题的见解，引起与会者广泛的关注和探讨。比利时联合国大学的宋新宁教授就"中国与区域一体化"这一论题展开论述，向与会人员展示了一幅由双边关系逐步发展为地区性多边关系的图景。此外，南非约翰内斯堡大学的Olivier Gerrit教授、丹麦奥胡斯大学的Clemens Stubbe Østergaard教授、奥尔堡大学的Olav Jull Sørensen教授、Steen Fryba教授以及李形教授、国家发改委宏观经济研究院张建平教授等都做了精彩的发言和点评。会议的最后，北京师范大学马克思主义学院张胜军教授做了题为"East Asia Integration and the Comparative Experiences from other Parts of the World：the East Asia's Own Choice"的发言，并对会议进行了简短的总结，为本次国际研讨会画上了圆满的句号。

此次国际会议有助于搭建一个欧洲学者与中国学者交流的平台，共同探讨东亚一体化的未来之路。

东方现代文化观念创造及其对全球的影响国际高层思想论坛

2009年11月13日，由浙江工商大学中国文化理论创新研究中心、《哲学研究》编辑部、浙江工商大学人文学院、《原创》编辑部主办、复旦大学社会科学高等研究院协办的“东方现代文化观念创造及其对全球的影响国际高层思想论坛”在西子湖畔召开。

本次论坛讨论的焦点问题是，东方学者在哲学、伦理学、政治学、经济学、美学和文艺学等人文社会科学研究上，如何突破理论和学术研究依附于西方文化理论的格局，如何在承传东方传统文化的基础上加强东方现代文化理论和观念的创造性研究。来自各个领域的著名学者，围绕以上论题展开了深入的探讨。

《中国社会科学》副主编孙麾认为，过去我们一直把东方传统文化当成阻碍力量，这是一种特定语境下出现的虚假意识，必须破除这种意识，以扭转学术思想从西方向东方单向移植的局面。浙江工商大学吴炫教授进一步指出，过去我们论及“现代”时，太拘泥于西方话语，未能在理论上对东方经验的现代创造予以足够的重视。只有在积极推动东方文化观念的现代创造并对这种创造的经验进行深入总结的前提下，才能使东方如何影响世界这一老话题获得生机。复旦大学郭苏建教授、浙江大学金健人教授、复旦大学吴冠军博士、同济大学王鸿生教授、复旦大学崔志鹰教授、吴炫教授等对此阐发了各自的观点。

南京大学顾肃教授、复旦大学任晓教授、厦门大学陈嘉明教授、郭苏建教授等认为，虽然西方一直在通过各种制度对世界进行控制，但以前那种帝国式的世界秩序已难以为继，世界多中心、多元化、多极世界、多边主义、模式多样化的趋势不可逆转。东西方各种发展模式之间不能互相取代，而必须在竞争中互相学习。

与会者的共同看法是，要讨论东西问题，首先要避免皮相地理解东西文化。浙江大学王元骧教授、南京大学顾肃教授、复旦大学刘清平教授、日本东京大学名誉教授田仲一成、龚鹏程教授、海南大学张志扬教授、复旦大学邓正来教授、张志扬教授、王鸿生教授、上海市社会科学院陈伯海教授、复旦大学谢遐龄教授、中国社会科学院盛宁教授从各自的视点出发，对东西文化的特质及世界文化的当下境遇和未来走向做了阐述。

《哲学研究》副主编鉴传今、韩国庆西大学的卢相均教授、同济大学陈家琪教授、吴冠军博士、吴炫教授、复旦大学谢遐龄教授、南京大学顾肃教授、邓正来教授等与会学者在发言中表现出对东方现代文化观念创造的现实关切，始终紧扣着当下现实问题展开讨论。郭苏建教授强调，我们今天讨论东方现代文化观念创造，必须要能够提供新的伦理观，真正走进生活，影响到生活方式，也就是要实实在在地解决问题，而不是沦为文人雅士间的游戏。

后金融危机时代的贸易与发展国际学术研讨会

11 月 8 日，2009 年“后金融危机时代的贸易与发展国际学术研讨会”在南开大学举行。来自世界 20 多所知名高校的专家学者共同展望金融危机之后世界经济的发展蓝图。

天津市市长黄兴国、副市长张俊芳，南开大学党委书记薛进文、校长饶子和在迎宾馆会见了前来出席会议的英国诺丁汉大学校长大卫·格林纳威一行。双方就进一步深化诺丁汉大学与南开大学的合作关系等进行深入交流。

饶子和、大卫·格林纳威、对外经济贸易大学副校长林桂军等出席“后金融危机时代的贸易与发展”开幕式。大会由南开大学副校长佟家栋主持。

饶子和代表主办方对来自国内外知名高校的与会专家表示热烈欢迎。他说，2007年始发于美国的次贷危机造成了全球性金融危机，在世界各国的共同努力下，2009年下半年以来，世界各国经济已逐渐回稳。在这样的时代背景下，本次会议以“后危机时代的贸易与发展”为题，不仅有助于总结金融危机的教训和应对危机的经验，更有利于我们共同展望后危机时代中国乃至世界经济发展的蓝图。

饶子和表示，经济学科是南开大学四大支柱学科之一，历史悠久，享誉全国。南开大学希望与在座专家学者一道，为中国和世界经济的再次腾飞贡献聪明才智和拳拳之心。

在为期一天的会议中，来自英国诺丁汉大学、伯明翰大学、日本一桥大学、南开大学、中国人民大学、复旦大学、浙江大学、北京师范大学、南京大学、厦门大学、湖南大学、武汉大学、吉林大学等国内外知名高校国际贸易学科的学术带头人汇聚一堂，就“高等教育的全球化”，“金融危机后的金融监管与日本、中国的作用”，“中国消费者相关产业的出口”，“金融危机与恢复的经济理论”，“后金融危机时代的国际贸易对中国人力资源配置效率的影响趋势”等议题展开深入研讨。

世界自然保护同盟环境法学院第七次全球学术会议

“世界自然保护同盟环境法学院第七次全球学术会议”于2009年11月1日至5日在武汉大学召开。此次会议由世界自然保护同盟环境法学院和教育部人文社会科学重点研究基地——武汉大学环境法研究所联合举办，联合国环境规划署和中华环保联合会协办。

这次会议的主题是“环境治理与可持续发展”。会议讨论了包括政府的环境责任、公司的环境责任、非政府组织和利益相关者在环境保护中的地位和作用、公民的环境权、法院和检察院的环境职能、环境公益诉讼、环境治理及可持续发展的评估指标、自然保护区的管理等一系列环境法律问题。这是一次世界环境法学者的学术盛会，会议规模较大，与会专家学者150多人，其中外国学者逾百人，分别来自近50个国家。世界自然保护同盟、世界自然保护同盟环境法学院、中华环保联合会、中华人民共和国环境保护部、湖北省人民政府的有关领导参加了会议开幕式和部分会议讨论。

会议开幕式于11月2日上午在武汉大学法学大楼模拟法庭举行，由教育部人文社会科学重点研究基地——武汉大学环境法研究所所长王树义教授主持。武汉大学校长顾海良教授代表主办方致开幕辞，世界自然保护同盟环境法学院院长罗布·佛勒（Rob Fowler）教授代表主办方致欢迎辞。湖北省人民政府副省长郭生练教授、中华环保联合会副会长兼秘书长曾晓东先生、中华人民共和国环境保护部政策法规司副司长别涛博士、世界自然保护同盟环境法项目主任亚历山大·依萨（Alejandro Iza）博士、世界自然保护同盟环境法学院秘书长依佛·利·勃仕席勒（Yves Le Bouthillier）教授、武汉大学法学院院长肖永平教授在开幕式上分别致辞。

会议一共进行4天，11月2日在武汉大学法学大楼进行开幕式和全天大会发言，11月3日至4日在武汉市东湖宾馆举行分组专题研讨，11月5日在东湖宾馆举行全体大会和闭幕式。

本次会议期间，全体与会代表于11月4日下午到武汉钢铁集团公司考察了该企业的水污染治理和工业污水处理情况。代表们受到了武汉钢铁集团公司的热情接待。代表们进行了长达2小时的认真考察，对中国大型国有企业的污染防治工作表示赞赏。

世界自然保护同盟环境法学院是世界自然保护同盟专门建立的一个旨在促进国际社会和世界各国环境法制发展、环境法的教学和研究发展的学术机构，代表世界自然保护同盟组织全球环境法领域里的学术交流和实践活动。其总部设在加拿大渥太华。2003年环境法学院成立时，时任联合国秘书长的安南先生曾专门致信祝贺。

中国式民主国际研讨会

“中国式民主国际研讨会”于2009年11月14—15日在武汉大学珞珈山庄、易斯特国际酒店举行。这次会议由武汉大学政治与公共管理学院承办。

出席这次研讨会的有来自美国、法国、韩国、波兰、新加坡和中国大陆、香港和台湾地区的专家和学者50余人。其中知名学者有：王绍光（香港中文大学）、郑永年（新加坡国立大学）、赵永茂（台湾大学）、欧博文（美国加州大学伯克利分校）、欧苏珊（美国东北大学）、李正男（韩国高丽大学）、林尚立（复旦大学）、朱光磊（南开大学）、周光辉（吉林大学）等。

来自各国和中国大陆、香港和台湾地区的学者以负责任的态度和严谨的学术精神发表了他们对中国式民主的观察和思考。在为期两天的研讨中，学者们就民主理论、中国式民主的性质和基本特征、中国民主化的道路、中国式民主在诸领域的发展等问题展开了热烈、严肃的讨论。与会学者从不同学科的角度、自身不同经验的角度，发表了许多非常有意义的见解和观点，其中既有对中国式民主基本理论和分析框架的探讨，从价值层面、政治哲学层面对“民主”的追问，也有分别从制度层面、政策层面、技术层面、操作层面和绩效评估角度的探讨；既有对高层民主、国家民主、执政党内的民主的分析，也有对基层民主实践的考察。有的学者分别从公众决策、有效治理及国家建设等角度探讨了民主的理论和研究方法；不少学者就中国式民主的性质、特点及如何把握中国式民主的实质和内容、中国的政治发展和民主建设的道路选择、党内民主与人民民主的关系发表自己的研究心得和见解。还有一些学者介绍了新加坡、法国、波兰等国和台湾地区民主发展的经验和问题，并参照中国大陆的经验做了比较分析；有的学者则以实证调查材料为基础分析了当代中国主流民主观念的变化、中国式民主在农村和城市基层的发展，分析了农村选举、业主委员会发展的案例和经验。还有一些学者就儒家思想、中国传统宗教与民主理论的对话与回应等不同角度，就如何发掘中国民主政治建设的本土资源进行了探讨。

这次研讨会的另一个鲜明特点是中国的青年学者成为与会者的主流。他们思想敏锐，治学勤奋，尤其是积极开展社会调查，大量运用经验数据分析问题，为关于中国式民主的研究方法、研究手段注入了新的活力。

武汉地区高校的师生60余人旁听了这次研讨会。与会者普遍反映，本次研讨会非常成功。有代表称，这是所参加过的收获最大的学术研讨会之一。会议召开后，《民主与科学》杂志、中国选举与治理网、中国法学网、吉林大学人文社会科学网、上海共青团网等知名刊物和专业网站做了详细报道，认为这是“层次高、规模大和影响力广”的国际研讨会。会议的论文也被《中国式民主的政治学观察——中国式民主国际研讨会论文集》收录（谭君久主编），于2010年11月由西北大学出版社出版。

跨文化传播国际学术会议

“第五届跨文化传播国际学术会议”于2009年12月9日至10日在武汉大学召开，来自法国、英国、德国、美国、新西兰、马里、中国台湾、中国香港和大陆地区的100多位学者参加了本次会议，围绕“跨文化对话：媒介伦理与新闻专业主义”这一主题进行了交流和探讨。

本次会议探讨的核心问题是：如何通过中西方的新闻传播学者和新闻记者的跨文化对话了解现实的传播障碍，交流彼此对新闻传播意义的理解，解决新闻传播过程中的文化冲突。围绕这一核心问题，本次会议设立了五场学术报告专场，共宣读论文31篇。与会学者针对这31篇论文所提出来的问题进行了无私、诚恳、坦率的交流和辩论。交流与辩论围绕四个主题循序深入展开：如何报道“他者”：跨文化新闻传播伦理与问题；新闻传播过程中的文化冲突及其解决方法；同一新闻事件报道的跨文化比较分析；如何建构充满活力的跨文化新闻传播理念。

面对跨文化传播中的问题，如何建构一个充满活力的跨文化新闻传播理念，很多学者提出了自己的思路。美国学者 Kaibin Xu 指出，我们不要仅仅把差异视为误解与冲突的来源。在对话主义的视域内，差异和他者也具有正面意义，它是交往机会的前提，也可丰富自我的语境，并有其内在的价值。跨文化性拒绝整齐划一，欢迎有差异的和谐、意识到文化之间存在重叠的多元化。只有如此不同文化的人参与到平等的跨文化交往中来，避免东西方的二元视野局限。差异不是传播的障碍，差异是互补的而不是相反。自我与他者不需要处于对立、冲突的关系中，而应是互惠互补的关系。美国学者 Thomas L. Jacobson 提出运用交往理性来克服现代化过程中文化之间的障碍。新西兰学者 Anne-Marie Brady 指出，单方面的、单向的宣传难以起到跨文化沟通的功能。“过去，现在，将来”一脉相承，离不开人类的政治、宗教、经济、信息等各项针对性适应活动。跨文化调适传播应当可以更好地担负人类未来的责任。美国学者贾文山呼唤建立全球或者跨文化新闻模式，来克服仅仅从西方文化基础上生长出来的新闻模式对文化差异问题的忽视。中国大陆学者李希光通过对话新闻来建立文化间的和谐沟通。中国台湾地区学者罗世宏以台湾地区的 PeoPo 公民新闻平台为例，为我们提供了一个思考新闻传播问题的新的路径。

会议中的交流和辩论为思考跨文化传播的理论和实践问题打开了四维空间，得到了与会学者的积极肯定。香港中文大学的苏钥机表示“会议十分成功”。清华大学的李希光表示“会议组织得很好”。中国台湾淡江大学的赵雅丽，美国天普大学（Temple University）的 Tom Jacobson、Donal Carbsugh，德国学者顾力行（Steve J. Kulich），英国学者 Collin Sparks 均对这次会议表示充分肯定。

2010 年民间文学艺术保护国际研讨会

“2010 年民间文学艺术保护国际研讨会”，于 2010 年 1 月 23 日在哈尔滨市召开，会议由国家版权局和中国—欧盟知识产权保护项目（二期）联合主办，中南财经政法大学知识产权研究中心和黑龙江大学知识产权研究中心协办，黑龙江大学法学院承办。来自全国人大、文化部、国务院法制办、国家版权局、中国—欧盟知识产权保护项目、中国社会科学院、相关大学、报刊及司法实务等部门的 60 多位专家、学者参加了会议，提交论文 20 余篇，围绕民间文学艺术保护立法模式、民间文学艺术保护对象和权利内容、民间文学艺术的权利主体和使用管理等主题进行了深入的论证和探讨。

1. 民间文学艺术保护的国际发展

中南财经政法大学曹新明教授认为，关于民间文学艺术的保护已达成两点共识：一是应当给予保护，二是应给予不受时间限制的保护；但还存在一些争议，比如名称不统一以及保护应采取何种形式等。国家版权局版权司巡视员许超认为，如果进行民间文学艺术立法要解决的问题有三点：第一，是否吸收知识产权组织 2006 年的草案内容？第二，必须制定具有可操作性的条例。第三，我们中国的特色是否应保持？国家版权局法规司法制处处长高思指出，民间文艺的保护因发展中国家呼吁关注民间文艺、传统知识和遗传资源等问题的研究和讨论引发。2000 年 IGC（WIPO 有关民间文艺、传统知识和遗传资源政府间委员会）设立后做了大量工作，形成了《关于保护民间文艺政策目标与核心原则的草案》。

2. 民间文学艺术的权利主体和使用管理

中国人民大学法学院郭禾教授针对德国和立陶宛民间文学艺术保护提出了几个比较困惑的问题：一是民间文学艺术的权利持有者是社区，为什么有些国家主张权利属于国家？二是为什么已经凋零的传统文化表达可以不纳入保护范围？三是立陶宛的《民族文化法》赋予了民间文学艺术作品一定的权利，这是不是今天所谈的特殊权利？如果从法律角度去作分类，它的权利位置是什么？莱温斯基指出，有的国家如非洲国家认为全国人都是土著，国家应代表大家维护权利，所以权利属于国家。她认为如果民间文艺或传统文化已经消亡了，就不应再给予保护，不能因某些人主张权利归属就给予保护，因为保护的客体已经不存在了。

国家版权局版权司司长王自强指出，民间文学艺术保护的基本前提在于价值，即社会价值、文化价值和经济价值。社会价值应从人权的角度去理解，是对文化多样性的保护，而现在研究的是怎样从经济价值的角度去保护。民间文学艺术从什么时候产生很难去界定和掌握。他认为一个传统文化消亡不给予保护是因为已经没有创作和传承了，但像阿凡提这样的故事，随着时代的发展，它仍然流传、演变，所以应给予保护。

继续推进反腐败改革：来自中国与国际的经验国际学术研讨会

湖南大学主办，湖南大学廉政研究中心（湖南省廉政研究基地）承办的“继续推进反腐败改革：来自中国与国际的经验国际学术研讨会”于 2010 年 2 月 9—10 日在湖南神农大酒店多功能会议中心上海厅举行。

会议开幕式由湖南大学党委副书记邓频声教授主持，湖南大学副校长张强教授致辞，湖南省监察厅副厅长、预防腐败局副局长周农发表书面讲话。本届会议的主题是“继续推进反腐败改革：来自中国与国际的经验”，涉及继续推进反腐败改革、国际反腐败的经验与启示、中国反腐败改革的探索与实践、中国反腐败战略研究、反腐败战略与腐败预防等问题。来自中国大陆、中国香港地区、美国、英国、韩国等地的近 40 名专家学者参与此次会议，并提交学术论文 50 余篇。这些研究成果全面展示了今年来国内外廉政学界的一批最新成果。会议期间共进行 6 场讨论，每场有 2 位评论人进行评论，还有自由发言及回应等环节。

围绕继续推进反腐败改革，有 3 位专家进行了主题发言。美国威斯康星大学拉法叶特公共事务学院墨宁教授认为，对于反腐败机构设计的研究很大程度上忽略了政治学、经济学等相关理论文献。尽管学界公认要使得反腐败有效，值得信赖是一个必要条件，但在设计反腐败机构时，应该具备什么特征才能使得反腐败机构值得信赖呢？这篇文章从中国香港地区和大陆反腐败机构的设计回答了这个问题。透明国际亚太区高级主任廖燃先生从“失败国家”的理论失败论述了良治理论及反腐败的测评问题。湖南商学院王明高副院长论述了科学制度反腐败问题。

关于国际反腐败的经验与启示，主要围绕 4 个方面进行了讨论。英国诺丁汉大学政治与国际关系学院教授保尔·哈伍德谈到了腐败危险区，即中东欧部长官僚制管理对腐败的影响。美国威斯康星大学政治学系副教授强·波微豪斯论述了国际组织与法治：国家腐败问题。美国内布拉斯加大学林肯分校政治学系副教授魏德安谈到了持续腐败与构建廉洁政府的局限问题。湖南大学法学院高中副教授立足于美国语境，从联邦检察官与各州民选检察官之间的比较优势、联邦法官群体反腐伦理倾向、社会舆论基础以及美国实用主义政治、法律传统等多维角度，探究联邦检察官的地方反腐行动得以正当化的因素。

与会学者还交流探讨了中国反腐败改革的探索与实践问题、中国反腐败战略问题、反腐败战略与腐败预防问题，

总之，2 天的会议在热烈的学术讨论和思想交流中成功落幕。会议期间，学者们纷纷自由发言，对会议的成功召开表示祝贺，并对下次廉政会议的召开充满了期待。此次会议的成功召开对于促进各地学者的友好文化交流，对于推动廉政研究，尤其是对中国反腐败问题的深入探讨具有重要的学术意义。

中国—俄罗斯：21 世纪中俄区域合作发展国际论坛

2010 年 4 月 23 日，内蒙古大学满洲里学院、俄罗斯科学院远东研究所、俄罗斯赤塔国立大学共同主办，中国满洲里中俄友好协会、俄罗斯后贝加尔边疆区俄中友好协会协办的“中国—俄罗斯：21 世纪中俄区域合作发展国际论坛”在满洲里市隆重召开。

内蒙古自治区副主席连辑，中国人民对外友好协会会长助理王文栋，俄罗斯俄中友好协会主席、俄罗斯科学院院士、远东研究所所长季塔连科·米哈伊尔·列奥尼托维奇，内蒙古自治区外事办公室副主任吴达来、内蒙古自治区教育厅纪工委书记程哲、内蒙古大学满洲里学院校长陈国庆教授、副校长王万义教授，满洲里市委书记吴浩峰，俄罗斯赤塔市政府副市长库利亚诺夫·M. A，赤塔市杜马第一副主席伊布拉吉诺夫·A. B，赤塔国立大学校长列兹尼克等来自国内外各相关单位和研究机构的 106 名专家学者参加了此次国际论坛。

内蒙古大学校长陈国庆教授主持开幕式。俄罗斯赤塔国立大学校长列兹尼克向参会代表致辞。

开幕式后由俄罗斯俄中友好协会主席、俄罗斯科学院院士、远东研究所所长吉塔连科和中国社科院边疆史地研究所中心教授、党委书记邢广程分别做了“中俄边境合作在俄罗斯东北区域的作用及潜力”、“中俄区域合作的多重视角”的报告。与会专家、学者分别在经济社会组和国际教育组进行了 14 个专题报告和 4 个交流报告，就 21 世纪“中俄区域合作与发展”、“中俄两国语言教育”两大主题进行了充分交流和热烈讨论。

论坛于 24 日上午 11 时举行了闭幕式。闭幕式上，内蒙古大学副校长王万义教授对论坛进行了总结。俄罗斯赤塔国立大学法学院院长马卡洛夫致答谢辞。

经济全球化背景下知识产权制度完善与战略推进国际研讨会

中南财经政法大学知识产权研究中心举办的 2010 年知识产权南湖论坛：“经济全球化

背景下知识产权制度完善与战略推进”国际研讨会，于2010年4月17—18日在武汉举行。在为期2天的研讨会上，来自国内外200多名与会代表围绕“完善中国商业秘密保护制度”、“完善中国网络知识产权制度”、“推进中国品牌战略实施”、“绿色产业发展与知识产权政策选择”等四大核心议题进行了广泛探讨和深入交流。

北京大学张平教授、中南财经政法大学知识产权中心主任吴汉东教授、华中农业大学刘旭霞教授、中国（武汉）晶源环境工程有限公司彭斯幹董事长、澳大利亚默多克大学研究所邵科博士、华中科技大学朱雪忠教授、厦门大学丁丽瑛教授、美国德雷克大学法学院Peter K. Yu教授、中国政法大学冯晓青教授、湘潭大学王太平教授、北京市高级人民法院知识产权审判庭陈锦川庭长、香港城市大学法律学院顾敏康副院长、中南财经大学知识产权研究中心胡开忠教授、武汉大学邓社民副教授、美国亚太法学研究院执行长孙远钊副教授、中国外商投资企业协会品牌保护委员会张为安主席、台湾云林科技大学王美心教授、华中师范大学刘华教授、华中师范大学孙远钊副教授、中国社会科学院唐广良副研究员、中华全国律师协会知识产权专业委员会执委马翔律师等在会上做了发言。

与会代表认为，商业秘密是市场经济时代的产物，为保障我国市场经济的健康发展，保证企业的合法权益，维持良好的经济秩序，必须加强对商业秘密的保护力度。网络技术在带来获取数字化资源便利的同时，也对原有的利益平衡特别是信息网络传播权关系人之间的平衡造成了冲击，甚至直接侵害了信息网络传播权人的权益。对此，与会代表集中探讨了网络环境下著作权制度新的发展与对策。

与会代表认为，金融危机暴露了我国出口导向型经济的弱点，而环境、资源的压力则凸显了粗放式发展方式的失败，未来全球社会经济的发展重点在于绿色产业。

马克思主义中国化、时代化、大众化与马克思主义理论创新学术研讨会

2010年4月24日至25日，“马克思主义中国化、时代化、大众化与马克思主义理论创新学术研讨会”在武汉大学召开。

此次会议由教育部高等学校社会科学发展中心和武汉大学主办，武汉大学政治与公共管理学院承办。入选大会的文章有160多篇，来自中国人民大学、清华大学、复旦大学、中山大学、西安交通大学、南京师范大学、天津大学、西南大学等60余所高校的150余位专家、学者参加会议。《高校理论战线》、《思想理论教育导刊》、《思想理论教育》和《学校党建与思想教育》等学术期刊编辑参会。

开幕式由教育部高等学校社会科学发展中心樊建新副主任主持。武汉大学谢红星副校长、教育部高等学校社会科学发展中心冯刚主任、湖北省教育厅孟庆金副厅长和武汉大学政治与公共管理学院余双好院长分别代表主办单位和承办单位致辞。

开幕式后，武汉大学校长顾海良教授、教育部社会科学发展中心主任冯刚教授、中国

人民大学马克思主义学院党委书记张雷声教授和西南大学党委书记黄蓉生教授分别以“关于马克思主义中国化、时代化、大众化的几个问题”，“马克思主义中国化、时代化、大众化的问题意识”，“马克思主义理论的整体性及其大众化”及“马克思主义大众化视野中的大学生社会主义核心价值体系教育”为题做主题报告。

随后，研讨会举行了四场学术报告会，骆郁廷、顾钰民、艾四林、钟明华、王树荫、丁俊萍、肖贵清等20余位知名专家就马克思主义中国化、时代化、大众化的内涵，马克思主义中国化、时代化、大众化之间的逻辑关系，马克思主义中国化、时代化、大众化的历史进程，马克思主义中国化、时代化、大众化的理论根据，马克思主义中国化、时代化、大众化的现状问题，马克思主义中国化、时代化、大众化的实现路径，马克思主义中国化、时代化、大众化的理论创新及马克思主义理论教育等问题发表了看法和见解，并与听众展开了热烈互动。

这次学术研讨会主题新、规格高、形式活、效果好、影响大，是一次内容丰富、研讨深入、成果丰硕的学术盛会，对于丰富和加深对马克思主义中国化、时代化、大众化的理解和认识具有十分重要的意义。

2010亚洲金融国际会议

2010年4月23日至24日，由中国人民大学财政金融学院、中国财政金融政策研究中心与欧洲金融管理学会（EFMA）联合举办的“2010亚洲金融国际会议”在北京艾丽华酒店隆重召开。中国人民大学常务副校长袁卫教授，芝加哥大学Luigi Zingales教授，中国财政金融政策研究中心主任、中国人民大学财政金融学院应用金融系主任汪昌云教授，专题研讨会主席Michael Guo出席会议。

开幕式后，芝加哥大学Luigi Zingales教授就“什么是经理人的目标?”发表主旨演讲。Luigi Zingales教授首先归纳总结了一般经理人所追求的5种目标，并重点论证了“股票价值最大化”与“公司价值最大化”两个目标之间的短期矛盾性和长期一致性。他指出，对于经理人而言，虽然存在“不易操作”等问题，系列的短期薪酬体系仍优于长期，由此所产生的激励会促使经理人服从“公司价值最大化”的长期目标。演讲结束后，对于众多专家、学者的提问，Luigi Zingales教授一一进行了详细解答，并与各位与会嘉宾展开了热烈讨论。

在会议举行期间，来自美国芝加哥大学、中国人民大学等中外知名高校，欧洲金融管理学会等单位的50余名专家、学者在不同会场分别就资本市场、资产定价、公司金融、公司治理等4个议题进行了更加广泛的报告，开展了更加深入的探讨。与会嘉宾“仁者见仁、智者见智”，就主题内容展开了激烈的讨论，并提出了一系列富有建设性的建议和意见。

本次会议旨在促进国际学术交流，深入探讨亚洲国家的资本市场、资产定价、公司金融、公司治理等金融领域的前沿问题，加强国际学术界在该领域研究的合作与联系，深化亚洲国家和地区金融问题的学术研究，推动亚太地区金融市场发展。

2010 亚洲政策论坛——世界金融危机后的国际金融与区域整合

2010 年 4 月 30 日，由中国人民大学、日本一桥大学联合主办，日本一桥大学商学部与中国人民大学经济学院承办的“2010 亚洲政策论坛——世界金融危机后的国际金融与区域整合”在日本东京举行。中国人民大学常务副校长袁卫教授，一桥大学校长杉山武彦教授、副校长田近荣治教授，中国人民大学经济学院院长杨瑞龙教授等出席论坛。来自中国人民大学经济学院、日本一桥大学、韩国成均馆大学和台湾政治大学等亚洲高校的 10 余位知名学者参与了会议讨论，日本高校、研究机构和企业代表 100 余人参加了会议。会议全程使用英语。

袁卫在致辞中指出，在 2009 年世界经济逐步从金融海啸冲击复苏的大背景下，复苏中日两国的经济、金融、贸易、产业合作，不仅对两国，乃至对亚洲和世界都有重要的意义。本届论坛以“世界金融危机后的国际金融与区域整合”为主题，将展现一流的学术成果，在亚洲各国学术界产生重要的影响。一桥大学校长杉山武彦教授在致辞中高度评价了近年来与中国人民大学开展国际合作与交流所取得成绩，他希望通过本届论坛的举办，能够进一步加强与亚洲各高校的学术交流、促进亚洲经济乃至世界经济的发展与繁荣。

前 IMF 亚太地区事务所所长有吉章教授主持了上午的演讲会。日本一桥大学大学院商学研究科科长小川英治教授、中国人民大学经济学院院长助理郑新业副教授分别发表了题为“Regional Monetary Cooperation after the Global Financial Crisis”和“Fiscal Policy and Macro Stabilization: the Chinese Experience”的主旨演讲；韩国国际金融协会会长、成均馆大学的金仁哲教授和台湾地区经济顾问委员会副主席、政治大学林祖嘉教授分别发表了“Macroeconomic Costs and Benefits of Joining the East Asia Exchange Rate Club”和“China Factor and Economic Development of Taiwan”的主旨演讲，并回答了听众的提问。

一桥大学经济研究所北村行申教授主持了下午的讨论单元。一桥大学大学院经济学研究科奥田英信教授和中国人民大学经济学院院长助理陈彦斌副教授分别发表了题为“What Happened to Corporate Financing in Asia before the Sub-Prime Shock? A Case Study of Institutional Change in Indonesia”和“Accounting for the Household Saving Rates in China”的学术演讲，并回答了与会者的提问。

在综合讨论环节，与会学者展开了热烈而富有成效的讨论。中国人民大学经济学院的郑超愚教授发表了对相关问题的看法，他的观点得到了与会各国专家的广泛认同。经济学院关权教授参与了讨论。

闭幕式上，田近荣治教授高度评价了各位与会者的学术演讲和学术观点，充分肯定了论坛所取得的成果，并希望未来两校能在更为广阔的领域展开更深入的合作。杨瑞龙教授认为，本届论坛是一次成果丰硕的十分成功的学术会议，亚洲各国和地区研究机构的学者济济一堂，就货币安排、地区整合、财政政策、次贷冲击和居民储蓄率等问题展开研讨，增强了彼此对于一些重要问题的理解，对于各国决策层更好地认识政策的运行机制和效果大有裨益，无论是演讲者、讨论者还是其他参与者都获益良多。论坛在友好的氛围中圆满结束。

制度经济学国际研讨会

"2010 年制度经济学国际研讨会"于 4 月 17—18 日在山东大学召开。此次会议由山东大学经济研究院、中央财经大学经济学院以及英国哈特福德郡大学商学院联合主办。长江学者黄少安教授和杰弗里 · M. 霍奇逊（Geoffrey M. Hodgson）教授作为联合主席，共同主持了这次会议。

世界各国学者共向大会提交了 200 多篇论文，组委会经过评审邀请了 120 多位论文代表参会。纽约大学安德鲁 · 肖特（Andrew Schotter）教授、意大利锡耶纳大学乌格 · 帕咖诺（Ugo Pagano）教授、中国社会科学院张曙光教授、北京大学中国经济研究中心姚洋教授、复旦大学经济学院李维森教授、浙江大学金祥荣教授以及山东大学经济研究院盛洪教授等参会。来自中国、美国、英国、意大利、荷兰、法国、印度尼西亚等国家和地区的 200 多位国内外学者围绕制度经济学研究的理论和现实问题展开了广泛的讨论。

此次会议在制度经济学研究框架下，议题非常广泛。国内外学者的共识是，制度经济学的研究需要国际视野和不同国家实际情况相结合，一般化研究方法和具体问题相结合。制度经济学的研究应借鉴实验的方法，与认知理论、生物学、法学等其他学科充分交叉，与主流经济学充分沟通，通过跨学科的研究去解释众多制度的生成和演变，所谓制度经济学研究的前沿也在于此。改革开放以来的三十多年，中国经济和社会经历着从农业社会、计划经济、封闭经济向工业社会、市场经济、开放经济的转型。这三个方面的转型同时进行所引出的各种经济和社会制度现象，为制度经济学研究提供了极为丰富的，也是弥足珍贵的案例和素材。对中国经济和社会转型的进程中所涌现的制度问题进行研究，将有助于从制度经济学的角度深化和拓展人们对经济发展和社会变迁过程的认识，同时也将丰富制度经济学的理论体系。这就是中国转型时期所带来的特定研究对象和发展经济学理论的很好机遇。

21 世纪生态经济与三农问题国际学术研讨会

为了系统回顾和总结生态经济与我国三农问题的理论和应用研究，探索生态经济与我国三农问题现状与未来发展趋势，秉承"合作、交流、分享、发展"之宗旨，2010 年 6

月25—27日贵州大学主办了“21世纪生态经济与三农问题国际学术研讨会”。

参加本次研讨会的国内外该领域的专家学者、政府官员共70余人，研讨会持续3天，分别是：25日的专家报告讨论，26日贵州湄潭新农村建设的考察，27日遵义会址的参观与闭幕式。

此次学术研讨的主要内容包括以下几个方面：

1. 三农问题

三农问题一直是我国政府及相关学者关注的焦点。此次研讨会涉及的农民问题更加注重于农民个体非收入方面的研究。大连民族学院张巨勇对农户采用可持续农业技术的意愿及影响因素进行了分析，认为多数农户都愿意采用IPM技术，但采用意愿的程度不同。影响使用该技术的因素较复杂。吉林大学的李恩对粮食主产区新型农民塑造的价值进行了研究。张振环从理论上对歧视性就业政策下农民工就业替代的经济学进行了分析。在农业方面，讨论紧紧围绕当今社会的现象展开。王永作关于两型生态循环农业范式的路径选择，陈卫洪关于畜牧业生产对发展低碳农业的影响分析，主要结论有：随着种植业结构的调整和水稻品种的演进，尤其是高产水稻和旱稻的大面积种植，稻田CH_4排放通量呈逐渐减小的趋势；对动物粪便的科学处理也是实现农业源甲烷减排的重要措施；加快农业产业结构调整，加大农业生产科技投入，以控制和减缓农业源甲烷排放，既是实现农业减排的重要措施和最终目标，也是发展低碳农业的有效途径。伍国勇从农业的生产功能、政治功能、社会功能、文化功能及生态功能五方面对贵州农业旱灾中多功能价值损害进行评估与应对策略的研究。在农村问题方面，讨论主要集中在农村的贫困及公平现象等问题上，如农村内部不平等状况研究、农民工回乡创业障碍及对策分析、贵州贫困山区农村劳动力转移问题分析等。

2. 生态经济问题

该议题主要集中在三个方面分别是环境保护，资源利用及生态问题。在环境保护上，专家们从政策引导、法制变革、食品安全等方面对环境保护进行了探讨。在资源利用上，对自然资源的开发利用、土地的规划整理等环节进行了阐述。生态问题上，对贵州民族地区生态文明建设、嘉陵江上游生态屏障、5. 12汶川地震对森林的影响及灾后重建等问题进行了实证的论述。

3. 其他相关问题

农民专业合作与区域经济发展也是这次研讨的讨论热点。从农民合作经济组织的存在与发展、农户参与农民专业合作社的意愿及影响因素等环节进行了分析。在区域经济发展讨论中，农业保险是重点，特别是针对我国西南民族地区农业保险的模式及保障方面，另外也涉及了林业保险问题，特别是保险费率的影响因素的探讨。

近三十年来中国哲学的发展：回顾与展望国际学术研讨会

2010年6月25日上午，“近三十年来中国哲学的发展：回顾与展望国际学术研讨会”

在武汉大学哲学学院大报告厅隆重举行。武汉大学副校长谢红星出席了开幕式并致欢迎辞。来自美国、加拿大、法国、俄罗斯、澳大利亚的汉学家、哲学家和中国大陆、香港及台湾地区的数十名学者出席了此次盛会。

与会学者在3天时间内围绕这一主题就相关问题进行专题的大会与分组讨论。此次会议每篇论文讨论一个小时，除报告人报告外，还设置了评论人评论、开放讨论与报告人回应诸环节。

近三十年来，中国大陆以及海外中国哲学研究取得了重大进展，成果丰硕；与此同时，中国哲学在研究范式、方法等方面仍存在重大分歧和亟待突破的困境。为了在回顾、总结已有成绩和缺失的基础上探寻中国哲学诠释的新路径，国际中国哲学会（ISCP）、中国哲学史学会、武汉大学哲学学院、中国传统文化研究中心、国学院、孔子与儒学研究中心、中西比较哲学研究中心与湖北省哲学史学会联合主办了这次国际学术研讨会。共有成中英、沈清松、陈来、杨国荣、刘笑敢、倪培民、余纪元、李晨阳、姜新艳、刘千美、陈荣灼、林安梧、Sandra Wawrytko（华珊嘉）、Youlaine Escande（幽兰）、John Makeham（梅约翰）、Abramova Natalya（娜塔莉娅）、陈卫平、洪修平、赖永海、许苏民、詹石窗、吴震、王博、李翔海、董平、朱汉民、张连良、龚隽等40余位国际知名学者，与东道主武汉大学的学者郭齐勇、李维武、田文军、麻天祥、徐水生、吕有祥、吴根友、胡治洪、郝长墀、丁四新、欧阳祯人、储昭华等利用此次论坛的机会就相关领域比较关心的问题展开热烈的讨论。

本次会议的主席是沈清松、陈来、郭齐勇三位教授。会议论题涉及“中西哲学比较及哲学史方法论”、“中国经典诠释及经学”、“先秦哲学及出土简帛中的哲学思想”、“佛教与道教”、“宋明理学及明清之际哲学”、“现当代新儒学及东亚学术”等各方面子题。大会期间还专门为同学们举办了“中西哲学、伦理学、美学之比较”海内外名家系列讲座。

此次研讨会是继三年前第15届国际中国哲学大会在武汉大学举办之后的又一场思想盛宴。“中国哲学”学科的完善与发展，离不开该领域的中外学者更加广泛深入的交流、对话与沟通。此次研讨会名家云集，研讨论题前沿而新颖。学者们论辩探微，相互驳难，碰撞出思想火花，取得了丰硕的成果。

世界华语电影：诗学·文化·产业国际学术研讨会

2010年6月14日至17日，暨南大学海外华文文学与华语传媒研究中心承办的“世界华语电影：诗学·文化·产业国际学术研讨会”在暨南大学召开。暨南大学党委书记蒋述卓，深圳大学副校长李凤亮以及暨南大学艺术学院院长张铁林、北京大学艺术学院院长助理陈旭光等出席开幕式并分别致辞。来自海内外华语电影研究界的著名专家、学者、导演近40人参加了开幕式，暨南大学师生近百余人列席会议。

大家围绕世界华语电影的概念，世界华语电影的文化与产业，全球化时代的世界华语电影的合作与认同以及世界华语电影的创作、研究和发展的本土化等问题，进行广泛而深入的研讨。与会代表认为，此次国际研讨会的召开，对于思考全球化时代中国电影的走向，寻求中国文化形象的国际影响，探讨世界华语电影资金与文化的整合等问题的思考提供了新的思路。

新华社、中新网、台北中央社、香港文汇报、广东电视台等十多家境内外媒体对此次会议进行了报道。

中国管理国际学术论坛：全球视野下的中国管理本土研究

2010年6月23—24日，“中国管理国际学术论坛：全球视野下的中国管理本土研究”在兰州大学隆重召开。本次会议由兰州大学管理学院、丹麦哥本哈根商学院主办，《中国工业经济》杂志社协办，来自美国、丹麦、瑞典和国内香港地区20多家高校和研究机构的50余位专家学者参加了此次论坛。

论坛上，美国管理学会2010年会主席、美国管理学会会长、《组织管理研究》杂志主编、美国亚利桑那州立大学徐淑英教授，丹麦哥本哈根商学院李平教授，暨南大学孙东川教授，美国夏威夷大学成中英教授，清华大学罗家德教授，中国社会科学院工业经济研究所李海舰研究员，美国西华盛顿大学张哲教授，香港城市大学周南教授，瑞典斯德哥尔摩大学房晓辉教授，丹麦哥本哈根商学院 Verner Worm 教授，美国加州州立大学李明芳教授等著名学者先后做了主题报告。

论坛分会场中，与会专家学者围绕“全球视野下的中国管理本土研究”这一主题，就中国管理本土研究的方向与路径、传统文化与中国管理本土研究、中国管理本土研究成果、本土文化与管理研究、中国管理本土研究方法等进行了深入的交流和讨论。

本次会议共收到学术论文49篇，特约评审专家（国内及海外学者）进行匿名评审出30篇论文进入大会交流，27篇会议论文将进入ISTP索引。

中西比较视野下的社会转型国际学术研讨会

2010年6月12日，“中西比较视野下的社会转型国际学术研讨会”在四川大学望江校区隆重召开。本次会议由四川大学历史文化（旅游）学院、《中国历史学前沿》杂志、四川大学社会转型与现代化研究所共同主办。来自海内外的50余名专家学者参加了本次会议。

会议开幕式在文华活动中心二楼报告厅举行，由四川大学历史文化（旅游）学院院长王挺之教授主持，四川大学赵昌文副校长在会上致辞。赵副校长首先对各位嘉宾的到来表示了热烈欢迎，接着就四川大学的办学历史、学科结构等进行了介绍，指出历史学一直是我校的优势学科。他还指出，本次研讨会的召开，将会对四川大学历史学学科建设和《中国历史学前沿》学术地位的提升产生巨大的推动。高等教育出版社查卫平副总编辑也在会上致辞，对《中国历史学前沿》自2006年成立以来所取得的成绩和影响力了进行介绍，并预祝本次学术研讨会顺利举办。

美国加州大学伯克利分校叶文心教授、宾夕法尼亚州印第安纳大学王希教授、得克萨斯A&M大学王笛教授，中国社会科学院胡国成教授、汪朝光教授，南开大学陈志强教授、北京大学赵世瑜教授等多位海内外知名学者出席了开幕式。

会议进入主题发言后，叶文心教授、胡国成教授、赵世瑜教授等三位知名学者分别进行了发言。他们围绕“中西比较视野下的社会转型”这一主题、结合自己的研究领域，为台下的老师和学生带来了三场极具启发性的学术报告。王希教授对三位学者的发言做了精彩点评。随后，会议进入互动环节，台下的各位老师和观众纷纷抓住这个难得的机会，向台上的四位专家进行提问，各位专家也细致而认真地对这些提问进行了一一回答。

各位专家学者根据提交论文内容的不同，分为“明清史议题”、“中国近现代议题”、“中西比较议题”、“美国史议题”、“东亚史议题”、“中国史议题”、“早期欧洲史议题”、“美国史议题”八个小组，分别展开讨论。

这次研讨会圆满召开，为四川大学历史文化（旅游）学院的师生们带来了一场学术盛宴，为同学们提供了一个与知名学者近距离接触的机会，对同学们掌握学术热点和动态、启发研究思想，激发研究热情等都有积极的意义。

西南地区多民族和谐共生关系研究国际学术会议

2010年7月26—28日贵州大学人文学院、贵州大学民族学长江学者团队、西南民族大学西南少数民族研究中心及贵州民族学院联合主办的“西南地区多民族和谐共生关系研究国际学术会议”，在贵州大学中国文化书院勉学堂隆重举行。

参加此次会议的120多名专家学者来自加拿大UBC、美国耶鲁大学、美国威斯康星大学、香港科技大学、台湾中央研究院、台湾清华大学、台湾辅仁大学、中国社会科学院、中国人民大学、中国农业大学、北京师范大学、中央民族大学、复旦大学、上海大学、上海财经大学、四川大学、西南西南交通大学、西南民族大学、四川师范大学、四川音乐学院、西南大学、重庆大学、三峡大学、吉首大学、中山大学、云南大学、云南财经大学、广西民族大学、广西师范大学、贵州大学、贵州师范大学、贵州财经学院、贵州民族学院、贵阳学院、黔南民族师范学院、安顺学院凯里学院等高校和科研单位。

会议开幕式由西南民族大学博士生导师杨正文教授主持。贵州大学校长陈叔平教授在开幕式上致辞。他说，民族共生是和谐社会的重要基石，是文化多样性的基础和体现，此议题不仅具有学术价值，而且有很重大的现实意义。中国西南地区有着很丰富的文化素材，也是各文科领域学者学术兴趣所在。人文学科重点关注人的现实意义，具有思想性、批判性等特征。这也正是其生动活泼、对人类的终极关怀等方面的体现。处于此领域学习和认知的学生不仅要用学科知识谋食、谋技，更重要的是要谋道。因此，人文学科十分需要交流、传承和创新，学术机构就要对文科的交流和研讨大力支持。我们正值时代快速变迁的时代，文科的研究方法和手段也在发生重要变化，西南地区的人文学科就更应该扩大自己的视野，立足国际，成为国内外有影响的学科。

复旦大学特聘研究员、贵州大学长江学者、本次会议学术召集人之一纳日碧力戈教授在开幕式上做了题为“生存与生命的多元共识：关联性模式再思考”的主题演讲。他在现今生态成为人类首要问题的前提下，对人与人、人与自然的生态关系做了深层次的思考，强调自然和人类社会都要服从关联性模式。他指出，在民族国家时代，文字化社会和数字化生存，使人们不再局限于地方语言的地方交流，而是以公民身份直接与国家交流，这样的实践增强了现代国家的合法性和合理性。在此全球虚拟化的背景下，民族国家也得到了重新审视，用超越民族国家的视角反观民族国家，破除以国为界、以文为界的局限，真正做到美美与共。他还站在中国和世界的实际问题前提上，提出人类和社会存在的思想基础应该是关联性模式：阶序的多元统一方式，也就是和而不同的存在。

在开幕式上，还举行了西南民族大学《民族学刊》的简短首发式。由国家民委主管、西南民族大学主办的《民族学刊》(创刊号) 正式出版发行。

在为期两天的时间里，参会代表们围绕着多族共生关系与跨族人类学；西南各民族的族际关系探讨；西南地方文献档案与社会历史变迁；族性、性别与社会-文化空间等四个专题展开了精彩纷呈的演讲和热烈的讨论，在和谐的气氛中迸发出许多学术闪光点，充分展现了本次国际学术会议和而不同、和谐共生的精神理念。

博弈论和机制设计国际研讨会

“博弈论和机制设计国际研讨会”暨第二届求是之星经济学论坛于 2010 年 8 月 15 日在杭州金溪山庄举行。会议由浙江大学民营经济研究中心与浙江大学经济学院共同主办。

会上，各位参会学者纷纷向与会者展示了自己最新的研究成果。如来自香港中文大学的学者柯荣住的文章《一阶方法的不动点方法：一个必要和充分条件》首次系统证明委托代理理论之中一阶条件充分必要条件。在文中，作者通过将一个函数空间中的最优合同问题转化为在代理人行动空间中的不动点问题，给出了一阶方法有效性的必要和充分条件系统证明。根据这一充要条件，文章提出了三个有效性的必要条件，每一个都比 global concavity 来得弱，结合了 Jewitt（1988）和 Rogerson（1985）的证明，并且推广了 Sinclair-Desgagne（1994）和 Conlon（2009）的结论。此外，文章还说明了，当代理人的预期效用函数是超模函数时，简单地应用 Tarsky 的不动点定理，就能使一阶方法有效。不动点方法也提供了解决最优合同问题的一个数值运算法则。

来自南卫理工会大学的学者陈波的文章《到达分配市场中竞争均衡的随机路径》，研究了存在异质不可分商品和可积价值的双边分配市场中随机与分散的决策过程的最终结果。这样的随机路径最终能得到弱稳定分配，或者以概率 1 得到分配市场的稳定和竞争性均衡。作者的一个主要贡献是通过在运算法则中增加剩余分配规则推广了 Roth 和 Vande Vate（1990 EMA）的结论；而另一重要贡献是提出了处理分配市场中的分散决策过程中出现的循环问题的一个系统分析方法，为文献中类似问题的解决提供了一个新的处理方法。

来自埃塞克斯大学的学者汪天喜的文章《资本、金融中介与筛选服务》，研究了资本水平、金融中介和筛选服务之间的关系。对于银行而言，资本是其提供服务的基础。然而，如果银行受制于道德风险使其提供服务的能力不会被投资所改变，则此时资本水平没有意义。如果资本对给予银行提高服务质量的激励是重要的话，它就有意义了。金融中介事实上并没有扩大，反而减少了临界资本水平，原因在于使企业家们获得融资的知情资本的下限上升了，并且服务的质量下降了。

来自加拿大皇后大学的学者张军的文章《存在投机和转售的最优机制设计》，研究了存在一个普通买者和一个投机者的最优机制问题，其中买者间的转售是不能被禁止的。转售过程是两个买者之间的一个随机的最后通牒式的讨价还价博弈。在最优机制中，初级市场中若存在赢家，则他总是投机者，并且在初级市场中的卖家对转售市场不揭示任何额外的信息。卖家的收入是 Myerson 收入和局部有效收入的加权总和，后者的权重等于初级市场赢家的讨价还价能力。转售的可能性的存在使得初级市场卖家有时会不愿出卖标的物，如果卖家可以阻止转售，这一结果在模型中永远不会是最优的。

文章报告过程中，各位学者与与会师生积极对文章中的一些观点进行了提问和讨论，并且提出了丰富的具有建设性的意见，其中不乏一些跨领域的交流和思想碰撞。

第八届生成语言学国际学术研讨会

2010 年 8 月 12 日，“第八届生成语言学国际学术研讨会”在北京语言大学拉开帷幕。此次会议是该会首次在中国内地举办，并邀请生成语言学创始人、“当代认知学之父”乔姆斯基（Noam Chomsky）教授做了主题报告。研讨会开幕式上，北京语言大学授予乔姆斯基名誉教授。来自美国、英国、意大利、印度等国以及国内的专家学者 400 多人齐聚此校，共同探讨理论语言学研究、如何促进汉语研究与现代语法理论研究相结合等议题。北京语言大学校长崔希亮致开幕辞，哈佛大学教授、北京语言大学长江学者黄正德主持此次大会。

研讨会上，著名美国语言学家、哲学家、当代认知科学之父——乔姆斯基（Noam Chomsky）教授做了主题演讲：Poverty of Stimulus：Unfinished Business（刺激的匮乏——

尚待努力的课题)。他认为，儿童要习得语言要凭借两个条件，一是人脑先天机制，另一是后天语言环境。在后天语言环境中，儿童听到的语言材料叫做“语言刺激”或“刺激”。这种刺激是以句子的形式出现的。作为刺激的句子的数量，即儿童听到的句子的数量可能很多，但是与他后来能听懂的和说出来的句子数量相比，实际上很少，是“匮乏”的。儿童后来能听懂的句子和能说出的句子的数量实际是无限的。对于这种语言输入匮乏，语言产出无限的现象，生成语言学家进行的长期研究已取得了许多成果，但仍有许多问题需要进一步研究。此次乔姆斯基教授来北京语言大学做学术报告，是继罗素与杜威访问中国之后最重量级的世界著名学者的访问和演讲活动。本次会议将进一步激发我国理论语言学研究的热情、促进汉语研究与现代语法理论研究相结合，并开拓语言研究的国际视野。乔姆斯基55年前（1955）开始揭橥“语言即生物”之说，力倡以自然科学的方法研究语言，从而建立了语言学领域中最具影响力的生成语法学这一门学科，影响所及也为其他相关学科开辟了一片新的研究领域——包括心理学、哲学、语义学、资讯科学、脑神经科学等。这些学术的蓬勃发展造成了人类学术史上的“第二次认知科学革命”(the Second Cognitive Revolution)。

乔姆斯基自20世纪60年代就投入大量的心力关怀国际社会的是非公义，声援弱势族群，并且对大学的功能、知识分子的责任多有论述，因而成为世界公认的精神领袖。在美国“当代全球最具影响力”100名公共知识分子评选中排名第一，也是美国《科学》杂志评选出的包括爱因斯坦在内的20世纪全世界前10位最伟大科学家中目前唯一在世者。他被认为是50年来世界上最有影响力的人文社会学者，也有人称他为18世纪启蒙运动的当代传人。此次会议也是世界生成语法研究组织的亚洲总部即将举办的第八次高水平的国际学术研讨会。

第18届世界美学大会

“第18届世界美学大会”于2010年8月9日至13日在北京大学召开。与会学者共1028人，其中外国学者331人，分别来自美国、法国、德国、俄罗斯、英国、荷兰、意大利、西班牙、澳大利亚、日本、韩国、土耳其等39个国家和地区。大会设有中国艺术、艺术教育、舞蹈美学三个分会。大会共举办全体会议10场，专题会议25场，分场大会22场，分组会议108场，共有676位学者在大会上发表论文。本次大会是世界美学大会历史上规模最大的一次大会。国际美学协会历任主席 Joseph Margolis、Arnold Berleant、Aleš Erjavec、Ken-ichi Sasaki、Heinz Paetzold、Jos de Mul、Curtis Carter 等悉数出席大会，出席大会的还有现任国际哲学协会主席 William L. McBride，著名美学家 Wolfgang Welsch、Noel Carroll、Richard Shusterman、Susan Feagin、Allen Carlson、Stephen Davies 等。本次大会还安排了一次文化旅游、一场中国舞蹈演出、两个美术展览、一次昆曲和古琴沙龙等文化活动，活跃了大会的气氛。

此次大会的主题是“美学的多样性”。5 天的会议，对大会的主题做了充分的阐发。一方面，大会展示了美学传统的多样性。除了欧美美学之外，中国美学、印度美学、日本美学、韩国美学、比较美学等也引起了广泛的讨论。美学正在迎来一个真正的世界美学时代。另一方面，大会展示了美学形态的多样性。美学从狭义的哲学分支学科中解放出来，与艺术研究、文学研究、文化研究、生活环境研究等的结合，使美学呈现出不同的形态，既有侧重理论研究的美学，也有侧重具体实践的美学。

从此次大会出现频率最高的关键词，可以看出当前国际美学研究的热点。根据与会学者提交的论文摘要统计，此次大会出现频率最高的词语是艺术（含艺术家和艺术品），共出现 2453 次。与美学密切相关的哲学（含哲学家和哲学的）一词出现的频率只有 403 次，而文化（含文化的）一词的出现频率却达到了 846 次。由此可见，从当代学者关注的重点来说，美学与哲学的联系远不如其与艺术的联系那么广泛，甚至不如其与文化的联系那么密切。尽管从传统的学科分类的角度来看，美学是哲学的分支学科，但今天的美学已经转变成了一般的艺术研究和文化研究。

此次大会另一个出现频率超过千次的词语是中国（含中国的，1017 次），与此相应的西方（含西方的）出现 446 次，欧洲（含欧洲的）出现 94 次。中国之所以成为关注的中心，除了东道国的原因之外，中国美学传统的独特性和中国当代社会的巨大活力，是两个不可忽视的因素。由于这些因素的存在，有人预言中国将成为世界美学的新的中心。当然，中国美学要成为世界美学的中心，还有许多工作要做。中国美学家一方面要充分发掘自己的美学传统，并做出创造性的转换；另一方面要加强与西方美学的对话，在国际美学舞台上持续不断地发出自己的声音，在解决当代社会的精神困惑方面作出自己的贡献。

此次美学大会得到了教育部、北京市教委和北京大学的领导的关怀、指导和大力支持。教育部袁贵仁部长、北京市教委刘利民主任、北京大学周其凤校长在大会开幕式上分别致辞。中华美学会会长汝信也应邀在会上致辞。教育部艺术教育委员会、北京舞蹈学院作为这次世界美学大会的合办单位，充分发挥自身资源优势，为大会组织和主持了艺术教育分会场和舞蹈美学分会场。此次大会得到了与会学者的高度评价。大会的论文质量、组织接待、形象设计、会场环境、文化活动、生活安排、新闻报道等方面得到了与会国内外学者的高度赞扬和全面肯定。

中国革命、社会转型与国际视野——第四届现代中国与东亚格局国际研讨会

2010 年 8 月 26—29 日，由南开大学历史学院与赣南师范学院、日本大阪大学中国文化论坛、台湾东华大学历史学系、内蒙古大学历史文化学院及中国现代史学会共同主办的“中国革命、社会转型与国际视野——第四届现代中国与东亚格局国际研讨会”，在赣南师范学院国际会议中心举办，来自日本、中国台湾、中国香港 10 所高校的 23 位代表及大

陆12所高校的50余位代表，向大会提交了50余篇论文。

此次会议以中国革命、社会转型与国际视野为主题，代表所提交论文内容涉及中央苏区与抗战时期中共各根据地的政权形态、内部审计、城乡关系、农民暴动、婚姻与农妇动员、农民协会等内容，体现了中共党史与社会史研究日益紧密结合的研究趋势。在近代中国社会转型方面，论文涉及诸如蒋介石国家观念与实践、蒋经国乡村建设理念、战时国民政府留用日籍技术人员问题，自清至民国初年的蒙古地区问题、蒙藏局势、共产国际与内蒙古革命等，近代交通体系与社会变迁、近代教育思潮等，也有对新中国初期疫病防控、石家庄地区“四清”运动的考察。在国际视野方面，近代特别是当代中日关系是考察的一大重心，涉及美国占领时期日本复兴政策与中国关系、日本产经界开拓中国低收入群体的市场战略、世界佛教大会与中国的关系、印支三国华侨问题、金属污染等中国环境问题也引起了日本学者的关注。

南开大学历史学院王先明、江沛教授，高教研究所赵永东副研究员及历史学院3位博硕士生参加了此次会议并提交了论文，王先明教授的论文题目是“从士绅到权绅：历史记忆与社会重构——以清末民初‘绅权’变异为中心的考察”并做了大会主题发言，江沛教授的论文题目是“交通体系与近代山东经贸重心的转移”，对大会主题发言进行了评议。赵永东副研究员提交了题为“日本研究生教育改革与发展探析”的论文。博士生耿科研、张志国分别向大会提交了“天津英租界的公共空间与华洋关系演变”和“日本势力的统制与连云港口贸易述论”论文，5篇论文均获与会代表的好评。

积极心理学与教育国际研讨会

北京师范大学心理学院主办，北京教育科学研究院德育研究中心、《中小学心理健康教育》杂志社协办的“积极心理学与教育国际研讨会”，于2010年8月13日至15日在北京师范大学举行。

来自美国、澳大利亚、日本、印度、马来西亚、韩国、中国香港地区、中国台湾地区以及中国大陆的专家、学者出席了会议。

本次会议的主题是：积极心理教育——培养青少年的积极品质和美德，提升青少年心理素质和幸福感。与会专家从四个方面进行了探讨：积极品质：培养青少年的积极品质和美德，幸福教育：提升青少年幸福感（well-being）的理论与方法，积极心理教育实践：积极心理教育的理论与实践，少年乐观韧性教育：培养青少年的乐观情绪、提高对逆境的应对能力。围绕会议主题，国际学者还将就多途径积极教育，学校积极教育模式，学校社区殷盛感的定义、构成与度量，大学积极心理学教育，积极教育与积极媒体，亚洲积极心理学应用，亚洲积极教育，PRP（美国青少年韧性项目）在香港学校的应用，赏识教育，积极体育锻炼等进行演讲和研讨。

经济增长与应急管理国际学术会议

2010年8月8日—9日，由内蒙古自治区应急管理研究中心和内蒙古大学公共管理学院共同主办的“经济增长与应急管理国际学术会议”在内蒙古大学举行。

中国工程院院士张铁岗，国务院参事、国家减灾委专家委员会副主任、国务院应急管理专家组组长闪淳昌教授等出席会议。来自国内外的近60位专家学者参加了此次大会，会议共收到学术论文70余篇，大会演讲13人次。内蒙古自治区副主席、内蒙古自治区应急研究管理中心主任、内蒙古大学前校长连辑研究员出席会议并发表重要讲话。

来自日本大阪大学的星野俊也教授、荷兰代尔夫特理工大学的马丁·德永副教授、南京大学政府管理学院的童星教授、中国人民大学公共管理学院、美国亚利桑那州立大学公共管理学院的蓝志勇教授、北京协和医学院公共卫生学院的黄建始教授、华中科技大学公共管理学院的佘廉教授、哈尔滨工业大学管理学院的西宝教授分别就“灾难发生频率的增加和消灾成本的增加；如何通过应用信息技术来降低监控和管理灾难的风险”、“‘一案三制’对政府应急管理决策和组织理论的重大创新”、“美国的政策过程及其在饮酒和驾驶方面的表现”、“21世纪公共卫生应急管理”等相关议题发表了精彩演讲。

会议为内蒙古自治区应急管理研究中心新增的学术委员会委员颁发了聘书。

明清以来江南城市的发展与文化交流国际学术研讨会

2010年8月15—16日，“明清以来江南城市的发展与文化交流国际学术研讨会”在复旦大学举行。本次会议由复旦大学历史系主办，来自美国、日本、韩国、中国内地及台湾、香港等地的60多位专家学者参加会议。大会共收到专题论文近40篇，反映了近年来明清以来江南史与城市史研究者所集中关注的课题，本次会议既体现了明清以来江南史和城市史研究的广度和深度，又具有一定的学术前瞻性。

8月15日的大会开幕式由复旦大学历史系邹振环教授主持，复旦大学文科科研处杨志刚教授致开幕词指出，明清以来江南地区的城市与城市之间存在着怎样的互动，大小城市之间、城乡之间在经济、文化方面有着怎样的交流；特别是在明清以来江南城市在近代化的过程中，区域城市发展所显示出的同步和不同步的问题，都影响到后来江南城市的发展。这些对于我们今天城市发展所面对的问题，仍有重要的借鉴意义。这也是复旦大学历史系主办这一主题研讨会的出发点。

在大会做主题报告的教授有日本关西大学松浦章教授、复旦大学樊树志教授、台湾

“中研院”刘石吉教授、清华大学李伯重教授。他们分别就“清末上海与山东的大豆帆船贸易”、“江南市镇：乡村的城市化”、“上海走向海上：从青龙镇、十六铺到小洋山”等论题，发表了新见解。引发与会者较多关注的是李伯重的《“江南经济奇迹”的历史基础——新视野中的近代早期江南经济》。该文作者指出，很多学者认为当下“江南经济奇迹”源自1979年的经济改革、外资与西方先进技术和管理的引进，其实这些非江南所独有，江南经济真正的优势在于该地区长期发达的工商业发展史，经济改革是给了江南一个释放其蕴藏潜力的机会。与会学者在讨论中都认为，造就江南经济奇迹的深层原因实在有进一步探索的必要。

15日下午起会议进入分组讨论阶段，以江南城市为主题，分为“城市·文化交流”、“城市·江南经济”、“城市·图书文献”、“城市·社会人口”、“城市·社会交通”、“城市·文化演变”、“城市·历史事件”、“江南·近代上海”八个讨论单元。在各组主持人的协调下，先由作者本人报告，后由与会学者进行评论。学者普遍认为，新阶段的江南史研究，应当在前人的基础上开拓新视野、发掘新材料、建立新平台，这样才能作出超越前辈学者的研究成果。

在八场分组讨论之后，会议还设置了专家论坛。来自日本的滨岛敦俊，中国台湾地区的巫仁恕、中国大陆的马学强、丁贤勇和仲伟民（清华大学），分别以“江南‘无’宗族”、“关于台湾城市史研究群落”、“城市史与上海城市史研究”、“江南史视野下的杭州城市研究”、“鸦片战争后茶叶和鸦片贸易与上海城市的发展”为题，介绍了各自的研究成果及本单位近年来的研究新动向。在分组讨论及专家论坛的过程中，中外学者各抒己见，真知灼见层出不穷，有些话题，诸如如何界定江南城镇范围、如何计算江南城市人口、如何看待江南宗族性质等问题，甚至引来与会专家针锋相对的激烈辩论。研讨会在一片热烈的气氛之中落下帷幕。

第二届中日文化比较研究国际学术研讨会

为共享学术研究平台，推动中日两国间的学术文化交流，促进中国东北地区经济发展，由东北大学中日文化比较研究所主办、日中人文社会科学学会、东北大学科学技术哲学研究中心、日本相爱大学人文科学研究所协办的“融合·共生·互动——东北大学第二届中日文化比较研究国际学术研讨会”于2010年9月9日在东北大学主楼822会议室开幕。大会由东北大学中日文化比较研究所所长王秋菊教授主持，日本国驻沈阳总领事馆总领事松本盛雄、东北大学副校长王宛山、日本国际交流基金会北京日本文化中心所长杉田松太郎等出席了开幕式并致词。

王宛山代表东北大学向研讨会的召开表示祝贺，对莅临会议的专家学者表示欢迎。他说，东北大学一直坚持“面向世界，开放办学”的指导方针。学校先后与23个国家和地区的123所大学、科研院所建立了学术交流关系。东北大学中日文化比较研究所作为促进中日文化交流的平台，一直在踏踏实实地探索和创造中日两国深化交流与研究合作的良机。希望东北大学中日文化比较研究所能够在两国热爱和平，并致力于中日两国友好交流与合作的诸位专家学者的共同努力下，作为中日文化交流的一个重要窗口，取得更加丰富的交流成果和业绩。

开幕式后，东北大学中日文化比较研究所中方名誉所长彭定安教授，东北大学文法学院陈凡教授，东京大学大学院人文社会系研究科多田一臣教授，鹿儿岛大学名誉教授野崎勉分别就中日两国人文社会科学相关学科研究做了主题演讲。

本次研讨会邀请了来自日本的东京大学、京都府立大学、京都教育大学、相爱大学等20余所大学的日本专家学者24人以及东北大学、南开大学、大连理工大学、大连外国语学院、辽宁大学、中国医科大学、辽宁师范大学等国内10余所高校及科研院所的教授和学者40余人。9日下午，研讨会设立了两个分会场，与会专家学者分别以“日本文学、文化、语言学”和“思想、历史、科技哲学”为主题发表学术演讲，并展开了热烈的学术讨论。

第16届世界华文文学国际学术研讨会

2010年10月17日至20日，“第16届世界华文文学国际学术研讨会”在湖北武汉和宜昌召开。本次会议由中国世界华文文学学会、中南财经政法大学、三峡大学和湖北日报传媒集团联合主办，湖北省文联协办。来自美国、加拿大、德国、澳大利亚、日本、韩国、新加坡、马来西亚、菲律宾、泰国、印度尼西亚、中国大陆与台港澳等国家和地区的200余位学者、作家出席了此次盛会。研讨会通过大会发言、专题论坛和分会场讨论等多种形式，围绕“多元文化共建的世界华文文学”这一主题展开交流，取得了较为丰硕的学术成果。

与会学者对近三十年世界华文文学学术史进行了梳理，对中国大陆及海外各国华文文学的创作、批评、发展和研究状况也给予了充分关注，以比较视野、平等心态就中国大陆与台港澳文学展开了热烈而积极的对话，对台湾文学进行了专题讨论，对香港、澳门文学主要进行了专题研究，对海外多元文化语境予以广泛关注。

众多来自海外的与会代表提供了世界各个地区的最新华文文学信息，带给代表们一场特殊的华文文学盛宴。马峰（印尼建国大学）介绍了印尼华文作家袁霓的新作《失落的锁匙圈》，这部微型小说集将历史记忆与现实经历交融，描绘了印尼广阔的社会生活画卷，具有浓郁的本土特色、强烈的现实情怀与现代技巧手法。Livia Vasantadjaja（Maranatha Christian University）通过评析印尼华文文学新时期发展过程的三部作品——林万里《停不住的笔——林万里文集2》、卜汝亮《我没见过中国的月亮》和思明《空谷幽兰》，向我们呈现了印华文学的三大丰收。许文荣（拉曼大学）考察与归纳了马华文学在接受后现代主义文学技艺与话语影响下，文本类型与形式技巧上的转化和创新。谢川成（马来亚大学）介绍了天狼星诗社在20世纪80年代采取多元策略传播现代文学的基本情况，肯定其为马华文坛现代主义文学发展所做出的贡献。云鹤（菲律宾《世界日报》）收集、整理1951—2010年菲华新文学中的新诗选集与个人诗集的基本数据，提供了研究菲华文学的宝贵资料。李峰（《世界华人周刊》）介绍北美地区华文报刊和新移民作家的现状，并认为两者之间相互影响，共同带动了北美华文文学的繁荣发展。

会议闭幕式上，中国社会科学院杨匡汉研究员做了总结发言。他认为大会借助各种形式使内容展现得丰富多彩，既有对学术史的梳理，又有对华文文学新信息的提供以及对于创作、教学、研究一些新问题的提出等。大会发言体现出新的观点、新的视野、新的观念、新的话题以及命题。所以，这次会议是一次有新意、有创意、有推进的会议。

名家论经——《论语》解读国际学术会议

2010年10月21—23日在英国伦敦国王学院召开了“名家论经——《论语》解读国际学术会议”，会议由伦敦国王学院、东南大学、美国密歇根大学、香港中文大学联合主办，伦敦大学国王学院承办。来自牛津大学、爱丁堡大学、伦敦国王学院、伦敦大学亚非学院、美国密歇根大学、夏威夷大学及香港中文大学、台湾大学、东南大学、武汉大学、中国人民大学、中山大学等学校的40多位学者与会。

会上，中外学者从“语言与文本”、“德性与概念”、“道德与政治价值”、“道德与信仰”及“现代相关性”、“重读文本”和“《论语》新解”等多角度对《论语》中的各种问题展开了讨论和对话，取得了丰硕的学术成果。

作为“名家论坛”的发起单位和主办单位之一，东南大学在继2009年成功举办“名家论经——《老子》解读”国际学术会议后，继续同其他四校共同筹办此次国际学术会议，派遣师生6人与会。会上，东南大学樊和平教授发表了“《论语》精神哲学形态与‘元中国伦理问题’”的演讲，既富有学术的理性，又充满思想的激情，引起中外与会学者的热烈讨论；东南大学的其他与会人员也都在大会上发言，均受到中外与会学者的好评。

会议期间，伦敦国王学院还举行了孔子雕像揭幕仪式，国王学院校长Richard Trainor教授、副校长Keith Hoggart教授及中国驻英国大使刘晓明出席揭幕仪式。会后，东南大学樊和平教授还同国王学院校长多次会谈，商讨互派学生方面的合作，进一步推动了东南大学国际化办学方略。

全球化时代：两岸社会科学发展的机遇和挑战圆桌会议

2010年10月22日，由复旦大学社会科学高等研究院和蒋经国国际学术交流基金会共同主办的“全球化时代：两岸社会科学发展的机遇和挑战圆桌会议”在复旦大学光华楼举行。复旦大学党委书记秦绍德会见了来访嘉宾一行。上海社科院党组书记潘世伟、蒋经国国际学术交流基金会董事长毛高文出席会议并致辞。

毛高文董事长在致辞中谈到，蒋经国基金会自成立以来，一直走纯学术的道路，希望对中华文化的发展作出自己的贡献，让两岸的中华文化都有一个光辉的前程。

此次圆桌会议分上下午两个专场，分别由两岸政治学、历史学、社会学的教授讨论发言。台湾大学社会科学院院长赵永茂教授在发言中提到，社会科学的发展应注重跨领域的整合和跨国合作，尽量与世界接轨，承担世界责任。上海社科院潘世伟书记从怎样对待传统学术、怎样对待外部的知识体系等方面，谈了自己对社会科学发展的一些看法。复旦大学社会科学高等研究院院长邓正来教授在题为“全球化时代中国社会科学的知识转型”的发言中，提到社会科学的发展面临如何去构建一个新的文明的问题。台湾“中研院”院士、“中研院”近史所特聘研究员陈永发从历史资料来检验近现代史，提到如今中国变化很大、发展很好，更应该反省过去的成功和失败，以此为鉴。台湾“中研院”人文社会中心主任、“中研院”社会所章英华研究员站在社会学的角度，从体制上、科技上的变化等方面比较海峡两岸社会转型。复旦大学中外现代化进程研究中心主任姜义华教授在发言中建议，建立专门机构推进两岸文献档案的共同利用，并筹集必要的资金，共同培养一批年轻的学者。上海社科院副院长黄仁伟研究员在题为“两岸国际问题研究发展趋势”的发言中谈到，两岸过去对国际问题的研究有所不同，大陆讲究实用，台湾地区注重学理。如今双方都在转变、互补，大陆从为政治为战略服务转向更注重学科学理，台湾地区从只关注美、日两头转而关注亚太地区。复旦大学经济学院副院长韦森教授在发言中提到，大陆与台湾地区关系密切，面临的问题都是共同的，需要相互借鉴，如大陆社会转型该向何处去，台湾地区民主化转型很值得借鉴。

会议期间，复旦大学社会科学高等研究院与蒋经国国际学术交流基金会还举行了双方机构合作座谈会。

文学与形式国际学术研讨会暨中国文艺理论学会年会

中国文艺理论学会和南京大学文学院联合主办的“文学与形式国际学术研讨会暨中国文艺理论学会年会”2010年10月22—25日在南京大学召开。

年逾90高龄的南京大学校友、中国文艺理论学会名誉会长钱谷融教授，中国文艺理论学会会长南帆教授，南京大学文艺学学科带头人赵宪章教授，澳大利亚昆士兰理工大学嘉斯丁教授等来自海内外100多所高校和科研机构的近200名学者参加了这次会议。南京大学党委副书记任利剑、南京大学文学院院长丁帆在开幕式上发表讲话。

与会学者提交了150多万字的论文，围绕“文学与形式”这一中心，共分“文学与形式的基本理论”，“文学与图像、文学与传媒”，“西方视野中的形式问题”，“中国文学与汉语言的形式问题”等四个专题进行大会发言讨论。

2010年适逢中国文艺理论学会成立30周年。30年来，该学会团结全国文艺理论界的广大学者，顺应改革开放的历史潮流，为促进队伍建设、加强学术交流、深化理论研究做出了突出的贡献，成为新时期中国文艺理论发展的开拓者和见证人。这次会议的召开是对该学会成立30周年的重要纪念。

文学与形式是文学基础理论研究的重要部分，南京大学文学院文艺学学科在这一领域多年来持之以恒，探索不止，涌现了一批重要成果，成为本学科的突出特色和亮点。这次会议的召开对于强化本学科的特色，促进学术交流具有重要的意义。

在大会闭幕式上，北京师范大学王一川教授对这次会议的内容与形式两个方面都给予了高度的评价，认为本次大会非常细致周到、特色鲜明，取得了非常理想的效果。

后危机时代的粮食安全与农村发展国际研讨会

2010年11月7日，“后危机时代的粮食安全与农村发展国际研讨会”在南京农业大学学术交流中心正式开幕。

此会由南京农业大学、国际食品政策研究所（IFPRI）、德国哥廷根大学共同主办，南京农业大学经管学院承办。研讨会邀请到了来自国际食物政策研究所、德国哥廷根大学、美国加州大学（戴维斯）、澳大利亚詹姆斯库克大学、德国基尔大学、台湾大学和南京农业大学、中国科学院、中国人民大学、中国农业大学、华中农业大学、华南农业大学、西北农业大学、浙江大学等高校和研究机构的知名专家学者近百人与会。会议围绕“后危机时代的粮食安全与农村发展”的主题进行了富有建设性的研讨。此次论坛旨在促进农业经济研究相关机构对国内外粮食安全与农村发展问题展开深入交流。会议收到近百篇中英文论文。

南京农业大学校长郑小波教授到会致辞，代表学校欢迎来自国内外的近百名与会专家学者，并预祝大会圆满成功。中国农业大学校长柯炳生教授、中国科学院黄季焜教授、德国哥廷根大学Bruemmer教授、南京农业大学经管学院钟甫宁教授分别做了大会主旨发言。

在后续的为期两天的大会议程中，与会专家围绕粮食安全与农村发展及其相关问题展开了深入交流探讨，在激烈的思想碰撞中寻求粮食安全和农村发展的有效答案。特别是在圆桌会议期间，来自国内外一流农业经济相关院系的负责人共同就当前农林经济管理领域的热点问题同与会的近百名代表进行了热烈讨论，促进了农业经济管理学者之间的深入交流。

11月8日，研讨会顺利闭幕。与会代表纷纷表示收获颇丰，通过此次国际研讨会，共同探讨了国内外粮食安全和农村发展领域的热点问题，相互交流了国内外农业经济研究的前沿动态。

前现代世界中的亚洲：印度、中国、日本、朝鲜与欧洲的思想史国际学术研讨会

2010年11月2日至3日，“前现代世界中的亚洲：印度、中国、日本、朝鲜与欧洲的思想史国际学术研讨会”在复旦大学召开。会议由复旦大学文史研究院、复旦大学历史系和“长江学者”讲座教授、普林斯顿大学东亚系主任艾尔曼（Benjamin Elman）教授共同发起并主办。会议邀请来自欧美、日本、台湾地区以及大陆的11位研究中国、印度、日本、朝鲜、伊斯兰等不同领域的专家学者参加。会议于11月2日上午开幕，复旦大学校长杨玉良教授出席开幕式并致辞，复旦大学文史研究院院长葛兆光教授、复旦大学历史系主任章清教授以及艾尔曼教授分别代表主办方致辞。

会上，学者们围绕“从世界历史的视角重新思考17、18世纪的亚洲思想史”的主旨展开深入的交流和讨论。艾尔曼教授做了题为“前现代还是后帝制的训诂学？18世纪中国经学的危机”的报告。日本法政大学的渡边浩教授做了题为“‘封建’与‘郡县’：儒家政治模式及其对理解世界历史的意义”的报告。美国哥伦比亚大学的Sheldon Pollock教授做题为“什么是前现代印度的语文学？”的报告。日本东京大学的羽田正教授、平田昌司教授分别做题为“不对称的悖论：在非西方语言中讨论‘世界’的意义”、“后‘汉人大流散’时代的汉语正统”的报告。美国哥伦比亚大学的Allison Busch助教授做题为“改革的焦虑：印地法式传统中的文学科学实践”的报告。美国哥伦比亚大学的白根治夫教授做题为“前现代日本的典籍、古典汉语及白话文”的报告。美国哈佛大学的Khaled El-Rouayheb助教授做题为“如何阅读文本：以1691年至1716年间的两种奥斯曼帝国学习手册为例”的报告。台湾“中研院”的张谷铭副研究员做题为“语文学、人类学和语言的科学——威廉·德怀特·惠特尼与语言学的出现”的报告。复旦大学周振鹤教授、葛兆光教授分别做题为“‘脱亚入欧’的虚与实——对日本前近代社会的断想”、“19世纪初叶面对西洋宗教的朝鲜、日本与中国——以‘黄嗣永帛书’为中心”的报告。

首届中国地理语言学国际学术研讨会

中国北京语言大学和日本金泽大学联合主办的“首届中国地理语言学国际学术研讨会”于2010年11月21日举行。来自日本、美国、俄罗斯和包括港台地区在内的中国学者共同就“汉语方言的地理语言学研究”进行探讨。

方言地理学兴起于19世纪末的欧洲，之后成为西方方言学的主流。中国的相关研究虽然从20世纪初林语堂、刘复等人就大力倡导，在教育部的学科分类中，地理语言学也是语言学下面的二级学科，但由于种种原因，该学科在有着复杂方言的中国却一直未能得到充分发展。直到20世纪90年代末受日本学者的推动和影响，方言地理学才又在国内引起重视。对于当下方言地理学受重视的原因，北京语言大学语言研究所高晓虹教授说，近年来，越来越多汉语方言音系得到调查，方言研究由传统重语音向语音、词汇、语法并重，加上国际学术交流的频繁，使方言研究方法、内容都趋于多元化。

自2001年以来，北京语言大学语言研究所对全国汉语地区930个地点的方言进行了实地调查，在此基础上绘制出了510幅汉语方言地图，出版了首部全面反映20世纪汉语方言基本面貌的原创性语言特征地图集《汉语方言地图集》，为相关学科建设奠定了坚实基础。这一图集也引起了部分国外学者的重视。俄罗斯学者扎维亚洛娃提出了区分北部官话和南部官话的分界线“黄河—渭河线”。日本学者岩田礼较首次较全面提出了汉语方言主要的“边界线”和“分布类型”。这些都对汉语方言研究提供了国际视角。

新国际政治经济格局下的中澳经贸合作：现状与展望中澳合作论坛

2010年11月7日，由南开大学和澳大利亚弗林德斯大学共同主办的“新国际政治经济格局下的中澳经贸合作：现状与展望中澳合作论坛”在南开大学省身楼举行。

开幕式前，中澳双方嘉宾亲切会谈。澳大利亚驻华大使、南开大学客座教授芮捷锐，澳大利亚驻华大使秘书柯天佑，弗林德斯大学校董史蒂芬·格拉克、校长迈克尔·巴伯、常务副校长迪恩·福布斯、社会与行为科学学部执行部长菲利斯·泰瑞纳，天津市副市长任学锋、市政府副秘书长李培生、市外事办公室副局级巡视员陈卫明、市商务委副主任赵建忠和南开大学副校长佟家栋出席。

迈克尔·巴伯在致辞中说，弗林德斯大学与南开大学早在10多年前就开展了合作，探索了一套非常成功的联合办学模式，培养了大批优秀毕业生，获得了中澳社会各界的一致好评。相信此次论坛能够使两校间的学术交流与合作更加密切。

佟家栋代表南开大学向与会嘉宾表示欢迎。他说，南开大学和弗林德斯大学开展了一系列学术及研究合作，硕果累累。希望在座的各位学者能借助中澳论坛这一平台交流经验，为今后中国和澳大利亚乃至世界经济的发展作出贡献。同时，希望两校日后能进一步深化和拓展中澳教育与学术合作，在为两国关系作出贡献的同时，也更好地服务于天津市和滨海新区外向型经济的发展与本区域国际知名度的提高。

开幕式后，芮捷锐、任学锋分别做了题为“面向2020：下一个10年的澳中经济合作”和“后金融危机时代国际经济形势及中国经济发展趋势”的主题演讲。

芮捷锐在演讲中说，在过去的10年里，澳大利亚和中国的经济合作关系发展非常之快。中国现在是澳大利亚最大的国际贸易伙伴和最大的出口市场。在可预见的未来里，中国还会继续保持和澳大利亚的这种关系。同样，澳大利亚也变成了中国重要的投资热点之一，尤其在资源和能源方面更是如此。

任学锋在演讲中指出，中澳两国经济的快速发展离不开双方在各领域的交流与合作。在世界经济遭遇国际金融危机严重冲击、全球贸易大幅下挫的2009年，澳大利亚是中国前十大贸易伙伴中唯一双边贸易保持增长的国家。目前，中国已成为澳大利亚第二大外资来源国、第一大贸易伙伴、最大出口目的地和最大进口来源地。在经济全球化不断深化和低碳经济方兴未艾的背景下，两国还有很大的合作空间，中国正在积极发展循环经济，大力推进新能源、新材料和节能环保等战略性新兴产业，天津滨海新区现已形成了风能等新能源产业集群，并在燃料电池、海水淡化等技术领域具有领先优势。加强两国在清洁能源、低碳经济等方面的合作，符合未来的发展趋势，也可以在拓展新兴产业合作中创造新的优势。希望中澳交流能够以南开大学和天津滨海新区为平台，推进双方实现更高水平的合作。

研讨会上，来自澳大利亚弗林德斯大学、罗伊国际政策研究所、格里菲斯大学与中国南开大学、高雄大学等高校和研究机构的20余位专家学者，回顾中澳经贸关系的发展历程，总结现阶段中澳经贸合作的特点和面临的主要问题，探讨后金融危机时代中澳经贸合作关系发展的新趋势。

南开大学与澳大利亚弗林德斯大学曾于2009年共同主办了首届中澳国际研讨会，围绕金融危机对中国产业经济、区域经济发展、中澳经贸关系的影响及中澳两国应对金融危机的措施等议题进行探讨。

残疾预防国际学术研讨会暨第四届中国残疾人事业发展论坛

2010年12月1—2日，“残疾预防国际学术研讨会暨第四届中国残疾人事业发展论坛”在北京大学隆重召开。本次研讨会由中国残联、卫生部、国家人口和计划生育委员会、人力资源和社会保障部、国家安全生产监督管理总局、中国残疾人事业发展研究会、北京大学、中国人民大学、山东大学、吉林大学、南京大学、救助儿童会共同主办，由北京大学承办，北京大学中国残疾人事业发展研究中心等五所大学的残疾人事业发展研究机构协办，同时得到教育部、公安部等有关部委的大力支持。论坛以残疾预防为主题，重点围绕各类残疾的发生及其预防措施和服务等议题展开讨论和交流。会议旨在建立国内外残疾预防的成功经验和有效做法的交流平台，宣传我国医疗卫生事业和残疾人事业在残疾预防领域的成就，探讨残疾预防策略和行动，为制定国家残疾预防计划提供理论和实证支持。

北京大学校长周其凤院士，卫生部副部长马晓伟，国家人口和计划生育委员会副主任赵白鸽，国家安全生产监督管理总局副局长杨元元，吉林大学校长展涛，全国人大常委、南京大学校长陈骏，康复国际秘书长 Venus M. Ilagan，联合国残疾人权利委员会副主席杨佳，中国残疾人联合会党组副书记、常务副理事长王乃坤等出席了开幕式并致辞。全国政协副主席、中国残疾人事业发展研究会名誉会长、中国残疾人联合会名誉主席邓朴方专门为论坛发来贺信。国家有关部委领导、残疾人组织、国内外知名残疾人事业研究专家和学者及有关国际组织260多人参加了会议。

开幕式后，中国疾病预防控制中心副主任杨功焕教授，美国疾病预防控制中心Donald J. Lollar教授，河南省漯河市副市长孙运锋，中国人民大学残疾人事业发展研究院院长郑功成教授，北京大学人口研究所所长/世界卫生组织人口合作中心主任、国家重大基础研究项目首席科学家郑晓瑛教授和中国残疾人联合会副理事长、中国残疾人事业发展研究会会长程凯博士分别做了大会主题报告。2010年度全国残疾人状况监测报告新闻发布会同时举行，及时、准确、全面地报告了残疾人状况的变化情况，为相关政策、规划及业务工作的调整、评估提供了决策依据。

中国残联研究室主任陈新民和北京大学人口研究所副所长陈功教授分别主持了12月1日下午的大会报告，来自卫生部、人力资源和社会保障部、教育部、美国南加州大学、台湾南开科技大学、台湾元智大学、“国家”行政学院、中国聋儿康复研究中心、国际助残驻华代表处、救助儿童会项目的领导和专家对国内外医疗卫生和残疾人事业在残疾预防领域的成就进行了总结，并针对残疾预防计划进行了理论和实证的探讨。

12月2日上午，论坛围绕残疾预防的诸多问题设置了四个分论坛，分别针对残疾预防政策措施、重点残疾的预防对策、残疾人保障与服务、残疾儿童发展问题与对策进行广泛而深入的讨论。会议在闭幕式上发布了《残疾预防未名湖倡议书》，倡议书总结和分享了国内外残疾预防的现状与对策，对于如何在公共安全视角下建立残疾预防体系和机制提出了新的建议，并对建立发展残疾预防与监测报告制度提出了新的观点和思路。

本次研讨会在2010年12月3日第19个“国际残疾人日”前召开，既是作为国家迎接和庆祝这一节日的一次重大活动，更是为促进和完善我国残疾人事业的发展。会议既借鉴国外残疾人事业的有益经验和做法，同时增进了国际、国内政府机构和学术研究机构之间的相互了解和友谊，极大地促进了我国残疾人事业的发展。

公民身份、公民社会：世界主义的挑战国际研讨会

中山大学政治与公共事务管理学院主办，中山大学政治学研究所、英国谢菲尔德大学社会学系和广州市社科联合办的“公民身份、公民社会：世界主义的挑战国际研讨会”，于2010年12月9—11日在中山大学举行。

来自英国、美国、意大利、澳大利亚等国外著名大学和来自北京大学、清华大学、香港城市大学、中山大学等国内著名高校的30余名代表参加了会议。

9日，澳大利亚悉尼大学的约翰·基恩教授（John Keane）、美国斯坦福大学荣休教授菲力浦·施密特先生（Philippe Schmitter）、英国苏塞克斯大学杰拉德·德兰迪教授

(Gerard Delanty) 和英国谢菲尔德大学莫里斯·罗奇教授分别为中山大学师生奉上了四场有关"公民身份"、"公民社会"和"世界主义"主题的精彩演讲，为会议的召开营造出良好的氛围。

10日上午，杰拉德·德兰迪教授、约翰·基恩教授和菲力浦·施密特教授分别做了"比较视角下世界主义政治共同体的形成"、"监督式民主与公民社会"、"关于公民社会与民主巩固的十个命题"的主题发言，并同与会代表展开了热烈的讨论。北京大学徐向东教授、中山大学肖滨教授、华南师范大学郭台辉副教授分别做了"罗尔斯、世界主义与全球正义"、"改革开放以来中国公民身份权利发展的路线图"和"公民概念在西—日—中文化旅行中的语义差异（1868—1911）"的主题发言。

10日下午，来自英国的雅塞明·索伊塞尔（Yasemin Soysal）教授、莫里斯·罗奇教授和克里斯·伦福德（Chris Rumford）教授分别做"民族与公民的'世界主义化'：欧洲的困境"、"欧盟的公民身份、权利与世界主义"和"欧洲的边界，世界主义的机会"主题发言。来自香港城市大学的何伟业教授、中山大学的马骏教授、国家行政学院的褚松燕教授分别做"清真与中国的风险社会：伊斯兰、族群与治理的世界主义转向"、"税收与公民身份：税收对中国人的公民身份观念是否存在影响"、"公民身份权利与弱势群体保护"的主题发言。

11日上午，来自意大利的伦纳·鲍博克（Rainer Bauboeck）教授、英国的杰姬·哈里森（Jackie Harrison）教授、澳大利亚的何包钢教授分别做"当代移民与平等的公民身份"、"理解新闻中的公民权利"和"经验世界中的亚洲世界主义"主题发言。来自清华大学的景跃进教授、中山大学的郭巍清教授、中山大学的何高潮教授分别做了"从'外来工'到'新居民'：浙江平湖的实践"、"风险、知识与公民社会：中国的垃圾焚烧抗议运动"、"公民身份视野下的新工潮分析"的主题发言。

11日下午为大会的群谈时间。美国著名公民身份研究专家托马斯·雅诺斯基（Thomas Janoski）教授和中山大学郭忠华副教授分别做"世界主义与公民身份：'世界性'与'民族性'之间的妥协"和"世界主义背景下公民身份的发展综观"基调发言。与会学者就两位基调发言者提出的问题各抒己见，不断把大会主题推向深入和进行总结。

会议期间，中山大学政务学院院长马骏教授还与澳大利亚悉尼大学的约翰·基恩教授就两校合作的事宜进行了广泛磋商，达成了多项合作意向。

此次研讨会是由国内外学者共同发起、国内外学术机构联合主办的一次学术盛会，具有主题集中、专业性强、层次高的特点。它对于推动国内外有关公民身份、公民社会主题的研究必将产生深远的影响。

中国简帛学国际论坛 2010

2010年12月6日至8日，由武汉大学简帛研究中心、芝加哥大学顾立雅中国古文字学中心共同主办，武汉大学简帛研究中心承办的“中国简帛学国际论坛2010”在武汉大学珞珈山庄举行。来自中国大陆和台湾地区以及美国、法国、英国、韩国、日本、加拿大的30多位学者出席会议。这是“中国简帛学国际论坛”自2006年以来连续召开的第5次国际学术研讨会。

开幕式由芝加哥大学夏德安教授主持，武汉大学陈伟教授、芝加哥大学夏含夷教授分别致辞。

本次论坛主题是出土秦数术文献研究。会议分论文发表与资料研读两个阶段进行。第一阶段共六场报告，有17篇论文宣读。多篇论文讨论放马滩秦简《日书》，涉及《直室门》、《占病祟除》、《占雨》、《星度》等篇的简序编排、文字释读及内涵解析。此外，周家台秦简《日书》、王家台秦简《政事之常》、马王堆汉墓帛书《刑德》及《五星占》、孔家坡汉简《日书》、阜阳汉简《周易》、银雀山汉简《三十时》等文献也有论文讨论。第二阶段共有四场资料研读。报告人利用简牍红外影像或新近拍摄的常规照片，分别对岳麓书院藏秦简《占梦书》、岳山秦牍《日书》、放马滩秦简《日书》“十二律贞”、“式图”以及里耶秦简中有关医药等方面的记录进行了导读。

闭幕式由武汉大学李天虹教授主持。中国文化遗产研究院研究员胡平生、北京大学教授李零、台湾“中研院”史语所研究员刘增贵、法国巴黎大学高等实践学院教授马克、韩国庆北大学历史系教授尹在硕、首都师范大学历史系教授刘乐贤、日本早稻田大学讲师森和、美国芝加哥大学东亚系博士生郝益森等先后发言。夏含夷教授、陈伟教授做闭幕致辞。

会后，部分与会代表赴荆州等地参观考察。

后危机时代中国经济转型与发展国际研讨会

北京师范大学经济与工商管理学院主办的“后危机时代中国经济转型与发展国际研讨会”，于2010年12月21日在北京师范大学英东学术会堂第二讲学厅。

来自中国社会科学院、意大利博洛尼亚大学、法国社会展望和国际信息研究中心、澳大利亚拉筹伯大学、意大利圣安娜高级研究学院、香港城市大学、厦门大学、西南财经大学等30余位专家学者参加了会议。

会议主要发起和筹备人、北京师范大学经济与工商管理学院贺力平教授在开幕式致辞中，介绍了会议的筹备背景和预期达到的目的。他说，当前世界上主要经济体都渐次处于复苏和增长通道当中，中国经济、世界经济体系将在这场危机后发生怎样的改变以及如何才能构建长期的可持续的全球经济繁荣，是当前经济学界、政府、企业均关注并思考的迫切问题。本次会议旨在探索当前中国的收入分配问题和对外贸易与金融等众多热点、难点问题，并对中国经济的可持续发展作出展望。

与会各国专家围绕这一主题，分别做了精彩的报告，并进行深入探讨，结合相关的实际数据，通过科学系统的理论和模型分析，为我国未来转型与发展路线提出了合理建议。

(四) 中国和欧盟在高等教育领域的合作

1. 中国—欧盟高等教育合作项目

中国—欧盟高等教育合作项目是1996年5月由中国对外经贸部和欧盟委员会双方共同批准的政府间合作项目。根据两国政府协议，该项目的总体目标是在中国推动对欧盟的更大兴趣和更多理解，其具体目标包括：①加强中国的欧洲问题研究，短期目标是改善中国大学、研究机构和政府部门中现有欧洲问题研究专家的工作条件，中、长期目标是增强上述机构在欧洲问题研究领域内教学、学位和科研方面的能力，进而扩大中国的欧洲问题研究专家队伍。②加强以语言为基础的欧洲问题研究。③在有关政府行政管理和应用人文科学方面展开培训活动。

该项目为期4年，财政预算为900万欧元。它所界定的“欧洲问题研究”广义上指“与欧洲联盟有关的社会科学、应用人文科学、法学、历史学、经济学和政治学”；狭义上包括：①欧洲共同体法律（共同体宪法、共同体公法和私法）；②欧洲经济学（市场一体化、经济与货币联盟、对外贸易等）；③欧盟政体与政治（欧洲共同体/欧盟的机构制度、决策程序、包括政党、利益集团和选举在内的政治基础结构）；④欧洲政策（含括欧洲联盟三大支柱的所有职能内容，1）欧洲共同体：农业、公民、竞争、环境、消费者保护、社会事务、研究与技术、地区政策等；2）共同的外交与安全政策；3）司法与内政事务。⑤欧洲一体化历史（自21世纪40年代晚期起）；⑥欧洲一体化的理论、政治思想与运动。

通过合作项目支持了北京大学、中国人民大学、南开大学、复旦大学、武汉大学、四川大学、山东大学、华东师范大学、广东外语外贸大学、清华大学、云南大学、中国社科院、上海社科院欧洲问题研究中心的机构建设、教学培训、科学研究以及双方人员交流等，为中欧在高等教育领域里的深入持久的合作奠定了良好的基础。

2. 中国—欧盟欧洲研究中心项目

2002年4月3日，中华人民共和国商务部和欧盟共同签署“中国—欧盟欧洲研究中心项目”（以下简称欧洲研究中心项目）财政协议，项目预算约为1100万欧元，其中欧共体捐助约为1030万欧元，中方配套资金约为70万欧元。2004年3月1日，本项目正式启动，执行期为四年（48个月）。本项目旨在通过支持欧洲研究在中国的可持续发展，巩固欧盟作为中国主要合作伙伴的地位。本项目的中方执行权力部门是商务部，中方执行机构是中国社会科学院，教育部为项目的实施提供了相应的帮助。项目的实施促进了中国高等教育部门欧洲研究的可持续发展。

项目总体目标：

（1）鼓励在中国高等教育中继续发展欧洲研究，以巩固和加强关于欧盟和欧洲问题的认识、知识与理解。

（2）通过发展高等教育部门的直接接触，帮助加强相互的经济和文化存在。

（3）加强欧洲作为中国高等教育主要伙伴的地位。

（4）鼓励和发展欧洲和中国高等教育机构间的联系，以此推动学术界交流和经验共享。

（5）促进经验交流，鼓励研究生和学者在所选择的领域里流动和深入培训。

（6）通过促进可持续的合作项目、信息资料库、毕业生网络、共同课程、学分转校协议、学位承认等为将来的发展创造基础。

项目活动主要围绕项目目标展开，主要可以分为以下四方面：

（1）为现有欧洲研究中心的可持续发展提供支持。项目于 2004 年 3 月和 2005 年 12 月两次以“项目建议征集”的方式选择部分国内欧洲研究中心（共计 15 个）给予发展支持，预算资助金额共计 600 多万欧元，主要从人力资源开发、课程开发和机构发展三方面介入。

人力资源开发活动包括针对中国欧洲研究领域的教师和学生的短期教学和培训任务、中国高教系统教师和学者的短期强化海外项目和欧洲研究学生（主要是博士和硕士）的国外学习/研究。

课程开发活动主要是帮助各中心把共同开发的课程/材料纳入参与单位的学术结构并加以更广泛的传播，为各中心开发高质量的多学科课程提供帮助。

机构发展主要是通过中心和欧洲合作单位的经验共享，以合作研究和教学项目为载体，提高高教欧洲研究机构的整体管理水平。

（2）帮助建立和发展 2 个新欧洲研究中心。为扩大欧洲研究中心在中国的分布范围并为尚未建立欧洲研究机构的大学建立欧洲研究中心提供帮助，项目先后两次发布了旨在支持筹建新的欧洲研究中心的“项目建议征集”，帮助建立了丝绸之路欧洲研究联合中心和南京大学欧洲研究中心，预算资助金额共计 90 万欧元。本项目除了在上述三方面的基础对新中心进行帮助外，重点帮助新中心发展自身优势，建立了有特色的欧洲研究教学与科研项目。尤其是丝绸之路欧洲研究联合中心，该中心由西安交通大学、西北大学、兰州大学和新疆大学四所大学的欧洲研究中心共同组成，这是对跨校合作以期实现欧洲研究资源共享、互利双赢的一种尝试。

（3）传播欧洲研究信息，扩大其在中国的影响。项目利用了多种传播途径以扩大欧洲研究在中国的影响，具体包括：一是预算投资 50 万欧元在北京中国社会科学院和上海复旦大学建立面向学者、学生和公众开放的欧洲研究学术书籍库，采购图书累计达 3200 本，并派图书馆员前往欧洲培训以提高服务质量；二是项目举办了 5 次强调实证性的、以数据为基础的系列方法论课程，内容涉及基础研究和教学、经济学、政治学、法律和历史与文化等，来自全国各地欧洲研究中心和高校累计约 200 名教师和研究人员参加了这些方法论培训；三是在上海举办了主题为“欧洲一体化的经验：对东盟+3 的一个参考模式?”的亚洲地区会议，提升了中国在欧洲研究领域的学术领先地位和在中国高等教育领域扩大项目影响；四是举办了 8 次欧洲研究中心主任圆桌会议，有效地促进了各中心内部及不同中心之间的相互学习和交流；五是项目协助中国欧洲学会建立了欧洲研究学生和学者数据库，为从事欧洲研究领域的人员交流提供了一个新的平台；六是支持中国欧洲学会的可持续发展，帮助欧洲学会建立了网站和数据库，扩大了欧洲学会的影响。

项目实施的效果：

（1）提高了国内欧洲研究中心的研究和教学水平，增强了各中心可持续发展的能力。在项目的资助下，各中心设置了多门欧洲研究课程，加大了对外交往的力度，培养了科研和教学队伍，提升了研究水平和师资力量，取得了丰硕的科研、教学成果。本项目下的欧洲研究中心已经制定了13个欧洲研究教学计划（包括硕士和博士层次），组织了20次国际会议和82次学术研讨会，参加人数超过了3100人；221位欧洲研究领域的学者前往欧洲短期访学；170位欧洲研究领域的博士和硕士研究生前往欧洲短期交流学习，均顺利完成了在欧洲的学习计划；231位欧洲学者来到中国访学、授课或者举行各种学术讲座；各欧洲研究中心的学者在项目的支持下出版了55本学术专著，发表了126篇工作论文；各欧洲研究中心的学者在各种学术期刊上公开发表了228篇论文，其中英文论文22篇。

（2）开展了形式多样的项目活动，项目实施以来，项目办及各欧洲研究中心相继开展了外派学者和学生、建立向社会免费开放的欧洲研究学术书库、征文活动、纪念欧盟成立50周年等形式多样的活动，丰富多彩的活动吸引了广大学者、学生和民众的参与本项目，在社会造成了较大的影响，《光明日报》等多家新闻媒体对本项目进行了报道。本项目不仅使更多的人对欧洲研究开始感兴趣，而且为了解和获取欧洲研究的信息提供了有效渠道。

“中国—欧盟欧洲研究中心项目”大力支持了中国高等教育部门欧洲研究的可持续发展，进一步加强了中欧双方在教育和学术交流领域的发展合作，使得更多人从中欧不断加深的理解和知识中受益，为建设中国和欧盟更全面、更深入的“真正具有实质内容”的伙伴关系作出了重要贡献。

（五）国外人文社科考察报告选登

澳大利亚高校科研管理体制考察报告

杜 鹏

2005年8月14日至8月21日，教育部中国教育国际交流协会组织首批“中澳大学中层领导干部交流项目（China-Australia Middle Manager Program，CHAMMP）考察团”，对澳大利亚的3所大学进行了友好访问和交流。澳大利亚方面由澳大利亚大学校长委员会组织。访问考察的主要任务是考察和交流澳大利亚高校在科研经费管理使用、科研计划管理制定、技术成果转移与产业化、项目与经费申请、重点科研项目确定和科研业绩评价体系等方面的政策与管理经验，并就上述内容进行充分的讨论交流。

一、科研计划制订与管理

澳大利亚有关高校的科研项目一般来自联邦政府、地方政府、工业和对工业界或政府部门的咨询。澳大利亚政府或州政府不定期地公布国家层面上重点鼓励和支持的研究领域或课题，成为政府项目公告，包括重大重点项目、特殊基金、国家安全等涉及国家重要基础研究和应用基础研究的项目。这些鼓励和支持的重点项目选题取决于世界科技发展要求、国际形势要求和国家经济安全科技需要。例如，近年来，澳大利亚政府公布了打击恐怖组织、老年待遇与社会保障、投资安全等特殊研究项目需求。各个学校根据自身的优势基础，针对国家科技需求，选择申报项目。

基金项目强调基础研究的突破与创新，工业界的项目强调技术创新和经济社会效益。学校科技管理与创新办公室及时向科技人员公布政府科技项目需求公告，组织科技人员进行申报。另一方面，许可科技人员自由申报自己偏爱的或任选的方向。学校科研管理部门和科技人员通过与社会企业界、工业界的广泛交流和信息收集，开展与企业的科技合作与成果转化，从工业界取得项目经费或科技咨询经费。任何项目均采取签署合同的方式开展，在规定的时间内完成所计划的研究内容。学校科技管理部门负责管理、监督项目的开展和完成质量。

澳大利亚的大学科技计划原则上5年进行一次比较全面系统的制定，制定过程由学校统一组织，由校董事会、领导、教授代表酝酿讨论，内容包括教学、招生规模、资金筹集、科研经费、论文获奖、基本建设等方面的具体目标。就科学技术研究而言，规划目标一般是5年内使科研经费增加一倍，即5年内科研经费翻一番，平均每年增长15%左右。这种增长目标应该说还是实事求是的。目标制定后，学校将采取竞争激励机制和教师科研任务要求进行贯彻实施，确保计划任务的完成。

澳大利亚的高校每年都出版一个综合性的学校年度报告。报告内容包括过去一年学校的教学、科研、对外服务、财务、基本建设、国际交流等详细情况总结，向全社会公开。这对于学校政务公开，使广大教职工、学生了解学校整体运行情况起到了很好的作用，值得借鉴和参考。同时，高校在年初发布下一年度学校各项工作的计划与任务目标，包括科研工作的任务与目标等。

例如，墨尔本大学2005年的研究与培训计划任务中，从学校整体任务、科研目标、科研与科研培训任务、科研管理政策、科研与科研培训策略与质量保证措施、学术队伍建设目标与任务、研究培训任务分解、科研经费目标与任务及其采取的策略和保证措施、对外合作与伙伴建立的任务规划及其目标和保障措施，知识产权与创新的任务目标和保障措施等方面，进行了认真规划，明确提出了各项任务的目标和要求。这种年度规划和任务要求在每年的开始，就以印刷稿的形式向全校教职工公布，对外也公开。澳大利亚的高校多数将研究生的科研纳入科研管理与创新办公室管理，并十分重视研究生科研队伍在学校整体科研目标实施中的作用。

二、科研政策与政府投入

澳大利亚的高等教育、培训和研究与其经济发展密切相关，并得到经济发展的有力推动。20世纪80年代以来，高等教育和研究的重点已逐步转向先进制造技术和高附加值的服务性行业。社会要求大学在科技创新、成果转化、劳动力的技能训练和再培训方面扮演重要角色。

在澳大利亚高等教育的功能已经延至社会，并具有三个核心功能：研究、教学和服务社会。三者之间紧密联系并相互增强。研究成果的市场化以及研究机构与企业的联系成为服务社会的重要内容。澳大利亚（包括新西兰）的研究人员主要集中在大学内，占60%以上。来自企业的研究人员略高于20%，而来自政府机构的研究人员的比例不到10%。这一点完全不同于美国（80%以上的研究人员集中于企业内，而高等学校的研究人员只占12%左右），也不同于多数欧洲国家（来自企业的研究人员占所有研究人员的比例在40%~65%，高等学校的研究人员占25%~40%）。

澳大利亚政府计划在10年间（2001—2011年）投入80亿澳元，以提高澳大利亚的竞争力。这一计划的目标包括：创造新思想、鼓励研究成果的应用、保持和发展科学与技术的竞争力。联邦政府鼓励在与国家经济发展密切相关的领域建设世界级的研究中心，同时调整联邦政府资源的配置，集中政府投入用于国家优先研究领域。联邦政府同时鼓励研究机构增强与企业的联系，这一点很像我国政府目前提倡的产学研联盟。联邦政府还不断增加在健康和医学领域的研究经费，进一步促进生活质量的提高。联邦政府计划到2010年，公共财政用于研发的投入达到GDP的2%，2020年达到GDP的3%；而2002—2003财政年度的研发投入为GDP的1.62%。

澳大利业同样强调研究过程中研究人员与企业的合作，鼓励和加强合作的创新机制与策略主要包括以下几个方面：

一是建立研发园（R&D Parks）。这与我国的科技园区十分相似。但是，我们访问的La Trobe大学，其理念上与我们存在较大的差别。La Trobe大学强调对大学科技成果的孵化作用，而完全不考虑它们的盈亏情况。

二是联邦政府设立科学与工业组织的合作研究基金，提供访问研究基金和奖学金等，以促进学校与企业的交流。

三是设立与企业的联络办公室，与学术研究机构、大学的研究管理办公室共同工作，并制定市场化过程的共同协作。

四是与企业合作设立博士后奖学金。

澳大利亚现有69个研究机构和高校与企业合作的研究中心（CRC），年均预算为1.230万澳元，已承担5.400项合作研究项目。

澳大利亚的合作研究中心覆盖以下六个主要工业领域：制造技术（11个）、信息通信技术（10个）、煤炭和能源（8个）、农业和农业制造（15个）、环境与旅游（17个）、医学科学与技术（8个）。

自2000年起合作研究中心已完成294项许可证协议和72项技术成果转化协议，2002—2003年已取得220项澳大利亚专利、406项海外专利，在澳大利亚实施了78项专利，在海外实施了25项专利。澳大利亚大学校长委员会也采取积极步骤支持和促进大学与公共基金研究机构、私营研究机构以及其他研究组织之间的研究合作。

三、科研项目申报及管理

经过考察调研，我们发现澳大利亚的科技创新体制与中国的情况类似，即大部分的科研投入来自政府，而由企业及民间组织设立的基金非常有限。这一点与美国拥有众多的基金机构很不相同。因而澳大利亚的高校科研人员在科研项目申报及管理中的做法及存在的问题与中国的高校情况非常相似。尽管如此，所访问的三所大学的一些做法仍然具有很好的借鉴意义。

La Trobe 大学的 David de Vaus 教授针对课题申报中存在的各种问题，指出科研管理部门要根据高校自身特点，结合国家战略目标，明确学校重点发展的研究领域。在高校中科研人员申报项目多属于小规模兴趣驱动、自由探索类型。这种类型往往导致项目较小、缺乏积累、资金不足、成果影响力小，项目完成的质量往往依赖于研究人员的个人情况。结合国家重点发展的研究领域申报的科研项目往往能够直接得到来自政府基金的资助以及各种合作支持。一般情况下，项目都有长期的积累及较好的研究团队、基础条件好、资金充足、影响力大。但是，科学研究主要依靠研究人员的兴趣及热情，我们必须重视研究人员的创造性，否则很难产生创新性成果。因此，在实际的科研管理中明智的做法是扬长避短，综合考虑上述两种类型的优势，做好规划及遴选，加强监督，重视国家研究目标及政策，科学指导，建立完善的科研成果质量评价体系及激励机制，在科研经费不足的情况下，努力提高申报项目的立项率以及科研投入的产出。

在项目经费管理上，澳洲大学的研究工作十分重视研究项目的获取，尤其重视政府资助的科技计划项目。大学研究管理职能部门重点负责合同管理及知识产权的管理。研究经费由财务部门负责管理。与中国高校科研项目及经费管理最大的区别在于：第一，项目经费严格按照立项论证过程中提出的预算方案执行，没有进入预算的开支禁止报销。第二，进入学校的研究开发经费与项目主持人个人经济收入无关，做到真正的专款专用。

四、对科研人员的激励措施

澳洲政府对于大学的科研工作的评价主要基于“获得的研究资助情况、研究生人数、出版情况”等，各项指标各有权重。按照这些评价的结果决定下一年度政府投入及研究生招生指标。这种机制形成的指挥棒也直接影响高校内部的资源分配，校方也将制定本校的发展目标，并在形成任务后分解到各个学院。各个学院或系主任根据学校安排的任务，组织力量完成教学、科研及管理工作的分配，并形成职工的聘任合同目标任务及年收入标准。这种评价机制在高校管理层形成激烈的竞争意识。

教师根据合同任务书在该聘期内可以宽松地工作，可不创造科研业绩。但只要今后还想续签合约或晋升更高职位，他们就必须争创更多的业绩。澳洲大学基本没有设置科研业绩奖励办法，个人年收入与研究工作业绩不直接挂钩。此外，澳洲高校内部社会科学与自然科学研究评价普遍采用不同的指标体系。

在知识产权的管理方面，发达国家重视知识产权的管理已经形成制度化，澳洲大学也不例外。考察交流计划虽然没有安排知识产权问题，但各高校都涉及了。主要特点就是澳洲高校比较注重知识产权的全过程管理。如项目启动时，参与人员即需与学校签订知识产权协议，明确责任义务，尤其是导师与研究生之间的知识产权关系得到高校重视，给人以深刻印象。

五、关于科研成果的转化

在澳大利亚期间，代表团访问了墨尔本地区 3 所不同类型的大学，即拉筹伯大学（La Trobe University），墨尔本皇家理工学院和墨尔本大学。三所大学的历史和学术地位不同，在科技成果转化方面各具特色。

拉筹伯大学科技成果转化的重要基地为科技园。由于其校园地处城市郊区，有丰富的土地资源优势。拉筹伯大学的科技园建设了为中、小型科技公司孵化所需要的硬件基础设施和相应的服务条件，吸引和培育了多家企业入住科技园。

皇家理工学院地处城市中心，不具备建设科技园的地理优势。但近年来科技成果转化工作快速发展。它们的主要措施是与知名企业联合建立研究中心，承担企业的研发任务。另外，通过专利的转让、授权使用以及建立股份公司等形式实现科技成果的转化。

墨尔本大学的科技成果转化工作，给我们留下了深刻印象。为实现学校科技成果的转化以及学校从成果转化中获得更高的收益，此校成立了专门从事科技成果转化的风险投资公司。公司直接由学校主管科研工作的副校长指导。学校从文化理念、经费支持等多方位支持与鼓励教师从事科技成果转化。学校设有培育科技企业的“种子基金”，鼓励教师创业。从它们的实践经验看，中老年教师对创立企业的兴趣不高，而年轻教师有较高热情。在管理机制方面，墨尔本大学把科学研究与科技成果转化作为整体考虑。科学研究，特别是基础科学研究主要由学校的研究与创新部门主管，而知识产权的认定，保护以及商业化开发主要由学校的风险投资公司承担。

总体上讲，推动高校科技成果的商业化是澳大利亚政府教育改革的重要内容，也是未来大学获得发展经费的重要渠道。值得借鉴的经验是澳大利亚大学推动科技成果转化并非按照一个模式进行。根据不同大学的特点可采用不同的方式，科技风险投资公司的做法是特别值得关注的。

北欧三国科学研究体制考察报告

张保生

不久前，中国高校人文社会科学研究人员赴北欧考察团对北欧瑞典、芬兰和挪威三国高校人文社会科学研究及其管理工作进行了考察。通过考察比较这些国家高校人文社会科学研究及其管理的历史、现状和发展趋势，对于借鉴发达国家人文社会科学管理的经验和做法，提高我国高校人文社会科学研究的管理水平，推动科研管理创新，进一步繁荣发展我国高校人文社会科学，具有积极的意义。

一、把科学研究视为社会发展的内在动力，持续加大政府投入

北欧三国深谙发展科学研究事业的意义。瑞典政府对科研工作高度重视，一直把发展和提高科技水平作为基本国策之一，明确提出科技发展是立国之本，国家的可持续发展取决于教育与科研水平的提高。挪威研究理事会的座右铭是：科学研究拓展知识的疆界。该研究理事会的宣传资料明确提出，科学研究增进社会文化的共鸣，扩大人的视野，增加新的机会，为可持续发展、福利和财富的创造提供可行的解决方案，并进一步提出，挪威作为一个富国，负有为全球知识“池塘”贡献力量的道德义务。科学研究是社会发展的内在动力，是挪威文化的组成部分，因此，挪威研究理事会负有整合各种资源、调动各种积极性为推动科学和社会发展服务的责任。

在这种理念下，北欧三国的国会（议会）和政府都高度重视科研的经费投入。瑞典政府近十几年来加大了对科学研究的投入，为科研工作提供了充分的物质保障。瑞典政府资助的科研机构每年获得全国研究与发展经费的28%，企业资助的研发机构获得全国研究与发展经费的68%，这样的高比例分别居世界第5位和第2位。挪威议会近年通过一项议案，决定到2010年使挪威科研经费支出至少达到GDP的3%。对这样一个巨大的投入，议会进行了持续很长时间的讨论和争论，因为2003年挪威科研经费支出只占GDP的1.73%，如果达到3%，就意味着科研经费翻倍。在这场争论中，跨国比较发挥了很大作用。因为，挪威的科研经费支出在GDP中的比重虽然高于欧盟平均水平，但却低于经合组织的2.24%的平均水平，同时也低于美国和德国的2.6%，日本的3.1%，更低于芬兰的3.5%和瑞典的4%。这种国际比较增加了挪威人的危机感，因此他们决心奋起直追，大力发展科学研究事业，提高国际科学竞争力。

科学研究在北欧三国具有公立性质，政府承担起发展科学事业的主要责任，私人基金会等组织所起的作用较小。作为福利国家的代表，三国均把科学研究视为经济增长和社会福利之源，不断加大科研经费投入，以求为社会发展提供更大的内在动力。特别值得注意的是，北欧三国都把科研投入看做对社会的“投资”，就是说，科研经费虽然直接为高校和科研机构所用，但最终受益者是国家、人民和社会。像挪威这样科技发达的国家尚有危机感，我国作为发展中国家更应急起直追，把加大科研经费投入作为政府义不容辞的责任，大力发展科学研究事业，把提高国际科学竞争力落在实处。

二、坚定不移地提高人文社会科学研究质量，把科研经费支出视为研究与发展的主要指标

北欧三国面对激烈的国际竞争，把提高科学研究质量作为其主要对策。在这些国家的政府看来，经济竞争背后实际上是科技竞争，而科技竞争本质上是研究质量的竞争。如果一个国家不重视研究质量，就会失去竞争力。这种看法与我们对高校人文社会科学研究繁荣发展标志的判断可谓不谋而合。最近印发的《教育部关于大力提高高等学校哲学社会科学研究质量的意见》明确提出：“建立以质量为导向的评价标准。对哲学社会科学研究成果的评价，既要有数量、规模指标，更要有质量指标，当前尤其要强调质量指标在评价体系中的重要性。要克服重数量指标轻质量指标的倾向，改变简单以数量多少评价人才、评价业绩的做法。”这次考察，使我们进一步坚定了通过大力提高研究质量而谋求发展的信念和信心。我们应认真借鉴北欧三国提高研究质量的经验，制定更加科学、有效的科研政策和具体措施，扎扎实实地推动我国高校人文社会科学研究的实质进步。

我国科技统计比较看重科研经费拨入，各种各样的大学排行榜一般也把当年拨入经费当作最主要的科研评价指标。在北欧考察时我们却发现，这些国家的科技统计报告中均无科研经费的拨入指标，而是把科研经费的支出看做研究与发展的主要指标。道理很简单，科研经费拨入高校或研究机构之后，如果不使用就不能形成现实的科研生产力，因此，拨入经费一项指标并不能反映实际的科研能力。科研经费只有支出使用才能说明科学研究正在进行。如同汽车行驶需要耗油一样，科学研究需要耗费资源，耗费资源的多少即研究经费支出才是衡量科学研究事业发展的最重要的指标。相比之下，我国科技和社科统计只看重科研经费拨入、各种大学排行榜也把当年拨入科研经费当作最主要的评价指标的做法应当转变。如果科研经费总是趴在学校的账上不使用，势必影响研究活动的开展和科研成果的质量。但是，我国目前的财务制度，基本上无视科研经费使用的特殊性，大多设置重重障碍阻止研究人员花钱，这种局面如果不能改变，将成为制约我国科学研究发展的一个严重障碍。

三、高度重视科研人力资源特别是新一代科研人才的补充，促进科研与研究生培养紧密结合

当代国际竞争最重要的是人才竞争，一个国家只有拥有了世界一流人才，才能在国际竞争中获胜。对于这一点，北欧三国可谓深谙其道。挪威一直把受过高水平教育的劳动力视为高级知识经济之本。在 2003 年，全国有 5.1 万人参与研究与发展活动。其中，3.6 万人具有硕士以上学位，8700 人拥有博士学位，2.2 万人在高等学校工作。挪威议会已通过了一项增加研究人员职位的议案，主要有以下一些措施：在高等学校直接设立研究人员培训项目基金；扩大博士后的数量；给研究人员提供在企业、研究机构和政府机关之间流动的机会；到 2010 年使全国研究与发展人员达到经合组织的平均水平；改善研究人员的研究条件；为女性研究人员提供更加优惠的条件和机会；改进科研管理，培育年轻人才，鼓励出国深造。

各国均为造就新一代研究人员采取了一些积极的措施。挪威把新的研究人员的增长寄托于高等教育特别是博士研究生的培养。2004 年，该国有 782 篇博士论文获得通过，而这个数字在 1990 年是 393 人。挪威政府加快博士研究生培养的措施是提高博士研究生的奖学金，在北欧国家，瑞典博士生奖学金的增量最高，芬兰翻了三番，挪威较慢但也比 1990 年翻了两番。

在我们的理念中，科学研究与研究生培养虽然有密切联系，但在高校中科研工作和研究生培养却分得很清楚。在北欧，每到一地都听到高等学校把科学研究和研究生培养几乎等同起来，这对我们来说感觉十分新鲜。在这些国家，高等学校的科研任务主要是通过导师带研究生来完成的。例如，瑞典高等学校的研发工作主要是在教授带领下，由在校研究生特别是博士生来做。许多重要的科研成果都是通过博士论文来体现或取得的。高校科研要和学科建设、教学工作相结合，研究生培养正是这种结合的一个纽带。这一点需要我们认真研究和探索。我国高校科研工作和研究生教育目前分得过于清楚，有时候甚至格格不入，有的教授数年没有科研项目却不耽误带研究生，有的教授承担了许多科研项目却只能和没有科研项目的教授一样带同样数量的研究生。这种制度安排，实际上不利于提高科研水平，也不利于提高研究生培养质量。尽管教育部科研主管部门和研究生培养主管部门发的文件都分别提出了研究生参加科研项目工作的要求，但目前在一些高校还缺乏有效的制度措施在实质上推动这种结合。

四、推进科学研究的国际化，加强国际合作

科学是无国界的，科学问题是全人类面临的问题。因此，科学研究需要国际交流和国际标准。挪威研究理事会把增强挪威科学研究的国际化当作一个重要目标，寻求确保企业和研究机构的研究工作更加国际化。他们认为，当今世界，研究人员越来越依赖于与国外相关领域同行中领先者的合作，这种合作是学术共同体发展的决定因素。同时，国际合作研究为社会知识积累增添了力量。挪威的科研政策越来越具有国际化取向，并试图在世界学术界、企业界和决策界不断增强其影响。其具体措施包括：大幅度增加外国研究者在挪威研究机构和公司工作的人数，对外国学者开放研究项目；大幅度增加资助外国学者的研究基金；大幅度提高与国际研究机构的合作水平；积极地参与欧盟研究计划；积极加入制定研究政策的国际组织；与主要发达国家签订双边合作研究协议，等等。

北欧三国都把国际合作研究看做科研创新的重要推动因素。挪威把科研成果的国际化、国际影响力和国际标准作为提升综合国力的关键指标：一是鼓励在国际杂志上发表论文；二是鼓励与国外学者合作发表论文。《挪威科技指标报告 2005》指出：研究与发展和创新在今天依赖于不同活动者之间的高度合作。特定科学领域之复杂性的增加，市场的国际化以及研究与发展成本的增加，是增强国际合作的重要原因。研究与发展的国际合作对于开放经济尤其重要。挪威政府的《科研白皮书》强调：国际研究合作对提高挪威研究质量至关重要。国际研究与发展合作可以使挪威科学家、研究机构和产业掌握外国先进的知识和技术。而且，国际合作对于分担风险以及大规模科研投入的成本也是十分必要的。挪威政府特别强调，积极参与欧盟研究合作，加强双边研究合作，更好地利用国内资源去吸引国外研究人员和研究经费。这种国际研究合作具有多种方式，包括共同承担国际合作研究项目，与国外学术机构的研究人员进行各种接触和交流。2003 年，挪威共支出了 22 亿挪威克朗的研究与发展经费用于执行国际合作研究。在北欧三国的国际合作研究中，与中国的国际合作研究占有重要地位。在挪威新的科研白皮书中，中国被列为战略伙伴，中国-挪威学者合作发表的研究成果已从 1998 年的 20 篇上升到 2003 年的 100 篇，总计达到 274 篇。

北欧三国科研政策的制定者深刻意识到，科学问题是全人类面临的问题，因此把科学研究的国际化当作一个重要目标。科学研究的国际化有如下含义：第一，在战略上，把本国学者与国外同行中领先者的合作视为学术发展的一个捷径，看做节约科研投入成本的一个措施，当作提高研究质量和创新能力的重要推动因素。第二，在观念上，不仅把科学研究看做为本国人民谋福利，而且要为社会知识的积累、世界学术的发展增添力量。第三，在目标上，发展科学研究事业具有增强国际学术竞争力、扩大其国际影响的明确指向，鼓励通过国际研究与发展合作使本国科学家、研究机构和产业掌握国外最新科学知识和先进技术。第四，在科研评价上，把在国际杂志发表论文和增加在国际科学文献中的引用率当做主要标准。同时，积极鼓励本国学者与国外学者合作发表论文。第五，在项目评审中，为保证资助项目具有国际水准，其评审标准特别强调项目申请的国际水平、国际影响和国际合作；其评审工作也特别强调邀请外国专家。第六，采取了一系列推进国际化的措施，包括：（1）通过提供研究基金、开放项目等，积极吸引外国研究者在本国从事研究工作，鼓励本国学者出国开展合作研究；（2）积极地参与各种国际组织的研究计划，等等。科学研究的国际化对我国人文社会科学研究的发展也具有重要意义。这个问题实际上还是世界水平与中国特色或中国风格相结合的问题。如果不把世界水平和国际影响力当作一个目标，仅仅满足于科研成果或文化产品的国内消费，可能会使我们陷入封闭和自我陶醉，同时也会增加科研投入的成本。当然，科学研究除了学术水平的标准之外，还有改造世界的实践意义，二者似乎不可偏废。

五、科研项目的资助和管理方式

北欧三国对科研项目一般进行基金式管理。各类各级科研机构和高等学校不论行政归属，均可根据国家研发计划、自身研发计划或企业需求，向国家公共基金或私人基金申请立项，获取资助。瑞典研究理事会、挪威研究理事会和芬兰科学院等是负责对研究项目进行资助的管理部门，均依据基本的科学或学术标准，通过专家评审来分配研究经费。这些研究理事会的成员，包括由政府指定的学术界代表和社会公众代表，学术界的代表按程序选举产生，占理事会成员的大部分。为保证被资助的研究项目具有国际水准，研究理事会要求在外国专家学者的参与下对其支持的研究项目进行评审。

这里重点介绍一下挪威研究理事会的科研项目资助和管理方式。

量化评审（专家打分）：专家打分标准包括学术价值、项目管理、研究团队、可行性、国际合作、国内合作、成果交流、研究条件、道德规范和平等机会。以上 9 个指标分为 7 个等级：（1）异常好——该项目处于最高国际水平，并且具有最大的国内和国际影响。成果极可能在国际顶级杂志发表。研究者在其研究领域非常杰出。（2）极好——该项目具有非常高的国际水平，并且具有很大的国内和国际影响。成果可望在国际高水平杂志发表。研究者在其研究领域处于领先地位。（3）非常好——该项目具有很高的国际和国内视野，并具有国际影响。成果预期会在高水平杂志发表。研究者在其研究领域领先。（4）良好——该项目具有国际视野，但国内和国际影响有限。研究者在其研究领域有良好声誉。（5）一般——该项目国际视野较低，国内和国际影响较小。（6）薄弱——没有什么国内影响或国际意义的低水平项目。（7）较差——不合适的项目，没有国内或国际影响和意义，或者项目描述论证较差使专家无法评价。

定性评审（书面评语）：定性评价包括学术价值、项目管理、研究团队、研究的可行性、国际和国内合作以及成果的交流情况。学术价值评价包括：技术创新或新知识发展的原创性；目标、研究难点和假说的简述；理论进路、可操作性和科学方法运用的力度；研究基础、文献资料准备情况；基于多学科和跨学科方法而呈现的相关的科学多样性。项目管理评价集中在该项目管理所拥有的知识范围，本研究领域所要求的经验以及申请者领导和组织该项目的一般资格。整个项目课题组都应当在承担大规模、复杂项目的尺度上加以评价，其中重点评价培养博士生的能力。研究团队的评价，集中在判定团队中是否拥有必备的专家、资源或基础设施以及与国内和国际水平的接点。在评价其他课题组成员时，主要考量其是否具备优良的研究环境以及是否已做出了确保候选人完成其项目的努力。对国外研究者的评价，主要是看其是否同意研究团队出国开展合作研究。可行性评价集中在该项目是否现实、科学可行性、组织可行性以及在规定预算和完成时限内的可行性。国际合作评价，集中在该项目对挪威科研或产业在实现相关领域国际化中的贡献以及实现这一目标的计划。进而考量国际合作者的选择是否有助于提高该项目的研究质量和可行性。国内合作评价，集中在该项目是否有助于开拓和开发国家研究能力以及本领域的专门技术或网络建设；同时评价国内合作者的选择是否有助于提高该项目的质量和可行性。最后是对成果交流计划（在学术界和大众层面）的评价以及用户对象群体和传播信息的途径。在上述评价的基础上，由专家对该项目申请做出全面的评价，指出该项目申请之最重要的实力和弱点，并可做出补充性评论。

法、德两国高等教育和科技创新概况与启示
——2006年高校领导赴法、德培训考察报告

鞠 平 高 艳 李正熙 吕 杰 邵龙潭

2006年10月14日至11月12日，由来自21所大学的校领导和教育部、国家教育行政学院有关同志共24人组成的高校领导赴法、德培训考察团考察了法国和德国的12所大学、4个研究中心和科技园区，考察的主题是大学教学管理与质量保证、科技创新与成果转化。考察的基本情况报告如下：

一、法、德的高等教育

1. 欧洲高等教育的“博洛尼亚进程”

目前，欧洲高校非常关注也在普遍开展的一项重大改革就是“博洛尼亚进程”。它起源于1998年法、德、英、意4国教育部长在法国索邦大学发表的“索邦联合宣言”。1999年，欧洲29国在意大利的博洛尼亚市签署了博洛尼亚宣言，目标是，培养欧盟公民、帮助欧洲大学的国际化、在欧洲大学之间建立和谐的教育体制。其要点是：①实施LMD学制，即本科（L）3~4年打基础、硕士（M）2年专业化学习、博士（D）3年做研究；②实行欧洲学分ECTS，本科共计180个ECTS，硕士是120个ECTS；③推进大学教育欧洲化，使欧洲各国的文凭和培养质量相当；④促进不同国家和地区之间学生、教师的交流；⑤促使大学注重教学质量的评估和提高。2001年至2006年发展迅速，共有45国先后签约。目前，“博洛尼亚进程”受到企业界、经济界的欢迎，认为文凭统一是好事；各国的文凭和培养质量相当也使得越来越多的学生去其他国家学习。“博洛尼亚进程”遵循自愿参加的原则，所以还有不少国家和大学没有参加。因此，“博洛尼亚进程”是一条很长的路，但大家普遍认为“博洛尼亚进程”是不可逆转的。

2. 法国的高等教育

“免费、义务、世俗”三个词语就可以非常简洁地说明法国目前的教育状况。法国实行义务教育到16岁，实际上就是保证完成高中教育。在欧盟开始高教改革后，法国大学现在实行3年制。法国高等教育体制如图1所示。

法国高中后阶段的教育可以分成三部分：大学（相当于我国的普通大学）、工程师教育（也称大学校或工程师学校，类似于我国的工科教育）、大学职业技术学院（相当于我国的高职学院）。三部分之外还有一部分——高等技师教育，即高中毕业之后再在高中学习两年，即可获得高等技师文凭。两种职业技术教育的层次相同，区别在于高等技师教育更加强调培养技能性人才，如厨师、糕点师等；而大学职业技术学院则比较强调理论的学习。因为高等技师教育就业情况很好，所以很受学生欢迎。在法国，工程师大学校也被归为职业教育类，学制为五年。前两年，即大学校预科2和大学校预科1是在高中完成；两

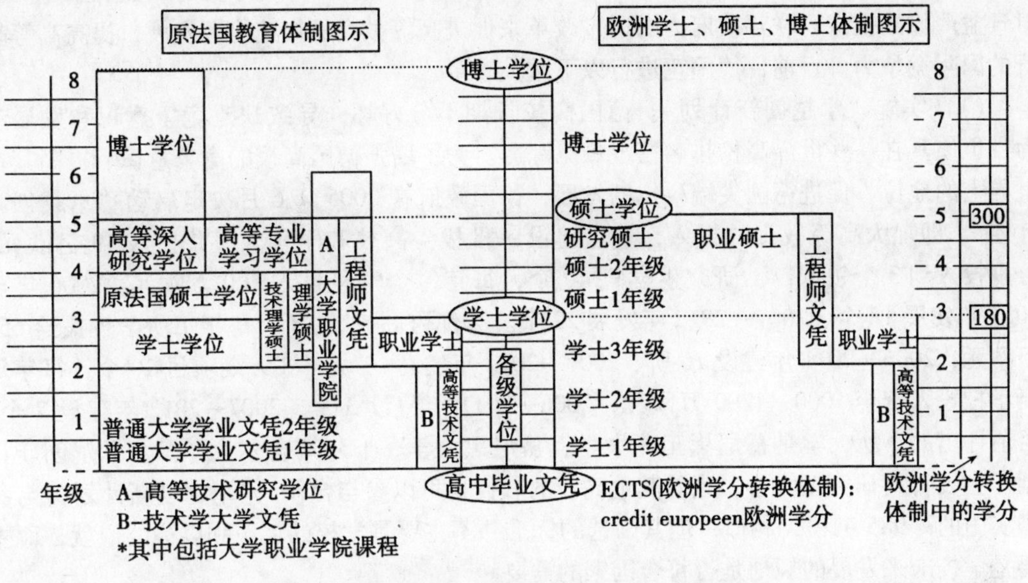

图1　法国高等教育体制图示（不含医药专业）

年之后经过考试择优录取，需要再学习至少3年，毕业后获得工程师文凭。其主要学科是工科，但也有经管类、艺术类专业。另外，法国也有师范学校，属于大学校。

大学校和普通大学的区别在于，大学校实行精英教育，每年约有1/10的中学生被大学校录取。大学校的教学与生产实践结合非常紧密。学生在一年级的时候就有实习机会，三年级时有半年的专门实习时间；而且他们大量的教师来自于企业，如邮电学校每年要从企业聘请2000多名教师来授课。所以，这类学校的学生对于技术在企业中的应用现状非常了解。大学校虽然相当于我国的工科学校，但他们并不是只教工科，还教管理，以便为学生将来做总经理打下坚实的基础。因此，大学校的毕业生就业情况非常好。

按照"博洛尼亚进程"，法国与欧盟其他国家一样改变了学制，改为学士3年为第一阶段，硕士2年为第二阶段，博士3年为第三阶段，实行学分制，也称为3—5—8学制。

法国高等教育的各个部分不是终结性教育。从职业教育的角度讲，其文凭设置一直到硕士结束；从技师的角度讲，读完技师还可以进修职业学士学位、职业硕士学位，但实际上高级技师中很少有人再读职业学士。一般来说，职业硕士不能进入博士阶段学习；研究硕士可以继续攻读博士学位。

总的来说，法国高等教育的特色是，大众教育和精英教育并存、一般教育和职业教育并存，互为补充、互相交叉。

3. 德国的高等教育

德国的高等教育在学术方面强调自由；在教学和科研方面强调教研一体；在促进社会和经济发展方面，强调高等教育必须与社会和经济发展紧密联系、直接为社会和经济发展服务。因此，德国高等教育质量很高，对社会和经济发展的影响很大。但随着国际、地区间和大学间的竞争日益激烈，德国高等教育越来越暴露出教育模式死板、官僚气息严重、教授年龄偏大、论资排辈现象严重、年轻人成长缓慢、缺乏国际竞争力等缺点和问题。面对日益严峻的挑战，联邦政府力图通过改革来促进高等教育的快速协调发展、提高高等教育的国际竞争力。目前，德国正进行以下重大改革：

（1）实施“卓越创新计划”。德国高校长期不分好坏，导致缺乏竞争意识和发展动力，也使其在一些世界高校排名榜上难觅踪影。为了增强德国高校的竞争意识、提高其在世界上的地位、促进德国尖端科技的发展，德国政府在2005年6月决定启动“卓越创新计划”，即加大高等教育的投入，重点建设一批拔尖高校和学科。一共投入19亿欧元，分别投入到3个领域：①研究生学科40个，每年每个学科投入100万欧元，2006年至2011年发展18个、2007—2012年发展22个。②优秀高校30所，每年每所学校拨给650万欧元，2006—2011年建设16所、2007—2012年建设14所。③计划项目10个，每年每所学校投入资金1000—1200万欧元，2006—2011年建设3个、2007—2012年建设7个。目前评出的3所大学是慕尼黑工业大学、慕尼黑大学、卡尔斯鲁尔大学。“卓越创新计划”主要针对研究型大学，当然其他高校的教授也可以参与合作。“卓越创新计划”与我国实施的“985工程”相似，但其筛选的标准并不主要是学校的名声和以往的成就，而主要是学校未来发展的规划是否符合国家的需要。

（2）实施学生交纳学费制度。德国高校向来是免学费的，而且对外国学生也免费，目前政府财政已经不堪重负。为了分摊教育成本，德国规定从2007年夏季学期开始，每个学生每年需要交纳1000欧元的学费，否则将不予注册。各个州具体的执行时间和范围不完全一样，有的州对新生和老生同时收取注册费，而有的州则只对新生收取注册费。

（3）改革教师培养制度。德国高校比较普遍地实行教授职位终身制，这在提高学科带头人的学术和社会地位、稳定教师队伍、保证高等教育质量等方面发挥了重要作用。但是，教授职位终身制带来的消极影响也不容忽视，影响了优秀教师的补充和年轻教师的成长，使得许多有才能和发展潜力的年轻教师流向国外。因此，德国政府启动了“青年教授席位”制度，首批面向国内外公开招聘3000名年轻学者，每个“青年教授席位”可以获得10万~15万马克的资助。根据规定，“青年教授席位”必须按照一定的程序公开招聘，由同行专家对候选人进行评审鉴定。青年教授的聘任期限为6年，分为两个阶段。在第一个3年后进行中期评估，评估良好者可进入第二个阶段；评估成绩差的将被终止资助。优秀的“青年教授席位”获得者可以直接晋升为教授而无需参加教授资格考试。另外，“青年教授席位”获得者可以拥有独立的教学、科研和指导博士研究生的权利，可以组建自己的学术梯队等。

（4）改革教师工资制度。近年来，联邦政府提出改革现行工资制度，建立一套具有一定灵活性、与教师个人业绩挂钩、具有一定激励作用的新的工资制度。新的工资制度将工资分为固定工资和浮动工资两部分，工资等级与教师的工作成绩、实际贡献（绩效）以及教师的岗位职责挂钩。新的工资制度还取消了原来每两年自动晋升一档工资的做法，取消教授享有的与聘任和延聘有关的津贴等。晋升工资档次需要通过相应的业绩考核或评估。考核（评估）的内容包括完成的教学工作量，取得的教学、科研成果，在培养研究生、指导进修生或访问学者等方面的工作情况，社会兼职以及在校内担任的行政和业务方面的职务等。

4. 法、德高等教育之比较

(1) 法、德两国高等教育的共同之处表现为五个方面：第一，两国的高等教育都是以公立高校为主，甚至是占了绝大多数；政府高度重视高等教育并且投入力度大。第二，两国政府都保持高等教育的多样性，注重不同层次高校的发展，而且不同层次之间具有交叉性。第三，两国的高校和生产实际结合得非常紧密，非常注重学生实践能力和创新能力的培养。第四，两国的高等教育注重“以人为本”的理念，比如校长选举委员会中有教师和学生代表。第五，两国高度重视高等教育的国际化，高校的国外学生普遍在10%以上，教师、学生的国际交流频繁，尤其在“博洛尼亚进程”实施后更是如此。

(2) 法德两国高等教育的不同之处表现为：第一，教育管理体制不同。法国是中央集权制国家，在1983年之前，高等教育一直实行高度集权管理。1982年后开始给高校一些权力，包括办学自主权。而德国是联邦制国家，所以高等教育也是联邦制管理。第二，德国和法国对大学的建设方式不一样，比如德国选择10所左右最好的大学来重点建设，而法国没有这样。

二、法、德高校的教学质量评估与管理

1. 法德高校的教学质量评估

为了统一基本质量要求、促进高校提高质量，“博洛尼亚进程”要求大学要有评估才能实施LMD学制，因此欧洲的高校普遍开始实施教学管理与质量评估。2005年各国教育部长批准了评估标准，并在45个国家实施。评估引进了新的模式，其中各个学校自评是基础、外部评估是保证，外部评估人员和机构本身也要受到评估。高校评估每6年一次，教学大纲评估（相当于专业评估）每4年一次。另外，德国还尝试对高校管理质量进行评估。

(1) 评估标准。对于高校评估的标准是：必须保证大学管理的质量；必须建立保证大纲实施的机制；必须保证学生考试评分方式透明；必须保证教师质量；大学有帮助学生成功的责任；及时进行校内校外信息沟通、向大众公布情况和发展策略等。对学科专业评估的内容包括：高校整体定位、学科教育目标、学科自身方案、学科可实行性、考试制度、再评估所需要的材料等。对评估机构评估的内容包括：评估机构是否是独立的外部机构；评估机构是否是国家承认的机构；人员财政必须和工作相符；必须清楚阐述工作方法；是否独立作出决定；评估方式是否清楚并公布于众；是否将评估结果告知参与方等。

(2) 评估组织。原先，国家委员会评估教学管理，教育部评估教学大纲。2007年将把原国家评估委员会合并、整合成为一个独立机构——评估局，由评估局来负责高校、教学大纲和科研的评估工作。

(3) 评估程序。首先，由高校提出申请并提交自评报告；其次，由评估机构确定由专业人士、用人单位代表、在校学生组成的专家组；然后，专家组到学校考察，核实高校申请；最后，专家组给出评估意见，评估意见主要是关于学校如何进一步提高质量的建议，而不是是否通过评估的结论。

2. 法、德高校的教学管理

法、德两国都已进入高等教育普及化阶段。为了保证较高的教学质量，法德高校在教学管理方面有以下重要举措：

（1）实施严格的教学管理制度。德国对学生的入学要求宽松，凡是13年制或相当于13年制完全中学（文理中学）的毕业生都可以获得大学入学资格。按各州达成的协议，各校有义务接受所有取得这一资格的年轻人入学，少数学生如果当年没选到合适的学校或专业则可在下一年重新申请。一般来说，最长等待九个学期就一定能选到理想的学校和专业。虽然入学“宽松”，但教学管理是非常严格的。德国的高等学校实行学分制，学生的淘汰率在30%左右。法国是精英教育与大众教育并行发展。属于精英教育的工程师教育，在进入预科前就进行了严格的选拔，在两年的预科学习期间，每周都要排名次，而且预科生中大约有75%的人能够进入大学校。大学校一流的生源、一流的师资以及国家和社会的重视和支持，使大学校具备了培养高质量人才的优越条件，所以进入大学校后的淘汰率很低，但教育质量仍然非常高。而大学教育是大众教育，高中毕业都可以入学。同样，在大学学习期间也有非常严格的考试，学生在第二学年未达到所要求的成绩就要被淘汰，淘汰率高达50%左右。被淘汰的学生可以选择留级、转专业、转学校。一般是从较难的学科（如理工科）流向容易的学科。较高的淘汰率能够激发学生奋发学习，保证了毕业文凭的质量。由于法国的就业体系和继续教育体系较完善，学生有较多的选择，所以较高的淘汰率已被社会和学生接受。

（2）实施导师制。法、德两国的高校普遍实施本科生导师制。每位教师指导20名左右的本科生，主要为本科生提供学习上的咨询，这是教师的义务。有的学校还在工作合同中明确规定：指导学生不另算工作量或者另外支付报酬。

（3）实施因材施教。比如，多特蒙德大学成立了“学生信息咨询中心”。其主要任务是，从大学生入学时就开始跟踪了解学生的各种需求、分析不同学生的特点、在不同阶段采取不同的措施来分类施教。同时，积极鼓励学生创业，促进学生创业精神的养成，强化学生与企业之间的交流和沟通。

（4）大学与国家签订合同。法国高校管理的重要举措之一是大学与国家签订合同。合同每4年签订一次，合同内容包括学校的定位、发展理念、专业发展计划、科技发展计划、资金、设备、管理等方面；同时也包括政府的投入以及职责等。实际上这也是学校的近期发展规划。法国高校的资金大部分来自于国家，2006年法国政府出台与财政相关的法律，要求对公共部门的财政进行预算并在此基础上拨款。高校的预算依据是学校执行合同的情况以及高校在国内外高校中的排名，所以法国高校目前普遍重视自身的排名。

三、法、德的科技创新与成果转化

1. 法国的科研体制

法国科研机构有的隶属大学、大学校，有的隶属国家研究中心，也有的属于企业以及地区合作的联合体。大学主要开展自然科学和人文社会科学领域的研究，大学校主要开展工程技术和应用技术领域的研究。国家研究中心类似于我国的中国科学院，主要制定基础性研究和应用基础研究的方向和内容，其下属的独立的专业研究所负责具体的研究工作。在大学周围形成的企业、地方与高校合作的科研联合体是研究中心和产业孵化器，他们进行资源共享，并联合申请欧盟和法国的重大研究课题，在管理上以项目为主。在法国还有一些非营利的科研组织机构，负责企业和高校之间的科研合作。其主要任务是帮助企业找到适合的学校来进行技术研发以及其他形式的合作；帮助学校联系企业来推广成果；还包括一些商业活动，如软件出口、申请专利、转让成果等。

2. 德国的科研体制

德国的科研活动主要由大学和科研协会来承担。

（1）德国大学承担的科研活动。德国三类大学分别从事不同的科学研究。综合型大学主要面向人文社会科学、自然科学和基础性研究以及工业应用领域，如多特蒙德大学、洪堡大学、波斯坦大学等；专业型工业大学主要面向产品设计、新产品开发、技术创新等技术应用型研究，如柏林工业大学、考特朴施工业大学等；应用技术大学主要为企业的技术开发服务，如 LAUSITZ 技术应用大学、DARMSTART 技术应用大学等。

（2）德国的科研协会。德国的科研组织主要由几个重要的协会组成。第一，在自然科学研究领域，主要以 MaX — Pianck—Gesellschaft（简称 MPG 或者马普所）为核心来开展研究工作。1946 年以来，马普所产生了 16 位诺贝尔奖获得者，国家对此类机构充分信任。马普所自己定项目，国家每年固定拨给经费；根据成果，每五年还可以与政府商讨 3%的补助金。马普所在各个州和大学周围都设立了各类专业研究院，联合大学的力量来开展科研活动。第二，在技术研究领域，主要以 Fraun—Hofert—Gesellschaft（简称 FHG）为核心来开展科研活动。FHG 是全欧洲最大的协会，由 80 个研究所、58 个研究单位、15 个专门信息技术研究所组成，共有 1.25 万名研究人员。很多研究所建在大学附近。FHG 的软件与系统工程研究所就设立在多特蒙德大学校区内。该研究所所长同时也是多特蒙德大学的教授。研究人员的合约有的是终身制（占 30%左右），有些是 2~5 年的合同（人员的流动，增加了研究机构的活力），形成了机构开放、人员流动、内外联合的良好合作机制。第三，集成性项目以 Helmholtz 协会为核心来开展。该协会的科研活动主要是与企业合作开展，即由企业确定项目，企业出资，联合其他企业、研究院所和高校来联合开展。协会在这里主要起着组织和协调作用。除了上述三个协会之外，还有 Leibniz 协会（WGL）等小型的科研协会。

3. 法、德两国科研体制的特点

（1）不论基础研究还是技术应用性研究，两国大部分科研活动是在协会和科研联合体的组织下进行。这种组织是独立于政府、企业、大学、研究机构的非政府机构。他们对于科研项目的确立、研究工作的开展、成果的推广等负有独立的责任和义务，因此能够比较公平地解决科研项目的流向、科学地组织科研力量和科技资源来完成科研活动。如德国的 MPG、FHG，法国的马兰河谷科技联合体等都是独立的科研协会或联合体。

（2）大学建立独立的研究中心。这些中心在大学与社会之间起着非常重要的沟通、联系作用。比如波斯坦大学就有 8 个跨学科的研究中心。2005 年，这些研究中心总共获得了 8000 万欧元的研究经费，其中 2500 万欧元来自企业。研究中心的教授可以在大学当教授。这样就把学校和科研机构紧紧地联系起来了。

（3）大学设立独立学院（类似于我国的二级学院）。这些二级学院是企业家投资兴办的私立学院，开展少量的精英型教学活动以及科研活动。比如波斯坦大学的软件学院（HASSO PLATTNER INSTITUTE，简称 HPI）就是私人投资 2 亿欧元创办的，附属于波斯坦大学的私立教育科研机构。HPI 的教授都是软件专家。他们在教学的同时，还组成小团队（4~8个人为一个团队）进行软件研究设计。

（4）大学与企业界关系密切。大学与企业的关系是建立在互相信任、相互需求的基础上的。首先，法、德两国大学的教授是经过严格的程序选拔出来的，一般都具有丰富的企业经验。其次，高校实验室的设备几乎都是企业提供的。高校利用这些设备为企业开发尖端产品，自然就把学校和企业联系起来了。

（5）在大学内部，教授的重要任务是教学，每个教授都有明确的教学任务。学校对教授没有特别的科研指标和很具体的科研管理条例，但大家都认为，搞科研完全是教授分内的职责和义务，所以教授们都自觉地开展科研工作。

4. 法、德两国的科技成果转化

大学的科研成果转化主要有以下几种形式：

（1）申请专利和转让。在2006年以后，法国的大学都设立了科技成果转化中心或者类似的机构。转化中心组织专家对成果进行鉴定，以决定是否申请专利权或软件执照。如果决定申请，该中心负责向专门的专利受理机构申请专利；如果学校不申请专利，研究人员有权以个人身份申请。如果科技成果得到转让，研究人员和学校一起分享转让费。

（2）直接转化。一方面，在政府政策的引导下，越来越多的科技产业孵化器设立在大学周边。这样，教师在进行教学的同时可以利用自己的科研成果创办企业。不过，为了保证完成学校的教学任务，学校也规定大学教师的额外收入不能超过工资的30%。另一方面，大学直接承担企业的研究项目。为了提高企业产品的质量，大学在新产品开发、改善工艺等方面展开了一系列的科研活动。

（3）积极发挥科技园区的作用。近年来，法国和德国都在大学附近建设了大量的科技园区。大学鼓励教师在科技园区成果孵化器里兼职，以便在保证教学的前提下把其科研成果尽快转化出去。另外，科技园区是独立于政府的经济实体，在科研成果的转化上引入了充分的市场机制，为教师创业和科技成果的转化提供了非常方便的条件。

四、启示与建议

1. 我国高等教育的发展应该充分重视国际化竞争

在当今国际大舞台上，国家之间的竞争实际上是人才的竞争，人才的竞争又体现为高等教育的竞争。中国的高等教育面临着优质教育资源稀缺的状况，而欧洲的高等教育面临着本国学生需求减少的状况。所以，高等教育国际化竞争的重要方面，就是对中国高等教育市场即招生生源的竞争。因此，中国的高校将面临先进国家高校带来的竞争压力。为了应对国际竞争，我们要有宽阔的国际视野和人才培养理念，不断增强自身的国际竞争力，持续提高教育教学质量，促进教师和学生的国际交流与合作。

2. 我国高等教育的投入应该明显增加

按照法国2002年的统计，法国当年投入的教育经费是1036亿欧元，占国民生产总值的6.9%，是我国的两倍多。其实，从1974年起，法国的教育投入就一直呈上升趋势，平均年增长2.5%，高于GDP年均2.2%的增长率。从占GDP的比重来看，高于经合组织国家5.5%的平均值，仅略低于美国和一些北欧国家。而我国高等教育的投入占国民生产总值的比例明显低于世界平均值，并在国际上排在倒数的位置。教育投入不足严重制约了我国高等教育的进一步发展。对高等教育的重视不能仅仅停留在口头上、文件上，而应该落实到行动上、经费上，因此应该加大我国高等教育的投入。

3. 我国高等教育应该注意保持多样性和交叉性

法、德两国政府都尽力保持高等教育的多样性和交叉性，尤其注重符合国家和地方需求的、具有特色的专业性质的学校的建设；高校自身也并不一味求大、求全。1968 年之前，法国是一个地区办一所大学，大学由大学区区长担任，当时有 20 多所很大的大学。1968 年到 1975 年间，中小城市陆续建立了 66 所比较专门化的大学或大学校。现在，法国有 82 所大学。法国既注重精英教育与大众教育，也重视一般教育和技术教育，并且高校之间互为补充、互相交叉。我国过去也有许多非常有特点的专业性质的工科院校，但经过大学合并后便失去了原有的特色，这是我们应该反思的问题。在高等教育的改革与发展中，要注意以下几个方面的问题：

（1）要避免不顾条件地进行高校合并，避免片面追求大而全的不良行为。当然，这涉及政府的政策与评估导向、社会的认识、高校的定位等多方面因素。

（2）要避免趋同。在重点建设一批国际一流高校的同时，也要注重有特色的专业性质的高等学校的发展，鼓励不同层次、不同类型的高校的发展。各个高校自身要注重特色建设、发展优势学科。

（3）学习国外经验不要一味地只学习某个国家的经验（比如 20 世纪 50 年代学苏联、90 年代学美国），而应该兼容并蓄。

4. 我国高等教育的专业结构和层次结构应该紧密结合社会经济发展对人才和科技的需求

法、德两国高等教育给我们的深刻印象是，高校发展什么专业、培养什么层次的人才是根据国家和当地的社会经济发展的需求以及自身的条件来设置的。当地区工业结构发生变化时，高等学校能够及时地调整自己的专业结构以适应地方需要。同时，他们非常注重职业教育的发展，比如高等和中等层次的工程教育在法国非常受重视。借鉴法德的经验，我国的高等教育发展应该尽量做到以下两点：

（1）高等教育的科类专业结构要与社会和经济产业结构相适应。尽管高等教育有一定的滞后性，但高等教育必须关心产业结构的变化，特别是要分析产业结构比重上升最快和下降最快的各种状况，以便及时调整专业设置和教学内容、更新改造老专业、发展社会急需专业以满足人才市场的需求。高等院校不能只顾自身条件而不顾社会需求办专业。

（2）高等教育的层次结构要与社会经济技术结构相适应。目前，我国高等教育主要分为研究生、本科生和专科生三级。长期以来，我国高等教育忽视大多数工业部门技术落后、急需大量第一线应用型人才的现实，盲目发展高等教育的较高层次，盲目追求培养层次的高规格化、学术化，忽视了对初、中级技术人员的培训，致使我国技能型人才十分缺乏。这是我国工程教育最薄弱的地方。因此，要使高等教育适应地方经济、政治的发展，就需要国家制定政策、社会形成氛围、学校具备自觉意识，来适时调整专业结构和层次结构。

5. 我国高校的教学科研要紧密结合实际，注重培养学生的实践能力和创新能力，注重学校之间以及学校与企业、科研单位的合作和交流

法、德两国高校的教学科研与生产实际结合得非常紧密；高校和企业、科研单位结合

得也很密切。我国高校传统上重理论、重知识、重基础，使得毕业生要相当长的时间才能胜任企业和社会的工作；而且我国高校大多数教授都是从学校到学校成长起来的，多数工科教授没有工程师的经历，甚至没有接受过工程师的基本训练，所以教学和实践往往脱节。因此，高校，尤其是工科以及应用型高校必须充分加强实践性教学，培养学生的动手能力和创新能力。第一，要使教师具有企业或者社会工作的经历；第二，教学内容要密切结合实际，并根据实际不断加以更新；第三，实验设备要尽量采用企业当前使用的设备，并增加学生的实践课时，有的专业应该达到总学时的 1/3 ~ 1/2；第四，不同类型的高校、不同类型的专业应该允许有不同的实践方法，比如学徒制、课题制等。

6. 我国高校要落实“以人为本”的教育理念、建立全面的质量管理体系和以学科专业评估为主的评估体系

法、德两国高校坚持“以人为本”的办学理念。学校不管大事小事都从学生发展的角度来考虑，学校的管理、决策、评估等都有学生参加。

法、德两国高校近年来开展了各种各样的教育教学评估，包括学校评估和专业评估、教师评估、学生评估等，通过评估找出薄弱环节并加以改进提高，从而持续提高教育教学质量。但是，教育教学评估是非常复杂和困难的。评估标准要做到科学性、基础性和引导性，评估过程要做到公开性、可操作性，评估结果要做到公正性、启发性。学校自身的内部评估与管理机制至关重要，应该建立学校评估与重点抽查相结合的学校评估制度。相对来讲，学科专业的评估比较具有可比性，因为全国同一个学科专业内容可比，师资梯队可比，毕业生可比，科研成果可比。所以，建议建立以学科专业评估为主的评估体系。

7. 我国高校的科技创新与成果转化要建立产学研联动机制

（1）建立促进产学研联动的机制和政策。法、德两国都有比较完善的、独立的科研联合体和研究机构。这些科研联合体避免了恶性竞争、重复研究以及多头研究的现象发生。而我国围绕一个项目，大学之间、大学和研究院所之间普遍存在着恶性的不正当竞争、重复研究现象。这造成了巨大的人力资源和资金的浪费。其根本原因是我国科研组织和管理机构多，而且作为政府的机构之一，其行政的成分多、科学的权威性少，建议将有关部委合并。另外，建立像德国 HFG 这样围绕工业界组织开展科研的独立机构，来组织高校、科研院所和企业界开展具体的产品开发和技术创新。

（2）通过组织方式的改变来形成研究团队。在法、德两国，政府与教授签订工作合同时明确规定给教授配备一定的助手兼管理人员。这样，教授们就能形成小的研究团队。而我国的大学没有相关规定，教授自己组合团队，需要耗费大量的时间和精力，因此有不少教授一直单干到退休；另外，在项目的申请上，高校与专门科研机构、企业之间不是合作、联合的关系，而是竞争的关系。这需要通过改革目前的院系组织模式来加以解决。

（3）各类大学的科研要分工清晰、特色突出。比如综合性大学重点在于基础研究和应用基础研究，而专业性质较强的院校科研则主要是企业界的应用技术领域。

（4）重视高校的科研成果转化，建立科学有效的体制、机制。我国的多数科技园区是政府举办的，大学的科技企业或科研机构也大多隶属于学校。这使得科技成果转化方面激励不够、动力不足、责任不明。对此，国家要重视在大学内外广泛建立独立的研究机构、科技园区、成果孵化器，以便为大学的科研成果的转化创造有力的条件；对科技型企

业投资者实行减税政策。另外，学校要鼓励科研人员创办企业。

（《国家教育行政学院学报》2007 年第 2 期）

芬兰社会科学与通识教育考察报告

何 健

一、赴芬兰培训的基本情况

为了全面了解北欧国家——芬兰高校人文社会科学研究和通识教育的历史、现状、政策、管理和发展趋势，考察芬兰社会正义、教育公平与青年的道德价值取向，了解芬兰高校道德教育及其组织实施机制，吸收借鉴国外高校人文社会科学研究管理和通识教育的成功经验与方法，开展比较研究，促进我国高校人文社会科学研究，科学实施通识教育，经教育部和国家外专局批准（外专培核字［2009］30357 号），由中国教育国际交流协会具体组织的“高校社会科学与通识教育培训团”于 2009 年 9 月 20 日赴芬兰开展了为期 21 天的研讨与培训。培训团由从事高校哲学社会科学研究管理和高校思想政治理论课教学管理的负责同志和骨干教师组成，共 18 人，教育部社科司何健处长任团长。

本次赴芬兰培训的主要任务有五项：

（1）考察芬兰高校人文社会科学宏观政策和管理体制；

（2）了解芬兰高校人文社会科学主要基金资助体系和运行模式、项目和经费管理制度（包括课题设置、经费额度、经费来源及管理）；

（3）了解芬兰高校人文社科评价体系和研究方法的发展情况；

（4）了解芬兰高校开展大学生公民教育和道德教育的情况；

（5）了解芬兰高校对理工类大学生进行人文社会科学教育的情况。

根据出国培训的任务和目的，本次培训主要采取专家讲课集中培训、座谈研讨交流，访问有关大学、研究机构和管理部门，听取负责人介绍等方式，较为全面系统地了解芬兰高校人文社会科学研究和通识教育的基本情况。先后听取专家专题培训 8 场；召开座谈、研讨交流会 3 场；先后访问了赫尔辛基、坦佩雷、拉普兰等三所大学和芬兰科学院、芬兰高等教育评估委员会等 2 个专门机构。先后有芬兰著名的人文社科研究专家 Seppo、Mika Nieminen、Sami Borg、Turo Virtanen、Karl Holm、Markku Mattila、Antti 等六名教授分别就“芬兰高等教育系统——历史发展与当前改革”、“芬兰高等教育政策和财政体系以及对人文社科研究的影响”、“芬兰综合类与理工类大学的合作——高校战略联盟”、“芬兰社会科学数据收集与管理系统”以及“中芬高等教育比较研究”和“芬兰高等教育评估体系”等问题作了专题报告与培训。同时，团员们充分利用休息时间，了解和考察了芬兰社会的保障体系和文化历史传统，为团员们客观认识芬兰高校的社科研究和人文通识教育提供了素材。2009 年 10 月 8 日上午在坦佩雷大学召开了培训总结会。总结会由芬兰高等教育组负责人 Seppo 教授主持，何健处长代表中国培训团在总结会长发言，每位参加培训人员获得了由芬兰高等教育组颁发的培训结业证书。

二、芬兰的高等教育改革及其政策趋势

芬兰的教育体系分为基础教育、初等教育、高等教育和成人教育四个部分。高等教育主要由综合性大学和应用科学大学构成。其中，综合性大学 20 所，全部为研究型大学（包括艺术大学），在校生数 16.4 万人。应用科学大学（主要是 1990 年以后建立的）26 所，在校生 11 万人。高等教育毛入学率高达 70%左右。

芬兰高等教育的发展具有非常符合芬兰国情的特色化的政策目标。作为一个典型的北欧国家，芬兰 530 万人口的大部分集中于南部地区，北部靠近北极圈的广大地区地广人稀，经济社会发展水平相对较低。芬兰高等教育发展的一个重要目标就是利用高校的均衡分布来保持区域经济社会发展的平衡。作为一个主要以林业和电子、电器工业为主要产业的资源相对匮乏的国家，人力资源的开发是芬兰经济社会发展的支柱，教育（主要是高等教育）和研究成为国家的主要资源。作为一个需要在激烈国际竞争中保持竞争优势的老龄化国家，不断创新和应对老龄化社会的问题成为关键，高等教育对国家和社会的需求做出及时的反应，高等教育具有较高的国际化水平，成为芬兰国家创新体系的主力军。作为北欧的福利社会国家，芬兰的高等教育政策充分反映了北欧福利社会的价值观，实施免费的高等教育。鉴于高等教育在芬兰经济社会发展中的重要地位，芬兰政府不断加大对高等教育的投入，大学的经费和规模近 30 年来保持了大幅度增长；私立高等教育于 1970 年全部并入公立教育系统，高等教育的改革发展政策与区域经济社会发展政策和国家创新体系政策具有密切的联系。

20 世纪 60 年代以来，芬兰高等教育改革经历了三个重要的阶段。一是 20 世纪 60 年代至 80 年代中期。改革的主要特点是：(1) 建立大众化高等教育。制定《高等教育发展法》，确定了大学定量化的发展目标。(2) 实现大学的区域化（或称为去中心化），在南部主要城市之外建立新的（研究型）大学，把高等教育的科研作为地区均衡发展的主要手段，重视大学教学和科研的紧密结合。(3) 实施集权式、计划式高等教育管理政策，教育部对高等学校的集中控制，高等学校缺乏办学自主权。二是 80 年代至 90 年代初。改革的主要目标和特点是，按照新公共管理的模式改革实现高等教育管理的现代化，对大学实施新的管理方式，增加社会参与，提高高等教育效率。改革的主要内容是：(1) 对大学实施"以目标为导向的政府调控和管理"。教育部与高校签订 3~5 年的绩效协议，规定大学发展的定量与定性目标，教育部主要基于大学完成绩效协议所规定的学位数量进行包干拨款。高校自主权有所增加，但设立新的学科仍然需要教育部批准。(2) 为了确定高等学校履行绩效协议的情况，建立了高等教育评估委员会和全国高等教育评估系统，对高等学校进行绩效评估，同时建立了国家大学数据库（KOTA），定期公布大学完成绩效协议的情况和教育质量指标。(3) 改革芬兰科学院，建立多学科合作研究体制，提高科学研究的效率。(4) 要求学校定期向教育部报告完成绩效协议的情况。三是 90 年代中期以来的高等教育的改革发展。20 世纪 90 年代初期的经济危机在芬兰引起一场社会争论，即芬兰是坚持高福利的社会制度，还是采取市场化的办法推进经济社会改革。争论的主要结论是要坚持高福利的社会制度，但是要进一步用市场机制来改革芬兰的社会和教育。在这个时期，芬兰确定了“高等教育和研究是国家的支柱”的政策。这个阶段高等教育改革的主要内容是：(1) 提出高等教育政策和社会经济发展必须协调一致，确保芬兰成为全球知识经济的“领头羊”。(2) 采取更为有效的高等教育管理方式，加强在国家层面对科技和教育工作的领导，建立“科学和技术政策委员会”，由总理直接领导；高等教育拨款和与其绩效紧密挂钩；建立和完善多元问责制度（拨款模式改革、KOTA 数据库建设、学校年度报告）。(3) 高校自主权不断提升。改革高校的内部管理体制，大学教授的聘用由总统聘用改为由大学聘用，给予高校更多财政自主性，从对高校的集权式管理到计划机制与市场机制相结合的“混合型管理”。(4) 重新建立具有强大区域功能的、教学型的非国家所有的理工学院，主要实施职业和专业高等教育，由政府给予经费支持。

2010 年，芬兰将实施新大学法，新大学法反映了芬兰高等教育改革的一些新的特点。一是大学获得了新的法律地位，从附属于政府的公共机构转变为法定公共实体，与政府预算脱钩。(2) 实施大学的管理体制改革，大学必须建立“大学管理委员会”。大学管理委员会成员中至少有 40%的成员为校外人士，委员会主席必须来自校外，校长由大学管理委员会任命，向大学管理委员会负责。(3) 实行学费改革试点，向非欧盟学生收取学费，同时提供奖学金。(4) 政府的经费仍保留相同水平，不会减少。

芬兰的高等教育改革和政策发展，体现出的基本趋势主要是：(1) 高等教育改革政策与区域发展政策、国家创新政策、更为广泛的社会、文化、环境和经济政策之间建立更紧密的联系。(2) 政府的角色从计划与控制转变为宏观调控再转变为加强控制与增加学校自主权相结合，从控制投入转变为控制产出。在这个过程中，政府始终扮演了一个强有力的角色。(3) 大学从低财政自主权转变为高财政自主权，从高度学术自治转变为有条件的学术自治。(4) 高等教育经费在不断增长的基础上从松散问责转变为有效问责，从低水平的外部资助转变为较高水平、不断增加的外部资助，从资助纯学术的发展需要转变为强化资助社会性需要。

三、芬兰的人文社会科学研究及其管理的基本情况

(一) 社科与人文科研的地位和作用，经费的投入及来源

芬兰将教育看做社会发展的原动力和支撑，将大学视作创新的动力来源，因此高度重视科学研究。目前在欧洲地区，就研发投入占一个国家 GDP 的比例而言，瑞士最高，位于第一，芬兰位于第二，占 GDP3.4%。芬兰高度重视社科和人文研究的重要性，社科、人文学科与自然科学协调发展；并且不断从新的角度加深对社科、人文学科意义的认识。针对芬兰的国情，芬兰研究者指出，社科和人文研究是社会福利发展的基础和生命。

芬兰的科研经费主要来自政府，相当稳定且能持续增长，得到了法律保障。2007 年国家研发预算 17.3 亿欧元，占国家预算 3.4%。目前研究经费的来源已呈多元化、多渠道的趋势，研究者还可以申请到不少外部的（如企业、社会）资助。像诺基亚公司有相当大的投入。

(二) 社科与人文研究的新趋势、新特点

1. 以问题为导向，鼓励开展跨学科研究

芬兰学者关注社会发展中出现的新问题，强调社会问题需要采用多学科的研究方法，并加强纯科学和应用科学间的对话。科学研究不再局限在旧的学科格局中展开，而是围绕

问题意识进行和加以组织。诸如环境挑战、人口老龄化、健康保障、消除贫困、全球冲突等，都是芬兰学者面对的重大问题。在跨学科的过程中，也涌现新的学科领域，例如高等教育研究。

2. 应用研究与基础研究并重，增加与社会的互动，拓展与产业之间的合作，适度开展商业性服务

历史学、哲学等基础学科在芬兰教育体系中占有重要地位，在确保这些学科良性发展的同时，芬兰积极推动应用研究，由此科学研究涵盖的范围越来越广，并形成很多交叉性的研究领域。如：人机互动，大脑疾病的研究，服务创新，社会媒体……教育部设在坦佩雷大学的高等教育组（HEG）所拟定的发展原则中，就有这样一条：通过什么样的方式（项目和活动）为利益相关者服务？该机构主要开展面向教育部和不同高校的应用研究和咨询服务，同时也明确提出要为国际和国内提供商业服务。

3. 在竞争的环境中加紧落实国际化发展战略

近年芬兰开展了很多欧盟项目和其他跨文化交流项目。如芬兰科学院，现有15项在研计划均强调多学科、跨学科和研究人员及资助方的国内国际合作。特别的合作对象国有中国、印度、日本、俄罗斯、巴西、智利，其中已与中国的三个机构（自然科学基金、科学院、社科院）签署了合作协议。

（三）注重科研的绩效和质量，重视评估和管理

在目前芬兰的高教系统中，绩效和质量得到前所未有的重视。教育部与各大学签署绩效管理的协议，实现从项目拨款到一次性包干拨款的转变，新的管理方式已经形成。对于大学的绩效和质量，教学方面由教育部评估委员会负责实施与监督，科研方面则由芬兰科学院负责。芬兰科学院定期对芬兰科技现状、水平、研究和学科领域以及所要资助的科研计划做出评估。近十年来，该院完成了14项学科领域评估，并请主要由外籍专家组成的评审人员对26项科研计划作了评审。此外也增加了对已资助项目的社会效益和科学效益的评估。

芬兰有20所研究型大学，这些大学的教师在承担教学任务的同时，科研成为他们的天职。科研和教学互相促进，成为提高学术水准不可或缺、互相依存的两个方面。在大学内部，加强学术自治和学术自律，强调从学生时代起就养成好的学风。注重提升管理队伍的质量及其效益，已有越来越多的管理岗位由研究人员兼任。

（四）切实增强科研成果的共享和后续利用，借助信息化手段推进研究及咨询服务

社会科学数据档案馆作为一种新生事物，于20世纪60年代和70年代初，首先诞生于美国、西德、英国和挪威。芬兰也于1999年建起国家社会科学数据档案馆（Finnish Social Science Data Archive，FSD），旨在成为芬兰社会科学研究和教学相关数据的资源中心，促进以研究、教学为目的的数字数据的收集、存档和传播。截至2009年，该馆已收集、保存1000个数据库。每年有超过500个数据库无偿提供给申请人使用。此举对建设芬兰社科和人文研究成果的共享与后续利用机制，起到了推进和示范的作用。

四、芬兰通识教育的基本情况

迄今为止的三次PISA（即“国际学生评价项目”）测试发现：芬兰以总分第一的好成绩三次捧走了冠军；其学生的发展也比较全面，阅读能力、数学能力、科学素养和解决

问题能力都很优秀；不同地区间、各学校间的差异，不同家庭背景的学生成绩差距在所有参评国家中最小；芬兰的总体成绩还在不断提高，其基础教育仍具有很大的发展潜力；芬兰的教育支出在 OECD 中仅仅处于一般水平，而其学生却取得了一流的成绩。

芬兰教育成功的原因有很多，如平等机会、教育的综合性、教师胜任、学生咨询服务和特殊需要、鼓励评估、教育在社会中的重要地位、鼓励参与的灵活系统、合作、以学生为中心、积极的学习观念等。我们通过考察发现，对通识教育的重视也是促进芬兰教育成功的重要因素。

“通识教育”这一概念包含三个层面的含义，即通识教育理念、通识教育内容和通识教育模式。首先，通识教育作为一种教育理念，在不同的时代、不同的国家和地区表述不完全相同，但其核心是一致的，那就是通过学习统整的知识培养统整的人格。其次，通识教育也指教育内容，有广义和狭义之分。广义的通识教育应该包括除专业教育以外的所有内容，还可以进一步分为正式课程和隐性课程两大部分，前者体现通识教育理念的核心和重点，后者主要包括大学生社团活动、社会实践、各类讲座、校园文化等；狭义的通识教育内容仅指各个大学称为通识课程的那部分内容。最后，通识教育也是一种教育模式，是体现通识教育理念、实现通识教育目标的一种人才培养模式。这种模式是与专业教育模式相对应而言的。

第一，芬兰的通识教育更多地是在中等教育阶段实施，高等教育阶段也有所涉及。我们可以从上述理念、内容、模式三个层面对芬兰的通识教育加以阐释。第一，就教育理念而言，芬兰通识教育的目的是为学生提供广泛的教育和知识，保障学生道德意识培养和人格成长。芬兰教育的基本价值观是基于欧洲的文化传统，追求多元化和国际化，尊重生命、人权、民主、平等和共享。这些基本的价值观体现在所有的教育阶段上。

以共享教育理念为例，为了在学校内和学校之间贯彻平等与公平原则，芬兰政府坚持不设尖子班，不把学生分成好学生和差学生，不给学校排名次，不办“重点学校”，强调每个教师都有义务和责任教育好不同类型的学生。芬兰对学生的评价非常宽松灵活：老师可以向学生建议更高的学习目标，布置网上作业等，当然也可以自己出题来检验学生的学习情况，但这些测试的结果都是保密的，其目的是帮助学生更好地发展；对于在学习上暂时落后的学生，学校和教师有责任提供有针对性的帮助；同时，要保持宽松自由的教学环境，最大程度地满足有才华学生的求知欲和个人发展。另外，芬兰是一个多移民且拥有两种官方语言的国家，综合学校照顾学生中的这种语言和文化背景的差异，进行灵活多样的课程安排。

第二，就教育内容而言，芬兰的通识教育包括正式课程和隐性课程两大部分。1976年芬兰政府用更公平的综合学校代替传统的双轨教育制度。承担义务教育责任的综合学校关注学生成长的各个方面，从医疗、卫生、保健，到学习、食宿，再到交通、旅行、考察等，从而把综合学校变成学生健康成长和全面发展的摇篮。在课程设置上，综合学校设置了灵活多样的课程：母语、第二官方语言、外语、公民学、环境科学、宗教或伦理学、历史、社会、数学、物理、化学、生物、地理、体育、音乐、美术、视觉艺术、手工制作、家政等。此外，学校还根据学生的要求开设信息技术等选修课程，以促进学生的全面、综合发展。高等教育阶段，以管理学学士学位（180 学分，3 年）为例，包括主修课程

(60~75 学分)，辅修课程（至少 20 学分），其他课程，必要的研究方法学习，实习（8 学分)，语言和人际关系学习（14 学分)。通识课程约占 1/3。

除了通识课程以外，芬兰学校中隐性的通识教育内容非常丰富。如芬兰学校注重通过社会实践对学生进行爱国主义教育。我们在世界文化遗产芬兰堡参观时，看到许多学生围在芬兰著名海军将军墓前，听教师细细阐述芬兰海军如何在将军的领导下顽强抗敌的英勇事迹。教师说得投入动情，学生听得专注认真。此情此景让我们感慨万千：这样的通识教育效果胜过多少次课堂理论讲授啊！

发挥社会环境的教育作用，也是芬兰重要的隐性通识教育内容。芬兰注重培养公民的诚信品质，对于不诚信者会课以重罚。如一张公共汽车车票 2 欧元，若查到逃票即被罚 80 欧元。再如，对于逃税者中世纪时会被投入水牢，现今社会则被课以几十倍罚金，并且信用受损就不可能再从银行得到任何贷款，生活就会受到严重影响。芬兰还教会公民如何在不损害他人利益的前提下保持适度的有限制的自由。若居民在家中开晚会影响到别人休息，可能会被驱逐出该居民楼。

第三，就教育模式而言，芬兰的教育注重和谐均衡的全纳教育。与国际上普遍实行的严格的教师评价和连带责任的做法相对应，芬兰实行的是建立在信任基础之上的自觉职业责任，即人们对教师和校长的专业能力给以充分的信任，相信他们最清楚学生的学习情况，并能够给以最适合的教育。由于每个学生在某些方面的发展总会超前或滞后于一般水平，学校在课程设置上充分尊重学生的意愿，设有必修课和选修课，学生可根据个人的兴趣爱好来选择；在课程时间安排上也比较宽松和灵活，学生有充分的自由来安排自己的学习计划；教材的类型及课程的内容、讲授形式和教学方法，也是根据学生的特点、兴趣和需要而安排。当学生觉得教师上的课无法满足其求知欲时，会在征得教师的同意之后，离开教室去图书馆或其他地方寻找辅导材料自学。一系列调查发现：芬兰的学生乐学，教师乐教，整个教育系统甚至是整个社会，都处于一种高度信任、高度均衡的和谐状态。

五、启示与建议

（一）芬兰高等教育改革的启示与建议

芬兰利用高校的均衡分布来保持区域经济社会发展的平衡，真正发挥了教育在促进国家社会发展中的先导性、基础性和战略性作用。鉴于我国高等教育资源分布严重不均衡以致影响到教育公平和经济社会协调发展的状况，建议我国在 2020 年规划和高等教育改革政策制定中把高等教育资源在区域间的平衡协调（或均衡）配置，作为重要的政策目标，使我国高等教育改革与发展更好地为落实科学发展观、促进我国经济社会协调发展服务。

芬兰把教育（主要是高等教育）和研究作为国家的主要资源，高等教育成为国家创新体系的主力军。高等教育尤其是其科研体系和相关政策与国家创新体系和创新政策紧密联系，形成了芬兰特色的以高等教育创新为核心的教育创新政策体系。鉴于我国目前高等学校在国家创新体系和政策中还缺乏应有的地位，目前还未制定与国家创新政策相配套的系统全面的教育创新政策体系，建议教育部组织力量加强研究，尽快制定系统全面的与国家创新体系与政策相配套的教育创新政策体系。

芬兰高等教育的改革发展政策与社会需求尤其是区域经济社会发展政策密切相关，高等学校紧密地面向地方政府和社会的实际需要，其学科与课程设置直接反映了地方经济与社会发展的特点和实际需要，紧密地为区域经济社会发展服务。鉴于我国高校往往缺乏地方特色和日益趋同化的发展趋势，建议国家制定引导和激励高校多样化、特色化发展的政策，在高等教育评估中引导高校为区域经济社会发展需要服务。

芬兰政府在高等教育管理中的角色从计划与控制转变为宏观调控再转变为加强控制与增加学校自主权相结合，从控制投入转变为控制产出。在这个过程中，政府始终扮演了一个强有力的角色。大学从高度学术自治转变为有条件的学术自治。这反映了芬兰政府在对高等学校进行管理过程中处理好解制与规制的关系。建议我国高等教育管理体制改革过程中要吸取"收放乱死"的教训，给予高校办学自主权的同时，政府应发挥强有力的管理与监督作用，利用拨款方式改革和高等教育评估等手段，保障高等学校运行的效率和教育公平。在政府控制和市场机制之间保持一种平衡。

（二）芬兰人文社会科学研究及管理的启示与相关建议

芬兰将高校科研的发展建设纳入国家和地方创新体系，从未来社会发展和全球化的战略高度积极加以谋划，并由此审视社科、人文研究的意义和价值，将其视为国家综合实力及国家创新动力源泉的一个重要部分。通过增加高校包括社科、人文研究的经费，用法律手段确保科研经费投入，同时提升高校对科研经费管理使用的自主权。多渠道拓展经费来源，积极鼓励社会和企业向社科、人文研究投入经费，并由此增强双方之间的互动。建议教育部会同有关部门研究制定提高我国人文社会科学研究经费比例的政策，切实保障人文社会科学研究的投入比例不断增加。

芬兰的人文社会科学研究管理重视加强基础研究和应用研究的协调发展，加强社科、人文研究与自然科学之间的协调发展与跨学科研究。在科研项目立项与管理的机制中，按照基础研究与应用研究分别进行管理，隶属教育部的芬兰科学院主要负责基础研究投入与管理，隶属工业与商务部的芬兰科技局主要负责应用研究的投入与管理。而且芬兰科学院与芬兰科技局之间具有经常性的联系机制。相应的人文社会科学领域，大学的人文社会科学研究机构往往跨一级学科整合在一个学院（大多为"社会科学学院"）。这种体制与我国按照人文社会科学和自然科学的划分对科研进行投入和管理的体制相比，更有利于加强基础研究，更有利于推动文理工科之间、基础研究与应用研究之间的交叉与融合。建议改革我国科研项目投入与管理的机制，增加按照基础研究与应用研究划分进行管理的机制。

芬兰建设了国家社会科学数据档案馆，对建设芬兰社科和人文研究成果的共享与后续利用机制，起到了推进和示范的作用。国家社会科学数据档案馆的建设是通过全国招标，由坦佩雷大学中标，而建在坦佩雷大学。目前该馆行政上是坦佩雷大学的一个独立机构，拥有固定工作人员 13 人，经费则由芬兰教育部全额拨款，工作目标是为全芬兰服务。该馆要求数据的使用不能为商业目的。所有的基本服务都是免费的；服务对象不论教授还是学生一律平等。维持这些服务自然很昂贵，但从长远的眼光看，却避免了重复，节省了一大笔资金。中国急需建立类似的研究成果共享与后续利用的机制，改进研究的管理手段，提高研究为社会服务的咨询能力。建议尽快建设中国的社科、人文数据的国家档案馆。

芬兰高校的科研、教学与国家创新体制密切联系，学校、企业、科研院所、政府之间建立了紧密的合作关系。政府建立的研发中心往往设在大学校园或者大学附近，企业也重视向大学的投入，大学研发经费的 10% 以上是来自企业的。政府的科研项目管理部门鼓励大学和企业共同申请研究项目。在政策上已经提出了公共研究机构与大学合并的问题。注重利用市场机制推进人文社科研究的发展。鉴于我国科技体制与教育体制之间严重分离的现状，建议学习芬兰利用产学研官相结合的机制推进国家创新体系建设的经验，在国家层面制定促进科技体制与教育体制相互融合的政策，特别是加强科研院所与大学的联系。

（三）芬兰通识教育的启示与相关建议

1. 理念方面

我国通识教育思想的提出主要是针对高等教育中过分专业化教育模式的弊端日益凸显，越来越不适应社会发展特别是改革开放需要的现实状况，试图通过着力加强基础理论教学、拓宽专业口径、重视文理渗透、加强学科综合性、重视能力培养、加强文化素质教育，以使学生获得全面发展。有学者认为，当前我国通识教育面临三个难题：一是大学教育向职业教育看齐，二是大学教育被中学教育牵制，三是大学教育被公共课和专业课分割。从理念方面考察，这主要是片面追求教育功利价值的观念所致。我们要学习芬兰通识教育的理念，改变片面地追求功利的教育工具价值取向，树立全面的教育价值观，既要实现高等教育培养人力、掌握技术、学会谋职技能的工具价值，更要实现其提升人性、提高素质、完善人格的本体价值。

2. 内容方面

当前我国通识教育存在一些误区，如片面追求扩大通选课的范围和数量，抓目不抓纲；课程的知识承载度不够，日趋娱乐化、休闲化；通识课程只是对原有课程体系的修修补补，缺乏顶层设计，通识课程成为教学体系之外额外的、次要的、可有可无的附加课。我们认为，应正确处理通识课程设计上纲与目之关系。通识教育的核心问题是巩固文明认同。没有“纲”，就没有灵魂。芬兰通识教育强调要保持欧洲传统，要加强芬兰历史文化教育，所有这些内容贯穿于整个课程结构之中。这样的通识教育是有灵魂的教育。另外，要重视隐性课程的作用。从隐性通识教育课程设计来看，芬兰教育强调让学生走出课堂、走向社会，在各种生动的现场教学、社会实践中获得丰富的通识教育知识，提高全面的综合能力素质。这样的隐性通识教育课程实施需要有一整套的制度配套和人力物力保障，芬兰的经验已为我们提供了极好的示范教材。

3. 模式方面

实施通识教育的目的是要培养完人，改革“半人教育”性质的专才教育，实施通才教育，培养文理兼通、具有良好人文精神和科学素养的一代新人。具体而言，要调整高等教育的专业设置，改革高校的课程体系。要在高校设置文理渗透的专业，打通人文专业与理工专业的壁垒。近年来，许多国内高校陆续进行了相应的改革尝试（如北京大学的元培计划，复旦大学的复旦学院模式），对一、二年级学生不分专业，统一学习通识课程，只对三、四年级的学生分专业。这些改革举措都是实施通识教育和通才教育的有效措施，对培养文理兼通、具有人文精神和科学素养的“完人”有着十分积极的作用。但是，上述改革实践在运行中也产生了一些问题，主要是新的改革措施与原来的旧体制存在冲突，新旧体制的衔接存在一定困难等。芬兰的经验让我们看到通识教育的实施必须全方位齐头并进，全社会对通识教育的必要性及操作方式必须达成共识，惟其如此我们才能和谐、有序、高效地推进通识教育。

（四）关于高校社会科学与通识教育培训组团的建议

这次芬兰之行，所有的团员都收获很大，学习了芬兰高等教育改革、社会科学研究及其管理、实施通识教育的经验，开阔了国际视野，了解了国际的发展趋势，对于团员搞好高校社科科研管理和通识教育具有重要价值。一是建议今后把向国外派出“高校社会科学与通识教育培训团”经常化、制度化，为国内高校社科科研管理和通识教育培养更多的国际化人才。二是建议今后把“社会科学研究与管理”和“通识教育”分别组团培训，有利于开展更为专业、更具针对性的培训。三是培训团参加人员的成分可以更加多样化，建议一些高校主管文科科研工作的副校长和文科院系所所长参加，以加强不同层次和领域管理人员的相互交流。四是建议在这次充分学习北欧国家（芬兰在北欧国家中是一个典型的代表）高校社会科学研究管理和通识教育经验的基础上，逐步向北美、西欧、澳洲和日、韩等国家派出更多的培训团，全面学习国际上高校社会科学研究管理与通识教育的经验，为我国高校人文社会科学研究与管理的发展和通识教育的改革打下坚实的人才基础。

赴美通识教育与人文社会科学研究管理培训团报告

刘复兴　张　剑

为了贯彻落实《中共中央国务院关于进一步加强和改进大学生思想政治教育工作的意见》和《国家中长期教育改革和发展规划纲要（2010—2020 年）》，学习借鉴美国高校通识教育、思想道德教育和人文社会科学研究管理的有益做法，经教育部和国家外专局批准，由教育部社科司指导、国际交流与合作司组团、中国教育国际交流协会具体组织的“通识教育与人文社会科学研究管理培训团”于 2010 年 11 月 12 日赴美国，开展了为期 21 天的培训与研讨。现将有关情况报告如下：

一、赴美培训的基本情况

培训团由从事高校思想政治理论课教学管理与高校人文社会科学研究管理的负责同志和骨干教师组成，共 22 人，由教育部高等学校社科发展研究中心副主任张剑任团长，西安石油大学党委副书记王建利和徐州师范大学党委副书记岑红任副团长，北京师范大学社会科学处处长刘复兴教授任秘书长。按有关出境培训要求，2010 年 11 月 12 日，国际交流协会组织了出国前集训，就有关对外政策、外事纪律、注意事项及出访日程等内容作了全面系统的讲解，并印制了出访手册。培训团成员 22 人全部参加了培训。

此次赴美培训的主要任务是：（1）了解学习美国高校的通识教育的情况；（2）了解学习美国高校思想道德教育的情况；（3）了解学习美国高校人文社会科学宏观政策及管理体制、评价体系及评价方法、资助体系及经费管理制度等。

这次赴美培训主要采取了专题讲座、听取情况介绍与座谈讨论、参观考察、收集有关资料等多种方式进行。培训团先后参观和访问了美国南加州大学、加州大学洛杉矶分校、加州州立大学圣伯纳迪诺分校、麻省理工学院、波士顿大学、哈佛大学、耶鲁大学、西点军校和马里兰大学等九所美国高等教育机构。分别听取了南加州大学地球科学系系主任、电子工程系周崇武教授、地球科学系郦永刚教授介绍通识教育与科研及管理的情况，听取了加州大学洛杉矶分校教务长助理 Lucy E. Blackmar 女士关于加州大学通识教育的情况介绍；听取了加州州立大学圣伯纳迪诺分校的 Dr. Brain Watts、Dr. Lynn、Dr. Angela Louque、Dr. Rwena Santiago、Dr. Julie Ciancio 等教授关于美国高等学校管理、通识教育与道德教育、科研资助体系与项目认证及评价理论、政策等方面的专题讲座；听取了人文系主任 Linda S. Wells 关于波士顿大学通识教育基本情况的介绍；听取了哈佛大学通识教育项目部副主任 Stephanie H. Kenen 教授关于哈佛大学通识教育基本情况和通识教育改革的介绍；听取了马里兰大学通识教育系主任关于美国通识教育的历史、理论、现状与未来改革趋势的专题报告；听取了马里兰大学孔子学院刘全生院长、蒋楠教授关于美国通识教育与人文社会科学科研管理制度的情况介绍。在听取专题讲座和情况介绍的过程中，全体团员认真听讲，积极提问，热情参与讨论，体现出很高的学习积极性和认真负责的态度，促进了培训效果的提高。11 月 26 日，培训团四个小组分别召开了学习交流会，11 月 29 日晚上，培训团召开了考察总结会，对整个培训活动进行了全面细致的总结。整个培训活动团队合作，进展顺利，安全有序，圆满成功。加州州立大学圣伯纳迪诺分校教育学院为全体培训团成员颁发了培训证书。

二、美国哈佛大学通识教育概况

20 世纪 40 年代，美国哈佛大学就开展了通识教育，并独树一帜，把通识教育上升到打造“美国文化熔炉”的高度，对全国乃至全世界高校产生了重大影响。其后，世界发生了变化，知识构成发生了变化，哈佛的通识教育也发生了变化。针对 1978 年通识教育方案有关问题，2007 年哈佛又出台了新的通识教育方案。美国哈佛大学的通识教育具有代表性，可窥一斑而见全豹。

（一）对通识教育的基本理解

通识教育是英文“general education”的译名。通识中的“通”不是“通才”的“通”，即什么都知道，而是“贯通”的“通”，即不同学科的知识能够相互通。它既是一种高等教育理念，也是一种人才培养模式。其目标是培养具备信念坚定、广阔视野、通融识见、博雅精神和优美情感的人，而不仅仅是某一狭窄专业领域的专精型人才。

通识教育具有四个鲜明特征：（1）是非专业化教育。如果说，专业教育或专才教育是带有一定的功利色彩的专业技能和谋生手段的培训。那么，通识教育则是非功利性的使人受益终生的全面教育。（2）是人格教育。进行的是成人教育，而不是成才教育。它教育培养的是人的智慧和见识的通性，包括正确的人生观、价值观、审美教育、独立人格教育。（3）是全面素质教育。通识教育不是一般意义上的“知识传授”或“知识接受”，旨在给予学生基本知识和能力训练，使其获得一个合理的知识与能力结构，促进人的个性、社会性协调发展。（4）是思维方法的训练和教育。通识教育不在于让学生掌握某一学科的系统知识，而在于训练学认识和掌握特有的科学思维方法，完成学识、智识的互补，以提高学生学习知识、创造知识的能力与素质。简而言之，通识教育是关注人的信念的、生活的、道德的、情感的和理智的和谐发展的教育，而非片面的、单一的、职业化、专门化教育，是培养人的基本态度也就是价值观的养成性教育。在哈佛，通识教育被看做一种培养创新人才的教育、一种传播美国价值观的教育、一种培养坚定维护美国利益者的教育。

（二）推行通识教育的主要因素

哈佛有一种独特的教育理念，始终倡导一种自由探索的精神，不拘泥于时势潮流，不限于职业功利性。哈佛认为，本科学生在离开学校后，有的会选择继续深造，成为学者，很多会选择医生、律师、商人等职业。但无论是在美国还是其他国家，他们都将成为一名公民，都将以公民的身份参与、影响他人生活的决策。他们也都将身处文化、宗教、政治、社会、科技等领域的变革之中。学校有责任教育培养学生在面对这些挑战时，做到胸怀大局，深思熟虑。通识教育是一种最好、最有效的教育培养方式，能够加深学生对所栖居的人文和自然世界的认识，促其对个人信仰和选择进行反思，批判性地看待自己思想的预设前提与行为动机，感知身边的世界，理解生活中出现的个人、职业和社会等方面的问题，创造性地解决问题。

哈佛认为，本科阶段，学生所研读的学科与在研读过程中所习得的技能、养成的思维习惯同等重要，丰富学生的人文与科学素养对培养批判和反思能力尤为关键。这些因素将共同塑造学生未来的人生。学习是整个教育的核心，包括主修、选修课程和通识教育三个方面。通过主修课程，学生可以深入探索他所感兴趣的学科；选修课程则可以拓展兴趣，激发热情，使其了解主修科目之外的领域；而通识教育，不是简单地培养学生仅仅关注当下，解决目前的问题，而是要将学生于哈佛之所学与校园之外的生活联系起来，帮助他们理解纷繁复杂世界和他们在其中扮演的角色。

哈佛认为，同以往相比，当今世界已大不相同。学校所面临的挑战是如何引导学生在这样的世界中取得成就、实现自我价值。当下，各种现象相互依存、高度关联，这在三四十年前几乎是不可想象的。同时，这个世界也充满了隔阂、动荡和不确定性。这些问题多被媒体和政治宣传所遮蔽。哈佛的学生需要具备在新问题不断涌现而又无法完全理解的复杂环境中不断前行的能力，而且，他们的所作所为也将影响他人的生活。学校的任务就是：针对 21 世纪的现实状况，设置通识教育课程，培养历史的、理论的以及关联性的视角，帮助学生获取力量，找到人生方向，使本科生能够将其在哈佛课堂内外之所学全部融入他们的为人、行事以及毕业后的生活中去，更好地履行其责任。

总之，哈佛把通识教育当做人生的一种铺垫，当做美国意识形态的一块基石，着力培养承担维护美国利益责任的人。

（三）通识教育课程的目标

哈佛设置的通识教育课程，将大学教育与学生毕业将要面对的世界相结合，旨在实现四个目标。

1. 通识教育要培养学生的公民参与能力

哈佛所有的校园教育，特别是全部通识教育的课程，都是鼓励学生成长为积极参与地方、国家乃至国际事务的公民。通过通识教育，帮助学生了解推动地方、国家和全球变革的各种力量，积极参与塑造对美国社会认同感的多元文化及政治、经济、社会制度和科学技术进步的工作。帮助学生明白，当今的公民身份带来的多重责任，既有地域性也有全球性，既有民族性也有国际性。无论是美国公民的学生，还是立志学成归国的留学生，都应正确解读美国的历史、制度和价值观，在瞬息万变的全球环境下，评价这些制度和价值观对推动世界变化的重要作用。

2. 通识教育要引导学生认识到自己是美国人文传统、思想和价值观的承载者与参与者

哈佛认为，熟悉古往今来的文化动向，是学生在当今世界取得成功的关键。学生必须掌握自身文化和其他文化的艺术史、宗教、思想观念，理解文化冲突的关键是什么；必须领会如何克服跨越文化差异的重重困难，认清不同传统之间的联系；必须认清某些看似对立的文化其实同根同源，虽有差异却互相影响；必须懂得如何“解读”不同文化与审美表达，更好地传承美国人文传统、思想和价值观。

3. 通识教育要促进学生能够对变化做出批判性、建设性的回应

哈佛认为，学生在离开哈佛时，应当具备顺应时代发展的能力。学生必须熟知推动现代生活变革与转型的力量，不仅是为了以公民的身份做出明智的决定，也能在一定程度上把握自己的人生。科技是推动当今变革的强大动力。通识教育帮助学生了解科技领域的重要观念和议题，引发学生积极思考社会、个人和伦理问题。瞬息万变是当代政治、经济、文化生活的显著特征。世界时刻在变，如果设计课程时想当然地认为，学生只要掌握当下的情况，就足以应对未来的政治、社会经济及科技的新进展，则无疑是误人子弟。

4. 通识教育要帮助学生更加理解自身言行的伦理维度

哈佛认为，学校教育不应仅限于帮助学生获取信息、技能和技术，也应包括帮助学生把握学以致用所造成的伦理后果。学生应该加深对其他信仰体系的了解，懂得导致价值观冲突的根源多种多样，包括文化差异、宗教差异、社会经济差异、科技进步带来的冲击等，学会尊重多样性。通识教育要帮助学生通过批判性地反思自己的信念与价值观，学会理性地捍卫自己和美国的信念及价值，从而树立伦理意识。学生也可以借鉴历史人物或国际名人的信念和价值观，作为参照，确定自己的人生信念；也完全可以保留入学前的人生信念，但同时应该自觉地树立与美国利益保持一致的信念。

总之，哈佛通识教育的目标，就是培养坚定捍卫美国一切制度和价值观的杰出人才。

（四）通识教育的课程设置

哈佛认为，通识教育课程的特别之处在于它注重知识的广度、语境和关联性，并且关注学生所学的知识将如何影响其为人处世，例如怎样解读文化产品、参与政治生活、应对科技进步带来的影响、与来自不同文化背景的人交流、评价以公众话语表述的科学论断、处理个人生活和职业生涯之间的两难困境等。为此，通识教育的课程设置应立足四点：一是服务于通识教育的目标；二是提供广泛的教学材料，而不是深入探讨单一问题或者局限于少量文本；三是教会学生用抽象的概念性知识或以往的知识来理解和表述具体问题；四是让学生明白他们所有的课程都会影响自己将来的人生。

哈佛通识教育开设了以下八类科目，要求学生从每项科目里选修一门半个学年的课程。

1. 美学与阐释（Aesthetic and Interpretive Understanding）

哈佛认为，通识教育的目标之一是让学生认识到每个人都是文化和信仰传统的参与者，都是文化和信仰传统的产物。为了实现这一目标，学校要培养学生的美学素养和对各种文化表达形式的鉴赏能力，引导他们评析文学作品，诠释宗教典籍，欣赏绘画、雕塑、建筑、音乐、电影、舞蹈和装饰艺术。这些能力能让学生批判地理解各种艺术和思想，也有益于学生理解意义是如何产生、又是如何被认知的。阅读诗歌，欣赏绘画，聆听音乐，都是人的综合能力，可以通过培养获得，使人能够洞悉表层感受之下蕴含的深意。学生还需要知道如何解读文化作品，比如，字面意义与象征意义的辨别，对于理解和评价宗教典籍、抒情诗歌乃至流行歌曲和影视剧作品来说都至关重要。语言和认知方面的知识则可以提高学生对文化对象的审美反应和理解能力。有些理论问题和哲学问题关系到意义的生成与认知，关系到审美判断力的形成，对这类问题的探讨有助于学生认识文化对象中价值和意义的形成。

哈佛希望，通过审美与阐释课程，以多种方式向学生介绍重要典籍或艺术作品；教会学生如何在理论框架下分析这些作品，学会应用批判理论、美学理论、艺术哲学、修辞学、语言与意义理论和认知理论；包含适当可行的课外活动，例如参观展览、表演戏剧、开朗读会，或者与演员、导演、博物馆长等人互动，或者让学生创作自己的作品；提高学生的评判能力，即学生的美学素养和阐释能力。

2. 文化与信仰（Culture and Belief）

哈佛认为，文化和信仰对塑造个体和群体认同起着重要作用：文化和信仰既可以引发变革，也可以阻碍变革。在当今时代，文化表达无处不在，音乐、图像和文学作品随处可见，随手可得，其普及程度在20年前是难以想象的，人们对文化的看法也随之发生了改变。文化的发展已然跨越国家、地域、宗教和民族的界限，从不同领域汲取营养。然而由于文化差异引发的国家或民族之间的冲突也是常有的事。

哈佛认为，从古至今宗教始终是塑造身份认同、左右人们行为的强大力量。哈佛是一个教育机构，宗教也是学生生活的重要组成部分。在哈佛，学生会面临不少关于信仰的难题，比如如何处理和不同信仰同学之间的关系，如何处理自己的宗教信仰和哈佛世俗的学术氛围之间的关系。学生不但要学习宗教信仰和习俗如何影响自己，更重要的是有机会学习它们如何影响世界。

哈佛希望，通过文化与信仰课程，以多种方式向学生介绍重要典籍和艺术作品；教会学生从历史、社会、经济和跨文化角度分析作品的创作和解读；考察文化和信仰如何塑造个体与群体的认同；将课程材料与学生生活中广为人知的文化现象联系起来；让学生认识到每个人都与文化和信仰密切相关，认清楚社会、政治、宗教、经济和跨文化因素对思想观念和艺术作品的影响，弄明白文化和信仰如何影响人们对自身和世界的理解。

3. 实证推理（Empirical Reasoning）

哈佛认为，毕业后，学生可能会在结果不确定的情况下，为自己和他人做出重要决策。比如，生病时要接受什么样的治疗，被告何时能在法庭上被证明有罪，是否要支持一项政策提案，如何理财等，他们都需要做出决策。作为个人与公民，也需要对别人的经验之谈做出评价。在实证推理课程中，学生将学习如何在需要评估经验数据的类似情况下做出决策、得出结论。学生也将学习如何收集和存取信息、权衡事实、理解概率估算、解决问题、从现有数据中得到结论以及如何看待无法在现有证据的基础上解决问题的情况。

哈佛希望，通过实证推理课程，讲授推理和解决问题所需的概念和理论知识，例如统计学、概率论、数学、逻辑学以及决策理论；为本科生提供其感兴趣的实践机会，将所学理论知识应用于解决具体问题；如实际可行，让学生了解人们在推理和解决问题过程中常犯的典型错误。

4. 伦理分析（Ethical Reasoning）

哈佛认为，学生在公共生活、职业生涯和个人生活中会遇到许多道德问题，所做的不少决策都有丰富的伦理内涵。如选择支持某位政党候选人，评价公共政策，进行职业互动，解决家庭困难，解决科技进步在未来继续提出棘手的、难以预料的道德问题以及最终选择不同的人生规划等，学生要有原则地探讨道德和政治的信仰与实践，并对与伦理问题相关的主张进行思考与评价。通过让学生试着评价，培养辩论和思考的能力，甚至改变他们从小到大都熟悉的构想与观念，而这些是在不同文化的道德信条发生碰撞时发挥公民能动性所必需的。

哈佛希望，通过伦理分析课程，探讨伦理学中互相矛盾的概念和原理。例如美好生活、义务、权利、公平、自由；教会学生对是否采纳这些概念和原理进行评价与权衡；将这些概念和原理用于解决生活中遇到的具体的道德问题。如医学、法律、商业、政治和日常生活中的问题；如实际可行，让学生熟悉与自身价值观不同的其他价值观念，如不同宗教的或不同历史时期的价值观。

5. 生命系统与生命科学（Science of Living Systems）

哈佛认为，随着生命系统科学与工程学的进步，人们生活发生着越来越多的变化。对生命系统与生命科学的了解，能帮助学生适应生活中的这些变化。通过了解科学实验能（和不能）创造什么，学生能够正确看待科学论断、考虑实证研究结果的其他解释以及理解这些研究结果中不明确的地方，才能更好地参与社会。另外，学生毕业后遇到的问题和所做的决策许多都会涉及道德层面，而生命科学能够为学生提供必要的知识，更好地认识这些问题和决策。

在哈佛，生命系统与生命科学的通识教育课程着重讲授生命科学与工程学中的主要事实与概念，并将这些理论与课堂或实验室外的实际生活相结合。课程的目标并不是要将学生培养成未来的科学家，或让学生修读程度更高的科学类课程。因此，课程不会深入涉及任何特定的科学类分支学科。不过，生命系统与生命科学的通识教育课程所讲授的知识，在学生毕业后的生活中也能够广泛适用。

哈佛希望，通过生命系统与生命科学课程，介绍与生命系统相关的核心概念、事实和原理；让学生通过亲自动手实验，了解生命系统实验的本质；将科学概念、事实、原理和方法同广为关注的现实问题结合起来。

6. 宇宙与物质世界（Science of the Physical Universe）

哈佛认为，人类对宇宙与物质世界的认识有了很大进步，有许多新的发现和发明，对社会产生了深远影响。如能源的存储与获取、核武器的研制与扩散、计算机和网络的发明与应用、数字通信的便捷与信息安全，对宇宙空间的探索、气候变化等。了解宇宙与物质世界的核心事实和原理及其相关的概念，对学生适应生活中的变化、成为觉悟较高的公民、以批判眼光看待与自然科学相关道德问题很有必要。

在哈佛，宇宙与物质世界的通识教育课程着重讲授宇宙与物质世界的核心概念、事实和原理，讲授自然科学和工程学中的基本事实与概念，并将这些理论与学生实际生活中的问题相结合。其目标并不是要培养未来的科学家或工程师，而是在认识物质世界的本质方面给学生打下坚实的基础。

哈佛希望，通过宇宙与物质世界课程，能让学生亲自动手，了解自然科学与工程学实验的本质；自觉将科学概念、事实、原理和方法同本科生广泛关注的现实问题结合起来；在实际可行的范围内，就科学知识、科研人员和/或机构发挥的社会作用，社会环境在科学发展中的作用，对未经证实的关于自然世界的假说进行分析、评价与定位等话题展开讨论。

7. 世界各地社会与文化（Societies of the World）

哈佛认为，美国是唯一的超级大国，在文化、经济、军事和科学方面对世界的影响是空前的。然而，正是由于这一原因，美国学生很难以国际视角正确看待美国。看到媒体和公共生活文化中所展示的其他国家的形象，学生很容易产生这样的想法：广义上说，其他地方的人在“本质上”和美国人几乎一样。世界各地社会与文化课程的主要目标是，通过让学生了解与自身不同的价值观、风俗和制度，理解不同信仰、行为和社会组织方式的形成过程，帮助学生克服狭隘的观念。

哈佛希望，通过世界各地社会与文化课程，考察美国之外的一个或多个社会；阐明不同社会之间的关系，或者一个社会不同历史时期之间的关系；把课堂知识与学生在全球化时代可能面对的社会、政治、法律或经济问题结合起来；让学生明白社会的组织方式是多样化的。

8. 美国与世界（The United States in the World）

哈佛认为，学生需要对美国以外的其他国家和地区有所了解，但重点应在毕业时对美国社会、政治、法律和经济方面的惯例和制度有全面、深入的认识，并通过在历史的或比较的维度下研究，改变学生入学前的一些观念：如美国人代表着什么，美国人价值观的长存性和多样性，美国国内不同群体间的关系以及美国与世界其他国家和地区的关系等。

哈佛希望，通过美国与世界课程，从当代的或历史的视角，探讨美国的社会、政治、法律和经济制度与惯例；阐明这些制度与惯例之间的关系以及它们与其他国家和地区相应的制度与惯例之间的联系；把课堂知识与学生在全球化时代可能面对的社会、政治、法律或经济问题结合起来，从而提高学生的公民能动性和对美国社会制度的高度认同。

总之，哈佛通识教育课程设置是紧紧围绕巩固学生的“西方文明认同”这一“核心”来进行的，是“美国文化熔炉”。

（五）通识教育的教学方法

哈佛认为，教学方法是通识教育计划构想的一个重要部分，是通识教育成功的重要前提。其教育方法有以下几个鲜明特点：

1. 注重择优授课

通识教育计划能否成功取决于多方面因素，其中最重要的是让优秀的教师开设优秀的课程。哈佛在全校范围内挑选最优秀教师上通识课，要求名教授上通识课。由于导向有力，名教授也愿意上通识课。

2. 注重大小搭配

为了提高教学质量，在适当情况下，比如名人授课、学生感兴趣的内容、教学场面可以控制，哈佛组织大班授课。更多情形下是小班教学；或大班授课，小班辅导。

3. 注重师生互动

哈佛努力营造一种活跃的学习氛围，要求所有通识教育课程都要以切实可行的互动形式教授，为学生提供请教老师和分组讨论的机会，使老师与学生，学生与学生之间积极互动；并把其作为教学的必要条件。

4. 注重紧密结合

哈佛注重教学内容、“现实”话题、兴趣问题三者紧密结合。这样做的目的是让学生明白，他们通过通识教育学到的一切都与毕业后的人生息息相关；重要的是有助于培养学生对相关学科的终身兴趣。

5. 注重统筹协调

为了讲清一个问题，哈佛会充调动各种资源，从不同角度讲。比如，为了讲清楚20世纪60年代学生反政府思潮，哈佛安排历史老师讲越战背景及反越战背景；安排法律老师讲战争的法律和反战争的法律；安排音乐老师讲流行音乐，为什么会产生嬉皮士；安排社会学老师讲社会思潮、社会现象；安排人类学老师讲青年人的行为特点。

总之，哈佛的通识教育的教学方法是科学有效的，是值得学习借鉴的。

（六）哈佛通识教育对我国的启示

1. 拓宽我国高校通识教育的基本概念与培养目标

通识教育不仅是思想政治教育和人文素养教育，而且是通才教育和普通教育。通识教育不仅要灌输主流的意识形态和价值观念，而且应该把培养具有健全人格的社会主义中国公民作为重要责任。通识教育不仅要传授文化历史的知识，而且应该把培养学生创新性思维能力和获得认识、判断社会问题的方法作为基本目标。要通过通识教育，“着力提高学生服务国家服务人民的社会责任感、勇于探索的创新精神、善于解决问题的实践能力”。

2. 建立中国特色的通识教育模式和课程体系

认真总结近年来我国高校开展通识教育的经验，把经验上升到理念，把理念上升到理论，进一步完善通识教育课程与教学计划，建立具有中国特色、中国风格、中国气派的通识教育模式和课程体系，充分体现时代性，准确把握规律性，大力增强实效性。

3. 切实克服说教的、灌输的方法

遵循教育规律和人才成长规律，注重学思结合、知行统一、因材施教，创新教育教学方法，倡导启发式、探究式、讨论式、参与式教学，激发学生好奇心，发挥学生主动精神，鼓励学生进行创造性思维，改变单纯灌输式的教育方法。

4. 重视通识教育的参与性、实践性

创新通识教育模式，提高通识教育水平，把“独白”式的讲课教学转变为真正让学生充分参与的教学活动，把知识传授的教学转变为真正让学生去思考和实践的教学，注重培养学生的社会实践能力、方法与独立思维、批判思维与创造性思维的品质。

三、美国思想道德教育概况

当今世界，无论资本主义国家还是社会主义国家，都把思想道德教育作为阶级统治的工具。资产阶级在这方面认识得很透彻，做得很到位。它一面采用多种方式传播、灌输本阶级的主流思想，夯实维护国家利益的思想基础；另一面，又千方百计把自己的价值观、认知态度强加给别人，以达到在意识形态领域的主导地位。美国虽然没有冠用思想道德教育这一名称，但“无其名而有其实”。美国教育部国际研究学院院长一语道破：“我们学校的任务就是教学生政治社会化技术，或者叫公民技术。中国叫德育或思想道德教育。我们叫公民教育，叫做政治社会化”，在“公民权利和义务教育”、“国民精神教育”、“历史教育”、“道德教育”、“宗教教育”的旗帜下进行思想道德教育。

（一）美国思想道德教育的特点

1. 思想道德教育地位：教育的最本质和最高目的，属于国家意志

在美国，无论哪个政党上台执政，都把道德作为“教育的最本质最高目的，德育是学校最重要的职责之一”。早在 1937 年，美国教育委员会就在《对学生特征的看法》的报告中指出：“教育机构的指导思想是教育机构有责任考虑学生作为一个完整的人，他的智力和成就，他的感情组成，他的身体状况，他的社会关系，他的职业态度和技能，他的道德和宗教价值观念，他的经济能力，他的美学欣赏。简言之，应加强学生作为一个人去发展而不仅仅是对他进行智力知识训练。”美国前总统里根指出：“美国之所以存在教育问题，并不是因为钱花得少，而是因为钱花得不当，没有把足够的人力、物力、财力花在道德教育上。”1990 年 2 月，乔治·布什总统发表《美国 2000 年教育战略》报告，明确要求全美“所有学生都要参与提高和显示良好公民意识、社区服务与责任心的活动”，“并提供有利于学生学习的有纪律的井然环境”。美国前总统克林顿强调，“要恢复美国的国际竞争力，必须从培养人开始”，从道德教育抓，并在其 1994 年 3 月签署的《美国 2000 年教育目标法》中，把对学生进行个人良好品德教育定为国家八大教育目标的重要内容。

2. 思想道德教育目标：培养具有美国精神的责任公民，具有明显的政治倾向性

由于美国教育管理体制的地方分权性质，美国学校中至今没有一个统一表述的学校德育目标，但这并不能说明美国学校不存在德育目标。早在 1938 年，全国教育协会教育政策委员会就提出公民教育的十二项目标：社会正义、社会活动、社会理解、审慎的判断、宽容、努力维护公共资源、科学的社会应用、世界公民、尊重和遵守法律、经济知识、政治责任、笃信民主。20 世纪 70 年代后，美国许多教改方案中都反复强调要把学生培养成具有爱国精神，能对国家尽责任和义务的“责任公民”，以建立和维持一个统一强大的美利坚合众国。美国前总统里根在 1987 年的国情咨文中提出美国十大任务时，更是特别强调，学校应培养美国人的“国民精神”，主要指爱国、修养、诺言、恢复伦理道德、纪律等，以适应美国发展对人才的需要。

3. 思想道德教育内容：凸显价值观教育，捍卫美国根本利益

美国学校思想道德教育的内容主要是爱国主义教育、法制教育、健康人格教育、价值观教育、社会信仰教育。其核心内容，如民主、自由、人权、平等价值观念长期保持不变。在美国学校，爱国主义教育主要表现为美国精神教育；学校的法制教育贯穿整个学校

教育中，从小学到大学各阶段，都规定了具体的教育内容，环环相扣，层层深入；美国人格教育的内容非常广泛，既包括伦理学中的道德品质，心理上的气质性格，又包括法律上的作为权利和义务主体的资格，讲的是人的品行、情操、个性等内容，实质上是教人如何按照美国社会的政治、法律、道德规范做人的问题。美国的价值观教育的主旋律是把美国的宪法和《独立宣言》作为最高经典进行传播和灌输，核心是宣传美国的三权分立政治制度和民主、自由、平等、博爱等价值观念。社会信仰教育突出美国根本利益教育，时常挂在嘴边并被写进美国国家基本文献的三句话是“上帝保佑美国”、“我们信仰上帝”、“主权属于上帝”。这里的上帝不是耶稣基督，实际上是美国社会本身，是美国的根本利益。

4. 思想道德教育模式：注重科学依托，具有可操作性

在美国当代德育模式中，影响较大并经常为各种教育专著所提及的有价值澄清模式、道德认知发展模式、社会学习模式、理论基础构建模式、价值分析模式、社会行动模式等六种模式。这些德育模式的确立注重以哲学、心理学、教育学、社会学等学科为知识依托，以科学的调查研究、系列性的实验为依据，有的道德教育方案编制成易于操作的程序，或提供详尽的应用说明，从而使道德教育不仅具有深厚的理论基础，而且具有较强的客观性，较高的实用性和可操作性。把“要这样做”建立在“为什么这样做”的客观依据上，而不是从条条本本出发的主观设计。尽管任何一种模式都有一定的片面性，但是其基础的客观性往往使学生感到更可信，更能引起共鸣和取得较好的实际效果。

美国学校注重德育理论对德育实践的指导。比如，学校不干涉学生道德选择。但在道德教育中，开设生活中的道德选择课程，引导学生选择和确立社会需要的四种主要道德价值观：（1）正义。不能帮助罪犯打赢官司。（2）诚实。不能欺骗、窃取。（3）责任。需要完成和做到的事情必须尽力完成。（4）行善。不能对社会、个人伤害，避免伤害发生，拯救受害人。

5. 思想道德教育途径：融合知识传授，渗透日常生活

将思想道德教育全方位、多角度地融合在知识传授和渗透日常生活中，是美国德育取得明显成效的一大原因。一是课堂教学。美国高校除了有通识教育课、相关的道德教育课外，专业课中也注重融合思想道德教育。在专业课教学中，明确要求学生了解三个问题：这个领域的历史和传统是什么？它所涉及的社会和经济问题是什么？这门学科要面对哪些伦理和道德问题？以此激发学生去思考与专业相关的社会伦理和必须承担的社会责任。教育的融合性还表现在以启发为主的教学方法上。教师不是直接向学生提供现成的价值标准或道德模式，而是运用讨论法、案例法等引导学生按照美国的主流价值观去思维分析，做出判断，甚至引导不同观点的学生进行辩论，从而提高学生道德认知、判断和选择能力。二是校园文化。校园文化的教育功能受到美国高校的高度重视。美国大学校园整洁，特色鲜明，重视在校风、学风、学校历史、校园建筑、校园活动等方面体现学校的核心精神和教育理念，渗透美国所提倡的价值观念，给学生以润物无声的熏陶。美国高校非常支持学生在校内外开展丰富多彩的各种活动，如校庆、国庆、入学毕业仪式、文艺演出、体育比赛、集会活动等，培养学生的爱校、爱国精神和集体荣誉感。三是教师示范。美国认为，教师的思想品行是重要的德育资源。为了充分发挥教师的示范作用，学校对教师的思想道

德品质提出了十分严格的要求，强调教师和管理人员都应通过自己的政治态度、道德品质和生活方式对学生实施影响。注重提高教师的社会责任感，不少高校把教师参加社会学术公益活动作为晋升职称的必备条件之一。四是管理、服务。美国注重在管理、服务中融合思想道德教育。这使得学生在自觉接受管理、服务的同时，不自觉地认同了其中的道德观。学校邀请学生代表参与学校的管理工作，更多学生以勤工助学方式参与服务工作。

（二）美国如何开展思想道德教育

1. 寓德于教，学科渗透

美国高校非常注重思想道德教育的“载道作用”。哈佛大学有一个重要理念：学生毕业后，将成为全世界最有影响的人物。不仅要重视专业课程设计，更要注重道德课程设计，让学生走向世界不仅要靠学术地位，更要靠道德责任。美国的大学教师也有一个重要理念：社会中的每一公民都要遵守社会公德，否则，社会将会衰退。作为一个教师不仅要教学生掌握科学知识，更要教学生提升道德素质，否则会给社会带来伤害和麻烦。

学校普遍推行寓德于教的方法。比如，加州大学洛杉矶分校开设老年人问题课程，请医学院老师讲人的生物特点，人为什么会变老；请社会学老师讲老年社会现象；请伦理老师讲社会伦理问题，请组织学老师讲如何与社会沟通联系，参加服务老年的活动。上述做法、课程的道德教育效果是显而易见的。

美国不仅重视人文课程对思想道德教育的渗透，而且越来越鼓励自然科学知识传授与思想道德教育的结合。如计算机和科学系的学生要学习技术史和信息革命的社会影响等专业课程；建筑学、遗传学工业化专业要求学生考虑其工作的社会伦理影响；学习工程技术专业的学生，必须学会如何适应和改造社会环境和自然环境等。这种将知识传授与道德培养相结合的方法，引发了学生对社会和伦理问题的进一步思考。

2. 开展咨询，健全人格

心理咨询作为指导帮助学生健康成长、排除心理障碍的必要手段，在学校思想教育中的作用举足轻重。美国高校都建有心理咨询机构，是学校组织结构不可或缺的部分，其任务是致力于提高个人的价值，保护个人的尊严，挖掘个人的潜能，提高人的独特性，从而更好地服务社会。学校对咨询机构的经费做专门安排，对工作人员的聘用也有严格规定。咨询专家为学生全面提供发展咨询、适应咨询、障碍咨询和学习指导、就业指导等。通过开展各种形式心理教育、团体心理训练、咨询服务、心理治疗等活动，培养专业兴趣，提升正确审视自己和客观评价他人的水平，增强对集体的情感适应和责任心，树立在人际交往和竞争环境中的自信心，提高自我意识和自律能力。

3. 加强实践，注重实效

重视社会实践活动是美国思想道德教育的又一重要方法。在美国，许多学者认为道德伦理规范既要靠灌输更要靠实践，应该让学生在实践中增强社会责任感和伦理道德观念。美国高校除了允许学生依照学校的有关规定组织学术、文化、宗教、政治等社团活动，还支持学生有组织地走向社会，承担一定的社会服务项目。这些社会活动一般分为两种类型：一类是具有社会发展和政治意义的活动，如保护环境、维护生态平衡、参加竞选、要求和平、反对战争、捍卫国家经济安全、保护民族利益等。另一类是服务性活动，包括扶贫救困、扶老助残、公益性义务服务等。这类社会实践活动，得到了社会的广泛认同，而且政府也采取措施积极支持和推进这种教育活动，有的州通过专门法案拨专款给予支持，有的州建立了跨学校、跨地区的联盟，指导、协调社会实践活动，为活动创造外部条件，提供服务，以保证活动的连续性、实效性和制度化。

4. 营造环境，形成合力

影响人的道德情操、个性品德的环境因素很多。环境对人的思想道德培养既有显性约束力，又具有隐性感染力。为此，美国投入了大量的人力物力营造校内外环境，在校内完善制度、优化风气、加强校报、广播、影视、网络建设，美化校园环境等；在校外普遍设立纪念馆、博物馆、弘扬民族精神风貌和宣传道德理念的标志物以及具有暗示效果的活动等。如麻省理工大学主教学楼一个大厅三面大理石主墙上镌刻着许多名字：一面是第二次世界大战以来为国家献身的校友，一面是对社会作出贡献的校友，一面是对学校作出贡献的校友。这些名字无时无刻不在激励熙熙攘攘的过往学生。又如，美国旧金山有许多街道都以华盛顿、杰佛逊等重要历史人物命名，以至整个旧金山的街道几乎成了美国名人志。这种环境和场所从不同的角度和侧面体现着“美国精神”。许多学生正是在自然的生活中，接受了无形的思想道德教育。

5. 历史教育，生生不息

美国前教育部长贝尔特曾强调说，要使儿童从小养成良好的道德品质，培养他们的道德鉴别能力，完全没有必要再增加新的课程，因为德育的许多内容和素材就包含在历史和古典文学作品里。比如培养儿童的诚实，教师无须大喊大叫“要诚实，要诚实”，只要把林肯是怎样步行三里路退还六分钱的故事和《伊索寓言》中“狼来了”的故事讲述给青少年听就可以了；而《独立宣言》、马丁路德·金的《伯明翰狱中来信》，可以使青少年懂得如何面对逆境。诸如此类的历史故事和文学作品所蕴涵的历史意义和民族精神是非常浓郁的，所蕴涵的道德价值也是充满说服力和引导力的。它们生动、形象、朴实，能够激发青少年的兴趣和情感，也有助于青少年了解美国的文化、历史、民族传统以及积淀在民族文化深层的精神意识。正因如此，美国以法律形式明文规定各级各类学校都必须开设美国历史课程。小学讲历史故事、伟人轶事；中学讲140多学时的系统历史课，侧重于学习历史事实和过程；大学里每个学生也要必修一门美国历史课，侧重对历史的理论分析。通过历史教育培养学生深厚的爱国信念，树立民族自尊心与自信心。这种利用史料、传说、故事、传记等来进行爱国主义教育的方法在美国已经得到了许多教育专家的一致赞同。他们认为，把文学作品与故事传说作为对青少年教育的重要内容来讲授，足以向青少年一代昭示国家精神和民族意识，所起到的效果是一般教育形式和内容所不能比拟的。

6. 营造氛围，保持一致

美国的思想道德教育非常注重整体性、一致性。肯特在《青春期的政治性格》一书指出：如果社会或社会中某一特定的机构想要有意识地来塑造其年轻公民，建立各社会机构之间的一致性是首要的促进因素。为了配合学校教育和社会实践活动，美国政府尤其重视大众传媒和社会公共环境建设。美国政府每年都要将上百亿美元的巨资投到《美国之音》等一些传媒事业和出版事业上。它们在宣扬传播美国的价值观、文化观和美国是世界领导者的观念等方面，对社会尤其是学生具有高度一致的导向性。对公共环境，美国政府更是不惜血本来进行文化设施建设。在全美各地有数不清的博物馆、纪念馆、历史遗迹、名人故居等，无时无刻不在宣扬着美国的政治制度和价值观念，是美国向其国民进行政治、思想、道德教育的重要基地和生动教材。

7. 坚持灌输，强力引导

重视“灌输”已成为世界各国思想道德教育的一条重要的经验。特别是在两种制度间的斗争从军事对抗转向经济竞争和意识形态领域的斗争之后，各个阶级都力图通过“灌输”使本阶级的意识形态成为全社会普遍接受的共同文化。美国在思想道德教育同样而且坚定不移地采取了“灌输”的方法。比如，对资本主义制度及其优越性的教育、反共产主义的教育、公民权利和义务的教育、国民精神的教育等，都做到了一以贯之，毫不动摇，从不含糊。

长期以来，美国就将达到和保持国民道德心理修养、伦理观念和文化素质的应有水准，视为其获取世界霸权、巩固其大国地位的重要条件。为达到这个目的，一系列军事、政治、经济及伦理原则、价值观、信条、道德心理正在发挥作用。它们与美国历史一脉相承，与美国的国家利益、目标和任务相互关联。正是这套体系培养着美国人的观念。美国强力灌输引导两种思想理念。一是“美国最优”的思想理念。它将美国的道德标准、美国的精神、美国的社会制度评价为世界上“最为先进的”，动用一切手段和方式让人们萌生“对美国生活方式的信仰”，并不惜武力捍卫这个信仰。二是“美国在全球负有特殊使命”的思想理念。这是谋求世界主导地位和霸权动力的依据所在，在其“正确方针”的指导下，完成上帝赋予的领导全世界、“将其引向通往天堂之路”的使命。这一理念也通常用来为美国采取包括军事在内的各种手段，在世界任何地区保障美国利益辩解。

8. 注重改革，适应形势

第二次世界大战后，美国的思想道德教育从民族传统和时代特点出发，从社会生活的实际特别是青年一代的思想实际出发，进行了多方面的改革，使思想道德教育的观念更加现代，形式和途径更加不拘一格，并建立了政党控制、社会全方位参与的思想道德教育格局。在美国，资产阶级政党牢牢控制着思想道德教育的领导权，而具体的思想道德教育活动，却尽量通过全社会进行。学校、家庭、社区、社团、宗教、大众传媒，都从不同的方面参与思想道德教育，比如广泛开展的国民服务和爱心志愿者服务等，强调有的放矢、循序渐进、注重实践。这些新措施保证了思想道德教育在新时期的有效实施。

（三）对我国思想道德教育的启示

1. 高度重视思想道德教育，坚决摒弃错误思想的侵蚀

把思想道德教育放在一个非常重要的位置上，这是各国维护国家制度和利益的重要举措。美国的资产阶级统治者就坚信：“任何社会，为了能生存下去，必须紧密地围绕保持其制度完整这个中心，成功地把思想方式灌进每个成员的脑子中。”美国通过各种方式对青少年施加其价值标准、社会制度、理想信念等方面的影响的同时，抓紧对我国进行思想文化渗透，我们必须保持高度警惕。近年来我国学术界出现了两种倾向：一是“意识形态淡化论”，二是“意识形态中立论”。这些观点是完全错误和有害的，必须予以澄清和纠正。在思想道德教育中必须坚定不移地进行四项基本原则教育，进行中国特色社会主义理论体系教育，坚决摒弃“意识形态淡化论”和“意识形态中立论”错误思想的侵蚀。

2. 更新教育理念，改革教育内容

思想道德教育要树立以人为本的科学理念，坚持以学生为本，以实现大学生全面发展为目标，促进大学生全面素质提高。要尊重人、理解人、服务人、发展人，充分调动大学生的积极性、主动性，引导他们自我教育、自我管理、自我服务。思想道德教育内容上不应是一元的、封闭的、空洞的，要坚持思想道德素质内在构成的多样性、层次性与整体性。在强调以理想信念教育为核心，以爱国主义教育为重点，以基本道德规范为基础，以全面发展为目标开展思想道德教育的同时，思想道德教育应是全面性与层次性的有机统一，先进性与广泛性的并存，既要关注人生价值、人生理想等高层次内容，还要关注学生的学习、生活、交往和良好道德品质的养成。

3. 扩展教育途径，创新教育方法

要积极拓展新形势下思想道德教育的有效途径，强化融合渗透、丰富载体、营造环境、改革方法。要把思想道德教育融合到教学和知识传授中，渗透到日常生活中。要把教育内容与现实情境有机结合起来，在现实情境中强化教育内容，帮助学生掌握认识问题的方法，形成正确的立场、观点，提高处理问题和矛盾的能力。要把学校“小课堂”同社会“大课堂”有机地结合起来，让学生走出校门，走上社会，开阔视野，在观念、知识、能力、品德和心理素质等方面适应改革开放的新要求。要把道德知识教学与道德习惯培养有机结合起来，通过引导学生履行各种行为规范来丰富道德生活实践，在道德感性经验的基础上，强化对道德理性的认识。

4. 设立目标体系，分层逐渐推进

思想道德教育内容和目标要有层次性，应遵循学生的“最近发展区”，即让其“跳一跳摘到桃子”的原理，提出思想道德教育的要求和内容层次。即在教育学生树立远大理想、信念的同时，也要把教育落到现实人的生活中，大力倡导社会公德、职业道德和家庭美德，教育人们树立爱国心和公民意识，学会做人，学会关心，学会负责，为最高层次的共产主义理想打下坚实的思想根基。

5. 加强心理健康教育，满足青年学生身心发展需要

心理健康教育与德育在具体的教学目标、教学内容、教育方法和手段等方面虽不相同，但在塑造一个健康完整的人这一总目标上是一致的。心理健康教育应提高针对性，要根据学生的思维、情感、性格存在的差异个性特征，因人施教，为思想道德教育奠定心理基础；要根据学生心理特征，因势利导，帮助其克服消极、自卑等心理，培养学生良好的思想道德心理品质；要根据学生的内在需要，以学生成长过程中的实际需要和兴趣爱好为切入点，通过举办各类丰富多彩的活动，促进思想道德教育的内容有效地渗透到学生稳定的心理活动中。

6. 完善教育体系，形成教育合力

要建立齐抓共管的社会化思想道德教育大系统，努力营造思想道德教育的良好社会环境。要调动全社会共同参与的积极性，形成家庭、学校、大众传媒、国家机关、社会团体、工作单位共同承担任务的局面，形成人人、时时、事事做思想道德教育工作的大气候。宣传、理论、新闻、文艺、出版等方面要为学生思想道德教育营造良好的社会舆论氛围，各类博物馆、纪念馆、展览馆、烈士陵园等爱国主义教育基地要发挥重要作用。

7. 加强理论研究，不断提高思想道德教育工作的科学性和从业者素质

目前，我国思想道德教育研究主要还停留在经验的分析和总结上，对思想道德教育过程缺少多学科的综合研究，有关理论缺少实验依据，经验的积累多于理性的批判。要加强思想道德教育理论的跨学科研究，积极探索和构建具有时代特征、富有中国特色的思想道德教育理论，以指导新时期思想道德教育的改革与实践。同时，可借鉴美国的从业人员准入制度，对我国从事思想政治教育的专业人员进行严格挑选，实行培训上岗和资格认定制度，不断提供学习提高的机会，逐步提高教育工作者的学术水平，保证思想政治教育工作者的素质不断提升。

四、美国高校人文社会科学研究与管理概况

美国高校中人文社会科学具有重要的地位、丰富的人力资源和充足的经费保障。美国研究型大学人文社会科学研究管理的特点主要体现在以下几个方面：即建立以项目为中心的研究体系与多渠道的资助体系，建立自由探索的学术氛围并充分发挥教授的作用，具有严格、科学的科研管理制度，具有行之有效的科研评价方法与手段，注重以产学研合作为基础大力推进科技成果转化。

（一）美国高校人文社会科学研究管理的基本特点

1. 建立了以项目为中心的研究体系与多渠道资助体系

美国人文社会科学研究形成了以联邦政府资助设立的研究机构、高等院校内的研究院所、企业研发中心和实验、私人基金会和某些非营利机构设立的科研机构等为主要研究载体的研究体系。联邦政府资助设立的研究机构只负责关系国家安全的重大前瞻性、公益性、基础性的研究开发和民营研究机构不愿意或无力承担或完成政府职能所需的研究，并实行目标任务合同制管理，以项目为单位配置科研资源并通过监督和评估保证目标的实施。基础性研究主要依托其他三类研究机构完成，其中高等院校成为美国人文社会科学研究的主要基地。在高等学校内部，则注重建立以项目为纽带的横向科研组织。如南加州大学设立了交叉学科专家委员会，在学院内或跨学院联合聘任教授，完善交叉学科考核评价体系，建立交叉学科激励机制，建立经费保障机制，促进交叉学科人才培养和科技创新。

2. 建立自由探索的学术氛围并充分发挥教授的作用

美国高校人文社会科学研究工作充分体现“以人为本”的原则，具有良好的学术氛围，其科研工作充分体现了以学术为本位，以教授为主体，以兴趣为动力。尤其值得注意的是，美国的各类科研基金的管理较为宽松，鼓励创新，允许失败。首先，课题的申报没有限制，完全取决于研究人员自己；其次，课题研究的性质以探索创新为主要目标，而不是以急于求成的量化指标为主要目标；再次，对科研工作的考核，不是看取得了什么结果，而主要看做了什么；最后，项目完成的情况直接影响下一次项目的申报。

3. 具有严格、科学的科研管理制度

美国研究型大学科研管理的制度化主要表现在制度文本的完善、科研经费的合理预算及其严格执行。总的来看，美国研究型大学科研管理循章而为，甚为严格。但严格的管理制度中，又体现着一定的灵活性，突出表现在科研经费的预算方面。

美国大学的科研制度建设相对比较完善，几乎所有的研究型大学都有科研手册，有力地保证了科研管理做到细致精密、流程清晰、责任明确。斯坦福大学的科研政策手册极为详尽，是美国大学较为经典的科研管理文本。为了锻造高水平的研究团队与教学团队，斯坦福大学的科研管理部门制订了一系列措施，严格控制研究成员的资质，明确界定了教师科研与教学的时间，清晰划分了知识产权的归属，大力鼓励学生参与科研，推动了高层次人才培养。科研手册作为科研管理的制度文本，有力促使科研管理在有章可循的轨道上规范发展。

长期以来，美国的人文社会科学科研计划都实行项目制管理。美国对政府科研经费的监督一般是从科研经费的申请过程就开始，以严格的项目立项申请和审查来保障项目的顺利实施和科研经费的正当使用。经费监督分为外部监督和内部监督两类：外部监督主要由国会负责对预算的审查和批准，以及审计部门协助国会所进行的事后监督和社会监督。美国的联邦预算管理十分严格，要经过议会的辩论、听证、修改、宣读程序、投票批准等过程，国会及各专门委员会在从经费预算的制定、审议到划拨、执行等各个阶段通过听证等方式进行经费的监督和管理。内部监督的职责是由各部门的部门总监察长办公室（OIG）履行。OIG 与所在部门的相对独立，提高了联邦经费监督的效益和效率，能够发现并杜绝舞弊、浪费和滥用职权现象的发生，并可通过司法程序，追回滥用的相关经费。

在科研经费的使用范围方面，科研经费往往被分为直接成本和间接成本两部分。科研经费可列入直接成本支出范围的有仪器设备、原材料、差旅、出版印刷等费用，而且包括课题组研究人员和研究生的工资津贴等人员经费。这样不仅解决了课题组研究人员和研究生的报酬问题，而且形成了以课题研究为核心的灵活有效的劳动人事分配制度。

4. 具有行之有效的科研评价方法与手段

美国人文社会科学研究成果评价可以分为基础研究成果评价、政策与应用研究成果评价。

首先，关于人文社会科学基础研究评价的方法有两种：同行评议与引文计量。

同行评议，指的是某一或若干领域的专家采用一种评价标准，共同对涉及上述领域的一项事物进行评价的活动。从 20 世纪 40 年代以后，美国联邦政府的许多机构在各个领域都已经采用了同行评议制度作为一种评估的方法以确定要资助的科研项目。一般来说，同行评议主要是由参加评议活动的同行和他们用以评价事物的标准两方面组成。美国对人文社会科学研究成果进行同行评议采用的主要标准是该科研成果的学术水平。同行评议的专家根据此标准可以对每个待评议的研究成果的优劣作出评价。通常的做法是对成果进行打分。例如，评估者可以确定某项研究成果为以下五个等级中的哪一级：特优、优、良、中和差。得分的高低即为对此科研成果价值的评价。

引文计量作为对同行评议的补充，在近几年的美国人文社会科学研究成果评价中被广泛采用。一篇论文，经过专家同行们的审核，在国际重要期刊上发表，且为国际公认的检索系统所收录，该论文应是具有一定学术水平的。在评价一项人文社会科学基础研究成果时，美国高校普遍把论文的发表和收录当作一项评价论文价值的标准。不仅要看其发表论文的数量，更要看这些论文被引用的情况。引文计量作为定量评价人文社会科学基础研究成果的一个重要手段，就其本身而言，它是客观、公正的，不受任何个人主观因素的干扰。美国将引文计量法引入对人文社会科学基础研究成果的评价过程中作为对同行评议的补充和参比，对于提高美国人文社会科学基础研究成果评价系统的客观性和公正性无疑是很重要的。

其次，美国人文社会科学应用与发展研究成果评价的基本方法有三种：（1）政策效果评估。人文社会科学应用与发展研究的根本目的是影响联邦政府的公共政策。政策效果评估主要是通过对联邦和州政府根据人文社会科学研究成果制定的公共政策的实施效果的评价来评价人文社会科学研究成果的价值。（2）社会评价。主要是根据公众对政策实施的态度间接反映出他们对人文社会科学研究成果的价值的判断。（3）社会实验。社会实验一般是在一个小范围内展开的，这一范围可能是一个地区，也可能是一个部门或一个单位。其目的是保证科学荣誉的正确授予，使科学奖励制度更加科学，并激励人文社会科学家共同体产生不断进行科学研究的动力。

5. 注重以产学研合作为基础大力推进科技成果转化

美国研究型大学注重与产业界加强联合，建立起了一种能将基础研究、应用研究、开发研究和成果转化与产业化有机结合在一起，高等教育与经济社会发展相结合的产学研合作机制。例如以一些理工科大学为中心和依托的产业合作中心，与有关生产企业联合成立产业协作规划组织，加强大学与企业之间的正式协作关系，促使双方为各自发展而共同合作，既促进大学的教育教学、人才培养与科技创新，又通过大学科技创新成果的转化及产业化提高了企业的经济效益与竞争力，实现了校企的双赢。值得注意的是，在校企开展产学研合作中，美国研究型大学规定其教授要么只进行成果转化而不介入公司的经营、管理等日常运作，要么从学校辞职后再从事公司的有关工作；也有的大学提供在规定年限内回校做教授的机会。但近年来，美国研究型大学的独立研究机构数量不断增长，所从事的研究项目与大学的目标也不一致，开始倾向于直接并主要为产业提供服务，在很大程度上逐渐偏离了大学的基本职能与核心工作。

（二）对我国高校人文社会科学管理的几点启示与建议

1. 建立多渠道筹措科研经费的机制，重视科研人力资本的投入，提高使用效率

相比美国研究型大学科研经费来源的多元化，我国大学科研经费来源则显得比较单一，其所承担课题主要是纵向项目，横向课题有限，更少有非营利组织的专门投入，科研发展缺乏足够的、稳定的经费支持。在此情况下，一方面，政府要不断加大科研投入力度；同时高校自身也要开源节流，积极与企事业单位进行合作洽谈，实现产学研的深度结合，争取横向经费支持，鼓励大学通过多种途径多方筹措科研经费。另外，在科研经费有限的情况下，直面资金和实力都比我们雄厚的西方发达国家，我们与其竞争的唯一选择就是最大限度地提高资金的使用效率。高校要切实规范科研经费的管理，将科研经费的使用管理纳入学校的审核监督之下，既要尊重课题负责人的经费使用的自主权，又要明确规定经费报销的项目范围，如设备仪器采购、书报资料订阅、外出学习调研等。要改革经费使用办法，切实加大科研人力资本投入的比例，允许合理的劳务报酬等支出，特别是在提取人员费和间接费用上不搞“一刀切”的方式，在项目预算时纳入这些费用并达到恰当的比例。但总体要求必须与科研项目紧密相关，确保将有限的科研经费用在“刀刃”上，力争取得最好的效益。

2. 制定完善的科研管理制度，编制并发放科研手册，形成有特色的管理文化

我国大学鲜有完善的科研制度文本，大部分院校只有一些简略的科研管理条例，主要涉及课题管理、成果奖励、成果发表、会议资助、岗位津贴等，而科研人员的科研资格分层、科研课题参与人员的选拔、教师科研时间与教学时间的分配、学生参与科研经费的资助等内容则很少列入其中。而且仅有的科研管理条例，往往仅针对某个具体的环节，而未能贯穿在学校的科研管理过程中，未能形成科研活动管理文化。要制定系统完善的科研管理制度，形成有特色的科研管理文化。把大学科研制度仅包括课题管理制度、实验室条例、岗位津贴条例的做法是片面的，大学科研制度不仅是规范教师与科研人员的程序，也是存在于每个组织成员心中的管理符号，应具有普遍的认同感与约束力，并对成员的下意识行为产生深远的影响。目前，我国大学科研管理制度建设亟待完善，借鉴美国大学的做法制作完善的科研手册，是较为直接和便利的改革突破口。

3. 推进基层学术组织和学术共同体建设，鼓励自由探索，真正发挥教授在科学研究中的主导作用

应该继续深化高校内部管理体制改革，进一步消除计划经济模式在科研管理方面的遗留因素。积极稳妥地推进基层学术组织改革和学术共同体建设，如在学院之下组建研究所，建立以校-院-所三级管理为主体的管理体制，并使研究所成为责权利相统一的教学科研实体，强化对科研的统筹协调。要注重建立以项目为纽带的横向科研组织开展合作研究，打破学科壁垒、院系壁垒，发展新型与交叉学科领域研究，开展协作攻关，在学校层面设立交叉学科专家委员会，在学院内或跨学院联合聘任教授，完善交叉学科考核评价体系，建立交叉学科激励机制，建立经费保障机制，促进交叉学科人才培养和科技创新从制度上确立教授在科研工作中的主导地位，鼓励自由探索，把中央高校科研业务费制度推广到所有的研究型大学。学校科研主管部门努力做好全方位的服务工作。结合推进新兴交叉学科建设，大力倡导不同学科、不同教师之间开展交流合作。加大支持力度，努力培育学校科技创新团队，以承担重大项目为纽带，组织多学科的教师开展联合攻关。

4. 改革科研评价制度，更加重视人文社会科学科研成果的转化与应用

我国高校在倡导并保障教师开展基础研究的同时，应该积极推进基础研究与应用研究的结合，紧密结合国家、行业和地方经济建设与社会发展的重大需求，加强与产业部门和各大企业的科研合作，进一步加大重大标志性科研成果的激励力度，鼓励适应国家战略、社会与市场需求的高水平研究成果。要建设好大学科技园等科技创新创业平台，推进高校科技产业的改革与发展，拓宽科技成果转化和产业化的渠道。关键是要建立健全各项政策措施，包括科研成果的评估、使用、投资以及对成果主要研发人员的奖励办法，设立创业基金并完善使用管理办法等，积极鼓励和大力支持教师投身科技创新及成果转化工作。依托高校的综合优势，在高等学校建立一批高水平智库或研究中心，促进人文社会科学研究成果向国家战略与政策的转化。切实改革科研评价的方法与手段，在完善现有的同行评价制度和引文计量制度的基础上，在成果评价中引入政策评价和社会评价方法。建立以人才培养为导向的科研评价制度，引导和鼓励人文社会科学研究成果向教学材料和人才培养环节的转化。

美国高等教育治理模式考察报告

考 察 团

由教育部和外国专家局联合举办的“高校领导赴海外培训项目”2009年5月美国团一行21人在美国进行了为期23天的培训考察。考察团全体学员在美期间考察访问了宾夕法尼亚大学（University of Pennsylvania，以下简称宾大）、德雷塞尔大学（University of Drexel）、斯坦福大学、普林斯顿大学等高校，在宾大集中培训了两周时间。通过实地考察研修，美国高等教育的整体画面鲜活而又清晰地展现在了我们面前，尤其是它富于特色的高等教育治理模式有许多值得我们学习和借鉴之处。

一、美国高等教育治理模式及特点

通过考察研究我们进一步了解了美国高等教育治理结构和模式。美国高等教育是一个比较成熟和发达的系统，其灵活而富于创新的治理模式让这个庞大的高等教育体系始终充满活力。美国高校主要分为社区学院、普通四年制学院、综合类大学和研究型大学。其中，研究型大学作为美国高等教育的核心和国家创新体系的关键所在引领着世界高等教育的发展，成为中国高水平大学建设的重要参考。

1. 宏观管理模式

美国高等教育管理体制深深留存着美国政治、经济、思想和文化传统的烙印，实际上，它就是美国传统的一部分。对集权制的不信任让美国建立国有公立大学的努力始终没有结果。分权化是美国高等教育管理体制的主要特征。就政府管理层面来看，美国高等教育的分权化不仅体现在联邦政府与州政府的分权上，还体现在联邦与州政府依法尊重私立高等学校的办学自主权上。

（1）公立高等教育管理模式。依据美国宪法，联邦政府没有高等教育的直接管理权，主要通过为高校提供研究经费和学生资助实施间接管理。高等教育直接管理权在州政府，州政府主要对公立高等院校行使管理权力，以确保公立高等教育为实现州政府乃至国家的发展目标而努力。州政府负责高等教育管理的机构大致有三类，一类为治理委员会（21个州）、一类为协调委员会（25个州）、一类为计划调整机构或服务机构（4个州）。政府管理从本质和总体上讲是一种宏观规划、统筹、咨询和服务。州高等教育管理体制造就了美国高等教育发展的多样性这一突出特点。人们很难准确概括出美国高等教育的管理类型。在考察中我们了解到，即使在如此复杂多样的高等教育系统中，仍然有两个典型的类型，即加利福尼亚州（以下简称加州）管理模式和纽约州管理模式。

加州管理模式。加州的高等教育管理体系建成于1959年。其高等教育管理机构为“协调委员会”，下设三个治理委员会，分别管理研究型大学（10所）、州立大学（23所）、社区学院（108所）。协调委员会和三个治理委员会并不是真正意义上的上下级关系。治理委员会掌握管理实权，而协调委员会只是一个服务机构，负责州高等教育预算、收集和分析高等教育信息、协调学生资助政策等。加州政府对三类高校的生均拨款分别为：研究型大学19000美元、州立大学8000美元、社区学院3300美元。州政府的投入占全州高等教育总经费的11%。加州政府的高等教育拨款之多是其他州无法相比的。

纽约州管理模式。纽约州高等教育管理机构为董事会，内设于协调委员会。协调委员会负责包括中小学和高等学校在内的管理和协调工作。董事会下设两个治理委员会，即纽约市大学治理委员会（CUNY）和纽约州立大学治理委员会（SUNY），分别管理城区内高校和城区外高校。董事会与治理委员会的管理是比较松散的。纽约州高等教育根据高等学校分布的区域进行管理，不同于加州以高校类型进行管理的模式，政府的投入占全州高等教育总经费的9%。

宾大所在的宾夕法尼亚州首席总监办公室统筹全州14所公立高校（不包括社区学院及三所研究型大学）的发展。负责州政府的高等教育经费拨付、高校的学科布局、教职员工的医疗、福利等。例如，关于经费拨付，首先由各校提出预算，总监办公室，由总监办公室审批：若一所高校打算开设新的课程，总监办公室会根据整个高教系统的整体课程设置、与学校各层次管理者与教师协商，决定是否开设。总监办公室与州立法机构及其他管理服务机构密切协作为本州的高等教育发展服务。宾州高等教育系统是一个整体，14所高校之间课程共享、学分互认。

虽然我们不能简单地将美国对公立高等教育的管理归类为加州模式和纽约州模式，但是两州高等教育的健康发展使得这两种模式被其他州和世界许多国家所研究和效仿。

（2）私立高等教育管理模式。与公立高等教育管理不同，美国私立高等教育自有一套“管理”体系。对私立高校办学行为产生规范和约束的机构主要来自于非政府组织，包括区域认证机构和专业认证机构、《美国新闻与世界报道》等媒体、独立基金会等。

美国目前有6家区域认证机构和70多家专业认证机构。不论是区域性认证机构还是专业认证机构，其性质都属于非政府组织。对于高校和专业是否必须接受它们的评估、认证。没有任何组织或个人做出规定。但是，只要想在高等教育领域生存和发展的高校或专业对接受评估认证的热情从来没有减退过。这里存在着一种无形的力量支配着这种热情。州政府只允许从获得认证的高校毕业的学生领取从业执照。联邦政府也不会向未获得认证的高校学生发放奖学金、贷款或助学金。而且，如果一所学校没有通过认证，或认证结果不理想，就意味着该校办学前景不乐观。相反，能够通过越多认证机构认证就越能证明一所高校的办学质量和声誉。

《美国新闻与世界报道》每年都要公布全美高校及专业学院排名。对于私立大学来说，排行榜不仅为社会、学生及家长提供了一个了解其办学水平的重要参考，也直接决定着学校可能获得的经费资助额度和生源质量。所以，每所学校都十分看重自己学校在排行榜中的位置。在我们考察过程中也发现，如宾大、德雷塞尔大学等在介绍本校时，总要强调本校在排行榜中的名次。

美国有许多全国性的独立基金会，包括许多大型、著名的基金会如福特、洛克菲勒、约翰逊、卡内基、优利特（Hewlett）、麦克阿瑟及莫多克（Murdock）等。在私立高校获得的来自基金会的赞助中，90%以上来自这些全国性的基金会。当然，要接受基金赞助，就必须接受基金会对学校办学能力和水平的评估和监督。基金会对高等学校教育和科研的投入与政府投入相比，比例较小。但仍然在提高医学教育、开发优秀专业学科、国际学生交流与合作以及在微生物、人类学等新学科领域的开发中发挥着重要作用。

私立高校虽然不在州政府的直接管理序列中，但州政府并没有放松对它们的关注。州政府通过提供多种类型的资助和服务参与私立高校的管理，而联邦政府更是通过大量的科研经费和学生资助将私立高校尤其是研究型大学发展纳入国家发展总体目标当中。可以这么说，美国私立高等教育是自我约束、自我发展的。同时，又处在各种民间组织及各级政府无形的掌控之中。美国公立和私立高等教育的边界变得越来越模糊了。它们之间的区别主要表现在其法律地位的不同以及其董事会产生方式的不同：公立高校董事会成员通常由州政府任命，而私立高校董事会成员则由校友及董事会成员选举或推荐产生。

2. 高校内部管理模式

以宾大为例，宾大是美国常春藤联盟校的一员，也是美国大学协会（AAU，北美一流大学联盟）的成员，是继霍普金斯大学之后接受联邦政府研究经费数量最多的高校，是世界知名的研究型大学。对宾大内部管理模式的考察能够窥见美国私立研究型大学管理的一些基本特征。

董事会制度是美国高等学校管理的一大特色。美国大学内部管理体制包括三大关键要素：董事会、校长和教师（教授）委员会。但核心要素是董事会制度。董事会（Board of Trustees）是学校的最高决策机构。宾大校内管理结构如图 1。宾大其内部管理也明显体现了分权化特征。董事会、校长、院长及教师分工明确，行政权力和学术权力并行不悖。

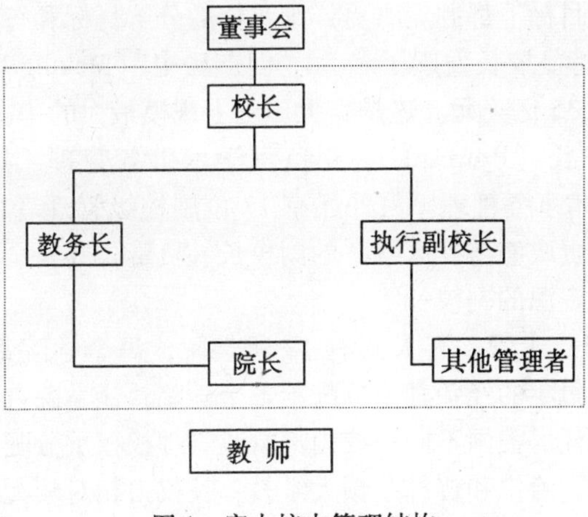

图 1　宾大校内管理结构

（1）董事会：学校最高行政决策机构。董事会的主要作用是遴选和监督校长、与校长一起制订学校的发展规划、募集资金、确保资金来源的合法性、学校资产的管理及资源分配等。宾大董事会由 60 位成员组成。这在美国属于董事会成员比较多的高校。通常多数大学的董事会常务执行委员会由 12~15 人组成。宾大董事执行委员会有 15 位成员，主要包括各分委员会负责人。像其他私立高校一样，宾大董事会成员主要从高等教育领域外的各种行业的校友中产生。同时，各学院的监督委员会成员和校外志愿者也可成为被选对象。被选标准为“3W”：财富（Wealth）、智慧（Wisdom）和工作（Work）。董事会成员独立于宾大利益，义务为学校工作。每位成员任期五年；如果业绩出色，可以获得连任。董事会下设11个分委员会。每位成员根据自己的兴趣和背景为两个分委员会工作。

（2）校长：学校首席执行官。美国大学教授协会（AAUP）在1966年的《大学治理声明》中就描述过校长的职责：“作为高等教育机构的首席执行官。校长的业绩主要取决于他的领导能力。他分担的责任包括：制定目标、实施管理、运作学术共同体各方对话交流的机制。校长有责任让公众了解他的学校。”校长代表董事会，并在董事会的监督下行使领导权，向董事会负责。美国高校校长的任期一般比较长，特别是私立高校。只要董事会认为合适，校长就可以连任。如哈佛大学第二十一任校长查尔斯·艾略特（Charles W. Eliot）先生在任40年；宾大第七任校长朱迪·罗丹（Iudith Rodin）女士在任10年。据美国教育理事会（American Council on Education）2007年公布的资料，有近29%的校长已在任不少于10年。在职业背景方面，69%的校长过去曾做过全职教师、31%是教务长、21%是校长、12%是负责学术事务的高级管理人员：26%的现职校长在一所或多所高校做过校长。当今的校长除了负责学校总体规划和管理外，筹资者的角色日渐重要。所以，校长中来自企业界等教育领域以外的现象有增多趋势。

宾大现任校长埃米·加特曼（Amy Gut-mann）女士任现职之前为普林斯顿大学教务长，是一位政治学教授。她于2004年7月任现职，并于当年10月出台了她与董事会共同制定的宾大五年规划“宾大合约”(the Penn Compact)。合约设立三大目标：提高入学率(保证符合条件的学生不会由于经济原因进不了宾大)；促进学科交叉：提高社区服务能力和国际化水平。每个目标下都制定有更详细具体的分解目标和行动策略。为实现规划目标，2007年10月。加特曼校长发起了名为“创造历史”(Making History Campaign）的筹款行动，计划五年筹款35亿美元。这是宾大历史上规模最大的一次筹款行动。

校长团队中的教务长（Provost）主要负责学术事务管理，执行副校长（Executive President）则负责非学术事务管理。另外还有17位副校级管理者，分别负责学校不同方面的非学术事务，如负责政府与社区事务的副校长、负责公共安全的副校长、负责经费管理的副校长、负责人力资源的副校长等。

（3）院长：企业家式主管。宾大共有12所学院，每个学院都是一个自负盈亏的单位，自主性很强。宾大每年的经费都要分配给各个学院，让学院自己支配支出。院长由校长和教务长共同协商聘任。美国不同高校内部行政管理权权重分配不尽相同。如威斯康辛大学教师权力相对较大，哈佛和普林斯顿大学教务长权力相对较大，而宾大则是院长权力相对较大。院长负责整个学院的目标制定、财务规划、教职员工工资水平等。学院的发展很大程度上取决于院长的领导能力和人格魅力。但院长的个人权力并不是无限制的，所谓随心所欲而不逾矩，是需要制度和智慧做后盾的。院长的管理行为不仅受到校长的监督，还要受到教师的监督，同时，还有监督委员会（Board of Overseers）的监督。每个学院都设有监督委员会。如教育研究生院的监督委员会由30位成员组成，成员背景类似于董事会成员，但与董事会的本质区别在于监督委员会不掌握实权。

（4）教师：学术事务掌权人。宾大的学术权力主要集中在教师群体手中，因为，对于学术事务最有发言权的是教师。教师的职责在1966年美国大学教授协会发布的《大学治理声明》中被这样描述："教师的主要责任体现在以下几个基本领域：课程设置、学科建设、教学方法、科学研究、教师地位，以及与教育过程相伴随的学生生活诸方面……确定学位标准以及达到标准所需的时间，并赋予校长和董事会授予学位的权力；负责教师聘任、续聘、解聘、晋升及终身教职聘任等有关教师地位的事宜。"行政权力不能凌驾于学术权力之上。教师的职业发展不是由行政权力来决定的。院长或其他行政领导与教师不是直接的上下级关系。

教师在学术方面的权威主要是通过全体教师的参与体现出来的。比如宾大的教师评议会（Faculty Senate）就是教师参与学术管理的一个重要渠道。该评议会成立半个多世纪以来，始终致力于维护教师在学校管理中的参与权。全体专任教师（standing faculty）都是教师评议会的成员。而执行机构则是教师评议会执行委员会（Senate Executive Committee）以及若干常设委员会。这些委员会代表全体教师定期与校长、教务长、其他校级领导、院长等就学校面临的各种问题尤其是与学术事务相关的问题进行协商。近期，该委员会在以下几个方面取得了成果：新任教师的发展、非专任教师的研究、研究生学费改革、教师经济地位分析报告的起草等。

终身教职（Tenure）制度是美国高校学术自由的一项重要保障。该制度起源于威斯康辛大学，由美国大学教授协会确立下来，并被美国高校广泛接受和认可。终身教职的聘任标准很严格，主要侧重教师的研究能力，研究型大学更是如此。聘任时研究成果与教学成果比例甚至达到 9∶1。宾大有博士学位的新任助理教授如果在六年内不能晋升终身教职，就必须离开。如果一旦获得终身教职，他就可以解除后顾之忧，全身心投入自己的教学研究，除非犯罪等很严重的事件发生，学校无权开除他。

现代大学制度的三大要素（大学自治、学术自由和教授治学）在宾大得到了很好的体现。在现代大学制度保障下，宾大的各项工作处于良性运作当中。宾大基本的组织管理模式给我们留下了深刻印象。同时，在考察过程中，宾大的学生工作和安全保卫工作也同样给我们留下了深刻印象：一是宾大对学生的尊重及对其学习和生活的关心。宾大对学生学习和生活质量的提高有一套具体而又切实可行的措施。如小班化教学让每个学生都能得到教师个性化的关注：学生活动中心的诸多项目对学生，尤其是对新生的全方位帮助是非常实际的；心理辅导中心等各种校内组织为学生提供贯穿始终的生活学习指导：终身教授入住学生宿舍区也是非常值得中国高校学习和借鉴的学生工作制度。二是宾大对校园安全保卫工作的重视。宾大是美国高校中校园安全投入最多的高校。校园安全作为教育教学工作的支持系统，宾大给予了特别的重视，并与学校其他各项工作融合在一起。宾大校级领导中有一位专门负责公共安全的副校长。任宾大副校长前供职于警察部门，这不仅有利于学校与社区在安全领域做到联防联控，更重要的是加强了学校与社区的联系与沟通。可以说，宾大的辉煌离不开健全高效的校园安全工作。

3. 美国高等教育管理的主要特点

第一，分权化。分权制度被认为是美国民主政治模式的核心制度之一。高等教育分权化管理模式正是美国分权化社会政治制度在高等教育领域的反映。尽管自 20 世纪中叶以来，美国联邦和州政府逐步加大了干预高等教育发展的力度，但分权化的基本制度没有让政府干预突破底线。同样地，分权制度也没有让美国高等教育被全部推向市场。分权制作为现代大学制度的一个核心概念，体现了高等教育利益相关者（stakeholders）对高等教育需求的平等表达权，确保了利益相关者在形成影响高等教育改革与发展的重大决策过程中发挥应有的作用。这些利益相关者不仅包括高校、各级政府、社会、市场，还包括高校内部的管理者、教师、学生等。对高校来讲，分权既是高校与政府、社会和市场的责权利的分配模式，也是高校内部各群体间的责权利的分配模式。

第二，市场取向。美国高等教育体系本身就具有市场倾向，其中，与公立高校相比，私立高校发展中的市场痕迹更加明显。学校与社会各层面保持紧密的联系。如宾大校级领导层就有专门负责政府与社区事务的副校长、学校设立负责与校友等社会各界联系的工作机构。同时，各管理层将学校当作企业来经营，成本和效率意识都很强。可以说，他们成功地将市场手段运用在学校管理领域。正如宾大教育研究生院院长安迪·波特（Andy Porter）先生所言，宾大很适合企业家在此工作。

与其他国家相比。美国高等教育对社会和市场的需求反应更加迅速。根据社会和市场的需求，高等学校各安其位，分类发展，极少有竞相升格的现象。同时，学生在不同类型高校之间，可以通过学分互认达到转学的目的，顺畅的转学制度也让高等教育系统内部少了森严的壁垒。

高校经费来源多样化。私立高校的经费来源主要包括学费、联邦政府资助及社会捐款。其中，学费是主要来源。私立高校的生均学费是公立高校的约五倍。当今的高校是一个有巨额资金流动的组织。如宾大 2009 财年就有 45 亿美元的预算。面对如此庞大的预算，除了学费和政府投入，向市场要资源成为宾大的筹资目标。宾大 35 亿美元的筹款任务到 2009 年 4 月份，已完成了 23 亿美元。

第三，董事会制度。董事会制度具有双重作用。一方面，来自校外的不同行业的董事会成员代表了广泛的社会群体。他们代表公众表达对高等教育的诉求，管理和监督高等学校的办学行为，防止高校过分固守自身的发展逻辑、追求其狭隘的纯学术目标而不能更好地为公共利益服务。另一方面，董事会并不对学校内部学术事务直接干涉。同时，也保护了学校免遭外部非正常因素的侵害。因此，董事会搭建了学校与社会之间理解与合作的桥梁，对美国高等学校的健康发展起到了非常重要的保护作用。

第四，战略规划。不论是高等教育系统还是高等学校本身，作为一个复杂系统，都处在不断运动之中，与周围环境进行着各种物质、能量和信息的交换。所以，它必须是开放的。与周围环境和谐相处，不断进行自我改造和创新，实现自身的动态平衡和有序发展。作为高校领导者，要实现组织的发展，达成组织的发展目标，必须具备战略思维和规划能力。战略思维是关于实践活动的全局性思维，是系统地、创造性地思考、规划全局性问题时的思维活动过程，是一门科学和艺术。战略规划思想在高校发展中的作用是渗透性、无所不在的。人们无法将它与整个系统的管理过程分割开来。

“宾大合约”就是宾大领导者战略思维在实践中的具体运用。作为宾大的发展战略规划，合约载明了宾大的使命和办学目标，语言简明、内容具体、富于远见，逐渐成为宾大师生员工的共识。根据合约的目标，到 2009 年秋季开学，宾大将取消学生贷款，向所有符合资助条件的学生发放助学金。同时，来自家庭收入低于九万美元的学生将免缴学费。家庭收入低于四万美元的学生将免缴学费和食宿费。最近四年，宾大开设了五个具有前沿创新性的合作研究项目：社区服务类课程2008年比2005年增加了300多门。加特曼校长2008年宣布：未来四年将为新增的400个社区服务项目提供经费支持。宾大自2004年以来，国际学生的比例已达14%，每年增长20%，尤其来自中国和印度的学生占到了其中的50%。在沃顿商学院，45%的学生来自海外。在常春藤联盟中，宾大是国际学生最多的大学。宾大的教育质量在逐年上升，竞争力日趋强大，为“宾大合约”的成功引领起到了重要作用。

第五，务实创新。务实和创新是美围精神的重要体现。宾大正是在富兰克林务实创新精神引领下创立的，而且这一精神贯穿了宾大两百多年的办学历程。“我们会找到路子，不然就开辟一条。”(We will find a way, or we will make one）这句话彰显了宾大的根本追求。而务实的价值导向让学校的发展更加贴近社会现实，为社会不断输送具备独立思考和创新能力、具有良好的价值观和较强综合素质的健全个体和合格公民。

第六，管理专业化。有了学生才需要教师，有了学生和教师才需要管理者，这就是学校组织形成的逻辑。管理是一种服务，是围绕教学科研活动提供的支持和帮助。通过接触美国高教领域的管理者，我们真切感受到，他们将管理当做学问和自己的专业来做，真心为教师和学生提供尽量周到和高质量的服务。

二、美国高等教育管理中存在的困惑

在考察过程中，我们发现，美国高等教育的发展同样存在不少困惑。在管理中也存在不少困难和挑战。

1. 高校经费的筹措遇到困难

自20世纪中期以来，高校的经费日趋紧张，而当前的金融危机带来的经济衰退，给美国高等教育造成了更加不利的影响。州政府作为高校重要的资金投入者，其资金投向及额度的波动性很令高校困惑。当前州政府将主要资金投向了基础教育及医疗卫生等领域。联邦政府对科研经费的提供也日趋保守，受金融危机影响，来自中低收入家庭的学生获得贷款资助的机会也将大为减少。同时，学费迅速攀升，占到了家庭收入的24%。就读于私立高校的学生学费占家庭收入的比例更高。这无疑增加了学生的就学困难和家庭支付学费的压力。另外，如何平衡联邦及州政府的经费投入关系也是一个不小的问题。

2. 全日制学生毕业率降低

面对严峻的外部环境，美国许多高校18~22岁的全EI制在校生在学费支付和就业的双重压力下，往往选择延期毕业或中途休学工作。目前，全日制学生平均只有56%能够如期毕业。2005—2025年，美国人口的增长主要集中在九个州，老龄化趋势日益严重。美国高等学校34~64岁的学生人数增长速度加快，而18~22岁的全日制学生人数处于下降趋势。非全日制学生人数的增加促进了营利性高校等新兴高教机构的兴起。这无疑给非营利性高校带来了压力和挑战，迫使他们不得不在办学思路、课程设置、教学方式和管理模式上进行创新，满足社会对高等教育的新需求，确保和提升美国成人教育的优势地位。

3. 终身教职制受到质疑

终身教职制是一把双刃剑。一方面。终身教职制在维护学术自由、保障职业安全、吸引优秀人才等方面发挥了重要的作用。另一方面。终身教职制也暴露出不少问题，受到了质疑。这些质疑主要包括：终身教职制成为一些终身教授不思进取的保护伞；限制了新任教师的职业发展；增加了高校管理成本、降低了效率等。作为回应，美国高校逐步实施对终身教职制度的改革，在保留终身教职制的基础上实施终身教职后评审制（post-tenure review），对获得终身教职的教师进行定期评审。这一解决方案是高等教育系统内外各方不断博弈的结果。而且，其走向还存在不确定性。

美国高等教育是一个比较成熟的系统，具有相当的灵活性。面对目前的困难，有部分高校如小型私立高校遭受的打击比较大。而实力很强的研究型大学受到的冲击并不严重。作为该系统中极具竞争力的高校，宾大虽经历了不同的社会发展阶段，却保持着旺盛的生命力，稳立于高等教育金字塔的顶层。今天的宾大仍然以积极和创新的姿态来应对外部环境的挑战。

三、对中国高等教育管理的启示

中国高等教育与美国高等教育处在同样的国际大环境下，面临许多相同和相似的困难和问题。但我国的社会经济还不够发达，是高等教育大国，但还不是高等教育强国。我国的高等教育虽然已经进入大众化阶段，但面临着诸多挑战，提高质量是我国高等教育今后的一个长期任务。高水平大学建设战略的制定无疑是有远见的，“211”、“985”工程建设取得的成效也是令人鼓舞的。但高水平大学植根于整个高等教育系统中，其可持续发展的动力和生命力不仅在于对自身运作模式的不断反思和改造，还在于高等教育系统整体的建设和发展。美国高校内外部治理模式给了我们诸多启示。

1. 进一步深化高等教育管理体制改革

我国在不断探索适合国情的高等教育管理体制过程中，逐渐形成了中央政府统一领导、中央和省级政府两级管理、以省级政府管理为主的高等教育管理体制。地方政府掌握了较大的高等教育管理权，提高了发展地方高等教育的积极性。这为建立和完善现代大学制度创设了积极的外部治理环境，为高等教育管理体制的进一步改革和完善奠定了坚实的基础，也为高等教育多样化发展和高等学校自主发展提供了制度保障。同时，我们必须看到，高等教育管理体制改革还需要进一步深化，给高校以更多的办学自主权。就学校内部管理层面，应进一步向院系分权，使管理重心下移，发挥教师在学术事务管理中的应有作用，阻止行政管理部门成为强势部门，避免学术权力行政化。

2. 科学规划高等教育布局

中国高等学校和学科布局很不均衡。这与美国有几许相似，虽然成因并不相同。弱势地区高校需要扶持。方式可以是多样的，但通过压缩发达地区高校的博士点等方式制造均衡的做法还需要进一步探讨。通过对斯坦福大学可持续发展研究中心的考察，我们发现，所谓强势学科和弱势学科，主要是靠研究团队的声望以及研究经费的多少来决定。行政权力对此并不进行干预。政府对学科的宏观管理主要体现在提供学科目录让学校选择以及综合考虑区域内高校学科布局以决定是否建议通过新学科点的设立申请。

3. 打造多样化高水平大学

高等教育多样化是大众化阶段的必然选择，要达到高等教育系统的多样化的和谐发展，分类是前提。一方面，高校需要更多的自主权，根据社会和市场需要找准自己的定位，另一方面，从管理角度需要加快对高校分类标准和管理方法的研究，阻止千校一面现象的蔓延。分类发展的目的是提升高等教育整体质量，更好地为社会发展服务。尽管世界一流大学多数是综合性研究型大学，但这丝毫不影响特色学校对世界一流的追求。世界一流不是综合性研究型大学的专利，各种类型的高校都应该在本类型中努力争取成为本地区、全国乃至世界级的高水平大学。如麻省理工学院便是一所在工程教育领域办出了自己特色的世界一流大学。

在参加本期培训考察的学员中，多数来自专业特色十分鲜明的高校。这些高校也都在各自类型高等教育中积极探索符合自身特点的教育教学和管理模式，努力打造属于自己的优势品牌，并已积累了丰富的经验，取得了很好的成效。

4. 完善校长遴选和评价机制

党委领导下的校长负责制是我国高校的基本管理体制，也是一种很具特色的管理体制。通过对美国高校校长遴选和评价机制的考察，我们感到，在校长遴选和评价工作中，校内教师、学生和行政管理人员的参与和民主决策非常重要。它不仅是校内分权的具体体现，更重要的是，通过校内各群体的广泛参与让教职员工充分表达自己的需求及对学校发展的意见和建议，行使自己神圣的管理参与权。同时，通过这一方式，也让校长真正成为学校战略发展的规划者和领导者，承担起学校首席执行官的责任，使其职业发展真正融入学校的整体发展之中。

5. 扩大筹资渠道

中国高等教育经费主要依赖政府投入，而政府投入不足已经是一种常态。所以，扩大筹资渠道成为高校的当务之急。美国高等教育经费来源中除了政府投入与学费外，社会捐赠是其中的一个重要组成部分。但由于中国社会捐赠渠道的不畅通，给高校筹资增加了很大难度。解决这一问题，一方面需要建立和健全社会捐赠的法律体系，让社会捐助教育不仅具有道德依据，更有完备的法律保障。另一方面学校在努力争取政府投入的同时，积极主动地开发社会资源，设立专门的筹资机构，建立起与社会各界的广泛联系，扩大筹资渠道。

6. 增强高校与社会互动，关注自身责任

社会服务是高等教育的重大功能之一。社会服务能力和质量不仅是一所高校存在价值的重要体现，也是一所高校社会声誉的重要指标。所以，美国高校对社会服务给予了高度重视，积极调研社会需求，想方设法利用学校资源为社会提供高质量的服务。反观我国高校，一方面，从“以服务求发展”的角度看来，我国高校的社会服务意识还比较薄弱，对地方社会经济发展的贡献还有很大的空间。另一方面，社会关心支持高等教育发展的氛围还不浓，高等教育投入也令人不安。面对现实，我们必须意识到，高校对社会资源的利用必须建立在对社会资源的建设之上。对高校来讲，我们不能只问社会为我们做了什么，我们更应问自己为社会做了什么。我们必须立足社会需要，办出学校特色，以自身的服务质量赢得社会的尊重和支持。

7. 关心学生的学习和生活质量，培养校友对母校的感情

像宾大这样的美国高校在学生工作方面做足了文章，真正做到了以学生为中心开展各项工作。今天的学生就是明天的校友，对学生的真诚关怀就是培养校友对母校感情的基础。在我们参观普林斯顿大学的当天，正是其校友返校日。面对庄严隆重的场面，我们不禁感慨万千，校友对母校的忠诚和热爱深深打动了我们，也让我们思考良多。

我国高校学生工作也有很多思路和举措，如辅导员制度的建立就取得了积极成果。但是，其中的不足也比较明显。如辅导员队伍总体比较年轻、没有太多的阅历、学术造诣还

有待提高，在对学生全方位的引导方面显得力不从心。我们可以充分借鉴宾大等美国高校的经验，如发挥优秀教师尤其是优秀教授的作用，让他们轮流举家入住学生宿舍区。用他们的人格、行为和语言通过日常生活和所组织的活动指导学生的学习和生活、引导他们更好地规划人生。

建设人力资源强国是21世纪赋予中国高等教育的重要使命。高等教育要做强，学习和借鉴发达国家高等教育的成功经验，是不可或缺的一环。此次考察学习正是这一环节的组成部分。本次培训考察活动虽然已经结束，但培训考察留给我们的思考和启示必将在今后的高校管理实践中不断发挥应有的作用。

（《国家教育行政学院学报》2010年第2期）

美国加拿大学术评价与通识教育的考察报告

田敬诚

2007年9月，以中国教育部社会科学司杨光司长为团长的高校学术评价与通识教育考察团，先后访问了加拿大和美国的五所大学。重点考察了美国和加拿大两国高校在学术评价和通识教育方面的最新情况，并对此进行了总结与研究。

一、美国加拿大学术评价和通识教育的基本情况

第二次世界大战以后，美国的大学开始由注重教学向注重科研转变，学术评价日益受到重视并且在实践过程中得以逐步完善，目前已相对稳定并形成了诸多学术共识。1994年，卡内基教学促进基金会前主席博耶发表了题为《学术评价》的演讲。博耶认为，没有科学合理的学术评价标准，就无法形成共同的学术理念，也无法对学者的科研行为进行规范，无法形成学者群体共同的价值取向。事实上，学术评价最核心问题是“什么样的学术成果最应该受到褒奖”，或者“什么样的学术行为是不适当的”。博耶认为，对于学术成果的评价首先应考察“学者的品质”，这其实就是中国古人所说的“道德文章”。因为学者的自身素养决定了学术成果的水平和质量，评价学术成果不能不考虑到学者本人的表现。在研究活动进行之前，研究者应对自己的研究对象有全面深入的观察体验和知识积累，没有丰富的实践经验和充分的理论准备，就不能进行研究工作。研究工作要有明确的目标，即研究什么问题和为什么研究都要十分清楚，思维逻辑应非常清楚。根据课题的具体情况，采用适当的研究方法。该定性研究就定性研究，该定量研究就定量研究；该个案研究就个案研究，该统计分析就统计分析，关键是要恰当，要科学合理。在方法的采用方面可以有无限的选择。在发表论文之前，要广泛征求意见、最大限度地修正别人已经发现的错误。研究成果的结论要有意义，要么对实际工作具有实际价值，要么具有理论上的指导意义。关于谁来评价的问题，博耶认为，学术评价至少应包括四种人的评价，即自我评价、同行评价、学生评价和委托人评价。其中最重要的是同行评价，这也是西方国家学术评价的惯例。只有同行才能敏锐地发现研究成果的创新与不足。而对于一些委托课题，委托人的评价就显得非常重要，而且往往是决定性的评价。博耶认为，学术评价不能是一次性评价，而是一个过程。许多人文社会科学研究成果，有时需要几代人的时间才能完全认识到它的意义和价值，一个观点的正确与否，需要时间和历史的检验。从某种意义上来说，历史评价和社会评价才是学术研究成果的终极评价，同行评价和委托人评价都有其局限性。在学术评价的过程中，必须让教师感到主持学术评价的人是权威的、可信任的，学术评价的标准和程序应当公正公平，所有的人情干扰都是违背公正公平精神的不端行为，应当受到应有的制裁。可以说，博耶的这篇演讲。代表着美国学术界对学术评价的基本看法，是了解美国学术评价制度的一篇经典性文献。

美国通识教育经历了不断完善发展的长期过程。最初的美国大学完全是按照英国大学的模式建立起来的，继承了英国培养贵族的博雅教育传统，课程设置基本反映了当时人类的全部知识体系，是通识教育的雏形。1776 年，美国摆脱英国的控制，成为独立的国家。为适应经济发展的需要，美国大学纷纷开设工程技术等实用性专业课程，培养目标从培养贵族向培养工业人才转变。1828 年，以坚持传统而著称的耶鲁大学发表耶鲁报告，对大学的实用化、专业化的取向提出强烈批评，再次呼吁推行通识教育。但由于客观现实的需要，美国实用性的专业教育继续得到迅猛的发展。到了 20 世纪初，随着美国高校培养的各类专门人才已基本满足社会的需要，加上过分强调专业化、实用化的弊端逐步显现，1909 年，哈佛法人团聘用劳威尔担任哈佛校长，掀起了美国通识教育的第二次高潮。劳威尔要求学生既要掌握广博的知识，又要成为某一学科的专家。1943 年哈佛大学成立了专门研究通识教育的委员会，两年后发表了题为《自由社会的通识教育》的研究报告。该报告提出通识教育所要达到的目标是：具有良好的沟通和交流的能力；以正确的方式思考问题；能够辨别各种不同价值取向的价值观；能够做出正确的判断。1947 年杜鲁门政府在此基础上做出修改，对通识教育的基本内容和目标进行了官方表述，主要内容包括：坚持民主理念和西方伦理道德；积极参与社区活动为社区服务；能够有效地交流和沟通；培养批判性的思维方式，能够提出具有新意的建设性意见；了解并掌握科学方法以解决实际问题；具有较高的艺术修养，等等。这实际上是美国教育有关人才培养目标的官方表述。

二、美国加拿大在学术评价和通识教育方面的具体做法及特点

根据对美加两国学术评价和通识教育的初步了解，考察团一行对美加两国学术评价和通识教育的实际情况进行了实地考察。由于加拿大的教育制度在很大程度上是效仿美国，因此考察重点也放在美国。考察的目的是实地了解美加两国学术评价和通识教育的实际情况，为中国高校完善学术评价制度和更有效地推进素质教育提供借鉴。

2007 年 9 月 25 日，考察团一行首先访问了加拿大卡尔顿大学。卡尔顿大学位于加拿大首都渥太华。该校大一体验办公室负责人首先介绍了卡尔顿大学大一新生入学后的情况。大一新生入学以后，卡尔顿大学准备了两种课程，一是领导力课程，目的在于重点培养具有领导潜质的学生。这充分体现了西方国家精英治国的理念。由于筛选严格，该校每年 4500 名新生中，只有不到 70 名学生得以参加该项课程。其他大部分学生则参加社区服务学习项目。该项目的主要目的是培养大学生扶助穷人的爱心和能力，为社区建设服务。

参加该项目的学生每学期参加 3 个小时的社区服务。项目结束以后还要相互交流工作体会，以提高下一个项目的完成质量。卡尔顿大学的大一体验教育名义上是让新生适应大学生活，实际上具有很强的因材施教的色彩。这对中国的大学新生教育很有启发意义。特别是他们培养大学生关心穷人、关心社区、营造和谐的社会氛围的理念和做法，值得我们认真研究。同时，重点培养那些具有领导潜质的学生进一步提高领导能力和领导水平，以承担更加重大的责任，这些做法也值得我们深思。

该校主管科研的副校长 Kimberly Matheson 随后介绍了加拿大高校科研方面的情况。同美国的大学一样，加拿大高校的科研经费主要来自各大基金会。加拿大资助科研的基金会共有四个，分别是人文社科基金会、自然科学基金会、医学基金会和创新基金会。其中创新基金会比较特殊，主要为获得理工农医类的项目提供硬件方面的支持，如购买设备等。目前中国还没有类似的专门计划。加拿大的文科课题的资助经费一般是 2 万~3 万加币，5 年后可再申请。另外一种是社区与大学关系项目，一般是 5 年 20 万加币。学术评价主要依靠世界范围内的同行评议。通过同行评议决定项目的经费资助额度、评估项目经费使用效益、评估项目成果对社区发展的实际意义，等等。2007 年 9 月 26 日，考察团一行访问了芝加哥大学，该校副校长助理 Mary Harvey 女士介绍了该校科研方面的有关情况。芝加哥大学是美国著名的研究型大学。芝加哥大学经济系在全球赫赫有名，培养了多名诺贝尔经济学奖获得者。芝加哥大学的学术评价重质量而非数量，有一篇高水平的论文即可被评为教授。评价学者主要看他在什么层次的学术期刊上发表文章，拿到什么级别的项目，是否在高层次的学术讨论会上做过重点发言等。芝加哥大学也很注重同行评议，但他们认为，在世界各国一流大学中挑选最权威的学者做评委才是真正的同行评议。当被问及一旦发生学术造假等问题如何处理时，回答是此类事件很少发生，因为此类事件一旦被查实，违纪者就无法在学术界立足。由于纪律严格，学风正派，此类问题很少发生。芝加哥大学有学术监督委员会和纪律委员会，分别由校长、副校长和五位教授组成，负责对抄袭剽窃、学术造假等问题予以认定并作出处罚决定。

在芝加哥，考察团访问了一所以通识教育而著称的本科院校——湖林学院。该校位于风景优美的密执根湖滨的富人住宅区。该校属于美国的贵族学校，学费很贵，大约一年 4 万美元。该校校长 Stephen Schutt 和常务副校长 Janet Macraeken 介绍了该校通识教育的有关情况，并组织来自中国的学生和教师以及学习中文的美国学生与考察团进行座谈交流。该校的入学门槛并不算很高，能够交得起学费、文化水平一般的学生均可入学。该校比较强调国际化，要求学生能够在国际化环境中学习交流。该校学生不多，仅 1000 人左右，但来自全世界 60 多个国家，不同国家的学生都住在同一宿舍内，以便于充分交流。在湖边我们见到一位一边晒太阳、一边看书的学生，上前攀谈后发现他读的书竟是中英文对照的《易经》，此事给我们留下深刻印象，也许这就是美国的精英教育。美国的通识教育要求学生广泛阅读世界各国各门学科的经典名著。这也是美国强调通识教育、培养精英人才的重要方式。

2007 年 9 月 28 日，考察团一行访问了华盛顿的乔治敦大学。该校文理学院的主要负责人介绍了该校通识教育的有关情况，并与考察团成员进行了热烈深入的讨论。他们认为通识教育不是美国的独创，但美国的大学比较重视通识教育，因为通识教育是培养大师级人才的基本途径。乔治敦大学通识教育的特点是鼓励学生根据个人兴趣自由地追求知识，大胆质疑现有的知识，进而实现知识的创新。该校的通识教育特别注重英文的阅读和写作、注重对基督教和圣经的研究，认为这是培养精英人才的基础和核心。该校提出通识教育的目的，在于培养学生的自我反思能力，鼓励学生积极参与社区活动并成为良好的社会公民，进而培养杰出的行业领导者。乔治敦大学通识教育的基本模式是小班上课，可以使学生与教师充分交流。该校鼓励学生不断积累海外学习和生活经验，鼓励学生积极投身于社会实践，鼓励教师和学生充分利用现代信息技术以提高学习的质量和效率。该校教师还展示了该校师生在学校网站上共同讨论但丁的《神曲》的情形。

2007 年 10 月 1 日，考察团一行访问了位于纽约的哥伦比亚大学教育学院。据悉，该校的教育学院在全美大学教育学院中排名第一。该院华裔教授林小东女士比较系统地介绍了哥伦比亚大学科研方面的情况。此校在学术评价方面非常重视质量而非数量。她举例说，有一次该学院评审终身教授，有一位教师发表了 35 篇文章，但都是发表在层次比较低的学术期刊上，因而未能评上；而另一位教师仅发表 5 篇文章，但因论文的学术质量很高就被评上了。在评审过程中基本上没有人情因素的干扰，这已经成为美国人人恪守的学术规范的一部分。在项目评审过程中，如果申请者与某一评委关系密切，该评委就必须回避，以保证评审的公正性。项目完成以后，知识产权归学校所有，教师拥有著作权法规定的全部权益。哥伦比亚大学作为美国的一所名校，对教师科研成果数量的要求并不高，一般每位教师平均每年只发表两篇质量较高的文章就大体可以了。美国的学术期刊和学术期刊聘请的评审专家对文章的要求十分严格。林小东教授举例说，她有一篇文章，修改了三年才得以发表。该校规定，本校毕业的研究生不能留校任教，一般要 10 年以后或在学术方面作出突出贡献以后才能回校任教，其目的是避免学术上的近亲繁殖、形成学术帮派和影响年轻学者独立自主地开展研究。

三、对中国高校学术评价和通识教育的启示

第一，美加两国的科研管理制度比较完善成熟。与美加两国相比，中国高校哲学社会科学研究在研究的投入方面有较大差距。哥伦比亚大学教育学院有一个关于跨文化比较研究的项目，经费投入达到了 900 万美元，几乎相当于中国教育部对全国高校文科科研一年的经费投入。由于投入不足，就无法开展必要的调研，就会影响研究成果的质量。相对于美加两国的学术评价，中国的学术评价存在的主要问题是需要进一步处理好学术成果的数量与质量的关系。要更加注重学术成果的质量，如果过分强调对教师研究成果数量的考核，其结果必然导致急功近利，粗制滥造，学风浮躁，研究质量下降，甚至出现抄袭剽窃和学术造假行为。要大力加强学风建设，对于学术不端行为要给予严肃处理。如芝加哥大学专门设有学术监督委员会和纪律委员会。学术监督委员会负责认定教师的学术不端行为，纪律委员会负责作出处罚。由于纪律严明、惩罚措施比较严厉，因此美国高校的学术不端行为很少发生。这一点值得我们认真学习借鉴。要逐步完善中国高校学术研究的同行评议制度，在国内甚至是国外一流大学中选择最权威的同行专家，选择那些让教师信得过的人担任评委，最大限度地排除人情因素的干扰，保证评审结果的公正性和权威性。在教师聘任方面，建议高校特别是教育部重点直属院校的人事管理部门应明确规定：本校研究生毕业后不能留校任教，以防止学术上近亲繁殖的现象蔓延，鼓励支持学者自主开展独立的学术研究。

第二，美加两国通识教育历史悠久、经验丰富，对于中国加强素质教育和思想政治教育具有一定意义。通识教育实际上就是通才教育。通才教育对于培养大师级人才具有重要意义，对于培养创新人才和拔尖人才具有显著的作用，因为创新往往来自各门学科的交叉。而拔尖人才也需要具有广博的知识和深厚的科学文化素养。通识教育在某种意义上也是精英教育。通识教育对教师提出了更高的要求，只有组织各学科大师级的人物的相互合作，才能完成通识教育教材的编写任务。在中国，高校专业教师一般接触学生的时间较少，与美加两国相比有一定差距。我们要学习美加等国高校以学生为本的教育理念，引导教师树立全心全意地为学生服务的思想，想方设法帮助学生更有效地学习。另外，美国通识教育非常强调理论与实践的结合，强调教育要为所在社区服务、为社会服务，培养大学生对弱势群体的同情心和爱心，积极扶助穷人和弱者。这些理念都值得中国教育界学习借鉴。要紧密结合中国国情，寓思想政治教育于通识教育，不断加强师资队伍建设，以通识教育为载体，以思想政治教育为核心，不断提高思想政治教育的水平和效果。

第三，通过对比可以知道，改革开放以来中国教育取得了显著的进步，对此不应妄自菲薄。改革开放以来，随着中国经济的快速发展和对外开放水平的不断提高，中国教育的水平和质量有了显著的提高。连美国同行都承认，中国的基础教育乃至本科阶段的高等教育的质量是相当不错的，反而是美国人为自己基础教育的质量下降而感到十分忧虑。中国的学生勤奋好学、家长和社会高度重视教育。中国相当一批大学、中学和小学的校舍和教学设备已经不亚于美国的同类学校。中国具有悠久的教育传统，涌现出许多世界知名的教育家，有一批非常专业、非常敬业的优秀教师，高校的某些学科已经达到或接近世界先进水平。在美国的高校和科研机构中也有许多中国学者担当重任，因此不应妄自菲薄。美国教育中的一些成功的做法值得我们学习，但美国教育的问题也很多，例如基础教育薄弱、本科阶段的教育质量也很一般，许多教师也就是助教水平。不少美国学生厌恶学习、家长和学校对此放任自流，大学阶段愿意学习理工科的学生比例较小，等等。中国比较薄弱的环节是研究生阶段的教育，学生受传统文化的影响，不敢挑战学术权威、不敢大胆质疑现有的知识，在科研活动中创新性不够。随着中美教育交流的日益深入和东西方教育理念的相互影响，相信这一问题会逐步得到解决。总之，要虚心学习西方发达国家教育的长处，同时又不必盲目自卑，只要我们继续坚持教育优先发展的战略，不断加大对教育的投入，大力加强师资队伍建设和学风建设，中国的教育事业就一定会取得更大的进步。

（《重庆大学学报（社会科学版）》2008 年第 14 期）

日本政府科研项目管理制度及若干启示

贾保华　冯鹏程

在科研经费的管理和科研项目的审批等方面，西欧和美国具有悠久的历史和成熟的体系。它们的经验各有所长，它们的教训也值得我们研究和参考。

由于篇幅的关系，本文将重点介绍日本科研费管理和项目审批的特点，并从中引出某些对我国高校科研费的管理和项目审批的借鉴意见，供有关方面和科研人员参考。

一、注意科研项目涉及的伦理和法律问题

选择日本作为参照系，还有一个原因，这就是中日两国文化背景大体相同，科研管理和体制方面也有很多相似之处。

比如，当我们看到日本的科研费申请表格的时候，可以发现它与中国的表格非常相似。两者都需要填写课题概要、研究计划、研究目的、研究创新点、预期成果、经费使用内容等。因此，如果把它翻译成中文的话，几乎可以用于我们的国家社科基金、自然科学基金或校级课题的申请。

不过，它与我们的申请表有一点不同，即申请人需要承诺遵守人权与法律。虽然这似乎是多此一举，但日本的申请表要求研究人员在进行课题研究的时候，需要遵守法律和人权，保护个人隐私。它规定在进行调查、访谈、使用病人提供的样本、进行人体基因研究或动物试验等场合，必须经过研究机构内部和外部的有关部门的申批手续。申报者必须对这些问题写出书面说明。

比如，在克隆技术的研究方面，1998 年日本科学技术会议就设立了生命伦理委员会，制定了相关的规则，并经国会审议和批准，成为目前教育科学省（相当于我国的教育部和科技部）与厚生劳动省（相当于我国的卫生部和劳动部）的科研政策与指导方针。它们的具体内容在过去的 10 年里数次修改，并通过政府部门的出版物和网站等进行了广泛的宣传，有关科研人员在立项和审批的时候，都必须遵守。

这一点对我们有重要的借鉴作用：由于现在科技发达，很多研究涉及生命伦理和人权等问题，因此，如果研究人员只是一味地追求出成果的话，很容易把科研（特别是理工科与医学）引入歧路，甚至导致重大的伦理与法律问题。近几年商业性研究和试验已经引发了不少纠纷，值得我们高校有关领域的科研人员高度警惕。

即便不是那些由公司资助的营利性科研项目，如果科研人员不注意的话，也容易引发伦理和人权等问题。这里有个国外的例子：2004 年印度洋海啸发生后，很多外国人道主义援助组织和个人大量涌入了斯里兰卡。虽然这些援助是值得称赞的，但是，他们当中的有些人却“对幸存者进行强制心理辅导……（还有些）来自发达国家的博士生为了获取论文数据，用大量的问卷调查折磨幸存者，甚至收集血样用于研究神经生物学应急标记物”。因此，对于这些“剥削或虐待灾害幸存者”、将其“用于廉价的或随意的研究”的行为，各国科研工作者必须予以反对。

值得高兴的是，这些问题已经引起了我国政府有关部门的重视，并且在某些研究领域（如医学）提出了伦理审查的要求。不过，一般说来，在具体的科研项目的立项、审批和实施过程中，我们还没有对科研人员提出明确的相关要求，课题申报人也没有做出明确的法律承诺。对此，一些专家已经明确提出了意见。

二、科研费的分配——突出重点，照顾一般

根据日本政府有关资料，可以看出其科研费的审批和分配具有突出重点、照顾一般的特点。以 2008 年为例，日本政府资助的科研项目主要分为以下几项：

1. 特别推进研究（类似于中国的国家级重点项目）

其研究成果能够得到国际上的高度评价，研究期限 3~5 年，每一课题经费约 5 亿日元，不设上限。

2. 特定领域研究（类似于中国的重点项目）

其研究成果可提高和强化日本国内的学术研究水平，其研究涉及全球问题、或能满足重要的社会需求。研究期限 3~6 年。每奇数年度批准一个领域，经费约 2000 万到 6 亿日元。

3. 新学术领域研究（类似于中国的创新研究）

它分为两种：一是研究领域提案型。由研究者个人或集体立项，对可以提高或强化日本学术水平的新的研究领域，进行共同研究或人才培养。研究期限 5 年，每奇数年度批准一个领域，课题经费 1000 万到 3 亿日元。二是研究课题提案型。该项目不要求得出确定的研究成果，但希望随着课题的进行，有可能取得学术性的突破。期限 3 年，每奇数年度经费额约 1000 万日元。

4. 基础研究

它分为四种：一种是由个人或少数人立项进行的独创性的、前沿性的研究，研究期限 5 年，每个课题经费为 5000 万到 2 亿日元左右。

另外三种也是由个人或少数人立项进行的独创性的、前沿性的研究，期限为 3~5 年，每个课题经费相应地分为：500 万日元以下、500 万~2000 万日元以下、2000 万~5000 万日元以下。

5. 萌芽研究

这是研究人员根据其独创性的构思进行的早期研究，研究期限 1 至 3 年，每个课题经费 500 万日元以下。

6. 青年项目研究

它分为四种：一种是由 42 岁以下的研究人员进行的个人研究，研究期限 5 年，每个课题 3000 万至 1 亿日元。

另外两种为 37 岁以下的研究人员进行的个人研究，期限为 2~4 年，每个课题经费相应分为 500 万日元以下和 500 万~3000 万日元以下两种。

最后一种是启动研究，即刚进入大学或研究机构的研究人员进行的个人研究，期限为 2 年，1 年的课题经费为 150 万日元以下。

7. 奖励研究

由大学和研究机构的职员、企业员工、其他从事研究的个人所进行的研究，期限 1 年，每个课题经费 100 万日元以下。

在上述研究中，值得我们注意的是：日本政府的科研费虽然也向重点项目倾斜，但是，更多经费投入了普通项目。这样可以保证有限的科研费尽量覆盖较多的科研人员，从而充分调动广大科研人员的积极性。

另外，值得注意的是，既强调集体的作用，也鼓励个人的作用。除了国家级重点课题，几乎所有课题特别是青年项目，都强调个人申报和研究。这是符合科研特点的：因为重大项目需要集体的智慧，而且费用浩大，一旦个人决策或研究失误，很可能造成不可挽回的影响。而普通项目，侧重研究者个人的“灵感”、“好奇心”，人员过多，容易互相掣肘，反而不易取得创新性的成果。我们国家的科研现实也说明了这种情况：很多普通项目参与者众多，甚至有意挂上一些名人或权威的名字，但是实际上这个课题组的主要作用似乎是为了使项目的批准，变得更为容易。而很多课题组的领导也由于各种原因（如担负行政领导职务，或校内外兼职过多，或讲课任务繁重等），往往不能成为真正的、实际的课题参与者。与其这样，还不如在一般的课题申报上，鼓励研究者个人申报、个人研究、个人负责。

如果鼓励个人申报的话，就需要把科研费“打碎”，即增加项目数量、同时减少每个项目的经费额。从上面日本的资料中可以看出：除掉少数几亿日元的重点课题，绝大多数普通研究的经费只有100万到2000万日元左右。由于日本的大学教授平均年收入为1000万日元、讲师为700万日元，因此，大多数普通课题的科研费只相当于他们几个月或一两年的工资；若分3~5年发放，则与工资的比例就更低了。相比之下，我国科研项目数量相对较少，因此科研费相对较多。以文科为例，很多重点课题往往有三五十万元、甚至近百万元人民币的经费支持，大体相当于一个教授三五年甚至近十年的工资收入（理工科甚至更高）。因此，它容易导致过度的竞争、过多的挂名、课题的转包，也容易让很多教师把主要精力放在到处拉项目、找经费上面，甚至导致腐败或犯罪。

参照日本经验，笔者有一个不成熟的建议：大多数社科类或少数理工类的普通项目，每个课题的经费恐怕以1万~10万元为宜（即等于教授或讲师的几个月或1年的工资收入）。30万~50万元、特别是50万元以上的重点项目每年不宜过多，而且必须限于少数的、国家级的、具有国际意义的，或能够满足巨大社会需要的课题。这样既有利于增加课题申报者的人数，也有利于降低科研成果的单位成本。同时，应当考虑科研费与工资的关系问题，找出一个较为合理的比例，以免产生所谓“科研老板”的现象。

另外，笔者在日本讲学时得到一个实例：每个大学教师不论是否申报课题，都可以得到相当于1个月工资的研究费（笔者为30万日元）。这笔经费可以用于教师的科研、开会、购置书籍文具或电脑等，但它不要求发表论文，属于旱涝保收的“大锅饭”。如果那位教师对此不满，并愿意且有能力得到校级或政府的科研费，那也是个人自由，但它不会成为该教师晋升职称的主要标准。因此，日本的大学里面，几乎看不到我们这里常见的人人申报课题或个个挂名研究的景象。只要讲课好、又敬业，到了年头也可以当上教授，不必特意去争课题或科研费。

三、政府科研制度改革与公开性和透明度

在这方面，有几个值得注意的地方：

1. 设立专门的项目官员（Program Officer）

科研项目的审查需要专家和学者。这一点不论中国外国都是一样的。在日本政府科研费的审查方面，一共有大约6000人担任284个专门领域的科研立项审查。审查分为两个阶段：在第一阶段审查中共有委员4000多人，每个研究课题有3~6人进行第一阶段审查，审查标准分为五项。第二阶段审查，每个专业里面有12~22人进行联合审查，审查委员有900多人，对第一阶段审查委员的评分做出调整或决定。这些审查委员是从约4万人的数据库中挑选出来的，此外，在日本政府部门还设立了专门的项目官员（Program Officer）。他们与其他政府官员的职称和职责一样，只不过他们专门负责处理有关科研项目的事务。这样做有一个好处：因为科研项目的事务性工作具有独特的要求和性质，并不是一个简单的行政事务或文件处理工作，因此，需要有专门的职员和干部把它当做一项专门的本职工作来做，因此，必须有专门的官员与相应的官职。目前，日本政府的 PO，一共有 110 人。

2. 设立独立行政法人和统一数据库

由于科研费涉及经济领域，为了避免政府过分参与市场活动和涉及金钱领域，同时，也是为了学术研究的公正和独立，日本成立了独立行政法人——日本学术振兴会（类似于中国的社科基金与自然科学基金），专门负责课题的申报、审议和监察。自从 20 世纪 90 年代后期起，日本文部科学省的一些课题已经移交给了日本学术振兴会。

此外，为了避免重复申报、提高科研项目管理水平和经费使用效率，日本政府各个部门已经建立了统一的研究开发管理体系。该体系包括全国研究人员和研究机构的数据库、研究费课题和经费资料，以及课题中期评估结果等。因此，任何个人或单位在申报课题的时候，对于本专业的现有课题的研究人员、研究状况、经费额、中期评估结果等情况，都可以从有关网站的资料中了解得一清二楚。这样就可以有效杜绝重复申报、重复研究等情况的发生。

3. 增加课题申报、审批和评估的公开性和透明度

由于网站数据库的建立和公开，课题申报不仅便利和快捷，而且增加了公开性和透明度。比如，过去申报者的课题落选原因，往往是秘而不宣，现在则全部在网上公开。如果落选者有异议，可以向有关部门申诉。如果申诉被证明是合理的，而审查委员被证明的确做出了不公正的行为的话，其委员资格将被剥夺，他在同行中的声誉也会受损。

另外，课题的中期评估结果也都在网上公布，那些评价不高的研究人员将面临更大的压力和动力。这里有一个实例：某著名国立大学一位副教授的研究课题是关于日、中、韩、美、德等国的市民社会结构与管理的综合实证比较研究。该研究从 2005 年开始，2007 年中期评估的结果是 B。顺便说一下：日本科研评估分为 4 级——A+表示“研究进展超过了当初目标，估计可以取得超出预期的成果”。A 表示“研究正向着当初目标顺利进行，估计可以取得预期结果”。B 表示“与设定的最初目标相比，研究迟缓，今后需要更加努力”。C 则表示“研究落后于当初目标，研究成果难以预料，建议削减研究经费或中止研究”。

专家组对这位副教授的评价意见有四点，不过四五百字，非常具体，其中的两点翻译如下：

日本的数据收集取得了确实的进展，但是利用这些数据进行的统计分析几乎还未进行。如何进行具体分析、如何与其他国家比较等问题，并没有明确的解答。其次，关于“管理”的指标应当如何测量、如何用数据评价也不明确。这可能导致与外国比较时出现困难。由于各国的数据没有统一，因此，难以做出高质量的国际比较。

对此，我们国内一些学者指出：我们的课题评估虽然也请专家组来做，但是在很多场合，这些评估意见往往罗列很多优点，而对缺点轻描淡写、一带而过，结果评估变成了“走过场”，没有真正起到鼓励和表扬的作用，更没有起到应有的批评、鞭策或警告的

作用。

四、科研项目和经费管理的其他几个特点

第一，日本政府在科研项目的审批方面比较严格，但是对申报人的资格要求却比较宽松。比如，在前面提到的7项科研费的申报资格上面，有这样一条要求：

在指定的研究机构或大学里，只要是从事该机构的研究活动的人员，不论是领工资还是不领工资、是正式员工还是非正式员工、是全日制员工还是半日制员工、是以研究为主还是以研究为辅，均可以申报。

这给我们的启示是：由于很多发明、发现、奇思异想都不是那些领导、专家或权威做出来的，因此，在科研项目的立项和科研费的申报资格上面，如果采取比较宽松的态度，无疑可以鼓励“小人物”异军突起，并得出意想不到的结果。反之，如果过于看重学历、资历、职称、职位等外在指标，可能不利于创新性思维和成果的大量涌现。

第二个值得注意的特点是课题（特别是课题延期）的申报成功率较高。据日本政府的资料，在每年新申请的项目中的淘汰率为75%，但是，如果新旧项目加在一起，其淘汰率只有50%。以2007年为例，新课题申请数目为99400项，被批准的只有24200项，有75200项被淘汰（申报标准宽松，当然审批标准要更加严格）。但是，如果加上旧项目（即原有项目的延期），其申报总数为131600项，被批准的则有56400项，被淘汰的依然是75200项，就是说原有项目的延长都得到批准。

项目延期完成，会产生一定的问题，比如可能是因为研究人员不够投入或不够积极。但是，它也有一些好处：避免为了赶时间而仓促结项、拼凑成果，或突击花钱。特别是由于日本政府科研费大多用于普通项目，不具有紧迫性，因此，延期申请的批准可以使研究人员没有后顾之忧，一心一意地继续其研究项目。另外，较高的申报成功率也有助于提高申报者的积极性，因为如果一个研究者的课题申报多次被否决的话，很容易使其丧失继续申报的积极性，降低其继续从事科研的士气和决心，并在其单位产生负面影响。

第三个特点是科研费的管理比较灵活。根据日本政府的资料，为了更加有效地使用科研费，下列科研费使用项目可以变更：

（1）直接经费。比如，原先申报的经费使用内容（如设备购置费和差旅费等）可以在一定范围内自由变更。又比如，由于某些不可控制的原因而在当年没能完成的课题，经过必要的审批手续，可以延长研究期限，并在新的年度里继续使用研究费。又比如，某些女性研究人员因为产假和抚养婴儿而中止课题研究的，经过必要的手续，也可延长研究期限，等到产假或育儿期满后，重新开始研究并继续使用其课题费。

此外，如果研究机构（而不是研究者个人）雇用研究合作者，其费用可以由科研费支付；租用研究场地的租金，也可以用研究费支付；出席国内外学术会议时的餐费，也可以用研究费支付（不含酒水）。

最后，发表论文时的网站主页制作费、研究成果的宣传广告费、对普通市民的演讲等，也可用研究费支付。如研究机构允许使用信用卡，则研究员也可以从网上购物或支付在国外的住宿费。

（2）间接经费。日本科研费中的间接经费相当于直接经费的30%，它属于研究机构使用的经费，主要包括：劳务费、设备费（含运用经费）、设施费（含管理费）、图书馆

费（含设施费管理费）、单位使用的复印机和打印机等消耗品费、与研究有关的广告宣传费、与科研有关的事务和管理等必要经费、专利申请费、律师费、审批费。

如果各项间接经费的内容在直接经费的50%以下的范围内，经过必要手续可以自由变更，变更批准由研究者所在机构进行。

如果间接经费的使用内容大幅度变更，比如超过直接经费的50%，或者课题负责人与具体项目负责人发生变更，或者女性研究者因为生育而一时中止研究，或者课题负责人单位变更等场合，则需要经过文部科学省的审批。

第四个特点是科研费在以下场合可以跨年度使用：

（1）已进行的研究没有取得预期的结果，并需要延长的；

（2）实际研究超出了原计划的；

（3）因为研究设备交货延期而耽误了研究的；

（4）预定的国际讨论会，因为缺少重要的演讲人而要在第二年另行召开的；

（5）原定的现场调查由于天气等原因需要重新实施的；

（6）由于地震、海啸、天气等原因导致研究无法进行的。

第五个特点普及宣传正确使用研究费，同时加强惩罚力度：

首先，日本政府有关部门把有关科研费详细说明的手册发给所有研究者和研究机构，并要求研究机构每年定期举行全国范围的说明会和讨论会。同时，政府部门加强了对研究机构的科研费管理体制的监督。对于没有合理使用研究费，或伪造科研成果的情况，则在一定期间停止研究费的支付。如因管理机构的问题造成不合理使用科研经费，则对研究机构处以罚款。

据日本政府公布的资料，2007年在文部科学省查处的科研费使用不当的课题数目共有30项，命令退还的科研费总额约5.5亿日元（每年被批准的课题大约为5万项，科研费总额约1万亿日元）。

第六个特点是加强科研成果的公开和普及。这主要有以下三个方法：

（1）在国立情报学研究所（NII）的主页上，可以检索到所有的“研究成果概要”；

（2）在国会图书馆关西分馆，陈列所有课题的《研究成果报告书》，以便读者查阅；

（3）让中学生和高中生参观大学的研究试验室，以此激发学生对知识的好奇心。2007年在日本的大学里，一共进行了112项此类参观活动。

如果我们国家的科研成果也能够采取类似的公开展示的话，那么，不仅可以促进学术成果的传播，而且可以有效杜绝学术造假现象的蔓延。

五、结束语

自从改革开放以来，中国科研项目与经费管理体制发生了重大变化，有力地促进了科研水平提高和社会进步，但同时也暴露出一些问题。这些问题因其性质严重，已经引起了政府有关部门的重视，也引起了很多专家学者的议论。

因此，本文介绍日本科研管理体制的目的，就是开阔我们的视野，找出值得我们借鉴和学习之处，提高我们的科研项目和经费的管理水平，从而更充分地调动广大教师和科研人员的积极性、更有效地使用宝贵的科研经费、取得更好的科研成果。

最后，笔者建议：政府有关部门应当认真总结我国科研项目和经费管理体制的状况，并全面地认真地研究美国、欧洲、日本以及其他国家的有关经验和教训，推进适合中国国情的、必要的、稳妥的改革。

澳大利亚、新西兰人文社会科学研究考察报告

魏贻恒

2010年9月，教育部"高校社会科学研究考察团"赴澳大利亚、新西兰进行了考察交流。考察团访问了新西兰奥克兰大学、坎特伯雷大学，澳大利亚教育、就业与劳工部和墨尔本大学、维多利亚大学、悉尼大学等，还听取了我国使领馆教育处（组）工作人员以及留学生的介绍。澳、新两国政府和大学在提升人文社会科学战略地位、注重发挥社会中介机构作用、构建跨学科的科研合作网络、促进科研和教学互动、建立科学规范的评价机制等方面给我们留下了深刻印象，一些做法值得我们深入思考和学习借鉴。

一、战略规划，加大投入，以高水准的科学研究提升大学竞争力

澳、新两国政府和高校认识到人文社会科学对提升大学竞争力的重要性。正如澳大利亚社会科学院院长John Beaton坦言：自然科学像电脑硬件，社会科学可比作软件，没有任何一台机器离得开软件，就像我们的社会离不开社会科学一样。两国大学也都强调在国际视野中的竞争力和话语权，对人文社会科学各个研究领域的国际排名非常看重。

在澳大利亚，人文社会科学研究以大学为主要基地。尽管政局多变，但历届政府为谋求国家未来的繁荣，提升整体竞争力，支持科学研究事业发展的政策措施得以延续和强化。多年来政府有针对性地制订了一系列研究与发展的战略计划，以指导国家的研究和创新体系，使其为国家的发展目标服务。2001年实施"国家竞争资助计划"，2002年宣布"国家重点研究领域"，以此作为政府研究资助中的重点。针对政府的决定，澳大利亚研究理事会（ARC）① 对国家研究重点给予足够重视，并就国家竞争资助计划提出建议。ARC制订了《国家研究重点落实计划》，将可能导致突破性科学发展的前沿技术领域确定为重点资助的目标领域；确定了ARC在落实国家研究重点方面将采取的措施，同时决定将鼓励跨学科的研究方法作为关键的落实要素。

澳大利亚政府出台的上述重要战略计划为人文社会科学提供了新的扩展其研究领域的发展契机，也为这些研究活动获得更多的资助和支持提供了机会。澳大利亚位居前列的八所强校（被称为"领先研究型大学"）都在科学研究方面有着非凡的实力，这些学校始

---

① 澳大利亚研究理事会（Australian Research Council，简称ARC）成立于1965年，其使命是提高澳大利亚开展高质量研究的能力，促进在自然科学、社会科学和人文科学所有领域的研究，以便为澳大利亚在经济、社会和文化等方面的全面发展提供服务。ARC的具体工作主要包括：就国家的研究重点向政府提出建议，通过自然科学、社会科学和人文科学领域的全国性竞争机制来支持高质量的研究和研究培训，为在研究者、产业界、政府、社会组织和国际社会之间建立合作关系牵线搭桥。

终以抢占科学研究高地作为维护和提升本校学术声誉和竞争力的重要条件，包括八强在内的许多大学经过深入研究制定了目标清晰、措施明确、各具特色的中长期和近期发展规划，这些发展规划具有的一个共同特点就是科学研究都占据非常重要的地位。例如悉尼大学的1∶5∶40战略（即争取在澳大利亚大学中排名第一，在亚太地区进入前5位，在全球进入前40位），实现战略目标的基本路径的第一条就是通过加强科学研究的强度和绩效，增强自己研究型大学的声誉，用学术和专业表现来提高自身的竞争力。该校主管科研的副校长每年掌握1800万澳元专项经费用于增强科研力量，吸引优秀科研人才。墨尔本大学计划用十年时间全面推行的“墨尔本模式”，不仅针对教学模式进行了较大幅度的改革，在提升科研实力方面也有切实的措施。

澳、新两国政府和各高校为人文社会科学研究提供了较为稳定的经费来源。据澳大利亚创新、产业和科技部官员 Andrew Fodde 介绍，2006年政府使用GDP的2%支持科学研究，仅对澳大利亚研究理事会的拨款，每年就有5.7亿澳元。澳大利亚各大学的科研经费都在学校预算中占有相当大的比例，约为20%~30%。维多利亚大学专门设立了研究发展与投资战略，在经费等方面对研究机构和研究人员给予前期研究支持。新西兰也有类似中国社科基金的组织，国家拨款给相应的基金会，教师从基金会争取项目和经费。奥克兰大学2003—2007年五年间的预算结构中，科研经费平均达到预算总额的31%；2009年科研经费是2.09新元，占全校经费总额的25%；该校公共卫生学院1/4~1/3的经费用于科研，除专兼职科研人员外还有3名辅助人员。

二、注重发挥社会中介机构在科学研究中的重要作用

澳、新两国非常重视发挥社会中介机构在科学研究中的引导、评价和监督作用。在澳大利亚，大学的科学研究通过两个主要渠道获得政府给予的资助：一是政府拨付给大学的统筹经费，由各个大学依据自身的办学特色和研究侧重点在校内予以分配，用以维持运转；二是来自诸如澳大利亚国家健康和医学研究理事会（NHMRC）、澳大利亚研究理事会（ARC）等机构的直接资助。由于NHMRC仅对其研究课题中与社会相关的部分提供少量研究经费，因此对于人文社会科学而言，负责“国家竞争资助计划”资金分配和管理的ARC是其最大的外部资助来源。除此之外，人文社会科学还通过其他途径获得一定的资助，包括政府各部门和地方政府、专业研究院所和协会、政府或私立的研究机构以及一些小型基金会等。

2001年启动的“国家竞争资助计划”是ARC履行其使命的主要媒介。通过负责实施和管理这一计划，ARC为优秀的研究课题、培训计划和人才引进提供经费支持。“国家竞争资助计划”的资助渠道主要分为“发现”计划（Discovery Programs）、“联系”计划（Linkage Programs）、研究理事会卓越中心（ARC Centres of Excellence）以及“支撑澳大利亚的能力”（Backing Australia's Ability）。具体而言，“发现”计划偏重于对基础研究的支持，且资助对象以个人为主；“联系”计划则更注重对研究团队的资助，要求研究者建立合作关系和研究团队，与工业企业、其他研究者以及国际学术界开展合作，并吸收有国际声望的外籍学者开展研究。对于那些已经积累了优秀业绩的研究者，可以通过建立研究中心扩大他们的研究范围和规模，而ARC对研究中心、卓越研究中心的支持提供了这样的机会。可以说，“国家竞争资助计划”布局非常合理，既建设和保持了国家科研能力的广泛基础，又有利于在国家重点领域聚集研究力量。

ARC 作为最主要的国家级研究资助的提供单位，其资助对象几乎包括了自然科学、社会科学和人文科学的所有学科，还有不少跨学科的课题计划。人文社会科学研究在其资助总额中占有一定的比重，大约占 1/3，而理工类占 2/3。单个的人文社科项目，资助额度从数万澳元到数百万澳元不等；墨尔本大学的一个幼儿教育合作研究项目，获得 ARC 最高 300 万澳元的资助。

在体制机制方面，ARC 隶属于澳大利亚创新、产业和科技部，但创新部通常不干涉 ARC 的独立运作。ARC 的主席由政府任命，运行的经费和管理的基金主要来源于政府拨款，可以说是一个半政府机构。政府希望通过这个理事会，对国家和社会关注的领域和问题进行资助和操控。ARC 建立的评审委员会有 7 个，包括 1 个社会科学类、1 个艺术和人文科学类，另外 4 个是理工类。评审委员会通过的课题要上报政府批准，最后由创新部部长签字同意才能立项和拿到经费。项目申报不限学科范围，中标比例大约为 10%①。

在科研评价方面，ARC 有一个“核心期刊”目录，与我国南京大学的 CSSCI 相似。它效仿英国的做法，将期刊分 A、B、C 三个等级，由 ARC 召集的评审团评定，主要依据刊物的被引用率——影响因子。期刊评级的目的是给公众提供一个客观的标准，强调的是质量而非数量。但在实际运作中，这个“核心期刊”成为 ARC 评价大学科研水平的依据，也成为大学评价教师的依据：教师在不同级别刊物上发表文章有不同的等级分，以此计算科研业绩和分配科研经费。

在新西兰，所有大学必须接受质量审核。新西兰大学校长委员会下设的大学学术审核组织是大学质量审核的执行机构，独立地对大学进行质量评估，全面审核高等教育体系中所有八所大学的综合质量，旨在确保大学提供的教学和研究质量。大学校长委员会还下设大学学术专业委员会，具体负责大学内课程或专业的质量；而新西兰资格署则依靠专家组评定，决定引进何种学位课程。两大执行机构（学术审核组织和学术专业委员会）都是大学自发成立的进行自我约束、自律管理的机构，而资格署也是法定的非政府机构。

三、着力构建多层次、跨学科的科研合作网络

所谓科研合作网络就是把全国乃至世界各地的相关科研资源联系起来，使之相互关联，协同发挥作用，其实现方式就是推动不同层面的实质性科研合作，以及跨学科或多学科课题研究的大幅度增长。实际上，跨学科趋势是人文社科领域所发生的一种转型，从旧的学科范式转向新的跨学科范式。这种观念上的变化在研究对象和选题层面上表现为学科之间的交融与整合。在澳大利亚，人文社科研究具有典型意义的跨学科领域：民族、多元文化和移民研究、工业关系研究、管理研究、信息研究以及城市研究等。跨学科课题：环境问题、政治与国家、领土、土地和资产，以及健康、疾病等。新西兰的奥克兰大学每年拿出 200 万~300 万元支持跨学科、跨学校、跨院系的联合研究，比如毛利人研究、食品与健康项目等。

澳大利亚高校在科研方面的校际合作十分普遍，并富有成效。例如，澳大利亚国立大

① 澳大利亚创新、产业和科技部官员 Andrew Fodde 在与我们座谈时认为，项目申请理想的中标比例应该是 25%~30%。

学建有以创造性研究和实用性成果为地区、全国和全球政策的制定作出重大贡献的若干研究中心，还建立了贯穿所有系、学院和中心的跨学科协同研究机构——国家研究所，其中人文社科领域有土著人研究、文学、亚洲与太平洋研究、经济与商务、健康与人类科学、社会科学与法律等国家研究所。该校当代中国中心成立于1970年，汇集了全国一流的中国问题专家，关注的议题涉及中国的经济、政治与法律发展状况、经济与政治改革对社会的影响等；中心设立的系列讲座邀请校内外中国问题专家主讲，每年都邀请资深中国学研究专家参与其中。维多利亚大学各研究所只有1~2位专职人员，其余兼职研究人员都是各院系的教师，既做研究又搞教学，一些人员同时跨不同院系、机构、专业领域，学校鼓励这样做；该校承担的一个社区年轻人安全问题的研究课题与警务部门合作，警局提供30万元经费，学校提供配套支持，研究生担任助理参与研究。

在学校内部，不同学科领域的专家学者在科研方面的合作意识也很强，很多项目是由不同学科的教师共同完成的。大学中的几乎每一个学院（系）内部都形成了若干个相对稳定的科研小组，每个小组由该领域的知名教授领衔，持续地开展科研活动，学院（系）给予一定的经费支持，并把组织和参与科研小组的研究活动作为教师合作精神的一种体现。悉尼大学文学院（Faculty of Arts）是学校最古老的学院，其研究实力在澳洲排名第二，在亚洲排名第三；为应对日益增长的学科交叉融合的趋势，学校又将经济、社会、政治等学科专业相继并入文学院，另组隶属于文学院的社会和政治学院（School of Social and Political Sciences），以利于加强跨学科的综合交叉研究。目前，文学院在生化政治、心理学、市场与社会、民主与人权等研究领域有较强的实力，汇聚了一批优秀的学者。据文学院院长Pro. Duncan Ivison介绍，文学院还有一个野心勃勃的计划，就是他和他的同事们正在着手组建社会科学研究院，准备成立中国研究中心，以进一步增强在社会科学领域的研究实力，同时加强与中国在学术领域的交流与合作，把文学院建成社科领域的领军者。

值得称道的还有澳大利亚社会科学院的科研合作体制。据澳大利亚社会科学院院长John Beaton介绍，社科院就社会问题进行研究，帮助政府作出决定；社科院从政府接受资助，还以项目合同方式接受政府委托，但社科院独立运作，政府是不能干涉的。社科院有500多名院士，大多在学校工作，也有退休法官和实务界人士，每年要缴纳年费；院本部只有7名员工，其中5名是兼职员工，虽然人少，但工作卓有成效。社科院通常也会组织院士开展研究，但只能是“恳求式”的，不能指挥他们干这干那。社科院在联邦政府支持下与中国开展了一些交流项目，鼓励双边科学家对双方感兴趣的课题开展研究。

澳大利亚高校多层次、跨学科科研网络的形成和发展得益于各级政府、高校等各方面的大力支持和推动。澳政府2005—2011年将投入5亿澳元的资金支持、鼓励开展校际合作、校企合作，建立科研网络；政府不同的科研拨款机构相互沟通协调，防止重复投入、重复研究；38所高校主管科研的副校长经常在一起讨论、交流科研工作的特点、要求和规律，并力图影响政府的有关政策。

政府和大学还致力于推动国际学术交流，使社会科学领域的国际联系和合作不断加强。在访问中我们深切地感受到，澳大利亚特别重视与中国的交流与合作，教育部门和各大学热情接待我方代表团的到访，一再强调中国是最重要的合作伙伴，恳切希望进一步加强与中国的交流合作。在实际运作中，澳大利亚通过三个途径（国家项目、国际学术会议、学者交换项目）支持大学加强国际合作，在亚洲的合作项目中，占大头的是中国和日本。政府创新部设立的国际合作资助基金，2009 年预算是 9400 万元；其中与中方的项目合作经费是 1100 万元，资助了 133 个项目。

四、科学研究与人才培养相结合，教学、科研并重

澳大利亚和新西兰的大学有一个强烈的意识，就是教学必须根植于科研之中，每个员工都必须同时从事教学和科研，并在两个方面取得平衡；而且，对于教师来说，从事科研获得的荣誉和职称比资金更重要。教师中专职科研人员较少，更多教师是在教学之余搞科研。奥克兰大学教师有项目者先集中搞好教学，后集中时间做研究；还强调低职位教师在教学、科研和社会服务三个方面都要做好，才能获得职称晋升机会。悉尼大学要求每一位教师必须做科研，资金来自于学校和所在院系；教师可以做自己有兴趣的研究，学校帮助教师申请政府研究基金，成功率较高；教师发表高水平文章可以从职称上获得奖励，学校则从政府拨款中获益。

澳、新两国的大学享有充分的自主权：开什么专业，由学校决定；开什么课，由院系决定；如何上课，由教师决定，课本由上课教师指定。这些都非常有利于发挥学校和教师的优势特长，使教师能够将最新的科研成果及时传授给学生。同时，重视组织和吸收学生直接参与科研，为学生营造一个好的学术环境，使他们能及时学习和更新知识、深入思考问题，提高他们的分析和综合能力。

五、建立一套科学规范的科研管理制度和评价机制

美国当代教育家、哈佛大学前校长德里克·博克曾说过，必须创造出某种程序用来评估和维护研究质量，以保证研究质量不会变得太差，不会徒有虚名。澳大利亚对各高校声誉具有重要影响的五年一期的大学审计是全方位的，其中科学研究是重要的内容，尤其是对于研究型大学来说；悉尼大学的第二期评估就选择了科学研究，足见科研在大学发展中的重要地位。新西兰对大学的评估也将教学、科研同时包括其中。两国的大学不仅把评价作为奖励的依据，更将其作为绩效管理的重要手段。奥克兰大学实行国际同行对政府基金项目和研究成果进行评价的制度；墨尔本大学对教师的科研每年考核一次，文章的好坏主要通过引用率来评价；维多利亚大学每年对现有人员和机构进行评估，根据评估的结果拨款。可以说，大学对社会科学研究的评价已经形成常态，有效发挥了评价机制的推动作用。学术评价包括对学术机构、学者和研究成果的评价，相比而言，我国现行的评价机制对学术机构的评价较为严谨，而对学者和单项研究成果的评价、对质量和整体性效果的评价重视不够，评价工作缺乏延续性和系统性，缺乏专业的评价队伍。

澳、新两国同样有对教师的考核评价，所有员工都需要评估，在考核评价上同样有数量上的要求。以墨尔本大学为例，每位教师每年教 3 门课，教师有 40%的时间可以用于研究，如争取到 ARC 的项目，可以计算工作量，减免教学工作量；教师每 3 年会有 6 个月的学术休假，但休学术假要参考前 3 年的项目和成果，满足一定条件才行。科研上有一个最低要求：助教 1 分，高级讲师 1.5 分，教授 2 分；教师发文章，依据 ARC 确定的三种刊物等级，在不同级别刊物上发表有不同的等级分。做不了研究或达不到最低要求的教师，可以多上课，增加一些教学工作量，且不能享受学术休假。学校据此计算院系的积分，将科研经费划拨到每个院系。

澳、新两国的大学在研究领域、研究经费等方面享有较大自主权，并强调质量至上。在研究领域方面，在保证科学研究为国家社会服务的基础上，着眼于前瞻性项目和可持续性发展的项目、国际化合作的项目。在经费上，研究人员如何支配，政府和学校不过问太多。奥克兰大学的科研项目经费分配比例，横向项目个人、院系、学校各1/3，纵向项目个人、学校各50%，个人支配的经费可灵活自由安排。维多利亚大学实施研究发展与投资战略，拨款资助新员工的早期研究与职业发展。维多利亚大学、墨尔本大学对于有基础、连续考核成绩较好的个人或机构，提供资金保证其按照研究兴趣做可持续性的研究，以期出大师、出精品。这些举措着眼于长远，以前期的高投入换取长期的高回报。

（《中国高校哲学社会科学管理评论》第3辑，2010年12月版）

六、高校人文社会科学基础设施和信息化建设

（一）中国高校人文社会科学文献中心（CASHL）平台建设

进入21世纪，高校哲学社会科学事业得到了快速发展，截至2009年底，高校哲学社会科学教学和研究人员总数达到42.6万人，当年在研项目19.3万项。文献是人文社会科学发展的基础条件，人文社会科学文献资源的不足，特别是外文文献的保障严重不足，制约了我国人文社会科学的发展水平。从1950年到2000年，全国高校外文图书总藏量只有45万种，而哈佛、牛津、耶鲁三所大学的藏量总和就达到212万种。同时，50%的外文期刊国内未有收藏，即使如北京大学、复旦大学等文科基础较好的综合重点大学，文科外文图书的引进数量最多才能达到一年四五千册，还不到欧美一流大学的十分之一。文献资源缺漏，收藏品种少，结构失衡，严重制约了我国人文社会科学研究水平的提高。

为了彻底改变这种状况，建立面向人文社会科学研究的信息资源和服务保障机制，教育部于2004年3月15日正式启动了“中国高校人文社会科学文献中心”(China Academic Social Sciences and Humanities Library，简称CASHL）项目。此中心以“共建、共知、共享”为原则，以“整体建设、分布服务”为方针，以外文资源为基础，同时整合国内重点大学和人文社会科学研究机构的各类文献资源，为专家学者提供高水平的文献信息服务。

中国高校人文社会科学文献中心实行以北京大学、复旦大学、武汉大学等全国中心、区域中心、学科中心三级服务体系为主体的运行管理体系。有组织的分工协作让全国高校图书馆的外文文献资源建设变得高效有序。在此中心的协调下，统一采购图书，统一进行编目，并且在同一个网络平台上为社科学者提供服务。在网络平台下，用户可以检索到自己需要的文献资料，并通过馆际互借的方式异地获取文献。2006年年底，通过整合高校文科图书引进专款项目，在CASHL平台上进一步集成外文图书资源，大大提高了外文图书的利用率，充分发挥了其效益。

中国高校人文社会科学文献中心门户网站“开世览文”，意为“打开看世界的窗口，纵览人文社科文献”。自2004年正式推出以来，建立了外文期刊、外文图书、电子资源、大型特藏文献和图书联合目录、期刊目次数据库等二次文献数据库资源。以外文印本期刊为例，目前藏量达到万种以上。一扇纵览世界人文社科文献的窗口打开了。

到2010年，CASHL的主要收藏如下。

外文期刊：13065种，其中被SSCI和A&HCI收录的核心期刊3638种。期刊数量是启动时的5倍，占国外人文社科期刊比例从1/6增长到2/3。

外文图书：积累到70万种，分散收藏在70所文专图书成员馆，覆盖人文社科领域各个学科。

电子期刊：逾1900种，来自JSTOR、PAO、LRC、APA。

电子图书：34万种，来自EEBO、ECCO、MyiLibrary、EAI。

高校人文社科外文期刊目次库：2933万条，回溯至17世纪。

高校人文社科外文图书联合目录：100万条，回溯至15世纪。

文专图书订购平台基础书目数据库：330万条供选书目数据。

58种大型珍贵特藏文献：涉及历史、哲学、法学、社会学、语言学、区域学、文学艺术等多个一级重点学科，在国内具备相对唯一性，单馆经费很难采购，均为档案、图书、缩微资料、数据库等第一手的原始文献。

2009年10月，CASHL又推出了国内首个外文图书协调采购网络平台，在不到两年的时间内，完成协调采购图书38383种，自主采购图书33277种。此平台的推出一举结束了长期以来各高校自行采购造成的分散、遗漏、重复建设的落后格局，开启了高校范围内外文图书统筹规划、按学科和核心收藏、按年代持续收藏的联合保障的新局面。

随着CASHL资源的不断增长，越来越多的用户对CASHL反应热烈，使用CASHL的服务，CASHL收藏的资源得到了100%的利用。目前已有600余所高校以及中国社会科学院图书馆等非高校机构正式签约成为CASHL的成员馆，服务总量超过60万篇。外文图书也开始在高校中开展校际借阅服务。随着CASHL的不断发展，学者给予CASHL“造福后学，功在千秋”的高度评价。在资源和服务不断发展的同时，CASHL在信息资源共建共享的可持续发展方面也做了有益的探索，并在组织与运行机制、资源与服务的创新发展及其绩效评估等主要领域不断创造自己的特色。从发展战略角度出发，CASHL的资源建设具备数字信息资源体系的特点，兼顾了当前与长远两个层次，不断拓展，完整收藏并整合了国内外不同类型、不同学科的人文社会科学重要学术资源，科学地划分了公益性免费资源和非公益性的收费资源，合理地规划了核心资源和外围重要资源，并使资源得到长期保存，可以永久使用，从而逐步成为国家级人文社会科学研究的最终资源保障基地，实现各类文献资源的可持续发展。

（二）教育部哲学社会科学名刊工程建设概览

《北京大学学报》（哲学社会科学版）概览

《北京大学学报》（哲学社会科学版）是北京大学主办的大型综合性学术理论刊物。

北大文科向来驰誉海内外，学术上遵循思想自由、兼容并包、创学建派、蔚为大观。当年，陈独秀、李大钊办《新青年》，蔡元培办《北京大学月刊》，胡适办《国学季刊》，开风气之先，影响深远。1955 年创刊的《北京大学学报》既继承了《北京大学月刊》、《国学季刊》探求学术的求实和严谨学风，又发扬了《新青年》感应时代风云的敏锐和创新之精神，在近半个世纪的风雨历程中，承传学术，积累文化，服务教学，扩大交流，发表过一大批名家新秀的重要论文。如今经过改革开放时代大潮的洗礼，此刊坚持人文社会科学的正确导向，贯彻"双百"方针，走理论联系实际、学术结合时代之路，追踪社会思潮、理论前沿和学术热点，在重大理论问题上反映北大的声音，在学术探索和创新上体现北大的水平，在编校质量、编排规范上坚持北大严谨的学风。

2003 年 11 月，教育部启动了哲学社会科学名刊建设工程，此刊以总分排名第一的成绩首批入选。自 1999 年国家期刊奖设立，到 2005 年，此刊连续荣获三届国家期刊中最高级别奖。

根据中南财经政法大学图书馆期刊信息检索中心的检索报告，此刊被中国人民大学书报资料中心、《新华文摘》、《高等学校文科学术文摘》、《报刊文摘》等检索途径转载的文章，2008 年在全国综合性大学学报中位居第一，2009 年在全国综合性大学学报中排第二位。

根据"中国学术期刊（光盘版）"电子杂志社、中国科学文献计量评价研究中心和清华大学图书馆编写的《中国学术期刊综合引证报告》(2005—2010 年版)，此刊在大学学报社会科学类综合高校中的总被引频次、基金比、影响因子、5 年影响因子和即年下载率均名列前茅。

根据中国人民大学书报资料中心全文数据库检索情况，近些年来，此刊的转载量、转载率居全国高校社科学报前列。

南京大学中文社会科学评价中心公布的中文社科学术期刊影响因子统计，2003—2010 年社科综合类学报平均影响因子排序，此刊均排在第一名或第二名。

北京大学图书馆研制的"中文核心期刊要目总览"1992 年、1996 年、2000 年、2004 年、2008 年各版均收录此刊为核心期刊。

中国社会科学院文献信息中心研制的"中国人文社会科学核心期刊要览"各版亦收录此刊为核心期刊。

2009 年，中国期刊协会、中国出版科学研究所联合举办了"新中国 60 年有影响力的期刊"评选活动，表彰在国家科学技术、文化、经济、生活和社会发展领域中起到重要作用的期刊。此刊荣获"新中国 60 年有影响力的期刊"称号。

学术是刊物的生命，作者是刊物的上帝。有高水平的作者队伍，才有高水平的刊物。此刊争取海外企业家的赞助，募集到 100 万元人民币作为优秀论文的奖励基金，每两至三年评选一次"北京大学学报优秀论文奖"；迄今已举办了八届优秀论文奖，在校内外都产生了良好的反响。

《北京师范大学学报》(社会科学版）概览

1956 年 9 月，为了响应党中央向科学进军、在科学领域开展"百家争鸣"的号召，

《北京师范大学学报》(社会科学版) 创刊了。著名历史学家、一代学术宗师陈垣校长担任主编，亲自撰写了《发刊词》。他在这篇热情洋溢的文章中提出："在学报中，我们要切实贯彻（百家争鸣）这个方针，反对一切妨碍争鸣的限制，真正解除科学研究方面的教条主义的束缚。""我们要充分利用学报这一园地，在学术研究上热烈地争鸣，成'家'的可以鸣，不成'家'的也可以鸣；年老的教授可以鸣，年轻的教师也可以鸣；大题可以鸣，小题也可以鸣。洋洋大观，一得之见，都无不可；只要是持之有故，言之成理，都有争鸣的权利。但是那些不用思考，信口开河，空洞武断，冗长无物，或者生硬地引文不加阐释，或者盲从附会不加分析等类文章，不属于学术研究，与'学报'精神不符，则避免刊载。""我们学报的内容，主要包括有关国家建设和一般科学理论，特别是教育科学理论的专题研究"。这篇发刊词既阐述了学报的指导方针，又指出了主要内容和特色，确定了后来的发展方向，具有指导意义。

历经五十多年的风雨，几代工作人员遵循上述办刊方针，发扬北师大朴实厚重的优良传统，积极扶持潜心读书、真有心得的前沿之作，在办刊工作中取得了辉煌的成就。此刊于 1992 年、1996 年、2000 年、2004 年、2008 年连续入选具有广泛影响的"中文核心期刊要目总览"，列在"综合性人文、社会科学类核心期刊"的前列；1999 年至今连续入选为"中文社会科学引文索引"(CSSCI) 的重要来源期刊；摘转率、总被引频次、影响因子、5 年影响因子、即年指标等多年位居全国同类期刊前列；1999 年、2002 年两次荣获"全国双十佳社科学报（一等奖）"称号；2003 年首批入选教育部名刊工程；2004 年、2008 年、2010 年连续被评为北京高校人文社科学报名刊；2006 年、2010 年蝉联"全国社科学报名刊"荣誉称号；2005 年荣获"第三届国家期刊奖提名奖（二等奖）"，2011 年荣获"第二届中国出版政府奖期刊提名奖（二等奖）"。在西欧北美著名高等学府的图书馆里，此刊成为常年订阅的保留期刊。

2004 年，在总结 50 年办刊经验的基础上，此刊编辑部把办刊方针凝练为"突出教育心理特色，发挥人文学科优势，关注重大社会问题，探索学术发展走向"。几年执行下来，取得了明显成效，也更加明确了今后努力的方向。此刊现设有"教育研究"、"心理研究"、"文学研究"、"历史研究"、"民俗研究"、"哲学研究"、"经济研究"、"可持续发展战略研究"、"价值与文化研究"、"社会发展与公共政策研究"等栏目。

《当代经济科学》概览

《当代经济科学》创刊于 1979 年，是由教育部主管、西安交通大学主办的综合性经济学刊物。自创刊以来，《当代经济科学》始终坚持理论与实际相结合，积极研究改革开放中的新情况，深入追踪社会主义市场经济的新进展，及时报道国内外经济理论研究的新动态，努力为社会主义经济建设服务，为中国的经济学科建设和学科发展服务。多年来，此刊一直是"中文社会科学引文索引"(CSSCI)、"中文核心期刊要目总览"、"中国人文社会科学核心期刊要览”、“中国学术期刊综合评价数据库”和“中国人文社会科学引文数据库”的来源期刊。

此刊以严谨的学术风格和高品位的学术定位在中国学术界享有较高的声誉，屡获殊荣：1999年获首届全国百强社科学报的荣誉，2001年成为中国期刊方阵“双效期刊”，2002年被评为第二届全国双十佳社科学报，2005年荣获第三届国家期刊奖百种重点期刊，2006年被评为陕西省“五佳社科学报”和全国“三十佳社科学报”，2006年7月入选教育部第二批高校哲学社会科学名刊工程，也是其中唯一的经济管理类学术期刊。

自从2006年进入名刊工程建设以来，《当代经济科学》认真落实“名刊建设方案”，全方位塑造自己的精品品牌，以刊发在经济学基础理论研究和应用研究方面具有原创性和创新性的重大科研成果为宗旨，力争为繁荣我国哲学社会科学特别是经济科学作出应有的贡献，力争使刊物成为国内一流、国际知名的具有自身鲜明特色的学术期刊。

此刊坚持把“学术质量第一”和双向匿名审稿作为编选稿件遵循的基本原则，不断提高刊物的学术质量。经过数年的建设，取得了一系列可喜的成绩。2008年，此刊被列入陕西省大报名刊工程，成为陕西省重点扶持的6报11刊之一；2009年顺利通过教育部名刊工程建设中期检查；2010年荣获“陕西省权威社科学报”称号。2010年，在全国第四届高校社科期刊评优活动中，此刊荣获“全国高校社科名刊”称号。

此刊将继续发挥学校的学科优势，不断借鉴国内外名刊的办刊经验，更加充分地调动编委会和编辑人员的积极性，内修外拓，为期刊求发展、创名牌、上水平、出精品继续努力。

《复旦学报》(社会科学版）概览

《复旦学报》(社会科学版）是综合性学术理论刊物，创刊于1935年6月，是我国最早的大学学报之一。2003年，入选教育部首批高校哲学社会科学名刊工程，成为国家重点支持建设的高校社科学报之一。

此刊历届编委会主任是夏征农、蔡尚思、蒋孔阳，现任编委会主任为章培恒教授。此刊历任主编是蒋学模、张家骏、董平，现任主编为黄颂杰教授。

此刊贯彻党的“双百”方针，以“坚持学术本位，反映时代精神”为办刊宗旨。鼓励研究新情况，探讨新问题，经常发表具有新见解、新材料、新方法的学术论文。此刊一直坚持创设特色栏目，比如“西方学术思潮”、“学术流派译介”、“文史杂议”等，以及在名刊工程建设中设立的“中国文学演变与实证研究”、“中国史学的发展历程”、“文史研究新视野”、“马克思主义哲学基础理论与前沿问题研究”、“对外开放与金融安全”、“国际问题探索”等栏目。此外，此刊还举办“学术名著导读”系列讲座、“双月学术沙龙”、“学术时空：《复旦学报》名师名篇”学术讲座等，扩大了学报的影响，取得了良好的社会效益。

此刊英文版获准创办是名刊工程建设的标志性成果。

创办英文刊是在全球化的大背景下，顺应我国经济社会发展、文化“走出去”战略和创建世界一流大学的需要。在名刊工程建设中，经过三年多的努力奋斗，英文刊《复旦人文社会科学论丛》于2007年7月获国家新闻出版总署批准，取得正式刊号。此刊成为国内高校文科学报首家获得（也是迄今唯一获得）英文刊正式刊号的期刊。

此刊的被转载量、被转载率、被引量、被索量、他引量、影响因子、基金论文比等，均在全国综合性人文社会科学期刊和高校文科学报中名列前茅：（1）按2009年度“人大复印报刊资料”全文转载量（率）的排名，在全国高等学校主办学报中，此刊的学术影响力在“全文转载率”中排名第一，在“全文转载量”中排名第二。（2）在2009年CSSCI排名中，此刊名列第三名。(3) 根据中南财经政法大学期刊信息检索中心公布的数据，2009年此刊被《新华文摘》、《中国社会科学文摘》、《高等学校文科学术文摘》、《人大复印报刊资料》等转载文章共94篇次，在全国综合性大学学报中排第二位。

此刊为CSSCI、“中文核心期刊要目总览”、“中国人文社科核心期刊”来源期刊。

此刊荣获奖项主要如下：“新中国60年有影响力的期刊”、“第四届华东地区优秀期刊”、“上海市最佳学报”、“首届全国双十佳社科学报”、“第二届全国双十佳社科学报”、国家新闻总署“中国期刊方阵”中的“双效期刊”、“全国社科学报名刊”等。

《广西民族大学学报》（哲学社会科学版）概览

《广西民族大学学报》（哲学社会科学版）始终以“弘扬创新精神，提升学术品位”为宗旨，注重办刊的科学性、开放性及学术的包容性，连续不断地发表中国内地和港、澳、台地区，以及国际学术名家的论文，提升了刊物的学术品位，形成了鲜明的学术特色，使刊物成为中国人类学、民族学关注的中心，有力地服务于中国人类学、民族学的发展进程。此刊2006年成为第二批教育部哲学社会科学名刊建设工程入选期刊。同时，此刊在北京大学图书馆、南京大学中国社会科学研究评价中心的滚动式评比中继续保持着“双核心（期刊）”和“中文社会科学引文索引”（CSCCI）选用期刊的地位。

此刊坚持理论联系实际，在基础理论和应用研究方面，特别是在研究解决国家或地区经济社会发展中具有全局性、前瞻性、战略性的重大问题上，推出一批具有原创性和创新性的重大成果。

此刊采用“专题化”的形式，聘请国内外著名学者为专题栏目的主持人，同时锐意开拓，不拘一格，满腔热情地为学术新人提供学术园地，注重对学术新人及学科研究队伍的扶持与培育。

此刊发文范围和作者来源广，推进了中国社会人类学学科的发展。自“名栏”、“名刊”工程启动后，此刊更是强化开放意识，严格实行开门办刊的现代理念。近年来，此刊发文范围和作者来源广，基本涵盖了中国两岸三地设有社会人类学学科的高校和科研机构。根据《中国人文社会科学期刊学术影响力报告》分析，此刊在2004—2006年民族学期刊论文作者地区分布排名中位居第一，并受到高度评价："《广西民族大学学报（哲学社会科学版）》论文作者所覆盖的地区为《今日民族》的9倍多。这在某种程度上说明《广西民族大学学报（哲学社会科学版）》在民族学研究中受全国的民族学学者关注度高，对该学科的研究与交流有着广泛的影响。"2005—2010年，此刊境外作者文章达80篇，约占发文量的13%。

此刊实行开门办刊，完善内部管理，采取双向匿名审稿。在刊物内部管理尤其是发文方面，严格执行集体审稿、定稿制度，杜绝一言堂。强化编校质量责任制，实行编校分离，规范编辑、校对程序。建立有效机制，杜绝关系稿、人情稿以及学术赝品，保证刊发文章的学术质量。

此刊学术和社会影响力逐渐扩大。据中国知网发行与传播统计报告，此刊在中国知网的用户2006年为2979个，分布在22个国家和地区，个人读者分布在22个国家和地区；2010年用户数为4040个，分布在27个国家和地区，个人读者分布在30个国家和地区，有了明显的增加。

《华东师范大学学报》(哲学社会科学版）概览

《华东师范大学学报》(哲学社会科学版）创刊于1955年，是国内创办最早、国内外公开发行的高校综合性社科类学报之一；目前为双月刊，10印张。此刊本着"追求真理，繁荣学术"的办刊理念，坚持贯彻"双百"方针、鼓励学术探索和争鸣、促进人文社会科学文化进步的办刊宗旨，固守"求真、创新、致用"的学术精神，关注并不断追逐学术前沿，开拓学术空间和学术资源，为中国人文社会科学的发展和学术积累奉献力量。

此刊一以贯之地坚持"学术质量第一"的办刊原则。十年来，此刊刊发的论文中荣获省部级以上成果奖励的数量居同行的前列，其摘转率、引用率、影响因子等评估指标在全国高校文科学报和同类期刊中处于领先地位；此刊已连续多次被各类学术评价机构确定为"全国中文核心期刊"、"中国人文社会科学核心期刊"、"CSSCI来源期刊"以及各种评价数据库来源期刊。此刊于2001年被确定为"中国期刊方阵"中的"双效期刊"；2004年此刊的"世界史研究"栏目入选"教育部高校哲学社会科学名栏建设项目"；2006年，此刊成为"教育部名刊工程"入选期刊，并被评为"全国三十佳社科学报"。2010年，此刊被评为"华东地区优秀期刊"、"全国高校社科名刊"。

入选教育部名刊工程以来，此刊根据建设方案的要求，采取了一系列有针对性的具体措施，各项建设工作取得了较明显的成效，获得了一系列的荣誉。在名刊建设过程中，"世界史研究"、"现代性研究"等特色栏目是此刊栏目建设的重中之重，每年都推出2至3次此方面的具有较大学术意义的专栏，在学术界引起了强烈的反响。此刊注重栏目策划的创新，以"宗教学研究"为代表的新的系列栏目受到了海外宗教学研究界的高度关注。

此刊高度重视作者队伍建设，实行严格的审编校制度，由此吸引、遴选了一大批优质稿件。据初步统计，此刊刊发的国家及省部级社科基金项目论文数占发文数的比例在45%左右；被《新华文摘》、《中国社会科学文摘》、《高等学校文科学术文摘》及《人大报刊复印资料》等所转摘的论文篇次占发文总数的比例超过三分之一；影响因子、被引频次等考量指标呈成倍提高之势。此刊已拥有一支高素质的编辑队伍，其6名专职编辑均为高级职称，其中正高3名；5人在相关系院担任研究生导师，其中博导2名。近几年来，编辑人员承担了多项国家级和省部级科研课题，公开出版了多部著作，发表了数十篇论文。

此刊将继续开拓进取，强化自身特色，加强和扩大与国内外专家学者、各院校及科研机构的联系和合作等，进一步完善办刊机制，坚持走学术精品之路，为我国哲学社会科学研究事业的繁荣和发展作出更大、更多的贡献。

《华中师范大学学报》(人文社会科学版) 概览

《华中师范大学学报》(人文社会科学版）是国家教育部主管、华中师范大学主办的综合性人文社会科学学术理论期刊，1955年2月创刊。自创刊以来，此刊始终坚持正确的办刊方向，坚持“百花齐放，百家争鸣”的方针，面向海内外，以学术求生存，以质量求发展。其发行范围包括美、英、德、俄、日、韩等国家和中国港澳地区。此刊现有主编和副主编各1人，专职编辑5人。其中具有博士学位的5人，博士后2人，正高职称2人，副高职称3人，博士生导师1人，硕士生导师2人，年龄梯队结构合理，是一支高素质、高水平的编辑队伍。

此刊2001年被评为第四届“湖北省优秀期刊”，同年率先进入中国期刊方阵；2002年获得中国人文社会科学学报第二届全国“双十佳学报”称号；2006年入选教育部名刊工程。

从2004年开始，此刊开门办刊，稿件不分校内校外，一切以质量为准。先后设立“中国农村研究”、“中国近现代社会经济史研究”、“文化产业与中国当代文化建设”等特色栏目，聘请有影响的学者作为栏目主持人。如“中国农村研究”请教育部政治学科教学指导委员、国家首批社会科学长江学者徐勇教授主持，“中国近现代社会经济史研究”请教育部跨世纪人才朱英教授主持，“文化产业与中国当代文化建设”请教育部历史学科教学指导委员会主任马敏教授和文化部重点研究基地文化产业研究中心主任黄永林教授主持。此刊制定栏目计划和组稿方案，做强做大这些特色栏目，使之能够反映国内外这些领域的最新研究成果，代表这些领域的研究水平，引导这些学科的发展。为了办好这些栏目和促进学术发展，此刊还与研究基地联手，进行制度创新，如与中国农村问题研究中心合作设立“中国农村研究奖”奖励基金，以奖励在“中国农村研究”栏目发表的高质量的学术研究成果。

这一办刊思路收到了很好的社会效果。尤其是2004年以来，此刊各项指标都有大幅度提高。2004 年 CSSCI 影响因子排名本刊列第 30 名，2005 年并列第 18 名，加权总值排名列第 17 名，2009 年上升到第 11 名。“三大文摘”摘载量也有显著提升，2004 年为 11 篇次，2005 年上升到 38 篇次，2010 年上升到 45 篇次。其中特色栏目被“三大文摘”摘载约占被摘载总量的 80%。这些数据同样表明，学报整体学术质量显著提高，学报通过特色栏目的确办出了自己的特色。2001 年以来，此刊所发论文得到各级政府采信甚至作为重要决策参考的达 51 篇次，获得省部级优秀社会科学成果奖励 46 项，充分体现了此刊既注重基础理论研究，又关注社会现实问题的办刊思路。由于此刊注重学术质量，全力办好特色栏目，近两年所发论文大多有国家或省部级基金项目支持，省部级基金项目论文所占发文比例也逐年提高，2003 年为 21%，2005 年为 41%，2007 年为 54%，2009 年为 68%，2010 年为 70%。

此刊坚持编辑学者化的方向，鼓励编辑提高学历层次，承担科研项目，进行专业科学研究和编辑学研究，参加高层次学术会议，以便更好地把握学报的学术方向，提高与学术界对话的层次和水平。近 10 年，此刊编辑共主持国家和省部级项目 15 项，参与省部级以上项目 21 余项，获得省部级奖励 9 项，出版著作 16 部，发表论文 100 余篇。参加国际学术会议达 18 人次，出国短期进修和访学 2 人次，提交国际会议学术报告 14 人次。在全国高校人文社会科学学报研究会的评比中，此刊获“优秀主编”1 人次，“优秀编辑”3 人次，“优秀编辑学论著”2 人次。

《吉林大学社会科学学报》概览

《吉林大学社会科学学报》是吉林大学主办的哲学社会科学综合性学术理论刊物，创刊于 1955 年 7 月，是在著名教育家、东北人民大学校长匡亚明的亲自指导下创办的。2003 年，在教育部启动的“高校哲学社会科学名刊建设工程”评选活动中，成为教育部首批 11 家“名刊”之一。

50 多年来，此刊以弘扬先进文化、繁荣学术研究为己任，坚持正确的政治方向和学术导向，倡导学术观点创新、学术体系创新和研究方法创新，努力为提出新理论、形成新学派、取得新成果搭建理论平台。在办刊上注重思想性与学术性的统一、理论性与实践性的统一、科学性与时代性的统一，既倾心探索学术理论，又密切把握时代脉搏，追踪学术热点，关注理论前沿，走一条理论联系实际、学术结合时代之路，形成了鲜明的风格和特色，以高雅的学术品位和严谨的学风，在学术界和期刊界赢得了良好的声誉，取得了较好的社会效益。

此刊依托学校的学科优势，开设“探索当代中国哲学的道路”、“政治文明”、“国家建设与社会治理”、“东北亚区域经济与社会发展”、“数量经济理论及应用”、“全球化与法律治理”、“边疆考古与华夏文明”、“中国美学发展研究”等特色栏目，面向国内外学者征集优秀稿件，努力把特色专栏办成反映本领域最新研究成果的前沿阵地。

此刊遵循吉林大学“求实创新，励志图强”的校训，倡导潜心钻研、实事求是、厚积薄发的严谨学风，以质量求生存，以特色谋发展，立足本校，面向国内外，刊发了一批在学术界产生广泛影响的学术力作，形成了鲜明的风格和特色。

此刊不仅是“中国人文社会科学核心期刊”、“全国综合性人文社会科学类核心期刊”、“‘中文社会科学引文索引’(CSSCI)来源期刊”、“‘中国人文社会科学引文数据库’来源期刊”，还多次获得各种期刊奖项。自1999年全国高等学校文科学报研究会开展学报评优工作以来，此刊连续被评为“全国双十佳社科学报”、“全国社科学报名刊”。此刊连续获得“东北三省优秀社科期刊”和“吉林省社会科学十佳期刊”的荣誉称号。2001年此刊入选新闻出版总署“中国期刊方阵”，被列为“双效期刊”。尤其是在教育部启动的名刊建设工程中，此刊经过专家的严格评审，于2003年首批入选教育部高校哲学社会科学名刊建设工程。2007年在首届吉林省新闻出版奖（精品奖）评奖活动中，此刊荣获“期刊精品奖”。

此刊首批入选教育部名刊工程后，按照教育部名刊工程实施方案，认真研究了国内外学术理论刊物的一些富有特色的办刊理念和办刊机制，在吸收他人先进办刊经验的基础上，根据吉林大学的实际情况和学科发展特点，在办刊理念和办刊思路上进行了探索，初步形成了以学术为本、以创新为先、以精品为上、以学科为重的办刊理念，以及依托学校的学科优势，面向国内外学术界，开放办刊，创办国内一流的特色栏目的办刊思路。此刊在办刊理念、办刊机制上发生了较大的变化，学术质量、编辑质量、装帧质量都迈上了一个新的台阶，文摘率和引用率都位列全国高校文科学报的前列，学术地位和学术影响进一步提升。

《经济学家》概览

1989年创刊的《经济学家》由西南财经大学主办。创刊伊始，就以高起点、高品位和高质量为学术宗旨，成为中国经济理论期刊园地的一朵奇葩。此刊采用国际标准版式，为月刊。

此刊以马克思主义为指导，以促进社会主义精神文明和物质文明建设，着力发展和繁荣有中国特色的社会主义经济理论，促进国际文化交流为办刊宗旨。此刊坚持正确的舆论导向，突出地将社会效益放在首位，努力实现社会效益与经济效益的最佳结合，努力为社会主义经济建设服务。此刊在编辑工作中能够注意选发理论联系实际较好的稿件，突出了时代的主旋律。

作为学术理论期刊，此刊一直努力倡导理论联系实际的学风，在理论经济学和应用经济学研究方面，特别是在解决国家或地区经济社会发展中，注意刊发具有理论创新、全局性和战略性的优秀论文。认真贯彻“双百”方针，鼓励经济学研究的创新。此刊文稿因从无任何政治差错而受到有关部门肯定。编辑部始终坚持所选发稿件的思想性和学术性标准，严格实行三审制度和匿名审稿制度。对于所有的来稿，坚持质量优先，以思想性和学术性的统一作为择稿标准。

此刊具有鲜明的办刊特色：重视基础理论探索；重视经济理论与实践的热点、难点问题研究；坚持思想性与学术性的统一。作为一份高质量、高品位的学术理论刊物，受到学术界和社会的广泛重视。国务院学位委员会办公室、国家教育委员会研究生工作办公室将此刊列为“学位与研究生教育中文重要期刊目录”。

此刊历年来不断获奖，近五年获多项全国及省级奖励，被国家教育部列为“全国高等院校哲学社会科学学报名刊建设工程名刊”。

此刊除着力于提高刊物质量外，还通过组织开展一些高层次学术活动来扩大影响。为了保持此刊在国内经济学界的学术领先地位，编辑部要求编辑人员随时掌握国内外经济学研究的近况，大力鼓励各位编辑进行学术研究，并为他们参加学术活动创造条件，以不断提高他们的学术水平，使之不断增强学术鉴赏力。

西南财经大学历来十分重视此刊的建设和管理工作。西南财经大学名誉校长、著名经济学家刘诗白亲自担任此刊主编，原西南财经大学党委书记兼校长王永锡教授、北京大学著名经济学家萧灼基教授、南京大学党委书记洪银兴教授以及西南财经大学副校长丁任重教授任副主编。学校历届校领导一致认为此刊是展示学校学术水平和科研实力的窗口和向社会宣传学校形象的品牌。提高此刊办刊质量，扩大其在国内外的学术影响，一直被列入学校工作的重要日程。学校“211 工程”建设规划、学校“十五”规划、“西南财大发展战略规划”、“西南财大实施科研繁荣计划意见”等重要文件均把办好此刊作为重要内容。学校在发展规划中将此刊列为全校的重点发展目标，支持此刊争创名刊工程建设。

在内部管理方面，此刊编辑部内部人员结构合理，工作设施齐备，内部分工明确，规章制度健全，严格进行人力资源管理，大力加强编辑人员队伍建设。

在文章写作质量方面，此刊刊发的文章文风较好，符合学术论文的写作规范，遵守了《中华人民共和国著作权法》，每篇文章均附有参考文献，对重要文章还附有英文提要。在编辑标准方面，整体构思较好。

《兰州大学学报》（社会科学版）概览

《兰州大学学报》（社会科学版）是教育部主管、兰州大学主办的哲学社会科学类综合性学术期刊，双月刊，A4 开本。入选“中国综合性人文社会科学类核心期刊”（北京大学）、“中国人文社会科学核心期刊”（中国社会科学院）、“‘中文社会科学引文索引’（CSSCI）来源期刊”（南京大学）、“‘中国期刊综合全文数据库’（CNKI）来源期刊”（清华大学），先后获得“甘肃省优秀期刊”、“第二届北方优秀期刊”、“第三届全国三十佳社科学报”、“第四届全国高校社科名刊”等荣誉称号。2011 年 4 月第三批入选教育部哲学社会科学名刊工程。

此刊的前身是《兰州中山大学月刊》(1928)、《甘肃学院月刊》(1941)。1949年以后，随着共和国的成长和兰州大学的发展，此刊亦在不断的嬗变中发展壮大。

此刊根据刊物的意识形态性质和位于多民族、多宗教地区的实际，始终把坚定正确的政治方向置于编辑出版工作的首位，高举中国特色社会主义伟大旗帜，坚持科学发展。特别是进入21世纪以来，此刊在回顾历史和横向比较的基础上，遵循“有所为有所不为”和“有限目标，重点突破，整体推进”的原则，通过定位思考，理清发展思路，瞄准地方性知识，实施差异化战略。立足西部，面向世界，以“特色”求生存，彰显个性，以“精品”求发展，做大做强，努力建设成为“展示国内外西北研究一流成果和西北人文社会科学研究先进水平的重要学术平台”：(1) 根据兰州大学“做西部文章，创一流大学”的办学理念，确定以地域特色和学校的优势学科、特色学科为依托，介绍学术成果，支持学术骨干，引领学术思想，促进学科建设。不断加大重点学科和基金项目的发稿比例，精心设计和着力打造“西北开发”、“敦煌学”、“民族学”、“中亚研究”、“政府治理与管理”、“网络社会学”、“中国现当代文学”等特色栏目。(2) 开放办刊，实施“两个走出去”战略（走向学校、走向全国)。在充分挖掘区域内学术资源的同时，刊发学校外、区域外、国外作者高水平论文，扩展学术视域，进行学术对话。(3) 以人为本，加强编辑队伍建设。采取各种措施，鼓励编辑攻读学位、进修和参加学术会议，提高编辑的学术水平和专题策划能力，着眼学术发展和学术前沿，追踪高级别、高水平学术课题，加大选题策划和约稿、组稿工作力度，不断增加专题研究的发稿比例。(4) 学习借鉴，建立评刊制度。通过自评，寻找编辑出版工作中的不足，通过他评（评价其他刊物)，学习其他刊物的长处。

经过不懈努力，此刊的被引频次和影响因子逐年上升，学术质量大大提升，学术特色和学术个性更加鲜明，学术影响力日趋扩大，学术声誉和学术地位不断提高。此刊满怀信心地走在又好又快的发展之路上。

《南京大学学报》(哲学·人文科学·社会科学) 概览

2003年年底，《南京大学学报》(哲学·人文科学·社会科学) 首批入选教育部名刊工程。经过七年的艰苦建设，此刊的面貌有了很大的改变，特色更加鲜明，质量和影响力有了大幅提升，各项评价指标已在社科期刊中名列前茅。

一、首创“特约主持人制”，引入专家办刊

学术期刊“特约主持人制”是此刊首创的。在名刊建设中，这一创新举措得到了进一步的完善，已成为一项成熟的办刊制度并具有了一套完整的方法。此刊编辑部规定了详细的工作流程，包括专栏的开设、特约主持人的选择、专栏的策划、专栏的组稿、专栏的审稿、反馈信息的收集与分析等。这一模式得到了学术期刊界同仁的广泛认同，引入这一模式的期刊已不在少数。

同时，通过主持人的引领，编辑积极参与学术活动，广泛结交学者，使得此刊的特色栏目以及责任编辑在学者中的影响迅速扩大，编辑的实际工作能力有了明显的提高，由此走上了编辑职业化之路。

二、开门办刊，强强联合，与知名高校和科研机构共创特色栏目

从 2004 年起，与中国社科院近代史所合办“民国研究”专栏。选择民国研究是与此校学科特色紧密相连的；选择中国社科院近代史所作为合作伙伴，是因为该所的学术地位和实力。

从 2005 年起，与《南开学报》合办“当代西方研究”专栏。两校都有着雄厚的人文社会科学基础。选择“当代西方研究”作为合作的专栏是基于两校共同的学科特色以及该课题所具有的重大的理论和现实意义。该专栏在两校学报中交替出版，组稿原则一是以问题为中心，组织多学科、多视角的研究；二是跨地域，集合国内外学者的优秀成果。

从 2006 年起，与香港中文大学合作“思想史研究”专栏。依托香港中文大学中国哲学与文化研究中心及南京大学中国思想家研究中心，重点吸纳海外学者的成果，使之成为沟通国内外学者的桥梁。

通过这种模式，融各家所长，优势互补，特色互现，成效显著。

三、养成独立风格，自立于期刊之林

此刊由对专栏特色的追求发展为对刊物独立风格的追求，具体包括：问题探究的时代感，学科构成的多样性，专题组合的系列化。此刊率先提出了专栏系列的构想，推出了“当代研究系列”和“专题研究系列”。前者强调理论联系实际，在经济社会发展中具有全局性、前瞻性、战略性的重大问题上，推出具有原创性和创新性的成果；后者追求理论上的厚重，并与“当代研究系列”相呼应，从而形成了刊物的整体特色。同时，此刊努力发挥名校的优势，秉承百年南大的优良学术传统，以学者为本位，形成优良的文风。此刊还力求包装精美、大气、雅致。通过对独立风格的不懈追求，此刊已得到学者的充分肯定。

四、积极探索专业化、数字化和集团化发展之路

此刊率先提出基于名刊学报，进行数字化重组，联合共建“高校系列专业期刊”的设想和方案，得到了大多数名校学报的响应。目前，“高校系列专业期刊”十个一级学科专业学报已经创刊并上网传播。这一尝试得到了教育部和新闻出版总署领导的肯定和鼓励，也得到了学者们的一致好评。

《南京师范大学学报》(社会科学版) 概览

《南京师范大学学报》(社会科学版) 是南京师范大学主办、江苏省教育厅主管的哲学社会科学综合性学术期刊，创刊于 1955 年，现任主编：吴康宁，常务副主编：赵仁康。本刊为双月刊，单月 25 日出版。主要刊登国内外哲学、教育学、心理学、经济学、管理学、法学、社会学、政治学、历史学、文学和语言学等方面的学术论文。

多年来，此刊始终坚持基础理论与应用研究并重的原则，关注我国社会主义现代化建设的重大理论与实践问题的研究，为南京师范大学的学科建设、科研工作和人才培养服务，为我国的科教兴国战略和社会主义现代化建设服务，为繁荣和促进我国社会科学发展作出积极的贡献。2011 年 4 月，此刊入选教育部名刊工程。

经过多年的努力和建设，此刊形成了整体学术水平较高、学术质量长期稳定、学术规范科学严谨的办刊特色，在全国人文社会科学学术期刊中享有较高的声誉并具有一定的地位。其刊登的论文在全国主要文摘类刊物上的二次文献转摘率在全国高校学报中名列前茅。近 10 年来，此刊历次被中国社会科学院文献信息中心编制的“中国人文社会科学核心期刊要览”、上海图书馆编制的“全国报刊索引”、北京大学图书馆编制的“中文核心期刊要目总览”选为“综合性人文社会科学核心期刊”并历年为南京大学中国社会科学研究评价中心编制的“中文社会科学引文索引”(CSSCI) 的来源期刊。在江苏省新闻出版局举办的优秀期刊评比中，此刊连续获得“社科类十佳期刊”、“优秀期刊”的称号。在全国高等学校文科学报研究会举办的全国优秀社会科学学报的评选中，此刊 2002 年被评为“全国高校双十佳学报”，2006 年被评为“全国高校三十佳社科学报”，2010 年被评为“全国高校社科名刊”。

随着我国科技、经济和社会各项事业的不断进步，随着学校各项事业的高速发展，此刊将不断开拓和勇于创新，积极探索先进的办刊理念、管理体制和办刊机制，牢固树立质量是刊物生命线的理念，坚持走学术精品之路，坚持强化优势和突出特色，争创国内一流的学术期刊，为学校科研事业的发展、为我国学术期刊的繁荣和发展作出更大的贡献。

《南开学报》(哲学社会科学版) 概览

《南开学报》(哲学社会科学版) 是南开大学主办的人文社会科学综合类学术期刊，创刊于 1955 年，是新中国创刊较早的高校文科学报之一，为教育部名刊工程首批入选学报。

此刊在期刊界日益激烈的竞争中，始终把稿件的政治质量和学术水准视为自己的生命线，坚持正确的政治方向，突出学术理论特色。为了保持刊物的水平和特色，此刊对来稿坚持实行编辑部“三审”与学科专家匿名评审相结合的审稿制度。在严格的三审制度下，认真甄选具有理论深度和学术价值的研究性文章，注意反映社会科学研究各领域的新成果、新信息，鼓励创新，支持争鸣。所刊文章力求达到较高的学术水准，坚决摒弃平庸之作。

近年来，此刊不断探索新的办刊模式，积极推进专栏化、专题化，聘请知名学者做栏目主持，与其他名刊合办重要栏目，等等。所发文章不仅学术理论性强，具有较高学术价值，且密切联系实际，关注社会现实问题。此刊以深刻厚重的学术内涵和严谨朴实的编辑风格，在学术界和期刊界享有良好的声誉，受到广大读者和作者的喜爱。所发文章分获国家和省部级多种奖励。

此刊所发文章长期以来被《中国社会科学文摘》、《新华文摘》、《全国高校文科学报文摘》等重要文摘刊物大量转载、摘编，摘转率始终居于同类期刊前列。此刊的文章还被《人民日报》、《光明日报》、《中华读书报》、《中国社科科学报》等多家媒体作为学术信息予以报道。《中国新闻出版报》2001年11月19日专门报道了此刊编辑部抓管理、上水平的事迹。

此刊在1999年和2002年蝉联"全国双十佳人文社科学报"，2006年和2010年蝉联"全国社科学报名刊"称号，2001年被国家新闻出版署列入"中国期刊方阵·双效期刊"，2004年获第三届国家期刊奖提名奖。在天津市历次期刊划级评优中，此刊连续获得一级期刊和优秀期刊。在"中文核心期刊要目总览"中，此刊连续被列为"综合性人文社会科学核心期刊"。此刊还被"中文社会科学引文索引"（CSSCI）等多种数据库作为入编和索引刊物。

此刊将进一步提高学术水平和编辑质量，努力做广大社科研究者和各界读者的忠实朋友。

《清华大学学报》（哲学社会科学版）概览

《清华大学学报》（哲学社会科学版）是教育部主管、清华大学主办的综合性学术期刊，其前身是1915年创刊的《清华学报》。作为我国最早创办的大学学报之一，《清华学报》是文理兼收的综合性期刊。1955年《清华学报》更名为《清华大学学报》，成为专门刊登自然科学论文的学术期刊。1986年此刊创刊，主要刊登文史哲方面的研究论文，兼及经济学、法学、社会学、国情研究等学科。此刊是"全国中文核心期刊"、"中国人文社会科学核心期刊"、"全国三十佳社科学报"，被确定为"中国学术期刊综合评价数据库"、"中国人文社会科学引文数据库"来源期刊，并且被"中国学术期刊（光盘版）"、中国期刊网全文收录。

此刊追求严谨、求实、勤奋、创新的精神，坚持"学术质量是期刊的生命"的办刊理念，以清华大学学科特色为依托，立足清华，更以开放的姿态和胸襟，广泛吸纳海内外的优秀学术成果。该刊秉承清华大学优良的学术传统，努力确保所刊发的论文具备较高学术水准和良好文风，注释规范，参考文献准确、详明。经过几年努力，此刊在全国综合性学报中已经形成独特的风格：一是重视基础研究，杜绝浮躁学风，尤其重视文史哲基础学科，近五年来基础学科的论文占70%以上；二是重视栏目建设，结合清华大学的学科特点，关注热点问题、前沿问题和重大现实问题，在国情研究方面发表了一系列颇有影响的论文；三是在总体策划和栏目设置上重视刊物的可持续发展，优先发表跨学科、边缘学科、交叉学科研究的文章。这样，不仅使刊物的特色鲜明，而且对清华大学的学科建设也起到了很好的推动作用。

近年来，该刊的学术质量稳步提升，学术影响日益扩大，先后获“北京市高校人文社科学报名刊”、“全国高校社科名刊”等荣誉称号，2009年入选教育部高校哲学社会科学名刊工程。根据中国人民大学书报资料中心发布的“2010年度《复印报刊资料》转载学术论文指数排名”数据，2010年，此刊全文转载率和综合指数排名均居全国高校学报第一名。随着学术影响力的上升，该刊的发行和交流范围已由国内扩大至国际。根据“中国学术期刊（光盘版）”电子杂志社编制的统计报告，该刊2010年在中国期刊网上的3992个机构用户分布在23个国家和地区。

《求是学刊》概览

2006年7月，黑龙江大学主办的《求是学刊》入选教育部名刊工程，随即制定了《建设方案》，并积极按照该方案实施名刊工程建设。

此刊更加注重刊物自身的建设，进一步加强刊物的选题策划，使栏目设计更加合理，体现刊物特色。其间，此刊先后荣获“第二届北方优秀期刊奖”、“黑龙江省精品期刊”、“中国北方十佳期刊”、“首届黑龙江省出版奖优秀期刊奖”等荣誉称号；执行主编李小娟编审荣获“首届中国出版政府奖优秀出版人物奖”、“新中国60年有影响力的期刊人”、“第二届新闻出版行业领军人才”等荣誉。

此刊根据国内外最新学术动态精心策划选题，进行整体构思，结合学校优势学科和国内外学术研究走势，长期开设特色栏目，使之站在国内外学术研究的最前沿。此刊依托黑龙江省的地方经济文化特点，以及“黑龙江大学文化哲学研究中心”和“俄罗斯语言文学与文化研究中心”的学术实力，深化“文化哲学研究”系列栏目（入选教育部首届名栏期刊）和“海外来稿”、“苏联俄罗斯法学在中国”、“东北老工业基地振兴”、“人口、资源和环境经济学”等专栏、专题的研究。为配合“文化哲学研究”专栏，在文学和史学学科开设的“当代文学思潮前沿问题研究”和“中西文化史比较研究”等栏目也反响较好。同时，新设了“过程思想研究”、“儒学与当代中国”、“理论法学在中国”等栏目，集中探讨相关学科领域的热点问题及前沿理论。

此刊刊发了国内外知名学者文章，形成了以名家为主带动青年学俊的稳定的作者队伍。从2006年第5期至2011年第3期，此刊共刊发700篇文章，在文、史、哲、经、法五大学科研究领域共开辟学术专栏26个，刊发的特约稿件占总发稿量的64%，其中不乏国内外相关专业的著名学者。

多年来，此刊一直秉承“唯实、求是、图新”的办刊宗旨，以“开放、创新、超越”为理念，把追求高质量、高品位作为学刊的生存之本。把“学术品位、学术价值、学术生命”奉为刊物的终极追求，从确立主编的主体意识、编辑的主题意识、作者的跟踪意识三方面入手拓展出一条编辑学者化、学者一编辑一体化的主动、开放式办刊思路。严把期刊的政治质量、学术质量、编辑质量和出版质量关，突出刊物的前沿意识、主题意识，开设了一批具有开拓性、前瞻性的学术专栏。

此刊向来注重吸纳国内外优秀学术资源，走开放办刊的道路。此刊坚持“走出去”和“请进来”的方针，几年来，先后邀请50余位国外专家学者来校访学、开设讲座，开展国际交流活动。李小娟执行主编先后于2006年、2007年初访问美国、日本的高等学府、科研机构和出版机构，同美国过程研究中心签署了在黑龙江大学成立过程研究中心的协议，2007年黑龙江大学过程研究中心正式成立。此外，还与《道：比较哲学研究》等杂志建立了学术合作关系。

通过以上这些措施，有效地拓展了此刊与国际学术界、出版界的学术联系，为此刊的国际化办刊奠定了基础。

在开放办刊的同时，此刊把目光锁定在国际以及国内学术研究的前沿领域及其主要研究群体。通过主题策划，编辑们进行了有针对性的约稿，使刊物的外稿刊发量达到了80%，形成了一支稳定的、高水平的作者队伍。

此刊还与《华东师大学报》、《厦门大学学报》联合开办“现代性研究专栏”，以开放的态度和各自的学术依托，分别针对不同界域的现代性研究，以专栏的形式，组织、刊发了不少有影响的学术文章。并于2009年成功举办了“现代性研究：思潮、观念与现实”学术研讨会。

《陕西师范大学学报》（哲学社会科学版）概览

《陕西师范大学学报》（哲学社会科学版）是教育部直属高校陕西师范大学主办的综合性学术理论双月刊。50年来，此刊始终关注学术发展前沿，注重理论探索和创新，已在文史有关基础学科及西部研究方面形成明显的内容特色，学术质量稳步提高，社会影响日益扩大。连续荣获“全国双十佳社科学报”、“全国高校社科名刊”、“陕西省十佳学报”、“陕西省权威社科学报”、“陕西省一级期刊”等称号。2003年首批入选教育部名刊工程，成为国家重点支持建设的11家社科学报之一；2008年入选陕西省大报名刊工程，是入选的唯一一家综合类学术期刊。被有关报刊媒体及国家教育部领导誉为“学苑明珠”。

进入名刊建设以来，此刊学术水平不断提高，影响力不断扩大。刊发论文在《新华文摘》、《中国社会科学》、《高等学校文科学术文摘》、《人大复印报刊资料》等文摘刊物的摘转率稳步提升，位居同类期刊前列；影响因子不断提升，保持了较高水平。此刊刊发的论文获优秀成果奖数量稳居陕西省学术期刊前列。2002年入选“中国期刊方阵”，近年来连续入选《全国中文核心期刊》、《中国人文社会科学引文索引源刊》等核心期刊库，并被有国际影响力的美国剑桥《科学文摘》（*CSA*，社会科学）收录。在中国知网的发行量不断上升，在国内外的发行与传播范围不断扩大，机构用户达4040家，分布在299个国家和地区；个人用户分布在世界32个国家和地区。

此刊以创办学术导向正确、内容特色鲜明、国内一流、国际知名的精品期刊作为奋斗目标，立足学术前沿，立足西部，面向海内外学术界，坚持特色化办刊，坚持开放办刊，广纳名家名文，擢拔学术新秀，努力组发具有创新价值的精品力作，力求在历史地理、中国古代史、古代文学、西部研究等领域引领学术方向，反映全国高校学术水平，把长期开设的“历史地理”、“周秦汉唐文化”、“唐史研究”、“唐诗研究”、“西部研究”、“编辑出版学研究”以及新开设的“学术前沿”、“学术评论与争鸣”、“海外学术论坛”专栏办成特色品牌专栏，为学科的建设和发展提供新观点、新材料和新方法。

此刊坚持实行同行专家双向匿名审稿制度及责任编辑编校工作责任制，精雕细刻打磨每一篇文章，精耕细作办好每一个栏目，精益求精编辑每一期刊物，贯彻“双百方针”，支持学术争鸣，倡导严谨朴实的学风文风，努力打造有国际国内影响力的学术期刊品牌。

《社会》概览

《社会》创刊于1981年10月，是由上海市教育委员会主管、由上海大学主办的双月刊。现任主编：李友梅。

此刊是中国内地最早（1981年10月）创办的全国性社会学专业杂志，也是目前中国内地高校中唯一的一份社会学专业学术期刊。它是在费孝通、雷洁琼等老一辈社会科学家的大力支持和关心下创刊的。改革开放以来，此刊为中国社会学的建立、专业知识的普及以及社会学教学科研人才的培养发挥了历史性的重要作用。2005年，为满足国内外研究者对中国社会研究成果的发表、交流和深入探讨的需要，此刊改版为纯学术性社会学专业刊物。

此刊改版以来，在上海大学校领导的直接指导、关心和积极推动下，成立了以费孝通为名誉顾问，国内一流社会学家组成的学术委员会和编委会，并积极探索办刊新模式。经过多年努力，逐步形成了专家与专业编辑相结合的机制，为提高刊物的学术质量创造了积极的条件。近年来，相继邀请格兰诺维特、魏昂德、费埃德伯格等一批国际知名社会学家加入此刊编委会，提高了此刊的国际化程度。

此刊提出了“关注真问题、重视规范化、提高学术性，以刊发本学科经得起时间检验的一流研究成果来引领学科发展”的新办刊思路。“关注真问题”体现在选题策划过程中，就是要充分发挥社会学与社会现实紧密结合的特性，关注与中国社会改革有关的重大问题或社会学前沿性的热点问题，注重社会学经验研究和理论研究的结合。这些年来，此刊在改革开放30年回顾、抵御国际金融风暴、世博会的组织和运作机制、四川抗震救灾等重大事件或活动中，召集各种专门研讨会，进行重点组稿，及时发表了很多高质量的研究成果，被《新华文摘》、《中国社会科学文摘》等国内权威的文摘类期刊全文转载，获得了国内外社会学界及广大读者的高度评价。

此刊按照国际规范，对来稿均实行严格的双向匿名审查制；刊物一直严格执行“三审三校一读”的编辑业务规范。为及时适应刊物在专业化、学术化方面的新要求，编辑部加快了对国内外一流专业学术期刊编校体例和规范的研究，起草了一系列编校规定，并在实践中不断完善。六年多来，此刊的“编校体例”共修订了六次。近年来此刊的办刊质量逐年提高，影响因子、即年指标、被引半衰期、基金论文比等指标明显上升。2007年获得新闻出版总署“期刊出版规范检查”A级评级，首批获得通过；2008年获上海市新闻出版局“迎世博600天行动计划——期刊编校质量检查”优秀奖；2009年荣获“第四届华东地区优秀期刊奖”；2010年荣获“全国高校三十佳社科期刊称号”；2011年获得“第二届中国出版政府奖期刊奖提名奖”，并进入教育部名刊工程行列。

近年来，此刊确立了国际化的办刊意向和战略，并为此做了很多工作：与国外知名大学社会学系或专业联系，扩大此刊在海外的影响。至今，已经与世界各地的近百所大学的社会学系或研究所、国际著名数据库等建立了联系；积极主动参加国际性的学术研讨活动，把握国内外社会学研究的最新信息和动态。

2008年6月，此刊进入国际著名数据库ProQuest下辖的著名社会学专业数据库社会学文摘检索；许多国际著名的华裔社会学家高度赞扬和推荐此刊；目前，此刊正在加紧与国外著名数据库及发行商就有关合作进行协商谈判。

从2010年第4期起，此刊开始刊出高质量的英文学术文章，并对所有刊文的元数据及参考文献都实行全部英译的编辑办法，严格参照国际规范，使办刊水平得到了进一步的提高，引起了国内外社会学界同行的关注。

《史学月刊》概览

《史学月刊》于1951年1月创刊（原名《新史学通讯》），是河南大学和河南省历史学会主办的大型史学专业刊物。该刊由中国科学院原院长郭沫若先生题写刊名，黄元起、李烈夫、赵希鼎、靳德行、李振宏等知名历史学家先后担任主编。自创刊以来，此刊历经三个发展阶段：第一阶段，从1951年1月至1956年12月，为《新史学通讯》时期；第二阶段，从1957年1月至1966年9月，这是改名《史学月刊》后的初期阶段；第三阶段，即1980年复刊至今，这一时期是此刊发展史上的最好时期。从2000年起，根据河南大学学科建设与发展规划的需要以及刊物自身发展的需要，此刊实施了精品战略：一是对编委会做了根本性的调整，聘请了历史学界一大批著名的专家学者充实编委队伍；二是组织高水平的作者队伍，撰写高质量的学术论文，引起了学界的瞩目。

此刊2002年恢复为月刊，现在每年发文量300万字，成为国内史学界发稿量最大的专业学术期刊。刊物的学术水平与学界影响力有了明显的提升，此刊也由一个地方性刊物提升为一个学术界广泛认可的、有自己办刊风格和特色的大型学术刊物，成为国内史学界的一方重镇。

此刊自创刊以来一直秉持严谨、朴实之文风，并根据当代史学研究的实际状况，特别提倡史学理论、史学评论、社会史研究、学术史研究，优先考虑这些方面的选题；而这些选题也构成了刊物的基本风格。在稿件筛选的过程中，主要看重论文的原创性、选题的意义和分量、论文的方法论特色等几个方面。

经过几十年的发展，本刊在编辑校对、版式设计、注释格式等方面，也形成了一整套技术规范和自己的特色。本刊坚持场内一校、编辑三校、外校一校、作者一校的校对制度，确保了刊物的编校质量。

此刊的办刊理念：以繁荣学术为己任的高品位价值追求；以培养青年为目标的前瞻性战略眼光；以学术水平定取舍的无偏见选题原则；以有益社会为宗旨的大效益办刊方针。本刊重视发表青年学人的文章，把培养青年史学工作者放到极其重要的地位。据最近几年的统计，该刊发表在读博士生、硕士生的文章占发文总量的15%，四十五岁以下作者的文章占到58%左右，是培养中青年学者的重要阵地。

从1984年开始，此刊由中国国际图书贸易总公司向国外发行。1988年，此刊被国际标准连续出版机构收入。从1991年开始，此刊的文章在美国《历史文摘》(*Historical Abstracts*）和《美国：历史与生活》(*America*：*History and Life*）上登有摘要和索引。日本《东洋史研究》每期刊载《史学月刊》发表文章的目录。

最近10多年来，此刊一直保持较高的复印率和影响力。根据中南财经政法大学图书馆期刊信息检索中心的统计，2003年以来，此刊在全国2800余种被转载期刊中，转载量2004年排名第17位，2005年排名第11位，2006年排名第7位。《人大复印报刊资料》的复印量排名中，2002年以来此刊在历史地理类刊物中一直名列第一（2010年第二）。

2003年和2005年，此刊连续蝉联"第二届国家期刊奖——百种重点期刊"；2011年3月，副主编郭常英编审获得第二届中国出版政府奖"优秀出版人物奖"；从2000年开始的历届河南省"二十佳期刊"评比中，《史学月刊》均榜上有名。

2011年5月，本刊已经正式进入教育部名刊工程建设行列。目前已经制定了新的名刊工程建设措施，坚定不移地向着名刊大刊的目标前进，确保在同类学术期刊中的领先地位。

《四川大学学报》(哲学社会科学版）概览

《四川大学学报》(哲学社会科学版）是教育部主管、四川大学主办的哲学社会科学综合性学术期刊，1955年创刊。现每年出版6期，每期144页，并在全球发行，为世界各著名大学和科研机构收藏。50多年来，《四川大学学报》(哲学社会科学版）一直坚持正确的办刊方向，贯彻"双百"方针，在国内外学术界享有较高声誉；不仅是展示四川大学教学科研成果的重要窗口，更成为繁荣我国人文社科事业的前沿阵地。在50余年的办刊历程中，此刊刊发了诸多著名专家学者的研究成果，也扶植、培养了大批学术后备人才。

最近五年来，此刊坚持改革，锐意进取，取得了比较突出的成绩，在国内高校人文社科学报界有着相当的影响。此刊连续十余年（1998—2010 年）成为 CSSCI 来源期刊，并先后入选“中文核心期刊要目总览”（北大版）、“中国人文社会科学核心期刊”（中国社会科学院）、“中国期刊方阵”（新闻出版总署）。

2010 年，此刊入选教育部名刊工程并被评为“全国高校社科名刊”。

今后，此刊将充分发挥已有的优势，强化品牌，突出特色，实行传统学科和新兴学科并重、基础研究与应用研究相结合，使其不仅是传播知识、积累文化的载体，更是理论创新、精神创造的摇篮，在某些学科领域引领全国高校的学术研究方向，进一步提高在国内外的知名度和影响力。

《思想战线》概览

《思想战线》是云南大学主办的全国性哲学社会科学理论刊物。自 1975 年创刊以来，此刊秉承“理论联系实际”的办刊原则，以民族学、人类学和西南民族历史文化为特色，鼓励理论创新，突出思想性、学术性、现实性和民族性。此刊从 20 世纪 90 年代起，就先期并连续进入“中文核心期刊要目总览”、CSSCI 来源期刊目录；2001 年入选“中国期刊方阵”中的“双效期刊”；2002 年获“第二届全国双十佳社科学报”称号；2003 年获国家新闻出版总署颁布的“第二届中国期刊奖”；2003 年，在教育部哲学社会科学名刊工程评选中成为首批进入名刊工程建设的 11 种期刊之一，并是其中唯一的地方院校主办的期刊。

六年多来，此刊编辑部紧紧抓住名刊工程建设这一重点，不断创新办刊思路：一是立足理论前沿与学术热点，关注社会现实问题；二是努力探索打破传统的“学科栏目式”办刊模式，代之以“问题综合+特色优势专业”的运作思路，以“专题”的形式及时集中组织推出相关稿件；三是强化特色，争创“名栏”，加大对“人类学与民族学”这一特色栏目和优势学科栏目的建设力度；经过多年的努力，“人类学与民族学”栏目在学术界赢得较高声誉；四是切实坚持开放办刊，尽管身为高校综合性学报，但并不局限于展示主办学校的科研成果，而更着力于面向整个社科界开放；五是确立并坚持“五个意识”（问题意识、策划意识、精品意识、特色意识、开放意识）。与此同时，不断加强制度建设，健全并严格执行年度稿件“选题申报制”、每期用稿“四审两会制”、编校“四校制”及“事后审读制”。自 2009 年起全面实行编辑组稿、排版、编校“一条龙”工作责任制。规定每位编辑对拟用稿使用“科技期刊学术不端文献检测系统”进行认真的查询，从源头上杜绝了学术不端行为。为配合推动此刊与学术界的联系交流，编辑部自 2009 年正式启动“名家优稿计划”，建立“知名学者信息库”，通过参加学术会议、信函、电子邮件、电话、学人推荐等方式与知名学者建立长期的联系。

通过 6 年多的努力，此刊办刊质量显著提升。此刊所发文章影响因子权重系数从 2003 年的 0.1368 上升为 2010 年的 0.686。此刊在“中文社会科学引文索引”（CSSCI）来源期刊综合性社会科学类的排名稳居前 25 名，2009 年提升至第 19 名。2004—2010 年，此刊被转载文章合计 222 篇，转载率 28.9%，稳居地方高校学报前列。其中 3 篇被《新华文摘》列为封面重头文章，在学术界产生较大影响。所刊发的国家级基金项目研究成果占发文比例由 2003 年的不到 15%提高至 2010 年的 35%左右。

2007 年 5 月，在国家民委文化宣传司组织的期刊评奖中，此刊获“全国民族地区学报（期刊）名刊”称号，此刊的特色栏目“人类学与民族学”被评为“名栏”。2010 年 10 月，经教育部社会科学司同意，由全国高等学校文科学报研究会具体组织实施的第四届全国高校社科期刊评优活动结果揭晓，此刊被评为“全国高校社科名刊”。

《外语教学与研究》概览

《外语教学与研究》是教育部主管、北京外国语大学主办的学报，1957 年创刊，原名《西方语文》。我国外语界著名学者王佐良、许国璋等曾先后担任此刊主编。此刊秉持理论与实践紧密结合的方针，既立足学术，又面向我国外语教育实践，刊发了大量优秀学术成果，为推动我国外语学术研究和外语教育事业的发展作出了突出贡献。目前此刊设有“语言学理论”、“语言研究”、“外语教育”（包括语言教学、习得、测试、学习者研究和教师发展研究等）、“翻译研究”、“中外文化比较研究”等栏目，刊载国内外学者在上述领域的优秀研究成果。

此刊刊风严谨，学术规范，在我国外语界和语言学界享有广泛声誉。教育部人文社科重点研究基地“中国外语教育研究中心”是此刊的大本营。此刊编委会由包括国际著名语言学家 G. Leech 教授在内的国内外知名学者组成，进一步保证了刊物的学术水准。此刊为“‘中文社会科学引文索引’（CSSCI）来源期刊”（教育部委托南京大学评估）、“全国常用外语类核心期刊”（北京大学编）、“中国人文社会科学核心期刊”（中国社会科学院评估）和《中国学术期刊综合引证报告》（清华大学编）、“中国人文社会科学引文数据库”、“中国学术期刊综合评价数据库”的来源期刊，为中国期刊网和“中国学术期刊（光盘版）”全文收录。此刊长期得到国际学界认可，为美国《语言学与语言行为研究文摘》（*Linguistics and Language Behavior Abstracts*）、《社会学文摘》（*Sociological Abstracts*）等著名文摘检索刊物收录。

此刊入选国家新闻出版总署“中国期刊方阵”，获评国家新闻出版总署第二、三届国家期刊奖“百种重点期刊”，连续获得“中国人文社科学报核心期刊”、“全国百强社科学报”、“中国人文社科学报名刊”、“中国人文社科学报名栏”以及“北京市十佳社科学报”、“北京市一等奖社科学报”、“北京市社科学报名刊”、“北京市社科学报名栏”等奖项。2004 年年底，此刊“外语教育”栏目入选教育部高校哲学社会科学学报名栏建设工程。2009 年年底，此刊又入选第三批教育部高校哲学社会科学名刊建设工程，是我国外语界唯一入选此两项工程者。目前，此刊正按照“双名”期刊的要求，加强自身建设，进一步提高办刊质量，朝着国际化目标迈进。

《文史哲》概览

《文史哲》是由中华人民共和国教育部主管、山东大学主办的综合性学术刊物，是刊登国内外人文、社会科学领域最新学术成果的重要学术阵地。它创刊于1951年5月1日，是一份在国内外人文学术界享有巨大声望的学术期刊。

此刊是新中国第一家高校文科学报。自创刊以来，始终坚定不移地恪守“学者办刊，造就学者”的原则。“扶植小人物，延揽大学者”是学界五十多年来对此刊的广泛称誉。创刊伊始，华岗社长就规定，此刊每期尽可能推出一个新作者，每期至少要有一篇论述现实的文章。因此，一大批著名学者在此刊刊发了他们的处女作、成名作或代表作，如李泽厚、庞朴、李希凡等。伴随着新中国成长起来的著名学者大多在此刊上发表过文章。此刊为此而驰誉学界，广受称道，在数代读者心目中留下了深刻印象。

此刊致力于中国古典学术研究，古典性和高端性是其所着力打造的特色。学术研究的“百花齐放，百家争鸣”是其一贯的学术风格，“昌明传统学术，锻铸人文新知，植根汉语世界，融入全球文明”是此刊的办刊宗旨。力争在全球文明的滋养下，传承本土人文研究的学统，进一步深入世界汉学学术圈，跻身世界汉学名刊之林，是此刊的最终追求。

由于其厚重的古典汉学风格，此刊早已迈出国门，走向国际汉学界。创刊不久，此刊就以其高端学术追求成为整个中国学术的重要窗口。1955年12月，高教部就曾要求山东大学代表国家向英国、日本、苏联和越南等国的国家图书馆赠送此刊。郭沫若先生赴日考察时，曾应日本方面的要求，专门携带此刊50本进行交流。如今，此刊已经发行至30多个国家和地区，海外期发行量600余份。世界著名大学图书馆大多订阅、收藏此刊，哈佛大学更将此刊与《历史研究》、《考古》、《文物》一起列为其所认可的四家中国大陆学术期刊。

近年来，此刊在学术界继续引领着学术的发展。2006年第2期创设“疑古与释古”专栏。该栏所刊发的文章覆盖古史学、学术史、考古学、文献学、文字学、符号学以及出土文献研究等众多学科领域，不仅对古典学研究进行了系统深入的梳理和反思，也为古史重建工作提供了诸多宝贵的分析和见解。系列文章面世后，短时间内即在学界引起了广泛而热烈的反响，国内各大文摘杂志和多家报纸纷纷予以转载、报道。此一讨论被《社会科学》杂志列为2006年度“四大人文学术热点”之一，也受到了日本汉学界的高度关注和积极评价。2010年，此刊开展的“中国社会形态问题”大讨论被《光明日报》和《学术月刊》共同评选为“2010年度中国十大学术热点”之一。

由于始终如一地坚持“学术为本，质量立刊”的原则，改革开放以来，此刊几乎囊括了所有相关重要奖项。1998年、2000年，此刊连续获得“全国百种重点社科期刊”称号。1999年，此刊获得首届“国家期刊奖”和“全国双十佳社科学报”称号。2002年，此刊同时获得三项荣誉："国家期刊方阵双奖期刊"，第二届"国家期刊奖"提名奖，第二届"全国双十佳社科学报"。2003年，此刊成为教育部高校哲学社会科学名刊工程首批11家入选的学术期刊之一。2005年，此刊获得第三届"国家期刊奖"提名奖。2009年，此刊荣获"新中国60年最有影响力期刊"称号。2010年，此刊获"全国高校文科学报研究会社科名刊"称号。2011年，此刊荣膺"中国出版政府奖期刊奖"殊荣。

《武汉大学学报》(人文科学版) 概览

《武汉大学学报》(人文科学版) 是教育部主管、武汉大学主办的人文科学类综合性学术期刊，由1930年创刊的《国立武汉大学文哲季刊》发展而来。此刊现为双月刊，向国内外公开发行。

此刊宗旨是贯彻"百花齐放，百家争鸣"的方针，繁荣学术事业，开展学术争鸣，促进国内外学术交流。它结合武汉大学的文科科研优势，主要开设有"哲学"、"中外语言文学"、"历史学"、"新闻传播学"等固定栏目，刊发的文章强调学术创见和理论深度，要求关涉学科前沿问题、热点问题，关注国家、教育部重大或重点课题研究成果，力求代表本学科的最高学术水平。它的整体学术质量始终处在中国高校文科学报的前列，现为"中国社会科学综合类中文核心期刊"、"'中国人文社会科学引文数据库'(CSSCI) 的来源期刊"和"美国剑桥科学文摘《社会学》文摘的索引源刊物"。此刊2005年获第三届国家期刊奖"百种重点期刊奖"，其专栏"马克思主义中国化研究"入选"教育部高校哲学社会科学名栏"。

自2006年入选名刊工程以来，此刊从栏目调整开始名刊建设，改变以前栏目设置面面俱到、大而不当的弊端，从特色上下工夫，在保持传统的基础上，做一些别人所没有的探索，力争人无我有、人有我新。

目前，此刊既有根据一级学科设立的"哲学"、"历史学"、"中外语言文学"、"新闻传播学"四个板块，也有反映武汉大学学科特色的小栏目。其中，"哲学"板块下面包括"马克思主义哲学研究"、"马克思主义中国化研究"、"外国哲学研究"、"中国哲学研究"、"儒学研究"、"美学研究"、"宗教学研究"。"历史学"板块下面包括"中国传统文化研究"、"历史文化语义学研究"、"文化继承与文化创新研究"、"边界与海洋问题研究"、"德国史研究"、"'二战'史研究"、"欧美史研究"、"阿拉伯问题研究"、"魏晋南北朝隋唐史研究"、"中国近现代史研究"。"中外语言文学"板块下面包括"中国宗教文学研究"、"明清文学研究"、"作家作品研究"、"语言学研究"。

在上述的栏目中，有传统栏目，但更多的是根据武汉大学既有的研究基础与特色设立的新栏目。如"哲学"板块下面的"马克思主义中国化研究"专栏，依托武汉大学哲学学院马克思主义哲学专业的强大研究阵营，由著名马克思主义哲学家陶德麟教授等定期组织重头文章，形成"哲学"板块最重要的栏目，刊发了大量重要文章。又如"哲学"板块下面的“儒学研究”专栏是应国内著名儒学研究专家郭齐勇教授之要求而专门设立的，2010 年第 1 期即在此栏目下集中了 5 篇专门论及近代以来几位儒学大家的论文，产生了良好的社会反响。

又如“历史学”板块下面的“中国传统文化研究”专栏立足于教育部文科重点基地——武汉大学中国传统文化研究中心，经常性地集中刊发相关论文，与作者之间已经形成了良好的互动。在此基础上，此刊又应国内著名文化史学家冯天瑜教授之要求，专门开设了一个新的栏目——“历史文化语义学研究”。这在国际上也是独一无二的。同时，应国内著名“二战”史专家胡德坤教授之要求，开设了“边界与海洋问题研究”专栏，以重点突出国内从历史学角度论及边界与海洋问题之研究。

再如“中外语言文学”板块下面的“中国宗教文学研究”是此刊新开设的特色栏目。它与武汉大学文学院中国宗教文学研究中心合作，联系国内外相关作者群，围绕“中国宗教文学的生成与传播”、“中国宗教文学的文体构成与文体特征”、“中国宗教文学的话语体系”、“中国宗教文学与民族精神”等命题，组织了系列稿件，挖掘了一条从宗教史、文化史角度研究文学的新道路。

上述的重点栏目、特色栏目自 2004 年开始即实行“专家主持”制度，聘请相关专业的专家组稿，或专家与编辑共同组稿，并由专家主持或点评栏目，以增强栏目所载文章的可读性与权威性。

《厦门大学学报》（哲学社会科学版）概览

《厦门大学学报》（哲学社会科学版）是教育部主管、厦门大学主办的哲学社会科学综合性学术刊物，2003 年年底首批入选教育部哲学社会科学名刊工程。

此刊创办于 1926 年 4 月，办刊历史悠久。中华人民共和国成立后，它在停刊七年后，于 1952 年 7 月复刊。

长期以来，此刊坚持以学术为重、社会效益为重的办刊宗旨，以本校优势学科和文科科研力量为依托，逐步形成了自己的特色和优势。尤其是近十年来，坚持走“内涵式发展”之路，通过特色栏目的设置来塑造学术个性，打造了“现代性研究”、“前沿课题研究与述评”等立足理论前沿的系列专栏和“台湾研究”、“南洋研究”等体现本校学术专长的栏目，形成了“立足本地优势，关注学术前沿”的办刊特色。目前，这些特色栏目已经成为反映国内相关研究成果的主要窗口，在学术界产生了重要影响。

与此同时，此刊确立现代办刊理念，实行开门办刊，实行同行专家双向匿名评审制度，建立公正的审稿、用稿程序，为学术质量的提高提供了制度上的保证。

近十年来，此刊学术质量不断提高，并一直保持较高的影响因子和摘转率。根据清华大学“中国学术期刊（光盘版）”电子杂志社发布的《中国学术期刊影响因子年报》（人文社会科学·2010 年版）的数据，此刊在 2009 年“中国学术期刊综合评价数据库”总被引频次 3122，复合影响因子 1.692，位居全国综合性人文社会科学期刊的第 7 位。此外，根据陕西师范大学图书馆“高校文科学报论文统计与分析课题组”2001—2006 年做的统计报告，此刊 1998—2002 年五年的平均摘转率在全国文科学报中名列第一，2003—2005 年三年的平均摘转率名列第四。

随着学术质量的提高，此刊的影响日益扩大，先后被选为全国各种文科核心期刊和各种评估系统的来源期刊，如“中文核心期刊要目总览”(北京大学)、“中国人文社会科学核心期刊”(中国社会科学院)、“‘中文社会科学引文索引’(CSSCI) 选用期刊”(南京大学) 等。在各类期刊评比中，此刊也获得了相应的荣誉。在中国人文社会科学学报学会举办的四次全国文科学报评优中，此刊都获得最高奖项；近年来先后被评为“华东地区优秀期刊”、“首届福建省十佳期刊”。

目前，此刊的发行和交流范围遍及世界各重要国家及我国的港澳台地区。网络传播也不断扩大。根据“中国学术期刊（光盘版）”电子杂志社编制的统计报告，此刊 2009 年在中国期刊网上的发行情况是：两千多个机构用户分布在 32 个国家和地区，个人用户分布的范围更广。

《现代传播——中国传媒大学学报》概览

《现代传播——中国传媒大学学报》是教育部主管、中国传媒大学主办的人文社科版学报。此刊创办于 1979 年，原名《北京广播学院学报》(人文社会科学版)，1994 年更名为《现代传播——北京广播学院学报》，2004 年更名为《现代传播——中国传媒大学学报》。经过 27 年的不懈努力，此刊已经成为中国新闻传播、广播电视领域和高校文科学报领域有较大影响的著名学术期刊。此刊立足国内外、校内外传媒文化领域的重点学科、重点基地和重大课题，始终坚持走特色化发展道路。此刊明确定位为“以广播电视为中心的现代传媒学术刊物，以学术性、时代性、思想性为追求，紧紧追踪国内外理论研究的最新动向和学科前沿”，被誉为传媒学术期刊中“学院派”的代表。许多著名专家、学者赞誉此刊为“中国广播电视基础理论研究最重要的学术阵地”，“大众传播领域引人注目的一面旗帜”，“与世界传媒事业接轨的桥梁和纽带”。现开设有“传播文化研究”、“新闻学与传播学”、“传播艺术与艺术传播”、“传媒观察”、“媒介经营与管理”、“网络时代”、“个案研究”、“学报沙龙”、“专题研究”、“纪录片研究”、“争鸣园地”、“传媒教育”、“随笔札记”等特色栏目。

此刊为各个事业领域的相互沟通与交流搭建桥梁，成为传播学界与传媒业界、传播学界与其他学界，以及中国传媒学界和国外传媒学界沟通与交流的平台。此刊中既有本校的前沿性学术成果，又将近一半以上的篇幅留给了其他院校和业界。这些成果既有基础理论的开拓性研究，又有应用研究的力作；既有传媒学术成果，又容纳了其他学科的优秀成果；既有传播学人与业界的沟通，又有传播业界与学界的互动；既有中国学人的成果，又有海外学者的研究。此刊的角色就是搭建学术平台，为各界的沟通和交流提供桥梁，并为他们提供高质量的服务。

进入21世纪以来，此刊获得多项荣誉称号："中国新闻传播核心期刊"、"国家信息与知识传播核心期刊"、"全国中文核心期刊"、"中国广播电视优秀学术期刊"、"中国人文社科核心期刊"、"'中文社会科学引文索引'(CSSCI) 来源期刊"、"全国三十佳社科学报"、"全国高校社科名刊"等。2006年7月入选教育部第二批高校哲学社会科学名刊建设工程。

《浙江大学学报》(人文社会科学版) 概览

《浙江大学学报》(人文社会科学版) 是教育部主管、浙江大学主办的综合性学术理论刊物，是新闻出版总署"中国期刊方阵"中的"双效期刊"、"教育部名刊工程建设入选期刊"、"全国双十佳社科学报"、"全国高校社科名刊"、"华东地区优秀期刊"、"浙江省期刊方阵"中的"精优型期刊"，以及中国人文社科各评价机构、各检索机构历年的核心期刊和来源期刊。

四校合并以来，此刊集聚作者力量，推出一批对知识有增量意义的优秀论文，为我国哲学社会科学理论建设和发展提供新观点、新材料、新方法。先后有两篇论文获中宣部"五个一工程奖"，数十篇论文获省部级政府奖或全国学会奖，十余篇论文被中央和省部委等决策层重视或采纳，多项成果被国家有关决策部门作为立法依据。2006年以来，此刊推出"主题研究"、"问题研究"栏目，着眼于面向重大的理论和现实问题进行多学科协调攻关，以此为契机实现不同学科门类间的交叉，同时聘请海内外著名学者担任栏目主持人，对相关学科的研究起到较为重要的带动与引领作用。

此刊严守学术规范，勇于开展制度创新，是全国最早采用同行专家双向匿名审稿制及内稿外审制的期刊之一(1998年1月)，严格的匿名审稿不仅带来学术创新的良性循环，也在一定程度上保证了此刊的学术质量和良好学风。历经十余年努力，此刊的匿名审稿制已作为中国期刊发展史上的标志性事件留下永久印记。《光明日报》C版头条曾专文报道，中国大百科全书出版社出版的《建国六十年中国期刊发展史》将此载入史册。

此刊勇于开展技术创新，是全国最早注重现代数字出版技术并付诸实践的社科期刊。此刊在向读者提供"开放获取、免费下载"服务的基础上，2008年2月起在全国社科期刊中率先建立了在线内容永久数字标志系统DOI；2009年3月，在全国中文学术期刊中首推"在线优先出版"(Online First)，为符合多渠道发布的以"短频快"为特色的数字化方向创建了新的编校与出版流程，引领了我国学术期刊"出版模式的革命"；2010年1月，进一步开通手机版，在全国学术期刊界首推移动阅读与网络版、印刷本同步出版的全新传播模式；2011年初，在全国综合性学术期刊中首开微博，尝试用"微编辑"创新平台，借"碎片化"、"浅阅读"开拓数字传播新通道。

此刊确立了“立足中国、面向世界”的发展战略，通过论文作者、引证作者、编委成员、传播范围等层面努力提升面向世界的核心竞争力，已成为中国学术期刊中国际发行量最大的学报之一（145本/期），也是全国唯一被三家以上国际著名检索机构收录的综合性社科期刊。2003年以来，此刊先后被美国《剑桥科学文摘》(“语言学与文学文摘”、“社会学文摘”、“世界政治科学文摘”）及《乌利希期刊指南》收录；2009年成为中国首家被波兰“哥白尼索引”收录的社科期刊。此刊拥有海外编委九人，论文作者遍及十余个国家。

近年来，此刊年来稿量达6000余篇，退稿率约98%；学术影响力在南大CSSCI、中国科学院信息所（五年均值）、中国知网三大著名数据库或评价机构中，稳居全国综合性大学学报与社科院、社科联综合性期刊总排名第三左右；2000—2010年，国际影响力（SSCI与A&HCI引用数）居全国所有综合性社科期刊总排名第二。

《政法论坛》概览

《政法论坛》的前身是《中国政法大学学报》，由中国政法大学主办。它创刊于1979年，原名《北京政法学院院报》，1983年5月随着北京政法学院更名为中国政法大学，《北京政法学院院报》亦更名为《中国政法大学学报》，1985年始以彭真同志题写的《政法论坛》作为刊名。

此刊一直是中文核心期刊、法学类核心期刊，并且是“中国学术期刊综合评价数据库”、“中国人文社会科学引文数据库”、“中文社会科学引文索引”(CSSCI）的来源期刊。此刊认真执行国家新闻出版总署颁布的《中国学术期刊（光盘版）检索与评价数据规范》，获执行优秀奖。2011年入选教育部名刊工程。

此刊一直牢牢把握正确的政治方向，坚持社会效益第一的原则，严格遵守国家宪法和法律，认真贯彻执行党的“百花齐放，百家争鸣”的方针，严格按照办刊宗旨及专业分工范围出刊，努力促进哲学社会科学的繁荣与发展。

此刊具有鲜明的办刊特色，紧紧围绕学校的办学目标，着力反映学校最高水平的教学科研成果，全面反映我国法学研究具有创新价值的成果，已成为国内法学界公认的一流学术期刊。此刊牢固树立特色化的发展理念，坚持走特色化的发展道路，已走出了一条以反映法学创新成果为主的特色之路。同时，此刊坚持开放式办刊，对我国其他法学、政治学及社会科学研究机构、政法院校、立法部门、司法实践部门的理论联系实际的创新成果均不拘一格地发表。

此刊自2002年始创办的“本期专题”栏目已日益成为国内法学工作者瞩目的知名品牌，2004年被评为名栏。此刊2009年推出“中国宪政学说100年”等专题，涉及法学研究的热点问题，专题论文大多代表了该研究领域的前沿水平，起到了很好的学术争鸣效果，引起了强烈的社会反响。

此刊编辑部不定期召开由国家新闻出版总署、教育部领导、骨干作者、北京著名大学学报主编、法学期刊主编参加的关于此刊未来走向的座谈会，诚恳邀请大家为此刊的进一步发展献计献策。

此刊注重学术规范建设，自觉抵制不良学术风气，所刊发的论文学风严谨。为责编、专家匿名、主编三审制，杜绝人情稿、关系稿，还通过编辑部网站，作者、读者座谈等形式，广泛接受监督。

此刊编辑计划认真结合学校实际，以本校优势学科为依托，通过“主题研讨”等形式重点推出学术界的重点关注课题。自 2006 年起，此刊还根据学校实际情况，推出了“研究生论文摘编”栏目，重点扶持学术新人。

此刊还严格掌握编辑标准，对刊发论文实行责编三校，与其他编辑交叉校对二次的制度，将刊发论文的差错率始终控制在 0.5‰以下。

此刊编辑部有一套完善的、科学高效的管理体制和运行机制，使各项规章制度得以切实遵行。在选题策划、组织稿件、评阅论文、编辑校对、出版发行等流程上均严格把关，学术质量上乘，受到读者欢迎，每期发行 5000 余份，为实现此刊“专、特、大、强”的发展目标打下了坚实的基础。

此刊在固守学术阵地的基础上，改变传统观念，寻找学术精品与读者面的平衡点，走专业化、特色化的发展道路。在重视法学基础学科的同时，此刊密切关注司法实践中的热点难点问题和与公民生活密切相关的法律问题，及时组织专家就上述问题发表有深度的独到见解，从而吸引更多的读者，扩大了征订数。

《中国青年政治学院学报》概览

《中国青年政治学院学报》是共青团中央主管、中国青年政治学院主办的综合性学术理论期刊。此刊创办于 1982 年，目前设有“青少年研究”、“政治思想研究”、“法学研究”、“经济研究”、“语言文学”、“社会学与社会工作”、“教学与教育改革”、“哲学研究”、“新闻与传播”等栏目。此刊为双月刊，国内外公开发行。

近 30 年来，此刊紧密结合社会现实中的重大理论与实际问题，遵循思想性与学术性相统一、理论性与实践性相结合的办刊思路，集学术性与实践性于一体，发表了一批具有重大社会影响的原创性研究成果。此刊依托学校的青年特色优势，以“学术需要创新，创新需要青年”为办刊理念，以关注社会现实、聚焦青年热点问题为己任，始终围绕“青年”和“政治”的主题，研究青少年在新时期出现的各种问题，特别是把青少年思想政治、思想道德教育问题放在首位，追踪青少年热点难点问题，把握国内外青少年问题的最新动态，努力追求青年问题研究的高品位，引领我国青少年研究的学术方向，促进了我国青少年实际工作和青少年理论研究工作的发展，同时为相关部门提供行之有效的政策依据，促进了我国青少年的健康成长。

此刊坚持正确的政治导向，立足国情，把握时代，放眼全球，努力打造中国青年理论与实践的权威性刊物的独特形象，同时以其先导性、权威性、实用性、高质量、高品位深受各界欢迎与支持。通过不懈努力，此刊的社会影响不断扩大，目前已经成为以青少年问题研究为重点、具有鲜明特色的学术期刊，在青年界和学术界具有很高的知名度，尤其是在全国青年学术期刊中独树一帜，进入了“全国青年类精品学术期刊”之列，成为期刊界的一朵奇葩。此刊文章转载率高达50%以上，并在全国专业期刊中占有一席之地，获得了学界和期刊界的广泛好评，得到了社会各界的广泛关注和积极评价。

此刊系“全国中文核心期刊”、“‘中文社会科学引文索引’(CSSCI)来源期刊”、“中国人文社会科学核心期刊”。近年来此刊荣获多种奖项，包括首届和第二届“全国百强社科学报”、连续两届“全国三十佳社科学报”，2001年入选国家新闻出版总署评选的“中国期刊方阵”，2004年此刊“青少年研究”栏目被评为教育部哲学社会科学名刊工程的“名栏”、2011年入选教育部高校哲学社会科学名刊工程、北京高校人文社科学报名刊等。

此刊将进一步凸显自身特点、发挥已有优势、铸造独特品牌，以其独特的风貌和不断创新的办刊机制，争取成为21世纪传播青年思想和政治文化、参与社会生活的《新青年》。

《中国人民大学学报》概览

《中国人民大学学报》自1987年创刊以来，坚持思想性与学术性的统一、理论性与实践性的统一、内容与形式的统一，以其鲜明的办刊特点、高品位的学术风格和规范化的编校质量赢得了学术界的赞誉。此刊1995年即被评为“首届全国优秀社科期刊”称号，1999年被评为“首届全国百种重点社科期刊”，2003年、2005年两次荣获国家期刊奖，2003年首批进入教育部高校哲学社会科学名刊工程，2009年被评为“新中国60年有影响力的期刊”，2011年再获“中国出版政府奖期刊奖”提名奖。

进入21世纪以来，此刊着力突出刊物理论性与现实性紧密结合的特色，认真组织策划、选稿，在发掘新视角、鼓励新观点、培育新学人上作出了积极的努力，力争全面、准确地反映人文社会科学各领域前沿问题和热点问题研究的进展情况，反映学术研究的最新成果，不断提升刊物学术质量，增强在国内外的学术影响力。具体而言，加强了三方面的工作：

第一，瞄准学术前沿，关注学术发展的新动态，策划组织具有新思想、新视野、新思路和新见解，以更开阔的学术视野研究实践中出现的新问题的论文。例如，针对我国当前经济社会发展中面临的重要战略性问题和学术前沿问题，编辑部先后策划、组织了关于社会保障、农民工、城市化、社会安全、侵权法制定、国际金融危机等问题的学术专题文章，展开集中的讨论，产生了很好的社会影响。一些文章提出的政策建议被国家有关部门采纳。

第二，关注跨学科研究的重大问题，以求在不同学科交叉、融合的共生带寻找科学研究的生长点。为了促进这种整合和融合，此刊选定一批跨学科的、现实性强的选题，组织学者们进行讨论。比如，围绕“世界气候变化和碳减排”问题，组织学者从伦理学、经济学、社会学等视角，探讨中国走低碳之路的技术、经济、伦理、社会途径，反映出哲学社会科学工作者对于全球气候变化问题的关注；邀请我国经济学、哲学、政治学三个学科的著名学者就经济全球化的性质、经济全球化的利弊得失、社会主义国家如何在经济全球化进程中避险求强等问题展开研讨，等等。

第三，拓宽办刊思路，实行开门办刊，采取“引进来，走出去”的办法，提升刊物的国际影响力。近年来，此刊先后刊发了国外著名学者的文章若干篇，如“国外学者视野中的公共行政管理”、“宗教社会学范式：探索与发展”两组专题，以及罗伯特·曼德尔的《世纪之交中国在世界经济中的地位》、尼古拉斯·斯特恩的《发展战略问题》、松浦晃一郎的《中国高等教育面临的挑战》、弗·让·凯列的《21世纪人文社会科学的前景》等，汇集了国外著名学者的最新研究成果。此刊上刊发的一些国内学者的文章也被翻译或介绍到国外或中国港澳台地区。目前，此刊与海外100多家高等学校或科研机构建立了刊物交换关系。

此刊的发展依托中国人民大学在人文社会科学方面的学术优势，有赖于社会各界的支持和编辑部的不懈努力。目前，此刊正在积极探索学术期刊数字化、国际化发展的新途径，力求获得更大的发展。

《中山大学学报》(社会科学版）概览

创刊于1955年的《中山大学学报》(社会科学版）是教育部主管、中山大学主办的综合性学术理论刊物。近年来，此刊坚持开门办刊，大量吸纳校外作者的优秀稿件，尤其重视海外作者的组稿、发稿。2006年以来，刊发了来自美国、英国、德国、瑞典、日本、中国台湾、中国香港的几十篇稿件。许多作者来自世界著名高校，如美国的哈佛大学、耶鲁大学，英国的剑桥大学、瑞典的斯德哥尔摩大学，从而极大地提高了此刊在国际上的知名度。

此刊在长达半个多世纪的风雨历程中，认真贯彻党的基本路线，坚持“两为”方向和“双百”方针，努力实践“三个代表”重要思想，高举科学发展观与构建和谐社会的伟大旗帜，力图为繁荣祖国的哲学社会科学事业和世界的先进科学文化作出应有的贡献。

此刊历来高度重视学术质量，把学术质量作为学报可持续发展的生命线。近10年来，据南京大学中国社会科学研究评价中心历年提供的CSSCI查询报告，此刊的影响因子不断提高，在高校文科综合性学报中的排名逐年提高。据清华大学“中国学术期刊（光盘版）”电子杂志社历年出版的《中国学术期刊综合引证报告》，此刊的总被引频次、影响因子在高校文科综合性学报中的排名稳居前10位。被《新华文摘》、《高等学校文科学术文摘》、《中国社会科学文摘》、《人大复印报刊资料》等转载数量逐年提高，近几年转载率稳定维持在2/3以上。2008年度人大《复印报刊资料》全文转载量排名在全国学报中位居第二，2010年度排名第一。

2007年，教育部长江学者吴承学教授担任主编，进行了多项改革。强化了专题研讨形式，启用主持人制度，问题意识得到集中体现，学术品位得到大幅提升。“中山大学与现代中国”、“大学与近代中国”、“经典与解释”（刘小枫主持）、“出土文献与古文字研究”（陈伟武主持）、“近代中国的知识与制度转型”（桑兵主持）、“中国文体学研究”（吴承学主持）、“西学东渐研究”（倪梁康主持）、“组织行为学研究”、“‘家族企业与创业’专题研讨”、“‘城市化进程中的农民工问题’专题研讨”（蔡禾主持）、“‘企业升级路径与模式’专题研讨”（毛蕴诗主持）等栏目，都引起学者高度关注，产生了广泛的社会影响。

此刊10年来论文曾获得二十几项省部级或以上的奖励。此刊先后入选“全国三十佳社科学报”（2006年）、第四届广东省优秀期刊最高奖“广东省品牌期刊”（2010年）、教育部高校哲学社会科学第三批名刊工程（2011年）。

国内许多名牌大学均将此刊作为职称评聘、业绩考核的重要核心期刊。如北京大学人文学部2004年公布的“核心期刊目录（审订稿）”只遴选了9家高校社科学报，其中就包括此刊。美国的哈佛大学、哥伦比亚大学，英国的牛津大学、剑桥大学，日本的东京大学等世界著名高校以及国外和中国港澳台地区几百个学术机构、图书馆长期订阅此刊并交换刊物。

《中央音乐学院学报》概览

《中央音乐学院学报》是教育部主管、中央音乐学院主办、国内外公开发行并具有广泛影响的学术性音乐期刊。

此刊筹办于1980年夏，同年12月正式出刊。创刊之始，此刊便定下了以理论研究和提高为主，立足本院，面向全国音乐界，以及为教学服务、为推动和提高音乐学研究的科研水平而努力的办刊宗旨。多年来，此刊坚持音乐学院的专业化特色，秉持以反映本院的教学和科研成果为主，民族音乐与外域音乐并重，美学、史论与表演艺术理论、作曲技术理论与创新学科兼顾的原则；力求贯彻求实、求新、求精的编辑方针，把扶植音乐教学与科研人才、培养新生力量作为刊物应尽的一份责任。此刊至今陆续开辟了“中外音乐史”、“作曲技术理论”、“民族音乐”、“音乐表演”、“音乐美学”、“音乐译文”、“音乐教学”、“学术动态”、“音乐教育学”、“音乐心理学”、“电子音乐”、“远程音乐教育”、“音乐治疗学”、“音乐家研究”、“疑义相析”、“书评”等栏目。在上述领域，此刊曾发表了一批引领学术潮流或具有重大学术影响力的论文、教学经验总结、译文和各种体裁的音乐作品70首。

近十年来，此刊采取更加开放的态度，积极、努力地扩大自己的学术境界和理论视野，进一步加强了同海外、中国港澳台地区及内地音乐学界的学术交流，刊发了一系列前沿性学术论文及谈论音乐学术界共同关心的话题的重要文章。

20 世纪 80 年代，此刊编辑部主办或协办了多个学术研讨会和座谈会；90 年代以来，还主办了“学术规范问题座谈会”、“学术道德问题研讨会”和“国立音乐学院院长吴伯超纪念会”等学术活动，在海内外音乐界产生了较大的学术性影响。

由于此刊长期以来着眼于专业化的学术特色，追求高品质的论文内容，严格执行学术规范并重视编排质量，1999 年以来，一直入选“中文社会科学核心期刊”、“中国人文社会科学核心期刊”、“‘中国社会科学引文索引’（CSSCI）来源期刊”、“‘中国科学文献计量评价数据库’（ASPT）来源期刊”、“‘中国期刊全文数据库’（CJFD）收录期刊”等。2005 年，此刊的“民族音乐”栏目获选为教育部高校哲学社会科学名栏；2011 年此刊入选第三批教育部高校哲学社会科学名刊工程，成为全国唯一入选教育部“名刊”、“名栏”工程的艺术类高校学术期刊。

此刊由赵沨院长兼任第一任主编，汪毓和任副主编（1980）。此后历任主编为于润洋（1987—1998）、王次炤（1998— ），历任副主编为李春光、韦郁佩、黄旭东、修海林、戴家枋、俞人豪、宋瑾、杨民康、温永红；现任主编王次炤，副主编温永红，顾问吴祖强、于润洋。

（三）教育部人文社科研究管理平台

教育部人文社科研究管理平台（以下简称“平台”）是以服务社科研究管理和建立社科管理的信息化与网络化为目标，搭建多个业务网络管理子系统的综合性社科科研管理平台。

平台整合了项目信息库、科研资源信息库、专家信息库、基地信息库，从而将项目管理、科研资源管理、专家库管理、基地管理各子系统集成于平台。

项目管理子系统对内面向社科司的科研管理部门服务于项目信息管理，对外面向需进行项目申报的高校等单位，为各方提供一个网络申报平台，充分共享信息服务，实现社科科研计划管理的信息化、网络化。项目申报可实现网络在线申报、网上在线评审、网上项目管理、网上项目验收等功能。

平台实现了人文社科科研管理的信息化和网络化。

实现了人文社科项目申报网络化。可采取在线或离线申报项目，更好地服务于社科司项目管理者与项目申报者，为项目申报单位、申报人提供一站式服务。

实现了人文社科项目评审网络化。利用已有专家信息库的信息化建设成果，针对专家资源进行有效的利用，完成项目在线评审，并形成专家管理的评价体系，有效完成专家信息库的优化管理。可对项目进行在线评审，自动或调整分配专家进行匿名评审，做到快捷、公平、公正地评审申报项目。

实现了立项项目管理网络化。可将立项后的项目进行合同信息、中检工作、结题成果验收等项目协作管理网络化。

实现了科研资源管理信息化。通过年度统计年报有效地收集高校基本信息、高校机构、项目、成果、学术会议等各种科研资源信息，根据详尽、完整的高校科研资源数据进行科研数据分析、科研统计分析，为项目规划提供决策依据。同时科研资源中的高校科研人员可成为专家资源的信息来源。

实现了社科统计系统集成整合。充分利用已有的信息化建设成果，将中国高校人文社会科学网和社科统计系统整合到该平台，形成全国高校人文社科科研单位信息管理子系统和社科统计管理子系统。

实现了基地管理系统集成整合。充分利用已有研究基地采集的数据，将基地管理系统整合到该平台，形成研究基地管理子系统。

（四）中国高校人文社科信息网

中国高校人文社科信息网是在教育部社科司指导下，为全国高校人文社科科研服务的专业网站。社科网的宗旨是通过科研网络平台，为全国各级教育主管部门和高校社科科研管理机构、研究机构提供管理、通讯、研究与信息服务，以充分利用人文社科的各种资源与成果，提高中国高校科研管理和科研工作水平。

社科网的服务对象是各级教育管理部门、全国高校系统研究机构和研究人员，以及国内外从事社科研究的机构和人员。该网为教育部、省教育厅以及高校科研管理机构提供在线的日常科研管理工作，在线完成数据的采集、入库整理、文件在线发布、在线评审、在线查询、在线统计分析等功能，使各级科研管理部门在科研管理、项目评审等方面达到无纸化办公，并能实现实时的动态管理。社科网的直接用户有800余所高校，1700个科研机构，其中包括教育部的151个重点研究基地，50多万名社会科学教学和科研人员，以及在校研究生、本科生等。社科网作为一个门户型的专业网站，通过有机的组织形式与对外服务中介体系的建设，直接面对研究机构和研究人员，不仅可以为用户提供基于数据库内容的个性化信息服务，而且便于汇总和组织全国高校的社科研究资源，通过网络服务于整个社会。

社科网自2001年开始建设以来，在科研管理软件、科研项目管理、社科新闻资讯、成果网络出版等方面获得了全国高校人文社科研究工作者和社会的广泛好评。2009年，为更好地服务于科研和科研管理，社科网进行了改版，改版后的网站提供的主要内容如下。

电子政务：发布教育部及社科司对基地、项目、成果的管理文件、管理基地及其期刊，发布学风委工作动态信息。帮助实施教育部项目在线申报、评审，收集高校研究机构、人才、课题、项目、成果、期刊等基础资料信息。这部分主要是实现社科管理职能。

资讯信息：收集国内外学术活动信息，展示国内社会科学研究动态、研究成果、国际交流情况、海外人文社科研究情况，追踪国内人文社科研究热点问题，为科研人员提供各类横向项目信息。

这些科研信息的收集和整理一方面能反映出国内学术研究活动的活跃程度，同时也能为科研人员提供信息渠道，让他们了解更多的研究项目、研究课题。这是社科网信息平台功能的一项重要内容。

科研资料：社科网每年进行的统计活动获得了最权威、最一手的机构、人才、项目、成果信息，可以给科研人员提供服务，为机构用户提供个性化统计服务。

项目、成果、奖励的历年资料可以供科研人员和机构来查新查重。

在线出版：在线出版除了基地期刊论文、在线投稿论文之外，希望通过对项目成果的追踪报道来建立与项目负责人的联系，实现项目成果论文、报告、著作的在线出版，丰富网站内容，提高在线出版的质量和水平。

数据库：目前在建的有“基地期刊数据库”、“教育部项目成果数据库”，完成之后可以争取建立“省部级成果数据库”、“高校人文社科成果数据库”。

社科网还将进一步完善，为科研人员提供全国学术研究网站导航和学术电子文献等服务。

高校人文社科重点网站介绍

心理学 6 个：

中国心理学家网	http：//www. cnpsy. net/
世纪心理沙龙	http：//www. xlxcn. net/
心灵咖啡	http：//www. psycofe. com/
心理学城市	http：//www. psyjoy. com/
蓝心网	http：//www. lansin. com/
第一心理网	http：//www. xl01. com/

管理学 9 个：

中国管理传播网	http：//manage. org. cn/
世界经理人	http：//www. ceconline. com/
麦卡锡中国季刊	http：//china. mckinseyquarterly. com/home. aspx
国研网	http：//www. drcnet. com/
中国经济信息网	http：//www. cei. gov. cn/
价值中国网	http：//www. chinavalue. net/
世界经理人	http：//www. icxo. com/
中国人力资源网	http：//www. hr. com. cn/
中国企业家网	http：//www. iceo. com. cn/

马克思主义 5 个：

马克思主义研究网	http：//myy. cass. cn/
马克思主义中国化论坛	http：//marxism. org. cn/
中国晶牛毛泽东思想网	http：//www. mzdthought. com/
乌有之乡	http：//www. wyzxsx. com/
求是理论网	http：//www. qsjournal. com. cn/

哲学 6 个：

哲学网	http：//www. zhexue. com. cn/

爱思想	http：//www. aisixiang. com/
哲学在线	http：//www. philosophyol. com/pol/
美学研究网	http：//www. aesthetics. com. cn/
哲学中国网	http：//www. philosophy. org. cn/
儒家中国	http：//www. rujiazg. com/

宗教学 5 个：

中国宗教学术网	http：//iwr. cass. cn/
中国民族宗教网	http：//www. mzb. com. cn/
宗教艺术在线	http：//www. religionart. org/
中华文化宗教交流网	http：//www. crcca. net/
普世社会科学研究网	http：//www. pacilution. com/

语言学 4 个：

中国语言文字网	http：//www. china-language. gov. cn/index. htm
简帛研究	http：//www. jianbo. org/index. asp
语言文字网	http：//www. yywzw. com/
语言文学在线	http：//www. yuyanwenxue. com/

文学 3 个：

中国文学网	http：//www. literature. org. cn/
文贝网——比较文学专业学术网站	http：//www. cclaa. org/
读书网	http：//www. dushu. com/

艺术学 4 个：

中国音乐学网	http：//musicology. cn/
中国戏剧网	http：//www. xijucn. com/
中国戏曲网	http：//www. chinaopera. net/
中国艺术批评	http：//www. zgyspp. com/

历史学 6 个：

国史探微	http：//xiangyata. net/history/index. htm
史学研究网	http：//www. 3hresearch. com/index2. asp
六朝网	http：//www. 6ch. com. cn/
唐史网	http：//www. tanghistory. net/
清史网	http：//www. qingstudy. com/
中国考古	http：//www. kaogu. net. cn/cn/index. asp

考古学 5 个：

中国考古　http：//www. kaogu. cn/
中国考古学研究中心　http：//csca. pku. edu. cn/
中国公众考古网　http：//www. caagp. com/
考古探秘　http：//scitech. people. com. cn/GB/53757/index. html
中国考古　http：//www. kaogu. net. cn/cn/index. asp

经济学 5 个：

中国经济学教育科研网　http：//www. cenet. org. cn/
中国经济 50 人论坛　http：//www. 50forum. org. cn
世界经济学人　http：//economist. icxo. com/
马克思主义经济学网　http：//www. marxismeconomics. com/
北京市农村经济研究中心　http：//www. bjnyzx. gov. cn/

政治学 5 个：

中国政治学　http：//chinaps. cass. cn/
中国政治学网　http：//www. cp. org. cn/
中国选举与治理网　http：//www. chinaelections. org/
政治学研究与方法网　http：//www. politics. fudan. edu. cn/
当代中国政治研究　http：//www. ddzg. org. cn/

法学 5 个：

中国宪法行政法律网　http：//www. cncasky. com/index. html
中国法学网　http：//www. iolaw. org. cn/
中国法学创新网　http：//www. lawinnovation. com/
中国民商法律网　http：//www. civillaw. com. cn/
中国法学会　http：//www. chinalaw. org. cn/

社会学 7 个：

社会学人类学中国网　http：//www. sachina. edu. cn/
人类学在线　http：//www. anthropology. net. cn/
中国社会学网　http：//www. sociology2010. cass. cn/
社会学视野　http：//www. sociologyol. org/
中国人类学评论网　http：//www. cranth. cn/
天睿网　http：//www. tianroo. com/
中国人口学会网　http：//www. cpachn. org. cn/

民族与文化学 4 个：

中国民俗网 http：//www. chinesefolklore. com/
中国民俗学网 http：//www. chinesefolklore. org. cn/
文化研究 http：//www. culstudies. com/
中国民族文化网 http：//www. 56china. com/

图书馆与情报文献学 1 个：

中华古籍网 http：//www. guji. cn/index. php

教育学 3 个：

中央教育科学研究所 http：//cnier. ac. cn/snxx/index1. html
教育研究 http：//www. edu. cn/jiao_yu_yan_jiu_144/
学前教育研究会 http：//www. cnsece. com/

统计学 2 个：

中国统计教育学会 http：//www. sescn. org. cn/
统计之都 http：//cos. name

新闻与传播学 7 个：

中国新闻出版网 http：//www. chinaxwcb. com
中国图书出版网 http：//www. bkpcn. com/web/Index. aspx
中国出版网 http：//www. chuban. cc/
出版学术网 http：//www. pubhistory. com/
百道网 http：//www. bookdao. com
大佳网 http：//www. dajianet. com
中华传媒学术网 http：//academic. mediachina. net/

体育学 4 个：

虎扑体育研究中心 http：//www. hoopchina. com/research/
大众体育网 http：//chinasfa. net/
体育科学 http：//www. csss. cn/
体总网 http：//www. sport. org. cn/

（五）中文社会科学引文索引

《中文社会科学引文索引》简介

《中文社会科学引文索引》（*Chinese Social Sciences Citation Index*）是由南京大学中国社会科学研究评价中心开发研制的引文数据库，用来检索中文人文社会科学领域的论文收录和被引用情况。

CSSCI 遵循文献计量学规律，采取定量与定性相结合的方法从全国 2700 余种中文人文社会科学学术性期刊中精选出学术性强、编辑规范的期刊作为来源期刊。目前收录包括法学、管理学、经济学、历史学、政治学等在内的 25 大类的 500 多种学术期刊（http：//cssci. nju. edu. cn/cssci_qk. htm），现已开发 CSSCI（1998—2009 年）12 年度数据，来源文献近 100 余万篇，引文文献 600 余万篇。

目前，利用 CSSCI 可以检索到所有 CSSCI 来源刊的收录（来源文献）和被引情况。来源文献检索提供多个检索入口，包括篇名、作者、作者所在地区机构、刊名、关键词、文献分类号、学科类别、学位类别、基金类别及项目、期刊年代卷期等。被引文献检索提供的检索入口包括被引文献、作者、篇名、刊名、出版年代、被引文献细节等。其中，多个检索口可以按需进行优化检索，包括精确检索、模糊检索、逻辑检索、二次检索等。检索结果按不同检索途径进行发文信息或被引信息分析统计，并支持文本信息下载。

作为我国人文社会科学主要文献信息查询的重要工具，CSSCI 可以为广大用户提供以下服务：对于社会科学研究者，CSSCI 可以从来源文献和被引文献两个方面向研究人员提供相关研究领域的前沿信息和各学科学术研究发展脉搏，通过不同学科、领域的相关逻辑组配检索，挖掘学科新的生长点，展示实现知识创新的途径；对于社会科学管理者，CSSCI 可以提供地区、机构、学科、学者等多种类型的统计分析数据，从而为制定科学研究发展规划、科研政策提供决策参考；对于期刊研究与管理者，CSSCI 提供多种定量数据，包括被引频次、影响因子、即年指标、期刊影响广度、地域分布、半衰期等，通过多种定量指标的分析统计，可为期刊评价、栏目设置、组稿选题等提供定量依据；CSSCI 也可为出版社与各学科著作的学术评价提供定量依据。

CSSCI 面向高校开展网上包库服务，主要提供账号和 IP 两种方式控制访问权限，其中，账号用户在网页上直接填写账号密码即可登录进入。包库用户采用 IP 地址控制访问权限，可直接点击网页右侧的“包库用户入口”进入。目前，CSSCI 已被北京大学、清华大学、中国人民大学、复旦大学、中科院等高校科研单位包库使用，为高校师生的科研工作提供了帮助。

《中文社会科学引文索引》来源期刊目录（2010—2011 年）

管　理　学

序号	刊　名	期　刊　信　息
1	《公共管理学报》	哈尔滨市南岗区法院街 13 号（150001）　（0451）86402009
2	《管理工程学报》	杭州市古墩路浙江大学紫金港校区（310058）　（0571）88206832
3	《管理科学》	哈尔滨市南岗区法院街 13 号（150001）　（0451）86414056

续表

序号	刊　名	期刊信息
4	《管理科学学报》	天津南开区卫津路 92 号天津大学（300072）　（022）27403197
5	《管理评论》	北京市中关村东路 80 号 7 号楼 112 室（100080）　（010）82680674
6	《管理世界》	北京市海淀区大钟寺 8 号 3 层（100098）　（010）62112235
7	《管理现代化》	北京市朝阳区安定门外甘水桥甲 1 号太阳宫宾馆 721 室（100011） （010）64249510　64237722-3721
8	《管理学报》	武汉市洪山区珞喻路 1037 号（430074）　（027）87542154
9	《宏观经济管理》	北京市西城区三里河国家发展和改革委员会（100824） （010）68391537　68539228
10	《华东经济管理》	安徽省合肥市望江东路 115 号（230059）　（0551）3425621
11	《经济管理》	北京月坛北小街 2 号（100836） （010）68019057　68039094　68768091
12	《经济体制改革》	四川省成都市青羊宫省社科院（610072）　（028）87016562
13	《科技进步与对策》	武汉市洪山路 2 号湖北科教大厦 D 座 5 楼（460071） （027）87277556　87277066
14	《科学管理研究》	呼和浩特市新城西街 47 号汇通饭店 316 室（010010） （0471）5883717
15	《科学学研究》	北京市中关村东路 55 号 8712 信箱（100190）　（010）62622031
16	《科学学与科学技术管理》	天津市河东区新开路 138 号科技创新大厦（300011） （022）24437122　24324911
17	《科研管理》	北京市海淀区中关村东路 55 号 8712 信箱（100080） （010）62555521
18	《南开管理评论》	天津市南开区卫津路 94 号南开大学商学院（300071） （022）23505995
19	《软科学》	成都市人民南路 4 段 11 号 5 楼（610041）　（028）85221835
20	《外国经济与管理》	上海市武东路 321 号乙（200434）　（021）65904367
21	《研究与发展管理》	上海市邯郸路 220 号复旦大学管理学院（200433）　（021）65643679
22	《预测》	合肥工业大学 290 信箱（230009）　（0551）2901500
23	《中国管理科学》	北京市海淀区中关村东路 55 号（100080）　（010）62542629
24	《中国科技论坛》	北京市海淀区玉渊潭南路 8 号，北京 3814 信箱（100038） （010）58884593　58884595

续表

序号	刊　名	期刊信息
25	《中国软科学》	北京市西城区三里河路54号270室（100045） （010）68598270　68598286
26	《中国行政管理》	北京市西安门大街22号，中南海1745信箱（100017） （010）83083324　63099125

马克思主义

序号	刊　名	期刊信息
1	《当代世界社会主义问题》	济南市洪家楼5号（250100）　（0531）88375471
2	《当代世界与社会主义》	北京西单西斜街36号（100032）　（010）66509501
3	《高校理论战线》	北京市海淀区中关村大街35号7层（100080）　（010）62514713
4	《国外理论动态》	北京市西城区西斜街36号（100032）　（010）66509302
5	《教学与研究》	北京市海淀区中关村大街59号（100872）　（010）62511680
6	《科学社会主义》	北京市海淀区大有庄100号（100091）　（010）62805245　62809964
7	《理论视野》	北京市海淀区大有庄100号中央党校主楼4层（100091） （010）62805970
8	《马克思主义研究》	北京市建国门内大街5号（100732）　（010）85196310
9	《马克思主义与现实》	北京市西城区西斜街36号（100032）　（010）66509502　66509522
10	《毛泽东邓小平理论研究》	上海市中山西路1610号1608（200235） （021）64274736　64862266-2608，64862266-2611
11	《社会主义研究》	武昌桂子山3号楼（430079）　（027）67868330
12	《中国特色社会主义研究》	北京市朝阳区北四环中路33号（100101）　（010）64874539

哲　学

序号	刊　　名	期刊信息
1	《道德与文明》	天津市南开区迎水道7号（300191）　（022）23075325
2	《科学技术哲学研究》(原:《科学技术与辩证法》)	山西省太原市坞城路92号（030006）　（0351）7011922
3	《孔子研究》	山东省济南市舜耕路46号（250002）　（0531）82732510
4	《伦理学研究》	湖南省长沙市麓山南路36号（410081）　（0731）8872086
5	《世界哲学》	北京市建国门内大街5号（100732）　（010）85195533
6	《现代哲学》	广州市新港西路135号中山大学（510275） （020）84114021　84114924
7	《哲学动态》	北京市建国门内大街5号（100732）　（010）85195517
8	《哲学研究》	北京市建国门内大街5号（100732）　（010）85195528
9	《中国哲学史》	北京市建国门内大街5号（100732）　（010）85195528
10	《周易研究》	济南市山东大学东校区（原山东大学新校）(250100) （0531）88364829　88564829
11	《自然辩证法通讯》	北京市玉泉路19号甲中国科学院（100049）　（010）88256007
12	《自然辩证法研究》	北京市海滨区学院南路86号（100081）　（010）62142487　68946186

宗教学

序号	刊　　名	期刊信息
1	《世界宗教研究》	北京市建国门内大街5号（100732）　（010）65138393
2	《中国宗教》	北京市西城区后海北沿44号院（100009） （010）64095212　64095206
3	《宗教学研究》	四川省成都市四川大学文科楼（610064）(028) 85412221

语言学

序号	刊　　名	期刊信息
1	《当代语言学》	北京市建国门内大街5号（100732）　（010）85195392
2	《方言》	北京市建国门内大街5号（100732）　（010）85195390
3	《汉语学习》	吉林省延吉市公园路977号（133002）　（0433）2732219
4	《暨南大学华文学院学报》	广东省广州市广园东路（510610）　（020）87205011

续表

序号	刊　名	期 刊 信 息
5	《解放军外国语学院学报》	河南省洛阳市解放军外国语学院（471003）　（0379）69843520
6	《民族语文》	北京市中关村南大街 27 号（100081）　（010）68932381
7	《世界汉语教学》	北京市海淀区学院路 15 号（100083）　（010）82303689
8	《外国语》(上海外国语大学学报)	上海市大连西路 550 号（200083）　（021）65420358
9	《外语电化教学》	上海大连西路 550 号 366 信箱（200083）　（021）55891164
10	《外语教学》	陕西省西安市长安南路 437 号（710061） （029）85261350　85309400
11	《外语教学与研究》	北京市西三环北路 2 号（100089）　（010）88816466
12	《外语界》	上海市大连西路 558 号（200083）　（021）55396175　65425300
13	《外语学刊》	哈尔滨市南岗区学府路 74 号（150080）　（0451）86608322
14	《外语研究》	解放军国际关系学院（210039）　（025）86712980　80838422
15	《外语与外语教学》	大连市中山区延安路 94 号（116002）　（0411）82563258
16	《现代外语》	广州市白云大道北 2 号广东外语外贸大学（510420） （020）36207235
17	《语言教学与研究》	北京市海淀区学院路 15 号（100083）　（010）82303575　82303573
18	《语言科学》	江苏省徐州市徐州师范大学 215 信箱（221116）　0516-3403513
19	《语言文字运用》	北京市朝内南小街 51 号（100010）　（010）65130351
20	《中国翻译》	北京市阜外百万庄大街 24 号（100037）　（010）68327209　68995951
21	《中国外语》	北京市西城区德外大街 4 号富盛大厦 22 层（100029） （010）58581353
22	《中国语文》	北京市建国门内大街 5 号《中国语文》杂志社（100732） （010）85195373　65125849

外国文学

序号	刊　名	期 刊 信 息
1	《当代外国文学》	南京市汉口路 22 号（210093）　（025）83593381
2	《国外文学》	北京大学（100871）（010）62764996
3	《外国文学》	北京市西三环北路 19 号外研社大厦期刊部（100089） （010）88819828/66/67/68/69

续表

序号	刊　　名	期　刊　信　息
4	《外国文学动态》	北京市建国门内大街5号（100732）　（010）85195605
5	《外国文学评论》	北京市建国门内大街5号（100732）　（010）85195583
6	《外国文学研究》	湖北省武汉市华中师范大学文学院（430079）　（027）67866042

中国文学

序号	刊　　名	期　刊　信　息
1	《当代文坛》	四川省成都市红星路二段85号（610012）　（028）86742979
2	《当代作家评论》	沈阳市大东区小北关街31号（110041）　（024）88501513
3	《鲁迅研究月刊》	北京市阜内大街宫门口二条十九号（100034）　（010）66165647
4	《民族文学研究》	北京市建内大街5号（100732）　（010）85195627　85195634
5	《明清小说研究》	南京市虎踞北路12号（210013）　（025）83391043
6	《南方文坛》	广西壮族自治区南宁市建政路28号（530023） （0771）5624424　5623613
7	《文学评论》	北京市建国门内大街5号（100732）　（010）65264557
8	《文学遗产》	北京市建国门内大街5号（100732）　（010）85195453
9	《文艺理论研究》	上海中山北路3663号华东师范大学（200062）
10	《文艺理论与批评》	北京朝阳区惠新北里甲1号（100029）　（010）64935584
11	《文艺争鸣》	长春市自由大路509号（130021）　（0431）85643867
12	《小说评论》	西安市建国路83号（710001）　（029）87428615
13	《新文学史料》	北京市朝内大街166号（100705）　（010）65252161
14	《中国比较文学》	上海市大连西路550号上海外国语大学（200083） （021）65311900-2625
15	《中国现代文学研究丛刊》	北京市朝阳区文学馆路45号（100029）　（010）84619062

艺术学

序号	刊　　名	期　刊　信　息
1	《北京电影学院学报》	北京市海淀区西土城路4号（100088）　（010）82283412
2	《当代电影》	北京市海淀区小西天文慧园路3号（100082）　（010）62254422-2810 62223193
3	《电影艺术》	北京市北三环东路22号（100013）　（010）64296227

续表

序号	刊　名	期 刊 信 息
4	《黄钟》(武汉音乐学院学报)	湖北省武汉市武昌区解放路255号（430060）　(027) 88068303
5	《交响》(西安音乐学院学报)	陕西省西安市长安中路108号（710061）　(029) 85217708
6	《民族艺术》	广西壮族自治区南宁市民主路11-4号（530023）　(0771) 5621053
7	《民族艺术研究》	昆明市南大桥文化科技大楼12层（650021）　(0871) 3161975
8	《南京艺术学院学报(音乐与表演版)》	江苏省南京市虎距北路15号（210013）　(025) 83719292
9	《人民音乐》	北京市农展馆南里10号（100026）　(010) 65066618　65389266
10	《文艺研究》	北京市朝阳区惠新北里甲1号（100029）　(010) 64934162
11	《戏剧艺术》	中国上海华山路630号（200040）　(021) 62482646
12	《音乐探索》(四川音乐学院学报)	四川省成都市新生路6号（610021）　(028) 85430275
13	《音乐研究》	北京市翠微路2号（100036）　(010) 68152605　68210291
14	《音乐艺术》(上海音乐学院学报)	上海市汾阳路20号（200031）　(021) 64319166
15	《浙江艺术职业学院学报》	浙江省杭州市滨江区滨文路518号（310053）　(0571) 87150166
16	《中国电视》	北京市复兴门外大街2号（100866）　(010) 68086328　68086312
17	《中国音乐》	北京市朝阳区德外丝竹园（100101）　(010) 64887378
18	《中国音乐学》	北京市朝阳区惠新北里甲1号（100029）　(010) 64933343
19	《中央音乐学院学报》	北京市鲍家街43号（100031）　(010) 66417541

历 史 学

序号	刊　名	期 刊 信 息
1	《安徽史学》	安徽省合肥市卫岗安徽省社会科学院（230051）　(0551) 3438361
2	《当代中国史研究》	北京市地安门西大街旌勇里8号（100009）　(010) 66572319
3	《东南文化》	南京市中山东路321号（210016）　(025) 84806201
4	《华侨华人历史研究》	北京市北新桥三条甲1号（100007）　(010) 64018846
5	《近代史研究》	北京市王府井大街东厂胡同1号（100006）　(010) 65275944
6	《抗日战争研究》	北京市王府井大街东厂胡同1号（10006）　(010) 65275931

续表

序号	刊　名	期 刊 信 息
7	《历史档案》	北京市故宫西华门内（100031）　（010）63098376
8	《历史教学》	天津市和平区西康路 35 号（300051）　（022）23517902　23332341
9	《历史教学问题》	上海市中山北路 3663 号（200062）　（021）62866552
10	《历史研究》	北京市鼓楼西大街甲 158 号（100720）　（010）64076113
11	《民国档案》	南京市中山东路 309 号（210016）　（025）84665959
12	《清史研究》	北京市中关村大街 59 号（100872）　（010）62511428
13	《史林》	上海市中山西路 1610 号 1401 室（200235）　（021）64862266-2401
14	《史学集刊》	长春市前进大街 2699 号（130012）　（0431）85166107
15	《史学理论研究》	北京市王府井大街东厂胡同 1 号（100006）　（010）65248020
16	《史学史研究》	北京师范大学史学研究所（100875）
17	《史学月刊》	河南省开封市河南大学东一斋（475001）　（0378）2869623
18	《世界历史》	北京市王府井大街东厂胡同 1 号（100006）　（010）65275907
19	《文史》	北京市丰台区太平桥西里 38 号（100073）　（010）63311242
20	《文献》	北京市中关村南大街 33 号（100081）　（010）66174391
21	《西域研究》	新疆乌鲁木齐市北京南路 246 号（830011）　（0991）3837937
22	《中国边疆史地研究》	北京市王府井大街东厂胡同一号（100006）　（010）65274307
23	《中国地方志》	北京市东城区大雅宝胡同一号梓峰大厦（100730）　（010）65275971
24	《中国历史地理论丛》	陕西师范大学（710062）　（029）85303935
25	《中国史研究》	北京市建内大街 5 号（100732）　（010）65137744-5836
26	《中华文史论丛》	上海市瑞金二路 272 号中国古籍出版社（200020）　（021）54650155

考 古 学

序号	刊　名	期 刊 信 息
1	《敦煌学辑刊》	兰州大学一分部衡山堂五楼（730020）　（0931）8913310
2	《敦煌研究》	甘肃省兰州市南滨河东路 522 号（730030）　（0931）8866013　8415026
3	《华夏考古》	郑州市陇海北三街 9 号（450000）　（0371）66319695
4	《考古》	北京市王府井大街 27 号（100710）　（010）65253665
5	《考古学报》	北京市王府井大街 27 号（100710）　（010）65253051
6	《考古与文物》	西安市雁塔路南段乐游路 3 号（710054）　（029）85529472
7	《文物》	北京市东城区东直门内北小街 2 号楼（100007）　（010）84007078

经济学

序号	刊名	期刊信息
1	《财经科学》	成都市外西光华村街55号（610074） （028）87352248
2	《财经理论与实践》	湖南省长沙市岳麓区（410082） （0731）8821883
3	《财经论丛》	杭州市下沙高教园区学源街18号（310018） （0571）87557169 87557170
4	《财经问题研究》	大连市沙河口区尖山街217号（116025） （0411）84710514 84710524
5	《财经研究》	上海市武东路321号乙（200434） （021）65904345
6	《财贸经济》	北京市阜外月坛北小街2号（100836） （010）68034659
7	《财贸研究》	蚌埠市曹山路962号（233030） （0552）3175991
8	《财政研究》	北京市复外三里河财政部科研所转（100820） （010）88191233 88191283
9	《产业经济研究》	南京市铁路北街128号（210003） （025）83495926
10	《城市发展研究》	北京市百万庄建设部（100835） （010）58933972 58934190
11	《城市问题》	北京市北四环中路33号（100101） （010）64870894 64874817
12	《当代财经》	南昌市庐山中大道（330013） （0791）3816904
13	《当代经济科学》	西安市雁塔西路76号西安交大016信箱（710061） （029）85222048 82657048
14	《当代经济研究》	长春市净月大街3699号（130117） （0431）84539198 84539199
15	《改革》	重庆市江北区桥北村270号（400020） （023）86856495 86856491
16	《广东金融学院学报》	广州市天河区龙洞（510521） （020）37216136
17	《国际金融研究》	北京市复兴门内大街1号（100818） （010）66594051 66594243
18	《国际经济合作》	北京市安外东后巷28号（100710） （010）64211078 64249223
19	《国际经济评论》	北京市建国门内大街5号15层（100732） （010）85195773
20	《国际经贸探索》	广州市白云区白云大道北2号（510420） （020）36207076
21	《国际贸易》	北京市东城区安定门外大街东后巷28号（100710） （010）64212149 64241423
22	《国际贸易问题》	北京市朝阳区惠新东街10号对外经济贸易大学129信箱（100029） （010）64492403
23	《宏观经济研究》	北京市西城区木樨地北里甲11号国宏大厦（100038） （010）63908358

续表

序号	刊名	期刊信息
24	《会计研究》	北京市西城区乐坛大街 14 号月新大厦 3 层（100045）（010）68528922
25	《价格理论与实践》	北京市西城区乐坛北小街 2 号院 3 号楼（100037）（010）68029447
26	《江西财经大学学报》	南昌市庐山中大道（330013）（0791）3816904
27	《金融论坛》	北京市海淀区翠微路 15 号（100036）（010）66109108 66109121
28	《金融研究》	北京市西城区成方街 32 号 2 号楼（100800）（010）66195402 66195205
29	《经济经纬》	河南省郑州市文化路 80 号（450011）（0371）63519038 63519039
30	《经济科学》	北京大学法学楼 4 层（100871）（010）62751488
31	《经济理论与经济管理》	北京市中关村大街 31 号（100080）（010）82501766 62511173
32	《经济评论》	武汉市武昌区珞珈山（430072）（027）68754563
33	《经济体制比较》	北京市西城区西斜街 36 号（100032）（010）66509504/402/422/518
34	《经济问题》	太原市并州南路 116 号（030006）（0351）5691859
35	《经济问题探索》	昆明市东风东路 106 号（650041）（0871）3113304 3113344
36	《经济学动态》	北京市阜外月坛北小街 2 号（100836）（010）68051607
37	《经济学家》	四川省成都市外西光华村 55 号（610074）（028）87352023 87352177
38	《经济研究》	北京市阜外月坛北小街 2 号（100836）（010）68034153
39	《经济与管理研究》	北京市朝外红庙首都经济贸易大学（100026）（010）65976484 65976610
40	《经济纵横》	长春市自由大路 5399 号（130033）（0431）84637225
41	《科技与经济》	南京市成贤街 118 号南京科技中心（210018）（025）83354302
42	《南方经济》	广州市新港西路 135 号中山大学（510275）（020）84115552
43	《南开经济研究》	天津市卫津路 94 号（300071）（022）23508250
44	《农村经济》	成都市青羊宫四川省社科院内（610072）（028）87013295
45	《农业技术经济》	北京市中关村南大街 12 号（100081）（010）82109791 82109783
46	《农业经济问题》	北京市中关村南大街 12 号（100081）（010）82108705 82109783
47	《山西财经大学学报》	太原市坞城路 696 号（030006）（0351）7666833 7666806
48	《商业经济与管理》	杭州市下沙高教园区学正街 18 号（310018）（0571）28877503 28877505 28877502

续表

序号	刊　名	期刊信息
49	《上海金融》	中国上海浦东新区陆家嘴东路181号815室（200120）（021）68478183 68478187
50	《上海经济研究》	上海市淮海中路622弄7号501室（200020）（021）53060606-2501
51	《审计研究》	北京市西城区中关村南大街4号（100086）（010）82199816 82199815
52	《审计与经济研究》	江苏省南京市北圩路77号（210029）（025）86585490
53	《世界经济》	北京市建国门内大街5号（100732）（010）85195790
54	《世界经济文汇》	上海市邯郸路220号（200433）（021）65643136
55	《世界经济研究》	上海市淮海中路622弄7号472室（西区）(200020)（021）63845104
56	《世界经济与政治论坛》	南京市虎踞北路12号（210013）（025）83391504
57	《数量经济技术经济研究》	北京市建国门内大街5号（100732）（010）85195717
58	《税务研究》	北京市宣武区枣林前街68号（100053）（010）63569126
59	《现代经济探讨》	南京市虎踞北路12号（210013）（025）83391040
60	《现代日本经济》	吉林省长春市前进大街2699号吉林大学（130012）（0431）5166391
61	《亚太经济》	福州市柳河路18号（350001）（0591）83791485
62	《证券市场导报》	深圳市福田区红荔西路上步工业区10栋506室（518028）（0755）83236093
63	《中国工业经济》	北京市阜外月坛北小街2号（100836）（010）68032678
64	《中国经济史研究》	北京市阜外月坛北小街2号（100836）（010）68035007
65	《中国经济问题》	厦门大学经济研究所（361005）（0592）2181474
66	《中国农村观察》	北京市建国门内大街5号（100732）（010）85195650
67	《中国农村经济》	北京市建国门内大街5号（100732）（010）85195649
68	《中国农史》	南京农业大学（210095）（025）84396605
69	《中国社会经济史研究》	厦门大学399信箱（361005）（0592）2186377 5710386
70	《中国土地科学》	北京市西城区冠英园西区37号（100035）（010）66562683 66562651
71	《中南财经政法大学学报》	武汉市洪山区南湖南路1号（430073）（027）88386132
72	《中央财经大学学报》	北京市海淀区学院南路39号（100081）（010）62288381

政 治 学

序号	刊 名	期 刊 信 息
1	《北京行政学院学报》	北京市车公庄大街6号（100044） （010）68007412
2	《当代亚太》	北京市东城区张自忠路3号东院（100007） （010）64063921
3	《党的文献》	北京市西城区前毛家湾一号（100017） （010）83087944 83087309
4	《党史研究与教学》	福州市柳河路61号（350001） （0591）83792054
5	《德国研究》	上海市四平路1239号（200092） （021）65980918
6	《东北亚论坛》	长春市前进大街2699号（130012） （0431）85166396 85166392
7	《东南亚研究》	广州市石牌暨南大学文学院楼四楼（510630） （020）85226122
8	《俄罗斯中亚东欧研究》	北京市张自忠路3号东院（100007） （010）64039120
9	《妇女研究论丛》	北京市建国门内大街15号（100730） （010）65103472-2812
10	《国际观察》	上海市大连西路550号科研楼711室（200083） （021）65423946 65311900
11	《国际论坛》	北京市西三环北路19号（100089） （010）88819828/9868
12	《国际问题研究》	北京市东城区台基厂头条3号（100005） （010）85119558
13	《国际政治研究》	北京市海淀区北京大学校内国际关系学院（100871） （010）62755560
14	《国家行政学院学报》	北京市海淀区长春桥路6号国家行政学院（100089） （010）68929345 68928913
15	《江苏行政学院学报》	南京市建邺路168号（210004） （025）84200709
16	《理论探讨》	哈尔滨市清滨路74号（150080） （0451）86358606
17	《理论与改革》	成都市光华村街43号（610072） （028）87351101
18	《美国研究》	北京市东城区张自忠路3号东院（100007） （8610）64000071
19	《南亚研究》	北京市东城区张自忠路3号东院（100007） （8610）62765006
20	《南亚研究季刊》	四川大学南亚研究所（610064） （028）85416878
21	《南洋问题研究》	厦门大学东南亚研究中心（361005） （0592）2186414
22	《欧洲研究》	北京市建国门内大街5号1454室（100732） （010）65135017
23	《青年研究》	北京市建国门内大街5号（100732） （010）85195565
24	《求实》	江西省南昌市八一大道212号（330003） （0719）6303124
25	《求是》	北京市北河沿大街甲83号（100727） （010）64037005

续表

序号	刊　名	期　刊　信　息
26	《日本学刊》	北京市东城区张自忠路3号东院（100007）　（010）64039045
27	《上海行政学院学报》	上海市虹曹南路200号（200233）　（021）64363041
28	《世界经济与统治》	北京市建国门内大街5号（100732）　（010）85195784
29	《台湾研究集刊》	厦门大学台湾研究所（361005）　（0592）2184721
30	《太平洋学报》	北京市海淀区大慧寺8号　100081
31	《探索》	重庆市渝州路160号（400041）　（023）68593010
32	《外交评论》（外交学院学报）	北京市西城区展览路24号（100037）　（010）68323972
33	《现代国际关系》	北京市海淀区万寿寺甲2号（100081）　（010）88547322
34	《新视野》	北京市车公庄大街6号（100044）　（010）68007097
35	《政治学研究》	北京市东城区建国门内大街5号（100732）　（010）65136660
36	《中共党史研究》	北京市海淀区北四环西路69号（100080）　（010）82615330　82615332
37	《中共中央党校学报》	北京市海淀区大有庄100号（100091）　（010）62806124
38	《中国青年研究》	北京市西三环北路25号（100089）　（010）68433267
39	《中国青年政治学院学报》	北京市西三环北路25号（100089）　（010）88567282

法　学

序号	刊　名	期　刊　信　息
1	《比较法研究》	北京市海淀区西土城路25号（100088）　（010）58908258
2	《当代法学》	长春市前进大街2699号（130012）　（0431）5166068
3	《法律科学》（西北政法大学学报）	西安市长安南路西北政法学院（710063）　（029）85385160
4	《法商研究》	武汉市洪山区政院路1号（430073）　（027）88386912
5	《法学》	上海市万航渡路1575号（200042）　（021）62071924
6	《法学家》	北京市海淀区中关村大街59号（100872）　（010）62511292　82509250
7	《法学论坛》	济南市经十路9号（250014）　（0531）82923347

续表

序号	刊　名	期 刊 信 息
8	《法学评论》	湖北省武汉市武昌区珞珈山（430072）　（027）68752955
9	《法学研究》	北京市东城区沙滩北街15号（100720）　（010）64035471
10	《法学杂志》	北京市丰台区成寿寺四方景园1区6号楼（100078） （010）67640120
11	《法制与社会发展》	长春市前进大街2699号（130012）　（0431）85166050　85168640
12	《华东政法大学学报》	上海市万航渡路1575号（200042）　（021）62071670
13	《环球法律评论》	北京市东城区沙滩北街15号（100720）　（010）64014045
14	《现代法学》	重庆市渝北区回兴镇宝圣路（401120）　（023）67258826
15	《行政法学研究》	北京市海淀区西土城路25号中国政法大学研究生院（10088） （010）58908184
16	《政法论坛》	北京市海淀区西土城路25号（100088）　（010）58908281
17	《政治与法律》	上海市淮海中路622弄7号（200020）　（021）53060606-2489
18	《知识产权》	北京市海淀区蓟门桥西土城路6号（100088）　（010）58515818 58515666
19	《中国法学》	北京市西城区兵马司胡同63号（100034）　（010）66188780
20	《中国刑事法杂志》	北京市石景山区鲁谷西路5号（100040）　（010）68630197 68630206
21	《中外法学》	北京大学法学楼5218（100871）　（010）62751689

社　会　学

序号	刊　名	期 刊 信 息
1	《南方人口》	广州市新港西路135号中山大学（510275）　（020）84036605
2	《人口学刊》	长春市前进大街2699号（130012）　（0431）85166392
3	《人口研究》	北京市海淀区中关村大街59号（100872）　（010）62511320
4	《人口与发展》（原： 《市场与人口分析》）	北京大学人口研究所（100871）　（010）62759200
5	《人口与经济》	北京市朝阳门外红庙首都经济贸易大学（100026）　（010）65976473
6	《社会》	上海市上大路99号32信箱（200444）　（021）66135633
7	《社会学研究》	北京市建国门内大街5号（100732）　（010）65122608
8	《西北人口》	甘肃省兰州市天水南路222号（730000）　（0931）8912629
9	《中国人口科学》	北京市建国门内大街5号（100732）　（010）85195419

民族学

序号	刊名	期刊信息
1	《北方民族大学学报》	宁夏银川市文昌路（750021） （0951）2066907
2	《广西民族大学学报（哲学社会科学版）》	南宁市大学东路188号（530006） （0771）3260122
3	《广西民族研究》	南宁市云景路1号（530028） （0771）5589053
4	《贵州民族研究》	贵州省贵阳市市北路扁井巷27号（550004） （0851）6615623
5	《民俗研究》	济南市山东大学东校区新校（250100） （0531）88364626 88362166
6	《民族研究》	北京市海淀区中关村南大街27号6号楼（100081） （010）68932934
7	《世界民族》	北京市海淀区中关村南大街27号（100081） （010）68932802
8	《西北民族研究》	甘肃省兰州市西北新村1号西北民族大学（730030） （0931）2928881 2928911
9	《西南民族大学学报（人文社科版）》	四川省成都市（610041） （028）85522071
10	《云南民族大学学报（哲学社会科学版）》	云南省昆明市《云南民族大学学报（哲学社会科学版）》编辑部（650031） （0871）5137404
11	《中国藏学》	北京市北四环东路131号（100101） （010）64937904
12	《中南民族大学学报（人文社会科学版）》	湖北省武汉市民院路708号（430074） （027）67842094
13	《中央民族大学学报（哲学社会科学版）》	北京市海淀区中关村南大街27号（100081） （010）68933635

新闻学与传播学

序号	刊名	期刊信息
1	《编辑学报》	北京市右安门外首都医科大学（100069） （010）83577685
2	《编辑学刊》	上海市建国西路384弄11号甲（200020） （021）64740475-1015
3	《编辑之友》	太原市建设南路21号出版大厦（030012） （0351）4922194
4	《出版发行研究》	北京市丰台区三路居路97号（100073） （010）52257106 52257107
5	《出版科学》	武汉市珞珈山武汉大学信息管理学院（430072） （027）68753799
6	《当代传播》	乌鲁木齐市扬子江路1号（830051） （0991）5593316
7	《国际新闻界》	北京市中关村大街59号（100872） （010）82509362
8	《科技与出版》	北京市清华大学出版社（100084） （010）62794473

续表

序号	刊　名	期　刊　信　息
9	《现代传播》(中国传媒大学学报)	北京市朝阳区定福庄东街1号（100024）　（010）65779586
10	《新闻大学》	上海市邯郸路440号复旦大学新闻学院（200433）　（021）65643630　55664705
11	《新闻记者》	上海市延安中路839号（200040）　（021）62791234
12	《新闻与传播研究》	北京市2011信箱（100026）　（010）65940579
13	《中国编辑》	北京市西城区德胜门外大街4号（100011）　（010）58582210
14	《中国出版》	北京市朝阳区2350信箱（100023）　（010）87320413
15	《中国科技期刊研究》	北京市中关村中国科学院微生物研究所（100190）　（010）62572403

图书馆、情报与文献学

序号	刊　名	期　刊　信　息
1	《大学图书馆学报》	北京大学图书馆302室（100871）　（010）62759056
2	《档案学通讯》	北京市张自忠路3号（100007）　（010）64035109
3	《档案学研究》	北京市宣武区永安路106号（100050）　（010）63018706　63020081
4	《国家图书馆学刊》	北京市中关村南大街33号（100081）　（010）88545737
5	《情报科学》	长春市人民大街5988号（130022）　（0431）85095200
6	《情报理论与实践》	北京市2413信箱10分箱（100089）　（010）68961793
7	《情报学报》	北京市复兴路15号（100038）　（010）68598273
8	《情报杂志》	西安市雁塔路南段99号（710054）　（029）85529749
9	《情报资料工作》	北京市海淀区中关村大街甲59号文化大厦1301（100086）　（010）62512296
10	《图书馆》	长沙市韶山北路169号（410011）　（0731）4174148
11	《图书馆工作与研究》	天津市南开区复康路15号（300191）　（022）23620095　23369194
12	《图书馆建设》	哈尔滨市长江路218号（150090）　（0451）85990515
13	《图书馆理论与实践》	宁夏回族自治区银川市西夏区同心北路（750021）　（0951）2021540
14	《图书馆论坛》	广州市文明路213号（510110）　（020）83825705
15	《图书馆杂志》	上海市淮海中路1555号上海图书馆（200031）　（021）64455503
16	《图书情报工作》	北京市中关村北四环西路33号（100190）　（010）82623933
17	《图书情报知识》	武汉市珞珈山武汉大学信息管理学院（430072）　（027）68754437-8502

续表

序号	刊名	期刊信息
18	《图书与情报》	兰州市南滨河东路488号（730000） （0931）8270072
19	《现代图书情报技术》	北京市中关村北四环西路33号（100190） （010）82624938
20	《中国图书馆学报》	北京市中关村南大街33号（100081） （010）88545141

教育学

序号	刊名	期刊信息
1	《北京大学教育评论》	《北京大学教育评论》编辑部（100871） （010）62751216 62754971
2	《比较教育研究》	北京市新街口外大街19号北京师范大学国际与比较教育研究所（100875） （010）58808310
3	《大学教育科学》	湖南省长沙市湖南大学期刊社（410082） （0731）8821123
4	《电化教育研究》	兰州市安宁东路967号西北师范大学（730070） （0931）7971823
5	《复旦教育论坛》	上海市邯郸路220号（200433） （021）55664241
6	《高等工程教育研究》	湖北省武汉市华中科技大学（430074） （027）87542950
7	《高等教育研究》	湖北省武汉市华中科技大学（430074） （027）87543893
8	《高教发展与评估》	武汉市和平大道1040号（430063） （027）86534382
9	《高教探索》	广州市小北路155号（510045） （020）83566017
10	《国家教育行政学院学报》	北京市大兴区（102617） （010）69260513
11	《华东师范大学学报（教育科学版）》	上海市中山北路3663号（200062） （021）62232305
12	《江苏高教》	南京市草场门大街133号（210036） （025）86275630
13	《教师教育研究》	北京师范大学（100875） （010）58807942
14	《教育发展研究》	上海市茶陵北路21号（200032） （021）64038952 34311989
15	《教育科学》	大连市黄河路850号（116029） （0411）84258254
16	《教育学报》	北京市新街口外大街19号北京师范大学英东教育楼教育学院（100875） （010）58805288
17	《教育研究》	北京市北三环中路46号（100088） （010）82014985
18	《教育研究与实验》	武汉市洪山区桂子山华中师范大学三号楼（430079） （027）67868275
19	《教育与经济》	武汉市洪山区桂子山华中师范大学教科院（430079） （027）67865330

续表

序号	刊　名	期　刊　信　息
20	《教育与现代化》	安徽省合肥市金寨路96号中国科技大学（230026）　（0551）3602252
21	《开放教育研究》	上海市大连路1541号1301室（200086）　（021）65631403
22	《课程·教材·教法》	北京市海淀区中关村南大街17号院1号楼（100081）（010）58758977
23	《清华大学教育研究》	北京市清华大学文南楼403室（100084）　（010）62788995
24	《全球教育展望》	上海市中山北路3663号（200062）　（021）62232938
25	《思想理论教育导刊》	北京市西城区德外大街4号（100029）　（010）58581402　58581401
26	《外国教育研究》	长春市人民大街5268号（130024）　（0431）85098501
27	《现代大学教育》	湖南省长沙市岳麓山中南大学（410083）　（0731）8876856
28	《现代教育技术》	北京市清华大学电教中心（100084）　（010）62782405
29	《现代远距离教育》	哈尔滨市和兴路92号（150080）　（0451）86301414
30	《学位与研究生教育》	北京市中关村大街5号（100081）　（010）68912292
31	《远程教育杂志》	浙江省杭州市教工路42号（310012）　（0571）88065047
32	《中国大学教学》	北京市西城区德胜门外大街4号（100120）　（010）58581864
33	《中国电化教育》	北京市复兴门内大街160号（100031）　（010）66490924
34	《中国高等教育》	北京市海淀区文慧园北路10号（100082）　（010）62243806
35	《中国高教研究》	北京市西单大木仓胡同35号教育部中国高等教育学会（100816）
36	《中国教育学刊》	北京市西单大木仓胡同35号（100816）　（010）64845699
37	《中国特殊教育》	北京市北三环中路46号（100088）　（010）62003358　62003367

体　育　学

序号	刊　名	期　刊　信　息
1	《北京体育大学学报》	北京市海淀区中关村北大街（100084）　（010）62989268
2	《成都体育学院学报》	成都市体院路2号（610041）　（028）85095371
3	《上海体育学院学报》	上海市清源环路650号（200438）　（021）51253131
4	《体育科学》	北京市体育馆路11号（100061）　（010）67181293　87182588
5	《体育学刊》	广州市华南师范大学公体楼303（510631）　（020）85210269　85211412
6	《体育与科学》	南京市孝陵卫（210014）　（025）84755315
7	《天津体育学院学报》	天津市河西区卫律南路51号（300381）　（022）23012636
8	《武汉体育学院学报》	武汉市洪山区珞喻路461号（430079）　（027）87192147
9	《西安体育学院学报》	陕西省西安市含光北路65号（710068）　（029）88409449
10	《中国体育科技》	北京市体育馆路11号（100061）　（010）87182588

统计学

序号	刊名	期刊信息
1	《数理统计与管理》	北京大学概率统计系（100871）
2	《统计研究》	北京市月坛南街75号（100826） （010）68783982
3	《统计与决策》	武汉市水果湖东一路19-2号（430071） （027）87814524 87811400
4	《统计与信息论坛》	西安市小寨东路64号（710061） （029）82348751

心理学

序号	刊名	期刊信息
1	《心理发展与教育》	北京新街口外大街19号（100875）
2	《心理科学》	上海市中山北路3663号（200062） （021）62232236
3	《心理科学进展》	中国科学院心理研究所（100101） （010）64850861
4	《心理学报》	中国科学院心理研究所（100101） （010）64850861
5	《心理与行为研究》	天津市河西区卫津路241号天津师范大学南院106号信箱（300074）（022）23541213
6	《应用心理学》	杭州市天目山路148号浙江大学西溪校区（310028）（0571）88273352
7	《中国临床心理学杂志》	湖南省长沙市人民路139号（410011）

综合性社会科学

序号	刊名	期刊信息
1	《北京社会科学》	北京市北四环中路33号（100101） （010）64870591
2	《东疆学刊》	吉林省延吉市公园路977号（133002） （0433）2732551
3	《东南学术》	福州市柳河路18号（350001） （0591）83739507
4	《东岳论丛》	山东省济南市舜耕路56号（250002） （0531）82704571
5	《读书》	北京市美术馆东街22号（100010） （010）84044030 84050453
6	《福建论坛（人文社会科学版）》	福州市柳河路18号（350001） （0591）83791487
7	《甘肃社会科学》	兰州市安宁区健康路143号（730070） （0931）7763141
8	《广东社会科学》	广州市天河北路369号（510610） （020）38801447
9	《贵州社会科学》	贵阳市梭石巷95号（550002） （0851）5928568
10	《国外社会科学》	北京市建国门内大街5号（100732） （010）65137749

续表

序号	刊 名	期 刊 信 息
11	《河北学刊》	石家庄市裕华西路67号（050051） （0311）83032440 83024866
12	《河南社会科学》	郑州市丰产路23号（450002） （0371）63933724
13	《江海学刊》	南京市虎踞北路12号（210013） （025）83715429
14	《江汉论坛》	武汉市武昌区东湖路165号（430077） （027）86789435
15	《江苏社会科学》	南京市山西路120号国贸大厦16层（210009） （025）83321531
16	《江西社会科学》	南昌市洪都北大道649号（330077） （0791）8596531
17	《晋阳学刊》	太原市并州南路116号（030006） （0351）5691856
18	《开放时代》	广州市白云区新市街云安路119号（510410） （020）86464940
19	《科学对社会的影响》	北京市海淀区中关村东路55号（100080） （010）62542630
20	《内蒙古社会科学》	呼和浩特市大学东街129号（010010） （0471）4963431 4912276
21	《南京社会科学》	南京市成贤街43号（210018） （025）83611547
22	《宁夏社会科学》	宁夏回族自治区银川市西夏区（750021） （0951）2074593
23	《青海社会科学》	青海省西宁市上滨河路1号（810000） （0971）8455791 8450562
24	《求索》	长沙市德雅村（410003） （0731）84219107
25	《人文杂志》	西安市含光南路177号（710065） （029）85255981
26	《山东社会科学》	济南市舜耕路46号（250002） （0531）82866365
27	《社会科学》	上海市淮海中路622弄7号337室（200020） （021）53062234
28	《社会科学辑刊》	沈阳市皇姑区泰山路86号（110031） （024）86120485
29	《社会科学家》	广西壮族自治区桂林市西山路6号（541001） （0773）2898540
30	《社会科学研究》	成都市1环路西一段155号（610071） （028）87013623
31	《社会科学战线》	长春市自由大路5399号（130033） （0431）84638362
32	《思想战线》	昆明市翠湖北路2号（650091） （0871）5033249
33	《探索与争鸣》	上海市淮海中路622弄7号社联大楼401室（200020） （021）53060418
34	《天津社会科学》	天津市南开区迎水道7号（300191） （022）23369296
35	《文史哲》	济南市山大南路27号（250100） （0531）88364666
36	《新疆社会科学》	乌鲁木齐市北京南路246号（830011） （0991）3837942 3837937
37	《学海》	南京市虎踞北路12号（210013） （025）83391490
38	《学术界》	合肥市望江东路社科大楼（230051） （0551）3422973
39	《学术论坛》	广西壮族自治区南宁市新竹路5号（530022） （0771）5860201
40	《学术探索》	昆明市二环西路389号高新科技广场（650106） （0871）8317526

续表

序号	刊　名	期 刊 信 息
41	《学术研究》	广州市黄华路四号之二（510050）　（020）83846163
42	《学术月刊》	上海市淮海中路 622 弄 7 号（乙）（200020）　（021）53069080　53061937
43	《学习与探索》	哈尔滨市南岗区联发街 62 号（150001）　（0451）86242279
44	《云南社会科学》	昆明市环城西路 577 号（650034）　（0871）4154719
45	《浙江社会科学》	杭州市省府 2 号楼（310025）　（0571）87053204
46	《浙江学刊》	浙江省省府大院 2 号楼（310025）　（0571）87057581
47	《中国社会科学》	北京市鼓楼西大街甲 158 号（100720）　（010）64076113
48	《中国社会科学院研究生院学报》	北京市朝阳区望京中环南路 1 号（100102）　（010）64722354
49	《中国文化研究》	北京市海淀区学院路 15 号（100083）　（010）82303701
50	《中州学刊》	郑州市文化路 50 号（450002）　（0371）63836785

高校综合性社科学报

序号	刊　名	期 刊 信 息
1	《安徽师范大学学报（人文社会科学版）》	安徽省芜湖市北京东路 1 号（241000）　（0553）3869260
2	《北方论丛》	哈尔滨市和兴路 50 号（150080）　（0451）88069646
3	《北京大学学报（哲学社会科学版）》	北京大学（100871）　（010）62751216
4	《北京工商大学学报（社会科学版）》	北京市海淀区阜成路 33 号北京工商大学（100048）　（010）68984614
5	《北京交通大学学报（社会科学版）》	北京市海淀区西直门外上园村 3 号（100044）　（010）51682711
6	《北京理工大学学报（社会科学版）》	北京市海淀区中关村南大街 5 号（100081）　（010）68915605
7	《北京师范大学学报（社会科学版）》	北京市新街口外大街 19 号北京师范大学新主楼 B301 室（100875）　（010）58807848　（010）58807850
8	《大连理工大学学报（社会科学版）》	大连市凌工路 2 号（116024）　（0411）84708305

续表

序号	刊　名	期 刊 信 息
9	《东北大学学报（社会科学版）》	沈阳市南湖东北大学（110004）　（024）83687253
10	《东北师大学报（哲学社会科学版）》	长春市人民大街5268号（130024）　（0431）85099325　85098026
11	《东南大学学报（哲学社会科学版）》	南京四牌楼2号（210096）　（025）83791190
12	《福建师范大学学报（哲学社会科学版）》	福州市闽侯福建师大旗山校区（350108）
13	《福州大学学报（哲学社会科学版）》	福建省福州市工业路523号（350002）　（0591）87892444
14	《复旦学报（社会科学版）》	上海市邯郸路220号（200433）　（021）65642109
15	《海南大学学报（人文社会科学版）》	海南省海口市（570228）　（0898）66279237
16	《河北大学学报（哲学社会科学版）》	河北省保定市五四东路180号（071002）　（0312）5079412
17	《河南大学学报（社会科学版）》	河南省开封市河南大学（475001）　（0378）2860394
18	《河南师范大学学报（哲学社会科学版）》	河南省新乡市建设路河南师范大学（453007）　（0373）3326281
19	《湖南大学学报（社会科学版）》	湖南省长沙市岳麓山（410082）　（0731）8822900
20	《湖南师范大学社会科学学报》	湖南省长沙市岳麓山（410081）　（0731）8872209　8872471
21	《华东师范大学学报（哲学社会科学版）》	上海市中山北路3663号（200062）　（021）62232305
22	《华南农业大学学报（社会科学版）》	广州市五山路483号（510642）　（020）38675026
23	《华南师范大学学报（社会科学版）》	《华南师范大学学报》杂志社（广州石牌）（510631）（020）85211440

续表

序号	刊　　名	期刊信息
24	《华中科技大学学报（社会科学版）》	武汉市洪山区珞喻路 1037 号（430074）　（027）87543816
25	《华中师范大学学报（人文社会科学版）》	武汉市洪山区桂子山华中师范大学（430079）　（027）67868127
26	《吉林大学社会科学学报》	长春市前进大街 2699 号（130012）　（0431）85166970
27	《暨南学报（哲学社会科学版）》	广州市石牌（510632）　（020）85220281　85224092
28	《兰州大学学报（社会科学版）》	兰州市东岗西路（730000）　（0931）8912706　2312707
29	《南京大学学报(哲学人文科学社会科学)》	南京市汉口路 22 号（210093）　（025）83592704
30	《南京农业大学学报（社会科学版）》	南京市卫岗 1 号（210095）　（025）84396306
31	《南京师大学报（社会科学版）》	南京市宁海路 122 号（210097）　（025）83598341
32	《南开学报（哲学社会科学版）》	天津市卫津路 94 号（300071）　（022）23501681
33	《齐鲁学刊》	山东省曲阜市静轩西路曲阜师范大学（273165）　（0537）4455347　4456150
34	《清华大学学报（哲学社会科学版）》	北京市海淀区（100084）　（010）62783533
35	《求是学刊》	哈尔滨市南岗区学府路 74 号（150080）　（0451）86608815
36	《山东大学学报（哲学社会科学版）》	济南市山大南路 27 号（250100）　（0531）88364645
37	《山西大学学报（哲学社会科学版）》	太原市坞城路 92 号山西大学（030006）　（0351）7018311
38	《陕西师范大学学报（哲学社会科学版）》	西安市长安南路陕西师范大学（710062）　（029）85308849

续表

序号	刊　名	期刊信息
39	《上海财经大学学报（哲学社会科学版）》	上海市武东路 321 号乙（200434）　（021）65904892
40	《上海大学学报（社会科学版）》	上海市上大路 99 号（200444）　（021）66135506
41	《上海交通大学学报（哲学社会科学版）》	上海市华山路 1954 号 1000 号信箱（200030）　（021）62933089
42	《上海师范大学学报（哲学社会科学版）》	上海市桂林路 100 号（200234）　（021）64322304
43	《深圳大学学报（人文社会科学版）》	深圳大学（518060）　（0755）6536133
44	《首都师范大学学报（社会科学版）》	北京市西三环北路 105 号（100048）　（010）68902450
45	《四川大学学报（哲学社会科学版）》	四川省成都市望江路 29 号文科楼 106 室（610064）　（028）85412440
46	《苏州大学学报（哲学社会科学版）》	苏州市干将东路 200 号（215021）　（0512）67258839
47	《天津大学学报（社会科学版）》	天津市南开区天津大学（300072）　（022）27403448
48	《天津师范大学学报（社会科学版）》	天津市河西区卫津路 241 号（300074）　（022）23541014　23540081
49	《同济大学学报（社会科学版）》	上海市四平路 1239 号（200092）　（021）65983944
50	《武汉大学学报（人文科学版）》	湖北武昌珞珈山（430072）　（027）68754203
51	《武汉大学学报（哲学社会科学版）》	湖北武昌珞珈山（430072）　（027）68754203
52	《西安交通大学学报（社会科学版）》	西安市咸宁西路 28 号（710049）　（029）82663982　82667978
53	《西北大学学报（哲学社会科学版）》	西安市太白北路 229 号（710069）　（029）88302822

续表

序号	刊 名	期 刊 信 息
54	《西北师大学报（社会科学版）》	兰州市安宁东路967号（730070） （0931）7971692
55	《西藏大学学报（社会科学版）》	拉萨市江苏路36号（850000） （0891）6327224
56	《西南大学学报（社会科学版）》	重庆市北碚区西天生路2号（400715） （023）68252538
57	《厦门大学学报（哲学社会科学版）》	厦门大学嘉庚3号楼815室（361005） （0592）2182366
58	《湘潭大学学报（哲学社会科学版）》	湖南省湘潭大学出版社（411105） （0731）58292143
59	《新疆大学学报（哲学人文社会科学版》	乌鲁木齐市胜利路14号（830046） （0991）8585177
60	《新疆师范大学学报（哲学社会科学版）》	新疆乌鲁木齐市新医路102号（830054） （0991）4332658/2652
61	《烟台大学学报（哲学社会科学版）》	山东烟台（264005） （0535）6902703
62	《云南大学学报（社会科学版）》	昆明市翠湖北路2号云南大学文津路（650091） （0871）5032099
63	《云南师范大学学报（哲学社会科学版）》	昆明市一二·一大街298号（650092） （0871）5516038
64	《浙江大学学报（人文社会科学版）》	杭州市天目山路148号（310028） （0571）88273210 88925616
65	《郑州大学学报（哲学社会科学版）》	郑州市科学大道100号（450001） （0371）67781275
66	《中国地质大学学报（社会科学版）》	湖北省武汉市鲁磨路388号（430074） （027）67885186
67	《中国农业大学学报（社会科学版）》	北京市海淀区清华东路17号（100083） （010）62736933
68	《中国人民大学学报》	北京市中关村大街59号（100872） （010）62511499

续表

序号	刊　　名	期 刊 信 息
69	《中山大学学报（社会科学版）》	广州市新港西路 135 号（510275）　（020）84112070
70	《重庆大学学报（社会科学版）》	重庆市沙坪坝正街 174 号（400030）　（023）65102306

环境科学

序号	刊　　名	期 刊 信 息
1	《长江流域资源与环境》	武汉市武昌小洪山西区 25 号（430071）　（027）87198181
2	《干旱区资源与环境》	呼和浩特市内蒙古农业大学 313 信箱（010019）　（0471）4313634
3	《环境保护》	北京市崇文区广渠门内大街 16 号（100062）　（010）67113764
4	《中国人口·资源与环境》	济南市文化东路 88 号山东师范大学（250014）　（0531）82966021　86182968
5	《资源科学》	北京市安外大屯路甲 11 号（100101）　（010）64889446

人文、经济地理

序号	刊　　名	期 刊 信 息
1	《城市规划》	北京市三里河路 9 号中国城市规划设计研究院（100037）　（010）68335893　68331123
2	《城市规划学刊》	上海市四平路 1239 号（200092）　（021）65983507
3	《地域研究与开发》	郑州市陇海中路 64 号（450052）　（0371）67939201
4	《经济地理》	长沙市青园路 506 号（410004）　（0731）5584716
5	《旅游科学》	上海市桂林路 100 号上海师范大学（200234）　（021）64322594
6	《旅游学刊》	北京市朝阳区北四环东路 99 号（100101）　（010）64900163　64900165　64909224
7	《人文地理》	西安市长安南路 437 号西安外国语大学（710061）　（029）85319374

《中文社会科学引文索引扩展版》来源期刊目录（2010—2011年）

管 理 学

序号	刊　名	期 刊 信 息
1	《系统工程理论与实践》	北京市海淀区中关村东路55号（100190）　（010）62541828
2	《系统工程》	长沙市浏河村7号湖南省系统工程学会（410003）
3	《系统管理学报》	上海市西法华镇路535号（200052）　（021）52301082
4	《中国科技资源导刊》	北京市三里河路54号（100045）　（010）68514086
5	《中国改革》	北京市海淀区中关村南大街11号百花苑科技楼C座（100081）（010）68457877
6	《现代管理科学》	南京市北京西路70号22号楼（210013）　（025）83206820
7	《中国人力资源开发》	北京市西城区百万庄子区38号（100037）　（010）88363164 88364504-3163
8	《上海管理科学》	上海市法华镇路535号1号楼215室（200052）　（021）52301091
9	《企业经济》	南昌市洪都北大道649号（330077）　（0791）8596331

马克思主义

序号	刊　名	期 刊 信 息
1	《理论前沿》	北京市海淀区大有庄100号中共中央党校（100091）（010）62805185　62806049
2	《毛泽东思想研究》	成都市一环路西一段155号（610071）　（028）87014462

哲 学

序号	刊　名	期 刊 信 息
1	《系统科学学报》	太原市迎泽西大街79号（030024）　（0351）6010531
2	《管子学刊》	淄博市张店区张周路12号（255049）　（0533）2781654
3	《船山学刊》	长沙市德雅路浏河村37号（410003）　（0731）4220773

宗 教 学

序号	刊　　名	期 刊 信 息
1	《中国穆斯林》	北京市宣武区南横西街 103 号（100053）　（010）63531265　84565994
2	《世界宗教文化》	北京市建国门内大街 5 号（100732）　（010）65138393

语 言 学

序号	刊　　名	期 刊 信 息
1	《语言研究》	武汉市洪山区珞喻路 1037 号（430074）　（027）87559504
2	《外语教学理论与实践》	上海市东川路 500 号（200241）　（021）62233632
3	《汉语学报》	武汉市洪山区桂子山华中师范大学语言与语言教育研究中心（430079）　（027）67868615
4	《语文研究》	太原市并州南路 116 号（030006）　（0351）5691846　5691862
5	《上海翻译》	上海市延长路 149 号上海大学 33 信箱（200072）
6	《外国语文》	重庆市沙坪坝区四川外语学院学报编辑部（400031）　（023）65385313
7	《古汉语研究》	长沙市湖南师范大学文学院（410081）　（0731）8872560
8	《修辞学习》	上海市复旦大学光华楼西主楼 1116 室（200433）　（021）65643814

外 国 文 学

序号	刊　　名	期 刊 信 息
1	《世界文学评论》	武汉市洪山区桂子山华中师范大学文学院（430079）　（027）67866042
2	《俄罗斯文艺》	北京市北京师范大学苏联文学研究所内（100875）　（010）58805352

中 国 文 学

序号	刊　　名	期 刊 信 息
1	《文艺评论》	哈尔滨市动力区文府街 6-1 号（150040）　（0451）86037010
2	《中国文学研究》	长沙市湖南师范大学文学院（410081）　（0731）8872051
3	《红楼梦学刊》	北京市朝阳区惠新北里甲 1 号（100029）　（010）64813287
4	《南京师范大学文学院学报》	南京市宁海路 122 号（南师大随园校区）（210097）　（025）83598121
5	《理论与创作》	长沙市芙蓉区八一路 227 号（410001）　（0731）4582637　4582634

艺 术 学

序号	刊　名	期 刊 信 息
1	《世界电影》	北京市北三环东路22号（100013）　（010）64219977-6380
2	《天籁》(天津音乐学院学报)	天津市河东区十一经路57号(300171)　(022)24160056
3	《星海音乐学院学报》	广州市先烈东横路48号(510500)　(020)87725901
4	《艺术百家》	南京市中山南路89号江苏文化大厦8楼(210005)　(025)84699053
5	《艺术评论》	北京市朝阳区惠新北里甲1号(100029)　(010)64963890
6	《美术研究》	北京市朝阳区花家地南街8号(100102)　(010)64771021
7	《戏剧》(中央戏剧学院学报)	北京市东棉花胡同39号（100710）　（010）64056580
8	《新美术》	杭州市南山路218号（310002）　（0571）87164692
9	《装饰》	北京市海淀区清华园清华大学美术学院（100084）　（010）62798878
10	《中国书法》	北京市农展馆南里10号15层（100026）　（010）65389311

历 史 学

序号	刊　名	期 刊 信 息
1	《中国史研究动态》	北京市建内大街5号（100732）　（010）65137744-5839/5836
2	《贵州文史丛刊》	贵阳市中华北路119号（550004）　（0851）6826743
3	《文史知识》	北京市丰台区太平桥西里38号（100073）　（010）63458229

考 古 学

序号	刊　名	期 刊 信 息
1	《中原文物》	郑州市农业路8号（450002）　（0371）63511062
2	《故宫博物院院刊》	北京市景山前街4号故宫博物院科研处　（010）85007186　85007187
3	《江汉考古》	武汉市武昌区东湖路天鹅村（430077）　（027）86793389
4	《中国历史文物》	北京市朝阳区静安里26号（100028）　（010）84689128

经 济 学

序号	刊　名	期 刊 信 息
1	《河北经贸大学学报》	石家庄市学府路47号（050061）　（0311）87657616
2	《国际商务》	北京市朝阳区惠新东街（100029）　（010）64492403
3	《云南财经大学学报》	昆明市龙泉路南段（650221）　（0871）5192375
4	《调研世界》	北京市月坛南街57号（100826）　（010）68782898

续表

序号	刊　名	期 刊 信 息
5	《现代财经》(天津财经大学学报)	天津市河西区珠江道25号(300222)　(022)88186194　88186195
6	《消费经济》	长沙市麓山路36号湖南师范大学商学院(410081)　(0731)8644080
7	《商业研究》	哈尔滨市道里区通达街138号(150076)　(0451)84866358
8	《中国金融》	北京市宣武区广安门外小红庙南里3号(100055)　(010)63265580
9	《经济与管理》	石家庄市学府路47号(050061)　(0311)87655653
10	《中国流通经济》	北京市通川区富河大街1号(北京240信箱)(101149)　(010)89534488/4242
11	《中国发展》	北京市东城区安外大街55号（100011）　(010) 64245662
12	《首都经济贸易大学学报》	北京市朝阳门外红庙（100026）　(010) 85995143
13	《国际商务研究》(上海对外贸易学院学报)	上海市古北路620号（200336）　(021) 52067319
14	《工业技术经济》	长春市人民大街4966号（130021）　(0431) 85667074
15	《兰州商学院学报》	兰州市段家滩418号兰州商学院（730020）　(0931) 4677016
16	《开放导报》	深圳市银湖路金湖一街CDI大厦（518029）　(0755) 82443947
17	《涉外税务》	北京市宝武区枣林前街68号（100053）　(010) 63527462
18	《税务与经济》	长春市净月大街3699号（130117）　(0431) 84539187
19	《生产力研究》	太原市文源巷18号（030001）　(0351) 4070573
20	《开发研究》	兰州市安宁区健宁路143号（730070）　(0931) 7768027
21	《投资研究》	北京市金融大街25号（100032）　(010) 67596643　67596634

政 治 学

序号	刊　名	期 刊 信 息
1	《理论探索》	太原市学府街96号（030006）　(0351) 7024941-2155
2	《理论学刊》	济南市槐荫区经七路588号（250021）　(0531) 87088383
3	《东南亚纵横》	南宁市新竹路5号（530022）　(0771) 5860584
4	《拉丁美洲研究》	北京市东城区张自忠路3号东院（100007）　(010) 64039006　64039131
5	《台湾研究》	北京市海淀区中关村东路21号（100083）　(010) 82864912
6	《西亚非洲》	北京市东城区张自忠路3号东院（100007）　(010) 64039172
7	《云南行政学院学报》	昆明市西山区杨家村云南行政学院（650111）　(0871) 8426267

续表

序号	刊　名	期刊信息
8	《理论导刊》	西安市小寨西路119号中共陕西省委党校8号楼6层（710061）（029）85378162
9	《阿拉伯世界研究》	上海市大连西路550号上海外国语大学（200083）　（021）6531900-2519
10	《中共浙江省委党校学报》	杭州市文一路80号（310012）　（0571）88266060
11	《广东行政学院学报》	广州市建设大马路3号广东行政学院教材科发行组（510053）（020）83122361
12	《中国劳动关系学院学报》	北京市海淀区增光路45号中国劳动关系学院（100037）（010）88561986
13	《国际关系学院学报》	北京市海淀区坡上村12号（100091）　（010）62861174
14	《中共福建省委党校学报》	福州市柳河路61号（350001）　（0591）83799092
15	《日本研究》	沈阳市皇姑区崇山中路66号（110036）　（024）62202254
16	《俄罗斯研究》	上海市中山北路3663号（200062）　（021）62233816

法　学

序号	刊　名	期刊信息
1	《清华法学》	北京市清华大学明理楼116B室（100084）　（010）62795936
2	《河南省政法管理干部学院学报》	洛阳市涧西区安徽路6号（471003）　（0371）63851448
3	《甘肃政法学院学报》	兰州市安宁西路6号（730070）　（0931）7601471
4	《电子知识产权》	北京市石景山区鲁谷路35号电科大厦（100040）　（010）68632927　88686228
5	《河北法学》	石家庄市学府路41号（050061）　（0311）87656097　7656097
6	《时代法学》	长沙市湖南师范大学法学院（410081）　（0731）8875005

社 会 学

序号	刊　名	期刊信息
1	《南京人口管理干部学院学报》	南京市锁金村10号（210042）　（025）85413405
2	《青少年犯罪问题》	上海市万航渡路1575号（200042）　（021）62071931
3	《人口与计划生育》	北京市海淀区大慧寺12号（100081）　（010）62173528

民族学

序号	刊名	期刊信息
1	《黑龙江民族丛刊》	哈尔滨市动力区哈平路186号（150081）（0451）86630911
2	《回族研究》	宁夏回族自治区银川市西夏区（750021）（0951）2074543
3	《民族教育研究》	北京市中关村南大街27号（100081）（010）68932754
4	《青海民族学院学报》	西宁市八一路25号（810007）（0971）8804652
5	《青海民族研究》	青海市青海民族学院民族研究所（810007）（0971）8804651
6	《文化遗产》	广州市新港西路135号中山大学中文堂902室（510275）（020）84115800 84115938
7	《西北民族大学学报（哲学社会科学版）》	兰州市西北新村1号（730030）（0931）8185637

新闻学与传播学

序号	刊名	期刊信息
1	《大学出版》	北京市北京师范大学出版社（100875）（010）62208284
2	《电视研究》	北京市复兴路11号中央电视台（100859）（010）68506356
3	《新闻界》	成都市红星中路二段70号（610012）（028）86968036 86968035
4	《中国广播电视学刊》	北京市复兴门外大街2号（100866）（010）86093458 86091971
5	《中国记者》	北京市石景山区京原路8号（100043）（010）63073233

图书馆、情报与文献学

序号	刊名	期刊信息
1	《图书馆学研究》	长春市新民大街1162号（130021）（0431）85642935
2	《新世纪图书馆》	南京市龙蟠里9号（210029）（025）83719623
3	《现代情报》	长春市人民大街4966号（130021）（0431）85647990
4	《四川图书馆学报》	成都市总府路6号四川省图书馆内（610016）（028）86659544
5	《高校图书馆工作》	长沙市湖南大学图书馆内（410082）（0731）8822267

教育学

序号	刊名	期刊信息
1	《现代远程教育研究》	成都市一环路西三段三号省电大内（610073）（028）7768171
2	《教育科学研究》	北京市朝阳区北四环东路95号（100101）（010）84649579
3	《外国中小学教育》	上海市桂林路100号（200234）（021）64322352

续表

序号	刊名	期刊信息
4	《黑龙江高教研究》	哈尔滨市和兴路 50 号（150080） （0451）86305871
5	《湖南师范大学教育科学学报》	长沙市岳麓山（410081） （0731）8872472 8872209
6	《中小学信息技术教育》	北京市朝阳区文学馆路 45 号 B 段 2 层（100029） （010）84627758
7	《河北师范大学学报（教育科学版）》	石家庄市裕华东路 113 号（050016） （0311）86268074
8	《现代教育管理》	沈阳市黄河北大街 249 号（110034） （024）86591009
9	《人民教育》	北京市海淀区文慧园北路 10 号（100088）
10	《教育评论》	福州市五四路 217 号（350003） （0591）87272726
11	《教育探索》	哈尔滨市南岗区中兴街 19 号（150080） （0451）86305279
12	《上海教育科研》	上海市茶陵北路 21 号（200032） （021）64438001-329
13	《思想教育研究》	北京市北京科技大学内（100083） （010）62332831
14	《当代教育科学》	济南市青年东路一号文教大厦（250011） （0531）81758321

体育学

序号	刊名	期刊信息
1	《体育文化导刊》	北京市崇文区天坛东里中区甲 14 号（100061） （010）67051003
2	《广州体育学院学报》	广州市广州大道中 1268 号（510500） （020）87551070-656
3	《山东体育学院学报》	济南市经十路 122 号（250063） （0531）82617348

统计学

序号	刊名	期刊信息
1	《中国统计》	北京市西城区月坛南街 57 号（100826） （010）63376858 63376882

心理学

序号	刊名	期刊信息
1	《中国心理卫生杂志》	北京市海淀区花园北路 51 号（100083） （010）62010890
2	《心理学探新》	南昌市北京西路 437 号（330027） （0791）8120281

综合性社会科学

序号	刊　　名	期　刊　信　息
1	《学术交流》	哈尔滨市南岗区中宣街 20-6 号（150001）　（0451）82808211
2	《理论与现代化》	天津市和平区成都道 52 号（300051）　（022）23398649
3	《中国文化》	北京市朝阳区惠新北里甲 1 号（100029）　（010）64813409　64813408
4	《天府新论》	成都市大石西路科联街 19 号（610071）　（028）82973512
5	《西藏研究》	拉萨市色拉路 22 号（850000）　（0891）6323638
6	《科学·经济·社会》	兰州市兰州大学 0031 信箱（730000）　（0931）8913749
7	《湖南社会科学》	长沙市德雅路浏河村 7 号（410003）　（0731）4213603
8	《广西社会科学》	南宁市新竹路 5 号（530022）
9	《江淮论坛》	合肥市卫岗社科院大楼（230053）　（0551）3438337
10	《兰州学刊》	兰州市南滨河东路 735 号（730030）　（0931）8478377
11	《湖北社会科学》	武汉市武昌区紫阳东路 45 号（430070）　（027）87121366
12	《重庆社会科学》	重庆市江北区桥北村 270 号（400020）　（023）86856487　86856485
13	《学习与实践》	武汉市汉口发展大道 3081 号（430019）　（027）82631942
14	《理论月刊》	武汉市武昌区东湖路 165 号（430077）　（027）86783670
15	《中华文化论坛》	成都市一环路西一段 155 号四川省社会科学院（610071）（028）87017447　87022598

人文、经济地理

序号	刊　　名	期　刊　信　息
1	《旅游论坛》	桂林市七星区三里店桂林旅游高等专科学校成教校区（541004）（0773）5859839
2	《地理与地理信息科学》	石家庄市西大街 94 号（050011）　（0311）86054904
3	《国际城市规划》	北京市三里河路 9 号中国城市规划设计研究院（100037）（010）68343240

环境科学

序号	刊 名	期 刊 信 息
1	《自然资源学报》	北京市朝阳区大屯路甲 11 号中国科学院地理科学与资源研究所（100101） （010）64889771
2	《资源开发与市场》	成都市一环路南二段 24 号（610015）
3	《生态与农村环境学报》	南京市蒋土庙街 8 号（210042） （025）85287052 85287053

高校综合性社科学报

序号	刊 名	期 刊 信 息
1	《湖南科技大学学报（社会科学版）》	湘潭市湖南科技大学期刊社（411201） （0732）8290354 8290272
2	《西北农林科技大学学报（社会科学版）》	陕西杨凌西北农林科技大学西农校区 34 号信箱（712100） （029）87092606
3	《华东理工大学学报（社会科学版）》	上海市徐汇区梅陇路 130 号华东理工大学内（200237） （021）64252666
4	《中国人民公安大学学报（社会科学版）》	北京市西城区木樨地南里（100038） （010）83903269
5	《中南大学学报（社会科学版）》	长沙市中南大学内（410083） （0731）88830141
6	《安徽大学学报（哲学社会科学版）》	合肥市安徽大学（230039） （0551）5107719 5107157
7	《四川师范大学学报（社会科学版）》	成都市锦江区静安路 5 号（610068） （028）84760703
8	《辽宁大学学报（哲学社会科学版）》	沈阳市皇姑区崇山中路 66 号（110036） （024）86864173
9	《内蒙古大学学报（哲学社会科学版）》	呼和浩特市赛罕区大学西路 235 号（010021） （0471）4992004
10	《南昌大学学报（人文社会科学版）》	南昌市南京东路 235 号（330047） （0791）8305914
11	《杭州师范大学学报（社会科学版）》	杭州市下沙高教园区学林街 16 号（310036） （0571）28865870 28865871

续表

序号	刊　名	期 刊 信 息
12	《北京林业大学学报（社会科学版）》	北京市海淀区清华东路35号（100083）　（010）62337919
13	《贵州师范大学学报（社会科学版）》	贵州省贵阳市宝山北路116号（550001）　（0851）6702106
14	《北京航空航天大学学报（社会科学版）》	北京市海淀区学院路37号（100191）　（010）82338013
15	《中国海洋大学学报（社会科学版）》	青岛市市南区鱼山路5号（266003）　（0532）82032739
16	《北京工业大学学报（社会科学版）》	北京市平乐园100号（100124）　（010）67392534
17	《福建农林大学学报（哲学社会科学版）》	福州市金山福建农林大学（350002）　（0591）83789314
18	《西南交通大学学报（社会科学版）》	成都市金牛区二环北一段111号西南交通大学（610031）（028）87600845
19	《湖北大学学报（哲学社会科学版）》	武汉市武昌区学院路11号（430062）　（027）88663900
20	《武汉理工大学学报（社会科学版）》	武汉市武昌区和平大道1040号50号信箱（430063）（027）86553823
21	《宁夏大学学报（人文社会科学版）》	银川市西夏区文萃北街217号（750021）　（0951）2061793　2061735

2010年我国高校和有关研究机构学术影响力统计

本次统计利用1998—2008年CSSCI的数据，对2008年全国高校及其他机构的发文情况和1998—2008年CSSCI来源论文在2008年被引用的情况进行了统计。

学科类别和排序根据《国家标准：学科分类与代码》(GB/T13745-2009）19个一级学科，同时参照美国“社会科学引文索引”(SSCI）的学科设置，并增设了心理学、人文经济地理和环境科学3个学科类别，将文学类分为中国文学和外国文学两个部分，共计23

个学科。学科类别按照来源文献的第一学科类别归类。

发文数根据论文第一作者著录的第一机构名称统计，多校区的高校合并进行统计，高校的独立学院单独统计。

中国社会科学院、中国科学院下属各机构统一纳入中国社会科学院和中国科学院统计。

统计数据由南京大学中国社会科学研究评价中心提供。

表1　**全国高校及其他机构发表论文总数排序表**

名　次	机构名称	发文篇数
1	中国人民大学	2586
2	中国社会科学院	2147
3	北京大学	1965
4	南京大学	1812
5	武汉大学	1794
6	北京师范大学	1783
7	南开大学	1518
8	复旦大学	1469
9	四川大学	1369
10	华东师范大学	1240
11	厦门大学	1208
12	山东大学	1145
13	中山大学	1104
14	浙江大学	1063
15	吉林大学	1002
16	清华大学	997
17	华中科技大学	954
18	西安交通大学	945
19	华中师范大学	855
20	华南师范大学	829
21	南京师范大学	814

注：1. 本表根据全国高校及其他机构2008年在CSSCI 528种来源期刊上发表论文的总篇数进行机构排序。

2. 选取名额按照不少于20所高校的原则列出。

表2　　　　全国高校及其他机构各学科发表论文数排序表

学　科	名　次	机构名称	发文篇数
管理学	1	西安交通大学	271
	2	中国人民大学	240
	3	南京大学	190
	4	南开大学	178
	5	天津大学	173
马克思主义	1	中国人民大学	44
	2	北京大学	36
	3	中国社会科学院	33
	4	南京大学	29
	5	中共中央文献研究室	26
	6	中共中央党校	23
	7	武汉大学	22
	8	中共中央编译局	21
	9	南开大学	20
哲学	1	中国人民大学	166
	2	中国社会科学院	160
	3	北京大学	141
	4	中山大学	139
	5	武汉大学	134
	6	南京大学	129
宗教学	1	四川大学	101
	2	中国社会科学院	60
	3	中国宗教杂志社	47
	4	南京大学	36
	5	北京大学	25
	6	厦门大学	19
	7	中央民族大学	18
语言学	1	上海外国语大学	80
	2	北京语言大学	76
	3	北京大学	68
	4	暨南大学	63
		中国社会科学院	63
	6	南开大学	58

续表

学 科	名 次	机构名称	发文篇数
外国文学	1	北京大学	46
	2	南京大学	41
	3	四川大学	39
	4	上海外国语大学	32
	5	北京外国语大学	29
中国文学	1	中国社会科学院	162
	2	四川大学	135
	3	北京大学	128
		复旦大学	128
	5	北京师范大学	117
		南京大学	117
艺术学	1	北京电影学院	143
	2	中国艺术研究院	95
	3	中国传媒大学	91
	4	中央音乐学院	83
	5	上海音乐学院	82
	6	南京艺术学院	78
历史学	1	中国社会科学院	248
	2	北京师范大学	175
	3	南开大学	160
	4	复旦大学	127
	5	南京大学	118
	6	中国人民大学	109
考古学	1	中国社会科学院	42
	2	北京大学	37
	3	吉林大学	25
	4	南京大学	19
		陕西省考古研究院	19
		四川大学	19
	7	郑州大学	17

续表

学 科	名 次	机构名称	发文篇数
经济学	1	中国人民大学	702
	2	中国社会科学院	622
	3	南开大学	516
	4	西安交通大学	441
	5	厦门大学	406
	6	上海财经大学	380
政治学	1	中国社会科学院	271
	2	中国人民大学	228
	3	北京大学	164
	4	中共中央党校	134
	5	复旦大学	130
	6	华中师范大学	94
	7	南京大学	84
法学	1	中国人民大学	369
	2	武汉大学	243
	3	中国政法大学	209
	4	西南政法大学	193
	5	北京大学	165
		华东政法大学	165
社会学	1	中国人民大学	168
	2	北京大学	104
	3	南京大学	97
	4	中国社会科学院	84
	5	中山大学	59
	6	南开大学	55
民族学	1	中央民族大学	94
	2	云南大学	54
	3	中国社会科学院	46
	4	北京大学	40
	5	兰州大学	38
		四川大学	38

续表

学　科	名　次	机构名称	发文篇数
新闻学与传播学	1	中国传媒大学	124
	2	武汉大学	123
	3	复旦大学	91
	4	中国人民大学	84
	5	四川大学	62
图书馆情报与文献学	1	武汉大学	333
	2	南京大学	177
	3	北京大学	136
	4	中国人民大学	134
	5	中国科学院	133
	6	南开大学	105
教育学	1	北京师范大学	527
	2	华东师范大学	452
	3	华南师范大学	228
	4	南京师范大学	214
	5	东北师范大学	193
体育学	1	北京体育学院	163
	2	上海体育学院	126
	3	成都体育学院	85
	4	武汉体育学院	54
	5	西安体育学院	52
统计学	1	国家统计局	19
	2	厦门大学	15
	3	中国人民大学	13
	4	暨南大学	11
	5	华中科技大学	7
		天津财经大学	7
		浙江工商大学	7

续表

学　科	名　次	机构名称	发文篇数
心理学	1	北京师范大学	120
	2	西南大学	80
	3	华东师范大学	68
	4	华南师范大学	58
	5	中国科学院	44
	6	南京师范大学	43
人文经济地理	1	北京大学	21
	2	陕西师范大学	19
	3	复旦大学	18
	4	北京师范大学	8
		华东师范大学	8
环境科学	1	国家环境保护部	83
	2	中国科学院	65
	3	北京师范大学	19
	4	南京大学	18
		清华大学	18
	6	北京大学	17
	7	华东师范大学	16

注：1. 本表根据高校及其他机构 2008 年在 CSSCI 528 种来源期刊上发表的各学科论文的篇数进行机构排序。

2. 选取名额按照不少于 5 所高校的原则列出。

表 3　　　　全国高校及其他机构论文被引总次数排序表

名　次	机构名称	被引次数
1	北京大学	5351
2	中国社会科学院	5076
3	中国人民大学	3737
4	中国科学院	3111
5	南京大学	3080
6	清华大学	2787
7	武汉大学	2657

续表

名 次	机构名称	被引次数
8	浙江大学	2650
9	北京师范大学	2594
10	复旦大学	2406
11	南开大学	2241
12	中山大学	2117
13	厦门大学	1700
14	华东师范大学	1600
15	西安交通大学	1553
16	吉林大学	1238
17	上海财经大学	1235
18	华中科技大学	1161
19	上海交通大学	939
20	华中师范大学	916
21	四川大学	907
22	华南师范大学	905

注：1. 本表根据高校及其他机构 1998—2008 年 CSSCI 所有来源论文在 2008 年被 528 种 CSSCI 来源期刊引用的总次数进行机构排序。

2. 选取名额按照不少于 20 所高校的原则列出。

表4　　全国高校及其他机构各学科论文被引次数排序表

学 科	名 次	机构名称	被引次数
管理学	1	浙江大学	659
	2	西安交通大学	626
	3	中国社会科学院	623
	4	北京大学	602
	5	清华大学	483
	6	南开大学	468
马克思主义	1	中国人民大学	31
	2	南京大学	26
	3	北京大学	24
	4	中共中央编译局	20
	5	中共中央党校	19
	6	中国社会科学院	16
	7	清华大学	14
	8	复旦大学	9
		湘潭大学	9

续表

学 科	名 次	机构名称	被引次数
哲学	1	中国社会科学院	239
	2	中国人民大学	147
	3	北京大学	146
	4	复旦大学	137
	5	清华大学	134
	6	南京大学	116
宗教学	1	四川大学	52
	2	中国社会科学院	29
	3	北京大学	18
	4	中国人民大学	12
	5	武汉大学	9
		厦门大学	9
		中央民族大学	9
语言学	1	中国社会科学院	281
	2	北京大学	185
	3	广东外语外贸大学	161
	4	上海外国语大学	147
	5	北京语言大学	134
	6	北京外国语大学	130
外国文学	1	北京大学	18
	2	南京大学	17
	3	北京师范大学	12
	4	华中师范大学	11
		中国社会科学院	11
	6	浙江大学	10
中国文学	1	北京大学	167
	2	中国社会科学院	155
	3	北京师范大学	152
	4	南京大学	96
	5	复旦大学	94
	6	四川大学	60

续表

学　科	名　次	机构名称	被引次数
艺术学	1	中央音乐学院	58
	2	中国音乐学院	40
	3	中国艺术研究院	36
	4	上海音乐学院	33
	5	武汉音乐学院	30
	6	清华大学	27
历史学	1	中国社会科学院	292
	2	北京师范大学	141
	3	北京大学	125
	4	南开大学	121
	5	复旦大学	116
	6	南京大学	105
考古学	1	中国社会科学院	163
	2	陕西省考古研究所	99
	3	北京大学	52
	4	河南省文物考古研究所	42
	5	敦煌研究院	31
		南京市博物馆	31
	7	甘肃省文物考古研究所	17
		南京市博物院	17
		西安市文物保护考古研究所	17
	10	洛阳市文物工作队	15
		西北大学	15
	12	吉林大学	14
		兰州大学	14
		山东大学	14
经济学	1	中国社会科学院	1999
	2	北京大学	1649
	3	中国人民大学	1263
	4	南京大学	1119
	5	复旦大学	1012
	6	浙江大学	948

续表

学 科	名 次	机构名称	被引次数
政治学	1	中国社会科学院	344
	2	北京大学	227
	3	中国人民大学	217
	4	复旦大学	194
	5	中共中央党校	115
	6	南开大学	108
	7	外交学院	103
法学	1	北京大学	610
	2	中国人民大学	547
	3	中国政法大学	442
	4	武汉大学	350
	5	清华大学	333
社会学	1	中国人民大学	451
	2	中国社会科学院	391
	3	北京大学	352
	4	清华大学	183
	5	南京大学	155
	6	中山大学	140
民族学	1	中国社会科学院	67
	2	中央民族大学	59
	3	北京大学	50
	4	北京师范大学	32
	5	中山大学	27
	6	兰州大学	26
新闻学与传播学	1	中国人民大学	95
	2	复旦大学	83
	3	中国科学院	68
	4	武汉大学	63
	5	北京大学	49
	6	中国科学技术信息研究所	48
		中华医学会杂志社	48
	8	清华大学	47

续表

学 科	名 次	机构名称	被引次数
图书馆、情报与文献学	1	武汉大学	919
	2	北京大学	497
	3	中国科学院	401
	4	南京大学	376
	5	中山大学	276
	6	南开大学	229
教育学	1	北京师范大学	1014
	2	华东师范大学	565
	3	南京师范大学	270
	4	华南师范大学	264
	5	厦门大学	232
体育学	1	北京体育大学	315
	2	上海体育学院	307
	3	武汉体育学院	178
	4	成都体育学院	137
	5	天津体育学院	119
统计学	1	国家统计局	34
	2	中国科学院	21
	3	亚洲发展银行	17
	4	中国人民大学	15
	5	浙江工商大学	11
	6	东北财经大学	10
		厦门大学	10
	8	上海财经大学	7
心理学	1	北京师范大学	313
	2	西南大学	249
	3	中国科学院	239
	4	华南师范大学	194
	5	北京大学	169
	6	华东师范大学	151

续表

学　科	名　次	机构名称	被引次数
人文经济地理	1	北京大学	47
	2	南京大学	26
	3	河南大学	25
	4	复旦大学	21
		陕西师范大学	21
		中山大学	21
环境科学	1	中国科学院	76
	2	北京大学	48
	3	中华人民共和国环境保护部	47
	4	南京大学	45
	5	北京师范大学	37
	6	清华大学	21
	7	华东师范大学	17

注：1. 本表根据1998—2008年高校及其他机构发表的CSSCI各学科来源论文在2008年被528种CSSCI来源期刊引用的次数进行机构排序。

2. 选取名额按照不少于5所高校的原则列出。

（六）中国高校社科年报统计工作

中国高校社科年报统计工作简介

高校社科年报统计又称“高等学校科技统计（人文社科）”，是国家部门统计工作的一个重要组成部分，提供高校人文社科科研状况的基础数据。1990年正式实施，为国家和各级教育行政部门、科研管理部门制定政策和规划提供了基本信息，为“科教兴国战略”的实施发挥了重要作用。

高校社科年报统计工作由教育部社会科学司负责，各省、自治区、直辖市教育厅（教委）按属地关系组织本地区高校进行布置、培训、汇总等工作，高校人文社会科学信息网提供计算机系统的技术支撑。

高校社科年报统计的主要公开出版物是《全国高校社科统计资料汇编》，由高等教育出版社出版发行。《全国高校社科统计资料汇编》提供了全国全日制普通高校人文社会科学研究的各种汇总和分项分类数据，包括社科人力、研发人员及投入、研究与发展经费、研究机构、研究课题、学术交流、研究成果等，充分反映了高校社会科学研究的历史、现状和发展。

高校社科统计工作得到了各省教育主管部门、各有关高校的大力支持。为做好这项工作，各单位都投入了大量的人力物力，培训了专职的统计人员。做基础统计工作的各高校社科科研管理部门的有关同志更是兢兢业业、认真负责，把日常的管理工作和年度统计结合起来，积累了大量的原始数据，使高校社科统计数据的质量逐年提高，缺报、漏报大大减少，数据更加准确。

在国务院的统一部署下，国家统计局牵头，2000 年和 2009 年分别进行了两次全国 R&D 资源清查工作。高校系统的 R&D 资源清查纳入年报统计工作。R&D 资源清查工作使数据更加规范，更符合国际标准，现行统计报表和统计口径又经调整修订。调整后的统计口径和指标含义与社会各部门的统计口径基本相一致，增强了国际可比性。

为推进社科年报统计工作信息化建设，教育部社科司先后组织有关高校和中国高校人文社科信息网联合编制开发了《全国普通高等学校人文社会科学研究管理系统》。这套系统的推广使用使高校社科管理、统计方法和手段也发生了实质性的变化。过去单纯为了填写报表靠年底突击搜集数据的方法正日渐被日常科研管理活动的必要数据积累工作所代替，高校都已实现由计算机对原始数据汇总后自动生成全部统计报表，替代了原有的手工填报数据。这套系统由六个子系统组成，包括科研人员、科研机构、科研项目、科研经费、科研成果和学术交流。基于统一的基础数据库，各子系统既可对科研工作进行分类管理，也可进行总的数据分类统计汇总。通过校级、省教育厅级和教育部级三级管理和信息交流，实现了高校人文社会科学研究动态管理的自动化，提供了信息统计、汇总、查询、打印等各种功能。科研管理的主要工作均可通过该系统实现，大大减轻了工作负担，提高了工作质量和效率。在该系统上，高校社科年报统计实现了从基础数据直接生成年报统计报表，改变了过去的手工填报，保证了统计数据的质量。通过不断的完善和改进，高校社科年报统计为全国高校人文社会科学研究的管理工作提供了更加完备的管理手段和更好的服务。

2006 年高校哲学社会科学研究统计报告

一、教学和科研队伍

截至 2006 年底，高校哲学社会科学教学和研究人员总数达到 364063 人，其中女性为 182099 人，约占 50%。具有高级职称的教师共 129411 人，其中教授 36138 人，副教授 93273 人，分别占总人数的 9. 92%和 25. 62%。队伍整体素质有所提高，其中 26455 人具有博士学位，99934 人具有硕士学位，分别占总人数的 6. 29%和 24. 72%，比 2005 年分别增加了 0. 97 个和 2. 73 个百分点。

近年来，地方高校哲学社会科学研究事业有较大的发展，在整个高校社会科学教学和研究人员队伍中，地方高校有 295578 人，占整个队伍的比例为 74. 6%。从教育部各类项目立项和评奖等情况看，地方高校的科研实力和成果水平近年来都有较大幅度的提升，2006 年 40 项教育部重大有关项目中，有 5 个项目被 5 所地方高校中标，创造了历史最好成绩。

二、科研项目和经费

2006 年，高校哲学社会科学研究当年在研总数 123584 项，当年项目经费拨入 199959 万元，支出 143301 万元。当年新立课题 52129 项，比 2005 年增加了 22.4%。按照项目来源可划分为以下几种：

1. 中央政府项目，包括国家社科基金项目、教育部哲学社会科学各类研究项目和其他中央部委人文社会科学研究项目共 5163 项，比 2005 年增加了 22%。

2. 地方政府项目，包括省社科联、省市自治区政府各部门设立的人文社会科学研究项目共 18474 项，比 2005 年增加了 26.7%。

3. 企事业单位委托项目各类横向资助项目 9204 项，比 2005 年增加了 17.3%。

4. 国际合作、外资项目及中国港澳台地区合作项目 546 项，比 2005 年增加了 14.7%。

5. 其他各类项目 18742 项，比 2005 年增加了 21.3%。

2006 年当年完成课题结项 26707 项，比 2005 年增加了 24%。

教育部各类社科科研项目已形成了重大攻关项目、重点研究基地重大项目、规划项目和后期资助项目的完整项目资助体系。高校在申报各类项目时，其组织形式已从过去鼓励教师个人申报向高校组织力量、整合资源，通过突出特色，发挥学校整体实力和优势竞争力的形式转变。除项目数量外，争取重大攻关项目已成为现代高校综合科研实力和集合优势的重要标志。以下列出了 2006 年高校获准哲学社会科学基金项目、教育部人文社会科学研究项目科研立项情况（单位排序不分先后）：

2006 年国家哲学社会科学基金项目立项情况

1. 重大项目立项情况

序号	立项数（项）	单　位
1	6	中国人民大学
2	3	南京大学、南开大学
3	2	清华大学、中国政法大学
4	1	北京大学、北京师范大学、北京体育大学、大连理工大学、东北师范大学、复旦大学、广西大学、华中科技大学、山东大学、石河子大学、武汉大学、厦门大学、中南财经政法大学

2. 重点项目立项情况

序号	立项数（项）	单　位
1	3	北京大学、南京大学、南开大学、武汉大学
2	2	复旦大学、湖南大学、山东大学（含威海分校）、浙江大学、中国人民大学
3	1	北京师范大学、北京外国语大学、重庆大学、东南大学、华南师范大学、华中师范大学、吉林大学、兰州大学、内蒙古大学、南京师范大学、宁夏大学、首都师范大学、苏州大学、中国政法大学、中央民族大学

3. 后期资助项目立项情况

序号	立项数（项）	单　位
1	1	重庆工学院、大连大学、东北师范大学、复旦大学、黑龙江大学、湖南大学、吉林大学、聊城大学、宁波大学、青岛大学、上海交通大学、首都师范大学、四川大学、四川师范大学、西华师范大学

4. 一般项目（包括青年项目）立项情况

序号	立项数（项）	单　位
1	30	中国人民大学
2	23	北京大学、复旦大学、南开大学、厦门大学、浙江大学
3	20	湖南大学
4	19	武汉大学
5	18	华东师范大学、华中师范大学
6	17	南京大学
7	16	吉林大学
8	15	北京师范大学、中山大学
9	13	清华大学、山东大学（含威海分校）、湘潭大学、中国政法大学
10	12	兰州大学

5. 西部项目立项情况

序号	立项数（项）	单　位
1	8	宁夏大学
2	6	延边大学、云南师范大学
3	5	重庆师范大学、内蒙古大学、内蒙古师范大学、青海民族学院、西北师范大学、西北政法大学、新疆师范大学
4	4	重庆工商大学、广西大学、广西师范大学、贵州大学、四川师范大学、西北大学、西北民族大学、西南财经大学、新疆财经学院、云南财贸学院、云南大学
5	3	广西民族大学、贵州师范大学、兰州大学、青海师范大学、西安财经学院、西安交通大学、西藏大学、新疆大学、西南大学

2006年教育部人文社会科学研究项目立项情况

1. 重大攻关项目立项情况

序号	立项数（项）	单　位
1	3	华东师范大学、南开大学、山东大学、中国人民大学、中国政法大学
2	2	北京师范大学、复旦大学、南京大学、武汉大学
3	1	安徽财经大学、安徽大学、北京大学、华中师范大学、兰州大学、清华大学、上海大学、上海戏剧学院、苏州大学、西南财经大学、西南大学、浙江大学、中国音乐学院、中南财经政法大学、中山大学、中央财经大学

2. 后期资助项目立项情况

序号	立项数（项）	单　位
重大项目	1	清华大学、武汉大学、北京师范大学、复旦大学
重点项目	1	复旦大学、四川大学、武汉大学、华中科技大学、中央美术学院、清华大学、青海民族学院、四川大学、浙江大学、中南大学
一般项目	2	东北师范大学、兰州大学、山东大学
	1	安徽大学、北京外国语大学、长春工业大学、赤峰学院、重庆工商大学、大连理工大学、对外经济贸易大学、湖北孝感学院、华南师范大学、华中科技大学、南京大学、南京农业大学、南开大学、山西大学、上海外国语大学、首都经济贸易大学、塔里木大学、天津财经大学、西北大学、西北师范大学、云南大学、浙江师范大学、中国传媒大学、中国人民大学、中国政法大学、中山大学、中央民族大学

3. 规划项目（包括青年基金和专项任务）立项情况

序号	立项数（项）	单　位
1	30	北京师范大学
2	22	复旦大学
3	21	武汉大学
4	20	南开大学
5	18	北京大学、东北师范大学、华东师范大学、华中师范大学
6	15	中山大学
7	13	中国人民大学、西南大学
8	12	吉林大学、上海交通大学、中国政法大学
9	11	厦门大学
10	9	东北财经大学、兰州大学、清华大学、中南财经政法大学

2006 年高校社科科研经费投入继续保持着较快的增长幅度，各级政府和社会各方面继续给予高校哲学社会科学以高度重视和支持。各类项目经费投入总数近 20 亿元，比上一年增加了 23.5%。其中：中央政府投入 4.13 亿元，比上一年增加了 20%；地方政府投入 3.65 亿元，增加了 60%。科研经费的增长为哲学社会科学的繁荣和发展提供了良好的条件。除了政府专项资金大幅增长外，高校通过鼓励教师理论联系实际，发展产学研一体化的科研发展道路，广泛开拓合作研究渠道，横向经费和国际合作的经费也有很大幅度的增长。企事业单位通过横向合作项目的投入共计 7.9 亿元，增加了 24.8%；国际合作及中国港澳台地区合作项目达到 1 亿元，增加了近 30%；学校自筹等其他项目经费来源也有较大幅度的增长。科研经费的筹措从一个方面显示了高校的综合科研实力和科研组织能力。以下列出了 2006 年社科科研项目经费投入总量最多的 10 所高校和社科项目经费总额在 2000 万元以上、增长幅度最大的 10 所高校：

2006 年社科科研项目经费投入总量最多的 10 所高校

序号	单　位	2006 年项目经费投入（万元）	序号	单位	2006 年项目经费投入（万元）
1	中国人民大学	10025	6	中山大学	4472
2	清华大学（含清华工艺美院）	9626	7	北京师范大学	4266
3	北京大学	6612	8	武汉大学	3757
4	浙江大学	6205	9	华中师范大学	3471
5	厦门大学	4553	10	四川大学	3289

2006 年社科项目经费总额在 2000 万元以上、增长幅度最大的 10 所高校

序号	单　位	2006 年项目经费投入（万元）	与 2005 年相比增长幅度（%）
1	华中科技大学	2127	188.72
2	武汉大学	3757	82.32
3	厦门大学	4553	48.87
4	华中师范大学	3471	44.55
5	重庆大学	2571	33.37
6	北京交通大学	2314	26.56
7	中山大学	4472	26.46
8	四川大学	3289	25.37
9	北京大学	6612	24.11
10	复旦大学	3183	19.90

三、科研成果

2006年高校哲学社会科学科研成果在继续保持一定数量增长的同时，高度注重质量的提高。据统计，2006年共出版各类学术著作24731部，比2005年增长了6.2%；发表论文282039篇，增长了19.18%。其中，在国外刊物发表论文3996篇，增长了22.27%，显示了较快的增长幅度，这说明高校科研的国际化水平在不断提高；向有关部门提供咨询报告22659篇，增长了15.47%，说明高校教师在科研工作中更加注重理论联系实际，为政府和社会服务的能力显著提高。

下表列出了2005年CSSCI来源期刊论文发表的机构排行：

排名	单 位	2005年发文篇数	排名	单 位	2005年发文篇数
1	中国人民大学	1866	11	中山大学	967
2	北京大学	1808	12	四川大学	959
3	北京师范大学	1656	13	厦门大学	907
4	南京大学	1569	14	吉林大学	876
5	武汉大学	1399	15	暨南大学	832
6	浙江大学	1277	16	西安交通大学	795
7	复旦大学	1225	17	华中科技大学	699
8	南开大学	1183	18	南京师范大学	680
9	华东师范大学	1137	19	华中师范大学	625
10	清华大学	985	20	上海交通大学	599

2006年进行了第四届中国高校人文社会科学研究优秀成果奖的评奖。经教育部组织专家评审、面向社会公示和奖励委员会审核通过，共有426项成果获奖，其中一等奖26项、二等奖106项、三等奖294项。高校人文社会科学优秀成果评奖展示了高校广大科研人员积极探索、勇于创新，为推动高校哲学社会科学研究事业繁荣发展，为社会主义经济建设和社会发展作出的突出贡献。同时，也反映了高校在认真贯彻落实科学发展观，注重提高研究质量和创新能力，努力实现从重数量增长向重质量提升的转变，为构建社会主义和谐社会、建设社会主义先进文化作出更大的贡献。

四、学术交流

随着科研国际化水平的不断提高，高校的国际交流日益活跃。2006年高校共举办各种大型学术会议4549次，其中国际会议779次。

国际学术交流和人员往来：2006 年派出各类学术交流（包括合作研究、学习考察等）人员约 47000 人次；来华人员约 23000 人次。与 2005 年相比，出国人员略有减少，来华人员有所增加。

2007 年高校哲学社会科学研究统计报告

一、教学和科研队伍

截至 2007 年底，高校哲学社会科学教学和研究人员总数达到 38. 1 万人，其中女性为 19. 2 万人，约占 50%。具有高级职称的教师 13. 8 万人，其中教授 3. 98 万人，副教授 9. 82 万人，分别占总人数的 10. 43%和 25. 71%，比 2006 年分别提高了 0. 51 个和 0. 09 个百分点，其中 3. 16 万人具有博士学位，11. 31 万人具有硕士学位，分别占总人数的 8. 29%和 29. 65%，比 2006 年分别增加了 2 个和 4. 73 个百分点。

地方高校哲学社会科学教学和研究人员队伍的质量继续有所提高，在整个高校社会科学教学和研究人员队伍中，地方高校有 31. 1 万人，占整个队伍的比例变化不大；具有高级职称的人数为 10. 36 万人，占高级职称总人数的比例从 2006 年的 74. 6%上升到 75. 1%。博士和硕士总人数也有一定提高，分别占到了 50. 6%和 78. 13%。

二、科研项目和经费

2007 年，高校哲学社会科学研究当年在研项目总数 14. 6 万项，当年项目经费拨入 23. 5 亿元，内部支出 18 亿元。当年新立课题 5. 52 万项，按照项目来源可划分为以下几种：

1. 中央政府项目，包括国家社科基金项目、教育部哲学社会科学各类研究项目和其他中央部委人文社会科学研究项目共 5999 项，比 2006 年增加了 16%。

2. 地方政府项目，包括省社科联、省市自治区政府各部门设立的人文社会科学研究项目共 19301 项，比 2006 年增加了 4. 47%。

3. 企事业单位委托项目各类横向资助项目 10958 项，比 2006 年增加了 19%。

4. 国际合作、外资项目及中国港澳台地区合作项目 490 项，比 2006 年略有减少。

5. 其他各类项目 18510 项，与 2006 年大致相等。

2007 年当年完成课题结项 3. 06 万项。

教育部各类社科科研项目已形成了重大攻关项目、重点研究基地重大项目、规划项目和后期资助项目等相对完整的项目资助体系。高校在申报各类项目时，其组织形式已从过去鼓励教师个人申报向高校组织力量、整合资源，通过突出特色，发挥学校整体实力和优势竞争力的形式转变。除项目数量外，争取重大攻关项目已成为显示高校综合科研实力和集合优势的重要标志。以下列出了 2007 年高校获准哲学社会科学基金项目、教育部人文社会科学研究项目立项情况（单位排序不分先后）：

2007年国家哲学社会科学基金项目立项情况

1. 重大项目立项情况

序号	立项数（项）	单　位
1	8	中国人民大学
2	4	南开大学
3	3	北京师范大学、四川大学
4	2	华中师范大学、中国政法大学、浙江大学、石河子大学、西南财经大学
5	1	北京大学、复旦大学、南京大学、上海财经大学、武汉大学、中南大学、湖南大学、湖南师范大学、华中科技大学、中南财经政法大学、对外经济贸易大学、首都经济贸易大学、吉林大学

2. 后期资助项目立项情况

序号	立项数（项）	单　位
1	3	南开大学
2	2	华中师范大学、江西师范大学、苏州大学
3	1	渤海大学、暨南师范学院、国防科学技术大学、河南大学、喀什师范学院、辽宁师范大学、聊城大学、南通大学、山西大学、上海师范大学、绍兴文理学院、四川大学、天津师范大学、武汉大学、厦门大学、徐州师范大学、燕山大学、浙江大学、浙江工商大学、中国政法大学

3. 重点项目、一般项目、青年项目立项情况

序号	立项数（项）	单　位
1	42	中国人民大学
2	30	南京大学
3	29	北京大学
4	26	浙江大学
5	24	武汉大学
6	22	复旦大学
7	21	中山大学
8	18	华中师范大学、厦门大学
9	17	北京师范大学、吉林大学、清华大学
10	16	湖南师范大学、南开大学、山东大学、郑州大学、中南财经政法大学
11	14	安徽大学、福建师范大学、华东师范大学、苏州大学
12	13	华南师范大学、江西财经大学、兰州大学、南京师范大学、云南大学
13	12	湖南大学、四川大学、中央民族大学
14	11	河南大学、上海大学、湘潭大学、中国政法大学
15	10	辽宁大学、上海师范大学

4. 西部项目立项情况

序号	立项数（项）	单　位
1	7	广西师范大学
2	6	新疆师范大学
3	5	兰州大学、青海民族学院、四川师范大学、西北大学、西北师范大学、新疆财经学院、新疆大学
4	4	广西师范大学、贵州民族学院、贵州师范大学、内蒙古大学、内蒙古师范大学、青海师范大学、西北政法大学、西南大学、云南大学、重庆工商大学、重庆师范大学
5	3	广西民族大学、吉首大学、宁夏大学、陕西师范大学、四川外语学院、西安交通大学、西北第二民族学院、西北民族大学、西藏大学、西南民族大学、云南财经大学、云南民族大学、重庆大学

2007年教育部人文社会科学研究项目立项情况

1. 重大攻关项目立项情况

序号	立项数（项）	单　位
1	6	复旦大学
2	3	武汉大学、中国人民大学
3	2	北京大学、北京交通大学、北京师范大学、华中师范大学、清华大学、中国政法大学
4	1	北京外国语大学、东北师范大学、东华大学、华东师范大学、兰州大学、南京大学、南京农业大学、西南财经大学、西南大学、浙江大学、中南财经政法大学、中山大学、中央财经大学、中央民族大学

2. 后期资助项目立项情况

<table>
<tr><th>序号</th><th>立项数（项）</th><th>单　位</th></tr>
<tr><td>重大项目</td><td>1</td><td>吉林大学、武汉大学、北京师范大学</td></tr>
<tr><td>重点项目</td><td>1</td><td>山东大学、山西大学、浙江大学、华中科技大学、宁夏大学、上海大学、西北师范大学、中央美术学院、华中师范大学、中国政法大学</td></tr>
<tr><td rowspan="2">一般项目</td><td>2</td><td>华东师范大学、南开大学、中央财经大学、中央音乐学院</td></tr>
<tr><td>1</td><td>吉林大学、武汉大学、山东大学、山西大学、浙江大学、安徽大学、北京大学、北京工商大学、昌吉学院、长春税务学院、甘肃政法学院、广东外语外贸大学、广西大学、哈尔滨师范大学、华南师范大学、暨南大学、辽宁师范大学、南京大学、南京航空航天大学、南京农业大学、三峡大学、陕西师范大学、上海交通大学、沈阳师范大学、四川大学、天津财经大学、西安理工大学、西北大学、湘潭大学、中国传媒大学、中国人民大学、中央民族大学</td></tr>
</table>

3. 规划项目（包括青年基金和专项任务）立项情况

序号	立项数（项）	单　位
1	34	北京师范大学
2	31	厦门大学
3	29	武汉大学、华中师范大学
4	27	中国人民大学、南开大学
5	25	东北师范大学、复旦大学
6	22	西南大学、中山大学
7	19	吉林大学
8	18	华东师范大学
9	17	暨南大学
10	15	北京大学、山东大学

2007年高校社科科研经费投入继续保持着较快的增长幅度，各级政府和社会各方面继续给予高校哲学社会科学以高度重视和支持。各类项目经费投入总数达到23.5亿元，比上一年增加了17.5%。其中，中央政府投入5.13亿元，比上一年增加了24.2%；地方政府投入近4亿元，增加了9.59%。科研经费的增长为哲学社会科学的繁荣和发展提供了良好的条件。除了政府专项资金大幅增长外，高校通过鼓励教师理论联系实际，发展产学研一体化的科研发展道路，广泛开拓合作研究渠道，横向经费和国际合作的经费也有很大幅度的增长，企事业单位通过横向合作项目的投入共计9.65亿元，增加了22.15%；国际合作项目达到1.36亿元，增加了近36%，学校自筹等其他项目经费来源也有较大幅度的增长。

从按地区划分的经费总额来看，北京、上海、浙江、广东、湖北、江苏等省市的科研经费居前，其中北京市达到了6.46亿元，远远高于全国平均水平。

科研经费的筹措从一个方面显示了高校的综合科研实力和科研组织能力。以下列出了2007年社科科研项目经费投入总量最多的10所高校和社科项目经费总额在2000万元以上、增长幅度最大的10所高校：

2007年社科科研项目经费投入总量最多的10所高校

序号	单　位	2007年项目经费投入（万元）
1	清华大学（含清华工艺美院的经费）	13433
2	中国人民大学	12595
3	浙江大学	8758
4	北京大学	8606
5	中山大学	5757

续表

序号	单　位	2007 年项目经费投入（万元）
6	武汉大学	5060
7	华中师范大学	4420
8	北京师范大学	4294
9	华东师范大学	4040
10	四川大学	3875

2007 年社科项目经费总额在 2000 万元以上、增长幅度最大的 10 所高校

序号	单　位	2007 年项目经费投入（万元）	与 2006 年相比增长幅度（%）
1	东北师范大学	3586	191%
2	浙江大学	8758	41%
3	清华大学	13433	39%
4	武汉大学	5060	34%
5	南京大学	2148	31%
6	北京大学	8606	30%
7	中山大学	5757	28%
8	华中师范大学	4420	27%
9	中国人民大学	12595	25%
10	华东师范大学	4040	24%

三、科研成果

2007 年高校哲学社会科学科研成果在数量增长速度上开始减缓。高校在促进哲学社会科学繁荣发展的同时，认真贯彻落实科学发展观，注重提高研究质量和创新能力，努力实现从重数量增长向重质量提升的转变。据统计，2007 年共出版各类学术著作 25256 部，比 2006 年增长了 2.1%；发表论文 295323 篇，增长了 4.7%。其中，在国外刊物发表论文 4283 篇，增长了 7.18%，这说明高校科研的国际水平在不断提高。

四、学术交流

随着科研国际化水平的不断提高，高校的国际交流日益活跃。2007 年高校共举办各种大型学术会议 4740 次，其中国际会议 847 次。

国际学术交流和人员往来：2007 年派出各类学术交流（包括合作研究、学习考察等）人员约 46000 人次；来华人员约 24000 人次。与 2006 年相比，出国人员略有减少，来华人员有所增加。

2008年高校哲学社会科学研究统计报告

一、教学和科研队伍

截至2008年底，高校哲学社会科学教学和研究人员总数达到39.8万人，其中女性为20.4万人，约占51.2%，超过男性。具有高级职称的教师14.7万人，其中教授4.3万人，副教授10.4万人，分别占总人数的10.8%和26.1%，比2007年分别增加了0.37%和0.39%；3.79万人具有博士学位，13.06万人具有硕士学位，分别占总人数的9.52%和32.8%，比2007年分别增加了1.23%和3.15%。

在整个高校社会科学教学和研究人员队伍中，地方高校有32.68万人，占整个队伍的82.1%；其中教授3.03万人，副教授8.15万人。

二、科研项目和经费

2008年，高校哲学社会科学研究当年在研项目总数17.1万项，当年项目经费拨入28.87亿元，内部支出23.43亿元。2008年当年新立项目6.35万项，按照项目来源可划分为以下几种：

（1）中央政府项目，包括国家社科基金项目、教育部人文社会科学研究项目和其他中央部委人文社会科学研究项目共7045项，比2007年增加了17.4%。

（2）地方政府项目，包括省级社科规划项目、省市自治区政府各部门设立的人文社会科学研究项目共25487项，比2007年增加了32%。

（3）企事业单位委托等各类横向资助项目12778项，比2007年增加了16.6%。

（4）国际合作、外资项目及中国港澳台地区合作项目709项，比2007年增加了44.7%。

（5）其他项目17496项，比2007年略有减少。

2008年当年完成课题结项40453项。

教育部人文社会科学研究项目已形成了重大课题攻关项目、重点研究基地重大项目、一般项目和后期资助项目等相对完整的项目资助体系。高校在申报各类项目时，其组织形式已从过去鼓励教师个人申报向高校统一组织力量、整合资源，通过突出特色，发挥学校整体实力和优势竞争力的形式转变。除注重项目数量外，争取重大课题攻关项目等各类重大项目已成为显示高校综合科研实力和集合优势的重要标志。以下列出了2008年高校获准国家社科基金项目、教育部人文社会科学研究项目立项情况（单位排序不分先后）。

2008年国家哲学社会科学基金项目立项情况

1. 重大项目立项情况

序号	立项数（项）	单位
1	4	中国人民大学
2	3	清华大学、浙江大学
3	2	北京大学、北京师范大学、南京大学、上海财经大学、四川大学、苏州大学、厦门大学

续表

序号	立项数（项）	单　位
4	1	北京交通大学、北京体育大学、对外经济贸易大学、复旦大学、国防大学、合肥工业大学、湖南商学院、华南农业大学、华中科技大学、华中师范大学、军事经济学院、辽宁大学、南京航空航天大学、南京农业大学、山东大学、四川师范大学、武汉大学、西安交通大学、西北大学、西南财经大学、中国农业大学、中南财经政法大学、中央民族大学

2. 后期资助项目立项情况

序号	立项数（项）	单　位
1	2	华南师范大学、西南大学
2	1	北京大学、滨州学院、长沙理工大学、大连外国语学院、东北师范大学、复旦大学、哈尔滨师范大学、华东师范大学、洛阳师范学院、南京大学、曲阜师范大学、山东师范大学、上海大学、上海师范大学、深圳大学、湘潭大学、湛江师范学院、浙江大学、中国科技大学、中国政法大学、中央民族大学

3. 重点项目、一般项目、青年项目立项情况

序号	立项数（项）	单　位
1	40	中国人民大学
2	31	武汉大学
3	27	复旦大学、中山大学
4	26	南京大学
5	25	北京大学、浙江大学
6	24	厦门大学
7	21	北京师范大学
8	19	华中师范大学、吉林大学、南开大学、四川大学
9	16	清华大学
10	15	华东师范大学、上海财经大学、中南财经政法大学
11	14	华中科技大学、南京师范大学、上海大学
12	13	安徽师范大学、对外经济贸易大学、河南大学、湖南大学、湖南师范大学、上海交通大学
13	12	东北师范大学、黑龙江大学、苏州大学、湘潭大学、中央民族大学
14	11	福建师范大学、江西财经大学、兰州大学、山西大学、西南大学、云南大学
15	10	暨南大学、陕西师范大学、石河子大学、中南大学

4. 西部项目立项情况

序号	立项数（项）	单　位
1	8	青海师范大学
2	7	贵州师范大学
3	6	新疆师范大学、云南师范大学
4	5	广西大学、广西师范大学、贵州大学、吉首大学、兰州大学、青海民族大学、重庆大学、重庆师范大学
5	4	广西民族大学、内蒙古师范大学、陕西师范大学、西北大学、西北师范大学、西北政法大学、西藏大学、西南大学、西南政法大学、新疆大学、云南财经大学、云南大学

2008年教育部人文社会科学研究项目立项情况

1. 重大课题攻关项目立项情况

序号	立项数（项）	单　位
1	6	中国人民大学
2	4	北京大学
3	3	华中师范大学
4	2	北京师范大学、复旦大学、浙江大学、中南大学

2. 后期资助项目立项情况

序号	立项数（项）	单　位
重大项目	1	北京语言大学、四川大学
重点项目	1	北京师范大学、长春工业大学、华南理工大学、华中师范大学、山东大学、武汉大学、西南大学、中国政法大学
一般项目	3	浙江大学
	2	华中师范大学、西南大学、中南财经政法大学、清华大学、南京大学、华中科技大学
	1	长安大学、东北大学、复旦大学、广西大学、海南师范大学、湖南大学、淮北煤炭师范学院、济南大学、暨南大学、南京航空航天大学、南开大学、山东大学、山西大学、上海外国语大学、四川师范大学、苏州科技学院、宿州学院、天津师范大学、武汉科技大学、武汉理工大学、武汉音乐学院、西安交通大学、西北师范大学、厦门大学、中国矿业大学、中国石油大学（华东）、中山大学

3. 一般项目（包括规划基金、青年基金和专项任务）立项情况

序号	立项数（项）	单　位
1	34	武汉大学
2	31	北京师范大学
3	29	厦门大学
4	27	东北师范大学、华中师范大学
5	24	中国人民大学
6	23	吉林大学
7	22	南开大学
8	21	华东师范大学
9	20	暨南大学
10	19	复旦大学、中央财经大学

2008 年高校社科科研经费投入继续保持着较快的增长幅度，各级政府和社会各方面继续给予高校哲学社会科学高度重视和支持。各类项目经费投入总数达到 28. 87 亿元，比上一年增加了 22. 85%。其中，中央政府投入 6. 2 亿元，比上一年增加了 20. 86%；地方政府投入近 6 亿元，比上一年增加了 50%。科研经费的增长为高校哲学社会科学的繁荣和发展提供了良好的条件。除了政府专项资金大幅增长外，高校通过鼓励教师理论联系实际，积极走产学研一体化的科研发展道路，广泛开拓合作研究渠道。较之 2007 年，横向经费和国际合作的经费也有很大增幅，企事业单位通过横向合作项目的投入共计 12. 66 亿元，增加了 31%；国际合作项目达到 1. 6 亿元，增加近了 17. 6%；学校自筹等其他项目经费来源也有所增长。

从按地区划分的项目经费总额来看，北京超过 7 亿元，远远高于全国平均水平，其后是上海（2. 5 亿元）、浙江（2. 36 亿元）、广东（2. 34 亿元）、江苏（1. 8 亿元）。

科研经费的筹措从一个方面显示了高校的综合科研实力和科研组织能力。以下列出了 2008 年社科科研项目经费投入总量最多的 10 所高校和社科项目经费总额在 2000 万元以上、增长幅度最大的 10 所高校。

2008 年社科科研项目经费投入总量最多的 10 所高校

序号	单　位	2008 年项目经费投入（万元）	序号	单　位	2008 年项目经费投入（万元）
1	清华大学	12887	6	厦门大学	6918
2	浙江大学	10838	7	武汉大学	6429
3	北京大学	10239	8	北京师范大学	5929
4	中国人民大学	10168	9	华中师范大学	5663
5	中山大学	8262	10	华东师范大学	5277

2008 年社科项目经费总额在 2000 万元以上、增长幅度最大的 10 所高校

序号	单　位	2008 年项目经费投入（万元）	与 2007 年相比增长幅度（%）
1	中山大学	826235	43.5
2	复旦大学	329335	42.3
3	南京大学	303670	41.37
4	北京师范大学	592895	38.05
5	华东师范大学	527755	30.61
6	南开大学	383512	28.61
7	华南理工大学	268507	28.46
8	华中师范大学	566365	28.11
9	武汉大学	642927	27.05
10	浙江大学	1083820	23.75

三、科研成果

2008 年高校哲学社会科学科研成果总量基本与 2007 年持平。高校更加注重鼓励提高研究质量和创新能力。据统计，2008 年共出版各类学术著作 25973 部，发表论文 304164 篇，比 2007 年略有增长。其中，在国外及中国港澳台地区刊物发表论文 5418 篇（其中，中国港澳台地区 641 篇），比 2007 年增长了 26.5%；向有关部门提供咨询报告 4633 篇。

四、学术交流

随着科研国际化水平的不断提高，高校的国际交流日益活跃。2008 年高校共举办各类学术会议 5010 次，其中国际会议 849 次。

国际学术交流和人员往来：2008 年派出各类学术交流（包括合作研究、学习考察等）人员约 52000 人次；来华人员近 25000 人次，比 2007 年有所增加。

2009 年高校哲学社会科学研究统计报告

一、教学和科研队伍

截至 2009 年底，高校哲学社会科学教学和研究人员总数达到 42.6 万人，其中女性为 22.1 万人，约占 51.9%。具有高级职称的教师 15.7 万人，其中教授 4.7 万人，副教授 11.1 万人，分别占总人数的 10.9% 和 26.0%，比 2008 年分别增加了 8.33% 和 6.45%；4.65 万人具有博士学位，15.26 万人具有硕士学位，分别占总人数的 10.9%和 35.8%，比 2008 年分别增加了 22.69%和 16.84%。

在整个高校社会科学教学和研究人员队伍中，地方高校有 35.2 万人，占总人数的 82.6%；其中教授 3.33 万人，副教授 8.75 万人。

二、科研项目和经费

2009 年，高校哲学社会科学研究当年在研项目总数 19.3 万项，当年项目经费拨入 35.78 亿元，内部支出 29.32 亿元。2009 年当年新立项目 7.29 万项，按照项目来源可划分为以下几种：

（1）中央政府项目，包括国家社科基金项目、教育部人文社会科学研究项目和其他中央部委人文社会科学研究项目共 9531 项，比 2008 年增加了 35.3%。

（2）地方政府项目，包括省级社科规划项目、省市自治区政府各部门设立的人文社会科学研究项目共 30059 项，比 2008 年增加了 17.9%。

（3）企事业单位委托等各类横向资助项目 13881 项，比 2008 年增加了 8.6%。

（4）国际合作、外资项目及中国港澳台地区合作项目 578 项，比 2008 年减少了 18.5%。

（5）其他项目 13888 项，比 2008 年略有减少。

2009 年当年完成课题结项 44553 项。

教育部人文社会科学研究项目已形成了相对完整的资助体系。高校在申报各类项目时，其组织形式已从过去鼓励教师个人申报向高校统一组织力量、整合资源，通过突出特色，发挥学校整体实力和优势竞争力的形式转变。以下列出了 2009 年高校获准国家社科基金项目、教育部人文社会科学研究项目立项情况（单位排序不分先后）：

2009 年国家哲学社会科学基金项目立项情况

1. 重大项目立项情况

序号	立项数	单位
1	9	中国人民大学
2	7	武汉大学
3	3	北京大学、复旦大学、清华大学、厦门大学
4	1	东北财经大学、湖南科技大学、华东师范大学、华中师范大学、吉林大学、暨南大学、江西财经大学、辽宁大学、南京大学、南京农业大学、南开大学、山东大学、上海交通大学、四川大学、苏州大学、西安交通大学、西南民族大学、新疆大学、新疆师范大学、浙江大学、中南财经政法大学、中南大学、中央财经大学

2. 后期资助项目立项情况

序号	立项数	单位
1	6	南开大学
2	5	陕西师范大学
3	4	北京师范大学

续表

序号	立项数	单　位
4	3	南京大学、四川大学
5	2	复旦大学、湖南师范大学、南京师范大学、山西大学、上海大学、首都师范大学
6	1	安徽师范大学、北京大学、北京外国语大学、东北师范大学、广东商学院、河南大学、华东师范大学、华南师范大学、吉林大学、暨南大学、乐山师范学院、辽宁大学、鲁东大学、南通大学、宁波大学、青岛大学、青海民族大学、上海师范大学、绍兴文理学院、苏州大学、武汉大学、西南大学、西南科技大学、西南政法大学、湘潭大学、襄樊学院、新疆大学、郑州大学、中国人民大学、中央民族大学

3. 重点项目、一般项目、青年项目立项情况

序号	立项数	单　位
1	32	北京大学
2	30	武汉大学
3	29	南京大学
4	25	中国人民大学
5	23	中南财经政法大学
6	22	复旦大学、华中师范大学
7	21	吉林大学
8	19	厦门大学
9	18	湖南师范大学
10	17	华东师范大学、上海大学、中山大学
11	16	河南大学
12	15	北京师范大学、湖南大学、南开大学、四川大学
13	14	西南财经大学、湘潭大学、云南大学、中南民族大学
14	13	安徽师范大学、华东政法大学、西南大学、浙江大学
15	12	杭州师范大学、暨南大学、江西财经大学、上海交通大学、苏州大学

4. 西部项目立项情况

序号	立项数	单　位
1	9	广西大学
2	5	西北师范大学、新疆师范大学
3	6	贵州大学、青海民族学院、石河子大学、云南大学

续表

序号	立项数	单　位
4	5	贵州财经学院、贵州师范大学、兰州大学、内蒙古师范大学、青海师范大学、四川师范大学、西北大学、西北政法大学、西南政法大学、新疆大学、云南财经大学、云南师范大学、重庆大学、重庆师范大学
5	4	广西社会科学院、内蒙古大学、青海大学、陕西师范大学、西安交通大学、西南大学、重庆工商大学

2009 年教育部人文社会科学研究项目立项情况

1. 重大课题攻关项目立项情况

序号	立项数	单　位
1	4	北京大学、武汉大学、浙江大学
2	3	南开大学、中国人民大学
3	2	华中师范大学、南京师范大学、清华大学、四川大学、西安交通大学、厦门大学
4	1	北京师范大学、东北师范大学、华东师范大学、华南农业大学、吉林大学、南京大学、山东大学、上海交通大学、上海师范大学、西北大学、西南财经大学、浙江师范大学、中国石油大学（北京）、中山大学、中央音乐学院

2. 后期资助项目立项情况

序号	立项数	单　位
重点项目	1	北京大学、东北财经大学、贵州财经大学、贵州师范大学、华中师范大学、南京中医药大学、山东大学、西北民族大学
一般项目	3	南京大学
	2	电子科技大学、华东师范大学、清华大学、山东大学、西安交通大学、中国人民大学
	1	北京外国语大学、北京邮电大学、北京语言大学、长春税务学院、合肥工业大学、湖北大学、湖南科技大学、华南师范大学、华中师范大学、凯里学院、兰州大学、内蒙古师范大学、南昌航空大学、深圳大学、首都师范大学、温州大学、西南大学、徐州师范大学、浙江大学、中国传媒大学、中国政法大学、中南财经政法大学

3. 一般项目（包括规划基金、青年基金和专项任务）立项情况

序号	立项数	单　　位
1	64	北京大学
2	59	武汉大学
3	48	南开大学
4	45	南京大学
5	42	中山大学
6	41	复旦大学、华中师范大学
7	40	厦门大学
8	39	华东师范大学
9	38	西南大学
10	37	北京师范大学、中国人民大学
11	34	吉林大学
12	32	浙江师范大学
13	31	华南师范大学、华中科技大学、暨南大学、浙江工商大学
14	28	湖南大学、浙江大学、中国传媒大学、中央财经大学
15	27	东北师范大学、广东外语外贸大学
16	26	南京师范大学、首都师范大学
17	24	中国政法大学
18	23	山东大学、陕西师范大学、中南财经政法大学
19	22	东南大学
20	21	江西财经大学、上海师范大学、四川大学

4. 西部项目立项情况

序号	立项数	单　　位
1	18	西南政法大学
2	14	西南大学
3	13	兰州大学、新疆大学
4	12	陕西师范大学、四川大学
5	10	西安交通大学
6	9	云南财经大学
7	8	西北大学、西北师范大学、西南财经大学
8	7	广西大学、石河子大学
9	6	新疆师范大学、云南大学
10	5	四川师范大学、西藏大学、新疆财经大学、云南师范大学、重庆大学、重庆工商大学

2009年高校社科科研经费投入继续保持较快的增长幅度，各级政府和社会各方面给予高校哲学社会科学高度重视和支持。各类项目经费投入总数达到35.78亿元，比上一年增加了23.93%。其中，中央政府投入8.86亿元，比上一年增加了42.9%；地方政府投入近7.37亿元，比上一年增加了23.2%。科研经费的增长为高校哲学社会科学的繁荣和发展提供了良好的条件。除了政府专项资金大幅度增长外，高校通过鼓励教师理论联系实际，积极走产学研一体化的科研发展道路，广泛开拓合作研究渠道。与2008年相比，横向课题经费也有较大增幅，企事业单位通过横向合作项目的投入共计15.22亿元，增加了20%；国际合作项目1.53亿元，比2008年略有下降，学校自筹等其他项目经费来源有所增长。

从按地区划分的项目经费总额来看，北京超过8.3亿元，远远高于全国平均水平。其后是浙江（3.44亿元）、广东（2.95亿元）、上海（2.94亿元）、湖北（2.7亿元）。

科研经费的筹措从一个方面显示了高校的综合科研实力和科研组织能力。以下列出了2009年社科科研项目经费投入总量最多的10所高校和社科项目经费总额在2000万元以上、增长幅度最大的10所高校：

2009年社科科研项目经费投入总量最多的10所高校

序号	单位	2009年项目经费投入（万元）	序号	单位	2009年项目经费投入（万元）
1	清华大学	18117	6	厦门大学	8005
2	浙江大学	14038	7	武汉大学	6393
3	北京大学	10240	8	北京师范大学	6344
4	中山大学	9583	9	华中师范大学	6000
5	中国人民大学	9477	10	四川大学	5921

2009年社科项目经费总额在2000万元以上、增长幅度最大的10所高校

序号	单位	2009年项目经费投入（万元）	与2008年相比增长幅度（%）
1	北京交通大学	4444	73.55
2	南京大学	4920	62.03
3	上海交通大学	3511	48.34
4	华南理工大学	3967	47.74
5	清华大学	18117	40.59
6	南开大学	5372	40.06
7	西南大学	2937	38.52
8	浙江大学	14038	29.52
9	四川大学	5921	27.87
10	上海财经大学	2647	19.90

三、科研成果

2009年高校哲学社会科学科研成果总量比2008年稍有增加。高校更加注重鼓励提高研究质量和创新能力。据统计，2009年共出版各类学术著作27024部，发表论文312816篇，比2008年略有增加。其中，在国外及中国港澳台地区刊物发表5936篇（其中，中国港澳台地区728篇），比2008年提高了9.6%；向有关部门提供咨询报告5679篇。

四、学术交流

随着科研国际化水平的不断提高，高校的国际交流日益活跃。2009年高校共举办各类学术会议5682次，其中国际会议874次。

国际学术交流和人员往来：2009年派出各类学术交流（包括合作研究、学习考察等）人员52183人次；来华人员23737人次。

第二编　基地建设编

一、教育部人文社会科学重点研究基地建设总体情况

学术高峰　人才洼地　政企智库

——教育部人文社会科学重点研究基地十年回顾与展望

重点研究基地是科研体制机制改革的产物

客观地看待重点研究基地10年的发展，首先要将它置于新中国60年高校文科科研机构发展的时间坐标中进行考察。重点研究基地并不是凭空蹦出的“石猴”，而是高校文科科研机构发展到一定历史阶段的产物，有其必然性。建国60多年来，文科研究机构发展大致经历了三个阶段：第一个阶段，从20世纪60年代初开始至“文化大革命”结束。这一时期，由于周边国际环境的恶化，中央为加强国际问题研究，在全国布点设立了若干实体性研究机构，高校占了相当大的比例，但在“文革”中毁之殆尽。第二个阶段从改革开放开始至20世纪90年代中期。根据1978年全国教育工作会议精神，高校相继恢复重建了一批研究所（室），积极展开人文社会科学研究。据1991年高校人文社会科学数据统计，这一时期由学校上级主管部门批准设立的研究所达521个，其中设在国务院各部属高校的研究所234个，设在省属高校的研究所287个。第三个阶段，就是以1999年重点研究基地启动建设为标志延续至今。教育部在全国66所高校相继设立重点研究基地151所，各地建立省级重点研究基地400多所，各校建立校级研究基地上千所。从发展上来讲，不同阶段的科研机构或明或暗地有着学术上的接续，至少30%的重点研究基地与前两个阶段的科研机构存在“学脉”关系。但第三个阶段又是在前两个发展阶段基础上的突变，这一变化显著地表现为对原来具有明显计划经济特征科研体制的改革，即引入了竞争性机制，彻底扭转了原先科研机构靠等课题吃饭、人员固化、人浮于事的状况。从这个角度来说，前两个阶段又为第三个阶段提供了可资借鉴的经验教训。

考察的另外一个时间坐标就是20世纪90年代中后期。那段时间，受市场经济等因素的冲击和影响，高校人文社会科学发展总体处于低迷状态。1994年，原国家教委《关于加强和改进高等学校人文社会科学研究工作的若干意见》对当时文科发展所面临困境的基本描述是，“人文社会科学在现代化建设中的地位和作用尚未得到社会应有的重视；现

有的科研体制和不同程度存在的理论脱离实际的倾向，使高校人文社会科学研究适应经济建设和社会发展需要的能力比较弱；科研经费投入严重不足，中青年业务骨干流失，基础学科和基础研究有滑坡的危险。”穷则变，变则通。在改革创新这一时代强音激荡下，重点研究基地作为科研改革创新的“新生儿”呱呱坠地。这无疑给低潮中的人文社会科学发展带来了蓬勃生机和活力。

将重点研究基地放在这两个时间坐标中进行考察，无非是想说明，它的产生有其内在的逻辑性，而推动其发展的动力就是改革。改革体现在方方面面，归根结底就是管理制度上的创新。具体而言，一是在体制设计上，按照“教学以院系为主，科研以研究所为主”的思路，强调研究机构的实体化和独立性，并根据“一流”和“唯一”的标准明确方向、重点建设，切实体现了有特色、高水平。二是在机制运转上，实行“机构开放、人员流动、内外联合、竞争创新”和“带（给）课题进基地，完成课题后出基地”的运行机制，除了1~2名科研秘书和行政人员固定外，研究人员实行驻所研究、合同管理，按照课题完成的时间进行聘用，研究人员的聘用权交给基地主任。三是进行动态性管理，以10%左右的淘汰替补为手段进行达标评估，保证了重点研究基地整体的先进性。同时，设立了学术委员会制度，要求2/3的委员来自校外，基地主任不担任学术委员会的主任，重大学术事项需由学术委员会讨论通过。这为重点研究基地学术方向的科学性和整体目标的实现提供了保证。

重点研究基地建设成绩显著

重点研究基地按照“一流”和“唯一”的标准进行建设。所谓“一流”，就是要求建立的重点研究基地在确定的研究领域是全国一流的，或者至少在全国高校同一研究领域是一流的，并经过若干年的建设有望在全国同一研究领域达到一流。所谓“唯一”，就是说在同一领域、同一研究方向上只设一个重点研究基地，要求建立的重点研究基地切实成为该研究领域的中心，在繁荣和发展我国人文社会科学中明显地居于领先地位。经过这10年的建设和发展，可以肯定地说，2/3以上的基地已经实现这样的建设目标，堪称本领域的学术高峰、人才洼地、交流窗口。

1. 在科学研究方面，重点研究基地科研成果不仅数量蔚为壮观，而且代表了本领域的最高水平。据粗略统计，10年来，重点研究基地在CSSCI期刊上发表论文28850多篇，出版学术专著8230多部，在国外学术刊物上发表论文3300多篇，论文被SSCI和A&HCI收录1030多篇，其中相当多的标志性成果获部、省级人文社会科学研究优秀成果奖。重点研究基地还对学科发展和研究方向产生了重要引领作用。如兰州大学敦煌学研究中心改变了长期以来存在的“敦煌在中国、敦煌学在国外”状况。中国人民大学清史研究中心以其雄厚的研究力量支撑国家清史编纂工程，推进了学科的深入发展。

2. 在人才培养方面，重点研究基地以课题研究为平台，培养博士研究生23000多名，其中有多篇论文获“全国百篇优秀博士学位论文奖”，开发新课程1000多门，其中上百门入选国家级精品课程。一批中青年教师在基地中成长为业务精湛的学术骨干，若干特色鲜明的创新团队和国家级教学团队在基地中锤炼造就，人文学科领域“长江学者”和跨世纪、新世纪人才的主体部分在这里贡献才智。重点研究基地还以开放的人才培养方式，招收培养外国留学生900多人，为社会各界近50万人提供以知识更新为主要内容的短期培训1200多期，如商务部多次以北京大学中国经济研究中心、浙江大学农业现代化与农村发展研究中心等为基地，为非洲国家政府官员提供培训，成为名副其实的人才培养培训基地。

3. 在社会服务方面，重点研究基地直接为国家和地方经济建设和社会发展提供智力支持，有的产生明显经济效益，有的转化为国家政策法规，有的成为政府决策参考，切实发挥了思想库和智囊团作用。如南开大学APEC研究中心、上海外国语大学中东研究所、中国政法大学诉讼法研究院等与商务部、外交部、全国人大法工委的有关部门建立了密切联系，其出色工作多次得到高度赞扬。《瞭望》周刊在2009年第4期刊登了以"中国智库"为专题的系列文章，评选出"中国主要决策咨询研究机构"43家，北京大学中国经济研究中心、复旦大学中国社会主义市场经济研究中心、复旦大学世界经济研究所、中国人民大学中国财政金融政策研究中心、中国人民大学中国经济改革与发展研究院、厦门大学台湾研究院、浙江大学民营经济研究中心7家重点研究基地位列其中。

4. 在学术交流方面，重点研究基地每年举办国内学术会议，每两年至少举办一次国际学术会议，其中有重大影响的国际学术会议累计达上千场，许多学科领域的国际一流学者、诺贝尔奖获得者作为学术委员会成员或兼职研究人员频频亮相。基地与国外520多所高校建立起了良好合作关系，通过互派访问学者、共同开展课题研究，展开了高水平实质性合作。如中国人民大学欧盟研究中心在布鲁塞尔设立分支研究机构，使中国学术研究真正走向了世界。基地创办了各种学术交流刊物，成为繁荣学术的重要园地。以基地为中心形成的这一"伞状"学术交流格局极大地拓展了学术交流的广度和深度。这一空前活跃的学术交流盛况在改革开放的前20年是难以想象的。

5. 在基础条件建设方面，重点研究基地建设使文科的科研条件大为改善，可谓一年超过二十年。最为重要的是，基地建立了本领域最为齐全、最为权威的图书资料库、专题数据库和方便快捷的学术信息网站，90%以上的基地开通了外文网站（页），这些既为重点研究基地驻所研究提供了条件保障，又为下一步的内涵提升奠定了坚实基础。如中国人民大学民商事法律科学研究中心的中国民商法律网与各级法院、著名律师事务所、法学院校和研究机构形成了长期稳定的合作关系，收录相关文章、民商事审判案例、法律法规等十余万篇（条），日访问量平均超过2万人次，总访问量达数千万，在国内法律学术类网站中排名第一，成为最具规模和优势地位的民商法研究学术平台。诸如此类，不胜枚举。

重点研究基地不仅自身建设成绩显著，而且对高校人文社会科学发展产生了重大影响：

第一，对改变文科地位产生了重大影响。重点研究基地以不足4亿元的财政投入和不到全国高校文科3%的研究力量，取得了占全国高校文科近1/3的研究成果，争取各类经费达16亿元，在认识世界、传承文明、创新理论、咨政育人、服务社会方面发挥了重要作用，较大程度地改变了长期以来人文社会科学在高校中的弱势地位，提升了人文社会科学在社会公众中的地位和形象。

第二，对学科建设产生了重大影响。重点研究基地建设打破了一系列体制性障碍，打破了学科界限和院系壁垒，促进了人才的融合、学科的融合，促进了重点学科建设，催生了一批交叉学科、新兴学科。在历次国家重点学科评估中，重点研究基地为所依托的学科进一步形成优势和特色发挥了重要作用。

第三，对科研方式产生了重大影响。重点研究基地将个体的、分散的科研力量集合为团队的、综合的力量，推动了高校科研组织形式由分散走向整合、由封闭走向开放、由固定走向流动，促进了文科研究从传统组织形式向现代组织形式的转变。

第四，对科研体制产生了重大影响。重点研究基地建设模式不仅对地方和高校科研平台建设发挥了引领作用，而且50%的重点研究基地成为后来启动的“985工程”国家哲学社会科学创新平台的核心和支撑，逐步形成了从国家到地方再到高校的“金字塔形”平台体系，改变了高校长期以来以院—系—教研室为主的教学组织形式，为释放科研生产力提供了体制保证。

推进重点研究基地新发展、新跨越

重点研究基地前10年的建设和发展解决的主要是规模和布局问题，今后面临的将主要是内涵建设、质量提升和结构优化问题，重点在提高基础研究的理论创新能力，提高为社会经济发展服务的能力，力争多出有质量的精品力作、传世之作，多出高水平的优秀人才、领军人物，多出有较大影响力的研究报告、咨询建议。

第一，巩固改革成果，加大管理创新。改革意味着利益调整，势必面临重重障碍和各种各样的复杂情况。如果改革的成果不及时进行巩固，回潮现象将时有发生。重点研究基地独立于院系进行实体化建设是体制上的重大突破，必须进一步巩固深化。现在需要进一步探索的是依托高校如何以学术休假制度为核心进行人事绩效考核制度、教育教学评价制度的综合配套改革，从而保证基地与相关院系和学科建立密切联系，使校内科研人员合理、正常、有序流动，促进教学和科研相得益彰、互助互长。

第二，加强战略规划，把好发展方向。重点研究基地设立相对独立的学术委员会，其制度价值的意义不言而喻。但目前部分重点研究基地在执行中走偏走样。一是学术委员会的战略规划职责体现不够，这里面有管理上的问题，但更主要在于基地主任的基地意识、全局意识淡薄；二是游离于基地的研究目标之外设立研究方向和研究课题，甚至因人修正研究方向，设立研究课题。解决问题的关键是研究人员的选择和队伍的组织问题，特别是研究方向和研究课题的学术带头人的选择问题。此外，从客观上讲，随着国家经济社会快速发展，一些以应用研究为特色的基地也有必要调整发展思路和研究方向。当前，应紧密结合制定《国家中长期教育改革和发展规划纲要》契机，积极适应经济建设和社会发展需求，对基地建设的总体目标再做深入的研究。

第三，扩大对外开放，加强国际交流。在隶属关系上，重点研究基地是“国家队”，与所在高校是一种依托关系。因此，无论是高校领导还是基地主任，都应该牢固树立“国家队”意识，摒弃狭隘的“校本”观念，既要破除校校壁垒、学科壁垒，更要打开国门，扩大国际交流。要将“面向世界”作为未来基地内涵提升的战略支点，积极引进国外智力，打造国际一流科研团队，在国际范围内展开学术争鸣，获得中国人文社会科学的国际学术话语权。

第四，密切联系实际，增强服务功能。对高校人文社会科学应用对策性研究一直存在两种不同声音。支持者认为，要紧密联系社会实际，以基础研究支撑应用对策研究，提高为经济社会发展服务的能力。反对者强调，高校基础研究优势明显，应该发挥优势，在推进理论创新和学科发展上下工夫。实际上，这两派观点并不存在截然的对立。重点研究基地应正确处理基础研究和应用研究的协调发展，防止顾此失彼。一方面，要加强独立思考、自由探索，对重大现实问题进行前瞻性、预测性研究，通过科学性树立公信力，但要防止演绎玄想、凌虚蹈空，说实际部门听不懂的话。另一方面，要密切联系实际，注重调查研究，加强与实际部门的对话沟通，做到建言献策有现场感、有实效性，但要防止削足适履，成为决策者的传声筒和放大器。

第五，拓宽经费渠道，提高使用效益。当前许多基地存在的阶段性问题很大程度上是由经费不足造成的。特别是没有自主性的研究基金，导致基地开放性不足、流动性不够。基地既要争取政府和依托高校进一步加大投入，又要多渠道争取各级各类课题和社会公益捐赠等。在经费投向上，一要逐步建立自主性研究基金，切实改变从“带”课题驻所研究向“给”课题驻所研究转变，使驻所研究的机制活起来。二要更加重视对人员的投入，改变重硬件轻软件、见物不见人的问题，使研究者的积极性高起来。

立足创新　提高质量　构筑哲学社会科学研究学术高地

为进一步贯彻《中共中央关于进一步繁荣发展哲学社会科学的意见》，教育部于2006年7月7日在北京召开了全国高校哲学社会科学科研工作会议，下发了《教育部关于大力提高高校哲学社会科学研究质量的意见》。会议提出，要立足创新，大力提高哲学社会科学研究质量，努力为建设以当代马克思主义为指导的中国特色、中国风格、中国气派的哲学社会科学作贡献。教育部人文社会科学重点研究基地是高校哲学社会科学制度创新的重要成果，在凝练学科方向、汇聚学者队伍、构筑学术高地方面取得了显著成绩。以下汇集了部分重点研究基地主任关于落实高校哲学社会科学科研工作会议精神，打造哲学社会科学“国家队”的发言。

潜心研究　铸造精品

北京大学中国古代史研究中心　张希清

教育部提出，人文社会科学重点研究基地要加强精品意识，注重标志性成果。2001年4月，北京大学召开了“树立北大文科精品意识大会”，何芳川副校长作了《消除赝品，拒绝平庸，树立北大文科精品意识》的报告。我们北京大学中国古代史研究中心的一条重要经验，就是潜心研究，铸造精品。

一、为了铸造精品，就需要选择在国内外学术界具有重大意义、重大影响的课题，组织跨学科的集体攻关

例如“盛唐研究”就是这样。这一课题既有学术价值，又有现实意义；既是国内学界的研究热点，也是国际学界的共同话题。经过三年的努力，我们召开了两次大型国际学术研讨会，撰写出版了一套“北京大学盛唐研究丛书”，即吴宗国主编的《盛唐政治制度研究》、荣新江主编的《唐代宗教信仰与社会》、李孝聪主编的《唐代地域结构与运作空间》、王小甫主编的《盛唐时代与东北亚政局》、邓小南主编的《唐宋女性与社会》(上、下册)。这些学术著作从各个方面对唐代历史进行了探讨，提出了许多新的见解，反映了目前国内外唐史研究的前沿水平和发展方向。这套丛书受到了中央领导和学界的广泛好评，中央电视台、《人民日报》等重要媒体对其进行了报道。

二、潜心研究，戒除浮躁，才能铸造精品

我们研究中心的教授们努力继承老一代历史学家的精神，在商品化大潮的冲击下不转向，在浮躁不安、粗制滥造的氛围中不急于求成，而是潜下心来，脚踏实地，从基础做起，在勤奋、严谨、求实的基础上力争创新。李孝聪的中文古地图研究就是一个例证。十几年来，他行程数万公里，足迹遍布欧美、东亚十几个国家和地区的近百所图书馆、博物馆和档案馆，查阅了数千幅流散在海外的中文古地图，先后出版了《欧洲收藏部分中文古地图叙录》、《美国国会图书馆藏中文古地图叙录》，首次将数百种中文古地图公诸于世。这些著作采用中英文对照方式出版，也是国际学术交流与合作的重要成果。

三、开拓创新是铸造精品的灵魂

科学研究就是要发扬科学的批判精神和探索精神，通过刻苦钻研和独立思考，敢于发前人所未发，集众家之长，成一家之言，多出能够填补学术空白的奠基之作、具有开风气之先的创新之作、代表中华民族先进文化的传世之作。

要开拓创新，就要有新理论、新视角、新观点。例如基地项目“中国古代的政治形态、官僚制度和政治文化的综合研究”，就借鉴了社会学、行政学和管理学理论，尝试构建新的分析框架；在政治、制度和文化的交界面上切入，探讨政治形态变迁的特点和规律。阎步克的《品位与职位——秦汉魏晋南北朝官阶制度研究》构建了一个新的研究模式，把三千年来的官阶演进分为五大阶段，发现了前人所未发现的重大线索，开拓了传统官僚等级制研究的新空间。陈苏镇的《汉代政治与春秋学》着力考察了《春秋》学的政治统治和文化整合理论，揭示出《春秋》学内部有重德和重礼两种主张，在秦汉史许多重大问题上提出了新见。本书荣获“2003 年全国优秀博士论文奖”。另外，辛德勇的《秦始皇三十六郡新考》指出清初以来大批一流学者的研究方法存在着根本错误，廓清了秦始皇三十六郡的真实面貌，可以说是新中国成立以来历史地理研究中最重大的成果之一。

要开拓创新，就要有新史料、新发现、新问题。例如基地项目“古代中外关系：新史料的调查、整理与研究”在对海内外新出土、新发现的古文献的调查、整理的基础上，将古代中外关系的研究推进了一大步。荣新江、李孝聪主编的《中外关系史：新史料与新问题》是近年来中外关系史领域最新成果的集中展现。荣新江的《中古中国与外来文明》发掘出许多稀见不知的新资料，翔实地叙述了中古外来民族对中原文化的贡献，是借考古文物新发现和国外“他山之石”以促成中外文明交融研究的极佳例证，打破了一些外国学者跨文化论述的垄断地位。另外，罗新参加了走马楼吴简的录文和研究，并整理出版了《新出魏晋南北朝墓志疏证》，有力地推动了魏晋南北朝史的研究。

要开拓创新，就要有新方法、新手段。我们体会较深的，第一是多学科交叉的综合研究。第二是要打破断代史的局限，进行长时段的研究。第三是大力开展田野考察。通过田野考察，把“读万卷书”与“行万里路”结合起来，对历史研究大有裨益，不但可以搜集现有文献中没有的文物考古史料，而且亲临历史现场，可以大大增强历史感悟。

强化国家意识　为国家重大决策服务

南开大学 APEC 研究中心　宫占奎

南开大学 APEC 研究中心的主要任务就是为我国参加 APEC 领导人会议提供政策咨询。自 1999 年被评为教育部人文社会科学重点研究基地以后，按照教育部基地建设的五条标准严格要求自己，取得了可喜成果。

一、灵活创新的运作机制

为了为国家重大决策提供一流的研究报告，研究中心采取了灵活的科研人员联合研究机制，以国家急需的研究课题为纽带，以南开大学颇具传统优势的世界经济、国际贸易和国际金融等重点学科为依托，通过组织和协调全国各有关大学及其他科研机构的专家学者积极参与，协同外交部、商务部等相关部委的官员，使学者与政府官员相结合，保证了畅通、及时的信息沟通，实现了理论与实际的完美结合。同时依据每年 APEC 议题具体内容的变化，适时调整研究人员的构成，保证了我国 APEC 问题研究的高质量、高水平。

二、与时俱进的研究课题

在科研活动中，与时俱进才能保证科研质量。APEC 问题研究主要涉及贸易投资自由化和便利化以及经济技术合作，共 28 个领域。由于 APEC 会议每年都轮换一个东道主举办，而东道主依据国际经济形势的变化、APEC 发展进程以及自己关注的问题，确定每年会议的主题和重点。为了适应 APEC 进程的需要，研究中心采取了与时俱进、传统领域研究与东道主圈定重点议题研究相结合的方针，提出我国参加会议的具体政策建议。2001 年以后，许多非经济问题纳入了 APEC 进程，由于及时调整了研究队伍，适应了实际工作的需要。

三、科研为国家重大决策服务

APEC 问题研究涉及贸易、投资、服务的市场准入和便利化问题，这些问题都是关系到我国经济发展的重大问题。针对这些重大问题，APEC 研究中心采取了以下研究方法：首先分析 APEC 整体进程，对比研究 APEC 各成员的承诺，充分了解我国市场开放的承受能力，进行理论分析与实证研究，提出解决问题的政策建议。由于研究水平的高质量，研究成果被国家采纳。

例如，2001 年中国作为东道主举办 APEC 系列会议，会议的成败关系到国家声誉，研究中心为会议提供的研究报告中所涉及的“APEC 支持 WTO 新一轮谈判的立场”等建议为会议的成功作出了积极的贡献。

2005 年中心提供的中国参加韩国 APEC 会议的研究报告，涉及 APEC 中期评估、茂物目标等具体确定政策建议，为中国与会提供了可选择的政策建议。

APEC 研究中心除研究 APEC 问题外，也研究涉及国家利益的其他经济问题，例如对 FTA 的研究。目前，中心已经完成了“中国—新西兰”、“中国—澳大利亚”双边 FTA 可行性研究，并正在研究“中国—新加坡”、“10+1 服务贸易问题”、“中国—冰岛”FTA 问题。可以说，APEC 研究中心在国家对外经济重大问题决策研究领域处于全国高水平之列。

由于 APEC 研究中心为国家重大问题的决策提供了高质量的研究报告，外交部、商务部多次发函，对研究中心的工作给予表扬。

四、求实创新的科研思路

为我国参加重大国际经济活动提供研究报告，必须有鲜明的立场，在了解经济理论的同时，研究中必须有创新，创新又必须求实。

对于 APEC 论坛性质的区域经济组织，区域经济合作的理论显然不能完全解释该组织的性质和运作方式，因此，对 APEC 的研究和提出政策建议的思路必须有创新，创新中应坚持为中国经济发展服务的方针。

在 APEC 问题中的求实创新基本原则包括以下几个方面：

1. 强化国家意识，国家利益至上

对中国参加 APEC 领导人会议的政策建议必须符合我国的国家利益，国家利益至上是研究问题的出发点。

2. 政策建议的可协调性

中国提出的任何政策建议都必须考虑 APEC 其他成员的可接受程度，不能仅仅考虑自己的利益，而应争取其他 APEC 成员也支持中国的立场。政策建议的可协调性，即提出的政策建议可以获得其他 APEC 成员的支持才有实际意义。

3. 积极认真地对待其他成员建议

对于其他 APEC 成员提出的建议，应以积极的态度认真考虑，如果不损害我国的国家利益，原则上持支持的态度，如果与我国的国家利益相悖，则坚决予以否定。

瞄准国际前沿　开展学术研究

中山大学逻辑与认知研究所　鞠实儿

在教育部和中山大学的大力支持下，中山大学逻辑与认知研究所经过六年的建设，在完成教育部规定的基地建设目标方面取得了重要进展，并在国际上具有一定的影响力和知名度。

在科研方向设置方面：基地建立之初，我们只设立了现代逻辑、认知模拟与自动推理、逻辑哲学与逻辑学史三个研究方向。如今，我们已根据国际标准逻辑学学科界定，优化了科研队伍结构，拓展了研究方向，现设有非经典逻辑、数理逻辑、计算机逻辑、决策逻辑、非形式逻辑、法律逻辑、逻辑学基础和逻辑史 7 个方向，实现了逻辑学“两条腿”走路：一是面向数学和计算机科学的逻辑系统研究，二是面向人文社会科学的逻辑方法研究。

在这样的研究方向配置下，我们已与众多当前国际著名高校中的相应科研机构及其研究人员建立了国际合作交流关系。这些机构有美国斯坦福大学语言与信息研究中心和哲学系，美国匹兹堡大学哲学系，美国卡内基—梅隆大学哲学系，美国加州大学伯克利分校哲学系，澳大利亚新南威尔士大学人工智能系，德国帕德博恩大学计算机科学系，德国科隆大学信息研究所，荷兰阿姆斯特丹大学逻辑、语言与计算研究所，荷兰阿姆斯特丹大学言语交际、论辩理论与修辞学系，俄国圣彼得堡大学数学学院，法国巴黎高师数学系，波兰亚当·斯密大学计算机科学系等。

在科学研究与交流方面：通过六年的建设，我们组建了一支以逻辑学为核心，横跨数学、计算机科学、认知科学、哲学、法学、语言学、宗教学等多学科领域的文理交叉的复合型研究团队。其中，引领国际主流逻辑的人物，阿姆斯特丹大学逻辑、语言与计算研究所教授兼斯坦福大学哲学系教授 Johan van Benthem 受聘我所担任校级客座教授，每年将来我所授课与合作研究 1 个月。国际著名人工智能逻辑学家、德国帕德博恩大学计算机科学系 Hans Kleine Buening 教授也受聘我所担任客座教授，每年均要来我所进行为期 1 个月的学术交流与合作研究。此外，值得一提的是：5 年多来，我所科研人员出国进修 1 个月以上者达 20 余人次。不仅如此，我们接受访问和学术交流的海外学者共 40 余人次。

另一方面，自 2000 年以来，我们共主办 10 次学术研讨会，其中 4 次为国际学术研讨会，邀请了一批大师级人物前来参加我们主办的国际学术会议和学术交流。2001 年，德国帕特博恩大学计算机科学系教授 Hans Kleine Buening 教授访问我所。2002 年，澳大利亚新南威尔士大学人工智能系教授 Norman Y. Foo 应邀到我所进行了访问。2004 年，斯坦福大学的 Edward N. Zalta 和匹兹堡大学哲学系教授 Anil Gupta 前来参加第四届国际学术会议和交流，美国辛辛那提大学计算机科学系教授 John Franco、德国科隆大学信息研究所 Ewald Speckenmeyer 教授前来参加我所主办的“2004 年可满足性理论及其应用广州国际论坛”，2005 年，除了美国人文艺术科学院院士 Bob Brandom 和俄罗斯科学院院士 Yuri Matiyasevich 来访之外，还有 A. I. Martinich、John Haugeland、Robert Rettinger、Mauro Di Nasso、Joerg Brendle、John B. Cobb，Jr. 等在学术界具有重要影响的学者。2006 年，第五届国际逻辑与认知学术研讨会我们邀请了著名的语言逻辑学家、波兰亚当·斯密大学计算机科学系教授 Buszkowski 和阿姆斯特丹大学逻辑、语言与计算研究所所长 Frank Veltman 前来参加。

在这样的背景下，我所研究人员在国际学术研究前沿取得了一系列研究成果：学术论文被 SCI 收录 10 余篇，EI、ISTP 和 SSCI 收录合计 10 余篇。其中，有的论文在国际逻辑学顶级刊物如 *Journal of Philosophical Logic* 上发表。有的论文在 IJCAI（2003）上报告并收入会议论文集（这是我国人文社会科学领域中的学者第一次在国际人工智能学界顶级会议上报告论文）。这一切对于人文社会学科领域的研究人员而言是很不容易的。

在人才培养方面：2003 年，博士生刘虎被匹兹堡大学聘为著名逻辑学家 Belnap 的助手，在美国合作研究 1 年。2003 年，派 1 名博士生赴美国加州大学学习 1 年，派 1 名博士生赴美国哈佛大学和纽约州立大学学习 1 年，又派 1 名博士生受英方资助赴英国牛津大学学习 6 个月。2004 年，派 1 名博士生在美国匹兹堡大学哲学系学习一年。为进一步检验我们的研究生培养水平，2005 年，我所召开了一次别开生面的博士论文答辩会。我们利用 Bob Brandom 院士（匹兹堡大学哲学系主任）、John Haugeland 教授（芝加哥大学哲学系主任）等五位学者前来参加第四届国际逻辑与认知学术研讨会之机，邀请他们参加了我所的 2005 年博士论文答辩会。他们对我们的研究生培养工作表示赞赏，同时也对我国研究人员的研究水平给予肯定。在这样国际化的教学环境下，2000 年以来，我所博士研究生在国外学术刊物和国际学术会议论文集上正式发表论文 18 篇，博士研究生已成为本学科点一支重要的科研力量。

深入田野调查　迅速反映民情

华中师范大学中国农村问题研究中心　徐　勇

我国一位领导人曾经说过，“政府最怕的就是听不到人民的真实声音。”对于从事社会科学研究的学者来说，最可怕的莫过于不了解真实信息和社会需求。华中师范大学中国农村问题研究中心坚持“三个‘面向’（面向社会、面向基层、面向农村）、理论务农”的宗旨，坚持“三实”(实证、实践和实验）的研究方法，并通过遍布全国的观察和调查调研网络建设，深入社会调查，迅速反映民情民意，不仅为党和政府解决“三农”问题提供了很好的咨政服务，也大大提升了中心的研究水平和质量。

一、从“个人兴趣”到“社会需求”：立足国家目标确定研究方向

我国是一个农村人口占多数的国家，“三农问题”是影响现代化建设的重大现实问题。中心自成立之初就给自己以明确的定位和定向，就是以“三个‘面向’、理论务农”为宗旨，始终围绕农村改革和发展的重点、热点和难点而展开，对党和政府高度关注和亟待解决的涉及农村全局性、战略性、前瞻性的重大课题进行调查和研究。

二、从“做学问”到“跑学问”：深入基层察民情、听民声

社会科学以社会为研究对象，首先必须科学认识社会，掌握第一手资料，进行原创性研究。早在20世纪80年代从事农村研究之初，我们就注意到不能从书本到书本，“纸上谈农”，而应该深入农村实际，进行扎实的社会调查，察民情、听民声、“跑学问”。中心主要成员平均每年乡村调查要求达到2~3个月，有的在农村基层调查或挂职工作一年以上。在农村调查基础上，我们还选择若干村进行社会实验，以检验我们的理论和对策，形成了“实证、实践、实验”的鲜明研究风格和特色。

正是深入的调查研究，使我们能够获得和掌握第一手资料，以事实说话，以数据说话，从而产生较好的社会效益。中心获得的3篇全国优秀博士学位论文奖和1篇提名奖都是基于扎实的田野调查。特别是设立重点基地以来，我们通过调查研究提供决策咨询的自觉意识更强，五年来为相关领导机构提供了30多份调查和咨询报告，成效显著。2005年9月，中共中央政治局委员、中共湖北省委书记俞正声书记在我们提交的一篇有关农民工子女的调查研究报告上批示说“报告很好，用数据说明概念，事实产生结论，而不是反之”。“数据说明概念，事实产生结论”可以说是对我们研究方法最精当的概括。

三、从“小作坊”到“大生产”：构建全国性调查与研究网络

中国农村一是千差万别，二是千变万化，为此必须走出“小作坊”式的研究，进行广泛、深入、持续的调查。为此，中心特别强调转换机制，构建社会科学的创新平台，形成开放竞争和充满活力的研究团队。自2000年以来，我们以中心为核心，在全国建立了三级调查和研究网络：第一级是中心以乡镇或村为单位建立了数十个农村“调查基地”；第二级是中心与国内15所高校和党校合作，建立了遍布全国的15个“调研基地”。这些研究基地统一冠名为“教育部人文社会科学重点研究基地·华中师范大学中国农村问题研究中心××调研基地”；第三级是中心与中央和省市地方有关部门建立的“共建单位”，建立决策咨询“直通车”机制。由此，形成了以中心为核心、覆盖全国的调查研究网络，大大提升了调查研究能力。近两年，中心开展的“中国农民公共物品需求调查”、“中国农民工调查”、“全国农村文化建设调查”等大规模调查就是依托这一网络进行的，受到了国家有关部门的高度评价。

四、从“手工作业”到“信息化”：提高信息处理与反馈能力

现代社会是信息社会，如何利用现代信息技术和手段，迅速反映民情、提高研究水平和服务能力，一直是我们基地高度关注的问题。为此，中心投入较多的人力、财力和物力创办了中国农村研究网，两年来，访问量已近600多万人次，其中，30%的访问者为农村基层干部和农民群众。依托网站，中心设立了“中国农村在线咨询系统”，为广大农民群众和农村基层工作者提供政策、法律和科技咨询。中心还开发了《中国农村问题研究文献数据库》，并设立多个专题数据库，实现“三农”数据和信息的快速查询与检索。

为进一步推进基地建设，全面提升田野调查与实证研究的水平和质量，满足建设社会主义新农村的需要，中心已启动两项重要工程：一是建设《中国农村数据库》，目标是整合现有“三农”信息资源，将其建设成为全国“三农”信息最全面、检索最方便的资料数据库。二是实施“百村十年观察计划”。目标是如建立气象观测点一样，能够及时、有效、长期地观测农村的基本状况及变化走向，形成“中国农村调查和信息反馈系统”。

以建设世界一流的民商法研究中心为目标
全面加强基地的网站和数据库建设

中国人民大学民商事法律科学研究中心　杨立新

一、不断完善和发展，保障基地拥有最好的民商法研究的数据资源和交流平台

经过六年来的建设和发展，基地的网站建设和数据库建设已经具有较大规模，在国内甚至世界上都有相当大的影响。

中国民商法律网现设有16个频道，包括“法律学人”、“理论法学”、“民事法学”、“商事法学”、“程序法学”、“判解研究”等，总访问量已接近1000万。网站与各级法院、著名律师事务所、法学院校和研究机构都形成了长期稳定的合作关系，保证了网站信息的广泛性、及时性和权威性。目前，基地网站在世界数以亿计的网站中排名第3万名，日访问量达到2万多人次，在国内法律学术类网站中排名第一。网站新创办了网络刊物《民商法网刊》，把编辑重点放在当前民商法研究的热点、焦点上，将其办成一份真正依靠来稿为主的网络刊物。截至今年6月底，网站所收录的文章已经超过了28000篇，民商事审判案例近24000篇，法律法规超过3万条，发表论文23000多篇，学位论文2276篇。基地网站已经成为最具规模和优势地位的民商法研究学术平台。

基地的资料室已经成为国内民商法研究资料收藏最为丰富、最为权威的资料库，现有民商法专业的中文图书20000余册，外文图书资料25000余册，中国港澳台地区图书资料4000余册，藏书总计50000余册，并可提供借阅、咨询、检索、复印、装订等多类型、多层次的服务。

基地的网站和数据库建设在我国民商法的立法、司法以及法学教育中发挥了重要的作用。立法机关和司法机关的人员经常到基地资料室和网站搜集资料和典型案例，网站已经成为培养高层次法律人才的重要工具，很多学校指定我们的网站为研究生寻找资料的

"必读书目"，成为宣传中国民商、经济法律，扩大对外法学交流的重要窗口和平台，境外研究中国法律的学者经常通过该网站来了解中国法律、法学研究信息。

二、加强对网站和数据库建设的领导，使其在创建世界一流民法研究机构的建设中充分发挥作用

基地将网站和数据库建设纳入了整体的全面建设系统之中，作为重要的建设环节来抓，使网站和数据库建设不断向前发展：

（1）组建强有力的工作团队。基地建设伊始，就正式组建了工作团队，组织了固定的编辑队伍和技术人员，团队的主体力量是自己的研究生。在资料库的建设上，也选择了事业心强、有专业能力的人员担任资料室主任和秘书。

（2）明确分工，各负其责。网站编辑每人负责两个频道，每个频道每天最少要发表两篇文章。资料库的主任和秘书也都分工负责、积极努力。因此，每个工作人员都热情工作，克服困难，保障了任务的完成。

（3）充分调动基地的学术资源。网站和资料库充分运用基地的宝贵学术资源，使自己保持在学术上的最前沿地位，确立了自己在学术界的权威性和影响力，扩大了自己的学术影响。

（4）创建学术品牌，不断更新发展。例如，在基地的学术活动中，"民商法前沿论坛"是一个有特色的学术活动。网站据此创立"民商法前沿论坛"专栏，专门刊登讲座讲稿，成为掌握民商法研究前沿问题的主要窗口，在民商法学界、实务界和社会上都有重要影响。

（5）充分依靠广大网友的积极性和创造性。网站的BBS系统聘请热心网友担任版主，基地每学期至少召开一次版主、网友见面会，与编辑沟通想法，改进网站工作，收获甚多。

（6）加强制度建设，规范工作开展。基地建立了各种制度，加强管理，保障了网站和资料室工作的顺利开展。网站平均每天有超过30篇文章的更新量，而且六年如一日，不曾因为假期或节日而中断过，其中的奥秘就是工作的制度化。

我们计划完善网站的外文版，丰富各栏目和板块，提高其及时性和交互性。在图书资料方面，要充实外文图书建设、立法和审判资料的建设，收集立法信息、司法判决，完善检索功能，以便查阅。在现有英文图书相对充实的前提下，进一步增加德文、日文版图书，充实中国内地及港澳台地区的硕士、博士学位论文。在此基础上，完善电子图书以及法律数据库的收集和授权工作，争取在基地可以迅速获得第一手资料，早日实现"一站式服务"，为建设世界一流的民商法研究机构而努力。

（《光明日报》2006年7月10日第7版）

人文社会科学重点研究基地建设概况

教育部人文社会科学重点研究基地（教育部主管）是指1999年以来教育部在全国66所高校相继设立的151个人文社会科学重点研究基地。广大哲学社会科学工作者按照

“一流”和“唯一”的基地建设标准，始终坚持以马克思主义为指导，把马克思主义基本原理同中国具体实际相结合，大力推进马克思主义理论创新，深化对中国特色社会主义的研究和探索，努力构建以中国化马克思主义为指导，具有中国特色、中国风格、中国气派的哲学社会科学体系并开创我国高校哲学社会科学新局面，超过50%的基地成为后来启动“985工程”国家哲学社会科学创新平台的核心和支撑。

一、重点基地沿革

新中国成立60多年来，文科研究机构发展大致经历了三个阶段：

第一个阶段：从20世纪60年代初开始至“文化大革命”结束。这一时期，由于周边国际环境的恶化，中央为加强国际问题研究，在全国布点设立了若干实体性研究机构，高校占了相当大的比例，但在“文革”中毁之殆尽。

第二个阶段，从改革开放开始至20世纪90年代中期。根据1978年全国教育工作会议精神，高校相继恢复重建了一批研究所（室），积极展开人文社会科学研究。据1991年高校人文社会科学数据统计，这一时期由学校上级主管部门批准设立的研究所达521个，其中设在国务院各部属高校的研究所有234个，设在地方省属高校的研究所有287个。

第三个阶段：以1999年重点研究基地启动建设为标志延续至今。教育部在全国66所高校相继设立重点研究基地151所，各地建立省级重点研究基地400多所，各校建立校级研究基地上千所。从发展上来讲，不同阶段的科研机构或明或暗地有着学术上的接续，至少30%的重点研究基地与前两个阶段的科研机构存在“学脉”关系。

第三个阶段在前两个发展阶段基础上发生了突变，显著地表现为对原来具有明显计划经济特征科研体制的改革，即引入了竞争性机制，彻底扭转了原先科研机构靠等课题吃饭、人员固化、人浮于事的状况。从这个角度来说，前两个阶段又为第三个阶段提供了可资借鉴的经验教训。

二、重点基地名单

序号	所属学科	教育部人文社会科学重点研究基地名称	现任主任
1	法学	北京大学宪法与行政法研究中心	姜明安
2	法学	中国人民大学刑事法律科学研究中心	戴玉忠
3	法学	中国人民大学民商事法律科学研究中心	杨立新
4	法学	武汉大学环境法研究所	王树义
5	法学	武汉大学国际法研究所	黄　进
6	法学	吉林大学理论法学研究中心	张文显
7	法学	中国政法大学诉讼法研究中心	卞建林
8	法学	中国政法大学法律史学研究中心	朱　勇
9	法学	中南财经政法大学知识产权研究中心	吴汉东

续表

序号	所属学科	教育部人文社会科学重点研究基地名称	现任主任
10	港澳台问题研究	中山大学港澳珠江三角洲研究中心	陈广汉
11	港澳台问题研究	厦门大学台湾研究中心	林仁川
12	管理学	武汉大学社会保障研究中心	邓大松
13	管理学	南开大学公司治理研究中心	李维安
14	管理学	中山大学行政管理研究中心	马　骏
15	管理学	厦门大学会计发展研究中心	曲晓辉
16	管理学	清华大学现代管理研究中心	陈　剑
17	管理学	清华大学技术创新研究中心	吴贵生
18	管理学	上海财经大学会计与财务研究院	陈信元
19	国际问题研究	中国人民大学欧洲问题研究中心	张小劲
20	国际问题研究	复旦大学美国研究中心	沈丁立
21	国际问题研究	吉林大学东北亚研究中心	王胜今
22	国际问题研究	南开大学 APEC 研究中心	宫占奎
23	国际问题研究	华东师范大学俄罗斯研究中心	冯绍雷
24	国际问题研究	厦门大学东南亚研究中心	庄国土
25	国际问题研究	四川大学南亚研究所	李　涛
26	国际问题研究	暨南大学华侨华人研究所	崔　丕
27	国际问题研究	上海外国语大学中东研究院	朱威烈
28	教育学	北京大学教育经济研究所	闵维方
29	教育学	北京师范大学比较教育研究中心	项贤明
30	教育学	北京师范大学教师教育研究中心	钟秉林
31	教育学	华东师范大学课程与教学研究所	钟启泉
32	教育学	华东师范大学基础教育改革与发展研究所	杨小微
33	教育学	厦门大学高等教育发展研究中心	刘海峰
34	教育学	清华大学高校德育研究中心	张再兴
35	教育学	东北师范大学农村教育研究所	王晋新
36	教育学	南京师范大学道德教育研究所	金生鈜
37	教育学	华南师范大学心理应用研究中心	莫　雷
38	教育学	郑州大学中国公民教育研究中心	王东虓
39	经济学	北京大学中国经济研究中心	林毅夫

续表

序号	所属学科	教育部人文社会科学重点研究基地名称	现任主任
40	经济学	中国人民大学中国经济改革与发展研究院	林 岗
41	经济学	中国人民大学财政金融政策研究中心	张 杰
42	经济学	复旦大学中国社会主义市场经济研究中心	张 军
43	经济学	复旦大学世界经济研究所	华 民
44	经济学	武汉大学经济发展研究中心	郭熙保
45	经济学	吉林大学中国国有经济研究中心	徐传谌
46	经济学	吉林大学数量经济研究中心	赵振全
47	经济学	南开大学跨国公司研究中心	冼国明
48	经济学	南开大学政治经济学研究中心	逄锦聚
49	经济学	厦门大学宏观经济研究中心	李文溥
50	经济学	南京大学长江三角洲经济社会发展研究中心	洪银兴
51	经济学	浙江大学农业现代化与农村发展研究中心	黄祖辉
52	经济学	浙江大学民营经济研究中心	史晋川
53	经济学	兰州大学西北少数民族研究中心（与新疆大学共建）	杨建新
54	经济学	东北财经大学产业组织与企业组织研究中心	于 立
55	经济学	对外经济贸易大学世界贸易组织研究院	张汉林
56	经济学	辽宁大学比较经济体制研究中心	李 平
57	经济学	陕西师范大学西北历史环境与经济社会发展研究中心	侯甬坚
58	经济学	西北大学中国西部经济发展研究中心	任宗哲
59	经济学	西南财经大学中国金融研究中心	刘锡良
60	经济学	中央财经大学中国精算研究院	李晓林
61	经济学	辽宁师范大学海洋经济研究中心	韩增林
62	经济学	南昌大学中国中部经济发展研究中心	周绍森
63	经济学	浙江工商大学现代商贸研究中心	张仁寿
64	经济学	重庆工商大学长江上游经济研究中心	王崇举
65	考古学	北京大学中国考古学研究中心	徐天进
66	考古学	吉林大学边疆考古研究中心	朱 泓
67	历史学	北京大学中国古文献研究中心	安平秋
68	历史学	北京大学中国古代史研究中心	阎步克
69	历史学	中国人民大学清史研究所	成崇德

续表

序号	所属学科	教育部人文社会科学重点研究基地名称	现任主任
70	历史学	复旦大学历史地理研究中心	满志敏
71	历史学	北京师范大学史学理论与史学史研究中心	瞿林东
72	历史学	南开大学中国社会史研究中心	常健华
73	历史学	南开大学世界近代史研究中心	杨栋梁
74	历史学	中山大学历史人类学研究中心	陈春声
75	历史学	南京大学中华民国史研究中心	张宪文
76	历史学	华中师范大学中国近代史研究所	朱　英
77	历史学	东北师范大学世界文明史研究中心	于　伟
78	历史学	河北大学宋史研究中心	姜锡东
79	马克思主义	北京大学邓小平理论研究中心	赵存生
80	马克思主义	中国人民大学“三个代表”重要思想研究中心	程天权
81	马克思主义	山东大学当代社会主义研究所	王建民
82	马克思主义	湘潭大学毛泽东思想研究中心	彭国甫
83	民族学	四川大学中国藏学研究所（与西藏大学共建）	霍　巍
84	民族学	内蒙古大学蒙古学研究中心	齐木德道尔吉
85	民族学	云南大学西南边疆少数民族研究中心	何　明
86	民族学	中央民族大学中国少数民族研究中心	祁庆富
87	社会学	北京大学中国社会与发展研究中心	邱泽奇
88	社会学	中国人民大学社会学理论与方法研究中心	郑杭生
89	社会学	中国人民大学人口与发展研究中心	翟振武
90	社会学	南京大学马克思主义社会理论研究中心	张异宾
91	统计学	中国人民大学应用统计科学研究中心	金勇进
92	图书情报文献学	武汉大学信息资源研究中心	马费成
93	外国文学	北京大学东方文学研究中心	王邦维
94	心理学	北京师范大学发展心理研究所	申继亮
95	心理学	天津师范大学心理与行为研究院	沈德立
96	新闻学与传播学	武汉大学媒体发展研究中心	张金海
97	新闻学与传播学	中国人民大学新闻与社会发展研究中心	郑保卫
98	新闻学与传播学	复旦大学信息与传播研究中心	黄　旦
99	新闻学与传播学	中国传媒大学广播电视研究中心	胡正荣

续表

序号	所属学科	教育部人文社会科学重点研究基地名称	现任主任
100	语言学	北京大学汉语语言学研究中心	王洪君
101	语言学	华东师范大学中国文字研究与应用中心	臧克和
102	语言学	浙江大学汉语史研究中心	方一新
103	语言学	华中师范大学语言与语言教育研究中心	邢福义
104	语言学	北京外国语大学中国外语教育研究中心	文秋芳
105	语言学	北京语言大学对外汉语研究中心	张　博
106	语言学	广东外语外贸大学外国语言学及应用语言学研究中心	王初明
107	语言学	黑龙江大学俄语语言文学研究中心	张家骅
108	哲学	北京大学外国哲学研究所	尚新建
109	哲学	北京大学美学与美育研究中心	叶　朗
110	哲学	中国人民大学伦理学与道德建设研究中心	吴潜涛
111	哲学	复旦大学当代国外马克思主义研究中心	俞吾金
112	哲学	北京师范大学价值与文化研究中心	韩　震
113	哲学	吉林大学哲学基础理论研究中心	孙正聿
114	哲学	中山大学马克思主义哲学与中国现代化研究所	徐俊忠
115	哲学	中山大学逻辑与认知研究所	鞠实儿
116	哲学	山东大学易学与中国古代哲学研究中心	刘大钧
117	哲学	山东大学犹太教与跨宗教研究中心	傅有德
118	哲学	湖南师范大学道德文化研究中心	唐凯麟
119	哲学	山西大学科学技术哲学研究中心	郭贵春
120	政治学	北京大学政治发展与政府管理研究所	谢庆奎
121	中国文学	复旦大学中国古代文学研究中心	黄　霖
122	中国文学	北京师范大学文艺学研究中心	童庆炳
123	中国文学	南京大学中国现代文学研究中心	董　健
124	中国文学	山东大学文艺美学研究中心	曾繁仁
125	中国文学	兰州大学敦煌学研究所	郑炳林
126	中国文学	安徽师范大学中国诗学研究中心	丁　放
127	中国文学	首都师范大学中国诗歌研究中心	赵敏俐
128	宗教学	中国人民大学佛教与宗教学理论研究所	方立天
129	宗教学	四川大学道教与宗教文化研究所	李　刚

续表

序号	所属学科	教育部人文社会科学重点研究基地名称	现任主任
130	综合	复旦大学中外现代化进程研究中心	姜义华
131	综合	北京师范大学民俗典籍文字研究中心	王　宁
132	综合	武汉大学中国传统文化研究中心	冯天瑜
133	综合	中山大学中国非物质文化遗产研究中心	康保成
134	综合	华东师范大学中国现代思想文化研究所	杨国荣
135	综合	华东师范大学中国现代城市研究中心	宁越敏
136	综合	四川大学中国俗文化研究所	项　楚
137	综合	华中师范大学中国农村问题研究中心	徐　勇
138	综合	河南大学黄河文明与可持续发展研究中心	苗长虹
139	综合	上海师范大学都市文化研究中心	杨剑龙
140	综合	苏州大学中国特色城镇化研究中心	任平
141	综合	西北师范大学西北少数民族教育发展研究中心	万明钢
142	综合	西南大学西南民族教育与心理研究中心	张诗亚
143	综合	安徽大学徽学研究中心	卞利
144	综合	中国海洋大学海洋发展研究院	王曙光
145	综合	中央音乐学院音乐学研究所	戴嘉枋
146	综合三	延边大学中汉朝日研究中心	金柄珉
147	综合研究	福建师范大学闽台区域文化研究中心	林卿
148	综合研究	宁夏大学西夏学研究中心	杜建录
149	综合研究	山东师范大学齐鲁文化研究中心	王志民
150	综合研究	深圳大学中国经济特区研究中心	钟坚
151	综合研究	四川师范大学巴蜀文化研究中心	段渝

三、重点基地现状

教育部人文社会科学重点研究基地按照“一流”和“唯一”的标准进行建设。所谓“一流”，就是要求建立的重点研究基地在确定的研究领域是全国一流的，或者至少在全国高校同一研究领域是一流的，并经过若干年的建设有望在全国同一研究领域达到一流。所谓“唯一”，就是说在同一领域、同一研究方向上只设一个重点研究基地，要求建立的重点研究基地切实成为该研究领域的中心，在繁荣和发展我国人文社会科学中明显地居于领先地位。经过这10年的建设和发展，可以肯定地说，2/3以上的基地已经实现这样的建设目标，堪称本领域的学术高峰、人才洼地、交流窗口。

(1) 在科学研究方面，重点研究基地科研成果不仅数量蔚为壮观，而且代表了本领域的最高水平。据粗略统计，10 年来，重点研究基地在 CSSCI 期刊上发表论文 28850 多篇，出版学术专著 8230 多部；在国外学术刊物上发表论文 3300 多篇，论文被 SSCI 和 A&HCI 收录 1030 多篇，其中相当多的标志性成果获部、省级人文社会科学研究优秀成果奖。重点研究基地还对学科发展和研究方向产生了重要引领作用。如兰州大学敦煌学研究中心改变了长期以来存在的“敦煌在中国、敦煌学在国外”状况。中国人民大学清史研究中心以其雄厚的研究力量支撑国家清史编纂工程，推进了学科的深入发展。

（2）在人才培养方面，重点研究基地以课题研究为平台，培养博士研究生 23000 多名，其中有多篇论文获“全国百篇优秀博士学位论文奖”，开发新课程 1000 多门，其中上百门入选国家级精品课程。一批中青年教师在基地中成长为业务精湛的学术骨干，若干特色鲜明的创新团队和国家级教学团队在基地中锤炼造就，人文学科领域“长江学者”和跨世纪、新世纪人才的主体部分在这里贡献才智。重点研究基地还以开放的人才培养方式，招收培养外国留学生 900 多人，为社会各界近 50 万人提供以知识更新为主要内容的短期培训 1200 多期。如商务部多次以北京大学中国经济研究中心、浙江大学农业现代化与农村发展研究中心等为基地，为非洲国家政府官员提供培训，成为名副其实的人才培养培训基地。

（3）在社会服务方面，重点研究基地直接为国家和地方经济建设和社会发展提供智力支持，有的产生明显经济效益，有的转化为国家政策法规，有的成为政府决策参考，切实发挥了思想库和智囊团作用。如南开大学 APEC 研究中心、上海外国语大学中东研究所、中国政法大学诉讼法研究院等与商务部、外交部、全国人大法工委的有关部门建立了密切联系，其出色工作多次得到高度赞扬。《瞭望》周刊在 2009 年第 4 期刊登了以“中国智库”为专题的系列文章，评选出“中国主要决策咨询研究机构”43 家，北京大学中国经济研究中心、复旦大学中国社会主义市场经济研究中心、复旦大学世界经济研究所、中国人民大学中国财政金融政策研究中心、中国人民大学中国经济改革与发展研究院、厦门大学台湾研究院、浙江大学民营经济研究中心 7 家重点研究基地位列其中。

（4）在学术交流方面，重点研究基地每年举办国内学术会议，每两年至少举办一次国际学术会议，其中有重大影响的国际学术会议累计达上千场，许多学科领域的国际一流学者、诺贝尔奖获得者作为学术委员会成员或兼职研究人员频频亮相。基地与国外 520 多所高校建立起了良好合作关系，通过互派访问学者、共同开展课题研究，展开了高水平实质性合作。如中国人民大学欧盟研究中心在布鲁塞尔设立分支研究机构，使中国学术研究真正走向了世界。基地创办了各种学术交流刊物，成为繁荣学术的重要园地。以基地为中心形成的这一“伞状”学术交流格局极大地拓展了学术交流的广度和深度。这一空前活跃的学术交流盛况在改革开放的前 20 年是难以想象的。

（5）在基础条件建设方面，重点研究基地建设使文科的科研条件大为改善，可谓一年超过二十年。最为重要的是，基地建立了本领域最为齐全、最为权威的图书资料库、专题数据库和方便快捷的学术信息网站，90%以上的基地开通了外文网站（页）。这些既为重点研究基地驻所研究提供了条件保障，又为下一步的内涵提升奠定了坚实基础。如中国人民大学民商事法律科学研究中心的“中国民商法律网”与各级法院、著名律师事务所、法学院校和研究机构形成了长期稳定的合作关系，收录相关文章、民商事审判案例、法律法规等十余万篇（条），日访问量平均超过2万人次，总访问量达数千万，在国内法律学术类网站中排名第一，成为最具规模和优势地位的民商法研究学术平台。诸如此类，不胜枚举。

四、重点基地影响

重点研究基地不仅自身建设成绩显著，而且还对高校人文社会科学发展产生了重大影响。

第一，对改变文科地位产生了重大影响。重点研究基地以不足4亿元的财政投入和不到全国高校文科3%的研究力量，取得了占全国高校文科近1/3的研究成果，争取各类经费达16亿元，在认识世界、传承文明、创新理论、咨政育人、服务社会方面发挥了重要作用，较大程度地改变了长期以来人文社会科学在高校中的弱势地位，提升了人文社会科学在社会公众中的地位和形象。

第二，对学科建设产生了重大影响。重点研究基地建设打破了一系列体制性障碍，打破了学科界限和院系壁垒，促进了人才的融合、学科的融合，促进了重点学科建设，催生了一批交叉学科、新兴学科。在历次国家重点学科评估中，重点研究基地为所依托的学科进一步形成优势和特色发挥了重要作用。

第三，对科研方式产生了重大影响。重点研究基地将个体的、分散的科研力量集合为团队的、综合的力量，推动了高校科研组织形式由分散走向整合、由封闭走向开放、由固定走向流动，促进了文科研究从传统组织形式向现代组织形式的转变。

第四，对科研体制产生了重大影响。重点研究基地建设模式不仅对地方和高校科研平台建设发挥了引领作用，而且50%的重点研究基地成为后来启动的“985工程”国家哲学社会科学创新平台的核心和支撑，逐步形成了从国家到地方再到高校的“金字塔型”平台体系，改变了高校长期以来以院—系—教研室为主的教学组织形式，为释放科研生产力提供了体制保证。

五、重点基地会议

教育部人文社会科学重点研究基地工作会议于2007年8日至9日在京召开。

全国高校151个重点研究基地的基地主任以及部分省市教育厅和高校负责人200余人参加了会议。

会议以科学发展观为指导，深入学习胡锦涛总书记在中央党校的重要讲话精神，研讨高校哲学社会科学面临的新机遇、新挑战、新任务，迎接党的十七大以后哲学社会科学发展的新高潮。

教育部党组副书记、副部长袁贵仁出席会议并讲话，教育部副部长李卫红作总结讲话。袁贵仁指出，胡锦涛总书记在中央党校发表的重要讲话，高屋建瓴，统揽全局，把握了时代的要求，反映了人民的愿望，深刻阐述了事关党和国家工作全局的若干重大问题，具有很强的思想性、理论性、针对性和指导性，为党的十七大的胜利召开作了重要的思想理论动员，对更好地团结和带领全国人民为夺取全面建设小康社会新胜利，开创中国特色社会主义事业新局面而不懈奋斗，具有重大的现实意义和深远的历史意义。中国特色社会主义是当代中国发展进步的旗帜，是全党全国各族人民团结奋斗的旗帜；我们必须始终不渝地坚持以邓小平理论和“三个代表”重要思想为指导，深入贯彻落实科学发展观，毫不动摇地坚持和发展中国特色社会主义。袁贵仁强调，总书记要求我们深化对中国特色社会主义的研究和探索，努力使中国特色社会主义道路越走越宽广。广大哲学社会科学工作者要切实增强责任意识、问题意识、前瞻意识，始终坚持以马克思主义为指导，把马克思主义的基本原理同中国具体实际相结合，把马克思主义的立场、观点和方法贯穿到哲学社会科学工作中，以高涨的热情积极参与中央实施的马克思主义理论研究和建设工程，大力推进马克思主义理论创新，继续深化对中国特色社会主义的研究和探索，努力为构建以中国化马克思主义为指导，具有中国特色、中国风格、中国气派的哲学社会科学作出新的、更大的贡献。

李卫红在总结讲话中强调，教育战线要深入学习、宣传和贯彻胡锦涛总书记在中央党校的讲话精神，在全面准确、把握实质上下工夫，紧密联系当前高校在繁荣发展哲学社会科学中的任务和使命，在指导实践、推动工作上下工夫，要切实加大对讲话精神的研究和宣传力度，努力探索中国特色社会主义发展规律，在引导舆论、营造氛围上下工夫。李卫红指出，党的十七大即将召开，这次大会是在我国改革开放和现代化建设进入关键阶段召开的一次重要会议，对开创中国特色社会主义事业新局面具有重大而深远的意义。大会以后，我国哲学社会科学必将呈现大团结、大繁荣、大发展的新局面，高校哲学社会科学必将迎来新的发展高潮。广大高校哲学社会科学工作者要以更加奋发有为的精神状态、更加求真务实的工作作风，按照中央的统一部署和要求，从思想、组织、制度、作风上做好深入学习贯彻十七大精神的准备，迅速兴起学习贯彻十七大精神的热潮，精心组织，狠抓落实，把学习贯彻十七大精神与繁荣发展高校哲学社会科学的各项任务结合起来，努力开创高校哲学社会科学的新局面。

二、教育部151个重点研究基地发展状况

北京大学中国特色社会主义理论体系研究中心

一、基地概况和主要成绩

北京大学中国特色社会主义理论体系研究中心的前身为1993年5月成立的邓小平理论研究中心，2000年被教育部评为全国高校人文社会科学重点研究基地。2011年3月，经教育部批准，更为现名。此中心现任主任为北京大学党委副书记杨河教授，副主任4名，主任助理2名，设有3个研究室和1个网络信息室，设有统一域名的学术网站，拥有袁贵仁、冷溶、李忠杰、石仲泉、刘海藩、许志功、田心铭、黄楠森、厉以宁、钟哲明、赵家祥、黄宗良、丰子义等校内外专兼职研究人员70余人，校内核心骨干成员30余人。

在过去十年间，中心按照党和国家繁荣发展哲学社会科学的指示精神，结合教育部社会科学发展的规划要求，在学校党委、行政、社会科学管理部门以及有关部门和院系的领导和支持下，按照由虚变实、由小到大、由弱变强的发展思路，积极探索和推进马克思主义与中国特色社会主义理论研究，拓展发展空间、凝聚学术方向、强化科研意识、提升服务水平，紧紧围绕党和国家关于进一步加强思想理论建设、巩固社会主义意识形态的重大战略部署，针对新形势、新任务、新要求，突出马克思主义中国化进程特别是中国特色社会主义理论建设中的重大理论和现实问题的研究，努力促进高水平、新成果的产出。与此同时，此中心按照教育部高校人文社会科学重点研究基地的五项建设标准和管理规定，着力加强理论建设、科研队伍和运行机制建设，扩展国内外学术交流和社会咨询服务，推进基地的基础设施和信息化建设。通过十余年的努力，此中心已探索出一条老中青相结合、校内外相结合、专兼职相结合、多学科相结合的优秀研究队伍；发表和推出了一批有深度影响和富于创新性的学术研究成果；成功举办了一系列反响良好、有重大学术影响的理论研讨会；开辟了一条联结内外、优势互补、渠道畅通的学术通道，使基地的整体水平大幅提升，各项工作都取得了明显成效。

二、主要经验

此中心取得成绩的主要经验：一是高举中国特色社会主义伟大旗帜，密切关注中国社会主义的前途和命运，坚持党的领导，坚持社会主义方向；二是把握当代马克思主义和中国特色社会主义理论的发展方向，以中国化的马克思主义为思想指导，以马克思主义中国化为内在线索，以党的创新理论为时代命题，推进科研创新；三是从当代中国的重大理论

和现实问题出发，把思想与实际、社会与生活结合起来，从实践中获取科学研究的生命力、生长点和驱动力；四是强化理论使命意识、思想武装意识、组织学习意识和科研创新意识，努力使科研走向教学一线、走向社会大众。

此中心按照中央学习、宣传邓小平理论和“三个代表”重要思想，贯彻落实科学发展观的精神要求，积极推进和加强思想理论建设，精心组织中心研究员申报符合基地学术方向的重大项目。在过去十年里，中心科研人员共承担各级各类课题38项，经费总额达410万元。在所承担的科研项目中产出了四项标志性研究成果。

三、标志性成果及社会反响

（1）吴树青和赵存生教授主持的《邓小平理论与当代中国哲学社会科学发展》系列丛书。包括《邓小平理论与当代中国哲学》（黄楠森和王东）、《邓小平理论与当代中国经济学》（吴树青）、《邓小平理论与当代中国科学社会主义》（阎志民和夏文斌）、《邓小平理论与当代中国管理学》（厉以宁、蔡曙涛）、《邓小平理论与当代中国教育学》（赵存生、喻岳青）、《邓小平理论与当代中国政治学》（宁骚、关海庭）、《邓小平理论与当代中国国际关系学》（梁守德）7本书。这一书系集中回答了邓小平理论对推动当代中国哲学社会发展的重要意义。此书系出版后，国内理论界反响强烈，杨春贵、庄福龄等学者对丛书有较高评价。该套书系被教育部鉴定为优秀成果，丛书中的多数作品被《人民日报》、《光明日报》等宣传介绍。

（2）黄宗良教授主编的《中国共产党执政能力建设研究》。该项目从变化着的世界和中国入手，从党的执政外部和内部结构变化出发，在回顾历史的基础上，紧紧抓住影响党的建设和发展的重大问题，从党的发展大局、从中国现代化的未来视角，深刻论述加强党的执政能力建设的内容、方法和原则，对于党的执政能力建设和先进性建设具有重要的学术指导意义。该著作深受学术界好评。作者被邀请给中央政治局领导讲关于党的执政能力建设问题。

（3）已故主任赵存生教授主持的《中国精神读本》。这是赵存生教授主持的国家社会科学基金重大项目“中华民族精神研究”的阶段性成果。本书深入研究了中国精神的产生和发展，描述了中国精神的基本特征，特别是研究了中国精神在中华民族伟大复兴中的重要作用。该成果获得中宣部主办的首届优秀政治理论读物奖，并被《人民日报》、《光明日报》等集中报道，主要组织者和执笔人宇文利被时代出版传媒集团评为“有突出贡献作者”。

（4）陈占安教授主持撰写的《党的十六大以来马克思主义中国化的新进展研究》。该书系教育部人文社会科学重点研究基地项目最终成果，集中对党的十六大以来到十七大前后党的思想理论创新成果——科学发展观、构建社会主义和谐社会、建设创新型国家、社会主义新农村建设、社会主义荣辱观、党的执政能力建设、和平发展道路等重大理论和实践问题进行了系统研究。该书出版后，被国家新闻出版总署列为“强国之路——纪念改革开放30周年书系”重点图书，在社会上产生了较好的影响。

四、“十二五”建设思路

此中心建设的总体思路是：以马克思列宁主义、毛泽东思想、中国特色社会主义理论体系为指导，贯彻落实科学发展观，立足高校意识形态建设和马克思主义学科的研究前沿，针对我国高校思想理论建设领域的重大理论问题和现实问题，发挥基地的特色优势，进一步凝练科研主攻方向，围绕产出高水平标志性成果的要求，带动基地全面建设的发展。中心在科学研究方面将更加注重质量的提高，实行基础研究和应用研究协调规划、成果产出和成果转化并重推动、科学研究和学科建设互动发展。在基地建设上更加注重内涵发展，进一步提高解决重大实践问题的综合研究能力和团队攻关能力，提高参与重大决策的能力，增强基地学术影响力，增强基地自我发展的能力。

为落实上述基地建设的总体目标，中心将重点突出以下五个方面的工作：

一是按照基地建设五项标准，进一步凝练科研主攻方向，把基地建设成全国高校马克思主义与中国特色社会主义理论研究中心与创新中心。

二是加强老中青相结合的马克思主义理论队伍建设，培养造就拔尖的马克思主义理论创新人才。

三是进一步拓展国内外学术交流与合作，加强交流模式的品牌化建设，努力建设国内一流的研究交流平台。

四是进一步促进科研成果的应用与转化，重点开展有特色、有市场的社会咨询服务工作。

五是建成一流的基地中英文网站、电子刊物，建立容量大、信息全、视点新的北大马克思主义、中国特色社会主义文献数据。

复旦大学当代国外马克思主义研究中心

一、总体情况

复旦大学当代国外马克思主义研究中心始建于1999年，是在原国外马克思主义教研室的基础上，吸收马克思主义哲学和外国哲学博士点部分成员建立起来的。此中心2000年9月被教育部批准为普通高校人文社会科学重点研究基地，2004年在此基础上又组建了“复旦大学国外马克思主义与国外思潮研究985国家重点创新基地”。2007年国外马克思主义研究获批上海市重点学科。此基地是教育部唯一的国外马克思主义重点研究基地，也是国内唯一设立国外马克思主义博士点的研究机构。此中心现有专职科研人员20人，其中研究员（教授）15人，博士生导师15人，副研究员（副教授）4人。此外，每年有访问学者3至5人，博士后15人左右。经过多年发展，形成了国外马克思主义流派（个案研究）、国外马克思主义最新动态（前沿研究）、国外马克思主义基本理论（问题研究）等多个主要研究方向。

二、主要成绩和经验

（1）近年来主办了一系列重要的国际、国内学术会议。比较有代表性的高水平学术会议有两个：2005年11月24日至25日由此中心和法国巴黎第十大学《今日马克思》杂志社共同举办的“马克思主义与我们的时代”国际学术研讨会；2007年10月8日至10日由此中心和《中国社会科学》杂志社共同举办的“哲学与史学的对话：唯物史观与历史评价”学术对话会。此外还有“杜威思想的当代意义”(2005)、“萨特与当代思想”

(2005)、"后现代主义与马克思主义"(2008)、"第三届国外马克思主义论坛"(2008)、"德国哲学研究前沿问题"(2009)、"世俗化社会中的宗教与政治"(2009)、"启蒙与反思"(2009)、"马克思主义与生态文明建设"(2010)等重要的学术会议。

(2)创办了一系列有影响、有口碑的杂志和研究报告。其中比较有代表性的,一是《当代国外马克思主义评论》,创刊于2000年6月,每年出版一期,自2007年成为*CSSCI*来源期刊,目前是国内外马克思主义研究领域唯一的专业刊物,已经成为国外马克思主义研究的一个重要品牌。二是《国外马克思主义发展年度报告》,自2007年至今已出版了4期,系统反映了近年来国外马克思主义发展的重要情况。主要栏目有:"世界各主要国家和地区的马克思主义研究年度报告","重点热点问题前沿研究","马克思主义原著及史料研究","最新流派、人物及其观点的介绍","重要刊物追踪"以及"学术会议报道"等。该报告已成为反映国外马克思主义思想发展的重要窗口和国内学者共同参与的重要学术平台。此外,出版的丛书还有《国外马克思主义研究论丛》(人民出版社)、《国外马克思主义研究译丛》(人民出版社)及《当代国外马克思主义研究丛书》(重庆出版社)等。

(3)10年来,发表了一系列高水平的研究论著,并获得多项省部级一等奖。据不完全统计,10年间出版了学术著作50多部,论文70余篇,其中在《中国社会科学》上发表论文34篇,《哲学研究》上发表论文49篇,《中国社会科学文摘》转载9篇,《新华文摘转载》104篇,其他一流刊物上发表论文数百篇。与此同时,在上海市哲学社会科学优秀成果和上海市邓小平理论研究和宣传优秀成果评奖中,此中心研究人员共获著作类学术贡献奖1项、一等奖4项、二等奖7项、三等奖16项;论文类一等奖5项、二等奖14项、三等奖13项;另外还获得第五届高等教育国家级优秀教学成果一等奖、上海市优秀教材一等奖、教育部高等学校科学研究优秀成果二、三等奖等其他多项奖励。

三、标志性研究成果

(1)《从科学技术的双重功能看历史唯物主义叙述方式的改变》,《中国社会科学》2004年第1期,俞吾金著。该文指出,传统的历史唯物主义的叙述体系包含着三个理论前设,即:资源和生产发展的无限性;科学技术只具有生产力的功能,且历史作用始终是进步的和革命的;科学技术不是意识形态。但这三个理论前设已经不再是天经地义的了,科学技术不仅具有促进生产力发展的价值,也承担着意识形态的功能,当代历史唯物主义必须对此作出积极的回应。该文被《中国社会科学文摘》全文收录,并于2006年获上海市第八届哲学社会科学优秀成果论文类一等奖。

(2)《重新理解马克思——对马克思哲学基础理论和当代意义的反思》,北京师范大学出版社2005年版,俞吾金著。该书提出马克思思想的来源除了英国古典政治经济学、德国古典哲学和法国空想社会主义外,还有可作为第四个来源的人类学思想;阐述了对马克思哲学的一些重大问题的重新理解,提出了生产本体论思想;论述了马克思主义的当代意义,提出马克思仍然是我们的同时代人,并考察了后现代的解构哲学和后马克思主义等新的解释路向及其问题。它于2006年获上海市第六届邓小平理论研究和宣传优秀成果著作类一等奖。

(3)《驶向冰山的泰坦尼克号——西方左翼思想家眼中的当代资本主义》,陈学明著,人民出版社2007年版。该书系统地阐述了西方马克思主义者和左派思想家对当代资本主义的批判,系统地探讨了西方马克思主义代表人物和其他西方左翼思想家对当代资本主义的最新批判。它于2009年获教育部第五届高等学校科学研究优秀成果二等奖。

（4）《形而上学的没落：马克思与费尔巴哈关系的当代解读》，吴晓明著，人民出版社2006年版。该书旨在通过对马克思与费尔巴哈的关系的解读，系统阐述费尔巴哈思想在马克思思想转变和发展中的地位与作用，以及马克思哲学革命的性质和意义。它于2008年获上海市第九届哲学社会科学优秀成果著作类一等奖。

此外，此中心成员还出版了《问题域的转换》、《传统重估与思想移位》、《时代的困境与不屈的探索》、《理论新视野丛书》、《实践与自由》、《情系马克思》、《哲学之思与社会现实》、《生活与思考》、《学思集》、《含章集》、《俞吾金讲演录》、《西方哲学通史》十卷本等大批标志性的论著。

四、“十二五”建设思路

此中心将进一步凝练学科方向，致力于提升科学研究的整体水平；进一步加强人才队伍建设，形成能够承担国家重大科研项目的科研团队；更加注重在学术研究中形成原创性见解、富有影响力的研究成果和独特的学术风格；进一步推进基地的开放性，与更多国内外学术机构建立合作关系，为整个学科和研究领域的国内外交流作出更大的贡献。

（1）以项目管理为中心完善项目管理。采取一系列措施，通过优化科研队伍，强化管理，实行学术假、科研奖励计划等措施，为基地重大课题的顺利完成提供制度保障。

（2）在学术活动的组织上，将本着精要、高效的原则，举办高层次的研究论坛，参加高层次学术的国际会议，进一步加强国际交流，推动国内外学者的多层次交流。在科研中吸收更多的硕士生和博士生参加，扩大他们的视野，提高他们的学术能力，使科研工作和人才培养更好地结合。

（3）继续以重大项目带动提高能力建设。继续做好《国外马克思主义年度研究报告》的编撰工作，发挥其科研、人才队伍和凝聚国内外研究力量的作用；办好基地的学术期刊和研究丛书，包括《当代国外马克思主义评论》、《当代国外马克思主义研究丛书》、《国外马克思主义研究论丛》和《国外马克思主义与国外思潮译丛》，要办出特色、办出水平，使之成为反映国内学术成果和进行对外学术交流的重要平台。

（4）在科研上继续保持自己的特色，争取多出高质量的标志性成果。同时，进一步加强科研成果的普及化工作，自觉地把科研与社会服务工作结合起来，对当代中国面临的现实问题进行更深入的研究，切实推进马克思主义中国化的工作。

（5）完善图书资料、期刊资料及网站和数据库的建设。专人专管网站和图书资料，确保资料的时效性和系统性，使网站更高效、更丰富、更新颖。

南京大学马克思主义社会理论研究中心

南京大学马克思主义社会理论研究中心于2005年2月正式入选第五批高校人文社会科学重点研究基地。此后，此中心强化作为教育部重点研究基地的国家队意识、成果意识和社会服务意识，在凝聚学科方向、汇聚科研队伍、构建发展平台、推进改革创新、推出重大成果等方面狠下工夫、精心建设，在各方面均取得了优异成绩。

一、总体情况

此中心现有专职研究人员 14 人，校内兼职研究人员 4 人，校外国内兼职研究人员 6 人，另有 15 名国际知名学者担任中心兼职研究人员。

此中心主体学科之一马克思主义哲学是国家重点学科、江苏省重点学科。该专业团队先后被评为“教育部国家级教学团队”、“江苏省高等学校优秀教学团队”、“南京大学文科优秀学术团队”。此中心是马克思主义理论博士学位授权一级学科点，设有马克思主义理论博士后流动站，同时也是哲学博士后流动站的参与建设单位。此中心所设学科是教育部、财政部“985”基地挂靠点，也是国家“211 工程”三期重点学科“马克思主义社会理论与当代社会”的学科点。

二、主要成绩和经验

（一）科学研究

一流的科学研究体现在主持的科研项目数量和质量上。此中心成立以来，共承担、主持中央、国家社科、省部级课题 41 项，经费总额多达 500 余万元。其中：承担中央马克思主义理论研究与建设工程 1 项，主持国家社科基金重大招标项目 2 项、国家社科基金重点项目 1 项、国家社科基金外译项目 1 项、国家社科基金项目 6 项；主持教育部人文社会科学重大课题攻关项目 1 项、教育部重点研究基地重大项目 14 项、教育部新世纪优秀人才基金项目 1 项、教育部人文社会科学研究一般项目 2 项；主持其他省级社会科学项目 12 项。这些成绩的取得充分证明了中心雄厚的科研实力。

2005—2010 年，此中心共获得教育部人文社会科学优秀成果二等奖 1 项、教育部哲学社会科学研究优秀成果三等奖 1 项、全国优秀博士论文 1 篇、全国优秀博士论文提名奖 1 项、江苏省优秀社会科学成果一等奖 1 项、江苏省优秀社会科学成果二等奖 5 项、江苏省优秀社会科学成果三等奖 2 项、其他省市科研奖项 5 项。

此中心先后在期刊、报纸、会议上发表论文 451 篇，其中在《中国社会科学》、《哲学研究》、《马克思主义研究》等一流期刊上发文 43 篇，占总文章的 9.53%；CSSCI 论文 318 篇，占 70.51%；国外期刊论文 4 篇；先后出版专著 25 部，译著 10 部。更具有突破意义的是，一批研究成果开始得到国际学界的关注，有 6 部著作已经被翻译并正在被翻译成英文。这对提升此中心的国际知名度起到了举足轻重的作用。

（二）团队建设

此中心通过自身培养和校外引进相结合的方式，打造了一支在国内外学界具有重要影响的学术队伍。新引进学科带头人 1 位，选留 3 位青年教师，其中 2 位均有留学经历。目前队伍中中央马克思主义理论研究与建设工程成员 1 人、国家社会科学规划项目评议组成员 1 人、教育部社会科学委员会委员 1 人、教育部“跨世纪人才工程培养对象”1 人、教育部“新世纪优秀人才支持计划”获得者 2 人、“新世纪百千万人才工程”1 人，教育部全国优秀博士论文奖获得者 1 人、江苏省 333 高层次人才培养对象 4 人、江苏省青蓝工程青年学科带头人 1 人、霍英东教育基金会青年教师奖获得者 2 人，江苏省文化宣传系统“五个一批”优秀人才 2 人。

（三）人才培养

此中心创建常规性的“马克思论坛”制度，不定期邀请国内外著名学者来中心讲学，大大激发了学生的学术热情和把握前沿问题的能力，目前已经举办79期工作论坛。

课程建设上，此中心胡大平主持的“马克思主义哲学史”课程先后被评为南京大学精品课程、江苏省和国家精品课程，张异宾主持的“马克思主义与当代西方社会思潮”被评为2007年江苏省优秀研究生课程、主持的“马克思主义哲学课程改革”荣获2007年江苏省优秀教学成果奖二等奖，张异宾主持的“马克思主义哲学专业课程群建设”项目获得南京大学优秀教学成果特等奖、江苏省高等学校优秀教学成果二等奖。

教材建设上，在研究生人才培养方面，主编的一本教材被教育部研究生办公室推荐为“研究生教学用书”。

（四）学术交流

此中心自2005年正式入选教育部重点研究基地以来，共主办大型国际学术会议10次、大型国内会议6次。

值得一提的是，此中心联合国际学术界，围绕当今世界马克思主义社会理论学界热点问题，开创国际学术会议新模式。主要有中日马克思主义哲学界高层次学术交流的制度化框架——“广松涉哲学”国际学术研讨会、研究当代资本主义发展新情况和发展趋势的国际学术盛会——“当代资本主义研究”国际学术研讨会，以及中韩“马克思主义研究论坛”。

此中心成立以来，先后有30多位在世界范围内具有重要影响的国际知名学者，包括托尼·安德烈阿尼、斯拉热沃·齐泽克、阿里夫·德里克、道格拉斯·凯尔纳、郑文吉、巴加图利亚、诺曼·莱文等，应邀前来进行访问研究，并先后在“马克思论坛”讲学，产生了广泛的学术影响。

（五）信息资料建设

此中心目前中外文图书资料共计19100册。其中，外文约5400册，中文约13700册。

其中，马克思恩格斯全集历史考证版新版的所有已出卷次，此中心已悉数购买和收藏，成为国内为数不多拥有马克思恩格斯德文原版著作的高校之一。此中心先后两次从荷兰阿姆斯特丹国际社会史研究所获赠和复印一大批马克思恩格斯原稿复印件，并与该所达成合作意向，就马克思恩格斯原稿的数字化工程展开合作，这对国内马克思主义研究事业推进将有着积极而重要的意义。

2006年夏季，此中心创办的“实践与文本”学术网站开通，有中英文双语网页。至今点击量已达95万人次，成为国内学术界国外马克思主义社会理论研究有影响力的学术门户网站。

此中心2006年创办的《社会批判理论纪事》学术辑刊，聘请了包括当代世界著名哲学大师斯拉沃热·齐泽克、道格拉斯·凯尔纳、巴加图利亚等在内的15名外国编委。

三、标志性研究成果

（一）《资本主义理解史》（六卷本），江苏人民出版社2009年版，张一兵主编

这套丛书是中国马克思主义学者在高度方法论自觉下对“马克思主义和西方左派关于资本主义的理解”所进行的一次系统的、全面的研究，对于提升我国学界关于资本主

义社会的研究水平，以及建构具有中国特色的资本主义批判理论体系，都具有非常重要的理论价值和实践意义。此书自出版以来，已荣获第二届中国出版政府奖提名奖、第三届中华优秀出版物奖、江苏省第十一届哲学社会科学优秀成果一等奖。

（二）《回到列宁》，江苏人民出版社 2008 年版，张一兵著

此书是作者继《回到马克思》之后另一部重要的马克思主义哲学经典文本研究专著，也是国内第二版中文《列宁全集》问世后第一部专题性研究列宁哲学思想的论著。斯拉沃热·齐泽克评价此书的出版“不只是一个中国事件，对每一个意欲在哲学的深度上复兴共产主义事业的人来说，都深具要义”。此书于 2009 年获得第二十三届华东地区优秀哲学社会科学奖一等奖。

四、“十二五”建设思路

（一）团队建设方面

以“立足实践、依托文本、深层解读、面向前沿”为指导思想，建设一支在国内外学术界中具有学术竞争力和可持续发展的专业研究团队，使之成为集传统优势与学术创新于一身、在世界范围内具有重要影响的“南大学派”。

（二）学术交流方面

进一步加大国际化步伐，努力谋求与国内外学术机构及学者之间建立紧密型的长期合作机制；同时，继续聘请国际一流学术顾问，以国际会议为契机，积极推进学术成果国际化，积极提升中心国际学术影响力。

（三）信息化建设

加强网站英文等多语言网页建设；建成、建好马克思主义原始文稿多语言数据库；建成、建好马克思主义理论历史文稿展列馆；继续加强国际学术资料的购买和复印工作，为中心的学术研究提供强有力和高、专、深的研究支撑。

（四）咨询服务方面

立足于国家与地方经济发展需要，以改革开放过程中的重大现实问题为导向，制定未来此中心的科研方向，寻求理论与实践、理论研究与社会服务的最佳结合机制。

山东大学当代社会主义研究所

一、总体情况

山东大学当代社会主义研究所始建于 1982 年，2000 年 10 月被批准为教育部人文社会科学重点研究基地，是一个建制完善、运行规范、教学和研究条件优越、科研实力较强、在社会主义研究领域占有突出地位的学术研究机构。

在机构建制方面，有一个充分发挥最高学术决策权的学术委员会，有一个向学校和教育部社会科学司负责的以所长为主要责任人的科研行政管理班子，有一支固定和流动相结合的、由来自国内不同高校最优秀的社会主义研究者组成的学术研究队伍，主办有本学科

领域内享有良好声誉的《当代世界社会主义问题》杂志。该杂志自1997年一直入选“全国中文核心期刊”，自2004年至今连续入选*CSSCI*，建有内容丰富的学术网站。

在运行机制方面，学术委员会的运作、行政负责人的权利与责任、重大课题的招投标与实时的动态管理、独立的财务管理、独立的博士生招生和培养机制等，都严格遵循教育部和学校的相关规章。

在基础条件方面，有610平方米的研究、教学和办公场所，27714册中文图书、5510册外文图书和330多种中外文期刊，以及全套的现代化办公设备。十年间累计1300多万元的经费投入，其中教育部对基地拨款300多万元，学校配套450多万元，连续两期“985工程”投入300多万元，研究人员获得的包括教育部重大攻关项目在内的各种项目支持经费150多万元，使此研究所拥有极为优越的教学科研和办公条件。

此所拥有实力很强的科学研究力量。除了来自山东大学本校的15名专兼职科研人员，先后有华中师范大学唐鸣教授、北京大学孔繁军教授、北京大学张世鹏教授、中国人民大学蒲国良教授、天津师范大学余金城教授、华东师范大学安维复教授、中央编译局季政聚教授等领衔，汇集来自其他高等院校以及中央党校、中国社会科学院、中央编译局等机构的研究人员组成的科研团队参与此所的科研工作。此研究所聚合了国内最优秀的社会主义研究力量，成为一个真正的开放式的科研平台。

以领先的科研团队为基础，基地在学科平台建设和科研方面取得了可观的成绩。科学社会主义和国际共运学科2007年入选国家重点学科。十年来共出版著作37部，在《中国社会科学》、《政治学研究》、《马克思主义研究》、《人民日报》、《文史哲》、《当代世界社会主义问题》、《马克思主义与现实》等有影响的报刊上发表论文307篇，其中入选CSSCI的论文203篇；共获得省部级以上各类科研奖励28项。

此基地的其他各项工作，如研究生培养、年度国内或国际学术会议、国际间的学术交流访问、向党和国家领导机关提供建议等工作都在稳步推进。

重点研究基地被赋予特定专业方向的管理职能，包括五年规划制订、重大课题设计、招标和科研过程的动态管理等职能被赋予一个专家团队，这是高等教育管理体制去行政化的先行先试，是教育部科研管理体制创新的富有成效的举措。特别是对于社会主义研究这样极其重要，但极大地受到社会主义运动处于低潮的负面影响的学科来说，通过重点研究基地把高校已经相当分散的研究力量汇集起来，从某种意义上避免了学科进一步滑坡，为社会主义研究的复兴储备了力量。

目前，基地建设的进一步发展有两大瓶颈：一是人才匮乏，国内社会主义研究领域的科研力量整体上呈滑坡趋势，难以物色到名师大家，同时，该学科对年轻学人缺乏足够的吸引力；二是科研水平与真正的国家级平台应有的水准还有相当差距。到目前为止产出的研究成果，还主要限于通过专家评审、被杂志社或出版社采用、获得某种奖项等形式上的基本认可，缺乏对学术进步造成明显推动，对国家政治、经济和社会发展产生可观影响的成果。

二、标志性研究成果

（1）薛汉伟和王建民教授合著的《制度设计与变迁——从马克思到中国的市场取向改革》在我国学术界第一次从制度设计与变迁的视角考察了社会主义理论和实践。

（2）赵明义教授的专著《理论与实际相结合：科学社会主义当代化、本国化研究》系统论述了马克思主义当代化、本国化、民族化的理论和实践问题。

（3）王建民教授发表于《北京大学学报》2001年第6期上的论文《人力资本与劳动力商品》是运用马克思主义经济学说对当代西方经济学的一个重要学说——人力资本理论进行改造的一个尝试。

（4）上海《社会科学》2003年第7至8期上的连载文章《雇佣劳动者发展史的新阶段》综合运用经济学、历史学、社会主义学说并借鉴了当代西方社会学家的新的见解，对雇佣劳动阶级的发展阶段提出了新的划分，在肯定马克思主义关于无产阶级历史使命学说的贡献的同时，指出了它的局限以及造成这些局限的时代条件和经济学方面的原因，对雇佣劳动者阶级的未来发展进行了展望。

（5）论文《路德维希·冯·米瑟斯社会主义观述评》系教育部重大攻关课题“20世纪社会主义与自由主义的争论”的阶段性成果，文章近4万字，是国内学界第一篇关于米瑟斯及其思想的长篇评述，在20世纪社会主义史的研究方面开辟了新领域。

三、“十二五”建设思路

为解决上述两大瓶颈造成的学科发展困境，此基地在“十二五”期间将以进一步凝练学科方向为解决问题的切入点，即通过凝练科研方向，解决科研水平有待提高的问题，同时，以提高团队科研水平为人才培养的主要途径。基本设想是：在经费等科研资源的使用上不平均用力，自设重大攻关课题，对关系学术的长远发展，以及对国家政治、经济和社会发展有重要影响的基本问题的研究允许较长的时限，加大资金保障力度，而且眼光不限于“十二五”，应设计出可持续、可拓展、可不断深入的研究课题，着眼于“十二五”规划之后更长远的、十几年甚至几十年的发展；一般重大课题的设计中，应有相当比例的课题与重大攻关课题直接相关。“十二五”期间其他重要学术活动（如基地学术年会）的内容原则上围绕已经确定的基地重大课题进行设计和安排。

此所将以“聚居型多民族国家政治民主化问题研究”为攻关课题。该课题的立项历经了两年的准备期。其基本立意：我国国民经济的长期可持续发展，人民生活水平的不断提高，我们国家在本世纪中叶基本达到中等发达国家水平，乃至国家长治久安宏伟目标的实现，都离不开一个最基本的条件，即国家的统一和政治的基本稳定。国家统一问题主要是多民族之间的关系问题，政治稳定主要是政治民主化的发展问题。因此，民族关系问题和民主发展问题是决定中国命运的两大基本问题。这两大问题中的每个问题的解决都是世界性难题，而当这两大难题交织在一起时，可能是对人类智慧的最大挑战之一，迄今为止的人类历史没有任何可资借鉴的成功经验。

从聚居型多民族国家的视角探讨民主政治发展问题，探讨政治民主化与国家统一和政治稳定之关系，是此研究所研究人员从长期的观察和研究中提炼而成的创新性选题。这是一项跨学科研究，涉及政治学、民族学、历史学、国别研究（如日本、韩国、苏联—俄罗斯、南斯拉夫、印度、印度尼西亚、斯里兰卡、南非）等广泛的领域。本项研究将对“二战”以来单一民族国家、聚居型多民族国家和散居型多民族国家三类国家的政治转型经验进行分析总结，探讨其中的规律性因素，为我国政治体制改革和长治久安提供理论支持。为此设立了十个重大课题，其中的四个课题，即“中国共产党的建设与社会稳定之关系的研究”、“从苏联到俄罗斯的民族政策研究”、“建设中国特色社会主义的国际外部环境问题研究”、“社会主义国家历次改革的比较及其基本经验教训” 直接与重大攻关课题相关。通过“十二五” 规划的实施，此基地的各项工作应前进一大步。

湘潭大学毛泽东思想研究中心

一、总体情况

湘潭大学毛泽东思想研究中心于2004年11月被遴选为教育部人文社会科学重点研究基地。此中心现设有毛泽东思想发展史研究所、毛泽东思想基本理论研究所、毛泽东思想与现当代社会发展研究所、毛泽东思想研究文献信息中心以及办公室等机构；有专兼职研究人员28人，其中教授23人，博士生导师16人；聘请了国内一批著名的毛泽东思想研究专家担任专兼职研究员、学术委员和顾问。

二、主要成绩和经验

2004—2010年，此中心按照教育部重点研究基地管理办法中所提出的五项任务进行建设，取得了明显的成绩。

（一）研究方向进一步集中在“毛泽东与马克思主义中国化” 和 “毛泽东生平事业” 两个领域

此中心在湘潭大学毛泽东思想发展史和毛泽东思想基本理论研究传统的基础上，充分利用湖南特别是韶山丰富的研究资源，研究方向进一步凝练，主要集中在“毛泽东与马克思主义中国化” 和 “毛泽东生平事业” 两个领域。围绕这两个研究领域承担了各级各类课题62项，其中，国家社科基金项目12项，教育部项目8项，其他项目42项；出版学术著作26部；在《哲学研究》、《马克思主义研究》、《马克思主义与现实》等期刊上发表学术论文257篇；形成了两项标志性研究成果；研究成果获省部级奖16项。

（二）建设了马克思主义中国化研究、中共党史和哲学等多个博士点

以此中心研究人员为主体，成功申报了马克思主义中国化研究、中共党史、行政管理学三个博士点，以及哲学、公共管理学、理论经济学等一级学科博士点，为基地的建设及人才的培养夯实了学科基础。

（三）建设了毛泽东数字图书馆和各种学术交流平台

在资料信息化建设方面，此中心组织力量正在建设毛泽东数字图书馆；在学术交流平台建设方面，建有毛泽东思想研究学术网站；出版了学术刊物《毛泽东研究》；主办了“毛泽东论坛”（每年一次，面向全国）和“毛泽东与马克思主义中国化论坛”（每月一次，面向中心内研究人员）；主办了3次国际性会议和4次全国性会议；此中心研究人员被邀请外出讲学或参加国内外学术会议100余人次；邀请国内外学者来此中心讲学70余人次。

（四）有效开展了与湖南省韶山管理局的合作

此中心实行湘潭大学与湖南省韶山管理局合作共建的体制，互聘人员，共享资源，合

作科研，共同主办某些学术会议。特别是合作承担了中宣部“爱国主义教育示范基地一号工程”重大项目，开展了毛泽东同志纪念馆陈列馆重新布展的论证研究及解说词的撰写、毛泽东遗物研究与毛泽东遗物馆的陈列工作，成绩显著。

（五）进行了以“项目管理”为核心的科研体制改革

主要是按“带（给）课题和经费进基地，完成课题后出基地”的要求来聘任研究人员（研究人员带课题 49 项，给研究人员课题 13 项），同时在报酬和待遇方面，按项目的级别拨给各个课题组不同数量的配套科研经费和劳务费，并由课题组自己进行分配。

三、标志性研究成果

此中心根据自身科研规划，组织力量围绕马克思主义中国化和毛泽东生平事业两大研究领域进行了重点攻关，形成了两项标志性研究成果，实现了某些方面的理论创新，并产生了咨询服务的社会影响。

（一）《毛泽东与马克思主义中国化研究丛书》

近年来，此中心的主要研究方向之一是“毛泽东对马克思主义中国化的贡献及其当代意义”。此中心研究人员围绕这一研究方向和课题举行了多次全国性的学术研讨会，发表论文逾 100 篇。此成果的最终形式是《毛泽东与马克思主义中国化研究丛书》，由人民出版社 2008 年 12 月开始陆续出版。

此成果主要研究和回答了如下问题：为什么马克思主义必须中国化？为什么毛泽东能够率先提出和解决马克思主义中国化这一重大问题？毛泽东在哪些方面使马克思主义中国化了？毛泽东对马克思主义中国化贡献的当代价值与意义何在？

此成果的主要创新之处：一是从湘学传统对青年毛泽东文化性格的影响，揭示了为什么毛泽东能够在党内率先提出和解决马克思主义中国化这一至关重要、影响深远的问题；二是探讨了湘籍无产阶级革命家对毛泽东思想形成与发展的贡献和影响，从一个独具特色的侧面揭示了毛泽东思想是党的集体智慧的结晶；三是从政治、军事及哲学等方面探讨了毛泽东对马克思主义中国化的贡献，并揭示了中国特色社会主义理论体系对毛泽东思想的继承和发展。

（二）《中国出了个毛泽东》陈列布展及解说词

此中心另一重要研究方向是“毛泽东生平事业研究”，主要以湖南省韶山管理局的研究资源优势为基础。

此成果的最终形式是《中国出了个毛泽东》解说词。这是湖南省韶山管理局韶山毛泽东同志纪念馆重新布展和陈列毛泽东生平事业的内容方案，是湖南省根据中宣部关于把韶山建设成为全国爱国主义教育示范基地的要求而设置的一个重要项目；由韶山毛泽东同志纪念馆和湘潭大学毛泽东思想研究中心承担；方案及解说词经过多次专家讨论，并经中共中央文献研究室领导和专家审读通过；2008 年年底，此方案具体化为“毛泽东同志纪念馆”布展方案并竣工。

按照《中国出了个毛泽东》内容方案新布展的毛泽东同志生平事业陈列工程，得到了很多毛泽东思想研究和党史专家的高度赞赏，认为陈列内容设计具有很高的思想性和科学性，主题鲜明、脉落清晰、史实准确，文字客观、简练，展品内容丰富（一些展品属首次公开展出）；该项工程竣工后，已逾百万人次参观，普遍反映有耳目一新的感觉，对毛泽东的伟大生平和思想有了新的认识和了解。

四、“十二五”建设思路

（一）建设目标

“十二五”期间，以及今后相当长的时间内，此中心建设和发展的目标定位是：全面和充分掌握国内外毛泽东研究的历史、现状和趋势，利用自身的资源优势，发扬自身的特色与传统，在毛泽东思想以及毛泽东生平事业研究的前沿和核心领域中，形成在国内外学术界具有重要影响力并能发挥咨询服务作用的研究特色和研究优势，力图使其成为毛泽东思想研究的一流机构。

（二）主攻方向

改革开放三十多年来，围绕毛泽东生平事业及思想的研究与评价产生了大量的研究文献和读物，也提出了很多的问题。在改革开放和中国社会转型的现实背景下，这些研究文献和读物形成了尖锐对立的观点、立场或叙述视角。在这些尖锐对立的研究文献与读物所提出的各种问题中，最为前沿和核心的问题逐渐浮出水面，这就是有关毛泽东生平事业及思想的评价立场与研究方法的问题；同时，研究文献的大量涌现与评价立场的分化表明在改革开放与社会转型时期，毛泽东与毛泽东思想具有重要的时代意义。有鉴于此，此中心“十二五”期间的主攻方向是毛泽东生平事业及思想的研究方法的反思，以及毛泽东思想的时代意义的研究，并力图在这两个方面形成标志性的研究成果。根据这一设想，“十二五”期间，此中心的主要科研项目如下：改革开放以来国内毛泽东研究的回顾与反思，国外毛泽东研究的历史与现状，毛泽东实践哲学研究，毛泽东民主政治思想与当代中国政治发展研究，毛泽东思想与中国特色社会主义理论体系关系研究，从毛泽东遗物解读毛泽东精神世界，加大毛泽东数字图书馆的建设力度。

（三）主要措施

为了实现上述目标和富有成效地实施上述课题，拟采取如下主要措施：实行开放式研究，聘任国内外一些在相关方面有深入研究的人员合作研究；进一步加强和深化与湖南省韶山管理局的合作，加强与国内相关机构特别是与教育部相关基地的交流与合作；多方筹措经费，在可能的情况下争取成立“毛泽东研究基金会”，加大投入力度；为纪念毛泽东诞辰120周年，拟举办“毛泽东研究的回顾与反思”国际性学术研讨会。

中国人民大学中国特色社会主义理论体系研究中心

一、总体情况

中国人民大学中国特色社会主义理论体系研究中心，原名“中国人民大学‘三个代表’重要思想研究中心”，成立于2002年11月。2004年12月被正式确立为教育部人文社会科学重点研究基地。此中心现任主任为中共中国人民大学党委书记程天权教授。此中心下设马克思主义基础理论、中国特色社会主义、执政党建设三个研究室和办公室、资料室；实施机构开放、人员流动、竞争创新的机制，现有专兼职研究人员 34 人，其中校内专职研究人员 16 人、校内兼职研究人员 6 人、校外兼职研究人员 12 人。此中心属于高校直属、独立设置、与院系并行的科研实体机构，并与校内哲学院、马克思主义学院、经济学院、国际关系学院、人口与社会学院、法学院保持密切合作关系；配备了专职科研编制、科研岗位和行政资料管理人员；拥有独立的办公室、资料室及相关设备。此中心自主安排科研工作和各种学术活动，有单独的活动经费和配套资金。学校研究生院每年单独为此中心提供研究生、博士生招生名额。

二、主要成绩和经验

2004 年以来，此中心承担了 13 项基地重大研究项目和 10 多项教育部委托项目，承担了 2 项教育部人文社会科学重大招标项目、2 项国家哲学社会科学基金重大招标项目。此外，还承担有北京市哲学社会科学基金重点科研项目、一般项目以及其他横向课题近 30 项。以此中心署名发表了近 30 多篇学术论文，出版了 20 多部学术著作，提交了多部研究咨询报告。

6 年来，此中心加强了学术交流，除内部举行了一系列小型讨论会以外，还举办了 4 次国内学术会议和 4 次国际学术讨论会。2005 年 11 月，此中心与马克思主义学院联合召开“保持共产党员先进性教育活动与党的先进性建设”学术研讨会。2005 年 12 月，与马克思主义学院联合主办“中国共产党的执政经验、执政能力与构建社会主义和谐社会”理论研讨会。2009 年 12 月，承办教育部高等学校社会科学研究中心等单位联合举办的“中国特色社会主义理论体系论坛”；2010 年，与《人民论坛》举办“战略知识分子理论研讨会”。在国际学术交流方面，2005 年 6 月，与马克思主义学院具体承办了“中国人文社会科学论坛 2005”，此次论坛的主题为“马克思主义与中国发展之路”，十多位国内外著名专家、中宣部、教育部有关领导参加了会议，国内重要媒体和外电做了报道，《参考消息》有专文报道。2006 年 10 月，与当代中国研究中心举办了“中国和平发展道路对于亚洲各国的影响”国际会议，10 多位外国学者及校内 50 名学者参加了此次会议。2009 年 6 月，与马克思主义学院、当代中国研究中心具体承办了“中华人民共和国 60 年”国际学术研讨会，来自美国、俄罗斯、日本、韩国等国的学者及国内学者近 40 人参加了此次会议。2009 年 12 月，与校内台港澳研究中心联合举办了纪念澳门回归十周年理论研讨会，来自中国香港、中国澳门及中国内地的 30 余位学者参加了此次研讨会。此外，还采取“走出去”与“请进来”相结合的方式，加强国际学术交流，先后邀请了 30 多位外国学者到此中心进行学术交流，派出专兼职研究人员近 50 人次到国外或境外进行学术交流和考察活动。

在人才培养方面，此中心通过自身建设，有 6 名同志入选教育部新世纪人才培养计划，有多位专兼职人员在国家一级学会中担任副会长以上职务，有 2 位同志为中央政治局集体学习授课；共培养博士研究生 60 多人，硕士研究生 110 多人。

此中心建立以来，在马克思主义经典著作、中国共产党文献以及当代中国马克思主义研究方面，加强了图书资料建设。除教育部提供了图书资料建设费用之外，中国人民大学还从“985 工程”、“211 工程”中留出专款加强图书资料建设。此中心还购置了部分电子图书及文献数据库。

近6年来，此中心积累的基本经验：1. 科研活动必须围绕着此中心的职能和国家的大政方针展开；2. 必须凝练学科方向，把握学科建设重点；3. 必须汇聚高层人才，形成学术创新团队；4. 必须面向国际，掌握国际学术动态；5. 必须创新体制机制，营造有利于科学研究、学科建设和人才培养的学术环境；6. 必须有良好的条件支撑，有充足的科研经费和良好的办公条件。

三、标志性研究成果

近6年来，此中心研究人员出版了20多部学术专著，发表了数百篇学术论文。其中，具有标志性的成果包括《中国之路（1978—2008）：改革开放30年的光辉历程、巨大成就和宝贵经验》（程天权主编，中国人民大学出版社2008年版）、《"三个代表"重要思想研究述评》（秦宣主编，中国人民大学出版社2006年版）、《中国共产党的历史方位与"三个代表"重要思想》（王向明等著，中国人民大学出版社2007年版）、《经济建设与全面小康》（张雷声著，社会科学文献出版社2005年版）、《新时期思想政治理论课教学方法探讨》（张雷声主编，高等教育出版社2006年版）、《社会主义传统理论与实践》（张雷声主编，中国人民大学出版社2007年版）、《农村人民公社分配制度研究》（辛逸著，中共党史出版社2005年版）、《马克思主义党的学说和党的建设》（吴美华著，中国人民大学出版社2007年版）、《当代中国的多党合作制度》（吴美华著，中共党史出版社2005年版）、《中国共产党的知识分子理论与政策研究》（杨凤城著，中共党史出版社2005年版）、《思想理论教育原理新探》（刘建军主编，高等教育出版社2006年版）等。

此中心研究人员还公开发表了《"三个代表"重要思想的马克思主义观》（梁树发，《马克思主义研究》2005年第1期）、《对中国特色社会主义的理性思考》（秦宣，《中国特色社会主义研究》2005年第2期）、《论江泽民同志马克思主义中国化作出的历史性贡献——学习〈江泽民文选〉的若干体会》（张贺福，《马克思主义研究》2006年第10期）等学术论文。以此中心名义提交了《新时期中国马克思主义研究报告》（《思想理论教育导刊》2005年第7、8期）、《"中国模式"问题研究报告》（《思想理论教育导刊》2005年第9期）、《冷战结束后国外马克思主义研究概况》（《北京行政学院》2005年第4期）等研究报告。上述成果在出版之后，均产生了一定程度的社会影响和学术影响。

四、"十二五"建设思路

此中心"十二五"期间的建设目标：组织、协调全校力量，并适当吸收校外兼职研究人员，以马克思主义为指导，加强对中国特色社会主义理论体系的研究，积极探讨中国改革开放和社会主义现代化建设中全局性、前瞻性、战略性重大理论和实践问题，着力培养中国特色社会主义理论研究的高层次人才。

为实现上述目标，具体措施如下：一是进一步凝练研究方向，将研究范围从过去的"三个代表"重要思想研究扩展到中国特色社会主义理论体系的研究，向前延伸到马克思主义基础理论和毛泽东思想的研究，向后延伸到科学发展观等重大战略思想和中国特色社会主义实践中的重大理论与现实问题的研究。二是适当扩大专兼职研究人员队伍，尤其注重吸收35岁左右的青年学者，力争在未来几年时间内组成一个实力雄厚、专业结构合理、职称结构和年龄结构合理的创新团队。三是集中精力，动员研究人员，尽快完成已承担的10多项重大招标和重点科研项目，着力打造学术精品，出版高质量的研究成果。四是积极开展学术交流，力争每年举办两次内部学术讨论会，每年举办一次大型国内学术会议，两年举办一次国际学术会议，以扩大学术影响。五是立足当代中国现实，服务于党和国家的工作大局，面向各级政府及社会各界开展咨询服务，提高解决重大实践问题的综合研究能力和参与重大决策的能力。六是深化科研组织改革，促进管理创新，做好人才队伍建设工作，构筑人才高地。七是加强数据库、网络、图书资料建设，构筑信息化平台。八是加强基地的管理工作，建立规范的档案管理制度，加强对基地的科研、人才培养、学术活动的管理。

北京大学美学与美育研究中心

一、总体情况

依托北京大学美学学科成立的北京大学美学与美育研究中心，2004 年 11 月被确立为教育部人文社会科学重点研究基地。此中心自成立以来，秉承北大美学学科的优良传统，力求站在世界美学发展的前沿、站在引领中国美学学科发展的地位上，提高研究生的教学水平，培养一批高素质、具有创新能力的美学人才，建设具有世界一流水平并能体现北大学术传统和治学风格的美学学科，使之真正成为在世界美学界有影响的研究阵地。

几年来，此中心在基地建设、科学研究、人才培养、学术交流、学术成果、对外宣传和社会影响等方面都取得了一定的成绩：将燕南园 56 号院建设成为中心的办公场所，并配置相应的办公设备，使得研究员们能够在比较理想的环境中从事研究；出版了几项具有基础性和代表性的美学领域的研究成果，推动了中国文化的研究和对外推广；积极推进所承担的教育部重大课题的研究工作；举办了具有广泛影响的第十八届世界美学大会；培养了大批人才，包括博士后、博士研究生、硕士研究生等，并接收国内外多名访问学者来访。此中心对美学人才的培养采取多元化发展的形式，不拘泥于课堂讲授和知识传授，而是从人生境界提升的角度，注重培养学生的综合素质。此中心还主办了多期“美学散步文化沙龙”活动，每期沙龙围绕不同的主题，组织小规模的讲演会和讨论会，带领参与者们到美的世界中徜徉，感受美，体验人生。通过举办这样的文化沙龙活动，实践着此中心提倡的审美艺术教育，进一步增强了北大校园的文化气氛、艺术气氛、学术气氛，同时对整个社会的文化、艺术、学术气氛也有所影响。

二、主要成绩和经验

（一）主要成绩

1. 承担重大课题

此中心承担教育部文科研究基地 14 项重大课题，目前已经有 4 项课题结项，分别是：“现代美学体系研究”、“中国古典美学三大体系研究”、“西方美学遗产与中国现代美学建构”，“从分析美学到实用主义”。当前在研的共有 10 项课题。其中，《中国美学通史》(七卷本)、《中国艺术批评通史》(七卷本) 这两个分三年申请的重大项目接近于完成。这在中心科学研究发展中占有重要位置。这两部通史将是填补空白之作。

2. 举办国际学术会议

2010年8月9日至13日，第18届世界美学大会在北京大学举行。此中心承办了具体组织工作。世界美学大会是国际美学界规模最大、学术水准最高的会议，每3年举办一届，被称为世界美学学术转向的“风向标”。本届美学大会的主题是“美学的多样性”，400多位来自世界各国的美学家与600多位国内学者汇聚一堂，参会人数为历届之最。各国学者讨论的题目涉及美学基本理论、西方古典美学和当代美学、东方美学、中国美学和中国艺术、舞蹈美学、音乐美学、戏剧美学、建筑美学、环境美学、生活美学等，其中既有哲学层面的理论观照，也有面向社会生活的现实关怀；既有对于民族艺术的充分展示，更有在文化比较视野下的多角度的理论审视。

以“美学的多样性”为主题的这届大会在中国北京召开，是国际美学界在文化多元与文化融合的时代迎来新发展的一个契机。来自世界各地的学者们充分展示了美学与哲学，美学与艺术、日常生活之间的广泛而深刻的联系，也为开拓美学思考的视野提供了多样的角度。本届美学大会也是中国美学向世界打开大门的一个重要契机，使得世界各国学者对中国美学和中国艺术有了更多的、更广泛的了解。这次大会是一个新的开端，今后世界各国会有更多的学者关注中国的文化，研究中国的美学。

（二）主要经验

此中心的建设除了抓基本工作外，在硬件建设方面投入较大的力量，为科研人员创造了良好的创作与研究环境，凝聚了大批国内外哲学、美学、中文和艺术领域的高端人才，为基地的长远发展构建了坚实的平台。

与此同时，鉴于美学学科的特点和大批艺术理论研究者的进入，此中心对研究员采取松紧适宜的管理机制。在严格执行教育部基地管理办法的同时，尤为重视对科研成果质量的管理，鼓励研究员们多出在学界有影响的成果，秉承“科研成果中所体现出的学术气象是基地建设的命脉”这一信条，采取研究成果创作与署名奖励机制，有效提高了此中心的整体科研水平。

三、标志性研究成果

（1）《中国历代美学文库》。这部反映中国美学和中国文学艺术理论的思想库、资料库具有重要的学术价值，是中国美学研究的标志性成果。出版之后，得到了学界的注意。2004年，获得北京市社会科学一等奖。

（2）中心主任叶朗教授和副主任朱良志教授合著的《中国文化读本》。这是介绍中国文化的读本。本书出版以来，得到了各级领导同志的肯定和鼓励，在学术界和社会上也有较好的反响。

（3）朱良志教授所著的《石涛研究》。此书是对中国绘画史乃至中国美学史上的重要人物石涛进行深度研究的著作，对中国美学史和中国绘画史都有重要贡献。2009年获得“高等学校科学研究优秀成果奖”一等奖。

（4）叶朗教授的《美在意象》。这是一本全面、系统地讲述美学基本原理和基础知识的教科书，同时也是一本研究美学理论核心区的前沿课题的学术著作。此书出版之后，受到学界的好评。在第十八届世界美学大会期间，获得国内外专家的重视。

四、“十二五”建设思路

此中心从以下六个方面制定了“十二五”发展规划：

（一）科研规划

进一步促进科学研究工作的开展，努力做好原有重大项目的中期考核和结项工作，在完成《中国美学通史》（七卷本）、《中国艺术批评通史》（七卷本）等项目的基础上，周密规划，整合力量，组织一些重大公关项目，形成中心科学研究的新的生长点，使中心科研工作向纵深发展。

（二）队伍建设

建设一支具有很强科研能力、创新能力的专兼职科学研究队伍。2010 年下半年到 2011 年上半年调整和充实专兼职人员队伍，注意学科发祥地的分布、研究人员的年龄结构和研究特色。其中，尤其强调研究的特色和水准，力求体现出北大美学学派自身的风格，即基础扎实、有理论的开创性、具有国际视野，使其保持处于中国美学研究前沿的地位，并成为世界美学研究领域的有影响的力量。

（三）学术交流

（1）进一步做好中外美学的交流，拟举行有较高学术水平的国际学术讨论会，并邀请世界上著名的美学学者来中心做研究。

（2）发挥北大美学在国内的学术交流平台的作用，召开国内美学学术讨论会，举办国内美学与美育的短期培训班，邀请国内有影响的学者来中心举行学术活动。

（3）继续办好“美学论坛”，通过若干年的努力，使其真正变成国际上最有影响的美学论坛之一。

（四）成果转化和服务社会

（1）为政府决策继续作出努力。还需要更好地发挥美学的影响，增强美育在教育乃至社会中的作用。

（2）举办高等学校和中小学美学与艺术教育的研修班，促进我国的美学教学和美育工作。

（3）更好地发挥叶朗教授担任教育部艺术教育委员会主任的作用，扩大美学和美育研究的影响力。

（五）人才培养

（1）依托北大美学学科（本学科为全国重点学科，全国最早建立的美学博士点和博士后流动站），做好人才培养工作，培养一批有较好专业素养的美学研究人才。

（2）面向全国，与相关单位交流美学人才培养经验。

（六）中心刊物、网站建设等

（1）聘请专人管理网站，办好中英文网站。

（2）继续办好《意象》杂志，出版世界美学大会的英文、中文增刊。

（3）强化图书管理，增加图书和外文杂志的藏有量。

北京大学外国哲学研究所

一、总体情况

北京大学的外国哲学研究具有悠久的传统，胡适、贺麟、郑昕、洪谦、熊伟等饮誉海内外的知名学者在外国哲学研究领域成就卓越，为西方哲学和文化的引进、吸收和创新作出了不可磨灭的贡献。20世纪50年代初院系合并，全国的哲学人才汇聚北京大学。1964年，此研究所正式成立，成为当时中国唯一的外国哲学研究基地。经过40多年的建设，此所现在已经发展成为专门从事外国哲学教学和研究的学术机构，在外国哲学的各个领域都具有强有力的教学和研究梯队。就科研而言，此所力量集中、特色鲜明的研究方向有如下三个：（1）西方哲学史，注重传统的古典西方哲学研究；（2）现代西方哲学，注重黑格尔之后的现代西方哲学思潮研究；（3）东方哲学，注重印度、日韩、阿拉伯等东方世界的哲学研究。

此所于2000年9月正式入选国家文科重点研究基地。十年来，此所在科学研究、人才培养、学术交流等方面都取得了比较显著的进展。在2005—2009年全国基地评估中获评教育部优秀基地。

二、标志性研究成果

2001—2010年间，此所在许多研究方向上都取得了丰硕成果，很多成果填补了国内学术空白，达到国内领先地位。近年来此所重要的标志性成果包括：

（一）《二十世纪数学哲学——一个自然主义者的评述》（作者：叶峰）

此书论述20世纪最主要的数学哲学思想，并从自然主义的立场对它们进行分析、批评，以此为作者提出的一种自然主义数学哲学作辩护。

此书作者曾在其他数篇英文论文和一本英文专著中提出了一种国际上新的、自然主义的、反柏拉图主义的和严格有穷主义的数学哲学。这些论文已在*Philosophia Mathematica*、*Synthese*、*International Studies in the Philosophy of Science*等国际期刊上发表，专著将由斯普林格出版社（Springer）出版。在这本中文著作中，作者一方面较详细地介绍了20世纪最主要的数学哲学流派，另一方面，对这些20世纪最主要的数学哲学流派进行了系统的分析、批评，以此从另一个角度为作者自己提出的、与他们不同的数学哲学理论作辩护。

此著作试图说明，20世纪的一些著名的自然主义哲学家（如蒯因），由于他们的自然主义世界观的不彻底性，使得他们的数学哲学思想包含内在不一致性，作者提出的新数学哲学理论则是消除这些内在矛盾的结果，而且它引向一种更彻底的自然主义哲学世界观，是对自然主义（或唯物主义）如何解释人类数学知识这一问题的更好、更具有内在一致性的回答。

（二）《理解的条件——戴维森的解释理论》（作者：叶闯）

此书以新颖的视角重构了戴维森解释理论的系统框架，使得据此框架可以回答有关戴维森理论的许多为什么。在此书的框架下，不但这些问题都有了新的解释，而且不同问题的重新解释都被明确了逻辑上的相互关系和概念定位。

此书是国内第一本研究戴维森哲学的学术论著，虽然它的内容集中于解释理论，却触及了戴维森整体哲学思想的核心。此书以戴维森与奎因之间的哲学亲缘关系作为切入点，详细阐释了戴维森的哲学思想，清晰地展示出其在分析哲学中的地位，及其对非分析哲学家的影响。此书所提出的解释和论点具有独立的学术价值和意义，在其出版后，受到了广泛的关注。

（三）《道德哲学与实践理性》（作者：徐向东）

此书以当代伦理学中休谟主义和康德主义关于实践理性的本质的争论为焦点，对道德客观性、道德动机和道德义务的本质给出一个系统的说明，同时澄清一些重大争论的本质。此书的创新之处主要体现在两个方面：第一，它把元伦理学、规范伦理学和道德心理学有机地结合起来，揭示了有关争论的历史根源，从而把对伦理问题的探究建立在一个更加广泛的基础上，对很多重要问题提出了一种新的理解或解释；第二，它在若干重要问题上对休谟和康德的关系提出了一种新的解释。

（四）《维特根斯坦〈哲学研究〉解读》（作者：韩林合）

在这部长达约120万字的著作中，作者深入地研究了维特根斯坦《哲学研究》的所有内容，批评了国际上一些著名的维特根斯坦研究专家的观点，提出了许多重要的论断，解决了围绕《哲学研究》乃至整个后期维特根斯坦哲学的许多令人深感困惑的问题。此书有如下独特和创新之处：

首先，此书的写作形式非常新颖。与国外已经出版的研究《哲学研究》的专著相比，此书采取了一种全新的写作形式——打破《哲学研究》原书的形式，将其中所有相关的段落重新排列于作者的解释系统中的相关的部分，并在这样的系统中给其以相应的翻译、注释和解释。其主旨是按照作者自己先行确立的解释框架给予该书以系统的哲学解释，但是同时又力图将这种解释建立在对文本的全面、系统、严谨的注释和分析基础之上。其次，此书是国际上第一部完全以电子版《维特根斯坦遗著集》为基础而撰写的有关《哲学研究》一书的详尽的研究著作。最后，除了大的框架和写作形式方面的创新之外，此书在众多具体问题的解释上更是作出了全新的探索，获得了许多非常独特、新颖的结论。

（五）《印度宗教哲学概论》（作者：姚卫群）

此书共分三个部分：第一部分论述了印度宗教哲学的思想渊源和发展脉络，侧重分析了古代宗教文献《吠陀》、《奥义书》的思想。第二部分全面地阐述了印度各大宗教主要哲学流派的学说和观点，涉及印度教、佛教和耆那教的诸多流派的哲学思想。第三部分则根据印度哲学的一些共性问题，对各流派的学说进行比较分析，阐述它们在同一问题上的不同观点和差别。

此书视角新颖、立论清晰、广征博引、文献资料丰富，提出了一些独到的见解。应当说，此书代表了目前我国学者对印度古代哲学研究的较高水平。

三、主要成绩和经验

（一）凝聚学术方向，凸显研究特点

这十年间，此基地承担共20项教育部人文社会科学重点研究基地重大项目，均按计划顺利实施。这些重大科研项目突出体现此研究所工作的三个特点：（1）研究面宽泛，几乎涵盖外国哲学的各个分支、各个时代、各个方向；（2）从我国学界的实际需要出发，将哲学理论研究与国情密切联系起来，力图填补国内研究的空白；（3）涉及国内外学术研究前沿问题，直接触及当代西方哲学界研究的一些重大问题，使此所的科研与国际接轨。

（二）培养引进人才，汇聚科研队伍

此所在世界范围内引进出类拔萃的人才，特别注意接受回国的优秀留学人才充实科研队伍。此所几年内分别从美国哈佛大学、哥伦比亚大学、芝加哥大学，德国图宾根大学，比利时卢汶大学等引进10名博士。目前外哲所凝聚整合了国内外哲学研究领域的顶尖级学者，学术团队年龄结构合理，潜力很大，学术带头人和学术骨干在外国哲学领域保持着整体优势和领先水平，一定程度上已经成为该领域的领军团队。

（三）促进学术交流，构建发展平台

十年来，此所主办了20多次大中型国内外学术会议，并且每年结合科研计划邀请海内外学者来校做学术演讲。此所举办的大型会议涉及科研的各个领域，如古代哲学、德国哲学、现象学、近代启蒙运动、中西比较哲学、分析哲学、语言哲学、伦理学等。通过这些会议，此所的师生与相关领域的国内外知名学者进行了充分的交流，一方面更好地了解了国际学术界的前沿动态，另一方面也提升了此所和北大哲学系在国际和国内学术界的形象和影响力。

同时，此所积极派出学者访学，参与国际会议。基地学者们在历次会议上提交论文并发表报告，会议期间与国外哲学学者进行了卓有成效的学术交流。

此所还组织西方哲学论坛和创办基地学术刊物《外国哲学》，通过经常性的平台学术讨论，及时把此所的研究成果辐射至全国，带动学科领域的共同发展。

通过以上学术交流活动，此所与国内外著名高校建立了良好的日常学术交往，搭建了学术交流的平台，营造了宽松、开放的学术氛围，为日后的学术研究奠定了扎实稳固的基础。

四、“十二五”建设思路

此所作为我国外国哲学研究和教学的重要基地，将继承优良传统，发挥学科方向齐全、师资队伍雄厚的优势，从中国的实际需求出发，加强外国哲学的研究和教学，搞好外国哲学的学科建设，不仅让国人能够全面准确地理解外国哲学和外国文化的精神实质，而且不断提升国内学者外国哲学研究的国际化水平，能够直接触及当代外国哲学的基本问题，参与国际讨论，与外国学者平等对话，使中国人的外国哲学研究成果走向世界；将重点放在西方哲学经典文本研究、西方哲学前沿问题及热点问题研究、中西方哲学比较研究、东方哲学研究几个领域。

吉林大学哲学基础理论研究中心

一、总体情况

吉林大学哲学基础理论研究中心共有教师64名，其中，具有高级职称的教师44名，具有博士学位的教师44名；主任孙正聿，副主任孙利天、贺来，主任助理张盾，行政副主任朱文君。此中心的主要学科为哲学、社会学、社会心理学、劳动与社会保障等。其中，马克思主义哲学为国家级重点学科，社会学为省级重点学科。主要研究方向包括马克思主义哲学基础理论、唯物史观与社会发展理论、社会发展理论的历史与当代趋势研究、全球化与公共性问题、后发理论与中国社会转型研究。

2001—2010年，此中心在科学研究、人才培养、学术交流、团队建设和基础设施建设中均取得重大进展。先后承担“211工程”、“985工程”建设项目，承担国家社会科学基金重大项目2项，国家社会科学基金重点项目2项，国家社会科学基金一般项目9项，国家社会科学基金青年项目3项，教育部社会科学基金项目24项，吉林省社会科学基金项目3项，共计承担省部级以上科研项目43项。在此期间，此中心获国家级教学成果奖2项，教育部中国高校人文社会科学研究优秀成果奖5项，吉林省社会科学优秀成果奖22项，共计获得省部级以上奖励29项。主办国际学术会议4次，主办全国学术会议7次。以本中心为主体的哲学学科教学团队被评审为首批国家级教学团队，2门课程被评审为国家级精品课程，2人获国家级教学名师奖。1人被聘为教育部哲学学科教学指导委员会主任委员，2人被聘为教育部社会科学委员会委员，1人被聘为吉林大学资深教授，1人被聘为长江学者特聘教授，2人被聘为吉林大学匡亚明特聘教授。主办《哲学基础理论研究》和《中国哲学教育通讯》，并主持撰写《中国高校哲学社会科学发展报告（哲学卷）》。

二、主要成绩和经验

（一）主要成绩

在科学研究方面，10年间，此中心先后承担国家社会科学基金重大项目3项，国家社会科学基金重点项目3项，国家社会科学基金一般项目和青年项目18项，国家自然基金项目1项，教育部社会科学基金项目30项，吉林省社会科学基金项目25项，共计承担省部级以上科研项目80项；获国家级教学成果奖2项，教育部人文社会科学优秀成果奖5项，吉林省社会科学优秀成果奖40项，共计获得省部级以上奖励47项；共出版学术著作149部，发表学术论文1461篇。其中，在《中国社会科学》(中英文版）上发表论文16篇，在《哲学研究》、《社会学研究》上发表论文25篇，被《新华文摘》全文转载46篇。《马克思主义基础理论研究》入选首批“国家哲学社会科学成果文库”，5项成果获教育部中国高校人文社会科学研究优秀成果奖，1项成果获中华优秀出版物提名奖，1项成果作为“十一五”国家重点图书出版。《哲学与主体自我意识》、《哲学通论》、《崇高的位置》、《理论思维的前提批判》等著作先后被收入“中国文库”再版，在学界产生重要影响。

在学科建设方面，马克思主义哲学二级学科在国内居前三名，马克思主义哲学国家重点学科和教育部人文社会科学重点研究基地“哲学基础理论研究中心”建设成绩斐然。哲学学科的基础理论研究达到国际先进水平。在2008年教育部组织的重点研究基地评估中，哲学一级学科名列第9名。社会学学科再次被评为省级重点学科，并于2005年获得人口学博士授予权。在2008年教育部评估中心组织的一级学科评估中，社会学一级学科名列第9名。

在人才培养方面，有2项教学成果先后于2001年和2005年获得国家级教学成果一等奖和二等奖。吉林大学哲学学科教学团队于2007年被评审为首批国家级教学团队。“哲学通论”和“马克思主义哲学原理”先后于2004年和2010年被评审为国家级精品课程。1篇博士论文获得全国优秀博士论文提名。2002级社会学本科生参加国家发改委“十一五发展规划”建言献策活动，获得一等奖。

在学术交流方面，此中心共举办国内外学术会议16次，其中与《中国社会科学》杂志社联合举办的“第五届马克思哲学论坛”、与联合国教科文组织共同举办的“世界哲学日在中国：哲学与公共政策问题”、与《哲学研究》杂志社和美国过程哲学研究中心共同主办的“哲学：基础理论与当代问题”国际学术研讨会、与中国台湾中华文化社会福利基金会合作主办的“海峡两岸四地社会福利学术研讨会”、主办的“全球化与多元现代性”国际学术研讨会等产生重要影响。10年间，此基地有20多名教师分别到美国、加拿大、德国、荷兰等国的哈佛大学、斯坦福大学、弗莱堡大学、莱顿大学、杜克大学、弗雷泽大学等国际知名大学进行学术交流。

（二）主要经验

此中心建设的主要经验：（1）注重将“985”哲学社会科学创新基地建设与“211工程”建设、国家重点学科建设、教育部人文社会科学重点研究基地建设结合起来，相互依托，相互促进。（2）充分利用吉林大学的学科资源优势，注意实现哲学、社会学、心理学、劳动与社会保障等学科间的交叉融合，进行真正意义上的跨学科研究。（3）在基地建设过程中，注意凝聚锤炼研究队伍，以形成标志性研究成果为目标，切实提高基地的学术研究水平，促进学科的进一步发展。

三、标志性成果

1. 孙正聿教授的《马克思主义基础理论研究》是其承担的国家社会科学基金重大项目“马克思主义基础理论及其学科建设研究”的结项成果，经专家评审一致评为优秀，并被收入代表我国现阶段哲学社会科学最高水平的《国家哲学社会科学优秀成果文库》。此项成果在论证作为“一整块钢铁”的马克思主义的基础上，阐述了马克思主义研究中的称谓与定位、学说与学科、整体与部分、经典与阐释、理论与实践、学术与学养、坚持与发展等前提性问题，针对当代重大的理论和现实问题，具体阐述了马克思主义的世界观、辩证法、科学观、自然观、社会观、历史观和发展观，具体论证了马克思主义的资本主义批判和马克思主义的科学社会主义，并设专章研究了马克思主义与《资本论》。

2. 孙正聿主持完成的《当代中国马克思主义哲学专题研究》为国家“十一五”重点图书的最终成果，已于2010年1月出版。该书由我国马克思主义哲学研究的著名学者合作完成，成员包括吉林大学的孙利天、贺来和张盾，以及北京大学丰子义、中国人民大学马俊峰、南开大学王南湜、北京师范大学杨耕、复旦大学吴晓明和武汉大学汪信砚。此书总结和概括了当代中国马克思主义哲学研究的历史与逻辑，提出和探索了马克思主义哲学研究中的重大理论问题，思考和展望了马克思主义哲学研究的趋势与走向。此书作者以其广博的学识梳理了相关论题的研究状况，以其丰厚的成果展开了相关论题的论证，并以其睿智的目光展望了相关论题的研究趋向，展示了当代中国马克思主义哲学研究所取得的重要成果。

3. 孙正聿的专著《思想中的时代——当代哲学的理论自觉》于2004年由北京师范大学出版社出版，2006年获教育部中国高校人文社会科学研究优秀成果二等奖。

四、“十二五”建设思路

此中心“十二五”建设思路：集中学术资源，发挥综合优势，建设一流团队，创新哲学思想，形成重大研究成果，引领哲学理论研究，为中国特色社会主义提供“思想力”和“软实力”。未来五年，以具有国际领先水平的研究成果推进哲学基础理论在当代的发展，研究和回答中国现代化进程中的重大理论问题，并以具有领先水平的哲学学术群体培养新世纪的哲学专门人才，将国际学术交流与建设国际学术平台结合起来，力争把吉林大学哲学学科建设成国家一级重点学科，并使之成为具有重要国际影响的哲学学科。与此同时，争取社会学学科成为国家二级重点学科，争取社会心理学学科获得博士学位授予权，特别是争取哲学基础理论研究中心被评审为教育部人文社会科学的优秀重点研究基地。

湖南师范大学道德文化研究中心

一、总体情况

此中心的伦理学学科是十一届三中全会以后我国最先开始建设的伦理学学科之一。经过30年的发展，已成为全国伦理学研究的重镇。1980年基地开始伦理学学科建设；1986年获得硕士学位授予权；1993年获得博士学位授予权（我国伦理学专业最早的两个博士点之一）；1996年被确定为湖南师范大学“211工程”重点建设学科；2002年被确定为国家重点学科；2003年获准设立哲学博士后流动站；2004年被确定为教育部百所人文社会科学重点研究基地；2005年获得哲学一级学科博士学位授予权；2007年“思想道德修养与法律基础”获国家级精品课程；2008年被评为国家级教学团队；2010年“伦理学”获国家级精品课程；2010年此中心的伦理学学科被评为湖南省优势特色重点学科。经过十年的建设与发展，此中心目前已经成为国内伦理学研究的重要学术基地和交流平台，为学科的发展作出了较为突出的贡献。

此中心设有伦理学基础理论、中西伦理思想史、应用伦理学、思想道德教育四个研究室，并设有图书资料室和行政办公室。图书资料室拥有近5万册的中英文专业图书并藏有文津版的四库全书一套，所有图书均已上网，建有电子借阅室，资源开放共享的力度进一步加强。

此中心现有校内外专兼职研究员20人，其中教授15人，副教授5人，博士生导师11人，35至55岁的研究人员有19人，16人获得博士学位。

10年来，此中心先后主办了4次全国伦理学学术会议、3次国际性学术会议。邀请过欧美、日本以及其他国家一些大学，其中包括著名的哈佛大学、剑桥大学、维也纳大学等海外学者如杜维明、科斯诺夫斯基、汉斯·波塞尔等前来讲学共50余人次；同时，也积极派出学者到哈佛大学、斯坦福大学、牛津大学、创价大学、威尔斯大学、柏林科技大学、俄罗斯科学院远东研究所、新西兰奥塔古大学、韩国精神文化研究院等地访问或参加学术会议共计40人次。

在社会服务方面，此中心2006年参与了第三届“全国公民道德论坛”的筹备和理论调研工作（独立承担调研课题6项，撰有电视宣传片《道德之光》），为社会主义精神文明建设作出了重要的理论贡献，在2009年的暑假期间，中心举办了伦理学研究生暑期学校，为提高国内高校伦理学整体教学水平和科研水平、培养人才发挥了作用。

此中心建立了学术网站（http：//ethics. hunnu. edu. cn）且更新维护正常，网页内容丰富、形式美观，已成为伦理学学术交流的重要平台；主办的中国伦理学会会刊《伦理学研究》（双月刊）经过多年努力现已成为全国核心期刊、中国人文社会科学核心期刊、CSSCI来源期刊，所载论文复印率经人大报刊复印资料中心统计排名位于全国哲学类期刊前列，受到学术界的高度关注。

二、主要成绩和经验

（一）队伍实力不断壮大

此中心坚持走“人才强所、质量兴所、团结旺所”的道路，培养了多名学术带头人和一批学术骨干，学科实力显著增强。目前，中心学术队伍拥有国家级教学名师1人、国务院学科评议组成员1人、全国社会科学基金评审专家1人、全国博士后管理委员会专家组成员1人、中央马克思主义理论研究与建设工程首席专家3人和主要成员2人、教育部教学指导委员会委员2人、教育部新世纪优秀人才资助计划2人、湖南省优秀专家1人、湖南省优秀社会科学专家3人、湖南省青年社会科学优秀专家1人、湖南省社会科学百人工程6人、湖南省“121”人才工程3人、全国优秀教师1人、湖南省优秀教师3人。学术队伍实力不断增强。

（二）研究水平不断提升

（1）科研课题方面。此中心共承担国家社会科学基金研究课题23项、省部级课题75项、国际合作交流课题4项，其中国家社会科学基金重大招标项目1项，即刘湘溶教授主持的“我国生态文明发展战略研究”，国家社科基金重点项目3项，即唐凯麟教授主持的“中华民族道德生活史研究”、王泽应教授主持的“马克思主义中国化最新伦理思想研究”和彭定光教授主持的“妥善应对国际金融危机中的政府道德责任及其限度研究”。

（2）科研成果方面。共出版了《伦理学》、《20世纪中国伦理思潮》、《中华民族爱国主义发展史》、《20世纪中国马克思主义伦理思想研究》、《体育伦理学研究丛书》（2卷）等学术著作88部，发表学术论文656篇，其中CSSCI来源期刊312篇；有15篇被《新华文摘》全文详摘。

（3）科研获奖方面。先后获国家和省部级科研奖20项，教学奖11项，其中获得国家级教学团队1个，国家级教学名师1名，省哲学社会科学优秀成果一等奖11项、二等奖6项、三等奖3项；获国家级教学成果二等奖2项，湖南省高等教育教学成果一等奖6项，学术研究水平明显提升。

（三）人才培养效益明显

在研究生培养上坚持“德业双修，学贯中西，博通今古，服务现实”的原则，培养了一批在国内学术界崭露头角的优秀学术人才。2001年以来共招收博士研究生126人，有93人获得博士学位；招收硕士研究生169人，129人获得硕士学位。博士研究生在读期间获得国家社会科学基金项目8项和2007年度教育部新世纪人才支持计划项目1项（梅世云），出版学术专著16部，发表学术论文303篇。建设期间，基地有1篇博士学位论文获全国优秀博士学位论文提名奖，有5篇博士学位论文被评为湖南省优秀博士学位论文，有8篇硕士论文被评为湖南省优秀硕士学位论文。

本科生教学方面，2008年"伦理学与大学生思想道德教育教学团队"经评审被确定为国家级教学团队，"思想道德修养与法律基础"（2007年）和"伦理学"（2010年）双双入选国家精品课程，本科教学获省级教学成果奖3项，国家级教学成果奖二等奖1项。

总结十年来的建设和发展，此中心的经验：根据国家伦理文化和公民道德建设的实际需要，根据学科研究人员自身的知识结构和学术积累，对研究方向进行不断凝练，不求大而全，但求专而特，使学科方向更加集中而富有个性，同时能够实现可持续发展。

三、标志性研究成果

（1）《伦理学》（高等教育出版社2001年版）和《20世纪中国伦理思潮》（高等教育出版社2003年版）。这是迄今为止经国务院学位委员会学科专家组审定、被教育部研究生办公室推荐的全国伦理学专业研究生仅有的2部教学用书，分别获湖南省第七届社会科学优秀成果一等奖、湖南省第六届社会科学优秀成果一等奖。

（2）王泽应著的《20世纪中国马克思主义伦理思想研究》（人民出版社2008年版）。此专著对20世纪中国马克思主义伦理思想研究产生的必然性和发展的独特性以及理论贡献予以深入的求索论证，被专家鉴定、领导小组审定为"优秀"成果，2010年获中国伦理学会首届学术成果奖著作类一等奖。

（3）《环境伦理学研究丛书》（3卷）（湖南师范大学出版社2004年版）。此丛书对我国环境伦理学的进展、西方环境伦理思潮、中国古代的生态智慧进行了全面的梳理和研究，深化和拓展了我国环境伦理学的理论研究空间，被评为湖南省第八届社会科学优秀成果一等奖。

（4）《中华民族爱国主义发展史》4卷（湖北教育出版社2001年6月版）。此丛书在国内第一次对中华民族5000年悠久的爱国主义传统进行了全面系统的总结，2005年获湖南省第二届社会科学基金课题一等奖（全省一等奖仅此一项）。

（5）刘湘溶、李培超所著的《体育伦理学系列研究》。此丛书由《体育伦理：理论视域与价值范导》、《绿色奥运——历史穿越及价值蕴涵》组成，由湖南师范大学出版社2008年出版，共70余万字。此丛书大大深化了我国体育伦理学的理论研究，获湖南省第九届社会科学优秀成果著作类一等奖。

（6）伦理学研究生课程改革与教材建设。此成果确立了伦理学研究生"德业双修、学贯中西、博通今古、服务现实"的课程改革与教材建设模式，于2003年获湖南省高等教育省级教学成果一等奖，2005年获第五届国家级教学成果二等奖。

四、"十二五"建设思路

此中心将坚持"跨越"、"特色"、"集成"的原则，通过学科建设的带动，大力建设在国内外有一定影响的伦理学教学与科研基地、人才培养基地、学术交流和信息传播基地等，推出一批在理论上有创新、有特色、能为现实服务的高水平的科研成果；圆满完成当代马克思主义理论与建设工程，即"思想道德修养与法律基础"、"伦理学"、"中国伦理思想史"课题组首席专家和主要成员的工作；在完成“中华民族道德生活史”等重点研究项目的基础上，进一步提升“当代中国伦理学研究”和“中国伦理思想史研究”两个方向的学术领先地位，强化“应用伦理学研究”的创新水平和中国化特色，争取在环境伦理学、经济伦理学、生命伦理学、网络伦理学领域再推出一批新作，拓展政治伦理学、灾害伦理学、女性伦理学等研究项目，深化西方伦理思想史研究层次，构筑伦理学全面整体研究学术高地。

山东大学易学与中国古代哲学研究中心

一、总体情况

山东大学易学与中国古代哲学研究中心在2000—2010年，以复兴中华民族传统文化为中心，突出学科特色，以易学研究为重点，进而对中国古代哲学进行全面研究。在这十年中，中心紧紧围绕党和国家的战略方针政策，全面开展科学研究，努力提高科研创新水平，按照教育部高校人文社会科学重点研究基地的五项建设标准和管理规定，着力加强科研队伍建设，与此同时积极召开学术会议，加强学术交流，积极致力于社会服务。基地在各方面的工作都取得了明显的成效，实现了预定的目标和任务。

二、主要成绩和经验

（一）坚持以人为本，积极培养高素质人才，加强学术梯队及学科建设

自2000年以来，围绕国家的人才引进计划，此中心坚持以人为本，坚持用人德才兼备、以德为先的制度，大力吸引高素质优秀人才，在这十年中建立起了一支研究能力强、科研能力突出、年龄结构合理的学术梯队。目前，基地有专职科研人员16人，兼职科研人员12人，其中终身教授1人，正高级研究人员近70%，大部分正高级研究人员年龄在40至55岁之间，副高级研究人员大部分年龄在35至45岁之间，中级职称人员在30岁左右，相当一部分学术骨干是由此中心培养出来的。10年来，基地培养并获博士学位毕业生50余名，其中一部分已成长为学界学术骨干，在学界崭露头角，有的走上行政岗位或科研教学岗位，作出了比较突出的成绩。

2003年以此中心所在中国哲学博士点为龙头的山东大学哲学学科获准成立博士后流动站；2004年以此中心为龙头，联合山东大学哲学与社会发展学院、历史文化学院、文史哲研究院相关学术力量，组合为“985工程”山东大学易学与中国传统文化研究哲学社会科学创新基地，获教育部批准；2005年此中心与哲学系所在哲学学科获一级学科博士学位授予权；2006年此中心所属“中国哲学”学科被评为山东省重点学科。

（二）立足学术前沿，开展新出土文献、交叉学科研究

此中心通过调整学术研究方向，科研领域进一步拓宽，科研能力进一步提升。该中心立足学术前沿，以新出土简帛易学、哲学解释学、儒学、易学史等作为学术研究重点，并把这些研究作为重大课题，在全国范围内招标。目前，该研究领域取得了显著的成绩，为探讨易学研究、哲学研究和儒学研究提供了新的观点。在10年建设中，中心共承担国家

社会科学基金重大项目1项，教育部社会科学基地重大项目20项，承担省部级以上其他项目10多项，承担横向项目近10项。出版著作20余部，在国内外权威期刊上发表论文21篇。其中，由中心组织编纂的大型易学丛书《百年易学菁华集成》初编在2010年出版。在该系列丛书初编的基础上，中心拟进一步开展续编的编纂工作。该书既完成了一项具有深远意义的学术文化保护工程，又为新世纪及以后的研究提供了极其珍贵而又堪称全面的资料，确定了易学在中华文化重建及中外文化交流会通中的全新角色，具有重大的学术价值和文化意义，被学界称为"极大的创举，是前无古人、后启来者的不可替代的伟大学术工程"。

中心在易学研究方面取得长足进步的同时，在儒学与墨学研究方面也取得了突出成绩。中心始终注重易学发展与中国哲学以及其他学科的相互沟通，以实现易学研究与中国哲学学科发展的良性互动。可以说易学哲学在海内外具有广泛影响，学科优势明显。

（三）积极办刊，召开学术会议，加强学术交流，增强学术影响力

中心每年都出版《周易研究》(中文版）6期，《周易研究》增刊（英文版）1期。所刊发的论文中，每年均有多篇被人大复印资料全文转载，在中国哲学领域的转载量与转载率均属前列，提升了中心在学术界的影响力。

在学术交流方面，中心经过10年建设，已先后与日本、韩国、德国、比利时、中国台湾等国家和地区的易学机构建立了广泛的学术交流与联系。多次邀请海内外著名学者如汤一介、蒙培元、安乐哲（Roger T. Ames)、成中英、杜维明、王赞源、郑吉雄、凯文夫妇（Kevin and Simone de La Tour）等教授来中心讲学，其中有的被聘为兼职教授或短期专家，多数建立起长期的合作交流关系。举办了多次有重要影响的国际、国内学术会议，如2000年的"百年易学研究回顾与展望国际学术研讨会"，2002年的"海峡两岸易学与中国哲学研讨会"，2004年的"出土文献学术研讨会"，2005年的"易学与儒学国际学术研讨会"，2008年的"海峡两岸易学文化研讨会"等。

（四）努力服务社会，促进易学与中国古代哲学的应用和创新

10年来，中心为各级政府和企事业单位提供咨询服务近10次，特别是中心主任刘大钧教授为青岛崂山巨峰游览区所做的文化内涵设计、为新疆特克斯历史文化名城八卦城的保护与开发建设所做的规划与设计受到有关各方的赞许，产生了较大影响，显示中心在服务国家和地方经济文化建设方面具有一定的实力。

三、标志性研究成果

十年间，围绕易学与中国古代哲学，中心的成果颇丰，在出土文献、易学史、易学经传研究等方面取得了丰硕的成果，同时，儒家哲学与道家、道教哲学研究在学术界也占有相当重要的位置。其中最具代表性的成果如下：

(1)《今、帛、竹书〈周易〉综考》，该书由刘大钧教授完成，于2005年8月由上海古籍出版社出版，为研究新出战国楚简《周易》的第一部专著。其研究为当前该领域领先水平，极大地拓展了我们对《周易》经文的研究视野。其内容有多篇论文在《中国社会科学》、《文史哲》等重要刊物发表，并被《中国社会科学文摘》主体摘登，被人大《中国哲学》全文复印。

(2)《百年易学菁华集成》(初编)，该书以中心第一学术带头人刘大钧教授为首席专

家，经过5年的艰苦努力，于2010年4月由上海图书馆、上海科学技术文献出版社出版发行。该书旨在以科学的方法系统地、全方位地收集整理20世纪易学研究专论，从《周易》经传研究，出土易学文献研究，易学象数学研究，易学哲学研究，易学史研究，《周易》与儒释道研究，《周易》与中医研究，《周易》与文史、艺术研究，《周易》与自然科学研究，《周易》与术数研究十个方面分专辑对百余年来海内外优秀易学研究论著（主要是论文）进行系统的梳理与编选。该书既完成了一项具有深远意义的学术文化保护工程，又为新世纪及以后的研究提供了极其珍贵而又堪称全面的资料，确定了易学在中华文化重建及中外文化交流会通中的全新角色，具有重大的学术价值和文化意义，被学界称为“极大的创举，是前无古人、后启来者的不可替代的伟大学术工程”。

四、“十二五”建设思路

中心建设将继续以易学理论研究为重点，推动对中国古代哲学的全面研究，继续以“开展学术交流与研究，致力弘扬中国易学文化”为宗旨，以培养硕士、博士等高素质人才为主要任务，举办国际及全国会议，推进学术交流，提高理论水平，抓紧专人专题的实质性研究，奋力攻坚，力争在不远的将来，写出一部真正体现当代易学最高研究水准的《中国易学史》，使中心真正发挥其应有的权威和表率作用，按教育部的要求，在数年之后，成为名副其实的世界一流的易学研究中心。

（一）提高科研能力，科研项目进行整体规划，突出重点

将科研的中心放在基础理论建设方面，科研主要围绕出土帛书文献研究、《周易》经传研究、易学史研究及哲学研究、易学现代价值研究四个方面展开。争取做到在未来五年内，继续在《百年易学菁华集成》（初编）的基础上，进一步地提炼、调查与论证，开展续编的编纂工作，并另外重点推出2至3项具有标志性的高水平成果。

（二）办好研究刊物，建设学术阵地

坚持“二严”（严肃、严谨）方针办刊，在每年继续出版6期中文《周易研究》的基础上，将英文版做好，以进一步扩大易学与中国古代哲学在海外的影响力。

（三）加强学术交流，提升学术影响力

在学术交流方面坚持“引进来”与“走出去”相结合。积极邀请国外知名学者到本中心进行学术访问，促进学术交流，推动中西文化的双向发展，召开国内、国际学术研讨会，加强与国内兄弟高校的交流；同时，放眼世界，增强中心的学术影响力，依托山大优秀的人文资源，打造一个具有国际影响力的品牌基地。

山西大学科学技术哲学研究中心

一、总体情况

山西大学科学技术哲学研究中心始建于1978年，将科学技术哲学和科学技术史学科作为长期以来建设的学科群。此中心于1998年获科学技术哲学博士学位授予权，2000年

成为教育部人文社会科学重点研究基地，2002 年科学技术哲学学科成为国家重点学科，2003 年获科学技术史一级学科博士学位授予权并成为哲学博士后科研流动站，2005 年获哲学一级学科博士学位授予权。此中心下设科学哲学、技术哲学与 STS、科学思想史三个研究室及《科学技术哲学研究》期刊编辑部、科学技术哲学图书馆等子机构，主任为国内著名科学技术哲学专家郭贵春教授。

二、主要成绩和经验

此中心切实贯彻“弘扬创新精神，打造卓越团队”的理念，深入推进国际化发展战略，积极培育“语境论”科学哲学研究学派，形成了一套科学、规范、高效的管理体制和运行机制，在团队建设、科学研究、学术交流、平台建设等方面都取得了显著成绩，成为我国科学技术哲学研究领域的领军者，2009 年和 2010 年分别被评为“全国教育系统先进集体”和“教育部人文社会科学优秀重点研究基地”。

（一）团队建设

此中心充分发挥学科带头人的引领和示范作用，对青年学术骨干中的优秀人才进行重点培养和支持，保证学科群发展中人才队伍总量与学科需求和中长期发展目标相适应、人才队伍结构与学科布局和调整相适应、人才工作机制与人力资源开发相适应，培育了一支结构合理、素质优良的高水平科研学术队伍。团队成员中有教育部社会科学委员会哲学部委员 1 人，教育部哲学教学指导委员会副主任委员 1 人，教育部哲学教学指导委员会委员 2 人，全国高校哲学社会科学研究工作高级咨询机构首届委员 1 人，教育部新世纪优秀人才支持计划 4 人，全国优秀博士学位论文获得者 1 人，山西省政府咨询委员会委员 2 人，山西省中青年拔尖创新人才 1 人，山西省青年学术带头人 8 人。2005 年，此中心学术团队被评为山西省高等学校优秀创新团队。2010 年通过山西省“百人计划”项目成功引进了美国佛罗里达大学刘闯教授。

（二）科学研究

此中心坚持学科主流研究路径，保持在基础理论研究方面的领先优势，强调理论创新，凸显科学技术哲学研究的“语境论”特色，推进“语境”研究纲领的不断深化，初步形成了具有中国特色和气派的科学技术哲学研究学派。2001—2010 年累计承担各级各类科研课题 227 项，经费 1907. 15 万元，其中国家级课题 77 项，经费 937. 4 万元；出版各类著作 78 部，其中在科学出版社出版了 30 部；在 CSSCI 学术期刊上发表论文 1034 篇，其中在《中国社会科学》等特级刊物上发表 14 篇，在《哲学研究》等 1A 级刊物上发表 48 篇，在 1B 级刊物上发表 546 篇；获得省级以上科研奖励 54 项，其中中国高校人文社会科学研究优秀成果一等奖 1 项、二等奖 2 项。学科综合实力排名连续十年位居全国之首。

（三）学术交流

此中心不断加强与国际学术界的深层次交流和实质性合作，切实推动科学技术哲学学科的规范化、国际化发展，与英国李约瑟研究所、剑桥大学、牛津大学、斯坦福大学等世界一流大学和研究机构建立了长期合作关系，主办、协办国际、国内学术会议 35 次，派出国际访问学者 60 余人次，邀请国际著名专家访问做学术报告 30 余人次，国内知名学者讲学、做学术报告 100 余人次，吸引了一批国内外知名学者与本学科进行实质性的课题合作研究，切实推进了国内外科学技术哲学的学术交流。

（四）平台建设

此中心主办的《科学技术哲学研究》杂志和“科学技术哲学学术论坛”已成为国内外本专业学术交流的重要载体；“科学技术哲学图书馆”和“科学技术哲学网”成为国内领先的文献和信息资源库，奠定了此中心作为国内外本专业资料文献信息中心的重要地位，为各级政府部门和管理机构提供了形式多样的信息咨询服务，成为立足地方、面向全国的重要智库。2010年，郭贵春教授被遴选为马克思主义理论研究和建设工程“自然辩证法概论”教学大纲编写课题组首席专家，殷杰教授为此课题组主要成员，标志着此中心平台建设的又一突破。

三、标志性研究成果

此中心以“语境论科学哲学研究”为核心纲领和重点突破领域，形成了独特的学术风格和特征。

（1）郭贵春教授的著作《科学实在论的方法论辩护》获第四届中国高校人文社会科学研究优秀成果一等奖。此书作为国内首部引入语言分析方法来对科学实在论进行方法论辩护的专著，立足20世纪科学哲学和科学实在论发展的历史背景和演变趋势，现实地揭示了科学实在论在与反实在论论争中面临的困境和诘难，宏观地分析了科学实在论未来的发展方向，本质地阐述了语言分析方法对于科学实在论重建的意义，展示了科学实在论和反实在论在语境化基础上发生的渗透融合趋势。此书把当代科学实在论的发展放在整个科学哲学大语境中进行理解，以博大的哲学空间、严密的论证方式、清晰的哲学思维，提供了一幅崭新的科学实在论辩护图景，把国内科学实在论的研究提高到了一个更高的层次上。

（2）郭贵春教授的著作《当代科学哲学问题研究》立足于对不同学科前沿哲学问题的探索，重点对当代科学哲学的前沿问题进行了深入系统的研究，深化了自然科学哲学、社会科学哲学、科学哲学基础理论的研究。此著作所选择的11个专题涉及数学哲学、物理学哲学、生命科学哲学、复杂系统科学哲学、认知科学哲学、心理学哲学、科学隐喻、自然主义科学哲学、社会建构论、女性主义科学哲学、科学技术的元伦理等当代科学哲学研究的众多领域，从宏观上涵盖了当代科学哲学研究的所有重要领域，既生动地展现了当代科学哲学问题的特殊性、时代性、动态性与前沿性，也系统地揭示了当代科学哲学研究的复杂性、多元性、交叉性与创新性，在一定程度上代表了国内科学哲学研究的新水平，避免了当代科学哲学研究的边缘化与泛文化倾向，促进了我国科学哲学的研究进程，保持了国内科学哲学研究与国际科学哲学研究的一致性，是目前国内科学哲学界全面而系统地阐述科学哲学专题的一本重要论著。

（3）殷杰教授的论文“当代西方的社会科学哲学研究现状、趋势和意义”发表于《中国社会科学》2006年第3期，获教育部高等学校科学研究优秀成果奖（人文社会科学）二等奖和山西省第五次社会科学研究优秀成果一等奖。此文立足于当代西方科学哲学的历史发展，梳理了社会科学哲学的研究现状和主要流派，揭示了社会科学哲学在20世纪所经历的逻辑转向、语言转向、历史—文化转向、知识转向及各自的本质特征；分析了社会科学哲学在自己的研究范式和理论目标下，形成了反实证主义、知识的语境化、知识的不确定性等独特的认识论观念；介绍了社会科学哲学框架中建构主义、批判实在论、女性主义认识论、社会认识论等思潮的理论特点和内容。此文对于促进社会科学和哲学的交融发展，构筑社会科学的思想基础，形成规范的社会科学哲学学科建制和学术体系，都具有重要的理论价值和实践意义。

四、"十二五"建设思路

（一）推动国际化发展

积极学习国外一流科学技术哲学研究机构的先进经验，进一步加大"走出去"、"引进来"的学术交流力度，加速推进此中心国际化建设进程，在深层次介入国际学术对话、参与国际学术竞争的基础上实现与国际学术界的全面接轨，将此中心建设成为代表中国科学技术哲学研究水平、在世界科学技术哲学界具有一定影响力的学术研究基地和交流平台。

（二）培育"语境论"研究学派

立足本学科战略目标和突破点，紧跟国际学术前沿，始终不懈地坚持学科主流研究路径，聚焦学术特色的凝练和标志性成果的形成，组织系列性重大科研项目，开展跨学科的联合攻关研究，在"语境论科学哲学研究"方面取得实质性进展和重大理论突破，形成以"语境论"为研究纲领、具有中国特色的科学技术哲学专业知识体系和研究学派，成为世界科学技术哲学研究在中国的中心。

中国人民大学伦理学与道德建设研究中心

中国人民大学伦理学科是20世纪中国最早建立的伦理学科点。1960年成立伦理学教研室，1987年成立伦理学研究所，1996年成立道德科学研究院，2000年被批准为"教育部人文社会科学重点研究基地"。此中心成立以来，积极制定中、长期研究规划，加强平台建设，全面布局学科发展，同时注重特色攻关，注重研究积累，注重创新科研体制，注重提高在国内外的学术声誉。经过十年建设，此中心的科研平台及体制更加开放，研究特色和优势更加鲜明，研究力量和资源更加雄厚，在凝聚全国力量、创新研究、培养人才、学术交流、咨政服务方面取得了较突出的成绩，发挥了教育部伦理学重点研究基地应有的功能。

一、总体情况

在研究队伍建设方面，此中心整合了校内科研力量，吸收了国内伦理学界顶级学者，发挥了伦理学基地凝聚研究资源和力量的平台功能。

此中心下设伦理学理论研究所、中西伦理比较研究所、现实道德问题研究所、中国农村道德研究所、经济伦理研究所、企业伦理研究所等。此中心以伦理学基础理论、中西伦理思想史、马克思主义伦理学、思想品德教育、应用伦理学、现实道德问题研究为主要方向。

此中心力求站在伦理学研究前沿，推动伦理学向理论研究和现实服务两个方面发展。十年来先后承担了20个教育部基地重大课题，并以此为抓手带动和深化了相关伦理学研究。在数十项获奖成果中，有不少可以代表本学科研究的前沿水平。

此中心积极开展各种学术交流活动，十年来举行全国或国际学术会议10次，小型专题学术会议11次，并设有不定期学术讲座，“伦理学国际名师系列讲座”和“人大伦理学论坛”都在陆续进行。国际互派合作访问研究者的工作也按计划开展，十年来出国访学或参加学术交流49人次，国外来此中心进行访学和交流的人员有37人次，已成为我国伦理学学术交流的重要平台。

此中心通过课题研究，力求造就学术带头人和中青年学术骨干，所依托的伦理学重点学科的研究生90%都不同程度地参与了基地研究项目。所培养的各层次人才在全国各单位发挥着重要作用。

此中心关注社会热点，在社会建设和咨政服务中作用突出。十年来为国家及相关部门提供并被不同程度采纳的咨政报告十余份，在社会道德建设方面作出了应有贡献，也日益成为社会理论重镇和思想资源库之一。

二、主要成绩与经验

此中心十年来在发挥伦理学基地优势、繁荣学术、培养人才、服务社会等方面作出了一定成绩。

此中心关注理论前沿和现实热点，推动伦理学学术研究和现实研究双轨发展。10年来，共承担各类课题87项，出版专业书籍76部，获国家、省部级各种奖励27项，发表论文800余篇。其中不乏具有前沿性和学术影响的力作。如获中国高校人文社会科学优秀成果哲学类一等奖的《罗国杰自选集》，获北京哲学社科优秀成果二等奖的《罗尔斯政治哲学》(龚群著）和《德化的视野——儒家德性思想研究》(葛晨虹著)，获全国高校思政教育优秀专著一等奖的《现代思想政治教育学》(吴潜涛著)，获吴玉章人文社会科学优秀奖的《当代西方道义论与功利主义研究》(龚群著）等。

此中心努力创新体制，整合地方团队力量，在凝聚、启动全国范围学术资源和研究力量方面做了积极探索。先后与有相关研究资源、研究实力的部门及研究所慎重商谈，合作成立了中国农村发展研究所、经济伦理学研究所、企业文化研究所等。实践证明，这一体制创新对更好地整合全国力量进行专门领域的拓展研究非常有益。

此中心在发展中培养出多名学术带头人和中青年学术骨干。此中心研究员多人次兼任中国伦理学会、北京伦理学会、国家职业道德指导委员会等全国性学术团体的主要领导人，兼任国务院学位委员会学科评议组成员和全国学科规划办委员。此中心研究员罗国杰、夏伟东、吴潜涛、焦国成、葛晨虹、龚群等教授先后担任了国家“马工程”《思想道德修养与法律基础》、《伦理学原理》、《西方伦理思想史》教材编写组首席专家和主要成员。此中心还通过吸收研究生参加课题研究，使科研与教学相互结合转化，为人才培养提供了有利平台。

此中心积极组织各种学术会议，努力使其成为本学科学术交流中心。此中心注重学术交流的广泛性和专业性，在组织每年一届的全国或国际大型学术研讨会的同时，也举办小规模、高规格的专题研讨会，还常设不定期学术讲座，邀请国内外著名教授讲学。国际性互派合作研究和访问学者的工作也按计划开展，目前已同美国、英国、韩国、日本、俄罗斯等国相关研究机构开展着多形式、多渠道的学术交流。

在咨政服务方面，此中心关注社会重大现实问题，加强理论研究与实践的结合。以课题研究、研讨会、讲座、建议报告等方式，在全国道德建设中起着突出作用。此中心的许多研究员作为权威专家，在《人民日报》、《光明日报》、《中国教育报》、中央电视台、中国教育电视台、北京电视台等重要媒体参与并引导相关社会热点问题的讨论和思考。除了圆满完成教育部、中宣部、北京市等单位的委托任务和调研报告外，其他咨政建议报告也多受重视，为国家和社会道德建设作出了贡献。

三、标志性研究成果

(1)《罗国杰自选集》。此书是作者40多年来教学科研的成果积累，被选入《中国人民大学大师文丛》，并荣获第三届中国高校人文社会科学优秀成果哲学类一等奖，在中国伦理学发展中具有里程碑意义。

(2) 罗国杰的《中国伦理思想史》。此书分上下卷，是迄今为止该领域中历史跨度最长、内容最系统的思想史研究专著，对中国伦理思想史的研究具有重大理论价值。

(3) 宋希仁的《西方伦理学思想史》。此书是作者几十年潜心研究的系统总结和创新成果，是西方伦理学思想史研究领域公认的经典教科书。

(4) 龚群的《罗尔斯政治哲学》。该书获北京市哲学社会科学优秀成果二等奖，是国内罗尔斯研究领域乃至政治哲学研究领域屈指可数的优秀著作。

(5) 王小锡主编的《中国经济伦理学年鉴》(2003—2010年) 共8卷。此书由此中心和南京师范大学经济伦理学研究所（该所为伦理学基地下属研究所之一）共同编辑出版，是在应用伦理学研究方面的标志性成果。此书问世以来引起良好社会学术反响，对推动应用伦理学研究和交流贡献显著。

(6) 此中心组编的《伦理学与道德建设研究系列丛书》。包括徐惟诚、罗国杰、宋希仁、许启贤、夏伟东、吴潜涛、龚群、葛晨虹、肖群忠等教授撰著的9本专著，是伦理学界在理论研究和道德建设方面较为前沿的丛书之一。

(7) 安启念的《马克思恩格斯伦理思想研究》。此书为基地重点研究项目，书中就马恩伦理思想的理论基础、本质内涵、社会意义等做了深度研究，是一部对马恩伦理思想有全新理解和独特诠释的新著。

四、“十二五”建设思路

(1) 进一步完善管理制度和措施，尤其要力抓基地重大项目的过程管理，通过制度举措和具体管理强化成果发表的基地署名导向，使中心具有更有效的运行机制。

(2) 更好地整合各种研究资源和力量，加强跨学科、理论与实际相结合的联合攻关研究，加强与其他院校和相关机构的交流合作，使中心成为国内伦理学研究和合作的最重要平台。

(3) 打造在国内外产生重要影响的学术精品。鉴于成果数量庞大但学术精品相对缺乏的状况，中心今后在发展思路上，要注重发挥基地平台优势，加强跨学科、跨学校、跨部门资源整合，组织重大攻关研究和特色研究，产出有影响的重要成果；进一步凝练方向，强化“问题意识”，突出学术特色和品牌；进一步开放基地课题，招标学界领军人物承担项目。

（4）进一步扩大学术交流。继续开好一年一届的全国学术会议，按计划举办国际会议，邀请国际著名学者来基地讲学，加强已有的对美国、英国、日本、韩国、俄罗斯的学术交流，积极开展学生国际交流。加强中心参与国际对话的能力。

（5）积极参与社会研究和道德建设，从理论层面解决现实问题；积极发挥伦理学在社会发展中的价值导向作用；继续做好咨政服务工作，以调研、咨政报告、专家建议等方式更好地发挥伦理学基地的理论智库作用。

中山大学逻辑与认知研究所

中山大学逻辑与认知研究所2000年被列为教育部人文社会科学重点研究基地。2002年，此基地所在学科被评为国家重点学科。经过十年的建设与发展，此研究所目前已经成为国内外逻辑学研究的重要学术基地和交流平台，为学科的发展作出了重要贡献。

一、总体情况

目前，此所已经涵盖非经典逻辑、数理逻辑、非形式逻辑、法律逻辑、人工智能逻辑、决策逻辑、逻辑学史、逻辑哲学、语言逻辑等各个分支领域。在数理逻辑、哲学逻辑、语言逻辑、非形式逻辑、逻辑与认知科学、逻辑与文化领域产生了重大国际影响。

此所先后与内蒙古师范大学联合成立了“蒙古人思维与蒙古文化研究中心”，与石河子大学联合组成了“伊斯兰逻辑与文化研究中心”，与西藏社会科学院建立了“藏传佛教与藏文化研究中心”；还与波兰科学院，阿姆斯特丹大学逻辑、语言与计算研究中心等国外10多所机构先后签订合作研究与交流合同。

此所已组建一支年富力强、高学历、职称结构合理、学缘结构科学、研究方向均衡、整体科研水平国内一流的文理交叉的跨学科复合型研究团队。截至2010年底，有校内专职研究人员19人，其中包括国务院学位评定委员会委员1人，长江学者1人，教育部跨世纪人才或新世纪人才4人，广东省珠江特聘教授1人，中山大学逸仙学者1人。实行兼职研究员动态聘任制，根据项目研究需要随时聘任国内外专家学者。此所已经向社会招标19个重大项目，涉及逻辑学不同领域，研究逻辑学重大前沿问题。

此所自2004年开始独立招收逻辑学方向本科生以来，已形成了一个“本科生—硕士生—博士生—博士后”人才培养体系。2001年以来，此学科点共培养逻辑学专业本科生164人、硕士研究生76人、博士研究生78人，招收博士后5人，接受访问学者5人。目前在校本科生145人，硕士研究生29人，博士研究生40人。

2008年，此所创办了我国第一份正式的逻辑学专业刊物《逻辑学研究》，采用中英双语的形式刊载论文。

二、主要成绩和经验

（1）凝练方向，整合队伍，建设学术团队。根据国际逻辑学发展动向和本所研究特点的需要，此所大量引进高层次人才，培养高素质年轻队伍，整合校内资源。以哲学系为核心，整合了学校心理学系、数学系、计算机系、政行系、社人学院、法学院、国际交流学院、外语学院等不同学科相关专业的研究人员，建立起颇具特色的非经典逻辑、数理逻辑、非形式逻辑与法律逻辑、逻辑与文化四大研究团队。

（2）注重学术创新，加强高质量成果建设。自2001年以来，此所校内专职研究人员公开出版学术著作22部，其中英文著作7部、译著3部；在包括国际顶级学术刊物以及IJCAI、IEEE、AAAI、SAT、ISSA、OSSA等重要国际学术会议文集在内的正式出版物上公开发表学术论文252余篇，其中，英文116篇，被SCI收录22篇，SSCI收录4篇，EI收录21余篇，CSSCI收录73篇，ISTP收录2篇，A&HCI收录3篇；有4人次担任国际重要学术会议大会论文集主编。

（3）建立"请进来、走出去"人才培养模式。加强与国际顶级科研机构联合培养研究生模式。10年间，共派出研究生出国进行交流12人次，其中1年以上8人；接受国外研究生交换培养2人次；有3名硕士研究生分别到美国、波兰、澳大利亚攻读博士学位；聘请国际逻辑学界著名学者指导博士生论文选题、写作和参与答辩，聘请校内数学系、计算机系、中文系、人类学系、法律系、外语系、古文献所等专家指导、授课。通过这些方式，学生素质明显提高。如刘虎获2007年全国百优博士论文奖。

（4）构建跨学科研究模式。围绕重大攻关课题，开展跨学科合作研究。集结横跨哲学、逻辑学、计算机科学、文化人类学、语言学、心理学、社会学等学科的国内外科研队伍，试图解决一批人文社会科学等基础学科重大理论问题。

（5）充分利用国际学术资源，搭建学术交流平台。10年来，先后来此所工作讲学的国外学者达116人次，其中，院士达10多人次。此所先后举办、合办各类学术会议达31次，其中，国际学术研讨会17次，全国性学术会议6次；出国（境）进行合作交流达64人次；派出学术骨干出国访问和学术交流50余人次。通过资料室和网站建设，为科学研究提供资料、信息等服务。

三、标志性研究成果

（1）鞠实儿等著的《面向知识表示与推理的自然语言逻辑》（经济科学出版社2009年版）。该书以知识表示与推理为应用牵引，以非经典逻辑为理论驱动，针对自然语言的内涵性、模糊性、交互性、形态性和多样性，分别构造了若干自然语言逻辑系统，对超内涵逻辑、自然逻辑、动态认知逻辑、多模态范畴逻辑和Lambek演算等进行了修正、拓展和改进，解决了语言逻辑中的一些重大问题，并为今后的自然语言逻辑研究指明了新方向。

（2）Hu Liu & Shier Ju. 2004. "Two-dimensional Awareness Logic". *Journal of Philosophical Logic*, vol. 33（5）。该论文提出了一种新的方法，将二维逻辑引入觉知逻辑的研究中。使用这种方法，使我们能够灵活地刻画各种不同的觉知概念。该文主要成果曾在国际人工智能学界顶级会议IJCAI上报告，并在国际哲学逻辑顶级杂志*Journal of Philosophical Logic*上正式发表。该论文受到著名逻辑学家Belnap教授的赞赏，认为其本身是对信念逻辑研究的一个重要贡献，基于它所提出的研究方法，可以预见将有一个富有成果的研究领域。

（3）赵希顺著的《选择公理》（人民出版社2003年版）。选择公理的提出以及关于它的争论涉及许多哲学观点的相互碰撞。选择公理为数学提供了强有力的论证方法，利用它可以证明重要结论。该书主要对选择公理的产生与发展历史、它在数学和逻辑学中的应用、它的协调性与独立性，以及它对数学哲学的影响作了全面系统的论述，分析了强无穷公理和选择公理的关系。该书获得第4届教育部全国高校人文社会科学优秀成果二等奖。

（4）Jing Zhu（朱菁）. 2007.“Mental Action and Causalism”. *The Journal of Mind and Behavior*, vol. 28（2）. 不同于被动地、不由自主地发生在人身上的变化或肢体运动，行动被视为体现了人的能动性和自主性的肢体行为，也是人需要承担道德责任的基础。过去50年间在行动哲学领域占据主导地位的行动因果论则可以成为这一统一视角的基础。本文借助关于心理控制的一些心理学研究的结果，对因果论运用于理解心理行动的思路提出了疑问，表明这一思路存在着重大缺陷。

（5）Wei Wang（王玮）. 2010. Martin's Axiom and Embeddings of Upper Semi-lattices into the Turing Degrees”. *Annals of Pure and Applied Logic*。图灵度是递归论的主要研究对象。Sacks 证明：如果马丁公理（MA）成立，则实数上的局部可数偏序都可以嵌入图灵度中；Abraham 和 Shore 证明：如果连续统假设成立，则实数上的局部可数上半格都可以嵌入图灵度中。但是，Sacks 的证明不能用于上半格，Abraham-Shore 的证明不能兼容 MA。本文作者引入了一种兼容 MA 的力迫法，从而在 MA 下，将实数上的局部可数上半格嵌入图灵度中，证实了20多年前 Groszek-Slaman 的一个猜想。

四、“十二五”建设思路

此所将围绕如下几个重点工作加强建设，将其建设成为国际性研究中心：

（1）将逻辑与文化领域建设成为引领世界逻辑学发展方向的重要学派。加强广义论证理论研究、跨文化互动逻辑认知机制研究，利用计算机技术模拟跨文化群体互动，为消解群体冲突提供策略和方法。

（2）将数理逻辑领域建设成为有国际影响力、引导学科前沿发展的科研创新团队。重点开展可计算性与反推数学、逻辑系统表示能力及计算复杂性方向的国际前沿问题研究，获得一批具有国际水平和一定国际影响力的成果。

（3）加强逻辑与认知在基本认知层面、社会认知层面和文化（意义）认知层面的研究。

（4）推动当代非形式逻辑、法律论证理论与计算机科学，尤其是人工智能的交叉研究。发展“广义非形式逻辑理论”，系统拓展与建构论证分析与评估理论体系。

（5）在逻辑学与数学、逻辑学与计算机科学、逻辑学与法学方面已经取得成效的基础上，完成“逻辑与语言”学科建设与人才引进工作。

中山大学马克思主义哲学与中国现代化研究所

一、总体情况

中山大学马克思主义哲学与中国现代化研究所的前身是1986年成立的“马克思主义哲学史研究所”，2000年9月，经教育部批准为全国普通高校人文社会科学重点研究基地。叶汝贤教授任首届所长，徐俊忠教授担任第二届所长，现任所长为李萍教授。

此所拥有一支以博士为主，老中青相结合的专职研究队伍。专职研究教授 12 人，副教授 1 人，讲师 1 人，另聘兼职教授 12 人。

此研究所下设马克思主义解释史、实践哲学、唯物史观与当代中国三个研究室。此所坚持理论联系实际，以服务于国家现代化发展为主旨，倡导马克思主义哲学与其他学科相互渗透与融合；同时强化研究的国际化维度，积极主动地开展国际交流与合作。

此所 10 年间承担国家社会科学基金重大项目 1 项，国家社科基金重点项目 2 项，国家社科基金一般项目 9 项，基地重大招标项目 18 项，其他部委、省市及校级类别的项目 35 项，10 年科研经费总额达 928.5 万元。

二、主要成绩和经验

（1）在学科建设方面，依托国家“211 工程”和“985 工程”的支持，涵盖的“马克思主义哲学”和“马克思主义理论与思想政治教育”两个学科，在科学研究、队伍建设、人才培养、学术交流、条件建设和咨询服务等方面，都上了新台阶。2002 年 1 月，两个学科同时被批准为国家重点学科。2007 年 1 月，两个学科又以优异成绩通过教育部重点学科建设的验收，成为新一轮的国家重点建设学科。在教育部学位评估中心新近公布的学科排名中，中山大学哲学学科和马克思主义学科分别进入前 3 名，这两个国家重点学科对此作出了重要贡献。此学科汇聚了诸多优秀学者，其中包含国家级教学名师 1 人，教育部新世纪人才 3 人，全国优秀博士学位论文获得者 1 人；先后获得省部级一等奖以上的奖项 5 项，主持国家社会科学基金重点项目 5 项，有 5 人参与中共中央马克思主义理论与建设工程重点教材编写工作，其中首席专家 2 人，核心成员 4 人。所有这些指标在全国马克思主义学科中都是名列前茅的。

（2）在学术交流方面，2001 年 3 月，此所与莫斯科大学哲学系签订了“关于人才培养和学术研究的长期合作”协议，开启了此所对外学术合作的新进程。截至 2010 年，双方围绕“苏俄马克思主义及其对中国的影响”主题，合作举办国际学术讨论会一次，讲学交流 8 次，共 18 人次，俄方接受此所研究生从事一年学术研究 6 人。2008 年 9 月，双方进一步确定了“马克思主义与当代：中国和俄罗斯”的长期合作交流制度，每两年分别在中国和俄罗斯召开一次学术会议。此外，此所还与澳大利亚弗林德斯大学、德国法兰克福大学合作分别主办了国际学术研讨会议。

国内学术交流方面，2001 年 5 月，此所与《中国社会科学》杂志社共同发起创设全国性的马克思主义哲学交流平台——“马克思哲学论坛”，并由此所承办论坛第一次学术会议，主题为“马克思主义哲学的当代价值”。目前，此论坛已成为我国马克思主义哲学博士点一个具有重要学术影响的品牌论坛。

2003 年 3 月，此所创办了“中山大学马克思论坛”，目前已举办 52 期。在论坛演讲的既有本所研究人员，更有来自英国、美国、法国、俄罗斯、澳大利亚等国和国内著名高校、科研院所的著名学者。此论坛已成为国内外学者展开学术交流的重要园地和展示最新成果的重要平台。

2002 年 1 月 1 日，此所创办《现代哲学》学术期刊，初为季刊，2006 年改为双月刊，至 2010 年共出版 48 期。该刊一直是全国中文核心期刊、CSSCI 来源期刊。

（3）在人才培养方面，此所既重视基础学术研究，也推崇理论联系实际。2003 年刘森林的博士论文《矛盾的现代省思》荣获全国百篇优秀论文奖；张异宾的博士论文《问题式、症候阅读与意识形态》获得 2005 年度全国优秀博士学位论文提名奖和广东省优秀博士论文奖。博士生潘逸阳借助其博士论文《农民主体论》的思想，创造性地运用于领导农村的工作，在全国率先开展社会主义新农村建设，创建了为全国关注的“赣州模式”，显示了基地人才培养注重学术研究与社会现代化建设实际相结合的复合理念。

三、标志性研究成果

（1）《马克思主义的当代价值》丛书。由叶汝贤教授主编的此丛书共 9 本，2003 年 9 月出版。其中 8 本由人民出版社出版，1 本由中国社会科学出版社出版。此丛书汇集了国内学界的知名学者参与撰写，反映了国内学界研究“马克思主义的当代价值”的前沿水平，在学界引起了较大反响。该丛书出版后，受到学界知名学者如陈先达、马绍孟、张异宾教授的认同，他们一致认为，该丛书视野开阔，具有较高的学术价值，是一套有特色的学术丛书。丛书之一，由顾海良教授承担课题而撰写的《马克思劳动价值的历史与现实》荣获第四届中国高校人文社会科学一等奖，且于 2007 年荣获第五届吴玉章人文社会科学一等奖。

（2）《马克思主义哲学与现代文明》丛书。此丛书计划出版 25 本著作，目前已出版 11 本。此丛书立意于马克思主义理论对现代文明的哲学基础考察，通过对“现代性”、“现代化”、“现代文明”所包含的这种内在的矛盾作出理论探究，主要通过“主体性哲学的批判与重建：现代性文化的哲学基础探究”、“实践哲学与现代性反思”、“马克思主义对资本主义文明的反思和批判”三个核心问题，展现中西马克思主义哲学现代文明批判的积极成果，并力图为探索中国现当代正在追求和创造的新文明样态与道路提供丰富启迪。

（3）叶汝贤教授撰写的《每个人的自由发展是一切人自由发展的条件——〈共产党宣言〉关于未来社会的核心命题》，载《中国社会科学》2006 年第 3 期。此论文对《共产党宣言》重新进行深入研究，澄清是非，在理论上深化了对《宣言》核心思想的理解，深化了“什么是社会主义和如何建设社会主义”的认识；同时为“以人为本”的科学发展观进一步提供了理论支持。此文在《中国社会科学》杂志发表后，在学术界和社会上产生较大影响。孙正聿教授写了长篇评论，对其给予充分肯定。2007 年，《中国社会科学》杂志社等单位专门就此论文召开了研讨会，表明这些论文在现代中国马克思主义哲学研究上重要的方法论意义。

四、“十二五”建设思路

“十二五”期间，此所将进一步凝练学术研究方向，按照马克思主义哲学基础理论研究、中国马克思主义的历史与实践两个层次，依次在实践哲学研究、中国现代化的历史与理论反思、马克思主义与当代中国实践等方面集中力量进行研究突破，进一步突出和巩固在全国同行中的特色和优势地位。

在队伍建设方面，继续强化学术梯队建设和学术骨干的培养：（1）积极引进人才，在近 3 年内引进学术骨干 2 至 3 名（教授和副教授），充实研究队伍；（2）尽快培养在国内同行中有一定声誉和知名度、富有发展潜力的年轻学术骨干 2 至 3 名；（3）立足校内，吸收相关学科的学者进入研究所的课题研究计划，并同时面向全国，注意引进现代化问题研究方面的人才。

在人才培养方面，继续提高研究生的培养质量，争取在优秀博士论文方面再度取得突破，至少获得省优秀论文以上的奖励。

在学术交流方面，举办3至5次国际学术会议、5至8次国内学术会议；继续举办好已经形成特色和传统的“马克思论坛”，计划每年举办10至12期，5年共计50至60期；重视青年教师出国合作研究或参加国际学术会议，进一步开阔他们的视野，提高他们进行深度国际学术交流的能力。

在进一步提高基地刊物的办刊水平方面，突出两个特点：一是此所的特色和优势学科方面的栏目；二是对当代中国现实重大问题的哲学关注和哲学介入。同时加强刊物的对外合作和交流。

在社会服务方面，将积极拓展渠道，广泛争取各种应用部门的研究课题，鼓励专兼职人员积极参与政府及社会咨询服务，提高他们的社会服务能力。

在科研体制改革方面，将积极拓展与校内外相关专家的学术合作，特别是在应用研究方面，注意加强与校内相关专家的项目合作，提高在项目、研究生培养等方面向校内外开放、合作的力度，进一步拓展合作渠道和空间。

北京大学中国经济研究中心

一、总体情况

北京大学中国经济研究中心（以下简称中心）创办于1994年8月，秉承北大优良传统，开拓进取，以建立世界一流的经济学和管理学研究与教学机构为目标，坚持不懈地致力于科研发展、教学革新、人才培养、国内外学术交流与合作，取得了可喜的成绩，成为国内经济学教学与科研实力排名第一的机构，也是国内最著名的经济政策咨询机构之一，于2004年正式成为教育部人文社会科学重点研究基地，在2008—2009年间进行的全国评估中被评为“教育部优秀重点研究基地”。

目前，此中心共有全职教师31位，担任基地主任的是北京大学国家发展研究院副院长、北京大学中国经济研究中心主任姚洋教授，前两任基地主任分别是世界银行高级副行长兼首席经济学家林毅夫教授，北京大学国家发展研究院院长、著名经济学家周其仁教授。

二、主要成绩和经验

（1）在制度管理和决策方面，此中心的管理和决策以民主集中为原则，建立了董事会、教授会、主任办公会、学术委员会、教师午餐会、员工午餐工作会等制度，以保证透明的管理和高效的执行；中心的所有工作都遵循“以服务为导向”的理念。这些制度建设和细致的工作使得西方大学先进的办学规范与中国优秀文化的厚德之风相融合。此中心各教学项目实践所形成的人才招聘制度、教材引进制度、奖学金班制度以及其他相关制度对别的院校也有参考意义，目前已有许多院系和多所高等院校到中心取经。

（2）在人才队伍建设方面，良好的学术氛围也使此中心吸引了越来越多的人才加入。通过在教师招聘过程中严格和科学的把关，所引进的教师都对某些学科的突破有重要作用。从 2001 至 2010 年，中心共吸引了一百多位国内外访问学者来中心访问讲学。人才队伍发展逐渐形成自己的特点：队伍规模稳步扩大，流动性适当增加；老中青结合的梯队结构逐渐形成；学科完备；队伍的国际化程度进一步加强。同时，为了鼓励教师的学术研究和学术交流，中心还制定和逐步完善了一系列措施。如：文章发表奖励制度、会议资助制度、课程减免制度、学术休假制度等。

（3）在科学研究方面，此中心已经形成了学术研究与政策研究并重的格局。这一研究取向也是中心取得成功的关键性因素之一。在学术研究的基础上，此中心在政策研究和对外交流领域也取得了丰硕的成果，使得中心成为中国的一个重要智库。政策研究不仅有利于中心对现实经济政策产生影响，而且可以反过来为学术研究提出问题，促进学术研究的进步。此中心充分发挥教师个人的积极性，对教师的研究做到了“不定题、不设限、不定指标”。此中心从来不硬性要求教师完成项目指标，教师因此可以找自己感兴趣的题目，做自己感兴趣的事情，研究的质量和数量就因此得到了极大的提高。

（4）在人才培养方面，按照国际标准开设规范课程，配备一流师资，注重培养学生们的社会责任感、国际视野、创新能力、品德情操和人文精神，全面提高他们的素质；课程设置强调坚实的基本经济理论和数量方法的训练，培养解决中国经济实际问题的能力。为满足社会对“厚基础，宽口径，高素质”人才不断增长的需求，1996 年起中心开始为北京大学校内及北京市其他高校非经管专业本科生设立经济学双学位和辅修项目。为了培养与国际接轨、掌握金融创新工具的高级应用型人才，此中心与香港大学经济与金融学院、台湾大学、台湾清华大学及（美）麻省理工学院教授从 2001 年开始联合举办金融硕士班，设计出一套国内全新、达到国际水准的金融管理课程，该项目已经成为同类项目中的佼佼者。此中心一直在探索将现代经济学与管理学融合起来的途径，1997 年，国务院学位委员会和国家教委正式批准设立北京大学国际工商管理硕士教育项目（BiMBA），发展至今，“北大国际”已经成为国内最知名的 MBA 品牌之一，获得了多项权威评比中的第一。

（5）在国际交流与研讨方面，此中心经常邀请世界一流经济学家和国际国内学者、知名企业家、国际国内政要来中心讲学和访问。迄今为止，共邀请经济学诺贝尔奖得主 19 人次来中心做学术报告。还邀请了刘延东、成思危等国家领导人来中心视察和讲演，以及戴尔公司 CEO Kevin Rollins、联想集团董事长柳传志、阿里巴巴董事长马云等著名企业家来中心与师生交流。协助学校接待了美国前总统吉米·卡特、美国国务卿赖斯、美国财长盖特纳、澳大利亚前总理霍克、法国前总统吉斯卡尔·德斯坦、蒙古总统恩赫巴亚尔等来中心讲学。从 1998 年开始，与美国国家经济研究局（NBER）举办年度研讨会，至今已成功举办 12 届，NBER-CCER 年会已成为中美经济学家交流对话的一个平台。自 2009 年开始，与美中关系全国委员会展开深入交流，召开“中美经济对话”，针对中美经济、政治等关系到中美发展的重大热点问题展开直接深入的对话和交流，所得共识分别上报中美政策高层以供参考。

三、标志性研究成果

（1）林毅夫与“比较优势”理论。此研究成功地解释了计划经济国家和大多数发展中国家产业政策的形成、各种政策干预和制度扭曲以及由此引起的各国经济发展绩效的差异，为经济转型国家和发展中国家产业发展政策的制定提供了理论基础，也为评价我国的经济改革和产业发展提供了一个完整的分析框架。他的专著获得了北京市第四届哲学社会科学奖科研著作一等奖，又被翻译成英语、俄语、法语、日语、韩语、越南语等多国文字出版，成为海外许多大学研究中国经济和产业理论的教科书和参考读物。2005 年林毅夫教授膺选为第三世界科学院院士，为我国社会科学界首位入选该著名国际学术机构的学者。2007 年林毅夫教授受邀赴国际经济学界著名的剑桥大学马歇尔讲座发表演讲。2008 年 5 月，林毅夫教授赴任世界银行高级副行长兼首席经济学家，成为世界银行首位来自发展中国家的华人经济学家。

（2）曾毅与“家庭人口预测新方法及应用”。曾毅创建的家庭状态生命表模型及应用曾获国家科技进步奖及国际学术奖。在此研究基础上，他近年来又进一步创立了家庭人口预测新方法及应用，论文已在国际与国内权威杂志上发表；在德国召开了主要介绍讨论曾毅方法的研讨会（包括两位美国科学院院士、一位德国科学院院士与一位荷兰科学院院士与会）；美国联邦商业部人口普查局经反复论证后给予书面高度评价，并立项资助用曾毅的方法预测美国家庭户；美国通用汽车公司与美国能源部已立项资助应用曾毅的方法研究美国与其他一些国家家庭户汽车与能源消费趋势及预测。其他十来个国家的学者也在应用曾毅的方法。在家庭人口预测与应用方面，曾毅教授的研究方法及应用居国际领先地位。

四、“十二五”建设思路

总体思路：在队伍建设方面着力培养新人，形成具有可持续发展能力的学术梯队；在学科建设方面以点带面，强化专业基础课的建设；在科研方面夯实基础，百花齐放。

“十二五”期间及以后的五年将是此中心新老交替开始的时期，一批目前处于学术顶峰的学者将进入退休期。他们仍将在国内学术界占据主导地位，并继续为中心作出贡献。然而，“十年树人”，中心“十二五”建设的一个主要任务是建立一支以 30 至 40 岁教师为主体的科研和教学队伍。

此中心在学生培养方面已经取得了巨大的成功，走出了一条独具特色的经济学教学之路，主要表现是“三高”(高级微观、高级宏观、高级计量）教学质量很高、专业课教学和学生论文很好地做到了理论联系实际。下一步要做的是，明确专业及其基础课的设置，并在此基础上形成学术梯队。

此中心在科研方面的成就有目共睹，至今仍然保持着北大文科人均发表第一的位置，同时，中心在政策研究和咨询领域也在全国高校处于领先地位。未来五到十年的任务是把目前处于学术顶峰的学者的个人研究能力转化为中心的机构研究能力，这就要求中心在科研基础建设领域投入力量。在此基础上，中心将发扬光大经济中心百花齐放的一贯传统，最大限度地发挥教师的个人才能。

重庆工商大学长江上游经济研究中心

重庆工商大学长江上游经济研究中心的前身是创建于1993年的重庆商学院经济研究所，2004年11月被教育部批准为普通高等学校人文社会科学重点研究基地。经过7年来的建设与发展，此中心已经成为长江上游地区重要的学术研究基地、对外交流平台和社会服务窗口，为学科建设和地方经济社会发展作出了较为突出的贡献。

一、总体情况

此中心是重庆市唯一的部市共建人文社会科学重点研究基地，实行“一心辖两院”的创新管理模式，下辖区域经济研究院和产业经济研究院两个市级人文社会科学重点研究基地，是重庆市区域经济学会挂靠单位。此中心拥有“区域经济学”、“产业经济学”两个“十一五”市级重点学科和“应用经济学”（一级学科硕士学位授权点）一个“十二五”市级重点学科；设有西南财经大学博士后流动站重庆工商大学分站和区域经济学“两江学者”、“巴渝学者”及产业经济学“巴渝学者”特聘教授岗位。近年来，先后与中国社会科学院联合共建“经济分析与预测联合调研基地”，与重庆市经济委员会联合共建“重庆市园区经济咨询中心”和“重庆市创意产业发展中心”。

此中心现有专职研究人员23人，其中教授17人，副教授6人，具有博士学位者15人，国家有突出贡献中青年专家1人，省部级有突出贡献专家3人，享受国务院特殊津贴专家4人，重庆市学术技术带头人8人，后备人选8人，国家百千万层次人才1人；另有校内兼职科研人员22人，校外兼职科研人员7人。

二、主要成绩和经验

（一）取得了较丰硕的研究成果

此中心以三峡库区、重庆市、长江上游地区和西部大开发中的重大和热点问题为主线，通过科研课题、科研合作和学术交流等形式，形成了一批具有创新性、实用性和可操作性的研究成果，实现了区域经济学、产业经济学、城市经济学和资源经济学等多学科的交叉与融合。先后承担各类科研课题380余项，累计获得科研经费2800余万元；发表学术论文540篇；出版学术专著、教材37部；获得国家教学成果二等奖1项，教育部人文社会科学成果奖2项，省部级科研和教学成果奖33项。

（二）形成了具有鲜明特色的研究团队

根据教育部人文社会科学重点研究基地办法的规定，此中心以公开招聘的形式，引进了一批科研能力强，学历、职称层次高的学术骨干；同时面向海内外，以项目研究方式招聘专兼职专家学者。已形成由学科带头人领衔组成的“区域发展战略与区域规划”、“城镇化与城乡统筹规划”等特色优势研究团队。其中有5人次获得“全国五一劳动奖章”、重庆市争光贡献奖、重庆市优秀外籍教师、重庆市首批优秀海外留学归国人才计划等个人奖。

（三）推进了学校学科建设发展

此中心是学校应用经济学和理论经济学的牵头建设单位，在2009年教育部应用经济学排名中与重庆大学并列排在第 28 名，区域经济学和产业经济学是“十一五”市级重点学科，其中区域经济学在武汉大学中国科学评价研究中心组织的排行榜中取得 B+的好成绩（全国 21 所知名大学取得 A+和 A）。2010 年以区域经济学为重要支撑的“应用经济学”学科获批一级学科硕士学位授权，目前已成功获批市级重点学科。

（四）强化了对外交流合作

此中心先后与中国区域经济学会、英国文化协会共同主办“中国西部地区城乡协调发展与社会创新国际学术研讨会”、“中国西部地区城乡协调发展与社会创新国际学术研讨会”、“应对国际金融危机高层论坛暨 2009 年教育部人文社会科学重点研究基地（经济类）年度工作会”，与上海社会科学院、天津滨海综合发展研究院、深圳综合开发研究院共同发起承办“第二届中国综合配套改革试验区论坛暨纪念建国六十周年高层经济论坛”等 5 次大型国内学术研讨会和 2 次大型国际学术研讨会。先后组织了 32 次高水平学术报告会、48 次学术讲座、近 100 次学术沙龙。同时，派出专兼职研究人员 260 余人次参加国内外学术研讨会，先后邀请 2000 年诺贝尔经济学奖获得者 J. J. Heckman、2003 年诺贝尔经济学奖获得者 R. Engle、英国文化协会副主席 Gerard Lemos 等到中心讲学；承接了包括美国南加州大学、高盛集团、美林集团、英国林肯大学等 20 余批次境外学者、学术机构的来访及咨询交流。

三、标志性研究成果

（一）宋小川的论文《中国的 GDP 及其若干统计问题》，《经济研究》2007 年第 8 期

此成果曾入选中国经济学会第 7 届年会论文、英国 BBC 广播电台采访论文和美国华裔教授学者协会 2007 年年会演讲论文；先后被《新华文摘》、《中国社会科学文摘》、《统计与精算》转载，被《经济学家茶座》、《中国报道》改编发表；获重庆市第六次社会科学成果一等奖和教育部高等学校人文社会科学优秀成果二等奖。

（二）王崇举等进行的《设立国家综合配套改革试验区的理论与政策研究》，国家自然科学基金项目，2007 年结题

此成果的主要内容被吸收进郝寿义教授主编的《国家综合配套改革试验区研究》一书中；公开发表 3 篇 CSSCI 等期刊论文；主要观点被重庆市发展和改革委员会、重庆市统筹城乡综合配套改革办公室及重庆市江北区人民政府等单位吸收、采纳并运用；获重庆市第七次社会科学成果一等奖。

（三）王崇举等撰写的《中国西部小城镇环境基础设施行业引入竞争机制政策研究报告》，中国和荷兰政府合作项目，2007 年结题

此成果是中国和荷兰政府合作启动的“中国西部小城镇环境基础设施经济适用技术及示范”项目之“市场化政策制定活动”的最终研究成果，产出了 40 余份子报告。此成果得到住房和城乡建设部的充分肯定，并出函要求中荷项目管理办公室抓紧做好成果的推广工作，并安排向全国政协环资委作了专门汇报，得到全国政协环资委的充分肯定。在研究成果的基础上制定的“关于四川省小城镇环境基础设施行业引入竞争机制的政策建议”，已被四川省建设厅采纳并以正式文件形式发布。同时，贵州省建设厅出台和即将出台的一系列规范性文件中采纳了课题组的研究成果，并出具了科技成果应用证明。此研究成果被评为 2008 年重庆市科技进步二等奖。

（四）谢新的专著 *Full-view Integrated Technical Analysis—A Systematic Approach to Financial Market Investment*，John Wiley & Sons Press，2010. 1.

此书以Dow的市场大、中、小三个周期的论断为基础，创造性地构建了一个多维时间间隔分析体系，以尽可能简洁的方式全面地对不同周期进行监测和分析（全景分析）。此书出版后获得了《金融人生》杂志（印度）、《印度商务》（印度主流报纸）和《中国日报》的高度评价，认为"谢新从一个崭新的视角对技术分析进行了研究，该书值得技术分析的资深专家一读"，"谢新所创建的分析系统，充分考虑了不同周期的趋势，并且根据不同的市场环境，运用多种分析指标全面地分析了金融市场的多个不同要素"，"该书是一部对技术分析进行综合的艺术之作"。

四、"十二五"建设思路

此中心将通过5年建设，力争在长江上游地区经济发展研究方面占据全国领先地位，基本建成服务长江上游地区经济社会发展的一流智库，成为长江上游地区高层次学术交流的前沿阵地和窗口，成为在全国具有重要学术影响并有国际知名度的经济类重点研究基地。具体建设思路如下：

（1）围绕一个主攻方向，组织完成10项教育部人文社会科学重点研究基地招标项目。

（2）围绕一个主攻方向，每年向全国公开招标8至10项。

（3）争取主持1项国家社会科学基金重大招标项目或1项教育部重大攻关项目。

（4）每年至少举办1次全国性大型学术研讨会，每两年举办1次大型国际性学术研讨会。

（5）每年至少为长江上游地区相关省市党委及政府部门提供3至5份重要决策咨询报告。

（6）申请应用经济、理论经济2个一级学科硕士点，争取成功申请应用经济学市级重点学科，争取培育建设1个国家级重点学科。

（7）建立50个村域城乡统筹发展跟踪调查点、10个移民经济长期跟踪调研基地、4个有关长江上游地区区域研究的省域调研基地。

（8）打造1至2个创新团队，新增1至2个国家级人才和3至5个市级学术技术带头人和后备人才。

（9）基本建成大型长江上游地区经济社会发展信息数据库和1个围绕长江上游地区经济发展研究的文科实验室。

东北财经大学产业组织与企业组织研究中心

东北财经大学产业组织与企业组织研究中心的前身为成立于1993年的东北财经大学工业经济研究所，首任所长为早年留美学者汪祥春教授。2000年改组为产业组织与企业组织研究中心，2004 年获批教育部人文社会科学重点研究基地。

此研究中心力争在产业组织（产业经济学）学科领域的学术研究、人才培养、咨询服务、国际交流、信息资源等方面建成特色明显的国内外一流的学术平台。2010 年 5 月，此研究中心在全国高校人文社会科学重点研究基地第二次评估中，排在经济类教育部重点研究基地第四名，教育部社会科学司给出“总体发展态势良好”的肯定评价。

一、总体情况

此中心承担国家社会科学基金重大项目 3 项，国家社会科学基金一般项目 18 项，国家自然科学基金项目 16 项，教育部规划基金项目 10 项，教育部人文社会科学重点研究基地重大项目 14 项，霍英东基金项目 2 项，中国博士后基金项目 5 项，国家发展和改革委员会、财政部、商务部、国家知识产权局等省部级项目 150 多项；承担国际合作项目 5 项；在人才培养方面，共培养博士生 61 名，硕士生 53 名。

从教育部公布的评估结果看，此研究中心在 135 个教育部重点研究基地中总分排名第 14，在学术片（经济类）排名第 4；投入指标总排名第 1，学术片（经济类）排名第 1；成果指标总排名第 23，学术片（经济类）排名第 6；发展指标总排名第 24，学术片（经济类）排名第 7。

二、主要成绩和经验

（一）主要成绩

（1）学科建设成效突出。在学科点设置方面，增设产业组织学、规制经济学硕士点，产业组织学和规制经济学博士点；产业经济学科于 2002 年被评为国家重点学科，2007 年再次以优异成绩被评为国家重点学科。

（2）人才培养成绩显著。培养了大批中青年学术骨干和专业创新型人才。其中，在读博士生中，有 8 人获批主持国家社会科学基金和国家自然科学基金项目，获得全国优秀博士学位论文 1 篇、辽宁省优秀博士学位论文 2 篇。此中心首任主任于立教授荣获辽宁省首届哲学社会学成就奖，现任主任肖兴志教授被批准为 2005 年教育部新世纪优秀人才、2009 年“新世纪百千万人才工程”国家级人选。

（3）理论研究成果丰富。在 *Applied Economics* 等外文期刊上发表论文 23 篇；在《经济研究》、《管理世界》等中文期刊上发表论文 530 余篇；出版著作 50 余部；负责主编由中国工业经济学会牵头，全国产业经济学博士点单位多有参加的《产业经济前沿问题研究丛书》(共 10 部)；出版《反垄断经济学与政策前沿丛书》(6 部)、《产业组织理论与应用研究新进展丛书》(4 部)、《资源枯竭问题研究丛书》(3 部）等标志性成果。

（4）政策咨询质量厚重。获得党和国家领导人批示的内参报告 4 份，获得省部级领导批示的内参报告 9 份；承担日本文部省委托项目 2 项、财政部委托项目 2 项、国家发展和改革委员会委托项目 2 项、商务部委托项目 1 项、国家知识产权局委托项目 1 项；承担省（市）发改委和其他政府部门委托项目 23 项。参与《中华人民共和国反垄断法》以及相关配套法规与指南的起草与制订工作。负责为省（市）政府及其部门制定“十一五”发展规划、“十二五”发展规划、“产业发展规划”等 16 部。

（5）学术交流广泛深入。与 University of Illinois-Urbana Champaign、University of Reading、日本东北大学、香港岭南大学等校学术机构建立合作伙伴关系。聘请世界著名经济学家植草益担任中心名誉主任。与全国产业经济学一级学术团体——中国工业经济学会正式签订学术合作协议。主办“全国产业经济学专业博士点、重点学科及重点研究基地建设经验交流会”、“2010 中国产业组织前沿论坛”、“2011 产业组织前沿问题国际研讨会”等会议。

（6）信息平台专业权威。建立专业学术期刊+专业网站+专业数据库的“三位一体”的专业化、信息化平台：①《产业组织评论》刊物；②由研究中心负责建设中国工业经济学会网站（http：//www. gjxh. org）和基地网站（http：//www. io-base. org）。③《产业经济学经典文献数据库》和《反垄断经典案例数据库》。

（二）主要经验

（1）推进改革创新。体制创新是研究中心不断发展的灵魂。东北财经大学给予此中心以“改革实验区”政策。此中心通过体制创新不仅促进了自身发展，而且带动了学校整体科研发展和研究生培养工作。

（2）汇集科研队伍。此中心汇集校内、国内和国外本学科领域一流的优秀人才，如日本东洋大学植草益教授、美国科罗拉多大学陈勇民教授、英国里丁大学麦克·阿顿教授、加拿大卡尔顿大学陈智琦教授、香港岭南大学林平教授、中国工业经济学会理事长吕政研究员、中国社会科学院张昕竹研究员、浙江财经学院王俊豪教授等担任中心专兼职研究人员。

（3）凝练学术方向。此中心不断凝练学术研究方向，在产业组织理论、规制理论与政策、反垄断政策、资源产业问题、流通产业问题等领域形成优势与特色。

（4）构建发展平台。此中心通过构建专业学术研究、交流和专业信息服务的平台，为基地快速发展和国家重点学科建设提供保障。

三、标志性研究成果

（一）《资源枯竭问题研究丛书》

该丛书包括《资源枯竭型国有企业退出问题研究》、《资源枯竭型城市产业转型问题研究》和《资源枯竭型城市社会稳定问题研究》三部著作，是研究中心承担的国家社会科学基金重大项目研究成果；曾荣获第三届（2008 年）蒋一苇企业改革与发展学术基金奖，第五届（2009 年）中国高校人文社会科学研究优秀成果二等奖；《经济日报》“小和访谈”就“资源枯竭型国企破产难点问题”进行专访。获得《新华文摘》(2006 年第 5 期）等刊载；内参报告被国家社会科学基金规划办《成果要报》刊发，上报党和国家领导人，最高人民法院院长肖扬作出重要批示，并派出最高人民法院研究室副主任胡伟新等专门人员与课题组进行深入研讨。

（二）《中国煤矿安全规制：理论与实证》

该专著由研究基地主任肖兴志教授等完成，由科学出版社 2010 年出版，是肖兴志教授主编的《产业组织与规制研究丛书》的组成部分。此专著使用现代经济学方法分析中国煤矿安全规制问题，建立了一个系统的煤矿安全规制分析框架，对煤矿安全规制效果进行了系统全面的考察，对煤矿安全规制实证进行了有益尝试，促进了规制实证研究在国内的发展，树立了规制实证的思想，为安全规制机制设计实践提供了可资借鉴的政策制定思路。

(三)《规制改革是否促进了中国城市水务产业发展?》

此篇论文由肖兴志教授等完成，发表于《管理世界》2011 年第 2 期。该文基于中国城市水务产业发展实践，研究了市场化背景下规制改革对城市水务产业发展的影响，并利用动态面板广义矩方法（GMM-DIFF）以减弱规制改革与城市水务产业发展之间的内生性问题。该文是国内规制政策实证研究领域的代表作之一。

四、“十二五”发展思路

“十二五”期间，研究中心将进一步做好学术方向凝练及功能提升和建设工作。按照教育部要求，在原有科学技术研究、人才培养、咨询服务、学术交流和体制创新等功能基础上进一步提升，体现东北财经大学学科建设的重点与特色，按照“立足创新、提高质量、增强能力、服务国家”的总体要求，力争建设成优势与特色明显、国内外一流的学术研究机构，在服务国家的基础上实现走向世界的发展目标。

研究中心将进一步加强科学研究，提高研究中心的科学研究水平，使之成为国内产业经济学科领域最重要的科学研究和政策咨询中心；在产业经济前沿领域引领和推动学术研究和学科发展，并为中央和地方政府的重大决策提供咨询；加强对产业经济学科领域创新型人才的培养，使研究中心成为全国产业经济学科领域学术骨干和创新型人才的培养中心；促进产业经济学科领域国内外学术交流，增强中国产业经济学研究的国际竞争力；打造国内外一流的产业经济学专业学术平台。

对外经济贸易大学中国世界贸易组织研究院

一、总体情况

自 2000 年 8 月挂牌成立以来，中国世界贸易组织研究院作为教育部人文社会科学研究重点基地中唯一以 WTO 为主题的研究机构，一直坚持自己的研究特色，坚持科学研究与学科建设和人才培养相结合，坚持科学研究与政策咨询功能相结合，不断锻炼研究能力，提升研究成果质量和服务社会的能力。

此院特聘原对外贸易经济合作部副部长龙永图为首席顾问，对外经济贸易大学王林生教授为名誉院长。院长为张汉林教授，第一任学术委员会主任为薛荣久教授，第二任（现任）学术委员会主任为原商务部条法司司长张玉卿教授。

此院目前在编的全职研究人员 6 人，校内外专兼职研究人员 14 人。2003 年 8 月此院获批国民经济学和世界经济硕士点，以及世界经济博士点。2004—2010 年共计招收硕士生 78 人，博士生 32 人。2007 年 11 月世界经济学科被评为北京市重点学科。

二、主要成绩和经验

10 年间，此院积极开展科学研究、人才培养、学术交流和资料信息建设、咨询服务、深化科研体制改革等各项建设工作，取得显著成绩，顺利通过 2004 年和 2009 年教育部组织的重点研究基地评估。

10年来，此院共承担各类科研项目138项，其中省部级以上课题近70项，总科研经费超过1600万元，专兼职研究人员以第一署名人身份出版专著和译著98部，发表期刊论文543篇，其中国外学术刊物上发表2篇，CSSCI收录论文200余篇，提交有关部门研究咨询报告87份，获省部级各类科研奖项共计29项。

（一）申报国家高层次科研项目取得突出成绩，重大项目与一般项目研究相得益彰

此院十分重视科研项目申报组织工作，特别是国家高层次科研课题的申报工作。以张汉林教授为首席专家的研究团队先后于2003年、2007年和2010年获批教育部重大课题攻关项目2项和国家社会科学基金重大项目1项；承担的各项基地重大项目顺利开展，包括新申报项目10项，完成并申报结项项目6项，通过中检审查项目4项，在研项目6项。从选题上看，此院重大项目选题更加注重以问题为导向的应用型研究。

此院还获得国家社会科学基金一般项目、青年项目、教育部后期资助项目、教育部留学回国人员科研项目、教育部青年项目、北京市哲学社会科学规划项目、北京市教委共建项目、第二次全国农业普查国家级课题等各类纵向课题54项，研究经费524.17万元，获得来自各类省市及企业委托横向课题13项，研究经费180余万元，国际合作项目1项，合作研究经费66.1万元。

（二）在为党和国家重大决策提供咨询服务方面发挥更大作用

此院组织实施了“WTO与中国对外开放重大问题学术快速反应机制”，并重点组织相关研究力量开展此项工作。至2010年底已经有12份咨询报告分别获得温家宝总理、王岐山副总理、回良玉副总理、戴秉国、刘延东国务委员等中央领导的批示，涉及的问题包括WTO部长级会议、中国加入GPA谈判、海关行邮税改革、加快农业对外开放、两岸签署ECFA的主体问题、建立贸易保护损害援助制度、建设WTO中文网站、国家自主创新产品认定办法、G20首尔峰会等，其中研究院张汉林、屠新泉执笔的《关于首尔G20峰会的几个重要建议》获选教育部2010年度优秀咨询报告。这些报告充分展现了研究院的研究基础和特色水平，发挥了研究院作为教育部人文社会科学研究重点基地“咨询服务”的重要功能，紧密结合国家重大战略问题，提出的观点和建议具有科学性和可行性，得到了中央领导的高度重视和肯定，部分政策建议被直接采纳。

（三）“寓教于研”，硕博士人才培养硕果累累

此院针对硕博士研究生招生规模进一步扩大、生源学术背景多样化、交叉学科研究潜力大等特点，侧重培养学生的科研能力和研究视野。得益于此，研究院毕业生就业一次签约成功率100%，多就业于国有企业、银行业、国际知名外企以及国家部委、高校等，用人单位对毕业生反馈较好。

此院2008级世界经济博士生毕业论文《中俄印巴经贸合作机制研究》获2009年度北京市优秀博士学位论文奖，实现了此院乃至此校在这一领域的零突破。另外，研究院有两名博士研究生获得校级优秀博士论文资助。

此院2007级博士生魏磊和2008级博士生蔡春林合作的论文“后危机时代我国外贸发展方式转变的方向与路径”荣获商务部2010年第六届中国贸易救济与产业安全研究奖一等奖。

此院还特别注意研究生的国际交流和联合培养，至2010年共计15名硕士生在香港大

学进行短期访问交流，3 名博士生分别在美国哈佛大学、哥伦比亚大学和日内瓦国际可持续发展研究所（IISD）完成半年至一年的联合培养学习。

（四）多种平台积极推动学术交流

此院积极以学术年会为平台，广邀相关领域研究人才济济一堂开展学术交流，10 年间共成功举办九届“WTO 与中国学术年会”。年会主题选取当年 WTO 研究领域热点问题，参加人员多来自京内外各大高校以及国外知名大学。年会对推动国内 WTO 领域的研究起到了重要作用。

此院还通过创办刊物和设立长期国际学术合作机制进一步推动学术交流的常规化和国际化。2009 年国家新闻出版总署批复同意此院创办 *Journal of WTO and China*（《WTO 与中国》）杂志。该杂志将作为研究院院刊成为国内外 WTO 领域研究交流的新平台。2010 年，此院与美国印第安纳大学商洽，确定两校就相关研究全面开展学术、学生和教师交流合作，并在此院设立北京办事处，从而为相关领域的国际交流活动进一步理顺机制奠定了基础。

三、标志性研究成果

（1）研究院名誉院长王林生教授和院长张汉林教授主编的“十一五国家重点图书”——《世界贸易组织百科全书》是我国第一部以世界贸易组织为主题的专业性百科全书，填补了国内对世界贸易组织基础性全面研究的空白。该书是在对世界贸易组织进行系统、深入研究的基础上编撰而成的，对世界贸易组织的学术研究具有参考价值。

（2）张汉林教授承担教育部重大课题攻关项目的最终研究成果《WTO 主要成员贸易政策体系研究》，以更接近现实的立场，通过经济学、政治学、法学等多个视角，对 WTO 的主要成员以及中国的主要贸易伙伴的贸易政策体系进行综合的、系统的研究，并将着眼点放在中国的对策上，对中国的贸易政策及相关对策的制定和执行具有重要的现实意义。该书获得安子介国际贸易研究奖优秀著作奖。

（3）此院在商务部 WTO 司的支持下，组织翻译出版了世界贸易组织秘书处撰写的 2007 年度、2008 年度和 2009 年度《世界贸易报告》。

四、“十二五”建设思路

此院将明确定位、突出特色、创新学科、夯实品牌，围绕国家发展战略，针对学科前沿和社会经济发展中的重大理论问题产生创新性和高水平研究成果，提供咨询服务，为高校哲学社会科学发展贡献力量，努力建成融“思想库”、“信息库”、“人才库”于一体，具有国内外 WTO 领域一流研究水平的科研基地。具体建设思路如下：

（1）科学规划，合理配置资源，努力打造 WTO 与中国对外开放问题的思想库，加强基础和理论研究，推出更具学术影响的标志性成果。围绕以下五个研究方向开展科研和学术活动：①全球经济治理的新趋势和中国的选择；②WTO 体制及其新发展；③中国参与区域经济一体化的战略和途径；④中国与主要经济体双边经贸关系；⑤WTO 体制下中国开放经济政策选择。

（2）保持并强化此院的开放性特色：在研究内容上，坚持以经济学为基础，广泛吸收法学、政治学、管理学等各个学科领域的优秀人才和成果，开展综合性、多学科的前沿研究；在形式上，将加强与国内外研究机构的实质性合作，拓展研究院的学术影响范围，努力成为我国人文社会科学“走出去”的实践者；在组织方式上，将继续通过各种形式吸引国内外优秀的研究人员参与研究院的科研和学术活动，在基地重大项目的实施、学术年会的召开以及杂志的运营中，通过机制创新，以更开放、更灵活的姿态吸纳各领域的人才，形成更强有力的研究团队。

（3）在建设好现有学科点基础上争取获得学科建设新突破，积极探索人才培养新模式，加强科研师资队伍建设。

（4）有效利用多种 WTO 研究交流平台，大力推动学术交流和资料信息建设，通过举办有较大影响的国际性学术会议扩大学术影响力，继续与 OECD、ICTSD、UNCTAD、WTO、世界银行等国际组织和外国政府部门保持密切联系，争取尽快获得 WTO 前沿研究资料。

复旦大学世界经济研究所

复旦大学世界经济研究所于 2001 年 9 月获批成为高校人文社会科学在世界经济学科唯一的重点研究基地。十年来，在教育部、复旦大学校领导及文科科研处领导的正确指导以及社会各界的大力支持下，华民所长带领全所全体研究人员协同努力，不仅保持了其在国内同类学科中所处的领先水平并逐步与国际接轨，而且在师资队伍、科学研究、教学与人才培养、国际化以及服务社会等方面都取得了长足进步，综合实力以及整体竞争力均得到了显著提升，一些工作走上高水平和专业化的发展道路，许多研究工作越来越面向社会和世界。

一、总体情况

此研究所目前有专职研究人员 16 人，其中教授 10 人，副教授 6 人，均具有博士学位，且大部分具有海外留学或进修的背景。研究队伍结构合理，专业研究领域涵盖了世界经济理论、国际金融、国际贸易、国际投资、区域与国别经济等多个方面。现任所长华民教授是世界经济领域的权威教授，享有极高的声望。在华民教授的带领下，世界经济研究所不仅在学术上卓有成效，而且在教书育人方面也成绩斐然、人才辈出，杰出校友遍布全球。

在学术研究上，此所坚持“方向要人主流，内容要进前沿”的原则，凝神聚力于世界经济的理论与实践，不仅学术声望得到了学界的认可，而且积累了非常丰富的学术成果。作为世界经济领域唯一的重点研究基地，此所还非常重视“以世界的眼光看中国问题”，坚持对外开放性，积极开拓和深化国际交流与合作。十年来与英国、德国、俄罗斯、中国香港方面的合作都在深化当中，坚持每年依据世界经济前沿互办国际学术研讨会，在相当大的程度上提高了此所的国际学术影响力。十年来，此所共承办（组织）了近 30 次国际、国内学术会议，在很大程度上提升了整体科研能力和水平。

此所十分注重对现实问题的思考及政策建议的提供，着眼于开放环境与全球化对中国经济发展与竞争力的挑战，通过各种渠道和方式对政府决策产生影响。十年来，此所共向政府企事业单位提供针对性研究报告59份，同时还圆满完成了一系列由商务部和外交部等交付的公关性委托课题及调研。新华社2009年1月出版的《瞭望》周刊封面文章《中国智库锋芒待砺》中，选出了42个在国内外有重大影响的智库，高等院校系统只有13个入选，此所凭借卓越的影响力位列其中。

二、主要成绩和经验

作为研究机构，科研一直是此所开展工作的重中之重，十年来共出版著作58部，著作被CSSCI引用次数达数百次；发表学术论文746篇，其中权威期刊论文28篇，核心期刊论文132篇，国外学术期刊20余篇，论文被CSSCI引用次数达数百次，提交研究报告79篇。很多作品不仅在国内学术界享有盛誉，而且在国外引起了广泛反响。比如华民教授的《中国经济增长究竟对世界经济产生了怎样的影响》、《从欧元看货币一体化的发展前景》，孙立坚教授的《"次级债风波"对金融风险管理的警示》，尹翔硕教授的《国际贸易摩擦的类型、原因、效应及化解途径》、《贸易战略的国际比较》，唐朱昌教授的《中国工业的技术选择与技术进步：1985—2003》，范剑勇教授的《产业集聚与中国地区差距研究》，程大中教授的《中美服务部门的产业内贸易及其影响因素分析》，沈国兵的《中美贸易平衡问题研究》等。十年来，此所的科研成果获得29个各类省部级奖项，其中一等奖1项、二等奖12项、三等奖16项。

除此之外，借助"985"平台，此所每月定期就当前世界经济中的热点问题展开讨论，并在《世界经济情况》上开辟专栏，发表最新观点。这一制度的建立与巩固明显地带动了研究积极性，营造了良好的研究氛围，并且逐步打造出了复旦大学的世界经济研究品牌，年度系列丛书《世界经济研究报告》是此所作为世界经济领域重点研究基地的重要成果。

三、标志性研究成果

（1）华民教授的《从欧元看货币一体化的发展前景》，发表于《世界经济》2005年第5期。此文通过对货币一体化产生的各种效应的深入研究，分析了欧元区经济为何在欧元进入流通以后一直表现欠佳，并据此对东亚未来可能的货币合作提出警示。此文被人大复印资料《世界经济导刊》2005年第5期全文转载，并被很多学术文章作为参考资料引用。

（2）程大中教授的《生产者服务论——兼论中国服务业发展与开放》。此书从理论与经验两个方面较为系统地研究了生产者服务以及中国服务业的发展与开放问题，将服务业与服务贸易纳入主流经济学的分析框架与研究视野，并利用现代计量分析方法与手段进行经验研究，对于认识与促进我国服务业与服务贸易发展具有十分重要的理论价值与现实意义。此书于2006年获第十四届安子介国际贸易研究奖优秀著作奖三等奖，于2008年获上海市第九届哲学社会科学优秀成果奖著作类三等奖。

（3）范剑勇教授的《产业集聚与中国地区差距研究》。此书从产业集聚角度研究中国地区差距的形成机制与今后可能的发展趋势，认为产业在空间上集聚是制造业规模报酬递增地方化的结果，并使东部沿海地区经过累积循环机制快速发展起来，进而形成在大陆范围内的制造业中心，其余地区则沦为制造业不发达的农业外围区域。这一空间上的新

“二元经济”推动了地区差距的持续扩大。此书出版后，受到理论界与教育界的极大关注，2008年12月入选国家新闻出版总署主办的第二届中国国家图书“三个一百”丛书。

（4）尹翔硕教授的《贸易战略的国际比较》。此书围绕国家经济发展所面临的要素约束，阐述了贸易发展战略如何帮助一个国家通过利用外部资源来放松其经济发展中的要素约束，推动其比较优势的转变和产业升级。此书出版后，被许多高校列入“百本必读书目”，并被许多研究文章作为参考文献引用。

四、“十二五”发展思路

此所将努力突出本基地的学术特色和专业品牌，通过创新学科、创新学派、创新方法、创新团队，努力在学科前沿、思想智库、文科实验室数据案例库等方面使本重点研究基地成为一流的研究机构。具体发展思路如下：

（1）继续发挥基地的政策研究和决策咨询特色，以建设具有国际影响力的全球思想库来实现服务社会的根本突破，在原有基础上，针对上海建设国际金融中心的特殊条件，努力建设成为在金融领域具有世界影响力的全球思想库，为我国政府提供全面、深入、及时的政策咨询与建议报告，并为上海建设国际金融中心提供切实有力的决策支持。

（2）进一步凝练学科方向，以中国融入世界经济、金融全球化与国际经济学的创新为建设方向，重点关注“投资与贸易一体化”、“国际分工深化与转型”、“国际资本流动与汇率波动”、“世界经济体制演变规律和跨国界联合治理问题”、“全球化下金融安全的宏观机理分析”等方面的研究。

（3）进一步加强人才引进与培养工作，推进研究人员出国进修深造的项目，以提升其研究能力和创新能力；引进国际贸易和世界经济方面的人才，使队伍更加精干；创新激励制度以完善制度建设，对研究项目的成果提供实质性的业绩挂钩标准，以促进文章质量的提高。

（4）进一步加强网站及数据库建设，对信息化建设给予更多的关注，增加经费投入，把加强网站建设作为工作重心之一，准备设立独立域名，增设英文版本，设置专职人员进行维护，争取做到每周更新；争取成为国内世界经济领域学术信息资料交流中心。

复旦大学中国社会主义市场经济研究中心

复旦大学中国社会主义市场经济研究中心是2000年经教育部批准组建的重点研究基地。十年来，此中心秉承复旦大学创立世界一流大学的先进办学理念，以建立国际高水平学术研究基地为目标，经过不懈努力，已经成为国内杰出、国际上有影响的研究中国经济问题的重要学术中心之一。2010年，此中心在教育部人文社会科学类重点研究基地第二次评估中被评为优秀重点研究基地。

一、十年工作回顾和经验

（一）把握趋势，科学规划，学科建设跨上新台阶作为教育部人文社会科学重点研究基地，此中心以科学研究为立命之本，在发展过程中把学科建设规划及科研主攻方向放在首要位置。

十年来，此中心发挥研究特长，瞄准学科前沿，立足高起点，逐步形成了西方经济学、产业经济学和区域经济学三大主要学科点。2006年，以张军教授为学科带头人、以中心为依托的复旦大学“西方经济学”学科被评为上海市重点学科。2007年，复旦大学“西方经济学”学科又被评为全国重点学科。

在学科队伍建设上，此中心坚持培养和引进相结合，建设了一支朝气蓬勃、年轻创新的科研队伍。现有研究人员13人，其中享受国务院政府津贴专家1人，长江学者1人，新世纪百万人才工程国家级人员1人，教育部跨世纪、新世纪人才4人，上海市曙光学者2人，上海市浦江人才3人。

此中心高度重视科研制度的建设，在成立之初便开始按照教育部要求进行科研制度建设和体制改革，建立了中心工作会议制度、教授委员会和学术委员会章程、平面项目负责制、科研奖励制度等，以良好完善的制度保证了中心科研工作和学科发展的顺利进行。

（二）追求卓越，全心投入，科学研究成果显著

此中心学术氛围浓郁，科研实力雄厚，科研人才辈出。此中心致力于当代中国经济转型与发展经济学、区域经济学等领域的理论和实证研究，在国内外权威学术期刊上发表了大量有影响力的学术论文，获得多项国家及省部级科研成果，承担了多项国家课题以及各级政府、企业委托的课题研究。

十年来，此中心共承担各类项目103项，累计科研经费约1000万元；成果丰硕，共发表论文和咨询报告700余篇，其中在国内外权威及核心期刊上发表论文336篇，SSCI论文10余篇，出版著作106部。其中包括北京大学出版社出版的CCES当代中国经济研究系列丛书——《当代中国经济研究10篇》（张军著）、《在集聚中走向平衡》（陈钊、陆铭著）、《节能减排、结构调整与工业发展方式转变研究》（陈诗一著）等。相关研究成果获省部级以上奖励37项，其中二等奖及以上15项。此外，还获得国家级、省部级教学成果奖4项。

随着中心科研能力的不断加强，科研主攻方向不断凝聚，中心逐渐形成了以两项标志性成果和20项代表性成果为代表的高水平科研成果。两项标志性成果分别为：第二届“转型与经济发展”（Transition and Economic Development，简称TED）国际双年会，会议特刊 *Journal of the Asia Pacific Economy* 及英文著作 *Economic Transitions with Chinese Characteristics*：*Thirty Years of Reform and Opening Up*（《中国特色的经济转型：改革开放三十年》）和 *Economic Transitions with Chinese Characteristics*：*Social Change During Thirty Years of Reform*（《中国特色的经济转型：改革三十年的社会变迁》）。第一项标志性成果是中心与国外 *SSCI* 英文经济学杂志合作发表的TED国际会议特刊，这在国内经济学界尚属首次。第二项标志性成果由张军教授和加拿大女王大学政策研究院院长亚瑟·斯维特曼（Arthur Sweetman）教授主编，该书共收录了20篇文章，作者均为国内外研究中国经济的知名学者，张军、陈钊、王永钦、张晏、章元等7位学者的6篇文章收录其中，该成果也是复旦大学与女王大学国际合作的标志性成果。同时，此中心的20项代表性成果也都是发表在国内顶级学术期刊上的论文以及专著。

同时，由中心研究人员担任主要编辑人员的经济学期刊《世界经济文汇》是国家经济类核心期刊之一，所刊文章被引篇次数呈不断上升趋势。根据南京大学中国社会科学研究评价中心公告的2004—2006年经济学期刊篇均引用文献数统计，《世界经济文汇》位居第4，在国内外学术界获得了较高评价。

（三）开拓创新，锐意进取，建立国际化学术交流平台

2004年以来中心大力探索和推进中心学术研究的国际化战略，从一般往来交流合作向深度科研型国际合作模式转变，彻底实现经济学研究方式的转变并与国际接轨，提升与国际主流经济学界的对话能力和影响力，大幅提高英文论文的写作和在海外发文的比重，建立开放活跃的国际化学术交流平台。

中心共举办各类国际会议15次，为国内外经济学家搭建了一个良好的交流平台。尤其是中心主办的“转型与经济发展”国际双年会，已经成为国际上研究中国经济转型的重要学术论坛之一。此中心重视交流合作的重要作用，与海内外众多知名大学和研究机构建立了广泛和深入的联系，如澳大利亚Monash大学的超边际研究中心、印度中国研究院、加拿大女王大学等。十年来，中心共接待来访、讲学德国学者320人次。同时，中心人员也频频出席国际知名学术会议，参与国际交流和合作研究项目。

（四）健全机制，凸显特色，人才培养质量不断提高

此中心最大特色是研究队伍年轻化。中心成立以来非常注重青年学者的培养，一直致力于为青年教师在研究和学术影响方面提供平台。现有研究人员结构中，40岁以下的占60%，45岁以下的占70%。鼓励并为青年教师创造了大量出国参加国际会议和在国内重大学术会议上发表论文的机会。中心保证平均每个青年教师每年至少有一次出国访问、交流和项目合作的机会。为了使中心的奖励措施向青年教师倾斜，中心特别实行了新的奖励计划，激励青年教师多出成果、多出精品，这对于中心青年教师的成长也具有重要意义。

此中心培养的硕士生和博士生是一支重要的研究支持力量，也是中心要服务的重要对象。中心教师为学生进行面对面的小型讨论辅导班，举办的各类学术交流和讲座为学生提供了学习的第二课堂，还鼓励学生参加国内外各种学术交流，致力于学术研究，以制度激励学生多出高水平研究成果；专门为学生设立了一年一度的学生“最佳论文奖”。此中心研究生的论文已频频见诸《经济研究》、《中国社会科学》等权威刊物，以第一作者的身份署名发表在国内权威期刊上的论文共11篇。

二、未来五年的发展计划

未来五年，此中心计划在运用现代经济学方法研究中国重大理论与现实问题上取得突破性进展，建成享誉国内外的当代中国经济问题研究中心，在人员队伍构成、研究成果影响力、数据库等科研基础建设等方面进一步向国际先进科研机构靠拢；进一步凸显本基地在中国经济学界的前沿地位与突出影响力，使之成为国内一流、国际知名的科研机构。

此中心确立了以三大主要学科为依托的三大科研主攻方向：工业化与产业政策、城乡与区域经济发展、经济发展与制度变迁。在国际化建设方面，利用“转型与经济发展”国际双年会已有品牌影响力，整合现有国际学术资源，将“转型与经济发展”国际双年会打造成多校轮值的大型国际学术研讨会。计划出版《当代中国经济研究英文著作系列》（*Series on Economic Studies of Contemporary China*），形成又一个新的标志性成果，整合已有

资源，通过系列英文专著的形式，在国际经济学界发出自己的声音，打造国际化的品牌成果，深入与国际主流学界的对话交流，扩大中心的国际学术影响力。

同时，此中心将不断引进新鲜血液，加强科研队伍建设，保持年轻旺盛的学术活力。中心将在已有基础上，通过集中力量、加大投入，建成具有基于研究的，体现团队攻关集体智慧的，长期性、连续性的“智库”品牌产品。例如，举办“CCES 中国经济调查系列讲座”，出版不定期政策研究白皮书系列及进行制度化的政策研讨例会等。

吉林大学数量经济研究中心

吉林大学数量经济研究中心 2000 年 9 月被批准为教育部人文社会科学重点研究基地。此中心建立以来，认真执行教育部《普通高等学校人文社会科学重点研究基地管理办法》及有关文件的精神，深化科研体制改革，促进了整体科研水平的提高并为各级政府及社会咨询服务，不断加强人才培养，扩大了国内外学术交流，形成了一个数量经济学术研究中心、人才培养中心、信息交流中心和咨询服务中心。

一、总体情况

此中心目前的研究队伍包括专职研究人员 8 人，校内兼职研究人员 9 人。在专兼职研究人员中，长江学者 1 人，教育部新世纪人才 4 人，教授 15 人，副教授 2，博士生导师 16 人。此中心学术委员会 9 人均由国内数量经济学著名专家学者组成，来自中国社会科学院、清华大学、中国人民大学等国内著名的研究机构和大专院校。

吉林大学数量经济研究在国内数量经济方法与应用研究领域居领先地位，在经济学二级学科中排名位于前列。经过十年的发展，吉林大学数量经济学科成为“211 工程”重点建设学科。“十一五”期间，被批准建立教育部人文社会科学吉林大学经济分析与预测创新基地，2010 年“中国经济分析与预测哲学社会科学创新基地”进入吉林大学继续建设“985 工程”高水平学科及平台/基地建设项目，更名为“中国经济预测与国家经济风险管理哲学社会科学创新基地”。

此中心在坚持办好《数量经济研究》电子期刊的同时，创办了以书代刊的学术期刊《数量经济研究》，目前已出版两期。

十年来，此中心已发展博士后进站人员 40 余人，其中出站 30 人。他们都在教育和经济部门发挥着重大作用。此中心 18 名博士生导师十年来共招收博士研究生 140 余人，毕业并获取博士学位 100 余人；招收硕士研究生 300 余人，都已毕业并获取硕士学位。此外，此中心还向国内其他院校及研究部门输送了一大批专门人才，为促进我国数量经济学的发展作出了重要贡献。

二、主要成绩和经验

（1）在科研成果方面：此中心成员先后承担 20 项教育部人文社会科学重大研究项目、16 项国家社会科学基金项目、6 项国家自然科学基金项目。在《中国社会科学》、

《经济研究》、《管理世界》、《数量经济技术经济研究》等重要核心期刊上发表论文200多篇，2008年和2009年被CSSCI他引460次。出版了20余部学术著作，并向国家有关部门提供了16份重要的决策咨询报告，其中《我国经济周期波动中实际产出波动性的动态模式与成因分析》被评为高等学校科学研究优秀成果（人文社会科学）二等奖，30余篇论文获得吉林省社会科学一、二、三等奖。

（2）在国内外学术交流方面：此中心共举办8次大规模的学术会议和若干小型学术讨论会，其中包括3次国际性学术会议。参会的代表分别有来自于美国、英国、日本、澳大利亚、新西兰、韩国等以及中国香港、中国台湾地区学者和国内著名的数量经济专家学者。2010年此中心和中国国有经济研究中心联合主办了2010年教育部人文社会科学重点研究基地（经济类）主任联谊会暨中国经济发展青年学者论坛。

（3）在咨询服务方面：①通过内参的形式向中央提供政策建议1份；②每年参与中国社科院春、秋两季经济形势座谈会，提交论文和研究报告，将对经济形势的分析、预测提交国家领导部门参考；③通过教育部或直接向国务院、国家计委、国家经贸委、国家统计局、国家信息中心、国家财政部、中国人民银行、吉林省计委等有关部门提交咨询报告10份，将研究成果综合成政策建议提供给有关部门作为宏观决策参考；④为其他十余家省、市、地区提供研究开发的宏观经济预测预警系统，并提供人才培训和系统的高质量服务。

通过十年的基地建设，此中心总结出基地的科学研究要集中主题、有所侧重。此中心的科研工作主要集中于我国经济政策机制与经济周期波动研究、金融稳定与金融风险预警研究、经济政策效应的微观计量与模拟、权力范式的经济理论体系构建研究。以创新团队开展科学研究，成立了经济政策与经济周期波动、金融投资与金融市场研究、微观经济分析（计量与模拟）研究、博弈论与经济权力范式研究、经济指数五个创新团队。这些团队针对我国一些重大经济理论和现实问题给出系统全面的分析，为我国各级政府部门献计献策，为我国经济学研究的科学化作出贡献，为我国经济增长理论和实证研究提出了新的理论、研究方法和实证结论。

三、标志性成果

此中心成立以来，专兼职研究人员围绕基地重大项目和其他相关课题研究工作的开展，在“经济政策与经济周期波动”、“货币市场与金融风险预警”、“博弈论与经济权力范式”和“微观经济计量与模拟”等领域取得了一系列在学术界有重大影响的标志性成果。其中的代表性成果如下：

（1）刘金全的论文《我国经济周期波动中实际产出波动性的动态模式与成因分析》揭示了宏观经济调控在短期内仍然需要采用需求管理的政策工具，但从长期来看应该注重以市场机制为基础的供给管理政策，以保持经济持续、快速和稳定增长。该项成果获第五届高等学校科学研究优秀成果奖（人文社会科学）二等奖。

（2）张屹山的论文《包含货币因素的利率规则及其在我国的实证检验》表明，利率规则能够保证当我国经济运行偏离均衡状态或央行目标时采取正确的政策调整方向，从而保证经济的平稳运行。该项成果获吉林省第八届社会科学优秀成果奖一等奖。

（3）赵振全的论文《金融加速器效应在中国存在吗?》发现，信贷市场在宏观经济波动过程中既是重要的波动源，同时也是波动的有力传导媒介，运用金融加速器理论有助于合理解释中国宏观经济波动的轨迹特征。该项成果获吉林省社会科学界联合会第三届社会科学优秀成果奖。

（4）陈守东的论文《中国金融风险预警研究》证实，现阶段中国整体金融状况良好，宏观经济运行稳定，货币危机发生的可能性较小。该项成果获第三届长春市社会科学优秀成果奖三等奖。

四、“十二五”发展思路

（1）在新的周期建设中，要不断加强“经济政策计量学”这一新兴交叉学科的建设和研究，致力于开发和使用新的经济计量学方法来度量经济政策规则和经济政策效应，建立国家经济风险管理学的主要内容和指标体系，为国家经济安全、金融安全提供必要的预警和决策系统，加大数量经济学科建设与高水平科研队伍和教学队伍的建设力度，进一步提升科学研究与解决我国重大现实经济问题的能力，建立符合新世纪要求的高层次学术人才培养模式，进一步提高高水平人才培养能力；全面提升重点学科的学术水平与整体实力，把国家重点学科建设成为国内领先、国际上有重要影响的学科。

（2）在工作思路上要做到以下几点：凝练研究方向要做实、做细；创新团队建设要落实到人；突出基地特色要有针对性、操作性，扩大知名度；科研项目规划要用数字说话，研究到位；所办杂志要依靠政策、扩大影响。

（3）围绕“经济政策机制与经济周期波动研究”、“中国金融稳定与金融风险预警研究”、“权力范式的经济理论体系构建”、“经济政策效应的微观计量与模拟研究”、“社会与经济指数研究”五个主要研究领域展开科学研究。与此同时，将在“数量经济理论与方法创新研究”、“解决重大现实经济问题研究”、“权力范式经济学理论体系构建”以及“创建新的学术流派”等几项重大问题上争取获得新的突破。

吉林大学中国国有经济研究中心

吉林大学中国国有经济研究中心是依托吉林大学经济学科，于1999年重组原吉林大学经济研究所、国有企业改革研究所而成立的研究机构。2000年12月被正式批准为教育部人文社会科学重点研究基地，是目前国内唯一以研究国有经济为主要内容的重点研究基地。

一、总体情况

经过十年的发展，此中心荟萃了一支年富力强，具有良好理论素质、创新精神和优良学风，学术造诣颇深，具有较强研究能力、较突出研究成就的科研梯队。现有专兼职研究人员51人，其中校内专兼职研究人员37人，校外专兼职研究人员14人，在校内专兼职研究人员中有教授21人，副教授10人，具有博士学位者35人，博士生导师18人，教育部跨世纪优秀人才1人，教育部新世纪优秀人才2人。

二、主要成绩和经验

(一) 主要成绩

1. 在科学研究方面

十年来，此中心共发表论文718篇，其中在CSSCI检索来源期刊上发表论文562篇，出版专著、教材66部，获省、部级奖励52项；承担各级各类项目110余项，获课题经费总额达1100余万元，其中国家社会科学基金重大项目1项，教育部重大课题攻关项目1项，国家社会科学基金重点项目1项，国家社会科学基金一般项目4项，教育部重点研究基地重大项目17项，教育部一般项目5项，教育部委托项目2项，吉林省社会科学重点项目1项，吉林省社会科学一般项目16项，吉林省软科学项目10项。

2. 在人才培养方面

此中心成立以来共培养硕士研究生508人，博士研究生273人，是国内公认的高层次经济学人才培养中心。2001年开始，此中心从21世纪高层次人才所具备的知识结构、科研能力和综合素质的要求出发，开发出一些反映当代学科发展趋势和前沿性成果的课程，为拓展研究生的视野、提高研究生的综合素质创造了条件。十年来，此中心研究生发表论文61篇，编著学术著作11部，有15名学生的论文在吉林大学“精英杯”研究生优秀论文评奖活动中获奖。

3. 在学术交流方面

此中心与国内外经济学界和实际工作部门有着广泛的联系和合作。先后有20余名研究人员赴美国、日本、韩国、欧盟等国家（地区）进行讲学、考察访问和开展合作研究，同时多次接受来自美洲、欧洲、亚洲不同国家（地区）的数十名学者来访。从2001年起，每年主办“国有经济论坛”国内或国际学术研讨会，参会代表累计千余人次，中央电视台、新华网、《经济日报》、香港《大公报》、凤凰卫视新闻网等20多家新闻媒体先后作了采访、报道。2009年起该论坛升级为“中国国有经济发展论坛”，每年在北京举办，力争在短时间内将“中国国有经济发展论坛”打造成中外著名的国有经济研究领域的学术交流平台。

4. 资料图书信息建设方面

此中心资料室拥有数量丰富、种类齐全的中外经济学理论图书资料和本研究领域最前沿的书刊著作，现有中文藏书8935册，外文藏书5680册，中文期刊78种，外文期刊34种，中心主办《国有经济论丛》和《国有经济评论》两种集刊。此中心不断强化网络信息的交流平台，在中心网站http：//ccpser. jlu. edu. cn上设有“国有经济论坛”、“国有经济动态”等多项链接，不断追踪本领域的发展趋向，并建设了内容丰富的国有经济研究数据库。

5. 在决策和咨询服务方面

中心专兼职研究员共向政府有关部门和企业提供并被采纳的咨询报告达70余篇，主动承揽政府各部门、企事业单位的委托研究课题27项，获科研经费358万元。徐传谌教授等提交的“关于解决吉林碳素股份公司体制型困难的建议”和“振兴吉林老工业基地起步阶段亟待解决的若干问题与建议”得到了原吉林省省委书记王珉的批示，被吉林省人大办公厅采纳；“东北老工业基地资源型城市发展接续产业问题研究”课题组撰写的

“关于东北老工业基地资源型城市发展接续产业的几点对策建议”于2004年2月13日上报中共中央办公厅和国务院办公厅，并在“两会”之前由国务院办公厅转呈温家宝总理。2010年5月，吉林大学与中国恒天集团签署了“产学研”全面合作协议。根据协议，吉林大学委托此中心代表吉林大学与恒天集团在原有的合作基础上，进一步加强“产学研”合作平台，提升中心的服务意识。

（二）主要经验

1. 凝练中心研究方向

此中心根据国家重大战略需求与学校学科建设需要，不断凝练和巩固国有经济研究方向，造就了主要研究方向特色突出、优势明显的良好局面。十年间，此中心在国有经济基础理论、国有企业改革与发展、老工业基地国有企业改革与发展、中外国有经济比较研究等研究方向上取得了突出成绩，产出了一大批具有重要学术影响力、获得重要学术价值的科研成果。

2. 加强学术团队建设

此中心经过不断补充新生力量和培养提升团队成员素质，使学术团队的整体实力明显增强；高度重视青年教师的培养工作，采取激励制度鼓励青年教师到国外进修学习、参加国内外学术会议，不断提高中心的学术影响力。

3. 重视国际国内学术交流与合作

连续举办了44次“国有经济博士论坛”、21次“国有经济名家讲座”，并与韩国、日本、美国等国际学术研究机构建立了长期、稳定的合作关系。先后举办了10次全国性和国际性“中国国有经济发展论坛”学术研讨会，不断壮大国有经济理论的应用价值。

4. 重视硬件条件支撑建设

此中心自主开发建设了《国有经济数据库》、《国有企业案例库》两个数据库；主办了《国有经济评论》和《国有经济论丛》以及《中国国有经济发展报告》等，逐渐建立中外国有经济研究交流平台。

三、标志性研究成果

（1）出版《国有经济评论》、《中国国有经济发展年度报告》和举办“中国国有经济发展论坛”国外学术会议。

（2）2004年5月宋冬林教授撰写的《关于实施打包改制推动东北国企改革的建议》咨询报告呈送给中共中央政治局常委、国务院副总理黄菊，国资委李荣融主任、李毅中书记和邵宁副主任分别予以批示，对东北地区等老工业基地国有企业改革具有重大意义。

（3）2006年12月徐传谌教授撰写、出版的专著《国有经济资源优化配置系统论》是基地重大项目的最终成果，该书中期成果“国有经济控制力及控制方式新探”发表于《社会科学战线》2002年第6期，被《新华文摘》2003年第3期全文转载。

（4）2009年9月汤吉军撰写的论文《国有企业退出的锁定效应分析》一文从深层次上分析了国有企业难以退出市场的经济逻辑，被《新华文摘》2009年第19期全文转载。

四、“十二五”建设思路

此中心将认真总结经验，明确目标，追踪国有经济研究的前沿理论与实践，将中国特色国有经济理论、国有经济战略调整与经济发展方式转变、国有金融资产风险管理、后危机时代中外国有经济发展趋势，以及全球化条件下国有企业可持续发展等作为重点研究方向。具体建设思路如下：

（1）以国有经济改革与发展重大理论和现实问题为主攻方向，以质量提升为核心，以人才队伍建设为根本，以改革创新为动力，全面提升面向国家战略、融入经济建设、服务社会发展的能力，全面提升国际学术影响力和话语权。

（2）优化和完善重点研究基地体系，使中心成为大学教育制度的载体，变革培养人才模式的重要阵地。紧紧跟随国有经济改革与发展脉络，密切关注国家经济社会发展重点、难点问题，发表有时代性、学术性和前沿性的理论观点，引领国有经济发展趋势，前瞻性理解国有经济发展中的重大理论与现实问题。

（3）创新组织管理。特别是要加大中心的开放性，吸纳国内外优秀人才，集中精力研究国有经济理论与实践前沿问题，为中国特色社会主义市场经济体制服务。同时加快国际化步伐，不断扩大学术影响力，用激励和约束机制强化国有经济研究学术品牌。

（4）继续秉承“树国际视野，育民族中坚”宗旨，明确树立“走出去”和“国际化”的发展方向，并在不断探索中深化体制、机制改革，使中心逐渐成为国内领先、在国际上有重要影响的国有经济研究领域的科学研究中心、人才培养中心、学术交流中心、图书信息中心、咨询服务中心，为建设具有中国特色和世界水平的高校哲学社会科学创新体系提供强有力的支撑。

辽宁大学比较经济体制研究中心

一、总体情况

辽宁大学比较经济体制研究中心于2000年9月22日成为教育部人文社会科学重点研究基地。此中心成立之初的目标是通过努力，把中心办成一个在比较经济体制研究领域全国领先并具有一定国际影响的科研机构。

此中心主要从事不同类型经济体制的比较研究，包括成熟的市场经济体制之间、转轨经济体制之间以及转轨经济体制与成熟市场经济体制之间的比较。此中心成立以来，基地建设工作取得了一定的成绩，较好地完成了“十五”建设任务和建设目标，“十一五”发展规划所制定的目标也基本得到了落实。

（1）在科学研究方面，科研队伍坚持运用现代经济学的方法进行经济体制比较研究，对国际学术前沿成果进行了有效的吸收和消化，并将其运用于中国经济制度变革的经验研究之中。科研领域集中在制度与经济绩效、制度起源以及制度安排比较三个相互关联的领域，以项目为支撑，以学术论文为主要成果体现，开展了一系列较有成效的科研活动。十年间共承担科研项目37项，其中基地重大项目18项。举办国际学术会议7次。公开发表学术论文79篇，提交政策咨询报告5份，获得各种省部级以上奖励13次。

（2）在人才培养方面，从学术规范、学术兴趣和学术前沿入手，在人才梯队建设、硕士博士教育方面完成了大量教学和科研训练工作。特别是在高级经济学教学方面，承担了全校经济学科的高级微观和高级宏观经济学教学任务。

（3）在信息平台建设方面，除了继续完善图书资料和数据文献建设之外，整理了大量比较经济体制研究方面的经典文献，并借助网络平台实现了资源共享。

（4）在工作重点和工作业绩方面，主要关注科研的规范性以及科研成果的质量，在研究生教育和年轻学者学术培养方面投入了大量的精力，同时，对科学研究的合作、分工和组织进行了改革和整合。这些工作为研究基地今后的发展打下了较好的基础。

二、主要经验

（1）此中心的建设在体制管理上要坚持行政领导和专家委员会管理相结合。此中心成立的由校内外专家组成的学术委员会决定中心的研究方向、重点研究项目和研究成果的评价。

（2）比较经济体制领域的科学研究工作要重视规范研究与实证研究的结合。具体来讲，研究方法创新，研究领域点面结合，科研工作组织创新，重视人才培养工作中学术研究兴趣和现代经济学功底培育，加强信息平台建设等，是搞好基地科研工作的基础。

（3）鼓励学术研究合作，建设该领域国内领先的学术研究梯队，是研究中心长期发展繁荣的人才保证。

（4）人才培养方面，系统的人才培养课程设置对于培养高素质的硕士博士研究生意义重大。此中心自2002年申请获得批准拥有比较经济体制专业的硕士和博士学位授予权之后，一直致力于完善课程设置的改革。改革的标准是与国内一流大学和国际上同类大学经济学专业的课程接轨，并且采用的教材也是国际上一流的英文教材。这项改革取得了很好的效果。

（5）高水平的学术交流是基地建设中不可或缺的重要工作。此中心坚持每年召开全国性的学术会议，如“制度变迁模式比较”和“自然垄断产业规制与改革”等研讨会获得了良好的国际国内反响。基地邀请国际著名比较经济体制研究专家霍尔瓦特、张五常和钱颖一等来中心讲学，与国际学术界建立良好的合作关系，促进了基地学术研究和科研水平的发展和提高。

三、标志性研究成果

学术论文：（1）“国有企业部门规模与经济增长：基于中国各地区的经验研究”，黄险峰，《产业经济评论》，2008-06-01；（2）“电信竞争、呼叫外部性与接听方付费”，佟健，《经济学季刊》，2005；（3）“波兰‘混合型’私有化与企业重建”，程伟，《东欧中亚研究》，2003-06-03（4）“电力行业上市公司治理结构与公司绩效关系的实证研究”，黄继忠，《财经问题研究》2008-11-01；（5）“GDP考核指标、职业生涯考虑与地方政府投资激励”，佟健，《产业组织评论》2008-08；（6）“劳动的稀缺性与周代私有产权的兴起”，杨志文，《制度经济学研究》，2007-04；（7）“宪政转轨与经济绩效的关系：战后日本的案例”，莽景石，《世界经济》，2004-06；（8）“弗里德曼的《实证经济学方法论》缘起、内容及再解读”，谢作诗，《世界经济》，2007-12；（9）“垄断理论及其演进脉络：综述与评论”，谢作诗，《经济评论》，2008-04；（10）“关于‘剪刀模型’的再思考”，谢作诗，《经济学家》，2008-04；（11）“美国阴谋与金本位的终结”，李平，《中国图书评论》，2008-07；（12）“Formation，Organization and Performance of Chinese Enterprise Group：A Case of Liaoning Province”，李平，*Chinese Economy*，Vol. 41，No. 1，2008；（13）“经济增长、制度变迁与收入分配”，莽景石，《日本学刊》，2006-08；（14）“俄罗斯政治制度变迁的全球化约束与政治传统张力”，徐坡岭，《世界经济与政治》，2004-08；（15）“俄罗斯资本市场发展及其有效性分析”，徐坡岭，《俄罗斯研究》，2007-12；（16）“The Size of SOEs Sector and Economic Growth：An Empirical Study Based on the Provincial Data of China”，黄险峰，美国中西部经济学会年会（Midwest Economic Association，72nd Annual Meeting，芝加哥，2008-03-14；（17）“中国地方政府治理——一个多任务道德风险模型”，佟健，第八届中国经济学年会，2008-11-14。

主要学术著作：（1）韩毅，《历史的制度分析》，辽宁大学出版社2002年版，获辽宁省第九届哲学社会科学优秀成果（著作）三等奖（2006-10-08）；（2）冯舜华等，《经济转轨的国际比较》，经济科学出版社2001年版，获辽宁省2002年度社会科学优秀成果著作类一等奖（2002-09-03）；（3）黄继忠，《自然垄断与规制：理论和经验》，经济科学出版社2004年版；（4）唐要家，《竞争、所有权与中国工业市场绩效》，中国社会科学出版社2005年版；（5）程伟等，《经济全球化与经济转轨互动研究》，商务印书馆2005年版，获辽宁省哲学社会科学奖（首届政府奖）一等奖（2006-02-02），获教育部人文社会科学优秀成果二等奖（2006-10-05）。

四、“十二五”建设规划与目标

（一）通过整改组建“辽宁大学转型国家经济政治研究中心”

针对比较经济体制研究中心“十一五”基地建设存在的问题和教育部评估专家组对基地建设工作提出的中肯建议，学校领导和辽宁省教育厅非常重视，组织专门会议就基地建设下一步的工作进行研究部署，对相关问题提出具体整改指导意见。在此基础上，辽宁大学对基地进行了重大改组，在继承“比较经济体制研究中心”建设工作已有成绩的基础上，从发挥优势、突出特色、凝练方向的原则出发，组建“转型国家经济政治研究中心”，依托辽宁大学经济学和政治学等学科的雄厚实力，以辽宁大学“世界经济”国家重点学科为主体，整合校内国际关系学院、经济学院等相关学科的科研力量，组成了一支新的基地建设和基地科学研究力量。

目前重点基地“转型国家经济政治研究中心”下设转型理论研究、经济转型研究和政治转型研究三个学术方向，管理人员4人，拟设专职研究人员4至6人。根据研究中心的研究方向和学术领域，研究中心现有核心学术团队成员20余人，外围研究人员30余人。在这个研究队伍中，90%以上拥有博士学位，65%以上拥有副教授以上职称，而且以45岁以下青年科研人员为主体。

（二）建设的主要目标

转型国家经济政治研究一直是辽宁大学的特色和优势。特别是在转型经济理论研究和俄罗斯经济问题研究方面，辽宁大学在国内学术界处于领先地位。以此为基础，我们相信能够把辽宁大学转型国家经济政治研究中心的基地建设工作推进到较高的水平，并以此为平台，进一步确立和巩固辽宁大学在转型经济政治研究中的领先地位，同时赢得较大的国际影响力。

南昌大学中国中部经济发展研究中心

一、总体情况

南昌大学中国中部经济发展研究中心成立于2000年6月。2003年4月经省教育厅批准为江西省高校人文社会科学重点研究基地。2006年6月9日经教育部批准为教育部人文社会科学重点研究基地。2009年12月，此中心通过基地评估，在全国省部共建人文社会科学重点研究基地中综合排名第四。

此中心实行“机构开放，人员流动，内外联合，竞争创新”的管理体制。目前，此中心共有外聘专家14名、内聘专家20名；具有完善的科研设施，共拥有微机42台，科研试验室8间，各类藏书15000余册，期刊80余种，其中外文期刊12种；建成了自己独立的网站，实现了办公自动化、资料查阅网络化。此中心涵盖了管理科学与工程一级学科博士点，形成了博士后—博士—硕士的培养格局。目前正努力建设成为中部地区乃至全国研究中部经济和社会发展的科学研究中心、人才培养中心、学术交流中心、资料和信息中心、咨询服务中心。

二、主要成绩

（一）取得了一大批具有重要影响的科研成果

仅2006年以来，此中心专职研究人员作为项目第一负责人共承担省（部）级以上重大研究课题210项。在SCI、SSCI和CSSCI等国内外权威期刊上发表高质量论文400篇，人均20.93篇。共出版著作30余部。一大批课题研究报告、学术论文和专著产生了良好的社会反响，引起了《人民日报》等权威媒体的强烈关注，充分体现了科研成果的学术价值和社会影响力。据统计，研究成果获得国内外各种奖励60余项，其中国际奖项一等奖1项，省部级一等奖10项、二等奖8项，江西省高校人文社会科学奖8项。

（二）凸显学科建设拉动，培养了一批创新型人才

2008年，此中心牵头的“中部地区经济与社会发展”成为南昌大学“211三期工程”重点建设学科。依托“管理科学与工程”一级学科博士点，自主设置区域产业与经济管理二级博士点并获得教育部批准；形成了博士后—博士—硕士的培养格局。在13个经济管理硕士点中，数量经济学和产业经济学等继续成为江西省省级重点学科。围绕学科建设，实现“点”、“所”合作，领头创新了人才培养模式，先后成为南昌大学研究生创新培养基地和研究生出国培养基地。“十一五”期间，3位博士研究生获得国家留学基金委资助出国的资格，12位硕士研究生获得江西省优秀硕士学位论文奖。

（三）加强校际区际合作，促进了学术交流与传播

此中心每年召开一至两次全国性学术交流会，每两年召开一次国际性学术会议，研讨和传播中部经济发展研究的最新成果。已经先后举办和承办世界可持续会议、鄱阳湖高端

学术论坛、全国经济地理学年会、教育部人文重点研究基地区域经济学年会等14次会议。

（四）夯实基础设施建设，信息化数据库建设实现重要突破

加快了信息化建设步伐，建立了专门的网站，定期维护，实时更新。依托互联网，整合现有的文献资料和电子数据资源，建立了全国首家“中部经济发展数据库”，并已经建成了“中部经济发展统计数据库”、“学术文库”和“中部经济问题百科全书”三个子库。数据库的成功建设为研究中部经济问题提供了基础信息数据方面的资料保障，大大方便了研究人员的科学研究工作，提高了科研效率，体现了中部研究中心的“信息库”作用。

（五）积极开展咨询服务，社会服务取得积极成果

通过受托课题，提供政策咨询报告，参与政策咨询会、座谈会等多种方式，面向国家决策部门和宏观调控部门、中部地区各级地方政府、大型企业及社会各界积极开展多层次、多样化的咨询服务，主持或参与16项中央和地方政府决策与规划的重大项目，逐渐成为在全国，特别是中部地区有一定影响的咨询服务基地。

三、标志性成果

（1）成功申报并完成了两项教育部基地重大招标项目“中部地区资源性城市资源开发补偿机制及衰退产业援助机制研究”、“中部地区农民增收长效机制研究——农村人力资本提升与科技服务体系的构建”。围绕中部地区自然资源和人力资本问题，两项课题在CSSCI期刊上发表相关论文15篇以上，形成博士论文2篇，出版专著《人力资源开发和技术进步视角的农民增收长效机制研究》。

（2）出版了《中国中部发展论丛》（九本）和《中国中部经济发展报告》（蓝皮书），形成了研究中部崛起问题的两项重大标志性成果，先后获得江西省第十一届和第十二届社会科学优秀成果一等奖。该成果具有重要的理论创新和学术贡献，既包括关于中部地区崛起问题的综合性理论研究和政策研究，也包括事关中部崛起的专门性的战略问题研究，以及在促进中部崛起过程中的经济总结和问题分析，达到了前瞻性和现实性的统一、理论性与政策性的统一、区域经济发展研究与地方发展研究的统一，并且对实际工作和经济决策具有参考价值。

四、“十二五”建设思路

（一）搭建中部社会发展问题研究平台

整合和优化现有资源，形成稳定的社会问题研究团队，成立“社会发展研究所”和“社情民意调查研究所”。针对中部地区突出的社会问题，围绕教育发展与科技进步、民众心理与社会和谐、非物质文化遗产保护和利用与文化产业发展等重大问题展开中部社会发展研究，并产生一批具有重要影响的研究成果。

（二）着力制度创新，强化学术梯队

采用特殊政策，聘请3至5名国内一流的区域与产业经济学、社会学专家为特聘教授，吸引5至8名归国留学人员和国内知名大学区域与产业经济学、社会学博士来“中心”工作，派出3至5名青年博士到国外进修与访问，广泛开展国内外交流与合作研究；着力制度创新，建设3至5个特色鲜明、具有竞争优势的高水平学术团队，支持4至5名青年学术骨干获得基地重点支持。

（三）加强理论和应用研究，突出优势特色

每年至少申报和完成5项国家级项目、15项省部级项目、8项基地招标课题。五年内在国家重要CSSCI和CSCD刊物发表论文120余篇，出版20至25部学术专著，重点打造一套10至12本的《中部发展比较研究丛书》和年度出版的《中部发展蓝皮书》，以此作为具有学术影响的标志性科研成果。

（四）参与决策规划，开展咨询服务

借助南昌大学“211三期工程”重点学科建设契机，紧紧抓住政府部门所需要解决的区域经济协调发展、城乡二元结构、教育、卫生与医疗、生态环境开发与保护等重大问题，为中部各省以及整个中部地区的经济社会发展提供决策参考咨询报告。计划直接为中央各相关部门、各省市人民政府以及相关厅局提供决策参考咨询报告50份以上，力争有20份获省部级以上领导批示，或被中央各相关部委以及各省市人民政府、各相关厅局所采纳，产生具有社会影响的标志性决策咨询报告。

（五）建设实验室，完善数据库

进一步完善图书资料、信息库建设，加强中心网站维护与完善，着手建设“社会调查实验室”，重点完善“中部经济发展数据库”中的“中部生态经济与资源利用”和“中部人力资源与科技创新”两个子库，努力把中心建设成为中部经济研究的信息库和流动资料室，使之成为具有强化服务功能的标志性数据库。

（六）加强学科建设，强化创新型人才培养

继续加强现有的管理科学与工程博士点和产业经济学、区域经济学、企业管理和人口、资源环境经济学等13个硕士点的建设。努力整合资源，集中优势，争取成功申报应用经济学和公共管理一级学科博士点。依托重点建设学科，围绕中部经济与社会重大发展问题，培育创新型人才，建成中部地区经济社会发展的高层次专门人才孵化基地。

（七）活跃学术交流，积极开展培训

每年举办一次全国学术会议，召开“中部发展与创新论坛”，建成中部经济发展研究领域处于领先地位的学术交流基地。召开“鄱阳湖高层国际讲坛”，扩大中心在国际区域与产业经济、社会学等学术领域的影响。每年至少3次有针对性地特聘国内外高级学者和优秀科研人才到中心来举办各种形式的学术报告。为企事业单位培训管理人才，五年完成培训1万人次。

南京大学长江三角洲经济社会发展研究中心

南京大学长江三角洲经济社会发展研究中心于2001年2月成立。经过十年的努力，这个教育部国家级人文社会科学重点研究基地形成了一支稳定的队伍和一批有影响力的成果，特别是在服务于地方经济社会发展方面，更是取得了显著的成绩。

一、总体情况

十年来，此中心研究人员以基地署名发表学术论文 667 篇，学术著作 75 部，提交各类研究报告三十余份。此中心已初步确立了此领域的国内外学术领先地位。

目前，此中心拥有研究人员 21 人，其中专职研究员 14 人；拥有高级职称人员达 100%，平均年龄 47.5 岁；有长江学者 2 人，百千万人才 1 人，跨世纪人才 1 人，国家级教学名师 1 人，新世纪人才 2 人；拥有博士学位者 18 人、博士生导师 8 名。

此中心拥有独立的办公科研用房 540 平方米。其中办公室 8 间、会议室 2 间、博士生工作室 2 间、图书资料室 1 间。

此中心图书资料建设主要包括以下两个方面：一方面独立构建完整的长江三角洲经济社会发展统计资料年鉴体系；另一方面与南京大学商学院共建图书馆，实现资源共享。目前，可供中心使用的资料室有中文图书 55000 册，外文图书 5100 余册；中文期刊 86 种，外文期刊 45 余种。

近期，此中心对网站页面、内容再次作出重大调整。网站的内容分为主页、中心简介、学术研究、研究人员、研究成果、科研项目、学术交流、人才培养、江苏高层发展论坛等板块。

二、主要成绩和经验

（一）队伍建设"传、帮、带"，科研方向和人才培养相结合

首先，通过"传、帮、带"，注重培养年纪轻、学历高、能力强、国内外配置合理的梯队。此中心的研究人员在研究经验、职称结构、学位结构和年龄结构等方面均达到较好的状态，科研成果具有显著的创新性和较大的学术影响。其次，将科研方向规划和人才培养规划有机地结合起来，使得年轻学者有努力的方向，形成中心的学术发展持久力。

十年来，此中心逐步形成了区域经济发展模式、发达地区的制造业可持续发展、创新型经济与可持续发展、发达地区现代化的率先实现四个科研方向。一方面，在研究方向上更加合理，更加符合区域经济社会发展的需要；另一方面，在现实的安排中，将科研方向引导与培养计划有机地结合起来，取得了较好的效果。

（二）服务国家和社会，坚持理论服务于社会实践

此中心致力于服务国家、服务社会，坚持理论联系实际，理论服务于社会实践。其突出成果之一就是，坚持十余年不中断，共举办 27 次"江苏发展高层论坛"（以下简称"论坛"），逐渐成为江苏省发展中重大问题最重要的决策咨询平台，为政府决策科学化、民主化作出了有益的探索。

此论坛持续十多年且越办越兴旺。其关键是有一个好的机制和制度：一、省委主要领导和学者共同协商确定议题；二、对于会议确定的议题精心准备；三、省委主要领导高度重视，每次亲自参加并作为研讨者发言；四、来自于不同领域，拥有各种知识结构、论述视角的论坛成员在这里各抒已见；五、会议程序精心安排，采用邀请发言与自愿参加相结合的方式，明确主题，杜绝冗长、空洞之谈。目前，此论坛已被社会各界誉为南京大学继"实践是检验真理的唯一标准"文章之后的社会科学研究领域另一个重要学术品牌。

（三）注重理论的自身特点，关注研究的国际性

2005 年以来，此中心和日本名古屋大学经济学部建立学术交流计划（每年一次会

议），共同进行中国长江三角洲地区和日本东海地区的比较研究，迄今已举办五届研讨会。通过上述研讨机制，针对中日两国的两个制造业密集地区，就其经济发展和产业变迁进行学术讨论，尤其是对产业集聚这一区域经济发展新现象的发生、发展的原因和规律进行深入研究，使得中日双方学者的研究视野突破自身区域范围的限制，站在一个更高的平台，思索中国的区域之间、中国和日本之间，乃至全球经济竞争的新格局。2011 年，此中心完成了论文集《中国长三角与日本东海地区的产业经济发展》(共三辑）的出版工作。

三、标志性研究成果

（一）《长江三角洲地区经济发展的模式和机制》，洪银兴、刘志彪等著，清华大学出版社，2003 年 4 月

该著作研究长江三角洲地区的竞争与合作、产业分工和竞争力、上市公司、城市化以及外资企业的投资战略等一系列重大问题，突出了对长江三角洲地区经济发展模式和机制的描述与分析，得出了一系列重要的结论，对于该区域经济的进一步发展乃至整个中国经济的发展都具有重要的意义。该专著出版之后，在学术界相关领域的论文、著作中，多年来被引用率名列第一，其累计被引用率远远高于其他著作和论文，在学术界产生了极大的影响。对于长江三角洲区域内外的企业管理者、地方政府经济职能部门的官员，已经成为不可多得的战略分析参考读物。

（二）《江苏发展高层论坛》报告集，南京大学出版社，共四辑

1997 年 1 月，时任江苏省委书记的陈焕友和南京大学副校长（现为南京大学党委书记）的洪银兴教授共商创办了“江苏发展高层论坛”。十多年来，该论坛已经成功举办 27 次会议。围绕“论坛”提交的论文和研究报告，此中心陆续编辑出版了四辑《江苏发展高层论坛》报告集。在过去的若干年中，此中心接待了许多外省市部门领导，介绍举办论坛的经验，并赠送《江苏发展高层论坛》报告集。

（三）《长三角托起的中国制造》等系列专著（五册），中国人民大学出版社

中心通过自设课题的形式，选择了五项专题进行研究，形成了系列专著，于 2006 年 3 月出版。2007 年，获江苏省第十届哲学社会科学优秀成果（一等奖）；2009 年，获教育部高等学校科学研究优秀成果奖（二等奖）；被国家发改委、国务院研究室选为中央制定“长三角地区发展规划建议”参考文献等。

2007 年 7 月，《长三角经济增长的新引擎》出版。该著作受到时任江苏省委书记、现任中央组织部部长李源潮的高度称赞。在“江苏发展高层论坛”会议上，他要求全省每个领导干部“都要好好读一读这本书”。

（四）《中国长三角与日本东海地区的产业经济发展》，中国财政经济出版社

此中心与日本名古屋大学经济学部展开合作，形成了一批有较高学术水平的地区发展比较研究论文，在此基础上，中心经过筛选编纂出版了该系列论文集（共三辑），得到了中外双方学者的高度赞赏。

四、“十二五”建设思路

（一）注重学术研究的前瞻性，安排好自设课题

加强中心自设性课题的选题及组织实施工作。“十二五”期间，每年“自设课题”拟安排 20 万元。初步拟选的五个课题领域为：

（1）长三角地区的制造业与生产性服务业发展中的现实敏感问题；

（2）长三角地区的人口、劳动力及社会保障体系的现实问题；

（3）长三角地区的“科、教、文、卫”体系与经济发展的现实关系问题；

（4）长三角地区的贸易、金融、地方财政、政府行为等现实问题；

（5）长三角地区的资源、环境保护、“三农”、政府行为等现实问题。

（二）注重学术研究的基础性，安排好数据库建设

将数据库建设与自设课题相结合，在上述五个领域的自设课题实施中，安排专门人员采集、协作采集、购买等手段推动数据库的建设。数据库建设拟安排10万元，力争五年内完成中心的基础性数据库建设。

（三）加强日常管理，提高服务意识和服务水平

不断总结提高日常管理工作的水平，在科研管理与服务、行政管理与服务等方面，完善规章制度，提高服务效率，共创和谐高效的机构工作环境。

南开大学跨国公司研究中心

一、总体情况

南开大学跨国公司研究中心成立于1992年8月，2000年9月被教育部批准为人文社会科学重点研究基地，2005年又在此基础上创建了教育部“985”哲学社会科学创新基地，是我国最有影响的跨国公司研究机构之一。经过十多年的发展，此中心形成了一支结构较合理、具有创新能力的学术队伍，其中专职教授12人、副教授5人、讲师3人，具有博士学位者17人，国务院学科评议组成员1人，人事部百千万人才入选者1人，教育部新世纪优秀人才支持计划2人，优秀青年教师基金获得者1人。此中心现任主任为冼国明教授。

二、主要成绩和经验

（一）主要成绩

1. 科研成果及获奖状况

2001—2010年间，共出版专著80部，包括跨国公司研究系列专著和国际经济研究系列专著；在CSSCI学术期刊上发表论文544篇，向国家发改委、商务部等各级政府部门提交了具有重要参考价值的咨询报告33篇。

10年间，此中心专兼职人员共获得奖项56项，其中省部级以上奖项23项。

2. 科研项目

承担国家社会科学基金、教育部及中央其他部门纵向课题70项，承担横向课题51项，国际合作课题21项；科研项目经费总额达2115万元。

（二）基地建设经验

此中心的建设主要着眼于体制创新、队伍建设和平台建设这三个主要环节，目标是将

跨国公司研究创新基地建设成为实现科研体制创新、优化资源配置、汇聚一流人才、形成创新团队、体现学科交叉特征、产生重大理论和方法创新成果的新型科研组织。

按照社会科学研究的规律和我国国情，此中心始终坚持制度创新，初步形成了“机构开放，专兼结合，资源共享，竞争创新”的运行机制。尝试并深化了以研究人员项目聘任制为核心的用人机制改革，建立了适应创新基地长期良性发展的人才评价和聘用制度、鼓励研究人员产出重大理论创新和方法创新的成果评价制度和分配制度，促进优秀人才脱颖而出，并吸引和稳定拔尖人才。在制度建设的同时，此中心注重建立创新基地内部自由、开放、民主、平等的学术氛围，并形成了良好的学术团队精神，鼓励进行创新性的理论和方法研究。

围绕跨国公司研究的主要研究领域、方向和重大课题，此中心对校内已有人才优势进行重组并注重实现多学科交叉和集成，旨在通过制度建设、开展科研活动，加强和国际一流学术机构和学者的交流与合作，培养和引进能够引领国内学术研究潮流的一流学术创新人才和创新团队，并积极为优秀中青年学术带头人或骨干的迅速成长创造条件。

依据南开大学在跨国公司研究领域的传统和优势，并根据目前国际学术界研究的重点和今后的发展趋势，此中心将研究方向凝练为跨国公司全球经营战略与管理、跨国公司和经济发展、跨国公司与全球治理这三个主要研究方向，并在这三个主要方向中确定与我国经济发展和政策决策相关的重大课题。此中心围绕主要研究方向，组建创新团队，开展联合攻关，产生了一系列具有重大理论和方法创新价值的科研成果。

此中心一直注重和联合国贸发会议、世贸组织、世界银行和 OECD 等重要国际机构的交流和合作，加强和我国商务部、外交部、发改委等国家有关部门的联系，加强跨国公司在华分支机构的联系，及时了解有关跨国公司的动态、政府有关外资政策决策的信息，从而能够及时有效地从事政策咨询服务。

由于跨国公司研究不仅需要丰富的文献资料，而且需要详细真实的数据，因此，此中心很重视跨国公司研究数据库的建设，并对国内外研究人员开放，同时还建立及时反映国内外跨国公司研究动态的中英文网页，将创新基地建设成为资源共享的科研平台。

三、标志性研究成果

（1）《世界投资报告》中文版。冼国明教授自 1998 年起开始主持翻译出版联合国贸发会议年度《世界投资报告》，在跨国公司研究领域产生了深远的影响。

（2）张新和蒋殿春撰写的论文《中国经济的增长》，发表在《经济学季刊》第 2 卷第 1 期。该论文被评为《经济学季刊》年度最佳论文并荣获第九届孙冶方经济科学奖。

（3）戴金平等撰写的论文《政府声誉、投机性冲击与固定汇率结构》，荣获 2002 年天津市第八届社会科学优秀成果一等奖。

（4）冼国明等撰写的论文《FDI、地区专业化与产业集聚》，刊载于《管理世界》2006 年第 12 期。该论文获得 2009 年高校科学研究优秀成果奖（人文社会科学）三等奖。

（5）蒋殿春等撰写的论文《经济转型与外商直接投资技术溢出效应》，发表在《经济研究》2008 年第 7 期。此论文获得第十二届天津人文社会科学研究一等奖。

（6）盛斌教授的博士学位论文《中国对外贸易政策的政治经济分析》，被评为 2001 年全国优秀博士论文并获安子介国际贸易研究优秀著作二等奖。

四、“十二五”建设思路

“十二五”期间，此中心将进一步围绕体制创新、队伍建设和平台建设这三个主要环节，将跨国公司研究创新基地建设成为实现科研体制创新、优化资源配置、汇聚一流人才、形成创新团队、体现学科交叉特征、产生重大理论和方法创新成果的新型科研组织。此中心将按照“综合性、开放式、国际化”的要求，整合学校经济学、管理学、政治学和法律学等学科与跨国公司研究有关的研究队伍，进一步提升南开大学跨国公司研究的水平和国际影响力。同时推动相关学科建设，为南开大学世界经济和国际贸易等学科部分领域接近或达到国际一流水平奠定坚实的基础。

（一）加大人才引进力度，建设具有国际水准的科研创新团队

引进3至5名国外一流大学相关专业博士毕业生，引进或培养教育部跨世纪优秀人才1至2名，吸引国内外高水平学科带头人，形成具有国际研究水准的学术创新团队。

（二）凝练研究方向，打造学术精品

以重大实践问题为研究导向，凝练中心团队的研究方向，打造学术精品，力争承担2至3项国家重大研究课题，出版2至3部高水平学术专著，在国际本领域权威学术期刊如《经济研究》、《管理世界》、《中国社会科学》等刊物上发表论文5至8篇，在巩固和扩大南开大学跨国公司研究的国内优势地位的同时，逐步扩大其国际影响。

（三）落实网站改版及数据库建设，推进期刊入选CSSCI工作

在现有的中英文网页基础上，建立大型的跨国公司研究中英文网页，为国内外用户了解国内有关跨国公司研究提供便利条件。拟和联合国贸发会议合作，建立大型的、综合性的跨国公司研究数据库，以便国内外研究人员深入开展有关跨国公司与中国经济发展、中国企业国际化经营等领域的研究。

提高自办刊物《跨国公司研究论丛》（以书代刊）的论文质量和学术水准，争取入选CSSCI来源期刊。

（四）扩大国际交流，加大国际影响

将和联合国贸发会议、世贸组织、世界银行、OECD等国际组织，英国牛津大学、美国哥伦比亚大学、澳大利亚国立大学等5至8所世界著名大学，约20个国家的著名学术研究机构，30位左右的世界著名和知名跨国公司研究专家和学者建立学术交流和合作关系，形成代表世界一流水平、反映不同国家立场和观点的国际学术交流和合作网络。每年邀请3至5位世界著名和知名专家来基地进行学术交流和开展合作研究，派出3至5名中青年学者到国外最好的研究机构进行学术交流。

南开大学政治经济学研究中心

一、总体情况

南开大学政治经济学研究中心于2000年被教育部批准为教育部高校人文社会科学重

点研究基地，始终坚持为社会主义现代化建设服务、为人民服务的方向，以需求和问题为导向，选取改革开放和现代化建设进程中提出的重大理论和实践问题进行研究，取得了一系列重大成果，在人才培养、科学研究、社会服务、繁荣学术等诸多方面作出了重要贡献。

此中心现有专职研究人员12人，其中教授7人、副教授3人、讲师2人；兼职人员5人，全部为教授；基本形成了专兼结合、老中青结合的高水平教师队伍。此中心学科带头人兼任国务院学位委员会马克思主义理论学部召集人、教育部社会科学委员会马克思主义理论学部召集人、教育部经济学学科专业教学指导委员会主任委员。现有的主要研究方向集中在政治经济学基本理论创新与改革理论研究、中国市场经济理论与实践研究等，形成了自身的优势和特色。

二、主要成绩和经验

（一）科学研究成果丰硕

此中心选择中国特色社会主义建设进程中提出的重大问题为主攻方向，进行全局性、战略性、前瞻性研究，不断以基础理论研究促进应用研究，以应用研究带动基础理论研究，基础理论研究与应用研究互相促进，取得了丰硕成果。十年来，中心共承担国家和教育部等研究课题80项，出版专著50余部，发表论文近300篇，提供咨询报告20余份，有20多项研究成果获得国家和部委奖励。此中心在劳动价值理论、货币理论、收入分配理论、社会主义市场经济理论、宏观调控理论等多个研究领域取得了标志性、原创性成果，为改革开放和现代化建设提供了重要理论支持。

（二）社会服务效益突出

组织研究人员积极参与中央实施的马克思主义理论研究与建设工程，为推动马克思主义中国化、时代化和理论创新作出了贡献。逄锦聚教授作为中央马克思主义理论研究与建设工程咨询委员会委员和课题组首席专家召集人，主持编写了全国大学生思政课教材《马克思主义基本原理概论》；柳欣教授作为课题组首席专家，参与主持编写了《马克思主义经济学说史》；何自力等六位教授作为课题组主要成员参与了《政治经济学》等教材的编写。

此中心致力于为社会服务，与国家和天津市多个政府部门、科研机构和多所高校合作，协同创新，完成了一批有重要参考价值的咨询报告，产生了重大经济效益和社会效益。如周立群教授的《区域经济与社会发展研究报告》被中央政策研究室采纳，获第四届中国高校人文社会科学研究优秀成果奖。张海鹏等完成的《科学发展指标体系研究》和《天津市科学发展测度与分析》产生了重大社会影响。

（三）人才培养质量提升

此中心努力将科学研究成果转化为教学成果，不断提高人才培养质量。完成的成果有2项获国家级教学成果一等奖，1项获国家级教学成果二等奖；教授指导的博士研究生有1人获全国优秀博士论文奖，2人获天津市优秀博士学位论文奖。研究人员主持编写的多部教材在全国具有重要影响，获国家级教学成果奖。

（四）体制建设成效明显

此中心采取跨校、跨院系、开放式的科研体制，有力地促进了科研和人才培养质量的提高。重大课题采取招标制，吸引校内外多名教授前来主持重大课题研究，大大加强了攻关力量。此中心积极开展学术交流，“走出去”，“请进来”，与国内外有关研究机构、政府部门和企业建立稳定的合作关系，进一步扩大了其在社会各界的影响。

（五）辐射作用增强

此中心不断发挥重点基地的学科辐射带动作用，2008 年，以自身研究人员为骨干，成立了南开大学滨海开发研究院。该研究院紧密围绕滨海新区和区域经济发展开展了多项课题研究，与政府、企业和社会的联系日益密切，已成为政府决策咨询的重要智囊。2009 年，以自身研究人员为骨干，成立南开大学统计制度与方法研究中心，成为政府咨询的又一重要机构。由此中心学术带头人作为全国性学术机构主要负责人，创办经济学教育年会和经管类基础课程改革论坛，对推动全国高校经管学科改革和建设起到重要作用，产生了重大影响。

三、标志性成果

（1）经济学基本理论研究系列。逄锦聚等的《马克思劳动价值论的继承与发展》由经济科学出版社 2005 年出版，作为马克思主义基础研究和建设工程——经济学系列著作之一，获首届中华优秀出版物（图书）奖和教育部人文社会科学奖。谷书堂等的《社会主义经济学通论》由高等教育出版社 2000 年出版，获第四届国家级教学成果二等奖。

（2）改革开放理论系列。柳欣等的《中国经济学三十年》由人民出版社 2008 年出版，获中共中央宣传部和国家新闻出版总署纪念改革开放三十周年百种重点图书奖；逄锦聚的《改革开放与经济学理论创新》发表在《经济学家》2009 年第 2 期，成为全国纪念党的十一届三中全会召开 30 周年理论研讨会入选论文。

（3）教科书系列。逄锦聚担任第一主编、全国 14 所高校参加编写的《政治经济学》由高等教育出版社 2002 年出版第一版，2009 年出版第四版，被教育部确定为面向 21 世纪教材，被全国多所大学采用，获国家级教学成果一等奖。逄锦聚为首席专家召集人编写的《马克思主义基本原理概论》由高等教育出版社 2007 年出版，为全国大学生思想政治理论课教材，受到中央的肯定。

（4）经济发展系列。陈宗胜的“内生农业技术进步的二元经济增长模型——对‘东亚奇迹’和中国经济的再解释”发表在《经济研究》2004 年第 11 期，系统阐释了中国经济发展的内生动力和发展潜力，获天津市第十一届社会科学优秀成果奖。周立群的《创新、整合与协调——京津冀区域经济发展前沿报告》由经济科学出版社 2007 年出版，获教育部高等学校人文社会科学研究优秀成果奖。

四、“十二五”建设思路

“十二五”期间，此中心将抓住发展机遇，以提高质量、注重内涵发展为核心，以改革创新为动力，深化科研体制改革，按照“立足创新、提高质量、增强能力、服务国家”的总体要求，统筹建设思路，谋划好发展。

（1）凝练学科方向，培育核心竞争力。在发挥中心已经形成的优势特色的基础上，把马克思主义经济学中国化时代化、科学发展的经济学阐释、中国发展道路的经济学研究等作为新的主攻方向。注重经济学重大基础理论的研究并取得重要进展，注重对经济学重大应用理论的研究，加强经济学教材建设。

(2) 组织集体攻关，铸造学术精品。继续坚持开放式体制，加强与国家统计局、天津市以及国内外高校、研究机构的合作，以和谐的软环境和得力的保证措施，吸引更多学术精英参与中心工作，联合攻关，多出精品。

(3) 加强队伍建设，培养拔尖人才。在发挥学科带头人作用，巩固在国内领先地位的同时，重点加强对年轻教师的培养使用，通过引进、放到关键岗位发挥作用等途径，力争使3至5名中青年教师在国内同领域居于前列。

(4) 加强国际交流，提高国际影响。每年办好一个层次高、收效大的国内或国际学术会议，在经费投入、制度保障等多方面采取措施，在派出教师进行学术访问、邀请外国专家讲学、引进国外人才和支持合作研究等方面再下工夫。

(5) 加强领导，优化环境，为基地发展提供良好保障。进一步健全基地的领导管理体制，落实主任负责制，调整充实基地学术委员会，加强基地班子建设，为基地发展提供良好的组织保证。

武汉大学经济发展研究中心

武汉大学经济发展研究中心自2000年12月被批准为教育部人文社科重点研究基地以来，坚持以科学发展观为指导，致力于推进发展经济学理论的现代化、国际化和本土化，在科学研究、学术交流、人才培养、政策咨询和社会服务、图书资料与信息建设等方面都取得了显著的成绩，在全国高校人文社会科学重点研究基地第二次评估中被评为优秀。

一、基本情况

此中心下设三个研究室：发展经济学研究室、中国经济研究室、发展中经济研究室，研究队伍呈现高职称化和博士化的特征，共有科研人员22位，其中校内人员17人，校外兼职人员5人，教授20人，副教授2人，获得博士学位者20人，获得硕士学位者1人，获得学士学位者1人，跨世纪优秀人才计划2人，新世纪优秀人才计划8人。多数研究人员有出国经历，外语、数学和专业基础扎实，整体综合素质不断提高。

二、主要成绩

1. 卓有成效地开展各种学术交流

此中心与国际上多个高校研究机构建立了多层次定期学术交流机制，开阔了研究人员研究视野，促进了学术研究成果的国际化，使其在国内外的知名度和影响力越来越大。此中心与德国杜伊斯堡-埃森大学东亚研究所建立了长期的合作关系，从2002年开始，每两年定期在德国和中国举行国际研讨会，与杜伊斯堡-埃森大学的学术交流已形成固定模式，取得了显著成效。2008年开始，此中心与欧洲经济思想史学会建立了长期合作交流关系。欧洲经济思想史学会是国际上最大的经济思想史学术团体，会员达到500多个，在国际上具有广泛的知名度和影响力，此中心主任郭熙保教授、副主任马颖教授被吸收为该学会会员，已被邀请参加了两次年会，2010年10月，欧洲经济思想史学会与中华外国经济学说研究会发展经济学分会在武汉大学合办了“中国经济发展思想比较专题国际研讨会”。这也是国际知名学术团体第一次在中国举办的专门研讨与中国有关的经济思想的学术盛会。它无疑扩大了外国学术界对中国经济思想的了解，促进了中国经济思想的国际传播和交流，大大提升了此中心在国际上的知名度。这次会议论文集计划用中英文在国内外知名出版社出版。近年来，此中心与莫斯科国立高等经济学院每年定期举行国际研讨会。此外，2009 年 5 月此中心与日本京都大学经济学部合办了“全球化背景下的经济一体化进程与社会政策”学术研讨会，5 位教授参加并做了学术报告，与日本同行就相关问题进行了广泛而深入的探讨，会议论文已由日方结集出版，并在该校主办的经济学期刊上发表。

2006 年民政部批准成立“中华外国经济学说研究会发展经济学分会”，挂靠在此中心。张培刚、谭崇台等著名发展经济学家担任名誉会长，此中心主任郭熙保担任该分会会长。此分会成立以来，先后在武汉、西安、山东、成都举办了 4 次发展经济学年会。此分会已成为我国从事发展经济学教学和研究的学者的学术平台，每年的年会成为发展经济学理论工作者开展学术交流的盛会。《光明日报》、《经济学动态》等报刊每次都对年会学术研讨作了报道。该年会在学术界的影响已越来越大。

此中心共举办了 100 期“增长与发展”论坛，分别邀请美、德、法、日、俄、意、奥地利、印度等国外 20 多名知名学者以及国内 50 多名学者来该中心为研究生做学术报告，产生了很好的反响，已成为武汉大学的一个重要学术品牌。

2. 科学研究取得显著成绩

此中心在国内影响力不断提升，在全国顶尖学术期刊上发表的论文频率越来越高，在国际上重要学术期刊上发表的论文也在逐渐增加。10 年来，中心研究人员出版各类著作 50 部，提交各类研究咨询报告 57 份，以基地署名发表学术论文 569 篇，在权威刊物上发表论文 109 篇，其中在《中国社会科学》、《经济研究》、《管理世界》三大国家重要刊物上发表论文 23 篇，在 CSSCI 期刊发表论文 302 篇。江春教授与澳大利亚学者合写的英文专著由 Cambridge Publishing Ltd 出版社出版，这是此中心出版的第一部英文专著。

10 年来，此中心研究人员共获得各类科研项目 170 余项，其中纵向课题 104 项，横向课题 72 项，科研经费总计超过 2000 万元。在纵向课题中，国家社科基金和教育部重大招标项目 4 项，国家社科基金重点项目 5 项，国家自然科学基金一般项目 11 项，国家社会科学基金一般项目 12 项，教育部人文社会科学研究课题 29 项，其他省部级课题 35 项。

10 年来，此中心科研成果获得各类学术奖 91 项，其中省部级以上重要科研奖励 40 项；教育部人文社会科学优秀成果二等奖 2 项，三等奖 6 项；中国人口科学优秀成果奖一等奖 2 项；安子介国际贸易研究奖一等奖 1 项、二等奖 1 项，三等奖 1 项；湖北省社会科学优秀成果一等奖 7 项、二等奖 9 项。

3. 建成全国最大的发展经济学研究资料信息中心

此中心经济发展资料室藏书以发展经济学为特色，以收藏最新外文文献和统计资料为主，采用当前国际流行的先进的藏、借、阅、查四位一体的开放式管理模式，为经济学人才培养和科学研究提供强用力的信息支撑。截至 2010 年年底，馆藏文献总量达 4000 余册（中文图书 2335 册，外文图书 1060 册，中文期刊 623 册，外文期刊 356 册），订购中外文专业报刊 47 种（中文报刊 32 种，外文期刊 15 种）。

2008年此中心创建了具有独立域名的“中国发展经济学网”，这是我国第一个也是唯一一个发展经济学网站。自开通以来，该网站浏览人数超过50万人次。

此中心现有核心期刊《经济评论》、与经济科学出版社合作出版的不定期集刊《发展经济学研究》和定期电子出版物《发展经济学论坛》，基本形成了定位不同、特色迥异、功能互补的三层次学术期刊体系。

三、标志性研究成果

1. 发达国家发展初期与当今发展中国家经济发展的比较研究

该成果是在谭崇台先生的主持下，6位教授分工协作、集体研究的结晶。该成果被鉴定为教育部人文社会科学重点研究基地重大项目优秀研究成果，由武汉大学出版社列入国家“十一五”规划重点图书出版，成为国内外第一部在发展经济学理论框架中，对发达国家早期与当今发展中国家经济发展进行跨期比较研究的学术著作。此书出版后，在国内经济学界产生了较大的反响。《经济研究》、《经济学动态》等著名学术期刊发表书评，对该书给予高度评价。该书入选国家新闻出版总署第二届“三个一百”原创图书出版工程(2008)，湖北省社科优秀成果一等奖。

2. 后发优势理论研究系列论文

郭熙保近年来带领本中心学术团队在后发优势领域进行长达10多年的专题研究，先后承担了与后发优势有关的国家社科和教育部项目4项，在后发优势研究方面发表了30篇论文。这些创新性成果在我国学术界产生了较大影响，其中有8篇被《新华文摘》、中国社会科学文摘、人大书报复印资料转载，据不完全检索，这些论文被引用100多次，并在2005年和2010年两次作为系列论文获得湖北省社会科学优秀研究成果二等奖。《发展经济学研究——后发优势专辑》一书集中收录了13篇论文。郭熙保在国际和国内学术研讨会、高校做过20多场后发优势方面的学术报告。

3. 寻求发展理论的微观基础——兼论发展经济学理论范式的形成

叶初升教授在认真审视发展经济学学科发展史的基础上，立足于国际发展经济学理论前沿，将分析的触角深入到发展经济学的微观层面，探讨发展经济学微观基础以及理论范式的建构问题。该研究成果在《中国社会科学》2005年第4期发表之后，立即在学术界产生了较大的影响：先后被权威报刊摘要、收录和转载；在北京大学中国经济研究中心、《光明日报》编辑部、俄罗斯国立莫斯科高等经济学院等单位主办的一系列国内、国际研讨会上，得到学者们的充分肯定和高度评价；先后获得武汉市社会科学优秀成果一等奖（2007）、湖北省社会科学优秀成果二等奖（2008）、全国高校人文社科研究优秀成果三等奖（2009）。

4. 中国农民工最新情况调查报告——《国务院关于解决农民工问题的若干意见》实施前后的比较分析

此咨询报告是简新华教授、辜胜阻教授作为首席专家承担的2005年国家社会科学基金重大招标项目“工业化和城市化过程中的农民工问题研究”的成果。通过问卷调查，比较分析《国务院关于解决农民工问题的若干意见》出台1年来，农民工的生存状况及其变化和变化的原因，对《国务院意见》的实施效果做出评价，并提出需要进一步解决的问题和政策建议。国务院研究室编的《送阅件》2007年7月13日第25号刊发此成果的详细摘要，得到回良玉副总理等的批示。

四、"十二五"建设思路

"十二五"期间，此中心将一如既往地坚持发展经济学研究方向，突出发展经济学的学术特色，在科学研究、人才培养、学术交流、社会服务、期刊图书出版、资料室和网站建设等方面都围绕发展经济学这门学科开展。

建设目标是：以科学发展观为指导，以创新学科、创新学派、创新理论为宗旨，以提升科研成果的学术水平和影响力为重点，以学术团队建设为抓手，以体制机制创新为动力，把中心建设成为特色更为鲜明、优势更为突出、人才更为汇集、学术影响更大的国内一流、世界知名的研究机构。

西北大学中国西部经济发展研究中心

西北大学中国西部经济发展研究中心于2000年由教育部批准设立。经过10年的建设，此中心在科学研究、人才培养、学术交流和资料室建设、咨询服务、深化科研体制改革等方面均取得了良好的成效。

一、总体情况

此中心始终以五项职能为基础，开展一系列的创造性工作，在各方面取得了一定成绩。

1. 研究机构设立方面

根据西部经济发展的热点问题，结合中心现有资源的优势，分别设立了中国发展经济学研究所、西部省域经济发展竞争力评价与分析研究所、西部县域经济发展与新农村建设研究所、西部企业发展研究所、西北大学欧盟研究中心、西部资源环境与可持续发展研究所等科研机构，对西部经济社会发展展开了一系列的科学研究工作。同时，设立最高学术权威机构——学术委员会，聘请全国15位知名专家学者担任学术委员会委员，指导开展科学研究工作。

2. 在科学研究方面

此中心在建立之初就确立了沿着发展经济学中国化以及构建中国发展经济学学科体系的总目标，将发展经济学的基本理论与中国西部经济发展的现实问题相结合，在进行基础理论研究的同时，对西部开发中的特色产业培育、生态环境重建与补偿、能源开发及利益分配、新农村建设、民生与公共服务、区域协调发展路径等重大理论与现实问题进行研究，形成一批具有一定权威性和社会影响力的研究成果，引起了社会各界的广泛关注，对政府重大决策起到了一定的参考作用。

10年间，此中心共设立基地重大招标项目19项，共承担各类科研项目60余项，其中纵向项目20余项，横向项目（地方政府及企业委托研究项目）40项；共出版学术专著33部，发表学术论文200余篇，提交各类研究报告50余份，调查报告20余份。获得各类研究成果奖励34项，其中孙冶方经济学奖1项，省部级奖20余项，国家优秀教学成果奖

2 项，陕西省哲学社会科学优秀成果奖 30 余项，陕西省优秀教学成果奖 2 项。

3. 在人才培养方面

遵循西北大学关于“同一学科院系统一管理”的原则，10 年间此中心与经济管理学院联合培养博士后 7 名，博士研究生 43 名，硕士研究生 59 名。

4. 在学术交流和资料信息建设方面

10 年间，此中心研究员共参加国际性学术交流活动 40 余人次，全国性学术交流活动 120 多人次，还有此中心研究生参加全国性学术会议 16 人次。此中心举办国际性学术会议 15 次，全国性学术会议 14 次，接待国外研究机构及政府部门学术访问 19 人次。另外，资料室建设突出西部特色，先后购置各类统计年鉴和研究报告 400 多本，初步实现了“将西部中心资料室建设成中国西部问题研究资料库”的目标。

5. 在咨询服务方面

通过对热点问题的研究及接受政府委托研究，向政府提交各类研究与咨询报告 80 余份，承担了西安市经济技术开发区、西安市浐灞金融商务区、西安市临潼渭河生态区、咸阳市泾渭新区、榆林市定边县与神木县、新疆哈密地区巴里坤哈萨克自治县等 30 余个区、县、镇发展规划的制订任务，同时也参与了地方政府多个重大项目的论证工作，受到了地方政府的高度评价。完成的研究报告已经或正在被地方政府采纳付诸实施。

6. 在深化科研体制改革方面

一是坚持重大项目“机构开放、人员流动、内外结合、竞争创新、产学研一体化”的运行机制，强调基础理论研究与应用性研究的结合，在研究中培养项目团队，提升学术地位。二是以《中国西部经济发展报告》为纽带，联合全国 30 多家高校、社科院及政府部门的研究单位，60 多位西部问题研究的专家学者，构建起了跨地域、跨学科、跨行政系统的研究团队，对西部经济发展中的重大理论与实践问题进行联合攻关。三是与陕西省神木县人民政府、新疆哈密地区巴里坤哈萨克自治县人民政府签订了战略合作框架协议，以这两个县为案例，对西部县域经济发展问题进行跟踪研究，为其提供智力咨询服务，助力于其加速经济发展；对西部资源富集地区县域经济发展模式与路径进行探索，丰富中国发展经济学的研究内容。另外，与西北大学文物保护研究中心进行合作，开展跨学科交叉研究，为建立文化遗产经济学进行了初步探索。

二、标志性成果

1. 《中国西部经济发展报告》(西部蓝皮书)

此书属著名皮书品牌系列图书之一，由社会科学文献出版社出版，每年一部，至今已正式出版了 2005—2010 年共 6 部。此书出版后，受到国务院西部开发办、国务院发展研究中心、国家社科规划办、教育部、西部各省（市）政府部门的高度重视。此书在海内外学术界、政府界、企业界及民众中都引起了广泛关注和强烈反响。每年此书出版后的新闻发布会，由全国主流媒体以及“中央社”(台北）新闻等媒体做了大量报道。2009 年与 2010 年的新闻发布会后的一周内，国内外转载其观点的报纸、网站、电台等达到 500 余家。外交部门户网站“show china”将报告中的部分内容作为“国情报告”向全球发布。

2. 《价值学说史》(何炼成著，商务印书馆，2006 年)

此书获得第十三届孙冶方经济科学奖。此书全面系统地研究了价值学说的历史脉络，在比较分析不同观点和理论的基础上，形成了以马克思主义劳动价值理论为核心的价值理论体系，无论是对于丰富和发展马克思主义经济学，构建有中国特色的社会主义经济理论，还是对于其他经济学科的发展，都提供了深厚的理论基础。对于进一步完善和发展马克思主义经济学科建设，从理论上解答我国现代市场经济发展中的一系列重大现实问题，为党和政府制定各项经济政策提供重要的理论依据，具有重要的现实意义；尤其是为西部中心深入科学研究中国西部发展问题提供了马克思主义经济学的理论基础。

3. 社会主义新农村建设数据库

此中心联合全国10余所高校团委，结合大学生暑假社会实践活动，从2006年5月开始开展了五期（2006—2010年）“您心目中的社会主义新农村”大型暑期调研活动。调研涉及27个省份，入户调查30000余户，3000余个乡村。这些调研的原始数据资料，为此中心构建西部农村问题比较研究的特色数据库以及开展持续的科学研究奠定了基础。目前，“新农村建设数据库”已初步建成，数据量达200余万个。根据新农村建设特色数据库数据进行的西部新农村建设农户意愿分析研究，已形成专题研究报告10余篇，并公开发表于2007—2010年“西部蓝皮书”之中。

4. 西部省域综合竞争力评价与分析数据库

从2006年起，此中心常务副主任姚慧琴教授牵头的课题组，对自西部大开发战略实施以来，西部各省（区、市）经济发展综合竞争力现状和变化趋势进行了连续的跟踪监测和分析，建立了一个适合于西部经济发展特点的竞争力评价指标体系；评价指标涵盖了宏观经济总量、产业发展、企业发展、对外开放、科教与创新、金融发展、政府职能、环境资源和保护等八个方面，并已完成一系列的研究报告。目前包含100多万个数据的特色数据分析系统已经初步开发完成，为对西部12省区市经济社会发展进行全方位的跟踪研究提供了基础数据和奠定了基础。

三、“十二五”发展思路

1. 在管理方面

（1）进一步完善各项管理制度和强化管理过程。（2）进一步加强对外合作交流活动，提升中心国际化水平。（3）加强中心的刊物建设，提高办刊水平。（4）进一步发挥中心网站的学术交流与信息交流的平台作用，使中心网站真正成为扩大中心国内外学术影响和展示研究成果的重要窗口。

2. 在科学研究方面

紧密围绕学科发展与国家西部大开发战略实施的现实需要，凝练研究方向，突出研究特色，集中优势力量，进行联合攻关，实现重点突破，产出高质量成果。

3. 在人才培养与创新团队建设方面

面向国内外组建研究团队，发挥重点研究基地的平台作用，通过设立重大招标项目与一般研究项目，进行联合攻关，在学科创新、学派创新、方法创新及团队创新等方面强化自己的特色。

4. 在咨询服务与深化科研体制改革方面

继续对西部经济发展中的重大现实问题进行研究，为国家西部大开发战略决策提供参考。

西南财经大学中国金融研究中心

自2000年获教育部批准成立以来，西南财经大学中国金融研究中心在教育部和学校的领导及各部门的大力支持下，紧密围绕建设目标，在构建有特色的中国金融理论研究体系、科研体制改革与创新构建发展平台、队伍建设、重大成果产出等方面取得了重要成绩。

一、总体情况

10年多来，此中心充分发挥了国内学科龙头的作用，推动金融学科建设，提升了学科建设水平和人才培养质量。尤其是产出了一批高水平研究成果，带动了科研机制改革和创新，成为具有发展金融理论和解决经济金融重大问题、综合研究能力强、国内领先的重要金融学术研究基地；形成了机构开放、人员流动、内外联合的科研运行机制；以其示范引领作用，推动了学校各个科研机构管理体制的改革和创新，扩大了其社会影响和声誉。

二、主要成绩和经验

（一）金融学研究和学科建设

10年间，中心在发展转型金融理论、金融学说史等重大研究方向的同时，着力理论联系实际和跨学科研究的方针，承担了各类课题100多项，成果丰富。包括：国家社会科学基金课题29项，国家自然科学基金课题9项，教育部课题26项，其他省部级课题51项，国际项目2项等。在《经济研究》、《管理世界》、《金融研究》、《财贸研究》、《世界经济》等刊物上发表论文700多篇；完成研究报告100余份，获省部级以上奖励20多项，出版《中国金融论坛系列丛书》，《转型期金融研究丛书》等专著70多部，译著和教材20部。

（二）金融高层次人才培养

中心高层次人才培养已形成硕士、博士和博士后在内的培养体系，在国内享有很高声誉。2000年以来，中心独立招收培养硕士研究生和博士研究生各200多人，培养博士后20多人，形成了显著的培养特色：以跨学科联合培养为核心的双导师制；吸收研究生特别博士生参与科研课题研究，培养科研能力；与金融部门联合培养等。中心与中国银监会法规部、中国进出口银行、国务院发展研究中心金融研究所、上海期交所等签定了合作培养协议，并已实施。人才培养国际化也进展良好，2007年与日本冈三证券有限公司签定了研究生赴日研修协议，实施效果良好。

（三）金融学术交流和资料信息建设

（1）10年来，创办并举办八届学术会议“中国金融论坛”，成为我国知名的金融学术品牌。中国证监会前主席刘鸿儒、周正庆，中国人民银行前副行长吴晓灵、时任中国农业银行行长尚福林等曾参加过论坛。中心还举办了数次国际会议：现行货币政策问题国际研讨会、德中货币政策国际研讨会（第三届至第九届）、三井住友海上—西南财大研讨会（第三届、第四届、第五届、第六届、第七届、第八届）、首届保险业财务与会计国际研讨会等；10 多次全国性学术会议："银行家论坛"、第六届"中国金融学年会"、"中国经济安全论坛（2010）"等。《光明日报》、《人民日报》、《中国教育报》等国内知名媒体多次关注和报道中心的学术交流。

中心积极开展形式丰富的学术交流，举办高质量学术讲座 100 多次。诺贝尔经济学奖得主蒙代尔教授、世界银行副行长克雷恩博士、弗里德曼·本杰明教授、罗纳德·麦金农教授、波兰前第一副总理 Kolodko 博士、张五常教授等曾应邀到访交流。国内著名经济学家黄达教授、吴念鲁教授、夏斌教授等都曾到访讲学。中国银监会王华庆纪委书记、招商银行马蔚华行长、中国农业银行张云行长等多位实务界知名人士到访交流。中心研究人员应邀参加国内外重要学术交流 200 多人次；出国交流考察和合作研究 40 多人次。

（2）资料信息建设。中心成立以来，坚持组织编写金融学术文献系列《中国金融年度研究报告》、《金融学术动态》（加入教育部电子期刊网）和《金融文献译丛》，深受国内金融学科科研教学人员好评。

中心与校图书馆合作建设的"中国金融信息港"，从事国内外金融信息资料的整理、集成和加工。与国外高校合作开发"中国金融数据研究中心"为拓展学术研究提供了重要支撑。

中心的金融实验室建设也取得重要成就。2008 年，中心获批准建立"金融智能与金融工程四川省重点实验室"（川科基［2008］4 号），为我校首个省级重点实验室。

（四）科研体制创新

（1）探索和尝试包括制度建设创新，如中心主任负责制，驻所研究制度，学术休假制度，科研管理机制和激励机制。

（2）在体制改革与创新的过程中，中心试图破解可持续发展能力的难题，经验和做法有：立足行业背景，整合行业资源，争取更多的合作与支持，为可持续发展构建平台。中心强化了与中国人民银行金融研究的传统合作关系，并取得实质性的支持；与中国银监会法规部、中国进出口银行等签定合作协议；与中国证监会、券商的合作还在联络中。2005 年，联络了一批人民银行、银监会、证监会、保监会和有关金融机构的中青年业务骨干在北京成立了"中国金融研究中心金融政策与实务研究所"，建立中心多层次、互补性的研究架构，提高教学质量服务。

三、标志性研究成果

（一）转轨期中国金融理论与实践系列研究

该系列成果由《转型期金融研究丛书》系列专著、研究报告和论文构成。专著有《中国经济转型时期金融安全问题研究》、《中国金融风险研究》、《中国转型期商业银行公司治理研究》、《转轨时期中国信用制度建设研究》、《中国转型期农村金融体系研究》、《中国转型期国际收支研究》、《转轨时期中国经济与金融改革：回顾与展望》、《转型经济条件下中国资本市场研究》、《转型时期的中国国际收支调节理论与政策》等 10 多部；研究报告《我国社会保险基金监管及其配套政策研究》、《中国寿险监管制度的理论与政策研究》等；论文《中国渐进改革成本与国有银行财务重组》（载于《经济研究》）等。系列研究紧密结合中国转型期金融、保险等领域中出现的重大问题，其中对中国转型期的金融安全、商业银行治理结构等研究在国内同类研究中处于领先地位。

该系列研究成果获得省部级以上奖项10多项，具有较大社会影响，成为中心重要的研究方向。其中，《中国转型期农村金融体系研究》获教育部人文社科优秀研究成果奖二等奖；《中国财政货币政策协调配合研究》、《银行论》获得中国高校人文社会科学研究优秀成果二等奖。

（二）金融学说史研究

（1）《西方货币学说的新发展》（陈野华，专著）整理了从货币经济论到金融经济论的西方货币理论发展轨迹，对金融经济学研究思想的积累和整理，清楚展示西方货币理论发展全过程。

（2）《当代中国金融思想史研究》（邓乐平，研究报告）。本课题在三方面有突破：一是，系统性；二是，理论性；三是，真实性。从货币、银行、证券、外汇出发，通过实践者、政策制定者和学术研究者三个层面，系统分析与总结中国金融五十年发展的学说史。

（三）跨学科研究

中心整合学科优势力量，组织了包括保险及社会保障、金融数量分析、网络金融和虚拟经济、金融法学等跨学科研究，注重以国际通用研究范式，用实证分析方法研究转轨经济条件下中国金融（和保险）业发展中的数量规律与特征，初步形成了与研究方向相结合的实证分析研究特点，依托国家自然科学基金课题“网络银行：电子货币与银行监管”等；国家社科基金课题“中国货币与金融统计体系”等；教育部课题“金融全球化——中国安全的法律保障”等研究，在相关领域取得重要成果，其中若干研究被认为是原创性成果，填补了相关研究空白。

四、中心“十二五”建设思路

中心将进一步强化在科学研究、社会服务和人才培养方面的引领和示范作用，努力把中心建设成为研究特色鲜明、国际化建设成效明显、自身发展能力不断增强的教育部重点研究基地，努力把中心打造成为金融研究领域国际知名、国内一流的研究基地。

中心坚持“原创理论研究、智库、高端人才培养”的定位，重点在以下方面努力：

1. 加强中心科研体制机制创新

建立开放式的研究机制，整合校内外和国内外的优秀研究资源；在研究的组织形式上创新。

2. 找准研究特色，产出高层次学术研究成果

“十二五”期间，重点突出四个领域研究：中外金融思想、理论与学说研究；中国金融风险、金融安全与金融监管问题研究；经济发展模式转变中的中国金融改革与发展问题研究；城乡统筹发展下的金融发展与金融创新研究。

3. 加强学术队伍建设

4. 创新人才培养机制

5. 强化服务国家和社会的能力

立足高端，建立与“一行三会”、人大财经委、主要金融机构等长期、稳定的合作关系；服务当地，积极参与中国西部地区金融经济发展；增强在重大实践问题上的话语权。

6. 大力推动国际化进程

与国外合作主办国际学术会议；搭建国际学术团队；派出师生赴海外高校进修、实

习；请海外教授或专家来参加学术会议或讲座。

厦门大学宏观经济研究中心

厦门大学宏观经济研究中心成立于2001年9月，是以厦门大学经济学科为基础而构建的一个具有综合研究性质的实体性研究机构，2004年通过教育部组织的通信评审及专家组实地考察，2005年2月获批列入教育部人文社科重点研究基地建设计划。

此中心围绕着国内一流、国际知名的中国宏观经济理论与政策中心的目标，紧扣“宏观经济理论与政策”和“中国宏观经济建模与预测”两大主攻方向，整合优势资源，紧密国际合作，创新科研体制，注重人才培养，形成了以“中国季度宏观经济模型”、“中国宏观经济分析与预测”等为标志的一系列集成性研究成果，在服务国家宏观经济决策和地方经济发展方面做了卓有成效的工作，并迅速成为我国宏观经济理论与政策研究领域的一支重要力量。

一、总体情况

此中心现有宏观经济理论、宏观经济数量分析、财政政策、货币政策4个研究室，并设有种类齐全的图书资料室和行政办公室。

6年来，此中心采取多项措施为人才的脱颖而出创造良好的竞争机制和环境，坚持以“开放、流动、竞争、合作”为原则的全员聘任制。此中心现有专兼职研究人员27名，研究人员全部具有博士学位，已形成一支知识、学历、学缘和年龄结构较为优化的学术团队。

6年来，此中心产出了以《厦门大学宏观经济研究丛书》、“中国季度宏观经济模型预测发布会暨CQMM数据库”为代表的标志性成果，承担了4项国家社科重大项目、2项国家社科重点项目、若干项国家社科基金项目以及国家自科基金项目、基地重大项目等各类纵向课题以及省市政府重大委托课题的多项研究工作，在*Journal of Financial Economics*、*Economic Modeling*、《经济研究》、《管理世界》等国内外著名期刊上发表了一批学术论文，在学术界及社会产生了一定影响。

6年来，此中心聚集和培养了一批宏观经济学等相关领域的优秀学术人才，围绕国家发展战略，针对学科前沿和社会经济发展中的重大理论与实践问题，组织高水平研究的新型科研组织，在产出创新成果、形成学术交流开放平台、带动高校哲学社会科学发展创新等方面发挥着重要作用。

二、主要成绩和经验

6年来，此中心在宏观经济理论与政策研究领域取得主要成绩有：建立起一支与掌握现代宏观经济理论与研究方法，具有国际学术交流能力的专职研究人员队伍；围绕CQMM的研制，在中国宏观经济预测与政策效应模拟评估方面，形成一系列集成性研究成果；以科研项目为纽带，进行国际合作研究和交流，加速科研和教学国际化；积极参与厦大经济学院研究生培养模式改革，为提高学院研究生的现代经济学水平作出了重要贡献；承担了国家社科重大项目、国家社科重点项目、国家社科项目、国家自科项目、教育部基地重大项目、世界银行合作项目等多项课题研究工作，在国内外发表、出版了一批有较高质量的学术论文和专著，在学术界及社会产生了一定影响；研究人员担任福建省人民政府省市顾问，承担闽、赣等省市各级政府的一批重大委托课题的研究工作，提出了大量决策咨询报告和政策建议，并受到重视和采纳。此外，研究人员还受国家公务员局等中央及地方政府的邀请，为新疆自治区、新疆生产建设兵团、内蒙古、江苏、江西、福建等省市的党政领导干部、社会各界人员以及全国多所高校师生举行宏观经济理论与政策分析讲座，为现代宏观经济知识的普及作出了自己的贡献。

此中心基地建设的经验是有效整合有关宏观经济各研究方向的力量，面向宏观经济学科前沿和国家经济建设的重大问题展开研究；借助国内外兼职教授的力量，充分发挥其积极作用；大胆尝试机制创新，以吸引更多的国内外学者来中心进行学术交流，建立更为广泛的合作关系。

三、标志性成果

（一）中国季度宏观经济计量模型及其数据库

这是以中国季度宏观经济计量模型（CQMM）为核心的系统集成成果，主要包括：CQMM 模型及其专用数据库、中国宏观经济预测与政策模拟报告及其成果发布会等。

CQMM 是一个开放条件下以总需求为导向的动态计量模型。应用该模型的计算技术及相关经济分析手段，不仅可以分析快速变化的世界经济对中国经济的影响程度，预测未来 8 个季度中国经济增长的主要特征，而且还可进行政策模拟，分析宏观经济政策效应，为宏观经济决策提供定量决策咨询意见。围绕 CQMM 的研发工作，课题组建立了国内首个提供宏观季度序列数据的专用数据库。

本成果得到各级领导、专家、海内外媒体和社会公众的普遍关注，产生了广泛的影响。模型及其专用数据库曾经作为标志性成果在全国哲学社会科学科研工作会议上展示。教育部副部长李卫红、原社科司副司长袁振国、副司长张东刚等视察厦门大学时，专门调阅了模型及其专用数据库，袁振国和张东刚等还多次出席在京的预测发布会。各相关政府部门对该成果非常重视，国家统计局、国家发改委等相关领导多次出席发布会，并给予高度评价。该成果还得到国内知名宏观经济专家、学者的肯定。包括新华社、中央电视台、新加坡电视台、新加坡《联合早报》等在内的多家主要媒体对会议及其成果进行了多角度、全方位报道，并就国内外当前经济中的相关热点、难点进行专访。

（二）《厦门大学宏观经济研究丛书》

这套丛书分年度研究报告、专著、研究报告、论文集等四类出版物，试图较为全面地反映中心的学术活动及其成果。自 2006 年以来，已由经济科学出版社出版 14 部，其中《中国宏观经济分析与预测年度报告》5 部、专著 3 部、研究报告 4 部、论文集 2 部。

《中国宏观经济分析与预测年度报告》是中心研究工作的主要成果之一，迄今已经出版了五部。其中 2006—2008 年度丛书获得福建省第八届社科优秀成果一等奖。专著是中心重大课题研究成果的集中体现。为了加强研究人员之间的学术交流，集成中心的学术智慧，同时反映中心的学术成果，中心专门安排经费用于资助学术专著的出版工作。目前，已出版的专著有为教育部基地重大项目的最终研究成果。研究报告精选此中心部分政策咨询研究报告刊行。为充分反映研究中心举办的学术会议的成果，这套丛书还有选择地出版了一些举办或承办的大型学术会议的优秀论文专辑。

四、“十二五”建设思路

在“十二五”期间，此中心力争在中国宏观经济理论研究方面取得突破性进展。中心将围绕“中国经济增长与结构调整”这一主攻方向，在理论研究方面，密切跟踪宏观经济理论研究的前沿，力图通过结合中国实际，构建中国宏观经济的理论分析框架，深入研究中国现阶段以及今后一个时期经济增长目标与经济结构调整的关系。

在实证及应用研究方面，此中心将依托 CQMM 的研发，继续开展国际学术合作，对开放条件下中国宏观经济运行特征及宏观经济政策调控进行实证及应用研究。

在人才培养方面，此中心将着重关注以下工作：一是加强基地学术梯队的建设，通过参与国际学术合作研究及学术交流，争取在规划期内形成一支国内一流并在本学科领域有重要影响的中青年宏观经济研究人才队伍；二是建立与国际接轨的现代经济学教学与学术训练体系，应用国际前沿的经济学理论与方法，重视对中国社会经济实践的研究，培养宏观经济学、宏观计量经济学的硕士、博士研究生，使基地成为我国宏观经济理论与政策研究高级专门人才的重要培养基地；三是积极参与实际经济部门尤其是政府宏观经济管理部门的干部培训，通过学术讲座、科普宣传及新闻、网络等大众媒介，传播、普及现代宏观经济学的知识，提高社会公众的现代经济学素养。

在规划期内，此中心将以产出高质量的标志性成果为核心，加快学术梯队建设和学术骨干培养，加强成果转化和社会服务，将中心建成在国内外享有广泛声誉的宏观经济学理论研究的重地，并成为我国宏观经济决策和中国大陆与台湾经济区的重要智库以及宏观经济理论与政策研究人才的培养基地。

浙江大学农业现代化与农村发展研究中心

浙江大学农业现代化与农村发展研究中心，是教育部 1999 年首批确定与建设的国家人文社会科学重点研究基地，也是国家“985 工程”（I 类）中国农村发展研究创新基地。12 年来，在国家教育部、学校和董事会的领导和支持下，在科学研究、人才培养、学科建设和决策咨询等方面取得了显著成绩。此中心核心学科“农林经济管理”，在教育部学位与研究生教育发展中心组织的全国一级学科整体水平评估中，连续两轮（2003、2007）名列（并列）全国同类学科第一。2007 年该学科被教育部批准为国家重点（培育）学科。此中心在教育部高校人文社会科学重点研究基地评估中，两次被评为优秀重点研究基地（2003，2010）。2011 年，被授予“浙江省五一劳动奖状”荣誉称号。

一、总体情况

此中心实行学校和董事会领导下的院长（主任）负责制，建立了以国内外著名专家学者为核心的学术委员会。拥有专职研究人员 25 人，兼职研究人员 15 人（包括从海外聘任 4 位特聘教授）。拥有国务院特殊贡献津贴获得者 1 名，浙江大学求是特聘教授 1 名，光彪学者 1 名，教育部“新世纪优秀人才”3 名，浙江省新世纪“151 人才工程”重点资助培养人员 1 名、第二层次培养人员 4 名。下属中国新农村建设与发展研究中心、中国农民专业合作组织研究中心、农产品品牌研究中心以及小城镇与中小企业发展、农村区域发展、农产品供应链、水稻经济、土地制度与经济、资源环境经济等研究所（室），拥有信息与网络中心和办公室。与 IFPRI（国际食物政策研究所）共建了“南南合作与发展”研究中心以及农村实验经济研究室。

此中心的信息资料中心拥有中外文图书 3 万多册，中文期刊近 100 份，外文期刊 10 多份。还拥有“中国三农研究网”、“中国农民合作组织研究网”、“中国农产品品牌研究网”三个专业学术网站。定期出版《CARD 动态》，不定期出版《CARD 决策参考》。

先后承担了国家社会科学基金重大项目 4 项，教育部重大攻关项目和其他国家及省部级以上项目 70 多项，国际合作项目 10 多项，出版学术著作 60 多部，发表 SCI、SSCI 论文 23 篇、《经济研究》、《管理世界》、《中国社会科学》等刊物论文 32 篇，国内一级杂志及 CSSCI 论文 300 多篇。中心形成了一批具有一定国际认可度和政策影响力的优秀研究成果；培养了博士后、博士、硕士、留学生等高层次人才 200 多人；承办国家商务部援外项目“反贫困问题高级研修班”、“小农适应全球化高级研修班”，有 80 多个发展中国家的 600 多名政府官员参加了培训。

与美国、英国、德国、荷兰、瑞典、芬兰、加拿大、日本、韩国等国家和台湾地区的 30 多所院校、研究机构建立了协作关系。每年有多位研究人员去国外大学或研究机构从事合作研究，同时也接收国内外学者来驻站研究。每年举办国际性或全国性重大学术会议 1~2 次。

二、主要成绩和经验

此中心在建设“三农”研究平台（基地）的同时，坚持“三农”研究与人才培养相结合，积极组织大学生开展农村社会调查，体验国情，提高素质，探索了一条科学研究与人才培养紧密结合的新路子。2007 年 12 月，浙大“三农协会”的 4 位同学在参加了由此中心组织的农村调查后，把撰写的调研报告寄给了温家宝总理。温总理给同学们写来了一封亲笔回信，指出“大学生开展农村调查是一件很有意义的事。回想 20 世纪 60 年代我上大学时，几乎每个假期都到农村去，结识了许多农民朋友。在中国不懂农村就不会真正懂国情。对大学生来说，无论将来从事什么工作，了解农村都是不可或缺的一课”。

此中心坚持“三农”研究与政府咨询决策相结合，积极参与国家和浙江农村改革与发展的实践，广泛开展决策咨询服务，提出了许多创新性、前瞻性、可操作性的决策建议，其中：《重视城市化对新农村建设的引领和两者的互动共进》、《关于中国农村改革 30 年的经验启示及深化改革的对策建议》、《社会主义新农村建设一要大干二要大改——对新一轮城乡配套改革的思考与建议》、《转型时期的中国农民工》等报告，先后得到了国务院温家宝总理、回良玉副总理的重要批示；《借鉴荷兰经验，发展高效生态的浙江现代农业》的报告，2007 年 3 月得到了时任浙江省委书记习近平的重要批示；《浙江发展高效生态型现代农业的建议》的报告，2008 年 11 月得到了浙江省省长吕祖善的重要批示。此外，此中心参与社会主义新农村建设的实践得到了时任浙江省政协周国富主席的批示。

此中心在建设中，为了使学术研究和学科建设站在国际前沿，建立了开放式的学术交流机制，确立了“以基地为平台，以‘CARD’为品牌，以项目为纽带，以学术为根本，以制度为保障”的发展理念与运作模式；大力推进科研组织形式、人员考核、岗位聘任与激励机制创新，不断探索学科发展与科研管理的长效机制，形成了全方位、多层次、多形式的科研资源整合发展之路。2009 年 10 月 11 日，《光明日报》以《“三农”研究的整合之道——浙江大学“卡特”现象解密》为题，专题报道了此中心的成功发展经验。

三、标志性研究成果

（1）黄祖辉的《中国三农问题研究丛书》，共三辑 22 本。该成果由 20 多位从事“三农”问题研究的研究人员和研究生，历时 3 年多时间，对解决中国“三农”问题的理论、思路和政策进行了多角度、系统地探索和联合攻关之后，将成果以学术文丛形式分辑出版。此成果得到全国哲学社会科学规划办的充分肯定，课题以免于鉴定形式顺利结题。该成果开创性地建构了解决中国“三农”问题的“三维一体”（历史维度、区域维度、制度维度与农民主体观）的分析架构，提出了解决中国“三农”问题的基本思路。成果部分决策建议得到国务院副总理回良玉和时任浙江省委书记习近平的批示，为全国其他地区解决类似问题提供了很好的参考。

（2）钱文荣、黄祖辉的《转型时期的中国农民工》，由中国社会科学出版社 2007 年出版。该书以中国社会经济的转型为背景，以农村剩余劳动力的转移和农民的市民化进程为主线，借鉴人口迁移的相关理论，以长江三角洲地区 16 个市的农民工为主要研究对象，对转型时期的农民工问题进行了深入调研和系统分析。该书出版后，得到理论界和实际工作部门积极反响，还得到了国务院副总理回良玉的批示，先后获浙江省省社科成果一等奖（2009）和首届城市学研究优秀成果“西湖金奖”（2011）。

（3）张晓波的《中国 50 年的地区差异的历程：从计划经济到改革开放》，发表在 *Review of Development Economics* 2005 年第 1 卷第 9 期，第 87～106 页上。该成果用有力的数据和严密的计量经济论证了中国的地区差距与经济发展政策密切相关，而简单套用西方的增长理论不能很好解释所观察到的地区差距的规律。该成果发表不到三年就被 SCI 和 SSCI 引用 8 次，Google 学术搜索引用 132 次，并被许多著名大学，如康乃尔大学、加州大学、香港科技大学等作为相关课程的必读材料。

四、“十二五”的发展思路

“十二五”期间，此中心将进一步贯彻教育部基地建设五大目标的指导思想。突出“三农特色”，以面向农村、发展农业、造福农民为己任，以加快实现中国农业与农村现代化为宗旨，重点研究解决我国农业与农村发展进程中所面临的关键问题、重大问题。通过体制机制的进一步创新，努力成为中国“三农”研究的“人才库”、“思想库”、“智囊团”、“学术中心”、科研管理体制的“创新中心”。

未来五年，此中心对外招标主要重大研究课题是：

（1）中国贫困地区农村合作组织发展研究；

（2）中国农业产业集群形成机理与发展对策研究；
（3）中国山区绿色发展生态富民的路径与对策研究；
（4）我国农村集体经济的实现形式问题研究；
（5）劳动力短缺对中国农业生产的影响研究；
（6）城镇化与新农村建设联动推进的机制创新与路径选择；
（7）我国农业基本经营制度创新研究；
（8）中国农户农业生产、非农劳动和消费需求联动增长机理与政策研究；
（9）农产品流通超市化背景下的小农户生产与大规模销售的匹配机制研究；
（10）城乡一体化背景下中国特色现代农业产业空间结构优化与政策研究。

浙江工商大学现代商贸研究中心

浙江工商大学现代商贸研究中心于2004年11月获准成为教育部省部共建人文社会科学重点研究基地。成立7年以来，此中心根据《教育部普通高等学校人文社会科学重点研究基地管理办法》等有关文件精神，在教育部社科司的指导下，在学校党委和行政的领导下，紧紧围绕将中心建设成为国内一流的现代商贸科研基地、学术交流基地、信息资料基地、人才培养基地、咨询服务基地这一总体目标，开展了一系列卓有成效的工作，成为国内商贸研究领域的排头兵。在教育部社科司组织的评估工作中，此中心获得全国16个省部共建人文社会科学重点研究基地综合排名第一的优异成绩。

一、总体情况

（一）主要工作成绩

1. 科学研究取得了丰硕的研究成果

从2005年以来，此中心专兼职研究人员承担了国家自然科学基金项目、国家社会科学基金项目28项，教育部省部共建人文社科重点研究基地课题7项，自立项目74项；在《中国社会科学》等杂志发表论文202篇，出版有关商贸研究高水平学术著作32本；获得省部级一、二等奖项目27项。通过不断凝练研究方向，此中心已经在流通产业运行机理与规制政策、专业市场制度与流通现代化、商贸统计与价格指数、零售企业电子商务平台建设与信息化管理等研究领域中取得了丰硕的科研成果，走在了全国前列。

2. 科研队伍建设成效显著

2010年，此中心联合经济学院申报应用经济学一级博士点成功；2009年，以中心主任张仁寿研究员为负责人，申报浙江省级创新团队——“生产性服务业与区域经济发展研究团队”成功。以博士点、硕士点和创新团队为依托，以五大研究所为载体，大力培育从事商贸流通领域研究的中青年教师，逐步形成了一批以资深学科带头人为核心，以年轻研究人员为骨干的研究团队。

3. 搭建了多个中国商贸理论与政策研究平台

此中心组织校内外专家出版了《现代商贸研究丛书》、《流通理论与实践研究丛书》和《商品流通研究经典著作译丛》。这三套丛书的出版为我国商贸理论研究提供了良好的平台支持。此中心积极打造国际国内学术交流与合作平台，下设鲍莫尔创新研究中心，成为威廉·鲍莫尔创新理论全球研究网设在中国境内的第一个研究基地，鲍莫尔教授和吴敬琏教授受聘担任中心首席顾问。同时，此中心与日本流通科学大学、中国社科院财贸所和中国市场学会等单位建立了战略合作关系。

4. 咨询服务工作产生良好的社会影响

此中心与有关部门合作，承担并顺利完成了商务部课题"义乌中国小商品指数编制方法研究"、浙江省政府的"浙江省'十一五'流通产业发展规划研究"、"关于'十二五'时期提升浙江产业竞争力的若干问题研究"，承担了北京、哈尔滨、昆明等一大批省外商贸流通发展规划项目。7年来，共计承担政府和企业咨询课题项目60多项，总经费1000多万元。

5. 创新思路、不断推进科研体制改革

此中心与浙江省经贸委、商务部研究院、中国市场学会、义乌中国小商品城等单位建立起战略联盟关系，努力探索一条学校、政府、国家级学会和知名企业联合从事商贸研究的新路子；积极探索中心课题与浙江省社科规划课题相衔接的课题管理新体制；努力实施驻所研究制度；不断完善科研激励机制，鼓励专兼职研究员多出精品力作。

6. 图书资料和专业网站建设取得了进展

截止2010年年底，此中心共订阅中文期刊74种、外文期刊20种，购买图书近7000册，并对所有购买图书进行了编目。此中心拥有企业级服务器运行网站和商贸统计数据库等4个专业数据库，拥有一万多篇商贸流通研究期刊论文的数据量。

（二）主要经验

回顾近7年的工作，此中心一直努力在不断变化的环境中，谋求快速的发展，积极探索具有自己特色的建设模式，并积累了一定的经验。

（1）整合全校学科资源，寻求交叉学科研究领域新突破。此中心充分发挥该校多学科优势，组织和引导经济学、管理学、统计学、计算机科学等不同学科研究人员对改革开放以来的商贸流通发展和改革问题进行研究，产生了"义乌中国小商品指数"等一批交叉学科研究成果。

（2）把平台建设作为科研团队建设的主要抓手。科研团队是此中心开展科研活动的基本单元，科研团队水平是决定中心科研成果和质量的关键。此中心通过学科点培育、创新团队培养和国际学术交流平台建设等多种途径，积极培养科研团队，为中心发展打下扎实基础。

（3）强化制度化管理，规范科研活动。自成立以来，此中心就制定并不断完善了关于科研奖励、课题申报和结题管理、学术著作出版资助等一系列科研活动的管理办法，让各研究所、团队负责人及中心专兼职人员有章可依，让科研管理有章可循，保证了中心日常工作的高效运作。

二、标志性研究成果

此中心通过凝练重点研究方向，形成了若干标志性成果。

（1）《义乌·中国小商品指数编制方案》、《绍兴中国轻纺指数编制方案》等重大商品指数编制。

"义乌·中国小商品指数"是我国推出的第一个大型市场价格指数，原商务部薄熙来部长最早提出编制义乌指数的设想。在成功编制"义乌·中国小商品指数"之后，此中心专家又参与了中国绍兴纺织指数和中国北京中关村电子产品指数等系列商品指数的编制工作。"义乌·中国小商品指数"课题成果获得了全国商业科技进步一等奖。

（2）出版《现代商贸研究丛书》、《流通理论与实践研究丛书》和《商品流通研究经典著作译丛》。

分别组织出版了偏重理论研究的《现代商贸研究丛书》（经济科学出版社）、偏重实践和政策层面研究的《流通理论与实践研究丛书》（浙江工商大学出版社）；以《商品流通研究经典著作译丛》（科学出版社）为平台，组织全国专家翻译近50年来世界著名的商贸研究名著。这三套丛书的出版为我国商贸理论研究提供了良好的平台支持，有利推动我国商品流通基础理论研究的发展。

三、"十二五"发展思路与重点举措

（一）发展思路

"十二五"时期，此中心将通过进一步凝练重点研究方向，精心培养研究团队，创新科研管理体制，努力争取在商贸基础理论体系建设、面向中央政府的重大战略决策咨询服务、应用经济学一级学科博士点贸易经济研究方向建设等方面取得新的突破；重点聚焦"中国流通现代化发展战略、制度创新与政策研究"和"现代商贸基础理论创新研究"两大研究领域，实施"2+10"重点研究项目计划；努力把中心建设成为我国商贸研究领域科学研究、学术交流、信息资料、人才培养和咨询服务最重要的研究基地之一，使之成为总体科研水平居于国内领先地位，并在国际上产生较大影响的重点研究基地。

（二）重点举措

（1）提供优惠条件加快引进学科带头人，积极培育培养学术研究团队。依托学校通过制定特殊的人才引进政策，加强对国内流通、国际贸易、电子商务和物流等方面的学科带头人的引进；根据相关文件，积极选派年轻的研究员参加国内外高层次学术研讨会，并利用中心搭建的平台选送研究人员到美国、日本进行合作研究或作访问学者；制定相关政策，积极吸收国内外访问学者到中心驻所研究。

（2）通过组织好浙江省重点创新团队建设、重大课题研究、三套丛书的编写出版工作，发表和出版一批高水平、代表性的成果。

（3）以服务于国家和地方经济社会发展特别是商贸与流通产业发展的重大现实问题为指向，组织10项左右对中央政府部门和地方政府有一定影响力的政策咨询课题研究。

（4）对阿里巴巴等流通产业领袖型企业以及一批具有典型代表性的流通企业进行系列案例研究，总结我国流通产业的发展模式和商业模式。

（5）制定和完善相关政策，进一步创新科研体制改革，加快学科带头人的引进，不断加强中心科研团队建设。

中国人民大学中国财政金融政策研究中心

一、总体情况

中国人民大学中国财政金融政策研究中心组建于1999年，并于2000年9月获批成为“教育部人文社会科学百所重点研究基地”之一。此中心以财政金融理论与政策研究为导向，充分发挥中国人民大学文理渗透、学科交叉的优势，有效集聚“优势互补、专兼结合”的师资力量，不断推动中国财政金融基础教育与前沿理论的发展，逐步建成具有重要国际影响力的财政金融政策研究基地、学术交流基地和人才培养基地；在2004年与2009年教育部组织的基地评审中，连续两次被评为优秀基地。

经过10余年的建设，此中心打造了一个立足本土兼具国际视野的学术团队。现有专职研究人员14人，兼职研究人员18人（其中校外人员7人）。下设的金融与证券研究所、财政与税收研究所、国际货币研究所、信托与基金研究所、金融风险管理工作室等5个二级研究机构，涵盖了财政金融理论与政策的核心研究领域。

此中心建立以来，基于重大项目拉动的管理模式，致力于构筑我国财政金融研究的学术高地，在国内外重要核心期刊发表论文360余篇，出版学术著作60余部，承担省部级以上科研项目40余项，获得的研究经费支持超过1000万元。

二、主要成绩与经验

历经10年的积淀与发展，此中心积聚了一大批国内外财政金融领域的著名学者，形成了立足本土兼具国际视野的学术团队。学术团队成员中先后有30余人次分别担任中国金融学会、中国财政学会等国家级学术组织的名誉会长、会长、副会长、常务理事等重要职务；有“长江学者”3人，“国家杰出青年科学基金”获得者2人，人事部“新世纪百千万人才工程”国家级人选4人，教育部“新（跨）世纪优秀人才支持计划”9人，教育部“全国优秀博士学位论文指导教师”获奖者6人，4人获教育部高校青年教师奖，3人获北京市高等学校教学名师奖，7人获“宝钢教育奖”；在康奈尔大学、伦敦大学、曼彻斯特大学、剑桥大学等国际著名大学获得博士学位11人。

自2003年起，此中心与财政金融学院联合组建的“金融学国际化人才培养模式创新教学团队”和“财政学国际化人才培养模式创新教学团队”，取得了丰硕的教学改革成果，分别于2008年和2009年被评为国家级优秀教学团队。

此中心始终将教学与科研工作并重。10年来，出版教材50余部，其中国家“十五”、“十一五”规划教材10部。黄达教授和陈共教授分别编著的《金融学》与《财政学》，一直是我国高等院校经济管理类通行的本科教材，曾获得国家级优秀教材一等奖、国家级精品课程等奖项。陈雨露教授、郭庆旺教授、朱青教授、庄毓敏教授分别主讲的“国际金融”、“财政学”、“国际税收”以及“商业银行经营与管理”获评国家级精品课程。2000年以来，此中心专职研究员在 *Journal of Financial Economics*、*Journal of Banking and Finance*、*Journal of Money, Credit and Banking*、《中国社会科学》、《经济研究》等国内外重要核心期刊发表论文360余篇，出版学术著作60余部，承担省部级以上科研项目40余项，其中教育部重大课题攻关项目3项，社科基金重大攻关项目2项，教育部人文社会科学重点基地重大项目18项，获省部级以上奖励21项。

此中心致力于搭建国内外学术交流与合作平台。10年来，共举办重大国际、国内学术会议20余次，中小型学术会议百余次，形成了"中国资本市场论坛"、"中国金融风险经理论坛"、"中国金融国际论坛"、"中国保险发展论坛"等系列年度论坛品牌。"双周论坛"、"金融论坛"和"财税论坛"等定期论坛，为青年教师与研究生提供了交流思想、切磋观点的舞台。

2001年创设的"黄达—蒙代尔讲座"，以及随后设立的"黄达—蒙代尔经济学奖"，是此中心在国际学术交流模式创新上的有益探索。截至目前，包括8位诺贝尔经济学奖获得者在海内外著名学者主讲100余场；"黄达—蒙代尔经济学奖"也已成功举办五届，先后有23位青年才俊获此荣誉。

此中心积极探索与完善人才培养模式，创新具有中国特色的财政金融高层次人才培养机制。目前已经形成一个覆盖本科、硕士、博士教育，包含校内教育创新与国际合作，融学生培养与教师队伍建设于一体的全方位、立体式的国际性人才培养体系。本科阶段，在金融学、财政学两个国家级特色专业中创设了"金融学实验班"、"财政学实验班"，将专业、数学、外语有机融合、齐抓并重，培育学生的核心竞争力；研究生阶段，积极开展与国外著名大学的教学合作。比如，全球财政·金融硕士项目、"本硕连读金融实验班项目"、中国人民大学与哥伦比亚大学"经济政策与财政金融管理合作项目"、中国人民大学与卢森堡大学"金融学硕士联合培养项目"、中国人民大学与芝加哥大学"金融EMBA联合培养项目"、中国人民大学与康奈尔大学"博士生联合培养项目"。其中"本硕连读金融实验班项目"于2005年获得国家级优秀教学成果二等奖。

三、标志性研究成果

(1) 黄达教授的《全球经济调整中的中国经济增长与宏观调控体系研究》(7卷本)，于2009年由经济科学出版社出版。该系列书集是黄达担任首席专家的首批国家教育部哲学社会科学研究重大课题攻关项目的标志性成果，于2008年10月成功入选国家新闻出版署第二届"三个一百"原创图书出版工程。

(2) 该中心课题组编著的《开发性金融理论与实践研究》(3卷本)，2006年由中国人民大学出版社出版。该系列书集是由此中心、财政金融学院与国家开发银行联合开展的重大合作项目的最终成果，对中国开发性金融实践进行了系统总结和理论阐述，其中的《开发性金融论纲》荣获首届中国出版政府奖——社科图书类提名奖。

(3) 陈雨露教授、汪昌云教授主编的《金融学文献通论》(3卷本)，2006年由中国人民大学出版社出版。该系列书集是国内首部全面解读和综述现代金融学基本文献和基础理论的著作，获得教育部高等学校科学研究优秀成果二等奖。

(4) 郭庆旺教授的《积极财政政策效果及淡出策略研究》，2007年由中国人民大学出版社出版。该书重点探索了中国积极财政政策的效果和积极财政政策的淡出策略。该书是郭庆旺主持的国家社科基金重点项目的最终研究成果，获得教育部高等学校科学研究优秀成果二等奖。

(5) 吴晓求教授主笔的《中国资本市场研究年度报告》。该年度报告，起始于 1997 年，至今已连续出版 14 部研究报告。报告每年均有一个主题，每年的主题都与当年中国金融与资本市场发展的重点、焦点与热点问题密切相关，为读者提供理解中国资本市场发展的独特和理性的视角。

四、“十二五”建设思路

此中心将一如既往地秉承产出优秀科研成果为中心任务，以此带动高端复合型财政金融人才培养、国际合作与交流、优质的政策咨询服务社会工作，不断探索学研结合、研咨结合的发展思路。“十二五”期间，此中心建设的主要思路是：

(1) 继续引进国内外学术带头人，巩固学术团队，使中心真正成为引领中国财政金融理论发展方向的学术高地和财政金融政策智库。

(2) 在保持原有学科方向的研究优势的同时，继续加强对优势不甚突出的微观金融领域研究的力度，提升运用现代分析工具的水平，并同时注重对“金融复杂性”、“金融安全”等学科交叉课题的研究。

(3) 在现有攻关项目和基地重大课题研究的基础上，凝练主攻方向，组织精干学术攻关团队，计划每年就我国当年的重点经济问题进行科研攻关，其成果以“中国财政金融政策年度报告”形式正式出版，为国家经济政策制定提供参考。

(4) 在继续办好已有品牌性论坛（如“黄达—蒙代尔讲座”等）的基础上，力争每年举办一次具有国际影响的学术会议，打造国际学术影响力。

中央财经大学中国精算研究院

一、总体情况

2004 年年底，中国精算研究院正式入选教育部人文社会科学重点研究基地。为加强精算科研力量，充分发挥团队合作优势，中央财经大学于 2010 年 5 月将原保险学院精算系的师资合并到中国精算研究院，并建立了中国精算研究院与保险学院学科优势互补的合作机制。经过整合，截至 2010 年年底，此研究院在编教职工 23 人，其中专职研究人员 21 人、行政人员 2 人、具有正高级职称 4 人、副高级职称 11 人、中级职称 8 人；拥有副高级以上职称的研究人员比例为 65%，拥有博士学位的研究人员比例为 87%。研究人员的平均年龄在 35 岁左右，形成了一个很有活力和发展潜力的中青年科研团队。

目前此研究院下设三个研究机构：寿险精算研究中心、非寿险精算研究中心和养老金与健康险精算研究中心。此基地的研究领域覆盖基础研究和实务应用的多方面内容，研究方向涉及保险精算、风险管理、概率统计、随机控制、运筹计算、计量经济、金融工程等学科及其交叉领域。

二、主要成绩

(1) 在科研方面，不仅在引进和借鉴西方精算先进经验服务于我国经济建设方面作出了重要贡献，而且在精算学基本方法研究方面取得了进展。

（2）在学术队伍建设方面，成功引进了以加拿大首席科学家、此校首位长江学者讲座教授、加拿大滑铁卢大学的 Ken Seng Tan 博士为首的海外归国学者，形成了包括资深元老、长江学者及其合作团队、海外归国学者、外籍专家、博士生导师、兼职教授等几个方面人才的学术团队。

（3）在为政府提供咨询服务方面，与中国保监会、劳动与社会保障部、中国人民银行有着密切的合作关系，为精算相关的制度建设作出了重大贡献；仅 2008 年，就为受中国保监会委托完成的课题研究 12 项。

（4）在国内外学术交流方面，与英国、美国、加拿大精算业界和学术界保持着长期的密切交流与合作关系，多次举办具有重大影响的学术研讨会。自 2005 年至今，成功创办了一年一度的"中国精算国际高层论坛"。

（5）在制度建设和管理创新方面，中央财经大学开展了"重点研究基地体系"建设，形成了国家级、省部级和校级重点研究基地相互支撑的多层次科研创新平台体系架构。

三、主要经验

（1）实行倾斜政策，引进年轻优秀的高层次人才，并建立高层次人才重点扶持对象工程，优先扶持年轻而有潜力的青年教师。

（2）加强学术梯队建设，对青年教师既严格要求，又放手使用，大胆把青年科研骨干推上重要学术、管理岗位以及重大项目的关键岗位。

（3）创造宽松的学术环境和科研氛围。支持年轻教师到国内外著名大学进行访问、合作研究，参加国内外高级别、高水平的学术会议。本着送出去请进来的原则，定期邀请国内外著名学者来研究院做讲座，为研究院师生给予科研和学术指导。

（4）建立和健全管理制度。从自身的特点出发，建立一系列制度，并在发展中不断完善这些制度。包括《中国精算研究院科研工作管理办法》、《中国精算研究院科研活动管理办法》、《中国精算研究院因公出差出国管理办法》、《中国精算研究院基地重大项目管理办法》、《中国精算研究院科研人员优秀成果奖励办法》，等等。

四、标志性研究成果

（1）李晓林负责编制的"中国保险指数体系"，2006 年 6 月开始发布。这个体系是李晓林教授在其著的《保险公司信用评级与寿险产品评价体系研究》（中国财政经济出版社 2004 年版）、《寿险产品评价体系研究》（中央财经大学学报 2005 年第 7 期）等成果的基础上研制的，旨在描述和评价保险服务信息并建立基准。至今主要发布了 2 项指数：第一个指数是中国保险产品评价指数，2006 年 6 月 30 日开始发布，包括：①保障程度指数，刻画保单的保障责任范围和深度；②投资价值指数，刻画保单的储蓄、保值增值程度；③服务水平指数，刻画保单所附加服务项目的价值。第二个指数是中国保险资金运用指数，简称保险投资指数，即在基准日 2002 年 1 月 1 日价值为 1000 个单位的保险资金经过资金运用后的价值指数。这个体系受到部分亚洲国家的高度关注，并于 2006 年 11 月获中国保险学会保险理论创新奖。

（2）高洪忠撰写的《航空旅客意外伤害险持续性发展研究》一文，发表于《保险研究》2006 年 3 月。此文以我国目前的航空运营情况为基础，参考国际及国内航班的历史数据，对航空旅客意外伤害险费率进行了深入研究，为该险种的持续发展提供了重要的指导意见。

受北京市保险行业协会委托，基地学者李晓林、高洪忠承接了“航意险费率研究”项目（2005年8月—12月）。该研究在合理的综合费用率及利润率的基础上，给出了航意险产品的建议价格。此文发表后，在社会上产生了很大影响。在2006年度的第七届中国精算年会（2006年9月27日—29日，重庆）上，高洪忠做了“航意险费率研究”的专题报告。该成果，对规范我国航意险市场、促进该市场的健康发展起到了重要作用。

（3）李晓林教授主持的“最优保险业务模型研究”。李晓林教授率领基地的研究团队经过多年研究，将运筹学工具融入传统精算学，建立了最优保险业务模型，于2006年发表了论文《建立最优保险业务模型，推动保险业健康发展》(《中财讲坛》2006年第1辑，中国财政经济出版社出版)，并为我国最大的寿险公司——中国人寿保险股份有限公司运用最优保险业务结构模型，设计了中国人寿业务结构的发展规划。

这项研究的主要内容包括：第一，分析寿险公司面临的内外部因素，研究产品特征，测算产品特征曲线，及其与公司内含价值的关系；第二，梳理寿险公司业务结构现状，明确问题；第三，确定寿险公司业务结构的约束条件；第四，确定决策目标函数，求解保险公司在各种约束条件下如何实现内含价值最大化的方案，得出可能的最优业务结构或者次优业务结构；第五，实现从现有业务结构向最优或次优业务结构转变的途径。

该成果产生了很大的社会影响，成果已被引入中央财经大学博士研究生公共课的教材。

五、“十二五”建设的总体思路

“十二五”期间，此研究院总的建设目标为：建设成为在精算和风险管理领域的科学研究前沿基地，人才库和人才培养基地，学术交流和资料信息基地，思想库和咨询服务基地，科研体制改革创新基地。

在未来五年中，在科学研究方面要继续凝练研究方向，发展优势平台，突出问题导向，重大项目以解决行业中的实际问题和重大理论突破为目的；在人才队伍建设方面积极引进高层次人才，注重培养青年学术骨干，注重培养高质量研究生和博士后研究人员，优化科研梯队；在学术交流方面注重与国内外高水平机构和学者的合作，请进来，走出去。同时注重科研成果的转化，与国内政府机构和行业合作，强化理论研究向有价值的社会服务转化。另外，将继续强化管理创新，增加投入，完善数据库建设，提升基地期刊影响力。

中国人民大学中国经济改革与发展研究院

一、总体情况

中国人民大学中国经济改革与发展研究院成立于1996年1月，1999年5月重组成为此校与国家发改委宏观经济研究院联合共建的经济研究机构。1999 年 12 月被批准为首批“教育部人文社会科学百所重点研究基地”。中国人民大学校长纪宝成教授和国家发改委副主任朱之鑫任研究院学术委员会主任，中国人民大学副校长林岗教授和国家发改委宏观经济研究院常务副院长王一鸣研究员任研究院院长。此研究院设有宏观经济与政策研究室、产业经济与政策研究室、区域经济发展战略研究中心、中国民营企业研究中心等机构；共有教授 18 名，副教授 2 名，讲师 2 名；招收“中国经济改革与发展”、“世界经济”、“区域经济”等方向的博士生和硕士生，同时设有理论经济学和应用经济学 2 个博士后流动站。此院在中国经济改革与发展中发挥了积极的“思想库”作用，被新华社 2009 年 1 月份出版的《瞭望》周刊列为“中国主要决策咨询研究机构”。在 2009 年部属研究基地评估中，总分排名进入前 20，投入指标排名第一，发展指标在学术片排名第二。

二、主要成绩与经验

（1）科学研究成绩斐然。此院共在 SSCI、《中国社会科学》、《经济研究》、《管理世界》以及国际期刊等重要刊物发表论文 1095 篇（SSCI & CSSCI 论文），出版的专著和教材 117 部，研究报告 77 篇。其中，38 项成果获省部级优秀成果奖，1 项成果获孙冶方经济学论文奖。有的研究报告得到党和国家领导人的批示。

（2）科研项目承担显实力。此院承担省部级以上重大课题 247 项，科研经费 2276 万元，其中纵向课题经费 668 万元，横向课题经费 1608 万元。承担国家社科基金重大攻关项目 4 项，教育部人文社科重大攻关项目 3 项；主持中央马克思主义理论研究与建设工程 2 项，教育部基地重大项目 10 项，国家自然科学基金、国家社科基金项目 26 项，教育部、北京市等课题 48 项，中央部委及省市级政府委托项目 154 项。

（3）人才培养效果明显。此院按创新人才的要求培养了一批博士生和硕士生，其中有 2 篇博士学位论文被评为全国百篇优秀博士论文。

（4）政府决策服务能力提升。此院已有多名教授为中央政治局集体学习进行专题讲解。此院积极为政府决策服务，参加了“十二五”规划的前期研究和编制，承担了国家发改委、工业和信息化部、天津市政府、长沙市政府、贵阳市政府等“十二五”前期研究或规划研究 8 项。承担了工业和信息化部“中小企业‘十二五’规划编制”和天津蓟县、河南平顶山市、汝州市等“十二五”规划编制。

研究院成绩的取得主要得益于以下几个方面：

（1）围绕学科发展，着力推出重量级、标志性“拳头产品”。此院针对中国经济改革与发展中的重大理论与现实问题展开深入研究，推出的《中国经济发展研究报告（年度系列）》、《中国经济改革发展报告（年度系列）》、《中国经济热点前沿（年度系列）》、《国外经济热点前沿（年度系列）》，分别已经连续出版 9 年、5 年和 7 年，学术成果的内容引起各方面的高度重视，所累积形成的品牌效应在社会上取得较大反响。

（2）积极探寻“政府决策部门—大学智库”的互动合作模式。中国人民大学与国家发改委宏观院就此院建立了合作共建制度，在科学研究、人才培养、国际合作与交流、智库服务等方面发挥协同效应，开拓了高水平研究型大学与政府研究机构实质性全面合作的创新模式。

（3）科研管理机制改革取得新突破。此院积极探索开放式科研体制、开放式学术平台、开放式课题研发和开放式学术论坛，突破了研究院自身的资源瓶颈和研究短板，起到了以小博大的效果。

三、标志性研究成果

（1）纪宝成教授主编的《中国人民大学中国经济发展研究报告（年度系列）》已连续9年出版。此报告每年选择一个对当前经济发展与改革具有全局性、战略性与前瞻性的问题作为主题，向社会展示中国人民大学及中国经济改革与发展研究院的学术品牌，向政府部门提供决策参考。

（2）林岗教授、王一鸣教授、黄泰岩教授主编的《中国经济改革发展报告（年度系列）》已前后出版。此报告每年以重大问题为主线，从多学科、多层面进行深入研究，力求系统总结中国经济改革发展的理论创新与实践经验，根据中国的实践对中国经济学的自主创新进行扎实的理论探索，为中国经济社会发展实现新跨越提供经验借鉴和理论支撑。

（3）黄泰岩教授主编的《中国经济热点前沿》（年度系列）和《国外经济热点前沿》（年度系列）连续出版7年。此系列丛书通过对中外经济学前沿理论研究的不断梳理与系统总结，为经济学界的学术研究提供了前沿的知识库和高起点的研究平台，为中国经济学的基础研究平台建设提供了规范发展的新起点。

四、"十二五"建设思路

"十二五"期间，此院将以科学发展观为指导，以"立足创新、提高质量、增强能力、服务国家"为总体要求，紧紧围绕加快转变经济发展方式主线，以迈过"中等收入陷阱"重大课题研究为主攻方向，以标志性成果建设和创新人才培养为着力点，以体制创新和研究方法创新为动力，把研究院建设成为在国内外具有影响力的学术基地和高端智库。

1. 科学研究

（1）着力推动标志性成果上水平。继续做好《中国经济改革发展报告》、《中国经济热点前沿》和《国外经济热点前沿》系列成果，重点在提升学术水平和扩大影响力上下工夫；鼓励和支持研究人员在SSCI、SCI等国际刊物、《中国社会科学》、《经济研究》等权威刊物上发表学术论文；以标志性成果为载体，凝练研究院品牌的学术底蕴与学术风格。

（2）以迈过"中等收入陷阱"这一时代重大课题为主线，从产业结构优化、金融体制创新、特色城市化道路、收入分配制度改革、国内国外统筹发展等方面精心策划基地重大课题，提升基地研究课题的聚焦度和影响力。

（3）积极争取横向课题。参与政府、企业和其他研究机构的合作研究，在合作研究中拓展研究领域，达到为社会服务的目标。

2. 人才培养

重点提升人才培养质量。一是根据学生培养方向开设相应的必修课和选修课，优化学生的知识结构。二是让学生广泛参与课题研究，为学生提供深入企业和社会实践一线进行考察的机会，在与教授共同的课题研究与实践中不断提升自己的科研水平和实践能力。三是创新学生培养模式，通过与政府和企业建立实习基地的方式，为学生打造新的学习平台。

3. 智库服务

提升智库服务能力，将有价值的研究成果报送有关政府部门提供决策参考；鼓励直接参加政府有关部门的政策制定和政策咨询；以培训为基础，积极为企业提供各项经营管理咨询服务。

4. 科研体制

继续积极探寻开放式的科研体制与机制建设新模式，除继续与国家发改委宏观经济研究院续签合作共建协议外，还将与地方政府签订合作协议，就地方政府面临的重大问题展开合作研究；继续与教育部社科中心、国家发改委宏观院和北京市社科联合作举办论坛。

5. 学术交流

（1）学术会议。每年定期主办三大学术论坛，“中国经济学前沿论坛”、“中国经济改革发展论坛”、“中国经济安全论坛”，不断提高论坛的影响力。

（2）学术讲座。继续办好“中国经济改革发展前沿系列讲座”，不断提升讲座效果和影响力。

（3）国际合作与交流。每年邀请国外著名专家和学者来院讲学、学术交流与合作研究，同时每年选派 1~2 名研究院专职研究人员到国外讲学或访问。同时，研究院将与国外大学或研究机构开展合作研究和教学，体现研究院合作研究的国际性。

（4）学术成果交流。研究院完善成果交流制度，向同行专家或有关研究单位寄送基地主要研究成果。

6. 信息化支撑平台

继续加强“中国经济热点前沿研究数据库”、“国外经济热点前沿研究数据库”和“中国中小企业发展社会调查数据库”建设。升级改版门户网站 www. yanjiuyuan. com. cn，不断丰富和完善信息内容，为信息发布、信息交流打造方便快捷的信息平台。

南开大学公司治理研究中心

一、总体情况

南开大学公司治理研究中心在建设期间，瞄准国际学术前沿，紧密贴近社会实践，坚持以厚重理论来回应重大现实问题。

在公司治理基础理论研究方面，在“出精品、拿大项目”目标的指引下，夯实理论基础，并针对国有大型企业公司治理改革、商业银行等金融机构以及我国企业跨国经营等重大现实问题开展深入持续的研究。在基础理论研究的基础上，针对公司治理实践中的重大问题，积极开展公司治理评价研究。连续推出公司治理评价指数受到社会的广泛关注，被誉为反映上市公司治理状况的“晴雨表”，实现了在公司治理评价领域与国际接轨。注重将公司治理理论研究成果与重大实践问题相结合，积极为政府决策和企业实践服务。注重公司治理研究成果向教学体系的转化，致力于成为国内公司治理领域学术带头人和学术骨干的培养基地，关注为社会培训与应用人才培养作贡献。

此中心共获得国家级、省部级项目资助项目84项、经费985.8万元；发表论文1022篇、出版专著177部、研究报告39部；承担企业横向课题44项、经费437万元；已毕业博士114名、硕士270名；召开全国性会议10次、国际会议5次，来访国外学者78人次、派出139人次。

二、主要成绩和经验

1. 纵深公司治理基础理论研究，构建基于核心概念的公司治理理论框架

从公司制企业的制度背景出发，构建起以公司治理边界、公司治理主客体、治理成本、治理风险为核心概念和基石的理论框架体系。在此理论框架基础上，跟踪和密切联系中国经济改革和企业改革的实践，针对性提出中国国有企业改革的制度路径为从行政型治理到经济型治理。这一观点是对中国企业管理实践的理论提升和公司治理理论的一个有效补充。该领域研究获得6项国家自然科学基金和24项省部级课题的资助。

2. 将公司治理研究边界有效拓展到网络治理等领域，取得了系列成果

在以往技术层面的网络组织认知框架下，增加了制度安排和组织选择的维度，从公司治理的治理内涵出发，把握治理的关键资源主体合作结构和机制的特征，将公司治理的边界拓展到一般企业、企业集团、跨国公司网络和联盟网络，对网络治理的结构、机制、价值生成模式和网络博弈行为进行了较为深入的研究。相关研究成果获得7项国家自然科学基金和12项省部级课题的资助，在《经济研究》和《管理世界》上发表了有关网络治理中声誉机制、合作机制和私人以及公共秩序替代选择方面的重要论文。网络治理专著《网络组织》获得天津市优秀成果一等奖，引用率居同类成果前列。国家自然科学基金项目“网络治理结构、机制与应用研究”在结项时获得“特优”等级评价。

3. 研究制定公司治理准则，研发公司治理指数，取得了系列成果

在国内率先组织制定了《中国公司治理原则》、构建“中国上市公司治理评价指标体系”，推出中国公司治理评价指数并持续发布《中国上市公司治理评价报告》(2004—2009)。专著 *Corporate Governance in China: Research and Evaluation* 2007年由John Wiley & Sons出版发行。独立开发了“中国公司治理指数数据库”、“中国公司治理股价指数”。基于公司治理指数评价和应用的团队研究成果，自2003年以来陆续在《管理世界》发表。该研究获得国家自然科学基金首项重点课题资助，以及3项国家自然科学基金和8项省部级课题资助。并从2004年起已连续六年推出《中国上市公司治理评价报告》。相关成果获孙冶方经济科学著作奖、蒋一苇企业改革与发展基金优秀著作奖、天津优秀社科成果特等奖以及教育部优秀成果一等奖等奖项。

4. 教书育人，构建多层次公司治理教学体系，为社会输送培养公司治理专业化人才

建立了国内首个公司治理博士点和硕士点，形成了本科生—硕士生—博士生—博士后完整的人才培养体系。教学成果获国家级优秀教学成果二等奖、天津市优秀教学成果一等奖。《公司治理学》成为教育部普通高等教育“十五”国家级规划教材，进而建设成为全国公司治理学科唯一的国家精品课程。经过多年建设与实践，南开大学公司治理学科共培养博士、硕士研究生百余人，博士后39人，为我国培养出了首批公司治理专业高级人才，

其中10余人成为博士生导师，已成为国内多所高校或研究机构的公司治理领域教学与科研带头人。

5. 推进教学科研成果转化，服务社会，创造效益

经过10余年的理论探索，在广泛研究国内外公司治理原则与准则基础上，结合中国国情制定的《中国公司治理原则》，被中国证监会与国家经贸委联合推出的《中国上市公司治理准则》以及PECC制定的《东亚地区治理原则》所吸收借鉴。中央电视台从2004年起连续开展的“中国最具价值的上市公司”评选中首次导入了“南开治理指数”。2006年接受国务院国资委的委托，先后为中国保监会、证监会、银监会完成了3项重大课题。2007年参加ISAR专家组第24届会议，与联合国贸发会议合作开展亚洲地区公司治理评价研究。

三、标志性成果

1. *Corporate Governance in China*: *Research and Evaluation*, John Wiley & Sons (Asia) Pte. Ltd 2008年出版，李维安

该成果是我国该研究领域首部国际化的著作，引起了海外学术界的关注和积极反响，著名学者G. Andrew Karolyi, Jay Barney等对该成果给予高度评价。成果被多部委采纳，有国家发展与改革委员会“中国中小企业经济发展指数”(SMEI)、国务院国资委、中国银监会、中国保监会等机构。众多大型企业应用本研究成果进行了公司治理改革，取得了显著的经济和社会效益。

2. 《公司治理学术文库》(天津优秀社科成果一等奖)，高等教育出版社2005年出版，李维安主编

此学术文库深入地研究了中国企业的公司治理问题，是国内首套系统研究公司治理的系列学术文库；得到了时任全国人大常委会副委员长成思危以及同行专家的高度评价，在同类研究中达到了领先水平。研究成果被国内许多相关文献所引用，获得了天津市和教育部社会科学优秀成果奖。此成果应用于国家发改委、国务院国有资产管理委员会、中国证监会、银监会、保监会以及国内众多的大型企业等机构，取得了显著的经济效益和社会效益。

3. 《2003中国上市公司治理评价研究报告》，商务印书馆2007年出版，公司治理评价课题组

此报告中大量、详实的数据信息及研究结论，是国内外从事经济学、管理学教学与研究的广大学者以及研究生了解中国上市公司治理状况的参考；同时也可以作为政府监管部门掌握监管对象的治理质量以及监管政策、制度执行情况的依据；机构投资者、证券交易所以及上市公司可以通过本报告了解中国上市公司治理的质量及公司的潜在投资价值。此成果受到学术界、政府和企业界重视，被许多相关文献引用，在实务中得到应用。

4. 《中国上市公司治理指数与公司绩效的实证分析——基于中国1149家上市公司的研究》，《管理世界》2006年第3期，公司治理评价课题组

此文在坚持国际标准并结合中国实际的指导思想下，对公司治理评价系统进行优化和评价。研究成果受到学术界、政府和企业界重视，被许多相关文献引用，在实务中得到应用。

四、“十二五”建设思路

(1) 将以实现中国本土化公司治理机制优化为核心，以探索如何推进实现我国本土

化公司治理优化的制度创新体系为途径，以总结、提升具有中国本土特色的公司治理理论、原则为目标，来确定研究方向、筹划研究方案、搭建研究平台。

（2）将通过对具有中国本土特色公司治理问题进行基础性和创新性研究，进一步联系中国企业的运作实践在管理层次推进实务性探索；以进一步优化公司治理评价体系为核心，探讨推进实现我国公司治理的制度创新体系的途径，构建适应全球化战略的公司治理结构和机制，为我国企业围绕公司治理制度创新建立核心竞争能力提供理论政策上的支持；进一步总结、提炼出具有中国特设的公司治理理论与原则，进一步丰富、深化公司治理与制度创新理论体系，积极探讨创新方法。

（3）将在继续建设国际一流的公司治理科学研究基地的基础上，推进公司治理新学科的创新与发展，打造创新团队，推进特色鲜明的创新学派的建设，在国际上形成公司治理学术特色和专业品牌；继续建设成为国内公司治理学科带头人、公司治理高级研究人员和高层管理人才的孵化器；继续建设成与国际专业数据库服务共享的资料信息网络、国际学术交流平台、公司治理学术信息与知识的辐射源，继续在“211”、“985”工程平台建设中发挥核心和支撑作用。

清华大学技术创新研究中心

一、总体情况

清华大学技术创新研究中心成立于2000年，其基础是清华大学经济管理学院技术经济与管理系，前身是清华大学经济管理研究所，是国内最早进行技术创新研究的学术机构之一。此中心所依托的学科点于1986年批准为技术经济专业全国第一批博士点，1988年被评为该专业全国唯一重点学科点，2002年和2007年蝉联国家重点学科点，2004年11月获教育部批准为人文社会科学重点研究基地至今。

二、主要成绩和经验

1. 主要成绩

自批准为重点研究基地以来，此中心在科学研究、人才培养、学术交流、咨询服务、研究条件和平台建设、体制改革等方面展开了全面建设，取得了有影响的成果，确立了此中心在国内技术创新领域的领先地位，并为国外技术创新领域专家学者所知晓。此中心专兼职研究人员2005—2010年共发表论文1000余篇，其中在国际学术期刊发表论文50余篇；申请并承担国家自然科学基金项目60余项（包括多项重点项目和国际重大合作项目），国家社会科学重点项目4项以及教育部哲学社会科学研究重大攻关项目3项等。

以自主创新为例，在近年的研究工作中，此中心构建了中国自主创新的理论构架，提出创新壁垒论、创新实践论、创新意志论、广义轨道论、开放创新论和能力阶段论，均是创新理论的新拓展；认为高度开放条件下的自主创新面临一系列创新壁垒；为中国产业和企业创造了突破创新壁垒的绕开、降低、化解、强攻的战略途径，如低端切入、成本创新、拆解—集成创新、合作创新、制造—服务融合创新等；发现了中国产业和企业“逆向创新”现象；揭示了自主创新的国际技术环境、国家创新系统、创新要素供给、自主创新的后发优（劣）势、自主创新政策等方面的新现象和新问题；提出了继承发扬产业和企业成功的自主创新战略路线和基于新形势的未来战略与政策主张。

2. 主要经验

（1）服务国家战略需求。在此中心被教育部批准为人文社会科学重点研究基地不久，国家就提出了开展自主创新、建设创新型国家的战略。落实这一战略是一项长期而艰巨的任务，其中有理论工作者的责任，也是此中心发展的最大机遇。此中心自成立后，即展开了“什么是自主创新，如何提高自主创新能力，并建设创新型国家、创新型城市和创新型企业等”多个方面的基础性、原创性理论研究。

（2）紧密结合中国国情。现有的技术创新理论研究前沿基本上是以发达国家为背景的。这些研究对中国这样的新兴经济体有借鉴意义，但尚缺少与中国实际结合、适于指导发展中国家自主创新的系统理论。因此，需要紧密结合中国国情的理论，并用以指导实践工作。此中心大力加强了政策研究，扩大了社会影响，为国家和行业重大决策和实际运作提供理论支持。

（3）紧抓研究队伍建设。此中心以研究队伍为核心竞争力，分三个层次建设研究队伍：核心层为专职研究人员，是相对稳定的精干队伍，研究工作集中而聚焦；紧密层为加入此中心的兼职研究人员，主要是校内外、国内外优秀研究人员；外围层为国外、国内较为松散的合作者。这3个层次互动且流动，联合且开放。同时，此中心大力加强与兄弟院校和国外著名大学以及研究机构的合作。尤其是依托本中心成立的CICALICS中国创新网络学术平台，为国内外学者交流提供了很好的环境性支持，得到国内外技术创新学术界的一致好评。

（4）保障基础研究条件。此中心建立了以数据库为主的研究资源平台，以创新学术网络为主的外部联络的组织平台，以网站和学术期刊为主的学术交流平台。此中心还加强组织体系建设和组织管理机制创新，加强了与企业的联盟与合作，并选择有条件的合作伙伴，建设分中心。

三、标志性研究成果

（1）谢伟教授和吴贵生教授合作在本领域国际顶级学术期刊*Research Policy*发表了中国大陆学者独立在该刊发表的第一篇学术论文“Differences between Learning Processes in Small Tigers and Large Dragons：Learning Processes of Two Color TV（CTV）Firms within China”，被哈佛商学院引为教学资料，英国Sussex大学引为教学资料和案例资料，获2003年北京市哲学社会科学优秀成果一等奖。

（2）高建教授等主持完成7次大样本创业调查，积累的创业活动系列样本达9000多个，专家访谈样本近1000个，建成国内能进行区域创业研究最丰富的数据库，发表了系列《全球创业观察中国报告》，成为国际上研究中国创业的权威性报告，获“北京市第十届哲学社会科学优秀成果奖”一等奖。

（3）傅家骥教授等撰写的代表性专著《技术创新学》。该书是密切结合中国实际编写的一本系统探讨技术创新的学术专著，是探索建立“技术创新学”新学科的一次尝试。主要内容包括：技术创新的概念、作用及支持体系；技术创新过程分析；创新过程的管理等。本书获北京市哲学社会科学一等奖。

（4）吴贵生教授关于区域科技的研究，被科技部认为是开创性的研究。此研究成果被采纳在国家“十五”科技规划和北京市科技规划中，获2004年北京市科学技术三等奖。其专著《区域科技论》获“北京市第十届哲学社会科学优秀成果奖”二等奖。吴贵生由于在这一领域的成就，被聘为国家中长期科技发展规划战略研究“区域科技发展”专题组副组长。

四、“十二五”建设思路

此中心确定的“十二五”战略目标是：积极探索新时代提出的新课题，取得突破；建立中国自主创新理论，作出国际学术贡献；巩固国内领先地位，进一步提高国际知名度，向国际一流迈进。

1. 组织机制建设

本着高效、简洁、顺畅的原则，以矩阵式结构为基本组织方式，少数精干人员相对固定与多数人员流动相结合；以多方位的激励为运作机制手段，形成既有压力又宽松和谐的创新研究氛围；融合中心现有的研究方向和研究内容，开放中心的研究项目，吸引本领域的国内外研究人员，推进体制、制度、机制、管理创新，探索和完善新兴的、可行的运行模式和机制。

2. 研究队伍建设

将重点培养各研究方向的学术带头人和优秀学术骨干，进一步提高人员素质，适度扩大规模。同时，吸引和鼓励中青年骨干参加此中心的重点项目研究；鼓励中青年骨干申请国家各类基金项目和国家重大计划项目；鼓励中青年骨干积极与地方政府和企事业单位合作，承接相关咨询项目；鼓励和支持中青年骨干出国进修。

3. 科学研究项目

加强基础性、原创性研究，继续对基于中国实践的创新理论进行深入研究，积极开拓新领域，响应发展低碳经济、发展新型产业的国际趋势和国家战略，为技术创新学科发展未来的再次跨越提供基础和支撑。加强政策研究，扩大社会影响，为国家和行业重大决策和实际运作提供理论支持。扩大和加深国际合作，提高研究的国际化水平，提升国际影响力。

4. 条件平台建设

建立以数据库为主的研究资源平台，规划完善现有的两个数据库建设项目（中国技术创新数据库和创业调查数据库），持续积累数据，每年发布调查报告。结合CICALICS和AIE（创新与创业国际学术会议）建设，扩大学术交流范围、频次，并向深度发展。

清华大学现代管理研究中心

一、总体情况

在过去的十年中，得益于我国国民经济的快速腾飞、企业管理的现代化发展和高等教育事业的深入改革，在教育部大力关怀和清华大学的不断支持下，清华大学现代管理研究中心经历了快速的进步和成长。近10年来，此中心各方面的工作不断完善和提升，各项基地建设工作日趋成型。此中心不断探索和加强基地建设，内部管理体系不断完善，通过明确规定科研奖励制度、打造研究服务平台以及基础制度建设等工作的开展，为研究工作提供了有力的支持。

此中心以自身科研队伍的建设为基础，不断加强学术交流和高水平研究生的培养工作，同时注重与政府、企业和相关科研单位展开广泛的合作，对实际管理中不断出现的新问题展开更具针对性的研究。此中心下设3个研究方向，主要研究现今信息时代的基础管理理论、企业运作模式和可持续发展理论等问题。此中心围绕网络和知识经济中涌现出的管理新问题开展研究工作，承担了国家"十五"、"十一五"攻关及国家自然科学基金等大量国家级科研项目，取得了丰富的研究成果。此中心正在进一步完善成果转化机制，把理论和方法研究应用到国家经济建设的实践中，直接为政府、企业提供管理理论和方法上的咨询与支持。

二、主要成绩和经验

此中心科学研究工作积极活跃，坚持"重点攻关、加强合作、重视实践、服务国家"的原则，注重在理论知识研究和管理实践应用的结合。近10年间，此中心成员共承担各类科研项目110余项，发表论文被SCI、SSCI、EI和ABI等收录300余篇，并先后为政府和企业提供培训讲座、咨询服务和政策建议等百余人次，研究工作获得省部级科技进步奖一、二等奖多项，并在国内外产生重大影响。

科研队伍建设一直以来是此中心建设的核心与基础。近10年以来，来自中国人民大学的毛基业教授、哈尔滨工业大学的于渤教授、清华大学的宁向东教授等7位研究人员先后加入，进一步提升了此中心的研究实力。通过加强合作研究，深入国际交流等方式，不断提升已有科研人员和研究生的科研水准。截至2010年，此中心共派出研究人员出国参会、短期交流与访问研究500余人次，极大地拓展了研究视野，有效地加强了科研力量。

近10年间，此中心培养了大量优秀人才，包括教育部长江学者2名、中国管理学杰出贡献奖2名、国家杰出青年基金获得者2名、全国百篇优秀博士论文获得者2名等。此中心的博士后流动站也连续两届入选全国优秀博士后科研流动站。近10年来，此中心共计毕业博士生110余人，硕士生300余人，并有20余名博士后出站。

此中心长期以来一直致力于开展多种形式的学术交流活动，积极举办国内国际学术会议和学术报告。据统计，此中心在2001年至2010年期间共举办了国际学术会议近30次，其中包括运作管理领域顶级国际会议MSOM2007、MOSTLY OM运作管理研究前沿国际研讨会等。与此同时，每年主办的服务系统与服务管理国际会议（ISSSM）的影响力不断提升，已经成为相关领域国际范围内具有较高影响力的学术交流平台之一。近10年间，此中心在日常的学术活动中总计组织了300余场邀请嘉宾的学术报告，逐渐形成了高水平、持续性的学术交流氛围。

中国系统工程协会主办、此中心承办的英文期刊《系统科学与系统工程》(英文名 *Journal of Systems Sciences and Systems Engineering*）的影响力不断的增大。该期刊已被SCI、EI检索，成为国内同学科期刊中的佼佼者。

三、标志性研究成果

(1) 何建坤、张希良等多位教授近些年围绕替代性能源与“低碳经济”模式进行了深入的探索，并结合多年的研究成果为我国政经各界提供了重要的理论基础和一系列战略决策支持。何建坤教授等承担的《中华人民共和国可再生能源法（草案）》专家意见稿的部分内容被国家立法采纳；何建坤教授在中南海举办的中央政治局学习讲座以及第十一届全国政协常委会第四次学习讲座等做与应对气候变化相关的报告；张希良教授等承担的国家能源局重点技术支撑课题“国家替代能源发展战略研究”的工作成果已被相关部门采纳并应用；2009 年 12 月，何建坤等三位老师作为中国代表团成员参加了哥本哈根世界气候大会。

(2) 攻关课题“集成服务和信息化等特征的供应链”重点关注电子商务、物流等新兴服务业的发展趋势，以及在传统的运作管理中服务因素的影响，针对集成化服务的发展趋势，研究了集成服务的管理理论与应用策略。课题组经过多年的辛勤工作，陆续有一系列高水准的学术论文发表在国内外顶尖学术期刊，如 POMS、NRL 等，并出版多本专著。如陈剑教授所著的《拍卖理论与网上拍卖》、黄京华教授所著的《企业电子商务系统关键成功因素研究》、陈国青教授等所著的《商务智能原理与方法》等，都是在电子商务及其相关领域具有领先水准的著作。

(3)“适应制”中国式运作管理思想的提出。此中心课题组负责“中国式企业管理”课题下运作管理的专项研究工作，历时 3 年，在企业调研和研讨总结等方面开展了大量的工作，相关调研结果与总结已经形成企业调研报告或案例并陆续发布或出版。基于中国企业发展过程中呈现出来的特征，课题组提出了“适应制”运作管理思想，并从企业的运作战略以及采购、生产、库存、分销配送和服务等方面进行详尽的阐述。“适应制”运作管理思想既是来自于中国企业特定的历史经验，又对于全世界企业未来的运作管理具有一定的普适性和指导作用。

四、“十二五”建设思路

此中心的“十二五”战略目标是：立足中国的管理实践，积极探索新时期社会经济中出现的新的管理问题，在理论和方法上实现新的突破；打造一支高水平的研究团队，在巩固国内领先地位的同时，进一步提高国际知名度，在部分领域力争达到世界领先水平。通过共同努力，争取将此中心建设成为具有国际一流科研水准和影响力的管理科学研究基地。

在科学研究方面，此中心密切结合国家和社会重大问题，未来 5 年间将围绕能源与应对气候变化的战略和政策以及基于信息技术、以服务为核心的绿色供应链研究两大课题开展一系列重点项目，挖掘创新性成果，特别是与应用研究的密切集合，争取提升我国在这两方面的研究水平。

此中心将继续坚持以人为本的方针，完善并开拓各种渠道，坚持和发展研究队伍的动态管理制度，进一步提升研究中心的可持续发展能力；将力争在吸引海外优秀人才方面有新的突破，并通过课程改革、内容更新和外聘课程等形式进一步加强博士后流动站建设和研究生培养。

在学术交流方面，此中心将承办 Informs International 2012 等国际顶尖的学术会议，并继续提升 ICSSSM（国际服务系统与服务管理学术会议）和 MOSTLY OM（运作管理研究前沿国际研讨会）等“中心品牌”学术会议。建立日常的对外学术交流窗口、建设完备的学术资料信息库等工作也是学术交流的重要方面，此中心将积极总结过去 10 年的一系列经验，将日常工作做扎实、做深入。

此中心将进一步发挥自身优势，密切配合政府管理部门的需要，提供专业的政策和管理咨询；在企业和其他应用部门方面，一方面将吸收实际工作人员参加各个课题组开展研究；另一方面利用合作项目、委托课题等进一步提高重大事件问题的综合研究能力和参与企业重大决策的能力。

学术刊物建设方面，此中心将在 *Journal of Systems Science and Systems Engineering* 已经取得影响力的基础上，通过广泛的宣传，吸引更多国外知名学者投稿；同时加速稿件的审稿过程，为投稿人提供更优质的服务，进一步建设扩大其国际影响力。

制度创新是基地在发展当中需要面对的核心工作。此中心力图通过不断改革提升，积极打造学术服务平台，以更灵活的机制来补强科研团队、实现人员流动、增进内外联合，力争在高校科研体制改革方面发挥引领和示范的作用。

上海财经大学会计与财务研究院

一、总体情况

上海财经大学会计与财务研究院自 2000 年 9 月被教育部批准为国家级人文社会科学重点研究基地之后的 10 年来，围绕中心工作，在人员、项目、成果、经费等方面建立和健全了管理体系和制度，在科学研究、人才培养、学术交流和资料信息建设、咨询服务和深化科研体制改革等各方面，积极探索，开拓创新，取得了比较显著的成绩，初步形成了长效运行机制，并对学院和学校的相关工作起到了示范和带动作用，充分发挥了研究基地的创新平台优势。

二、主要成绩和经验

10 年来，此研究院充分利用教育部重点研究基地的学术资源，大胆进行制度创新，着力打造一流的科研和教学平台，承接了一批国家和省部级重大科研项目，发表了一批在会计和财务理论上有重大创新并对实务具有指导意义的高质量学术论文和著作，培养了一批具有较强科研能力的博士生。具体表现在以下六个方面：

1. 科研成果丰富

在 *The Accounting Review*、*Journal of Accounting and Economics* 等国际顶尖专业期刊发表论文 4 篇、在 *Journal of Accounting, Auditing & Finance*、*Journal of Corporate Finance* 等国际权威专业期刊发表论文 6 篇，在《经济研究》、《管理科学学报》、《管理世界》、《中国会计与财务研究》、《会计研究》、《金融研究》等国家权威专业期刊发表论文 200 多篇；出版学术著作 50 多部，承接 1 项国家自然科学基金重点项目，承接及完成国家自然科学基金和社科基金等国家级项目20多项、省部级项目70多项；10多项研究成果获教育部人文社会科学优秀成果奖和上海市哲学社会科学优秀成果奖。

2. 学术团队建设成效显著

通过持续不断的人才引进和师资培养，此研究院形成了老中青结合良好的研究团队，一批青年学者在全国崭露头角。此研究院已经引进4名在海外取得博士学位的青年教师，对其实施“常任轨”考核制度，并有1名本土研究员因科研成果突出转入“常任轨”制度，研究员队伍的国际化水平不断提高。

3. 积极开展多种形式的学术交流

此研究院积极开展与国（境）外一流大学的学术交流，每年聘请海外教授做学术报告，定期举行“现代会计研究方法”等研究生密集课程，举办专题性的国际学术研讨会。多名研究员经常出境与海外学者开展合作研究。10年来共举办近20次国际和国内学术研讨会，举办100多场专题学术报告。

4. 人才培养体制逐步完善

积极推进研究生教学改革，推出了硕博连读的博士生培养模式，开发了若干高质量的硕士和博士课程。已毕业的四届博士生大多应聘到国内著名高校和国内相关的研究机构，其研究能力受到用人单位的高度评价。10年来有2篇博士论文被教育部评为全国百篇优秀博士论文，1篇博士论文获得全国百篇优秀论文提名，4篇研究生论文被评为上海市优秀学位论文。

5. 社会服务工作成效显著

在坚持理论研究的基础上，还积极主动承担国家、上海市及企业的委托课题和咨询研究课题以及相关人员的专业在职培训工作。10年来共有20多项咨询报告被证监会、保监会、上海市等有关政府部门和企业采纳，4项研究成果获得上海市政府决策咨询奖，对政府和企业的相关决策产生了较大影响。目前，有近10名专兼职研究员分别担任“财政部会计准则委员会会员”、“会计准则咨询专家”和“上海市人大常委会立法和咨询专家”。

6. 制度建设和科研基础条件有了较大改善

此院制定了《驻院研究制度》、《专兼职研究人员科研考核和管理办法》、《重大研究项目管理办法》等一系列规章制度。10年来，以国家重点学科建设和全国人文社会科学研究基地建设为抓手，加大经费投入力度，购置国际国内著名的学术期刊、通用数据库和计算机软件，开发专用的数据库、案例库，满足了科研人员对通用科研条件的需求。

三、标志性研究成果

10年来，会计与财务研究院围绕财务会计、公司财务和管理会计三个专业研究领域，合理配置学术资源，鼓励团队合作，产出了一批在国内外产生较大影响的学术成果。下面分别从三个方向选择若干篇代表性成果予以介绍：

（1）夏立军教授与海外学者合作发表在国际顶尖会计期刊 *Journal of Accounting and Economics* 上的论文 *State Ownership, the Institutional Environment, and Auditor Choice: Evidence from China*，研究了中国上市公司国有股权、制度环境与审计师选择之间的关系。研究发现，与非政府控制的上市公司相比，中国地方政府（省、市、县级政府）控制的上市公司更倾向于选择本地的小规模会计师事务所为其审计。此研究结果加深了对中国审计市场的理解，尤其是有助于理解中国上市公司缺乏高质量审计需求的制度根源。此论文曾被 2006 年 8 月 7 日 *South China Morning Post*（香港《南华早报》）专文介绍；时任专职研究员原红旗教授与海外学者合作发表在国际顶尖会计期刊 *The Accounting Review* 上的论文 *Earnings Management and Capital Resource Allocation: Evidence from China's Accounting—Based Regulation of Rights Issues*，研究了上市公司的盈余管理是否导致了资源错误配置的问题。此研究发现，证监会的资格审查可以有效识别上市公司的盈余管理行为，降低了公司盈余管理行为对资源配置的消极影响。该文是大陆学者首次在该国际知名期刊发表的有关中国会计问题的学术论文，在海内外学术界产生了较大影响。原红旗教授以该文为基础完成的国家自然科学基金项目在结题项目绩效评估中被评为“特优”，是国家自然科学基金工商管理学科自 1992 年以来评出的第一项特优项目。

（2）靳庆鲁教授与海内外学者合作完成并已被国际三大顶尖期刊 *The Accounting Review* 接受发表的论文 *Investment Growth and the Relation between Equity Value, Earnings, and Equity Book Value*，以基于实物期权的公司价值模型为理论基础，从理论与实证两个角度分析和检验了投资增长如何影响权益账面价值、会计盈余在公司定价中的作用。通过一个相对完整的分析框架，这项研究有助于投资者和分析师重新思考价值评估和预测的相关问题；李增泉教授、孙铮教授和唐松博士与海外学者合作的发表在 *Journal of Corporate Finance* 两篇论文 *Rent-seeking Incentives, Corporate Political Connections, and the Control Structure of Private Firms: Chinese Evidence* 以及 *Government Intervention and Investment Efficiency: Evidence from China*，分别研究了政商关系对企业治理结构和投资行为的影响，发现我国民营企业通过建立政商关系来规避其在资源配置方面的所有制劣势，需要一种集权的组织结构，显著提升了民营企业的公司价值；而国有企业的政商关系则伴随企业的过度投资行为，导致公司价值的下降。上述两篇文章同时发表在 *Journal of Corporate Finance* 为研究新兴市场中的财务行为而做的专刊中，为海外学者了解中国民营企业和家族企业的相关财务行为提供了经验借鉴。

（3）潘飞教授与海外学者合作发表在欧洲顶尖会计学期刊 *The British Accounting Review* 上的论文 *The Implementation of Activity-Based Costing in China: An Innovation Action Research Approach* 采用实证研究的方法，研究了我国上市公司继电气从 2001 年到 2005 年长达 5 年的作业成本实践过程。作者将卡普兰的 ABC 首次应用于我国的上市公司，使人们了解到企业的组织文化和制度背景对成功推行西方的管理会计工具是非常必要的。该文为中国企业如何采用 ABC 树立了一个典范，是我国管理会计研究者在该杂志发表的第一篇学术论文。围绕该研究完成的国家社科基金“作业成本系统设计——企业成本管理的模式转换”获得专家的一致好评，而后续完成的财政部立项课题“作业管理的系统设计”获得优秀评价。

四、“十二五”建设思路

此院“十二五”期间建设的目标是：继续保持会计学科在国内的领先地位，并拿出一批在国际上有一定影响的科研成果，使会计学科成为国际上有一定知名度的会计教学和科研中心，为实现长期目标打下扎实基础。同时，以会计学科带动财务学科的发展，使公司财务学科于 5 年后在国内具有一定影响力。

为实现以上目标和发展定位，任务是非常艰巨的，需要全院研究员坚持不懈的努力。将超常规地引进海外高水平的优秀人才，尤其是资深教授；经常请进来走出去，加强国际合作与交流，尤其是与高水平学校的合作，走国际化道路；重视制度建设，政务公开，充分发挥全体研究员的积极性；发挥由海内外专家形成的学术委员会的咨询功能，科学论证本研究基地的重大研究项目，实现研究团队在集体攻关方面的优势。

武汉大学社会保障研究中心

一、总体情况

武汉大学社会保障研究中心是社会保障学科领域内唯一入选的国家普通高等学校人文社会科学重点研究基地。自2000年批准成立以来，已完成教育部重点研究基地两轮周期建设，并顺利通过教育部组织的评估。

经过建设，此中心在学术研究、政策咨询、人才培养、学术交流、科研体制改革等方面得到了全面发展和提升，在全国社会保障领域起到了较好的示范和带动作用。

在学术研究方面，此中心结合国外社会保障学科的发展前沿和我国社会经济发展的需要，进一步凝练了研究方向，确定了社会保障理论与政策研究、社会保障基金管理研究、医疗保险研究、社会保障水平与生活质量评价研究等4个主要研究方向，经过艰苦的探索和不懈的努力，在这4个研究方向上都取得了较大的进展，对传统的学科范式和社会保障改革中遇到的难点问题都有不同程度的突破。

在政策咨询方面，向原劳动和社会保障部（现人力资源和社会保障部）、湖北省人民政府、湖北省劳动和社会保障厅、湖南省民政厅和辽宁省发展和改革委员会等实际部门提交研究咨询报告近百份，大多被采纳和部分采纳，产生了良好的社会效益，扩大了本学科的社会影响。

在人才培养方面，已经形成包括本科、硕士、MPA、博士和博士后流动站在内的多层次、全方位的社会保障专业人才培养体系。完成的教育部重大教改项目“劳动与社会保障专业课程体系及主要教学内容研究”，其最终成果获得国家优秀教学成果二等奖。社会保险、公共管理学被评为国家精品课程。

在学术交流和信息资料建设方面，通过走出去，请进来的方式，利用各种平台，同国内外的高校、学术机构和实际部门保持着密切联系。信息平台和图书资料的建设进一步加强，已粗具规模。此中心网站正发展成为社会保障研究者的网上家园。创办的公开刊物《社会保障研究》，是目前国内唯一一份社会保障专业杂志，力图将其打造为社会保障领域的权威刊物。中心还组织出版了《社会保障问题研究》等丛书，编印了内部刊物《管理研究》，创办了电子期刊，在网站上专门开辟了学术文章专栏、电子刊物专栏等栏目，促进社会保障学界的学术交流。

在科研体制改革方面，经过摸索和建设，现已初步形成机构开放、人员流动、内外联合、竞争创新、“产学研”一体化的运行机制。

在办学条件方面，由于得到专项经费的资助，在实验室、信息处理、图书资料等方面的建设进一步加强，已粗具规模，为将来更大的发展提供了基础和平台。

二、主要成绩和经验

1. 承担国家重大科研项目，理论创新和社会服务能力不断提升

此中心科研人员以社会保障制度建设为核心，始终瞄准社会经济转型与和谐社会建设中的社会保障重大理论问题和实际问题开展研究、咨询、培训工作。共计承担教育部重点研究基地重大项目 18 项，已完成结题 9 项，1 项正在申请结题；承担教育部重大课题攻关项目 2 项、国家社科基金重大项目 1 项、自科基金重点项目 2 项、教育部和其他省部级项目 20 余项、企事业单位委托项目多项，科研经费达 600 余万元。

2. 与实际部门的合作进一步增强，凸显为实践服务的特色

此中心已成为教育部门和其他实际部门共建的一块园地，成为理论研究和应用研究相结合的一个平台。通过参与国家和地方的社会保障政策研讨和制定等实践活动，主动承担实际部门的委托研究课题，吸收实际部门工作人员参加课题组开展合作研究，派遣专兼职研究人员担任实际工作部门的顾问等措施，面向社会各界开展咨询服务。先后向中央和地方相关部门提交咨询报告近百份，大多为实际部门所采纳，取得了良好的社会效益。

3. 社会保障专业人才培养工作成效显著，并且在全国社会保障学科发展方面发挥了带头和示范作用

此中心采取“点面结合”，即承接个人进修与开办高级培训班相结合的方式，已初步建立起社会保障专业人才培训体系。一年一度举办的全国劳动与社会保障专业高级研讨培训班，形成了一定的品牌效应。2002 年 1 月，以本中心为学科点单位的武汉大学社会保障学科被教育部批准为国家级重点学科，这是目前全国唯一的一个社会保障国家重点学科；2003 年年初，以社会保障专业为核心的武汉大学公共管理一级学科被评为博士点授权单位，并被批准建立国内首批公共管理博士后流动站；同年，社会保障学科被列入国家“211 工程”建设项目加以建设；2005 年初，又获批建立“985”社会保障研究国家创新基地。

此中心注意学科的交叉，开放式建设，协同发展。积极与经济学、社会学、管理学、法学、历史学、系统工程等相结合，在保持自身传统优势的同时，以解决社会保障制度建设中的重大理论和现实复杂问题为导向，形成多个有特色的研究方向。学科建设成绩得到了国内外同行的认同。部分专家在国内学术界和教育界享有较高知名度，多人担任国内学术机构的重要职务，获得国家基金的资助，其中：教育部社会科学委员会委员 1 人，国务院学位委员会学科评议组成员 1 人，教育部专业教学指导委员会副主任委员 1 人、委员 2 人，全国 MPA 教育指导委员会委员 1 人，劳动和社会保障部企业年金基金管理机构资格认定评审专家 1 人，获得国务院特殊津贴者 3 人。学术队伍的年龄结构、学历结构、职称结构、学缘结构进一步优化，“十一五”期间，有 4 名中青年教师晋升为教授，正逐渐成为中心的中坚力量和优秀人才。社会保障学科的发展带动了武汉大学公共管理一级学科中其他二级学科的发展，2008 年，以社会保障学科为核心的武汉大学公共管理学科在全国学科评估中名列第一。武汉大学在社会保障学科建设和人才培养方面所取得的成绩及其带来可喜的变化，在一定程度上也影响和推动了全国社会保障学科的建设和发展。

三、标志性成果

1.《中国社会保障若干重大问题研究》(邓大松等著，海天出版社2000年出版)

此书的理论创新和理论突破主要有：人的需要本质理论，马克思的再生产理论，社会保障基金的劳动构成理论，社会保障分配属性理论，社会保障产品准公共性理论，社会保障二重性理论，社会保障刚性理论，社会保障软性理论，社会保障发展悖理性理论，社会保障非生产性理论，社会保障水平与经济发展水平矛盾统一理论，社会保障宏观、中观和微观理论，社会保障永恒范畴理论，社会保障发展趋势理论等。此书2001年获中国版协城市出版社工作委员会三届一次会议暨第十四届全国城市出版社社长年会优秀图书奖一等奖，同年还获广东省第四届“五个一工程”奖；2003年，本书获得教育部人文社会科学研究优秀成果一等奖。

2.《劳动与社会保障专业课程体系及主要教学内容研究》

本成果由邓大松、李珍、张奇林、殷俊、向运华完成。此成果由总报告和5个分报告组成。它建立了劳动与社会保障专业课程体系，制订了劳动与社会保障专业本科生人才培养方案，确定了劳动与社会保障专业6门核心课程，2005年获得国家级教学成果二等奖。

3.《中国企业年金制度研究》

这是国内首部从理论和实践两个层面全面系统研究企业年金的学术专著，具有重要的理论和实践意义：第一，形成了理论研究和实践操作的完整体系；第二，明确了涵盖6项具体内容的企业年金计划运行机制；第三，勾勒了中国企业年金监管的制度框架；第四，保持了理论研究与制度发展的一致性。此书由人民出版社出版后，于2007年获湖北省第五届社会科学优秀成果奖二等奖；修订版于2009年获高等学校科学研究优秀成果奖（人文社会科学）管理学类二等奖。

四、“十二五”建设思路

此中心将继续以教育部重点研究基地建设的五项标准为指导，进一步突出本基地在社会保障领域形成的学术特色和专业品牌，保持目前基地在国内社会保障研究领域的领先地位，通过不断创新，为我国社会保障制度建设和社会保障事业的发展提供更多更好的学术支撑，打造国际化品牌，使本中心成为国内领先，有一定国际影响的研究机构。

为实现以上目标，此中心将坚持高标准、高水平、严要求和跨越式发展的指导思想，坚持突出重点、整体推进的原则，坚持理论联系实际，进一步凝练研究方向，打造高水平的学术团队，通过创新性研究，多出学术精品，提高人才培养质量，加强学术交流，集中力量建设中心，使之达到或接近世界先进水平；同时带动相关学科领域整体水平的提高，培育新的学科生长点，从而在坚持传统特色和优势的基础上，形成更加鲜明的特色和学科优势。

厦门大学会计发展研究中心

厦门大学会计发展研究中心成立于2000年1月，是财政部会计司与厦门大学共建的厦门大学直属独立研究机构，2000 年 12 月经国家教育部批准为普通高等学校人文社会科学重点研究基地，是国家“985 工程”二期创新基地——财务管理与会计项目的依托单位。此中心在教育部组织的文科重点研究基地 2001 年度业绩评价中获得优秀成绩，在 2001—2003 年三年建设业绩评估中再次获得优秀成绩。

一、总体情况

此中心严格按照教育部《普通高等学校人文社会科学重点研究基地管理办法》等有关规定进行基地建设，聚集和培养了一批优秀学术人才，围绕国家发展战略，针对学科前沿和社会经济发展中的重大理论与实践问题，组织高水平的研究，产出一系列创新性成果，提供一系列重要咨询和培训服务，形成学术交流开放平台，在国内外形成重要影响，发挥了高校哲学社会科学发展和创新的带动作用，起到“思想库”、“信息库”和“人才库”的作用。

二、主要成绩和经验

此中心在以下五方面取得显著进展：

1. 凝聚学术方向

紧密追踪会计学科国际发展前沿，创新性地拓展了研究方向的内涵与外延，逐步调整充实形成以下六个研究方向：会计基本理论与方法、财务会计与会计准则、现代管理会计与企业理财、国际会计与准则趋同、审计与公司治理、资本市场财务与会计。

2. 汇聚科研队伍

加强队伍建设，采取多项措施为人才的引进和脱颖而出创造更好的竞争机制和环境，培养了一支具有过硬的科研能力和产出原创性研究成果潜力的学术梯队。2001—2010 年入选教育部新世纪优秀人才支持计划 4 名，福建省新世纪优秀人才支持计划 2 名，主办、承办国际国内学术研讨会 19 次，协办“海峡论坛之两岸会计论坛”，邀请、接待国外学者 154 人次，派出访问和交流 39 人次。这些举措营造了良好的学术研讨氛围，扩展了国际交流空间和合作机会，优化了科研队伍的学缘结构和知识结构，拓展了科研队伍的研究领域和学术视野，也有效地提升了科研人员的研究水准和科研成果质量。

3. 构建发展平台

根据学科建设和重点研究方向发展需要，此中心以公共平台建设为主，牵头构建从事前沿研究所需的实证研究事实数据库和文献数据库，包括中外文献数据库、中外资本市场事实数据库系列（CSMAR 系列数据库、CCER 系列数据库、Wind 金融证券数据库、ARN and FEN（under SSRN）、ELDB site license）等。创办《当代会计评论》学术期刊。

4. 推进改革创新

为加快国际化进程，加大了对国外著名学者的聘任力度与国外著名机构的协同攻关力度，如聘请英国著名教授为客座教授并开展合作研究，与美国管理会计师学会建立合作研究关系。

5. 产出重大成果

本基地十年来专职研究人员申请并获立项各类科研项目 136 项。其中，国家社科基金项目 10 项、国家自然科学基金项目 19 项、教育部重点研究基地重大项目 20 项、国际合作研究项目 8 项，其他部委纵向项目 42 项，企事业委托横向项目 37 项，总经费 1822. 84

万元；在国内外发表论文 820 篇，出版著作 187 部；3 项科研成果获得中国高校人文社会科学研究优秀成果奖，40 项科研成果获得省部级优秀科研成果奖；为政府及企事业单位采纳各类咨询报告 31 份。

三、标志性研究成果

1. 我国会计准则咨询报告系列

本基地在葛家澍教授等著名会计学家引领下，在曲晓辉教授等中青年学科带头人的组织、协调和参与下，在中国会计基本理论、中国会计准则建设与发展特别是会计准则国际协调与全球趋同方面形成明显的优势和特色，取得一系列有重要影响力的研究成果，保持了会计准则研究与咨询并重的传统，一直为我国会计准则制定机构提供政策咨询。

本基地在会计准则建设方面先后向国家会计准则制定机构财政部会计司提供 10 余份会计准则方面的咨询报告，为我国会计国际化进程的把握、基本会计准则、具体准则以及政府会计改革提供了重要的理论依据、国际视野和借鉴经验，为国家会计准则的发展作出了积极贡献。财政部会计司于 2007 年 1 月 25 日致函教育部，表彰本基地政策咨询成就。

2. 知识经济条件下管理会计文化研究

在中国管理会计奠基人和开拓者余绪缨教授学术思想的引领下，由傅元略教授及其团队完成的系列研究成果，具有显著的特色。余绪缨教授所倡导的管理会计的社会文化观，侧重从我国优秀传统文化中吸取具有“跨越时空效应”的创新研究，指导管理会计的理论与实践。余绪缨教授倡导的管理会计体系是具有跨越中西方文化的创新性集成系统，获得了国内外业内专家的高度肯定。美国著名会计学家卡普兰教授和日本著名会计学家西村明教授对余教授的学术成就与学术观点也非常赞成，认为与自己的一些观点异曲同工，反映了中外管理会计研究的中西交融趋势。

3. 会计准则全球趋同系列研究

学科带头人曲晓辉教授及其团队完成的一系列成果，对会计准则学术研究做出了重要贡献，为我国会计国际化进程的把握提供了重要理论依据，并且为我国新会计准则体系特别是新基本准则的出台和执行及影响提供了重要参考意见。其提出的若干观点代表了我国该领域研究和咨询的前沿、权威意见和领先水平，具有坚持国情基础与国际发展相结合、理论研究与政策咨询并重的特色。

4. 国际顶尖会计刊物上发表论文

基地专职研究人员陈汉文教授与其指导的博士及其他合作者于 2010 年在会计研究领域国际顶级学刊 JAR（*Journal of Accounting Research*）发表了学术论文。此基地中心主任曲晓辉教授与其指导的博士后于 2010 年在国际会计领域知名度最高的期刊 IJA（*International Journal of Accounting*）发表了学术论文。基地专职人员在国际知名学术期刊发表论文，这些表明了基地科学研究的能力和水平得到了国际主流学术界的认可。

四、“十二五”建设思路

“十二五”期间，此中心决心抓住机遇，迎接挑战，以创建国际知名的高水平研究机构为目标，达到国内一流水平、国际有一定影响的高水平创新人才培养、科学研究、高层次咨询的重要基地及国际学术交流的窗口。

1. 加强学术交流与合作

进一步加强与本学科国内外一流学术机构和一流专家学者的联系与合作，提高开展国际交流与合作的主动性和积极性，整合本学科和校内相关学科的力量，保持国内领先地位并扩大国际影响，创建国际知名的高水平研究机构。

2. 大力提高科研创新能力

始终把提高科研水平和创新能力作为创建高水平研究机构的重要标志来抓，力争在基础研究和应用基础研究方面取得若干原创性科研成果，在具有相对优势的关键领域取得突破性进展，使整体科研能力居于全国同行的前列。鼓励自由探索，鼓励原始创新和方法创新，鼓励学科综合、交叉、渗透，组织和培育具有原创性、战略性和前瞻性的重大研究项目。

3. 加强团队建设和人才培养

大力加强学术创新团队建设，促进学术梯队建设和跨学科合作研究，提高联合攻关和承担国家关键领域重大科研项目的能力，采取“柔性引进”等多种灵活有效形式，有计划地引进、选留研究人员，特别重视引进能够开拓或领导学科前进的学术带头人。

4. 推进科研体制改革

深化科研体制改革，努力开拓争取资源，强化自身造血功能，加大科研和人才资助力度，完善评价与激励制度。在大力推进原创性学术研究的同时，从政策上、机制上鼓励研究人员面向经济建设主战场，把科学研究同社会需求紧密结合起来。从制度上为创新群体和优秀中青年骨干科研人员提供更为广阔的学术研究条件。

5. 积极参与政策制定和企业发展

参与国家会计法规建设，跟踪研究相关领域的国际发展，建立与国家证券监管部门、财政部门、审计部门的密切联系，为国家会计法规体系和公司治理的完善提供政策咨询，为国家的经济建设和社会发展作出应有的贡献。

6. 全力支持海西建设，积极服务地方经济

作为紧密支持机构，积极参与“厦门市对台会计合作与交流基地”(2010 年 7 月经财政部批准由厦门市财政局牵头）建设，在学术研究、学术交流、科研项目组织、高层次实务咨询与培训的组织和实施方面承担任务，并努力做出积极贡献。积极参与地方经济建设，继续做好面向福建省及周边地区的实务咨询工作。

中山大学中国公共管理研究中心

中山大学中国公共管理研究中心于 2000 年 12 月经教育部批准成为教育部人文社会科学重点研究基地。10 年来，在教育部和中山大学领导、中山大学社科处的具体指导下，在此中心全体研究人员的共同努力下，基地建设已具备一定规模，并在国内外公共管理学界产生重要影响，成为国内公共管理研究的风向标。

一、总体情况

此中心从国（境）外引进青年学术骨干10余名，现有专职研究人员32名，有多名教授入选教育部新世纪优秀人才，成为凝聚公共管理人才的主要阵地。此中心成立了7个能开展实质性研究活动的研究所，以所为载体，研究活动形成专门性、专业化、跨学科的特点。

仅“十一五”期间，以此中心名义出版的著作就有73部，在CSSCI及SSCI收录刊物上发表论文约142篇，获国家级、省部级科研成果奖10项。以此中心研究人员作为第一负责人承担的研究项目共162项，研究经费约2500万元，成为中国公共管理知识生产中心。

此中心的公共管理学基础理论、公共财政与公共预算、社会保障与社会政策、城市治理与区域公共管理等领域研究在国内持续领先，并在电子政务、社会管制、公共部门绩效评估、非营利组织研究等领域取得重要进展。

此中心与国外著名学术机构交流频繁，和国内外近100所知名大学及相关研究机构建立了稳定、深入的合作关系，成为稳定的学术对话平台。

此中心研究人员也在国际学术界担任重要角色。马骏教授担任包括英国 *Public Administration & Development* 编委、*Australia Journal of Public Administration* 国际顾问委员会委员、《法国公共财政》(法国）顾问委员会委员在内的多个外国学术杂志编委委员。岳经纶教授担任 *Journal of Poverty and Social Justice* 国际顾问。

此中心举办“理论工作坊”、“学术沙龙”，创建各种学术交流平台，引导研究人员改变单兵作战的传统模式，通过交流形成共同的研究兴趣和理念，开展合作攻关，形成团队合力。同时成立了中国政府与政治数据中心、中国政府与政治案例中心、民意与舆情调查中心，扎根于全面系统的经验数据，促进学科研究。

二、主要成绩与经验

10年来，此中心在国际主流期刊上共发表英文论文55篇，占全国公共管理学界英文发表量极大部分。尤其是马骏教授发表在 *Public Administration and Development* 的论文国际影响名列全球本学科ESI引用的TOP1。

此中心现主持编译9套译丛，总计将编译74本国外学术名著，至今已出版26本。译丛在国内学术界反响巨大，获众多学者好评。

此中心马骏教授所著的《中国公共预算改革：理性化与民主化》，获高等学校科学研究优秀成果奖（人文社会科学）政治学学科著作类二等奖；《公共预算：比较研究》获2010年《国家哲学社会科学文库》出版重点工程资助。另有多项成果陆续获广东省哲学社会科学优秀成果奖一、二等奖。

此中心主办的品牌会议：“21世纪的公共管理：机遇与挑战”国际学术研讨会、“中国公共预算研究全国学术研讨会”、“华人公共管理学者研讨会”均以其出席重要学者多、会议论文质量高而成为中国公共管理研究的重要交流平台。

此中心公开出版刊物《公共行政评论》、《公共管理研究》、《中国公共政策评论》，皆以其严谨的编辑理念、高品质的稿件标准成为中国公共管理学人共同的精神家园。

此中心自成立以来，提交近50份咨询报告，初步形成推动中国政府创新的智库。如马骏教授所主持的美国进步时代研究，为当代中国治理实践提供了重要借鉴。该项目研究成果《美国进步时代的政府改革及其对中国的启示》一书，获得中央政治局委员、广东省委常委、广东省委书记汪洋同志的重要批示。马骏教授组织撰写的《公共预算读本》，被有关机构赠送4000本给全国人大代表使用，全国人大预算工作委员会有关领导对此读本评价较高。马骏教授、牛美丽副教授应浙江省温岭市委宣传部邀请，为该市“预算民主恳谈”改革提供咨询，并提供公民参与预算的培训，获得重要反响。陈瑞莲教授等撰写的研究报告《澳门特别行政区中央聘用及人员调动机制改革研究》，获“第二届澳门人文社会科学研究优秀成果评奖”二等奖。以何艳玲教授为课题组副组长的“中国政府向社会组织购买公共服务研究”课题成果，获民政部2009年优秀成果一等奖。

三、标志性成果

（1）马骏、侯一麟教授的《美国进步时代与当代中国的预算改革》(*Budget Reforms in the United States of USA Progressive Era and Contemporary China*）于2009年12月在美国顶级学术期刊*Public Administration Review*发表。这是国内学者首次以第一作者在国际顶级刊物上发表文章。

（2）马骏教授的《实现政治问责的三条道路》，发表在《中国社会科学》2010年第5期。该文提出建立一个对人民负责的政府是现代国家治理的核心问题，并总结三条实现政治问责的道路：19世纪的欧洲道路、从新中国成立到进步时代改革的美国道路以及雏形初现的中国道路。

（3）马骏教授的《中国公共预算改革：理性化与民主化》，是中国公共预算领域从政治学和公共行政学视角所著的第一本著作。该书的许多观点得到了实践者的高度认同，不仅在中国政治学和公共行政学界产生了较高的学术影响，也产生了跨学科（例如财政学和法学）的影响。该书获高等学校科学研究优秀成果奖（人文社会科学）政治学学科著作类二等奖。

四、“十二五”建设思路

此中心将通过高质量学术团队整合打造高质量学术精品，初步形成中国公共管理学研究的“中山学派”，更好地承担作为教育部人文社会科学重点研究基地的国家责任和使命。

（1）汇聚高端人才，组建高水平研究队伍。牢固树立特色意识和一流意识，走内涵提高为主之路，倾力打造学术精品，培养学术大师。

（2）凝练研究方向，培育标志性学术精品。引导各个方向的研究人员深入中国政府与政治的真实世界，转变研究方法，构建本土化的经验理论；将在各地建立调研基地；同时大力支持具有中国特色的规范理论研究。

（3）深化交流层次，搭建高质量交流平台。与国际学术伙伴合作申请课题，开展实质性的学术合作，在扎实的经验研究基础之上平等参与国际学术对话。

（4）强化问题意识，建设专业化政府智库。面向政府，提供决策咨询与理论支撑，给决策者当好“外脑”。面向公众，传承文明，创新理论，咨政育人，为公众提供精神家园。

（5）重视数据收集，提供持续性研究资源。继续建设中国政府与政治数据中心、中国政府与政治案例中心、公共管理实验研究中心及民意与舆情调查中心，为持续性研究提供智力支持。

中国人民大学应用统计科学研究中心

中国人民大学应用统计科学研究中心前身是成立于1988年的统计科学研究所，经过10多年的发展，积淀了坚实的研究底蕴，在此基础上于2000年组建应用统计科学研究中心，申报全国高校人文社会科学重点研究基地，并于当年获得教育部批准。

此中心建立后，始终认真贯彻落实教育部“普通高等学校人文社会科学重点研究基地管理办法”和有关文件的精神，坚持以搞好科研为重心，以改革和创新管理体制为前导，以强化国内一流，争创国际一流为目标，利用学科特点和优势，积极开展横向联合，加强国际交流与合作。经过10多年的努力，此中心在科学研究，人才培养，队伍建设等方面都取得明显成效，成为统计学科学术研究和国际交流的重要基地和平台。

一、总体情况

此中心目前有4个研究室，分别为社会经济统计、数理统计方法应用、风险管理与精算、生物与卫生统计，并设有图书资料室和行政办公室。

此中心研究人员实行动态聘任制，申报此中心正式立项获准，即成为中心专职研究人员，签订聘任合同；项目完成后，与此中心聘任合同解除。此中心也聘任承担各类重大项目，带课题经费进入的人员为兼职研究人员。自此中心成立至今，先后聘任校内外专职研究人员18人、兼职研究人员31人。

10年间，此中心共承担各类科研项目153项，经费总额1636.1万元。其中，教育部重点研究基地重大项目19项，经费380万元；国家级纵向课题42项，经费562.7万元；其他横向课题54项，经费638.4万元；中国人民大学科研项目6项，经费48万元。

截至2010年年底，此中心研究人员共发表期刊论文272篇，其中SCI及SSCI检索论文32篇，软件及专利成果3项，出版著作92部，向各级部门提交研究报告130份，向国家部委及省市委提交报告62份。

10年来，此中心专兼职研究员共培养研究生627人，其中博士后15人、博士162人、硕士464人。并通过成立学生研究小组、组织前沿培训等，积极创造条件，提高研究生科研能力，开发新的人才培养模式。

二、主要成绩与经验

1. 凝聚学科发展方向，创建重点研究平台

此中心始终沿着应用统计学科建设方向发展，坚持国内一流、世界影响的战略定位。科学研究瞄准国家重大实际发展问题，既树立标志性研究成果，也追求最新领域的发展研究，注重统计学科的交叉研究。10年间，此中心建设了九大重点研究平台，还创建和发展了面向实际应用的研究子机构：竞争力与评价研究中心、调查技术研究中心、数据挖掘

中心、六西格玛质量管理研究中心、保险精算中心、数据库研究室等，突出应用主题，创建网站，建立新型的学术交流、知识普及和与用户零距离连接的模式。

2. 扩大国际影响，推进统计学科国际化发展

10 年间，此中心共举办各类学术会议 43 个，其中国际会议 15 个。通过学术会议，特别是国际会议，构建国际交流平台，扩大国际影响。例如，2001 年召开的“中国的保险监管与精算实务国际研讨会”，有 10 个国家和地区的 150 名代表参会。2005 年召开的“第 15 届国际投入产出大会”，有来自世界五大洲近 40 个国家的 280 余位国际代表参加。自 2004 年开始与中国人民大学统计学院联合主办国际统计论坛，至今已经举办四届，其中“第四届国际统计论坛”，邀请 9 位来自美国、澳大利亚及中国的科学院院士，多名考普斯奖获得者以及斯坦福大学、哈佛大学、加州大学等 150 多位国外统计学者前来参会，显示了论坛的国际影响力。

此中心还搭建交流及发展平台，邀请国内外专家学者讲学及合作研究，共 243 人次；专兼职研究员出访境外参加国际会议或访学，共 110 人次。通过广泛的学术交流，及时掌握学科发展动态。通过在 SCI、SSCI 检索期刊发表论文、在国外出版学术著作等，扩大学术影响。

3. 理论联系实际，提供咨询服务

此中心许多课题研究注重与实际部门合作完成，面向各级政府及社会各界开展咨询服务，提高解决重大实践问题的综合研究能力和参与重大决策能力，并追求开发统计分析精品与实际部门长期互动。在统计数据、统计调查基础上建设数据库。各项实际应用课题成果，为各部门提供了大量的咨询报告及服务。主要合作机构有：全国人大常委会、国家发改委、国家开发银行、国家海关总署、商务部、对外经济贸易合作部、国家信息产业部、国家统计局、国家环境保护总局、国家商检总局、国家工商总局、各省市政府部门及其他企事业单位等。

三、标志性研究成果

（1）金勇进的《北京市居民满意度评估系统研究》。本项成果的研究贡献表现在，全面论述了进行满意度评估的意义和构建满意度测评体系的思路；提出满意度结构模型，为统计方法在满意度测评中的应用开拓了广阔的空间；在 PLS 方法和 LISREL 方法样本量的研究上取得创造性成果，利用功效分析的方法，得到更精确的最小样本量；将测评方法中的信度分析和效度分析应用到满意度调查问卷的分析中；采用结构方程中的直接、间接效用分析，满意度重要性矩阵，奖惩分析和客户细分方法，为满意度指数的应用提供了方法论的支持。本项成果形成专著《满意度评估系统应用研究》，并被评为“北京市第九届优秀哲学社会科学一等奖”。

（2）赵彦云的《中国制造业产业竞争力评价与分析》。本成果借鉴国际竞争力理论和方法，力求深入分析当前我国制造业发展所面临的诸多问题与挑战，提供中国制造业产业竞争力研究应用社会化的一项全新性研究成果，创造真正有益的社会价值，为企业、金融机构和政府之间的沟通和竞争力的互动提升服务，积极创造三位一体的经济和谐社会。在研究组织上，突出与国外研究前沿交流，与国家统计局工交司合作，全面开发企业数据库的竞争力分析研究，为国家发改委、中国工商银行信贷部直接服务，也以学术论坛和国内

外重要学术会议、学术刊物等方式上发表研究成果，并获北京市第九届哲学社会科学优秀成果一等奖。

(3) 高敏雪的研究报告《绿色国民经济核算体系框架研究》。本成果对建立绿色国民经济核算体系的现实需求和理论方法基础进行了归纳；提出了"中国绿色国民经济核算体系的理论框架"；完整地给出了关于核算目标、核算原则、核算概念、核算内容和表示、核算中的估价方法、核算实施步骤的整体思路，为建立中国国民经济核算体系提供了第一个比较规范的版本；依据环境经济核算框架，对环境污染主题进行了实际核算尝试，从污染治理成本和污染损失两个角度得出了"经污染调整的 GDP"的初步核算结果。此成果获环境保护科学技术二等奖，项目负责人荣获 2006 年 CCTV 感动中国人物奖。

四、"十二五"的发展思路

此中心"十二五"规划的总体目标是：加强对现代统计分析理论与技术的探讨，加强对现代统计方法和应用的研究，运用现代统计学理论和方法交叉组合研究解决我国经济社会发展过程中的重大实际问题，形成特色突出和科学有效的统计技术的应用产品或服务，把此中心建设成国内一流和世界有重大影响的学科平台。承继以学术研究带动基地发展的思路，并在"十二五"期间确定以下主要研究方向：

(1) 重大发展问题的统计技术创新研究；

(2) 现代统计技术与方法的应用性研究；

(3) 精算技术的创新与应用；

(4) 生物医学统计技术发展与应用。

同时在基地运行、项目管理、成果推广等方面积极探索，力争在"十二五"期间将此基地建设成为更加具有学术地位和影响力的统计学科科研与交流平台。

北京大学宪法与行政法研究中心

一、中心概况

北京大学宪法与行政法研究中心成立于 1999 年 12 月，2004 年被批准为教育部人文社会科学重点研究基地。此中心的前身可追溯至 20 世纪 50 年代初成立的北京大学法律系宪法教研室，80 年代发展为宪法与行政法教研室，90 年代改建成北京大学公法研究中心，2002 年更名为北京大学宪法与行政法研究中心。

此中心有专职研究人员 8 名，校内兼职研究人员 6 名，行政秘书 1 人，资料信息员 1 人。此中心主任和学科带头人为我国著名行政法学家姜明安教授。此中心下设 4 个子中心：人民代表大会与议会研究中心、公众参与研究与支持中心、软法研究中心、教育法研究中心；建有 4 个学术网站：北大公法网、人大与议会网、中国公众参与网、北大软法网；设有行政办公室、资料室等辅助和支持性机构。

二、主要成绩和经验

1. 人才培养

此中心自1981年11月获得硕士学位授予权，1985年获得博士学位授予权。历年共招收硕士研究生188名，已毕业168名；招收博士生121名，已毕业97名，为社会各界培养了一大批功底扎实而又勤于思考、作风严谨而又勇于创新的人才。目前在政界担任副部级职务的有4人，在学界担任博导或教授的有11人。

在创新人才培养模式方面，此中心积极探索，总结出了研究生培养的两步战略："世界眼光"和"中国问题"。一方面依托北京大学博士研究生培养的弹性学年制，通过联合培养、访问学者、交换学生等方式，争取让每位博士生在读期间都能够走出去；另一方面，聘请学生担任助理研究员、项目官员等方式，引导学生关注中国当下的现实问题。

2. 学科建设

此中心现有北京市和北京大学宪法学精品课程一门；姜明安教授主编的《行政法与行政诉讼法》到目前为止已经连续修订四次，累计印行达29次；中心完成的"行政法学科建设和基础理论创新"获北京市教育教学成果奖（高等教育）一等奖、第六届高等教育国家级教学成果二等奖，"法律专业学位硕士教学培养方式改革"获"2009年度北京大学教学成果奖校级一等奖"。此中心2010年获得国家级宪法与行政法学（本科）优秀教学团队奖。

3. 理论研究

自2004年年底以来，此中心成员共出版学术专著和教材20多部，同时策划和组织了三套公法著作系列：《宪法行政法系列》（已出近20种）和《宪政论丛》（已出近30种）、《中国公法学三十年回顾与反思丛书》（共4卷）。此外，还组织出版了5套公法名著译丛，其中商务印书馆的《公法名著译丛》和在中国人民大学出版社的《法学译丛——公法系列》已出版译著20多种。这些著作和译作系列已经成为中心的品牌和平台。此中心还创办了学术刊物《行政法论丛》，每年出版1卷，以研究公法学前沿理论问题为特色，汇聚了大批国内青年公法学者的最新研究成果。此中心目前还承担国家和省部级科研项目23项，其中基地重大项目10项，已结4项。

此中心在宪法和行政法的各个方向研究都已经产出了具有重要影响的理论成果，出版或发表了《平衡理论》（罗豪才）、《软法》（罗豪才、姜明安）、《新行政法》（姜明安）、《政治宪法学》（陈端洪）、《司法审查和宪法司法化》（张千帆、王磊）、《公众参与、信息公开和行政程序》（王锡锌）、《高等教育法》（湛中乐）、《风险规制》（沈岿）、《国家赔偿法》（湛中乐、沈岿）等。其中很多成果已经以英文和俄文的形式发表。此中心已经形成了以核心成员为主的子研究团队，同时广泛吸收在相关领域颇有研究的专家和学者，从而形成或紧密或松散的合作关系，充分调动研究生和具有学术潜力的本科生参与课题的研究。在此基础之上，形成了以中心为单位的基地研究团队，而中心下设的4个子研究中心和网站，是中心成员组织研究团队、开展研究的重要平台。

4. 社会服务

此中心的各位成员积极开展应用对策性的研究，参与国家立法和政府决策咨询工作。自2004年以来，此中心的成员以个人或者集体身份参与了草拟、咨询、论证许多重要的法律、法规，例如食品卫生法、行政强制法、国家赔偿法、保密法、选举法、政府信息公开条例等。此中心学者还就国家重大决策向政府有关部门建言献策（姜明安教授本身兼为北京市人大代表），得到党和国家领导人的肯定；中心成员提出的审查《城市房屋拆迁管理条例》的建议，受到相关机关的高度重视。此中心的王锡锌教授作为中央电视台的特邀评论员，定期就重要的法律、公共政策和事件发表评论。

此中心学者多次到政府部门和各级法院讲学，宣传法制和法治理论，参与司法部和中国法学会组织的法学家讲师团宣讲法治的“双百工程”。此中心学者在国家重要报刊杂志发表宣传性文章上百篇，接受电视报刊采访上百次。此中心积极推动地方政府层面的制度创新，专门开通了政府信息公开援助热线，发布政府透明度白皮书等。

5. 交流合作

此中心自 2004 年以来召开国际学术会议 5 次，国内学术研讨会 7 次，举办各种学术论坛、讲座 50 多次，接受 3 名校外学者和 1 名境外学者来基地做为期半年的专题研究和交流，共有 13 人次出国讲学或参加国际会议。

此中心现在已经形成了年度会议、中小型会议、论坛和讲座相辅相成的学术交流机制。此中心每年就社会关注的重大问题与美国耶鲁大学或国内知名高校联合举办年度会议，同时不定期举办中小型学术研讨会、沙龙和法律与公共政策论坛，就社会热点话题进行研讨和评论，辅之专题讲座，收到了良好的效果。自 2009 年以来，此中心还通过每年举办“世界宪政暑期讲习班”、“宗教与法治暑期培训班”的形式，邀请国外知名的宪法学者和相关领域的专家，培训国内高校的青年教师和研究生以及相关机关的工作人员，成为一个交流和沟通的平台，取得了良好的社会效果。

三、标志性研究成果

（1）罗豪才、宋功德著的《软法亦法》，法律出版社 2009 年出版。此书是国内外第一部系统地以公共治理领域的软法为题的专著，是罗豪才教授在平衡理论之后提出的又一个重要的研究课题。此书目前正在被翻译为英文和俄文版出版。

（2）姜明安著的《行政诉讼法》，法律出版社 2007 年出版。此书是我国《行政诉讼法》通过实施后，最早出版的研究该法基本原理的学术专著之一。2007 年根据行政诉讼法理论与实践的最新发展进行了修订，获“北京大学改革开放三十年人文社会科学研究百项精品成果奖”、司法部第三届全国法学教材一等奖。

（3）王锡锌著的《公众参与和行政过程——一个理念和制度分析的框架》，中国民主法制出版社 2007 年出版。此书是国内第一本从公共行政过程角度系统研究行政法问题，并建立与行政过程相适应的公众参与理论和制度体系的学术论著。它是王锡锌教授多年研究和实践的总结，体现了作者对于传统行政法忽视行政过程的敏锐诊断及对参与民主理论的深刻理解。

（4）陈端洪著的《宪治与主权》，法律出版社 2007 年出版。此书是“政治宪法学”的代表作，是作者多年对主权、财产权等宪法理论研究的结晶，相关理论已经在宪法学界引发了热烈的讨论，2010 年获第三届钱端升法学研究成果奖一等奖。

四、“十二五”建设思路

此中心在“十二五”期间准备从以下几个方面进一步加强基地的建设：

（1）增加专职研究人员数量，优化梯队结构。目前中心专职人员的数量相比较而言过少，队伍建设未能形成老、中、青三代合理分布的人才梯队，缺少青年段研究人员。未来将通过引进人才解决这一方面的问题。

（2）进一步凝聚研究力量。此中心的研究人员现在每个人都有自己的重点研究方向，形成了各自的研究风格和团队。“十二五”期间将进一步合理化研究力量的分布状况，进一步凸显北京大学宪法与行政法研究中心的特色和代表性的产品。

（3）增加产出标志性的研究成果。除了继续推动出版一般性的研究成果，如教材、围绕特定具体制度的研究之外，进一步鼓励创作具有相当理论深度的专著。

（4）进一步增加国际学术合作与交流。“十二五”期间将聘请世界著名学者来校讲学、合作研究，与世界一流水平的大学或学术机构开展实质性合作，同时通过翻译等多种形式将中心的研究成果输送到国外。

吉林大学理论法学研究中心

一、总体情况

2000 年 9 月，以法学理论学科为核心的吉林大学理论法学研究中心成为教育部人文社会科学重点研究基地。十年来，此中心按照教育部《普通高等学校人文社会科学重点研究基地管理办法》的要求和本中心的发展规划，在教育部和吉林大学的领导下，取得了实质性进展和显著成绩，为繁荣马克思主义法学和建设社会主义法治国家做出了较大贡献。在 2004 年的教育部人文社会科学重点基地评估中，此中心获得专家的一致赞誉，被评为优秀研究基地。在 2010 年的教育部人文社会科学重点研究基地评估中，此中心顺利通过了评估。

二、主要成绩和经验

（一）主要成绩

1. 学术团队整体实力持续增强

此中心的学术团队中，现有哲学社会科学资深教授 1 人，国务院学位委员会学科评议组成员 1 人，中央马克思主义理论研究和建设工程项目首席专家（召集人）1 人，国家社科基金重大项目首席专家 2 人，国家级教学团队 1 个，国家级教学名师奖获得者 1 人，教育部跨世纪（新世纪）优秀人才 6 人，全国十大杰出青年法学家称号获得者 1 人，中国法学会副会长 1 人，二级学科研究会执行会长、副会长 5 人。

2. 科学研究成果丰富

此中心承担或完成省部级以上科研项目 80 余项。其中，中央马克思主义理论研究和建设工程项目 1 项，国家社科基金重大项目 2 项，中央政法委重大项目 1 项，教育部哲学社会科学重大课题攻关项目 1 项。

此中心在权威性学术刊物上发表 CSSCI 论文 500 余篇，其中被《新华文摘》等国内权威学术文摘刊物转载 80 余篇；出版学术专著和教材 60 余部，其中，国家级精品教材 2 部；科研成果获得省部级奖励 50 余项。

3. 人才培养成绩突出

此中心共毕业 179 名硕士研究生，266 名博士研究生。目前共有 118 名硕士研究生，200 余名博士研究生在中心就读。培养的研究生中，获得全国优秀博士学位论文提名论文 2 篇，发表 CSSCI 论文 40 多篇。

4. 社会服务能力明显增强

此中心研究人员作“百名法学家百场报告会”报告 15 次，向中央省市有关部门提交各类咨询报告、意见 80 多项。张文显教授主持负责起草了教育部“十五”、“十一五”人文社会科学研究规划（法学部分）。从 2005 年起，张文显教授主持编写每年《中国高校哲学社会科学发展报告》中的法学部分。

5. 学术出版物方阵粗具规模

这个学术出版物方阵由一个刊物(《法制与社会发展》)、一个论丛（《法理学论丛》)、一个文库（“吉林大学理论法学研究中心文库”）构成。从 2004 年起，《法制与社会发展》杂志成为由此中心独立主办的法学期刊，近年来一直位居全国法学 CSSCI 来源期刊前十名。从 2007 年起，此中心决定资助出版学术文库，已在科学出版社、法律出版社出版了学术著作三批共 37 本。

（二）主要经验

1. 凝练研究方向

此中心根据国家重大战略需求与吉林大学学科建设需要，不断凝练和巩固重大研究方向，造就了主要研究方向特色突出、优势明显的良好局面。10 年间，此中心在法理学教材建设、权利理论研究、法治研究、部门法哲学研究、法律全球化研究等研究方向上取得了突出成绩，产出了一大批重要科研成果。

2. 加强学术团队建设

采取内部培养和外部引进相结合的方式，重视培养与引进优秀的学术带头人和学术骨干，提升本项目学术团队的整体实力。在过去的 10 年里，此中心的学术团队的整体实力明显增强。

3. 深化人才培养机制改革、创新教学方式和课程体系

此中心以培养拔尖创新人才为目标，不断深化本科生、研究生教学改革和人才培养机制改革。此中心开发建设了“部门法哲学”、“法学研究方法”等新型课程，在本专业课程中普遍采用了创新性课堂讨论教学方式，持续举办了“生活中的法理”系列论坛共 86 次。

4. 重视国际国内学术交流与合作

连续举办了 96 次“海外学者讲座”、133 次“当代法学名家讲座”。每年聘请国外著名专家来校用英文为本科生、研究生系统讲授专业课程，并与国际学术机构建立了稳定的合作关系。此中心还先后举办了 28 次全国性和国际性学术研讨会。

5. 重视条件支撑建设

此中心办公条件不断改善，目前共有办公面积 1400 余平方米，图书馆藏书 4 万余册。

此中心购买了世界著名的NexisLexis、HeinOnline、WestLaw数据库和国内著名的“北大法宝”数据库的使用权，同时自主开发建设了“马克思主义法学”、“全球化”两个数据库，开发建设了“中国理论法学研究信息网”等多个学术网站。

三、标志性成果

（1）张文显的专著《法哲学范畴研究》(修订版)，中国政法大学出版社2001年出版。这是一本以法哲学范畴为对象的学术论著，对法哲学的基本范畴、中心范畴、基石范畴作了层层深入的科学分析，在此基础上提出并论证了当代中国法哲学研究范式及其转换。本书出版以来，在学界产生了广泛而深远的影响，并获得多项省部级科研奖励。

（2）姚建宗的专著《法治的生态环境》，山东人民出版社2003年出版。本书主要论述了作者对“法治”在内的各种法律与法学主题的独立的理论思考。本书的出版对中国法学接法治研究产生了重要影响，获第二届钱端升法学研究成果奖二等奖。

（3）宋显忠主编的《部门法哲学讲座》(第1辑)，高等教育出版社2005年出版。本书具有学术团队集体研究和法学跨学科研究的鲜明特色，受到了法学界同行的好评，成为研究部门法哲学的必读著作之一。

（4）杜宴林的专著《法律的人文主义解释》，人民法院出版社2005年出版。本书从对法律人文主义精神的深切关怀出发，旗帜鲜明地提出要认真对待人文主义，提出了一系列富有启发和拓新意义的见解。本书在学界产生了广泛影响，是不少高校的指定参考书。

（5）张文显教授主编的《法理学》(第三版)，高等教育出版社2007年出版。本书是本中心学术团队在法理学研究和教材建设上所取得的标志性成果，是目前我国高校使用范围最广、影响力最大的法理学教材。本书继第一版荣获2002年全国普通高校优秀教材一等奖之后，2007年又被教育部评为首批国家精品教材。

（6）黄文艺的专著《全球结构与法律发展》，法律出版社2006年出版。本书提出要从全球视野研究世界和中国的法律发展问题，推进了法律发展研究向全球化范式的知识性转型。本书在法律出版社出版后，受到了学术界的广泛关注。

四、“十二五”建设思路

在“十二五”期间，此中心将以邓小平理论、“三个代表”重要思想为指导，深入贯彻落实科学发展观，根据教育部关于基地建设的总体目标，即从全面建设小康社会和高等教育改革发展的实际需要出发，构建特色鲜明、优势突出、结构合理、协调发展的高等学校人文社会科学重点研究基地体系，为建设具有中国特色和世界水平的高校哲学社会科学创新体系提供强有力的支撑，同时紧密结合吉林大学“十二五”发展规划，推进各项事业的全面发展。

就重点举措方面而言，在“十二五”期间，此中心将进一步凝练学术方向、汇聚学术队伍、突出学术特色、提升学术优势、打造学术品牌，有效地整合中心的科研力量，强化中心的学术特色和品牌，产出一批具有鲜明吉林大学特色的标志性成果。为了有效地整合中心的科研力量，加强主攻方向的研究，此中心将改变原来按学科划分设置研究机构的做法，转而依据科研主攻方向设置研究机构。

武汉大学国际法研究所

一、总体情况

武汉大学国际法研究所基地自建立30年以来，始终以建设世界一流学科为目标，围绕中国和平发展中的一些重大国际法律问题进行布局并开展研究，目前不仅在科学研究方面取得较大的进展，而且在人才培养和学术队伍建设等各方面均处于国内国际法研究的前沿。此研究所在巩固和加强国际公法、国际私法、国际经济法三个传统研究方向的基础上，成功凝练出国际组织法与WTO法、国际民商事争议解决法和国际商法三个重要研究方向，逐年承担教育部哲学社会科学重大攻关项目，取得了一批高质量、有代表性的研究成果。

此所的学术团队以中青年专家为主，学科梯队结构合理，现任所长是曾令良教授。此所专职研究人员中，有教授和博士生导师14人、副教授8人、讲师4人，其中21人具有博士学位。学术带头人在国内学术界享有很高的学术声誉，在国际上也有一定影响，发表和出版了大量的科研成果，这些科研成果中获得国家级奖励1项，省部级奖项19项，其他奖励25项，学术成果得到了国家和社会的广泛认可。

此研究所还为国家相关部门提供了大量的咨询报告。这些报告不仅为我国的立法、国际条约的谈判和重大案件的处理，提出了重要的参考意见，而且广受咨询部门的认可。黄进教授、曾令良教授、余敏友教授和肖永平教授等还经常参加国家立法活动，为国家的一些重大事务出谋划策。肖永平教授2004年参加了《海牙协议选择法院公约》的谈判，何其生教授2005年参加了联合国国际贸易法委员会《国际合同使用电子通信公约》的谈判。在国家相关制度设计和政策咨询中，此基地参与的机会越来越多。

总体而言，经过多年的建设，作为我国国际法研究的中心，此基地在整体上具有综合优势，某些领域达到或接近国际先进水平。在国际公法、国际私法、国际经济法、比较法以及这些学科的综合研究方面形成了学科门类齐全、学科发展水平相当、中青年学术带头人突出、研究水平国内一流的鲜明特色，在国内外学术界已经产生了广泛影响。

二、主要成绩和经验

此研究所严格按照教育部的规定，在科学研究、人才培养、咨询服务、学术团队和资料信息建设方面均取得了突出的成绩。具体表现在：

（1）在科学研究方面，共承担各类科研课题84项，其中包括国家社科基金重大攻关项目2项和多项国际合作项目。出版各类著作112部，发表论文575篇，包括在国外主流刊物发表论文39篇，国内权威刊物发表论文13篇，其他核心刊物发表论文171篇。30余项科研成果获得省部级以上奖励。

（2）在人才培养方面，此所的专职研究人员一方面承担了武汉大学法学院本科生全部的国际法学科课程以及相关毕业论文指导工作，另一方面则培养了大量的国际法学科硕士、博士研究生、博士后研究人员、海外留学生。其中每年大约有60多位硕士研究生获得硕士学位，30多位博士研究生获得博士学位。此所教师出版了系列本科教材和研究生教材，其中“国际私法”、“海商法”、“国际公法”先后入选国家级精品课程，“海商法”、“国际知识产权法”先后入选国家双语教学示范课程。国际法系列课程教学团队入选2007年国家级教学团队，“深化国际法教学改革培养具有国际竞争力的法律人才”2009年先后获得湖北省教学成果奖特等奖和国家级教学成果奖一等奖。国外留学生和港澳台地区学生比“九五”期间增加了两倍。多人次在国际国内法庭和仲裁庭辩论赛中获奖。

（3）在咨询服务方面，数份咨询报告被国内外机构采纳，其中50多份咨询报告被省部级以上单位采纳，是“十五”期间的两倍。其中有些报告以成果要报形式报中央政治局。

（4）在学术团队建设方面，此所先后吸收了10名具有海外留学经历的博士学位获得者来国际法研究所工作，其中1人以最优成绩获得瑞士伯尔尼大学法学博士学位，1人获得世界知名高校美国哥伦比亚大学博士学位，1人获得加拿大多伦多大学博士学位。曾令良教授、易显河教授先后入选教育部长江学者特聘教授；余敏友、何其生、杨泽伟3位教授先后入选教育部新世纪优秀人才支持计划。肖永平、杨泽伟2位教授先后入选武汉大学珞珈学者特聘教授；易显河教授2009年9月4日在意大利那波里召开的国际法研究院大会上第一轮投票中当选为联系院士（Membre Associé）。

（5）在学术交流方面，与欧美多所大学和研究机构建立了合作关系，主办国际国内学术会议25次，参加国际学术会议60多人次，邀请50多名国内外著名国际法学家来武汉大学讲演，出版了《武大国际法讲演集》。编辑出版了《中国国际私法与比较法年刊》和《武大国际法评论》。

三、标志性成果

此研究所的国际法理论研究已经形成了颇具个性的学派风格，雄厚的理论研究实力和特点甚至被国内学者称为“珞珈学派”。

（1）曾令良教授和课题组成员围绕“中国和平发展中的重大国际法问题”，撰写的《论中国和平发展与国际法的交互影响与作用》在《中国法学》发表后，中国法学会党组以“研究动态”方式，呈送全国人大常委会、全国政协、最高人民法院、最高人民检察院、公安部、安全部、教育部、国务院法制办、外交部等国家机关和政府部门，抄送中国法学会会长、常务副会长、会长和常务理事以及各省市自治区、新疆建设兵团法学会。2008年1月，该文被高等教育出版社和世界著名出版公司Springer共同创办的《中国法律前沿》(*Frontiers of Law in China*）选为中国大学最前沿的研究成果（法学），翻译为英文在该刊2008年第3卷第1期上向世界读者推介。

（2）肖永平教授的《法理学视野下的冲突法》，由高等教育出版社2008年7月出版。该书打破现有冲突法体系观念的束缚，对于法律冲突的分类、法律适用规则与冲突规范的关系、连接因素的形成和选择等问题的观点和主张有利于建构中国特色的国际私法理论体系和立法体系。

（3）由黄进教授指导的、何其生博士完成的《电子商务的国际私法问题》(法律出版社2004年版）是我国国际法领域最早系统研究电子商务所带来的国际私法问题的专著，

2004 年入选了全国百篇优秀博士论文。该书出版后先后获得了司法部第二届全国法学教材与科研成果“二等奖”和“第二届钱端生法学研究成果奖”三等奖。

（4）在咨询报告方面，2006 年 9 月杨泽伟教授《加强我国能源安全保障的若干建议》的咨询报告报送中央政治局委员。2005 年 3 月，海牙国际私法会议关于《排他性法院选择协议公约》的谈判进入关键阶段，此研究所与外交部条法司组织国内一些知名的学者，针对公约所涉及的问题在武汉大学进行了专题研讨，深度参与海牙国际私法会议关于《排他性法院选择协议公约（草案）》的谈判。另外，聂建强教授受托向经济合作与发展组织撰写的专题英文咨询报告也已被该组织所采纳。

四、“十二五”建设思路

（1）深入研究中国在变动的国际秩序中的角色变化。准确把握中国的国际地位和作用，全面认识面临的机遇和挑战，向世界宣示中国对国际事务的基本理念和原则，宣示中国立场、中国主张、中国作用。

（2）加强对我国当前重大关切的国际法问题研究。研究我国面临的关系国家根本或重大利益的重大国际法问题，提出符合我国根本利益的观点、主张和学说。

（3）加强对和谐世界理念与国际法发展趋势的研究。追踪国际学术前沿，开展国际对话，为参与建立国际法律新秩序进行智力准备；提炼中国的国际法理论，建设中国特色的国际法学科体系，为建立国际政治和经济新秩序提供理论支撑，推动建设一个持久和平、共同繁荣的和谐世界。

（4）加强国际法与完善中国特色社会主义法律体系的研究。研究国际法在社会主义法治国家建设中的应有作用，积极提出对策和建议，从法理上为国家有关立法实践提供有力支撑。

（5）加强对中国国际法事业发展规律的研究。深化对我国国际法教学和研究工作全局性、长远性、根本性问题的研究，推进中国国际法事业健康发展的规律性认识，促进国际法教学、研究和实践工作共同发展。

武汉大学环境法研究所

一、总体情况

武汉大学环境法研究所，成立于 1981 年 6 月，是中国第一个专门从事环境法学教学和研究的机构，首任所长为著名法学家韩德培教授，现任所长为王树义教授。现有专职研究人员 11 人，其中教授 5 人、副教授 4 人、博士研究生导师 6 人、硕士研究生导师 9 人。1999 年入选中国普通高等学校人文社会科学重点研究基地。2001 年，基地的环境与资源保护法学被教育部评审为国家级重点学科，2007 年再度被教育部评审为国家级重点学科。目前为我国环境法学科中唯一的国家级重点学科。

二、主要成绩

（1）建设了一支结构合理、学科交叉的专职学术队伍，产出了一批有较大影响的学术成果，出版专著和教材30余部、学术论文400余篇，其中，在CSSCI刊物和国际刊物上发表的学术论文上百篇。

（2）承担了一批国家和省部级重点科研课题。课题来源广泛，如教育部、司法部、国家发改委、环境保护部、国土资源部、国家林业局等上10家单位，项目完成情况良好，受到委托单位好评。另外，承担了亚洲开发银行、美国律师协会、澳大利亚悉尼大学等国际和外国组织的国际科研项目，经费逾200万元人民币。

（3）培养了一大批环境与资源保护法学和环境管理方面的高级人才。10年间，此学科招收了300余名环境与资源保护法学硕士和博士研究生，毕业学生200余名。

（4）积极为国家环境法治建设实践服务。参加了我国国家和地方多部环境保护法律、法规的起草研究或修改研究工作，如《中华人民共和国环境保护法》等。10年内向国家有关部委提交了数十份项目研究成果和咨询报告并得到采纳。

（5）信息资料建设成绩显著。此所目前建有全国最大的环境与资源保护法学图书资料中心，并建立了中国第一个环境与资源保护法学专业门户网站——“中国环境法网”、中国第一个环境与资源保护法学电子期刊——《环境法》和世界自然保护同盟环境法学院官方网站的中文版网站。

（6）国内影响力显著。此基地主任王树义教授被国家环境保护部聘为国家环境应急专家组专家，蔡守秋教授、李启家教授分别获得国家环境保护总局“环境保护杰出贡献者”和“全国环境政策法制工作先进个人”荣誉称号。蔡守秋教授被聘为国家减灾委第二届专家委员会专家，杜群教授入选教育部跨世纪人才计划。蔡守秋教授应邀到吉林大学、清华大学、中国人民大学、中国社科院、中国海洋大学、福州大学等举办调整论的讲座，引起强烈反响。《光明日报》和新华社（《东南法学论坛：一场别开生面的法学论坛》，2004年1月13日）对此都做了专门报道。

（7）国际影响力显著增强。2009年，此基地与世界自然保护同盟环境法学院于武汉大学共同举办了“世界自然保护同盟环境法学院第七次全球学术会议”。会议代表共200多人，其中，外国专家、学者多达110余人。2010年9月，此基地与欧洲多国联合举办“首届中欧环境法论坛”，大获成功。中欧20多个高等院校或科研机构的专家学者逾50人在比利时召开论坛第一次学术会议，中国驻欧盟大使宋哲亲自出席并致辞。2011年2月27日，世界自然保护同盟环境法学院全球首个环境法教学与研究高级培训基地于基地挂牌。2月28日—3月4日，世界自然保护同盟环境法学院和基地共同举办的“全球环境法教学与研究高级培训班”在此基地举办，来自全国20多个高校的环境法学教授在此接受培训。

三、主要经验

（1）注重队伍建设。此基地目前形成了一支“老中青”相结合、人员学历、职称结构比较合理的学术队伍。高级职称的比例占到90%，博士生导师的比例占到50%。

（2）树立精品意识，打造集体学术成果。蔡守秋教授的《调整论——对主流法理学的反思与补充》，获湖北省社科优秀成果奖一等奖。秦天宝教授的专著《遗传资源获取与惠益分享的法律问题研究》入选新闻出版总署第一届“三个一百”原创图书出版工程。此基地主编的《环境法学文库》、《环境法系列专题研究》和《可持续发展与中国环境法治》影响日盛。

（3）立足为国家环境法制实践服务。10年来，此基地积极参与国家环境法制发展的实践，承担多项国家立法研究课题，为全国人大、国务院各部委提交研究报告、咨询报告几十项，并基本都被采纳。此基地名副其实地成为国家决策活动的“参谋”和“智囊”。

（4）瞄准国际前沿，扩大国际影响。此基地目前是世界自然保护同盟环境法学院最大的战略合作伙伴，同时拥有“中欧环境法论坛”、“中法环境法论坛”等常设的国际合作平台。基地在全球环境法学领域里的影响迅速提升。

（5）拓宽科研合作渠道。10年来，此基地与中央各部委、地方政府、国际组织、外国组织合作的科研项目达几十项，科研经费达600万元之多，极大地丰富了基地的课题来源资源。

四、标志性成果

（1）蔡守秋教授的《调整论》。此书是本学科近些年来最有分量的一部学术专著，它从环境与资源保护法学的基本理论研究入手，对法学的某些基本理论问题进行了反思和追问，引起了整个法学界的关注。专著出版以后，许多大学纷纷邀请蔡守秋教授去讲学访问。

（2）一大批受到国家有关部委重视并被采纳的项目研究报告和咨询报告。这一类成果虽然并非是正式出版的学术专著或论文，但它们得到了有关部委的肯定和采纳，直接地为国家的环境法治建设服务。这些研究报告和咨询报告主要有：关于修改《中华人民共和国环境保护法》的几点思考、《中华人民共和国固体废物污染环境防治法》的修改建议稿、《中华人民共和国清洁生产促进法（草案）》的意见书、《中华人民共和国森林法》修改研究报告及草案专家建议稿、《中华人民共和国长江法》起草研究报告及草案专家建议稿、《中华人民共和国资源型城市可持续发展促进法》起草研究报告、《中华人民共和国土壤污染防治法》起草研究报告及草案专家建议稿等。

五、“十二五”建设思路

（1）坚持科学发展观，以问题为导向，理论联系实际，立足于服务国家环境法制发展，瞄准全球环境法之学科前沿，引领中国环境法学的发展方向。

（2）精心培育和打造基地标志性成果。致力6项研究：①环境法基本理论研究；②环境法基本范畴研究；③环境保护基本法比较研究；④环境法法典化研究；⑤中国土壤污染防治立法研究；⑥中国流域立法研究等。前三者侧重于环境与资源保护法学学科的理论创新，后三者侧重于服务中国的环境法治实践。

（3）继续办好“三书、一刊、两网站”，即《环境法学文库》、《可持续发展与中国环境法治》、《环境法系列专题研究》、电子期刊《环境法》、环境法专业门户网站——“中国环境法网”(www. riel. whu. edu. cn）和“世界自然保护同盟环境法学院网站”的中文版，扩大对学术界和社会的影响。

（4）新搭建两个国际学术交流平台，即“中美加环境法论坛”及“中澳环境法论坛”和一个海峡两岸的学术交流平台，即“海峡两岸环境法论坛”。

中国人民大学民商事法律科学研究中心

中国人民大学民商事法律科学研究中心是专门从事民商事法律科学研究的综合性学术研究机构，研究范围涵盖民法、商法、知识产权法、社会保障法、婚姻家庭法、民事诉讼法等多个领域。2000 年 9 月，此中心被批准为教育部人文社会科学重点研究员基地。目前，此中心拥有专职研究 20 人，其中教授 13 人，兼职研究员 43 人，客座研究员 6 人。

一、主要成绩

此中心在教育部社政司、中国人民大学及其法学院领导下，经过全体研究人员的共同努力，在科学研究、人才培养、学术交流、资料信息建设、咨询服务和科研改革等方面取得良好成绩，已成为民商法学界公认的学术中心、教学中心、信息中心和国际交流中心，是我国民商事法律立法的智库、沟通司法实践的桥梁，引领学术前沿发展的旗帜。在 2004 年、2009 年教育部两次重点研究基地评估中，此中心均获得“优秀”，在 9 所法学研究基地中排名第一。2007 年获得“全国教育系统先进集体”荣誉称号；2009 年荣获“首都维护消费者权益突出贡献奖”。

10 年来，此中心共有 3 人 3 次在中央政治局、6 人 7 次在全国人大常委会主讲法制讲座，为党和国家的最高决策提供法律意见。此中心有 5 位专职研究员先后被评为“中国十大杰出中青年法学家”(王利明、陈桂明、张新宝、刘俊海、王轶)，多名专、兼职研究员担任相关领域的学科带头人。此中心坚持以科学研究作为核心工作，共取得各类科研项目近 150 项，已经结项 100 多项。其中，国家社科基金项目 21 个、教育部重大攻关项目 2 个、教育部人文社会科学重点研究基地项目 18 个，承担国家其他部委及北京市社科项目 50 个，承接横向科学研究项目 60 个，经费近 1000 万元。10 年间，此中心研究人员出版署名中心著作 167 部、论文 587 篇，其中在《中国社会科学》、《法学研究》、《中国法学》三大刊物发表 54 篇。

此中心承担了国家重点研究项目即中国民法典起草研究，王利明教授亲自率领课题组攻关完成，目前推出了一项标志性科研成果——《中国民法典学者建议稿及立法理由》(共五卷)，建构了我国民法典起草的大致框架，全面阐释民法典立法中涉及的诸多疑难问题，对我国民法典的立法及中国特色社会主义法律体系的完善起到了重大作用。

二、主要经验

此中心之所以能够这样的成绩，归功于始终将“开创一流学术”作为首要任务。为此，此中心积累了一定的经验。这些经验是此中心的“法宝”，是推动工作不断走向卓越的保障。

1. 密切配合国家民商事立法展开研究

此中心始终走在中国民商事理论研究与立法的最前沿，充分发挥科研优势，不断推动民商法学理论转化为国家制度建设成果。10 年来共向全国人大提交立法建议 12 份，咨询报告 83 份。《合同法》、《物权法》、《专利法》、《民事诉讼法》、《公司法》、《破产法》、

《劳动合同法》等重要法律的制定和修订无不凝聚着全体研究人员的智慧和心血。在2009年年底通过的《侵权责任法》起草工作中，此中心发挥了举足轻重的作用。在起草核心组的9名专家中，有3名专家为中心研究人员，并发挥着主导作用。两年中，此中心组织起草了《中国侵权责任法草案建议稿及说明》，并配合或者与法工委共同召开了10余次国际、国内会议，保证了《侵权责任法》按计划顺利通过。2010年，此中心发起设立了"国际民法论坛"，主办了第一届学术研讨会，并在会后向全国人大法工委提交《关于召开"国际民法论坛"讨论中国人格权法立法的报告》，推动了我国人格权法的立法进程。

2. 始终坚持理论界与实务界的广泛交流

此中心始终以"理论与实践相结合"为指导，致力于推动民商法理论界与实务界的普遍交流与合作，把配合最高司法机关推进民事司法发展作为重要任务认真抓好。此中心有多名研究人员担任最高人民法院、最高人民检察院专家顾问，接触第一手的司法案例材料，为司法改革及重大疑难案件的处理提供咨询。10年来，此中心多次为最高人民法院制定司法解释提出建议稿，召开专题研讨会，为多部重要民事司法解释的制定做出了重要贡献。另外，此中心创办了"法官与学者对话"、"检察官与学者对话"和"律师与学者对话"三个论坛，加强了理论和实务工作者的交流和联系，在高层次上就诸多疑难问题进行深入研究，取得了重要成果。目前，"法官与学者对话论坛"已举办七届、"检察官与学者对话论坛"已举办三届，"律师与学者对话论坛"已举办两届。

3. 着力打造引领学术发展的特色品牌

2000年，此中心设立"民商法前沿"论坛，邀请国内外著名学者专家举办学术讲座，彰显学界动态，宣扬前沿思想。至今，此论坛共邀请海内外著名学者近300人，举办讲座359场，现场观众超过7万人。此中心将论坛录音整理上传网络，以最快速度对民商法领域最新成果进行传播，引起了国内理论与实务界乃至世界的普遍关注，讲座实录在中国民商法律网上累计阅读次数已超过400万次。民商法论坛作为民商法中心着力打造的特色品牌，已成为国内大师魅力的展示舞台、前沿资讯的传播媒介、学术思想的交流平台，也是传播中国民商法学术思想及国外了解中国民商法学的重要窗口。2010年7月已成立东亚侵权法学会，组织开展《东亚统一侵权法示范法》的起草。同年10月，此中心发起设立了"国际民法论坛"，为各国民法学说与实践交流搭建平台。

4. 不断培养民商法学研究的后备力量

在抓好科研工作的同时，此中心对培养后备研究力量的工作也丝毫未曾懈怠。10年中，此中心共培养博士249名、硕士556名，其中有许多优秀博士被聘为中心专、兼职研究人员，为中心不断输入新鲜的思想和年轻的活力，使中心永远保持发展后劲。为发挥学生科研热情，加强学生科研实力，培养民商法研究新生代力量，此中心组建民商法研习社以引导学生开展学术活动。目前已举办专题研讨会8场、博士沙龙19次，出版会议论文集4本，与台湾大学联合主办的海峡两岸民商法硕博论坛已举办两届。

三、"十二五"发展思路

"十二五"期间，此中心拟采取有力措施，拓展思路，扩大影响，将各项工作不断推向前进。

1. 加强国际交流

在整合、引领国内民商法研究力量的同时，顺应经济一体化及国际化进程，积极推动私法一体化的发展。“十二五”期间要进一步促进国际交流，加强世界各国民法的对话与合作，扩大中国民法研究的影响力。要不断拓展与国际知名科研机构的合作，适当时候组织建立国际民法研究机构，使民商法中心成为具有重要国际影响的研究基地。

2. 推出学术精品

要不断提升层次，继续“高标准、严要求”地突出学术特色和专业品牌，精心培育真正能够代表国家水平的精品科研成果，争取在三年内完成一项集体攻关的标志性项目，一项具有前沿性、创新性的个人研究项目，作为“十二五”期间的标志性成果。同时，围绕中国特色民商法学体系建设的课题，展开深入研究，形成系列专著，展现中国民商法学研究的水平。

3. 夯实基础设施

要以专职人员为基本核心，补充青年研究人员，调动兼职人员积极性，团结全国民商法研究力量，搞好研究工作。充分发挥现有研究所组织和项目攻关作用，加强中心资料室建设，继续办好机关刊物《判解研究》和信息窗口“中国民商法律网”，发表更多学术精品，提高引用率。

中国人民大学刑事法律科学研究中心

一、基地概况

中国人民大学刑事法律科学研究中心是专门从事刑事法研究的新型综合性学术研究机构，也是我国刑事法领域唯一的国家级重点研究机构。此中心依托中国人民大学雄厚的人文社会科学基础与中国人民大学法学院坚实宽广的法学学科实力，以国家级重点学科刑法学科为龙头，涵盖刑事实体法、刑事程序与证据法、刑事侦查与刑事物证技术、刑事法律史、国际刑法等刑事法律学科群中的主要领域。在国内刑事法学界具有明显的综合优势。此中心成立10余年来，在有关方面的鼎力支持和全体专兼职同仁的共同努力下，取得了丰硕的研究成果，已经成为名副其实的全国刑事法领域的重点研究基地和高层次人才培养培训基地，并正在逐步成为中国刑事法治建设的智囊和咨询服务基地。

二、主要成绩与经验

1. 注重研究创新，引领学术发展

此中心一贯以学术创新作为科研活动的内在动力，以基础理论研究为重心，同时关注立法和司法实践中提出的热点问题，开展具有创新性的研究，取得了丰硕成果。10年来，共发表学术论文900余篇，出版学术著作200余部，获省部级以上的奖励40余项，承担的主要科研项目110余项。这些研究代表了我国刑法学界近几年的发展方向，对于我国刑法理论的深入发展和刑事立法、司法实务的进步，均起到了重要的推动作用。

2. 开拓研究阵地，打造学术平台

为了充分发挥此中心在全国刑事法学界的领头作用，团结最广泛的刑事法学者，为刑事法学的研究与交流提供一流的平台。此中心先后组织出版了近10种连续出版物，同时还先后组织推出了10余种系列丛书，出版了校内外学者撰写的300余种学术著作，其中，有影响的学术丛书有《刑事法律科学文库》(共出版学术著作73部)、《中国人民大学刑法学博士文丛》、《外国刑法典译丛》、《刑法博士论文精粹》、《明德刑法学名家讲演录》等。这些系列丛书的推出，在刑法理论界和司法实务界产生了很大影响。

3. 加强人才培养，造就栋梁之材

此中心在人才培养方面积累了丰富的经验，创造了突出的业绩，培养的研究生中，有3人获得"长江学者"称号，有6人获得全国"十大青年法学家"称号（共评出60名），有2篇论文被评为全国百篇优秀博士学位论文。

4. 开展学术交流，扩大对外影响

此中心特别注重开展国内外高水平的学术交流活动，以此来推动国内刑事法学的发展，以扩大此中心在国内外刑事法学界的学术影响力。10年来，主办的各种学术研讨会有80余次，其中国际性的学术会议有20余次。由于这些大中型国际性和全国性的学术会议的议题较新，讨论的问题集中，并且有相当的深度，因而在国内外产生了较大的影响，每次都有多种、多家新闻媒体做报道，从而推动了我国刑法学界对相关问题的研究，为扩大本中心的影响也起了很大的作用。

同时，此中心还把邀请国内外著名学者和司法实务专家来做学术讲座，作为学术交流的一种重要形式来开展。常设的学术讲座就有"名家刑法讲座"、"刑事司法实务专家讲座"、"刑事法讲座"等。10年来，平均每年举行的高规格讲座都有20次左右。以常设的"名家刑法讲座"为例，从2002年设立至今共举办了93期。以上这几种形式的学术交流，在很大程度上推动了我国刑事法学研究的发展，加强了我国刑事法学界与国外的交流与合作。

5. 服务法治建设，发挥智囊作用

此中心的一个优良传统就是密切联系实际，坚持为国家的刑事法治服务。10年来，全国人大常委会、最高人民法院、最高人民检察院的刑法立法、司法解释草案大多征求过此中心专家的意见。此中心多名教授还受聘于司法机关，有的担任最高法院、最高检察院的咨询委员，还有的担任各级司法机关的专家咨询委员，提供经常性的咨询服务。另外，此中心还有多名教授直接到司法机关兼职担任领导工作，这既是此中心人员服务国家法治建设、发挥智囊作用的一种重要形式，同时，也为此中心人员了解司法实务情况提供了便利，为开展学术研究奠定了很好的实践基础，为出理论联系实际的高水平学术成果创造了条件。

6. 加强队伍建设，构筑人才高地

此中心2005年8月出现人才流失问题后，学校和学院采取了许多有力的引进人才的特殊措施，在比较短的时期内，充实了研究队伍，加强了科研实力。先后引进了张小虎、刘明祥、田宏杰、肖中华等在国内学术界有一定影响的中青年教授，还引进了付立庆、李立众、王莹等在国外留过学的青年才俊，到此中心工作，同时聘请最高检察院的戴玉忠大检察官任基地主任。充实后的研究团队，在全国高等院校的刑事法学科中，具有明显的优势。

三、标志性研究成果

(1) 此中心名誉主任高铭暄教授主编的《刑法专论》。此成果是国内刑事法学界公认的对刑法学中的重要问题进行系统专题研究的最权威最有影响的学术著作，被许多高校作为刑事法学研究生的专用教材或必读书目，荣获第三届全国法学教材与科研成果一等奖，去年还被翻译成韩文在韩国出版发行，对韩国刑法学界产生了重大影响。

(2) 此中心副主任谢望原教授主编的《中国刑事政策研究》。此成果是国内刑事法学界公认的一部首次系统深入对我国的刑事政策（特别是近年来提出的宽严相济刑事政策）做出科学总结和深刻说明的高水平学术专著，荣获北京市优秀社会科学研究成果二等奖。

四、“十二五”建设思路

(1) 进一步优化研究队伍，合理配置现有的研究人员；继续完善专兼职研究人员的梯队结构。同时，加大从海外引进优秀青年学者的力度，力争在未来五年内从英美国家或欧洲国家引进二三名取得博士学位并有很好的发展前景的年青学子到本中心来工作，确保此中心研究队伍和实力在全国刑事法领域处于绝对领先优势。

(2) 充分调动刑法学之外的刑事诉讼法、刑事侦查、刑事法律史、国际刑法等学科研究人员的积极性，注重发挥此中心在全国刑事法领域的综合优势，使各学科的研究人员都能心往一处想、劲往一处使，形成整体的合力，共同为此中心的繁荣发展努力奋斗。

(3) 加大科研工作的力度，组织研究人员就若干重大理论和实务问题进行攻关，保证在五年之内出三至五部高质量的学术著作，能够作为下一轮基地评估的标志性成果，并受到学术界的高度评价。此外，对此中心人员在外兼职（如到检察院挂职担任副检察长）要进行严格限制和规范化管理，同时，要进一步完善本中心研究人员科研考核和奖励的机制，适当加大科研奖励和惩罚的力度，以促进本中心人员潜心开展科学研究工作。

(4) 做好重点研究课题的设计论证、组织申报工作。要注重发挥群体的优势，重大课题设计论证都要组织讨论，尽可能地集思广义。并且，要组织研究人员就一些重大课题进行集体攻关，形成集合优势，推出高质量高品位的研究精品。

(5) 通过完善国际交流机制，拓展长效合作项目，以保证学术交流项目能够在更合理的模式下开展。在保持与中央政法机关的广泛合作的基础上，加大与地方实务部门开展交流与合作的力度，并努力推出一批合作精品。

(6) 继续办好几种连续出版物，组织出版高水平的系列学术丛书。要想办法进一步提高《中国刑事政策报告》、《刑事法探究》、《比较刑法研究》、《中国刑事判例评论》等几种连续出版物的质量，同时，继续与有关出版社合作，组织出版好已有的和新推出的系列学术丛书，以进一步扩大此中心的学术影响力。

(7) 继续开展好学术交流活动，适当减少学术会议、学术讲座的数量，注重质量。主办好若干有重大影响的国际或国内学术研讨会，选择好若干前沿性热点主题，组织开展好“明德刑事法论坛”活动，邀请若干国际刑事法学界公认的权威学者到此中心来讲学。

(8) 继续做好服务社会的法律咨询和为国家立法司法机关当好参谋的工作。认真为司法机关处理有关疑难案件提供法律咨询意见，积极提供有重要参考价值的立法与司法建议，充分发挥作为国家刑事法制建设智囊的作用。

中国政法大学法律史学研究院

一、总体情况

中国政法大学法律史学研究院是教育部人文社会科学重点研究基地。该学科汇集了一批以张晋藩先生为首的国内一流专家学者，在国内外享有崇高的学术声誉。1983年该学科成为新中国第一批法学博士学位授予单位之一，1986年被批准为首批国家级重点学科，2004年入选“教育部人文社会科学重点研究基地”。此研究院一直致力于以下四个目标：一是达到教育部和学校规定的基地建设的优秀等级；二是努力建设“两个中心，一个平台”，即学术研究中心、信息资料中心和国内外交流合作的平台；三是保持在学术研究特别是科研成果方面国内总体领先，国际有一定影响；四是发扬并创新本院的特色，向学派和流派方向努力。经过多年的不懈努力，此研究院已成为全国最具实力的专业单位之一，同时也是辐射全国的专业研究中心。

二、主要成绩和经验

1. 科研队伍逐渐壮大

“十五”期间，此研究院积极引进人才以加强科研队伍建设。2002年、2003年、2004年，此研究院新共有专职研究人员10人，其中教授（研究员）6人、副教授4人、专职秘书2人。“十一五”期间，研究院在科研队伍建设上取得突破：一是吸收年轻研究人员和博士生参加重大项目，从而提高青年学者的学术能力，进入学术前沿，提升学术创新能力；二是在学科人才布局上取得较大进展，改变本研究院外法史和法思史方面的青年人才不足、年龄梯次不够合理的局面，新调入3位研究人员（其中两位年龄在30岁左右，均为中级职称），使得此研究院的年龄结构、职称结构和研究方向与布局趋于合理。

2. 学科建设日益加强

此研究院下设三个研究室，即法制史研究室、法律文化研究室、比较法研究室；一个办公室、一个资料室，另建有网络中心。同时，按照教育部有关基地建设的要求，完善了有关制度、规定，订立了多项切实可行的规章。为提高学科竞争力、优化学科资源配置，此研究院努力致力于以下三方面的工作：一是整合专兼职研究人员的学术资源，使兼职聘任人员实质性参加、参与科研活动；二是整合校内外相关研究资源，促进学科良性发展；三是建设法律史学信息资料，加大了对法律古籍等资料的搜集工作，使藏书由原来的几千册扩展到近万册，重要法律资料，特别是大型资料建设有了进步。

3. 科学研究成果显著

“十五”期间，此研究院研究人员共出版专著、教材35部（专著27部），发表学术论文181篇（特类论文1篇，一类论文18篇核心期刊及二类以下论文共162篇），累计获得科研经费214万元，共获各种奖项12人次。“十一五”期间，此研究院瞄准科研前沿，开展各项科研攻关。截至2010年6月，此研究院专职研究人员共发表学术论文189篇（其中在CSSCI期刊上发表101篇），共出版专著46部，共成功申报各类项目29项（包括国家清史工程主体项目《法律志》，国家社科基金项目4项，省部级项目19项，其他项目5项。已经完成9项），共获得科研经费326万元。

4. 对外交流与合作不断发展

“十五”期间，此研究院研究人员多次参加在境外、国外举办的国际学术会议，累计参加中外学术交流活动120余人次，其中到国外、境外主持、参加研讨会和学术交流的13人次。“十一五”期间与美国、日本、韩国及中国港澳台地区展开了实质性合作，包括美国、日本、韩国等国外学者，共10余次到本研究院进行学术交流。通过这些交流合作，推动了此中心国际学术交流的层次、提高了国际化影响。

三、标志性研究成果

“十一五”期间，此研究院紧紧跟踪学术前沿，为学术界提供有质量的原创性成果，从而引领学科发展，取得了多项重要成果。

（1）张晋藩教授主持的《清史稿·法律志》。清史纂修是经党中央批准的我国在新世纪的一项规模宏大的文化工程，《法律志》属于主体类项目，项目实施周期长，质量要求非常高。此院以自身在清代法律研究方面的雄厚实力与良好学术影响，在清史纂修工作中承担了主体项目，并将《清史稿·刑法志》改为《法律志》，一字之差，代表了当代学术界对以往法律的新认识，这是认识上的重大进步。这一课题由张晋藩教授主持，法律史学研究院多人参与。在《清史稿·法律志》的纂修中，张晋藩提出要根据中国古代法律体系来研究法制史的想法，力图打破传统的“诸法合体、民刑不分”的思想束缚。针对以往法制史研究中只能借用现代部门法的名称，难免给人以削足适履之感的问题，在编写清史《法律志》时，将清代民法改为“民事制定法与民事习惯”；经济法改为“经济体制与运行管理法”，行政法改为“行政管理与职官法”等。这使得《法律志》的研究乃至法律史研究更能贴近处于转型期的清代法制历史的实际。作为新世纪标志性的文化工程，《清史稿·法律志》的撰写在法律史编纂、清代法律档案、清代法律文献资料整理、清代法律史研究人才培养、清代法律史学科的重新整合等方面都起到了推动作用。2010年5月，初稿完成。

（2）张晋藩教授主持的《中国少数民族法制通史》（多卷本）。此书是国家社科基金项目的研究成果。全书计划出版8卷，500万字，涵盖中国历史上40多个民族、部族，该书列入国家“十一五”重大出版项目，计划由中央民族大学出版社出版，2006年出版四卷。该书是继《中国法制通史》之后的又一带有标志性的重大学术成果。以往在研究中国法制史时，中国各少数民族的法制史研究显得十分薄弱，远未体现其对中国法制文明发展中的贡献，也使丰富多彩的法制史显得过于单一。该书从少数民族的习惯法到成文法都有详尽的阐述，尤其注重挖掘少数民族独特的法律意识和不同的法律样态，以其说明中国各少数民族在中国法制文明形成发展史的贡献。

四、“十二五”建设思路

此研究院在“十二五”期间的工作将进一步开展，争取取得更大成绩。基本建设思路是：立足全国，放眼国际，以服务于国家经济社会发展的重大理论与实践需要为根本方向，以建设中国特色社会主义法律史学科体系为战略目标，瞄准法律史学研究前沿发展趋势重点加强基地的基础建设，着力提高法律史学研究水平，全面培养法律史学研究后备队伍，为国家的社会主义法治建设事业做出更大贡献。

建设目标是：①保持清醒意识，按照更高的标准建设研究中心以提高竞争力；②优化人员组合，建设创新团队，增强持续发展能力；③树立改革意识、团队意识和国际意识，完成硬性指标；④与“211工程”结合，围绕未来发展方向，形成优势领域；⑤占领学术前沿，做出标志性成果；⑥广泛参与国际、国内学术交流，进一步扩大国际影响。

此研究院将组织国内法律史学研究骨干力量，聚焦于与当前现实情况息息相关的社会问题，进行法律史学的分析和对策研究，为解决当前的社会问题提供历史借鉴，使研究具有现代意义。为此，明确了两个主攻方向：一是“中国古代的法制与秩序”；二是“中华法系的共通原理与比较及其当代价值研究”。预期的标志性成果是：第一，出版专著《中国古代的法律与秩序》(多卷本）以及发表专题论文；第二，出版专著《中华法系原理》及发表专题论文。理论创新是：第一，探究中国古代维持社会秩序、实现社会控制的真实途径以及法律在上述多元途径中的地位和作用；第二，中华文化中“法律之治”的合理位置；第三，在比较的意义上阐明“中华法系”的原理，探索其对于当代构建区域性法律体系的价值与实践意义。

中国政法大学诉讼法学研究院

2000年10月26日，作为教育部普通高等学校人文社会科学百所重点研究基地之一的中国政法大学诉讼法学研究院正式揭牌成立。此院以中国政法大学雄厚的法学专业基础为依托，以国家级重点学科诉讼法学科为重心，研究领域涵盖三大诉讼法、证据制度、司法制度等多个方面。

自成立以来，此院严格按照教育部有关重点研究基地建设的各项标准与要求开展工作，坚持以科研为立足之本，注重人才培养与团队建设，广泛开展多层次学术交流与合作，积极为国家立法决策提供理论支持，取得了可喜成绩。在教育部2004年和2010年两次重点研究基地评估中，此院均取得了“优秀”。

一、总体情况与主要成绩

此院下设刑事诉讼法学研究所、民事诉讼法学研究所、行政诉讼法学研究所和证据法学研究所四个研究所，另设办公室、专业资料室、电子阅览室、中国诉讼法律网和《诉讼法学研究》、《中国诉讼法判解》编辑室等机构。现有专职研究人员12名，其中博士生导师8人，硕士生导师10人，具有博士学位者10人。同时还聘请了30余名国内外知名专家、学者担任兼职研究人员。

10年来，此院专职研究人员独立及合作出版专著120余部，译著6部，教材、工具书近70部，发表论文逾800篇，其中在权威期刊、核心期刊发表的论文近300篇。在这些研究成果中，先后获得1个国家级奖项，25个省部级奖项（其中一等奖6项，二等奖13项，三等奖4项，优秀奖2项）和10个其他等级科研奖项。

在课题研究方面，此院专职研究人员十年间共有70个课题获得立项资助，其中国家哲社重大攻关项目1项，国家哲社其他项目8项，教育部重大攻关项目1项，教育部重点研究基地重大项目及其他项目23项，司法部等其他部级项目16项，地方政府项目1项，企事业单位资助及校级项目8项，外资及港澳台合作项目12项，项目经费折合人民币约2200万元。其中多项研究成果得到中央领导同志和中央政法委、最高人民法院等部门领导的重视和批示。

在为国家立法决策服务方面，此院贡献突出。10年来，此院专家、教授先后参加了刑事诉讼法、民事诉讼法、行政许可法、国家赔偿法等20多部法律、法规以及多项重要司法解释的起草、咨询、论证及修改工作，并向全国人大法工委、中央政法委、最高法、最高检等部门提交了《刑事诉讼法再修改专家建议稿》等多部立法建议书及咨询报告，受到了立法、司法机关的充分肯定和高度赞扬。尤其是在刑事诉讼法再修改的立法进程中，此院陈光中教授等多位研究人员不仅全程参与了全国人大法工委组织的数次专家论证与咨询会议，同时组织课题组完成了《刑事诉讼法再修改专家建议稿》、《刑事诉讼法修改的理性思考》等重大成果，其中多项立法建议获得了中央政法部门及立法部门的高度重视和广泛认可。

10年来，此院主办、联合主办了"刑事审前程序国际研讨会"等12次国际研讨会、"刑事诉讼法再修改重点问题研讨会"等近80次国内研讨会，并组织了"诉讼法学前沿问题系列讲座"、"域外诉讼法学前沿讲座"和"德恒程序论坛"等三个系列100余场学术讲座活动，取得了丰硕的理论研究成果和积极的社会反响。其间，此院接受前来访问与考察的海外学者40余人次；研究人员赴境外进行学术交流与访问的达70余人次，在国内各高校和实践部门进行学术讲座的达170余人次，参加国内学术交流和学术研讨会的近千人次。同时，此院还定期出版《诉讼法学研究》和《中国诉讼法判解》两本刊物，组织了"诉讼法学文库"、"人权和刑事司法国际准则"、"外国诉讼法翻译"、"法大诉讼法学博士文库"、"诉讼与证据前沿丛书"等多套系列丛书，出版著作150余部。

此院培养了近千名诉讼法专业博士、硕士研究生。在培养模式上，坚持课堂教学与课题研究相结合，在多个实证研究项目中先后吸纳近百名博硕士研究生参加课题调研和项目试验。与美国维拉司法研究所合作，每年选派优秀博士研究生赴美进行三个月的考察与进修，迄今已派出逾30人次。2010年4月，此院成功申报并作为执行单位具体承办了主题为"中国特色社会主义司法制度的完善与发展"的"全国博士生学术论坛"，为全国法学领域的博士生提供了一个为我国社会主义司法制度的建构与完善贡献才智的高起点、多向度的学术交流平台。

此外，在建设专业资料室以及专业学术网站方面，此院也取得了积极进展，形成了以中外文图书资料室、期刊阅览室、电子阅览室和"中国诉讼法律网"相结合的、较完备的图书信息资料中心。

二、主要经验与特色

总结此院10年建设与发展的经验，最深刻的体会是：制度创新是重点研究基地的活力来源与关键所在。此院积极落实教育部有关重点研究基地实体性建设、基地主任负责制、人员流动制、驻所研究制、学术委员会指导制等制度创新精神，深入开展科研体制改革。这为此院形成开放、自主、创新的理论研究氛围以及团结、进取的团队风貌奠定了坚实基础，同时也为此院各项工作的顺利开展提供了良好的制度保障。

概括此院10年建设与发展的历程，最主要的特色在于：注重学术创新，坚持理论联系实际。在学术研究方面，此院努力拓展研究领域，不断创新学术研究方法和思路，在创建具有中国特色的诉讼理论和司法理念方面进行了积极的探索，在诉讼原理、证据理论、国际刑事司法准则、三大诉讼程序改革与完善等领域均获得了突破性成就，形成了一批能够填补学科空白、具有学术前瞻性的创新观点和成果。在强调学术创新的同时，此院也十分注重诉讼法学科的应用性与实践性，坚持理论研究与司法实践的紧密结合。自成立以来，此院分别在广东省珠海市人民检察院等地成立了10个分支研究基地，并先后与北京市海淀区公安分局等逾10个司法实务部门确立了长期共建合作关系。在分支研究基地与合作单位的积极配合与协助下，此院结合“讯问时律师在场和录音录像试点项目”、“程序分流与刑事和解项目”、“非法证据排除规则试点项目”等课题研究任务，就多项诉讼制度的设立、完善或改革举措予以实证性的试验与评估。此院在实证研究方式上的不断探索，不仅为国家立法部门进一步修改法律提供了大量真实、可靠的参考数据、为司法实务部门提高办案水平提供了大量理论指导与咨询意见，也就实证研究方式在人文社科项目中的运用进行了大胆而有益的探索，为我国诉讼法学界乃至整个法学界开创了将人类学派的实证研究方式引入基础理论研究的崭新路径迈出了积极的一步。

三、标志性研究成果

（1）陈光中主编的《中华人民共和国刑事诉讼法再修改专家建议稿与论证》，不仅获得了中央政法部门及立法部门的高度重视和广泛认可，而且其中的多个条文也被全国人大法工委准备提交审议的《刑事诉讼法修改草案》所吸收。此书在司法部2009年全国法学教材与科研成果奖评选中获得二等奖。

（2）诉讼原理四卷本成果。系此院承担的基地重大项目“诉讼原理研究”的最终成果，包括《诉讼原理》(樊崇义主编)、《刑事诉讼原理》(宋英辉主编)、《民事诉讼原理》(杨荣馨主编）和《行政诉讼原理》(马怀德主编）四部著作。此成果开创了诉讼法学发展的新方向和新路径，是诉讼法学研究突破规范诉讼法学樊篱，开始走向理论诉讼法学的重要标志。

（3）樊崇义主编的《侦查讯问程序改革实证研究——侦查讯问中律师在场、录音、录像制度试验》。此书是对2002年至2006年间此院承担的“刑事侦查讯问程序改革”实证研究项目的系统总结和论证，是首次在我国刑诉法学研究中大规模地采用实证研究方法。此书在北京市第十届哲学社会科学优秀成果评选中获得一等奖。

四、“十二五”发展思路

此院“十二五”主攻方向为：“中国特色的诉讼原理与诉讼制度的完善与发展”。以此为基本架构，下设重大项目、重点项目、一般项目和青年项目四个级别的具体项目，由此形成既相互独立又协调一致的整体研究思路。对外由各级别项目主持人独立承担项目，对内则围绕主攻方向形成合力研究、资源共享的集体攻关团队。

在明确主攻方向的基础上，此院在“十二五”期间的重点研究任务包括：（1）诉讼法学理论体系研究；（2）三大诉讼法的修改与完善问题研究；（3）诉讼文化、司法理念研究；（4）诉讼价值与诉讼功能研究；（5）国际经验的本土化研究。

中南财经政法大学知识产权研究中心

一、总体情况

中南财经政法大学知识产权研究中心的前身是1988年成立的中南政法学院知识产权教学与研究中心，2000年正式更名为“中南财经政法大学知识产权研究中心”，是国内最早从事知识产权教学与研究的机构之一。2004年11月26日，此中心跻身于教育部人文社会科学重点研究基地行列。2005年，此中心研究人员承担的“知识产权法学”课程被评为国家级精品课程。2006年5月13日，国家保护知识产权工作研究基地落户此中心。2006年5月26日，此中心专职研究员吴汉东教授作为主讲人之一，应邀在中共中央政治局第31次集体学习上讲解“国际知识产权保护和我国知识产权保护的法律和制度建设”。2007年，武汉仲裁委员会知识产权仲裁院依托此中心成立。同年，知识产权所隶属的民商法学科被批准为国家重点学科。2008年9月，此中心的“知识产权教学团队”入选国家级教学团队。同年，知识产权司法鉴定所正式挂牌成立，湖北省创新型知识产权研究生培养中心设立。2009年，教育部研究生创新项目“知识产权暑期学校”顺利实施。2010年，国家知识产权局批准、资助中心每年主办“全国研究生知识产权暑期学校”，同年，国家知识产权局在此中心设立“国家知识产权培训基地（湖北）”和“国家知识产权战略实施研究基地”。同年，此中心在教育部对人文社会科学重点研究基地的第二次评估中被评为优秀。

二、主要成绩和经验

此中心在教育部的关心与支持下，在中南财经政法大学整体战略谋划的指引下，积极有效地开展各项工作，取得了喜人成绩：

1. 队伍建设

此中心现已形成“领军人物+优秀团队”的高层次人才梯队。从美国、德国及国内著名学府引进高水平优秀人才5人，吸引归国留学人员和国内专家20多人开展驻所研究。3人享受国务院政府特殊津贴，4人入选“新世纪优秀人才支持计划”，2人入选国家知识产权战略专家库，1人入选“2008年中国知识产权年度最有影响力十大人物”，1人入选“2009年度全球知识产权最具影响力50人”，1人当选为“湖北省优秀中青年法学家”，1人受聘学校“文澜学者”。

2. 科学研究

此中心专职研究员承担国家级、省部级等课题项目80余项。先后出版学术专著40余部，组织编写各类教材30余部，在核心刊物上发表学术论文500多篇，其中CSSCI收录120多篇，20多篇论文在国外期刊发表，SSCI收录3篇。科研成果获省部级以上奖励30余次。

3. 人才培养

2006年，此中心开始单独招收知识产权法学硕士研究生、博士研究生和博士后研究人员。教育部研究生创新项目“知识产权暑期学校”和国家知识产权局批准此中心主办的“全国研究生知识产权暑期学校”项目顺利实施。此中心研究生先后获得“2008年全国百篇优秀博士学位论文提名奖”等重大奖项50多项。

4. 学术交流

此中心举办学术研讨会10多次，每年举办1次“知识产权南湖论坛”。此中心与德国慕尼黑马普知识产权/竞争法及税法研究所、美国密歇根大学、比利时布鲁塞尔自由大学、日本北海道大学、英国Wales Aberystwyth大学和台湾东吴大学、台湾政治大学、台湾交通大学、澳门大学等高校、研究机构建立了友好的合作关系。

5. 社会服务

此中心专职研究员为中央部委、省、自治区、直辖市、大型企业举办培训、讲座100余场次，提交咨询报告40多份，参与组织编写国家保护知识产权培训系列教材5本，参与《著作权法》、《商标法》、《专利法》、《民间文学艺术作品著作权保护条例》等法律、法规和司法解释的起草与修订工作，参与制定《国家知识产权战略纲要》、《国家知识产权事业“十二五”规划》等国家、省市地区、行业的知识产权战略规划。

6. 信息建设

此中心图书馆收藏有中、英、日文等专业图书资料和期刊杂志4万余册。“中国知识产权研究网”(中英文) 连续两届荣获“全国十佳学术类网站”称号。主编的《知识产权年刊》每年推出一期，成为国内外学术界和实务界展现最新研究成果和以文会友的学术阵地。创办的《中国知识产权蓝皮书》两年出版一期，是国内首部以专家视角审视我国知识产权事业发展和进步的民间读物。

三、标志性研究成果

1. 研究人员应邀为中共中央政治局讲解知识产权

2006年5月26日，此中心主任吴汉东教授应邀在中共中央政治局讲解知识产权。此次讲解得到了国内外各大媒体的关注。新华社、《人民日报》、《光明日报》、《法制日报》均进行了报道。

2. 被教育部评为优秀研究基地

此中心依照教育部人文社会科学重点研究基地的要求和标准，在基地建设方面取得了突破性进展，2010年在教育部对人文社会科学重点研究基地的第二次评估中被评为优秀。

3. “知识产权南湖论坛”成为国际学术交流平台

这个论坛是此中心举办的国际性学术会议，每年举办一届，现已成功举办七届。此论坛每年都会邀请来自美国、德国、奥地利、日本、韩国、澳大利亚、比利时、荷兰、印度等国家以及中国香港、中国澳门、中国台湾和大陆地区的专家、学者、官员、律师以及企业家代表与会，是知识产权领域内的高端国际学术交流平台和民间学术盛会。

4. 教育部重大攻关项目《知识产权制度的变革与发展研究》被评为优秀项目

2004年立项并于2008年结项的这项研究课题组利用4年的研究时间，制定了科学、合理的研究框架和研究思路，组建了跨学科、跨院系、跨学校、跨地区、跨国家的研究队伍。课题组推出四部系列著作：《知识产权制度现代化研究》、《知识产权制度国际化研究》、《知识产权制度法典化研究》和《知识产权制度战略化研究》。

5.《知识产权基本问题研究》获得国家级重要奖项

由中国人民大学出版社出版的著作《知识产权基本问题研究》(第二版）分为总论和分论，深入研究知识产权的基础理论和具体制度。2007 年，作为唯一法学类著作入选首届中国出版政府奖图书奖；2008 年，获得首届中国法学优秀成果奖二等奖。

四、“十二五”工作思路

“十二五”期间，此中心将在进一步凝练学科方向的基础上，密切关注事关党和国家事业发展全局的战略性、前瞻性课题，以助推科技创新、培育发展战略性新兴产业，加快经济结构调整和经济发展方式转变、加快建设创新型国家为抓手，强化知识产权理论研究和实证研究在促进知识产权事业繁荣，推动经济社会全面协调可持续发展中的基础作用，为国家知识产权战略的全面贯彻实施，知识产权法律制度的完善、市场环境的优化、保护机制的健全、文化意识的提高、国际环境的和谐提供坚实的平台保证和智力支持。

站在新的历史起点上，此中心将充分发挥基地认识世界、传承文明、创新理论、咨政育人、服务社会的重要作用，进一步提升自身的国际化水平，融入国际知识产权主流学派；进一步增强重大科研攻关能力和可持续发展能力，争取产出一批具有重大学术价值和国际影响力的代表性成果；进一步加大加强科研团队建设，锻造一支国际知识产权学术队伍；进一步改革知识产权教育培养模式，培育高素质、高水平、高层次的知识产权专门人才；进一步加强国际交流合作，推进学术高端对话；进一步拓展基地的咨政平台功能，提升新形势下分析和解决重大问题的研究能力和实践能力，力求把基地建设成为在国际上具有相当影响力的学术创新高地、人才培养高地、咨政服务高地、信息资源高地，为引领和繁荣我国知识产权事业作出更大的贡献。

北京大学政治发展与政府管理研究所

北京大学政治发展与政府管理研究所——政治学基地，多年来注重发挥基地的平台作用和树立基地的发展特色。国外公务员培训项目已成为此基地一个亮点。2003—2009 年为充分发挥此基地平台作用，展示政治学领域研究现状，编辑出版了《中国政治学年鉴》共三辑，对政治学学科作出了贡献，是政治学基地的又一亮点。2009 年圆满完成的 2006—2009 年四年来的教育部对基地的评估数据资料整理工作，顺利通过教育部组织的专家评审组的评审并取得了良好的成绩。在制度建设方面，研究所对下属科研机构驻所研究管理不断地进行制度创新。这是基地建设管理体制的一项重要工作，给基地重大项目和横向研究打造出了良好的研究环境。10 年来，此基地研究出很多优秀学术研究成果，形成了学术交流开放平台，发挥着政治学基地的重要作用。

一、主要成绩

（1）此基地承担重大项目共 17 项。项目主持人能够按计划保质保量地完成研究任务，学术价值、理论深度、应用水平都上升到了一定高度。黄恒学教授主持的“加入 WTO 对中国中央政府管理体制和地方政府管理体制的影响”课题，在 2006 年获北京市第九届哲学社会科学二等奖。此基地承担的重大项目共 17 项中已结项 7 项，全部按期中检；2009 年关海庭教授、江荣海教授、陈红太教授主持的 3 个项目递交了结项材料。

（2）此基地 10 年来硕果累累，产出一批高水准、高质量研究成果，署名科研成果共有 169 项。其中：论文 112 篇、会议论文集 6 部、研究报告 4 部、专著 33 部、教材 8 部、译著 4 部、博士文库（专著）4 部、政治学年鉴 3 辑。

（3）此基地在学术会议交流方面，10 年来共举办 31 次国内、国际大中型学术会议，充分发挥了政治学基地对学术外交流窗口的作用。这 10 年举办的学术会议重要的学术会议有：“当代中国政治发展与政府管理学术研讨会”(2001，北京)；“海峡两岸公共管理学术研讨会”(2001，台湾地区)；“政治学片基地主任暨学术研讨会”(2001，北京)；“入世与政府应对学术研讨会”(2002，北京)；“海峡两岸地方政府与企业学术研讨会”(2002，北京)；“韩中经济与政治发展模式比较学术研讨会”(2005，韩国)；“服务型政府与和谐社会学术研讨会”(2005，北京)；“中国政府创新的理论与实践学术研讨会”(2006，哈尔滨)；“第一届中国公共预算研究全国学术研讨会”(2006，广州)；“构建和谐社会与城市基层民主建设学术研讨会”(2007，深圳)；“东亚文化与经济发展国际学术研讨会”(2007，北京)；“东亚文化与中国经济发展模式学术研讨会”(2008，韩国)；“传统文化与公共管理学术研讨会”(2008)；“第二届中国公共预算研究全国学术研讨会”(2008，湖南)；“第一届民主治理与公民社会学术研讨会”(2008，台湾地区)；“公共管理与地方政府创新学术研讨会”(2009，北京)；“深圳市西乡街道城市社会管理制度创新学术研讨会”(2009，深圳)；“第二届中国政党研究论坛暨‘政党内部民主与人民民主关系’学术讨论会”(2009，北京)；“中韩两国政府治理模式比较国际学术研讨会”(2010，北京)；“两岸公共治理——公共行政、灾害防救与危机管理”(2010，台湾地区)；“第三届公共预算研讨会”(2010，北京)；“政治发展与经济发展比较研究国际学术研讨会”(2010，韩国)。

（4）人才培养咨询。在商务部、外交部、教育部等有关部委的指导和支持下，政治学基地自 2004 年开始，系统承办商务部的援外人力资源合作开发项目。由于扎实的专业水准和良好的培训效果，此基地承办的研修班获得了来自商务部、外交部和广大官员学员的一致好评。在培训之外，还协助各个事业企业单位发展教育学术交流，推动国际合作与对外贸易。也达到了援外工作的根本目的，不断提升中国的国际地位。截至 2010 年 12 月，此基地共承办了 62 期研修班，培训官员 1000 余名，从短期 15 天经贸类，到长期 3 个月外交官类，横跨多个领域和专业，凭借着强大的师资后盾、优秀的组织能力，认真地完成了各项培训任务。

（5）2009 年教育部组织对基地进行评估，全面考核基础设施、学术队伍、人才培养、科研成果、科研经费、学术交流、网络数据库、图书资料等方面。此基地顺利地通过了教育部组织的专家评审组的评审并取得了良好的成绩。

二、标志性成果

此基地有 3 项标志性成果、20 项代表性成果。

（1）《加入 WTO 对中国政府管理体制的影响研究》，中国经济出版社 2005 年出版，黄恒学著。此成果从全新的角度，系统地研究了加入 WTO 对中国中央政府管理体制和地方政府管理体制的影响，从深层次上研究了目前中国中央政府和地方政府管理体制中所存在的与 WTO 规则不相适应，甚至相冲突的体制框架、组织结构、政策法规、行为规范、办事程序等各方面的问题及障碍，并提出了相应的适合于 WTO 规则的政策建议。此书出版后，在 2006 年北京市第九届哲学社会科学评比中，被评为二等奖。

（2）《政府学概论》，中国社会科学出版社 2005 年出版，谢庆奎著。此成果分析和探讨了政府的性质、目的、价值、合法性和政府发展等一系列政府学方面的理论问题，深入阐释了政府与政治、政府与经济以及政府与公民社会的关系。其目的旨在构建政府学的研究框架和理论体系。这个框架不仅包括政府理念、政府模式、政府价值、政府合法性、政府文化、政府发展等政府的概念因子和理论元素，而且还包括政府与政治、政府与经济、政府与社会等政府的生态环境和内部结构。这既是一个理论架构，也是一种分析方法。其中，在政府理念、政府模式、政府价值、政府发展以及政府与经济、政府与社会等章节中，都有首次提出的观点和新鲜的见解。此书出版后，受到学者们的广泛关注，同时被许多大专院校的政治学、行政学专业列为参考书目。在 2008 年北京大学 30 年科研成果精品奖评选中被评为精品奖。

（3）此基地编纂出版了《中国政治学年鉴》共三辑。编委会与编辑部于 2002 年 3 月成立，第一辑由中国大百科全书出版社于 2003 年 10 月出版，第二辑、第三辑均由中国文联出版社出版，时间分别为 2006 年 12 月和 2009 年 9 月。这是中国政治学研究领域的第一部年鉴，集中反映了我国政治学学科的发展现状与取得的研究成果。此年鉴既是重要的历史资料汇编，也是实用的信息检索工具书。年鉴共分重要专题综述、机构组织介绍、专家学者小传、博士论文指导、研究论著索引、研究生教育、重要刊物与网站介绍、重大学术活动简介、国外政治学研究情况概述等 12 个大类，还有全国政治学研究与教学机构通信录及全书索引。这是中国政治学研究发展历史上具有里程碑意义的一项重要成果。

（4）代表性成果共 20 项：周志忍著的《政府管理的行与知》，北京大学出版社 2008 年出版；燕继荣著的《投资社会资本：政治发展的一种新维度》，北京大学出版社 2006 年出版；李景鹏的《中国社会利益结构变迁的特点》，发表在《北京行政学院学报》2006 年第 1 期；周光辉的《从管制转向服务：中国政府的管理革命——中国行政管理改革 30 年》，发表在《吉林大学社会科学学报》2008 年第 3 期；陈庆云的《文化差异：地方行政改革研究的新视角》，发表在《中国行政管理》2008 年第 8 期；徐湘林的《改革战略与中国奇迹——中国政治经济改革研究述评》，发表在《经济体制改革》2007 年第 6 期等 20 项。

三、"十二五"发展思路

（1）继续注重基础研究，努力创建特色学派；聚焦核心话题，加强学术辐射力，加强两刊一网建设，打造学术传播平台；建立和完善研究数据库，加强学术孵化器功能。

（2）重点课题项目，主要内容包括：研究课题设计；课题执行时间规划；研究课题招标。

（3）基地制度建设，加强管理制度创新，提高效率；加强学术队伍建设；援外培训；进一步扩大国际学术交流；加强基地基础建设；按年度制定科研和学术活动的计划及年度经费预算。

华中师范大学中国农村研究院

华中师范大学中国农村研究院是以研究中国农村政治为主要特色，对中国农村经济、社会、文化、教育等问题进行综合研究的学术机构。此研究院前身为1990年成立的华中师范大学基层政权研究中心，1999年更名为华中师范大学中国农村问题研究中心，2000年9月经教育部批准成为教育部人文社会科学重点研究基地。2009年，此研究中心顺利通过了教育部第二次基地评估并获“优秀”等次。2010年12月30日，教育部正式批准更名为华中师范大学中国农村研究院。现任院长为著名政治学者、“长江学者”徐勇教授，顾问为张厚安教授。

10年来，遵照教育部关于重点研究基地建设的有关要求，此研究院扎实推进各项基地建设工作，在科学研究、咨询服务、队伍建设、人才培养、学术交流等方面取得了显著成绩。

一、总体情况

10年来，此基地充分发挥重点研究基地开放性的特色，积极整合校内外优势资源，从“人—结构—能力—机制”四个层面出发，打造了一支单兵战斗能力强、团结协作水平高的科研创新团队。目前，此基地核心研究人员规模增至22人，其年龄结构、学历结构、学科结构更加合理。在研究队伍中，有1人为国务院学位委员会学科组成员，1人被评为教育部首批文科“长江学者”奖励计划特聘教授，1人为教育部社会科学委员会委员，1人入选教育部跨世纪人才计划，3人入选教育部“新世纪优秀人才支持计划”，1人为教育部教学委员会学科组成员，2人被评为省优秀专家。此外，此基地的调查咨询中心被入选“湖北省研究生教育培养创新基地”，还实施了“创新团队建设计划”，重视优秀青年学术骨干的培养，积极扶助新生学术力量的快速成长。

学术创新团队建设，也推动了人才培养工作。十年来，此研究院培养了670余名硕士、博士研究生，其中有3篇博士学位论文获“全国百篇优秀博士学位论文奖”，1篇获提名奖。1名博士生被评为2011年度“湖北省年度人物”。

积极开阔国际视野，加强对外学术交流，营造良好的学术氛围是此研究院推进基地建设的一项重要工作。此研究院积极鼓励基地研究人员到国际优秀学术机构进行学术访问和留学深造，并邀请国际知名专家学者来基地访问讲学和开展合作研究。同时，强化与国际优秀学术机构的合作机制。目前，此研究院已与丹麦奥胡斯大学东亚研究所、台湾大学社会科学院等单位合作成立了“中欧农村比较研究中心”和“海峡两岸农村比较研究中心”。

二、主要成绩和经验

此研究院积极推进“思想库”建设，始终围绕农村改革和发展的重点、热点和难点，对党和政府高度关注的农村全局性、战略性、前瞻性的重大课题进行调查和研究，并以高质量的科学研究服务于党和政府的决策。

1. 咨政服务

10年来，此院研究人员共向政府有关部门提交政策咨询报告260余篇，得到中组部、中宣部、中农办等多个单位采纳。例如，徐勇教授、邓大才教授领衔团队的咨询报告1次为中共中央办公室调阅报告，5次受到分管副总理批示，3次为政治局常委批示，5次7份为中农办陈锡文主任批示，2份为水利部长、公安部长批示，12次为湖北、广东省委省政府领导批示，文化部办公厅、农业部政策法规司、国家民委研究室等分别致信表示感谢或商请咨询报告。2009年以来中央级内参也多次采用调查咨询团队的成果，全国社科规划办的《成果要报》、教育部的《专家建议》、中农办的《农情要报》等多部门内参也刊用多份报告。2010年荣获教育部社科司的优秀咨询报告奖；2009年、2010年连续两年获得湖北省优秀调查成果一等奖。

贺东航教授与人联袂的研究报告得到温家宝总理的批示，1份报告为林业局贾治邦局长批示。徐勇教授、项继权教授、吴理财教授等关于乡镇改革的系列研究报告，得到了湖北省委、省政府有关部门的高度肯定；吴理财的有关留守儿童的报告得到时任湖北省委书记、政治局委员俞正声同志的批示。项继权教授的村官大学生报告为中央领导同志批示。唐鸣教授提交的立法草案，为湖北省民政厅采纳，并应全国人大邀请，参加了《村委会组织法》修订专家论证会。其撰写的基层民主报告为全国社科规划办《成果要报》刊用。2006年11月30日，徐勇教授为十六届中共中央政治局第36期集体学习就“我国社会主义民主政治建设研究”进行了专题讲解。

2. 平台建设

近年来，为进一步深入推进基地建设工作，夯实基地发展基础，全面提升田野调查与实证研究的水平和质量，此研究院实施了基础平台建设工程，目前已形成中国农村研究资料中心、中国农村研究网、中国农村数据库、中国百村十年观察、中国农村博物馆等五大平台。

中国农村研究院资料中心已收集了大量有关农村研究的中外文图书、学位论文、地方志、村史档案、农户账簿和第一手调研资料。中国农村研究网已成为此研究院的知名学术性网站，累计访问量已逾1300万人次。中国农村数据库已完成技术平台开发工作，现已收录信息近60万条。中国百村十年观察已在中国大陆地区开展了3年6次全国范围内的调研活动。同时建立中国“双百数据库”和林村数据库、贫困村数据库以及多达50多类专题数据库，积累了庞大的第一手资料。中国农村博物馆建设工作进展顺利，已收集了大量农具和农村史料资料。

3. 校地合作

此研究院与地方政府紧密合作，从事实验和理论总结。一是与湖北省政府合作在湖北黄梅以村庄制度建设为主题的“黄梅实验”；二是在安徽蒙城以“组织建设”为主题的“岳村实验”；三是在广东蕉岭以“民主能力建设”为主题的“蕉岭实验”。此外，此研究院还帮助广东顺德区委、区政府设计城乡统筹的改革方案；帮助广东云浮总结基层社会管理的经验并指导其推进基层社会管理体制的改革，学界称为“云浮经验”。

4. 宣传推介

此研究院积极打造成果出版平台，系列刊物和系列出版物已有较大的影响。《中国农村研究》每年出版两期，现在属于 CSSCI 发展版杂志。《中国农村调查》已经连续出版 6 年。《中国农村咨政报告》作为新推出的咨询报告集也正式亮相。《中国农民状况发展报告》、《中国农村图像》正待出版。另外，《中国农村研究》书系、《中国农村调查》书系均已出版了十多部，在社会上产生了一定的影响。

近几年此研究院也加大宣传力度，2009 年以来召开了 5 次新闻发布会。中央电视台新闻频道 4 次报道，《人民日报》、《光明日报》、《中国青年报》等国家主流媒体 100 多次报道此研究院调查咨询中心的研究成果。

三、标志性研究成果

10 年来，此研究院共获批各级各类科研项目 120 余项，立项总经费达 1730 余万元，其中包括国家社科基金重大招标项目和教育部哲学社会科学重大课题攻关课题 9 项；出版学术专著 52 部，主编教材 23 部；荣获教育部人文社会科学优秀成果奖等各级各类成果奖励 25 项；在《中国社会科学》、《政治学研究》等期刊上发表学术论文 1000 余篇，其中 CSSCI 论文 675 篇，100 余篇论文被《新华文摘》、《中国社会科学文摘》和人大报刊复印资料等全文转载。

此院立足于对中国农村改革与发展实践的准确把握，积极进行理论总结和提升，产出了一批研究成果，提出了若干具有原创性的学术观点。如徐勇教授提出的“农民历史主体论”、“现代国家建构论”、“接点政治论”、“理性的扩张”；徐勇教授和邓大才教授等提出的“社会化小农论”、“产权政治学”；刘筱红教授等提出的“农业女性化论”；项继权教授等提出的“农民公共需求论”；贺东航教授关于集体林权制度改革的研究等。

四、“十二五”的发展思路

“十二五”期间，此研究院将建设成为特色鲜明、优势突出、国内领先，并具有相当国际影响的“三农”问题研究机构为建设目标，着力推进各项基地建设工作。

田野调查是此基地的优势和血脉，“十一五”期间启动的“百村十年观察计划”将逐渐常规化发展，并围绕国家“十二五”规划的战略目标和社会发展需要，对国家急需解决的若干“三农”问题进行扎实深入的研究，产出有决策影响力的应用性成果。在持续扎实的田野调查和广泛的历史资料运用的基础上，对“三农”问题的基础理论进行高水平研究，以取得创新性和前瞻性研究成果；积极开展国际合作研究和国际比较研究，从更广阔的视野研究“三农”问题，进而创立“农村学”和“农民学”。

北京大学中国社会与发展研究中心

北京大学中国社会与发展研究中心 2000 年 9 月由教育部批准为普通高等学校人文社会科学重点研究基地。1999—2000 年，根据北京大学有关机构改革的方针和教育部有关基地建设的精神，通过整合成立于1985年的北京大学社会学研究所（1992年更名为北京大学社会学人类学研究所）和成立于1988年的中国社会与发展研究中心，重组为教育部批准的人文社会科学重点研究基地。

此基地设立以来，在教育部基地建设和管理方针的指导下，在北京大学的具体领导下，在科学研究、人才培养、学术交流和资料信息建设、咨询服务、深化科研体制改革等方面均取得了重要进展。2010年在教育部全国基地评估中取得优异的成绩，排名第65名。

一、总体情况及主要成绩

此中心在人事上实行全员聘任制度和全员动态管理。截至2010年年底，此基地有专职研究人员23名，其中教授17名，副教授6名；兼职研究人员6名；科研秘书1名；财务人员1名；图书馆资料人员1名。

这10年间，此基地共承担教育部人文社会科学重大研究项目18项，此外，基地研究人员还承担了中央机关以及省部委、企事业单位的委托课题百余项。

同时，此基地主办的各种国际国内学术研讨会有力地推动了本校的师生以及其他兄弟院校的学术交流和学术能力水平的提高。其中“费孝通纪念讲座”、“社会学和人口学研究方法研讨会”、“研究与判断系列圆桌会”、“金融、技术与社会学术研讨会”、“组织社会学工作坊”等已经成为名牌系列研讨会，吸引大批的师生参加，有力地活跃了学术气氛。

在人才培养方面，10年间，此基地共培养博士生约200名，硕士生约400名，并承担45门左右本科生课程及50门左右的研究生课程。基地还积极培养中青年研究学者，通过资助中青年组织开办学术会议和自主研究项目经费支持来鼓励中青年学者的研究。基地积极利用博士后流动站开展科研工作。2005年10月21日，国家人事部全国博士后管委会在人民大会堂召开“全国优秀博士后表彰暨博士后工作会议”，北京大学社会学博士后科研流动站被中华人民共和国人事部全国博士后管委会授予“全国优秀博士后科研流动站”称号。与会代表受到温家宝、曾庆红等国家领导人接见。

在社会服务方面，自基地建立以来，接受政府、社会组织、企业各种委托课题，为中央政府的相关部门提供建设性咨询服务。许多研究得到委托部门的高度评价。主要咨询课题如禁毒模式研究、禁毒效果评估技术研究、人口较少民族发展研究、人口发展和预测工作、社会捐助活动研究、承担人口预测与分析课题、西藏和其他藏区城镇流动人口的民族交往研究、援疆项目实施社会效益追踪评估、我国人口发展与经济社会可持续发展战略研究等，研究成果均引起全社会各方面关注，为我国的社会工作，禁毒研究，民族研究，人口计划和控制政策提供了有力依据。

此基地还积极开展国际交流活动。除了派出人员到国（境）外进行长期和短期交流、讲学，邀请和接待国（境）外学者来中心进行经常性交流之外，还和国外一些著名学者建立了稳定的学术联系。其中包括：美国科学院院士、美国艺术与科学院院士、（台湾地区）“中央研究院”院士、美国密歇根大学杰出教授谢宇；美国斯坦福大学杰出教授周雪光；韩国总统顾问委员会主席、首尔大学教授韩相震；著名人类学家，韩国首尔大学教授金光亿……本基地还与法国国家科学研究中心建立了国际交流平台，每年组织“经济社会学”学术研讨会，进行中法经济研究交流。法国教授罗兰女士应邀多次到北京大学参加学术研讨会；邱泽奇教授与刘世定教授也应对方邀请多次赴法进行学术交流。

在信息化建设方面，此基地进行的一项主要信息化工作是建设“社会学人类学中国网”。经过近7年的建设，“社会学人类学中国网”已经产生了广泛的学术影响和社会影响，Google或者“百度”搜索社会学、人类学学科的关键词，“社会学人类学中国网”内相关内容总是排在前列。

此基地图书馆现有中文图书5万余册，外文图书一万余册；中文期刊350多种，外文期刊37种，社会年鉴19本。中心图书馆辟有以“兼平文库”冠名专门场所收藏日本北海道亚洲少数民族文化研究中心理事长兼平睦夫先生的赠书。出于对推动中日文化交流的关心和对北京大学中国社会与发展研究中心研究工作的了解，2004年3月兼平先生将自己一生精心收藏的3000余册图书捐赠给中心。捐赠图书中包括10余卷的《汉和大词典》，数十卷的日本地名及图录，五万分之一比例尺的明治大正时期日本地图以及阿依努人研究系列丛书、日本北海道开发历史系列图书、殖民地公报、地方民俗等罕见资料。

二、标志性研究成果

（1）中心组织出版《社会学人类学论丛》系列研究论著，目前已经出版50部，其中基地建立以来出版了35部。本丛书在学术界和社会上都产生了广泛的影响。

（2）中心组织翻译《高校经典教材译丛·社会学》、《社会学人类学译丛》、《现代人类学经典译丛》。这些译著的出版，对推动和提升社会学人类学的发展水平产生重要的影响。

（3）邱泽奇教授翻译的《社会研究方法》是美国大学的通用社会学教材，同时它被译成多国文字，是一本具有世界声誉的经典之作。2002年，邱泽奇教授将第八版译成中文，此后随该教材不同版次的出版依次翻译出版了第十版、第十一版。目前这本中文版著作已经成为社会学研究方法的基准教程和必读书。

三、“十二五”建设思路

此中心发展的总体思路是：面对中国社会的历史和现实问题，通过学术活动的规范化、制度化、自主化，促进中国社会学和人类学研究能力提升和国际化；通过促进学术研究和实践应用的结合，引领中国社会学和人类学学科发展和成果应用的基本方向，对相关国际学术活动尤其是涉及中国问题研究的国际学术活动形成影响。

“十二五”期间，此中心将坚持和继续“十一五”期间的努力方向，围绕中国社会的基本问题组织学术研究攻关，围绕社会学和人类学学术研究的规范化、制度化、自主化做努力；形成1~2项具有重大学术影响的成果，通过促进学术能力建设，进一步提升中心在相关学科有特色领域的核心竞争力；通过促进重大政策应用研究，发挥中心对社会的影响力。

社会学在整个社会科学中具有基础学科的指导意义，人类学则代表了社会科学关注人类本性的另一个重要极端，社会学和人类学学科建设和研究工作的水平在一定意义上会对整个社会科学构成重要影响，中国社会与发展研究中心在“十二五”期间的主攻方向是：

运用现有的条件，促进社会学研究规范化、制度化、自主化，促进人类学研究的系统化和进一步深入。具体而言，中国社会与发展研究中心将通过强化基础训练推动社会学学术研究的规范化、制度化、自主化，通过基础数据的分析应用推动社会学中国社会研究对国际学术界的影响；通过民族志积累推动人类学基础资源的积累，通过向现实社会主要领域的扩展推动人类学学术研究的深入和国际化；在保障中国社会与发展研究中心的社会学和人类学研究成果继续保持国内领先地位的同时，通过优秀学术成果和基础设施的建设，形成对国际学术界的影响力。

中国人民大学人口与发展研究中心

中国人民大学人口与发展研究中心，作为教育部唯一的人口学重点研究基地，在建立之初就明确了中心的发展方向和定位，除了要在科学研究、人才培养、学术交流等方面发挥“龙头”和“平台”的作用以外，还要充分发挥“思想库”和“智囊团”的作用，10年来为国家的重大社会经济发展和人口决策提供了大量的研究成果、政策建议和咨询服务。

一、总体情况

此中心是2000年1月在原中国人民大学人口研究所的基础上重新组建而成。当年9月，中心通过严格的评审程序被教育部正式确定为全国人文社会科学重点研究基地之一。中心是中国人民大学直属的科研实体，有独立的机构设置，有专职的科研编制，有先进的软件及计算机硬件，有丰富藏书的图书资料室。过去10年间，中心的机构建设也日趋完善，目前有人口学、老年学、人口资源环境经济学、人口政策4个科学研究室，配备了设备先进的计算机室教室、1个健康实验室、1个计算机辅助电话调查实验室（CATI）、1个专业图书资料室和1个人口学老年学数据库，为中心的教学和科研工作提供了强有力的支持。

此中心现有专职研究人员11名，兼职研究人员7名，其中15人具有正高级专业技术职称，3人具有副高级技术职称，15人具有博士学位。中心坚持紧扣时代脉搏、凸显学科交融、强调自主创新，依托这支老中青相结合的研究团队，逐渐形成了三大研究方向：人口学理论与方法研究、中国人口问题与政策研究、老龄化与社会经济发展。

此中心与联合国老龄研究所、香港岭南大学亚太老年学研究中心、日本农工大学农学部、美国乔治亚大学老年学研究所建立了长期合作关系，每年定期交流学生、学者和开展合作研究，聘请国外著名教授和专家来华讲学，鼓励教师参加各种国际会议，提升教师在国外著名专业杂志发表论文的能力。

二、主要成绩

此中心在面向社会、面向现代化建设、面向国家重大问题和重要决策的原则指导下，发挥团队精神，积极为社会服务、在国家决策提供智力支持方面取得了突出的成绩，受到政府部门的充分肯定和高度评价，并对一些关系国计民生的重大社会决策产生了直接影响，取得了显著的成绩和进展。

此中心坚持以学术研究为根本立足点，以人才培养为重要着眼点，10 年间承担了多项国家级、省部级课题和国际、国内的专门项目。根据粗略统计，2001 年以来，中心共承担国家级和省部级纵向科研课题 32 项；承担联合国开发计划署、联合国人口基金、联合国儿童基金会等国际合作项目 16 项；受政府或相关机构委托，承担横向课题 100 多项；所获得的科研经费超过千万元。由于基地科研人员的高学术造诣、严谨的学术作风和优良的团队精神，几年来承接的科研课题与委托项目不断增多。仅在 2009 年，就承担了 6 项纵向课题和 28 项横向合作课题，经费总额达 350 多万元。通过以课题和项目为载体，吸纳了国内相关研究领域的学者驻所研究、合作研究等。10 年来，中心的研究人员不仅获得了高水平、有影响的科研成果和政策咨询报告，而且锻炼了一批青年科研人员和培养了本科生、研究生。数年来，中心出版学术著作 20 余部，学术期刊论文 300 多篇，组织了 22 次较大规模的国内学术会议和 4 次国际学术会议，取得了丰硕的高水平科研成果，享誉中外学术界。与前期相比，在国外学术刊物发表的论文数量明显增多。各类科研成果获省部级奖励 42 项，其中一等奖 10 项，二等奖 16 项。在教育部 2004 年和 2010 年两次高校人文社会科学重点研究基地评估中获得“优秀”。

三、标志性研究成果

1. 社会抚养费征收与管理制度执行的效果研究

此中心课题组历时 2 年在 4 省调研的基础上形成最终成果。本研究报告是受国家人口计生委政策法规司委托，按照双方共同拟订的方案，在 2006 年 8 月—2007 年 2 月对有代表性的 4 省进行问卷调查与多级访谈相结合的实地调研基础上撰写完成的。报告对不同地区社会抚养费征收现状、制度执行效果、执行中面临的主要问题和难点、基层干部群众对该制度的看法等进行了分析，并有针对性地提出了对策建议。

该研究报告得到了委托方的充分肯定和高度评价，曾专门受邀在国家人口计生委主任、副主任及各司司长参加的国家人口计生委主任办公会议上做成果的专题介绍。该研究成果成为国家人口计生委出台关于完善社会抚养费征收指导意见的主要依据。项目负责人还被特邀在全国各省、自治区、直辖市人口和计划生育政策法规处处长国际培训班上做专门发言，介绍调研成果。该研究报告产生了较广泛的社会影响，为政府决策提供了可靠依据，实际社会效果明显。

2. 取消生育间隔限制对未来中国人口总量的影响研究

该项研究所得出的主要结论是：（1）全国人口模拟的结果证明，在 TFR = 1.8，生育间隔从 4 年缩短为 2 年后，中国人口达到峰值时的总量仅相差 640 多万人，峰值之前的时间内最大差仅为 800 多万人。（2）生育间隔限制的取消对总人口增长的影响与生育水平的高低是密切相关的。由于各省生育率已经低于甚至大大低于更替水平，因此二胎生育间隔政策取消对于绝大多数省份带来的人口总量影响是很有限的。（3）基于上述研究结论，课题组建议中央政府鼓励和推动各个省尽早取消生育二胎的间隔限制的政策。这样做有利于减少社会抚养费的征收数额，有利于节约计划生育管理工作的成本，有利于以人为本，而且几乎一点都不影响中国政府确定的人口总量目标。

报告完成后，送交国家人口计生委。由于本报告的结果证明了在低生育水平下，取消二胎生育间隔对未来人口总量增加影响不大，消除了决策者的担心，推动了全国各省在政策修订中陆续取消了二胎生育间隔。

3. 邬沧萍主编的《人口学学科体系研究》

该书2006年由中国人民大学出版社出版。这一研究是国家社科基金“九五”重点项目。研究人员以“出精品、做大家、成大气”为目标，历时三年编写完成。本书涵盖了人口学理论、统计、数理、结构、迁移、管理、普查，人口与经济、社会与资源环境及人口分析方法、亚人口等各专门方向的研究内容、研究状况、研究方法、历史总结与未来发展趋势及前景等，对当前现有流派及观点给出了简略评价，共五编25章。

本书基本上汇集了目前国际、国内对于人口学研究的各流派观点，对于人口学学科体系重新进行了科学的认识和归类，是一项具有时代性、综合性、创新性的成果。它最重大的理论创新就是对现代人口学做出科学定位，明确现代人口学在原有人口学的基础上全面创新而发展起来的崭新科学，可称为“现代人口学”，是一门有明确研究对象、有独特的研究方法、有国际公认的科学学名（Demography）和掌握有独特、丰富的人口数据资源应用于教学、研究、培训和实践活动的一门独立科学。本书强调人口学的研究对象是人口变量，明确人口学研究总人口也研究亚人口，综合应用数量科学、实证科学和方法科学，为人口学研究开辟道路，并为跨学科研究提供实证的理论和方法，对中国人口学学科发展具有重要的理论意义和实践价值，2009年获教育部高校人文社科优秀成果二等奖。

四、“十二五”发展思路

今后10年，是中国人口发展的重要变化时期，中央关于人口发展的一系列重大战略决策都要在这个时期完成。“十二五”期间，此中心将继续坚持在“保持国内领先、争创国际一流”为政府与社会提供高质量智力服务的原则指导下，充分发挥和突出现有的优势与特点，强化科学研究的前沿性、战略性和基础性，着力“重质量、求发展”，紧紧围绕着社会发展需要和学科建设需要，在已有的建设和积累基础上，在建设成本领域最重要的科研中心、学术交流窗口、学科建设基地和社会智库方面迈上新的台阶。

此中心将在今后的发展与工作中，充分贯彻“前沿性、开放性、科学性、服务性”的宗旨，进一步加强制度创新和能力建设，在突出特色、形成优势的基础上，积极参与国家改革开放的实践，在流动人口与社会发展研究、人口老龄化与发展研究、人口政策研究领域，继续为国家的重要社会经济和人口决策提供政策咨询与服务，充分发挥“思想库”和“智囊团”的智力支持作用。

中国人民大学社会学理论与方法研究中心

此中心自2001年3月建立以来，在教育部社科司和中国人民大学的领导下，通过全体科研人员和管理人员的共同努力，在科研、教学、学科建设和对外学术交流等方面都取得了显著成就，不仅圆满地完成了“十五”和“十一五”科研规划中提出的各项任务，而且为推进中国社会学在新形势下的进一步发展做出了重要贡献，在落实科学发展观、参与和谐社会建设和马克思主义理论研究与建设工程等方面都取得了显著成绩。

一、总体情况

经过10年的建设发展，此中心现已建设成为在全国社会学领域具有领先地位的科研、教学、学术交流和人才培养基地，中心设有理论社会学研究室、社会学方法研究室（CGSS）、社会工作研究室和分支社会学研究室（经济社会学、法律社会学、环境社会学、性社会学、农村社会学等）4个研究室，主要研究方向为社会运行与社会转型研究方向、社会学方法研究方向、社会工作研究方向、分支社会学，如经济社会学、法律社会学、环境社会学、性社会学、农村社会学等研究方向。有专职研究人员11人，兼职研究人员8人。

二、主要成绩和经验

过去的10年里，此中心科研人员承担了基地重大项目18项，同时还承担了国家社科基金重大项目1项，国家社科基金重点项目5项，教育部人文社会科学基金重大攻关项目2项，北京市社会科学基金重点项目5项，获科研经费505万元。中心还承担横向项目32项，获科研经费438万元。此中心科研成果十分显著，10年发表署名重要学术论文200余篇，出版著作40余部，向中央和地方各级政府提交政策研究报告与政策咨询报告7篇，获得国家级科研奖励1项、省部级科研奖励12项。

此中心主任郑杭生教授主持的国家社科基金重大项目“中央实施马克思主义理论研究和建设工程社会学概论教材编写”、基地重大项目“中国社会转型的理论研究”等取得了十分显著的成就，建构了社会良性运行理论、社会转型理论、社会互构理论和社会学本土化理论。这些理论是当代中国社会学理论研究中最重要的理论成果，对于引导中国社会学克服经验化、技术化和表层化等片面倾向，加强理论创新和理论建设，突破边缘化困境起到引领作用，对建设具有中国特色、中国气派的社会学学派发挥了巨大作用。

此中心的专兼职研究人员都以极大的科研热情投入各种科研学术活动，为完成各项科研任务做出了艰苦努力，取得令人可喜的成绩。李路路教授主持并完成了教育部重大攻关项目“转型期中国社会分层结构发展变化研究”及教育部哲学社会科学重点项目“单位制和社会分层研究”。刘少杰教授主持并完成了教育部重大攻关项目“政治意识形态安全与意识形态现代化的社会学分析”、基地重大项目“国外社会学理论新趋势研究”和国家社科基金重点项目“社会学中的理性选择研究”。

在人才培养方面，此中心也取得了显著成绩。10年来共培养硕士研究生100余人，博士研究生60余人。此中心专职研究人员都是社会学系的教学与科研骨干，在社会学系的本科生教学、研究生培养和各项科研活动中都发挥了积极作用，推进了社会学系学科建设稳步快速发展，并且新建了社会工作系、人类学研究所，各项工作取得了显著进展，2004年、2009年教育部组织专家对高校一级学科进行评估，中国人民大学社会学学科均排名全国第一。

此中心的学术交流活动和资料建设也取得了可喜的成绩。10年来，先后举办重要国际和国内学术交流会议17次，邀请国外著名学者来访讲学100余人次，出国访问70余人次，同欧美等国外学者以及中国港台地区学者开展了广泛而活跃的学术交流，对于了解当代国际前沿社会学科研动向，促进中外学者在思想理论和研究方法等方面的沟通互动起到了十分积极的作用。

在资料信息建设方面，不仅建立了中心学术网站，还大力增添各种外文资料。现有中文图书14000册，比成立前增加75%；现有中文报刊61种，比成立前增加20种；现有外文图书6000册，比成立前增加20%；现有外文报刊42种，比成立前增加10种。

三、标志性研究成果

此中心的标志性成果是《中国特色社会学理论的探索——社会运行论、社会转型论、学科本土论、社会互构论》、《中国人民大学中国社会发展报告》。

(1)《中国特色社会学理论的探索——社会运行论、社会转型论、学科本土论、社会互构论》，是中心主任郑杭生教授及其学术团队立足中国经济社会发展实际，针对中国社会学长期以来理论建设不足的现实，开展社会学基础理论的攻关研究的重要研究成果，创建了社会运行理论、社会转型理论、社会互构理论和社会学本土化理论体系。

(2)《中国人民大学中国社会发展报告》属于年度报告，从2003年开始每年出版一部，现已出版8部。本报告以中国社会发展重大战略问题为主题，以改革开放以来中国社会发展的重大实践和重要经验为基础，理论联系实际地对中国社会快速转型中呈现的新问题、新现象开展深入研究。报告中的每篇文章都是此中心研究人员的重要研究成果，不仅强调对社会事实的真实反映和正确把握，而且注重借鉴中外社会学和相关学科的研究成果，对中国社会发展取得的新成就或新变化做出理论概括，同时对中国社会发展面临的一系列新问题开展对策性研究，提出了一些具有操作性和可行性的政策建议。

四、“十二五”发展思路

此中心制定了“十二五”科研规划，确立了“十二五”期间学术研究的主攻方向：立足中国改革开放的实践经验，探索中国社会建设的理论自觉与制度创新。为了保证质量地完成这一重大科研任务，中心将努力抓好以下几个方面工作：

(1)进一步突出本中心科学精神与人文精神并重的学术特色，推进中国社会学提升理论自觉水平。在郑杭生教授关于中国社会学应当理论自觉一系列论述的基础上，深入研究中国社会学在理论思维、理论模式、理论观点、理论追求等方面的基本立场、重大课题、创新方式和努力目标，推进中国社会学界形成立足本国实际，继承中华优秀学术传统，吸收西方学术精华，创新中国社会学新理论的学术共识和科研实践，培育更多有本土根基、有创新活力的新学派。

(2)立足本中心已有基础和优势，进一步推进关于中国社会发展重大问题的理论研究与理论创新。根据中国社会发展的新形势和新任务，确立以下科研重点：①更加深入地研究中国社会转型与社会良性运行问题；②以CGSS数据为基础的中国社会分化与社会分层的新问题、新趋势研究；③在市场经济条件下经济社会协调发展的研究；④建设环境友好型和资源节约型社会的道路与模式研究；⑤加强社会法治建设、创新社会管理体制，更有效化解社会矛盾的研究；⑥推进社会主义新农村建设的社会学研究。

(3)突破简单沿用西方社会研究方法的单一模式，加强中国社会学研究方法的创新性研究。在总结用西方社会学研究方法研究中国社会问题的适用性与局限性的基础上，发掘中国社会学及相关学科研究中国社会的有效方法，探索立足本国实际，继承中华学术优良传统，吸收西方社会学之长的社会学研究方法。

（4）加强社会学分支学科建设，开拓新领域、创建新学科、建设新团队。本中心将大力支持经济社会学、环境社会学、法律社会学、性社会学、农村社会学等分支社会学的研究与建设，争取在“十二五”期间对这些分支社会学的演化历史、主要流派、基本理论、方法原则都做出系统研究，并联系中国经济社会发展实际，形成有中国特色的各种分支社会学理论与方法，建设处于中国社会学前沿、在国外社会学领域有重要影响的分支社会学团队。

（5）加强数据库、中心网站和中心学术刊物建设。通过定期、持续进行的全国性综合社会调查，积累 CGSS 历时性和标准化的数据，建立中国社会发展的数据库，推动历时性比较和横向跨国比较分析。通过中心网站改版，继续加强中心的网站建设。通过与中宣部、新闻出版署等部门联系，积极筹办中心的学术刊物。

兰州大学西北少数民族研究中心

一、总体情况

兰州大学西北少数民族研究中心自 2001 年成为教育部人文社会科学重点研究基地以来，通过积极建设，在西北少数民族研究方面已基本形成一支具有创新能力的学术团队和学科群，产出了一系列高水平的标志性研究成果，在高水平人才培养、科学研究和国际合作等方面取得了重要成绩，为民族学学科成为国内一流、国际知名的学科起到了重要的支撑作用。同时，此中心积极将基础研究和应用研究相结合，为解决西北少数民族地区全面建设小康社会和现代化进程中所面临的重大现实问题提供了重要的智力支持，有利于推动西北少数民族地区社会经济发展，维护西北少数民族地区和边疆的繁荣与稳定，提高各级政府的决策水平。

二、主要成绩和经验

（1）学科建设稳步提升。此中心建立之初，是兰州大学校级重点学科，仅有民族学 1 个二级学科博士点。2003 年新增中国少数民族史二级学科博士点，2004 年被列入甘肃省重点学科；2006 年新增民族学一级学科博士点，增加马克思主义民族理论与政策、藏学、民族社会学 3 个二级学科博士点，建立民族学博士后科研流动站 1 个；2007 年，民族学被评为国家重点学科。截至 2010 年，此中心共有一级学科博士点 1 个、二级学科博士点 5 个、硕士点 5 个，博士后流动站 1 个，国家重点学科 1 个，省级重点学科 1 个。一级学科在第二轮学科整体水平评估中名列全国第 2 名，基地在教育部人文社科重点研究基地第二轮评估中位列第 19 名，在为建立国际知名学科的道路上又前进了一步。

（2）学术团队日渐壮大。此中心成立之初，科研队伍比较薄弱，专职研究人员仅 4 人，其中教授 2 人，有博士学位者 2 人。近年来，整合兰州大学相关院所的学术力量，凝练研究方向，并先后从国内外引进多名国内外优秀人才、优秀博士进入研究梯队，加强了跨学科和交叉学科研究队伍的培养。先后派出多位青年学者到英国、加拿大、美国等国际一流学府从事访问研究。现有专职研究人员15人，其中教授12人，副教授2人，具有博士学位13人，博士生导师12人，已基本构建一支适应民族学研究的学术创新团队，科学研究与人才培养的规模与层次得以整合提升。

研究队伍中，1人被聘为国家社科基金学科评审组专家，1人入选国务院学位委员会第六届民族学学科评议组，1人获国家“高等学校教学名师”奖，1人入选2009年度“新世纪百千万人才工程”国家级人选，4人入选“甘肃省领军人才”，4人入选教育部“新世纪人才支持计划”。研究人员所讲授课程，有2门获“省级精品课程”称号，1门获“国家精品课程”称号。

（3）人才培养。多年来，通过学科建设与团队建设，建立了培养高层次人才的体系，为人才培养搭建了优良平台；采取由研究人员吸纳研究生参与研究课题的方式，为社会培养了大批有用之才。目前在读博士82人，硕士86人；10年内毕业博士149人，硕士129人；毕业研究生已出版专著50余部，发表CSSCI论文200余篇，申请国家和教育部及地方部门科研项目10余项，1篇博士毕业论文入选2007年《国家社科基金成果文库》第二批优秀成果。培养的研究生分布在政府、高校、企事业单位等各行各业，很多还成为所在单位或领域的领军人物，很多毕业生扎根西部，为西部经济社会发展做出了重要贡献。此外，积极聘请国内外专家来校讲学，为高层次人才培养提供了重要支撑。

（4）科学研究成果丰硕。此中心科研方向经多年发展，由最初仅有民族学、中国少数民族史两个方向扩展至民族学、中国少数民族史、民族理论与政策、民族社会学、藏学、民族心理学、民族政治学等多个研究方向，研究的特色优势也由西北少数民族研究转变为以西北少数民族研究为特色，推进民族学学科全面发展。

建设期内，各类项目逐年增加，尤其是国家级科研项目的获取；科研经费也有了大幅度增长；科研成果丰硕，学术专著出版与论文发表在质与量上都有较大提高，获各类奖励40余项。

10年来，申请到国家、省部级和横向科研项目共90余项，批准金额980余万元。其中教育部重大课题攻关项目2项，经费90万元；教育部基地重大项目20项，经费共400万元；国家社科基金项目16项，经费共150万元；中心是兰州大学“211”、“985”建设项目的承担者，经费共1600万元。以上合计2580余万元。

此中心出版专著114部，发表论文900余篇，数篇研究报告被政府部门采纳和引用，30余项科研成果获省部级奖励。由中心主编的《中国民族学》，在中国民族学界产生广泛影响。

（5）学术交流频繁。10年间，举办了“兰州2001全国民族学学术研讨会”、“西部大开发与少数民族经济社会发展学术研讨会”、“兰州2002影视人类学国际学术研讨会”、“兰州2004安多藏区面向21世纪学术研讨会”、“跨国民族文化发展研讨会”、“历史视野中的西北开发与族际互动研讨会”等国际、国内学术会议共14次。近年来此中心派往英国、加拿大、美国、俄罗斯、哈萨克斯坦等国进行访问和讲学共30余人次。英国、加拿大、美国、俄罗斯等国学者到此中心访问共10余人次，与国内外有关研究单位和个人建立了良好的学术关系。

（6）教学科研基础条件改善。建设期内，中心积极购置中外文图书，在资料建设方面取得重大突破。目前已建立拥有中外文图书4万余册、中外文期刊200余种，扩大了资料室的藏书量，加强了图书资料的共享功能，初步建立起一个面向全国、研究西部经济社会最全面的专业图书资料室。

三、标志性成果

（1）科研成果方面，出版了《西北少数民族通史》（共13卷）。此外，还有多套丛书出版，如《西北少数民族学术研究文库》（31部），《中国西北跨国民族研究丛书》（5部），《兰州大学民族学博士文库》（9部），《兰州大学精选文库》（24部）等。其中，科研成果获甘肃省人文社会科学优秀成果一等奖3项，二等奖6项，三等奖16项；2项成果分获“教育部第五届中国高校人文社会科学研究优秀成果奖”二三等奖。

（2）学科建设方面，10年间博士点、硕士点数目均有大幅增加，申请到民族学一级学科博士点，民族学被评为国家重点学科。

（3）队伍建设方面，原有科学研究与人才培养的规模与层次得以整合提升，基本构建了一支适应西北少数民族研究需要的学术创新团队。中心研究人员多人入选教育部“新世纪优秀人才支持计划”及甘肃省宣传文化系统拔尖创新人才。

（4）教学科研条件方面，建成影视民族学实验室和民族心理学实验室，两个实验室的设备均为目前国内相关领域最前沿和最专业的仪器设备，已具有国内同等实验室一流水准。在数据库建设方面，目前已建成民族学自建数据库5套，采购了方正阿帕比专业电子数据库资源5套，在信息资料建设方面有突出成效，为研究西北少数民族搭建了优良的信息平台，为建立西北地区最大的资源信息平台奠定了基础。

四、“十二五”的发展思路

以创建和发展中国特色民族学学科理论与体系为出发点，以当代我国民族关系发展中的新问题、边疆地区的“三股势力”、民族地区社会稳定以及转型时期各民族文化、社会协调发展、和谐共进等为研究重点，以产出有重大理论和现实意义的民族学科研成果、培养民族学高层次人才、拥有丰富而系统的民族学电子信息网络系统和文献资料、加强国内外民族学学术交流、为国家和地方政府提供高水平咨询服务为主要任务，努力把西北少数民族研究中心建设成为民族学的科研中心、高层次人才培养中心、信息资料中心、对内对外学术交流的窗口，以及能经常为政府和实际部门提供咨询的智库，建设成名副其实的国内一流、国际知名的科研机构。

新疆大学西北少数民族研究中心

一、总体情况

此中心成立于2000年，是教育部百所人文社会科学重点研究基地之一，与兰州大学共建。此中心总面积为419.63平方米，并配备有多媒体会议室两间。此中心拥有一支在自治区内外享有较高学术声誉的专兼职科研人员队伍，校内专职研究人员16人，校内外兼职人员18人，其中有博士生导师6人，硕士生导师17人，教授26人，具有博士和硕士学位的有23人。其中，知名的中亚问题研究专家潘志平研究员为中心的“天山学者”。

二、主要成绩

此中心成立以来，先后承担国家和教育部重大招标项目3项，国家和省部级哲学社会科学规划项目近50项。在研课题26项。此中心资助出版著作20部，发表论文100余篇，其出版电子期刊论文31篇。此中心科研人员的科研成果在国内外产生较大的学术影响，如贾木查先生的《史诗〈江格尔〉校勘新译》在国际蒙古学界获得了很高的声誉、陈世民先生的《二十四史西域（广义）资料维吾尔文译注》多次被自治区内外媒体报道。此中心的专兼职研究人员在国家和自治区社会科学成果评奖中取得了优异的成绩，获国家级和省部优秀科研成果奖20项。

三、主要经验

1. 发挥相关的优势

（1）地缘优势：此中心地处新疆首府乌鲁木齐，与中亚地区相关研究部门和学校有着广泛的学术交流，为研究新疆和中亚经济、政治、文化、社会等方面的问题提供了有力条件。

（2）人才优势：此中心汇聚了长期从事新疆民族宗教和中亚问题研究的各民族的专家、学者，可以便利地利用地缘优势进行新疆各民族的历史、语言、文化、社会状况的研究，并取得重要的研究成果。

（3）信息资料优势：此中心在新疆、中亚研究资料收集与积累方面成效显著，为新疆和中亚研究提供了有力的保障。

2. 构建各种学术交流平台，加强和兄弟院校的交流合作

此中心积极举办和参与各种学术会议，先后与中亚国家、中国台湾地区的科研机构建立联系，与中国社科院中国边疆史地研究中心、新疆社会科学院都有良好的合作关系。中心与兰州大学共建，积极与兰州大学西北少数民族研究中心进行交流合作，兰州大学西北少数民族研究中心在学科建设等方面给予了大力的支持。

3. 做好为专家的服务工作

此中心积极为专家服务，为专家们尽可能提供优良的工作和科研环境，订购各种资料图书，解决专家们出版经费、科研经费匹配等困难，排除后顾之忧，使专家们能够专心投入工作。

四、标志性研究成果

（1）陈世明教授主持的“二十四史西域（广义）资料维吾尔文译注”课题，自启动以来，已完成六个阶段性成果。此成果比较客观地反映了从公元220年曹丕建立魏国至公元618年李渊建立唐朝这近400多年间西域（广义）与突厥、高车的社会、政治、经济、文化等各方面关系与民俗民情，该成果资料翔实，在同类学术研究中具有领先地位。新华社、《人民日报》等多家中央媒体予以报道，新疆电视台就该节目成果进行专题报道。

（2）贾木查研究员主编的《史诗〈江格尔〉校勘新译》是目前中国和世界各有关国家《江格尔》研究的最重要的科研成果。此书对《江格尔》版本与研究成果的历史性考察和整体性研究，使《江格尔》研究达到一个新的科学研究平台。新译本《导论》对

《江格尔》产生的历史文化源流、主人公生活原型的考察和研究使该书在这些问题上的认识得到了深化和趋同，所提供的25章文本具有国际性、完整性、文学性、导读性和拓展性。

五、"十二五"工作思路

（1）科学研究：围绕新疆跨越式发展和长治久安的战略部署，按照新疆特殊的社会发展规律和特点，努力构建"新疆学"学科。

（2）人才培养：打造一支"新疆学"的高水平研究团队，引进"天山学者"作为学术领军人物，将中心打造为"新疆学"的"人才库"。

（3）学术交流和资料信息建设：将中心资料库建设成为"新疆学"最权威的资料库，并建设新疆区域经济研究等5个专业数据库。加强国内外学术交流，引进访问学者。组织高层学术论坛，聘请国内外知名学者讲学。

（4）咨询服务能力：将加大为自治区党委和政府提供政策咨询的服务功能，进一步发挥自治区党委和政府的思想库、智囊团的作用，吸收实际部门工作人员参加课题组，开展合作研究、鼓励专兼职研究人员担任实际工作部门顾问等措施，面向各级政府及社会各界开展咨询服务，提高解决重大实践问题的综合研究能力和参与重大决策的能力。

（5）深化科研体制改革：将进一步探索制度创新，尝试通过建立研究所，整合学科方向，组织学术团队。在经费投入上向具有重大理论和现实意义的研究项目倾斜，向学术精品成果倾斜，积极鼓励科研成果转化，为自治区党委和政府决策服务、为社会各界服务。

内蒙古大学蒙古学研究中心

一、总体情况

2000年3月，内蒙古大学蒙古学研究中心开始申报教育部人文社会科学百所重点研究基地，2000年12月获得教育部批准，成为国家在民族学学科建立的五所重点研究基地之一。此中心实行由教育部、内蒙古自治区教育厅和内蒙古大学共建的模式，以内蒙古大学自建为主，并开展相关的建设、管理和运行活动。自成立以来，此中心严格遵守教育部《普通高等学校人文社会科学重点研究基地管理办法》的相关文件规定，积极开展科研和政策咨询活动。近年来，此中心研究人员除继续加强蒙古学的基础研究外，还对我国边疆稳定与发展做了大量的理论和现实研究，对我国边疆稳定以及民族地区的经济社会发展都作出了积极的贡献。

此中心目前有三个主要研究方向：蒙古语族语言文学、蒙古历史文化、蒙古社会经济，下设蒙古语言文学研究室、蒙古历史文化研究室、蒙古社会经济研究室、内蒙古大学民族学博物馆、办公室、电子期刊《蒙古学集刊》编辑室、网络管理及文献资料部等多个下属机构。

运行机制方面，此中心实行“带课题或给课题进中心，完成课题出中心”的研究人员流动方式。中心主任、副主任分别担任各研究室主任，领导并协调重大项目主持人的工作，主持日常管理工作，组织学术研讨、学术交流和学术会议等活动。中心学术委员会由全国高校和科研机构中的知名学者组成，由校长聘任。

二、主要成绩和经验

（1）承担纵向课题方面。此中心在这10年间，承担了教育部人文社会科学研究基地重大项目17项如“近代内蒙古社会变革若干问题研究”等、重大国际合作项目6项如“黑城蒙古文文献研究”等、国家社科基金项目10项如“内蒙古通史”等、国家自然科学基金项目如“蒙古语语法信息词典的建立及调试”、国家清史编纂委员会项目4项如“清史·民族志·蒙古族篇”等、教育部一般项目2项如“清代八旗蒙古文人考”等、内蒙古自治区教育厅委托蒙古学项目19项如“蒙古、达斡尔、鄂温克等民族传统婚俗的比较研究”等。随着上述课题的相继完成，已经产生了一批“思想前卫、视野前瞻、水平前沿”的研究成果，大大推动了我国蒙古学的研究。

（2）专著与论文方面。此中心围绕上述研究课题，在这十年期间编辑出版了专著66部，其中《内蒙古大学蒙古学研究中心学术著作系列》（TOMUS）22辑、申请专利1项，获得国家级奖2项、省部级奖20项。截止目前，中心专职研究人员在各类学术杂志上发表论文500余篇。此中心于2003年开始创办蒙古学电子期刊《蒙古学集刊》，实行匿名审稿制，至2010年已经编辑29期，发表论文286篇。

（3）承担横向课题方面。此中心通过积极主动承揽应用和职能部门的委托项目，使蒙古学研究中心更好地为自治区经济建设和文化繁荣服务。承担了“呼和浩特市成吉思汗大街文化定位研究”、“国家民族事务委员会蒙古语使用现状调查研究”等诸多项目。

（4）学科建设方面。2003年中国民族史专业获得博士学位授予权，相应的课程开发已成体系，为具有内蒙古大学特点的民族学学科发展奠定了良好的基础。2010年申报民族学一级学科博士、硕士授权点，目前已经取得一级学科招生资格。从2001年至2010年，在中国少数民族史专业招收博士研究生42名、硕士研究生27名，毕业并获得博士学位者12名，获硕士学位者14名。

（5）对外交流与其他方面。此中心成功举办国内外学术会议30次，推动了本研究基地的学术研究和学科建设；接待了部分中外著名蒙古学学者前来做学术报告或进行合作研究。此中心网络工作人员设计了内容比较齐全、功能较大的数据库，不断充实、及时更新网页内容，点击次数已经超过12万多人次，大量信息被转载或引用。民族博物馆建设取得明显进展。此博物馆工作人员收集到一批精美的民俗物品，丰富了馆藏内容，成立以来接待了5万余人前来参观。2008年12月，民族博物馆被内蒙古自治区命名为第三批全区爱国主义教育示范基地。

三、标志性研究成果

（1）郝维民、齐木德道尔吉主编的《内蒙古通史》，由人民出版社2011年出版。该书分八卷二十册，共一千余万字，被选进了国家社科基金成果文库。全书以古代北方民族、蒙古族及其他各民族的民族史和内蒙古地区的区域历史为两条主线，全方位多角度多层次地叙述内蒙古从远古到20世纪初的社会发展史，是民族史与地区史的有机结合。

（2）张久和、王雄、齐木德道尔吉、叶新民编著的专著《辽夏金元史徵》，由内蒙古大学出版社 2007 年出版。全书共四大卷，每一卷即是该王朝的断代史，分政治、经济、文化、社会四编，精选有代表性的基本史料概括了四个王朝的历史。该书主要利用了以史料述史的方法，又有不少创新之处，是研究辽夏金元历史不可缺少的文献之一。

（3）吉田顺一、齐木德道尔吉的专著《黑城出土蒙古文文献研究》，由日本国雄山阁书屋 2008 年出版。该书是内蒙古大学和日本早稻田大学的蒙古学学者对内蒙古考古研究所与阿拉善盟文物考古站 1983—1984 年从黑城遗址发现的 3000 件元朝时期文书中，除汉文文书和西夏文文书以外的所有文书（蒙古文、回鹘文、藏文、阿拉伯文、突厥文和叙利亚文）进行解读、研究的成果，是研究元代边疆地区历史的重要史料之一。

（4）达林太的专著《牧区、牧民、市场——牧民经济学》，由社会科学文献出版社 2010 年出版。该书通过描述内蒙古草原牧区的历史变迁，尤其从经济领域、社会领域和生态方面详细叙述了改革开放以来内蒙古牧区发生的巨大变化，从牧区与牧民的角度视察改革开放对牧区和牧民角色与地位的影响，分析了目前牧区与牧民面临的境况和挑战，提出了对牧区未来的一些思考，是目前为止对内蒙古牧区经济问题方面概括最为全面的经典著作。

（5）恩和、额尔敦扎布主编的《内蒙古牧区经济社会可持续发展研究丛书》，由内蒙古大学出版社 2012 年出版。此丛书由四部著作构成，基于对牧区本质特征的新的认识，进行了多学科通力合作的跨学科研究，取得了许多新的结论，客观地评价和总结了以往的畜牧业发展方针政策，提出草原牧区畜牧业的根本出路，在于继续坚持以继承和发展游牧方式的合理内核为基础的草原畜牧业发展模式。

四、“十二五”建设思路

“十二五”时期，此研究中心将继续发挥自身优势，力争将中心建设成具有知识创新能力的、基础研究与应用研究并举的、学术视野具有前瞻性的、科研水平具有前沿性的、国际著名的、名符其实的国家级重点研究基地。

（1）科学研究。在已经确定的蒙古语族语言文学、蒙古历史文化、蒙古社会经济三大方向上坚持开展基础和应用研究的同时，确定“当代蒙古民族发展问题研究”和“中蒙关系的历史与现实问题研究”为两大主攻方向，力争通过若干年持续不断的努力，在科研主攻方向上取得突破性进展。未来五年，此中心主要研究的课题有“蒙古语族语言比较研究”、“共产国际俄蒙档案整理研究”、“内蒙古草原地区工矿开发对社会经济、生态环境效应评估研究”、“内蒙古蒙古族人口问题研究”、“蒙古族民间传统音乐资源的调查及开发利用”、“蒙古族民间传统音乐资源的调查及开发利用”、“蒙古国政局变化及中蒙关系发展趋势研究”等。

（2）对外交流。积极加强与国外相关机构的联系，进一步加强与蒙古、日本、美国、德国、瑞士、俄罗斯等国在蒙古学界知名的大学和研究机构间的联系，与之展开相关领域的合作研究，召开学术会议，互派学者交流，互派硕士、博士研究生进行深造。

（3）社会服务。立足自治区经济建设，发挥基础研究的优势，着眼未来和现实，积极承揽事关自治区经济发展、文化繁荣、社会和谐的横向委托项目，产出见效快、影响大的研究报告、咨询报告，逐步将中心建设成自治区经济、社会、文化等研究领域的智库和思想库。

四川大学中国藏学研究所

一、总体情况

四川大学中国藏学研究所是在教育部批准设立的全国高校“历史学科人才培养和科学研究基地”的基础上，通过对原四川大学“西藏考古与历史文化研究中心”进行重新改组，于1999年12月获得教育部批准而建立的人文社会科学重点科研机构。主要从事民族学藏学基础研究，依托国家级重点学科专门史和历史文献学，依托的博士点主要有考古学及博物馆学、专门史、藏族历史经济与社会发展、文物学与艺术史、文化遗产与旅游开发、政治经济学等。现有专兼职研究人员18名，有三个主要的研究方向：西藏和四省藏区经济社会发展研究；藏族历史与汉、藏关系研究；藏族文化遗产保护与研究。现任所长霍巍教授、副所长石硕教授。

二、主要成绩与经验

1. 建设团队，凝练方向，突出重点，形成独具特色的研究领域

19年来，此所围绕国家发展战略，结合地缘优势和研究专长，凝练研究方向，突出研究重点，形成了独具特色的研究领域，在国内外学术界均产生了重要的学术影响。其中，西藏和四省藏区经济社会发展研究方向紧密围绕西藏和四省藏区的经济社会发展，着重对西部大开发中的藏区特殊性问题、民族地区的社会稳定与和谐发展问题进行研究，并主动承担委托课题，积极参与咨询服务。藏族历史与汉、藏关系研究方向重点关注东部藏区“藏彝走廊”这一古代民族迁徙交融的走廊地带，以“藏彝走廊”为研究重点领域开展综合研究。由于康区对于整个藏区的稳定与发展起着关键性作用，故历来有“治藏必先安康”之说。此研究方向利用靠近康区，文献、档案资料丰富的地缘优势和研究专长，着重对康区的汉藏民族交融与互动、康藏地方发展史进行研究，形成优势和特色。藏族文化遗产保护与研究方向突出西藏考古与艺术的研究，强调开展实地田野工作，以调查和发掘的第一手资料为基础，在青藏高原史前考古、西藏西部佛教遗存研究、西藏文物保护与遗产管理等领域成为藏学研究新的生长点，在国内和国际藏学界均产生了重要的学术影响。

2. 充分发挥“思想库、智囊团”作用，积极参与现实问题研究，为党和国家提供切实有效的咨询服务

“3·14”事件发生之后的第二天，此基地即在成都牵头组织了“四川藏学界反分裂座谈会”。此基地提交的关于“3·14”事件后藏区出现的若干新动态的建议得到了中央统战部批复。此所先后有3名专家参与了中央对外宣传部组织的涉藏外宣专题调研，其中两人担任调研报告撰写组组长，所撰写的调研报告获得中央统战部、国务院外宣办的高度重视，对其中“在全国高校设立涉藏研究与人才培养机构”等项建议予以采纳。“5·12”汶川大地震后，此所教授提出的灾后重建中保护藏羌少数民族地区文化、城市迁建选址问题的意见与建议多项被国务院有关部门和四川省人民政府所采纳。此所研究人员还承担了

中国水电顾问集团成都勘测设计院等委托的民族地区水电资源开发等课题的研究，提出民族地区水电开发移民补偿体系建设建议，为维护民族地区社会稳定与经济发展做出了积极贡献。2009年7月，中央统战部杜青林部长在成都听取了此所霍巍所长、冉光荣教授对涉藏工作若干问题的汇报与建议，并对涉藏工作提出了进一步的具体要求，给予此所极大的支持和鼓舞。

3. 不断加强国际学术交流与合作，持续扩大国际学术影响

此所通过举办国内/国际学术会议、开设“四川大学中国藏学研究所珠峰藏学系列学术讲座”、接收国内外高端访问学者、派出中青年访问学者等多种手段，加强了与国内外相关机构的交流与合作，扩大了学术影响。

10年来，举办了20余次国内/国际的学术会议，产生了重要的学术影响。例如，2002年首创的“西藏考古与艺术国际学术研讨会”至今已经连续举办了四届，成为目前该研究领域最具规模和影响力的国际藏学盛会；2004年“藏彝走廊：历史与文化学术研讨会”带动了新一轮国际性的“藏彝走廊”的研究热潮，费孝通先生发来贺电表示祝贺；2005年主办的“中国边疆考古学术讨论会”引起了国内外学术界对中国边疆地区考古及历史文化、民族关系、中华民族起源与形成等多方面问题的高度关注，形成一系列高水平的学术论著。

此所还积极邀请国内外一流的专家学者前来讲学和驻所研究，平均每年来访驻所专家2人次以上，每年开设讲座20余场。至今已有美国哈佛大学、纽约大学、华盛顿大学、台湾“中央研究院”、台湾政治大学、中国社科院、北京大学、西藏社科院等知名研究机构的著名学者前来本所演讲。此基地还先后邀请了美国哈佛大学、台湾佛光大学、哥本哈根大学、瑞士著名学者等前来进行驻所研究。目前已先后与美国哈佛大学、西雅图华盛顿大学、奥地利维也纳大学、哥本哈根大学等建立了长期的交流合作关系。

此所积极派遣本所研究人员参加相关研究领域的国内/国际学术研讨会，先后派员参加了在牛津大学召开的第十届、在波恩大学召开的第十一届、在渥太华召开的第十二届国际藏学会，在哈佛大学召开的“内亚与中国：历史与文化学术研讨会”、在哥本哈根大学召开的“全球视野下的亚洲多样性”国际学术会议、在墨西哥坎昆市召开的联合国气候变化大会等。基本做到了年均出席国际学术会议5人次以上，国内学术会议10人次以上。

此所积极支持和派遣中青年研究人员出国进行访学和深造，近10年内，本所研究人员已获3名哈佛燕京访问学者、1名亚洲学者、1名亚洲文化协会学者基金资助赴海外访问学习，另有4名青年学者获得海外各类奖学金出国进修访问，从而大大提升了本所与国际学术界对话与交流的能力，也扩展了本所的国际学术影响力。

4. 通过组织课题攻关，已基本形成一支年轻化、高素质的稳定的学术队伍

此所的人员结构更加趋于合理，现已形成了一支年富力强、具有极强潜力的学术团队。现在专职人员中正教授比例已占50%，具有博士学位者已达70%，30~50岁的青年人员比例占到60%。在过去五年内，共毕业博士研究生40多名，硕士研究生30多名，博士后流动站进出站人员20多名。

5. 在学科建设方面，以本基地为主体和依托，建立众多合作项目

获准建立了四川大学“985工程”二期人文社会科学创新基地“中国藏区与南亚研究”，在原来三个研究方向上，新拓展出南亚与中国藏区研究、喜马拉雅周边国家与地区研究等新的学科交叉点；在“211工程”建设项目中，发挥了学术优势，子项目“中国区域历史与宗教文化研究”获得教育部组织的专家评审一致通过，圆满地达到了预定建设目标。在此基地建设的带动之下，西藏大学与四川大学在藏学研究领域的共建也获得进展，双方通过共同培养博士研究生、导师互聘、课题合作等方式，促进了深层次的交流与互动。

三、标志性研究成果

10年来，此基地共承担各类项目60余项，总经费达到1000余万元，发表基地第一署名的CSSCI论文200余篇，出版著作20余部，取得了一批具有标志性的学术成果。其中，《藏族族源与藏东古文明》、《西藏古代墓葬制度史》、《西藏原始艺术》三部著作获得首届中国藏学研究最高奖“珠峰奖”。《藏彝走廊：历史与文化》论文集汇集了近年来藏彝走廊研究的最新成果，在传统藏学的研究中引入了区域综合研究的新型理念，起到了引领与开拓性的作用，对传统藏学研究做出了重要的学术贡献，获得教育部人文社会科学成果三等奖。《藏区特殊化问题研究》，紧密结合当前藏区发展的现状提出新的发展战略与思路，获四川首哲学社会科学成果二等奖。《青藏铁路沿线考古调查报告》、《皮央·东噶遗址考古报告》以田野调查获取的第一手材料为研究对象，填补了西藏科学发掘工作的空白，为藏学研究提供了科学准确的新的实物资料，获四川省哲学社会科学成果三等奖。

在现实研究方面，此所先后为中央统战部、四川省委省政府、成都军区等提供了长期的咨询服务，有20余次获得上述部门的批复意见，也显示出此基地在现实服务方面的实力和影响度。

四、“十二五”建设思路

（1）调整后的研究方向。为更好地服务于国家发展战略，把握新形势下藏学研究的发展新趋势，把握全局，确定重点，对本所原有的三个研究方向即藏区现状与社会发展、藏族历史与宗教、西藏考古与艺术进行重新调整和凝练为：西藏和四省藏区经济社会发展研究，藏族历史与汉、藏关系研究，藏族文化遗产保护与研究。

（2）加大对藏文文献的研究，引进精通藏语的高级优秀人才。将开展吐蕃古藏文写本、碑刻的研究以及藏文文献的研究；引进2~3名精通藏语的优秀专门人才；定期开设初、高级藏文文献研读课程，培养精通藏语的高级专门人才尤其是精通藏语的汉族人才。

（3）继续深化科研体制改革，加大基地开放力度，吸收国内外相关领域一流学者参与重大项目研究，每年定期接收海外和国内高端学者以及中青年学者来访和驻所研究；继续加强科研项目尤其是基地重大项目的管理，修订本基地的科研管理办法，促进产出更多的、高质量的标志性学术成果。

（4）继续通过承担实际部门委托项目，吸收实际部门人员参与课题等方式，积极开展社会咨询服务，提高解决重大实践问题的综合研究能力。

（5）继续提高本所所刊《藏学学刊》的办刊质量，加强图书资料、数据库和网站建设，扩大在国内和国际藏学界的影响。

（6）精心选题、组织学术水平高、学术影响力大的国内、国际学术会议，加强学术交流。

西藏大学中国藏学研究所

西藏大学中国藏学研究所作为西藏大学唯一一所国家级人文社会科学重点研究基地，在国家教育部和自治区教育厅的大力支持下，在校党委和校行政的正确领导下，充分发挥“思想库”、“信息库”、“人才库”的作用，大力提高基地的科学研究水平和质量，为维护祖国统一、民族团结以及促进西藏社会经济发展作出了突出贡献。

一、总体情况

自2001年以来，此研究所紧紧抓住历史机遇，充分发挥本所地处西藏的地缘优势，突出实践特色，凝练研究方向，汇聚研究队伍，提高成果质量，不断增强科学研究的能力，努力提高人才培养的能力与层次。10年来，此所以藏学基础研究为中心、努力发展和开拓应用研究，在“西藏历史、宗教与民俗研究”、“藏语言文学与艺术研究”及“《格萨尔》研究”等三个研究方向上取得了一系列重要的学术成果，把藏学研究水平和基地建设推向了新阶段。目前，此所已成为支撑西藏大学的学科发展，尤其是西藏传统学科向高层次目标突破的重要平台，成为培养藏学研究人才的重要基地。在学科建设方面，以此所学术骨干为主体，本校藏语言文学、藏族历史、藏族音乐、藏族美术四个硕士点为依托，在原来三个研究方向上，新拓展出西藏文化和教育等新的学科交叉点。在基地建设的带动之下，西藏大学与四川大学在藏学研究领域的共建也获得进展，双方通过共同培养博士研究生、导师互聘、课题合作等方式，促进了深层次的交流与互动。

二、主要成绩和经验

此研究所以“211工程”建设学校为契机，利用学科交叉研究的优势，通过维护西藏长期稳定、环境变迁、社会经济发展研究等方面的学术创新，产出一批在全国有影响的高层次学术成果，为维护西藏社会稳定和促进经济社会跨越式发展等诸项事业作出了积极贡献。此所研究中心的专兼职研究人员都以极大的科研热情投入各种科研学术活动，为完成自己承担的科研任务做出了艰苦努力，每年完成教育部基地重大项目的同时，先后申报立项了国家社科基金项目、教育部项目、西南边疆项目、国家民委委托项目、自治区社科项目等10余项，取得了令人可喜的成绩。此外，为紧密配合西藏的社会现状与发展，此所研究人员先后为自治区党委宣传部、组织部等党政部门提供咨询报告10余份，尤其是拉萨“3·14”事件之后，此所研究人员多次赴西藏自治区各地（市）积极开展宣讲、讲座，主要内容涉及西藏政治稳定、达赖集团动向与对策、藏传佛教发展与现存问题等方面，及时反映西藏社会各方面动态，取得了显著成绩，为西藏社会的稳定发展作出了积极贡献。

三、标志性研究成果

通过基地重大项目的促进，此所的三个研究方向取得的重大成果均具有原创性、高起点的学术特色，共出版了28本专著。

（1）西藏历史、宗教与民俗研究方向以“西藏社会发展与历史”为研究重心，紧密结合当前藏区发展的现状提出新的发展战略与思路，所取得的标志性成果有《西藏传统文化与可持续发展研究》(上、下册)、《西藏地方现代史》、《西藏地方近代史》、《西藏地方古代史》、《西藏地方革命史稿》及《西藏民俗文化史》等。

（2）藏语言文学与艺术研究方向其标志性成果有《藏族古代文学史》、《西藏音乐史略》、《西藏美术史略》、《西藏宗教绘画艺术》、《西藏宗教雕塑艺术》、《西藏宗教音乐艺术》和《西藏宗教舞蹈艺术》等，其中《西藏美术史略》一书获得“教育部高校人文社会科学优秀成果三等奖”。

(3)《格萨尔》研究方向主要以抢救整理出版了国宝——扎巴老艺人说唱的《格萨尔王传》分部《天岭占卜九藏》、《降生史》、《土地神宗》、《西宁马宗》、《霍岭大战》(上、下)、《门岭之战》、《大食财宗》、《齐巴山羊宗》(属于孤本)、《奇乳珊瑚宗》等15部(本)，并对扎巴老艺人说唱的32部《格萨尔》进行了录音，共录制了1000余盒磁带。为妥善保存这些录音资料，为后人留下一笔珍贵的文化遗产，还对扎巴老人说唱的32部本的所有录音带进行了全面的复制，把1930毛盘磁带转化成2套2000余张净光盘。

上述成果（书）已由中国藏学出版社、北京民族出版社、西藏人民出版社陆续出版，并在藏学界产生了重要影响，得到藏学界专家学者的充分肯定和高度评价。

四、“十二五”建设思路

“十二五”期间，此所将在教育部重点研究基地建设五项标准的基础上，紧密结合“中央第五次西藏工作座谈会”精神，以教育部人文社会科学研究基地重大课题的设计与实施为重心，整合与调整校内外相关研究力量，继续坚持突出特色，发展优势，密切结合西藏社会发展现实及西藏传统文化的传承与保护，拓展藏学研究新领域，全面推动学术研究上水平、上层次，努力产出标志性成果、创新型成果；努力创造条件，稳定队伍，吸引人才，壮大研究力量，建立起一支结构合理，甘于奉献，团结合作，素质优良，热爱藏学研究、教育事业的科研团队；拓宽经费来源，加强中心图书资料、文科数据库、信息网络等方面的建设；加强国内外藏学界的联系，与国内外知名高校和研究单位建立关系，开展学术合作；建立藏族历史与文化、藏语言文学数据库，进一步突出本基地的学术特色和专业品牌，努力争取基础研究与现实问题研究两个方面均获得一批具有理论深度、资料基础扎实、在国内外学术界能够产生重大影响的高水平藏学研究成果。将重点加强以下四个领域的研究：中国西藏与南亚各国关系史研究、西藏唐、宋、元、明、清及民国时期重要历史人物研究、西藏旅游产业开发研究、西藏非物质文化遗产的保护与开发研究。

云南大学西南边疆少数民族研究中心

2001—2010年，云南大学西南边疆少数民族研究中心全面推进基地的科学研究、队伍建设、人才培养及内部管理等各方面工作，圆满完成基地建设目标和各项任务，顺利通过教育部组织的第一轮和第二轮基地评估，在教育部2009年公布的全国学科评估中获得同类学科第一名。

一、主要成绩和经验

1. 学科创新取得重大进展

（1）深化了传统研究方向，全力推动西南民族研究由“民族调查”向“民族学调查”的转变，全力提升田野工作的水平和民族学学科的核心学术产品——民族志的生产能力，推出《西南边疆民族研究书系·民族志丛书》。

（2）培育新的学科增长点，着力拓展新的研究方向，把东南亚民族调查研究列入新的学科增长点加以培育，开展了越南、缅甸、泰国、老挝四国的民族调查研究，以追赶国际民族学一流学科。

（3）凸显全球化背景下边疆民族的跨国流动与国家安全的论题。以获准教育部哲学社会科学重大课题攻关项目“边疆民族心理、文化特征与社会稳定——西南部分”研究为契机，在云南、广西两省（自治区）的边境地区及其相邻国家进行调查研究，发表了被《新华文摘》等重要学术文摘全文转载的系列论文。

（4）运用现代技术手段开展民族调查研究。运用现代影像技术和计算机技术开展民族调查研究和文献资料存储，拍摄纪录片5部，启动“西南民族影像库”建设，收集与存储录像、照片、录音等数字化资料。

2. 科学研究登上新台阶

（1）科研项目。10年间，此中心共获准科研项目立项151项，其中，教育部哲学社会科学重大课题攻关项目2项，马克思主义理论研究和建设工程教育部高等学校哲学社会科学重点编写教材项目2项，基地重大招标项目23项，教育部一般项目12项，国家社科基金项目27项，国家社科基金特别项目“西南边疆工程”项目4项和“中国节日志”项目5项，云南省社科基金项目26项，其他项目53项。

（2）科研成果。10年间，共发表学术论文401篇，其中在CSSCI上发表237篇；出版学术专著83部；咨询报告《西南地区毒品危害及其对策》被国家社科规划办编入《成果要报》；咨询报告《影响云南边疆稳定的热点问题及其对策》被教育部《社科专家建议》2004年第2期刊用，何明教授的咨询报告被评为2010年度教育部优秀咨询报告。

（3）学术奖励。10年间，共获得省部级以上学术奖励22人/次。其中，中国高校人文社会科学研究成果奖4项；国家民委社会科学研究成果奖2项；云南省哲学社会科学优秀成果奖16项，其中，一等奖8项，二等奖3项，三等奖6项。

3. 国际国内交流合作频繁

10年间，通过各种渠道与国际知名高校、科研机构和著名专家建立联系，搭建高水平的国际学术交流与合作平台，不断提高学科建设的国际化水平。

（1）举办高层次国际学术会议，共主办国际国内学术会议23次。

（2）举办国际著名学者学术报告会。充分利用各种机会和资源，诚邀国际著名学者到中心做学术报告。共举办学术报告会90场，其中国外著名专家的学术报告座谈会47场。

（3）与国外大学建立合作关系。先后与泰国清迈大学、韩国岭南大学、越南文化大学、韩国文化财研究院、韩国国立庆尚大学庆南文化研究院正式建立了科研与教育合作关系；与联合国大学合作建立"文化与环境研究中心"，形成长期性、紧密型的合作研究和合作培养人才的机制。

（4）频繁开展国际学者的互访。先后接待了包括国际人类学与民族学联合会前任主席阿德兰和现任主席纳斯在内的美国、英国等8个国家和中国台湾和香港地区的来访知名专家学者90余人次。此中心派人到国外参加国际学术会议和学术访问达58人次，到国外和境外学术访问时间超过6个月的有8人。

（5）编辑出版中文学术辑刊和英文学术辑刊。此中心学术辑刊《西南边疆民族研究》已出版7辑。2008年3月，经过教育部人文社会科学评价中心组织的专家评审，此刊入选CSSCI来源集刊，并为全国民族学学科唯一入选集刊。还创办了中心的英文学术年刊*Review of Anthropology and Ethnology in Southwest China*（《中国西南民族学人类学评论》）；创办学术集刊《田野》，专门刊登田野调查报告、田野经验反思和田野工作知识等内容的文章。

4. 人才培养创新取得突破

对研究生培养模式进行了改革，按照"厚基础、宽视野、重实践、促创新"的思路调整了课程结构，突出田野调查，加强管理力度，增加博士研究生预答辩程序等，使研究生培养质量有了显著提高，共获得省级优秀博士论文5篇、硕士论文8篇。

5. 基地建设实现规范化

（1）队伍建设。按照"开放、流动、竞争、合作"的原则公开招聘研究人员。遴选出18名专职研究员、64名兼职研究人员，改变了人事制度逐渐趋同于常规科研机构的"铁饭碗"的格局。除了接纳了一批短期驻所研究人员外，目前接纳了分别来自美国、英国、韩国、越南4个国家6位为期1年的外籍研究人员和国内驻所研究人员6名。

（2）基础设施建设。新增办公用房4间、84平方米；新增图书2500余种、期刊35种，其中，增订外文专业期刊21种，购置外文专业图书243册；影视人类学实验室更新与添置设备12件套；修缮田野调查基地的设施设备，新增摄像机、照相机、电脑各8台；博物馆新增展品890余件（套）。

6. 带动示范作用增强

此中心对云、贵、桂三省（自治区）的民族学学科和高水平研究团队的建设、研究方法和学科方向的创新以及带动人文社会科学的国际化等方面均发挥了重要的辐射作用和带动作用。

二、标志性成果

（1）尤中著的《中华民族发展史》，由云南出版集团晨光出版社2007年出版，共近500万字，是迄今为止全国唯一的一部完整的、真实的中华民族史，于2009年获教育部人文社会科学优秀成果二等奖。

（2）陈庆德等著的《人类学的理论预设与建构》，由社会科学文献出版社2006年出版，突破了以往中国人类学研究方法和理论的诸多视角，在中国民族学学科的基础理论研究方面提出诸多具有原创性意义的理论观点，被多种著作和论文引用。

（3）瞿明安主编的《当代中国文化人类学》，由云南人民出版社2008年出版，从学科发展的实际出发，简明扼要地介绍与评述了当代中国文化人类学各个分支学科形成的背景、发展过程和现状、主要特点、面临的问题以及未来发展的趋势，获云南省第十三届哲学社会科学优秀成果一等奖。

（4）何明、洪颖著的《回到生活：关于艺术人类学学科发展问题的反思》，发表于《文学评论》2006年第1期，对建构具有中国特色和时代特征的艺术人类学学科提出诸多具有原创性意义的理论观点，获云南省第十一届哲学社会科学优秀成果一等奖。

（5）何明主编的《新民族志实验丛书》，共10册，由中国社会科学出版社2007年至2009年出版，以日记体的形式对各村发生的社会文化记述，运用“主位”（emic）方法，从“本文化”内部视角对自己民族和村寨的社会文化进行叙述与评论，促进具有时代特征和中国特色的民族学建设。

三、“十二五”建设思路

1. 总体目标

紧紧围绕“西南”、“边疆”、“民族”三个关键词进一步突出学术特色，围绕中国西南民族关系与文化多样性研究、东南亚民族宗教问题研究、边疆民族问题与边疆学理论方法研究、全球化背景下西南少数民族地区科学发展与和谐社会建设研究等4个方向做精、做深西南民族研究，开拓东南亚民族研究新领域，建构具有中国特色和时代特征的边疆学理论体系，打造成为国内一流、国际知名的专业品牌。

2. 建设思路

（1）实现学科创新：建构具有中国特色和时代特征的民族学和边疆学理论方法；把中国西南民族与东南亚民族作为一个相互关联的整体进行研究，创立包括中国西南和东南亚在内的“大西南”学术流派。

（2）建构思想智库：跨学校、跨区域、跨国家组建“大西南”学术研究团队，组织开展西南民族问题、边境地区发展、东南亚民族问题以及边疆学等领域的科学研究，建成中国西南民族、东南亚民族的知识库和智力库，为国家和各级政府处理相关民族问题提供智力支持和咨询服务。

（3）建设实验室和调查基地：进一步完善影视人类学研究室的设施设备和人员配备，使之成为中国高校一流的影视人类学实验室；进一步完善10个少数民族调查研究基地的设施设备和运行机制，使之为科学研究和人才培养发挥更大的作用。

（4）建设数据库：吸取国际学界对于田野工作和民族志撰写的理论反思成果，推动民族志研究方法的创新，完成影视人类学影片库、中国西南少数民族信息系统、中国西南少数民族研究数据库、西南民族影像库等4个数据库建设。

中央民族大学中国少数民族研究中心

一、总体情况

中国少数民族研究中心成立于2000年，是教育部和国家民委共建在中央民族大学的人文社会科学重点研究基地。此基地的使命是在中国少数民族研究领域构筑中国的政策思想库、学科前沿探索器、科研成果孵化和转换器、人才培养摇篮和学术交流平台，用新型管理体制、创新研究成果、精锐研究团队、综合信息平台和领先的人才培养机制，来搭建学术研究和交流平台，以凝聚社会共识，推动中国的发展观和社会文化创新，成为中国的民族研究旗舰和世界民族研究的重镇。

此基地现有57名专兼职研究人员，5名行政编制。主要学术带头人有牟钟鉴、戴庆厦、祁庆富、杨圣敏、金炳镐、滕星、潘蛟、张海洋等教授。

此基地中英文网站、内刊《共识》及“少数民族学人创新工作室”秉承“自强不息厚德载物，多元一体和而不同；开放研讨凝聚共识，更新观念创新机制”的宗旨，努力在中国学习实践科学发展观，转变发展方式，构建和谐社会的宏观背景下，推动中国民族研究和民族事务管理改革创新的思路和行动，在文化多样性基础上构建和谐社会的目标下凝聚“从社会发展史到文化生态学”的社会转型共识。

二、主要成绩

1. 拓展科研方向

2008年以前，此中心的研究方向为中国国情，特别是少数民族文化多样性的阐释和文化重建。重点领域方向为少数民族非物质文化遗产的收集、保护和开发应用研究及边疆民族发展基层服务实践。此中心目前在这两个领域方向上的探索处于全国领先位置。2008年至今，此中心根据奥运会前后，西藏和新疆民族关系事件频频出警，中国的西部开发引起各地生态和民族关系恶化，国家急需构建和谐民族关系的现实，把研究重点拓展到现实民族问题研究，推动民族工作改革创新，启动了“中国民族政策改革创新前沿”和“边疆发展中国论坛”两个重点项目，深度介入国家“十二五”兴边富民规划、中国少数民族和民族地区人口双向流动、城市民族工作改革创新领域。

截至2010年年底，此中心已在上述各领域方向设立23个重大科研项目。内容涵盖民族学、民族史、民族语文、民族理论政策、民族文化遗产、民族地区生态、民族法学、民族政策、民族教育、民族图书馆学、民族博物馆学等多学科。

总之，此中心的科研综合前沿和探索特色，项目和研究人员涵盖学科面广，立项课题特色优势突出，具有政策孵化功能。此中心研究人员向中央或省级有关部门报送的研究报告已有20余份产生影响。

2. 出版一批著作

此中心已出版《中国民族概论》、《中国民族纵横》、《族群、文化与教育》、《基督宗教在西南民族地区的传播史》、《满—通古斯语族诸民族物质文化研究》、《阿诗玛研究论文集》和《人文社会科学应用研究书系》(4本）等丛书70余部。其中《中国民族概论》作为全面系统地论述中国少数民族的首部著作，已列为高校民族学、人类学专业必修教材，获北京市哲学社会科学优秀成果二等奖。

3. 注重创新

在理论上一是提出“参与式研究型教学”的理念和方法，倡导学生参与教师的备课和研究项目，师生共同参与少数民族地区经济社会发展应用研究，在应用研究中体现学科价值，获得教育部二等奖；二是提出民族学人类学应用研究“两个保护一个维护”的理念：即保护生态环境，保护传统文化，维护少数民族和弱势群体的权益；三是倡导中国西部边疆，特别是少数民族和民族地区发展“从社会发展史到文化生态学”的范式转型；四是在理解中华民族多元一体格局理论的基础上，根据中国文化生态结构提出各民族文化公平传承的理念。

在实践方面，利用地处首都北京，又跟各地少数民族有天然血肉联系的特点推行两项创新：一是聘请国内专家或招收外国留学生加入研究团队，侧重前苏联、东欧和来华的外国人状况和管理政策需求研究；二是在发展问题集中多发的少数民族自治地方创建非营利社会服务组织，推动社区服务和民族语言文化重建。三是创建“边疆发展中国论坛”，研讨少数民族和民族地区在转变发展方式的创新理念下实现跨越式发展的路径研究。

4. 服务社会

一是深度参与由中国人类学民族学研究会与昆明市政府承办的人类学民族学联合会第十六届世界大会的筹办，会务组织和昆明宣言撰写工作，为保障大会顺利召开作出了重要贡献，得到国家民委和云南省政府表彰；二是由杨圣敏教授为中央政治局集体学习会做了专题讲座并完成国务院各部委委托的多次新疆民族知识培训任务；三是与国家民委共同承担了马克思主义研究和建设工程《民族学导论》教材编写项目；四是组织各民族中青年老师组织应用实践团队，参与凉山彝族社会发展、西部水电开发中的少数民族移民补偿补助和安置政策体系、少数民族地区铁路建设项目的社会评估和少数民族发展计划制订。五是配合学校承担国家民委委托的国家兴边富民行动“十二五”规划编制工作，出色完成任务，得到国家民委好评。

三、主要经验

此中心经过长期探索，认识到只有做到“四个必须”才能充分动员发挥基地平台对于民族研究成果的整合提升凝聚打造功能：必须站在国家、世界和人类发展的政治高度，必须具有长远战略的深度（包括历史深度和全球广度），必须结合学校特长用好知识储备扬长避短，必须瞄准创新前沿就国家社会重大问题提供专业知识服务。

四、标志性研究成果

（1）民族学专业师生参与凉山彝族社区发展的实践成果报告。其核心内容是根据学科教学研究特点和民族地区发展需求，组织多民族年轻学者行动团队，在发展问题比较集中的四川省凉山彝族自治州开展师生参与少数民族社区发展的实践行动。这一参与式研究型的教学研究模式引起了四川省各级政府、学术界、新闻媒体、全国公益组织和国际慈善组织的关注，吸引数百万元资金持续开展 10 多个研究和实践项目，同时使近百名当地知青和高校本科生、研究生在服务中得到就业培训。现在凉山发展问题已经引起国务院高度重视。此基地认为这项创新服务模式具有在边疆民族地区和全国高校推广的潜力。

（2）发起和承办了由教育部社会科学司、国家民委教育科技司和国务院民族发展研究所联合主办的“边疆发展中国论坛 2010：发展方式变革与机制创新”，为贯彻落实科学发展观搭建战略研究和决策咨询平台，增强中华民族凝聚力和安边睦邻能力，提高了此基地在中国少数民族研究领域的创新性和影响力。

（3）在主管副校长牵头组织下，协调全校各院系承担国家民委委托的“国家兴边富民行动‘十二五’规划编制”并圆满完成任务，为少数民族和民族地区高等院校向国家决策输入创新资源找到了有效路径。

五、"十二五"建设思路

此基地将以围绕中心服务大局，创新机制更新观念，整合资源搭建平台，凝聚共识推动发展方式变革和社会转型，在继续开展民族文化遗产挖掘和保护开发研究的基础上，针对国家战略目标和边疆民族发展需求的重大现实，重点推进在学科创新理论指导下的实证对策研究和成果转化，重点推动三个领域的创新攻关：一是加强基础理论和基本国情研究，二是拓展边疆民族发展和政策创新需求研究，三是开展全球化、工业化、城市化背景下的城市少数民族工作体制创新研究。此基地的研究方向和目标是瞄准少数民族、民族地区和整个国家的生态、经济、社会、政治和文化五大文明建设，优先设立重大科研课题并开展重大学术活动，持续办好年度性的"边疆发展中国论坛"，力求以此为工作平台，为了国家的根本利益和长远需求而联合社会各界共同研讨策划积极推动"全国民族团结进步百年工程"立项，力争产出标志性成果，并在此过程中创新知识生产机制，促进研究成果向国家政策和社会行动转化，形成本领域具有一流创新力影响力的民族政策思想库、成果孵化与转化器、人才培养摇篮、国际学术交流平台和政府、学界、企业和边疆边民间的学术桥梁。

山东大学犹太教与跨宗教研究中心

一、总体情况

山东大学犹太教与跨宗教研究中心自成立以来，始终以建设世界一流学科为目标，勇于开拓创新、不断巩固学科特色，坚持国际化办学，在学术研究、学生培养、人才队伍建设诸方面均取得了显著的成绩，达到了国内前沿水平。该中心在犹太教、基督教、佛教、神道教、巴哈伊教这些老学科的基础上，凝练出世界宗教关系、犹太教与儒学比较、希腊哲学与基督教、宗教社会学等跨学科性的研究方向，承担了教育部重大公关课题以及多项国家、教育部社科基金课题等，取得了一系列具有原创价值的成果。

此研究中心具有一支以中青年教授为主的充满活力的研究团队。现任主任傅有德教授。在专职研究人员中，有教授 13 人，博导 11 人，副教授 5 人，讲师 3 人。学术带头人在国内学术界享有很高学术声誉，在国际上也有一定影响。取得了若干高水平的研究与教学成果，其中国家级 1 项，省级奖励 12 项，其他各项奖励 10 项。

此中心的一个突出特点是国际化，其中包括国际性的合作研究，联合举办国际性学术会议，选派研究生送到国外联合培养，定期邀请国外知名专家系统授课，等等。这些举措确保了该中心在学术研究和学生培养以及学术交流方面的高起点和高水平。

此中心还积极参与服务社会工作。赵杰教授组织学生在全省范围内调研山东基督教状况，还针对基督教会在曲阜建教堂一事展开专门调查。其调查报告为山东省统战与宗教管理部门的工作提供了重要的参考依据。

总之，经过多年的建设，此研究中心凝聚了一支高水平的学者队伍，在犹太哲学与宗教研究和其他某些方向上保持特色和优势，在国内外相关领域产生了广泛的影响。

二、主要成绩和经验

此中心在学术研究、人才培养、咨询服务、团队建设和信息资料建设诸方面取得的主要成绩如下：

（1）在学术研究方面，共承担各类课题 35 项，其中包括教育部重大公关课题 1 项（“世界宗教关系史”），中宣部“马克思主义理论研究与建设工程”（宗教学教材）项目 1 项以及若干国家社科基金、教育部社科基金、教育部基地和山东省社科基金项目。出版各类著作 74 部，在国内外发表论文 348 篇，其中在国外发表 8 篇，国内权威刊物 15 篇。多项成果获得奖励，其中 2 项省级一等奖。创办国内唯一的《犹太研究》辑刊，该刊自 2008 年入选国家 CSSCI 刊物（辑刊类）。

（2）在人才培养方面，除了培养硕士、博士研究生外，此中心还作为宗教学系的主体承担着培养宗教学专业本科生的任务。迄今，已有 4 届本科生毕业，每年约有 10 名硕士与博士研究生毕业。“犹太教概论”于 2008 年被评为国家双语教学示范课程。此中心一直注重国际化办学，先后派出 8 名博士、7 名硕士到波士顿大学、特拉维夫大学、巴以兰大学、悉尼大学联合培养，并邀请海外著名学者 35 人次来中心系统讲授“犹太神秘主义”、“塔木德研究”、“伊斯兰教研究”、“科学与宗教”等课程。博士毕业生中已经有多人成为教授和学科带头人，在一些高校、科研机构和管理部门发挥着重要作用。

（3）在学术团队建设方面，此中心注重高层次人才的的引进和培养，先后引进犹太学者艾里克（Amrum Ehrlich）博士和多年在海外学习和工作的谢文郁、刘新利博士，聘请以色列希伯来大学毕业的诺安（Noam Urbach）为希伯来语教师。聘请特拉维夫大学的张平教授、香港中文大学的温伟耀教授、赖品超教授为合作博士生导师，聘请著名犹太研究学者南京大学的徐新教授、中央民族大学的游斌教授等为中心研究员。傅有德教授入选山东省首批“泰山学者”特聘教授。目前，该中心的学术团队代表着中国犹太哲学与宗教的研究水平，基督教、巴哈伊教、佛教、神道教以及跨宗教的研究队伍也各具特色。

（4）在国际合作与交流方面，此中心与以色列的特拉维夫大学、美国的波士顿大学、布兰戴斯大学、澳大利亚的悉尼大学等相关系所建立了常规性的合作关系，一方面定期聘请对方教授来讲学，同时也选派中心的教师到对方学校开展研究或讲学，迄今已有 50 多人次参加了学术互访。2008 年，傅有德教授应以色列总统邀请参加了以色列建国 60 周年“总统大会”，还多次应邀在以色列、美国、加拿大、澳大利亚、中国香港地区的大学作系列讲座。自 2001 年以来，此中心共举办国际学术研讨会 7 次，“国际犹太文化”暑期学校 4 次。艾里克教授、谢文郁教授、傅有德教授、刘新利教授都有外文著作或论文发表。

（5）在咨询服务方面，赵杰教授等积极参与“服务山东计划”，对山东省基督宗教的传播发展状况，对信仰天主教、基督教的群众信仰、经济生活、伦理道德以及信仰与生活方式之间的关系，进行深入广泛调查，在掌握了大量第一手资料的基础上完成了《基督教与山东省经济发展暨道德建设关系调查研究的报告》。该报告得到了山东省宗教事务局的高度评价。

三、标志性成果

（1）傅有德教授和课题组成员一起完成了国家社科基金课题“犹太哲学研究”和“现代犹太人本主义哲学研究”，结项成绩均为优秀。在此基础上出版的《犹太哲学史》（上下卷）和《现代犹太哲学》得到学术界高度评价，分别获得山东省社科一等奖和二等奖。傅有德主编、黄福武、刘新利、傅永军、刘杰等教授参加翻译的《汉译犹太文化名著丛书》已经出版15部，为中国的犹太宗教与哲学提供了权威的一手资料。傅有德发表在《中国社会科学》、《文史哲》、*Acedemic Forum* 以及 *Ching Feng* 等刊物上有关犹太教与儒学比较的论文也在国内外引起了广泛关注。

（2）艾里克（Amrum Ehrlich）教授主编的 *Encyclopedia of Jewish Diaspora*（《犹太人散居百科全书》）分上中下三卷，约150万字，在内容上囊括了犹太人散居生活的方方面面，涉及宗教、哲学、科学、历史、音乐和商业等，是迄今国际上最完备的研究犹太人散居生活的参考书。他还在英国 Routlege 出版社出版了 *The Jewish-Chinese Nexus: A Meeting of Civilizations* 等著作，在西方学术界产生了重要影响。

（3）在基督教、佛教、神道教、宗教学和宗教哲学领域尚有多项代表性成果。《自由与生存——西方思想史上的自由观追踪》（谢文郁著）、《欧洲文艺复兴史》（宗教卷，刘新利著）、《德意志历史上的民族与宗教》（刘新利著）、《烦恼即菩提——天台宗“性恶”思想研究》（陈坚著）、《复古神道哲学思想研究》（牛建科著）、《当代新兴巴哈伊教研究》（蔡德贵著），这些都是填补国内研究空白的著作。《启蒙、批判诠释与宗教伦理》（傅永军）、《解构—指引：海德格尔现象学及其神学意蕴》（李章印）、《哈贝马斯宗教哲学思想研究》（铁省林）等是具有开创意义的成果。

四、“十二五”建设思路

“十二五”期间，此中心将密切结合中国国情和文化建设的需要，进一步巩固犹太研究的特色，推进犹太教、基督教、佛教、神道教以及跨宗教的研究，将研究领域拓展到政治学、宗教社会学、宗教人类学、宗教心理学、社会工作等诸多新兴领域，以期在实证研究方面寻求中国宗教研究的新方向。为此，中心拟定了包括“希伯来《圣经》译注与研究”、“犹太经典《密西纳》译注与研究”、“犹太教与基督教的关系研究”、“犹太教与伊斯兰教的关系：历史与现实”、“圣经犹太教与先秦儒学比较研究”、“中国宗教生态学研究”、“宗教与社会服务工作（social work）研究”等10个具有重大理论意义和现实意义的课题。

此中心还将在杰出学者与学科带头人等高端人才引进、相关中外文前沿科研图书资料购置、网站改版与转型探索、国际交流拓展、社会服务等各方面做出努力。中心将以全球视野和国际学术标准为目标，建立一支以数名杰出学者为带头人的一流的学者队伍；在犹太教以及跨宗教研究诸方面推出一批一流的学术成果，填补多项学术空白；开拓新领域、建设新学科，采用新方法，扩大宗教研究的范围；面向社会，服务社会，开展重大现实问题研究；加强学术交流，扩大学术影响，积极参与世界各文明间的对话。争取在“十二五”建设结束时，使山东大学的宗教研究特色更鲜明，成果更突出，整体学术水平达到国内领先，在国际上有更大的影响。

四川大学道教与宗教文化研究所

一、总体情况

2001—2010年，四川大学道教与宗教文化研究所作为宗教学国家重点学科建设单位，在主要研究方向、学术团队建设、人才培养、科学研究、国内外学术交流、跨学科学术平台的搭建等方面取得了较显著的成效，取得了在"全国高等学校学科评价系统"宗教学学科排名第一的不错成绩；在与本校历史文化学院合作的"十五""211"工程项目"区域历史与宗教文化"评估中成绩优异；2003年获得人事部批准设立博士后流动站；2004年成功申请成为国家"985"工程"宗教与社会研究创新基地"；2005年、2010年分别通过教育部人文社科重点基地验收，进入新一轮教育部人文社科重点研究基地的建设中(见表1)。

表1　**2001年和2010年主要建设指标对比表**

内容		2001年	2010年
国家和省部级基地或平台		1个（教育部重点人文社科重点研究基地）	2个（教育部重点人文社科重点研究基地、"985工程"宗教与社会研究创新基地）
杰出教授（资深教授）		0人	1人
国务院学位委员会学科评议组成员		0人	1人
跨世纪优秀人才		1人	2人
新世纪优秀人才		0人	2人
招收研究生	硕、博士生（在读）	24人	84人
	博士后（在站）	0人	21人
科研经费		60万元	1426.7万元
队伍建设	教授	9人	18人
	博士生导师	5人	16人
权威期刊和SSCI论文		2篇	8篇
CSSCI论文		25篇	139篇
举办国际学术会议		1次	3次
办公条件		400平方米	1200平方米

二、主要成绩和经验

1. 加强队伍建设，建设合理人才梯队

目前，已形成老、中、青相结合，以中、青年为主干的学术队伍，在职称、年龄、学历、学缘、研究领域等方面更为优化：10年间，相继完成国家重点学科建设、“985工程”国家重点社科创新研究基地建设、教育部人文社科重点研究基地建设、“211工程”二期建设、哲学博士后流动站建设等工作，并在各类建设工作检查与评估中取得了较为优异的成绩。

2. 加强人才培养，输出优秀毕业生

十年间共计毕业博士研究生158人，其中韩国2人，德国1人，泰国1人，斯里兰卡2人，台湾地区7人，香港地区3人，澳门地区1人。内地毕业博士生大多数在大专院校和社科院系统参加工作，一些已成为知名教授和博士生导师，有的进入各级政府机关，主要是宗教、统战、国安、公安等部门工作；还有7人进入国内外高校的博士后流动站。毕业硕士研究生82人，共计来自全国各高校的28名博士后研究人员进入博士后流动站。此外，来进修的海外学者计有15人，国内学者计有9人。

3. 深化科学研究力度，确保精品产出

在科研项目与经费方面，10年间承担的国家、省部级科研项目及横向科研项目共计58项，经费共计2100多万元。其中，包括教育部重大招标课题1项，经费80万元。在科研成果方面，国家社科“九五”、“十五”、“十一五”重点项目《中国道教思想史》作为优秀项目结项并正式出版；教育部基地重大课题《中国道教考古研究》作为优秀项目结项并正式出版；按时合格完成了各级各类课题15项；已出版专著61本，发表论文1000余篇，其中A&HCI期刊8篇，CSSCI期刊上发表的论文389篇，在权威期刊《中国社会科学》、《哲学研究》、《世界宗教研究》上发表论文25篇，同时，在学术界比较知名的国际及港台学术刊物如《中研院史语所集刊》(台北)、*Les Sogdiens en Chine*, *sous la direction de la Vaissière et Eric Trombert*（法国）上发表论文8篇。在科研成果获奖方面，10年来，此学科共获得省部级奖12项，其中国家级2项。并获得全国百篇优秀博士论文提名1次。

4. 积极开展咨询服务，为地方社会建设做贡献

此学科点先后向四川省人民政府、四川省宗教局、成都市人民政府等相关部门提交了《关于组织开展中国道教节活动的建议》等5项建议，使成都成为国务院宗教局批准的道教节固定举办地，为韩国驻成都领事馆提供中国宗教知识培训服务，并在青城山、峨眉山等地合作建设了本学科的实践基地；同时，积极参与了“5·12”汶川地震灾后的重建工作，如北川、青城山的灾后宗教文化恢复重建、灾民灾后心理辅导等工作。此基地正在成长为国内外本学科领域的“思想库”、咨询基地和宗教文化建设的服务窗口。

此基地在原有机构四川大学道教与宗教文化研究所的基础上，新搭建成立了四川大学老子研究院等新兴学术研究机构，各机构得到了社会各类力量的支持与帮助，并为中国传统文化的研究和推广作出了较大贡献。

5. 促进学术交流，扩大基地海内外影响

此所每年都派出了2~3名博士生和硕士生与海外大学互换培育半年至一年；每年都邀请了两名以上的海内外著名学者来本学科交流访问；10年共举办国际性或全国性学术

会议15次。有60多人次前往日本、韩国、新加坡、英国、加拿大、美国、德国、荷兰、法国、土耳其及中国港、澳、台地区参加学术会议和进行学术交流活动，合作参与法国高等研究学院国际合作项目“仪式、诸神和技术——唐以前的中国宗教史”(法国教育部资助)，该项目的具体组织者是本学科一位精通法语的副教授。

三、标志性研究成果

(1) 卿希泰任主编，詹石窗任副主编的《中国道教思想史》，2009年12月由人民出版社出版。该书耗时12年，凡四卷，236万字。该书系国家社会科学基金重点项目、国家“985工程”四川大学宗教与社会研究创新基地重大项目成果、教育部人文社会科学重点研究基地重大项目成果，入选“国家社会科学基金成果文库”。这项成果“填补了道教思想通史研究的学术空白，是我国道教学术研究的又一个重要里程碑”。

(2) 张勋燎先生、白彬副教授著的《中国道教考古研究》，2006年1月由线装书局出版。此书有1150千字，图片580余幅。《中国文物报》、《考古与文物》等均载文对该书有很高的评价，认为该书“是迄今为止国内外第一部对道教考古遗存进行系统梳理和研究的巨型专著，填补了中国宗教考古学一大空白”，并“从新的角度帮助解决了单纯依靠文献记载难以解决的一些古代道教史上的重大问题”。

(3) 陈兵著的《佛教心理学》，2003年4月由台湾现代禅出版社出版。此书是国家社科基金项目最终成果，耗时11年；从现代心理学和佛法的双重视角，对古今中外各系佛教思想的核心——有关心灵的学说，做了一番现代整合，忠实地浓缩了佛法的精华，做出使现代人容易明白的诠释；既有深刻的理论论证，又有治理自心、完善人格，乃至明心见性，获得大智慧、大安乐、大自在的具体技术；是一部佛学心理学的力作，已成为国内外宗教心理学研究的重要参考书。

(4) 征集、遴选出版了《儒道释博士论丛》系列丛书近100本，包括中国社会科学院、北京大学、复旦大学、厦门大学、武汉大学、中山大学、中国人民大学、北京师范大学、华中师范大学等单位的优秀博士学位论文。该丛书有力地扶持了从事中国传统文化研究的新生力量，也在国内外学术界产生了重大影响。

四、“十二五”建设思路

(1) 将通过体制改革、机制创新、人才引进和经费投入，打造出一支国内一流的学术创新团队，全面推进宗教学学科的知识创新、理论创新和方法创新，继续保持道教研究在国内外学界的领先地位，力争成为中央及地方政府处理国内外宗教问题的权威咨询机构，成为我国宗教学学科的“思想库”和“人才库”；建成国内一流并具有重要国际影响力的大型宗教学信息资源数据库，成为全球宗教学学术交流的重要平台。

(2) 培育和打造本学科核心竞争力，以道教学研究为龙头，以当代宗教学理论、世界主要宗教的历史和现状、中国少数民族宗教的研究为主干，以解决现实的民族、宗教和社会问题，尤其是现实的西部民族、宗教和社会问题为导向。在各个专业研究方面争取新突破。

(3) 组织集体攻关项目，形成集合优势，铸造学术精品。

(4) 改革管理模式，拓展研究领域，培养高层次人才。

中国人民大学佛教与宗教学理论研究所

一、总体情况

中国人民大学佛教与宗教学理论研究所成立于1999年12月，2000年9月经教育部专家组的评议和审查，被正式批准为教育部人文社会科学重点研究基地。

此研究所拥有宗教学本科专业、宗教学硕士点、宗教学博士点和宗教学博士后流动站，形成了从本科到硕士、博士、博士后的完整人才培养序列。它既是我国培养佛教学术研究人才的重要基地，更团结了全国高校系统中宗教学尤其是佛教研究的中青年优秀人才。此基地下设佛教研究室和宗教学理论研究室，以中国佛学、西方基督宗教、宗教学原理和宗教社会学最为见长，涌现了方立天、何光沪、杨慧林、李秋零、刘小枫等著名学者，形成了以国际知名学者带头、中青年学者为主力的充满朝气与活力的科研队伍，奠定了在国内宗教学术界领先、在国际宗教学术界具有重要影响的学术地位。

此基地着力为师生的科研调查创造良好条件，2008年至今在我国多处重要宗教活动场所（河北柏林寺、河南白马寺、山东崂山、湖北武当山、江西龙虎山、福建开元寺、广东云门寺、广东千佛塔寺、广东尼众佛学院等）建立宗教学教学实习基地。

二、主要成绩与经验

此基地经过10余年的探索，在举办高级学术研讨班方面，做出了一些成绩，可以说是比较成功的经验。通过举办高级学术研讨班，既增进了海内外学术交流，提高了基地的学术地位，锻炼了队伍，而且还将一些较新的学术理念和研究方法，向学术界（特别是广大青年学者）和宗教领袖界，及时而广泛地进行传播，在学界和教界都发挥了很好的效果，社会反响积极。

（1）2004年至今，此基地在北京连续召开四届“中日佛学会议”。中日佛学会议每2年一届，每届会议各设一个主题，中、日各5位正式代表围绕该主题发表论文，同时邀请国内佛教学者围绕该主题参与讨论。该会议的持续举办，在国内外佛教学术界引起了很大反响，被学者们誉为最具学术内涵的佛教学术会议，为缩小中日佛教学术研究水平的距离、提高我国佛教学术研究的国际地位和国际影响，起到了较大的推动作用。

（2）2004年至今，此基地连续举办了7届“宗教社会学国际学术会议”和“中美欧宗教社会学暑期研讨班”。此班以中国人民大学、美国普度大学为中心，由海内外多家大学、研究机构和研究基金鼎立支持，以培养中国的宗教社会科学研究人才为己任，成为促进中国宗教社会科学研究、增进中外学术与文化交流的重要平台。结业的学员已有数百人，成为促进中国宗教研究的生力军。

（3）2006年至今，此基地受中央统战部、教育部委托，连续举办了五届“爱国宗教界人士研修班”。该班在刘延东等中央领导同志的直接关心下，为全国性和省级五大宗教团体数百位中青年爱国宗教界领袖人士进行了文化素质和专业知识培训，受到中共中央统战部、教育部、国家宗教事务局领导和学员们的高度评价，其中有些学员现已走上全国性宗教团体的主要领导岗位，在海内外产生了重要反响，被誉为新时期培养我国爱国宗教界领袖人士的“黄埔军校”，为做好新形势下的宗教工作特别是中青年爱国宗教界领袖人物的培养工作作出了重要贡献。

（4）2007 年至今，此基地与台湾辅仁大学宗教系连续举办四届“两岸宗教学术论坛”，论坛每年在北京、台北两地轮流举行，中国大陆、香港、台湾地区多所著名高校学者积极参与，为两岸宗教学术界深入而持续的交流，搭建了一个良好的平台。

三、标志性研究成果

（1）方立天著的《中国佛教哲学要义》上下册，由中国人民大学出版社 2002 年出版。该书从中国哲学史发展的脉络来解读、诠释中国佛教哲学的思想，并采用问题解析体来展现中国佛教哲学的内容。全书通过总论、人生论、心性论、宇宙论和实践论五编的专题论述，阐明中国佛教哲学问题的滥觞、论辩、演变与发展的历史轨迹，显示其间不同观点之间的互动进程，进而总结其哲学思维的基本特点和发展规律。该书是继汤用彤、吕澂后，中国佛教思想史研究中最重要的大部头学术专著，是 20 世纪佛学研究的重要总结，集大成的著作，在中国佛学研究领域具有划时代的意义。该书分别获得第六届国家图书奖、第八届北京市哲学社会科学优秀成果特等奖、首届中华传统文化优秀著作一等奖，入选“中国学术文库”，被誉为“十五”期间我国哲学社会科学领域四项重大标志性成果之一(《光明日报》2006 年 2 月 15 日头版)。

该书还于 2005 年 1 月由台湾佛光山文教基金会用繁体版出版，翻译的韩文版第一卷已于 2006 年 12 月底在韩国首尔佛教大学院大学出版社出版，翻译的日文版被日本著名出版社春秋社购买版权正在翻译陆续出版之中，翻译的英文版权已被美国 Thomson Learning 出版集团购买，正在组织翻译。

（2）李秋零的译著《康德著作全集》，由中国人民大学出版社 2003 年至 2010 年间出版。康德与柏拉图、亚里士多德，是西方哲学史上最重要的三位人物。李秋零教授主持翻译的康德全集，是从拉丁文、德文原著出发，第一次将康德全部著作展现在华语世界。康德全集的翻译出版对于学术研究，对于中国人深入理解西方文明都具有不可估量的意义。

李秋零教授的翻译得到学术界的广泛好评，其中康德的《纯然理性限度内的宗教》，荣获香港道风山“艾香德学术译作奖”。《光明日报》等多家重要媒体对李秋零教授的译著《康德著作全集》全 9 卷的翻译出版均做了大篇幅报道，发表了多篇专访和评论文章，在国内外学术界引起了重大反响。为此，中国人民大学特授予李秋零教授“校长特别奖”。

四、“十二五”建设思路

“十二五”期间，此基地将与新成立的中国人民大学宗教高等研究院以及哲学院、文学院、国学院等相关院系所密切配合，进一步加强学科建设和队伍建设，大力扩展对外科研交流与合作，努力提升研究能力、科研质量和国际化水平，积极促进科研成果的社会转化，继续加强专业图书资料和基地网站建设，力求把基地建设成为国内一流并具有相当国际地位和国际影响的宗教学学科重点研究基地。

此基地将在“十一五”建设的基础上，根据我国经济社会发展和宗教学学科发展的现实需要，按照基地确立的战略发展目标，重点开展：

（1）佛教研究。继续加强佛教与儒道交涉互动关系的研究；组织学术界、出版界相关力量，对中国佛教历史发展中最重要、最具有代表性的几十种佛教典籍进行系统的校释和研究；系统地选择、译介日本和欧美相关领域最权威的佛教研究学术名著，为全面促进我国佛教学术研究迈进国际一流水平奠定坚实的基础。

（2）宗教学理论和基督教研究。继续做好《宗教学理论研究译丛》的翻译出版工作；加强世界宗教史、世界宗教关系史、宗教冲突与对话的研究，借鉴中国儒释道三教关系研究的相关成果，力争提出处理世界宗教史、世界宗教关系史、宗教冲突与对话等问题的新的理论模型，发展出具有中国特色、中国气派的宗教学基本理论。

（3）中国宗教重大现实问题的实证研究。根据我国社会经济发展的实际需要，对中国宗教重大现实问题进行实证研究和理论分析，是中国宗教学学科发展和科学研究新的增长点，也是本基地科学研究和咨询服务的重要任务，基地自“十二五”起，将投入相当的人力物力，与相关部门合作开展有关调查研究。

（4）宗教学专业系列教材的编写。力争在10年左右的时间里，编撰出版一套适应我国高校宗教学专业人才培养需要的、研究性的宗教学专业系列教材及若干配套资料。

北京大学中国古代史研究中心

北京大学中国古代史研究中心的前身是1982年成立的北京大学中国中古史研究中心，该中心在成立之初就受到国家和教育部领导的大力支持。1999年6月，教育部提出建立国家文科重点研究基地的计划，为中心的发展提供了良好的机遇；12月，经过学校的优化组合、合理配置，“中国中古史研究中心”正式更名为“中国古代史研究中心”，进一步拓宽了研究的领域，使全部中国古代史的研究成为一个整体，更加有利于历史学科的总体发展。从此，研究中心的发展进入了一个新阶段。

2001—2010年，是此中心作为教育部人文社会科学重点研究基地进行重点建设和发展的第一个十年，科研、教学和基础建设等方面都取得了前所未有的发展，特别是在凝聚重点学术方向、培育学术团队、拓展学术平台、开创科研管理新思路以及科研成果方面，取得相当突出的成绩，值得认真总结，以利再接再厉，取得更大成绩。

一、总体情况

此中心发挥传统优势，开拓前沿学科，凝聚学术重点方向，集中力量发展中国古代政治与制度史研究、新出土史料的整理与研究、北方民族史研究、政治文化史研究等方向，取得了突破性进展。在这几个领域目前都处于国内外领先水平。

10年来，此中心共获20个教育部人文社科重点基地重大项目；完成北京大学创建世界一流大学重大项目“盛唐工程”；西汉竹书整理与研究获2009年教育部哲学社科重大攻关项目立项；北大藏秦简牍整理与研究和中国古代的族群凝聚与国家认同研究获2010年国家社科基金重大项目。中心还获得国家社科基金、北京市社科基金等53个项目，大多已完成。在项目实施中，我们从来不局限在本中心专职研究人员范围内，而是广泛吸收国内外同一领域内的专家学者，有些项目还请校外或国外专家担任主要负责人。

此中心鼓励在科研中引入研究生，在强化项目研究的同时也强化人才培养。由本中心教授指导的研究生发表论文50余篇，2篇博士论文获全国优秀博士论文奖、1篇获北京市优博奖。多位博士后成为科研的生力军。同时开设超过50门新课程，及时将科研成果转化为教学，使学生直接接触学术前沿，促进“多出人才，快出人才”。

作为研究基地，此中心尽力发挥学术平台作用。10年间举办学术报告会180余场，共160多位国际知名学者作学术报告；组织四届中古史国际青年学者联谊会，与哈佛大学等共同开发中国历史人物传记资料库（CBDB），得到国际学界的高度赞誉；组织多次国内外学术考察，参加者亦有校外同行。

此中心图书馆从2001年起被批准为北京大学图书馆的第一批专业分馆，经过重点建设，藏书丰富，目前已成为北京大学各分馆中业绩最突出者，每天都吸引着校内外许多读者，被誉为国内最好的中国古代史专业图书馆之一。

二、主要成绩

10年间，此中心人员发表论文554篇，出版专著73部，在海外一流刊物发表论文88篇。成果获教育部、国家民委、北京市等各类奖项15项。研究人员到海外访问及参加重要国际会议达400多人次；有多位人员在国际学术组织和刊物中任职，也有多位人员在国际会议上担任主席或做大会主题报告，为中国赢得荣誉。

此中心承担的教育部人文社会科学重点基地重大项目“古代中外关系：新史料的调查、整理与研究”和“中国古代的政治形态、官僚制度和政治文化的综合研究”，结项时被评为优秀。《盛唐研究丛书》受到了学界的广泛好评。荣新江的《敦煌学十八讲》获2002年北京市社科成果一等奖；阎步克的“中国古代史（上）”，邓小南、阎步克的“中国古代的政治与文化”被北京市和教育部评为“精品课程”。中国古代史教学团队获2007年国家级教学团队奖。阎步克、邓小南获得全国高校教学名师奖。

三、标志性研究成果

（1）阎步克的《品位与职位——秦汉魏晋南北朝官阶制度研究》。此书以秦汉魏晋南北朝朝代的官阶制度为研究对象。作者引入“品位分等”和“职位分等”概念，将之与官僚的“自利取向”和“服务取向”结合起来，构建了一个新鲜的分析框架，由此拓宽了中国官阶史的研究空间。

（2）陈苏镇的《汉代政治与〈春秋〉学》。此书采用政治文化视角，把汉代政治史和政治思想史的研究有机结合起来，重点探讨“春秋”学对汉代政治的影响与作用。本书系统勾勒了汉代的政治文化变迁过程，精彩考证随处可见，文笔朴实流畅。

（3）荣新江的《中古中国与外来文明》。这是目前研究中古时期中西交通的最前沿成果。作者以文献、文物和文书为依据，从历史深处揭示了中古时代来华的商胡贩客在经济、政治和宗教生活中的独特作用，不仅再现了粟特聚落的历史面貌，而且使胡汉交融的考察更具体化也更理论化了。

（4）《盛唐研究丛书》。这套丛书从政治体制的演变、官僚机构的运作机制、空间结构与社会变迁、民族关系和国际关系的发展与协调，以及经济、社会、思想文化、社会风貌等方面，对唐代历史进行了探讨，提出了许多新的见解，并对盛唐缘何而盛，从不同角度进行了研究，代表了目前国内外唐史研究的前沿水平和发展方向。

(5) 阎步克的《从爵本位到官本位——秦汉官僚品位结构研究》。本书的重心是讨论秦汉时的官僚等级制度。基于品位—职位视角，提出了“品位结构”概念，用以观察各种位阶的组合、搭配和链接样式；对品秩的构成要素、品位结构变迁的主要线索、官阶研究的各个层面，进行了建构性的阐述，并提出早期帝国品位的爵本位—爵-秩体制—官本位的变迁模式。

(6) 邓小南的《祖宗之法——北宋前期政治述略》。此书论述祖宗之法概念在宋代的发展与变化，确定祖宗之法的基本精神和它包含的“话语集成”，并揭示祖宗之法概念背后的政治与文化的复杂互动。本书是近年来对宋代政治与文化透析最深、最具创见的学术专著。

(7) 辛德勇的《秦汉政区与边界地理研究》。本书在前人研究的基础上，提出诸多全新的看法，其中包括秦始皇三十六郡、两汉州制、高阙、直道、秦汉之际的西北和东南边界等内容，多有创见，具有重要的学术价值。

四、“十二五”建设思路

“十二五”期间，此中心在科研上的主要构想是，充分发挥传统优势，整合科研队伍，突出特色，拓展品牌，在现有基础上进一步凝聚重点方向，催生一批可以领导学科发展方向的国际性成果。我们的重点研究方向如下：

(1) 中国古代政治文化与政治制度研究。政治史和政治制度史研究是我们传统强项，中国古代政治文化研究则是这一传统的扩展和延伸。

(2) 中国边疆地区与边疆民族研究。过去10年间本中心在“北方民族史”研究方面发挥了团队优势，诞生了一批重要成果，我们要继续在这个领域努力。同时，我们在西域史、中西交通史等领域有深厚积累，要集中精力拓展相关领域。

(3) 近年新出土的历史文献研究。出土文献研究一直是我们的重要学术方向，多位研究人员在敦煌吐鲁番文书研究、新出中古墓志及其他石刻史料的整理与研究、新出中古简牍研究方面都有重要成果。随着2009年北大西汉简和秦简的入藏，以及本中心设立出土文献研究所，我们在这个领域的特色更加突出，成为本中心的核心品牌之一。

(4) 中国古代历史文献学研究。中国古代历史文献学研究是本中心的传统优势学科，我们将继续发挥这一优势。

此外，本中心还要在基地建设方面做很多工作，以确保基地科研条件得到逐步改善，科研管理制度化程度越来越高，科研队伍结构越来越合理，科研资源的分配日益富有效率。具体工作包括以下几个方面：①进一步提升中心的开放性和国际性。②强化科研队伍建设，引进人才，使科研队伍的结构越来越合理化，为本中心长时段内的可持续发展创造基本的人才条件。③积极参与社会服务活动，更好地服务于国家战略。④加强中心的基础建设，包括充实图书馆外文图书资料，继续强化电子数据库，加速升级中心门户网站，把《唐研究》办成中心有学术分量和国际影响力的刊物。

北京师范大学史学理论与史学史研究中心

北京师范大学史学理论与史学史研究中心于2000年2月成立，同年11月被批准为教育部全国普通高等学校人文社会科学重点研究基地。此中心首任主任为瞿林东教授，学术委员会主任为龚书铎教授；现任中心主任为杨共乐教授，学术委员会主任为中国社会科学院于沛研究员。

一、总体情况

此中心所依托的学科点是已故著名史学家白寿彝教授创立的，有长久的学术积累和广泛的学术影响，在学术上具有显著的特点和突出的优势，处于国内外学术前沿地位。现有专兼职研究人员近30人，校外兼职研究人员20余人。下设史学理论、中国古代史学、中国近现代史学、中西史学比较等四个研究室。10年来，此中心承担和已经完成的教育部重大项目共计20项、国务院重大项目、学校“211”建设重点项目和“985”二期建设工程项目，教育部重大攻关项目、国家社科基金重点项目与一般项目、教育部人文社科规划项目等多项。举办各种国际、国内学术会议10余次，在学术界产生了较大的影响。此中心研究人员出版专著100余部，发表论文近1500篇；编辑、出版的《史学理论与史学史学刊》年刊（CSSCI来源集刊），受到国内外同行好评。

二、主要成绩和经验

经过10年的建设与发展，此中心在各方面都取得了显著的成绩。其中最突出的，体现在汇聚科研队伍和凝练学术方向两大方面，成为最具特色的亮点。

此中心成立以前，由于国内没有史学史学会的社团组织，研究史学史的学者或者挂靠史学理论研究会，或者挂靠历史文献学研究会，或者挂靠世界史研究会，长期分散在不同领域，无法形成凝聚力。从1985年白寿彝先生在北京师范大学组织全国史学史学术研讨会以后，到2000年的15年时间之内，再没有开过一次全国范围的史学史学术会议。这种局面给史学史学科造成严重的损失，与国内各断代史、专门史学科研究蒸蒸日上的面貌形成了鲜明的对比，导致了学科发展和学术研究的严重滞后。此中心成立以后，积极加强与国内外一些知名大学和研究机构之间的学术交流，不定期地邀请同行专家座谈，举办各种类型的学术会议，把国内研究史学理论和中外史学史的学者凝聚起来，形成一个立足国内、面向国际的学术研究平台。10年来，此中心已经成为类似史学史学会的机构，担负起联络全国同行的职责，在稳定学科队伍、扩大学科影响、促进学科发展方面，作出了重大贡献，起到了举足轻重的作用。

经过10年建设，此中心形成了科研力量集中和研究目标明确的四个研究方向，在国内同行中处于领先地位：一是以瞿林东、罗炳良和周文玖教授为代表的史学理论研究方向，在中国史学理论，尤其是中国古代史学理论方面取得了开拓性的成果，有力地扭转了长期以来学术界认为中国史学特别是中国古代史学缺乏理论建树的偏颇认识；二是以吴怀祺、许殿才、向燕南和汪高鑫教授为代表的中国古代史学研究方向，继承和发展本学科固有的强势，不断发展和创新，对中国古代先秦至明清史学思想成就作了深入系统的发掘，达到了一个新的高度；三是以陈其泰和张越教授为代表的中国近现代史学研究方向，对“五四”时期史学、近代新历史考证学和马克思主义史学的研究取得了突破性进展；四是以刘家和、杨共乐和易宁教授为代表的中西史学比较研究方向，通过比较中国古典史学和欧洲希腊罗马史学的异同，当代中国史学和西方后现代史学的优劣得失，对世界历史学发展规律和21世纪史学发展前景研究具有绝对话语权。

在基地建设过程中，此中心遵照教育部制定的管理办法，实行科学化管理，不断推进改革创新，取得了一定的经验。概括说来，就是立足本校，面向全国，使中心真正成为国内外史学理论与史学史研究者的学术平台，发挥最大效益。最明显的表现在两点：一是对重大项目的设计和招标，既考虑本校研究优势，又注意团结校外同类学科机构的力量；既实现强强联合，也扶植有前途的研究单位，做到共同进步，双赢双收。复旦大学、华东师范大学、南开大学、兰州大学、扬州大学等国内史学理论及史学史学科研究力量较为集中的地方，都先后承担了此中心的重大项目，收到了良好效果。二是除北京之外，还在各地与兄弟院校共同举办学术会议，集中研究某些领域的问题。例如2007年在河北承德召开的“少数民族史学与历史学多学科研究方法”学术研讨会，是国内首次举办的全国少数民族史学研究盛会，集中了包括甘肃、宁夏、西藏、内蒙古等少数民族聚集区的广大学者，研讨范围涉及藏族史学、彝族史学、蒙古族史学、维吾尔族史学在内的多民族史学成就。通过这种方式，此基地不但拓宽了研究领域，有针对性地解决了学术问题，而且加强了广泛的学术交流，还提高了合作单位的学术影响，切实起到了引领全国学术研究潮流的作用。

三、标志性研究成果

此中心在加强学科建设的同时，始终把学术研究放在重要地位。经过全体专兼职研究人员的共同努力，撰写出一批具有标志性的研究成果。最具代表性的有以下几部：

（1）白寿彝主编的六卷本《中国史学史》。全书共约240万字，于2006年由上海人民出版社出版。它全面反映了老、中、青三代学人长期以来研究中国史学史的收获，是迄今部头最大、内容最全面的贯通论述中国史学史的著作。本书出版以后，受到国内同行学者的普遍关注。南开大学乔治忠教授、首都师范大学江湄教授等人撰写书评，给予了较高的评价和肯定。2008年，本书荣获北京市第十届哲学社会科学优秀成果奖一等奖。

（2）龚书铎、瞿林东主编的《中华大典·史学理论与史学史分典》。全书总计约700万字，于2007年由上海古籍出版社出版。该书的编纂，是史学理论及史学史研究中心在学科建设方面的一个重大工程，既是采用新的观点和方法将中国古代史学的理论遗产编纂成为类书的一个尝试，也是对中国古代史学的理论遗产作了一次较为系统的清理，有助于加强对中国古代史学在理论上的特点作系统了解，从而有一个把握理论遗产方面的适当步骤和途径，对发掘、认识中国古代史学的理论遗产有十分重要的意义。上海《解放日报》等媒体对本书也作了报导，影响很大。

（3）陈其泰主编的《中国马克思主义史学的理论成就》。全书60余万字，于2008年由北京图书馆出版社出版。本书是北京师范大学史学理论与史学史研究中心第一批立项的两个项目之一。此书论述全面、史料翔实、立论公允，具有理论深度和时代特色，必将对马克思主义史学理论建设和中国历史学的发展起到推进作用。2010 年，本书荣获北京市第十一届哲学社会科学优秀成果奖一等奖。

四、“十二五”建设思路

“十二五”的建设思路是：坚守但不保守，创新不离基础。此中心将在继续保持原先优势领域的同时，做好以下几方面的工作：第一，大力加强西方史学研究。目前此中心西方史学研究力量薄弱，与中国史学史不对称，今后需要下大力扶植和倾斜。第二，重点培养青年学术骨干人才。目前专兼职研究人员平均年龄偏高，以中老年为主，急需培养中青年科研人才，做到后继有人，持续发展。第三，出版学术研究丛书。与国内其他基地相比，此中心这方面工作以前基本没做，有待于弥补。

东北师范大学世界文明史研究中心

东北师范大学世界文明史研究中心系 2000 年由教育部确定的全国普通高校人文社科重点基地，历经 10 余年建设，在“科学研究、人才培养、学术交流、咨询窗口、体制改革”等五个方面，积极探索，努力进取，以科学发展观为指导，适应国家经济、社会和文化发展需求及学术发展趋势，弘扬当代中国社会主义文化建设成就，继承、发扬老一辈学者的优良学术传统，凸显此中心的学科优势和专业特色，通过方法、观念的创新和队伍建设机制的创新，产出一批优秀科研成果，使此中心成为国内一流、国际有一定影响的学术研究机构。

一、总体情况

此中心现下设古典文明研究所、中古文明研究所以及世界近代史研究所三个独立研究机构，并设有资料室和行政办公室。截至 2010 年年底，此中心有校内外专兼职研究员 23 人，其中博士生导师 15 人、教授 21 人、博士 17 人；国务院学科评议组成员 2 人、国家社科基金评委 3 人、长江学者 1 人、省部级优秀专家 3 人、教育部新世纪人才 3 人。先后有英、日、加、韩等国拥有博士学位者 6 人，加入学术团队。整体学术力量也在不断整合，逐步形成了“古典文明文献翻译及研究”、“早期西方文明研究”、“15 世纪以来中华文明发展道路研究”、“东亚历史研究”等数个特色鲜明且相对稳定的研究团队并相继进入“东北师范大学‘十一五’哲学社会科学行动计划建设项目”资助的“优秀创新团队”和“重大攻关团队”建设行列。相继派出 7 名博士生赴德国、希腊学习，并先后向北京大学、复旦大学、四川大学、厦门大学等高校输送了 10 余名博士。

此中心先后成功举办了四届全国“世界文明史学术研讨会”及“‘冷战’史博士论坛暨国际研讨会”、“中国世界近代史学会年会暨理事会”、“西方文化与宗教研讨会”、“东亚思想史国际研讨会”和“中国世界史论坛第六届年会”等 12 次重要学术活动，在国内学界反响良好。“‘冷战’史博士论坛暨国际研讨会”是同华东师范大学冷战史研究中心联合举办的，凤凰卫视等数家著名媒体也予以了报道。

此中心先后邀请数十位外国专家前来讲学，并以参加国际会议、学术访问等形式出访20人次，同美、俄、英、意、澳、日、韩等国以及中国港台地区的十余所高校保持密切的学术往来。同时也与北京大学、清华大学、南开大学、南京大学、四川大学、武汉大学、北京师范大学以及中国社会科学院世界史所等国内高校科研机构建立起较为紧密而稳定的长期合作关系。

在社会活动方面，李晓东先后数次全程陪同吴邦国、李克强等中央领导对埃及进行访问，讲解古代埃及文明历史，受到领导们的好评。同时，还为中国驻埃及大使馆开设系列文化讲座，对我驻外人员进行培训，得到了有关部门的高度赞扬。张晓华先后为国家安全部门和有关单位撰写《关于韩国对我国东北地区宗教渗透问题的调查及其对策》等10余篇高质量的专题研究报告，受到国家和吉林省有关政府部门的高度重视。王晋新受吉林省教育厅委托，积极地参与本省地方高校的人文社科重点基地建设工作，建言献策，提供咨询，使国家级重点基地的示范作用得以彰显。

二、主要成绩和经验

此中心以世界文明史为主要研究对象，强化精品和创新意识，提高学术研究质量和品位，产出了一批学术含量高、社会效益好的优秀学术成果。10年来，此中心先后承担国家社科项目21项，教育部基地重大招标课题20项，其他省部级项目52项，共计科研经费近千万元。科研立项由基地重大招标课题、“211”工程和国家、教育部社科项目等多个板块构成，经费来源逐步形成多元化的立体态势；在《中国社会科学》、《历史研究》、《世界历史》、《史学理论研究》等高端学术刊物发表论文200余篇，并被《新华文摘》、《中国社会科学文摘》、《高等学校文科学术文摘》等多次转载，多篇著述被《中国学术年鉴》收录；在美、法、日等外文期刊以及港台等地区期刊上发表论文10余篇；出版学术专著、译著共计53部。此中心共获教育部二等奖2项、获省一等奖4项、获省部级其他奖项30余项，并逐渐形成了“世界文明史研究丛书”和“世界文明史译丛”两大学术品牌。此外，此中心人员还积极将讲学成果转化为教学内容，共有3部专著被评为全国研究生教材，2部教材被列为“十五”重点教材，最近又成功申报了“马克思主义建设工程重点教材”——《世界古代史》的编写任务。“世界古代史”被评为国家级精品课程。

三、标志性研究成果

1. 王晋新等人主编的“世界文明史研究”丛书

该丛书中汇集了基地几位主要研究人员在各自领域中的研究成果，包括了自中世纪到美国近现代史的多方面内容。

2. 张强等人编译的“探寻古代文明”丛书

该丛书对古典世界的希腊、罗马、埃及等不同文明形态有较客观详细的介绍，是一套很有代表性的古典文明译著。

3. 刘建军的《基督教文化与西方文学传统》著作

本书由北京大学出版社出版，入选《2006年中国学术年鉴》中的“外国文学”和“宗教学”两个学科，被转引次数超过180次，获第五届高等学校科学研究（人文社会科学）优秀成果奖二等奖（2009年）。

四、“十二五”的发展思路

（一）指导思想

以科学发展观为指导，适应国家社会发展需求和学术发展趋势，弘扬当代中国社会主义文化建设成就，凸显本中心的学科优势和专业特色，以若干重大问题的研究为引导和突破口，通过方法、观念的创新和队伍建设机制的创新，产出一批优秀科研成果，初步创立具有中国风格、气派的世界文明史研究体系，牢固地占据学术前沿高地，努力使中心成为国内一流、国际有一定影响力的学术研究机构。

（二）发展战略目标

将“文明互动和变革研究”确立为中心“十二五”期间乃至更长一段时期内的学术研究主攻目标。围绕于此，将先前确定的10个重点研究领域缩减为5个；大力强化创新意识和精品意识，力争产出一批以观念、方法创新和质量精湛为特征的重大标志性成果，铸造“世界文明史研究丛书”和“古代古典文明史料译丛”两大学术品牌。同时，舍得精力和投入，坚决搞好中心的开放性建设工作。

（三）重点研究领域

1. 古代古典文明重点问题研究

该领域是在国内学术界以往研究成果的基础上，以比较微观或中观的视野，对两河、埃及和希腊—罗马等文明展开进一步研究。

2. 15世纪以来中华文明发展道路的研究

从文明史角度，对明清时期中国社会变迁展开探析；从方法论角度，摒弃机械的“社会形态”、“资本主义发生学障碍范式”和“西方中心论”及其各种变态学说等各类传统模式，对明清中国历史演变的基本趋势加以辨析，并作出独特的阐释说明。

3. 东亚历史研究

该领域主要是将中国、朝鲜、日本、越南等国家和地区所构成的东亚地区文明置于全球视野下进行考察，进一步从史学研究角度上，推进、加深对当下东亚格局及其变数的认知。

4. 西方文明重点问题研究

该领域分为两个主要方向，第一个方向是运用文明时空、文明交往等新兴学说为主要分析工具，对早期西方文明历史及学术研究展开反思，破除西方文明是古典世界唯一继承者的神话。第二个方向是密切关注当下时代风云变幻，运用各种新近解密的档案文献，对“二战”以降，以美国为中心的西方世界的社会政治、军事、文化战略及其实施状况进行客观细密分析，揭示历史的本来面目。

5.《世界文明史史料与文献译丛》

继续发挥此中心在古希腊语、拉丁语、象形文字和契形文字等古代语言方面的优势，集中一定经费和人力，对国际学术界本研究领域中的基础性史料文献、经典性学术著述和前沿探索性的科研成果进行译介、校注。

6. 坚决完成马克思主义建设工程重点教材《世界古代史》的编写任务

复旦大学历史地理研究中心

复旦大学历史地理研究中心是依托历史地理学科进行建设的。这个学科的创始人谭其骧教授是中国历史地理学创始人之一。2000 年此学科成为教育部首批人文社会科学重点研究基地，2003 年和 2010 年被教育部评为优秀重点研究基地。此学科还分别于 1987 年、2002 年和 2008 年连续三次被评为国家重点学科，同时还是首期、二期、三期复旦大学“211 工程”建设单位。

一、总体情况

此中心是国内设立时间最长、研究人员最多、学科门类最全、总体实力最强的专业研究机构。除了在历史地理学传统研究领域方面水平突出、成果卓著外，在历史地理学新兴的研究方向，如环境变迁和灾害研究、中国历史地理信息系统（CHGIS）等方面在全国也处于绝对的领先优势。

此中心在凝练研究方向、提高研究水平、学术创新、人才建设、国际交流、办公条件改善等方面都有提高。

1. 研究方向凝练与研究水平提高

以“中国历史地理信息系统”研制过程中提出的编码、历史数据标准化等理论与方法，为中外历史地理学的术语标准化等做出了重大贡献，改变了过去以描述为主的研究方法，构建起高精度的历史地理时空数据平台，使历史地理学在科学化、数量化方面有所突破。

2. 围绕学术创新的要求，建立了初步完善的民主管理制度

以规章制度为对象，形成有效的重大问题讨论和日常业务运行机制。制定了《教授会议条例》，规定重大管理工作和决策事项的公开讨论和表决机制，并订立了相应重大问题的讨论和实施细则。

3. 建立了队伍年龄结构和梯队布局合理的科研人员团队

着重培养中青年科研人员，使他们在学术界活动能力显著增强，为中心学术地位的可持续发展打下基础。10 年间，7 人被选为哈佛—燕京访问学者。

4. 国际学术合作和交流能力得到提高

每年举办一次大中型国际学术会议，多次中小型学术研讨会。在继续与美国哈佛大学、德国爱尔兰根大学合作基础上，又与日本学习院大学和关西大学签订合作协议。

5. 以办公条件、数字化数据和图书资料为标志的中心学术研究能力和条件，在国内继续保持一流的水平

此中心的办公和图书资料用房、办公设备在国内外同类机构中均可名列前茅。以“中国历史地理信息系统”数字化数据为基础，初步建成一套覆盖全国的历史地理基础数字化数据。

二、主要成绩和经验

10年间，此中心研究人员共发表论文1156篇，著作119部。在众多研究成果中，近年通过申报，共9项获省部级以上奖项，如葛剑雄主编的《中国人口史》(6卷)，2006年获教育部第四届高校人文社会科学优秀成果奖著作一等奖；周振鹤所著的《中国地方行政制度史》，2006年获得上海市第八届哲学社会科学优秀成果著作；邹逸麟教授主编的《500年来环境变迁与社会应对丛书》，2010年获第二届中国出版政府奖图书奖。

另外，此中心成员为中央国家机关、地方省部级单位共作过5次辅导报告。其中葛剑雄教授所作的“对我国南极事业的建议”，由上海市政府主办并报国务院，得到温家宝总理的批示。同时，在为地方政府部门服务上也主动出击，与上海市地名办公室建立良好的合作关系，其研究成果直接为上海地名研究和管理提供学术上的支持。

此中心的学术刊物《历史地理》集刊，于2006年列入CSSCI索引，现已出刊23辑。此集刊被公认为代表了中国历史地理学界最高研究水平的学术刊物。

此中心的研究生培养取得了突出的成绩：5篇博士论文获得全国百篇优秀论文奖，4篇获得全国优秀博士论文提名奖。

此中心总结建设的体会是：凝聚研究力量，培养团队合作，把个人研究兴趣和研究方向有机地结合起来。在今后的建设中，历史地理学仍将重点加强学术团队的建设，重点培养更年轻的学科带头人。跟踪学科前沿，努力在研究方法和手段上实现突破是历史地理研究中心获得的另一个经验。目前国内外历史地理研究的发展趋势主要集中在四个方面：(1) 长时段自然环境和人文环境变迁序列；(2) 研究精度的提高；(3) 区域研究；(4) 新研究领域、学科分支的建立。根据这四方面要求和目前队伍及现有研究基础的条件，此中心确定以数字化建设作为突破口，并以国际合作项目“中国历史地理信息系统”(CHGIS) 作为实际操作的抓手。从能力建设上来看，CHGIS数据与其他配套数据资料的合成，为此中心在占领同类学科中的制高点起到关键作用。此外，这些数字化建设和研究所产生的理论、观念和方法，在历史地理学界逐渐被接受和运用，这应该是学术创新最重要的意义。

三、标志性研究成果

1. 中国历史地理信息系统（CHGIS）

由此中心与美国哈佛大学、哈佛燕京学社、澳大利亚格林菲斯大学等机构合作的“中国历史地理信息系统”项目（China Historical Geography System，简称CHGIS）于2000年启动。它是数据量最大、时间序列最完善、数据库结构最合理的研究成果，在历次国际会议上，专家学者公认本项目达到世界先进水平。2007年项目申报美国人文科学基金二期项目资助，五位国际评委均给出优秀的评估，列为优先资助项目。2007年6月教育部副部长李卫红同志听取了历史地理中心的相关建设成果汇报；12月时任上海市委书记的俞正声参观了此中心，点击了中国历史地理信息系统，询问了数字化环境历史地理的研究前景。2009年，此成果被教育部选中参加“辉煌60年——中华人民共和国成立60周年成就展”，是整个教育部展厅仅有的三件实物展览之一。

2. 《中国人口史》(葛剑雄主编，六卷本，300万字，复旦大学出版社2002年版)

此书是为专业研究人员和愿意深入了解中国人口史的读者提供一种尽可能详细、全面而系统的专著，获教育部第四届高校人文社会科学优秀成果一等奖、上海市第七届哲学社会科学优秀论著奖一等奖。

四、“十二五”的发展思路

此中心将通过多学科合作和国际合作的途径，加速朝着国际化、精密化、多学科综合研究、多出重大或重要成果的方向发展。

1. 继续大力推进数字化建设

在全面完成“中国历史地理信息系统”（CHGIS）的一期工程基础上，申报“中国历史地理信息系统二期工程及其支持项目研究”，其具体内容包括：一是将 CHGIS 表达的时间，从一期的 1911 年下延到 1949 年；二是将政区为基本内容的 CHGIS 一期变为多方面的内容的表达。子项目包括：（1）中国近代经济变迁的时空进程。（2）16—20 世纪南中国商业与社会地理的综合性研究。（3）明清至民国长江三角洲的寺院经济与佛教生态。（4）清至民国时期边疆地区的户籍管理与民族认知。（5）清朝地理信息系统及地图集。（6）周秦时期政治地理研究：在断代政区地理研究已有一定基础的前提下，断代历史政治地理的研究亟待展开。

2. 继续走与国际著名大学合作的道路

首先着手建立“历史空间综合实验室”，其具体内容包括：拟通过与国际著名大学如哈佛大学空间分析中心、密歇根大学中国中心以及国内重要单位的合作，创建“历史空间综合分析实验室”，以实现地理信息系统、数据库、数理分析方法和传统的历史地理研究方法的良好结合，在提高学术研究水平的同时，努力为社会作出贡献。

3. 申报“人文与自然环境的千年巨变”重大研究项目

子项目包括：（1）中世纪温暖期的环境变化及影响。（2）明清时期长三角洲地区的生态与社会研究。（3）开埠以后上海城市空间扩展与近代城市文化景观的形成。

4. 继续为建立全面而完整的学科框架和理论体系而努力

在教育部重点基地重大项目“中国历史地理学”系列丛书第一、二期已完成专著 8 种的基础上，继续完成后续重大项目 6 种，使该丛书总数达到 14 种，覆盖中国历史地理学各主要分支，形成完整的学科体系。各种专著均将代表目前各分支的最高水平。

河北大学宋史研究中心

一、总体情况

河北大学宋史研究中心是一个独立设置的研究机构，主要从事宋辽夏金史和中国古代史的研究以及研究生培养工作，原称为宋史研究室，由我国著名历史学家漆侠先生（1923—2001）创建于 1982 年，1990 年扩建为历史研究所，2000 年组建为宋史研究中心，2001 年被教育部评审确定为“省属高校人文社会科学重点研究基地”。

此中心现设有古籍与数字化研究、宋代经济史、宋代政法史、宋代思想文化史、辽金史五个研究室，共有专职教学科研人员 26 人，已形成一支中青年力量突出、素质优良、人员精干、大有发展潜力的科研群体。此中心还聘请了一批国内外宋史学界知名专家学者担任特聘教授和兼职研究员。中国宋史研究会副会长兼秘书长姜锡东教授担任中心主任。经过长期不懈努力，此中心已成为海内外宋史研究人才最集中、宋辽金史资料最丰富、宋史研究信息最灵通的科研机构，已经被越来越多的海内外同行专家誉为“宋史研究第一重镇”。

二、主要成绩

1. 学科建设方面

2005 年，由此中心与历史学院共同建设的河北大学历史学科被河北省人民政府确定为省强势特色学科，2007 年获准设立历史学博士后流动站。

2. 科学研究方面

2001 年以来，此中心共承担国家社科基金项目 12 项、省部级项目 36 项，其他项目 31 项，共获得各级各类科研经费 307.9 万元。目前，在研项目 59 项，共有科研经费 268.9 万元。推出了《漆侠全集》、《辽宋西夏金代通史》、《宋史研究丛书》、《宋辽夏金元史电子馆》等重大标志性成果，并积极开展了为地方社会经济发展服务的应用性研究，策划清苑县宋祖陵挖掘及论证研讨会，完成“保定商会档案整理”等课题；就保定地区现存宋元历史文化遗产的保护与开发问题向保定市政府提出建议，并获得采纳。共获得省部级科研奖励 15 项，其中河北省社会科学特别奖 1 项，一等奖 4 项，二等奖 4 项，三等奖 6 项。除上述成果外，已出版的代表性著作有：《南宋科技思想史研究》、《程朱理学与理范型》、《宋代法律与社会》、《宋代临济禅发展演变》、《两宋货币史》、《宋代社会生活研究》、《〈近思录〉研究》、《中国古代合伙制初探》、《宋代政教关系研究》等，资助出版《宋史研究丛书》多部专著，编辑出版《宋史研究论丛》(CSSCI 来源集刊）至第 11 辑。

3. 学术交流方面

此中心同国内外十几个学术机构建立了经常性的交流与合作关系，并定期举办学术研讨会。2001 年以来先后主办“宋代经济史国际研讨会”、“中国经济发展史上的政府职能与作用国际研讨会”、“10—20 世纪中国工商业金融史国际学术研讨会”、“中华文明的历史与未来国际学术研讨会”等。与其他单位联合举办了“中国历史上的‘三农’问题学术研讨会”等会议。2005 年，与韩国宋辽金元史研究会建立定期合作交流机制，并在保定举办了“第一届中韩宋辽金元史国际学术研讨会”。2007 年在韩国首尔与韩国外国语大学共同主办了“第二届中韩宋辽金元史学术研讨会”。2009 年在赤峰与内蒙古巴林左旗政府、赤峰学院共同举办了“第三届中韩宋辽金元史国际学术研讨会”。此中心研究人员 17 人次先后赴中国台湾、香港和韩国等地参加学术研讨或讲学，并接收韩国外国语大学历史文化研究所所长李瑾明教授和韩国宋辽金元史研究会会长、韩国忠南大学金容完教授做访问学者。

中国宋史研究会秘书处设在此中心，负责处理学会的日常事务，联络海内外学界同仁，向海内外发行《宋史研究通讯》(每年 2 期，已出版 58 期)。

4. 信息资料建设方面

陆续购置了文津阁《四库全书》、《续修四库全书》、《古典文献研究辑刊》、日本《汲古丛书》等大型丛书及其他各类图书。开发《宋辽夏金元史数据库》，目前已完成4亿字，集合宋辽金元史主要文献于一体的《宋辽夏金元史电子馆》，进一步扩展了中国古代历史文献的数字化建设范围。资料室现有中文藏书5万多册，外文藏书6千余册，历年期刊千余册，现刊近600种，外文期刊70余种。此中心的宋辽金元史和中国古代史领域图书、期刊、电子文献资料之丰富。

5. 人才培养方面

此中心10年间共招收博士生70名、硕士生162名，在注重史学研究能力培养的同时，抓好学风、学术道德建设。坚持每年举办研究生学术论文报告会，邀请海内外著名专家为中心研究生作报告。10年间毕业并获博士学位者52名，获硕士学位者103名，其中韩国籍博士、硕士研究生3名，目前在读韩国籍博士生2人。已接收4名博士后进站。

三、主要经验

1. 紧紧围绕重点研究基地建设目标开展各项工作

首先是以宋史研究为重点，做好人才梯队建设，为科研、教学和管理工作奠定一支素质优良的人才队伍，在此基础上重点培养和引进高水平人才。

2. 做好重大课题的谋划

应发挥基地优势和灵活的机制，组织重大课题的集体攻关协作，做到短、中、长期课题规划相结合，不断推出标志性学术研究成果。

3. 建设好学术研究和交流平台

应充分发挥中心的基地效应，加强与海内外宋史研究团体的交流与合作。

四、标志性研究成果

1. 《漆侠全集》(共十二卷530万字，河北大学出版社2008年版)

此书收入著名历史学家漆侠先生的全部学术论著。此书的面世在社会上引起了广泛的关注与反响，《光明日报》、《中华读书报》、《中国社会科学院院报》、中国教育电视台、“国学网”等多家媒体均予以深度报道。该书于2010年荣获河北省社会科学研究成果最高奖——河北省第二届社会科学特别奖。

2. 《辽宋西夏金代通史》(共七卷八册380万字，人民出版社2010年版)

此书全景式地展现了中国10—13世纪政治、经济、文化等各领域的历史，具有重要学术价值和社会价值，被史学界称为是辽宋西夏金史研究的集大成之作。《人民日报》、《光明日报》、《中国社会科学报》等报刊刊登书评、书讯对此书给予了高度的评价。

3. 《宋史研究丛书》

20世纪90年代初共出版两辑15部，成为在中国宋史学界有重大影响的学术丛书。

4. 《宋辽夏金元史电子馆》

此书是此中心与北京国学时代有限公司联合开发的电子产品，是目前国内收录范围最大、集众多先进技术于一体的断代文献数据库。此馆设计理念先进、功能实用，操作简便，总体上已达到国内的领先水平。该成果的完成和投入使用，对于中国古代史教学科研手段现代化具有重要意义。《光明日报》、《大公报》、中国教育电视台、新华网、人民网、中国网、凤凰网等新闻媒体都对此电子馆进行了报道。

五、“十二五”建设思路

此中心将继续以科研工作为龙头，以师资队伍建设、资料信息建设和人才培养为基础，确保宋史研究方面的优势，着重加强在宋代地方政治与社会、宋代文献信息整理与研究、宋辽夏金元数据库等领域的研究。拟采取如下措施：

1. 进一步深化科研体制改革

以制度创新为基础，通过基地人员聘任制和内部分配制度的改革，扩大基地的开放性，调动科研人员的积极性，围绕基地建设的五项建设目标开展工作。

2. 始终贯彻“质量第一”的指导思想

充分发挥本基地学术委员会的作用，做好基地科研工作的规划和科研项目的筛选工作，从人力、财力等方面全力支持重大课题的研究工作，保证准时、高质量完成“十二五”科研规划。

3. 打造学科发展平台，拓展研究领域

新设立科技史研究所、文献信息研究所、宋代地方政治与社会研究所，吸纳人才，凝聚力量。以三个新设立的研究机构为平台，大力发展科学技术史一级学科，创新宋代地方政治与社会研究新领域，整合资料信息、数据库、网站多方面资源，力争建成国内外最丰富全面的宋辽夏金史研究资料信息、文献整理中心。

华中师范大学中国近代史研究所

中国近代史研究所的前身历史研究所，是直属华中师范大学的专业研究机构，于1984年创办。1999年，获学校支持，调整重组并更易为此名。2000年初，申请获批为教育部普通高校人文社会科学重点研究基地。

一、总体情况

此研究所所属中国近现代史学科，也是首批国家重点学科。下设中国近代政治史研究室、中国近代社会经济史研究室和中国近代思想文化史研究室，以及中国商会研究中心、东西方文化交流研究中心和涩泽荣一研究中心。此研究所也是全国性学术团体——中国辛亥革命史研究会的挂靠机构，创办有《近代史学刊》和《辛亥革命史丛刊》等学术刊物。

此研究所实行全员聘任制度和动态管理。所有研究人员均“带（给）课题和经费进基地、完成课题后出基地”，并与研究所签订聘任合同。截至2010年年底，此所有专职研究人员17人，其中教授11人、副教授5人；兼职研究人员6人，其中校内兼职2人，校外兼职4人。

在专职研究人员中，45岁以下的占比超过60%，具有博士学位和高级职称的比例也均在80%以上，而且绝大多数都有在海外著名大学与科研机构访学研究的经历。专职研究人员中有6人分别担任中国史学会、中国社会史学会、中国经济史学会和辛亥革命研究会等全国性学术组织的理事长、副会长、秘书长或常务理事等重要职务。有6人入选国家及省部级各类人才计划，其中国家有突出贡献中青年专家1名、人事部新（跨）世纪“百千万人才工程”国家级人才1名、教育部“新（跨）世纪优秀人才支持计划”4名、湖北省“楚天学者”特聘教授1名、湖北省名师1名。

培养高水平的研究生是此所数十年来的优良传统，在10余年的基地建设过程中，这一传统得到发扬光大。为了提高研究生的理论与学术水平，研究所除继续施行集体指导的方法外，还采取了吸收优秀的研究生参与重大项目的研究工作、定期主办研究生论文发表会、不定期举办博士生沙龙、设立网上讨论区、资助或奖励优秀成果等举措，并取得了显著成效。2001年以来，研究所共招收博士生106人、硕士生268人，毕业博士生57人、硕士生148人，获湖北省优秀博士学位论文9篇、湖北省优秀硕士学位论文8篇。此外，还成功举办了“2009年中国近代史全国研究生暑期学校”，获得国内外学术界的肯定和赞赏。

近30年来，尤其是近10年来，此所在总结自身与国内外相关研究理论和深化史料挖掘的基础上，基于构建在全球区域化背景下具有新理念、新视野、新方法特点的中国近现代史学科新体系，拓展和引领了辛亥革命史、中国早期现代化、商会史、博览会史、乡村手工业史、近代社会群体、教会大学史和基督宗教史等具有特色的研究方向，在国内外学术界亦产生了广泛影响。

此所十分重视并积极开展各类学术交流活动。2001年以来，先后举办了11次国际学术研讨会、17次国内学术会议；专职研究人员应邀参加国际学术会议169人次，参加国内学术会议312人次，赴海外著名高校和科研机构进行访问研究21人次；邀请海外知名学者前来讲学36人次、国内知名学者前来讲学68人次；邀请海外学者来校访问研究8人次，邀请国内学者来校访问研究6人次。为扩大国际学术交流，研究所还陆续成立“章开沅东西方文化交流基金”、“涩泽荣一研究中心”和“池田大作研究中心”三个学术平台，并先后与美国耶鲁大学、英国牛津大学、日本京都大学、日本关西大学，以及香港中文大学、台湾政治大学等高校和科研机构建立了稳定的学术交流和合作关系。

二、主要成绩及经验

10年来，此所专职研究人员共承担国家和省部级科研项目72项，其中国家社会科学基金重大项目1项、教育部人文社会科学重大项目2项、国家清史纂修工程项目9项、国家社会科学基金项目20项、教育部重点研究基地重大项目20项、湖北省人民政府重大委托项目2项。出版学术著作107种（套）、在《中国社会科学》、《历史研究》等重要学术期刊上发表论文326篇，在《人民日报》、《光明日报》等国内重要报刊理论版发表论文78篇。其中，有8本著作被译为英文、日文或韩文出版；67篇论文被《新华文摘》、《中国社会科学文摘》等刊物全文转载或重点摘登。各项成果荣获各级学术奖励22项，其中教育部人文社会科学优秀成果一等奖2项、二等奖3项，湖北省人文社会科学优秀成果一等奖3项、二等奖3项。10年期间，研究所科研项目数、经费额和学术成果的数量，逐年均有增长，平均幅度约10%。2010年，研究所专职研究人员申请获批科研项目19项、累计经费260万元、出版和发表学术成果76篇（部），与2001年相比，分别增长了90%、116%和93%。

此所充分发挥学科优势，通过参政议政、建言献策等方式，为经济发展、社会转型和文化建设作贡献。10 年间，专职研究人员先后承担政府部门和企事业单位委托课题 17 项、提交咨询报告 12 篇、应邀出席各类咨询活动 70 余人（次）。其中，名誉所长章开沅教授撰写的《科技创新：根深才能叶茂》，深刻揭示了当前高校学科建设、人才培养和社会发展之间的复杂关系，获得中央人才工作协调小组办公室的高度肯定；中国近代社会经济史研究团队围绕“当代商会组织培育和发展”、“中国与世界博览会”、“辛亥革命与百年中国”撰写的咨询报告，获得中共统战部、中华全国工商业联合会、中共湖北省委、湖北省和武汉市人民政府等部门的采纳，并给予了高度评价。

此所还以科研项目为纽带，有效地整合了中国古代史、世界近代史、历史文献学等学科的优势力量，有力地促进了学科间的交叉与融合，以及学校历史学一级学科的教学科研和人才培养。在研究所的支持和带动下，学校历史学科先后被批准为国家文科基础学科人才培养和科学研究基地（1995 年）和国家一级学科博士授权单位（2005 年），并荣获 5 门国家精品课程，其中 3 门课程的负责人为研究所专职研究人员。由研究所专兼职人员作为负责人和重要成员的“中国近现代史纲要教学团队”和“中国近现代史课程教学团队”还先后入选国家级教学团队（2008 年）、湖北省优秀教学团队（2010 年）。

三、标志性研究成果

1.《辛亥革命与中国政治发展》

此书是同名基地项目的最终成果，从政治史的角度切入，本着“对辛亥革命作通盘性的政治史研究”的原则，比较全面系统地研究了辛亥革命与中国政治发展的关系，进一步拓展和深化了辛亥革命的研究领域。

2.《近代中国商会、行会及商团新论》

除了对国内外的商会、行会及商团研究状况作了系统回顾和分析，此书对以往有较多研究的问题，采取新视角开展新探讨，提出新见解，论证更加充分，认识更加全面；对以往尚少研究或尚未研究的问题，则进行了开拓性研究。2010 年，荣获湖北省人文社会科学优秀成果一等奖。

3.《半工业化：近代中国乡村手工业的发展与社会变迁》

此书在马克思主义手工业经济史理论、原始工业化理论等的指导下，立足于分类与细化研究，对近代乡村手工业中的“半工业化”现象进行了全面考察，并建构起半工业化理论体系。2009 年，荣获教育部人文社会科学优秀成果二等奖。

4.《20 世纪中国社会生活变迁史》

此书从服饰潮流、饮食文化、居住条件、交通设施、婚姻礼俗、两性观念、慈幼养老、丧祭制度、岁时节日、娱乐活动、社会保障、社会风尚等 12 个方面全面系统探讨了 20 世纪中国社会生活的变迁。2009 年，荣获教育部人文社会科学优秀成果三等奖。

四、“十二五”发展思路

“十二五”期间，此研究所将继续秉持“忠诚博雅、朴实刚毅”的校训和“兼容中西、追求卓越”的学科建设理念，以更加开放有效的管理运行机制、更富创新意识的科研团队和独具特色的人才培养模式，迎接和应对可能面临的挑战，争取在科学研究、人才培养、学术交流、咨询服务和图书资料建设等方面取得更加优异的成绩。今后 5 年，研究所的重点研究课题如下：

1. 辛亥革命的百年记忆与诠释

此研究所将着重围绕辛亥革命的百年记忆与诠释，广泛收集和整理资料，继续加强这一领域的研究。

2. 近现代长江流域商会研究

将侧重对上海、苏州、汉口、南昌、重庆等长江重要口岸城市商会的个案研究。

3. 近现代中外文化的交流与互动

侧重于近现代中国宗教文化与社会和谐发展的探讨，以深入总结中西文化交流的经验与教训，进而推进对中西文化交流的深层认识。

兰州大学敦煌学研究所

一、总体情况

兰州大学敦煌学研究所是在与敦煌研究院共建之后，于1999年12月进入首批教育部人文社会科学百所重点研究基地之列。新的世纪带来了新的发展机遇，此所在教育部和学校的支持下，在学科建设、学术队伍、科学研究、人才培养、硬件建设、学术交流等方面取得了显著的进步，表现出强劲而良好的发展势头，引起了学术界的瞩目。《教育部简报》(2009年第39期）刊发了题为“教育部人文社会科学重点研究基地积极服务地方文化建设成绩显著”的工作通报。在简报的显著位置表扬并肯定了此所近年来的工作，明确指出“兰州大学敦煌学研究所在敦煌文献整理研究、石窟与佛教艺术研究等领域取得了一批世界公认的研究成果，为‘敦煌在中国，敦煌学也在中国’学术局面的形成发挥了重要的支撑作用”。

二、主要成绩和经验

1. 学科建设

1999—2010年连续进入甘肃省省级重点学科。2003年被人事部和全国博士后科研流动站管理协调委员会批准设立了中国第一个敦煌学博士后流动站。2007年获得了历史文献学（敦煌学）国家重点（培育）学科和历史学一级学科硕士学位授权点。2010年5月通过了教育部人文社会科学重点研究基地第二次评估。先后被列入兰州大学“211工程”、“985工程”建设，得到了学校的大力支持，使兰州大学敦煌学研究成为名副其实的“国家队”。

2. 队伍建设

通过遴选与增列博士生导师、职称聘任、吸收引进人才等措施，使本学科点学术队伍的年龄结构、职称结构、学位结构有了较大的调整，更加趋于合理化，形成老中青相结合的学术梯队。现有研究队伍中引进1名“长江学者”特聘教授，1人入选2005年度首批教育部新世纪优秀人才支持计划，1人为2007年全国百篇优秀博士学位论文获得者，1人连续获2007年、2008年、2010年全国百篇优秀博士学位论文或提名指导教师，1人被聘为兰州大学“萃英学者”特聘教授，1人入选“甘肃省领军人才”。

3. 人才培养

高层次人才的培养一直是本研究基地的闪光点。在建设期内，1人获2007年全国百篇优秀博士学位论文奖、2人分获2008年、2009年全国百篇优秀博士学位论文提名奖。2篇博士学位论文入选《国家社科基金成果文库》优秀成果。有38名在读博士生或已毕业博士获得国家社科基金项目。15人次获甘肃省社会科学优秀成果奖。15人次入选全国博士生学术论坛。

4. 科学研究

在建设期内，各类项目逐年增加，尤其是国家级科研项目的获取；科研经费也有了大幅度增长；科研成果丰硕，学术专著出版与论文发表在质与量上都有较大提高，获各类奖励20余项。

在建设期内，申请到国家、省部级和横向科研项目共80余项，批准金额近500万元。其中教育部基地重大攻关项目1项，经费40万元；教育部基地重大项目20项，经费400万元；国家社科基金项目17项，经费共129万元；基地是兰州大学“211”、“985”建设项目的承担者，经费共1800万元。

出版专著92部，发表论文800余篇，其中CSSCI论文365篇。20余项科研成果获省部级奖励。本研究基地主办的《敦煌学辑刊》为CSSCI中文核心来源期刊，是敦煌学主要的学术刊物之一，为推介学术界最新成果起到了重要作用，获得了学术界的一致认可和好评。

5. 学术交流

敦煌学作为一门国际显学，学术交流尤其是国际学术交流频繁是本研究基地的特色。在建设期内，此所举办了7次大型国际学术会议；1次国内学术会议，2次海峡两岸学术会；4次海峡两岸学术考察活动，其中台湾地区代表163人次。此所人员在国内外国际学术会议上提交论文并作大会发言35人次，赴美国、日本、俄罗斯、印度及欧洲访学交流达39人次，邀请国外学者前来基地讲学24人次，使敦煌学创新基地占据国际敦煌学研究的制高点，成为领先国际水平的学术交流平台。在国际交流方面，2007年与美国耶鲁大学联建佛教艺术与文化研究中心，挂靠基地，3年来中美双方互派了5名学者进行交流访学。2009年与日本早稻田大学文学学术院签署交换学术交流协议，与台湾台北大学人文学院古典文献学研究所签署学术合作意向书。同时与京都大学、九州大学、神户大学、英国国家图书馆、法国科研中心、俄罗斯科学院东方文献研究所建立学术合作关系。

三、标志性研究成果

1. 学科建设方面，有重要突破

历史文献学（敦煌学）在2007年被评为国家重点（培育）学科，使兰州大学敦煌学研究成为名副其实的“国家队”。

2. 科学研究方面，学术成果的质量稳步提高，多次获得国家级奖励

在建设期内，陆续推出了“敦煌学研究文库”、“敦煌学博士文库”、“西北史地文化研究文库”、“国际敦煌学丛书”、“丝绸之路石窟研究文库”、“敦煌归义军史专题研究”、“当代敦煌学者自选集”、“法国汉学研究丛书”、“敦煌讲座”、“敦煌吐蕃文献”等，其

中获第二届中国藏学研究珠峰奖汉文研究专著类二等奖（一等奖空缺）1 项；2 部在国家社科基金项目结项评审中获得优秀；获甘肃省优秀成果一等奖 2 项、二等奖 3 项；入选《国家社科基金成果文库》2 部；1 部入选全国百篇优秀博士学位论文，2 部入选提名。而且“国际敦煌学丛书”被新闻出版总署列为“十一五”规划重点出版图书，获中国国家图书奖、中华优秀出版物奖、甘肃省优秀图书奖一等奖。

四、“十二五”建设思路

此所作为国内敦煌学研究的主要阵地之一，在过去 10 年的建设中，探索和积累了一定的经验，取得了显著的成绩，在此基础上继续实施“十二五”建设，将使第二个百年敦煌学的研究达到一个新的更高的水平，推进敦煌学全面深入发展；使本研究基地敦煌学成为世界一流学科，凝聚和培养出一支代表最高学术水平的研究队伍。

通过“十二五”建设，把敦煌学研究做强做大，巩固本研究基地敦煌学研究的国际水平地位，力争将敦煌学研究提升为国内领先国际一流的学科，起到引领国内国际敦煌学研究发展的作用。同时不断拓展学科领域，辐射相关学科研究，力争在中国古典文献学、艺术史、宗教史等研究领域有原创性的突破。

在队伍建设方面，要进一步使本研究基地的学术队伍适应敦煌学研究的国际化要求，从引进国内学术拔尖人才到引进国际拔尖学术人才，改善现有的队伍结构成分，特别是通过兰州大学“萃英”计划、国家引智计划等引进本研究基地缺乏的少数民族文献和胡语文献、艺术史研究专家，争取本研究基地在国际学术界有较多的话语权，填补本研究基地敦煌学研究的某些空缺。

在科学研究上，全面激发全体研究人员科研的积极性，做到人尽其能、物尽其用，资源经费向科研第一流学者倾斜，使敦煌学研究在下一个建设阶段能够出产原创性的成果，力争在国家奖励层面有所突破。

在人才培养上，与敦煌研究院的联合共建模式和人才培养上的双导师模式，形成了优势互补和强强联合，在拔尖人才培养方面有了一个较大的突破，同时基地与日本、美国、俄罗斯等高校和研究机构建立了合作培养和研究机制，注意引进国际一流的敦煌学专家到基地研究和讲学，带动了基地人才培养质量的提高，在“十二五”建设期间将进一步扩大留学生的招生规模，培养一批活跃在国际学术界的科研人员。

南京大学中华民国史研究中心

南京大学的中华民国史研究，始于 20 世纪 70 年代初期，是国内最早从事该项研究的学术机构之一。2000 年 9 月教育部批准南京大学中华民国史研究中心为普通高校人文社会科学重点研究基地后，作为孙中山中华民国临时大总统的就任地和中华民国首都所在地，南京大学的中华民国史研究，以其得天独厚的地缘优势和锐意进取的协作精神，不断创新，形成鲜明的治史特色，在海内外中华民国史研究中具有重要的地位并起到了学术引领作用。

一、标志性研究成果

1.《中华民国史》(四卷本)，南京大学出版社 2006 年版

张宪文教授以“新思路、新观点、新体系”为主导主持编纂的这套书，积 10 年之功，运用建设现代国家的理论，构建了更加完备的中华民国史学科新体系。台湾地区、日本史学界均对该套书的出版举行了学术研讨会。它荣获 2007 年江苏省第十届哲学社会科学优秀成果一等奖、2007 年江苏省“五个一工程”优秀作品奖、2006 年江苏省第十届优秀图书奖一等奖及 2008 年首届中国出版政府奖印刷质量提名奖等。

2.《南京大屠杀史料集》(72 卷)，江苏人民出版社 2005—2011 年版

张宪文教授主持编纂的这套书，共 72 卷、约 4000 万字，被公认是一项大型的、重要的、传世的学术工程和政治工程。它的出版，不仅引起了中央领导的关心，在海内外各方面也引起了广泛关注；对推动南京大屠杀的研究和教育中日两国人民群众、打击日本右翼势力起到了重大作用。这套书于 2009 年荣获教育部人文社会科学优秀成果一等奖。

3. 其他代表性研究成果

张宪文教授主编的《中国抗日战争史（1931—1945)》(南京大学出版社 2001 年版)，2003 年获江苏省第八届哲学社会科学优秀成果一等奖；陈谦平教授的《抗战前后之中英西藏交涉（1935—1947)》(三联书店 2003 年版)，2005 年获江苏省第九届哲学社会科学优秀成果一等奖；张宪文教授主编的《中华民国史大辞典》(南京大学出版社 2001 年版)、茅家琦教授主持编写的《百年沧桑——中国国民党史》(上下册）（鹭江出版社 2009 年版)、崔之清教授主编的《国民党政治与社会结构之演变（1905—1949)》(三卷本）（社会科学文献出版社 2007 年版)、陈红民教授主编的《胡汉民未刊往来函电稿》(15 册)（广西师范大学出版社 2006 年版）等，均居于国内外学术前沿地位，受到了学界高度评价。

二、基地建设经验

此中心在全体教师共同努力下，10 余年来在各方面取得了较大成绩。2009 年，教育部社会科学司对此基地进行了第二次全面评估，被评估为优秀基地。作为国内高校中华民国史研究的唯一基地，此中心坚持“科研型”、“开放性”、“国际化”原则，努力培育和打造中心核心竞争力，获得了较好的基地建设经验。

1. 以“名家加团队”的战略，打造高水平学科队伍

此中心努力践行“名家+团队”的团结协作科研模式，着力培养一支能够进行重大学术攻关的学术团队。张宪文教授是国内最早投身于中华民国史研究的学者之一，学术成就享誉海内外。美国哈佛大学前文理学院院长、著名汉学家柯伟林教授称赞张宪文教授“使得南京大学成为中华民国史的研究中心”。以张宪文教授为首席专家，此中心于 2003 年承担了教育部人文社会科学重大课题攻关项目《民国史研究》。该项目在 2009 年完成了投标评审书和计划合同书的研究任务。经教育部专家组投票表决，鉴定等级为优秀；《中华民国史》(四卷本)、《南京大屠杀史料集》(72 卷）等标志性成果的完成与出版，无不体现了这种“名家+团队”的团结协作模式。通过这种团队合作，此中心一批中青年学术带头人脱颖而出，在国内外的学术影响力不断提升，使中心步入可持续发展的轨道。

2. 以重大项目为导向、强调开放合作，引领学术发展方向

此中心本着“小中心，大学术机构”的建设思路，以中心为依托，以项目为纽带，在海内外吸引大批学有专长的学者参与，建立一个学术平台，为全力推进民国史研究创造条件。10余年来，此中心通过招投标形式、延揽国内著名学者，承担教育部基地重大项目18项。这些项目，基本上是围绕中华民国史研究领域具有前瞻性的重大问题进行设计和开展研究的。又如历时近六年完成的《民国史研究》项目，即汇聚了国内外著名高校的知名学者20余人，形成了一支包括老中青三代学者的学术团队。该项目是民国史学界孜孜以求的“新史料、新方法、新观点”的完美呈现。它的完成与即将出版，必将推动民国史学科走向新的繁荣。

3. 注重服务意识，重视开展服务于国家战略决策和民族利益的研究

历史学研究在维护民族利益、服务国家需求等方面不可或缺，至关重要。近年来，此中心出版了多部具有重大学术影响力的研究成果，都是以此为导向的。72卷本的《南京大屠杀史料集》，涵盖了中方、日方以及第三方的大量第一手材料，是日本军国主义战争罪行的铁证。日本外务省官方网站主页刊载的内阁会议上的答辩书中指出，“根据截至目前公开的文献等进行综合判断”，“不能否定日军进入南京后，对城内非战斗人员进行的杀害或掠夺行为”。它的出版，具有深远的政治意义和现实意义。

4. 扩大学术视野，强化国际交流与合作

作为人文社科研究的国家基地，一定要有国际化的视野和开放合作的胸襟。此中心首倡并与国内外学术机构联合主办的6次大型“中华民国史国际学术讨论会”（1984年、1987年、1994年、2000年、2006年、2010年），成为海内外民国史学界总结阶段性成果，开创了研究新境界的重要平台。特别是2010年8月在南京举办的第六次中华民国史国际学术讨论会，系由此中心联合哈佛大学、剑桥大学、牛津大学、莫斯科国立大学和东京大学共同主办。像这种由中国联合多个世界顶级大学，共同在中国举办学术会议，尚属创举。此次会议在海内外产生了很大的影响。

5. 培育基地精神，追求学术研究的圆融境界

针对近年来学术界出现的一股浮躁学风，此中心加强了基地精神的培育。多年来，此中心人员能够坚持将人生理想、个人事业的追求与基地建设很好地结合起来，苦其心志，奔走于国内外各地的档案馆、图书馆，多方面收集第一手资料，特别强调“让史料说话”。如在《南京大屠杀史料集》的资料收集过程中，为了进一步扩展史料和突破既定思维束缚，课题组成员足迹踏遍美、日、英、德、法、意、俄等国家及我国港台地区，餐风饮露，毫无怨言，却常常因获得一条“赏心悦目”的史料而欣喜不已。

三、未来建设规划

中华民国史研究是历史学领域的新兴学科，有许多重大问题需要重新认识。此中心作为教育部重点研究基地，将继续强化学术创新，引领民国史学科的发展方向。

首先，要在掌握更多原始材料的基础上，对民国史上一些重大问题、重大历史事件，提出新的看法、新的观点。如近期开展的“走向共和时代——南京临时政府研究”，即是在充分运用新近发现的保存于中国第二历史档案馆的500多份南京临时政府往来函电的基础上，对民国初建阶段的历史，提出创新性观点。

其次，加强对服务国家民族利益项目的研究。未来5年间，中心将组织海峡两岸四地的历史学者合作编纂《中华民国史专题研究》，计划对民国史上一些重大问题开展合作研究。正如国民党荣誉主席吴伯雄所说："南大设有中华民国史研究中心，相信南大一定能在这一领域做出超然的研究成果。"他希望用两岸人民的智慧暂时搁置争议，求同存异。我们相信，该课题的完成，将为未来启动国家级文化工程、编纂大型《中华民国史》积累宝贵的合作经验，打下坚实的研究基础，并对推动两岸关系的和平发展，做出积极的贡献。

最后，开拓新的研究领域，形成新的研究特色。此中心将在总结以往研究经验的基础上，根据新时期的史料特点和问题意识，引领学界开拓新的研究领域，如近期正在开展的"宋美龄与中国"专题研究，即将开启学界民国人物研究的新范式。

南开大学世界近现代史研究中心

南开大学世界近现代史研究中心是1999年12月组建成立的新型实体性研究机构，2004年11月26日被教育部正式批准为普通高校人文社会科学重点研究基地。

此中心以国家重点学科世界史为核心，以国家211工程"亚太地区史"项目和"985世界现代化进程创新基地"为依托，以国际经济、国际政治、经济史、社会学等多个博士点为支撑，旨在凝练学科方向，汇聚学者队伍，立足本校，面向全国，走向世界，把此中心构筑成为全国领先、世界知名的学术研究、人才培养、学术交流、咨询服务的高端平台。

此中心现有专职研究人员13人，其中教授10人、副教授3人、具有博士学位者9人。此中心学术带头人李剑鸣教授任中国美国史研究会理事长，杨栋梁教授任中华日本学会副会长和中国日本史学会副会长，陈志强教授任中国世界中世纪史研究会副理事长和天津市史学会会长，洪国起教授任中国拉美史学会理事长。此中心聘请了11名兼职研究人员，其中教授8人、副教授3人。

此中心下设资本主义史研究室、社会文化史研究室、国际关系史研究室3个研究室和《世界近现代史研究》编辑部。此中心主任为杨栋梁教授，副主任为李剑鸣教授、陈志强教授、韩琦教授；学术委员会主任为国务院学位委员会历史学科评议组成员、北京大学钱乘旦教授。

一、主要成绩和经验

此中心把出版学术精品、建立良好学术声誉、培养高级研究人才、繁荣学术、服务社会作为建设学术重镇的具体目标。成立以来，依托原有的学科优势，开拓进取，勇于创新，取得了丰硕成果。2004年以来，总计承担31项省部级科研项目，纵向科研经费总额为354.2万元，横向课题资助总额为100余万元。专职研究人员作为第一署名人共出版专著34部、编著译著9部，在CSSCI上发表论文总计150余篇。此中心研究人员还获得10

多项科研成果奖励，其中获得中国高校人文社会科学优秀成果三等奖 2 项，获得天津市社会科学优秀成果一等奖 1 项、二等奖 8 项、三等奖 3 项。

此中心依托世界史学系培养本科生，每年招收本科生的规模在 35 人左右；在世界近现代史、国际关系史、美国史、日本史和拉美史等方向招收硕士研究生和博士研究生，2004—2010 年毕业的硕士 235 人、博士 125 人，目前在学硕士生 75 人、博士 113 人。此中心研究生在国内外公开出版的学术刊物上发表论文将近 120 篇，其中在 CSSCI 核心期刊上发表文章 100 余篇、出版博士论文 30 部。

2004 年以来，此中心先后主办了 5 次大型国际学术研讨会、10 次国内学术研讨会。研究人员出国交流研究 100 余人次，其中 50 多人次在国外大学或国际学术会议上做报告。邀请美国、日本、韩国、英国、德国、墨西哥等 30 多个国家和地区的学者来中心讲学 110 余场次，拓宽了与国内外学术界交流的渠道，扩大了在国内外的影响。

此中心十分重视图书资料信息建设，拥有西文资料室、日文资料室、西文期刊室、中文期刊室等多个资料室和资料数据库，总面积 400 平方米，收藏有中外文图书资料 6 万余册、期刊 50 余种，还购买了 *Archive of Americana*、EBSCO、JSTOR、OCLC、GALE 等大型外文期刊。

此中心成员通过接受媒体采访、专题演讲、向有关部门提供咨询报告等形式，积极参与现实重大国际问题的讨论，在国内外引起了强烈反响；承担国家商务部、天津市商委委托的项目受到了好评。多名研究人员还为中央领导授课或在重要媒体上发表专题演讲。

二、标志性成果

1. 杨栋梁教授主编的“日本现代化历程研究丛书”

该丛书由《日本近现代经济史》、《日本近现代政治史》、《日本近现代外交史》、《日本近现代社会史》、《日本近现代文化史》、《日本近现代思想史》、《日本近现代教育史》、《日本近现代文学史》、《日本近现代对华关系史》和《日本近现代绘画史》10 卷构成，近 500 万字，2010 年由世界知识出版社出版。这套被誉为“国际学界首次系统探讨明治以来日本现代化历程的专史系列研究丛书”，整体性、系统性、学术性特色鲜明，展示了我国学界的最新研究成果。因此，丛书虽然刚刚出版，就已经引起国内外学界关注，《中国图书评论》、《日本学刊》、《中国社会科学报》、《天津日报》、《高校理论战线》以及人民网等已有多篇专题评论或报道，对丛书予以积极评价。

2. 李剑鸣教授主编的“外国政治民主化进程研究丛书”

目前，该套丛书出版了三部专著和一部论文集，包括《政治激进主义与近代俄国政治》(北京师范大学张建华著)、《美国宪政民主下的司法与资本主义经济发展》(南开大学韩铁教授著)、《土耳其共和国的政治民主化进程研究》(南开大学哈全安、周术情著) 以及《世界历史上的民主与民主化》(北京大学李剑鸣主编)。这套丛书采用历史学的视野和方法，考察了民主的理念和制度在世界近现代史上的传播、流变及其影响，考察了不同国家和文化传统中的政治民主化进程，从而推动了我们从另外一个角度理解现代世界的形成及其特征。它的出版和传播，将在学术界产生较为广泛的影响。

3. 陈志强教授主持的 2005 年度基地重大项目“欧洲文化的兴起及其世界影响”

该项目已经结项，相关成果即将出版。

三、“十二五”建设思路

新的学科目录调整之后，世界史将由历史门类下的二级学科升至一级学科，这意味着世界史学科的发展迎来了难得的机遇，也意味着新的挑战就在眼前。

“十二五”期间，此中心将以科学发展观为指导，贯彻中长期教育发展规划的精神，立足本校，面向全国，走向世界，努力建成名副其实的全国领先、世界知名的学术研究基地、人才培养基地、学术交流基地、咨询服务基地和科研体制改革的示范基地。为此，将进一步突出学术研究重点和特色，打造专业品牌，通过创新学科、创新学派、创新方法、创新团队，在学科前沿、思想智库、文科实验室、数据库建设等方面取得扎实的进步。

1. 基本目标

建设一支高水平的有强固凝聚力的研究团队；发表一批国内领先、在世界上有影响的大型、系列、标志性“重量级”研究成果；真正确立本中心在世界史若干重大研究领域或方向上的优势地位。

2. 重点研究领域

按照既定方针，把国际关系史、社会文化史和资本主义史作为三大重点研究方向，瞄准学科前沿，精心设计好有关研究项目，不断推出最新研究成果。

3. 队伍建设

抓好队伍建设，引进突出人才，精心培养具有发展潜力的中青年人才。

4. 继续深化科研体制改革

以我为主，面向全国，通过专项课题研究，聚集国内最优秀的专家承担课题，为我所用。

5. 主要措施

（1）加强队伍建设，争取在学校支持下，引进2~3名45岁以下学界已经公认的学科带头人。（2）从整体发展建设目标的大局出发，精心设计好10个重大项目。通过课题研究，打造专业品牌，形成牢固学科优势。（3）每年举办一次国际或国内学术研讨会。其中国际研讨会要确保高质量、大影响。（4）每年出版一辑《世界近现代史研究》，探讨其成为学会刊物的可能性，力争成为核心期刊。（5）建立“中国世界近现代史研究”数据库，首先将历史学科三大年刊论文和专兼职成员的主要论文录入，并探讨录入其他数据的可能性。（6）建立独立网站，增加动态信息等内容，成为中国世界近现代史研究的学术信息窗口。（7）加大对权威学术期刊上发表论文的奖励力度。

南开大学中国社会史研究中心

南开大学中国社会史研究中心按照教育部的要求推进基地建设，努力建设成为跨学科研究的平台，以高水平的创新学术成果为目标，取得了较为显著的成效。

一、总体情况

社会史的研究主要采用跨学科以社会为视角认识历史的方法，主张长时段地认识历史，坚持历史研究的整体观念，强调自下而上研究历史的立场，把心态置于历史研究的重要位置。此中心立足于以群体为对象的社会结构与日常生活的专史，并沟通整合历史学各专门史的整体史。

此中心主要开展以下四个方向的学术研究：（1）社会思想与社会心态史，强调思想史与社会史的互动关系；（2）传统基层社会与国家权力，从国家与社会的关系对中国历史进行总体把握；（3）社会生活与风俗史，重视民众日常生活与观念，强调历史人类学的立场与方法；（4）区域社会史，发挥地缘优势，从地理空间的视角认识中国历史。如此具有联结社会与政治、思想的整体观念，符合社会史从社会经济史向社会文化史转变的学术发展趋向，体现了区域社会、自下而上看历史的行之有效的方法，并发扬南开大学已有的学术优势。

此中心是一个开放性的学术机构，现有专职研究人员 15 名，兼职研究人员若干名，还接受国内外访问学者。

此中心开设"中国社会史研究中心网站"，出版《中国社会历史评论》大型学术年刊，目前已经出版 11 卷。

中国社会史学会秘书处设于此中心，学会会刊——《社会史研究通讯》也由此中心实际承办。

二、主要成绩和经验

此中心从中外社会史学发展现状出发，结合中国社会历史的特性，积极探索符合中国社会史研究的理论方法，进行学科建设。常建华教授所著的《社会生活的历史学：中国社会史研究新探》、王先明教授撰著的《走向社会的历史学——社会史理论问题研究》就是关于学科建设的著作。

此中心依据自身研究特点，在坚持特色、发扬优势的同时，努力将专门研究与认识中国历史整体相结合。坚持社会史的立场，强调跨学科研究，吸收和运用多学科知识，不仅重视文献资料，也进行田野调查，在不同学科的结合部开发新课题。一方面探讨国家、制度、经济、思想等与社会的互动关系，揭示其对于历史进程的影响，赋予传统历史学论题以新的学术内涵；另一方面开拓新课题，探索华北地域史、生态社会史和医疗社会史等新领域，从而立足学术前沿。

此中心以教育部重大项目为龙头，探索中国社会史的重要问题。2001 年以来先后承担的重点研究课题有：明清以来华北地域经济发展与社会秩序研究，近 500 年中国社会结构的变迁，中国历代统治思想与民间社会意识关系研究，汉到明墓葬所见民间信仰暨近现代华北民间信仰研究，中国社会生态史研究；以生活方式和风俗为中心，对中国中古社会变迁，宋以后宗族形态的演进与社会变迁，清代的医疗卫生机制及其近代转型的研究；政权建设与民间社会：1937—1949 年的中共华北根据地，华北农民视野中的现代与国家（1949—2000），汉魏六朝的信仰与社会生活，现代交通体系与近代华北区域社会变动研究，1881—1949 年清代基层社会关系研究，20 世纪前期中国乡村社会变迁研究等。在研究过程中，此中心特别鼓励课题负责人和参与者积极借鉴人类学、社会学、医学、生态学、文化学、经济学、政治学的理论与方法对社会史研究的辅助作用，既注意开展田野、口述等共时性的研究，广泛参考和吸收其他学科的新进研究成果和理论，亦秉持本学科的基本学术理念与定位来为社会史研究服务。

已经结项的重大项目出版了一系列研究成果。如刘泽华教授主持的“中国政治理念、国家权力与社会关系研究”项目以12部专著作为最终成果。李治安教授主持的“基层社会与国家权力”也出书12种。常建华教授主持的“20世纪中国社会史研究的回顾与展望”出版了冯尔康教授的《中国社会史概论》，该书也是教育部国家级重点教材；常建华教授等编著的《新时期中国社会史研究概述》，清理了1986年7月以来的研究成果；张国刚、余新忠两教授主编的《新近海外中国社会史论文选译》收录13篇学术论文；出版了中国社会史教材、基本的工具书与教学参考书，在推动中国社会史教学与研究方面，发挥了重要的作用。

在人才培养上，此中心强调基础扎实与开拓创新并重，组织“社会史研究生沙龙”，活跃了学术气氛。余新忠博士以《清代江南的瘟疫与社会》荣获“2002年全国百篇优秀博士论文”，被誉为医疗社会史研究的代表性作品。此中心开拓性地实行了“青年学者访问制度”，取得了良好效果。

为加强学术交流，举行了7次国际学术讨论会，9次国内学术讨论会，产生了较大的学术影响。三联书店出版了两次国际会议的论文集，即王利华教授主编的《中国历史上的环境与社会》、余新忠教授主编的《清以来的疾病、医疗和卫生》，反映了医疗卫生史、环境史领域的学术新动向。

资料建设方面，注重文献资料的特色。搜集了华北契约文书，村落档案资料；对中日学者合作进行的大型华北农村调查资料进行了整理。这些资料为中心的华北社会研究发挥了重要作用。张思教授等著的《侯家营：一个华北村庄的现代历程》就是很好的事例。

三、标志性研究成果

1. 对于中国宗族、家庭进行了系统性的研究

上海人民出版社推出的“中国家庭·家族·宗族研究系列”专著，出版5种。其中常建华的《明代宗族研究》考证了明代宗族祠庙祭祖制度及其演变，注意区分明代不同时期不同地区的祠庙祭祖形态，提出宗族乡约化的概念，把宗族活动放在宋以后士大夫的化乡实践中认识，对宋濂、杨士奇、罗钦顺的宗族思想进行了探讨。冯尔康在《18世纪以来中国家族的现代转向》中提出，近现代家族的政治功能极大地衰退，其社会功能则充分显示出来，家族与政治分离、与政府分离，是20世纪以来家族长存于现代社会的重要原因。

2. 张国刚教授主持的重大项目“中国家庭史研究——家庭与基层社会和国家关系的历史考察”

该项目的成果《中国家庭史》(五卷本)，由王利华、余新忠教授等任分卷主撰。该书把握和突出时代特色与阶段性特征，注意到法制史、经济史和社会史三大维度的作用，从多角度去思考家庭史的问题。该项成果获得教育部第五届高等学校科学研究优秀成果一等奖。

3. 重视资料建设

早在20世纪80年代中后期，冯尔康教授率领的研究团队与中国第一历史档案馆合作，启动了“嘉庆朝刑科题本社会关系资料”的整理、研究工作。后由杜家骥教授主编《清嘉庆朝刑科题本社会史料辑刊》（三卷本），为此中心重大项目，由天津古籍出版社出版，全书300万字，详实地反映了清代基层社会的生活图景。2009年，该书获得全国古籍整理优秀图书一等奖。

四、“十二五”建设思路

此中心将重点打造学术精品，以目前社会史研究较为薄弱的“日常生活”为今后专攻方向，完成一部10卷本的中国日常生活史。其主旨在于以人的社会活动为中心，“活化”社会史研究，从新的角度整合社会史，借此认识历史上最鲜活、最真实也最立体的中国社会，使得今日中国与历史上的中国真正能接续起来。当代的社会转型在一定程度上也是生活方式的转型，此研究将为此提供历史性的认识，并能重新反省中国历史文化在今日世界文化的地位。

“中国日常生活史”将分不同历史时期，通过对大量史料的梳理，分别从家庭生活、物质文化、生命周期、不同年龄群体、女性生活、乡村生活、城市生活、卫生保健习俗、宗教与民间信仰、社交与节庆风尚、娱乐生活与风尚等方面加以研究，揭示社会生活、风俗习惯的嬗变与传承的互动关系，以求清晰地再现中国历代具体的社会生活方式发展的基本脉络。

中国人民大学清史研究所

中国人民大学清史研究所成为教育部人文社会科学重点研究基地已经10年了。经过10年的建设，此基地遵循教育部关于重点研究基地建设的五项标准，积极推进各方面的发展，取得了较为明显的成绩。

一、总体情况

此研究所经过近30年的持续发展，已成为国内外专门研究清史的规模最大的学术机构，在学术界较有影响。2000年被批准为教育部人文社会科学重点研究基地以来，保持了在清史研究领域里的整体性领先地位，特别是在清代灾害环境史、学术文化史、边疆民族史，官僚政治和法律、宫廷和民间社会、中外关系、晚清财政乃至清代民国文献的整理和研究等方面，都有较强的研究实力。

此基地的相对优势主要表现在以下四个方面：一是研究领域较为广泛，梯队较为齐整，既有像戴逸、李文海等杰出的史学前辈，发挥着宝贵的学术指导作用，又有一批思想活跃、关注史学前沿的中年学者锐意进取，努力拼搏；二是学术风格多样并存，良性互动，相互融合；三是对外学术交流长期活跃、有效；四是作为国家清史纂修工程的重要学术和管理依托单位之一，在获取最新清史资料和前沿研究信息方面，具有较为便利的条件。以上各项有利条件，使此基地在国内外清史研究领域享有较高声誉，能够吸引并引导各类学术力量进行丰富有益的学术交流，可以说在一定程度上已经成为世界范围内名副其实的清史学术研究中心、人才教育培养中心、国际学术交流中心和信息资料中心。

二、主要成绩与经验

此基地建设10年来，积极制订科研发展规划，推进各方面的建设，并以两轮教育部基地评估工作为契机，及时发现存在的问题，总结经验教训，大力改进弱势方面，取得了较为明显的成绩。

1. 倡议并直接推动了国家清史纂修工程的启动，组织设计并承担了工程重大项目，促进了学科发展

该所多次召开学术讨论会，向国家有关部门提交纂修清史工作方案，大力呼吁国家启动“清史纂修工程”，最终获得成功。该工程的启动，有力地推动了国内外清史研究向纵深方向发展，产生了较大的社会影响，同时也促进了清史基地内部学科建设，进一步提升了清史所在国际上的学术声誉。

2. 以基地重大项目为中心，凝聚学科主攻方向，重点加强清史专题研究

该所在清代理学史、清代灾荒史、西部开发、西学与清代文化、新史学研究等领域的研究中取得了突出成绩，产生了一批高质量的学术成果，并多次获得国家级、省部级奖项。

3. 注重人才培养和梯队建设，加强整体研究实力，构建一个成熟的、流动的清史研究平台

该所是目前国内规模最大的清史研究人才培养基地。此基地建立后，迅速改变了学科点相对单一的局面，原有的两个博士点和硕士点增加到六个，并设有博士后流动站。在科研队伍建设上，遵循“请进来，走出去”的方针，通过课题招标，整合所内外研究力量，吸引国内外专业领域的优秀人才加入。同时加强学术交流，与美国、德国、俄罗斯、韩国日本，以及中国台湾等国家和地区多家学术机构建立了广泛的联系，有百余位国内外学者访问此研究所，此所研究人员也有数十人次出国访问、讲学。

4. 在社会服务方面，此所努力探索学术研究与社会服务的新机制，力求走出一条与社会上具有文化服务功能的专门机构进行合作攻关的研究和发展道路，开展咨询服务和专题讲座，实现社会效益最大化

该所专家多次为党和国家领导人以及政府有关部门举办专题讲座，提供咨询或建议。除在“清史纂修工程”启动前后向国家提交的大量咨询报告之外，还承担了许多部委直接而重要的咨询服务和起草文件等工作。该所分别与圆明园遗址公园、承德避暑山庄等单位签订了长期合作协议，并接受故宫博物院、一档馆、清史编委会等单位的委托，开办研究生课程进修班，进行清史专业培训。

三、标志性研究成果

1. 《清史编年》

此书积20年之功完成的该书，被学界誉为“对传统编年体史书进行创新的杰作”，2002年获得北京市哲学社会科学优秀成果一等奖。台湾地区新党来大陆访问时，此书被中国人民大学作为意味深长的礼物之一赠送，产生了较大的社会影响。

2. 龚书铎教授主编的《清代理学史》三卷本

作为基地重大项目“清代理学研究”的结项成果，该书2007年由广东教育出版社出版后，受到了学界广泛关注。此书以108万字的规模，展开了对不同理学流派、众多理学家的思想和著述的深入论述，被认为是一部全面梳理总结清代理学的开创之作，曾获得北京市第十届哲学社会科学优秀成果二等奖。

3. 戴逸、张世明教授主撰的《中国西部开发与近代化》

作为同名国家社科基金项目的结项成果，该书于在国家社科基金项目成果验收情况公布报告中被评为2006年国家社科基金项目优秀推介成果，被认为是第一部系统研究中国西部地区开发和近代化的专著。此书还获得北京市第十届哲学社会科学优秀成果二等奖。

4. 李文海、夏明方等主编的《民国时期社会调查丛编》和《续编》

该套书近3000万字，是国内外第一套有关民国时期社会调查报告的综合性文献资料汇编，一经出版，就受到海内外学界的广泛好评，被认为是中国社会史研究的一项极为重要的“奠基性工程”，先后获得北京市第九届哲学社会科学优秀成果奖一等奖、首届中华优秀出版物奖、第五届吴玉章人文社会科学成果奖优秀奖等多项奖励。

5. 其他研究成果

如《十九世纪中国社会研究丛书》、《清代疆域形成研究丛书》、《康乾盛世研究丛书》、《清代理学史》、《中国荒政全书》、《民国时期社会调查丛编》等。

四、“十二五”建设思路

“十二五”期间，此基地的总体目标将是：继续全力支持国家清史纂修工程后续工作的进行；进一步凝练学术方向，突出建设几个学术特色和品牌，争取出一批有较高学术水准的标志性成果；注意结合现实需要，更好地服务于国家和社会。

1. 一如既往地处理好基地建设与国家清史工程之间的关系

努力在信息收集、资料建设、网络开发和举办学术会议等方面，与国家清史编委会保持密切合作，在组织和保证研究人员认真出色完成承担的清史项目任务的同时，力争实现清史编撰与清史所队伍建设和前沿探索之间的良性互动。

2. 加大人才队伍建设和资料管理服务

在进一步加大人才队伍建设和清史基础资料管理服务中心的建设力度方面动脑筋，采取切实有效措施，大力引进高层次缺口人才，购置各种清史文献，以国际性标准严格要求基地，为可持续性发展创造条件。

3. 加强学术力量建设

进一步集中力量主攻几个方面，自觉对现有学术力量进行合理调整，凝聚学术队伍；在继续活跃基地学术气氛的同时，加强计划性和针对性；多开展主体意识鲜明的学术活动，并努力在学术活动中挖掘和培育新生学术力量。

4. 继续以深化科学研究为努力目标，凝练科研发展方向，集中力量进行几个攻关

（1）在继续关注和深化社会史、学术文化史、环境史、经济史等原有研究方向的同时，着重探讨在新的学术背景下“回归”政治史的路径，即从政治与社会、经济、文化互动的角度，提出综合性的清代政治史课题，进行突破，形成代表性成果的鲜明特色；（2）及时开展对百年清史研究的发展历程之学术史的总结和反思的工作，为撰写权威性的《百年清史研究学术简史》做准备，进一步明确未来使命；（3）加强对清中叶转型阶

段历史的透视研究，加深对整体清史发展趋势的认识；（4）重视清代满文满语、满族特性及其与清史关系的研究，对海外“新清史”学派做出有力回应，并形成以“国家认同”为核心的高水平成果，发挥国家队的作用；（5）继续保持对中外关系史研究领域的投入力度，并在此过程中注意加强国际合作，争取完成几部有代表性的学术专著。

中山大学历史人类学研究中心

一、总体情况

2001年3月，中山大学为了进一步发展人文社会科学综合研究的学术传统和学术优势，正式组建了历史人类学研究中心。此中心成立以来，坚持立足学科前沿，重视具有深厚学术史背景的历史感的培养，重视对人文社会科学其他学科的理论与方法的借鉴和利用，重视与国际学术界的对话与交流，努力改善研究条件，以有效措施培养年轻一代历史人类学研究者，在中国推动历史人类学研究方面作出了开创性的贡献。

二、主要成绩与经验

此研究中心经过10年的努力，通过大量的学术研究实践，凝练了学科方向，在建立中国历史人类学的研究范式以及学科体系上迈出了坚实的一步。

1. 培养历史人类学研究的人才，推动历史人类学学科的建设

此中心着力推动两个学科以及其他相关学科的整合，在历史人类学研究领域初步形成了学科建设的基础。2006年，中山大学在历史学一级学科内，将“历史人类学”自定为独立的二级学科博士研究生招生专业，制定了较为成熟的培养方案和课程体系。从2003年起，每年主办一期的招收国内外著名大学的青年教师和研究生为学员的“历史人类学高级研修班”，两次的面向国际的历史人类学研究生研讨班，并举办了共63讲的“历史人类学讲座系列”，邀请数十位在国际学术界具有较大影响的学者前来讲学，扩大历史人类学学科的影响，吸引并整合更多不同学术背景的青年学者和学生，收到了很好的效果，使历史人类学在学界同行中得到越来越广泛的认同。

2. 大力开展民间文献的收集，探索建立民间文献解读的范式

此中心把大量的精力放在这一基础建设上。在“985工程”二期建设中，以此中心为核心组成的“民间文化遗产研究创新基地”，将“地方文献与民间文书的历史人类学研究”列为重点建设的项目，结合具体的研究课题，大力开展民间文献的收集和整理，在研究实践中，建立并发展起有中国学术特色的民间与地方文献的解读方式和分析工具；同时，举办民间文献研读班，面向全国招收学员，培养民间文献学专门人才。

3. 积极开展中国社会的历史人类学的研究

此中心通过组织重大项目，开展了多个课题的研究工作。此中心同仁在《历史研究》、《民族研究》等权威学术期刊上发表了一系列高水平论文，并在北京三联书店出版了历史人类学研究的著作系列《历史・田野丛书》。同时，还出版了一批有较大影响的著

作，如《地域文化与国家认同：晚清以来“广东文化”观的形成》、《凤凰村的变迁》、《告别乡土社会——广东农村发展30年》等专著，以及一批学术论文。

4. 大力开展国际合作，探索与海外学术机构合作的新途径和新机制

此中心与美国耶鲁大学、哈佛大学、日本学习院大学、大阪大学、大阪市立大学、香港大学、香港中文大学、香港科技大学以及台湾地区多家大学建立起广泛的合作关系。在推动学术研究的国际化的方向下，此中心利用香港、台湾地区作为国际合作桥梁，取得了很好的成效。此中心与香港科技大学华南研究中心联合主办《历史人类学学刊》(半年刊)和《田野与文献：华南研究资料中心通讯》(季刊)，已经成为在海内外享有较高学术声誉的历史人类学研究的刊物。每年与香港大学、香港中文大学和香港科技大学合作主办的“历史人类学讲座系列”、“历史人类学高级研修班”和“历史人类学研究生研讨班”，均已成为基地开展国际交流与合作的有效平台，在国际学术同行中享有很高的声誉。此中心与香港中文大学合作，向境外学术基金会成功申请“在边境的社区：华南侨乡的历史、文化和地域网络比较研究”研究项目和香港研究资助局项目“重新定义西江——明清帝国的构建与土著社会的演变”，均是以香港为基地，由中国、欧洲、北美、日本以及东南亚多所大学的学者共同开展的合作研究计划。2009年，此中心与香港中文大学合作，成功申请香港大学教育资助委员会设立的“卓越学科计划”项目——“中国社会的历史人类学研究”，获得资助金额达1000多万港币，是目前香港政府资助的最高层次的研究计划中唯一的人文社会科学研究项目。以这个项目为基础，2010年又在香港中文大学设立“香港中文大学—中山大学历史人类学研究中心”，作为此基地在香港的延伸机构，创造了我国人文社会科学研究的海外合作的新机制，为今后开展更高层次的国际合作构建立了新的平台。

三、标志性研究成果

此中心过去10年间建设的标志性成果为《历史·田野丛书》和《清水江文书》。

1.《历史·田野丛书》是由此中心编辑，由北京三联书店出版的一套系列丛书，所收录的著作均是基于此中心直接组织开展的研究工作的成果

这套丛书引人注目的风格，就是强调文献解读与实地调查的结合。置身于历史人物活动和历史事件发生的具体的自然和人文场景之中，切身感受地方的风俗民情，了解传统社会生活中种种复杂的关系，在这样的场景和记忆中阅读文献，自然而然地就加深和改变了对历史记载的理解。通过实地调查与文献解读的结合，更容易发现，在“国家”与“民间”的长期互动中形成的国家的或精英的“话语”背后，百姓日常生活所反映出来的空间观念和地域认同意识，是在实际历史过程中不断变化的。从不局限于行政区划的、网络状的“区域”视角出发，有可能重新解释中国的社会历史。此中心通过推出本套丛书，向学界展示了本基地对历史人类学的理解和追求，也期望能从此起步逐渐建立中国历史人类学研究的研究范式。

该丛书从出版开始，在国内外学术界就引起了较大反响。2007年第1期《博览群书》杂志发表的《小历史与大历史：区域社会史的理念、方法与实践》，颇受关注，因此该刊之后再专门编发了《历史·田野丛书》其后出版的几位作者的著后随感。

2.《清水江文书》是在清水江下游地区所搜集整理的，包括清代、民国以及新中国

成立之后在当地民间形成和保存下来的各种契字文约以及族谱、账簿、诉讼词稿等文献资料

这些文书在非常清晰的时间脉络、地域格局和人际网络下，具有极突出的系统性与完整性；作为散存于清水江流域的珍贵民间文献资料的代表，它们是在特定的历史条件下形成和保存下来的，是基于民间视觉的区域社会历史过程的写照，对于了解和研究当地苗族、侗族及汉族的家族与村寨、人口与移民乃至整个区域的经济活动、社会生活、文化演变，都具有不可替代的文献价值。此书由广西师范大学出版，是多卷本的大型文献资料汇编。目前已出版第一辑和第二辑，共计23册，第三辑也已交由出版社进行编辑。这套民间文献资料的整理出版，引起了国内外相关学术领域学者的普遍关注。

四、"十二五"建设思路

此中心将以组织开展高水平的研究为中心，围绕以下两个兼具学术价值和现实意义的主攻方向设置研究课题：一是"多元一体"之历史根源：地域族群差异与统一中国文化认同的形成；二是稳定社会的制度保障：百姓日常生活与国家体制及其意识形态的互动。通过重组研究团队，调整研究方向，探索和建立新的国际合作机制；着重致力于历史人类学学科的基础性建设，包括民间文献的收集、整理与利用，并在实践中积累经验，形成关于民间文献整理与解读的系统方法；在实证研究方面，继续拓展和深化此中心具有传统优势的中国西南及华南的区域与族群研究，同时将研究区域向华北、华中、江南和东南亚地区延伸，拓宽学科领域与研究视角，在地域社会建构、移民与族群问题研究、民间信仰研究等主要的课题上，取得突破性和创新性的成果；在理论探索方面，要在坚实的实证研究基础上，在比较和综合的区域研究中，凝练中国特色的历史人类学理论与方法，初步建立关于中国社会文化的历史人类学解释体系；在社会服务方面，要对国家和社会发展的重大问题提出具有理论深度和实践价值的见解，为地方经济、文化建设与社会和谐发展做出更大贡献。

北京大学中国考古学研究中心

北京大学中国考古学研究中心自2000年成立以来，在各级领导的关怀和大力支持下，经过全体研究人员的共同努力，围绕着《普通高等学校人文社会科学重点研究基地建设计划》所提出的建设标准，做了大量工作，并取得了良好的成绩。

一、总体情况

此中心自成立以来下设：史前考古研究室、原史考古研究室、历史考古研究室、资料室及行政办公室。

此中心在人事上实行全员聘任制度和全员动态管理，现职的所有研究人员均在中心承担有各类正式立项的研究课题，按照"带（给）课题和经费进基地、完成课题后出基地"的要求进行聘任，并与中心签订有相应的聘任合同。截至2012年年底，此中心聘任专职

研究人员25人，其中教授22人；兼职科研人员59人，其中教授43人，分别承担了21项重大课题以及多项其他研究课题。

主要学术带头人有：严文明教授、李伯谦教授、宿白教授、赵辉教授、刘绪教授、徐天进教授、齐东方教授、王幼平教授、张弛教授等。

此中心主要致力于中国考古学研究，同时注重外国考古与世界文化遗产研究。中心充分发挥学术委员会的作用，先后组织启动了重大课题21项，其中已经结题11项，在研课题10项。并获得国家文物局及国家科技部重大项目4项和国家社科基金一般项目、教育部人文社科一般项目和其他省部级项目共60余项。

在社会服务方面，受国家文物局委托，此中心研究员赵辉、张弛等人在田野考古实践过程中，总结经验，新修订的《田野考古工作规程》，于2009年10月1日由国家文物局颁布实施，成为行业规范。

在国际交流方面，此中心每年都会聘请国外知名考古学家来华讲学；每年都派出研究员到国外知名大学做访问学者。正在进行中的国际合作研究项目有：中英合作研究项目“稻作杂草生态研究计划”；中肯合作发掘项目“中国和肯尼亚合作实施拉穆群岛地区考古项目”；中美合作研究项目“成都平原社会复杂化进程调查”；中法合作发掘项目“法国De La Seille河谷制盐遗址考古发掘”；中意合作研究项目“意大利所藏中国文物”。

在人才培养方面。2001—2012年招收硕士研究生262名，已经获硕士学位者210人，招收博士研究生82名，获博士学位者62人。其中大多数研究生参与了重大课题的研究。受国家文物局委托举办的培训班有：西部地区文物干部培训班（2006）、新世纪的遗产管理与保护培训班（2006）自办、全国省级文物局局（处）长专业管理培训班（2006）、全国省级文物局局（处）长专业管理干部培训班（2007）、西部地区文博干部培训班（2008）、西部地区文博干部培训班（2009）、新修订《田野考古工作规程》培训班（2009）、全国省级文博处长培训班（2009）、军队营区文物保护与管理培训班（2010），以及西部地区、东部地区、佛教考古研究生课程班（各一届）。

二、主要成绩

此中心成立以来尤其是“十一五”期间，得到大跨步进展。主要表现为：

（1）通过组织实施一系列重大课题，引领了中国考古学若干重要领域的研究趋向，如聚落考古与社会研究、中国文明的形成与早期发展研究、盐业考古、历史时期的社会与制度研究、陶瓷考古、佛教考古等，并保持与国际学术界的对话。

（2）经过数年的磨合，课题制的研究机制得到有效运行；形成团队集体攻关的科研氛围和体制。

（3）培养出一批优秀的专业人才。对发展考古事业，尤其是当今文化遗产保护和公众考古的社会热点需求，开展了一系列重要的咨询服务。

（4）考古文献资料信息库、考古实物资料和中国考古门户网站“三位一体”的信息中心建设正在加紧进行。

（5）利用“211”、“985”建设资金的支持，重点对考古科研设备等进行了大规模建设，形成了有能力承接国家重大项目的硬件平台。

（6）利用中心的科研和技术优势，承接了国家“十一”期间的重大科技支撑项目

“指南针计划”和“中华文明探源工程”。

（7）加强国际交流与合作。此中心与英国伦敦大学考古学院、美国哈佛大学人类学系等世界著名考古学术机构建立长期稳定的合作交流关系，组织有影响力的国际会议。

三、标志性成果

1. 学术成果（发表著作及相关论文）

此中心专、兼职研究员在各种文物、考古类期刊发表论文1000余篇、会议论文300余篇、学术著作及研究报告类67部。主要有：2001—2010年中心大型期刊《古代文明》已正式出版8卷，第9卷正在编辑中。2008年此刊物被入选为CSSCI考古类精品刊物。

- 王幼平：*Roots of Pleistocene Huminids and Cultures in China* 韩国白山出版社，2008年版。
- 宿白：《唐宋时期的雕版印刷》，文物出版社1999年版，荣获2002年国家图书奖。
- 徐天进主编：《吉金铸国史——周原出土西周青铜器精粹》，文物出版社2002年版，获2002年度“全国文博考古十佳图书”奖。
- 齐东方主编：《花舞大唐春——何家村遗宝精粹》，文物出版社2003年版，获2003年度“全国文博考古十佳图书”奖。
- 宿白：《中国石窟寺研究》，文物出版社2006年版。
- 陈建立：《汉晋中原及北方地区钢铁技术研究》，北京大学出版社2007年版。
- 王幼平：《石器研究——旧石器时代考古方法初探》，北京大学出版社2006年版。
- 刘绪：《晋文化》，文物出版社2007年版，2010年荣获北京大学第十一届人文社会科学研究优秀成果奖著作类一等奖。
- 齐东方：《古代金银器》，文物出版社2008年版。
- 权奎山：《古代陶瓷》，文物出版社2008年版。
- 沈睿文：《唐陵的布局：空间与秩序》，北京大学出版社2009年版。
- 齐东方：《唐代金银器研究》，中国社会科学出版社1999年版，荣获2003年教育部优秀成果奖。
- 孙庆伟：《周代用玉制度研究》，上海古籍出版社2008年版，荣获北京市第十一届哲学社会科学优秀成果奖著作类一等奖。

2. 获各年度田野考古“中国十大考古新发现”奖

- 西周王朝铜器的生产基地——陕西扶风周原李家铸铜作坊遗址（2003年度“中国十大考古新发现”）；
- 西周王朝——陕西岐山周公庙遗址群（被誉为21世纪初最重大的考古新发现）；
- 中国陶瓷史的重要发现——河南禹县神垕钧窑窑址（2001年度“中国十大考古新发现”）；
- 古陶瓷业的辉煌顶峰——江西景德镇御窑遗址（2003年度“中国十大考古新发现”）；
- 景德镇明清御窑遗址的考古发掘（被国家文物局评为2005年度“田野考古二等

奖”）；

- 中心主任徐天进主持发掘的陕西岐山周公庙遗址 2008 年度“全国十大考古新发现”(并获“2008 年度国家文物局田野考古奖”一等奖)；
- 山东寿光双王城盐业遗址群均荣获 2008 年度“全国十大考古新发现”(并获“2008 年度国家文物局田野考古奖”二等奖)；
- 河南新密李家沟旧石器—新石器时代过渡遗址获 2009 年度“全国十大考古新发现”；
- 河北曲阳定窑遗址获 2009 年度“全国十大考古新发现”(2010 年颁布)。

这是中国考古学领域最高级别的奖项。其中陕西岐山周公庙遗址为本院重点田野考古实习基地，也是北京市校外人才联合培养基地，承担了大量考古教学科研工作。

2009 年此中心因科研队伍专业技术能力突出，成果卓越，获得中央组织部、中央宣传部、人力资源社会保障部和科学技术部联合授予的“全国专业技术人才先进集体”称号。这是此中心获得的国家级大奖，也是北京高校中唯一获此殊荣的研究团队。

四、“十二五”建设思路

北京大学考古基础雄厚，但在一些新的学术增长点上，如在以现代技术支撑为特点的动植物考古、景观考古、分析考古等领域，此中心并不具备明显优势。相应地，在已经和正在进行的课题项目中，学术新领域的课题数量明显偏少。除此之外，交叉学科的研究，包括传统学科与新兴学科、新兴学科之间的交叉研究，以及由交叉学科研究所带动的考古学前沿领域的创新性研究还显得不足。新型知识结构的队伍建设虽然已经开始，但发挥担纲作用，尚需假以时日。因此，此中心的学术研究方向如何在保持传统优势的同时，尽快全面地进入上述新领域，开创新局面，做出新成绩是“十二五”期间需要面临并解决的主要问题。为此，设定新的学术方向并完善必要的保障措施和机制，将是此中心“十二五”期间的重要建设目标。

吉林大学边疆考古研究中心

一、总体情况

吉林大学是中国考古学研究的重镇之一，考古学科是国务院学位委员会颁布的第一批博士学位授权点，1995 年成为吉林省重点学科，1995 年和 1998 年先后入选国家基础学科人才培养和科学研究历史学基地（文科基地）及国家基础科学人才培养基金考古学特殊学科点（理科基地），2000 年被列入国家“211 工程”重点学科建设项目。此中心 2000 年成立并于当年入选教育部人文社会科学重点研究基地，由朱泓教授担任中心主任至今。

二、主要成绩和经验

（一）主要成绩

经过10年来的努力，此中心在发展平台构建、学术方向凝练、科研团队建设、科研成果创新、优秀人才培养、服务社会等方面都取得了显著的成绩，学科建设有了长足的进展。主要成绩如下：

1. 发展平台构建稳步推进

2005年依托边疆考古研究中心建立的“中国边疆史地哲学社会科学创新基地”被确定为国家“985工程”哲学社会科学创新基地，2007年考古学及博物馆学被增补为国家重点学科，同年新增了“科技考古与文物保护”博士学位授权点。

2. 学术方向不断凝聚

中国边疆地区古代文化、中国边疆地区古代人类与环境作为中心科学研究的主要方向，10年来得以不断凝聚。中国边疆地区古代文化的考古学研究是中心传统优势方向，拥有由林沄（国务院学位委员会历史学学科评议组成员、教育部社会科学委员会委员、国家社科规划项目评审组成员，吉林大学资深教授）、魏存成（全国优秀教师）、赵宾福、王立新、冯恩学（以上3人均为教育部新世纪优秀人才）等13名教授组成的实力雄厚的团队。中国边疆地区古代人类与环境是中心的特色研究方向，目前拥有由朱泓（吉林省高级专家、吉林大学匡亚明学者特聘教授）、周慧（教育部跨世纪优秀人才）等5名教授组成的研究团队。在生物考古方面的综合实力居于国内一流。

3. 教学与人才培养屡获佳绩

2001年《田野考古学实践教学的改革》获得国家级教学成果二等奖，2004年《田野考古学》被列为国家级精品课建设。2009年中心教师入选“考古学国家级教学团队”，同年，《瞄准国际前沿，立足文理交叉：开创考古学高素质考古人才培养的新途径》获得第六届吉林省高等教育教学成果特等奖。《内蒙古和林格尔县新店子墓地人骨研究》、《中国东北地区夏至战国时期的考古学文化研究》分别于2007年、2008年入选全国优秀博士论文提名。

4. 服务社会成绩显著

此中心积极致力于将基础科学研究的成果运用到政府决策咨询、科学普及、文化遗产保护等方面。魏存成教授曾多次为吉林省政府等相关部门提交关于东北边疆及历史问题的咨询报告，作为高句丽、渤海考古及历史研究的首席专家，连续参加了第27届（2003年巴黎）、第28届（2004年苏州）世界遗产大会，为我国“高句丽王城、王陵及贵族墓葬”成功申报世界文化遗产做出了突出贡献。朱泓教授带领其研究团队，完成了多项重要遗址出土人骨的体质人类学方面鉴定与研究，并借助计算机技术，开展了老山汉墓、吐尔基山辽墓等古人骨的头像虚拟三维复原工作，填补了国内空白，引起媒体与公众的广泛关注，有力地促进了相关考古学知识的科学普及。此中心研究人员积极投身于长江三峡、南水北调（中线）、嫩江尼尔基水库、赤峰三座店水库等国家基本建设中的考古发掘工作，为文化遗产的保护做出了突出贡献。2009年此中心被授予“湖北省三峡库区文物保护先进集体”称号。

5. 科学研究成果突出

2001年以来，此中心共获得各级、各类项目110项，其中国家社科基金项目9项（魏存成教授“高句丽、渤海文化发展及其关系的研究”为国家社科基金重大项目），教育部项目31项、其他项目70项，共获经费支持1783万元；出版了学术专著及考古专刊30部，发表学术论文620余篇（其中SCI和SSCI检索20篇，CSSCI检索177篇）。《林沄学术文集》获得第三届“高等学校科学研究优秀成果奖（人文社会科学）二等奖（2003年），王培新《乐浪文化：以墓葬为中心的考古学研究》荣获第五届“高等学校科学研究优秀成果奖（人文社会科学）”三等奖（2009年）。在2001年以来的吉林省社会科学优秀成果奖中有11人获奖，包括朱永刚的《东北青铜文化的发展阶段与文化区系》（论文类一等奖），王立新的《早商文化研究》（著作类二等奖），滕铭予的《秦文化起源及相关问题再探讨》（论文类三等奖），朱泓、张全超的《中国边疆地区古代居民DNA研究》（论文类一等奖），滕铭予的《秦文化：从封国到帝国的考古学观察》（著作类二等奖），魏存成的《关于东北疆域史的几个问题》（论文类二等奖），朱泓的《老山汉墓女性墓主人的种族类型、DNA分析和颅像复原》（论文类一等奖）；王立新的《辽西区夏至战国时期文化格局与经济形态的演进》（论文类三等奖）；井中伟的《蛋形瓮研究》（论文类三等奖）；赵宾福的《中国东北地区夏至战国时期的考古学文化研究》（著作类二等奖）等一等奖3项，二等奖4项，三等奖3项。

（二）主要经验

（1）以自然科学方法在考古学中的运用为出发点，注重学科交叉及多学科融合，形成创新学科（如生物考古学等）。

（2）注重突出研究特色，集中研究力量，形成实力雄厚的研究团队，产出具有国际影响的学术成果，并及时将科学研究的成果运用到为现实服务之中。

（3）充分利用基地这一平台，开展广泛的国际、国内学术交流，开阔研究视域并不断拓展研究的深度。

三、标志性成果

2001年以来中心取得的标志性成果主要有如下5项：

1. 《林沄学术文集（二）》（科学出版社2008年版）

该书以深厚的文献功底和开阔的学术视野，对北方系青铜器、中国北方长城地带游牧文化带的形成、新疆地区及欧亚草原青铜时代遗存、东北古代民族与史地等具有重大学术意义的课题作了深入的研究，在国内外同领域的研究中居于领先地位。

2. 魏存成的《渤海考古》（文物出版社2008年版）

该书是作者30余年潜心研究的结晶，以都城遗址、对外交通及相关遗迹、墓葬为主线，系统地对唐代渤海国的各类遗存进行了深入分析，是目前国内第一部渤海考古研究的专著。

3. 王培新的《乐浪文化：以墓葬为中心的考古学研究》（科学出版社2007年版）

该书系统、深入地探讨了乐浪文化的发生与演变、文化性质、文化源流等重要问题，揭示了乐浪文化的发展特点和演变规律。在争议较大的土圹墓的文化性质及年代，土圹墓、木椁墓、砖室墓的文化渊源等问题研究方面取得了新的突破。

4. 赵宾福的《中国东北地区夏至战国时期的考古学文化研究》（科学出版社2009年版）

该书建立了嫩江流域、辽西山地、图们江流域等7个自然地理区域内夏至战国时期考古学文化的编年坐标，区分出了夏至早商、商代晚期、西周至春秋、战国4个大的历史发展阶段，构建了整个东北地区夏至战国时期考古学文化的时空框架体系。

5. 朱泓主编的《东北、内蒙古地区古代人类的种族类型与DNA》(吉林人民出版社2006年版)

该书对中国北方、东北地区早至青铜时代、晚至蒙元遗址出土的人骨开展了系统深入的研究，既有种族类型及DNA研究，也有多学科交叉的古病理学及食谱分析。这一成果，对于探索中华民族形成及融合的历史进程，具有重要的现实意义。

四、“十二五”建设思路

此基地将以文理交叉、文文交叉等方式，进一步开展学科创新。重点建设生物考古学这一新兴学科，充分发挥其特色和优势，使其综合研究实力进入学科国际领先行列。基地将考古DNA实验室等4个实验室组合并建成“吉林大学生物考古实验室”，争取进入教育部（文科）重点实验室或国家文物局部门重点实验室的行列；以云南作为切入点，进一步扩大考古调查与发掘的范围，逐步将研究领域辐射到整个西南边疆地区；继续保持对东北考古、北方考古的研究优势，在做好东北亚各国考古学研究的基础上，通过中国北方与欧亚草原的文化交往过程的探究，拓展对中亚考古的研究。此基地将进一步整合学术创新团队，使每个团队都有不断拓宽的研究领域，都有由学术带头人、中年骨干及青年教师组成的梯队，借此形成特色明显、优势互补、合力攻关的中国边疆及相邻地区考古的集团研究优势；计划引进“长江学者”等学术领军人物3~5人，争取使青年骨干研究人员都获得1年以上的海外留学（研修）经历，使此基地成为边疆考古基础研究拔尖创新人才培养的国内外一流的平台。

安徽师范大学中国诗学研究中心

安徽师范大学中国诗学研究中心自2001年3月被教育部批准成立至今，遵照学术委员会的指导，经过全体专、兼职人员的共同努力，在科学研究、人才培养、学术交流、资料信息建设、咨询服务及管理工作等方面，做了不少事情。2010年，在教育部组织的第二次高校人文社科重点研究基地评估中，此中心取得了省部共建基地总分第五的成绩(第一名是语言文学艺术片)。

一、主要成绩和经验

（一）主要成绩

10年来，此中心以中国诗学的文献学研究与文艺学研究为主干，围绕科学研究进行项目规划、人员配置、经费使用、对外交流等。期间，取得的主要成绩如下：

1. 发表专题学术论文300多篇

其中，刊载于《中国社会科学》、《文学评论》、《文学遗产》、《文艺研究》、《文史》、《历史研究》、《国学研究》、《光明日报·文学遗产》等重要报刊上的近80篇。在中华书局、商务印书馆、人民文学出版社、上海古籍出版社、凤凰出版社等全国和地方出版社出版著作60多种。

2. 论著获得省部级以上优秀成果奖近30种

刘学锴、余恕诚的《李商隐文编年校注》，获国家图书奖、全国古籍整理图书一等奖；刘学锴的《李商隐传论》、余恕诚的《李白与长江》、胡传志的《金代文学研究》、刘学锴的《温庭筠全集校注》分别荣获安徽省社科一等奖；丁放的《李林甫与盛唐诗坛》与《唐玄宗与盛唐诗坛》、刘运好的《陆士龙文集校注》、杨柏岭《龚自珍词笺说》分别荣获安徽省社科二等奖，等等。

3. 成功申报各类项目近百项

其中，国家社科基金13项，教育部和全国高校古委会项目25项，省社科项目10项。绝大部分能保质如期完成。在已结题的4项国家社科基金项目中，有3项成果鉴定等级为优秀，分别是余恕诚的"唐诗与其他文体的关系研究"、丁放与袁行霈合作完成的"盛唐诗坛研究"、丁放的"元明词选本研究"。

4. 此中心有一支优秀的人才队伍

成员中先后有6人成为博士生导师，1人荣获首届"国家级教学名师奖"(余恕诚)，2人聘为"皖江学者"(安徽省特聘教授)（丁放、胡传志），2人被评为安徽省学术与技术带头人（丁放、胡传志），3人被评为省级教学名师（陈文忠、刘运好、方锡球），3人被评为省学术与技术带头人后备人选（陈文忠、储泰松、杨柏岭）。博士生在读期间，有数人曾在《文学评论》、《文学遗产》、《学术月刊》、《文艺理论研究》、《国学研究》、《文献》等刊物和《光明日报》（理论版）上发表论文，有2人以博士论文为题，获得国家社科基金立项资助。

5. 成功举办多次研讨会

先后成功举办2001年国际华文诗歌研讨会、中古诗学暨曹道衡先生学术思想研讨会、中国唐代文学学会第十四届年会暨唐代文学国际学术研讨会等12次国际、国内学术研讨会。邀请或派出70余人次来"中心"讲学或赴境外参加国际学术会议。创办并出版发行学术年刊《中国诗学研究》9辑、创建中国诗学网站并正常运行3600多天。出色完成国务院侨办3次委托赴美国、缅甸、马来西亚等国家进行华文师资培训任务。多次接受芜湖市、宣城市、安庆市、马鞍山市、合肥市等地方政府的委托，参与文化建设宣讲、审编地方文化丛书等工作。

6. 开发并申报多项精品课程并出版多种优秀成果

该中心开发并成功申报《文学理论》、《大学语文》等国家级精品课程2门，《中国古代文学》、《中国现当代文学史》、《古代汉语》等省级精品课程3门。主编《古代诗歌散文欣赏》、《大学语文》、《文学理论》、《艺术与人生》等教材多种；多人参编国家"十五"规划教材《中国文学史》(袁行霈主编)，并获得国家图书奖、北京市社科特等奖。编著并出版《诗情画意的安徽》、《国学大讲堂·楚辞导读》、《诗词创作十日谈》、《芜湖历代诗词》等普及读物，其中《诗情画意的安徽》中英文对照版在新西兰出版发行。成功举办大型诗歌朗诵会多场，其中，2010年12月举行的"经典诵读进校园"活动，社会反响较大，安徽卫视、芜湖电视台、中安在线等多家媒体第一时间作了报道。

（二）主要经验

1. 始终把科研工作放在首要位置

人员配置、经费使用、对外交流等，都紧紧围绕科研的产出进行考虑。力求多出成果，特别是出质量高、影响大的成果。

2. 协调研究力量，强化优势，突出特色，兼顾其他方向

中心在原有优势学科方向——古代诗学的基础上，积极开拓、科学论证、精心凝练，于2001年又组建了现代诗学研究室、诗歌理论与接受史研究室、诗歌语言研究室等。这些都陆续成为中心新的学术增长点。

3. 以项目为抓手，以质量求生存，加强过程监督

严格贯彻基地管理办法，以发展促进梯队的建设。通过吸收和组织中青年教师、研究生参与多种项目研究，提高参研人员的水平，培养人才，壮大研究队伍。

4. 在做好基础研究、着力提高的同时，面向地方经济文化建设和社会文化需求，统筹考虑应用研究，积极服务地方、服务大众

这样，既服务了他人，也宣传了自己，使中心的显示度进一步得到提高。

二、标志性研究成果

（1）刘学锴、余恕诚的《李商隐文编年校注》共5册，134万字，荣获“国家图书奖”、“全国古籍整理优秀图书”一等奖。

（2）刘学锴教授的《李商隐传论》上下册，70万字，荣获“全国古籍整理图书”一等奖、安徽省社科优秀成果一等奖。

（3）余恕诚教授的《李白与长江》(论文)，刊于《文学评论》2001年第1期，《新华文摘》予以转载，获安徽省社科优秀成果一等奖、《文学评论》1997—2002年优秀论文奖。

（4）丁放教授的《唐玄宗与盛唐诗坛》(论文)，刊于《中国社会科学》2005年第4期，《人大复印资料·中国古代文学研究》等予以转载，获得安徽省社科优秀成果二等奖。

三、“十二五”建设思路

此中心将在“十一五”建设的基础上，以进一步提高研究质量为核心，以合理凝练研究方向为重点，以培养创新人才为目标，以服务社会为旨归，深化科研体制机制改革。进一步加强基础研究，兼顾应用研究，抓住若干重点项目予以突破，既产出精品，又培养人才，更多更好地服务于地方经济文化建设。进一步突出学术特色，注重研究质量，强化学术品牌。进一步凝练提升研究方向、协调多学科研究力量，统筹考虑基础研究与应用研究、科学研究和人才培养、整体发展与突显特色、重大项目与一般项目。通过创新学科、创新学派、创新团队，努力使本中心成为一流的研究机构，在方法、内容和学风等方面对中国诗学研究真正起到引领和示范作用。

为保障“十二五”目标的实现，拟施行的措施主要有：（1）进一步用好用活基地管理办法，以更加“开放、流动、合作、竞争”为原则，实行全员聘任制，提高研究人员的积极主动性。（2）坚持学术委员会指导制，科学规划各类项目。（3）积极取得企业财

团的赞助，尽可能多地筹措预算外资金，以获得项目开展的经费保障。（4）继续本着“走出去、请进来”的原则，扩大交流，增强外向服务。

北京大学中国古文献研究中心

北京大学中国古文献研究中心是在北京大学古文献研究所的基础上，由北京大学与全国高等院校古籍整理研究工作委员会共建的实体性学术机构，中心于1999年12月经教育部批准，成为第一批全国普通高等学校人文社会科学重点研究基地之一，也是全国高校中古典文献学科唯一的重点文科科研基地。

一、总体情况

此中心目前下设古文字与出土文献研究、古文献学研究、传世文献整理研究与海外汉学研究等四个研究室。现任中心主任为安平秋教授，常务副主任为廖可斌教授，副主任为杨忠教授、曹亦冰教授。

此中心拥有阵容强大的学术队伍，多位著名学者各有专长，在古籍整理研究与古文献学理论研究方面卓有建树。安平秋教授主编的“古代文史名著选译丛书”、“中国小说史丛书”、“宋代学术与文化研究丛书”、《史记研究集成》，裘锡圭教授的《文史丛稿》、《郭店楚墓竹简》(注释按语部分)，孙钦善教授、董洪利教授、王岚教授等主持的大型宋代诗歌总集《全宋诗》及其补编，杨忠教授的《清人别集总目》，曹亦冰教授的《美国图书馆藏宋元版汉籍图录》，李家浩教授的《著名中年语言学家自选集·李家浩卷》，李零教授的《中国方术考》与《续考》，董洪利教授的《古典文献学基础》，刘玉才教授的《清代书院与学术变迁研究》，漆永祥教授的《汉学师承记笺释》，王岚教授的《宋人文集编刻流传丛考》，顾永新副教授的《欧阳修学术研究》，杨海峥副教授的《汉唐〈史记〉研究论稿》，刘瑛副教授的《左传、国语方术研究》，刘萍副教授的《津田左右吉研究》，李更副教授的《宋代馆阁校勘记》，陈晓兰副教授的《南宋四明地区教育和学术研究》，徐刚副教授的《古文源流考》，吴国武副教授的《经术与性理——北宋儒学转型考论》等，都在国内外学术界产生了良好的影响。

此中心建立以来，已先后完成的重大项目有“传世典籍与古代学术研究——以宋代为中心”、“宋代学术文化与宋代典籍整理”、“日本宫内厅书陵部藏宋元版汉籍影印丛书”、“全宋诗补编”(上、下)、“中国大陆地区公藏宋元版古籍图录”、“美国所藏汉籍善本图录”、“清人文集篇目分类索引全编”等；目前仍在研的重大项目有“出土战国数术文献研究（以楚墓卜筮祷祠简研究为中心）”、《印度泰戈尔大学所藏中国古籍目录》、《日本国立公文馆（原内阁文库）藏珍稀本汉籍选刊》、《日本国会图书馆藏珍稀本汉籍选刊》、《韩国文集丛刊》中的中国文献相关资料选粹——中国文献在韩国的流传与衍变”、“日藏〈论语〉古钞本综合研究”、《珍稀本明代戏曲丛刊》等。

二、主要经验

1. 以重大项目为先导，带动科研工作

在确定研究课题方面，坚持以下四大原则：（1）适应学科发展，兼顾社会需要；（2）合理布局，有主有次，照顾本学科的各个方向；（3）基础研究、应用研究与综合研究并重；（4）注重开拓性、前沿性和国际性。

在抓重点项目的同时，此中心还针对研究人员各自的专业特点，鼓励进行自主研究，并在中心内部给予一定的经费支持，使中心成员基本上每人都有小型的课题。自主研究课题，既鼓励了中心成员的科研热情，又与重点项目相呼应，相得益彰，使中心科研在良性循环中得到发展与进步。

2. 重视与国内外同行的交流

截至目前为止，已经陆续邀请国内外知名专家举行学术演讲达 45 次之多（平均不到一个季度一次演讲）。中心还通过合作研究、访问考察、参加国际会议等多种方式，为研究人员搭建国际交流平台。

定期举办学术会议，也是中心密切与海内外高校、科研机构、图书典藏机构的交流与合作的一种重要方式。近年来，中心主办或参与主办的大型学术会议有海峡两岸古籍整理研讨会、纪念魏建功先生诞辰 100 周年暨《魏建功文集》出版学术研讨会、《史记》与中华文明国际学术研讨会、中国中世文学国际学术研讨会、近世文学国际学术研讨会、宋代文化国际学术研讨会，中国古文献学与文学国际学术研讨会、中国传统文化与元代文献国际学术研讨会、地方文献国际学术研讨会、中国典籍与文化国际学术研讨会等。此中心还与复旦大学古籍所、日本早稻田大学古籍文化研究所达成协议，三家共同合作、轮流主办“中国古籍文化中日学者学术研讨会”。这些国内外会议的召开，都起到了互通学术信息、整合研究力量、搭建交流平台的作用。

为扩大影响，加强交流，中心还编辑出版有《北京大学中国古文献研究中心集刊》、《中国典籍与文化》和《中国典籍与文化论丛》等三种刊物，在高校文科基地中很有特色。2007 年年底《北京大学中国古文献研究中心集刊》还入选为“中文社会科学引文索引（CSSCI）”2008—2009 年度来源集刊。

3. 重视队伍建设与青年人才的培养

中心鼓励、支持并积极推荐本专业教师赴国外知名大学进行访学或进修，自 2005 年以来，此中心刘玉才、卢伟、王岚、顾永新、杨海峥、顾歆艺、吴鸥、王丽萍等多名研究人员先后应日、美、印等国科研机构邀请，赴国外进行合作研究或访学。

4. 加强基地的开放性与流动性

通过聘请兼职教授、客座教授及接纳国外访问学者等形式，增强研究实力，先后邀请早稻田大学稻畑耕一郎教授、香港城市大学吴宏一教授、台湾大学郑吉雄教授、比利时皇家科学院魏查理院士、庆寅义塾大学斯道文库高桥智教授等来中心进行驻所研究。

三、标志性成果

近 10 年以来，此中心在“海外汉籍与汉学研究”和“古文字与出土文献研究”方面形成了自己的学术特色，并产生了一批高质量的具有重大影响的标志性成果。

1. 安平秋教授等主持的“日本宫内厅书陵部藏宋元版汉籍复制工程”

该项目是与日本友人合作的，目标是将日本皇室所藏140余种宋元版汉籍全部复制回来，并挑选其中尤为珍贵的版本影印出版。该项目于2002年正式立项，是教育部人文社会科学重点研究基地重大项目；2002年年底“日本宫内厅书陵部藏宋元版汉籍影印丛书”第一、二辑正式出版，并荣获第十三届中国图书奖；2005年全部胶卷复制完成，并由时任驻日教育参赞将胶片携带回国；目前此丛书的全部四辑已编辑完毕，共收录70种图书，即将由上海古籍出版社一次性推出。

2. 在对海外汉籍存藏情况进行全面调查的基础上，此中心于2010年启动了全国社会科学基金重大项目《国外所藏汉籍善本丛刊》的研究工作

这套丛刊拟按收藏国家或藏书机构分为若干系列，预计收书500种左右，共约1亿字。课题组成员将在实地考察、摸清国外图书馆及其他藏书机构所藏善本汉籍数量与质量的基础上，对于其中尤为珍贵并有代表性的善本古籍，进行复制出版。“十二五”期间计划首先推出《亚洲地区所藏汉籍善本丛刊》。

3. 裘锡圭、李家浩教授主持的“出土文献研究（以郭店楚简研究为中心）”和“郭店楚简文献研究”

这是瞄准前沿问题的两个重大项目，于2000年、2001年先后立项。项目组成员将20世纪90年代出土的、在国内外引起轰动、成为学界热点的郭店楚墓竹简，进行拼接、简序的调整，在古字的释读、难字的释义等方面均取得了重大的突破，并在此基础上对文献学与思想史方面的相关问题进行了深入的研讨。

四、“十二五”思路

此中心将继续依托北京大学的优良学术环境，发挥本学科的优势，在队伍建设、学术研究、人才培养、学术交流和条件建设等方面取得显著进展，保持并加强在国内外同类学科中的领先地位。努力使中心成为能承担重大古籍整理研究项目、推出具有重大影响的学术成果的学术重镇；成为培养高水平古文献整理研究人才的园地，成为政府、社会关于古文献整理研究工作的智库；成为联络国内外相关学术力量共同从事重大古文献整理研究工作的平台；成为推动中华古籍整理研究以至整个中国传统文化研究方面中外学术交流与合作的重要窗口。

北京师范大学文艺学研究中心

北京师范大学文艺学研究中心于2000年10月被国家教育部正式批准为教育部人文社会重点研究基地。经过10年的发展，此基地在科学研究、人才培养、学术交流等各个方面都取得了预期的进展和明显的成绩，研究力量随之加强，影响日益扩大。

一、总体情况

10年来，此中心每年承担教育部人文社会科学重点研究基地2项重大项目的研究工作，同时申请到国家社科基金和教育部人文社会科学研究项目20余项。国内外参与研究

的专兼职研究人员近百名。

此中心自成立以来召开“当代文学理论新趋势与教学改革”(2001年4月，北京)、“中国文学理论的边界问题”(2004年5月，北京)等国内学术会议12次；“全球化时代的文学研究”(2004年6月，北京)、“多元视野下的中国文学思想”(2010年9月，北京)等国际学术会议5次，促进了国内外学术交流，在国内外学术界产生了较大影响。

此中心办有专业学术刊物《文化与诗学》丛书（目前已经出版到第11辑，由北京大学出版社出版）和专业学术网站“文艺学网”。

二、主要成绩和经验

1. 重视理论创新

此中心自成立以来，就致力于理论创新。其主要的理论创新是：提出“文化诗学”方法论，为当前中国文论建设提供一条具有创造性的路径。“文化诗学”的研究思路是在总结“文化研究”的得与失的基础上形成的。既吸收了“文化研究”中的“文化”的开阔视野，同时又摒弃其反诗意的弊端。此中心以“文化诗学”为理论旗帜，在《文学评论》等刊物和中央电视台的“百家讲坛”等学术园地，发表了多篇论文和演说，同时在北京师范大学出版社和北京大学出版社出版了多套以“文化诗学”为基本方法的学术丛书。文化诗学作为文艺学学科的方法论，不但进入到学界的视野，而且开始在国内文艺学界产生广泛影响。“文化诗学”在国内已经被认为是继人文精神、新理性主义讨论之后的一个新发展和新突破。国内已经出现以此中心提出的文化诗学为研究对象的研究论文与研究课题。

2. 重视教材建设

此中心为配合高校的教学改革，十分重视将科研成果转化为教学成果，在过去10年中，有计划地编写了一整套体系完备、涉及文艺学各个研究方向、面向本科生和研究生的20余种新教材。这些教材全部在高等教育出版社、北京大学出版社和北京师范大学出版社等出版社出版。近10年，列入高等教育出版社出版的“面向21世纪教材”的就有童庆炳主编的《文学理论教程》(修订版、修订二版)、童庆炳等人的《马克思与现代美学》、李壮鹰主编的《中华古代文论》、马新国主编的《西方文论发展史》、童庆炳和程正民主编的《文艺心理学教程》等。童庆炳的《文学活动的美学维度》则率先被推荐为研究生用书。此外，此中心继承以前搜集整理文论资料的传统，编辑了《20世纪文论经典》(50多万字)、《20世纪西方文论经典》(60多万字)、《文学理论学习参考资料新编》(120多万字）实用性很强的资料书，为文学理论的研究和教学打下了良好的基础。

此中心积极组织力量编写的高校教材，为社会做出了重要贡献。例如，以童庆炳主编的《文学理论教程》教材，以马克思主义为指导，广泛吸收了最新研究成果，内容丰富而清晰，特色鲜明，获得国家教学成果奖二等奖、教育部教学成果奖一等奖，被誉为“换代”教材，从1992年开始到现在印刷13次，发行100多万册，仅2005年的修订二版就发行了23万册，在全国至少被500所以上的大学使用。

3. 重视人才培养

经过10年的努力，此中心形成了结构合理、实力雄厚的学术团队。童庆炳教授于2004年被聘为中央马克思主义工程首席专家；中年教师李春青、王一川于2009年被聘为教育部“马克思主义理论研究和建设工程重点教材编写专项”首席专家；王一川教授被教育部评为2005年度“长江学者特聘教授”，是文艺学学科第一位长江学者；青年教师曹卫东教授于2005年被教育部评为“新世纪人才”，获得北京市五四奖章，并于2008年获得德国翻译界最高奖项之一“文学之家—德嘉银行奖”。此中心还注重人才本身的西学功力和外语水平，先后引进巴黎第四大学博士钱翰、在德工作20年的方维规教授、美国马萨诸塞州立大学博士吕黎等优秀人才。

在这10年间，此中心接受教育部委托多次举办全国性的以知识更新为主旨的短期文艺学专题研讨班，参加的学员达到500人，参加的高校有100余所，学员反响强烈。连续8年（2002—2010）与北京社科联文艺学会合作主办了“学术前沿论坛”，每年吸引了100多人参加。此中心逐渐成为全国文艺学教学和研究人才的培训基地。

4. 重视国际交流

此中心重视国际学术交流，除召开有影响的国际学术会议外，专兼职人员在这10年间出国访学、讲学3个月以上的有11人次，出国演讲或参加国际学术会议的有28人次。同时，有3位外国学者驻所研究达3个月以上，平均每年有5位外国学者到此中心演讲。此中心与美国、德国、英国、荷兰等多个国家10余所大学的学术机构展开过学术交流、合作，并在国外产生了一定影响。

三、标志性成果

1.《文化与诗学》丛刊

这套丛刊共10部，由北京师范大学出版社出版。包括童庆炳的《中国古代文论的现代意义》、李春青的《宋学与宋代文学观念》、李壮鹰的《诗与禅》、黄卓越的《明永乐至嘉靖初诗文观研究》、王一川的《中国现代性体验的发生——清末民初文化转型与文学》、陶东风的《文化研究：西方与中国》、程正民的《巴赫金的文化诗学》、王志耕的《宗教文化语境下的陀思妥耶夫斯基诗学》、王向远的《中国现代翻译文学》和陈太胜的《象征的灵魂——梁宗岱与中国象征主义诗学》等。这套书出版后，受到《中华读书报》及学界的关注与好评。

2. “文艺学与文化研究丛书”

这套丛书目前已经出版20部，分为“中国古代文论的文化渊源”、“中国文学理论现代形态的生成”、“文化与诗学”等三个系列，包括李春青的《在文本与历史之间——中国古代诗学意义生成模式探微》、郭英德的《中国古代文体学论稿》、钱中文等的《自律与他律——中国现当代文学论争中的理论问题》、童庆炳等的《中国现代文学理论价值观的演变》、程正民和程凯的《中国现代文学理论知识体系的建构——文学理论教材与教学历史沿革》、陈太胜的《象征主义与中国现代诗学》、赵勇的《整合与颠覆：大众文化的辩证法——法兰克福学派的大众文化理论》等。该丛书出版后，不断有相关书评问世，在学术界产生了较大反响。

四、“十二五”建设思路

“十二五”期间，此中心将进一步凝练方向，打造高水平学术团队，加强国内外学术合作，继续深入探讨、完善并实践“文化诗学”这一新的研究方法，并以这一研究方法为指导，力争推出一批具有重大影响的高质量学术研究成果，初步形成有独特研究方法与学术风格的北京师范大学文艺学学派。努力建设好文艺学网站、办好基地刊物，通过组织召开高水平学术会议、与国内外知名大学和研究机构进行各种形式的学术交流与合作，使本基地成为名副其实的学术研究中心、信息交流中心、文艺学研究前沿平台，从而推动国内文艺学研究的深入发展，为国家的文化发展战略作出应有的贡献。

规划在“十二五”期间将集中校内外专家，完成《中国文学艺术思想通史》、《20世纪俄国诗学流派研究》、《中国现代美学史》等具有创新性的标志性成果。

复旦大学中国古代文学研究中心

复旦大学中国古代文学研究中心初建于1999年6月，同年12月被正式批准为高校人文社科重点研究基地，是在复旦大学古籍整理研究所的基础上，主要联合复旦大学中国语言文学研究所建构的。其成立10余年来，努力按照教育部关于普通高等学校人文社科重点研究基地建设的相关要求，积极推进科研体制改革、研究队伍建设，坚持以开展重大科研项目、产出重大科研成果及带动学科创新为基本目标，并取得了显著成效，使其不仅成为国内中国古代文学研究的重镇，而且在国际相同研究领域也产生了较为重要的学术影响。

一、总体情况

此中心以中国古代文学研究为核心，并向各有关研究领域延伸。目前拥有四个博士点和五个硕士点，其中拥有博士学位授予权的专业分别为中国古代文学、中国文学古今演变、中国古典文献学和汉语言文字学。分设中国古代文学、中国古代文学批评、中国古代文献学、中国文学古今演变及域外汉文学传播与研究等五个研究室。主要以复旦大学教授、副教授为专职研究队伍，以复旦大学等校教授为兼职研究队伍，并由全国各著名高校的专家学者担任学术委员会和专家委员会成员。

此中心自正式成立以来，已建立起一整套突破原有体制的内部管理制度：中心的专兼职研究人员一律实行聘任制，以项目和经费作为聘任的基础条件，以突出的科研能力作为聘任的必备素质，加强研究队伍的优化组合，凸显其开放性。中心现有专兼职研究人员26人，其中正教授25人，副教授1人；研究人员中55岁以下4人，50岁以下13人。总体上研究队伍资质较高，中青年所占比例较大，为科研工作的开展奠定了较为厚实的基础。10余年来，此中心共承担教育部哲学社科研究重大课题攻关项目1项、基地重大项目20余项、国家社科基金项目3项和其他省部级项目20余项。

不仅如此，为提升对外的影响力，强化基地的整体建设，本中心始终高度重视与海内外学界开展多种形式的学术交流，尤其是积极构建与国际高端学界的交流平台。在这方面，此中心不仅坚持每年一至两次主办高层次和高质量的国际或国内学术研讨会，而且不定期地邀请国内外多位学有专长的专家学者来中心举行各类学术讲演和交流活动，同时进一步拓展各种交流的渠道，先后与美国哈佛大学、斯坦福大学、加州大学，日本早稻田大学，韩国高丽大学、全南大学，台湾“中研院”中国文哲研究所、成功大学等多所著名高校或研究机构的相关单位和科研人员建立起多方面的学术联络。

二、主要成绩和经验

在科研成果方面，迄今为止，此中心研究人员共出版各类学术著作 80 余部，在各类期刊发表学术论文 700 余篇。不少成果以其颇具创新的价值，在学界产生了重要或积极的学术反响，多项成果获得了重大或重要奖项。如章培恒、骆玉明教授主编的三卷本《中国文学史新著》(增订本)，获上海市第九届哲学社会科学优秀成果著作类一等奖、上海市第十届哲学社会科学优秀成果学术贡献奖、第五届中国高校人文社会科学研究优秀成果著作类二等奖，并入选中华人民共和国新闻出版总署第二届“三个一百”原创图书出版工程；黄霖教授主编的七卷本《20 世纪中国古代文学研究史》，获上海市第九届哲学社会科学优秀成果著作类二等奖、第五届中国高校人文社会科学研究优秀成果三等奖；黄霖教授等主编的《中国古代文学理论体系》，获上海市第六届哲学社会科学优秀成果著作类一等奖；查屏球教授的《唐学与唐诗》，获上海市第六届哲学社会科学优秀成果著作类三等奖；陈引驰教授的《隋唐佛学与中国文学》，获上海市第六届哲学社会科学优秀成果著作类三等奖；黄霖教授的《演义辨略》，获上海市第七届哲学社会科学优秀成果论文类三等奖；陈广宏教授的《关于中国早期历史上游侠身份的重新检讨》、《泰纳的文学史观与早期中国文学史叙述模式的构建》，分获上海市第六届、第七届哲学社会科学优秀成果论文类三等奖和二等奖；邵毅平教授的《豆棚闲话：中国古典小说的框架结构》，获上海市第六届哲学社会科学优秀成果论文类三等奖；查屏球教授的《纸简替代与汉魏晋初文学新变》，获第五届中国高校人文社会科学研究优秀成果论文类三等奖。

在学科创新方面，此中心一直致力于新兴研究领域的拓展，特别是在 2005 年，申请到了作为新的二级学科的“中国文学古今演变”博士点，并形成了“十三至二十世纪中国文学整合研究”、“中国文学古今贯通研究”及“中国文学古今演变的地域性研究”等具体的研究方向，为国内首创。本学科的设立，旨在改变长期以来中国古代文学与现当代文学研究彼此相割裂的状况，由此更全面深入地考察中国古代文学向现代方向发展的进程，将古代与现代文学的各种现象通过有机贯通的方式加以审视与认知，在此基础上进一步促进中国古代文学研究范式的更新与发展。

此中心建设的主要经验，一是坚持学科创新，唯有如此，才能赋予这一传统学科以新的生命力。此中心已故的章培恒教授力倡的中国文学古今演变研究，是推动中国古代文学学科创新的具体实践，它重点在于通过古今贯通的研究视角，考察古代文学有机发展演化的进程。二是要充分重视基础性的研究工作，对于材料和史实进行重新的梳理和考辨，包括文本究析、文献实证等，从而为相关论题的深入探讨创造必要的基础。三是要注意与相关学科特别是历史、哲学等人文学科的横向联系，加强多学科交叉的立体研究。

三、标志性研究成果

1. 章培恒、骆玉明教授主编的三卷本《中国文学史新著》(增订本)

此成果对现代文学以前的中国文学发展过程作了全面、客观而独具特色的考察，主要是根据马克思主义的社会发展理论，以人性的发展作为文学演变的基本线索，并吸收形式美学的成果，将内容赖以呈现的包括作品语言、风格、体裁、叙事方式及由各种艺术手法所构成的相关特色的文学形式作为考察的重点，探究各个时期、阶段文学及其代表性作家作品在此方面新的特色和成就。该著作又陆续被翻译成日文在日本出版，现已出版了第一卷，这是自新中国成立以来大型的中国文学史著作首次被译介到国外。

2. 黄霖教授主编的七卷本《20世纪中国古代文学研究史》

此成果从批评史的视角立论并以此建构全书的叙述框架，不仅从文学思潮、研究方法、学术范式等层面对20世纪中国古代文学的研究脉络进行了总体梳理，而且分诗学、词学、散文、小说、戏曲、文论等门类，系统探讨了该时期中国古代文学的研究历史，全书在立足史实的基础上注重理论上的提升和历史演变轨迹的描述。

四、“十二五”的发展思路

1. 以中国文学古今演变为总纲性的发展目标，增强打通古今文学研究界限的学科拓展意识

作为新的学科生长点，这一研究领域近年以来深受学界的关注并得到积极的响应，尤其在探讨古今文学贯通研究的方法和一些专题研究上取得了若干突破性的进展，继续保持其学术特色并使之达到一个更高更强的水平，是本中心今后学科建设的一大重要的发展目标。

2. 强化传统优势领域的建设，并使之在原有的基础上朝着纵深的方向拓展

在这方面，元明清及近代文学、文论及文献整理与研究是本中心传统研究之强项，鉴于尤其自元明以来中国文学乃至文化进入一个近世化的重要的转型期，在中国文学与文化发展演变过程中处于特殊的位置，计划着重探讨元明以来中国文学在观念形态和创作实践中反映出的隐性和显性的近世化倾向以及由此所呈现的转型特征，考察这一文学转型具体演进的历史轨迹及其内外动因，并结合现代化的研究手段，加强对这一时期少为人关注而具有重要学术价值的文献典籍的整理与研究。

3. 尽力打造研究布局合理、具有创新思维和合作精神的学术团队

要充分发挥中心学科领军人物的学术带头作用和学术委员会的决策与指导作用，包括对于未来学科发展走向的前瞻性判断，对于中心科研目标的全局性规划等，以使其始终处于学术研究的前沿。同时加强中青年学术队伍中坚力量的培养锻造，保证研究梯队结构的合理性和持续性，并集中利用团队年富力强的优势力量，产出富有个性化乃至突破性的重要研究成果。

山东大学文艺美学研究中心

一、总体情况

山东大学文艺美学研究中心成立于1999年，2001年2月经教育部批准列为“教育部人文社会科学百所重点研究基地”，2002年所在文艺学学科被评为国家级重点学科。自成立以来，本基地始终坚持贯彻落实教育部“普通高等学校人文社会科学重点研究基地管

理办法”及有关文件的精神，深化人才管理和科研体制改革，在队伍建设、科学研究、人才培养、学术交流等方面取得了突出的成绩，在国内外产生了重要影响。

二、主要成绩和经验

在人才队伍建设方面，10年来，本基地有周来祥、曾繁仁等老一辈著名学者，谭好哲、陈炎、马龙潜、王汶成、仪平策、盛宁、屠友祥、程相占等一批中青年学者，以及数位具有较好学术发展前景的青年学者从事研究工作，同时聘请了荷兰比较文学家佛克玛，美国文论家希利斯·米勒、美学家理查德·舒斯特曼，法国哲学家罗杰姆·伯雷，日本美学家青木孝夫，韩国美学家朴商焕和陆贵山、赵宪章、蒋述卓、王杰、冯宪光、鲁枢元等多位国内著名学者担任客座教授或兼职教授。目前，本基地已经形成了研究方向齐全、年龄结构合理、学缘结构多元的研究团队。

在学术研究方面，本基地确立了文艺美学、生态美学、审美文化和审美教育四个研究方向。文艺美学是中国学者提出的新的学科方向，本基地将文艺美学作为研究重点，经过多年建设，文艺美学作为一个学科已经获得国内外学者的普遍认同。生态美学已成为本基地学科发展的新亮点，建立了比较完备的生态美学研究团队，并融合了国内外生态美学研究方面的专家学者，成立了“山东大学生态美学与生态文学研究中心”，编辑印行了《生态美学通讯》。目前，本基地已经成为国内生态美学研究的重镇，并且与国际学术界展开了平等对话与交流。审美文化和审美教育研究方面也取得了突出成绩，出版了审美文化和审美教育系列丛书。

自成立以来，本基地研究人员共主持国家社科基金项目14项（其中重大项目1项，重点项目3项），教育部哲学社会科学研究重大课题攻关项目1项，教育部人文社会科学重点研究基地重大项目25项，全国教育科学“十五”规划重点项目1项，教育部“马克思主义理论研究和建设工程”项目1项，其他省部级及校级项目10余项。出版学术著作50余部，论文300余篇，获得省部级科研奖励50余项。其中，曾繁仁教授的《生态存在论美学论稿》、周来祥教授的《中国审美文化通史》、谭好哲教授的《文艺与意识形态》和陈炎教授的《中国审美文化史》等均获得中国高校人文社会科学研究优秀成果奖。陈炎教授的新著《儒、释、道的生态智慧与艺术诉求》和屠友祥教授的新著《索绪尔手稿初检》入选国家社会科学优秀成果文库。此外，中心成员另获得山东省社科优秀成果一等奖6项、二等奖10项、三等奖8项、刘勰文艺评论奖15项，教育部和山东省教学成果奖多项。

10年来，本基地共培养博士生154名（包括在读生），其中1篇博士论文获全国百篇优秀博士学位论文奖，8篇论文获山东省优秀博士学位论文奖。本基地也非常重视学术交流工作，与美国、法国、德国、日本、韩国等国家的多所大学建立了合作机制。共召开大型国际学术研讨会14次，国内学术研讨会15次。中心刊物《文艺美学研究》已经出版了5辑，为中国文艺美学的研究和交流做出了重要贡献。

经过10年建设，本基地总结出如下经验：（1）始终把人才队伍建设作为学科建设和学术发展的首要任务。（2）注重学科建设的组织与发展方向的设计。根据学科的发展确定新的研究方向，把握学术前沿，与国际接轨，并且注重时代需要和社会发展的需求，不断提出新问题。（3）学术研究突出创新性，尤其注重基础理论创新和研究方法创新，探索新的研究路径，进行跨学科、跨专业的综合研究。（4）实行开放式管理。在项目申报和研究中广泛吸纳国内外各个重点高校和科研机构的学者加入研究梯队，或者领头申报国家和教育部基地重大项目，并取得了优异成绩。（5）国际化发展。加强国际交流与合作，聘请国外知名教授担任客座教授或进行短期访问、合作研究和讲学，并共同指导和培养研究生，定期召开国际会议。

三、标志性研究成果

1.《生态美学导论》，曾繁仁著，商务印书馆 2010 年版

该著作是国内首部以有中国特色社会主义生态文明理论为指导，综合中西古今资源，全面论述生态美学这一崭新美学理论形态的论著。该项研究具有开创性，对我国生态美学的建立和发展具有重要的奠基意义。

2.《中华审美文化通史》(6 卷本)，周来祥著，安徽教育出版社 2007 年版

该著作以中华文化的和谐精神与和谐传统为主线，以和谐美学为理论基础，对中华审美文化的几千年历史进行了系统研究和阐释，既拓展了中国审美文化研究的广阔空间，对承传、弘扬中华文化的和谐传统，促进和谐社会与和谐文化建设都具有重大的现实意义和时代价值。该著作荣获第五届中国高校人文社会科学研究优秀成果奖二等奖。

3.《现代性与民族性：中国文学理论建设的双重追求》，谭好哲等著，社会科学文献出版社 2005 年版

该著作结合中国近代以来的历史与学术背景，以问题为中心，对中国现代文学理论的现代性发展取向与民族性价值诉求做出了辩证深入的阐发，既有明晰的历史线索，又有深厚的观念辨析，为中国文学理论的当代发展提供了必要的历史参照与观念指导。该著作荣获山东省第二十一次社会科学优秀成果二等奖。

4.《儒、释、道的生态智慧与艺术诉求》，陈炎等著，人民文学出版社 2012 年版

该著作从清理中国古代生态文明的历史资源入手，从生态观的角度重新解读古代社会最具影响力的儒、释、道三家思想，以探索其中所包含的丰富的生态智慧与艺术诉求，及其相互之间的补充与互动关系。该著作于 2011 年入选“国家哲学社会科学成果文库”。

5.《索绪尔手稿初检》，屠友祥著，上海人民出版社 2011 年版

作者收集掌握了现在已知的全部索绪尔手稿以及国际上几十年来关于索绪尔学术思想的大量研究文献，通过深入的研究，准确把握了索绪尔语言学的发展脉络及其与前人和同时代人的学术关系，并对一系列重要概念给予了深层讨论，其分析解说对我国语言学理论建设有重要意义。该著作于 2010 年入选“国家哲学社会科学成果文库”。

四、“十二五”工作思路

“十二五”期间，本基地拟强化发展“文艺美学”、“生态美学”、“审美文化”与“审美教育”四个学科方向，并通过这些重点学科的研究来整合、优化研究团队，产生创新成果，发表创新学说，推动学术的深入发展。

在文艺美学基础理论研究方向，我们确定了“当代马克思主义文学基本理论问题研究”、“美学基本理论的分析与重建”、“文学文本理论研究”三个重大课题，在文艺美学当代重大课题研究方向，我们确定了“文学艺术与现代传媒关系研究”、“符号科学的发展与文学理论的突破”、“艺术理论与批评的当代形态研究”三个重大课题，力求取得突

破性成果。

在“生态美学”研究方面，继续加强生态美学的基本理论体系建设，挖掘中国传统文化中的生态审美智慧，建立中国生态美学资料数据库，同时将“环境美学与美学的改造”作为重点研究课题，并拟出版“中国古代生态审美智慧丛书”、“生态审美观的建构”、“生态美学与环境美学：中西对话与美学发展”等标志性成果。

在“审美文化”研究方面，确立了“艺术、工艺与体育、科学的关系研究”、“中华审美文化传统与有中国特色的当代审美文化建设研究”、“礼乐文化与中国审美文化研究”三个重大研究课题。并拟出版“中国审美文化系列丛书”、“审美文化的理论建构”、“文明与文化：审美文化的中西比较与当代建构”等标志性成果。

在“审美教育”研究方面，计划出版《中国美育思想通史》，并承担教育部社科发展中心主办的《中国美育年鉴》的“美育热点”栏目的组稿与编辑工作。

首都师范大学中国诗歌研究中心

首都师范大学中国诗歌研究中心成立于1999年10月，是直属于学校、与院系平行的实体性科研机构，2001年4月被教育部批准为“教育部省属高校人文社会科学重点研究基地”。

此中心建立10年来，取得了可喜的成绩，科学研究成果显著，在网站建设、电子文献开发、诗歌教育与传播等方面形成了鲜明的特色，作为本专业具有国家水平的研究基地、在国内最有影响的学术交流基地以及信息中心的规模已基本形成。

一、总体情况

此中心的研究对象，包括中华民族古往今来的所有诗歌形式以及相关理论形态。下设“中国诗歌研究”、“中国诗学研究”和“诗歌教育与传播”三个方向。此中心配备有独立的图书资料室，并有中国诗歌网和国学网两个网站；有独立创办的大型学术刊物《中国诗歌研究》、刊发国内外诗歌界相关信息的《中国诗歌研究动态》，并与中国当代文学研究会长期合办国内第一家新诗理论刊物《诗探索》。自2002年起，此中心已经出版各类著作60余部，获得了多项省部级以上奖项。此中心始终采取全面开放的运作方式，吸纳海内外诗人学者来进行访问交流；召开国际、国内学术会议30余次，已成为国际知名、国内领先的诗歌研究重镇和学术交流中心。

在迎接奥运会、庆祝新中国成立60周年等重大活动中，此中心积极发挥作用，为构建和谐社会、建设社会主义精神文明作出了应有的贡献。

二、主要成绩和经验

此中心成员目前承担着国家社会科学基金重点项目1项，一般项目8项，教育部重大项目5项，省级项目8项，以及中心规划项目35项。自2002年起，此中心已经出版了《20世纪中国文学研究》(10卷12册)、《中国诗歌研究中心学术丛刊》(已出版13部)、《乐府诗集分类研究》(9部）等学术著作50余部，并且出版了《中国新诗年选》、《网络新诗选》等诗歌选本，在CSSCI学术刊物上发表论文100余篇。其成果先后获得教育部人文社会科学优秀成果二等奖1项、三等奖1项，北京市哲学社会科学优秀成果一等奖2项、二等奖5项，国家级优秀教学成果二等奖1项，北京市政府优秀教学成果一等奖1项，中宣部“五个一工程”奖1项，全国优秀博士论文提名奖2项，北京市优秀博士论文奖1项。

此中心自成立以来，先后召开了“中国中古文学国际学术研讨会”、“中国新诗100年国际学术研讨会”、“吟诵经典，爱我中华——中华吟诵周”等大型国际学术研讨会，和“中国诗歌与音乐关系学术研讨会”、“首届中国古籍数字化学术研讨会”、“中国古代诗学思想与现代诗研讨会”等一系列国内学术会议。此中心日益成为开展中国诗歌研究的重要学术会议中心。

同时，此中心与日本、美国、荷兰、法国等国家及中国香港、台湾等地区展开了广泛的学术交流。这些学术会议与学术活动的成功举办，扩大了中国诗歌研究中心在海内外的学术影响。

此中心在成立之初，就把“诗歌教育与传播研究”作为一个重要的研究发展方向。为此，此中心开展了一系列相关的诗歌活动，并成立了中心朗诵艺术团。2009年10月，由此中心主承办的“吟诵经典，爱我中华——中华吟诵周”大型文化活动在北京举行，此项活动得到了国家语委、教育部语用司的大力支持，在中央电视台1套、2套、3套、10套和教育频道等节目中都有介绍，在社会上产生了热烈反响。

总结10年来的建设和发展，此中心的体会是：深化科研体制改革，建立起一支高水平的学术队伍；发挥优势和特色，选取具有全局性、战略性、前瞻性的重大理论问题作为主攻方向，联合攻关，产出大量优秀科研成果；走产学研一体的道路，探索学术研究与远程教学、文化开发等相结合的新方向。

三、标志性研究成果

1.《楚辞章句疏证》，黄灵庚教授编著，2007年9月由中华书局出版，国家社会科学基金项目成果

此书为探究学术新路子作了有益的尝试。2007年12月31日的《光明日报》有署名文章予以高度评价。该成果于2009年荣获教育部高等学校科学研究优秀成果奖（人文社会科学）二等奖。

2.《中国古代歌诗研究——从〈诗经〉到元曲的艺术生产史》，赵敏俐、吴相洲等著，北京大学出版社2005年9月出版，国家社会科学基金项目成果

该书是从艺术生产的角度，对中国古代歌诗所进行的第一次具有理论探讨性质的原创性研究。《人民日报》、《文学遗产》等有书评和介绍，2006年荣获北京市第九届哲学社会科学优秀成果一等奖，2009年荣获教育部高等学校科学研究优秀成果奖（人文社会科学）三等奖。

3.《中国新诗书刊总目》，刘福春编著，作家出版社2006年出版

该书共收录了1920—2006年80多年间出版的汉语新诗集、诗论集17800余种，是从事新诗研究的不可多得的工具书。2006年7月4日的《人民日报》对此有专文介绍。

4.《全唐诗人名汇考》，陶敏著，2007年辽海书社出版

此书为作者《全唐诗人名考证》的修订版，为唐代文学研究提供了大量具体翔实的

一手资料，是研究唐代文史者必备的工具书。先后获得辽宁省优秀图书特等奖、全国古籍优秀图书一等奖、中国首届政府图书奖提名奖。

5.《乐府诗集分类研究》丛书，吴相洲教授主编，北京大学出版社2009年出版

该书是北京市“十五”规划项目和北京市教委重点项目成果。该成果第一次将文献考证、音乐探索与文学分析三者结合起来，根据丛书对乐府诗的12大类别划分，对《乐府诗集》进行全方位的考察，内容丰富，创获良多，进而提出“乐府学”这一概念。这在当下中国文学研究方面具有重要的开创意义。

四、“十二五”的发展思路

此中心“十二五”规划的总体目标如下：

1. 围绕国家发展战略，针对中国诗歌研究的学科前沿和重大与实践问题，完成以《中国诗歌通史》为龙头的系列成果

组织以乐府学研究、日本汉诗研究与整理、中国古典诗歌研究文献整理、现当代中国诗人名家研究等重大研究项目，产出具有创新性的成果，使本中心的中国诗歌研究的整体水平居国内领先地位，并在国际相同领域享有较高声誉，成为名副其实的国家级重点研究基地。

2. 通过以上项目的研究，培养出1~2名高素质的一流的学术带头人和3~5名中青年学术骨干，建立一支团结协作、结构合理的科研队伍

促进最新成果向教学层面转化，培养硕士、博士等高级专门人才，积极创造条件，争取为社会各界提供以知识更新为主要内容的培训，为建设成为全国相同研究领域的专门人才库和人才培养培训基地而努力。

3. 加强国内外学术交流和资料信息建设

通过召开国内外高水平的学术会议、与国际著名大学的深度合作、建设专业数据库、图书资料库和信息网络等措施，发挥对外学术交流窗口作用，成为本研究领域的全国学术交流与资料信息基地。

4. 主动承担党和政府有关部门的重大委托项目

响应中宣部、教育部、中央文明办的号召，在弘扬传统文化、开展古诗文诵读、宣传“中华吟诵”等系列活动中积极参与，发挥本基地的学术优势，为构建合谐社会、建设社会主义精神文明做出应有的贡献，成为全国知名的人文社会科学基地。

5. 深化科研体制改革

通过新一轮的基地制度建设和改革，通过建立课题组研究人员聘任制和内部分配制度的改革，形成机构开放、人员流动、内外联合、竞争创新、“产学研”一体化的运行机制，不断探索创新，在高校科研体制改革方面发挥引领和示范作用。

南京大学中国新文学研究中心

南京大学中国新文学研究中心（原南京大学中国现代文学研究中心），是1999年12

月首批入选的教育部人文社会科学重点研究基地。

一、总体情况

此基地自成立以来，即在科研管理制度和体制方面进行积极地创新。在科研队伍方面，基地的学科梯队建设渐趋完善，形成了一个老、中、青密切配合的令人瞩目的研究群体，基地还与北京大学、复旦大学、中国社科院、哈佛大学、东京大学等国内外知名学府和机构保持密切的联系，并聘请这些学府和机构的著名学者、专家为此基地兼职研究员，大大增强了基地的科研力量，逐步建立起以“中国现当代文学思潮”、“二十世纪中国乡土文学”、“中国现代文学社团流派”、“台港暨海外华文文学”、“启蒙思潮与二十世纪中国文学”、“文学传媒”为主要方向的研究体系。在研究条件方面，此基地于2008年搬入学校新配备的研究室，图书资料也得到进一步添置，除专属资料室外，还建有“1930年代文学”、“文革文学”两个特藏书库，藏书达两万余册。由于上述努力，此基地构建了一个良好的科研、发展平台，建立了一支高质量的科研队伍。在过去的10年中，此基地的各个方面都有了长足的发展，在海内外中国新文学研究界有着公认的地位。

二、主要成绩和经验

此基地在过去的10年间，整合国内外资源打造了一流的中国新文学研究平台，在科研成果、学术交流、人才培养等方面都取得了很大的成绩，推动了中国新文学研究的发展。

1. 科研成果

此基地成员发表学术论文千余篇（其中CSSCI数百篇），出版学术专著数十部。此基地还编辑出版了基地文库《鸡鸣丛书》，目前已出版两辑，第一辑10种由人民文学出版社于2004年出版，第二辑10种由人民文学出版社于2007年出版。

此基地成员获得国家、教育部以及省政府和省社联颁发的各类奖励数十项，其中获得教育部高等学校人文社会科学研究成果奖10余项。

在科研项目方面，此基地获得国家、教育部各类社科基金项目及各类地方项目共60余项。其中，继2005年基地获得教育部哲学社会科学研究重大课题攻关项目《现代启蒙思潮与百年中国文学》并于2010年顺利结项之后，2010年年底又一次获得教育部哲学社会科学研究重大课题攻关项目《中国当代文学批评史》，目前该项目正在有序研究中。

2. 学术交流

10年间，基地共主办、承办国际、国内重要学术会议15场。通过这些会议，此基地成员与国内各知名高校以及美国、加拿大、日本、韩国等世界各地的知名学者、专家，就中国新文学研究领域的多个问题进行了深入、热烈的探讨，取得了丰硕的学术成果。

这10年间，此基地不定期举办“豁蒙讲坛”、“法鼓人文”系列讲座以及其他各类讲座数10场；先后邀请多位中国大陆及台港地区的著名学者以及美国、德国、日本等国的知名汉学家如林毓生、王德威、顾彬、藤井省三等前来进行学术交流，并为学生做专题讲座。这些著名学者的来访带来了各种思想的砥砺和交锋，促进了中国新文学研究的发展。

此基地自2006年创办半年期刊物《中国现代文学论丛》以来，已经发行10期；还与江苏省作家协会于2006年合作创办双月刊《扬子江评论》。这两份刊物成为展示此基地与外界学术交流的成果的一个窗口，已逐渐引起文坛和学术界的普遍关注和广泛赞誉。

此外，基地的网站建设也逐步成熟，将基地建立以来的大部分重要事项都囊括在内，并及时更新，使外界能及时了解基地的动态和学术成果。

3. 人才培养

此基地10年间累计培养硕士研究生200余名，其中留学生数10人；培养博士研究生200余名，其中留学生10余名；培养博士后10余名。此基地注重人才培养质量，培养的硕博士研究生在学校规定的研究生核心期刊上发表论文数百篇。此基地培养的各个层次专业人才，活跃在全国各大科研机构和著名高校，在各自的研究领域都取得了令人瞩目的成就，很多人已经取得高级职称并成为所在单位的骨干力量。

三、标志性研究成果

1.《鸡鸣丛书》两辑20种

2004年推出了《鸡鸣丛书》第一辑，共10种，由人民文学出版社出版。它在学术文化界产生广泛的影响，受到普遍的好评。2008年，此基地又推出了《鸡鸣丛书》第二辑，共10种，仍由人民文学出版社出版。《鸡鸣丛书》展示的是每位作者在自己研究领域所取得的最新代表性成果。该丛书中的每一辑都有相对集中的论域，总体上则涉及中国现代文学的方方面面。

2.《中国现代戏剧总目提要》

本著作由董健主编，顾文勋、陆炜、胡星亮副主编，南京大学出版社2003年出版，是教育部人文社会科学重点研究基地重大项目和原国家教委博士点基金项目。它是中国现代文学、戏剧研究的大型工具书，共收录中国现代戏剧剧目提要约4000种近500万字。2005年荣获江苏哲学社会科学优秀成果二等奖，2007年荣获全国高校人文社会科学优秀成果二等奖。

3.《中国当代文学史新稿》

本书由董健、丁帆、王彬彬主编，人民文学出版社2005年版，是江苏省哲学社会科学研究重大规划项目。此书出版后曾多次再版，在学术界引起较大反响，被很多高校用做本科生、研究生教材。

4.《中国当代戏剧史稿》

本书由董健、胡星亮主编，中国戏剧出版社2008年出版。此书系统论述了1949—2000年中国当代戏剧现象，对具有代表性的剧作家及其创作剧目、戏剧运动与思潮，以及戏剧舞台艺术等进行总结梳理、分析评述。此书荣获江苏省第十一届哲学社会科学优秀成果奖。

5.《中国现代文学期刊目录新编》

本书由吴俊、李今、刘晓丽、王彬彬主编，上海人民出版社2010年出版。此书逾700万字，收录中国现代文学（相关）期刊657种，是迄今规模最大、收录数量最多、编制也最全的一部中国现代文学期刊目录索引工具书。该书出版后获得学术界一致好评。

四、“十二五”建设思路

此基地将继续坚持自身特色，而且要让自己的特色更为强劲，更有影响。在尊重历史、尊重事实、尊重文学基本价值的前提下，努力让自己的看法、观念，具有更突出的主导作用，使此基地具有更牢固的引领地位。具体说来，要做到如下三点：

（1）凝练研究方向，发挥固有优势，避免研究力量过于分散。

（2）将固有优势与学术前沿性的重大问题相结合。

（3）将重大项目与凝练方向、抓住前沿问题和回应有争议的问题相结合。将研究方向凝练到重大项目上来，让重大项目解决前沿问题，以重大项目的方式回应有争议的问题。

主攻项目为：中国当代文学批评史、中国现代文学研究史、20世纪中国话剧创作主潮、20世纪中国戏剧理论大系、“十七年”时期的诗歌创作、20世纪80年代文学总体研究、中国现代作家修辞艺术研究、中国当代文学思想的变迁。

其具体措施为：

（1）在思想上要更加强化对项目的重视，以项目带动基地建设。

（2）以项目为中心调整和凝练研究方向，把基地科研力量集中到项目上来。

（3）为项目主持者和项目组全体成员尽可能提供所需的各种帮助。

（4）基地学术委员会随时关心项目的进展，对项目的质量进行全程监督。

在今后5年，此基地拟召开五次学术会议，每年一次，还将更多地邀请海外著名学者来校进行学术交流；多名成员在校外有社会兼职，将更加努力地为国家和社会的文化建设作出贡献；将重点加强数据库、网站、学术刊物等的建设，以全方位地构筑基地的信息化平台；将继续推进学术队伍建设、人才发展计划和基地开放性。

北京大学东方文学研究中心

北京大学东方文学研究中心建立于2000年3月。当年初，北京大学根据教育部当时下发的文件精神，同时配合院系调整，在原北京大学东方学系的基础上，整合相关教学及研究力量，组建东方文学研究中心，同时申报全国高校人文社会科学重点研究基地。当年12月，申报获得教育部的批准。

此研究中心建立10年来，始终坚持贯彻落实教育部《普通高等学校人文社会科学重点研究基地管理办法》及有关文件的精神，坚持以搞好科研为重心，以改革和创新管理体制为前导，以争创国内以至国际一流为目标。在科研体制上努力创新，带动和促进国内东方文学及东方学的学科建设，尤其在中心重大课题的设计上注意拓宽研究领域和体现新的研究思路，在学术研究和人才培养两个方面都取得了比较显著的成绩。经过10年的建设与发展，中心目前已经成为国内东方文学研究的重要学术基地和交流平台，为学科的发展做出了较为突出的贡献。

一、总体情况

此研究中心现有古代文学与文献、现代文学、文艺理论、文化与综合研究四个研究室，并设有图书资料室和行政办公室。

根据教育部《普通高等学校人文社会科学重点研究基地管理办法》，此中心在人事上实行全员聘任制度和全员动态管理，现职的所有研究人员均在中心承担有各类正式立项的研究课题，按照“带（给）课题和经费进基地、完成课题后出基地”的要求进行聘任，并与中心签订有相应的聘任合同。截至2010年年底，此中心有校内外专兼职研究员27人，分别承担了中心20项重大课题以及多项其他课题。

从学科性质讲，东方文学属于人文学科中的基础研究，因此，此中心科研工作的方向主要瞄准学科前沿，包括出新成果，在学科上填补空白，在理论上争取有所创新。此中心10年来组织实施的重大课题研究，大多数是针对学科研究中过去注意得较少，国内研究比较薄弱的题目。在重大课题的设计上，此中心注意拓宽研究领域和体现新的“大文学”的研究思路，把语言、文学、文化以及历史的研究融为一体。10年来，此中心共申报和获批20项基地重大项目，并获得国家社科基金重大项目2项和国家社科基金一般项目、教育部人文社科一般项目和其他省部级项目共20余项。

此中心的建立，为一批年轻的学术骨干的成长提供了很好的锻炼和发展机会。中心成员出版的专著和发表的论文以及所获的奖项中有相当一部分是年轻骨干撰写和获得的。此中心还通过吸收研究生参加课题组等办法，力求促进最新研究成果向教学层面转化，努力培养硕士、博士层次的人才。此中心根据学生的学术兴趣和知识背景，有针对性地提升学生的学术能力，利用各方面的条件，选派本科、硕博士生赴对象国以及欧美、日本和港台地区参加学术会议或进行学术交流。此中心定期编辑出版的《东方文学研究集刊》、《东方研究》、《东方文学研究通讯》已经成为国内东方文学研究界发表成果与交流信息的重要学术平台。

此中心自建立以来，先后召开过多次国际及国内学术会议，邀请国外同行学者来访，也多次派出人员参加国外或境外学术研讨会，发表论文或做学术报告。此中心在2008年5月和2009年1月分别邀请诺贝尔文学奖获得者奥尔罕·帕默克和大江健三郎来北京大学作讲演。此中心也邀请过欧美、日本以及其他国家一些大学，其中包括著名的哈佛大学、剑桥大学、维也纳大学等海外学者来讲学共50余人次。同时，此中心还接收过4名印度的高级访问学者来做研究。

在社会服务方面，此中心在2009年、2010年两年的暑假期间连续举办了两届东方文学研究生暑期学校，为提高国内高校东方文学整体教学水平和科研水平，培养人才发挥了作用。此中心成员也积极参与对外文化交流活动。此中心主任王邦维在2007年应印度政府的邀请，作为国际顾问，参加在印度重建那烂陀大学的工作，目前是那烂陀大学董事会成员。2010年12月，王邦维随同温家宝总理出访印度并出席在新德里举行的中印文化界高层人士座谈会。

二、主要成绩和经验

10年来，此中心成员以唯一或第一作者身份出版各类学术著作（包括专著、译著和编著）共有92部，论文600多篇。这些成果大致可以代表国内研究东方文学的前沿水平，在国内比较文学、民间文学、比较诗学等研究领域有一定的影响。在中心人员完成的论文中，有50多篇论文发表在英、美、德、法、日、印度、荷兰等国的学术刊物或出版物上。这在一定程度上提高了此中心在国际上的影响。

此中心成员完成的科研成果获得国家与省部级的奖项有：仲跻昆的《阿拉伯现代文学史》获第四届中国高校人文社会科学研究优秀成果一等奖；郁龙余的《梵典与华章》、

陈明的《印度梵文医典〈医理精华〉研究》分获第四届中国高校人文社会科学研究优秀成果二等奖和三等奖；张玉安、裴晓睿的《印度的罗摩故事与东南亚文学》获第五届中国高校人文社会科学研究优秀成果三等奖；陈明的《殊方异药：出土文书与西域医学》获北京市第九届哲学社会科学优秀成果二等奖；张玉安、陈岗龙主编的《东方民间文学概论》和李政的《赫梯条约研究》分获北京市第十届哲学社会科学优秀成果二等奖；方汉文的《东西方比较文学史》(上下册）获江苏省第十届哲学社会科学优秀成果二等奖。

总结10年来的建设和发展，此中心的体会是：走有自己特色的学术研究之路，即坚持以研究对象国的语言文献为基础，综合开展文学、语言、文化和宗教乃至历史的整体研究观念，不追逐时髦，强调文本细读与研究的深入和透彻。此中心重视对原典文本，特别是东方非通用语种的文学文本的翻译，这是开展研究工作的基础。此中心倡导“大文学”研究，强调古典与现代并重，将古典研究与现当代文学及文化的研究综合起来，特别注重在比较文学的视野下，运用比较文化学、民间文学、宗教伦理学等多学科理论和方法开展东方文学的研究。在文学文本分析的同时，也努力加强文艺理论方面的研究。

三、标志性研究成果

1. 黄宝生的《梵语诗学论著汇编》

本书是基地项目“东方古代文论史研究”的成果之一。书中汇集了从公元前后至14世纪印度古代文学理论史上10部梵语诗学名著，所有翻译均译自梵语原文。对于梵语诗学著作中的一些难点，译者以注释的形式加以说明。

2. 仲跻昆的《阿拉伯现代文学史》

全书对阿拉伯世界各国现代文学的渊源、流变、现状、重要的文学流派、作家诗人及其代表作都作了详略有致的分析和介绍。此书是国内第一部综合性的阿拉伯文学史著作，荣获第四届中国高校人文社会科学研究优秀成果一等奖。

3. 张玉安、陈岗龙编著的《东方民间文学概论》

全书四册，是基地项目“东方民间文学研究”的主要成果。书中运用东方国家20多种语言的第一手民间文学资料，对东方各国民间文学进行系统描述和理论阐述。本书荣获北京市第十届人文社科优秀成果二等奖。

四、“十二五”的发展思路

1. 鉴于过去10年中课题的设计基本具有大型化特点，“十二五”期间，此中心将继续保持已有的研究特色，注重发挥自身的优势和实力，对以往一些课题进行深入研究，同时增加一些更加前沿的研究领域

未来5年，作为此中心重点研究的课题主要有：

（1）东方文学经典的翻译和研究。原文经典的翻译与研究一直是此中心科研重点，也是研究优势之一，因此将继续加强东方文学文献的翻译与研究。

（2）东方文学的跨文化研究，包括“东方文学中的宗教与东方宗教中的文学”、“东方传统：文学、表演与图像的关联”、“东方文学的文化学研究”等课题。

（3）东方文学的比较研究，包括“东方文学作品的跨国跨区域流传与比较研究”、“东方民间文学的深化研究”等课题。

（4）东方文学的前沿研究。此中心将强调研究方法和治学态度的创新，关注以往为

学界所忽略或成为学界关注盲点的领域，用比较和交叉的学问意识和方法论做出具有原创造性的研究，发掘新材料，从而推动东方文学的前沿研究。

2. 加强与国外同行的联系，争取与世界各国包括对象国的学者及学术机构建立持续有效的合作关系

此中心将鼓励自己的研究人员走出去，在国际学术界有更多更好的表现。

中央音乐学院音乐学研究所

一、总体情况

中央音乐学院音乐学研究所于2001年9月被批准为教育部人文社会科学重点研究基地，成为全国艺术院校科研单位中唯一的教育部人文社会科学重点研究基地。这样显赫重要的位置，对此所既是莫大的荣幸，也是严峻的挑战。10年来，在教育部社科司和中央音乐学院院方的倾力支持和直接指导下，此所根据教育部有关基地建设的目标要求，进行了一系列的工作，取得了一些成效，并开始在全国音乐研究领域产生了较大的影响。

二、主要成绩和经验

1. 科研体制改革

根据教育部文件精神，此所在基地建立之初就大刀阔斧地打破旧的研究所体制，率先实行研究人员“带（给）课题进基地，完成课题后出基地”的有关规定，并面向全国以契约形式进行全员聘任，建立起新的科研人员流动制度，给了众多的音乐、艺术院校科研体制改革以深刻的启示，对全国音乐、艺术院校产生了前导性的积极影响。

2. 科研项目管理

在基地重大项目的设定上，此所坚持基础和应用研究并重的原则。迄今为止承担的14个重大项目中，既有基础性研究，又有世界非物质文化遗产名录专题研究，还有在教育和心理学领域与音乐生活实践相结合的课题，以及大型音乐百科全书和为行政决策提供咨询报告的纯应用性课题。此外，本所还自2004年起开始设立自筹资金的开放项目，目前已有三个大型项目和若干小型项目立项，其中《马思聪全集》(300万元经费）已于2006年正式出版了7卷精装本（包括文字、乐谱等）。

3. 学术会议

此基地建立以来，围绕重大项目举办或联合举办了多次国际性和全国性学术会议，如“第一届全国音乐心理学学术研讨会”(2002)、“北京奥尔夫活动周暨音乐教育国际研讨会”、“全国音乐艺术院校音乐研究机构与科研处工作会议”(2004)、“第二届世界民族音乐学会学术研讨会”(2005)、“音乐类非物质文化遗产保护国际学术研讨会”(2008)、“20世纪港澳台音乐发展论坛”(2010) 等。这些学术研讨会的主题，或是音乐学界共同关注的学术创新和前沿性问题，或是理论研究与音乐教育实践密切相关的问题，或是音乐学科研管理工作中共同关注的一些迫切问题，对于促进基地和全国音乐科研工作的发展，起到

了切实的推动作用。

4. 人才培养

此基地在研专家除按常规方式培养人才之外，自 2004 年以来，以中央音乐学院博士后流动站为依托，积极培养中青年学者的科研能力，坚持宁缺毋滥的招聘原则以及严格的出站考核制度，所聘用的博士后人员均得到系统有效的锻炼，并在之后的工作单位中承担了重要的科研工作，获得了广泛好评。此所还于 2006 年设立了访问学者制度，为全国高校音乐教师和科研人员进行业务进修提供便利，迄今为止已有近 30 名访问学者完成了研究，他们的科研成果均获得发表。

5. 信息交流

2004 年，此所建立了全国音乐院校研究机构和科研处的工作联席会议制度，吸收各文化系统和高教系统的音乐艺术研究机构参加，交流科研体制改革情况，掌握全国音乐科研进展动态。同时，利用基地网站，努力扩大国内外音乐学科研信息量的传播。这些切实有效的措施，使此基地已在音乐学领域初步成为了全国学术交流的中心以及国内外音乐艺术交流的重要窗口。

三、标志性研究成果

1. 工具书《音乐百科全书》，为此基地 2001 年度重大项目“音乐百科全书”的最终成果

全书共分三卷，所收条目涉及古今中外的音乐术语以及音乐家、作品、乐器、机构等，共约 600 万字。课题组的核心成员汇集了我国目前音乐学领域最优秀的学者，基本上代表了我国现阶段该学科的最高水平。此项成果除为专业音乐工作者提供可靠的资料支持，为广大音乐爱好者提供权威性的服务，也将为音乐文化事业管理者在决策、管理工作上提供音乐知识方面的依据。目前，该课题的编纂工作已全部完成，即将由“中国大百科全书出版社”出版。

2. 王安国的专著《从实践到决策——我国学校音乐教育的改革与发展》，由花城出版社 2005 年出版

这是此基地 2001 年度重大研究项目“我国学校音乐教育改革的理论与实践及发展对策研究”的最终成果。该项目主要对以审美为核心的音乐教育改革理论、我国部分地区中小学生音乐学习状况、音乐教师素质状况及其影响因素等问题进行了深层次的剖析和研究。项目总负责人，首都师范大学王安国教授同时还主持教育部义务教育音乐课程标准及普通高中音乐课程标准的研制和实验教材工作，因此，课题的成果已直接融入上述工作中，所形成的咨询报告已提交并被相关部门采纳。

3. 张兴荣的专著《中国少数民族宗教音乐研究·云南卷》，由宗教文化出版社 2007 年出版

这是此基地 2003 年度重大项目“中国少数民族宗教音乐研究”的阶段性成果。全书共分六编，分别阐述了云南境内的佛教音乐、道教音乐、基督教音乐、伊斯兰教音乐和自然宗教音乐等的历史传承和发展特色，涉及 22 个少数民族，130 万字。该书的出版填补了云南少数民族宗教音乐的空白，无论对云南民族音乐文化的研究，还是对其他的宗教文化，都是极其有价值的。该书还对建设云南民族文化大省、进一步发掘和运用这些丰富而

有生命力的资源也具有重大的现实意义。

4. 余志刚的论文《玛妥〈大卫分解旋律〉的非音乐概念》，发表在《中央音乐学院学报》2007 年第 3 期

这是此基地 2005 年度重大项目“欧洲中世纪和文艺复兴时期的音乐研究”的阶段性成果。由于种种原因，在过去很长时期内，国内音乐界对欧洲中世纪和文艺复兴时期音乐的研究和介绍都是非常薄弱的。该项目的设立将会大大改善我国西方音乐史研究和教学在此领域的滞后现状，促使中国人对西方音乐的认识水平更为全面和深入。《大卫分解旋律》是 14 世纪法国作曲家纪尧姆·德·玛妥（1300—1377）的一首作品，当时法国王室对“君权神授”观念的强调，对“三位一体”的政治化解释，都在这部作品中有所反映，在研究中世纪音乐作品时对这首作品的非音乐概念给予特别的关注，是十分必要的。

四、“十二五”建设思路

“十二五”期间，此基地将在教育部和学校的领导下，进一步加强各方面建设，努力扩大在国内外音乐学科研领域的影响，使之真正发挥在全国音乐学科研领域的促进作用。具体措施如下：

（1）及时修订和完善各项管理规章制度，规范日常管理工作，使全体人员强化为实现规划目标努力奋斗的全局服务意识，切实提高服务质量和工作效率。

（2）在音乐学科研工作上，通过增强重大项目和开放重大项目课题设计、论证和立项的正确导向，加强项目进行过程中的监督管理，确保所确定的发展重点和提高科研质量的战略目标产生标杆作用，巩固在全国音乐学科研领域中占据中心地位。

（3）在人才培养工作上，吸收中青年学术骨干（包括博士后）和研究生参加项目研究，并尽可能安排他们为分支课题的负责人，从科研实践中培养和提高他们的科研能力。结合访问学者制度，有针对性地组织高校专业音乐教师进行短期培训，使之尽早成为音乐学教学和科研的高级专门人才。

（4）在咨询服务工作上，充分发挥网站作用，并通过各种渠道为管理部门、学界和相关人士提供信息咨询服务。应用性重大项目的课题组将尽量吸收实践部门的工作人员参加课题研究，或开展合作研究，积极听取他们的意见，努力使作为项目研究成果报送的咨询报告不仅提供行政决策的参考，而且在施政上具有可操作性。

（5）在深化科研体制上，将进一步开放基地研究人员的聘任范围，真正形成“机构开放、人员流动、内外联合、竞争创新、‘产学研’一体化的运行机制”，并在广泛收集全国音乐学科研和教育成果的基础上，与文化艺术教育企业联合推广相关成果，努力促成相关研究成果的市场转化。

复旦大学信息与传播研究中心

复旦大学信息与传播研究中心（原名文化与传播研究中心）成立于 1984 年。2000 年

12 月通过严格评审，被批准为教育部人文社会科学重点研究基地，是全国唯一的传播学研究基地。

一、总体情况

此中心成立以来，特别是成为教育部重点研究基地以来，不断加强国内合作和国际交流，聘请了一批学有专长的专职和兼职研究人员，产生了一大批成果力作，培养了一批优秀人才，为推进我国的传播研究，提高整个研究水平，进行了卓有成效的工作。在全国新闻传播学领域起到了较强的引领作用，在海外也有了一定的知名度。

此中心目前共有校内外研究员 31 名，其研究涵盖了中外传播思想史、中国发展传播学、中外传播思想史、中国人际传播变迁与特征等诸多领域。此中心发展思路明确，重点突出，特色越来越明显；在全国的影响越来越大，为中国传播学科的人才培养和学术研究发挥了重要作用；产生了一批高质量的成果；制度完善，管理规范、透明，运转良好。此中心现任主任黄旦教授是国务院学位委员会第六届新闻传播学学科评议组召集人、中国传播学会副会长。

二、主要成绩和经验

此中心在“十五”期间共承担各级各类项目 70 多个，总经费接近 1000 万元，人均 40 多万元。其中包括教育部基地重大项目 10 个，国家社科项目 4 个，教育部项目 13 个，其他省部级项目 8 个，国际合作项目 4 个。在这些项目的支撑和推动下，此中心总计出版著作 90 多部，发表论文和咨询报告 500 多篇，年人均著作 1.5 部，论文和咨询报告 8 篇；获各种奖励 12 项，包括省部级奖 3 项。

“十一五”期间，此中心依照“缩小战线，凝练方向”的指导思想，确定四个重点研究领域：新技术环境下的传播效果研究、当代传媒研究、大众媒介与文化研究以及传播实践与观念史研究，成绩斐然。此中心共立项 47 个项目，其中省部级项目 20 项，教育部基地重大项目 8 项，教育部重大攻关项目 2 项，国家社科 7 项，国际合作项目 1 项，项目经费近 500 万元。参与教育部“211”三期项目“当代中国社会变迁与大众传媒”，并主持其中的子项目——新技术环境下的中国受众，项目经费 200 万元，共出版著作近 70 部，学术论文及咨询性报告近 500 篇，获得省部级奖 14 项。

此中心秉承“开放”的宗旨，为培养未来中国传播研究人才做出了重大贡献，创建了多个学术交流平台。如发起并联合全国 13 所兄弟院校，成立了首家全国性传播学学术团体——中国新闻教育学会传播学研究分会；创办了“中国传播学论坛”，对全国的传播学教学和研究起到了有力的推进作用。受教育部委托，开办了以培养未来学术精英为宗旨的“中外新闻传播理论研究和方法”暑期学校，已经连续举办 7 期，在全国产生了巨大影响。

此中心以创新为宗旨，整合各地华人传播学者的力量，引领并大力推动传播学本土研究，使中国传播学在整体上进一步呈现自己的特色，提高与世界对话的能力和水平，产出了一批国内领先的创新性学术成果，构建了开放性的学术交流平台，在引领国内新闻传播学研究、带动学科发展创新等方面发挥了重要作用。在新闻理论、传播理论、传播学实证调查、视觉文化与传播等研究领域居于国内领先水平，并具备了与国际对话的能力和基础。

此中心一直把提高对业界、政府、社会服务能力作为本学科能力建设的主要目标之一，通过多种形式参与国家和上海的经济建设和社会发展实践，积极开展面向政府和社会各界的咨询服务，承担各级各类应用研究，好学力行，服务于国家与社会。

利用中心的影响和优势，尝试与有特色和有基础的兄弟院校共同合作建立研究中心（所），以推动全国的新闻传播学术研究，目前已经建立的有：上海外国语大学“中国国际舆情研究中心”、云南大学“传播与少数民族文化变迁研究所”、安徽大学“中国报刊与社会历史研究所”。

三、标志性成果

1. 曹晋：《媒介与社会性别研究：理论与实例》

该书由上海三联书店，于2008年出版，荣获第十届上海市哲学社会科学优秀成果奖著作类一等奖。

2. 周葆华：《Web2.0知情与表达：以上海网民为例》

该文发表在《新闻与传播研究》2008年第4期上。此文采取实证调查的方法，描述了目前中国公众（以上海为例）使用Web2.0进行信息获取与意见表达的基本状况；并对“创新扩散”和“新媒体权衡需求”理论在互联网采纳的第二层（Web2.0功能）上的有效性和解释力进行了检验。此文被《人大报刊复印资料》全文转载，并荣获第十届上海市哲学社会科学优秀成果奖论文类一等奖。

3. 沈国麟：《控制沟通：美国政府的媒体宣传》

该书由上海人民出版社2007年出版，荣获第九届上海市哲学社会科学优秀成果著作类一等奖。此书聚焦美国政府的媒体宣传，即美国政府利用媒体传播一定的观念以影响人们的思想和行动的社会行为，其中美国政府指的是美国联邦政府中的行政分支。与以往相关研究不同的是，此书把研究对象放在了“国家—社会”这一社会科学研究经典分析框架中，揭示了美国政府媒体宣传的背后反映了国家想要利用媒体来影响和控制社会，追求和维护政府的权威性和合法性，达到其对内和对外的政治目的。

4. 黄旦：《传者图像：新闻专业主义的建构与消解》

该书由复旦大学出版社于2005年出版，获得中国高校人文社会科学优秀成果三等奖和上海市第八届哲学社会科学优秀成果三等奖。该书以新闻专业主义为视角，认为西方的传播者研究是以“把关人”理论为标志，在视角上是从个体到组织到社会制度；其重点由个体新闻选择，到组织、社会对新闻选择的影响，再到媒介组织对社会意识的复制和生产；其基本轨迹是从专业主义始而转为对专业主义的批判；“公共新闻业”的出现，表明试图对新闻专业主义做出新的拓展；新闻专业主义的批判与固守，亦即其建构与消解将不断持续下去，并成为西方传播者研究的既定线路。

四、“十二五”的发展思路

此中心进一步扩大在全国，尤其在亚洲的影响力和凝聚力，初步形成标志性的学术共同体，引领并大力推动立足中国实践和经验的传播学研究，使中国传播学在整体上进一步呈现自己的特色，提高与世界对话的能力和水平。

此中心确立三个重点研究方向：新技术环境下的中国受众，现代化背景下的中国城市、传媒与文化变迁，全球传播视野中的中国传媒传统与变革。

其主要研究内容包括：（1）新技术环境下的中国受众：以实证研究为基本路径，以调查数据和经验材料为基础，着重研究媒介使用、新媒体与日常生活、媒介和社会现实认知、媒介和公共参与；（2）现代化背景下的中国城市、传媒与文化变迁：以城市、城市与乡村、城市化与少数民族文化为三个焦点，以现代性为视角，以个案为重点，从传媒与文化及日常生活的互动中，揭示变化的特征、意义及其内在动力；（3）全球传播视野中的中国传媒传统与变革：在全球传播的框架中，在观念和制度两个维度上，考察中国传媒的历史传统，尤其是党报的历史传统及其制度变迁。

武汉大学媒体发展研究中心

武汉大学媒体发展研究中心是在1985年成立的武汉大学新闻研究所、1990年成立的武汉大学台港澳新闻研究中心、2002年成立的武汉大学海德传播研究院的基础上，经过改制重组，于2002年7月正式成立。2004年12月被正式批准为教育部人文社会科学重点研究基地。张金海教授任基地主任，王瀚东教授、吕尚彬教授任基地副主任。

自2002年以来，此中心致力于发挥作为国家高校重点人文社科基地的作用，按照主管部门和学校的规划，立足于中国媒体发展领域的科学研究，努力扩大在国内和国际的影响力，在科学研究、人才培养、学术交流、决策咨询与社会服务以及基地建设上开展了一系列卓有成效的工作，取得了一定的成绩。

一、总体情况

此中心努力凝练学术方向，调配和培育学术团队，初步形成了以罗以澄、强月新、夏琼3位教授为骨干的新闻传播实务研究，以石义彬、秦志希、冉华、夏倩芳4位教授为骨干的传播理论与新媒体研究，以单波、王翰东、梅琼林3位教授为骨干的跨文化传播研究，由张金海、吕尚彬、姚曦、程明4位教授为骨干的广告与媒介经济研究四个学术方阵。

此中心专职研究员累计培养博士生30余人、硕士生150余人，举办了2届“高等学校广告学专业骨干教师高级研修班”，建设了2门国家级精品课程、3门省级精品课程，出版了4部国家“十五”、“十一五”规划教材。此中心主任张金海主持的“广告学专业实践教学体系研究”荣获湖北省教学成果奖一等奖。2008年此中心学术委员会主任罗以澄教授领衔的新闻学教学团队，成为国家创新教学团队。罗以澄还在教育部、财政部联合开展的“第四届高等学校教学名师奖”的评选工作中，荣获2008年国家级教学名师称号，是首批被评为国家教学名师的新闻传播学教师。

此中心迄今已与美国、英国、法国、新西兰、南非、韩国、日本、巴西和中国香港、台湾等十几个国家和地区建立了学术研究和交流的国际或地区合作。2003年开始至今，此中心逐步实现国际学术交流的制度化合作机制。其中“跨文化传播国际学术会议”和“广告与文化传播国际学术会议”通过历年的举办，现已经成为国内外媒体、传播和广告领域学界和业界具有一定影响的学术品牌和制度化学术会议。

二、主要成绩和经验

此中心共承担教育部人文社会科学重点研究基地重大研究项目 12 项。目前这些项目均产出阶段性成果，并在新闻传播学界和业界产生较好反响。其中 3 项分别于 2009 年、2010 年提交结题报告，2 项待结项。此中心专职研究员还承担完成教育部重大攻关课题 1 项、国家社科基金特别委托课题 1 项、国家社科基金课题 6 项、教育部规划课题 5 项，还承担完成其他横向课题 10 余项。依托这些课题，累计发表 CSSCI 学术论文 150 余篇，发表学术专著 20 余部，并获得多项重要奖励。此中心研究员罗以澄、单波的两项成果均获教育部人文社科二等奖。罗以澄主持的教育部哲学社会科学重大课题攻关项目“新闻传媒发展与建构和谐社会关系研究”，专家组审核结论为“优秀”。这是教育部哲学社会科学重大课题攻关项目中，新闻传播学科的第一项优秀项目成果。

在决策咨询和社会服务方面，此中心充分利用科研资源优势，积极开展社会服务，为近 30 家政府部门、媒体和企业提供多样化的决策咨询和智力参考。决策咨询和社会服务涉及国家新闻出版广电总局、国家工商行政管理总局、湖北省委宣传部等政府部门，湖北日报传媒集团、湖北广电总台、深圳广电集团等媒体，以及中国长江三峡总公司等大型企业。

此中心与武汉大学新闻与传播学院联合主办的学术刊物《中国媒体发展研究报告》、《新闻与传播评论》同时入选国家社科 CSSCI 来源集刊。全国新闻传播类集刊入选 CSSCI 仅此两种。自 2003 年以来已连续出版 7 年，在新闻传媒学界和业界产生了重大影响。

此中心之所以能取得这些成绩，主要是因为：第一，立足中国传媒改革与创新的理论与实践，“顶天立地”开展科学研究。“顶天”就是在中国传媒发展的前沿，探究学术的制高点，努力形成学术创新的特色；“立地”就是努力回应并解决传媒行业、传媒企业、传媒管理所面临的问题。在此基础上，努力提升并持续发挥国家级传媒研究学术平台的优势和影响力。第二，基地建设与学院学科建设相结合。此中心的建设与发展，一直与武汉大学新闻与传播学院的学科建设与发展紧密结合。此中心协同学院，先后完成了“211 工程”1 期、2 期和“985 工程”1 期的建设，目前正在进行“211 工程”3 期和“985 工程”2 期的建设。此中心已经形成的四个学术研究方阵，也是武汉大学新闻与传播学院的四大学术方向。

三、标志性成果

1. 《中国媒体发展研究报告》

该报告于 2002—2010 年，连续出版 7 卷，由罗以澄、张金海、单波主编。

2. 《新闻传媒发展与建构和谐社会关系研究》

此为教育部重大攻关项目的课题报告，由罗以澄、石义彬、单波、秦志希、强月新、吕尚彬等共同完成，2009 年鉴定结论为“优秀”。

3. 《三峡工程及三峡总公司舆情监测分析报告》

由罗以澄、强月新、吕尚彬、夏琼等共同完成，2009 年荣获教育部高等学校科学研究优秀成果奖二等奖。

4. 《西方媒介生态理论的发展及其理论价值与问题》

由单波完成，2009年获教育部高等学校科学研究优秀成果奖二等奖。

5.《中国广告产业发展研究系列论文》

由张金海等完成，2009年荣获湖北省第六届社会科学优秀成果奖二等奖。

6.《转制改革下公益性传媒的治理结构创新》

由石义彬等完成，2009年荣获湖北省第六届社会科学优秀成果奖三等奖。

四、“十二五”的发展思路

此中心将围绕国家发展战略，针对学科前沿和重大理论与实践问题，以国家经济社会发展中的中国传媒改革与创新的重大理论与实践问题为指向，在“立足创新、提高质量、增强能力、服务国家”的总体发展要求下，进一步凝练学术方向，突出此基地的学术特色与学术优势，组织高水平的科研项目，产出创新性的成果，将本基地建设成为国内一流，并在国际上有较大影响的学术研究机构。

（1）进一步凝练学术方向，确立中国经济社会建设与新闻传播发展研究、全球传播背景下中国媒体对外传播理论与实践研究、新媒体环境下媒介传播的理论与实践研究、国家经济发展战略与中国媒介经济及广告产业发展研究四大重点研究领域，并在此框架下规划重大研究项目，以期在学术和应用方面产出以丛书和咨询报告为主要形式的多种高质量的标志性成果，进一步凸显中心的学术特色与优势，并在此过程中培育国内顶尖的学术带头人和一流学术团队，提升中心的学术影响力。

（2）加强国际交流合作的力度和深度，搭建高层次的国际交流合作平台，提升国际影响力。以现有中法“跨文化传播国际学术会议”和中韩“广告与文化传播国际学术会议”的制度化学术交流框架为基础，重点打造“珞珈传媒论坛”这一高端学术交流品牌。

（3）进一步提升服务社会、服务国家的学术贡献力；加强中心的开放性，增强学术辐射力。继续保持和促进与三峡总公司的长期合作。与湖北省委宣传部合作建立“新媒体与社会发展研究中心”服务地方政府。与中西部高校合作，联合组建“西部传媒发展研究院”和“中部传媒发展研究院”，服务国家“西部大开发”战略和“中部崛起”战略。与国家工商行政管理总局合作，建立中国广告产业发展研究中心，服务国家广告产业发展战略。

中国传媒大学广播电视研究中心

中国传媒大学广播电视研究中心成立于2000年7月。10年来，此中心积极落实中央精神、教育部精神及学校指导意见，奋力开拓，致力于发挥作为国家级人文社科重点研究基地的作用，按照主管部门和学校的规划，立足于广播电视领域，努力扩大在国内和国际的影响力，完成了教育部新闻传播学重点研究基地的阶段性建设目标，在学术研究、国际交流、人才培养、社会服务等方面都做出了较为突出的成绩。

一、总体情况

此中心于2000年成立之初，以广播电视学作为主要立足学科，以广播电视新闻研究、广播电视艺术研究、广播电视语言研究和广播电视经营管理研究作为主攻方向，并取得了一定的成绩。此中心现有专兼职研究人员43人；成立了学术委员会，聘请相关学科领域的学术带头人9人作为中心学术委员会成员，为中心的重大学术研究项目和方向提供咨询。此中心顺利完成了多项基地重大项目和其他学术项目的立项和结项，有百余部著作问世、重要期刊论文300余篇，获得一项全国哲学社会科学规划特别委托项目，并有多部研究咨询报告获得委托部门好评。

此中心除做好广播电视研究之外，近年来还积极开拓研究领域，鼓励科研人员在广泛的传媒和社会领域开展研究。目前的研究领域已经拓展至媒介制度、传播制度经济学、媒介伦理等方面，这些拓展为未来的研究打下了良好的基础。

在人才培养方面，此中心积极支持研究人员申报各类项目，支持青年学者出国访学项目，并通过“名人名家大讲堂”和英文授课的“四校联合暑期班”将国际一流学者引进来。这些举措不仅培养了研究团队，还促进了全校和全国范围内的学术学习和交流活动。此中心已培养数百名硕博生，其中，有一篇毕业论文获得全国百篇优秀博士论文。

在国际交流方面，此中心发挥中国传播学会秘书处的优势，积极组织大型、高水平国际和国内学术交流活动，组织了全国第一个全英文授课、主题式暑期班，并与美国、英国以及我国港澳台等高水平院系达成了广泛合作。

二、主要成绩和经验

此中心坚持国际化、前沿性研究路线，开展的学术研究在严谨性、前沿性和科学性上均因此获得了保障。仅进入2005年以来，此中心研究人员共主持教育部等省部级以上项目50多项，横向研究项目资金达到300余万元；出版著作20余部，发表的论文被CSSCI收录达到100多篇。迄今，此中心培养的硕士研究生已毕业182人、博士研究生毕业54人。

通过科研项目，此中心科研人员的研究水平获得了较大提升。此中心科研人员不仅在学术成果上硕果累累，而且将这些学术成果积极转化为教学成果，目前，共有9门课程已经成为国家级和北京市级精品课程。在“十一五”期间，有2人被列入人事部等七部委“新世纪百千万人才工程”国家级人选，1人被聘任为教育部“长江学者”特聘教授，2人获“国家级教学名师奖”，3人获“北京市教学名师奖”，3门课程被评为本科国家精品课程，1个教学团队被评为国家级优秀教学团队。

此中心积极组织科研人员申报基地重大研究项目，在学校管理部门的支持和教研人员的积极参与下，截至2010年年底，已获立项的教育部人文社科重大课题共有19项，科研经费总额达到380万元。

此中心积极组织和参与高水平国际学术交流活动，其中，组织了2005—2011年的“中国传播论坛”。此中心作为中国传播学会的秘书处，负责中国传播学会的学术交流和组织管理工作，“中国传播论坛”已成为国际学术会议品牌。此中心组织召开的国际性学术会议还包括“中日韩广播电视发展研讨会”、“国际关系与文化传播学术研讨会”等。

此中心积极开展与国内外高校的合作与交流，先后与美国、英国、加拿大、韩国、日本、澳大利亚、法国、新西兰等国的学术机构和媒体开展了广泛的学术交流活动，与美国宾夕法尼亚大学安南堡传播学院、哈佛大学肯尼迪政府学院新闻与公共政策研究中心、德国科隆大学、法国巴黎第二大学、法国里尔一大、法国新闻教育与进修中心等合作了一系列研究和教育项目。

2009年开始举办的“四校联合暑期班”是此中心发挥学术纽带、积极融入国际学术范式的尝试。此中心与英国、美国、日本等国家和我国香港地区的院系共同主办了每年一届的“四校联合暑期班”，这是中国新闻传播学界第一个跨国联合主办、全英文授课的暑期班，举办3年以来，共有10余个国家和全国数十所高等院校和研究机构的青年教师和研究生参与了暑期班，受训学员对暑期班学术交流活动给予了高度评价。

此中心还高度重视学术演讲和学术沙龙活动，每年均邀请国内外学者来校，为师生开展学术演讲。演讲人包括美国普利策奖得主彼得·阿内特、《60分钟》前制片人彼得·赫福德、美国大使馆新闻发言人 Susan Stevenson 等。仅2005—2010年，就有近40位国内外知名教授到访。学术沙龙活动包括在线国际学术研讨会“手机科技与信息平台：中国手机发展研究”和英国著名新闻学者 Greg Philo 教授工作室等。

为了发挥广播电视和媒介研究重点研究基地的社会功能，此中心承担了大量的社会服务工作，开办了“收视率与节目创新”、“新闻教育创新”等研讨会与论坛，同时，还承担了多项各地广播电视企事业单位、文化产业部门的应用研究，为中国媒介发展和媒介融合做出了自己的独特贡献。

此外，此中心逐步丰富图书资料资源，目前已有中文图书资料33万册、外文图书资料1162册、中文报刊220种、外文报刊16种、音像资料170种；“广播电视研究中心学术研究数据库”已经初步搭建起了数据库的框架，初步完成了子库“国内广播电视研究文献”、“新媒体蓝皮书”、“全球传媒产业发展”的建设工作；学术刊物《媒介研究》已出版20多期。

三、标志性研究成果

（1）胡正荣等的著作《21世纪初我国大众传媒发展战略研究》，对媒介公共政策与制度变迁进行了理论探索，对出版、报纸、期刊、广播、电视五大产业领域的发展趋势与未来方向做了探析。此书荣获第十届北京市哲学社会科学优秀成果二等奖。

（2）赵玉明等的著作《中国广播电视图史》，记录了中国广播电视发展历程，分为上、中、下和港澳台四篇，配有6001幅珍贵史料图片。

（3）胡正荣等的著作《传播学总论》(第二版)，对传播学学科进行了综述与梳理，还容纳了最新的传播学理论进展，如网络时代的传播效果理论、传播政治经济学等，并开通了相应的网络课程。此书被列为国家“十一五”规划教材，以此书为教材的课程“传播学概论”被评为国家级精品课程。

（4）龙耘著的著作《电视与暴力：中国媒介涵化效果的实证研究》，首次尝试以实证方式，比较系统地检验了观念现实、媒介现实及客观现实之间的关系，进而对涵化基本假设在中国的适用性提出质疑；首次对我国电视暴力展开内容分析，并就其影响展开较大规模实地调查，为政府决策及相关后续研究提供了参照和平台。此书获得中国广播电视学会学术著作三等奖（2006)、中国传媒大学“十五”及“211工程”科研奖（文科）著作类二等奖（2005）等。

四、“十二五”发展思路

随着外部媒介环境的日新月异、内部科研力量的重新整合，此中心逐步调整了建设的核心目标以及科研的主攻方向。此中心广泛征询了学术委员们的意见，委员们普遍认为：在如今新媒体蓬勃兴起的背景下，为了促进中心科研成果的产出和科研潜力的开发，建议此中心在坚持广播电视研究的优势与特色的基础之上，将新媒体研究和相关研究纳入科研规划，开展具有普遍意义的“传播研究”。

在“十二五”期间，此中心将以“建设国内一流、国际有影响力的传播研究机构”为目标，以媒介融合为背景，从“广播电视研究”向“以广播电视研究为核心的传播研究”全面转型，在广播电视基础理论与史学研究、传播制度与政策研究、媒介融合研究和国际传播力研究四个领域进行拓展，力争取得学科前沿问题的突破和理论建设的创新。

中国人民大学新闻与社会发展研究中心

一、总体情况

自2000年9月被教育部批准为全国高校人文社会科学重点研究基地至今，中国人民大学新闻与社会发展研究中心已经走过十个年头。在新世纪头十年的发展过程中，该基地根据教育部和中国人民大学的规划及要求，坚持服务学科建设、服务传媒改革、服务社会发展的方向，在机构设置、科学研究、人才培养、咨询服务、对外交流和制度创新等方面均取得很大进展，较好地完成了各个时期制定的目标，并顺利地通过了教育部的评估，获得了在教育部所属四个新闻与传播学科重点研究基地中排名第一的好成绩。

十年来，此中心为契合十年间新闻学界和业界的变化，更好地服务国家建设，不断完善机构设置，下属研究所从2001年的3个增加到现在的7个，即新闻与传播研究所、舆论研究所、传媒经济研究所、公共传播研究所、新媒体研究所、视听传播研究所和新闻伦理与法规研究所，这使得基地的研究领域不断扩大，研究主题也更加突出。

十年来，基地科研力量不断增强，科研水平日益提升，科研成果更加丰硕。此中心现有专职研究人员（全部为教授）15人，其中，大多为国内新闻传播学科的知名学者；一些青年学者的教学和科研在新闻界已崭露头角。此中心与中国人民大学新闻学院合办国内新闻传播学核心刊物《国际新闻界》已具备较大学术影响力；此外，2007年还与新闻学院共同复办的《新闻学论集》，现已成为展示全国新闻学与传播学科研究成果的重要阵地。

可以说，在这十年间，此中心各项工作取得了很大进展，已逐渐发展成为国内一流的学术研究中心、决策服务中心和新闻人才培养基地，充分发挥了智囊库和人才库的双重作用。

二、主要成绩

十年来，此中心在科学研究、人才培养、决策咨询、对外交流、制度创新等各方面均取得了显著成绩。如成功举办了约30次国际与国内学术研讨会，产生了较好的学术影响和社会反响；专、兼职研究人员承担各类研究课题100余项，总经费约为1500万元；共出版学术著作149部；在国内外核心期刊上发表各种学术论文532篇；所取得的科研成果获省部级各类奖项计57项/次；为各级党政机关、新闻媒体及企事业单位撰写了大量有价值的研究咨询报告。

此中心多位研究人员入选“世纪优秀人才支持计划”、“新世纪百千万人才工程国家级人才计划”等各类人才计划，并获得各类教学奖励；多次访学美国、英国、德国等国外知名新闻传播院校，仅“十一五”五年间，出国访学次数20余人次；积极培养博士、硕士、本科各层次新闻传播专业人才，仅“十一五”期间，招收硕士研究生635人，招收博士研究生132人，为社会输送了大量优秀人才。

三、基本经验

1. 力求创新

此中心在发展过程中，力求以创新的精神和机制推动各项工作。如为扩大研究领域，增设了公共传播研究所、新媒体研究所、视听传播研究所和新闻伦理与法规研究所等多个研究所，并配备年轻教师任副所长，以利于提供更多的科研平台，更好地调动青年科研人员的积极性。同时，对原有的管理工作条例进行了修订，增加了一些有利于制度创新和激励研究人员开展科研的内容，如对科研成果突出的研究人员、对取得横向课题的本校科研人员、对带省部级课题进入基地的校外研究人员给予奖励等。

2. 狠抓质量

注重质量是基地建设取得成功的重要原因，特别是在科研建设方面，始终狠抓质量，坚持打造新闻学术精品，从而更好地服务新闻传播学界与业界。

3. 推进开放

“开放办基地”是基地取得快速发展的一大经验。此中心在十年发展中，不仅加强与国外高校的合作，实施“走出去”战略，同时注重加强与国内一些兄弟院校、研究机构和新闻媒体的合作，以践行“请进来”共办基地的理念。这不仅体现在合办会议、开展学术交流的层面上，更体现在进行课题研究合作、聘任校外学术委员等方面。只有越来越多地聚合更多力量来办基地，基地才会真正驶上良性发展的轨道。

三、标志性研究成果

（1）郑保卫教授主编的《中国共产党新闻思想史》，荣获第五届吴玉章人文社会科学优秀奖。此书是基地重大项目“中国共产党80年新闻思想研究”的最终成果。它全面梳理了中国共产党80年来新闻思想形成和发展的历史脉络，论述了党在各个不同历史时期新闻思想的基本内容，并且对党的新闻思想的知识框架和理论体系做了总体的概括和评述，填补了国内该领域的研究空白。

（2）彭兰教授的著作《中国网络媒体的第一个十年》，被评为全国优秀博士学位论文，获第五届吴玉章人文社会科学一等奖。该著作对中国网络媒体发展的第一个十年进行了全景式、全程式的历史记录，在一定程度上填补了该领域研究的空白。作者对这一个历史时期进行了具有科学依据的阶段划分，并对这几个阶段进行了全面、深入的研究，同时挖掘了不少新的史实，为后来的研究者提供了基础。

（3）杨保军教授的著作《新闻活动论》，荣获第五届中国高等学校科学研究优秀成果奖（人文社会科学）二等奖。该著作系统建构了以“新闻活动”为主线的新的新闻理论体系，这在国内新闻学研究中具有一定的原创性。该著作最主要的学术价值体现在两个方面：一是提供了新的建构新闻理论体系的路径；二是在不少问题上，如新闻的形态、新闻活动主体的构成与关系、后新闻业时代的开启、新闻符号世界与事实世界的关系等提出了新的思考方法和学术见解。

（4）陈力丹教授的著作《马克思主义新闻观思想体系》，荣获北京市第十届哲学社会科学优秀成果奖一等奖。该著作主要在以下两方面做了扩展：第一，把对马克思和恩格斯、列宁、斯大林、毛泽东思想的研究扩展为对与他们共同创建革命政党和从事革命活动的领导集体的思想的研究，包括战争的话题；第二，不仅局限于研究领导人的思想，也要研究党的各种会议各文件中关于新闻、宣传、文化的观点，这些会议和文件是时代集体智慧的结晶。

（5）喻国明教授的著作《“拐点”中的传媒抉择》，荣获北京市第十届哲学社会科学优秀成果奖二等奖。2005年对于中国的传媒产业而言，不是一个轻松的年份，太多的压力和变数堆积在这个年纪尚轻的产业上，重重叠叠的问题和迷茫挤压着它，让它生平第一次感受到了生命的困惑。突破困惑的智慧感悟和突破困境的自由发展，缘于我们对于现实困惑和困境的深刻认识。面对拐点，媒介应当何去何从，喻国明教授的这本书为大家指点迷津。

四、“十二五”建设思路

此中心将进一步加强学科建设，努力提升研究能力、科研质量，积极向国际化水平迈进，力求把基地建设成为国内一流，在国际上也有一定影响力的新闻传播学科重点研究基地。

为了完成这一目标，此中心将重点开展以下三个领域（共十个课题）的研究：

1. 新闻学与传播学基础理论及方法创新研究

此项目将继续开展新闻学与传播学基础理论及研究方法创新研究、不同文化语境下新闻理论核心理念研究和“后转型期”中国传媒业体制改革研究。

2. 公共传播与国家软实力研究

此项目将在公共外交、危机管理、民族传播、气候传播、健康传播等领域开展有关公共传播与国家软实力建设的研究。

3. 媒介融合背景下的新闻传播实践课题研究

此项目将围绕媒介融合背景下的新闻传播实践开展全方位的深入研究，重点关注媒介融合时代的意见传播与整合、“三网融合”背景下的广播电视媒体发展、“三网融合”下的传媒经济发展、媒介融合形态下广告受众的媒介行为以及新媒体环境下的新闻教育改革等。

北京大学中国语言学研究中心

一、总体情况

北京大学中国语言学研究中心于2000年1月成立，2000年9月被教育部批准为全国普通高等学校人文社会科学重点研究基地。目前，此中心设现代汉语、近代汉语、古代汉语、汉语方言和历史比较语言学4个研究室，计算语言学和语音学2个国家重点实验室，《语言学论丛》编辑部和基地资料室。此中心成立了学术委员会和管理委员会，学术委员会负责中心研究人员的聘任、重大项目的确定等重要工作，由13位语言学界资深专家组成；管理委员会成员包括主任、副主任、研究室主任和基地有关人员共9人，负责协调处理基地日常工作。此中心按研究课题聘任研究员，每年聘请一批国内外的知名学者为基地的专/兼职研究员，联合进行各大研究课题的开发与攻关。此中心自建立至今，由陆俭明、蒋绍愚、王洪君担任历届中心主任。

十年来，经教育部批准，此中心组织了19个重大研究项目，其中，在研项目8个，已结项目11个。除此之外，中心的研究人员还申报获准承担大小各类科研项目20多项。

此中心每年举行一至两次重要的国际学术会议，平均每年邀请国内外知名语言学家前来作学术报告20人次，并组织各种学术交流活动。

此中心与中文系合作设立了专门的图书资料室和读者阅览室，每年都购进大批新书杂志。现藏有中文图书35613册、外文图书3076册、中文报刊278种、外文报刊37种。

此中心的学术刊物为《语言学论丛》(以书代刊)。《语言学论丛》的编委会由国内外知名学者组成，下设编辑部，负责日常工作。该刊面向国内外汉语语言学界组稿，实行双向匿名审稿制，一年出版两辑。欧洲科学基金人文科学标准委员会（Standing Committee for the Humanities, European Science Foundation）对全世界以不同语言出版的语言学刊物进行文献学分析，引用率较高的85种刊物入选名录，其中，以中文出版的语言学刊物入选的只有三种，《语言学论丛》是其中之一。

此中心建立了自己的网站，域名为http：//ccl. pku. edu. cn。中心的语料库研究成果在网站上发布，并免费向社会各界提供语言学研究的数据库搜索服务。另外，中心各大项目的进展情况、专兼职研究员的最新科研成果以及各类会议、讲座和主要的学术交流活动等信息也实时在网站上向学术界通报。

目前，北京大学汉语语言学研究中心正在王洪君教授的带领下迅速发展，力争在学术研究、数据库建设、人员管理、交流互访、人才培养等各方面充分发挥现有优势，并再创辉煌。

二、主要成绩和经验

在此中心建立之初，我们提出要将中心建设成为“三个世界一流”的研究中心，即世界一流的以汉语研究为重点的语言学及应用的科学研究中心、世界一流的以汉语研究为主体的语言学及应用的信息资料中心、世界一流的以汉语研究为纽带的语言学及应用的学术交流中心。十年间，我们朝着“三个世界一流”的目标进行了努力，对国内汉语语言学及应用的科学研究、信息资料、学术交流确有推动。

在十年间，此中心在各个方面都取得了较好的成绩。科研方面的成绩主要是顺利地完成了6批重大课题，取得了重要的标志性科研成果，在人才培养方面，“现代汉语系列课程建设”和“古代汉语系列课程建设”先后获得北京市和教育部全国高等教育优秀教学成果一等奖。北京大学汉语语言学研究中心网站（简称CCL）免费提供大规模语料库检索服务，及时发布语言学研究的信息，自2003年暑期开通以来，已有300万人次的总访问量，日平均访问量超过2000人次，成为国内影响最大的语言学网站之一。现代汉语语料库规模适中，在全国高校学术、学位论文中引用率极高。语义词典等科研性质的词典向特定用户开放。学术论文免费下载。语言学BBS论坛影响力较大。由语言学家启动的语言学术语互动库正在建设中。此中心刊物《语言学论丛》由1957年创办的中文系语言专业同仁集刊改刊，至今已持续50余年，享有很高的学术性声誉。2003年入选欧洲科学基金人文科学标准委员会索引目录，2005年进入CSSCI集刊类索引目录，并一直保持排名第一。

三、标志性研究成果

1. 现代汉语语法-语义理论及信息处理系列研究

此成果是汉语语言基础资源建设和应用的一部分，是将理论研究应用于中文信息处理的标志性成果，涵盖了基地从建立之初至今的四项重大课题：（1）现代汉语语义知识的形式化模型及语义分类系统研究（2000—2003）；（2）基于大规模汉英对齐语料的语言研究与教学平台（2003—2006）；（3）汉语大规模真实文本的语义标注研究（2005—2008）；（4）大规模中文树库建设及其应用研究（2006—2009）。

以上系列课题的成果初步形成了一个大规模、层级性的现代汉语句法语义综合知识库：（1）英汉对齐双语语料库。包括对齐的中英文文件2300多个，涵盖了政治、科技、体育、社会文化、工商、艺术等不同领域，句对数达到23万句对，中文字数为60万字，英文词数为40万词，供社会免费查询。（2）现代汉语语法语义词典、英汉双语词典和现代汉语在线树库查询系统。其中包括现代汉语38000多个名词、20000多个动词、4800多个形容词、近1000个副词、100多个数词的语义词典已对北大校园网用户开放查询。（3）大规模中文树库（仍在建设中）。目前已有近5万句（70多万词、100多万字）的中文真实语料经过分词、词性标注、短语功能类和组合层次标注。用户可以通过北京大学汉语语言学研究中心网站访问树库的部分内容：http：//ccl. pku. edu. cn：8080/webtreebank/。（4）大规模中文语义角色框架知识库及标注语料库（仍在建设中）。本数据库的构建主要采用语义角色知识库和语义角色标注语料库互相参照、互相推动、逐步提高的自举式策略，是一种面向智能检索、信息抽取等内容计算的汉语语义角色框架知识库。目前，已经对汉语常用的12000多个动词和3000多个形容词的常用义项建立了格式一致的语义角色框架。面向真实文本的语义角色标注工作还在进行中。

这一系列化、集成型成果的学术意义和主要特点在于：理论性强、形式化特色突出；实用性强、规模效应显著。

2. 中近古汉语语法系列研究

该成果包括三个重大项目：（1）近代汉语语法研究（2000—2003）；（2）基于梵汉对勘材料的佛教汉语词汇研究（2002—2006）；（3）语言接触和汉译佛典语法比较研究——以梵汉对勘为基础（2005—2009）。

该系列课题的主要研究成果有：（1）专著《近代汉语语法史研究综述》（商务印书馆，2005），全书30万字；（2）对《俱舍论》、《法华经》、《佛所行赞》、《金光明经》等佛经翻译史上代表性翻译家译作的梵汉对勘；（3）《汉译佛典语法研究论集》（由商务印书馆出版）；（4）世界上第一个粤语历史文献数据库。

四、"十二五"建设思路

此中心将力争在保持学术特色的同时，认清学科发展的前沿方向，认清国家面临的挑战，争取在语言学理论、汉语本体研究、中华文化保存上有重要创新。这一新的定位在保持此中心传统优势——汉语本体理论研究和跨文理科交叉研究（特别是中文信息处理方面）的水平居全国领先地位——的基础上。根据此中心梯队人员的特长，针对国家需求，增加了中华各民族语言文化的资源保护和中国境内少数民族语的历史及民族地区语言和谐等方面的新任务。

此中心凝练了三个主攻方向：（1）人机互助的语言知识挖掘和现代汉语理论及应用研究；（2）基于中国境内语言和方言的语言演化和融合建模研究；（3）主要国家语言资源的保护整理及数字化研究。

此中心的建设目标是：将中心建设成为：以中国语言为主要素材的跨学科理论研究平台；以中国语言为重点的语言学理论与应用互动研究平台；以中国语言资源保护为目标的技术平台和信息资料中心；以中国语言研究为纽带的国内外学术交流中心。

北京师范大学民俗典籍文字研究中心

一、总体情况

北京师范大学民俗典籍文字研究中心是2000年9月由教育部批准成立的第二批人文社会科学重点研究基地。此中心依托已经具有一定规模的汉字与中文信息处理研究所，在三大传统优势学科的基础上整合而成，整合的学科包括我国著名民俗学家钟敬文先生开创的民俗学、以启功先生为学术带头人的典籍文献学、以王宁教授为学术带头人的汉语言文字学，充分体现了学科渗透、强强联合的学术优势。

经过10年的建设，此中心已经具备了较为成熟的组织建构，在科研管理、社会咨询、人才培养和体制改革等方面都实现了良性运转。此中心下设语言文字研究室、中文信息处理研究室、民俗研究室、典籍与文物研究室和学刊编辑室五个子机构，另外，还整合了四个校级研究机构（汉字与中文信息处理研究所、章太炎黄侃学术研究中心、性别与发展研究中心、城市遗产研究中心）、两个校级重点实验室（数字民俗实验室、汉字研究实验室），成为了一个规模较大的研究综合体。

此中心科研成果丰硕，共出版专著50余部，发表学术论文500余篇，主持各级科研项目60余项，提交咨询报告20余项，获得省部级科研奖励30余项。在2010年教育部公布的基地第二次评估结果中，此中心标志性成果指标在学术片17个基地中排名第一，在全部135个基地中名列第27位。对于一个由多学科交叉组建的基地来说，取得这样的成绩实属不易。

二、主要成绩和经验

1. 立足自身特点，凝练学术方向

作为一个由三个学科组合而成的综合性研究基地，如何进行有效的建设，这本身就是一个科研课题。围绕这一问题，此中心进行了一系列的探索，发表了多篇有关基地建设的文章。为了进一步凝练学术方向，产生新的研究增长点，基地必须实现三个学科的真正综合，既要对所依托的三个专业的发展有所推进，又要超越三个学科单独发展的境界，在学科交叉中走出新路；否则，必然与原有学科的建设重复，从而失去自己的存在价值。在这样的基本思路的指导下，基地既注重学科交叉，又始终突出和强化各个学科自身的研究特色，充分发挥各个学科的学术优势，从而使三个学科在各自的领域都处于国内领先地位。截至2007年，基地所涵盖的三个学科全部成为国家重点学科，从而使北京师范大学文学院被评为国家一级重点学科。

2. 坚持自主创新，重视理论建设

此中心一方面坚持对传统的继承，另一方面也十分强调自主创新，在各学科理论建设方面做出了较大的成就。王宁先生在继承章黄汉字学思想的基础上，经过多年汉字研究的实践，创建了汉字构形学的新型理论体系，在学术界引起了强烈的反响。在词汇语义学方面，她十分注重训诂学与语义学的沟通，在理论上将二者结合起来研究，在学科体系上努力贯通古今，使传统训诂学走向现代，使现代词汇语义学理论建设有了根基。在民俗学科完成的规模宏大的《中国民俗史》(六卷本)，为中国民俗学的理论建设提供了重要的历史依据，被学界称为“历史民俗学的奠基之作”。在古典文献学方面，重点进行了启功学术思想研究，有计划地整理了启功先生口述史，为启功先生的论著进行注解阐释，使启功先生的古典文献学理论得以弘扬光大。

3. 提高应用能力，服务国家社会

汉语言文字学科和民俗学科均为国家提供了高层次、高质量的咨询报告，与教育部语信司和国家语委共同完成了国家语言文字政策《规范汉字表》的初稿；主持完成“中华大字符集创建工程”(一期工程)；代表中国主持并参与了国际标准化组织表意文字工作组的工作；承担了文化部重点工程“中国文字博物馆知识内容文本策划”等重要任务；所研制的2个古文字字库已为全国70余家文字研究机构使用。这些项目的完成，使研究中心与相关政府机构和社会的关系更为直接，完全改变了传统文科脱离社会、脱离应用的面貌。

4. 注重方法创新，提高科研质量。

此中心十分重视研究方法的创新，在成立之初，就开始了古今汉字研究和民俗研究数位化的探索。先后引进了计算机科学、地理科学等方面的研究人才，完成了“中国数字故事博物馆”、“北京故事数字地图软件”、“甲骨文拓片资源库与原形字库及其检索系统”、“历代碑刻与手写文字数字典藏和属性描述”、“《说文解字》知识描述”、“甲骨文字库”等大型的数字化成果。在文理交叉的科学研究中，该中心积累了6个质量高、功能强的数字化工作平台，实现了不同地域和不同单位在网络上协同工作。自办集刊《民俗典籍文字研究》已于2008年通过评估，进入CSSCI集刊。

5. 加强对外交流，扩大国际影响

此中心先后主办过多次国际、国内学术研讨会20余次，如“华北村社水利碑刻与社会史国际学术研讨会”、“中日民间叙事文学情节类型专题研讨会”、“章太炎黄侃学术思想国际研讨会”、“启功书法理论国际学术研讨会”等；多次邀请国际知名学者前来中心讲学或做短期研究，与法国、英国、俄国、美国、挪威、日本、韩国、新加坡等多个国家和我国台湾、香港的同行学者在中心讲演和工作，建立了长期的学术合作。此中心研究人员也曾多次应邀出席各类短期或长期国际学术交流活动，并派出多人至国外与我国港澳地区长期合作，形成了多项国际或地区合作性科研成果。

三、标志性研究成果

（1）钟敬文、萧放等的著作《中国民俗史》（六卷本），人民出版社2008年版，此书共计380万字、珍贵图片近千幅，是迄今为止第一部系统的中国民俗史。该书已列入国家社科基金成果文库，并获得2010年国家社科基金优秀成果特等奖。

（2）王宁主持的“中华大字符集创建工程”（一期工程）。该项目是本中心与教育部语信司共同策划的大型项目，其成果为以下五个方面：《规范汉字表》，甲骨文整理与国际编码设计，《说文》小篆整理与国际编码设计，西夏文字整理与少数民族文字整理平台的搭建，国际音标字符集（中国集）。这是一项前无古人的开创性工作，具有重要的社会应用价值和长远的意义。

（3）王宁主编的《汉字构形史丛书》，上海教育出版社2003—2007年版。此书在其《汉字构形学导论》理论框架的指导下，从不同断代入手，对汉字构形发展演变的历史进行深入研究的力作。该丛书曾先后荣获2008年“中华人民共和国新闻出版总署第二届‘三个一百’原创图书出版工程”奖、“上海图书奖2005—2007一等奖”，本丛书中的《宋代雕版楷书构形系统研究》获“北京市第八届哲学社会科学优秀成果一等奖”。

（4）李国英、周晓文完成的“甲骨文拓片资源库与原形字库及其检索系统”。该系统是迄今为止我国规模最大的甲骨文资源存储管理系统。基于该系统提取出的“甲骨文计算机国际统一编码字形表”被国家信息标准化委员会采纳，代表中国大陆直接向国际标准化组织表意文字工作组（ISO/IEC JTC1/SC2/WG2/IRG）提交。

（5）董晓萍、赖彦斌、鞠熙完成的“中国数字故事博物馆”软件。该工程的创新点在于建立了“数字故事藏品”的新概念，这在国内外同行中都是首例。该软件于2008年12月参加文化部国际司首届“中国非物质文化遗产展”赴香港展出，获得香港各界人士和广大市民的热烈好评。

（6）董晓萍、鞠熙完成的《北京故事数字地图软件》。以钟敬文教授生前主持的《中国民间故事集成》纸介数据为基础，以其中的《北京故事卷》为重点，转化为数字数据，采用GIS、数据库和FLASH技术，将民间故事展示与历史影像重构、文献研究和田野调查的成果结合起来，创建北京民间故事原生态讲述环境的展示系统，对于研究北京城市社会史的历史遗产特点和民间文艺代表作具有重要意义。

四、“十二五”建设思路

此中心将继续发挥已有优势，坚持理论创新、文理交叉、服务社会的发展方向，完善汉字构形学理论，发展汉语词汇语义学理论，建构汉字字料库理论，发展具有中国特色的民俗学理论，把理论创新提高到一个新水平，把基地建设成相关学科理论创新的中心；在统一规划下，重点建设“中华字库”工程、碑刻文献、中国小学文献、民俗文献和文学典籍资源库等项目，把文理交叉提高到一个新层次，把基地建成具有现代化水平的资源中心；在国家语言文字规范、中国文字系统整理、遗产保护及国家软实力建设等领域，为政府提供高水平的咨询服务，把基地建成相关政府部门的咨询中心。

重点要做的工作有以下几项：（1）“中华字库”工程——版刻楷体字书文字整理；（2）汉字字形演化和数字化关键技术研究与应用；（3）古代词汇训诂学专著数字化集成与整理研究；（4）基于传统学术的汉语理论现代化建设；（6）民俗文献整理与研究及资源库建设。

北京语言大学对外汉语研究中心

北京语言大学对外汉语研究中心于2000年9月被教育部批准为“教育部人文社会科学重点研究基地”。十年间，在教育部社科司和学校党政的领导下，在学校科研处的大力支持下，此中心努力按照教育部基地五大建设目标建设基地，依托北京语言大学，有效整合全校的学术资源，凝聚了一批具有丰富对外汉语教学研究经验，同时具有较高理论研究水平的专家学者，并适当吸纳海内外学者共同攻关，建立了一支专业结构合理、人员精整、协作精神强的年轻的学术团队。在科学研究方面，不断探索科研项目与科研成果管理的有效措施，注重科研项目的整体规划和项目间的相互联系，注重基础理论研究与应用研究的协调发展。在面向第二语言教学的汉语基础理论研究、汉语习得研究和语言要素教学研究等方面具有显著优势，已产出一批在本领域有重要影响的研究成果。在海内外汉语作为第二语言教学领域的学术影响力逐步提升，总体建设情况和发展势头良好。

一、总体情况

此中心现有汉语言文字、汉语教学与测试、语言习得与认知、语言信息处理4个研究室和1个北京市高等学校实验教学示范中心（含5个实验室和2个实验课教室），并设有图书资料室和行政办公室。

此中心围绕国家提升文化软实力的发展战略，针对汉语国际传播产生的新情况和新问题，不断凝练科研主攻方向，致力于汉语作为第二语言的语言研究、教学研究、学习研究中具有前沿性的理论研究和具有普遍推广价值的应用研究。十年间，共获得教育部人文社会科学重点研究基地重大项目15项，国家社会科学基金项目13项，国家自然科学基金项目3项，其他省部级项目33项，重大横向合作项目4项，累计获得各级各类科研项目经费1532余万元（含学校配套经费）。

在十年的科学研究中，此中心产生了多名高素质的学术带头人和中青年学术骨干。此中心研究人员积极吸收博士生和硕士生参加课题研究，使研究生在科研实践中受到严格的学术训练，科研能力有明显提高。初步形成“教学研”一体化的研究生培养模式，为对外汉语教学事业培育出大批优秀的后备人才。十年来，此中心毕业硕士生306名、博士生65名。先后承担5届全国语言学及应用语言学专业高校教师在职攻读硕士学位研究生班的教学工作，培养学员54名。

十年间，此中心主办9届国际性或全国性学术会议，并编辑出版会议论文集6部。此中心承办的《世界汉语教学》是中国“语言学/汉语”类核心期刊。近年来，该刊的影响因子和在海内外的学术影响力不断提升，据《中国学术期刊影响因子年报》(2010）的统计数据，该刊2009年的复合影响因子在80多种“语言文字”类学术期刊中名列第四位。此中心通过多种学术交流活动和期刊、网站建设进一步加强了与学术界的联系，为海内外从事汉语教学与研究工作的学者提供了广阔的学术交流平台。

此中心支持鼓励研究人员面向政府机构、教育界及社会各界开展各类咨询服务。十年来，为教育部语信司、教育部语言文字应用研究所、教育部社科司、国家汉办、国务院侨办、公安部、北京同仁医院临床听力中心、新疆双语教学领导小组办公室、中国社会科学院语言研究所词典室、商务印书馆、世界图书出版公司等相关单位和京内外高校提供了多种咨询服务，包括：重大课题立项评审，重大规划论证，成果鉴定，教材和大纲评审，辞书审订，师资选拔，海外师资培训，担任学术顾问、客座教授或兼职研究员，担任期刊或系列丛书编委，担任相关研究基地学术委员，等等。

二、主要成绩和经验

此中心始终把队伍建设放在首位，把营造有利于青年学者脱颖而出的宽松环境、营造各逞才智而又能合力创新的学术氛围作为基地建设的重中之重。十年来，此中心的青年学者锐意进取，团结协作，不断创新，崔希亮教授、张旺熹教授、高立群教授、陈前瑞教授、邢红兵教授、张赪教授、张劲松教授、施春宏教授、江新教授等先后入选“教育部新世纪优秀人才支持计划”。

此中心中青年学者的快速成长极大地增强了团队的研究力量。十年来，中心成员以唯一或第一作者身份出版各类学术著作（包括专著、译著和编著）82部。张旺熹教授、张博教授、张赪教授、陈前瑞教授的著作先后获北京市哲学社会科学优秀成果二等奖；陈前瑞教授和孙德金教授的专著先后入选商务印书馆语言学出版基金。此中心人员发表学术论文321篇，其中多数发表于CSSCI收录期刊或国外权威期刊；完成5项基地重大项目：《日韩学生汉语学习的认知研究》(崔希亮主持)、《基于中介语语料库的汉语句法研究》(赵金铭主持)、《面向对外汉语教学的多媒体资源库及检索分析工具研究》(宋柔主持)、《基于中介语语料库的汉语词汇专题研究》(张博主持)、《全球文化竞争背景下的汉语国际传播策略研究》(王建勤主持)。这些重大成果理论创新和应用价值显著，在对外汉语教学领域产生了重要影响。

在汉语国际传播事业强劲发展的新形势下，此中心努力为业界和学界搭建广阔的学术交流平台，特别注重提升大型国际学术会议的质量和实效。每年都根据汉语国际传播所面临的重大理论问题和现实需求，提出鲜明的会议主题，会同海内外专家学者及对外汉语教学一线教师展开及时、深入的探讨，并以最快的速度将会议优秀论文结集出版，促使研究成果及时向应用领域转化。在办会模式上也不断探索和创新，逐渐放弃在自家门前唱独角戏的办会模式，改用“走出去”合作办会的模式，与国内对外汉语教学重镇及相关研究机构联合举办大型学术会议，广交学术伙伴，与之建立稳定而富有实效的合作关系，并推动其周边地区的学术研究和交流。现在，有不少单位都希望与此中心合作办会，充分显示出此中心办的大型学术会议已具有一定的品牌效应。

三、标志性研究成果

1. 日韩学生汉语学习的认知研究

崔希亮主持这项研究，于2008年以专著出版。该项目研究日本留学生和韩国留学生两大群体对汉语的认知加工过程，揭示影响语言感知和理解的因素，了解他们学习汉语语音、词汇和语法的方法及策略，从而在科学的基础上更好地把握语言学习的规律，验证了语言学理论中的一些假说，为丰富和发展语言学理论、提高对外汉语教学水平做出了贡献。

2. 基于中介语语料库的汉语句法研究

赵金铭主持的这项研究，2008年以专著出版。该项目在对大规模语料进行统计分析的基础上，对汉语中介语语法和汉语语法中的某些专题进行了系统性研究，在研究角度、研究方法等方面都有创新。主要体现在：（1）利用汉语中介语语料库，采取定量研究与定性分析相结合的研究路线；（2）从中介语语料库中提取语料进行微观研究，发现了纯粹定性研究中一些容易被忽视的问题或不符合实际的地方；（3）从表达的角度出发，采取形式和意义相结合的中介语语法描写框架。该课题对留学生的汉语语法习得状况有了更完整、更全面的认识，发现了不少汉语习得背后隐藏着的汉语及汉语习得的规律。

四、“十二五”建设思路

（1）在保持基础理论研究优势的基础上，加强服务国家汉语国际传播战略的应用性研究。进一步促进基础研究和应用对策研究的结合，以应用对策研究促进基础研究，以基础研究带动应用对策研究，为国家汉语国际传播出对策、出模式、出技术、出资源，提高了解决重大理论问题和实践问题的综合研究能力，提高了参与重大决策的能力，真正发挥了重点研究基地思想智库和信息资源库的功能。

（2）根据对外汉语教学交叉学科的属性，既要注重多学科交叉互动，又要进一步凝练科研主攻方向，重点培养出数名不同研究方向的学术领军人，形成一支专业互补性强、年龄结构合理、研究实力雄厚的学术梯队。

（3）注重内涵发展，瞄准前沿高端课题，致力于学术创新，追求卓越，打造精品，“十二五”期间，至少产出五项标志性研究成果，使科学研究的整体水平保持国内本领域领先地位，并在国际第二语言教学和学习研究领域享有较高的学术声誉，把中心建设成为特色鲜明、建树卓著的学术高地。

广东外语外贸大学外国语言学及应用语言学研究中心

一、总体概况

广东外语外贸大学外国语言学及应用语言学研究中心，1986年被国务院学位委员会批准为博士学位授予单位，1988年被批准为国家重点学科，2000年被评为教育部人文社科重点研究基地，2002年再次通过审核，成为国家级重点学科，是迄今我国该领域唯一的国家级重点学科和重点研究基地。

此中心重视学科建设，拥有较完善的学科体系。现有第二语言研究、社会与公共话语研究以及语言本体研究三大研究方向，涵盖了语言学及应用语言学的主要研究分支，包括二语习得、心理语言学、语言测试、语用学、社会语言学、词典学、句法学、法律语言学等。

此中心拥有一支学术实力雄厚的研究队伍。现有校内外专兼职科研人员30名，其中教授24人，占80%，具有博士学位者29人，占97%。此中心的专用图书室是国内高校外国语言学及应用语言学藏书最丰富的图书室之一，拥有中文期刊60种、外文期刊59种、外文著作11500余册。此中心设有专门网站，还建立了主要分支学科网站；主办的学术期刊《现代外语》是语言学类核心期刊和全国百强社科期刊，已成为反映我国语言学及应用语言学研究成果的重要学术阵地。

此中心建立十年来，严格执行《教育部人文社会科学重点研究基地管理办法》及有关文件的精神，坚持"以课题促科研，围绕课题出成果"的发展思路，创新管理体制，整合研究力量，在科学研究等方面均取得了较显著的成绩，为我国外国语言学及应用语言学研究做出了较大的贡献。

二、主要成绩和经验

此中心积极参与项目研究，在外语学习等多个领域取得了重要成果，获得多项国家和省部级奖励。十年来，此中心共承担国家社科项目等省部级以上项目40项；承担中外合作项目5项；出版学术专著56部；发表学术论文501篇，其中，发表在CSSCI期刊上367篇，国际期刊上30篇；获得省部级奖项19个，包括教育部人文社科优秀成果奖等，部分成果接近或达到国际水平。王初明教授的国家社科基金项目"中国学生的英语学习自我形象研究"和陈建平教授的国家社科基金项目"英汉语篇模式对比研究"均获"优秀"结项等级。钱冠连教授的专著《语言：人类最后的家园——人类基本生存状态的哲学与语用学研究》获广东省哲学社会科学优秀成果奖一等奖，亓鲁霞教授和冉永平教授各有一篇论文获广东省哲学社会科学优秀成果奖一等奖，王初明教授的教改项目"以'写长法'突破制约外语能力发展的瓶颈"获国家级教学成果奖二等奖、广东省优秀教学成果奖一等奖。

此中心重视课程建设、科研成果转化、高素质人才培养，积极为社会服务。研究人员先后开设了36门语言学课程，两门课程被评为国家级精品课程，4部专著被教育部遴选为全国指定的研究生教材。据南京大学中文社会科学引文索引历年统计，此中心发表的论文在各学科论文中被引用次数多年来都位居全国前列。此中心撰写的《关于高考英语改革的建议——基于英语短文改错题的调查》的政府咨询报告对高考英语进一步改革提供了建议，被教育部考试中心采纳。此中心的“机助英语口语考试模型”已于2004年被广东省考试中心采纳，成功应用于高考英语口语考试。十年来，共培养博士生150名，他们为国家的发展、特别是教育事业做出了巨大的贡献。

此中心充分发挥专业优势，促进了国内外学术交流。十年来，共召开15次国际和国内学术会议，举办暑期班、培训班6次，前来进行学术交流的国内外（境外）学者150余人次，专职研究员应邀前往50多所高校进行学术讲座100多人次，参加国际、国内学术会议80余次，接受来自全国高校的访问学者100余名。

此中心实现了从理论引进到理论创新的历史转变，拥有一定的国际学术话语权。比如，王初明教授提出了外语学习的“补缺假说”、“学伴用随原则”等理论，在外语学习领域产生了重要影响；冉永平教授着力于研究汉文化背景下的语用模式、语篇模式及言语互动，丰富了国际语用学领域的研究成果；董燕萍教授提出了因外语学习而导致的心理词库的重新编码模型，口译过程中的双语激活模式，等等。此中心不少研究成果在国际权威期刊发表或在国际知名学术出版机构出版，多名学者，如王初明、亓鲁霞、董燕萍等，担任国际权威SSCI期刊顾问或者编委，还有刘建达、亓鲁霞、欧阳护华等学者因学术能力突出而被邀参加国际上各自专业的百科全书的撰写。

此中心十年的发展积累了可贵的经验，包括：（1）重视制度创新，进一步深化科研体制改革。主要体现在创新管理体制，凝练研究方向和创新激励机制，激发科研创新力方面。（2）狠抓高层次人才队伍建设，努力提高人才培养质量。引进具有国际视野、研究能力突出的云山学者，如2011年引进云山青年学者1名、云山讲座教授3名。加强青年教师队伍和兼职研究队伍建设，加强博士生培养管理。（3）重视学术交流和资料信息建设，搭建一流学术平台。注重科学研究的国际化，加强国内、国际交流与合作、学科刊物、图书资料库、信息网络和办公条件的建设，提高《现代外语》的办刊质量。（4）营造良好的学术氛围，进一步扩大社会影响。切实规划重大科研课题，营造健康的学术氛围；提升科学研究质量，增强科研创新能力及社会服务能力。

三、标志性研究成果

（1）桂诗春教授创建的“中国学习者英语语料库”，是国际上第一个具有学习错误标注的百万词语料库。该语料库在网上免费公开，为研究中国学生英语提供大量资源，对不同级别的中国学生的语言失误均做了语法标志，是世界上目前公开发表的唯一的有语法标准的学习者语料库。根据该语料库，桂诗春教授提出“中国英语学习者书面语体”的概念，即没有明显语体特点，基本上是“写话”。这对改进我国英语教学有重要的指引作用。目前，该语料库在国内、外产生较大影响，被国内外学者广泛使用。该成果获广东省首届哲学社科一等奖。

（2）王初明教授创建的“外语写长法”，是以写的方式促进外语学习的方法。它针对学外语多年而不会运用的困境，以设计激发写作冲动的任务为教学重点，在一定的学习阶段，顺应外语学习规律，通过调节作文长度要求，逐步加大写作量，使学生在表达真情实感的过程中，冲破外语学习的极限，由此增强学习成就感，提高自信心，将外语知识加速打造成外语运用能力。此法目前已为全国许多高校采用，获广东省优秀教学成果奖一等奖、国家优秀教学成果二等奖。依据该理论开设的课程“中级英语写作”被评为国家级精品课程。

四、“十二五”建设思路和重要举措

此中心在“十二五”期间的总体建设思路是：进一步加强科学管理，创新学科，整合科研力量，发扬团队精神，发挥自身的特色与优势，选准主攻方向和课题，创新研究方法，产出高质量并达到国际水平的研究成果。

为保证“十二五”建设思路得以顺利实施，此中心已制定相应措施，包括：（1）加强和规范科研团队建设，努力使科研队伍国际化。围绕课题组建团队，通过课题培养创新人才，培养领军人物。（2）规划科研课题，围绕课题培养标志性成果。以三个研究方向为基点，进行基于交互的二语习得研究、全国基础教育阶段英语学习质量监测系统的后效研究、作文自动评分关键技术研究、英汉口译中的言语监控机制及其发展路径等项目的研究。（3）营造健康的学术氛围，服务社会。将“广外应用语言学论坛”打造成具有学术影响力的品牌。制定措施，确保科研成果的转化与应用，为社会实践服务。重点推广“学伴用随”的外语教学理念，着重研究英语高考的改革。（4）经费及奖励的制度化。确保每年的建设费用不少于100万。建立“优劳优酬”的科研奖励制度。

黑龙江大学俄罗斯语言文学与文化研究中心

黑龙江大学俄罗斯语言文学与文化研究中心（原名称：俄语语言文学研究中心）建立于2000年2月。当年初，黑龙江大学根据教育部当时下发的文件精神，整合黑龙江大学俄语学科优势组建俄语语言文学研究中心，同时申报全国高校人文社会科学重点研究基地。当年9月，申报获得教育部的批准。2010年12月30日，经教育部批准，中心更名为“黑龙江大学俄罗斯语言文学与文化研究中心”。

此研究中心成立十余年来，始终坚持贯彻落实教育部《普通高等学校人文社会科学重点研究基地管理办法》及有关文件的精神，遵循国家中长期教育改革和发展规划纲要，以争创国内甚或国际一流为目标。在科研体制上，创新发展思路，扩大开放性建设，注重内涵建设，提高研究生培养质量，改善科研环境，经过十余年的建设与发展，中心目前已经成为俄罗斯语言文学与文化研究的重要学术基地和交流平台，为学科的发展做出了突出贡献。

一、总体情况

此中心下设理论语言学研究所、中国术语学研究所、辞书研究所、俄罗斯文学研究所、翻译科学研究所、语言哲学研究所、俄罗斯文化研究所，并设有图书资料中心和行政办公室。

根据教育部《普通高等学校人文社会科学重点研究基地管理办法》，此中心在人事上实行全员聘任制度和全员动态管理，现在职的所有研究人员均在中心承担有各类正式立项的研究课题，按照“带（给）课题和经费进基地、完成课题后出基地”的要求进行聘任，并与中心签订有相应的聘任合同。截至2012年底，此中心有校内外专兼职研究员20人，分别承担了中心28项重大课题以及多项其他课题。

此中心注重瞄准国家发展战略和学科发展前沿问题，实现基础研究和应用研究协调发展，在学科上填补空白，在理论上争取创新。十年来，此中心共申报和获批28项基地重大项目，并获得国家社科基金重大项目1项和国家社科基金一般项目、教育部人文社科一般项目和其他省部级项目共30余项。

此中心现已形成一支老中青相结合、以中青年学术骨干为主体，学历结构、职称结构和年龄结构合理，学缘结构优化的高素质学术团队。秉承“机构开放、人员流动、内外联合、竞争创新”的建设理念，成员以俄语语言文学学科队伍为主，同时吸纳国内外科研机构和其他高校的优秀资源，使各自不同的学术传统与治学路径补益汇聚，强化了基地朴实、开放、严谨的学风。

在潜心科研工作的同时，此中心成员高度重视学术活动的开展。（1）学术会议：此中心定期举办国际、国内重大学术会议，邀请国内外知名学者前来讲学。10余年来，共承办现代语义学学术研讨会、语言-文化-交际国际学术研讨会、中国术语学建设研讨会、翻译本质及译学方法研讨会、俄罗斯文学的文化研究暨中俄文学比较研讨会等国际、全国学术会议近20次。（2）学术交流：一方面，邀请国内外著名学者前来讲学并参与教学、科研工作；另一方面，研究人员走出去参加国内、国际学术会议并讲学。聘请俄罗斯著名语言学家沙图诺夫斯基教授为龙江讲座教授，来基地面向校内外主讲语言学专题课程，并参加课题研究；邀请美国著名语言学家、佛罗里达大学教授屈承熹连续两年来基地面向校内外主讲美国当代语言学专题课。此中心研究人员参加国内、国际学术会议、讲学百余人次，其中赴俄罗斯、加拿大、保加利亚等国家和我国香港、台湾地区参加学术会议、讲学30余次，国内学者来基地讲学近30次。

在社会服务方面，此中心向国家社会科学规划办等部门提供政策和咨询研究报告10余份；中心人员担任教育部基础教育司全日制义务教育《俄语课程标准》试验教科书的审定、修订专家组成员；完成了国家汉语国际推广领导小组委托的俄罗斯汉语教师培训项目；在大连理工大学开展术语学咨询活动多次；每年一次举办中西语言哲学研究会夏日书苑培训工作。这些活动均取得了圆满成功，在国内外产生了良好的社会效益。

二、主要成绩和经验

此中心紧紧围绕理论语言学、应用语言学、俄罗斯文学、俄罗斯文化四大主攻方向的前沿问题，取得了众多原创性、标志性重大研究成果。成立至今，共承担国家社会科学基金项目22项，教育部人文社会科学项目34项；出版专著83部，其中，5部入选教育部推荐研究生教学用书；编撰词典11部，发表论文500余篇；获国家级和省部级各类科研奖项100余项，其中，中国高校人文社会科学优秀成果奖2项，黑龙江省社会科学优秀成果奖86项；国家级精品课3门。

此中心研究人员完成的科研成果获得国家与省部级奖项有：张家骅等的《俄罗斯当

代语义学》，荣获2006年度（第四届）中国高校人文社科优秀科研成果奖三等奖、2006年度（第十二届）黑龙江省社会科学优秀科研成果奖一等奖、2006年黑龙江省高校人文社会科学研究优秀成果奖一等奖；张家骅的论文《俄语名词词汇意义中的体范畴语义成素》）荣获2009年度（第五届）全国高校人文社会科学研究优秀成果奖三等奖；张会森等的《俄汉语对比研究》荣获2005年度黑龙江省哲学社会科学优秀科研成果奖一等奖；孙淑芳等的《经贸俄语》荣获2010年黑龙江省哲学社会科学优秀科研成果奖一等奖；此中心辞书研究所编撰的《俄汉大词典》(四卷本）荣获国家辞书奖一等奖（2001年）；张家骅的《俄罗斯语义学：理论与研究》，通过评审收入2010年度《国家哲学社会科学成果文库》。

面对新的机遇和挑战，此中心将继续充分发挥自身的研究优势和特色，围绕主攻方向和前沿问题，使基础研究服务于国家发展战略，从俄语语言学研究逐步走向俄罗斯文化、法律、政治、经济等领域，直接为国家对俄发展战略提供决策咨询和服务。

三、标志性研究成果

（1）此中心辞书研究所编纂的《新时代俄汉详解大词典》。这是一部由权威专家，用最大篇幅，全面、深入地展示俄语新面貌的大型工具书，也是迄今为止我国最大、最新、收词最多的大型俄汉双语词典，全书共4卷，7500页（大16开），2500多万字，收词30万条，是一部集众多国内知名词典编纂专家之力完成的词典巨著，体现了基地在应用语言学研究、尤其是在词典编纂理论与实践方面的优势、特色和综合实力。

（2）张家骅所著的《俄罗斯语义学——理论与研究》。这一著作体现了基地理论语言学方向的优势和特色，部分章节以汉语为研究对象，体现了基地积极引进国外语言学，促进汉语相关研究的一贯宗旨。该书是一部语言学理论研究力作，入选首届国家哲学社会科学成果文库，全国仅有62项成果入选。入选成果体现了我国哲学社会科学相关研究领域的最高水平。

（3）《当代中国俄语名家学术文库》。该文库总计19卷，已出版18卷。本项成果全面展示了中华人民共和国成立以来我国第一代和第二代俄语知名学者的突出成就，获第二届中国出版政府奖图书提名奖，第三届中华优秀出版物奖图书提名奖，黑龙江省委2011年度全省思想文化战线优秀作品奖。

（4）《俄罗斯的人文精神和文学》书系。该书系是基地重大项目结项成果，也是国内第一部全面系统解读俄罗斯文学中的精神文化内涵的书系。《俄罗斯文艺》(2010年第1期）发表《期盼索菲亚》书评，台湾辅仁大学将《东正教精神与俄罗斯文学》作为指定参考书。

四、"十二五"的发展思路

（1）整体建设思路是，从加强中俄两国战略协作伙伴关系、扩大人文交流的全局出发，以服务我国当前和长远的经济建设、文化建设，提高教育质量为宗旨，坚持基础研究与应用研究相结合，引进与创新相结合，立足于科学性、学术性、前沿性的研究。

（2）进一步把握理论语言学、应用语言学、俄罗斯文学领域的主攻方向，瞄准国际学术前沿，进一步拓展研究的广度和深度，发展这些方向的研究优势和特色。

（3）加强人才队伍建设力度，加强培育学术领军人物。支持学术带头人申报高层次人才培养计划，有计划、有目标地引进国内外能够引领学科发展方向的知名学者和学科带头人来基地工作。

（4）扩大国际学术交流与合作，积极参与俄罗斯学术前沿研究团队的攻关项目研究，追踪学科领域的最新动态，全面增强基地在本学科领域的国际对话能力和国际学术影响力。

（5）积极采取有效措施，进一步提高基地学术刊物的办刊水平；加强基地信息化建设，尤其注重专业数据库的建设，努力创建全国一流的俄语图书资料信息中心。

（6）加强优秀科研成果转化力度，特别是要重点培育国家级精品课。积极在对俄经济、教育、文化等领域，开展决策咨询和重大理论和现实问题研究，提高基地服务社会的能力。

华东师范大学中国文字研究与应用中心

一、总体情况

十年来，随着语言文字信息化进程，华东师范大学中国文字研究与应用中心在凝练学术方向、汇聚科研队伍、构建发展平台、孵化标志性成果等方面，全面实施国家重点研究基地建设规划，在古文字、近文字、少数民族文字以及现代汉字认知领域的数字化系统研发领域处于国内外领先行列。

此中心率先组建汉字信息化与认知实验室，组织跨学科攻关，通过一系列国家、国际合作重大项目研发，攻克古文字数字化过程中瓶颈性制约难题，取得数字化研究手段在传统基础学科研究中应用的突破。《光明日报》(2002 年 5 月 23 日）对此进行过专版报道。此中心构建的具有国际影响力的中国文字数字化平台，其系统和功能主要在于：（1）研制了电子资料库系列、古文字字库系列和已经投入使用的相关电脑程序系列；（2）基于上述数字化平台，实现了一系列基础研究的标志性成果如《古文字诂林》、《中古汉字流变》等；应用研究型填补空白的成果，如《商周金文数字化处理系统》等系统软件、“疑难字输入法”(2006）等专利，体现了中国文字数字化研究与应用的国内外领先水准；（3）依托中国文字数字化平台，为国家语委提供了基于中国文字属性库调研的标准化系列咨询报告，为国内外培养了一批具有“复合型”知识结构人才。

二、主要成绩和经验

十年来，此中心作为国家人文社科重点研究基地建设，目标明确，特色鲜明。

1. 整合课题资源，构建发展平台

此中心所构建的中国文字数字化研究应用平台，是十多年来系列重大课题科学规划、有机整合、持续发展的结果，其现实意义体现在：首次实现了出土类文字文献的电脑字库意义上的排版印制，对于国家古文献、古文字类数字化出版传播具有划时代意义；文字基地网站实现部分专业数据库发布，成为全球最大中国文字网络资源库，直接支持全球汉语汉字教学。

2. 依托发展平台，培养人才队伍

此中心在课题规划中，始终坚持凝练学术方向，汇聚学术队伍，持续研发，形成特色。此中心除了承担数十项教育部重大项目之外，还承担了一系列国家和国际重大项目，如出土文献语料库建设研究（国家社科基金重大项目）、中国文字数字化补缺研究（上海哲学社会科学重大项目）、出土文献与中国社会研究（德国学术联合会 DFG 全球招标项目）等。博士研究生研究方向和博士后进站工作计划与重大课题规划相衔接，获得各类资源库支持。十年来，此中心数十名博士学位获得者代表优秀论文 4 篇，17 人成为"985"学校青年骨干教师。

3. 把握学术发展趋势，开展学科交叉研究

作为国家人文社科基地建设，此中心为基础学科交叉研究，转换研究模式，提供了"实验室"。此中心较早就将传统文字学基础学科与该学科在信息化社会发展关联度较高的计算机、认知及传媒等学科有机结合起来，进行跨学科攻关，如跨学科项目"从图像到文字：儿童汉字认知实验研究"，依托汉字属性库，介入动态眼动仪技术，跟踪统计分析，取得一系列数据，已经完成课题结题报告，对学前母语教育、阅读分类指导具有科学意义。

4. 基于数字化平台，推进汉字国际化

此中心自觉服务国家语言文化发展需求，转变发展模式。十年来，基于中国文字数字化平台，此中心率先在国外设立合作研究机构。"十五"期间，在德国波恩大学汉学系所挂牌"汉字文化研究所"，落成了西欧第一座"数字化汉字博物馆"(2003)，引起国际媒体广泛关注（仅是所见德国各类媒体对基地报道就有十多家）。在汉字文化圈地区，共建"韩国汉字研究所"。2007 年立项"中韩通用汉字调查"重大项目，在全韩国教育及汉字水平等级考试等领域都产生了直接影响。

十年来，此中心研究人员获得德意志学术交流中心 DAAD 合作项目 3 项、德国学术联合会 DFG 项目 2 项。此中心研究人员在《韩国汉字研究》、《韩中语言文化研究》、《人文学论丛》、《中国言语研究》等国外重要专业学术期刊担任首席学术顾问、副主编、编委等。

三、标志性研究成果

此中心的标志性成果就是在国内外创建了中国文字数字化研究学科体系和专家工作系统。"十一五"期间，此中心以其代表性标志性成果的厚重度和创新性，在第二轮评估中进入全国重点研究基地前 20 名。

(1)《商周金文数字化处理系统》(2003)，是国内外首个正式出版的汉字先秦古文字多功能数字化处理电脑软件。基于该系统形成的《金文引得》等，分别获上海市哲学社科优秀成果奖著作类二等奖、广西优秀图书奖一等奖。

(2)《战国楚文字数字化处理系统》(2004)，是国内外首个正式出版的战国楚简帛文字多功能数字化处理电脑软件，获得上海市哲学社科优秀成果奖唯一的音像软件类优秀成果奖。

(3)《古文字诂林》(2004，12 册，1000 余万字)，为各类古文字研究资料集成性

成果，第一次实现出土类文献字库支持排版印刷。该成果被上海市政府誉为“上海市精神文明建设标志性工程”，2005 年获上海市新闻出版奖特等奖，2006 年获上海市哲学社科优秀成果奖著作类一等奖，并荣膺首届中国政府出版奖、首届中华优秀出版物奖等。

(4)《说文解字》软件及文献集成（2004，2008），软件系统解决了现行技术环境带来的《说文解字》全文检索问题；文献集成包括古代现代有关《说文》研究文献，8 开 38 卷，为“说文学”研究资料之集大成。

(5)《中古汉字流变》(2008，310 余万字)，基于各类相关汉字资源库，逐类量化分析，系统对照传抄形式文本和相关出土实物用字，揭示时间层次，从而对近文字发展做出系统描述、分析和概括，体现了基地从古文字到近文字语料库海量数据分析处理能力。该成果 2009 年获上海出版金奖和优秀图书一等奖。

(6)《“文字网”关联书系》(2008)，是此中心原创的具有超文本网络检索功能的古文字丛书。该丛书被打造成传统文本与网络检索资料互补的复合型阅读载体，在中心网站上首次解决了古文字字符的网络检索难题，其传统文本与网络检索资料互补的阅读载体具有多种优越性。

(7)《中国异体字大系》(2008—2010 年，含“篆书”、“隶书”、“楷书”三卷)，各卷字形主要取自出土实物用字，属性信息保存完整。

四、“十二五”建设思路

“十二五”期间，此中心将在十年积累基础上，坚持国家重点研究基地建设标准，注重内涵发展；完善中国文字数字化平台建设功能，形成具有国际影响力的中国文字传播系统；凝聚基地科研队伍，创建“中国文字数字化研究学派”。

1. 形成具有持久影响力的代表作

此中心经过十年研究积累，学术发展定位是：为学界打造一个权威的服务于出土文字研究的公共语料库平台，在中国文字资源的数字化整理及发展史理论的定量研究方面推出具有重大影响力的系列成果。“十二五”期间，提炼具有持久影响力的代表作系列：出土文献引得系列、汉字发展断代描写系列、域外汉字传播系列。

2. 增强学术平台国际影响力

确立“CJK”序列国际地区间论坛模式（中日韩汉字文化圈国际学术平台），2009 年中国举办第一届，2010 年韩国举办第二届，2011 年中国举办第三届。全面合作建设韩国汉字研究所。

此中心专业集刊《中国文字研究》，将跟美国韩国等地学者合作，推出“域外汉字研究”英文翻译专栏。此中心专业网站（http：//www. wenzi. cn），将得到完善中国文字传播系统支持。

3. 建设数字化研究学派特色的国家队

利用基地作为“985”建设支撑条件，努力吸引海内外专家加盟。利用此中心在欧美及东亚已建成的国际合作平台，选派优秀博士研究生到世界著名高校跨文化培养，选留优秀博士后工作者。

华中师范大学语言与语言教育研究中心

华中师范大学语言与语言教育研究中心成立于1999年5月。2000年11月，通过教育部专家组评审，此中心并被批准为“教育部百所人文社会科学重点研究基地”。2004年和2010年，此中心连续两次通过教育部评估，进入新的建设周期。

十年来，此中心根据教育部人文社会科学重点研究基地管理办法的规定，结合学校的总体发展目标和中心的建设规划，在科学研究、师资建设、人才培养、学术交流、社会服务等方面都取得了突出的成绩。

一、总体情况

华中师范大学的语言研究和语言教育有50多年的发展历史。20世纪80年代起，此学科进入快速发展阶段。1997年，以语言研究所为基础，吸收了相关学科的力量，组建成命名为“汉语言文字学——汉语学与汉语教育”的重点学科，并于当年被教育部批准按“211工程”重点学科的要求立项建设。1999年，在“汉语言文字学”、“211工程”重点学科的基础上，本校相关学科的科研力量再次重组，成立了语言与语言教育研究中心。此中心的成立，成为华中师范大学语言学科建设进一步发展的重要起点。以此学科为主要支点，2000年，建成了博士硕士学位授权一级学科；2001年建成了博士后科研流动站；2002年，“汉语言文字学”被批准为国家级重点学科，并于2007年顺利通过教育部评估，继续保留国家重点学科资格；2008年，该学科又被评为湖北省高校优势学科。2006年，新筹建的“华中师范大学汉语国际推广工作研究基地”获批为湖北省人文社会科学重点研究基地。在“学科辐射圈”思路的导引下，此学科的博士点不断增多，至2007年，除了拥有“汉语言文字学”博士点和“语言学及应用语言学”博士点外，又创建“中外语言对比”、“中文信息处理”和“对外汉语教学”三个博士点，并获批了汉语国际教育硕士专业学位硕士授权点。

此中心现有专、兼职研究人员20余人，其中，教授16人、副教授10人，博士生导师12人、硕士生导师11人。设有汉语本体研究和语言教育研究2个主要研究方向。

二、主要成绩和经验

1. 科学研究不断跃上新的台阶

2001年以来，此中心承担国家社科基金等各类项目80余项，经费共计800余万元；在商务印书馆、中华书局等出版机构出版著作70余部，在《中国语文》、《方言》等刊物上发表论文600余篇；获得中国高校人文社会科学研究优秀成果一等奖等高级别奖项30余项。

2. 学科队伍不断壮大，实力不断增强

通过外引内培，充实第二梯队，组建第三梯队。先后从国内和海外引进了2位知名的中青年学者，并选留了多名年轻优秀的博士和博士后，形成了一支学历层次高、结构较合理、团结合作、富有活力的“老<中<青”金字塔式的学术团队。先后有1人受聘为教育

部社会科学委员会委员、1 人被评为“首届荆楚社科名家”、1 人被评为湖北省“杰出专业技术人才”、1 人被评为湖北省有突出贡献的中青年专家、1 人被学校评为文科资深教授、3 人入选教育部“新世纪优秀人才支持计划”、1 人入选湖北省“楚天学者计划”。

3. 人才培养的规模进一步扩大，质量稳步提高

由过去比较单一的科学学位教育拓展到专业学位教育，由中国研究生教育拓展到外国研究生教育，由单一的纯语言学人才培养拓展到复合型应用性人才的培养。在拓展层次、扩大规模、努力提高培养能力的同时，还着力推进研究生教育方式的改革与创新，提倡“四个结合”（讲授与讨论相结合、学习与研究相结合、读书与写作相结合、务实与创新相结合），以保证研究生的培养质量。研究生在读期间，大都发表了多篇论文，其中有些论文发表在专业权威期刊、重点核心期刊，或者被人大复印资料全文转载。十年间，2 篇博士学位论文被评为全国优秀博士学位论文提名论文、4 篇博士学位论文、5 篇硕士学位论文被评为湖北省优秀学位论文，多名博士生被国家公派至美国、英国、加拿大等国家留学。获得国家教学成果奖二等奖 1 项，湖北省高等学校教学成果奖一等奖 2 项、二等奖 1 项，“现代汉语”课程入选国家级精品课程。

4. 营造了良好的学术交流氛围，增强了与学界的联系与合作

10 年来，举办和联办了 20 余次国际和国内学术会议，其中，汉语语法专题系列国际会议，体现了专题化、系列化、讲求实效的特点，已主办了五届；开辟了两个学术交流阵地——《汉语学报》和“华中语学论库”，产生了广泛的学术影响；学术互访活动日益频繁，先后有数十位国内外知名学者来校访问讲学，中心研究人员参加国际和国内重要学术会议达几百人次；建立了专业图书资料室和大型汉语语料库，积累了丰富的图书资料和研究素材。

5. 重视语言应用的实际问题，不断提升服务国家和社会的能力

一方面，立足国内语言生活，编写了历年《中国高校哲学社会科学发展报告·语言学》、《国外高校人文社会科学发展报告·语言学》和《中国高校哲学社会科学发展报告 1978—2008·语言学卷》，参与撰写了历年《中国语言生活状况报告》；向全国政协、国家语委、教育部语信司、深港澳语言研究所等提交了若干提案和咨询报告，为政府部门制定国家语言文字战略提供了一些具有理论价值和实践意义的意见和建议；另一方面，面向汉语国际推广，如就新加坡中小学华文教材的编写，向新加坡教育部提交了大量顾问报告和咨询建议；为新加坡、越南、韩国等国家培养了一批博士和硕士，他们正活跃于本国的汉语教学一线，为汉语的国际推广和汉文化的世界传播发挥了重要作用。

三、标志性研究成果

（1）邢福义的著作《汉语复句研究》（商务印书馆 2001 年出版）。该著作是作者 20 余年汉语复句研究的系统总结，代表了学界汉语复句研究的最高成就。该著作于 2003 年获武汉市第八届社会科学优秀成果奖一等奖，2004 年获湖北省第四届社会科学优秀成果一等奖，2006 年获第四届全国高校人文社会科学研究优秀成果一等奖。

（2）邢福义、刘培玉、曾常年、朱斌的著作《汉语句法机制验察》（三联书店 2004 年出版）。该著作是教育部基地重大项目“汉语句法机制多层面探究”的结项成果，于 2006 年获湖北省第五届社会科学优秀成果一等奖。

（3）汪国胜的著作《语言教育论》(华中师范大学出版社 2006 年出版)。该著作是教育部基地重大项目“面向 21 世纪的高校语言教材编写和语言教育研究”中“语言教育研究”的结项成果，于 2009 年获武汉市第十一次社会科学优秀成果奖三等奖。

（4）邢福义的著作《语法问题追踪集》(中国社会科学出版社 2008 年出版）和《语法问题献疑集》(商务印书馆 2009 年出版)。这两部著作是邢福义教授继《语法问题探讨集》(1986)、《语法问题发掘集》(1992）和《语法问题思索集》(1995）之后的个人论文集，其中,《语法问题献疑集》荣获武汉市第十二次社会科学优秀成果奖一等奖。

四、“十二五”发展思路

1. 建设目标

经过 5 年的努力，力求将本中心建成科研实力更雄厚、学术优势更突出、中国特色更鲜明、服务能力更强大的在国内外具有良好声誉和广泛影响的国家级人文社会科学重点研究基地，成为我国语言学科学研究、人才培养和学术交流的大本营。

2. 发展思路

（1）重视三个结合：

①本体研究与应用研究的结合。本体研究面向国家需求，面向社会应用，根据现实需要提出研究课题；同时，致力于成果转化，将本体研究成果应用于语言教育、信息处理等应用研究领域。

②微观研究与宏观研究的结合。一方面要深根固本，加强微观的现象考察和事实发掘；另一方面要开阔视野，重视宏观的理论总结和学术创新。

③强化优势与彰显特色的结合。本中心充分拓展“两个三角”、“三个充分”的研究优势，不断完善已有理论，并以汉语语法为“据点”，带动相关领域的研究，使研究特色更加鲜明，学术优势更加突出。

（2）落实“两个加强”：

①加强联合攻关。对于涉及不同学科领域的重大项目，组织不同学科的学者协同作战；对于研究内容“量大面广”的重大项目，借助于更多的海内外学者的加盟。

②加强学术交流。结合重大项目的研究，举办专题学术研讨会或研究情况交流会，就项目所涉及的重要问题进行深入的研讨和充分的交流，召开“汉语教学语法系统研讨会”、“湖北方言研究交流会”等。

浙江大学汉语史研究中心

一、总体情况

浙江大学汉语史研究中心于 1999 年 11 月正式成立，2000 年 12 月正式入选国家教育部普通高等学校人文社会科学重点研究基地。此中心依托浙江省重点学科汉语言文字学、全国重点学科中国古典文献学两个专业和中国语言文学一级学科博士点，其特色在于中古汉语、近代汉语及训诂学研究，是新组建的浙江大学在汉语研究方面的一个面向全国的、开放性的研究机构。此中心下设三个研究所、一个研究室，即上古汉语研究所、中古汉语研究所、近代汉语研究所、汉字信息处理研究室。

此中心现有专职研究人员 17 人、基地秘书 1 人、图书资料员 1 人，专职研究人员中教授 12 人、副教授 2 人，60 岁以下研究人员全部具有博士学位，梯队建设、人员配备合理。每年招收汉语言文字学、中国古典文献学、语言学及应用语言学三个专业的硕士、博士研究生。主办的学术刊物《汉语史学报》已纳入 CSSCI 来源集刊、中国知网入编范围、中国人民大学《复印报刊资料》收录范围，目前已经出版十辑。

二、主要成绩和经验

此中心自成立来，经过十年的奋斗和努力，在科学研究、人才培养、学术交流和资料信息建设、咨询服务等方面取得了一些成绩。

1. 科学研究

十年来，此中心共承担了科研项目 81 项，其中，教育部重大项目 20 项，国家社科基金一般项目 5 项、青年项目 1 项，教育部规划项目 13 项，浙江省社科重点项目 11 项、一般项目 12 项、青年项目 1 项，其他部委及横向项目 18 项。

专职研究人员共出版著作 36 部、发表论文 290 篇，其中，在《中国社会科学》、《中国语文》、《文史》等权威刊物发表论文 20 余篇。这些成果中，共有 14 项获省部级以上奖励，其中，教育部普通高等院校人文社科优秀成果二、三等奖各 1 项，国家图书奖提名奖 1 项，浙江省哲学社会科学优秀成果一等奖 1 项、二等奖 8 项，浙江省社科联优秀成果二等奖 1 项，浙江省教学成果一等奖 1 项。

2. 队伍建设及人才培养

此中心高度重视研究队伍的建设。十年来，共计新进 40 岁以下的青年教师 3 人，引进海外优秀人才 2 人，引进“求是特聘教授”1 人，送国外进修 2 人，晋升正高职称 4 人。此中心成员还获得各种奖励及荣誉称号多项，包括获全国优秀博士后奖 1 人，教育部青年教师奖 1 人，获政府特殊津贴 2 人，入选“长江学者”1 人、“全国百千万人才工程”1 人、教育部“跨世纪人才”1 人、浙江省“跨世纪人才”4 人，获国家级教学奖 1 人，获“全国语言文字先进工作者”称号 1 人。

在人才培养上，十年来，此中心共招收硕士研究生 191 人，博士研究生 135 人，博士后进站 28 人；毕业硕士研究生 155 人，毕业博士研究生 101 人，博士后出站 28 人。在这些研究生中，获“全国百篇优博论文”称号 2 人，获“优博论文”提名奖 1 人。此外，此中心还选派博士生到美国加州大学伯克利分校、荷兰乌特列支大学、波兰华沙大学、香港科技大学等进修访学、合作研究、出席会议等。

3. 学术交流和资料信息建设

十年来，此中心共主办了 13 次学术会议，包括 2001 年第二届中古汉语国际学术研讨会，2001 年章太炎、黄侃纪念会暨国际学术研讨会，2002 年姜亮夫、蒋礼鸿、郭在贻教授纪念会，2003 年新世纪汉语史发展与展望国际研讨会，2004 年商务印书馆语言学出版基金第二届中青年语言学者论坛，2005 年新世纪汉语研究暨浙江语言学研究回顾与前瞻国际高级论坛，2007 年全国汉语方言学会第 14 届学术年会，2008 年汉语历史词汇与语义演变学术研讨会，2009年中国辞书高层论坛2010年“老乞大、朴通事的语言”国际学术研讨会，这些会议的召开，对扩大学术交流都起到了推动作用。

此中心的成员多人次出访国外和境外，如到美国、法国、瑞典、捷克、加拿大、澳大利亚、日本、韩国、马来西亚以及中国香港、台湾等地出访，这些国家和地区的学者也纷纷来中心讲学。

此中心建有敦煌文献、中古汉语、现代汉语三个语料库，资料室还有藏书85000多册，均实行网上借阅和管理。

4. 咨询服务

此中心曾向国家语委、省社科规划办、省政协、省新闻出版部门提供咨询服务，其中，王云路教授撰写的《杭州的地名亟须规范》曾被评为浙江省政协2002年度优秀提案。

三、标志性研究成果

十年来，此中心产生了一批优秀的学术专著与论文，它们是中心的标志性研究成果，如：张涌泉教授的《汉语俗字丛考》(专著)、汪维辉教授的《东汉—隋常用词演变研究》(专著）及《〈齐民要术〉词汇语法研究》(专著）获教育部中国高校人文社科研究优秀成果二等奖；王云路教授的《汉魏六朝诗歌语言论稿》(专著）获教育部中国高校人文社科研究优秀成果三等奖；张涌泉、许建平、关长龙教授的《敦煌经部文献合集》(专著)、张涌泉教授《从语言文字的角度看敦煌文献的价值》获浙江省哲学社会科学优秀成果一等奖，方一新教授的《东汉魏晋南北朝史书词语笺释》(专著)、《“不听”之“不允许”义的产生年代及成因》、颜洽茂教授的《佛教语言阐释》(专著)、王云路教授的《试说“鞭耻”——兼谈一种特殊的并列式复音词》、许建平教授的《敦煌经籍叙录》(专著）获浙江省哲学社会科学优秀成果二等奖；黄金贵教授的《古汉语同义词辨释论》(专著)、王云路教授的《词汇训诂论稿》(专著）获浙江省高校社科成果一等奖，黄金贵教授的《古代文化词语考论》(专著）获浙江省高校社科成果二等奖。

四、“十二五”建设思路

作为全国唯一的“汉语史”研究中心，在“十二五”期间，此中心将继续按照教育部人文社科重点研究基地的建设要求，制订既有远大目标、又切实可行的基地建设计划，以创建国内一流基地为建设宗旨。在教育部重点研究基地中，我们应争取成为语言学研究的先进基地，为“汉语言文字学”学科申报全国重点学科做准备。

中心的主要建设思路：

1. 科学研究

初步确定了《今训汇纂》这一汇集了中心主要研究力量的选题，作为“十二五”的主要科研任务，力争通过本重大集体项目的研究，构建一个宏大的科研工程，拿出标志性的研究成果。初步的研究计划是：对近现代和当代（1901—2010年）的汉语历史词汇研究成果进行系统搜集整理，按照年代汇编，具体是：先秦卷，两汉卷，魏晋南北朝卷，隋唐五代卷上编（传世文献），隋唐五代卷下编（敦煌吐鲁番文献），宋元卷，明清卷7卷，预计总字数将达到一千万左右。

2. 人才培养和队伍建设

计划每年培养硕士生15~25名，博士生10~15名，博士后3~5名。加强研究生课程建设，编写相关教材，争取获得省部级奖励。争取有1~2篇博士毕业论文入选“全国百篇优博论文”。队伍建设方面，引进特聘教授2~3名，引进国内外优秀人才3~5名，每年派遣3~4名研究人员或博士生赴国（境）外著名大学讲学或进修深造。

3. 学术交流和资料信息建设

拟与中国社会科学院语言研究所、美国加州大学圣塔芭芭拉分校东亚系进行“早期汉译佛经语法专书专题研究”项目的合作研究。拟举办第二届汉语历史语义与词汇演变学术研讨会、第六届汉文佛典语言国际学术研讨会、汉语史研究中心创建十周年暨《汉语史学报》出版十辑学术研讨会、《今训汇纂》重大课题论证会等学术会议。做好《汉语史学报》第十一至第十五辑的编辑出版工作。在已有基础上，扩大、维护中古汉语语料库、敦煌文献数据库、现代汉语语料库的建设工作。

北京大学教育经济研究所

一、总体情况

北京大学教育经济研究所成立于1999年，由原国家教委、原国家计委和财政部联合支持设立，是国家教育经济和教育财政问题的重要研究和咨询机构。

此所依托的教育经济与管理学科是国内该学科第一个博士点。2000年，此所被评为教育部普通高等学校人文社会科学重点研究基地。教育经济与管理学科2002年被国务院学位委员会评委全国重点学科，2003年被评为“公共管理”以及学科博士点，并取得了博士后流动站的资格；2009年被评为“教育部优秀重点研究基地”。

二、主要成绩和经验

2000—2010年，此所在学科发展、科研工作、人才培养、学术交流、基地建设等方面取得了长足的发展。此所重点发展的学科包括教育经济、教育财政、教育管理、教育政策等。此所强化学科发展的意识，采用以科研项目带动学科发展、以人才培养支持学科发展、以政策咨询充实学科发展、以国际交流促进学科发展、以基地建设服务学科发展的方式，搭建了良好的发展平台，营造了宽松、开放的学术氛围，为学科发展奠定了扎实稳固的基础。

10年间，此所承担课题共计153项，其中包括国家社科基金重大项目、全国教育科学“十五”规划项目国家重点课题、国家自然科学基金等21项国家级课题，教育部哲学社会科学重大课题攻关项目等90项省部级课题，世界银行、联合国教科文组织等11项国际合作项目，其他课题31项。此所出版了47部学术著作，在国内外重要期刊上发表了413篇学术论文。

10年间，此所在人才培养方面也取得了成绩，包括：聘请哥伦比亚大学曾满超教授为长江学者，引进国外一流大学优秀博士毕业生4名、国内外大学毕业的博士后16名。截至2010年年底，此所共有专职教学研究人员20人，全部拥有博士学位，其中，10人为海归博士，分别毕业于哈佛大学、斯坦福大学、伯克利加州大学、康奈尔大学、哥伦比亚大学等国外著名大学。以教育学院为依托，此所共培养教育经济和管理专业的硕士生和博士生 137 名、高级管理博士 131 名。在人才培养上，此所进一步强化学理意识、问题意识、方法意识、历史意识、国际意识和政策意识。

10 年间，此所组织了多次国际学术会议，特别包括 2008 年来自 40 多个国家代表参加的“探索支持终身学习的框架——亚欧会议终身学习论坛”。“十一五”期间，外请国际专家 123 位、国内专家 88 位来所讲学，进行学术交流；有 215 人次的专职教师出国访问，参加国际会议。

三、标志性研究成果

1. 中国高等教育规模扩展与劳动力市场的相互作用研究

基于全国教育科学“十五”规划项目国家重点课题，此所申请了多项与高校毕业生就业有关的课题；于 2003 年、2005 年、2007 年和 2009 年四次对全国高校毕业生就业状况进行了大规模的调查，建立了高校毕业生就业状况数据库，积累了丰富的数据资料；课题组从理论、实证和国际比较等方面进行了研究，建立了分析中国高等教育规模扩展与劳动力市场之间关系的理论框架。

部分研究结论和观点如下：第一，人力资本理论、筛选理论、市场分割理论等在我国劳动力市场都得到一定程度上的体现；第二，毕业生的学业状况、综合素质、学校提供的就业信息以及学校性质等是影响高校毕业生求职成功与否的重要因素；第三，家庭住在大中城市、家庭人均收入高、家庭社会关系广泛的毕业生有利于找到工作，贫困大学生在就业竞争中处在不利地位，值得关注；第四，我国存在行业垄断现象，这对高校毕业生就业的选择产生了较大的影响（例如：有业不就与无业可就现象并存）；第五，产业结构调整比经济发展速度对提升高等教育人口比重的作用更大。

2. 中国教育财政决策支持系统

随着我国教育事业规模的扩大，外部社会经济环境的复杂性、不确定性增强，如何从科学、全面、综合、系统的视角分析教育事业发展和经费供求现状、预测未来经费供求与相关政策的财政可行性，合理配置教育经费资源，评估教育经费投入的成效，为政府部门教育发展决策提供科学有效的参考依据，其必要性日趋突出。北京大学教育经济研究所借鉴国际经验和先进技术，尝试建立中国教育财政决策支持系统。

此系统主要包括四个子系统：教育经费供求现状分析子系统、教育经费供求预测子系统、教育经费配置模拟子系统、教育经费使用成效评估子系统。教育经费供求现状分析子系统实现对教育事业发展和财政状况监控的自动化和智能化，是教育事业稳定发展的强有力的技术保障系统，能对现状中存在的问题做出快速敏捷的判断，帮助决策者进行现状的分析和问题识别。教育经费供求预测子系统利用综合数据库数据、教育财政专业知识库，通过多参数预测模型，对未来各级各类教育经费的需求和供给做出科学预测。教育配置模拟子系统在教育经费供求预测的基础之上，依据政府的政策目标，对教育资源配置进行模拟分析。教育经费使用成效评估子系统利用数据库系统，从效率、公平等视角出发，对各级各类教育财政的投入效益进行分析。

3. 北京大学平民学校——一个探讨农民工在职培训模式的行动研究

在探索提供高效益、低成本的高校非在编人员的终身学习模式方面，此研究所进行了有益的行动研究，在北京大学创办了北大平民学校。其办学模式可以归纳为以下两个特征：

（1）利用高校既有机构，整合可用资源。此研究所项目组与北大内部的行政管理机构进行协调和沟通，得到了北大工会等8个部门的大力支持，建立了有效而稳定的合作关系。主要包括：工会负责组织并调配学校运行所需的校内各种资源；后勤管理部门负责学校招生及学员与用人单位的协调和组织管理；团委系统负责学生志愿者的组织管理；教育经济研究所负责培训课程的组织和安排，等等。

（2）志愿者的运作模式。对志愿服务的需求内容也就是平民学校的运营内容，主要包括平民学校的前期组建、项目组织及评估改进工作；课程设计与组织教学工作；教学辅助与日常协助。志愿者大多是北京大学的师生以及毕业的学员。

自2006年10月以来，北大平民学校共培训了五期合计500多位学员。平民学校的培训确实为参加学习的非在编人员带来了积极改变，这种改变包括自信心、归属感、爱岗敬业和社交能力等多方面，他们开始重新得到认可和尊重，重新建立信心，肯定自我权利，并且尝试主动改变生存状况和环境，融合其他社会群体，共同参与社区建设和社区生活。

四、“十二五”建设思路

此所“十二五”期间将保持并提升在教育经济学、教育管理学和教育政策学等学科在全国的领先地位，努力形成教育经济研究的北大特色，通过学术研究为知识共同体的发展和中国社会实践服务，不断加强与国际学术界的对话，努力成为该领域世界一流的研究机构。

此所将继续努力平衡以下几个基本关系：研究的实证性与理论性、本土性与国际性、理想与现实、责任与选择、个人与集体、学术氛围与条件保障。此所将建立一个鼓励创新和追求卓越的学术氛围，为优秀人才的发展创造良好的工作条件和工作环境，使得大家能够在一起愉快和舒心地共同工作。

在科研方面，此所将主要围绕中国教育财政与决策支持系统、教育与劳动力市场、高校学生发展、高校的组织与制度、有中国特色的教育财政政策过程五个领域组织科研，进一步凝练研究重点，加强教育经济理论研究，突出实证研究特色，深化研究成果，努力为国家教育改革和政策制定服务。

教育数据库和案例库是此所开展研究和教学必不可少的基础材料。“十二五”期间，此所将继续建设和完善的数据库的建设工作，其中包括：中国教育经费决策支持系统（包括教育经费数据库），高校毕业生就业状况调查数据库，城乡居民教育和收入状况入户调查数据库，高等教育质量与学生发展状况数据库，高等教育管理案例库，全国高等教育政策文本库以及案例库。

北京师范大学比较教育研究中心

一、总体情况

北京师范大学比较教育研究中心是1999年经教育部批准成立的首批教育部普通高等

学校人文社会科学重点研究基地之一，依托单位为1961年创立的北京师范大学国际与比较教育研究院。此中心是我国成立最早、规模最大、语种最全、影响力最大的比较教育研究机构。现有专职教学科研人员18人，其中，教授9人，副教授6人，讲师3人。学术带头人顾明远教授是国内外著名的教育家、新中国比较教育学科奠基人之一，曾任世界比较教育联合会合作主席，现任中国教育学会会长等职；王英杰教授是国内外著名的比较高等教育专家，现任中国教育学会比较教育分会会长、国务院学位委员会教育学科评议组召集人等职。现任中心主任为刘宝存教授。

二、主要成绩和经验

（一）主要成绩

1. 科学研究情况

根据我国社会主义现代化建设和教育改革发展的需要，此中心积极承担国家重大教育研究任务，对世界主要国家和国际组织的教育政策与法令、教育思想与理论、教育体制与结构、教育改革和发展趋势等方面的问题进行了较为深入的研究和分析，出版了一大批高水平的研究成果。2001—2010年，此中心承担科研项目123项，其中，国家级5项，部级78项，市级11项，国际合作8项，校级4项；横向17项；已出版著作77部，其中，专著35部，工具书2部，教材6部，译著24部，论文集、编著10部；发表论文851篇，发表报刊文章78篇，其中，在国外或境外发表论文33篇。顾明远教授的《中国教育的文化基础》在日本出版了日文版；孙进副教授的《大学作为文化差异体验的空间》在德国出版。

2. 人才培养情况

此中心是全国最大的比较教育学科高层次专门人才培养基地。十年间，此中心招收博士生151人（其中外国留学生20人、兼读生8人），硕士生295人（其中外国留学生15人、兼读生13人），博士后进站20人，其中，已经毕业并获得博士学位105人（外国留学生17人，兼读生8人），获硕士学位243人（其中外国留学生7人，兼读生13人），博士后出站11人。

3. 学术交流情况

此中心积极开展国际文化教育交流与合作，目前已与美国、加拿大、英国、法国、德国、瑞典、丹麦、俄罗斯、乌克兰、澳大利亚、日本、韩国、印度、芬兰、西班牙等国的一些高等院校和研究机构以及UNESCO、联合国儿童基金会等国际组织建立了广泛的科研合作、研究生联合培养、人员交流和信息资料交换关系。十年间，此中心派出人数154人次，其中，出国参加会议78人次，讲学22人次，学术访问27人次，合作研究23人次，进修学习4人；来华人数723人次，其中，参加会议378人次，讲学92人次，学术访问212人次，合作研究38人次，进修学习（不包含留学生）3人次。

十年间，此中心举办国际/国内学术会议25次，其中，国际学术会议17次，国内学术会议8次。特别是2002年、2005年和2008年举办的第一届、第二届、第三届世界比较教育论坛，每届都有20多个国家的200多名学者专家与会，在国际学术界产生了较大的影响。

4. 基地网站和学术期刊工作情况

此中心网站"比较教育在中国"(http://www.compe.cn)不断更新和丰富信息，扩大中心的影响力。

此中心主办的《比较教育研究》(原名《外国教育动态》)创刊于1965年，是受中央宣传部委托创办的我国第一本比较教育研究杂志，现兼做中国教育学会比较教育分会会刊，在国内外学术界具有重要影响。中国学术期刊综合引证报告数据显示，此刊总被引频次、影响因子以及人大复印资料全文转载率在全国教育学术期刊中均名列前茅。多年来，此刊在传播学术研究成果、引领比较教育学科发展、促进教师和学生成长、推动教育改革与发展等方面发挥了重要作用。

5. 社会服务情况

此中心面向各级教育主管部门、各级各类学校和社会各界的需要，积极开展政策研究和多层次咨询服务，不断提高参与解决重大实际问题的综合能力与参与区域和学校教育改革实践的能力，成为全国知名的国际教育思想库和咨询服务基地。在各种教育法律法规，特别是《国家中长期教育改革与发展规划纲要》等研究和制定过程中，向教育部等机构提交研究咨询报告63份，为政府教育决策提供了高质量的咨询服务。此中心编辑出版了《世界教育新闻》(半月刊)、《国外高等教育教学研究动态》(月刊)，并向教育部、北京师范大学等有关部门寄送。此中心与新华社开展合作，每天向新华社提供20条国际教育新闻，每周提供3篇国际教育动态分析报告，并通过教育部向国内有关教育部门发布；12人参与《国家中长期教育改革和发展规划纲要》的研究和起草工作，其中，顾明远教授为素质教育调研组组长，刘宝存教授为高等教育调研组和专题规划起草组核心成员。

(二) 主要经验

在过去十年的基地建设中，积累了一些行之有效的经验，主要包括：

(1) 围绕世界和我国教育改革与发展的重大理论、政策和实践前沿问题开展研究，协同攻关，提高研究质量和水平。

(2) 加强国际合作与交流，培养具有国际视野和本土情怀的高层次国际化人才。

(3) 人才培养与科学研究、社会服务相结合，以高水平人才培养促进科学研究和社会服务，在高水平的科学研究和社会服务过程中培养人才。

(4) 积极开展教育政策研究与咨询服务工作，为中央和地方政府的重大教育决策提供智力支撑，为区域教育创新和各级各类学校的改革试验提供咨询服务。

(5) 积极开展国际文化教育交流与合作，引进和传播国际先进理念和教育经验，把我国教育改革发展的先进经验和教育研究的新发现推向世界，成为中外文化教育交流的桥梁和平台。

三、标志性研究成果

(1) 顾明远、梁忠义主编《世界教育大系》，吉林教育出版社2000年出版。该成果共20卷，分别从国别和专题两个方面分别系统地研究了世界教育改革和发展历程。国别教育各卷从政治、经济、历史、文化等多维视角，分别就世界主要国家教育的历史发展、教育制度、教育政策和改革发展趋势进行了研究；专题教育各卷分别就各级各类教育的产生与发展、现状和改革与发展趋势进行了比较分析。全书700多万字，是迄今为止我国规模最大、最全面、系统、详尽描绘当代世界教育改革和发展的著作。

(2) 顾明远著《中国教育的文化基础》，山西教育出版社 2004 年出版。该著作从文化的视角，对困扰中国教育的一系列重大问题进行了探讨，认为教育是一种文化活动，是文化的一部分；文化是教育的源泉，是教育之根，文化对教育的影响比政治、经济对教育的影响更加深刻、更加持久。因此，只有研究文化，才能彻底认识中国教育的精髓和本质。该书 2007 年获教育部第四届高等学校哲学社会科学优秀成果一等奖，2009 年 7 月由日本东信堂出版社译成日语出版。

(3) 王英杰、刘宝存等著《世界一流大学的形成与发展》，山西教育出版社 2008 年出版。该著作从国际比较的视野，研究了世界一流大学的理念基础、基本特征、发展历程、发展道路和发展模式等有关世界一流大学建设的核心问题。该成果对世界一流大学的形成机制与发展规律进行了分析和探讨，对我国建设世界一流大学的高等教育改革实践有着一定的理论指导意义。该著作获 2010 年获北京市第十一届哲学社会科学优秀成果一等奖，2011 年获第四届全国教育科学研究优秀成果奖一等奖，2012 年获第五届吴玉章人文社会科学奖优秀奖。

(4) 刘宝存著《大学理念的传统与变革》，北京师范大学出版社 2004 年出版。该书从人才培养的视角，对西方和中国大学理念的发展历程进行了梳理，分析了大学理念产生和发展的哲学基础，并勾勒了知识经济时代的大学理念。该书认为，知识经济时代的大学是学者的社团，是探索和传播高深学问的场所，是探索和传播普遍学问的场所，是一个有机体。大学必须把培养人才作为最重要的职能，把培养全人作为自己的培养目标，为此，大学必须调整专业设置，重建课程体系，改革教育教学方法，营造适宜的校园文化环境。该著作 2006 年获北京市第九届哲学社会科学优秀成果二等奖，2007 年获吴玉章人文社会科学奖优秀奖。

四、“十二五”建设思路

此中心的总体建设目标是：建成在国内具有引领和凝聚作用、国际上具有较大影响的国际与比较教育的研究高地和国家级“智库”、比较教育拔尖创新人才培养基地、国内外教育信息交流中心和国际教育咨询与服务中心。

“十二五”建设思路和重大举措包括：(1) 凝练学科方向；(2) 拓展研究领域；(3) 打造学术精品；(4) 服务教育实践；(5) 创新管理体制；(6) 拓展经费来源。

北京师范大学教师教育研究中心

一、总体情况

北京师范大学教师教育研究中心经教育部批准于 2004 年 11 月成立，是全国唯一从事教师教育研究的国家重点研究单位。此中心将通过建立灵活、开放、高效的研究机制，联合不同学科、不同机构的相关研究人员，通过广泛的国际和国内学术交流，对教师和教师教育开展跨学科的综合研究，成为教师教育研究人才的培养中心，教师教育学科、教师及教师教育政策、教师领导和专业发展等领域的研究中心，教师及教师教育研究信息交流中心，教师教育研究国际交往中心，以及教师教育政策咨询的思想库，并为我国教师专业发展提供知识服务和支持。

此中心下设四个研究部：教师及教师教育历史和理论研究部、教师及教师教育管理和政策研究部、教师教育课程和教学研究部、教师领导与专业发展研究部。此中心专职人员庞丽娟教授为全国人大常委会委员、中国教育政策研究院常务副院长；朱小蔓教授为前联合国教科文组织国际农村教育研究与培训中心主任；袁桂林教授为我国著名农村教育研究专家；现任主任朱旭东教授，引领我国教师教育改革与发展研究的前沿。教育部教师教育专家委员会秘书处设在此中心；委员会主任为顾明远教授，秘书长为朱旭东教授，下设幼儿教师教育教学指导委员会、小学教师教育教学指导委员会、中学教师教育教学指导委员会。

二、主要成绩和经验

近十年来，该中心建设了一支跨学科、跨领域、具有国际视野的优质科研团队，凝聚了来自哲学、历史学、心理学、经济学、管理学、教育学等多学科与领域的优质研究力量。从学缘构成看，近三分之一科研人员在境外获得博士学位，80%的成员具有境外访学与研究经历，活跃在国际国内教师教育的相关研究领域，是一支特别钻研学术研究、特别关心国家宏观教育政策、特别勤奋团结协作的具有广泛影响力的研究团队。

该中心专兼职人员承担国家纵横向课题百余项，发表百余篇高质量学术论文，出版学术专著30余部，在国际国内产生了广泛的学术影响力，并积极服务于国家重大教师教育政策咨询与决策，产生了广泛的社会影响力；承担与完成国家“985工程”与“世界一流教育学科与中国教育创新基地”，承担国家社科基金重点项目“教育促进农村综合发展的现况与对策研究”和5项研究基地重大课题、1项教育部师范司研究项目、2项教育部重点委托课题、1项北京市高校教改项目；由该中心主编、北京师范大学出版社出版的《京师教师教育论丛》在教师教育学术领域产生了广泛影响。

该中心成员完成的科研成果获得国家与省部级奖项有：钟秉林等的“创新教师教育模式，构建中国特色教师教育体系”，获国家级教学成果奖，俞启定的“中国教育简史”是2007年度国家精品课程，张斌贤的“外国教育史”是2008年度国家精品课程，张斌贤的《外国教育思想史》是2008年度普通高等教育精品教材及2008年度北京高等教育精品教材，石中英的“知识转型与教育改革教育科学研究”获优秀成果奖一等奖，庞丽娟的“教师与儿童发展”获第四届中国高校人文社会科学研究优秀成果奖二等奖。

此中心注重人才培养，积极推动教师教育学科建设，分别于2007年9月与2010年9月开始招收教师教育专业三年制硕士生与博士生，设计了理论与实践结合的模块化研究生培养方案，致力于我国高层次的教师教育研究人才和中小学教学人才的培养，逐步建立了一个硕士、博士和博士后的教师教育研究人才体系和中小学教师培养的有效模式知名中心。与英国诺丁汉大学教育学院签订并实施联合培养教育哲学博士项目；研制并实施“北京师范大学学士后教师教育专业培养方案”，培养具有国际视野双语能力、反思与研究能力、课程和教学领导能力、学校改进能力以及信息技术与课程整合能力的未来教师，尤其是国际视野双语教育能力的培养，将成为对我国教师进行培养的新的尝试。

在社会服务方面，该中心为教育部师范教育司、人事司、澳门特区政府教青局等司、局，北京市、浙江省等教育委员会和教育厅提供数十项调查研究、咨询报告，其中，《教师教育院校布局结构调整》(2007)、《中国中小学教师发展报告：聚焦农村教师》(中英文版，2008)、《中小学教师队伍质量建设》(2009)、《中国教师荣誉制度》(2010)、《中国教师教育质量评估标准》(2011) 等一系列咨询报告对于相关政策制定产生了积极影响。《中国中小学教师发展报告：聚焦农村教师》是教育部领导参加 2008 年联合国教科文组织全民教育大会发言的国家报告；参与研制并撰写《国家中长期教育改革与发展规划纲要（2010—2020 年）》中的价值观教育、学前教育、农村教育、教师队伍建设等部分。

该中心积极进行教师教育的信息化建设，逐步建设文献与数据化的教师教育信息资源库。中心网站（http：//www. cter. org. cn）致力于同公众分享丰富的信息资源。“教师·中国”学术论坛作为一个系列性的学术论坛，邀请全球范围内的知名专家、学者，就教师与教师教育相关主题进行演讲并开展学术交流，已成为颇具影响力的教师教育学术论坛。此中心主任朱旭东教授担任《教师教育研究》杂志的副主编，积极推进教师教育的学术交流与服务。

为有效地进行教师教育信息交流，此中心主办与合办了近二十次高规格的国际、国内会议，其中，首届中国教师培训论坛（2006)、中国教师发展论坛（2007、2009)、首届中国教育家论坛（2007)、校长领导力论坛（2007)、第二届中国教师培训论坛暨教师继续教育论坛（2011)、国际教师发展高层论坛——农村教师专业发展与远程教育（2009)、第一届全球教师教育峰会（2011）等，吸引国外及港澳台专家、学者和学生超过三百多人次参会，十多位国际知名专家到会做专题报告。此外，此中心还不断派专职人员出国考察、访问、参加国际会议和合作研究交流等活动。

三、标志性研究成果

（1）钟秉林等的《创新教师教育模式，构建中国特色教师教育体系》，2005 年获国家级教学成果奖。此文就我国教师教育改革面临的一些重要问题进行了创新性研究，取得了突出的成果：开展创新教师教育的理论研究，形成一批重要的研究成果和决策咨询报告；整合教育资源，探索体制创新，构建职前—职后、培养—培训一体化的教师终身教育体系。推进教师培养模式多元化改革，构建开放、灵活的教师培养体系；实施“4+2”教师培养模式改革，培养重心上移，满足社会对优质教师的高端要求。

（2）钟秉林任总主编，朱旭东、张斌贤任执行主编的《京师教师教育论丛》，2009 年由北京师范大学出版社出版。该丛书以系统完整介绍国内外教师教育相关理论为宗旨，兼及探讨国内现实背景问题，并介绍我国学者在相关问题上对外国研究的呼应。

（3）朱旭东、楼世洲主编的《学科教师专业发展系列》，2008 年由浙江大学出版社出版。此丛书突破长期以来基础教育课程与教师教育改革之间的樊篱，通过建立起学科教师专业发展与基础教育课程改革和教师教育改革之间的关系，实现教师培养和培训一体化和与中小学建立合作伙伴关系提供了重要的研究依据。

（4）朱旭东主编的在我国出版的《教师教育标准体系研究》，是第一本系统梳理国际《教师专业发展理论研究》的著作，借助于教育研究的多学科视角，对教师教育、教师专业发展的理论与实践研究及学科建设具有重要意义。

四、“十二五”发展思路

此中心将以科学发展观为指导，以理论创新为核心，以政策咨询和实践引领为两翼，逐步将中心建设成为中国教师教育学科的孵化基地、高素质教师教育研究专才的培养基地、教师教育研究的创新示范基地、未来教育家的摇篮、教师教育研究国际交流的中心、国际教师教育研究交流人才的培养基地、教师教育政策的智库、中小学教师专业发展实践创新的策源地，打造世界一流的教师教育研究机构，成为亚太地区教师教育研究的中心。

此中心将围绕国家中长期教育改革与发展规划的精神和重大项目的建设，通过广泛与国内外同仁建立各种不同形式的联系，站在国际教师教育研究的前沿，着力研究我国教师及教师教育发展中的重大问题以及教师教育研究自身的学科建设重点，展开我国教师教育政策研究、教师专业发展研究和教师教育学科体系研究，在研究中努力为国家制定重大教师及教师教育政策提供咨询建议，追求我国教师专业发展的理论建构并为教师专业发展服务以及建立教师教育学科体系，为教师的培养和培训提供坚实的知识基础。

东北师范大学农村教育研究所

东北师范大学农村教育研究所成立于 1999 年 8 月，2001 年获批为教育部人文社会科学重点研究基地。十年来，在教育部的直接指导下，此研究所依托东北师大的学科和人才优势，以“研究农村教育，服务农村教育，发展农村教育”为宗旨，关注国家农村教育发展的重大理论与实践问题，以大规模调查研究为特色，以形成有解释力的学术话语为理论追求，经过十年的探索与实践，取得了一定的成绩。

一、基地总体情况

2001 年以来，东北师范大学不断加强农村教育基地建设，在科学研究、人才培养、社会服务、团队建设、国际交流、数据库建设等方面取得了长足发展。

（一）科学研究

2001 年以来，此研究所承担教育部哲学社会科学重大课题攻关项目 2 项、哲学社会科学发展报告资助项目 1 项、教育部人文社会科学研究基地重大招标课题 20 项、其他国家或国际（地区）资助项目等近 70 项。此基地专、兼职人员出版专著 40 余部，在《求是》、《教育研究》等 CSSCI 期刊上发表学术论文 300 余篇，其中，有 10 余篇被《新华文摘》全文转载，在国内外产生重要影响。

（二）人才培养

2001 年 9 月，此基地开始招收硕士研究生。2006 年，此基地自主设置的农村教育二级学科博士点获教育部批准，这是全国第一个“农村教育”二级学科博士点。2007 年，此基地成为东北师范大学教育学博士后流动站博士后研究人员接收单位。2008 年以来，此基地参与国际教育硕士培养。

（三）社会服务

此基地从战略的高度审视自己的发展思路，确立为地方经济和社会发展服务的思想。20 世纪 80 年代以来，特别是此基地成立以来，不断创新为国家教育决策和地方经济社会服务的模式，坚持全方位、多样化、可持续地为基础教育服务。

（四）团队建设

十年来，此基地以科研平台建设为重点，汇聚研究人才队伍，形成了一批专业结构合理、科研能力较强的科研团队。2008 年，此基地学术委员会主任史宁中教授、所长邬志辉教授受邀参与《教育改革与发展中长期规划纲要》研讨、起草等相关工作，这标志着基地研究团队影响力在不断扩大。

（五）国际交流

目前，此基地已经同美国、欧盟、韩国、日本等建立起长期的合作关系，通过多种方式推进国际交流。每年一次的农村教育国际学术交流研讨会已形成了一定的影响力，吸引多国学者主动与基地开展合作研究。

（六）数据库建设

2009 年年底，此基地以前期调查数据和资料为基础，整合相关国际组织以及国家公布的与农村教育相关的研究报告、资料和统计数据，论证并设计“中国农村教育数据库”的主要框架及基本功能，并初步建成了中国农村教育数据库，为后续研究提供了丰富的资源。

二、主要经验

此基地在十年的探索中，已初步形成了研究中国教育现代化进程中重大农村教育理论和实践问题、注重大规模实证调查、为教育部和各省市农村教育改革与发展提供政策咨询的研究风格与特色。经过十年的探索和积淀，积累了大量成功经验。

（一）必须坚持“服务农村教育”的办所宗旨

此基地“服务农村教育”包括三个方面：

一是直接服务农村学校。2004 年 9 月，在吉林省东丰县和抚松县设立东北师范大学农村附属实验学校。2006 年，与吉林省长春皓月清真肉业股份有限公司联合创办东北师大皓月中等职业学校。之后，又同一些地方教育局和中小学校建立项目合作关系，开创了本科实习生顶岗实习、研究生挂职锻炼的教育服务方式以及“研培结合”教师教育模式，大大提高了服务农村学校的水平。

二是科研服务农村教育。20 世纪 80 年代以来，以吉林省长白山区作为农村基础教育服务区和改革实验区，在大学、政府、中小学合作过程中坚持理论与实践相结合，探索出了一条推动农村地区经济繁荣发展和农村青少年健康成长的希望之路——“长白山之路”。“长白山之路”受到高度重视，何东昌、王文湛、金长泽、马力、陈小娅等领导同志多次听取汇报，并深入到实验校检查和指导工作。

三是咨询服务政府决策。自 2001 年以来，选择重大农村教育实践问题，开展大规模调查研究，形成系列咨询报告，先后被国务院、教育部、调研对象省教育厅等采纳，对政府制定农村教育决策提供了有益的帮助。

（二）必须坚持“开展大规模调查”的研究特色

摸清事实是研究农村教育的基础。此基地获批之初，就以“农村学生辍学”为主题，在全国抽样进行大规模调查，基于调研形成的报告引起教育部领导的高度重视，并拨付专项资金进行后续调研，之后，基于调研形成的报告被国务院、教育部采纳，对2003年“全国农村教育工作会议”的召开及形成农村教育改革与发展的重大决策产生了重要影响。十年来，此基地已开展各种大型专题调查20余次，调查研究不仅为国家教育决策提供了重要的咨询服务，而且推进了中国农村教育数据库建设，一些研究数据还被联合国教科文组织（UNESCO）引用，产生了良好的学术交流影响和社会影响。

（三）必须坚持“依托高级别项目”的发展思路

高级别项目不仅是汇聚学术队伍、凝练学术方向的基础，还是加强国际学术交流、创新人才培养模式的重要平台。十年来，此基地先后获得三个高级别项目：2003年12月，首任所长袁桂林教授获批教育部哲学社会科学研究重大课题攻关项目“我国农村教育发展现状调查及农村教育发展指标体系研究”；2007年11月，此基地学术委员会主任史宁中教授获批教育部哲学社会科学研究重大课题攻关项目“新农村建设与城镇化推进中农村教育布局调整研究”；2010年12月，所长邬志辉教授、副所长秦玉友教授获批教育部哲学社会科学发展报告资助项目“中国农村教育发展报告”(这是第一批立项中唯一的教育类项目)。依托高级别项目，促进学术团队交流，优化了基地学术研究方向，加强了国际学术交流与合作，推进了研究生培养模式改革，产出了一批高水平的研究成果，使此基地影响不断扩大。

三、标志性研究成果

十年来，此基地产出了一批高水平、有较大学术影响力的研究成果，其中，有三项标志性成果。

(一)《农村初中辍学问题调查报告》

在2001—2003年多次大规模调查基础上完成的《农村初中学生辍学问题调查报告》，得到教育部长批示，并获“部长基金”资助开展深入调查，对2003年“全国农村教育工作会议”的召开和关于农村教育改革与发展政策的制定产生了重要影响，国家相关权威报刊纷纷刊载，引起了强烈反响。

(二)《义务教育质量指标体系构建及其说明》

以重大攻关项目“农村义务教育质量状况调查与改进机制研究”为依托，2008年3月在《教育研究》发表“农村教育质量”专栏文章5篇，相关思想在《国家中长期教育改革和发展规划纲要（2010—2020年）》中得到体现。之后，受教育部委托开展“义务教育质量指标体系研究”，成果被教育部规划司采纳。

(三)《中国农村教育发展指标研究》

2009年9月，教育部哲学社会科学研究重大课题攻关项目“我国农村教育发展现状调查及农村教育发展指标体系研究”的最终成果《中国农村教育发展指标研究》一书出版。该书增补了农村教育发展指标研究空白，具有重要理论意义和重大实践价值。

四、“十二五”建设思路

“十二五”期间，以基地建设新要求为契机，以制度创新为工作重点，转变工作思路与工作方式，力争进入教育部优秀基地行列。

(1) 围绕《国家中长期教育改革和发展规划纲要（2010—2020年）》提出的农村教育发展目标，推进学术研究创新，引领农村教育研究的学术话语。

（2）创新人才引进与培养体制机制，使农村教育研究所成为汇聚和培养农村教育研究精英的基地。

（3）关注国家重大决策，根据国家重大农村教育问题需求，服务国家重大决策，充分发挥基地的智库作用。

（4）建立农村教育数据库，为国家农村教育重大决策以及农村教育研究提供数据支持，成为国家农村教育最重要的数据信息中心。

（5）扩展国际性交流合作，加强与国外知名大学与国际教育组织机构的联系与沟通，提高国际化的程度和基地的国际影响力。

华东师范大学基础教育改革与发展研究所

一、总体情况

华东师范大学基础教育改革与发展研究所建所以来，一直以“把握社会转型特征、深入研究基础教育当代问题，扎根中国教育实际、动态建构21世纪新型学校，发挥学科综合优势、大胆探索教育研究创新道路”为宗旨，以重大研究项目为核心，积极开展各项工作，逐渐完善、创新内部科研管理机制，形成了自己的特色，并在基础教育改革与发展研究领域产生了重要的学术影响。

二、主要成绩和经验

此基地明确了“在理论与实践的互动中推动基础教育改革与中国教育学的双向建构”的研究思路，在长期的历史积淀与开放的国际对话中，努力探索、形成和发展基础教育改革研究的新路，促成中国教育学的发展。尤其是诞生于此基地的“新基础教育”研究，是基地首任所长叶澜教授于20世纪90年代初发起并主持的，以实现当代中国学校整体转型性变革为目标，以实施义务教育的中小学为对象，已经进行了长达18年的教育改革课题研究。同样诞生于此基地的“生命·实践”教育学派的建设已经走过了8年的历程。在此期间，出版了《“生命·实践”教育学论丛》（广西师大出版社，2007—2009年），包括《回望》、《立场》、《基因》和《命脉》4本书。这是中华人民共和国成立以来，在教育学领域内首次以推进中国教育学研究、创建富有中国特质的教育学派为宗旨的学术性论丛，以系列主题研讨的方式，为该学派的创建提供内、外交流平台，反映了该学派形成的生动过程和研究人员的探索成果，产生了广泛的影响。

此基地自成立以来，持续聚焦学校综合改革与基础教育政策研究。

在学校综合改革方面，此基地重点推进学校转型性变革及其区域性推进，使素质教育的理念真正落在实处，形成了一系列的理论研究成果，并在众多的实验学校、区域中，体现着改革研究的效应，在国内形成了重要的学术研究与实践变革影响力。

在基础教育政策研究方面，此基地加大决策参与和政策咨询力度，促使理论与实践研究成果尽快转化为现实力量，多项决策咨询建议被教育部采纳，并积极参与到区域性教育发展决策之中。如近年来，霍益萍教授带领的“普通高中教育研究”课题组，为教育部撰写了“关于高中教育改革的政策建议”，受到教育部领导批示，并接到教育部进一步的委托课题，提交了多份研究报告。

此基地创建十年来，在全体人员共同努力之下，在理论发展与学派建设、学校及学科变革、政策研究与咨询、国际合作与交流、人才队伍建设等许多方面取得了不俗的成绩，于2004、2010年连续两年被教育部评估为优秀等级。

三、标志性研究成果

1. “新基础教育”研究与“生命·实践”教育学派创建

该项研究创造了教育理论与教育实践交互创生的独特研究方式，现已先后出版了三套研究丛书和一系列的学术论文，其中，《“新基础教育”推广性、发展性研究报告集》获得上海市第八届哲学社会科学一等奖；《“新基础教育”论》于2009年荣获第五届中国高校人文社科研究优秀成果一等奖。“新基础教育”研究深受试验学校的欢迎，并得到相关区域政府与教育领导部门的支持，开创了区域推进学校教育内部改革的实践，在海内外引起广泛关注，被认为是当代中国基础教育改革和高等师范教育发展的一项具有前瞻性和发展价值的研究。

此所研究人员在积极促进试验学校改革发展的同时，催生了当代中国教育学派——“生命·实践”教育学派的面世。叶澜教授撰写的论文：“生命·实践”教育学引论（上、下）——关于以“生命·实践”作为教育学当代重建基因式内核及其命脉的论述》，获上海市第十届哲学社会科学优秀成果论文类一等奖。目前，该学派建设正处在从论丛系列进入到论著系列的新发展阶段。该学派还积极地开展国际学术交流，在与德国洪堡大学、西班牙马德里自治大学、加拿大多伦多大学教育学者的对话、交往中，该学派正走出国门，走上国际对话平台。

2. 携手中西部取得深度合作成效

在叶澜教授策划和倡议下，此基地邀约云南师范大学、广西师范大学、山西大学等中西部地区地方高等师范院校教育科学研究队伍，成立了意在促进中西部地区基础教育改革与发展的合作发展共同体，开展了华东师范大学教育科研力量与中西部地区同行在科学研究、人才培养等方面的合作。目前，此基地正在启动与中西部携手创建素质教育创新示范区的行动，已进行了多次调研和现场研讨，形成了数个相关研究报告。此外，合作发展共同体不仅继续发挥作用，而且拓展出了新的功能。过去在共同体中，合作方式主要是中西部力量加入到东部的项目之中，而现在，新增了基地参与中西部项目（如西南民族自治县基础教育均衡发展研究）这一合作类型；过去强调把东部经验拓展到中西部，而现在则是东、中、西部联手创建素质教育创新示范区，让地方高校发挥更多更大的作用。

3. 决策咨询服务

2005年7月底，叶澜教授、李家成博士、杨小微教授和范国睿教授联名撰写了《转换思路，才能打开新局面——关于当前如何推进中小学素质教育的咨询报告》，针对我国当前素质教育的推进状况提出了十项建议。此报告及时呈报教育部，受到教育部领导的重视，并派专人来到基教所座谈。随后，教育部委托叶澜教授作为首席专家，主持素质教育调研专题“实施素质教育与学校整体变革研究”。叶澜教授还应邀于2006年8月22日参加温家宝总理召开的基础教育改革座谈会，作为五位专家之一首先发言，叶澜教授汇报了几年来在基础教育方面开展的研究后，随后从三个方面对基础教育改革提出了建议。温总理对叶澜教授的建议给予了充分的肯定。

4. 3篇论文被评为全国优秀博士论文

继瞿葆奎教授指导的熊川武博士的论文“论反思性教学”2002年首次荣获全国百篇优秀论文奖之后，叶澜教授的两名博士生李家成的博士学位论文“关怀生命——当代中国学校教育价值的新取向”、李政涛的博士学位论文“教育生活中的表演——人类行为表演性的教育学考察”在2004年、2005年先后被评为全国百篇优秀博士学位论文。一个基地4年中获得3篇全国百篇优秀博士学位论文，这在国内同行中是非常少见的。

四、“十二五”建设思路

总体目标是围绕国家教育发展战略，瞄准学科前沿，以多种方式促进基础教育均衡发展、内涵发展和协调发展。根据国家关于繁荣人文社会科学的要求，努力将基地建设成引领中国基础教育改革与发展的学术高地和原创性研究之重要生成源；推进中国基础教育事业发展和中国教育学理论的更新性发展，将中国教育学建设成具有中国立场、中国气质、接近世界一流水平的学科，形成自己的学派和学术风格；形成一支具有学术责任感、学术底蕴与遵守学术道德、富有创造活力并在国际国内享有较高知名度的高质量教学和研究的学术队伍。

在学科建设方面，一是支撑传统优势学科即教育学原理和教育史专业的持续与创新性发展，加大力度推进“生命·实践”教育学学派建设的进程；二是支持新设二级学科，如教育政策学、教育伦理学和中外教育关系等新兴学科的规范化建设与创新性发展；三是支持新兴跨领域学科，如教育文化学、教育神经科学等的建设与发展。

在科学研究方面，围绕基地建设与发展方向，在中国教育学发展与学派建设、教育政策与法规研究、学校变革与区域推进、教师与学生发展、文化传承与教育理论应用等核心领域中，科学合理地设计与实施基地重大项目，争取国家社科基金系列及教育部重大攻关等高级别项目，将基地科学研究质量和水平推进到一个新的高度。

通过创新学科、创建学派、更新方法、营建团队，努力在学科前沿、思想智库、文科实验室、数据案例库等方面将本研究基地建设成为一流的研究机构。

华东师范大学课程与教学研究所

华东师范大学课程与教学研究所成立于1999年，是教育部首批人文社会科学重点研究基地，附设教育部社会科学委员会教育学心理学部办公室、教育部基础教育课程研究华东师大中心。著名的课程专家钟启泉教授担任首任所长，现任所长为崔允漷教授，赵中建、胡惠闵、吴刚平三位教授为副所长。

21世纪的前十年中，此所秉持“国际视野、专业服务、团队发展”的理念，锐意进取，在基地建设的各个方面均取得了骄人的成绩，发挥了重点基地的引领和示范作用。

一、总体建设情况

此所人才济济，精英荟萃。钟启泉教授为教育部社会科学学部委员、国家基础教育课程教材专家咨询委员会委员，崔允漷教授为国家基础教育课程教材专家工作委员会委员、全国课程专业委员会副理事长，张华教授为国际课程研究促进会（AAACS）现任主席，赵中建教授、王祖浩教授是国家基础教育课程教材专家工作委员会委员。此外，基地还有4人入选教育部新世纪优秀人才，5人入选上海市曙光学者，5人入选上海市浦江学者，1人入选上海市高校优秀青年教师。

此所聚焦课程理论国际化、课程评价与政策、学科课程、教师专业发展与学习科学等研究领域和方向，下设课程与教学理论研究中心、教师教育课程发展中心、教师专业发展中心、学习科学研究中心等机构，主办学术刊物《全球教育展望》(CSSCI来源期刊）以及网络在线刊物《课程研究前沿》。

此所专家相继领衔起草了《国家基础教育课程改革纲要》(送审稿）和《教师教育课程标准》(送审稿）等重要政策性文本，被誉为课程与教学研究领域的“国家队”。十余年来，我所共获得的研究项目有165项，研究经费共计1547万元，发表著作254部，论文1045篇，获得各类奖项共计45次，在国际课程与教学研究领域具有重要的学术影响力。

二、主要成绩和经验

（1）既拥有宽广国际视野，又立足我国教育实际，课程与教学理论研究取得令人瞩目的成绩。十年期间，本所研究人员共出版课程与教学理论著作254部、丛书20套，丰硕的研究成果在国家级、部级、上海市等获得了多个重大奖项。

（2）既立足学术研究，又参与国家课程与教学改革决策和咨询，为我国教育决策的科学化、民主化做出了重要贡献。十年期间，本所研究人员依靠集体智慧，完成5项教育部基础教育课程改革重大决策项目，正在完成2项教育部教师教育改革重大决策项目，向教育部递交了20多份咨询报告。

（3）既注重理论研究，又参与教育改革实践，为我国中小学教育实践的发展做出了应有的贡献。十年期间，本所研究人员承担了众多基础教育新课程国家级培训工作，成为教育部新课程培训的中坚力量。与此同时，还与众多教育行政部门和广大中小学校展开合作，为他们培训教研员、校长、教师，指导改革实践。此所领衔的“E-教研员之家”(http://ejyyzj.ecnudec.com/）深得业界好评。

（4）既重科研，又重教学，为我国课程与教学领域培养了大批优秀人才。十年期间，此所研究人员立足“课程与教学论”国家重点学科，共培养了200多位博士，300多位硕士，留学生10人，博士后进站学者11人以及大批的教育硕士、高级访问学者。

（5）既尊重民族特色，又参与国际交往，为我国课程研究的国际化做出了重要贡献。十年期间，此所共主办7次大型国际会议，研究人员到世界各地参加课程与教学领域学术会议并作学术报告达200人次。特别是在2003年10月成功主办国际课程研究促进会（IAACS）的第一届世界课程理论大会，来自五大洲23个国家的专家学者与会，在国际课程与教学研究领域赢得了广泛赞誉。

三、标志性成果

（1）钟启泉、崔允漷、张华、吴刚平教授领衔起草的《国家基础教育课程改革纲要》

（送审稿），是我国基础教育课程改革的纲领性文件。其成果《“国家基础教育课程改革纲要”研究》为我国新一轮基础教育课程改革提供了一系列基本的课程理念，引领我国新世纪课程改革的基本走向。教育部颁布的《基础教育课程改革纲要》（试行）这一纲领性文件正是以其为蓝本、经过充分讨论而形成的。该成果最终获得了第三届中国高校人文社会科学研究优秀成果一等奖。

（2）钟启泉、张华教授主编的《世界课程与教学新理论文库》，选取了20世纪70年代以来，特别是90年代以后世界课程与教学理论名著，使读者能够对东西方课程与教学理论进行对比研究。该文库包含《学校课程史》、《初任教师手册》、《课程》等一系列世界课程与教学理论界的名著，对所有从事教育事业和课程规划的人员来说，都是一套必不可少的读物。该成果在推动我国课程与教学理论的发展过程中有着非常深远的影响，最终荣获第六届国家图书奖提名奖。

（3）在2010年召开的“全国基础教育课程改革教学研究成果奖”评选中，课程与教学研究所硕果累累，成绩喜人：吴刚平领衔的“校本课程开发”获国家基础教育课程改革教学成果一等奖，崔允漷领衔的“课堂观察LICC模式”以及庄辉明领衔的“教研员研修课程开发”获国家基础教育课程改革教学成果二等奖。此外，在课程与教学研究所的项目合作学校中，有两所学校的课程改革成果荣获了二等奖，一所学校荣获了三等奖。这在全国所有参评机构中是唯一的。

（4）钟启泉教授为首席专家起草的《国家教师教育课程标准》（送审稿）已递交给教育部。该标准研制期间，研究组组织全国教师教育领域的专业力量，集中开展了教师教育课程标准的国际比较专题研究以及我国教师教育课程理论研究的成果总结和实践经验的系统梳理。它为新一轮教师教育课程改革提供整体架构与课程质量标准，对于落实教育规划纲要、深化教师教育改革、规范和引导教师教育课程教学、培养和造就高素质专业化的教师队伍具有十分的深远意义。

（5）施良方、崔允漷主编的《教学理论：课堂教学的原理、策略与研究》，荣获教育部第四届全国普通高等学校优秀教材二等奖。该书是上海普通高校“九五”重点教材中的一册，主要探讨了课堂教学的原理、策略与研究，对教学与教学理论、教学的基本问题等一系列的问题做了阐述。该书内容丰富，讲解深入浅出，通俗易懂，具有一定的系统性、科学性、理论性及实用性，对提高教师的课堂教学水平具有一定的帮助作用，是教师必备的参考工具书。

（6）钟启泉主编的《对话教育——国际视野与本土行动》获得全国高等学校人文社会科学研究优秀成果奖二等奖。钟启泉教授从事合作研究，实地考察日本教育，结识众多日本的学者和中小学教师，该书主要收集了其多年来与这些著名教育学者之间的多篇对话录，围绕这些话题的对话是从中日两国教育发展的现实及其文化背景出发，同时联系当代国际教育思潮来展开的。该书具有一定的针对性和前瞻性，可以作为广大教育研究者和中小学教师进行教育改革实践的思想资料。

四、“十二五”发展思路

1. 继续大力推动青年教师的发展，为青年学者搭建更好的发展平台

大力扶植“70后”学者脱颖而出，是近几年以及未来相当长一段时期内基地建设的

一个重心。

2. 转变研究思路和方法，产生更多高质量的标志性成果

未来有影响力的标志性成果将会越来越多地体现“基于国家战略需求”和“基于证据”这两个特征。与此同时，为了更高质量、更有前瞻性地为国家战略需求服务，课程所集中资金与人才建设“学校课程教学质量改进数据库”。

3. 加快全球化发展，与课程理论研究的国际化全面接轨

与国际最大的课程教学组织美国督导和课程开发协会（ASCD）合作成立 ICI-ASCD 联合研究中心就是其中重要的一步。

此所将再接再厉，同心同德，努力将自身发展成为开放性、创新性、国际性的国家级学术机构，成为中国参与世界课程研究对话的中坚力量。

厦门大学高等教育发展研究中心

在 2001—2010 年间，厦门大学高等教育发展研究中心根据教育部文科重点研究基地五项建设标准，在学术委员会的指导下，全面推进各项工作。在高校人文社会科学重点研究基地第二次评估中获得“优秀”评价，在全国继续保持领先地位。

一、主要成绩和经验

1. 主要成绩

（1）科研团队成效卓著。此中心通过开展一系列高水平的科学研究，一批高素质的国家级一流学术带头人和中青年学术骨干脱颖而出。刘海峰教授于 2010 年被聘为国家教育咨询委员会首届委员，于 2009 年连续入选第六届国务院学位委员会教育学学科评议组成员，于 2009 年当选为全国教育专业学位教育指导委员会教育博士分委员会召集人。邬大光教授于 2008 年被续聘为第二届教育部社会科学委员会委员，于 2010 年被聘为第三届教育部学科发展与专业设置专家委员会委员。史秋衡、林金辉、王洪才教授 3 人入选教育部新世纪优秀人才支持计划。长期以来，此中心学术论文被转载次数，被引频次均高居全国榜首。此中心近五年处加速发展之中，获国家最高等级课题及获国家级奖均达新高。

（2）学科人才协同速进。高等教育学科是迄今为止全国最早的高等教育学国家重点学科。以潘懋元教授为首的“高等教育学学科建设人才培养与教学改革研究”项目和“学术沙龙：情理交融中的人才培养实践”项目，分别于 2001 年和 2009 年获得国家级教学优秀成果一等奖和二等奖。2007 年，此中心邬大光教授指导的博士生胡赤弟的博士学位论文“教育产权与大学制度构建的相关性研究”，获得全国百篇优秀博士论文，这是全国高等教育学科第一篇全国百篇优秀博士论文。

（3）学术交流渐上高台。此中心高质量地参与国内外学术交流。由此中心主办的基地年度会议，与会学者层次高、影响大，在国内外同行中产生着越来越强的学术影响力。此中心与美国哥伦比亚大学、英国伦敦大学、英国南开普顿大学、荷兰莱顿大学、挪威科

技大学、日本广岛大学等越来越多的国外著名大学建立了稳定的合作关系，并已经在学者交流、联合培养研究生等各方面取得明显效果。

（4）咨询服务力促改革。此中心致力成为全国知名的高等教育决策思想库和咨询服务基地之一。邬大光教授、潘懋元教授和刘海峰教授参与了我国《国家中长期教育改革和发展规划纲要（2010—2020年）》的制定、咨询及推广工作。刘海峰还被聘为国家教育咨询委员会首届委员。此中心兼职教授徐辉博士于2006年8月29日为中央政治局委员主讲“世界教育发展趋势和深化我国教育体制改革”。由史秋衡、谢作栩教授主持的“中国高等教育研究数据库”，已经引起全国高教界的广泛兴趣及包括欧美、我国港澳台等地区学者的关注，并获得了国家社科基金（教育学科）国家重点项目立项支持，成为中心服务高等教育研究者的重要平台。

2. 重要经验

在这十年间，此中心始终“以人为本”，以科研团队合力为平台，发挥学术带头人核心作用，提高创新人才培养质量，着力打造一支结构合理、富有效率的科研创新团队，为实现中心建设目标提供了强有力的保障。

（1）领导负责与集体智慧紧密结合。此中心将学术委员会指导下的基地主任负责制落到实处。主任在负责全面工作的前提下，与副主任之间形成分工合作的关系，延续研究机构长期以来已形成的良好文化氛围，充分尊重学术委员会及领导班子成员的意见，与学术骨干进行经常性的沟通。此中心领导班子与分管校长之间建立了定期汇报与协商机制。

（2）自觉奋进与激励竞争紧密结合。此中心一直以来都有“不用扬鞭自奋蹄”的良好科研氛围，在充分信任、自觉主动的基础上，实行了课题组研究人员聘任制和内部分配制度的改革，强化团队合作能力。此中心专职科研人员人均科研课题数、人均经费数、人均获奖数、人均发表权威刊物论文数几年来一直在厦门大学文科系所中排名领先。

（3）科学研究与人才成长紧密结合。此中心具有长于理论研究的传统特色与优势，着力提高咨询服务层次与水平，不遗余力、不拘一格引进学科专业急需人才，优化科研队伍结构。十年间，教授及博士生导师人数得到大幅提升，优秀毕业生层出不穷，国家级人才不断涌现。此中心顺应时代发展，积极寻求与国外著名大学进行高层次合作研究及联合办学，培养新型人才，已取得明显成效。

二、标志性科研成果

1. 潘懋元教授等完成的高等教育基本理论研究系列成果

2001年9月出版的潘懋元教授主编的《多学科观点的高等教育研究》是高等教育领域中属于理论体系研究较早的一本书，推动了高等教育学从经验体系向理论体系的过渡。潘懋元教授著的《潘懋元论高等教育》一书获得教育部颁发的第三届中国高校人文社会科学研究优秀成果奖二等奖。高等教育大众化理论研究成为国内基本理论研究的新生长点，并对国际高等教育大众化理论研究提供了中国经验和特例。

2. 刘海峰教授主持完成的《高等教育考试系列丛书》

此系列丛书包含《高考改革研究丛书》（12本）和《科举学丛书》（7本），由刘海峰主编，由华中师范大学出版社2005—2010年出版；另有其他出版社出版的科举学著作4本，合计23本著作。《高考改革研究丛书》是全国第一套成系列的高考改革理论丛书，为刘海峰教授任首席专家的教育部哲学社会科学重大课题攻关项目“高校招生考试制度改革的理论与实践研究”的成果，受到教育部领导和考试学界的好评。《科举学丛书》于2005—2007年间获部省级一等奖3次，于2009年教育部高等学校科学研究奖（人文社会科学类）评选中荣获一等奖。

3. 谢作栩、史秋衡教授主持的“中国高等教育研究性数据库”

此数据库是由厦门大学高等教育发展研究中心建立的中国最高等级及最大规模的高等教育调查研究数据库。经过谢作栩团队几年的努力，目前已经建成几个可供使用的大型数据子库，部分功能达到了国际先进水平。史秋衡团队于2010年7月中标及担任国家社科基金（教育学科）国家重点课题“大学生学习情况调查研究”首席专家，其核心任务是建立大学生学情调查研究数据库。

三、“十二五”建设思路

1. 指导思想

秉持高教立命、求实创新的理念，以《国家中长期教育改革和发展规划纲要（2010—2020年）》对高等教育所提出的要求为依据，确定发展目标和主攻方向，力求做到建设重点突出，学术特色鲜明，进一步提高中心的学术前沿创新能力、国家高教政策咨询能力和高校发展服务能力。

2. 基地建设目标

将改革与发展中需要解决的重大问题准确分解为十大科研项目的主攻方向，在进一步夯实基础、凝练方向、突出特色的前提下，多出高质量的标志性成果，努力增强高等教育研究服务国家社会经济发展、决策咨询的能力，继续保持高等教育研究的国内领先地位，并向国际先进水平迈进。

为此，将围绕当前我国社会发展所面临与高等教育体系改革密切相关的若干重大攻关问题，从理论和实践上开展探讨，以寻求适合我国国情的可行的解决方案和理论基础，构建国内外高等教育高层次学术交流平台，为国家高等教育体系改革与发展提供前瞻性和预见性的咨询和决策建议。在学术队伍建设方面，本学科将不断提高学科带头人和学术带头人的比例，加强青年教师队伍建设，加大力度引进国内外名牌大学博士毕业生和国家建设高水平大学公派留学博士毕业生。在突出高等教育研究方向与特色的基础上，继续做强相关学科领域，努力争取申报教育史国家重点学科和教育经济与管理国家重点学科。在国际学术交流与合作方面，将迅速加强我校高等教育研究在国际上的影响力，密切与国际著名教育研究机构和著名学者的联系，努力成为国外学者了解和研究中国高等教育的窗口和学术交流的高地。

郑州大学公民教育研究中心

郑州大学公民教育研究中心成立于2001年12月；2003年11月成为首批河南省高校

人文社科重点研究基地；2004 年 9 月，经教育部评估验收，成为教育部省属高校人文社科重点研究基地。此中心有专职研究人员 15 人，其中，高级职称 13 人，具有博士学位者 10 人。

此中心秉持“传播公民知识、培育公民意识、提高公民素质、服务和谐社会”的宗旨。自成立以来，发表学术论文 500 余篇，出版专著 40 余部，获教育部和省级人文社科研究优秀成果 20 余项；主持国家社科基金项目 10 余项，省部级课题 30 余项。2008 年 7 月，在日本东京大学召开的“2008 亚洲教育改革论坛东京大学高峰会”上，此中心被评为“21 世纪亚洲最具发展潜力教育机构”。

一、主要成绩

1. 凝聚学术方向

目前形成四个相对稳定、特色鲜明的学术方向，即公民教育思想史研究、公民教育理论体系研究、公民意识教育研究、公民教育实践形式研究，围绕这些方向，出版了国内第一套《公民教育研究丛书》和《公民素质研究丛书》，目前，两套丛书共出版著作 20 余部。

2. 汇聚科研队伍

此中心以郑州大学马克思主义学院相关研究人员为主体，汇聚了来自郑州大学相关院系有志于公民教育研究的学者。同时，通过主办高水平全国或国际学术研讨会、面向全国聘任兼职研究员、邀请国内外知名学者到此中心讲学以及面向全国开展课题招标等形式，汇聚了国内外公民教育研究的专家学者。

3. 构建发展平台

一是构建学术基地平台。此中心联合郑州大学马克思主义哲学研究中心、公共管理研究中心、宪法与行政法研究中心、河南省中原文化研究中心等河南省高校人文社科重点研究基地，形成了多个学术机构共同参与公民教育研究的学术基地平台。二是构建学科平台。2005 年，以此中心学术队伍和研究成果为核心支撑，郑州大学获批思想政治教育博士点；2010 年，以此中心学术队伍和研究成果为主要支撑，郑州大学获马克思主义理论一级博士点；“法治建设与公民教育”被列入郑州大学“211 工程”三期建设重点学科建设项目。三是构建社会实践平台。建立了深圳市深宛中学公民教育实验基地、河南省信阳市平桥区中小学公民教育实验基地、河南省许昌市企业公民教育实验基地等。

4. 推进改革创新

一是科研体制创新。郑州大学社科处直接领导此中心工作，整合学校多学科力量，实行首席专家制度；同时，建构以公民教育重大问题专题研究为核心的动态开放的科研体制。二是理论创新。提出青少年“三理”(伦理、生理、心理）教育理论体系。从身份认知、权利、义务、意识、行为五方面提出公民教育实践设想。三是学科建设创新。把公民教育研究确立为思想政治教育博士点的主攻方向，出版《公民教育研究博士文库》，呈现中心有关公民教育的博士学位论文成果。

二、基本经验

1. 强化学科交叉，发挥综合优势

此中心基于公民教育研究是一个跨学科的研究领域，发挥郑州大学学科门类齐全的优势，融通文、史、哲、政、经、法、心理等多个学科，对公民教育问题进行多学科综合研究，形成跨学科研究格局。

2. 注重项目带动，加强理论创新

此中心围绕公民思想史、公民教育理论和公民教育实践三个主题，先后组织面向全国的招标课题 20 余项，通过项目招标，推动理论创新。

3. 推动成果转化，服务决策咨询

此中心非常注重研究成果的实践转化，通过这种转化，走出一条“以贡献求发展、以有用求支持”的自我造血、自我提升的发展之路，提高公民教育研究对政府决策的影响力和服务经济社会发展的能力。此中心承担的河南省社科规划重大课题“青少年‘三理’教育体系研究”成果，被河南省委采纳，推动了“三理”教育在河南省的全面展开。

三、标志性研究成果

1.《公民教育研究丛书》

该丛书集中展示此中心在有关公民教育理论与实践问题方面的研究成果。目前已出版《中国共产党公民教育理论与实践》、《公民学概论》、《公民教育概论》、《国外公民学》、《公民权利意识研究》、《西方公民学》、《公民道德导论》、《21 世纪中国公民教育的机遇与挑战》《公民意识研究》、《论公民德性》等专著。

2.《公民素质研究丛书》

该丛书集中展示此中心在有关公民素质理论与实践问题方面的研究成果。目前已出版《公民政治素质研究》、《公民科学文化素质研究》、《公民健康素质研究》、《公民经济素质研究》、《公民社会能力素质研究》、《公民思想道德素质研究》、《公民法律素质研究》等专著。

3. 重大项目成果

主持国家社科基金项目“中国公民社会的兴起对政策过程的影响研究”、“青少年公民责任意识教育研究”、“中国近代公民教育思想研究”、“社会主义荣辱观教育及其实效性”、“马克思主义人学中国化研究”等 10 余项。主持教育部人文社科重点研究基地重大研究项目 4 项。

4. 公民教育实践成果

主持的河南省社科规划重大项目“青少年‘三理’教育体系研究”成果被评为优秀成果，并被河南省委采纳，促成河南省文明委颁布《关于在全省未成年人和大学生中开展伦理、心理、生理知识教育的实施意见》，推动了“三理”教育在河南省的全面展开。为配合“三理”教育的有效开展，此中心编辑出版了《未成年人伦理心理生理知识教育丛书》，共计 4 部著作。关于“三理”教育的研究成果被《人民日报》、《光明日报》、《河南日报》等媒体推广。

四、“十二五”建设思路

此中心将以凝练学术方向为关键，进一步凸显公民教育研究的马克思主义思想资源和中国特色；以学术队伍建设为根本，通过首席专家制度，汇聚国内外一流专家学者；以重大理论和现实问题为主攻方向，增强服务中原经济区建设的能力；以重大成果培育为抓手，力争在国家社科重点项目或重大项目申报上有突破；以科研体制改革为动力，促进基地管理中行政原则与学术原则的有机融合；以理论创新为根本，建构中国特色公民教育研究理论体系。通过五年建设，使此中心学术方向更加优化，科研队伍更加优秀，发展平台更加宽广，社会服务能力更加增强，把此中心打造成国内一流，并有一定国际显示度和影响力的高水平公民教育研究学术机构。

为此，将重点实施四大工程：

1. 学术团队汇聚工程

以郑州大学优势学科为平台，瞄准学科发展前沿和国家及中原经济区建设发展战略，在保持既有特色优势的基础上，进一步凝练学术方向，尤其加大马克思主义公民教育思想、中国传统文化与公民教育之关系等的研究，凸显公民教育研究的中国特色。围绕学术方向，建立以首席专家为引领、以领军学术带头人为核心、后备学术骨干为中坚、青年人才为梯队的结构合理、创新能力强的高水平学术团队。

2. 重大成果培育工程

充分挖掘郑州大学相关学科潜力，注重学科交叉融合，探索开放、集成、高效的科研协同创新模式，完善高水平科研项目和高水平成果的培育与申报机制，力争产出更多具有重大社会影响和学术价值的标志性成果。

3. 学术交流拓展工程

在进一步加强与国内相关科研单位学术交流的基础上，更加注重国际合作交流，与国外高水平科研机构开展更为实质性的学术合作，推进国际合作协同创新模式，选派研究人员、博士生、硕士生到国外高校或研究机构访问、学习、合作研究，提高学术研究的国际化水平，提升我国在公民教育研究方面的国际学术影响力和话语权。

4. 公民教育实践创新工程

在继续做好现有的学校公民教育实验基地建设的基础上，积极开展社区公民教育实验基地、企业公民教育实验基地等的建设，进一步提升服务国家和区域经济社会发展的能力。

北京外国语大学中国外语教育研究中心

一、总体情况

北京外国语大学中国外语教育研究中心于2000年9月被教育部正式批准为普通高等学校人文社会科学重点研究基地。2010年5月12日，此中心顺利通过了教育部社科司组织的高校人文社会科学重点研究基地第二次全面而严格的评估。经过十年的发展，此中心已拥有了一支稳定而精干的研究队伍和一套适用而健全的管理制度，产出了一批具有初创性的研究成果，培养了一百多名高素质的外语专业研究人才，在国内外同行中有了较高知名度和较大影响力，是我国外语教育事业发展的一个缩影，充分发挥了我国外语教育“思想库”、“人才库”、“信息库”的作用。

二、主要成绩和经验

经过十年的奋斗，此中心在队伍建设、学科建设与科学研究、人才培养、管理制度、社会咨询服务五个方面均取得重要成绩。

（一）队伍建设

目前，此中心主任为文秋芳教授，常务副主任为王克非教授，副主任为陈国华教授；共有10名专职研究员、1名专职教师、1名顾问、6名兼职研究员、4名博士后、5名管理人员。近几年，此中心还吸纳了多名海外兼职研究员，聘请了外籍专家，以促进学术和教学的国际交流。十年间，此中心成功地完成了专职研究员的新老更替，实现了专职研究员的平稳流动，使研究队伍的年龄结构与知识结构更趋合理，逐步形成了一支较为平衡、跨语种、跨学科的研究团队。

（二）学科建设与科学研究

如何对已有的研究力量、研究重点和发展目标进行优化组合，是中心一直探索的问题。早先，此中心的研究方向分为基础研究和应用研究两大部分。近年来，为了适应新的形势，进一步凝练方向，此中心将主攻方向调整为以应用研究为主，分外语教育政策研究、课程与教学资源研究、教师与教学研究、学习者与学习研究、测试与评估研究五个方向。在"十二五"规划中，此中心重新思考和确定了未来发展的新战略、新组合，即以国内外语言政策与规划研究、中国外语教育体系改革研究和语言资源与技术应用研究三大项目重新布局。

在科学研究方面，此中心承担了各类科研项目58个，在国内外发表研究论文466篇。一项成果获中国高校人文社会科学优秀成果奖二等奖，一项成果获北京市第五届教育科学研究优秀成果奖一等奖。

（三）人才培养

按照教育部的要求，中心定位为以科研为主、人才培养为辅的科研教学型实体，教学科研相辅相成，共同发展。一方面，应用型的科研促进了教学；另一方面，鼓励研究生参与科研项目，使得他们在实践中得到培养和提高。十年间，此中心招收和培养了111名博士生、239名硕士生，在人才培养方面取得了显著的成绩：近三年，连续有博士学位论文获北京市优秀博士学位论文奖和全国百篇优秀博士论文奖；硕士研究生教改项目"建设研究-教学型导师团队，培养高素质外语教育人才——研究生教育改革探索"分别获得2008年北京市教育教学成果一等奖和2009年国家级教学成果二等奖。

（四）制度建设

思路转变的一个重要步骤就是抓制度建设。此中心以教育部基地管理办法为指导，不断探索适合而有效的管理制度，先后制定了30多个文件，涵盖日常工作的方方面面，经集体讨论形成共识后执行，如两周一次的"例会"制度，行之而有效。此中心每年还根据发现的新问题，及时对相关管理文件作合理的修订。

（五）社会咨询服务

此中心通过多种方式，为社会与政府提供咨询服务。下面扼要介绍几项主要工作：

1. 服务奥运会

从2000年9月到2001年5月，陈国华老师和王立弟老师接受北京2008年奥运会申办委员会委托，主持北京奥申委各种中英文文件（其中最重要的是3卷本申奥报告）的翻译；陈国华老师还受聘为上海2010年世博会申办报告评审委员，为世博会申办成功做出了贡献。

2. 推出“北外英语翻译资格证书考试”项目

2001年11月，此中心推出“北外英语翻译资格证书考试”项目，利用名牌大学的品牌效应开发面向社会考试。2003年8月，北京外国语大学和教育部考试中心签署协议，将该考试更名为“全国外语翻译证书考试”，在全国实施。

3. 设立中国外语教育基金

2001年，此中心与外语教学与研究出版社联合创立了中国外语教育基金。此基金课题在全国范围内招标，辐射范围广泛，有效资助了高校教师开展外语教学研究。经过近10年的努力，目前中国外语教育基金已经成为有较大影响的学术品牌。

4. 举办全国高等学校英语教师教育与发展系列研修班

从2006年开始，此中心与外语教学与研究出版社联合，每年暑期举办全国高等学校英语教师教育与发展系列研修班，现已举办了25期，参加教师达6000人次，对提升我国外语教师的专业素质起到了积极的促进作用。

5. 举办全国外国语言学及应用语言学研究生暑期学校

2009年7月4日至20日，此中心成功举办了2009年教育部研究生教育创新计划——全国外国语言学及应用语言学研究生暑期学校，培训了来自近百所大学的150名学员。

6. 创办《世界语言战略资讯》

2010年，此中心创办了内部参考刊物《世界语言战略资讯》(月刊)，这是中心经过数月筹备，集结北外多语种资源，致力为国家语言宏观决策服务，具有战略性、信息性和及时性的资讯月刊。

三、标志性研究成果

1.《翻译文化史论》

王克非教授的这部著作，从文化思想史角度考察翻译对于民族文化发展的影响，分总论、中国古代部分、中国近代部分、外国部分，以翔实的史料论证了翻译在文化史上的重要作用。作者认为文化及其交流是翻译发生的本源，翻译是文化交流的产物，也是促其繁荣、变异的要素；翻译过程是一个文化感受的过程，不同程度地包含着理解、比较、选择、融会和创新，反映了社会的交往、文化的沟通与互惠互促。此书获得2003年第三届中国高校人文社科研究优秀成果奖三等奖。

2.《最简方案框架下的广义左项合并理论研究》

戴曼纯教授的这部专著，按照最简方案提出的研究思路探讨了语言运算的优化模式，其论述扩大了语段推导的解释范围，将一切操作纳入广义左向合并推导。2004年9月，此书获北京市第八届哲学社会科学优秀成果二等奖。

3. *Spatial Demonstratives in English and Chinese*：*Text and Cognition*

吴一安教授的这部著作，探讨和对比了英汉空间指示语的基本语义和语义蕴含，探究了英汉空间指示语基本语义的五种相似引申趋势及其成因、英汉物指空间指示语在引申用法上的三种差异及成因，并在此基础上探讨了语言本质和性能。2006年12月，此书荣获第四届中国高校人文社科优秀研究成果奖三等奖。

4.《中国高校外语教学改革现状与发展策略研究》

刘润清、戴曼纯的这部著作共分上下两篇，上篇为宏观研究，专论我国高校外语教学改革现状与发展策略；下篇为微观研究，用实证研究调查外语学习者因素、教师及教材等。作者通过广泛调研，既描述了高校的英语教学改革现状、教师素质，还为外语教学改革提出了参考性建议。2008年7月，此书获北京市第五届教育科学研究优秀成果一等奖。

四、“十二五”工作思路

“十二五”建设的总体目标是：努力将中心建设成国内优秀重点研究基地、国际知名研究机构，具体地说，就是要具备联合多学科专家解决国家重大问题的能力，拥有产出高显示度标志性成果的能力。实现上述目标的指导思想是：服务国家、突出重点、优化团队、迈向国际、打造学术品牌。

“十二五”期间，中心将围绕国家发展战略，依托北外拥有49个语种的优势，调整和设立三个研究方向：（1）语言政策；（2）外语教育；（3）语言技术应用。同时中心将积极推进“走出去”与“请进来”的战略，全面增强中心的国际参与能力、国际对话能力与国际学术影响力。

南京师范大学道德教育研究所

南京师范大学道德教育研究所成立于1994年8月，2000年9月25日被教育部正式批准成为教育部人文社会学科百所重点研究基地之一。此研究所现有专兼职教授共19名、副教授4名，现任所长为金生鈜教授。此研究所下设道德教育基础理论研究中心、道德教育课程发展研究中心、公民教育研究中心、品德心理研究中心、传统文化和道德教育研究中心、班主任研究中心、《道德教育评论》编辑部等研究机构；主要学术带头人有鲁洁教授、班华教授、金生鈜教授和高德胜教授等。从2001年到2010年，在教育部、江苏省教育厅、南京师范大学及其他有关部门的关怀和支持下，在全体专兼职研究人员的共同努力下，此研究所在科学研究、人才培养、学术交流等方面积极进取，各项工作取得了全新的发展。

一、主要成绩和经验

在这十年建设过程中，此研究所坚持以国家、社会、教育、学科发展的需要为导向，聚焦热点问题，选择重大问题进行研究，逐渐形成了道德教育的各个具体的研究方向，主要包括德育基本理论研究方向、德育心理学研究方向、德育课程研究方向、文化传统与道德教育研究方向，等等，为中国学校德育的发展提供了原创性的理论支持，尤其是鲁洁教授所提出的“生活德育理论”，在新世纪的德育课程改革中发挥出了主导性作用，并在国际道德教育理论界产生了一定的影响力。

此研究所积极提升基地科学研究的物质条件。在“十五”规划建设和“十一五”规划建设期间，此研究所的物质条件逐渐得到了改善，行政及科研办公用房面积达380平方米，图书资料室用房面积达420平方米，拥有完善的办公设备。同时，此研究所拥有道德教育专业图书资料室，并且配备了专职资料人员，拥有中文藏书40000册，外文藏书8000册；中文报刊130种，外文报刊50种。

通过这些年的建设（包括物质条件的建设和学术条件的建设），此研究所成为了一个物质条件优越、学术氛围浓郁、科研人才济济的研究基地，整个研究团队的研究水平得到了提升。2006年，此研究所的道德教育理论研究团队还因研究水平的突出而被评为“江苏省高校‘青蓝工程’科技创新团队”，这表明了此基地在人才队伍建设方面取得了突破性进展。同时，此基地还坚持自身的理论研究特色，积极开展国际交流与合作，为政府部门提供政策咨询服务，使基地的科研水平和研究氛围日益得到提高和增强。

二、标志性成果

此研究所强化了基地内部的学术思想的交流，每月一次“道德教育工作坊”，每半年一次“正德高级学术讲座”，加强不同学科、不同专业之间的学术交流。同时，定期开展的学术活动和有关奖励制度有效地激励了此研究所专兼职人员积极承担各项科研任务，形成了系统的有重大影响的标志性成果。

1. 道德教育当代发展研究系列成果

这主要体现在鲁洁教授的《道德教育的当代论域》、高德胜教授的《道德教育的时代遭遇》等相关的研究论著中。鲁洁教授的《道德教育的当代论域》是此基地整体策划和协同攻关的基地重大课题“学校道德教育理念与模式的反思——生活德育模式的建构”代表性成果。该研究成果将德育过程视为人对人的理解过程，既超越了道德与人的二元对立，也超越了教育者与受教育者的二元对立，为道德教育找到了人学基础。这对当代德育研究与实践无疑具有深远的意义。高德胜教授的《道德教育的时代遭遇》是全面、深入探讨现代人、现代生活、现代德育的时代遭遇的专著，将道德教育的实在境遇凸显出来，为道德教育回应时代挑战做出了有益探索。本书站在时代的高度研究道德教育，书中关于媒介与德育、网络与德育、全球化与德育、城市化与德育、家庭变迁与德育、环境与德育、生命与德育、休闲与德育、性别与德育的研究，开辟了道德教育研究的新领域。

2. 德育心理学研究系列成果

青少年道德发展和道德品质形成的心理机制是道德教育的重要的基础，这一方面的研究是世界性的热点研究领域，对于丰富道德教育理论，为道德教育实践提供坚实的理论基础具有重要的意义。此研究所站在这一领域国内领先的前沿位置。郭本禹教授率领的团队对于青少年道德发展和品德形成的心理机制进行了基础性的研究，在国内道德教育心理学界产生了重要的影响。这项成果在上海教育出版社以《德育心理学系列丛书》出版，填补了国内在德育心理学研究中的空白。

3. 中国文化传统与德育思想研究系列成果

在我国过去一段时间德育工作中，社会教育和学校教育不注意结合中国的伦理传统和德育经验，缺乏对新形势下德育出现的新特点的把握，道德生活的传统基础不断削弱，而西方的道德教育思想和模式在某种意义上难以完全适应中国社会的独特传统与现实，因此，构建符合中国国情的德育模式显得特别需要。汪凤炎教授的标志性成果《中国传统德育心理学思想及其现代意义》、《“德”的含义及其对中国当代德育的启示》等论著，探索符合中国人文传统和人格发展的德育心理机制，是建立在良知及其迁移的心理基础，建立中国独具特色的德育理论。他提出了德化人生的德育理念，提出道德教育不仅要关注现代文化、当下文化，而且也不能遗忘传统文化，要重视传统文化的德育意义。

三、“十二五”发展的总体思路

此基地依据发展现状，计划在理论研究、学科建设、社会服务、人才培养方面把基地建设成在国际学术界具有重要影响的、对国家道德文明建设起重大作用的研究平台；将开展国内外合作，形成攻关项目和攻关团队，形成学术精品，形成中国道德教育进入世界学术领域的拳头产品。其主攻方向是：

(1) 巩固基地作为国内道德教育理论原创中心的地位。为了更好地在全球化时代与社会转型期的背景下，对中国社会道德文明建设起到理论与实践的指导作用，此基地的基本目标是进一步巩固作为国内道德教育理论原创中心的地位，在此基础之上，建成在国际道德教育研究学术界具有重要影响的一流研究平台。

(2) 将此基地建设成政府政策和教育政策的咨询服务机构，为国家在道德教育领域的重大决策提供直接的理论支持，为各地、各级政府有关部门提供道德教育研究和实践的咨询服务。计划在“十二五”期间，每隔两年发表《中国青少年道德发展现状白皮书》，每年发表《中国道德教育研究年度报告》，为各级政府和教育部门制定道德教育的有关政策、措施提供指导。

(3) 进一步提高和完善基地作为国内道德教育实践服务基地的功能，针对全球化时代和社会转型期出现的社会重大道德问题，为社会各界、各部门开展道德建设提供指导；针对大中小学校道德教育实践中的问题，为大中小学校的道德教育实践提供理论和实践指导。同时，继续完善“生活德育”的理论和实践研究，推进大中小学校德育课程的改革和发展创新，为各级、各地中小学校提供思想品德课程教师的培训服务。

(4) 此基地将致力于培养具有高水平的道德教育研究人才。基地将以德育学博士点和博士后流动站为基础，加强不同学科间的合作，加强国内外交流与合作，拓宽国内外学术交流的领域，引进国内外道德教育的一流学者来所讲学和任教，通过这些渠道来培养具有高水准的、一流的道德教育研究人才，建设高水平的道德教育研究团队。

清华大学高校德育研究中心

一、总体情况

2001—2010年间，清华大学高校德育研究中心紧紧围绕党和国家关于进一步加强和改进大学生思想政治教育的重大部署，针对新形势新任务新要求，突出高校德育工作发展中的重大理论和现实问题的研究，努力促进高水平创新成果的产出；全面按照教育部高校人文社科重点研究基地的五项建设标准和管理规定，着力加强科研队伍和运行机制建设，扩展学术交流和社会服务，推进基础设施和信息化建设；基地建设的整体水平大幅提升，各项工作取得明显成效，基本实现了预定的建设目标和任务。

二、主要成绩和经验

1. 立足学科前沿，开展高校德育重大问题研究，促进理论创新

按照中央16号文件提出的加强和改进大学生思想政治工作的部署要求，此中心紧紧围绕贯彻落实科学发展观、构建社会主义和谐社会；用社会主义核心价值体系引领社会思潮，做好青少年思想道德教育工作的新任务，精心组织实施科研规划的立项及研究工作，取得了丰富的研究成果。十年期间，此中心科研人员共承担各级各类课题101项，经费总额达1200万元，其中包括：基地重大项目11项，国家社科基金项目13项（含马克思主义理论研究和建设工程项目2项），教育部社科重大课题攻关项目1项，教育部社科一般项目27项，北京市社科项目8项，企事业单位委托项目27项，等等。以上科研项目形成了丰富的科研成果，以重点研究基地为第一署名，已出版学术专著17部，发表期刊论文149篇，提交政府部门并被采纳的研究咨询报告2份。获得的各类科研成果奖项包括：北京市哲学社会科学优秀成果奖8项，中宣部优秀新闻作品奖1项。

2. 面向高校德育发展的现实需求，参与决策咨询和提供社会服务

围绕践行社会主义荣辱观、建设社会主义和谐社会、开展社会主义核心价值体系学习教育等主题，此中心因势拓展学术交流和咨询服务，推动课题攻关，促进成果转化，努力发挥了基地的学术平台和思想库作用。第一，共举办国内学术会议6次，国际学术研讨会2次，各类研讨班20余次。其中，与教育部社会主义荣辱观研究课题组联合主办的全国高校专家学者高端学术论坛（“高校德育论坛——加强社会主义荣辱观研讨会”）、全国20多所高校领导和专家学者参加的“高校德育论坛——加强和改进高校辅导员队伍建设研讨会”等产生了很好的社会反响。与美国哈佛大学、日本的东北大学及一桥大学建立了学术交流合作关系，派出境外研修访学30人次，接受来华交流学者20人次。第二，承担了一批重大委托任务。其中包括，参与中央16号文件学习辅导读本编写，“思想道德修养与法律基础”教材统稿修改和教学参考书修订，担任《国家中长期教育改革和发展规划纲要》“教育系统党的建设”战略专题研究组组长等重要工作。第三，接收北京市高校思想政治理论课研修教师4届共65人，与清华大学心理咨询中心合作举办5期培训班，为高校培训了一批心理咨询师。主办高校学工干部和地方领导干部高级研修班，在社会服务中发挥了人才培训基地的作用。

3. 推进科研体制改革，增强自我发展和创新能力

此中心在承担和完成重大科研项目过程中，一手抓成果的产出和转化，一手抓组织管理和基本建设，以此带动体制机制的改革，增强了中心的自我发展能力。第一，与本校其他相关学科力量相结合，成功申报了马克思主义理论一级学科及其博士后流动站，并被评为北京市重点学科。第二，在重点研究领域，通过引进和培养，增加了5名学术带头人和学术骨干；通过教育部、北京市的人才计划和骨干研修的培养以及国外访学等措施，科研队伍的素质得到进一步提高，现有专兼职18名研究人员全部为正副教授，教授比例达到61%。第三，“小核心、大网络”（以专职人员为核心骨干，由思想政治理论课教师、学校学生工作系统等实际工作部门人员、校外聘任的专家学者组成协作网络）以及“三结合”

（专兼职结合、校内外结合、老中青结合）的科研体制和运行机制基本形成，并不断完善发展，在承担的科研任务特别是重大课题攻关项目中发挥了重要的组织保证作用。第四，中心专设网站两次改版更新，累计访问量逾50万人次；图书期刊藏量进一步增加，办公设施设备进一步改善更新；已自建高校德育专项数据库2个。

三、标志性研究成果

10年间，此中心推出了两项标志性成果：

（1）张再兴等的专著《网络思想政治教育研究》，64万字。该成果坚持唯物史观的基本观点，开展多学科联合攻关，深入地揭示了网络思想政治教育的适应性、发展性矛盾，对网络环境下虚拟与现实、主体与客体的关系等重大理论问题展开了基础性研究，对于校园网络信息安全、博客传播、网络舆论描述和测量、基于网络舆论的危机管理、网络话语体系、网络依赖的干预辅导等突出的网络思想政治教育专题，展开了原理机制和对策、技术和方法研究，提出了校园网络环境下大学生思想政治教育的策略和模式。该成果开拓性地探索了网络思想政治教育实践中的重点难点问题，在理论研究和实践研究两个方面都有重大突破，有很高的学术价值和应用价值。

（2）《社会思潮论丛》。包括《论个人主义思潮》、《论民族主义思潮》、《论新自由主义思潮》和《论民主社会主义思潮》四本专著，不但旗帜鲜明地坚持和捍卫了社会主义意识形态的主旋律，而且抓住了影响大学生青年群体的四个重大思潮进行了系统的研究和分析，对于引导青年学生把握正确的思想导向具有较强的现实指导意义。该套丛书深刻挖掘了相关理论问题，提出了许多具有重大参考价值的观点和理论，对各个相关学术研究具有长久的参考价值。

四、"十二五"的建设思路

此中心建设将进一步凝练科研主攻方向，产出高水平标志性科研成果，为提高大学生思想政治教育工作科学化水平提供服务；更加注重科研成果质量的提高，基础研究和应用研究协调规划，成果产出和转化并重推动，科学研究和学科建设互动发展；更加注重内涵发展，进一步提高解决重大实践问题的综合研究能力和团队攻关能力，提高参与重大决策的能力，增强学术影响力，增强自我发展的能力，努力建设成国内一流的研究机构。

1. 进一步凝练主攻方向，整体规划科研项目

围绕提高大学生思想政治教育工作科学化水平的中心目标，按照坚持马克思主义理论对高校德育研究的主导地位、深化社会主义核心价值体系的主旋律教育、发挥思想政治理论课教学的主渠道功能、促进大学生思想政治教育实际工作的主阵地建设四个主干领域，进一步凝练科研的主攻方向。整体规划支撑主攻方向的五年科研项目，重点推出2~3项标志性显著的高水平成果。

2. 进一步推进学术梯队建设，加强骨干人才培养

通过重大项目的队伍组织工作凝聚优秀人才，借助马克思主义理论博士后流动站重点培养骨干人才，有计划地安排基地专职研究人员到国外高水平相关学科研修或从事合作研究，提高学术骨干的国际化水平。坚持引进和培养相结合，在重点研究领域和主攻方向上，增加50岁以下学术带头人和45岁以下中青年学术骨干3~5名，努力建设一支结构更加合理的科研团队，增强基地持续发展的人才保障。

3. 进一步拓展学术交流，加强学术交流平台品牌化建设

着力组织高端学术论坛以提高学术交流质量，增强基地的学术影响力；注重邀请相关学科专家学者参加研讨交流，以增强跨学科综合研究能力；以承担当代国外德育思想发展研究等基地重大项目为背景，举办国际学术交流研讨会，发展与国外相关学科领域的交流联系。依托清华大学思想政治理论课教育教学优势，打造具有广泛影响力的学术交流平台，努力形成品牌。

4. 进一步促进成果转化，重点开展特色社会服务

着重抓好主攻方向的研究成果向思想政治理论课教学层面的渗透和转化。利用好、发挥好挂靠此中心的北京市思想政治理论课教师研修基地的辐射作用，推广基地的研究成果，重点拓展具有特色的社会服务。

北京师范大学发展心理研究所

一、总体情况

北京师范大学发展心理研究所是1999年12月由教育部首批成立的人文社会科学重点研究基地；有专职人员22人，兼职人员8人；教授18人，副教授5人，讲师等7人；其中，资深教授1人，教育部长江学者特聘教授1人，入选跨世纪优秀人才培养计划者2人，入选新世纪百千万人才培养工程者1人，入选新世纪优秀人才培养计划者4人，入选全国哲学社会科学科研骨干研修班2人。

经过多年建设，此基地已经具备了相当的学术基础和人员条件，科研团队能力突出，在国内外赢得了良好声誉，一直是国内发展心理学的排头兵。此基地的“发展心理学”于2001年被确定为国家重点学科，2005年，“发展心理学”本科课程被评为国家级精品课程。近年来，此基地通过学术方向的凝练和学术队伍力量的汇聚，围绕发展心理学研究中的重大基础问题、现实应用问题以及学科建设重点问题展开深入探讨，为北京师范大学心理学科的发展奠定了坚实的基础，为全国心理学科，尤其是发展心理学科的繁荣和发展贡献了重要力量。

二、主要成绩和经验

1. 主要成绩

（1）此基地在2003年教育部对首批“重点研究基地”的各项评估中全部获“优”，被评为四个“优秀”基地之一。在2009年度高校人文社会科学重点研究基地第二次评估中，基地以总排名第四、心理学类排名第一的优异成绩再次被评估为“优秀”。以此基地为基础，发展心理学获得了国家重点学科，以重点学科为基础，北师大心理学一级学科被国务院学术委员会评估所评为全国第一。

（2）打造了一支强有力的学术队伍。经过多年的建设，此基地现已形成一支具有较好的知识及年龄结构的师资科研队伍。在22名专职人员中，21名具有博士学位，科研人

员均具有出国进修学习的经历，专业基础扎实，学术视野开阔，科学研究能力强，具有很好的外语能力。整个团队不仅具有深厚的学术传统，而且在学科发展方面也保持着前沿水平，成为国内发展心理学领域的领军人物。

(3) 依托课题攻关计划，汇聚优势研究力量，取得了一批高质量的优秀成果。10年间，此基地科研人员共获得各类科研项目155项，共计科研经费4756万元。共发表学术论文1230篇，其中发表在SCI、SSCI期刊上的论文95篇，发表在CSSCI期刊上的论文1061篇。公开出版学术著作、教材54部。各项研究成果先后获得国家级和省部级奖励46项，获百篇优秀博士论文2篇，在学术界和社会中引起了广泛的影响。

(4) 通过学术论坛计划、未来学人计划、政府咨询计划、学术名刊计划等措施，充分发挥了基地在国内发展心理学领域的领先地位。例如，通过举办崇德学术论坛、朱智贤学术研讨会等特色学术会议活动，与国内外专家学者就学科发展和研究前沿问题及面向现实的重大问题进行了富有成效的研讨。以朱智贤心理学奖励基金为依托，实施未来学人计划、博士生访学计划，为来自中西部地区心理学薄弱院校的青年学者提供驻所访学的机会。

(5) 通过深化国际合作计划，逐步推动学术成果发表的国际化，有力提升了基地的国际影响力。此基地先后与美国、德国、日本等国家的科研机构建立了长期合作关系，这10年间，共计邀请国外专家来华访问讲学83人次，同时选派基地人员出国进修、访问和讲学51人次，资助基地人员参加境外学术会议71人次。共申请获批了16项国际合作项目，累计科研经费1562万元。

(6) 通过改革课程教学模式和方法、增强实践应用、创设课题参与机会等教学模式创新，并辅以选送出国、博士生访学计划、学术沙龙等措施，为国家培养了446名高质量的发展心理学高级人才。其中，有2名博士研究生的论文入选全国优秀百篇博士论文，3名博士研究生分别获得求是奖学金和华藏奖学金，30余名研究生获北京师范大学优秀毕业研究生称号。目前，这些人才已陆续走向社会，成为国内发展心理学领域的中坚力量。

2. 主要经验

(1) 抓队伍建设，促基地发展。早在1985年发展心理研究所成立之际，其创办人兼第一任所长朱智贤教授就一贯重视学术队伍的建设。第二任所长林崇德教授仍然十分重视学术队伍的建设，并且还将这项工作赋予了更深刻的内涵："学术梯队建设是学术机构的生命所在"。十年来，紧抓学术梯队建设的思想与实践、团结协作、开拓创新，已成为基地进行学科建设的优良传统。

(2) 更新与凝练学科方向。这10年间，此基在研究对象、内容与方法方面都有了长足进展。例如，认知发展的研究对象从儿童、青少年扩展到老年人，研究手段由行为观察发展到借助仪器对脑功能的研究。同时，经过全体科研人员的多次磋商，此基地不断协调科研力量和队伍，凝练新的研究方向，展开课题攻关，取得了一批代表性的研究成果。

(3) 研究课题服务于重大社会问题。10年间，此基地连续开展了几项重大社会问题的心理学研究。例如，林崇德教授主持的"创新人才与教育创新的研究"、申继亮教授主持的"处境不利儿童心理发展状况与教育对策研究"、方晓义教授承担的"中国年轻流动人口性病艾滋病干预研究"等，都密切关注社会生活中的重要问题。

(4) 不断强化国际间的学术交流。在国际间的学术交流方面，此基地非常重视建立实质性的合作关系，先后主办6次国际会议，并通过开展国际合作项目，与英、德、日、美等多个国家的科研机构建立了密切的来往和联系。比如，在创新人才培养的研究课题中，基地与英、德、日、美等多个国家的机构合作进行数据收集、成果发表等跨文化研究合作。

(5) 把人才培养落到实处。培养高质量的人才是基地的立身之本。为此，除了要求导师在工作、学习、生活和感情上对学生予以关注外，基地还制定了相应的规定，例如，为每位学生提供参加国内外心理学会议的机会，并报销相关费用；要求每位研究生在毕业前必须发表学术报告；每学期定期举办学术沙龙，并形成定制沿革下去。在导师的关怀和具体措施的要求下，基地学生的素质和能力一直保持较高水准。

三、标志性研究成果

(1)《我的心理学观——聚焦思维结构的智力理论》(商务印书馆2008年版)。本著作是对林崇德教授及其团队所进行的思维和智力理论与实证研究的系统和全面的总结，书中详细地介绍了所开展的理论、行为和脑机制智力研究成果，提出了中国化的智力理论——聚焦思维结构的智力理论，并基于这一理论，发展出了培养智力品质的有效途径。该成果在教育部组织的高校人文社会科学重点研究基地第二次评估中以排名第一的成绩获得优秀。

(2)《教育与发展——创新人才的心理学整合研究》(北京师范大学出版社2002年版)。该著作是林崇德教授承担的教育部哲学社会科学研究重大课题攻关项目“创新人才与教育创新的研究”标志性成果。本书综合国内外有关创造性的重要研究成果，从理论和实践层面，采用多种研究方法相结合的路线，逐步对人才的创造性特征这一国际学术难题做了深入探索。该成果先后荣获第三届全国教育科学研究优秀成果一等奖、北京市第八届哲学社会科学优秀成果二等奖。

(3) Multiple Intelligence and the Structure of Thinking (*Theory & Psychology*, 2003, 13 (6): 829-845)。此文详尽评析了加德纳的“多元智力”观和我国古代的“六艺”智力观之间的区别和联系，并在此基础上提出了聚焦思维结构的智力理论。该成果发表在国际权威理论心理学杂志 *Theory & Psychology* 2003年第6期，对国内、国际心理学界特别是智力领域产生了重大影响。此文跻身该杂志自创刊至2006年17年来所有600余篇论文“被阅读次数最多的50篇文章”排行榜，位居第6位。

四、“十二五”建设思路

(1) 创新研究模式，突出“发展科学”的跨学科性，以发展心理学为核心，联合教育学、认知神经科学、计算机科学、社会学、人类学和文化学等学科专家开展“跨学科”的发展研究，实现由“儿童心理学”到“发展心理学”转变后的第二次提升，即打造“发展科学”研究平台。

(2) 进一步凝练研究方向，突出学术特色和专业品牌。拟围绕儿童青少年心理发展规律、创造力及老年心理、中小学心理健康与教育、儿童青少年心理评价和咨询等领域，开展前沿性研究，形成研究特色和学术品牌，产出标志性学术成果，提高科学研究的水平与质量。

（3）扩展应用研究领域，提升应用研究水平，使研究成果能够为社会发展所用，在创造性地解决中国社会转型和经济发展带来的现实心理问题方面发挥“思想智库”的作用，促进和谐社会的建设。

（4）继续加强国际合作，提升国际影响力，力争将基地建成具备四种功能（科学研究中心、学术交流中心、政策咨询中心和人才培养中心）的强大研究机构，逐步确立在国际心理学领域中的学术地位和研究特色。

（5）进一步加强发展心理学实验室群的建设，重点建设和完善发展心理学实验群，包括婴幼儿实验室、儿童青少年行为实验室、儿童青少年创造力实验室、老年研究实验室、婚姻家庭实验室五个方面，并购置相应的设备仪器，为科学研究和学科发展提供保障。

华南师范大学心理应用研究中心

一、总体情况

华南师范大学心理应用研究中心2001年获批教育部省部共建人文社科重点研究基地，建设目标是：以国内心理学科发展水平为参照系，形成高原，将本基地整体水平提升到国内前列。经过十年建设，此基地在科学研究、队伍建设、人才培养、平台建设等方面向国际水平推进，并有了质的提升。

当前，在二期建设的基础上，此基地确定了“十二五”三期建设目标，准备以冲击国际先进水平、形成新的理论体系为核心，使基地建设更上一层楼。

在基地建设的推动下，华南师范大学心理学科实现了跨越式的发展，根据2009年1月教育部评估中心公布对全国一级学科评估的结果，华南师范大学心理学科排全国第三位。

二、主要成绩与经验

1. 坚持“两个立足”，凝练研究方向争取重大成果

此基地凝练研究方向的总体思路是，立足中国社会发展的需要，立足学科发展的需要，形成贯通国家需求与学科发展，贯通中国本土化与国际化，贯通应用研究与基础研究的重大问题。

按照这个思路，本基地结合自身优势，凝练既符合我国发展需要，又能够联系国际心理学热点的四个研究方向，形成基地研究问题。

研究方向的凝练提高了基地承担重大课题的能力，基地承担课题数量与层次不断提高，仅在2009年与2010年两年，本基地就获批国家社科基金、国家自然科学基金项目14项，获批科研项目经费近1000万元。同时，基地近年出色地完成了教育部哲学社会科学重大课题攻关项目，广东省自然科学基金团队项目（经费140万元）等重要项目，也充分显示了承担重大课题的能力。

研究方向的凝练促进了基地重大科研成果的获得。此基地所出版的学术著作、在国内CSSCI权威刊物上所发表的论文均居国内心理学界前列；最为重要的是，此基地成员在国际重要学术刊物上发表了一系列论文，特别是在国际学术界顶级综合性学术刊物*PNAS*上，在心理学科一流权威刊物*Human Brain Mapping*、*NeuroImage*、*Journal of Experimental Psychology*：*General*、*Cognition*、*Psychological Method*上发表论文10多篇，若干研究成果写进了国外的权威教科书，实现了冲向国际的建设目标。

此基地按照凝练的方向开展应用研究，为国家与地方经济社会发展做出了贡献：（1）全力投入汶川地震的抗震救灾心理援助工作，并在抗震救灾过程完成了“广东省灾后心理评估及干预体系研究”的重大调研，调研报告被广东省人民政府采用；（2）完成了中国人民解放军广州军区委托的军队应激心理援助项目，所开发的技术与产品被广州军区正式采用；（3）主持开展广东省中小学心理健康教育工作，形成了中小学心理健康教育的“广东模式”，教育部基础教育司给予充分肯定并向全国推广；（4）结合语言认知的基础研究突破关键技术，设计出我国第一台有独立知识产权的语言障碍矫治仪，直接经济效益达2000多万元。

此基地的研究成果在学术界产生重大的影响，基地成员作为第一主持人获得12项省部级科研成果奖，其中，省部级一等奖5项，包括第五届中国高校科学研究优秀成果（人文社科）一等奖1项，第三届全国教育科学优秀成果一等奖1项，以及第一、第二、第三届广东省哲学社会科学优秀成果一等奖各1项。

2. 坚持“两个加强”，打造高水平的学科队伍

在队伍建设方面，此基地通过加强立足国际前沿的研究，加强高水平海外归国人才的引进与青年教师的出国培养，努力打造一支高水平的、走向国际的学术队伍。

此基地明确要求队伍成员、尤其是青年教师必须运用认知神经科学方法进行前沿性研究；引进了多名高水平的海外学者，派出一批有发展潜力的青年博士出国访学；十年磨砺，打造出一支实力雄厚、国际化程度不断提高的队伍。目前，此基地不仅拥有一批著名心理学家为学术带头人与中坚，也拥有多名全国百篇优秀论文获得者、教育部新世纪人才为梯队，基地队伍中65%以上青年教师目前都主持了国家社科基金或者国家自然科学基金项目，显示出强劲实力。

此基地坚持通过立足国际前沿的研究培养了高质量的研究生：博士论文中获得全国百篇优秀论文1篇，获得全国百篇优秀论文提名奖1篇，获得广东省优秀博士论文奖3篇，人才培养成果显著。

3. 坚持“两个依据”，构建国际化的研究平台

此基地注重依据基地的建设目标，依据国际心理学发展趋势，建成了达到了国际先进水平的实验室平台。

在实验室平台建设方面，此基地最突出成绩就是建立了认知神经科学系列实验室，不仅建立了国内一流的ERP脑电实验室、学习与记忆神经心理实验室、脑损伤与认知障碍实验室，而且投入了人民币2000万元购置了3T核磁共振仪器，建立了国际先进水平的fMRI实验室，使本基地占领了心理学实验平台建设的制高点，对基地发展具有重要意义。

4. 坚持“两个机制”，形成基地运作的活力

根据教育部关于人文社科重点研究基地进行运作体制创新的思路与要求，此基地形成了人员聘任机制与绩效管理机制，保证了基地发展的活力与动力。首先是建立了动态管理的人员聘任机制，研究人员采用“带课题和任务进基地，完成任务后出基地”的聘任方式，打破研究人员的终身制，不仅在校内，而且在全国、全世界范围招聘研究研究人员；其次是建立基于绩效的资源分配机制，经费与研究资源的分配、酬金的分配都直接与研究人员的研究业绩挂钩，打破大锅饭，重业绩，淡化身份，形成了按科研业绩分配的、公平竞争的制度，促进了研究队伍内部的良性竞争。

三、标志性成果

1. 文本阅读的信息加工过程研究

该成果整合了西方学者提出的最低限度假设理论、建构主义理论与基于记忆的文本加工理论，提出了有原创性的文本阅读过程双加工理论，在国际国内权威刊物发表研究报告100多篇，并总结撰写成学术专著《文本阅读信息加工过程研究》。

该成果的系列论文2006年获全国教育科学优秀成果一等奖（教育部），撰写的专著2009年获中国高校优秀成果（人文社科）一等奖。

2. 汉语字词认知研究

该成果通过系列严密的实验首次揭示“声调一致性效应”、“笔画频率效应”以及“笔画重复性效应”，确证汉字认知中存在特征分析的过程，丰富了中文认知理论，在国内外权威刊物上发表系列研究48篇。

该成果2009年获得第三届广东省哲学社会科学优秀成果一等奖（广东省人民政府）。

3. 潜变量分析方法及其在心理研究中的应用

该成果建立了创新性的潜变量交互效应全模型，提出了分析潜变量交互效应的无约束方法，在*Psychological Method*等国内外权威学术刊物上发表系列论文，被写进了国外权威教科书。根据科技部技术信息研究所公布的“2009年版中国期刊高被引指数”与“2010年版中国期刊高被引指数”，该成果被引频次连续两年在心理学科排名第一，该成果2007年获得第二届广东省哲学社会科学优秀成果一等奖（广东省人民政府）。

四、“十二五”建设思路

此基地“十二五”建设的思路是：获得创新成果，形成创新理论，打造创新团队，构建创新平台。

“获得创新成果”就是取得能解决我国经济社会发展重大问题，能促进心理学科发展，具有中国特色，达到国际先进水平的创新成果。

“形成创新理论”就是在若干研究领域建立有影响的创新理论体系，形成学科的核心竞争力。

“打造创新团队”就是基于创新理论派别打造有影响的创新团队与培养创新人才，为构建创新学派打好基础。

“构建创新平台”就是按照基地的研究方向、研究问题与主攻目标建立起国际一流的实验室、国际合作平台与基地内部创新管理机制。

天津师范大学心理与行为研究院

一、总体情况

天津师范大学心理与行为研究中心2000年成为教育部人文社会科学百所重点研究基地之一，2006年经教育部批准更名为心理与行为研究院。此基地主任是天津师范大学资深教授沈德立。

十年来，此院伴随改革开放的发展，形成文理交叉，学科渗透，面向全国开放，广泛加强国际交流与合作，产、学、研相结合，具有一支团结奋进、协作攻关的科研队伍，始终坚持为国家和社会服务，获奖多、级别高的心理学研究实体。

二、主要成绩

（1）此院在2004年和2009年教育部对全国人文社会科学重点研究基地的两次评估中均被评为“优秀”。

（2）面向全国积极开展心理健康教育。2002年成为全国普通高校大学生心理健康教育骨干教师培训中心。受教育部委托，邀请全国著名心理学专家，先后举办了十期培训班，为全国31个省市自治区的334所普通高校，系统培训心理健康教育骨干教师660人。同时主持研制了“中国大学生心理健康测评系统”（包括4个量表和1个计算机软件），解决了中国大学生心理健康教育急需测评工具的问题。2008年汶川地震后，邀请全国十余位著名心理健康教育专家出版了《地震灾区民众心理调适指南》和《地震灾区救援人员心理自助与助人指南》两套DVD光盘（中国人民大学音像出版社），由教育部和地震局领导分发到相关单位。

（3）主办心理学刊物。2002年，国家新闻出版署批准创办面向国内外公开发行的学术刊物《心理与行为研究》。该刊2003年正式出版，目前已成为中文社会科学引文索引（CSSCI）来源期刊。

（4）建成国内一流的心理学实验室。实验室占地面积2200平方米，设备总价值近3000万元，装备有1套256导ERP/EEG系统、3套64导便携式ERP/EEG系统、1台EyelinkⅡ眼动记录仪、2台Eyelink 2000眼动仪、1台SMI眼动仪、1台Tobii眼动仪、1台ASL504型眼动记录仪、2台16导生理记录仪等大型仪器设备和虚拟认知实验室、全方位行为观察室、人才测评实验室等。

（5）面向全国开放，加强国际交流与合作。已有北京大学、北京师范大学、中科院心理所、中央教科所等十多所高校和科研单位的博士生导师通过《光明日报》招标，经教育部批准，获得此基地课题，作为兼职教授，利用此基地的先进设备开展研究；已与美国、英国、德国、芬兰、俄罗斯、加拿大和中国香港等地10来所高校的心理学教授进行学术交流，并赴上述国家和地区以及新加坡、瑞典、希腊和澳大利亚参加国际会议；先后在此基地召开了第一届（2004年）、第三届（2008年）和第四届（2010年）中国国际眼动研讨会，来自世界12个国家和地区的眼动专家参加了会议。

（6）学科建设取得长足进步。心理学科于2003年被国务院学位委员会批准为心理学一级学科博士学位授权点，被人事部批准为心理学博士后科研流动站，被劳动与社会保障部批准为国家职业资格心理咨询师培训中心。2007年，“发展与教育心理学”成为国家重点学科。

（7）学科梯队建设合理。2007年，被国家人事部和教育部授予“全国教育系统先进集体”；2009年，心理学成为“国家级教学团队”。研究人员分别入选新世纪百千万人才工程国家级人选和教育部新世纪优秀人才支持计划；先后获得“全国模范教师”、“全国优秀科技工作者”、“全国五一劳动奖章”、“全国先进工作者”和“中国心理学会终身成就奖”。

（8）形成了鲜明的研究特色，并获得省部级奖励。近十年来，共出版教材、著作80余部，丛书10套；发表论文868篇，其中，SCI、SSCI、CSSCI共270篇。先后获得“国家级优秀教学成果奖”(2次)、“中国高校人文社科研究优秀成果一等奖”、“全国优秀博士学位论文奖”及“全国优秀博士学位论文指导教师奖”、“天津市社会科学优秀成果一等奖”(4次)等；另外，开发并研制了学习能力测试设备和学习能力训练设备，获两项国家发明专利和两项实用新型专利，为我国心理学研究成果直接转化为实际应用起到了示范和带头作用。

（9）建立专业特色资料室。从2000年起，每年用15~20万元专款购置最新的图书资料和外文期刊，目前已订阅有30种外文刊物、50种中文刊物；资料室现有《美国心理学文摘》光盘、PPJ心理学专业资料数据库、psycARTICLES数据库和《实验心理学手册》和《心理学手册》电子版等。

三、标志性研究成果

（1）沈德立主编的《中国青少年心理健康素质调查研究》，由经济科学出版社2009年出版。该书首次阐述青少年心理健康素质的内涵及影响因素，建立了心理健康素质的结构，提出心理健康素质的八种要素，即认知风格、归因风格、应对风格、动力系统、自我、个性素质、人际素质、适应。这项成果在教育部主持的鉴定会上被评为“优秀”。

（2）沈德立主编的《素质教育中高效率学习的心理机制研究》，由天津社会科学院出版社2006年出版。此书首次提出高效率学习的认知心理学模式，系统回答了近年来“由于学习效率不高而导致学习负担过重”这一重大教育实际问题，2008年获天津市第十一届社会科学优秀成果一等奖。

（3）吕勇的博士论文“汉语双字词语义和语音启动的ERP研究”，运用ERP技术，对与词语加工有关的脑电成分（N400和P240）进行深入考察，确认语言加工“左脑优势”或“右脑优势”的观点都有失偏颇，正确的理论概括应当是“左右脑协同”，从而在脑科学层面上为“左右脑协调开发”思想提供了科学基础，对脑潜能开发实践具有积极的指导意义。该论文荣获2006年全国百篇优秀博士学位论文奖。

（4）沈德立主编的《学生汉语阅读过程的眼动研究》，由教育科学出版社2001年出版。这项研究发现：许多中小学生阅读时，逐字注视、回视多并伴有唇读；在一般课外书泛读时，知觉广度很窄，不会浏览；多数中小学语文课过于注重字、词、句教学，而忽视了教给学生有效的阅读方法。该成果2002年获天津市第八届社会科学优秀成果一等奖，

2006年获第四届中国高校人文社会科学研究优秀成果一等奖。

（5）白学军、闫国利等的论文“阅读有空格和无空格的汉语文本：来自眼动的证据”，发表在美国《实验心理学》杂志2008年第34期第5卷。研究发现：是词而非字为汉语阅读的最基本加工单元；对于汉语初学者而言，加入词空格，有利于他们学习汉语，为对外汉语教学提供了新的理论视角。

（6）闫国利、田宏杰、白学军等的论文“字频与词频效应的眼动研究”发表在英国心理学杂志2006年第97卷第5期。该研究以眼动仪为工具，操纵汉语句中目标词的词频和目标词中每个汉字的字频，记录中国大学生阅读句子时的眼动过程，发现词频的高低和字频的高低均会影响读者阅读目标词时的注视时间；在双字词加工过程中，首字字频比尾字字频的作用大，但同时可能存在词频对字频的调节效应；与低频词相比，高频词的首字字频效应明显减弱。

四、“十二五”的工作思路

“十二五”期间，此基地总体建设目标是：建成国内一流的心理学科研基地，形成一支高水平的创新团队，成为政府决策的思想智库，成为国内知名、国际上有影响的学术交流中心和心理学高层次人才培养基地，在高校科研体制改革方面起带头与示范作用。

此基地确立的主攻方向是中国国民心理健康素质调查及其促进策略，具体包括五方面的内容：

（1）中国国民心理健康素质的本质。内容包括：中国国民心理健康素质的含义、结构及形成机制。

（2）中国国民心理健康素质的现状。内容包括：儿童青少年、成人、老年人的心理健康素质现状，重要社会群体（公务员、农民工、中产阶级）心理健康素质的现状。

（3）中国国民心理健康素质的相关因素。内容包括：个体自身因素和环境因素对中国国民心理健康素质的影响。

（4）中国国民心理健康素质的测评。内容包括：中国国民心理健康素质的量表制定、常模建立以及测量系统的研制。

（5）中国国民心理健康素质的促进策略。内容包括：提升中国国民心理健康素质的途径与方法，优化中国国民心理健康素质的策略。

武汉大学信息资源研究中心

武汉大学信息资源研究中心是在原武汉大学图书馆学情报学研究所基础上，于1999年改制建立的新型科研机构，2000年被批准为教育部人文社会科学重点研究基地。此中心作为本专业领域内唯一的教育部普通高等学校人文社会科学重点研究基地，以“开放研究、创新服务”为理念，积极探索科学研究发展新模式，于2004年和2008年接受教育部组织的严格评估，均被评为优秀重点研究基地，在信息资源管理领域的研究水平正稳步推进。

一、总体情况

此中心现设信息资源管理研究室、信息经济研究室、信息组织与检索研究室、信息系统与电子商务研究室，现有专、兼职研究人员20余人。

此中心的宗旨是聚集国内外社会资源，创新学术研究机制，通过承担重大科研课题，产出重大科研成果，使本机构成为在国内处于领先地位，在国际上具有较大影响和较高知名度的信息资源研究基地。

此中心以信息资源的组织、管理、开发和利用为核心，始终瞄准社会经济信息化进程中的重大理论问题和实际问题开展研究、咨询、培训工作。先后承担国家社科基金项目18项（其中重大项目2项）、国家自科基金项目19项（其中重点项目1项）、教育部重大课题攻关项目2项、教育部重点研究基地重大项目20项、教育部其他项目10余项、省市级及校级项目20余项、企事业单位委托项目多项，科研经费达2000余万元。

此中心通过主动承揽来自企业和政府的委托研究课题，吸收实际部门工作人员参加课题组开展合作研究，派遣专、兼职研究人员担任实际工作部门顾问等措施，面向各级政府及社会各界开展咨询服务，提高了解决重大实践问题的综合研究能力和参与重大决策的能力，结出了丰硕的成果。

此中心学术交流频繁，召开了多场次国际及国内学术会议。已连续主办了三届中美数字时代图书馆学情报学教育国际研讨会、三届数字时代出版产业发展与人才培养国际学术研讨会，定期召开的“信息化与信息资源管理”全国性学术会议已成为国内外具有较大影响的学术论坛和品牌学术会议。

二、主要成绩和经验

此中心以承担重大项目，取得重要成果为立所之本，面向国民经济与社会信息化建设实践中的重大现实需求与理论问题，取得了系列具有原创价值的成果，其中，2项成果获得教育部高等学校科学研究优秀成果奖（人文社会科学）一等奖、1项成果获高等学校优秀科研成果奖（科技进步）一等奖、1项成果获国家优秀教学成果二等奖、1项成果获教育部推荐国家科技进步二等奖。

此中心以高层次人才培养和培训为重点基地活力之源。在承担科研项目、强化科学研究基础上，特别重视高层次人才培养，正在成为信息资源管理领域高级人才培养中心。已有1名博士生的论文获全国百篇优秀博士学位论文奖、5名博士生的论文获全国百篇优秀博士论文提名奖、13名博士生的论文被评为湖北省优秀博士论文。此中心毕业的博士生正在成为高校本专业领域的带头人和学术骨干。此中心与美国加州伯克利大学联合申报，得到美国基督教亚洲高等教育基金会和中国教育部资助，连续3个年度举办面向中国西部高级图书馆员的培训和国际会议，受到了学员的广泛欢迎和高度评价，收到了很好的社会效益。

此中心将“创造条件，促进队伍建设，使拔尖人才脱颖而出”作为长盛之举。此中心通过承担重点基地重大课题和其他课题，锻炼出了一批具有创新能力、在国际上有一定影响的学术带头人和一批优秀青年学术骨干，使研究队伍的知识结构、年龄结构、学科结构具有明显优势。此中心研究人员中，1人担任国务院学位委员会图书馆、情报与档案学科评议组召集人，1 人被评为国家教学名师，1 人被评为长江学者特聘教授，8 名研究员入选教育部“新世纪优秀人才支持计划”，3 人被聘为珞珈特聘教授，1 个团队入选国家教学团队。所有研究人员都在国内外重要学术组织和团体任职。

此中心以稳定活跃的国际合作作为走向世界之路。此中心国际交流合作频繁，同美国、日本、加拿大、法国、英国、德国等十多个国家的图书情报学院、信息管理学院建立了良好的学术合作与交流关系。与亚洲基督高等教育联合董事会和国际图联（IFLA）等国际组织建立了长期稳定的合作关系。每年派遣 2~4 名教师和研究人员赴国外留学、访问，并接受部分国家的来华留学生。每年邀请 2~8 名外国专家来院授课或主办学术讲座。

三、标志性研究成果

1. 数字环境下国家信息政策法规体系构成的实证研究

这是马费成教授承担的教育部人文社会科学重点基地重大项目“国家信息政策法规体系研究”产出的重大标志性成果。该项目向有关部门提交研究咨询报告 3 份、研制信息政策法规专题数据库 1 个、在国内外学术期刊上发表学术论文 28 篇、出版专著 1 部。在该项目基础上，进一步获得了教育部哲学社会科学重大攻关项目和国家自然科学基金重点项目资助，产生了很好的后续效应。该项目成果产生的咨询研究报告被国家信息中心专家委员会、国家信息化领导小组办公室政策法规组、文化部社图司等相关部委采用，也被南京大学、南开大学等多所高校信息管理系指定为研究生的重要阅读文献。博士生杜佳在此基础上完成的博士学位论文“中国国家信息政策法规体系构成研究——基于‘国家信息政策法规数据库’的实证分析”，荣获 2007 年全国百篇优秀博士论文。

2. 数字化信息资源管理与服务研究

由胡昌平教授带领的“数字化信息资源管理与服务”研究团队，通过承担国家重大项目产出了反映学术前沿和面向重大社会发展问题的成果。其系列成果包括专著 3 部、论文 40 余篇、研究报告 3 份、面向用户的信息整合与集成服务平台系统软件 1 套，论文被引 200 余次。这些成果已得到多方面应用，获省部级奖 2 项。此研究项目被评为国家自然科学基金优秀完成项目，获准国家社会科学基金重大项目和教育部哲学社会科学研究重大课题攻关项目，并取得重要成果。

3. 国家信息基础设施知识产权理论及在数字图书馆工程中的应用

针对国家信息化建设与国际知识产权发展动向，在长时间调研与实验论证的基础上，陈传夫教授等提出了知识产权与信息资源公共获取协调的数字资源知识产权理论，凝练信息资源管理核心领域的知识产权管理规范，提出了适应我国数字资源开发与利用实际的知识产权管理方案。在权威期刊及重要媒体上发表学术论文 40 篇，出版专著 1 部。其中，“我国网络信息资源知识产权问题及对策建议”一文，被全国社科规划办作为“成果要报”(2003 年 12 月 18 日）报送党和国家领导人内部参阅。该成果在科技部“国家科技图书文献中心”、中国科学院“国家科学数字图书馆”等重要工程中进行了成功应用，获教育部推荐国家科技进步二等奖、湖北省科技进步二等奖、中国高校人文社会科学优秀成果三等奖等奖励。

四、“十二五”的发展思路

此中心继续以教育部重点研究基地建设的五项标准为指导，进一步突出本基地在信息化建设和信息资源管理领域形成的学术特色和专业品牌，保持目前基地在国内信息资源研究领域的领先地位，通过不断创新，产出具有重大理论意义和实际应用前景的标志性成果，为我国信息化建设和信息资源的开发利用提供更多更好的学术支撑。打造国际化品牌，使此中心成为国际一流的研究机构。

此中心将瞄准本学科领域在新信息环境下的前沿课题，密切关注国家信息化建设中的重大任务，研究数字信息资源的获取、组织、存储、检索、传递和利用中的理论方法和关键技术，进一步研究这些理论、方法和技术在电子政务、电子商务、数字图书馆、数字出版等领域的应用，促进信息化建设中的制度设计和创新。

复旦大学美国研究中心

复旦大学美国研究中心建立于 1985 年，2000 年 12 月获批为全国高校人文社会科学重点研究基地，2004 获批为国家哲学社会科学创新基地。

此中心建立 26 年来，坚持实体办所、科研创新、咨政育人，为促进美国研究，为沟通中美学术交流，为改善我国对美外交，开展了全面、持久的工作。在过去的十年中，此中心在当代美国问题、中美关系以及中国外交、国际关系等研究领域，在学术研究、创新水平、能力建设、基地硬件建设上均有显著发展，是中外公认的中国对美国研究的重镇。

一、总体情况

此中心现有全职研究人员 14 人、管理人员 3 人。此中心的研究重点是中美关系、美国政治、美国经济、美国外交、美国社会文化、美国宗教、美国防务、非传统安全领域等方面。实行开门办所，邀请有大量兼职研究人员。作为教育部重点研究基地和国家创新基地，此中心有着相应的学术委员会，指导着中心的整体与科研发展；拥有 8000 平方米的大楼，有着良好的综合性研究条件。

成为重点研究基地以来，此中心通过基地建设，对当代美国研究和对中美关系研究的层面加宽拓深，对美国外交与战略、政治与经济、宗教以及非传统安全等领域的研究取得突破，学术研究高地得到延伸，与国际学术与政策界的对话能力增强，多种国内外品牌对话持续稳定，科研队伍结构在年轻化、合理化以及国际化方向发展上前进有力。此中心的高端国际合作频繁活跃，政策咨商的社会效果不断提高。

在这十年间，此中心承担了基地的 19 项重大项目。近年来，此中心成员获得了两项教育部哲学社会科学重大课题攻关项目以及一项国家社会科学重大项目，取得了突出成绩。此中心的国际合作积极踊跃，目前在中美相互认知和美国研究、规避风险与合作、地区安全与全球治理、两国宗教对话、高端相互投资等方面开展着多项中美合作项目，有的已经持续十年以上。

此中心敞开大门，广为邀请国内一流学者专家加盟，组队在基地开展对美国问题与中美关系具有重大性、战略性和前瞻性的研究。最近七年设立的重大课题，有一半由中心以外的校内外单位（中国社会科学院美国研究所、清华大学公共管理学院、同济大学政治与国际关系学院、复旦大学国际问题研究院、复旦大学国际关系与公共事务学院等）承担。此中心还发起了“美国对外政策”的大型专题研究，作为标志性研究项目，部分成果已经面世。

此中心编辑的学术刊物《美国问题研究》是我国中文社会科学索引来源集刊。在“十一五”期间启动了“美国研究信息系统”大型数据库建设，已取得阶段性重要进展。

二、主要成绩

成为重点研究基地以来，此中心成员以唯一或第一作者身份出版各类学术著作（包括专著、译著和编著）共87部，在国家社会科学核心刊物及以上的学术刊物上发表的学术论文128篇。这些成果大致可以代表我国关于美国研究以及中美关系研究的前沿水平，在美国研究、中美关系、中国外交、国际关系理论以及一些国际问题领域的研究上，中心成员的研究成果在国内外有一定影响。在中心人员完成的论文中，有15篇论文发表在美国和其他国家的学术刊物上（SSCI来源期刊）。此中心成员还在一些SSCI刊物上担任编委，在一定程度上提高了中心的国际影响。

此中心的学术成果连年取得各级科研奖项：赵可金的《营造未来：美国国会游说的制度解读》获上海市第八届哲学社会科学优秀成果著作类一等奖；赵可金、倪世雄的《中国国际关系理论研究》获上海市第七届邓小平理论研究和宣传优秀成果获奖著作类一等奖；吴心伯的《太平洋上不太平》获上海市第九届哲学社会科学优秀成果获奖著作类二等奖；赵可金的《美国学：政治维度与中国意义》获华东地区哲学社科图书二等奖；孙哲的《左右未来：美国国会的制度创新和决策行为》获上海市第六届哲学社会科学优秀成果著作类三等奖；信强的《“半自主国会”与台湾问题：美国国会外交行为模式》获上海市第八届哲学社会科学优秀成果著作类三等奖。

三、标志成果

此中心在已完成的一批基地重大项目中，涌现出诸多具有影响力的成果；同时，结合创新基地的建设，还另筹资金，加强团队，强化了美国对外政策项目的研究。在出版和能力建设上，打造的美国研究刊物以及数据库建设，都是重要进步。以下四方面，是中心的主体与标志性成果：

1. 追求高等次科研项目、高等次科研成果、高等次科研奖项

中心成员获得两项教育部哲学社会科学重大课题攻关项目“我国的地缘政治及其战略研究”以及“宗教与中国国家安全研究”，还取得了国家社会科学重大项目“当代国际核政治与我国国家安全”。在过去十年中，此中心取得两项省部级专著一等奖。

2. 设立标志性工程，持续建设，初见成果

中心除基地投入外，还自筹基金，对美国外交政策的档案研究予以较大投入。目前，这一工程初期成果已陆续产出。此项目关于约翰逊总统和尼克松总统期间美国对外政策的研究专著，正按计划连续出版。与此配套，此中心图书馆已收藏齐全400多卷的《美国对外关系》。

3. 打造话语平台

在最近十年中，基地从零开始，建设《美国问题研究》年书，并按学术刊物的方式

予以严格打造，实现了年书改版，成功晋级并保持为我国中文社会科学索引来源集刊。目前，《美国问题研究》已改版四年。我们正同研究美国与国际问题的国内外顶级智库与刊物进行交流合作，加大获得国内外学术界重要原创性成果的力度，从而实现基地的优质办刊。

4. 建设大型数据库

此中心启动了“美国研究信息系统”大型专题数据库建设，已取得阶段性进展。作为基地的标志性能力建设，该系统设计为涵盖美国研究各领域，定位在“国内权威、国际竞争”，要求技术先进，功能强大，可扩展性优良。这项建设分 10 年进行，“十一五”为第一期，已完成“美国政治/外交”子库 5 万余条数据输入；在“十二五”期间，将投入“中美关系”等子库建设；全部建成后，将拥有 50 万条以上数据。

四、“十二五”发展思路

此中心将坚持贯彻自我定位：在中国社科界尤其是国关界，权威地诠释美国，准确地解释美国，科学地分析美国，增进我国对美国的了解，增进中美学术交流，促进两国相互尊重与合作，增进我国的国家利益，保障我国现代化建设所需的外部环境。

1. 注重学术特色

此中心将就美国研究的社科与人文领域，有侧重、有策略地深化研究。其学术特色将以研究当代美国社科领域的发展以及外延，重视美国政治、经济、外交等与我国国家发展发生密切作用的那些重大问题，分析揭示美国发展与中美关系的相互作用为重点，要在这些领域产生一些重大研究成果。同时，将更加重视美国研究的人文部分，包括推动中美学术界在中美相互认知等方面的跨学科研究合作，从政治、经济、宗教、社会学等多方面切入。

2. 高度重视专业品牌

继续推动美国研究与中美关系研究，还要根据国家发展的需要有所拓展。将围绕“新世纪美国的战略趋向与中美关系”的主题，开展十项基地重大项目研究。兼顾复旦特色的美国研究，即长期来围绕着社科领域，包括中美政治、外交、宗教、安全等问题；在人文领域，即在美国文化、哲学、历史等方面，也予以重视，组织突破，以期在创新学科、创新学派、创新方法、创新团队等方面取得积极发展。

3. 继续突出智库作用

其核心发展是产出具有重大意义的科研成果。将努力对当代美国和中美关系做出重大分析，回答美国研究和中美关系研究中的重大问题，在我国对美学术和政策研究界有所领先，为国家的对美决策咨询提供卓越服务。

华东师范大学俄罗斯研究中心

一、总体情况

华东师范大学俄罗斯研究中心成立于 1999 年，2000 年 9 月成为教育部人文社会科学重点研究基地，2001—2010 年是中心逐步凝聚学术方向、汇聚科研队伍、构建发展平台、推进改革创新的十年。

汪道涵先生生前担任此基地顾问。中国俄罗斯东欧中亚学会副会长、教育部社会科学委员会委员、瓦尔代会议国际顾问委员会委员冯绍雷教授任基地主任。

此基地的研究方向集中于俄罗斯与大国关系研究、上海合作组织研究、社会转型、资源与地缘政治研究和思想史研究。目前，俄罗斯研究中心学术思想的核心是要为构建以中国成长为背景的国际认知体系以及相关的战略和政策。

此基地下设政治研究室、经济研究室、对外关系研究室和历史文化研究室 4 个研究机构，拥有 CSSCI 收录期刊、全国中文核心期刊《俄罗斯研究》(原名为《今日东欧中亚》)。

经过十多年来的建设，基地已逐渐成为全国俄罗斯与大国关系研究领域的“思想库”、“人才库”与“成果库”，在科学研究、人才培养、国际交流、咨询服务等方面取得了丰硕的成果。2010 年，此基地顺利通过了教育部的评估检查，并在国际研究领域内取得了较好的排名，总体质量和影响力均居前列。

二、主要成绩和经验

此基地十年中共承担各类科研项目 44 项，出版学术专著 60 部，发表核心期刊论文 300 余篇，获省部级优秀成果奖 18 项。2009 年开始与国家开发银行合作，开始了我国重要金融机构和教育部人文社会科学重点研究基地、“985”重点大学联手合作的新型模式。

此基地在科学研究方面产出了一批有重大影响的代表性与标志性成果，并在全国及上海市各类社科评奖中获奖。冯绍雷教授主持的《俄罗斯社会转型丛书》(五卷本) 以社会转型与大国关系为主题，在国内学术界率先全面而深入地剖析了社会转型的理论与实验，《俄罗斯政治经济外交与文化》(四卷本) 邀请俄罗斯、西方国家、中国一流的专家参与写作，真正体现了全球层面的跨学科合作。沈志华教授完成的《一个大国的崛起与崩溃》是一部有关苏联 74 年兴衰历史的实证性专题研究著作，由 22 名中国学者合力完成，涉及政治、军事、外交、经济、文化、民族等各个方面，在学术界及社会上引起广泛反响。陈建华教授完成的《外国文学鉴赏辞典》(15 卷)，由季羡林、草婴等担任顾问，国内诸多专家任各分卷主编，季羡林教授还为丛书题写了书名。这一浩大的出版工程不仅凝结了诸多编写者个人的心血，也体现了改革开放以来新一代中国学人对于异域的集体想象。

此基地坚持走国际化道路，不断提升本基地的国际学术影响，逐步形成了学术联系和学术交流国际化、学术合作和写作国际化的发展模式；分别与俄科学院、俄外交部下属莫斯科国际关系学院、哈佛大学戴维斯俄罗斯研究中心、欧洲改革中心、汉堡大学、北海道大学斯拉夫研究中心等国际一流学术机构建立了稳定的学术联系，相继召开了一系列重要的国际会议，如 2001 年“9. 11 后的大国关系”，2004 年“跨大西洋关系”，2006 年“联合国改革与全球治理：亚欧视角”，2008 年“中美俄三边关系”等国际学术会议以及 2009 年“第三届欧亚论坛”等，形成了品牌效应。邀请来的学者中，很多具有国际知名度，如俄罗斯总统前经济顾问伊拉里奥诺夫、俄罗斯前经济部长亚辛、俄罗斯国防与外交政策委员会主席谢·卡拉加诺夫、霍普金斯大学戴维·卡莱欧教授、哈佛大学科尔顿教授等。同时，此基地研究人员积极走出去，参加重要国际会议，特别是中心主任冯绍雷教授，自2006年起至今，连续五年应邀出席由俄罗斯总统亲自主持的瓦尔代国际辩论俱乐部年会，与俄罗斯领导人以及西方同行直接对话，并于2010年当选为瓦尔代会议国际顾问委员会委员。

此基地坚持以基础研究与应用研究相结合，积极开展应用与对策研究，提供高层次咨询服务。主任冯绍雷教授、副主任杨成多年来为教育部、外交部、国家发改委、上海市政府等部门提供咨询服务，获得了较好的社会影响。2006年，基地主任冯绍雷教授关于上合组织峰会的报告以及关于美国在中亚战略调整的咨询报告载于新华社《内参清样》、《教育部社科委员会专家建议》。2009年，冯绍雷教授参加俄罗斯瓦尔代会议后，当面向国务委员戴秉国同志、外交部李金章副部长、中央外办裘援平副主任汇报与俄罗斯最高领导人见面的情况，受到高度重视。戴秉国表示今后每半年要聆听一次类似的工作报告。2010年，冯绍雷教授参加了一系列外交部、中央外办组织的会议，并提供决策意见。同年，外交部也向俄罗斯研究中心发出4项委托任务，要求就俄罗斯、中亚等问题提出咨询报告。国家发改委委托俄罗斯中心进行相关的涉俄调研、翻译、培训等任务。

此基地还举办定期的研修班、讲习班、暑期学校，从全国相关高校和研究机构中挑选优秀的青年学者及研究生参加，邀请国际、国内相关领域的著名专家学者进行授课和交流，获得了较大的反响和好评。

三、标志性研究成果

（1）陈建华著的《中国俄苏文学研究史论》，2007年重庆出版社出版。该书对中国百年俄苏文学研究进行了科学的学术梳理，阐述了本学科的诸多重大理论问题，对学科发展具有奠基作用。全书设计颇具匠心、架构完整、叙述详尽，具有十分宽阔的学术视野。2008年9月获上海市第九届哲学社会科学优秀成果著作类二等奖，2009年6月获教育部高等学校人文科学研究优秀成果奖二等奖。多家本专业重要刊物发文，高度评价该成果。

（2）冯绍雷主编的《转型时代》（五卷本），2005年上海人民出版社出版。本丛书对发生在俄罗斯的由传统体制向现代民主政治和市场经济的转化，以及与此相伴的社会转型进程进行了全方位的探讨，在有关制度转型的起因、动力、机制、路径的研究方面居领先地位。本丛书获得国内国际学界的好评，获得上海市第八届哲学社会科学优秀成果著作类二等奖（2006年）。

四、"十二五"建设思路

在科学研究方面，通过基地重大项目，特别是华东师大作为试点单位的机遇，进一步凝练学术方向、汇聚学术队伍，形成了一系列基地代表性和标志性的成果。目前，通过多轮专家会议、学术委员会会议，凝练后的学术方向为：与俄国相关的大国关系研究、与俄国和后苏联国家相关的思想史与国际政治研究以及转型研究。将围绕《海外俄国学研究》、《俄国经典译丛》、《上合组织年度评估报告》打造这深度基础研究与决策咨询产品。

同时，围绕人才培养及学术研究与交流。在人才培养方面，在5年内聚敛国内乃至国际优秀的俄罗斯研究人才，锤炼原有中青年研究人员，使中心正高级专职研究人员达到10名，在俄罗斯问题研究的政治、经济、文化、外交等方面各有1名领衔专家；副高级专职研究人员达到10名，有数名中级专职青年研究人员。继续发扬中心开放性建设的优良传统，保持优秀国际学者、一流国内学者兼职住所研究的优良传统。实现俄罗斯研究领域的单独招生，计划形成一套独立的、与国际前沿水准接轨的俄罗斯研究硕士、博士课程体系。

在学术交流方面，召开一系列高层次的学术会议。将欧亚论坛建成为年度性的、以俄罗斯和欧亚问题为主题、具有国际性影响的高级综合性研究论坛。从2010年开始，延续以往的国际影响力，举办“国际转型”大型国际讲习班。继续办好年度性（或两年一度）的俄罗斯问题内部讨论会、俄罗斯与欧亚问题讲习班，发展和继续与国际一流名校的交流合作。

吉林大学东北亚研究中心

一、总体情况

吉林大学东北亚研究中心于1999年入选为教育部首批十五家人文社会科学重点研究基地，是“九五”、“十五”、“十一五”、“211工程”重点学科建设项目单位，并分别2004年、2010年入选吉林大学“985工程”二期和三期哲学社会科学创新基地。多年来，此中心积极开展各项工作，在科学研究、人才培养、国际交流以及咨询服务等方面取得了显著的成绩，已经发展成为在国内外有重要影响的国际问题研究机构。

目前，此中心共有专、兼职科研人员28人，其中，教授24人，副教授4人，拥有博士学位的26人，归国留学人员26人；有国务院学科评议组成员1人，教育部社会科学委员会委员1人，国家社科基金项目规划评审专家1人，教育部跨世纪优秀人才1人。

二、主要成绩和经验

1. 主要成绩

（1）科学研究。多年来，此中心以重大项目为载体，以重大理论问题与现实问题为主攻方向，充分发挥多学科综合交叉研究的优势，积极拓展了研究领域；同时，突出国家重大战略需求，取得了一批具有高显示度的研究成果，为国家和地方的经济建设与发展做出了突出贡献。这十年间，此中心共出版著作102部，其中，专著51部；发表论文1256篇，被采纳咨询报告138篇，获得各级各类奖项38项；共承担各级各类项目166项，获得科研经费1515.3万元，其中，国家社科基金重大项目2项、教育部项目29项，国家各部委重大委托项目16项。

（2）咨询服务。此中心在“十一五”期间始终以服务国家重大战略需求和地方经济社会建设为导向，不断强化对重大现实问题的应用对策研究，为国家和地方经济社会建设做出了重要贡献。近十年来，此中心主要针对长吉图开发开放先导区建设、东北亚区域经济建设与东北老工业基地振兴、我国21世纪人口老龄化问题及朝鲜半岛政治经济形势等方面问题向党中央、国务院及地方政府提供了一些具有重大参考价值的咨询报告，多项研究成果和咨询报告被政府采纳。

（3）学科建设。经过十年的建设，此中心原有优势学科的实力和地位得到了进一步巩固和提高，相关学科也逐渐成长；通过跨学科综合研究，在国内外具有明显优势和特色的学科群逐步建成。此中心现有硕士点7个、博士点5个。中心成立以来，共增加人口学、世界经济、区域经济学和人口、资源与环境经济学4个省级重点学科，形成了国内东北亚研究领域学科门类相对齐全、综合研究实力较强的学科群。

（4）国际学术交流。此中心充分发挥科研人员的外语优势和中心的地缘优势，在进一步加强与日本、韩国、俄罗斯、朝鲜等国家科研机构的长期合作的同时，积极拓展与蒙古国、欧美国家大学和研究机构的学术交流，先后与其他单位主办国际学术会议26次，国内学术会议15次；科研人员参加国际学术会议74次，国内学术会议144次；聘请国外专家讲学56人次，应邀出国讲学45人次。

2. 主要经验

（1）不断整合科研资源，提高科研实力和研究质量，形成东北亚综合研究的优势和特色。此中心成立以来，重视自身建设，不断改革完善科研体制。为了发挥学科齐全的优势，开展交叉学科的综合研究，2001年9月，此中心借新吉林大学五校合并、学科调整的有利时机，把原来的国别研究室重新整合组建了4个专业研究室，即东北亚经济研究室、东北亚政治研究室、东北亚历史与文化研究室和东北亚人口、资源与环境研究室，在保持国别研究优势的同时，加强跨国别综合研究的能力，形成了跨学科交叉研究的特色，为完成重大课题提供体制保障。

（2）加强应用研究，积极为政府提供咨询服务。近年来，此中心努力提高应用研究的针对性和实效性，重视为地方服务，研究成果为党和国家制定对外经济、外交及安全战略提供了重要的依据。

①图们江地区国际合作开发研究。图们江地区开发是东北亚区域合作的重点项目，受到国家有关部门和吉林省政府的高度重视。2009年8月30日，国务院批准了《中国图们江区域合作开发规划纲要——以长吉图为开发开放先导区》（以下简称《规划纲要》）。此中心全面参与了《规划纲要》的研究和设计，为这一国家战略的制定做出了重要贡献，成为服务国家战略、服务地方经济发展的一个典型范例。

②朝鲜半岛政治研究。朝鲜半岛是东北亚乃至世界范围内最不稳定、矛盾最为尖锐的地区之一，朝鲜半岛局势的变化对我国有重大影响。此中心长期跟踪朝鲜半岛局势的变化，并不定期地为国家提供研究报告和咨询报告。例如，2002年完成了《关于朝鲜建立新义州特别行政区及其对我国影响的考察报告》，得到国家有关部门高度评价。2010年，王胜今教授针对朝韩炮击事件及朝鲜半岛最新形势走向撰写并提交咨询报告，得到教育部、外交部等部门高度评价，被评为2010年度教育部优秀咨询报告。

三、标志性研究成果

1. 王胜今的专著：《中国人口与全面建设小康社会》（2003）

党中央在“十六大”提出全面建设小康社会的伟大战略蓝图后，作者从人口学、经济学、社会学等多学科的视角，结合翔实的文献资料和统计资料，对我国的人口发展进行了深入的分析，对人口与全面建设小康社会二者间辩证的相互促动关系进行了全方位的回答，编写出这部专著。该书2004年获吉林省第六届社会科学优秀成果著作类一等奖；2007年，获第四届中国高校人文社会科学研究优秀成果综合类三等奖。

2. 王胜今的专著：《伪满时期中国东北地区移民研究——兼论日本帝国主义实施的移民侵略》(2005)

该书首次科学论证了日本对中国东北地区实施的“移民侵略”，填补了国内外学术界有关日本侵华史研究的空白。该成果为中日关系史研究做出了重要学术贡献；同时，为我国政府在对日关系领域开展外交斗争，打击日本右翼势力，在中日关系历史问题上开展有力、有理、有据的外交工作提供了重要新依据。新华社等媒体报道了该研究成果，引起了社会各界的广泛关注，在日本、韩国、美国等国家也引起了极大反响。该书 2007 年分别获国家人口计生委第四次人口科学奖一等奖、第七次吉林省社会科学优秀成果一等奖，2009 年获高等学校人文社会科学优秀成果三等奖。

3. 王胜今、吴昊、于潇的论文：论中国特色区域协调发展战略体系（2008）

该文深入分析了我国的国土开发战略、区域总体发展战略、城市化战略、区域一体化战略等区域发展战略，并对当前存在的对区域协调发展内涵、中国特色城镇化道路等问题的模糊认识提出了有针对性的剖析和批判，是最早对我国区域发展战略进行系统总结和阐释的学术成果之一。该文发表后，受到了学术界的广泛关注，被《新华文摘》2008 年第 13 期、《高等学校文科学术文摘》2008 年第 3 期转载。该文于 2011 年获吉林省第八届社会科学优秀成果一等奖。

四、“十二五”建设思路

“十二五”期间，此中心将以邓小平理论和“三个代表”重要思想为指导，全面贯彻落实科学发展观，立足国家在东北亚地区的重大战略需求，对东北亚地区重大理论和现实问题开展多学科交叉研究和综合研究，推动理论创新和方法创新，产生高水平的创新性研究成果，为国家制定相关政策提供决策咨询，为促进东北亚地区和平、发展与繁荣做出贡献。

在东北亚区域经济方面，重点研究东北亚地区自由贸易区（FTA）、产业合作、跨国旅游等问题；在东北亚区域政治领域，重点研究朝鲜半岛关系、地区安全机制等重大现实问题；在东北亚历史方面，重点研究俄国近代史、中日关系史、东北亚地区移民史等问题；在东北亚社会发展领域，重点研究人口老龄化、社会保障制度等问题；在中国东北地区发展领域，重点研究长吉图先导区建设过程中的对外合作、产业开发、基础设施建设、环境保护、沿边地区对外开放模式等问题。

南开大学亚太经合组织研究中心

一、总体情况

南开大学亚太经合组织研究中心是由教育部、外交部、商务部和南开大学共建的国家级咨询研究机构，于 1995 年 3 月正式成立。此中心的主要任务包括：研究与亚太经合组织及其成员相关的经济问题，为我国参加每年一度的亚太经合组织领导人非正式会议和亚太经合组织部长级会议提供政策咨询；协调中国的亚太经合组织问题研究，并在研究中起到示范和组织作用；配合相关部委开展高层次的人才培训活动；代表中国与亚太经合组织其他成员的同行研究机构开展国际学术交流，共同商讨如何推动亚太经合组织发展进程、不断扩大其合作领域。

1999 年，此中心成为教育部首批确定的部属人文社会科学重点研究基地之一。

二、主要成绩和经验

1. 积极开展科研体制创新

此基地在建设过程中，始终严格遵循教育部制定的关于基地建设的五项标准，全力推进科研体制改革。通过在实践中不断求索创新，逐渐形成了小机构、大团队，以研究课题为纽带，灵活高效的科研机制。其间，此中心采取聘任制的方式，组建了由来自国内十余所高校和科研单位的 20 余位专家学者组成的专、兼职学术队伍。为了加强队伍建设，此中心相应采取了很多有针对性的措施，例如，在每年的亚太经合组织咨询研究报告完成之后，每一位参与项目的专家学者都会获得由教育部、外交部、商务部和此中心联合颁发的科研成果证书；同时，此中心在学术团队中引入了竞争机制，根据成果被采纳情况和政策建议实施效果对团队成员的科研成果进行年度评估，并将评估结果作为团队人员调整和科研项目分配的重要依据。实践表明，这种独特的科研组织运作模式可以做到博采众长，充分发挥众多科研机构及其专家学者在各自领域的雄厚实力，为高质量地完成亚太经合组织咨询研究任务提供强有力的保障，同时也维系了研究团队的持续性和稳定性。

在此中心基地建设过程中，教育部各级领导以及社科司、国际司等相关机构予以支持和指导，陈至立、周济、李卫红等几届部领导同志都曾莅临中心调研和座谈，对此研究中心在推进科研体制创新以及为政府决策咨询服务方面所取得的成绩给予了充分肯定，并将其作为典型经验在基地建设中进行推广。

2. 为政府提供高水平的决策咨询服务

此研究中心始终将开展咨询研究、为国家重大决策服务视为中心工作的宗旨和各项任务当中的重中之重。针对国际、国内政治经济形势的发展变化，此中心本着与时俱进的科学态度，在研究中不断解放思想、求真务实、开拓创新，从中国参与国际经济合作整体战略的角度出发，将亚太经合组织问题研究不断提升到新的高度，并取得了一大批高质量的科研成果。自 1995 年以来，此研究中心已向外交部、商务部等相关部委提交了 16 批、共 400 余份亚太经合组织问题咨询研究报告，多次获得相关部委的致函表彰和感谢。

除了亚太经合组织研究之外，此中心还针对近年来我国外交及对外经贸合作的新需要，不断开拓新的研究领域，重点加强了中国参与自由贸易区问题的研究。受商务部的委托，此中心陆续承担了中国与澳大利亚、新西兰、新加坡、冰岛、挪威、日本、韩国以及东盟等多个国家或国际组织间缔结的可行性研究工作，目前已成为国内自由贸易区研究方面的权威学术机构之一。

2006 年 1 月 16 日，在教育部社会科学委员会第二次工作会议上，周济部长作了题为“以科学发展观为统领，努力开创高校哲学社会科学工作新局面”的重要报告。在报告中，周部长特别指出，南开大学 APEC 研究中心等高校学术机构长期开展咨询研究，积极发挥思想库和智囊团的作用，教育部对这些学术机构在为国家重大决策服务方面所做出的突出贡献给予了充分肯定和积极鼓励。

2008年1月25日，由教育部社科司编发的2008年第1期（总第9期）《高校哲学社会科学工作简报》专门介绍了此研究中心开展决策咨询研究的有关经验做法，供各社科研究部门及研究基地参考学习。

3. 突出基地在人才培养方面的作用

此研究中心注重依托本基地的学科和教学优势，加强高素质复合型人才的培养。除了培养在校的全日制学生之外，还和外交部、商务部等相关部委的人事教培部门建立了长期合作关系，为上述部委培养了120余名世界经济专业的在职硕士、博士研究生，充分发挥了重点基地在人才培养方面的作用。

三、标志性研究成果

多年以来，此研究中心及其学术团队始终坚持高标准、严要求，对科研质量精益求精，取得了多项标志性成果，充分体现了理论和应用研究的密切结合，获得了良好的社会反响。

在决策咨询方面，提交的多咨询研究报告均得到中央相关政府部门的高度重视，其中，《APEC中国年成果的落实及墨西哥会议的政策选择》全面探讨了区域经济新形势下亚太经合组织应重点落实的既有成果以及需要推进和深化的新议题，并为中国领导人出席相关会议提供了政策建议。该报告提交外交部和商务部后，其政策指导意义和实践价值受到上述部门的高度认可，并于2006年荣获第四届中国高校人文社会科学研究优秀成果二等奖。

在学术专著方面，由此研究中心编写的《APEC问题研究丛书》共包括9本专著，是迄今为止国内就亚太经合组织问题所作的最为全面、系统、深入的学术研究成果之一，其内容涉及亚太经合组织合作内容、运作制度、改革方向等广泛领域，对我国日后更深入地参与亚太经合组织合作进程具有非常重大的理论意义和现实参考价值。该丛书于2006年获得全国商务发展研究成果三等奖和天津市第十届社会科学优秀成果二等奖。

四、"十二五"建设思路

此研究中心将一如既往，再接再厉，虚心学习和借鉴其他基地的成功经验，努力解决和完善本基地建设中存在的问题和不足，注重内涵建设、质量提升和结构优化，努力打造精品，争创一流基地。

1. 提升理论创新能力和科研水平，争创精品力作

"十二五"期间，亚太地区政治经济格局仍将不断演化，中国也将面临重要的战略转型期。为此，此研究中心将按照胡锦涛总书记提出的以"深刻变革、和谐世界、共同发展、共担责任、积极参与"为主要内容的新世界观和时代观，打破学科限制，统筹考虑亚太区域合作的政治经济内涵和中国国家战略的核心内容，不断提升自身理论创新能力与科研水平；同时，还将努力促进基础研究和应用研究的同步协调发展，进一步突出本基地在决策咨询服务方面的特点和优势，争创精品力作，使中心跻身国内顶级智库机构之列。

2. 深化科研体制改革，创新合作模式

此研究中心将继续把科研体制改革与创新作为基地建设工作的龙头，以服务政府重大决策的需要为核心目标，以重大基础性和应用性研究课题为纽带，在实践中进一步加强和

外交部、商务部等相关部委的协同合作，使科研机制在现有基础上不断完善，更显灵活、高效。

同时，考虑到亚太问题研究的广泛性、复杂性和关联性，此中心将注重加强和兄弟基地之间的横向协作，力促强强联手，打造亚太国际问题研究的立体合作平台，使教育部社科基地建设提高水平，增加亮点。

3. 官、产、学合作，促进科研成果转化

为使本基地的科研成果能够得到更充分的应用，产生更大的社会效益，此研究中心将努力加强官、产、学三方合作。此中心将利用企业捐资，在校内设立“APEC 合作基金”，用于支持开展专项科研、人才培训和对外交流工作，积极促进官、产、学三方在信息交流、人才培养等方面的有效合作。此外，结合开展重大应用性项目，将着手和国家相关主管部委合作，在企业中开展调研、宣讲和培训工作，以使中国企业在亚太区域经济合作进程中更多获益，并发挥出更加重要的作用。

上海外国语大学中东研究所

上海外国语大学中东研究所前身为1980年9月成立的中东文化研究所。1999年6月，该校通过校内研究资源优化整合和人才引进，成立了中东研究所。2000年12月，研究所获准进入教育部人文社会科学重点研究基地建设行列，是该校唯一的重点研究基地。

2000—2010年间，此研究所不断深化对基地建设目标的认识，认真落实教育部关于基地建设的文件要求，加大对制度建设、队伍建设和学科建设的重视和投入，充分发挥基地“思想库”、“信息库”和“人才库”的作用，在科学研究、学科建设、人才培养、社会服务、国际交流、信息资料等领域取得了显著成绩。

一、总体情况

此研究所是国际问题与港澳侨台片研究基地中唯一由外语学科孵化出来的基地，主要以中东国际关系、中东社会与文化、中东国家政治与外交、中东经济、中东宗教、中东民族、中东区域史和国别史等为主要研究领域，设有中阿合作论坛研究中心、伊朗研究中心、中英文期刊编辑部、中外文图书资料室和阅览室以及行政办公室等。

截至2010年年底，此研究所共有专兼职研究人员18人，分别拥有埃及和约旦外籍院士、教育部社科委委员、教育部新世纪优秀人才、上海市曙光学者、青年博士骨干等头衔或称号。其中，校内12人中拥有正高级职称和博士学位各8人；研究所主办有中文双月刊《阿拉伯世界研究》和英文季刊《中东与伊斯兰研究》(*Journal of Middle Eastern and Islamic Studies*)，并拥有独立域名网站和特色学术网站。

二、主要成绩和经验

截至2010年年底，此研究所共承担国家级及省部级科研课题37项，其中，2008年度教育部哲学社会科学重大课题研究攻关项目“中东伊斯兰地区与国际体系转型研究”

为该校在此类项目上零的突破，也是目前为止该校同类级别唯一的项目，同时多次承担外交部等国家部委委托课题更是此研究所课题研究特色之一；出版专著 34 部，在 CSSCI 来源期刊发表论文约 140 篇，在国外期刊发表论文近 30 篇，提交咨询报告 34 篇，获得省部级及国际奖项 7 次，其中，有的咨询报告获得了中共中央政治局委员的批示，2010 年上海世博会申办工作领导小组办公室、中国 2010 年世博会组委会以及外交部、对外友协等组织和机构多次致函该校感谢此研究所协助所做的卓有成效的工作；主办全国学术研讨会 8 次、国际学术研讨会 4 次，出国交流近 50 人次，其中，与美国国会图书馆、美国海军学院等联合举办的中东国际问题研讨会已逐步形成规范机制，在国际和国内学界均有较大影响。

以上成绩的取得主要得益于中东所在以下方面所做出的努力：

（1）在科学研究方面，积极围绕国家发展战略，针对学科前沿和重大理论与实践问题进行理论和政策研究。

（2）在学科建设方面，致力于通过特色学科建设对所在学校的重点学科建设发挥重要的核心支撑作用。

（3）在社会服务方面，积极为国家和上海市的外事、外宣工作提供决策咨询。

（4）在国际交流方面，不断提升国际化水平和能力，并加快机制建设。

三、标志性研究成果

（1）朱威烈撰写的《理解与尊重：关于构建我国中东研究话语体系的思考》，发表在《西亚非洲》2007 年第 12 期，被中国人民大学复印资料中心《中国外交》2008 年第 3 期全文转载，获上海市第九届哲学社会科学优秀成果奖论文类二等奖。该文从国家主流人文理念、文献资料运用、时代精神三个视角出发，在总结和反思中国与西方中东研究经验与教训的基础上，提出构建我国中东研究的话语体系应具备的基本要素，并服务于我国中东政策的不断调整、发展与完善。

（2）刘中民撰写的《海权与大国兴衰的历史反思》，刊登于 2010 年 6 月 13 日《文汇报》，被《新华文摘》2010 年第 17 期转载。作者应上海“东方讲坛”邀请，就该主题多次做主旨演讲，产生了较大社会反响。该文认为国内外围绕中国海权发展产生了形形色色的观点，科学规划和安排海权发展战略的确已经成为中国和平崛起过程中所面临的一个重要议题；在世界海权兴衰交替 500 余年的历史进程中，控制和利用海洋一直是世界大国追求的目标，同样的海权追求导致了国运盛衰久暂的天壤之别，其根源无疑值得进行深刻的反思。

（3）朱威烈主编的《中东与伊斯兰研究》期刊（英文），美国国际中国文化出版社出版，刊物由 2007 年创刊时的半年刊至 2009 年转型为季刊。这是我国同类学术刊物中第一本拥有美国刊号、在美国发行并由美国国会图书馆收藏上架的刊物，此研究所持有终审权。该刊目前为止仍是我国高校中唯一的一种办刊模式，即中美联合办刊，中方编辑、美方出版发行，但中方对稿件具有终审权。该刊的正常出版发行，在美国学界、政界以及亚洲中东研究学者和中东有关国家人士中产生了较好的反响。

（4）祁学义译，朱威烈、丁俊校的《布哈里圣训实录全集》(共 4 卷)，宗教文化出版社 2008 年版，获卡塔尔国、中国教育部人文社会科学重点研究基地、上海市重点学科

B702 等多项基金共同资助。本成果是中国首次出版该圣训集的全译本，作者翻译历时近8年，为此赴沙特访学并求教于相关权威学者。该全译本的问世，在我国宗教界、学术界以及穆斯林中产生了很大的影响，成为我国伊斯兰研究不可或缺的重要参考资料。

（5）朱威烈、刘中民、孙德刚撰写的《热点外交实践与中国外交理论的创新》，为外交部委托课题研究报告，2009 年 4 月获批外交部“2008 年度优秀课题研究报告”，2010 年 12 月获上海市第十届哲学社会科学“内部探讨优秀成果奖”。该报告全面阐述了我国新时期热点外交的特点、核心理念及创新意义，围绕我国热点外交面临的现实挑战，提出了有一定的针对性和可操作性的对策建议：在思想上要从战略高度进行定位，在理论研究方面应建立长效研究机制，在实践方面应为解决当前热点外交面临的紧迫问题创造条件。

四、“十二五”建设思路

（1）完善学科支撑体系，夯实基地的学科基础。加强对所在学校“政治学”一级学科博士点的支撑能力建设以及自主设置学科目录外二级学科“中东研究”博士点建设，提高人才培养水平。

（2）初步完成“中东学”学科体系的构建。认真完成“211 工程”三期重点学科建设项目“中国特色的阿拉伯学——中东学”，初步完成具有中国特色的“中东学”学科体系的构建。

（3）加强研究重大理论和实践问题的创新能力建设。通过承担国家、教育部和外交部等相关部委、上海市的各类科研项目等途径，推动研究重大理论和实践问题的创新能力建设。

（4）以中阿合作论坛研究中心建设为抓手，增强政策咨询能力。通过定期与非定期活动、正式与非正式机制相结合的方式，使其成为中阿双方民间外交的重要管道与制度性平台，并加强对外交部相关工作的政策咨询。

（5）加强内外联动和合作，完善高水平机制建设与平台建设。作为“中阿经贸论坛”高级顾问所在单位，为宁夏主办的“中阿经贸论坛”提供智力支撑；继续与美国亚洲文化学院合作，巩固高层国际学术论坛的机制建设。

（6）努力组建一支规模适度、结构合理、勇于创新、治学严谨的学术队伍。统筹区域研究与领域研究的需要，组建研究团队，加强过去相对薄弱的中东经济研究的学术队伍建设；加强优秀人才的培养，提高中青年教师的国际化水平。

（7）全面提升基地学术刊物的竞争力，加强信息资料和数据库建设。力争使中文刊物《阿拉伯世界研究》从目前的 CSSCI 来源期刊的扩展版进入核心版，为英文刊物《中东与伊斯兰研究》进入 SSCI 创造条件，并做好期刊电子版的网上发布工作；进一步完善中东研究所网站建设和数据库建设。

总之，此研究所将以学科体系建设为重点，以人才队伍建设为根本，以重大理论和实践问题为主攻方向，以提升质量为核心，以改革创新为动力，全面提升创新能力和社会服务能力，致力于建设特色鲜明，优势突出，结构合理，具有一定国际影响力和话语权的国际问题研究机构。

四川大学南亚研究所

一、总体情况

四川大学南亚研究所的前身是根据毛泽东主席和周恩来总理关于加强外国问题研究的指示，经原国务院外事办公室和高教部批准，于1964年成立的四川大学印度研究室。1978年，该研究室扩展为南亚研究所。2001年，经教育部批准，此研究所成为教育部百所人文社会科学重点研究基地之一。2006年教育部“985”二期工程——“南亚与中国藏区创新研究基地”在基地正式启动。经过几代研究学者的辛苦耕耘和无私奉献，目前，此基地已经成为我国研究时间最长、研究人员最集中、研究资料最完整、研究设施先进、研究成果丰硕的南亚研究机构，在全国南亚学界占有十分重要的地位，在国际南亚学界也有一定的影响。

二、主要成绩和经验

1. 科研工作跨上新台阶

十年间，此基地获得教育部重大课题攻关项目1个、基地重大项目20个、教育部一般项目4个、国家社科基金项目1个、教育部国家留学基金项目多个、四川省社科基金项目1个、横向项目近10个；先后出版学术专著60多部，出版《当代南亚丛书》、《南亚研究基地丛书》、《南亚前沿问题研究丛书》、《南亚研究译丛》4套丛书，发表学术论文数百篇，并向中央政府有关部门和有关单位提供研究报告70多份。先后主要获奖达20次。先后获得教育部第四届中国高校人文社会科学研究优秀成果奖、军事地理学术研讨会优秀论文奖、全军军事科研成品称号、全军综合情报成果称号、四川省第十一次哲学社会科学优秀成果二等奖、四川省哲学社会科学优秀成果奖、中国国际关系学会优秀奖、第八届四川省教育厅哲学社会科学科研成果奖二等奖等奖项。尹锡南副教授博士论文获得全国百篇优秀博士论文提名。杨翠柏教授2006年荣获由巴基斯坦时任总统穆沙拉夫及巴基斯坦内阁共同签署授予的巴基斯坦“国父真纳”勋章。

2. 学科建设取得进展

此基地已形成以下四个明确、稳定、富有特色和优势的研究方向：以文富德教授为学术带头人的南亚经济与发展研究方向；以张力教授为学术带头人的南亚外交与安全研究方向；以李涛教授为学术带头人的南亚社会与文化研究方向；以陈继东教授为学术带头人的中国与南亚关系研究方向。2008年，国际关系被评为四川省重点学科。

3. 学术交流活动频繁

此基地积极开展对外交流与合作。凭借教育部重点研究基地基金资助，每年至少举办一次国际或国内学术会议，十年来，共举行了近20次有影响的国内国际学术会议。研究人员还频繁参与国际国内学术会议，密集邀请国外专家学者到基地进行学术交流，至今已有十多个国家和地区的学者、官员来该研究所进修、访问、讲学，该研究所也有上百人次到十几个国家和港澳台地区参加国际会议、访问、进修、讲学。基地与国内外多所大学和研究机构建立了合作与交流关系。还多次参与接待南亚国家政要（如巴基斯坦前总统穆沙拉夫、巴基斯坦总理肖卡特·阿齐兹、斯里兰卡总理维克拉马纳亚克、尼泊尔前首相德乌帕等）。

4. 人才培养呈现新局面

此基地 2001 年获得国际关系专业硕士授权点；2003 年开始招收世界经济专业南亚经济研究方向博士研究生，目前在读硕士研究生有 70 多人、博士研究生 10 多人，已培养出近 200 位南亚研究方向的硕士研究生、博士研究生 10 余人，他们毕业后分布在我国政府、高校、科研等部门，并已成为有关部门的工作骨干或学术骨干。此基地已成为我国培养南亚研究方面高级专门人才的重要基地。硕博授权点建设工作取得重大突破，硕士生导师从 4 名增加到 8 名，博士生导师从 1 名增加到 4 名。

5. 社会服务工作取得突破

此基地坚持服务社会、服务决策的导向，积极服务国家决策和地方经济社会建设。杨文武教授向四川省委政研室提交“中国·四川‘三轴一环’的‘南亚三角’开放战略”内部调研报告，得到省委书记刘奇葆同志批示。此基地专家学者向国家相关部门提交大量咨询报告，仅 2009 年就有 18 份内部报告得到省部级部门采纳。

6. 信息资料工作呈现新局面

此基地新购了大量中外文图书，所办的刊物《南亚研究季刊》在 2007 年和 2009 年两次评为 CSSCI 来源期刊；连续编撰《南亚发展报告》，提交给各国家机关；编撰的《热点透析》针对热点问题一事一报，多次得到重要批示；网站建设水平不断提高，日点击率超过 600，正逐渐从工作网站转型为学术网站；建设的四个数据库有效推动了科研工作，取得良好反响。

7. 科研体制改革与创新稳步推进

此基地明确了南亚经济发展研究室、南亚外交安全研究室、南亚社会文化研究室、南亚国家与中国关系研究室 4 个研究室的设置；建立了巴基斯坦研究中心与中国藏区与南亚研究中心，将资料室进一步扩展为信息资料中心，与先期建设的南亚与中国西部合作发展研究中心一起，构成了 4 个中心；逐步形成以研究室和研究中心为依托，以学术带头人带动中青年教师进行学术研究的良好机制。

三、标志性成果研究

1.《南亚研究报告》

此基地与四川国际和平与发展研究中心联合编撰的《南亚发展报告》每年一期，内容包括印度、巴基斯坦、尼泊尔、不丹、孟加拉国、斯里兰卡、马尔代夫、阿富汗等南亚国家一年来政治、经济、外交安全、文化社会等方面的最新进展，具有时事性、动态性和学术性相结合的特点；提供了对南亚问题进行深度观察与思考的平台，为各相关部门的决策提供了科学的依据。随着南亚局势的加速演变，它的决策参考价值也日渐凸显。成都军区对《南亚发展报告》给予了充分肯定，来函称其选题广泛、观点鲜明、论据资料充分，对该军区了解与掌握南亚各国情况具有重要的参考价值。

2.《南亚前沿问题研究丛书》

该丛书包括《南亚区域合作发展趋势及中国与南盟关系研究》(李涛、荣鹰主编)、

《中印缅孟区域经济合作研究》(陈继东主编)、《印度软件企业国际化研究》(戴永红著)、《中国四川与南亚经贸合作研究》(杨文武著)、《英国文学中的印度》(尹锡南著)、《南亚国家贸易与环境保护法律问题探讨》(杨翠柏著)、《全球化与印度经济发展》(文富德著)、《冷战后时期印度的外交与安全》(张力著，待刊)。该系列另外4部著作即将出版。

中国前驻印度大使程瑞声研究员在《南亚研究季刊》2008年第4期上发文，对该丛书给予较高评价，称其提出了独到的见解，是很难能可贵的，是在改革开放三十年来我国南亚研究已有成就的基础上取得的新的重大成果。

四、"十二五"建设思路

总体目标是，建设综合性、有特色、引领学术、服务国家、培养人才的新型南亚研究重点。要千方百计将四川大学南亚研究所建设成为国家在南亚研究领域的"国家队"，建成国内一流、国际知名的南亚研究机构。要进一步加强南亚经济发展研究这一领先方向，大力加强南亚对外关系研究，迅速提升南亚社会文化研究，积极推进中国与南亚关系研究这一新兴学科方向；要坚持全方位的综合研究，同时又要保证基地在每一个学科方向均处于不可替代的领先水平；要大力提高科研质量，争取多出精品和标志性作品，使科研工作上一个新台阶；要继续提高人才培养水平，建设国家的南亚研究与实务人才培养基地；要大力提高图书资料管理服务水平，推动信息化管理，积极推动数据库建设；争取大幅提高决策咨询服务水平，力争成为国家和地方南亚相关事务的资料库、思想库和智囊团；要以科研制度改革与创新为龙头，全面拉动基地各项建设。

主攻方向：一是中印关系研究，二是南亚国别热点研究。基地将全面整合基地重大项目和其他社科项目，全力打造《中印关系研究丛书》、《南亚研究报告》(系列)两套标志性成果，争取形成南亚地区热点研究系列报告、《南亚研究译丛》、南亚研究动态数据库三套代表性成果。

此基地将进一步加大国际国内学术交流力度，继续用好已有的主办国际会议、赴境外参会、邀请专家访学等交流平台，进一步创新国际合作机制；大力提高图书资料管理服务水平，推动信息化管理，积极推动自建和引进数据库建设；将对《南亚研究季刊》进行大幅改版，改革栏目设置，增加版面，进一步提高刊物质量。

厦门大学东南亚研究中心

厦门大学东南亚研究中心成立于2000年9月，是在南洋研究院基础上组建而成的。南洋研究院（前身南洋研究所）创办于1956年，是我国最早设立的东南亚研究机构，也是我国最早设立的国际问题研究机构之一，在国内外享有较高学术声誉。

十年来，此中心根据重点研究基地的建设标准，努力工作，积极进取，大胆创新，在科学研究、人才培养、学术交流和资料信息建设、咨询服务、深化科研体制改革等方面均取得了新的进展。在2004年教育部文科重点研究基地的三年考核评估中，此中心的评估成绩为优。

一、总体情况

目前，此中心下设东南亚政治经济研究室、国际关系研究室、华侨华人研究室、历史宗教文化研究室、《南洋问题研究》和《南洋资料译丛》编辑部、图书馆、办公室，现有人员21人，其中，中心专职人员12人，校内外兼职人员9人。

此中心的研究方向和特色领域有：东南亚政治与国际关系研究，东南亚经济发展、区域经济一体化研究，东南亚华侨华人、历史与文化研究等。

二、主要成绩和经验

十年来，此中心根据重点研究基地的建设标准和管理办法，努力工作，积极进取，大胆创新，在科学研究、人才培养、学术交流和资料信息建设、咨询服务以及深化科研体制改革等方面均取得较快的进展，其主要成绩和经验有：

1. 坚持以基地建设为核心，构建多学科和综合性的东南亚研究体系

十年来，此中心新增1个二级学科博士点、1个硕士点和2个本科专业。现有国际政治和外交学本科专业，世界经济、国际关系、专门史硕士点和政治学理论、世界经济、专门史博士点，拥有1个国家“985工程”创新基地、国家“211工程”子项目“中国与东盟关系研究”和1个福建省重点学科“东南亚研究”，逐步形成了国际政治、世界经济、国际关系、中外关系史等多学科和综合性的东南亚研究体系。

2. 坚持以基础研究为主，注重应用研究

此中心以完成重大研究项目为龙头，在理论研究的基础上，突出应用研究，在东南亚研究领域产出具有显示度的标志性成果。十年来，中心专职研究人员作为第一负责人承担的科研项目达54项，项目经费总额为1123万元，其中，省部级以上科研项目46项，项目经费总额为498万元；国际（境外）合作项目8项，项目经费625万元；共出版学术专著（第一作者署名）26部，发表学术论文（第一作者署名）413篇，其中，在CSSCI期刊发表的学术论文168篇，在国外（境外）发表论文47篇；获得省部级以上社会科学优秀成果奖20项。

3. 坚持以人为本，大力培养创新型专业人才

此中心实行全员聘任制，已形成一支梯队结构合理，知识、学历和年龄结构较为优化的学术团队。目前，此中心专职研究人员具有博士学位者占90%，其中，教授7名，副教授3名，1人任教育部社会科学委员会委员兼综合研究学部召集人，3人入选福建省新世纪优秀人才支持计划。至2010年9月，在校本科生138人、研究生174人，其中，硕士生111人、博士生63人，包括海外留学生17人、全英文授课国际硕士36人。

4. 积极实施国际化发展战略，不断提高基地的国际化程度

此中心科研人员每年均在东南亚当地进行过1个月以上的实地调研，每年在国外（境外）发表的学术论文多篇，每年均举办大型国际学术会议和数十场国外学者讲座，每年有数十批国外学者来访。

5. 积极为政府部门的决策提供咨询服务，不断提高参与政府重大决策的能力

十余年来，此中心承担各级政府部门委托咨询研究项目20余项，为中央和地方政府提供系列咨询研究报告，并获得采纳。同时，此中心还为社会公众提供了权威性东南亚信

息与咨询服务，接受了新华社、中央电视台、中国国际广播电台、美国《华盛顿邮报》、日本《朝日新闻》、德国之声、新加坡《联合早报》、马来西亚《南洋商报》、菲律宾《世界日报》等国内外著名媒体的大量专访。

6. 深化科研体制改革，逐步形成新型的科研体制

此中心把科研制度创新作为基地建设的关键，通过主任负责制、设立学术委员会、驻所研究制度、研究人员全员聘任制、内部分配制度以及研究生导师制等改革，在人事制度、学术组织、科研管理和研究生培养等方面实行一系列新的管理体制和运行机制。

三、标志性研究成果

1.《厦门大学东南亚研究中心丛书》

从2002年起，此中心出版的这套丛书已成为东南亚研究的一个主要标志性成果。此丛书旨在密切跟踪国际上东南亚研究的最新动态，以国家发展的重大需求为指导，注重东南亚研究的基础性、理论性和前沿性。目前，此丛书已出版38部，在国内外学术界产生了较大影响。

2. 为外交部、中联部、商务部、国侨办提供系列研究报告

2005年起，此中心每年均为外交部、商务部提供关于东盟的政治经济形势及其对APEC会议影响的咨询报告，还为中共中央对外联络部提供了关于中国与东盟关系的咨询报告，均获得采纳。作为国侨办的共建单位，此中心为国侨办提供了大量东南亚侨情和侨务工作咨询报告，并有多项咨询报告获得国务院侨办课题研究优秀成果一、二等奖，优秀奖和资讯奖。

四、"十二五"建设思路

此中心将按照立足创新、提高质量、增强能力和服务国家的总体要求，明确战略目标，推进体制创新和学科整合。奋斗目标是：瞄准国际上东南亚研究的前沿，以国家发展目标与重大需求为指向，继续保持和增强东南亚研究的学科优势和特色，不断增强东南亚研究的综合实力和国际竞争力，努力将中心建设成国际一流的东南亚研究机构。

1. 积极争创学科新优势，增强东南亚研究的综合实力和国际竞争力

继续保持此中心的研究水平居国内领先地位，接近或达到与国际上知名的东南亚研究机构相当的学术水平，在中国与东南亚关系、区域一体化、东南亚华侨华人研究等领域居国际一流水平。

2. 坚持基础研究与应用研究并重，努力建设具有国际学术影响的东南亚基础研究高地和服务国家发展战略的"智库"

一方面，以国家发展目标与重大需求为指向，瞄准国际东南亚研究的前沿课题，以完成重大研究项目为龙头，力争在东南亚研究领域再出一批有国际学术影响的研究成果；另一方面，积极为有关政府部门制定发展战略与对外政策提供决策建议，并为社会公众提供权威性的东南亚信息与咨询服务。

3. 培养有国际竞争力的研究队伍，提高研究生教育质量

树立"以人为本"的观念，建立一支结构优、素质高的科研队伍。在适度扩大科研队伍的基础上，进一步优化科研队伍结构。在保持现有本科和研究生教育规模的基础上，推进本科和研究生教育的改革与创新，不断提高教学质量。

4. 广泛开展国际学术交流，提升中心的国际竞争力

积极实施国际化发展战略，按照国际通行的学术标准和研究机构的运行模式，拓展学术交流和合作的领域，开展东南亚研究的项目合作、人员交流和资料互换。

5. 加强东南亚资料信息建设，努力建成国内一流的东南亚研究数据库和信息中心

“十二五”期间，扩大现有图书馆规模并调整结构，加大对东南亚研究网络资源建设的投入，加快东南亚研究系列数据库的建设，不断提高《南洋问题研究》的学术水平，增强其国际学术影响力。

6. 以制度创新为导向，进一步深化科研体制改革

根据教育部人文社科重点研究基地管理办法，进一步深化科研体制改革。通过主任负责制，健全学术委员会制度，实行专兼职人员全员聘任制，建立研究团队或课题组，加强科研管理和加快分配制度的改革，逐步形成机构开放、人员流动、内外联合、竞争创新、“产学研”一体化的新型运行体制和有效激励机制。

中国人民大学欧洲问题研究中心

中国人民大学欧洲问题研究中心成立于1994年，是我国高校最早成立的专门从事欧洲问题研究的机构之一，2000年被批准为“教育部人文社会科学重点研究基地”，2005年被欧洲联盟委员会授予“让·莫内最佳欧洲研究中心”称号。此中心具有良好的研究条件和学术环境，是一个兼具科学研究、教学培养、高端对话、资料信息、政策咨询等功能的一体化综合体，在海内外具有较大影响。经过十多年的建设与发展，此中心目前已经成为国内外欧洲问题研究的重要学术基地和交流平台，为中国的欧洲问题研究作出了较为突出的贡献。

一、总体情况

此中心现有11名专职研究人员、13名兼职研究人员（包括5名校外人员）。此中心创始人宋新宁教授2001年被欧盟授予让·莫内讲座教授，是我国最早获得该席位的三名学者之一。此中心的研究队伍体现了多学科、老中青、精干、高效、开放的特色。此中心目前形成了五大研究方向：欧洲政治与外交、欧洲经济与货币联盟、欧洲联盟法、欧洲联盟社会政策和欧洲文化与宗教研究。此中心基本设施较为齐备，拥有专业化图书馆和多功能会议室。

此中心视科学研究工作为中心的核心竞争力之所在，基于项目拉动式管理模式，开展了一系列科研活动，以重大研究课题作为科学研究的主打品牌。2001—2010年，此中心承担了超过50项的各类研究课题，其中拨有专款进行教育部基地重大课题18项，获得资金支持超过1000万元人民币，获得国外机构的资金支持折合700多万元人民币。

在重大项目课题设计上，此中心注重跨学科交叉和基本理论的创新，这里的专兼职研究人员来自6个一级学科，15个博士研究生专业。在重大研究课题的设置、研究取向和

研究方法上，此中心力图实现多学科交叉互动，从而使研究成果能够体现特色。

二、主要成绩和经验

以基地重大项目为基础，此中心着力于研究项目的成果实现。十年来，此中心研究人员参与撰写、编著、翻译并发表研究成果总计469项，其中，著作和译著61部、论文380篇、政策咨询28份。在CSSCI学术刊物上发表的论文数为103篇，著作和论文被引证次数为451次，另外，在海外学术杂志发表论文13篇。十年间，此中心研究成果实现包括6种主要形式：《欧洲问题研究丛书》(法律出版社)、《欧洲法通讯》(法律出版社)、《欧洲问题研究论坛》(电子杂志)、《欧洲问题研究论坛》(未正式出版)、《当代世界与中国丛书》(当代世界出版社) 和其他出版著述。

作为跨学科的研究机构，此中心特别注重研究生的培养工作。此中心充分发挥专、兼职研究人员多学科的特点，在6个一级学科、15个专业范围内，先后招收博士研究生115人、硕士研究生116人，并对他们进行了短期培训和课程教学。2006年开始，此中心举办了20多次博士论文写作研讨活动，采取专家点评与博士生互动的形式，穿插博士论文答辩会与国际交流活动，以提高博士生的逻辑思辨能力和学术表达能力，是博士生培养的新尝试。

在吸收和引进优质教育资源方面，此中心通过与欧洲有关院校合作，提供资金支持优秀研究生赴欧进修，培养了大批具有国际视野、通晓国际规则、能够参与国际事务和国际竞争的国际化人才。2003年以来，60多名硕士、博士研究生赴比利时布鲁塞尔自由大学、德国慕尼黑大学等欧洲高校留学研修。此中心还与英国杜伦大学和比利时布鲁塞尔自由大学、德国柏林自由大学开展了联合培养博士研究生项目。经与比利时布鲁塞尔自由大学合作，此中心自2005年9月在中国开办了第一个全英文欧洲问题硕士研究生项目。2006—2010年，此中心共接待46名来自德国、意大利、法国、比利时、英国等欧洲国家的留学生来华学习。

此中心为社会提供力所能及的培训，如举办专题讲座、开办培训班等，以发挥课题组成员的专业优势、增加课题的附加值，已成为社会人才培养的重要环节。2001年以来，此中心先后举办了3次国际讲习班，对全国各地的300多名教师、研究人员和研究生进行了培训。

此中心注重教学与研究的互动，吸收优秀研究生参加课题研究，同时加强科研成果在教学中的应用，通过课程开发和更新，突出教学中心、提高教学水平、强化教学质量。

此中心的国际交流合作活动颇具广度和深度，先后邀请了100多位国外学者来华讲学、访问研究和参加国际会议，先后派出专兼职研究人员出国讲学、访问研究和参加国际会议50多人次，共举办国际会议25场。2010年起，此中心与法国最具影响力的中文报纸《欧洲时报》合作，开辟《人大欧洲时评》专栏，由优秀博士和硕士生撰稿，迄今发表文章20余篇。

国际合作项目是此中心加强国际交流合作的重要载体，近年来也取得了不少进展，主要包括：中国—欧盟高等教育合作项目、欧洲联盟“让·莫内项目”、人大欧洲论坛、欧洲问题研究中心项目和“当代中国问题研究所”等项目。

三、标志性研究成果

（1）杨慧林的《西方文论概要》，于2003年由中国人民大学出版社出版，是“西方文艺理论史课程建设”主要成果之一，2004年获北京市优秀教学成果一等奖，是我国欧洲文化研究的重要著作。

（2）宋新宁主编的《欧洲问题研究丛书》，于2003年由法律出版社出版。该书的宗旨是不断推出中国学者在欧洲问题研究领域的学术成果，为进一步推进中国的欧洲问题研究做出贡献。该书的主要研究领域包括欧洲政治与外交、欧洲联盟法、欧洲经济与货币联盟、欧洲社会政策。

（3）林苏、张茂明、罗天虹主编的《欧盟共同外交和安全政策与中国—欧盟关系》，于2003年由法律出版社出版。此书共收集了相关论文14篇，这些论文从理论分析、条约法律文本分析、实证分析等不同层面，集中对作为欧洲政治一体化核心内容的共同外交与安全政策的发展历程、运作机制、性质以及缺陷与不足进行了讨论，并力图分析在共同外交与安全政策框架下的欧洲联盟对华政策以及中国-欧盟关系的发展。此书还专列了“欧盟文献：条约与政策文件”，收入了与主题密切相关的欧盟共同外交与安全政策条约和欧盟对华政策文件，为读者提供相关的背景资料。此书在编辑的过程中保留了各位作者个人的研究路径和结论。

（4）此中心先后向政府有关部门提供了50份政策研究报告，主要涉及的内容包括：欧盟的政治、经济发展和体制改革；欧盟对外关系与对外政策，特别是中欧关系中的政治、安全、经济、人权、环境等问题。此中心在政策咨询和服务方面的突出成就包括：中国对欧盟政策文件、中国在环境领的国际谈判和中国与欧盟的教育合作。此中心还积极承担职能部门的委托研究课题，鼓励专兼职研究人员担任职能部门顾问，向政府和社会各界提供形式多样的咨询服务，成为欧洲问题研究领域重要思想库。

四、“十二五”发展思路

此中心秉承通过科研工作创造优秀学术成果为标志，以培养高端研究人才为目标，以加强国际交流与合作为契机，以实现政策咨询服务社会为宗旨，不断探索学研结合、研咨结合的发展思路。

1. 明确发展定位，建构基地个性特征

深化科研体系改革、完善开放合作、激发创新活力，善于调动社会各种力量，整合校内外、国内外各种力量来经营和建设基地，完善学校学术组织形式。

2. 凝练主攻方向，打造国际学术交流平台

拓展新的研究方向，聚焦持续性研究主题，捕捉全球、地区、国别突发性问题，注重综合研究，提升分析预测能力。建设国际学术平台，处理好学术代际转换、持续动力和合作维持问题。

3. 启动知识转型，强化新型学术网络建设

加强欧洲问题研究的政策咨询，不仅为中国政府的对欧政策制定，而且为中国社会进一步加强与欧洲的沟通交往服务。增强问题导向，服务国家、凝练方向、突出特色，形成有影响力的智库和基础研究地。

厦门大学台湾研究中心

一、总体情况

厦门大学台湾研究中心是2000年1月在厦门大学台湾研究院（所）基础上，整合校内相关学科资源，吸收国内台湾研究精英组建而成的跨学科台湾研究机构，也是国台办与厦门大学共建的研究机构；2000年12月入选教育部人文社会科学重点研究基地；2004年成为“985工程”国家哲学社会科学台湾研究创新基地的主要支撑力量。2010年1月，台湾研究中心在高校人文社会科学重点研究基地第二次评估中获得“优秀”。

此研究中心下设台湾政治、台湾经济、台湾历史文化三个研究室，实行以“开放、流动、竞争、合作”为原则，以课题带动为运作模式，实行流动管理。目前，拥有专职研究人员8名、兼职研究人员8名、行政与资料人员3名，其中，教授14名、副教授2名，形成以老中青结合、中青年学术骨干为主的结构合理的学术梯队。

此中心在教育部、国台办和学校的指导和支持下，充分依靠厦门大学台湾研究院的研究力量和研究条件，在队伍建设、科研工作、服务国家和地方建设方面取得了较大成绩，发挥了对台研究“思想库”、“信息库”和“人才库”的作用，得到中央和省市领导的高度肯定，受到海内外学术界和媒体的高度重视。

二、主要成绩和经验

在科学研究方面，此中心承担国家社科基金、国家自然科学基金、国家清史工程、教育部人文社科、福建省社科等课题174项，其他课题130项，获得课题总经费为1754万元，出版学术专著59部、普及性出版物14部，发表论文1012篇，其中，CSSCI期刊上发表的论文数为299篇。这些成果得到学术界的充分肯定，获得各级奖项92项。

在政策咨询方面，此中心积极为各级政府部门提供咨询和社会服务。此中心人员经常参加中央和省市重要的内部台情调研会议，十年间，为国台办、外交部、商务部等中央有关部门提供内部调研报告100多份，多次参加有中央主要领导出席的台情调研会。此中心还积极参与地方建设，为福建省、厦门市政府部门提供了大量的咨询报告。《台情专报》、《台研要报》、《台情内参》、《闽台经贸合作动态》等内部刊物直接寄送中央及省市有关领导和有关部门，深得好评。

在人才培养方面，此中心通过课程开发和吸收研究生参加课题组，培养博士生112多人，已获得学位89人，其中，1人获得全国优秀博士论文奖。利用科研带动人才培养，鼓励研究生参与科研项目，先后2名博士生入选“学校优博工程”；举办四期全国对台工作人员的培训班，成为全国涉台高级人才培养的重要基地之一。

在学术交流和资料信息建设方面，此中心已连续举办16次全国性的学术研讨会，接待境外来访人员3000多人次，出国、出境访问人员140多人次，与台湾绝大多数知名大学建立较为稳定的合作关系。此中心图书馆拥有各种书籍近4万册，十年来新增图书14984册，已建立《台湾研究馆藏图书期刊》、《台湾期刊论文目录》、《台港期刊论文目录分类》、《台湾研究集刊 20 年全文光盘》、《中国时报》、《台湾文献丛刊》、《参考消息》等数据库；已建立中心网页，并注重更新网页内容，已被访问 19 万余次。

三、标志性研究成果

1. 中国闽台缘博物馆展览内容和展品设计

国家级对台专题博物馆——中国闽台缘博物馆，是根据中央政治局常委李长春同志的指示进行筹建的。博物馆展品文本内容和《闽台缘》书稿，均由中心主任林仁川、邓孔昭等四位教授负责设计和撰写。2006 年 5 月 27 日，闽台缘博物馆开馆，国家领导人及省委主要领导对该馆的内容设计给予高度赞扬和肯定。该馆的内容设计荣获 2007 年国家文物局颁发的“第七届（2005—2006 年度）全国博物馆十大陈列展览精品”评选的“最佳内容设计奖”，得到国台办、中宣部领导和普通参观者的一致好评。

2. 服务对台工作大局，成为党和国家的对台“智库”

此中心在涉台决策咨询方面独树一帜，专家学者就两岸关系研究中的前沿性问题和海峡西岸经济区建设中的现实问题，及时向中央和地方各级政府部门提供了几十份研究报告，受到中央领导的肯定和中央台办的专函表彰。多份成果被中宣部社科规划办编成《成果要报》，报送中央和国家领导阅示。

3. 研究专著《台湾经济发展通论》

该专著完整阐述了台湾经济发展进程及其模式特征，充分论述了台湾现代经济发展与结构变化，阐明了台湾经济模式与经济政策，详细分析了台湾对外经贸关系与经济发展，论证了台湾经济发展成果与成因，剖析了台湾经济问题，对台湾经济发展趋势进行了预测性分析。该专著同时获福建省社科成果一等奖与教育部第四届人文社科优秀成果三等奖。

四、“十二五”工作思路

“十二五”期间，此中心将通过科研体制改革和加大资源投入，进一步提升科研水平，着重提升研究质量，争取在研究创新和服务国家重大需求方面取得更多的标志性成果；将拓展两岸关系法律研究、两岸社会比较研究和台湾教育研究等新领域，组织跨学科研究力量进行更大规模的科研攻关，提高研究的系统性和科学性。

将继续办好内参刊物，鼓励研究人员为国家和地方对台工作服务，提升决策咨询意见和建议的可操作性。

将鼓励运用新的理论体系和研究方法进行学术创新。此中心将安排更多研究人员进入台湾岛内驻点研究，并运用面访和电话调查等方式进行定量定性相结合的研究。将进一步完善图书馆建设，提升文献信息的电子化水平。

将继续扩大对外学术交流，除了安排更多的赴台驻点研究外，此中心还将扩大与日本、美国、欧洲及东南亚等国家学术机构的交流合作。

此中心除了抓好重大研究项目的研究工作外，还将每年举办一届“台湾研究新跨越学术研讨会”，邀请两岸专家学者出席研讨活动，并以适当方式邀请国外专家学者参与有关学术活动。

为确保以上目标得以实现，此中心提出以下体制机制改革措施：

（1）鼓励跨学科合作，研究团队的组成没有体现学科人员交叉的重大项目，中心学术委员会在议定资助金额时，将直接在重大项目基本额度内扣减 2 万元额度。

（2）鼓励校内外合作研究，研究团队的组织没有校外人员参与的重大项目，额度予以扣减，对于吸收校内外、海内外合作的项目给予一定奖励。

（3）鼓励研究生参与项目研究，对吸收研究生参与的项目给予一定奖励，对没有吸收研究生参与的课题扣减部分额度。

（4）为保障青年学者获得基本的研究经费，研究中心每年在重大项目之外设立三个青年项目，开放给不具正高级职称的研究人员自由申报。

（5）实行重大项目团队内部竞争制度，除了承担组织管理任务的项目负责人有一定的基本额度配给外，其余经费放开竞争。

（6）为鼓励研究人员更积极地投入国家和地方对台决策咨询服务工作，对于获得一定级别以上成果认可书的研究人员，中心另行配套奖励科研经费。

（7）为鼓励研究人员产出更多标志性研究成果，中心学术委员会每年一月底前组织评审研究人员提交的标志性研究成果，包括新的研究创见、获奖成果等。

（8）为鼓励研究人员更积极地投入科研工作，在课题承诺任务之外，在一定级别核心刊物上发表文章或出版专著的人员，中心给予配套奖励。

（9）中心鼓励研究人员到台北工作室驻点研究，所有课题都必须有赴台驻点研究计划，中心将额外提供驻点研究的资助。

（10）为强化中心科研辅助人员与科研人员的一体化建设、提升科研保持水平，除了文献信息电子化建设项目、提升中心网站和刊物建设水平外，中心还将设立科研管理便捷化工程专项经费。

中山大学港澳珠江三角洲研究中心

一、总体情况

中山大学早在20世纪50年代初已经开始进行对港澳问题的研究，并在1983年成立了全国最早的综合性港澳研究机构——港澳研究所；2000年9月，中山大学成立港澳珠江三角洲研究中心，并入选为教育部人文社会科学重点研究基地。

此中心是一个跨学科的综合性研究机构，主要包括区域经济研究、法律与政治研究、社会文化与教育研究三大研究方向。目前，此中心汇聚了境内外研究港澳的大部分英才，共有研究人员32人，其中，专职人员19人、兼职人员13人，教授23人、副教授7人、讲师2人，拥有博士学位的研究人员达83%以上。2004年，此中心入选为“985工程”二期哲学社会科学创新基地，取得了显著的成绩；2009年承担了“211工程”三期重点学科建设项目“粤港澳区域合作研究”；2010年再次入选为“985工程”三期港澳珠江三角洲研究创新基地。自成立以来，此中心专注于港澳珠江三角洲区域研究，朝着建设国内学术领先、国际一流的目标不断努力，取得显著的成绩。

二、主要成绩和经验

此中心成立十年来，在科学研究、人才培养、学术交流与资料信息建设、咨询服务和深化科研体制改革方面开展了富有成效的工作，成绩可喜。

截至2010年12月底，此中心共承担科研项目230项，包括：全国社科基金项目16项（其中重大、重点项目各2项），国家自然科学基金项目8项（重大、重点及专项基金项目各1项）；教育部项目41项（重大攻关项目2项，重点项目1项，基地招标项目19项）；地方政府项目73项；其他各类项目92项。共获得研究经费约3190万元。

此中心不断努力，取得了一系列优秀的学术成果：截至2010年年底，共出版学术著作61本，提交研究咨询报告108篇，发表期刊论文505篇。在发表的学术论文中，有287篇（占总数的57%）发表于SSCI、EI或CSSCI刊物，有39篇发表于校内认定的一级刊物，有146篇发表于二级刊物①。

此中心坚持多学科、综合性、应用型的发展特色，致力于学术成果向应用层面转化，服务于政府决策参考。十余年来，此中心研究人员共向政府有关部门提供咨询报告98篇。这些研究报告具有较高决策咨询服务水平，获得高层领导的重视。其中，此中心人员的国家社科基金的研究成果先后三次被收录于《国家社科基金成果要报》，获得国家领导人的重视和全国社科规划办的书面表扬；《粤港澳从合作到融合：新思路、新起点、新挑战和新突破》等四份研究报告，先后获得张德江同志以及汪洋同志的亲笔批示，为中央政府及港澳特区政府就粤港澳区域发展战略提供了有建设性和前瞻性的建议。此中心长期承担中央和地方政府下达的重要课题，为中央和地方政府对港澳方面的政治决策提供有前瞻性的建议。此中心集体攻关的《着眼长远、科学规划、促进香港长期繁荣稳定与发展》课题，为香港长远发展规划提供了共30万字的研究报告。此研究报告在广东省的评审会议中，多次获得省政府高度评价，为推进与港澳更紧密合作提供了重要决策参考。

此中心成立以来，积极拓展与高校、政府以及境外机构长期合作关系，与香港大学、香港岭南大学、澳门理工学院、香港中联办等签署了长期的合作协议，与香港浸会大学、香港城市大学等有经常的合作往来。通过学术交流和深度合作，奠定了此中心在国内外同行中的学术地位，发挥了此中心在境内外的影响力。在学科共建方面，此中心与澳门理工学院于2009年12月合作建立“中山大学-澳门理工学院博彩研究中心”，合作开展博彩研究。教育部社会科学司张东刚副司长等也亲临博彩研究中心参观考察，探讨与境外研究机构合作共建教育部人文社科重点研究基地的方法。在产学研合作方面，2004年年底，此中心成立了“中国统一战线理论研究会港澳和海外统战工作理论广东研究基地”，此基地的成立，为决策咨询研究成果进一步服务国家政策奠定了基础。

此中心在十年的建设中，汇聚了一批集中研究港澳问题的学术骨干，积累了港澳珠三角区域研究的大批资料。此中心关于港澳区域研究成果在境内外同行中具有较大的影响力，被誉为“港澳研究重镇”。

三、标志性研究成果

此中心成立至今，出版了五大系列丛书，包括《中山大学港澳研究文丛》、《泛珠三

---

① 根据2004年度至2010年度《中山大学关于人文社科重要期刊目录一览表》。

角区域合作发展研究报告（2006—2008）》、《教育部人文社会科学重点研究基地重大项目成果丛书》、《新时期港澳珠区域经济合作与发展丛书》、《粤港澳关系研究丛书》等，并即将出版《粤港澳区域合作研究丛书》。

（1）《中山大学港澳研究文丛》是“985 工程”二期的系列成果，从经济、政治、法律和社会等方面研究港澳问题。在丛书中，学者围绕港澳对外贸易发展和经济转型、政府行为以及社会分层和社会福利模式的主题，探讨了粤港澳存在的法域冲突、区域行政协作的机制、区域经济深度整合、社会的有效治理等问题，分析和总结了实行“一国两制”以来港澳建设与发展取得的宝贵经验，对保持香港和澳门的长期繁荣稳定，进一步推动内地与港澳更紧密的合作，提出了建设性的建议。丛书各册探讨了港澳珠江三角洲区域经济整合和制度创新、法律冲突和协调、可持续发展等问题，为港澳珠三角地区的发展提供理论依据。《泛珠三角区域合作发展研究报告》（2006—2008）是由此中心组织编撰和出版的、国内第一部研究泛珠三角区域合作与发展的蓝皮书，是发挥中山大学多学科和综合性研究优势的一项重要成果。

（2）在咨询服务方面，获得显著的成果。《香港政党发展新动向及其对策》、《澳门特别行政区行政长官与立法会选举形势分析及对策》、《香港政改争拗形势分析及应对建议》三篇研究报告被列入《国家社科基金成果要报》，呈送国家领导人，并获得书面肯定。《粤港澳从合作到融合：新思路、新起点、新挑战和新突破》、《近期香港政治化趋向及原因分析》、《关于推进深汕特别合作区体制机制创新的建议》等四篇研究报告分别受到中共广东省委两任省委书记、中央政治局委员汪洋同志和张德江同志的亲笔批示，成为政府深化粤港澳合作和对港开展工作的重要依据。自 1992 年以来，此中心坚持主办《港澳情况通讯》内部刊物，二十年来，持续跟踪港澳政治形势动态，针对港澳政治发展趋势和导向及时做出分析和预测，为中央对港决策提供了及时而重要的参考建议。

四、“十二五”建设思路

此中心将以本领域重大和现实问题为中心，继续发挥多学科研究的优势，夯实基础理论研究，组织高水平项目，争出高质量的标志性成果；发挥综合性、应用型的建设特色，围绕国家发展战略，针对学科前沿和重大实践问题，提高决策建议水平，为国家和区域经济建设和社会发展，为港澳繁荣和稳定服务。主要建设思路如下：

（1）凝聚研究方向，夯实和加强在全国港澳和珠三角研究领域的中心地位，打造“港澳研究重镇”的品牌。

（2）加强学科建设和人才培养，充分利用“985 工程”、“211 工程”两个平台，引进优秀学科人才，发挥中山大学多学科优势，整合各项资源，充实学术研究队伍，把此中心建设为涵盖经济、社会、政治、法律等多学科的港澳研究人才库。

（3）继续发挥决策咨询的优势，为党和政府提供更多高质量、高价值的政策建议；进一步加强此中心在港澳研究领域的“国家级思想库”的地位。

（4）扩大对外交流。深化与港澳及欧美地区著名高校的学术机构的交流与合作，逐步提高此中心的国际影响力。

（5）加强基础数据库的建设、网站建设以及基地刊物建设。进一步加强调研数据等一手数据的采集，将该数据库建设成港澳研究领域最重要的调研数据库；加强此中心网站建设，借助数据库建设之力，将网站建设成港澳研究领域重要的研究型网站；加强刊物建设，以刊物为纽带，形成港澳前沿学术交流的主要平台。

安徽大学徽学研究中心

安徽大学徽学研究中心自1999年底进入教育部首批百所人文社科重点研究基地以来，围绕教育部《普通高等学校人文社会科学重点研究基地管理办法》中基地建设的五项目标，秉承探讨学术、服务社会的宗旨，在注重徽学基础研究的同时，积极面向安徽省暨黄山市经济文化建设，开展决策咨询工作，发挥智库作用。

经过十年时间的建设，此中心从当初的几乎一张白纸到现在的粗具规模，在基础研究、咨询服务、资料建设、人才培养、队伍建设和对外交流等诸多方面取得了辉煌的成就，基地发展迈入了健康发展和良性循环的快车道。

一、总体情况

此中心现有办公场所600平方米，电话、传真、电脑、投影仪、服务器和互联网等现代化办公设备设施齐全；下设徽州文书与文献、徽州社会经济史、徽文化资源保护与利用3个研究室，另设办公室、资料室（含徽州文书特藏室），资料室收藏有徽州原始契约文书1万余件，徽州族谱等各类图书3万余册。

此中心建有学术委员会，作为科研规划与发展的指导机构，并按照“公开竞争、公开招标、择优支持”和“开放、流动、竞争、合作”的原则，由主任根据“带（给）课题和经费进基地、完成课题后出基地”的要求，实行全员聘任。现拥有专、兼职科研人员40人，学术秘书和资料员共2名，90%具有博士以上学历。2002—2007年，还聘任特聘教授1人。

此中心以探讨学术、培养人才、服务社会、传承文明为宗旨，倡导严谨治学的学风，致力于被誉为中华传统文化标本的徽州历史文化传承与研究，努力抢救、挖掘和整理徽州历史文化资源为社会服务。此中心创办《徽学》集刊，作为海内外发表最新徽学研究成果的阵地，现已出版7卷。此中心拥有独立的中文、英文和日文网站，并定期进行更新；招收历史学博士和文史哲相关专业徽学方向硕士，培养高层次文化研究和创新人才。

二、主要成绩和经验

1. 注重基础研究和学科建设，凝练学科方向

此中心注重徽学与区域史等基础理论研究，致力于徽学和区域史学科理论体系建构与学科建设，在所主持和招标的50余项各级各类项目中，大多围绕徽学、徽州宗族与社会和徽州文书文献等主题进行，体现了徽学中心凝练学术与学科方向的主旨。截止2010年年底，此中心出版《徽州宗族研究》等学术著作29部，影印出版《徽州文书》3辑30册，出版徽学研究资料辑刊9种，编辑出版大型学术年刊《徽学》6卷，《徽学动态》33期。在包括《历史研究》等国内外著名学术期刊上发表高水平的徽学研究论文逾500篇。

2. 开展决策咨询，服务地方建设

此中心深入开展徽州文书文献整理、徽州宗族与社会研究的同时，牢固树立传承文明、服务社会的宗旨，积极致力于使徽州文化与当代社会相适应、与现代文明相协调，在推进徽学研究与和谐社会建设、公民道德教育紧密结合上取得明显成效，受到全国人大和全国政协领导高度评价。此中心兼职研究员、安徽省文史馆馆员方利山教授关于建立徽州文化生态保护区的建议，受到国务院总理温家宝高度重视，直接促成了文化部“徽州文化生态保护（实验）区”的启动建设。此中心还主持承担了合肥、黄山等市文化大市建设发展规划的编制工作，被誉为是安徽省“文化研究和建设领域重要的智囊团和思想库”。

3. 初步建成一支结构优良的学术团队

此中心建立以来，始终重视队伍培养与建设，通过培养和引进，初步建立了一支团结协作，老、中、青三代相结合，学历学位和职称结构合理的徽学研究的专门队伍，形成了一流的徽学学术带头人和中青年学术骨干。2002—2005 年期间，此中心还聘任原中国社科院历史研究所栾成显先生作为特聘教授，共同参与建设和发展。

3. 实行开放研究，进行高层次国际交流与合作

此中心实行开放式研究，积极开展对内对外交流与合作，构建徽学学术交流平台。通过每年举办一次国际或国内徽学研讨会、接收国外研究人员访问和联合开展项目合作等方式，进行高层次国际交流与合作，发挥对外学术交流的窗口作用。此中心现已同美国、法国、日本和韩国等国家及中国香港、台湾地区近十所著名高校、研究机构建立了实质性交流与合作关系。

5. 信息平台建设成效显著

此中心重视信息建设，注重徽学资料与信息平台建设，并取得了显著成效。2000 年即注册开通了中心的中、英文和日文专业网站，并定期进行内容更新，内容丰富，信息量较大。此中心还充分发挥网络的作用，利用网络进行学术交流，所有文书文献目录和徽学研究成果大都已在网站进行公布。2007 年立项建设的中央与地方共建专项资金徽学研究中心开放式建设项目已经启动。

三、标志性研究成果

此中心十年来集中凝练学术方向，取得丰硕的科研成果，其中，标志性成果集中在徽州宗族与社会、徽学理论与方法、徽州文书文献整理出版以及徽文化资源保护与利用四个领域。

（1）赵华富著的《徽州宗族研究》(安徽大学出版社，2004)，填补了徽州宗族系统研究的空白。

（2）卞利撰写的《国家与社会的冲突和整合》(中国政法大学出版社，2008)，从明清民事法律调整与乡村基层社会调整的独特视角，系统论述和阐释了国家与社会冲突和整合方式与过程。

（3）栾成显在《历史研究》和《中国史研究》上发表的系列论文，对明清徽州宗族的异姓继承和诸子均分制度进行了深入考察，提出了创新性见解。

（4）刘伯山主编的《徽州文书》3 辑 30 卷（广西师大出版社，2005—2010）以归户

性为单位，影印出版了万余件珍稀徽州文书原件，对徽学发展起到了重要的促进作用。

（5）朱万曙主编的《论徽学》(安徽大学出版社，2004）和《徽学研究资料辑刊》(黄山书社，2001—2007)，对徽学理论体系建构和徽州文献整理作出了重要贡献。

（6）由此中心研究人员承担编制的《黄山市文化大市发展规划（2006—2020 年）》、《徽州文化生态保护区规划纲要（2007）》和《黄山市旅游业可持续发展研究》(安徽教育出版社，2008)，是此中心服务社会、发挥智库作用的标志性成果，受到了当地政府的高度重视，并作为决策的重要依据。

四、“十二五”建设思路

此中心将在基础研究和应用研究两个层面，围绕徽州文书文献整理、实证或个案研究、徽学理论体系建构以及服务地方经济社会与文化发展战略等重大问题，形成三个主攻方向，组织重大项目和自设项目，力争通过若干年持续不断的努力，取得突破性进展，产出一批具有重大社会影响力和学术价值的标志性成果。

第一个主攻方向是徽州族谱和文书整理与专题研究。继续对徽州族谱和文书进行专题或归户整理，并围绕其所反映的问题，进行集体攻关，推出若干专题研究论著（文），形成系列标志性成果。

第二个主攻方向是对中国传统文化在徽州的实践、传承和创新的研究。通过中国传统文化在徽州的实践、传承和创新的探索与研究，提炼徽文化的核心价值，作为中华民族核心价值体系建设的参考。同时，从传统文化传承和创新的角度，就当前的新农村建设和非物质文化遗存的开发与保护，为相关政府机构提供决策咨询和研究报告，服务国家和安徽社会主义文化建设。

第三个主攻方向是徽学内涵的进一步挖掘和徽学学科体系的科学建构。以徽学的前沿问题和发展趋势为研究重点，从理论层面深入思考徽学的学术内涵、学科性质和学科定位，在整体史和区域史而不是地方史的宏观视野内，构建科学的徽学学科体系。

为实现上述战略目标，将以重点实验室建设为支撑，构建开放性的徽学学科平台；通过创新团队建设和重大课题研究，汇聚校内跨院系、国内跨院校的精干的学术研究队伍；通过基地内部分配制度改革，人员流动整合，推进机制创新；通过建立与安徽省和黄山市人民政府及省文化厅、徽商集团等固定联络机制，参与重大决策调查与咨询，形成服务社会常态化、制度化，解决信息部对称问题，提升服务社会质量与水平，发挥智库作用；通过与国内外著名高校、研究机构开展合作研究及深入交流，构建高层次的对外交流平台；通过网络和徽州族谱等专题文献数据库建设，推进信息化进程。

北京师范大学价值与文化研究中心

北京师范大学价值与文化研究中心于 2000 年 11 月被批准为教育部人文社会科学重点研究基地。经过十年建设与发展，此中心在科学研究、人才培养、社会服务等方面均取得长足进步。

一、总体情况

建设之初，此中心主要依托哲学、社会学、教育学和马克思主义理论等学科进行建设，设4个研究室。目前，此中心涵盖哲学、社会学、马克思主义理论和教育学等学科，其中，马克思主义哲学于2002年1月被批准为国家重点学科、西方哲学于2008年批准为北京市重点学科。2004年，以此中心为核心的北京师范大学价值观与民族精神国家哲学与社会科学重点创新基地成为国家“985工程”二期建设的基地之一。2009年，此基地在教育部组织的评估检查中获评优秀基地。

二、主要成绩和建设经验

自成立以来，此中心在坚持和发挥基地优势和特色、培育和打造基地核心竞争力方面做富有成效的尝试。具体而言，十年基地建设的成绩和经验可以归结为以下几个方面：

（1）坚持“关注价值与文化问题”的主题研究方向，形成了基地的学术特色和学术优势。此中心自成立以来，坚持在经济全球化、价值多元化和文化多样化的大背景下，以科学的理性的态度考察、分析价值与文化的基础理论和重大现实问题，一方面致力于从学理上深入探讨价值与价值观所涉及的重大基础理论问题，另一方面致力于对现实社会发展过程中所呈现的诸多价值与文化问题进行发掘和反思。此中心自成立以来，规划和承担的20多项基地重大研究课题以及申请的其他10多项课题都是围绕有关“价值与文化”的问题展开的。十年期间，价值与文化研究中心出版专著50多部，发表论文600多篇，为相关研究的深入开展提供了理论的参考。

（2）关注现实问题，服务党和国家的重大决策，拓展基地发展空间。此中心自成立以来，坚持“面向实践、服务实践”的发展宗旨，积极参与社会服务，主动承揽相关应用部门的委托研究课题，直接服务于党和国家有关部门的决策。在为各级政府及社会各界开展和提供理论咨询和政策建议的同时，也提高了自身解决重大实践问题的综合研究能力和参与重大决策的能力。此中心先后承担了中共中央宣传思想工作领导小组、中共中央宣传部、中共中央办公厅、中共中央文明办、北京市委宣传部、北京市邓小平理论和“三个代表”重要思想研究中心等单位委托的十多项调研项目，向省级以上部门提交调研报告17篇。所有调研成果均得到了委托单位的较高评价，其中许多重要观点被有关决策部门采纳。韩震、沈湘平、吴玉军等曾多次得到中央宣传思想工作领导小组、中共中央宣传部等委托单位的发函表扬。

（3）围绕学术研究加强人才培养和队伍建设，为学科持续发展提供可靠保障。此中心重视人才培养，在巩固原有从各学科角度进行价值理论方面的人才培养成果和培养模式的基础上，2005年起自主设立了价值哲学博士点，专门培养从事价值基础理论研究的高级人才。此中心还积极创造条件，改善人才成长和培养环境。2004年起，设立专项资金，奖励在价值与文化研究领域取得成果的专兼职研究人员。2005年，此中心与东莞市金盛集团合作，设立“金盛奖学金”，奖励在价值与文化研究领域取得成果的研究生和本科生。十年期间，此中心共毕业硕士研究生720名，博士研究生257名，20多名学生在读期间出国学习或联合培养。培养的学生中，有1人获得全国百篇优秀博士论文提名奖，2人获得北京市优秀博士论文奖。

（4）加强学术交流，注意信息、数据和文献的积累。中心注重学术交流，先后举办了“价值哲学与过程哲学”、“东亚价值观国际学术研讨会”、“首届俄罗斯文化国际学术研讨会”、“启蒙与后现代”、“符号与价值：皮尔士哲学中美学术研讨会”、“传统与现代：京师哲学高峰论坛”等国际研讨会和“21世纪价值观教育与文化战略”、“发展中的外国哲学与文化”、“当代科学技术的价值审视暨科学技术中的哲学问题”、“马克思主义哲学理论及其体系创新”、“价值理论研究方法”、“马克思主义哲学研究的重大问题研讨会”等全国性学术会议，还在北京会议中心与中华战略研究会一起举办了关于社会主义核心价值的大型学术会议。

此中心与国内外著名大学和研究机构开展学术合作，致力于学科建设和发展的国际化。先后选派廖申白、朱红文、严春友、吴向东、兰久富等11位教师到国外进行访学。此中心先后有40余人次分别到美国、韩国、俄罗斯、希腊等地参加国际学术会议。同时，邀请近百位国外学者进行学术交流，聘请罗蒂、格里芬、斯焦宾院士等著名学者担任客座研究员。斯坦福大学Perry、国际价值学会主席、《价值探索》主编Magnell、世界哲学大会主席McBride，美国佛罗里达大学Richard Shusterman以及美国杜威研究中心主任、南伊利诺斯大学Larry Hickman等一批具有国际影响的学者，都先后应邀来基地进行学术交流和讲座。

在信息建设方面，此中心依托马克思主义理论研究和建设工程，与北京市邓小平理论和“三个代表”重要思想研究基地共建北京市邓小平理论和“三个代表”重要思想基地信息中心和马克思主义中国化文献资料中心。此中心除不定期出版《价值与文化丛书》外，还与高等教育出版社合作，编辑出版在国外发行出版的学术季刊*Fronties of Philosophy in China*，该杂志已经出版了6卷21期，产生了一定的学术影响，去年又获中华学术外译项目的资助。

三、标志性研究成果

（1）在价值与文化基础理论研究方面取得的标志性研究成果有：袁贵仁的《价值观的理论与实践：价值观若干问题的思考》，韩震的《思考的痕迹：文化碰撞中的思想形成》、《重建理性主义信念》，杨耕的《为马克思辩护》，张曙光的《个体自由与生命历史》，廖申白的《交往生活的公共性转变》，李景林的《教化的哲学》等，以及《价值与文化研究丛书》、《当代价值与文化丛书》等系列著作。

（2）在关注社会现实、服务社会实践方面取得的标志性研究成果有：袁贵仁、韩震主编的《新世纪中国共产党的价值观》和韩震主编的《社会主义核心价值体系研究》。韩震、吴玉军、李晓东等多次参与中宣部组织的《理论热点面对面》、《社会主义核心价值体系读本》、《划清“四个重大界限”学习读本》等的撰写或审稿工作，并先后完成了《关于价值观现状的调研报告》、《以“三个代表”重要思想统领理论研究调研报告》、《关于加强社会主义意识形态建设的研究报告》、《中国公民人文素养的调研报告》、《北京市公民价值观调查报告》等调研成果。袁贵仁、韩震、杨耕等还先后担任中央“马克思主义理论研究和建设工程”首席专家。韩震、刘孝廷、刘夏蓓等任教育部“马克思主义理论研究和建设工程”首席专家。

四、“十二五”建设思路

“十二五”期间，此中心的建设思路主要包括：

（1）继续深入价值与文化的基础理论研究。以中国价值观历史变迁的全面系统研究为核心，分历史时期，逐步展开对我国价值观念变化的系统梳理和深入研究，充分发挥中心的学术带头作用，切实推动价值与文化研究的深入发展。

（2）继续关注价值观的现实状况，为决策提供可靠参考。以年度价值观调研报告为核心，对我国价值观的状况进行持续的跟踪调查，并在此基础上重视理论调研，为国家层面的有关决策，提供切实有效的参考。

（3）改革人才培养模式，培养价值与文化哲学领域的高水平人才和后备力量。搞人才培养特区，在招生办法、培养模式和途径方面进行新的探索，力求有新的突破。

（4）继续深化科研管理体制改革，探索改善基地管理的有效途径。在科研项目管理、人才队伍建设、图书资料的管理与使用等方面继续进行探索，努力提高管理效率，保证基地研究的顺利开展。

福建师范大学闽台区域研究中心

一、总体情况

福建师范大学闽台区域研究中心1999年10月成立，经教育部专家组评审，2001年4月成为教育部省属高校人文社会科学重点研究基地。此中心下设经济研究所、政治研究所、文化研究所、闽台文化遗产研究所、金门研究所、台湾教育研究所和文献信息中心，是集学术研究、人才培养、信息咨询服务为一体的综合性科研机构。此中心科研工作一直以来注重历史，面向未来，以闽台历史文化研究为根本、以台湾政治研究为重点，以闽台经济研究为支柱，为早日实现海峡两岸和平发展和最终统一大业服务。此中心实行主任负责制，以招标方式聘用专、兼职研究人员，现有在编人员7人，专、兼职研究人员共27人，其中，教授20名，副教授4名，助理研究员3人，具有博士学位的20人。首届中心主任由著名民族音乐理论家王耀华教授担任，现任中心主任是历史学专家谢必震教授。

二、主要成绩

此中心成立以来，在科学研究、咨询服务、学术交流及标志性成果理论创新等方面取得了一定的成绩。

（1）此中心成立以来，一直把科研建设放在各项工作的首位，立足实际，紧抓不懈，在此过程中初步形成了具有自身特色的科研体系。此中心已承担国家社科基金项目和省部级研究项目66项，共出版有关闽台区域研究的专著、资料集等140余部；在《经济研究》、《台湾研究》、《世界宗教研究》、《台湾研究集刊》等权威报刊和刊物上发表论文100多篇，其中许多文章被《新华文摘》、《中国社会科学文摘》等重要刊物转载。此中心科研成果还获得包括全国高校人文社会科学优秀成果奖、国家图书荣誉奖和福建省社科优秀成果奖等在内的部、省级奖励共20多项，整体研究水平在全国相关领域居领先地位。

（2）在服务国家对台策略研究和服务地方经济文化建设方面所提交的咨询报告受到相关部、省级领导的高度重视，成绩显著。此中心主任谢必震教授提交的《关于在福州建立中国钓鱼岛资料展馆的建议》入选教育部组织专家评选的“2010年度高校哲学社会科学研究优秀咨询报告”，该报告得到福建省相关省市领导的高度重视和批示，谢必震教授还被聘请成为中宣部关于钓鱼岛问题专家咨询委员会的成员。林国平教授、颜纯钧教授接受国台办委托，提交《对台宣传面临的挑战与对策》的报告，得到国台办领导的高度肯定，相关意见被摘入中央内参。杜力夫教授向国台办领导提交了《评析台湾当局“去中国化”的法律措施》和《关于“宪法一中”主张研究》2份咨询报告，受到充分肯定，被收入「秘密」级文件。此外，闽台中心在闽台农业经济合作研究方面也取得丰硕成果。这些成果和所提出的建设性建议都受到省委政策研究室、省农业厅和科技厅采纳引用。

（3）在对外学术交流方面，此中心积极采取派出去、请进来的办法，加强与台湾学术机构和祖国大陆相关台湾研究机构的联系，邀请多名台湾和国内外专家来参加研究中心举办的会议，并到中心讲学或做短期学术研究。此中心已成功举办了11场高水平的国际性、全国性学术研讨会，出访的研究员达700多人次，参加300多场国内外学术研讨会，接待来访学者1600多人次。通过举办学术研讨会、专家互访、讲学等方式，科研队伍得到进一步的完善和充实，对相关的重大理论和实践问题进行深入的探讨，逐步起到发挥全国专业研究学术交流中心的作用。

三、主要经验

1. 领导的重视与关怀

闽台区域研究中心成立以来，省教育厅领导就给予高度重视，在全省文科科研经费相对不足的情况下，每年都要拨出30万元作为中心的建设经费。学校领导大力支持，除提供良好的硬件设施，每年配套30万元建设经费之外，还经常莅临中心了解中心建设与发展的情况，并为中心举办的重大学术活动出人出力。另外，国台办领导和福建省政府的领导也多次莅临中心视察和指导工作。

2. 长远规划与重点攻关有机结合

基地成立伊始，就科学地制订了中长期计划、“十五”规划及“十一五”规划，根据规划认真开展各项科研攻关。在此基础上，确立“集中有限财力和人力，实施重大项目联合攻关”的科研发展战略。投入巨资100万元精心组织省内一批专家学者，编辑出版了重大历史文献资料《台湾文献汇刊》(100册)。该项目不仅是中心的标志性成果，也是基地的国家级科研成果。

3. 理论与实践相结合。此中心下属中琉关系研究所有着深厚的研究传统、宽阔的学术平台以及独特的地域与文献优势，在几十年科学研究和资料积累的基础上，结合当前形势，围绕着中日双方争议由来已久的钓鱼岛主权问题展开研究。2010年，谢必震教授申报的“钓鱼岛问题与中日争端对策研究”获得了国家社科基金重大项目的立项。2011年，谢必震教授向福建省人民政府提交的《关于加强和保护、充分展示和利用福建省中琉友好关系历史遗址的报告》，得到了福建省省长、副省长批示，相关职能部门对此进行认真的调研和落实。此外，结合近来海峡西岸经济区建设发展的实际情况，此中心在闽台农业经济合作研究及海峡两岸“小三通”研究方面取得丰硕成果，受到省委、省政府的重视。许多极具建设性的意见和建议不时地为省委政策研究室、农业厅、科技厅和交通厅所采纳、引用。通过理论研究和基础研究服务于社会实践，不仅得到社会各界的广泛认可，而且在两岸学术界的知名度也大幅度提高。

四、标志性研究成果

此中心投资100万元，精心组织多位研究员与厦门大学人文学院等一批省内著名专家学者，历时多年编撰出版的重大历史文献资料《台湾文献汇刊》，2005年经九州出版社和厦门大学出版社联合出版。该汇刊全集共分7辑100册，收入许多珍本古籍和许多民间文件、契约文书等史料。该科研项目先后被列为中央对台宣传重点项目、国家“十五”图书出版重点规划项目、全国古籍整理出版规划项目和全国高等院校估计整理研究项目，被评为福建省第六届社会科学优秀成果特别奖。该项目不仅是闽台区域研究中心的标志性成果，也是福建师范大学科研创新和科研精品建设的模范性成果，是国家级的科研成果。这一重大成果受到教育部领导和学术界的高度赞扬和充分肯定。《台湾文献汇刊》还成为2006年胡锦涛总书记访美时向耶鲁大学惠赠礼物的一部分。该成果还分别以图片和实物的形式入选“辉煌60年——中华人民共和国成立60周年成就展”第四单元“科学技术日新月异　教育事业迅速发展”和第十一单元“香港、澳门和两岸关系发展”专题展。

五、“十二五”建设思路

此中心将坚持科学发展观，继续秉持以闽台历史文化研究为龙头，以台湾政治研究为突破口，以闽台经济研究为核心，以现有省、校、中心三级科研队伍建设为基础，以建设优秀的国家级重点研究基地为目标，突出重点，显示特色；以服务福建海峡西岸经济区建设和文化大发展为目标，在现有科学研究和学术交流的基础上，继续推进科研队伍建设，积极构建有利于多出成果、出好成果的研究员队伍配置和知识创新体系。

此中心将努力达到以下目标：

（1）在人才培养方面，力争每年稳定培养10名硕士研究生和5名博士研究生。近期培养重点放在福建历史文化名镇（乡）名村的调查研究（中心与福建省文化厅横向合作项目）、闽台文化遗产的保护与研究以及对台研究的咨询服务方面。

（2）在科研成果方面，力争平均每年获得2~3项省部级以上重大项目，力争平均每年发表10篇以上高水平学术论文，即在高水平学术刊物上发表或获得收录与转载等；力争平均每年在国外期刊发表论文3篇；力争平均每年出版专著5部，出版闽台问题大型论丛2套（20册）。

（3）在学术交流方面，力争平均每2个月开展1次基地内部的学术交流活动，活动内容有明确的主题，有明确的主讲人；平均每2个月至少聘请一位国内外知名学者举办大型讲座；每年举办1次国际学术会议，以扩大本中心的社会影响。每年组织中心研究人员10人次以上赴台湾地区考察调研。

（4）在中心信息库和资料建设方面，继续依托校图书馆采购台版社科图书及报刊，结合中心近期文史研究规划的需要，重点添加台湾研究所需大型档案文献资料。

（5）组织专职研究员和部分硕士、博士、研究生适时跟踪台湾重大政经动向和海内外交往动向，开展咨询性研究工作。

复旦大学中外现代化进程研究中心

复旦大学中外现代化进程研究中心成立于2000年3月，是涵盖文、史、哲、政、经等学科的综合性、开放性研究及教学机构。2004年12月，此中心被正式批准为教育部人文社会科学重点研究基地。

一、总体情况

此中心现任主任为姜义华教授，副主任为吴景平教授、张晖明教授和章清教授（常务），学术委员会主任为金冲及教授；下设“比较文明与比较现代化”、“世界现代化进程”、“中国现代化进程”、“上海现代化国际大都市研究”四个研究室；目前有专、兼职研究人员26人，其中有著名学者姜义华、陈思和、吴景平、张晖明、袁志刚、林尚立等学术骨干；建设目标是立足上海、服务全国，通过完成重点课题，力争在学术水平、软硬件设施及科研管理方面建设成国内一流的研究中心，与其他兄弟院校的研究中心共同开创中国人文社会科学研究的新局面。此中心在中外现代化进程研究方面已有多年的学术积累，取得了富于特色的研究成果。

此中心成立以来，一直在健康的轨道上运行，成立时提出的各项具体目标在各个环节都得到了落实，学术水平、软硬件设施及科研管理等方面都有了较大提升。

此中心已成为复旦大学学科建设的重要组成部分。学校明确将此中心定位于复旦大学跨学科的交流平台，以实现服务上海、影响全国的战略目标，在科研经费、人员配置和硬件设施等方面均给予了很大力度的支持。目前已有科研办公和图书资料用房共920平方米；拥有计算机、传真机、复印机和国际互联网终端等设备；各类图书资料丰富，配有专职资料人员，建立了独立的网站以及平台网站的子网，并建立了“西方世界与现代化”的数字期刊和“中外现代化理论”数据库，确保为科研工作提供完善的服务。

通过组织机构的调整，更加明确此中心的各项工作，加大依托上海做好决策咨询工作的力度。此中心成立以来，在组织机构上进行过两次大的调整，根据教育部社政司及有关专家的建议和学科建设的需要，先后增加了“上海现代化国际大都市研究室”和“比较文明与比较现代化研究室”，以发挥人才优势，从更为宏大的视野对现代化的理论进行检讨，并更好发挥立足上海、服务全国的宗旨。同时还专门建立了资料文献部和《近代中国研究集刊》编辑部。

二、主要成绩和经验

此中心成立以来，组织并承担了多个具有重大学术意义和现实意义的课题，通过重点课题带动中心工作，使科研工作初见成效。成立后承担了教育部委托的重大课题“中国现代化：理论与实践”以及“十五”、“211工程”重点学科建设项目“上海现代化国际大都市与长江三角洲：历史变迁的多维视野研究”，取得了阶段性研究成果，并通过重点课题的攻关组织和聘用研究人员，形成了一支具有较强实力的研究团队。“十一五”期间，共承担了国家级、省部级、校级的各类社科科研项目共24项，其中，教育部人文社会科学重点研究基地重大项目8项，国家社科基金规划项目2项，其他各类省部级项目14项。在重点课题带动下，出版了相关论著、译著、编著共41部，发表论文357篇。此外，还出版了其他一些具有标志性的成果。

落实跨学科专业的整合工作，以新的运作方式带动中心工作。作为跨学科专业的研究中心，如何在科研体制上走出创新之路，一直是此中心关心的焦点问题。目前中心的运作方式已有一套成形的规章，并在以下一些环节有了初步的落实：（1）中心成员都积极承担或主持中心的重大课题研究。（2）为便于集合全校人文社会科学学科的研究人员共同开展研究，中心每年均确定若干课题，采取项目招标的方式，吸引相关研究者参与中心的研究工作，并通过资助博士论文及博士后研究报告撰写，将相关研究成果吸收进来。（3）举办了多次各种跨学科的主题报告会、信息沟通会及相关问题研讨会，根据中国现代化进程中所出现的各类突出问题展开深入的讨论，在此基础上形成了多份高质量的内部咨询、战略与对策报告。（4）通过举办中心成员与政府官员、企事业负责人经常性、多类型的专题对话会，积极开展社会调查，使本中心研究密切结合我国社会主义现代化建设实际。（5）多次举办高层次的国际学术研讨会，邀请国际知名学者与中国学者一起就中国的现代化进程展开高层次的对话。

此中心在沟通学界、促进学术交流方面发挥了日益重要的作用。主办了“中国现代学科的形成：以学科术语为中心的讨论”以及“中国现代学科的形成：以西学选本为中心的讨论”两次重要的国际学术研讨会，还与上海社会科学院联合举办了“资本、文明与人的发展”学术研讨会，承办了由复旦发展研究院主办的“生态文明与长三角城市发展”论坛，就经济发展与生态环境问题展开了高层次、高水平的交流与对话。此中心研究员经常参加历史、文学、经济、政治等各个领域的国内、国际及地区间学术会议。中心作为高层次的研究机构，主动承担相应的社会责任，积极参与国家及社会建设。姜义华教授于2007年9月20日致胡锦涛同志的《关于我国安全与统一问题的建议信》已由中央办公厅印报中央领导同志参阅；此中心的研究报告《生态制约下上海新一轮发展的对策思考》也引起了上海市政府的高度重视。

三、标志性研究成果

（1）姜义华、张荣华编的《康有为全集》。全书共12卷，约800万字。收录康有为的各种论著，作为国家清史编纂委员会文献丛刊之一，被学界称为清史工程启动以来出版的最重要的一部个人专集之一，是近百年来最为完备的康氏著作全集，对研究康有为本人以及近代中国政治、思想、学术均具有重要价值。该书获上海市第九届哲学社会科学优秀成果著作二等奖。

（2）姜义华的《现代性：中国重撰》。该书为教育部委托重大项目“中国现代化：理论与实践”的主要成果之一，它从历史学者的视角考察了中国现代性的缘起、演进过程及其当代反思，全面展现了一个多世纪以来中国现代性核心观念的发展历程，并对其进行了理论观照，有着重要的理论意义与现实意义。

（3）姜义华主编的《革命与乡村丛书》。该丛书以中国共产党为历史行动者，以中国革命和现代化为历史路径，系统考察了中国革命、建设与乡村社会之间的互动关系，通过五个历史时段和五大历史主题，展现了中国革命与国家建设历程和中国革命与国家建设的基本问题，揭示了中国革命和现代化发展的历史逻辑和理论逻辑。

（4）朱荫贵的《中国近代股份制企业研究》。该书从中国近代股份制企业的几种类型、资金运行特点、经营管理中的不同类型等六个方面系统地探究了中国近代股份制企业的发展，为社会和学术界较为方便地了解中国近代股份制企业的发展历程和特点，引发更多人深入研究的兴趣，为中国国有企业的股份制改革，提供参考和借鉴。

四、"十二五"的发展思路

"十二五"期间，此中心将进一步发挥综合性学科优势，加快和深化科研体制创新，以重大科研项目为抓手，争取获得一批具有国际国内领先水平的重大科研成果，在学术界起到示范作用；积极参与国家及地方的各类科研奖项的评审工作，集全国科研之力，并逐步吸纳国外相关科研机构人员进入课题组参与共同研究。重视科研队伍建设，进一步调整现有研究人员的专业结构和年龄结构，确保中心能承担一批国家重点科研攻关项目及重要横向项目。加快现代化理论研究的高层次人才的培养，使中外现代化理论专业的课程设置更为系统和科学。做好研究集刊和成果的出版工作，繁荣国际、国内学术交流活动，使本中心成为中外现代化理论研究的信息集散地。建立和健全科研成果的评价和管理体制，加快科研成果的社会转换，探索人文社会科学研究服务国家和社会的机制和路径，为我国的现代化事业建设与和谐社会的构建做出贡献。

河南大学黄河文明与可持续发展研究中心

河南大学黄河文明与可持续发展研究中心是国内唯一以黄河文明及沿岸地区经济社会可持续发展为研究对象的国家级综合性研究机构，2004年获批为教育部人文社会科学重点研究基地。经过"十一五"时期的建设，中心取得了较为突出的成绩，在教育部组织的对重点研究基地第二次评估中位列学术片第一、总排名第29，为"十二五"时期突出特色、整体提升、创建一流，奠定了基础。

一、总体情况

此中心依托河南大学深厚的、以文理见长的学科传统，组建于2002年，横跨地理、经济、历史、文学（文化）等多个学科，下设黄河文明研究所、制度变迁与经济发展研究所、生态与可持续发展研究所、中原文化与民俗研究所，2009年增设古汉字研究所。经过"十一五"时期的建设，各项工作均已按照教育部对基地建设的标准和要求，步入了正常化、规范化、快速发展的轨道，科研实力、人才培养水平和社会服务能力得到显著提升，多学科交叉与综合的集成优势初步显现，已成为国内知名的黄河文明与沿岸地区可持续发展研究与决策咨询基地，并初步形成了一定的国际学术影响。特别是创建"黄河学"宏伟目标的提出，赋予了中心更明确也更为艰巨的建设使命，并得到了学术界和政府有关部门、特别是水利部黄河水利委员会的认同与支持。

二、主要成绩和经验

1. 凝练研究方向，提出创建“黄河学”的宏伟目标

此中心以服务于“黄河文明伟大复兴”和“沿黄地区可持续发展”为己任，将研究队伍、课题设置和经费安排凝聚在黄河文化的承传与发展、沿黄地区制度变迁与经济发展、黄河流域生态与可持续发展三大特色研究方向上，并以此为基础，提出了创建“黄河学”的宏伟目标，依托中心在中国地理学会设立了黄河分会。

2. 汇集研究队伍，承担了一批国家和省部级重大项目

汇集了一支以博士为主体的高学历、高职称、知识结构互补、富有开放性和创新性的研究队伍；通过对科研人员的动态化管理，不断优化和凝练研究队伍。“十一五”期间，中心共获批国家及省部级各类项目科研经费900余万元。获得省部级科研奖励30多项。

3. 加强项目过程管理，努力提升研究成果质量

加强了项目过程管理，重视项目中期检查和结项工作，建立了项目年度进展会议报告制度。一批重点课题顺利完成，围绕重大课题的研究，发表了系列研究成果。“十一五”期间，共出版和发表了一批高质量的论著。

4. 学科基础进一步加强，人才培养注重特色

此中心积极参与了地理学一级学科博士点和应用经济学、历史学博士后流动站的建设工作，为应用经济学、历史学、中国语言文学申报一级学科博士点奠定了基础。注重课程建设，为研究生开设了“沿黄历史人文地理”、“创新地理学”等新课程，苗长虹教授主持的“经济地理学”课程获批为国家级精品课程。

5. 积极开展国内外学术交流，学术影响显著提升

此中心成功举办了第七届产业集群与区域发展国际会议、“黄河学”高层论坛、第二届“黄河学”高层论坛暨沿黄经济区发展研究学术研讨会等国际、国内学术会议，邀请李学勤、陆大道、王巍、杨伟聪、魏也华等知名学者到中心讲学，派出10多名研究人员到威斯康星大学、牛津大学、东京大学等著名高校访学，积极鼓励中心专、兼职人员外出讲学，参加国内外学术会议，与美国犹他大学、日本高知大学和皇学馆大学等建立了密切的学术联系，创办了《黄河文明与可持续发展》辑刊。中心在黄河文明与可持续发展研究和“黄河学”创建方面的学术成就，已在国内外产生了广泛而积极的影响。

6. 文献资料建设得到加强，数据库建设取得突破

此中心加强了专业图书资料和网站建设，集中购买了与黄河文明和黄河流域相关的各类图书，依托国家科技部科学数据共享工程项目的持续支持，与河南大学环境与规划学院联合开发了“黄河流域地球系统科学数据共享中心”，对黄河中下游地区的遥感数据和资源环境数据进行了挖掘、整理和集成，实现了7×24小时不间断运行和日常信息更新。

7. 面向中原和中部崛起实践，社会服务水平明显提升

此中心积极开展多种形式的应用服务和咨询工作，研究人员积极承担国家部委和地方政府部门委托项目，为河南省加快城镇化进程、重点建设中原经济区、积极推进郑汴一体化等提供了具有决策价值的建议。耿明斋教授提交的《有关“郑汴一体化”若干基本问题的理论与对策研究》、《把结构调整纳入到扩内需、保增长的格局中来》等报告受到省委省政府的重视和采用。秦耀辰教授等受河南省政府委托主持开发的“郑开大道及两侧

功能区规划景观模拟系统”，受到了中央领导和河南省领导的充分肯定。高有鹏、张大新两位教授在非物质文化遗产保护和传统文化守护、节假日调整、河南地方戏调查和濒危剧种抢救等方面做出了突出成绩。

8. 深化科研体制改革，规范制度化管理

此中心重视与院系关系的协调，确立了以项目和人员双重管理的新体制，从科研、人事两个方面对原来的规章制度进行了修改和完善，修订了《专兼职研究人员管理办法》、《科研项目管理办法》、《科研成果奖励办法》等文件，使中心的管理工作在公开、透明、规范的框架下进行，提高了中心专、兼职研究人员的科研热情和管理效率，也较好地处理了中心与院系的关系。

三、标志性研究成果

（1）《黄河开发与治理60年》，由中心编写，苗长虹主编，科学出版社2009年出版。该书是国家新闻出版总署和中宣部组织的《辉煌历程——庆祝新中国成立六十周年重点书系》之一，对60年来人民开发、治理黄河所取得的成就和经验加以全面阐述和总结，系统再现了黄河60年岁岁安澜的光辉历程。

（2）《黄河文明的历史变迁丛书》（9本），由李玉洁主编，科学出版社2009年出版。该丛书是基地重大项目研究成果，对黄河文明形成的三大标志（青铜、文字、城堡）进行了系统研究，论述了黄河文明产生、繁荣和兴衰的历史轨迹；对黄河流域的农耕文化、儒家文化和中外文明的融合与交流进行了全面论述。

（3）Technological Learning and Innovation in China in the Context of Globalization，作者：苗长虹、魏也华、马海涛，*Eurasian Geography and Economics*，2007，48（6），SSCI收录。该文以郑州经济技术开发区为案例，以“学习”为核心，以“尺度”、“嵌入”和“演化”为特性，以“组织”、“技术”、“空间”“三位一体”为基础，以行动者网络理论为方法论，以更为普遍的、以追赶技术前沿为特征的空间技术学习为分析对象，构建了更具普适性的区域追赶型学习的概念框架——“学习场”（learning field），理论上突出了我国“后发学习型产业区”与西方发达国家学习型区域的区别与联系；实践上为构建国家和区域创新系统、增强国家和区域竞争力提供了理论和实证依据。

（4）地球系统科学数据共享网黄河中下游数据中心（2006—2010），秦耀辰负责。该中心是依据国家科学数据共享工程的数据共享规范、政策和地球系统科学数据共享网的标准，结合黄河流域地理单元特点而创建的。已建成一批与黄河流域科学研究和生产服务紧密相关的基础地理数据、地理环境背景数据、黄河流域水土保持与水土流失监测数据和黄河流域人文过程数据等多套数据库。拥有数据500G，提供在线数据164G，网页访问量数10万人次。为国家重大研究项目、重点工程建设项目提供了系列化专题数据。

四、“十二五”建设思路

此中心将按照“立足创新、提高质量、增强能力、服务国家”的总体要求，牢固树立科研国家队意识、创新意识、品牌意识，以创建“黄河学”和国家重点学科为目标，紧紧围绕“黄河文明与可持续发展”这个主题，通过培育创新学科、创新学派、创新方法、创新团队，站在世界同类研究的前沿，服务于国家发展的战略需求，集聚和优化配置科研资源，推动基础研究与应用研究相互促进，本土研究与学术国际化发展相互协调，凝练学科方向，突出研究特色，汇聚一流人才，打造研究队伍，培育研究品牌，构筑学术高地，加快发展步伐，努力把中心建设成为国际领先水平的“黄河文明与可持续发展”研究机构和学术交流平台、高级人才培养基地、决策咨询中心。

在科学研究上将进一步强化三大研究方向，但需要进一步突出优势，明确主攻方向的特色和重点研究任务。根据中心学术队伍的状况和国家发展的战略需要，经过深入论证，确定将地理生态-制度文化-经济社会转型相互间的关系作为中心科学研究的主线和在学理上联结三大研究方向的基础，以制度主义和演化主义的视角来观察和阐释黄河文明的形成发展规律和向现代化转型的机理与特征。

将中原古汉字和黄河中下游地区民间文化资源与基层社会作为黄河文化传承与发展研究方向的特色，将黄河中下游传统农区的制度文化变迁与社会经济转型作为沿黄河地区制度变迁与经济发展研究方向的特色，将黄河中下游地区洪涝灾害和发展战略转型作为黄河生态与可持续发展研究方向的特色。

华东师范大学中国现代城市研究中心

一、总体情况

华东师范大学中国现代城市研究中心成立于2003年3月，于2004年11月正式通过教育部的评审，成为教育部人文社会科学重点研究基地。此中心主任为宁越敏教授，现有专职研究人员17名，兼职研究人员23名，其中，国外学者3名。此中心确定了中国城镇化研究为本中心的主攻方向，形成了城市经济与可持续发展、城市人口与社会发展、城市史、城市文化研究、城市制度等特色研究方向；下设四个研究室：城市经济与规划研究室、城市人口与社会发展研究室、城市历史与文化发展研究室、城市制度与管理研究室。

此中心坚持走理论与实践相结合的道路，立足上海、服务全国，自成立以来，共承担了国家社会科学基金和国家自然科学基金项目16项，教育部和上海市等省部级重大研究项目40余项，政府、企业和社会机构委托项目90余项，获得总经费2600余万元；出版著作38部，发表论文560篇；获得国家和省部级优秀成果奖励11项。通过创新和走国际化的道路，此中心已成为国内一流、国际知名的城市研究机构。

二、主要成绩和经验

1. 科学研究

（1）项目立项。此中心高度重视科研工作，鼓励研究人员瞄准国内外学术前沿，开展高水平研究，共获得40项国家及省部级科研立项。

（2）署名成果。此中心研究人员出版署名专著38册，其中多部著作荣获国家和省部级科研成果奖励。此中心年均发表署名论文120篇左右，其中在CSSCI/CSCD来源期刊发表论文年均约50篇，包括《社会学研究》、《地理学报》、《城市规划》、《旅游学刊》等多个学术领域内的权威期刊。

(3) 社会影响。此中心研究人员荣获国家级人文社科优秀成果奖3次，获上海市哲学社会科学优秀成果奖8次，其中二等奖3次，三等奖5次。

2. 人才培养

此中心已培养博士生41名，硕士生119名。此中心培养的研究生在各类学术期刊上发表了不少高水平的学术论文。

3. 对外交流

(1) 学术研讨会。此中心近几年主办和协办了多次具有重要影响力的学术会议，包括7次国际性会议，充分发挥了国际学术平台的作用。

(2) 各类国际人员交流。此中心通过不定期举办"中国城市研究"系列讲座，邀请国内外城市研究专家和学者来校进行学术交流。特别是一批海外知名学者，如英国拉夫堡大学泰勒教授、美国加州大学洛杉矶分校斯科特教授、英国卡迪夫大学吴缚龙教授等。此外，此中心研究人员每年也多次赴国外著名大学、研究机构进行交流访问。

(3) 国际合作项目。此中心成员参与或主持了与欧盟、英国、法国、加拿大、日本、美国等国家合作的7项国际合作项目。

4. 咨询服务

此中心发挥多学科的优势，把理论研究和为政府咨询相结合，重点探讨中国城市化、城市经济和社会发展中的重大问题。近年来，此中心承担了多项国家咨询项目，同时还积极承担全国各地各级政府的委托项目，充分发挥了中心在城市研究领域的咨询作用，受到一些地方政府的高度重视。

5. 基地建设

(1) 制度创新。近几年，此中心以华东师范大学"紫江讲座教授"名义聘请了5位国际知名的外籍专家担任兼职研究员，作为学科带头人，实质性地参与中心的教学和研究工作。此中心还打破常规，邀请外籍专家主持基地重大项目，显著提高了中心重大项目的研究质量和在国内外的影响力。

(2) 学术出版物。至2010年，在科学出版社出版《中国城市研究丛书》6册；2008年创办的《中国城市研究》集刊，现已出版三辑；2006年创办的《中国城市研究》(电子期刊)，在教育部社科网和此中心网站联合发表，现已发表6卷13期。目前，此中心已形成中国城市研究系列学术出版物，在国内外城市研究领域具备了广泛的影响力。

(3) 网站建设。此中心网站始建于2004年，突出学术性和专业性的特色，及时向外界介绍此中心学术科研动态，发布国内外城市研究方面的最新信息。

三、标志性研究成果

(1) 此中心主任宁越敏教授牵头完成"全球化和城市与区域空间组织"系列成果。该成果以基地重大项目为基础，从劳动空间分工的视角对大都市区的空间组织进行了深入的系统研究，目前已在科学出版社出版专著三部，包括《从劳动空间分工到大都市区空间组织》、《全球生产网络视角下的大都市区生产空间组织研究》和《企业空间组织与城市-区域发展》。

(2) 此中心副主任、"紫江讲座教授"魏也华的团队通过对国际城市的研究，已在国际著名城市研究期刊 *Urban Geography* 等（SSCI 期刊）上发表3篇论文。这些研究通过把新经济地理、全球生产网络、外资企业网络等理论引入全球城市的研究，详细分析了全球化、政府在我国全球城市-区域在形成发展中的作用，提出了全球城市-区域崛起的上海-长三角模式，为长三角城市-区域的发展提供了重要的参考。

（3）曾刚教授牵头完成的学术著作《生态经济的理论与实践——以上海崇明生态经济规划为例》。本书系统地总结了生态经济特别是岛屿生态经济的概念、内涵、研究进展与发展模式，并根据上海崇明生态岛的建设条件和战略目标，从崇明生态产业发展以及农业、工业、研发产业、国际教育产业、创意产业、现代物流业等方面全面论述了岛屿生态经济规划实践。

（4）此中心副主任陈映芳教授发表高水平城市化研究系列论文。近几年，陈映芳教授陆续在国内权威期刊《社会学研究》上发表有关中国城市化的系列学术论文，产生较大的学术影响。2008 年，这些论文又被译成法文，收入 *La société chinoise vue par ses sociologues*, *Migrations*, *villes*, *classe moyenne*, *drogue*, *sida* 一书，在法国出版发行。

四、"十二五"建设思路

1. 科学研究

在巩固前期成绩的基础上，根据国家全面建设小康社会和城市化健康发展的战略需要，立足长三角、以上海为重点，开展国际城市和城市群的相关研究。以问题为导向，进一步凝练重点研究方向，确定以中国快速城市化为核心研究领域，以社会转型与人口流动、经济转型与空间重组为重点突破方向，以此组织基地重大科研项目，完成具有重大社会影响和学术价值的标志性成果，使基地成为国内外中国城市研究领域中享有较高学术声誉、具有全国领先学术地位、名副其实的国家级重点研究基地。

2. 人才培养

以中国城市研究为载体，培养一流的学术带头人和中青年学术骨干队伍，为国家社会经济发展打造人才库和智囊团；培养高素质的硕士、博士，为国家输送城市研究和城市决策的高级专门人才；发挥中国城市研究的文、理、工综合学科优势，鼓励地理学、经济学、社会学、城市规划、历史学、法学等诸多学科的交叉，培养复合型的中国城市研究人才。

3. 学术交流和资料信息建设

以基地为平台，扩大与海外城市研究机构的交流以及科研合作；以科研项目为纽带，吸引和聚集一大批海内外城市研究领域的顶尖专家；以定期举办全国或国际性的城市研究学术会议为载体，及时发布基地重大研究成果；扩大图书资料、信息网络和中国城市研究的数据库建设，努力发挥中国城市研究学术交流的窗口作用和资料信息基地功能，全面增强中国城市研究的国际话语权。

4. 咨询服务

坚持走理论与实践相结合的道路，立足上海，辐射长三角，服务全国，主动承揽国家、各部委及各地城市政府委托的研究课题，为我国城市发展献计献策。超前探究中国城市实践中的重大问题，积极参与国家和各地区有关城市发展的重大决策，发挥为城市发展咨询服务的思想库作用。

5. 深化科研体制改革

以聘任制和内部分配制度的改革深化为核心，完善科研人员的激励制度，构建开放、竞争、创新的科研体制，为基地实现更大发展目标提供制度保障。

华东师范大学中国现代思想文化研究所

一、总体情况

华东师范大学中国现代思想文化研究所成立于1999年，是以哲学系中国哲学学科为主体，整合校内文学（中国现当代文学、文艺学）与史学（中国近现代史、专门史）等资源组建的综合性研究机构，2000年被评为教育部高校人文社会科学重点研究基地。此所以华东师范大学人文科学的历史传统为底蕴，以重大项目为依托，开展综合性的跨学科研究，立足高层次的国际学术交流，以理论研究与实践关注的结合为方法，正在形成该所特有的学术研究范式。

目前，此所有研究员26人，50岁以下获得硕、博士学位的25人，正、副教授26人，其中，入选2005年度教育部“长江学者奖励计划”(受聘长江特聘教授）1人，入选“新世纪百千万人才培养工程”1人，入选“2009年上海领军人才”1人，入选“跨世纪人才培养计划”1人，7人先后入选教育部“新世纪优秀人才支持计划”。此所主要依托的学科点“中国哲学”在2001年被评为上海市重点学科之后，又在2007年再度被评为第二期重点学科，并同时入选国家重点（培育）学科。此外，此所相关学科点“中国近现代史”2007年被评为上海市重点学科。此所构建的学术交流平台有《思想与文化》集刊、“思与文”网站、“思与文”人文讲座等。

二、主要成绩和经验

2001—2010年，此所研究人员共承担教育部哲学社会科学研究重大课题攻关项目2项，国家社科基金重大项目1项，教育部哲学社会科学研究专项委托项目1项，教育部基地重大项目18项，国家社科基金23项，省市区社科基金项目28项；出版学术著作200余部，其中有20余部在国外出版；在《中国社会科学》、*Dao*：*A Journal of Comparative Philosophy* 等海内外学术刊物发表论文1100余篇；获省部级教学、科研奖项50多项。

自成立以来，此所共举办15次较大规模的国际、国内学术研讨会，在国内外学术界产生了一定影响。邀请在国际上有重要影响的学者到研究所作讲座或讲学达150余人次，其中包括具有世界性影响的哲学家哈贝马斯、查尔斯·泰勒、理查德·罗蒂等；先后聘请著名汉学家南乐山教授、加利福尼亚大学颜海萍教授、Kutstwon大学黄勇教授等为客座研究员。在“请进来”的同时，此所研究人员还“走出去”参与了各种形式的国际学术交流活动。

此所在建设中所取得的最重要的经验就是如何处理“人”的问题：一方面是人员的开放性与流动性问题。此所贯彻实行以“开放、流动、竞争、合作”为原则的全员聘任制，所有人员打破终身制，由所里按“带课题和经费进基地、完成课题后出基地”的要求实行聘任制，并与专、兼职研究人员签订责、权、利明确的合同，解决基地成果的署名问题。以科研的实绩为分配的依据，改变分配过程中的平均化。另一方面则是人员的凝聚力与认同问题。此所的做法是以基地方向为导向，以基地项目为依托，以骨干人员为核心，形成多个跨学科研究团队，积极搭建资源共享平台，促进不同团队之间的沟通与对话。

三、标志性研究成果

（1）《当代中国人精神生活研究》(童世骏等著，经济科学出版社 2009 年出版)。本书为童世骏教授主持，基地多位研究员协同华东师范大学、复旦大学和上海社科院相关专家学者共同参与的教育部重大攻关项目"当代中国人精神生活调查研究"的最终成果。在该成果中，来自不同学科的数十位学者通力合作，用实证调查、理论思辨、文本诠释和现象分析的方法，从心理生活（区别于肉体生活）、文化生活（区别于经济生活）和心灵生活（区别于日常生活）等角度出发，结合人们的物质生活状况和社会生活状况，对当代中国人的精神生活状况和特征，进行了描述和解读。

（2）《现代化过程的人文向度》(杨国荣等著，上海古籍出版社 2006 年出版)。本书为杨国荣教授主持的教育部重点研究基地项目"现代化过程的人文向度"的最终成果。项目由杨国荣主持，来自哲学、文学、历史、教育等不同学科的 10 余位研究人员参与研究、撰稿。本书通过考察新式教育、经学的蜕变及其文化意义、现代人文学术的建立与文化现代性、传统价值观的变迁与现代价值系统的建构、现代化进程中的宗教等，具体揭示了中国现代化过程中人文学术自身的现代化，描述了现代性的话语、知识、行为与制度的变迁，并对现代性展开过程中的反现代性思潮给予了关注。

（3）《启蒙的自我瓦解》(许纪霖、罗岗等著，吉林出版集团 2007 年出版)。本书为教育部重点研究基地项目"1990 年代若干重要的思想文化论争"的最终成果。课题组由许纪霖教授领衔，成员来自历史、文学、哲学等多学科。本著作重点研究了 1990 年代中国思想文化界的七个重要的论争：激进与保守的论争、人文精神的论争、关于鲁迅的论争、后殖民与后现代文化的论争、市民社会的论争、民族主义的论争和自由主义与新左派的论争，并进一步从西方思想对中国的影响、话语分析和场域分析三个部分，对当代中国的思想文化进行了综合性的考察。

四、"十二五"建设思路

在"十二五"期间的建设中，此所将正确、客观地认识基地现状，找出影响、制约发展的问题所在，凝练符合国家需求的研究方向，使基地研究人员主动将自己的学术兴趣与基地的研究方向对接，并深入研究如何提升学术影响力的问题。围绕"通过创新学科、创新学派、创新方法、创新团队，努力在学科前沿、思想智库等方面使本研究基地成为一流的研究机构"这一目标，基地将加大以下几个方面的建设力度：

（1）进一步凝练学术研究方向，并围绕此方向展开基地重大项目研究。此所瞄准国内思想文化研究的薄弱环节，凝练符合国家战略需求的研究方向："中国近现代思想衍化与当代文化建设"。在此大方向之下，研究员将结合个人的研究专长，围绕"中国近现代思想衍化与中国当代文化建设"的理论和现实问题，从不同的角度展开研究。其中包括：（1）"中国当代文化建设"中的理论建构，基地在这方面有比较强的传统，在价值概念、知识概念等层面上已有多年的积累，有望实现理论上的深化与拓展；（2）"中国当代文化建设”的传统思想背景，这一维度既涉及传统思想的现代意义，也涉及当代理论建构的历史之源；(3)“中国当代文化建设”与中国近现代思想的演变；(4)“中国当代文化建设”与西方思想文化的关系。基地将尤其特别鼓励基础理论建构层面上的开拓创新。

(2) 加强基地的开放性。基地未来五年的建设将加大开放力度，结合国家的战略需求，并根据基地已有的特色研究方向来设立课题项目，并通过课题的研究，灵活调整科研团队的人员构成。积极邀请那些与基地研究方向一致且有影响力的校外专家学者参与基地建设；鼓励跨学科研究，吸收一些艺术、宗教等专业的专家学者参与研究。

(3) 注重基地刊物、网站建设。积极打造品牌，使《思想与文化》成为中国现代思想与文化研究领域有影响的刊物。将聘请有眼光的专业人员专职负责刊物，抓好选题、编辑、发行等环节。同时，把刊物建设同基地的课题研究及国际学术会议举办很好地结合起来。网站已经具有一定的影响力，“十二五”期间，需要通过加大投入、提升“思与文”网站专业化技术水平等途径进一步扩大学术辐射力。

(4) 加大数据库建设力度。将由具有敏锐理论洞察力的专业人员根据人文学科的特点来建设相应的数据库，而非单纯将图书数字化或纯粹进行资料的堆积。着力加强基础文献与研究等领域的专题数据库建设，形成该领域较前沿的数据库。

辽宁师范大学海洋经济与可持续发展研究中心

一、总体情况

辽宁师范大学海洋经济与可持续发展研究中心是隶属于辽宁师范大学的实体性研究机构，在 1986 年成立的海洋资源研究所的基础上成立。此中心于 2002 年被教育部确定为省属高校人文社科重点研究基地，是全国第一家以海洋经济及沿海地区可持续发展为内容的研究机构，也是全国省属高校中为数不多的教育部人文社科基地之一。目前，此中心现有专职科研人员 16 人，其中，教授 8 人，副教授 4 人，讲师 4 人；兼职科研人员 19 人，其中，教授 8 人。经过多年发展，此中心现已形成了 4 个比较稳定的研究方向，即：海洋经济、沿海地区可持续发展、海洋资源开发与可持续利用及沿海区域（城市）经济。此中心下设区域经济研究所、海洋经济研究所、可持续发展研究所、海洋资源研究所、环境经济研究所及城市与区域规划研究所 6 个研究所。此中心现拥有人文地理学博士点 1 个，区域经济学和产业经济学 2 个硕士点。

二、主要成绩

(1) 科研项目数量与质量并举。此中心曾先后承担国家、省、部委沿海区域开发等方面重点研究课题 10 余项，完成地方政府海洋和区域经济方面研究课题 40 多项。曾主持完成“辽宁省区域海洋经济布局机理与可持续发展”等国家自然科学基金项目 12 项，主持完成“海洋对我国沿海地区可持续发展贡献度、作用机制与相关对策研究”等国家社会科学基金项目 8 项，教育部人文社科重大课题 6 项，教育部一般项目 6 项，承担“十一五”国家科技支撑计划专题项目1项，国家“863”子课题项目2项，科研总经费达1000万元以上。其中多项研究成果获国家、部、委、省、市科技进步奖和社会科学成果奖等奖励；在《地理学报》、《地理研究》、《中国软科学》等国内外学术刊物发表论文1000余篇，出版《海洋经济与可持续发展》等学术专著20余部，更加确立了全国海洋经济地理研究中心的地位。

（2）学科建设取得显著成绩。此中心于2003年成功获批人文地理学博士点，这是中心学科建设史上的一个极大的突破。在此基础上，又于2003年申报了人文地理（海洋经济方向）辽宁省重点学科并顺利通过评审，这也是海洋中心历史上的第一个省级重点学科。以科研骨干为主的学术队伍2006年被评为辽宁省教育厅首批创新团队，2007年被教育部评为省部共建人文社科重点研究基地。在2008年，辽宁师范大学地理学获批辽宁省一级重点学科，2009年又成功获批人文地理学博士后流动站，2009年还被辽宁省社科联评为辽宁省沿海经济带发展研究基地。

（3）学术与社会影响力不断增大。此中心立足于沿海区域发展需求，结合国家及地方经济社会发展实践，承担了越来越多的直接服务于经济社会发展的科研课题。2001年以来，承担了辽宁、大连以及部分县区的“十一五”及“十二五”规划的前期研究工作，特别是随着辽宁沿海经济带开发开放战略升级为国家战略，承担了沿海地市、经济区、园区规划等课题研究。在国家发改委的建议下，还承担了辽宁省与大连市主体功能区划规划研究的科研课题。

三、基本经验

（1）方向明确、特色突出。此中心一直致力于有关沿海区域经济、海洋经济与可持续发展等相关领域的研究，关注国内外最新研究动向，把突出特色的海洋经济与可持续发展相关研究内容作为重点，关注社会经济发展需求，不断在该领域取得突破与创新，使以海洋经济为特色继续在国内同行中保持领先地位。

（2）齐心协力、不断进取。此中心取得的丰硕科研成果，凝聚着各位前辈学者、科研人员所付出的辛勤劳动。此中心的建设成就、海洋经济研究进展，是在各级领导关怀下，师生共同努力，坚持不懈，认真探索的结果。

（3）加强交流、突破创新。不定期地组织召开国内会议，与各级同行加强交流，还指派研究人员参加国内外相关学术会议，积极了解、学习其他先进思路与方法，坚持自主创新，从管理、科研等方面努力实现突破。

四、标志性成果

（1）韩增林编著的《我国沿海地区海洋循环经济发展模式与布局——以辽宁为例》。该书共计40万字，研究了辽宁省海洋循环经济发展模式与布局、存在问题与评价分析，提出了许多有针对性的对策，为沿海地区、尤其是辽宁沿海经济带的政府、园区、企业发展循环经济、低碳经济提供了智力支持。此研究成果代表海洋经济地理研究一个新的方向，具有重要的理论意义和学术价值。该成果取得后，得到了各级部门的高度重视，项目的最终成果呈交给辽宁省政府及有关部门，受到了辽宁省副省长的批示。本书获得2012年辽宁省哲学社会科学成果一等奖。

（2）韩增林主持完成的“辽宁省主体功能区划规划研究”项目。该研究成果在理论与实践、研究技术与手段、成果表达与应用等方面走在了同类研究的前列，得到了国家发改委的肯定与表扬，并作为国内唯一的典型，由国家发改委在全国范围内推介，研究结论也为今后以主体功能区思想为主的区域发展模式研究与实践提供了强有力的科学支撑。以此项目前期研究成果为基础，通过公开竞标，成功获批“十一五”国家科技支撑计划项目1项。

（3）李悦铮主持完成的“大连长山群岛旅游度假区总体规划”项目。该规划是未来长山群岛旅游业发展乃至海岛社会经济发展的纲领和蓝图，得到省、市领导和相关部门的高度重视和很高评价。辽宁省省长和副省长都对此做了重要批示。该规划也引起社会强烈反响，报纸、电视、网络媒体广泛报道，荣登2009年大连十大旅游新闻事件年度十大新闻事件榜首。

（4）孙才志主持完成的“面向小康社会的水资源安全机理与储备理论研究”项目。该项目研究是较早提出开展水资源储备的研究设想并获得该领域的第一项国家社会科学基金，研究成果被列入《成果要报》(2006年第19期)，辽宁省哲学规划办公室对上述成果进行了宣传与推广，项目成果于2008年获辽宁省哲学社会科学三等奖。

五、“十二五”发展思路

（1）以产出高质量的标志性学术成果为核心，组织好中心的科研和学术活动。瞄准“标志性水平、标志性学术成果、标志性人才”的方向，通过凝练学科方向，汇聚学者队伍，努力实现基地在标志性学术成果方面的突破，以此带动基地整体水平的大幅度提升。紧密结合基地科研总体规划，围绕中心科研发展方向开展科研工作，切实加强基地在省级以上项目、获奖以及学术荣誉等方面的工作。

（2）加大创造标志性学术成果的科研平台建设力度。坚持以科研平台建设为重点，发扬已有科研平台的传统优势，参与国家级科研平台建设，逐步建立基础扎实、结构合理、特色和优势明显的科研平台体系。在现有科研平台基础上，以区域经济学博士点与应用经济学一级硕士点建设为突破口，建立起能够开展多学科交叉研究的学科群。

（3）进一步明确重点研究方向，打造高水平学术队伍。以海洋经济与可持续发展研究为核心，在理论研究和应用研究上逐步推进，争取更多的创新成果。以科研任务带动学术队伍建设，通过推进科研体制机制改革，不断吸引国内外优秀人才，通过进一步整合校内外科研资源，建立高水平专职科研团队。

（4）科学定位，立足地方，面向全国，积极服务地方经济建设。在积极参与全国性重大课题研究基础上，立足地方，面向全国，积极为经济建设献计献策。在加强理论研究的同时，提高应用研究的针对性和实用性，积极承担地方各级政府委托的重大或应急性重要研究课题。

（5）加大人才培养力度，积极扩大国内外学术交流活动。完善基地学科体系，不断扩大研究生培养规模，促进科研成果产出。与此同时，还通过聘请国内外知名学者作兼职教授与召开国内国际学术会议等形式，推动沿海地区发展研究的交流与发展。

南开大学政治经济学研究中心

一、总体情况

南开大学政治经济学研究中心于2000年被教育部批准为教育部高校人文社会科学重点研究基地，始终坚持为社会主义现代化建设服务、为人民服务的方向，以需求和问题为导向，选取改革开放和现代化建设进程中提出的重大理论和实践问题进行研究，取得了系列重大成果，在人才培养、科学研究、社会服务、繁荣学术等诸方面做出了重要贡献。

此中心现有专职研究人员12人，其中教授7人、副教授3人、讲师2人；兼职人员5人，全部为教授；基本形成了专兼结合的老、中、青结合的高水平教师队伍。此中心学科带头人兼任国务院学位委员会马克思主义理论学部召集人、教育部社会科学委员会马克思主义理论学部召集人、教育部经济学学科专业教学指导委员会主任委员。现有主要的研究方向集中在政治经济学基本理论创新与改革理论研究、中国市场经济理论与实践研究等，形成了自身的优势和特色。

二、主要成绩和经验

1. 科学研究成果丰硕

此中心选择中国特色社会主义建设进程中提出的重大问题为主攻方向，进行全局性、战略性、前瞻性研究，不断以基础理论研究促进应用研究，以应用研究带动基础理论研究，基础理论研究与应用研究互相促进，取得了丰硕成果。十年来，中心共承担国家和教育部等研究课题80项，出版专著50余部，发表论文近300篇，提供咨询报告20余份，有20多项研究成果获得国家和部委奖励。此中心在劳动价值理论、货币理论、收入分配理论、社会主义市场经济理论、宏观调控理论等多个研究领域取得了标志性、原创性成果，为改革开放和现代化建设提供了重要理论支持。

2. 社会服务效益突出

组织研究人员积极参与中央实施的马克思主义理论研究与建设工程，为推动马克思主义中国化、时代化和理论创新做出了贡献。逄锦聚教授作为中央马克思主义理论研究与建设工程咨询委员会委员和课题组首席专家召集人，主持编写了全国大学生思政课教材《马克思主义基本原理概论》；柳欣教授作为课题组首席专家，参与主持编写了《马克思主义经济学说史》；何自力等六位教授作为课题组主要成员参与了《政治经济学》等教材的编写。

此中心致力为社会服务，与国家和天津市多个政府部门、科研机构和多所高校合作，协同创新，完成了一批有重要参考价值的咨询报告，产生了重大经济效益和社会效益，如周立群教授的《区域经济与社会发展研究报告》，被中央政策研究室采纳，获第四届中国高校人文社会科学研究优秀成果奖；张海鹏等完成的《科学发展指标体系研究》和《天津市科学发展测度与分析》，产生重大社会影响。

3. 人才培养质量提升

此中心努力将科学研究成果转化为教学成果，不断提高人才培养质量。完成的成果有2项获国家级教学成果一等奖，1项获国家级教学成果二等奖；教授指导的博士研究生有1人获全国优秀博士论文，2人获天津市优秀博士学位论文。研究人员主持编写的多部教材在全国具有重要影响，获国家级教学成果奖。

4. 体制建设成效明显

此中心采取跨校、跨院系、开放式的科研体制，有力地促进了科研和人才培养质量的提高。重大课题采取招标制，吸引校内外多名教授前来主持重大课题研究，大大加强了攻关力量。此中心积极开展学术交流，走出去，请进来，与国内外有关研究机构、政府部门和企业建立稳定的合作关系，进一步扩大了其在社会各界的影响。

5. 辐射作用增强

此中心不断发挥重点基地的学科辐射带动作用，2008年，以自身研究人员为骨干，成立了南开大学滨海开发研究院。该研究院紧密围绕滨海新区和区域经济的发展，开展了多项课题研究，与政府、企业和社会的联系日益密切，已成为政府决策咨询的重要智囊。2009年，以自身研究人员为骨干，成立南开大学统计制度与方法研究中心，成为政府咨询的又一重要机构。由此中心学术带头人作为全国性学术机构主要负责人，创办经济学教育年会和经管类基础课程改革论坛，对推动全国高校经管学科改革和建设起到重要作用，产生重大影响。

三、标志性成果

1. 经济学基本理论研究系列

逄锦聚等的《马克思劳动价值论的继承与发展》，经济科学出版社2005年出版，作为马克思主义基础研究和建设工程——经济学系列著作之一，获首届中华优秀出版物（图书）奖和教育部人文社会科学奖。谷书堂等的《社会主义经济学通论》，高等教育出版社2000年出版，获第四届国家级教学成果二等奖。

2. 改革开放理论系列

柳欣等的《中国经济学三十年》，人民出版社2008年出版，获中共中央宣传部和国家新闻出版总署纪念改革开放三十周年百种重点图书奖；逄锦聚的“改革开放与经济学理论创新”，发表在《经济学家》2009年第2期，成为全国纪念党的十一届三中全会召开30周年理论研讨会入选论文。

3. 教科书系列

逄锦聚担任第一主编、全国14所高校参加编写的《政治经济学》，高等教育出版社2002年第一版、2009年第四版，被教育部确定为面向21世纪教材，被全国多所大学采用，获国家级教学成果一等奖。逄锦聚为首席专家召集人编写的《马克思主义基本原理概论》，高等教育出版社2007年出版，为全国大学生思想政治理论课教材，受到中央的肯定。

4. 经济发展系列

陈宗胜的“内生农业技术进步的二元经济增长模型——对“东亚奇迹”和中国经济的再解释”，发表在《经济研究》2004年第11期，系统阐释中国经济发展的内生动力和发展潜力，获天津市第十一届社会科学优秀成果奖。周立群的《创新、整合与协调——

京津冀区域经济发展前沿报告》，经济科学出版社2007年出版，获教育部高等学校人文社会科学研究优秀成果奖。

四、“十二五”建设思路

“十二五”期间，此中心将抓住发展机遇，以提高质量、注重内涵发展为核心，以改革创新为动力，深化科研体制改革，按照“立足创新、提高质量、增强能力、服务国家”的总体要求，统筹建设思路，谋划好发展。

（1）凝练学科方向，培育核心竞争力。在发挥中心已经形成的优势特色的基础上，把马克思主义经济学中国化时代化、科学发展的经济学阐释、中国发展道路的经济学研究等作为新的主攻方向。注重经济学重大基础理论的研究，取得重要进展，注重对经济学重大应用理论的研究，加强经济学教材建设。

（2）组织集体攻关，铸造学术精品。在继续坚持开放式体制，加强与国家统计局、天津市以及国内外高校、研究机构的合作，以和谐的软环境和得力的保证措施，吸引更多学术精英参与中心工作，联合攻关，多出精品。

（3）加强队伍建设，培养拔尖人才。在发挥学科带头人作用，巩固在国内领先地位的同时，重点加强对年轻教师的培养使用，通过引进、放到关键岗位发挥作用等途径，力争使3~5名中青年教师在国内同领域居于前列。

（4）加强国际交流，提高国际影响。每年办好一个层次高、收效大的国内或国际学术会议，在经费投入、制度保障等多方面采取措施，在派出教师学术访问、邀请外国专家讲学、引进国外人才和支持合作研究等方面再下工夫。

（5）加强领导，优化环境，为基地发展提供良好保障。进一步健全基地的领导管理体制，落实主任负责制，调整充实基地学术委员会，加强基地班子建设，为基地发展提供良好的组织保证。

宁夏大学西夏学研究院

一、总体情况

西夏学研究院前身为1991年成立的宁夏大学西夏研究所，2000年更名为西夏学研究中心，2001年被教育部批准为高校人文社会科学重点研究基地。2009年教育部批复更名为西夏学研究院。2001—2010年间，在教育部、自治区的大力支持和研究院全体研究人员的共同努力下，此院承担了一批国家重大和重点项目，完成了《中国藏西夏文献》等一系列重要的学术成果，在人文社会科学界产生了较大影响，成为我国西夏学研究的重镇。

此院现有教专职研究人员12人，兼职研究人员11人，教学科研以及文献资料管理人员4名。在专职研究人员中，研究员（教授）4人，副研究员3人，博士生导师2人，硕士生导师5人，进站开展博士后研究工作者1人。获得博士学位者7人，享受国务院政府特殊津贴专家2人，享受自治区政府特殊津贴专家2人，国家“百千万人才工程”百千层次人选1人，教育部“新世纪优秀人才支持计划”人选2人，自治区“新世纪313人才工程”人选2人。

二、主要成绩和经验

1. 凝练学科方向，汇聚专门人才

教育部人文社科重点研究基地建设前，我国西夏学研究主要是个体研究或三两人课题组研究，尚未形成多学科学术团队攻关。建立此基地后，按照教育部基地建设要求，逐步凝练出西夏历史与文化、西夏语言与文字、西夏与黑水城文献、西夏文献数字化、西夏文化产业开发等主要研究方向。围绕学科方向，按照“带（承担）课题进基地，完成课题出基地”的运行机制，整合校内外、区内外分散的科研人员力量，联合攻关，推动了科研组织形式由分散走向整合、由封闭走向开放、由固定走向流动，为承担国家和自治区重大项目、产出重大成果创造了条件。

2. 组织重大研项目，产出标志性研究成果

十年来，以此院为平台，承担省部级以上科研项目58项，其中，国家社科（自然）基金项目17项，教育部社科基金项目（含高校古委会项目）28项。学科带头人杜建录教授主持国家社科基金重点项目2项，作为第二负责人，承担国家社科基金特别委托项目《西夏文献文物研究》。另外，杜建录院长还主持3项重大学科建设项目，分别是财政部与教育部组织的中央与地方共建高校特色学科研究平台建设项目“西夏文化数字化平台”，国家“211工程”重点学科项目“中国民族史学理论与回族史西夏史”，中俄人文合作委员会项目“西夏文化研究”，项目总经费1200万元。

此院十年来公开出版学术著作27部，发表论文216篇。部分成果代表了本学科领域的最新水平，其中大型文献丛书《中国藏西夏文献》（全20册）、《中国藏黑水城汉文文献》（全10册）相继获省社会科学优秀成果奖一、二等奖和教育部人文社会科学研究优秀成果奖三等奖，“西夏经济史”被选为国家精品课程教学用书，“西夏文正字研究”入选全国百篇优秀博士论文，《传统典籍中汉文西夏文献研究》入选国家社科基金成果文库。

3. 带动学位点和重点学科全面发展

此基地建设为学位点建设和高层次人才培养创造了条件，于2003年获批中国古代史硕士点，2006年获批中国少数民族史博士点，2009年获批民族学一级学科博士后科研流动站。近年来，此院积极推行培养模式创新，通过吸收研究生参加课题组等方式，促进最新研究成果向教学层面转化，培养学生的自主研究和创新能力。以自治区研究生教育创新计划项目“少数民族历史文化与社会发展研究生论坛”为主要平台，建立研究生学术报告制度。

此基地建设还带动了宁夏大学人文社会科学的发展，目前由此院牵头建设的有“中国少数民族史”国家重点（培育）学科、“民族史学理论与回族史西夏史”国家“211工程”重点建设学科、“专门史”自治区重点学科。

4. 搭建中俄国际学术交流的平台

此院积极响应国家人文社会科学“走出去”战略的号召，以建立中俄西夏学联合研究所为契机，和俄国科学院东方文献研究所建立长期合作关系，成立合作研究机构。中俄

西夏学联合研究所挂靠在此研究院，俄中西夏学联合研究所挂靠在俄国科学院东方文献研究所。联合研究所在人才培养、项目研究方面的合作正全面展开。此院先后组织召开了黑水城文献出土100周年学术讨论会、西夏与敦煌学术研讨会、黑水城文献与西夏学国际学术论坛等西夏学学科重要的学术会议，专职研究人员在国外著名大学或在国际会议上作报告18人次，扩大了西夏学的影响。

此院资料室藏有专业书籍3万余册。随着西夏文献数据库、西夏历史文化数字化博物馆、西夏学论著数据库的建设，资料室将成为海内外西夏文献资料收集最齐全的图书情报资料中心。此基地主办的大型学术年刊《西夏学》已出版至第6期，刊载专业论文近200篇，是西夏学学术成果重要的发布平台。西夏学网站及时提供有关重大学术活动、研究成果、学术动态等信息，强化其学术功能，实现基地网站从工作网站向学术网站的转变。

5. 积极为地方经济社会发展服务

此院不仅重视自身的学术积淀，还注重为国家和地方经济社会发展服务，建有自治区科普教育基地——西夏文化科普教育中心，组织研究人员积极从西夏文化科普教育、西夏文化遗存保护与旅游产业开发策略研究，编写西夏文化通俗读本《说西夏》；积极参与自治区、银川市、西夏区以及相关企业西夏文化产业项目论证，和同济大学风景科学研究所联合完成《宁夏贺兰山东麓文化带发展战略规划》，和西夏影视城联合成立西夏文化产业研发中心，在西夏博物馆、宁夏博物馆、贺兰山岩画、陕西统万城遗址、甘肃武威博物馆等地建立了教学科研基地。

三、标志性研究成果

(1)《中国藏西夏文献》(20卷本)，教育部人文社会科学重大项目成果，由宁夏大学西夏学研究院牵头，联合中国国家图书馆、甘肃省古籍整理编译中心、中国社科院西夏文化研究中心等二十几个文博与学术单位整理编纂，史金波、陈育宁任主编，杜建录任常务副主编。此书对中国藏一万余件西夏文献进行考释、定名、翻译、核校，详细介绍每件文献的名称、版本、形制、尺寸和特点，从而使文献整理出版具有很高的学术价值。该成果2007年获省政府社会科学优秀成果一等奖，2009年获得教育部人文社科优秀成果奖三等奖。

(2)《中国藏黑水城汉文文献》(10卷本)，教育部人文社会科学重大项目研究成果，是由宁夏大学西夏学研究院牵头，联合宁夏、甘肃、内蒙古三省区的专家共同整理完成的一项重大学术工程，陈育宁任编委会主任，塔拉、杜建录、高国祥任主编。此书共收录原始文献4000多件，分10卷65类，彩色写真印刷，公布文献与原始文物一致无二，同时，对每件文献的名称、版本、形制、尺寸和特点逐一介绍。本成果2010年获省政府社会科学优秀成果二等奖。

四、"十二五"建设发展思路和重点举措

"十二五"期间，通过创新学科、创新研究、创新方法，建立创新团队，围绕国家和自治区经济社会发展战略，针对西夏研究前沿问题，组织创新性研究项目，产出创新性成果，促进西夏学深入发展，将此院建成国家哲学社会科学创新体系的重要组成部分和国际知名的学术机构。

针对这一目标，将采取如下举措：

（1）凝练研究方向，提高研究水平，将研究重点集中在西夏文献和文献数字化领域，集中人力、物力、财力，完成国家社科基金特别委托项目“西夏文献文物研究”以及“黑水城社会文献研究”、“西夏文献数据库”等一批重大项目，带动整个学科发展。

（2）扩大对外开放，加强国际交流。在建设人才高地过程中，牢固树立“国家队”意识，破除地区壁垒、学科壁垒，打开国门，扩大国际交流。要将面向世界作为西夏学研究院未来内涵提升的战略支点，特别要以中俄人文合作委员会国际合作项目为抓手，以中俄西夏学联合研究所为平台，积极引进国外智力，打造国际一流科研团队，力争在国际范围内展开学术对话交流，在西夏学研究领域获得中国人文社会科学的国际学术话语权。

（3）拓宽经费渠道，提高使用效益。科学、合理地利用重点研究基地建设经费和国家“211工程”重点学科建设经费，进一步拓宽经费来源渠道，努力争取各级各类横向、纵向课题经费投入，争取企业联合体单位赞助，提高经费使用效益。建立自主性研究基金，使驻院研究的机制进一步发挥作用。同时，要更加重视对科研人员的投入，既要为研究者提供事业舞台，也要注意物质鼓励，充分尊重人才、尊重创新，使研究者的科研积极性真正高涨起来。

山东师范大学齐鲁文化研究中心

一、总体情况

山东师范大学齐鲁文化研究中心自2001年成立以来，经过10年的建设，在各方面都获得了长足发展，基本上达到了教育部关于人文社科重点研究基地建设的标准和要求，初步实现了把中心建设成为齐鲁文化研究的学术研究中心、人才培养中心、信息资料中心、咨询服务中心和科研体制改革创新中心的总体建设目标，为真正把中心建设成为一个在齐鲁文化研究领域方面“全国一流、全国唯一”的研究机构奠定了坚实的基础。

二、主要成绩和经验

1. 有效组织基地的科研学术活动，产出了一批高质量的科研成果

此中心于2001年被教育部批准为人文社会科学重点基地以后，相继制定了“十五”科研规划和“十一五”科研规划，根据自身的优势和特色，选取具有全局性、战略性、前瞻性的重大理论问题和现实应用问题作为主攻方向，组织申报和自行设置了40余个科研项目。整合校内外有关研究力量，联合攻关，打造学术精品，在齐鲁文化研究方面产出了一大批有重大影响的创新性学术成果。

十年间，此中心共成功申报省部级以上科研立项18项，其中，国家社科基金项目9项，教育部项目6项，山东省社科规划项目11项，此外，还有教育厅项目6项，社科横向项目4项，基地基金项目13项；共出版学术专著53部，发表学术论文280余篇，尤其是完成了三项重大标志性成果——《齐鲁文化通史》（8卷本）、山东省委委托项目《齐鲁历史文化丛书》（100卷本）和《山东省历史文化遗址调查与研究报告》（150万字），在学

术界产生了重大影响，赢得社会各界的高度评价。此中心共获得省部级以上科研奖励 18 项，其中，重大奖 1 项，一等奖 4 项，二等奖 5 项，三等奖 9 项。

2. 组建了一支学术层次较高的科研梯队，探索形成了“竞争创新”的科研管理体制

此中心根据自身研究方向，本着平衡分布、突出特色的原则，有计划地引进一批学有专长和具有博士学位的高层次人才，组建了一支规模较大、层次较高、结构合理的专职研究人员队伍。目前，校内外专、兼职研究人员共 25 人，其中，教授 11 人、副教授 8 人、讲师 2 人；专职研究人员 14 人，具有博士学位的研究人员数量占中心科研工作人员总人数的 80%以上，初步实现了集群优势。

此中心逐渐探索形成了一套有效的科研管理体制，先后制定和完善了《齐鲁文化研究中心关于基地科研项目管理的若干规定》、《齐鲁文化研究中心关于基地专职研究人员聘任的有关规定》、《齐鲁文化研究中心基地科研人员科研成果考核与奖励暂行办法》等切实可行的规章制度，并采取措施逐一落实到位。这些举措，有效整合了资源，极大调动了中心专兼职科研人员的工作积极性和创造性，形成了一个自我激励、自我发展的良性机制。

此中心非常重视信息资料和网站建设。已建立独立的齐鲁文化书库及独立的资料室；中心不断对网站进行升级改版，不仅要把中心网站建设为及时发布中心研究动态、全面展示中心发展面貌的窗口，而且还要把中心网站建设成为有关齐鲁文化甚至其他地域文化研究的信息资料中心。

3. 面向山东经济文化强省建设需要，不断加强咨询服务功能

十年间，此中心积极参与山东文化大省、强省建设工作，在弘扬齐鲁文化和中国传统文化方面做了大量工作，在咨询服务工作方面取得了良好社会效益，博得了社会各界的高度评价。

此中心积极参与中华文化标志城建设，主持了中华文化标志城的规划论证工作；接受省委宣传部委托，组织专家学者就“关于打造齐鲁文化品牌问题”研究课题进行了调研，编写出《打造齐鲁文化产业品牌，提升山东省发展软实力》的调研报告（约 4 万字），成为省委、省政府制定文化政策、指导文化建设的重要参考；受省文联、美术家协会委托，此中心对“齐鲁文化宣传三个一百工程”进行了论证规划，规划出宣传、弘扬齐鲁文化的 300 个著名历史人物、300 个重大历史事件以及 300 处历史文化名胜，撰写出 6 万多字的文字材料；积极参加济南市西客站片区文化建设，已形成论证报告《西客站片区建设的文化思考》，并提交给西客站建设指挥部；受青州市政府的委托，对青州市有关单位进行了系统的齐鲁文化培训。

此中心除了在科研课题方面给予倾斜外（如《传统孝文化在当代农村的嬗变》及《山东历史文化遗址现状调查与保护研究》等多项中心重点课题，都是直接面向山东经济文化建设实际，为山东省经济文化建设服务的），目前正积极面向各级政府及社会各界展开咨询服务及文化培训工作，并尝试通过提升网站建设扩大咨询服务的范围与影响。

4. 积极开展学术交流，学术影响不断扩大

此中心已举办了 22 次国内或国际学术研讨会，加强了中心与国内外学术界的联系与交流，拓宽了学术视野，促进了研究工作的深化。

此中心已先后派出26人次应邀赴美国、日本、德国、法国等国家和地区进行学术文化考察和交流，派出50余人次参加各种学术研讨会议，在很大程度上开阔了研究人员的学术视野；同时，邀请海内外专家前来指导工作或举办学术讲座。近年来，除了主办会议时邀请海内外知名学者之外，分别接待了来自俄罗斯、韩国和我国台湾的4个学术文化交流代表团，单独邀请或来访的海外学者达17人次，并与韩国翰林大学亚细亚文化研究所、光州大学湖南文化研究所和高雄师范大学经学研究所签订了互派访问学者进行合作研究的长期协议。

此中心多年来一直坚持举办"齐鲁文化论坛"，规定中心研究人员每年至少推出一场学术报告。近5年来，该论坛举办40余次。这项工作的开展，不仅对于活跃中心的学术氛围有积极意义，而且在山东师大乃至整个山东学术界都产生了良好的学术影响。

三、标志性成果

1.《齐鲁文化通史》(8卷本)

此成果立足齐鲁文化与中华早期文明关系的研究，对齐鲁文化从区域文化、培育儒家文化，再上升为民族主流文化的发展历史进行了全面系统的探讨和论述，尤其是紧紧围绕齐鲁文化在早期文明的"重心"地位及作用的形成与发展，齐鲁文化对儒家思想产生及百家争鸣局面的推动，对秦汉经学的繁荣及"独尊儒术"的确立等一系列学术重大问题都进行了全面、系统、创新性论述；同时，对秦汉以后直至近现代以来2000年间，齐鲁之地文化发展的历史和贡献做了开拓性的研究和论述。该项成果可谓齐鲁文化研究的扛鼎之作，填补了这方面的空白。

2.《齐鲁历史文化丛书》(100卷本)

这是按照山东省委、省政府建设文化大省、弘扬齐鲁文化的要求组织编写的，意在普及齐鲁历史文化知识，将齐鲁文化研究的优秀学术成果转化成广大群众的精神食粮。丛书从齐鲁历史文化中文化含量高的名人、名著、名典、名胜和重大历史事件中，精选出100个亮点，每个亮点单独成册，共100册，全方位透析齐鲁历史文化，凸现齐鲁历史文化的主题精神。该丛书共1300余万字，是一部气势宏伟、特点鲜明的鸿篇巨制。它内容丰富，囊括了齐鲁重要人物、事件、典籍以及遗迹、遗物等；它脉络清楚，从齐鲁文化的源头北辛、大汶口、龙山文化开始，到秦汉之后2000年的繁衍传承；它可读性强，丛书出版后受到各界好评，被誉为山东省文化建设的基础性工程、文化建设的标志性产品。

3.《山东历史文化遗址现状调查与保护研究》(齐鲁书社2008年出版)

此中心与致公党山东省委、山东省文物局联合展开攻关，在各市、县（区）文化、文物部门的大力支持下，对全省17个市、140个县（市、区）共414处省级以上文物保护单位的遗址进行了全面的现场实地考察。从基本概况、文化内涵、原始状况、现存状况、存在问题、采取措施、提出建议、调查附记八方面对每一处遗址写出了调查报告，共414篇。在此基础上，分别向山东省委、省政府和各市人民政府写出了《山东省历史文化遗址现状调查及保护建议》(共17份)，共形成157万字的成果报告。该项目的阶段性成果和最终成果，在省、市政府领导层及社会上产生了广泛而积极的影响。

四、"十二五"的建设思路

此中心"十二五"期间将在强化科研团队建设、实现科研新突破、强化中心社会咨询服务功能、实现国际合作研究的新突破等方面做重点的努力。

1. 调整研究方向，凸显科研优势

在原有的三个研究方向基础上增设“东亚儒学研究”方向，以加强中心同日韩等国家相关科研单位的国际合作交流；将原“齐鲁文化开发与应用”方向调整为“文化产业与文化建设对策研究”方向，以加强中心的社会咨询与服务功能；更加重视面向山东乃至全国经济文化的建设需要，密切追踪社会文化建设的前沿问题，组织科研力量进行调查研究，为政府文化建设提供咨询服务。

2. 整合校内力量，共建内设机构

整合校内外相关科研力量，共同组建齐鲁文化研究基地内设机构。计划设置四个研究机构：齐鲁文化与传统文化研究所、山东文献研究所、东亚儒学研究所、文化产业与文化建设对策研究所。

3. 创新合作方式，强化实体运作

为了加强与政府及海外学术机构的合作，提高基地社会咨询服务功能和国际合作研究的能力，中心将积极推动与相关单位的密切合作，创新合作方式，强化实体运作。具体措施为：

（1）在中共山东省委宣传部的领导与支持下，组建山东省齐鲁文化研究院，加强与山东省委、省政府政策研究室、省文化厅、省旅游局等部门的合作，组建队伍，聘请顾问，共同确立研究课题，实现内外联合。

（2）争取与韩国有关学术单位共同组建中韩儒学研究所；积极拓展与日本的合作关系；巩固发展与台湾高雄师范大学经学研究所及台湾其他科研机构的合作关系；加强与新加坡国立大学及其他研究机构的合作关系。与相关单位共同组建东亚儒学研究所，开展实质性的研究合作；进一步密切与美国、法国、德国等西方国家相关学术研究机构的合作关系，加强对山东民间宗教及中西文化比较等方面的合作研究。

（3）积极争取山东省委、省政府的经费支持，同时加大与山东省各地政府、企业的合作，切实服务当地文化建设，并积极探索建立长期合作机制。

陕西师范大学西北历史环境与经济社会发展研究中心

2000 年 12 月，陕西师范大学西北历史环境与经济社会发展研究中心作为教育部百所人文社会科学重点研究基地之一，在校内挂牌成立（系独立建制单位）。由于基地名称较长，被中心人员简称为“西北环发中心”。关心我国和全球环境保护事业的人士都知道，1992 年在里约热内卢召开的联合国环境与发展大会是具有国际影响和全球意义的一次大会。中心内外专兼职人员都感觉到“环发中心”这一简称意味深长。

一、总体情况

在陕西师范大学中国历史地理研究所的基础上创建的这个重点研究基地，是此校领导层的一项决策。著名历史地理学家史念海教授的辛勤耕耘和精心育人，使此中心两次取得教育部人文社会科学一等奖，带领队伍展开的中国历史地理研究在全国具有很大的影响。借国家西部大开发战略推进的形势，经过积极申报，才有了此研究中心的新的启动。朱士光教授担任首位中心主任（2000—2004 年），其后是侯甬坚教授担任中心主任（2005 年至今）。

截至 2010 年年底，此中心专、兼职科研人员达到 30 余人，其中，全职人员 16 人，高级职称人员有 11 人。2010 年 8 月，陕西省人民政府聘用的首位历史地理学专业“三秦学者”特聘教授周宏伟博士聘任到岗工作。在中心内部设立的历史景观遥感分析与 GIS 实验室、《中国历史地理论丛》编辑部及挂靠在中心的全国性学术团体——中国古都学会等均在正常运作，并形成了广泛的学术和社会影响。

二、主要成绩

经过十年来的基地建设工作，此中心获得的主要成绩有：

1. 队伍形成规模，研究成果占据学术高地

十年来以此基地名称发表学术论文 400 多篇，出版各类著作 60 余部，承担的国家社会科学基金、国家自然科学基金、教育部各类基金项目等 70 余项，研究成果层出不穷，此基地的影响越来越大。2002 年，所依托的历史地理学科从陕西省级重点学科跃升为全国重点学科。

2. 专业人才培养的数量和质量均在上升

基于历史地理学专业本身的发展和影响扩大，新增了科技史专业授权点，硕士生常年在校人数接近百名，博士生和博士后人数均在增加，研究生培养质量不断提高，有多名研究生获得陕西省优秀博士论文，1 名获得 2007 年全国优秀博士论文。

3. 学术交流、资料信息建设卓有成效

此中心先后在西安、天水、乌鲁木齐、西宁、银川、武威等城市举办国际/国内学术研讨会 10 多次，出版会议文集 13 部，对外形成良好的学术影响。此中心图书资料室进书源源不断，已成为颇具特色的基地研究方向图书室。历史景观遥感分析与 GIS 实验室在建“西安老城区历史文化资源数据库”、“清代黄河汛期径流量数据库”等数据库，部分已开始支持在研基金项目。

4. 社会咨询服务范围和内容不断拓展

此中心创建的中日合作的“统万城绿色都市恢复基地”，已连续展开 9 年 10 次野外环境重建工作，此基地周边沙地环境已得到明显地改善。此中心同美国中央华盛顿大学建立的“中美暑期合作交流项目”已连续进行了 6 年，成为双方推进国际化、提高培养学生质量的有效途径。科研人员参与了多项西安市经济社会、城市建设和文化产业建设等工作，撰写的《论“三北”生态草建设》等咨询报告，在《陕西决策咨询》上刊登，引起有关部门的重视。

5. 科研体制在实践中不断深化和提高

此中心内部制定和多次修订“教师科研业绩计算办法”、“年终考核和奖酬金发放办法”，成为调动科研人员积极性、体现和落实重点科研方向的制度性保障措施。为了将十年来凝练的研究方向推上新的台阶，更加关注国家和地方经济社会发展的重大问题，在学

校的总体部署下，此基地将以“西北历史环境与经济社会发展研究院”的建置和名称，进入国家“十二五”新的历史阶段。

三、主要经验

（1）坚持基础研究，立足和依托学科建设，凝练具有应用性的研究方向，产出具有专业水准的研究成果。

（2）以重要的在研项目为龙头，组织召开学术会议进行交流和扩大影响，占据一个个学术研究高地，吸引校内外更多的学者参加此基地的研究工作。

（3）以“统万城绿色都市基地”为野外科研和教学基地，持之不懈，组织此中心校内外、国内外学者及中外志愿者参与环境重建工作，在更大的范围内传播环境保护的理念和信念。

（4）以论证立项的“211 工程”三期项目——“西北地区人文社会与资源环境的协调发展”为契机，既要把常年基础研究的成果结合到具有现实意义的项目中，又要通过这样的工作，促使历史地理学出身的科研人员走上关心国家和地方需求的研究路子。

（5）按时编辑工作简报、成果简报，形成良好的工作秩序和状态。此中心自行编辑的基地年报，有利于工作情况汇总和资料档案的保存，也有利于促进研究工作。

四、标志性研究成果

（1）此中心主编的《历史环境与经济社会发展研究丛书》(001~007)。提出在环境变迁研究领域，将“人类活动”的用语改进为“人类社会经济行为”，认为历史上西北地区生态环境变化的主因是在自然界本身，人类活动的负面影响主要限于这种活动所及的地区，这是西北地区的特点。西北地区的区域范围大，而人类活动的范围小，相比之下，人类活动的能量受到了自然环境的深刻制约，相比于局部环境的退化方向，各个时代军民屯垦活动对王朝疆域开拓和稳定所起的作用更为重要。

（2）延军平教授等撰写的著作《西北经济发展与生活环境重建研究》(教育部哲学社会科学研究重大课题攻关项目 04JZD00010 部分成果)。此书主要通过不同典型区的实证研究，认为不同地区应该实行不同的生态制度和建设途径，即在干旱区进行生态草建设，在半干旱地区进行生态特区建设，在半湿润地区生态河流建设，在矿区实行生态捆绑政策；提出生态制度优化与圈层结构的区域制度创新的层次性观点，建立了西部地区经济发展与生活环境重建的互动模型。

五、“十二五”建设思路

此中心“十二五”期间的建设思路为：

（1）利用学科交叉研究的优势，通过对历史时期及当代西北地区环境与经济社会发展的创新性研究，多角度分析西北地区经济社会发展的中重大问题、对策及影响因素，以坚实的理论研究和丰富的实践案例分析，为国家提供西北地区特殊的人口资源环境条件下建设社会主义新农村、新城镇的历史经验和决策依据。

（2）以高水平的学术研究成果丰富历史地理学的学科理论。

（3）努力探求和发展具有突出的学科交叉特点的理论研究新方法。

“十二五”期间需要加强的工作有：

（1）继续完善和推出基地项目丛书，促使过去十年逐步形成的基地项目研究成果，成为基地新的标志性成果，产生更大的学术影响。

（2）面向社会，尤其是政府管理部门，开办“灾害防范与水利重建、乡村文化建设专题高级研修班”，在社会服务方面发挥人文社会科学研究基地不可或缺的作用。

（3）加大投入，加强编校力量，提高印刷质量，提升学术目标，将此基地主办的《中国历史地理论丛》季刊办成具有相当国际影响的学术刊物。

（4）加大投入，重视基地网站“河山网”的改建和更新工作，在已有的信息发布园地和动态展示板块基础上，扩充和改善硬件环境，依托已有的历史景观遥感与GIS实验室，加大学术资源信息量的充入工作，满足社会各界对最新学术资源的需求，建立方便快捷的搜索和查询系统，使之成为基地研究方向的一个稳定的成果发布场所和相关论证研究工作的展示平台。

（5）继续改善研究环境，挖掘和展示各种学术资源，建立有特色的研究团队，为中心专兼职科研人员及研究生、博士后在浓厚的科研氛围中愉快地生活，创造尽可能好的条件。

上海师范大学都市文化研究中心

一、总体情况

上海师范大学都市文化研究中心建立于1998年9月，2004年12月被批准为教育部普通高等学校人文社会科学重点研究基地。此中心由杨剑龙教授任主任，聘任国内外专、兼职研究员30余人，有当代都市文化、国际都市文化比较、都市文化史三个研究方向，有学术刊物《都市文化研究》和“都市文化研究”网站。近些年来，此研究中心有了长足的发展，将努力建设成为学术研究、人才培养、学术交流、资料信息建设、咨询服务的重点研究基地，都市文化研究已被此校列为重要发展学科方向之一。

二、主要成绩和经验

1. 以基地重大项目研究为重心

此中心自2004年年底被批准为教育部人文社会科学重点研究基地以来，确定了12项基地研究项目：“上海城市生活史”、“上海都市文化对长三角地区的影响”、“江南文化的现代阐释”、“上海文化的发展与都市文学的嬗变”、“都市文化研究的基本理论问题与体系框架研究”、“上海都市化历程与都市宗教研究”、“都市出版文化与中国文学的近代传播及新变”、“西方都市史学的理论与方法”、“社区公共文化服务社会化问题研究”、“中国早期都市流行歌曲与都市文化”、“上海城市文化时空地图”、“竹枝词与都市性别文化”。

2. 以国际会议促进学术交流

此中心主办了一些有影响的国际学术会议：交流与互动：上海、首尔（汉城）都市文化比较国际学术研讨会（2005年10月21—23日）、都市文化-文学学术研讨会（2006

年11月18—20日)、上海与东京城市文化国际学术研讨会（2007年3月31日—4月2日)、都市文化与都市生活：上海、纽约都市文化国际学术研讨会（2008年6月24—26日)、21世纪都市发展和文化：上海-巴黎都市文化国际学术研讨会（2009年10月26—27日)、都市发展·文化保存国际研讨会（2009年8月18、19日温哥华)、世博会与都市发展国际学术研讨会（2010年10月28、29日)。

3. 以重要学术成果扩大基地影响

此中心获上海市第十届哲学社会科学优秀成果奖的有：《论语派的文化情致与小品文创作》(杨剑龙，著作三等奖)，《异质文化交织下的上海都市生活》(熊月之，著作三等奖)，“从晚清到‘五四’：传教士与中国现代儿童文学的萌蘖”(宋莉华，论文二等奖)；获上海市第九届哲学社会科学优秀成果奖的有：“中国古代小说中的城市书写及现代阐释”(孙逊，论文一等奖)，《苏州与徽州——16—20世纪两地互动与社会变迁的比较研究》(唐力行等，著作一等奖)，“上海文化与二十世纪中国文学”(杨剑龙，论文三等奖)，“台湾对大陆近二十多年哲学研究的述评”(陈卫平，网络理论奖)；获上海市第八届哲学社会科学优秀成果奖的有：“中国古代小说中的“双城”意象及其文化蕴涵”(孙逊等，论文二等奖)，“基督教文化与中国现代知识分子：对五四时期一个角度的回溯与思考”(杨剑龙，论文三等奖)，“‘金岳霖问题’与中国哲学史学科独立性的探求”(陈卫平，论文三等奖)，“从宗教看古罗马社会的性别关系”(裔昭印，论文三等奖)，“清末上海地区的书局与晚清小说”(潘建国，论文三等奖)，“19世纪传教士小说的文化解读”(宋莉华，论文三等奖)。

4. 以有效的政策咨询服务社会

2010年7月23日，此中心研究员蒯大申参加了中共中央政治局第二十二次集体学习。中共中央总书记胡锦涛在主持这次学习时，强调了深入推进文化体制改革的重要意义。蒯大申对深入推进文化体制改革问题进行了讲解。中共中央政治局领导认真听取了讲解，并就有关问题进行了讨论。“大都市文化发展趋势与上海文化发展坐标、定位问题研究”获第七届上海市人民政府决策咨询二等奖（杨剑龙)；《上海日军“慰安妇”调研报告》获第六届上海市决策咨询研究成果奖三等奖（苏智良)；《上海市民法律意识状况调查及今后的普法对策》获第五届上海市政府决策咨询成果二等奖（孙育玮)。孙逊教授的《中国国家馆展示概念框架内容深化研究》，舒运国教授的《上海世博会非洲展馆预案（24国）》设计，杨剑龙的上海世博会主题论坛“城市更新中的文化传承”的策划，杨剑龙的《上海世博会公众论坛精粹集》的整理编辑等，均为上海世博会成功举办做出了贡献。

此研究中心这些年来建设的经验为：努力按照教育部基地管理条例建设与管理基地；在加强国际学术交流基础上扩大基地国际影响；积极参与政府决策咨询，尤其抓住世博会的重要契机；注重对于新生力量的关心与培养；以多样化的学术论坛扩大基地的社会影响。

三、标志性研究成果

(1)《上海城市社会生活史丛书》，由此中心研究员熊月之主编，涉及研究近代上海社会生活为主共计28本著作，由上海辞书出版社出版。此丛书从多时段、多角度、多群体切入，研究了上海千百万居民的日常生活，生动体现了上海的城市文化、城市精神，全方位展示了上海的城市特质。丛书包括《异质文化交织下的上海都市生活》、《唱片与近代上海社会生活》、《上海女性自杀问题研究（1927—1937）》、《近代上海闸北居民社会生活》、《上海报人社会生活（1872—1949）》、《近代社会变迁中的上海律师》、《辛亥前后上海城市公共空间研究》、《近代上海饭店与菜场》、《近代上海房荒研究》、《上海社会与文人生活（1843—1945）》、《上海游民改造研究（1949—1958）》、《上海犹太人社会生活史》、《上海日侨社会生活史（1868—1945）》、《近代上海买办社会生活》、《上海百年娱乐生活的一页》、《同乡组织与上海都市生活的适应》、《近代上海俄国侨民生活》、《近代上海学生生活》、《上海政商互动研究（1927—1937）》等。

（2）《都市文化前沿研究丛书》，由此研究中心研究员孙逊主编，上海人民出版社2007年12月出版。其中，杨剑龙的《上海文化与上海文学》，回溯了20世纪中国文学的发展轨迹，探究了上海文化与20世纪中国文学发展的关联，思考在上海文化的影响下，上海文学具有怎样的质素，如何全面评价上海文化、上海文学对于20世纪中国文学的整体影响。彭善民的《公共卫生与上海都市文明（1898—1949）》，首次对上海近代的公共卫生进行了条分缕析地梳理，涉及西医东渐、公共卫生制度的萌芽、传染病的预防和治疗、卫生观念的变迁、慈善与时疫救治等，考察了近代上海公共卫生事业中的市场化实践，对主流史学视界之外的公厕管理、垃圾处理等领域进行了初步研究。贾明的《现代性语境中的大众文化》，从对大众社会、大众和大众文化关键词的分析着手，从社会演化和转型的角度，揭示了大众文化的产生与大众社会的依存关系，从现代传播媒介即媒介文化的角度研究了大众文化的生产方式、运行方式和传播方式等问题，从消费社会即消费文化的形成和特性的角度，分析了在市场经济中大众文化的消费性质、文化消费和艺术商品化以及大众文化对消费意义的生产和制造等问题。

四、“十二五”建设思路

此研究中心在“十二五”期间的建设目标与建设思路大致有如下几方面：

（1）在国家“十二五”发展规划思路中，为中国城市化建设与发展战略出谋划策。

（2）关注研究深入推进文化体制的改革，为中国城市文化的理论与实践展开研究。

（3）关注城市化进程中都市文化的建设，为中国都市文化的繁荣与发展提供咨询。

（4）在进一步突出本基地的学术特色过程中，努力建设本重点研究基地为一流研究机构。

深圳大学中国经济特区研究中心

深圳大学中国经济特区研究中心始建于1983年，2001年9月成为教育部省属高校人文社会科学重点研究基地，是中国唯一开展经济特区研究的高校科研机构。2001—2010年间，此中心取得了不少重大科研成果，并在科研队伍建设、推进改革创新和构建发展平台等方面取得了长足进步，为进一步发展奠定了良好基础。

一、总体情况

十年来，此中心汇聚了一批专业水平高、结构合理的专、兼职人员，在充分发挥研究人员各自的特长的基础上，整体规划，积极引导，使学术研究方向不断凝聚，逐步形成了以中外经济特区研究、深圳与珠三角地区经济研究及港澳台经济研究的学术研究方向，使此中心的特色更加鲜明，优势更加显著，学术影响更加突出；出版了 50 多部有影响的著作及标志性成果，承担了包括国家社科基金重点项目和世界银行委托项目等在内的各类课题 90 余项，总经费达千万元；在国内外公开发表学术论文 380 多篇，其中被 CSSCI 收录、中国人民大学报刊复印资料全文转载、《新华文摘》转载或论点摘编近百篇；获得省市科研优秀成果奖 24 项。

此中心积极构建和完善发展平台，平均每年举办 1~2 次高层次国际学术研讨会，并 2 次成功承办世界银行在中国片区会议。与日本熊本学园大学附属海外事情研究所建立了长期的友好合作关系，接待境外和国外学者及官方来访近 100 多人次，邀请国内著名学者做专题学术报告 40 多场。同时，此中心的信息平台也在不断完善，特区研究资料室、中心网站和数据库的建设，搭建起一个较为完整的信息平台。

此中心三名教授连续两届被聘为深圳市决策咨询委员会委员，三名教授被聘为深圳市人大计划预算委员会专家，两名教授被中共深圳市委宣传部聘为“百课下基层”高级宣讲员。此中心内刊《建议活页》作为参政议政的重要载体，为政府献言献策。以上这些使中心在积极推进改革创新方面发挥着积极的作用。

二、主要成绩与经验

1. 科学研究硕果累累

近年来，先后获国家社科基金重点项目 1 项，国家社会基金一般项目 3 项，国家社科基金中华学术外译项目 1 项，教育部社科规划项目和基地重大项目 11 项，纵向高层次项目取得重大突破。

出版标志性研究成果三项和 50 多部具有影响的著作。在国际刊物发表英文论文 6 篇，《新华文摘》转载或论点摘要 6 篇，67 篇被 CSSCI 收录。

2. 推进改革创新方面不断取得进展

曹龙骐、苏东斌、钟坚三位教授连续两届被聘为深圳市决策咨询委员会委员。曹龙骐、钟坚、袁易明三位教授被聘为深圳市人大计划预算委员会专家。钟坚、袁易明两位教授被中共深圳市委宣传部聘为“百课下基层”高级宣讲员。受政府和企业委托，此中心提交 60 多份研究报告，出版 131 期中心内刊《建议活页》，有的被选入《内参》，有的建议被政府采纳，成为参政议政和推进改革创新的重要载体。此外，此中心教师应邀到政府、高校、企业作学术讲座超过 50 余场次；先后获得政府、企业委托项目 46 项，总经费突破 580 万元，其中有世界银行委托项目 2 项，国家部委委托项目 3 项，澳门特别行政区政府委托课题 1 项，深圳市宣传文化事业发展专项基金项目 3 项，深圳市决策咨询委员会项目 2 项等。

3. 积极构建更加完善的发展平台

此中心信息资料平台不断加强和完善。设有 325 平方米的图书资料室和阅览室，中心网站（http：//www. ccsezr. org）累计访问量已超过 10 万人次，“经济特区研究数据库”也正在积极建设中。

通过举办高层次学术会议，此中心学术交流的平台不断得以提升。两次成功承办世界银行中国片区会议，三次举办国际学术研讨会。举办五届“中国经济特区论坛”和八届“中国经济特区研究工作联席会议”。此中心与日本熊本学园大学附属海外事情研究所建立了长期的友好合作关系，其合作成果“中日经济社会问题研究”在中日两国分别用中日文出版。先后选派 45 人次到国外进行学术访问和出席会议，接待境外和国外学者、官方来访近 100 多人次。邀请国内著名学者做了 40 多场专题学术报告。

4. 队伍建设与学科建设稳步推进

通过设立学术顾问和学术委员会，聘请兼职教授等举措，中心研究队伍不断优化，汇聚了国内顶尖的研究经济特区方面专家学者。近年来，引进了具有博士学位的青年教师，使得中心梯队建设不断完善、结构不断趋于合理。高水平的学术团队进一步凝聚了中心的学术发展方向，理论经济学一级学科博士点的获批使中心学科建设又上一个台阶。

5. 经验总结

以上成绩的取得，主要得益于教育部、教育厅和深圳市委的正确领导和科学指导以及学校的高度重视和强有力支持；一直坚持经济特区和港澳台经济等学术方向研究，使得研究特色和优势不断凸显；科学研究与学科建设和人才培养有效结合，促进中心发展；通过体制创新，初步建立起机构开放、人员流动、内外联合、竞争创新、“产学研”一体化的运行机制；在推进特区改革创新中，不断提高理论研究水平和完善发展平台。

三、标志性研究成果

（1）陶一桃教授、鲁志国教授主编的《中国经济特区史论》，由社会科学文献出版社 2008 年 11 月出版，总字数 80 万字。该书是国内第一部系统记载中国经济特区产生、发展历程，从而详尽了解中国改革开放史的一部史书。2008 年 12 月被中宣部、国家新闻出版总署列为 35 本“强国之路——纪念改革开放 30 周年重点书系”之一。2010 年，被列入国家社科基金“中华学术外译项目”，并获广东省政府颁发的哲学社会科学优秀成果奖著作类一等奖。

（2）苏东斌教授编写的《当代中国经济思想史断录》，2009 年 12 月由社会科学文献出版社出版，全书共 72.4 万字。此书以人物的思想历程为线索，简录了新中国六十年以来经济学界的若干代表人物（马寅初、孙治方、顾准、于光远、杜润生、厉以宁、吴敬琏、刘国光、张五常等）的学术思想和理论轨迹，概括了中华人民共和国六十多年来波澜壮阔的政治经济历程。

（3）袁易明教授的专著《中国经济特区产业结构演进与原因》，2010 年 10 月由商务印书馆出版，是“纪念中国经济特区成立三十周年”丛书之一。此书从制度的崭新视角研究产业发展和结构演进的原因。以泛珠江三角洲地区内的改革开放先行区为对象，从制度角度研究产业发展。通过中国经济特区产业结构的演进轨迹、中国经济特区产业发展的比较、经济特区与可比地区产业发展的比较、中国经济特区的工业化研究、中国经济特区服务业发展结构演进这几个内容的研究得出结论。此书不仅具有创新性，具有重要的理论学术价值，而且具有重大社会价值。

四、“十二五”发展的思路

1. 发展思路

（1）以全面贯彻落实科学发展观为着力点，注重特色研究与社会需求相结合，围绕推进特区改革创新来提升学术理论水平，多出精品。

（2）推进体制创新求资源，聚合优秀人才求发展，凭借社会贡献求支持。

（3）积极开展国际合作研究，将研究领域从国内经济特区研究延伸到国外经济特区研究，吸收借鉴国外理论与经验，使中心成为国际上经济特区研究的重要研究机构。

（4）经济特区是我国改革的试验场和对外开放的窗口，中心将紧紧围绕服务于社会进行理论研究，通过对经济特区改革开放的鲜活实践，探讨中国改革开放和现代化建设的发展道路。

（5）整合各方资源，将中心建设成为经济特区研究的“思想库”、“信息库”和“人才库”。

2. 保障措施

（1）坚持三大重点研究方向，集中优质资源，组织学术团队集体攻关，使特色更特，优势更优，力争占领该领域研究的制高点和理论前沿，实现由“特”向“强”的提升。

（2）通过组织大型研究课题，打造一支团结协作、结构合理的高水平科研团队，培养学术带头人和青年学术骨干，建立起更加合理的研究梯队。

（3）每年举办1~2次高水准的学术会议，积极与国内外的研究机构开展学术交流和合作，接收境外访问学者，拓展国际交流合作研究项目。

（4）建立社会咨询服务机制。主动承担应用委托课题，加快科学研究成果向社会的转化，将中心建成知名的“思想库”和研究咨询基地。

（5）加强基地数据库建设，在现有国内经济特区研究专题文献数据库的基础上，加强国外经济特区数据库建设，使中心成为中外经济特区研究资料信息中心。

（6）进一步完善“机构开放、人员流动、内外联合、竞争创新”的运行机制及全员聘任制度。

四川大学中国俗文化研究所

一、总体情况

四川大学中国俗文化研究所于2000年9月通过教育部评审，被批准为教育部人文社会科学重点研究基地。此基地依托于国家重点学科中国古典文献学以及国家一级重点学科中国语言文学下属中国古典文献学、中国古代文学、汉语言文字学三个博士点，按照科研体制改革的精神，实行人员优化组合，面向全国招聘人才。目前，共有专、兼职研究人员28人，其中，60%具有正高级职称，90%具有博士学位。此基地在三个传统学科的基础上，把主要研究领域凝练为三个研究方向——俗文学研究、俗语言研究和俗信仰研究。在十年建设发展期间，此基地继承和发扬了近代“蜀学”的优良传统，提倡科学严谨的学风，既保持了传统学科优势，又开拓了新的学术生长点，取得了较为显著的建设成效。

二、主要成绩和经验

1. 通过组织重大项目，拓展、深化研究课题，形成学术团队

俗文化研究所的研究队伍几乎全部来自中国古典文献学、古代文学和汉语史三个涉古学科，植根于传统的优势领域而又不局限于此。如俗信仰研究方向，就是从传统的古代文献和古代文学学科发展出来的新的学术生长点。通过"中国古代俗信仰分类研究"、"民间信仰与中国社会"等重大项目的研究，形成了一支充满活力的学术队伍。道教语言研究也是在已取得重大成就的佛教语言研究的基础上拓展出的新领域，在相关项目的负责人带领下，多位青年教师加入课题组，并有一批硕士、博士研究生以道教语言研究作为学位论文的主题。

2. 科研和教学相结合，注重高素质人才培养

此研究所培养了一批青年学术骨干，已有 5 人先后入选教育部新世纪人才资助计划，形成了结构合理的老、中、青学术梯队。研究所还为部分博士生提供了参加基地重大课题研究的机会，指导博士生、硕士生参加相关课题研究，使教育部关于博士、硕士论文选题和基地培养高素质人才的一贯要求落到实处，有的研究生毕业后一走上工作岗位即成为单位的教学科研骨干，科学研究与人才培养取得了丰硕成果。

3. 成为"985 工程"和"211 工程"的主要支撑机构，获得强大发展动力

此研究所是四川大学"985 工程"二期、三期项目"文化遗产与文化互动创新基地"的主要依托机构。所长项楚教授出任"985"创新基地的首席专家。此基地部分研究人员担任了"985"创新基地的学术带头人和学术骨干。此研究所的研究课题得到"985 工程"的全面支持。中国俗文化还是"十一五"、"211 工程"子项目"中外文学与俗文化"的重点建设学科。教育部重点研究基地和"985"创新基地、"211"重点建设学科的强强联合，坚持严谨扎实的学风和开拓创新的进取精神相结合，稳定并逐步增强了学术队伍，更有利于重大课题的组织和完成，有利于产出更多高质量的科研成果。

三、标志性成果

（1）项楚教授与青年学者张勇、谭伟、何剑平合著的《唐代白话诗派研究》，2005 年 6 月由巴蜀书社出版繁体版，2007 年 5 月由学习出版社出版简体版。此书首次提出唐代白话诗派的论题，揭示了一个贯穿唐代始终的白话诗派的存在。该书探讨了诗派的渊源和思想传统，对唐代白话诗人和作品进行了发掘，并加以系统和详细的分析考辨，较为全面且清晰地揭示了唐代白话诗的面貌；融合了现代研究方法和传统治学方法，进行文献学、文学、语言学、宗教学、民俗学等多学科的综合研究，是国内外学术界迄今为止第一部全面、系统而深入地研究中古白话诗人、尤其是佛教白话诗人的标志性著作，深刻地展现出迥异于文人创作传统的另一诗歌天地（白话通俗文学）的辉煌全景，填补了中国文学史研究领域的一项空白。此书同时获得了教育部第五届人文社科优秀成果一等奖和四川省第十二届哲学社科优秀成果一等奖。

（2）何剑平著的《中国中古维摩诘信仰研究》，由巴蜀书社 2009 年 6 月出版。此书广泛搜集了从魏晋到隋唐时期与维摩诘信仰有关的一切资料，包括译经、义解、造像、判教、写经、礼忏、禅修、诗文、俗讲、变相、变文、歌辞等，以 80 万字篇幅全面论证了

《维摩诘经》和维摩诘信仰进入中国，在中国发展，并向日本、朝鲜半岛传播的过程，是一部透彻地讨论学术专题的重要成果。其主要学术贡献是：使用传世文献与考古资料相印证、文学与艺术相汇通的方法，对中古时期维摩诘信仰在不同社会阶层、不同地域和不同表述形式之间的传播与演变，进行了全方位、多角度的透视；首次深入探讨了维摩诘信仰在中土的民众化过程，即由士大夫信仰转变为民间俗信仰的过程；作者充分利用敦煌文献和考古文物的材料，对盛行于民间的《维摩诘经讲经文》及维摩变相进行分析，展现了以神变、神通为标志的民众信仰的主流，并由此揭示出知识阶层、普通民众两个文化世界在维摩诘信仰方面的差异及互动关系，从而借以展现佛教和中国文化相融合的线索和轨迹。该书获得四川省第十四次哲学社会科学优秀成果一等奖。

(3) 俞理明教授的《〈太平经〉正读》、《汉魏六朝佛经代词新探》，雷汉卿教授的《〈说文〉“示部”字与神灵祭祀考》、《近代方俗词丛考》等，获四川省哲学社会科学优秀成果奖。

四、“十二五”建设思路

此研究所将继续围绕教育部基地管理办法所提出的五项建设标准开展工作，继续发扬俗文学、俗语言和俗信仰三个传统研究方向的优势，突出原有的学术特色，在此基础上进一步凝练未来五年的主攻方向，力争产出具有重要学术价值的标志成果，打造自己的专业品牌。

(1) 在俗信仰研究方面，将继续进行民间神灵信仰的分类研究，不止做文献的整理与研究，更要把俗信仰置于社会生活史从社会学、文化学多角度进行考察，以期对中国传统文化有一种更为深入的把握，并加深对今日中国种种民间习俗的认识。逐步积累，逐渐扩展，该方向最终将形成有重大学术价值和现实价值的标志性成果——“中国俗信仰大系”。

(2) 在俗语言方向，将进一步关注反映非官方典范用语和历代语言新面貌的材料，以禅宗文献和历代笔记小说作为主要研究对象，在继承传统朴学精髓的同时，借助现代语言学的理论方法，既注意社会政治、历史文化对笔记小说及禅宗语言的影响，又重视语言内部诸因素的相互制约，对诸多问题进行深入研究。最终将产出“历代笔记小说俗语言研究大系”和“禅宗文献俗语言研究大系”标志性成果。

(3) 在俗文学研究方向，将以佛教文学的历史为研究对象，以佛教文学的传播和演变为主线，拟对魏晋南北朝至明清之际的中国佛教文学现象做充分翔实的历史考察，阐明两种佛教文学——从印度传入中国的佛教文学与成长于中国的佛教文学——在中国民间交汇、合流、相互影响的主要途径，由此，最终撰成多卷本标志性成果《中国佛教文学史》。

四川师范大学巴蜀文化研究中心

一、总体情况

四川师范大学巴蜀文化研究中心成立于1983年7月。2001年，教育部批准此研究中心为教育部省属高校人文社会科学重点研究基地，由省部共建。2006年，中国先秦史学会确定此中心为中国先秦史学会巴蜀文化研究基地。

此中心组织机构由学术委员会、中心主任、研究室、办公室、资料室、下属研究所（科研教学基地）组成，现有科研人员35人，其中，专职研究人员18人、兼职研究人员17人，其中，教授24人、博士13人。

组织科研攻关是此中心最重要的职能。自2002年开始组织重点科研项目以来，完成了以国家社会科学基金项目“长江流域文明起源比较研究”、“三峡外迁移民在安置地社会融合与社会稳定研究”，教育部人文社会科学重点研究基地重大项目“巴蜀文献集成”、“巴蜀古代文明与早期中外关系”、“三星堆与西南青铜文化研究”、“巴蜀牌坊铭文研究”，四川省哲学社会科学规划办委托项目“三星堆文明研究”，四川省繁荣和发展社会科学领导小组项目“四川通史先秦卷”，中共成都市委宣传部项目“成都通史先秦卷”等为代表的70多个国家级、省部级和企事业单位委托科研项目，先后发布科研课题130余项。在国家级、省部级核心期刊发表学术论文200余篇，出版学术著作50余部，编辑出版了大型学术丛书《巴蜀文化系列丛书》(10种)，整理出版了《槐轩全书（增补本）》(10卷)、《推十书（增补全本）》(20卷)、《大家论学》(8种)。其中，多种论著获得四川省哲学社会科学优秀成果二等奖、三等奖，产生了重要影响，受到学术界和社会各界的高度评价。

此中心当前在研项目主要有国家社科基金重大招标课题“南方丝绸之路与欧亚古代文明”、国家社科基金项目“西南酋邦社会与中国早期文明”、教育部重点基地重大课题“中国西南古代文明与南方丝绸之路”等20余项。

开展学术交流是此研究中心最活跃的学术活动。此中心每年主办1~2次大型国际或全国性的学术研讨会，不定期举办小型学术交流会“巴蜀文化论坛”和学术讲演会；每年编辑出版代表当年巴蜀文化研究最高水平的《巴蜀文化研究集刊》1卷、编辑刊出全面反映巴蜀文化研究最新信息和成果的《三星堆文明·巴蜀文化研究动态》4期。

将此中心建设成为巴蜀文化研究最大的资料库，使中心的数据库成为国内外有关巴蜀文化研究成果推介的权威园地，是此中心资料建设的努力目标。此中心资料室现有中文图书80000多册，外文图书7500多册，中文报刊276种，外文报刊42种。此中心的网站（www. bswh. net）含中文版、英文版和法文版，开设有巴蜀文化、巴蜀风光图片资料，并有基地概况、最新快讯、重大项目、成果展台、学术交流、基地简报、视频图片等8大栏目。多年来，此中心网站在“百度搜索”“巴蜀文化研究”排名中一直名列第一。

此中心按照教育部的要求，致力于将中心建设成巴蜀文化研究的国家队和一流基地。在教育部领导的历次考察，以及2008年以来开展的教育部人文社会科学重点研究基地“评估”中，都得到了一致肯定。

二、主要成绩和经验

1. 自主创新，建立开放式科研管理体系

此中心努力探索，自主创新，逐渐建立了开放式科研管理体系。为了充分发挥在本领域和相关领域的科研引领和示范作用，构建科研发展平台，凝聚科研力量，此中心加强并建立了与高校和地方考古所、博物馆、文管所及科研单位的合作机制，联合建设地方性研究基地，发动和团结各方面的力量，促进跨学科研究，以充分发挥基地的优势和特色，培育和打造本基地的核心竞争力。

经过认真考察、磋商，此中心与四川省广安市文体局、四川省雅安市文物局、凉山州博物馆、阿坝州中国羌族博物馆、广汉三星堆博物馆、什邡市旅游局、德阳市文联等单位分别联合成立了四川师范大学巴蜀文化研究中心广安研究所、雅安研究所、金沙江文化研究所、岷江上游研究所、三星堆科研教学基地、龙门山古蜀文明研究所、德阳研究所，并在此校内成立了此中心下属的“移民研究所”。本着资源共享、优势互补、成果共享、共同发展的精神，通过积极整合地方资源，协调研究力量，组织重点攻关，带动地方和区域相关研究的发展，建立开放式的创新科研体制，使此中心的辐射和示范作用得到了很好发挥，并为地方经济文化建设培训了人才，提供了学术支撑。这种开放式的科研体制施行6年来，取得了很好的成绩，受到了学校和地方政府的高度肯定。

2. 积极参与地方经济文化建设，得到地方政府的大力支持

2007年4月，此中心与中共成都市委宣传部达成协议，设立成都市文化建设重大项目“古蜀文明与南方丝绸之路研究”。该项目由科研、宣传、营销三部分组成。此中心承担该项目的全部科研工作以及宣传、营销工作的顾问。为此，成立了“古蜀文明与南方丝绸之路研究”专家组。此中心主任段渝教授任专家组组长、首席专家，负责整个项目的学术质量与信誉。研究成果包括实地考察报告、论文集、著作等，为整个项目的宣传、营销提供可靠的学术支持和决策参考，具有十分重要的学术价值和重大的现实意义。

3. 积极开展科普工作

此中心一贯重视科普工作。自2004年以来，由段渝教授作为主讲人的电视片《三星堆：消失与复活》、《古蜀寻踪》、《蜀道》等在中央电视台和全国主要卫视台反复播映，产生了广泛的社会影响。此中心撰写的《巴蜀文化探秘系列》经再版，对巴蜀文化知识的普及起了良好的推动作用。

4. 培养人才，组织专门的紧密型科研队伍

2006年，此中心成立了“巴蜀文化创新团队”，形成了以巴蜀文化的历史学研究和古代文献整理、研究为主要方向的研究团队，取得重要新成果。

三、标志性成果简介

1.《酋邦与国家起源：长江流域文明起源比较研究》

此著作是国家社会科学基金项目成果，从政治组织和文明诸因素产生的视角，探讨长江流域各区域酋邦与国家起源的历史进程和动力机制，是一项具有学术前沿性质的原创性研究，在中国早期文明与国家起源研究的方法和理论上取得突破性进展，具有重要的学术价值和理论意义，得到了清华大学李学勤教授和中国社科院学部委员刘庆柱研究员的高度评价。

2.《推十书（增补全本）》

此著共20册，是教育部人文社会科学重点研究基地重大课题“巴蜀文献集成”的成果，由萧萐夫、李学勤等先生担任学术顾问并题词作序。此中心组织重点力量，积5年之功，进行文本修复、校勘、标点，精心整理出版，得到学术界高度评价，在斯图加特国际书展上受到国际汉学界好评。

四、“十二五”建设思路

此中心将坚持既定的指导思想和建设目标：立足巴蜀，依托西南，面向全国，走向世界。结合巴蜀文化研究、四川及西南地区经济文化建设最新实际情况，进一步突出学术特色和专业品牌，明确主攻方向，落实保障措施，取得学术和理论上的新突破和基地建设的更大成就。

建设目标为：保持并进一步提升此中心在巴蜀文化研究和南方丝绸之路研究等领域中的领先与权威地位，创新学科、创新学派、创新方法、创新团队，深化科学研究，在学术和理论上取得重大创新成果，把巴蜀文化研究中心建设成为国内一流、国际知名的重点研究机构。

科研主攻方向为：古蜀文明与南方丝绸之路研究，三星堆文明研究。

主要措施为：

(1) 形成多学科、多地区单位的科研力量，开展集体攻关：以历史学为重心，以考古学、人类学、文献学为支柱，形成学科交叉优势；通过由中心发布和组织重大攻关项目的方式，投入最大力量，形成集合优势；发挥本中心下属各研究所和基地的资料和研究优势，引领各相关单位，共同攻关。

(2) 积极开展国际国内学术交流：与国内多所大学和科研机构开展并保持密切联系，与国外多所大学保持互动交流关系，包括资料交换、信息交流、专家互访、学术演讲等，进一步扩大并深化科学研究。

(3) 经费保证：将科研经费主要用于主攻方向的各项科研工作，为科学攻关提供最大限度的经费保证。

苏州大学中国特色城镇化研究中心

一、总体情况

苏州大学中国特色城镇化研究中心原名中国农村城镇化研究中心，2004 年 12 月被批准为教育部人文社会科学重点研究基地。2009 年 3 月为进一步贯彻落实党的十七大有关我国城镇化建设的相关精神，更好地深化中国特色城镇化科学研究、服务中国特色城镇化实践，更名为中国特色城镇化研究中心。更名后，此中心深化制度和组织结构创新，凝聚研究力量、整合队伍、理顺关系、完善管理，取得了显著的成效，并开创出工作新局面。

二、主要成绩和经验

1. 强化问题意识，推动理论创新

此中心围绕“中国特色城镇化道路”这一主题，以中国城镇化进程中重大理论和现实问题为研究重点，围绕“中国城镇化基本理论问题”、“城市转型与中国城镇发展战略”、“城乡一体化重大问题研究”三大战略重点，组织基地的科研和学术活动，培育、产出了一批研究方向集中、高质量、有影响的标志性成果。同时发挥城镇化中心的综合优势，支持跨学科和新兴交叉问题研究，成为新兴交叉问题的“孵化器”。

在此目标指导下，中国特色城镇化研究取得了一系列高水平的科研项目和丰硕的科研成果。

近年来，先后有“应对重大突发公共事件的政府协调研究”等 3 个项目获得国家社科重大项目资助、“城市哲学与城市批评史研究”等 4 个项目被列为国家社科重点项目，另有在研国家社科一般项目、青年项目 10 余项、省部级项目 20 余项，纵向研究经费近 500 万元。这些项目的进行，充分发挥了多学科综合研究优势，凝聚了一支聚焦中国特色城镇化发展中前沿问题、热点问题的研究队伍，产出了一批创新性的研究成果。2010 年《中国社会科学》(英文版) 2010 年第 4 期在“专题研究”栏目刊发了此中心 5 位研究人员关于“当代中国的空间生产与城市秩序”的系列研究论文。还先后出版了《中国特色城镇化研究丛书》、《全面建设小康社会丛书》、《21 世纪城市新形态丛书》、《21 世纪全球化、城市化与苏南发展研究丛书》，从不同角度研究了以苏州为代表的苏南地区率先实现全面建设小康社会进程中的中国特色城镇化道路问题，还有 10 余项研究成果获得省部级以上奖励。这些成果有力提升了城镇化理论研究水平，同时促进了理论研究和应用研究的协调发展。

2. 聚集现实问题，开展咨询服务

此中心一直致力于发挥自身特色，为有关部门做好咨询服务工作，努力打造中国特色城镇化研究的信息与咨询服务中心。近几年来，不断参与高层咨询，提供高端咨询服务，为苏南、江苏乃至全国的城镇化发展提供智力支持，为各级政府提供咨询报告近 100 篇。其中的研究报告《关于遏制我国冒进式城镇化进程的建议》获得了温家宝总理的肯定。高峰教授为主要执笔人撰写的《突破城乡分离走新路——关于江苏省推进新型城镇化建设的调查报告》，在《光明日报》的“光明调查”专栏整版刊载。该报告同时报送了国家和江苏省领导，得到国家领导和省领导的重要批示。《三峡外迁移民社区安置模式——以大丰市为例》研究报告，得到张九汉副省长的肯定，并批示省民政部门加以研究落实。中心研究人员参与江苏率先全面建设小康社会高层论坛，发表的咨询意见得到时任江苏省委书记李源潮同志的充分肯定，并在《新华日报》等媒体上刊登。

此中心还承担和参与制定苏南各市“十一五”规划项目 11 个，承担苏南土地节约利用和整理项目 15 项；提交咨询报告 15 篇；还承接了各部委、各级地方政府及企事业单位委托的研究课题 60 余项，吸收各地实际部门人员参与合作研究，用各种方式参与实际部门的规划、建设与管理。

3. 开拓视野，开展高水平学术交流

此中心不断扩大国际、国内高端学术交流，努力打造中国特色城镇化的学术交流中心。先后举办了“走向可持续城市化”、“全球化时代的资本批判”等国际学术会议，就中国未来城市发展模式以及资本与空间生产等问题展开了深入研究，拓展了中心研究人员的学术视野。另外，还举办了“全球空间理论与中国城市问题研究”、“中国城镇化与社会主义新农村建设高层论坛”、“科学发展与中国城镇化道路高端学术会议”、“低碳城市与生态型政府专家论坛”等多次全国性学术会议，邀请国内久专家从不同角度对中国特色城镇化问题与趋势进行了深入的分析和探讨，会议形成的系列论文在《哲学研究》、《学术月刊》、《城市发展研究》等高水平杂志发表，在学界引起了广泛关注。

2010 年 6 月，为贯彻教育部科研机构向海外“走出去”战略，基地启动了在美国建立分支研究机构的工作，此项工作目前正在紧张、有序地进行。另外，中心不断加强与相关高层专家的学术交流，邀请了一批在城镇化研究方面有知名度的专家来校讲学，同时加强了与政府部门的沟通与互动，与苏南各市政府研究室建立了良好的合作关系，共同开展相关研究，逐步扩大在地方上的影响。

4. 打造学术梯队

此中心进一步加快改革步伐，不断探索团结、凝聚优秀研究人员的新方法、新途径，并以科研项目为载体，着力打造了几支有影响的标志性研究团队，培养了一批高素质的中青年学术骨干。目前，此中心的核心成员约有 30 人，90%以上研究人员拥有博士学位或高级技术职称。这些学者各自从不同学科领域对中国特色城镇化问题进行深度研究。一批年轻的博士通过在中心的锻炼，很快成长起来，独立申报并承担国家级的项目研究工作。2010 年，“中国特色城镇化研究综合创新团队”获得中央财政支持地方高校发展专项资金资助。

此中心还为社会培养了相关专业博士研究生 20 余人，硕士研究生 100 余人，还承担了部分以知识更新为目的的社会培训任务。

5. 深化科研体制改制

此中心一直努力探索打破行政壁垒、进行学科交叉融合的科研运行机制，制定了完备的科研管理制度，同时在运行过程中不断对这些制度进行完善和补充。充分利用苏州大学综合性的优势，与相关学院签订“共同发展备忘录”，开展交叉研究，坚持开放、流动、联合、创新的方针，实行“产学研用”一体化运行机制。

三、标志性研究成果

1. “当代中国的空间生产与城市秩序”系列论文

此组论文包括“城市失序与当代中国城市秩序的伦理构建”、“美好生活：关于城市意义的批判与建构”、“孤独：中国城市秩序重构的心理拐点”、“空间的资本化与文化抵抗”、“从对象到视阈：空间生产与空间批判的意义转换”，集中刊发在《中国社会科学》（英文版）2010 年第 4 期上。这一组论文从哲学、伦理学、心理学等不同学科视域在中国城市化这个时代问题上的聚焦，从不同角度对当代中国的空间生产问题、城市秩序与城市意义问题进行了思考，关注、研究、探索中国城市发展的问题与本质、现实与趋势，中国城市秩序、城市意义的建构可能与建构路径，问题探索、理论分析、国际视野的统一，推动了中国城市研究与世界城市研究的对话，具有世界历史意义，刊出后，在国内外城市研究领域引起较大反响。

2. 《中国特色城镇化研究》丛书

此套丛书目前已出版的有《城镇化与城乡融合》、《生产性服务业、城镇化与中国经济发展》、《女性发展与城市性格》、《城市发展：劳动流动与产业升级》、《城市化动力：市场与产业》、《想象城市：中国当代文学与媒介中的“城市”》6 部专著，还有部分正在出版过程中。此套丛书以总结、反思苏南城乡一体化的经验为例，厘清城市化进程中的土地、社保、教育、规划、管理等重大问题，对规范、合理推进中国城乡一体化，意义重大。《中国社会科学报》对此套丛书进行了推介，认为：“以城市化研究为主题，黑龙江人民出版社推出了由苏州大学陈忠主编的《中国特色城镇化研究·苏南发展研究丛书》。

此套丛书虽是以苏南发展为研究案例，但目前出版的书籍已涉及城市发展、城市秩序、城市化动力、城镇化、城乡融合以及城市性格等与城市化研究相关的诸多理论问题，成为当前中国城市化研究的一个重要成果。”

四、“十二五”建设思路

“十二五”期间，此中心将进一步巩固已有成果，以“高水平研究、高水准管理、高层次交流”、培育“标志性成果、标志性团队、标志性人物”为重点，进一步强化国家意识，加强对中国城镇化发展道路的研究，强化中西城镇化比较研究，强化世界眼光，加强中西城镇化道路的比较研究，以打造中国城市发展与城市研究专业智库、有效提升研究水平与专业影响力为目标，构建特色鲜明、优势突出、结构合理、协调发展的人文社科重点研究基地。

1. 凝练研究方向，推出高水平标志性成果

以我国城镇化进程中重大理论和现实问题为研究重点，进一步凝结研究方向，加强城市化基础理论研究与对重大问题的系统研究、高水平研究。

2. 加强队伍建设，打造充满活力的研究队伍

进一步加大人才培育和引进力度，培育城镇化研究的学术精英、学术骨干。通过设立专职科研岗，引进海外的高层次人才，加强现有学科队伍的培养，构建“学术大师+创新团队”的模式等，着力打造素质优良、结构合理、富有生机和创新能力、具有国际竞争力的研究团队、研究梯队，真正把研究基地做实、做强。

3. 扩大对外交流，强化基地开放性

拟每年召开一次国际性学术会议或一次全国性学术会议，并支持科研人员积极参加国内外高水平会议，以进一步拓宽研究人员的研究视野，全面增强国际参与能力、国际对话能力和国际学术影响力。

4. 积极服务地方，建设国家级“智库”

加强与中央和地方政府部门合作，进一步提高服务社会能力。通过承担中央、地方各部门以及企事业单位委托课题，把握更多的科研资源。争取每年推出《中国特色城镇化研究白皮书》系列研究报告。

5. 创新管理思路，深化科研体制改革

推进制度创新，为基地工作规范运行提供制度保障。根据新的形势和要求，修订、完善《苏州大学人文社科专职科研岗实施与管理办法》、《苏州大学人文社科科研机构管理办法》、《苏州大学中国特色城镇化研究管理规章》等制度，为基地工作的腾飞提供制度动力。

武汉大学中国传统文化研究中心

一、总体情况

武汉大学中国传统文化研究中心创设于2000年，是整合文、史、哲三大学科骨干力量组建而成的学术平台；2001年获教育部批准，成为教育部人文社会科学重点研究基地；

2007 年成为实体性科研机构。此中心现有专职研究人员 23 人，教授 20 人，副教授 2 人，讲师 1 人，其中 21 人具有博士学位；校内兼职人员 8 人，教授 7 人，副教授 1 人，其中 7 人具有博士学位。

此中心以推进中华文化的现代转换的目的，以“中国传统文化现代转型”为主题，设有明清文化及其近代转型、明清经济发展与社会转型、战国秦汉简帛整理与现代解读、近世哲学的发展与中国哲学的创造转化、中西文化比较与中西思维方式互动、传统集部的价值取向及其现代转型 6 个研究方向。

此中心现已成为中国传统文化及现代转型研究领域面向国内外的学术研究平台和人才培养基地。

二、主要成绩

1. 人才培养

此中心目前已形成了以硕士研究生、博士研究生为主体的人才培养体系，并在接受国内外访问学者和博士后研究人员方面具备了一定规模。十年来，此中心共招收硕士研究生 622 名，博士研究生 287 名，接受国内外访问学者 70 名，博士后研究人员 97 名。

2. 队伍建设

此中心逐渐形成了以中青年为主、新老结合的学术研究团队。此中心负责人冯天瑜教授当选第一、第二届教育部社会科学委员会委员，2006 年当选武汉大学资深教授；郭齐勇教授为国务院学位委员会哲学学科评议组成员，国际中国哲学大会主席、全国中国哲学研究会副会长，2006 年被授予第二届全国教学名师。此中心主要成员中 7 人入选教育部新世纪优秀人才支持计划，8 人被聘为武汉大学珞珈学者，1 人为武汉大学珞珈青年学者。

3. 学术研究

此中心成员出版学术专著、文集、教材、译著等 180 部；在国内外各级学术报刊发表论文 1200 余篇；承担各级各类科研项目 52 个，其中国教育部哲学社会科学重大课题攻关项目 2 项，教育部人文社会科学重点研究基地重大项目 15 项，国家社科基金重大项目 1 项，教育部新世纪人才支持计划项目 5 项，国家清史编纂委员会项目 2 项；获国家级或省部级奖 30 余项，其中 2008 年 2 月冯天瑜著的《张之洞评传》获首届中国出版政府奖；2010 年陈文新著的《中国文学流派意识的发生和发展》(第二版)，获中国大学出版社图书奖首届优秀学术著作奖（中国大学出版社协会）一等奖。2007 年，此中心被学校评为优秀科研单位。

4. 国际学术交流和合作

此中心共举办国际学术会议 19 次，与会学者汇集了相关领域国内外的一流学者，反映了该领域学术研究的最新进展和动态。此中心成员参加国际学术会议近 190 人次；共有 70 人次出国访问、讲学。此中心已经和美、日、德等国一流大学和研究机构建立了长期稳定的交流、合作关系，参与国际合作项目 5 个。

5. 学科交叉与整合

此中心项目涵盖了武汉大学人文科学的 3 个主干一级学科（均为国家一级学科博士授权单位）：历史学、哲学、文学，以子项目研究为纽带，整合了众多二级学科的优势力量，使各学科深度融合，互补共生。其中，在中国古代史等原有国家重点学科基础上，中国哲学、世界历史、中国现当代文学和中国古代文学等先后成为国家重点学科或国家重点学科培育学科；简帛中心被批准为省级重点研究基地；国学学科博士点正式招生。

三、主要经验

（1）建立健全财务、人事制度。经费支出、人员配备皆以服务科研为基准。

（2）以首席专家为核心，以项目聘任方式吸纳海内外高水准研究人才，构成富于活力的研究团队。

（3）以重大研究课题为中心，实行研究人员项目聘任制，超越学科和院系界限，互通有无，形成创新合力。

（4）以重大课题研究带动人才培养，为基地可持续发展提供人才保证。

（5）保持创新中心与院系之间的矩阵关系，彼此互享学术资源。

四、标志性研究成果

1. 陈锋主编的《15—20世纪长江流域经济、社会与文化变迁书系》

此书系共计300余万字，在长江流域社会发展、山区开发、市镇形成与发展、社会保障与基层社会、基层组织与乡村社会等诸多领域取得了突破，获得学术界的广泛好评。该书系获湖北省十大精品图书、2000—2006年度社会科学优秀成果一等奖。

2. 陈文新主编的18卷本《中国文学编年史》

此书共18卷，1400万字，2006年由湖南人民出版社出版，是迄今为止第一部系统完整、涵盖古今的文学编年史著作，在体例和内容创新方面具有先导示范意义，被誉为中国文学史界的“万里长城”。荣获首届政府图书奖提名奖（2008年）和湖北省哲学社会科学优秀成果奖一等奖（2009年），入选“新中国六十年高校哲学社会科学成就展”(2009年)。

3. 冯天瑜著的《“封建”考论》

此书由武汉大学出版社2006年2月出版第1版，翌年出版第2版。作者运用独创的“历史文化语义学”范式，对“封建”概念的古今演变、中外对接历程做了前所未有的考析，瓦解了“泛化封建”的学理基础。该书出版后，激起了“封建”名实大讨论，堪称学术奇观。2009年2月，该书第二版获湖北省首届出版政府奖。2010年10月，该书修订版被中国社会科学出版社纳入“当代中国学者代表作文库”第一辑出版。

4. 郭齐勇著的《儒学与儒学史新论》

此书在郭店楚儒家简的研究上，在天道心性论阐释、东亚儒学核心价值观的提炼、冯友兰思想内在矛盾的揭示及关于儒学宗教性的讨论等方面均富开创性或开拓性。作者以强烈的问题意识反省全球化，重释性情论，解读宗教性，超越新启蒙。该书出版后，获国内外学界关注与好评，2004年10月获湖北省第四届社会科学优秀成果二等奖。

5. 彭浩、陈伟等著的《二年律令与奏谳书》

此书由武汉大学、荆州博物馆、日本早稻田大学三方合作完成，上海古籍出版社2007年出版。此书在中国大陆第一次大规模运用红外线成像系统，竹简图像清晰度远超从前；在竹简认读、标点、缀合、编连以及分篇等方面均有重要改进；注释也更为详明、准确。此书广受海内外学者关注，多为引述。著名学者王子今先生称其“站到了真正的学术前沿”。

五、“十二五”建设规划

1. 总体目标：努力把此中心建设成为研究中国传统文化的国际化、高水准学术平台、国内一流人才培养基地。

2. 总体任务：将加强队伍建设，吸纳优秀科研人才；加大资金投入，更多用于直接支持科研项目建设；进一步完善研究生招生管理体制；产出一流水平科研成果，培养深厚学术功力人才。

3. 科研规划

（1）指导思想：基于本中心多学科交叉整合的特色，本着凝聚学术方向、汇聚科研队伍、推进改革创新、产出重大成果的原则，沿着中国传统文化现代转型研究主攻方向，抓住中华文明“生成”(先秦）与“转型”(明清以降）两大环节，设计课题，展开研究。

（2）课题规划：基地重大项目课题六个：科举制度与明清社会，明清以降中西日文化互动与语义变迁，明清以降中国现代性因素的文化探寻，礼学与明清以降的民间社会，先秦哲学史，明清经济、社会发展与文化变迁。

基地一般项目课题四个：上海博物馆藏战国楚竹书哲学文献研究，明清以降“理学”概念的变迁，“文学”概念的演变与中国近代文学学科体系和文学观念的形成，官修史书与王朝政治关系研究。

（3）实施措施：在争取国家资助的前提下，多方筹集资金，进一步改善学术研究和人才培养环境，组织学术委员会，选聘国内外高水平学者参与基地重大项目研究，有计划地向国外知名学术机构派遣访问学者，促进合作，编订详细的研究计划，分解重大课题，列出子课题，招标聘请研究人员，严格实行阶段性成果和最终成果考核，以会议、讲学等多种方式，推介、完善学术成果，扩大学术影响。

西北师范大学西北少数民族教育发展研究中心

一、总体情况介绍

2004 年 11 月，西北师范大学西北少数民族教育发展研究中心通过教育部组织的专家评审，被正式确定为教育部人文社会科学重点研究基地。现有研究人员 8 人，其中专职研究人员 18 人，校内外兼职人员共 20 人。多年来，此中心积极按照教育部《普通高等学校人文社会科学重点研究基地管理办法》和相关管理办法要求，进一步加强了科学研究、学术交流、人才培养咨询服务和基地基础建设等工作，取得了新的成绩。

二、主要成绩和经验

1. 科学研究取得了重要成果

“十一五”期间，此中心获得国家社科基金项目 10 项，教育部重点研究基地重大项目 12 项，获得教育部其他人文社科项目 10 项，全国教育科学规划项目 10 项，教育部基础教育司委托项目等各类科研项目 50 余项；获得各类科研经费 493 万元；部分研究成果获得国家级奖励，其中王嘉毅教授的学术专著《西北少数民族基础教育发展现状与对策研究》荣获第五届高校人文社会科学研究优秀成果一等奖，万明钢教授的学术论文"'积极差别待遇'与'教育优先区'的理论构想——西部少数民族贫困地区教育发展途径探索"荣获第四届高校人文社会科学研究优秀成果二等奖。5年来，中心共出版民族教育研究相关专著30余部，发表与民族教育相关的学术论文221篇。

2. 人才培养迈上了新台阶

中心目前形成了一支国内，外公认的高水平研究队伍。形成了以万明钢教授、王嘉毅教授、王鉴教授为代表的中青年专职研究人员学术带头人。兼职研究人员中聘请了国内外少数民族教育研究领域的知名专家学者，中心现为教育学一级学科博士授予点单位。2008年新增了"课程与教学论"学科为国家重点培育学科。2010年新增了教育博士专业学位（Ed. D）授权点并开始招生。目前基地共有在读硕士研究生78人，在读博士生29人，博士后科研人员5人，出站博士后研究人员3名。

3. 学术交流的开放性程度进一步扩大

"十一五"期间，中心先后举办了"全国民族教育高层论坛（2005）"、"首届教育人类学学术研讨会（2007）"、"中国少数民族教育学会第一次学术研讨会（2008）"等学术会议。采取"走出去"和"请进来"的发展战略。中心先后外派王嘉毅教授、万明钢教授、王鉴教授等研究人员10余人次赴英、美等国外（境）相关研究机构进行学术交流，邀请国际知名跨文化心理学家加拿大约翰·贝理（John W. Berry）教授等国（境）外学者50多人次来中心开展学术交流。中心与香港中文大学等建立了稳定的学术交流关系并已在互派学者交流和联合培养博士研究生方面迈出了实质性的合作步伐。2009年中心创办了面向国内外公开发行的学术期刊《当代教育与文化》。

4. 咨询服务取得了突破性进展

中心专职研究人员王嘉毅教授参与了《国家中长期教育发展规划纲要（2010—2020）》的起草及咨询工作；王嘉毅教授完成的咨询报告《农村中小学实施素质教育的困难与对策》，被中央教育科学研究所《科研与决策》第39期编发，《新华文摘》2007年第6期全文转载；王鉴教授等完成的《略论我国民族教育政策重心的转移问题》等多份民族教育政策研究成果被国家民委收入政策法规研究报告文集，尤其在"民族教育优先发展战略"等方面提出了重要的理论构想和政策建议，得到了国家民委等部门的重视；王宗礼教授提交的《对西北民族地区构建和谐民族关系的战略思考》咨询报告，被新华社以《国内清样动态》的形式报送党中央、国务院；孙百才教授等完成的2006年度国务院全国经济普查研究项目《西部地区就业潜力的对策研究》报告，被国家统计局《研究参考资料》第170期以《西部地区的就业潜力与对策》为主题编发，报中共中央、国务院有关部门；兼职研究人员李育红教授完成的《西北少数民族妇女生存状况与发展对策研究》被国务院妇女与儿童工作委员会采纳。新疆"七·五"事件后，中心孙百才教授还被抽调参与了国家就实现新疆经济社会跨越式发展、促进新疆长治久安的调研工作。积极参与了教育部"送培进疆"新疆教师培训计划，中心专职研究人员获得了教育部的奖励。王嘉毅教授、李瑾瑜教授、刘旭东教授等多次作专题辅导报告，提供教师培训咨询。

5. 管理体制改革向规范化目标迈进

中心认真落实相关文件精神，坚持基地的实体性运行模式，实行了“机构开放、人员流动、内外联合、竞争创新”和“带课题进基地、完成课题出基地”的运行机制。对研究人员实行项目合同制管理。中心制定并实施了《西北师范大学西北少数民族教育发展研究中心配套资助经费科研项目管理办法》，激活科研机制，落实成果奖励办法。中心实行学术委员会指导下的主任负责制。在内部科研管理上，建立了科研人员相关档案，并按教育部基地管理办法的规定，形成了规范的工作报告制度。

三、标志性成果

1. 《多元文化与西北民族教育研究丛书》

中心专职研究人员万明钢教授、王鉴教授主编的《多元文化与西北民族教育研究丛书》(7本)，由民族出版社2006年8月出版。丛书出版后，在社会上产生了良好的影响。2006年6月13日《中国民族报》专版介绍了该丛书，认为是“国内民族教育研究学术前沿的代表作，必将在国内民族学界和教育学界产生重要的影响”。其中，《西北少数民族基础教育发展现状与对策研究》专著获教育部第五届中国高校人文社会科学研究优秀成果一等奖。甘肃省郝远副省长专门调阅了该书，认为研究结论对甘肃和西北少数民族基础教育具有重要的参考价值，要求有关部门参考。民进中央副主席朱永新对本书部分内容给予积极评价。本书的对策部分被《新华文摘》2007年第6期全文转载，民进中央刊物《民主》2007年第6期全文转载。

2. 王鉴教授的专著《课堂研究概论》

《课堂研究概论》由人民教育出版社于2007年12月出版。该成果出版后，受到理论界与实践界的广泛关注。香港中文大学尹弘飚博士在《教育研究》(2008年第7期）发表《重返课堂，面对实事》的评论，对该研究成果给予高度的评价；《中国教育报》(2008年7月16日第10版）发表署名文章“课堂研究归去来兮——《课堂研究概论》开拓思维新阡陌”，认为该研究成果对开拓教育研究新阡陌，引领教师走进课堂教学研究具有重要的启蒙意义。该书被人民教育出版社列为在第24个教师节向广大教师推荐的“好书教师评”候选书目之一，人民教育出版社在《教育研究》做了专门推荐。该书已经第二次印刷，出版一年时间总数超过万册；该书被列为普通高等教育“十一五”规划重点教材，被西北师范大学、陕西师范大学、新疆师范大学、西南大学、天津师范大学等大学作为本科生与研究生的指定教材。该成果先后获得2008年甘肃省高校哲学社会科学优秀成果一等奖；2008年度甘肃省第十一届哲学社会科学优秀成果三等奖。

四、“十二五”建设的思路

“十二五”期间，中心首先要立足当前西北少数民族教育发展面临的特殊困难和突出问题，进一步深化和拓展对西北少数民族基础教育改革发展的研究，并使基地在我国民族基础教育研究领域始终保持全国和国际领先地位；其次要针对现阶段我国西北地区特别是新疆西藏民族宗教因素与学校教育相关的若干重大问题，进一步加大对西北少数民族地区宗教与现代学校教育发展关系领域的突破性研究，确保基地在这一独特领域的研究始终处于全国民族教育研究的尖端水平；再次要密切追踪国际民族教育研究的学术发展前沿，进一步强化中国少数民族教育与西方多元文化教育比较研究，加强国际交流，扩大基地的开放性，保持基地在我国多元文化教育研究的原创中心地位。

西南大学西南民族教育与心理研究中心

西南大学西南民族教育与心理研究中心成立于1984年3月，重新组建于1999年9月。2004年11月26日，被教育部批准为普通高等学校人文社会科学重点研究基地。

此中心自建立以来，依托教育学和心理学两个一级学科、两个国家重点学科和教育学博士后流动站，以“211工程”重点学科建设项目“民族特色教育学科建设”为轴心，承担了多项国家级重大科研项目；以科研项目为平台，形成跨学科研究团队；同时，积极整合研究资源，对西南民族教育、心理及其背后的民族文化、社会发展进行全方位、多角度的深入研究，依托田野工作站，形成教学、科研互补互进格局，搭建起了西南民族多元文化与教育发展研究特色平台，为西南地区民族教育的推进与发展做出了突出贡献。

一、总体情况

此中心立足西南教育发展实际，从多文化、多发展类型的学术研究对象的独特性出发，把科学研究、学术交流、课堂教学等设在了“田野”，建立了以田野考察为中轴，以科学研究、人才培养、资料信息建设、学术交流、咨询服务等为依托的“一花五叶”模式。

目前，已建有重庆秀山、酉阳，云南贡山、大理、勐遮、保山，贵州从江，四川阿坝，凉山昭觉，贵州荔波，广西钦州11个田野考察工作站。工作站的设置，充分考虑到了西南地区民族文化的多元性、独特性、传统性、自然生态环境的多样性、族际互动的广泛性等特征。通过工作站的实地调查和学术研究，为进一步开展西南地区的民族教育，提供最为翔实的资料和学术研究成果，把握西南民族社会和谐度。通过对若干工作站的长期定点追踪调查，深度发掘西南地区民族文化的资源，为民族文化的传承与发展做出应有的贡献，并在此过程中进行理论创新，逐渐形成具有自身特色的西南研究范式。

从学科性质来讲，西南民族教育与心理研究是一个跨学科的领域，其学科的综合性、复杂性、研究对象的特殊性决定了其研究学科、研究队伍、研究方法的立体交叉的特点。此基地围绕“211工程”重点学科建设项目“民族特色教育学科建设”，从人类学、教育学、社会学、心理学、经济学、政治学、宗教学、生态学、区域发展研究等多学科的领域介入西南民族教育与心理的研究。以项目实施为基础，初步搭建西南民族多元文化与教育发展研究特色平台，努力构建具有特色的西南研究新兴交叉学科。

“十一五”期间，此中心积极开展国际学术交流，形成了更广泛的国际联系，将西南文化的研究推向国际。多次召开以民族教育与心理为主题的全国性和国际学术会议；与英国女王大学建立了长期稳固的合作办学与研究项目；基地研究人员多人次应邀分赴英国伦敦大学、越南国防大学、日本京都市等地进行学术和文化项目交流；基地亦多次邀请国内外知名学者来中心讲学和主持重要的学术活动，其中，应邀在此中心工作两年的客座教授大卫·拉姆斯登（David Paul Lumsden），因在此中心工作期间的卓越成绩，荣获2007年度重庆市政府“三峡友谊奖”、2008年国家“友谊奖”。

在图书资料和信息化建设方面，西南研究数据库建设已粗具形态，资料涵盖地域广、涉及学科领域多。资料主要来源于研究中心师生多年来田野考察的第一手资料和潜心研究的成果，具有原创性和较高的科研价值。已完成“教育学在线”网站建设，并使之成为本学科领域的专业性网站，在同行业中产生较大的反响。十年来，此中心在资料库建设上的总投入达350余万元，已完成现有资料的归类整理工作，拥有专题资料库和图书室及阅览室，目前基地图书资料室有中文藏书11160册，外文藏书2000册，中外文报刊230多种。

二、主要成绩和经验

“十一五”期间，此中心在CSSCI类期刊发表论文共计100余篇，出版学术专著25部。这些成果具有鲜明的西南地域特色、学术影响较大，并且在国内处于领先水平。期间，还承担了教育部重大委托项目《中华人民共和国教育法》修改、《中华人民共和国学校法》(草案）起草及学校法律制度研究；承担教育部法制办重大委托项目“完善我国教育法律体系研究”；承担教育部软科学研究重点项目“地方高校在高校创新体系中的地位和作用研究”；承担教育部哲学社会科学研究重大攻关项目“中国教育与人力资源问题研究”、“民族地区教育优先发展研究”。以外，还承担教育部人文社会科学重点研究基地重大项目14项、全国教育科学“十一五”规划项目9项、教育部人文社会科学一般项目6项、重庆市人文社科重点研究基地重大项目21项。

总结此中心建立以来的建设和发展，其特色在于：立足于西南民族地区立体多样的自然生态，独特、多样的人文资源探索教育本质与意义；建设辐射整个西南，涵盖不同自然、人文环境、生计类型和社会发展程度的立体田野工作站网络，通过扎实的田野实践，重点关注民族文化、个体发展、教育与自然生态的关系及现实问题；打破固有的学科壁垒，综合采用社会学、人类学、宗教学、文化学、经济学、生态学等多种学科的理论与方法，创新研究视角，实现民族教育研究与民族心理研究的实质性融合；独创“一花五叶”人才培养模式，积极实践“教育理论训练与人类学考察相结合”的创新型人才培养活动。

三、标志性研究成果

（1）产生重大社会影响和学术影响的研究成果，如张诗亚教授“关于在中国农村贫困地区教育中推进‘更新工程’的建议”被教育部采纳，获教育部第四届中国高校人文社会科学研究优秀成果二等奖；吴晓蓉“教育，在仪式中进行——摩梭人成年礼的教育人类学分析”获得第三届全国教育科学研究优秀成果奖三等奖；张学敏“论贫困地区教育投资体制的问题与改革——教育投资宏观调控与教育成本补偿体制建构研究”获得第三届全国教育科学研究优秀成果奖三等奖。

（2）反映此中心研究特色的系列丛书《西南民族文化与教育丛书》(第1、2辑)，每部专著都以田野考察和跨学科研究为其特色，有各自的研究主题，却又相互融通。

（3）张诗亚教授“回归位育——汶川大地震周年祭之教育反思”(发表于《社会科学家》2009年第9期)。此文在2008年7月28日至29日举行的“灾区教育重建高层研讨会”、2009年12月30日举行的“社会应急机制下的教育反思”等学术会议上引起广泛的关注，对于震后教育重构方面起到了较好的指导作用，为相关论题的学术研究奠定了理论基础。

四、"十二五"工作思路

紧密围绕学术前沿和全面建设小康社会中的重大问题，结合地方与民族社会的发展要求，在今后五年里，将工作重点放在教育如何促进社会和谐发展问题研究上来。通过扎实的田野实践，挖掘西南地区独特的自然与人文资源，研究民族文化与教育共生、共谐的发展模式，探寻以教育促进和谐社会构建的途径。

1. 保证科研规划实施的具体措施

（1）合理配置人力资源。围绕科研主攻方向，整合学科资源与科研力量，组建具有较强研究实力和服务能力的科研团队。

（2）依托田野工作站开展科学调研。立足实地调查，建立长期蹲点、定点跟踪的研究制度和方法，避免散点式、表面化、短期性的研究方式；以民族社会整体为出发点，将多学科理论方法有机结合起来，使民族教育研究与心理研究显现出实质性融合和有机互渗，实现研究视角的创新。

（3）加强数据库建设。项目研究要充分利用数据所提供的第一手资料及数据库所反映的西南民族文化的动态过程，开展科学、有效的研究工作。

（4）产出标志性成果。督促专、兼职科研人员，围绕重大项目开展科学研究，保证产出标志性重大科研成果。

2. 重点研究基地建设其他方面的措施

围绕重大项目开展科学研究，产出标志性重大科研成果，基地将在"十二五"及未来更长时期内在如下几个方面展开工作：完善以质量和贡献为导向的学术评价机制，进一步推动科研体制改革和管理；加强基地网站和学术刊物建设，为研究提供保障；改革人才培养模式，打造高水平的研究队伍；积极开展国内、国际学术交流，推进学术高端对话；继续加强田野工作站点建设。

延边大学朝鲜韩国研究中心

延边大学朝鲜韩国研究中心是一所专门研究朝鲜韩国问题的科研机构，成立于1989年10月，2007年11月经教育部批准，成为教育部普通高校人文社会科学研究重点研究基地，并于2010年5月通过了教育部关于全国高校人文社会科学重点研究基地的第二次评估。

一、总体情况

此中心自成立以来，始终以科学研究为根本以基地发展为核心，努力发挥自身的人缘和地缘优势，力争产出优秀科研成果，促进科学研究能力的提高；始终以学术会议为平台，以国际交流为纽带，不断提高中心的知名度和影响力，加强与国内外学术界的联系，与国外财团和学术机构建立了良好的交流与合作关系；始终把自身建设和资料信息建设作为一个重要工作来抓，从而为发挥基地学术高地的作用打下基础；始终坚持为社会提供服务，积极开展朝鲜半岛问题的应用性研究，根据朝鲜半岛的局势，及时向国家有关部门提交了多项决策建议和咨询报告，努力发挥基地的社会服务功能。

二、主要成绩

此中心自被教育部批准为教育部普通高校人文社会科学研究重点研究基地以来，认真贯彻教育部的相关文件精神，按照教育部对重点研究基地的要求开展各方面工作，在教育部社科司和学校各级领导的关心和支持下，在科学研究、人才培养、学术交流、资料库建设、咨询服务和深化体制改革等方面都取得了一定的成绩。

1. 科学研究方面

此中心广泛开展学术研究，所取得的《朝鲜语语法》、《简明韩国百科全书》、《好太王碑研究》、《中国廿六史及明清实录东亚三国关系史料全辑》、《中国文字音韵对朝鲜（韩国）文字生活的影响》、《中韩文学关联研究丛书》等研究成果填补了国内外相关学术领域的空白。“十一五”期间，此中心完成了教育部人文社会科学研究基地重大项目4项、国家规划办社科基金项目5项，完成了国际合作项目16项；发表了学术论文80余篇；出版了学术著作20余部；出版了韩国学研究方面教材5部。

2. 学术交流方面

此中心成功组织召开学术会议20余次，其中，“图们江学术论坛”和“东亚传统价值学术会议”已经成为此中心的品牌之一，每年都有来自国内外的上百名学者齐聚中心，共襄盛会；此中心与中国社会科学院、朝鲜社会科学院、韩国韩国学中央研究院等国内外相关研究机构建立了广泛的友好合作关系。此中心举办的韩国学高级人才培训班，增强韩国学研究的方法论认识，提高科研水平；此中心成功派遣13名优秀学者赴韩学习，增强了他们的学习能力和科研能力；此中心组织的“卧龙学术讲坛”，为广大师生搭建了一个与朝鲜韩国学专家、学者面对面交流的平台。

3. 基地自身建设方面

此中心严格按照教育部《普通高等学校人文社会科学重点研究基地管理办法》的要求，先后制定了《科研项目管理办法》、《科研人员管理办法》、《奖励暂行规定》、《学术委员会条例》、《科研经费管理办法》、《驻中心研究制度》等相关规章制度，使各项工作得到规范。

4. 资料信息的建设方面

此中心现共有中文藏书8500册、外文藏书62520册、中文报刊126种、外文报刊159种，是目前国内最大、最全面的朝鲜韩国研究资料中心。此中心还完成了《朝鲜-韩国古代史信息资料库建设》的数据库建设项目：图书600余种，电子版论文3000多篇以及各种影像资料60多集。

5. 社会服务方面

此中心逐步开始发挥基地的咨询服务功能，注重向各级政府和社会提供咨询服务。其中，金强一教授的《关于脱北者的研究报告》、朴灿奎教授的《关于高句丽问题的研究报告》等，得到了国家有关部门的好评。此中心还组织发放各类奖学金，努力为品德兼优的学生提供服务。

三、主要工作经验

1. 坚持正确的研究纲领和发展战略

此中心一直以教育部《普通高等学校人文社会科学重点研究基地管理办法》为基本原则，认真制定中心的研究纲领和发展战略和中心发展的“十二五”规划。明确研究纲领和发展战略，为此中心的发展提供道路，指明方向，使之能够更好、更快地发展。

2. 坚持正确的方法论

基于语言、文化方面的优势，此中心的“朝鲜-韩国学研究”充分合理地运用对比和比较的研究方法，开展了中朝、中韩以及中朝韩日等多元融会、互阐互释的研究，在语言对比、文学与文化比较及历史关系等领域取得了丰硕的成果。

3. 坚持努力发挥自身优势

此中心多年来一直坚持发挥自身的人缘地缘优势和学术视域优势，在朝鲜韩国研究方面取得了丰硕的学术成果。

4. 全力把握新的发展契机

2009 年 12 月 24 日，国务院正式批准实施《长吉图规划纲要》，标志着图们江区域合作开发上升为国家战略。《长吉图规划纲要》的批准实施，赋予了此中心新的要求和任务，同时也给此中心带来了发展机遇。此中心全力把握新的发展契机，努力开展相关的科学研究。

四、标志性研究成果

1. 朴兴镇主编的《廿六史明清实录东亚三国关系史全辑》

该书 576 万字，共 5 辑。该书本着“以史为鉴，共同发展”的原则所收录的有关东亚三国关系的原始史料，填补了学界空白，历史性地说明了东亚三国悠久的关系史，对重新认识当前千变万化的东亚国家关系，研究未来的东亚国家关系前景，都是很有意义的。

2. 李得春著的《朝中语言文字关系史研究》

该书展示了几千年历史长河中中韩语言文字关系的全貌，填补了国内汉语音韵学、韩国语汉字音研究、朝鲜语汉字词汇研究方面的空白，为国外的韩国语研究界提供了很好的佐证。

五、“十二五”建设思路

“十二五”期间，此中心将以朝鲜半岛的历史和文化以及朝鲜半岛的现实问题研究为主要研究方向，为把中心建设成在国内有重要地位、国外有一定影响的有关朝鲜半岛的研究机构而努力。

1. 造就若干个高素质的哲学社会科学研究团队和学术带头人

通过组织完成重大项目和跨学科综合项目，努力培养和造就学术研究团队和学术带头人。一是争取在朝鲜-韩国学、东北亚区域合作（围绕图们江地区合作开发）、中朝韩日文化比较等研究领域，各自形成若干个研究团队和学术带头人；二是要加强研究队伍的思想道德和学风建设，引导研究人员树立追求真理、献身科学、服务社会的精神，坚持严谨治学、实事求是、民主求实的学风。

2. 加强对相关学科的辐射和促进作用

在保证建设配套经费按时、足额到位的前提下，充分借助和发挥各级文科基地的科研和学术交流的平台作用，通过加强中心建设，辐射促进相关学科的发展。一是要充分利用各类基地的跨学科和前沿性的特性，重点组织跨学科和应用性的重大项目；二是要以此中心为平台，举办“图们江学术论坛”等重要的国内外学术会议和高层次学术论坛，使延边大学成为相关研究领域的国内外学术交流中心；三是充分发挥咨询服务作用，为国家和地方政府提供咨询服务；四是要积极参加学校“211工程”科研项目建设，努力使此中心成为我校“211工程”平台建设的核心和支撑。

3. 大力提倡和鼓励应用性的研究

不但要追求科研成果量的提高，而且力求多出精品，在质量上得到较大的提高；支持和鼓励应用性研究，在对科研人员的科研工作量评估中，提高咨询、调研报告的分值。

4. 进一步完善科研管理规章制度

在继续执行聘请兼职教师进行驻所研究制度的同时，聘用一批优秀的博士为专职研究人员，提高研究人员的实际研究水平和能力；修订科研工作量评估体系，在继续鼓励科研积极性的前提下，鼓励科研人员产出应用性研究和精品成果，防止一些为应付科研工作量评估，进行低水平重复研究的现象；充分考虑科研的周期性，适当放宽评估年度的周期。

中国海洋大学海洋发展研究院

一、总体情况

中国海洋大学海洋发展院于2004年12月成立，此院下属的“一室五所”研究范围包括：海洋经济、海洋管理、海洋法学、海洋政治、海洋社会、海洋文化、海洋历史等多个学科和研究领域，与经济学院、管理学院、法政学院、文学院与新闻传播学院等实行共建。

2006年9月，由此研究院和国家海洋局海洋发展战略研究所为核心团队，共同支撑建立中国海洋发展研究中心。此中心由教育部和国家海洋局联合管理，与海洋发展研究院合署办公，下设业务室和办公室，由此研究院院长、国家海洋局原局长王曙光担任中心主任，主要宗旨是围绕建设海洋强国总目标，搭建为国家海洋事业发展、海洋教育科研、海洋行政管理、海洋国际学术交流等服务的平台，建设我国最高水平的海洋社会科学研究机构，为国家海洋重大决策提供咨询。

2009年，此院经过认真准备，顺利通过教育部组织的基地评估，评审结果为良好。随后，根据教育部社科司提出的存在问题，进行了认真研讨和汇报，强化了对基地建设方面的支持和规范化管理。

2010年，此院认真总结“十一五”期间建设的经验与不足，建设着手制订基地“十二五”规划，并根据教育部专家组提出的意见，对规划进行了调整，为今后的发展打下坚实基础。

二、主要成绩

此院经过持续建设，在科研平台、科研团队、管理机制、条件支撑、科研成果等方面都取得了预期的建设成效。

1. 以基地为科研学术平台，有力带动了学校人文社会科学的发展

在海洋经济、海洋管理、海洋法学、海洋文化等领域形成了显著的学科优势，尤其是在 2010 年国家学位点评审中，依托海洋发展特色研究团队及其成果，获得经济学院应用经济学一级学科博士点、管理学院工商管理一级学科博士点、法政学院法学一级学科博士点（培育）。

2. 自身建设取得较大进展

（1）图书资料信息中心的建设卓有成效。此院图书资料信息中心由图书资料中心和海洋发展研究数据库两部分构成。依照创新基地的建设要求，以建设国内一流的海洋发展研究信息资料中心为目标，在国家、学校的强力支持下，建立起涉及海洋经济、海洋管理、海洋法学、海洋文化、海洋历史、海洋社会、海洋政治等领域的图书资料中心和数据库。已购置中外文图书 30000 余册，订阅中外文期刊 180 余种，积极建设海洋发展研究电子数据库，初步建成了海洋发展研究院图书资料信息中心。

（2）定期举办学术会议，搭建国内外学术交流的平台。近八年期间，此院先后组织召开了第三届海洋发展论坛、中国海洋产业发展研讨会、中国海洋文化学术讨论会、东北亚海上交流历史文化遗产学术研讨会、第 12 届中琉历史关系国际学术会议、山东省海洋经济技术研讨会 2009 年度“山东半岛蓝色经济区建设及科技支撑作用”学术研讨会等重要会议，在学术界取得了较大的影响和成效。

（3）培育和打造了一批科研团队，形成了具有较高水平的研究队伍。此院紧紧围绕着基地建设的主要任务和目标开展工作，以明确和强化主要研究领域和主要研究方向为基础，着力加强研究队伍建设、打造科研创新团队、不断提升创新团队的研究水平和创新能力。已初步形成海洋应用经济、海洋管理、海洋环境保护法、国际海洋法、海洋文化与海洋遗产、极地战略等研究团队。

（4）承担了一批重大课题，取得了一批有影响力的科研成果。此院的骨干研究团队积极承担国家和地方涉海重大研究课题，承担教育部重大攻关项目 1 项、国家社科基金项目 20 余项、国家自然基金 10 余项、国家软科学项目 10 余项、教育部基地重大招标项目 14 项以及百余项联合国开发计划署、教育部（一般项目）、农业部、国家环保总局、国家海洋局、中国海洋发展研究中心、山东省及其他沿海省市区重大和重点项目。

此院的骨干研究人员先后发表 600 余篇专业期刊论文和国际会议论文，其中有数十篇被国际知名检索系统 SCI 及 SSCI、ISTP、EI 检索。在 *Marine Policy*（SSCI 期刊）、*Ocean Development & International Law*（SSCI 期刊）、《中国社会科学》、《新华文摘》、《经济学动态》、《中国工业经济》等国内外权威期刊，以及国内外学术期刊发表海洋发展研究类的学术论文 500 余篇。出版涉海论著 60 余部，其中的标志性成果为《瀛海方程》、《渔业经济前沿问题探索》。

（5）培育、产生了一批具有重大影响力的刊物。《中国环境法学评论》、《中国海洋经济评论》、《中国海洋法律、社会与管理评论》、《中国海岸带管理年度报告》等刊物保持

连续出版，在学界产生了重要影响。《海洋经济博士文库》、《海洋产业前沿研究系列丛书》等刊物的出版，使中国海洋大学在相关领域占据了主动地位。

(6) 积极参与山东省蓝色经济区建设。2009 年，此院迅速形成了“把握山东半岛蓝色经济区建设重大机遇，积极参与蓝色经济区建设”的共识。在山东省政府蓝色经济区咨询委员会全部 31 名委员中，此院 7 名教授受聘为委员会委员，为半岛蓝色经济区建设发挥了重要作用。

三、主要经验

1. 学校领导高度重视，确立了正确学科发展思路，牢固树立基地对校内文科发展的核心地位。

中国海洋大学领导一直高度重视人文社会科学研究，制定“强化发展特色、协调发展综合，以特色带动综合、以综合强化特色”的学科发展思路，明确了以此院为抓手，带动整体文科水平的文科发展思路。

2. 不断强化基地学术队伍建设，树立“以人为本”的核心理念

(1) 培养学术骨干。鼓励和引导学术骨干成员承担基地重大项目以及更高级别的国家涉海重大课题，围绕国家重大涉海热点和难点问题，组织申报国家社科基金项目、国家软科学项目、国际合作项目等，实施科学合理的项目管理和成果鼓励措施，形成一批具有国内领先水平的学术研究领军人才。

(2) 建设学术梯队。注重对年轻教师的培养，选拔海洋发展领域的后备人才。通过争取中国海洋发展研究中心设立的重点项目、青年基金和海大专项以及设立基地自设项目，加强海洋发展研究领域的梯队建设。

3. 统筹校内资源，强化基地建设

此校统筹“985 工程”建设经费和中央高校基本科研业务费，围绕海洋发展研究院的重点方向和领域进行建设，可以更好地发挥基地的引导作用和集聚作用。

四、标志性研究成果

此院海洋发展研究多个报告得到胡锦涛总书记、温家宝总理等中央高层领导的批示和重视，为我国在国际斗争中争取主动权、更好地维护国家利益发挥了重要作用。

(1) 关于《我国海洋管理体制机制有关问题的思考和建议》的研究报告，得到胡锦涛总书记、温家宝总理的重要批示，在国家机构改革中发挥了重要作用。

(2) 关于《图们江问题建议的报告》，得到温家宝总理的重要批示，并由国家发改委会同有关部门研究落实。

(3) 关于《钓鱼岛问题及其对策研究》的报告，得到李克强副总理的批示，并批转唐家璇国务委员和外交部有关领导。

(4) 关于《东海大陆架科学和法律问题研究》、《东海油气资源共同开发问题研究》的报告，得到前国务院副总理曾培炎同志的批示，要求外交部加紧加快研究东海有关问题。该报告对维护我国在东海的合法权益发挥了有效作用。

五、“十二五”工作思路

(1) 围绕海洋强国战略的实施和国家重大需求，进一步整合和凝练研究方向和科研团队，提升创新能力和研究水平，巩固和强化国内学术领先地位，提高和扩大国际学术影

响力，将基地建设成为环太平洋地区著名的海洋发展研究中心和信息资料情报中心。

（2）在海洋经济、海洋综合管理、国际海洋法、海洋文化等研究领域，造就具有国际影响力的学术领军人才和学术大师。以此为目标，通过管理体制机制创新，汇聚校内外海洋发展研究的优秀人才，建设文理交叉的高水平创新研究团队。

（3）开展包括基础理论、发展战略、决策咨询等多领域、多层次的海洋发展研究，取得代表国家水平的重大研究成果。

中山大学中国非物质文化遗产研究中心

中山大学中国非物质文化遗产研究中心成立于2002年，2004年12月被列为教育部人文社会科学重点研究基地。此中心十年来发展科研、服务社会，加强管理、勇于创新，逐步实现从传统戏曲、民俗研究到非物质文化遗产研究，从纯基础学术研究到应用研究、问题研究的学术转型，建立起一支传统深厚、梯队健全、成果突出、跨学科的研究队伍，形成了一批高水平的学术成果，在国内外具有很高的知名度。

一、总体情况

此中心现有专职研究人员17人，其中教授10人、副教授3人、讲师4人。梯队层次合理，专业优势明显。此中心聘用的外单位学术委员和兼职人员20人，几乎囊括了国内非物质文化遗产学术界所有领军人物，其中有多名国家非物质文化遗产保护专家委员会委员。同时，此中心已在全国设立5个工作站，吸引了国内多所高校、研究机构的研究人员加盟，协助开展学术研究，从而使之发展成以专职研究人员为基础，凝聚国内高校和研究机构非物质文化遗产研究学者的人才平台。

在发展方向上，此中心以国家重大需求和现实问题为导向，设立基地重大项目选题，通过学术研究为国家和地方的文化建设提供服务，形成了自己的特色。同时，在研究方法和思路上，改变了以往纯案头、"象牙塔"式的学术研究模式，把案头与田野相结合、学术研究与国家文化建设相结合、科学研究与人才培养相结合，在学术研究和人才培养等方面走出了一条新道路。近年来，共承担重点项目2项，国家社科基金年度规划项目3项，教育部基地重大项目10项，广东省重点研究基地重大项目6项以及大量横向合作项目，人均经费50万元以上。

二、主要成绩和经验

近年来，此中心成员以唯一或第一作者身份出版各类学术著作（包括专著、译著和编著）共41部，发表论文400多篇。1项国家社科基金重点项目以优秀获得结项，多项成果获教育部、广东省哲学社会科学优秀成果奖，两项成果获得中国高校人文社会科学研究优秀成果二等奖。此中心于2007年创办的《文化遗产》季刊，在2009年底成为CSSCI来源（扩展版）期刊。

在人才培养上，此中心在全国率先开始了非物质文化遗产学专业的博士、硕士研究生培养，目前已毕业研究生30人，在读60人，为国家培养了一批德才兼备的非物质文化遗产保护与管理高级人才。在所培养的研究生中，有1人获得全国优秀博士论文奖，1人获得提名，多数已成为国家非物质文化遗产研究与保护的中坚力量。

在社会服务方面，此中心的专、兼职研究人员中，有6人分别入选国家级、省级、市级非物质文化遗产保护专家委员会委员，多次参与文化部、文化厅和文化局的非物质文化遗产代表作评审以及相关咨询活动，承接多项地方政府委托的非物质文化遗产保护工作项目，包括非物质文化遗产的普查、代表作申报、展示馆的设计、成果汇编的编撰、工作人员培训、法规条例的制定等。

在对外交流与合作方面，此中心先后与日本神奈川大学、早稻田大学、京都大学，美国范德堡大学、斯坦福大学、加州大学以及美国民俗学会等国外高校及学术机构建立了学术联系，主办过近十次有影响的国际会议。2009年，此中心有4位教授应邀访问美国民俗学会，受到高度重视，与美国范德堡大学签署合作协议。黄仕忠教授与日本京都大学金文京教授等合作完成的《日本所藏稀见中国戏曲文献丛刊》，在学术界产生很大反响。

三、标志性成果

（1）黄天骥教授主持的国家社科基金重点项目的最终成果《中国古代戏剧形态研究》（专著），84万字，重新审视了我国戏剧的起源和形成问题，被专家鉴定为"优秀"，2008年12月由河南人民出版社出版。此书出版后，受到海内外同行的高度评价。有专家称此书是"确立民族戏剧史话语体系的奠基之作"（徐振贵"我国话语的戏曲理论体系的奠基之作"，《文化遗产》2009年第3期）；有书评称此书"对今后中国古代戏剧研究具有范式性的重大指导价值"（田刚健《回归戏剧形态本位，传扬学术不绝薪火——评〈中国古代戏剧形态研究〉》）。随着时间的推移，此书的影响会越来越大。

（2）《我国皮影戏的历史与现状》，是此中心承担的教育部人文社会科学重点研究基地的首批两个重大项目之一。从2004年12月立项，到2008年6月完成，三年多来，课题组组成了由项目负责人和教师、研究生数十人构成的七个田野调查小组，完成了对全国18个省市的田调工作，走访影戏艺人400余名，搜集剧本约800种，拍摄照片数万张、录像带百余盒，购买光碟300余张，刻制了逾30GB容量的光盘，为记录和研究我国当代非物质文化遗产的生存状况做出了积极贡献。可以说，这是我国影戏研究史上最大规模的田野调查。在此基础上，完成了一本论文集和七本专著共240万字的撰写工作，梳理了我国影戏的纵向源流和横向传播情况，总结了各地影戏的艺术形态和特征，还为如何抢救皮影戏提出了意见和建议。随后，陆丰皮影戏被列入我国首批非物质文化遗产名录。

（3）康保成、刘晓明主编的《岭南濒危剧种研究丛书》，这是刘晓明教授主持的教育部重点研究基地重大项目"岭南濒危剧种研究"的最终成果。此项目于2005年立项，2009年春提交结项，著作由中山大学出版社出版发行。丛书包括：《白字戏研究》（詹双晖著）、《正字戏研究》（刘怀堂著）、《西秦戏研究》（刘红娟著）、《广东汉剧研究》（陈志勇著），分别对正字戏、白字戏、西秦戏、广东汉剧的历史与现状进行了深入的调查研究，对四个剧种的剧目进行了统计和研究，不仅为剧目存佚情况提供了较为准确的数据，纠正了前人的相关错误，而且还从中可以窥见该剧种的盛衰。这四本书共约190万字，并有大量插图和图表，不仅是这一领域中最系统、最细致的学术研究成果，而且为地方政府保护

“非遗”提供了参考依据。

四、“十二五”的发展思路

此中心“十二五”期间的建设目标为：在全面达到重点研究基地建设五项标准的基础上，在保持本领域学术研究国内、国际领先的同时，进一步面向国家重大需求，为国家的文化建设建言献策，贡献力量。

此中心将以国家文化遗产保护方面的重大理论和现实问题为主攻方向，全面提升面向国家战略、融入国家文化建设、服务社会发展的综合能力，全面提升国际学术影响力和话语权。具体做法包括：

（1）全面清理已承担的基地重大项目，进一步立足学科前沿，提高项目成果质量，为建立我国的非物质文化遗产学的理论体系与学科体系做出应有的贡献。在创造一流学术成果的基础上，重视成果转换，及时向政府有关部门报送该项成果及相关报告和建议书等。

（2）进一步凝练学术方向、汇聚学术队伍，增设“中国非物质文化遗产保护的法规建设研究”、“中国非物质文化遗产保护年度报告”等课题，按照立足创新、提高质量、增强能力、服务国家的总体要求，全面融入到建设具有中国特色和世界水平的高校哲学社会科学创新体系中去。

（3）瞄准国内、国际学术前沿，有计划地长期、持续推进传统戏剧、民俗学领域中的重大理论研究，力争推出一至两个具有重大学术影响的标志性成果。

（4）加强网站和数据库建设，将新媒体与非物质文化遗产保护结合起来，以启动“非物质文化遗产保护的数字化建设研究”为契机，逐步建立文科实验室（非物质文化遗产保护数字化实验室）。

（5）与世界一流科研机构开展实质性的交流、对话与合作，全面提升国际学术影响力和话语权。

暨南大学华侨华人研究院

暨南大学作为百年侨校，推动华侨华人研究，既是责无旁贷的责任和义务，也是学科特色建设的根本要求。经教育部批准，此校于 2000 年获准设立教育部人文社会科学重点研究基地（华侨华人），最初由华侨华人研究所承担建设任务，后因建设不力，在 2004 年教育部组织的第一次基地评估工作中被挂红牌。为挽救基地和重新推动华侨华人研究发展，此校于 2006 年 11 月正式成立华侨华人研究院，整合校内资源，担负基地建设任务。2007 年 4 月，此校聘请国侨办原副主任、全国政协常委刘泽彭同志为研究院院长兼基地主任。经过“十一五”期间的长足建设，华侨华人研究院已在学科建设、科学研究、人才引进和培养、国际交流、社会服务等方面取得较大进展，并顺利通过本年度教育部组织的第二次基地评估。

一、总体情况

（1）此基地六个学科发展方向更为具体而凝练，分别是：新时期华侨高等教育创新研究、中国侨务政策的历史与现状、日本政府及其海外殖民机构的“南洋华侨调查”、广东重点侨乡现代化进程、国内外华侨文化遗产的调查与研究、中国海外新移民问题研究。

（2）本着打破单位所属以及区位意识，此基地充分利用教育部建立的人文社会科学重点研究基地制度平台，以大侨务概念整合各学科研究资源向华侨华人研究倾斜，注重多学科、跨学科，以及为国家人才培养、重大现实问题研究服务的意识，追踪国际学术研究的前沿和热点，并提升基地刊物的档次和水平，开展高层次学术论坛。目前，此基地下设海外华人研究所、侨务研究所、中外关系研究所、侨务干部培训中心等机构，并与学校图书馆联合建设华侨华人研究文献中心，与此校珠海学院联合建设香山文化研究所和华人留学文化研究所。此基地主办学术刊物有：《世界华侨华人研究》，目前已被学校增列为核心刊物；《暨南史学》，2008 年入选为中国中文社会科学引文索引 CSSCI 来源集刊。此基地推出的学术系列论坛有：“侨务论坛”和“新世纪暨南史学论坛”，2009 年 6 月，国侨办副主任赵阳为“侨务论坛”作了首讲题为“新时期侨务工作和侨务问题研究”的学术讲座。

二、主要成绩与经验

（1）此基地科研人员共承担国家社科基金项目、教育部基地重大项目、国侨办项目等各类科研项目 63 项，出版论著 31 部，发表论文 137 篇，其中在 CSSCI 刊物上发表论文 122 篇；在《中国社会科学》、《中国社会科学内刊》等国内顶级权威刊物上发表论文 3 篇，实现了基地科研发展的重大突破。

（2）在著作出版方面，不仅在国家重点书系项目，而且在重大外文史料编辑和文集整理工作中获得重大突破。2009 年，此基地人员主编并承担主体撰写工作的《华侨华人与新中国》一书，入选由中宣部和国家新闻出版总署组织的“辉煌历程——庆祝新中国成立 60 周年重点书系”。该书系是中宣部和国家新闻出版总署在精心组织专家论证的基础上，由全国 1044 种选题中择优确定的 53 种选题之一，作为国庆六十周年献礼作品。2010 年，此基地规划并组织高水平研究人员翻译整理的日本国解密史料《日本对南洋华侨调查资料选编（1925—1945）》，首批三卷本共 140 万字，由广东高等教育出版社出版。2011 年度由基地规划并组织整理的五卷本《朱杰勤文集》共计 240 万字，已由广西师范大学出版社出版。

（3）在科研条件建设方面，此基地资料中心在“十五”期间馆藏图书资料 10800 余册，订阅各类期刊 150 种；在“十一五”期间，此基地与学校图书馆联合建设华侨华人研究文献中心，在原有资料建设基础上，馆藏图书资料已达 20000 余册，而各类期刊达到 233 种。此基地还与校图书馆继续联合建设华侨华人研究综合数据库、华侨华人人物数据库、侨务政策和侨务法规数据库、华侨华人图片数据库等六类电子数据库。

在大型资料建设方面，此基地累计购进六类大型文件档案，包括日本《东洋学文献类目》、英国《帝国末期英国外交档案》、美国《美国对日外交关系文件集》、中国地方史料《潮汕侨批集成》等。此基地的华侨华人文献中心已收藏全国主要侨乡的“侨刊乡讯”240 余种，其中广东“侨刊乡讯”170 余种，是广东省内收集侨刊乡讯最多的文献机构。

（4）人才引进和队伍建设方面，此基地从事科研工作的专职研究人员中，75%以上具有正高职称，90%以上具有博士学位。年龄结构覆盖老中青，中青年队伍后劲十足，已初步形成一支年龄结构、学历结构、学科结构均合理的科研队伍。

2010年1月特聘香港大学亚洲研究中心研究员、国侨办第三届专家咨询委员会海外咨询委员钱江博士为教授，兼任博士研究生指导教师，指导并参与基地学科建设和教研工作。

（5）在人才培养方面，此基地研究人员出国访学进修一年以上者5人。共招收博、硕士研究生176名，获得博士学位者39人，获得硕士学位者81人，其中在学博士研究生以主持人身份成功申报国家社科基金青年项目1项，以第一参与人身份成功申报国家社科基金青年项目1项。"十一五"期间基地招生专业专门史获批历史学博士后科研流动站，截至目前，流动站共招收博士后研究人员4人，其中2人获得中国博士后科学基金面上资助各1项，1人获得中国博士后科学基金特别资助1项、国家社科基金一般项目1项。

（6）在国际交流合作方面，派出参加国际学术会议70余人次，派出和接受访问学者10余次；举办了3场具有重大影响的国际学术会议，许多国际著名学者参加了会议。2007年12月，与国务院侨办政研司、上海市侨办联合举办的"华侨华人研究上海论坛——北美华侨华人问题"学术研讨会，2008年11月与中华炎黄文化研究会联合举办的"二十一世纪中华文化世界论坛——中华文化与和谐社会建设"国际学术研讨会，2009年5月与校图书馆、美国俄亥俄大学联合主办的"第四届海外华人研究与文献收藏机构国际会议"，均在海内外学界引起很大反响。

此基地还与俄罗斯科学院远东分院远东各民族历史、考古和民族学研究所建立合作关系，聘哈佛大学燕京图书馆马小鹤研究馆员为基地客座教授，为与哈佛大学燕京学社的学术交流创造了条件。

（7）社会服务方面实现了重大突破和发展。2007年5月受上海市侨办委托，此基地为上海市近30名侨办系统干部举办了上海市侨务干部培训班暨南大学第一期。2010年6月，此基地承办了侨务应急管理工作专题研修班。2010年3—5月基地部分研究人员和研究生参与了广东华侨博物馆的筹建和布展工作，其中8名研究生志愿者在馆场布置、宣传引导等方面做出大量义务工作，受到了广东华侨博物馆的赞扬。

三、标志性成果

（1）纪宗安教授与华东师范大学崔丕教授合作撰写的"印度尼西亚债权国会议的缘起与影响"一文，在《中国社会科学》2010年第六期发表。该论文全面分析了20世纪60年代末召开的印度尼西亚债权国会议在亚洲冷战史研究中具有重要的学术价值，梳理了近年来美国、英国、日本解密的档案文件，深入探讨印度尼西亚债权国会议的缘起及其影响，有益于揭示东南亚区域冷战结构变化的基本特征。

（2）纪宗安教授与崔丕教授联合撰写的论文分别于2007年、2009年在权威期刊《中国社会科学（内刊）》及《中国社会科学》上发表。

四、"十二五"发展思路

此基地将面向2020年国家经济社会发展重大现实问题和学科发展重大前沿问题，组织开展与国家重大现实问题相关的华侨华人问题的研究。

（1）继续进行东南亚、北美等地华侨华人研究，使科研发展的延续性得以保持。

（2）以重大课题为抓手，突出解决以中国周边跨境民族、劳务输出、移民与宗教思想回流、侨务对台、移民与中国-东南亚边贸等涉及中俄、中哈、中越、中柬、中日、中韩、台海等周边地区国防安全、边疆稳定、经贸发展等重大问题，将华侨华人研究从以历史为主转向多学科交叉，服务于侨务和国家重大现实问题。

（3）进一步突出对新疆等西北地区少数民族华侨华人问题的研究，进一步突出传统侨乡与新侨乡以及闽浙粤三地侨乡的对比研究，在侨务理论和侨务政策上提出新思路和咨询建议，推动基地科研的创新性、原创性和可持续发展，使此基地成为引领国内外华侨华人研究的学术重镇和学术前沿的推进者，促进华侨华人研究的整体进步和发展，推进华侨华人学术研究与国家现实问题需求的高度结合，促进侨务实践工作的不断进步。

三、部分省市、部委在高校设立的部分基地总结

北京市高校人文社会科学研究基地概况

一、总体情况

为贯彻中共中央和北京市委关于进一步繁荣发展哲学社会科学的意见，充分发挥北京地区人文社会科学研究优势，整合首都人文科学研究资源，北京市教委联合北京市哲学社会科学规划办公室从2004年9月起，依托高校研究力量，陆续建立了37个北京市哲学社会科学研究基地（以下简称研究基地，名单见附表），其中地方高校有16个，组建集科学研究、人才培养、培训和咨询为一体的跨学科研究机构。研究基地的研究领域既有马克思主义研究、中国都市经济研究等基础理论研究，又有北京交通发展、企业国际化经营等应用对策研究研究，还有一批专业特色明显的研究基地，如首都服饰文化与服装产业研究基地、北京赛事管理与营销研究基地、北京学研究基地等。

建立研究基地的目的，就是适应首都社会和经济发展的需要，发展、繁荣首都的哲学社会科学研究，搭建研究平台，整合研究资源，凝练研究方向，提升创新能力，产出一批具有标志性的科研成果，培养一批有影响的拔尖人才，促进优秀成果直接、及时、持续地服务于政府决策部门。北京市教委与北京市社科规划办共同建立研究基地是支持北京哲学社会科学研究的一项创新举措，这既是繁荣北京市哲学社会科学的需要，也是整合北京丰富但又分散的哲学社会科学研究资源的需要，更是将政府资源整合共同支持高校开展研究、为政府决策服务的范例。北京市教委还制定《普通高等学校北京市哲学社会科学研究基地建设项目管理办法》（试行），从制度上确保基地顺利运行。为支持研究基地的发展，北京市教委从财政专项资金中对研究基地进行专项经费支持，每年每个基地投入20万~30万元。北京市社科规划办每年对研究基地有专门的项目经费的支持。这种政府间的共同资助，保证了研究基地拥有更好的发展空间。可以说，北京市哲学社会科学研究基地建设，是北京市高校哲学社会科学研究所取得的一项标志性成果，是北京市支持高校哲学社会科学研究事业发展的一项重要举措。

二、研究基地建设的成果和经验

七年的建设实践表明，研究基地作为首都哲学社会科学研究的一个创新举措，取得了

预期的效果。科研条件得到改善，科研经费持续增加，承接重大项目能力得到提高，研究基地已成为北京市哲学社会科学研究领域的重要平台。同时，研究基地产出了一批研究成果，培育了一批科研领军人才，为首都经济社会发展提供学理支撑和理论支持发挥了重要作用。例如：中国人民大学的马克思主义研究基地的专家教授两次参加了中共中央政治局集体学习的讲解，基地的10多位同志参与中央马克思主义理论研究与建设工程；华北电力大学的北京能源发展研究基地提出城市快速公共汽车交通发展建议以及风电产业政策发展策略等，得到中央有关领导的重视。另外，多项研究基地的成果获得了北京市哲学社会科学优秀成果奖，如北京工商大学谢志华教授的《2006年首都流通业研究报告》，首都经济贸易大学蒋三庚教授的《中央商务区研究》，外交学院王帆的"美国的亚太联盟"获北京市第十届哲学社会科学优秀成果奖（2008），外交学院秦亚青教授的"关系本位与过程建构：将中国理念植入国际关系理论"获北京市第十一届哲学社会科学优秀成果奖（2010），等等。

总结研究基地的建设经验主要有以下四点：一是要依托学科优势，确立研究基地的主攻方向；二是要整合研究资源，构筑研究中心；三是要紧密联系实际，服务首都发展；四是要创新运行机制，保障良性运转。

目前，研究基地建设的不足主要表现在：科研能力有待进一步提升，特别是在理论创新上还有待提高；具有显示度的标志性成果不多；运行机制有待进一步理顺等。

三、"十二五"研究基地工作思路

"十二五"期间，北京市教委将以《中共中央关于进一步繁荣发展哲学社会科学的意见》为指导，进一步加强研究基地在社会发展重大问题的研究，培养杰出创新人才，在文化传承、理论创新、提供智力支持方面发挥积极作用。

（1）根据国家和北京的需求，完善研究基地布局。围绕"三个北京"和"北京精神"的建设，继续完善研究基地布局，增设若干基地。同时，建立动态管理机制，适当淘汰建设情况差、研究成果少、与北京社会发展研究需要关联不大的基地。

（2）引导研究基地加强人才队伍建设，建设优秀创新研究团队。研究基地建设的关键是人才。高校不仅要依靠现有的首席专家、研究人员，也要积极采取措施吸引优秀的人才到研究基地工作，形成学术水平高、结构合理的研究梯队。

（3）调整资助方式，增强研究基地服务北京社会发展的贡献力。对研究基地的支持将不再仅是对平台的固定资助，而是转为以项目的形式为引导。每年由研究基地提出本年重点研究的项目，视项目的学术水平和研究意义进行重点资助；继续坚持研究基地的"首都建设智囊平台"的建设导向，加强社会科学研究服务北京的力度，鼓励研究基地与实际部门联合开展研究，强化研究基地为政府决策提供智力支持和决策参考的服务功能，从而提升研究基地的研究水平和学术影响力。

（4）鼓励研究基地加强学术交流和合作研究，并作为研究基地建设评价的重要指标。支持研究基地定期举办以最新科学知识的传播和最新研究成果的交流为内容的学术研讨会，开展跨学科、跨学校、跨国界的学术交流，并开展合作研究。

"十二五"期间，北京市教委将继续加强研究基地建设，引导研究基地成为该领域的科学研究中心、人才培养中心、学术交流和资料信息中心，在发展哲学社会科学，大力推进文化的传承创新方面，在社会主义核心价值体系的理论创新方面，在建设具有“北京精神”的首善之区方面作出更大贡献。

北京市哲学社会科学研究基地名称和依托高校表

序号	基地名称	依托高校	建立时间
1	中国都市经济研究基地	北京大学	第一批（2004年9月）
2	北京人文奥运研究基地	中国人民大学	
3	应急管理研究基地	清华大学	
4	北京现代制造业发展研究基地	北京工业大学	
5	首都服饰文化与服装产业研究基地	北京服装学院	
6	北京文化发展研究基地	北京师范大学	
7	北京创新研究基地	首都师范大学	
8	北京体育赛事管理与营销研究基地	首都体育学院	
9	北京旅游发展研究基地	北京第二外国语学院	
10	首都传媒经济研究基地	中国传媒大学	
11	北京财经研究基地	中央财经大学	
12	北京企业国际化经营研究基地	对外经济贸易大学	
13	北京现代物流研究基地	北京物资学院	
14	CBD发展研究基地	首都经济贸易大学	
15	首都社会安全研究基地	中国人民公安大学	
16	北京影视艺术研究基地	北京电影学院	
17	北京学研究基地	北京联合大学	
18	首都高等教育研究基地	北京航空航天大学	第二批（2005年12月）
19	北京交通发展研究基地	北京交通大学	
20	首都流通服务业研究基地	北京工商大学	
21	北京出版产业与文化研究基地	北京印刷学院	
22	首都卫生管理与政策研究基地	首都医科大学	
23	北京市对外交流与外事管理研究基地	外交学院	
24	法治政府研究基地	中国政法大学	
25	北京能源发展研究基地	华北电力大学	第三批（2007年1月）
26	马克思主义研究基地	中国人民大学	
27	北京新农村建设研究基地	北京农学院	
28	北京知识管理研究基地	北京信息科技大学	

续表

序号	基地名称	依托高校	建立时间
29	首都国际文化研究基地	北京语言大学	2008年12月
30	北京社会建设研究基地	中国人民大学	
31	北京知识产权研究基地	北京化工大学	2009年11月
32	首都高校党建研究基地	北京航空航天大学	2010年6月
33	首都大学生思想政治教育研究基地	北京交通大学	
34	北京产业安全与发展研究基地	北京交通大学	2010年12月
35	北京建筑文化研究基地	北京建筑工程学院	
36	北京中医药文化研究基地	北京中医药大学	
37	北京民族音乐研究与传播研究基地	中国音乐学院	

天津市高校人文社会科学重点研究基地概况

一、总体概况

近年来，天津市高等学校人文社会科学重点研究基地建设以中国化马克思主义为指导，以重大理论和现实问题为主攻方向，按照立足创新、提高质量、增强能力、服务国家的总体要求，提升服务国家战略和经济社会发展的能力，以高水平学术平台建设引领和带动高等学校人文社会科学的创新发展。

2004年至今，天津市共有42个高等学校人文社会科学重点研究基地，其中7个教育部人文社会科学重点研究基地，7个“985工程”哲学社会科学创新研究基地，28个天津市教委人文社会科学重点研究基地。

二、主要成绩

1. 科学研究

十年间，天津市重点基地共承担省部级以上项目1445项，其中国家社科基金项目359项，国家自然基金项目136项，教育部社科基金项目395项，天津市社科基金项目342项，国际合作项目课题78项，横向委托课题135项。

2004—2010年，这些重点研究基地取得了丰硕的成果，共出版发行了374部著作，发表CSSCI期刊论文2582篇，共获得省部级以上优秀成果奖163项，其中教育部优秀成果奖31项。

2. 人才培养

这些重点研究基地建设以来，共培养长江学者2人，新世纪人才支持计划6人，2人入选“影响新中国60年经济建设的100位经济学家”，1人荣获中央组织部、中央宣传部、人事部、科技部联合授予的“杰出专业技术人才”荣誉称号。2004 年至今，共培养博士 673 人，硕士 1532 人。这批基地博士论文中，有 4 篇入选“全国百篇优秀博士论文”。

3. 学术交流和信息资料建设

这批基地成立以来，组织开展了一系列学术交流活动，通过“请进来”和“走出去”，积极与国外对应机构建立持续、紧密、主动的合作，在热源互访、项目合作、轮流主办国际会议等方面开展实质性交流，扩大了天津市高校哲学社会科学的学术影响，与校内外、海内外建立了较为广泛的联系。2004 年至今，这批基地共举办国际学术会议 60 次，举办国内学术会议 86 次，出国访问/讲学 345 人，与境外大学、研究机构、组织或企业建立合作关系 32 个。学术交流空前活跃，创立了“转型经济博导论坛”、“高管论金融”、“博士论金融”等学术活动品牌。

4. 咨询服务

近年来，这批基地坚持理论与实践相结合，为各级政府提供政策咨询，开展多种形式的社会服务。为社会各界提供短期培训累计 97 期、5927 人，为中央各部委提供短期培训 51 次，为省级行政部门提供短期培训 49 次。

南开大学 APEC 研究中心始终将开展咨询研究、为国家重大决策服务视为中心工作的宗旨和各项任务当中的重中之重。2008 年 1 月 25 日，由教育部社科司编发的 2008 年第 1 期（总第 9 期）《高校哲学社会科学工作简报》专门介绍了南开大学 APEC 研究中心开展决策咨询研究的有关经验做法，供各社科研究部门及研究基地参考学习。自 1995 年以来，该研究中心已向外交部、商务部等相关部委提交了 16 批、共 400 余份 APEC 问题咨询研究报告，多次获得相关部委的致函表彰和感谢。

天津理工大学投资与工程造价研究中心服务地方经济建设，承担了天津站交通枢纽、天津市地铁项目、津滨轻轨、天津市南水北调工程等重大项目的项目管理和造价控制，获得了天津市科技进步二等奖和天津市社科优秀成果二等奖。

三、主要经验

1. 建章立制，规范管理

天津市教委制定了《天津市普通高等学校人文社会科学重点研究基地管理办法》，设立重点研究基地评估指标。各学校按照教育部和天津市有关基地管理办法制定了本学校的重点研究基地管理办法和基地经费使用办法。天津市教委每年 3 月份进行基地年度重点工作计划进行检查，并督促落实每个基地的“十五”和“十一五”规划。

2. 评估检查，促进建设

2010 年 8 月，天津市教委对 2004 年 8 个首批建设的天津市教委人文社会科学研究基地评估，通过自评和专家组评议，按照投入指标、成果指标、发展指标对基地进行了严格评审，在评估中注重机制体制改革，强化标志性成果，突出决策咨询、服务社会的贡献率。根据评估结果，评出优秀、合格、培育三个等级并予以公示，并将专家意见以书面形式反馈给相关基地并提出限期整改要求。2010 年 9 月，启动第二批天津市教委人文社会科学研究基地，共 20 个。新基地的入围标准严格按照实体性机构建设，强化标志性成果，突出问题导向和服务社会的能力。

3. 召开经验交流会，加快发展

为推动各基地建设，在天津市教委28个社科基地中推广优秀重点研究基地经验，召开天津市教委人文社科重点研究基地工作交流会。会上，由3个优秀基地介绍科学研究、人才培养、社会服务、学术交流、基础建设等方面取得的成绩，分组讨论。通过互看、互学、互比，使各个基地进一步明确了今后的建设目标和任务，借鉴宝贵经验。

4. 加大经费投入，支持基地建设

天津市教委每年以重点项目和重大项目的形式支持基地建设，通过经费投入，基础建设发展迅速，图书资料大幅增长，办公条件大为改善，研究手段不断更新，信息化服务水平显著提高。这批基地已经成为本学科或相关研究领域的信息中心。

四、标志性成果

（1）南开大学公司治理研究中心李维安主编的《公司治理学术文库》在相关研究领域回答了公司治理理论界以及实务界迫切需要了解的相关问题，包括公司治理理论研究和实证研究，确立了从控股股东行为、董事会、监事会、经理层、信息披露、利益相关者六个方面进行治理评价的指标体系。该学术文库被国内许多相关文献所引用，获得了教育部社会科学优秀成果奖和天津市优秀社科成果一等奖，并应用于国家发改委、国务院国有资产管理委员会、中国证监会、银监会、保监会以及国内众多的大型企业等机构，取得了显著的经济效益和社会效益。

（2）天津财经大学金融与保险研究中心已与天津市发改委、中国人民银行天津分行、银监会天津监管局、保监会天津监管局、证监会天津监管局、国家开发银行天津分行、天津市各股份制商业银行、渤海证券、渤海财险、平安保险、天津市安康保险经纪有限公司等各大金融机构建立了长期合作的关系。该中心主办的《滨海金融专报》主动融入滨海新区的开发开放，汇集了一批有实际价值的研究成果，这些成果紧紧围绕天津经济发展的现状，开展了有针对性的调查研究，多次获得黄兴国市长和杨栋梁副市长重要批示，多次为天津市委、市政府决策提供了理论依据和参考意见，为天津市金融业及金融机构的发展提供了对策建议。目前，市政府办公厅咨询工作处已与该中心共同主办此专报。

（3）天津理工大学投资与工程造价研究中心是国家制定公共工程造价管理政策的重要支持单位，在政府投资项目管理领域，较早提出采用“代建制”(已被国务院《关于投资体制改革》文件采用)。2008年参与完成了国家发改委《关于推进和规范政府投资项目代建制的若干意见》，并多次承担国务院研究室、建设部、财政部、交通部、铁道部等部门委托的多项关于工程造价管理体制改革研究的课题。该中心紧紧围绕天津市经济社会发展，特别是滨海新区开发开放总体战略，承担了天津市一系列大型公共基础设施项目的管理决策，如制定的《天津市七个区县级生态工业发展规划》被列入天津市区域发展规划。

（4）天津大学科学技术与社会研究中心韩永进教授编写的《符号结构与技术》专著，荣获天津市第十二届社会科学优秀成果一等奖。该著作将西方结构主义和符号互动论的国内研究提升到理论分析和应用水平，并从结构和符号角度，将“科学—技术—产业”本质定位在人的能力建构意义上，设计了社会生产系统的哑铃模型。此著作对于开辟技术哲学和技术社会学研究的新思维、新方法、新领域产生了较大影响。

五、“十二五”工作思路

深入贯彻落实中央及教育部、天津市的有关精神，继续做好高校哲学社会科学研究创新平台体系建设工作。

（1）加大对重点研究基地的经费投入，为重点研究基地提供更好的条件和环境，推进重点研究基地建设，实现新的跨越发展。

（2）对现有重点研究基地，按照“巩固（成绩）、深化（改革）、提高（质量）、创新（发展）”的要求，督促各高校制订重点研究基地的发展规划，进一步凝练学术方向，汇聚科研队伍，培育重大成果，确定新的发展目标，创新科研体制，实现新的更好的发展。

（3）进一步优化和完善重点研究基地体系，着力培育一批以国家重大需求为导向和新兴交叉研究领域为重点的研究基地，着力加强省部共建重点研究基地建设，引领和促进天津市哲学社会科学整体发展。

山西省高校人文社会科学重点研究基地概况

一、总体情况

为推进山西高校哲学社会科学繁荣发展，加强与教育部人文社科重点研究基地对接，构建定位明确、层次清晰、衔接紧密的哲学社会科学研究创新平台体系，山西省于2004年启动了第一批人文社科重点研究基地，搭建科研创新平台。迄今为止，按照优化结构、合理布局、突出重点、兼顾基础和应用研究的原则，依托全省10所本科高校先后遴选确定了19个在省内领先、有较大发展潜力的省级人文社科重点研究基地，遴选出3个优秀创新团队和10名中青年拔尖创新人才，审批立项了89项高校人文社科重点研究基地项目，累计投入经费1000余万元用于基地和创新团队建设项目。目前，此省高校共有教育部人文社科重点研究基地1个、省级高校人文社科重点研究基地19个（见下表）。

山西省高校人文社科重点研究基地一览表

依托单位	名　称	批准文号
山西大学	科学技术哲学研究中心	教社政［2000］8号
	区域社会史研究中心	晋教科［2004］14号
	旅游研究中心	晋教科［2004］14号
	管理与决策研究中心	晋教科［2004］14号
	国学研究中心	晋教科［2007］10号
	马克思主义中国化研究中心	晋教科［2007］10号
	地方高等教育研究中心	晋教科［2009］4号
	方言与口传文化典藏研究中心	晋教科［2011］5号

续表

依托单位	名 称	批准文号
山西财经大学	晋商研究院	晋教科［2004］14 号
	资源型经济研究中心	晋教科［2004］14 号
山西师范大学	戏曲文物研究中心	晋教科［2004］14 号
	教师教育研究中心	晋教科［2009］4 号
	产业转型与升级研究中心	晋教科［2011］5 号
太原理工大学	煤炭产业科学发展研究中心	晋教科［2012］1 号
山西农业大学	新农村建设研究中心	晋教科［2011］5 号
山西大同大学	云岗文化研究中心	晋教科［2007］10 号
运城学院	河东文化研究中心	晋教科［2007］10 号
太原师范学院	汾河流域科学发展研究中心	晋教科［2010］5 号
长治学院	太行山生态与旅游研究中心	晋教科［2010］8 号
忻州师范学院	五台山文化研究中心	晋教科［2012］1 号

二、主要成绩和经验

通过几年的建设，山西省高校人文社科重点研究基地稳定、培养和汇聚了一批高层次人才，承担了一批高水平项目，产生了一批标志性成果，推动了人才合理流动，成为咨询决策的“思想库”、“信息库”和“人才库”。

（1）规范管理，创新科研体制机制。为推动山西高校哲学社会科学研究上层次、上水平，省教育厅于 2004 年制定了《山西省普通高等学校人文社会科学重点研究基地管理办法》，正式启动了人文社会科学重点研究基地建设工作。根据形势的需要，结合本省实际，对重点研究基地的建设方向进行了调整，目前已经基本确定了高水平、体现区域文化特色和跨学科交叉融合三个主要方向。

（2）加大经费投入，设立高校人文社科重点研究基地项目。2008 年，为进一步加强高校人文社科重点研究基地的建设，推动重点研究基地在人才培养、科学研究和社会服务等方面发挥重要作用，重新修订了《山西省高等学校哲学社会科学研究项目管理办法》，正式启动了山西省高等学校人文社会科学重点研究基地项目。

（3）坚持基地项目的检查验收工作。对已经立项的高校人文社科重点研究基地项目实行中期检查和结项验收工作，该项工作每年组织一次，由重点研究基地所在高校统一组织，省教育厅组织专家进行验收，同时，对基地一年来的工作进展进行实地考察和指导，确保基地驶入良性发展的快车道。

（4）坚持把创新人才培养放在首位。在山西省实施的“中青年拔尖创新人才支持计划”、“优秀青年学术带头人支持计划”等一系列人才培养工程中，均专门设置了哲学社会科学名额，并对重点研究基地予以政策倾斜；各重点研究基地也把培养、吸引和用好人才摆在重要位置，以项目研究为纽带，加强人才队伍建设，形成了一支高学历、高职称、学缘结构合理、相对稳定的专兼职研究队伍，成为培养、汇聚人才的重要平台。

经过几年的建设，山西高校人文社科重点研究基地建设取得了较大成效，主要表现在：

1. 科学研究取得了重要进展

2004年来，全省高校人文社科重点研究基地共承担国家级项目196项，其中国家社科基金项目72项。出版哲学社会科学类著作351部，发表论文2870篇。获得全国高等学校科学研究优秀成果奖（人文社会科学）11项，其中一等奖1项；获山西省社会科学优秀成果一等奖41项，占高校获一等奖总数的72%，占全省的46%。

2. 社会服务取得新的突破

2004年以来，重点研究基地积极参与区域行业发展规划的制定，为政府重大决策提供咨询意见，共提交咨询报告5000余份，这些成果有的被国家部委、山西省有关部门采纳，有的列入了“十一五”行业规划，有的列入了省人大、政协建议提案。特别是2010年，重点研究基地以制定“十二五”规划为契机，承担省发改委“十二五”规划前期研究课题20项，占全省总数的43%。2010年省政府重大决策咨询课题共发布两批17项重点课题、10项热点课题。其中，重点研究基地承担或参与研究的有重点课题共10项，热点课题3项。另外，重点研究基地积极承担省内各地市的“十二五”发展规划项目近50个，为地方经济社会发展提供了有价值的决策咨询意见。

3. 创新人才队伍建设稳步加强

到2010年底，全省高校人文社科重点研究基地拥有335名研究人员，其中具有高级职称的184人，具有博士学位的132人，具有硕士学位的179人；14人成为教育部新世纪优秀人才、3个团队成为山西省高校优秀创新团队、10人成为山西省高校中青年拔尖创新人才、33人成为山西省高校优秀青年学术带头人。山西大学科学技术哲学研究中心的殷杰、国学研究中心郭万金的论文入选“全国百篇优秀博士论文”。

4. 为文化传承创新奠定基础

2004年以来，重点研究基地不断加强资料信息数据库建设，取得了一定的成绩。山西大学中国社会史研究中心收藏的数千万件集体化时代山西农村社会基层档案资料，首创了集学术研究和教学于一体的“集体化时代的农村社会”综合展。山西财经大学晋商研究院已经建成了资料齐全、内容丰富的晋商博物馆。山西师范大学戏曲文物研究中心建成了集文物资料、民俗资料和文献资料于一体的戏曲博物馆。

三、标志性研究成果

（1）山西大学科学技术哲学研究中心的大型系列文献丛书《科学技术哲学文库》，反映了我国科学技术哲学研究的前沿成果，现已出版著作二十余部，大大提高了山西省高校哲学社会科学类学科的学术知名度。其中，郭贵春教授的《科学实在论的方法论辩护》，获得2006年度全国高等学校科学研究优秀成果奖（人文社会科学）一等奖。

（2）山西大学国学研究中心刘毓庆教授的《诗义稽考》，作者用二十多年之力，阅读上千种笔记，从其中三百多种学术笔记中辑录出的有关《诗经》考据学方面的资料，该书是目前见到的收集文献资料最为丰富的《诗经》诠释学、文献学著作。该著作获得2009年度全国高等学校科学研究优秀成果奖（人文社会科学）二等奖。

（3）山西财经大学晋商研究院编著的《晋商研究经典文库》，对晋商与票号史料进行了深刻的挖掘和整理，是晋商研究的一项世纪性文化积累工程，具有很高的史料价值和研究价值，受到山西省有关部门的高度肯定。

（4）山西师范大学戏曲文物研究中心的《中国戏曲文物志》、《山西祠庙碑刻的文化内涵与文学价值》等著作，繁荣和推广了山西省乃至全国的戏曲文化，为文物保护积累了大量的经验和翔实的数据，为推动山西文化强省建设作出了贡献。

四、“十二五”建设思路

1. 继续加强重点研究基地的建设

集中力量建设一批高水平和体现区域特色的省级人文社会科学重点研究基地，构建定位明确、层次清晰、衔接紧密的哲学社会科学研究创新平台体系，推进高校哲学社会科学研究上层次、上水平，提高解决重大理论与现实问题的社会服务能力，力争形成一批精品力作和高质量的咨询决策报告。

2. 努力增加经费投入，继续实施重点研究基地项目

继续实施哲学社会科学研究基地项目，加大投入，鼓励联合攻关，支持有重大创新意义、推动学科发展的项目；支持对建设社会主义核心价值体系、建设和谐文化、培育文明风尚、弘扬传统文化、推进文化创新有重要作用的项目。将区域文化丛书打造为既具特色，又有较高学术品位的精品丛书，力争取得一批具有重要学术价值和社会影响的标志性成果。

3. 加强学术交流与合作，增强社会服务能力

加强重点研究基地之间以及与其他单位和部门之间的学术交流与合作，支持重点研究基地围绕我省“综改试验区”建设和转型跨越发展开展联合攻关；鼓励和支持重点研究基地积极参与各级政府发展战略的论证、各行各业政策措施的制定，为党和政府的重大决策提供咨询意见。努力形成一批引领山西人文精神、对传承和弘扬三晋文化有重要作用、对我省经济社会发展有重要影响的应用研究成果。

内蒙古自治区高校人文社会科学研究基地概况

一、总体情况

2001—2010 年，是内蒙古自治区高等学校人文社会科学研究工作飞跃式发展的两个五年计划时期。为提升人文社会科学研究水平和质量，实现全区高校哲学社会科学的进一步繁荣和发展，特制定了《关于大力提高全区高等学校哲学社会科学研究质量的实施意见》，出台了《内蒙古自治区人文社会科学重点研究基地建设与管理办法》等规范性文件。为更好地与教育部人文社会科学重点研究基地对接，培育符合条件的研究机构，构筑多层次的基地梯次，2001 年，此自治区建立了首个高校人文社会科学研究基地。2007 年以后，各高校共分批次新建自治区级人文社会科学研究基地 20 个，投入经费近千万元，

涉及民族学、经济学、政治学、历史学等多个一级学科。此外，一些高校还与地方政府合作，建立了一批历史文化研究机构。

二、主要成绩

1. 平台建设迅速扩展，特色鲜明

此自治区高等学校人文社会科学重点研究基地建设十年间从无到有，发展到现在的21个。这些重点研究基地学科特色明显，各具发展优势。内蒙古大学的蒙古学研究中心是我国在民族学学科建立的五所重点研究基地之一，此中心承担了大量国家和教育部人文社会科学研究基地的重大项目，产出了大批高水平的研究专著。马克思主义中国化与民族发展研究、内蒙古地区社会历史文化研究、民族自治地方法制建设与社会发展研究、内蒙古地区经济可持续发展研究、民族艺术研究、管理现代化研究、产业信息化与产业创新研究、科尔沁非物质文化遗产研究、内蒙古东部经济历史文化研究、内蒙古农村牧区发展研究、蒙古族工艺美术研究、内蒙古畜牧业经济研究、心理教育研究、民族学研究、中国北疆史研究、思想政治教育理论与实践研究、内蒙古民俗文化研究、中小企业发展研究、内蒙古产业发展研究、红山文化暨契丹辽文化研究等基地的研究内容和研究方向凸显了内蒙古特有的民族地域特色和政治、经济发展的方向，为此区政府决策在社会生活、经济建设、文化传承、政治稳定等方面提供了的可靠保证。

2. 队伍建设卓有成效，人才断层现象正在改变

为保证重点研究基地骨干队伍的相对稳定和研究方向的长期发展，各基地以项目研究为纽带，实行专兼职研究人员合同管理，形成了一支学历高、职称高的专、兼职研究队伍，成为留住和吸引人才的重要平台。各基地课题的负责人、特别是一些中青年教师，通过科学研究项目和平台支撑迅速成长，各基地在吸引和留住高层次人才方面发挥了重要作用，同时在培养高水平博士生和硕士生、提高教育教学水平方面积累了丰富的经验。

3. 服务社会形式多样，成效明显

此自治区高等学校人文社会科学重点研究基地在为内蒙古社会政治、经济、文化、生活服务等方面拓展多种合作渠道，整合社科资源，积极为自治区发展建设进言献策。在服务社会方面，内蒙古大学的内蒙古地区经济可持续发展研究基地受亚洲开发银行委托，开展“内蒙古参与区域经济合作战略研究”，以县域经济为视角，侧重于牧业旗县独特区位优势，重点研究了牧业旗县以口岸经济为主的发展模式，并围绕内蒙古自治区参与区域合作的问题，为亚洲开发银行、自治区政府相关部门提供了关于内蒙古自治区增强区域合作能力的发展战略政策建议，产生了很好的社会效益。内蒙古科技大学的高校产业信息化与产业创新研究中心在三年建设期内，先后承担了包钢集团、神华集团等大型国有企业应用研究课题8项，成果转让项目3项，与企业合作产生的直接经济效益达3485.48万元，全方位、多层次地向地方政府、企事业单位提供咨询服务。

三、主要经验

1. 动态的研究基地管理模式

各研究基地由内蒙古自治区教育厅和高等学校（依托高校）共同建设，以依托高校自建为主，实行“竞争入选、定期评估、不合格淘汰、达标递补”的动态管理模式。各研究基地是依托高校人事权和财务权相对独立的科研实体机构，在资源配置上计划单列。

每四年为一个周期，在检查和评估的基础上进入下一个建设周期，对评为优秀的重点研究基地给予经费和科研项目等方面的倾斜，并积极推荐申报教育部重点研究基地；对未能通过评估的重点研究基地视情况予以停止拨款、限期整改直至取消基地的资格，在动态管理中保持重点研究基地的领先性。

2. 严格的科研经费管理制度

此自治区教育厅设立专项经费支持重点研究基地建设，一个建设周期投入基地建设经费不少于60万元，依托高校按自治区教育厅资助额的1∶1配套投入，主要用于重大研究项目、开放研究课题、图书资料和组织学术会议，其中重大研究项目、开放研究课题经费应占总经费的2/3；图书资料经费和学术会议经费各占总经费的1/6。

3. 完善的检查评估方式

对研究基地检查评估采取年度检查、中期检查和专家评估相结合的方式。年度检查：在四年建设周期内，依托高校要对本校重点研究基地进行年度检查，及时总结经验，发现并解决问题。依托高校要将自查结果，整改工作总结等上报自治区教育厅。中期检查：在建设周期的第二年末，自治区教育厅组织专家组对重点研究基地进行中期检查。主要针对重点研究基地建设计划、学术发展规划、基地管理办法与规章制度的制定执行情况和依托高校在科研设施、经费、政策的落实情况等方面进行检查。专家评估：在建设周期的第四年，依托高校在自评的基础上，向自治区教育厅提出进行重点研究基地评估的申请。自治区教育厅组织专家组进行实地考察和评估，根据本管理办法的各项要求，按优秀、合格、不合格三个等级进行评价。

四、标志性成果

十年间，此区高等学校人文社会科学重点研究基地共出版专著172部，发表学术论文1802篇，咨询调研报告30余份，共获得自治区级及以上各项奖励近100项。其中的标志性成果有4项。

（1）内蒙古大学内蒙古地区社会、历史、文化研究基地的重大项目《内蒙古通史》，作为《国家社科基金成果文库》之一，由人民出版社出版。

（2）内蒙古工业大学管理学现代化研究中心的“BIMS 啤酒行业信息化管理系统”项目，获得了内蒙古自治区科技进步一等奖。此成果深入研究了啤酒行业管理的特征和关键管理要素，综合运用了自动化控制技术等最终融合行业先进管理经验和前沿IT技术于一体的产学研高新技术成果。

（3）在科尔沁方言与地域文化研究、特别是科尔沁十旗范围的蒙古语方言的调查研究方面，取得了阶段性成果。此领域标志性研究成果《科尔沁土语演变与发展趋势研究》一书，获得国家民委人文社科优秀成果著作类二等奖。

（4）内蒙古农业大学蒙古族工艺美术研究中心所设计的作品，获得了全国第11届美展艺术设计作品优秀奖、全国室内设计双年展奖、内蒙古自治区首届工艺美术“飞马奖”等多项荣誉。此中心负责人和成员获“内蒙古工艺美术大师”和“内蒙古自治区教学名师”称号。

五、“十二五”建设思路

遵循“学术立基地、人才强基地、质量兴基地、开放荣基地”的方针，以经济社会发展需要为导向，以科学发展为主题，以改革创新为动力，以学科建设为龙头，以科学研究为支撑，以提高质量为核心，以建设国内一流人文社会科学重点研究基地为目标，大力加强学科建设和学术队伍建设，增强基地的核心竞争力，实现高校人文社会科学重点研究基地的可持续发展。其措施是：完善管理制度，加大投入力度，创造良好环境；进一步提升服务社会能力；进一步加强人才培养和学科建设；进一步增强对外交流与合作。

吉林省高校人文社会科学重点研究基地概况

一、总体情况

为建设国家级人文社科基地搭建省级平台，吉林省从2005年启动了省级人文社科重点研究基地评选工作，经过前期调研，征求意见，形成了《吉林省省级人文社科重点研究基地评选办法》，经过严格评审，专家现场考察，在省属12所高校首批遴选出17个省级人文社科重点研究基地，投入经费800余万元。这些重点基地中，现有1个教育部省部共建人文社科重点研究基地，有4个基地具备冲击省部共建人文社科重点研究基地条件。

二、主要成绩

经过“十一五”的建设，吉林省省级人文社科基地取得了一定的成绩：

（1）以基地为依托，承担国家级及省级重大科研项目602项，以研究解决重大理论和现实问题为重点，构建哲学社会科学研究创新平台体系，大力开展决策咨询研究，积极发挥思想库和智囊团作用。

（2）实行“机构开放、人员流动、内外联合、竞争创新”和“带（给）课题进基地、完成课题后出基地”的运行机制，使得优秀人才会聚在基地工作，构建特色鲜明、优势突出、结构合理、协调发展的人文社会科学重点研究基地。

（3）基地的科研能力进步显著、硕果累累。“十一五”期间，以基地为依托，共有170项左右成果获省部级奖项，有22项成果被国家和中央的重要刊物收录，并有50余项咨询报告得到国家或省委省政府批示及采纳，充分体现了政府智囊团的作用。同时，这批基地培养了一批学术带头人和中青年科研骨干，其中有70位基地科研人员获得了国家级和省部级荣誉称号。

三、主要经验

1. 基地管理制度化，科学化，合理化

在“十一五”期间，陆续出台了《吉林省省级人文社科重点研究基地管理办法》、《吉林省省级人文社科重点研究基地重大项目管理办法》、《吉林省省级人文社科重点研究基地重大项目经费管理办法》，用制度管理基地，使基地工作健康有序发展。

2. 加强基地检查和评估工作

每年要求上报上一年工作总结和新一年工作计划，按照基地管理办法，实行量化管理。定期对基地重大项目进展进行抽查检查，并组织专家进行现场验收评估，优秀者从立项建设单位转为正式省级人文社科基地，合格者继续立项建设，不合格者亮黄牌，不予经费支持。对新申报基地进行遴选，不断补充新的基地。

3. 加强学术交流活动

每年举行一次全省基地学术交流会议，同时不仅限于本省交流，而是向外省国家级基地学习交流，“十一五”期间，曾组织基地学术交流团去北京大学和中国人民大学等国家级基地学习，开阔眼界。

4. 实行多形式基地建设模式

在基地立项建设过程中，探索多种合作形式，三所省属高校与吉林省社科院联合，一所省属高校与省委组织部联合申办基地，借助省社科院和组织部的资源，强强联合，提升了高校科研能力。

5. 增加经费投入力度，基地重大项目实行开放式招标

省级人文社科重点研究基地每年以重大项目形式予以经费支持，经费投入逐年增加，截至“十一五”末，经费投入量达到800多万元。重大项目招标每年向社会公标，高校和科研院所从事人文社科工作者都可以争标，把基地真正建设成为学术高地。

四、标志性研究成果

（1）朝鲜半岛研究中心，依托于延边大学（与吉林省社科院合作），金强一教授的论文“中国的东北亚区域战略与东北亚政治结构”，发表在《中国外交》2007年第9期，并被2009年6月《大国策》全文转载。

（2）中朝韩日文化比较研究中心，依托于延边大学，李宗勋等著的《中韩日三国文化之交融与葛藤》，于2009年由延边大学出版社正式发行，在学界产生较大影响。

（3）依托于长春工业大学的吉林产业发展与企业环境研究中心撰写的《吉林省新能源产业现状与发展对策研究建议报告》，是吉林省规划办2010年结项的软科学课题，其中部分建议获王守臣副省长批示。

（4）吉林省民生问题研究中心，依托于长春工业大学（与吉林省社科院合作），付诚撰写的《吉林省多层次养老服务供给模式研究》，得到吉林省省长王儒林、吉林省人大副主任车秀兰的肯定性批示，《吉林日报》、《城市晚报》等多家媒体给予报道。

（5）东北建筑文化研究中心，依托于吉林建筑工程学院，出版的《中外建筑史》是国内第一部彩色版本的建筑史教材。

（6）中国粮食主产区农村经济研究中心，依托于吉林农业大学，姜会明教授撰写的《关于吉林省“三化”统筹的发展现状与政策建议》，得到副省长王化文的肯定性批示。

（7）东亚历史与文化研究中心，依托于北华大学，郑毅教授编著的《破解困局的智慧——吉田茂政治思想研究》，是教育部人文社会科学规划项目的成果。

（8）高句丽与东北民族中心，依托于通化师范学院，耿铁华著的《高句丽史简编》，成为通化师范学院国家特色专业建设中的主要特色课程教材，并于2007年获吉林省普通高等学校优秀教材二等奖。

（9）吉林省马克思主义中国化研究中心，依托于吉林师范大学（与吉林省社科院合作），祖国华教授在2009年3月2日《光明日报》上发表论文“儒家‘乐教’思想及其启示”。该文被评为吉林省第八届社会科学优秀成果奖论文类三等奖、吉林省第六届教育

科学优秀成果奖论文类一等奖。

（10）东北文化研究中心，依托于吉林师范大学，于鹏翔出版的《满语形体学感知传播研究》，被《西南大学学报》等广为评介，开创了满语言文字学研究的新阶段。

（11）职业技术教育研究中心，依托于吉林工程技术师范学院，出版的《职业教育国际竞争力报告》，2009 年获高校教育科学成果一等奖、吉林省教育科学成果著作类一等奖和中国职业教育科学研究成果一等奖。

（12）东北民族历史与文化研究中心，依托于长春师范学院，郭淑云教授出版的《中国北方民族萨满出神现象研究》，系国家社科基金项目"萨满教昏迷术研究"的最终成果，成果简介入选《2009—2010 中国宗教研究年鉴》。

（13）创业教育与文化研究中心，依托于白城师范学院，赵志军、曲殿彬、马金霞、李海红等编著的《地方高等师范院校实施创业教育研究与实践》，2009 年获吉林省教学成果奖一等奖。

（14）马克思主义经济研究中心，依托于吉林财经大学，丁堡骏教授发表的"转型问题研究的马尔科夫过程解法之迷途——评森岛通夫转型问题的解法"，刊登在《中国社会科学》2007 年第 6 期，是国家社会科学基金课题的阶段性成果。

（15）吉林经济研究中心，依托于吉林财经大学，宋冬林教授主持的教育部哲学社会科学首批重大攻关项目"东北老工业基地资源型城市发展接续产业问题研究"，其成果上报中共中央、国务院办公厅，转呈温家宝总理，在制定东北老工业基地措施中采纳。

（16）吉林省设计艺术研究中心，依托于吉林艺术学院，2010 年上海世博会吉林馆主题策划、总体设计，郭春方教授被省政府记二等功一次、获省政府一等奖及"吉林省参与 2010 年上海世博会先进个人"称号；涂中方副教授的"上海世博会吉林馆主题策划方案（持续的节拍）"获得了省级二等奖，上海世博会吉林馆设计获得了省级二等奖。

（17）特殊教育研究中心依托于长春大学，出版聋人手语研究系列著作《计算机手语》、《美术手语》，是受中国残联、国家语言文字委员会委托进行的研究；《中国手语与日本手语比较》促进了国内外聋人文化的交流。

五、"十二五"工作思路

"十二五"期间，吉林省将从经济和社会发展及地方高等学校教育事业改革发展的实际需要出发，按照立足创新、提高质量、增强能力、服务国家的总体要求，继续深化科研体制改革，构建特色鲜明、优势突出、结构合理、协调发展的重点研究基地体系，为建设高等学校哲学社会科学创新体系提供强有力的支撑。

（1）以研究东北地区老工业基地全面振兴战略中的重大问题和为开发规划长吉图开发开放先导区服务为主攻方向，使地方高校重点研究基地更好地为省委、省政府开展的实质性工作服务，形成一批省级乃至国家级"智库"。

（2）进一步加强对现有基地的管理，多渠道筹措经费，加大高等学校哲学社会科学研究经费投入力度，拟每年以重大项目招标的形式投入 300 万元，与"十一五"期间同期相比增长 40%左右。

（3）进一步加强自身的导向功能，注重吉林省人文社会科学重点研究基地的内涵建设，全面提升省级重点研究基地的综合创新能力，并在省级重点研究基地中培育出8个省部共建重点研究基地。

黑龙江省高校人文社会科学重点研究基地概况

自2004年启动高校人文社会科学基地建设工作以来，黑龙江省已投入了600多万元，分3批在12所高校建设了33+1个省高校人文社会科学研究基地，基本覆盖了人文社会科学研究的重点学科和领域，有效整合了人文社会科学的资源和力量，切实提升了人文社会科学的能力和水平。

为进一步落实好省委、省政府加快建设“八大经济区”和实施“十大工程”决策部署，围绕“北国风光特色旅游开发区”做文章，黑龙江旅游产业发展研究中心于2010年11月成立。该中心整合全省高校、科研单位、企业和省外相关领域的研究人才，采取开放共享等形式，力争打造一支高水平的“产学研”一体化旅游专业研究队伍，将研究中心建设成我省旅游产业发展的智库，为我省乃至中国旅游产业的发展提供咨询和决策。

该基地特点如下：(1) 已初步建成了多层次的基地建设体系。黑龙江省高校现已建成由教育部百所人文社会科学重点研究基地、省哲学社会科学重点研究基地、省高校人文社会科学重点研究基地、各高校校级重点研究基地等构成的多层次的基地建设体系。在12所高校建设了34个省高校人文社会科学研究基地（其中教育部重点研究基地1个，省社科重点研究基地5个）。

(2) 基地覆盖的学科门类比较齐全。已初步建成的高校重点研究基地覆盖了语言学、哲学、经济学、管理学、文学、法学、思想政治教育等多个学科或交叉学科领域，基地建设与学科建设、人才培养实现了较好的结合。

(3) 基地建设取得了显著成效。已建成的重点研究基地在科学研究、人才培养、服务社会和体制改革等方面取得了较大进步，并推出了一批有重大影响的理论研究成果，其中，教育部百所重点研究基地黑龙江大学俄语语言文学研究中心、省高校重点研究基地黑龙江大学文化哲学研究中心等已成为特色明显、优势突出的发展亮点。对基地的投入逐渐加大，基地的研究和发展条件逐渐改善。

该基地存在问题：目前，高校重点研究基地的建设和发展还处于初建期，研究领域还需要拓展，发展特色和优势明显的基地还不多；重大的、有影响的理论成果数量有限；推动学科建设和社会发展的作用没有充分显现出来；经费投入还需要加大。

“十二五”时期，黑龙江省高校人文社科研究基地发展思路：

一、计划目的

围绕我省和国家经济社会发展需要，以理论创新为主导，以重大理论问题、重大现实问题为主攻方向，加强基础研究，强化应用研究和成果转化，加大政策与应用对策性问题研究的力度；发挥重点研究基地在科学研究、人才培养、学术交流、咨询服务等方面的优势，突出特色、打造精品、提升层次，增强文化软实力和综合竞争力，为建设边疆文化大省和文化产业发展提供强有力的人才和智力支持。

二、计划目标

加大重点研究基地建设的力度。在全省高校在建 34 个基地的基础上，着力在新农村建设、边疆历史文化、文化产业、旅游产业、资源管理等重点领域建设高校人文社会科学重点研究基地，使高校重点研究基地数量到 2015 年达到 50 个。

提升重点研究基地的层次。在哲学研究领域，对具有一定影响力和创造力的黑龙江大学文化哲学研究中心进行重点建设，提高科研成果的质量，产出一批学术精品，争取早日进入教育部人文社会科学重点研究基地建设行列，对其他方面具有发展优势特色的基地进行重点培育，早日进入省社科重点研究基地，高校的社科重点研究基地到 2015 年达到 10 个。

重点研究基地要紧紧围绕黑龙江省和国家社会发展和学科建设的需要，瞄准并跟踪学科发展的前沿，以重大理论和实践问题为主攻方向，积极承担国家和省重大项目，组织重大研究课题的攻关，加强学术交流，积极推动理论创新，确保每个重点研究基地每年推出重大理论创新成果 1~2 项或有重大应用价值的调研报告 1~2 份。

重点研究基地要加强学术队伍建设，注重学术带头人和后备学术带头人的培养和选拔，尤其注重"学术大师"的培养。

三、计划内容

1. 加强创新团队建设，加快人才培养和梯队建设

加大高校高层次人才、专门性人才的培养力度，落实学术带头人的培养引进计划，逐步形成以学术带头人为核心的学术创新团队，培养和选拔一批后备学术带头人及优秀中青年学术骨干，使基地成为培育高校人文社会科学研究"龙江学者"的园地。

2. 加强现实问题研究，促进研究成果的实际转化

重点研究基地要以服务经济社会发展为重点，主动承担政府相关部门委托的研究课题，吸收相关部门有实践经验的人员参加课题组开展合作研究，解决经济社会发展中的现实问题。

着力加强对新农村建设、区域经济发展、资源管理、行政管理、法制建设、渤海和金元等历史文化资源的保护和开发利用、文化产业及旅游产业等多方面、多领域的问题研究，挖掘和研究我省边疆民族风俗文化；积极承担企业委托的科研课题，提供对策研究和可行性论证，以担任专家顾问、挂职锻炼等多种方式积极参与社会实际部门的工作。通过学术讲座、网络传媒、社会培训等多种途径和方式为社会各界人士的知识更新和素质提高服务，使基地成为重要的"思想库"和咨询服务输出平台。

3. 积极探索科研体制改革和服务社会的新途径

深化科研体制改革，完善和落实聘任制、课题制、目标管理等机制。探索支持理论创新和学术创新的有效机制，寻找理论研究和社会服务的最佳结合点，在稳定发展现有省高校人文社会科学重点研究基地的基础上，以现实问题为导向，新增一批在新的交叉学术领域解决我省经济社会重大问题的"产学研"一体化的发展研究中心。

四、保障措施

1. 创新制度

加强对基地的考核、评估与监督，建立指导与服务相结合、目标管理与过程管理相统一、激励与约束同步的管理体制。严格落实聘任制、课题制、重大成果培育机制、目标管理责任制等，形成“机构开放、人员流动、资源共享、竞争创新”的运行机制，打造基地科研工作的优良环境，为基地发展提供有效的制度保障。

2. 加大投入，加强基础条件建设

高等教育强省建设专项资金对每个教育部批准的人文社会科学重点研究基地投入50万元左右的建设经费；对每个新增的省高校重点研究基地投入20万元左右的建设经费；对运行后成绩突出、特色明显、考核评估优异的基地，按考核结果择优给予一定的“以奖代补”经费支持（学校不低于1∶1匹配）。建立开放课题制度，高等教育强省建设专项资金对每个重点研究基地投入一定的开放课题经费，用于开放课题研究，基地依托学校按不低于1∶1.5的比例匹配经费。

3. 完善政策

对重点研究基地，在职称评定、人才引进、学术交流、奖励等方面给予政策倾斜和扶持，增强基地的吸引力、凝聚力和创造力，为基地的发展和功能的发挥提供有力的政策保障。

4. 加强领导

高等学校要在人力、物力、财力和政策上给予支持，整合和优化、科研资源，确保重点研究基地事业可持续发展，并接受审计、监察和财政等部门的检查和监督。

上海市高校人文社会科学重点研究基地概况

一、总体情况

为了进一步发挥上海市高校在繁荣哲学社会科学中的重要作用，聚集和培养优秀学术人才，针对学科前沿和社会经济发展中的重大理论与实践问题，组织高水平研究，形成学术交流开放平台，上海市教委2008年确立了10个上海高校人文社会科学重点研究基地，它们是：上海大学中国社会转型与社会组织研究中心、上海大学影视与传媒产业研究基地、上海师范大学中国近代社会研究中心、上海师范大学中国传统思想研究所、上海师范大学应用语言学研究所、上海海事大学海商法研究中心、上海音乐学院中国仪式音乐研究中心、上海体育学院体育赛事研究中心、华东政法大学外国法与比较法研究院、上海对外贸易学院国际经济贸易研究所，2010年增补了上海中医药大学中医药文化研究与传播中心。目前在建的上海高校人文社科重点研究基地共11个，建设周期为4年。

二、主要成绩

经过几年的建设，各个基地无论是外部形态还是内涵建设都得到了很大的发展。上海市教委在2010年召开了中期检查专家评审会，进一步总结经验，发现问题，加强管理，促进基地工作更好地对接教育部建设目标，在上海高校人文社科类学科建设中发挥领头羊作用。

1. 以科研项目为载体，推进理论和文化创新

各基地积极承担关系国计民生的重大研究项目，根据当前我国改革开放中的重大问题，确定研究主攻方向，力争从基础理论和应用研究的不同层面上为国家和地方政府解决重大问题提供支撑。上海大学影视与传媒产业研究基地，2009年被上海市委宣传部授予"上海市社会科学创新研究基地"。上海对外贸易学院国际经济贸易研究所，2009年被上海市人民政府发展研究中心授予"上海发展战略研究所"。

2. 以学术交流为平台，扩大高校影响

各基地在对外学术交流中，通过派出和接受访问学者开展合作研究，提高了学校和学科的学术对话和合作的层次和水平。各基地以学术交流为平台，扩大高校影响。各基地在建设期间，先后举办学术会议56次，其中国际学术会议26次。

上海大学中国社会转型与社会组织研究中心主办"改革开放三十年与中国社会建设笔谈"，邀请中国知名社会学家参与，在全国产生了很大影响。上海音乐学院中国仪式音乐研究中心主办了首届全国仪式音乐学术研讨会，开展了以学科交叉互融及国内外著名学者为标志的跨学科"大音讲堂"。上海师范大学中国近代研究中心召开了"江南社会变迁与社会生活国际学术研讨会"、"禁毒与中国社会学术研讨会"。

3. 以学术刊物为阵地，传承文化与文明

各基地以学术刊物为阵地，传承文化与文明。各基地积极主办高水平学术刊物，建立学术成果发表园地。上海对外贸易学院认真利用国际经济贸易研究所主办的《国际商务研究》和《WTO研究动态》两本刊物，占据学术高地。《社会》是上海大学中国社会转型与社会组织研究中心主办的学术刊物，也是大陆高校唯一一本社会学专业期刊。由于此刊认真经营阵地、传播重要学术成果，目前已入选CSSCI，相继被很多知名高校列为科研成果考核的一级刊物，2008年成为国内唯一一本入选国际著名权威数据库CSA的社会学专业学术期刊，在学界产生了很大的影响。

除了运用已有的期刊来扩大基地研究的影响，很多基地还运用以书代刊、合作办刊等方法来宣传基地的最新研究成果，在学界产生了很大的影响。上海大学影视与传媒产业研究基地瞄准学科前沿，紧扣特色方向，创刊出版了集刊性书系《世界传媒产业评论》、《影视与传媒产业前沿丛书》。中国传统思想研究所的学术丛刊《哲学与宗教》、《藏外佛教文献》，已分别出版多辑。

4. 以咨询服务为己任，积极服务社会

各基地针对重大理论和现实问题、社会关注的热点、难点问题，为政府提供政策参考、决策咨询，进而服务国家和上海地方经济建设、推动社会发展。

上海对外贸易学院国际经济贸易研究所对应着国家和上海国际贸易中心建设的需要，主要研究方向定位在多边贸易体制及其运行研究、贸易发展与贸易政策研究、服务业开放以及服务贸易问题等重大研究上，形成了多份高质量的决策咨询成果，受到上海市委主要领导的高度重视。2009年，王新奎教授撰写的《关于加快上海国际贸易中心建设的若干

思考》，第一次系统分析上海国际贸易中心方面的决策咨询报告，受到俞正声书记和韩正市长的批示。在这个研究报告的推动下，上海市有关部门正式启动了上海国际贸易中心建设的研究。同年，王新奎教授、沈玉良教授形成了《上海外高桥国际贸易示范区试点开展离岸贸易政策调研报告》，受到上海市委书记俞正声的高度重视，指示上海市有关部门迅速研究。

上海海事大学海商法研究中心以中心为平台，服务于国家航运强国战略，服务于上海国际航运中心的建设，分别与上海市港口管理局和交通部运输司进行合作，对上海市港口国际中心的建设和中国航运法律的出台提供决策咨询意见。

上海体育学院体育赛事研究中心发挥在赛事评估和体育产业经营管理等方面的理论优势，积极为政府和社会各界提供咨询服务，为众多大型体育赛事提供专业评估报告。

三、主要经验

1. 规范管理

制定《上海市普通高等学校人文社会科学重点研究基地管理办法》。为了加强上海高校人文社会科学重点研究基地的科学管理，上海市教委在反复征求意见的基础上，于2010年正式公布了此办法，在科学研究、人才培养、学术交流和资料信息建设、咨询服务、深化科研体制改革五个方面提出了建设标准。

2. 坚持加强人文社科基地的检查和评估工作

对基地实行“竞争入选、定期评估、不合格淘汰、达标递补”的动态管理模式，通过中期检查对基地建设情况进行评估，进一步明确重点研究基地的定位，凝练研究方向，促进重点研究基地真正实现跨越式发展。

3. 坚持经费投入

自2008年启动基地建设以来，每年给予每个基地经费支持100万元，共投入经费4000多万元。

四、标志性研究成果

（1）上海大学中国社会转型与社会组织研究中心主任李友梅教授的论文“从财富分配到风险分配：中国社会结构重组的一种新路径”和著作《社区治理：公民社会的微观基础》，获上海市第十届哲学社会科学优秀成果论文类一等奖和著作类一等奖。

（2）上海音乐学院中国仪式音乐研究中心主任曹本冶在2009年发表的“仪式音声的研究：从中国视野重审民族音乐学”论文，共有4万多字，在学科及学术建设上的有着重要意义，被全国音乐学核心期刊《中国音乐学》一次性全文登载。这在音乐学界尚属首例。

（3）上海师范大学中国近代社会研究中心唐力行教授的专著《苏州与徽州——区域互动与社会变迁（16—20世纪）》，2008年获上海市哲学社会科学优秀著作奖一等奖，2009年获教育部高等学校科学研究优秀成果奖（人文社会科学）著作三等奖。

（4）上海师范大学中国传统思想研究所陈卫平教授撰写论文“从突破‘两军对阵’到关注‘合法性’——论新时期中国哲学史研究的趋向”，发表在《学术月刊》2008年第6期，概括和评论改革开放30年来中国哲学史研究的大体趋势。

（5）上海师范大学应用语言学研究所、著名语言学家张斌先生任主编，齐沪扬、张谊生、陈昌来任副主编，商务印书馆2010年出版的《现代汉语描写语法》，是我国第一部描写现代汉语语法全貌的语法著作，填补了我国汉语描写语法的空白，在汉语语法史上具有里程碑的意义。

五、"十二五"工作思路

上海高校人文社会科学发展的总体思路是以人为本、立足创新、开放合作、服务发展。

各重点研究基地将进一步凝练研究方向，以国家经济社会发展的重大理论与实践、瞄准学科前沿发展趋势为指向，明确战略目标，突出建设重点，确定重点研究基地新的发展战略、总体思路以及具体措施。进一步明确建设目标，努力把上海高校人文社会科学研究基地培育成本市乃至全国的文化高地、科研重镇。根据基地内涵建设的要求，做好6项重点工作：（1）做强基础研究、做大决策咨询研究；（2）建立科研团队，加强人才培养；（3）通过机制体制和科研管理的创新给基地带来活力；（4）使研究更好地为教学服务，为提高教育质量服务；（5）加强基地哲学社会科学成果转化；（6）加快建设一批社会调查、案例分析等专题数据库，加强人文社会科学文献中心和高水平学术网站建设。

江苏省高校哲学社会科学重点研究基地概况

一、总体情况

江苏省教育厅自2009年启动江苏省高校哲学社会科学重点研究基地建设工程，至今已在18家高校中建立了30个哲学社会科学重点研究基地和16个重点研究基地培育点，涉及经济学、管理学、文学、语言学、艺术学、教育学、社会学、法学、哲学、马克思主义、宗教学、政治学等多个学科。目前共发布基地重大招标项目88项，累计投入经费1800余万元。

目前，江苏省高校共有教育部人文社会科学"985"创新基地6个、教育部人文社会科学重点研究基地6个、省级哲学社会科学重点研究基地45个、应用对策研究基地25个、省部共建重点研究基地16个，基本形成了建设层次分明、覆盖省内人文社科重点学科、基础研究与应用研究并举、传统学科与交叉学科并进的重点研究基地建设格局。

二、主要成绩

1. 提升了研究实力

江苏省十分重视江苏高校重点研究基地的建设，将其作为进一步繁荣发展哲学社会科学的一项重大举措，作为服务江苏经济建设、社会发展、文化繁荣的一项重要内容，作为提高高校哲学社会科学研究能力水平的一条重要途径。在"十一五"期间，江苏省承担国家社科项目617项、项目资助经费7084万元，居全国各省之首。

2. 形成了学术品牌

通过重点研究基地建设，江苏省高校哲学社会科学研究能在国内外社科研究领域创出自己的学术品牌，在学科建设、理论研究、决策咨询、社会服务等方面，推出国内一流的标志性成果，推动全省高校哲学社会科学研究水平更上新的台阶。如南京师范大学教育社会学研究中心在被立为省级重点研究基地后，其课程被评为国家级精品课程；南京大学当代外国文学与文化研究中心、南京艺术学院江苏省文化艺术发展研究中心、南京师范大学马克思主义研究院、徐州师范大学语言研究所等重点研究机构所依托学科2010年被批准为江苏高校优势学科建设工程一期项目予以立项建设。

3. 构筑了学科平台

通过构筑学术平台，提升了学科队伍，推动了高校科研水平的整体提高。南京师范大学教育社会学研究中心的教育社会学教学团队被评为江苏省优秀教学团队；南京大学当代外国文学与文化研究中心、南京艺术学院江苏省文化艺术发展研究中心、南京师范大学马克思主义研究院、徐州师范大学语言研究所、南京农业大学中国农业历史研究中心等研究团队的研究成果在全国处于领先地位，造就了一大批学术领军人物、学科带头人和教学科研骨干。

4. 涌现了高质量研究成果

在研究中导向明确、探索深入，形成了一批高质量的阶段性研究成果。这批重点研究基地承担各类委托课题88项，承担其他各级各类课题约358余项，目前已取得阶段性成果，以重点研究基地名义出版专著4部，发表论文141篇。

三、主要经验

1. 高起点谋划

从2005年起，江苏省教育厅就研究确定了全省高校哲学社会科学中长期发展规划和重点研究基地发展目标，2008年年底正式下发了《江苏省普通高等学校哲学社会科学重点研究基地管理办法》(试行)，明确提出重点研究基地是以学术前沿问题或重大理论、现实问题为研究重点，以该领域研究处于国内或省内领先水平的研究人员和研究团队为主体，以重大系列研究课题为纽带，跨学科、跨部门、跨单位组织高水平、开放式、有特色的研究平台。

2. 高标准立项

在重点研究基地的立项中做到：明确申报要求、提高评审标准、严格评审程序和专家答辩制度。立项建设基地必须有省级重点学科、省重点建设学科或博士、硕士学位授权点为依托，在基地建设目标、科研方向、研究力量及保障措施等方面要求明确，对江苏经济社会发展、政治文化建设、教育教学改革和学科建设具有重大意义，且特色鲜明、学术前沿、优势明显。

3. 高效率管理

一是明确管理重点，采取“机构开放、人员流动、内外联合、竞争创新”的运行机制，以基地重大项目为纽带，汇聚全省社科研究系统（含江苏省委党校、省社科院）相关领域研究力量，实行研究人员“带课题入基地、完成课题后出基地”的新型科研管理模式。二是实行分类管理。以重点研究基地重大招标项目为抓手，对重点研究基地实行分类管理。以基础理论研究为主的重点研究基地根据其学术研究方向及中长期研究发展规划，在首轮建设周期内确定2～4个重大研究课题，并明确每年度具体的研究任务，由省教育厅面向全省或全国高校组织招标。此类重大项目研究周期一般为 4 年（可适当延长）。以应用对策研究为主的重点研究基地，要围绕国家及江苏省经济社会发展需要确定基地的主攻方向，每年确定 1~2 个重大研究课题报省教育厅面向全省或全国高校组织招标。此类重大项目的研究周期一般为 1~2 年。三是简化考核程序。对基础理论研究为主的重点研究基地，以年度研究工作任务完成情况作为检查的重点，以重大标志性研究成果作为重点研究基地考评验收的依据；对应用对策研究为主的重点研究基地，则以研究成果被应用部门采纳或经省部级以上领导批示及其产生的重大经济和社会效益作为重点研究基地考评验收的主要依据。

4. 高质量建设

实践证明，重点研究基地建设是科研体制改革的一项成功尝试，通过重点建设，凝练了学科方向，汇聚了学科队伍，构筑了学科平台，推动了高校科研水平的整体提高，扩大了高校的学术影响力。

四、标志性研究成果

（1）江苏师范大学语言研究所负责人杨亦鸣教授的论文“语言的理论假设与神经基础——以当前汉语的若干神经语言学研究为例”，首次发现汉语动词限定性句法加工和副词语用分类的大脑神经基础，首次从方法论的高度提出了理论语言学与神经语言学互证的研究方法等，发表至今被引用数十次，并获教育部中国高等学校科学研究优秀成果奖二等奖（2009 年度）。2010 年，在国际脑科学杂志 *Brain*（影响因子 9. 49）第 133 期上发表了“Developmental dyslexia in Chinese and English populations: Dissociating the effect of dyslexia from language differences”，2010 年又获得国家社会科学基金重大招标项目“神经语言学研究及学科建设研究”立项资助。

（2）东南大学道德哲学与中国道德发展研究所樊和平教授的专著《中国伦理道德报告》和《中国意识形态报告》等，对当前我国政府公务员群体、企业家与企业员工群体、青年知识分子群体、青少年群体、新兴群体、弱势群体等“六大群体”的伦理道德状况和意识形态状况进行了系统的调查研究，其研究报告在《中国社会科学》、《哲学研究》等杂志上发表，并建立了国内第一个近两万人为受查对象的伦理道德状况和意识形态状况的数据库，对政府决策和学术研究都具有重要意义。中国社会科学出版社为之举办出版座谈会，教育部社会科学司约稿进行重要成果介绍。

（3）南京师范大学马克思主义研究院俞良早教授的专著《马克思主义东方学》，首次提出了“马克思主义东方学”，并对其进行了较为全面的阐述，在学术界有较大影响。全国哲学社会科学规划办网站在“成果选介”栏目中专门介绍和推荐此成果；并在《国家社会科学基金项目成果选介汇编（第七辑）》上介绍此成果。

（4）南京师范大学马克思主义研究院王永贵教授的专著《经济全球化与我国社会主流意识形态建设研究》，系统总结了经济全球化背景下我国意识形态建设的历史经验、实践形式和基本规律，深入阐述了改革开放以来我国社会主流意识形态与时俱进的鲜明特点。全国哲学社会科学规划办网站在“成果选介”栏目中对其专门介绍。《光明日报》刊载了其主要内容和重要观点。

（5）南京大学当代外国文学与文化研究中心主任王守仁教授主持制定的江苏省地方

标准《公共场所标志英文译写规范》，为加强英文社会应用管理提供了技术支撑。2010年4月江苏省语言文字工作委员会、省质量技术监督局、省精神文明建设指导委员会和省人民政府外事办联合发文，要求在江苏省范围内将其发布实施。

（6）河海大学江苏省水资源与可持续发展研究中心郑垂勇教授完成的专著《南水北调一期工程水资源配置关键技术研究》，深入研究南水北调东、中线一期工程水资源配置的关键技术，以更好地指导南水北调工程运行管理，充分发挥工程综合效益。此成果在实际工作中已得到了充分的借鉴和运用，得到了相关学界的高度关注和“淮河水利委员会”的高度评价。

五、“十二五”工作思路

（1）服务江苏，引领全国。自2011年开始，开展全省高校人文社会科学校外研究基地评建工作，提炼和推广改革开放以来江苏在经济社会发展方面的成功经验，进一步提升高校服务江苏经济社会发展能力和水平。

（2）加强服务，完善建设。继续做好30个在建重点研究基地管理工作，督促各重点研究基地提高建设成效，在推进学科资源整合、推动队伍建设、开展学术交流、深化科研体制改革、服务地方经济社会发展等方面做出卓越贡献，真正发挥示范和引领作用。

（3）开放建设，吸引人才。进一步加大重点研究基地重大招标项目的开放力度，吸引国内外高水平专家学者入驻基地开展研究，提高重点研究基地的学术水平和学术影响力。

（4）加强考核，优胜劣汰。对重点研究基地实行考核制度和淘汰制度，做好第一轮重点研究基地建设期满后的检查考核工作，优胜劣汰，适当增补。

安徽省高校人文社科重点研究基地概况

安徽省2002年启动高校人文社科重点研究基地建设工作以来，到2011年年底，在全省12所高校建立了23个人文社会科学重点研究基地（包括1个教育部基地，1个省部共建基地），省部共建文科重点实验室1个。累计投入建设经费11344.1万元。这些基地基本覆盖了人文社会科学的大多数学科，基本属于综合研究。

一、主要成绩

1. 凝聚和培养了一批人才

到2010年年底，全省高校23个基地现有专、兼职研究人员857人，约占全省高校哲学社会科学科研活动人员的4.2%，其中专职研究人员436人。专职研究人员中，教授247人，副教授153人，占全省高校高级职称人数的7.5%，博士232人，占全省高校22.4%。重点研究基地有皖江学者5人，省学术技术带头人级后备人选58人，长江学者2人；获博士后工程项目14人，获省优秀青年人才基金项目33人，全国模范教师10人，全省模范教师20人。一大批专家学者成为各级党委政府和企事业单位的顾问，发挥了智囊作用。

2. 承担了一批省部级以上科研项目

基地建立以来，共承担纵向课题1515项，其中国家863计划项目4项、国家973计划项目2项、国家社科基金项目87项（包括重点项目1项）、国家自然基金项目30多项、教育部人文社科项目200多项（包括重大项目2项），累计获得科研经费8457.5万元。

3. 巩固和培育了一批重点学科

重点研究基地的建设促进了高校的学科建设。23个基地依托国家级重点学科4个、省级重点学科35个、校级重点学科28个。基地的科研力量和学术成果在学校硕士点、博士点申报工作中起到了主要支撑作用。一批科研成果转化为教材、科普读物、文化产品或成为领导决策参考的重要资料。

4. 产出了一批重要学术成果

23个基地共出版著作321部，论文1808篇，向有关部门提交研究报告233篇，发表或出版其他未标注的成果1647篇（部），开发教材181门，获各级各类奖项将近300项。

5. 发挥了辐射作用

重点研究基地建立以来，330多位来自省内外高校、科研机构和实际工作部门的同志在基地任兼职研究员，参与了近500多项基地项目的研究，既提升了基地的科研实力和科研水平，也促进了对外学术交流与合作。很多学校都结合自身优势设立了校级人文社科研究创新平台，调动了广大教师的科研积极性，推动了全省高校人文社科研究的发展。

6. 建立了首个文科省部共建重点实验室

2007年年底，安徽大学徽学研究中心被财政部批准为中央与地方共建优势特色学科重点实验室，获得财政部200万元资金的资助。淮北师范大学建立了安徽省唯一一个古籍数字化实验室——中国古典文献数字化实验室，将重点开展安徽地方文献的数字化研究，弘扬地方历史文化。

二、主要经验

1. 制订重点研究基地建设规划

2002年，省教育厅制订了《安徽省普通高等学校人文社会科学重点研究基地建设计划》，提出了重点研究基地的总体目标、建设标准、建设方向、组织管理、申报评审、经费投入和政策支持措施等。

2. 加强重点研究基地管理

2003年，省教育厅制订了《安徽省高等学校人文社会科学重点研究基地管理办法（试行）》，就重点研究基地的建设目标、管理体制、项目与经费管理、学术交流和人才培养、网站与图书资料建设、检查评估等做出了明确规范。

3. 加强检查评估

省教育厅每年都要召开重点研究基地建设管理研讨会，邀请基地负责人、所在学校分管校长和科研管理部门负责人参加，定期研究解决基地建设发展中的实际问题。2010年，省教育厅在各校自评的基础上，组织专家对首批建立的14个人文社科重点研究基地进行了现场评估，5个基地被评为优秀。

4. 不断改进基地项目管理

在建立之初，基地项目选题由新基地学术委员会讨论提出，报省教育厅审定，面向全省高校招标，省教育厅组织专家评审，目的在于帮助基地把握方向，避免重复研究，推动基地开放性建设。随着基地建设和管理水平的提高，从2009年开始，省教育厅采取基地项目由基地学术委员会提出，省教育厅组织面向全省高校统一招标，基地学术委员会评审的办法，目的在于支持基地围绕自己的研究方向开展持续研究，产出重大科研成果。

三、标志性成果

（1）安徽大学徽学研究中心主编的《徽州文书》第1~3辑30卷，其中第一辑10卷于2007年获首届中华优秀图书奖。

（2）2007年8月，安徽大学徽学研究中心提出的关于建立徽州文化生态保护区的建议，受到国务院总理温家宝的高度重视，直接促成了文化部“徽州文化生态保护（实验）区”的启动建设。这是继闽南之后，我国政府批准建立的第二个文化生态保护实验区。

（3）安徽师范大学中国诗学研究中心的成果《李商隐研究系列》，成为当代唐诗研究的亮点，在新时期中国古代诗学研究中具有开创性，在学术界享有很高声誉。其中，《李商隐诗歌集解》获全国首届古籍整理图书奖、教育部人文社科二等奖，《李商隐文编年校注》获国家图书奖、全国古籍整理研究成果一等奖，《李商隐传论》获安徽省社科优秀成果一等奖。

（4）安徽师范大学中国诗学研究中心的成果《唐诗名篇鉴赏》，荣获2009年度全国优秀古籍图书奖的普及读物奖。该中心《温庭筠集编年校注》、《温庭筠传论》、《杜牧集校注》等成果的先后问世，标志了该中心在中、晚唐诗学研究方面走在全国的前列。

（5）合肥工业大学知识经济与企业管理创新研究中完成的“安徽省‘十一五’经济社会发展总体思路研究”课题，提出了“十一五”时期安徽经济社会发展的指导思想、发展目标、总体战略思路、重大战略问题以及相应的发展对策与政策措施，得到了省领导的高度评价。

（6）合肥工业大学现代科技发展与马克思主义理论研究中心的成果《绿色和谐管理论——生态时代的管理哲学》由中国社会科学出版社2004年出版，2005年获得安徽省社会科学优秀研究成果一等奖。

（7）安徽大学经济法制研究中心完成的国家社科规划项目“中国反垄断立法研究”的成果摘要，被编入供中央领导参阅的《成果要报》，并在全国社科规划办网站上登载，《经济参考报》等媒体也有专门的介绍，还被编入《国家社科基金项目成果选编》（第一辑）（中国人民大学出版社2004年12月出版）。

（8）安徽师范大学马克思主义研究中心的成果《邓小平与中共历史学》，由安徽人民出版社2005年12月出版。此书被称为“开辟了中共党史研究的新领域，为中共党史研究作出了新贡献，是一部有深度的学术文献”，2006年该书获华东地区优秀哲学社会科学图书一等奖，2007年获安徽省哲学社会科学优秀成果一等奖。

（9）安徽师范大学皖南历史文化研究中心的成果《徽商》、《徽州教育》，获2007年国家图书奖提名奖。

（10）淮北师范大学安徽文献整理与研究中心的成果《十七史疑年录》，2007年由黄山书社出版。该书对17部正史中尚存的系时讹误校勘1400余条，基本上解决了这些史书中的系时讹误，2008 年获全国古籍优秀图书一等奖、华东地区优秀古籍图书一等奖。

（11）安徽大学中国哲学与安徽思想家研究中心的成果《道家与中国哲学》（六卷本），填补了此领域研究的不足，先后获得安徽省社科优秀成果一等奖、教育部人文社科三等奖。

四、“十二五”发展思路

“十二五”期间，此省将突出建设重点，把学校哲学社会科学研究和重点研究基地建设与学科建设、人才培养有机地结合起来，按照立足创新发展，增强科研能力，提高服务水平的要求，统筹考虑重点研究基地的整体发展，统筹考虑未来五年的重大科研计划和学术活动安排，推动高等学校哲学社会科学创新体系建设。

（1）培育和建设 10 个文理交叉的重点研究中心，并积极推动研究方法和手段的创新，培育新的学术增长点。

（2）组建高校人文社科重点研究基地联盟，推动重点研究基地进一步整合资源，开展深度合作，把特色培育成优势，把优势打造成品牌。

（3）以经济社会发展中的重大问题为主攻方向，提升现有重点研究基地的建设水平和服务能力，并力争在教育部重点研究基地建设上有新的突破。

（4）促进科学研究与教育教学改革、社会实践的紧密结合，探索所产学研合作培养创新人才的模式，提高人才培养质量。

（5）推动重点研究基地的对外交流与合作。

（6）建立应用性研究成果直达党政决策机关的“绿色通道”，促进科研成果的转化应用。

江西省高校人文社会科学重点研究基地概况

2002 年，江西省启动了高校人文社会科学重点研究基地建设计划，近十年来，全省高校人文社科重点研究基地得到快速发展。截至 2010 年，全省高校人文社会科学重点研究基地已发展到 36 个，基本覆盖了全省高校人文社会科学的优势学科与领域；已投入建设经费近 3000 万元。这些基地的建设汇聚了一批学术精英、培育了一批学术骨干，建设了一批重点学科，推出了一批优秀科研成果，研究实力得到显著提升，在省内外产生了良好的影响，成为各学科领域的学术孵化中心、人才集聚中心、对外交流中心和咨询服务中心。

一、主要成绩

1. 科研能力显著提高，已成为产出丰硕成果的科研平台

各基地通过挖掘资源，提炼特色，找准科研定位，实现自身比较优势，使科研创新和科研竞争力大幅度提升。共承担国家社会科学基金项目和国家自然科学基金项目 98 项、省部级科研项目 789 项、国际合作项目 9 项、企事业单位项目 193 项，共获资助经费 8000

多万元，产出了一大批优秀成果，其中在核心刊物上发表论文 2545 篇，被 SSCI、A&HCI 和 CSSCI 收录发表论文 1468 篇，在国外学术刊物上发表论文 65 篇；出版学术专著 304 部；获教育部全国高校人文社会科学优秀成果奖 5 项，获省部级社会科学优秀成果奖 174 项；获得的省部级社会科学成果奖占全省高校总数的 65%；承担的国家社会科学基金项目和省部级社会科学项目，分别占全省高校总数的 78.6%和 69.7%。基地出版的一批基础性研究著作，如《中国中部发展论丛》、《江西通史》、《中国景德镇陶瓷文化研究丛书》、《井冈山革命根据地建设史》等，在学术界产生了重要影响。

2. 学科方向得到凝练，已成为构建优势学科的学术高地

省高校依托基地资源，开展学科建设，取得明显成就，获得国家重点学科 3 个，省重点学科 30 个，博士学位点 9 个，硕士学位点 71 个，博士后流动站 4 个。南昌大学江右哲学研究中心、江西财经大学会计发展研究中心、江西师范大学当代形态文艺学研究中心等基地，立足传统学科优势，依托基地这个学术平台，学科建设不断得到加强。

3. 队伍建设不断加强，已成为培育科研人才的摇篮

面向国内外公开招聘学者，形成了一支学历高、职称高、水平高的专、兼职研究队伍。基地成为留住和吸引人才的重要平台，一批课题负责人正成长为本专业的学科带头人或学术骨干，一批中青年教师在基地中成长为业务精湛的学术骨干，若干特色鲜明的创新团队和国家级教学团队在基地中锤炼造就。目前，全省基地从事科研工作的人员共 470 名，其中专职研究人员 227 名、兼职研究人员 243 名，具有教授职称的占 62.7%以上，具有博士学位的占 55%以上。全省基地有国家名师 5 人，“新世纪百千万人才工程”人选 8 人，中青年学科带头人及骨干教师 113 人。

4. 社会服务有效发挥，已成为地方政企决策的优秀智库

基地共向各级党政部门和大中型企事业单位提供咨询报告、政策建议 300 余份，有 150 份直接被采纳，其中被省级以上部门采纳 38 份，占 13%，有 16 份获得省部级以上领导批示。各基地先后承担实际工作部门应用研究课题 200 多项，有 50 多名学术骨干成为实际工作部门的顾问，全方位、多层次地提供咨询服务。

5. 学术交流日渐活跃，已成为对外学术交流的重要媒介

各基地先后举办了 30 余场国际学术会议，40 多场次全国学术会议，出国访学人员超过 90 人；同时，还与国（海）内外 30 所高校建立起了良好合作关系，在联合培养研究生、联合开展项目研究、联合举办国际会议等方面，均取得重要进展，使高校学术对话与学术合作的层次和水平得到显著提升。

6. 体制创新显现成效，已成为科研体制改革的示范模式

基地建设从一开始就从管理和制度创新入手，打破了传统的人事制度和分配制度，实行“机构开放、人员流动、内外联合、竞争创新”和“带（给）课题进基地、完成课题后出基地”的运行机制，打破了长期以院（系）为主的科研管理体制和长期以来因学科划分而带来的科研局限，为全国性和开放性平台的建成和实施多学科、跨学科研究提供了机制保障。使原本分散的高校人文社科资源得到整合，从而实现了从封闭走向开放、从固定走向流动的可喜变化，科研团队日趋成熟。

二、主要经验

1. 坚定主攻方向

各基地建设有长远的战略眼光，对研究方向进行合理定位，注重凝练特色方向，以特色增强竞争力、扩大影响力；根据各自的发展目标，选择符合基地内涵与发展要求、具有可持续性的研究内容作为基地的主攻方向、克服偏离研究方向，因人设置方向等随意改变方向的现象。

2. 坚持体制创新

各基地从管理创新和制度创新入手，在建设中探索管理模式，加快创新体系建设，通过进一步的体制机制创新，打破自我封闭，实行“机构开放、人员流动、内外联合、竞争创新”的运行机制，实现在更高层次上整体创新能力的提高。同时强化跨地域、跨学校学术研究资源的整合，加强学术交流与合作，实现各种科研资源重新组合、优化配置，形成多学科、跨学科、交叉集合的优势，形成全国性和开放性的平台。

3. 强化理论创新

各基地把承担重大科研项目、产出具有创新性和高水平的科研成果当做基地建设的首要任务，大力推行理论创新，把理论研究同指导实际工作结合起来，同推动重大问题的解决结合起来，把研究成果的对策价值作为衡量研究工作成效的重要依据，大力推行优秀成果和代表作评价制度，在考核指标中突出标志性成果的考核权重，以克服只求数量的浮躁科研心态。

三、标志性研究成果

（1）严武的论文“Chinese Stock Market Cyclical Regimes：1991—2006”，2007 年 12 月发表在 *Economics Letters*，2009 年获江西省第十三次社会科学优秀成果一等奖。此文应用科学的方法对 1991—2006 年中国股票市场牛市和熊市周期的划分进行了更深入的研究，对股票市场周期行为的经济解释更具科学性和更符合实际，也有助于加深对我国股票市场周期波动变化的认识与理解。此文被 SSCI 等检索，被多篇学术论文引用。

（2）胡松柏的专著《赣东北方言调查研究》，由江西人民出版社 2009 年出版。本书对赣东北地区方言的历史源流和分布状况做了概括而全面的介绍，描写赣东北地区方言的语音、词汇和语法的基本面貌，比较赣东北各方言之间的共同性特征和差异性特征。此书在某种程度上具有填补空白、开拓方向的价值，反映了赣东北方言接触的基本面貌，对于认识汉语的共时面貌和发展历史对于整个汉语的方言接触研究，具有类型学上的理论意义。

（3）何齐宗的专著《高师教育改革与教师发展》，由中国社会科学出版社 2006 年 12 月出版。此书针对我国的现实，就教师教育模式和教师教育课程的改革、教师素养的提高与完善、教师管理的改革等提出了一系列对策建议。这些建议对于我国正在进行的教师教育改革具有重要的参考价值，也将为教师的自我培养和提高提供重要的启迪和借鉴。

（4）《中央苏区研究丛书》，由中国社会科学出版社 2009 年 9 月出版。此套丛书计 10 部，约 300 万字，是中央苏区史研究领域的最新力作。此书涉及中央苏区的政权建设、经济建设、文化思想、新闻出版发行、社会变迁和社会动员等内容，史料丰富，原创性强，对我们回顾中国共产党所走过的光辉历程，真实了解中央苏区那段波澜壮阔的革命历史以及研究和弘扬伟大的苏区精神，具有十分重要的理论与现实意义。

四、“十二五”建设思路

（1）凝练学科方向。根据研究基地的总体目标和自身特点，立足于基地的长远发展、可持续发展目标，进一步凝练学科方向，找准定位，明确发展目标，科学合理进行规划。

（2）强化内涵建设。围绕激发科研活力，创新运行机制，整合优质资源，形成监督指导有力、管理科学规范、责权关系明晰、组织运行高效的科研管理机制。

（3）增强研究实力。努力练好内功，依托基地科研力量，增强学术研究创新力，提高研究成果质量，提升学术影响力。

（4）加强人才培养。注重学术带头人和科研骨干的培养管理，坚持培养和引进并重，培育学术梯队，造就一批国内外有学术影响力的高水平人才。

（5）建设创新团队。把握梯队的知识结构、年龄结构、学缘结构，按照“出精品、出人才、带队伍”的规律，通过课题研究汇聚、引进和培养相结合建设学术科研创新团队。

（6）推行科学的评价导向。确立以成果质量和创新程度为标准的评价导向，以服务国家和江西发展需求、引领学术发展的实质性贡献为核心尺度，更加注重研究成果的学术原创性和实际应用价值。

（7）注重社会服务。采取切实措施，促进研究成果为党和政府决策咨询服务、为国家和地方经济社会发展服务，鼓励产学研用结合，创新成果转化方式，充分发挥社会效益。

山东高校人文社科重点研究基地概况

山东高校人文社科研究基地的设立始于“十一五”期间。“十五”期间主要实施的是以重点学科、重点实验室和重点学术骨干为建设内容的“三重点建设工程”。2006年，山东省教育厅推出了“高教强省行动计划”，建设内容包括：重点学科、重点实验室和人文社科研究基地，统称为“重点建设项目”①，每年投入2000万元，统筹管理和一并实施建设。

一、基本情况

“十一五”期间，此省共批准省级重点学科272个、重点实验室104个、人文社会科学研究基地21个，其中，批准省级强化重点学科64个、重点实验室32个、人文社会科学研究基地11个。

二、重点建设项目取得的主要成效

经过五年的建设，各高校坚持走内涵发展之路，把重点建设项目作为学校的一号工

① 文中数据为重点建设项目整体数据。

程，科学规划，规范管理，加大投入，措施得力，在队伍建设、人才培养、科学研究、学术交流、条件建设、管理体制等方面取得了显著成绩。

1. 学术队伍优化提升

各建设依托单位制定了多项优惠政策，通过引进与培养相结合的方式，汇集了一批以中青年为主体的高层次的人才队伍，学术梯队的年龄结构、职称及学历结构更趋于合理。至“十一五”末，省级重点建设项目的教学科研人员中教授4625人（其中40岁以下532人，具有国外学术背景的1560人，具有博士学位3174人），副教授5152人（其中40岁以下2909人，具有国外学术背景的1308人，具有博士学位3482人），高职教研人员中具有国外学术背景和博士学位的比例较“十五”末分别增长115.15%和43.57%。同时，各重点建设项目都设置了学科（学术）带头人岗位，大部分重点建设项目根据研究方向设置了3~5个关键学术岗位。五年间，强化建设重点项目共设置关键学术岗位348个，集聚了一大批中青年学术骨干，形成了协作意识浓、创新能力强、发展潜力较大的团队，队伍建设成效明显。

2. 科学研究取得突破

“十一五”期间，各建设依托单位积极推进科研管理体制改革，加大科研工作力度，密切科学研究与经济社会发展的关系，科研实力显著提升。五年来，以重点建设项目为主体，高层次科研立项持续攀升，共承担“973计划”等国家级科研项目1228项、省部级科研项目7865项；高职人员共发表学术论文83685篇，被三大检索系统收录论文40098篇，三大检索系统收录论文数量较“十五”期间增长67.4%；五年间，科研经费数量大幅增加，重点建设项目吸引科研经费56.76亿元，较“十五”增长63.62%。重点建设项目共获得国家级科研奖励131项，省部级科研奖励2562项，国家发明专利3180项，总数较“十五”增长42.34%。高校与地方经济相结合的产学研项目不断增多，成果转化加快，共转化重要科研成果2501项，对区域经济发展起了较大的推动作用。

3. 学术交流空前活跃

“十一五”期间，各建设依托单位以重点建设项目为龙头，不断提高学术交流层次，扩大学术交流范围，营造了浓厚的学术氛围。共主办重要国际国内学术会议2592次，较“十五”增长350.7%，其中国际学术会议525次，较“十五”增长了48.7%，接受国内外访问学者7152名，较“十五”增长了30.3%。各建设依托单位主动适应高等教育国际化发展的需要，激发教学科研人员参与国际交流与合作的积极性，全方位融入国际教育的合作与交流，以名师讲学项目、联合科研项目为载体，先后与国外多所高校、科研院所进行了高层次的学术交流，加快了高等教育国际化进程。

4. 办学条件明显改善

“十一五”期间，省、市财政和社会各界不断加大对重点建设项目的投入力度。五年来，全省用于重点建设的经费达到35.69亿元，其中国家投入8.59亿元、省投入5.78亿元、学校自筹21.32亿元。重点建设项目的教学、科研条件有了明显改善。“十一五”末，全省重点建设项目实验室面积达84.83万平方米，实验仪器设备总值达60.05亿元。五年间，新增图书资料2752.08万册，优化升级了电子资料库，形成了纸质文献和电子文献互为补充的综合性文献保障体系，图书文献信息服务的能力大幅度提高。

5. 管理体制改革进一步深化

各建设依托单位根据省重点建设项目管理办法要求，对“十一五”重点建设项目实行项目管理、分阶段目标管理，在组织模式、管理方式、人才工作机制、组织保障等方面进行了积极的探索和创新。通过构建领导机制，完善管理机制，优化激励机制，为重点项目建设创造了良好的政策环境、学术环境和人文环境。

三、标志性研究成果

（1）山东师范大学齐鲁文化研究中心王志民教授主编的《山东历史文化遗址现状调查与保护研究》(齐鲁书社 2008 年出版)，对全省 17 个市、140 个县（市、区）共 414 处省级以上文物保护单位的遗址进行了全面的现场实地考察，并提出保护建议，受到省、市领导的高度肯定。该成果获得 2010 年山东省社会科学优秀成果奖重大成果奖。

（2）曲阜师范大学孔子与传统文化研究中心主任傅永聚教授承担国家社科基金项目“中华伦理智慧与当代心态伦理研究”，产生的《中华伦理范畴》(第一函，2006，荣获山东省社会科学优秀成果奖一等奖)、《中华伦理范畴》(第二函，2012)、《生活中的儒家伦理》(2010，获山东省首届社科普及优秀作品一等奖）等重要成果，在孔子与儒家文化研究、传统文化典籍研究、传统文化与中国社会研究等方面开展了富有特色的研究工作，凸显了中心的科研特色和优势。

（3）烟台大学应用法学研究中心张平华教授主持的国家社会科学基金课题“民法上的权利冲突研究”，提出了“本体——原因——对策”三位一体的研究思路，系列成果奠定了中国民法上权利冲突研究的基础。所编写的国家级规划教材《民法》曾获第二届全国法学教材与科研成果奖教材类一等奖。同时，张平华教授成为受邀担任《中华人民共和国民法典（专家建议稿）》的统稿人之一。

（4）山东中医药大学中医药文献与文化研究中心主任王振国教授，承担了国家财政部、国家中医药管理局公共卫生资金项目“中医药古籍保护与利用能力建设项目”(建国以来国家投入最多的中医药传承项目，总投入 4000 万元)，研究成果荣获山东省社会科学优秀成果奖、山东省软科学奖、中华中医药学会科技进步奖、中国社会科学情报学会优秀科研成果奖等省部级奖励 14 项。编纂出版了《中医文化论丛》，成为文化部《中华医藏》编纂委员会成员单位。

四、“十二五”建设思路

此省“十一五”实施的重点建设项目还存在着人才队伍建设急需加强、学科急待调整与水平提升、建设经费不足等问题。针对问题，“十二五”期间，将实施“山东省特色重点学科建设工程”和“科研创新平台建设工程”，创新平台包括重点实验室和人文社科研究基地。在“十二五”开局之年，此省设立了 50 个人文社科研究基地，分别投资 100 万~200 万元进行建设，并力争有 3~5 个成为教育部人文社会科学研究基地。

“十二五”高校人文社科基地的建设着眼于山东省国民经济和社会发展第十二个五年规划、省委省政府加快经济文化强省建设的战略部署和《山东省中长期教育改革和发展规划纲要（2010—2020 年）》。设置重点、原则和目的：一是，围绕促进经济发展方式转变。针对制约此省经济社会发展的突出矛盾和问题，特别是山东半岛蓝色经济区和黄河三角洲高效生态经济区建设过程中的重要问题，发挥哲学社会科学各个领域的学科优势，为政府决策提供参考和依据，切实发挥思想库和智囊团作用；着眼长远发展，整合高校哲学社会科学研究力量，打造一批重点研究基地和具有专业优势的智库，更好地服务和引领经济社会发展。二是，围绕增强此省文化软实力。深入分析研究建设文化强省、打造齐鲁文化产业品牌等重大问题，弘扬齐鲁优秀传统文化；勇于创新，不断推出更多代表我省水准、具有国家或世界影响、经得起实践和历史检验的优秀成果；开展与世界多元文化的对话与交流，走出去。三是，围绕和谐山东和区域协调发展。深入分析研究统筹城乡发展，加快城乡一体化建设等政策、法律、服务的一系列重点、难点、热点问题；适应全民学习、终身学习的时代需要，普及哲学社会科学知识，提高公众人文素质，为实现全省和谐发展、科学发展、协调发展、跨越发展奠定坚实的社会基础。

湖南省高校人文社会科学重点研究基地概况

一、总体情况

2001—2010 年，湖南省高度重视高校人文社会科学重点研究基地建设，以体制机制创新为动力，以中国特色社会主义现代化进程中的重大理论和现实问题为主攻方向，通过重点扶持，加快发展，不断凝练学术方向，汇聚学术队伍，构筑学术高地，积极发挥重点研究基地的示范带动作用，推动高校人文社会科学研究实现了跨越式发展。

截至 2010 年，湖南省共建有 2 个教育部高校人文社会科学重点研究基地，69 个湖南省社会科学研究基地，25 个湖南省高校哲学社会科学重点研究基地，覆盖了文学、历史学、哲学、法学、经济学、教育学、艺术学等全部人文社会科学学科门类，基本形成了较为完备的人文社会科学创新基地体系。这批重点研究基地共承担人文社科类课题 3384 项，其中，国家社科基金 871 项；出版专著 2081 部，发表论文 28079 篇，获得各类奖励 548 项，其中，省部级以上奖励 235 项。这批重点基地已成为引领和带动全省人文社会科学繁荣发展的中坚力量，在创新知识、培养人才、社会服务和文化传承方面发挥了重要作用。

二、主要成绩和经验

10 年来，湖南省认真贯彻落实中央、教育部和省委省政府关于深入推进高校哲学社会科学繁荣发展的精神，以人文社会科学重点研究基地建设为抓手，推动高校紧密结合国家和区域重大战略需求和经济社会发展需要，扎实开展社科研究与理论创新，带动全省人文社会科学发展水平整体提升。

1. 集中优质资源，建设重点研究基地

10 年间，湖南省启动实施了“湖南省普通高等学校哲学社会科学重点研究基地建设计划”，积极鼓励高校整合优势重点学科、特色研究方向、学术领军人物等各方面的优质资源，并不断加大支持力度，鼓励和推动这批重点研究基地突出特色，强化优势。在此基础上，湖南师范大学“道德文化与民族精神研究中心”、湘潭大学“毛泽东思想研究中心”先后被批准为教育部人文社会科学重点研究基地，成为全国伦理学研究和毛泽东思想研究的重镇。从2008年起，还专列了“湖南省普通高等学校哲学社会科学重点研究基地开放基金项目”，共设立创新平台开放基金项目75项。

2. 凝练研究方向，汇聚高层次人才队伍

10年间，湖南省推动高校重点研究基地以重点学科为龙头，以重大项目为依托，不断凝练研究方向，扩大优势特色，汇聚和培育了一批高水平学科带头人和青年学术骨干，形成了一支学术精湛、作风严谨，具有多学科背景、综合研究能力的高层次社科研究队伍。全省高校96个重点研究基地有专职人员2000多人，兼职人员4300多人；65%以上的研究人员具有高级职称，55%以上的研究人员具有博士学位；共开发新课程500多门，培养硕士研究生近万名，为社会各界近10万人提供以知识更新为主要内容的短期培训800多期（次）。

3. 注重内涵发展，催生标志性研究成果

湖南省积极推动重点研究基地以内涵建设为核心，以国家和全省经济社会发展中的重大理论和现实问题为研究重点，充分发挥基地的带动示范作用，不断提升自主创新和原始创新水平，催生了一批标志性研究成果。10年间，这批基地共承担国家社科基金871项，其中重大项目40多项，承担省部级科研项目近3000项；发表各类学术论文28079篇，其中被SSCI和A&HCI收录1000多篇；出版学术专著2000多部，其中在境外出版的有40多部；获得各类奖励548项，其中获省部级以上奖励的有235项；产生了《20世纪中国马克思主义伦理思想研究》、《毛泽东与马克思主义中国化研究》(丛书)、《马克思主义科学发展观研究》等一批标志性研究成果，为哲学社会科学发展作出了积极贡献。

4. 加强成果应用，服务经济社会发展

湖南省特别注重发挥重点研究基地在经济社会发展中的作用，通过多种形式，把人文社会科学优秀成果运用于国家重大决策和此省“四化两型”和“富民强省”的建设当中，成为党和政府的“思想库”和“智囊团”。如湖南科技大学的湖南省战略性新兴产业研究基地，针对国民经济发展问题开展应用对策研究，由肖国安教授主持完成的国家社科基金项目《中国粮食市场博弈分析及其预测模型研究》成果被全国哲学社会科学规划办公室《成果要报》转载，受到国务院副总理回良玉、中央农村工作领导小组办公室主任陈锡文的高度重视，多次被湖南省委省政府采纳。

三、标志性成果

1. 湖南师范大学道德文化与民族精神研究中心的《伦理学》与《20世纪中国伦理思潮》

这是迄今为止经国务院学位委员会学科专家组审定、被教育部研究生办公室推荐的全国伦理学专业研究生仅有的2部教学用书。《伦理学》一书注重运用比较法、历史与逻辑相统一的方法和多学科综合研究方法，确立了以马克思关于人的存在的二重性为逻辑起点的研究思路，构建了一个“社会道德论—个体道德论—道德规范论—道德建设论”的新的伦理学理论框架。该书获湖南省第七届社会科学优秀成果一等奖。《20世纪中国伦理思潮》一书对20世纪中国三大伦理思潮进行了全面系统的阐释论证，初步建构了一个现代中国伦理思想史的研究框架，获湖南省第六届社会科学优秀成果一等奖。

2. 湖南师范大学湖湘文化研究基地的《湖湘文化研究书系》

这套书系包括：近代湘籍政治家思想研究书系，如周秋光的《熊希龄思想研究》等；现代湖湘文学家研究书系，有《丁玲作品选》、《田汉作品选》、《张天翼作品选》等；湘方言研究书系，如鲍厚星的《湘方言概要》、陈晖的《湘方言语音研究》、罗昕如的《湘方言词汇研究》等。这三套书系特色在于，将湖湘文化的外在形态特征的研究推向湖湘文化影响的深层结构的研究。不仅注重湖湘文化影响的共性，而且更加注重探讨湖湘文化对近现代湖南政治家、文学家群体产生影响的共性特征和个性差异的研究，不仅研究湖湘文化影响向内的自我圆成；而且研究湖湘文化对外的传播与影响，对深刻认识湖湘文化的精神内涵、机制作用，深入了解湖湘文化对近现代中国历史进程以及民族文化现代化所作的贡献，具有重要的理论意义。

3. 湘潭大学毛泽东思想研究中心的《毛泽东与马克思主义中国化研究》(丛书)

该中心以“毛泽东对马克思主义中国化的贡献及其当代意义”作为重要的研究方向，围绕这一研究方向先后承担了“湘籍无产阶级革命家与毛泽东思想的形成和发展研究”、“从毛泽东到胡锦涛—中国特色社会主义理论体系的由来与发展”、“马克思主义哲学中国化的当代视野”、“毛泽东对马克思主义哲学中国化的贡献及其当代意义研究”、“毛泽东思想与湘学的关系”等10项国家社科基金课题和教育部课题，并围绕着该研究方向和课题举行了多次全国性学术研讨会，发表论文逾100篇。此成果是在上述课题研究的基础上出版的一套丛书，由人民出版社于2008年12月出版。

四、“十二五”建设思路

“十二五”时期，湖南省将继续以科学发展观为指导，深入贯彻落实中央和教育部的相关要求，注重质量提高、推动内涵发展，使重点研究基地成为“211”、“985”工程平台建设的核心和支撑，为人文社会科学的繁荣发展贡献力量。

1. 推进改革创新，激发科研活力

深化科研体制改革，创新组织管理，创建灵活协作的科研组织模式。探索开放合作的研究机制，鼓励个人研究与团队合作相结合，增强对重大问题的攻关能力。

2. 突出特色优势，凝练科研方向

推动重点研究基地进一步凝练研究方向，不断放大比较优势，鼓励和支持基地科研人员聚焦国际学术前沿，长期、持续推进基础研究，承担一批重大重点项目，产生一批具有原创性的基础研究成果，形成一批具有自主知识产权的应用研究成果，成为哲学社会科学发展和社科知识体系创新的重要力量，形成一批有国际影响的学术高地。

3. 注重内涵建设，提升服务水平

积极引导重点研究基地瞄准国家发展战略和学科发展前沿，突出问题导向，全面提升综合创新能力，全面提升服务国家战略和经济社会发展能力，全面提升国际学术影响力和话语权，推动重点研究基地与国家部委、地方政府等开展实质性、高水平合作，形成一批国家级“智库”，产出一批具有重大社会影响和学术价值的标志性成果。

4. 加强基地建设，搭建系统平台

鼓励和支持相关高校申报教育部人文社会科学重点研究基地，对已立项的省级重点研究基地加强建设，遴选和建设一批新的社科研究基地，重点建设一批优势明显、特色突出的思想库，同时继续设置“创新平台开放基金项目”，注重内涵建设，全面提升综合创新能力。

武汉大学国家文化创新研究中心概况

一、总体情况

2009年4月，在原武汉大学文化创新研究中心的基础上，文化部与武汉大学决定共建“武汉大学国家文化创新研究中心”；2011年4月，在财政部支持下，在武汉大学国家文化创新研究中心的基础上，文化部命名设立“国家文化财政政策研究基地”，以进一步提升与拓展研究基地作为文化政策、文化产业科研平台和思想库、人才库的功能。

此研究中心的主要职责和基本任务是：组织文化创新基础理论和相关课题研究，为我国文化创新发展提供理论支撑；培养各类文化创新专门人才，为我国文化创新体系建设提供人才保障；提供政策咨询与信息服务，为国家和各级政府部门决策提供知识支持；关注国际文化产业、文化遗产保护、文化创新发展与研究的进程，建立中外学术交流平台；跟踪关注我国公共文化政策、文化产业和文化遗产保护理论前沿，承担完成国家和地方政府部门交给的公共文化政策和文化产业、文化创新课题研究任务。

此中心现有专职研究人员6人，兼职研究人员20人。先后与武汉大学中国传统文化研究中心、文学院、艺术学系、社会学系、历史学院、信息管理学院、新闻传播学院、经济管理学院、国际软件学院、法学院的教授、博士以及中国艺术科技研究所、国家图书馆、武汉数字媒体公司等研究人员签约，吸收为中心的基干研究人员，形成基干研究队伍。

二、主要成绩和经验

自2008年成立以来，此研究中心（基地）在研究团队建设、研究平台建设、信息渠道建设和政策咨询服务四个方面，取得了长足的进展。

1. 构建核心研究团队

通过面向全国公开招聘，引进了6位博士学位以上或副教授以上专职研究人员。另外，从文化系统和高校聘请了多位学者担任兼职研究员。目前中心共有研究人员26人，其中，专职研究人员6人（含教授1人、特聘研究员1人、副教授2人、讲师2人），兼职研究人员21人（包括文化部文化科技司司长于平、故宫博物院院长单霁翔在内的21名教授、博士生导师），另聘有研究辅助人员3人。

2. 建设研究平台

在武汉大学“985工程”二期拓展项目支持下，按照部校共建公共文化政策和文化产业研究平台的目标，此研究中心先后与武汉大学中国传统文化研究中心、文学院、艺术学系、社会学系、历史学院、信息管理学院、新闻传播学院、经济管理学院、国际软件学院、法学院的教授以及中国艺术科技研究所、国家图书馆、武汉数字媒体公司等研究人员签约，吸收为中心的基干研究人员，形成基干研究队伍。

3. 筑起学术阵地

此研究中心逐步形成了相关研究成果的发布平台。从2009年开始，每年与文化部文化科技司联合编纂《中国文化创新年度报告》，全面反映我国文化领域改革创新的新进展和新成果；承办两年一度的“中国文化创新高峰论坛”，作为进一步拓展社会影响力的渠道。《中国文化创新报告》和“中国文化创新高峰论坛”成为此研究中心的学术品牌。同时与《武汉大学学报》、《江汉论坛》等联合，创办“文化创新与公共文化政策”相关研究专栏。

4. 决策咨询服务

此研究中心先后承担了文化部、财政部、国家文物局和三峡总公司的研究课题30多项。2009年12月，成功申报2009年度国家社科基金重大招标课题《我国文化产业投融资及财政政策研究》。这些由国家部委下达的研究项目大多为公共文化政策的前期研究课题，涉及我国文化产业、公共文化服务体系建设和文化遗产保护等重要领域的制度创新，提交的政策咨询报告得到了国家相关部委的充分肯定。

三、标志性成果

近年来，研究中心（基地）通过承担各类社会科学基金和国家部委重大委托课题，初步形成了公共文化政策研究、文化体制改革研究、文化创新理论研究、农村和农民工文化研究、新科技与当代文化产业发展研究、文化会展产业研究、文化资源与文化产业开发研究等特色研究方向。同时，着重开展咨询研究，取得了突出成绩。

(1)《改革与创新中国艺术节“办节模式”的政策建议》，获李长春、刘延东同志重要批示。

(2)《从中国文化遗产事业进入“十年关键期”，专家建议尽快确立因应策略》，获刘延东、蔡武同志批示；《加快荆州古城旅游区建设　促进‘壮腰’工程研究》，获湖北省委李鸿忠书记、王国生省长批示。

(3)《有限推进公共文化服务体系结构性改革》一文，在中共中央办公厅秘书局刊物《观点摘编》第132期上摘发，供中央领导同志参阅。

(4)《当前我国公共文化服务体系建设中的两类问题及两种策略》一文，受到有关领导和部门重视，得到全国哲学社会科学规划办公室通报表彰。

(5)《“十二五”完善文化遗产事业公共服务体系规划》成果被国家文物局采用。

(6)《整体打造“江汉之光——中华楚文明”世界文化遗产，建立“壮腰工程”战略性突破口的调研报告》，被湖北省发展战略规划办公室采用。

(7)《国家文物保护专项经费使用管理制度研究》成果，被国家文物局采用。

四、“十二五”建设思路

此研究中心“十二五”建设的总体目标是：力争成为全国一流的国家公共文化政策和文化产业研究基地。

（一）以承担重大项目为基础，提升研究中（基地）的影响力

1. 承担重大政策研究课题

主持国家物质与非物质文化遗产保护、国家公共文化服务体系建设、文化体制改革和

文化产业政策等重大招标项目（2~3 项），深度参与国家文化遗产保护规划、国家文化产业园区建设规划、国家非物质文化遗产生态保护区建设、基层公共文化服务体系建设等重大国家文化工程（8~10 项）。通过参与和主持重大项目壮大和建设团队，创新人才培养模式，扩大学术影响，建立与国外知名大学同类机构的学术交流基础。

2. 出版文化管理系列学术研究成果

研究出版公共文化政策、艺术经济学和文化产业管理的系列著作，推出 1~3 种标志性研究成果；组织编写文化管理学历教育和在职培训编写系列教材，力争养一批具有较高素质、专业和高端的管理人员，同时申报国家“十二五”规划教材。

（二）以建设实验研究基地为突破口，整体提升研究中心（基地）的咨询服务能力

1. 实施“10 年百点观察计划”

在全国东中西部选择城市社区、农村社区、公益性文化单位和文化企业设置 100 个观察点（包括 20 个社区、40 村、25 个公共文化单位和 15 个文化企业），进行 10 年持续跟踪观察记录，同时在 100 个观察点中选择 10 个单位（点）进行公共文化政策试验。

2. 深化全国公共文化机构受众满意度调查和全国乡村文化服务情况调查

结合调查数据，与公共文化政策实验室项目配套建设“国家文化公共政策研究数据库”，为国家文化公共政策研究、政府决策提供基础数据库与分析样本库。

3. 建立公共文化机构服务绩效调查网

同时建立公共文化政策绩效评价网站，举办国际性文化政策论坛和学术讨论会，发布全国公共文化单位绩效年度评估报告（蓝皮书）。

4. 整合各优势学科力量

整合武汉大学公共管理学、产业经济学、艺术学理论和中国史学等学科力量，建设自主交叉学科——文化产业管理学，形成中心（基地）的学科基础。与国家文物局共同筹建国家文化遗产保护基地，与湖北太极湖集团合作共建太极文化研究中心，与湖北长江出版传媒集团共建文化产业研究基地，作为支撑新兴交叉学科的实验研究基地。

武汉大学汉语国际推广教学资源研究与开发基地概况

一、总体情况

汉语国际推广教学资源研究与开发基地（武汉大学），是中国国家汉办依托武汉大学建设的专门从事国际汉语教学资源研发的机构，于 2009 年 4 月成立。其基本宗旨是：立足优质资源建设，服务全球汉语教学。其基本思路和主要目标是：全球视野，国家平台，武大特色，一流成果。其主要任务是：建设汉语教学资源库和网络共享平台，研发汉语国际推广紧缺的多媒体教学产品，创新网络汉语教学资源整合技术，发挥基地的辐射作用。此基地由国家汉办领导，武汉大学具体管理，成立有理事会、管理委员会、专家委员会，武汉大学校长出任理事会理事长、管理委员会主任。此基地创新发展思路，成立了项目开

发公司——武汉圆缘源语言教学科技有限公司，借助公司体制，运用市场机制，产学研相结合，将学术研究、教学研究、资源建设、产品开发、人才培养和市场推广有机结合，走文化产业发展之路。

二、主要成绩和经验

此基地以“研发汉语国际推广急需的有特色便使用的各种教学资源及教学产品”作为项目征集与研发的根本理念，确立研发标准，面向海内外公开征集项目，专家评审，择优立项，对项目实行合同管理。至今，已研发完成汉语国际教育“云资源”系列产品、汉语成语教学系列产品、《小品演练汉语教程》、《汉风》电子杂志、汉语国际推广网络教学资源集成、世界语言地理卫星地图、孔子学院分布卫星地图、情景式体验教室等教学资源产品。此基地依靠自主研发的优秀成果初步创建了超大型、可自动生成的汉语国际推广教学资源库。

此基地研发的教学资源产品已在汉语国际教育中推广和应用，产品获邀先后在全美外国语教学协会（ACTFL）的教育产品展示会、第二十九届巴黎语言博览会、第二十一届全国图书交易博览会、第六届湖北产学研合作项目洽谈会、2011 年德国法兰克福书展等国内外重要展会上展出，受到了业内人士的欢迎。

自 2009 年起，此基地自行组织开展“珞珈风华”杯武汉大学汉语国际教育教学资源建设创意大赛、“凤舞霓裳”杯武汉大学汉语国际教育成语脚本创作大赛等特色活动，吸引了众多汉语国际教育专业学子踊跃参与；配合国家汉办成功开展孔子学院教师多媒体及网络教学培训、国际汉语教学多媒体教学资源调研、大洋洲本土汉语教师来华教材培训等专项工作。

三、标志性成果

此基地始终坚持“全球视野、国家平台、武大特色、一流成果”的理念，“优化已有资源、研发紧缺资源、推广创新资源”，自主研发了一大批汉语国际教育急需的优质教学资源。

1. 汉语国际推广教学案例库

本资源库从分课型、分阶段、分教学对象三个维度出发，研发汉语国际推广课堂教学模板，并以案例形式直观展示这种可供教师使用的教学案例资源。通过收集、制作和分析经典、优秀、有代表性的对外汉语教学案例来构建一个直观、实用、指导性强的对外汉语教学资源体系，为对外汉语教师之间切磋教学技法，研讨教学效果，提高教学水平搭建一个有益的平台。

2. 汉语应用写作多媒体教学课件

该课件面向海外的汉语应用写作教学，以应用文体为纲，融合了常用格式、词汇、句子及各类文化知识，旨在提高学习者汉语综合运用能力（特别是应用文体写作能力）。该课件集文字、图像、动画、音效等多媒体元素为一体，服务于海外以汉语为第二语言的学习者。

3. 汉语成语故事

该动漫故事从海外汉语教和学的实际需要出发，以单个成语为单位，根据成语的多元分类，依据语言文字知识与文化知识相融合的原则，将“识字、学词、理解文化”相结合，构建有机教学过程，利用文字、声音、图像等不同媒介技术手段，形成视觉、听觉的多重刺激，促进教学效果。

4. 汉语国际推广网络教学资源集成

利用 google 搜索定制技术搭建汉推信息专门搜索引擎。利用成熟的 Web2.0 社会化软件整合各类国际汉语教学的资源信息，并按主题划分为教材数据库、拼音教学、汉字教学、词汇语法、听说读写、评估测试、互动交流、文化资源、教学文件、研究文献、工具软件、理论方法、组织机构、资源站点等栏目。在栏目下，有分别地设置了不同的标签，方便查阅及检索。并对重点标签进行描述介绍，还加强了对收藏的网页和网站等多媒体资源的描述与导引，以利海外汉语教学者学习者能高效选择合适的资源。

5. 小品演练汉语教程

该教程独特新颖，将汉语和中国文化知识编写进 20 个幽默戏剧小品和 10 篇文章阅读之中，形成汉语教学的有机体系，让学生通过小品演练来学习汉语、在语言习得过程中了解中法两国异同的思想文化和风俗习惯。本教程成果形式包括平面文本系列和立体形象系列，运用漫画、文本等形式为每个小品提供表演方式供阅读者借鉴。该教程已由法国友丰出版社在法国出版。

6. “云资源”系列产品

“云资源”系列产品由“汉语成语教学云资源超市”、“汉语国际教育云资源平台”、“幼儿智力成长云资源工程”三个子产品组成。分别按照国内及海外多种汉语教学等目标需求，将文字、声音、影像等多种媒体形式融入趣味的汉语学习和演练过程之中。

“汉语成语教学云资源超市”是全球首个以汉语成语为主题的综合性、多功能、高品质的新型多媒体教学软件。产品以“学习汉语成语，感受中国文化”为宗旨，通过文字、声音、图像等多媒体形式展示汉语成语文化，是一款融成语学习和体验、笔记备注等多种功能于一体的汉语成语教学资源工具。其主要内容包括：成语搜索、成语动漫、成语课件、寓教于乐。

“汉语国际教育云资源平台”是一款多功能的、便携式的在线教学软件产品，云集了汉语国际教育及汉语教学方面相关学校、机构、网站、工具、软件等共计 1000 多个网络资源平台，具有工具性、便捷性和实用性的特点。

“幼儿智力成长云资源工程”是汉推基地根据幼儿智力发育实际，针对母语教育问题，应用最新教育理念打造的成语教学产品，包含 10 个原创成语教学动漫，适用于国内幼儿的家庭教育和海外华裔子女的汉语母语教育。

7. 汉语一二三（汉语国际推广教学资源库）

“汉语一二三”是隶属于汉语国际推广教学资源研究与开发基地（武汉大学）的一个综合性资源库。本资源库以资源、课程、基地三个子站的形式，全方位、多层次地为世界汉语教学研制和共享汉语国际推广教学资源。

其中，资源站包括知识中心、教学中心、文献中心、素材中心和网络资源集成等栏目，主要为广大海外汉语教师和汉语学习者提供语言和文化教学资源。课程站分为自学课程、点滴汉语、文化中国、测试练习、视频课程等栏目，主要提供适合在线自主学习的汉语课程资源。基地站即基地官方网站，实时播报基地动态和汉语国际推广的相关信息，展示基地研发产品。另外，网站还有用户博客、微博、群组、相册、论坛、汉语百科及问答平台等互动内容。

四、“十二五”建设思路

（1）密切与海外汉语专家和教师的沟通与合作，进一步扩大基地的海外影响力，提高基地教学资源研发的针对性。

（2）打造全球“汉语国际推广多媒体教学资源中心”，建立多媒体教学资源信息库。

（3）借重社会资源，提升基地影响力。借助所处东湖高新技术产业开发区获批国家自主创新示范区的契机和武大科技园的地理环境优势，找准产业突破口，借助有影响力的平台，加速基地发展。

（4）充分发挥武大基地整合全校资源，走市场化道路的模式，拓宽基地产品研发渠道，不断推出多种形式的、适用于海内外汉语教学的产品。

武汉大学中国中部发展研究院概况

一、基本情况

武汉大学中国中部发展研究院是武汉大学与国家发展改革委共建的一所跨学科实体性直属科研机构，为国家促进中部地区崛起战略的实施承担政策咨询、理论研究和人才培养等任务。

此院设立理事会，理事长由国家发展改革委有关负责同志担任，成员包括中部六省发展改革委和有关高校负责同志。理事会是学校与国家发展改革委共建研究院的重要纽带，亦是研究院联合、汇聚中部六省有关力量共同开展中部地区发展研究的有效组织形式。

2007年成立至今，此院以区域经济理论研究、中国区域经济可持续发展研究、区域经济比较研究三个主要研究方向为基础，始终围绕促进中部地区崛起进程中的重点和热点问题，积极开展理论与政策研究，同时还牵头组织理事单位（中部六省发展改革委和有关高校）开展相关研究，取得了一批高质量、有特色的研究成果。

此院现有在职教职工9人，其中专职研究人员7人，另有兼职研究人员10人。专职研究人员中，有教授2人、副教授1人、讲师4人。专职研究人员均具有博士学位，其中1人为海外博士，2人有博士后研究经历，2人为在站博士后。

此院设有区域经济学博士学位授权点，是直属学校的研究生培养单位。从2007年开始招收博士和硕士研究生。此院特藏图书资料室藏有关于区域和中国中部地区发展的特色中外文图书及报纸杂志。电子阅览室可检索学校和研究院文献收藏信息、文献数据库及网上资源。

二、主要成绩和经验

1. 校部共建

2008年4月研究院正式揭牌，国家发展改革委副主任杜鹰同志出席揭牌仪式。同时，国家发展改革委办公厅专门行文成立了第一届理事会，理事长由国家发展改革委副主任杜鹰担任，成员包括中部六省发展改革委和有关高校负责同志。此后，在国家发展改革委地区经济司领导下，召开了两次理事会秘书长会议，研究制定了《武汉大学中国中部发展研究院理事会章程》，部署了多项重大课题联合攻关。

2. 科学研究

承担各类科研项目79项，包括国家发展改革委招标项目、教育部规划基金项目、科技部软科学项目、博士后基金项目、湖北省社科基金项目等，项目经费1200余万元，近2年均获得科研经费400万元左右。出版专著4部；公开发表论文80余篇，其中在权威和核心期刊发表论文50余篇。

3. 政策咨询

认真实施“珞珈智库锻造计划”，服务区域经济社会发展。向湖北省和国家发展改革委提交咨询报告近10份，2份报告被省部级以上单位采纳。参加高层次、应用型的学术会议和咨询会议30余次。

4. 人才培养

以区域经济学为主体，开展研究生招生和培养工作。在院研究生64名，其中博士生43名、硕士生21名，已向社会输送毕业研究生36名。制定区域经济学博士学位点培养方案，积极参加学校全英文研究生课程建设和研究生培养机制改革。面向研究生举办学术沙龙20余期。1名博士生获教育部“博士研究生学术新人奖”。

5. 队伍建设

引进3名专职研究人员、选留3名优秀博士毕业生来院工作，其中，引进海外著名高校博士毕业生1名。为所有引进和选留的专职研究人员提供了科研启动费。“金融发展与中部崛起”科研团队入选学校“70后”学者学术团队建设计划。1名研究人员获学校“珞珈青年学者”项目资助。

6. 学术交流

主办学术会议4次，参加国内外学术会议30人次。邀请20多名国内外知名学者来院讲学。聘请哥伦比亚大学艾略特·斯科拉（Sclar）教授为武汉大学客座教授，并作客珞珈讲坛。

三、标志性成果

1. 牵头组织理事单位共同承担了国家发展改革委关于中部地区发展重大问题研究项目3项

《中部地区承接产业转移有关重大问题研究》，为国家发展改革委研究制定国家关于中西部地区承接产业转移有关政策提供了理论支撑，受到地区经济司的好评。《十二五期间中国中部地区发展思路》，就“十二五”期间如何实现中部地区的跨越式发展，提出了切实可行的操作思路，为国家制定相关发展政策提供了有益参考。《促进中部地区崛起战略实施5年评估》，客观梳理了国家发展改革委、财政部、国家税务总局、商务部、海关总署等国务院有关部委出台的以“两个比照”为核心的促进中部崛起的相关政策，提出了政策建议，为国家进一步建立和健全促进中部地区崛起的政策支撑体系，推动中部地区经济社会又好又快发展提供了理论支撑。

2. 围绕中部地区发展热点、难点问题，承接了国家发展改革委系列研究项目14项

包括“中部崛起战略的理论、政策与对策研究”，“基于产业转移的中部地区物流网络系统优化与物流运作的宏观协调机制与政策研究”，“农业发展与中部崛起”，“产业转移与区域协调发展：基于价值链视角的理论与政策研究”，“促进我国现代服务业发展的体制创新研究”，“区域协调发展中产业品牌效应扩散与产业调控研究”，“中部地区经济发展趋势及前景研究”，“促进区域协调发展的法律框架”，“区域合作机制比较与创新研究”，“我国特殊贫困地区加快发展的思路”，“中部地区农产品加工业发展研究”，“对口支援基础理论与机制创新研究”，“促进区域协调发展的法律法规体系建设研究”，“区域协调发展与差别化土地政策体系构建研究”等。

3. 创设中国中部发展论坛

这是学术界与决策层之间思想碰撞与升华的盛会，成为研究和探讨中部地区发展的常设高层论坛。目前论坛已召开两届，分别就“‘十二五’期间中部地区发展思路”和“促进中部地区崛起的政策措施”进行了研讨。国家发展改革委地区司负责同志，以及来自中部六省发展改革委和有关高校的专家学者参加论坛，还有中国科学院、中国社会科学院、中国人民大学、国家发展改革委宏观经济研究院等科研院所的著名学者参加。论坛在社会上引起了热烈反响，人民网、新华网、《湖北日报》、《第一财经日报》等多家媒体进行了报道。

4. 策划出版“中部崛起战略研究丛书”

该丛书以有关成果为基础，围绕中部崛起战略理论与政策、中部地区承接产业转移若干重大问题、中部地区“三农”问题、中部崛起进程中的新型工业化道路、中部地区城市群发展、中部地区区域创新体系建设、中部地区金融发展与创新以及中外区域政策的比较研究等问题，全面系统地对中部崛起进程中面临的重大理论和实践问题进行研究，提出了不少真知灼见。《欧盟区域政策及其对中国中部崛起的启示》、《中部地区承接产业转移有关重大问题研究》、《“十二五”时期促进中部崛起若干问题研究》等著作先后出版。

5. 产生了若干高水平的研究成果

系列论文《经常项目失衡问题研究》，获第七届湖北省社会科学优秀成果三等奖；《湖北省承接产业转移有关重大问题研究》，被评为2009年湖北省发展改革委优秀研究成果二等奖。全英文专著 *Foreign Direct Investment and Urban Growth in China*（《外商直接投资与中国城市增长》），由英国著名人文社会科学出版社 Ashgate Publishing 出版。咨询报告《突破性发展服务业，推进湖北跨越式发展》，受到湖北省委、省政府领导的高度重视和省委常委、常务副省长李宪生等的批示。湖北省委常委张昌尔同志在此院呈报的《关于加快我省经济发展方式转变现实路径的若干建议》上批示：“此报告中提出的建议很好，希望其他领导同志参阅。”

四、“十二五”建设思路

（1）“十二五”建设目标：通过5年的建设发展，使办院条件得到极大改善；承担重大项目能力显著增强；产出一批标志性精品成果；社会服务和人才培养水平不断提升；力争建设成为教育部人文社会科学重点研究基地。

（2）力争实现科研经费年均增长20%。在实现科研项目和研究经费稳定增长的同时，

把承担重大科研项目，产出具有创新性、研究特色和高水平的科研成果作为重要任务。

(3) 围绕国家实施中部崛起战略过程中的理论和政策问题开展前瞻性研究，逐步凝练出特色鲜明的研究方向。力争在区域经济学、发展经济学领域取得理论突破；整合研究力量，深入研究中部地区三农问题、中部崛起进程中的新型工业化道路选择、中部地区城市群、中部地区两型社会建设等问题。

(4) 积极参与高端智库锻造行动计划。主动承担国家发展改革委以及理事单位等实际部门委托的研究课题，吸收发展改革系统等实际部门工作人员参加课题组开展合作研究，鼓励更多研究人员与相关单位开展合作及担任有关部门的决策咨询顾问。

(5) 通过稳定、引进、培养、提高、培养高素质的一流学术带头人和中青年学术骨干，建立一支结构合理、协作有力的科研团队。

武汉大学中国边界与海洋研究院概况

一、总体情况

武汉大学中国边界与海洋研究院成立于 2007 年 3 月，是在外交部支持下，根据学科发展以及服务国家权益的需要而成立的。成立之初名为“武汉大学中国边界研究院”，后因工作需要，于 2011 年 4 月更名为“武汉大学中国边界与海洋研究院”。它是目前我国唯一的文理交叉研究边界与海洋事务的综合性科研平台，宗旨是服务国家重大急需，目标是整合资源，改革创新，争取建设成为我国制定边界与海洋政策、解决边界与海洋争端、处理和管理边界与海洋事务的智库，成为我国边界与海洋事务专门人才的培养中心、信息资料中心、学术交流中心、管理队伍培训中心，以及为世界上其他国家解决边界与海洋争端的智库。

中国边界与海洋研究院经过 5 年的发展，在学术研究、人才培养、学术队伍建设方面均取得了较大的进展。在学术研究上，围绕中国及世界的边界与海洋中的一些具有现实意义的问题进行布局并开展研究，逐步凝练出了以下 5 个重要研究方向：陆地边界管理与跨境合作（含边界争端、边界管理与边疆治理研究，跨境经贸合作研究，跨界水资源的开发、管理与合作研究三个小方向）；大国海洋发展战略研究；中国海疆争端研究；极地争端与信息化管理研究；边界、海洋勘界技术研究与数字技术管理应用开发。并开始逐渐承担国家及部委的一些重要研究项目，取得了卓有成效的成果。

中国边界与海洋研究院经过 5 年的发展，逐步形成了以专职研究人员为主，兼职研究人员为辅，专兼职相结合的研究团队。其中专职研究人员 20 人，校内外兼职研究人员近百人，涵盖了国际法学、环境法学、国际贸易、国际关系、政治学、中国历史、世界历史等文科学科和测绘、遥感、地理信息、制图、资源、环境、水利等理工学科多个学科，是一个结构合理的大型跨学科研究团队。院长胡德坤教授，为武汉大学人文社科资深教授，在学术界享有较高声誉，出版和发表了大量科研成果。

总体而言，经过5年的培育和发展，中国边界与海洋研究院已逐步形成了强有力的研究团队，并在人才培养、学术研究、服务社会等方面崭露头角，已逐步建设成为国家相关决策智库之一，在边界与海洋研究及为国家服务方面作出了一定的贡献。

二、主要成绩和经验

经过5年的发展，中国边界与海洋研究院在科学研究、人才培养、社会服务、学术团队和资料信息建设方面均取得了较大的发展。具体表现在：

1. 在科学研究方面，承担的课题、发表的文章等各类研究成果逐步增多。

2010年，承担科研项目8个，研究经费共23万元，专职教师发表论文14篇，出版专著6部14本。2011年，科研项目12项，2011年科研经费到账总额155万元，其中，纵向经费136万元，横向到账经费19万元。2012年承担直接服务国家重大急需课题近10项，科研经费共计175万元。2011年专职教师发表论文27篇，其中SSCI和EI检索文章3篇；向外交部、商务部提供咨询报告10余份；先后出版“边界与海洋论丛”系列著作多部。

2. 在人才培养方面，中国边界与海洋研究院作为国内唯一的边界与海洋事务综合性复合型人才培养单位，改变了单一学科培养模式，注重跨学科培养

从2007年成立以来，每年培养10余名硕士研究生、4~6名博士研究生，截至2012年7月为止，已毕业46名精法律、通历史、懂技术的硕博士研究生。其中2人进入外交部边界与海洋事务司工作，2人进入广西省外办工作，多名进入中石油、国开行、海关等，从事与边界海洋相关实务工作。截至2012年9月，中国边界与海洋研究院共有在校硕士研究生22人，博士研究生20人。此外，中国边界与海洋研究院还承办过4期边界管理干部培训班，培训学员200余名。复合型人才培养初见成效。

3. 在社会服务方面，中国边界与海洋研究院将科学研究与服务社会相结合，重视对与国家利益的相关重大问题的研究，并为国家决策提供智力服务

几年来，每年都有数十份咨询报告递交到外交部、商务部、国家海洋局等相关国家部委，大多被参考或采纳。此外，中国边界与海洋研究院还被聘为外交部“周边海洋问题咨询机构”和国家海洋局“国家海洋权益问题咨询机构”，服务社会功能逐步提升。

4. 在学术团队建设方面，在几年的时间里，中国边界与海洋研究院先后吸收了多名优秀人才

这其中包括9名具有海外留学经历的博士学位获得者来院工作，其中1人获法国巴黎十二大法学博士学位及中国武汉大学法学博士学位，1人获韩国仁川国立大学政治学博士学位，1人获澳大利亚西悉尼大学环境法学博士学位。几年来，已初步形成了年龄结构合理、学科领域齐全的学术研究团队。团队在人文社科资深教授胡德坤院长的带领下，从各方向对边界与海洋问题尤其是对领土主权与国家海洋权益问题进行跨学科的科学研究，初见成效。

5. 在资料信息建设方面，经过几年的发展，中国边界与海洋研究院资料信息建设已粗具规模，现拥有各类相关图书25369册。此外，新近还收集了12000多页民国时期关于边界与海洋问题的珍贵历史档案资料，经整理，已初步建成电子资料库。

三、标志性成果

经过几年的精心培育，研究院在服务国家重大急需方面产生了一批标志性成果。研究院的学者已完成或正主持国家社科基金重大招标、重点项目、特别委托项目、青年项目、教育部社科基金青年项目等的一系列涉及领土主权与海洋权益的重要课题，并产生了一批较有影响的学术成果或咨询报告。

1. 项目与课题

胡德坤教授主持的“国家 123 专项-1”（涉海保密项目）、“国家 123 专项-2”（涉海保密项目）、国家社科基金特别委托项目“我国内涉××问题档案资料搜集整理与研究”等项目，以及余敏友教授主持的国家社科基金重点项目“适用《联合国海洋法公约》解决南海争端的局限性及对策研究”等课题，皆是服务国家领土与主权权益、服务国家战略重大急需的重要课题。

2. 标志性著作

胡德坤教授的九卷本专著《反法西斯战争时期的中国与世界研究》，被同行专家认为是“国内学术界在中国抗战史与世界反法西斯战争史、乃至“二战”期间国际关系史研究领域的具有深度和广度的权威著作”、“代表了我国史学界关于“二战”期间中国与世界相互关系的最新科研成果和所达到的最高学术水平”。此外，研究院策划出版了边界与海洋系列丛书，近两年出版的专著有中国社会科学文献出版社出版的《单一海洋划界的法律问题研究》（黄伟著）、《海洋战略与不列颠帝国的兴衰》（胡杰著）、中国水利水电出版社出版的《国际涉水条法研究》（孔令杰著）以及法律出版社出版的《后京都时代国际气候政策走势分析及法律应对》（蒋小翼著）等。其中，《单一海洋划界的法律问题研究》系统、详细地研究了国际司法机关单一海洋划界的案例，较为翔实地研究了单一海洋划界相关法律问题，受到了学界与实务界的好评；《国际涉水条法研究》则填补了该领域研究的空白。

3. 咨询报告

近年来，研究院先后向国家各部委提供有重要决策参考价值的咨询报告数十份，为我国在领土主权与海洋权益方面的决策提供了坚实的理论依据。如胡德坤教授 2010 年提交的《2010 年我国海上安全形势面临的新挑战、发展趋势及对策建议》等咨询报告，分别得到了外交部、国家海洋局、公安部等国家部委的批示与采纳。

四、“十二五”建设思路

在“十二五”期间，此研究院的发展思路如下：

（1）将中国边界与海洋研究院建设成为我国制定边界与海洋政策、解决边界与海洋争端、处理和管理边界与海洋事务的国家领土主权与海洋权益智库；针对主权岛礁与海洋划界争端、海洋权益争端等重大急迫问题，产出一批对国家决策具有重大参考作用的突破性成果。

（2）建设成为国际上研究解决边界与海洋问题的智库，构建具有国际影响力的话语体系。

（3）培养一批具有国际视野的复合型人才，成为我国及其他国家培养边界与海洋事务专门人才的基地。

广东省高校人文社科重点研究基地概况

一、总体情况

为更好地与教育部人文社科重点研究基地对接，培育符合条件的研究机构，构筑多层次的基地梯次，广东省于2003年启动了第一批人文社科重点研究基地，搭建科研创新平台。此后，分7批共建立48个（含2个部省共建基地）有特色和影响的省级重点研究基地，组建创新团队及重大项目261个，累计投入经费3200余万元于基地和创新团队项目。此省设立的省级基地经7年的建设，已有1个基地被列为教育部人文社会科学重点研究基地，4个基地被列为“985工程”二期人文社会科学创新基地，发展势头良好。此省现有基地54个，其中，教育部人文社会科学重点研究基地8个，居全国第四位；部省共建重点研究基地2个，占全国的八分之一，居第一位；省级重点研究基地44个，省市共建重点研究基地2个。

二、主要成绩

经过几年的建设，广东省基地建设取得了较大的成效。主要有如下几点：

1. 承担重大科研项目的能力明显提高

在“十一五”期间，获国家级、省部级项目共1231项，比“十五”期间的714项增加了517项。

2. 科研成果质量有所提升

2008年，此省高校就有6项成果被收入《国家社科基金项目成果选介汇编》，2010年有6项成果入选《国家哲学社科成果文库》。这些入选成果的作者，都是此省基地成员；“十一五”期间，基地获得省部级奖成果有570项，比“十五”期间的95项增加了6倍。

3. 培养了一批学术带头人和中青年科研骨干

经过7年建设，培养了一批学术带头人和中青年骨干，具体表现在“十五”与“十一五”数量的变化上：长江学者从无到有，已有7人获得了长江学者称号；获国家杰出青年基金资助2人；珠江学者从4人增加到25人；教育部新世纪优秀人才从9人增加到67人；千百十人才从70人增加到292人。

基地已从大家还不太熟知的新生事物，逐渐成为科研制度创新的重要成果，成为聚集和培养优秀学术人才，围绕国家发展战略，针对学科前沿和社会经济发展中的重大理论与实践问题，组织高水平研究的新型科研组织，在产出创新成果，形成学术交流开放平台，带动高校哲学社会科学发展创新等方面发挥着重要作用，也成为广东省高校人文社会科学研究发展的重要抓手。

三、主要经验

广东省一直在探讨人文社科基地的建设和管理，力求使之成为国家哲学社会科学创新体系的重要组成部分，发挥“思想库”、“信息库”和“人才库”的作用。

1. 规范管理，制定《广东省普通高校人文社科重点研究基地管理办法》

为落实省委、省政府建设文化大省的要求，进一步提升此省高校人文社会科学研究的实力和水平，2003 年 8 月制定和颁布了《广东高校人文社会科学重点研究基地建设计划》和《广东省普通高校人文社科重点研究基地管理办法》。随着社会经济的发展，人文社科研究管理情况发生了变化，有些管理内容过于简单和不够完善，已不适应现有的管理水平，于是在 2008 年初修改了《广东省普通高校人文社科重点研究基地管理办法》，充实了内容，提出了新的要求。

2. 坚持加强人文社科基地的检查和评估工作。对基地实行“竞争入选、定期评估、不合格淘汰、达标递补”的动态管理模式，根据评估和检查结果，优秀的给予一定的经费资助奖励；合格和良好的 7 个被评为重点研究基地继续拨款，给予经费支持；不合格的黄牌警告，停止拨款，并要求其限期整改。2005 年对第一批成立的基地进行年度检查，其中有一个基地没有达到建设要求，不合格，给予黄牌警告和 1 年的整改。这一结果，给所在学校和基地带来了很大的震动和反思，经过学校和基地的努力，到 2006 年检查时，该基地达到了良好。2009 年组织了对第二批成立的基地进行评估，又有一个基地没有达到建设要求，给予红牌警告，并责令 1 年的整改。对基地实行检查和评估，真正达到以评促改、以评促进、奖优罚劣的绩效评价效果。

3. 坚持经费投入

自 2003 年启动基地建设以来，每年给予基地一定的经费支持，6 年来共投入经费 3200 多万元，同时规定所在学校按 1∶1.5 配套经费，2008 年后明确规定学校每年投入每个基地的经费不少于 35 万元。

4. 不断探索基地项目的申报形式

一开始，研究项目是以基地为依托，每年可以申报两个项目，通过组织专家评审来确定是否立项。几年后，发现这种固定形式，存在不少不利于基地建设和发展的问题。为进一步加强基地的建设和管理，发挥高等学校创新平台的投资效益，凝聚并稳定支持优秀的创新群体，培养和造就一批团结协作，勇于创新，具有敬业精神的研究队伍，形成优秀人才的团队效应，提升高等学校科技队伍的创新能力和竞争实力。从 2008 年开始，实行重大项目分两类进行申报：一类是创新团队项目，实行招投标。要求各建设中基地申报一个选题，并附上简要说明，到时在省教育厅科研网上公布，凡符合条件的科研人员都可以项目负责人参与申报；另一类是重大项目的申报，由各基地自由申报。

四、标志性研究成果

1. 《完善我国城市残疾人就业安置与社会保障制度的政策建议》

中山大学城市社会研究中心蔡禾教授、周林刚副教授向国家社科基金提交的《完善我国城市残疾人就业安置与社会保障制度的政策建议》咨询报告，登载在中宣部社科规划办《成果要报》2008 年第 29 期上，受到有关国家和省部领导的高度关注。中国残联、国务院法制办、人力资源和社会保障部、山东省委办公厅和广西自治区党委等有关领导分别来函调阅，并作出相关指示，产生了良好的社会影响。

2. 《广东粤方言地图集》

暨南大学汉语方言研究中心甘于恩教授主持的国家社会科学基金项目《广东粤方言地图集》已经完成并顺利结项，2009 年 9 月被全国哲学社会科学规划办公室评定为“优秀”等级。此项目的调查与地图绘制历时近5年，共调查了广东省内122个粤方言点，绘制了方言地图432幅（其中示意图1幅，语音图103幅，词汇图258幅，语法图70幅），文字约15万，在方言地图的理论与实践上取得诸多进展。这是第一部单独展示大区方言特征的地图集，在广东方言地理研究方面具有开拓意义。

3.《身边的博弈》

华南师范大学华南市场经济研究中心董志强教授完成的《身边的博弈》，该书自2007年1月出版以来，深受读者欢迎。2007年1月~2008年10月两年间重印15次；版权出售到中国台湾地区（繁体中文版）和韩国（韩文版）。包括知名经济学家韦森、蒲勇健等和众多媒体评论人和读者，皆撰文对此书给予高度赞誉。

4.《控制权收益悖论与超控制权权益——对大股东侵害小股东利益的一个新的理论解释》

暨南大学金融研究所刘少波完成的《控制权收益悖论与超控制权收益——对大股东侵害小股东利益的一个新的理论解释》论文发表后，对其观点的引用文献越来越多，根据检索CNKI数据库，目前此文被引次数为30次。此文于2008年被广东经济学会评选为“广东经济学界对改革开放和现代化建设有重要影响的部分代表作”之一，还分别被评为广东金融学会第五届广东金融优秀成果一等奖、广东省第三届哲学社会科学优秀成果一等奖（政府奖）。

五、“十二五”工作思路

在“十二五”期间，广东省将从经济和社会发展以及高等教育事业发展的需要出发，按照优化结构、合理布局、突出重点、兼顾基础和应用研究的要求，在巩固成绩基础上，更加注重质量提高、内涵发展，围绕国家、地方重点发展战略，继续遴选建设一批有特色的重点研究基地，使每个基地具有世界视野、广东特色的人文社会科学研究综合平台，整体科研水平和参与重大决策的能力居于省内领先、国内先进行列，成为广东省人文社会科学创新体系的重要组成部分。

此省将继续遴选和建设一批有优势、有特色学科交叉的基地；加强现有基地的管理，多渠道筹措经费，加大经费的投入；加大对特色文化基地特别是东西两翼、北部山区文化基地的建设支持，提升省市共建基地的研究水平，将其尽快发展成为省级、教育部的重点研究基地；为建设国家和教育部重点研究基地提供配套资金，奖励评为优秀的重点研究基地，促进重点学科、特色学科的建设；依托文化领域“珠江人才计划”，为重点学科、特色学科和决策研究基地引进学术成就突出的学术大师和顶尖的学科带头人、培育学科带头人与学术骨干提供资金，形成具有创新能力的团队；着力扶持省部共建重点研究基地，力争在2015年前增加若干个国家、教育部重点研究基地。

深圳大学港澳基本法研究中心概况

一、总体情况

在全国人大常委会港澳基本法委员会的指导和支持下，深圳大学于2009年7月成立港澳基本法研究中心。

此中心的成立是推进“一国两制”总体战略的需要。它是全国唯一独立设置的专门从事港澳基本法研究的科研实体机构，直属深圳大学，与学校院系平行，并受全国人大常委会港澳基本法委员会的指导和支持。全国人大常委会港澳基本法委员会、广东省港澳办多位领导多次亲临此中心，对此中心各项工作深入调研、悉心指导、倾力支持、全力帮助、充分肯定。深圳大学也从人、财、物等方面为此中心的发展提供了强有力的支持。此中心在港澳基本法理论研究、队伍建设、学术交流，为中央和省、市部门对港澳相关问题的决策等方面都有所建树，受到了全国人大常委会港澳基本法委员会、国务院港澳办、广东省港澳办和深圳市人大的重视和表扬。

最近，全国人大常委会副秘书长、港澳基本法委员会乔晓阳主任在此中心报送的2011年工作总结和2012年工作计划上批示，对此中心的工作给予高度评价。此中心正在成为全国高校、科研机构开展港澳基本法研究的一面旗帜，有力推动了全国港澳基本法研究工作的开展。

二、主要成绩和经验

此中心成立两年多来，始终秉持研究宗旨开展工作。

1. 积极对港澳涉及基本法理论的热点问题进行研究，争夺基本法理论的话语权

自1997年回归以来，因种种原因，香港法律界一直把持着对基本法重大问题的话语权。争夺基本法理论的话语权，始终是国内法学界开展基本法理论研究的一个重大任务。此中心成立两年多以来，紧紧围绕争夺基本法重大问题的话语权，开展了一系列研究工作，编辑出版了8期《港澳基本法研究通讯》，以《香港特别行政区法院的违反基本法审查权》等为典型代表的众多重要研究成果，受到乔晓阳主任等领导的充分重视和表扬。这些重大理论问题的研究也发挥了重要影响，引起了内地和港澳法律界的重视。此中心还就港澳工作的一些重大理论和法律问题向中央有关部门提供了意见。

2. 构建多层次的研究力量，承接和组织基本法的重大理论课题，召开基本法理论研讨会，已成为推动港澳基本法理论研究的一面旗帜

此中心的基本定位是直属学校、与院系平行的一个独立的实体科研机构，但是由于目前人员有限，必须依靠深圳大学法学院和全国从事基本法研究的力量，打造成一个集合全国基本法研究人才的基本法理论研究基地。两年多来，此中心逐步组建了一支以自身研究力量为主体、以法学院研究力量为依托、以全国从事基本法研究力量为后盾的港澳基本法研究队伍。此中心通过课题和专项研究，动员和组织了包括港澳知名专家在内的近40人参加中心组织的港澳基本法研究，承接国家重大的基本法理论研究课题。其中重要的有：全国人大常委会港澳基本法委员会专项委托项目19个和2010年度教育部哲学社会科学研究重大课题攻关项目《特别行政区制度在我国国家管理体制中的地位和作用研究》。

为了加强学术交流，推动全国基本法研究工作，在全国人大常委会港澳基本法委员会支持下，2010年8月中心举办了港澳基本法理论研讨班，有力推动了全国基本法的研究工作。2012年2月，中心又与国务院港澳办港澳研究所联合举办了内地涉港澳研究机构研究骨干高级研修班，历时一周，受到参加者的高度欢迎。

3. 成为深圳大学服务粤港澳的一个重要学术平台

此中心在服务国家重大战略的同时，坚持服务地方，努力为广东经济和社会发展作出应有的贡献。承担了深圳市人大委托研究项目《前海深港现代服务业合作区法律环境专题调研》，完成了20万字的研究报告。此报告的许多重要观点被深圳市五届人大常委会第九次会议表决通过并颁布实施的《深圳经济特区前海深港现代服务业合作区条例》所吸收。该项目结项时被评为优秀。此中心还是广东省粤港发展促进会和粤澳发展策略小组粤方成员单位，并指定中心主任董立坤教授参与有关工作，积极开展粤港澳发展策略研究工作，为粤港澳高层决策提供政策建议。

4. 加强资料库建设，推动港澳与内地学者的学术交流，推动港澳基本法的研究工作

建设一个完备的港澳基本法资料库是此中心又一重要任务。此中心已完成资料库的初步建设工作，购买和整理了3000余册书刊，并已与校图书馆联网，对外开放，已有不少研究者到中心查阅资料。此中心资料库除继续搜集、收藏与港澳基本法相关的资料外，还将开展有关基本法相关资料的翻译工作，翻译出版有重大意义的外文著作，以逐步将中心资料库建设成国内乃至国际上最完备的基本法研究资料库。

三、标志性研究成果

董立坤教授和张淑钿副教授合作撰写的论文《香港特别行政区法院的违反基本法审查权》，于2010年5月刊发于《法学研究》2010年第3期，为该期篇首文章，全文长达3.5万字。

此论文明确指出香港法院审查香港本土法律是否违反基本法的权力应定义为“违反基本法审查权”，纠正了学界和司法界长期以来采用“违宪审查”或“司法审查”称谓的错误提法，厘清了香港基本法在中国法律体系的地位以及与中国宪法之间的关系；明确指出香港法院不享有违反基本法审查权；深入分析了香港法院自设违反基本法审查权的原因以及造成的严重后果；指明了纠正香港法院自设违反基本法审查权的制度选择路径，即由香港终审法院自行纠正先例，再由全国人大常委会授权是一个在政治和法律上均最为理想的方案。

此论文是我国学界多年来有关香港法院违反基本法审查权理论研究中最重要和最具影响力的成果，得到了全国人大常委会副秘书长、港澳基本法委员会主任乔晓阳同志的高度肯定，荣获第二届“中国法学优秀成果奖”二等奖。

四、“十二五”建设思路

此研究中心将建成国家港澳基本法理论研究基地、人才培养基地、学术交流基地、决策机关的智库，作为矢志不渝的追求目标，在“十二五”期间的建设思路如下：

（1）服务国家发展战略，围绕基本法研究打造学术品牌。此中心将以“特别行政区制度”为主线，从基础研究和应用研究两个方面对基本法作全面、系统和深入研究，既着眼于解决当前的问题，又要有长远眼光，积极吸收其他学科的成果，从建立“香港学”、“澳门学”等跨学科研究的角度全方位考察香港和澳门的管治问题，揭示香港、澳门当前各种社会现象之间的关联度，加强问题研究的广度和深度，以此凝练中心学术方向，形成中心学术特色，打造中心学术品牌。

（2）注重人才培养和队伍建设，实现科研与教学有效结合。组织培训基本法学科教师，努力促进基本法成为全国高等学校教学学科。通过学位点建设自主培养人才，积极促

进最新研究成果向教学转化，申请设立港澳基本法和港澳政制学位点，开展硕士和博士研究生教育，为基本法研究创新和实践创新培养一批高级专门人才。

（3）积极开展学术交流。以学术交流汇聚学术精英。通过聘请学术顾问、学术委员会委员、名誉教授、兼职研究员、客座教师等方式，积极邀请国内外知名基本法学者来中心举办基本法专题讲座和进行学术交流。坚持开放性研究，加强与国内外同行的学术交流与合作，拓展学术交流与合作的领域，提高学术交流与合作的层次。争取更多地主办或承办国际性、全国性、全省性的学术活动，扩大中心的学术影响。

（4）充分用好省市政府给予的近300万元开办费，建立一个较大规模资料库，促进基本法研究。同时要自觉加强组织领导，完善基地管理制度。

重庆市人文社会科学重点研究基地概况

一、总体情况

为了推动重庆高校科研管理和科研组织创新，整合汇聚市内外优势学科科研资源，提升此市高校人文社会科学研究回答重大理论和现实问题的能力，2000年初，重庆市教委会同市社科联，按照教育部人文社科重点研究基地模式，结合重庆实际，启动实施了重庆市人文社科重点研究基地建设计划。2003年1月8日，重庆市人民政府批准了首批16个研究机构为此市首批人文社会科学重点研究基地；2006年12月，市政府又批准了第二批共23个市级人文社会科学重点研究基地。2004年12月，西南民族教育与心理研究中心（西南大学）、长江上游经济研究中心（重庆工商大学）入选教育部人文社会科学重点研究基地，实现了此市教育部人文社科重点研究基地“零的突破”。截至2010年，此市共建有2个教育部人文社科重点研究基地，39个市级人文社科重点研究基地（其中依托在渝高校建有37个），基本覆盖了此市特色优势学科和重点研究领域。

二、主要成绩

1. 科学研究

8年来，此市级基地在科学研究上取得了重大进展，取得一大批高水平、显示性科研成果，创新能力显著增强，已成为重庆市人文社会科学研究的中坚力量。

2003年以来，市级基地共承担国家“两金”项目381项，其中国家社科基金项目298项，占全市总量的65.78%。承担教育部各类人文社科研究项目328项（其中教育部人文社会科学重大课题攻关项目7项，占全市总量的70%），占全市总量的60.41%。承担重庆市哲学社会科学重大课题50项，占全市总量的71%；承担重庆市社会科学规划年度项目571项，占全市总量的58.32%。承担其他省部级科研项目1069项，国际合作项目75项。获得科研经费3.77亿元。

取得了一大批优秀科研成果。在国外学术刊物上发表的论文690篇，被SSCI、A&HCI和ISSHP收录的论文829篇，在CSSCI来源期刊发表论文9184篇；公开出版学术著作1424部，获得教育部人文社科优秀成果奖31项。获得重庆市社会科学优秀成果奖206项，占授奖总量的63.58%。

学科建设取得重要进展。8年中，高校依托重点研究基地新增国家重点学科1个，省部级重点学科8个；新增博士学位授权一级学科5个，博士点12个；新增硕士学位授权一级学科9个；新增博士后流动站4个。重点研究基地已经成为促进学科发展的重要支柱。

2. 人才培养

市级基地立足学科优势和特色，面向社会开放，通过制定特殊优惠政策和设立“两江学者”、“巴渝学者”等特聘教授岗位，以重大项目为纽带，大力吸纳高素质、高水平的学术带头人和中青年学术骨干成为基地专兼职人员，已经成为此市汇聚和培养高层次创新人才的高地。目前，基地共有专职研究人员734人，其中教授402人，占54.77%；有博士学位人员427人，占58.17%。专兼职人员中，国家有突出贡献中青年专家5名，入选国家级“百千万人才工程”8人，入选教育部（跨）新世纪人才支持计划人才26人，享受国务院政府特殊津贴专家80人；141名专家遴选为重庆市第二届学术技术带头人，占全市人文社科学术技术带头人总数的62.39%。

市级基地始终把培养高层次创新人才摆在突出位置。不断加大培养博士、硕士等高层次创新人才的力度，8年累计招收培养博士研究生1806名，2篇博士论文入选“全国百篇优秀博士论文”，34篇博士论文入选重庆市级优秀博士论文。累计招收培养硕士研究生12478名，91篇硕士论文获得市级以上优秀硕士论文。基地积极促进科研成果向教学转化，8年累计开发新课程233门，建设国家级精品课程27门，重庆市级精品课程66门；出版国家级精品教材19部，重庆市级精品教材30部；获得国家级教学成果奖11项，重庆市教学成果奖52项。

3. 社会服务

8年来，市级基地累计承担各级党政机关、企事业单位委托的横向研究项目1401项，其中10万元以上横向科研项目436项，获横向科研经费1.79亿元。向中央、国务院有关部委和地方党政机关提交咨询报告和政策建议442份，获得中央领导同志批示13次，被省部级部门采纳的咨询报告和决策建议221项。

市级基地还注重面向社会开展人才培养服务，8年来累计举办各类短期培训1066场次，累计为社会培训人员62793人次，其中举办国际培训10次，为省部级党政机关举办培训230次，为企业举办培训524次。

4. 学术交流

市级基地通过多种渠道和方式，积极拓展对外学术交流与合作的空间，截至2010年，已与近24所境外大学、研究机构建立了稳定的学术交流与合作关系。累计派出专兼职人员501人次出国访问或讲学；累计派出专兼职人员439人次参加国（境）外学术会议；累计接待国（境）外专家学者来访893人次。同时，基地主办、承办的学术活动频繁开展，据不完全统计，8年来，基地共举办学术会议335次，其中国际学术会议93次；每年邀请知名专家学者举行学术报告200场次，学术氛围日益浓厚，成为重庆市对外学术交流的重要窗口。

5. 条件建设

8 年来，37 个基地累计获得各种投入 7984 万元，其中中央财政投入近 900 万元，市级财政投入近 1000 万元，依托单位配套投入逾 5000 万元。

8 年来，37 个基地新增办公、科研场地面积 6919 平方米，基地平均场地面积超过 600 平方米，极大地改善了基地的软、硬件条件。累计新增图书资料逾 200 万册，建设专业数据库 127 种，为基地开展科学研究、人才培养、咨询服务提供了可靠的图情信息保障。学术阵地建设成效显著，截至 2010 年，基地主办、承办的学术刊物达到 29 种，其中 CSSCI 来源期刊 1 种、核心期刊 3 种。各基地都按要求建设了自己的专题网站，不少网站已成为相关研究领域开展学术交流的重要平台和窗口。

6. 体制创新

各基地依托高校按照基地建设的模式和标准，大力推进科研体制改革，促进基地实体性建设，全面落实主任负责制、全员聘任制、驻所研究制等基本制度，对基地实施开放式管理，全面理顺基地与依托院系的关系，为基地发展营造出了良好的体制制度环境，使基地成为重庆繁荣发展哲学社会科学的“特区”。不少高校结合实际，大胆探索基地建设新模式。如重庆大学在基地专兼职人员聘任上实行“双聘制”和“双考核制”，既保证了基地专兼职人员驻所研究时间，也丰富和完善了驻所研究制度内涵，协调了相关学科和基地的关系；同时，对聘任的校外研究人员实行人事代理制度。重庆工商大学、重庆邮电大学、重庆交通大学、重庆社科院等 4 家单位整合相关研究力量，积极探索多单位联合共建重点研究基地的新模式，取得了积极成效。

三、主要经验

1. 注重一个行为——政府行为

重庆市以政府行为而非部门行为实施人文社会科学重点研究基地建设工程，取得了较为明显的成效。主要做法是：基地建设是在重庆市人民政府的统一领导下开展的，分管教育的副市长多次就重点研究基地建设工程与评审工作，开展专题研究并进行指导；重点研究基地由重庆市人民政府命名、授牌；市政府设专项资金支持基地建设；以市政府名义下发《重庆市人民政府关于重庆市人文社会科学重点研究基地建设的意见》等文件；市委、市政府出台的《重庆市哲学社会科学“十一五”发展专项规划纲要》中把市级基地建设列入了“十一五”期间“重庆市哲学社会科学事业发展六大重点工程”之中。

2. 打破一个壁垒

打破了全市四大社科研究队伍间的壁垒。此市基地建设不仅面向全市高校，还面向全市其他三大社科研究阵营：科研机构、党校和军队院校。促进了高校与这些研究力量的沟通与协作。既有利于充分发挥高校学科相对齐全和基础理论研究力量雄厚的优势，又有利于发挥党校在马克思主义理论和党建理论研究方面的优势，社会科学院在开展有地方特色和区域优势的基础理论研究方面的优势。

3. 处理好两种关系

一是处理好评与建的关系。严把“申报关”，各申报单位必须按照基地建设标准通过几年实质性建设和投入才能申报市级基地，已形成校级基地、市级基地和教育部基地三级建设模式；坚持“以评促建，重在建设”的原则，严格按照教育部有关模式，规范评审，通过聘请高水平的评审专家，为基地建设会诊。

二是处理好优势学科、交叉学科和特色学科的关系。在基地建设中重点关注优势学科，大力培育一些基础条件较好、有发展前途和发展潜力的新兴学科和交叉学科，重视扶持具有重庆特色和优势的研究，形成优势互补、相互支撑、协调发展的学科集群。

四、标志性成果

1. 西南大学基础教育研究中心主任宋乃庆教授主持完成的研究报告《教育对重庆经济发展贡献的研究》，提出了教育和经济协调发展的对策建议，引起中央领导关注，温家宝、刘延东等国家领导人对此均有重要批示。该成果于2009年荣获高等学校科学研究优秀成果奖（人文社会科学）一等奖。

2. 西南大学西南民族教育与心理研究中心主任张诗亚教授主持完成的研究报告《关于在中国农村贫困地区教育中推进“更新工程”的建议》，提供了以“流动促稳定，融高师改革与基础教育发展为一体”的新思路来解决农村教育师资匮乏问题，以派出高校学生到贫困地区实习顶替农村教师岗位的方式，来探索农村教育发展的新路子。该成果被教育部办公厅报送国家科教小组等决策部门和被教育部采纳，2006年荣获高等学校科学研究优秀成果奖（人文社会科学）二等奖。

3. 重庆大学工商管理与经济发展研究中心提出的“金融产业化发展理论”、“金融产业可持续发展理论”、“农村金融与农村经济协调发展理论”、“从国家安全的高度保护好三峡水资源战略储备库”、“三峡库区应建成国家级生态经济特区”等理论观点和决策建议，受到时任国务院总理温家宝的高度重视，并批示给国家发展改革委员会、国务院三峡工程建设委员会、国家环保总局、农业部等研究和吸纳。

4. 重庆工商大学长江上游经济研究中心王崇举教授主持完成的规划报告《三峡库区可持续发展科技规划的研究编制》被科技部、国家发改委、农业部等部门决策采用，列入国家《西部开发科技规划》，对国家提出建设“两带一市两城”的规划和决策起了重要作用，取得了良好的社会经济效益。

5. 西南政法大学毒品犯罪与对策研究中心的 *Drug Problems in China: Recent Trends, Countermeasures, and Challenges* 一文，在国际著名刊物 *International Journal of Offeneder Therapy and Compartive Criminology* 上发表。该文突破了我国目前犯罪学研究领域内普遍存在的从概念到概念定向研究模式，以实证研究思维作指导，收集了大量的数据，系统、全面地阐述了我国毒品犯罪的现状和发展趋势，我国政府在遏制毒品犯罪方面的对策，同时也深入地分析了我国在打击与防范毒品犯罪方面面临的挑战与存在的问题。

6. 重庆师范大学重庆市抗战文史研究基地靳明全教授主持完成的专著《日本文论史要——古代中世、近世、近代部分》，2010年6月由中国社会科学出版社出版，是我国第一部用中文写的日本文论史专著。三峡文化与社会发展研究院完成的专著《三峡文明史》是我国第一部从纵向角度系统论述三峡文明的学术著作，在该领域居于前沿水平。

五、“十二五”建设思路

1. 发展目标

经过5年以至更长时间的重点建设，使每一个人文社会科学重点研究基地具有明显的科研优势和特色，整体科研水平和服务决策的能力居于全市领先水平，在全国以至国际学术界享有较高声誉，在各自领域成为区域性“五大中心”，即理论创新和知识创新中心、专门人才的吸纳和培养中心、决策咨询服务中心、信息资源与交流中心、科研体制改革的示范中心。建设的核心任务主要在三个方面，即强化特色、促进转型、提升水平。

2. 重要举措

（1）动态调整，优化布局。对基地实行“竞争入选、定期评估、不合格淘汰、达标替补”的动态管理模式，通过一定比例的淘汰替补，不断优化基地布局，促进基地建设突出问题导向，鼓励新兴交叉研究，

（2）进一步加大经费投入。以财政投入为杠杆，引导基地依托单位在人力配备、物质条件、优惠政策及建设经费等方面进一步加大支持力度。支持、鼓励基地多方争取社会投入。

（3）实施“五个一批”提升计划，即培养一批有影响的学术带头人，打造一批高水平学术团队，承担一批重大攻关项目，培育一批高水平科研成果，开展一批重大学术交流活动。通过这些措施，不断提升基地的自主创新能力和咨询服务水平，扩大基地在国内外的学术影响力，充分发挥基地服务地方经济社会发展，引领和带动哲学社会科学繁荣发展的重要作用。

四川高校人文社会科学重点研究基地概况

四川省教育厅始终把繁荣发展四川省高校哲学社会科学作为一项重大战略任务；始终把高校人文社会科学重点研究基地建设作为重要抓手，努力构筑和完善具有四川优势的高校哲学社科研究体系；充分发挥重点研究基地的引领和带动作用，推进哲学社会科学研究管理和研究体制机制改革和创新，全面整合全省高校和社会的研究力量，着力围绕国家和省改革发展中亟待解决的重大理论和现实问题开展研究和服务，为四川省经济建设、社会发展和文化繁荣作出了积极的贡献。

一、基本情况

为了整合四川省高校和社会资源，在哲学社会科学领域出更多高水平成果、培养更多高水平人才。四川省主要从4个方面开展工作：一是启动建设。从2001年起开始，在深入调研的基础上，结合四川的历史文化资源、学科建设情况、科研机构分布情况，立足四川省经济社会发展需求，四川省教育厅制定下发了《四川省教育厅人文社会科学重点研究基地管理办法》，正式启动实施我省高校重点研究基地建设。二是加强管理。按照“先行试点、逐步推广、滚动管理、定期验收”的工作思路，“特色鲜明、优势明显、引领作用突出”的原则，重点建设了一批跨学科、具有创新性、交叉性、开放性的重点研究基地。三是突出共建。2006年，为了深入贯彻落实中共中央《关于进一步繁荣发展哲学社

会科学的意见》和四川省委《关于努力推进哲学社会科学事业繁荣发展的意见》，进一步深化哲学社会科学研究管理体制和运行机制改革，集中投入，整合力量，优化资源配置，经与四川省社科联认真研究决定，共建四川省哲学社科重点研究基地。四是效果明显。到2010年，共建设教育厅人文社会科学重点研究基地32个，四川省基地27个，涵盖20个学科，分布在30所高校，基本构建起我省高校较为完善的哲学社科研究体系和创新平台体系，为构建四川省哲学创新体系提供了重要支撑。

二、主要做法及成效

经过近10年建设和发展，四川省高校在人文社科重点研究基地建设方面进行了积极有益的探索，取得了明显成效。

（一）突出优势特色，整合多方资源

四川省人文底蕴深厚，文化资源丰富，是一个文化大省，其中三星堆文化、金沙文化、井盐文化、三国文化和红军精神被列为“五大特色文化”。四川省教育厅坚持把挖掘和弘扬地方优势、特色文化，作为人文社科重点研究基地建设的出发点和着力点，强化重点基地整合作用，不断推进经济社会、先进文化以及高校学科建设的共同发展。一是大力整合全省研究力量。突出高校人才学科优势，以项目为纽带，整合全省乃至全国高校、科研机构研究力量，包括自然科学和工程技术的有关领域，逐步形成多科性、交叉性和综合性的研究集群。二是切实加强与地方政府的合作。突出地方特色文化、区域优势和产业综合优势，立足地方发展需求，全面推动重点基地与地方经济文化建设紧密结合，以服务求支持，以贡献谋发展，在服务社会中寻求建立自身良性发展机制。三是着力推动产学研结合。突出与行业、特色支柱产业、重点企业的联合，主动承接委托研究项目和合作研究项目，广泛开展咨询服务，形成以“产学研”结合为基本建构的重点研究基地的建设和运行模式。

（二）创新体制机制，促进基地可持续发展

切实加强重点研究基地创体制机制建设，积极探索构建适应四川省经济社会跨越发展需求、布局合理、可持续发展的高校重点研究基地体系。一是创新投入及发展机制。教育厅在基地建设期前4年给予引导资金资助，基地依托学校按不低于1∶2的比例配套，资金全部用于资助基地项目研究，同时支持和鼓励研究基地着力培育自身“造血机能”，积累发展基金，建立良性自我发展机制。近10年来，教育厅累计投入资金近8000万元，基地争取地方、行业、企业共建及研究资金达9000余万元，有力地保障了基地的运行和持续发展。二是完善运行管理体制。形成“省教育厅、依托高校、依托高校科研处、重点研究基地”的宏观管理运行体制，下放项目管理权限，由基地代表教育厅组织项目实施和管理；建立“地方行业主管部门、行业学会、重点企业、依托高校”有关专家构成学术委员会，学委会主任聘请业内知名专家担任的学术管理体制。同时，明确要求“两个1/3”，即依托高校入选学委会专家不得超过1/3，基地立项项目依托高校不得超过1/3，有力保障了基地的先进性和建设质量。三是强化评估验收机制。推行4年为一个建设周期，期满后按计划任务书进行评估验收的评价机制，实施“退五进五”、优胜劣汰的动态管理，激励和推动基地不断提升学术影响力和社会影响力，形成富有活力的发展机制。四是积极探索共建基地新模式。与省社科联联合成立领导小组，联合制定下发《四川省哲学社会科学重点研究基地管理办法》，共同认定、建设和管理省级基地，为高校哲学社会科学研究提供了更空阔的发展空间。至 2010 年，32 个教育厅基地中有 27 个被批准为省级基地，入选率达 95%。

（三）着力项目引导，提升基地整体实力

实施了重大引导项目计划，要求基地按照培育大师级人才和精品力作等目标导向，进行顶层设计，充分论证，教育厅按“成熟一个，启动一个”的原则进行重大项目支持。引导基地不断提升人才队伍、科研能力、学术水平和承担重大项目联合攻关等综合实力。至 2010 年，每年均有基地在国家项目立项上取得重大突破，有较高影响的高端人才和精品成果不断涌现。累计承担哲学社会科学研究项目 2 万余项，课题数和年增长率近 20%。超过 50%的基地承担了国家社科基金项目，其中部分已具备了承担国家重大招标项目的实力。

（四）强化服务能力建设，提高基地服务水平

开展多渠道多形式多层次的对外交流与合作，不断扩大基地影响，着力组织和引导基地紧扣转变经济发展方式、发展新兴战略产业，积极开展重大理论和应用研究。近 10 年来，基地共承担委托项目 7000 余项，占基地项目总量的 1/3，社会服务已成为高校哲学社会科学重点研究基地的重要来源。特别是在过去的 3 年中，积极参与四川省的科学救灾、科学重建和科学发展，针对灾区建设发展面临的重大现实问题开展深入研究，提交咨询报告近百份，为国家及相关部门科学决策提供依据，发挥了思想库和智囊团作用；同时，为灾区群众开展各类心理援助、法律援助等各类专业服务，为灾区人民重树信心、健康生活作出了积极贡献。

三、标志性成果

近 10 年来，全省重点研究基地出版学术专著上百部，部分基地创办了特色学术刊物；95%的基地成果荣获省部级成果奖，其中省部级二等奖以上 60 余项；5 项被《成果要报》摘登，其中 2 项得到中央领导重要批示；有 6 项成果入选《国家社会科学成果文库》，基地建设的示范与引领作用日益显著。

四、下一步工作思路

党的十七届六中全会对推进文化改革发展、建设社会主义文化强国进行了全面部署，对进一步繁荣发展哲学社会科学指明了方向；四川省委九届九次全会认真学习贯彻党的十七届六中全会精神，作出了《关于深化文化体制改革加快建设文化强省的决定》，明确提出建设与西部经济发展高地相适应的文化强省的奋斗目标。

我们将深入贯彻党的十七届六中全会精神，全面落实《中共中央办公厅 国务院办公厅转发〈教育部关于深入推进高等学校哲学社会科学繁荣发展的意见〉的通知》、大力实施教育部《高等学校人文社会科学重点研究基地建设计划》、《高等学校哲学社会科学“走出去”计划》，按照省委九届九次全会部署，大力促进高校哲学社会科学繁荣发展，进一步推动高校人文社科基地的建设和发展，推动我省高校哲学社会科学在新的历史起点上实现更大的发展，为社科强国、社科强省作出更大的贡献。

贵州省高校人文社会科学研究基地概况

一、基本情况

2003年，贵州省教育厅全面启动“贵州省高等学校人文社会科学研究基地”（以下简称“贵州高校社科基地”）建设工作。2004年上半年，组织评审遴选了首批“贵州高校社科基地”5个。2007年，对首批5个基地进行督导检查，并开展第二轮申报及评估工作，纳入统一建设的“贵州高校社科基地”数量达到了17个。2010年，贵州省教育厅组织对全省“贵州高校社科基地”开展了督导检查，同时遴选了一批新的基地，目前，此省共有“贵州高校社科基地”21个。

贵州省高等学校人文社会科学研究基地名单

贵州大学（5个）：

▲ 中华传统文化与贵州地域文化研究中心

▲ 人口、社会、法制研究中心

▲ 马克思主义经济学发展与应用研究中心

▲ 喀斯特地区发展战略研究中心

▲ 中国西部发展能力研究中心

贵州师范大学（4个）：

▲ 文学·教育与文化传播研究中心

▲ 马克思主义理论·思想政治教育研究中心

▲ 贵州文化与自然遗产保护研究中心

▲ 喀斯特生态文明研究中心

贵州民族学院（3个）：

▲ 贵州世居民族研究中心

▲ 法制与民族地区发展研究中心

▲ 民族文化生态研究中心

贵州财经学院（2个）：

▲ 欠发达地区经济发展研究中心

▲ 中国西部现代化发展研究中心

遵义医学院（1个）：贵州省高校人文医学研究中心

贵州师范学院（1个）：贵州教育发展研究中心

贵阳学院（1个）：阳明学与地方文化研究中心

遵义师范学院（1个）：红色文化研究中心

黔南民族师范学院（1个）：地方民族文化与教育研究中心

凯里学院（1个）：贵州原生态民族文化研究中心

毕节学院（1个）：毕节试验区研究院

总体上看，“贵州高校社科基地”在贵州省教育厅的统一领导下，严格按照《贵州省高等学校人文社会科学研究基地管理办法》，加强领导，配齐人员，安排经费，基地各项建设工作顺利推进；各基地以科学研究为中心，推动科研体制改革，努力提高科研水平，搭建了学术交流的平台，打造了专兼结合的团队，加强了重点学科建设，承担了一批科研项目，产生了丰硕的研究成果，彰显了自身的特色和优势，培养了一批有潜力的科研人才。

二、主要成绩和经验

1. 大力加强基地自身建设

2004年，此省在公布首批“贵州高校社科基地”的同时，印发了《贵州省高等学校人文社会科学研究基地管理办法（试行）》，明确了基地建设的各项标准和要求。2006年，总结了全省两年基地建设的经验，结合教育部基地管理办法，对管理办法进行了修订。各基地根据管理办法，配好基地负责人，有不少高校由校级领导兼任基地主任，并配备专职副主任，负责基地日常管理。加强基地内部机构建设，安排了专职工作人员，划拨了专项工作经费，安排了办公用房，建立了独立的资料室，确保了基地的正常运转。不少研究基地内部还分设了相关科室，并给予了相应的职级待遇。如贵州大学“中华传统文化与贵州地域文化研究中心”、贵州财经学院“欠发达地区经济发展研究中心”、贵阳学院“阳明学与地方文化研究中心”等。

2. 不断深化科研体制改革

各研究基地坚持开放原则，带着项目进基地，完成项目出基地，聚集了不少相关学科和相关领域的高水平研究人员。如贵州财经学院欠发达地区经济发展研究中心每年都面向社会开展科研项目招标，产生了较大影响。有的研究基地单独招收研究生，有的基地与省外高校联合举办研究生班，有的基地积极主动为地方党委政府提供资政服务，有的基地针对学生广泛开展相关活动，有的基地积极参与相关社会实践活动，大胆创新，产生了很好的社会效益。如贵州师范大学“文学·教育与文化传播研究中心”，坚持每年参与普通高考语文科阅卷工作，分析当年语文科高考情况，并遴选优秀作文，编辑成册，提供参考借鉴，产生了较好的社会效益；贵州财经学院“中国西部现代化发展研究中心”，紧扣贵州省经济社会发展实际，凝聚了一批人才，派出人员多次直接参与贵州省委、省政府及地方政府的政策咨询，其中直接参与省委书记主持的咨询会两次、省长主持的咨询会三次，在会上发言，得到领导肯定。

3. 努力集聚高水平科研人才

各研究基地十分重视人才的培养和引进，紧密结合基地研究方向，在充分整合校内外资源的基础上，初步集聚一支学科优势互补、梯队结构合理、科研实力较强的研究团队。各基地人才结构呈现出高职称、高学历、年轻化的发展态势。贵州大学“中华传统文化与贵州地域文化研究中心”，大力聘请海内外著名学者担任研究中心研究人员，并到研究中心讲学，营造了较好的学术氛围。不少研究基地着力培养校内专职研究人员，通过承担科研项目、派出访问学者、提升学历学位等方式提升专职研究人员的科研水平。如贵州民族学院“贵州世居民族研究中心”提供相应的条件鼓励基地研究人员考研读博，目前基地博士7名，在读博士3名。各研究基地通过招收研究生或安排专职研究人员为本科生、研究生授课等方式，加强对年轻学术人才的培养。如贵州民族学院“民族文化生态研究中心”研究人员积极承担学校本科生、硕士生的教学任务，积极指导学生科研活动，组织学生深入民族地区实地调查，取得了良好的效果。

4. 稳步推进科学研究工作

各研究基地紧密联系经济社会发展实际，找准定位，凝练特色，发挥地域优势和学术优势，深化科研体制改革，整合相关学科，整体规划科学研究，突出研究重点，科学研究工作取得了明显成效。据统计，近年来，各基地专兼职人员共承担科研项目1500余项，其中省部级以上项目500余项；项目经费1亿余元，其中省部级以上项目经费4000余万元。这些科研项目，体现了两大鲜明特点：一是地方民族特色突出。如黔南民族师范学院“地方民族文化与教育研究中心”紧紧抓住以少数民族文化为主要内容的地方文化，特别是水族文化的唯一性大做文章，承担了不少相关科研项目，产出了不少特色鲜明的科研成果；凯里学院“贵州原生态民族文化研究中心”，紧紧围绕原生态设立科研项目，开展科学研究，已经成为凯里学院一张富有特色的名片。二是服务经济社会发展。各研究基地积极参与相关社会实践活动，积极主动为地方党委政府提供资政服务，推动了经济社会发展，产生了很好的社会效益。如毕节学院“毕节试验区研究院”以项目为支撑，广泛参与毕节地区社会发展规划的起草、基础教育改革、文化建设等工作，受到好评。遵义医学院“贵州省高校人文医学研究中心”紧紧结合本校教育教学工作的实际，围绕医学伦理学、生命伦理学、医学生人文素质培养等方向开展研究，并让科研服务于教育教学，把学生培养成为既掌握医学知识与技能，又有人文医学素质、道德素养、人文精神的完整的医务工作者。

5. 系统推出一批科研成果

近年来，各研究基地专职研究人员共出版著作200余部，研究咨询报告150余篇，发表论文2000余篇。兼职研究人员共出版著作150余部，研究咨询报告100余篇，发表论文1500余篇。其中不少成果获得了社会的广泛认可，获得了各种奖励。仅2007—2009年，专职人员研究成果获得省部级奖104项，其中一等奖15项，二等奖17项，三等奖60项，其他奖12项。兼职人员获得省部级奖共计67项。很多科研成果紧紧贴近经济社会发展实际，产生了较好的社会效益。如贵州师范大学“喀斯特生态文明研究中心”完成的“中国南方喀斯特（云贵渝）申报世界自然遗产”项目，经时任国务院总理温家宝等国家领导人签发，在联合国教科文组织第31届世界遗产大会上审议（31 COM 8B. 11决议）通过。

6. 广泛开展学术交流活动

各研究基地办好刊物，举办学术交流会议和讲坛，派员外出参加学术交流，广泛开展了学术交流活动。各研究基地都围绕自己的研究方向，搭建相互交流、学习、借鉴的平台，营造了良好的科研氛围。贵州大学中国西部发展能力研究中心2010年6月主办了“21世纪生态经济与三农问题国际学术研讨会”。贵州大学中华传统文化与贵州地域文化研究中心开展多层次的学术交流活动，2007年以来，美国、巴基斯坦、国际奥委会、澳大利亚、中国香港特别行政区、韩国等国内外领导和学者先后莅临研究中心交流和访问。绝大部分研究基地都有自己的学刊，得到研究人员的欢迎与好评。如凯里学院贵州原生态民族文化研究中心的《原生态民族文化》，贵州大学人口、社会、法制研究中心编发的《人口、社会、法制研究》，贵州民族学院贵州世居民族研究中心编发的《贵州世居民族研究》，均已产生了较大的影响。

三、"十二五"建设思路

此省将主要从三个方面进一步加强"贵州高校社科基地"建设：一是切实抓好基地自身建设，抓好基地内部管理，搭建好科研平台；二是进一步凝练方向，突出特色，不断提高科研水平；三是进一步深化科研体制改革，广泛开展学术交流，不断提高资政服务的能力。

云南省高校人文社会科学重点研究基地概况

自2000年以来，在教育部、省委宣传部等部委的大力关心和支持下，云南省高校人文社会科学重点研究基地（以下简称"基地"）作为哲学社会科学发展的基石和载体，其科学研究、人才培养、学术交流、资料信息建设、咨询服务等方面建设工作得到了长足的发展，发挥了重要示范和带动作用，有力地支撑了全省高校哲学社会科学繁荣计划的实施，有效推动了云南省哲学社会科学的繁荣发展。

一、总体情况

2000年，云南省高校人文社会科学重点研究基地建设工作正式启动。2001年，教育部正式批准成立"西南边疆少数民族研究中心"，实现了人文社会科学重点研究基地零的突破。2007年，中共云南省委宣传部正式批准依托高校建设"云南民族文化与文化产业发展研究基地"等9个重点研究基地；2009年，中共云南省省委宣传部正式批准依托高校建设"云南滇学研究基地"等15个重点研究基地，占全省的93.75%。全省基地建设涉及学科门类众多，主要为管理学、经济学、民族学、社会学、历史学、政治学、教育学、文化学、旅游学、艺术学、法学、理学、中医学、新闻学与传播学等，基本覆盖了人文社科研究的学科和领域。

二、主要成绩

云南省重点研究基地紧紧围绕经济社会发展中急需解决的重大理论或现实问题，以项目研究为纽带，着重开展科学研究和人才队伍建设，产生了大批优秀人文社会科学研究成果。

（1）目前，全省高校重点研究基地从事科研工作的人员906人，具有高级职称人员650人，博士生导师137名，硕士生导师514名。

（2）共承担科学研究项目983项（其中：国家级科研项目有198项，省部级科研项目571项，其他科研项目403项），经费约9274万元。

（3）共发表论文3675篇（其中在国外学术刊物上发表论文260篇）。

（4）共提交研究咨询报告266份，被采纳194份。

（5）共出版专著429部。

（6）多项研究成果获教育部高校科研优秀成果奖，云南省自然科学奖、科技进步奖、云南省哲学社会科学优秀成果奖等国家级、省部级奖励。

（7）共举办学术刊物12种，总发行量约5000册。

三、主要经验

当今是世界大发展大变革大调整的关键时期，也是社会各阶层矛盾的凸显期，经济形势日趋严峻，政治格局日趋多变，社会利益关系日趋复杂，新的不稳定不确定因素日趋增多，各种思想文化交流、交融和交锋更趋激烈，人类思想活动的独立性、选择性、多变性和差异性明显增强，伟大的理论成果在不断巩固的同时，也面临着前所未有的社会思潮的巨大冲击。

第一，学术观念和方法面临新挑战。当代经济社会发展的规模尺度已远远大于传统社会，其内在复杂性和艰巨性已不可同日而语，呈现出向本原和宏观两极发展的趋向，学术发展需要用系统论、控制论和信息论等方法和视角，通过运用多学科或交叉学科理论才能比较全面地研究和解决问题，才能构建与经济社会发展需要相适应的理论体系和支撑服务体系，冲破长期以来形成的囿于传统认识和传统格局的学术观念和方法是时代的要求和形势发展的需要。

第二，学术创新机制面临新挑战。过去基本自发的学术研究组织形态现难以适应当代深广问题的研究，并已在很大程度上走向极限。冲破学术发展机制和管理体制往往受到人事、组织、财政等社会因素的制约，加快资源整合共享、搭建学术交流平台、完善学术成果评价、形成有利于人才成长的选拔激励机制、协同创新机制等都需要开展一系列的高难度的改革，在经济基础薄弱、思想观念陈旧，改革经验不足的环境中，学术创新机制改革阻力较大，但改革也已势在必行。

第三，区域发展研究面临新挑战。在“两强一堡”战略的实施过程中，重点研究基地如何发挥人才优势、资源优势、学科优势，如何发挥“科学研究、人才培养、服务社会”的三大功能，如何尽快及时地建立区域发展思想和理论支撑体系，如何有针对性地解决日益突出的区域发展问题，如何推出一批高水平的科技成果，是重点研究基地需要紧迫解决的一项重大问题。

因而，面对当代人文社会科学发展的新形势，云南省注重从以下方面来建设基地：一是要把握正确导向，确立发展目标；二是要加强制度建设，规范运作管理；三是要积极整合力量，争取丰硕成果；四是要加强队伍建设，重视人才工作；五是要支持精品课题，务必突出特色；六是要促进校企合作，加强对外交流。

四、标志性成果

（1）云南财经大学云南对外金融合作研究基地周跃教授入选国家百千万人才计划。云南大学云南生态建设与可持续发展研究基地段昌群教授入选教育部新世纪优秀科技人才。云南民族大学云南跨境民族宗教社会问题研究基地张桥贵教授入选教育部新世纪优秀科技人才、新世纪百千万人才计划。

（2）云南大学西南边疆少数民族研究中心作为最先成立的重点研究基地，11年来共承担了64项国家级课题，201项省部级课题。云南民族大学云南跨境民族宗教社会问题研究基地成立于2007年，在5年的建设时间中，共承担了22项国家级课题，23项省部级课题。云南财经大学云南对外金融合作研究基地成立于2009年，经过3年的发展，共承担了8项国家级课题，28项省部级课题。由此可见，此省各研究基地所承担的科研项目都在稳步发展。

（3）云南农业大学云南“三农”问题与新农村建设研究基地唐滢教授提交的咨询报告《关于我省高校面向大湄公河次区域实施“走出去”战略的对策建议》由云南省高副省长、云南省教育厅罗厅长批示；张海翔教授提交的咨询报告《关于我省粮食安全问题的建议》由云南省孔副省长批示。

（4）云南大学西南边疆少数民族研究中心尤中教授出版的著作《中华民族发展史》、郭建斌教授出版的著作《独乡电视：现代传媒与少数民族乡村日常生活》获教育部高校科研优秀成果奖（人文社科）；陈永邺教授出版的著作《欢腾的圣宴——哈尼族长街宴研究》等13部著作获国家民委民族问题研究优秀成果奖。云南大学云南生态建设与可持续发展研究基地段昌群教授出版的《植物生态学》被评为国家级精品课程，基地下设立的生态学专业和环境专业被评为国家级特色专业，“普通生物学”课程被评为国家级精品课程。

五、今后的工作思路

重点研究基地建设作为哲学社会科学事业发展的一项重要基础性工作，发展好、建设好研究基地是加快云南经济社会发展、繁荣哲学社会科学事业面临的重要任务，是云南省第九次党代会赋予高校发展哲学社会科学新的历史使命，是云南省实现科学发展、和谐发展、跨越发展的前提条件。在今后乃至很长一段时间，云南省高校将按照“巩固成绩、注重质量、内涵发展”的思路，着重围绕以下几个方面开展工作：

一是构建高校哲学社会科学创新平台体系；二是构建团队攻关研究与个人自由探索并重的科研项目体系；三是构建高校哲学社会科学重点研究基地社会服务体系；四是构建高效的资源共享研究条件支撑体系；五是构建结构合理的人才队伍体系；六是构建与国际接轨的开放体系；七是构建现代科研管理体系；八是构建制度、监督、惩治相结合的学风建设工作体系。

云南师范大学国家体育总局体育文化研究基地概况

自2008年，国家体育总局批准成立云南师范大学体育文化研究基地以来，研究基地全体人员努力开拓创新，奋发有为，不断向着研究基地的建设目标向前发展，有效地实现和超越原定的基地建设发展目标。具体来说，我们在以下一些方面完成了研究基地的建设目标：

1. 研究基地在国内的发展地位

体育文化研究基地近年来的发展成效尤其显著，在国内学术界得到了较高的好评。如国内著名学者华南师范大学博士生导师胡小明教授在国内核心期刊《体育文化导刊》2008年第1期发表《当地中国体育人类学的发展与展望》一文中指出："云南师范大学的饶远教授及其团队自20世纪90年代以来就在云南民族地区进行大量的田野调查，他们的研究具有很强的现实感，有较高的研究水平。"

中央民族大学体育学院的方征教授在《体育文化导刊》2008年第9期发表的《我国少数民族传统体育科学研究之思考》一文中也指出："目前，我国已形成以云南师范大学、吉首大学、中央民族大学为龙头，全国各地广泛参与的少数民族传统体育学术研究的发展态势。"

在2009年云南省社会科学专家新春座谈会上，中共云南省委常委、省委宣传部长张田欣同志在其发言中还特别对饶远教授在第八届全国少数民族传统体育运动会论文一等奖的成果给予了表扬和鼓励。

2. 研究基地所得的获科研课题

我们自体育文化研究基地建设以来，共获得国家哲学社会科学基金研究课题2项，分别是饶远老师的《中国西南边疆地区体育发展特征与模式研究》(批准号：08BTY15) 和舒巨伟老师的《阿昌、德昂、景颇6~8岁学生体质调查与测评标准建立》(批准号08XTY004)。刘华老师获得2009年国家"十一五"教育规划重点项目1项，杨勇老师获得2009年国家"十一五"教育规划项目1项；张册老师获2008年国家体育总局体育社会科学研究项目1项；刘坚教授和徐长宏副教授获2010年国家教育部人文社科项目2项。此外，陈敏、孙振武、李雪梅、袁际学等老师获得2008—2010年度的云南省社会科学研究基金项目和云南省哲学社会科学研究基地的招标课题，翟波宇、袁际学老师获得2项云南省自然科学研究基金项目。此外，还有6位教师获得2009年国家体育总局体育文化研究基地的研究项目，多名教师获云南省教育厅的研究课题。

3. 研究基地的建设对教学工作和质量工程的推动作用

在长期少数民族传统体育文化研究积淀中，使我们在该领域的教学工作也得到较快的提升与发展。2008年我们申报的"民族传统体育"课程获国家级精品课程立项建设，这是全校的第一门国家级精品课程，也是目前国内唯一的少数民族传统体育领域的国家级精品课程。2010年我们申报的"民族传统体育"教学团队又被遴选为国家级教学团队。由刘坚教授主持申报的体育教育专业在2010年还获得国家教育部第六批高等学校一类特色专业建设点。

其中，2008年到2009年间，饶远、刘坚老师分别被评选为云南省高校教学名师，2010年刘坚教授被评为享受云南省政府津贴的突出贡献专家，2009年翟波宇老师被评为云南省中青年学术技术带头人，2010年饶远教授获得云南省教育功勋奖和云南省名师工作站。

4. 科研成果的应用情况

在体育文化研究基地的科研工作中，我们极为重视科研成果为地方经济建设和政府决策的咨询指导作用。2008年我们参与完成了省政府研究室的重大研究课题《云南体育产业发展规划》的编制和《云南省人民政府关于加快体育产业发展的意见》的文件起草工作；主持完成了中共云南省委宣传部、云南省文产办的《云南省体育产业近中期

(2009—2015) 发展规划》。

饶远教授作为课题组副组长完成了《中国太平国际奥林匹克体育小镇的建设规划》，目前，该项目建设的推进较为顺利，已吸引广州恒大、厦门万辉等10多家地产公司的350多亿元人民币的建设投资。

此外，饶远教授提出的“2008年北京奥运会在云南省内的火炬传递路线方案”，被北京奥组委和云南省政府采纳。

2009年我们又主持完成昆明市体育局的委托课题《昆明市农民体育健身工程项目的实施效益分析》(饶远、张予云、田世昌、张玉文等）和《昆明城市社区体育发展现状与对策研究》(陈敏）等课题，得到了昆明市发展与改革委员会和市体育局等部门的高度好评。

2008—2009年刘坚教授获山东青岛有关企业文化建设与职工体育发展的横向课题2项，研究经费为15万元；刘坚教授还与卢开智老师一道获得云南省锐龙矿业公司有关“校企联办高水平足球队的模式研究”的课题，研究经费达25万元。这些成果有效地凸显了我们团队为经济社会建设服务的研究能力与成效。

2010年饶远教授主持完成了丽江市体育局的研究课题——《丽江市体育事业第十二个五年发展规划》，该规划现已通过丽江市政府有关部门的评审。

5. 基地的成果获奖情况

自研究基地建设以来，刘坚教授获得2009年云南省优秀社会科学成果二等奖1项，饶远教授获2009年云南省政府云南发展研究二等奖1项。有3人获得2008年全国大运会科学论文三等奖3项（饶远、孙振武、陈敏）。

此外，刘坚教授主持申报的教学成果于2009年获云南省高校教学成果一等奖，由饶远、陈敏、陈斌等人申报的教学成果获2009年云南省高校教学成果二等奖。

此外，刘坚、翟波宇、丁先琼老师分别获得中国体育科学学会运动训练学分会的论文成果一等奖（2009年）；刘坚教授获得中国高等教育学会体育专业委员会论文一等奖(2009年)；刘坚、袁际学老师分别获得全国大学生体育协会田径分会论文二等奖（2009年)；在云南省教育厅“第二届云南省高等学校体育论坛”的评奖中（2010年），刘坚、袁际学、宋淑华、张爱华等老师分别获得论文一等奖，徐长红、吕赟等老师分别获得论文二等奖。

6. 基地的学术著作与教材出版情况

体育文化研究基地建设以来，我们共主编出版学术著作6部，分别是饶远主持出版的《中国少数民族体育文化通论》(人民出版社，2009年)，陈斌主编出版的《东方人类的故乡——楚雄》(云南大学出版社，2008年)，左文泉主编出版的《现代武术散打基础理论与实践》(北京体育大学出版社，2009年)，左文泉主编出版的《武术的文化底蕴与运动原理》(西安地图出版社，2009年)，翟波宇主编出版的《现代休闲体育理论与实践》(原子能出版社，2009年)，饶远等主编出版的《大学生创业理论与实践》(云南大学出版社，2008年)。

7. 基地的学术论文发表情况

体育文化研究基地在建的2年中，我们在国内核心期刊共发表学术论文25篇。其中饶远发表5篇，张册发表3篇，丁先琼3篇，徐长红发表2篇，金黄斌发表2篇，左文泉发表2篇，刘坚、周龙慧、张予云、翟波宇、卢开智、田世昌、吕品、杨勇等老师分别发表1篇。

8. 由科学研究所产生的创新型课程

随着研究基地建设工作的深入发展，也带动了我们教学工作与水平的不断提升，使我们在校内开设的课程已在国内具有重大的创新性和引领性。我们开设的“民族传统体育”课程，现已成为目前国内少数民族传统体育学科领域中唯一的国家级精品课程。而开设这一课程的教学团队成员饶远、刘坚、陈敏、陈斌、左文泉、丁先琼等老师也都是体育文化研究基地的主要成员，这表明研究基地的建设和科研工作的创新发展对教学水平的提升进步具有重要的推动作用。

9. 研究基地对人才培养的促进作用

人才培养是我们体育文化研究基地工作的一个特殊亮点。在研究基地的建设发展中，我们共有刘坚、张册、杨雪琴、何勇等老师分别考上北京体育大学和上海体育学院的博士研究生，有效地提升了我们研究基地成员的学历结构。

同时，通过研究基地组织的各种学习总结、学术活动如基地总结会、学科讨论会、座谈会、学术讲座、申报课题指导等来提高成员的整体水平和团队凝聚力，提高了基地成员的学术水平与科研能力，也使我们申报国家基金项目和省部级项目的数量明显增加，研究基地的整体科研实力明显增强。

10. 举办学术会议

2010年云南师范大学体育学院在昆明承办了由国家体育总局体育文化发展中心主办的2010年全国民族体育学术大会，本次大会共有来自全国各地的200多名学者参加，饶远教授还作为4名大会主题报告的发言人，做了《对开发我国少数民族体育旅游资源的深层思考》的报告，云南师范大学共有10余篇论文入选本次大会，大会还组织所有参会者到弥勒县西山区可邑村对少数民族传统体育的传承与保护状况进行实地考察。云南师范大学体育学院在大会的组织、承办质量方面，得到了国家体育总局和全体与会者的高度好评。

11. 研究基地的评比

2010年，由国家体育总局体育文化发展中心对全国40多个研究基地进行考评，共评出12个优秀研究基地，云南师范大学体育文化研究基地被评为优秀研究基地，并作为8个介绍经验的研究基地在山东临淄做了大会交流报告。

陕西省高校人文社会科学重点研究基地概况

一、总体情况

为了认真贯彻落实《中共中央关于进一步繁荣发展哲学社会科学的意见》和《教育

部关于进一步发展繁荣高校哲学社会科学的若干意见》精神，陕西省教育厅从2004年起，正式启动了高校哲学社会科学重点研究基地建设工作。截至目前，陕西高校共建有51个重点研究基地，其中29个重点研究基地已通过验收正式挂牌成立（其中2个为教育部人文社会科学重点研究基地），22个重点研究基地获准教育厅立项建设。51个重点研究基地分布在全省32所高校，研究领域包括：马克思主义、中共党史、经济学、法学、管理学、历史学、考古学、宗教学、民族学、中外语言文学、音乐、美术、体育、农村与农业、国防科技、交通运输、知识产权、基础教育与教师教育、高校德育、资源经济、信息资源、民俗文化等，基本覆盖了陕西省高校人文社科研究的所有重要学科和领域。

经过7年努力，陕西省重点研究基地建设取得重大进展和突破。全省重点研究基地建设整体布局已完成。各重点研究基地在整合科研力量、凝练研究方向、搭建科研平台、建立科研团队、开展科学研究和学术交流等方面作了大量卓有成效的工作，取得了丰硕的科研成果。这此重点研究基地已成为陕西高校哲学社会科学研究的重要平台，在省内外日益显示出广泛的学术影响力。

二、主要成绩和经验

1. 制定《陕西省高校哲学社科重点研究基地管理办法》，加强领导，规范管理

陕西省教育厅把建设重点研究基地作为高校哲学社会科学事业的繁荣发展的一项大事进行部署安排。2004年下发文件，提出了陕西高校哲学社会科学重点研究基地建设目标、建设标准和条件，在机构设置、资金投入、科研政策、团队建设、人才培养、科研管理、学术交流等方面给予政策支持，有力保障了重点研究基地建设高起点高效率快速启动和平稳发展。2008年又制定颁布了《陕西（高校）哲学社科重点研究基地管理办法》(试行)，从创新运行机制和科学规范管理入手，建立、健全了各项行之有效的管理制度和优惠政策，基地建设呈现出生机勃勃的发展态势。

2. 投入专项建设经费

自2004年启动基地建设以来，陕西省教育厅每年投入专项经费用于建设重点研究基地，据不完全统计，截止到2010年共累计投入建设经费1200多万元以上。各有关高校按1∶1配套经费建设经费投入，保证每年每个基地不少于10万元专项建设经费，总计共投资约2000多万元以上。目前，各重点研究基地大都配备了400平米以上独立的办公用房、学术报告厅，配备有多媒体、计算机等仪器设备、一万册以上图书和专业报纸杂志的图书资料室、专业网站等。

3. 加强检查评估，促进基地建设

陕西省教育厅对重点研究基地的建设实行“竞争入选、定期评估、淘汰替补”的动态管理模式。对立项建设的重点研究基地，省教育厅组织专家进行现场考察，提出具体建设要求，建设期2~3年，建设期满进行现场考察验收，达到标准的予以正式挂牌。对正式挂牌的重点研究基地每3年进行一次评估，在评估的基础上，对科研成果突出的给予奖励，对未能通过评估的给予1年期的限期整改（整改期间停止经费支持）。整改仍未通过的，取消重点研究基地资格。持续不断地检查评估，对促进重点研究基地规范建设起到了至关重要的作用。

4. 注重科研团队建设和人才培养

各基地选拔国内外有一定学术影响力的专家学者担任基地学科带头人，整合校内外科研力量，聘请省内外学术专家，初步形成了具有政治素质高、治学严谨、理论功底扎实、勇于开拓创新的较为稳定坚实的学术团队，为重点研究基地的发展奠定了坚实基础。据不完全统计，目前全省高校拥有基地专兼职科研人员约 1272 人，49 个省级重点研究基地都成立了学术指导委员会。

5. 以科研项目为纽带，以科研成果为导向，取得了丰硕的科研成果

据不完全统计，陕西省 49 个省级重点研究基地共承担国家社科基金项目和国家自然科学基金项目 143 项、省部级科研项目 585 项、国际合作项目 2 项、企事业单位项目 124 项，共获资助经费 7362.1 万元；产出了一大批优秀成果，其中在核心刊物上发表论文 3432 篇，被 SSCI、A&HCI 和 CSSCI 收录发表论文 513 篇，出版学术专著 534 部；获教育部全国高校人文社科优秀成果奖 7 项，获省部级社科优秀成果奖 146 项。重点研究基地已成为高校哲学社会科学创新研究的核心力量。

"十一五"期间，陕西省高校哲学社会科学基地建设取得重大突破。从整体来看，重点研究基地的科研实力大大增强，争取项目经费的能力显著提高，团队攻关、整体作战的观念和能力大大增强，解决重大理论和现实问题的能力明显提高。突出表现在：一是形成了一个较为全面齐备的学科体系；二是形成了一套较为规范完善的科研与项目资助体系；三是培养了一支相当规模、较高水平的科研队伍；四是涌现了一批具有较高水平的研究成果；五是在传承文明、创新理论、资政育人、服务社会方面作出了重要贡献，有力地促进了全省高校人文社会科学的繁荣发展。

三、标志性研究成果

1. 西北大学中国思想文化研究所的《中国思想史》、《中国儒学思想史》、《宋明理学史》、《中国历史（6 卷本）》、《中国思想学说史（9 卷本）》等著作，对中华文明中儒、道、佛等思想元素的成熟与发展，及其对中国历史的促进作用进行了深度研究，在中华文明的核心价值研究方面作出了贡献。

2. 西北大学中东研究所主编出版的《二十世纪中东史》、《阿拉伯国家简史》、《文明交往论》、《中东国家通史（13 卷本）》等著作，为国家在外交、民族和宗教等方面的重大决策提供了重要参考。

3. 长安大学陕西省综合交通运输管理研究中心的《陕西省综合交通运输体系建设研究》，成为陕西省制定"十二五"交通规划的主要依据。

四、"十二五"工作思路

陕西省在"十二五"期间基地建设的总体目标是：以科学发展观为指导，立足创新，大力提升重点研究基地科研实力和质量水平；经过 5~10 年的努力，逐步建成一批在国内外有一定影响力的重点研究基地；培养和造就一支年龄结构和知识结构合理、学术造诣精湛的学术队伍；产生一批求实创新和具有重大影响的标志性成果；形成一批对陕西经济社会文化发展能够提供对策研究并具有地方特色、区域优势的基础理论和应用方面的重要成果。

主要任务是：巩固已取得的成就，进一步加强组织领导，加大对基地建设政策支持和经费倾斜力度；不断深化改革，形成正确的科研管理导向机制，构建更好的制度环

境；进一步加强学科队伍建设和人才培养，培养和造就一支结构合理、学术造诣精湛的强大的学术团队；立足于为陕西经济建设、西部建设服务的目标，力争在较短时间内在标志性科研成果上有较大的突破，为繁荣发展高校哲学社会科学和建设西部强省作出新的更大贡献。

具体措施是：(1) 认真学习贯彻党的十七届六中全会精神，增强政治责任感和历史使命感，把繁荣发展哲学社会科学的三大任务落实到高校哲学社会科学事业中；(2) 按照明确目标、统筹兼顾，突出重点、强化特色，整体推进、协调发展的原则，从政策、经费、体制、机制上保证重点研究基发展；(3) 强化质量观念，进一步提高重点研究基地的创新能力和成果水平；(4) 紧紧抓住培养人才、吸引人才、用好人才三个环节，努力造就优秀人才脱颖而出、各类人才人尽其才的良好局面；(5) 以科研项目为纽带，注重成果培育和转化，提高成果质量；(6) 建立更加合理的评估制度和评价体系，形成正确的激励导向，促进基地发展；(7) 切实加强学术道德和学风建设。

甘肃省人文社会科学重点研究基地概况

“十五”以来，甘肃省高校人文社会科学研究工作紧紧围绕服务区域经济社会发展战略，以学科建设为龙头，以人文基地建设为载体，以体制机制创新为突破口，推进实施人文社会科学繁荣发展创新工程，解放思想，实事求是，与时俱进，全省高校人文社会科学研究工作得到了又好又快的发展。

一、总体情况

近年来，在国家人文社会科学重点研究基地的辐射和带动下，根据教育部实施新一轮哲学社会科学繁荣发展计划，启动新一轮重点研究基地建设计划的有关精神，甘肃省不断加强人文社会科学研究基地的建设。在“十五”期间，先后设（成）立了甘肃省教育发展、农村发展、工业经济发展、城市发展四个研究院，紧紧围绕甘肃经济发展的需要开展研究与资政工作，为地方经济发展作出了重要的贡献。于2007年成立了“甘肃省先秦文学与文化研究中心”，为先秦文学与文化的研究搭建了平台，在原有管理办法的基础上，于“十一五”时期末出台了《甘肃省高等学校人文社会科学重点研究基地管理办法》(以下简称《管理办法》)，并根据《管理办法》在2010年5月启动了新一轮《甘肃省高校人文社会科学重点研究基地建设计划》，共资助建设省内高校重点研究基地21个（见如下具体名单），涵盖了西北社会发展与评价、边疆史地、民族地区社会发展与地方治理、少数民族宗教、民族地区侦查理论与实务、安多藏文化等领域。这是甘肃省在加强全省高校创新平台建设，培育高层次创新人才方面的又一新举措。同时，通过加强基地平台建设，打破了学科壁垒，优化了资源配置，与地方行业的优质资源实现了共建共享，构筑了跨学科综合性创新平台，为高水平科学研究和高层次人才培养提供了有力的平台支撑。

甘肃省高校人文社会科学重点研究基地名单

序号	重点研究基地名称	依托单位
1	甘肃省先秦文学与文化研究中心	西北师范大学
2	西部教师教育研究中心	西北师范大学
3	西北边疆史地研究中心	西北师范大学
4	西北民族地区社会发展与地方治理研究中心	西北师范大学
5	西部农村发展与社会保障研究中心	甘肃农业大学
6	中小企业管理创新研究中心	兰州理工大学
7	西北交通经济研究中心	兰州交通大学
8	甘肃经济发展数量分析研究中心	兰州商学院
9	甘肃商务发展研究中心	兰州商学院
10	敦煌医学文献整理与应用研究中心	甘肃中医学院
11	甘肃省经济法制研究中心	甘肃政法学院
12	西北民族地区侦查理论与实务研究中心	甘肃政法学院
13	陇右文化研究中心	天水师范学院
14	河西史地与文化研究中心	河西学院
15	陇东历史文化研究中心	陇东学院
16	西北方言研究中心	兰州城市学院
17	安多藏文化研究中心	甘肃民族师范学院
18	中国西部循环经济研究中心	兰州大学
19	西北社会发展与评价研究中心	兰州大学
20	西北少数民族文学研究中心	西北民族大学
21	西北少数民族宗教研究中心	西北民族大学

二、主要成绩

近年来，甘肃省现有的3个国家重点研究基地、4个省级研究院和21个省高校重点研究基地紧密围绕国家和省上重大发展战略和决策，以重大理论和现实问题研究为导向，促进学术创新、机制创新和管理创新，培育创新团队，增强自主创新能力，构建自主创新体系。各人文社会科学研究基地自批准建设以来，在科学研究、学术交流、促进地方经济文化建设等各个方面均取得了丰硕的成果，赢得了良好的学术声誉，产生了广泛的社会影响，也完成了一系列代表性的成果。

三、标志性成果

（1）西北师范大学王嘉毅教授主持完成的《西北少数民族基础教育发展现状与对策研究》（专著）获教育部高等学校科学研究优秀成果一等奖，实现了甘肃省省属高校教育部高等学校科学研究优秀成果奖（人文社会科学）一等奖零的突破。

（2）西北师范大学赵逵夫教授主持的国家社科基金项目《先秦文学编年史》被国家社科规划办评为优秀项目。这是甘肃省 20 年来第一个国家社科优秀项目。《科技日报》以专栏予以报道。该成果又被收入“代表国家社科研究最高水平”的《国家社科基金文库》，于 2010 年 3 月由商务印书馆出版。

（3）西北师范大学赵逵夫教授主编完成的《先秦文论全编要诠》被列入“国家古籍整理出版‘十一五’重点规划项目”，并于 2010 年 2 月由人民文学出版社出版。2010 年赵逵夫教授投标的国家社科基金重大招标项目“《全先秦汉魏晋南北朝文》编纂整理与研究”获准立项，资助经费 80 万元，实现了学校人文社科研究国家社科基金重大招标项目零的突破。

（4）甘肃政法学院任尔昕教授关于《商事通则》立法模式和立法体系的研究，在国内产生了较大学术影响，并被确定为《商事通则》草案的 19 名起草人之一。

（5）甘肃政法学院李玉基教授、俞金香副教授等关于循环经济立法的研究，史玉成教授、郭武讲师等关于环境基本法律制度的研究，在各自研究领域产生了较大的影响。

（6）甘肃政法学院主编完成的《西部地区毒品犯罪对全国禁毒工作的影响研究》、《中国西部民族地区恐怖犯罪问题研究》等获得省社科成果奖，具有实践应用价值的《WLQ-I 型微量取样器在文检技术中的应用》、《猫儿眼生物活性及抗肿瘤作用实验研究》、《西部地区毒品犯罪若干问题研究》、《诱惑侦查问题研究》、《医学法学理论与实践研究》等获得甘肃省社科成果奖、省高校科技进步奖、省高校社科成果奖。

（7）天水师范学院以陇右文化研究中心为依托，通过整合研究队伍，构建学科体系，创设陇右文化校本课程，不断加强陇右文化学科基础和各分支领域的研究，10 年间出版专著 30 多部，结合学术研究和学科建设先后开设了《陇右文化概论》、《伏羲文化概论》等 13 门校本课程。

（8）天水师范学院雍际春教授关于天水放马滩木板地图的综合研究，不仅破解了地图作者的身世，确定了地图绘制年代在距今 2300 年以前，而且揭示了该图是中国最早的实物地图和世界上最早的实用地图，进而将中国传统地图学理论形成的时间由秦汉魏晋时期上推到战国后期，研究成果《天水放马滩木板地图研究》一书于 2006 年获教育部全国高校人文社科优秀成果三等奖。

四、“十二五”建设思路

“十二五”期间，甘肃省高校人文社会科学重点研究基地建设的总体思路是：以马列主义、毛泽东思想、邓小平理论和“三个代表”重要思想为指导，全面贯彻落实科学发展观，遵循科学研究和学科发展规律，建立创新机制，优化资源配置，集中研究力量，培养高层次科学研究人才。以开展科学研究、人才培养、学术交流和资料信息建设、咨询服务及科研体制改革为重点，注重质量提高、内涵发展。

甘肃省将继续加大对高校人文社会科学重点研究基地的支持力度，通过加强基地的建设水平，带动学科发展，力争将相关重点学科建设成为国家级重点学科，并将有优势有特色的基地建设成教育部人文社会科学重点研究基地；针对甘肃省经济社会发展过程中亟待解决的多元文化发展、经济社会发展等重大理论和现实问题，积极申报并获得国家和省部级以上研究课题，积极承担地方政府部门委托的各类研究课题。在标志性科研成果的产出有新突破；各研究基地将进一步凝练学科方向，加强学术团队的建设，并充分发挥重点研究基地的作用，通过科学研究，培养高水平理论创新人才、高素质学术带头人和中青年学术骨干，促进硕士、博士等高级专门人才的培养，使基地平台发展成为省内外相同领域的优秀人才库和后备人才培养基地；通过主动承担政府部门委托研究课题、吸收地方政府相关部门工作人员参加课题组开展合作研究，面向各级地方政府及社会各界开展咨询服务，提高解决经济社会发展中重大实践问题的综合研究能力和参与重大决策的能力，使基地成为全省乃至全国知名的相关理论和政策研究中心与信息交流中心、地方政府政策咨询的思想库和咨询服务基地。

宁夏大学回族研究院概况

一、自治区人文社科重点研究基地设立和建设措施

（一）首个自治区级人文社科重点研究基地的设立

宁夏大学回族研究院是中国高校中唯一专门从事回族研究的机构，也是宁夏回族自治区批准设立的首个自治区级人文社科重点研究基地。宁夏是全国最大的回族聚居区，也是全国唯一的省级回族自治地方，宁夏大学作为宁夏回族自治区最高学府，搞好回族研究责无旁贷。

2004 年 11 月，宁夏大学召开“回族研究院发展规划暨申报自治区人文社会科学重点研究基地论证会”。2004 年 12 月 8 日，宁夏大学向自治区教育厅正式呈送了《关于把宁夏大学回族研究院设立为自治区高等学校人文社会科学重点研究基地的请示报告》。2004 年 12 月 31 日，自治区人文社会科学重点研究基地宁夏大学回族研究院授牌仪式在宁夏大学逸夫楼隆重举行，自治区领导王正伟、刘仲到会祝贺，原自治区教育厅厅长、现任自治党委常委、宣传部长蔡国英和原自治区政协副主席、宁夏大学党委书记、校长陈育宁分别在授牌仪式上发表讲话。

（二）运行机制和建设措施

1. 运行机制

自治区人文社科重点研究基地宁夏大学回族研究院采用“共同建设、专项支持、开放流动”的运行机制，具体包括以下五个方面：（1）重点研究基地由自治区教育厅和宁夏大学等部门共同建设，自治区教育厅对重点研究基地建设进行指导并负责专项经费支持。（2）宁夏大学负责为重点研究基地提供良好的科研条件和相应的配套经费，组织和支持重点研究基地的重大学术活动。（3）重点研究基地实行目标管理，自治区教育厅和宁夏大学共同负责重点研究基地发展规划实施情况的检查、验收工作。（4）宁夏大学在人才引进、职称评定、经费管理等方面对重点研究基地给予一些特殊政策，以促进人才资源的合理配置和经费的使用效率。（5）重点研究基地坚持开放流动、资源共享、广泛合

作的工作理念。

2. 建设措施

自治区人文社科重点研究基地宁夏大学回族研究院批准建立后，我们立足于回族研究院原有基础和学科特点，参照教育部人文社科重点研究基地的建设目标和要求，制定了《自治区人文社会科学重点研究基地宁夏大学回族研究院发展规划》，并严格依照规划要求进行建设。

(1) 队伍建设与人员管理。第一，以中心原有科研人员为基础，通过方向整合、优秀拔尖人才引进和制度创新等途径，形成一支结构合理、精力充沛、相对稳定的专职科研队伍。第二，本着开放与合作的精神，从校内外聘请 15~20 名在回族研究领域具有较大影响的学者担任中心兼职研究员。第三，采用签约研究、驻所研究和访问研究相结合的办法推进合作研究。

(2) 学科建设与人才培养。第一，积极争取自治区教育厅和学校支持，加强重点学科建设。第二，积极申报硕士、博士学位点，形成学术研究、学科建设与人才培养相互支撑的格局。第三，积极吸收中青年教师参加重大项目研究，培养高素质的学科带头人和中青年学术骨干；积极吸收研究生参与课题研究，促进高级专门人才的培养。

(3) 科研设施与图书资料、网络建设。多渠道筹措资金，不断改善科研人员工作条件；加快回族学文献信息中心建设，使资料建设争创全国一流水平。加强网络建设，建立内容丰富、便于查询并能正常维持的重点研究基地网站。

(4) 项目建设。第一，把承担重大科研项目、产出重大科研项目当做重点研究基地建设的主要任务。走以各类基金项目带动科研发展之路，主动从国内外有关部门承揽各种研究项目，广开科研项目和经费来源渠道。第二，结合区域经济社会发展需要，每年精心设计 1~2 项具有较强现实应用性的科研项目，开展跨区域、跨部门、跨学科合作研究，为政府决策、企业发展提供智力支持，为区域经济社会发展服务。第三，教育厅在自治区高等学校科研项目的立项中对重点研究基地给予倾斜，每年择优支持 2~3 个重大项目，逐步推出一些标志性研究成果。

(5) 学术交流。重点研究基地每年主办一次小型学术研讨会，两年主办一次全国性或国际性学术讨论会，就回族研究某一领域的重大理论和实践问题进行研讨，发挥学术交流中心的作用。每年为研究人员提供 8~10 人次参见国内学术讨论会、3~5 人次参加国际学术讨论会的机会，邀请同领域知名专家前来开展讲学、访问等学术活动。

二、主要建设成就

重点研究基地设立以来，在自治区和学校的关心、支持下，回族研究院努力创新发展机制、积极整合校内外学术资源，形成了高水平学术研究与高层次人才培养相互支撑的格局。学科特色更加突出，学科优势更加明显，服务地方的能力明显提高。和全国同领域相比，宁夏大学回族研究院逐渐形成了以下优势和特色：

(一) 汇聚了一支高水平学术队伍

回族研究院作为自治区人文社科重点研究基地，现有享受“国务院特殊津贴”专家 1 人，入选教育部“新世纪优秀人才支持计划”2 人，入选国家“百千万人才工程”第三层次 1 人，享受“自治区政府特殊津贴”专家 3 人，入选自治区“新世纪 313 人才工程

（自治区新世纪学术技术带头人）”4人，宁夏大学校长特别奖励计划获得者2人；团队中有博士生导师6人，硕士生导师9人。这个创新团队的形成充分证明了重点研究研究基地整合资源和汇聚人才的能力。

（二）形成了独具特色的研究方向

近些年来，回族研究院立足于西部大开发和自治区经济社会发展实践，形成了回族历史、回族文化和回族聚居区经济社会发展三大研究方向，在区域伊斯兰文化研究、回汉民族关系研究、城乡回族社区发展研究、回族妇女研究、回族近代史研究、“回儒”研究和回族人群基因资源研究等方面形成了自己的特色。这些研究方向和重点研究领域均以重点研究基地、重点学科和硕士、博士学位点为支撑。

（三）产出了一批有重要影响的研究成果

截至目前，回族研究院先后组织出版了《中国回族大辞典》、《回族民俗学》、《中国回族文物》、《回族民间文学集成》、《中华回族爱国英才》等一批有重大影响的研究成果，受到国内外同行的广泛关注。由研究院专兼职科研人员完成的《近代西北回族社会组织化进程研究》、《多元一体格局中的回汉民族关系》、《中国回族科技史》、《伊斯兰教与中国传统文化的整合》、《清真食品管理概述》、《刘智思想研究》、《中国回商》、《中国回族名人》及《阿拉伯文化与回族文化比较研究》等都是同领域具有较大影响的学术成果。2005年，回族研究院创办了连续性学术出版物《中国回族学》，成为国内外学术界展示回族研究前沿成果的新平台。研究成果中有多（部）篇获省（部）级以上优秀科研成果一、二、三等奖。

2005年以来，全院共获得国家社科基金项目课题10项，教育部、国家民委人文社科基金项目课题6项，其他各级各类课题10余项，各类科研基金项目经费160万元。出版专著20余部，公开发表学术论文80余篇。在学校民族学一级学科博士学位点申报中，回族研究院分别有14篇论文、16个科研项目、5部专著和3项获奖成果入选，体现了对该学科较强的学术支撑能力。

（四）创建了特色鲜明的高层次专门人才培养基地

研究院现有一个博士学位点、两个硕士学位点，各学位点的研究方向均以回族历史与文化、回族社区发展、自治地方社会建设等特色领域为主。这个人才培养基地的形成，加快了民族学领域高层次专门人才的培养进程，有利于更好地服务于西部大开发和回族聚居区的经济社会发展实践，促进民族地区社会和谐。

（五）打造了多层次、多样化的学科支持平台

近年来，随着宁夏大学的整体发展，回族研究院逐渐形成了以自治区人文社科重点研究基地为连接点的多层次、多样化学科支持平台，教学、科研条件不断改善。2008年以来，回族研究院相继成为自治区民族宗教理论与政策研究基地，自治区回族学人才高地。形成了国家重点学科（培育）“中国少数民族史”、“211工程”重点学科“民族史学理论与回族史西夏史”和自治区重点学科“民族学”相互支撑的重点学科体系。建成了回族学文献信息中心和影视人类学工作室。

回族学文献信息中心现有藏书一万余册，特色鲜明、学科覆盖面广，其中英文、阿拉伯文图书（含电子版）近1000册，每年订阅期刊杂志、报纸等30余种，对国内外回族、

伊斯兰教研究类图书的收藏比较齐全。影视人类学工作室配备有比较专业的摄像机、照相机、扫描仪等设备，可为师生开展田野调查提供良好的硬件支持。

（六）较好地发挥了学术交流合作平台的作用

近年来，回族研究院先后成功举办了“回族非物质文化遗产保护国际研讨会”、“回族文化与区域和谐发展论坛”等大型学术活动。先后与美国、日本、德国、土耳其、吉尔吉斯斯坦、伊朗、巴基斯坦、埃及、马来西亚等国同行开展了广泛的学术交流与合作研究。特别是同穆斯林国家高校和科研机构的交流合作进一步扩大，先后与多个穆斯林国家的大学和研究机构建立了校际合作关系，在学者互访、成果出版、资料互换、人才培养等方面已取得明显成果。

三、今后发展设想

（一）找准国家重大战略需求与民族地区发展需要的结合点，积极申报教育部人文社科重点研究基地

当今世界正处在大发展、大调整时期，随着我国成为全球第二大经济体，海外已成为我国能源、原材料的重要来源地和巨大的商品市场，国家利益几乎遍布全世界，穆斯林国家是中国海外利益的重点区域。面对复杂的国际环境，进一步巩固和发展同全世界60多个穆斯林国家的友好合作已成为我国外交战略的重点。尽管我国与广大穆斯林国家保持着长期友好关系，但我国对广大穆斯林国家社会文化及其变化趋势的研究和把握还很不够，使得我们国家在这一地区的文化影响力不足，国家利益难以得到切实保障，影响了中国作为发展中大国在国际事务中的地位和作用发挥。

随着新一轮西部大开发战略的实施，党中央、国务院已将宁夏列入建设内陆开放型经济区、实施向西开放战略的重点地区，构成国家战略的组成部分。宁夏回族自治区党委政府十分重视同穆斯林国家的多层次、多方位的交往合作，将相关工作列入本地区中长期发展规划并作出相应的制度性安排。“中阿经贸合作论坛”作为宁夏回族自治区党委政府的重大战略选择，得到国务院的大力支持。同时，宁夏作为省级民族区域自治地方和全国最大的回族聚居区，民族团结、社会稳定、人民生活得到显著改善，进入了历史上最好的时期。

鉴于上述，今后我们将以国家重大需求和民族地区发展需要为导向，发挥特色学科优势，积极开拓新的研究领域，进一步加强对国内外穆斯林民族特别是对海外穆斯林民族的研究，注重社情调查，加强相关领域数据信息平台建设，强化咨询服务功能，为国家重大战略决策和地方经济社会发展服务。

（二）不断创新发展模式，使重点研究基地成为高等学校发挥三大功能的前沿阵地

继续坚持开放流动、资源共享原则，打破部门界限，强化区域合作和学科联合，借鉴国内外研究机构运行模式方面的成功经验，积极整合校内外学术资源，组织社会力量参与，特别是联合区外、国外高校和科研机构参与重点研究基地建设，造就一支具有国际视野、达到国内一流水平的专家队伍。

重视科学研究、人才培养、社会服务的相互结合，善于借助国际合作培养人才，主要采用导师+研究生的团队模式开展课题研究，采用国内导师和外国导师联合指导的方式培养博士、硕士研究生，从而为研究生在海外开展调查研究、完成学位论文创造条件。在这

个过程中逐步造就一批能够持续开展相关研究、长期为国家服务的专业队伍。

坚持基础研究和应用研究相结合的原则，使重点研究基地成为创新性成果的产出地和决策咨询的智库。研究路径上突出整体设计与分项实施、宏大视野与微型研究的有机结合，成果形式上以出版重大学术成果和提出政策建议为主，坚持创新性、可靠性与时效性的有机统一。

四、“985工程”哲学社会科学创新基地发展状况

（一）“985工程”建设十年概述

1.“985工程”建设的历史背景

（1）世界一流大学与高水平研究型大学建设是国家的战略选择

新中国成立特别是改革开放以来，我国社会主义现代化建设取得了举世瞩目的伟大成就。同时，也必须清醒地看到，我国正处于并将长期处于社会主义初级阶段，全面建设小康社会，还有诸多困难和问题亟待解决。从国际上看，我国也将长期面临发达国家在经济、科技、军事等方面占有优势的巨大压力。要实现现代化、增强国际竞争力，就必须建设一批世界一流大学和国际知名的高水平研究型大学。从历史上看，世界一流大学与大国崛起有着密不可分的联系。工业革命以来，曾为世界头号强国的英国，以及法国、德国和现在的超级大国美国在崛起的初期都对本国的教育和科技政策进行了重大改革，并都集中建设或重点资助了一批高水平的研究型大学。当今世界，几乎所有发达国家都有世界一流大学。这些大学对本国的经济、科技、社会、军事等各个领域的发展都有着重大影响。尤其是近些年来知识经济的发展和经济全球化步伐的加快，世界各国都愈加重视高等教育对国家利益和国家安全的重要作用，纷纷加大对高等教育的投入力度。

世界一流大学与高水平研究型大学作为一个国家高等教育实力的标志和核心，是培育政治、经济、科技、教育等领域的领袖和精英人才的摇篮，是基础性科技创新的不竭源泉，是新兴产业生成、发展的强大推进器，是先进思想和时代精神的引领者。基于对世界一流大学在国家发展中的战略性地位的充分认识，目前许多国家和地区特别是日、韩，以及我国台湾地区等都将建设高水平大学作为新时期高等教育发展战略的重要内容。

我国的高等教育起步较晚，并在相当长的时间内发展较慢。改革开放以来，随着我国经济的高速发展，高等教育事业也取得了长足的进步，但是总体发展水平仍然偏低，对我国实现新时期的发展目标支撑不够。建设一批世界一流大学和高水平研究型大学，对于带动我国高等教育的整体发展和提高，进而提升我国人力资源水平、保证我国尽快跻身创新型国家行列意义重大。因此，建设世界一流大学是党和国家从维护和发展中华民族的根本

和长远利益出发的战略抉择，是国家意志的高度体现。

（2）"211 工程"建设为"985 工程"的实施奠定了坚实基础

从近年来我国高等教育的发展态势来看，在高等教育规模不断扩大的同时，多层次、多形式的高等教育体系已初步形成。不同层次的高等学校在我国经济建设和社会发展中发挥着不同的作用，都是一个完备的高等教育体系所必须的。但是也应当看到，高水平大学在高层次人才培养、高水平科研和高质量的社会服务方面都占有绝对的优势，肩负着更重的国家使命。因此，基于我国国情，要想尽快实现从高等教育大国向高等教育强国的转变，只能实施"重点建设、带动全局"的方针。国家必须集中有限的力量，重点支持若干所国内顶尖高校创建世界一流大学，支持一批基础好的高校建设高水平研究型大学，支持一大批高校建设高水平学科，使它们的实力迅速提升，进入国际先进行列，成为高等教育服务国家战略的主要力量，进而带动我国高等教育整体水平的提升。

基于这种思路，经国务院批准，原国家计划委员会、原国家教育委员会和财政部于 1995 年联合下发了《"211 工程"总体建设规划》。"211 工程"是我国面向 21 世纪，重点建设 100 所左右高等学校和一批重点学科的建设工程，是新中国成立以来由国家立项在高等教育领域进行的规模最大、也是当时层次最高的重点建设工程。"211 工程"的实施不仅反映了党和政府对新时期高等教育的高度重视和殷切期待，而且体现了在我国基本国情和现实条件下，集中力量办大事的优良传统和集中资源、率先突破、带动整体的发展和建设思路。

"211 工程"的实施唤醒了高校参与国际竞争、冲击世界一流、服务国家战略需求的意识。经过"211 工程"建设，国内高水平大学的办学条件得到了显著改善，学科建设取得了重大成效，学校整体实力明显增强，显著缩小了与世界一流大学的差距。但是与世界一流大学相比，我国的高水平大学在世界影响力、科技创新能力、高端人才队伍、国际化水平、高校管理体制和运行机制上仍存在较大差距。在高等教育国际竞争日趋激烈的背景下，为了尽快缩小差距，必须采取进一步的超常规建设举措。对少数高校加大改革和投入力度，支持它们尽快建成世界一流大学和高水平研究型大学，既符合我国高等教育"重点建设、带动全局"的发展思路，也是迅速提升少数顶尖大学国际地位、加快创新型国家建设进程、振奋民族精神的现实需要。一个更高层次、更大力度的高等教育建设工程呼之欲出。

（3）"985 工程"的实施是中华民族伟大复兴的必然要求

建设一批世界一流大学和高水平研究型大学，对于认识世界、探求真理、解决人类面临的重大课题，对于我国培养和造就高层次创造性人才，构筑国家创新体系，促进中华民族优秀文化与世界先进文明成果的相互交流和借鉴，实现全面建设小康社会的宏伟目标，把我国建成现代化强国，实现中华民族的伟大复兴，具有不可替代的作用。

1998 年 5 月 4 日，江泽民同志在庆祝北京大学建校 100 周年大会上发表重要讲话，代表党和政府郑重宣布："为了实现现代化，我国要有若干所具有世界先进水平的一流大学。"同一天，教育部向全国教育系统发出《关于深入学习江泽民同志在庆祝北京大学建校 100 周年大会上的重要讲话精神的通知》。1998 年 6 月 25 日，国家科技教育领导小组正式成立，时任国务院总理朱镕基任组长，副总理李岚清任副组长。1998 年 10 月 28 日，在国家科技教育领导小组的第二次会议上，审议并原则通过了教育部报送的《面向 21 世纪教育振兴行动计划》。

1998 年 12 月 24 日，教育部发布了《面向 21 世纪教育振兴行动计划》，对世纪之交我国教育的发展和改革进行了全面部署。教育振兴行动计划历史性地提出重点支持部分高等学校创建具有世界先进水平的一流大学（即“985 工程”），指出：“建设世界一流大学，具有重大的战略意义”；“经过长期的建设和积累，我国少数大学在少数学科和高新技术领域已达到或接近国际先进水平，拥有一批高水平的教授，尤其是本科生培养质量较高，为创建世界一流大学创造了条件”；“一流大学建设要有政府的支持，资金的投入”；“要相对集中国家有限财力，调动多方面积极性，从重点学科建设入手，加大投入力度，对于若干所高等学校和已经接近并有条件达到国际先进水平的学科进行重点建设。今后 10~20 年，争取若干所大学和一批重点学科进入世界一流水平。”

1999 年 1 月 13 日，国务院批转了该项计划，“985 工程”正式实施。

2. “985 工程”建设的总体情况

（1）建设目标与指导思想

建设目标。经过若干年的努力，建成若干所世界一流大学和一批国际知名的高水平研究型大学。通过管理体制创新、运行机制创新，积极探索世界一流大学建设的新机制；造就和引进一批具有世界一流水平的学术带头人和学术团队；重点建设一批科技创新平台和哲学社会科学创新基地，促进一批世界一流学科的形成。

指导思想。集中资源，突出重点，体现特色，发挥优势，坚持跨越式发展，走有中国特色的建设世界一流大学之路。

基本原则。坚持以国家目标为导向，瞄准世界先进水平和国家重大需求，增强国家核心竞争力，解决国家建设的重大问题，为全面建设小康社会作出重大贡献；坚持改革和创新，深化高等学校内部管理体制和运行机制改革，为“985 工程”建设的各项任务提供体制和机制保障；坚持重点建设与整体统筹相结合。遵循科学发展观，统筹和协调长远目标与近期任务、人才培养与科学研究、学科建设与平台构筑等关系，综合集成推进建设世界一流大学和国际知名高水平研究型大学进程。

（2）建设任务与资金安排

机制创新。按照世界一流大学建设的要求，改革现行的管理体制和运行机制，以适应世界一流大学建设的需要。

加快人事制度改革，建立以竞争、流动为核心的人事管理机制、人才评价机制和科学合理的分配激励机制，形成有利于优秀人才脱颖而出、吸引和稳定拔尖人才、充分发挥聪明才智的氛围。

突破以传统学科界限为基础的科研管理与学科组织模式，建立有利于创新、交叉、开放和共享的运行机制，以适应现代科学发展综合化趋势。

建立以投资效益为核心的公开、公平、公正的绩效考核和评价机制。

队伍建设。提供优越的研究条件和配套保障条件，面向国内外招聘具有国际先进水平的学术带头人、优秀学术骨干和大学高级管理人才，重视有潜力的中青年骨干的培养和深造，通过提高水平、营造氛围、严格培养等多种途径吸引优秀青年人才，形成一支以博士生和博士后为生力军的创新力量，加快建设一支具有世界一流大学水平的教师队伍、管理队伍和技术支撑队伍。

平台建设。以国际科技前沿和国家现代化建设重大需求为导向，以学科建设规划为指导，围绕国家重大基础研究、战略高技术研究和重大科技计划，整合、建设一批高水平的“985工程”科技创新平台，与国家实验室、国家重点实验室、国家工程研究中心、国家工程技术研究中心等国家创新平台建设计划有机衔接。在平台建设中，要加大学科结构调整力度，拓展学科发展空间，促进学科交叉，推进资源共享，组建高水平学术团队，建立开放、共享、竞争、高效的管理和运行机制，建设、改善平台的教学、科研条件和基础设施。通过平台建设，大力提高所建高校的创新能力和解决国民经济建设中的重大科技问题的能力，增强承担国家重大任务、开展高水平国际合作的竞争实力，促进学科优化和交叉，形成一批重大科技成果和世界一流学科，在国家创新体系建设中发挥重要作用。

围绕国家、区域社会发展、经济建设中的重大问题，建设一批跨学科、具有创新性、交叉性、开放性的“985工程”哲学社会科学创新基地。推动人文社会科学与自然科学、工程技术等的交叉、互渗与融合，孕育和催生新的学科研究领域和研究方法，形成一批能够解决具有全局性、战略性、前瞻性的重大理论及现实问题，为党和政府决策咨询服务、为社会主义现代化建设服务、为建设物质文明、政治文明和精神文明服务的国家级哲学社会科学中心。

条件支撑。加快建设公共资源与仪器设备共享平台，建设配置合理、设施完备的教学科研用房。加强教学科研信息化、数字化环境建设，构建基于现代教育理论和教育技术的教学科研环境。使所建高校的图书馆、电子资源库和自动化程度在整体上接近或达到国际先进水平。继续改善所建高校的教学科研基础设施。

国际交流与合作。建设有利于国际学术交流与合作研究的环境，聘请世界著名学者来校讲学、合作研究，与世界一流水平的大学或学术机构开展实质性合作，建立高层次人才联合培养及研究基地，开展高水平的国际合作科研项目，召开高水平的国际学术会议，加大吸引外国留学生来华留学的力度，推动我国高等教育国际化进程。

资金安排。“985工程”建设资金由多方共同筹集，积极鼓励有条件的部门、地方和企业筹集资金共建有关“985工程”学校。其中中央专项资金重点用于“985工程”科技创新平台、“985工程”哲学社会科学创新基地和队伍建设等，其他资金根据学校“985工程”建设规划进行安排。

“985工程”一期（1999—2003年）中央专项资金为140亿元。“985工程”二期（2004—2007年）中央专项资金为189亿元。“985工程”二期中央专项资金主要用于平台基地建设和队伍建设，其中，用于平台基地建设的资金为129亿元，用于队伍建设的资金为37亿元。

（3）组织实施与管理模式

组织实施。教育部、财政部成立“985工程”领导小组和工作小组，协商决定工程建设中的重大方针政策问题和总体规划。领导小组和工作小组下设办公室，具体负责“985工程”建设的日常工作。有关高等学校成立相应的组织机构，统筹负责本校“985工程”的规划和实施。

管理模式。“985工程”领导小组和工作小组根据“985工程”建设的总体目标和任务，从学科水平与覆盖面、高水平科学研究、高层次人才培养等方面，提出进入“985工程”建设学校的基本条件，即学校在优势领域的数量和水平等方面应居于全国前列。

有关高等学校按照统一部署，根据“985 工程”的总体目标和任务，结合学校的发展战略规划、学科建设和师资队伍建设规划、校园建设规划，编制学校“985 工程”建设项目可行性研究报告和“985 工程”科技创新平台、“985 工程”哲学社会科学创新基地建设项目论证报告；“985 工程”领导小组和工作小组办公室按照统一规划和布局，组织有关战略和学科专家对学校申报的“985 工程”科技创新平台和“985 工程”哲学社会科学创新基地进行审核，通过公平竞争，确定建设项目。在此基础上，对学校“985 工程”建设项目可行性研究报告进行专家论证；学校根据专家意见修改可行性研究报告，完善后报教育部、财政部审批；教育部、财政部批复立项后安排建设。

教育部、财政部负责对“985 工程”建设项目进行检查、审计和绩效评估，并根据检查、审计、评估的结果，对有关高等学校的项目和资金进行调整。建设项目完成后，教育部、财政部组织专家会同相关部门组织验收。

重点建设学校。截至 2008 年年底，“985 工程”建设学校为 39 所，分布在全国 18 个省（直辖市）（见表 1-1）。

表 1-1　**“985 工程”学校分布表**

地区	数量	学校名称
北京	8	北京大学 中国人民大学 清华大学 北京航空航天大学 北京理工大学 中国农业大学 北京师范大学 中国民族大学
天津	2	南开大学 天津大学
辽宁	2	大连理工大学 东北大学
吉林	1	吉林大学
黑龙江	1	哈尔滨工业大学
上海	4	复旦大学 同济大学 上海交通大学 华东师范大学
江苏	2	南京大学 东南大学
浙江	1	浙江大学
安徽	1	中国科学技术大学
福建	1	厦门大学
山东	2	山东大学 中国海洋大学
湖北	2	武汉大学 华中科技大学
湖南	3	湖南大学 中南大学 国防科学技术大学
广东	2	中山大学 华南理工大学
四川	2	四川大学 电子科技大学
重庆	1	重庆大学
陕西	3	西安交通大学 西北工业大学 西北农林科技大学
甘肃	1	兰州大学

（4）目标任务完成情况

“985 工程”自 1999 年起开始实施，经过 10 年建设，已经圆满完成了预定的建设任务，为今后的继续建设奠定了坚实的基础。

机制创新。10 年来，“985 工程”学校在创新管理体制与运行机制上进行了卓有成效的探索。各校积极推进多种形式的共建，基本建立了多样化和多渠道的经费投入机制；在教育部的领导和指导下，在依法自主办学改革中先行先试，逐步形成了政府宏观管理和学校依法自主办学相结合的管理模式；“985 工程”学校不断深化人事制度改革，按照“按需设岗、公开招聘、择优聘任、合同管理”的原则，逐步形成人员能进能出、职务能上能下、待遇能高能低的局面；在学科组织模式和科研管理模式方面，“985 工程”学校以创新平台和基地建设为契机，突破传统学科界限，积极探索建立有利于学科交叉、融合和汇聚的创新型学科和科研管理体制。

队伍建设。在队伍建设方面，“985 工程”学校着力推进“人才强校”战略，在不断提高教师队伍整体素质的基础上，采取一系列有效措施，引进在国际学术界享有盛誉的学术大师和国际水准的学科带头人和管理人才，催生有国际学术竞争力的创新团队，支持培养大批活跃在国际学术舞台上的中青年学者。经过 10 年的改革探索，“985 工程”学校已经初步形成了吸引海外优秀人才的品牌和软实力，逐渐完善了有利于人才公平竞争、有利于人才稳定和成长、有利于人才充分发挥作用、最终有利于优秀人才脱颖而出的机制和环境，为今后的队伍建设打下了坚实的基础。

平台与基地建设。“985 工程”学校紧密结合国家创新体系建设，共建设了涵盖多个领域的各类科技创新平台和哲学社会科学创新基地 372 个（见表 1-2），其中面向世界科技发展前沿和我国经济建设、社会发展与国家安全的重大需求的Ⅰ类科技创新平台 86 个；面向科技发展方向、国家经济与社会发展以及国家安全的需求的Ⅱ类科技创新平台 172 个；面向世界科学前沿问题和国家现代化建设中的重大理论与实践问题的Ⅰ类哲学社会科学创新基地 76 个；以服务国家经济社会发展和中国特色社会主义物质文明、政治文明和精神文明建设为导向的Ⅱ类哲学社会科学创新基地 38 个。创新平台和基地建设有效地整合了各校强势学科和院系的实力，显著提高了“985 工程”学校的创新能力和解决国民经济建设中重大科技问题的能力。近年来，这些创新平台和基地作出了一批代表国际学术前沿的原创性基础研究成果，产出了一批有着重大经济社会效益的技术创新成果，承担了一批哲学社会科学重大攻关任务，为一批国家重大决策提供了科学依据和政策建议。

条件支持。经过 10 年建设，“985 工程”学校历史上教学、科研用房紧张的状况显著改善，公共资源与仪器设备共享平台建设基本完成、功能逐步显现，符合现代教育和科研要求的数字化、网络化条件建设不断推进。大部分“985 工程”学校的图书馆、电子资源库和信息获取的便利程度已经达到国际先进水平。

国际交流与合作。10 年建设期间，“985 工程”学校邀请包括诺贝尔奖获得者在内的众多海外知名学者、专家来华讲学，聘请海外著名专家通过担任讲座教授、特聘教授、兼职教授等多种形式来华工作，举办各种类型的中外合作人才培养项目、举办（承办）国际学术会议、开展多种形式的国际合作研究等已经成为常态。“985 工程”实施以来，各校主办（承办）的国际学术会议数，来华参加国际学术会议的外籍参会者人次，教师出国（境）参加国际会议人次、担任国际会议主席人次、在国际学术会议做大会报告的人次、出国（境）进修学习或合作研究人次、研究生特别是博士生在学期间出国（境）访学人次、来华留学生特别是来华攻读学位的留学生数等均成倍增加。“985 工程”学校已经成为中国高等教育开展国际合作与交流的主要渠道，学术交流的水平和层次均实现了历史性突破。

表 1-2　　“985 工程”科技创新平台与哲学社会科学创新基地统计表

类别	领　域	小计	Ⅰ类	Ⅱ类
“985 工程”科技创新平台	基础前沿科学	39	16	23
	生命科学	55	16	39
	信息	35	13	22
	材料与制造	40	18	22
	能源、环境与公共安全	54	12	42
	国家安全	35	11	24
	小计	258	86	172
“985 工程”哲学社会科学创新基地	哲学、马克思主义	18	13	5
	政治学、法学、行政学	11	8	3
	文学、语言学、历史学	22	16	6
	经济学、社会学、企业管理	30	21	9
	国际问题、港澳台	10	8	2
	管理学	11	3	8
	教育学、心理学、信息传播	12	7	5
	小计	114	76	38
合　计		372	162	210

数据来源：教育部

（5）验收结论

2010 年 3 月 16—17 日，教育部、财政部联合召开“985 工程”二期建设验收工作会议。通过校长答辩、专家提问和评议等环节，全面检查各校“985 工程”二期建设任务完成情况，验收结果表明“985 工程”二期圆满完成了建设任务，实现了预期建设目标，取得了显著成效：学科建设加速发展，形成了一批学术影响力进入世界百强的学科；学校实力显著增强，出现了若干所高水平论文数达到世界名校水平的大学；队伍建设跃上新台阶，汇聚了一批国际水准的学术大师和中青年学者；创新平台和基地建设成效显著，承担了一批国家级重大科研任务，产出了一批代表国家水平的重大科研成果，完成了一批有价值的政府咨询报告和政策建议；人才质量不断提高，培养了一批高质量、高层次的优秀人才；项目管理规范，资金使用效益高。

3. “985 工程”建设的主要成效

（1）总体成效

在党中央、国务院的正确领导下，在有关部门、学校的共同努力下，“985 工程”实施以来，各校在拔尖创新人才培养、科技创新能力建设、服务国家经济与社会发展、自身体制机制改革探索等方面均取得了显著成效。

在人才培养方面，“985 工程”学校作为我国高等教育体系中最高水平的大学群体，高层次精英人才的培养规模和质量不断提高，为中国特色社会主义建设注入了源源不断的鲜活动力，为促进经济和社会可持续发展提供了充足的人力资源保证。10 年中，“985 工程”学校在人才培养规模（包括本科、硕士、博士）上，已经超过以美国大学协会成员高校为代表的世界一流大学平均水平。博士生培养规模的增长尤为显著，博士学位授予数从 1999 年的不到 9000 人增加到 2007 年的 40000 多人，年均增幅达 19%，其中 39 所“985 工程”学校发挥了重要作用，授予的博士学位数一直占全国总数的一半以上，10 年中校均授予博士学位数从 110 名提高到校均 550 名，增加了 4 倍。

在科技创新方面，“985 工程”学校承担了众多前沿科学研究和重大技术创新研究任务，做出了一批代表国家最高水平的重大科研成果，极大地提高了我国的原始创新能力，与世界一流大学的差距明显缩小；解决了一大批对国民经济发展和科学技术进步具有全局性和带动性的重大科研任务，推动了社会生产力的快速发展。在推进科技创新的同时，“985 工程”学校始终高举有中国特色社会主义理论伟大旗帜，在繁荣和发展哲学社会科学、实施马克思主义理论研究和建设工程中发挥了引领作用。

在服务国家经济社会发展方面，“985 工程”学校通过为科学决策提供政策咨询、建设科技园区、推进产学研合作、支持西部高校发展等多种形式发挥辐射和带动作用。10 年中，各校根据各自的学术传统和研究特色，积极倡导并组织对现实问题的对策研究，为各级政府和企业组织的科学管理和决策提供服务和支撑，发挥思想库和智囊团的作用，产生了广泛的影响。“985 工程”学校还积极参与并引领区域创新体系建设，建设或共同建设了 34 个国家大学科技园，以自己的优势和特色服务于地方的经济建设、社会发展和整体创新能力提升，有力地推动了地方经济和社会的发展。

在自身体制机制改革探索方面，各校按照世界一流大学建设的要求，不断探索管理体制和运行机制改革；积极推进人事制度改革，建立以竞争、流动为核心的人事管理机制、人才评价机制和科学合理的分配激励机制，形成有利于优秀人才脱颖而出、吸引和稳定拔尖人才、充分发挥聪明才智的氛围；尝试突破以传统学科界限为基础的科研管理与学科组织模式，建立有利于创新、交叉、开放和共享的运行机制，以适应现代科学技术发展的综合化趋势。

（2）标志性成果

“985 工程”10 年建设成效突出地表现在以下八个方面：

自主创新能力快速提升，产出了一批代表国家水平的重大科研成果。10 年来，“985 工程”学校作出了一批代表国家最高水平的重大科研成果，获得国家级科技奖励的数量和层次都显著提升。2004年，中南大学和西北工业大学分别获得了2004年度国家技术发明奖一等奖，打破了该奖项连续6年空缺的局面。1999—2008年颁发的5项国家技术发明奖一等奖（通用项目）中有4项由“985工程”学校获得。2006年，南京大学获得国家自然科学奖一等奖。1999—2008年授予的国家科学技术进步奖一等奖中，“985工程”学校作为第一完成单位的占20%。

科技创新平台建设成效显著，承担了一批国家重大科研任务。经过10年建设，“985工程”学校承担对国民经济发展和科学技术进步具有全局性和带动性的重大科研任务的能力显著增强，已经成为我国科教兴国战略的中坚。“985工程”学校承担了全国40%的“973计划”项目和近50%的自然科学基金重大研究计划项目，科研经费从1999年的校均1.1亿元提高到2008年的校均7.1亿元。北京大学、清华大学、哈尔滨工业大学、复旦大学、上海交通大学、南京大学、浙江大学、中国科学技术大学、西安交通大学（以下简称“北京大学等9校”）的校均科研经费在2008年已超过10亿元。

“985工程”学校以建设科技创新平台为契机，发挥学科综合优势，建立了一批代表国家水平的基础科学和工程应用创新基地。超过50%的国家实验室和近50%的国家重点实验室的第一依托单位是“985工程”学校。在2008年国家发展改革委组织评估的80个国家工程研究中心中，“985工程”学校的工程中心数虽然只占全国的20%，但在评估中获得了第一名，并在前十名中占据了五席。

促进哲学社会科学繁荣，完成了一批有价值的政府咨询报告和政策建议。“985工程”学校聚集了全国70%以上的人文社科类国家重点学科和2/3的人文社科研究基地，产出一批具有重要影响的哲学社会科学创新成果，提供了一批高质量的咨询报告和政策建议，在我国社会、政治、经济、文化等方面的重大政策和法律法规制定过程中发挥了重要作用。

队伍建设跃上新的台阶，汇聚了一批国际水准的学术大师和中青年学者。通过“985工程”建设，学校积极引进国际学术大师和具有潜力的优秀青年学者（如清华引进国际计算机科学界最高荣誉“图灵奖”得主姚期智、普林斯顿大学分子生物学系终身教授施一公等）。10年中，中国科学院院士共增选过五次，新当选的院士中“985工程”学校所占的比例持续提高，从1999年的20%上升到2007年的55%。10年中，“985工程”学校教师获得的“国家杰出青年科学基金”占全国总数的50%以上，聘任的“长江学者”特聘教授和讲座教授占全国的比例都在80%以上。

人才质量获得国际认可，培养了一批高质量、高层次的优秀人才。“985工程”学校高度重视学生创新能力的培养，一批学生在国际竞赛中屡获佳绩（如上海交通大学学生团队在“美国计算机协会国际大学生程序设计竞赛”中荣获第25届和第29届全球总冠军等）。作为研究生教育的主体，“985工程”学校每年授予的博士学位数占全国总数的50%以上，校均博士学位授予数从1998年的110名提高到2007年的550名。在1999—2008年评选出的984篇全国优秀博士论文中，60%以上的培养单位是“985工程”学校。在与我国签署国家间相互承认学位、学历和文凭双边协议的国家中，与发达国家签署的协议基本都是在实施“985工程”建设之后。

学科建设加速实现新突破，形成了一批学术影响力进入世界百强的学科。论文被引次数是国际上公认的反映学术影响力的主要指标。能够进入美国ESI数据库的都是论文被引次数位居各学科世界前1%的机构。2007年，“985工程”学校仅有40个学科被选进入ESI数据库，而到2008年，进入ESI数据库的学科数量就翻了近两番，已经有34所大学的140个学科被选进入ESI数据库，主要集中在工程学、化学、材料科学、物理、临床医学等学科。其中按被引总次数统计进入世界高校百强的有北京大学、清华大学等10所“985工程”学校的26个学科。如按发文数量统计，“985工程”学校已经有11所学校的18个学科进入本领域世界前20名高校行列。这些学科表现了强劲的发展势头和巨大的潜力，已经具备了冲击世界一流学科的实力。

学校优势继续加大，出现了若干所高水平论文数达到世界名校水平的大学。1998年，所有“985工程”学校被SCI和SSCI收录的论文数总和（校均240篇）只略高于美国哈佛大学一所学校。2007年，“985工程”学校校均发表论文数超过1000篇，其中北京大学等9校的校均论文数已达到2400篇，超过英国罗素集团（包括剑桥、牛津等20所顶尖研究型大学）的校均数和澳大利亚“八校联盟”的校均数（均为2200篇），逼近美国大学协会60所成员学校的平均水平（2800篇），北京大学、清华大学、上海交通大学、浙江大学、中国科学技术大学2007年的论文数已进入世界高校百强，与耶鲁大学、麻省理工学院、芝加哥大学等世界名校大致相当。“985工程”学校发表的国际论文篇均引用率从1998—2002年的1.5次/篇提高到2004—2008年的3.0次/篇。北京大学等9校发表的国际论文10年来增长了近4倍，而论文被引次数增长了10倍之多，显示出质量的增长速度明显高于数量的增长速度。

重点建设模式日趋成熟，引领了众多国家和地区的重点建设计划。在综合国力竞争日益激烈的大背景下，我国率先提出并实施以建设世界一流大学为目标的“985工程”，不但引起了国际高等教育界的广泛关注，而且引起了许多国家和地区政府的高度重视。目前已有许多国家和地区投巨资支持实施建设高水平大学的专项计划。如日本的“21世纪卓越研究中心计划”，德国的“精英大学”计划，我国台湾地区的“迈向顶尖大学”计划等。英国、法国、马来西亚、印度、俄罗斯等国也在酝酿类似的建设计划。我国“985工程”的建设思路和发展模式在国际上起到了引领作用。

（摘编自高等教育出版社2011年10月出版的《“985工程”建设报告》）

附：

高校“985工程”平台和基地汇总表（社科类）

序号	学校名称	类型	平台或基地名称
1	北京大学	Ⅰ类基地	马克思主义中国化研究
2	北京大学	Ⅰ类基地	宪政与政治文明研究
3	北京大学	Ⅰ类基地	现代语言学及应用研究
4	北京大学	Ⅰ类基地	中国经济与社会研究

续表

序号	学校名称	类型	平台或基地名称
5	北京大学	Ⅰ类基地	中华传统文化与现代化
6	北京大学	Ⅰ类基地	考古学与中国古代文明研究
7	北京大学	Ⅰ类基地	全球化与区域国际关系
8	北京大学	Ⅰ类基地	中国社会调查系统
9	中国人民大学	Ⅱ类平台	数据工程与知识工程
10	中国人民大学	Ⅰ类基地	国家安全与对外政治研究
11	中国人民大学	Ⅰ类基地	经济全球化挑战与中国经济发展研究
12	中国人民大学	Ⅰ类基地	财政金融与现代统计技术创新
13	中国人民大学	Ⅰ类基地	中国特色社会主义法律体系研究
14	中国人民大学	Ⅰ类基地	社会发展与人口问题研究
15	中国人民大学	Ⅰ类基地	中国传统文化研究
16	中国人民大学	Ⅰ类基地	全球化视野下的文学与艺术研究
17	中国人民大学	Ⅰ类基地	新闻传播与媒介融合
18	中国人民大学	Ⅰ类基地	中国农村发展研究
19	中国人民大学	Ⅰ类基地	现代管理与公共政策
20	中国人民大学	Ⅱ类基地	可持续发展与重大现实问题研究
21	清华大学	Ⅰ类基地	现代管理与技术创新
22	清华大学	Ⅱ类基地	艺术与科学
23	清华大学	Ⅱ类基地	公共政策与管理
24	清华大学	Ⅱ类基地	社会发展与法制建设
25	清华大学	Ⅱ类基地	新闻传播
26	清华大学	Ⅱ类基地	人文社会科学
27	清华大学	Ⅰ类基地	现代管理与技术创新
28	中国农业大学	Ⅱ类基地	中国农村政策
29	北京师范大学	Ⅰ类基地	世界一流教育学科与中国教育创新（原“教育信息与技术”平台和“中国特色教育体系”基地整合）
30	北京师范大学	Ⅰ类基地	文化遗产与文化发展
31	北京师范大学	Ⅰ类基地	价值观与民族精神
32	北京师范大学	Ⅰ类基地	公共安全政策与社会稳定法治保障
33	北京师范大学	Ⅰ类基地	科学发展观与经济可持续发展研究

续表

序号	学校名称	类型	平台或基地名称
34	中央民族大学	Ⅰ类基地	中国当代民族问题战略研究
35	中央民族大学	Ⅰ类基地	中国少数民族语言文化教育与边疆史地研究
36	中央民族大学	Ⅰ类基地	中国民族地区经济社会与公共管理研究
37	北京航空航天大学	Ⅱ类基地	经济一体化、信息化、空间化时代的转型法制
38	南开大学	Ⅰ类基地	跨国公司研究
39	南开大学	Ⅰ类基地	环境保护与循环经济
40	南开大学	Ⅰ类基地	区域经济
41	南开大学	Ⅰ类基地	中国市场经济
42	南开大学	Ⅰ类基地	中国企业管理与制度创新
43	南开大学	Ⅰ类基地	世界现代化进程研究
44	南开大学	Ⅰ类基地	中国思想与社会研究
45	南开大学	Ⅰ类基地	新国学研究
46	南开大学	Ⅰ类基地	马克思主义理论中国化与中国现代化
47	南开大学	Ⅰ类基地	中国政治发展与法制国家建设
48	南开大学	Ⅰ类基地	汉语的现代化和国际化研究
49	东北大学	Ⅰ类基地	科技与社会（STS）
50	东北大学	Ⅱ类基地	经济管理创新研究
51	吉林大学	Ⅱ类平台	创新型人才培养实践教学
52	吉林大学	Ⅰ类基地	社会发展理论
53	吉林大学	Ⅰ类基地	中国边疆史地
54	吉林大学	Ⅰ类基地	东北亚研究与东北振兴
55	吉林大学	Ⅰ类基地	中国经济分析与预测
56	吉林大学	Ⅰ类基地	法律与经济全球化
57	吉林大学	Ⅰ类基地	经济全球化与中国经济可持续发展
58	吉林大学	Ⅱ类基地	中国传统史学创新研究
59	吉林大学	Ⅱ类基地	中国文学古今演变及学科发展
60	吉林大学	Ⅱ类基地	外语学科发展与人才培养的理论创新及实践
61	吉林大学	Ⅱ类基地	社会公正与公共治理
62	吉林大学	Ⅱ类基地	新世纪人才培养与人文素质教育拓展工程
63	吉林大学	Ⅱ类基地	马克思主义中国化

续表

序号	学校名称	类型	平台或基地名称
64	哈尔滨工业大学	Ⅱ类平台	高层次人才培养
65	哈尔滨工业大学	Ⅰ类基地	资源环境与社会经济可持续发展研究
66	哈尔滨工业大学	Ⅱ类基地	科学技术与社会可持续发展
67	哈尔滨工业大学	Ⅱ类基地	马克思主义理论研究与实践
68	哈尔滨工业大学	Ⅱ类基地	工业与信息产品设计艺术
69	复旦大学	Ⅱ类平台	现代人类学
70	复旦大学	Ⅱ类平台	公共卫生安全
71	复旦大学	Ⅰ类基地	历史地理研究
72	复旦大学	Ⅰ类基地	文史研究
73	复旦大学	Ⅰ类基地	美国研究
74	复旦大学	Ⅰ类基地	中国经济国际竞争力研究
75	复旦大学	Ⅰ类基地	国外马克思主义与外国思潮研究
76	复旦大学	Ⅰ类基地	公共管理与公共政策研究
77	复旦大学	Ⅰ类基地	新闻传播与媒介化社会研究
78	复旦大学	Ⅱ类基地	中国经济研究中心数据库、实验室
79	复旦大学	Ⅱ类基地	社会科学高等研究院
80	复旦大学	Ⅱ类基地	复旦上海物流研究院
81	复旦大学	Ⅱ类基地	复旦金融研究院
82	复旦大学	Ⅱ类基地	马克思主义研究院
83	上海交通大学	Ⅱ类平台	全球一体化下的中国物流与供应链安全与应急系统技术研究
84	上海交通大学	Ⅰ类基地	金融科学与工程研究创新
85	上海交通大学	Ⅰ类基地	中国数字媒体与创意产业创新研究
86	上海交通大学	Ⅰ类基地	中国企业发展研究中心
87	上海交通大学	Ⅱ类基地	全球大学竞争力研究与数据信息开发实验室
88	上海交通大学	Ⅱ类基地	中国法治模式研究
89	上海交通大学	Ⅱ类基地	国家形象与文化创新战略研究
90	上海交通大学	Ⅱ类基地	中国传统科技与社会发展研究
91	上海交通大学	Ⅱ类基地	中国海事与保险法律研究
92	上海交通大学	Ⅱ类基地	中国青少年体质健康研究
93	上海交通大学	Ⅱ类基地	中国舆情与民意调查研究

续表

序号	学校名称	类型	平台或基地名称
94	华东师范大学	Ⅰ类平台	河口三角洲资源环境研究
95	华东师范大学	Ⅰ类基地	教育理论创新与教师教育改革实践
96	华东师范大学	Ⅱ类基地	中国思想传统与文化变迁
97	华东师范大学	Ⅱ类基地	冷战历史与当代大国关系研究
98	南京大学	Ⅰ类基地	汉语言文学与民族认同
99	南京大学	Ⅰ类基地	经济转型和发展
100	南京大学	Ⅰ类基地	当代资本主义研究
101	南京大学	Ⅰ类基地	宗教与文化
102	南京大学	Ⅰ类基地	危机、风险与公共管理
103	南京大学	Ⅰ类基地	人文社会科学实验研究
104	南京大学	Ⅱ类基地	全球化与国际关系
105	南京大学	Ⅱ类基地	中国人文社会科学评价
106	南京大学	Ⅱ类基地	当代中国与中西文化
107	南京大学	Ⅱ类基地	中国的民族融合与国际发展
108	浙江大学	Ⅰ类基地	民营经济研究
109	浙江大学	Ⅰ类基地	农业现代化与农村发展研究
110	浙江大学	Ⅰ类基地	公共政策与社会安全研究
111	浙江大学	Ⅰ类基地	视觉文化研究
112	浙江大学	Ⅱ类基地	基督教与跨文化研究
113	浙江大学	Ⅱ类基地	语言与认知研究
114	中国科学技术大学	Ⅱ类基地	科技史与科技文明研究
115	中国科学技术大学	Ⅱ类基地	社会经济系统安全管理
116	厦门大学	Ⅰ类基地	宏观经济预测与政策分析
117	厦门大学	Ⅰ类基地	财务管理与会计
118	厦门大学	Ⅰ类基地	台湾研究
119	厦门大学	Ⅰ类基地	东南亚研究
120	厦门大学	Ⅰ类基地	中国特色高等教育体系
121	厦门大学	Ⅱ类基地	中华文化遗产与文化互动研究
122	厦门大学	Ⅱ类基地	经济社会转型期的中国法制建设
123	厦门大学	Ⅱ类基地	公共政策与社会管理

续表

序号	学校名称	类型	平台或基地名称
124	山东大学	Ⅰ类基地	审美文化研究
125	山东大学	Ⅰ类基地	当代社会主义研究
126	山东大学	Ⅰ类基地	易学与中国传统文化研究
127	山东大学	Ⅱ类基地	犹太教与跨宗教研究
128	山东大学	Ⅱ类基地	卫生经济与卫生体制改革和发展研究
129	中国海洋大学	Ⅱ类基地	海洋发展研究
130	武汉大学	Ⅱ类平台	城镇化建设与人居环境
131	武汉大学	Ⅰ类基地	信息资源研究
132	武汉大学	Ⅰ类基地	国际法与国际新秩序
133	武汉大学	Ⅰ类基地	中国特色社会主义理论
134	武汉大学	Ⅰ类基地	中国传统文化现代转型
135	武汉大学	Ⅰ类基地	中国经济发展与国际竞争力
136	武汉大学	Ⅰ类基地	新闻传播与媒介化社会
137	武汉大学	Ⅰ类基地	公共经济政策与社会保障
138	武汉大学	Ⅰ类基地	法治国家与两型社会建设
139	武汉大学	Ⅱ类基地	科技考古与文化遗产保护
140	武汉大学	Ⅱ类基地	语言科学技术与当代社会建设
141	武汉大学	Ⅱ类基地	区域协调发展与中部崛起
142	武汉大学	Ⅱ类基地	社会转型与当代文化创新
143	武汉大学	Ⅱ类基地	金融工程与风险管理
144	武汉大学	Ⅱ类基地	边界争端研究与国家安全
145	武汉大学	Ⅱ类基地	比较哲学与中西文化比较
146	华中科技大学	Ⅱ类基地	公共安全预警管理
147	华中科技大学	Ⅱ类基地	新媒体与社会信息安全
148	华中科技大学	Ⅱ类基地	马克思主义与中华民族精神家园建设
149	湖南大学	Ⅰ类基地	开放经济体系与中国经济发展
150	湖南大学	Ⅱ类基地	中国金融稳定与风险管理
151	湖南大学	Ⅱ类基地	创意产业
152	湖南大学	Ⅱ类基地	国学与中华民族共有精神家园建设
153	湖南大学	Ⅱ类基地	“资源节约型环境友好型社会”建设与管理创新

续表

序号	学校名称	类型	平台或基地名称
154	中南大学	Ⅰ类基地	管理创新与经济可持续发展
155	中南大学	Ⅱ类基地	伦理文化与社会治理
156	中山大学	Ⅰ类基地	马克思主义的发展理论与和谐社会建设
157	中山大学	Ⅰ类基地	民间文化遗产研究
158	中山大学	Ⅰ类基地	公共行政与政府改革
159	中山大学	Ⅰ类基地	亚太研究
160	中山大学	Ⅰ类基地	金融创新与产业发展研究
161	四川大学	Ⅰ类基地	宗教与社会研究
162	四川大学	Ⅰ类基地	文化遗产与文化互动
163	四川大学	Ⅰ类基地	南亚与中国藏区研究
164	四川大学	Ⅱ类基地	和谐社会建设中的经济管理与公共政策研究
165	重庆大学	Ⅱ类基地	中国欠发达地区经济发展研究
166	重庆大学	Ⅱ类基地	西部法治理论与制度创新研究
167	西安交通大学	Ⅱ类基地	人口与经济社会可持续发展政策与管理
168	西安交通大学	Ⅱ类基地	西部社会文化艺术研究
169	西北工业大学	Ⅱ类基地	西部国防科技工业发展研究中心
170	西北工业大学	Ⅱ类基地	国防科技工商管理
171	西北农林科技大学	Ⅱ类基地	西部农村发展研究
172	兰州大学	Ⅰ类平台	西北资源环境与生态
173	兰州大学	Ⅰ类基地	中国民族学与西北少数民族问题
174	兰州大学	Ⅰ类基地	敦煌学
175	兰州大学	Ⅱ类基地	西北地区社会稳定的长效机制建设与管理
176	兰州大学	Ⅱ类基地	欠发达区域可持续发展能力研究与评价

第三编　科研成果编

一、高校人文社会科学研究的变化与发展

——基于历届优秀成果奖的数据分析

王日春　王玉明

第1~5届高校人文社会科学研究优秀成果奖①共评出人文社科优秀成果2390项，成果申报范围从1979年1月1日至2007年12月31日，涉及人文社会科学所有学科领域，基本反映了改革开放以来高校人学社会科学的变化与发展。本文试图以历届奖项的统计数据为基础，分析透视高校人文社会科学发展的基本轨迹，并对进一步推进繁荣发展提出一些思考。

一、高校人文社科优秀成果的分布变化反映了改革开放以来人文社会科学发展的阶段性特征

改革开放以来，高校人文社会科学研究队伍日益壮大，成果数量逐年增长，精品力作不断呈现。高校人文社会科学研究优秀成果奖评选启动于1995年，历届获奖成果从整体上较为客观地反映了高校人文社会科学的研究实力和水平。作为人文社科发展的“指示器”，人文社科优秀成果的分布变化情况粗略展现了高校人文社会科学发展的基本轨迹。

总体来看，1979—2007年高校人文社会研究优秀成果的数量呈不断增多的趋势（参见图1）。从历届获奖的成果形式来看（参见图2），著作类成果占有绝对优势，但总体比例逐届下降，论文类成果和研究咨询报告的比例逐届上升。这一变化内在地反映出，高校人文社会科学研究质量在不断提升。因为一般来说，论文类成果更能集中反映作者的创新能力和学术水平，而且许多优秀著作的创新内容在出版前总以论文的形式公之于众。

具体来讲，图1所显示的变化基本反映了不同时期高校人文社会科学发展的阶段性特征。

第一，1979—1992年左右，高校人文社会科学优秀成果的数量虽然不多但一直持续增长。这是因为，党的十一届三中全会以后，在“解放思想、实事求是”思想路线的指引下，高校积极贯彻中央关于教育问题的一系列指示精神，相继恢复重建了文学、史学、

① 2007年底，根据国务院有关达标评比活动清查的精神，原高校人文社会科学研究奖与高校自然科学奖合并为“高等学校科学研究优秀成果奖”。高校人文社科奖的正式名称为“高等学校科学研究优秀成果奖（人文社会科学）”。为表述方便，本文将最新一届评奖称为“第五届高校人文社会科学优秀成果奖”。

图 1　各年度的奖项总数及人文学科与社会学科获奖数的年度分布变化情况

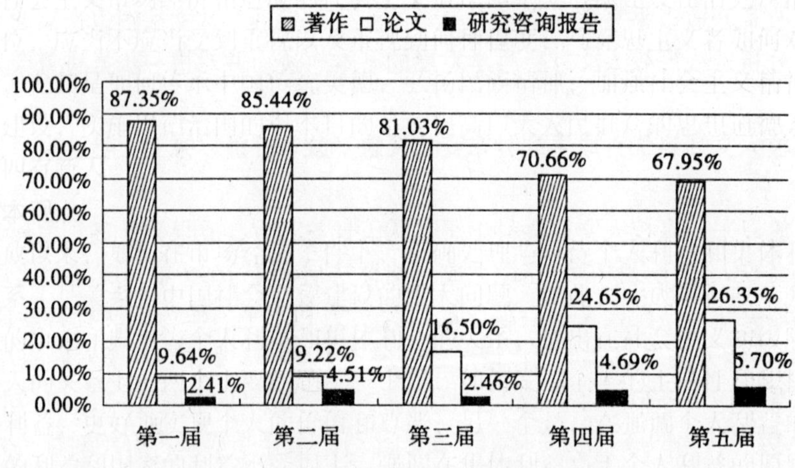

图 2　历届各类成果形式获奖比例对比图

哲学、政治学、法学、社会学、心理学、经济学、管理学等一批学科，兴建了若干研究所（室），新办了大量学术刊物。知识分子政策的有效落实，使高校教师科研热情高涨，他们在首先完成教学任务的同时积极开展科学研究。这一时期大量的科研成果表现为文献整理、编写教材和参考资料、译介国外社会科学的学术著作等。

第二，1993—2000 年前后，高校人文社会科学研究优秀成果整体分布呈“W”状，起伏变化较大。这是因为，1992 年邓小平的“南方讲话”，使人们的思想从姓“资”姓“社”的束缚中解放出来。在从传统计划经济向社会主义市场经济转型的过程中，高校教师面向现代化建设的“主战场”意识显著增强，但同时教师队伍中出现了不少“跳槽”和下海经商的现象，中青年业务骨干流失严重，基础学科和基础研究滑坡明显。直到 20 世纪末，许多高层次人才开始逐渐向高校“回流”。反映到研究成果上来则表现为：这一时期，高校人文社会科学成果数量保持增长，但优秀成果的年度分布比例失衡。

第三，2001年以后，高校人文社会科学研究优秀成果数量呈大幅度增长。这主要归结为下列因素：首先，新世纪初，江泽民同志先后就繁荣发展哲学社会科学发表了三次重要讲话，2004年中央颁发《关于进一步繁荣发展哲学社会科学的意见》，这为繁荣发展高校哲学社会科学指明了方向，创造了机遇；其次，20世纪90年代中后期教育部组织实施的"跨世纪优秀人才培养计划（人文社会科学）"等一系列人才政策的效应开始显现；再次，教育部抢抓机遇，制定实施"高校哲学社会科学繁荣计划"，启动了若干重大建设举措，有力地促进了高质量研究成果的产出。

第四，从人文学科和社会科学优秀成果的统计数来看，1979—1992年，人文学科的优秀成果数量明显多于社会科学。而从1993年开始，社会科学的优秀成果数量则明显多于人文学科。到1998年以后，人文学科和社会科学优秀成果数量上的"剪刀差"逐渐扩大。这与30多年来，人文学科和社会科学的发展历史基本吻合。改革开放初期至20世纪80年代末，高校文史哲等传统学科仍占据学术中心地位，而法学、社会学、管理学等学科处于向国外借鉴学习的起步阶段，还没有形成完善的学科体系，其研究水平总体不高。90年代初期，随着社会主义市场经济的蓬勃发展，社会科学的用武之地越来越大。人文学科发展总体滞后，研究队伍后继乏人。2000年以来，尽管许多高校意识到发展人文学科的重要性，但由于经费投入不足，人才青黄不接等原因，人文学科整体发展滞后。

尽管如此，高校人文学科由于历史悠久，积淀深厚，总体上仍体现出较高研究质量和水平。在246项一等奖成果中，排在前5名的学科分别是：历史学36项、中国文学34项、经济学33项、教育学26项、法学和语言学各19项，哲学16项，紧随其后。在所有获奖成果中，排名前5位的学科分别是：经济学（18.40%）、中国文学（10.87%）、历史学（9.66%）、哲学（8.24%）、教育学（7.49%）。从这两项指标中可以看出，文史哲等人文学科仍然是高校的优势所在。

二、从人文社科优秀成果奖统计数据看相关学科的发展变化

学科建设涉及多方面的内容，有专业建设、队伍建设、教材建设、课程建设等，但不容置疑的是，科学研究是根本，贯穿于所有建设内容的始终。科学研究与学科建设的基本关系表现为，科学研究是学科建设的基础，学科建设为科学研究提供广阔空间。没有科学研究的学科建设不能成其为学科建设。历届获奖成果的比例及变化情况基本反映了该学科的发展。

1. 马克思主义研究得到不断加强

通过统计数据我们看到，历届马克思主义研究成果所占比例，从第一届的2.01%到第五届的4.01%，一直呈上升趋势。这反映出改革开放以来，高校马克思主义理论工作者紧紧围绕现代化建设的新主题、新实践，紧密结合大学生思想政治教育和思想政治理论课建设的新形势、新任务，不断解放思想、开拓创新、潜心治学，取得了喜人成果，为坚持和巩固马克思主义指导地位、推进马克思主义理论创新、加强和改进大学生思想政治教育作出了积极贡献。

2. 经济学一直保持优势地位，其优秀成果雄踞历届之首

党的十一届三中全会以后，全党的工作重点从以"以阶级斗争为纲"转移到社会主

义现代化建设上来。经济学研究作为一门显学，一直紧紧围绕国家经济改革与发展的实践不断取得新进展。特别是随着改革的不断深入，经济学界在邓小平理论、“三个代表”重要思想指导下，深入贯彻落实科学发展观，既立足本国又学习外国，直面重大理论和现实问题，积极作出理论概括和创新，产出了一批高质量成果，推进了学科的深入发展。

3. 文史哲等人文学科是高校的传统优势学科，但整体发展萎缩

直至20世纪80年代，文史哲始终占据中国学术的中心地位，但随着社会科学的日益勃兴，人文学科的优势地位得到动摇，表现为培养规模的缩减、研究队伍的断层、整体质量的下滑。如历史学学科的优秀成果从第一届的14.06%，降到第五届的6.93%。从历史学科的现状亦可管窥一斑：为了应对社会需求，许多高校历史系纷纷改名，虽然保留了历史学科，其课程与专业设置却尽量与一些热门专业挂钩，许多专业教师“突围”改行。

4. 管理学、法学、新闻与传播学等社会科学发展势头迅猛

社会需求是推动学科发展的直接动力，科学理论满足社会需求的程度也反映实践对理论的检验和理论的成熟程度。从20世纪90年代以来，社会科学在参与政府决策和社会管理，研究和回答各种经济、社会和政治问题等方面发挥越来越重要的作用。管理学、法学和新闻学与传播学等学科研究队伍不断壮大，成果数量大幅度增长，专业招生规模显著扩张，势头迅猛。以管理学为例，几乎所有教育部直属高校都成立了管理学院、商学院和经济管理学院，全国设有管理学博士点近百个，硕士点300多个，科研成果数量不断攀升。

5. 教育学、心理学、政治学、社会学、民族学、考古学、统计学等其他中小学科，历届研究成果的获奖比例变化不大

这说明，这些学科总体发展比较平稳，队伍规模和成果产出相对稳定。

三、从人文社科优秀成果奖统计数据透视高校人文社会科学研究的竞争力

研究成果是研究水平的集中体现，是判断研究人员、项目、机构绩效和水平的根本依据。获奖成果集中反映了高校教师在人文社会科学研究领域所取得的优秀成果，一定程度上反映了高校人文社会科学研究的整体实力。为充分反映不同等级获奖成果的水平，我们依次给特等奖、一等奖、二等奖、三等奖分配4、3.2、1的权重值，从而求出各高校和相关学科获奖成果的加权总得分，并以此作为观测高校人文社会科学研究竞争力的依据。

1. 高校人文社会科学研究的整体竞争力排名

如下图所示，人文社科整体竞争力名前10位高校获奖总数1094项，占到总数的45.8%。

序号	高校名称	特等奖	一等奖	二等奖	三等奖	获奖总数	加权部分
1	北京大学	0	40	81	72	194	354
2	中国人民大学	0	23	64	63	150	260
3	武汉大学	0	16	58	59	133	223
4	复旦大学	0	21	49	41	111	202
5	北京师范大学	1	15	43	36	95	171

续表

序号	高校名称	特等奖	一等奖	二等奖	三等奖	获奖总数	加权部分
6	南开大学	0	8	38	47	93	147
7	南京大学	0	7	38	38	83	135
8	华东师范大学	0	14	30	30	74	132
9	厦门大学	0	7	30	42	79	123
10	中山大学	0	7	31	35	73	118

2. 高校文、史、哲、经、管、法、教育学等学科的竞争力排名

各学科加权分计算，因篇幅所限，表格不一一罗列。总体来看，这些学科（门类）的获奖成果加权得分的前10位排名基本与当前这些高校的学科实力相当。这从实证角度进一步说明，科学研究是学科建设的基础。

(1) 文学（门类）竞争力排名前10位的高校分别是

北京大学、复旦大学、南京大学、北京师范大学、山东大学、华中师范大学、四川大学、南开大学、武汉大学、中山大学。

(2) 历史学（含考古学）前10位的高校分别是

北京大学、武汉大学、南开大学、华中师范大学、复旦大学、南京大学、华东师范大学、东北师范大学、中山大学、北京师范大学。

(3) 哲学（含宗教学、逻辑学）前10位的高校分别是

中国人民大学、北京大学、武汉大学、中山大学、复旦大学、北京师范大学、吉林大学、南京大学、南开大学、华东师范大学。

(4) 经济学（含统计学）前10位的高校分别是

中国人民大学、北京大学、南开大学、厦门大学、复旦大学、武汉大学、上海财经大学、吉林大学、中南财经政法大学、南京大学。

(5) 管理学（含图书情报学）前10位的高校分别是

武汉大学、中国人民大学、北京大学、中山大学、浙江大学、山东大学、南开大学、清华大学、南京大学、华南理工大学。

(6) 法学前10位的高校分别是

中国人民大学、北京大学、武汉大学、中国政法大学、厦门大学、吉林大学、中南财经政法大学、清华大学、西南政法大学、对外经贸大学。

(7) 教育学（含心理学）前10位的高校分别是

北京师范大学、华东师范大学、西南大学、华中师范大学、南京师范大学、北京大学、东北师范大学、厦门大学、华南师范大学、浙江大学与天津师范大学并列。

四、关于进一步推进高校哲学社会科学繁荣发展的几点思考

1. 要重视人文学科发展，进一步加大经费投入

人文学科乃“无用中之大用”，对社会发展有着非常大的影响。但与社会科学学科相比，人文学科是基础学科，项目经费较少，社会资助有限，靠学科自身筹措经费比较困

难。要着力改善人文学科学者的科研条件和生活待遇，让他们从容淡定地思考问题，潜心从事学术研究；要加强对人文学科和科研机构的投入，改变简单地以投入量产出的评价方式，切实尊重人文学科的特点和规律，“养”一批学科、机构和人员，为社会培育“良心”，为民族传承“精神”。

2. 要着力培育一批立得住、影响大、传得远的标志性成果

据统计，2007 年高校人文社会科学工作者发表学术论文 295323 篇，出版著作 25256 部，提交研究咨询报告 17912 部，与有数可稽的 1981 年相比，论文年均增长 6.46%，著作年均增长 7.36%，咨询报告年均增长 11.9%。但从历届获奖成果来看，特等奖仅 1 项，一等奖成果也仅占总奖项的 1/10 且有些学科连续几届空白，缺少立得住、影响大、传得远的标志性成果。中国特色社会主义伟大实践呼唤产生具有中国特色的哲学社会科学。经济学、管理学、法学等一些学科领域已经具备产生本土理论、形成学派的基本条件。

3. 要大力推进高校人文社科优秀人才和优秀成果走向世界

目前，世界各国都以知识创新和国际水平为科研成果的评价标准。在历届获奖成果中，外文类成果数很少，比重最大的第五届也仅 21 项，其中经济学 6 项、法学和管理学各 3 项。这说明，我国社会科学的国际化水平还很低，必须将追求世界水平当作重要目标，大力推进高校科研机构与世界高水平大学或科研机构进行深度合作，鼓励科研人员参加高层次的国际学术研讨会，在国外高水平学术期刊上发表论文。

4. 要切实提高哲学社会科学服务社会的水平

从图 2 中可以看出，尽管研究咨询报告类成果的比重逐渐加大，但总体数量偏小。这说明，高校人文社会科学为社会服务、为党和政府决策咨询服务的水平还不高。关注重大现实问题，并对这些问题进行科学解释、提供合理的解决方案，乃是学者的基本职责。发扬理论联系实际的学风，扎根现实、研究问题，体现了学者对国家、社会、人民的高度责任感。要摒弃错误或狭隘的科研观，切实增强国家责任感，树立为社会服务的意识。尽管不同的学科和研究领域，对于现实问题的关注程度存在一定差别，但无论从事何种学术研究，一个真正具有社会责任感的学者，都会以解决现实问题、推动社会发展进步为研究的根本旨趣。

5. 要重视多学科综合研究，努力产出一批跨学科研究成果

跨学科研究是学术发展的重要趋向。应用性研究的加强促使运用多学科的知识和方法来认识和解决现实问题。以问题为中心的研究正在逐渐取代以学科为中心的研究模式，并将不断发展出新学科。尽管近两届设有交叉学科或综合研究申报类别，但从获奖成果统计来看，最终评出的真正属于跨学科研究的成果极少。哲学社会科学研究要适应这一趋势，在项目设立、人才培养、评价制度等方面加强引导，真正形成跨学科研究的合作机制。

（摘自《中国高等教育》2009 年第 20 期）

二、第三届高校人文社会科学研究优秀成果奖一等奖简介

《中国共产党解放和发展生产力思想研究》简介

武汉大学丁俊萍著的《中国共产党解放和发展生产力思想研究》，由武汉大学出版社于1999年10月出版，获马克思主义一等奖。

一、篇章结构

此书分为三编十六章。第一至四章为第一编，重点考察中国共产党在夺取政权、建立社会主义制度时期的解放和发展生产力思想；第五至十章为第二编，重点考察中国共产党在探索中国社会主义建设道路时期的解放和发展生产力思想；第十一至十六章为第三编，重点考察中国共产党在改革开放中进行社会主义现代化建设时期的解放和发展生产力思想。绪论部分主要反映作者本人对中国共产党解放和发展生产力思想这一选题的思考；结束语部分总结概述了中国共产党解放和发展生产力思想及其实践的四个鲜明特点，并把它们上升为可供借鉴的基本经验。

二、主要观点

中国共产党作为代表中国先进生产力发展要求的工人阶级先锋队，始终站在解放和发展中国社会生产力的最前面。一部中国共产党历史，从根本上说，就是解放和发展中国社会生产力的历史。解放和发展中国社会生产力，在此基础上实现民族振兴、国家富强、民生幸福，实现社会的全面进步和人的全面自由发展，是历史赋予中国工人阶级及其政党的伟大使命，也是中国共产党历史发展的主线。党成立以来的全部活动，都是围绕这一主线展开的。在不断推动中国社会生产力的解放和发展的实践活动中，中国共产党以马克思主义为指导，用马克思主义的立场、观点和方法分析中国实际，在各个不同历史时期，都对与解放和发展中国社会生产力直接有关的一系列重大问题进行了深入的理论探讨，提出了一系列重要的理论观点，形成了相当完整的解放和发展生产力思想。这一思想，是中国化的马克思主义——毛泽东思想、邓小平理论的核心，是对马克思列宁主义科学生产力理论的丰富和发展。这一思想，无论是对当时的中国革命和建设，还是对今天我国正在进行的改革开放和社会主义现代化建设，都具有极为重要的指导意义。

三、主要创新

（1）从一个新的视角即解放和发展生产力的视角来全面、系统地研究中国共产党近

80年的历史，开拓了中共党史研究的新领域，填补了这方面的空白。

（2）以翔实的史料为依据，提出并证明了“解放和发展生产力是中国共产党历史活动的主线”的观点。这一观点，将中国共产党近80年的历史一线贯通，使中国共产党领导的中国革命、建设、改革等不同发展阶段浑然一体，为读者展示了一幅完整的中共党史画卷。

（3）以中国共产党领导的革命、建设、改革三大历史阶段为经，以党在各个历史阶段所提出的主要思想观点为纬，采用理论与实际相结合、历史与逻辑相统一的手法，紧紧围绕解放和发展中国社会生产力这一主线，建构起本主题研究的体系和框架，使本书既成为一部历史感很强的论著，又成为一部理论性很强的史著。

（4）以马克思主义为指导，对中国共产党解放和发展生产力思想作了系统、深入的论述和分析。其中，对建党以来至1978年前的中国共产党解放和发展生产力思想等以往很少有人系统论述过的内容作了令人信服的新概括，对十一届三中全会以前党在探索中国解放和发展生产力道路过程中出现严重错误的原因进行了实事求是的、有创意的、有深度的分析。

四、成果意义

（1）为全面、系统地研究中共党史提供了一种有科学依据的新视野、新思想和新方法，对深化中共党史研究和毛泽东思想、邓小平理论研究有重要的推动作用。

（2）有助于人们进一步审视80年来中国共产党领导中国革命、建设、改革的历史，加深人们对中国共产党基本理论和基本路线的理解。

（3）有助于人们深刻领会江泽民“三个代表”重要思想的丰富内涵和重大意义，增强人们按照“三个代表”重要思想的要求建设党、做好各项工作的自觉性。

《稷下学研究——中国古代的思想自由与百家争鸣》简介

首都师范大学白奚著的《稷下学研究——中国古代的思想自由与百家争鸣》，由生活·读书·新知三联书店1998年9月出版，获哲学一等奖。

一、篇章结构

此书共十一章：第一章“稷下学宫产生的文化背景”，第二章“稷下学宫与齐国”，第三章“稷下学宫的盛衰”，第四章“稷下学宫的性质与功能”，第五章“稷下学术综论”，第六章“稷下的主流学派黄老之学”，第七章“孟子与稷下学”，第八章“‘宋尹学派’与稷下学”，第九章“稷下齐地之学的代表作品《管子》”，第十章“邹衍与稷下学”，第十一章“荀子对稷下学术的吸取与修正”。

二、主要观点

（1）稷下学宫是战国中后期的学术文化中心，是百家争鸣的主要场所，没有稷下学宫，便没有中国人向来引以为自豪的百家争鸣。稷下学宫作为战国中后期列国学术文化的中心，其产生于齐国具有历史的必然性。

（2）稷下学宫是齐国三百年养士政策和传统的最终产物。

（3）稷下学术的基本特点为多元、融合与创新，代表和引领了战国学术思想发展的大趋势。

（4）黄老之学产生并成熟于稷下，是稷下的主流学派。

（5）《黄帝四经》是稷下黄老之学的奠基之作，它奠定了黄老之学道法结合、以道论法、兼采百家的理论特征。

（6）从学术思想发展史的角度对《黄帝四经》之早出提出了新证。

（7）揭示了稷下黄老学派的中坚人物田骈、慎到学术思想之异同。

（8）孟子虽不是稷下先生，但受到稷下学术的重大影响，这种影响对于儒家学派自身的发展提高具有重要的意义。

（9）“宋尹学派”是肇始于郭沫若的一个误解，宋钘和尹文的学术思想差异甚大，并不能构成一个学派。

（10）中国古代阴阳和五行两大学说体系合流于稷下学的代表著作《管子》。

（11）四时教令的思想是邹衍学说的重要内容。

（12）荀子对稷下各派学说进行了全面的批判总结和吸取修正，从而将先秦的学术思想发展到最高峰。

三、学术价值和理论意义

（1）本书在前贤的相关研究基础上，对稷下学进行了全方位、系统、深层的研究，特别是填补了某些被遗漏的或人们还未来得及研究的内容，使某些尚显粗略的研究更为细致和精确，并对一些重要的问题提出自己独立的乃至与成说相反的看法。

（2）书中对稷下学宫的历史渊源、时代背景、兴衰过程及其性质与功能进行了全面系统的阐述，对活跃在稷下学宫的各主要学派及其代表人物、著作的学术思想进行了详细的考辨，揭示了其学术成就和思想贡献，特别是考察了这些学派、人物之间错综复杂的学术联系。

（3）此书对稷下学的深入研究，展现了诸子百家之间互相影响、吸取的细节，梳理了这些人物和学派之间的横向学术联系和纵向发展脉络。这对于先秦哲学史研究的纵深化和精确化，对于改善中国哲学史的研究现状，都有重要的意义。

（4）此书对稷下学的研究，其眼光并不局限于先秦这一段历史，而是以大历史的视野，系统研究并揭示了稷下百家争鸣取得的学术成就及其对中国古代历史的深刻影响，从而使得本书具有了厚重的历史感。本书提出，稷下百家争鸣取得的最重要的学术成就，就是黄老之学的成熟和礼法互补治国理论模式的形成。

（5）此书注重从古代学术思想的发展中提取历史的经验和教训，从而具有鲜明的时代感和现实意义。本书通过对稷下学的深入研究，揭示了百家争鸣的真精神——思想自由和学术独立。思想自由和学术独立是学术繁荣的前提，这是稷下学研究的主要现实启悟价值之所在。本书通过对稷下百家争鸣历史经验的思考和总结，提出了这样的观点：不同思想文化间的交流、吸收和融合创新是促进文化繁荣的必经之路。

《罗国杰文集》简介

中国人民大学罗国杰著的《罗国杰文集》(上、下卷)，由河北大学出版社2000年8月出版，获哲学一等奖。

一、篇章结构

此书以历史年代为线索，按照文章发表的先后顺序，论述在社会主义市场经济条件下，从理论和实践上如何正确处理与对待个人利益和集体利益以及其相互关系。本书所收集的文章，大体上可分为六个方面：关于伦理学一些基本问题的研究，包括伦理学的对象、任务和方法，马克思主义伦理学的价值观，社会主义初级阶段的道德层次，道德境界，道德评价以及马克思主义伦理学的体系结构和特征等；坚持社会主义道德的集体主义价值导向，正确看待集体主义和个人主义的关系；在我国实现社会主义市场经济的同时，如何建立与社会主义市场经济相适应的社会主义道德体系；道德建设在治党、治国中究竟居于何种地位，应当不应当受到重视以及重视到何种程度；马克思主义者如何对待中国古代文化遗产，尤其是如何传承中国传统美德，弘扬民族精神；加强社会主义精神文明，提倡公民道德建设，实施以德治国的根本目的是要提高广大人民群众的思想道德素质，培养社会主义的四有新人。

二、基本观点

改革开放以来，如何在市场经济条件下，正确处理与对待个人利益和集体利益以及二者之间的关系，是关系到中国社会道德建设的重大问题。因此，此成果将改革开放以来在道德问题上的争论，归纳为个人利益和集体利益的关系，提出在社会主义初级阶段在伦理道德和人与人的关系上的两个主要问题：一个是，如何发挥个人的主动性和积极性，保障个人的正当利益，更好地实现个人的价值和尊严；另一个是，在强调个人利益的同时，如何保障人民的利益和国家的利益不受损害，强调在集体利益高于个人利益的原则下，使个人利益能够同集体利益协调发展。作者认为，能否从理论和实践上正确地处理好这个问题，是新时期道德建设的一个带有关键性的问题。并力求从理论与实践的结合上，给集体利益和个人利益以科学的、全面的解释，以使人民群众能够更好地为改革开放和社会主义现代化建设做贡献。

三、创新之处

（1）提出并奠定了新中国伦理学的基本理论。新中国伦理学领域，作者最早提出道德境界说并对道德境界进行深入研究和阐述。作者提出道德境界的定义，将道德境界分为四个层次。作者将道德定义为：道德就是人类现实生活中由经济关系所决定，以善恶评价为标准，依靠内心信念、传统习惯、社会舆论所维系的一类社会现象。作者把道德现象概括为道德活动现象、道德意识现象和道德规范现象三大类。由此为出发点，作者概括出马克思主义伦理学的特点。

（2）对集体主义问题进行了最集中的系统阐述。作者认为，对集体主义的界定，应强调三个思想：集体利益高于个人利益；个人、集体、国家利益相结合；在集体利益高于个人利益的原则下，切实保障个人的正当利益，大力发挥个人的能动作用。作者还对集体主义作了层次划分；一是无私奉献，即全心全意为人民服务；二是先公后私；三是顾全大局，热爱祖国，遵纪守法，诚实劳动，遵守社会主义社会的起码的公共生活规则、市民公约、社会公德、职业道德和家庭伦理道德。

（3）关于正确对待传统道德。作者将中国传统伦理思想史上主要研究的问题概括为十个大的方面。依据对这十个问题的深入研究，作者进一步概括出中国传统伦理思想六个方面的特点：重人伦关系（或人伦价值）、重精神境界、重人本主义的精神、重整体观念、重道德修养践履和重推己及人的道德思维方式。认为这六个方面是相互联系从而构成一个整体的，是自成一个系统的。提出对待中国古代传统道德的正确态度是以历史唯物主义为指导，坚持批判继承、弃糟取精、综合创新和古为今用的方针。

（4）对中国革命传统道德的基本内容和特征进行了高度概括。将其界定为：中国革命道德传统是指中国共产党人、人民军队、一切先进分子和人民群众在中国新民主主义革命和社会主义革命与建设中所形成的优良道德。它是马克思主义和中国革命与建设的伟大实践相结合的产物，是马克思主义伦理思想在中国的新发展，是中华民族的优良道德传统在新的历史时期的继承和发展，是中国古代优良传统道德的新的升华和质的飞跃。中国革命传统道德的主要内容为：以实现社会主义和共产主义的崇高理想为最终目的，以全心全意为人民服务为宗旨和核心，以集体主义为基本原则，高举爱国主义与国际主义相结合的旗帜，形成了无私奉献、顽强拼搏、艰苦奋斗、勤俭节约等革命精神。

四、成果意义

文集收录了作者1980—1999年20年间的除专著之外的论文237篇。此书中的文章，基本反映了在这20年间，作者学习和研究伦理学的心得体会，以及对新形势下的道德现象和道德关系进行探索和认识的思维轨迹。此书不但与不断发展的现实生活紧密相关，而且与改革开放以来中国的精神文明建设的进程密切关联，具有鲜明的时代特征。此书在一定程度上从独特的视角，折射出随着社会主义四个现代化和精神文明建设的发展，中国在道德建设方面的发展历程，对我国现当代伦理学的发展有重要指导意义。

《基于开放世界预设的逻辑》简介

中山大学鞠实儿教授的此文，发表在《自然辩证法研究》1997年第11期，获逻辑学一等奖。

一、基本内容

在国内外学术界，开放类至今未得到系统的研究。逻辑学界和AI学界主要是将开放世界理想化为封闭世界，将开放性忽略不计，从而放弃了对开放世界的探索。这使得人类至今使用根据封闭世界假定建立起来逻辑和数学工具处理开放世界中的问题。本系列论文

（简称本文）属演绎逻辑范畴，但它起源于作者对非 Pascal 归纳概率逻辑的研究。这种归纳逻辑的特点是它的归纳不确定度量依赖于一个不完备的可扩充的类。

现代逻辑，数学和常识推理方法建立在集合封闭性假定的基础上（请考虑各种描述集合的方法和非单调推理）。在开放世界假定下，构造相应的逻辑系统，这有可能在最基础的层面上促进逻辑学、数学和 AI 的发展。因此，本论文涉及的问题，在逻辑学理论和应用两方面具有重大的价值。

开放世界的形式结构是各类开放系统的基本逻辑特征，了解这种特征是利用各种逻辑和数学工具处理开放系统及其演化的必要条件。但是，由于对开放世界的逻辑结构缺乏必要的研究，使用适合于封闭世界的方法研究开放世界的问题，从而无法处理开放世界中的推理和表达问题。例如，非单调逻辑（Reiter 1978，McCarthy 1980），通过非单调扩充使开放集合局部或整体封闭。它在认识论方面的缺点是，如果集合确实是开放的，局部或整体封闭将导致错误结论。由此带来的理论困难是，多扩充的选择问题，扩充的一致性问题，错误风险估计问题。因此，必须放弃将开放世界理想化为封闭世界的方法，建立反映开放世界特征的逻辑系统。

二、主要成果

（1）给出了开放世界的定义：开放世界是内涵确定且成员数可扩展的集合，证明可能世界集合恰构成一个开放世界。

（2）提出了开放世界预设，确定了基于开放世界预设的逻辑系统的直观描述对象。

（3）修改了传统可能世界语义理论，采用可能世界集合的内涵来定义命题，建立了相应的基于内涵的真值理论，从而克服了开放世界集合的成员数可扩展性造成的表达命题语义和真值方面的困难。

（4）根据开放世界假设和基于内涵的命题可能世界语义理论，提出和证明了一个非规范 3-值否定联结词真值函项（P 真，则非 P 假；P 既不真也不假，则非 P 既不真也不假；P 假，则非 P 既不真也不假）。它刻画了开放世界的逻辑学和集合论特征，同时证明了析取、合取和蕴涵联结词真值函项。

（5）在上述真值函项的基础上，给出了基于开放世界假设的 3-值语句演算系统 SLO 和语义理论，证明了它的有效性和一致性（在后继论文中证明了它的语义完全性）。

（6）论文围绕着建立基于开放世界预设的逻辑，从逻辑哲学的角度研究哲学基础开始，根据哲学基础研究语义学基本原则，从这些原则出发建立语义理论，进而建立公理系统，证明元定理。研究工作横跨哲学和逻辑等不同的领域，较为系统而完整。

三、主要创新

（1）给出了开放世界的明确定义，并提出了开放世界预设刻画了开放世界的形式结构。为研究开放世界的逻辑特征奠定了哲学基础。

（2）论证了可能世界集合是一个开放世界，由此表明用可能世界集合的外延来刻画命题和定义命题的真值是不恰当的；为了克服这一困难，利用依据某一性质可列举的可能世界集合来定义命题，依据某一可能世界是否具有某性质来断定它是否为真，由此创立了一种有别于 Kripk 语义学的内涵语义学。

（3）此文建立语义理论的方式是与众不同的，它根据给出的哲学假定和给出的内涵语义学的基本定义，直接严格地证明所有的联结词真值函项。由于联结词的真值函项反映了开放世界的特征，因此，它的形式结构也是独一无二的。这可从它的否定词真值函项看出。

（4）建立了基于开放世界预设的3-值命题逻辑的语义理论和公理系统，并证明了它的一系列的元定理。

《中国宗教通史》简介

中央民族大学牟钟鉴、中国人民大学张践合著的此书，由中国社会科学文献出版社2000年1月出版，获宗教学一等奖。

一、篇章结构

此书共分十三章：第一章，原始时期的宗教；第二章，三代及春秋战国时期的宗教；第三章，秦汉时期的宗教；第四章，魏晋南北朝时期的宗教；第五章，隋唐五代时期的宗教；第六章，辽宋金西夏时期的宗教；第七章，元朝的宗教；第八章，明朝的宗教；第九章，清朝前期的宗教；第十章，清朝后期的宗教；第十一章，民国时期的宗教；第十二章，中国少数民族宗教简介；第十三章，中国宗教史的简要回顾。

二、主要内容

此书在内容上包括了中国历史上存在过的并在较大范围内产生过影响的各种宗教；同时在时间上叙述这些宗教发生发展的全过程，及各教相互关系和它们对社会的影响，力求把中国宗教发展史上发生的主要事件、主要人物、主要环节、主要思想、主要形态、主要典籍和主要影响，尽可能完整地介绍出来。从宗教的种类来说，本书论述了原始宗教、宗法性传统宗教、道教、佛教、景教、伊斯兰教、祆教、摩尼教、犹太教、也里可温教、天主教、基督新教，以及少数民族中流行的藏传佛教、萨满教、东巴教和白莲教、黄天教、罗教、三一教等民间宗教，内容极为丰富。

三、主要创新

（1）强调整体性，注意不同宗教之间的相互冲突与融合，力求揭示每一历史时期宗教文化的综合性面貌。

（2）发现并揭示了具有国家民族宗教性质的宗法性传统宗教，并叙述其一贯到底的全过程。所谓宗法性传统宗教是以天神崇拜和祖先崇拜为核心，以社稷、日月、山川等自然崇拜为翼羽，以其他多种鬼神崇拜为补充，形成相对稳固的郊社、宗庙制度，它是维系中国人敬天法祖基本信仰的精神力量。

（3）注意了宗教与哲学的关系，对于道家与道教的关系、宗法性宗教与儒学的关系，都作了动态的叙述，从而把“儒、佛、道三教”的概念具体化了，也表述了作者对儒学的看法，即儒学有宗教性，对佛道有重要影响，但不是宗教。

（4）注意了宗教文化的多侧面性和宗教功能的多样性，从政治、哲学、道德、文艺、民俗、科技等不同角度去历史地揭示宗教体系的多面性和正负价值，尽量避免简单化和片面性。

（5）划分了中国宗教发展史六大阶段，概括出每一阶段的特色，总结出中国宗教的历史特点：第一，原生型宗教的连续存在和发展；第二，皇权始终支配教权；第三，多样性和包容性；第四，人文化和世俗化；第五，三重结构的衔接与脱节。

四、社会价值

第一，可以帮助人们回顾和总结中国人宗教信仰的历史特点，从而更全面更准确地把握中国人当前宗教信仰的某些稳定的因素和趋向，对于我们正确处理宗教问题有重要借鉴作用；第二，有助于人们更深入更全面理解中国思想文化史，因为宗教史是中国思想史的重要组成部分，而且对中国思想文化有强烈的辐射作用，所以研究中国的文史哲，必须了解中国的传统宗教，尤其是其中的佛、道二教；第三，有助于澄清西方宗教学者对中国宗教史的误解和曲解，有利于宗教研究上的国际性对话，对西方学界发生影响。

《汉语方言大词典》简介

复旦大学许宝华、日本京都外国语大学宫田一郎主编的此书为五卷本，由中华书局1999年4月出版，获语言学一等奖。

此书是中日两校合作科研的一项成果，先后共有50多位同志收集整理资料和撰稿审稿，整个编纂出版过程历时近13年。

此书主要内容和特点如下：

（1）收词量大，且涵盖南北，通贯古今，条目基本不与共同语词典重复。在两年多时间里，编写组收集到已刊和未刊的方言资料达数千万字，据以分工制作方言词语卡片60余万张。经过整理、筛选，最后收录各类方言词语（包括具有方言色彩的成语、谚语、惯用词、歇后语等）共21万条，其中单字条目11800余条，多字条目近20万条。涉及古今语言文字类文献资料1200余种，其他各类文献资料如诗文、词典、戏文、笔记、小说、野史等近3000种。

（2）标明词性。给所收词条一一标明词性，这在已出版的大中型汉语共同语语文词典中为数极少，方言词典则尚无先例。因此，本书给所收21万条词语按义项和用法全部标明词性是一个大胆尝试。因目前连汉语词类的划分，语法学界都尚无定论，要是给词典所有词语标注起词性来，具体问题可就很多。但编写组认为，给大型汉语方言词书所收词语一一按义项和用法标注词性，虽然难度大，极有可能将一部分词语的词性标错，但从大处着眼，给形音义三者关系纷繁复杂的方言词语标注词性有助于读者的阅读和理解，因而客观上标明词性比不标明词性肯定要好。经过研究，编写组决定采用《中国大百科全书·语言文字》卷语法分支中的词类体系，除缩略语标〈缩〉，成语、谚语、歇后语标

〈熟〉，数量短语标〈数量〉外，所标词性分〈名〉、〈动〉、〈形〉、〈量〉、〈数〉、〈代〉、〈副〉、〈连〉、〈介〉、〈助〉、〈叹〉、〈象声〉12 类。词性和类别的标注比较宽泛，如数量名短语标〈名〉、动宾短语标〈动〉等。

（3）标注方言系属。20 世纪 80 年代以前，汉语方言分区的“七区说”或“八区说”最为流行，即分汉语方言为北方话（又称官话）、吴语、湘语、赣语、闽语（或“闽南”、“闽北”）、粤语、客家话 7（或 8）大方言。近 20 年来，随着汉语方言调查研究工作的深入和分区标准的进一步明确，中国社会科学院语言研究所李荣、熊正辉、张振兴主编的《中国语言地图集·汉语方言》部分将汉语方言更为科学地细分为官话（下分东北官话、北京官话、冀鲁官话、胶辽官话、中原官话、兰银官话、西南官话、江淮官话 8 区）、晋语、徽语、吴语、湘语、赣语、闽语、粤语、客家话、平话等大方言，并在大方言下面又根据方言特点再分为若干个方言片及小片。本书及时吸收了这一汉语方言分区的最新研究成果，据以编制了《全国各县市汉语方言系属索引》，并对收录的有明确地点名的现代汉语方言条目，均据《索引》标注方言系属。

（4）口语和文献并重，相互印证。本书为解释条目引用的口语例，数目达数十万个之多，它们主要采自《××方言》、《××方言研究》、《××方言调查报告》、《××概况》、《××方言志》等各类方言专著和论文。古今通语和方言都是发展的，有鲜明的时代性。有些古代的通语后来消失了，但有可能仍保存在现代某些方言里；又有些古代的方言，现代却已成为通语。因此，研究汉语史要进行历史比较，不能不借助各个时代直至现代的方言材料。本书编写组有鉴于此，也就在尽量收集现代各地方言口语的同时，竭力从历代的经书注疏、字书、韵书以及诗文、词典、戏文、笔记、小说、野史等各类数千种文献中采撷方言资料，为本书采用的历代方言条目和书证达数万条之多。这样，许多条目就能古今打通，相互印证。

《中国现代学术之建立——以章太炎、胡适之为中心》简介

北京大学陈平原著的《中国现代学术之建立——以章太炎、胡适之为中心》，由北京大学出版社 1998 年 2 月出版，获中国文学一等奖。

一、篇章结构与基本观点

此书导言部分主要讨论学术转型期晚清与“五四”两代学人的贡献，以及在“走向专门家之路”上，西潮与古学如何互相激荡。此举的目的是力图在思想史与学术史重叠的层面，建立恰当的分析框架。在导言外全书共分九章：前四章不局限于“文学研究”，而是辨析现代学术格局的建立，以及中国学人政治意识、学术品位、思维方式的转变。“求是与致用”、“官学与私学”、“学术与政治”、“专家与通人”这四对矛盾，不仅仅纠缠着具体的学者章太炎与胡适之，更是现代中国学者都必须面临的艰难抉择；第五、六章转而讨论作为学科建设的“文学史”以及作为研究方法的“以西学剪裁中国文化”，看看

这两个重要支柱是如何被积极实践或认真反省的；第七至九章分别探讨现代中国学者的心态、文体感以及自我表述，目的是由内及外地展现现代中国学者精神生活的各个层面，并由此展示现代中国学术发展的趋向。

二、主要创新

（1）此书“法从例出”、尊重对象、致力于展现事物的具体性与复杂性的论述策略，得到书评家的大力肯定。书中各章之兼及考据与思辨，所论者小，所见者大，改变了以往追求通史或教科书式“面面俱到”的论述方式。

（2）除肯定本书之论述精到外，不少书评更提及作者之“别有幽怀”。如李书磊就称这是部史书，遵循的是严格的述学规范，但选题本身起因于现实关怀，很大程度是为了解决自身以及一代学人的精神困惑。正是这种压在纸背的“现实关怀”，“才使陈平原在整理历史的时候能够提出问题，使此书有了以问题为纲目的特殊体例。……因为这本书的问题导向，它才能那样的切中当代学人的心病”。旷新年更由此引申，称此书“蕴含了具体的历史”，可也带有“自我陈述”的意味。

（3）这种古今对话，不仅仅是研究思路，更落实为写作心态与文章笔墨，即“对现代学术的同情之理解”。刘绪源的评述，正是从这一角度展开：“正因为将自己的当下的体验也放进去了，这就使学术的成果成了一种‘同情之理解’。这大概就是此书的特色所在，也是此书的迷人之处了。”叶隽也认为本书“既有问题意识而不乏学术严谨，既守规矩章法又有新意生发”。而这种对于对象的“体贴入微”，则既与作者所受文学研究的基本训练密不可分，也与研究对象本身之兼及文史不无关系。

三、学术价值与社会影响

（1）此书的价值，不仅在提供了某些具体结论，更包括其“发凡起例”。欧阳哲生同样注意到作者之从文学史转向学术史研究，认为此举“表达了他对承继学术传统和对自我在学术史上的定位的关怀”。贺桂梅对此书革新学术范式方面的努力，也有积极的评价：“陈平原先生通过学术史研究，借助与先贤直接对话，‘触摸’历史传统的存在；而对自己历史身份的明确意识，则使他表现出了少有的革新学术范式的自觉。”

（2）对于本书之在“思想史的视野中”谈论学科建设、研究方法以及学术转型，书评家大都表示赞许。不同于文献式的学术史著作，本书并没有提供一时代学术状态的全景扫描，而是“探赜抉微，发掘那些被历史埋没的思考”。这就使得本书带有明显的思想史印记。之所以选择这种著述方式，欧阳哲生认为，那是20世纪中国学术的特点决定的：在一个大转型的社会里，学术的内部问题与外部问题纠结在一起，单从学科发展或所谓的内在理路根本无法说清。

（3）举世学者普遍关注中西文化交流，而本书则注重旧学新知的对话与沟通，因而显得别具一格，此举得到不少论者的赞许。孙郁称：“当代学人中，治旧学与治新文学者，互不沟通，彼此隔膜。陈平原却穿梭于其间，激活了许多精神话题。若说对晚清学术的继承，他当然是一个自觉的行动者。”

《中国审美文化史》简介

山东大学陈炎主编，山东大学廖群、仪平策、陈炎、王小舒撰稿的《中国审美文化史》，由山东画报出版社 2000 年 10 月出版，获中国文学一等奖。

一、丛书结构

此书包括“先秦卷”、“秦汉魏晋南北朝卷”、“唐宋卷”和“元明清卷”四部分，内容远迄上古，下至清末。

二、主要内容和基本观点

“先秦卷”由“神灵隐现的史前时代”、“夏商之际的巫史艺术”、“周代礼乐的人文风貌”、“战国激情的个性展开”四部分组成，主要论述华夏先民由实用到审美、由宗教到艺术、由饮食起居到礼乐文化的发展过程。这其中既有前人已曾论及的以石器、陶器、玉器、青铜器为载体的工艺美术，以及雕塑、绘画、歌舞、书法和诗文等艺术实践，更有前人很少从审美文化的角度上加以研究的礼乐制度、饮食起居、宫室建筑、美育训导、博弈娱乐乃至人格培养和塑造。

“秦汉魏晋南北朝卷”由“秦汉之际的大美气象”、“东汉时代的‘崇实’趣尚”、“魏晋之际的自我超越”、“东晋南朝的心灵感荡”、“古今南北的融通综合”五部分组成，全方面地论述了从秦汉经魏晋到南北朝这一时期审美文化由“自发”状态向“自觉”境界的历史性过渡及其四大标志：由偏于外物到走向内心、由呼唤壮美到喜好优美、由崇“实”重“形”到崇“虚”重“神”、由主“志”尚“质”到缘“情”尚“文”。

“唐宋卷”由“初唐：万象更新”、“盛唐：恢弘壮阔”、“中唐：五光十色”、“晚唐：夕阳西下”、“北宋：人文荟萃”、“南宋：残山剩水”六部分组成。该卷以政治经济的历时发展为“经”，以宗教哲学和南北文化的共时渗透为“纬”，主要论述唐、宋两代审美文化的多样性发展和整体性繁荣。唐代审美文化的繁荣，既得力于政治一元化的统一格局，又得利于儒、释、道三足鼎立和多民族文化的相互渗透；宋代审美文化的繁荣，既得利于封建政治体制的成熟，又得利于南北文化的彼此融合。前者表现为色彩纷呈的外向开拓，后者表现为精工典雅的内向追求；前者以阳刚为盛，后者以阴柔为主。它们分别从不同的方面，将中国审美文化的这两大类型推向了极致。

“元明清卷”由“元代昌盛的舞台大观”、“文人畸士的翰墨风骨”、“异族情调的雅俗交融”、“明代奇艳的市俗世界”、“推尚情欲的明代小说戏曲”、“探求更新的明代诗歌散文”和“清代典雅的末代文化”七部分组成，主要论述在异族入侵的破坏性行为和资本主义萌芽的反叛性活动的复杂社会背景下，审美文化领域中出现的一系列矛盾运动。一方面，依托于商品经济的萌生和多民族交融的社会土壤，以俗为美的精神在文学艺术、工艺制作、社会风尚等领域渐渐占据了主导地位；另一方面，雅文化也在不断修正着自己的立场，并且在向俗文化学习、靠拢的过程中不断丰富着自己的精神内涵，于是出现了像戏剧、小说之类雅俗交融的大众型艺术。与这两大潮流对应，复古与创新、古雅与浪漫于是就成为这一时代既互相对立又互相补充的文化潮流。

三、创新之处

本书的创意主要表现在两个纬度上：在横向上，力图打通各艺术门类以及艺术与非艺术之间的界限，使得作为民族“情感方式”集中体现的审美文化与特定时代的“生产方式”、“生活方式”、“信仰方式”、“思维方式”之间交互渗透和彼此影响的关系全方位地进入了研究视野，而中国传统社会的“泛艺术倾向”，又使得大到政治谋略、军事战争，小到烹茶饮酒、穿衣戴帽，统统浸沉于审美文化的氛围之中，成为华夏精神的典型缩影。在纵向上，则力图打破审美观念与审美实践之间“道”、“器”分流的研究局面，既不同于以往美学史著作局限于概念、范畴的抽象梳理，又不同于以往艺术史著作局限于风格、技法的具体描述，而是力图在观念与物态之间建立联系，使双方相互参照和印证，用一种经过还原了的整合方式来重现圆融而统一的审美世界，建构起一种“有别于审美思想史和审美器物史的审美文化史”。

《中国近现代通俗文学史》简介

苏州大学文学院范伯群教授主持的《中国近现代通俗文学史》是国家“七五”社科规划重点项目，最终成果是140万字的《中国近现代通俗文学史（上、下）》专著。由徐斯年、刘祥安、汤哲声、陈子平、陈龙、芮和师、张元卿等合作撰写，江苏教育出版社于2000年出版；经10年使用，再度加工修改，新版于2010年问世。

一、篇章结构

此书共分八编：前有“绪论”，第一编“社会言情编”，第二编“武侠会党编”，第三编“侦探推理编”，第四编“历史演义编”，第五编“滑稽幽默编”，第六篇“通俗戏剧编”，第七编“通俗期刊编”，第八编“大事记编”。每编又分若干章节。

二、基本内容

本书第一至七编为通俗文学史研究部分，首次对浩如烟海的中国近现代通俗文学作家和作品进行了梳理，摸清通俗文学流派、社团、刊物的来龙去脉和重要作家作品的代表作，并对上述文学现象作出公允评价。在严格尊重史实的基础上，纠正了长期以来文学史中的某些偏见与不实之词，同时也指出了通俗文坛的某些局限性。结合通俗文学的特点，还从社会学、民俗学、文化学、经济学、地域史等多种角度考察通俗文学的价值。第八编为大事记编，提供了较为翔实的通俗文学史资料。总览全书，可清晰地看到近现代通俗文学的历史发展线索，并总结了它的发生发展中的周期性规律，探讨了一系列有关的理论问题。

三、主要创新

（1）此书论证的是一个有关中国近现代文学史整体格局的重大问题：中国近现代通俗文学史应在近现代文学史中占有一定的地位，为完善近现代文学史的学科科学体系作出了重要贡献。

（2）填补了近现代文学史的一大空白，首次为史家不熟悉的一个新领域提供了一张较为详细的导读图。正如贾植芳教授所说：它为文学史找回另一只翅膀。

（3）填平了雅俗文学的鸿沟，大大拓展了中国近现代文学研究的“空间”，为今后编写多元共生的中国近现代文学史奠下了基石。

四、社会影响

应用价值：一是近年来所编的近现代中国文学史中均增添了中国近现代通俗文学的章节；二是有的大学新开设了中国近现代通俗文学史选修课；三是通俗文学的课题为不少本科生、博硕士研究生定为学位论文的题目，数量且有逐年增加的趋势。

学术价值：此书出版以来，在国内外产生重大影响，同行学者纷纷论述了它的学术价值。刚出版时，时任哥伦比亚大学东亚系主任王德威教授说：“这代表一个忽视了近百年传统的重新发现与肯定，令我震动不已。”哈佛大学荣休教授李欧梵先生说：“范伯群教授数十年来苦苦耕耘，务期将通俗文学从‘逆流’的地位挽救回来，为之‘平反’，并积极倡导雅俗两种文学‘比翼双飞’的研究前景，令我钦佩万分。”北京大学严家炎教授称完成此书“是一项不寻常的拓荒性的学术工程。……它用大量实实在在的、经过鉴别的史料，富有说服力地得出了许多令人耳目一新的结论。书中向无视通俗文学的偏见提出了挑战，对通俗文学以新的历史定位与评价。”社科院文学研究所资深研究员樊骏先生说：此书的出版“在学术史上具有里程碑的意义”。文学研究所前所长杨义研究员谈及苏州大学的通俗文学研究群体时说：“我觉得它是一个苏州学派。……它从一个独特的角度切入我们现代文学的整体工程中去，做了我们过去没有做的东西。”

此书出版后，荣获2003年第三届全国高等院校人文社科研究优秀成果一等奖、2006年中国现代文学研究会第二届王瑶学术奖优秀著作一等奖。2011年，此书新版入选新闻出版总署第三届“三个一百”原创出版工程。

《中国散文史》简介

北京师范大学郭预衡教授主持交独立完成的《中国散文史》，是1981年国家社科基金项目。此项目的成果为三卷本《中国散文史》，由上海古籍出版社于2000年3月出版，获第三届中国高校人文社会科学优秀研究成果一等奖。

一、篇章结构

此书分上、中、下3册，共七编，编下分章，论述中国散文发展的历程。第一编为先秦时期，第二编为秦汉时期，第三编为魏晋南北朝时期，第四编为隋唐五代，第五编为宋辽金元，第六编为明代，第七编为清代。每编在分章节论述之外，又有概论和余论，概述各时期散文的新成就、新特点，总结了中国散文的传统特征。

二、基本内容

此书论述中国各个历史阶段的散文的发展和变迁，包括各个时代影响散文发展的各种文化，各时代散文的成就与特点，代表作家的成就及贡献，注意总结散文发展的规律及汉语文章的特征。撰者特别说明，撰写此书，不从“文学概论”的定义出发，而从汉语文章的实际出发，力图写出中国散文的传统。论述的文体也就不仅限于抒情写景的“美文”，而是将政论、史论、传记、墓志以及各体论说杂文包罗在内。

三、主要创新

此专著的创新，主要体现在以下几个方面：

（1）学术上填补空白。近代以来，研究散文史的专著，始于陈柱的《中国散文史》。但此书只是大致勾勒了古代散文发展的轮廓。此后出现的一些散文史，或为断代，或为集体编写，难以做到对中国散文史作通盘的深入考察，写出个人的独到见解。本书作者积毕生精力研治中国散文史，又用了19年的时间，写成这部160余万言的煌煌巨著。作为散文史，此书虽不是第一部，但从书的规模和个人独立编写的角度来说，它又是史无前例的。

（2）研究范围和研究方法的独创性。作者从“文学概论”的定义出发，写出中国散文的传统。将《中国散文史》的时代上限，不是从“文学的自觉时代”开始，而是上溯到甲骨文、金文记事的殷商之世，其所论述的文体范围，除传统的“文学散文”外，还包括了各种学术文章、应用文章以及各体论说杂文以及骈文和辞赋。在探讨文体源流时，也注意从汉语文章的实际出发，发现前人未曾注意的现象。例如关于先秦散文的发展，一般都讲“诸子散文”和“史传散文”两条线的发展。作者于这两条线之外，又谈了另一条“哲理之文”的发展。从“巫卜之文”说起，从《易》的卦爻辞，说到《易传》。进而指出：《易传》的文章是从卜辞、卦爻辞向系统说理文方面的直接发展。又从《易传》的哲理之文，说到老、庄谈玄论道之文，还有《山海经》的传奇志怪之文和屈原、宋玉的赋体杂文。此种见解，为前人所未尝论及。

（3）视角独特，史识精湛。作者提出不从“作品评论”或“作品赏析”的角度，而从史的发展论述中国散文的特征。他引用刘勰“文变染乎世情”的观点。注重揭示散文发展和时代政治的关系。在论及先秦散文发展时，主要论述“王纲解纽”和文章的变迁。讲到秦汉以后的散文发展，也体现了这一思想。作者论述各个历史阶段的时代特点，尤其重视易代之际的政治特点与散文发展的关系。在论述历代政治变迁和散文发展的关系时，还特别揭示了某些统治者个人的作用，其中对于武则天和朱元璋的论述尤为突出。此书第四编第四章讲到“武周革命前后”时，指出：“则天以太后而为天，当时号称革命。”其方针政策，都与唐初之政不同。任用酷吏、诛除异己、大兴历来罕见的告密之风，与此同时，又网罗词臣，粉饰新政。一些文人如李峤、崔融等，依违新朝，媚附权幸，这时产生了趋时应制的文章，改变了贞观年间以来的直言极谏的文风。又在第六编第一章讲到明初之文时，说朱元璋“以僧人、游丐而为天子”，“对于文章写作，多所干预”。最突出的事例是他命令宋濂等大臣撰写《阅江楼记》。宋濂等人所作，大抵歌功颂德，都与他的旨意不合。他曾自作一篇，谓阅江楼不该兴建，以免天谴。此外，他对古人之文，如韩愈、柳宗元的作品也有批评。凡此种种，对于一代文风都有影响。这些见解，都是此前的研究者所未曾提出的。

四、社会影响

此书出版后，在学术界引起很大反响。已故的钟敬文先生曾送给作者一副对联："联语挥毫，辛劳常代我；散文有史，创建首推君"。这下联即指《中国散文史》的开创性贡献，它代表了当今学术界对这部开创性著作的高度评价。此书被古代散文研究者广泛引用和评论，推动了古代散文的研究。由于其学术价值及突出贡献，此书获得中国高校人文社会科学优秀研究成果一等奖。

《西方美学通史》简介

复旦大学蒋孔阳、朱立元主编的《西方美学通史》，由上海文艺出版社于 1999 年 12 月出版，获中国文学一等奖。

一、篇章结构

此书系统地叙述了自古希腊至 20 世纪 90 年代末西方美学的发展历史：第一卷为古希腊罗马时期的美学；第二卷为中世纪和文艺复兴时期的美学；第三卷为 17、18 世纪的美学；第四卷为德国古典美学；第五卷为 19 世纪的美学；第六卷、第七卷为 20 世纪的美学。

二、基本观点

作者根据西方哲学和美学基本同步发展的实际，将整个西方美学的历史演进划分为本体论、认识论和语言学三个阶段，从而较科学地揭示出它的基本发展规律。第一、二卷从古希腊以柏拉图、亚里士多德为代表的美学思想考察、分析入手，揭示了整个古希腊美学的本体论特征，并叙述和论证了中世纪神学美学基本上也属于本体论美学。第三、四、五卷从笛卡尔发端的近代哲学、美学的"认识论转向"出发，叙述了英国经验派和大陆理性派美学、启蒙主义美学、德国古典美学直到实证主义美学和实验美学的历史，勾勒了 17—19 世纪西方认识论美学的人本主义美学和受索绪尔语言学影响的若干美学流派的审视入手，描述了现当代西方美学的"语言学转向"及其在 20 世纪的重大影响和各种表现。

此书还在特定意义上使用"理性主义"和"经验主义"这两个术语来勾勒和描述整个西方美学演进的两条主线，即认为西方美学史上存在着偏重于理性逻辑推演和偏重于感性经验概括这样两种理论倾向和形态。归纳出这样两条主线，有一定的独创性，突破了国内美学界长期以来用唯物主义和唯心主义、现实主义和浪漫主义来概括、描述西方美学发展的主线，并在评价上一味肯定、赞扬前者而否定、贬低后者的简单化倾向，从而比较科学、客观、准确、公正地勾勒了西方美学的历史发展。

对于 20 世纪西方美学，此书进一步用"两大主潮"、"两次转移"、"两个转向"加以概括和描述：一是划分为人本主义和科学主义两大主潮；二是指出其研究重点的两次历史性转移，第一次是从艺术家和创作转移到作品文本，第二次从作品文本转移到读者和接受；三是揭示其“语言学转向”和“非理性转向”两个根本特征。此书从这三方面对20世纪西方美学进行描述和分析，准确地把握了现当代西方美学发展的新趋势和脉络，较深入地分析了它的现代性及其内在矛盾和复杂内涵，进而较科学地揭示了其演进的内在规律。这就把“史”的描述上升到“论”的高度，在一定程度上达到了历史与逻辑的统一。

三、创新之处和意义

七卷各有特色：第一卷在材料开掘、历史梳理、理论阐发等方面都有所突破，明显超过了国内同类论著；第二卷，国内第一手资料甚缺，系统研究尚少，本卷在这方面做了大量发掘、钩沉、爬梳、整理和系统研究、阐述的工作，有一半以上的资料是从国外原版材料里直接翻译过来的，在一定意义上起了填补空白的作用；第三卷讨论德国古典美学的重要思想来源、以英、法、德、意为代表的经验论、新古典主义、启蒙—理性主义美学思想。第五卷讨论西方美学由传统向现代形态转变的前奏19世纪美学。第三和第五两卷的主题在过去国内的研究较简单零乱，像本书以如此篇幅对这两个时期的美学思潮、流派的承先启后、孕育转折的错杂关系的深入清晰的描述勾勒在国内尚属首次。第五卷是在蒋孔阳《德国古典美学》基础上对西方美学发展高峰的德国古典美学的又一次更系统更完整的开掘阐发。在资料的完备新颖、观点的周详独到等方面都居于国内的领先水平。第六、七卷讨论具有与传统美学全然不同面目的西方美学又一次高峰20世纪美学。以两大主潮的历史对立、两次研究重点的转移、两个根本性转向贯穿历史叙述的始终，很好地体现了历史与逻辑相统一的写作方法。还以第一手资料对70、80年代后交叉重叠的西方美学思潮作了近距离的跟踪描述，使本书具有相当的学术前沿性。

此书首先有助于我们更全面和深刻地了解西方的哲学美学思想以及相关的艺术和审美文化，进而更全面和深刻地了解整个西方文化特别是其中的优秀成果，以作为新世纪中华新文化建设的借鉴；其次在我国西方美学史的研究领域中做出了重大的、突破性的贡献；再次对于处于社会文化历史性转型中的我国当代美学和审美文化的建设具有十分重要的借鉴和启迪意义，使我国新世纪美学的创新和发展获得了具有现代性的重要参照系。

《全元戏曲》简介

《全元戏曲》，是作为改革开放以来国务院古籍出版规划小组、高等院校古籍工作委员会策划、组织了一整套大型古籍整理项目“七全一海”中的一项，1985年得到高校古委会的立项资助。中山大学王季思主编，执笔者（以姓氏笔画为序）有苏寰中、吴国钦、林建、欧阳光、罗斯宁、郑尚宪、康保成、黄天骥、黄仕忠、董上德景、李虎、薛瑞兆等，由人民文学出版社1999年2月出版。

本成果从开始启动到最终完成，经历了三个阶段。第一阶段从1986—1990年，完成第一、二两卷的点校、整理、出版工作。第二阶段从1990—1996年完成第三至十二卷的点校、整理工作，主编王季思教授于1996年4月去世。第三阶段从1996—1999年，在黄天骥教授主持下，与出版社一起，最终完成全书的编辑、校对、出版工作。

一、篇章结构、基本内容

此成果是有元一代戏剧文学的总集，共12卷，收录完整的杂剧210种、南戏19种，散出和佚曲若干。此书的编排顺序是先杂剧（第1~8卷），后南戏（第9~12卷）。杂剧部分有姓名可考的作家作品在先，无名氏作品在后。在有姓名可考的作家中，大体以《录鬼簿》的著录先后为序。南戏则以《永乐大典戏文三种》、五大南戏、无名氏作品为序。每部作品均由作家小传、作品介绍（含版本流变情况）、作品正文、校记、附录等部分组成。

二、主要创新

此书的特色之一是，收录齐全。元曲作为“一代之文学”，有与唐诗、宋词并称的地位，特别是元代的戏剧文学，堪称我国传统文化中的精粹。但长期以来，元代戏剧没有总集。此书杂剧部分在《元曲选》及《续编》的基础上，努力搜求、认真甄别，从脉望馆抄本中辑出元代无名氏作品数十种，予以收录。收录时，视乎证据是否充足，分别采取予以收编、暂予收编的做法，意在避免不应有的遗漏。

此书的特色之二是，根据戏剧文学的特点选择底本、进行校勘。现存元刊杂剧只有30种，科白不全甚至完全没有科白，而且刊刻粗糙，错漏之处甚多。更重要的是，很难说它就是原作品的本来面貌。而《元曲选》所保存的90余种元代作品，虽程度不同地受到明人加工、修改，但关目、科白齐全，而且文字更加通畅，声律更为和谐。此书杂剧部分，除孤本（含元刊杂剧、《元曲选》之外的明本中的孤本及脉望馆本）之外，凡《元曲选》有存本的，均以之为底本，而以其他明本参校，但元刊本则完整附于其后。在校勘中，又将部分差异过大、校不胜校的曲词、白文录入校记中，以便于研究者参考。在南戏的搜集、校勘中，充分利用了出土文献和域外汉籍。此书合理地予以收录或用以校勘，尽可能完整、准确地体现元代南戏的剧本面貌。

此书的特色之三是，体例统一，校勘、断句准确。

三、社会影响

此书出版后，受到古典戏曲研究界、古籍整理界、文化部门及海外学术界的高度评价。我国著名学者、复旦大学教授章培恒在回顾20世纪中国文学学科的成就时说《全元戏曲》“是我国现存的全部元代戏曲（包括已佚残曲）的辑集，为多位专家经长时期的努力所取得的成果。用多种版本校勘。是研究元代戏曲很有价值的重要成果”。（中国高校社会科学信息网，2001）著名学者、中国社会科学院文学研究所研究员邓绍基说“汇集杂剧、南戏而成《全元戏曲》”为有史以来“首创”。“《全元戏曲》的出版，嘉惠学林，方便读者，功德无量，了无疑义”。（《光明日报》，1999年4月23日）此外，日本著名汉学家田仲一成、韩国著名汉学家金学主、我国台湾地区著名戏曲研究专家曾永义，都对《全元戏曲》的完成出版给予热烈赞扬和祝贺。

《全元戏曲》出版后，很快被许多学术论文和专著引用，不仅戏曲界，就连新出版的《中国道教》也引用此书作品。

2001年，《全元戏曲》获全国古籍整理图书奖一等奖。2003年，获第三届中国高校人文社会科学研究优秀成果奖中国文学一等奖。

《抱朴子外篇校笺》简介

四川大学文学与新闻学院杨明照教授所撰《抱朴子外篇校笺》，分为上、下两册，中华书局于1991年12月出版上册，1997年10月出版下册，均收入《新编诸子集成》第一辑。

一、篇章结构

该书上册之首有一篇《前言》，其后即对《嘉遁》至《疾谬》共25篇进行校勘、笺注，分为25卷；下册对《讥惑》至《自序》共25篇进行校勘、笺注，亦分为25卷。其后又广泛搜集有关《抱朴子外篇》作者葛洪的资料，编为附录，计有《传记》、《著录》、《佚文》、《序跋》、《杂纂》、《葛洪家世》、《葛洪生卒年》等七个部分。

二、基本内容

（1）考证：如《前言》中就考证了《抱朴子外篇》的作者葛洪的撰述、《抱朴子外篇》的写作时间及其撰述该书的主要目的，考证了葛洪的文学观等。笺注中时亦杂有考证。

（2）校勘：以《平津馆丛书》原刻本为底本；以明代正统《道藏》本、鲁藩承训书院本、吉藩崇德书院本、北京图书馆藏旧写本、慎懋官本、卢舜治本、清柏筠堂本等11种版本为参校本；同时还迻录了自明代徐济忠起至近人王国维四家的批校本以及清代继昌至近人孙人和的有关《抱朴子外篇》的校语，时亦用做参考。校勘不单列，与笺注结合在一起。为了做好校勘工作，杨明照教授曾多次去北京图书馆核对《抱朴子外篇》的善本和过录名家的批校。校勘主要是举证底本的错讹衍脱。

（3）笺注：主要是引用经、史、子、集中有关材料，注出《抱朴子外篇》中语句、字词之本源，间亦引《说文》等小学类书释某些字词之义，或引用各种书籍，征事数典。引书多达240余种。笺注亦不单列，与校勘结合在一起。

三、主要创新

此书是迄今为止集校勘、笺注、考证为一体的研究《抱朴子外篇》的专著。前人研究是书，如清代的继昌、陈其荣只有校勘记，而无笺注；清代孙诒让、俞樾和近人孙人和均只校勘了一部分，不曾全校；清代王广恕有《抱朴子外篇注》手稿本（藏北京图书馆），其校语尚有可采，杨明照教授曾摘录其校语30余条。但是书至今尚未出版面世，而且其注令杨明照教授“有点失望”（见《抱朴子外篇校笺》前言）。总之，《抱朴子外篇校笺》是当前校注《抱朴子外篇》唯一的上乘之作，其采用的底本是善本，用以参校本最多，引书之丰富，都是其他研究者不可比拟的。

四、社会影响

该书出版后，立刻在学术界引起巨大的反响。台湾师大国文系王更生教授在《杨明照和他的〈抱朴子外篇校笺〉》（台湾《国文天地》第14卷第1期，1998年7月号）中，称赞是此书为“皇皇巨献，真可谓千秋大业，万世宏功”。又说：“先生慧眼特识，倾毕生之力，披荆棘，斩荒秽，发幽阐微，钩深致远，成《抱朴子外篇校笺》上下册，此不仅大有功于葛稚川，相信千百年后，有欲窥《抱朴子》者，亦必以此为肯綮矣”。香港中文大学饶宗颐教授在《审慎、精细、博恰——评杨明照〈抱朴子外篇校笺〉》(香港《明报月刊》1998年5月号)中称赞是书为“耗时半个世纪的力作”，“是古籍整理中的盛事”，“足见他的矜慎、精细和校勘的功力”，“下册发明甚多”。河北师范大学辛娇《论杨明照先生〈抱朴子外篇校笺〉的校勘学成就》，称赞该书“资料的丰富性”、“校勘方法的科学性”，认定它是“校勘者的榜样”(《青年文学家》2012年第4期)。该书于2003年获第三届中国高校人文社会科学研究优秀成果一等奖。

《电影编剧学》简介

《电影编剧学》是北京电影学院教授汪流的专著，2000年由北京广播学院出版社出版。2002年由北京电影学院申报，获“第三届中国高校人文社会科学研究优秀成果艺术学一等奖”。

一、篇章结构

此专著分上、下两编，共11章。上编为“造型”，下编为“叙事”。

上编分为四章：第一章，影视剧本是叙事和造型的结合；第二章，影视剧本是画面和声音的结合；第三章，影视剧本是时间和空间的结合；第四章，蒙太奇思维是影视剧作的构思和形式。

下编分为七章：第一章，视觉的主题；第二章，视觉的人物；第三章，视觉的情节；第四章，影视剧作的结构；第五章，影视剧本中的语言；第六章，影视剧的风格样式；第七章，再创作——电影改编。

二、基本内容

写电影剧本不同于写小说或舞台剧本。尽管它们都包含主题、人物、情节、结构、语言等要素，但电影剧本有它自身的一些特点。这就是：（1）因为电影是造型和叙事相结合的艺术，因此，剧作者必须具备强烈的造型意识，要学会用镜头讲故事。（2）因为电影是画面和声音相结合的艺术，因此，剧作者必须掌握视听语言，要学会用声、画结合的方式去讲故事。(3) 因为电影是时间和空间相结合的艺术，因此，剧作者必须具备影视的时空结构意识，要学会用时空的变化去结构剧本。而无论是造型和叙事的结合，还是视听结合，或是时空结合，又都离不开电影语言蒙太奇，即必须具备“蒙太奇思维”的能力，即一种作用于视觉的构思。

因此，尽管电影剧本也包含小说或戏剧剧本所必须具备的诸如主题、人物、情节和结构等要素，但出于电影造型这一特征，它们应是造型的主题、人物、情节和结构。普多夫金曾明确指出：“剧情发展的每一个基本要素都具有通过明确的、造型的素材而表现出来的特征。”

三、主要创新

电影剧本的含义只有通过造型的元素才能够达到。这是本书作者在撰写时所着重强调的，也是此成果的创新之处。在目前众多已出版的关于电影编剧的专著中，恰恰就是在这个问题上，不是被忽略，就是突出得不够。

四、社会影响

（1）应用价值。

此书出版后，曾多次印刷，并于2009年经作者修订后，再次出版。全国许多电影专业院校采用它为教科书。如天津师范大学影视艺术学院，河北传媒学院影视学院等。作者也经常能收到社会上年轻的电影剧作者的来信、来电和来稿，希望得到指点。

（2）学术价值。

此书在电影编剧领域突出了“用画面写作”的内容，实际上强调了电影编剧的本质是电影思维，而不仅仅是文学思维的观点。在这方面，它完整地阐述了电影剧本的本体构成是叙事与造型、画面与声音、时间与空间的有机结合，其呈现方式为蒙太奇思维形态。这便解决了电影编剧的艺术定位于艺术特质的核心命题，从而在理论上突出了电影编剧和导演两者在电影学体系中的同质构成问题。其理论上的开创意义是显而易见的。

《福建传统音乐》简介

福建师范大学王耀华著的《福建传统音乐》，由福建人民出版社于2000年8月出版，获艺术学一等奖。

一、篇章结构

此书由总序、九章和附录组成：第一章，福建传统音乐素描；第二章，福建地理与福建音乐；第三章，福建方言与福建音乐；第四章，理学与福建音乐；第五章，福建民俗与福建音乐；第六章，宗教、信仰与福建音乐；第七章，福建文学与福建音乐；第八章，福建戏曲与福建传统音乐；第九章，福建传统音乐源流探寻。附录有主要参考文献。

二、主要内容与研究方法

本书是福建文化丛书之一，向广大读者介绍了福建的传统音乐，系统分析了福建传统音乐素描、福建地理与福建音乐、福建方言与福建音乐、福建民俗与福建音乐、宗教与福建音乐和福建文学与福建音乐。本书研究的分析深入，材料翔实，观点具有代表性，新颖独到。

（1）运用民族音乐学“把音乐放置在文化脉络中进行研究”，“着重研究人与音乐关系的动态过程”的研究方法，既研究文化中的音乐，又研究音乐中的文化。一方面注重于从福建的文化脉络中来对福建传统音乐进行研究，以理解福建音乐在福建文化整体中的特点和位置；另一方面又注意对福建传统音乐中所蕴含的文化内涵的挖掘和剖析，以阐明福建文化在福建传统音乐中的反映和体现。

（2）全书贯穿辩证的、发展的观点。如：在论述福建传统音乐与方言、理学思想、民俗、戏曲等的关系时，不仅看到它们之间相一致的方面，而且还注意到了它们之间不同步的方面。在第三章论述方言与福建音乐的关系时，除列举大量方言声调与旋律音调相一致的情况外，还指出存在着同一方言地区同一歌词，在曲调框架大致相同的基础上，有个别音级不同的调式音阶结构，这主要是由于个人审美习惯的相异而造成的。在“理学与福建音乐”一章中，既从“存天理、灭人欲”与禁戏、以“明道”为目的的音乐教育观与“诗教”、关于以理为主情理交融的音乐观等三个方面论述了理学思想对福建音乐的影响，又以李贽“童心说”和“吟其心”说、与禁戏相对立的福建民间音乐和戏曲为例，论述了福建音乐文化中的反理学思想。在“福建戏曲与福建传统音乐”中，一方面从民间音乐的戏剧性和性格化入手，论述福建民间音乐被戏曲吸收而戏曲化的过程，另一方面又从戏曲音乐民俗化的角度，分析戏曲音乐反过来对民间音乐的影响。在第五章第二节中，不仅介绍了福建畲族歌俗，而且还论述了畲族民俗音乐所反映的民族心理特征。

（3）对福建传统音乐研究者的研究成果，进行了条分缕析的梳理，对福建传统音乐作了纵横交错、全面系统的研究。如果说第一、三、五、六章是着重于对当今共时性的体裁形式、音乐文化区划、汉族畲族民俗音乐、宗教信仰音乐作横向比较分析的话，那么，第二、四、七、八、九章就更多地进行历时性的古代音乐遗踪、历代福建音乐对台湾省和东南亚、日本冲绳长崎音乐的影响、理学和反理学思想对福建音乐发展的影响、历代文人音乐创作、戏曲音乐的发展，以及闽西客家山歌音调、福建南音音乐形态、莆仙戏音乐的源流的纵向考察。其中所得出的结论多为作者经深入思考后的创见。

（4）在第二章第一节“特殊的地理环境与古代音乐博物馆”、第九章第一节“闽西客家山歌音调考源”、第二节“福建南音音乐形态考辨”、第三节“莆仙音乐追踪”等章节，运用逆时性的纵向追踪和共时性的横向比较相结合的研究方法，使问题的考察往纵横两个方向深化、拓展，力求结论的可靠性、科学性和独创性。

二、主要特色

（1）全书比较全面地反映了作者长期以来在福建传统音乐田野调查和文献资料搜集、整理方面所下的苦功，基本上做到了心中有数，能熟其详。

（2）全书比较系统地梳理了福建传统音乐与人文地理、方言、理学思想、民俗、宗教与信仰、文学、戏曲的关系，从文化学视角的高度对福建传统音乐的特点以及形成这些特点的历史、社会、文化因素作了较为科学的分析。

（3）全书比较熟练地运用民族音乐学的研究方法，并借鉴历史学、地理学、语言学、思想史、宗教学、民俗学、文学、戏曲学等学科的研究成果，对福建传统音乐的文化内涵和历史源流进行了较为恰切的论述。

《中国通史》（多卷本）简介

北京师范大学白寿彝总主编的《中国通史》（多卷本），由上海人民出版社于1999年3月出版，获历史学特等奖。

一、篇章结构和主要观点

此书分为四卷，以马克思主义观点系统论述了从远古时代到1949年的中国历史。

第一卷《导论》，系统阐述有关中国史的重要理论问题：中国历史是统一的多民族的历史，是多种生产关系并存的历史，是有丰富的科技创造的历史，等等，体现了白先生精辟独到的史学思想，是全书的指导思想。第二卷《远古时代》，以大量考古研究的最新资料，理清了中国史前民族和文化及社会的发展脉络，是史学工作者与考古工作者联袂编著的“目前最具权威的一部中国史前史”。第三卷《上古时代》，论述了自文字记载以来到秦灭六国的历史。第四卷到第十卷为《中古时代》，分别阐述了秦汉、三国两晋南北朝、隋唐、五代辽宋夏金、元明、清时期（至鸦片战争前）的历史。第十一卷和第十二卷是《近代》部分，分前后两编，从鸦片战争至1949年中华人民共和国成立的百年风云尽收其中。

这部集一代史学研究之大成的巨著，融会了学术界多方面的最新研究成果，涵盖的历史知识的深度和广度均超过了以往的通史著作。

二、主要特点

（1）充分重视中国各个民族在中华民族历史形成和发展过程中的贡献，揭示我国统一的多民族历史发展过程和特点。它反映出中国的历史是中华民族共同创造的历史，其中包含曾经在这块国土上生存、现在已经消失的民族的历史。它把民族关系发展作为社会发展的一个重要的标志。在社会发展过程中，注意探讨民族杂居地区、周边地区的封建化的研究，从而以动态的眼光认识中国封建社会的进展。中国统一政权的发展和民族关系发展是相互联系的。在中国历史的长河中，民族关系是曲折的，但总的说来，友好关系越来越发展。我们祖国出现过各种形式的多民族的统一，从历史上看，大致经历了单一民族内部的统一、多民族内部的统一和多民族的统一；后者包含区域性的多民族的统一和社会主义的全国性多民族的统一。

（2）在世界历史发展大背景中研究中国历史。中国是世界的一部分，写中国历史有必要结合世界背景进行考察，中国通史把中国历史与世界历史联系起来，又通过中外比较写出自己民族历史的特点。书中揭示中国文明发展的连续性是十分突出的，主要体现在两个方面：一是中国作为一个政治实体在其发展过程中，未曾为外来因素所中断。其二，中国文明在文化发展史上，也未曾出现断裂现象。

（3）以唯物史观为指导，研究中国历史，同时注意从中国历史实际出发，对有关的历史问题，提出新的见解。它对社会形态、经济结构和土地所有制等特点的分析以及对历史盛衰的讨论，都是坚持以马克思主义为指导，结合中国历史进程的实际，在深入研究的基础上，创造性地提出关于中国历史发展的一些极为重要的理论性认识。

（4）在一些重大理论问题上都有创造性的探索。如关于中国民族问题、历史分期问题，地理条件与历史发展关系的问题，生产者、科学技术和社会生产力性质问题，多种生产关系并存问题，生产关系和阶级关系问题，国家职能问题，中国通史编撰形式以及中国与世界问题等；关于远古文化问题、关于秦汉时代社会形态、关于魏晋时期的门阀士族的特点、关于隋唐时期的历史盛衰深层次原因问题、关于宋元时期文化研究与考索，关于近现代历史事件与人物评价问题等，都作了深入探讨。

（5）创造出“新的综合体”，在历史编撰学上作出创新。“新综合体”分为四个部分。《序说》是开宗以明义，论述相关历史的文献资料和研究概况。《综述》论说历史发展的总向，便于读者了解历史发展大势。《典志》阐述有关历史时期的各个制度及相关专题，丰富读者对“综述”部分的认识。《传记》记述有关历史时期的各个方面代表人物，展现“人”在历史运动中的能动作用和历史地位。

三、成果意义

此书的出版，对于加强爱国主义教育、历史前途教育和民族教育都具有重要的意义。江泽民同志在给白寿彝教授的信中，从理论上和学术上充分肯定《中国通史》获得的成功，称这套《中国通史》的出版，“是我国史学界的一大喜事”。又说：“我相信，这套《中国通史》，一定会有益于推动全党全社会进一步形成学习历史的浓厚风气。”

对于此书的出版和江泽民同志的贺信发表，新华社和各大媒体作了报道，在社会上引起很大的反响。此书成为近年最为畅销的图书之一，在学术影响和社会效益两个方面都获得了巨大的成功。

《〈水经注〉校释》简介

浙江大学陈桥驿点校、注释的《〈水经注〉校释》，由杭州大学出版社于 1999 年 10 月出版，2003 年获历史学一等奖。

一、篇章结构

本书主要以清代戴震点校武英殿聚珍本《水经注》为底本，其篇章结构即以戴校《水经注》为准，主要包括作者的序言（以《民国以来研究〈水经注〉的总成绩》作为代序）、郦道元水经注正文（包括郦道元序，正文四十卷）和《〈水经注校释〉跋》三大部分。

二、基本观点

《水经注》一书，由于历代辗转传抄、翻刻，致使其经注混淆、错漏满篇，兼之在北宋景祐前曾亡佚五卷，故到晚明学界开始留意此书时，实际上已成为一部无法卒读的残籍。经过清代全祖望、赵一清、戴震等人的精心校勘，使该书在很大程度上恢复了其本来面目。本书是以清戴震校武英殿聚珍本为底本加以点校和注释的。之所以要以殿本为底本进行校勘，是因为戴震入四库馆主持完成的殿本，吸取了当时所能见的几乎所有郦注佳本的优点。《〈水经注〉校释》一书是陈桥驿先生半个多世纪郦学研究心力之结晶，凭借深厚的国学功底，赓续明清以来郦学优良传统，又融入历史地理学思想，体现其一贯以现代地理学方法治《水经注》的主张，为今后的郦学研究指明方向，为古籍整理的一部不可多得的精品。

三、创新之处和意义

陈桥驿先生对郦学研究已逾 60 年，前后郦学文集及点校不同版本已出版十余种，曾多次应邀去日本、美国、加拿大等国及中国香港、台湾等地区作关于“郦学”的讲学，其水经注研究的成就为海内外所公认。《〈水经注〉校释》是陈先生积数十年的研究成果，此书以清武英殿本作底，校以其他33种版本而成，是《水经注》研究中较为完善的版本，也是参评者已经出版的郦学成果中的代表作。其主要成就可概括为三大方面：

（1）版本校勘上的成绩。清代戴震校武英殿聚珍本《水经注》，吸取了当时所能见的几乎所有郦注佳本的优点，“可以代表明、清郦学考据学派全部成就”，是“把考据学派的郦学研究推进到郦学研究史上的顶峰”的一部优秀版本。以一部校勘精湛的殿本作底本，可以免去大量不必要的重复工作。陈桥驿先生的《水经注校释》，在殿本的基础上，参校各种《水经注》版本33种、地方志120余种、其他文献近300种，使得该书在文字上的正确性和内容上的完整性达到前所未有的程度。除了校勘之外，陈桥驿先生还在《水经注》佚文的搜集整理上做了大量工作，《水经注校释》也收入了这些成果，约计200余条，涉及140种各类文献，且大多为明清以来各种版本所未补入。

（2）地名学上的成绩。陈桥驿先生1990年曾经点校出版过一部殿本《水经注》，是一部纯正的殿本，其本人的研究成果和学术思想未融入其中。而本书在全部吸收殿本所代表的明清考据最高成就的基础上，又对乾嘉学派进行了超越。这主要体现在本书对地名的重视上。由于《水经注》一书以水道为纲，详记所经各地情况，故所记地名数量巨大，总数在2万以上。近世学者在史地考证时，常引《水经注》为据。这巨量的地名正确与否，对学术研究就显得至关重要，故此将各本《水经注》及他书引用郦注中的地名差异逐条列出，以供研究时参考，便十分有必要了。本着这一思想，该书的校记，便非常重视对不同版本中地名差异的注明。一般字句仅在不同版本的殿本以及其他殿本系统的版本之间进行，而地名只要有任何版本或其他古籍引用时有所不同，便加以注明。这些地名的差异大多不见于通行的各种《水经注》影印本和排印本之中。这就大大提高了该书的学术性和实用性，方便研究者准确地利用郦注的材料。

（3）历史地理学上的成绩。对于《水经注》一书，陈先生强调用地理学方法加以研究。本书充分体现了这一点。除了正文中的校勘之外，该书在每卷卷末还附有一篇相对于题解的《释》，解说该卷所涉及河流的历史变迁和现状。由于《水经》约为三国时的作品，郦氏作注时已经有不少的变化，而北魏距今河流的变化就更大了。对此，此书对这些河流的名称由来、河道变迁和现状，运用文献和实地考察资料，作了言简意赅的阐释，为后世研究者治郦提供了便利。同时，此书还纠正了《水经注》中存在的一些地理错误。

《夏商周年代学札记》简介

清华大学李学勤著的《夏商周年代学札记》，由辽宁大学出版社于1999年1月出版，获历史学一等奖。

一、篇章结构与主要内容

此书共分 44 篇，内容涉及历史学、文献学、考古学、古文字学、历史地理学、天文历算学等方面，对有关夏商周年代学的一系列问题进行探讨，提出了富于创新性的见解。其要点可归纳为以下八项：

（1）对长期被认为世界最早日食记录的夏代仲康日食重新研究。特点是不用孔传本《尚书·胤征》，综合《左传》、《史记》，指出《胤征》的来源，为推算这一日食确定文献学的基础。

（2）研究殷墟甲骨文的日月食记录，指出武丁时宾组卜辞的“三焰食日”日环食实系误读，原辞与天象无关，从而排除了商代后期年代研究的一个重要疑点。对历组卜辞有关内容进行分析，提出癸酉“日月有食”可能应读为“明有食”，是天明时的日食。

（3）对商末三王周祭祀谱作出补充订正，特别是用新见材料充实了帝辛（纣）元年至十一年的祀谱，证明必须在年中置闰，并推定二年至九年有四个闰月。

（4）讨论《国语·周语》所载伶州鸠所述武王伐纣时天象，提出周朝乐官世代相传与伐殷事迹有关的乐律及占候的理论，其起源可能早到周初，“岁在鹑火”等语不可能是后人所窜入。

（5）考释 1996 年新发表的西周早期重要青铜器静方鼎的铭文，将之与宋代发现的“安州六器”联系起来，再加以其他有关器物铭文，参照文献，证明均属周昭王南征时事。根据这些材料，推定昭王如古本《纪年》所说，在位共 19 年。

（6）仔细研究了山西曲沃北赵晋侯墓地八号大墓出土的晋侯苏编钟，指出其种种特点及刻铭的缘由。从其铭文的释读，论证所述史事在周厉王三十三年，而铭文的刻成则在宣王时器主即位以后。这一论点，后为八号墓的碳十四测年所证实。同时，对陕西永寿出土的膳夫山鼎作了反复研究，从考古学类型学观点论述鼎铭“卅有七年”只能是厉王年。结合晋侯苏钟，证明厉王确有三十七年，与《史记·周本纪》符合。

（7）及时研究了陕西长安申店新发现的吴虎鼎，考释证明该鼎系周宣王时标准器，历日与年表相合。以吴虎鼎作为核心，排出了一批宣王时有历日的青铜器，从而证实了宣幽年表，推论整个共和以下年表为可信。

（8）重新考察《尚书》、《逸周书》中“月相”的用法，特别是“初吉”的意义。对于春秋时期青铜器铭文的历日，尽可能与《春秋》经传结合，作出推定。重新编排陕西凤翔南指挥秦公大墓的石磬铭文，对山西侯马盟书的历日作了新的释定，两者都有助于对当时历法的理解。

二、价值与意义

此书的开篇《夏商周年代学研究的历史任务》，系作者 1998 年 12 月在全国政协专题报告会上的报告，概述了“夏商周断代工程”的基本情况，包括研究的途径、目标和意义。书末的《夏商周断代工程的启迪》，则对“工程”所开拓的自然科学与人文社会科学相结合、多学科交叉的研究方向进一步讨论，强调这种研究对中国古代文明起源与早期发展的探索有重大的推进作用。另一篇《中国古代研究一百年》，更对古代文明研究作了回顾和展望。

《中西古典学引论》简介

东北师范大学林志纯（笔名日知）著的《中西古典学引论》，由东北师范大学出版社于1999年7月出版，获历史学一等奖。

一、主要内容

此书是作者多年来颇具代表性的学术论文集萃，集中体现了其博大精深的史学思想。所收论文虽均属中西古典学范畴，但按具体的思想内容又可分为几种不同的论题。

（1）有关国家和文明的起源问题。深入细致地探讨了新石器革命和农业革命问题，从而形成了他对国家起源、发展问题的系列看法：世界几大文明的发生、发展既有个性，又有共性；古代或古典时代的国家基本可分为城邦和帝国两个阶段。

（2）有关中西古典民主政治的论题。作者运用古代城邦的观点进行中西对比，指出民主政治是城邦的政治制度之一，并提出了中国早期国家城邦说、“周天下”城邦联盟说和古典中国具有民主革命传统说等观点。

（3）对流行于西方的“东方专制主义”观点进行了有力的驳击。他从经济生产方式、政治制度、思想文化等多个层面分析了古代东西方社会，并指出“不论东方西方，文明和国家发生之初都没有专制主义政治”。这种观点无疑澄清了外国学者对东方古文明乃至我们对自身历史的错误认识。

（4）就“封建主义”提出的创新意见。百年来，国人将西方对其中世纪的称谓“Feudalism”与我国始自秦皇迄至清末的古代社会对等，并译称为“封建主义”。作者从语言学、历史学、政治学的角度，对此剖析后指出：古代中国不同于中世欧洲，我们古有封邦建国之“封建”，而无“Feudalism”之实质，后者是中世欧洲在蛮族入侵之下才有的，二者的寓意截然不同。所以，将“Feudalism”译为“封建主义”并应用于古典中国的帝国时代是值得商榷的重大历史问题。

（5）从新的角度——城邦角度探究孔子及其思想，指出孔子是城邦时代的典型思想家，孔子思想在随后的两千多年的发展中不断变化并继续存在，但已不是古典时代的孔子思想。

此外，作者对中西古典文明的早期交流以及古籍中有关中国历史的误引、误读问题进行了分析与批判，为这方面的研究工作提供了许多可供借鉴的成果。而两篇以论述中西古典学为题的论文更是以极强的历史使命感对之作了总体评介，在宏观上为这门学问的深入研究提出了新的研究方向。

二、主要创新

作者的创新之处不仅在于他的诸多史学新观点，更体现在他的研究方法上。他将西方的古代城邦观点成功应用于中国古代史的研究，在比较研究的基础上提出了中国古代城邦理论的新观点。

西方古典学研究在中国还是一门新兴的学科，尤其是对于世界古典文明史的研究更是处于起步的阶段。此书以其独特的视角，将中国古代史与世界古代史的研究有机地结合起来，提出并解决了诸多中西古典文明史研究中的重大史学问题。这部文集不仅记录了作者的学术思想精华，同时也代表着我国古代文明史研究的发展历程。

《阿拉伯通史》简介

北京外国语大学阿拉伯语系纳忠教授是我国著名的穆斯林学者、阿拉伯历史文化研究专家、中国阿拉伯语教学事业的奠基人。纳忠教授晚年倾其主要心血完成的《阿拉伯通史》(上下卷)，曾被纳入国家哲学社会科学“七五”规划重点项目，1997 年由商务印书馆出版，获历史学一等奖。

一、篇章结构

此著作共分 8 篇，77 章，系统研究了从伊斯兰教兴起之前至现代的阿拉伯历史。其中，第一篇为“伊斯兰教兴起前的阿拉伯半岛”，第二篇为“伊斯兰教的兴起与哈里发政府的建立”，第三篇为“倭马亚王朝”，第四篇为“阿拔斯王朝与阿拉伯—伊斯兰帝国”，第五篇为“中世纪埃及阿拉伯诸王朝的变迁”，第六篇为“西班牙穆斯林王朝”，第七篇为“阿拉伯—伊斯兰文化”，第八篇为“（近现代部分）阿拉伯各国的衰落与复兴”。

二、基本内容

此著作阐述阿拉伯人从氏族社会时代的游牧部落发展到东起中国边境、西迄大西洋、横跨三大洲的封建民族、国家，再发展成为今日 20 余个国家和地区的主要历程。全书重点放在古代和中古（从公元前后到 1517 年），近现代部分仅从阿拉伯历史的连续性和统一性的角度简略叙述。此书以辩证唯物主义的史学观，研究了阿拉伯历史的各主要阶段，探讨问题的视角周全，涉及政治、经济、社会、文化等诸多角度。

三、主要创新

此著作的主要创新之处在于：作者以辩证唯物主义的史学理论为指导，在掌握大量第一手史料的基础上，研究了诸多阿拉伯史书涉及不多或不愿提及的重要问题，如：伊斯兰教以前的阿拉伯部落关系，拜占廷和波斯与阿拉伯人的战与和，公元 6—7 世纪麦加商业经济的腾飞以及思想意识的演变，阿拉伯人向岛外扩张的政治、经济、社会基础，阿拉伯人三次向岛外大迁移、特别是公元 7—8 世纪大迁移的前因后果及其深远影响，“麦瓦里”（阿拉伯人以外的穆斯林）与“被保护民”(信奉其他一神教的异教徒）对阿拉伯社会与文化发展作出的重大贡献，民族矛盾与民族融合等。

四、社会影响

此书史料翔实、结构严谨、论述精辟，其问世填补了我国学者对阿拉伯通史研究的一个空白，代表了中国在阿拉伯历史研究领域的最高水平。此书甫一问世，就广受学界好评，先后荣获中国国家图书奖提名奖、北京市哲学社会科学优秀成果一等奖、中国高校人文社会科学研究成果奖历史学一等奖。为表彰纳忠教授的学术成就，联合国教科文组织2001年授予他首届“沙迦阿拉伯文化奖”。

《中国近代史上的官绅商学》简介

华中师范大学章开沅、马敏、朱英主编的《中国近代史上的官绅商学》，由湖北人民出版社于2000年6月出版，获历史学一等奖。

一、篇章结构

此书用八个专章论述当时活跃于历史舞台上的官绅商学间的交错流变、相互渗透依赖的复杂关系，及其呈现出的近代国家与社会的关系。第一章：社会转型中的晚清督抚群体；第二章：国民党执政时期县长的人事嬗递与群体角色；第三章：社会转型中的近代绅商；第四章：近代乡绅与宗族社会；第五章：从商会看近代中国的官商关系；第六章：近代商与学的互动及其影响；第七章：知识分子的角色与社会功能；第八章：近代官绅商学与宗教。

二、基本观点

某个社会群体的形成、分化乃至消亡既是社会存在的客观反映，也在很大程度上推动或阻碍着社会发展的进程。因此，此成果选取了晚清督抚、民国县长、近代绅商、乡绅、商会、知识分子等最能反映中国近代史上官绅商学的角色和功能的群体，勾画了它们自身发展脉络及其价值观念、社会心态、政治理念、社会功能、社会组织，分析了它们在近代的交错流变、相互渗透依赖的复杂关系，并指出在不同时期不同社会群体扮演着不同的角色和地位，它们的形成、存在及消失在一定程度上体现了近代中国社会变迁的历程，认为几个社会群体之间的合作与冲突，以及由此凸显出的近代国家与社会的关系对中国早期现代化进程产生了重要的影响。

三、创新之处

（1）所选的社会群体具有典型性。晚清督抚在剧烈变动的近代社会中是一个举足轻重的权力角色，处在中央与地方联系的中间地位，从19世纪50年代起，它的角色地位就不断发生变化并因此涉及一系列重大问题，如中央与地方的关系、清末立宪乃至清政府的灭亡等；民国时期的县长研究则在很大程度上反映了国民党统治下基层官吏的群体角色，是反映这个时期中国基层政治近代变迁的一个绝佳范例；绅商的研究让读者看到了中国早期现代化进程中新兴社会群体的形成历程，而乡绅的探讨则使我们认识到旧式群体在社会转型背景下是如何一步步地走向衰微的；知识分子角色与功能的探讨使我们从总体上加深了对近代学人群体的认识。

（2）避免了以往“战争史”、“人物史”研究的缺陷，突破了西方研究理论的束缚。选取活跃于当时历史舞台上的几个重要社会群体，对它们各自价值观念、社会心态、政治理念、社会角色及相互关系进行全面、系统、深入的陈述与论析，并由此透析特定历史时期内的社会历史变迁，向读者展现了一幅斑斓多彩、引人入胜的中国近代社会转型的绚丽画卷。

（3）不仅注重时间维度的上下贯通，而且非常强调空间维度上的横向贯通。本成果在研究几个重要社会群体时从中国近代社会结构与文化变迁的整体运动着眼，紧扣它们与近代社会转型的相互关系展开论述，其中既有丰富具体的社会生活内容，又有社会历史运动趋向的规律性的总体把握。

（4）此书还从中外对比的角度，探讨了中国近代社会转型的艰难历程及其历史缘由，并透视了近代中国官商关系的发展演变。如在论析绅商互动时，本成果通过与西方近代资产阶级进行比较，指出中国资产阶级政治斗争的格局表现出某些不同于西方早期资产阶级革命的特点，以及中国社会发展过程中的诸多现象，都与中国资产阶级通过绅商阶层集中体现出来的对封建统治势力的严重粘连性和依附性有着密不可分的关系，从而阐述了近代中国国家与社会之间在一定程度上存在着合作、互补、互利及互相制约的关系，但更多的是社会对国家的依赖和受制于国家。

四、成果意义

此成果的意义在于从总结历史经验的角度，进一步理顺当今社会转型中呈现出的错综复杂的社会关系，包括建立良性互动的官商关系、官学关系、商学关系等，在政府与经济活动、政府与教育事业、经济活动与文教活动之间寻求最佳结合点，以求调动各种社会力量和各个方面的积极性，群策群力，促进中国的现代化进程，促进社会更加健康的发展。

《中国社会保障若干重大问题研究》简介

武汉大学邓大松等著的《中国社会保障若干重大问题研究》，由海天出版社于2000年12月出版，获管理学一等奖。

一、篇章结构

此书共二十题。第一题和第二题总结了社会保障的基本理论和社会保障的经济效应。第三、四、五题分别研究了社会保障与社会伦理、公共政策和人口之间的关系。第六题揭示了社会保障再分配的形式与特征。第七题探讨了如何改革和完善中国社会保险税收制度的问题。第八题对中国实施再就业工程的意义、现状以及如何实施再就业工程进行了探索。第九题研讨了中国农村社会保障的形式、内容、发展的条件与趋势。第十题分析了医疗保障制度改革的制约因素及改革重点。第十一题分析了中国最低生活保障制度的基本框架。第十二题分析了中国社会保障财务模式及其存在的问题，提出了21世纪初中国社会保障财务改革的方向。第十三题探讨了如何构筑社会保险基金监督体系的问题。第十四题分析论证了社会保障偿付能力的相关问题。第十五题研讨了中国社会保障法律制度的现状及改革对策，预测了世界社会保障法制建设的未来趋势。第十六题探讨了知识经济对社会保障的挑战和影响。第十七题对各国在改革其养老保险制度时应注意的几个问题进行了简要的论证。第十八题阐述了最优社会保险模式界定的原则、必备条件和最优社会保险模式的选择，在分析国外几种社会保险模式的基础上，提出了建立具有中国特色的社会保险模式的原则和目标，同时实证分析了中国深圳社会保险模式。第十九题探讨了调整现行基本养老保险制度应采取的措施和中国建立补充养老保险制度的必然性。第二十题论证了21世纪初社会保障发展的五大趋势。

二、主要内容与创新之处

此书采用新的研究形式即专题的形式，构建了一个新的理论框架。此书立足21世纪初社会保障发展的高度，立足学科前沿，从政治、经济、法律等多视角对21世纪中国社会保障的重大问题进行了系统的分析和研究。

（1）重点分析了社会保障对经济增长、工作动机、国民储蓄的影响，系统阐述了社会保障的基本理论和社会保障的经济效应，揭示了社会保障的本质，为构建社会保障的理论体系奠定了厚实的基础。

（2）分析了社会保障与社会伦理、公共政策、人口变化的关系。作者认为，社会保障制度安排及其发展过程，尽管在很大程度上与经济发展和经济因素密不可分，但超越于运行机制以外的伦理观念、文化传统、人口变动等诸多非经济因素也制约了社会保障制度路径的选择。中国社会保障制度改革，在借鉴国际经验的同时，要正确界定政府在社会保障制度中的地位与作用，充分发扬中国传统美德，建立起适应中国国情的有中国特色的社会保障制度。

（3）开拓性地分析了社会保障财务制度改革方向和社会保险基金监督体系架构问题。作者认为，我国社会保障财务管理模式要由基金制向资金制转化；社会保障基金筹资模式由征缴制向税赋制过渡，社会保障基金经营管理应加大营利投资力度，社会保障金发放模式要向社会化方向发展。作者结合多年工作实践，构筑了一套完整严密的社会保险基金监督体系，将社会保险基金监督体系分为基金日常管理监督体系、基金运营监督体系和基金监督法制体系三个子系统，并对各子系统设计了科学的监督指标。

（4）在国际比较的基础上，前瞻性地归纳出了社会保障制度发展的五大趋势：社会保障多维化、社会保障商业化、社会保障产业化、社会保障一体化、社会保障网络化。各国在发展自己的社会保障事业时需要充分关注并把握这些趋势。

（5）详细论述了社会保险税、再就业工程、农村社会保障的现状与发展、医疗保障制度改革的制约因素及改革重点、最低生活保障制度等社会保障领域迫切需要解决的现实问题，并提出了许多具有操作性的建设性意见，尤其是知识经济对社会保障制度改革的影响的相关分析富有新意。

《改革实践的呼唤：中国公司治理原则》简介

南开大学李维安撰写的《改革实践的呼唤：中国公司治理原则》，发表在《中国改革》2000年第10期上，获管理学一等奖。

一、篇章结构

此文包括三个部分：（1）国际性的前沿课题：公司治理；（2）国内研究与实践的误

区：把公司治理结构等同于公司治理；（3）中国企业发展的迫切需要：制定适合国情的《中国公司治理原则》。

二、基本观点

国有企业虽然建立起法律形式上规范的“现代企业制度”，但由于对公司治理的认识过于强调法人治理结构的权力制衡，而忽视以科学决策为目标的治理机制的有效运作，从而导致出现现代企业制度改革中的公司治理“空洞化”结局。建立与完善公司治理实务是解决现代企业制度改革中的治理结构“空洞化”问题的关键举措。

公司治理原则就是通过一系列规则来谋求建立一套具体的公司治理运作机制，来维护投资者和其他利害相关者的利益，促进公司健康发展，实现公司的有效治理。公司任何关于相互监督、相互制约的规则和制度都可形成治理机制。由公司治理原则本身的性质所决定，公司治理原则是一种规范，虽然不具备强制性，但对各类型的公司均具有指导意义。

有效的公司治理机制来自长期的市场环境的熏陶，健全的公司治理规范也应是国际惯例的一部分。中国“入世”后，深化国有企业改革的目标在于实现从“行政型治理”到“经济型治理”的转变，通过加强制度体系的建设，推进国有企业进入公司治理改革新阶段。

在我国，由于公司法等相关法律、法规滞后于经济形势的发展，企业又普遍缺乏现代公司的治理经验，因此，应借鉴发达国家公司治理的理论与实践，结合我国国有企业改革的实际情况，制定用以指导中国公司治理的实务性准则——中国公司治理原则。

三、创新之处和意义

此文的创新在于，把公司治理研究领域从基本理论拓展到管理实务层次，在国内首倡制定适合国情的中国公司治理原则，以公司治理的制度创新，推进中国企业进入公司治理改革的新阶段。本文发表后引起广泛关注，以此为起点，申请人在公司治理原则研究方面进行了深入系统的研究，形成了一系列研究成果。在2000年11月，由南开大学、中国经济体制改革研究会共同发起的“WTO、企业发展与公司治理原则研讨会”上，申请人推出了《中国公司治理原则草案》，得到了与会专家学者以及企业界人士的一致认可。

中国正式加入WTO，对中国的宏观经济运行体系产生深刻影响，同时也对微观层面的公司治理行为形成巨大冲击。中国在借鉴国际通行惯例制定适合国情的公司治理原则的过程，实质上是在完成一种企业制度层次的“入世”，因而，本文具有重要的现实意义。2001年10月，在中国上海举行的“亚太经合组织非正式首脑会议”推出的《APEC公司治理原则》、中国证监会与国家经贸委在2002年1月联合推出的《上市公司治理准则》，都借鉴了申请人的研究成果。

《中国企业发展的战略选择》简介

复旦大学芮明杰所著《中国企业发展的战略选择》，由复旦大学出版社于2000年8月出版，获管理学一等奖。

一、篇章结构

现代企业发展的环境已发生了巨大的变化，即使世界500强企业也都面临严峻的生存危机。为此，如何把握现代企业寿命的影响变量、建立企业持续发展的理论与方法，就成了企业发展的最前沿理论研究。为此，此书在结构上主要分成两部分共十章，第一部分（前五章）主要建立企业可持续发展的理论框架；第二部分（后五章）则是在前述理论体系下对当今中国企业发展的产权与管理改革等重要问题的思考与研究。

二、基本观点

企业可持续发展的支撑因素有很多，但在当今这个时代，主要的支撑因素或条件有三个：一为核心能力（核心竞争力），二为长期竞争优势，三为创新。核心能力是企业发展和可持续发展的支撑和关键。此书在前人的基础上对如何构建企业核心能力作了一定研究，提出了构建核心能力的两条路径：（1）内部培育；（2）外部购买。内部培育需要识别、共识、建立、推进与培育等工作，所费时间长；外部购买是一些大集团、大公司为了迅速获得核心能力，不惜重金将其购买过来并成为自己的核心能力，从而在将来的市场上打败其他竞争对手。

长期竞争优势不同于企业相对于竞争对手的短期竞争优势。长期竞争优势的背后是企业核心能力，是企业长期的知识积累，是企业的创新能力。长期竞争优势分一般优势和特别优势两类，长期竞争优势需要企业建立明确的发展战略以及推进与实施措施。

创新是企业可持续发展的第三个重要的支撑因素。企业可持续发展需要企业能够审时度势，与时俱进，不断地学习，不断地变革与创新。企业创新实际上包括五个重要方面的创新：（1）制度创新，即对企业的产权制度、管理制度及运行机制进行创新以适应企业不同发展阶段的需要。（2）组织创新，即对企业的组织形态、组织架构进行适应性创新。（3）管理创新，即对企业的总体管理模式或局部的管理方式方法手段等进行创新。（4）产品与技术创新。（5）市场创新。

三、创新之处与意义

（1）给出中国企业持续发展的战略路径选择。中国企业发展的四种可能路径为：第一，在现有产业体系中选择一产业并进行专业化发展；第二，在现有产业中选择多个产业并进行多元化发展；第三，为创造新产业进行专业化发展；第四，创造新产业进行多元化发展。在此基础上分析了多元化发展战略可能存在的陷阱，提出了比较适合中国企业发展的战略选择，即有限相关多元化战略。这一战略既是在核心能力考虑的基础上形成，同时也反映了20世纪90年代以来全球企业战略转型趋向。

（2）中国企业组织体系及构造方式的重组方式。中国企业发展面临组织变革，为此，一方面应运用新制度经济学中交易费用分析范式对企业组织进行分析，探讨了组织失败的原因，组织作为契约集合的变动关系；另一方面从结构主义的角度对组织结构进行解构性分析，并提出了组织结构的整体模式，以及组织创新的两种模式：增量式创新和转型式创新。大部分中国企业发展面临的是转型式创新。

（3）中国企业市场营销理念与手段的再造策略。面对电子商务以及全球经济一体化，全球性市场的形成，中国企业发展也需要改进自己的市场营销理念、策略与手段。为此，本书研究了网络上的零售业及其营销能力的培育与发展，探讨了零售业发展的网络化问题，提出了企业营销的实质是降低厂商与顾客之间的信息不对称程度并诱导顾客的购买冲动与最后的决策。

（4）中国企业持续发展的制度选择方案。我国大型国有企业改制与发展过程中如何选择控股公司类型，在此基础上，认定中国的国有控股公司应该成为产业战略的主要实施主体，应该成为“战略性产业控股公司”，而不是一般的投资型的纯粹控股公司。特别探讨了战略性产业控股公司的构建，给中国大型国有企业发展的制度选择以重要参考。

中国企业中的国有企业改革与发展对中国经济发展举足轻重，为此提出国有企业改革的目标是通过改革与创新使企业真正形成可持续发展的条件、机制，把国有企业改造成为面向未来、面向新经济的现代高速度公司的思路与方案，重塑改制创新后中国企业的竞争力，谋求未来更健康可持续的发展。

《经济周期波动的分析与预测方法》简介

吉林大学董文泉、高铁梅所著的此书，由吉林大学出版社于 1998 年 8 月出版，获经济学一等奖。

一、篇章结构

此书分“基础篇”、“传统的经济周期波动测定、分析与预测方法”及“经济周期波动研究的新发展”等三篇，共十三章。第一章：引言；第二章：经济周期波动的若干基本概念；第三章：季节变动调整及测定长期趋势；第四章：景气指标选择方法；第五章：景气指数方法；第六章：宏观经济监测预警信号系统；第七章：商情调查方法；第八章：宏观经济计量模型及其应用；第九章：时间序列分析及其应用；第十章：经济周期波动的谱分析；第十一章：状态空间模型和卡尔曼滤波；第十二章：协整与误差修正模型；第十三章：不确定性及其性质的分析方法。

二、基本观点

全面系统地归纳和论述了 20 世纪 60 年代以来国际上测定、分析和预测经济周期的各种较为成熟的实证方法，继美国和日本等国之后于 1993 年成功研制出我国的 S-W 景气指数，标志着我国在该领域的研究已达到国际先进水平；20 世纪 80 年代发展起来的协整概念和方法，使经济计量模型建立在更加合理的统计学基础之上，并且能更好反映经济系统的固有特点。

三、创新之处和意义

（1）注重系统性。作者在第一篇中重点介绍了各种用于以上两种用途的经验和统计分析方法，包括季节调整法中的虚拟变量法、移动平均法、X-11 方法和 X-11 ARIMA 方法等，以及时差相关分析、K-L 信息量、基准循环分段平均法、聚类分析、峰谷对应、评分系统等选择景气指标的方法。此外，还介绍了研究增长循环时所需的测定长期趋势方法和能自动准确测定峰谷转折点的 Bry-Boschan 方法。书中第二篇着重介绍了目前国际上普遍采用的用于测定、分析和预测经济周期的有效方法，包括综合反映景气动向的扩散指数、合成指数等景气指数方法，直观反映经济运行状态并可及时发出警告信号的宏观经济监测预警系统，以及可以方便快捷地了解当前和未来可能的经济状况的商情调查法。

（2）注重前沿性。迄今为止国内对经济周期的研究方法主要集中于时间域内，而直接从频率域即利用时间序列的谱分析方法进行研究的成果还不多见。因此书中较为详细地介绍了谱分析的基本原理和各种实用的谱估计方法，并结合实际研究经验阐述了在应用过程中需注意的若干问题；20 世纪 80 年代以来，利用状态空间模型进行经济时间序列的结构分析、预测、季节调整和构造新型景气指数的研究开始在国际上逐渐兴起。这种方法还可处理非平稳时间序列，具有广阔的应用前景。书中不但对状态空间模型的建立、参数估计和卡尔曼滤波作了详细介绍，还特别给出了利用这一模型构造的新型景气指数即 S-W 景气指数，这一指数是美国经济学家 Stock 和 Watson 于 1988 年提出的，由于它是建立在严密的数学模型基础上，与传统的景气指数相比有了明显的改进，被国外学者誉为里程碑式的工作。本书介绍了这一方法并给出了景气调整的误差修正模型实例；混沌理论方法是近年来用于研究不确定性问题及其性质的一种新的方法论体系。

（3）注重实用性。编著者都有多年从事经济周期分析预测的研究工作经历，因此在取材与写法上能充分注意实用性。当今时代，计算机的使用是进行高水平经济预测的前提条件，所以本书对所介绍的方法都给出了完整、清晰的计算步骤，使读者在没有现成软件的条件下也可以编程进行计算。此外，作者结合对我国经济周期进行分析和预测的大量研究成果对介绍的每一种方法都给出了很有说服力的应用实例，使读者能充分学习和掌握书中内容，达到学以致用的目的。

《会计基本理论与会计准则问题研究》简介

厦门大学葛家澍著的《会计基本理论与会计准则问题研究》，由中国财政经济出版社于 2000 年 2 月出版，获经济学一等奖。

一、篇章结构

此书包括两大基本内容，即会计基本理论与会计准则。

在会计基本理论部分，着力探讨了如下的会计理论问题：会计的基本概念、论会计是一个经济信息系统、实证会计理论及其在会计上的应用、20 世纪 90 年代财务报告的发展趋势、关于市场经济条件下会计理论与方法的若干基本观点、对我国会计理论研究的若干基本认识、基本会计准则与财务会计概念框架、未来财务会计与财务报告的模式、新中国会计理论研究 50 年回顾等。

在会计准则部分，重点研究了下述问题：制定中国的会计准则如何借鉴国际经验、关于会计改革及在中国建立会计准则问题、关于会计准则与会计制度的关系问题、从会计准则的性质看会计准则的制定、纵论财务报表模式的改进、财务会计与财务报告的未来发展趋势等。

二、基本观点

（1）会计是一个以提供财务信息为主的经济信息系统。

（2）为了保证我国制定的会计准则是一个逻辑严密的理论体系，我国需要制定自己的财务会计概念框架。同时考虑到我国的现实问题，建议修订1992年制定的《企业会计准则》，使之具有财务会计概念框架的功能。

（3）对目前财务会计的局限性进行探讨，揭示其缺陷如"重历史信息而忽视未来信息"、"重盈利信息而忽视现金流量信息"、"重法律形式而忽视经济实质"等。

（4）对未来财务会计和财务报告的可能发展进行探讨，提倡财务报告的"彩色模式"——即分层次地确认或披露会计信息。

（5）对我国的会计准则和会计制度的关系进行了辩证地认识，提出会计准则和会计制度应该在一定时期内并存。

（6）针对西方20世纪末改进企业财务报告的浪潮，系统性、针对性地提出自己的观点："根据市场经济变化的要求，修改资产的定义，并选择适当的计量属性。"

（7）以美国资本市场和会计准则为借鉴，对我国的会计准则制定提出建议："增加准则制定的透明度，修订《企业会计准则》。"

（8）针对会计准则制定过程中出现的理论，探讨会计基本理论，提出经济学是会计学的基础。

三、创新之处与意义

（1）重新探讨会计基本假设和会计目标的关系，提出会计目标本质上是一项会计基本假设，并认为应该扩充会计基本假设的范畴，增加"市场经济"和"宏观调控"两项基本假设。

（2）认为会计基本假设、会计目标和会计对象共同构成财务会计概念框架的第一层次。

（3）针对我国转轨经济中会计信息失真严重的现实情况，对可靠性和相关性问题及其辩证关系提出新的认识："可靠性是财务会计的本质属性，是财务会计的灵魂"、"可靠性是财务会计的基础，是核心"。

（4）对我国的会计准则制定机构、制定会计准则的公允程序和内容进行探讨，并提出"财务会计概念框架→会计准则"的准则制定思路，并主张通过"沟通·协调·规范"来推动中国会计准则的国际化。这一观点已获得我国会计界的认同并被许多论文广泛应用。

（5）对会计准则和会计制度并存情况下的分工做了科学的辨认："会计准则主要规范会计的确认与计量，而会计制度主要规范会计的记录与报告。"

（6）对会计准则的性质进行了科学的概括——既有技术性，又有经济后果性和政治性，并以此分析了我国会计准则的制定。

（7）揭示了高质量会计准则和高质量会计信息之间的必然联系。

四、成果影响

此成果的意义在于对会计基本理论的若干问题进行了系统的回顾与总结，并从中抽象出指导我国会计准则制定的应用理论。此成果的诸多观点（譬如会计基本假设、会计目标）直接影响了我国2001年开始实施的《企业会计制度》改革及部分内容，并影响了我国2006年颁布、2007年开始实施的《企业会计准则（2006）》。此成果所提出的一些基本思想，对于推动我国会计基本理论的发展、完善中国特色的会计准则体系，以及推动中国会计准则体系与国际财务报告准则的趋同，亦具有重要的借鉴意义。

《西方经济学说的演变及其影响》简介

北京大学胡代光主编的《西方经济学说的演变及其影响》，由北京大学出版社于1998年4月出版，获经济学一等奖。

一、篇章结构

此书共十二章：边际革命及其影响；凯恩斯革命及其引起的争论；《通论》产生的影响及其理论演变与发展；凯恩斯主义的反对者——现代古典学派；非均衡学派的产生和发展及其理论的应用；宏观经济学的演变与均衡信贷配给理论；威廉·夏普的资本资产定价模型；20世纪80年代以来汇率变动的新特点和启示；新制度经济学——经济组织和制度变迁理论；国家的理性重建——布坎南的国家理论；经济长周期理论的演变及其近期发展；西方学者对市场经济的重新认识和我们的启发思考。

二、基本观点

此书对西方经济学说200多年来的历史进行研究，归纳出经历了六次革命，即亚当·斯密的革命、边际主义革命、凯恩斯革命、货币学派反对“凯恩斯革命”的革命、斯拉法革命、理性预期革命。这是作者独自的见地，并以此为基础展开对西方经济学说如何演变的研讨。

现代西方经济学可以分为两大派：现代凯恩斯学派和现代古典学派。就其经济哲学而言，它们无非分别属于政府干预派和自由放任派。两派的重大分歧集中在关于资本主义市场是否出清，即市场体系的稳定性这个问题上，并由此提出各自不同的政策主张。

作者强调指出，新凯恩斯主义经济学者企图将“理性预期”，从而用“理性经济人”来填补凯恩斯宏观经济学的基础，实质上并非对凯恩斯经济学的“发展”，而是向凯恩斯以前的传统经济学的让步和复旧。须知，如果仅着眼于对“理性经济人”的强调，那就忽略了最大多数智力正常的人的行为和决策极少唯一地决定于经济考虑，因而无视社会组织的重要性，抹煞集体行为力量，否认不同利益集团、不同阶层或阶级之间的矛盾或冲突。这样，就必然使其经济分析形成错误的结论，从而导致错误的决策。

三、创新之处与意义

作者对非均衡分析在我国的应用问题提出了一些新的见解。例如，明确认为：“我国经济从总量上看，在商品市场上存在买方约束，在劳动市场上存在卖方约束，从而表现为古典型失业的非均衡状态。”“我国经济在总量上呈需求大于供给的基本态势，但在结构上却表现为短缺与闲置并存的局面。"因而"我国传统体制下的经济已处于一种失衡状态，必须通过经济体制改革引进市场机制，给价格信号以应有的作用，引导经济走向配额均衡"。

作者明确提出："一种强有力的法律和制度约束最关键的作用在于使各制度主体（尤其是政府方面）相互做出的改革承诺具有相当的可信度，是可实施和兑现的，使各方的行为都限制在增进共同利益的范围内。无论是改革方案的制定还是实施，都应诉诸一定的法律程度，由法律系统来承担确立和执行的规则的重任。"

最后，作者再三强调：我们搞市场经济必须有个全面的理论武装，即对市场经济应有个比较全面的理论认识，不仅明确宏观调控是市场经济的题中之义，而且也要明确搞好精神文明建设、发扬社会主义民主等也是社会主义市场经济的必要的有机的组成部分。

此书对新制度经济学、非均衡学派、经济长周期理论和现代金融理论等也进行了评介，比较全面地反映了西方经济学发展的新成就和动向。

《开放经济下的宏观金融管理》简介

复旦大学姜波克等著的《开放经济下的宏观金融管理》，由复旦大学出版社于 1999 年 6 月出版，获经济学一等奖。

一、篇章结构

此书包括四大部分：第一部分论述货币自由兑换，第二部分论述货币自由兑换后的货币替代问题，第三部分论述货币自由兑换后调控的基础——货币市场建设问题，第四部分论述调控手段及政策问题。

以上四个部分之间存在紧密的逻辑联系：货币自由兑换在先，这是开放经济的重要标志。货币自由兑换后必然有资本的频繁流动和货币替代。而为了调控资本流动和货币替代对本国经济的冲击，必须有发达、完善的货币市场，这是有效地宏观调控的基础和必备条件。为了达到有效的调控，除了需要发达的货币市场外，还需开发多种调控手段和调控工具，并进行合理的搭配。

二、基本观点

此专著首先从宏观、微观等八个方面广泛而深入地探讨了为促进经济发展和保持经济稳定所需的资本项目开放的条件。建议在继续加快贸易开放速度的同时，当条件成熟时稳步、分阶段地先开放资本流入，然后再开放资本流出。进一步分析了在经常项目可兑换向资本项目可兑换的过渡过程中实行资本管制的必要性以及相应的理论、政策和工具。

其次，论述了人民币自由兑换过程中和自由兑换后面临的一个重要问题：货币替代问题。在吸收借鉴国外相关研究成果的基础上，结合我国的实际情况，分析了我国现阶段的货币替代问题。在国内首次建立了能够解释我国货币替代问题的理论模型，特别强调了国内外利率差异、人民币预期贬值率和通货膨胀率等因素的重要作用；提出了在开放经济条件下能有效防范货币替代威胁的指导性原则和一系列政策搭配措施。对中国的货币替代问题运用计量分析的方法从实证角度进行了开拓性的探讨。

再次，研究了人民币自由兑换平稳实现的市场基础和调控基础——货币市场问题。指出建设和发展货币市场对通货膨胀有一种抑制作用。对开放经济条件下的货币市场调控的传导机制做了前瞻性的研究，详细分析了每一种传导机制的效应及其有效性，指出货币政策的传导机制是一个综合的过程。同时分析了在我国冲销干预的有效性及货币市场冲销工具的综合运用。提出我国准备金制度改革，储备会计体系的完善，公共债务的管理和货币管理相协调等一系列制度性改革建议。同时提出了我国央行在货币市场上日常操作和宏观调控方式转变的合理化建议。

最后，以开放经济条件下如何实现内外平衡作为分析的核心，论证了我国在开放的过程中遇到的以及可能会遇到的各种政策目标矛盾的性质和原因，深入探索能够达到内外平衡目标的政策搭配方法，努力创建一个较为完整的开放经济下的政策搭配分析框架，以促进我国在开放经济下宏观调控政策体系的建立。并根据我国内外平衡矛盾的实际情况，具体研究了我国经济对外开放的性质和特征、开放经济下内外平衡矛盾产生的原因和表现形式、在多维性质的政策矛盾情况下如何实施恰当的政策搭配组合，同时系统地研究了如何在开放经济环境下增强政策搭配的有效性。

三、创新之处和意义

（1）对国际货币基金组织这个世界公认的权威机构的研究结论提出了批评和挑战。基金组织认为货币自由兑换的公认条件有四个，即外汇储备充分、宏观经济稳定、微观基础建立、适当的利率。作者认为这四个条件不仅不够，而且它关于第一个条件的论述不完全、不充分甚至是不正确的。

（2）对凯恩斯货币流通公式中有关利率与货币流通速度之间的关系提出了相反的看法，指出在考察上述关系时，应该区别货币的不同定义和口径。

（3）对著名的蒙代尔—弗莱明模式进行了修正，指出在资本管制不对称性的条件下，国际收支平衡线（BP 线）不应是一条直线，而应是一条折线，由此导致了一系列不同的政策含义。这一理论结论不仅对中国，而且对存在资本管制不对称（资本流入相对较易流出相对较难）的广大发展中国家和经济转型国家都有意义。

（4）我国货币替代会使汇率放大效应更加严重。

（5）指出了我国冲销干预的有效性和冲销手段的综合运用。

（6）对丁伯根的政策目标和政策工具的数量关系进行了修正，指出了由于多维目标下的政策指派不稳定性和政策工具变动幅度及调整速度的限制，从而解决内外平衡矛盾要求政策工具的数量应大于政策目标的数量。

此书的意义在于系统地论述了开放条件下，资金流动和货币替代是如何对本国经济造成影响，及货币市场在宏观调控中的基础作用，对建设和利用货币市场进行宏观调控的理论和政策作出了特有的分析。

《再论制度、技术与中国农业发展》简介

北京大学林毅夫著的《再论制度、技术与中国农业发展》，由北京大学出版社于2001年3月出版，获经济学一等奖。

一、基本信息

此书是林毅夫继1992年在上海三联书店出版的《制度、技术与中国农业发展》（该书获1992年度孙冶方经济科学奖）之后，又一部以规范的经济学方法来研究中国农村、农业和经济发展中的制度和技术问题的专著。全书共11章，其中有8章，以单篇的方式在国外一流匿名审稿学术刊物发表，1章以单行本的方式在国外出版发行，1章发表于国内的经济学刊物《经济研究》。

二、篇章结构和基本观点

此书第1章比较系统地论述了对如何用规范的现代经济学方法来研究中国具体的经济问题，以及对现代经济学的发展作出贡献的看法。第2章总结了当代经济学界对制度如何影响经济发展，以及经济发展又如何反过来影响制度变迁的研究成果。第3~7章运用中国农业改革实证资料对已有的制度变迁和技术变迁理论进行了经验检验和理论修正，从而将有关理论的研究向前推进了一步，丰富和发展了制度经济学和技术经济学的理论。第8~11章运用制度变迁和技术变迁理论对中国农业合作化运动的成败得失，1959—1961年农业大危机问题，中国粮食问题等中国农业发展中的一些重大问题进行了深入探讨。

具体而言，第1章：本土化、规范化、国际化；第2章：制度与经济发展；第3章：禀赋、技术和要素市场；第4章：价格双轨制与供给反应：理论与来自中国农业的经验证据；第5章：杂交水稻对投入品需求和生产率的影响；第6章：技术变迁与收入在农户间的分配：理论和来自中国的证据；第7章：中国的农业信贷和农场绩效；第8、9章运用制度变迁和技术变迁理论对中国农业合作化运动的成败得失进行了深入探讨，对国际学术界有关中国农业发展的一些模糊认识进行了澄清；第10章是对1998年诺贝尔经济学奖得主阿马蒂亚·森（Sen）的饥荒成因理论的实证检验；第11章驳斥了美国世界观察研究所莱斯特·布朗提出的中国会出现粮食危机的论调，并讨论了我国未来粮食增产应有的制度和技术政策方向。

三、主要创新和社会影响

现代主流经济学的理论一般以发达国家的市场制度和技术条件作为理论的给定前提，但发展中国家的经济发展本身正是一个制度和技术变迁的过程，如果把发达国家的市场制度和技术条件当做是经济学理论模型的给定前提，那么也就放弃了对经济发展的过程和原因的分析。我国既是一个发展中国家也是一个从计划经济体制向市场经济体制转型的国家，因此，运用建立在完善市场制度基础上的主流经济理论来分析中国问题时不能简单套用，而应把技术和制度当做经济体系的内生变量来研究，对我国的制度和技术问题的研究，不仅可对我国的改革和发展作出贡献，也可大大丰富现代经济学的理论。此书获教育

部第三届中国高校人文社会科学优秀成果一等奖。

《APEC 研究——方式·运行·效果》简介

南开大学薛敬孝、李坤望、宫占奎主编的《APEC 研究——方式·运行·效果》，由山西经济出版社于 1999 年 1 月出版，获经济学一等奖。

一、篇章结构

此本书由十章构成，分三大部分。其中，前四章为第一部分，主要对 APEC 的发展、APEC 成员的基本策略、APEC 与多边贸易体制、APEC 与次区域经济集团等方面的重要问题进行了阐述与剖析。第五章至第九章为本书的核心部分，着重对 APEC 贸易投资自由化及便利化的发展、单边行动计划与中国的政策选择、APEC 经济技术合作的发展、经济技术合作集体行动与中国的策略选择、APEC 福利效应等 APEC 诸领域的运行及其效果进行了深入探讨与分析。第十章在前几章讨论的基础上，从 APEC 贸易投资自由化的前景、次区域集团对 APEC 发展的影响、民间参与 APEC 活动的趋势、APEC 未来在世界贸易体制中的作用等方面对 APEC 的发展趋势进行了前瞻性分析与预测。

二、基本观点

此书突出了对“APEC 方式”，即自愿与协调相结合的“开放的地区主义”及在这一方式下的贸易投资自由化的研究，指出 APEC 是一种区别于已有的区域经济合作组织的全新的区域经济合作模式，它符合亚太地区各成员的差异性特点，是该地区一种行之有效的合作方式。在这种新型的区域经济一体化模式下，各成员可以自主自愿采取单边行动和执行集体行动，同时通过协调来推进贸易投资自由化的进程。

此书指出，从长远来看，由于成员间的经济发展水平、社会制度、文化等差异巨大，并且这些差距将长期存在，因此将来 APEC 演变成类似欧盟这样的制度性区域经济集团的可能性甚小，现行的 APEC 合作模式将在相当长的时期内继续下去，今后 APEC 将继续发挥以下重要功能：第一，作为成员领导人定期对话的场所，有利于缓解成员间矛盾，稳定本地区局势；第二，保持和推动区域内贸易投资自由化和经济技术合作的势头，寻求新的合作领域，繁荣本地区经济；第三，在经济全球化中，加强作为连接亚洲、北美洲和大洋洲经贸合作的桥梁作用；第四，APEC 包含了各种类型的经济体，又处于经济全球化和知识经济发展的前列，今后的合作方式和发展方向对建立世界经济新秩序将具有重要的启示作用。有鉴于此，我国在加入 WTO 之后，仍应积极参与 APEC 的活动，坚持 APEC 九项原则和江泽民同志在大阪会议上提出的五条立场；强调经济技术合作的重要性；保持在贸易投资自由化中的承诺与在 WTO 中的承诺相一致。

三、创新之处和意义

此书在掌握大量翔实资料的基础上，将 CGE 模型应用于对 APEC 福利效应的研究，通过实证分析得出，无论是在贸易方面还是在生产方面，APEC 贸易自由化既会为成员带来实质性利益，也会给非成员以至整个世界带来好处。实证结果还表明，各类成员从贸易自由化中获得的利益有较大差异，即总体而言，发展中成员的利益所得明显大于发达成员，而发展中的非新兴工业化成员的利益所得尤为突出，该著作同时分析了产生这一差异的原因。实证分析进一步指出，处于转型期的中国，只要在贸易自由化进程中妥善处理对外经济政策调整和国内经济改革之间的关系，就可能最大限度地获得贸易自由化带来的利益。

此书还特别注重对策性研究，在 APEC 的两个支柱，即贸易投资自由化及便利化和经济技术合作领域分别提出了七项我国的策略选择。如在贸易投资自由化方面，主张各成员依据各自的经济发展水平，自行确定优先考虑投资项目的选择和实施，以使之具有可行性和合理性；在贸易投资便利化方面，提出我国对此应持积极态度，并应主动提出一些建议、计划和项目，强调将便利化的重点放在继续推动具体领域的工作上。

此书在对 APEC 的性质、合作模式、合作领域及前景和中国的对策等问题的分析上颇有独到之处，特别是在利弊分析方面，既有定性的系统剖析，又有科学、精确的定量分析。本书的研究成果对我国制定 APEC 战略和有关部门参与 APEC 活动、制定经济政策具有重要的参考价值。

《企业和利益相关者理论及其应用》简介

中国人民大学杨瑞龙、周业安著的《企业的利益相关者理论及其应用》，由经济科学出版社于 2000 年 7 月出版，获经济学一等奖。

一、篇章结构

此书由一个导论和十个章节组成。导论讨论了“直面现象”式的研究、范式和方法，简述了现代契约观和“利益相关者”导向的改革思路；第一章：从马歇尔到科斯——我们理解企业了吗？第二章：重新理解企业的企业性质；第三章：作为关系契约的企业；第四章：企业所有权分配的关系契约论；第五章：利益相关者对企业治理结构的影响；第六章：内部雇佣契约的经济分析；第七章：国有企业的产权结构分析；第八章：国有企业双层分配合约下的效率工资假说及其检验；第九章：国有企业分类改革战略的选择；第十章：国有企业治理结构的创新。

二、基本观点

该书的研究发现，企业的利益相关者论可以在企业契约观找到根基。这就是给定一个初始状态，其中具有不同物质资本和人力资本的个人或组织通过谈判来分配各自的责任、权利和利益，谈判的结果就是形成一份有约束力的契约；由于人的有限理性、环境的不确定性及个人或组织初始资本存量的不同，导致权益分配的不平衡；给定一个动态的干中学机制，利益相关者之间会展开谈判活动，以寻求对自己最有利的权益安排。这种再谈判过程导致企业制度的演进；由于不同权益主体会针对各自的环境作出相应的反应，从而会形成多元化的企业制度，并且各种制度在特定的条件下都是有效的。所以，从现实的企业出发，企业只有为利益相关者服务才会获得高效率，只不过不同情境下企业会选择不同的利益相关者范畴。用这种理论来指导国有企业改革，就是宏观上采取分类改革的战略，形成多元化的企业制度安排；在微观上就是实行共同治理和相机治理有机结合的治理结构。

三、创新之处

（1）采用直面现实的分析方法，实现了研究方法的创新。“直面现实”式的研究不是不要理论，而是不主张从概念到概念，用理论束缚丰富现实的分析方法，主张从我国经济发展中出现的特殊现象着手，通过对现象的深入剖析来检验和发展现有理论。这种直面现实分析方法的体现之一就是实证分析方法的运用。

（2）构建了现代契约观与企业相关者的合作逻辑。本书批评了以新古典分析范式为理论基础的古典契约理论，强调了企业作为一个契约网络，其中有正式的文本合同，也有非正式的人际关系。这样一种考虑了人的因素的现代契约观主张在企业所有权的分配时应同时考虑物质资本与人力资本所有者的权益。针对物权至上的“资本雇佣劳动”的治理模式的缺陷，本书关注人力资本在公司治理中的地位，由此提出了利益相关者合作逻辑的理论。该理论的主要观点是：第一，企业是物质资本与人力资本长期合作的契约集合，企业剩余是双方合作的产物，任何一方随意退出或实施机会主义行为，都可能使对方的利益受损。因此，人力资本也应该参与公司治理。第二，现代公司的有限责任原则，决定了资本所有者常常会在资本市场上扮演“投机者”角色，一旦企业出现危机，出资人首先想到的可能是一走了之，而不是如何挽救企业。相反，企业经营者与职工由于难以随意撤离，可能会对企业更忠诚。因此，当人力资本参与企业治理时，他们或许比股东更追求企业的长期发展。第三，人力资本参与企业治理，能够减少员工的偷懒行为和企业激励监督的成本。第四，员工在企业内部能直接观察到经理人的行为，他们参与企业治理，可以有效降低因监督困难而产生的代理成本。第五，现代企业要获得更多利润，必须有足够的创新能力，而创新能力只能来自人力资本。

（3）本书主张国有企业治理结构创新的核心应遵循既符合我国国情又顺应历史潮流的共同治理与相机治理相结合的原则。共同治理核心就是确保物质资本和人力资本的所有者具有平等的机会参与企业所有权的分配；相机治理机制的核心就是引入企业控制权的竞争机制，由于随着企业的被“接管”将会导致企业经营者的下台，从而企业控制权的可转让性中的共同治理机制、国有企业的经营者选择机制以及激励约束机制。这样一种国有企业的改革思路在国内的经济学界独树一帜，产生了广泛的影响。

四、成果意义

此书一方面提出了“直面现实”的研究方法，并反思了新古典经济学分析范式的缺陷，提出了现代契约观，系统阐述了不同于“资本雇佣劳动”逻辑的“利益相关者合作”逻辑，创新了现代企业理论；另一方面，本书运用理论研究的成果，在实证分析国有企业的经营绩效与企业治理结构之间关系的基础上，探索国有企业的改革思路选择，主张国有企业治理结构创新的核心应遵循既符合我国国情又顺应历史潮流的共同治理与相机治理相结合的原则。这不仅在理论上具有明显的创新性，而且探索了国有企业治理结构创新的具体思路，从而从理论与实践两个层面大大推进了国有企业改革方面的研究。

《当代中国政治形态研究》简介

复旦大学林尚立著的《当代中国政治形态研究》，由天津人民出版社于 2000 年 1 月出版，获政治学一等奖。

一、篇章结构

此书除了绪论和结论之外，用了九个章节来介绍当代中国政治形态形成、发展、危机、病变、复原和转型的发展历程。具体篇章结构是：（1）绪论：当代中国政治研究状况分析；（2）概念、理论与研究方法；（3）政治革命：当代中国政治形态的形成；（4）社会革命：当代中国政治形态的现实基础；（5）民主与专政：当代中国政治形态的制度架构；（6）社会主义：当代中国政治形态的价值取向；（7）现代化的歧路：当代中国政治形态的困境与危机；（8）高度集权的代价：当代中国政治形态的病变；（9）政治民主化：当代中国政治形态的复原与发展；（10）市场与法治：当代中国政治形态的转型；（11）结论。九章内容中，每一章都有一个小结，从而比较明晰地提炼和展现全书前后思想的内在逻辑和整体关系。

二、基本观点

当代中国政治形态的确立是一种历史的选择，作为一种社会主义政治形态，具有其内在的先进性。但是，社会主义发展总体战略的失误及其导致的现代化努力失败，使当代中国政治形态在相当长的时期里处于危机状态，没有得到有效的完善和发展。改革开放后，当代中国政治形态从危机中得以恢复，并对现代化发展产生积极作用。社会主义市场经济体制的确立，推动当代中国政治形态转型，其取向是社会主义民主政治。中国未来的国家建设和政治发展将在政治形态转型的过程中展开，并推动政治形态转型的实现。

具体说来，由于社会主义的生产关系不可能在前社会主义社会中产生，所以，社会主义社会建立的逻辑是首先夺取政权并用政权的力量建立新的生产关系，从而建立社会主义社会。中国是一个落后国家，所以，革命阶级夺取政权建立新中国后，不仅面临确立社会主义社会的任务，而且面临发展现代化发展的任务。但是，在如何协调这两个历史任务的问题上，出现了战略失误，把首先建立社会主义生产关系作为现代化发展的前提。结果，现代化的努力在“大跃进”中受挫。现代化的挫折，使得革命所夺取的政权无法有效地建立起其所需要的相应的经济基础。在这样的情况下，政权只能依靠自身的力量，即用权力来维系社会的存在和发展。对权力的过度依赖和挖掘所导致的权力高度集中，使当代中国政治形态严重扭曲，发生“文化大革命”。所以，“文化大革命”结束后，中国政治发展首先遇到的任务就是使中国政治形态从变态恢复到常态。20 世纪 80 年代的政治体制改革主要围绕着这个任务展开。进入 90 年代，随着社会主义市场经济体制的确立，以计划经济为现实基础确立起来的政治形态就必然面临形态转型的任务。所以，90 年代以来的中国政治发展主要围绕着政治形态转型来展开的，从这个意义上讲，90 年代后的中国政治体制改革的目标与任务不能等同于 80 年代。

三、创新之处和意义

（1）提出了“政治形态”这一核心概念，并把当代中国政治作为一个完整的政治形态来把握。作为政治生活的总体概括，政治形态主要由四大要素构成，即政治权力、政治结构、政治过程与政治意识，其中，政治权力是政治形态的中轴。

（2）对当代中国政治发展的内在逻辑作了整体的分析和把握。此书以 1949 年来当代中国政治为研究对象，考察中国政治形态与经济、社会发展之间的互动关系，以把握当代中国政治半个世纪的发展中所形成的总体趋势和基本特征。

（3）从理论上分析了中国政治发展与社会主义实践之间的内在关系。中国社会主义与现代化之间的内在张力决定了中国的政治发展道路。

（4）论证了中国未来政治发展将出现政治形态转型。指出社会主义市场经济的确立，在推动当代中国政治形态转型的过程中，将使建设有中国特色的社会主义民主政治的发展进入一个崭新的发展时期，市场经济的每一步发展都将为民主政治的发展提供有效的经济和社会资源。对中国民主来说，最需要的不是跃进式的发展，而是在持续不断的民主积累中前进的渐进式发展。

《当代政治学基本理论》简介

吉林大学王惠岩著的《当代政治学基本理论》，由天津人民出版社于 1998 年 3 月出版，获政治学一等奖。

一、篇章结构

此书分为十章，介绍了当代政治学基本理论的几个重点问题。第一章：关于马克思主义国家政权基本理论的再认识；第二章：马克思主义民主与法制理论；第三章：论政治统治体系；第四章：当代民主发展道路——政治发展理论；第五章：政治稳定的思想基础——政治文化；第六章：国家政权与民族问题；第七章：当代中国的政治发展——中国政治体制改革的思考；第八章：社会主义市场经济与国家宏观调控；第九章：马克思主义认识论与科学决策；第十章：论当代中国政治学的发展。

二、基本观点

对马克思主义政权基本理论作了进一步深入研究，特别是根据恩格斯的观点，对国家政权的作用、职能等问题作了创新论述；对邓小平关于民主与法制的精辟观点作了全面系统的论述，为“十五大”提出“依法治国”、建立社会主义法制国家提供了理论依据；全面地论述了马克思主义关于民族理论与解决民族问题的总政策，同时也对资产阶级的民族理论与解决民族问题的总政策进行了批判分析。

针对我国社会主义现代化过程中政治领域出现的一些重要问题进行了理论探索。根据“十三大”、“十四大”、“十五大”提出的政治体制改革的实践，阐述了符合我国国情的政治体制改革理论；阐述了社会主义国家与西方国家对市场经济宏观调控的共性问题与社会主义国家的特殊性问题，以保障社会主义国家实行市场经济能够坚持社会主义方向；把马克思主义认识论与决策科学理论结合起来，论述了马克思主义认识论为决策提供思维方法，科学决策理论为决策提供科学程序与方法，两者结合才能实现决策的科学化、民主化。

对西方政治学新领域的重要理论进行了分析。分析了伊斯顿的政治体系理论，并阐述了马克思主义关于政治系统观点和政治统治体系的理论；分析了西方学者的政治发展理论的背景与实质，并阐述了马克思主义政治发展理论；分析了西方学者关于政治文化的观点，并阐述了马克思主义政治文化的观点，特别是把我国政治文化的实现与政治稳定结合起来进行了论述。

三、创新之处和意义

（1）坚持马克思主义为指导与中国实际国情相结合，做到既要分析马克思主义基本理论，又要发展马克思主义理论。本书以其深厚的马克思主义政治学理论功底，在深入解读邓小平同志建设有中国特色社会主义理论和党的“十四大”、“十五大”文件精神的基础上，探索了当代中国社会主义政治建设方面的一些重大理论问题。

（2）理论体系完整统一，逻辑严谨。本书以国家政权为核心，研究国家政权以及围绕国家政权的主要政治现象、政治关系及其发展规律。主要内容有：国家政权的基本理论；马克思主义民主与法制；政治统治体系（国家政治总格局）；政治发展理论；政治文化与政治稳定、国家政权与民族问题、社会主义市场经济条件下的国家职能、马克思主义认识论与科学决策、当代中国政治学的发展等。这就做到了把政治现象作为一个有机整体进行动态研究，抓住了政治现象的本质和核心，具有很强的逻辑性和现实性。

（3）理论观点创新，与时俱进。伴随我国政治经济社会的不断发展，政治学理论具有与时俱进的特征。本书集目前政治学领域治学与科研的最新思想成果于一身，创造性地提出：马克思主义政权基本理论；邓小平的民主与法制理论；当代中国政治体制改革理论；马克思主义认识论与科学决策理论；中国政治发展理论等。

（4）文字简洁流畅，做到语义准确与深入浅出相结合。本书一改过去政治学著作对初级的、原始的、单细胞式的名词解释性阐释，或是对一些有关阶级、国家、政党、政体、国体、民族等常识性知识的罗列，寓深奥理论于通俗易懂的阐述之中，语言简练，内容深刻。

《论中国涉外仲裁的监督机制及其与国际惯例的接轨》简介

厦门大学陈安教授的《论中国涉外仲裁的监督机制及其与国际惯例的接轨》系列论文，发表在《中国社会科学》（1998 年第 2 期）等学术刊物，获法学一等奖。

一、篇章结构

此系列论文含五篇：《论中国涉外仲裁的监督机制及其与国际惯例的接轨》、《中国涉外仲裁监督机制申论》、《英、美、德、法等国涉外仲裁监督机制辨析》、《再论中国涉外仲裁的监督机制及其与国际惯例的接轨》、《再论中国涉外仲裁的监督机制及其与国际惯例的接轨》(增订本)。各篇内容前后相承和互补，构成整体。

二、基本观点

在我国法学界部分人士中，有几种较为“流行”、以讹传讹的观点，对我国涉外仲裁监督机制的有关立法和执法，产生了误导作用。诸如：（1）中国现行仲裁监督机制采取“内外有别、宽严不一”的“分轨”机制，对涉外裁决监督“从宽”，不实行实体监督，“符合国际上的普遍做法”；（2）商务当事人选择仲裁解决争议，以“放弃上诉权”为代价而获得裁决的终局性是“完全值得的”，“他们更注重效益，而不是公平”；（3）中国“地方保护主义”盛行，不宜授权法院对涉外裁决实行实体监督；（4）中国的涉外仲裁界是“一片净土”，无须强调实体监督，等等。

针对上述“流行”论点，此系列论文查证和援引当代许多国家现行的仲裁立法原文，逐一予以澄清，消除讹传，匡正立法。论述的主题是，对现行的中国仲裁法作了“一分为二”的剖析。作者认为：这部仲裁法的颁行，标志着中国仲裁制度的改善。但是，这部仲裁法关于仲裁监督机制的具体规定，却存在着较为明显的缺失。它规定内国仲裁监督与涉外仲裁监督实行“分轨制”，对于涉外仲裁裁决，只允许审查和监督其程序运作，不允许审查和监督其实体内容。作者强调：这种做法并不符合中国现实国情——不利于反腐倡廉，不利于维护法律的尊严，也不符合当代各国仲裁立法的先进通例。

三、创新之处

此系列论文的创新之处表现在：

（1）致力实证研究，结论翔实可靠。根据已查到的美、英、德、日、法、意、加等12个发达国家以及印尼、泰国、韩国、埃及、阿根廷等7个发展中国家有关仲裁监督的立法条文，证明这两大类国家都对在其本国境内作出的内国裁决与涉外裁决实行“一视同仁”的监督，而不实行“内外有别”的分流机制；都对两类裁决实行兼及程序运作和实体内容的双重监督，而不实行“只管程序运作、不管实体内容”的单薄监督。反观中国现行的涉外仲裁监督机制，显然与国际社会先进立法通例相左，属于闭目塞听，以讹传讹，落后于世界仲裁立法先进通例。

（2）剖析切中时弊，有助于振聋发聩。中国现行的涉外仲裁监督机制，全盘放弃了对涉外裁决书实体内容的审查和监督，甚至对涉外仲裁中凭伪证作出的裁决、仲裁员贪赃枉法作出的裁决，即使它们在事实认定和适用法律上存在严重谬误，“依法”也必须执行，这无异是对公正原则的严重破坏，对法律尊严的严重亵渎，也是对仲裁界难以完全避免的贪赃枉法行径的纵容。中国仲裁立法中的这一重大“漏洞”，必须迅速填补堵塞。

（3）强调仲裁公正，维护法律尊严。涉外仲裁裁决的终局性和效益性，必须服从于裁决的合法性与公正性，必须维护法律尊严，全面贯彻“违法必究”和“违法必纠”的基本方针。

（4）提倡刻苦钻研，反对浮躁学风。作者指出：在学术研讨中，不肯下工夫认真查证最新的原始外文资料，人云亦云，靠转抄他人陈旧失实的二手资料，凭以立论，并随意臆测、发挥，以致讹传、失真、背离原貌，并误导读者，此种学风与文风，不宜提倡，应避免。

四、成果影响

此成果的意义在于作者从中国的现实国情和马克思主义的“权力制衡监督”理论出发，强调任何权力不加监督，或监督不严，必然产生腐败，中国的涉外仲裁，亦不例外；强调应当借鉴当代各国先进立法通例，修订现行的仲裁法，建立严密健全的法律监督机制，对中国的涉外仲裁裁决实行严格的、兼及程序运作和实体内容的双重监督，从法律体制上全面地堵塞漏洞，强化反腐败斗争。这些犀利见解对于匡正现行立法，具有重要参考价值。

《刑法的价值构造》简介

北京大学陈兴良著的《刑法的价值构造》，由中国人民大学出版社于 1998 年 10 月出版，获法学一等奖。

一、篇章结构

此书共十章，以刑法价值问题的探讨分成四个层次：

第一章与第二章谈刑法价值的背景论，分别揭示刑事古典学派的价值构造与刑事实证学派的价值构造。这两个学派分别体现了个人本位和社会本位的两种价值构造。这也正是两大刑法学派的对立之所在。正是从两大刑法学派的价值冲突中，引申出刑法价值问题的主题。

第三、四、五章谈刑法价值的本体论，主要是从刑法机能出发，通过个体与整体，个人与社会等社会哲学问题的探讨，提出刑法机能的二元论。这就是刑法的人权保障机能与社会保护机能的双重构造，从而确立刑法价值观。

第六、七、八章谈刑法价值的目标论。如果说，刑法机能是刑法自身所拥有的价值，那么，刑法价值目标，诸如公正、谦抑、人道，就是刑法所追求的价值。此书对刑法的三大价值目标作了理论考察。

第九章与第十章谈刑法价值的原则论，分别是罪刑法定的价值分析和罪刑均衡的价值分析。罪刑法定与罪刑均衡是刑法的两大基本原则，它们都与刑法价值具有密切关系。因而，此书对罪刑法定与罪刑均衡从价值的角度进行了理论探究。

二、基本观点

此书以价值为理论视角，审视刑事古典学派和刑事实证学派的基本理念，揭示两大学派之间在人权保障与社会保护这两种刑法机能上的对峙与冲突，并从社会本体论的角度，基于个体与整体的统一性，提出了刑法机能二元论的原理。由此出发，作者分别考察了刑法的三大价值目标，这就是刑法的公正性、刑法的谦抑性与刑法的人道性。在刑法的公正性中，作者揭示了公正的价值蕴含，这就是正当性、公平性与平等性，并从刑事立法与刑事司法两个角度分别探讨了公正性；在刑法的谦抑性中，作者揭示了谦抑的价值蕴含，这就是紧缩性、补充性与经济性，并从犯罪与刑罚两个角度分别探讨了谦抑性；在刑法的人道性中，作者提示了人道的价值蕴含，这就是轻缓性、宽容性与道义性，并从罪犯与刑种两个角度分别探讨了人道性。最后，作者还对罪刑法定与罪刑均衡这两大刑法基本原则进行了价值分析。

三、价值与意义

此书力图建构一个历史与逻辑相统一的理论体系，并将有关内容作出妥当的安排，使理论趣味与理论表达相协调。通过本书，作者试图告诉人们，刑法不仅可以有事实分析或者法条分析的方法，还可以有其他各种分析方法。应该说，价值分析就是这样一种重要的分析方法。从刑法的价值分析中，作者为我们提供了如下启示：刑法是一种不得已的恶，用之得当，个人与社会两受其益；用之不当，个人与社会两受其害。因此，对于刑法之可能的扩张和滥用，必须保持足够的警惕。不得已的恶只能不得已而用之，此乃用刑之道也。此书以价值为切入点，对刑法进行了哲学的综合分析，是作者在刑法哲学研究上完成的一部具有理论广度与学术深度的力作。

《违约责任论》简介

中国人民大学王利明著的此书，由中国政法大学出版社于 2002 年 2 月出版，获法学一等奖。

一、篇章结构

此书共分三编十六章，全面探讨了与违约责任有关的一系列问题。第一章：违约责任概述；第二章：归责原则；第三章：违约行为的分类与体系；第四章：几种具体的违约形态；第五章：违约与抗辩权；第六章：违约与风险负担；第七章：违约责任和侵权责任的竞合；第八章：免责事由；第九章：实际履行；第十章：损害赔偿；第十一章：惩罚性赔偿；第十二章：违约金责任；第十三章：定金责任；第十四章：合同的解除；第十五章：第三人侵害债权的责任；第十六章：缔约过失责任。

二、基本观点

此书对确定违约责任所必须依据的理论问题，如违约责任的归责原则、构成要件、违约形式、免责要件、责任形式、债权请求权体系等，作出了详尽的分析和深入的探讨，并对我国司法实践中迫切需要解决的疑难问题，如缔约过失、加害给付、情势变更、责任竞合、第三人侵害债权等展开了探讨。此书认为，责任有别于债务，是违反债务的后果。违约责任的请求权应当优先于其他债权的请求权而适用，并与其他债权请求权构成完整的体系。违约责任的归责原则应当是过错责任和严格责任的结合；不能将履行和违反瑕疵担保作为独立的违约形态。同时认为加害给付不能作为独立的违约形态，而应当纳入责任竞合的范畴。关于责任竞合的选择问题，应当允许当事人选择，法院不应替代当事人对请求权基础作出选择。对于争议较大的情势变更原则，合同法不应当将情势变更作为一般原则规定，但应当可以作为例外情况适用。实际履行仍然是违约责任承担方式中的首要形式，但在实际适用中应当有严格的范围限制。关于损害赔偿，应当首先适用当事人约定的违约责任条款，在当事人没有约定的情况下，才适用法定的损害赔偿。对于法定的损害赔偿，应当采取完全赔偿原则。但对这一赔偿，应当通过减轻损害规则和可预见性规则等作出限制。违约金的数额责任的性质主要是补偿性，但不排斥在例外情况下有惩罚性违约金的存在，法官可以对违约金根据违约的实际损失作出调整。在违约责任中例外情况下可适用惩罚性赔偿。

三、创新之处和意义

此书提出不少创新观点，并为我国合同法立法所接受。

（1）作者认为我国违约责任的归责原则应当是过错责任和严格责任的结合。

（2）我国不应采纳德国法中履行不能类型化的观点。

（3）不应该设立独立的瑕疵担保制度，而应将其纳入违约责任的范畴。以上三点内容都为合同法所接受。在合同法总则中规定了违约责任的一般归责原则为严格责任，而在分则中对一些有名合同的归责原则规定为过错责任；对履行不能不予规定，不承认其为一种独立的违约形态，也不承认履行不能构成合同无效的原因；合同法没有设立独立的瑕疵担保制度，对于传统的违反瑕疵担保义务的行为，按照违约处理。

（4）作者认为应当借鉴两大法系的经验，既要规定不安抗辩，又要在不安抗辩的基础上，规定预期违约制度。该观点体现在合同法第 68、69、94、108 条中。

（5）作者指出应当扩大同时履行抗辩权的适用范围，将其扩大到违约后的抗辩情形，且应将履行与拒绝履行之间的相应性作为同时履行抗辩权的重要条件，被合同法第 66 条采纳。

（6）作者认为合同法应该确定缔约过失责任制度，并将违反诚信义务作为缔约过失责任的理论基础，为合同法第 42、43 条所体现。

（7）作者强调实行履行应当受到一定的条件限制，包括非违约方必须在合理期限内提出继续履行的要求、必须依据法律和合同性质能够履行、在事实上是可能的和在经济上是合理的等。这为合同法第 110 条所采纳。

（8）作者对责任竞合应允许当事人对请求权的基础作出选择，而不应由法官决定的观点，为合同法第 122 条所接受。

《中国法制通史》简介

中国政法大学张晋藩总主编的《中国法制通史》，由法律出版社于 1999 年 1 月出版，获法学一等奖。

一、篇章结构

此书采取了通史与断代史相结合的篇章结构，注重一般历史规律与特殊历史规律的辩证统一。整部通史由断代史组合而成，它包括夏商周、战国秦汉、魏晋南北朝、隋唐、宋、元、明、清、清末民国、新民主主义政权十部断代史。各个断代法制史展现了中华法系在不同发展阶段上的个性特征，而各个断代又是一个有机联系的整体，构成一个连续的画卷，再现了四千年中华法制文明的辉煌历史。

二、基本观点

此书坚持马克思主义的唯物史观，注重在具体的经济、政治、文化背景下，把法律制度作为一个动态的社会历史过程加以分析。

三、创新之处和意义

（1）综合并升华了中国法制史学研究的主要成就。中国法制史学作为一门学科，从19世纪末20世纪初开始创建。100多年来，老一代的法制史学者开创了中国法制史的体例，提出了许多值得珍视的论点，整理了大量的法史资料，他们的著作具有重要的参考价值。进入20世纪80年代以后，在改革开放的历史背景下，中国法制史研究进入了迅速发展的新阶段。本书全面整理了中华民族优秀法制文化的传统，总结分析了中华法制文明对世界的贡献，提炼了具有永恒价值的文化遗产。

（2）根据中国古代法律体系的实际状况，从现代部门法的观点建立篇章体系。由于中国古代社会存在着最基本的社会分工，存在着法律调控的不同需要，因而法律规范的形式和功能也是有所区别的。虽然中国古代没有现代意义上的部门法的概念，但却有着分属于部门法的法律规范的内容。本书从中国法制史的实际出发，在明确古代法与近代法差异的基础上，系统地运用了“诸法并存、民刑有分”的体系观念和规范分析方法，一方面把握中国古代法整合的体系化特征；另一方面将各个历史时期的法律分为刑法、民法、行政法、诉讼法等门类，深入地阐述和分析了它们不同的规范形态和规范功能，以及历史演变的形态和规律，本书从纵向看，也可以说是集中国古代部门法史之大成。

（3）尊重历史，凸显少数民族对中华法制文明发展的贡献。中国自古以来就是统一多民族的国家，中华法系是以汉族为主体，各族人民共同缔造的。中华法制文明在形成与发展的漫长过程中，融合了各民族的法律意识和创造力。过去中国法制史一类的著作均以汉族的法制史为基本内容，没有或很少涉及少数民族对中国法制史发展的贡献。本书以较大的比重阐述了以少数民族为主导的魏晋南北朝时期北朝的法制建设，以及辽金元清各朝法制在融合汉族法文化的基础上所形成的成就和特点。

（4）注意运用新的珍贵的史料。譬如，先秦法制部分便参用了《新中国考古发现和研究》所录入的数十年出土的文物资料。秦汉法制部分较多依据银雀山汉简、江陵张家山汉简、居延汉简、尹湾汉简等出土史料。明清法制部分广泛采用了当时的官方法律文书和民间各类契约文书。由于广泛应用新史料使得论据更具说服力。

（5）进行重点的横向比较，说明中国古代法制在世界法制发展史上的重要地位。中国古代法制不仅起源早，而且在相当长的时间内居于世界法制发展的先列。本书以湖北云梦出土的秦简秦律为例，与西方早期的封建性的法兰克王国《撒利克法典》相比较，秦律在时间上早于《撒利克法典》一千年，在内容上更是还停留在习惯法阶段的《撒利克法典》所无法相比的。

（6）中国法制史学不仅要阐明中国法制历史发展的过程和规律性，而且还要通过准确地总结历史经验，为当前的法制建设提供历史借鉴。中国有着四千多年没有中断的法制历史，这在世界文明古国中是少有的，不仅积淀了极其丰富的法文化，而且蕴藏着多方面的立法建制的经验，这些经验凝聚着中华民族的伟大创造力，是中华民族共有共享的财富。此书力求科学地总结历史经验，汲取民主性的精华，为当前的法制建设提供借鉴。

《社会分层与贫富差别》简介

清华大学李强的专著《社会分层与贫富差别》，由鹭江出版社于 2000 年 9 月出版，获社会学一等奖。

一、篇章结构

本书由十五章构成，比较全面地阐述了当代中国社会分层结构的特点与变迁，透彻分析了中国社会贫富差别问题及解决对策。第一章：50 年来中国社会分层结构之变迁；第二章：经济分层与政治分层；第三章：劳动者参与市场经济的两个阶段；第四章：市场转型与我国中间阶层的代际更替；第五章：当前中国社会的四个利益群体；第六章：二元劳动力市场与底层精英；第七章：转型时期冲突性的职业声望评价；第八章：怎样研究我国居民的收入差距问题；第九章：我国城乡居民收入差距分析；第十章：我国职工的收入分配问题；第十一章：职工的分房与收入分配；第十二章：群体外差距与群体内差距；第十三章：两种企业家的收入差距；第十四章：影响我国城市居民收入因素之分析；第十五章：中国城市贫困层问题。

二、基本观点

全面分析和总结了中国社会结构变迁的基本情况，阐释了中国社会结构的整体轮廓，分析了中国社会结构变迁的基本趋势。该书提出，中国社会分层在半个多世纪的时间里发生了巨大变迁，改革开放以来，中国社会结构变迁的最主要特征，就是身份分层体制的逐步解体和经济分层体制的形成。对于这一历史过程的分析，涉及了 1949 年以后，身份分层体制的形成问题。虽然，我们可以从众多国家现代化的进程中，发现类似的身份分层向经济分层的转变，但是，像中国这样，在几十年的时间里，先是从经济分层制转变为身份分层制，再发生相反的转化的国家，却是极为罕见的。如此巨大的社会结构变迁，必然带来诸多的社会问题，特别突出的是贫富差距问题，中国和谐社会的构建需要逐步解决这些问题。

三、创新之处和意义

改革开放以来，中国民众参与市场经济表现为前后相继的两个阶段，第一阶段是社会边缘群体进入市场，第二阶段是社会核心群体进入市场。在目前市场转型的第二阶段，社会不稳定的因素可能来自社会边缘群体，而且，由于社会核心群体进入市场。因此，要特别关注和防止腐败问题的发生。

中国改革开放以前和以后，表现为两种不同特征的分层社会，即政治分层与经济分层。所谓政治分层就是根据人们的政治身份、政治立场、政治观点等，将人们分成高低不同的社会群体的现象。此种政治分层在其他社会中尚不多见，改革开放以前的中国社会是一种十分奇特的政治分层社会，而改革开放以后正在逐步形成经济分层为主的社会。阐释了当前的经济不平等问题，认为政治分层与经济分层之间有互补作用；并认为，资源有限所引起的社会紧张关系是社会不稳定的根本原因，解决的办法只能是扩大资源总量和调整分配结构。

在市场转型过程中，我国的中间阶层出现了“代际更替”的变化，即由年轻人构成的新的一代社会中间层，正在取代由国企职工构成的老一代中间层。换言之，市场转型过程中，出现了中老年一代人利益受损的问题。因此，应对于老一代职工实施补偿对策。

从人们利益获得与利益受损的角度，将我国社会划分为四个利益群体，即特殊获益者群体、普通获益者群体、利益相对受损群体和社会底层群体。改革的能否顺利推进取决于如何处理这四个群体之间的关系，改革举措的决策方向，应该让大多数人成为改革的普通获益者群体。

研究证明，我国当前底层精英上升流动的渠道过于狭隘。从“地位准入”公平观的思路看，当前的最为突出问题是户籍制度等体制障碍，限制了处于社会下层的精英人物上升的机会。对此，应作出政策变革。

提出了社会三元结构的假设。认为中国社会已经从过去的城乡分割的二元结构社会演变为城市、半城市、乡村三元结构社会。三元结构在人群上是指，在传统的城市市民和农村居民之间出现了新的一极——流动的农民工。

《英国俄国与中国西藏》简介

西北大学西北历史研究室、陕西师范大学西北民族研究中心教授周伟洲主编的《英国俄国与中国西藏》，由周伟洲、伍昆明、黄颢、申新泰、王远大、董志勇等学者合作完成。2000 年 7 月由中国藏学出版社出版，并获得第三届中国高校人文社科研究优秀成果民族学一等奖。

一、篇章结构

此书结构为：第一章，清代前期对西藏地方管理的加强；第二章，鸦片战争前外国资本主义对西藏的侵略活动；第三章，鸦片战争后英国妄图打开侵略西藏的大门的阴谋活动；第四章，英国第一次武装侵略西藏的战争及其后果；第五章，沙皇俄国对西藏的侵略活动；第六章，英国第二次侵略西藏的战争及西藏人民的英勇反抗；第七章，俄英两国侵藏中的相互争夺与勾结；第八章，英国侵略势力的深入及对西藏地方改革的武力干涉；第九章，辛亥革命时期英、俄妄图分裂西藏的阴谋活动；第十章，英国策划侵略西藏的新阴谋——西姆拉会议；第十一章，英国策动西藏骚乱，胁迫中国“议约”及对西藏的经济掠夺；第十二章，中国中央政府改善和加强对西藏地方的关系及英国的干涉和破坏；第十三章，国民政府抵制和反对英美等国妄图分裂西藏的阴谋活动；第十四章，西藏的和平解放与帝国主义侵藏的阴谋破产。

二、基本内容

此项成果主要内容是，论述从清代以来至1951年西藏和平解放时期，英国、俄国与中国西藏地方的关系，也即是英、俄列强对中国西藏地方侵略的历史。此书以时代为序，重大历史事件为中心，围绕英国、俄国侵略西藏的历史主题展开；以具体的历史事实来揭露英、俄列强在每个历史阶段的侵略政策、手段和目的；并对国外混淆是非、歪曲历史的各种观点进行抨击，以正视听。

三、主要创新

（1）资料丰富翔实。此书以各国档案等第一手材料为主，兼采各种传记、回忆录、新闻报导、调查报告、论文、史书等各种资料；从资料语种上看，采用了汉、藏、英、俄等文字。既全面使用了历史文献，又广泛利用了当前国内外在这方面的最新研究成果。

（2）写作手法上讲究客观真实。正如周伟洲教授所述，过去国内由于这段历史的许多档案资料未曾公布或不易获得，不少学者在“论述过程中政治义愤往往多于对第一手档案资料的掌握、分析”，所以在该书的编写过程中，作者十分注重对档案等第一手资料的运用，以事实、史料客观公正地再现西藏近代历史。过去许多没有弄清的史实、内幕也因此而清晰起来，从而有助于主题的深化。

（3）研究时间段上也有突破，是本书的又一个特色。早在1984年主编周伟洲先生就曾经出版了《近代英俄侵略我国西藏史略》，被当时的学界评为是“迄今为止部头最大水平最高的学术著作”，但该书的下限只到1919年的五四运动。而本书则将研究内容扩展到了西藏和平解放，从而使时间跨度从17世纪的传教士入藏，一直延伸到20世纪中叶帝国主义侵藏阴谋的破产，在国内外首次完整地勾勒出3个多世纪以来，以英国为主的西方殖民主义在中国西藏的渗透和侵略活动的来龙去脉。

四、社会影响

（1）应用价值。此书的研究成果对于从整体上把握和了解当代“西藏问题”的由来，批驳国外及达赖集团散布的种种谎言和谬论，均有重大的意义。此外该书作者怀着强烈的责任感和使命感，在中印边界问题上着墨颇多。该书充分利用了所收集来的有关档案材料，以大量无可辩驳的事实证明，所谓的《西姆拉条约》和“麦克马洪线”完全是非法的、无效的。本书以侵略者自己在此过程中的自我表白，客观而有力地回击了帝国主义者加于这个问题上的大量不实之词，对于我国今天的有关外交工作不无重要的借鉴和参考价值。

（2）学术价值。此书着眼现实，史料翔实，立论公允，代表着我国学术界在这一领域的最新研究水平，弥补了以往国内在这方面的某些不足和缺憾。此书出版后，引起了学术界的较大反响，有多位学者著文对此书予以介绍和评价，其中的许多研究成果为学术界所引用。

《中国新闻事业通史》简介

中国人民大学方汉奇主编，复旦大学宁树藩、中国人民大学陈业劭副主编的《中国新闻事业通史》，由中国人民大学出版社1999年2月出版，获新闻学与传播学一等奖。

一、篇章结构

此书分上中下三部，用25章，论述了从先秦两汉到当代的中国新闻传播事业发生和发展的历史。第一章：中国古代的新闻事业；第二章：外国人在华早期办报活动；第三章：中国人自办报刊的开端；第四章：维新运动时期的新闻事业；第五章：民主革命准备时期的新闻事业；第六章：辛亥革命前后的新闻事业；第七章：民国初期的新闻事业；第八章；五四时期的新闻事业；第九章：中国共产党成立和大革命时期的新闻事业；第十章：十年内战时期中国共产党的新闻事业；第十一章；十年内战时期的国民党新闻事业；第十二章：十年内战时期的私营新闻事业；第十三章；反文化围剿中的革命报刊和抗日救亡报刊；第十四章：抗日战争时期国民党统治区的新闻事业；第十五章；抗日战争时期抗日根据地的新闻事业；第十六章：抗日战争时期沦陷区的新闻事业和上海“孤岛”的新闻事业；第十七章：香港的抗日新闻事业和海外华侨胞抗日报刊；第十八章：解放战争时期国民党统治区的新闻事业；第十九章；解放战争时期的解放区新闻事业；第二十章：中国新闻事业的大变革；第二十一章：新中国成立到基本完成社会主义改造时期的新闻事业；第二十二章：全面建设社会主义时期的新闻事业；第二十三章：“文化大革命”时期的新闻事业；第二十四章：社会主义现代化建设新时期的新闻事业。

二、基本观点

中国有着全世界最悠久的新闻事业的历史，但迄今还没有一部系统完整和全面的研究这方面历史的书。需要有一部像本成果这样的专著来填补这一空白。在规划这部成果的过程中，我们要求作者们充分占有第一手材料，史论结合，不发空论。对历史上的各个时期的具体的报刊、人物、事件，作出实事求是的介绍和分析，不乱贴政治标签，不乱扣政治帽子。在研究过程中，特别强调要注意突出新闻史的特点。避免把新闻史写成政治史。

三、创新之处和意义

（1）内容宏富宽广。涉及了报纸、期刊、通讯社、广播、电视、新闻摄影、新闻漫画、新闻纪录电影、新闻界人物，以及编辑、采访、印刷、出版、广告、发行、经营管理和新闻教育、新闻学研究、新闻法等新闻事业的各个领域。从地域上看，则不限于祖国内地，而是兼及我国台湾、香港、澳门等地区，不论范围和内容都远远超过了前此出版的同类著作。

（2）时间的跨度较大。从先秦两汉时期的古代新闻传播活动，一直介绍到当代的新闻事业。上限起于公元前二三世纪，下限止于全书出版前夕的1990年，总的时间跨度达2200余年。其中1949—1900年约40年的当代部分，是以往多数的中国新闻史方面的专著和教材所没有涉及的。填补了这方面研究的空白。在篇幅的安排上，体现了厚今薄古和详今略古的原则。

（3）既有所师承有所借鉴，又有所发展有所突破。本成果在完成过程中，十分注意借鉴和利用前人在中国史、中国新闻史研究领域内的丰富的研究成果，也十分注意发挥每个参与者的个人优势，使每个参与者都有机会对各自分工的部分，在规定的篇幅内，进行深入的开掘，有所发现，有所发明，有所前进。

（4）注意发挥集体的力量。前此完成的中国新闻事业史的学术成果，大多为个人的著述。所见所得，都有一定局限。而这部成果，则是倾全国的本学科内的人力，各出机杼，合作完成的。参加撰写工作的，连同主编、副主编在内，共有24个单位的50个人，其中相当大的一部分，都是长期从事中国新闻史研究、著述丰富的专家学者。

本成果是在近一个世纪的中国新闻史研究的基础上，以集体的智慧和力量合作完成的。它体现了当代中国新闻史研究的最高水平。在中国新闻史学史上具有里程碑式的作用。在中国新闻学界具有重大影响。

《清史稿艺文志拾遗》简介

山东大学王绍曾主编的《清史稿艺文志拾遗》，由中华书局2000年9月出版，获图书馆、情报与文献学一等奖。

一、篇章结构

此书共三册。上册经部、史部，下册子部、集部、丛部，第三册索引。经、史、子、集、丛五部之下又分60类，每类之下又分若干属。全书共著录清人著述为《清史稿艺文志》及武作成《补编》所未收者54888部。索引则包括书名索引、著者索引，共十余万条。该书体大思精，为历来补史志目录之冠。

二、学术意义和基本内容

“艺文志”(或名“经籍志”)，是封建社会“正史”的重要组成部分，目的是反映一代藏书与著作之盛。班固《汉书·艺文志》首创史志目录的新体制，以后踵继者有《隋书·经籍志》、《旧唐书·经籍志》、《新唐书·艺文志》、《宋史·艺文志》、《明史·艺文志》、《清史稿·艺文志》共七部。其中《明史·艺文志》、《清史稿·艺文志》根据图书发展的实际情况，只著录一代人的著作。其他19史原无“艺文志”者，前代学人稽考各代著述，也陆续作了增补。这样就构成了一个完整的史志目录系统，对于辨章学术、考镜源流发挥了重要作用。

《清史稿·艺文志》是《清史稿》16志之一，虽出自吴士鉴、章钰、朱师辙三位名家之手，但限于当时的主客观条件，仅著录了9633部，不足以反映清代学术文化全貌。20世纪50年代初，虽经武作成撰为《补编》，但去其重复，亦仅9000余部，两者相加，尚不足两万部，与清人著作之盛相去仍远。有鉴于此，从1983年开始，王绍曾教授就组织友生，着手编纂《清史稿艺文志拾遗》，后被列入国家教委全国高校古委会资助项目、国务院古籍整理出版规划小组“中国古籍整理出版十年规划和八五计划”项目。到1993年完成时，王先生已83岁高龄。10余年间，王先生和全体参编者艰苦创业，特别是杜泽逊、刘心明、王承略三人朝夕相处，倾力相助，终于完成了这部学术巨著，以规模之大、考据之精、体例之善、意义之深，成为补史志目录的殿军之作，确实是清代学术文化及目录学研究的一大收获。

三、学术价值和创新之处

（1）清代著述首次大规模的系统清理。此书收录了《艺文志》及武作成《补编》之外的、有版本依据的清人著作54888部，375710卷。这一组空前庞大的数字，使清代学术的繁荣得以重现，对我们了解、整理清代文献，研究清代学术，以及重编《清史艺文志》，都具有十分重要的意义。所以胡道静先生盛赞此书为“有清一代文献括存之大业”。

（2）开史志目录著录版本之先河。历来史志目录均只记书名、卷数、撰人，统不著录版本。此书根据学术发展的要求，一一著录各书版本，并加注书目来源或藏所，大大增加了书目的信息量和可靠度。

（3）分类体系方面勇于革新。①在经、史、子、集四部之外，遵《书目答问》例，设“丛书部”。②在史部设“专史类”，收录新体史书，如《中国史要》、《万国通史》等。③在子部设“新学类”，以收录道光以后翻译的西方声光化电及哲学、社会科学之书。④除在子部设“小说家类”以收录传统体裁的笔记小说外，复仿《西谛书目》例，于集部另立“小说类”，专收话本、通俗小说、翻译小说。并将集部原有“词曲类”，分为“词类”、“曲类”，另于“曲类”后增设“弹词鼓词类”、“宝卷类”。⑤在四部多个类目下，设“辑佚之属”和“域外之属”，收录清代辑佚诸大家之作及有关海外的著述。

（4）著录项目方面考辨精审。此书著录之书，除出自目验外，主要依据现有书目，各书目著录同一种书的书名、卷数、著者、版本，及对该书归类的处理，彼此之间往往存在较大差异，若不能在编目时去伪存真，就会以讹传讹，贻误后人。因此，编者对这些项目的著录，十分谨慎小心，除了尽量见到原书外，还要查阅大量的工具书。书中取舍精当之处比比皆是。这些严密的考证，都大大增强了该书的学术价值。

《信仰教育与道德教育》简介

北京师范大学公民与道德教育研究中心檀传宝教授1998年完成的“信仰教育与道德关系研究”，是中国博士后基金资助项目。项目的最终研究成果为专著《信仰教育与道德教育》，1999年6月由教育科学出版社出版，获教育学一等奖。

一、篇章结构

此书主要由绪论和10个专题研究构成：德性生活的实存与历史、对道德生活与道德教育的统摄性思考、试论对宗教信仰的社会观照与人生观照、论宗教信仰与宗教道德、圣育与德育——小原国芳“宗教教育—道德教育”关系思想研究、政治信仰与道德建设——中国古代和现代的两种抉择、政治信仰与道德素养培育有效性的探索——杜威与苏霍姆林斯基德育思想的几点共性、幸福教育论、圣贤教育论——对一种中国古代德育智慧的再认识、信仰与人格——信仰教育的道德教育意义及其确认。

二、基本内容

本研究在充分吸收已有研究成果的基础上，采取专题研究的方式重点进行了三个方面的研究：

(1) 宗教信仰与道德教育。从社会批判的角度看，宗教的确是“人民的鸦片”；但是如对宗教进行人生观照，又不难发现其在终极价值关怀上的某些特殊意义。在宗教信仰体系之中，终极信仰往往能够给信仰者以践行道德的精神根据和神圣体验。宗教组织也往往能在进行信仰与道德培育时最充分地利用人类文化的全部成果。因而宗教道德教育具有十分突出的神圣性、精神性和文化性。研究宗教之信仰与道德教育的模式，发掘宗教文化中的德育资源对学校德育的改善是十分必要的。此书以小原国芳为个案讨论了如何在宪法允许的范围内充分发掘、利用宗教的道德教育资源问题。小原国芳对宗教文化的开放心态，对人生理想重要性的强调，以及借鉴诸多宗教范畴如“使命”、“爱”、“良知”等解释、解决学校德育问题的思考都是富有建设性和启发性的。

(2) 政治信仰与道德教育。传统的中国人（尤其是儒家）总体上是以哲学形态的信仰而非宗教信仰的方式去满足其对于终极价值的需要。中国古人常以修身上的至境追求去求得其社会政治理想的实现，“以道德推论政治”是中国古代文化的典型逻辑之一。学校德育有必要以史为鉴，探索政治信仰与道德建构之间的良性互动机制。通过对杜威与苏霍姆林斯基的比较研究不难看出：有效的德育目的必须内在于德育过程之中，同时也必须通过教育过程与社会过程的统一才能实现；政治信仰与道德教育的互动，是有效德育的前提条件之一；学校道德教育环境的创造是有效德育得以进行的基本条件；活动是教育之本，无论是信仰教育还是道德教育，精神与物质的“活动”都是最为重要的中介环节。

(3) 人生信仰与道德教育。人生信仰是一种普遍存在的信仰形态。宗教信仰、政治信仰必须以人生信仰为中介形式。人生信仰与道德教育关系的两个重要关节点乃是幸福观与圣贤人格问题。首先，人生问题可以还原为对幸福的追寻，而对人生意义（或幸福）的追寻的一个关键必然是道德实践规范问题。教育的目标之一应是个体的幸福，而幸福（由于其精神含量）又是一种必须通过教育去培养的能力。无论是感受幸福或是创造幸福，主体都既需要建立其根本的人生信仰体系，又需要建构其日常道德行为的规范系统。其次，人具有未完成性及超越自身的需要，“学为圣贤”不仅是一种价值导向而且也有其人性的根据。

信仰对道德人格建构有论证、聚合、圣化与提升的作用。要提高中国德育的实效就必须开展信仰教育。为此应当：①确认信仰教育在教育体系中存在的必要性；②按照信仰形态开展信仰教育，处理有关信仰问题；③根据各年龄段学生的实际设计合适的信仰教育形式并使之与道德教育紧密结合。

三、主要创新

此书研究所涉及是全球范围内普遍存在而且日益严峻的一个重要问题，也是中国社会与中国教育目前急需解决而又没有很好解决的重大课题之一。由于信仰、信仰教育研究本身的难度，也由于宗教信仰等具有一定的政策敏感性，许多人回避这一研究领域。此书知难而上，依据马克思主义基本原理，结合相关学科研究的最新进展，对信仰、信仰教育范畴及其与学校道德教育之间的内在联系作出了充分、系统的阐述。对于如何在学校德育中正确处理终极价值的建立、道德规范养成等问题都作出了富有创造性的分析与说明。研究具有前沿性、先进性。

四、社会影响

此书是国内第一本专门研究在学校教育中如何理解和处理终极价值建构与道德规范养成之间相互作用关系的学术专著。研究综合运用了逻辑、历史、文献、比较等多种研究方法，不仅在所涉及研究领域的许多问题上取得了重要的理论突破，而且对于解决中国德育面临的紧迫问题，提高德育实效都具有较高的应用价值。

此书出版后获得了学术界的高度肯定，2003 年曾经获过中国高校人文社会科学研究成果一等奖。

《世纪之理想——中国近代义务教育研究》简介

浙江大学田正平、肖朗主编的《世纪之理想——中国近代义务教育研究》，由浙江教育出版社于 2000 年 8 月出版，获教育学一等奖。

一、篇章结构

全书共十章，分三大部分。第一编，理论篇：第一章，义务教育的理论与历史；第二章，中国近代义务教育思想综论。第二编，实践篇：第三章，义务教育的学制与行政管理；第四章，义务教育的课程、教材及教学方法；第五章，义务教育的师资培养；第六章，义务教育的经费配置；第七章，近代女子义务教育。第三编，比较篇：第八章，国内典型分析：地方义务教育比较；第九章，国际比较研究：中日近代义务教育宏观比较；第十章，一个未完成的历史课题。

二、基本观点

1998 年 5 月我国政府宣布中国已基本普及九年制义务教育，这在世界普及义务教育史上是一个伟大的奇迹。然而无可讳言，百年以来，包括中华人民共和国成立后 50 年间，我国在普及义务教育的工作中，受历史的和现实的、主观的和客观的、自然的和人为的种种因素的影响，也走过不少弯路，付出了相当沉重的代价。因此，总结一个世纪以来先驱前辈、民间组织及历届政府为在中国普及义务教育所作出的巨大努力及其经验教训，不仅是对历史的负责，更是包含着我们对国家前途、民族命运的深切关怀。21 世纪，将是以高新科技为核心的知识经济逐步占据经济发展主导地位的时代，人才及人力资源的重要性将远远超过以往任何时代，国家的综合实力和国际竞争能力将越来越取决于教育发展、科技进步和知识创新的水平。这在很大程度上将依赖于义务教育普及程度的提高。从这个意义上讲，九年制义务教育的基本普及、世纪之理想的初步实现，在把我国建设成为现代化强国的伟大历史进程中，仅是万里长征走完的第一步，今后的路还很长很长。在总结和借鉴历史经验教训的基础上，该项成果最后强调为了完善我国义务教育，今后必须在以下几个方面加大实施力度：①观念的变革、特别是“依法治教”观念的深入宣传，仍然是普及义务教育的一项重要工作；②加大义务教育的财政投入，多方筹集经费，提高投资效益；③大力加强义务教育师资队伍的建设；④全面提高义务教育阶段的整体办学水平和教育质量。

三、创新之处和意义

此项成果对百年来中国义务教育的曲折历程及经验教训作了全面而认真的梳理和分析，并在此基础上对我国义务教育的发展前景进行了展望，其创新之处及学术价值主要体现在：

（1）研究视野开阔，将百年来中国义务教育放在世界教育现代化的总体背景中加以审视，通过分析欧美义务教育的特点来阐明中国近代义务教育的思想及理论根源，超过了以往同类研究的水平。

（2）论述内容全面，系统地考察了中国近代义务教育的学制管理、课程设置、教材编撰、师资培养、经费配置等诸多方面，并探讨了各个方面的内在联系，具有很高的学术价值。

（3）以义务教育为中心进行国际宏观性比较研究和国内区域性比较研究，是该项成果的又一创新之处；为了能在更广阔的背景和更深入的层面上揭示中国近代义务教育的特点，该项成果以近邻日本为参照，开展了中日义务教育的国际比较研究，又选取江苏、山西、广西、山东四个有代表性的省份，在比较中进行了个案剖析，使中国近代义务教育的研究在总体上呈现出新的面貌。

《教育社会学》简介

南京师范大学吴康宁的专著《教育社会学》，由人民教育出版社于 1998 年 7 月出版，获教育学一等奖。

一、篇章结构

此书由四编组成。第一编为教育社会学学科论，从学科要素（第一章）与学科发展（第二章）两个维度展示了教育社会学的学科基本面目。第二编为教育的社会背景，考察了社会结构（第三章）、社会差异（第四章）及社会变迁（第五章）对教育的影响。第三编为教育自身的社会系统，揭示了教师（第六章）、学生（第七章）、学校（第八章）、班级（第九章）、课程（第十章）及课堂教学（第十一章）等教育组成部分的社会学特征。第四编为教育的社会功能，在反思相关理论观点的基础上（第十二章），阐述了教育社会功能的基本构成与形成过程（第十三章）。

二、基本观点

（1）教育社会学是运用社会学的原理和方法对教育现象与教育问题的社会学层面进行事实研究的一门学科。基于这一学科观，教育具有毋庸置疑的“社会性”，是一种社会系统。

（2）作为一种社会系统，教育的生存与发展受到外部社会的强有力制约。其中，社会结构是教育格局的规定因素，社会差异是教育机会不均等的主要根源，社会变迁是教育变迁的根本动力。

（3）作为一种社会系统，教育有其自身的社会结构与社会过程。教师与学生是一种特殊的社会角色，学校与班级是一种特殊的社会组织，课程是一种特殊的社会文化，课堂教学是一种特殊的社会过程。

（4）作为一种社会系统，教育对于外部的更大的社会也有其不可替代的功能。教育的社会功能存在着方向及强度的区别、性质及对象的区别，形成阶段的区别。

三、创新之处

（1）此书根据“教育的社会性”这一基本线索，较早尝试从教育的社会背景、教育自身社会系统及教育的社会功能这三个具有逻辑关联的板块，进行较为系统的教育社会学分析。

（2）此书提出了一系列具有创新意义的观点，主要包括：

教师每天都在学校中扮演着社会代表者与同事这两种社会学特征完全相背的双重角色，并频繁进行着转换。

学生是介于婴幼儿与成人之间的“半”社会成员，主要生活在由家庭、学校及同辈群体构成的三重社会之中，并因此而进行着一种日常性的社会位移。

学校对教师而言兼具规范性与功利性，对学生而言则规范性与强制性兼而有之；学校的组织结构是异质的与多权威的。

班级作为学习者组织具有自功能性，作为非成人组织具有半自治性。

课程结构表明着知识的控制与分等，课程目标体现着价值的定位与架构，课程内容反映着观念的吻应与偏离，课程授受则充满着意义的生成与变型。

根据教师的领导力度与学生的自主程度，课堂教学的社会学模式可分为“指令·服从”、“指令·交涉”、“指令·抗争”、“建议·采纳”、“建议·参考”、“建议·筛选”、“参与·协从”、“参与·合作”及“参与·支配”等九种类型。

教育的社会功能存在着“强正弱负”、“弱正弱负”、“弱正强负”及“强正强负”四种状态，并因此而相应构成教育发展过程的四个时期，即教育强盛期、教育平淡期、教育危机期及教育变革期。教育具有文化认同、文化标定、文化反思、社会控制、社会分层及社会变迁等六项功能。从时序上看，教育的社会功能的形成包括功能取向的确立、功能行动的发生、初级功能结果的产生与次级功能结果的衍生等四个阶段。

四、成果意义

此成果的意义在于促进我国教育社会学学科框架建设的多样化，克服我国教育社会学界同时并存的“洋云亦云”与“封闭式乡土化”两种偏向，纠正我国教育社会学发展中同时并存的“无实证的理论”与“无理论的实证”两种偏向，同时也为教育实践工作者认识与判断教育现象和教育问题的社会学层面、反思与改造教育实践提供了较为系统的社会学依据。

《教育研究方法论初探》简介

华东师范大学叶澜的专著《教育研究方法论初探》，由上海教育出版社 1999 年 6 月出版，获教育学一等奖。

一、篇章结构

全书由前言、上篇和下篇三大部分构成。前言重点对“教育研究方法论”本身作分析，回答究竟什么是“方法论”和“教育研究方法论的构成、任务与研究价值”等两个基本问题，并由此而确定了全书的基本框架。上篇是从发生学的角度探讨了教育研究作为一个专门的研究领域的产生和演变的过程，揭示了教育研究方法论意识的渊源、萌生和演化的路线，归结到对“教育研究方法论”的“中国式问题”的提出，并从历史走向了现实。下篇是从体系的角度，以当代多学科的视角，对教育研究方法论的建构进行了综合内化式的探讨。全书的最后一章汇聚到“教育研究方法论特殊性”这一核心问题的阐述上。

二、主要内容与特点

此书的特点是批评性的反思与探索性的重建紧密结合，在教育研究方法论这一主题的深化和视野的拓展上提出了以下一系列新观点。

（1）通过对“方法论”已有的各种不同界定的辨析与反思，打破了“方法论”一元化理解的框架，指出了把“方法论”泛化与窄化的两种倾向，区别了方法论与理论、方法论与方法，进而提出了“方法论以人类认识活动中不同层次的对象与方法的关系为研究对象，着重揭示已有方法体系的理论基础、核心构成与研究对象性质的矛盾，以构建解决这一矛盾的新理论基础与核心为直接任务”，实现了方法论的界定由指向方法本身，转向指向“发展”的变换。与此同时，还提出了方法论“知识体系”以“多层次、多类型的立体、多面、有机联系的形式存在”和“方法论研究具有鲜明的反思性与批判性，是人类群体自我意识在科学研究领域的突出表现，从研究性质看，属元研究”等新的观点。

（2）对西方“教育研究”从上述“方法论”界定的角度作了发生学探讨，按教育学科的形成、发展划分了历史时期，从教育研究的视角、问题域、突破性进展、贡献与问题、特征等角度概要地勾勒了新的“教育研究”发展史。无论从视角、分析方法，还是从结论来看，都区别于教育史和教育学科史。其中，对教育史上的著名教育家，如夸美纽斯、卢梭、赫尔巴特、杜威等都作出了不同于以往的新评价。在分析历史的基础上，进入到对当代教育研究趋势的分析，指出了当代教育研究具有“研究方法从偏重实证向综合化方向发展”；“研究范围扩大，向着现实化和结构化的方向发展”；“研究的相关学科拓宽更新，反思意识加强”；“以教育学科为研究对象的教育学科之研究正在形成之中”等发展趋向。

（3）对中国近代“教育研究”的发展作了深入剖析，指出了20世纪上半叶“教育研究”具有从“国外引进”的先天不足，局限于师范教育的需要，把“编写教材”等同于“学科研究”，以及教育理论研究缺乏哲学和科学功底，实践研究过于“功利”，两者之间缺乏内在联系等历史痼疾，梳理了中华人民共和国成立以来“教育研究”发展的曲折过程，尖锐指出了教育研究方法论的“中国式”问题。呈现出该研究的历史穿透力和本土现实性。

（4）按方法论体系的层次结构，逐章分析了教育研究方法论与哲学、横断科学、专门科学的关系。在哲学层上，着重分析了教育研究如何提高运用马克思主义成熟度和如何认识当代西方哲学对教育研究方法论的启示；在横断科学层上，具体研究了系统科学对教育研究在“拓展、重构当代教育研究问题域与对象观”上，提供的“从整体上研究教育内部结构的新思维原则”、“分析教育与环境关系的‘结构—功能’新思维模式”、“研究教育系统变革过程的新思维路线”、“多学科综合研究复杂对象的方法范例”、“用系统观点认识教育的一系列新观念”等；在专门科学层的研究中，以知识自身发展的逻辑为前提，研究了自然科学研究范式与社会科学研究范式的区别，尤其研究了“社会科学”研究从模仿“自然科学”研究范式，到寻找自己特性的独立意识之苏醒和独特研究逻辑的发现的转化过程，并获得对教育研究方法论特殊性认识重要性的启示和思路。

（5）提炼了教育研究的一系列特征：对象的范围、结构与本源性对象——教育活动性存在的特殊性；教育研究的性质与方法体系的特殊性，最后进一步概括出了教育研究主体、主体与对象关系的特殊性和教育研究的逻辑特性。这些范畴从方法论角度以整体、综合的方式进行探讨，也是前所未见的。在教育研究的逻辑特性上，提出了：“教育科学的概念特性可以概括为‘综合抽象’”的新观点，以区别于“分析抽象”式的概念；“教育研究所形成的理论在形式上具有事理判断和实践设计的特征”；“教育理论真理性判断，就整体而言，具有相对合理性的特征”，并分为“横向”和“纵向”两个纬度，在横向上，它“包括价值合理性判断和事理的科学真理性判断两大相关的方面”，在纵向上指教育转化研究，它的“理论的真理性判断要有层级标准”。

三、价值与意义

该著作的重要价值不只是提出了一系列富于启发性的新观点，而是在于重新开发了一个问题域，一个曾经被认为已十分明晰的问题域——“教育研究方法论”；形成了一种新的立场和视域，即元研究的立场和不局限于学科内的视域；呈现了一种新的思维方式，一种不同于传统的、简单的、线性的思维方式。

《教育的智慧——写给中小学教师》简介

北京师范大学林崇德教授总结多年教育教学实践、科研经验，写就的《教育的智慧——写给中小学教师》一书，由开明出版社于1999年1月出版，获教育学一等奖。

一、篇章结构

此书共十二章。具体章节如下：第一章，职业的价值；第二章，教师的素质（一）；第三章，教师的素质（二）；第四章，学生的特点；第五章，智育与智能；第六章，建构各种学科能力；第七章，探索德育中品德形成的机制；第八章，班主任工作；第九章，非智力因素；第十章，做学生的心理保健医生；第十一章，全面发展学有特色；第十二章，投入教育科学研究中去。

二、基本内容

此书论述了教育需要智慧，并以十二个章节展示了新世纪教师的必备素质，明确提出了“发展学生的智力与能力”，应该从培养思维品质入手；教师参加教科研，是提高自身素质的重要途径，教育的重点应放在学生非智力因素的培养上等启人心智的诸多感悟。既为教师的成长与发展提供了科学依据，也为学校教育工作者提供了实践指导。

其主要观点如下：（1）谈教育的文化、经济、政治、社会和个性发展的五大功能，从而阐述教师的职业之价值；（2）以心理科学的研究为依据，从职业理想、知识、观念（期望）与信念、自我监控能力、教学行业五个方面来阐述教师素质；（3）从备课、讲课和处理课堂教学六个关系来探索教师教学的基本功；（4）阐述儿童青少年心理发展的基本规律和中小学生身心发展的年龄特征；（5）全面介绍作者的智能观和思维观；（6）论述学科能力的构成、特别涉及不同学科的不同智力成分，附录了数学和语文两科构建的具体因素及其表现；（7）论述了品德的特征、结构，中小学生品德发展的年龄特征以及养成教育问题；（8）论述班主任的职责、任务、计划、方法和经验总结等问题；（9）论述非智力因素的来历、概念、作用和培养四个问题；（10）论述心理健康教育的目的、学生心理与行为问题，心理健康教育的原则和途径；（11）提出对素质教育的看法，坚持全面发展与因材施教的统一；（12）指出教师参加教科研是提高自身素质的重要途径。

三、主要创新

此书主要有以下创新之处：

（1）从教育功能来论述素质教育的实质、内容和途径。

（2）提出界定教师素质的六个依据，从心理学的角度，新颖、独特地提出教师基本功的内容，并富有概括性与生动性，使教师易学易记易操作。

（3）作者与众不同的智能观和思维观理论有很强的可操作性。

（4）提出学科能力结构的理论与实践，并提出文理科学科能力的异同点。

（5）以新颖的观点提出了品德的特征和结构，并从一个新角度论述德育问题。

（6）以心理学方法的崭新角度提出班主任工作的方法，对如何写班主任总结或撰写论文问题提出了颇有新意的观点。

（7）独特地论述了非智力因素概念，澄清了社会上对非智力因素的许多模糊认识。

（8）提出心理健康的标准或指标，强调积极而科学地进行心理健康教育。

（9）论述了素质教育的实质是培养全面发展的人才，用心理学的研究成果说明了因材施教的重要性。

（10）率先提出了教师参加教科研的观点（1984），并详细阐述其过程、要点以及做法。

（11）对中小学生身心发展特点规律的提法有新意和独特性。

四、社会影响及成果意义

此书立足研究，求实创新，系统全面，可操作性强，严格地讲是部用心理学和教育科学理论写成的一部通俗读本。自1999年出版后，仅用3年时间就发行了27万册，足见其影响和价值所在。新疆人民出版社也先后将其译成维吾尔文、哈萨克文出版，至2002年在哲学社会科学优秀成果评奖时已被引用297次，成为多个省市教育部门推荐给中小学教师的教育参考书。青岛市还将其作为2012年全市中小学教师必读文献。由于内容的应用性和针对性很强，对教师素质的方方面面都有详尽的培养措施和解决问题的对策，使得教师能够真正将其运用到一线教学中去，根据此书操作部分进行实验并积极推广其理念。

《制度变迁与对外关系——1992年以来的俄罗斯》简介

该书为华东师范大学冯绍雷教授的专著《制度变迁与对外关系——1992年以来的俄罗斯》，由上海人民出版社1997年11月出版，获国际问题研究一等奖。

一、篇章结构

此专著共分为四篇十三章。第一篇，变动中的国内政治结构。第一章，权威主义导向的政治变迁；第二章，社会变迁与政党政治；第三章，行业组织与院外集团；第四章，地区问题与协商性联邦制的确立；第五章，转型期的政治文化。第二篇，经济转型与对外关系。第六章，改革、稳定与结构调整；第七章，产业结构调整与对外战略；第八章，变迁中的对外经济关系及其问题。第三篇，俄罗斯与独联体各国的相互关系。第九章，制约独联体国家相互关系的社会与自然历史因素；第十章，俄罗斯与独联体国家的经济一体化；第十一章，俄罗斯与独联体各国的政治战略合作。第四篇，从西方化到“双头鹰”外交；第十二章，1992年后的俄罗斯对外关系；第十三章，调整中的俄罗斯军事战略。

二、基本内容

此书思路的起点，是从传统的现实主义方法入手，力图把俄罗斯作为一个国际关系中的主要主体单位——国家来进行分析。以西方民主制度为模式的多党制度对俄罗斯对外关系所产生的影响，则从两个方面来加以观察。一方面，多党制度对于俄罗斯对外政策的合法性与程序化是一种重要的安排。另一方面，以多党制为背景的议会使得俄罗斯外交增添了一种弹性和资源。俄罗斯转型期的政治文化是其对外战略形成的一个重要渊源。

在西方顾问怂恿下所推行的“休克疗法”，显然是把俄罗斯宏观经济的稳定与西方价值观念和工业国家的经济与战略利益紧紧联系在一起。俄罗斯宏观经济稳定之所以步履艰难，是与俄罗斯以军重工业为主的先天结构联系在一起的。

俄罗斯处理与独联体国家关系的战略，是其把内部事务与对外进取相关联的一个关节点。但是西方挤压竞争之下的复杂相互关系使独联体难以得到实质性的深化与扩大。

俄罗斯与中国的面向21世纪的伙伴关系具有高度的互补性，非西方式的传统背景与现实国际压力，也带给两国更多的合作机会，但是，在冷战后种种复杂因素的作用下，上述的这种互补性还需假以时日、借以努力方能真正得以充分地体现。

最后，俄罗斯军事领域的改革是一项既作用于内部制度变迁，又反映于对外战略领域的深刻变化。

三、主要创新

此书从苏联解体之后，俄罗斯内部制度变迁与其对外关系的相关性中去把握它的未来走势，旨在通过俄罗斯的深刻变迁这一剖面反映冷战后国际政治中，传统与现实、体制与外交、社会变革与国际格局转型的相互关系。该书的主要贡献在于从制度变迁与对外关系的相关性的角度分析俄罗斯问题，成为国内俄罗斯研究的基本范式之一。

四、社会影响

（1）获奖情况。此专著出版后，得到了学术界的肯定，于 1998 年获得上海市第四届哲学社会科学优秀成果奖三等奖，2003 年获教育部全国高校第三届人文社会科学研究优秀成果奖一等奖。

（2）学术价值。此书对国内制度变迁和对外关系之间相关性的研究，丰富了国际关系理论研究，成为国内俄罗斯研究的基本范式之一，也是教育部人文社会科学重点研究基地华东师大俄罗斯研究中心的一个长期的研究方向和特色，得到了国内外同行的认同。

三、第四届高校人文社会科学研究优秀成果奖一等奖简介

《人力资源管理研究》简介

南京大学赵曙明著的《人力资源管理研究》，由中国人民大学出版社于 2011 年出版，获管理学一等奖。

一、篇章结构

此书共分为十章，主要涉及五个方面的内容：人力资源管理演变历程、人力资源管理与企业效益关系、中国国有企业人力资源管理、21 世纪全球企业人力资源管理以及人力资源管理的新探索。

二、基本内容

此书追溯了人力资源管理近一个世纪的演变历程，阐述了传统人事管理向现代人力资源管理转变的必然要求和发展趋势；围绕人力资源管理与企业效益关系这一人力资源管理研究领域的重点问题，对人力资源管理效益的概念、人力资源管理与企业效益的关系以及人力资源管理对企业效益的作用过程、作用方式，做了较为全面的探讨；对企业发展演化与人力资源管理的关系、企业家薪酬制度、知识员工管理、高新技术企业和学习型企业的人力资源管理等新兴问题进行了探讨；根据我国国有企业人事制度发展的沿革，提出了建立与发展我国国有企业人力资源管理机制的途径和措施；综述了国外人力资源管理研究的现状，探讨了 21 世纪全球企业的人力资源管理前沿及发展趋势。

三、创新之处及意义

此著作作为"自然科学基金委员会"资助的第一个人力资源管理领域的重点项目研究成果，全面总结了现代人力资源管理理论的新进展和发展趋势，对当前人力资源管理研究中的三个重要领域：战略人力资源管理、国际人力资源管理、人力资源管理效益评估的研究现状、存在问题、对策思路以及发展方向，进行了系统的研究和深入的分析，开创性地提出了许多有价值的观点。尤其是在企业人力资源管理与企业绩效关系，失业人员再就业心理模式的研究方面取得了突破性进展，对我国企业的人力资源管理实践具有很强的指导意义。此著作内容充分体现了"古为今用，洋为中用，取长补短，殊途同归"的管理思想，是在结合我国国情与企业实践，广泛涉猎和深刻理解当代最先进的人力资源管理理

论和管理方法基础上，对我国人力资源管理研究和实践作出的一系列富有创新的学术贡献。从目前学者引用和评价来看，此著作正在对我国人力资源管理的研究与学科发展产生积极而深远的影响。

四、成果的效益及社会反响

此书为成思危教授主编的《管理科学文库》中第一部出版的著作，是国家自然科学基金重大项目“企业人力资源管理与开发的理论基础和对策研究”、国家自然科学基金面上项目“中国企业国际化进程中人力资源管理研究”、“企业集团人力资源管理战略研究”和科技部软科学研究项目“中国高科技人才流动态势与对策”以及江苏省“333 工程”第一层次培养基金资助项目的研究成果。

此著作站在世界理论的前沿，在很多重大问题上作出了具有中国特色的重大创新，社会效应显著。此著作出版前，大多相关成果发表在《管理世界》、《中国工业经济》、《世界经济》等重要中文核心期刊和国际会议论文集上，《新华文摘》、《人大复印报刊资料》等众多权威数据库转载或索引，获得较高的社会评价。此著作出版后得到了学术界和实践界的广泛好评，同行专家撰文对本书的学术与实践价值进行了肯定。南京大学中国社会科学评价中心检索系统“中文社会科学引文索引”(CSSCI) 数据显示：2002—2005 年本著作被引用 60 次。该著作 2003 年荣获江苏省第 8 届哲学社会科学优秀成果一等奖。此著作已被江苏省委组织部、江苏省人事厅等有关部门作为决策参考，并被许多大学指定为人力资源管理专业的硕士生和博士生研究的参考书。

《中国股票市场风险研究》简介

厦门大学吴世农等著的《中国股票市场风险研究》，由中国人民大学出版社于 2003 年出版，获管理学一等奖。

一、篇章结构和基本观点

资本市场风险一直是国际学术界研究的前沿热点问题，也是各国证券监管机构、投资者和上市公司管理者始终关注的问题。作者在借鉴国内外学者有关资本市场风险的研究成果的基础上，结合中国资本市场的实践，构建一个中国证券市场风险研究的理论框架，力图揭示我国股票市场风险的影响因素及成因，基本特征和主要规律。

此书将证券市场风险划分为“证券投资风险”和“上市公司风险”，其中，第一篇至第五篇主要从证券市场投资的角度，系统地研究了个股和投资组合的风险及影响因素，系统性风险系数的基本特征——稳定性、趋一性和差异性，系统性风险的估计、修正和预测模型；而第六篇则侧重从上市公司的角度，研究上市公司的典型财务风险——财务困境的影响因素和预测模型。

二、主要创新和学术价值

此书系统地构建了我国股票市场风险研究的分析框架，并结合我国股票市场实际情况，收集大量数据进行全面实证分析，发现了我国股票市场风险的若干基本特征和规律，对我国证券监管机构、机构投资者和个体投资者、上市公司管理者防范市场风险和公司财务风险提供了重要的政策和决策依据。具体包括：

（1）对投资组合的研究发现：①投资组合的适度规模为 21 种股票，可分散 42.61% 的投资风险；②投资组合的风险和收益受市场态势、流通市值、权益账面价值与市值比等因素影响。

（2）对系统性风险系数的估计及影响因素的研究发现：①市场模型较适用于估计个股与组合的系统性风险系数；②系统性风险系数受行业、会计变量和市场变量等因素的影响。

（3）对系统性风险系数的特征研究表明：①个股的系统性风险系数不稳定，但组合的系统性风险系数具有显著的稳定性；②同一组合的系统性风险系数存在明显趋一性。

（4）对系统性风险系数的预测模型的研究发现：①布鲁姆调整模型的预测误差最小，其次分别是 $\beta=1$ 模型、以 β 为预测变量罗森贝格模型、瓦西塞克调整模型、历史 β 模型；②以 β 为因变量的两种罗森贝格预测模型明显优于以收益率为因变量的罗森贝格预测模型。

（5）对上市公司财务困境的研究表明：①在财务困境发生前 1 或 2 年，有 16 个财务指标的信息时效性较强；②根据 Fisher 线性判定分析、多元回归分析和 Logit 回归分析建立的三种模型，均能在财务困境发生前作出较准确的预测，其中 Logit 模型误判率最低。

三、学术影响和社会效益

近 10 年来，我国资本市场发展迅速，实践中的问题层出不穷，理论研究明显滞后。此书针对我国资本市场风险开展研究，探讨风险的度量、影响因素、预测模型等，揭示了我国股票市场风险的基本特征和主要规律。

此成果发表后，产生了很好的学术影响和社会效益：从学术影响看，该书主要研究成果出版发表后被他人引用超过 150 次，部分成果在境内外有影响的学术期刊上发表。此外，该书被收入成思危先生主编的《管理科学文库》，并获“福建省第六届社会科学优秀成果一等奖”(2005)。

从社会效益看，该书部分研究成果作为《中国资本市场投资和财务管理研究的创新》报告的主要部分，在北京大学光华管理学院（2005）、复旦大学管理学院（2004）、浙江大学管理学院（2004）、国家自然科学基金管理学部重点课题研讨会（2004）等进行学术交流报告。

该书的研究成果得到广泛应用，先后应邀在深圳证券交易所和国内证券公司研究所交流，对其全面了解中国股票市场风险特征，应用其中成果控制防范股市风险发挥作用；部分成果多次直接用于上市公司高管人员、独立董事、财务和投资经理、证券监管专业人员等的培训，使之认识我国股票市场风险的特征、影响因素、成因等基本规律，并为其防范风险提供科学依据。

《康德三大批判新译》简介

武汉大学邓晓芒教授翻译的《康德三大批判新译》，由人民出版社于2002—2004年出版，获哲学一等奖。此工程是译者与杨祖陶先生通力合作的一项重大成果。

一、篇章结构

此书为康德哲学的主要代表性著作“三大批判”的中文译著，包括《纯粹理性批判》、《实践理性批判》、《判断力批判》，总计100余万字，全部译自德文。其中，《纯粹理性批判》和《判断力批判》是我国首次直接从德文译出。

该成果是译者和校者在长期研究康德哲学的基础上，经过反复推敲和雠校而产生的。三本书均由译者写有述评性质的序言，《判断力批判》后面还附有译者的长篇专论，以期使读者能够比较容易从总体上把握康德的思想。更重要的是，三本书后都有详细的术语索引，使国内长期以来极端混乱的康德译名得到了一次全面的统一规范，并大大方便了我国康德研究者对康德著作的深研。

二、主要内容

《纯粹理性批判》是康德的认识论，讨论人通过自己的理性在自然科学中“人为自然立法”的知识结构:《实践理性批判》是康德的伦理学，讨论人的自由意志通过实践理性而为自身立法的“道德自律”;《判断力批判》是康德的美学和目的论，讨论情感原则在审美判断中的先天作用以及自然界向人及其道德进化的目的论原理。三大批判对人的知、意、情三个方面进行了前无古人的全面系统的探索，提出了一个先验唯心主义的庞大的哲学体系。

三、价值与意义

康德哲学自20世纪初被介绍到中国以来，在国际上的影响100年来丝毫没有减弱，而且有愈来愈强之势，但康德的主要代表作三大批判的中文翻译一直不尽如人意。已往的译本长期依赖英文译本转译，在意思上离德文原本有相当大的差距。长期以来国内学术界一直都在期待，希望能有既懂德语又对康德哲学有专门研究的学者将康德的主要著作精译出来，以推进我国的西学研究。该项成果的完成满足了学术界的这一迫切需要。

四、主要影响

2004年2月，由武汉大学和人民出版社联合在北京全国政协礼堂和人民大会堂召开“康德三大批判新版座谈暨康德逝世200周年纪念大会”。在京的西方哲学界知名学者100余人前来庆贺，全国人大副委员长李铁映、许家璐及德国大使馆参赞寇文刚（Wolfgang Kessler）出席并讲话，中央电视台于3月1日《读书时间》节目播出大会实况，中华读书报3月3日和光明日报3月8日刊登首发式信息和书介；台湾联经图书出版公司2004年5月将这套书的繁体字版作为该公司成立50周年庆典上最重要的标志性成果隆重推出。该套书出版以来，经一些高校和研究机构的专业人士对照德文本、各种英译本和中译本加以反复审读和比较，被公认为是目前国内最为精确和流畅的权威中译本，并在有关德国哲学和康德哲学的研究论著中得到了广泛的引用。

《科学实在论的方法论辩护》简介

山西大学郭贵春著的《科学实在论的方法论辩护》，由科学出版社于2004年出版，获哲学一等奖。

一、篇章结构与主要内容

此书由绪论、八个专题章节和结语组成。绪论详细说明了全书的主旨、提纲和研究思路。第一章通过科学解释理论和指称问题的案例来探索语境分析方法的本质特征，为科学实在论的发展提供可能的出路。第二章通过对物理学解释语境的分析，阐述语境分析法的本质和运用语境分析法应该坚持的基本原则。第三章通过引入“语形—语义”分析方法，对数学实在论思想获得新的洞识。第四章通过厘清科学修辞学的历史溯源和元理论本质，对科学修辞学进行认识论的重建。第五章通过考察科学理论陈述中隐喻语言的使用，揭示隐喻分析方法在新的科学事实和概念前瞻性发现中的重要作用。第六章运用语用学的思维和分析方法求解传统哲学难题，展示语用学的思维方式和哲学方法论意义。第七章通过揭示反实在论的“弱化”特征，从个案上展示科学实在论和反实在论在语境化基础上的渗透融合趋势。第八章揭示了20世纪以来反实在论甚至整个科学哲学语言分析方法演变的历史进程、趋势定位和理性重建的模型。结语部分着重论述了科学实在论的进步与当代科学哲学的多元化发展，并讨论了科学哲学研究的方向。

二、意义和创新之处

此书是作者对当代西方科学实在论进行研究形成的第五部专著。立足于20世纪科学哲学和科学实在论发展的历史背景，现实地揭示了科学实在论在与反实在论在论争中面临的困境，宏观地分析了科学实在论未来发展的走向，提出了辩护实在论的方法论路径。该书所提出的以“语境”研究纲领为科学哲学和科学实在论未来发展的基点的思想，特别是以语境分析方法为核心的一系列方法论的具体论述，已经在学界形成了一定的反响，有助于科学哲学新的对话平台的建立，其研究的视角在相关领域内具有先导的和领先的意义。该书的创新之处主要在于：总结国内外科学实在论的研究现状，分析当代科学实在论发展的困境，提出了科学实在论的三种可能走向；提出辩护科学实在论的方法论路径，具体阐述了五种分析方法，并指出这五种分析方法共同构成了当今辩护科学实在论的很重要的方法论战略；把对科学实在论的辩护扩张到对整个科学哲学的思考，提出把“语境”作为科学哲学理论未来发展的基点和生长点。该书的学术价值在于引领和倡导科学实在论发展的新路向。

（1）此书是国内第一部引入语言分析方法来对科学实在论进行方法论辩护的研究专著。全书以博大的哲学空间、严密的论证方式、清晰的哲学思维，提供了一幅崭新的科学实在论辩护图景，把国内科学实在论的研究提高到一个更高的层次上。

（2）此书把语境分析方法贯穿于各门学科研究的始终，使各门分支学科与科学哲学的基础理论研究之间在观点上达到逻辑上的相互印证，从而倡导在新的科学发展状况下，应当寻求可与大科学时代相符的科学观念。

（3）此书以科学主义与人文主义的融合为前提，试图在语境的基底上，使科学主义与人文主义达到有机的内在融合，形成一种科学实在论、科学哲学的新的研究体系。

三、社会效益及影响

此书出版之后获得了很好的社会效益及反响。《中国哲学年鉴》(2004—2005 年）的“新书选介”栏目对其做了介绍。《中华读书报》2005 年 6 月 1 日刊登的《科学实在论的出路与方法论的重建》一文对该书的评价为：“一本学术性很强的专著，可以看作是中国第一本从科学语言与文本的角度来分析科学实在论与反实在论的争论的专著，阅读此书可以使我们深入理解科学语言学转向、解释学转向和修辞学转向对于科学实在论的意义以及对于科学研究的意义。”该书更被著名学者汤一介主编的《20 世纪西方哲学东渐史》誉为“是评介科学实在论之重镇”。可以说，该书的出版标志着我国科学哲学界对科学实在论的研究已经脱离了评介的阶段，开始构建和形成自己的科学实在论研究体系。

《汉语复句研究》简介

华中师范大学邢福义著的《汉语复句研究》，由商务印书馆于 2001 年出版，获语言学一等奖。

一、篇章结构

《汉语复句研究》一书，是国家“九五”社科规划项目“现代汉语复句系统和复句句式”(97 BYY016）的结项成果。全书分五编，共四十章。第一编为“概说”，分三章；第二编为“广义因果与有牵连的句式”，分八章；第三编为“广义并列与有牵连的句式”，分七章；第四编为“广义转折与有牵连的句式”，分十二章；第五编为“复句问题面面观”，用十章的篇幅进一步讨论若干理论问题和实际问题。

二、基本观点

汉语语法重句法。复句是小句的联结，下连小句，上连篇章，同时兼有语法、语义和语用等多方面的属性。复句问题解决了，不仅有利于汉语本体研究的推动，而且有利于汉语信息处理在重大问题上的有效突破。

从本体角度研究复句，应该在“五重视”上下工夫：一是重视语法事实的发掘，二是重视逻辑基础的考察，三是重视“语表—语里—语值”的三角验证，四是重视句法格局对语词运用的制约，五是重视若干问题的理论思考。

三、创新与价值

本书的主要创新与价值，可以概括为三点：

（1）在方法上有新的探索。一方面，重视语法事实的发掘，把逻辑方法引入复句研究，精细地揭示了相关的规律；另一方面，重视问题研究的新视角，不仅从静态角度研究复句，而且从动态角度考察复句关系标志的显示、选示、转化、强化四大作用，有效地贯彻了作者提出的“两个三角”特别是“小三角”(表—里—值）的研究思路。

（2）在系统上有新的建构。为了便于验证、便于解释事实、便于理清各种复句之间错综复杂的关系，此书从关系出发，用标志控制，不是采取对立概念分类法，而是依据并列概念分类法，把复句划分为因果类复句、并列类复句和转折类复句，突破了百年来复句类别的传统描述框架，建构了一个汉语复句三分系统。

（3）在理论上有多方面新的论说。除了上述关于复句关系标志“静态—动态”作用的论断，许多论说提出了拓新性的见解。比如：①关于复句格式对复句语义关系进行反制约的论断。即复句格式直接反映主观视点，间接反映客观实际，复句格式一旦形成，便明确地限定它所标明的关系，便成为一种反作用于语义关系的语法框架。②关于复句句式多样性呈现多棱角状态的论断。即句式蕴涵的语义关系具有多样性。句式构成的联结形式具有多样性，反映“双视点”的标志复现现象丰富多彩，“但”类转折词异常活跃。③关于复句和单句既有对立又有纠结的分析与宏观性论断。典型单句是单核句，典型复句是核同质、有核距、无共同包核层的多核句。纠结现象复杂多样，归总起来说，不外乎四种：一为多核而核异质，二为多核而无核距，三为多核而有共同的包核层，四为用了特定的关系词语。

四、效益与影响

此书是作者 20 余年汉语复句研究的系统总结。此书出版之后，语言学界多有评介，常被引用或列为参考文献，“三分”系统已为《语法》教材全面采纳。2003 年，获武汉市第八届社会科学优秀成果一等奖，2004 年获湖北省第四届社会科学优秀成果一等奖。

《语言的神经机制与语言理论研究》简介

徐州师范大学杨亦鸣著的《语言的神经机制与语言理论研究》，由学林出版社于 2003 年出版，获语言学一等奖。

一、篇章结构

此书是我国神经语言学领域中的第一部研究性著作，收录了作者对语言神经机制和语言理论长期思考与研究的成果。所收的论文大致可归纳为中文大脑词库的研究、汉语语法神经机制的研究、理论语言学的研究三个方面。

二、基本观点

（1）中文大脑词库同样存在着相互联系而又彼此独立的形、音、义等下位库；汉语失读症患者形义性失读的大量存在，否定了汉语的形和义结合较牢固而形和音结合较脆弱的片面结论；汉语阅读达到是大脑有关区域协同作用的结果，过去笼统地认为颞顶枕或颞顶枕交联区参与了形音义的整合是片面的，额叶和皮质下结构等区域也参与了中文形音义的整合。

（2）在中文大脑词库语义结构中，语义场的存储是词的重要存储方式；在语音结构中，声母、韵母或声调相同的词语联系比较密切，其中起首声母一致在词库中形成一个高度组织系统，此外也存在“浴缸效应”的倾向；在形体表征方面，形体相近的词语联系比较密切。

（3）在中文大脑词库中存储提取的语言单位是词，而不是语素或字。

（4）指出国外的神经电生理学实验方案存在缺陷，从语法搭配角度来设计方案，通过事件相关电位（ERP）和功能性磁共振脑成像（fMRI）等现代技术手段的考察证实语法确实可以作为名动划分的依据，词类的语法分类标准有其神经生理基础。

（5）现代汉语量词系统及其名量词和动量词的下位分类具有一定神经生理机制和心理现实性，大脑左半球的颞叶与/或连接额叶和颞叶的通路等脑区掌管名量词和动量词的理解和生成。

（6）汉语句法结构在听路径、阅读路径和生成路径中的提取加工具有相对独立性，皮质下结构更多地参与了句法结构的存取和加工；主动句法结构和被动句法结构在大脑中的储取可能表现为一种相对独立而又互相联系的平行式储取机制。

（7）汉语副词“也”具有任意的类同追加性，因此同一个“也”字句的话语中心可以各不相同，蕴涵的前提也就不同，因而每一个“也”字句都有产生多种歧义的可能，“也”字句歧义的取值范围可表示为 $q>p\leqslant 2n-f-1$；“也”字句的歧义就其本质而言是语用平面上的歧义。

（8）根据副词在句中是否会产生语用歧义，可把副词分为动态副词和静态副词两类，其内部成员的特征、分布、功能各有自身的特点。

（9）从语用分析的角度来看，主语位置上的“NP 的 VP”是由上文陈述转化而来的，转化导致了由对事件的陈述转变为对事件的指称；应当区分虽有联系但性质并不相同的两种“功能”：单位功能和成分功能；从语用功能上看，“NP 的 VP”是一个向心结构，整体与核心都是指称性的。

（10）洪堡特以来的普通语言学的历史大致可以分为两条主线，即描写语言学、内部语言学、科学语言学和解释语言学、外部语言学、人文语言学。这一组相互对立的概念，其实是哲学思想史上渊源已久的科学与人文两种分歧在语言学史中渗透的结果，但其根本的分歧不过表现在对象、方法和目的上面，描写—解释是从方法上着眼，内部—外部是从对象的范围着眼，科学—人文则是从思想方法和目的综合的区分；正是由于对象、方法和目的的不同，我们几乎不可能在这两组系列中评定出孰优孰劣，只能说在某个范围内，针对不同的目的采用某种方法更合理，构建的理论更有说服力。它们应当共存互补，同分天下。

三、主要创新

（1）首次采用神经语言学的方法综合研究了中文大脑词库的各下位库及其存储与检索等，分析了形音义整合及汉字认读的神经机制，从而将此前对汉语的感觉式的认知研究纳入和升华到神经科学的、实证的认知研究中来，推动了我国神经语言学学科的形成并开辟了神经语言学新的研究领域。

（2）首次从脑的神经机制方面探讨了词的语法分类的性质和汉语主动、被动句法结构的提取与生成，标志着我国以当代语法理论为背景的神经语言学已进入成熟的阶段。

（3）此书揭示了语用歧义现象及有关规律并提出了副词的语用分类的新观点，还提出了单位功能和成分功能的新范畴。

四、实践意义

在医学临床应用上，可以指导失语症的诊断、治疗和康复；在信息处理、人工智能和认知自动化工程方面可以为探讨大脑神经网络系统提供生物学模型的直接证据，以改进目前的数学模型的智能化水平和模拟人脑功能的能力，从而促进科学技术的发展。

《中国出土古文献十讲》简介

复旦大学裘锡圭教授著的《中国出土古文献十讲》，由复旦大学出版社于2004年出版，获奖语言学一等奖。此书是裘锡圭教授研究出土古文献的论文（以简帛古籍为中心）的结集。

一、篇章结构

本书共设《中国古典学重建中应该注意的问题》、《新出先秦文献与古史传说》、《中国出土简帛古籍在文献学上的重要意义》、《出土古文献与其他出土文字资料在古籍校读方面的重要作用》、《关于郭店简中的道家著作》、《郭店简儒家著作校读举例》、《关于上博简的一些问题》、《关于马王堆帛书〈老子〉卷前后古佚书》、《关于马王堆帛书〈战国纵横家书〉》、《汉简中的俗文学资料》等十个单元。

二、基本内容

本书所收文章的内容包括：考释研究出土先秦秦汉古文献，利用出土古文献校读先秦秦汉古籍，利用先秦秦汉出土古文献研究古代历史、古代思想史、古代文学史等方面的重要问题等。本书所收的部分文章发表时间比较早，但除第四、八、九单元外，各单元的文章都是裘锡圭教授近年发表而未曾收入裘锡圭教授已有各种文集的。

三、主要创新

自20世纪70年代以来，地下简帛古籍大量出土，疑古派对古籍真伪和时代的看法，有不少已被证明不能成立。但有些学者由反疑古走向信古，把明显的伪书也当成真古书使用，在学术研究中造成混乱。在上古史方面也存在类似倾向，有些人把传说甚至伪史当做信史，裘锡圭教授认为这对学术的发展是不利的。在《中国古典学重建中应该注意的问题》单元中，裘教授着重谈了古典学重建中所应该注意的两方面问题，即以简帛古书与传世古书相对照的问题和古书真伪的问题。裘教授指出要注意防止古典学研究中“不恰当的趋同和立异”两种倾向，必须“很好地继承包括古书辨伪在内的古典学各方面的已有成果”。在《新出先秦文献与古史传说》单元中，裘教授认为从20世纪70年代以来出土的先秦秦汉文献看，古史辨派在古史传说方面的见解是“得大于失”的，在古史传说的研究中无疑需要“很好地继承他们的成果”。这些观点已经引起了学术界的广泛注意。

在以郭店简和上博简为代表的楚竹书研究中，裘锡圭教授提出过不少见解。收在本书中的《关于郭店简中的道家著作》、《郭店简儒家著作校读举例》、《关于上博简的一些问题》等几个单元是裘教授近年整理、研究这几批竹简过程中相关文章的汇集。这些文章涉及郭店简《老子》、《太一生水》、《性自命出》、《唐虞之道》和上博简《孔子诗论》、《子羔》等篇的文字考释、竹简的分篇、编联、缀合及其他相关问题，有比较重要的参考价值。

四、社会影响

裘锡圭教授较早开始注意利用出土简帛古书和其他古文字资料校读古籍，并在这方面取得了重要成果。《出土古文献与其他出土文字资料在古籍校读方面的重要作用》单元所收的五篇文章是裘教授用出土简帛古书和其他古文字资料校读古籍实践经验的总结，其中的有些意见被学者广泛引用并成为校读古籍、考释出土文献的根据；这些年来学术界重视相关研究的人越来越多，裘教授的文章对此起到了一定的推动作用。

裘锡圭教授研究的侧重点是出土文献和古文字，但在整理研究出土文献的同时还写了不少有关古代历史、古代思想史和古代文学史方面的文章。裘锡圭教授在写作中很好地利用了出土文献，对有关研究起了一定的推动作用。

此书在编辑时，裘锡圭教授用增加“编按”的办法对文章进行补正或说明（包括他对已发现的一些错误的订正，对某些问题改变看法的说明，补充可以为过去观点提供佐证的新材料等）。这对读者了解裘教授最近的观点和学术界最新的研究进展有一定帮助。

《陶渊明集笺注》简介

北京大学袁行霈撰写的《陶渊明集笺注》，由中华书局于 2003 年出版，获中国文学一等奖。

一、篇章结构

此书是国家古籍整理出版重点规划项目成果，作者用了 20 年的时间才完成。内容包括校勘、题解、编年、笺注、考辨、析义，并附和陶诗十家、陶渊明年谱简编、陶渊明作品系年一览、陶渊明诗文句索引等。

此书篇章结构为：凡例，卷第一：诗九首四言；卷第二：诗二十九首；卷第三：诗三十九首；卷第四：诗四十八首；卷第五：赋辞三首；卷第六：记傅赞述十三首；卷第七：疏祭文四首，外集；附录一：诔傅序跋；附录二：和陶诗九种，跋，陶渊明诗文句索引。

二、基本内容

作者广泛调查研究了国内外《陶渊明集》的各种善本，选择汲古阁藏宋刊十卷本为底本，这是各种善本中最好的，也是现有各种注本从未用过的孤本，所用五种校本都是宋元刻本，并参校各种总集、类书、史书。本书所校陶集异文多达七百多处，校记中一一注明，并对多处重要异文作了考辨。读者可以从本书中看到底本以及其他各种宋元刻本的面貌。

陶渊明的作品看似平易，实则含义深邃。本书不回避难点，不含糊其辞，不人云亦云。作者既在字词、典故、史实的解释上下了很大的工夫，又不满足于此，对许多含义深刻而被人忽略的地方（如“复得返自然”、“任真无所先”等），必旁征博引，加以阐释。对作品的思想和艺术多有自己的说明，如《形影神》和《答庞参军》(五言）的说明。对一些史实也不放过，如对陶渊明所任“镇军参军”的考证、对陶渊明入桓玄幕的考证、对殷晋安的考证等。

三、学术价值与意义

本书兼采各家之说，其中多有散见于各种书籍、报刊而从未被人注意者，也包括境外和国外学者的许多研究成果。对各家之说必详加考辨，择善而从，且断以己意。对各家未曾论及的内容，则根据第一手资料认真考辨，有许多新的发现和阐释。如对《庚戌岁九月中于西田获早稻》诗题的校勘，对《饮酒》诗的编年，对“归去来”的解释，对《述酒》诗的题解和考辨等，都有新意。底本原有《五孝传》和《集圣贤群辅录》，《四库全书总目提要》秉承乾隆之意认为是伪作，许多版本皆据此说将之删去，本书不以为然，详加考辨，另编入外集，以便于读者进一步研究。总之，本书既带有会校和集注的性质，又有很强的独创性，比现有各种注本更加详尽、完整、新颖，在古籍整理的方法上，可谓一种新的尝试。

作者曾在东京大学、北京大学、新加坡国立大学系统地讲授过“陶渊明研究”课程，并在哈佛大学、哥伦比亚大学、华盛顿大学就陶渊明作过专题演讲。所发表的多篇论文，在1997年汇集为《陶渊明研究》一书出版。这些研究成果都吸收到本书之中，因而本书不同于一般的注本，而具有较强的学术性。

此书所附和陶诗，对于深入研究陶渊明有重要意义。其中有的十分罕见，是根据手迹和孤本整理的。此书作者有《论和陶诗的文化意蕴》一文发表于《中国社会科学》2003年第6期，对北宋以后历代大量的和陶诗作了深入的阐释，并指出陶渊明已成为中国文化的一种符号。可以说和陶诗是作者所开辟的一个新的研究领域。

《全元文》简介

北京师范大学古籍研究所李修生教授主持编纂的《全元文》，是全国高等院校古籍整理研究工作委员会规划组织的项目，教育部人文社科规划“九五”重点项目，国家古籍整理出版规划“九五”、“十五”重点项目。该项目以北京师范大学古籍研究所教师为研究主体，邀请国内外相关学者共同完成。最终研究成果是大型元代汉文文章总集《全元文》，由凤凰出版社（1997—2004年）出版，获中国文学一等奖。

一、基本内容

此书是有元一代汉文文章的总集，收录了有元一代之汉文单篇散文、骈文和诗、词、曲、谣谚之外的韵文。全书以作者为纲，以人系文，并按其生活年代排序，且为每一作者写出小传。所收作者，为生活在元代并有文章传世的人，前承金和南宋，后与明代相接，金元、宋元之交和元明之际的作者，其主要活动在元代或文章大多写于元代的，作为元人收录，而其文章不管写于何时，均系于该作者名下。所收文体，包括辞赋、诏令、奏议、公牍、书启、赠序、序跋、论说、杂记、箴铭、颂赞、传状、碑志、哀祭、祈谢等。全书共1880卷，分编为正文60册，另有索引1册（包括作者索引、篇名索引）；共收录作者3217人，文章33511篇，总字数约2800万字。

二、主要创新

（1）填补元代文献研究的空白，是研究元代文化的基础典籍。自清康熙朝编纂《全唐诗》到现在，经过不同时期的学者们的共同努力，元代以前各个朝代的断代诗文总集先后问世。这种断代诗文总集的纂辑，对保存一代诗文文献居功至伟，对推动和深化相关领域的学术研究意义重大。《全元文》的编纂整理完成，为这个延续不断的系统工程补上了必不可少的重要一环，为推进元代文学、元代史学研究走出低谷并向前发展提供了一个重要的驱动力。可以说，《全元文》作为元代文章总集，具有历史文献的唯一性。因此，该书是填补空白的文献基础工程。

（2）编纂大型断代文献集成的成功尝试。立足于当今学术研究的需要，编纂各种大型断代文献集成，是新时期以来古籍整理研究工作者的历史使命。然而，全元文的整理工作没有前人成果可以依傍，困难程度很大。比如唐宋主要作家的别集均已有今人的整理本，而元人别集在《全元文》出版前得到整理的不足10种，因此元代文章的全面搜集、作品的校点均缺乏必要的参考依据；又由于少数民族外来语因素，更加大了整理工作的艰巨性。李修生教授带领项目团队充分发扬传统文献学研究的优长，综合运用古典目录学、古籍版本学、古籍辑佚学、古籍校勘学、文字训诂学等知识，制定工作规划，全面收集辑佚，精选底本校本，审慎校勘标点，撰写作者小传，反复审稿校对，形成了一整套编纂大型断代文献集成的工作程式。

三、社会影响

（1）学术价值。《全元文》的编纂出版，得到了元代文史研究的专家以及广大学者的高度评价。周林先生为该书题词："多民族共造元代辉煌，众学者合纂鸿篇巨著。"郭豫衡先生借王恽语为该书题词："道从伊洛传心事，文擅韩欧振古风。"刘乃和先生为该书题词："一代元文述者明，继承唐宋启明清。典章制度多歧异，音译常更变姓名。博求严考费周章，反复推敲论短长。骈散文辞齐辑汇，碑铭石刻尽琳琅。"钟敬文先生为该书题词："蒐辑一代散佚，增强故国文明。"在2006年进行的中国高校第四届人文社会科学优秀成果奖的评选活动中，《全元文》获得文学类一等奖。

（2）社会价值。《全元文》自1997年分期分批出版以来，收到了社会各界的广泛关注。李铁映先生主编的《中国人文社会科学前沿报告》(2000年卷）指出："《全元文》体例整饬有序，总体标校水平相当一致，而且辑佚工作比较充分广博。作为学术研究的'基本建设'，《全元文》是元代文史研究界一个世纪成果的集中体现，它的出版，势必将对新世纪元代文学研究产生广泛深刻的影响。"

《欧洲文学史》简介

北京大学李赋宁总主编的《欧洲文学史》，由商务印书馆于2001年出版，获外国文学一等奖。

一、篇章结构

此书分三卷四册。第一卷（主编刘意青、罗经国），分期从古希腊、罗马至18世纪，内含古希腊、古罗马、中世纪、文艺复兴、17世纪、18世纪等六章；第二卷（主编彭克巽），分期为19世纪，内含19世纪初期、中期、后期等三章；第三卷两册（主编罗芃、孙凤城、沈石岩），分期从20世纪初年至80年代，分为第二次世界大战前、第二次世界大战后两章。论及的国家，除传统上重点阐述的英、法、德、俄、意、西班牙外，还有东欧、北欧以及中欧国家。全书220万字，是迄今为止我国规模最大的欧洲文学历史专著。

二、基本观点

此书以唯物史观为指导，遵照既不因循守旧，也不盲目追求新奇的编写原则，一方面继承原《欧洲文学史》材料翔实、寓褒贬于叙述的优良传统，另一方面又吸收文学领域以及相关的哲学、语言学等领域的前沿研究成果，关注文学与政治、文学与文化、文学与宗教的互动关系，关注欧洲各国文学之间的交流与对话，关注某些文学现象的全欧性。整部文学史既具有承前启后的稳定性、适应教学需要的系统性，又具有兼收并蓄的开放性和与时俱进的前沿性。

三、主要创新和学术价值

（1）此书以历史唯物主义为准绳，批判地吸收了20世纪以来多种文学文化理论和研究方法，多视角、多层面地展开论述，对作家、作品、文学流派与事件尽量作出全面、立体、公允的描述和评价，既突出文学演变的一般规律与总体方向，又揭示出文学历史发展复杂而丰富的内涵。例如在对中古文学的评价上，此书认为，由于教会的统治，古希腊罗马文化受到排斥，但古希腊罗马文化传统并没有因此而中断，一些僧侣认真开展了古希腊罗马文化的整理、诠释和研究，对欧洲文化的发展起了积极作用。这就纠正了以往许多文学史教本对中世纪的片面认识，也使文艺复兴的出现得到更合理的历史解释。

（2）此书纠正了过去同类文学史落后于时代的观点和因政治因素制约造成的狭隘和错误。例如《圣经》这个以往被有意无意忽略的作品，在此书里获得了应有的地位。此书强调《圣经》是欧洲文学的源头之一，而且《圣经》本身就是一部价值极高的文学作品，它对欧洲文学的影响是十分深远的。又如，巴洛克文学以往常被冠以"矫饰"和"腐朽"之名，此书为巴洛克文学正名，证明"巴洛克文学"是文艺复兴文学至17世纪文学的一个重要过渡，是文艺复兴的一种变形。这对于理解洛可可以及古典主义文学的产生十分重要。

（3）此书对以往因政治因素而被排除在文学史之外的作家、作品，本着尊重历史的态度，恢复它们在文学史上的地位。对20世纪现代主义文学，此书作了重点分析和介绍。

研究方法吸取新的文艺学观点，强调内容与形式的同一性，把作品内容的分析与艺术表现和言语技巧的分析融合起来，帮助读者从整体上认识作品。

四、学术影响和社会效益

此书自出版以来已经获得北京市哲学社会科学优秀成果一等奖等多个奖项。到目前为止，此书已经三次印刷，成为全国高校文科，特别是中文系外国文学课程的教材或参考书，不少论文引用了其中的资料和见解。它将在我国21世纪上半叶的外国文学教学与研究中起到重要作用。

《阿拉伯现代文学史》简介

北京大学仲跻昆著的《阿拉伯现代文学史》，由昆仑出版社于2004年出版，获外国文学一等奖。

一、篇章结构与基本内容

此书为原国家教委人文社科“八五”规划项目的研究成果，是季羡林先生主编的《东方文化集成》丛书之一。书中之“现代”是相对于“古代”而言，实际上包括了自19世纪初至20世纪末通常所谓的近代、现代与当代。

此书共分五编。第一编是总论，在对阿拉伯古代文学作了简介后，对阿拉伯世界的现代历史、文化背景及各文学门类的发展、流变及其有代表性、有影响的流派、作家、诗人、作品作了整体综合阐述。其余四编则对阿拉伯诸国的现代文学分地区、国别予以阐释。各编的地理范畴及涵盖的国家为：第二编是尼罗河流域的埃及与苏丹；第三编是沙姆地区的黎巴嫩、叙利亚、约旦、巴勒斯坦；第四编是马格里布地区的阿尔及利亚、摩洛哥、突尼斯、利比亚；第五编是伊拉克、也门及海湾六国：沙特阿拉伯、科威特、巴林、阿联酋、阿曼、卡塔尔。书中对阿拉伯各国现代文学（特别是诗歌、小说）的渊源、流变、现状、重要的文学流派、作家、诗人及其代表作都作了详略有致的分析、介绍。

二、创新之处与意义

此书是我国出版的第一部全面、系统地介绍、论述阿拉伯现代文学的专著。类似的著作，不仅在国内，而且在国外，乃至在阿拉伯世界本身也是绝无仅有的。

此书具有以下特点：

（1）内容广泛，鲜活。本书在空间方面涵盖了阿拉伯世界各地区、各国家；在时间方面涵盖了通常所说的近代、现代与当代，直至当今的文学现状。目前，包括阿拉伯世界在内，还没有一部对近20个阿拉伯国家的现代文学既有总体论述，又分国别论述的文学史，更没有一部时间跨度这样大，资料这样鲜活的阿拉伯现代文学史。阿拉伯或西方的学者多集中于对一个或几个文化或文学较先进的国家（如埃及、黎巴嫩、叙利亚……）或学派（如旅美派）进行研究，而某些文化、文学发展较后进的国家或地区（如海湾地区、也门、苏丹等）则往往被忽视。此外，他们所写的文学史资料和观点也较陈旧、片面，往往迄止于第二次世界大战前后。

（2）国外出版的阿拉伯文学史作者往往或囿于世界观，或囿于政治观点、宗教信仰、民族主义或“西方中心论”等，研究的视角、范畴、结论往往难免有失于偏颇。此书在论述中则用历史唯物主义、辩证唯物主义观点，有作者个人的特色，有中国社会主义的特色，比较客观、公允、全面，如对阿拉伯作家协会选出的20世纪105部阿拉伯最佳中长篇小说及其作者、著名的左翼“六十年代辈”作家群、有争议的女性作家及其作品都有一定的介绍、论述。

（3）阿拉伯民族是一个诗歌的民族，诗歌一向被认为是阿拉伯人的史册与文献。因此，本书对阿拉伯现代诗歌、诗人做了相当篇幅的论述，所引诗句在翻译时颇下工夫。该书的出版，对打破“西方中心论”，对我国外国文学、东方文学、比较文学，特别是对处于起始阶段的阿拉伯文学研究，无疑具有重要的学术价值；对我国现代文学的研究，亦有可供比较、借鉴、参考的学术价值。

《舞台灯光》简介

上海戏剧学院金长烈、柳得安、姚涵春、沙晓岚、于福申等著的《舞台灯光》，由机械工业出版社于2004年出版，获艺术学一等奖。

一、篇章结构

此书由前言和10篇26章构成，第一篇，泛论舞台光，包括舞台灯光的作用与发展、中国舞台灯光发展史略、舞台灯光的特点与知识结构等3章。第二篇，灯光设计形成概要，包括设计构思的基础、设计方案的落实2章。第三篇，舞台光学与灯具，包括光与光的传播、光学成像、光度学基础、舞台照明光源、舞台灯具、舞台灯光特种设备等6章。第四篇，舞台灯光控制系统，包括舞台灯光控制设备概述、舞台灯光控制系统应具备的基本功能、调光器、舞台灯光的集中控制、电脑灯及使用DMX512控制协议的其他舞台设备、舞台灯光控制系统的组成、舞台灯光控制中的一些特殊问题等7章。第五篇，视觉与色彩学，包括光与视觉、颜色视觉、灯光色彩学等3章。第六篇，舞台灯位系统，包括剧场与舞台灯位、镜框式舞台灯位基本功能及布光规律、舞台灯位工程设计中艺用功能研讨、舞台灯位供电回路研讨、舞台灯位系统相关问题等5章。第七篇，舞台照明工程设计实例。第八篇，光的空间构成。第九篇，超大型演出的灯光设计与实施。第十篇，实践、感悟、追求。

二、基本内容

此书广泛论述了舞台灯光艺术创造中的各个知识层面和整合环节，是一本集历史性与实用性、艺术性与技术性、知识性与探索性、理论性与可操作性相互融合的系统专著。全书共约100万字，书中有大量舞台演出的艺术照明彩色图片和灯光设计的示意图等。作者在长期从事灯光教学与舞台实践中积累了丰富的实践经验和研究成果，是作者艺术实践的总结以及在灯光艺术上的追求及理论的升华。

在我国戏剧舞台上，由于艺术照明观念受时代的局限，使舞台灯光功能长期停滞不前。本书作者大胆地从正统的写实主义创作方法走向非写实主义的包罗万象的大概念中去。从强调创造生活真实的模拟自然光为主的创作方法走向表现戏剧内涵与人的情感。从把光作为布景的图解而发展为感受人物内心世界的需求，着力创造剧中人物的心灵空间。让光从静态画面的表现走向动态画面的塑造，提倡“创造自由的照明空间”，让舞台上出现一幅幅赋予艺术情感的连续性流动的感人画境，使活动中的人物的内心得到充分的展现并且更有神采、更有立体感和美感，从而达到整个剧场气氛热烈、台上台下的激情高潮。

三、主要创新及影响

此书是我国舞台灯光专业有史以来的第一部系统的专著，填补了灯光专业中的重大空白，对我国舞台灯光事业产生重大影响。对完善舞台灯光专业的建设、提高舞台灯光的理论性和学术性、提升灯光专业的作用和地位以及促进舞台灯光专业的发展都具有极大的意义和作用。在我国舞台灯光发展历史中将产生深刻、长远的影响。

此书为我国舞台灯光设计人员提供了自修和提高的教材与演出实践的指导书；为人才的培养奉献了第一部由我国学者撰写的符合中国国情的实用性强、学术性高的综合专著；为各种舞台演出的灯光设计和实施提供了指导和帮助；为剧场建设中的灯光工程设计和实施提供了参考和依据。

《赵俪生文集》简介

兰州大学赵俪生著的《赵俪生文集》，由兰州大学出版社于2002年出版，获历史学一等奖。

一、篇章结构和基本内容

此书集结了赵俪生一生学术研究的主要论著，计6卷250万字。其中，第1卷是关于史学理论与史学方法、中国农民战争史研究的著述；第2卷是关于中国土地制度史和中国古代史研究的著述；第3卷是关于顾炎武研究的著述；第4卷是关于中国思想文化史、西北地方史研究的著述和其他学术论说；第5卷是作者的自传、自序、杂诗，序跋书评和师友回忆；第6卷是文艺创作和翻译作品。

赵俪生学识渊博，在史学、哲学、文学等领域都有很深造诣，尤长于理论，精于史学。在中国农民战争史、土地制度史、思想文化史和西北地方史等领域，都有卓越的建树和独到的见解。作为中国农民战争史研究的拓荒者，1954年赵俪生出版了新中国第一部农战史专著《中国农民战争史论文集》，此后又发表了《靖康、建炎间各种民间武装势力性质的分析》、《关于古史分期与农民战争问题》等一系列论文，对农民身份与农民战争、农民政权与起义后果、农民战争与多民族的关系、宗教在起义中的作用等都发表了颇为新鲜的见解，大大丰富了农民战争史的研究内容，将农民战争史的研究推进到新的高度。

二、主要创新和社会影响

作者撰写的《中国土地制度史》及《从亚细亚生产方式看中国古史上的井田制度》、《中国经济史上的三个转折》等一系列论文，对中国土地制度史进行了全面独到的分析。认为，所谓亚细亚生产方式，是指公有制在私有制社会（阶级社会）中的遗存。古老共同体经济形式的遗存和军事政治上的专制，是中国古代私有制由浅化向深化历程中的两大阻力。中国古代无论私有制和公有制都不成熟，一直带有“亚细亚”色彩。现代资本主义的纯粹私有制，在鸦片战争以前，有的甚至在土地改革以前，都未曾出现。

作者发表的《从阶级关系和阶级斗争角度来看我国古史的分期》等文章，主张魏晋封建说，认为西周是奴隶社会的低级阶段，东汉由奴隶制向封建制过渡。

在思想文化史方面，作者从明清思想史入手，梳理北方学术，尤着力于顾炎武研究，出版专著及一系列论文，坚称顾氏的学术活动与其抗清宗旨密切相连。作者的《胡适历史考证方法的分析》、《朱熹与王守仁之比较的探索》等论文，认为“唯心主义在与唯物主义的交错中，对唯物主义的发展，起过很重要的促进作用”，对思想文化史方面的拨乱反正产生了积极的影响。作者认为，《周易》是中华综合文化的起点，继之以儒、道、墨、阴阳等百家争鸣，中华文化由此奠定。

作者1949年10月在《新建设》上发表文章，提出马列主义原理与中国具体史料相结合，是中国新史学建设的必由之路。几十年来，作者始终坚持马克思主义理论对史学工作的指导作用，站在史学研究的前沿，奋力开拓，在颇多领域起着引领潮流的作用。其论著见识不凡，构架独特，文采飞动，极富表现力。

此书出版后，学界对赵俪生及其学术成就好评如潮，受到国内外专家的赞誉，称其成一家之言。他在历史学和思想文化史方面，大多数研究具有开创意义。

《中国人口史》简介

复旦大学中国历史地理研究所葛剑雄主编的《中国人口史》(1~6卷)，由葛剑雄、冻国栋（武汉大学）、吴松弟（本所）、曹树基（上海交通大学）、侯杨方（本所）合作完成，由复旦大学出版社于2000—2002年出版，获历史学一等奖。

一、篇章结构

第一卷，导论、先秦至南北朝时期（葛剑雄著）。导论部分有4章：人口与人口史，中国人口史的研究领域和具体内容，研究中国人口史的基本方法和资料，几点结论。先秦和魏晋南北朝时期部分有5章：先秦至南北朝时期的人口调查制度，先秦至秦时期的人口数量，两汉时期的人口数量，魏晋南北朝时期的人口数量，秦汉至南北朝的人口分布。第二卷，隋唐五代时期（冻国栋著），有7章：绪论，隋唐五代的户口统计与账制度概观，隋唐五代人口数量的变动过程，隋唐五代的人口分布，隋唐五代的人口迁移，隋唐五代的人口结构，隋唐五代人口史在中国人口史上的位置。第三卷，辽宋金元时期（吴松弟著），有14章：绪论，宋代的户口调查统计制度，宋代户口的汇总发布系统，宋代户口数据的考证和估测，辽夏金与边疆政权的户口调查统计制度和户口数据，蒙元的户口调查统计制度，《元史·地理志》区域户口考，宋辽金元各朝人口的发展过程，北方各区域人口的发展过程（上、下），南方各区域人口的发展过程（上、下），城市人口，从人口史角度思考辽宋金元史和中国史的若干问题。第四卷，明时期（曹树基著），有12章：绪论，洪武时期的户口调查，洪武时期的户籍管理，洪武时期的分府人口，洪武时期的边卫和少数民族人口，明代的人口增长率，人口分布与人口迁移，城市人口（上、下），其他人口结构，明末人口锐减，对明代人口和明代历史的新认识。第五卷，清时期（曹树基著），共19章：绪论，清代人口的起点：人口与人丁，清代中期南方分府人口，清代中期南方分府人口（一、二、三、四），清代中期四川分府人口，清代中期北方分府人口（一、二），清代中期北方边区人口，太平天国战争对人口的影响（上、下），西部回民战争对人口的影响（上、下），光绪大灾对北方人口的影响，人口增长、分布和迁移，清代中期城市人口，清代末年城市人口，清代人口与中国人口体系。第六卷，1910—1953年（侯杨方著），共14章：绪论，宣统人口普查，民国时期的人口统计资料来源，分地区的人口数字（上、下），全国人口数字的来源和估计，人口的性别与年龄结构，人口的婚姻与生育，人口的死亡及死因，人口模型与人口估计，人口的分布与迁移，户与家庭及其结构，人口的职业、教育和生活水平，中国的人口转变。全书400余万字。

二、基本内容

此书考察了人口调查制度：包括各历史时期、各政权户籍制度和相关的制度，以复原出当时调查实际人口的方法和由此形成的数据的含义、可靠性、与实际人口之间的关系，在此基础上对现存户口数进行整理，作为研究人口数量变化的基本数据。人口的数量变化：已经分析整理的户口数，结合与人口相关的其他因素，如经济、社会、民族、文化、农业及自然环境等方面的因素，推断、估计或复原出该时期不同阶段的人口总数。如条件可能再细分至不同地区或行政区域。还论述了人口的分布：包括在不同自然区域和人文区域如行政区、文化区、经济区内的分布。在可能情况下作一定的量化分析，如计算出人口密度，在某一历史时期内不同阶段分布的变化，进而分析人口分布形成与变化的原因、规律。人口与社会和历史的关系：论述人口因素对当时社会及文化的影响、两者关系的变迁，探求其规律；在导论部分作了概括和总结。此外，在史料和数据允许的范围内，对人口结构、人口再生产的诸因素如家庭、婚姻、生育、人口素质、出生率、死亡率、增长率等，以及影响变化、分布、迁移的各种社会与自然因素也作了论述或分析。近代部分还应用了人口统计学方法作微观研究。

三、主要创新

本书搜集了中国人口不同发展阶段的最广泛、最基础的资料，并运用各阶段适用的分析方法得出了可靠的结论。导论对人口史研究的理论和实践作了概述和总结，各卷的结论体现了作者的理论思考，从人口史的角度对该时期的历史作了一些新的解释，在更广阔的领域提出了值得思考的问题。

四、社会影响及成果意义

本书获2004年度上海市哲学社会科学优秀成果著作类一等奖、第四届中国高校人文社会科学研究优秀成果奖历史学一等奖、第一届中国出版政府奖图书奖提名奖，多次被学术论著、新闻媒体以及网络媒体引用，社会影响巨大，已经成为这一领域的最权威与最基本的参考书。

《从耶鲁到东京——为南京大屠杀取证》简介

华中师范大学章开沅著的《从耶鲁到东京——为南京大屠杀取证》，由广东人民出版社2003年出版，获历史学一等奖。

一、篇章结构

此书内容分三卷，分别为“耶鲁情缘”、“东京往事”和“屠城血证”。卷一以作者访美期间的经历为主线，对相关文献的历史背景作了介绍。作者还对为中国人民无私奉献的贝德士先生和传教士团体“南京帮”作了介绍，并附上著名学者王选及日本友人的调查和控述材料以及当时美国媒体的报道。卷二是章先生在日本有关南屠的取证经历和社会活动。卷三中作者精选了贝德士文献中八位传教士的证言。这些证言包括日记、书信等私人文献，比较完整系统，说服力强，将日军在南京烧杀淫掠的滔天罪行公之于众，也可以反映出这些传教士不得不为的苦衷和为中国民众置生死于度外的献身精神。

二、主要内容

综观全书，此书以章先生北美日本取证和社会活动之行为纲，在正文和附件中辅之以弥足珍贵的各类文献，在游刃有余的条分缕析的过程中，将南京大屠杀的历史真相再次展现在世人面前。

三、主要创新

此书最大的创新之处在于很好地实现了历史与现实的完美结合。它是著名历史学家章开沅先生关于南京大屠杀研究系列作品的第四部，也是前几部著作精华的集结。该书是章先生长期倡导的“参与史学”的集中体现，是研究南京大屠杀历史不可多得的优秀作品。

四、社会影响

此书具有相当高的学术价值。从历史文献的角度看，书中所发掘采用的历史档案是迄今为止有关南京大屠杀最具说服力的文献。章先生所采用的贝德士文献完全是第一手的资料，具有无可辩驳的说服力，进一步印证了《拉贝日记》等文献的真实性。从现实证言的角度看，书中涉及的人物很多是健在的当事人，既有中国受害者又有悔改的日本老兵，双方的证词达到了互相印证的效果。另外还有许多资深的中外历史学家的参与，其调查研究成果对该书也是一个极好的补充。

此书问世以后，受到社会各界的广泛关注，赢得了一致的好评。新华社、《湖北日报》、《南方都市报》、《羊城晚报》、《黑龙江日报》、《楚天都市报》、《长江日报》、《教育信息报》、《大连日报》、《抗日战争研究》、《人物》等数十家媒体纷纷予以报道援引，并给予高度的评价。此书具有十分重要的现实意义，它无疑是对日本右翼势力所谓南京大屠杀“虚构论”的最好的回击。

《财务会计概念框架与会计准则问题研究》简介

厦门大学葛家澍、杜兴强著的《财务会计概念框架与会计准则问题研究》，由中国财政经济出版社 2003 年出版，获经济学一等奖。

一、篇章结构

此书包括五章。第一章为“财务会计概念框架的发展及现状”，主要是对财务会计概念框架在国际范围内的发展进行回顾，并阐述财务会计概念框架的基本作用；第二章为“我国制定财务会计概念框架的总体构想”，在对我国建立财务会计概念框架的总体体系进行思考的基础上，详细研究了会计基本假设、会计目标、会计信息质量特征等问题，并对相关性和可靠性的辩证关系进行了深入探讨；第三章主要涉及“会计确认、计量及报告研究”问题，包括会计要素的设置及资产要素的定义、会计确认的内涵、会计计量模式及财务报告体系的组成等；第四章主要分析“我国会计准则制定相关问题”，我国会计准则制定的原则导向或规则导向问题及高质量会计准则等；第五章侧重于“我国已颁布的会计准则与国际惯例的比较”，力图为会计准则国际协调化提供经验证据。

二、基本观点

（1）在制定我国的财务会计概念框架或基本会计准则的过程中，必须借鉴美国、英国、国际会计准则理事会、加拿大特许会计师协会等相关研究成果，结合中国会计环境的具体特征进行发展与拓展。

（2）我国的财务会计概念框架或基本会计准则还应该包括：会计基本假设、关于计量属性的适用情况的明确规定、关于财务报告列报的规范等。

（3）对于会计基本假设的研究，既应该充分考虑我国市场经济的实际情况，将“宏观调控”、“市场价格”、“暂时性”纳入会计基本假设的范畴。

（4）从财务会计的本质看，当可靠性与相关性发生矛盾时，应当从具有可靠性的计量属性中选择最相关的计量属性。

（5）针对我国目前会计准则和会计制度并存的现象，认为会计准则规范的是会计决策的过程，而会计制度规范的是会计行为的行动与结果。

三、创新之处和意义

（1）对财务概念框架三项主要作用的概括——“评估并据以修订既有的会计准则”、“指导会计准则制订机构发展新的会计准则”及“在缺乏会计准则的领域起到基本的规范作用”。

（2）在“企业能力理论与持续经营假设内涵的重新界定”部分，提出“核心能力是持续经营假设的根基”、“持续性高质量的信息披露是持续经营的必要条件”。

（3）对“受托责任观与决策有用观”进行了全面的分析，并论述了“受托责任观与决策有用观的融合是关于财务报告目标的科学表述”。

(4) 提出相关性问题尝试性的解决途径——建立根据会计信息不同需求的收费机制及事项会计思路，并结合交易费用理论，对相关性与可靠性问题进行了深入探讨，为学术界提供了思考该问题的新视角。

(5) 对财务报告、财务报表和其他财务报告之间关系的概括，并详细阐述了财务报告不同部分与确认、披露、表述等概念的对应关系。

(6) 针对我国会计准则制定中上市公司管理当局呈现出的“理智的冷漠”态度进行剖析，基于“公司治理生态”理念，提出综合的应对措施。

(7) 对原则导向和规则导向会计准则的各自特征进行了系统和全面的比较与综评。

四、成果的效益及社会反响

此书的研究成果被国家社科基金委评为优秀，称此成果“通过分析总结国外财务会计概念框架的发展过程和研究现状以及其制定过程中的经验教训，创造性地解决了我国财务会计概念框架建立中的基本理论问题，标志着我国会计理论研究取得了突破性进展，是我国财务会计概念框架研究方面的里程碑”。

此书还是国内目前全面论述财务会计概念框架与会计准则问题的主要著作，被国内诸多高校选择为博士和硕士研究生学习会计理论的重要参考书目。

《马克思劳动价值论的历史与现实》简介

武汉大学、中国人民大学顾海良、张雷声著的《马克思劳动价值论的历史与现实》，由人民出版社 2002 年 10 月出版，获经济学一等奖。

一、篇章结构

此书除“序言”外，共有 12 章，总体上可分为三个部分。第一部分主要论述马克思劳动价值论的形成历史、科学方法和理论体系。把马克思劳动价值论的形成融入马克思经济思想发展的整体过程中，探讨了马克思为什么、怎么从一个劳动价值论的异议者转向劳动价值论的赞成者，进而成为劳动价值论的发展者和创新者的，探讨了马克思怎样构建起以劳动价值论为基础的整个政治经济学理论体系的，怎样在同当时主流经济学发展最新趋向的“对话”中、在对政治经济学最高成就的吸纳中、在对经济学发展面临新挑战的思考和回应中实现了经济学的科学革命的。第二部分主要论述时代变化和当代资本主义、社会主义的新变化与发展马克思劳动价值论的关系。此部分阐述了 20 世纪和 21 世纪之交的时代变化，所引起的关于马克思劳动价值论命运的争论，认为现在劳动价值论不仅要运用于当代资本主义经济关系的研究，而且还要运用于现实的社会主义经济关系的研究，还必须把劳动价值论放到社会主义市场经济体制中去研究，因而它的研究范围和作用形式必将发生重要变化，必将形成新的理论视野。第三部分主要探讨劳动价值论在现时代发展中的重大问题。对劳动价值论在当代资本主义和社会主义的实践中面临的新课题从劳动的内涵、价值创造的意义、价值的转化形态、国际价值的形态几个方面作了回应。

二、基本观点

此书认为，马克思经历了从劳动价值论的反对者到劳动价值论的赞成者的转变过程，继而对劳动价值论作出了探索和创新。

此书系统地分析了马克思对劳动价值论的探索历程，概括了劳动价值论的基本内容、理论体系和科学方法，认为从《资本论》理论体系、方法论、结构等方面全面理解劳动价值论，才能准确把握劳动价值论。

此书全面地梳理了马克思逝世后100多年来劳动价值论发展的基本脉络，详细分析了时代变化对劳动价值论提出的一系列新课题，通过对劳动价值论与社会主义经济学、与西方主流经济学价值理论的论争分析，说明了马克思劳动价值论的发展性。

此书结合科学技术革命的发展、当代资本主义和社会主义的新变化，对劳动价值论在现时代发展中的重大问题作了新的探索，提出了深化劳动和劳动价值论研究的一系列新的观点，拓展了马克思劳动价值论的研究视野，全面地阐述了现时代坚持和发展马克思劳动价值论的一系列重大理论问题。

三、创新之处

此书围绕坚持和发展马克思劳动价值论的主题，从历史与现实相统一的角度，系统地论述了马克思劳动价值论的形成历史、科学方法和理论体系，深刻地阐明了马克思劳动价值论的科学革命及其历史意义。

此书对劳动价值论在现时代发展中的重大问题作了深入回答。（1）劳动价值论研究对象的社会制度发生了变化，在社会主义初级阶段，马克思劳动价值论是否适用，适用到什么程度，如何随着当代社会主义改革和发展的进程而得到新的发展和拓展。（2）劳动价值论如何运用于社会主义市场经济体制的分析中。（3）在我国第三产业已经发展成为国民经济中比重日益增大的部分情况下，第三产业的劳动是否生产劳动，是否都创造价值。（4）在私营企业主成为我国社会主义初级阶段产生的新的社会阶层，私营企业主的管理劳动是否生产劳动，能否创造价值，由此涉及价值创造与价值分配、价值创造与财富生产的关系问题。（5）在信息产业日益得到发展，商品生产越来越多地表现为无形商品的生产，生产商品的劳动也越来越开始由物质生产劳动扩展到精神生产劳动上，需要进一步回答价值决定的劳动的内涵。（6）在经济全球化发展趋势中，贸易自由化、金融国际化和投资外向化现象凸现，发达国家与发展中国家之间的矛盾已由生产领域转入国际流通领域，世界市场及其国际价值、国际市场价格问题，也应成为发展马克思劳动价值论不可回避的课题。

四、成果意义

此成果有助于从整体上建构马克思主义理论的现代形态，推进马克思主义理论的创新，有助于帮助和引导人们澄清理论疑惑，提高理论素养。此书出版以后，受到理论界和教育界的极大关注，《人民日报》、《经济评论》、《教学与研究》、《高校理论战线》、《经济经纬》等报刊发表书评，对该书予以高度评价，称其是一部内容丰富、理论性和现实性都强、有许多独到见解和创新观点的论著，是中国近几年来研究劳动价值理论的一部力作。此书出版以来被多次引用，并被中国人民大学等一些高校作为经济学专业、马克思主义理论与思想政治教育专业硕士生课程的教学用书、博士生学习和研究的必读书目。此书2004年获湖北省哲学社会科学优秀成果一等奖；2006年获普通高校第四届人文社会科学一等奖。

《自生能力、经济发展与转型：理论与实证》简介

北京大学林毅夫著的《自生能力、经济发展与转型：理论与实证》，由北京大学出版社2004年出版，获理论经济一等奖。

一、篇章结构及主要内容

此书共分为六个部分。第一个部分“发展战略与经济绩效”主要从理论上和实证上论述和验证了一个国家或经济体的发展战略对经济绩效影响的假说，体现在《发展战略、自生能力和经济收敛》、《经济发展战略对劳均资本积累和技术进步的影响——基于中国经验的实证研究》、《东亚奇迹背景下的中国农村工业化》、《经济发展战略与中国的工业化》4篇文章中。第二部分“预算约束与国企改革”专门论述和检验了企业预算约束的形成机制，并讨论国有企业的改革措施，包括了《自生能力、政策性负担、责任归属和预算软约束》、《政策性负担、道德风险与预算软约束》、《竞争、政策性负担和国有企业改革》、《政策性负担与企业的预算软约束——来自中国的实证研究》等4篇论文。第三部分以实证资料检验了政府的发展战略选择和转变对收入分配的影响，包括了《经济发展与公平、效率的关系》、《中国经济转型时期的地区差距分析》、《中国的经济发展战略与地区收入差距》和《中国经济的增长收敛与收入分配》等4篇文章。第四部分“金融结构和危机”共收集了《银行业结构的国际比较与实证分析》、《金融结构与经济增长——以制造业为例》、《发展战略与东亚金融危机——对我国的经验教训》等3篇文章，分别检验了金融结构内生于要素禀赋所决定的产业结构的假说，并讨论了发展战略的选择对东亚金融危机的发生所起的作用。第五部分用《计划经济向市场经济的转型——来自中国的经验》、《中国的财政分权与经济增长》、《发展战略，经济转型和落后地区发展所面临的挑战》等3篇文章探讨了经济转型的经验和教训。最后一部分“新古典经济学的反思与扩张”只有1篇文章《自生能力、经济转型和新古典经济学的反思》，分析了现有的、自马歇尔以来的新古典经济学理论体系中关于企业自生能力的暗含前提与社会主义计划经济国家、转型中国家和其他许多发展中国家的现实的矛盾，并由此论证了扩展新古典经济学的必要性。

二、主要创新

此成果的主要贡献在于提出并论证了一套新的发展理论——基于“企业自生能力”概念的比较优势发展战略理论，推动了20世纪80年代以后发展经济学的新进展，也是继信息经济学和新制度经济学以后对新古典经济学的重要发展。该成果的研究方法在于，不是从现有的主流经济学理论出发研究经济发展问题，而是运用经济学的基本方法、结合发

展中国家的基本特性、对发展中国家的实践经验和教训进行纵向和横向比较，运用归纳和演绎相结合的方法提炼出新的经济发展理论，并运用跨国数据和中国分省区的面板数据进行计量检验。本著作对经济发展和转型问题进行研究的特色在于，从要素禀赋结构、发展战略、产业结构、经济绩效、收入分配、金融结构之间的内在决定机制出发，在比较优势发展战略理论的基本框架下，考察经济发展与改革中出现的各种问题，把握外在现象的内在联系和本质，然后提出政策建议。

三、成果影响

此著作从中国和其他发展中国家以及转型中国家的经济发展绩效差异与存在，提炼出了一套可以解释并指导发展中国家经济实践的新的经济发展和转型理论——比较优势发展战略理论。这一理论框架构成了20世纪80年代以来发展经济学领域的最新发展成果之一，在国内外学术界有较大的影响。根据此书的理论提出的一些政策建议，例如：剥离国有企业的政策性负担以解决国有企业的预算软约束，发展中小金融机构支持中小企业发展，发展劳动密集型产业增加就业改善收入分配等，已经对我国的改革实践产生了一定的影响。

《中国物权法草案建议稿及说明》简介

中国人民大学王利明主编的《中国物权法草案建议稿及说明》，由中国法制出版社2001年出版，获法学一等奖。

一、篇章结构

此书包括两大部分：条文部分将物权法分六章规定，包括总则、所有权、用益物权、担保物权、占有以及附则。说明部分则对条文中除附则之外的五章的体系建构、立法理由、条文含义进行了详细介绍。

二、主要观点

此书提出了一系列独到的见解，主要包括：（1）物权法的基本原则为物权法定、一物一权和公示、公信原则；（2）我国民法应当采纳区分原则，但不应当采纳物权行为理论；（3）应当分别规定国家、集体、个人以及法人所有权，并强调对之平等保护；（4）物权法应当规定完善的物权请求权制度，并规定物权确认作为物权保护制度的一部分；（5）物权法应当完善建筑物区分所有制度；（6）应当区别相邻关系和地役权；（7）物权立法应当进一步完善有关土地使用权的出让、转让、抵押、租赁，以及土地使用权和房屋所有权的相互关系等规则；（8）物权法应当规定空间利用权；（9）当前的物权立法需要确认企业作为市场主体所应有的财产权利；（10）物权立法应当统一不动产的登记制度，并采取实质审查主义；（11）应当区分基于法律行为的物权变动和非基于法律行为的物权变动；（12）物权立法应当解决劳动群众集体组织的所有权的主体、内容及权利的行使问题，对其加以合理规范；（13）物权立法应当规定典权，等等。

三、主要创新

就其内容来看，此书有四点创新：

（1）立足于我国社会主义市场经济的客观实际，在注重历史传承的基础上紧密结合我国经济社会的发展，大胆进行理论创新。例如，该书强调维护我国基本经济制度、推动社会主义市场经济的发展，分别规定了国家所有权、集体所有权和个人所有权，并强调平等保护。

（2）注重借鉴国外最新的物权立法和理论经验。在研究过程中，作者翻译介绍了大量国外资料，对国外物权法的发展趋势有深刻的认识和全面的把握。例如在物权变动模式上，书中保留了德国法中的区分原则，但结合最新的进展，舍弃了其物权行为无因性理论。

（3）强调总结司法审判经验，对实践中比较成熟的经验及时加以提炼和总结。例如，在担保物权的规定中，充分吸收了现行司法解释中的合理规定，保持了法律的连续性，而且便于实务部门适用。

（4）在条文设计上注重可操作性，强调内容宜细不宜粗，为立法机关提供选择。其建议稿条文570余条，比物权法六次审议稿条文的两倍还多，充分顾及了实践中各种具体情形。

四、成果意义和社会反响

此书不仅提出上述观点并对其合理性进行了比较严密的论证，还为之进行了细致、富有可操作性的规则设计。这对于我国物权理论体系的完善具有十分重要的意义，故而被国内学者广泛引用。此书不仅具有较高的学术价值，也具有极强的应用价值。此书是受全国人大常委会法制工作委员会委托，为我国物权法起草所提供的条文建议稿及说明。得到全国人大常委会法制工作委员会的高度重视，专门为之召开全国物权法研讨会，物权法历次审议稿中大量采纳了本书的见解。此书在国外及我国台湾地区引起了强烈反响，德国技术合作公司将之译为英文并组织德国、意大利等国学者对之加以研究。在司法实践中，此书对物权各项制度的细致建构，对于法院正确审理有关物权案件、维护当事人权益，实现司法公正也不无参考价值。

《农民工与中国社会分层》简介

清华大学李强著的《农民工与中国社会分层》，由社会科学文献出版社2004年出版，获社会学一等奖。

一、篇章结构与主要内容

此书共20章。作者首先从社会分层的角度出发，用十五章的篇幅对农民工群体在当今中国的社会地位、社会特征、生活与生存方式以及与其他社会群体的关系进行了全面而深入的分析。在后五章中，作者进一步探讨了以大规模人口流动为表征的中国城市化进程以及社会结构的变迁。

此书提出，中国城市农民工是城市中一个非常特殊的社会群体，处于城市的边缘。他们是城市中一个生活方式上的特殊亚文化群体，与城市居民之间存在一定的矛盾和冲突。造成农民工特殊社会地位的首要制度原因是户籍制度。户籍制度曾经有效地维持了新中国成立后的资源分配秩序，但它阻止了生产要素向高效益地区自由合理的流动，成为束缚农民生存发展的一种身份制度。户籍制度具有“社会屏蔽”的功能，并且使影响中国农民流动的推力与拉力发生“功能失效”的现象。

数以亿计流入中国城市的农民工，主要的就业形式是非正规就业。这种非正规就业具有正向的社会功能，为中国庞大的失业、流动人口和过剩农村劳动力留下了巨大的生存空间。因此，要改变目前一些地方打击非正规就业的做法，采取扶持和规范的政策，以此来协调社会各阶层的利益，维护社会公平。农民工的职业流动相当频繁，但他们并不能像城里人一样可以通过档案制度获得职业地位的积累。多数城市农民工处于无保障状态，时常受到失业、疾病的困扰。该书从剥夺理论的角度对农民工的权利问题进行了分析，指出现阶段农民工遭受绝对剥夺的现象还比较普遍，并且往往处于“多阶剥夺”的连续过程中。在绝对剥夺降低以后，农民工还会面临相对剥夺的问题。

此书提出底层精英的观点，认为城市农民工是农村中典型的精英群体，与未流出的农民相比，他们具有年龄、教育等多方面的优势。但这样一个精英群体在城市中却长期居于社会的底层，他们的就业局限于收入低、环境差、待遇差且极不稳定的“次属劳动力市场”。这使得农民工被排斥在主流的社会关系网络之外，脱离了正规的管理体制，带有一种比较普遍的“社会不满”情绪。我国目前对于城市农民工采取的是“集体排他”的政策，农民工的职业、行业被一些部门进行了严格的限定，结果便形成了一个单一的蓝领职业的城市农民工集团，激化了底层精英与主体社会的矛盾。因此，需要取消对于城市农民工的种种限制，赋予他们以自由竞争的就业渠道。此外，作者将城市中的外来人口区分为两个不同的群体，即“外来市民”与“外来农民”。他们的构成和需求具有较大的差别，应采取区别对待的管理政策。

基于对城市农民工在社会结构中特殊地位的分析，此书认为流入城市的农民工实际上突破了传统的城乡二元结构的束缚，开创了三元社会结构的模式。三元社会结构是指在城市与农村之间出现了一个巨大的流动于城乡之间的社会群体——农民工群体。这个新产生的群体不是一个统一的阶级，而只是一个新的身份群体。此外，与大规模人口流动相关联的，此书分析了中国城市化的五种模式，认为中国城市化发展的道路应根据不同情况采用多种模式；同时提出人口高度密集的东南沿海城市带的形成。

二、主要创新及意义

此书是作者10多年倾心研究农民工和流动人口问题的经验总结和理论升华，贯穿了作者关注底层社会群体、缓解社会矛盾、促进经济社会和谐发展的基本理念。在对农民工问题的全景式分析中，提出了“底层精英”、“多阶剥夺”、“三元社会结构”等一系列新的理论观点，并就一些现实问题提出改革户籍制度、建立三条保障线等针对性的对策建议。此书的很多研究成果有助于理解中国目前的社会现实和农民工的社会地位，不仅在学术上开创了新的局面，而且在实践中推动了农民工权益保护的发展以及我国政府决策和社会管理体制的改善。

《变革社会的教育权与受教育权：教育法学基本问题研究》简介

北京师范大学劳凯声主编的《变革社会的教育权与受教育权：教育法学基本问题研究》，由教育科学出版社2003年出版，获教育学一等奖。

一、篇章结构

此书分为上篇与下篇。上篇共分六章，分别是：我国教育法制建设的宏观改革背景、我国教育法制建设的历史回顾、国外教育法制的历史发展、我国教育法制建设的价值基础、国家教育权与社会教育权、受教育权；下篇共分六章，分别是：公立高等学校的法律地位、私立学校的法律地位、我国学校法人地位与办学自主权、私立学校财团法人的产权机制、中小学教师惩戒权、教育法律责任。

二、基本观点

20世纪80年代以来，在持续、深入的社会转型所引发的社会变迁面前，教育领域中的各种社会关系正在发生深刻的变化：一些旧的社会关系消失了，一些新的社会关系产生了，还有一些社会关系虽然还存在，但其性质却发生了深刻的变化。在这一社会关系大分化、大改组的过程中，教育领域正在发育出对未来教育基本格局及其运行具有制约作用的三个主体：举办者、办学者和管理者。同时正在逐步形成影响未来教育发展路径及其基本面貌的三种力量：政治的力量、市场的力量和学术的力量。这些变化对现行的法律制度构成了极大的挑战。在这一变化中，长期隐藏在幕后的教育权与受教育权问题正在凸显出来，并且发生了一种缓慢然而深刻的变化。

长期以来，我们习惯于把教育放在经济基础和上层建筑这样一个理论分析框架中来进行分析，但它的弱点也是不言而喻的，即不承认社会的不同利益群体及其不同的利益追求。教育是个利益冲突集中的领域，也是涉及社会公平的敏感领域。市场经济的建立使传统的计划经济社会共同体发生改组，分化出市场领域、政治领域和介于这两者之间的一个社会领域，即第三部门。此书建构了一种全新的理论分析框架，即把教育定位于第三部门，学校及其他教育机构是介于政府和企业之间的非营利性社会组织，教育产品是非垄断性的公共物品，可以通过政府和营利性机构两种资源配置机制来向社会提供。市场的介入是有限的，政府应当对市场进行规范。从这一理论假设出发，此书分为两个部分：第一部分是我国教育法制建设的理论探讨，首先，从历史和国际比较的角度分析我国教育法制建设的宏观背景；其次，对我国教育法制建设的价值基础作深入的分析，并就我国和世界教育法制建设的历史沿革和今后发展的趋势进行分析；再次，就几个基本的教育法律关系问题进行分析；最后，针对目前学校事故比较频繁，申诉和诉讼环境并不宽松的情况，对法律责任也作了重点研究。第二部分是我国教育法律制度的现状研究，涉及基本的教育法律制度。

三、创新之处和意义

此书以当代中国社会转型和教育变革为背景，围绕教育领域中的国家教育权与公民受教育权这一基本矛盾而展开，从理论和制度两个方面讨论了当前我国教育法制建设中的一些最突出的基本问题，通过对这些问题的深刻洞察和细致探讨，从而构建了当代我国教育法学的基本理论框架。它不仅反映了当前教育法学研究的基本问题，也反映了当前中国教育法制建设的最新成果，构成了未来我国教育法学研究的逻辑起点，必将对我国相关领域的研究产生深远的影响，对建立适应社会主义市场经济体制的中国教育法律调控机制具有重要的现实意义。从这个意义上而言，该著作是教育法学领域的开拓之作。

四、社会反响

此著作出版以后，受到学术界和新闻界的高度关注。《中华读书报》(2003 年 4 月 9 日）就此书的出版做了大篇幅的报道，认为该著作“是国内第一部对教育法制从理论到实践进行系统研究与探讨的理论专著”。中国教育学会教育政策与法律研究专业委员会 2003 年第 1 期《通讯》向全国会员介绍和推荐了该书，在学术界引起了强烈反响。该著作曾经获得北京市第八届哲学社会科学优秀成果一等奖。

《高等教育运行机制研究》简介

北京大学闵维方主编的《高等教育运行机制研究》，由人民教育出版社 2002 年出版，获教育学一等奖。

此书是由北京大学教育学院闵维方教授（申报人）主持的全国教育科学规划“九五”国家重点课题的研究成果，是近年来中国教育经济学领域的一部既有重要的学术价值又有深刻的实践指导意义的力作。

一、篇章结构和主要观点

此书共有九编 45 章。绪论和第一编从公共产品理论分析了高等教育与市场经济的关系，勾画了高等教育运行机制的基本理论框架，并对我国高等教育系统在市场经济条件下的运行规律进行了理论推演。第二编从宏观上论证了高等教育规模发展的战略，实证地研究了高等教育规模扩展和经费供求的关系，对高等教育经费供求的前景进行了推算，并论证和估算了扩大高等教育规模对经济增长和增加就业的影响。第三编和第四编论证了高等学校的资源配置效率，依据结构效益和规模效益理论提出高等学校进行组织结构调整的改革建议。第五编和第六编对高等教育成本补偿的理论基础进行了客观考察，总结了国际经验，实证地研究了高等教育个人支出对居民的高等教育需求和不同收入家庭的学生带来的影响，并提出了相关的政策建议。第七编和第八编关注的是高等教育的经济产出效率，包括用收入衡量的高等教育收益率和用就业市场衡量的高等教育毕业生在劳动力市场中的价值。第九编在知识经济时代的视野下对大学办学模式的改革进行了前瞻性的思考和论证。

二、主要创新

（1）在国内首次系统、全面地提出了社会主义市场经济条件下高等教育运行机制的基本理论框架。根据该基本框架，此书阐释了市场经济条件下高等教育的发展速度、规模、结构、功能、质量和效益。这不但对当前和今后一段时间内我国高等教育的实践、改革和发展有实际价值，而且对丰富教育经济学以至高等教育理论有重要的意义。

（2）坚持理论与实际结合，努力创新，因而获得了一批符合中国实际的、有原创性的研究成果。以国际标准来衡量，此书的研究可以说是符合国际教育经济学研究规范的。使用规范的研究方法，发挥理论在实证研究中的作用，并紧密结合中国实际，得到了一些创新性的研究成果。

（3）为教育经济学研究提供了一个范例。我国教育经济学研究大多采用思辨和传统政治经济学的方法，20 世纪 80 年代开始，实证的、计量经济学的方法逐渐被引入我国的教育经济学研究之中。但是，从方法论的角度看，当时的研究存在三点不足：一是侧重于从经济学的视角看问题，侧重于考察经济对教育的作用，而对研究结果的教育学诠释，对考察教育对经济的影响则显得十分薄弱；二是部分研究只重视实证、定量研究，忽视思辨、定性研究；三是不顾中国国情的实际，完全照搬西方已有的有关理论和方法来处理中国教育与经济的有关数据。此书努力避免了上述研究方法上的各种片面性，在研究中尽可能做到理论与实际结合，定性研究与定量研究结合，宏观概括与个案分析结合，历史考察与现状调查、未来展望结合，吸取国际经验与突出中国特色结合。

三、学术价值

此书不仅是一部对于教育经济学理论发展和教育财政政策具有重要价值的研究成果，还可以作为教育经济与管理专业硕士和博士研究生课程的重要参考书，也比较适宜高等教育政策制定者和管理者阅读。

此书的作者曾就书中的研究成果在多所国内外大学和学术会议上进行过多次专题演讲，在国内外产生了比较广泛的学术影响。其中部分成果先后应邀在联合国召开的世界高等教育大会、世界银行、亚洲开发银行学院、联合国教科文组织亚太地区经济转型国家高等教育会议、教育经济学国际研讨会、国际比较高等教育学会年会（CIES）等重要国际会议上进行了演讲。有些研究成果已经成为有关部门制定政策的理论基础和参考依据。

《中国教育的文化基础》简介

北京师范大学顾明远教授著的《中国教育的文化基础》，由山西教育出版社 2004 年出版，获教育学一等奖。

一、篇章结构

此书分为绪论和 11 章：第一章，教育与文化；第二章　中国文化及其基本特征；第三章，中国传统文化的类型、性质和基本精神；第四章，中国的教育传统及其基本特点；

第五章，中国传统文化对中国教育的影响；第六章，西学东渐和中国教育近代化；第七章，西方教育制度和教育思想对中国教育的影响；第八章，马克思主义在中国的传播和马克思主义教育思想在中国的诞生；第九章，苏联教育对中国教育的影响；第十章，改革开放和教育思想的多元化；第十一章，结束语：探索中国教育现代化之路。

二、基本内容

教育是文化的一部分，同时又相对独立于文化。一个国家教育的改革和发展不仅受到一个国家的政治、经济的制约，而且受到文化传统的影响。因此研究一个国家的教育必须研究影响这个国家的文化背景。中国教育源远流长，它是在中国文化传统的土壤中发展起来的。因此要认识我国今天的教育，实现中国教育的现代化，就必须认真研究我国教育赖以发展的文化土壤。这是本书写作的宗旨。

此书研究的结论是中国教育的文化基础是多元的，但是以中国传统儒家文化为主，同时吸引了东西方文化的精华。中国教育的现代化必须正确对待现代化与中国传统文化的关系，取其精华，去其糟粕；必须正确对待外国的教育思想和经验，吸收世界各国教育理论和制度需要经过鉴别和改造，也即本土化。中国教育现代化需要理论创新、制度创新。

三、主要特点

（1）此书从文化的视野梳理了中国教育传统形成的过程。虽然在过去中国教育史或中国教育思想史中都详细地介绍了我国教育发展的历史，但是各种史书几乎都是以断代史的方式论述中国教育，没有对中国教育受到的东西方文化影响作统一的、整体性、概括性的论述。

（2）此书分析了中国儒家文化以及外来文化对中国教育的积极影响和消极影响，从而为我国教育现代化建设提出策略性的建议。这对于在教育界建立正确的教育观及制度创新具有理论意义和实际价值。

《中国教育学发展世纪问题的审视》简介

华东师范大学叶澜教授的《中国教育学发展世纪问题的审视》，发表在《教育研究》2004年第7期，获教育学一等奖。

一、文章结构

此文以学科发展性问题为线索，论述了中国教育学百年发展历程中存在于每个阶段、以不同方式出现的三个贯穿整个世纪的、影响教育学科发展的根本性问题：（1）政治、意识形态与学科发展的关系问题；（2）教育学发展的“中外”关系问题；（3）教育学的学科性质问题。全文立意高，视野宽，呈现出大气象，在已有的众多关于教育学发展百年的论文、论著的背景下，视角独特，且内含着研究学科史的思维方式的变化。

二、基本内容

通过对20世纪教育学在中国发展历程的回顾和审视，指出了教育学发展中“两个不争的事实”和贯穿于教育学发展过程的三个世纪性问题。“不争的事实”在于教育学以“引进”为发展的起点并且从一开始就与师范教育结缘。而三个世纪性问题则是政治、意识形态与学科发展的关系问题、教育学发展的“中外”关系问题和教育学的学科性质问题。其中，对世纪问题的论述是此文的重点，作者通过回顾与分析指出，“20世纪中国教育学在太多的束缚与依附中建立，既受意识形态的强控制，又追逐着国外教育学科的变化，还受着学科性质认识停留于应用的自我局限，依附于交叉学科中的其他学科，扮演着随从的角色”。因而，作者指出，“要提升教育学科的独立学术品格和力量”，“创建中国教育学”，发扬“启蒙开拓的学术传统”。

三、主要创新

此文的创新和特色主要体现在：

（1）深刻剖析了影响中国教育发展的深层次问题。

此文论述政治意识形态与中国教育学发展的关系，分析了两者关系在百年中不同历史阶段的不同的内容和表现形态，两者关系性质的多样性和多层面性。并认为这个问题在21世纪还会存在，但不会再处于影响新世纪教育学发展的第一大问题这样“显赫”的地位。因为中国的社会主义政治民主建设为中国的科学与学术发展提供了更为广阔的空间。

关于教育学领域内的“中外关系”问题，作者认为与其他学科相比，其表现形态有其特殊性，且目前尚未得到根本的、从理论到实践的全面解决。尤其在当今全球化与信息化的时代背景和学术界国际交流加快、加强的环境中，教育学界“向外看”、“从外取”、“以外为准”的心态与学风还在盛行。如果教育学界自身不作改变，那么在新世纪，教育学发展的“中外关系”问题有可能上升为制约教育学术发展的大问题。

教育学的学科性质问题是全文分析的第三个大问题，作者认为：历经一个世纪的探索、争鸣、反思与重构，虽尚未形成一致的认识，但已经超越了简单的两分或三分的思维方式，注意用多元多维的方式做综合研究。且已有人关注到教育学对象性质的复杂性，主张用复杂科学的思维方式来认识教育，提出教育学可在新的知识分类中，归入复杂科学的见解。但是关于教育学学科性质问题的真正解决，需要在创建新的教育学的过程中实现。这是新世纪教育学能否实现突破性发展的深层次问题。

（2）从学科发展史入手审视教育学科的地位与追求。

从研究路径上看，对于百年中国教育学发展的研究，文章并不是沿循原有的研究思路在资料开发和阶段的梳理方面作更为详尽的研究或“补缺”式研究，而是直接聚焦渗透于教育学百年发展历程各个阶段、以不同方式呈现出来的“世纪问题”。因其聚焦，更显力度与深度。更为可贵的是，论文将学科发展的历史、现实与未来三个时间维度贯通，最终着眼于未来，在对问题的“透析”中显现出中国教育学的发展路向：教育学在新世纪发展的方向不应再是将西方为本作前提的“中国化”，而是要创建“中国教育学”。这里的“中国”，其内涵不只是指教育学要从本国的文化传统中找到自己的根、开发其当代价值，也不只是指教育学要以本国的教育实践和教育问题作为发展教育理论之不可或缺之源，而且指中国学者应为教育学发展作出世界性的贡献。形成、增强教育学的学术独立性，要求我们以新的思维方式和新的视野来重新认识教育及其教育学的性质，要求我们加强教育学自身的基础理论和方法建设，唯其有了独立性，才有创造的可能。

四、社会影响

此文发表后，引起学术界的广泛关注，《新华文摘》2004 年第 18 期、《高等学校文科学术文摘》2004 年第 5 期均作了转载；《教育研究》杂志仅 2005 年就有 4 篇文章引用此文观点。此文对于中国当代教育学界深入反思中国教育学百年发展中所积淀的启蒙、开拓传统，对于新世纪中国教育学的建设、发展，具有重要的学术意义。

《学生汉语阅读过程的眼动研究》简介

天津师范大学沈德立主编的《学生汉语阅读过程的眼动研究》，由教育科学出版社 2001 年出版，获心理学一等奖。

一、篇章结构

此书系教育部人文社会科学“九五”规划重点研究项目成果。全书共九章 27 万字。第一章，阅读的眼动研究概述；第二章，眼动的基本知识；第三章，眼动研究的方法论问题；第四章，阅读过程的眼动理论，全面介绍了早期的眼动理论和新近的眼动模型；第五章，阅读记叙文的眼动研究，通过实验的方法，使用眼动记录仪探讨了大、中、小学生阅读记叙文的眼动特征；第六章，阅读科技说明文的眼动研究，探讨了不同年级学生阅读科技说明文时的眼动特征；第七章，阅读寓言的眼动研究，探讨在控制材料难度和材料中信息重要程度的不同条件下，学生阅读寓言时的眼动加工特征；第八章，快速阅读过程的眼动研究，比较了训练对阅读速度提高的影响；第九章，句子阅读过程的眼动研究，探讨了被试阅读歧义句子时的眼动加工特征。

二、主要观点

眼动记录仪是当代具有国际先进水平的大型心理学仪器，是心理学家揭示人类大脑认知过程的一种有效工具。它可以在不干扰学生正常阅读的情况下，通过七项指标（注视次数、注视时间、注视持续时间、眼跳距离、回视次数、回视方式和瞳孔直径），对阅读这一非常复杂的认知过程进行同步、客观、真实地记录，从而直接了解到学生是如何进行阅读的。研究者先后对 290 名大、中、小学生（全部学生均系个别施测）阅读不同类型课文和句子的过程进行了一系列研究。还对 180 名大学生和 1000 名中小学生开展了科学的快速阅读训练，取得了较好的效果。

此项研究发现了我国大、中、小学生的汉语阅读过程具有不同模式和特点。同时也发现我国近半数的中小学生的阅读方法存在问题，主要表现为：（1）阅读时伴随有唇读，因而速度普遍过慢；（2）不会带着问题阅读，因而很难准确地获得材料中的信息；（3）过分注意对字、词、句的理解，而忽视对文章整体内容的把握。这些都为当前我国语文教学改革提供了重要的科学依据。同时也对提高学生的阅读水平，扩大学生的知识视野，减轻学生的学习负担，推动素质教育，尤其是对解决一些学生的阅读障碍和与其相关的学习障碍具有重要的指导作用。

三、主要创新

（1）在国内首次使用先进的眼动记录仪，采用7项科学指标考察了学生汉语阅读时的心理过程及其规律，揭示出了汉语阅读与西方拼音文字阅读既有共同点又有不同点，丰富和发展了相关的阅读理论，特别是学生汉语阅读的心理加工理论。

（2）在国内首次对不同类型课文（记叙文、科技说明文、寓言故事等）的阅读过程进行了系统的眼动实验研究，比较客观、真实地揭示出了当前我国大、中、小学生阅读过程的特征。

（3）在国内首次用眼动仪检验了快速阅读训练的效果。

四、成果影响

此成果出版后，在心理学界、教育学界、新闻界引起了普遍关注。《心理科学》、《心理学探新》、《应用心理学》等国内学科级杂志进行了介绍；《光明日报》和《中国教育报》作了专门报道；新华社记者做专访后，在新华网和人民网上发了通稿；《中国青年报》在头版以显著位置发表了《如此读书，何时能破“万卷”》的评论；中央电视台《东方时空早新闻》节目，中央电视台第十频道，中央人民广播电台《全国新闻联播》节目，以及国内一些地方报刊也转发了新华网和人民网的通稿。

《中国石油安全》简介

云南大学吴磊著的《中国石油安全》，由中国社会科学出版社2003年出版，获国际问题研究一等奖。

一、篇章结构

此书由前言和11章内容构成。第一章阐述了石油安全的概念、内涵和外延等基本理论和现实问题；第二、三、四章分析了21世纪初全球油气资源基础、世界石油供求和油价走势；第五章论述了中国石油安全面临的一系列主要风险与战略挑战；第六、七、八、九章从石油地缘政治的角度，分析了中东、中亚、亚太石油安全形势对我国的可能影响，并对美国因素的影响问题进行了论述；最后两章评介了西方国家的石油安全政策、跨国石油投资与国际石油贸易的风险管理。

二、基本观点

此书分析认为，未来20年内，我国对外石油依存度将越来越严重，面临的外部安全风险日益增多；我国未来70%~80%的进口石油需求将不得不来自动荡不定的中东和北非地区，中东石油将日益成为我国石油安全战略的“第一概念”；俄罗斯和中亚地区的油气资源是我国应该努力争取的战略目标，但俄罗斯和中亚石油对我国石油安全的意义在于多元化，而非战略性替代（中东石油）；从国际关系的角度看，由于中美关系的定位不清、性质不明，美国因素将是我国未来石油安全的最大安全隐患，能源安全问题成为中美双边关系中的另一个潜在和重大的非稳定因素的可能性在增大；亚太地区能源竞争之势日趋激烈，合作进展缓慢，此种发展态势于我不利；相当程度上，我国的石油安全既取决于波斯湾的稳定，同时又与南亚、东南亚和东北亚的地缘政治以及台湾问题紧密联系在一起，亚太能源地缘政治的影响不容低估。

三、创新之处和意义

此书提出了若干战略对策建议：国家对外石油安全战略的制定应是政治、经济、军事和外交手段的综合运用，应具有综合性、前瞻性和可操作性；加快国家战略石油储备建设步伐，制定应急石油储备的立法依据和操作程序；注重能源外交，走国际能源安全合作之路，而不是走"单边能源外交"的道路；继续维护中美关系的平稳发展，建立中美间的能源安全对话与合作机制；重新审视或调整我国的中东战略定位和政策，提升中东地区的战略地位和作用等。

此书在梳理国际能源安全史的基础上，在国内学界较为系统地阐述了石油安全的概念、内涵和外延等基本理论和现实问题，指出石油安全是一种超乎市场领域的事态，不仅是一个经济安全概念，而且是一个政治、军事和外交战略的综合概念；指出我国的石油安全问题是一个国际战略问题，需要政治、经济、军事、外交的综合手段或应对方案。

此书对国际上长期争执不休的资源耗竭问题进行了充分论述，得出了资源不是短缺而是充足、值得警惕与防范的是非资源和非经济因素的干扰的结论；提出了中东石油是我国石油安全的"第一安全概念"、我国的中东战略定位需要重新调整的观点；认为俄罗斯和中亚石油对我国石油安全的战略意义在于多元化，而非绝对安全；在亚太能源安全问题上，提出了以我为主进行地区能源安全合作的对策建议。此书深入分析了美国的全球或地区能源战略，指出我国应该预见到中美之间在石油安全问题上发生竞争、矛盾和冲突的可能性，建议国家尽早进行战略规划和战略决策。

四、社会反响

此书被全国社科规划办评为优秀成果，并作为"重要成果"推荐，全国社科规划办在《成果要报》上摘发了该项成果的主要内容，供国家领导人参考。此书的阶段性成果之一——在国外专业杂志 MEES 上发表的论文 East Asia Energy Security and Middle East Oil，引起了国内外的广泛关注；若干论点得到了外交部李肇星外长的高度评价。李肇星外长专门批示说："……与现实联系较密切，难得，值得参考。"

四、第五届高校人文社会科学研究优秀成果奖一等奖简介

《中国特色社会主义基本问题研究》简介

武汉大学梅荣政的《中国特色社会主义基本问题研究》，由武汉大学出版社 2007 年出版，获马克思主义理论一等奖。

一、篇章结构和主要内容

此书从中国特色社会主义理论和实践相统一的整体性出发，按照从抽象到具体的科学原则安排篇章结构和基本观点。全书共 10 章，1~3 章集中研究了中国特色社会主义的理论基础问题，4~5 章集中研究了中国特色社会主义的世界宏观背景问题，6~9 章集中研究了中国特色社会主义的主要内容，第 10 章集中研究了共产党领导与中国特色社会主义的内在关系问题。

二、主要创新和学术价值

（1）用整体性的新视野，对研究对象作出了新的理论探索。此书坚持整体性研究视角，构建了全书的框架，并一以贯之地运用于一系列基本问题的论述。在宏观上，把中国特色社会主义的历史发展视为两个交互作用的统一过程：客观经济社会发展过程和主观实践活动过程的统一。在微观上，注意从构成整体的诸要素间的相互关联、相互作用、相互贯通上来阐释各个基本问题，避免孤立地论述某一方面的问题，保证全书展现的中国特色社会主义研究对象及其理论反映——中国特色社会主义理论是一个具有丰富性的理论整体。

（2）对经典著作有新的挖掘，并紧密联系现实作出了新解读。此书对马克思主义经典著作中的思想，着眼于从深度上挖掘前人没有研究过或尚未深入研究过的问题，并紧密联系社会主义建设实践，作出新的解读、运用和深入阐释，提出新的见解。

（3）对若干重大理论和现实问题有新的研究并提出了若干新见解。如把当今经济全球化的特征概括为七大方面，进而揭露了经济全球化的本质并从六个方面加以论证，提出国际金融资本的统治已成为国际金融中严重的破坏力量，它必然导致全球性金融危机的爆发。

（4）引入大量新的论证材料，增强了观点的现实性和针对性。这类新材料包括从马

克思主义经典著作、党的重要文献中挖掘的新史料、新思想、新观点；当代资本主义发展和新科技革命中出现的新情况、新变化、新思潮；国内外学术界提供的新数据、新例证、新观点、新预见、新结论，等等。这些新的材料引入本书理论的、历史的、现实的论证，大大增强了其现实性和针对性。

（5）运用从抽象到具体的方法，对中国特色社会主义进行了成功的分析。从抽象到具体的方法是马克思主义研究资本主义生产方式运动规律的科学思维方法。此书认为这是逻辑思维中的一般方法，并将其成功地运用于中国特色社会主义及其一系列问题的研究和理论表达。

（6）坚持思想观点的鲜明性和文风的朴实性，倡导了良好的、严谨的学风。

三、社会影响

此书面世后，引起学界广泛重视与好评，如中央党校赵曜、北京大学沙健孙、武汉大学陶德麟等 11 名专家、教授（博导）分别在《马克思主义研究》、《光明日报》、《高校理论战线》、《教学与研究》、《中国特色社会主义研究》等刊物上发表了书评。《马克思主义研究》和《马克思主义文摘》分别全文转载了此书的序言。

《人的现代化理论与实践》简介

中山大学马克思主义哲学与中国现代化研究所教授郑永廷主持的“人的哲学与人的现代化”是教育部人文社会科学重点研究基地 2002—2003 年度重大项目，最终成果为《人的现代化理论与实践》专著，由郑永廷等合作完成，人民出版社 2006 年出版。

一、篇章结构

全书四篇十六章，第一篇人的现代化概述包括第一至三章，分别阐述人的现代化内涵与外延、追溯历史演进、研究维度与向度以及人的现代化特征、指标体系。第二篇发达国家人的现代化理论包括第四、五章，介绍、评析西方发达国家人的现代化理论与方法，为研究我国人的现代化提供参照与借鉴。第三篇我国人的现代化理论与实践发展包括第六至第十二章，重点研究我国人的现代化的基本矛盾、主要特点、指导理论和人的现代化面临的时代性课题；系统分析了现代科技发展与人的现代化的互动、异动以及当代社会条件下人的现代化的机遇与风险。第四篇人的现代化实现方式包括第十三至十六章，着重从观念、能力、制度层面，研究了人的现代化的前提、核心、保证等思路与举措。

二、基本内容

人的现代化是一个复杂的空间系统与多变的时间系统。研究人的现代化，必须全面把握人的关系要素及其结构方式，把握人的全面本质。

人的现代化是整个现代化的基础。科学发展观是研究人的现代化的指导思想，以人为本是人的现代化的本质和核心。人的现代化是现代社会条件下人的全面发展，包括人的发展状态与发展过程。

我国人的现代化的基本矛盾，是人的现代发展需求、社会现代化发展要求与人的现代化实际水平的矛盾；主要表现为传统性与现代性、片面性与全面性、主体性与社会化的矛盾。我国人的现代化理论，包括人的全面发展理论、人的主体性理论、价值理论和人学理论。我国人的现代化实践，主要是全面建设小康社会所提供的历史际遇，科技运用、创新提出的机遇和挑战，以及人的现代化存在的机遇和风险。

我国人的现代化经历了由外源、自发向内生、自觉的转化。要以人的全面发引导人的现代化取向；以制度建设为人的现代化提供规范化保证；用观念现代化培育人的现代意识和心理；用学习、实践和创新能力的培养、提高作为人的现代化的核心内容。

三、主要创新

（1）系统阐述了马克思主义关于人的全面发展理论，明确了中国人的现代化的理论基础与根本方向；从不同维度和向度对人的现代化的内涵和外延作了比较研究与深入研究，阐述了人的现代化的理论蕴涵与价值取向。

（2）从社会与个体两个层面，综合分析了人的现代化的基本矛盾和具体矛盾，为人们认识、把握人的发展规律提供指导。

（3）概述了中国人的现代化的主要理论并初步形成了富有中国特色人的现代化理论体系；研究了当代社会条件下人的现代化的时代课题、突出问题、机遇与风险，对人的现代化复杂过程进行了提炼与概括。

（4）立足于我国实际，探究了人的现代化由“内隐”向“外显”的转化，从观念、制度、能力层面，提出了人的现代化实现的路径和方式。

四、社会影响

该专著经教育部高校社会科学评价中心组织专家鉴定为优秀成果。《光明日报》、《教学与研究》、《思想理论教育导刊》等报刊，分别发表 5 篇书评高度评价其理论与实践价值，向读者推荐。中山大学、武汉大学、哈尔滨师范大学等高校，将该专著作为研究生教材、列为研究生考试参考书目。2009 年该专著获教育部第五届中国高校人文社会科学研究优秀成果奖一等奖。

该专著的主要应用价值，是为人们的全面发展，特别是为高校培养人才提供理论与方法指导，所以有些高校以该专著为教材为研究生开设专门课程。该专著的学术价值，是研究了我国人的现代化理论与实践，初步形成了富有中国特色人的现代化理论体系，丰富了人学理论。

《转型中的中国企业战略行为研究》简介

华南理工大学蓝海林等的《转型中的中国企业战略行为研究》，由华南理工大学出版社 2007 年出版，获管理学一等奖。

一、篇章结构

此书研究我国企业在动态竞争和经济转型条件下的战略管理行为。全书分为 11 章，依主要内容分为三大部分：第一部分是对我国企业经营环境和独特的制度、文化等影响因素的研究；第二部分是对我国企业战略选择行为的研究；第三部分是对我国企业战略实施行为的研究，尤其是对公司治理、组织结构、创业或者创新精神等问题进行了研究。

二、基本观点

此书从我国企业面临的经营环境动态化和经济转型的基本特征出发，研究我国企业目前和今后所面临的竞争环境和竞争特点；引进和消化目前国外学者关于战略管理，尤其是动态竞争战略和经济转型方面的最新研究成果和研究方法；通过案例和实证研究的方法，研究我国企业在动态竞争和经济转型条件下的战略管理行为。

此书实证研究表明，我国国有企业集团是政府在改革开放的特定历史阶段所创造出的一种工具，并且在改革发展与保证社会稳定方面发挥了非常重要的历史作用。此书提出，我国国有企业的多元化与经济效益的关系、我国企业集团的成长与重组等许多行为不仅需要经济学的解释，而且需要从政治学上加以理解。此书在国内第一次从政治学的角度分析了我国国有企业集团的行为，丰富了理论解释，提高了理论界和企业界对企业集团的认识。

三、主要创新和学术价值

（1）在研究设计上，此书选择了环境动态化、制度、文化影响的视角，揭示我国企业经营环境表现出的明显的动态化趋势，揭示出我国国有企业的战略行为不仅受经济因素的影响，而且受制度因素、文化价值观的影响。

（2）在理论上，此书取得了众多的原创性成果，并引入了多种新的理论解释。此书率先在国内运用规范的实证研究方法，引进了非理性主义学派的观点以及动态竞争、战略网络等新理论；重点引入和研究了战略实施过程中的决策，尤其是基于应变、互动和创新的战略决策理论。

四、学术影响和社会效益

此书的成果取得了重大的学术影响。此书内容发表的相关论文被人大复印报刊资料转载 5 次，被中国期刊网全文数据库引用 234 次。以此书的成果为基础和核心，此书第一作者主持的国家自然科学基金重点项目“我国企业战略管理的研究”于 2005 年顺利结题，取得了 B+成绩；2004 年得到了教育部哲学社会科学研究重大攻关项目“经济全球化环境下中国企业集团的成长与重组”的资助；并于 2008 年再次获得国家自然科学基金重点项目“新形势下中国企业整合战略与动态竞争研究”的资助，该项目是本书成果的延伸和提升。

此书内容发表的论文《动态竞争：中国主要彩电企业的实证研究》获得了 2005 年广东省哲学社会科学优秀成果论文三等奖；此书第一作者指导的博士论文“战略网络中的动态竞争研究”获得了首届广东省优秀博士论文奖。此书还获得了广东省政府颁发的“广东省 2006—2007 年度哲学社会科学优秀成果奖”著作类一等奖。

此书的核心内容“动态竞争概念和相关理论”被《全国 MBA 教学大纲》第二册编入大纲，动态竞争理论正式进入企业战略管理教材中，推动了我国 MBA 战略管理课程教育的发展。我国管理学的资深教授周三多在其所著的《战略管理思想史》(复旦大学出版社2003年版）上肯定了本书第一作者在动态竞争方面的研究对国内战略管理研究领域的积极作用和影响。此书的成果还为我国企业的战略管理实践和政府有关部门决策提供了理论和方法上的指导，并得到了极高的评价。

《1P理论——网状经济时代的全新商业模式》简介

北京大学王建国著的《1P理论——网状经济时代的全新商业模式》，由北京大学出版社2007年出版，获管理学一等奖。

一、主要观点与篇章结构

1P理论通过对网状经济和在网状经济条件下的企业之间、企业与顾客之间、企业与利益攸关者之间、企业内部价值链之间的价值关联的分析，辅之以大量案例和实证分析，构建了通过第三方参与买单的全新营销战略、竞争战略和营利模式，从而解释和解决了当代4P营销理论不能解决的一系列问题。1P理论具有重要的理论、方法论和指导实践的价值。它是一本有完整理论体系的原创著作。

此书共分为七章。第一章概述了1P理论的本质就是通过第三方买单，使产品价格低于平均成本，还能营利，从而创造自动营销。第二章对传统定价策略做了一个简要回顾，为深入探讨1P理论打下基础。第三章讲述了以信息、知识和文化为核心内容的网状经济冲击传统的营销思维和战略，对1P理论的形成具有决定性的影响。第四章指出1P理论的精髓在于拓宽了传统营销的视野，把第三方纳入了企业的营销框架，全章围绕于此展开论述。第五章讲述了营销产品与产品营销化问题，这关系到1P理论如何在信息经济中应用、如何利用产品的信息搭载功能为第三方企业传递营销信息以获取额外收入。第六章透过案例分析帮助读者进一步了解和掌握1P理论的权变和运用。第七章通过1P理论在企业价值链中的应用指明1P理论不仅可以在企业的营销活动中应用，还可以在企业的整个经营活动，即企业的整个价值链环节中应用，通过引入第三方，改变企业的广义营销活动中多花少收的模式。这正是1P理论在企业价值链中的应用。

二、主要创新和学术价值

1P理论改写了当代4P营销理论、竞争理论和营利模式理论：（1）1P理论是网状经济时代的营销理论、竞争理论和营利模式。（2）1P营销理论解释了同行业市场内部以及不同行业之间的企业之间跨行竞争多元目标顾客的营销行为。它倡导同行企业和跨行企业之间通过第三方买单争夺多元目标顾客提高产品性价比的蓝海共赢。（3）1P理论解释和解决了4P理论不能解决的一系列营销问题：例如产品价格低于平均成本营利的问题，企业跨行竞争的问题，多元目标顾客产品定位的问题，B to C转化为B to B营销的问题，在网状经济条件下的营利模式问题，长尾需求问题，蓝海共赢问题。（4）边际非稀缺经济分析和网状经济分析为经济学理论尤其对产业组织理论的创新提供了新方法。（5）1P理论创立了价格小于平均成本定价营利的方法。(6) 研究方法创新：网状分析方法，跨行业竞争分析方法，多元目标市场分析方法，网状营利模式分析方法，理论、实证和案例相结合的分析。

三、学术影响或社会效益

(1) 学术影响。

①1P 理论是中国管理学者原创的、挑战国际权威理论的著作，对中国本土管理理论创新具有重要意义。

②为中国企业提供新的营销、竞争和营利模式，为企业提升自主创新能力提供新方法。

③1P 理论融合了经济学和营销学等交叉学科的理论和分析方法，对促进学科交叉融合和复合型人才的培养有推动作用。

(2) 社会效益。

①此书出版后销量长盛不衰，深受市场欢迎。

②从 Google 搜索可以见到关于 1P 理论的讨论达 69200 条，百度上搜索达 58600 条(2009 年 4 月 10 日统计)。

③从 30 多家商学院 EMBA 班的课后反馈和多家大企业、政府的直接授课反馈结果看，1P 理论的实际价值，除了理论创新、研究方法论创新外，还表现在它的应用价值上。

④听课的企业家反映把 1P 理论直接用于企业商业模式和战略的转型后，收效明显。

⑤随着网络经济越来越发展，竞争越来越激烈，1P 理论将让更多的企业、政府和相关的营利或非营利组织的营销模式发生转变，通过引进第三方，创造多赢的合作。

⑥1P 理论也为企业提供了合作共赢度过经济危机的思路。

《石涛研究》简介

北京大学朱良志的《石涛研究》，由北京大学出版社 2005 年出版，获哲学一等奖。

一、篇章结构

此书共 70 万字，分五编三十八章：第一编“画学术语汇释”，共五篇文字，主要是对石涛绘画理论的研究，对石涛“一画”说、“法”概念、“尊受”说、“蒙养”和“生活”两概念的关系以及“资任”说等作了梳理。第二编“禅道渊源”，主要研究石涛对道禅思想的接受，为第一编的绘画理论探讨寻找理论基础。第三编“交游丛考”，共有十五篇文字，对石涛生平交游的一些关键性问题进行研究。第四编“作品考略”，对其作品风格进行研究，并有三篇论文是对石涛作品的真伪进行考辨。第五编是版本考订，主要是对《画谱》的考证，通过发现的新资料，证明流传的《画谱》本是伪作。

二、主要观点和创新

(1) 对石涛绘画美学基本概念的研究，尤其是对“一画”说，学界争论很多，此书运用大乘佛学不二法门的思想，提出了全新的解释。对石涛绘画思想的体系研究也有突破性的成果。

（2）此书力证《画谱》为伪作。关于《石涛画语录》，世上流传有两个版本，一是画语录本，一是画谱本（这本是1960年前后上海博物馆谢稚柳等发现的）。这两个版本相差甚大，前者带有狂禅之味，后者则是大量沿用宋明理学的观点，较为保守。学界一般认为，画语录本是石涛早期的作品，而画谱本是石涛晚年亲自手定，由石涛本人书写刊刻。这样的观点几乎成为定论。此书通过若干新资料的发现，证明画谱本为伪作，为研究石涛的绘画美学思想奠定了基础。

（3）石涛流传作品赝作甚多，此书运用史料推证等方法，考证出藏于世界一些博物馆和私人收藏家的石涛赝作80余幅。这是研究界对石涛存世作品的一次最大规模的清理。

（4）拓展了对石涛生平史实的研究。此书发现了石涛大量生平交往的新资料，作者经过对石涛诸多友人存世《诗集》、《文集》的阅读中，理出石涛与他们交往的许多细节及其心灵的互动，于是一个有声有色、有情有味的石涛生存世界得到了呈现。这为理解石涛的思想很有帮助。

三、学术价值和社会影响

此书出版后，受到美学、中国绘画研究界、艺术研究界的注意。此书所显示出的扎实的学风、对石涛思想等相关问题的新解读，受到学界的好评，被有的学者评为20世纪60年代以来石涛研究最重要的研究成果，是“中国画史研究的里程碑”。90多岁高龄的中国画史研究顶级专家朱季海先生（当初与谢稚柳先生共同发现、推举《画谱》本）认为朱良志证《画谱》为伪作是定论。中国艺术研究专家万君超等认为，此书对石涛赝作的考订，令很多鉴定的专业人员也感到“吃惊”和“崇敬”。此书在境外同行中也得到好评，美国多所大学列此书为中国艺术史研究的必读书。

《关于〈老子〉的“绝仁弃义”和“绝圣”》简介

复旦大学裘锡圭教授所著《关于〈老子〉的“绝仁弃义”和“绝圣”》一文，发表于《出土文献与古文字研究》第一辑（复旦大学出版社，2006年12月出版），获语言学一等奖。

一、基本思路和主要内容

郭店楚墓竹简《老子》与今本第十八、十九两章相当的文字，有重要的异文，而自马王堆帛书《老子》以下各本文字皆与通行的王弼本没有文义上的差别。《老子》第十八、十九两章，是今本《老子》中最激烈反对“仁义”的。而从简本《老子》看，“仁义”和“圣”都没有进入“绝弃”之列。对于这种差异，多数学者认为简本没有说“绝仁”和“绝仁弃义”，应该合乎《老子》原貌。但也有不少学者认为郭店《老子》是“儒家化”的《老子》，就“绝圣弃智”章的内容说，今本反倒是反映原本面貌的，简本则经过儒家思想的编抄者的修改。本文通过考察《老子》的思想体系和其他线索，认为今本十八章和十九章开头三句是经过后人修改的，简本则是反映原本面貌的。文章认为，老子强调在道德废弃之后才有仁义，以仁义为低于道德的境界，但并不能由此得出老子一定鄙弃仁义的结论，从《老子》的有关章节来看，老子对“仁”实际上是有一定程度的肯定的，今本说“绝仁弃义，民复孝慈”完全不合逻辑，无疑为后人所改；今本《老子》用了32个“圣”字，31个出现在“圣人”这个词里，用以指称合乎道的理想人物，唯独第十九章的“圣”是被绝弃的对象，且置于各种被绝弃的对象的首位，这是很不合理的，所以这一句也无疑为后人所改。文章根据这个例子和《老子》流传过程中发生的其他被后人修改的例子指出，在某种古书已发现的最古的本子里，出现不同于后来所有本子的重要异文的情况下，可以用来判断这种异文是否反映原本面貌的最重要的依据，就是这种古书的思想和文风。如果这种异文比后来各本的文字更符合原书的思想和文风，就可以肯定它是反映原本面貌的。

二、主要创新

关于郭店《老子》与今本《老子》第十八、十九章相对应的内容，究竟何者反映《老子》的原来面貌，学者讨论很多。此文是通过全面考察《老子》的思想、文风和其他线索，得出了简本反映《老子》原貌的结论，这在方法上是有较大创新的。此文在研究相关问题的基础上，还提出了一种规律性认识，即在某种古书已发现的最古的本子里，出现不同于后来所有本子的重要异文的情况下，可以用来判断这种异文是否反映原本面貌的最重要的依据，就是这种古书的思想和文风。这对于今后研究类似问题有比较重要的指导意义。

三、学术影响

此书所研究的问题较为复杂，牵涉多学科的内容，如古文字的释读、文献的对比研究、对思想学说性质的判断等，前人对此问题虽有讨论，却没有全面结合相关学科内容进行研究，本书在此方面有所突破。本书资料搜集、整理的难度较大，相关材料散见在各种先秦秦汉文字资料中，传世文献中的相关材料的数量也较大。

此书对于解决郭店简本《老子》究竟是否反映《老子》本貌的问题、对于研究《老子》思想体系以及先秦学术思想，都有非常重要的意义，对古文字学、思想史、文献学的研究有促进作用。

《扬雄方言校释汇证（上下册）》简介

北京语言大学华学诚的《扬雄方言校释汇证》，由中华书局2006年出版，获语言学一等奖。

一、篇章结构与主要内容

一是校释汇证，上册包括前言、凡例以及原书序跋和十三卷正文的校勘、注释及其考证；二是附录资料，下册包括《方言》地理名词释、戴疏刘歆扬雄往返书、《汉书·扬雄传》(节选)、《晋书·郭璞传》(节选)、本书主要参考引用文献目录、历代《方言》及其注家研究文献目录、历代《方言》及郭注研究文选以及《方言》郭注词语索引。

二、主要创新和学术价值

此书科学解决了《方言》传本中存在的校勘疑难问题。扬雄《方言》校本，目前所能利用的最好的就是周祖谟的校笺本，而周氏校本已经出版半个世纪，既无法反映最新的成果，也暴露了原来就存在的一些问题。此书新校正了 200 条左右，所涉几近《方言》675 条的 30%；至于《方言》原文的古体字是否宜于改从今体，别体该不该都改从正体，都逐一进行了重新考量。着力解决了《方言》中历来存疑的词语疏证难题。扬雄《方言》疏证本此前只能参考清人的著作，利用率最高的就是钱绎的笺疏本，而用今天的眼光来看，清人的成果并没有得到全面清理，清代以后的成果也没有得到总结，《方言》中不少难于索解的词语更没有得到深入的研究。此书着重解决如下问题：歧说纷纭而需要鉴别取舍的，虽有旧说而需要订正的，或者需要进行新的考释的，等等；系统解决了《方言》研究资料的收集和整理。全面搜集古今中外关于《方言》及其注家的研究资料，建立完整的资料索引，并精选历代以来的有重要资料价值或者研究创见的文章，用周详的资料构建了一个《方言》及其注家研究史。

三、主要创新

(1) 较全面地搜求到了现存古今版本。此次校理共使用了六种影宋本和覆刻本、影抄本和重刊本，其中藏园据宋庆元本覆刻本卷十三末有“湖北黄冈陶子麟刊”八字，知即陶子麟覆刻本，还有日本东文研藏珂罗版宋刊本、日本静嘉堂文库藏影宋抄本，周祖谟都没有能够见到。此次校理还使用了明清以来的刊本、抄本、丛书本和校注本，包括各种条校条释的札记，共三十四种，此前没有一种《方言》校本拥有这么丰富的版本资料。较全面地搜集到了古今研究成果。作为《方言》的研究成果，主要包括历代阐释《方言》的零星资料和有关《方言》的校注。可以这样说，能够找到的古今中外的资料除了极个别的之外，本书基本囊括。成果形式包括各家校注、历代辞书类书所引、古注和现当代论著，我们重点参考了戴震、卢文弨、刘台拱、王念孙、钱绎、王国维、吴承仕、吴予天、周祖谟、徐复、刘君惠诸家。

(2) 对“校”和“释”上的一些问题进行了积极探索。无论是版本文字校勘，还是《方言》郭注词语的疏解，都存在不少有待进行深入研究的问题。这些问题中，有些是前人已经注意到而没有达成一致意见的，有些是从来没有人发疑而确实存在的，也有些是向来无异词其实大可怀疑的。对于我们能够提供意见并且可以论证的问题，此书都做了积极探索。实在没有把握的问题，不敢强作解人，而是存疑待质；有条件时再对这些问题作些梳理，以供后来者研判。

(3) 校释成果全而新。不管是“校”还是“释”，此书首先进行的基本工作就是“汇”。作者在汇证中先描述各种版本的文字异同，接着引述各家的校勘意见，然后才用“按”字领起本书的校勘意见。疏解词语也是遵循这样的先后顺序。处理方式客观。本书的客观性特点体现在这样几个方面：一是校勘采用的是“底本式”，有利于客观展现古本差异；二是“汇证”中客观转述既有校勘和疏解意见，各家主要观点和关键证据都原文引录；三是以按语表达作者的见解。附录资料丰富。

四、学术影响

此书出版之后，很多报刊发布了消息，包括专业期刊《语言科学》、《语言研究》等，其后不久专家书评纷纷见诸报刊，并于2007年11月被评为北京大学第十二届王力语言学奖一等奖。

《古文字谱系疏证（共四卷）》简介

安徽大学黄德宽教授主持的“商周秦汉汉字发展沿革谱系研究”，是国家社科基金“九五”重点项目，其最终成果为专著《古文字谱系疏证（共四卷）》。该著作由黄德宽、何琳仪、徐在国、郝士宏、陈秉新、王蕴智等合作完成，由商务印书馆2007年出版，获语言学一等奖。

一、篇章结构

此专著以先秦“之、蒸、幽、宵、侯、东、鱼、阳、支、耕、歌、月、元、脂、物、质、真、文、缉、侵、盍、谈”22韵部为经，再以“影、晓、匣、见、溪、疑、端、透、定、泥、来、精、清、从、帮、滂、并、明”19纽为纬，以声首为纲，以谐声为目系联古文字。每一字头下按甲骨文、两周金文、战国秦汉文字时代顺序排列字形，其后分析形音义，并对相关同源字进行考辨。

二、基本内容

此专著对全部先秦古文字作为研究对象，对其进行了谱系编排。将基本声符相同的形声字，按派生关系和结构层次依次排列，梳理形声体系内在的发展关系。选择从甲骨文到秦代的典型形体，按时代先后排列，并进行考辨疏证，为每一个字建立纵向形体流变谱。对严格意义的同源字关系予以考辨，通过“系原”工作，确定各谱系中具有亲缘关系的同源字。该书较全面地揭示了古文字阶段汉字体系内部字际关系，并分层次构建了古代汉字因发展沿革而形成的谱系。

三、主要创新

（1）对近百年来已公布的具有文字学价值的古文字资料及相关研究成果网罗无遗，全面总结和体现了中国古文字研究的成果，为古文字研究和教学提供参考。

（2）构建了古汉字发展谱系，使字际关系以整体状态呈现出来，为汉字发展史研究奠定了扎实的基础。

（3）对古汉字进行全面分析和考察，揭示出古汉字构造特点和规律，为汉字理论的研究提供更为系统、可靠的资料。

四、学术影响和社会影响

（1）此书既是一部研究性专著，也同时兼具工具书便于使用的功能，为更多学者利用古文字研究成果提供便利，对深入研究现代汉字，进一步推动当前汉字规范化工作，科学编写语文教材和制定语文教学政策，也具有重要的参考价值。

（2）国家社科基金专家鉴定评价认为：此书是“第一部全面系统的汉字谱系整理与研究的大型学术专著”，“首次全面展示了古文字同源孳乳的状况。这无论在理论上还是实践上都具有重要的价值，为全面描写汉字谱系奠定了基础”。此书收入国家社会科学基金成果文库第二辑，并获全国高校人文社科优秀成果一等奖。

《甲骨文校释总集》简介

浙江大学曹锦炎教授和清华大学沈建华研究员编著的《甲骨文校释总集》，是新世纪甲骨文整理研究的一项重要成果，作者前后花费10年精力完成，2006年由上海辞书出版社出版，2010年获第五届教育部高等学校科学研究优秀成果（人文社会科学）语言学一等奖，2007年获2006年度（全国）优秀古籍图书奖二等奖。

一、篇章结构

此书共分20卷。第1~13卷，《甲骨文合集》1~13册；第14~17卷，《甲骨文合集补编》；第18卷，《小屯南地甲骨》；第19卷，《殷墟花园庄东地甲骨》、《英国所藏甲骨集》；第20卷《东京大学东洋文化研究所藏甲骨文字》、《怀特氏收藏甲骨文集》、《天理大学附属参考馆藏甲骨文字》、《苏德美日所藏甲骨》。

二、基本内容

此书是甲骨文整理研究的一项大型课题成果，全面收集了百余年来已发表的全部殷墟出土的商代甲骨文资料，共收入海内外甲骨著录九种，收录甲骨约六万五千片，是迄今在甲骨文著录、编集方面最为完备的著作。全书卷帙繁多，共20卷（20册），多达500余万字。

三、主要创新

此书对所有发表的全部殷墟出土的商代甲骨文资料，从拓本着手，对照旧有的释文，作全面校勘，并重新写定释文，同时一一注明缀合、重见等情况。此书在前人研究的基础上，广泛吸收海内外诸家的最新创获，作出自己的裁断，提出新的见解，为学术界提供了一部重要的甲骨文工具书，达到了学科的前沿水准。

四、社会影响

此书出版后受到学术界的广泛欢迎和好评，被誉为代表新世纪甲骨学的最重要工作成果。著名古文学家、复旦大学裘锡圭教授评介此书“是迄今在甲骨文著录、编集方面最为完备的著作，比目前学者常用的同类著作《殷墟甲骨刻辞摹释总集》多出很多，其价值自不待言……是一部具有重要意义和学术价值的甲骨文工具书”（裘锡圭教授推荐此书参评国家优秀古籍图书信）。原中国社会科学院历史研究所所长、清华大学李学勤教授评介此书（包括此课题阶段性成果《新编甲骨文字形总表》）“是世纪之交甲骨学最重要的工作成果”，“是对甲骨学研究的一大贡献，也是这门学科走向进一步发展的重要标志”，

"给新世纪甲骨学的前进铺平了道路"，"达到学科的前沿水准"(详见此书李学勤先生序言)。

《中国修辞史（三卷本）》简介

复旦大学宗廷虎、陈光磊主编的《中国修辞史》，由吉林教育出版社 2007 年出版，获语言学一等奖。

一、篇章结构和基本观点

此书共五编、分三卷，分别探索不同修辞现象自先秦至现代的演变轨迹。其中，第一编"语音修辞史"、第二编"词汇修辞史"、第三编"句法修辞史"合为上卷；第四编"辞格演变史"由中卷的比喻、借代等八个辞格史和下卷的析字等四个辞格史组成；下卷还包括第五编"篇章结构修辞史"。此书采用"史论结合"的研究方法，于重视史料梳理与描写的同时，还注重理论的概括与阐释；将修辞现象的演进置于社会政治、经济、文化的大背景下考察，探索其发展动因；同时运用现代语言学、修辞学、哲学、文学、美学、心理学、社会学等学科的理论进行阐释和分析。以上论述，集中体现在全书"导论"和各编"绪论"、"结语"及"辞格演变史"的各章"引言"中。

二、主要创新

多年来，中国修辞学史论著繁多，而修辞史一直无专著问世。修辞学史犹如文学批评史，修辞史犹如文学史。文学领域如仅有前者而无后者固然不可想象，修辞学领域却一直存在前者兴盛、后者式微的畸形现象。此书系中国历史上首部修辞史著作，在以下两大领域有所创新：一是描述了汉语修辞现象两千多年的发展轨迹和演变规律，二是建立了修辞史研究的一系列基本理论。

三、学术价值

《北京大学学报》刊出张炼强教授的《一部探史明因的修辞史开创之作》一文，认为此书对修辞现象的演变进行了"五探"、"二明"，均属创新之处。浙江大学博士生导师池昌海撰文指出，"《中国修辞史》的出版，填补了国内学术界在汉语修辞史成规模研究上的空白"，"无论是对史料的采录还是在具体论证上都富有创新精神"。新加坡《联合早报》和《澳门日报》分别刊出张国瀛、林万菁的书评，认为《中国修辞史》"是一部开创性的拓荒之作"，"堪称修辞学界的又一里程碑"。中国台湾《中国语文》刊出冯广艺的书评指出："《中国修辞史》在学术史上第一次建构了相对完备的中国修辞史研究体系"，是"中国修辞史的重要奠基之作"。

四、学术影响或社会效益

此书被列为"'十五'国家重点图书出版规划项目"及"上海市哲学社会科学'十一五'规划重大课题"。此书问世以来，国内外反响强烈，已有书评十篇，分别发表于日本《中国语研究》、新加坡《联合早报》、中国台湾《中国语文》和《国文天地》、《澳门日报》、《北京大学学报》、《语文月刊》、《修辞学习》、《楚雄师院学报》、《平顶山学院学报》等报刊；此外，还被多种著述引用或评介。

《历代文话》简介

复旦大学王水照编撰的《历代文话》，由复旦大学出版社 2007 年出版。该书是 2006 年度教育部后期资助重大项目，获第五届中国高校人文社会科学研究优秀成果中国文学一等奖。

一、篇章结构与主要内容

此书共收录自宋至民国时期，我国传统文话类著作 143 种，并附录日本文话 2 种。搜罗广博，除多用国内善本外，亦从日本等采入海外孤本作为底本；点校采用繁体竖排，精当而规范，每种文话前又附有提要，以阐明该书大旨，揭示立论要点，评析理论贡献，梳理版本流传，实具绍介与导读两重性质。文话汇编之书，自与《历代诗话》、《词话丛编》鼎足而三，而《历代文话》在体例框架上又更具创新性，“是编以论古文者为主，亦选取论评骈文、时文之集成性著作及若干代表性论著以示例。赋话则概不阑入”。遵循“应有尽有，应无尽无”的原则，将学术性与适用性较好结合。

二、主要创新与学术价值

我国的古代散文研究一直处于边缘地位，古代散文理论在中国文学批评史中也长期遭遇冷落，而中国古代文章学的批评范畴、体系建构也缺乏必要的梳理与阐发，这直接影响到对中国文学特质的认识和对中国文学的整体性定位，造成这一状况的重要原因即在于这一领域缺乏基础性资料文献的整理建设。本书正是为了弥补这一重大缺失而应时编撰的。本书必将促进以上问题的解决，并由此开拓出新的学术生长点，对中国文学研究向更宽更深处发展，产生积极作用。

本书将严谨踏实的学术研究作为提高整理水平的前提与保障，时有新的发现与见解。

（1）作者考订：许多文话作者的生卒年份及主要事迹，前人少有问津。此成果的各书提要对之多有考证；前贤时彦的一些失误，也加以辨析。如《文章精义》的作者，长期被认作宋人李涂，本书考定为元人李淦；《文通》的作者朱荃宰，本书考定其卒年为 1643 年等。

（2）版本对勘：本书版本选择精审，如王若虚《文辨》通常用《四部丛刊》本，今与《丛书集成》本对勘，两本分合不同，且有逸出前者三则，内容亦甚重要，据以增入；本书的不少传本颇为稀见，例如从日本采入的陈绎曾《文章欧冶》、曾鼎《文式》、高琦《文章一贯》、王世贞《文章九命》、王守谦《古今文评》、左培《书文式·文式》，具有独特的版本面貌，能为研究中国散文史提供新的视角。

（3）一些重要的文学批评著作，长期被忽视埋没，本书收录并加以表彰。如收入的王葆心《古文辞通义》一书，乃一本厚积薄发之作，具有文话发展史集大成之意义，之前鲜有关注此人此书者，此书作者特加整理收入，定当为以后的文章学、文话史研究提供诸多方便。

至于对这百馀种文话所作的学术定位、理论阐发、版本梳理、指误纠谬，更是在在而有，其学术价值已得到学界的普遍认同。

三、学术影响

在《历代文话》尚未出版前，本书就曾被学界所关注，诸多学者在所撰文章中表达出期待之情。出版之后，社会反响热烈，成果多被引用。吴小如、罗宗强、曾枣庄、谭家健、董乃斌、吴承学、傅璇琮、赵树功等学者纷纷撰文予以宣扬，《光明日报》、《文汇报》、《文汇读书周报》、《中华读书报》、《书城》等报刊发表相关绍介文章。学界普遍认为此书编选精当，质量过硬，整理规范而符合现代学术要求，其出版必将促进中国古代散文研究的深入、推动中国古代散文理论研究的发展、助成中国古代文章学理论的建构，并由此为全面认识中国文学特质、整体把握中国文学定位、形成中国自身的文学观念提供必要的学术资源。总之，在古代散文研究、中国文章学研究进一步深化的同时，该书也必将发挥更大的学术作用、产生更广泛的学术影响。

《中国墨学通史》简介

山东大学文史哲研究院郑杰文教授主持的“墨学史研究”，是2000年国家社科基金一般项目，最终研究成果是专著《中国墨学通史》，获中国文学一等奖。它由郑杰文独自完成，2005年入选首批《国家社科基金成果文库》，由人民出版社2006年1月出版。

一、篇章结构

此专著分为上、下两册，86万字，除绪言外，正文7章，另加5个附录。第一章，墨学的形成与墨家的发展。第二章，战国时期墨学的传播与影响。第三章，两汉时期墨学的流传和影响。第四章，魏晋至宋元间墨学的流传。第五章，明清时期的《墨子》整理与墨学研究。第六章，近百年来的《墨子》整理与墨学研究（上）。第七章，近百年来的《墨子》整理与墨学研究（下）。

二、基本内容

此专著在查阅近三千种古籍（某些典籍借助电子文本）的基础上，从210余种著作中剔查到数千条研究资料；然后进行归类研究，综合分析，系统考证墨学在战国时期的形成与发展以及墨家的重要社会作用，论析战国以后历朝历代的墨学流传、影响与《墨子》的整理、研究。并在附录中列有较为详备的中国古今《墨子》整理和墨学研究论著目录、日本古今《墨子》整理和墨学研究论著目录，为学界寻求墨学研究资料提供方便。

三、主要创新

此专著的创新，主要体现在以下八个方面：

（1）就墨学创立，谓今传《墨子》53篇所反映的墨家学说，有一个较长的形成发展过程，“节用”、“非攻”、“兼爱”等学说形成在前，而“尚同”、“尚贤”学说最后形成；某些观点前后不一主要与墨家学派宗旨由前期“扶弱”转为后期“附强”有关。

（2）就墨家学团问题，首次提出墨家学团是一个政治一体化、经济一体化的准军事学术结社组织。此学团在战国前、中期产生过重大影响。

（3）就墨家后学和派别，考证其经历过从孟胜掌控学团到田襄子接位失权，到“秦墨”内部自斗，再到“墨离为三”这四个阶段的变化。

（4）就墨家与上古典籍的关系，考证出墨家传《诗》、《书》有自己的独立的学术系统，提出对“梅赜伪造古文《尚书》”的传统观点应重做研究。

（5）就“墨学中绝”及与之相关的儒墨关系问题，谓自汉人起的“视墨同儒”观念妨碍了《墨子》的流传和墨学的研究。

（6）就“儒墨为用”与墨道佛关系，谓唐宋以来的“儒墨为用”之争与经学史上的“宋学”反“汉学”思潮紧密关联，魏晋至宋元间儒墨道佛关系的纠葛反映着“学术争用”的社会史实。

（7）就墨学与明清实学关系，谓明清时的墨学重兴，与抵制心学的“经世致用”之实学的提倡有关。

（8）就墨学与西学关系，谓西方思想和西学方法的传入使墨学研究大兴，但在墨学研究特别是“墨辩”研究中，时有“以西解中”方法论的弊端出现。

四、社会影响

此著作出版后，《光明日报》(2006 年 8 月 19 日)《书评》版、《中华读书报》(2006 年 4 月 12 日)、《诸子学刊》(第一辑)、《管子学刊》(2006 年 4 期)、《澳门人文学刊》(第二期)、中国台湾《国文天地》(第 24 卷第 11 期)、韩国《东洋哲学研究》(第 49 辑)、日本《东方》杂志（326 期）等 12 家学术报刊，发表学者署名文章，评说此著作的学术创新性；并有数篇博士学位论文、十数篇优秀硕士学位论文、15 种学术论著引用此著作。

此著作的出版，结束了战国时曾与儒家并称“显学”学派的墨家没有学术发展通史的历史局面，被学界同行称为“填补学术空白”之作。

鉴于其学术创新性和学术影响力，此著作于 2008 年 6 月获山东省第 22 次社会科学优秀成果重大成果奖（每年设 2 项），于 2009 年 9 月获教育部颁发的“高等学校科学研究优秀成果奖”(人文社会科学）中国文学一等奖。

《试论“五四”新文学运动的先锋性》简介

复旦大学陈思和的《试论“五四”新文学运动的先锋性》，发表在《复旦学报》2005 年第 6 期，获中国文学一等奖。

一、篇章结构

文章从以下三个章节展开论述：（1）五四新文学作家对西方先锋文学运动的关注；

（2）中国先锋精神的特征：吃人意象、对抗性批判和语言欧化；（3）五四新文学的先锋精神与现代文学的关系。

二、基本内容

中国文学的古今演变中存在着“变”的两种形态：一种是依循了社会生活的发展而自然演变的文学主流，谓之“常态”；另一种是以超前的社会理想和激进的断裂实行激变的先锋运动，谓之“先锋”。作为一场先锋运动的“五四”新文学猛烈地冲击了当时的文学主流，促进了文学史的激变，但是其本身先锋的性质也决定了它的短暂过程，决定了它和文化主流之间复杂的关系。“五四”新文学运动作为一个带有先锋性的革命文学运动，和当时席卷欧洲的先锋运动构成了世界性的对话，都以激进的政治批判态度、颠覆传统文化的决绝立场、求新求变的语言探索以及对唯美主义文艺观的批判为标志。

三、主要创新

（1）“先锋”与“常态”这一理论视角，引出了对20世纪中国文学作重新评估的价值体系。文学现象和文学资料的不断发现，要求研究者通过文学史理论的自我更新和整合，完成新一轮的关于20世纪文学的描述和理解。这就势必涉及对五四新文学运动在整个20世纪中国文学史的地位和作用的重新认识和界定。此文把“五四”新文学运动及其发展形式放在整个现代文学创作状况中，更加准确地把握它在当时的意义与作用。此文从分析“五四”新文学运动所含有的先锋性因素着手，从先锋文学运动的意义上来探讨“五四”新文学运动对当时中国文坛所产生的作用，进而为研究相关问题提出一种思路，供研究者作进一步讨论。

（2）回应海外汉学家们抬高晚清、贬低“五四”的倾向，进而解决“五四”新文学的主流与其他各类文学（通俗文学、旧体文学等）之间的关系。

（3）对“先锋性”的召唤，也成为考察当下文学发展的重要依据，比如对新世纪文学的评估（参见陈思和：《从“少年情怀”到“中年危机”——二十世纪中国文学研究的一个视角》、《对新世纪十年文学的一点理解》）。

四、社会影响

此文发表后，被《新华文摘》2006年第10期、香港浸会大学学报《人文中国》第12期（香港浸会大学编，上海古籍出版社2006年5月出版）全文转载，英文版 *The Avant-garde Elements in May Fourth New Literature Movement*，发表于 *Frontiers of Literary Studies in China* V. 1N. 2（高等教育出版社2007年5月出版），在多次国际学术交流平台上被提及和讨论，在国际学界具有较高的知名度和影响。该文于2010年获得教育部中国高校人文社会科学研究优秀成果一等奖。此后《先锋与常态——现代文学史的两种基本形态》（《文艺争鸣》2007年第3期）一文在先锋文学和主流文学两者的关系上进一步展开讨论。

著名学者、现代文学史研究专家吴福辉先生在《当新旧文学界限的坚冰被打破》一文中评价道，“陈思和提出的问题其实并不局限在‘五四’，而是牵涉现代文学研究‘整体性’、‘全局性’的一个看法，即消解历来的所谓新旧文学的厚障壁，来重新阐释中国20世纪文学的历史”（吴福辉：《当新旧文学界限的坚冰被打破》，《中华读书报》2006年3月15日）。而《中国现代文学研究丛刊》、《文艺争鸣》、《中华读书报》等都组织了专题讨论，参与的专家包括吴福辉、王嘉良、刘勇、吴晓东、栾梅健、罗岗、李楠等。

因在文学史研究和当下文学批评等方面所提供的生产性与辐射力，“先锋”与“常态”理论在学界引发热烈反响。诸多文章围绕此主题展开评论和探讨，不断作用和影响着当下的文学批评和文学史书写的立场，为学界尤其是年轻的学者更好地把握 20 世纪中国文学史以及当下的文学现象提供了重要的参照与借鉴。

《触摸历史与进入五四》简介

北京大学陈平原著的《触摸历史与进入五四》，由北京大学出版社 2005 年出版，获中国文学一等奖。

一、篇章结构

此书除导言及附录外，主体部分由六章构成：第一章“五月四日那一天——关于五四运动的另类叙述”，第二章“思想史视野中的文学——《新青年》研究”，第三章“叩问大学的意义——作为教育家的蔡元培”，第四章“学问该如何表述——以《章太炎的白话文》为中心”，第五章“经典是怎样形成的——周氏兄弟等为胡适删诗考”，第六章“写在‘新文化’边上——旧纸堆里的新发现”。

二、基本内容

人类历史上，有过许多“关键时刻”，其巨大的辐射力量，对后世产生了决定性影响。不管人们喜欢不喜欢，都必须认真面对，这样，才能在沉思与对话中，获得前进的方向感与原动力。对于 20 世纪中国思想文化进程来说，“五四”便扮演了这样的重要角色。考虑到“五四”新文化的多面性，此书不同于以往的相关著述，并不将目光局限在某一具体学科，而是根据论题的需要，在不同学科之间来回穿梭，有时文学、政治，有时艺术、教育。这样一来，就更能体现“五四”新文化的丰富性与复杂性。所谓“触摸历史”，不外是借助细节，重建现场；借助文本，钩沉思想；借助个案，呈现进程。讨论的对象，包括有形的游行、杂志、大学、诗文集，也包括无形的思想、文体、文学场。入口处很小，开掘却较深——于文本中见历史，于细节处显精神。本书选择新文化运动中几个重要的关节点，仔细推敲，步步为营。这一研究思路，借鉴鲁迅之选择“药·酒·女·佛”来谈论汉魏六朝文章。作者之探讨“五四”新文化，选择广场上的学生运动、《新青年》中的文体对话、蔡元培的大学理念、章太炎的白话试验、北大的文学史教学，还有新诗的经典化过程等。所有这些论述，容或有疏漏处，但均有自家面目。

三、主要创新

此书之谈论“五四”，有个明显的特点，那就是兼及“晚清”。这不仅仅是具体的论述策略，更是作者一以贯之的学术立场。谈论“五四”时，格外关注“‘五四’中的

'晚清'"；反过来，研究"晚清"时，则努力开掘"'晚清'中的'五四'"。因为在作者看来，"正是这两代人的合谋与合力，完成了中国文化从古典到现代的转型"。正因为兼及"五四"与"晚清"的学术视野，作者"必须左右开弓"——此前主要为思想史及文学史上的"晚清"争地位；最近10年，随着"晚清"的迅速崛起，学者颇有将"五四"漫画化的，作者的工作重点于是转为着力阐述"五四"的精神魅力。

四、学术影响和社会影响

此书甫一出版，在法兰克福举行的国际书展上，著名的学术出版公司 Brill Academic Publisher 即主动提出由他们刊行此书英译本，英译本由伦敦大学亚非学院东亚系主任贺麦晓（Michel Hockx）教授领衔翻译，已于2011年7月面世。

2005年11月2日《中华读书报》、2005年11月4日《新京报》、2005年11月14日《南方都市报》及2006年1月6日《文汇读书周报》、《书城》2005年第11期、2006年5月17日《中华读书报》等，都做了正面评价与积极推介。更重要的是以下专业书评：（1）叶隽《细节、文本、个案与历史阐释——读陈平原〈触摸历史与进入五四〉》；（2）林分份《重构五四新文化的形象——读陈平原〈触摸历史与进入五四〉》；（3）陈晓明《重建学术史的"意境"——评陈平原〈触摸历史与进入五四〉》；（4）颜浩《鲜活的历史与有趣的学问——读〈触摸历史与进入五四〉》；（5）吴晓东《历史如何触摸》；（6）王德威《"重回五四现场"的努力——评陈平原〈触摸历史与进入五四〉》等。

本书除获教育部奖外，还曾于2006年度先后获得"北京市第九届哲学社会科学优秀成果奖一等奖"和"北京大学第十届人文社会科学研究优秀成果奖一等奖"。

《日藏汉籍善本书录（三卷）》简介

北京大学严绍璗编著的《日藏汉籍善本书录》，由中华书局2007年出版，获中国文学一等奖。

一、篇章结构与主要内容

此书著者20年间30余回在日本调查整理、分析研究自上古以来传入东瀛而至今仍然被保存着的汉籍文献善本（明代与明代之前的文献）得10800余种，以"经、史、子、集"四部分44类125门（属）类编著成书，凡380余万字。全书以"序言"为首，继后以"范例"交待阅读本书的门径，接着刊出本书著录的作为"日本国宝"和"日本重要文化财（产）"而在我国已经失传的典籍书影110幅。全书著录分为"正题"、"按语"和"附录"三部分。"正题"记录书名、卷数、著者、版本，以及过去与现在收藏本书的处所等。"按语"则记载版式、序跋题记、刻工姓名，以及以此书流传为核心的相关文献纪事。"附录"内容有三，一是日本古代文献引用本书的诸种状态，二是此书进入日本相关文化融合的若干状态，三是此书在日本的手写本、版刻与活字版本状态。书后有5个专题调查研究报告。末有"索引"。

此书对具有“经典意义”的著作，以比较文化传播学的立场较为详细地考察了它们早期进入日本古代政府文书、文学作品、史书著作、官僚日记、寺庙文献等的途径，对于17世纪以来进入日本的汉籍则依据相应的日本海关档案，记载了它们于日本上岸时的销售价格与书肆的拍卖价格等。所有这些记载与解析使本书成为公认的中日文化关系的综合性著作。

二、主要创新和学术价值

此书从文化史学的立场出发，以最基本的文本事实，论证了中日之间两千余年的文化联系，并且为东亚文化研究和“日本中国学”研究奠定了坚实的实证文本基础，也为我国古籍版本目录学在“汉籍世界传播”的层面上提供了相当丰厚的基础性材料并提升了相应的学科研究理念。它在“综合研究”的层面上显示了中国文化以“汉字”为基础，以“汉籍”为载体对日本文化与文明的生成与发展所提供的重大的与不可磨灭的价值意义，成为研究中日文化关系的最宏大的基础性文献考察报告。《书录》远远突破了传统“目录学”就书论书的局限。诚如评价所说，作者以开阔的学术视野，丰厚的学识积累，开拓了著录内容，从而把对日本藏汉籍的调查和著录在“跨文化”研究领域中揭示了内含的“文化学”价值。前人关于日藏汉籍的著作大约有10几种，其中作为经典的即是杨守敬的《日本访书志》，此《志》著录汉籍236种，不到本《书录》的3%。清代编修《四库全书》的同时设馆编撰《四库全书总目》，收入《四库》“著录”与“未收入”的典籍共10254种，凡330万字，耗时10多年得以修成，就其工作量而言，其著录量和写作量与本《书录》约略相等，而本《书录》为著者以一人之力在20余年中独力完成。

三、学术影响或社会效益

2008年3月26日，日本文部科学省直属国际日本文化研究中心在日本京都举行“严绍璗先生《日藏汉籍善本书录》出版纪念”会，日本东方学会理事长、东京大学名誉教授户川芳郎先生说：“这本来应该是日本人做的事，现在由一位中国教授完成了。我为我们日本人感到遗憾，为严先生感到骄傲。我以为在未来100年或200年间，很难有人在这个专题上再超越本书的了。”北京大学著名教授、九三中央前副主席、全国政协前常委金开诚先生评价本《书录》为“我国改革开放以来大学文科教师在走向世界中获得的最有价值的成果之一”。

《唐代白话诗派研究》简介

《唐代白话诗派研究》专著为四川大学项楚教授主持的2000年度国家社科基金项目“唐代白话白话诗派研究”、教育部人文社会科学重点研究基地四川大学中国俗文化研究所第一批重大研究项目《中国俗文学分体研究（一）》之子课题的最终成果。又受四川大学十五“211工程”重点建设学科“汉语史和中国古典文献学”项目、四川大学“985

工程”文化遗产与文化互动创新基地项目的资助。由项楚、张子开（张勇）、谭伟、何剑平合作完成，巴蜀书社（成都）2005年繁体字出版，学习出版社（北京）2007年简体字出版，获中国文学一等奖。

一、篇章结构

全书45万多字，共分八章。第一章“绪论”，第二章“唐前白话诗人”，第三章“王梵志”，第四章“寒山”，第五章“庞居士及其诗歌”、“主要参考文献”，第六章“唐代禅宗诗人（上）：初盛唐的禅宗白话诗”、第七章“唐代禅宗诗人（中）：中唐的禅宗白话诗”、第八章“唐代禅宗诗人（下）：晚唐及敦煌文献中的禅宗白话诗”、“后记”。

二、基本内容

全书在胡适《白话文学史》、郑振铎《中国俗文学史》等的基础上，以传世文物文献、敦煌遗书等为依据，梳理了南北朝至唐五代白话诗派的源流。

三、主要创新

（1）本书是4位作者长期学术积累的成果，充分体现了“蜀学”实证研究和朴学精神特色，并具有完全的创新性。

（2）在学术界首先提出了“白话诗派”这一概念，指出：“并非所有的白话诗都属于白话诗派。这个诗派有着自己的渊源和形成发展的过程，有着共同的艺术和思想传统，并且拥有以王梵志和寒山为代表的数量众多的诗人。从思想上看，它基本上是一个佛教诗派，与佛教的深刻联系形成了这个诗派的基本特征。与其他诗派不同，它不是文人诗歌内部的一个派别”。

（3）第一次彻底清理了唐代白话诗作，勾勒出其发展脉络。认为唐代白话诗的萌芽可追溯自唐前宝志、傅大士、释亡名、卫元嵩诸人之作，而在唐代最突出的代表，一为王梵志、寒山、庞居士，一为贯穿整个禅宗历史的数十位禅宗诗人，从而廓清了唐代白话诗派的整体面貌。

（4）运用跨学科综合研究方法，从文学、历史学、语言学、佛学、文献学、敦煌学等诸多角度，客观而深入地分析了唐代白话诗派的代表性作家作品。如第六至八章，立足于唐五代禅宗典籍和其他佛教文物文献，全面地考辨了这一时期的白话禅诗的源流：中国禅宗正式确立之前楞伽师们的禅诗，安史之乱以前弘忍门下各派竞弘时期的白话诗，其他禅宗诗人的白话诗；会昌法难之前南北宗对峙时期的禅门白话诗，北宗神秀一派及其他北宗禅僧们的创撰，南宗荷泽神会弟子们的作品，青原行思一派及南岳怀让一派的诗作；会昌法难以后南宗独盛时期的白话禅诗即青原系、南岳系的创作，敦煌佛教文献中的白话诗。

（5）在文学理论方面也有新的斩获。如唐代白话诗派的生成背景和演变过程，唐代白话诗派的主要作家和艺术经验，唐代白话诗派与外来文化和本土文化的联系，唐代白话诗派与文人诗歌的互动作用，唐代白话诗派所反映的民众意识形态，唐代白话诗派的影响和历史评价，等等。

（6）本书的最大成就是，在“雅文学与俗文学并重，世俗文化与宗教信仰文化兼顾”的研究思路下，凸显了中古文学中俗文学这一翼，开创了中国文学研究的的新领域。虽然自胡适的《白话文学史》以来，唐代俗文学和白话诗就进入了学者的研究视野，但是由于传统的文学观点排斥佛教文学和通俗的白话文学，再加上相关资料缺失，学术界对唐代俗文学的研究一直较为薄弱，而对唐代白话诗派更是长期少有关注者。本书正是在唐代白话诗派这一崭新领域作出了突出贡献。

四、学术影响和社会影响

（1）部分前期成果，已经在国外刊物和中国港澳台著名学术刊物、大陆权威核心刊物和 CSSCI 来源期刊上发表，并产生了较大的正面影响。

（2）2006 年结题，鉴定等级为优秀。鉴定专家认为，该成果“横跨佛学、文学、语言学、文献学、敦煌学、历史学等诸多学科领域，是一项多学科交叉研究、学术内涵相当丰厚、创新程度较高的成功之作”，“为唐代白话诗派的研究开创了一个良好的先例，在唐代文学研究领域填补了一项学术空白，有利于深化和推动对唐代文学乃至中国文学发展史的认识和研究”。

（3）2008 年入选第二批《国家社科基金成果文库》。

（4）本书出版之后，在日本和中国的内地、香港等都有销售，受到众多专家学者的好评。如英文书评（*Frontiers of Literary Studies in China*. Number 1，Volume 5，March 2011. pp. 115-119）、日文书评（中鉢雅量《項楚・张子開・譚偉・何劍平著〈唐代白話詩派研究〉》，载日本敦煌作品研究会《敦煌作品研究（创刊号）》，2009 年）。

（5）2007 年获四川省第十二次哲学社会科学优秀成果一等奖。

（6）2009 年获第五届高等学校科学研究优秀成果奖（人文社会科学）一等奖。

《南京大屠杀史料集》简介

《南京大屠杀史料集》，最早由中国社会科学院中日历史研究中心专家委员会提议并委托该委员会委员、南京大学中华民国史研究中心主任张宪文教授组织实施，联合南京师范大学、江苏省社会科学院、江苏省行政学院、中国第二历史档案馆、南京市档案馆等高校、科研单位及档案馆近百位学者经过 10 年时间，共计编纂 72 卷、约 4000 万字史料，由江苏人民出版社于 2005 年、2007 年和 2010 年出版，获历史学一等奖。

一、内容简介

此书所收集的资料来源于中国、日本、美国、英国、德国等国家档案馆、重要机构，涵盖加害方（日本）、受害方（中国）、第三方（欧美），有政府外交文件、战争纪录、当事人日记和书信、国内外著名报刊报道、战争损失调查、编者对幸存者所做的广泛口述调查、远东军事法庭和中国国防部审判战犯军事法庭史料等。

此书所收录的史料，从不同的角度厘清历史事实，最详细、最全面地鉴证了南京大屠杀是日本军国主义制造的反人类文明、反基本道义的惨剧。

二、主要创新

（1）学术原创性：

①约 29 卷 1600 万字译自英、日、德、意、俄文原始历史文献，其中有难识的古日文、手书草体文字和东京审判判决书，翻译难度高。纠正了东京审判中控方、辩方英文、日文文件互译中的许多错误。

②编者对南京地区和周边农村幸存者作了广泛、大量的口述调查，写出科学的口述历史调查报告。同时，根据大量的历史文件和口述调查，筛选、整理出南京大屠杀遇难者名单简历 13000 余人。

③对大量史料进行了考订，维护了史实的科学性。

（2）从学术上解决了中日两国间关于南京大屠杀的历史争论：如 1937 年南京的人口问题，南京大屠杀的人数问题，南京大屠杀发生的原因问题，对日本文化的民族性认识问题，对日本军国主义精神教育和反人类文明的认识问题，南京大屠杀违反国际法与反战条约问题。

三、社会影响

（1）中央、江苏省委、南京市委和教育部高度重视：

①中共中央外宣办、国务院新闻办 2007 年 7 月以成功的、典型的《外宣工作案例》向全国各省市委宣传部、省市委外宣办发布文件，指出《南京大屠杀史料集》“是我国南京大屠杀史研究的重要突破，具有较高的学术价值和社会效益”，对“促进人类理性反思，真正实现中日友好及世界和平具有重要意义”。

②2007 年，江苏省委宣传部向省委和中央有关部门就此书做出专题报告。

③教育部南京大学“211 工程”专家组在工作总结会上，对此书给予了高度评价。

④教育部在 2006 年、2007 年两次全国性会议和发在《光明日报》、《中国教育报》的文章中均赞扬了此书。

（2）引起日本、美国官方的关注：

①日本外务省 2006 年 4 月指令上海总领事馆派领事来南京大学访问，随即在外务省对内阁会议的答辩书中称：“根据截至目前公开的文献等进行综合判断”，“不能否定日军进入南京后，对城内非战斗人员进行的杀害或掠夺行为”。

②2008 年 1 月，中日历史研究共同委员会日方代表、防卫省官员和驻上海副总领事专程到南京大学，就此书与张宪文教授等对话。

（3）引起了国内和国际社会广泛关注：

国内外各类媒体做了大量报道，反响广泛、强烈。美国《纽约时报》和《基督教科学箴言报》、英国广播公司（BBC）韩国 KBS 广播公司和爱尔兰电视台等，均派记者或摄制组来南京大学专访。中国中央电视台《新闻联播》、《中国新闻》和《东方时空》专栏均作了专题报道。新华社以“四年磨一剑：《南京大屠杀史料集》再现历史真相”为题，发了特稿。《人民日报》、《光明日报》、《文汇报》、《解放日报》、《中国青年报》和国内许多省级以下各种报纸作了大量报道和评述。日本的媒体，如共同社、《朝日新闻》和《每日新闻》的记者也曾到南京大学专访。

（4）获奖情况：

①2009 年被评为高等学校科学研究优秀成果奖（人文社会科学）一等奖。

②2006 年被评为华东地区第 20 届优秀哲学社会科学图书特等奖（唯一的奖项）。

③2006年被南京市评为首届“十大文化精品”。

《何兹全文集》简介

《何兹全文集》是北京师范大学年近百岁的何兹全教授从事学术研究70多年的结晶，由中华书局2006年出版，获历史学一等奖。

一、篇章结构

此文集共有六卷。

第一卷前有作者撰写的“自序”；第一卷《中国社会史论》；第二卷《中国史综论》；第三卷《中国古代社会》；第四卷《中国古代及中世纪讲义》；第五卷《秦汉史略》和《三国史》；第六卷《杂著》。

二、基本内容

第一卷《中国社会史论》。包括：与汉魏之际封建说有关的代表性论文；作者着重关注的佛教寺院经济、依附关系的深化等问题；作者对重大理论问题的探讨；断代史中的有关问题，以社会经济史领域为主。第二卷《中国史综论》，为论文集，分为“兵志”、“人物”、“玄和儒”、“史与论”、“序跋”等五部分，是作者70多年陆续发表的文章。第三卷《中国古代社会》一书，是中国史研究领域的唯一一部为“魏晋封建说”立论的专著。作者系统阐发了为魏晋封建说立论的核心观点。同时对历史发展的道路和特点、中国不同时期的社会性质（历史分期）、阶级和国家的产生问题、农奴制和封建制的关系、如何认识奴隶社会、商品经济及其与社会生产、社会结构变迁的关系，社会史研究的主流问题、唯物史观与中国史研究的联系等重大理论问题进行了探讨和阐述。第四卷《中国古代及中世纪讲义》是作者20世纪50年代初的讲义。《中国文化六讲》涉及产生中国传统文化的土壤和环境、中国传统文化的主流特点和发展，也瞭望了中国文化的未来。所论关涉到作者对中国文化整体的认识。第五卷《秦汉史略》和《三国史》。《秦汉史略》，阐述了作者对历史分期和秦汉社会性质的看法。《三国史》则分析了汉魏之际社会变化，从而得出汉魏之际封建说的四条主线。第六卷《杂著》，由几部分组成，一是《爱国一书生——八十五自述》，是作者10年前对85年人生的回顾；二是作者对“时势”发表的一些看法；三是“忆师友亲朋”，是作者对其一生做人处世、培育再造、命运抉择、学术道路等有重大影响的师友的怀念文章。四是“自我学业剖析”，是作者对70多年学术历程的回顾和剖析。

三、主要创新和成就

《文集》在以下几方面集中体现了何兹全教授在学术上的卓越成就和贡献：

（1）始终坚持以辩证唯物史观研究中国历史，注重从长时段考察社会历史发展演变的规律，坚持微观与宏观并重、理论与材料并重，其关注和研究的问题大多是历史学的重大问题。

（2）强调社会结构、社会形态及其发展规律才是社会学、社会史研究的主体；坚持研究社会史的目的是把握社会的发展方向、为人类社会发展做贡献；主张在世界视野下研究中国历史。《何兹全文集》在史学的比较研究方面贡献卓著，有许多创造性的成果。

（3）自20世纪30年代首倡“魏晋封建说”，不断充实和完善，已经形成中国古代社会分期研究的系统理论和体系。

（4）在中国社会史、汉唐佛教寺院经济、兵制研究等众多领域都有开拓性的研究，创见独特，学术价值甚高。

四、社会影响

何兹全教授的观点及学术成就，在海内外学术界影响重大。《中国古代社会》一书，已经再版两次。代表作《中国古代社会》被学术界誉为“新中国史学史上的一个里程碑，反映了90年代中国史研究的最新突破，标志着中国史学研究最新水平”。多位学者在《光明日报》、《史学理论与史学史研究》、《高校理论战线》等重要刊物上撰文高度评价何兹全教授的学术思想和成就。2006年“《何兹全文集》首发式暨研讨会”由北京师范大学历史学院和中华书局共同主办，教育部、中国新闻出版总署领导到会祝贺，国家图书馆、北京大学、清华大学、人民大学、首都师范大学、中华书局、《历史研究》、《光明日版》、《中国教育报》等专家学者与会。

此文集是我国历史学研究的重大标志性成果，荣获北京市第十届哲学社会科学优秀成果奖特等奖，教育部高等学校科学研究优秀成果奖（人文社会科学）一等奖。

《中国近代股份制企业的特点——以资金运行为中心的考察》简介

复旦大学历史系朱荫贵教授撰写的《中国近代股份制企业的特点——以资金运行为中心的考察》一文，是2004年国家社科基金一般项目的阶段性成果，发表于《中国社会科学》2006年第5期，2008年获上海哲学社会科学优秀成果奖一等奖，2009年获全国高校人文社会科学优秀成果奖历史学一等奖。

一、篇章结构

此文22000字。共分5个部分对中国近代股份制企业的资金运行特点进行了分析。第一部分重点探讨中国近代股份制企业对政府进行“报效”；第二部分重点探讨企业在分配方面实行固定利率的“官利”制；第三部分探讨“企业直接面向社会吸收储蓄”；第四部分探讨“企业集团内部资金相互调拨”。第五部分则从这些特点与传统经济因素的关系出发进行重点探讨，集中论证了中国近代股份制企业具有的报效、官利、面向社会吸收存款以及资金调拨等特点，都是吸收继承了中国传统社会经济结构中的要素，特别是几千年商事习惯的部分传统特点而成。也就是说，在向西方学习引进股份制企业制度时，中国的股份制企业从诞生开始就吸收融合了传统经济的要素，形成制度上的“中西合璧”。

二、基本内容

此文认为，资本组织形式的不同以及由此产生的差异，是股份制企业的本质特点，能够最集中最典型地显示出近代中国股份制企业与西方股份制企业的不同特点。因此，本文重点对中国近代股份制企业与西方股份制企业在资本组织形式和资金运行方面的不同特点进行了梳理和总结，并对产生这些不同特点的原因提出了作者的看法。

该文依据大量史实，论证了“报效”、“官利”、“企业直接吸收社会储蓄”和“企业集团内部资金相互调拨”特点的具体表现，并对产生这些特点的原因进行了挖掘和分析。

此文指出，中国近代股份制企业并非是在中国社会母体中自然孕育成熟而诞生，而是从西方移植引进中国社会的新型企业资本组织形式。因此，中国近代股份制企业吸收融入传统中国社会经济的要素有着必然性。第一，作为移植的企业资本组织形式，必然产生“气候水土不服”。因此，借鉴引用中国传统经济要素，有利于股份制企业的诞生和发展。第二，中国第一家近代股份制企业轮船招商局的成立是 1872 年，中国首次颁布有关近代股份制企业的法律文件是 1904 年，其间有 30 多年的法律真空期。在长期无法可依而有法后又不完善的情况下，吸收引入中国社会中长期存在而又行之有效的制度自然顺理成章，也是势所必然。第三，近代股份制企业是一种制度创新，任何创新都有社会成本。但是，任何推进制度创新的行为主体都追求收益最大化。因此，采用社会中原有的行之有效的习惯和制度，即使只是部分采用甚至借鉴，也必然能减少制度创新所带来的社会阻力和交易成本，同时减弱社会文化心理在适应新制度时候的抗拒心理。以上这些，是本文的主要结构和基本观点。

三、主要创新

（1）选择分析论证的对象为中国近代股份制企业，这是一个此前学术界很少关注的领域，这篇论文的写作和发表，不仅对该领域的研究是一大促进，而且为今后的进一步深入研究打下了很好的基础。

（2）从股份制企业是资本组织形态的角度出发，选择最能体现中国近代股份制企业特点的资金运行为研究对象，得出中国近代股份制企业在资金运行上面具有明显不同于西方股份制企业的特点，而且这些特点有助于中国近代股份制企业的发展这个结论。这个结论具有独创性，论证有理有据，说服力很强。

（3）该文视野宽广，时间连续性很强，是作者多年研究中国近代股份制企业的结晶，具有独创性。

四、学术影响和社会影响

此文提出的观点均为原创，是作者长期从事中国近代经济史研究和教学过程中的观察、积累和提炼，对某些观点如“报效”和“官利”还先行发表过专题研究。在研究过程中，作者注重采用原始材料，用史实说话的实证方法。论文发表后，获得社会的肯定和好评，日本学术界进行过小型专门会议进行讨论。2008 年被评为“上海市第九届哲学社会科学优秀成果奖论文一等奖”。2009 年获全国高校人文社会科学优秀成果奖一等奖。

《戊戌变法史事考》简介

华东师范大学茅海建著的《戊戌变法史事考》，是2000年国家社科基金一般项目“晚清政治派系与改革：以戊戌变法为中心”的研究成果，由生活·读书·新知三联书店2005年出版，获历史学一等奖。

一、篇章结构

此书对戊戌变法的若干重大史实进行考证，分为五个部分：第一部分是“戊戌政变的时间，过程与原委——先前研究各说的认知、补证、修正”；第二部分是“戊戌年张之洞召京与沙市事件的处理”；第三部分是“戊戌期间司员士民上书研究”；第四部分是“戊戌变法期间光绪帝对外观念的调适”；第五部分是“日本政府对于戊戌变法的观察与反应”。

二、基本内容

1898年的戊戌政变，影响中国历史走向甚巨，是近代史研究中的常青树之一。康、梁事后认定，袁世凯告密引发政变，导致维新运动夭折，此说得到大众公认，却被诸多史家质疑。黄彰健、孔祥吉等学者曾据档案及推论，认为康有为《戊戌奏稿》属后来之作，政变并非起因于袁的告密。这些结论未能广泛传播，又因政变属难觅确证的密谋，细节晦暗不明，致使人们对此至今言人人殊。《戊戌变法史事考》是在研究到达了一定阶段，求对该课题进行全盘检讨的产物，主要内容是对戊戌变法、政变过程中一系列重要史实的考证。

三、主要创新

（1）考察了戊戌政变的时间、过程和原委，对先前研究进行梳理，从档案中搜集相关材料进行考证：说明了光绪帝与慈禧太后的政治权力关系及其变动；证明了政变非袁世凯告密而发生，而告密加大了政变的剧烈程度，伊藤博文的访问及光绪帝欲开懋勤殿以重用康有为等人是政变的导火索。

（2）考察了戊戌年闰三月张之洞奉调北京及其主持朝政的可能性，并对沙市事件的发生与张之洞入京的中止、戊戌变法的最后关键时刻多位官员要求调张之洞主持朝政的呼声进行了描述与探讨。由此观察历史进程的另一种可能性。

（3）作者通过戊戌变法期间司员士民的上书，以了解变法期间中下层官员和部分民众的政治态度：激进、缓进与守旧，议会的概念及设置，西学与中学；并由此了解中下层官员的改革方案：财政及税收，铸币，农业改革，北京的街道河流整治等具体的改革方案。通过以上详细的考察，作者认为，当时清朝中下层官员及部分民众对西方政治、经济制度了解甚少，也无成熟的改革方案，戊戌变法的中下层基础并不广大。若无慈禧太后的政变，改革似也可能不会走得太远。

（4）戊戌变法的诱发因素是德、俄、英、法等国强租胶州湾等租借地，戊戌变法决策者是光绪帝。光绪帝虽然没有明确表达过其政治观念，但从他对清朝觐见礼仪的改革、为德皇制作勋章、购置世界地图、新拟致日本国书及赴韩使节的派出等具体事情上，可以看出他的对外观念仍是刚刚从传统迈向近代，处在两者的交界处。从这一观察中又可思考戊戌变法的前景。

（5）戊戌变法期间的改革派及光绪帝都主张联日，作者由此考察了日本政府对于戊戌变法的观察与反应：自李鸿章签订《中俄密约》后，日本政府有意削弱中俄同盟关系，开展对华外交攻势，收效明显；他们以欣赏的眼光看待戊戌变法的过程，也看出其过激、过快的失误；戊戌政变后，大限重信政府采取了积极干预政策，援救改革派人士，劝告清朝实行温和主义；第二次山县有朋内阁成立后，青木外相实行“务实”政策，对康有为等人不再感兴趣，有意与清朝中的实力人物建立多方面的关系。

（6）此外该书还对前人忽略的重大史实进行发掘，包括：考证戊戌年张之洞召京的原委，说明政变的偶然性；对戊戌年司员士民的上书活动展开研究，倾听中下层对变法的思考；考释戊戌年光绪帝对外观念的调适，以此思考传统中国在近代转型时的艰难与无奈；考察日本政府对变法人物的观察与反应，阐明此期的中日关系，并借外人角度思考变法。

四、学术影响和社会影响

此书的学术贡献在于，通过利用史料逐日比对戊戌变法时期的事件，著力廓清重大疑点，对先前各说做一认知、补证与修正的工作，揭示前人忽略的面向，使得戊戌政变的整个过程清晰起来。本书致力于重大史事的史实重建，尽管在时间、精力上皆属高投入，然产出亦可能较高，或能启示年轻学者，于学科风气有所匡正。

此书曾先后获“第三届郭沫若中国历史学奖”三等奖、教育部“高等学校科学研究优秀成果奖（人文社会科学类）”一等奖。先后三次印刷，累积印量达16000册。

《中国家庭史》简介

清华大学张国刚主编的《中国家庭史》，广东人民出版社2005年出版，获历史学一等奖。

一、篇章结构和基本内容

本书200万字，用五卷篇幅，依次考察了先秦至南北朝时期、隋唐五代时期、宋辽金元时期、明清时期、民国时期的家庭，是迄今为止篇幅最大最系统完整的中国家庭史研究成果。考察的具体内容集中在五个方面：一是家庭结构、类型、规模的历史变化，包括不同时期、不同地域和不同社会阶层的差异；二是家庭生计状况，包括家庭经济来源和生产生活安排、衣食住行和生老病死，收入、支出、财产支配与家产继承等问题；三是婚姻与两性关系；四是家庭角色与家庭伦理，包括伦理说教与实际生活的异同；五是家庭与国家社会之间的关系，同时，又根据各个历史时期的突出问题分别建章立目，凸显了不同时期家庭的历史特点。

此书从法制史、经济史和社会史三个不同维度，采用宏观综论与个案剖析相结合，“小故事、大场景”的处理手法，对中国家庭史上的主要问题进行了系统的梳理，提出了基本观点：一是缕析了“家”与“户”、“大家”与“小家”的区分，从常态的家庭入手，从血脉延续和日常生活的实际状况来理解家庭形态、结构、规模、制度和伦理关系的历史变化，把家庭作为一种亲属单位和微型社会组织，力求真实地认识历史上的家庭；二是针对历史上的家庭既具有稳定的共同的文化传统，在时代、地域、阶层和种族等方面又表现出不同的面貌，从不同角度考察了家庭演变的历史过程，尤其是在重大社会变迁时期的显著变化；三是从家庭与社会、家庭与国家之间的历史关联入手，把家庭作为深入透视和全面考察整体性社会历史的一个重要出发点，力图从社会最基层处“由下向上看历史”。在各卷中，作者还认真考察了被公认为是“家庭现象”的基本问题，提出了自己的看法。

二、学术价值和主要创新

此书的学术价值和创新之处，主要有四个方面：

（1）构建了完整的中国家庭史学术构架，突破了以往学者“婚姻家庭史”研究模式，拓宽了中国家庭史的研究视野。

（2）突出了家庭生活的历史实态，以厚重笔墨讲述历史上的“家庭生计”，加深了对家庭经济生活真实状况的认识和了解。

（3）从制度、结构、关系和功能等多方面认识中国家庭，对家庭的演变、家与户的关系、家庭结构和规模的变化、家庭伦理观念、家庭关系模式等，都进行了新的探索。

（4）以充满人性化的笔法讲述家庭的历史故事、展示家庭生活面貌，描述了历史上不同时代、不同社会阶层家庭的衣食住行、婚丧嫁娶、生老病死、悲欢离合，为进一步开展相关研究提供了丰富的历史素材。

三、成果影响

此书 2008 年入选新闻出版总署第二届“三个一百”原创工程，同年又获得“中华优秀出版物奖”，引起了历史学、社会学界的广泛关注。知名学者王玉波先生、王跃生先生、王子今先生和冯尔康先生等，都撰文予以高度评价。专家们一致认为，这部书的最大贡献是构建了中国家庭史的完整框架，对于准确了解中国家庭的历史发展演变进程与文化特质有重要的学术贡献，对处理和解决当代家庭和社会问题也具有重要参考意义。

《中苏关系史纲》简介

华东师范大学沈志华主编的《中苏关系史纲》，由新华出版社 2007 年出版，获历史学一等奖。

一、篇章结构和基本观点

此书始终抓住“意识形态与国家利益、党际关系与国际关系的纠葛”这条主线，贯穿起 1917—1991 年的中苏关系，揭示出中苏两党及两国关系从发生到正式确立再到分裂最终又恢复正常化的历史。此书揭示了中苏关系演进路径的内在逻辑，即利用意识形态的一致性，掩盖国家利益的相异性，以中苏两党关系左右甚至代替中苏两国关系，这正是中苏同盟最终破裂的根本原因。

此书分为四卷展开概要论述：第一卷“难以确定的对手（1917—1949）”，主要讲述在意识形态与国家利益因素的双重推动下，中苏政府之间和党际之间的双轨制关系；第二卷“同志加兄弟（1949—1959）”，主要讲述中苏两国及两国共产党之间的亲密关系和分歧；第三卷“从分裂到对抗（1960—1978）”，讲述意识形态和国家发展目标一致的两国、两党走向分裂的过程；第四卷“走向正常化之路（1979—1991）”，讲述中苏两国逐渐淡化意识形态，最终恢复国家关系正常化。

二、主要创新和学术价值

此书的创新之处有三点：

（1）此书的新材料。此书利用了自苏联解体以来可以获得的几乎所有相关的苏联解密档案及美国国家安全档案馆，包括台北“国史馆”、中国国民党党史馆在内的中国各地方档案馆档案和相关文献乃至对历史事件亲历者的访谈等一手档案文献。作者力求每一个结论均有充分的档案资料作为依据，希望通过原始档案来复原历史的本来面貌。

（2）此书的新视角、新观点。作者均利用档案开展相关领域的学术研究多年，以多年学术积淀为基础，力求能在一个新的高度上对 70 多年的中苏关系进行梳理和概括。作者力图揭示中苏两党、两国关系的实质，并以此为主线来对 1917—1991 年间的中苏关系展开概括性论述。

（3）研究方法新。此书主要采用了历史研究法和比较研究法。历史研究法最重材料的搜集和考证辨析。此书在资料搜集方面，力图尽可能穷尽可得一手资料，做到资料不仅来自多边，而且内容丰富，从而尽可能准确地阐明主题。比较研究法则隐于此书的写作视角当中。这种学术关照和旨趣来源于作者的问题意识：西方同盟关系尽管矛盾重重却得以续存，社会主义国家间关系为何有不同？

三、学术影响或社会效益

此书自 2007 年出版以来，已 3 次印刷，在学术界与社会上均引起了较大反响。原中国驻苏大使李凤林、中共中央党史研究室章百家教授、北京大学牛军教授、美国康奈尔大学陈兼教授等均对本书给予了较高的评价和期许。通过中国学术期刊网进行的局部统计，CSSCI 来源刊物论文引用本书次数总计为 54 次。考虑到此书出版时间有限及相关领域研究成果的产出周期，此引用率已达到较高水平。《中苏关系史纲》被《新京报》评为 2007 年度历史传记书。《南方周末》、《南方都市报》、《中国青年报》、中国网、人民网、中国军网、中华硕博网等均对本书进行了专版介绍和推介。目前，此书的部分内容（第二、三卷）正在译成英文。

《中国金融发展与农民收入增长》简介

西南大学温涛、重庆大学冉光和宁波大学熊德平合写的《中国金融发展与农民收入增长》，发表在《经济研究》2005年第9期，获经济学一等奖。

一、篇章结构

此文分为五个部分：问题提出与文献回顾，金融发展与农民收入增长关系的理论分析，金融发展与农民收入增长关系的计量模型设定，金融发展与农民收入增长关系的实证分析，研究总结与政策建议。

二、基本观点

（1）此文深入探讨了金融发展、农村金融发展与农民收入增长之间的关系；认为金融发展与农民收入增长的关系取决于金融结构和功能，中国金融发展与农民收入增长的关系必须得到实证和解释，唯其如此才能找到金融发展促进农民收入增长的正确途径。

（2）此文提出如果不考虑中国经济结构、金融结构和收入结构形成的制度特征，直接依据国际经验和有关理论结论，来推断中国金融发展对农民收入增长的作用会得出不正确的结论和政策。中国金融发展要成为农民收入增长的必然前提和条件，只有改进现行中国金融的结构和功能，通过优化农村金融制度安排，完善农村金融服务体系，增强农村金融在金融发展中的影响，并提高农村金融对农民收入增长的贡献，才能得到实现。

三、主要创新和学术价值

（1）将金融发展与农民收入增长关系研究纳入了规范的经济学分析框架。

（2）运用“结构主义”思路厘清了中国金融发展对农民收入增长的约束效应。

（3）成果的系统性和逻辑性对于相关理论和政策研究具有重要的借鉴价值，对于深化金融体制改革和推进新农村建设具有一定的指导意义。

四、学术影响或社会效益

此文被陈锡文、韩俊、温铁军等专家评选为第三届中国农村发展研究奖；被浙江大学、东北财经大学等单位指定为相关学科主要参考资料；先后被国内金融发展与城乡收入差距、各地区农村金融发展与农民收入增长等相关研究广泛引用。其中，被《经济研究》、《经济学动态》等CSSCI来源期刊引用已超过40次。国务院和银监会有关领导阅览了以该项成果为基础的研究要报以后，认为研究很有新意，并予以批示，认为对于推进农村金融改革有借鉴价值。

《罗马——拜占庭经济史》简介

北京大学厉以宁的《罗马—拜占庭经济史》，由商务印书馆2006年出版，获经济学一等奖。

一、篇章结构

此书共分上、下两编。上编为“从共和到帝制”，时间跨度700余年，即从公元前3世纪罗马共和国盛期到公元476年西罗马帝国灭亡。下编为“东方与西方之间”，时间跨度将近1000年，即从公元476年西罗马帝国灭亡到1461年拜占庭帝国全境被奥斯曼帝国征服。全书时间跨度两千年，纵横数千公里，从不列颠直到阿拉伯海，描述了围绕着地中海东西部的广阔历史画卷，对罗马共和国盛期到拜占庭帝国灭亡期间的社会经济变迁做了论述。

细分共包括十章：上编，从共和到帝制。第一章，罗马共和国盛期的经济。第二章，走向帝国时代。第三章，罗马帝国盛期的经济。第四章，罗马帝国的衰落和分裂。第五章，西罗马帝国的灭亡。下编，东方与西方之间。第六章，5~6世纪的拜占庭经济。第七章，拜占庭经济制度的演变。第八章，突厥人的西侵和拉丁帝国的始末。第九章，拜占庭帝国晚期的经济。第十章，拜占庭帝国的灭亡。

二、主要创新点

（1）论证了小土地所有者和大土地所有者之间的矛盾和斗争是贯穿罗马社会经济生活的主要线索。

（2）提出罗马从共和制向帝制的过渡大体上分为两个阶段，即先从共和制过渡到军事独裁制，再从军事独裁制过渡到帝制，两次过渡都是形势所迫的结果，而并非先有某种关于帝制的理念再有前后两次过渡的。

（3）指出罗马的帝制从建立之时起就处于不断演变的过程中；帝制刚建立时，它类似于军事独裁制，同时又保存了罗马共和制的一些因素，因此它不是古代东方国家的帝制的照搬，而是具有罗马自身的特点。

（4）论证了拜占庭帝国的封建制度是介于同时代西欧封建制度和中国封建制度之间的一种类型。拜占庭封建社会既不是刚性体制下的封建社会，也不是弹性体制下的封建社会，而是一种基本上带有刚性但又有所松动的封建社会。

（5）指出拜占庭帝国并不存在由封建社会向资本主义社会过渡的条件，地方割据势力只不过是封建社会体制内的异己力量，城市依然是封建社会体制内的权力中心。

（6）论证了西罗马帝国和拜占庭帝国灭亡都源于毁坏了自己赖以生存的基础——乡村中的小土地所有者和城市中的工商业者，导致兵源和税源枯竭。

三、学术价值及影响

此书具有重大开创性，把地中海的历史，用罗马和拜占庭的经济史贯穿起来，又在当时政治、经济、文化等的相互影响中从横切面上论述，展现了全面的历史的景象。同时，该书既有经济理论的深刻分析，也有经济事实的具体叙述，还有政治人物的思索与行动，其对于当前的政治、社会和经济发展都具有很大的借鉴意义。

《中国统一市场新论》简介

中国人民大学纪宝成主编、陈甬军副主编的《中国统一市场新论》专著，是2001年教育部博士点基金项目《社会主义市场经济条件下的统一市场问题研究》的最终成果。它由纪宝成、陈甬军、王晓东、胡德宝、张智、何元斌、蓝公华、崔校宁、段黎等合作完成，由中国人民大学出版社2007年12月出版，奖获经济学一等奖。

一、篇章结构

本专著分为上下两篇共八章。上篇是统一市场理论分析，包括第一至四章：第一章，市场统一性与市场制度；第二章，市场统一性与市场竞争；第三章，市场统一性与区域市场；第四章，市场统一性与市场开放。下篇是国际经验借鉴和中国实践分析，包括第五至八章：第五章，统一市场发展的国际经验借鉴；第六章，中国统一市场发展现状分析；第七章，中国统一市场的形成途径创新；第八章，完善中国统一市场的若干对策。最后部分是二个附录：附录一介绍了中国“长三角地区”的区域市场一体化发展案例；附录二是课题组在研究中计算的1992—2002年中国各省区的省际贸易率和全国的总省际贸易率指标。

二、基本思路

本专著认为，中国统一市场问题之所以是市场经济一个重要和特殊的研究领域，原因有两个方面：一是要建立起社会主义市场经济体制，就必须要有一个统一的市场体系作为组织基础。这样，市场统一性问题就与改革目标的实现相衔接，并将伴随着改革的整个进程；二是中国改革开放30多年来，制约统一市场发展的因素，如市场封锁、行政垄断、部门分割等实际问题在中国的经济生活中一直存在，并以各种形式极大地困扰着中国经济的健康发展和统一市场的完善。在这种情况下，对中国统一市场问题进行深入的研究就显得尤为重要。本项研究就是在这方面进行新的努力的一个结果。

本专著在理论探讨和对策研究方面均提出了具有一定创新意义的研究结论。作者从对统一市场及其与市场经济关系的根本认识出发，首先，明确统一市场在市场经济制度中的定位及其独特作用，从理论层面确立统一市场在社会主义市场经济中的独特地位及其在市场体系中的特殊作用，从而为在实践中有效解决统一市场问题提供了理论基础。其次，在借鉴国际成功经验的基础上，对中国统一市场的现状进行了实证分析，从而为创新中国统一市场的形成途径并提出具体对策提供了现实依据。最后，结合中国的市场改革实践，提出了对中国统一市场形成路径模式创新的若干对策。

三、主要创新及学术价值

本专著在理论探讨、现状分析和对策研究方面，均提出了一些与以往同类研究不同且具有一定创新意义的观点和结论。其中在分析方法方面的一个突出创新之处在于，借鉴了世界范围内其他国家在推进市场一体化进程中的成功经验，对中国统一市场发展与地方市场分割问题的现状进行了定量分析。具体方法是运用修正的贸易引力模型，计算出

1992—2005年中国各省区的省际贸易流量和省际贸易率，从而测算出全国的总省际贸易流量和总省际贸易率。这种定量分析方法在国内研究中还是首先应用。

四、社会影响

本专著出版后，得到了理论界和实际部门的高度评价和国际出版界的关注。2008年10月，此专著获得国家新闻出版署组织评比的全国“三个一百”原创图书优秀成果奖。评审专家认为：“这本专著对中国统一市场问题进行了深入的理论实证分析，并在国际比较的基础上，提出了发展中国统一市场的若干对策。理论上有比较重要的创新，对策建议有比较重要的价值，达到了国内对统一市场问题研究的最新水平。”“本专著根据我国市场经济改革和市场发育的进展情况，多次进行实地调研，对中国统一市场问题进行了跟踪研究，为最后取得高质量的研究成果提供了重要的研究基础。本书对国内统一市场的研究达到了一个新的高度，是一本优秀的社会科学研究专著。”2009年1月，英国ROUTLEDGE出版公司专门给作者来函，希望出版本专著的英文版。

《论现代国际法的人本化发展趋势》简介

武汉大学曾令良的《论现代国际法的人本化发展趋势》，发表在《中国社会科学》2007年第1期，获法学一等奖。

一、篇章结构

此文的篇章结构是：（1）导语。（2）“以个人为本”的国际法发展：①国际人道法——人本化最早的体现；②国际人权法——人本化最系统的体现；③外交保护法——人本化进一步加强的新迹象；④知识产权与公共健康权的国际保护——人本化的新动向；⑤引渡法——人本化的新考量；⑥核心劳工标准与贸易自由化挂钩——人本化的新挑战。（3）“以人类为本”的国际法发展：①普遍性管辖范围的扩展和最严重国际罪行的确立与惩处；②国家主权管辖以外区域的全人类利益；③国际环境法蕴含的全人类利益。（4）结论。

二、基本观点

此文的基本观点是：（1）国际法迅速朝着人本化方向发展是国际法的内外因素所促成的；（2）国际法的人本化代表着国际法不断进步的发展方向；（3）国际法的人本化极大地丰富了国际法的内容；（4）国际法的人本化冲击着国际法上权利与义务构建的基础——对等原则；（5）国际法的人本化并不意味着国际法的“国家间”本质属性的动摇。

三、主要创新和学术价值

此文的主要创新和学术价值在于：（1）国内首次提出国际法人本化趋势的命题，并首次对其进行定义和较系统的论证；（2）在国际上几乎同时与他人提出这一命题，但阐述角度、方式和内容各不相同；（3）首次提出“以个人为本”和“以人类为本”是国际法这一新命题的两大构成；（4）提出国际法人本化对国际法上对等原则的挑战。

四、学术影响或效益

此文的学术影响或效益主要表现在：（1）由中华人民共和国教育部发起、高等教育出版社编辑出版、世界著名的德国施普林格（Springer）出版公司海外发行的英文系列刊物 *Frontiers of Law in China* 翻译成英文向全球推介（Volume 4，Number 1/March，2009）；（2）《中国人民大学复印报刊资料·国际法学》2007 年第 5 期全文转载；（3）作者应邀先后在湖北省法学会国际法研究会 2006 年年会、中国国际法法学会 2006 年会上和国（境）内外有关高校的学术讲座中就本文作大会演讲或专题发言，受到国际法学界的关注和好评；（4）据初步、不完全搜索，迄今国内直接引用此文的公开论文有 10 多篇（参见北大法律网、中国法律知识资料资源总库—论文库—期刊、中国社会科学杂志社网站、CSSCI 论文索引等，另有 2 本著作和 2 篇博士论文引用，国外有 Springer 网站论文电子版、citeulike 网站等全文刊载；（5）全国文科重点研究基地武汉大学国际法研究所作为标志性研究成果报送教育部。

《财税法疏议》简介

北京大学张守文著的《财税法疏议》，由北京大学出版社 2005 年出版，获法学一等奖。

一、篇章结构

此书共分为六章，涉及问题与主义、理论与制度、税权配置与税法规制等诸多方面。第一章提出了财税法上的“两大问题”；第二章提炼了财税法上的“三大主义”；第三章探讨了财税法制度变迁中的重要问题；第四章系统提出了“可税性理论”；第五章探讨了各类主体权利配置的一般原理；第六章集中分析了较为具体的税法规制问题。

二、基本观点

（1）财政赤字及其引发的财政危机，既有财税法制方面的原因，也有宪法层面的原因。

（2）只有依法形成良性的“取予关系”，才能真正解决财政危机等问题，实现国泰民安。

（3）财税宪政问题和财税法的制度建设问题，是财税法学研究和财税法制建设应当把握的关键。

（4）财税宪政精神体现为“三大主义”，即两权分离主义、税收法定主义、财政联邦主义。

（5）在财税法制度变迁方面应关注稳定性、变易性、周期性，注意制度实施上的普适性及其局限性以及相关制度间的协调性。

（6）财税法规范可分为核心规范和边缘规范，这对于财税法的立法和法学研究非常重要。

（7）一国的历史，就是财税法制度变迁的历史。财税法制的变革，对经济、社会和政治等各个领域，都带来了深远的影响。

（8）“可税性理论”集中回答了征税的合法性问题。它从收益性、公益性和营利性三个基本维度来判断征税是否合法。

（9）财税法的重要任务，就是对各类主体的具体权利进行配置和保护。

（10）税法是典型的公法，会对私法秩序产生较大影响。

三、主要创新和学术价值

（1）主要创新。

上述观点大都是财税法学界以往未曾有人提及，或者未曾被关注或论证的。此书提出了财税法领域的“两大问题”和“三大主义”，通过“可税性理论”将其连接，使其成为相对自足的理论体系，有助于构建财税法的理论大厦，指导具体的财税法制建设。

（2）学术价值。

此书强调财税宪政问题与财税法的制度完善这“两大问题”的解决，必须遵循“三大主义”，并结合财税法的制度变迁加以论证；在此基础上，首次系统提出了财税法上的“可税性原理”，这对于财税法理论的发展是一个重要贡献。

此外，本书对于税收优先权、退还请求权以及国家税权性质的研究，对于欠税行为、内部交易行为、第三部门的税法规制的研究，对于税法规制的博弈分析，对于各类收益的可税性分析等，无论是研究领域还是研究方法等，在国内财税法学界都具有开拓性。

四、学术影响或社会效益

基于诸多理论创新和学术价值，此书产生了较为广泛的学术影响，曾荣获第九届北京市哲学社会科学优秀成果奖，被许多著名高校列为研究生的必读书或参考书，并被大量的专著、论文等广泛引用。

此外，此书所展开的理论探讨，不仅是为了理论体系自身的完美和自足，同时也是为了更好地解决实践问题。例如，“三大主义”都与实践问题直接相关，“可税性理论”更是直接可以用于解决实践问题，并已经影响到相关立法。可见，此书也具有重要的实践意义和社会效益。

《中国古代和亲通史》简介

烟台大学崔明德的《中国古代和亲通史》，由人民出版社 2007 年出版，获民族学一等奖。

一、篇章结构

此书共 23 章，80 万字。“绪论”对中国古代和亲的一些重要理论问题作了比较深入的探讨；第一章重点考察先秦政治婚姻及其对后世和亲的影响；第二至四章主要论述两汉与匈奴、西汉与乌孙的和亲；第五、六章考证、分析魏晋南北朝时期的一些和亲史实；第七至十三章，全面论述隋唐时期的和亲历史；第十四章阐释两宋时期的和亲理念以及北宋拒绝辽夏求婚的原因；第十五至十七章基本恢复了辽夏金时期的和亲全貌；第十八章论述明朝的和亲理念及明朝所见和亲概念的内涵；第十九章考察清代满蒙联姻的史实、特点及作用；第二十、二十一章阐述和亲与丝绸之路、西域文明的关系；第二十二章全面探讨和亲文化；第二十三章对近百年来海峡两岸和亲研究的概况予以评述。

二、基本观点

(1) 和亲是指两个不同民族政权或同一种族的两个不同政权的首领出于“为我所用”之目的所进行的联姻。和亲既指中原王朝与少数民族政权之间的联姻，也包括不同少数民族政权之间的联姻，还包括一些具有和亲性质的跨境联姻。

(2) “和亲”之名以及具有联姻关系的修好活动早在先秦即已出现，至秦汉统一，和亲才正式成为后代王朝的“和亲政策”。如按历代史书所载实例划分，共有六种类型的和亲；如按联姻的功能及性质划分，共有七种类型的和亲。

(3) 两宋时期的和亲概念，无论是内涵还是性质，都已发生了变化，与汉唐时期和亲的概念有很大差异。明朝的和亲理念丰富、发展和深化了中国传统的和亲思想，是中国古代和亲史的重要组成部分。

(4) 有些和亲拓展或延伸了丝绸之路，有些和亲修复或巩固了丝绸之路，有些和亲则开辟了新的丝绸之路。中国古代和亲几乎都在礼仪、服饰等方面提升了边疆少数民族的文明水准。和亲文化是由多民族文化汇聚而成的，具有开放性、交融性及“变夷从夏”等主要特点。

三、主要创新和学术价值

(1) 在前人很少涉猎的研究领域或学术界研究不够的问题上进行发微、考证及理论阐述，开辟了新的研究领域，扩大了中国民族关系史的研究范围。

(2) 在充分占有史料基础上，对拓跋氏与匈奴和亲的时间，武威公主再婚的真相，义成公主与雁门之围解除的关系，静乐公主、固安公主和宜芳公主的身世等许多疑难问题，作了较有说服力的辨析，澄清了许多史实，纠正了史书中的一些误载。

(3) 加强对薄弱环节的研究。如魏晋南北朝及辽夏金时期的和亲，蒙元与高昌、西夏、金的和亲，以及两宋与明朝的和亲理念等，一直是学术研究的薄弱环节，多数还是研究空白。作者对此做了细致的探讨，弥补了以往研究之缺失。

(4) 提出并论述了“和亲文化”、“青藏高原丝绸之路”等新的概念。

四、学术影响

国家社科规划办组织的鉴定专家认为，“这项成果填补了和亲问题研究领域的一些学术空白，是国内外第一部全面系统地论述中国古代和亲的通史专著，是我国民族关系史研究的一部具有开拓性的著作，对于中国古代民族关系史的学科建设和发展会起到非常重要的推动作用”。中央电视台“新闻联播”、新华社、《人民日报》、《光明日报》等国家新闻媒体及许多地方媒体均作了报道。已有 8 篇论文 18 次引用本成果。《新疆历史研究论文选编》收入本成果的第 21 章。

《概念地图在知识表示和知识评价中的应用》简介

武汉大学马费成和郝金星发表在《中国图书馆学报》2006年第3、4、5期的系列论文《概念地图在知识表示和知识评价中的应用》，是马费成教授主持完成的国家社会科学基金项目“基于IRM-KM范式的情报学发展模式研究”的一项成果，获图书、情报与文献学一等奖。

一、篇章结构

此项成果由3篇论文构成。第一篇论文提出，概念地图是一种具有坚实理论基础、功能强大但未被充分重视的知识提取、表示和评价工具；第二篇论文建立了利用概念地图进行知识评价的研究框架；第三篇论文遵循论文二提出的概念地图作为知识评价工具的研究框架进行实证研究，提出了18个概念地图结构分析的测量指标。此研究为进一步利用概念地图评价和测度知识奠定了基础。

二、基本内容

此论文通过借鉴融合认知科学的研究成果，提出了一种基于概念地图机制的解决方案。此论文分析了概念地图与知识管理，特别是与知识提取、表示和评价之间的密切关系，建立了较为完整的利用概念地图进行知识评价的方法论框架，指出通过概念地图的结构分析来评价结构化知识具有合理性、有效性和可实施性；并以概念地图为工具，用实验和实证的方式对知识进行分析评价，还具体设计和实现了这一评价过程和系统原型。

三、主要创新

此项成果的主要创新和学术价值体现在以下三个方面：

（1）将认知科学领域的概念地图技术融入现代情报学领域，并阐明了概念地图技术在知识提取、表示和评价方面的独特地位，论述了概念地图技术的理论基础、研究方法，并建立了基于概念地图的知识评价的方法论框架。这些内容实质上回答了概念地图为什么能够进行知识提取、表示和评价，概念地图相对于其他知识提取、表示和评价方法有何特点，概念地图如何进行知识评价，基于概念地图的知识评价有哪些潜在的研究课题等一系列基础性问题。

（2）开拓了情报学关于知识组织和利用的新领域，同时奠定了该领域研究的理论基础和方法论基础。在提出基于概念地图的知识评价研究方法论框架时，不但考虑到其理论上的严谨性，更重要的是该方法论融入了很多现代社会科学的定量化研究方法。这在一定程度上丰富了现代情报学的研究方法，对进一步发展和规范情报学研究方法具有开拓作用，是情报学研究方法的创新。

（3）此项成果对于图书馆、情报中心和大型网站革新知识信息组织方法、提高知识信息组织效率、进而开展有效的知识服务提供了可资借鉴的路径和方法。基于概念地图的知识评价为知识评测提供了一种解决方案，该解决方案具有合理性、有效性和可实施性。此文的系统原型还可以在一定程度上进行商业化。

四、社会影响

此文具有重要的理论价值和实践意义。理论方面，此文在国内首次将教育科学、认知科学领域的概念地图技术融入到现代情报学领域，在一定程度上开拓了情报学关于知识组织和利用的新领域，奠定了该领域研究的理论基础和方法论基础，丰富了现代情报学的研究方法，为进一步发展和规范情报学研究方法起到了开拓作用。同时本项成果也具有重要的实践意义和应用前景。除革新图书馆、情报中心和大型网站知识信息组织方法外，本项成果对于在我国实业界推广概念地图技术，将概念地图技术真正服务于民，具有重要的引导作用。论文提出的基于概念地图的知识评价为现实世界中进行知识评测提供了一种解决方案，该解决方案具有合理性、有效性和可实施性，本文的系统原型可以在一定程度上进行商业化，这些都进一步加强了本研究的实践意义，也是本研究的真正归宿所在。

此论文自发表以来，引起了广泛关注，2008 年获普通高等学校人文社会科学优秀科研成果一等奖。

《图书馆业态的变化与发展趋势》简介

武汉大学信息管理学院陈传夫、吴钢的《图书馆业态的变化与发展趋势》一文发表在《中国图书馆学报》2007 年第 3 期，获获图书、情报与文献学一等奖和“第四届高等学校科学研究优秀成果奖（人文社会科学）”论文类一等奖。

一、篇章结构

此文分为两部分：第一，影响图书馆业态变化的因素；第二，图书馆业态变化趋势。此文认为促进图书馆业态变化的因素主要有：（1）由模拟进入数字环境，图书馆收藏功能受到挑战；（2）文献结构由线性到多维，图书馆信息组织方式受到挑战；（3）读者信息获取方式的变化与网络应用的挑战；（4）书刊资源成本增长，图书馆服务效益难以保证；（5）其他信息行业的竞争；（6）新的信息使命挑战图书馆战略管理。此文将图书馆业态发展趋势归纳为：图书馆嵌入社会、读者中心理念、数字化获取、资源整合、馆际联盟、权威服务。

二、基本内容

此文提出图书馆业态是指图书馆事业为满足不同读者需求而进行相应要素组合所形成的运行形态，系统分析了数字环境下图书馆业态的影响因素，准确归纳了转型时期图书馆的主要发展趋势，提出了图书馆担负新的使命，防止泛化、边缘化、去职业化的倾向，认为图书馆应回归文化与教育价值。

三、主要创新

（1）提出了图书馆嵌入社会的观点，将图书馆作为社会基础设施考察。此文从理论上阐明了我国近年来“中心图书馆”、“图书馆之城”、“文化信息资源共享工程”的社会意义。

(2) 从理论上阐释了“读者中心”论，体现了以人为本的思想。此文针对目前对读者需求存在的误解，提出图书馆要根据用户信息习惯，将服务设计在用户偏好的环境中，以体现图书馆以人为本的思想。

(3) 提出了“数字化获取”与资源整合的观点，体现了资源效率与成本协调观。针对现有数字资源分散、异构、标准不统一的特点，用户对资源、系统使用效率的特征，提出透明无缝的资源与系统融合观点，体现了资源效率与成本协调观。

(4) 针对目前存在的忽视文化功能的情况，此文在国内首次对弱化图书馆的职业特性进行了警示，认为公共图书馆必须重新坚持作为教育文化机构的立场，体现了图书馆回归教育与文化的价值定位。

四、社会影响

(1) 应用价值：此文被人大复印报刊资料 G9 全文转载（2007 年第 7 期），至 2011 年底在中国知网系列数据库中被他引 55 次。作者应邀在北京大学图书馆学开放论坛、中国图书馆学会学术年会、中国社会科学情报学会学术年会、广州市图书馆专业人才高级研修班、四川省高校图书情报工作委员会、台湾大学、中南大学、湘潭大学等多个单位作特邀报告，传播本文的思想。此文所提出的观点得到我国图书馆理论与实践工作者的认同，形成 2007 年以来图书馆学研究热点。这些观点包括“防止图书馆去职业化倾向”，“防止图书馆边缘化”，“图书馆应回归文化、科学与教育价值”等。这些研究在比较广泛范围内引起人们重视，对推动我国图书馆学理论研究与图书馆事业科学发展起到积极作用。此文理论观点被北京大学图书馆、中国人民解放军医学图书馆等多个机构采用。

(2) 学术价值：此文坚持历史与现实结合的原则，既有一定的历史纵深，也具有鲜明的时代特点。此文在国内首次提出图书馆权威服务、防止图书馆泛化、“去职业化”等理论观点，并提出了图书馆回归文化与教育价值定位的命题。此文认为图书馆担负着信息搜集、组织、保存、提供利用的天然职能，在人类社会的发展进程中发挥着不可替代的作用。此文立足于中国图书馆事业健康发展的需要，在国内首次对弱化图书馆职业特性现象进行了警示。

《教育对重庆经济发展贡献的研究》简介

西南大学宋乃庆教授主持，彭智勇、温涛、牟延林、赵修渝、万明春等共同参与完成的《教育对重庆经济发展贡献的研究》，被教育部政策法规司、重庆市委市政府采纳，于 2007 年 11 月，获教育学一等奖。

此文围绕教育对重庆经济发展的贡献，多角度、全方位地调查了有代表性的各级各类学校、区县和各类人员近万人，并运用数学方法进行了实证分析，形成了约 130 万字的研究报告，为政府决策提供了重要科学依据。

一、篇章结构与基本观点

此课题具体总结如下：(1) 教育对增加经济总量的贡献突出。重庆市教育对经济增长的总体贡献率达到36.83%。(2) 教育对转变经济发展方式的贡献显著。教育通过提高劳动者素质，促进了经济发展理念和经济发展方式的转变，带动了农业产业技术水平的提高，其对农业总产出的贡献上升到22.17%。(3) 教育对优化经济结构的贡献高度突显。各类教育协同发展对全市产业结构优化升级的贡献率达到16.04%。(4) 教育对城乡区域协调发展的贡献有效发挥。教育有力地加速了新农村建设进程，对促进库区产业发展和移民就业发挥了基础性作用，库区经济增量的52.67%与教育有关。(5) 教育对提升劳动力素质的贡献日益明显。职业教育在降低劳动者文盲、半文盲比例方面的贡献达37.1%，在提高劳动者高中、大专、本科及以上文化程度比例方面的贡献达33.9%。课题组的抽样调查表明，基础教育对市民素质的影响表现为直接的正相关，尤其是对与经济发展密切相关的劳动技能素质的提高具有积极促进作用。(6) 教育对增加居民收入的贡献巨大。教育对农民收入增长的贡献率接近25%，已经成为改善居民收入和生活水平的重要渠道。(7) 明确了制约教育对重庆经济贡献的"瓶颈"及改进路径。针对制约教育对重庆经济发展贡献的主要问题，提出了切实加大教育投入、优化资源配置、深化课程教学改革、推进产学研结合、健全教育培训服务、创新教育教学评价机制等六个方面的政策建议。

二、主要创新和学术价值

本课题是国内首次在定性、定量有效结合的基础上，从多角度（教育学、经济学、管理学）、全方位（基础教育、高等教育、职业教育、成人教育等）并运用数学方法科学研究教育对经济发展的贡献。与国内外同类研究相比，不仅具有方法和视角上的创新，而且也是对教育经济学研究范式的一大突破。在大量调研基础上，课题组综合运用了教育统计分析、数据包络分析（DEA）、面板数据分析等工具，将教育与经济发展关系的研究纳入规范的教育学、管理学和经济学分析框架内。例如，研究运用新的数据挖掘技术DEA建立了教育对经济发展的绩效评价模型，并进行了实证分析。将这种新的数学工具运用于教育对重庆经济发展的贡献分析，可以避免专家凭主观意图打分来确定重要性程度中存在的随意性，确保分析的科学性。总之，数学模型的科学运用，极大地丰富了教育经济学研究方法体系，有助于交叉学科研究领域的融合与拓展，在教育经济学理论和实践上都有新发展。

三、学术影响或社会效益

此课题研究报告被教育部政策法规司等所采纳，为国家加大教育投入提供了有力的支撑。课题组提出的一系列推动重庆市教育事业及经济社会发展的政策建议，分别被市政府工作报告及相关政策文件吸收和采纳，为制定教育事业改革与发展的重大决策提供了理论支撑和实证依据，并被多所大学、科研机构及企业所采纳；本课题关于职业教育改革与发展的对策建议由市政府提交国务院办公厅，引起中央领导关注，温家宝、刘延东同志对落实情况报告做出重要批示。此外，本研究形成部分高水平学术成果。公开发表学术论文30多篇，出版学术专著3部，总报告被评为重庆市社会科学优秀成果一等奖、教育部高等学校科学研究（人文社会科学）一等奖。

《“新基础教育”论——关于当代中国学校变革的探究与认识》简介

华东师范大学教育科学学院叶澜教授的专著《“新基础教育”论——关于当代中国学校变革的探究与认识》，是教育部哲学社会科学研究重大课题攻关项目成果之一，获教育学一等奖。

一、篇章结构

此书共三编12章。第一编，当代中国教育变革的社会基础论，共含三章。分别为第1章，生存基础：人口、资源与生态；第2章，世界变局：全球化、信息化与后现代；第3章，中国主题：社会转型与民族复兴。第二编，当代中国教育宏观变革论，共含三章。分别为第4章，当代中国教育宏观变革的回溯与反思；第5章，当代中国教育变革的性质与任务；第6章，当代中国教育变革的主体与策略。第三编，当代中国基础教育学校重建论，共含六章。分别为第7章，中国学校转型性变革的百年回溯；第8章，当代中国学校转型性变革的内涵分析；第9章，学校日常教育实践重建之一——课堂教学改革；第10章，学校日常教育实践重建之二——班级建设改革；第11章，学校日常教育实践重建之三——学校领导与管理变革；第12章，结语：学校转型性变革研究的推进策略与方法论。

二、基本内容

此书从人口、资源与生态变化情境下当代人面临的生存处境，全球化、信息化和现代化所导致的世界变局以及中国社会转型和民族复兴所带来的三个方面的分析入手。在此前提下，进入到对中国教育宏观变革的理论探讨，通过对中国多次教育变革的分阶段分析与反思，指出了中国教育变革的性质——整体、系统的转型性变革，并对教育系统变革的主体与策略进行了讨论。最后，研究的分析单位进入到学校领域，从学校整体的变革入手系统地阐明学校转型性变革的内涵与实践进程。

三、主要创新

此书在各编中都提出了一些新的观点，概括起来说主要有如下几点：

（1）以教育学的眼光来透析全球化、信息化与后现代主义，明确提出在全球化过程中要走出西方中心主义，每个民族、国家都要走出自己的路，包括在教育方面。关于“信息化”，重点论述其对个人时空意识、生存方式、语言和思维方式等的深层次影响，超越了仅从技术方面论信息化问题的局限。此外，对当今十分时髦的“后现代”主义也作了批判性评价。

（2）对近30年宏观教育改革作了历史反思，明确提出当代中国教育变革的性质是转型性变革，并作了学理上的论证。首次提出教育变革三重主体论，并分析了其构成、相互关系和关系特征。

（3）对当代中国学校转型变革的内涵，从目标重建、教育观念系统更新到新型学校的整体形态、内存结构与基本活动，作了多层次的、全面的、具有独创性的阐述。

（4）在课堂教学改革理论研究中，对教学理论的历史发展和现状作了深度评析，并在教学分析单位的重建和课堂教学过程的逻辑构建方面形成了新的理论。

（5）以“班级”为基本单位，重构了学校班级生活的意义，将“班级建设”看做学校教育相对独立的实践领域，全面探讨了班级建设与学生发展、未来公民养成的内在关联。

（6）系统研究了学校领导与管理变革，提出了新的管理观、学校组织与制度更新观；在学校教师队伍建设方面，突出了教师角色理想重建、新型教师素养结构论，建立了“研究性变革实践”的新概念，形成了有实践根基和本土特征的教师发展理论；在学校文化重建上，提出了当代学校与文化关系的特殊性、学校文化建设的当代任务及学校文化个性的形成等议题。

（7）形成了以复杂理论为指导的学校变革的策略与方法论。此著作在研究方法上最大的特点是教育理论与教育实践的交互生成，实现了教育理论与实践的内在沟通。就整体而言，本书最大的特点是时代性、中国化和原创性。

四、社会影响

（1）学术价值。

此书对当代中国社会转型变革和当代人类社会发展对学校现状提出的挑战进行了研究，探索了当代基础教育及学校发展要解决的普遍性问题。在理论和方法论层面实现了突破，建构了学校转型性变革的理论追求。此书加深了人们对当前教育变革时代背景的认识，形成了当前中国教育宏观变革的系统分析与理论，探索了学校整体转型变革的理论、任务和路线。此外，此书体现除了复杂性、整体性思维和方法论意识，为后续的研究提供了指引。此书出版后引起教育理论界与实践界对“新基础教育”研究及著作本身的关注，在出版不到 3 年的时间内，已两次印刷，印数达 18000 册。

（2）应用价值。

此书是在“新基础教育”实践性研究的基础上形成的，在理论建构的同时更注重对现实学校变革实践的关注与指导。此书对形成对当前中国教育整体性质的认识，促进当前的基础教育变革，更新教师的观念系统，引领教师的实践走向等方面具有不可或缺的意义。

《科举学导论》简介

厦门大学刘海峰著的《科举学导论》，由华中师范大学出版社 2005 年出版，获教育学一等奖。

一、篇章结构

此书是第一部科举学专著，撰写过程前后历时近 14 年。全书共包括科举学引论、科举学综论、科举学史论、科举起源论、科举时代论、科举存废论、科举人物论、科举政治论、科举教育论、科举文学论、科举社会论、科举文化论、科场法规论、科举地理论、科举术语论、科举文献论、科举东渐论、科举西传论等 18 章。共 49 万字。

二、基本观点

科举学以科举制及其运作的历史为研究对象，是一门国际性的学问，也是一门雅俗共赏、引人入胜的专学。科举学的研究对象虽然十分专门、独特，但研究空间却非常广阔。它是与中国一千多年间大部分知名人物、大部分书籍和几乎所有地区有关的一门学问。科举学不是关于中国传统文化局部而是关于中国传统文化整体的学问。现代科举学是在科举研究历史悠久、研究对象重要、研究人员众多、研究成果丰硕的情况下逐渐形成的一门专学，是实至而名归，是在学显之后蔚然成学的。作者认为，“科举”是一个含义非常丰富的词语，远非以往的“恶谥”那么简单，不应将其看成一个贬义词，而应该把“科举”当作一个中性词来看待。科举虽已废止，但考试这种选才方式却没有而且也不可能停罢，仍适用于现代社会，而1300年科举考试所积累的丰富经验和深刻教训，对当今的各种考试改革皆有参考价值，值得深入研究。

三、主要创新和学术价值

此书将古、今、中、外，文、史、政、教等各方面的科举研究熔于一炉，为科举研究集大成之作。此书系统地论述了科举学的含义、范畴和内容，力图提纲挈领地论述科举学的方方面面，重在科举学学理的阐发和学术史的梳理，进行学说的锤炼和理论的锻造，并为科举学构建出一个基本的理论框架和发展平台。此书体系严整，规模宏大，既有宏观的论述，也有细节的考证，并提出了一系列的新的见解。此书后还附有《新印科举古籍目录》、《科举学著作目录》和《科举研究学位论文目录》，尤为珍贵的是几乎包括了日韩越和西方文字出版的所有科举研究著作目录，对科举研究颇有参考价值。

四、学术影响或社会效益

中国社会科学院历史研究所研究员李世愉指出：此书“是一部准确阐述科举学定义，全面、系统论述科举学范畴、宗旨、研究内容的开山之作”。美国纽约城市大学李弘祺教授在美国出版的英文权威刊物 *China Review International* 上发表书评，称此书“无疑是近年来中国出版的此类著作中最好的一部”，“是综合研究和阐述中国科举制度的历史、实际、意义和影响的最全面的一部中文著作”。教育部考试研究中心原主任杨学为研究员发表书评认为：“《科举学导论》的问世，必将成为一面旗帜，引导科举学的研究更加全面、深入。”台湾“中央研究院”院士、台湾“清华大学”萧启庆教授评论《科举学导论》说：“此书为一开创性巨著，有此一书，科举成‘学’必矣！”此书标志着科举学的确立。由于此书及作者其他科举研究论著在全国产生了重要的影响，作者与季羡林、金庸、刘心武等12位知名人士一起被新浪网评选入围“2005年度文化人物”。

《西北少数民族基础教育发展现状与对策研究》简介

西北师范大学王嘉毅教授主持的“少数民族地区义务教育与‘两基’攻坚跟踪研究”，是2004年度教育部人文社会科学重点研究基地重大项目，最终成果为专著《西北少数民族基础教育发展现状与对策研究》，由王嘉毅和吕国光主编，民族出版社2006年出版，获教育学一等奖。

一、篇章结构

此著作共九章。第一章为绪论部分；第二章，西北少数民族地区教育管理体制；第三章，西北少数民族地区基础教育师资；第四章，西北少数民族地区女童教育；第五章，西北少数民族双语教学的理论与实践；第六章，寄宿制学校；第七章，西北少数民族地区基础教育发展中的课程问题；第八章，西北少数民族教育经费；第九章，利用现代信息技术促进西北少数良族地区基础教育发展。

二、基本内容

绪论主要研究了西北地区的战略地位、西北少数民族教育的发展历史以及当前西北少数民族地区基础教育的发展概况。第二章主要探讨了西北少数民族地区教育管理的历史沿革和当前现状，西北少数民族地区的教育督导问题以及西北少数民族地区校长培训。第三章主要探讨了西北少数民族地区中小学师资的数量分析和结构分析，西北少数民族地区教师的素质及其对基础教育课程改革的影响以及西北少数民族地区中小学教师的培训问题。第四章主要是关于西北少数民族地区女童教育问题研究，重点是西北少数民族地区女童教育状况调查以及解决西北少数民族地区女童教育问题的对策与建议。第五章在对西北少数民族地区双语教育历史沿革追溯的基础上，通过调查研究了西北少数民族地区双语教学的现状与问题，探讨了双语教学的模式和双语教学的趋势。第六章在对甘肃甘南地区寄宿制学校学生生活现状调查的基础上，就寄宿制学校及其宿舍中存在的主要问题及解决的对策进行了研究。第七章主要是关于西北少数民族地区基础教育课程的研究。重点研究了西北少数民族地区基础教育课程的现状与问题，分析了制约西北少数民族地区基础教育课程改革的主要因素，提出了加强西北少数民族地区基础教育课程改革的政策建议。第八章通过大量的数据和实地调研，比较了西部地区与西北少数民族地区的教育投入，分析了西北少数民族地区教育投入的重要进展及其存在的问题，并提出了进一步改革的建议与对策。第九章分析了西北少数民族地区应用信息技术的过程中存在的主要问题，研究了少数民族贫困地区如何利用信息技术促进当地的教育发展，同时还探讨了信息技术促进西北少数民族地区基础教育发展的未来走向。

三、主要创新

此著作的主要创新在于，采用调查、个案等实证方法，收集了大量第一手资料，系统地研究了当前西北少数民族地区基础教育发展所取得的成就、存在的问题、进一步发展的政策建议等，具有较高的可信度和较强的现实意义。

四、社会影响

此著作是课题组多年来开展西北少数民族基础教育发展研究的结晶，2009年获全国高校科研优秀成果奖（人文社会科学）一等奖。部分章节先后在《电化教育研究》等学术刊物上发表，部分章节以咨询报告的形式报有关部门并被采用，也有个别章节内容曾以论文的形式在国外学术刊物发表，对外宣传了我国在发展少数民族地区基础教育方面所采取的措施及其成效。此著作的出版有利于国内外进一步了解我国政府在发展少数民族教育方面采取的重大措施及其实践效果，有助于正确看待当前我国少数民族基础教育发展中存在的问题。

《现代教学论》简介

浙江师范大学裴娣娜主编的《现代教学论》，由人民教育出版社2005年出版，获教育学一等奖。

一、篇章结构和基本观点

此书由基本理论、专题研究、改革实验三卷组成，共136万字。第一卷全面梳理了近100年来教学论学科从传统走向现代的发展进程，重点阐述了现代教学观、现代课程观、现代学习观以及相应的课程与教学论基本原理，并对教学论的不同流派进行了分析比较。第二卷研究了课程设计、综合课程、课程文化、教与学的关系、教学交往、教学的社会性、教学的艺术性等问题，并对现代教学实践中存在的问题进行了批判性反思。第三卷选择了我国教学论理论工作者主持的影响显著的教学改革实验，体现了丰富鲜活的改革经验以及教育思想实验研究的特色。

二、主要创新

（1）学科发展的历史审视。重新思考中国教学论学科发展传统向现代的历史演进中具有研究范式转变意义的重大变革，为教学论学科发展提供高的平台，并初步建立了一个中国教学论学科研究的基本范式。

（2）教学论研究主题的转换。围绕实现学生个性全面发展和良好人格养成这一主题，置于多元文化的多种价值选择并存的环境，扩展理论视野，形成教学论研究的论域（范畴）和主线，从根本上反映研究主题从工具理性到价值理性的转化。

（3）凝集重点问题，寻找理论研究的突破点。基于对现代教学概念的界定，对教学过程本质进行再认识，重新思考现代教学论的特质，为重新认识教学论学科的基本理论和重要观点提供了重要参照点。

（4）直面教学改革实践。在反映近30年我国教学改革实践经验的基础上，面对社会转型时期各种教育观纷呈的态势，关注新课程改革提出的新理念，捕捉21世纪教学论发展的基本趋势和重点、热点问题，为教学论学科实现原创性发展提供丰富经验和实践源泉。

三、学术价值

此书以现代教学为出发点建构了中国教学论学科发展的理论体系，实现了对原有体系的突破。在世纪转换之际，对建设中国特色的教学论学科具有奠基作用，对我国教学实践具有导向作用。

（1）为改造原教学理论提供理论依据。在强调教学过程的实践性、文化性及主体性等特质的基础上，将实践活动、交往、主体性作为理论基石，为重新建构现代教学理论框架提供一个新的解释系统。

（2）以实现学生真实、真正的发展作为学校教学改革的起点和依据，促进教师教育观念的转变，在更深层面上推进素质教育的实施。

（3）在研究方法论上，吸收和借鉴多学科思想成果，从历史、现实和理论三个维度出发，“形上”与“形下”研究相结合，理论研究、调查研究、实验研究相结合，尝试构建有中国特色的教育实验研究方法论。

四、社会效益

此书是“十五”国家重点图书出版规划项目，出版后被收入《中国图书年鉴》。至今发行1.2万多册，第一卷已重印。成果被引用310次，其中：核心期刊41次，非核心期刊79次；著作或会议16次；博士论文26次，硕士论文148次。“该书是近年来教学论领域的鼎力之作，为教育学学科建设提供了教学论研究的视野，其学术价值和指导教学实践的价值将逐步得到彰显”（北京师范大学教育学院黄济教授评语）。作为批准的教育部普通高等教育“十一五”出版规划项目，第一卷以《现代教学论基础》为名，改编为高师院校课程与教学论专业研究生用的教材。不少高师院校将该书作为教育专业本科生、研究生的必读书目，许多中小学将该书列为教师学习书目，以促进教师整体素质的提高。“本书的出版，对我国教学论学科建设起到了积极的推动作用，不仅对于学术研究是重要的参考资料，也为即将进入教师职业领域的广大师范院校学生提供了更丰富和集中的学习资料选择”（浙江大学董远骞教授评语）。

《探索教育变革：经济学和管理政策的视角》简介

北京大学闵维方主编的《探索教育变革：经济学和管理政策的视角》，由教育科学出版社2005年出版，获教育学一等奖。

一、篇章结构和基本观点

此书基于教育经济与管理学中的基本理论，包括人力资本理论、筛选假设、劳动力市场分割理论、社会关系再生产理论、公共产品理论、成本分担理论、交易成本理论和非营利组织理论等，采用规范和实证相结合的研究方法，对我国近年来教育管理和改革中的经济和财政问题进行了深入细致的理论探讨、实证研究和政策分析，主要包括教育与劳动力市场、教育财政与变革、教育成本与分担、教育管理与政策四编内容。全书包括一系列观点，摘要如下：

1. 劳动力市场与教育程度的变化，主要表现为教育收益率和高校扩招后劳动力市场对就业人数的吸纳能力的变化。截至2000年，中国教育收益率水平虽然略低于国际平均水平，但已相当接近。中国高等教育的收益率在各级教育中持续保持最高，并且已经提高到了相当可观的水平。

2. 构建适应市场经济的公共教育财政体制和高等教育成本分担机制。在实证分析基础上本书提出了构筑公共教育财政体制十大举措。为构建高等教育成本分担机制，此书详细分析了该机制的理论与实践，并进行人才培养成本的个案研究和研究生教育的成本补偿分析。

3. 探讨市场经济下的高等教育管理改革模式。本书通过分析指出，虽然目前大学合并尚没有达到一种稳定形态，但从长远来看，在市场效率机制作用下，大学组织会根据外部环境条件进行自我调节。

二、主要创新和学术价值

依托国际通用的实证研究方法，结合中国实际，深入剖析中国20世纪90年代以来教育发展与改革进程中面临的若干重要问题，进行本土化研究和探讨。

1. 定量研究。主要涉及劳动力市场对教育程度反应的变化的研究。如利用就业弹性、就业效应和相对密集程度指标进行受高等教育者就业的经济学分析。

2. 定性研究。主要涉及公共教育财政的相关研究。如采用个案调查的方式，对安徽的市、区、县、镇分别选择个案，探讨合理、规范的农村义务教育经费保障机制。

3. 定量与定性相结合的研究。在进行民办高校组织特征的环境因素分析中，应用种群生态理论，结合中国相关研究文献、田野调查之所得，以及回归分析之结果，分析中国民办高校的特征以及它们形成的外部环境因素。

4. 应用历史比较和国际比较研究中国现实问题。通过历史分析和国际比较，得出构建我国公共教育财政的十大体制。另外，应用交易成本理论分析方法，结合国内外高等教育管理改革实践，着重分析高等教育“合作”和“合并”两种改革模式的合理性和局限性。

三、学术影响或社会效益

此书的研究成果达到国际相关领域的先进水平，部分研究成果被国家级大型教育与人力资源问题报告《从人口大国迈向人力资源强国》所采用。另外，其中的一些研究成果得以在全国经济学学术年会、全国教育经济学学术年会以及联合国教科文组织和世界银行等国际组织举办的学术研讨会上报告，在国内外产生了一定的学术影响。此书中相应的政策建议具有较高的经济效益和社会效益，许多政策建议现已被教育部、财政部等部门采纳或借鉴。此书2006年获北京大学第十届人文社会科学研究优秀成果一等奖，同年获北京市第九届哲学社会科学优秀成果教育学一等奖。

《文本阅读信息加工过程研究——我国文本阅读双加工理论与实验》简介

华南师范大学莫雷、冷英、王瑞明的《文本阅读信息加工过程研究——我国文本阅读双加工理论与实验》，由广东高等教育出版社2007年出版，获心理学一等奖。

一、篇章结构

此专著91万字，主要包括两大部分内容：第一部分1~6章，主要是对西方文本阅读研究的理论与实验进行全面系统的总结与分析。第1章概述有关文本阅读心理研究的发展历史。第2~4章分别阐述建构主义理论（第2章）、最低限度假设理论（第3章）和记忆基础文本加工理论（第4章）的产生与发展过程、主要观点与实验研究。第5章阐述西方文本阅读研究的新进展。第6章阐述情境模型的理论与研究。第二部分7~14章，是全书的核心，全面阐述了本课题研究团队十几年来根据文本阅读双加工理论所进行的实验研究与理论总结，阐述了“文本阅读双加工理论”的重要观点与理论体系，展现了文本阅读信息加工过程研究领域的主要成果与理论创新。第7章概述我国文本阅读心理研究的发展并重点阐述文本阅读双加工理论。第8~10章阐述为验证文本阅读双加工理论所进行的系列实验研究。第11~13章阐述根据文本阅读双加工理论对说明文的因果推理、预期推理和情境模型建构领域所进行的系统实验研究，进一步证实了文本阅读双加工理论的合理性和创新性。第14章对未来该研究领域的发展进行了展望。

二、基本观点

最低限度假设理论与记忆基础文本加工理论把阅读理解过程看成是不受读者目标和动机制约的非策略的加工过程，而建构主义理论则认为阅读是一个目标导向的主动的策略的加工过程。此书通过系统的实验研究提出了“文本阅读双加工理论”，认为在文本阅读中可以有类似最低限度假设与记忆基础文本加工理论提出的被动地维持局部联贯与整体联贯的加工活动，即“联贯阅读加工”；也可以有建构主义提出的目标整合或追随建构的加工活动，即“焦点阅读加工”；文本自然阅读的过程，是联贯阅读加工与焦点阅读加工交织进行的过程，进行何种阅读加工，主要是由阅读材料的特点决定的。

三、主要创新和学术价值

此著作立足国际心理学研究的前沿，对几十年来在国际权威刊物上发表的数以千计的关于文本阅读信息加工过程的实验报告进行了系统的概括与总结，对西方文本阅读主要派别的理论体系与实验研究的实质及其存在的问题做出了富有创新性的分析；更为重要的是全面阐述了研究团队十几年来根据文本阅读双加工理论的基本设想所进行的系统深入的实验研究与理论总结，整合了当前文本阅读信息加工过程研究的理论争议，形成了具有原创性的“文本阅读双加工理论”，展现了我国心理学工作者在文本阅读信息加工过程研究领域的主要成果与理论创新。对于推进文本阅读信息加工过程的研究，具有重要的学术价值。

四、学术影响或社会效益

1. 研究历时10年，连续主持了4个国家自然科学基金项目，在国际与国内权威心理学刊物上发表实验研究报告100多篇，在学术界产生较大的影响。国际著名心理学家、记忆基础文本加工理论的代表人物 O' Brien 曾给予高度评价。

2. 所进行的实验研究，其中一项于2005年获得广东省首届哲学社会科学研究优秀成果一等奖。

3. 提出的文本阅读双加工理论以及相关研究已经被写进由北京大学朱滢教授主编的“十一五”国家级规划教材《实验心理学》。

4. 由团队成员王穗苹在其主持的一部分实验的基础上完成的博士论文于2002年入选全国百篇优秀博士论文。

《基于LASSO方法对带自回归线性模型的收缩选择方法》简介[①]

北京大学王汉生、香港大学李国栋、美国加州大学戴维斯分校蔡知令的《基于LASSO方法对带自回归线性模型的收缩选择方法》，发表在 *Journal of the Royal Statistical Society Series B—Statistical Methodology* 2007 年第 1 期，获统计学一等奖。

一、篇章结构和基本观点

此文考虑到经济管理实践的应用背景，将研究重点放在具有自回归残差项（Auto Regressive Error）的线性回归方程（Regression Model）上。在回顾一种非常重要的现代变量选择方法——LASSO（Least Absolute Shrinkage and Selection Operator）的基础上，将其推广到带自回归残差项的线性模型（Regression with Auto Regressive Error）中，进而使得该方法的应用范围更大。文章还对传统 LASSO 方法的调节系数加以改良，使得新的方法（即 LASSO *）具备选择相合性。文章通过大量的数据试验证明改良后的 LASSO * 方法在参数估计精度以及模型选择精度等诸多方面表现优秀。

此文共分七节，第一节主要对相关文献进行了回顾和讨论。第二节基于已有的 LASSO 方法，将其推广到带自回归残差项的线性模型中，进而得到一个改进了 LASSO 的估计方法。第三节主要对第二节中两种 LASSO 估计方法（一为传统方法在 REGAR 模型下的推广，一为具备自适应特性的改良，即 LASSO *）的理论性质予以讨论。第四节针对由于 REGAR 模型的对数似然函数（Log Likelihood）不是凸函数（Convex Function）所引起的优化（Optimization）问题，提出了分步迭代法（Iterative Process），即将回归模型参数（Regression Coefficient）和自回归模型参数（Auto Regression Coefficient）分开交替优化的方法。第五节首先通过大量的随机模拟试验证明 LASSO 方法，特别是改良后的 LASSO * 方法在参数估计精度以及模型选择精度等诸多方面表现优秀；之后，通过一个关于电力需求的实际数据，证明如果回归分析中忽略了残差项中的自回归特征，那么所产生的参数估计就有可能非常不合理；相反，REGAR 模型就可以有效地纠正此估计偏差。所以使用基于 REGAR 模型的 LASSO * 方法，可以更有效地帮助我们了解哪些经济或者天气

---

① LASSO（Tibshirani，1996）方法是一种压缩估计。它通过构造一个罚函数得到一个较为精练的模型，它压缩一些系数，同时设定一些系数为零，因此保留了子集收缩的优点，是一种处理具有复共线性数据的有偏估计。《基于 LASSO 方法对带自回归线性模型的收缩选择方法》一文是对这种算法的进一步完善。

LASSO 是一个专有名词，一般情况下在中文标题中最好保留原词不翻译，就如有的文章专门对某个外文哲学词汇的概念进行研究，这些词本身就含义丰富，如果勉强翻译的话，反而容易造成偏颇或引起误解。LASSO 如果一定要译的话，按字面可译为“最小绝对收缩和选择算子”，但建议最好不译，因为它作为一个专业词汇，在目前所有的统计学文章中都是保留了 LASSO 的英文原文而不翻译，这已经算是一种行业共识。

变量对电力需求影响重大等问题。第六节简要总结了本文的主要内容及贡献，并指出本文所发展的 LASSO * 方法还可以很容易地拓展到其他的回归模型。第七节对文中所涉及的定理及结论进行了严格的证明。

二、主要创新和学术价值

1. 将传统 LASSO 方法的应用范围延展到 REGAR 模型的框架下。经典的自回归模型为该框架中的一个特例。

2. 提出一种具有自适应特征的 LASSO * 方法，改进后的方法具有变量选择一致性，从而大大提高了估计的精度。

3. 在数值计算方面，创造性地提出了分步迭代法，并证明了该算法在具有相和初始估计的情况下的全局最优性质。

三、学术影响和社会效益

此篇论文具有重要的理论意义和现实意义。从理论上，它给出了如何对带自回归残差项的线性回归方程作变量选择的基本理论框架以及可实现的高效数值计算方法。从现实意义上，对我国相关的经济管理实证研究帮助甚大。以本文为核心，本文作者相继发表了一系列与变量选择相关的论文，这些论文发表在 *Journal of the American Statistical Association*, *Biometrika*, *Journal of Business & Economics Statistics* 等一系列国际顶级统计学或者国际知名经济学杂志中。基于这一系列文章的贡献，从 2008 年起，此文作者成为国际顶级统计学杂志 *The Annals of Statistics* 在中国大陆唯一的编委，同年，还应邀成为 *SCI* 索引的杂志 *Computational Statistics and Data Analysis* 在中国大陆仅有的三名编委之一。

五、国家级成果奖与单项成果奖评奖情况

（一）中共中央宣传部精神文明建设“五个一工程”奖

由中共中央宣传部组织的精神文明建设“五个一工程”评选活动，自1992年起每年进行一次，评选上一年度各省、自治区、直辖市和中央部分部委，以及解放军总政治部等单位组织生产、推荐申报的精神产品中五个方面的精品佳作。

这五个方面是：一部好的戏剧作品，一部好的电视剧（片）作品，一部好的图书（限社会科学方面），一部好的理论文章（限社会科学方面），一部好电影，并对组织这些精神产品生产成绩突出的省、自治区、直辖市党委宣传部和部队有关部门，授予组织工作奖。对获奖单位与入选作品，颁发获奖证书与奖金。从1995年度起，将一首好歌和一部好的广播剧列入评选范围，“五个一工程”的名称不变。

“五个一工程”实施以来，对各地、各单位精神文明产品生产的发展与提高产生了积极的促进作用，体现了中央提出的精神文明重在建设的方针，把以科学的理论武装人、以正确的舆论引导人、以高尚的精神塑造人、以优秀的作品鼓舞人的号召落实到实际工作中。“五个一工程”中文艺项目的评选，贯彻了文艺为人民服务、为社会主义服务的方向和百花齐放、百家争鸣的方针，弘扬主旋律，提倡多样化，对繁荣社会主义文艺创作，促进富有鲜明时代精神和浓郁生活气息、思想性与艺术性完美结合、为广大人民群众喜闻乐见的文艺精品的问世，起到了有力的推动作用。

“五个一工程”奖至今已经评审了11届，共有电影169部、电视剧361部、戏剧299部、歌曲238首、广播剧191部（上述不包括图书类、文艺图书类和理论文章）获奖，形成了一种以作品带人、以人促作品的生动气象。“精品迭出，人才辈出”的“五个一工程”，正在发挥着激励、导向、示范、精品、育才五大作用，在构筑社会主义先进文化精神大厦、建设和谐文化、繁荣文艺创作的进程中具有越来越重要的意义。

2001—2010年中共中央宣传部“五个一工程”获奖作品（普通高校）

第八届“五个一工程”奖获奖作品名单（2001年）

类别	序号	成果名称	作者	单位
图书	1	《社会主义历史、理论与现实》	靳辉明，周新城，顾海良	中国社科院，中国人民大学，教育部社政司
	2	《中华民族的形成与凝聚新论》	陈瑛、伍雄武	中国社科院，云南师范大学
	3	《社会主义：20世纪的回顾与前瞻》	李会滨	华中师范大学
	4	《藏族文化发展史》	丹珠昂奔	中央民族大学
理论文章	1	《社会主义：中国的人间正道》	徐志宏、辛国安	中国人民大学等
	2	《中国共产党建设八十年与时代特征》		南开大学党委、天津市委宣传部
	3	《论民主与法制》	王惠岩	吉林大学
	4	《论创新》	黄传新	中共安徽省委宣传部、安徽财经大学
	5	《和平统一的十大好处》	陈孔立	厦门大学
	6	《在实践中坚持和发展马克思主义》	陶德麟、汪信砚	武汉大学等
	7	《江泽民总书记对反对民族分裂主义斗争的历史性贡献》	扈兆兴	乌鲁木齐成人教育学院
	8	《面向新世纪开创高校思想政治教育新局面——学习江泽民同志关于高校思想政治教育的论述》	俞家庆、秦宣、刘贵芹、梁金霞	国家教育行政学院、中国人民大学等

第九届“五个一工程”获奖作品名单（2003）

图书：

《健康忠告》（广东），洪昭光（首都医科大学）

（二）国家图书奖

1992 年，为了繁荣与发展出版事业，鼓励和表彰优秀图书的出版，促进图书出版业从数量规模型向质量效益型转变，经国务院批准，新闻出版署设立了国家图书奖，分设国家图书奖荣誉奖、国家图书奖和国家图书奖提名奖三种奖项。每两年举办一次。2005 年，依据《全国性文艺新闻出版评奖管理办法》，全国性文艺新闻出版评奖进行了调改，新闻出版总署设立"中国出版政府奖"，下设"国家出版奖"和"全国优秀出版人物奖"两个子项。

国家图书奖是全国图书评奖中的最高奖励，每两年举办一次。每次授奖额为 30 个，不分档次。另设提名奖 50 个。该奖分哲学社会科学、文学、艺术、科学技术（含科普读物）、古籍整理、少儿、教育、辞书工具书和民族文版图书九大门类，设国家图书奖荣誉奖、国家图书奖和国家图书奖提名奖三种奖项。

国家图书奖自 1993 年首次评选以来，已成功举办了六届，共有 756 种图书获奖（不含第六届的特别奖 50 种图书），涵盖了 1980—2002 年出版的图书，相对于我国年出图书 10 余万种的总量来说，这个数字很小，但这一图书出版界的最高奖是我国数以万计的优秀图书、精品图书的集中代表，展示了我国政治、经济、文化、科技等方面的科研成果，体现了我国在相当长一个时期图书出版的整体质量和水平。10 年的评奖工作对引导阅读、繁荣出版业产生的影响更是深刻、巨大的，它对促进出版繁荣、推进学术发展起到了巨大的推动作用。回顾和总结国家图书奖，有助于我们更好地做好中国出版政府奖图书奖的评奖工作。

2001—2010 年国家图书奖获奖书目（普通高校人文社会科学领域）

第五届国家图书奖获奖书目（2001 年）

国家图书奖

序号	成果名称	出版社	作者	单位
1	《汤用彤全集》	河北人民出版社	汤用彤著　汤一介主编	北京大学
2	《唐宋时期的雕版印刷》	文物出版社	宿白著	北京大学
3	《王力古汉语字典》	中华书局	王力主编	北京大学
4	《应用心理学书系》	人民教育出版社	林崇德主编	北京师范大学
5	《增订文心雕龙校注》	中华书局	杨明照校注	四川大学
6	《中国教育制度通史》	山东教育出版社	李国钧等总主编	华东师范大学等
7	《中国历史大辞典》	上海辞书出版社	郑天挺等主编	南开大学
8	《朱德熙文集》	商务印书馆	朱德熙著	北京大学

国家图书奖提名奖

序号	成果名称	出版社	作者	单位
1	《卞之琳译文集》(上、中、下)	安徽教育出版社	卞之琳译 江弱水等整理	浙江大学
2	《超越市场与超越政府——论道德力量在经济中的作用》	经济科学出版社	厉以宁著	北京大学
3	《邓小平理论与中共党史学》	北京出版社	王炳林著	北京师范大学
4	《泛教育论——广义教育学的初步探索》	山西教育出版社	项贤明著	北京师范大学
5	《甘肃藏敦煌文献》(6卷)	甘肃人民出版社	《甘肃藏敦煌文献》编委会编	敦煌研究院、兰州大学、西北师范大学等
6	《高处不胜寒——冷战后美国的全球战略和世界地位》	世界知识出版社	王缉思主编	北京大学
7	《高等教育现代化的反思与建构》	黑龙江教育出版社	张应强著	华中科技大学
8	《汉语方言大词典》	中华书局	许宝华等主编	复旦大学
9	《家园——文化建设论纲》	黑龙江教育出版社	李德顺等著	中国政法大学
10	《教育经济研究丛书》(第一辑5册)	北京师范大学出版社	王善迈主编	北京师范大学
11	《马克思主义文艺学概论》	花山文艺出版社	陆贵山等主编	中国人民大学
12	《清人别集总目》(上、中、下)	安徽教育出版社	李灵年等主编	南京师范大学
13	《全元戏曲》	人民文学出版社	王季思主编	中山大学
14	《全祖望集汇校集注》	上海古籍出版社	[清]全祖望撰 朱铸禹汇校集注	南开大学
15	《十三经注疏》(整理本)	北京大学出版社	李学勤主编	清华大学
16	《世纪之理想——中国近代义务教育研究》	浙江教育出版社	田正平等主编	浙江大学
17	《世界经典童话全集》(20卷)	明天出版社	韦苇主编	浙江师范大学
18	《文化语言学》(增订本)	湖北教育出版社	邢福义主编	华中师范大学
19	《现代中国儿童文学主潮》	重庆出版社	王泉根著	北京师范大学
20	《新时代汉英大词典》	商务印书馆	吴景荣等主编	外交学院

续表

序号	成果名称	出版社	作者	单位
21	《云南物质文化》	云南教育出版社	尹绍亭等主编	云南大学
22	《中国高等教育研究50年》(1949—1999)	教育科学出版社	陈学飞总主编	北京大学
23	《中国国有企业改革》	济南出版社	高尚全等主编	北京大学、上海交通大学、浙江大学等
24	《中国历代印风系列》(21本)	重庆出版社	黄惇主编	南京艺术学院
25	《中国思想史》	复旦大学出版社	葛兆光著	复旦大学
26	《中国唐山皮影艺术》	河北美术出版社	魏力群主编	河北师范大学
27	《中国现代版画经典文献》	湖南美术出版社	李树声等主编	中央美术学院
28	《朱子哲学研究》	华东师范大学出版社	陈来著	清华大学

第六届国家图书奖获奖书目（2003年）

国家图书奖荣誉奖

序号	书名	出版社	作者	单位
1	《梁思成全集》	中国建筑工业出版社	梁思成	清华大学
2	《中国少数民族古籍集成》(100册)	四川民族出版社	季羡林名誉主编 徐丽华等主编	北京大学 北京市民族事务委员会古籍办等
3	《日本宫内厅书陵部藏宋元版汉籍影印丛书》(第一辑)	线装书局	安平秋、杨忠等	北京大学
4	《波斯经典文库》(7种/18卷)	湖南文艺出版社	菲尔多西等 张鸿年等译	北京大学

国家图书奖

序号	书名	出版社	作者	单位
1	《中国佛教哲学要义》	中国人民大学出版社	方立天	中国人民大学
2	《比较刑法原理——外国刑法学总论》	武汉大学出版社	马克昌	武汉大学

续表

序号	书名	出版社	作者	单位
3	《二十世纪现代汉语语法“八大家”》	东北师范大学出版社	黎泽渝等	北京师范大学等
4	《中国书法史》	江苏教育出版社	华人德	苏州大学
5	《教育科学分支学科丛书》(15卷)	人民教育出版社	瞿葆奎主编	华东师范大学
6	《外国教育思想通史》(10卷)	湖南教育出版社	吴式颖、任钟印主编	北京师范大学
7	《全清词·顺康卷》	中华书局	程千帆主编	
8	《李商隐文编年校注》	中华书局	刘学锴、余恕诚	合肥师范学院、安徽师范大学
9	《中华文明大视野》	21世纪出版社	袁行霈主编	北京大学

国家图书奖提名奖

序号	书名	出版社	作者	单位
1	《中国佛教哲学要义》	中国人民大学出版社	方立天	中国人民大学
2	《熊十力全集》	湖北教育出版社	萧萐父主编、郭齐勇副主编	武汉大学
3	《走进马克思》	江苏人民出版社	孙伯葵、张一兵主编	南京大学
4	《中国美学的文脉历程》	四川人民出版社	王振复	复旦大学
5	《中国共产党通史（插图本）》	广东人民出版社	张静如主编	北京师范大学
6	《公民道德建设实施纲要》学习读本	学习出版社	中共中央宣传部组织罗国杰等主编	中宣部、中国人民大学等
7	《诊断与治疗：揭示中国的股票市场》	经济科学出版社	成思危	华东理工大学
8	《中国经济通史》	湖南人民出版社	赵德馨主编	中南财经政法大学
9	《中国经济思想通史（修订本）》	北京大学出版社	赵靖主编、石世琦副主编	北京大学
10	《物权法研究》	中国人民大学出版社	王利明	中国人民大学
11	《战国文字编》	福建人民出版社	汤馀惠	吉林大学

续表

序号	书名	出版社	作者	单位
12	《人类学通论》	山西教育出版社	庄孔韶主编	中国人民大学
13	《姜亮夫全集》(24卷)	云南人民出版社	姜亮夫	浙江大学
14	《人文社会科学是什么》(11册)	北京大学出版社	梁小民、葛剑雄等	北京大学、复旦大学等
15	《现代科技与人文关怀丛书》(5册)	广东教育出版社	刘大椿主编	中国人民大学
16	《民国诗话丛编》	上海书店出版社	张寅彭	上海大学
17	《巴金图传》	广东教育出版社	陈思和	复旦大学
18	《世界英雄史诗译丛》	译林出版社	(印度)蚁蛭等,季羡林等译	北京大学
19	《英汉双解莎士比亚大辞典》	河南人民出版社	刘炳善	河南大学编
20	《欧洲文学史》	商务印书馆	李赋宁总主编	北京大学
21	《印典》	中国友谊出版公司	康殷	首都师范大学
22	《中国美术分类全集·中国法帖全集》(18册)	湖北美术出版社	启功主编	北京师范大学
23	《新中国艺术史 1949—2000》	湖南美术出版社	邹跃进、居其宏、傅谨	中央美术学院
24	《中国古建筑二十讲(插图珍藏本)》	三联书店	楼庆西	清华大学
25	《高等教育运行机制研究》	人民教育出版社	闵维方主编	北京大学
26	《高等教育理论丛书》(7卷)	广西师范大学出版社	薛天祥、陈玉琨主编	华东师范大学
27	《苏霍姆林斯基选集》	教育科学出版社	苏霍姆林斯基著,蔡汀、王义高、祖晶主编	国家图书馆、北京师范大学等
28	《世界课程与教学新理论文库》	教育科学出版社	钟启泉、张华主编	华东师范大学
29	《中国医籍大辞典》	上海科学技术出版社	裘沛然、严世芸等	上海中医药大学
30	《新时代汉英词典》	商务印书馆	潘绍中主编	外交学院

续表

序号	书名	出版社	作者	单位
31	《林则徐全集》	海峡文艺出版社	来新夏、陈胜粦等	南开大学
32	《司牧安骥集校注》	中国农业出版社	（唐）李石等编著 邹介正等校	南京农业大学等
33	《朱子全书》(27卷)	上海古籍出版社 安徽教育出版社	朱杰人 严佐之、刘永翔主编	华东师范大学等
34	《世界文学史》	辽宁民族出版社	卢星华	延边大学
35	《彩图版中国共产党历程》(3册)	海燕出版社	金冲及、夏燕月主编	复旦大学等
36	《中国儿童文学5人谈》	新蕾出版社	梅子涵、曹文轩、朱自强、彭懿、方卫平	上海师范大学等

（三）全国教育科学研究优秀成果奖

全国教育科学研究优秀成果奖是教育部为充分调动广大教育科学工作者的积极性和创造性，强化教育科学研究的使命感和责任感，检阅一定时期内我国教育科研战线所取得的工作成就，表彰新中国成立以来为我国教育科学事业做出突出贡献的资深专家，进一步繁荣和发展教育科学事业，提高教育科学研究质量，促进教育科学事业发展并做出更大贡献而开展的全国性评选奖励活动。评奖活动由全国教育科学规划办公室具体组织实施。该奖于1990年设立，原则上每5年评奖一次，至今已分别于1990年、1999年、2006年评选了三届，发挥了检阅教育科学研究实力和激励教育科研工作者的重要作用。三届总共评出一等奖104项，二等奖364项，三等奖198项（三等奖从第三届开始设立）。

2001—2010年全国教育科学研究优秀成果奖名单（普通高校）

第三届全国教育科学研究优秀成果奖获奖者名单（2006）

等次	学科	获奖者	单位	成果名称	成果形式	出版、发表或适用范围
1	教育心理	林崇德	北京师范大学	《教育与发展——创新人才的心理学整合研究》	著作	北京师范大学
1	教育经济与管理	陈玉琨	华东师范大学	《教育评价学》	著作	人民教育出版社

续表

等次	学科	获奖者	单位	成果名称	成果形式	出版、发表或适用范围
1	教育心理	莫雷	华南师范大学	《文本阅读双加工理论的系列实验研究》	论文	《心理学报》
1	教育经济与管理	杜育红	北京师范大学	《教育发展不平衡研究》	著作	北京师范大学出版社
1	教育理论与教育史	吴康宁	南京师范大学	《课堂教学社会学》	著作	南京师范大学出版社
1	教育理论与教育史	廖哲勋 田慧生	华中师范大学/中央教育科学研究所	《课程新论》	著作	教育科学出版社
1	教育理论与教育史	石中英	北京师范大学	《知识转型与教育改革》	著作	教育科学出版社
1	教育理论与教育史	刘海峰	厦门大学	《中国考试发展史》	著作	华中师范大学出版社
2	高等教育	陈洪捷	北京大学	《德国古典大学观及其对中国大学的影响》	著作	北京大学出版社
2	比较教育	陈向明	北京大学	《在参与中学习与行动——参与式方法培训指南》	著作	教育科学出版社
2	高等教育	王孙禺	清华大学	《工程教育与工业竞争力》	著作	清华大学出版社
2	教育经济与管理	丁小浩	北京大学	《中国高等院校规模效益的实证研究》	著作	教育科学出版社
2	教育心理	周宗奎	华中师范大学	《儿童的社会技能》	著作	华中师范大学出版社
2	教育心理	方俊明	华东师范大学	《中国聋人手语脑功能成像的研究》	论文	《中国特殊教育》
2	高等教育	徐小洲	浙江大学	《高等教育论——跨学科的观点》	著作	人民教育出版社
2	高等教育	周作宇	北京师范大学	《问题之源与方法之镜——元教育理论探索》	著作	教育科学出版社
2	教育心理	张文新	山东师范大学	《中小学生欺负/受欺负的普遍性与基本特点》	论文	《心理学报》

续表

等次	学科	获奖者	单位	成果名称	成果形式	出版、发表或适用范围
2	职业技术教育	石伟平	华东师范大学	《比较职业技术教育》	著作	华东师范大学出版社
2	高等教育	柯佑祥	华中科技大学	《适度盈利与民办高等教育发展》	著作	南京师范大学出版社
2	教育心理	叶浩生	南京师范大学	《试析现代西方心理学的文化转向》	论文	《心理学报》
2	基础教育	张楚廷	湖南师范大学	《课程与教学哲学》	著作	人民教育出版社
2	教育心理	卢家楣	上海师范大学	《学习的苦乐观新论》	论文	教育研究
2	高等教育	陈昌贵	中山大学	《人才回归与使用》	著作	广东人民出版社
2	教育心理	蔡笑岳	广州大学	《西南少数民族青少年智力发展与教育》	著作	西南师范大学出版社
2	教育经济与管理	李从松	清华大学	《中国大学贫困生研究》	著作	湖北人民出版社
2	比较教育	冯增俊	华南师范大学	《走向新纪元的粤港澳台教育》	著作	人民教育出版社
2	教育理论与教育史	陈平原	北京大学	《中国大学十讲》	著作	复旦大学出版社
2	基础教育	应俊峰	华东师范大学	《研究型课程》	著作	天津教育出版社
2	德育	安云凤	首都师范大学	《性伦理学新论》	著作	首都师范大学出版社
2	基础教育	罗星凯	广西师范大学	《科学探究性学习的理论与实践研究》	论文	《教育研究》
2	德育	谢海光	上海交通大学	《互联网与思想政治工作概论》	著作	复旦大学出版社
2	比较教育	陈永明	华东师范大学	《日本教育——中日比较与展望》	著作	高等教育出版社
2	教育经济与管理	马永霞	北京理工大学	《个人高等教育投资论》	著作	黑龙江人民出版社
2	高等教育	杨德广	上海师范大学	《现代高等教育思想探索》	著作	人民教育出版社

续表

等次	学科	获奖者	单位	成果名称	成果形式	出版、发表或适用范围
2	高等教育	赵婷婷	北京航空航天大学	《高等教育大众化理论的修正与发展》	论文	《教育研究》
2	德育	胡　珍	成都电子机械高等专科学校	《中国当代大学生性现状与性教育研究》	著作	四川科学技术出版社
2	德育	郑永廷	中山大学	《粤港澳台高校德育比较研究》	著作	中山大学出版社
2	成人教育	王　蓉	北京农业职业学院	《成人高等教育学》	著作	中国农业大学出版社
2	德育	程天权	中国人民大学	《全国普通高校“两课”课程设置及教材内容调研报告》	研究报告	内部
2	基础教育	郝德永	渤海大学	《课程研制方法论》	著作	教育科学出版社
2	比较教育	汪　霞	南京大学	《课程研究：现代与后现代》	著作	上海科技教育出版社
2	德育	杜时忠	华中师范大学	《德育十论》	著作	黑龙江教育出版社
2	高等教育	刘献君	华中科技大学	《加强院校研究：高等学校改革与发展的必然要求》	论文	《高等教育研究》
2	高等教育	戚业国	华东师范大学	《民间高等教育投资的跨学科研究》	著作	复旦大学出版社
2	职业技术教育	李　进	华东师范大学	《上海高职人才报告》	论文	《职业技术教育》
2	基础教育	熊川武	华东师范大学	《反思性教学》	著作	华东师范大学出版社
2	体育卫生美育	王耀华	福建师范大学	《中小学音乐教育的发展与高师音乐教育改革》	研究报告	《中国音乐教育》
2	体育卫生美育	于可红	浙江大学	《国家中小学生体育与健康教育个体评价标准的研究》	著作	浙江大学出版社
2	高等教育	肖海涛	深圳大学	《大学的理念》	著作	华中科技大学出版社
2	基础教育	张先亮	浙江师范大学	《中学生语文水平标准研究》	著作	吉林人民出版社
3	教育心理	郭秀艳	华东师范大学	《内隐学习与缄默知识》	论文	《教育研究》

续表

等次	学科	获奖者	单位	成果名称	成果形式	出版、发表或适用范围
3	教育心理	张庆林	西南大学	《创造性研究手册》	著作	四川教育出版社
3	教育心理	郭永玉	华中师范大学	《精神的追寻：超个人心理学及其治疗理论研究》	著作	华中师范大学出版社
3	教育心理	王晓钧	深圳大学	《情绪智力——当前我国情绪和情感研究中的谬误》	论文	《中国社会科学》
3	教育心理	王　沛	西北师范大学	《刻板印象的理论与研究》	著作	甘肃教育出版社
3	教育心理	桑　标	华东师范大学	《超常与普通儿童元记忆知识发展的实验研究》	论文	《心理科学》
3	教育心理	姚本先	安徽师范大学	《儿童心理辅导》	著作	安徽大学出版社
3	教育心理	方　平	首都师范大学	《儿童心理综合量表的特点及中国城市修订版常模的研制》	量表	首都师范大学
3	教育心理	张　明	东北师范大学	《学习困难学生视空间工作记忆提取能力的多指标分析》	论文	《心理科学》
3	教育心理	李伟健	浙江师范大学	《目标定向与进步反馈对优差生写作成绩影响的实验研究》	论文	《心理科学》
3	教育心理	才让措	青海师范大学	《青海同仁地区藏族小学生藏汉双语教学实验研究报告》	研究报告	中国藏学
3	教育心理	李宏翰	广西师范大学	《预期记忆的老化研究：理论与实验》	著作	广西师范大学出版社
3	教育信息技术	何克抗	北京师范大学	《创造性思维理论——DC模型的建构与论证》	著作	北京师范大学出版社
3	教育信息技术	张舒予	南京师范大学	《视觉文化概论》	著作	江苏人民出版社
3	民族教育	胡春梅	内蒙古民族高等专科学校	《民族教育发展研究》	著作	内蒙古教育出版社

续表

等次	学科	获奖者	单位	成果名称	成果形式	出版、发表或适用范围
3	教育理论与教育史	刘复兴	北京师范大学	《教育政策的价值分析》	著作	教育科学出版社
3	高等教育	刘莉莉	华东师范大学	《中国民办高等教育发展研究》	著作	吉林人民出版社
3	教育信息技术	丁　新	华南师范大学	《中国远程教育发展的十大趋势》	论文	《中国远程教育》
3	成人教育	孙绿怡	中央广播电视大学	《现代远程开放教育若干专题研究》	研究报告	中央广播电视大学出版社
3	基础教育	张维忠	浙江师范大学	《数学文化与数学课程》	著作	上海教育出版社
3	成人教育	黄　健	华东师范大学	《成人教育课程开发的理论与技术》	著作	上海教育出版社
3	比较教育	吴遵民	华东师范大学	《现代国际终身教育论》	著作	上海教育出版社
3	高等教育	谢安邦	华东师范大学	《师范教育发展战略研究：目标、对策与措施》	研究论文	高等师范教育研究
3	基础教育	马云鹏	东北师范大学	《近现代课程研究范式的演变及其启示》	论文	《教育研究》
3	基础教育	虞永平	南京师范大学	《学前课程价值论》	著作	江苏教育出版社
3	高等教育	高耀明	上海师范大学	《高等教育通向农村研究》	著作	黑龙江人民出版社
3	教育理论与教育史	毛亚庆	北京师范大学	《从两极到中介——科学主义教育与人本主义教育方法论研究》	著作	北京师范大学出版社
3	民族教育	吴晓蓉	西南大学	《教育，在仪式中进行——摩梭人成年礼的教育人类学分析》	著作	西南师范大学出版社
3	成人教育	余凤英	长江大学	《7省市14所三级医院护理队伍的需求调查与相应对策》	论文	《中华护理》
3	基础教育	刘志军	河南大学	《课堂评价论》	著作	广西师范大学出版社

续表

等次	学科	获奖者	单位	成果名称	成果形式	出版、发表或适用范围
3	民族教育	刘玉彬	大连民族学院	《语码转换理论在民族高等院校多层次双语教学中的应用研究》	研究报告	大连民族学院
3	教育理论与教育史	黄书光	华东师范大学	《中国基础教育改革的文化使命》	著作	教育科学出版社
3	教育信息技术	张少刚	中央广播电视大学	《农村现代远程教育引论》	著作	中央广播电视大学出版社
3	教育理论与教育史	董泽芳	华中师范大学	《百川归海——教育分流研究与国民教育意向调查》	著作	华中师范大学出版社
3	教育理论与教育史	王炳照	北京师范大学	《中国私学、私立学校、民办教育研究》	著作	山东教育出版社
3	高等教育	石亚军	中国政法大学	《关于大学文化素质教育如何走向成熟的思考》	论文	中国高等教育
3	高等教育	张继如	内蒙古大学	《大学生心理素质教育》	著作	内蒙古大学出版社
3	教育信息技术	祝智庭	华东师范大学	《关于教育信息化的技术哲学观透视》	论文	《华东师范大学学报（教育科学版）》
3	德育	孙来斌	武汉大学	《列宁的马克思主义理论教育思想研究》	著作	中国社会科学出版社
3	德育	戴钢书	电子科技大学	《德育环境研究》	著作	人民出版社
3	高等教育	李福华	淮北煤炭师范学院	《高等教育哲学基础新探——兼评布鲁贝克高等教育哲学基础观》	论文	《华东师范大学学报（教育科学版）》
3	高等教育	高向东	华东师范大学	《当前高校青年知识分子状况调查》	论文	上海市社会科学院出版社
3	教育理论与教育史	袁振国	华东师范大学	《当代教育学》	著作	教育科学出版社
3	基础教育	霍益萍	华东师范大学	《研究性学习：实验与探索》	著作	广西教育出版社

续表

等次	学科	获奖者	单位	成果名称	成果形式	出版、发表或适用范围
3	基础教育	乔际平	首都师范大学	《全面提高北京市初中教育质量》	研究报告	北京市教育委员会
3	教育信息技术	游泽清	天津师范大学	《多媒体画面艺术基础》	著作	高等教育出版社
3	高等教育	林金辉	厦门大学	《高等教育学学科建设的基本轨迹及其走向》	论文	《教育研究》
3	教育理论与教育史	王坤庆	华中师范大学	《精神与教育——一种教育哲学视角的当代教育反思与建构》	著作	上海教育出版社
3	高等教育	胡建华	南京师范大学	《现代中国大学制度的原点：50年代初期的大学改革》	著作	南京师范大学出版社
3	基础教育	朱德全	西南大学	《教育实验研究》	著作	重庆出版社
3	教育信息技术	李　艺	南京师范大学	《信息技术教育理论与实践的创新模型建构》	论文	《教育研究》
3	高等教育	章仁彪	同济大学	《“全球化”与中国高等工程教育论纲》	论文	《教育改革与管理》
3	教育理论与教育史	冯建军	南京师范大学	《当代主体教育论》	著作	江苏教育出版社
3	教育经济与管理	朱家存	安徽师范大学	《教育均衡发展政策研究》	著作	中国社会科学出版社
3	高等教育	李　岚	南华大学	《面向工科大学生创新能力并行培养模式的研究》	论文	《山西教育学院学报》
3	教育理论与教育史	刘世民	四川师范大学	《错位与抉择——论农村学校教育的主导功能和路向》	著作	西南师范大学出版社
3	基础教育	张熊飞	陕西师范大学	《诱思探究学科教学论》	著作	陕西人民出版社
3	基础教育	孔企平	华东师范大学	《数学教学过程中的学生参与及其对学习结果的影响》	著作	华东师范大学出版社

续表

等次	学科	获奖者	单位	成果名称	成果形式	出版、发表或适用范围
3	高等教育	林汉川	对外经济贸易大学	《经济管理类博士培养新模式探索》	研究报告	对外经济贸易大学
3	教育理论与教育史	卜玉华	华东师范大学	《课程理念探——历史、现在与未来》	著作	复旦大学出版社
3	基础教育	宋秋前	浙江海洋学院	《教学缺失与矫治策略》	著作	贵州人民出版社
3	高等教育	张掌然	武汉大学	《思维训练》	著作	华中科技大学出版社
3	教育经济与管理	赖德胜	北京师范大学	《论大学的核心竞争力》	论文	《教育研究》
3	教育理论与教育史	张人杰	广州大学	《中小学教育与教师》	著作	广东人民出版社
3	教育信息技术	李　龙	内蒙古师范大学	《教学过程设计》	著作	内蒙古人民出版社
3	基础教育	余文森	福建师范大学	《国家级课程改革实验区教学改革调研报告》	论文	《教育研究》
3	教育经济与管理	孙绵涛	沈阳师范大学	《关于国家教育政策体系的探讨》	论文	《教育研究》
3	教育信息技术	林福宗	清华大学	《网上教学行为与教学系统设计》	论文	*Behavior & Information Technology*
3	职业技术教育	马必学	武汉职业技术学院	《职业资格证书与学历证书相互沟通与衔接的研究》	研究报告	武汉职业技术学院学报
3	教育理论与教育史	胡淑云	北京教育学院	《九品官人法考论》	著作	社会科学文献出版社
3	基础教育	李培湘	西华师范大学	《素质教育目标导学研究》	著作	四川人民出版社
3	德育	毕世响	福建师范大学	《乡村生活的道德文化智慧——生活道德教育》	著作	吉林人民出版社
3	德育	郭　成	沈阳师范大学	《大学校园文化的嬗变和构建》	著作	黑龙江人民出版社

续表

等次	学科	获奖者	单位	成果名称	成果形式	出版、发表或适用范围
3	基础教育	温恒福	哈尔滨师范大学	《研究体验式创新教学法——实施新课程的新理念与新技术》	著作	黑龙江人民出版社
3	基础教育	汪　潮	浙江教育学院	《小学语文教学新视野》	著作	杭州大学出版
3	德育	沈壮海	武汉大学	《中国传统德教方法论及其现代意义》	论文	《教育研究》
3	基础教育	曹中平	湖南师范大学	《幼儿社会性发展与教育》	著作	湖南师范大学出版社
3	体育卫生美育	顾荣芳	南京师范大学	《学前儿童健康教育论》	著作	江苏教育出版社
3	基础教育	钱源伟	上海师范大学	《基础教育改革研究》	著作	上海科技教育出版社
3	体育卫生美育	邓宗琦	华中师范大学	《面向21世纪体育师资培养和体育教育专业改革与发展研究》	论文	华中师范大学出版社
3	教育理论与教育史	刘晓东	南京师范大学	《儿童精神哲学》	著作	南京师范大学出版社
3	德育	扈中平	华南师范大学	《对道德的核心和道德教育的重新思考》	论文	《华东师范大学学报(教育科学版)》
3	高等教育	周其凤	北京大学	《高等院校研究生教育管理信息系统的研究开发》	研究报告	北京大学
3	高等教育	赵祖地	杭州电子科技大学	《高校德育评估概论》	著作	浙江人民出版社
3	高等教育	胡成功	长江大学	《高等学校基层学术组织现状与问题》	论文	《高等教育研究》
3	职业技术教育	周明星	天津工程师范学院	《职业教育学通论》	著作	天津人民出版社
3	教育理论与教育史	姜乐仁	华中师范大学	《启发式教学新探》	著作	湖北科学技术出版社
3	教育理论与教育史	张东娇	北京师范大学	《教育沟通论》	著作	山西教育出版社

续表

等次	学科	获奖者	单位	成果名称	成果形式	出版、发表或适用范围
3	高等教育	邬大光	厦门大学	《民办高等教育与资本市场的联姻——国际经验与我国的道路选择》	论文	《教育研究》
3	高等教育	张慧洁	复旦大学	《高等学校教育评估概述》	著作	吉林省教育音像出版社
3	高等教育	何仁龙	华东理工大学	《基础性 实践性 国际性——转型期课程目标的发展倾向及其启示》	论文	《教育研究》
3	高等教育	刘俊学	湖南工学院	《高等教育服务质量论》	著作	湖南人民出版社
3	教育经济与管理	吴开俊	广州大学	《我国地区经济发展不平衡对“两基”的影响》	论文	《教育与经济》
3	教育信息技术	夏　旭	南方医科大学	《生物医学搜索引擎与网络信息资源建设》	著作	第二军医大学出版社
3	高等教育	阎亚林	西北政法大学	《论我国高校学术权力行政化》	论文	《陕西师范大学学报（哲学社会科学版）》
3	教育经济与管理	曲绍卫	北京科技大学	《知识经济与现代教育》	著作	中国社会科学出版社
3	高等教育	滕利荣	吉林大学	《创建实验教学精品实验室的实践与思考》	论文	《实验室研究与探索》
3	高等教育	刘海波	华东师范大学	《多校区大学管理的若干理论问题及分析框架》	论文	《教育发展研究》
3	高等教育	董云川	云南大学	《SARS 对高校的影响与对策研究》	论文	《教育发展研究》
3	教育经济与管理	张新平	南京师范大学	《教育组织范式论》	著作	江苏教育出版社
3	教育发展战略	吴远香	中国传媒大学	《教育主动适应需求的机制研究》	著作	北京广播学院出版社
3	高等教育	胡有清	南京大学	《文科理论教学论》	著作	南京大学出版社

续表

等次	学科	获奖者	单位	成果名称	成果形式	出版、发表或适用范围
3	教育理论与教育史	李政涛	华东师范大学	《教育学科与相关学科的“对话”——从知识、科学、信仰和人的角度》	著作	上海教育出版社
3	高等教育	冯惠敏	武汉大学	《武汉大学通识教育现状调查与分析报告及通识课程设计方案》	论文	《武汉大学学报（社科版）》
3	职业技术教育	王国荣	长春汽车工业高等专科学校	《工读交替制教学模式的研究与实践》	研究报告	中国第一汽车集团公司
3	教育理论与教育史	金林祥	华东师范大学	《20世纪中国教育学科的发展与反思》	著作	上海教育出版社
3	高等教育	张进辅	西南大学	《中国大学生传统人生价值观的调查研究》	论文	《西南师范大学学报（人文社会科学版）》
3	教育经济与管理	杨颖秀	东北师范大学	《教育决策的科学化民主化研究》	著作	东北师范大学出版社
3	高等教育	林茂全	大连轻工业学院	《开放与变革中的高等教育》	著作	辽宁省民族出版社
3	基础教育	王斌华	华东师范大学	《双语教育与双语教学》	著作	上海教育出版社
3	德育	林庭芳	西南大学	《“两课”教学法专题研究》	著作	西南师范大学出版社
3	德育	刘　慧	沈阳师范大学	《多元社会中学校道德教育：关注学生个体的生命世界》	论文	《教育研究》
3	高等教育	罗选民	清华大学	《中国的翻译教学：问题与前景》	论文	《翻译季刊》
3	职业技术教育	尚元明	江苏技术师范学院	《初等、中等、高等职业教育的衔接及与普通教育相互沟通的研究》	著作	苏州大学出版社
3	高等教育	赵亚平	大连大学	《高等教育——理念重塑、流程再造与高素质人才培养》	著作	高等教育出版社

续表

等次	学科	获奖者	单位	成果名称	成果形式	出版、发表或适用范围
3	教育理论与教育史	郝文武	陕西师范大学	《教育：主体间的指导学习》	论文	《教育研究》
3	教育理论与教育史	胡劲松	华南师范大学	《论教育公平的内在规定性及其特征》	论文	《教育研究》
3	教育发展战略	苏　竣	清华大学	《高等院校教育科技发展战略研究》	研究报告	教育部科学技术委员会
3	基础教育	恽昭世	上海师范大学	《普通高中综合课程的开发与思考》	论文	《课程·教材·教法》
3	教育理论与教育史	马啸风	首都师范大学	《中国师范教育史》	著作	首都师范大学出版社
3	德育	钱焕琦	南京师范大学	《大学生思想道德修养的理性思考与实际演练》	著作	上海人民出版社
3	教育经济与管理	张学敏	西南大学	《论贫困地区教育投资体制的问题与改革——教育投资宏观调控与教育成本补偿体制建构研究》	论文	《中国教育学刊》
3	体育卫生美育	季浏	华东师范大学	《体育与健康课程标准解读》	著作	湖北教育出版社
3	高等教育	王根顺	兰州大学	《高等理科教育改革与发展概论》	著作	兰州大学出版社
3	体育卫生美育	周爱光	华南师范大学	《竞技运动异化论》	著作	广东高等教育出版社
3	教育发展战略	孙卫国	四川大学	《我国西南地区研究生教育发展战略若干问题研究》	著作	四川大学出版社
3	教育经济与管理	祁型雨	沈阳师范大学	《超越利益之争——教育政策的价值研究》	著作	高等教育出版社
3	基础教育	袁征	洛阳大学	《小学素质教育论》	著作	河南大学出版社
3	体育卫生美育	于景春	云南艺术学院	《舞蹈教育与青少年素质教育研究》	论文	《民族艺术研究》

续表

等次	学科	获奖者	单位	成果名称	成果形式	出版、发表或适用范围
3	体育卫生美育	施咏	东北师范大学	《基本乐理的文化视野》	著作	西南师范大学出版社
3	教育经济与管理	刘　力	浙江大学	《产学研合作的历史考察及本质探讨》	论文	《浙江大学学报（人文社会科学版）》
3	基础教育	胡志刚	福建师范大学	《教育时机论》	著作	黑龙江人民出版社
3	基础教育	陈建翔	北京师范大学	《量子教育学：100 年前量子爆破的现代回声》	论文	《教育研究》
3	基础教育	刘晶波	南京师范大学	《师幼互动行为研究——我在幼儿园里看到了什么?》	著作	南京师范大学出版社

（四）司法部法学教材与法学优秀科研成果奖

司法部法学教材与法学优秀科研成果奖是为推动我国法治建设与法学理论研究事业的发展，根据司法部《法治建设与法学理论研究部级科研项目管理办法（试行）》(司发通〔2001〕057 号）的有关规定而设立的全国性单一学科成果奖。自 2001 年起至今已经开展三届，共评审产生一等奖 51 项，二等奖 119 项，三等奖 176 项，优秀奖 98 项。其中高校教师获得一等奖 46 项，二等奖 107 项，三等奖 155 项，优秀奖 88 项，分别占相应等级奖项总数的 90%、90%、88%、90%。

2001—2010 年司法部法学教材与法学优秀科研成果奖获奖名单（普通高校）

第一届司法部法学教材与法学优秀科研成果奖获奖名单（2002 年）

一等奖

成果名称	作者	所在单位	成果类别	出版、发表单位及时间
《合同法学》	崔建远	清华大学	教材	法律出版社 2000 年 4 月
《无形财产权制度研究》	吴汉东、胡开忠	中南财经政法大学	著作	法律出版社 2001 年 9 月
《海峡两岸刑法总论比较研究》	赵秉志	中国人民大学	著作	中国人民大学出版社 1999 年 7 月

续表

成果名称	作者	所在单位	成果类别	出版、发表单位及时间
《刑法适用总论》	陈兴良	北京大学	著作	法律出版社 1999 年 6 月
《司法改革研究》	王利明	中国人民大学	著作	法律出版社 2000 年 1 月
《刑事诉讼法学》(修订第二版)	陈光中、徐静村	中国政法大学	教材	中国政法大学出版社 2001 年 7 月
《民事证据立法与证据制度的选择》	李浩	南京师范大学	论文	《法学研究》2001 年第 5 期
《刑事庭审制度研究》	龙宗智	西南政法大学	著作	中国政法大学出版社 2001 年 11 月
《国际投资争端仲裁——“解决投资争端国际中心机制”研究》	陈　安	厦门大学	著作	复旦大学出版社 2001 年 9 月
《内地与香港的法律冲突与协调》	肖永平	武汉大学	著作	湖北人民出版社 2001 年 11 月
《法哲学范畴研究》	张文显	吉林大学	著作	中国政法大学出版社 2001 年 10 月
《比较法社会学的框架和方法——法制化本土化和全球化》	朱景文	中国人民大学	著作	中国人民大学出版社 2001 年 4 月
《良法论》	李　龙	浙江大学	著作	武汉大学出版社 2001 年 11 月
《法律与理性——法的现代性问题解读》	葛洪义	西北政法学院	著作	法律出版社 2001 年 8 月
《可转换公司债法论》	时建中	中国政法大学	著作	法律出版社 2000 年 2 月
《税法原理》(第二版)	张守文	北京大学	教材	北京大学出版社 2001 年 5 月
《论宪法价值的本质特征与形态》	吴家清	广东商学院	论文	《中国法学》1999 年第 2 期

二等奖

成果名称	作者	所在单位	成果类别	出版、发表单位及时间
《客观诚信与主观诚信的对立统一问题——以罗马法为中心》	徐国栋	厦门大学	论文	《中国社会科学》2000 年第 6 期

续表

成果名称	作者	所在单位	成果类别	出版、发表单位及时间
《罗马继承法研究》	费安玲	中国政法大学	著作	中国政法大学出版社2000年4月
《完善我国夫妻财产制的立法构想》	陈　苇	西南政法大学	论文	《中国法学》2000年第1期
《票据法》	赵新华	吉林大学	著作	人民法院出版社1999年12月
《婚姻家庭法》(第二版)	杨大文、曹诗权	中国人民大学、湖北省司法厅	教材	中国人民大学出版社2001年12月
《刑法因果新论》	侯国云	中国政法大学	著作	广西人民出版社2000年6月
《理性主义与刑法模式：犯罪概念研究》	冯亚东	四川大学	著作	中国政法大学出版社1999年1月
《新型经济犯罪研究》	高铭暄	中国人民大学	著作	中国方正出版社2000年8月
《法律的犯罪构成与犯罪构成理论》	李　洁	吉林大学	论文	《法学研究》1999年第5期
《行政法》	杨建顺译	中国人民大学	译著	法律出版社1999年4月
《诉讼证据规则研究》	刘善春等	中国政法大学	著作	中国法制出版社2000年5月
《民事诉讼法学原理》	江　伟	中国人民大学	教材	中国人民大学出版社1999年9月
《新刑事诉讼法实施中的问题与对策研究》	樊崇义	中国政法大学	著作	中国人民公安大学出版社2001年9月
《刑事审判中的证据引出规则》	姚　莉	中南财经政法大学	论文	《法学研究》2001年第4期
《沉默权制度研究》	孙长永	西南政法大学	著作	法律出版社2001年8月
《国际法与国际货币新秩序研究》	杨　松	辽宁大学	著作	北京大学出版社2002年1月
《国际商事仲裁管辖权研究》	宋连斌	武汉大学	著作	法律出版社2000年3月
《WTO与中国的司法审判》	曹建明	国家法官学院	教材	法律出版社2001年12月

续表

成果名称	作者	所在单位	成果类别	出版、发表单位及时间
《WTO与农产品贸易争端》	张汉林等	对外经济贸易大学	著作	上海人民出版社2001年9月
《国际私法》	黄　进	武汉大学	教材	法律出版社1999年9月
《中国丧服制度史》	丁凌华	华东政法学院	著作	上海人民出版社2000年1月
《金文简帛中的刑法思想》	崔永东	清华大学	著作	清华大学出版社2000年3月
《藏族法制史研究》	徐晓光	贵州民族学院	著作	法律出版社2001年4月
《比较法律文化：法典法与判例法》	董茂云	复旦大学	著作	中国人民公安大学出版社2000年1月
《西方法治主义的源与流》	汪太贤	湘潭大学	著作	法律出版社2001年10月
《法律硕士（JM）专业学位教育的改革与发展报告》	贺卫方、霍宪丹	北京大学、司法部	研究报告	司法部采用，2001年11月
《法社会学原理》	马新福	吉林大学	教材	吉林大学出版社1999年6月
《企业集中规制的基本法理——美国日本及欧盟的反垄断法比较研究》	王为农	浙江大学	著作	法律出版社2001年12月
《财政税收法》	刘剑文	北京大学	教材	法律出版社2001年11月
《经济法教程》	顾功耘	华东政法学院	教材	上海人民出版社2002年3月
《从宪法规范到规范宪法：规范宪法学的一种前言》	林来梵	浙江大学	著作	法律出版社2001年5月
《有关中国法院适用宪法基本权利条款的审判研究》	周伟	四川大学	论文	《中国法与比较法研究》2000年第2期

三等奖

成果名称	作者	所在单位	成果类别	出版、发表单位及时间
《物权法新论——一种法律经济分析的观点》	周林彬	中山大学	著作	北京大学出版社2002年3月

续表

成果名称	作者	所在单位	成果类别	出版、发表单位及时间
《用益物权论——源流分析·制度比较·立法思考》	屈茂辉	湖南大学	著作	湖南人民出版社 1999 年 12 月
《上市公司关联交易的法律问题研究》	柳经纬等	厦门大学	著作	厦门大学出版社 2001 年 3 月
《比较商法导论》	任先行等	兰州商学院	教材	北京大学出版社 2000 年 10 月
《医疗纠纷与法律责任》	乔世明	中央民族大学	著作	人民军医出版社 2002 年 4 月
《土地使用权与用益物权——我国不动产物权体系研究》	高富平	华东政法学院	著作	法律出版社 2001 年 12 月
《票据法》	刘心稳	中国政法大学	教材	中国政法大学出版社 2001 年 1 月
《财产罪比较研究》	刘明祥	武汉大学	著作	中国政法大学出版社 2001 年 4 月
《单位刑事责任论》	黎　宏	清华大学	著作	清华大学出版社 2001 年 4 月
《刑罚个别化研究》	翟中东	中央司法警官学院	著作	中国人民公安大学出版社 2001 年 9 月
《刑事法律关系的构造与价值》	张小虎	北京师范大学	著作	中国方正出版社 1999 年 11 月
《正当行为论》	王政勋	西北政法学院	著作	法律出版社 2000 年 6 月
《刑罚价值论》	谢望原	中国人民大学	著作	中国检察出版社 1999 年 4 月
《新世纪行政法发展的走向》	姜明安	北京大学	论文	《中国法学》2002 年第 1 期
《行政法的人文精神》	叶必丰	武汉大学	著作	湖北人民出版社 1999 年 11 月
《依法行政的理论与实践》	田　瑶	中国政法大学	著作	对外经济贸易大学出版社 2001 年 3 月
《既判力的界限研究》	吴明童	西北政法学院	论文	《中国法学》2001 年第 6 期

续表

成果名称	作者	所在单位	成果类别	出版、发表单位及时间
《证据法学》	卞建林	中国政法大学	教材	中国政法大学出版社 2002年1月
《新编证据法学》	何家弘	中国人民大学	教材	法律出版社2000年3月
《中国律师学》	陈卫东	中国人民大学	教材	中国人民大学出版社 2000年12月
《变迁与改革—法院制度现代研究》	左卫民、周长军	四川大学	著作	法律出版社2000年11月
《刑事司法体制原理》	张建伟	中国政法大学	著作	中国人民公安大学出版社2002年3月
《非诉讼纠纷解决机制研究》	范　愉	中国人民大学	著作	中国人民大学出版社 2000年6月
《国际私法》	章尚锦	中国人民大学	教材	中国人民大学出版社 2000年3月
《国际金融法》	李仁真	武汉大学	教材	武汉大学出版社1999年12月
《WTO争端解决机制概论》	俞敏友、左海聪、黄志雄	武汉大学	著作	上海人民出版社2001年6月
《当事人意思自治原则论纲》	吕岩峰	吉林大学	论文	《中国国际私法与比较法年刊》1999年第2卷
《国际收养法律制度研究》	蒋新苗	湖南师范大学	著作	法律出版社1999年6月
《宏观国际法史》	杨泽伟	中南财经政法大学	著作	武汉大学出版社2001年6月
《东盟的法律和政策与现代国际法》	杨丽艳	广西师范大学	著作	广西师范大学出版社 2000年6月
《国际税法学》	廖益新	厦门大学	著作	北京大学出版社2001年6月
《中国法制史》	叶孝信	复旦大学	教材	复旦大学出版社2002年3月
《乡土秩序与民间法律——羌族习惯法探析》	龙大轩	西南政法大学	著作	（香港）华夏文化艺术出版社2001年5月

续表

成果名称	作者	所在单位	成果类别	出版、发表单位及时间
《民国初期民法的现代化》	张　生	中国政法大学	著作	中国政法大学出版社 2002年2月
《印度社会的法律改革》	王云霞	中国人民大学	论文	《比较法研究》2000年第2期
《沟通两个世界的法律意义：晚清西方法的输入与法律新词初探》(第一版)	王　健	西北政法学院	著作	中国政法大学出版社 2001年10月
《法学范畴的矛盾辨思》(第一版)	谢　晖	山东大学	著作	山东人民出版社 1999年6月
《论法理念与法律思维》	郑成良	吉林大学	论文	《吉林大学社会科学学报》2000年第4期
《可持续发展与法律变革——21世纪法制研究》	陈泉生	福州大学	著作	法律出版社 2000年9月
《环境政策法律问题研究》	蔡守秋	武汉大学	著作	武汉大学出版社 1999年1月
《企业与公司法学》(第二版)	甘培忠	北京大学	教材	北京大学出版社 2001年1月
《金融法学》(第一版)	刘隆亨	北京联合大学	教材	当代世界出版社 2000年5月
《人口与计划生育立法研究》	陈明立	西南财经大学	著作	西南财经大学出版社 2001年7月
《劳动法》	关　怀	中国人民大学	教材	中国人民大学出版社 2001年3月
《经济法学研究框架初探》	王全兴	湖南大学	论文	《中国法学》2001年第6期
《入世与我国外资并购监管中的反垄断规则》	蔡　红	广东外语外贸大学	论文	《法学》2002年第3期
《金融法教程》	刘定华	湖南大学	教材	中国金融出版社 2001年1月
《竞争法论》	徐士英	华东政法学院	著作	世界图书出版公司 2000年1月

续表

成果名称	作者	所在单位	成果类别	出版、发表单位及时间
《经济法基石范畴论纲》	刘红臻	吉林大学	论文	《法制与社会发展》1999年第4期
《法权与宪法》	童之伟	上海交通大学	著作	山东人民出版社2001年3月
《西方宪政体制》(下册欧洲宪法)	张千帆	南京大学	著作	中国政法大学出版社2001年5月

优秀奖

成果名称	作者	所在单位	成果类别	出版、发表单位及时间
《民法哲学论稿》	李锡鹤	华东政法学院	著作	复旦大学出版社2000年10月
《保险法论》	樊启荣	中南财经政法大学	教材	中国法制出版社2001年6月
《货币发展形态的法律分析——兼论电子货币对法律制度的影响》	刘　颖	暨南大学	论文	《中国法学》2002年第1期
《公司法的展开与评判——方法·判例·制度》	蒋大兴	南京大学	著作	法律出版社2001年12月
《中国刑法现代化研究》	田宏杰	中国人民公安大学	著作	中国方正出版社2000年12月
《结果加重犯基本理论研究》	李邦友	西南政法大学	著作	武汉大学出版社2001年8月
《行政诉讼法学》	杨小君	西北政法学院	教材	陕西旅游出版社1999年12月
《行政指导论纲——非权力行政方式及其法治问题研究》	莫于川	中国人民大学	著作	重庆大学出版社1999年6月
《民事执行原理研究》	谭秋桂	中国政法大学	著作	中国法制出版社2001年10月
《加入联合国人权公约与中国法制建设》	谭世贵	海南大学	论文	《法学家》2001年第3期
《民事诉讼法新论》	章武生	复旦大学	教材	法律出版社2002年1月

续表

成果名称	作者	所在单位	成果类别	出版、发表单位及时间
《重构我国民事诉讼审级制度的探讨》	杨荣新	中国政法大学	论文	《中国法学》2001年第5期
《呼唤法制文明：为健全诉讼法制呐喊》	崔　敏	中国人民公安大学	著作	警官教育出版社1999年4月
《ICSID管辖权行使的法律实践与中国的对策》	李万强	西北政法学院	论文	《国际经济法论丛》第3卷，法律出版社2000年8月
《加拿大国际私法研究》	刘仁山	中南财经政法大学	著作	法律出版社2001年12月
《国际投资法学》	曾华群	厦门大学	著作	北京大学出版社1999年11月
《关于WTO幼稚产业保护条款的若干分析》	左海聪	武汉大学	研究报告	对外经济贸易部2000年10月
《试析乾隆朝关涉回族的特别法令》	李丕祺	西北第二民族学院	论文	《回族研究》1999年第2期
《汉魏晋"比"辨析》	吕丽、王侃	吉林大学	论文	《法学研究》2000年第4期
《生活的场景与法治的向度》	姚建宗	吉林大学	论文	《吉林大学社会科学学报》2000年第1期
《西方法学中的"解构"运动》	刘　星	中山大学	论文	《中外法学》2001年第5期
《马克思恩格斯论司法独立》	胡玉鸿	苏州大学	论文	《法学研究》2002年第1期
《全国近岸海域环境功能区划与立法研究》	胡增祥	青岛海洋大学	研究报告	国家环境保护总局2000年8月
《从信息视角看经济法的基本功能》	应飞虎	深圳大学	论文	《现代法学》2001年第6期
《关于完善个人所得税法若干重大问题的法律思考》	朱大旗	中国人民大学	论文	《法学家》2001年第3期
《跨入新世纪的中国宪法学——中国宪法学研究现状与评价》	杨海坤	苏州大学	著作	中国人事出版社2001年10月

第二届全国法学教材与科研成果奖获奖成果（2006年）

一等奖

成果名称	作者	单位	成果类别	出版、发表单位及时间
《马克思主义法理学——理论、方法和前沿》	张文显	吉林大学	教材	高等教育出版社2003年8月
《行政法与行政诉讼法》	姜明安	北京大学	教材	法律出版社2003年1月
《宪法》(第二版)	周叶中	武汉大学	教材	高等教育出版社、北京大学出版社2005年3月
《民法》	郭明瑞	烟台大学	教材	高等教育出版社2005年4月
《规范刑法学》	陈兴良	北京大学	教材	中国政法大学出版社2003年8月
《证据法学》	何家弘、刘品新	中国人民大学	教材	法律出版社2004年1月
《民事诉讼法原理》(修订版)	田平安	西南政法大学	教材	厦门大学出版社2005年1月
《国际私法原理》	肖永平	武汉大学	教材	法律出版社2003年12月
《沈家本评传》	李贵连	北京大学	著作	南京大学出版社2005年3月
《跨行政区水环境资源管理立法研究》	王灿发	中国政法大学	论文	《现代法学》2005年第5期
《中国行政法基本理论研究》	杨海坤、章志远	苏州大学	著作	北京大学出版社2004年10月
《准物权研究》	崔建远	清华大学	著作	法律出版社2003年4月
《中国刑法解释》(上、下卷)	高铭暄、马克昌	中国人民大学	著作	中国社会科学出版社2005年8月
《我国民事诉讼费用制度之运行现状—以一个贫困地区基层法院为分析个案》	廖永安、李胜刚	湘潭大学	论文	《中外法学》2005年第3期
《美国单边主义对抗WTO多边主义的第三回合——“201条款”争端之法理探源和展望》	陈安	厦门大学	论文	《中国法学》2004年第2期

二等奖

成果名称	作者	单位	成果类别	出版、发表单位及时间
《法社会学》	朱景文	中国人民大学	教材	中国人民大学出版社 2005年6月
《财税法学》	刘剑文	北京大学	教材	高等教育出版社 2005年8月
《税法学》	徐孟洲	中国人民大学	教材	中国人民大学出版社 2005年10月
《中国宪法导论》	刘茂林	中南财经政法大学	教材	北京大学出版社 2005年3月
《知识产权法学》	吴汉东、刘剑文	中南财经政法大学	教材	北京大学出版社 2005年8月
《商法》	王保树	清华大学	教材	法律出版社 2005年6月
《新犯罪学》	王　牧	中国政法大学	教材	高等教育出版社 2005年5月
《外国刑事诉讼法》	卞建林、刘玫	中国政法大学	教材	人民法院出版社、中国社会科学出版社 2002年6月
《民事执行法学》	谭秋桂	中国政法大学	教材	北京大学出版社 2005年3月
《中国国际私法通论》(第二版)	李双元、欧福永、金彭年、张　茂	湖南师范大学	教材	法律出版社 2005年6月
《国际经济法》	王传丽	中国政法大学	教材	高等教育出版社 2005年1月
《重新理解法律移植——从“历史”到“当下”》	刘　星	中山大学	论文	《中国社会科学》2004年第5期
《法的真善美——法美学初探》	吕世伦	中国人民大学	著作	法律出版社 2004年7月
《明清时期区域社会中的民事法秩序——以湖北汉川汈汊黄氏的〈湖案〉为中心》	张小也	中国政法大学	论文	《中国社会科学》2005年第6期

续表

成果名称	作者	所在单位	成果类别	出版、发表单位及时间
《中国近代社会与法制文明》	张晋藩	中国政法大学	著作	中国政法大学出版社 2003年12月
《经济法理论的重构》	张守文	北京大学	著作	人民出版社2004年4月
《经济法基础理论专题研究》	王全兴	湖南大学	著作	中国检察出版社2002年11月
《论我国反垄断执法机构的设置——对现行设计方案的质疑》	张炳生	宁波大学	论文	《法律科学》2005年第2期
《论公共行政与行政法学范式转换》	石佑启	中南财经政法大学	著作	北京大学出版社2005年7月
《中国人民代表大会制度》(第四版)	蔡定剑	中国政法大学	著作	法律出版社2003年12月
《民法价值判断问题的实体性论证规则》	王　轶	北京大学	论文	《中国社会科学》2004年第6期
《法律行为制度的伦理基础》	易　军	中南财经政法大学	论文	《中国社会科学》2004年第6期
《合同法》(第二版)	李永军	中国政法大学	著作	法律出版社2005年7月
《主体性与私权制度研究——以财产、契约的历史考察为基础》	彭诚信	吉林大学	著作	中国人民大学出版社 2005年5月
《中国人格权法立法报告》	杨立新	中国人民大学	著作	知识产权出版社2005年6月
《物权法理论评析与思考》	尹　田	北京大学	著作	中国人民大学出版社 2004年8月
《中国刑法案例与学理研究》(1—6)	赵秉志	北京师范大学	著作	法律出版社2004年9月
《罪刑法定在刑事司法中的命运》	周少华	西北政法学院	论文	《法学研究》2003年第2期
《刑法学的向度》	周光权	清华大学	著作	中国政法大学出版社 2004年7月
《模范刑事诉讼法典》	陈卫东	中国人民大学	著作	中国人民大学出版社 2005年9月
《刑事诉讼原理》	宋英辉	中国政法大学	著作	法律出版社2003年4月

续表

成果名称	作者	所在单位	成果类别	出版、发表单位及时间
《〈中华人民共和国民事诉讼法〉修改建议稿（第三稿）及立法理由》	江伟主持	中国人民大学	著作	人民法院出版社 2005 年 3 月
《民事证据法的目的》	李　浩	南京师范大学	论文	《法学研究》2004 年第 5 期
《武力打击国际恐怖主义的合法性问题》	余敏友、孙立文、汪自勇、李伯军	武汉大学	论文	《法学研究》2003 年第 6 期
《电子商务的国际私法问题》	何其生	武汉大学	专著	法律出版社 2004 年 1 月

三等奖

成果名称	作者	单位	成果类别	出版、发表单位及时间
《外国法制史》(第三版)	何勤华	华东政法学院	教材	法律出版社 2005 年 9 月
《经济法学》(修订版)	李昌麒	西南政法大学	教材	中国政法大学出版社 2002 年 7 月
《企业法》(第二版)	张士元	北方工业大学	教材	法律出版社 2005 年 1 月
《房地产法》(第三版)	符启林	暨南大学	教材	法律出版社 2005 年 3 月
《环境资源法教程》	蔡守秋	武汉大学	教材	高等教育出版社 2004 年 7 月
《国际环境法》(第二版)	王　曦	上海交通大学	教材	法律出版社 2005 年 5 月
《警察法学概论》	陈晋胜	山西大学	教材	高等教育出版社 2002 年 11 月
《宪法学讨论教学教程》	李卫刚	对外经济贸易大学	教材	对外经济贸易大学出版社 2005 年 9 月
《知识产权法》(第二版)	刘春田	中国人民大学	教材	高等教育出版社、北京大学出版社 2005 年 4 月
《公司法学》	赵旭东	中国政法大学	教材	高等教育出版社 2005 年 8 月
《经济刑法研究》	孙国祥、魏昌东	南京大学	教材	法律出版社 2005 年 9 月

续表

成果名称	作者	所在单位	成果类别	出版、发表单位及时间
《刑事诉讼法》	刘　玫	中国政法大学	教材	中国政法大学出版社 2005年2月
《互动教学法——诊所式法律教育》	李　傲	武汉大学	教材	法律出版社2004年9月
《国际法》	周忠海	中国政法大学	教材	中国政法大学出版社 2004年9月
《国际商法》	沈四宝、王军、焦津洪	对外经济贸易大学	教材	对外经济贸易大学出版社2005年6月
《波斯纳文丛》(1~12)	朱苏力	北京大学	译著	中国政法大学出版社 2005年11月
《规则·秩序·无知—关于哈耶克自由主义的研究》	邓正来	吉林大学	著作	生活·读书·新知三联书店2004年3月
《变法模式与政治稳定性——中国经验及其法律经济学含义》	张建伟	复旦大学	论文	《中国社会科学》2003年第1期
《清末法政人的世界》	程燎原	重庆大学	著作	法律出版社2003年9月
《日耳曼法研究》	李秀清	华东政法学院	著作	商务印书馆2005年7月
《中西法律文化比较》	崔永东	中国政法大学	著作	北京大学出版社2004年8月
《行业协会经济自治权研究》	鲁　篱	西南财经大学	著作	法律出版社2003年7月
《知假买假适用惩罚性赔偿的思考——基于法经济学和法社会学的视角》	应飞虎	深圳大学	论文	《中国法学》2004年第6期
《我国政府采购进口法律规制：法律宗旨与评价》	任　际	辽宁大学	论文	《中国法学》2004年第3期
《从对峙走向和谐：循环型社会法的形成》	郑少华	华东政法学院	著作	科学出版社2005年10月
《行政强制法研究丛书》	胡建淼	浙江大学	编著	法律出版社2003年1月
《西方宪政体系（上册　美国宪法）》(第二版)	张千帆	北京大学	著作	中国政法大学出版社 2004年2月

续表

成果名称	作者	所在单位	成果类别	出版、发表单位及时间
《各国立法机关委员会制度比较研究》	周　伟	四川大学	著作	山东人民出版社 2005 年 7 月
《物权行为理论研究》	田士永	中国政法大学	著作	中国政法大学出版社 2002 年 12 月
《担保物权法比较研究》	陈本寒	武汉大学	著作	武汉大学出版社 2004 年 7 月
《法国不动产担保物权研究——兼论法国的物权变动模式》	于海涌	中山大学	著作	法律出版社 2004 年 12 月
《类推适用的私法价值与司法运用》	屈茂辉	湖南大学	论文	《法学研究》2005 年第 1 期
《"人身关系"流变考》	徐国栋	厦门大学	论文	《法学》2002 年第 6、7 期
《论股东表决权——以公司控制权争夺为中心展开》	梁上上	浙江大学	著作	法律出版社 2005 年 6 月
《物权二元结构论——中国物权制度的理论重构》(第二版)	孟勤国	广西大学	著作	人民法院出版社 2004 年 4 月
《商法基础理论专题研究》	范健、王建文	南京大学	著作	高等教育出版社 2005 年 7 月
《证券期货犯罪理论与实务》	刘宪权	华东政法学院	著作	商务印书馆 2005 年 4 月
《刑法概说（总论、各论)》(第三版)	冯军译	中国人民大学	译著	中国人民大学出版社 2003 年 11 月
《现代刑罚目的理论与中国的选择》	王世洲	北京大学	论文	《法学研究》2003 年第 3 期
《虚拟空间中的刑法理论》	于志刚	中国政法大学	著作	中国方正出版社 2003 年 9 月
《贫富差距对违法犯罪活动影响的实证分析》	胡联合、胡鞍钢、徐绍刚	清华大学	论文	《管理世界》2005 年第 6 期
《国际刑法学》	贾　宇	西北政法学院	著作	中国政法大学出版社 2004 年 9 月

续表

成果名称	作者	所在单位	成果类别	出版、发表单位及时间
《社会危害性与刑事违法性关系新论》	齐文远、周 详	中南财经政法大学	论文	《中国法学》2003年第1期
《二十一世纪中国监狱发展战略研究》	辛国恩等	中央司法警官学院	著作	法律出版社2004年1月
《中国电子证据立法研究》	刘品新	中国人民大学	著作	中国人民大学出版社2005年5月
《探索正当程序——比较刑事诉讼法专论》	孙长永	西南政法大学	著作	中国法制出版社2005年11月
《论私力救济》	徐 昕	西南政法大学	著作	中国政法大学出版社2005年5月
《司法裁判供给中的利益衡量：一种诉的利益观》	常怡、黄娟	西南政法大学	论文	《中国法学》2003年第4期
《国际法析论》	杨泽伟	武汉大学	著作	中国人民大学出版社2003年7月
《受教育权的促进和保护——国际标准与中国的实践》	杨成铭	北京理工大学	著作	中国法制出版社2004年10月
《论禁止使用武力原则——联合国宪章第二条第四项法理分析》	黄 瑶	中山大学	著作	北京大学出版社2003年8月

优秀奖

成果名称	作者	单位	成果类别	出版、发表单位及时间
《简明中国法》(英文版)	朱羿锟	暨南大学	教材	法律出版社2003年7月
《科技法学》	罗玉中	华中科技大学	教材	华中科技大学出版社2005年3月
《房地产法》	黄 河	西北政法学院	教材	中国政法大学出版社2005年2月
《票据法问题研究》	赵新华	吉林大学	教材	法律出版社2002年5月
《知识产权法》	张玉敏	西南政法大学	教材	法律出版社2005年8月
《微量物证仪器分析》	胡世澄	西南政法大学	教材	法律出版社2003年7月
《国际私法导论》(第二版)	屈光清	大连海事大学	教材	法律出版社2005年5月
《传统文化与罪犯改造》	白焕然	中央司法警官学院	著作	新华出版社2003年11月

续表

成果名称	作者	所在单位	成果类别	出版、发表单位及时间
《法之理在法外》	付子堂	西南政法大学	著作	法律出版社 2003 年 9 月
《全球化与法理学的变革和更新》	黄文艺	吉林大学	论文	《法制与社会发展》2002 年第 5 期
《礼与法：法的历史连接》	马小红	中国人民大学	著作	北京大学出版社 2004 年 8 月
《秦汉时期的法医检验》	闫晓君	西北政法学院	论文	《国学研究》2003 年第十一卷
《金融隐私权与信息披露的冲突与制衡》	谈李荣	西南财经大学	著作	中国金融出版社 2004 年 11 月
《从国家预算的特质论我国〈预算法〉的修订目的和原则》	朱大旗	中国人民大学	论文	《中国法学》2005 年第 1 期
《美国证券私募发行法律问题研究》	郭　雳	北京大学	著作	北京大学出版社 2004 年 2 月
《土地法学通论》(上、下)	沈守愚	南京农业大学	著作	中国大地出版社 2002 年 10 月
《行政指导要论——以行政指导法治化为中心》	莫于川	中国人民大学	著作	人民法院出版社 2002 年 12 月
《行政规章研究》	崔卓兰、于立深	吉林大学	著作	吉林人民出版社 2002 年 10 月
《法治行政的逻辑》	肖金明	山东大学	著作	中国政法大学出版社 2004 年 12 月
《宪法解释的功能、原则及其中国图景》	苗连营	郑州大学	论文	《法律科学》2004 年第 6 期
《股东大会决议瑕疵研究》	钱玉林	扬州大学	著作	法律出版社 2005 年 6 月
《房地产合作建房合同效力的认定及处理》	魏秀玲	深圳大学	论文	《政法学刊》2002 年第 5 期
《中国刑法国际化论纲》	苏彩霞	中南财经政法大学	论文	《中外法学》2003 年第 2 期
《刑法学方法的一般理论》	曾粤兴	云南大学	著作	人民出版社 2005 年 11 月
《“污点证人”作证豁免制度研究》	徐静村、潘金贵	西南政法大学	论文	《人民检察》2004 年第 4 期

续表

成果名称	作者	所在单位	成果类别	出版、发表单位及时间
《裁判请求权研究——民事诉讼的宪法理念》	刘 敏	南京师范大学	著作	中国人民大学出版社 2003年7月
《论电子商务交易的流转税法律属性问题》	廖益新	厦门大学	论文	《法律科学》2005年第3期
《国际竞争法研究——竞争法实施中的国际冲突与国际合作》	黄 勇	对外经济贸易大学	编著	中国友谊出版公司2003年1月

第三届司法部优秀科研成果奖（2009年）

一等奖

成果名称	作者	单位	成果形式	出版、发表单位及时间
《行政诉讼法》(第二版)	姜明安	北京大学	教材	法律出版社2007年3月
《刑法专论》(第二版)	高铭暄	中国人民大学	教材	高等教育出版社2006年4月
《刑事诉讼法通义》	张建伟	清华大学	教材	清华大学出版社2007年3月
《民法原论》(第三版)	马俊驹、余延满	西南财经大学	教材	法律出版社2008年4月
《仲裁法学》	黄进、宋连斌、徐前权	武汉大学	教材	中国政法大学出版社2008年3月
《中国诉讼分流的数据分析》	朱景文	中国人民大学	论文	《中国社会科学》2008年第3期
《夏商西周法制史》	胡留元、冯卓慧	西北政法大学	著作	商务印书馆2006年7月
《犯罪未遂形态研究》(第二版)	赵秉志	北京师范大学	著作	中国人民大学出版社2008年1月
《中国刑事案卷制度研究——以证据案卷为重心》	左卫民	四川大学	论文	《法学研究》2007年第6期
《中国知识产权制度评价与立法建议》	吴汉东	中南财经政法大学	编著	知识产权出版社2008年3月

续表

成果名称	作者	所在单位	成果类别	出版单位及时间
《论争中的渔业权》	崔建远	清华大学	著作	北京大学出版社 2006 年 8 月
《知识产权与反垄断法——知识产权滥用的反垄断问题研究》(修订版)	王先林	上海交通大学	著作	法律出版社 2008 年 9 月
《法理学视野下的冲突法》	肖永平	武汉大学	著作	高等教育出版社 2008 年 7 月
《遗传资源获取与惠益分享的法律问题研究》	秦天宝	武汉大学	著作	武汉大学出版社 2006 年 5 月

二等奖

成果名称	作者	单位	成果形式	出版、发表单位及时间
《法律英语——美国法律制度》	何家弘	中国人民大学	教材	法律出版社 2008 年 7 月
《立法学》(第二版)	朱力宇、张曙光	中国人民大学	教材	中国人民大学出版社 2006 年 5 月
《中国法制史原理与案例教程》	赵晓耕	中国人民大学	教材	中国人民大学出版社 2006 年 9 月
《行政法与行政诉讼法》	叶必丰	上海交通大学	教材	高等教育出版社 2007 年 6 月
《比较行政法——体系、制度与过程》	张千帆、赵娟、黄建等	北京大学	教材	法律出版社 2008 年 8 月
《刑法》(总论) 和《刑法》(分论)(第二版)	陈忠林	重庆大学	教材	中国人民大学出版社 2007 年 6 月
《诉讼证据法学》	叶　青	华东政法大学	教材	北京大学出版社 2006 年 1 月
《婚姻家庭法学》	巫昌祯、夏吟兰	中国政法大学	教材	中国政法大学出版社 2008 年 7 月
《民法总论》(第二版)	刘凯湘	北京大学	教材	北京大学出版社 2008 年 3 月

续表

成果名称	作者	所在单位	成果类别	出版单位及时间
《财税法专题研究》(第二版)	刘剑文	北京大学	教材	北京大学出版社2007年3月
《国际刑法》	朱文奇	中国人民大学	教材	中国人民大学出版社2007年2月
《国际商事仲裁法》(第二版)	赵秀文	中国人民大学	教材	中国人民大学出版社2008年5月
《论法治》	李步云	广州大学	著作	社会科学文献出版社2008年9月
《判决如何作出——以判断类型为视角》	任强	中山大学	论文	《中国社会科学》2007年第3期
《瑶族习惯法》	高其才	清华大学	著作	清华大学出版社2008年7月
《西方商法史》	何勤华、魏琼	华东政法大学	编著	北京大学出版社2007年8月
《社会主义宪政研究》	秦前红、叶海波	武汉大学	著作	山东人民出版社2008年4月
《反歧视法研究——立法、理论与案例》	周伟	四川大学	著作	法律出版社2008年9月
《认真对待宪法解释》	范进学	上海交通大学	著作	山东人民出版社2007年2月
《行政规制与权利保障》	杨建顺	中国人民大学	著作	中国人民大学出版社2007年8月
《行政裁量治理研究——一种功能主义的立场》	周佑勇	东南大学	著作	法律出版社2008年8月
《刑事法治论》	陈兴良	北京大学	著作	中国人民大学出版社2007年10月
《国家刑事制定法对少数民族刑事习惯法的渗透与整合——以藏族“赔命价”习惯法为视角》	苏永生	青海民族学院	论文	《法学研究》2007年第6期
《金融犯罪刑法理论与实践》	刘宪权	华东政法大学	著作	北京大学出版社2008年4月

续表

成果名称	作者	所在单位	成果类别	出版单位及时间
《社区矫正研究》	王顺安	中国政法大学	著作	山东人民出版社 2008 年 2 月
《中华人民共和国刑事诉讼法再修改专家建议稿与论证》	陈光中	中国政法大学	著作	中国法制出版社 2006 年 9 月
《潜在的冲突与对立：诉讼费用制度与周边制度关系考》	廖永安、刘方勇	湘潭大学	论文	《中国法学》2006 年第 2 期
《刑事诉讼法再修改理性思考》	樊崇义	中国政法大学	著作	中国人民公安大学出版社 2007 年 10 月
《区分所有建筑物的灾后重建》	周江洪	浙江大学	论文	《中国社会科学》2008 年第 5 期
《知识产权法利益平衡理论》	冯晓青	中国政法大学	著作	中国政法大学出版社 2006 年 8 月
《人的保护：中国民法典编撰的价值基础》	薛军	北京大学	论文	《中国社会科学》2006 年第 4 期
《动产担保交易制度比较研究》	高圣平	中国人民大学	著作	中国人民大学出版社 2008 年 3 月
《校园侵权法律问题研究》	方益权等	温州大学	著作	法律出版社 2008 年 7 月
《全球化背景下的金融监管法律问题研究》	盛学军	西南政法大学	著作	法律出版社 2008 年 9 月
《农业法视野中的土地承包经营权流转法制保障研究》	黄河等	西北政法大学	著作	中国政法大学出版社 2007 年 12 月
《矫正贫富分化的社会法理念及其表现》	雷兴虎、刘水林	中南财经政法大学	论文	《法学研究》2007 年第 2 期
《南南联合自强五十年的国际经济立法反思——从万隆、多哈、坎昆到香港》	陈安	厦门大学	论文	《中国法学》2006 年第 2 期
《主权论——国际法上的主权问题及其发展趋势研究》	杨泽伟	武汉大学	著作	北京大学出版社 2006 年 2 月
《21 世纪法学大视野——国际经济一体化进程中的国内法与国际规则》	李双元、李赞	湖南师范大学	著作	湖南人民出版社 2006 年 7 月
《减轻自然灾害的法律问题研究》（修订版）	王建平	四川大学	著作	法律出版社 2008 年 11 月

三等奖

成果名称	作者	单位	成果形式	出版、发表单位及时间
《新编法理学》	刘金国、蒋立山	中国政法大学	教材	中国政法大学出版社 2006年7月
《行政法与行政诉讼法学》	肖北庚、刘丹	湖南师范大学	教材	湖南人民出版社 2008年2月
《刑法学》	曲新久	中国政法大学	教材	中国政法大学出版社 2008年1月
《民事程序法研究》	齐树洁	厦门大学	教材	科学出版社 2007年5月
《物权法》(第二版)	杨立新	中国人民大学	教材	中国人民大学出版社 2008年4月
《中国物权法教程》	江　平	中国政法大学	教材	知识产权出版社 2008年1月
《保险法》(第二版)	温世扬	武汉大学	教材	法律出版社 2009年1月
《经济法总论》(第二版)	史际春、邓峰	中国人民大学	教材	法律出版社 2008年9月
《海商法》和《海商法学习指导》	张湘兰	武汉大学	教材	武汉大学出版社 2008年8月
《司法解释的“民主化”和最高法院的政治功能》	沈　岿	北京大学	论文	《中国社会科学》2008年第1期
《纠纷解决的理论与实践》	范　愉	中国人民大学	著作	清华大学出版社 2007年11月
《制度是如何形成的》	苏　力	北京大学	著作	北京大学出版社 2008年8月
《中国法律哲学当下基本使命的前提性分析——作为历史性条件的世界结构》	邓正来	复旦大学	论文	《法学研究》2006年第5期
《从司法为民到人民司法——陕甘宁边区大众化司法制度研究》	侯欣一	南开大学	著作	中国政法大学出版社 2007年4月
《法律近代化过程中的外来规则与固有习惯——以祭田案件为例》	李启成	北京大学	论文	《中国社会科学》2008年第3期

续表

成果名称	作者	所在单位	成果类别	出版、发表单位及时间
《案例、故事与明清时期的司法文化》	徐忠明	中山大学	著作	法律出版社 2006 年 7 月
《宪法哲学导论》	江国华	武汉大学	著作	商务印书馆 2007 年 2 月
《立宪主义视野下的公法问题》	刘志刚	复旦大学	著作	上海三联书店 2006 年 11 月
《行政程序违法的司法裁判》	吴建依、黄贤宏	宁波大学	论文	《人民司法》2005 年第 9 期
《公众参与和行政过程——一个理念和制度分析的框架》	王锡锌	北京大学	著作	中国民主法制出版社 2007 年 2 月
《高等教育领域里的行政法问题研究》	王敬波	中国政法大学	著作	中国法制出版社 2007 年 6 月
《公共政策与风险社会的刑法》	劳东燕	清华大学	论文	《中国社会科学》2007 年第 3 期
《中国与俄罗斯犯罪构成理论比较研究》(中文版)	何秉松、科米萨罗夫、科罗别耶夫	中国政法大学	著作	法律出版社 2008 年 10 月
《网络安全法原论》	皮勇	武汉大学	著作	中国人民公安大学出版社 2008 年 9 月
《知识产权犯罪中的被害人——控制被害的实证分析》	赵国玲、王海涛	北京大学	著作	北京大学出版社 2008 年 5 月
《妨害证据犯罪新论》	黄京平	中国人民大学	著作	中国人民大学出版社 2007 年 9 月
《刑法理性与规范技术——刑法功能的发生机理》	周少华	西北政法大学	著作	中国法制出版社 2007 年 6 月
《再论推定》	裴苍龄	西北政法大学	论文	《法学研究》2006 年第 2 期
《中国刑事诉讼法（第二修正案）学者拟制稿及立法理由》	徐静村主持	西南政法大学	著作	法律出版社 2005 年 12 月

续表

成果名称	作者	所在单位	成果类别	出版、发表单位及时间
《诉讼认识论纲——以司法裁判中的事实认定为中心》	吴宏耀	中国政法大学	著作	北京大学出版社 2008 年 3 月
《迈向社会和谐的纠纷解决》	徐昕	西南政法大学	著作	中国检察出版社 2008 年 3 月
《我国刑事误判问题透视——以 20 起震惊全国的刑事冤案为样本的分析》	陈永生	北京大学	论文	《中国法学》2007 年第 3 期
《商标法的符号学分析》	彭学龙	中南财经政法大学	著作	法律出版社 2007 年 5 月
《建筑物区分所有权研究》	陈华彬	中央财经大学	著作	法律出版社 2007 年 7 月
《民法典总则与民法典立法体系模式》	尹田	北京大学	论文	《法学研究》2006 年第 6 期
《类型化与民法解释》	刘士国	复旦大学	论文	《法学研究》2006 年第 6 期
《职员发明财产权利归属正义》	何敏	华东政法大学	论文	《法学研究》2007 年第 5 期
《英美合同解除制度研究》	李先波	湖南师范大学	著作	北京大学出版社 2008 年 1 月
《现代公司法》	刘俊海	中国人民大学	著作	法律出版社 2008 年 7 月
《民法总论》	李永军	中国政法大学	著作	法律出版社 2006 年 2 月
《养老金法律制度研究》	张新民	西南大学	著作	人民出版社 2007 年 4 月
《对免检制度的综合分析：坚持、放弃抑或改良?》	应飞虎	深圳大学	论文	《中国法学》2008 年第 3 期
《法边际均衡论——经济法哲学》	刘少军	中国政法大学	著作	中国政法大学出版社 2007 年 7 月
《税收债法论》	施正文	中国政法大学	著作	中国政法大学出版社 2008 年 3 月

续表

成果名称	作者	所在单位	成果类别	出版、发表单位及时间
《金融监管法研究》	徐孟洲等	中国人民大学	著作	中国法制出版社 2008 年 11 月
《中国银行业创新与发展的法律思考》	郭雳	北京大学	著作	北京大学出版社 2006 年 7 月
《条约冲突基础问题研究》	廖诗评	北京师范大学	著作	法律出版社 2008 年 7 月
《直接适用条约问题研究》	左海聪	南开大学	论文	《法学研究》2008 年第 3 期
《互联网环境下的国际民事管辖权》	刘颖、李静	暨南大学	论文	《中国法学》2006 年第 1 期
《知识产权国际造法新趋势》	刘笋	中南财经政法大学	论文	《法学研究》2006 年第 3 期
《引渡问题研究》	黄风	北京师范大学	著作	中国政法大学出版社 2006 年 11 月
《WTO 争端解决机制研究》	朱榄叶、贺小勇	华东政法大学	著作	上海世纪出版集团 2007 年 12 月
《动物福利立法研究》	孙江	西北政法大学	著作	法律出版社 2008 年 11 月

优秀奖

成果名称	作者	单位	成果形式	出版、发表单位及时间
《中国法制史新编》	陈晓枫	武汉大学	教材	武汉大学出版社 2007 年 9 月
《刑法基本问题》	孙国祥	南京大学	教材	法律出版社 2007 年 10 月
刑事诉讼法》(第二版)	龙宗智、杨建广	四川大学	教材	高等教育出版社 2007 年 2 月
《知识产权法学》	来小鹏	中国政法大学	教材	中国政法大学出版社 2008 年 9 月
《民法》	王卫国	中国政法大学	教材	中国政法大学出版社 2008 年 4 月

续表

成果名称	作者	所在单位	成果类别	出版、发表单位及时间
《物权法学》	刘保玉	北京航空航天大学	教材	中国法制出版社 2007 年 11 月
《竞争法教程》	吕明瑜	郑州大学	教材	中国人民大学出版社 2008 年 6 月
《经济法学》	李晓安	首都经济贸易大学	教材	浙江大学出版社 2008 年 7 月
《公司法教程》	刘远景	北京政法职业学院	教材	中国政法大学出版社 2008 年 8 月
《国际金融法》	韩　龙	苏州大学	教材	法律出版社 2007 年 8 月
《法理学基本问题》	苏晓宏	华东政法大学	著作	法律出版社 2006 年 7 月
《法的“一体”和“多元”》	严存生	西北政法大学	著作	商务印书馆 2008 年 3 月
《西方法哲学史纲》(第四版)	张乃根	复旦大学	著作	中国政法大学出版社 2008 年 7 月
《巴楚民族文化圈研究——以法律文化的视角》	曾代伟	西南政法大学	编著	法律出版社 2008 年 9 月
《法治国家架构下的行政紧急权力》	戚建刚	中南财经政法大学	著作	北京大学出版社 2008 年 1 月
《征收、征用与补偿》	沈开举	郑州大学	著作	法律出版社 2006 年 9 月
《刑法的伦理基础》	张武举	西南政法大学	著作	法律出版社 2008 年 9 月
《刑法解释中的行政解释因素研究》	林维	中国青年政治学院	论文	《中国法学》2006 年第 5 期
《科学技术在刑事诉讼中的价值》	陈学权	对外经济贸易大学	论文	《法学研究》2007 年第 1 期
《特免权制度研究》	吴丹红	中国政法大学	著作	北京大学出版社 2008 年 11 月

续表

成果名称	作者	所在单位	成果类别	出版、发表单位及时间
《宽严相济视野下的刑事诉讼程序改革》	朱立恒	湖南师范大学	著作	中国法制出版社 2008 年 3 月
《我国知识产权发展战略与实施的法律问题研究》	朱谢群	深圳大学	著作	中国人民大学出版社 2008 年 10 月
《营业权论》	肖海军	湖南大学	著作	法律出版社 2007 年 7 月
《民国商事立法研究》	季立刚	复旦大学	著作	复旦大学出版社 2006 年 3 月
《英国侵权法》	胡雪梅	上海对外贸易学院	著作	中国政法大学出版社 2008 年 3 月
《"人身保险无保险代位规范使用"质疑——我国〈保险法〉第 68 条规定之妥当性评析》	樊启荣	中南财经政法大学	论文	《法学》2008 年第 1 期
《论竞争法的基本精神》	蒋悟真	江西财经大学	著作	上海三联书店 2008 年 3 月
《搭售的经济效果与法律规制》	李剑	上海交通大学	著作	中国检察出版社 2007 年 6 月
《关于绿色壁垒的理性思考》	王国安、王梅	中央司法警官学院	论文	《山西高等学校社会科学学报》2007 年第 4 期
《大湄公河次区域经济合作法律问题研究》	李玫	对外经济贸易大学	著作	对外经济贸易大学出版社 2006 年 8 月
《当前国际金融法研究值得关注的几个问题》	李仁真等	武汉大学	论文	《武汉大学学报》2007 年第 1 期
《宪法对冲突法的影响》	袁发强	华东政法大学	著作	法律出版社 2007 年 5 月
《强行规则对国际商事仲裁的规范》	张圣翠	上海财经大学	论文	《法学研究》2008 年第 3 期
《城市土地节约利用法律制度研究》	王文革	上海政法学院	著作	法律出版社 2008 年 1 月

（五）孙冶方经济科学奖

孙冶方，曾任中国社会科学院顾问，经济研究所所长、名誉所长，政协第五届全国委员会委员，国务院经济研究中心顾问，国务院学位委员会评议组成员，中共中央顾问委员会委员职。

为纪念我国卓越的经济学家孙冶方同志对经济科学的重大贡献，表彰和奖励对经济科学做出突出贡献的集体和个人，推动中国经济科学的繁荣和发展，经济学家薛暮桥、于光远、许涤新等于1983年6月19日发起成立了“孙冶方经济科学奖励基金委员会”，并于1984年开始设立和评选孙冶方经济科学奖，每两年评选、颁发一次，由中国社会科学院主办与组织。该奖在经济学界最具权威地位，也是最受关注的经济学奖项，至今已经评选了14届，产生了重大的影响。

2001—2010年孙冶方经济科学奖获奖名单（普通高校）

第十届孙冶方经济科学奖获奖名单（2002年）

类别	序号	成果名称	作者	单位	出版、发表及适用范围
著作奖	1	《公司治理》	李维安等	南开大学等	南开大学出版社2001年2月
	2	《居民资产与消费选择行为分析》	臧旭恒等	山东大学等	上海三联书店、上海人民出版社2001年11月联合出版
	3	《政府管制经济学导论——基本理论及其在政府管制实践中的应用》	王俊豪	浙江财经学院	商务印书馆2001年12月
论文奖	1	《中国经济体制市场化进程》——节选自《中国经济体制市场化进程研究》第一章	陈宗胜等	南开大学等	上海人民出版社1999年1月
	2	《通货紧缩时期货币政策研究》	范从来	南京大学	《经济研究》2000年第7期
	3	《国有企业的“效率悖论”及其深层次的解释》——节选自《国有企业治理结构创新的经济学分析》	杨瑞龙主编	中国人民大学	中国人民大学出版社2001年12月

第十一届孙冶方经济科学奖获奖名单（2004年）

类别	序号	成果名称	作者	单位	出版、发表及适用范围
著作奖	1	《2003年中国市场经济发展报告》	北京师范大学经济与资源管理研究所	北京师范大学	中国对外经济贸易出版社2003年2月
	2	《转型经济条件下的市场秩序研究》	纪宝成主编	中国人民大学	中国人民大学出版社2003年12月
论文奖	1	《关于制度变迁的三个假设及其验证》	黄少安	山东大学	《中国社会科学》2000年第4期
	2	《中国各地区市场化相对进程报告》	樊纲、王小鲁、张立文、朱恒鹏	北京大学等	《经济研究》2003年第3期

第十二届孙冶方经济科学奖获奖名单（2006年）

著作奖

无。

类别	序号	成果名称	作者	单位	出版、发表及适用范围
论文奖	1	《中小企业发展中所面临的问题——北京、辽宁、江苏、浙江、湖北、广东、云南问卷调查报告》	林汉川、夏敏仁、何杰、管鸿禧	对外经济贸易大学等	《中国社会科学》2003年第2期
	2	《村庄信任与标会》	胡必亮	北京师范大学	《经济研究》2004年第10期
	3	《垂直专门化、产业内贸易与中美贸易关系》，选自《中美贸易顺差结构分析与对策》一书第二章（张燕生、刘旭、平新乔主编）	平新乔、郝朝艳、毛亮、李化松、张璐、胡向婷	北京大学等	中国财政经济出版社2006年1月

第十三届孙冶方经济科学奖获奖名单（2008 年）

类别	序号	成果名称	作者	单位	出版、发表及适用范围
著作奖	1	《价值学说史》	何炼成	西北大学	商务印书馆 2006 年 7 月
论文奖	1	《中国出口品国内技术含量升级的动态研究——来自全国及江苏省、广东省的证据》	姚洋、张晔	北京大学	《中国社会科学》2008 年第 2 期
	2	《中国的资本回报率》	白重恩、谢长泰、钱颖一	清华大学	《比较》第 28 辑，中信出版社 2007 年 1 月
	3	《税收竞争、地区博弈及其增长绩效》	沈坤荣、付文林	南京大学	《经济研究》2006 年第 6 期

第十四届孙冶方经济科学奖评奖情况（2010 年）

第 14 届（2010 年度）孙冶方经济科学奖评奖工作于 2010 年底开始受理。评奖对象是 1979 年至 2010 年 7 月底（以近两年为主）我国经济理论工作者和实际工作者发表的论著。评选范围包括：理论经济学，国民经济综合问题研究，产业经济学中的综合性、理论性问题研究，特别注意发现和奖励中青年的优秀作品。获奖作品应是有创见和坚持党的基本路线，并对我国社会主义现代化建设、对马克思主义经济科学的发展有较大贡献者，其写作应符合学术规范。第十四届孙冶方经济科学基金会评奖委员会由 22 位经济学家组成，届时将以无记名投票形式评审获奖作品，并报基金会理事会批准后发奖。评奖具体工作由孙冶方经济科学基金会办事机构组织，办事机构设在中国社会科学院经济研究所。

2010 年度奖金标准：著作奖每本 5 万元，论文（包括研究报告、调查报告）奖每篇 3 万元。2011 年夏季（8 月）发奖。

（六）吴玉章人文社会科学奖

吴玉章奖金基金系为纪念无产阶级革命家、教育家、历史学家、语言文字学家吴玉章而设，成立于 1983 年。2002 年更名为吴玉章基金。基金设立吴玉章人文社会科学奖，该奖面向全国，每 5 年评选一次，奖励国内有重大影响的优秀哲学社会科学论著。评奖学科暂设 7 个：马克思主义理论、教育学、历史学、语言文字学、新闻学、经济学和法学。每个学科设立特等奖、一等奖和优秀奖。

吴玉章基金委员会自 1987 年以来，分别于 1987、1992、1997、2002、2007 年评选并颁布了五届吴玉章人文社会科学奖，郭沫若、吕叔湘、胡华、金冲及、胡绳、王钟翰、王力等一批著名社会科学家先后获奖，产生了巨大的社会影响，已成为全国性哲学社会科学研究较高规格的奖励。

吴玉章基金的来源为：中国人民大学从学校基金中拨给专款；编辑出版吴玉章同志著作的稿费；吴玉章同志的学生、中国人民大学校友、社会知名人士和学者的捐赠款；有关企业、社会组织与学术、教育团体的捐赠款。捐赠者可以按照基金的筹集办法规定，指明所捐款项作为有关学科的单项奖金基金。该奖项成立了吴玉章奖金基金委员会，负责基金的筹集和管理工作。委员会由社会知名人士、有关专家和中国人民大学有关负责人组成，设主任委员一人，副主任委员若干人。委员会聘请有关专家，组成若干学科评审组。

五届吴玉章人文社会科学奖共评出特等奖 8 项，一等奖 43 项，优秀奖 68 项，其中高校教师获得特等奖 3 项，一等奖 28 项，优秀奖 47 项，分别占相应等级奖项总数的 38%、65%、69%。

2001—2010 吴玉章人文社会科学奖获奖名单（普通高校）

第四届吴玉章人文社会科学奖获奖成果名单（2002 年）

奖励等级	学科	成果名称	作者姓名	作者单位	出版单位	出版时间
特等奖	历史学	《中国通史》(多卷本)	白寿彝	北京师范大学	上海人民出版社	1999
一等奖	马克思主义理论	《有中国特色社会主义文化研究》	黄楠森等	北京大学	山东人民出版社	1999.11
一等奖	教育学	《教育大辞典增订合编本》(上、下)	顾明远主编	北京师范大学	上海教育出版社	1998.8
一等奖	教育学	《中国教育制度通史》(1~8卷)	李国钧、王炳等主编	华东师大、北京师大	山东教育出版社	2000
一等奖	历史学	《18 世纪的中国与世界》	戴逸等	中国人民大学	辽海出版社	1999
一等奖	语言文字学	《朱德熙文集》	朱德熙	北京大学	商务印书馆	1999.9
一等奖	新闻学	《中国新闻事业通史》	方汉奇(主编)	中国人民大学	中国人民大学出版社	1999.2
一等奖	法学	《国际法引论》	王铁崖	北京大学	北京大学出版社	1998
一等奖	法学	《海峡两岸刑法总论比较研究》	赵秉志	中国人民大学	中国人民大学	1999.7
优秀奖	马克思主义理论	《现代化进程的矛盾与探求》	丰子义	北京大学	北京出版社	1999.10

续表

奖励等级	学科	成果名称	作者姓名	作者单位	出版单位	出版时间
优秀奖	马克思主义理论	《新时期中国发展观——兼与当代国外发展观的比较研究》	范燕宁	首都师范大学	首都师范大学出版社	1999.11
优秀奖	马克思主义理论	《时代风云变幻中的马克思主义》	许征帆	中国人民大学	中国人民大学出版社	1996.6
优秀奖	教育学	《现代教育论》	黄济、王策三主编	北京师范大学	人民教育出版社	1996.3
优秀奖	教育学	《教育发展不平衡研究》	杜育红	北京师范大学	北京师范大学出版社	2000.8.
优秀奖	历史学	《寰球透视：现代化的迷途》	钱乘旦、刘金源	南京大学	浙江人民出版社	1999
优秀奖	历史学	《环境与技术选择——清代中国西部地区农业技术地理研究》	萧正洪	陕西师范大学	中国社会科学出版社	1998.12
优秀奖	历史学	《中国近代海关史》	陈诗启	厦门大学	人民出版社	1999
优秀奖	新闻学	《新闻采访学》(第二版)	蓝鸿文	中国人民大学	中国人民大学出版社	2000.1
优秀奖	新闻学	《"蜜蜂华报"研究》	程曼丽	中国人民大学	澳门基金会	1998.11
优秀奖	经济学	《企业的利益相关者理论及其应用》	杨瑞龙	中国人民大学	经济科学出版社	2000.7
优秀奖	经济学	《发达资本主义经济中的垄断与竞争——垄断资本理论研究》	高峰	南开大学	南开大学出版社	1996.12
优秀奖	法学	《相对合理主义》	龙宗智	西南政法大学	中国政法大学出版社	1999.4
优秀奖	法学	《公司法人格否认法理研究》	朱慈蕴	清华大学	法律出版社	1998.10
优秀奖	法学	《司法改革研究》	王利明	中国人民大学	法律出版社	2001.1

第五届吴玉章人文社会科学奖获奖成果名单(2007年)

奖励等级	学科	成果名称	作者姓名	作者单位	出版单位	出版时间
特等奖	法学	《中华人民共和国宪法史》	许崇德	中国人民大学	福建人民出版社	2003
一等奖	经济学	《马克思劳动价值论的历史与现实》	顾海良、张雷声	武汉大学、中国人民大学	人民出版社	2002
一等奖	哲学	《萧前文集》	萧前	中国人民大学	中国人民大学出版社	2004
一等奖	教育学	《发展与繁荣人文社会科学》	纪宝成	中国人民大学	中国人民大学出版社	2004
一等奖	教育学	《变革社会中的教育权与受教育权：教育法学基本问题研究》	劳凯声	北京师范大学	教育科学出版社	2003
一等奖	语言文字学	《故训汇纂》	宗福邦	武汉大学	商务印书馆	2003
一等奖	新闻学	《中国网络媒体的第一个十年》	彭兰	中国人民大学	清华大学出版社	2005
一等奖	新闻学	《中国广播电视通史》	赵玉明	中国传媒大学	北京广播学院出版社	2004
一等奖	经济学	《西方经济学》	高鸿业	中国人民大学	中国人民大学出版社	2005
一等奖	法学	《国际经济法学刍言》(上、下)	陈安	厦门大学	北京大学出版社	2005
优秀奖	哲学	《马克思主义哲学的当代论域》	陶德麟、汪信砚	武汉大学	人民出版社	2005
优秀奖	哲学	《人学原理》	陈志尚	北京大学	北京出版社	2005
优秀奖	哲学	《当代法国哲学导论》(上、下)	高宣扬	同济大学	同济大学出版社	2004
优秀奖	哲学	《当代西方道义论与功利主义研究》	龚群	中国人民大学	中国人民大学出版社	2002
优秀奖	教育学	《大学理念的传统与变革》	刘宝存	北京师范大学	教育科学出版社	2004

续表

奖励等级	学科	成果名称	作者姓名	作者单位	出版单位	出版时间
优秀奖	教育学	《现代课程论》(新版)	钟启泉	华东师范大学	上海教育出版社 台湾高等教育文化事业有限公司	2003
优秀奖	历史学	《钦定八旗通志》(十二卷)	李洵	东北师范大学	吉林文史出版社	2002
优秀奖	历史学	《民国时期社会调查丛编》(十卷)	李文海	中国人民大学	福建教育出版社	2005
优秀奖	历史学	《美国人权政策的历史考察》	李世安	中国人民大学	河北人民出版社	2001
优秀奖	历史学	《现代化本质——对中世纪以来人类社会变化的新认识》	毕道村	华南师范大学	人民出版社	2005
优秀奖	语言文字学	《心智的误区——巫术与中国巫术文化》	詹鄞鑫	华东师范大学	上海教育出版社	2001
优秀奖	语言文字学	《疑难字考释与研究》	杨宝忠	河北大学	中华书局	2005
优秀奖	新闻学	《中国共产党新闻思想史》	郑保卫	中国人民大学	福建人民出版社	2004
优秀奖	新闻学	《中国古代商业广告史》	杨海军	河南大学	河南大学出版社	2005
优秀奖	经济学	《自生能力、经济发展与转型理论与实证》	林毅夫	北京大学	北京大学出版社	2004
优秀奖	经济学	《开放宏观经济分析与中国案例研究》	刘元春	中国人民大学	中国经济出版社	2005
优秀奖	法学	《论私力救济》	徐昕	西南政法大学	中国政法大学出版社	2005
优秀奖	法学	《中国婚姻立法史》	张希坡	中国人民大学	人民出版社	2004

(七)陶行知教育理论与实践成果奖

陶行知是我国伟大的人民教育家，他的对教育“捧着一颗心来，不带半根草去”的献身精神，他的“教人求真”、“求做真人”以及“爱满天下”的观念，至今仍激励人们前行。陶行知较早注意到了乡村教育问题，并推动平民教育运动。他还提出了生活即教育、社会即学校、教学做合一的大教育观，主张学习要理论联系实际，要从实践中来并回到实践中去。

以陶行知先生名义命名，由中国陶行知研究会组织评审的“陶行知教育理论与实践成果奖”，旨在表彰广大教育工作者在教育理论研究和实践活动中做出的突出贡献。

1990年12月20日，首届“陶行知教育理论与实践成果奖”颁奖大会在北京举行。国家教育委员会副主任王明达参加会议并作重要讲话。获奖单位和个人共117个。1999年进行第二次表彰，共表彰先进集体104个，先进个人42个。2005年在北京第三次召开“陶行知教育理论与实践成果奖”表彰大会，97个先进集体和117名先进个人受到表彰，其中高校先进集体和先进个人是9个和25个，分别约占受表彰总数的9%和21%。国务委员陈至立、全国政协副主席胡启立分别致贺信。全国人大副委员长丁石孙、中华全国总工会书记处书记张秋俭等出席大会并讲话。

这些被表彰的集体和个人在倡导创造教育、推进未成年人思想道德建设、坚持农村教育改革等方面，把学习陶行知与贯彻当前教育方针紧密结合起来，做了不少有开拓意义的探索。他们中有的在农村办学实践中，借鉴陶行知的大教育观，坚持“农教结合”的办学方向，实行基础教育、职业教育、成人教育“三教统筹”，重视教育、科技和生产相结合；有的贯彻素质教育以培养学生创新精神和加强实践能力为重点的要求，借鉴陶行知关于教育的理论与实践，经过长期实践，提升了创造教育的水平，并使创造教育课程化。

2001—2010年陶行知教育理论与实践成果奖获奖名单(普通高校)

陶行知教育理论与实践成果奖先进个人名单(2005年)

序号	姓 名	单 位
1	肖建彬	广东教育学院
2	张国扬	广州大学原广州师院
3	陈汉才	华南师范大学教育科学学院
4	周可桢	广东教育学院
5	唐 迅	广州大学师范教育研究所
6	汤翠英	江苏省晓庄学院
7	闫有生	山西省阳泉教育学院
8	卢自得	四川创业学院
9	王春莉	沈阳大学
10	周吉国	河南焦作师范高等专科学校
11	谷秀岭	河北省邯郸学院曲周分院
12	于 果	江西南昌蓝天学院
13	胡 青	江西师范大学

续表

序号	姓　名	单　　位
14	朱建人	浙江省嘉兴市教育学院
15	周洪宇	华中师范大学教育科学学院
16	王忠桥	哈尔滨师范大学
17	贺守富	黑龙江农垦职业学院
18	胡魁海	哈尔滨师范大学
19	韦　华	黑龙江农垦职业学院
20	朱肃霞	上海市宝山区教师进修学院
21	肖玉民	沈阳大学师范院校新民分院
22	苏国榜	山西省运城学院稷山师范分院
23	闫书广	山西省晋城市晋城职业技术学院
24	唐新立	黑龙江农垦职业学院
25	徐仲林	西南大学教育部西南基础教育课程研究中心

陶行知教育理论与实践成果奖先进集体名单(2005年)

序　号	单　　位
1	江西南昌蓝天学院
2	江西师范大学
3	四川创业学院
4	河北省邯郸学院曲周分院
5	黑龙江省齐齐哈尔师范高等专科学校
6	哈尔滨师范大学教育系爱心社
7	沈阳大学师范学院新民分院
8	山西省运城学院稷山分院
9	山西省晋城职业技术学院

(八)安子介国际贸易研究奖

全国政协副主席、香港著名实业家、杰出学者、对外经济贸易大学名誉教授安子介先生是我国开创国际贸易研究的先驱之一。安先生以他精湛的理论研究和丰富的国际市场经验而饮誉海内外。为促进祖国经济贸易领域的科学研究，为在国际贸易战线培养出更多的杰出人才，进而推动祖国对外经济贸易事业的顺利发展，安子介先生于1991年出资设立了安子介国际贸易研究奖(简称“安奖”)基金。

安先生委托对外经济贸易大学负责该项基金的管理和评奖的组织工作。“安奖”现设的奖项有：“安子介国际贸易优秀著作奖”、“安子介国际贸易优秀论文奖”和“安子介国际贸易学术鼓励奖”（申报者为品学兼优、有高质量学术研究成果的在校高年级本科生和研究生）。评选范围涉及国际贸易理论与政策、国际贸易实务、国际投资、国际工商管理、国际经济贸易法规、世界市场分析与预测，以及其他与国际贸易相关的领域。

自1992年举办第一届评奖活动以来，“安奖”已成功地举办16届。18年来，从全国各地选送的大批由专家、教授、研究员编著出版的国际贸易领域的优秀著作、优秀论文和全国各有关院校推荐的大批优秀青年学生里，评选出优秀著作奖90名，优秀论文奖185名，国际贸易学科学术鼓励奖223名。其中高校教师获得优秀著作奖71个，优秀论文奖142个，分别占总数的79%和77%。

安先生设立此项大奖的美好愿望已经成为现实。如今，“安奖”在国际贸易研究领域已经声誉卓著，其影响面日益扩大，得到中国国际经贸学术界的一致认可。2003年3月，在“安子介国际贸易研究奖”设立十周年之际，安子介夫人安郑惠荣女士向“安子介国际贸易研究奖”续资350万元人民币，将这项中国国际经贸领域的最高学术奖的基金规模扩大了一倍。“安奖”的许多获奖者是我国国际贸易理论研究的中坚，他们正在为创立中国的经济贸易理论进行着积极的探索；获奖的一些优秀著作和论文已成为政府制定经贸政策的依据和广大经贸业务人员的重要参考资料，为祖国的经济贸易事业的蓬勃发展做出了贡献，并将为中国经济面向21世纪快速、持续、协调的发展做出更加重要的贡献，从而使中国在世界经济全球化的格局中立于不败之地。

2001—2010年安子介国际贸易研究奖获奖名单（普通高校）

第九届安子介国际贸易研究奖获奖名单（2002年1月）

类别		成果名称	作者	单位
优秀著作奖	二等奖	《法国商法引论》	沈达明	对外经济贸易大学
	三等奖	《跨国公司与中国市场》	薛求知	复旦大学管理学院
		《企业理论与公司治理》	范黎波、李自杰	对外经济贸易大学
		《中国对外直接投资的实证研究及国际比较》	刘红忠	复旦大学国际金融系
		《动态国际贸易理论研究——均衡与非均衡分析》	李荣林	南开大学国际经济研究所

续表

类别		成果名称	作者	单位
优秀论文奖	二等奖	《加入WTO是中国现代化进程中又一个里程碑》	海闻	北京大学中国经济研究中心
		《政府声誉、投机性货币冲击与固定汇率的维持》	戴金平、万志宏	南开大学国际经济研究所
	三等奖	《最佳货币区的内涵、实现条件及欧洲货币一体化》	李平、张瑾	南开大学国际经济贸易系
		Multiple Criteria Models for Evaluation of Competitive Bids	刘树林	对外经济贸易大学
		《反倾销对抗博弈——兼论我国少有对外反倾销申诉的成因分析》	杨仕辉、肖德	湖北大学商学院
		《中俄经贸关系中的商品结构问题》	韩立华	对外经济贸易大学

第十届安子介国际贸易研究奖获奖名单（2002年12月）

类别		成果名称	作者	单位
优秀著作奖	二等奖	《高技术产业国际化经营》	吴国蔚等	北京工业大学经济与管理学院
		《WTO与中小企业转型升级》	林汉川	对外经济贸易大学工商管理学院
	三等奖	《WTO与环境保护》	那力、何志鹏	吉林大学法学院
		《WTO监督机制的法律与实践》	张军旗	上海财经大学法学院
		《欧元续论—欧元基础、运作与效应分析》	陈亚温、林东海	厦门大学法律系
		《发展中国家金融开放——效应与政策研究》	丁志杰	对外经济贸易大学金融学院

续表

类别		成果名称	作者	单位
优秀论文奖	二等奖	《韩国半导体行业应用进口保护促进出口政策的经验分析》	胡昭玲	南开大学国际经济贸易系
		《人民币汇率的非均衡分析与汇率制度的宏观效率》	陈平、王曦	中山大学岭南学院
	三等奖	《入世后中国如何参与国际分工》	华民	复旦大学世界经济研究所
		《反倾销动态博弈与效应分析》	杨仕辉、王红玲、舒颜颜	湖北大学世界经济研究所
		《传统的国际贸易理论能否解释我国的经济现象》	丁剑平	上海财经大学金融学院
		《企业、政府融资决策不一致性：国际短期资本管理新视角》	田素华	复旦大学世界经济系
		《论关贸总协定在欧共体法中的直接效力》	张智勇	北京大学法学院
		《关于产品周期与企业盈亏转折点先行指标的研究》	张建平	对外经济贸易大学国际工商管理学院

第十一届安子介国际贸易研究奖获奖名单（2003 年）

类别		成果名称	作者	单位	出版、发表及适用范围
优秀著作奖	二等奖	《转基因农产品国际贸易及政府管理——战略选择、政策设计与规则构建》	马述忠	浙江大学农业现代化与农村发展研究中心	中国农业出版社（2003. 6）
		《中国对外贸易政策的政治经济分析》	盛斌	南开大学国际经济研究所	上海三联书店，上海人民出版社（2002. 11）
	三等奖	《多边贸易体制与我国经济制度变迁》	沈玉良	上海外贸学院	上海社会科学院出版社（2003. 7）
		《中国—东盟双边贸易、次区域经济合作问题研究》	郭晓合等	广西大学商学院	中国时代经济出版社（2002. 8）
		《国际投资保护的国际法制——若干重要法律问题研究》	刘笋	中南财经政法大学法学院	法律出版社（2002. 3）

续表

<table>
<tr><th colspan="2">类别</th><th>成果名称</th><th>作者</th><th>单位</th><th>出版、发表及适用范围</th></tr>
<tr><td rowspan="8">优秀论文奖</td><td>一等奖</td><td>《我国大豆产业发展战略研究》</td><td>夏友富</td><td>对外经济贸易大学国际经济研究院</td><td>《管理世界》，2003.3</td></tr>
<tr><td>二等奖</td><td>《论汇率与利率关系：1993-2000年泰国事例检验》</td><td>沈国兵</td><td>上海财经大学金融学院</td><td>《世界经济》，2002.5</td></tr>
<tr><td rowspan="6">三等奖</td><td>Does comparative advantage explains export patterns in China?</td><td>岳昌君</td><td>北京大学教育经济研究所</td><td>China Economic Review，2002.8</td></tr>
<tr><td>《单一产业贸易的增加是否会减轻贸易自由化对国内劳动力造成的冲击——对平滑调整假设的研究》</td><td>苑涛</td><td>南开大学国际经济贸易系</td><td>《经济科学》，2002.6</td></tr>
<tr><td>《跨国公司本土化与中国的选择》</td><td>桑百川</td><td>对外经济贸易大学国际经济贸易学院</td><td>《中国经济评论》，2003.3</td></tr>
<tr><td>《中国“入世”后海峡两岸经贸问题“政治化”之防治》</td><td>陈安</td><td>厦门大学法学院</td><td>《中国法学》，2002.2</td></tr>
<tr><td>《美日欧盟等中小企业最新界定标准比较及其启示》</td><td>林汉川</td><td>对外经济贸易大学国际工商管理学院</td><td>《管理世界》，2002.1</td></tr>
<tr><td>《中国企业拓展国际市场的模式与策略研究—以荷兰中资企业的实证分析为例》</td><td>许晖</td><td>南开大学国际商学院</td><td>《南开管理评论》，2003.1</td></tr>
</table>

第十二届安子介国际贸易研究奖获奖名单（2004年）

<table>
<tr><th colspan="2">类别</th><th>成果名称</th><th>作者</th><th>单位</th><th>出版、发表及适用范围</th></tr>
<tr><td rowspan="7">优秀著作奖</td><td rowspan="2">二等奖</td><td>《产业集聚论》</td><td>梁琦</td><td>南京大学商学院</td><td>商务印书馆（2004.4）</td></tr>
<tr><td>《世界贸易组织与我国国家经济安全》</td><td>王新奎</td><td>上海对外贸易学院</td><td>上海人民出版社（2003.10）</td></tr>
<tr><td rowspan="5">三等奖</td><td>《国际收支结构研究：理论模式、国际比较及对中国现实的分析》</td><td>杨柳勇</td><td>浙江大学经济学院</td><td>中国金融出版社（2003.5）</td></tr>
<tr><td>《贸易自由化与有效环境保护》</td><td>畲群芝</td><td>中南财经政法大学</td><td>中国财政经济出版社（2003.12）</td></tr>
<tr><td>《结构转换期的中小企业金融研究——理论、实证与国际比较》</td><td>张捷</td><td>暨南大学经济学院</td><td>经济科学出版社（2003.7）</td></tr>
<tr><td>《融资租赁及其宏观经济效应》</td><td>史燕平</td><td>对外经济贸易大学</td><td>对外经济贸易出版社（2004.1）</td></tr>
<tr><td>《出口贸易与经济增长——理论、模型与实证》</td><td>赖明勇、许和连、包群</td><td>湖南大学经济与贸易学院</td><td>上海三联书店（2003.8）</td></tr>
</table>

续表

类别		成果名称	作者	单位	出版、发表及适用范围
优秀论文奖	一等奖	The Three Big Rounds of U.S. Unilateralism versus WTO Multilateralism during the Last Decade	陈安	厦门大学法学院	*Temple International & Comparative Law Journal*, 2003.12
	二等奖	《中国的贸易流量与出口潜力：引力模型的研究》	盛斌、廖明中	南开大学国际经济研究所	《世界经济》，2004.2
		《资本账户和经常账户负面冲击与钉住汇率制度危机的理论分析》	孙华妤、马跃	对外经济贸易大学国际经济贸易学院、香港岭南大学经济系	《世界经济》，2003.10
		《关于“通缩出口”论的检验：中、日、美三国比较》	孙立坚	复旦大学中国经济研究中心	《管理世界》，2003.10
	三等奖	《论技术性贸易壁垒对我国农产品出口贸易的双重影响》	张小蒂、李晓锺	浙江大学经济学院	《管理世界》，2004.6
		《结构贸易政策是最优的吗?》	季铸	北京工商大学经济学院	《财贸经济》2004.3
		《服务贸易领域的紧急保障措施探析》	石静霞	对外经济贸易大学法学院	《法学家》，2003.10
		Enforcement of WTO Agreement in China: Illusion or Reality?	孔庆江	浙江工商大学	*China and the World Trading System*, 2003
		《1999—2003年国际汇率体系变迁的统计分析》	丁志杰	对外经济贸易大学金融学院	《金融经济》，2004.5
		《中国首次反倾销措施执行效果评估》	宾建成	江西财经大学国际经贸学院	《世界经济》，2003.9
		《东道国的贸易自由化对国际直接投资流入的影响》	李平、范跃进	山东理工大学经济学院	《世界经济》，2003.12

第十三届“安子介国际贸易研究奖”获奖名单（2005年12月）

类别		成果名称	作者	单位	出版、发表及适用范围
优秀著作奖	二等奖	《国际资本形成与经济发展》	叶初升	武汉大学	人民出版社（2004.1）
	三等奖	《贸易投资一体化与中国的战略》	张二震、马野青、方勇等著	南京大学	人民出版社2004年1月
		《贸易救济会计——理论与实务》	孙铮、刘浩、李琳	上海财经大学	经济科学出版社（2004.9）
		《北京企业国际化经营研究报告2005》	课题组	对外经济贸易大学	同心出版社（2005.4）
优秀论文奖	二等奖	《中国对外贸易与FDI相互关系的研究》	梁琦、施晓苏	南京大学	《经济学》季刊，2004.7
		《对世界农产品贸易中的比较优势的检验》	刘拥军	中国农业大学	《经济学》季刊，2004.4
		《中国外商直接投资政策“渐进螺旋”模式：递推与转换》	殷华方、鲁明泓	南京财经大学	《管理世界》，2005.2
		《资本管制、外商投资与最优税差：对中国转型时期过渡性资本外逃的研究》	牛晓健、郑祖玄	复旦大学	《经济研究》，2005.4
	三等奖	《出口产品反倾销预警的经济学研究》	方勇、张二震	南京大学	《经济研究》，2004.1
		《从经济学角度看世界贸易体系》	雷　达	中国人民大学	《中国人民大学学报》，2005.1
		《贸易统计差异与中美贸易平衡问题》	沈国兵	上海财经大学	《经济研究》，2005.6
		《外资政策、国民利益与经济发展》	于津平	南京大学	《经济研究》，2004.5
		《重新审视进口在经济增长中的作用——基于中国的实证研究》	熊启泉，杨十二	华南农业大学	《国际贸易问题》，2005.2
		《与竞争法有关的国际贸易冲突——从微观视角看竞争法国际协调之必要性》	吴　韬	中央财经大学	《财经法律评论》，2004.9
		《论中国应将对外贸易竞争优势作为贸易战略出发点》	苑　涛	南开大学	《经济评论》，2005.1

第十四届安子介国际贸易研究奖获奖名单（2006 年 12 月）

类别		成果名称	作者	单位
优秀著作奖	二等奖	《经济周期论》	刘崇仪	西南财经大学国际贸易研究所
		《经济全球化下中小企业集群的创新机制研究》	冯德连	安徽财经大学国际经济贸易学院
	三等奖	《转型期中国市场分割对国际竞争力的影响研究》	钟昌标	宁波大学商学院
		《生产者服务论——兼论中国服务业发展与开放》	程大中	复旦大学世界经济研究所
		《跨国公司在华经营策略	毛蕴诗	中山大学管理学院
		《国际贸易规则与环境措施的法律研究》	边永民	对外经济贸易大学法学院
优秀论文奖	二等奖	《中国的贸易扩张及其对亚太地区贸易增长的贡献》	李坤望、宋立刚	南开大学经济学院
		The impact of Parallel Imports on Investments in Cost-Reducing Research and Development	李长英、Keith E. Maskus	南开大学经济研究所
		《外商直接投资、实际有效汇率与中国的贸易盈余》	谢建国	南京大学商学院
	三等奖	Comparative Study on the Evaluation of the Competitiveness of SMEs in Different Industries in China（《我国不同行业中小企业竞争力评价比较研究》）	林汉川、管鸿禧	对外经济贸易大学中小企业研究中心
		《国际贸易、R&D 溢出和生产率增长》	李小平、朱钟棣	中南财经政法大学经济学院
		《我国出口贸易影响经济增长的路径研究》	吴一丁、毛克贞	新疆大学经济与管理学院
		《两岸农业贸易和投资协作之研究》	程漱兰、张慧东、梁希震、李彦敏、李冬梅	中国人民大学农业与农村发展学院

续表

优秀论文奖	三等奖	《贸易一体化与生产非一体化——基于经济全球化两个重要假说的实证研究》	刘志彪、吴福象	南京大学长江三角洲经济社会发展研究中心
		《贸易、发展与 WTO：多哈回合谈判的现状与前景》	盛斌	南开大学国际经济研究所
		《基于改进 H-O 模型的贸易投资一体化模型研究》	苏振东	大连理工大学经济系
		《FDI、人力资本积累与经济增长》	代谦	武汉大学经济发展研究中心、经济与管理学院
		《税率、外商直接投资与经济增长——一个结构性政策理论模型》	李泳	北京师范大学
		《外商直接投资对中国经济的双重影响与对策》	郭飞	对外经济贸易大学国际经济贸易学院
		《基于共同利益的上海汽车工业跨文化管理模式》	陈晓云	复旦大学
		《〈合同法〉第四零二条对我国涉外商事仲裁制度的挑战》	陈治东	复旦大学法学院

第十五届安子介国际贸易研究奖获奖名单（2008 年 6 月）

类别		成果名称	作者	单位
优秀著作奖	二等奖	《技术性贸易壁垒的经济效应和政策选择——基于发展中国家视角的分析》	鲍晓华	上海财经大学
		《两岸经济一体化问题研究——区域一体化理论视角》	唐永红	厦门大学台湾研究院经济研究所
	三等奖	《欧元经验与效应——欧元对国际货币体系的影响研究》	陈亚温	厦门大学国际经济与贸易系
		《技术进步与国际贸易》	杨波	中南财经政法大学
		《权利与经济增长——美国贸易政策的国际政治经济学》	张建新	复旦大学国际关系与公共事务学院
		《中国农产品国际竞争力研究》	乔娟、李秉龙	中国农业大学经济管理学院
		《WTO 与中国外贸法的新领域》	曾华群	厦门大学法学院

续表

类别		成果名称	作者	单位
优秀论文奖	一等奖	《贸易差额的衡量：基于所有权还是所在地》	孙华妤、许亦平	对外经济贸易大学经贸学院
	二等奖	《人民币汇率变动对中国商品出口价格的传递效应研究》	毕玉江	上海市立信会计学院国际贸易与经济系
		《利用加工贸易技术扩散优化出口商品结构研究》	赵晓晨	天津财经大学国际经济贸易系
		《反倾销措施的贸易救济效果评估》	鲍晓华	上海财经大学
		《国际贸易的麦敕勒悖论及其验证》	余淼杰	北京大学中国经济研究中心
	三等奖	《国际石油价格与最优国内税率：基于"寡头"市场结构的分析》	孙泽生	浙江科技学院
		《外汇储备增加的通货膨胀效应和货币冲销政策的有效性》	方先明	南京大学经济学院金融保险学系
		《双边国际贸易引力模型中地区生产率的经验研究》	彭国华	暨南大学经济学院
		《论中国外贸增长方式的转变》	简新华	武汉大学经济与管理学院
		《贸易结构、技术密度与经济增长：一个分析框架及基于中国数据的检验》	王永齐	浙江大学工商学院
		《人民币名义汇率与利率的互动关系研究》	王爱俭	天津财经大学
		《工业贸易结构变化对我国就业的影响》	周申	南开大学国际经济贸易系
		《出口贸易结构的形成机理：基于我国1980—2005年的经验研究》	隋月红	中国计量学院
		《论经济全球化背景下竞争政策和竞争法的国际协调》	王先林	上海交通大学法学院
		Choice of Entry Modles in Sequential FDI in an Emerging Economy	张毅	华中科技大学
		《出口商品结构竞争力国际比较——基于传统差别化与替代弹性视角的实证研究》	周松兰	广东商学院

第十六届安子介国际贸易研究奖获奖名单（2010年11月）

类别		成果名称	作者	单位	出版、发表及适用范围
优秀著作奖	二等奖	《全球化中中国东部外向型经济发展：理论分析和战略调整》	刘志彪、张杰等	南京大学	中国财政经济出版社（2009.12）
		《分工、集聚与增长》	梁琦	中山大学	商务印书馆（2009.8）
	三等奖	《国际贸易的政治经济学分析：理论模型与计量实证》	余淼杰	北京大学	北京大学出版社（2009.1）
		《国际贸易摩擦的成因及化解途径》	尹翔硕、李春顶等	复旦大学	复旦大学出版社（2009.8）
		《论地理标志的国际法律保护——以TRIPS协议为视角》	冯寿波	南京信息工程大学	北京大学出版社（2008.12）
		《WTO主要成员贸易政策体系与对策研究》	张汉林等	对外经济贸易大学	经济科学出版社（2009.9）
		《广东外资企业盈亏研究——分析框架、数据、模型与案例》	龙朝晖	中山大学	广东教育出版社（2008.7）
优秀论文奖	一等奖	《比较优势与落后国家的二元技术进步：以近代中国产业发展为例》	代谦、李唐	武汉大学	《经济研究》，2009.3
	二等奖	《有限赶超与经济增长》	杨汝岱、姚洋	湘潭大学	《经济研究》，2008.8
		《国际投资仲裁引发的若干危机及应对之策述评》	刘笋	中南财经政法大学	《法学研究》，2008.6
		《美国对华贸易政策的决策和形成因素——以PNTR议案投票结果为例的政治经济分析》	李坤望	南开大学	《经济学（季刊)，2009.2
		《中国贸易量增长之谜的微观经济分析：1978—2007》	吴福象、刘志彪	南京大学	《中国社会科学》，2009.1
	三等奖	《贸易开放与经济增长：只是线性关系吗?》	包群	南开大学	世界经济，2008.9
		《产业出口复杂度的测度及其动态演进机理分析——基于52个经济体1993—2006年金属制品出口的实证研究》	黄先海、陈晓华、刘慧	浙江大学	《管理世界》，2010.3

续表

类别		成果名称	作者	单位	出版、发表及适用范围
优秀论文奖	三等奖	Foreign Direct Investment, Processing Trade, and the Sophistication of China's Exports	许斌、路江涌	北京大学	*China Economic Review*, 2009
		Globalization and Industry Agglomeration in China	葛嬴	对外经济贸易大学	*World Development*, 2009
		《外资特征对中国经济增长的影响》	郭熙保、罗知	武汉大学	《经济研究》，2009.5
		《中投：主权财富基金的控股公司路径》	郭雳	北京大学	《中外法学》，2009.4
		《企业间技术外溢的测度》	沈坤荣、李剑	南京大学	《经济研究》，2009.4
		《贸易发展、劳动力市场扭曲与要素收入分配效应：基于特定要素的短期分析》	王云飞、朱钟棣	上海对外贸易学院	《世界经济》，2009.1

（九）钱端升法学研究成果奖

钱端升教授是中国政法大学（前身是北京政法学院）的首任院长，同时，还是我国著名的政治学家、法学家和教育家，中国现代政治学和比较宪法研究的开创者之一，在中国当代法学发展的历史中，以及在国际上都具有崇高的地位和重要的影响。由中国政法大学倡议发起、以他的名义设立该奖项，主要宗旨在于纪念钱端升先生对我国法学研究的巨大贡献，激励后人在法学研究领域推出更多更好的科研成果，并通过对这些成果的宣传推广，促进中国法学研究的繁荣发展，推动国家法治建设的进程。

根据《钱端升法学研究成果奖奖励办法》，本奖项评奖范围包括所有普通高校教师、法学研究机构研究人员、国家立法行政和司法机关及社会法律服务机构的法律工作者创作的学术专著、学术论文和咨询报告。为保证评奖的公正性、权威性、广泛性，钱端升法学研究成果奖设立了奖励委员会，奖励委员会由一批著名的法学家组成；钱端升法学研究成果奖还设立了严格的评审程序，并实行观察员制度，对评奖活动的全过程进行监督。

钱端升法学研究成果奖自2006年首次评选以来，已经成功举办三届，共评选出一等奖5项，二等奖26项，三等奖46项，荣誉奖或提名奖38项，在国内外产生了广泛的社会影响和学术影响。其中，普通高校教师获得一等奖5项，二等奖24项，三等奖41项，荣誉奖或提名奖38项，分别占该奖项相应等级的100%、92%、89%、100%。现将普通高校教师获得该奖项情况摘录如下：

2006—2010“钱端升法学研究成果奖”获奖名单（普通高校）

第一届钱端升法学研究成果奖获奖成果名单

类别	成果名称	作者	单位	出版、发表及适用范围
一等奖	《法治及其本土资源》	朱苏力	北京大学	中国政法大学出版社 1996 年 10 月
	《中国法律传统的基本精神》	范忠信	中南财经政法大学	山东大学出版社 2001 年 1 月
二等奖	《民法基本原则解释——以诚实信用原则的法理分析为中心》	徐国栋	厦门大学	中国政法大学出版社 2004 年 9 月
	《过错责任原则：第三次勃兴》	王卫国	中国政法大学	中国法制出版社 2000 年 5 月
	《清朝文官制度》	艾永明	苏州大学	商务印书馆 2003 年 12 月
	《国际刑法学》	贾宇	西北政法学院	中国政法大学出版社 2004 年 9 月
	《20 世纪初期的中国法学》	李贵连	北京大学	《中外法学》1997 年第 2 期
	《离婚衡平机制研究》	夏吟兰	中国政法大学	《中华女子学院学报》2004 年第 5 期
三等奖	《国际海洋划界论——有关等距离/特殊情况规则的研究》	高健军	中国政法大学	北京大学出版社 2005 年 1 月
	《中国民法史》	孔庆明	烟台大学	吉林人民出版社 1996 年 1 月
	《开放的犯罪构成要件理论研究》	刘艳红	武汉大学	中国政法大学出版社 2002 年 7 月
	《中国金融刑法国际化研究》	卢勤忠	华东政法学院	中国人民公安大学出版社 2004 年 7 月
	《经济法基础理论》	漆多俊	中南大学	武汉大学出版社 2000 年 1 月
	《中华民国开国法制史——辛亥革命法律制度研究》	邱远猷	首都师范大学	首都师范大学出版社 1997 年 12 月

续表

类别	成果名称	作者	单位	出版、发表及适用范围
三等奖	《累犯制度比较研究》	苏彩霞	中南财经政法大学	中国人民公安大学出版社 2002年9月
	《书生事业　无限江山——关于近世中国五代法学家及其志业的一个学术史研究》	许章润	清华大学	清华大学出版社 2004年5月
	《刑罚消灭制度研究》	于志刚	中国政法大学	法律出版社 2002年7月
	《行政法基本原则研究》	周佑勇	武汉大学	武汉大学出版社 2005年2月
	《内地与香港的法律冲突与协调模式的选择》	肖永平	武汉大学	载《中国国际私法与比较法年刊》，法律出版社 1999年
	《现行婚姻法的不足与民法典立法对策》	杨遂全	四川大学	《法学研究》2003年第2期
	《三大法系犯罪构成论体系性特征比较研究》	李洁	吉林大学	《刑事法评论》1998年第2卷
	《“类推”与刑法之“禁止类推”原则——一个方法论上的阐释》	周少华	西北政法学院	《法学研究》2004年第5期
荣誉奖	《哈耶克法律哲学的研究》	邓正来	吉林大学	法律出版社 2002年7月
	《中国引渡制度研究》	黄风	北京师范大学	中国政法大学出版社 1997年6月
	《法律视角中的中国加入世贸组织》	孔庆江	浙江工商大学	World Scientific Publishing Co. Pte. Ltd. 2002年10月出
	《中国国际法理论新探索》	潘抱存	苏州大学	法律出版社 1999年10月
	《犯罪控制-动态平衡论的见解》	翟中东	中央司法警官学院	中国政法大学出版社 2004年11月
	《对刑法中“主客观相统一”原则的反思》	齐文远	中南财经政法大学	《法学研究》2002年第3期

第二届钱端升法学研究成果奖获奖成果名单

类别	成果名称	作者	单位	出版、发表及适用范围
一等奖	《非诉讼纠纷解决机制研究》	范愉	中国人民大学	中国人民大学出版社 2000 年 6 月
二等奖	《法治的生态环境》	姚建宗	吉林大学	山东人民出版社 2003 年 1 月
	《中国近代民法法典化研究（1901—1949）》	张生	中国政法大学	中国政法大学出版社 2004 年 5 月
	《经济法理论的重构》	张守文	北京大学	人民出版社 2004 年 4 月
	《股份有限公司股东权的保护（修订本）》	刘俊海	中国人民大学	法律出版社 2004 年 1 月
	《电子商务法初论》	张楚	中国政法大学	中国政法大学出版社 2000 年 4 月
	《宏观国际法史》	杨泽伟	武汉大学	武汉大学出版社 2001 年 6 月
	《私法精神与制度选择——大陆法私法古典模式的历史含义》	易继明	华中科技大学	中国政法大学出版社 2003 年 1 月
	《合同法》（第二版）	李永军	中国政法大学	法律出版社 2005 年 7 月
三等奖	《电子商务的国际私法问题》	何其生	武汉大学	法律出版社 2004 年 1 月
	《农村土地法律制度研究——田野调查解读》	陈小君等	中南财经政法大学	中国政法大学出版社 2004 年 1 月
	《国际商事仲裁及其适用法律研究》	赵秀文	中国人民大学	北京大学出版社 2002 年 1 月
	《虚拟空间中的刑法理论》	于志刚	中国政法大学	中国方正出版社 2003 年 9 月
	《行政自由裁量论》	余凌云	清华大学	中国人民公安大学出版社 2005 年 8 月
	《中国军事法学基础理论研究》	夏勇	中南财经政法大学	中国财政经济出版社 2005 年 11 月

续表

类别	成果名称	作者	单位	出版、发表及适用范围
三等奖	《物权法原理》	陈华彬	中央财经大学	国家行政学院出版社 1998 年 4 月
	《共同正犯研究》	陈家林	武汉大学	武汉大学出版社 2004 年 10 月
	《中国逐步废止死刑论纲》	赵秉志	北京师范大学	《法学》2005 年第 1 期
	《公司法人格否认法理研究》	朱慈蕴	清华大学	法律出版社 1998 年 11 月
	《法律的犯罪构成与犯罪构成理论》	李　洁	吉林大学	《法学研究》1999 年第 5 期
	《理性主义与刑法模式》	冯亚东	西南财经大学	中国政法大学出版社 1999 年 1 月
提名奖	《国际经济法学刍言》	陈　安	厦门大学	北京大学出版社 2005 年 8 月
	China's WTO Accession and the Asean—China Free Trade Area: The Perspective of a Chinese Lawyer	孔庆江	浙江工商大学	*Journal of International Economic Law* 2004 年第 4 期
	《欧洲共同体法律的制定与执行》	王世洲	北京大学	法律出版社 2000 年 1 月
	《支付命令与安全程序——美国《统一商法典第 4A 编的核心概念及对我国电子商务立法的启示》	刘　颖	暨南大学	《中国法学》2004 年第 1 期
	《普通法的历史解读》	李红海	华中科技大学	清华大学出版社 2003 年 10 月
	《论私力救济》	徐　昕	西南政法大学	中国政法大学出版社 2005 年 5 月
	《民初民法中的民事习惯与习惯法》	李卫东	江汉大学	中国社会科学出版社 2005 年 12 月
	《二十世纪契约法》	傅静坤	深圳大学	法律出版社 1997 年 2 月

续表

类别	成果名称	作者	单位	出版、发表及适用范围
提名奖	《原因理论研究——关于合同（法律行为）效力正当性的一种说明模式》	徐涤宇	湖南大学	中国政法大学出版社 2005 年 5 月
	《经济法词义解释与理论研究的重心》	李曙光	中国政法大学	《政法论坛》2005 年第 6 期
	《论"基因歧视"及其法律对策》	王　迁	华东政法大学	中国人民大学出版社 2005 年 1 月
	《刑事证人出庭作证程序：实证研究与理论阐析》	左卫民	四川大学	《中外法学》2005 年第 6 期
	《客观诚信与主观诚信的对立统一问题——以罗马法为中心》	徐国栋	厦门大学	《中国社会科学》2001 年第 6 期
	《司法证明标准与乌托邦》	何家弘	中国人民大学	《法学研究》2004 年第 6 期
	《东方法律改革比较研究》	王云霞	中国人民大学	中国人民大学出版社 2002 年 5 月
	《明代民事判牍研究》	童光政	海南师范大学	广西师范大学出版社 1999 年 5 月
	《数学精神与法律文化》	何柏生	西北政法大学	上海人民出版社 2005 年 10 月

第三届钱端升法学研究成果奖获奖成果名单

类别	成果名称	作者	单位	出版、发表及适用范围
一等奖	《侵权责任构成要件研究》	张新宝	中国人民大学	法律出版社 2007 年 4 月
	《宪治与主权》	陈端洪	北京大学	法律出版社 2007 年 3 月
二等奖	《中国选举状况的报告》	蔡定剑	中国政法大学	法律出版社 2002 年 12 月
	《金文简帛中的刑法思想》	崔永东	中国政法大学	清华大学出版社 2000 年 3 月
	《包公故事：一个考察中国法律文化的视角》	徐忠明	中山大学	中国政法大学出版社 2002 年 7 月
	《主权论——国际法上的主权问题及其发展趋势研究》	杨泽伟	武汉大学	北京大学出版社 2006 年 2 月
	《电子资金划拨法律问题研究》	刘颖	暨南大学	法律出版社 2001 年 11 月
	《民事诉讼程序价值论》	肖建国	中国人民大学	中国人民大学出版社 2000 年 5 月
	《当代刑法理论探索》（四卷本）	赵秉志	北京师范大学	法律出版社 2003 年 1 月
	《人身权法论》	杨立新	中国人民大学	人民法院出版社 2006 年 4 月
	《新公司法的制度创新：立法争点与解释难点》	刘俊海	中国人民大学	法律出版社 2006 年 11 月

续表

类别	成果名称	作者	单位	出版、发表及适用范围
二等奖	《法国物权法》	尹田	北京大学	法律出版社 1998 年 2 月
三等奖	《论欧盟金融服务法中的最低限度协调原则》	刘轶	南开大学	《环球法律评论》2007 年第 3 期
	《美国单边主义对抗 WTO 多边主义的第三回合——“201 条款”争端之法理探源和展望》	陈安	厦门大学	《中国法学》2004 年第 2 期
	《中国代表制度改革的实证研究》	邹平学	深圳大学	重庆出版社 2005 年 8 月
	《职务犯罪侦查中强制措施的立法完善》	宋英辉	北京师范大学	《中国法学》2007 年第 5 期
	《从司法为民到人民司法——陕甘宁边区大众化司法制度研究》	侯欣一	南开大学	中国政法大学出版社 2007 年 4 月版
	《后 TRIPS 时代的国际知识产权制度变革与国际关系的演变》	古祖雪	浙江工商大学	《中国社会科学》2007 年第 2 期
	《“大证据学”的建构及其学理》	龙宗智	四川大学	《法学研究》2006 年第 5 期
	《规范权力——权力的法理研究》	周永坤	苏州大学	法律出版社 2006 年 11 月
	《英美法对价原则研究：解读英美合同法王国中的“理论与规则之王”》	刘承韪	中国政法大学	法律出版社 2006 年 12 月
	《物权法原论》	高富平	华东政法大学	中国法制出版社 2001 年 9 月
	《司法公正的理论根基》	胡玉鸿	苏州大学	社会科学文献出版社 2006 年 4 月
	《法治社会的基本人权——发展权法律制度研究》	汪习根	武汉大学	中国人民公安大学出版社 2002 年 12 月
	《宪法哲学导论》	江国华	武汉大学	商务印书馆 2007 年 2 月版
	《论罪刑法定的实现》	李洁	吉林大学	清华大学出版社 2006 年 7 月
	《环境法律的理念与价值追求——环境立法目的论》	汪劲	北京大学	法律出版社 2000 年 1 月

续表

类别	成果名称	作者	单位	出版、发表及适用范围
提名奖	《中国丧服制度史》	丁凌华	华东政法大学	上海人民出版社 2000 年 1 月
	《公司法的合同路径与公司法规则的正当性》	罗培新	华东政法大学	《法学研究》2004 年第 2 期
	《宪政视野下的中国立法模式变迁》	秦前红	武汉大学	《中国法学》2005 年第 3 期
	《WTO 专家组和上诉机构可适用的法律》	左海聪	南开大学	《法学评论》2005 年第 5 期
	《WTO 与中国外资法的发展》	曾华群	厦门大学	厦门大学出版社 2006 年 3 月
	《少年刑法与刑法变革》	姚建龙	华东政法大学	中国人民公安大学出版社 2005 年 4 月
	《责任政府新论》	蒋劲松	中央财经大学	社会科学文献出版社 2005 年 12 月
	《生态损害的社会化填补法理研究》	竺效	中国人民大学	中国政法大学出版社 2007 年 12 月
	《刑法中的人格问题研究》	翟中东	中央司法警官学院	中国法制出版社 2003 年 1 月
	《论国家调整汇率的权利与义务——兼论人民币汇率调整的国际法律问题》	张庆麟	武汉大学	《国际经济法学刊》第 13 卷第 2 期 2006 年 8 月
	《刑法学方法的一般理论》	曾粤兴	昆明理工大学	人民出版社 2005 年 11 月版
	《公序良俗原则研究——以基本原则的具体化为中心》	于飞	中国政法大学	北京大学出版社 2006 年 5 月
	《域外送达制度研究》	何其生	武汉大学	北京大学出版社 2006 年 2 月
	《权力、权利和利益的博弈》	冯玉军	中国人民大学	《中国法学》2007 年第 4 期
	《中国少数民族习惯法研究》	高其才	清华大学	清华大学出版社 2003 年 10 月

(十) 张培刚发展经济学优秀成果奖

张培刚先生是我国具有国际影响的老一辈著名经济学家，为发展经济学的创立和新发展做出了卓越的贡献。他为了推动我国对发展经济学的研究和传播，立足中国，面向世界，以严谨的科学态度，不断探索包括我国在内的发展中国家如何有效地实现工业化和现代化的理论和政策。华中科技大学设立了以张培刚先生命名的非公募基金会——“张培刚发展经济学研究基金会”，在基金会支持下，设立张培刚发展经济学研究优秀成果奖，旨在表彰为发展经济学及其相关研究做出突出贡献的学者，促进经济学研究繁荣，推动中国经济发展。此奖面向海内外，参评论文和专著选题须立足学科前沿，具有重要的理论和现实意义；提出新的研究方法和独到见解，并取得突贡献；能够反映发展经济学的最新进展，填补发展经济学的研究空白，在发展经济学及其相关学科领域处于国内领先水平，或接近乃至达到国际先进水平。

张培刚发展经济学研究优秀成果奖每两年评选一次。参评论著以近五年来公开发表的论著为主。奖项类别包括“张培刚发展经济学研究优秀著作奖”、“张培刚发展经济学研究优秀论文奖”。

2006—2010 年张培刚发展经济学优秀成果奖获奖名单（普通高校）

第一届张培刚发展经济学研究优秀成果奖获奖名单（2006 年）

获奖作品	作者	出版、发表单位	时间
《中国发展经济学》	何炼成	陕西人民出版社	1999 年
《自生能力、经济发展与转型：理论与实证》	林毅夫	北京大学出版社	2004 年
《制度变迁与经济发展：温州模式研究》	史晋川等	浙江大学出版社	2002 年

第二届张培刚发展经济学研究优秀成果奖获奖名单（2008 年）

类别	获奖作品	作者	出版、发表单位	时间
优秀著作奖	《发展经济学》	谭崇台	上海人民出版社	1989 年
	《中国增长模式选择》	吴敬琏	上海远东出版社	2006 年
	《土地、制度和农业发展》	姚　洋	北京大学出版社	2005 年
	Informal Institutions and Rural Development in China	胡必亮	*Routledge*	2007 年

续表

类别	获奖作品	作者	出版、发表单位	时间
优秀论文奖	《非竞争型投入占用产出模型及其应用中美贸易顺差透视》	Lawrence J. Lau（刘遵义）等	《中国社会科学》	2007年第5期
	《中国经济面临的转折及其对发展和改革的挑战》	蔡 昉	中国社会科学	2007年第3期

第三届张培刚发展经济学研究优秀成果奖获奖名单（2010年）

类别	获奖作品	作者	出版、发表单位	时间
优秀著作奖	Economics of Development (Sixth Edition)	Dwight H. Perkins（帕金斯）等	*W. W. Norton & Company*	2006年
	《中国居民收入分配研究Ⅲ》	李实等	北京师范大学出版社	2008年
优秀论文奖	《我国资本回报率估测（1978—2006）——新一轮投资增长和经济景气微观基础》	卢锋等	经济学季刊	2007年4月
	《中国为什么拥有了良好的基础设施?》	张军等	《经济研究》	2007年第3期

六、教育部重大攻关项目成果简介

重大课题攻关项目已出版情况一览表

序号	立项批准号	立项时间	项目名称	单位	学科	首席专家	项目进展	结项鉴定时间	结项鉴定等级	出版情况	出版书名	出版社
1	03JZD002	2003	马克思主义基础理论若干重大问题研究	中国人民大学	马克思主义	陈先达	已结项	2007. 6. 28	合格	已出版	马克思主义基础理论若干重大问题研究	经科社*
2	03JZD005	2003	中国民法典体系和重大疑难问题研究	中国人民大学	法学	王利明	已结项	2008. 4. 19	合格	已出版	民法典体系研究	经科社
3	03JZD006	2003	中国司法制度的基础理论问题研究	中国政法大学	法学	陈光中	已结项	2008. 12. 23	合格	已出版	中国司法制度的基础理论问题研究	经科社
4	03JZD0010	2003	楚简综合整理与研究	武汉大学	历史学	陈　伟	已结项	2008. 4. 19	优秀	已出版	楚地出土战国简册（十四种）	经科社
5	03JZD0011	2003	中国市场经济发展研究	北京大学	经济学	刘　伟	已结项	2008. 12. 23	优秀	已出版	中国市场经济发展研究	经科社
6	03JZD0012	2003	中国生活质量评价研究	武汉大学	社会学	周长城	已结项	2008. 4. 19	合格	已出版	中国生活质量评价研究	经科社
7	03JZD0013	2003	全球经济调整中的中国经济增长与宏观调控体系研究	中国人民大学	经济学	黄　达	已结项	2007. 10. 30	合格	已出版	全球经济调整中的中国经济增长与宏观调控体系研究	经科社

* 经济科学出版社。

续表

序号	立项批准号	立项时间	项目名称	单位	学科	首席专家	项目进展	结项鉴定时间	结项鉴定等级	出版情况	出版书名	出版社
8	03JZD0014	2003	东部特大都市圈和世界制造业中心研究	东南大学	经济学	李廉水	已结项	2007. 6. 28	合格	已出版	中国特大都市圈与世界制造业中心研究	经科社
9	03JZD0016	2003	中国产业竞争力研究	中国人民大学	经济学	赵彦云	已结项	2007. 10. 30	合格	已出版	中国产业竞争力研究	经科社
10	03JZD0017	2003	东北老工业基地资源型城市发展接续产业问题研究	吉林大学	经济学	宋冬林	已结项	2008. 4. 19	优秀	已出版	东北老工业基地资源型城市发展可持续产业问题研究	经科社
11	03JZD0018	2003	中国民营经济制度创新与发展问题研究	南开大学	管理学	李维安	已结项	2008. 4. 19	合格	已出版	中国民营经济制度创新与发展	经科社
12	03JZD0020	2003	WTO 主要成员贸易政策体系与对策研究	对外经贸大学	国际问题研究	张汉林	已结项	2007. 10. 30	合格	已出版	WTO 主要成员贸易政策体系与对策研究	经科社
13	03JZD0023	2003	中国大众媒介的传播效果与公信力研究	中国人民大学	新闻传播学	喻国明	已结项	2007. 6. 28	合格	已出版	中国大众媒介的传播效果与公信力研究	经科社
14	03JZD0026	2003	当代中国人精神生活调查研究	华东师范大学	哲学	童世骏	已结项	2007. 10. 30	合格	已出版	当代中国人精神生活研究	经科社
15	03JZD0027	2003	弘扬与培养民族精神研究	华中科技大学	哲学	杨叔子	已结项	2007. 6. 28	合格	已出版	弘扬与培育民族精神研究	经科社
16	03JZD0028	2003	中国公民人文素质现状调查与对策研究	中国政法大学	社会学	石亚军	已结项	2007. 6. 28	优秀	已出版	中国公民人文素质研究——数据评析与对策研究	经科社

续表

序号	立项批准号	立项时间	项目名称	单位	学科	首席专家	项目进展	结项鉴定时间	结项鉴定等级	出版情况	出版书名	出版社
17	03JZD0029	2003	青少年心理健康素质调查研究	天津师范大学	心理学	沈德立	已结项	2008.12.23	优秀	已出版	中国青少年心理健康素质调查研究	经科社
18	03JZD0030	2003	城市化过程中的重大社会问题及其对策研究	清华大学	社会学	李　强	已结项	2007.6.28	合格	已出版	城市化进程中的重大社会问题及其对策研究	经科社
19	03JZD0031	2003	我国农村与农民问题研究	华中师范大学	社会学	徐　勇	已结项	2007.6.28	合格	已出版	中国农村与农民问题前沿研究	经科社
20	03JZD0033	2003	中国教育与人力资源问题研究	北京大学	教育学	闵维方	已结项	2007.6.28	优秀	已出版	教育投入、资源配置与人力资本收益	经科社
21	03JZD0034	2003	创新人才与教育创新研究	北京师范大学	教育学	林崇德	已结项	2007.10.30	优秀	已出版	创新人才与教育创新研究	经科社
22	03JZD0035	2003	我国农村教育发展现状调查及农村教育发展指标体系研究	东北师范大学	教育学	袁桂林	已结项	2007.10.30	合格	已出版	中国农村教育发展指标体系研究	经科社
23	03JZD0036	2003	高校思想政治教育课程建设研究	武汉大学	教育学	顾海良	已结项	2007.10.30	优秀	已出版	高校思想政治理论课程建设研究	经科社
24	03JZD0037	2003	网络思想教育研究	清华大学	教育学	张再兴	已结项	2007.6.28	优秀	已出版	网络思想政治教育研究	经科社
25	03JZD0038	2003	高校招生考试制度改革的理论与实践研究	厦门大学	教育学	刘海峰	已结项	2008.4.19	合格	已出版	高校招生考试制度改革研究	经科社

续表

序号	立项批准号	立项时间	项目名称	单位	学科	首席专家	项目进展	结项鉴定时间	结项鉴定等级	出版情况	出版书名	出版社
26	03JZD0039	2003	人文社会科学研究成果评价体系研究	中国人民大学	管理学	刘大椿	已结项	2007.6.28	合格	已出版	人文社会科学研究成果评价体系研究	经科社
27	04JZD0004	2004	当代科学哲学的发展趋势研究	山西大学	哲学	郭贵春	已结项	2008.4.19	合格	已出版	当代科学哲学的发展趋势	经科社
28	04JZD0005	2004	当代宗教冲突与对话研究	北京大学	宗教学	张志刚	已结项	2009.11.26	合格	已出版	当代宗教冲突与对话研究	经科社
29	04JZD0006	2004	基于自然语言的只是表达与推理系统研究	中山大学	逻辑学	鞠实儿	已结项	2008.4.19	优秀	已出版	面向知识表示与推理的自然逻辑	经科社
30	04JZD0008	2004	中国工业化、城镇化进程中的农村土地问题研究	南京农业大学	管理学	曲福田	已结项	2009.5.21	合格	已出版	中国工业化、城镇化进程中的农村土地问题研究	经科社
31	04JZD0009	2004	东北老工业基地改造与振兴研究	辽宁大学	管理学	程　伟	已结项	2008.4.19	优秀	已出版	东北老工业基地改造与振新研究	经科社
32	04JZD0012	2004	中国参与区域经济一体化问题研究	中国人民大学	经济学	黄卫平	已结项	2008.4.19	合格	已出版	中国参与区域经济一体化问题研究	经科社
33	04JZD0013	2004	金融体制改革和货币问题研究	中央财经大学	经济学	王广谦	已结项	2008.4.19	合格	已出版	金融体制改革和货币问题研究	经科社
34	04JZD0014	2004	中国法制现代化的理论与实践	中国政法大学	法学	徐显明	已结项	2008.12.23	合格	已出版	中国法制现代化的理论与实践	经科社

续表

序号	立项批准号	立项时间	项目名称	单位	学科	首席专家	项目进展	结项鉴定时间	结项鉴定等级	出版情况	出版书名	出版社
35	04JZD0015	2004	中国和平发展的重大国际法律问题研究	武汉大学	法学	曾令良	已结项	2008. 12. 23	合格	已出版	中国和平发展的重大前沿国际法律问题研究	经科社
36	04JZD0019	2004	全面建设小康社会进程中的我国就业发展战略研究	中国人民大学	管理学	曾湘泉	已结项	2008. 12. 23	合格	已出版	全面建设小康社会进程中的我国就业发展战略研究	经科社
37	04JZD0024	2004	基础教育改革与中国教育学理论重建研究	华东师范大学	教育学	叶　澜	已结项	2008. 4. 19	优秀	已出版	基础教育改革与中国教育学理论重建研究	经科社
38	04JZD0026	2004	处境不利儿童心理发展状况与教育对策研究	北京师范大学	心理学	申继亮	已结项	2008. 4. 19	优秀	已出版	处境不利儿童的心理发展现状与教育对策研究	经科社
39	04JZD0034	2004	马克思主义文艺理论中国化研究	复旦大学	中国文学	朱立元	已结项	2008. 4. 19	合格	已出版	马克思主义文艺理论中国化研究	经科社
40	04JZD0035	2004	历史题材创新和改编中的重大问题研究	北京师范大学	中国文学	童庆炳	已结项	2009. 5. 21	合格	已出版	历史题材创新和改编中的重大问题研究	经科社
41	04JZD0036	2004	现当代中西艺术教育比较研究	山东大学	中国文学	曾繁仁	已结项	2008. 12. 23	合格	已出版	现代中西高校公共艺术教育比较研究	经科社
42	04JZD0037	2004	数字传播技术与媒体产业发展研究	中国传媒大学	新闻传播学	黄升民	已结项	2008. 12. 23	合格	已出版	数字传播技术与媒体产业发展研究	经科社

续表

序号	立项批准号	立项时间	项目名称	单位	学科	首席专家	项目进展	结项鉴定时间	结项鉴定等级	出版情况	出版书名	出版社
43	04JZD0038	2004	媒介素质教育理论与实践研究	复旦大学	新闻传播学	陆　晔	已结项	2008. 4. 19	合格	已出版	媒介素养：理念、认知、参与	经科社
44	04JZD0040	2004	中国和平发展的国际环境研究	北京大学	国际问题研究	叶自成	已结项	2008. 4. 19	合格	已出版	中国和平发展的国际环境研究	经科社
45	05JZD0001	2005	马克思主义一级学科体系建构与建设研究	中国人民大学	马克思主义	张雷声	已结项	2009. 5. 21	优秀	已出版	马克思主义理论学科体系建构与建设研究	经科社
46	05JZD0004	2005	多元化纠纷解决机制与和谐社会的构建	中国人民大学	法学	范　愉	已结项	2009. 11. 26	合格	已出版	多元化纠纷解决机制与和谐社会的构建	经科社
47	05JZD0012	2005	人民币均衡汇率问题研究	复旦大学	经济学	姜波克	已结项	2009. 5. 21	合格	已出版	人民币均衡汇率问题研究	经科社
48	05JZD0013	2005	我国土地制度与社会经济协调发展研究	浙江大学	经济学	黄祖辉	已结项	2009. 5. 21	合格	已出版	我国土地制度与社会经济协调发展研	经科社
49	05JZD0014	2005	自主创新战略和国际竞争力研究	清华大学	管理学	吴贵生	已结项	2009. 5. 21	合格	已出版	自主创新战略和国际竞争力研究	经科社
50	05JZD0017	2005	南水北调工程与中部地区经济社会可持续发展研究	中南财经政法大学	经济学	杨云彦	已结项	2009. 11. 26	合格	已出版	南水北调工程与中部地区经济社会可持续发展研究	经科社
51	05JZD0024	2005	数字信息资源的规划、管理与利用研究	武汉大学	图书情报学	马费成	已结项	2010. 5. 28	合格	已出版	数字信息资源的规划、管理与利用研究	经科社

续表

序号	立项批准号	立项时间	项目名称	单位	学科	首席专家	项目进展	结项鉴定时间	结项鉴定等级	出版情况	出版书名	出版社
52	05JZD0026	2005	新闻传媒发展与建构和谐社会关系研究	武汉大学	新闻传播学	罗以澄	已结项	2009. 11. 26	优秀	已出版	新闻传媒发展与建构和谐社会关系研究	经科社
53	05JZD0033	2005	公共财政框架下公共教育财政制度研究	北京师范大学	教育学	王善迈	已结项	2009. 11. 26	合格	已出版	公共财政框架下公共教育财政制度研究	经科社
54	05JZD0036	2005	边疆多民族地区构建社会主义和谐社会研究	云南大学	民族学	周　平	已结项	2009. 11. 26	合格	已出版	边疆多民族地区构建社会主义和谐社会研究	经科社
55	06JZD0002	2006	马克思主义理论的整体性研究	南开大学	马克思主义	逄锦聚	已结项	2010. 5. 28	合格	已出版	马克思主义理论的整体性研究	经科社
56	06JZD0015	2006	转轨经济中的反行政性垄断与促进竞争政策研究	山东大学	管理学	于良春	已结项	2010. 5. 28	合格	已出版	转轨经济中的反行政性垄断与促进竞争政策研究	经科社
57	06JZD0018	2006	中国现代服务经济理论与发展战略研究	上海大学	管理学	陈　宪	已结项	2010. 5. 28	合格	已出版	中国现代服务经济理论与发展战略研究	经科社
58	06JZD0031	2006	产业集聚与区域经济协调发展研究	中山大学	经济学	王珺	已结项	2011. 5. 23	合格	已出版	产业集聚与区域经济协调发展研究	经科社
59	06JZD0032	2006	创新型国家的知识信息服务体系研究	武汉大学	图书情报学	胡昌平	已结项	2010. 11. 30	优秀	已出版	创新型国家的知识信息服务体系研究	经科社

2003—2010 年教育部哲学社会科学研究重大课题攻关项目立项一览表

序号	项目名称	单位	首席专家	立项时间
1	“三个代表”重要思想研究	北京大学	吴树青	2003
2	“三个代表”重要思想研究	中国人民大学	程天权	2003
3	马克思主义基础理论若干重大问题研究	中国人民大学	陈先达	2003
4	马克思主义中国化研究	武汉大学	陶德麟	2003
5	社会主义政治文明与宪政研究	北京大学	谢庆奎	2003
6	中国民法典体系和重大疑难问题研究	中国人民大学	王利明	2003
7	中国司法制度的基础理论问题研究	中国政法大学	陈光中	2003
8	宗教与社会主义社会相适宜的理论与实践研究	中国人民大学	方立天	2003
9	《儒藏》编纂与研究	北京大学	汤一介	2003
10	《民国史》研究	南京大学	张宪文	2003
11	楚简综合整理与研究	武汉大学	陈　伟	2003
12	中国市场经济发展研究	北京大学	刘　伟	2003
13	中国生活质量评价研究	武汉大学	周长城	2003
14	全球经济调整中的中国经济增长与宏观调控体系研究	中国人民大学	黄　达	2003
15	东部特大都市圈和世界制造业中心研究	东南大学	李廉水	2003
16	西部民族关系与宗教问题研究	兰州大学	杨建新	2003
17	中国产业竞争力研究	中国人民大学	赵彦云	2003
18	东北老工业基地资源型城市发展接续产业问题研究	吉林大学	宋冬林	2003
19	中国民营经济制度创新与发展问题研究	南开大学	李维安	2003
20	跨国公司与中国国际竞争力研究	南开大学	冼国明	2003
21	WTO 主要成员贸易政策体系与对策研究	对外经贸大学	张汉林	2003
22	国家公共危机安全管理系统研究	中国人民大学	张成福	2003
23	社会保障制度的完善与全面建设小康社会研究	武汉大学	邓大松	2003
24	中国大众媒介的传播效果与公信力研究	中国人民大学	喻国明	2003
25	中国海洋发展战略研究	中国海洋大学	徐祥民	2003
26	社会主义道德体系及运行机制研究	中国人民大学	罗国杰	2003
27	当代中国人精神生活调查研究	华东师范大学	童世骏	2003
28	弘扬与培养民族精神研究	华中科技大学	杨叔子	2003
29	中国公民人文素质现状调查与对策研究	中国政法大学	石亚军	2003
30	青少年心理健康素质调查研究	天津师范大学	沈德立	2003

续表

序号	项目名称	单位	首席专家	立项时间
31	城市化过程中的重大社会问题及其对策研究	清华大学	李　强	2003
32	我国农村与农民问题研究	华中师范大学	徐　勇	2003
33	构建学习型社会研究	北京师范大学	顾明远	2003
34	中国教育与人力资源问题研究	北京大学	闵维方	2003
35	创新人才与教育创新研究	北京师范大学	林崇德	2003
36	我国农村教育发展现状调查及农村教育发展指标体系研究	东北师范大学	袁桂林	2003
37	高校思想政治教育课程建设研究	武汉大学	顾海良	2003
38	网络思想教育研究	清华大学	张再兴	2003
39	高校招生考试制度改革的理论与实践研究	厦门大学	刘海峰	2003
40	人文社会科学研究成果评价体系研究	中国人民大学	刘大椿	2003
41	马克思主义学科体系建设研究	南开大学	刘景泉	2004
42	当代国外马克思主义思潮的现状、发展态势与基本理论研究	复旦大学	俞吾金	2004
43	马克思主义哲学体系创新研究	北京师范大学	杨　耕	2004
44	当代科学哲学的发展趋势研究	山西大学	郭贵春	2004
45	当代宗教冲突与对话研究	北京大学	张志刚	2004
46	基于自然语言的只是表达与推理系统研究	中山大学	鞠实儿	2004
47	马克思主义产权理论与中国改革实践	山东大学	黄少安	2004
48	中国工业化、城镇化进程中的农村土地问题研究	南京农业大学	曲福田	2004
49	东北老工业基地改造与振兴研究	辽宁大学	程　伟	2004
50	西部经济发展与生态环境重建研究	四川大学（西南）	杜肯堂	2004
51	中国水资源利用的经济学分析研究	武汉大学	伍新木	2004
52	中国参与区域经济一体化问题研究	中国人民大学	黄卫平	2004
53	金融体制改革和货币问题研究	中央财经大学	王广谦	2004
54	中国法制现代化的理论与实践	中国政法大学	徐显明	2004
55	中国和平发展的重大国际法律问题研究	武汉大学	曾令良	2004
56	知识产权制度的变革与发展研究	中南财经政法大学	吴汉东	2004
57	社会公正与政府责任问题研究	吉林大学	周光辉	2004
58	经济全球化环境下中国企业集团的成长与重组	华南理工大学	蓝海林	2004

续表

序号	项目名称	单位	首席专家	立项时间
59	全面建设小康社会进程中的我国就业发展战略研究	中国人民大学	曾湘泉	2004
60	农村劳动力转移就业的社会政策研究	南开大学	关信平	2004
61	西部开发中的人口流动与族际交往研究	北京大学	马　戎	2004
62	中国现阶段高等教育大众化过程中的重大问题与对策研究	北京师范大学	钟秉林	2004
63	基础教育改革与中国教育学理论重建研究	华东师范大学	叶　澜	2004
64	素质教育课程评价体系研究	华东师范大学	钟启泉	2004
65	处境不利儿童心理发展状况与教育对策研究	北京师范大学	申继亮	2004
66	中外史学理论比较研究	北京师范大学	刘家和	2004
67	民间历史文献与文化传承研究	厦门大学	郑振满	2004
68	商会与近现代中国研究	华中师范大学	马敏	2004
69	民间信仰与中国社会研究	山东大学	路　遥	2004
70	世界现代化进程中的不同模式研究	南京大学	钱乘旦	2004
71	中华大字符集创建工程	北京师范大学	王　宁	2004
72	人工耳蜗术后汉语言康复教育的机理和方法研究	华东师范大学	黄昭明	2004
73	马克思主义文艺理论中国化研究	复旦大学	朱立元	2004
74	历史题材创新和改编中的重大问题研究	北京师范大学	童庆炳	2004
75	现当代中西艺术教育比较研究	山东大学	曾繁仁	2004
76	数字传播技术与媒体产业发展研究	中国传媒大学	黄升民	2004
77	媒介素质教育理论与实践研究	复旦大学	陆　晔	2004
78	中俄非传统安全领域合作研究	华东师范大学	冯绍雷	2004
79	中国和平发展的国际环境研究	北京大学	叶自成	2004
80	马克思主义一级学科体系建构与建设研究	中国人民大学	张雷声	2005
81	政治意识形态安全与意识形态现代化的社会学分析	中国人民大学	刘少杰	2005
82	中国能源安全问题研究——法律与政策分析	武汉大学	黄　进	2005
83	多元化纠纷解决机制与和谐社会的构建	中国人民大学	范　愉	2005
84	农村土地问题立法研究	中南财经政法大学	陈小君	2005
85	中国传统法律文化研究	中国人民大学	曾宪义	2005
86	环境侵权救济机制立法及研究	中国政法大学	王灿发	2005
87	现代归纳逻辑的创新功能与应用及其认知基础研究	西南大学	何向东	2005

续表

序号	项目名称	单位	首席专家	立项时间
88	20世纪社会主义与自由主义的争论	天津师范大学	徐大同	2005
89	反法西斯战争时期的中国与世界研究	武汉大学	胡德坤	2005
90	近代中国的知识与制度转型	中山大学	桑　兵	2005
91	人民币均衡汇率问题研究	复旦大学	姜波克	2005
92	我国土地制度与社会经济协调发展研究	浙江大学	黄祖辉	2005
93	自主创新战略和国际竞争力研究	清华大学	吴贵生	2005
94	国际贸易摩擦、争端的成因及解决机制研究	南开大学	佟家栋	2005
95	京津冀都市圈的崛起与中国经济发展	南开大学	周立群	2005
96	南水北调工程与中部地区经济社会可持续发展研究	中南财经政法大学	杨云彦	2005
97	循环经济的理论与实践	同济大学	诸大建	2005
98	中国地方政府绩效评价体系与管理机制研究	北京大学	周志忍	2005
99	公共服务性政府构建研究	南开大学	朱光磊	2005
100	农村公共品供给与农村和谐社会建设	中央财经大学	王国华	2005
101	信息技术与大都市政府管理体制创新研究	中山大学	蔡立辉	2005
102	数字信息资源的规划、管理与利用研究	武汉大学	马费成	2005
103	全球化背景下中国影视文化问题发展战略研究	清华大学	尹　鸿	2005
104	新闻传媒发展与建构和谐社会关系研究	武汉大学	罗以澄	2005
105	现代启蒙思潮与百年中国文学	南京大学	董　健	2005
106	西方文论中国化与中国文论建设	北京师范大学	王一川	2005
107	中国早期文字与文化研究	陕西师范大学	王　晖	2005
108	性别视角下的中国文学与文化	南开大学	乔以钢	2005
109	中国心理健康服务体系现状及对策研究	西南大学	黄希庭	2005
110	我国教师社会与经济地位研究	北京师范大学	劳凯声	2005
111	公共财政框架下公共教育财政制度研究	北京师范大学	王善迈	2005
112	儿童、青少年学习的认知过程研究与学习能力的培养	华南师范大学	莫　雷	2005
113	我国学校教育创新研究	北京师范大学	裴娣娜	2005
114	边疆多民族地区构建社会主义和谐社会研究	新疆大学	张先亮	2005
115	边疆多民族地区构建社会主义和谐社会研究	云南大学	周　平	2005
116	城市化理论重构与城市化战略研究	南京大学	张鸿雁	2005
117	大国关系对中国国家安全的影响	中国人民大学	金灿荣	2005

续表

序号	项目名称	单位	首席专家	立项时间
118	我国的地缘政治及其战略研究	复旦大学	倪世雄	2005
119	当代中国社会思潮与马克思主义理论建设	安徽大学	朱士群	2006
120	马克思主义理论的整体性研究	南开大学	逄锦聚	2006
121	哲学社会科学创新能力及评价研究	武汉大学	沈壮海	2006
122	世界宗教关系史研究	山东大学	刘新利	2006
123	宗教与中国国家安全研究	复旦大学	徐以骅	2006
124	非物质文化遗产与文化生态建设	北京大学	高丙中	2006
125	国有资产法律保护机制研究	中国政法大学	李曙光	2006
126	医疗纠纷解决机制的法律问题研究	中国政法大学	常　林	2006
127	未成年人犯罪问题研究	北京师范大学	赵秉志	2006
128	证据科学的理论体系与应用研究	中国政法大学	张保生	2006
129	中国的中亚战略与对策研究	兰州大学	杨　恕	2006
130	中国的中亚战略与对策研究	新疆大学	安尼瓦尔·阿木提	2006
131	冷战时期美国重大外交政策研究	华东师范大学	沈志华	2006
132	冷战时期美国重大外交政策研究	北京大学	王辑思	2006
133	建立城乡统一的劳动力市场，实现城乡劳动者平等就业研究	浙江大学	姚先国	2006
134	转轨经济中的反行政性垄断与促进竞争政策研究	山东大学	于良春	2006
135	中国金融国际化中的风险防范与金融安全研究	西南财经大学	刘锡良	2006
136	转型时期消费需求升级与产业发展研究	山东大学	臧旭恒	2006
137	中国现代服务经济理论与发展战略研究	上海大学	陈　宪	2006
138	发展农民合作组织与农业生产经营组织化研究	安徽财经大学	石秀河	2006
139	我国资源、环境、人口与经济承载能力研究	中央财经大学	邱　东	2006
140	战国文字及其文化意义研究	复旦大学	裘锡圭	2006
141	近代以来日本对华认识及行动选择研究	南开大学	杨栋梁	2006
142	城市化进程中的民族问题及其对策研究	南开大学	高永久	2006
143	转型期中国社会分层结构发展变化研究	中国人民大学	李路路	2006
144	农村社会保障制度研究	中南财经政法大学	赵　曼	2006
145	中国独生子女问题研究	南京大学	风笑天	2006

（2）从理论上阐释了“读者中心”论，体现了以人为本的思想。此文针对目前对读者需求存在的误解，提出图书馆要根据用户信息习惯，将服务设计在用户偏好的环境中，以体现图书馆以人为本的思想。

（3）提出了“数字化获取”与资源整合的观点，体现了资源效率与成本协调观。针对现有数字资源分散、异构、标准不统一的特点，用户对资源、系统使用效率的特征，提出透明无缝的资源与系统融合观点，体现了资源效率与成本协调观。

（4）针对目前存在的忽视文化功能的情况，此文在国内首次对弱化图书馆的职业特性进行了警示，认为公共图书馆必须重新坚持作为教育文化机构的立场，体现了图书馆回归教育与文化的价值定位。

四、社会影响

（1）应用价值：此文被人大复印报刊资料 G9 全文转载（2007 年第 7 期），至 2011 年底在中国知网系列数据库中被他引 55 次。作者应邀在北京大学图书馆学开放论坛、中国图书馆学会学术年会、中国社会科学情报学会学术年会、广州市图书馆专业人才高级研修班、四川省高校图书情报工作委员会、台湾大学、中南大学、湘潭大学等多个单位作特邀报告，传播本文的思想。此文所提出的观点得到我国图书馆理论与实践工作者的认同，形成 2007 年以来图书馆学研究热点。这些观点包括“防止图书馆去职业化倾向”，“防止图书馆边缘化”，“图书馆应回归文化、科学与教育价值”等。这些研究在比较广泛范围内引起人们重视，对推动我国图书馆学理论研究与图书馆事业科学发展起到积极作用。此文理论观点被北京大学图书馆、中国人民解放军医学图书馆等多个机构采用。

（2）学术价值：此文坚持历史与现实结合的原则，既有一定的历史纵深，也具有鲜明的时代特点。此文在国内首次提出图书馆权威服务、防止图书馆泛化、“去职业化”等理论观点，并提出了图书馆回归文化与教育价值定位的命题。此文认为图书馆担负着信息搜集、组织、保存、提供利用的天然职能，在人类社会的发展进程中发挥着不可替代的作用。此文立足于中国图书馆事业健康发展的需要，在国内首次对弱化图书馆职业特性现象进行了警示。

《教育对重庆经济发展贡献的研究》简介

西南大学宋乃庆教授主持，彭智勇、温涛、牟延林、赵修渝、万明春等共同参与完成的《教育对重庆经济发展贡献的研究》，被教育部政策法规司、重庆市委市政府采纳，于 2007 年 11 月，获教育学一等奖。

此文围绕教育对重庆经济发展的贡献，多角度、全方位地调查了有代表性的各级各类学校、区县和各类人员近万人，并运用数学方法进行了实证分析，形成了约 130 万字的研究报告，为政府决策提供了重要科学依据。

续表

序号	项目名称	单位	首席专家	立项时间
174	奥运会与国际体育争端解决机制研究	武汉大学	肖永平	2007
175	和谐社会构建中的基层民主政治建设研究	华中师范大学	徐 勇	2007
176	完善新型农村合作医疗制度研究	复旦大学	郝 模	2007
177	经济责任审计与审计理论创新研究	西南财经大学	蔡 春	2007
178	面向公共服务的电子政务管理体系研究	中央财经大学	孙宝文	2007
179	高校财务管理创新与财务风险防范机制研究	东华大学	徐明稚	2007
180	我国公共文化服务体系构建	中国政法大学	张桂琳	2007
181	我国户籍制度改革研究	复旦大学	彭希哲	2007
182	城乡统筹就业问题研究	复旦大学	袁志刚	2007
183	新农村建设中的社区建设研究	华中师范大学	项继权	2007
184	城市新移民问题及其对策研究	中山大学	周大鸣	2007
185	加强和改进社会管理研究	南京大学	严 强	2007
186	中国流动人口问题研究	中国人民大学	杜 鹏	2007
187	农民工子女教育问题研究	教育部	姜沛民	2007
188	毒品戒断及防复吸的心理机制研究	浙江大学	沈模卫	2007
189	中国高教资源的区域分布特点和协调发展对策研究	清华大学	谢维和	2007
190	新农村建设与城镇化推进中农村教育布局调整研究	东北师范大学	史宁中	2007
191	中国艺术学学科体系建设研究	北京师范大学	黄会林	2007
192	大众传媒与化解社会风险研究	复旦大学	黄芝晓	2007
193	基于文化创意理念的当代中国城市建设研究	北京交通大学	皇甫晓涛	2007
194	20世纪中国古代文化经典在域外的传播与影响研究	北京外国语大学	张西平	2007
195	互联网等新媒体对社会舆论影响与利用研究	北京大学	谢新洲	2007
196	百年敦煌学史研究	兰州大学	宁 强	2007
197	长江三峡地区历史地图再现研究	西南大学	蓝 勇	2007
198	近代术语的生成、演变与中西文化互动研究	武汉大学	冯天瑜	2007
199	当代中国马克思主义的基本理论特征研究	南开大学	王南湜	2008
200	马克思主义与建设中华民族共有精神家园研究	华中科技大学	欧阳康	2008
201	当代资本主义国家共产党的理论与实践研究	华中师范大学	聂运麟	2008
202	高校思想政治理论课测评体系研究	华中师范大学	张耀灿	2008
203	宗教与社会主义和谐社会建设研究	浙江大学	陈村富	2008

续表

序号	项目名称	单位	首席专家	立项时间
204	中国道德文化的传统理念与现代践行研究	中南大学	李建华	2008
205	哲学社会科学“走出去”战略研究	中国人民大学	袁 卫	2008
206	中国侵权责任法立法疑难问题研究	中国人民大学	王利明	2008
207	知识产权行政与司法保护绩效研究	中国政法大学	张 楚	2008
208	我国地方法制建设理论与实践研究	华南理工大学	葛洪义	2008
209	全球新型金融危机与中国外汇储备问题研究	中国人民大学	陈雨露	2008
210	税收对国民收入分配调控作用研究	中国人民大学	郭庆旺	2008
211	效率和公平相互协调的初次分配制度改革研究	中国人民大学	黄泰岩	2008
212	中国现代产业体系研究	暨南大学	朱卫平	2008
213	我国货币政策体系与传导机制研究	北京大学	刘 伟	2008
214	中部崛起过程中的新型工业化研究	中南大学	陈晓红	2008
215	我国粮食安全保障体系研究	西南财经大学	胡小平	2008
216	中国社会转型中的政府治理模式研究	东北大学	娄成武	2008
217	加快中国企业国际知名品牌发展战略研究	中山大学	王海忠	2008
218	高校专利技术转化成功模式及相关政策研究	北京大学	张 平	2008
219	“病有所医”与中国健康保障系统研究	西安交通大学	高建民	2008
220	边疆民族心理、文化特征与社会稳定研究	中央民族大学	杨圣敏	2008
221	边疆民族心理、文化特征与社会稳定研究（新疆地区子课题）	新疆大学	高静文	2008
222	边疆民族心理、文化特征与社会稳定研究（西南地区子课题）	云南大学	何 明	2008
223	我国目前社会阶层状况研究	复旦大学	刘 欣	2008
224	中国性别失衡与社会稳定研究	中国人民大学	翟振武	2008
225	灾后中小学生心理疏导研究	北京师范大学	林崇德	2008
226	民族地区教育优先发展研究	西南大学	张诗亚	2008
227	职业教育与城乡统筹发展研究	北京师范大学	俞启定	2008
228	建设高等教育强国研究	高等教育学会	周远清	2008
229	中国艺术学文献整理与研究	北京大学	彭吉象	2008
230	网络舆论的监测与安全研究	华中师范大学	黄永林	2008
231	我国文化产业发展战略研究	上海交通大学	胡惠林	2008

续表

序号	项目名称	单位	首席专家	立项时间
232	西方中国形象的变迁及其历史和思想根源研究	厦门大学	周　宁	2008
233	秦简牍的综合整理与研究	武汉大学	陈　伟	2008
234	世界历史进程中多元文明互动与共生研究	首都师范大学	刘新成	2008
235	中国特色国际关系与外交理论创新研究	北京大学	朱　锋	2008
236	中东伊斯兰地区与国际体系转型研究	上海外国语大学	朱威烈	2008
237	冷战后中印关系研究	复旦大学	张贵洪	2008
238	金融危机及其对教育的影响	中国人民大学	纪宝成	2008
239	坚持马克思主义在意识形态领域指导地位研究	中国人民大学	陈先达	2009
240	当代资本主义的理论与实践研究	南京大学	唐正东	2009
241	建国60年中国共产党反腐廉政基本经验研究	武汉大学	李斌雄	2009
242	境外宗教渗透与我国意识形态安全战略研究	武汉大学	段德智	2009
243	百年道学精华集成	四川大学	詹石窗	2009
244	哲学社会科学方法创新研究	浙江大学	马庆国	2009
245	汉语方言地理信息系统平台建设	上海师范大学	潘悟云	2009
246	20世纪中国音乐创作史研究	中央音乐学院	戴嘉枋	2009
247	国民艺术素养教育研究	南京师范大学	滕守尧	2009
248	国际传播的理论、现状和发展趋势研究	浙江大学	吴　飞	2009
249	新媒体环境下的危机传播及舆论引导研究	中国人民大学	喻国明	2009
250	中国历代民歌整理与研究	南京师范大学	陈书录	2009
251	日本侵华史料整理与研究	北京大学	徐　勇	2009
252	外国收藏16—20世纪来华传教士档案整理与研究	浙江大学	沈　弘	2009
253	中国海洋文明史研究	厦门大学	杨国桢	2009
254	全球金融危机与国际货币金融体系改革研究	南开大学	范小云	2009
255	中国海外投资的风险防范与管控体系研究	浙江大学	陈菲琼	2009
256	全球金融危机对我国产业转移和产业升级的影响及对策研究	南开大学	段文斌	2009
257	矿产资源有偿使用制度和生态补偿机制研究	西安交通大学	李国平	2009
258	低碳经济若干重大问题研究	中国人民大学	邹　骥	2009
259	全球金融危机后国际经济秩序重构与中国的法律对策研究	厦门大学	徐崇利	2009

续表

序号	项目名称	单位	首席专家	立项时间
260	我国当前农村土地流转制度与农民权益保护研究	华南农业大学	罗必良	2009
261	全球化背景下中国海洋权益法律保障研究	武汉大学	张湘兰	2009
262	五十年“藏独”海外活动特点、走向和对策研究	四川大学	李 涛	2009
263	城乡基层治理研究	华中师范大学	程又中	2009
264	中国特色社会工作制度和模式研究	北京大学	王思斌	2009
265	新型农村社会养老保险制度研究	武汉大学	邓大松	2009
266	巨灾风险管理制度创新研究	西南财经大学	卓 志	2009
267	城乡统筹视角下的我国城乡商贸流通体系研究	西北大学	任保平	2009
268	中国国家创新竞争力战略研究	西安交通大学	李 垣	2009
269	深化医药卫生体制改革研究	山东大学	孟庆跃	2009
270	农民工权益保护理论与实践研究	中山大学	刘林平	2009
271	深化行政问责制度改革研究	北京师范大学	施雪华	2009
272	大学生就业、创业教育研究	南开大学	张 静	2009
273	大学生就业、创业教育研究	东北师范大学	杨晓慧	2009
274	义务教育学校布局问题研究	华中师范大学	雷万鹏	2009
275	人才强校战略的理论与实践研究	华东师范大学	阎光才	2009
276	人才强校战略的理论与实践研究	上海交通大学	张 杰	2009
277	中国东北亚战略与政策研究	吉林大学	刘清才	2009
278	中国与全球油气资源重点区域合作研究	中国石油大学（北京）	王 震	2009
279	新时期中非合作关系研究	浙江师范大学	刘鸿武	2009
280	中国国际战略环境预测与国家应对战略研究	北京大学	王缉思	2009
281	中国国际战略环境预测与国家应对战略研究	清华大学	刘江永	2009
282	西汉竹书整理与研究	北京大学	阎步克	2009
283	出土简帛与古史再建	清华大学	李学勤	2009
284	提高党的建设科学化水平研究	华东师范大学	齐卫平	2010
285	中国共产党认识和解决民生问题的历史经验研究	北京师范大学	张静如	2010
286	《马克思恩格斯全集》历史考证版（新 MEGA）研究	清华大学	韩立新	2010
287	百年佛学研究精华集成	南京大学	洪修平	2010
288	提高哲学社会科学社会服务能力研究	西南大学	王志章	2010

续表

序号	项目名称	单位	首席专家	立项时间
289	跨文化互动的逻辑认知机制与计算机模拟研究	中山大学	鞠实儿	2010
290	中国历代长城研究	西北大学	段清波	2010
291	中国历代边疆治理研究	吉林大学	程妮娜	2010
292	中华戏剧通史	上海戏剧学院	叶长海	2010
293	中国当代文学批评史	南京大学	吴　俊	2010
294	中华民族音乐文化的国际传播与推广	福建师范大学	王耀华	2010
295	民族传统文化元素在现代艺术设计中的应用研究	中央美术学院	谭　平	2010
296	全球化背景下国际新闻传播人才培养模式创新研究	清华大学	史安斌	2010
297	后金融危机时期我国经济发展方式研究	武汉大学	郭熙保	2010
298	战略性新兴产业发展研究	华中科技大学	卫　平	2010
299	低碳经济转型下的中国碳排放交易体系研究	武汉大学	齐绍洲	2010
300	国家经济安全与我国金融审计制度创新研究	武汉大学	王永海	2010
301	两型社会建设标准及指标体系研究	中南大学	高文兵	2010
302	西方经济伦理思想研究	武汉大学	乔洪武	2010
303	中国—东盟区域经济一体化研究	广西大学	范祚军	2010
304	我国公共财政风险评估及其防范对策研究	武汉大学	吴俊培	2010
305	我国城市住房制度改革研究	南京大学	高　波	2010
306	网络群体性事件的引导和防控对策研究	复旦大学	翁铁慧	2010
307	我国公立医院治理与监管问题研究	华中科技大学	方鹏骞	2010
308	中华法系重构中的若干重大理论问题研究	中国政法大学	张　生	2010
309	中国特色社会主义法学理论体系研究	吉林大学	姚建宗	2010
310	法治国家建设中的司法判例制度研究	中国人民大学	何家弘	2010
311	坚持和完善中国特色的民族政策研究	中南民族大学	雷振扬	2010
312	国家惠农政策的成效评价及完善研究	华中师范大学	邓大才	2010
313	中国适度普惠型社会福利理论和制度构建研究	南京大学	彭华民	2010
314	特别行政区制度在我国国家管理体制中的地位和作用研究	武汉大学	周叶中	2010
315	特别行政区制度在我国国家管理体制中的地位和作用研究	深圳大学	董立坤	2010
316	学前教育体制与机制改革研究	南京师范大学	虞永平	2010

续表

序号	项目名称	单位	首席专家	立项时间
317	我国义务教育均衡发展改革研究	华中师范大学	范先佐	2010
318	普通高中多样化发展研究	北京师范大学	袁桂林	2010
319	我国本科人才培养质量研究	厦门大学	邬大光	2010
320	我国研究生教育结构调整问题研究	清华大学	袁本涛	2010
321	职业教育办学模式改革研究	华东师范大学	石伟平	2010
322	构建城乡一体化的教育体制机制研究	西南大学	李　玲	2010
323	完善学校突发事件应急管理机制研究	中国政法大学	马怀德	2010
324	新形势下国家语言文字发展战略研究	武汉大学	赵世举	2010
325	城市化进程中新生代农民工职业教育与社会融合问题研究	北京师范大学	严隽琪	2010
326	女性高层次人才成长规律及发展对策研究	北京大学	佟　新	2010
327	女性高层次人才成长规律及发展对策研究	同济大学	罗瑾琏	2010
328	全球化背景下国际秩序重构与中国国家安全战略研究	对外经济贸易大学	张汉林	2010
329	新时期全球治理的理论创新研究	南开大学	吴志成	2010
330	华侨华人在国家软实力建设中的作用研究	暨南大学	刘泽彭	2010
331	中国与中亚地区国家关系研究	新疆大学	潘志平	2010

《马克思主义基础理论若干重大问题研究》简介

中国人民大学陈先达教授为首席专家完成的专著《马克思主义基础理论若干重大问题研究》，是2003年度教育部哲学社会科学研究重大课题攻关项目的最终研究成果。参与该课题研究的专家30余人，主要成员有马俊峰教授、孟捷教授、张雷声教授、林岗教授、郝立新教授和梁树发教授（按姓氏笔画为序)。此专著由经济科学出版社于2009年9月出版。

一、篇章结构和主要内容

这是一个直接研究马克思主义的具有重大现实性和理论性意义的课题。全书共分4篇21章，59万字。

在第一篇马克思主义的本质与创新中，对当前具有重要意义的马克思主义的本质、马克思主义理论创新的机制、马克思主义在意识形态中的指导地位、“后马克思主义”思潮，特别是马克思主义中国化等问题进行了研究，提出马克思主义的整体性是正确认识和对待马克思主义的重要方法论前提，坚持马克思主义整体性的实质在于坚持马克思主义基本原理等结论。

在第二篇有关马克思主义哲学问题中，以马克思主义哲学的挑战与应对为主轴，从马克思主义哲学变革的实质、思维方式的转变、社会形态和社会发展理论以及人类解放等重大问题入手，展开关于马克思主义哲学当代发展问题的研究，提出马克思主义哲学的当代性概念，指出它的这一性质既由它创立时就具有的科学性和与时俱进的品格所规定，更由于后代马克思主义者在不断解答当代问题的过程中获得发展和确证。

第三篇着重研究经济学方法论的价值，对经济学的分析范式与当代现实的关系进行了研究，并对中国社会主义市场经济和经济转轨中的经济学问题予以特别关注。提出坚持马克思主义（经济学）的方法，探索和创立与不断变化的现实相适应的新理论，是发展马克思主义经济学的根本途径。

第四篇专门研究科学社会主义的理论和实践，重点是苏联社会主义建设的经验教训和斯大林模式、中国特色社会主义理论与实践、国外社会主义理论和世界社会主义发展前景等。在关于世界历史进程中资本主义和社会主义的关系的分析中，在其不同命运、前景的比较中，说明人类社会发展的历史趋势仍然是马克思所预见的“两个必然”。用中国特色社会主义理论的发展和创新、经济全球化中资本主义发展的困境，证明马克思主义社会主义理论的科学性和正确性。

二、主要创新

此书的主要创新在于：提出坚持马克思主义整体性的实质在于坚持马克思主义基本原理的结论；把求实思维、划界思维、对立统一思维、主题思维看做马克思主义创新的思维机制，把马克思主义与各国具体实践的结合、马克思主义与各国传统文化的结合看做实现马克思主义理论创新的两大维度；对马克思主义中国化和中国化的马克思主义两个概念之间的关系做了辩证分析；作出改革和制度创新是社会有机体的自我调节的机制的结论；提出建构当代中国马克思主义哲学的合理形态的要求，指出这一哲学形态的本质、特征和实现条件；从世界历史高度提出和论证中国特色社会主义建设实践的意义；把分工理解为政治经济学的“一切范畴的范畴”，认为不能“撇开劳动方式的发展来谈论生产力的发展”；提出“重视对社会主义条件下经济危机可能性的研究”，做好经济危机的预警和防范；阐释了“两个必然”和“两个决不会”之间的辩证关系，把“同一社会经济时代往往存在着不同的社会经济形态（社会制度或社会形态）”现象理解为社会演进路径的具体性、相对性，对造成历史进程中“跳跃式发展”的条件做了系统阐释。

三、成果影响

此书的出版在社会上，特别是学术界、理论界引起较大反响，受到广大理论工作者和干部的热烈欢迎和高度评价。许多书店把该书作为重点图书推出。许多高校把它列入马克思主义理论学科教学和科研的必读参考书，并在文献中予以广泛引用。

《马克思主义理论的整体性研究》简介

南开大学逄锦聚教授主持的“马克思主义理论的整体性研究”，是2006年教育部哲学社会科学重大课题攻关项目，最终成果是专著《马克思主义整体研究》。它由逄锦聚、王南湜、李毅等人合作完成，拟由经济科学出版社出版。

一、篇章结构

此书除前言外包括七章。前言对研究和把握马克思主义整体性的意义、方法和角度进行了阐述，对全书的基本思路和内容进行了概括。七章正文分别为：马克思主义的创立过程与马克思主义整体性、马克思主义基本原理与马克思主义整体性、马克思主义三个组成部分与马克思主义整体性、社会主义实践与马克思主义整体性、中国化马克思主义与马克思主义整体性、马克思主义的继承创新与马克思主义整体性、国外马克思主义与马克思主义整体性。

二、基本内容

此书在总结共产主义运动中因否定或片面理解、运用马克思主义而造成危害的教训的基础上，从我国建设中国特色社会主义实践和时代发展的要求出发，比较系统地从多角度对马克思主义整体性进行了研究，同时有分析地借鉴了国外学者对马克思主义研究取得的有益成果，澄清了理论界在一定时期内存在的强调对马克思主义几个组成部分的研究而忽视整体性研究的模糊认识，提出了适应实践和时代发展的新要求，必须从整体上理解、把握和创新马克思主义的主张。

三、主要创新

（1）从历史与现实的结合、中国革命和国际共产主义运动等角度，阐述了从整体上理解和把握马克思主义整体性的必要性和重大意义。提出社会主义取得成功和遭到挫折正反两个方面的经验和教训都证明，从整体上理解和把握马克思主义是无产阶级革命和社会主义建设取得胜利的重要保证，加强对马克思主义整体性的研究和理解，是总结历史和实践经验得出的结论，是继承和发展马克思主义的要求，是当代中国坚持指导思想上的与时俱进和正确改革方向，推进现代化建设的新要求。

（2）阐述了认识和把握马克思主义整体性的多个角度和方法。全书特别肯定了辩证唯物主义与历史唯物主义是马克思主义最根本的世界观和方法论；致力于实现最广大人民的根本利益是马克思主义最鲜明的政治立场；坚持一切从实际出发理论联系实际，实事求是，在实践中检验真理和发展真理是马克思主义最重要的理论品质；实现物质财富极大丰富、人民精神境界极大提高、每个人自由而全面发展的共产主义社会是马克思主义最崇高的社会理想。并认为这是当代中国对马克思主义整体性的创新性理解。同时提出，理解和把握马克思主义整体性，必须坚持历史唯物主义，坚持科学实践观和辩证法。

（3）对长期流行的马克思主义三个组成部分理论和马克思主义整体性的关系进行了解释。提出加强对马克思主义整体性的研究，并不是要否定或排斥对马克思主义进行分门别类的研究，相反，二者是相辅相成、相得益彰的。

（4）对国外马克思主义的发展状况进行了评析，肯定并吸取其积极的方面，指出其不足。

（5）以整体性理解和把握马克思主义的思想和方法，对毛泽东思想和中国特色社会主义理论体系进行了进一步的阐述，指出毛泽东思想和中国特色社会主义理论体系是与马克思主义一脉相承的中国化、时代化的马克思主义，建设中国特色社会主义必须全面、准确、完整地理解和实践中国特色社会主义理论体系。

四、社会影响

此课题的一些阶段性成果曾发表在《马克思主义研究》、《中国社会科学》、《哲学研究》、《南开学报》、《学术月刊》等国内核心期刊上，多篇论文被《新华文摘》、《人大复印资料》等做了全文转载，对于推动马克思主义整体性研究起到了一定作用。同时，由于课题组主持人和主要成员大多参与了中央实施的马克思主义理论研究和建设工程，因此研究的一些成果和观点也体现在由他们主持编写或参与编写的《马克思主义基本原理概论》等有关高校教材中。

《马克思主义理论学科体系建构与建设研究》简介

中国人民大学马克思主义学院张雷声教授主持的“马克思主义一级学科体系建构与建设研究”，是 2005 年教育部哲学社会科学重大课题攻关项目，最终研究成果是专著《马克思主义理论学科体系建构与建设研究》。它由张雷声、梁树发、张新、秦宣、刘建军、张云飞、杨凤城、齐鹏飞等合作完成，由中国经济出版社出版。

一、篇章结构

此专著除“前言”和“附录”外，共分三篇十五章。上篇，马克思主义理论学科形成的基础，包括第一章，中国共产党开展马克思主义理论教育的基本经验；第二章，马克思主义理论学科形成的科学基础；第三章，繁荣发展哲学社会科学与加强改进大学生思想政治教育；第四章，高校思想政治理论课的改革进程；第五章，马克思主义理论与思想政治教育学科的建设。中篇，马克思主义理论学科体系的构成，包括第六章，马克思主义理论学科的内在逻辑体系；第七章，六个二级学科的研究范围和研究重点；第八章，马克思主义理论学科与思想政治理论课的关系；第九章，马克思主义理论研究的中国特色、中国风格、中国气派；第十章，马克思主义理论学科与思想政治教育学科的关系。下篇，马克思主义理论学科建设的思路，包括第十一章，马克思主义理论学科的教师素质构成；第十二章，马克思主义理论学科的人才培养模式；第十三章，马克思主义理论学科的学术与交流；第十五章，马克思主义理论学科的教学管理体制和保障机制。

二、基本内容

此专著从马克思主义理论学科形成的基础分析入手，运用历史、理论与现实相结合的研究方法，逻辑与历史相统一的方法，以及文献梳理、实际调研和理论概括的方法，阐述了马克思主义理论一级学科的内在逻辑体系，以及所属的六个二级学科的研究范围、研究重点和学科建设方向，探讨了马克思主义理论学科的突出特征，讨论了马克思主义理论学科与思想政治理论课程之间的关系，研究了马克思主义理论学科建设中的师资队伍、人才培养、学术交流等问题，并提出了一些相应的具体意见和建议。

三、主要创新

此专著的创新，主要体现在以下四个方面：

(1) 不仅从整体性、学术性与意识形态性统一的角度对马克思主义理论学科特征作出集中论述，而且将此贯穿于研究始终。

(2) 对马克思主义理论学科的内在逻辑体系及各二级学科的内涵、研究范围和重点作了最为系统、最为全面的论述，反映了这一学科发展的要求和趋势。

(3) 提出了一些创新性观点并作了论证。例如，马克思主义理论一级学科的形成不仅有历史的基础、思想政治理论课建设的需要，而且有学科发展本身的要求，并对此作了详尽的论证。又如，思想政治教育学科是马克思主义理论学科的落脚点和归宿，并对思想政治教育学科归属马克思主义理论学科具有必然性作了论证。

(4) 提出了马克思主义理论学科建设的具体建议，如加强教师的专业化建设、建立学科的人才评价指标体系、在本科教育中设立马克思主义理论专业等。

四、社会影响

此专著是目前理论界第一部系统、全面研究马克思主义理论学科理论与实践问题的著作，也是中国人民大学马克思主义学院在马克思主义理论学科研究上的一个标志性成果。该专著的主要观点，在中国人民大学关于马克思主义理论学科建设、研究生的培养中得到体现。近年来，中国人民大学马克思主义理论学科建设有了较好和较快的发展，按学科的内在要求培养研究生走在全国高校前列。课题组主要成员多次被邀请参加全国性的马克思主义理论学科研讨会，也应一些高校马克思主义学院或社科部的邀请前去讲学、座谈，其学术观点、学科建设建议对这些高校马克思主义理论学科的发展产生了一定的影响。此专著的研究还将进一步拓宽理论界关于马克思主义理论及其学科建设研究的思路，并将丰富马克思主义理论学科建设的研究，促进马克思主义理论学科规范的形成。

《马克思主义文艺理论中国化研究》简介

复旦大学朱立元教授编著的《马克思主义文艺理论中国化研究》(以下称《研究》)，是2004年教育部人文社会科学研究重大课题同名攻关项目最终成果，2009年由经济科学出版社出版。

一、篇章结构和主要内容

此书含“总论”和“20世纪马克思主义文艺理论中国化历程的回顾总结和理论反

思”、“马克思主义文艺理论中国化与20世纪古代文学、文论研究”、“马克思主义文艺理论中国化与当前文艺理论若干重大问题研究”、“马克思主义艺术生产理论与当代中国艺术产业建设”、“马克思主义文艺理论话语中国化问题的艺术人类学解析”五篇，共20章，50余万字。

“总论”从历史和理论两个基本维度，证明和阐述了“马克思主义中国化”命题的科学性及其基本内涵，指出“马克思主义文艺理论中国化”是整个马克思主义中国化大系统中的一个有机组成部分，是中国特色马克思主义现代文论的构建过程，其社会背景是马克思主义与中国革命和建设的实践日益结合、中国现代化事业从理想追求走向现实实施的过程。并对马克思主义文艺理论中国化同当代文艺学理论创新及其方法论问题等展开了较深入的反思。

第一、二两篇重在历史，在大量文献爬梳基础上，尽可能客观、忠实地回顾和勾勒出20世纪以来马克思主义文艺理论中国化的历史进程和它对这一时期古代文学、文论研究领域的影响。在此基础上，将这一进程划分为启蒙（1898—1919）、奠基（1919—1949）、十七年（1949—1966）、“文革”（1966—1976）和新时期（1977—现在）五个阶段，对各阶段的历史经验特别是失误加以理论反思。从“介入社会和学术本位”、“理论阐释型研究和实事考证型研究”、“中西古今之争”三个维度上，对马克思主义文艺理论之于古代文学、文论的研究之影响，进行了较深入的分析和阐述。

第三、四两篇重在当下。努力运用马克思主义文艺理论基本原则对“文学的审美意识形态问题”、“人文精神问题”、“全球化语境下文艺理论的实践应用问题”三个重大理论问题进行了严肃思考，努力给出科学的解答和创造性的阐释。同时，对当代中国审美文化实践中出现的重要新现象——艺术产业建设问题——进行了专题研究，系统论述了马克思艺术生产理论的要义及后来“西马”理论家的多方面阐发，重点探讨当代中国艺术产业的发展模式和规律，指出产业化艺术在新的社会语境中应当成为建设社会主义核心价值体系的重要力量之一。

第五篇着眼于未来，以全球性的人类学本土化运动为背景，在完全的本土化之可能性和不可能性的人类学语境中，诠释了21世纪马克思主义文艺理论话语的中国化追求是否近乎当今西方主流人类学所指证的那种“部分真理”之追求的问题，较好地回应了全球化时代马克思主义文艺理论所面临的挑战。

二、主要创新

作者以现代化的视野，建构起一个从历史、当下、未来三个层面对马克思主义文艺理论中国化问题作立体和综合研究的宏观思路。以革命与审美两条主线此起彼伏为贯穿线，比较全面、客观、系统地梳理了20世纪以来马克思主义文艺理论初步中国化的历史进程，以大量材料论证了中国选择马克思主义文艺理论的历史必然性。同时揭示出这一“中国化”过程是前进与倒退、偏离与纠正、曲折与反复的矛盾运动过程。在直面当代重大理论问题的过程中，验证和凸显出马克思主义文艺理论的当代价值，提出并阐发了面对古、今、西方“三个传统”的理论观点。对马克思主义文艺理论中国化过程中历史话语的合法性及其当代艺术人类学价值问题进行了评估。

三、成果影响

编写过程中，课题组召开了两次全国学术会议和一次国际学术会议，就该书研究思路和主要观点同国内外专家、学者交流，得到广泛的肯定和好评。此书出版前后，其中部分观点和内容已分别在《中山大学学报》、《社会科学辑刊》、《学术月刊》等国内多家核心期刊发表。该项成果对促进我国的社会主义文化艺术事业健康、蓬勃的发展、推动马克思主义文艺理论的研究和“中国化”进程产生了积极的作用。

《当代科学哲学的发展趋势》简介

山西大学科学技术哲学研究中心郭贵春教授主持的“当代科学哲学发展趋势研究”，是2004年度教育部哲学社会科学研究重大攻关项目，于2008年结题。此课题最终研究成果是专著《当代科学哲学的发展趋势》，由经济科学出版社于2009年9月出版。

一、篇章结构

首先，通过对科学实在论的基本问题、基本观点、历史演变及其基本走向的考察，论证了科学实在论语境重建的必要性，阐述了语境概念的基本内涵、意义演变及其语境原则；其次，通过对语境分析的方法论意义与基本原则的阐释，以及对当代科学研究成果所体现出来的以统计因果性、非定域性与整体性为基础的语境论的科学实在观的揭示，系统地论证了语境论的真理观及其思维方式；再次，通过对科学隐喻的方法论特征与功能、语境论的科学观以及理论与实践之间的内在关系的分析，概述了语境实在论的基本原理，同时根据语境实在论的观点，探讨了一直困扰科学实在论者的非充分决定性论题，提出了科学发展的语境生成论模式；最后，借助当代数学、物理学、生物学和心理学领域中的案例研究，进一步印证了语境分析方法的实用性与语境实在论观点的合理性。

二、基本观点

（1）语境从时间和空间的统一上整合了一切主体与对象、理论与经验、显在与潜在的要素，并通过它们有序的结构决定了语境的整体意义。语境的实在性就体现在这些结构的现存性及其规定性之中，并通过这种结构的现实规定性展示它一切历史的、具体的动态功能。

（2）语境实在论是一种动态的、更富有辩护力的科学实在论观点，具有独特的认识论、方法论与价值论优势。它从科学的语境性与可错性出发，在科学知识的在语境化的动态发展中阐述一种语境论的实在论立场，为科学实在论者在兼容并包地容纳各种反实在论的合理性批判的多元背景下重新审思科学提供了新视野。

（3）科学进步是现实的科学研究语境变化发展的结果。语境实在论者认为，科学进步是在不断地在语境化的动态过程中实现的，语境的不断更替与发展，既内在地投射了科学共同体的知识转换的思想轨迹，也现实地包含了科学知识发展的继承性与创新性。

三、主要创新

（1）在方法论方面，对传统科学哲学发展的逻辑脉络进行了彻底梳理，把当代科学哲学研究统一到语境上，在强调案例研究的基础上深化了科学哲学基本问题的研究。

（2）在理论体系与理论观点方面，运用语境论的分析方法，对科学哲学前沿问题进行了重新阐述与理解，内在地构筑了进行跨学科对话和跨国界对话的平台，使不同的立场在科学语境的界面上进行对话交流，进而映射整个当代科学哲学研究的核心本质、特征与意义，使复杂问题微观化，使科学哲学的论题更集中、更鲜明，系统地阐述了“语境论的科学哲学研究纲领”和“语境论的真理观”，突出了科学哲学研究的学派意识。特别是基于对科学实在论与反实在论之争的系统梳理所阐述的“语境实在论”的观点，带来了认识论意义上的重大理论突破，提出了新的知识观与实在观。

四、社会影响

（1）强调问题导向与创新研究，实质性地深化了科学哲学的问题域，引领了国内当代科学哲学研究的学术发展，为当代科学哲学发展走出困境提供了一种可行的方法论选择，从根本意义上避免了科学哲学的边缘化与泛文化倾向，对于促进国内科学哲学学科建设具有重要的促进意义。

（2）本著作提出的语境论科学哲学研究思路，不仅有助于把自然科学哲学研究、社会科学哲学研究和科学哲学的元理论研究统一起来，而且有助于揭示大科学时代科学研究的复杂性，为更合理地理解科学提供了一种新的维度。

（3）本著作真正体现了凝聚国内外学术力量进行联合攻关，在实质性地推动当代科学哲学发展的同时，也对教育部人文社会科学重点研究基地的建设与国家重点学科的建设具有很强的引导性。

《当代宗教冲突与对话研究》简介

北京大学宗教文化研究院张志刚教授主持的“当代宗教冲突与对话研究”，是教育部哲学社会科学研究重大课题攻关项目。其最终成果是同名专著，由经济科学出版社 2011 年出版。

一、篇章结构和主要内容

此书由三编构成，共二十二章。第一编“当代宗教冲突研究”，不但致力于全面地考察分析当代宗教冲突的主要表现形式，而且更注重探究“冷战”后的诸多国际热点问题或重大冲突所包含的宗教因素，即宗教因素对于国际热点问题或重大冲突的深层影响。

第二编“当代宗教对话研究”主要包括三部分工作：①力求较为全面而深入地考察宗教对话的形成背景与理论难题（此为第九章的内容）；②大致梳理了世界范围的宗教对话现状（这是第十章的内容）；③基于前两部分研究工作，力求全面而深入地探讨国际宗教学界现行的五种主要的宗教对话观念，即宗教排他论、宗教兼并论、宗教多元论、宗教兼容论和宗教实践论，以通过批判它们各自在宗教哲学方法论上的得失利弊，从总体上来反思宗教对话的特性与矛盾、难题与张力、历程与目标以及观念与出路等。这部分工作构成了本编的主干内容，即第十一章至第十五章和本编结语。

第三编“中国宗教的和谐传统与现代价值”主要包括三部分内容：①着眼中国文化传统，力求较为全面地回顾考察本土的和外来的宗教传统与中国社会、思想和文化相冲突、相融合的历史过程，着重阐释诸种宗教在中国文化背景下逐渐形成的和谐特征（这部分内容见于第十六章至第二十章）；②立足当代中国国情，力求较为准确地勾勒当今中国宗教现状，总结新中国成立以来宗教政策法规方面的经验教训（此为第二十一章）；③关注国际学术对话，力求为促进宗教对话、化解文明冲突、共建和谐世界提供“中国宗教文化经验”。这是本编最后一章的内容，也是全书的归宿。

二、主要创新

（1）此研究努力尝试“跨学科的研究方法”，广泛参照宗教学、哲学、历史学、社会学、国际政治学和文化研究等领域的研究成果和学术启发，针对不同的专题或问题，尽力把“现状考察”与“理论分析”结合起来。像这样集中不同学科或研究方向的学者来较为全面而深入地探讨本书的复杂内容，在国内理论界尚属首次尝试，在国际学术界也尚未见到类似的成果。本书的理论创新集中体现于作为总结的第八章“关于宗教冲突的理论深思”。研究者从“表现形式”和“冲突原因”双重意义上强调指出了“当代宗教冲突的错综复杂性”，并力图就此种复杂性加以理论深思。

（2）作者首先广为参考国内外专家的研究成果，以论证宗教因素对于“冷战”后诸多国际热点问题或重大冲突的影响；其次，通过评析国际政治学界关于“冲突原因”的主要解释倾向，以察觉现有研究的不足或欠缺；再次，经过梳理宗教学的基础理论成果，以寻求探讨前述重大现实问题的学术启发；最后，着重阐释了宗教因素及其影响的四个复杂特征，即“积淀性”、“弥漫性”、“渗透性”、和“深层性”，以提出一种有新意的宗教学方法论观念，使我们能更全面也更深入地认识宗教因素对于“冷战”后诸多国际热点问题或重大冲突的影响。

（3）与以往的研究成果相比，新的进展主要有这样几方面：①根据新近材料，加强了对宗教排他论的分析评论；②经过理论比较，概括出了一种新的对话观念——宗教实践论，这种理论概括尚未见于国内外专业文献；③更为全面地把现有的宗教对话观念划分为五种类型，这在国际宗教学界尚属首次尝试。

三、成果的意义及影响

鉴于宗教对话的重要性和紧迫性，国际学术界近十几年来越来越注重回溯东西方宗教文化传统，以发掘可供借鉴的历史经验和思想资源。经再三考虑，研究者选择的学术思路是，重点总结并评论我国老一代著名学者的相关研究成果。主要包括：关于中国宗教文化历史特点的重新认识；关于中国宗教文化优良传统的概括总结；中国文化传统可为促进宗教对话、化解文明冲突、共建和谐世界提供的思想资源。

本研究项目的一系列阶段性成果，已发表于国内外的重要刊物和学术会议，广受国内外专家学者的重视与好评。

《弘扬与培育民族精神研究》简介

华中科技大学杨叔子教授主持的这项研究，是2003年教育部哲学社会科学研究重大课题攻关项目。其最终成果是同名专著《弘扬与培育民族精神研究》，由经济科学出版社2009年9月出版。

一、篇章结构

此书由导言和理论编、历史编、现实编、国际编、对策编等五编共十八章组成。

二、基本观点

（1）民族精神是直接寓于民族意识中的具有最高的自觉性、整体性、普遍性和超越性的意识和信念，是民族意识的真理与核心所在，是民族的人文精神和理性精神的结晶，是民族生存的精神之链。

（2）民族精神既超出了个体生命的特殊性和民族集体意识的原初性，又是一个民族的精神类生命和社会文化类生命的内在基核与外在表征。

（3）中国的文化传统和文化精神是中华民族延续和发展的精神动力，是中华民族精神的具体体现。"人本和谐"、"自强不息"、"厚德载物"、"勤劳俭朴"、"天下为公"、"见利思义"、"反省内求"以及独立人格与理想追求等是其主要特质。

（4）当代民族精神是全球化背景下的文化碰撞和精神碰撞。在与世界其他民族精神的比较中才能明确本民族及其精神状态的优势与缺失，并在与其他民族的互动中不断发展与创新。

（5）市场经济和全球化为民族精神的发展提供了丰富的文化资源，有利于促进民族精神的创新和发展，民族精神应成为当前推进我国进行社会主义现代化建设的强大精神动力。

（6）弘扬和培育民族精神，必须准确把握民族精神形成和发展的客观规律，遵循传统性与时代性、民族性和世界性、普遍性和针对性、理论教育与实际行动相统一的原则。

三、主要创新

（1）从人类生存的视角考察了民族精神与民族生存的相互关系；科学界定了民族精神的本质属性和文化内涵；探讨了民族精神与意识形态的关系；揭示了民族精神的道德支撑及其形而上学本质。

（2）探索了民族精神在表现方式上的多样性及其和时代内涵的统一性；揭示了民族精神与时代精神的关联；阐明了民族精神的相对稳定性及其与时俱进的变化性之间的关系。

（3）勾勒出比较清晰的民族精神的内容体系；系统阐述了民族精神与民族文化、哲学的民族精神与文化的民族精神之间的关系；全面把握中华民族精神的核心内容与构成要素、传统形态及其现代转换。

（4）探讨了中华民族精神与其他民族精神间的良性互动问题；分析了不同文化传统和民族精神比较研究的必要性和可能性；指出了民族精神比较研究中的误区并对民族精神比较研究中的若干前提性问题进行了反思。

（5）通过全面系统、科学合理的社会调查及其数据分析，揭示了当代中国人的精神生态和新时期的社会意识状况，为探索弘扬和培育中华民族精神的现实途径提供了可靠和有效依据；

（6）积极探索新时期培育和弘扬中华民族精神的有效途径并提出方法建议。

四、社会影响

（1）编写中小学教材，普及了民族精神教育。以学术研究成果为依托，根据国家教育部关于将中华民族精神教育贯穿在国民教育的全过程的要求，编写出版了《中华民族精神教育读本》系列中小学教材，从2007年春季开始在湖北省和武汉市部分中小学使用。这是全国范围内第一套覆盖中小学的中华民族精神教材，可以为今后全国中小学校全面深入开展弘扬与培育民族精神教育起示范作用。

（2）开设《中华民族精神》公选课，力图将学术研究成果转化为教材和教学内容，强化民族精神的教育和影响。

（3）面向校内外举办了10多次讲座，产生较大反响，提高了广大学生和普通民众对民族精神重要性的认识。

（4）推广研究成果，指导学生思想政治教育。将研究成果运用到大学生思想政治工作和民族精神教育，开展了“公德长征”、“烈士寻亲”等活动，使课题研究成果和方法进入大学生活，并得到推广、检验和提升。

《面向知识表示与推理的自然语言逻辑》简介

中山大学鞠实儿教授主持的“基于自然语言的知识表达与推理系统研究”，是2004年教育部哲学社会科学重大课题攻关项目，最终成果是专著《面向知识表示与推理的自然语言逻辑》。参与写作的成员有文学锋、刘冬宁、刘惠兴、邹崇理、周北海、郭美云、高东平、聂文龙、熊明辉（按姓氏笔画排序）等，由经济科学出版社2009年出版。

一、篇章结构

此专著共分为七章。第一章，逻辑、自然语言与KRR。第二章，类型逻辑与Lambek演算。第三章，面向自然语言内涵性的LNL：语境内涵逻辑。第四章，面向自然语言模糊性的LNL：模糊量词逻辑。第五章，面向自然语言交互性的LNL：带群体知识的公开宣告逻辑。第六章，面向自然语言形态性的LNL：时态句型的Lambek演算。第七章，面向汉语的LNL。

二、基本内容

知识表示与推理研究是探索人类智能的众多途径之一。传统的基于逻辑方法的知识表示与推理主要依赖于经典逻辑。经典逻辑并不是直接为基于自然语言的推理而设计的，而是为基于半人工化数学语言的推理量身定制的。但是，人类的大多数知识是用自然语言而不是用数学语言表达的。这就使得传统的知识表示与推理在应用方面受到局限，不能真正为人工智能提供支持。为了扩大知识表示与推理的应用范围，加强它对人工智能的支持力度，必须让知识表示与推理建立在自然语言逻辑的基础上。

此书以知识表示与推理（KRR）为应用背景，以非经典逻辑（包括哲学逻辑和语言逻辑）为理论支持，针对自然语言的若干重要特点，构造了若干自然语言逻辑（LNL）系统，对现有的许多逻辑理论成果，如超内涵逻辑、自然逻辑、动态认知逻辑、多模态范畴逻辑和 Lambek 演算等进行了修正、拓展和改进，解决了语言逻辑中的一些重大问题，并为今后的自然语言逻辑研究指明了新的方向。

三、主要创新

系统地面向自然语言的特点（内涵性、模糊性、交互性、形态性、多样性）进行 LNL 研究，使得 LNL 研究更加深刻、全面和富有针对性。

指出了内涵同一的局部性思想，认为内涵同一总是相对于某个语境的同一，并在该思想下构造了两种语境超内涵逻辑系统，从而克服了分析悖论这个长期困扰超内涵逻辑的难题。

对模糊量词进行了重新分类，避免了以往模糊量词分类的不足，引入模糊集理论对广义量词理论进行了修正，突破了以往对带模糊量词命题的非真即假的二值框架，给出了更加符合直观和更具解释力的语义刻画，并将自然逻辑推广到包括对模糊量化命题的处理，大大扩展了自然逻辑的应用范围。

提出了结合功能主义语言学传统的逻辑学方法论，并在此方法论的指导下进行了面向自然语言交互性的 LNL 研究，深化了对逻辑、语言与知识三者之间关系的理解，建立了更一般的群体知识交流模型，对已有的公开宣告逻辑进行了扩展。

以类型逻辑为手段对英语中的时态句型问题进行了圆满解决，为面向自然语言形态性的 LNL 研究提供了范式。

针对汉语自身的特点对经典类型逻辑进行了改造，为用逻辑手段研究汉语的形式句法和语义问题开创了道路，并为面向自然语言多样性的 LNL 研究提供了范式。

四、学术价值与社会影响

传统的基于语言学的语形、语义、语用三分法在 LNL 中既难以适用（因面向语用的自然语言逻辑尚未真正产生）也不够完整，本书提出的针对自然语言特点的 LNL 体系更符合目前的实际和研究的需要，为 LNL 领域提供了一种全新的研究框架。

研究方法和若干研究成果具有较强的示范作用，开辟了今后类似研究的一般模式。

揭示了以往被学术界忽略的若干研究方向（如面向自然语言形态性和多样性的 LNL 研究），为今后的 LNL 研究指明了突破方向。

加强了逻辑学、语言学、计算机科学之间的交流与互动，促使学者们更加自觉的相互借鉴其他领域的思想、理论和方法。

《东北老工业基地资源型城市发展接续产业问题研究》简介

吉林大学宋冬林教授主持的这项研究以最终成果专著《东北老工业基地资源型城市

发展接续产业问题研究》结题。此专著由经济科学出版社出版。

一、篇章结构

此书分为五个部分，共十一章。第一部分为东北老工业基地资源型城市的历史与现实考察；第二部分为东北老工业基地资源型城市发展接续产业的理论准备；第三部分为东北老工业基地资源型城市发展接续产业的国际比较与借鉴；第四部分为东北老工业基地资源型城市发展接续产业的案例和实证研究；第五部分为东北老工业基地资源型城市发展接续产业的对策建议。

二、基本观点

资源型城市发展接续产业是一个世界性难题。尽管发达国家在对衰退产业区的改造积累了许多成功经验，但是这些经验借鉴到我国还有一定的局限性：其一，制度环境不同，发达国家对传统产业改造是在私有制条件下进行的，经济主体是私营企业；其二，发展条件不同，发达国家是在工业化完成以后，且形成完整的工业体系、多元工业门类和完善的资本市场，市场经济体制相当成熟，因此实施改造计划难度要大大小于我国。我国东北老工业基地资源型城市的体制改造是在体制转轨和工业化中期阶段进行的，市场经济体制还不完善，企业尚未成为名副其实的市场主体，资金短缺，政府也缺乏综合运用产业政策的经验，对老工业基地改造中面临着三重制约，即资金短缺、工业化和所有制结构不合理等不利因素，加之经济主体是负担沉重的大量国有企业，因此研究东北老工业基地资源型城市发展接续产业问题需要借鉴国外成功经验，但又不能照搬国外的做法，必须立足本地区经济发展实际进行深入思考和探索性研究。

三、主要创新

此书尝试将东北老工业基地资源型城市发展接续产业问题放入可持续发展的研究框架下，将沉淀成本理论贯穿于整个研究过程，结合东北老工业基地经济社会发展的实际，深入剖析了资源型城市发展接续产业形成的机理和面临的问题，并提出了具有现实意义的建议，使最终研究成果中心突出，观点鲜明，可操作性强。

四、社会影响

在理论方面，此书从东北老工业基地资源型城市经济发展现状入手，把问题聚焦于资源型城市产业的微观基础——资源型国有企业。首先理清资源型国有企业发展的历史脉络，在此基础上研究其发展的体制环境，找出问题的症结——在长期计划经济体制影响下形成的过高的沉淀成本。从大的方面看，资源型城市存在经济性沉淀成本、社会性沉淀成本以及环境性沉淀成本，如何消除这些沉淀成本，给出经济可持续发展与资源可持续利用的理论解释，是课题研究关键环节。此书的研究就是围绕这一理论线索深入展开的。通过研究如何消除沉淀成本，深入挖掘资源型产业的发展规律，准确定位政府和市场在资源型城市发展接续产业中的作用和角色，探索东北老工业基地资源型城市发展接续产业的出路和方法。

在实践方面。此书收录的重要内容——宋冬林教授撰写的《关于实施“打包改制”带动东北地方国有工业企业制度创新走出困境的建议》部分，得到了中央及多个部委领导的重视。时任中共中央政治局常委、国务院副总理黄菊，国务院国有资产监督管理委员会主任李荣融、党委书记李毅中、副主任邵宁，国家开发银行行长陈元，吉林省委常委、常务副省长王儒林等领导分别就此文作出批示。建议不仅得到了相关领导的重视，而且因其具有现实的可操作性，已经应用到改革实践中。国家开发银行依据“打包改制”的思路，与吉林省人民政府签定了《加快吉林老工业基地振兴开发性金融合作协议》，使吉林省816户国有企业改制在一年之内完成，在国内引起强烈反响。《中国教育报》曾以《聚焦重大理论与现实问题——高校哲学社会科学优秀成果与政府决策良性互动》为题，发表文章对关注和解决当前社会中存在的重大理论和现实问题的部分项目进行介绍。文中对此书的研究做法和效果以及影响予以充分肯定。在教育部哲学社会科学研究重大课题攻关项目终审评审中，此项目被评为优秀等级。

《东北老工业基地改造与振兴研究》简介

辽宁大学程伟教授为首席专家的“东北老工业基地改造与振兴研究”，是2004年教育部哲学社会科学研究重大课题攻关项目，最终成果为同名专著。它由程伟、林木西、黄泰岩、徐坡岭、韩毅、张桂文、唐晓华、高闯、王伟光、曲昭光、刘钧霆、穆怀中、崔日明、徐平等合作完成。

一、篇章结构

本书除“导论”和“结束语”外，由十章主体内容构成，分为前导性、统领性、主体性、支撑性和国际性五大板块，从理论认知和对策研制两个层面，对东北老工业基地的改造与振兴展开递进、系统和深入的研究。第一章东北老工业基地改造与振兴阶段划分与定位，第二章东北老工业基地发展模式选择，第三章东北老工业基地产业发展，第四章东北老工业基地企业成长，第五章东北老工业基地自主创新，第六章东北老工业基地金融深化，第七章东北老工业基地人力开发，第八章东北老工业基地社会保障，第九章东北老工业基地政府作用，第十章东北老工业基地与东北亚经济合作。

二、基本内容

在本书的前导性板块即第一章，主要分析东北老工业基地改造与振兴的阶段划分与定位，作为全书研究的前提或基础；在统领性板块即第二章，在理论分析、实证检验、国内外比较的基础上，明确提出东北振兴的“再工业化”模式；在主体性板块即第三、四、五章，主要分析东北老工业基地的产业发展、企业成长和自主创新，指出处于中观层次的产业、微观层次的企业要想做强做大，必须依赖于自主创新能力的生成和强化；在支撑性板块即第六、七、八、九章，分别从东北老工业基地金融深化、人力开发、社会保障和地方政府作用等制度创新层面展开分析，为以“再工业化”为基本模式的东北振兴提供保障条件；在国际性板块即第十章，主要分析东北老工业基地振兴与东北亚经济合作的有机结合。

三、主要创新

（1）以国家战略为立意，即强调振兴东北绝不只是简单的区域性问题，而是具有强烈的国家战略需求特征。

(2) 以阶段划分为基础，具体将东北振兴划分为调整改造、全面振兴的攻坚和实现三个阶段。

(3) 以“再工业化”模式为主线，这是本书最大的亮点，也是贯穿本书始终的一条主线。

(4) 以打造东北特色为宗旨，指出东北振兴必须扬长避短，发挥比较优势，做到海纳百川，又独具特色。

(5) 以启发性为基本定位，兼顾理论性与对策性，主要立足于启发性。

四、社会影响

1. 学术价值

本研究所构建的具有东北特色的新发展模式和实现机制，拓展了研究视野，改进了研究范式，丰富了研究内容，深化了已有认知，对区域经济理论的深化和发展，特别是对东北老工业基地的理论研究，具有重要的学术价值。

2. 应用价值

作为一项对国家重大战略决策的实践性研究，本项目的诸多中期成果和政策建议被采纳，一些具有重要实践意义和时效价值的决策建议得到时任辽宁省委书记李克强等领导同志的批示。最终研究成果紧密结合东北老工业基地改造与振兴的实践要求，以阶段划分为基础，提出了包括“再工业化”模式选择在内的许多具有强烈实践价值的政策建议，被辽宁省“十二五”规划总体思路及产业规划等具体方面所采纳。本书由经济科学出版社2009年9月正式出版，2010年获得“第三届中华优秀出版物”提名，2012年获辽宁省哲学社会科学成果政府一等奖。

《WTO主要成员贸易政策体系与对策研究》简介

对外经济贸易大学中国世界贸易组织研究院张汉林教授于2003年承担的这项研究，是教育部人文社会科学研究重大课题攻关项目，于2008年完成。其最终成果是专著《WTO主要成员贸易政策体系与对策研究》，由经济科学出版社于2009年9月出版。

一、篇章结构

本成果从经济学、政治学和法学等多个视角入手，对WTO的主要成员以及中国的主要贸易伙伴的贸易政策体系的内容、运行机制及影响进行综合分析和评估，为中国贸易政策体系构建和完善提供了理论指导和策略建议。该书共11章，分别为导论、WTO体制的发展及其对全球经济贸易的影响、区域贸易体制的发展以及与WTO的互动、国际贸易体制对内贸政策体系的影响、贸易政策体系形成的政治经济分析、WTO主要成员贸易政策体系、WTO主要成员贸易政策体系对其经济贸易发展的影响、中国贸易政策体系绩效评估及模型分析、中国贸易政策体系的发展与完善、WTO 主要成员贸易摩擦预警与争端解决机制、中国对外贸易摩擦预警与争端解决机制的建立与完善。

二、基本观点与主要创新

（1）建立了一个完善的贸易政策问题的分析框架，即包括贸易政策的框架和工具、贸易政策的决策机制、贸易政策的实施状况、贸易政策的绩效评估四项主要内容。

（2）构建了贸易政策决策的三层次分析框架，包括成员国政治、欧盟层次政治、国际层次政治三个层次。同时，还探讨了决策过程中的诸多具有灵活和不确定性方面的因素，如大国与小国、成员国和个人偏好等对决策的不同影响。

（3）提出贸易政策绩效评估的分析框架，分为经济发展和经济安全两个模块，从宏观、中观、微观多个层次进行了评估。其中，经济发展包括经济增长、就业、收入差距、环境、劳工标准五个子模块，经济安全则包括粮食安全、能源安全、金融安全、产业安全、贸易安全五个子模块。尤其是，在对国别贸易政策进行绩效评估之后，得出了“大国优势”的结论，对同样为贸易大国的中国而言颇有参考价值。

（4）对于区域贸易协定，本书指出，自由贸易协定是服务于国家安全及整体贸易战略的工具；高效的贸易谈判机构及决策机制是 FTA 谈判的国内基础；双边及区域经济一体化政策预警过程是贸易谈判过程中的一个重要环节；双边及区域经济一体化政策事后评估机制将为未来的政策及谈判提供借鉴。

（5）构建了进口战略尤其是国际贸易定价战略。提出逐步建立稳固的战略物质储备体系，变外汇储备为物资储备；完善进口法规、强化进口安全管理，建立进口安全保障体系，包括完善进口法规、限制不良进口、维护进口的正常秩序，建立进口产业安全监控和预警机制，建立完善的贸易救济快速反应机制，引导进口结构、多方位掌握进口定价权从而实现进口利益，建立和完善自己的期货市场，推行大宗商品的集中采购模式，不断尝试参与国际贸易定价。

（6）对入世后外国对华贸易救济措施的趋势、行业特点、救济措施特点进行了深入的分析，指出“中国因素”是导致这些救济措施的重要因素。由于具有行政性措施的特征，贸易救济措施的政治化难以避免。然而，一旦贸易政策政治化，就会变得永无止境，因此，相关部门应做好打持久战的准备。一方面是政治层面的交涉，另一方面则是技术层面的应变。同时，本书对欧盟和美国的贸易摩擦预警机制进行了详细的分析与评估，并在此基础上构建了中国的贸易摩擦预警机制。

（7）提出了完善中国贸易政策体系的政策建议，尤其是提出应建立中国自己的针对发展中国家的优惠性贸易政策体系。

三、社会影响

此 2006 年国家社科基金重点项目“16—20 世纪中西哲学比较研究的历程”的研究能够推动和丰富相关问题的科研和学科建设，填补相关内容教学和教材建设在各大高校学科建设中的空白或改善其薄弱状态，为国家培养更多的经贸领域高级人才。此外，围绕本成果的内容，已经提交多份研究报告，受到国家有关部委的重视。

《公共教育财政制度研究》简介

北京师范大学王善迈教授主持的“公共财政框架下公共教育财政制度研究”于2005年12月批准立项，前后经历开题论证、实地调研、研定范围、内容调整和论文撰写、研讨、修改、统稿等多个阶段环节，最终形成标志性成果《公共教育财政制度研究》。此书由王善迈、袁连生、孙志军、刘泽云、崔盛等人撰写，王善迈统稿，由经济科学出版社出版发行。

一、篇章结构和主要内容

此专著由五部分构成，其篇章结构和主要内容如下：第一部分为公共教育财政制度框架研究。基本内容包括，公共财政的本质，特征与职能，从理论上探讨了公共教育的性质和公共教育资源配置中的政府与市场，层级政府间的关系，从制度规范角度界定了公共教育财政制度的框架和各项具体制度。第二部分为义务教育财政制度研究。基本内容包括，我国义务教育财政制度的变迁和评价，义务教育财政转移支付制度，从资源配置角度对我国义务教育在区域间、城乡间、学校间的差异状况进行了实证分析和评价，最后讨论了进城务工人员子女义务教育经费保障制度。第三部分为高中阶段教育财政制度研究。从理论上讨论了高中阶段教育的性质与财政制度；对我国高中阶段教育财政的充足性和公平性进行了实证分析，提出了建立规范的高中阶段教育财政制度的基本思路和对策。第四部分为高等教育财政制度研究。论述了我国高等教育财政制度的变迁和高等教育财政现状的统计分析，着重探讨了高等教育财政的拨款制度及其改革，然后对我国高等教育财政的成本效率进行了计量分析，并对高教贫困生资助制度中的贫困生的界定方法和社会捐赠激励机制进行了探讨。第五部分为中国教育财政制度的评价与改革。对中国教育财政制度的基本特征进行了概括，并从教育财政的充足、公平、效率三方面对我国教育财政制度进行了评价，在此基础上，提出了我国教育财政制度改革的方向。

研究者通过对不同教育阶段中教育财政制度的研究和探讨，发现中国的教育财政制度在不断改进，但还很不完善，教育财政的充足、公平和效率都需要提高。研究认为应该在教育筹资制度、教育预算决策制度、政府间教育经费分担制度、教育经费分配制度等方面进行更大力度的改革。

二、主要创新

此项目研究的创新性主要表现在：

（1）首次对公共教育财政制度构成及其内容进行了明确的界定。

（2）首次按照因素法设计了以县为单位的义务教育经费标准需求和标准财政供给能力的测量方法，并进行了测算，在此基础上提出了义务教育经费财政转移支付制度的改革方案。

（3）首次对我国高中阶段教育财政从充足与公平角度进行了统计分析，提出了高中阶段教育财政制度改革的对策。

(4) 对高等教育财政拨款制度提出了一个完整的框架，首次以北京市市属高校财政拨款制度为案例，设计了按学科生均定额的拨款方式。

(5) 在国内外首次提出和设计了以会计调整法测量高教成本的方法，并进行了案例分析。

(6) 对高校贫困生资助制度中如何界定贫困生设计了新的方案。

(7) 较系统的对高校社会捐赠的激励机制进行了研究。

(8) 较系统地对我国教育财政制度的各项制度进行了评价，提出了改革的思路和方向。

(9) 初步建立了我国教育财政数据库。

三、社会影响

此项目研究的部分成果已被政府有关机构采纳，产生了一定的社会影响。例如，有关如何实现财政性教育经费占 GDP 4%的对策已反映在国务院关于 2020 年教育发展改革纲要起草文本中。对北京市市属院校财政拨款方法的设计，已被北京市采纳，并参与了拨款工作。此方法已运用在教育部直属高校拨款中。关于高教成本的计量研究被教育部财务司采纳，获 2006 年第四届中国高校人文社会科学研究优秀成果二等奖。

《金融体制改革和货币问题研究》简介

中央财经大学王广谦于 2004 年主持的教育部重大攻关项目“金融体制改革和货币问题研究”，于 2008 年结题，其成果是同名专著，由经济科学出版社 2009 年 9 月出版。

一、篇章结构

此书共十六章（含导言），60 余万字。第一章，中国金融 30 年改革与“转型”的过程与质变；第二章，金融改革“中国模式”的基本经验与理论模型；第三章、第四章，全球经济失衡和国际环境新变化下金融改革的重点方面和基本方略；第五章，多元化竞争性金融机构体系的构建与完善；第六章、第七章，资本市场在现代金融体系中的定位与发展方向；第八章、第九章，新体制下货币运行机制的转换及特点；第十章、第十一章，外汇管理体制和人民币汇率制度的演变与未来；第十二章、第十三章，金融的整体安全与风险防范；第十四章、第十五章，金融发展中政府的角色定位与职责等方面。

二、基本观点

此书在把金融视为一个巨系统的基础上，系统梳理和回顾了中国金融改革的历史进程，探讨了当前国内外经济环境变化，随后紧密围绕着中国金融改革“转型”与“定型”两个层面，从金融机构、金融市场、货币与信用、金融风险（含监管）等四个方面展开深入研究。

(1) 中国经济金融体制改革的 30 年，也是经济金融体制“转型”的 30 年。在转型的全过程中，虽然“改变（改革）”与“确立（定型）”是两个紧密相联的方面，但在转型的前期，“改变”或“改革”则会处于更为主导的位置；而在转型的后一时期，“确立”的重要性则会上升。

(2) 从金融体制改革的目标设定、路径及顺序选择、动力来源以及推进策略等方面看，中国与俄罗斯以及波兰、捷克等中东欧转型国家存在系统性差异，进而可以认为存在转型国家金融改革的“中国模式”。

(3) 改革开放以来中国货币运行轨迹呈现两大特点：一是总量增长的“J”型曲线，形成了巨额货币存量；二是结构变化的“X”型曲线，执行媒介职能与资产职能的货币比重从六四分成倒置为四六分成，使货币供求均衡的主导力量已由供给转向需求方面。货币结构的这一变化是形成中国货币总量高速增长中物价持续性处于低位的“中国货币之谜”的主因，也致使中国货币运行机制发生了重大转变。

(4) 现行“一行三会”监管架构虽总体上适应了金融业发展现状，但存在监管漏洞、重复监管以及协调性欠缺等诸多缺陷，在混业经营趋势凸显、金融国际化程度日益提高的背景下，尝试把现有三个监管机构合而为一，形成一个大金融监管架构，不仅有助于监管效率的提高，而且为化解机构利益冲突提供了可能，进而在防范风险、维持金融稳定中发挥更重要的作用。

(5) 中国经济失衡的根源于收入分配结构和金融体系机构两个结构不合理。此外，中国经济失衡所导致的流动性过剩等问题也极大地影响、制约着中国金融体系的结构性变革。

三、主要创新

(1) 立足经济体制改革中“转型”与“定型”的内在逻辑，对中国金融改革30年的历史进程及未来改革重点给出了一个全新的理论阐述；论证了金融改革的“中国模式”，从目标设定、路径及顺序选择、动力来源以及推进策略等方面构建了金融改革“中国模式”的分析框架。

(2) 揭示了体制改革与货币运行机制之间的内在联系，对“中国货币之谜”做出了结构性解释；论证了进一步扩大人民币汇率制度弹性的必要性，探讨了推进人民币区域化发展的条件和路径；对当前中国宏观经济失衡与金融体制改革的双向影响机制给出了新的理论阐述。

(3) 提出了完善现代金融机构体系的新思路，研究了金融产业发展中组织重构的现实最优选择；论证了政府在市场经济体制中的角色定位和具体职能；基于“功能监管”的理念与“混业经营”的趋势，分析了金融监管机构整合的必要性和可能性。

四、社会影响

(1) 对中国金融改革进程作了整体理论判断，提出了“转型”与“定型”的重要概念，强调了改革中“确立”的重要性。认为对前期改革结果的甄别和筛选、肯定已有的改革成果，找准改革“瓶颈”进而加快“转型”的步伐在下一阶段中国金融改革的重要性必将上升。

(2) 提出并论证了金融改革的“中国模式”，丰富了转轨国家的金融发展理论。

(3) 紧密结合现代金融理论及中国实践，重新阐述、思考了中国金融改革进程中的金融机构、金融市场、货币运行以及金融风险、金融监管、政府作用等方面的重大理论问题，提出并论证了许多有创新意义的观点与结论。

《南水北调工程与中部地区经济社会可持续发展研究》简介

中南财经政法大学公共管理学院杨云彦教授主持的“南水北调工程与中部地区经济社会可持续发展研究”，是2005年教育部哲学社会科学重大课题攻关项目，最终研究成果是同名专著，由经济科学出版社出版。

一、篇章结构

此专著共分为十二章。第一章，南水北调工程与中部地区发展；第二章，外力冲击与内源发展：理论与分析框架；第三章，南水北调工程与受水区域的可持续发展；第四章，南水北调工程与水源区的可持续发展；第五章，南水北调工程与汉江中下游地区的可持续发展；第六章，南水北调、边缘地区发展和新农村建设；第七章，水资源再分配、利益调整和多区域协调发展；第八章，工程移民的可持续生计分析；第九章，外力冲击、能力受损与移民的介入型贫困；第十章，社会网络、人力资本与移民可持续发展能力；第十一章，南水北调工程区域发展综合效应评价；第十二章，移民能力再造与区域内源发展。

二、基本内容

此专著从大型工程建设对边缘化区域的影响、多区域利益协调机制的构建等方面入手，探讨了外力冲击对单区域、多区域社会经济发展的影响，阐述了工程建设对区域可持续发展的作用，重点探索了工程建设所引发的社会变迁、移民人力资本失灵、能力再造与可持续生计问题，提出了移民能力再造、边缘化区域内源发展的政策建议。

三、主要创新

此专著的创新，主要体现在以下三个方面：

(1) 外力冲击下区域可持续发展理论的发展与完善。专著从外力冲击对区域可持续发展影响的角度对区域可持续发展理论做了探讨和分析，并以南水北调工程为例对外力冲击下的多区域效应做了实证检验。

(2) 社会变迁中“介入型贫困”与“能力再造”概念的提出，丰富和发展了福利经济学中贫困的含义，为工程移民贫困问题的研究提供了新的思路和视角。

(3) 构建了一个微观（库区移民）、中观（水源区和相关区域）、宏观（经济社会的综合效应评估与利益分配）三位一体的大型工程区域发展综合效应分析框架，弥补了已往研究的不足。

四、社会影响

(1) 应用价值。此项研究取得了较为丰硕的学术成果，包括3部学术专著，30多篇高质量的学术论文。其中有的发表在《管理世界》、《中国人口科学》等权威期刊，还包括研究报告6篇，完成硕博论文18篇，同时，还带来一定的社会效益。如2006年提议要重视丹江口坝下河段生态环境保护保持汉江中下游的可持续发展，得到了水利部的答复；2007年提出南水北调中线调水后汉江中下游可能出现的问题与对策，得到国家发改委的认可；2009年提出对南水北调中线工程移民安置工作的建议，得到湖北省移民局的高度赞扬，后被全国政协单篇采用。

（2）学术价值。研究外力冲击下的区域可持续发展问题是对区域可持续发展理论的重要发展和完善。从经济边缘化现象及边缘化区域的视角，构建重大工程效应与区域经济边缘化研究框架，剖析区域经济边缘化的内在机理，探明重大工程对边缘化区域的效应，有利于扩展和深化区域经济非均衡理论。此专著提出的“介入型贫困”与能力再造的ASIN模型，把移民问题研究视角从外因转向内因，从对中介手段的研究转向对移民发展本质意义的探索，更有利于对移民搬迁引致贫困的性质和作用机理的认识，丰富了贫困理论，同时提供了重要的政策参考。

（3）鉴于从区域利益角度研究区域协调发展长期未被区域经济学理论界重视，已有的关于区域发展差距的研究对利益调整的问题研究不足，从区域利益关系调整这一视角研究区域协调发展，对重大工程建设与边缘化区域发展、对于促进我国和谐社会的构建具有重要现实意义。

《全面建设小康社会进程中的我国就业发展战略研究》简介

中国人民大学曾湘泉教授主持的“全面建设小康社会进程中的我国就业发展战略研究”，是2004年教育部哲学社会科学重大课题攻关项目，最终研究成果是同名专著，由曾湘泉、姚裕群、常凯、潘锦棠、杨伟国、丁大建、唐钅广、李丽林、王霆、卢亮、刘彩凤、牛玲、崔钰雪、卿石松等合作完成，由经济科学出版社2010年10月出版。

一、主要内容与篇章结构

此专著从我国当前及今后一段时期的就业形势与挑战出发，应用深度访谈、问卷调查和统计分析等研究方法，对就业失业测量体系、宏观政策与就业促进、农村劳动力转移就业、就业能力与青年就业战略、劳动力市场中介与就业促进等战略问题进行了系统和深入的研究和探讨，提出了“一平台、二提高、三统筹、四加强、五完善”的就业发展战略思路，即构建面向市场的就业失业测量体系平台，为就业战略政策提供科学、及时、准确的信息服务；提高经济的可持续增长能力，加强宏观经济政策的整合程度，实现经济发展和就业增长的统一；统筹城乡经济和劳动力市场发展，制定合乎国情的城市化发展战略，促进农村劳动力转移就业；加强人力资源能力建设，提高青年学生就业能力，减少结构性失业；完善公共就业服务职能，在公共就业服务机构中推行绩效管理制度、制定和完善公共就业服务法律法规等制度措施，进一步发挥就业服务中介组织的就业促进作用，降低摩擦性失业。

此专著由四编共十四章及五个附录组成。第一编，总论。第一章，全面建设小康社会进程中的我国就业战略。第二编，就业预测与测量。第二章，我国劳动力供给变动预测分析与就业战略的选择；第三章，我国的自然失业率：测量与解析；第四章，建立面向市场的就业与失业测量体系；第五章企业就业测量体系的现状、问题及重构思路；第六章，建立全国统一的灵活就业调查体系。第三编，宏观经济与就业。第七章，汇率变动、宏观经济与就业战略；第八章，对外商品贸易对我国就业的影响；第九章，技术进步对我国就业影响的理论与实证研究；第十章，城市化进程、就业促进与农村转移就业战略。第四编，劳动力市场中介与就业。第十一章，劳动力市场中介组织的发展与就业促进；第十二章，工作搜寻、市场中介与就业促进；第十三章，中介组织网络招聘能力提升策略；第十四章，建设专业化与职业化的我国公共就业服务人才队伍。

二、主要创新

此著作的创新主要体现在以下几个方面：

1. 前沿性

本著作有关自然失业率的测量与解析、职位空缺的调查分析，灵活就业调查体系的构建，劳动力市场中介作用的分析等在国内都很少有人研究和探讨，具有开创性意义。

2. 新颖性

著作提出了诸多创新性观点。例如，至2020年前，我国的就业形势依然严峻，既要关注总量问题，更应高度关注摩擦性和结构性失业问题；传统就业和失业测量体系落后，难以反映我国劳动力市场真实状况，必须建立面向市场的就业失业调查体系；公共就业服务中介组织开放程度在不断提高，就业促进作用日趋上升，但信用差、信息缺乏、服务针对性不够等因素制约着其作用的发挥。

3. 可行性

为我国就业促进战略提出系列可行性政策建议，有关中国就业与失业测量体系的政策建议，已被国家统计局、国家人力资源和社会保障部有关司局在工作中加以采纳和吸收；加强职业技术教育和技能人才培养，积极推动公共就业服务体系建设，实施促进就业的长期战略的政策建议，均被采纳到《劳动和社会保障事业发展“十一五”规划纲要》中。

三、社会影响

1. 学术价值

此项研究迄今已出版专著3部、在《中国社会科学》、*Social Sciences in China* 和《经济理论与经济管理》等权威刊物公开发表中英文论文20余篇。研究成果被多方转载和引用，为重大的学术争论提供了新的证据，推动了国内相关研究的进步，并为后续研究开拓了新的领域。其中，中期研究成果《面向市场的中国就业与失业测量研究》（中国人民大学出版社，2005年12月）已获北京市第十届哲学社会科学优秀成果一等奖。

2. 应用价值

此成果被多家网路和平面媒体所报道和宣传，一些重要的政策建议被政府规划采纳。有关中国就业与失业测量体系的政策建议现已被国家统计局、国家人力资源和社会保障部采纳和吸收。《劳动和社会保障事业发展“十一五”规划纲要》文本中吸收了相关成果。“汶川地震灾后恢复重建公共服务设施建设专项规划”专家论证会上，此研究主持人所提出的加强基础平台和灾后信息系统建设等建议被采纳和吸收。

《全球经济调整中的中国经济增长与宏观调控体系研究》简介

中国人民大学财政金融学院黄达教授主持的“全球经济调整中的中国经济增长与宏观调控体系研究”，是2003年教育部哲学社会科学重大课题攻关项目，最终研究成果是专著《全球经济调整中的中国经济增长与宏观调控体系研究——新时期国家经济调节的基本取向与财政金融政策的有效组合》。它由黄达、张杰、陈共、陈雨露、杨瑞龙、郭庆旺、吴晓求等合作完成，2009年由经济科学出版社出版。

一、篇章结构

此著作共分为七个部分，第一部分即第一章为导论，给出研究背景，诠释全球经济调整的含义和本研究报告所采用的视角及所要回答的主要问题。第二部分包括第二、三章，基于一个长期的历史演进视角刻画全球经济调整的过程和利弊权衡以及中国因素与外部世界的关系。第三部分包括第四、五、六章，解释全球经济调整对中国改革开放以来经济增长的具体影响。第四部分包括第七、八章，探讨在全球经济调整背景下资本市场发展对于一国经济增长的作用。第五部分包括第九、十章，通过对全球社会经济调整逻辑的梳理及其对迅速融入全球化进程的中国经济增长机理的影响。第六部分包括第十一、十二章，讨论伴随全球经济演进而不断更新着的货币制度以及货币政策框架。第七部分包括第十三、十四章，重点讨论在全球经济调整背景下中国究竟选择什么样的财政货币政策组合才能保证经济的长期稳定增长。

二、基本观点

本研究成果的基本观点主要如下。

（1）中国经济融入全球经济格局的要害是通过与外部经济的冲突、博弈和妥协过程来寻找和谋求建立对自己经济长期稳定发展有利的“组合”和组合规则，以及提升维护和调整这种“组合”规则的能力。我们需要充分利用经济的某种“不均衡”来寻求经济发展的机遇，因为不均衡往往意味着经济调整与发展的机会或者“套利”空间。

（2）面对新一轮的全球经济调整，中国经济的不平衡主要源自国际国内市场迅速变化所引致的经济结构特别是需求结构不平衡。今后相当长一段时期的财政政策需着眼于调节国内国际两个层面的需求状况。合理的财政政策应当主要考虑，通过强有力措施消除社会各阶层特别是城乡之间的“非经济性”障碍，以形成一个适宜的收入分配格局；同时，增加政府的社会保障投入，以便从根本上“置换”银行体系特别是国有银行体系的“负担”，缓解金融风险，最终减轻国家财政的金融救助压力。

（3）货币当局在面临多重相互交织的目标时必须有所取舍。从理论上讲，对于任何一个国家，其货币政策内外均衡的目标都存在着一定程度的摩擦和冲突。因此，尽管在未来一段时期中国经济不平衡的形成原因中内部和外部因素都有，但是货币政策应当主要着眼于外部因素，或者说主要针对外部均衡目标。衡量一种货币政策是否适宜的尺度应当看其长期的绩效，而不必过多纠缠短期的“经济账”。基于此，为了改善中国经济面临的外部不平衡，中国需要主动制定适宜的货币升值政策，并以此为契机，稳步推行人民币国际化战略。

三、主要创新

此著作的学术创新主要有：

（1）系统考察了全球经济调整的历史进程以及中国因素作用的变化，形成了独特的理论视角与分析框架。

（2）形成全面深入解释全球经济调整条件下中国经济增长结构与过程的基本理论框架与实证基础。

（3）初步建立了分析中国宏观调控体系与财政货币政策组合的新的理论体系与政策框架。

（4）通过内生处理“中国因素”，摆脱了国内一些同类研究简单模仿现有主流模型的做法，实现主流模型与本土化命题的有机结合，初步形成了既可解释全球经济调整中中国财政货币政策绩效，又能与主流研究框架接轨的新的分析体系。

四、社会影响

此项目取得了丰硕的研究成果，在学术界引起了积极反响。其中项目阶段性成果《全球经济调整中的中国经济增长与宏观调控体系研究》（七卷本），2007 年 9 月由中国人民大学出版社出版，2008 年 10 月入选国家新闻出版总署第二届“三个一百”原创出版工程。

《人民币汇率问题研究》简介

复旦大学姜波克教授主持完成的专著《人民币汇率问题研究——中国经济增长的汇率条件：理论，方法，技术，指标》，是 2005 年教育部重大课题攻关项目“人民币均衡汇率问题研究”的最终成果，于 2009 年结项。

一、篇章结构

此专著共有八章。第一章是导论，第二章是理论和技术准备，第三章到第五章是人民币均衡汇率决定的短期、中期、长期模型，第六章是人民币汇率变动作用的微观机制分析，第七章是模型的应用和指标，第八章是全文总结。

二、主要内容

此研究以汇率水平变动的相对价格效应为切入点，以汇率决定的被动属性和主动属性相统一为视角，从货币金融角度入手来探讨中国经济增长的汇率条件和人民币均衡汇率的决定问题，探讨了汇率与经济增长方式之间的关系，以及汇率与中国长期国际竞争力之间的关系。研究的重点在长期均衡汇率，首先用静态方法探讨人民币短期均衡汇率的决定，然后用比较静态方法探讨人民币中期均衡汇率的决定，最后用动态方法探讨人民币长期均衡汇率的决定。与之相对应，对每一种（短期、中期、长期）均衡汇率的定义，都给出了相应的统计学判断指标。

关于短期均衡汇率及其指标。此书在产出不变的基础上展开分析，得出的定义是：总需求与总供给相等（内部均衡，IB）并且国际收支平衡（外部平衡，EB）条件下的汇率。这一结论的政策含义是：当市场汇率偏离均衡汇率时，政府有必要进行干预，政府干预有助于市场汇率尽快回复到均衡水平，但任何干预方法都不能达到经济增长的目标。

关于中期均衡汇率及其指标。研究者在潜在产出（最大产出总量）不变而实际产出可变的基础上展开分析，得出的定义是：经济增长条件下总需求与总供给相等并且国际收支平衡时的汇率。从统计指标上讲，即当 $AD=AS$，$\Delta AS>0$，且 $BP=0$ 时，IB 与 EB 交点所对应的汇率水平就是均衡汇率。这一结论的政策含义是：①在中国，只有经济增长条件下的均衡汇率才是真正有意义的；②在经济增长约束下，如果劳动生产效益不变，那么，均衡汇率的水平 e 值是不断增大（币值不断下降）的；③如果合意的经济增长率是一个区间，那么，均衡汇率水平也是一个区间，即均衡汇率水平并不是唯一的；④政府对汇率进行干预具有必要性；⑤政府的汇率干预往往需要其他政策配合才能有效；⑥依靠均衡汇率水平 e 值和均衡价格水平 P 值的不断增大来维持经济增长，从长期来讲是不可持续的。

关于长期均衡汇率及其指标。研究者在潜在产出增长的基础上对此展开分析，得出的第一层定义就是：在中国国情下，使外延经济增长（$\Delta\bar{Y}_{外}$）与内涵经济增长（$\Delta\bar{Y}_{内}$）相平衡的汇率，就是均衡汇率。外延经济增长和内涵经济增长的平衡及在此基础上的经济持续稳定增长，就是内部均衡。因此，长期均衡汇率的第一层定义是基于内部均衡之上的。从统计指标上讲，基于内部均衡的均衡汇率表达式是：$\bar{e}_{内}=e_0\times f_2\left(\frac{\Delta\bar{Y}_{内}}{\Delta\bar{Y}_{外}}\right)$。

长期均衡汇率的第二层定义是在第一层定义的基础上来分析的。第一层定义的长期均衡汇率是基于内部均衡的，第二层定义的长期均衡汇率是基于长期外部平衡的。长期外部平衡意味着国际收支平衡，或趋势平衡。长期的外部平衡归根结底取决于本国与外国劳动生产效益的相对变化。当本国劳动生产效益（$\Delta\bar{P}'_d$）相对外国劳动生产效益（$\Delta\bar{P}'_f$）增长更快时，本国商品的国际竞争力上升，出口增加，国际收支顺差，为了维持外部平衡，汇率就应该上升（e 值减小）；反之，当本国劳动生产效益相对外国劳动生产效益增长更慢时，本国商品的国际竞争力下降，进口增加，国际收支逆差，为了维持外部平衡，汇率就应该下降（e 值增大）。从统计上讲，基于长期外部平衡的均衡汇率的表达式是：$\bar{e}_{外}=e_0\times f_1\left(\frac{\Delta\bar{P}_f}{\Delta\bar{P}_d}\right)$。

将基于内部均衡的均衡汇率和基于外部平衡的均衡汇率合并，得到第三层含义的均衡汇率定义：经济的数量增长和质量增长相平衡且国际收支长期平衡所对应的汇率水平就是均衡汇率。这也是本研究关于长期均衡汇率的最终理论含义。

同时，研究者也认识到：中国的基本国情决定了汇率上升在微观层面的传导上存在技术替代能力约束、技术承载能力约束和国际市场定价约束，因此，汇率上升和汇率下降对经济增长方式的作用存在不对称的棘轮效应。这是在选用汇率政策时应加以注意的。

三、社会影响

此研究部份阶段性成果已获得 1 个省部级一等奖，3 个省部级二等奖，并被一些杂志转载和引用，其中，被 CSSCI 引用次数已达 98 次。

《我国土地制度与社会经济协调发展研究》简介

浙江大学中国农村发展研究院院长黄祖辉教授主持并完成的“我国土地制度与社会经济协调发展研究”，是教育部哲学社会科学研究重大课题攻关项目，最终成果以同名专著于 2010 年 7 月由经济科学出版社出版。

一、篇章结构

除前言和后记部分以外，还分为七章：第一章“农村土地产权制度与农民土地权益保护问题研究”；第二章“农村土地流转制度研究”；第三章“农地非农化制度与政策研究”；第四章“城市土地制度与政策研究”；第五章“土地政策参与宏观调控的原理、机制及效应研究”；第六章“国内外土地制度改革的案例研究”；第七章“总体结论与政策思路”。

二、基本观点

（1）土地制度已经成为我国经济社会协调发展过程中的核心矛盾点。当前我国土地制度设计方面的各种缺陷，在一定程度上侵害了农民的核心权益，也限制了部分城乡居民基于土地的生存权、财产权和发展权。土地要素所具有的生产功能、社保功能、资产功能、生态功能等，应当成为我国土地制度设计的出发点和土地权益分配的基础。

（2）农村土地制度改革的进程依赖于国民社会保障体系的完备程度。我国农村土地制度格局与现行社保制度密切相关，农村土地制度与社保制度处在互为制衡的状态。尤其是农村社会保障制度若不能进一步完善，农村土地制度的进一步改革就难以推进，进而可能影响现代农业、农民就业、城乡统筹等战略目标的实现。

（3）城乡土地要素配置市场的发育程度已经严重脱节。通过农村改革，我国农村土地的所有权、承包权与经营权已经分离，我国农村土地产权界定是基本明确的。然而，相关制度缺乏操作性和保护性，即农村土地的治权机制相对薄弱和滞后，农村土地要素的市场化进程明显滞后，与城市土地配置市场严重脱节，农村土地尚无法按照效率最优的原则进行配置。

（4）创新土地制度改革是推进社会经济发展的必由之路。土地制度的变革既能成为社会变革和经济发展的动力源泉，也能成为经济社会协调发展与进步的重要障碍。在公共权力高度统一的政治格局中和市场经济不断发展的形势下，过度分散或集中的土地产权制度都不可能轻易实现，必须在两者之间找到“交互点”，开辟一条具有国家甚至地方特色的土地制度与社会经济协调发展的创新之路。

三、主要创新

（1）通过对农村土地制度改革的历史总结和现实观察，发现试图在法律层面上实现农村土地产权及其利益主体“明晰化”的成本较高，而仅仅寄希望于地方政府和广大农民的“创造力”也不现实，因此需要同步推进农村土地产权关系和治权结构的创新，通过土地产权制度设计的创新推动土地治权结构的完善，进而逐步修正土地产权制度的缺陷。

（2）通过对农村土地流转及规模经营现状的实地调查，发现以规模大户、合作社、龙头企业等为代表的现代农业经营主体已经成为农业经济发展的新型经营主体，流出土地的散户和流入土地的大户之间必然存在土地利益的再分配问题，因此既要为传统农户的土地权益提供保障，也要特别重视现代农业经营主体的土地权益保护问题，并且在两者之间取得一种平衡。

（3）通过对土地征收和审批制度的分析，发现在相对单一的政治结构和土地产权主体缺失的情况下，农地制度、征地制度和供地制度三者之间存在天然矛盾，这也是“农地非农化”导致经济粗放式增长的根本原因。严重缺乏监督机制的农地非农化过程使得农民土地权益大量流失和城市居民用地成本急剧上升。因此，政府必须缩小其权力范围，逐渐从“裁判员”角色向“监督员”角色转变。

（4）通过对城市土地利用效率的现状研究，发现城市土地制度改革的主要方向是规范城市土地利用规划的程序和监督机制，从而转变政府在城市土地产权关系和治权结构中的角色。这样既能解决城市增量土地供应审批和存量土地运作管理等问题，也能优化政府土地行政管理机制、推进工业土地定价市场化改革、合理控制工业园区数量以及有效规划城市规模布局。

（5）通过对土地政策参与宏观经济调控的可行性研究，发现在政治权力高度集中的国家制度和政府垄断土地资源的格局尚未出现松动之前，符合市场经济规律的土地一级市场很难“自然”地发展起来。因此，土地政策参与宏观调控的决策行为就不失为一种在上述制度约束下的“次优选择”，并且很有可能在未来我国土地制度创新决策过程中扮演越来越重要的角色。

四、社会影响

此研究已经取得的学术成果有：经济科学出版社等一级出版社出版3本著作，在《经济研究》等期刊发表20篇论文，在中国留美经济学会（CES）等知名学术会议上发布8篇论文，在新华社《内部参考》等发布2篇决策参考，荣获1项教育部“第四届中国高校人文社会科学研究优秀成果三等奖”(2006年)，部分研究成果还通过各种途径向各级政府部门报送，产生了一定社会影响。

《中国产业竞争力研究》简介

中国人民大学统计学院赵彦云教授主持的“中国产业竞争力研究”，是2003年教育部哲学社会科学重大课题攻关项目，最终研究成果是同名专著。它由赵彦云、甄峰、李静萍、张明倩、李正辉、谭英平、陈芳、陈伟平、郭淡泊和李亚杰等合作完成，由经济科学出版社2009年9月出版。

一、篇章结构

此著作内容包括三部分共十五章。第一部分中国产业竞争力理论方法与模型研究，包括中国产业竞争力理论、钻石模型应用、产业集聚竞争力、产业投入产出国际竞争力分析、中国企业管理软国际竞争力研究等5章。第二部分中国制造业产业国际竞争力研究，包括中国制造业产业国际竞争力、制造业产业环境、基础国际竞争力评价和分析、中国工业对外贸易发展和贸易国际竞争力、中国工业行业间产业竞争力与行业选择等5章。第三部分中国产业竞争力专题研究，包括中国服务业、旅游产业、文化产业、环保产业和农业产业竞争力研究等5章。

二、基本内容

此专著对中国产业竞争力理论方法和应用做了系统研究，在理论、数据、实际调研和宏观把握等方面，力求真实反映问题，推动决策与应用；提出中国产业竞争力钻石模型，完成中国制造业模型的设计和分析，在利用外资、研究与开发、人力资本、市场竞争力、国际贸易与产出水平、增长水平和效率水平决定关系上得出了非常有价值的结论；对中国产业聚集竞争力模型、中国旅游强国潜力分析模型、中国文化国际竞争力模型、中国农业产业内贸易模型等产业分析模型作出了全面深入的设计和应用研究；提出了对称性设计的理论和方法，并应用于许多产业的国际竞争力和区域产业竞争力评价的具体体系设计和应用。

三、主要创新

（1）中国企业管理软国际竞争力研究，设计了分析体系，全面分析研究了我国企业管理软国际竞争力与世界主要国家和地区的差异、问题和如何发展。

（2）中国制造业产业国际竞争力研究，包括从制造业核心竞争力、基础竞争力、环境竞争力角度、运用OECD（经发组织）20个国家和地区的投入产出表数据的产业国际竞争力分析研究、基于国际贸易数据，分细类产业的国际贸易竞争力分析研究。

（3）中国文化产业国际竞争力研究，设计了评价体系，比较了中国的差距与问题，研究了发展与经济发展互动模式，提出我国的文化价值推动。

（4）中国旅游业强国潜力模型的分析应用，用统计模型筛选世界最优旅游强国群，基于强国群建模分析我国经济发展各阶段的旅游发展规模和水平。

（5）提出我国服务业国际竞争力模型，全面分析研究我国与世界各国和地区的差距、原因，提出发展对策。

（6）各省市制造业产业竞争力研究，包括分具体行业用全国20多万家规模以上企业数据的系统分析。

（7）制造业国内市场产业国际竞争力分析研究，即按照外资企业、港澳台企业、国有企业、股份制企业、私营企业等经济类型分组的竞争力水平差异和竞争力优劣势分析。

（8）中国工业产业间竞争力分析研究，全新分析各个产业之间的竞争力优劣势，为完善我国工业竞争关系，实现快速高效发展提供研究依据。

(9) 对中国31省市27个城市旅游产业竞争力、31省市文化产业竞争力、31省市环保产业竞争力的分析研究。

(10) 对中国农业竞争力研究，包括产业内贸易和具体产品如大豆、水稻的分析研究。

四、社会影响

此著作特别注重科学研究的社会价值和应用，在数据使用、调查研究、成果推广等方面特别注意与实际部门的互动，部分成果为商务部、国家发改委、国家统计局、国家旅游局、国家开发银行等部委的多个部门所使用。此研究成果数十次在国际学术会议中报告和交流，其中一篇论文被翻译成西班牙语发表。此课题组还与联合国大学创新与技术经济研究中心（UNU-MERIT）、法国国家统计研究院（INSEE）、德国欧洲经济研究中心(ZEW)、芬兰经济研究院（ETLA）等研究机构进行合作交流并建立了长期合作研究关系。

《中国参与区域经济一体化研究》简介

中国人民大学经济学院黄卫平教授主持的“中国参与区域经济一体化问题研究”是2004年教育部哲学社会科学重大课题攻关项目，最终研究成果是同名专著。它由黄卫平和彭刚合作完成，由经济科学出版社于2009年出版。

一、篇章结构

此著作共分六章。第一章，主要研究中国加入区域经济一体化的前提，即经济全球化作为中国加入经济一体化的大前提，它对于中国加入区域一体化的影响、意义。第二章，探讨中国加入区域经济一体化的理论支撑，总结了已有的经典文献和主流理论。第三章，中国加入区域经济一体化的产业网络基础，提出中国加入区域经济一体化的基础在于东亚特有的产业网络及价值链。第四章，中国参与资源互补型区域经济一体化的必要性和现实可能性。第五章，中国参与区域经济一体化的若干路径。第六章，中国加入区域经济一体化的政策与操作建议。

二、基本内容

在经济全球化的条件下，中国参与区域经济一体化的基础在于东亚特有的产业网络和供应链以及要素资源的互补情况。这种以要素、产业链整合为基础的经济一体化与欧盟、北美自由贸易区以自由贸易为基础的经济一体化有很大区别，有着独特的性质。此著作还分析了基于生产网络、价值链、要素资源互补而形成区域经济一体化所需要的必要充分条件、外部环境、限制因素，以及可能出现的路径，并提出了东亚经济一体化特有的竞争中的合作、合作中的竞争的现象及其对于中国经济发展的影响。研究者还提出了相应的中国加入区域经济一体化的政策与操作程序建议。

三、主要创新

（1）此著作在理论方面将经济全球化与区域经济一体化结合起来进行探讨，提出中国参与区域经济一体化的主要基础，在于东亚地区的产业网络、供应链与资源互补，而非贸易一体化，并在理论与实证方面进行了大量的研究。在政策取向方面提出的对于中国既要考虑积极的参与经济一体化，又要考虑现实的竞争；在操作建议方面提出的多元系统的分析等，具有针对性和一定的前瞻性，而且具有较重要的政策参考价值。关于中国参与区域经济一体化的某些些理论探讨和政策性建议是本课题独有的。

（2）在研究方法上，区域经济一体化参与的理论阐述需要对现实观察进行抽象，运用理论经济学的定性、定量分析工具，对其内在经济关系进行逻辑较严密的数理描述与理论解释。因此，在这一部分此著作主要运用演绎逻辑和归纳逻辑相结合的方法。中国参与经济一体化的政策研究则是运用商务外交的新型分析工具，对具体现实中中国应如何参与经济一体化的政策做出判断和评价，并就如何制定参与政策提出具体的对策性建议。因此，这一部分此著作主要采用的是商务外交的交叉学科的分析方法。中国参与地区、产业、要素互补经济一体化的策略研究处于较具体的国际政治经济学学科层次，运用国际政治经济学的分析工具，对中国参与经济一体化各方面的政治经济关系进行描述性的分析和判断，并提出建议。在指标体系的采用与构建中，确定所选取的各个指标及其权重，进行了探索。

四、社会影响

1. 学术价值

此项目的先期成果《温特制：美国新经济与全球产业重组的微观基础》，发表在《美国研究》(季刊）2004 年第 2 期，获得了北京市优秀社科奖（二等）。此项目先后共有 8 篇阶段成果刊登在 CSSCI 刊物上，并作为国际学术会议的主旨发言内容；在进行项目的同时，参与项目阶段性研究的博士生，在每一阶段性成果的基础上先后形成了 7 篇博士论文(其中三篇博士论文为香港理工大学合作方完成)，做到了研究与教学的结合。

2. 应用价值

此著作第一章内容作为项目主持人 2005 年 5 月为中共中央政治局集体学习会讲解《经济全球化与国际贸易新趋势》的主要内容；部分内容用于商务部暑期座谈的报告写作。此著作的基本内容和在此基础上撰写的专项报告已提交商务部。

《中国工业化、城镇化进程中的农村土地问题研究》简介

南京农业大学中国土地问题研究中心曲福田教授主持的“中国工业化、城镇化进程中的农村土地问题研究”，是 2004 年教育部哲学社会科学重大课题攻关项目。此项研究由北京大学姚洋、国务院发展研究中心刘守英、华中农业大学张安录、扬州大学钱忠好，以及此中心欧名豪、吴群、陈利根等教授共同参与完成。最终成果形成 45 万余字的同名专

著，由经济科学出版社2010年12月出版。

一、篇章结构

此专著共分为九章。第一章，绪论；第二章，中国农地非农化机制与适度水平分析；第三章，中国工业化、城镇化与农地质量变化；第四章，农民非农就业、人口迁移与农地制度变迁；第五章，征地制度改革与农民权益保障；第六章，土地资本化及其市场机制；第七章，农地价格扭曲及其矫正；第八章，农地保护的规制研究；第九章，中国工业化、城镇化进程中的农村土地法律制度建设。

二、基本内容

此书从协调推进工业化、城镇化和农业现代化出发，在准确把握中国工业化、城市化阶段特征和农村土地问题主要矛盾基础上，以适度农地非农化、提高土地资源配置效率和保障农民土地权益为政策目标，系统研究了中国土地非农化的运行机制和生态影响、土地制度改革和管理机制创新、农村土地法律体系建设等问题。在理论上，将农地非农化划分为代价性损失和过度性损失两种形态，揭示了过度性损失的主要原因是政府失灵和市场失灵；在农地非农化机制及影响分析基础上，确定了中国未来十年农地非农化的适度水平；探索了包括农地承包制度、土地征用制度和集体建设用地制度在内的土地制度改革的路径选择；基于纠正土地利用中的市场失灵，提出了农地社会成本定价体系和提高农地规制效率的途径；基于土地管理体制机制创新的本质要求，提出了农村土地法律体系，并就农地承包权、集体建设用地流转、土地征用、农地管制等重点法律问题，提出了具体立法建议。

三、主要创新

（1）以问题为导向，形成了“目标—机制—调控—法律”的逻辑关系和研究主线。围绕解决耕地过度损失、土地利用效率低下、农民土地权益受损等主要问题，提出了提高土地资源配置效率和保护农民土地权益的土地政策目标。在分析农地非农化机制的基础上，阐述了土地制度改革的路径和土地管理机制创新的方向，并将其反应在法律层面上。

（2）系统探索了工业化、城镇化进程中土地资源配置规律，形成了新的理论体系和学术观点。提出的农村土地资源配置的“两种失灵、两类损失”的理论命题，是该研究的重要理论创新，发展了转型期资源配置效率理论分析框架。耕地损失与经济发展呈库茨涅茨曲线规律、政府和市场的替代程度决定着集体建设用地流转模式选择等观点具有创新性；提出了将生态和社会价值纳入农地定价、实现市场机制与政府治理有效耦合提高土地配置效率等有重要价值的政策建议。

（3）形成了多学科结合的研究体系和农村土地问题研究的系统方法论。此研究运用经济学、管理学、法学等多学科理论方法来系统研究现阶段的中国农村土地问题，提高土地配置效率和改善土地利益公平这一目标得到贯通和融合。经济计量模型在农村土地问题研究的更广泛应用，典型调查、案例分析和比较研究等方法的恰当应用，使农村土地问题研究更加深入、全面和科学，对农村土地资源配置规律的把握更加深入和系统。

四、社会影响

（1）此项目成果产出效果明显，在期刊上发表论文115篇，其中CSSCI论文66篇，CSCD论文50余篇；共培养研究生10余名，形成博士学位论文7篇。此项目所归纳的政策建议已对国家农村土地政策和宏观调控政策制定产生直接影响。以该课题系列研究成果为基础，形成了5篇新华社《国内动态清样》稿件送中央领导参阅，其中3篇得到国务院总理温家宝的批示。部分研究成果被国土资源部和相关部门在土地利用规划修编和土地宏观调控政策制定中采纳。

（2）此研究提出的农地非农化“两种失灵、两类损失”理论命题，为研究一般资源配置的效率损失和制度变迁提供了一个分析框架；“目标—机制—调控—法律”的逻辑关系和研究主线，拓宽了土地问题研究思路，极大丰富了土地经济与政策的研究内容；多学科相互融合的研究方法开辟了土地问题研究的新领域，也将推动土地生态经济学、土地法学、土地估价学等新兴或分支学科的发展。

《中国民营经济制度创新与发展问题研究》简介

南开大学李维安教授主持的“中国民营经济制度创新与发展问题研究”，是2003年教育部哲学社会科学重大课题攻关项目，最终研究成果是专著《中国民营经济制度创新与发展》。它由李维安等合作完成，由经济科学出版社2009年出版。

一、篇章结构

此专著由三编共八章内容构成。第一编，民营经济演进与制度创新的理论分析，由“中国民营经济发展中的制度变迁与组织演进”、“民营企业制度创新的动态过程”两章构成。第二编，民营企业的发展障碍与制度创新，包括“民营企业创业行为与企业家环境”、“民营企业融资障碍分析”、“民营企业成长中的治理问题”以及“民营企业国际化发展过程中的制度环境”共四章内容。第三编，民营经济与企业发展状况评价与对策，由“民营上市公司治理状况评价”和“民营经济制度创新与发展的政策建议”两章构成。

二、基本内容和主要创新

（1）构建研究中国民营经济制度变迁与组织演进的整体框架，提出“多元互动、上下推进”的民营经济演进模式。基于对20余年民营经济发展状况和组织演进历史的回顾，以地方政府意识形态偏好、生产率竞赛、制度互补和企业治理等为核心概念，在比较不同地域典型发展模式特征和民营经济与国有、外资经济间互动、渗透、竞争和替代关系的基础上，归纳出“多元互动，上下推进”的民营经济演进模式。阐明了在新的参照系下民营经济发展中的制度变迁与组织演进机理，为研究民营经济发展的地域特殊性及其收敛趋势提供了理论基础，并进而揭示出地方政府为民营经济的发展创造激励相容的制度安排的可能途径。

（2）通过大样本调查，准确把握民营经济及民营企业的实态和存在问题。与国家发改委中小企业司和国际中小企业协会合作，设计了作为民营经济重要主体的中小企业经济发展晴雨表的“中国中小企业经济发展指数”(SMEI)。SMEI评价的原始样本涉及全国二十多个省、自治区、直辖市千余家中小企业，是我国唯一涉及中国中小企业经济发展的综合评价指数，从制度环境、企业治理、市场组织和财务实力四个方面列示了不同地区、不同行业和不同省份中小企业经济发展的特征及其差异，系统地反映了中小企业经济发展的景气状况。

(3) 剖析民营经济及企业发展中面临的关键问题，解明其制度创新的演进机制。针对民营经济及企业发展中面临的多项关键问题进行深入剖析，以求解明其制度创新的演进机制。研究涵盖了民营企业与国有企业的产权融合、最优技术进步率和信息不对称、企业家精神与创业行为、融资渠道与方式的选择、家族企业所有权安排与治理机制的优化设计、国际化发展的途径等诸多方面，得出一些颇具启发性的结论，并提出了相应的政策建议。

(4) 民营经济制度创新与发展问题的案例研究。通过对近百家企业的实地采访和调查，总结出20余个民营经济制度创新与发展问题的典型案例，并对其进行了较为深入的剖析。这一研究涉及民营经济发展的诸多方面，在客观记录历史事实的基础上，正确地提出问题，然后运用现代经济学的分析工具和方法，揭示故事发生的约束条件，给人们提供一些“意料之外，情理之中”的说法，进而解释现实和丰富理论，剖析民营经济发展中的深层次机理。其研究既反映了中国民营经济复杂多变的变革过程，又蕴含着丰富的经济学新问题和待探索的新理论。

三、社会影响

此项目自启动以来，受到了社会各界的关注，并带动了30余个相关课题的研究，包括来自发改委、国资委、天津市政府、杭州市政府等多项课题，并形成了30余份对策性研究报告，分送至政府相关部门并有部分得到采纳应用，对改善民营经济制度创新与发展的制度环境起到了推动作用。该研究以及相关活动引起了强烈的社会反响，中央电视台，中新社、《人民日报》、《经济日报》、《香港大公报》、《香港商报》、《经济参考报》、《中国证券报》、《中国财经报》、《中华工商时报》等数十家报刊以及人民网、中国政府新闻网、中国财经信息网、新浪网等知名网站均给予了相关报道。可认为本书所汇集的研究成果对促进中国民营经济的制度创新与发展已经产生了重要的影响。

《中国农村与农民问题前沿研究》简介

华中师范大学中国农村研究院教授徐勇主持的“我国农村与农民问题研究”是2003年教育部哲学社会科学重大攻关项目，最终成果为专著《中国农村与农民问题前沿研究》，由徐勇、邓大才、刘金海、吴理财、邵峰、项继权、贺雪峰、黄祖辉以及董磊明等合作完成，由经济科学出版社2009年出版。

一、篇章结构

此著作由引论以及四编共十九章组成。“引论”包括：第一章现代化视角下的农村与农民问题；第二章现代化、国家整合与新农村建设。第一编“城乡统筹”包括：第三章城乡统筹发展的理论分析；第四章城乡统筹发展的现实目标；第五章城乡统筹发展的对策机制。第二编“就业增收”包括：第六章农民增收与就业的一体化思考；第七章传统增收模式的有限性；第八章就业导向增收模式的新选择；第九章就业导向增收模式的制度环境建设。第三编“乡镇改革”包括：第十章改革的背景；第十一章以机构精简为导向的乡镇改革；第十二章以权力重组为导向的乡镇改革；第十三章以关系重构为导向的乡镇改革；第十四章乡镇改革不同模式的比较；第十五章现代乡镇制度的构建。第四编“公共物品”包括：第十六章税费改革前的农村公共品供给；第十七章税费改革后农村公共品供给现状及问题；第十八章农村公共物品供给中的均衡；第十九章农村公共品供给的政策建议。

二、基本内容

农村和农民问题是现代化进程中一个长期存在，但又需要有效解决的重大问题。随着现代化进程的加快，工农、城乡差距的出现，使农村和农民问题成为一个普遍性难题。在我国，这一问题更为突出。此书紧密结合实际，对进入新世纪后我国农村和农民问题中一些紧迫而重大的问题进行了较为深入和集中的探讨。21 世纪初，我国提出以城乡统筹的理念来解决农村和农民问题。此书对城乡统筹的理论、目标、机制、实践进行了论述。解决农村和农民问题，缩小城乡差距，必须增加农民收入。而传统的增收模式有较大限度，此书提出了就业导向增收的新模式。税费改革及农村经济社会发展，要求改革农村上层建筑，乡镇改革是重要内容。此书对 21 世纪以来我国乡镇改革的目标、特点、类型及走向进行了专题研究，提出了现代乡镇制度建设的设想。农村公共物品供给是新世纪以来农村发展中的热点问题。本书以税费改革为坐标，对税费改革后农村公共物品供给的现状、目标、机制进行了分析，提出改善农村公共物品供给的政策建议。

三、主要创新

此研究紧密结合现实，从中国农村文明转型的视角观察农村和农民问题的演进和转型，较早从国家整合、城乡统筹、公共物品和基层体制改革的角度综合研究中国农村问题的基本线索。其提出的农民问题的历史起源、表现和解决的思路，充分体现了对农村现代化道路和进程的超越性思考。著作对农政变革与农村社会体制、公共服务机制和就业增收的整合性研究，提供了分析和解决中国农村问题的现实思路。

（1）从中国现代国家建构的视角出发，提出了农村和农民问题发生、发展的一般逻辑及其未来方向，为建设社会主义新农村的政策实践提供了具有说服力的理论阐释。

（2）提出了统筹城乡发展解决中国农村和农民问题的主要对策机制和发展目标。

（3）系统提出了以就业和增收为目标的农民和农村经济发展思路，建议建立就业导向的农民增收模式，逐步突破农村经济发展的瓶颈。

（4）提出了以基层政权权力重组为目标的乡镇体制改革目标，将农村公共服务及其体制建设成为推动农村转型的内在力量。

四、社会影响

此项研究是较早对进入 21 世纪后我国农村和农民问题中一些紧迫而重大的问题进行较为深入和集中探讨的理论成果。以此项研究为基础的一系列研究咨询报告，得到了中央和地方政府的采纳。此项研究的成果，还成为了湖北省乡镇改革的政策依据。此项研究的部分观点引起学界和社会关注，一些观点被广泛引用。

《中国市场经济发展研究：市场化进程与经济增长和结构演进》简介

北京大学刘伟教授主持的“中国市场经济发展研究”，是2003年度教育部哲学社会科学研究重大课题攻关项目。其最终成果是专著《中国市场经济发展研究：市场化进程与经济增长和结构演进》，由经济科学出版社2009年9月出版。

一、主要内容

如何认识和评价中国的社会主义市场化进程，中国社会主义市场化进程中的经济增长水平、经济结构的变化和经济效率提升间的相互关系怎样是本书所关注的核心命题。或者说，从经济增长和经济发展，从经济规模扩张和经济质态改进，从经济速度加快和经济效率提升的角度去认识和分析经济体制改革的合理性和进步性，同时也由此进一步去揭示对体制改革深入的历史要求，是此书所研究的基本问题。

二、篇章结构

此书分为三大编十七章，系统探讨、分析和总结我国改革开放以来市场经济的演化发展进程。第一编，社会主义市场经济改革进程特征及价值判断标准，共设6章（第一至第六章）。第二编，中国社会主义市场化进程中的经济增长的周期和总量调控，共设5章（第七章至第十一章）。第三编，中国社会主义市场化进程中结构变化和增长的效率，共设6章（第十二章至第十七章）。

三、主要创新

此项研究的主要贡献或者说较为突出的具有新意之处在于以下的三个方面：

（1）从价值理论层面上揭示了经济理论争辩制度变迁正义性的基本动因，并从分析中国改革历史进程的特点中明确判断改革进步性的价值标准，从而回答了为什么制度变迁过程中总是伴随着对经济学基本理论、范畴的争辩，尤其是价值理论的争辩？为什么制度变迁需要从价值论的方面予以支持？

（2）增长的制度变迁的动因应当如何解释？中国的经济增长经验对制度与增长之间的相互关系给出了怎样的特殊说明？体制转型中的总量失衡有哪些特殊性？针对这些特殊性，在总需求与总供给管理上有怎样的特殊性，注意总供给管理对转轨社会有怎样的意义，同时又有怎样的体制要求？这些问题的回答，不仅深化了对中国改革发展经验的认识，而且更重要的是依据中国经验对宏观经济理论作出了有特点的讨论。

（3）最为重要的是关于中国的增长是否建立在效率提升基础上，因而是否具有可持续性？此书不仅从产业结构质态演进和要素效率及投入产出效率等方面对中国的经济增长中效率特征进行了实证分析，而且特别考察了这种效率提升背后的体制改革的动因，进而对改革的必要和合理性做出了更为深刻的论证。正是这种对经济增长结构效率和全要素效率的强调，在宏观分析中，除考虑总需求外，特别强调了供给分析，并从总需求与总供给的总量和结构均衡要求出发，对宏观经济调控方式、政策倾向以及相应的微观基础的市场机制和秩序做出了进一步的阐释。

（4）在研究方法上，此书坚持理论与实证相结合、历史与现实相结合、国际经验与中国实际相结合，尤其是所有的论断都建立在实证研究的基础上。

四、社会影响

此研究成果已经产生了一定影响。此研究的近30多篇阶段性文章不但发表在《中国社会科学》、《经济研究》等核心刊物上，得到了大量引证，而且典型成果都转载于历年《中国经济学年鉴》。此书第16章论述的中国经济增长中的结构效率和技术进步的阶段论文，还被评为北京市第十一届哲学社会科学优秀成果奖一等奖。

《中国特大都市圈和世界制造业中心研究》简介

东南大学李廉水教授主持的“东部特大都市圈和世界制造业中心研究”，2003年获批教育部首批哲学社会科学研究重大课题攻关项目。此项目的最终成果《中国特大都市圈与世界制造业中心研究》一书，不仅理念创新，而且方法科学、数据翔实，2009年9月由经济科学出版社出版。

一、篇章结构

此书共分四章。第一章进一步规范界定了“新型制造业”，评价中国制造业发展“新型化”程度，提出中国制造业必须走“新型制造业”道路，揭示“新型制造业”的内涵就是科技创新支撑和引领经济创造、资源节约和环境友好。第二章比较了中外特大都市圈的发展轨迹、发展模式，进而提出了我国推进特大都市圈建设的具体建议。第三章总结了世界制造业中心的演化规律，并从经济、科技、环境三维集成的角度客观评价了中国制造业发展状况，分析中国制造业的特征，描绘中国成为世界制造业中心的前景。第四章以长三角都市圈制造业发展为例，研究了东部特大都市圈和世界制造业中心的关系，探讨了制造业和都市圈之间互动发展的理论基础、现实背景、约束条件和推进机制，认为特大都市圈的发展必须以制造业发展为载体，而制造业的发展又通过带动服务业发展，进而带动都市圈延伸扩展，最后提出特大都市圈与制造业互动发展的战略举措。

二、基本观点

（1）注重经济创造能力、科技创新能力、资源环境保护能力协调发展的新型制造业是一种可持续发展的制造业，我国制造业发展必须走新型制造业道路。

（2）我国特大都市圈的发展历程、功能定位等都具有中国特色。其中国外特大都市圈是由中心城市的功能外溢而逐步形成的，政府在其中发挥的作用很小，而国内特大都市圈的形成与发展，不仅与经济发展程度有直接关联，而且与政府的强干预紧密相关。现在，中国东部沿海地区已经涌现出具有一定自主创新能力的长三角制造业都市圈、具有较强国际接轨能力的珠三角制造业都市圈、具有知识集成引导发展能力的京津冀制造业都市圈。

（3）东部特大都市圈和世界制造业中心，本是两个不同系列的概念。然而，在中国以加工制造方式融入全球化，推动城市化的进程中，成为了一个实实在在的研究课题。中国东部特大都市圈能否成为世界制造业中心，取决于中国能否成为世界制造业中心，取决于中国制造业自主创新能力和都市圈健康持续发展能力能否融合，取决于都市圈与制造业能否良性互动发展。

三、主要创新

（1）提出“新型制造业”概念。阐述了气候异常、环境污染、资源稀缺使得作为排放、耗能大户的制造业面临节能减排目标的严峻挑战，走低碳化之路已经成为社会的共识。

（2）在新型制造业理念基础上，用一套涵盖经济创造能力、科技创新能力和环境资源保护能力的三位一体指标从总体、区域、产业和企业层面分别对我国制造业进行新型化程度的评价，运用主成分、聚类等方法，找出中国新型制造业的“十大强省”、“十大强市”，评选出中国上市制造业中规模最大、效益最优、成长最快、“最受尊敬”的企业。

（3）阐述了特大都市圈与制造业的互动发展关系，提出特大都市圈的发展必须以制造业发展为载体，而制造业的发展又通过带动生产者服务业发展，进而带动都市圈延伸扩展。

四、社会影响及意义

此研究的中间成果《中国制造业发展研究报告》于2004年推出之后，立即被看做是一部汇集中国制造业发展大量数据的权威工具书，是一部解析中国制造业发展的年度研究报告，同时也是一部动态反映全球制造业发展研究动态的学术导读书，大量期刊论文、学位论文和会议论文都对之进行引用。此报告荣获江苏省哲社优秀成果二等奖（2005）和教育部人文社会科学优秀成果三等奖（2006）。

此研究的中间成果《都市圈发展：理论演化·国际经验·中国特色》于2006年6月出版后受到欢迎，2007年3月再版，被列入科学出版社“走出去”工程项目，参加了2009年的法兰克福书展。截至2010年3月，此成果相关内容除了被团队成员深化研究后发表在《现代城市研究》、《中国科技论坛》等期刊上外，被相关学术论文共引用73次，其中期刊论文引用23次，博士学位论文引用24次，优秀硕士学位论文引用26次。此成果2007年获江苏省哲学社会科学优秀成果一等奖，2009年获得教育部高校科研优秀成果二等奖（人文社会科学）。

《转轨经济中的反行政性垄断与促进竞争政策研究》简介

山东大学经济学院于良春教授主持的“转轨经济中的反行政性垄断与促进竞争研究”，是2006年教育部哲学社会科学重大课题攻关项目，最终研究成果为同名专著。它由于良春、余东华、张伟、王会宗、李真、丁启军、王孝莹、杨秀玉、杨淑云、付强等合作完成，由经济科学出版社出版。

一、篇章结构

此专著共分为九章。第一章，导言；第二章，行政性垄断的界定与分类；第三章，行政性垄断测度的理论与方法；第四章，行业性行政垄断的测度；第五章，地区性行政垄断的测度；第六章，行业性行政垄断与资源配置效率；第七章，地区性行政垄断与资源配置效率；第八章，行政性垄断形成的原因与维持机制；第九章，反行政性垄断与促进竞争政策分析。

二、基本内容

此课题研究构造了 ISCP 分析框架，将制度因素引入产业组织问题的研究中。根据这一研究设计，此研究为行业性行政垄断及地区性行政垄断问题提供了一个统一的理论基础及分析框架，以此为基础建立起一个完整的理论和方法体系以及一套相对稳定的测度指标体系。在理论分析的基础上，此研究从资源配置的微观效率、产业效率、宏观效率等方面对行政性垄断导致的社会福利损失和资源配置效率进行实证分析和度量，最后提出了打破行政性垄断的政策建议。

三、主要创新

此专著的创新，主要体现在以下四个方面：

（1）在理论上首次提出 ISCP 分析框架，将制度和制度变迁因素作为模型设定的内生变量，研究其与市场竞争主体之间的互动，从而将制度及制度变迁理论引入产业组织理论的分析。以 ISCP 分析框架为理论基础和基本思路，从制度（I）、结构（S）、行为（C）、绩效（P）四个维度构建了测度行政性垄断程度的三级指标体系，并对转型时期中国的行政性垄断程度进行了实证测度。

（2）以 ISCP 分析框架为基本依据，结合具体行业属性和地区特点，引入行政性垄断因素拓展了现有的资源配置效率分析的理论框架，构建了相应的测度指标体系，对行政性垄断的资源配置效应进行了实证研究。

（3）从制度、体制、分权式改革、地区本位论等方面分析转型时期中国国内市场行政性垄断形成的深层次原因和形成机制，丰富了行政性垄断理论，并为制定打破行政性垄断、建立统一市场的对策建议提供了理论依据。

（4）针对转轨经济中行政性垄断的形成原因、维持机制和现实表现，在理论分析和实证研究的基础上提出了系统化的、具有较强可操作性的反行政性垄断与促进竞争的政策建议。

四、社会影响

1. 应用价值

此项目取得了较为丰硕的研究成果，在国内外引起了较大反响。迄今已出版专著 2 部，向政府有关部门提供咨询报告 7 篇，在 CSSCI 来源期刊发表阶段性成果 56 篇。通过对 CSSCI 数据库的初步统计，课题组的阶段性成果他引率达到 336 次，在学术界产生了广泛影响。此研究课题组首席专家于良春教授和其他成员先后参加国家商务部反垄断局专家咨询会议 15 人次，参加了《经营者集中反垄断审查指南》的制定和修改工作，为反垄断相关实施细则的制定提供了多篇理论支撑报告，得到反垄断局领导批示和高度评价。课题组先后主办国际会议 5 次，课题组成员先后参加国内外学术会议 55 人次，通过交流课题研究成果在学术界产生良好影响。

2. 学术价值

此课题研究基于转轨经济国家特定的制度、经济背景，将组织理论与产业组织理论的研究结合起来对行政性垄断的产生原因、行政性垄断在行业及地区两个维度上存在的程度、对资源配置效率的影响以及破除行政性垄断的政策建议进行了系统研究。此课题研究在产业组织理论 SCP 分析范式的基础上引入了制度因素，构建了 ISCP 研究框架，由此设计了测算行政性垄断程度的指标体系，这些研究构成了继续对行政性垄断进行持续研究的基础。此课题利用可得数据对行政性垄断在行业及地区维度上造成的资源配置效率损失进行了系统、全面的测算，使研究者能够对行政性垄断的影响形成一个直观的数值概念。此课题研究形成的成果已经激发了更多关于行政性垄断研究的出现，推动了对这一转轨经济阶段特定制度现象的研究。

《多元化纠纷解决机制与和谐社会的构建》简介

中国人民大学法学院教授范愉主持的“多元化纠纷解决机制与和谐社会的构建”是 2006 年教育部哲学社会科学重大攻关项目，最终成果为同名专著于 2009 年 11 月结题，由范愉及朱景文、洪浩、冉井富、陈福勇、刘臻荣、李泽等合作完成，由经济科学出版社出版。

一、篇章结构

此著作由导论“纠纷解决研究：方法与课题”和三编十四章组成。上编“多元化纠纷解决机制与和谐社会的建构：理论框架”包括，第一章多元化纠纷解决机制的建构与理论证成；第二章纠纷解决与社会和谐；第三章权利救济与多元化纠纷解决机制；第四章以多元化纠纷解决机制实现善治。中编“当代中国纠纷解决机制实证研究”，包括第五章中国诉讼分流的数据分析；第六章农村土地纠纷的形势及对策；第七章社区治理与物业纠纷解决机制——以北京市为基点的调研与分析；第八章我国仲裁机构现状实证分析；第九章劳动监察与劳动争议解决；第十章高校校内学生申诉制度实证研究。下编“对策与建构”，包括第十一章非诉讼程序法的建构——以人民调解法为例；第十二章诉前调解与法院的社会责任——从司法社会化到司法能动主义；第十三章行政性解纷机制与行政调解；第十四章集团诉讼与群体性侵害事件的多元化处理。

二、基本内容

导论梳理了我国纠纷解决研究的成果、贡献与不足，概括阐述了本项目的研究方法、理论体系及结构。上编为纠纷解决机制与和谐社会建构的理论研究，分别从多元化纠纷解决机制的建构，纠纷解决与社会和谐、权利救济和善治的关系等不同角度为我国社会治理和纠纷解决机制建构提供了系统的理论论证。中编旨在通过实证研究揭示我国当前社会各种纠纷与纠纷解决中的现状和问题。首先，根据大量数据对当代中国诉讼及纠纷解决进行了全景式的量化分析；其次，通过实证研究和田野调查对农村土地纠纷、城市社区治理和物业纠纷、商事仲裁的实际运作及转型、劳动监察与劳动争议、高校校内学生申诉制度与校园纠纷等多个领域进行了深入的探讨，基本覆盖了我国司法、行政和民间社会纠纷解决机制的各个方面和基本制度，提供了大量鲜活的第一手调研资料，并进行了深入的分析。下编着眼于我国当前多元化纠纷解决机制的建构与完善，针对非诉讼程序立法、司法机关在促进多元化纠纷解决机制建构中的积极作用、行政调解等机制的完善以及群体性侵权案件的解决，提出了对策和建议。

三、主要创新

（1）理论的独创性、系统性和科学性。系统分析了多元化纠纷解决机制与和谐社会的关系、权利救济与纠纷解决的关系以及我国社会转型时期纠纷解决的特点，提出了“以多元化纠纷解决机制保证法治及社会的可持续发展”的命题，并以此作为整个研究的主导理念。

（2）注重对策研究。通过实证研究，揭示事实、现状和问题，为我国多元化纠纷解决机制的建构提供具有现实性与可操作性的建议、方案和改革完善的思路。

（3）发挥了学科交叉的优势，超越传统法学的窠臼，保证了研究的科学性和视野的多元化，更多地关注社会需求、现实可行性、社会主体的行为和偏好以及文化传统、社会变化等因素，使对策研究更具针对性、合理性和可行性。

（4）以实证研究为特色，采用田野调查、深入访谈、问卷调查、个案分析、媒体信息材料综合分析和数据定量分析等方法，调研足迹遍及全国城乡和各种纠纷解决机构。

四、社会影响

1. 应用价值

此研究紧紧围绕我国纠纷解决实践中的现实问题，注意总结基层实务部门的经验，参与了许多实务部门的改革和立法、司法解释等规范性文件的论证。一些设想、观点、建议已为决策机关和实务部门采纳，在《人民调解法》和《民事诉讼法》修改中被吸收，并为社会实践所证实，取得了明显的社会效益。作为本项目的后续工作，积极推动纠纷解决的教育、培训和普及工作，开发了系列教材和相关教育培训课程。

2. 学术价值

该项目产生了专著、系列教材和学术论文数十种（包括日文和英文论文），形成了具有广泛影响的纠纷解决理论体系，体现了当前我国纠纷解决研究的最高理论水准，为中国特色社会治理模式的研究做出了学术贡献。在国内举办数十次各种讲座；2011 年，在中国法学会创新论坛上作了主题演讲，并受到国外学术界的关注。

《民法典体系研究》简介

中国人民大学法学院教授王利明主持完成的《民法典体系研究》，是 2003 年教育部哲学社会科学研究重大课题攻关项目“民法典体系与重大疑难问题研究”最终成果之一，也是中国人民大学法学院“985”项目“社会主义法律体系”的成果之一，由王利明和杨立新合作完成，并由经济科学出版社2009年出版。

一、篇章结构

本书分为两编十五章，约65万字。第一编“民法典体系的基本理论”，分6章探讨了民法典体系的基本理论，其中包括：第一章，民法典体系概述，第二章，民法典与民事立法的体系化——法典中心主义，第三章，民法典体系与民法学，第四章，民法典体系及其理论的历史发展，第五章，我国民法典体系探讨，第六章，民法典体系中民法与商法的关系。第二编“民法典体系的基本构成”以9章的篇幅，对我国民法典体系的基本构成进行了具体设计。其中包括：第七章，民法典的价值与民法典体系，第八章，民法总则的体系构建，第九章，人格权法的体系构建，第十章，婚姻家庭法的体系完善，第十一章，继承法体系的完善，第十二章，物权法与民法典体系的构建，第十三章，债法总则、合同法体系的构建，第十四章，侵权责任法体系构建，第十五章，民法典漏洞补充与法律解释——法典化消极效应的克服。

二、基本内容

此书着眼于未来我国民法典的体系建构，从比较法和历史考察的角度对民法立法的体系化和法典化的诸多问题进行了阐释，深入研究了民法典体系的基本理论。作者认为民法典体系应该有形式的一致性、内在的一致性和逻辑上的自足性以及内容上的全面性。民法典的体系与民法的体系既有联系又有区别。作者比较了法律汇编、单行法模式与法典化的优劣，认为我国民事立法只能走法典化的道路，而不能采取法律汇编或者单行法的模式。作者认为我国民事立法的体系化应当坚持法典中心主义，即以民法典为中心和主干，构建完整的民事立法体系。作者认为我国民法典的体系构建应当坚持民商合一。作者考察了民法典体系及其理论的历史发展，认为我国不能采取去法典化的主张，在构建民法典体系时必须从中国实际出发，借鉴两大法系特别是大陆法系的经验；民法典体系构建从技术层面上应当采取总分结构，并注重编排的逻辑结构，在整个制度的构建中应当以法律关系为中心，整个法典应当按照总则、人格权法、婚姻家庭法、继承法、物权法、债权总则、合同法、侵权责任法的内容构建。作者在分则中进一步探讨了民法典的价值体系，并在民法总则、人格权法、亲属继承法等各章中都进一步探讨了民法典总则和分则的具体内容。

三、主要创新

(1) 提出了民法典体系化的基本判断标准，即逻辑上的自洽性、价值上的一致性，和内容上的全面性。

(2) 坚持法典中心论，强调整个民事立法中，应当以民法典为中心来完善整个民事立法体系，确立民法典在民事立法体系中的优越地位，并揭示了法典中心主义对司法公正、依法行政的重要意义以及法典中心主义之下民法典和单行法的关系。

(3) 深刻揭示了转型时期法典的功能与使命，有力驳斥了以转型时期为由否认法典化必要性的论调。

(4) 在深入考察世界法典化的发展以及辨析去法典化、再法典化等相关理论的基础上，揭示了当代民法典体系的发展趋势。

（5）在总结我国民事立法经验的基础上，提出了构建我国民法典体系的基本原则、总体思路，主张以法律关系为中心轴、以提取公因式为手段构建民法典的体系。

（6）在我国民法典体系构建上，以人格权、亲属、继承、物权、债法总则、合同法、侵权法的顺序和内容构成民法分则体系，将知识产权、国际私法排除出民法典体系之列。

（7）就民商合一体例下的民法典体系构建进行了具体探讨。

（8）强调民法典所应当贯彻和体现的价值应该体现在自由、平等、人的全面发展、安全、正义以及效率。民法典体系化对法律解释和漏洞补充具有重要意义。

四、社会影响

此书是在《中国民法典学者建议稿及立法理由》五卷440万言的基础上，进行理论升华的产物。其应用价值首先表现在为我国正在制定的民法典的体系和基本架构提供了必要的理论支持，并为我国民事立法的体系化作出了必要的理论建构。其次，此书对法典化与司法公正和依法行政的关系进行了深入探讨，对于法典化以后的执法问题做出了富有前瞻性的探索。最后，此书在详细考察各国民法典体系，分析其体系构造的背景，归纳各国学者对法典化以及民法典体系的学说及其流变的基础上，针对我国民法典起草过程中的各种争论，就我国法典化的意义以及我国民法典体系、民法典各编的体系进行了深入论述。

《中国法制现代化的理论与实践》简介

前中国政法大学校长、现山东大学大学校长徐显明教授主持的“中国法制现代化的理论与实践”，是2004年国家社会科学基金重大项目，最终研究成果是5本专著，由中国政法大学舒国滢、王人博、蔡定剑（已故）、马怀德、宋英辉教授（现任职于北京师范大学）等分编组织撰写，由经济科学出版社出版。

一、篇章结构

此成果由五编十六章组成。

第一编，法制现代化的理论基础，旨在奠定法制现代化的基本理论框架。其中第一章对法制现代化进行概念界定，第二章探讨法制现代化的标志、价值基础和内容，第三章分析法制现代化的基本模式及其选择问题。

第二编，中国法制现代化的历史，试图从思想史和制度史上解释中国法制现代化的经验和教训。其中第一章描绘清末法制变革的思想积累、清末立宪、修律、司法改革，第二与第三章考察民国初年及南京政府的法律思想、宪政实践、立法和司法制度，第四章叙述新中国成立以后社会主义法制思想的建立与发展。

第三编，法制现代化与宪政。其中第一章探讨法制现代化与宪政深层的内在关系和它们的动态过程；第二章从历史与现实的角度考察中国近代的宪政变革和中国当前的宪政化改革；第三章研究全球化对宪政发展的影响。

第四编，法制现代化与法治政府。第一章探讨法治政府理论的基本内容，第二章对中国法治政府的背景作出分析，第三章提出建设有中国特色法治政府的可行性和基本路径。

第五编，中国司法现代化研究，试图揭示司法现代化的社会和文化基础以及中国司法现代化的实现机理。其中第一章至第三章分别从主体、体制与程序的角度以及理论和实践两个层面分析中国司法现代化的模式选择和中国司法现代化的制度构建。

二、基本观点

（1）现代化不等于西方化，但现代化的很多要素是由西方世界贡献的。法制现代化作为现代化的一个特殊组成部分，也要受制于现代性和现代化理论的制约。

（2）法制现代化的标志包括主体性地位的确立、法律的职业化、法律的形式合理化与实质合理化并重、法学的独立性。

（3）法制现代化的基本内容为以观念与制度的现代化为两翼实现法治国家的最终目标。

（4）法制现代化的缘起是复杂因素的合力，其中外力是主导性的；其推进模式则当以国家推进为主导，国家推进与民众推进相结合，但目前的实际决定了我们尚处于国家主导型的初级阶段。

（5）中国法制现代化的历史迂回曲折，凸显出在时空叠合的复杂因素中进行法治建设的困难，也积累了大量的经验。

（6）中国的宪政化改革正在选举、人大、违宪审查与宪法诉讼等制度领域及公民维权、舆论监督等行动领域积极展开，国际人权法与WTO则从外部施加了改革的要求。

（7）现代化语境下的法治政府构建可以概括为从传统到现代、系统性与过程性相统一、控权与服务相统一三点。

（8）司法现代化是法制现代化的试金石，是司法主体、体制与程序三个层面的现代化的统一。

三、主要创新

（1）内容体系上的丰富性。它第一次从理论、历史与制度三个维度对法制现代化的各个方面的理论内涵与实践形态进行了较为完整的考察、阐述与思考，进行了十分完整的体系化整理。

（2）研究方法上的多元性。它既运用了经验描述法，即对于西方与中国法制现代化的既往历程与当下实践的素描；又运用了概念分析法，即在任何一部分，都对于相关的基本概念进行了深入的分析与清晰的界定；还在此基础上进行了规范性的评价，从而在理性与历史、哲学与实践的统一方面取得了一定效果。

四、社会影响

（1）此项目取得了较为丰硕的研究成果，在学界产生了一定的影响和良好的反馈，2010年至今已由知识产权出版社陆续出版专著5部，包括《法制现代化的理论基础》、《中国法制现代化的历史》、《法制现代化与宪政》、《法制现代化与法治政府》、《中国司法现代化研究》，发表相关论文10篇。它以迄今为止最为体系化的方式向社会公众展示了中国法制现代化的理论争鸣与实践样态，哲思、史实与分析相融贯，理性与情感并一体，奠定了作为今后相关研究的基始性读物与基本文献的位置。

（2）此成果剖析了法制现代化的基本理论问题，并着重梳理了中国法制现代化的历史脉络，具有重要理论和史料价值。此外，还针对“宪政”、“法治政府”、“司法现代化”的具体方略进行了实证分析，将为我国国家领导人、立法机关、政府部门、司法机构在推行法制现代化建设和贯彻法治理念的具体工作过程中发挥智库的作用。

《中国和平发展的重大国际法律问题研究》简介

武汉大学法学院曾令良教授主持的“中国和平发展的重大国际法律问题研究”，是2004年教育部哲学社会科学重大课题攻关项目，最终研究成果是同名专著。它由曾令良、余敏友、江国青、古祖雪、邹克渊、黄德明、黄志雄等合作完成，由经济出版社于2011年出版。

一、篇章结构

本著作由八编二十七章组成。第一编，从宏观的角度集中阐释中国和平发展、构建和谐世界与国际法的交互关系和影响；其他七编依次探索中国和平发展进程中当前和将来在一系列特定部门、领域面临的重大国际法律问题，主要涵盖集体安全、区域安全、海洋权益、人权、反恐、外交、能源、环境、健康、企业社会责任、多边贸易体制、区域一体化、人民币汇率、贸易自由化与文化多样性、知识产权、中国—欧盟关系和中国—东盟关系，等等。

二、基本内容

本著作着重围绕中国和平发展中的若干具有前沿性的重大国际法理论与实践问题展开论述。从分析中国和平发展、构建和谐世界与当前国际法的现状入手，归纳了三者之间的交互关系和影响，讨论了中国和平发展进程中当前和将来在一系列特定部门、领域面临的重大国际法律问题及其对中国的启示，从国际法的角度研究并探讨了中国如何进一步促进自身和平发展、促进和谐世界构建等问题。

三、主要创新

此专著的创新，主要体现在以下三个方面：

(1) 研究议题的前沿性。它把保障中国和平发展最需要解决的问题，作为核心议题和研究重点，如：中国和平发展与国际法交互关系和作用、和谐世界对国际法的企盼、国际法的人本化趋势、中国周边安全的构建和海洋划界问题、朝鲜核试验的非法性问题、国际企业社会责任、中国现行的人民币汇率政策问题、中国在知识产权保护领域的国际话语权问题、中欧伙伴合作协定与非市场经济地位问题、中国-东盟关系法律特征，等等。尤其体现在对中国和平发展与国际法交互关系和作用的论述。

(2) 成果观点的新颖性。它在一系列领域或者填补了学术空白，实现了突破和创新，如：首次从理论和实践的双重角度，系统地揭示了中国和平发展与和谐世界、当代国际法之间交互关系和作用；首次提出并论证了当代国际法的人本化发展趋势和尊重基本人权构成当代国际法的基本原则；首次明确提出并论证朝鲜的核试验在国际法上的非法性；首次从国际法的角度探讨中国和平发展中的跨国疾病控制和企业社会责任等问题；系统、深入论述了 WTO 框架下文化多样性与贸易自由化的关系及中国的对策；率先提出中欧关系中的"非市场经济地位"远不是一个"纯法律技术"问题，而是构成中欧伙伴合作战略关系的重大问题。

（3）研究方法的多样性、独特性。它运用多种研究方法，从不同角度对其观点展开充分论证，如主要采用国际法与国内法相结合的研究方法，国际法与国际关系、国际政治、国际经济相结合的研究方法，国际法理论联系中国实际的方法，等等。

四、社会影响

1. 学术价值

此研究拓宽了中国国际法学研究的思路，开辟来了国际法研究的新领域，开阔来了国际法学研究的新视野，并将极大地丰富国际法的理论。其中的一些成果已发表于国际权威（SSCI）期刊，或在国际会议上宣读，在国际学界产生了一定的反响；一部分成果发表于《中国社会科学》、《中国法学》等国内权威或核心刊物；另有一些成果被《中国社会科学文摘》或中国人民大学报刊资料中心《国际法学》全文转载，在国内、外学界都产生了一定的影响。

2. 应用价值

此专著中的一些阶段性或子课题成果已分别在《人民日报》、《世界经济与政治》、*European Law Journal*、*Journal of World Trade* 等国内外权威报刊上发表，并有部分成果被中国法学会以《学术文摘》或《研究动态》的方式呈送至中央政法委书记、副书记、全国人大常委会法律委员会、全国政协常委会秘书处、最高人民法院、最高人民检察院、国务院法制办公室、司法部、外交部、商务部等中央有关部门及其领导，受到较大的关注和重视。本专著具有较强应用性，它将为中国国家领导人、国家机关、政府部门以及企事业单位在制定发展战略和具体规划的过程中，提供法律与政策方面，特别是国际法方面的信息、资料、实例、学术观点和建议，从而在促进中国和平发展、构建和谐世界方面发挥智库的作用。

《中国司法制度的基础理论问题研究》简介

中国政法大学终身教授陈光中主持的教育部哲学社会科学研究重大课题攻关项目《中国司法制度的基础理论问题研究》，最终成果已于 2010 年 2 月由经济科学出版社正式出版。

一、篇章结构

此专著共分为上、下两编。上编为综论，着重从宏观方面系统地阐释了中国司法制度的基本理念，包括导论、政治制度与司法制度、法治与司法制度、社会公平正义与司法制度、中国法院制度、检察制度、侦查制度、律师制度八章；下编为诉讼论，集中探讨了诉讼制度和证据制度赖以建立的重大基础理论问题，包括诉讼民主、诉讼公正、诉讼真实、诉讼构造、诉讼和解和诉讼效率六章。

二、主要观点和主要创新

此专著秉承坚持中国特色、坚持借鉴外国法治经验、尊重司法规律以及强调实用性的基本理念，提出了以下重要的创新观点和立法建议：

（1）司法即诉讼，是国家行使司法权的活动，包括以审判为中心、以公正为灵魂、以严格法定程序为表象、以判断性为基本要求、以权威性为重要标志等五大基本特征。我国司法机关应当包括法院、检察院，公安机关属于行政机关，但其行使的侦查权属于刑事司法权。

（2）我国人民代表大会制度不是“议行合一”的政体形态。在人大与司法机关的关系上，人大是司法机关的权力来源，后者由它产生，对它负责，受它监督，但人大不能直接处理案件，不宜进行个案监督。

（3）法治与人治的区别不是有无法制，而是是否以民主为前提。我国社会主义法治具有人民性、坚持党的领导、建立完善的法律体系、实现法律适用的平等性、法律具有权威性、尊重并保护人权、具有保障遵守并执行法律的司法机制等基本特征。

（4）我国法院的基本职能是审理案件，法院应继续保留司法解释权和执行权，扩大行政诉讼范围，但不能决断重大政治性事件，也不宜展开违宪司法审查。

（5）我国检察机关的一切职能从宪法层面理解都属于广义的法律监督职能，包括追诉职能（包括公诉和侦查）和狭义上的法律监督职能（包括批捕、立案监督、侦查监督、审判监督、执行监督以及对部分司法行政机关活动的监督）。

（6）自主性是律师职业的根本属性，体现在律师从事业务活动时自主于政府、司法机关、当事人以及自身的宗教信仰、政治理念和个人情感。

（7）实体公正和程序公正有不同的评判标准和要求，应坚持实体公正与程序公正动态并重。

（8）应坚持客观真实与法律真实相结合，形成有中国特色的诉讼真实观。我国“事实清楚，证据确实充分”的诉讼证明标准符合中国的语言表达习惯和诉讼文化，应当在科学的诉讼真实观的指导下，构建多元的、有层次性的诉讼证明标准。

（9）应在《刑法》和《刑事诉讼法》中明确规定刑事和解的原则性地位，并明确其基本条件、基本内容和程序机制。

三、社会影响

此专著自正式出版以来，已产生了重要的学术影响和社会影响。此专著提出的司法应从广义上理解、应坚持实体公正与程序公正动态并重、客观真实与法律真实相结合等司法制度的基本理念已为中央有关部门和司法机关所认可。最高人民法院院长王胜俊、最高人民检察院副检察长朱孝清分别发表文章表示认同。而且，由于此专著对司法制度中的基础性、根本性问题进行了深入探究和多维思考，已成为当前司法制度理论研究领域的重要参考文献。虽然此专著正式出版时间较短目前难以准确统计被引证的次数，但是此专著的一些阶段性成果引证率很高。此书的第一章“导论”部分曾以“司法、司法机关的中国式解读”为题发表在《中国法学》2008 年第 2 期上。根据中国知网（www. cnki. net）检索，引用该文的文献共计18篇。此书的第十一章“诉讼真实”曾以“诉讼真实与证明标准改革”为题发表在《政法论坛》2009年第2期上，引用该文的文献共计9篇。可以预见，此专著为改革和完善我国司法制度提供强有力的理论支撑和中肯的建设性意见，将给我国当前正在进行的司法体制改革和工作体制改革以及三大诉讼法的修改带来深刻影响。

《城市化进程中的重大社会问题及其对策研究》简介

清华大学人文社会科学院李强教授主持的“城市化进程中的重大社会问题及其对策研究”，是2003年教育部哲学社会科学重大课题攻关项目，最终研究成果是专著《城市化进程中的重大社会问题及其对策研究》。它由李强、沈原、肖林、吴春、李洋、石长惠、孟蕾、张锐、张瑞林、王大为、王美琴等合作完成，由经济科学出版社2009年出版。

一、篇章结构

本书共有十五章，第一章，我国城市化进程中的重大社会问题；第二章，城市社区的变迁与管理体制问题；第三章，快速城市化进程中的旧城改造与保护问题——以北京为例；第四章，城市新型小区管理问题研究；第五章，城市二元社会结构与户籍制度改革；第六章，城市化进程中的居住分化问题研究；第七章，城市化进程中新富阶层的消费研究；第八章，城市弱势群体社会救助模式探讨——暨对深圳“关爱行动”模式的分析；第九章，城市中低收入群体的住房问题及其保障政策建议；第十章，城市拆迁问题及其化解途径；第十一章，城市化进程中失地农民的安置与保障问题；第十二章，城市农民工非正规就业与城市管理；第十三章，城市流动人口管理的问题与对策；第十四章，农民工群体的社会认同及城市化；第十五章，城市规划中的社会规划研究。

二、基本观点

城市在空间上进行扩张的同时也在社会制度、社会关系等层面发生巨大的变化。时间维度和空间维度的因素绞缠在一起共同影响当前中国城市的社会生活；并导致各类对中国城市发展产生深远影响的重大社会问题。具体的分析包括：新的城市社区的产生、新的利益关系在空间的布局、住房阶层的形成和区隔、城市中的过度消费、城市低收入群体的产生以及从社会规划的角度来修正正统的城市规划思想，等等，基本上涵盖了当今中国城市化进程中的各类重大社会问题，尤其是城市空间和社会关系相结合的研究，在国内具有创新性。

三、主要创新

从学术上看本研究是在新的研究领域进行的探索：

（1）对国内学界关注已久的城市基层管理体制、户籍制度、流动人口管理体制等研究根据最新的数据资料，进行了实证研究。

（2）集中关注了因城市化进程形成的几类弱势群体的生存和保障问题，提出了“城市化进程中的社会救助”和“低收入群体住房保障”的新思路；采用口述史的研究方法，收集城市失地人员的资料，弥补了转型时期城市制度变迁中底层博弈和运作机制的一手资料的空白。

（3）从城市变迁与社会关系的角度出发，用发展的视角，将城乡社会关系和流动人口生命历程的研究结合起来，对流动人口的未来归属选择进行分析、预测，为社会主义新农村建设提供理论支撑。同时，对近年来社会普遍关注的新富阶层的消费主义进行初步考察。

（4）在国内社会学界，第一次将社会学与城市空间研究结合起来；首次关注社会分化的居住体现，有望成为社会阶层和分化理论重要补充。

四、社会影响

（1）将对我国城市管理、基层管理、流动人口管理和户籍制度改革起到直接的决策参考作用。

（2）就城市化进程中的弱势群体的社会保障和居住保障等问题提出新的思路。

（3）对城市化进程中社会关系的研究将使我们更清醒地认识当前中国社会究竟处于何种关系形态中，未来的走向如何，这将对决策产生巨大的预期效果。

（4）城市化在物质层面体现在新旧交替的过程，在这一过程中如何在满足交通便利、合理布局、运行效率的同时保证原有住民的利益和心理诉求是不得不引起关注的，研究将这一问题进行系统分析，必定有助于政府和城市规划者的决策制定，减少社会矛盾和冲突。

（5）以成都为案例，作了城市化国际竞争战略研究。

（6）针对城市化进程中，当前十分突出的中低收入者的住房问题，本研究提出了一系列的政策建议。

（7）本项目首席专家李强，应邀多次参加中央机关的决策咨询，曾将本课题的一些研究成果向中央领导汇报。

《人文社会科学研究成果评价体系研究》简介

中国人民大学哲学院刘大椿教授主持的“人文社会科学研究成果评价体系研究”，是2003年教育部哲学社会科学重大课题攻关项目，最终研究成果是同名专著。它由刘大椿、刘劲杨、邱均平、陈力丹、杨念群、张保生、郝立新、赵国俊等合作完成，由中国经济出版社于2009年出版。

一、篇章结构

此著作总体框架可分为人文社会科学研究成果评价问题的理论分析与人文社会科学研究成果评价体系的实践考量两编。第一编包括以下七章：第一章，人文社会科学的定位和特质；第二章，人文社会科学的基本问题与评价；第三章，人文社会科学研究成果评价的理论与方法；第四章，当前人文社会科学研究成果评价的基本问题；第五章，人文社会科学研究成果评价之局限与管理创新；第六章，人文社会科学研究成果评价问题的制度分析；第七章，人文社会科学研究成果评价问题的理念审思。第二编包括以下三章：第八章，评价指标体系的构建：价值选择与实际操作；第九章，评价程序的运用：公正性及其实现；第十章，文科研究竞争力评价的案例。

二、基本内容

此著作首先讨论人文社会科学的定位及其研究成果评价的迫切性，接着阐述人文社会科学研究成果评价的理论、方法和基本问题，再讨论成果评价的深层次问题，即与管理、制度和理念创新的关联，最后在实践层面给出评价指标体系的构建原则、评价程序的运用准则以及具体的评价案例。本研究虽不能彻底解决这些问题，但试图澄清解决问题的路径。核心目标是：在分析和总结人文社会科学研究的定位和特点，剖析人文社会科学研究成果评价的状况、问题和经验的基础上，试图建立与国际接轨的、具有中国特色的、实践上可行并有成效的中国人文社会科学成果评价理念，努力形成一套可作为操作原则的评价指标体系臻选方法和评价程序把握要领。

三、主要创新

此著作主要的学术创新与突破可简要概括为如下两个方面：

1. 对文科评价给予了恰当定位，指出了当代中国文科评价问题的主要症结

人文社会科学评价是以多种形象存在的，明白这一点才可能真正给人文社会科学评价以恰当定位。本项研究指出，人文社会科学评价大致可区分为不同取向的三大类别：学术性评价、行政性评价与社会经济效益评价。这些不同形象共同揭示出了文科评价的实质，文科评价的恰当定位不是某一单一取向下的选择而是一种多元定位。文科评价总是面临着价值取向的选择。

当代中国文科评价主要存在着以下三类症结：①评价导向倒错与评价失衡。②评价规范与评价标准的冲突。③评价实施中评价主体与评价程序、对评价者评价机构的再评价、创新性缺乏、对文科成果的复杂性研究不够、对文科成果评价指标非单一性的忽略、对文科成果评价本土化忽视等问题。

2. 提出了当代中国文科评价问题三个可能的解决进路

①建立多元的、恰当合理的文科成果评价指标体系。②建立公正合理的文科成果评价程序。③文科评价体系与科研管理的制度创新。

四、学术价值、应用价值及社会效益

1. 开创了对文科评价问题进行深入反思的多元视野

此著作把人文社会科学评价问题置于一个多元的、更广阔的问题域中，从学科、价值、方法、制度四个层面进行了梳理和剖析，深刻揭示出该问题的复杂性。这一多元视野的开创对于探寻人文社会科学评价问题的解决途径奠定了坚实基础，大大拓展、深化了已有的评价研究。

2. 建构出文科评价的理论与实践、思辨与实证、多学科交叉相结合的综合研究框架

本研究既坚持了思辨的批判精神，对现存问题有深入的反思，又以实证方法对当代中国人文社会科学的转型、评价体系的建构进行了量化研究，使定性分析与定量研究较好地结合在一起。

3. 此研究取得了较为丰硕的研究成果，在学界引起了较大反响

在学术刊物公开发表论文20余篇，接受媒体采访或报道有4次。《中国社会科学报》和《光明日报》等都对此项目及其成果予以报道。

《中国现代服务经济理论与发展战略研究》简介

上海交通大学经济学院陈宪教授主持的“中国现代服务经济理论与发展战略研究”，是2006年教育部哲学社会科学重大课题攻关项目，最终研究成果为同名专著。它由陈宪、殷凤、程大中、陈秋玲、韩太祥、李怀勇、黄建锋、张恒龙、康艺凡等合作完成。

一、篇章结构

此书共分十章。第一章导论。第二章，服务经济的研究现状与发展趋势。第三章，服务经济的理论体系：基于微观与宏观的分析视角。第四章，中国服务经济的战略选择：基于国际比较视角。第五章，服务创新的发展战略：基于创新型国家视角。第六章，生产者服务业的发展战略：基于新型工业化视角。第七章，消费者服务业的发展战略：基于全面小康社会视角。第八章，公共性服务业的发展战略：基于服务型政府视角。第九章，收入分配与服务业发展。第十章，服务贸易与服务业FDI的发展战略：基于开放经济视角。

二、基本内容

此书根据经济发展的历史，归纳了服务经济发展的经验规律，讨论了服务需求和服务供给的经济学含义，基于对服务本身性质的把握，对服务的价值和价格进行了基础性探讨；从历史和截面两个维度，详细论述了服务经济兴起的基本过程和趋势，同时结合中国的国情，论证了中国发展服务经济的战略选择与举措；还从生产者服务业、消费者服务业和公共服务业以及收入分配、服务贸易与服务业FDI等层面，系统分析了服务经济发展的若干理论和政策问题。

三、主要创新

此书的创新和特色主要体现在以下四个方面：

（1）根据课题的跨学科性、综合性和前沿性，并考虑到重大攻关项目的要求，构建了一个能够覆盖问题的研究体系，在经济学（含产业经济学、国际贸易学、金融学等）原理的框架中，并紧密结合中国的现实问题，展开问题的分析和研究，经过缜密、全面的梳理和论证，形成清晰的研究逻辑。开展西方服务经济理论在中国的适用性研究，根据理论研究和实证检验的结果，构建体现中国特色的服务经济理论框架。通过理论、战略问题和思路性对策研究，为推动现代服务经济发展和中国经济持续增长，提供前瞻性、建设性的理论指导、战略思路和政策建议。

（2）从内涵递进扩展的角度，对服务、服务活动、服务业和服务经济等概念给出了清晰的理论界定。讨论了服务需求和服务供给的经济学含义。从历史和截面两个维度论述了服务经济兴起的基本趋势与一般规律，并结合中国的国情论证了中国发展服务经济的战

略选择与对策举措。

(3) 从生产者服务业、消费者服务业和公共服务业三个层面入手，系统分析了服务产业若干重要理论和政策问题。研究了生产者服务业发展的原因及影响因素，及其与制造业的关系，理清两者协调、互动发展的条件、机制及实现路径；探究消费者服务业低度均衡问题的根源，并运用敏感性分析，求解出造成消费者服务业低度均衡的敏感性因素，进行敏感性强弱排序，在此基础上给出超越低度均衡的对策思路；比较分析了当前中国公共服务业发展的现状，在对现行制度安排深刻理解的基础上，提出改善公共服务提供机制的战略思路。

(4) 基于开放经济的视角，从服务全球化的背景与趋势出发，分析服务贸易自由化的福利效应，拓展服务贸易竞争力的内涵，结合比较优势、竞争力优势理论，从新的角度构筑并阐释服务贸易竞争力理论。综合运用多个国际贸易竞争力测度指标，指出各指标的适用性和局限性，测度了主要经济体总体及分部门服务贸易比较优势，并对各指数反映出来的差异与原因进行了具体分析。考察了服务贸易比较优势的动态变化及其稳定性。在传统贸易理论与产业竞争力理论的基础上，构建国际服务贸易影响因素模型，探求服务贸易影响因素。研究服务型跨国资本的投资动因与投资方式，探讨其对发展中东道国产业成长与结构升级的意义。对服务业 FDI 溢出效应产生过程中所涉及的内外部条件做逐一分析，确定影响服务业 FDI 外溢效应的关键变量，明确服务业 FDI 溢出效应的渠道，分析服务业 FDI 溢出效应的影响。在理论分析的基础上，提出中国服务业开放的若干对策。

四、社会影响

1. 学术价值

此书密切跟踪服务经济理论前沿，以其崭新的视角、丰富的内容和科学的方法对服务经济理论及其在中国的应用进行了深入研究。运用经济学原理和方法，历史与现实结合、理论与实践结合，广泛使用数学、统计学、计量经济学技术方法与工具，辅之以实地调研、问卷分析及专家咨询等，对中国服务经济若干重大课题，做了全面、系统、科学的论述，在整体把握世界服务经济发展状况与趋势的基础上，从不同层面、不同角度对中国服务业的改革与发展提出一系列战略构想、发展方针与对策建议。

2. 应用价值

此课题内容涉及理论研究、实证研究、国际比较、现状分析、趋势预测、政策建议等多个研究层面和视角，既符合中国市场经济体制建设的大方向，又紧密联系中国经济发展尤其是服务业发展的实际，具有可行性和可操作性，有利于科学决策的形成，因而对于促进中国服务业的快速健康发展、实现全面协调可持续和人的全面发展等都具有很强的现实意义，同时也能对服务经济的理论与实证研究以及中国服务业的发展起到重要的推动作用。

该课题的最终成果《中国现代服务经济理论与发展战略研究》（经济科学出版社，2011 年 11 月出版）获上海市第十一届哲学社会科学优秀成果奖（2010—2011）著作类二等奖。

《当代中国人精神生活调查研究》简介

华东师大教授童世骏主持的“当代中国人精神生活调查研究”，是2003年获准的教育部哲学社会科学研究重大课题攻关项目。其最终成果以专著《当代中国人精神生活研究》，由经济科学出版社于2009年出版。参与该项目并撰写该专著的有童世骏、杨国荣、文军、陈映芳、许纪霖、吕新雨、顾红亮、张文明、韩春雨等。

一、主要内容

来自不同学科的数十位学者通力合作研究后认为：我们的时代是传统神圣价值受到严重挑战的时代，也是精神生活空间高度开放的时代；是精神生活越来越等同于文化消费的时代，也是人们越来越有条件过一种不受日常的物质生活和社会生活拖累的精神生活的时代。我们一方面要高度重视当代中国人精神生活中存在的危机和隐患；另一方面要采取积极措施提升和满足人们在世俗化和大众消费时代的精神需求，尤其要发挥中国传统文化中的“内在超越”观念的积极作用，用作为“非神圣化的神圣理论”的马克思主义指导下的社会实践，来克服内在超越传统的内在弱点，实现精神生活和物质生活的高水平协调发展。

为便于研究，课题组对“精神生活”概念得出这样一个“工作定义”：“精神生活”一方面区别于“物质生活”和“社会生活”，另一方面又包括区别于“肉体生活”的“心理生活”，区别于“经济生活”的“文化生活”，和区别于“日常生活”的“心灵生活”。根据此工作定义所设计的调查问卷包括三个部分（72个问题和子问题），分别是“精神生活条件及环境的相关调查”、“精神生活领域的调查”和“访问对象个人背景资料”。2005年暑期，在课题组成员的指导下，近100名华东师大的本科生和研究生参加了全国20个省市的实地调查。

二、篇章结构

课题组用实证调查、理论思辨、文本诠释和现象分析的方法，对当代中国人的精神生活状况和特征进行了描述和解读。《当代中国人精神生活研究》一书除“引言”、“结论”和“后记”之外大致分为四个部分。第一部分是对当代中国人精神生活的总体叙述，包括第一章“当代中国人精神生活研究的问题和方法”和第二章“当代中国人精神调查研究的数据与分析”。第二部分是对当代中国人精神生活的具体考察，包括第三章“当代中国人的个体精神生活状况”、第四章“当代中国人的公共文化生活”和第五章“当代中国人的宗教信仰与精神追求”。第三部分是对当代中国人精神生活的文本研究，包括第六章“当代文学视野中的当代中国人的精神生活”、第七章“艺术作品与当代中国人的精神生活”和第八章“人文学术与当代中国人的精神生活”。第四部分是对当代中国人精神生活的外部透视，即第九章“西方学术视野中的当代中国精神生活”。

三、社会影响

课题组在调查中得到的一些重要数据，在课题实施过程中召开的几次研讨会中引起课题组成员的高度重视，其中有一些经媒体报道后引起较大反响。如在调查人们对精神生活的物质基础和社会条件的看法时，课题组发现中国人的自豪感指数非常高。在关于心灵生活的调查中，得到的结果是31.4%的人选择了有某种宗教信仰的回答。从样本比例向中国总人口比例推算，得出中国具有宗教信仰的人口约3亿。上面两个调查结果经媒体披露后引起广泛注意，尤其是关于宗教信仰的那个调查结果，被国内一家中文周刊公布后，马上被一家国内主要的英文报纸作头版报道，随即引起北美、欧洲、东南亚和中国港台地区的大量媒体的相关报道。问卷中除了有一些询问被访者的信仰状况和价值观念的问题以外，还提出了一些“情境测试”问题，即设想一个具体情境，请被访者在几种可能的行动或考虑中进行选择，其中的信息可以让专家从精神生活状况的角度加以解读。

除了媒体对此课题调查结果的大量报道和本课题最终成果（即《当代中国人精神生活研究》一书）以外，此课题组成果还通过期刊论文、报纸文章、公共讲演、专业课程和内部专报等多种形式发表研究成果。

《生活质量的指标建设及其现状评价》简介

武汉大学社会学系周长城教授主持的“生活质量的指标建设及其现状评价”，是2003年教育部人文社会科学重大攻关项目，最终成果是同名专著。它由周长城、Heinz-Herbert[德]、毛宗福、吴淑凤、殷燕敏、周运清、张雷声、张蕾、陈云、柯燕等合作完成，由经济科学出版社2009年出版。

一、篇章结构

此专著共分为三个部分，共二十一章。第一部分，生活质量研究的理论与实践（共五章），对现有生活质量指标体系的总结与借鉴。密切关注国际学术界或国际组织关于生活质量研究的动向，并全面考察国际生活质量指标的构建中有关权重的设置和综合指标构建的方法。全面考察国内已有的相关研究在理论和方法上的成就与不足。第二部分，客观生活质量指标的选择与评价（共十一章），在原有构建的生活质量指标体系的基础上，结合国内外生活质量研究的最新动态以及社会发展的实际需要重构生活质量指标体系。这一指标系统以客观生活质量指标为主，并依据此指标系统对当前社会的总体形势和具体的生活领域进行评价。第三部分，主观生活质量研究与生活质量指标体系的确立（共四章）。在系统介绍部分城市居民主观生活质量调查数据分析的基础上，对主观生活质量进行理论和实证层面的探讨，寻找生活质量指标体系客观维度与主观维度的结合途径，并尝试构建中国居民生活质量指标体系。总体研究上力求以适当的主观测量辅助客观测量，实现客观与主观、定性与定量的有效融合，力图构建主客观相结合的具有中国特色的生活质量评价体系。

二、基本内容

此书旨在把握现有国际国内生活质量指标体系研究的基础上，以社会资源供给与需求为重构客观生活质量评价的主要工具，重构我国客观生活质量指标体系并考察我国主观生活质量指标体系，运用主客观相结合的生活质量指标体系对我国城市居民生活质量总体状况和不同领域的状况进行评估。

三、主要创新

此专著的创新，主要体现在以下三个方面：

（1）生活质量指标体系的构建建立在深厚的理论基础之上，同时强化与地方政府的合作，在实践中检验理论并推动其发展。

（2）从客观和主观两个维度构建生活质量指标体系，既反映社会经济发展的客观成就，又体现城市居民对社会进步的体验与感受。

（3）与全面小康、和谐社会的时代理念相结合，从生活质量的角度来审视社会经济发展和和谐社会建设，强调研究的政策服务和导向功能。

四、社会影响

1. 学术价值

此研究取得了较为丰富的学术成果，产生了广泛的社会影响。在学术领域，丰富和发展了生活质量的理论研究和指标创建，揭示经济发展、社会保障、住房医疗等因素与城市居民生活质量之间的相关性，在宏观层面上厘清了中国生活质量研究的定义、内容和发展方向，对当前中国生活质量研究中存在的问题进行了尝试性的解决，为国内生活质量研究提供了有益的借鉴和思考。

2. 应用价值

在社会政策层面上，有利于促进政府职能部门形成科学执政、人性化服务的理念，推动相关社会政策的制定和实施，关注民生，提高中国居民的生活质量，缩小社会发展差距以及和谐中国的构建。

《中国公民人文素质现状调查与对策研究》简介

中国政法大学党委书记石亚军教授主持的“中国公民人文素质现状调查与对策研究”系 2003 年教育部首次设立的哲学社会科学重大课题攻关项目之一，核心研究人员 44 人，辅助研究人员 50 人，涉及管理学、法学、社会学、哲学、历史学、文学、政治学、教育学等多个学科，此外有近 400 名硕士研究生和大学生参与了全国性社会调查。

一、篇章结构

本项目的最终成果分为两类：一类是 7 部研究专著，包括《中国公民人文素质现状分析与对策建议》《人文素质论》《人文素质教育：制度变迁与路径选择》《中国公民人文素质调查比较研究》《中国西部公民人文素质调查报告》《中国西部人文：文化资源与素质教育》《人文手册》，另一类是 40 余篇学术论文。

二、基本内容

界定了人文素质的基本概念与拓展内涵，阐明了人文素质要素的构成和由来、重要意义、发展趋势及与人的全面发展和社会的现代化之间的关系；创建了“中国公民人文素质评价指标体系”和“中国公民人文素质发展指数”；从制度层面系统回顾了人文素质教育的历史、经验与教训，提出更新观念、优化结构、创新方法、重组流程、激活模式以及加强人文素质教育的思路和措施；对不同群体、不同类别、不同知识层次的中国公民人文素质进行了比较研究，并具体分析了西部公民人文素质的总体状况和特征。40 余篇公开发表的学术论文，对公民的 11 个大类群体、30 个小类群体的人文素质进行了同群体不同维度、同维度不同群体的比较研究。

三、主要创新

本项目的创新主要体现在以下六个方面：

（1）在调查设计方面，研制并实施了全国范围内公民人文素质状况大规模调查的问卷体系、组织模式，具有长效性和示范性。

（2）建立起可供政府、学校、企业、各种社会组织进行决策咨询、学术研究、人才培养、队伍建设、绩效考核通用的科学性、综合性、可操作性的“中国公民人文素质调查数据库”。

（3）创立并应用了“中国公民人文素质评价指标体系”，该体系集科学性、指导性、操作性于一体，评价维度、二、三级指标的设置及内部权重的划分合理。

（4）整合人文社会科学与自然科学的研究方法和手段，创立并应用了中国公民人文素质发展指数（HQDI），形成了用统计方法综合而成衡量不同群体人文素质发展情况的数据值和运算公式，丰富了人文社会科学综合指标体系的内容。

（5）系统阐述了中外人文素质教育的制度变迁，研制并论证了人文素质教育培养三个界面两轮转化的理论命题和实践模式，构建起人文素质教育“332”架构。

（6）提出科学规范、清晰易行、学术含量高、实践效应强的认知对策体系、决策对策体系、执行对策体系、平衡对策体系、评价对策体系和可持续发展对策体系。

四、社会影响

1. 学术价值

本课题对“人文素质”概念进行了系统的梳理，重新定义和诠释了人文素质的内涵、外延、结构、成因与提升人文素质的途径，构建起“以人文为基础塑造国民综合素质”的理论范式；首次从人文知识、人文素养、人文形态三个层面构建出公民人文素质的整体图景，并提出“三个层次两个转化”的命题以及人文素质教育的“332 架构”；首创了“中国公民人文素质评价指标体系”，建立起包含 6 个一级维度、18 个二级维度、37 项指标、56 个观测点的人文素质评价指标体系，同时首次创建起“中国公民人文素质发展指数体系”。

2. 应用价值

经诸多专家鉴定，本课题在全国调查的实证数据的信度为 98%；“中国公民人文素质评价指标体系”为观测个体和群体的人文素质状况提供了一个可以度量的工具；“中国公民人文素质发展指数体系”为量化式评价文明发展程度提供了新的操作工具；本课题提出的提升中国公民人文素质的对策和建议，得到不少政府部门、学校、企业和社会组织的采纳与应用。成果中对中国西部地区公民人文素质状况的研究，为国家制定西部大开发政策提供了依据。此外，在已经公开发表的学术论文中，有1/3的论文被中国人民大学书报资料中心的相关杂志等杂志转载，有2/3的论文的观点、案例和数据被国内杂志的论文引用。

《边疆多民族地区构建社会主义和谐社会研究——以新疆为例》简介

新疆大学张先亮作为首席专家主持的这项研究，起止时间为2005年12月至2010年10月。此项目的的最终研究成果为专著《边疆多民族地区构建社会主义和谐社会研究——以新疆为例》。

一、篇章结构

此专著包括四个部分。第一部分，新疆民族关系与构建和谐社会；第二部分，构建具有新疆特色的社会主义和谐文化；第三部分，民族法制与边疆多民族地区构建社会主义和谐社会研究；第四部分，构建新疆社会主义和谐社会与新疆公共安全的关系。所有子课题的开展均围绕本课题的“边疆多民族地区构建社会主义和谐社会研究——以新疆为例”展开。从民族关系和谐、多元文化和谐、法律建设和谐、社会安全和谐四个大的层次探讨如何构建社会主义和谐新疆。

二、基本观点

（1）从基本矛盾理论看，民族问题虽然表现复杂多样，但是，从根本上说，是少数民族和民族地区迫切要求加快经济文化发展与自我发展能力不足的矛盾。这是我国民族问题的主题。

（2）本课题引入“发展政治学”概念作为研究的一种视角。在西方研究发展中国家的主流的“政治发展研究”中被丢弃了。相当的发展实践表明着，在西方发展经济学主流理论的影响下，相当一些发展中国家的多数大众不但未能在发展中受益，相反，成为发展的受损者，并质疑国家的发展政策，提出分享发展成果的要求，部分区域出现要求社会财富再分配的冲突。这个时候国家发展面临危机并极有可能处于停滞状态。这是发展中国家发展政治学得以萌生的基本背景。这应当是发展政治学真正关注的主题。

（3）文化上的多元一体是新疆区域文化历史形成的特点，新疆从历史上就是一个多宗教并存的地区，宗教在新疆区域文化中具有重要的影响，伊斯兰教是新疆多元文化的一个重要渊源和组成部分。伊斯兰教的深厚影响是新疆区域文化最显著的特征之一。现代新疆多民族文化的共存发展要求我们必须注重协调统一与多元、宗教与社会主义文化建设之间的关系。

（4）公共安全是新疆构建社会主义和谐社会的重要保障。公共安全与和谐社会具有内在的联系，公共安全是新疆社会和谐发展进程中的重要组成部分。

三、主要创新

（1）对以往研究新疆各方面的科研资源进行了整合。这项工作主要是从两个方面展开，一方面是从以往学者所做的研究资料入手，横向纵向进行了研究论述；另一方面是项目组内部学科的整合。

（2）引进了大量国内外先进的人文学科技术和方法。本项目在传统研究方法的技术上，大胆地引进了一些国内外先进的人文学科技术和方法。例如“民族关系预警系统”、“德尔菲法”、“戈登变量指标”、“新疆公共安全预警机制”等，这些新的技术和方法确保了本项目研究最终结果的科学性、前沿性和实际可操作性。

（3）以大量的深度访谈和文献资料作为支撑。本研究的一切出发点都是以深度访谈和文献资料两种调查方法为依据，因此进行了大量的深度访谈和文献资料的汇集。这为本研究提供了真实性、确保了本研究的一手资料的获得。

四、社会影响

本项目研究属于理论和应用相结合的研究，其中尤其重视应用。这主要表现在两点，第一，项目研究的资料大部分来自于田野调查，因此一手资料较为丰富；第二，项目研究的最终目标即为向地方政府、自治区相关部门、国家各部提供相应的决策依据和决策建议。因此，本项目的应用价值是尤为凸显的。这主要表现在本项目的社会影响上，本项目各子课题组在田野调查中撰写了若干调查报告。这些报告有的已经为调查地点的当地政府所采用，有的已经向自治区政府或国家相关部门汇报。

《百年敦煌学史研究》简介

兰州大学宁强教授和郑炳林教授“百年敦煌学史研究”，是教育部人文社会科学研究重大课题攻关项目，批准于 2007 年 11 月 19 日。目前已经出版相关专著 6 部。该项目正在稳步开展之中。

一、篇章结构

本项目为十卷本，分别为《敦煌文献卷》、《敦煌史地卷》、《敦煌文学卷》、《敦煌语言文字卷》、《敦煌宗教与民族卷》、《敦煌科技卷》、《敦煌民俗卷》、《敦煌艺术卷》、《综合卷》、《国际敦煌学史卷》。

二、基本内容

项目组已经出版了与本项目相关的专著 6 部，发表论文 40 篇。《敦煌文献卷》主要是四部典籍的学术史研究。目前已对敦煌四部文献中的经、子二部作了调查，并系统收集国内外的研究论著，撰写《敦煌子部文献的范围及分类》等论文。《敦煌史地卷》主要在敦煌社会史、历史地理等领域展开，出版《丝路明珠敦煌》、《敦煌市志》等专著，发表《汉宋间敦煌家族史研究回顾与述评》、《近百年来敦煌地志文书研究回顾》等论文。《敦煌文学卷》对两位著名敦煌学家进行研究，发表《周绍良先生的敦煌文学研究》、《〈全敦煌诗〉与张锡厚先生》等论文。《敦煌语言文字卷》分语音、词汇等专题进行研究，已发表《敦煌社会经济文献释词》、《论敦煌社会经济文献中的外来词》等论文。《敦煌宗教与民族卷》先对民族部分展开研究，《民族语文与民族史研究》是利用敦煌等地出土少数民族语言文献研究民族史的综合性论文，发表《敦煌文献与唐代吐蕃史的构建》等系列论文。《敦煌科技卷》则是专著《敦煌学与科技史》。《敦煌民俗卷》对敦煌饮食民俗做了探讨，发表《甘肃古代饮食名品拾遗》等论文。《敦煌艺术卷》出版了《百年敦煌莫高窟图录》，另外总体上对敦煌石窟研究作了回顾反思，已发表《敦煌石窟研究之省思》、《敦煌石窟历史的重构——敦煌吐蕃期洞窟诸现象之省思》等论文。《国际敦煌学史卷》主要对早期敦煌文献流散史的探索，出版专著《国宝流散：藏经洞纪事》，发表《敦煌文物早期收藏者张元潹事迹考》、《廷栋旧藏敦煌写经问题》、《1907 年斯坦因与王圆禄及敦煌官员之间的交往》、《昆廷·罗斯福与敦煌莫高窟》等论文。《总论卷》是在各分卷完成部分研究成果的基础上，再举行讨论会，进行提炼总结。

三、主要创新成果

(1)《汉宋间敦煌家族史研究回顾与述评》。该文共分三个部分，共 10 万字，其中，(上)(中)(下) 三部分分别刊载于《敦煌学辑刊》2008 年第 3、4 期和 2010 年第 3 期。该文分为综合研究与个案考察两个部分。“敦煌家族的综合研究”按时间顺序细分为汉晋及五凉、北朝时期、唐五代宋初三个阶段。“敦煌家族的个案考察”按胡汉民族进行细分，主要讨论了张、索、氾等七个汉族家族以及匈奴（呼延）、鲜卑、铁勒、粟特及族属难以遽断的曹、罗、翟氏等家族。该文为敦煌家族社会史研究做了全景式的回顾与评议，总结了百年来中外学者取得的学术成果，对于敦煌学、中古社会史的研究乃至汉唐史、民族史、中西文化交流史的研究都有促进作用。

(2)《近百年来敦煌地志文书研究回顾》，刊载于《敦煌学辑刊》2008 年第 2 期。该文主要以敦煌文献中保存的《天宝十道录》、《贞元十道录》、《诸道山河地名要略》、《沙州图经》等 14 个明显带有方志性质的卷本为主，对近百年来的研究历程进行了系统的回顾与综合评述。该文主要分全国性总志、西陲地方志、综合性校录及研究三部分，对近百年来的研究历程进行了全面和系统概述，总结了百年来中外学者取得的学术成就，同时也指出了研究中存在的不足，对未来的研究方向提出了具有建设性的意见和建议。这必将对敦煌文献、历史地理的研究将起到积极的推动作用，同时也有助于敦煌的建制沿革、人口地理、军事地理的研究。

经过一百年的发展，敦煌学研究蒸蒸日上。百年敦煌学史的研究也势在必行。从总体来看，目前项目进展顺利，各个子项目正在稳步开展。部分发表的文章已经得到学术界的充分认可，并推动了相关领域的发展。

《楚地出土战国简册（十四种）》简介

武汉大学历史学院陈伟教授主持的“楚简综合整理与研究”，是 2003 年立项的教育部哲学社会科学研究重大课题攻关项目。其最终成果《楚地出土战国简册（十四种）》，由经济科学出版社2009年出版。

一、篇章结构

此书收录楚地出土战国简册14批：包山简、郭店简、望山简（2批）、九店简（2批）、曹家岗简、曾侯乙简、长台关简、葛陵简、五里牌简、仰天湖简、杨家湾简、夕阳坡简。每批简册包含关于发现、整理和资料发表的介绍、释文与注释，书后附主要参考资料。

二、基本内容

此书以楚地出土的14批战国简册为研究对象，遵循古文字学、文献学、历史学等学科规律，以普遍得到改善的竹简图像，尤其是多批红外影像为基础，吸纳海内外学者数十年的研究成果，并融入课题组成员各自探究和相互切磋的心得，在十四种简册资料的文本复原和内涵揭示方面，取得大量、重要的进展。

三、主要创新

主要特点与新意有三：

1. 竹简文字有新的发现

课题组花大力气寻求到先前拍摄的竹简各种图像资料，如在中国社科院考古所《考古》编辑部档案中找到20世纪50年代编写《长沙发掘报告》时的五里牌简照片，在文物出版社库房中找到20世纪80年代出版《信阳楚墓》使用的长台关简照片。同时，利用早稻田大学提供的红外成像系统（IRRS-100），对常规照片质量较差的竹简进行拍照，取得比较清晰的图像。

课题组还发现一些先前无记录的简文。如九店56号墓45号简头4字右半和下文“南”字残片、曾侯乙1号简背面题字“右令建驭大旆”。在曾侯乙简先前被当作空白简的资料中，新发现一枚有字签牌。望山1号墓简146号，看原物，其下端削尖，改归于签牌。

2. 释文、注释有重大改进

课题组汇集、吸纳海内外学者几十年来的研究成果，并融入课题组成员各自探究和互相切磋的心得，在简册文本复原方面，取得大量、重要的进展：

（1）改释或新释多处简文。利用红外影像释出或确认了一百多处简文，如包山120号简的“周”、122号简的“大夫”合文，望山2号墓28号简的“黄”，九店56号墓36号简的“莔”，曾侯乙78号简的“里”。新读出的字中，有的涉及很重要的问题。如包山120号简的“周”下为“客”字，“周客”即周国使者。这为战国时周王室以及东西周的研究提供了新线索。

利用新资料验证、修订原有结论。如利用上博竹书《姑成家父》的资料，证实对郭店《六德》“社稷”的释读；把上博竹书《三德》原释为“且”的字改释为“虘”，深化了对郭店《老子甲》同形之字的认识。

（2）缀合、编连有大量调整或改进。如将郭店21号残片与《五行》19号简缀合，将曾侯乙53号简与78号简、210号简与52号简连读。

（3）对于简文辞义提出许多有依据的新解或补证。如包山简“视日”总说纷纭，通过对上博《昭王毁室》的分析，认为其犹“直日”，是楚王身边的值日官。葛陵甲三31

号简中的“繇”，整理者读为“谣”。葛陵简的主体是卜筮记录，“其繇曰”与《左传》多处“其繇曰”相当，其后言辞简短有韵，实当是繇辞。

3. 重视现代技术手段的应用

课题组注重高新技术在古典学术中的应用。在国内首次成规模地对竹简进行红外拍照，取得一批高质量图像。开发楚简字形、辞例数据库，录入 8 万多个单字及其句例文本，可以在瞬间实现对字形、辞例的检索、比对。这使简册文字的可认读率以及项目的工作效率和质量大大提高。

四、社会影响

2008 年 4 月，鉴定专家组将此项成果评定为优秀，并指出：①在以往初始整理的基础上，对计划纳入的楚简进行了系统整理，使楚简研究获得了一个到目前为止最为清晰的底本；②充分吸纳海内外有关研究成果并结合课题组各自的研究心得，对楚简进行了重新分篇，编连，释字，标点和注释，为学术界的进一步研究提供了便利；③在充分再整理的前提下，对与楚简相关的先秦、特别是楚国的历史文化进行了深入的探讨。

此书出版后，中日同行专家纷纷发表书论，从资料获取、集成众说、富有新见等方面予以高度评价，称其是楚简研究的集大成之作。

《历史题材文学创作重大问题研究》简介

北京师范大学童庆炳承担的“历史题材文学创作和改编中重大问题研究”，是教育部 2004 年人文社科重大攻关课题。其最终成果为专著《历史题材文学创作重大问题研究》，主要由童庆炳、吴秀明、李真瑜、邹红、程正民等完成。

一、篇章结构

此书分为上、中、下三编。上编为历史题材文学的基本理论问题，分为十二章。中篇为中国当代历史题材文学的创作与改编，分为八章。下编为中外历史题材文学的历史传统与经验，分为十三章。

二、基本内容

这部论著从理论上提出并论述了创作中的十大问题，从学理上提出并透视当下创作呈现的八大现象。十大问题是：①历史、文学研究的联系与区别；②文学、历史叙事的异同及关联；③政治、美学视野中历史题材文学创作；④历史题材文学中历史、艺术和时代三向度；⑤历史题材文学创作中重建、隐喻和暗示三层面；⑥历史题材文学的艺术理想；⑦历史题材文学的类型及其审美精神；⑧历史题材文学中的人民取向；⑨历史题材文学中封建帝王的评价；⑩当前历史题材创作的发展趋势。八大现象是指：①历史题材文学的现代性追求；②历史题材文学承载中华民族之根；③当代创作中的“盛世情结”现象；④人民性缺失现象；⑤“戏说”现象；⑥历史人物的“翻案”；⑦红色经典的改编；⑧历史题材作品的生产与消费。

三、主要创新

（1）提出以历史发展大趋势来看“盛世”，“康雍乾”三朝不是“盛世”。看历史应把历史人物放到几百年的历史发展大趋势中去把握。对二月河等人的小说，在肯定它的一定合理性的同时，提出质疑。所谓“康雍乾盛世”是封建社会晚期。早、中期封建社会相对于奴隶社会，是有进步性的。晚期封建社会由于阻碍新的生产关系的诞生，就只是具有落后性了。从历史唯物主义看来，如果一位处于晚期的封建帝王不能为新的生产关系创造必要条件，就很难给他正面的评价。因此历史文学的作者要把笔下所写的帝王放到宏阔的历史语境中去把握。

（2）提出应以现代性的新观念来考察当下的历史题材创作，探索在历史文学创作中如何挖掘出时代精神。文学艺术中现代性折射出思想解放、改革开放的历程。历史文学不能脱离时代，应是时代的一面镜子。这不是把历史简单现代化，而是要在历史题材创作中挖掘出新的时代精神来。历史是昨天的，但作家的眼光则应是现代的。让读者从历史中看到了现实，看到了现实的需要和矛盾，而不能不产生种种现实的联想。

（3）呼唤人民和人民性的回归。目前的历史题材，人民作为历史的主体没有占到应有的地位，成为创作的误区。我们的成果突出地呼吁人民形象和人民性的回归。新时期以前历史文学的人性书写犯下以阶级性统概社会性、遮蔽自然性的错误，新时期之后的历史书写以近乎极端的方式反方向填补。其结果不仅仅是文学走入以自然性代人性书写的误区，更以重新解构历史的方式，将人民的历史主体作用消弭殆尽。

（4）对争论不休的真实性问题，提出“历史 3”的新观点。研究者用“历史 1”标示客观的历史，用“历史 2”标示历史学家、作家心中眼中的历史，用“历史 3”标示作品中被作家加工描写过的历史，即历史真实中包括作家的想象与虚构。作为历史 2 的史书和相关典籍所记载的材料经过历史语境化和艺术加工化，就变成了区别于史书上的材料，这就是历史 3 了。这历史 3 才达到了历史文学作品的历史真实和艺术真实的统一，历史题材文学创作所要追求的艺术理想才会实现。

四、社会影响

此书回答了历史题材文学创作的十大问题，解析了八大现象，把历史题材创作的研究提高到一个新水平。书中采用了文化诗学和跨学科的研究方法，对历史创作如何体现时代精神、如何对待历史真实与艺术真实等问题做出回答，提倡以历史唯物主义的大历史观考察历史题材文学创作，呼唤人民形象和人民性的回归，具有很强的现实针对性。另外，本书的许多观点具有创新性及通融的时代感，对当代历史题材的文学创作提供了有益的借鉴。

《处境不利儿童的心理发展与教育对策研究》简介

北京师范大学申继亮教授主持的“处境不利儿童的心理发展与教育对策研究”，是教育部哲学社会科学重大课题攻关项目。其最终成果是历时五年完成的专著《处境不利儿童的心理发展与教育对策研究》，2008 年 4 月由经济科学出版社出版。

一、篇章结构与主要内容

全书共包括四部分。第一部分，处境不利儿童的社会发展环境。考察并描述了流动儿童、留守儿童、贫困家庭儿童和离异家庭儿童家庭经济资本、人力资本和社会资本及其家庭经济和教育资源情况，提出了处境不利儿童的家庭经济资源和教育资源指数，为客观地描述四组处境不利儿童的家庭环境状况提供了依据，并为探讨进一步解决机制奠定了基础。

第二部分，处境不利儿童的心理发展现状。从处境不利儿童对环境的认识、心理健康现状和问题行为特点等方面，描述处境不利儿童的心理发展现状。通过比较四组处境不利儿童之间及其与处境正常的儿童之间在心理发展状况，对四组儿童心理发展的特点和规律进行了揭示，并讨论了导致这些表现的原因。

第三部分，处境不利儿童心理发展的影响机制。在质性和量化研究的基础上，考察并分析了各处境不利儿童群体内部的主要或比较典型的心理问题。具体问题包括：流动儿童的歧视知觉、留守儿童的问题行为、离异家庭儿童的情绪问题和贫困家庭儿童的主观幸福感。然后，围绕四组处境不利儿童的主要心理问题，对其影响因素和影响机制进行深入的挖掘。

第四部分，政策和教育建议。结合前面三个部分的研究结果，针对每一类处境不利儿童的社会发展环境和心理发展状况及突出心理问题，提出了相应的政策和教育建议，为后续开展的预防干预措施提供参考和科学依据。

二、主要特色

（1）对处境不利儿童的环境资源状况进行了系统考察和量化。该成果考察了四组处境不利儿童的环境资源状况，同时根据量化分析的结果，提出了评定处境不利儿童发展环境的客观指标——家庭经济指数和教育资源指数。

（2）提出了四组处境不利儿童心理发展中最突出的问题。该成果发现流动儿童的歧视知觉、留守儿童的问题行为、离异家庭儿童的情绪问题和贫困家庭儿童的主观幸福感分别是四组处境不利儿童群体中较为突出的心理问题，需要引起特别的关注和重视。

（3）探讨了儿童在不同情境下心理适应的内在机制问题。在理论的构想方面，该成果特别强调适应的个体差异性，通过对流动儿童、留守儿童、离异家庭儿童和贫困家庭儿童主要心理问题的内在机制进行探讨，在一定程度上回答了“为什么在同样处境不利的条件下，有的儿童能够健康成长，有的儿童却出现了发展上的缺陷”这一问题。

（4）从多变量的角度系统考察了家庭环境这一微系统的变化对儿童心理发展的影响。儿童生活在一个复杂多变的生态环境中，多变量角度的考察可以更加接近儿童的现实生活状况，从而得出更加真实可信的结论。为此，该成果根据儿童发展的生态环境模型，同时考虑了远端环境因素、近端环境因素和个体自身因素对四组处境不利儿童的社会行为、情绪和社会认知状况的影响及其内在机制。

三、意义及影响

此书对中国文化背景下处境不利儿童的心理发展现状及其心理机制进行了深入探讨，

不仅丰富了国内外关于处境不利儿童群体的研究成果，对于回答环境与儿童心理发展之间的关系、揭示儿童心理发展的特点和规律等具有重要的理论意义。

该书根据具体研究结果，针对四类处境不利儿童的心理发展特点提出了相应的教育干预对策。这不仅能够为家庭、学校、社区等制订详细的干预计划提供科学指导，也为国家有关政策的制定提供了一定的参考依据。本书的有关成果先后整理成研究报告在国内外重要心理学杂志上刊发60余篇，相关成果先后10余次在重要学术会议中进行交流，中央电视台、腾讯网、《农民日报》等国内多家新闻单位也对该成果的相关内容进行了宣传报道，引起了社会的广泛关注。

《创新人才与教育创新的研究》简介

北京师范大学林崇德教授2003年主持的教育部哲学社会科学研究重大课题攻关项目“创新人才与教育创新的研究”，最终成果为专著《创新人才与教育创新研究》，由经济出版社于2007年出版。

一、篇章结构

此书根据课题的子课题组成，共分七个章节。第一章，创新人才及其培养的理论研究；第二章，创新型人才效标群体研究；第三章，创新人才测量工具的编制——基于中学生群体的研究；第四章，青少年创造性及教师创造性观念的跨文化比较；第五章，学校教育中的创造力培养实践；第六章，教育技术与教育创新的研究；第七章，大学生创造力、心理健康的发展特点及其相互关系。

二、基本内容

此书综合了国内外有关创造性的重要研究成果，分别从心理和教育领域，理论和实践层面，采用多种研究方法相结合的路线，寻找已经表现出创造性特点的效标群体，并从效标群体出发，揭示出创新人才的特征模型，建立了创造性人才测评体系，逐步对人才的创造性特征这一国际学术难题做深入探索，提出新的理论，丰富和深化目前有关创造性的研究。力图通过研究，解决与创新教育有关的一系列理论和实践问题，为中国的教育改革与发展提供思路和依据，为广大中小学生创新素质的提高服务，为民族素质和综合国力的提高服务。

三、主要创新

（1）创造性地采用了效标群体的研究方法，对34名自然科学领域的创造型人才（院士）和36位社会艺术领域的创造型人才（资深专家）的深度访谈，探索了创新拔尖人才的思维特征、人格特征、成长历程和创造性成果的获得过程，获得了大量具有科学性、前沿性和新颖性的结论。该研究构建了创造性人才心理特征的模型，为以后同行专家对创造性人才的测量提供科学的依据和借鉴。

（2）在对效标群体研究的基础上，我们建立了创造性人才测评体系，编制了一系列的创造性测量工具。该工具在全国的六个地区（包括北京、山东、湖北、四川、河南和广东）进行的测试中表现出很好的信度和效度。

（3）围绕创新教育的主题，开创性地进行了中、日、德和英青少年创造性的跨文化研究，结果发现，中外青少年创造性的差异不是表现在水平高低上，而是表现在创造力的维度上。这种观点打破以往所采用的，用单一维度评价中外青少年创造能力的定式，同时，也为我国青少年的创造力培养提供了一个新的挑战。

（4）根据课题组对大中小学创造性培养进行的实验研究以及我国当前教育创新实践的现状，分析了学校系统，包括学校管理、教师队伍、课堂教学组织形式、教育信息化和学校心理健康教育等因素对中小学生创造力培养的影响，不仅指出在基础教育阶段，不宜倡导“培养拔尖创新人才”的口号，应强调“创新精神”，重视提高创新意识，开展创新活动和增长创新才干等政策性理念，而且提出了培养青少年创新能力的七种途径：改善校园文化的精神状态，营造有创造性的校园文化氛围；把培养学生创新能力渗透到各科教育中；在课堂教学中开发学生的创新能力；构建新型的校园人际关系，促进创造性人际关系的形成；创新学校组织管理制度，营造创造性校园；教给学生创造力训练的特殊技巧；在科技活动中培养学生的科学创新能力。这一系列的创造力培养实验活动直接提高了实验区学校的教育教学质量，促进了学生的全面发展，为其他非实验学校树立了典范，起到了以点带面的作用。

四、社会影响

1. 社会反映

2009年教育部社科司召开首批哲学社会科学成果出版经验交流会，此课题成果是4项介绍成果之一。研究者在会上讲话内容也在《光明日报》10月28日第10版刊登；2010年教育部社会科学司将此成果相关研究内容和创新点以教育部人文社会科学研究项目成果摘报的形式上报中共中央办公厅、人大常委会办公厅、国务院办公厅等部门，引起了很大反响。

2. 学术影响

此书的研究成果及其相关研究报告或论文在国内核心杂志（CSSCI）已发表了29篇，出版著作26本；被国内杂志文章引用16次。2007年10月13—14日，围绕课题，北京师范大学发展心理研究所成功地举办了以“创新·教育·发展”为主题的国际学术会议。来自美国、英国、日本和国内北京大学、中科院心理所、清华大学等知名大学的学者、专家以及中小学管理人员400余人一起参加了研讨。Heinz Neber、Bill Nicholl、林崇德、李其维、胡卫平等教授做了大会主题报告，引起了与会者激烈的讨论和交流。

《高校思想政治教育课程建设研究》简介

武汉大学顾海良教授主持完成的《高校思想政治理论课程建设研究》，是教育部重大课题攻关项目的最终成果，由经济科学出版社 2009 年 9 月出版；主要作者为顾海良、佘双好、梅荣政、沈壮海、丁俊萍、石云霞、宋俭、孙居涛、戴德铮等。

一、篇章结构

此课题最终成果包括两编。上编为高校思想政治理论课程改革与发展；下编为高校思想政治理论课程教学基本要求。

二、基本内容

此课题着重从理论上系统论述了高校思想政治理论课程建设的指导思想和历史发展进程，高校思想政治理论课程的本质、地位和功能，高校思想政治理论课程内容体系特别是高校思想政治理论课程新方案课程体系及其基本特征，高校思想政治理论课程教学过程的基本原则和方法，高校思想政治理论课程评价的特殊性及评价方法等。研究者主要从实践上研制了高校思想政治理论课程新方案本科四门课程《马克思主义基本原理概论》、《毛泽东思想、邓小平理论和“三个代表”重要思想概论》、《中国近现代史纲要》和《思想道德修养与法律基础》的教学基本要求，为实施思想政治理论课程新方案提供实践指导。

三、主要创新

（1）高校思想政治理论课程建设应以马克思主义为指导，特别是以当代中国马克思主义为指导，这是思想政治理论课程改革和发展的理论基础。

（2）高校思想政治理论课程历史发展体现了马克思主义理论原理、理论发展和理论运用教育的统一，马克思主义科学原理与科学精神教育的统一，理论、历史与现实相统一的教育理念凸显，课堂理论教育与社会实践体验相统一的教育教学方法。

（3）高校思想政治理论课程是以马克思主义等学科为依托的直接学科德育课程。

（4）高校思想政治理论课程新方案具有综合性、创新性、时代性和实践性特点以及整体性、层次性和互补性特征。

（5）高校思想政治理论课程教学过程是教师和学生以思想政治理论课程教育内容为中介的特殊的实践活动和特殊认识活动。

（6）高校思想政治理论课程评价体现的知识评价与价值评价的统一、内在评价与外在评价的统一、现实评价与潜在评价的统一、个体评价与社会评价的统一、精确评价与模糊评价的统一的特点。

四、社会影响

1. 学术价值

课题的理论成果，以马克思主义理论，特别是中国化的马克思主义理论为指导，以高校思想政治理论课程改革和发展的现实境遇为宏观背景，以探讨高校思想政治理论课程从马克思主义理论体系转化为课程体系，思想政治理论课程体系转化为教学体系，思想政治理论课程教学内容转化为大学生的素质体系等三大规律为基本任务，形成了相对完整的高校思想政治理论课程论的理论体系。

2. 应用价值

课题成果对高校思想政治理论课程新方案的形成起到了咨询参考作用；对高校思想政治理论课程建设和改革起到了理论先导和实践示范作用；对试点高校学生形成良好思想政治观念起到了促进作用。此课题成果被教育部评为“优秀”，在此课题基础上形成的教学成果 2009 年获国家级教学成果一等奖。

《高校招生考试制度改革研究》简介

厦门大学刘海峰教授主持完成的"高校招生考试制度改革的理论与实践研究"，是2003 年立项的教育部首批哲学社会科学研究重大课题攻关项目。其最终成果为专著《高校招生考试制度改革研究》，由经济科学出版社 2009 年 9 月出版。

一、篇章结构

此专著 51 万字，除绪论和结语以外，共分九章。第一章高考制度的发展历程，第二章为高考制度的宏观研究（上），第三章为高考制度的宏观研究（下），第四章高考制度的微观研究，第五章高考改革的争论与实证调查，第六章域外高校招考的借鉴（上），第七章域外高校招考的借鉴（下），第八章高考改革的理论思考，第九章高考改革的实践探索。

二、基本内容与主要创新

高考改革历来是整个教育界甚至全社会关注的一个敏感而重大的理论与实践问题，是深化教育改革、全面推进素质教育的关键点，也是教育学研究中一个带有全局性的重要问题。此书基于教育与社会的视角，以现行的高校招生考试制度为研究对象，从宏观与微观两个层面，通过文献分析、历史考察、大规模社会调查、国际与地区比较、统计分析、改革实验等方法，从理论上梳理、分析和评价我国高校招生考试制度发展的脉络、存在的问题，对高校招生考试政策、法治问题、区域公平问题、形式与内容改革、与教育教学的关系，高考改革的两难困境、高考改革的全局观、高考改革的公平与效率、高校自主招生等问题进行系统的探讨，并对美国、英国、法国、俄罗斯、日本、韩国、新加坡、中国台湾地区的高校招生考试制度作了比较研究。既有对高考改革的理论思考，也有对高考改革实践的经验总结，在此基础上提出了三个可供选择的具体改革方案以及高考改革的若干政策建议。

此书阐述了高考改革中的一些基本理论问题，例如高考改革中一系列的两难问题，进而论述了高考改革全局观对高考制度良性发展的重要性，探讨了高考改革中的公平与效率问题。作者认为，高考的内容与形式改革对中等教育和高等教育产生重大的影响，改革方案的选择以及推行都需要谨慎。改革应遵循教育内外部关系规律，坚持一定的理论指导，综合考虑多方面的影响因素，权衡利弊，推进改革。统一高考制度是高校招生考试发展到一定阶段的产物，具有公平、高效、经济、便捷的长处。在中国的国情下，将来统一高考成绩即使降低重要性，但在高校录取中也还要起重要作用。考察域外高校招生考试制度，各不相同，不存在统一的招考模式。高考改革的终极目标，并不是改成各高校单独招考，而是探索建立适合中国国情的有自身特色的招考制度。此书还从理论上深入研究了高考与学校教育的关系。提出应抓住素质教育的实质，把握好新生入学的质量标准改革，实行

"高中生全面素质+高校个性素质要求"的综合选拔标准，使高考同时有利于高中教育、高等教育的多样化发展。在概述高考改革的原则的基础上，提出了"一次考试、自主录取"，"分类考试、多元录取"，"两次考试、统分结合"三个可供选择的高考改革方案。主张扩大高校和考生的选择权，实行入学方式的多元化。提出渐进地调整高校录取的区域配额、制定国家教育考试法或国家考试法、整合考试管理机构和资源等一系列高考改革政策建议，为高考改革决策提供理论参考。

三、社会影响

在纪念恢复高考30周年前后，许多媒体介绍了此项目的研究进展。此项目的主要研究成果《高考改革研究丛书》(10本）在2007至2008年推出。此项目的论文被《新华文摘》重点转载5篇。2007年4月18日《光明日报》发表记者宋晓梦采写的长篇文章《理性对待高考改革》，介绍此攻关项目的进展情况。《读者》2007年6月8日将其作为封面重点文章转摘了该文。此研究的部分观点直接为国家和部分省市高考改革政策提供理论支持和决策参考，受到教育部领导的肯定，产生了广泛的影响。

《网络思想政治教育研究》简介

清华大学马克思主义学院张再兴教授主持的"网络思想教育研究"，是2003年教育部哲学社会科学重大课题攻关项目，最终研究成果是专著《网络思想政治教育研究》。它由张再兴、曾国屏、张瑜、冯务中、金兼斌、樊富珉、方兴东、段海新、张春生、史安斌、王想平等合作完成，由经济科学出版社2009年出版。

一、篇章结构

此专著分为以下五编：网络社会的崛起与思想政治教育环境的发展、网络环境下虚拟与现实的关系、网络环境下主体与客体的关系、网络思想政治教育的应用专题研究、校园网络亚传播圈及其思想政治教育应用，共21章。

二、基本观点：

（1）网络思想政治教育的内涵，要区分两种不同的理解：一种是网络环境下的思想政治教育，一种是基于网络的思想政治教育。前者是广义界定，提出的问题是在互联网的广泛应用对于社会生产方式、社会生活方式造成全方位影响的宏观背景下，思想政治教育的观念、内容、方式、方法、手段、机制等如何发展创新；后者是狭义界定，即把网络仅仅作为思想政治教育的新载体、新工具、新途径，用以丰富和完善新形势下的思想政治教育。两种理解内在联系，作为环境的网络实际上是作为工具的网络普遍化、日常化的结果。但是，工具可以使用也可以摆脱，而环境的摆脱却非随心所欲，只有以适应、建设网络环境的规律性研究为指导，网络思想政治教育的实践活动才能科学地发展。对于网络思想政治教育的完整理解，不仅应该包括狭义理解，也应该包括广义理解。

（2）网络思想政治教育的环境，可从技术、社会、文化三个维度分析：互联网的技术架构与信息软环境是基础要素，网络技术带来新的学习生活方式，创造了新的话语体系，造就出新的权威力量，开发出新的人的发展性资源。网络思想政治教育环境在社会维度上具有显著的场域区隔，主要的典型场域可分为“公社型”、“科层型”和“广场型”三类形成机制不同的交往场域。从文化维度上审视，存在着技术性与人文性、知识性与价值性、开放性与凝聚性、主导性与互动性、自由性与控制性、传统性与创新性、社会性与个人性等突出的内在矛盾关系。正确认识和处理这些关系，将进一步拓展和丰富思想政治教育的理念、内容和方式，导致网络思想政治教育的基本理念和实践原则。

（3）网络环境下虚拟与现实的关系，一是表现在网络世界本身具有虚拟性与现实性并存的关系；二是表现在网络世界与现实世界之间。虚拟与现实的关系同时存在着差异性、同一性、对立性和统一性。由此可归结为“网络是现实的延伸”这一命题。促进网络世界与现实世界的良性互动，实现人的发展和社会发展两个层次上的“虚实和谐”，是网络思想政治教育重要的价值目标。

（4）网络环境下主客体关系表现出新的特点和运动规律。网络交往实践具有普遍可及、形成社区、虚拟在场、虚实共在等特点，促进了人的主体性内涵的发展，表现出虚拟交互、流变交互、界面交互等交互主体性特征。在虚拟交往实践基础上形成的是一种具有主体际性的主客体关系，可以从信息符号的引导与被引导的角度分析这种主客体关系，并运用复杂系统的自组织机制考察其运动规律。由思想政治教育的特殊性以及网络交往实践的新特点所决定，网络思想政治教育中主体与客体具有必然的客观存在性，而主客体关系又具有情景依赖性和建构动态性。

（5）要面向网络技术的发展，结合 10 多年来思想政治教育进网络工作的典型实践，围绕突出的实际问题和正在推进的工作重点展开专题研究。对于高校校园网的应用和管理、博客传播与博客舆论引导、网络舆论调查、基于网络舆论的高校危机管理、网络话语、网络心理行为与教育辅导等 6 个问题展开了原理、机制分析，提出了一系列对策、应用技术和方法。

（6）理论分析和实证研究发现：在高校网络发展比较完善、成熟的条件下，可以形成一种特殊的网络信息传播子系统，即“校园网络亚传播圈”。信息内容、网络媒介、用户群体是其构成的基本要素。以三要素互动关系为基础，可以形成校园网络开展思想政治教育的内容中心模式、媒介中心模式和用户中心模式。

三、主要创新

此课题组立足领域前沿，多学科联合攻关开展创新研究。通过对“网络环境下的思想政治教育”与“基于网络的思想政治教育”的两层面解析，深入揭示了网络思想政治教育的适应性、发展性矛盾；提出并论述了网络虚拟现实二重性理论以及“虚实和谐”理念；论述了基于虚拟交往实践的具有主体际性的主客体关系，指出了网络思想政治教育中主客体关系的客观存在性、情景依赖性、动态建构性特征；提出“校园网络亚传播圈”的概念和分析体系，构建了校园网络环境下大学生思想政治教育的策略和模式。

四、社会影响

此成果坚持唯物史观的基本观点，深刻地阐述了网络环境下虚拟与现实、主体与客体关系等重大理论问题，开拓性地探索了网络思想政治教育的途径、方法等实践中突出的重点、难点问题，“在理论研究和实践研究这两个方面，都有重大突破，有很高的学术价值和应用价值，是一项优秀的研究成果”。相关研究成果在国际国内学术交流、应用技术培训推广中取得了良好的社会效益。

《现代中西高校公共艺术教育比较研究》简介

山东大学曾繁仁教授主持的“现当代中西艺术教育比较研究”，是2004年教育部哲学社会科学研究重大课题攻关项目。其最终成果是同名专著，于2010年由经济科学出版社出版发行。

一、篇章结构和基本内容

此专著由“导言”和六编构成。“导言”部分主要论述现代中西高校公共艺术教育比较研究的基本指导思想，明确界定了中西“现当代”的时限问题，以及有关普通高校公共艺术教育的内涵与外延等问题。第一编为“现代中西艺术教育基本问题研究”，从艺术教育观念、艺术教育制度与艺术教育模式等三个方面对中西普通高校公共艺术教育进行了比较全面系统的比较研究。第二编为“中国现代艺术教育研究”。着重梳理了中国现代艺术教育起源及其从清末民初至21世纪的发展历程，论述了中国现代艺术教育的重要学说，介绍了百余年艺术教育在课程建设、专业学科建设方面所取得的成绩。第三编为“英美现代艺术教育”。首先探讨了美国的艺术教育及其后现代转向，其次探讨了英国现代艺术教育，并对英国伯明翰大学和美国哈佛大学的艺术教育进行了比较。第四编为“日本现代艺术教育”。主要研究探讨了“战前”、“战后”日本现代艺术教育的发展历程、日本现代艺术教育多极化发展的格局，以及东京大学通识教育中艺术教育开展的情况。第五编为“中西现代艺术教育个案研究”。重点介绍中国清华大学和美国哈佛大学的艺术教育历程、艺术教育理念及主要成就。第六编主要阐述通过比较研究所得出的艺术教育作为人文教育本质的认识提升、对于艺术教育发展规律的把握以及坚持通过交流对话走中国特色发展之路的几点重要启示。

二、主要创新

（1）通过中西现代艺术教育比较研究，进一步认识到艺术教育作为人文教育所特具的“综合中介”作用、“不可代替的作用”。

（2）进一步证明了现代艺术教育作为人文教育的基本特性及其愈来愈加重要的作用。

（3）进一步认识到中西方在艺术教育的观念、制度与管理模式等方面各有优长，可以形成互补。我国现代艺术教育的继续发展需要进一步加强中西交流对话和比较研究，立足本国，大胆借鉴，勇于创新。

（4）艺术教育的发展从根本上说应该借助“国家意识”与“全民意识”的统一。

（5）艺术教育的发展是在人文与科技、智性与非智性、功利与非功利的内在张力与平衡中进行的。

（6）现代艺术教育的发展应该很好地应对正在蓬勃兴起的消费文化、大众文化、视觉文化与网络文化的新形势。

三、学术贡献

（1）这是我国第一部全面进行中西现代高校公共艺术教育比较研究的论著，在全面的中西现代艺术教育比较研究方面是一种新的探索，带有填补空白的性质，提出了一些具有创新性的理论观点。

（2）此书比较充分地运用实证的方法对清华大学、哈佛大学以及东京大学、伯明翰大学的艺术教育进行了专题研究。

（3）此书对清华大学、哈佛大学以及东京大学、伯明翰大学的艺术教育的研究，都是通过实地考察，获取第一手资料的基础上完成的，揭示了这一领域的最新发展动态，为学界相关研究提供了最新的学术信息。

（4）此书对艺术教育的研究比较充分地运用中西比较的研究方法、实证研究与理论分析相结合的研究方法，还运用了美学与教育学等跨学科综合研究方法。

此课题负责人曾繁仁教授曾主持起草教育部《全国普通高校公共艺术类课程方案》，并于2006年8月在“全国高教学会美育研究会”上解读《全国普通高校公共艺术类课程方案》。

《教育投入、资源配置与人力资本收益——中国教育与人力资源问题研究》简介

北京大学教育学院闵维方教授主持的“中国教育与人力资源问题研究”，是2004年教育部哲学社会科学重大课题攻关项目，最终研究成果为专著《教育投入、资源配置与人力资本收益——中国教育与人力资源问题研究》。它由闵维方、丁小浩、岳昌君、郭建如、李文利、阎凤桥、陈晓宇、文东茅、丁延庆、王蓉等合作完成。

一、篇章结构

此书共分为前言和二十三章。第一章，城镇居民家庭的义务教育支出。第二章，公私立教育选择与家庭教育支出。第三章，高教系统的分化与高校资源差异。第四章，大众化时代高校的经费筹措。第五章，公共教育经费投入的国际比较。第六章，义务教育资源配置不均衡状况。第七章，农村中小学布局结构调整分析。第八章，择校行为的影响因素。第九章，择校对弱势群体的影响。第十章，高等教育入学机会均等化研究。第十一章，社会分层与民办高校入学机会分析。第十二章，财政政策与高校入学机会公平性研究。第十三章，工资结构的压缩与培训参与。第十四章，待业时间与受教育程度的生存分析。第十五章，教育与工作自主性。第十六章，教育、工作流动与收入。第十七章，教育与区域流动。第十八章，城镇居民教育收益率研究。第十九章，教育促进劳动生产率的作用。第二

十章，企业在职培训的私人投资收益。第二十一章，性别工资差异研究。第二十二章，教育对不同群体收入的影响。第二十三章，城镇居民教育与收入的代际流动。

二、基本内容

此书紧紧围绕着我国教育与人力资源开发这一重大课题，对从教育投入到教育收益的整个过程开展研究，主要集中在这一过程中的四个主要环节上，分别是：教育成本与资源筹措、教育机会与资源配置、教育与人力资源配置、教育与人力资本收益等。此书运用多个学科的理论和方法，通过理论研究、实证分析、国际比较和个案分析等多种研究手段，对我国教育与人力资源开发的一些理论问题和重大的实践问题进行了系统的探讨。

此书对教育系统的资源的充足性、配置的公平性，特别是入学机会的公平性进行了分析，比较了地区之间（省际和县际）、城乡之间、学校之间、不同收入群体之间的各级教育资源分配的不均衡程度以及动态变化趋势；对劳动力市场上人力资源的配置和人力资本的收益进行了多视角的分析，全面研究了教育经济学中人力资本理论、筛选理论、工作匹配理论等主要理论在我国劳动力市场的应用，详细考察了教育对工作流动、行业选择、职位升迁、收入水平、工作找寻时间、工作满意度、劳动生产率、代际收入和职业流动、收入差距等多方面的影响。

三、主要创新

此书的创新和特色主要体现在以下五个方面：

（1）对教育机会的公平性进行全面分析。教育公平是重要的社会公平，此书比较了地区之间（省际和县际）、城乡之间、学校之间、不同收入群体之间的各级教育资源分配的不均衡程度以及动态变化趋势。从义务教育的县际差距看，小学和初中的生均教育经费不均等的程度很高；从不同社会群体的比较看，弱势群体在获得各类优质教育资源方面处于不利地位，包括在基础教育阶段的择校机会，不同类型的高等学校入学机会等。

（2）对教育在缩小居民收入差距方面的作用进行了计量研究。采用基尼系数统计指标和分位数计量回归方法，对我国城镇不同群体的收入差异、教育差异以及收入与教育之间的关系进行了实证研究，在分析方法上有很大的创新。研究结果表明：按照受教育程度分组，则受教育程度越高的群体其收入差异的基尼系数越小，表明提高城镇居民总体的受教育水平将有利于减小收入不平等程度。从分位数回归的结果看，“弱收入能力群体”的教育收益率显著高于“强收入能力群体”的教育收益率。

（3）对教育与劳动力市场的联系进行了多角度的考察。全面分析了教育经济学中人力资本理论、筛选理论、工作匹配理论等主要理论在中国劳动力市场的应用。详细考察了教育对工作流动、行业选择、职位升迁、收入水平、工作找寻时间、工作满意度、劳动生产率、代际收入和职业流动等多方面的影响。主要结论包括：受教育程度越高，工作流动率越高；劳动力工作迁移对收入显著正的影响；中国城镇居民收入代际之间存在较为明显的传递效应，多数子女依然滞留在与父亲相同的收入组群，而随着市场化水平的提升，教育促进收入的代际流动，削弱收入分配不公平在代际传递的程度，改善整个社会收入公平状况的功能日益增强；教育能缩短毕业生在劳动市场上的工作找寻时间；高学历的员工获得工作自主性的机会更多，而更多的工作自主性容易提高对工作的满意度。

（4）对我国劳动力市场上人力资源的基本状况进行了统计分析。此书对我国人力资源的总体情况进行了统计描述，分城乡、分地区、分行业对人力资本的配置情况进行了比较分析，考察了劳动力市场的城乡结构和产业结构的变化趋势。结果显示：我国就业人员的受教育程度普遍很低，平均受教育年限为8.2年。从地区和行业的比较来看，我国就业人员受教育程度的地区差异和行业十分显著。此外，此书还论证了在我国城镇化、工业化、现代化、国际化的发展进程中，普及九年义务教育、大力发展职业教育、提高高等教育质量对于缩小居民收入差距、构建和谐社会的重要作用和深远意义。

(5) 在国内首次针对城镇居民教育与就业情况进行大规模的调查。此书作者与国家统计局合作，首次在国内针对我国城镇居民教育与就业状况进行了大规模全面详细的抽样调查。本次调查涉及了10000个样本户中的家庭成员及其不同户的子女和户主及配偶的父母共67000余人的基本情况，家庭成员详细的受教育信息，6000余名在校生受教育状况和教育支出信息，户主及配偶的工作经历信息以及2000余名在职人员的培训信息。首次对城镇居民家庭的教育负担进行了更加全面的核算。

四、社会影响

1. 学术价值

此书丰富了有关教育收益率的理论和实证研究。研究发现，我国不同教育层次的个人收益率与一般发展中国家的特征不同：我国的总体趋势是教育级别越高，教育的边际收益率越高，呈现直线上升的趋势；而对一般发展中国家而言，初中或小学的收益率最高，呈现“倒U”的态势。这一研究结论对于政府在不同教育层次之间分配教育资源时有重要的参考价值。

此书丰富了有关教育与收入分配的理论和实证研究。研究发现，对于“低收入能力群体”而言，教育的个人收益率相对更大，对这一群体进行教育投资的效率相对更高。分位数计量回归方法和研究结果不仅有重要的学术价值，更有着积极的政策含义：以受教育年限和工作年限衡量的人力资本既是个人收入水平的重要解释变量，同时也对我国城镇居民收入不平等状况产生着显著的影响。受教育程度越高的群体收入差异越小的现实表明，教育机会均等有利于促进收入平等，而教育不公平会拉大收入差距。特别地，在分配公共教育资源时，完全可以实现公平与效率的统一。

此书提出中国进入了教育贡献凸显期的学术观点。此书对于中国经济增长的历程、问题和挑战进行了全面的回顾和分析，提出进入21世纪以后，中国经济发展已经到了重要关口，结构转型、投资拉动和对外开放对经济增长的作用逐渐减弱，而人力资本将成为未来中国经济保持持续、快速、稳定、健康发展的关键因素。

2. 应用价值

此书把理论探讨、实证研究和政策实践紧密结合，以全局性的视角、战略性的思维、实践性的探察和脚踏实地的研究态度，围绕教育与经济增长和社会发展的关系，以教育降低收入差距、促进就业增长、有效减少贫困为出发点，以趋向公平的教育发展战略为重点，对充分开发人力资源、扩展教育机会、提升教育公平进行了全面阐述，对于教育体系的建设、教育财政体制的完善、教育监管制度的理论和实践问题教育进行了深入的理论探讨和实证分析，丰富了我国教育科学和人力资源开发的理论体系，提供了适合我国教育和人力资源发展的政策依据和政策咨询。

《基础教育改革与中国教育学理论重建研究》简介

华东师范大学叶澜教授主持的这个教育部哲学社会科学研究重大课题攻关项目，最终成果为专著《基础教育改革与中国教育学理论重建研究》，历时 3 年完成，由经济科学出版社 2009 年出版。

一、篇章结构

该项目研究围绕基础教育改革和中国教育学理论重建两大核心问题展开。在深入认识中国基础教育改革的同时，该研究还对基础教育改革与教育学理论重建之间的关联进行了深入分析，剖析了在中国语境下基础教育改革与教育学理论重建之间的互动生成关系。除总述外，本书主要包括三大部分：第一部分为基础教育改革的宏观研究。第二部分为学校改革研究。重点分为两大板块，其一是学校基础教育改革面临的一些普遍和深层次的理论问题；其二是通过中国教育概念史研究的方法，以最基本的概念“教育”为例，阐述其从传统到近代的转换。第三部分汇聚到中国教育学理论的重建，涉及中国教育学发展历史与现状、学科立场与方法论等基础性理论问题的研究，以及“生命·实践”教育学学派基本观点、建设历程的阐述。

二、主要观点

基础教育改革需要体制、制度和机制等“三制”的深入改革。基础教育改革与发展更为深层次的问题在于，教育宏观改革如何为学校改革创造良好环境，学校改革与教育宏观改革乃至整个社会如何形成良性互动。学校教育改革是基础教育改革的核心内容和重要载体。对学校教育改革理论的探讨，应当树立新的“生命”价值取向；不同学生不同年龄段具有不同的发展特征，学校教学改革应当以“教学”为基本分析单位。在中国教育学理论重建方面，应当正视当代中国教育学面临并在进行着历史性的转型，科学教育学的学科立场研究与教育学理论重建的基础性理论研究，“生命·实践”教育学派的教育学建设思路可以成为当前中国教育学理论重建的路径。

三、主要创新

研究过程中舍弃了非此即彼的二元对立思维方式和割裂式思维方式，努力探索使两极沟通，积极、有效交互作用的复杂思维方式的运用和行动策略，在一定程度上实现了教育研究在方法论上的突破。立足于长期坚持推进的“新基础教育”研究，研究认为教育理论与实践不是割裂和单向制约关系，而是一种“双螺旋”结构，能够实现双向滋养和双向沟通转化。主张以一种动态发展的眼光来“生成分析”教育理论与实践的关系。这一新思路避免了以往研究的“演绎逻辑”和“旁观者眼光”。通过不断努力完成了有关教育学学科性质、基本立场、核心理念、研究方式、方法论以及生长机制等最具内核性问题的思考与回答，这些问题的回答已经使该教育学雏形初显，也成为开辟中国教育学理论重建之路的新尝试。

四、社会影响

本研究在研究过程中提交了 7 篇咨询报告，先后被教育部基础教育司采纳。其中叶澜教授撰写的两篇咨询报告在《人民教育》和《社会科学报》等报刊全文发表，随后被《新华文摘》全文转载。项目组承担了教育部素质教育调研，形成了“深入开展素质教育，扎实推进学校转型性变革”总报告以及五个分报告。报告中多项咨询建议为教育部采纳。项目总负责人叶澜教授还应邀于2006年8月22日参加温家宝总理召开的基础教育改革座谈会，并就本课题的相关研究成果作了发言，从三个方面对基础教育改革提出了建议。温总理对叶澜教授发言中提出的建议给予了肯定。

项目组还先后出版了与本研究相关的学术著作8部，其中叶澜教授的《“新基础教育”论——关于当代中国学校变革的探究与认识》获得教育部优秀成果奖（人文社科类）一等奖；李家成著的《关怀生命——当代中国学校教育价值取向探究》以及李政涛著的《表演：解读教育活动的新视角》分别于2004年和2005年获得全国优秀百篇博士论文奖。此外，课题组还在CSSCI期刊上发表了学术论文18篇。

《中国农村教育发展指标研究》简介

东北师范大学农村教育研究所袁桂林教授主持的“我国农村教育发展现状调查及农村教育发展指标体系研究”，是教育部哲学社会科学研究重大课题攻关项目，以2009年9月由经济科学出版社出版的《中国农村教育发展指标研究》一书为最终成果。此书是在袁桂林教授的设计和组织领导下集体创作的结果。袁桂林任主编，马国贤、秦玉友等教授任副主编。

一、篇幅结构

此书由五个部分构成：总论、指标专题研究、义务教育现状调查与指标研究、非义务教育指标研究、指标与规划案例研究。

（1）总论部分。主要研究了与农村教育发展指标相关的基本理论问题。

（2）指标专题研究部分。主要围绕农村教育发展指标的一些主要构成要素展开研究。

（3）义务教育现状调查与指标研究部分。主要包括农村义务教育现状调查、指标体系研究、绩效评价指标研究。

（4）非义务教育指标部分。主要包括农村幼儿教育事业发展指标体系研究，农村普通高中教育、农村职业教育、农村高等教育、农村成人教育、农村社区教育发展指标研究。

（5）指标与规划案例研究部分。以东北某县教育事业发展规划（2007—2020）为例，初步探讨了教育指标和教育规划的关系。

二、基本观点

此书以作者亲历的农村教育调查素材为基础，结合国家有关部门和其他学者公布的相关数据，发掘提炼，对农村教育发展的历史进行回归分析，对农村教育发展的前景进行前瞻性预测，对农村教育发展速率进行初步度量，并且结合实例，站在缩小城乡差距的立场上，尝试制定农村教育发展规划。

（1）提出了两种指标构建的思维方式。作者借鉴国外的相关研究，提出把教育指标开发的思维方式概括为内因思维和外因思维。

（2）研究了预测相关指数的方法。作者将农村教育发展指标的预测方法，主要包括①依据人口、经济、社会发展变化，进行教育发展状况测算；②加速度假设；③回归分析；④权威的判断。

（3）辨析了农村教育的发展与增长的关系。农村教育发展包含农村教育的增长，农村教育增长主要以数量上的变化方式融入农村教育发展内外部因素中。农村教育发展还包括教育中的其他各要素在质量、结构和价值等方面的发展变化。

三、主要创新

此书作者利用了多年来对农村教育的调查数据，在大量感性认识和第一手真实数据基础上发掘提炼，将实践收获提高到理论层面思考，将农村教育和农村社会整体发展紧密结合，提出了一些关于发展指标的新认识。

（1）明晰了教育发展指标的不同取向；

（2）提出教育指标领域的纵横交错展开方式；

（3）提出了教育指标领域确立的原则；

（4）提出了教育发展指标的表达能力这一概念；

（5）探讨了“非饱和”指标与“饱和”指标。

四、社会影响

我国农村教育发展指标体系研究以前是空白。在很有影响的经济合作组织（OECD）的教育指标中，不仅没有区别城乡，而且没有对评价指标、督导指标、统计指标、发展指标等多种指标进行细致划分。国内外许多机构和学者的研究也没有涉及我国农村教育发展指标体系。因此，该书一经出版便引起社会各界的广泛关注。主要表现在：

（1）构建农村教育发展指标有利于缩小差距。在城市与农村存在重大差异的背景下构建农村教育发展指标，开发农村教育发展指标，监控农村教育质量可以有效缩小城乡教育发展的差异，促进城乡教育均衡发展。

（2）多元的利益相关者导向。农村教育发展指标的开发和运用，可以兼顾多元利益相关者的各自的利益，促进教育公平。

（3）成本效率导向。有效利用教育发展指标，可以有效缓解我国农村有限的教育资源结构性短缺，减少结构性浪费。

《创新型国家的知识信息服务体系研究》简介

武汉大学胡昌平教授主持的“创新型国家的知识信息服务体系研究”，是2006年11月立项的教育部哲学社会科学重大项目攻关课题，于2010年9月完成，最终成果为同名专著。

一、篇章结构

此书分为十章，内容包括：创新型国家发展与知识信息服务；国家创新主体的知识信息需求分析；创新发展转型基础上的知识信息服务体系重构；知识信息服务协作体系构建与系统协调发展；知识信息资源的社会化配置；知识信息服务的技术支撑；面向用户的知识信息服务业务拓展；国家知识信息服务制度建设与政策法律保障；知识信息服务综合评价；面向国家创新的知识信息服务机构改革与发展案例。

二、主要内容

创新型国家建设在改变科技、经济和社会发展模式的同时，对面向国家创新发展的知识信息服务提出了体制变革和体系重构要求。以此出发，作者在此书中突出机制问题、体制问题和业务系统的构建问题；在面向实际问题的应用研究中，从组织机构变革、信息技术发展、信息资源开发、服务平台建设和实施保证角度展开研究；强调信息化环境和全球经济一体化中自主创新的需求导向，将创新型国家的知识信息服务置于信息基础设施建设与网络条件下，进行实现研究。

创新型国家的知识信息服务体系研究，其目的在于从国家创新需求出发，在现代信息环境和技术条件下，构建与国际相融的、适应我国社会发展的信息服务行业体制和面向自主创新的知识信息服务体系。在国家自主创新战略推进中，我国不断深化的体制改革，科技、经济、社会发展、信息网络化与资源共享程度的提高，为围绕自主创新的国家建设提供了新的条件，为创新型国家的信息服务体制确立和知识信息服务体系的完善提供了可能。本项目研究的关键问题是，探索其中的规律，寻求科学的发展战略，构建面向自主创新的国家知识信息服务体系，为国家持续发展和基于创新的社会知识化创造基本的信息资源环境和条件。

三、主要创新

此书的主要创新体现在以下几个方面：

(1) 将知识信息服务纳入国家创新发展整体加以研究，利用复杂性系统理论研究其关系，从创新价值链分析出发，在创新发展的知识空间中构建国家知识创新网络，所提出的知识信息服务体系的协同构建模式，相对于传统的系统组织理论是一种创新。

(2) 创新型国家的知识信息服务社会化组织理论，立足于创新型国家建设中的行业关系改变，确立了国家创新发展中的行业重组方案，揭示了知识信息服务行业建设与机构创新发展规律，其理论应用与实证突破了传统的部门、系统限制，有利于行业重构和基于重构的国家创新发展。

(3) 知识创新服务支撑体系的构建和跨平台技术实现模型研究，在理论上构建了以知识创新核心需求为导向的知识信息管理与服务理论，提出了创新型国家发展中的知识信息服务业务拓展问题，在面向创新主体的互动式集成服务中，创建了基于用户体验的知识信息交互服务体系。

四、社会影响

(1) 此书提出了面向创新发展的社会化信息服务转型理论、跨系统协同服务组织与体制变革理论，得到了学术界的充分肯定，被广泛引用。

(2) 此书所反映的项目组所取得的知识信息集成平台建设方案，已在湖北科技信息系统得到应用；知识创新中资源共享和公益性服务组织模型，已应用于 NSTL 公益性学位论文共享体系建设；信息服务的行业化发展和社会体系构建成果，被行业信息中心采用；知识信息服务流程重组和业务拓展方案，被中国科学院文献情报中心采纳。

（3）此书以用户知识创新为中心，进行了跨系统的信息资源整合与服务集成研究，所反映的相关成果于 2010 年获湖北省科技进步二等奖。

《媒介素养：理念、认知、参与》简介

复旦大学新闻学院教授陆晔等著的《媒介素养：理念、认知、参与》，是 2004 年教育部重大课题攻关项目“媒介素质教育理论与实践研究”的最终成果。由经济科学出版社 2010 年 9 月出版。

一、篇章结构和主要内容

此书的篇章结构由导言、上中下编三大部分和结语组成。

导言“媒介素养的全球视野与中国语境”在梳理了世界范围内媒介素养的四次范式转移及其特征的基础上，总结了中国媒介素养研究的现状和进展，概述了本课题的研究框架、理论路径与核心问题，即将关乎公众启蒙的媒介素养理论研究和社会运动置于中国现实语境进行考量，以期达成大众媒介与公民素养的共生和良性互动，促进中国社会和谐发展。

上编“媒介素养教育：历史回顾与地方经验”包含七章，分别从 20 世纪西方媒介素养教育的理念、目标及其演变，美国媒介素养教育的理论、动力、实践形态，中国香港地区媒介素养教育从媒介教育 1.0 到媒介教育 2.0 的转向，中国台湾地区媒介素养教育的多维素养教育观，中国澳门地区着眼于信息传播科技素养的媒介素养教育，日本媒介素养教育与媒介素养运动中的角色互动，中国内地媒介素养教育的反思、行动、挑战这七个方面展开，在对西方媒介素养理念、目标和发展流变进行历史梳理的基础上，整合了来自中国大陆、香港、台湾地区和其他国家华人媒介学者在媒介素养领域最新研究成果，较为全面地总结了媒介素养和媒介教育理念在不同国家和地区的演变历程及经验。

中编“媒介素养：理论阐释与中国实践”，包含五个章节，分别是媒介素养与政治认知理论关系的实证检验，媒介素养、人际沟通、媒介参与与功效意识的中介作用，中国公众媒介素养基本现状，新媒介的受众参与，媒介素养教育行动中的共意建构与实践策略。这部分重点聚焦于以通过参与大众媒介进而参与社会这一媒介素养的重要目标，在大规模数据采集的基础上，第一次用实证研究的理论范式理清了媒介素养这一核心概念的基本维度和测量指标，建立起媒介素养与公众的头脑复杂度、政治认知、人际沟通能力等之间的理论关系，对中国公众的媒介认知和参与行为的相关维度进行了深入探究，描摹出中国公众媒介素养的基本现状，并对本项目的实践推广团队持续开展的媒介素养教育推广活动的实践策略进行了理论概括和总结，具有重要的理论突破和实践意义。

下编“媒介内容、生产与青少年媒介素养”共七章，立足于媒介素养所聚焦的核心之一——媒介文本、媒介生产及媒介现实再现当中的复杂社会文化机制，选取了新闻和流行文化生产中的一些典型个案进行分析，同时针对当前对儿童青少年影响最大的媒介形态和内容，探究媒介在儿童青少年社会化进程中的作用。这七章的内容分别是：精确新闻可信度与受众认知，媒介组织的运作逻辑，作为流行文化的畅销排行榜的生产机制，电视选秀与新技术时代的青少年媒介参与，Cosplay、青少年亚文化与媒介素养教育，电视广告健康信息和儿童媒介素养，电视广告、拜金主义与农村青少年“美好生活”的理想图景。这一部分的每个个案都基于扎实的经验研究，目的在于力图呈现出媒介素养所倡导的对大众媒介进行批判性解读所需要把握的不同理论路经和分析视角。

结语“作为公民素养的媒介素养与公民社会之可能”，总结了媒介素养的目标在于建立趋于理想的公民社会，媒介素养教育的过程是一个以健康民主为目的的社会问题校正过程。概括了本研究一个比较重要的理论贡献在于对媒介素养概念在实证研究范式下的定义及操作化，并用实证方法搭建和检验了媒介素养相关概念的理论模型，并为在中国积极开展青少年媒介素养教育，提供了基本的行动策略和课程模块。

二、主要创新

此研究的创新和突破在于，用实证方法搭建和检验了媒介素养相关概念的理论模型，通过经验研究和个案，关注媒介素养的互动性和参与性，关注大众文化在儿童青少年媒介素养方面的影响和作用。

《数字信息资源规划、管理与利用研究》简介

武汉大学信息管理学院马费成教授主持的“数字信息资源规划、管理与利用研究”，是2005年教育部哲学社会科学重大课题攻关项目，最终研究成果为同名专著。它由马费成、周宁、肖希明、查先进、唐晓波、黄如花、张晓娟、罗琳、马海群、曹树金、孙建军、赵捧未、毕强、黄威等合作完成。

一、篇章结构

此书共分为绪论和十五章。第一章，数字信息资源的热点及统计分布。第二章，数字信息资源规划的理论与模式。第三章，数字信息资源规划方法和工具。第四章，数字信息资源规划流程。第五章，领域数字信息资源规划。第六章，数字信息资源管理战略。第七章，数字信息资源管理系统原型设计。第八章，数字信息资源规划机制。第九章，数字信息资源优化配置。第十章，数字信息资源管理创新与制度设计。第十一章，数字信息资源开发与服务。第十二章，数字信息资源组织与整合。第十三章，数字信息资源保存。第十四章，数字信息资源的安全保障。第十五章，数字信息资源的绩效评估。

二、基本内容

此书针对当前数字信息资源的发展现状的深入调研分析，借鉴发达国家已有的研究

与实践经验，参考企业信息资源规划模式和开发工具，基于系统观等多种经典理论，形成了由数字信息资源的规划流程设计到相关技术环节和机制配置环节多重支撑的整体管理战略的制定，再到从开发服务、组织整合、保存保护、安全保障到绩效评估的具体循环周期化利用过程这样一个全方位、体系化的数字信息资源规划、管理与利用的实施思路。

三、主要创新

此书的创新和特色主要体现在以下四个方面：

（1）建立了基于系统观的数字信息资源规划模式，同时将企业架构和企业系统规划的理念和工具引入数字信息规划具体实施过程中，设计出数字信息资源管理系统的体系结构。同时将这种规划和管理体系运用于政务、学术等不同的领域。

（2）数字信息资源优化配置与共享制度研究，从信息资源经济分析角度，确立数字信息资源配置的内容、层次、手段、工具和评价，对数字信息资源共享制度设计提供理论解释和依据，并结合数字信息资源管理机制，提出数字信息资源规划模式，构建国家数字信息资源的战略体系。

（3）研究数字信息资源的管理机制和政策模型框架，采用信息可视化方法和知识管理的最新成果，建立我国数字信息资源管理的辅助决策支持系统，创建具有中国特色的数字信息资源管理机制与保障体系。

（4）通过用户调查和深度访谈，建立数字信息资源用户综合评价体系，提出数字信息资源用户评价和满意度参考标准。建立从开发服务、组织整合、保存保护、安全保障到绩效评估的循环周期化的数字信息资源利用系统实施过程。

四、社会影响

1. 学术价值

此书突破学术界长期以来对数字信息资源的管理和开发利用偏重于微观问题和纯技术问题的局限，把数字信息资源的管理和开发利用问题带入宏观研究的视野，丰富和完善了信息资源管理的理论体系，促进信息组织、信息检索等理论在数字环境下的利用与革新，提高图书馆学与情报学理论服务于社会的能力。在研究中也体现多门学科的理论与方法交叉融合，在解决重大的理论和实践问题中促进图书馆学与情报学开放创新。

2. 应用价值

此课题以全球信息化为背景，以国家信息化发展战略为指导，以解决我国数字信息资源建设存在的问题为目标，从宏观角度对我国数字信息资源规划、管理和利用问题进行系统和深入的研究。这对于促进我国数字信息资源保障体系的建设和数字信息资源的开发利用，推进国家信息化发展战略，进而推动我国经济和社会全面发展，实现全面建设小康社会的目标，具有重要现实意义。同时，此书还通过数字信息资源的科学规划与管理、有效开发与利用来促进我国国家数字化科技信息系统的建立与完善，从而促进学术信息的快速交流，促进教育进步，刺激科研创新，有利于加速我国从科研大国向科研强国转变的进程。

《数字传播技术与传媒产业发展研究》简介

中国传媒大学广告学院黄升民教授主持的“数字传播技术与传媒产业发展研究”，是2004年教育部哲学社会科学重大课题攻关项目，最终研究成果为同名专著。它由黄升民、周艳、赵子忠、王薇、张豪、宋红梅、王伟等合作完成。

一、篇章结构

此书共分为总论和四编十五章。第一编“数字传媒产业影响力研究”，包括：第一章数字传播技术扫描和第二章数字传媒技术对国民经济的影响。第二编“数字化背景下内容产业的重新建构”，包括：第三章数字内容产业宏观研究，第四章电视行业内容产业发展研究，第五章广播行业内容产业发展研究，第六章电影行业内容产业发展研究，第七章报刊业内容产业发展研究，第八章数字出版内容产业发展研究。第三编“网络产业的内容博弈”，包括：第九章我国网络产业的博弈关系分析，第十章中国数字电视产业发展分析，第十一章中国 IPTV 产业发展分析，第十二章中国移动多媒体广播产业发展分析，第十三章中国手机电视产业发展分析。第四编“数字传播技术的未来——控制终端消费市场”，包括：第十四章家庭信息平台和第十五章个人信息平台。

二、基本内容

进入21世纪以来，数字传播技术带来了传媒产业颠覆性的变革，在此背景下，本书对数字传播技术与传媒产业的发展进行了全面深入的研究。首先，对数字传播技术、数字新媒体进行了概念界定，分析了数字传播技术对国民经济、区域经济以及国家信息化的影响及其在其中所起到的作用，提出了内容，网络和用户的信息需求是数字传媒产业发展的三大核心要素，是关乎数字传媒产业的根本。在对内容、网络和终端用户需求进行研究的基础上，提出了内容产业论、网络融合博弈、家庭和个人信息平台等相关理论，并进行了实践性探索。

三、主要创新

此书的创新和特色主要体现在以下两个方面：

第一，提出了“数字传媒产业的核心要素由网络、内容和用户信息需求构成”这一论断，并对网络、内容和用户三个层面进行了深入探讨。

在数字化环境下，媒体产业是由多元竞争的传输网络、产业化系统化的内容和可控可用的用户信息需求共同构成的新型数字传媒产业。这个产业链条中的生产、传输、经营、管理、用户需要以及相互之间的关系都发生了根本性的变化，本研究对网络、内容和用户三个层面的问题进行了多角度的深入探讨，描绘出一个完整的数字传媒产业版图。

第二，提出构建由家庭和个人两大信息平台的理论，并且指出，家庭信息平台和个人信息平台是数字传媒产业发展的必然趋势。

随着数字传播技术深入发展下去，数字传媒产业的经营指向最终将突破媒体经营者自身的内容和网络，把重点转移到终端用户身上，最终的争夺战将在用户层面展开，对用户信息需求的掌控和满足将是未来数字传媒产业竞争的焦点问题。基于此，提出了信息平台的研究方向，而且根据固定和移动、个人和群体两个方向，最终把研究聚焦在家庭信息平台和个人信息平台上。

四、社会影响

1. 学术价值

本课题研究是技术对产业推动研究的补充。根据技术经济制度理论，媒体产业的发展，首先启动于数字传播技术的发展，数字技术对于媒体内容生产、信息传输渠道，产业分工与运营等各个层面的作用力，推动了媒体产业发生结构性的变化。

本课题通过解读计划经济向市场经济转型过程中，传媒行业管理体制的调整和应对以及数字传播技术推动下的管理体制创新等问题，将推动中国管理体制改革理论的深入。

2. 应用价值

本课题所研究的领域，政府管理层面、媒体经营管理层面，都已经开展了大量的实践活动，业界的实践者抱着探索和开拓的信念，积极推动着中国数字技术在媒体产业的应用，进行了各种经营的尝试。本课题的研究，遵循“从实践中来，到实践中去”的研究原则，一方面不断归纳实践者的探索形成理论；另一方面，分析产业发展中的各种力量格局，提出预测性的观点。将有助于推动国家政府对媒体产业的重新定位，对于数字媒体业界提供战略性理论指导，为国家数字媒体产业格局的规划提供意见建议，推动中国千万家庭信息化的综合信息平台建设。

《新闻传媒发展与建构和谐社会关系研究》简介

武汉大学新闻与传播学院罗以澄教授主持的“新闻传媒发展与建构和谐社会关系研究”，是2005年教育部人文社会科学研究重大课题攻关项目，最终研究成果是同名专著。它由罗以澄、石义彬、单波、秦志希、强月新、吕尚彬、刘九洲、詹绪武等合作完成，由中国经济出版社出版。

一、篇章结构

此专著共分为十一章。第一章，构建和谐社会与新闻传媒发展。第二章，新闻传媒与和谐社会的政治文明建设。第三章，新闻传媒与和谐社会的经济发展。第四章，新闻传媒与和谐社会的文化构建。第五章，跨文化传播与和谐社会建设。第六章，传播新技术与构建和谐社会。第七章，四类社会群体媒介认知专项调查报告概述。第八章，中国农民对大众媒介的认知、评价和期待。第九章，中国司局级干部对大众媒介的认知、评价和期待。第十章，中国大学生对大众媒介的认知、评价和期待。第十一章，中国传媒人对大众媒介的认知、评价和期待。

二、基本内容

此专著分析了建构和谐社会框架下的制度供给、政策环境和资源配置，及其给予新闻传媒发展提供的前导性和规制性意义，探究了新闻传媒与社会发展进程之间的和谐与契合的关联点，深入调查了我国社会代表性阶层的媒介认知、评价与期待，探索了社会及其政治、经济、文化、技术等因素与新闻传媒的相互作用与相互影响，提出了新闻传媒整合社会资源、有效参与建构和谐社会的战略思路与可行性对策。

三、主要创新

此专著的创新，主要体现在以下四个方面：

（1）在深度洞察中国新闻传媒与社会政治、经济、文化、技术等因素互动影响的基础上，针对中国社会转型期社会冲突、矛盾与主要问题，提出中国政府与新闻传媒的关系理应从传统的政府单向控制传媒转为政府与传媒的良性互动关系。

（2）提出了既符合中国国情又具有普适意义的社会主义新闻专业原则和新闻传媒在和谐社会构建过程中责任担当的使命。

（3）针对新闻传媒促进和谐社会政治文明建设、促进和谐社会经济发展、促进和谐社会文化建设以及新闻传媒跨文化传播的和谐理念构建、有效化解和防范传播新技术所带来的社会风险等问题，提出了创新思路和对策。

（4）根据当前中国社会阶层结构的现状和发展趋势，调查分析了中国社会底层、中层、上层的代表性群体（农民群体代表了社会底层民众，司局长群体代表了社会上层民众，大学生群体代表了今天的前卫网络舆论主体与将来的社会中上层民众，传媒人群体作为新闻职业传播者则可视为各类民众的代言人）的媒介认知、评价与期待。

四、社会影响

1. 应用价值

此项成果既为我国新闻传媒改革的持续推进提供学术资源的支持，又为我国的新闻传播教育提供高水平的内容，在国内外引起一定的反响。该项目先后发表并出版了59篇学术论文、6部学术专著、2部咨询报告等阶段性成果，其应用价值正在逐步得到实现，并在推广应用中产生着广泛的社会影响。与最终成果相关联的部分成果，已经成为武汉大学、兰州大学、华中师范大学、上海大学、湖南师范大学、中南财经政法大学、郑州大学等高校的研究生教育内容；四个调查报告提交给中宣部、国家新闻出版总署，已获得其采纳和很高的评价。中宣部新闻局、国家新闻出版总署新闻报刊司均来专函称，报告对其决策起到了重要参考作用。

2. 学术价值

此研究解决了新闻传媒发展与建构和谐社会的关系问题，拓展了中国当代新闻传播学研究的思路，开辟了新闻传播学研究的新视野，丰富了新闻传播学研究理论成果，从而有力地促进中国传媒业自身的发展和新闻传播学术研究的繁荣。

《中国大众媒介的传播效果与公信力研究》简介

中国人民大学新闻学院喻国明教授主持的“中国大众媒介的传播效果与公信力研

究”，是2003年教育部哲学社会科学重大课题攻关项目，最终研究成果是专著《中国大众媒介的传播效果与公信力研究——基础理论、评测方法与实证分析》。它由喻国明、张洪忠、靳一、丁汉青、韩晓宁、欧亚、张燕等合作完成，由中国经济出版社2009年出版。

一、篇章结构

此专著共分上中下三编十九章。

上编，大众媒介公信力理论研究。第一章，基本概念的界定。第二章，大众媒介公信力的判断维度分析。第三章，大众媒介公信力的影响因素分析。第四章，大众媒介公信力的生成机制与控制分析。第五章，公信力对媒介功能的影响。第六章，上编结语。

中编，大众媒介公信力的测评方法研究。第七章，测评方法文献探讨。第八章，测评方法研究论题和研究设计。第九章，中国媒介公信力判断准则解析。第十章，中国大众媒介公信力测评量表的建立。第十一章，基于本次调查样本的媒介公信力测评。第十二章，中编结语。

下编，中国大众媒介公信力调查测评报告。第十三章，调查方法。第十四章，居民的媒介接触情况。第十五章，我国媒介公信力现状。第十六章，媒介公信力的判断维度量表。第十七章，媒介公信力的影响因素。第十八章，新闻人物、事件的认知与信任。第十九章，下编结语。

二、基本内容

此专著首次对媒介公信力问题进行了系统的理论探讨，对媒介公信力的中英文概念及相关概念关系作了基础性的界定，第一次从横向的跨地域差异和纵向的制度、社会变迁角度来对媒介公信力的判断维度和影响因素作了探讨，对一些建立在西方社会基础上的分析理论提出了新的思考，原创性地提出了基于我国现实的媒介公信力判断维度的理论假设和媒介公信力生成模式，全面分析了公信力对媒介功能的影响。此专著在具体探讨了媒介公信力理论问题的五个方面（基本概念的界定、维度探讨、影响因素分析、生成机制、对传播效果的影响）后，又针对我国的现实提出了两点思考：一是社会系统性因素作用下的媒介公信力下降对政府形象的影响问题，二是市场化进程下我国媒介公信力的可能变化问题。

三、主要创新

（1）在大量研究和总结国际学术界近百年来于传媒公信力评测理论和方法及繁多实证案例的基础上，成功地建立起一个可将中国大众传媒公信力状况进行量化表达的传媒公信力测评指标。研究者重点解决了评测方法上的两个基本问题：第一是分析中国大众在判断媒介是否可信时都看重哪些因素；第二是建立传媒公信力的测评量表。在调查数据的基础上，研究者对传媒公信力评判准则重要程度和公信力评判特点进行分析。最后，通过探索性和证实性因子分析、信度效度检验等统计技术对中国大众传媒公信力的测量指标进行筛选和分析，最终建立起了具有很高科学认识和实践价值的传媒公信力的测评量表。

（2）课题组于2005年11月组织实施了《中国传媒公信力问题的全国居民调查》。这是迄今为止我国所进行的最大规模、指标体系最为完整、综合测评传媒种类最多的一项实症研究与评测分析，具有很高的实践认识价值和理论促进价值。通过调查，不但对我国传媒的公信力的状况进行了全面描述、梳理和测平判断，同时也进一步完善了相关的方法论体系和相应指标体系的构建。

(3) 课题组组织编辑和翻译了传媒公信力方面最具代表性的理论、方法和案例分析性的论文集:《传媒公信力:西方视野与经验》。这是本研究传媒公信力理论和方法的最有价值的参考书和工具书。

四、社会影响

(1) 此项研究取得了较为丰硕的成果,在国内外引起了较大反响。迄今已出版专著3部、在专业学术刊物公开发表论文调研报告等12篇,向政府有关部门提供系列咨询报告1篇,接受媒体采访或报道有10余次。《人民日报》、《北京青年报》、《北京晚报》等都对此项目的有关成果予以了报道。

(2) 此研究拓宽中国传播学研究的思路及方法,在传媒公信力的研究领域完成了系统的理论梳理、概念探讨及研究范式的创新,深入探讨了媒介公信力的生成机制和影响性因素,为媒介公信力的科学测评构建了较为完备的测评指标体系,并对其指标的效度和信度进行了科学的测评分析。它极大地丰富了媒介公信力理论和研究方法的内涵和可应用性,对于推动媒介公信力的实践操作也具有重大的参考意义。

《自主创新战略和国际竞争力研究》简介

清华大学经济管理学院吴贵生教授主持的“自主创新战略和国际竞争力研究”,是2005年教育部哲学社会科学重大课题攻关项目,最终研究成果是同名专著。它由吴贵生、蔺雷、吴灼亮、梁玺、王毅、魏守华、董广茂、李习保、李纪珍、汪涛、刘建新、蒲欣、苏楠、高旭东、谢伟、刘洪伟、毛凯军、张治河、朱恒源、王彦、汪樟发、安萱、魏丹、熊鸿儒、杨艳等合作完成,由经济科学出版社出版。

一、篇章结构

此专著由四编共十三章构成。第一编,理论编,包括三章,提出中国自主创新的理论,构建自主创新与国际竞争力的关系模型。第二编,实证编,包括三章,描述中国自主创新和产业国际竞争力现状,分析自主创新与国际竞争力的关系。第三编,战略编,包括五章,阐述我国自主创新战略的路径。第四编,案例编,包括两章,由产业案例和企业案例两部分构成。

二、基本观点

中国自主创新的障碍可以归结为“壁垒”,因而中国自主创新的基本任务是突破各种创新壁垒;突破自主创新壁垒的四个方向是:绕开壁垒,降低壁垒,化解壁垒,强攻壁垒;在企业层次,现阶段及今后相当长的时期内绕开、降低、化解、强攻壁垒要更高水平地全方位展开,重点将逐渐移向化解和强攻;在产业层次,要加强产业间的创新合作,改善经济、科技、创新政策之间的协调性,建设产业共性技术开发供给体系;创立产业重大创新基金,建立产业重大技术预警机制;在国家层次,丰富和发展自主创新“三模式”

（引进消化吸收再创新、集成创新、原始性创新），重塑“以市场换技术”方针。

三、主要创新

1. 理论创新，提出了“六论”

创新壁垒论、创新实践论、广义轨道论、能力阶段论、开放创新论和自主创新意志论。创新壁垒论认为开放条件下本土企业“与狼共舞”面临技术、资金、创新网络、无形资源、管理五大壁垒，为自主创新战略突破提供方向性指示。创新实践论从知识和学习等方面论证了创新的实践性本质特征，提出自主创新战略的关键之一在于获得创新机会和通过实践不断提升能力。广义轨道论突破现有仅限于技术轨道的理论，提出除技术以外还有市场、技术组织、商业模式、业务组合等广义轨道。能力阶段论提出开放条件下的本土企业自主创新要过三关：“进得去”、“立得住”、“站得稳”，为自主创新战略构建提供了基本着力点。开放创新论提出了后发国家弱势产业和企业开放创新的理论。自主创新意志论提出，要克服利用劳动力成本优势在国际产业价值链低端竞争的路径依赖，在国家、产业、区域和企业层次塑造自主创新意志。

2. 新的研究发现

（1）国际技术供给组织体系已经或正在发生重大变化，为中国多元化地利用外部技术资源提供了有利条件。

（2）产业间联系弱是中国国家创新体系最突出的缺陷之一，严重制约了我国自主创新。

（3）资金是制约我国产业和企业重大自主创新的关键瓶颈，当高设立成本、高转换成本、高不确定性叠加时，将严重阻碍自主创新的进程，可能断送战略机遇。

（4）经济政策、科技政策和创新政策之间不够协调，削弱了我国自主创新政策合力；需求拉力的作用大于技术供给推力的作用，但在政策设计上需求政策明显偏少。

（5）被国际理论界公认的转换成本可以为后发国家带来的后发优势，但在中国正在发生逆转，逐渐成为我国实现赶超的负担。

（6）中国企业探索出了有中国特色的自主创新路径：本土企业普遍实行“低端切入”的战略路线，采用广义轨道策略，用低端技术创新绕开技术壁垒，用“农村包围城市”绕开市场壁垒；在产业价值链和技术链条上，选择“逆向创新”，以在发展初期绕开壁垒；面对复杂技术产业（产品）时，产业/企业采取“拆解—集成”创新策略，以降低壁垒；降低成本的创新是我国产业/企业最普遍采用、也是最有效的创新选择；与掌握核心技术的国外企业合作，形成利益共同体，在合作中学习和掌握核心技术，从而在一定程度上化解壁垒；制造与服务融合，开辟制造企业创新的新通道。

四、社会影响

（1）国家发改委高技术司在制定《国家产业技术政策》过程中，专门约请此项目负责人吴贵生教授讨论有关问题。吴教授提出了建设性意见；科技部调研室、科技促进发展研究中心和科技部政策司分别召开的座谈会，主邀此项目组成员进行研讨；此项目负责人应邀参加“十二五科技发展规划”座谈会。

（2）此课题组提交给华尔国际集团企业（从事光纤光缆设备业务）的关于光纤光缆产业的研究报告，被采纳在企业战略策略制定中。

（3）此项目负责人吴贵生基于研究成果应邀作了多次学术报告，如：由内蒙古自治区政府主办的报告会，深圳市政府主办的论坛，河北省委宣传部组织的报告会，中国工程院第97场工程科技论坛等。

《中国青少年心理健康素质调查研究》简介

天津师范大学心理与行为研究院沈德立教授主持的“青少年心理健康素质调查研究”，是2003年教育部哲学社会科学重大课题攻关项目，最终研究成果为专著《中国青少年心理健康素质调查研究》。它由沈德立、马惠霞、白学军、江光荣、阴国恩、李虹、沃建中、张大均、郑希付、贾晓波、梁宝勇等合作完成。

一、篇章结构

此书共分上下编，上编为理论编，下编为调查研究篇，全书包括十一章。第一章，青少年心理健康素质概述。第二章，青少年心理健康素质研究综述。第三章，青少年心理健康素质调查工具的编制。第四章，中国青少年心理健康素质——认知风格的研究。第五章，中国青少年心理健康素质——归因风格的研究。第六章，中国青少年心理健康素质——应对风格的研究。第七章，中国青少年心理健康素质——动力系统的研究。第八章，中国青少年心理健康素质——自我的研究。第九章，中国青少年心理健康素质——个性素质的研究。第十章，中国青少年心理健康素质——人际素质的研究。第十一章，中国青少年心理健康素质——适应的研究。

二、基本内容

本书阐述了进行青少年心理健康素质调查研究的意义和作用，并从围绕着青少年心理健康素质形成的内外因素，阐释了理论方面影响青少年心理健康素质的因素。在此基础上提出了青少年心理健康素质这一新概念，论述了其内源性和稳定性的特征。确定了青少年心理健康素质的结构包括认知风格、归因风格、应对风格、动力系统、自我、个性素质、人际素质、适应等方面。按照理论构想和心理测验学的要求，采用文献法、访谈法、调查法、心理测验法，编制了包括反映上述结构的8个分量，共243个项目的《中国青少年心理健康素质调查表》，并反复验证了各分量表的心理测量学指标。运用编制好的工具，采用分层抽样的方法，选取华北、华东、华中、东北、西南、西北等行政区域所属的23个省（市）、自治区，年龄段为11、12岁~17、18岁的51399名青少年，其中有效数据为44063名被试的数据。详细分析了青少年心理健康素质各个方面的调查结果。结论认为，我国青少年心理健康素质总体状况是好的，各类心理健康素质“低水平”的人数的百分比很低。影响青少年心理健康素质的因素包括青少年自身因素和环境因素，结果表明，环境因素越好，越有利于青少年心理健康素质的发展。

三、主要创新

此书的创新主要体现在以下四个方面：

(1) 提出了一个全新的概念：心理健康素质概念；界定心理健康素质概念的内涵，并建构了理论框架。

(2) 定义了心理健康素质的操作概念和制作了测量工具。

(3) 取得了全国5万余名青少年心理健康素质的常模。

(4)《中国青少年心理健康素质调查表》的编制为心理量表的编制作了一次方法上的探索。

四、学术价值和社会影响

建立了具有中国特色的青少年心理健康素质理论体系；构建了评价我国青少年心理健康素质的科学系统；为培养身心健康的高素质创新人才提供理论依据。

编制了《中国青少年心理健康素质调查表》和使用手册，可供全国心理学工作者、中小学心理健康教育工作者和心理咨询人员使用；大规模调查研究获得了我国青少年心理健康素质的第一手资料，为青少年心理学、青少年心理健康教育工作和青少年心理健康教育政策的制定提供理论依据。

《中国和平发展的国际环境分析》简介

北京大学国际关系学院叶自成教授主持的“中国和平发展的国际环境分析”，是2005年教育部哲学社会科学重大课题攻关项目，最终研究成果为同名专著。它由贾庆国、牛军、王正毅、张晓明、何辉等合作完成。

一、篇章结构

此书共分为导论和十二章及结束语三部分。导论，中国和平发展与国际环境。第一章，大国关系与国际安全环境。第二章，地区安全局势与中国的周边安全。第三章，非传统安全因素对中国安全的影响。第四章，中国与当代国际政治环境。第五章，中国与主要大国的政治经济关系。第六章，和平发展与中国的周边环境。第七章，中国与拉丁美洲和非洲的关系。第八章，中国应对国际政治环境的战略考虑。第九章，国际经济环境与中国经济发展的动力。第十章，国际经济环境的挑战及中国的政策选择。第十一章，国际文化环境与中国的和平发展。第十二章，中国和平发展的国际舆论环境分析。结束语，理论总结与现实评估。

二、基本内容

此课题研究在分析国际环境的影响的重要性时，强调国内因素的基础性作用，指出外部的因素通过内部而起作用，也指出中国这样的大国通过内部的改变和变革来影响、改善、改变国际环境的可能性。本课题对中国与美、俄、印、日、欧等主要大国和地区的关系，对东北亚、东南亚、中亚和南亚的安全局势，全球问题和非传统安全因素，国际政治经济体系及文化和舆论环境对中国和平发展的影响进行了比较全面和综合的分析。

三、主要创新

此书的创新和特色主要体现在以下三个方面：

(1) 国际环境与中国的和平发展是一个互动的关系。中国受国际环境的影响很大，反过来中国也成为影响国际环境变化的重要因素。

(2) 国际环境是一种客观存在，在一定程度上能推动、改变或阻碍中国的和平发展；国际环境存在挑战与机遇两种因素，能不能利用机遇发展自己及克服不利因素的影响，国家的制度、国家战略和领导素质起很大作用；本课题强调了国内因素在应对国际环境挑战及机遇方面的重要作用。

(3) 由于中国是一个有能力把握自己生存与命运的大国，因此中国的和平发展对国际环境具有重要影响，中国如何和怎样和平发展，对中国能否实现自己的和平发展的目标具有关键意义。

四、社会影响

1. 学术价值

国际环境与国家的发展关系的暨往研究多强调国际环境的影响和作用。此课题突出了国际环境与国家内部因素的互动关系，把以往的偏重环境客观影响改变为环境与国家内部因素双重和相互作用的关系；既往研究多侧重国际政治经济环境对国家发展的影响和作用，此课题的研究在此基础上，扩大了非传统安全因素、地区环境、文化和舆论环境对国家发展的影响和作用，更具有综合性，有助于人们在思考这一问题的视野。

2. 应用价值

此课题所涉及的中国与大国关系、中国与周边国家的关系、中国与国际政治体系以及文化舆论环境等，都是中国崛起过程中必须处理的重大问题。其成果有助于人们思考如何解决中美、中俄、中日、中印、中欧关系存在的问题以及中国与周边安全方面存在的问题，对如何进一步提高中国在国际社会中的文化影响力也有帮助。

七、全国百篇优秀博士学位论文介绍和入选名单（普通高校人文社会科学）

全国优秀博士学位论文评选是教育部学位管理与研究生教育司组织开展的一项工作，旨在加强高层次创造性人才的培养工作，鼓励创新精神，提高我国研究生教育特别是博士生教育的质量。全国优秀博士学位论文评选是对博士培养质量进行监督和激励的一项重要举措，对培养和激励在学博士生的创新精神，促进我国博士生培养质量的提高具有积极的作用。

根据《全国优秀博士学位论文评选办法》，全国优秀博士学位论文入选名单经过推荐、初选和复评后产生。参评论文由学位授予单位向其所在省（自治区、直辖市）的学位委员会推荐；省级学位委员会对推荐学位论文进行初选。教育部学位管理与研究生教育司负责组织对初选出的论文进行复评，复评工作包括同行专家通讯评议和专家审定会审定。教育部学位与研究生教育发展中心受教育部学位管理与研究生教育司委托，承担同行专家通讯评议工作。评选标准为："选题为本学科前沿，有重要理论意义或现实意义；在理论或方法上有创新，取得突破性成果，达到国际同类学科先进水平，具有较好的社会效益或应用前景；材料翔实，推理严密，文字表达准确。"

为鼓励、支持全国优秀博士学位论文作者在高等学校不断作出创造性成果，教育部还设立了"高等学校全国优秀博士学位论文作者专项资金"，对在中国内地高等学校工作的全国优秀博士学位论文作者给予5年的研究资金资助。

全国优秀博士学位论文评选每年进行一次，每次评选出的论文不超过100篇。因此被称为"百篇评选"，或简称为"优博"评选。自1999年首次启动全国优秀博士学位论文评选，至2010年已进行了12次，共评选出全国优秀博士学位论文1173篇，提名论文1646篇。其中普通高校人文社会科学领域优秀博士学位论文有179篇，约占总数的15%。

附件1　历年全国优秀博士学位论文评选结果

2010年	获奖论文（100篇）	提名论文（334篇）
2009年	获奖论文（98篇）	提名论文（363篇）
2008年	获奖论文（100篇）	提名论文（177篇）
2007年	获奖论文（98篇）	提名论文（158篇）
2006年	获奖论文（99篇）	提名论文（137篇）
2005年	获奖论文（96篇）	提名论文（159篇）
2004年	获奖论文（97篇）	提名论文（139篇）
2003年	获奖论文（97篇）	提名论文（179篇）
2002年	获奖论文（97篇）	/
2001年	获奖论文（100篇）	/
2000年	获奖论文（100篇）	/
1999年	获奖论文（100篇）	/

附件2　2001—2010年全国优秀博士论文名单（普通高校人文社会科学）

论文题目	作　者	指导教师	学位授予单位
郭店楚墓竹简思想研究	丁四新	郭齐勇	武汉大学
论科学的人文价值	孟建伟	刘大椿	中国人民大学
论动态宏观视野下的交易费用分析框架	刘元春	林　岗	中国人民大学
中国对外贸易政策的政治经济分析	盛　斌	熊性美	南开大学
行政程序法研究	王万华	陈光中	中国政法大学
刑事庭审制度研究	龙宗智	徐静村	西南政法大学
论政治责任	张贤明	王惠岩	吉林大学
中国社会转型中的环境问题及其对策研究——环境社会学的一种视角	洪大用	郑杭生	中国人民大学
论反思性教学	熊川武	瞿葆奎	华东师范大学
国际科学教育理论研究	丁邦平	顾明远	北京师范大学
面向中文信息处理的现代汉语短语结构规则研究	詹卫东	陆俭明	北京大学
印度梵文医典《医理精华》研究	陈　明	王邦维	北京大学
成器之道——先秦工艺造物思想研究	徐　飚	张道一	东南大学

续表

论文题目	作 者	指导教师	学位授予单位
音乐与其表现的世界——对音乐音响与其表现对象之间关系的心理学与美学研究	周海宏	张 前	中央音乐学院
晚清西方地理学在中国的传播与影响——以1815至1911年西方地理学译著为中心	邹振环	周振鹤	复旦大学
基督教新教传教士在华南沿海的早期活动研究(1807—1851)	吴义雄	陈胜粦	中山大学
企业剩余索取权：分享安排与剩余计量	谢德仁	吴水澎	厦门大学
技术市场建构论略——一个理论框架及对中国农业技术推广体系的考察	常向阳	顾焕章	南京农业大学

编 后 语

探索步步进，成果节节高。21 世纪开篇十年，我国高校人文社会科学研究随着社会的发展、探索的深入，所取得的成果越来越多，水平越来越高。为了全面、准确、客观地总结和反映这十年高校人文社会科学繁荣发展和科研管理工作的整体状况，充分展示这十年所取得的成果，总结管理和探索过程中的经验和教训，我们决定组织力量编辑本通鉴，得到全国各省市和高校的大力支持。我们于 2011 年 2 月 9 日发出关于编辑此通鉴的通知后，在近两年的时间内，各省市和高校向编辑部提供了上万篇文稿。

编辑部组织了精干的编辑人员对来稿进行分类、甄选、梳理、编排和修改，对诸多文稿返回作者进行了修改，有的文稿甚至反复进行了五六次修改，并先后召开三次审稿会对结构和内容进行了调整和补充，最后采用了 920 多篇。

编辑人员在编辑过程中写下了一首七律，形象地描绘了编辑过程：

廿一世纪越十年，高校文科硕果传。
轻点鼠标集万稿，漫击盘键选多番。
咬文嚼字每小段，剪叶修枝三大篇。
磨砺长年泽后辈，推敲累月献时贤。

在编辑过程中，我们借鉴了《中国高校人文社会科学研究通鉴（1999—2000）》、《十六大以来重要文献选编》、《江泽民文选》、《教育部人文社会科学重点研究基地》等书的编排方式。鉴于所收录的文稿涉及的方面比较多，我们采取了按时间先后、职务大小、地域分布、学科、拼音等多元的排序方式。这样有可能给读者的阅读带来不便，请予谅解。由于时间仓促、人员较少和水平所限，这部通鉴很可能还存在许多不足之处，敬请读者批评指正。

借此通鉴面世之际，我们特向所有关心、支持此项工作的各位领导和同志表示衷心的感谢！

编 者

2013 年 6 月